mini Aurélio
Século XXI

O minidicionário
da língua portuguesa

AURÉLIO BUARQUE DE HOLANDA FERREIRA
Da Academia Brasileira de Letras,
da Academia Brasileira de Filologia,
da Academia de Ciências de Lisboa
e da Hispanic Society of America

mini
Aurélio
Século XXI

O minidicionário
da língua portuguesa

4ª EDIÇÃO REVISTA E AMPLIADA
DO MINIDICIONÁRIO AURÉLIO
5ª IMPRESSÃO — RIO DE JANEIRO, 2002

Coordenação e edição
Margarida dos Anjos
Marina Baird Ferreira

Lexicografia
Margarida dos Anjos
Marina Baird Ferreira
Amir Geiger
Elza Tavares Ferreira
Emanuel Pinho Medeiros
Joaquim Campelo Marques
Renata de Cássia Menezes da Silva
Roberto Cortes de Lacerda
Wilson Guerreiro Pinheiro

EDITORA
NOVA
FRONTEIRA

Aos netos
Pedro Antônio, Mariana,
Fernando, Marina e Júlia

O Miniaurélio Século XXI corresponde à quarta edição, revista e ampliada, do Minidicionário
Aurélio (29.254 verbetes e 836 locuções).

© 2000 by   Marina Baird Ferreira
Regis Ltda.
Margarida dos Anjos Editora Ltda.
J.E.M.M. Editores Ltda.

Editora Nova Fronteira S. A.
Rua Bambina, 25 – Botafogo – 22251-050
Rio de Janeiro – RJ – Brasil
Tel.: (21) 537-8770 – Fax: (21) 537-2659
http://www.novafronteira.com.br
e-mail: sac@novafronteira.com.br

Diretor Editorial
Carlos Augusto Lacerda

Editor de Obras de Referência
Paulo Geiger

Gerente Editorial
Regina Marques

Gerente de Produção
Leila Name

Produtor Gráfico
Marcio Araujo

Revisoras
Denise Scofano Moura
Léia Elias Coelho
Shahira Mahmud A. Daoud
Dayse Tavares Barreto

Capa
Victor Burton

Diagramação
Minion Tipografia Editorial

CIP-Brasil Catalogação-na-fonte
Sindicato Nacional dos Editores de Livros, RJ.

F493m   Ferreira, Aurélio Buarque de Holanda, 1910 – 1989
Miniaurélio Século XXI: O minidicionário da língua portuguesa / Aurélio Buarque
de Holanda Ferreira; coordenação de edição, Margarida dos Anjos, Marina Baird Ferreira; lexicografia, Margarida dos Anjos... [et al.]. 4. ed. rev. ampliada. – Rio de Janeiro
: Nova Fronteira, 2000.

ISBN 85-209-1104-8

1. Língua portuguesa – Dicionários. I. Ferreira, Marina Baird. II. Anjos, Margarida
dos. III. Título.

CDD 496.3
CDU 801.323-1 690 (81)

Sumário

Convém ler

(Introdução de Aurélio Buarque de Holanda Ferreira à primeira edição do Minidicionário Aurélio)

Claro que não se vai esperar, num dicionário de bolso, uma grande batelada de palavras; não caberiam no bolso. Devem andar pela ordem das vinte e cinco mil as que figuram neste *Minidicionário*. É o bastante para a natureza e destino da obra.

Muitas vezes, resolvi agrupar os vocábulos por família: numa mesma entrada aparecem dois ou mais, definindo-se apenas o primeiro deles — o vocábulo-base — e ficando sem definição os derivados ou os aparentados, separados do inicial por um sinal de parágrafo (§).

Levou-me a isso, antes de tudo, a preocupação com economia de espaço. Depois, quis-me parecer que esse método contribuiria para incentivar no consulente o gosto destas associações e a curiosidade pelo valor dos sufixos.

Alguns exemplos.

Se o leitor sair à procura da palavra *aparecimento*, vai encontrá-la como acompanhante de *aparecer*. Pela definição desta, não poderá ter dúvida quanto à significação daquela.

No fim do verbete *divagar* vem *divagação*, cujo sentido ali não aparece, mas é "ato ou efeito de divagar", como facilmente se deduz.

Amerissagem está preso a *amerissar*; a *coruscar* liga-se *coruscante*.

De *amesquinhar* aparecem, neste livro, dois derivados, *amesquinhador* e *amesquinhamento*, cujos significados logo se impõem. Assim também, *instigar* vem escoltado por *instigação* e *instigador*.

Cordialidade ata-se a *cordial*; *insanidade*, a *insânia*; *obrigatoriedade*, a *obrigatório*; *simultaneidade* vem na cauda de *simultâneo*.

Substantivos terminados em *-ência* (*indecência*, *insistência*, *insolência*, *irreverência*, p. ex.) vêm, de ordinário, no fim dos adjetivos correspondentes.

Outros, como *ductilidade* (de *dúctil*) ou *irresponsabilidade* (de *irresponsável*), seguem-se aos adjetivos de que são parentes.

Quando essa junção não é possível, cada um dos vocábulos é registrado independentemente, como no caso de *constituição*. Além de significar "ato ou efeito de constituir", a palavra *constituição* tem outros sentidos, inclusive o significado jurídico, que transbordam os limites comuns do verbo.

Este é um livro despretensioso, mas feito com a melhor esperança de que preste bons serviços àqueles a quem se destina.

Meus agradecimentos a Elza, Margarida, Marina e Joaquim, meus assistentes, pela dedicada colaboração.

A.B. de H.F.
Rio, 1977

NOTAS À 2ª EDIÇÃO

Informação, educação e cultura são alicerces de uma sociedade justa e desenvolvida, tanto no aspecto econômico, científico e tecnológico quanto social e humanístico. O fundamento desses valores está na comunicação verbal — a palavra — denominador comum de todos os sistemas que integram o processo de desenvolvimento. E o ponto de partida deste processo é o conhecimento e o bom uso da língua.

A Editora Nova Fronteira, com a publicação da família de dicionários Aurélio, busca colocar ao alcance de toda a população brasileira um instrumento básico de emancipação cultural, adequado a cada nível de uso.

O *Minidicionário Aurélio* é um dicionário de grande utilidade não só para os estudantes e profissionais como para todos os que precisam de uma consulta rápida e de fácil acesso. Um dicionário que pode estar sempre à mão no trabalho, nas viagens, e na própria mochila do estudante.

Esta 2ª edição, cuidadosamente revista e atualizada pelo Professor Aurélio e sua equipe, contendo cerca de 30.000 palavras, é mais um passo em nossa proposta editorial de democratizar a consulta às obras de referência, tornando-as acessíveis a um número cada vez maior de usuários.

Os Editores

PREFÁCIO DA 3ª EDIÇÃO

Esta terceira edição do *Minidicionário Aurélio* surge 5 anos após a segunda, e com considerável acréscimo. A equipe é a mesma. Trabalhou desde a década de 1960 com o Professor Aurélio; é a sua equipe.

Colaboraram nas áreas indicadas, os professores Aurélio Baird Buarque Ferreira (Química e Físico-Química), Deolindo Couto Filho (Medicina), Flávio Versiani (Economia), José Guilherme C. Oliveira (Informática e Processamento de Dados), Maria Carlota Paixão Rosa (Lingüística e Gramática), Marília Barroso (Filosofia), Ronaldo Rogério de Freitas Mourão (Astronomia e Astronáutica), Sólon Leontsínis (Zoologia).

Rio, agosto de 1993.

Prefácio

Nesta edição do *Miniaurélio Século XXI Escolar — O minidicionário da língua portuguesa*, procuramos não apenas fazer uma atualização e ampliação do repertório de palavras do Minidicionário Aurélio em suas três edições, mas a partir deste, criar um novo desenho e dar a este repertório, em especial na área das ciências naturais, e da tecnologia, um tratamento mais próximo ao daquele que o público apelidou de *Aurelião* — hoje o *novo Aurélio Século XXI*. Acrescentamos, ademais, uma minienciclopédia, o que — esperamos — virá a tornar a obra ainda mais útil. No entanto, muito do que esperávamos fazer não "coube" num livro que não poderia ultrapassar, em muito, o que o Prof. Aurélio Buarque de Holanda (v. *Convém ler*, p. vii) pretendeu para ele.

Nesta edição, foram pesquisadores nas áreas especializadas: Artur Bosisio Jr. (Comunicação, Editoração e *Marketing*), Aurélio Baird Buarque Ferreira (Química e Físico-Química), Beatriz Grosso Fleury (Biologia Marinha e Ecologia), Deolindo Couto Filho (Medicina), Flávio Versiani (Economia), Isolda Honnen (Arquitetura e Urbanismo), João Carlos dos Anjos (Física de Partículas), Marília Barroso (Filosofia), Vasco Fleury (Engenharia Elétrica).

Margarida dos Anjos
Marina Baird Ferreira
Rio, junho de 2000.

Nota:
Aurélio Buarque de Holanda sempre se recusou a registrar "aurélio" como sinônimo de dicionário; neste mesmo espírito, não registramos "minidicionário", palavra que, acreditamos, se difundiu com o surgimento desta obra.

Como usar o dicionário

A estrutura do *Miniaurélio Século XXI Escolar* foi concebida para propiciar uma grande facilidade de acesso à consulta, aliada à concisão e clareza das definições e demais informações. É importante atentar para os seguintes itens:

1. Segunda cor: é usada: a) nos cabeços das páginas, que indicam a abrangência dos verbetes tratados na página, agilizando a localização do verbete desejado; b) nas entradas dos verbetes, para sua rápida localização; c) nos sinais especiais, que indicam categorias de informação (veja a significação dos sinais na lista de abreviaturas).

2. Separação silábica: o sinal • nas cabeças de verbete e nas derivadas indica a separação das sílabas. O sinal : marca encontro vocálico não caracterizado perfeitamente como hiato ou como ditongo, indicando flutuação na pronúncia.

3. Derivadas: são palavras que, como o nome indica, derivam da palavra que dá nome ao verbete. São em **negrito**, sinalizadas pelo sinal de parágrafo **§**, e a elas segue-se sua categoria gramatical.

4. Conjugação dos verbos: todos os verbos do *Miniaurélio Século XXI Escolar* têm sua conjugação completa indicada nas tabelas de conjugação (veja as tabelas e as explicações de como usá-las nas páginas iniciais do dicionário).

5. Ordem alfabética: são consideradas apenas as <u>letras</u> na ordenação alfabética das entradas (ou seja, não se considera o hífen [nem, na minienciclopédia, a vírgula] como interruptor da seqüência das letras).

6. Mudança de categoria e regência: a mesma palavra pode ter diferentes acepções de acordo com a categoria gramatical e, no caso dos verbos, a regência. Assim, a estrutura de cada verbete leva em conta esses elementos, indicando sua variação. Quando há mudança de categoria, esta é indicada pelo sinal •.

7. Indicação de plural: quando necessário (casos irregulares ou passíveis de ambigüidade, ou dúvida), é indicado o plural de adjetivos e substantivos. O conjunto de sílabas que não variam no plural é indicado por travessão, seguido da(s) sílaba(s) que varia(m) no plural. Ex.: **a•ba•ci•al** [Pl.: —*ais*].

8. Locuções: o ponto do verbete em que se inicia o registro das locuções que têm como base a palavra tratada no verbete é marcado com o sinal ◆. As locuções são grafadas em **negrito**.

9. Minienciclopédia: veja observação na página de abertura da minienciclopédia.

ABREVIATURAS

abrev. = abreviatura, abreviado, a
abs. = absoluto
AC = Acre
acepç. = acepção, acepções
açor. = açorianismo
Acúst. = Acústica
adj. = adjetivo
adj. adn. = adjunto adnominal
adj. (f.) = adjetivo us. mormente na sua forma feminina, ou forma feminina do adjetivo que representa uma exceção morfológica
adj. 2g. = adjetivo de 2 gêneros
adj. 2g. 2n. = adjetivo de 2 gêneros e 2 números
adj. 2n. = adjetivo de 2 números
adv. = advérbio, adverbial
Aer. = Aeronáutica
afirm. = afirmativo
aglut. = aglutinação
Agr. = Agricultura
AL = Alagoas
Álg. = Álgebra
alter. = alteração
AM = Amazonas
Amaz. = Amazônia
Anat. = Anatomia
angol. = angolanismo
ant. = antigo, a
antiq. = antiquado
antôn. = antônimo
Antrop. = Antropologia
AP = Amapá
aport. = aportuguesamento
arc. = arcaísmo, arcaico, a
Arit. = Aritmética
Arquit. = Arquitetura
art. = artigo
Art. Gráf. = Artes Gráficas
Art. Plást. = Artes Plásticas
Art. Poét. = Arte Poética
Astr. = Astronomia
Astrol. = Astrologia
Astron. = Astronáutica
aum. = aumentativo
Autom. = Automobilismo
Automat. = Automatismo
Av. = Aviação

BA = Bahia
Bacter. = Bacteriologia

Basq. = Basquetebol
Bibliogr. = Bibliografia
Bibliol. = Bibliologia
Bibliot. = Biblioteconomia
Biol. = Biologia
Bioquím. = Bioquímica
Bot. = Botânica
bras. = brasileirismo

c. = cerca de
cabo-verd. = cabo-verdianismo
Card. = Cardiologia
CE = Ceará
Cf. = confira, confronte
Cin. = Cinema
Cir. = Cirurgia
Citol. = Citologia
cm = centímetro(s)
C.O. = Centro-Oeste
Com. = Comércio
comb. = combinação
comp. = comparativo
complem. = complementar
conj. = conjunção
conjug. = conjugação
Constr. = Construção
Constr. Nav. = Construção Naval
Cont. = Contabilidade
Contr. = contração
Cul. = Culinária

def. = definido
defect. = defectivo
dem. = demonstrativo
deprec. = depreciativo
desus. = desusado
DF = Distrito Federal
dim. = diminutivo
Dir. = Direito

E. = Este
Ecol. = Ecologia
Econ. = Economia
Edit. = Editoração
el. = elemento
Eletr. = Eletricidade
Eletrôn. = Eletrônica
Embr. = Embriologia
Eng. Civil = Engenharia Civil

Eng. Elétr. = Engenharia Elétrica
Eng. Eletrôn. = Engenharia Eletrônica
Eng. Mec. = Engenharia Mecânica
Eng. Nucl. = Engenharia Nuclear
equiv. = equivalente(s)
ES = Espirito Santo
Escult. = Escultura
esp. = especialmente
Esp. = Espiritismo
Esport. = Esportes
Estat. = Estatística
Etnogr. = Etnografia
Etnol. = Etnologia
Etnôn. = Etnônimo
E.U.A = Estados Unidos da América
ex. = exemplo(s)
Exérc. = Exército
expr. = expressão

f. = feminino
f. = forma(s)
fam. = familiar
fem. = feminino
fig. = figurado
Filos. = Filosofia
Fís. = Física
Fís. Nucl. = Física Nuclear
Fís. Part. = Física de Partículas
Fís.-Quím. = Físico-Química
Fisiol. = fisiologia
flex. = flexão, flexões
Folcl. = Folclore
Fon. = Fonética
fórm. = fórmula
Fot. = Fotografia
f. paral. = forma paralela
fr. = francês
f. red. = forma reduzida
fut. = futuro
Fut. = Futebol

gal. = galicismo
Genét. = Genética
Geofís. = Geofísica
Geogr. = Geografia
Geol. = Geologia
Geom. = Geometria
Geom. Anal. = Geometria Analítica
ger. = geral, geralmente
ger. = gerúndio
gír. = gíria
Gloss. = Glossônimo
GO = Goiás
Gram. = Gramática
Grav. = Gravura
guin. = guineensismo

Heráld. = Heráldica
Hist. = História

Hist. Nat. = História Natural
Histol. = Histologia

i.e. = isto é
imperat. = imperativo
imperf. = imperfeito
impess. = impessoal
impr. = impróprio, impropriamente
ind. = indicativo
indef. = indefinido
inf. = infantil
Inform. = Informática
ingl. = inglês
int. = intransitivo
interj. = interjeição
interrog. = interrogativo
irôn. = irônico

jap. = japonês
joc. = jocoso
Jorn. = Jornalismo
Jur. = Jurídico

lat. = latim
Ling. = Lingüística
Lit. = Liturgia
Liter. = Literatura
loc. = locução, locuções
Lóg. = Lógica
lus. = lusitanismo; lusitano

m. = mais
m. = masculino
m = metros(s)
MA = Maranhão
Mar. = Marinha
Mar. G. = Marinha de Guerra
Marinh. = Marinharia
Market. = Marketing
masc. = masculino
Mat. = Matemática
Mec. = Mecânica
Med. = Medicina
Med. Leg. = Medicina Legal
Met. = Meteorologia
MG = Minas Gerais
Microbiol. = Microbiologia
mil. = militar
Min. = Mineralogia
Mit. = Mitologia
moç. = moçambicanismo
mm = milímetro(s)
MS = Mato Grosso do Sul
MT = Mato Grosso
m. us. = mais usado
Mús. = Música

n. = número(s)
N. = Norte

Náut. = Náutica
N.E. = Nordeste
neg. = negativo
N.O = Noroeste
num. = numeral

O. = Oeste
obsol. = obsoleto
Ocean. = Oceanografia
Odont. = Odontologia
Ópt. = Óptica

p. = pronominal
PA = Pará
Paleont. = Paleontologia
part. = particípio
Patol. = Patologia
PB = Paraíba
PE = Pernambuco
Pej. = Pejorativo
perf. = perfeito
pess. = pessoa(s); pessoal
Petr. = Petrografia
p. ex. = por exemplo
p. ext. = por extensão
PI = Piauí
Pint. = Pintura
pl. = plural
pleb. = plebeísmo
poét. = poético
Pol. = Política
pop. = popular(es)
port. = português
poss. = possessivo
poss. = possivelmente
PR = Paraná
pred. = predicativo
prep. = preposição
pres. = presente
pret. = pretérito
Prom. Vend. = Promoção de Vendas
pron. = pronome
Prop. = Propaganda
prov. = provérbio
prov. = provincianismo ou provincialismo
Psicol. = Psicologia
Psiq. = Psiquiatria
p. us. = pouco usado(s)

q. = que
q. v. = queira ver
Quím. = Química

Rád. = Rádio
Radiol. = Radiologia
Radiotéc. = Radiotécnica
red. = reduzida
Rel. = Religião
restr. = restritivo

Ret. = Retórica
RJ = Rio de Janeiro
RN = Rio Grande do Norte
RO = Rondônia
RR = Roraima
RS = Rio Grande do Sul

s. = substantivo
S. = Sul
santom. = santomensismo
SC = Santa Catarina
s2g = substantivo de 2 gêneros
s2g. 2n. = substantivo de 2 gêneros e de 2 números
SE = Sergipe
S.E. = Sudeste
séc. = século
sécs. = séculos
sf. = substantivo feminino
sf. 2n. = substantivo feminino de 2 números
sf. e m. = substantivo feminino e masculino
sf. e m. 2n. = substantivo feminino e masculino de 2 números
sf. e m. pl. = substantivo feminino e masculino plural
sf. pl. = substantivo feminino plural
símb. = símbolo
sin. = sinônimo(s)
sing. = singular
sin. ger. = sinônimo geral; sinônimos gerais
sint. = sintético
sm. = substantivo masculino
sm. 2n. = substantivo masculino de 2 gêneros
sm. e f. = substantivo masculino e feminino
sm. e f. 2n. = substantivo masculino e feminino de 2 números
sm. e f. pl. = substantivo masculino e feminino plural
sm.pl. = substantivo masculino plural
S.O. = Sudoeste
Sociol. = Sociologia
SP = São Paulo
subj. = subjuntivo
subord. = subordinativa
subst. = substantivo
super. = superioridade
superl. = superlativo

t = tonelada(s)
t. = transitivo
tb. = também
Teatr. = Teatro
Tec. = Tecnologia
Telec. = Telecomunicações
Telev. = Televisão
Teol. = Teologia
Ter. = Teratologia
Terap. = Terapia
term. = terminação

Tip. = Tipografia
TO = Tocantins
transobj. = transobjetivo
Trig. = Trigonometria

unipess. = unipessoal
Urb. = Urbanismo
U.R.S.S. = União das Repúblicas Socialistas Soviéticas
us. = usado(s)

v. = veja
v. = verbo
var. = variante(s)
var. pros. = variante prosódica
v. bit. = verbo bitransitivo
Veter. = Veterinária
v. int. = verbo intransitivo
voc. = vocábulo(s)
v. p. = verbo pronominal
v. pred. = verbo predicativo
v.t. = verbo transitivo
v.t.-c. = verbo transitivo-circunstancial
v.t.d. = verbo transitivo direto
v.t.d.c. = verbo transitivo direto circunstancial

v.t.d.i. = verbo transitivo direto e indireto

Zool. = Zoologia

Sinais convencionais

❑ Antecede siglas ou símbolos.

⇨ Antecede palavras estrangeiras.

• Indica separação silábica, na cabeça dos verbetes e nas derivadas.

• Us. no interior de verbete, indica mudança de classe gramatical ou de gênero.

◆ Us. somente no interior de verbete, antecedendo locução ou locuções de que o verbete é a base.

§ Us. só no interior de verbete, antes de palavras derivadas ou aparentadas com ele.

44 Indica a tabela do paradigma verbal pelo qual se conjuga o verbo (no exemplo, a tabela 44).

RESUMO GRAMATICAL

CONSTRUÇÃO DA SENTENÇA SIMPLES

A ordem direta predomina na construção da sentença, em português:

sujeito + verbo + ⌈ objeto
⌊ adjuntos adverbiais

Ex.: *João comprou uvas pela manhã.*
João foi à praia.

Observações
A inversão na ordem sujeito-verbo se faz:
a) quando o verbo está no imperativo e o sujeito está explícito: *Saiam todos! Tome você o xarope.*
b) quando se faz uso da voz passiva pronominal: *Aluga-se um quarto-e-sala na Gamboa; Forram-se botões; Vendem-se livros usados; Dão-se aulas de português.*
c) no discurso direto, *i.e.*, quando se reproduzem as palavras de alguém exatamente como foram ditas, e o verbo *dicendi* (como *dizer, falar, responder, perguntar, sugerir*, etc.) não introduz a fala da personagem, mas nela se insere, ou a conclui: *Esta pergunta — respondeu a professora — nada tem a ver com o que ensinei; Eu não veria esse filme — disse o rapaz.*
d) não obrigatoriamente, com predicados nominais (aqueles formados por um *verbo de ligação + predicativo*), quando o sujeito é longo: *Foi horrível o acidente que vimos ontem quando descíamos a Rio—Petrópolis.*

Os adjuntos adverbiais (representados por um *advérbio*, uma *locução adverbial* ou uma *oração adverbial*) são, com freqüência, antecedendo o seguinte: *Ontem não saímos; Infelizmente choveu; As crianças, amanhã pela manhã, não estarão aqui; Quando acordei, já era tarde para o encontro.*

1. A construção do sujeito e do objeto

Sujeito e objeto têm como núcleo um nome (*núcleo nominal*), *i.e.*, um *substantivo* ou um *pronome*: *João saiu; Ele saiu.*

A esse núcleo nominal podem acrescentar-se *adjuntos adnominais* (*i.e.*, termos que estão *'juntos ao nome'*), que o estarão antecedendo ou seguindo. Podem exercer essa função os artigos (definidos e indefinidos), os pronomes demonstrativos e possessivos, os numerais, os adjetivos, além de locuções adjetivas (como em *livro de ouro*) ou orações adjetivas (*O homem que vi ontem era outro*). Resumimos tais possibilidades no quadro abaixo.

ADJUNTO ADNOMINAL			NOME	ADJUNTO ADNOMINAL
artigo ou pronome demonstrativo	pronome possessivo	numeral	substantivo	adjetivo
Aqueles	*meus*	*dois*	*livros*	*ingleses*

Observações

a) Os artigos, os pronomes demonstrativos, os pronomes possessivos e os adjetivos concordam em gênero (masculino e feminino) e número (singular e plural) com o nome: *O(s) menino(s) esperto(s)*; *Esta(s) menina(s) bonita(s)*.

b) Os numerais cardinais *um, dois, ambos* e os que indicam múltiplos de *cem* concordam em gênero com o nome: *dois blocos, duas casas*; *duzentos gramas, duzentas pedras*; *ambos os meninos, ambas as ruas*.

c) Os numerais cardinais *milhão, bilhão, trilhão,* etc. variam em número: *milhão/milhões, trilhão/trilhões.*

d) Os numerais ordinais variam em gênero e número: *vigésimo/vigésima.*

e) Os adjetivos terminados em —*a,* —*e,* —*l,* —*m,* —*ar,* —*s,* —*z,* e os comparativos terminados em —*or* são invariáveis quanto ao gênero: *hipócrita, árabe, amável, ruim, exemplar, simples, feliz, superior.* [Exceções: *bom/boa; andaluz/andaluza.*]

Os adjetivos terminados em —*o* átono mudam o —*o* em —*a*: *bonito/bonita.*

Aqueles terminados em —*u,* —*ês* e —*or* acrescentam —*a* ao masculino: *cru/crua; francês/francesa; encantador/encantadora.* [Exceções: *hindu, zulu; cortês, descortês, montês, pedrês; multicor, incolor, sensabor;* e os comparativos, como *melhor, pior,* todos invariáveis quanto ao gênero.]

Os terminados em —*ão* formam o feminino em —*ã* ou —*ona*: *são/sã; chorão/chorona.* [Exceção: *beirão/beiroa.*]

f) Os nomes terminados em vogal recebem —*s* no plural: *casa/casas.*

Se terminados em —*r* e —*z* recebem —*es*: *mar/mares; rapaz/rapazes.*

Os terminados em —*n* fazem o plural com acréscimo de —*s* ou —*es*: *abdômen, abdomens* ou *abdômenes; hífen, hifens* ou *hífenes,* etc.

Os nomes paroxítonos terminados em —*s* são invariáveis, mas não o são, quando oxítonos: *o atlas, os atlas; um país, dois países.*

Os poucos nomes finalizados em —*x* são também invariáveis: *o tórax, os tórax, o ônix, os ônix.*

Aqueles terminados em —*m* mudam o —*m* em —*ns*: *fim/fins; homem/homens.*

Se terminados em —*il,* os nomes mudam o —*l* em —*s* quando oxítonos, e em —*eis* quando paroxítonos: *barril/barris, funil/funis; fóssil/fósseis; réptil/répteis.*

Os terminados em —*al,* —*el,* —*ol* e —*ul* mudam o —*l* em —*is*: *animal/animais; níquel/níqueis; lençol/lençóis; paul/pauis.* [Exceções: *cal (cais* ou *cales), mal/males, cônsul/cônsules.*]

A maioria dos nomes terminados em —*ão* faz o plural em —*ões*: *balão/balões, leão/leões, nação/nações,* etc. Incluem-se neste grupo todos os aumentativos: *casarão/casarões, facão/facões,* etc.

Há, porém, formas em —*ães* e —*ãos*: *alemão/alemães, cão/cães, pão/pães, tabelião/tabeliães; cidadão/cidadãos, cristão/cristãos, órgão/órgãos,* etc.

Ocorrem ainda nomes que apresentam dois e até três plurais: *alazão, alazães* e *alazões; ancião, anciães, anciãos* e *anciões; ermitão, ermitães* e *ermitões; refrão, refrães* e *refrãos,* etc.

Os nomes próprios seguem as mesmas regras do plural dos nomes comuns: *os dois Plínios, os três Andradas, os Josés, os Maias, os Cardosos de Melo,* etc.

Os nomes compostos seguem, em geral, as seguintes normas de pluralização:

— quando os termos componentes não se ligam por hífen, o plural obedece às regras dos substantivos simples: *pernilongo/pernilongos, vaivém/vaivéns, malmequer/malmequeres,* etc.

— quando o primeiro termo do nome composto é verbo ou palavra invariável, e o segundo um nome, só este se flexiona: *guarda-chuva/guarda-chuvas, sempre-viva/sempre-vivas, alto-falante/alto-falantes, ave-maria/ave-marias, vice-governador/vice-governadores,* etc.

— quando os termos componentes estão ligados por preposição, só o primeiro vai para o plural: *pão-de-ló/pães-de-ló, joão-de-barro/joões-de-barro,* etc.

— quando o último termo do substantivo composto é um verbo, só este se flexiona: *bem-te-vi/bem-te-vis, bem-querer/bem-quereres, bem-me-quer/bem-me-queres,* etc.

— quando o substantivo composto é constituído de dois substantivos, ou de substantivo e adjetivo, ambos os termos geralmente se pluralizam: *carta-bilhete/cartas-bilhetes, amor-perfeito/amores-perfeitos, quarta-feira/quartas-feiras,* etc.

— quando o substantivo composto é constituído de duas formas verbais repetidas, pluralizam-se ambos os termos, ou apenas o segundo: *corre-corre: corres-corres* ou *corre-corres.*

— quando o segundo termo limita ou determina o primeiro, ou entre os dois é possível subentender uma preposição ou locução prepositiva, é lícito pluralizar ambos os componentes ou apenas o primeiro: *banana-prata, bananas-pratas* ou *bananas-prata; caneta-tinteiro, canetas-tinteiros* ou *canetas-tinteiro; fruta-pão, frutas-pães* ou *frutas-pão; couve-flor, couves-flores* ou *couves-flor; palavra-chave, palavras-chaves* ou *palavras-chave*, etc.

g) Os nomes terminados em —*o* mudam o —*o* em —*a* para formar o feminino: *gato/gata, menino/menina*.

— Se terminados em consoante, formam o feminino pelo acréscimo de —*a*: *leitor/leitora, camponês/camponesa*.

— Os nomes terminados em —*ão* mudam esta terminação em —*ona*, em —*oa* ou em —*ã*: *folião/foliona; leitão/leitoa; irmão/irmã*.

— Alguns nomes têm a forma feminina totalmente diversa da forma masculina: *homem/mulher, bode/cabra, carneiro/ovelha*.

2. O verbo

O verbo concorda com o sujeito.

2.1. sujeito simples: *Eu saí; Nós cantamos*.

2.2. sujeito composto da 3ª pessoa: *Mãe e filha esperaram a resposta todo o dia*.

2.3. sujeito composto de pessoas diferentes.

a) a 1ª pessoa prevalece sobre as demais: *Ele e eu fomos premiados; João, você e eu iremos ao cinema*.

b) a 2ª pessoa prevalece sobre a terceira: *Tu e Joana fostes premiados*.

Observações

a) Os complementos do verbo são o *objeto direto* e o *objeto indireto*. No primeiro caso, o verbo não pede preposição, mas, no segundo caso, ela é necessária: *Comprei flores; Não gostamos de chocolate*.

b) Há verbos que não pedem complemento. São os intransitivos: *Ontem saímos; O bebê nasceu; Ventou toda a noite*.

Na concordância, as terminações do verbo variam de acordo com a conjugação a que o verbo pertence. São da *primeira conjugação* os verbos terminados em —*ar*; da *segunda*, aqueles terminados em —*er*, assim como o verbo anômalo desta conjugação *pôr*, e seus derivados (*compor, pospor, antepor*, etc.); da *terceira*, os verbos terminados em —*ir*.

Na seção *Paradigmas de conjugação*, adiante, damos os modelos de conjugação dos verbos regulares, seguidos de 57 modelos de variações das conjugações regulares e de modelos de conjugação de verbos irregulares. Em cada verbo do dicionário é indicado seu modelo de conjugação.

NOTAÇÕES LÉXICAS

1. O acento gráfico, em português, pode ser:

a) **agudo**
— usado sobre as cinco vogais, indica:
• sílaba tônica e vogal aberta (*fé, mó, café, jiló, século, cólica*);
• sílaba tônica (*aí, baú, além, reféns*).

b) **circunflexo**
— usado sobre as vogais *a, e* e *o*, indica:
• sílaba tônica e vogal fechada (*avô, mês, você, ânimo, câmara*, etc.).

c) **grave**
— usado sobre a vogal *a*, indica a crase da preposição *a* com o artigo *a, as* e com os pronomes demonstrativos *a, as, aquele, aqueles, aquela, aquelas, aquilo*. Veja *infra A crase e seu emprego*.

2. Outros sinais:

a) **til**

— indica nasalização, us. sobre o *a* e o *o*: *lã, lãzinha, órfão, órgão; põe, sermões,* etc.

<u>Obs.</u>: Excepcionalmente, é usado sobre o u: *pũiense* e *ũa* (ant. e p. us.).

b) **trema**

— indica que o *u* dos grupos de letras *güe, güi, qüe, qüi* é pronunciado: *bilíngüe, deságue, sagüi, eloqüente, tranqüilo,* etc.

<u>Obs.</u>: Há vários vocábulos em que o trema é facultativo: *antiguidade* ou *antigüidade, equilátero* ou *eqüilátero, líquido* ou *líqüido, sanguíneo* ou *sangüíneo,* etc.

c) **apóstrofo**

— indica a supressão de uma letra — ger. uma vogal — no verso (por exigência da metrificação), em certas pronúncias populares e em palavras compostas ligadas pela preposição *de: c'roa, esp'rança; 'tá, 'teve; mãe-d'água, olho-d'água, pau-d'alho, pau-d'arco,* etc.

d) **cedilha**

— usada debaixo do *c*, antes das vogais *a, o* e *u*, representa o fonema [s]: *laçar, cansaço, açude,* etc.

e) **hífen**

— usado para unir os elementos de palavras compostas em que se mantém a noção da composição ou em derivadas por prefixação: *arco-íris, guarda-pó, pára-lama, pé-de-moleque; pré-vestibular, super-herói, ex-colega,* etc.

— usado para unir pronomes átonos a verbos: *tiraram-me, cantaste-a, demos-lhe, conduzirte-ei,* etc.

— usado para separar vocábulos no fim da linha: *conseqüên-cia, multiplica-ção, lúgu-bre,* etc.

REGRAS DE ACENTUAÇÃO

Proparoxítonos

Todos se acentuam: *áspero, pássaro, amássemos, lâmina, péssimo, pudéssemos, lêssemos, lívido, síntese, partíssemos, ótimo, fôlego, público, túmulo,* etc.

<u>Obs.</u>: Incluem-se nesta regra os vocábulos terminados em encontros vocálicos que podem ser pronunciados como ditongos crescentes: *área, petróleo, ignorância, prêmio, língua, tênue,* etc.

Paroxítonos

Acentuam-se os terminados em:

a) *—i, —is, —us*: *júri, dândi, lápis, tênis, ônus,* etc.

<u>Obs.</u>: Não se acentuam os prefixos paroxítonos terminados em *—i: anti-higiênico, semi-analfabeto,* etc.

b) *—l, —n, —r, —x, —ps*: *afável, fêrtil, pólen, hífen, próton, éter, câncer, tórax, ônix, bíceps,* etc.

<u>Obs. 1</u>: *Pólen* e *hífen* — bem como os demais paroxítonos terminados em *—en* — fazem no plural, respectivamente, *polens* e *hífens* (sem acento), porque, já sendo acentuados os oxítonos em *—éns* (como *reféns, manténs,* etc.), seria redundante distinguir os paroxítonos.

<u>Obs. 2</u>: Não se acentuam os prefixos paroxítonos terminados em *—r: inter-racial, super-homem,* etc.

c) *—ã, —ãs, —ão, —ãos*: *imã, órfãs, bênção, bênçãos,* etc.

d) *—um, —uns*: *álbum/álbuns, fórum/fóruns,* etc.

e) ditongo oral: *jóquei, fáceis, fizéreis, enxágüe, bilíngüe,* etc.

<u>Obs.</u>: Não se acentua a sílaba tônica das formas verbais terminadas em *—qüe, —qües, —qüem: apropinqüe, apropinqües, apropinqüem.*

Oxítonos

Acentuam-se os terminados em:

a) —a, —as, —e, —es, —o, —os: *cajá, atrás, pontapé, através, você, revés, revês, avó, avôs, cipós, repôs*, etc.

Obs.: Incluem-se nesta regra as formas verbais em que, depois de —a, —e, —o, se assimilaram *r, s, z*, ao *l* do pronome *lo, la, los, las*, caindo depois o primeiro *l: amá-lo, louvá-la, fê-los, contê-los, repô-las, sabê-lo-eis, trá-las-á*, etc.

b) —em, —ens: *ninguém, refém, reféns, convém, convéns, retém-no*, etc.

Obs.: Não se acentuam os monossílabos com essas terminações: *vem* (3ª pess. sing. do pres. ind. do v. *vir*); *vens; tem* (3ª pess. sing. do pres. ind. do v. *ter*), *tens*, etc. (Veja *e*) em *Regras gerais*.)

Regras gerais

a) Levam acento agudo o *i* e o *u* tônicos em hiato com a vogal precedente, desde que formem sílaba isolados ou sejam seguidos de *s: cafeína, raízes, saíste, reúnes, balaústre, contraí-lo, distribuí-lo*, etc.

Obs. 1: Não se acentua o *i* seguido de *nh: tainha, moinho*, etc.

Obs. 2: Se o *i* tônico é precedido de um *u* com trema, o acento agudo não ocorre: *argüimos, argüi, argüiste, argüido*, etc.

b) Levam acento agudo as vogais tônicas dos ditongos *éi, éu, ói: idéia, céu, destrói, apóias*, etc.

c) Leva acento circunflexo o *o* tônico do hiato —*ôo: vôo, vôos, enjôo, enjôos, abençôo*, etc.

d) Leva acento agudo o *u* tônico dos grupos de letras *gue, gui, que, qui: argúi, argúis, averigúe, averigúes, obliqúe, obliqúes*, etc.

e) Marca-se com acento circunflexo o *e* tônico da 3ª pess. do pl. do pres. do ind. dos verbos *ter, vir* e seus compostos: *têm, vêm, contêm, advêm*, etc., para distingui-la da 3ª pess. do sing.

f) Mantém-se o acento circunflexo do sing. *crê, dê, lê, vê* no pl. *crêem, dêem, lêem, vêem* e nos compostos desses verbos: *descrêem, desdêem, relêem, revêem*, etc.

Obs.: As formas da 3ª pess. do pl. do pres. do ind. dos verbos *dar, ler, crer, ver* e seus compostos são, respectivamente, *dêem, lêem, crêem, vêem, relêem, prevêem*, etc.

Acento diferencial

a) Acentuam-se os vocábulos tônicos que se escrevem com as mesmas letras de outros átonos: *ás* (subst.) e *às* (contração da prep. *a* com o art. *a*) em contraposição com *as* (art.); *pôr* (v.) em contraposição com *por* (prep.); *pára* (v.) em contraposição com *para* (prep.); *péla/pélas* (formas verbais de *pelar* e subst.) em contraposição com *pela/pelas* (combinação de prep. e art.); *pólo/pólos* (subst.) em contraposição com *polo/polos* (combinação antiga e popular de prep. e art.); *côa/côas* (formas verbais de *coar*) em contraposição com *coa/coas* (contração da prep. *com* com o art. *a, as*); *pêra* (subst.) em contraposição com *pera* (prep. antiga, interjeição); *porquê* (subst.) em contraposição com *porque* (conj.); *quê* (subst. e pron. no fim de frase) em contraposição com *que* (pron., adv., conj. e partícula expletiva).

b) Marca-se com acento circunflexo a forma *pôde* (3ª pess. do sing. do pret. perf. do ind. do v. *poder*) para distingui-la de *pode* (3ª pess. do sing. do pres. do ind.). Além deste caso, este dicionário continua a adotar a distinção *forma(s)/fôrma(s)*, indevidamente abolida pela lei nº 5.765, de 18.12.71, que alterou o sistema ortográfico de 1943.

A crase e seu emprego

Vocábulo de origem grega, *crase* é a fusão ou contração de duas vogais numa só. Nesse sentido, pode-se dizer que na evolução do lat. *dolore(m)* para o port. *dor* houve crase dos dois —*oo*— em um só (*door > dor*), após a síncope do *l* intervocálico. Em sentido restrito, porém, o termo *crase* designa a contração da prep. *a* com o art. feminino *a* (pl. *as*) ou com os pron. dem. *a, as, aquele, aqueles, aquela, aquelas, aquilo*.

Assim sendo, a crase ocorre apenas antes de palavras femininas — à exceção é claro, de *aquele, aqueles* e *aquilo* — (que às vezes podem estar ocultas ou subentendidas) determinadas pelo artigo *a* ou *as* e subordinadas a termos que exigem a preposição *a: João assistiu à partida; Fui à cidade; Tinha amor à natureza; Usava sapatos à (moda de) Luís XV; Tinha um estilo à (maneira de) Euclides da Cunha*, etc.

O acento grave é ainda de regra em numerosas locuções adverbiais, prepositivas e conjuntivas formadas com a prep. *a* e substantivo feminino: *à beira de, à cata de, à chave, à espada, à faca, à fome, à medida que, à toa, à vela, às cegas, às vezes,* etc.

Há casos em que a crase pode ocorrer ou não:

a) antes de pronomes possessivos no feminino: *Dei um presente* a (ou <u>à</u>) *minha namorada; Referiu-se* a (ou <u>à</u>) *nossa atitude,* etc.

Obs.: A crase é obrigatória se houver elipse do substantivo: *Dedicou-se* a (ou <u>à</u>) *nossa causa mas não deu atenção* à *sua.*

b) antes de antropônimos femininos, caso em que o uso do acento grave denota intimidade ou popularidade: *Escrevi uma carta* a (ou <u>à</u>) *Amélia; Dei parabéns* a (ou <u>à</u>) *Gal Costa,* etc.

Obs.: Se o nome próprio estiver antecedido de um adjetivo, o acento grave torna-se obrigatório: *Dediquei o livro à querida Ana,* etc.

c) depois da preposição *até,* por admitir esta a variante *até a: Foi até* a (ou <u>à</u>) *esquina,* etc.

Casos em que a crase não ocorre:

a) antes de nomes masculinos e de verbos: *navio a vapor, Comprou uma televisão a prazo, Viajou a Portugal, Demorou a receber, Aprendeu a recitar,* etc.

Obs.: Em *à zero hora,* a crase na verdade ocorre antes de *hora* e não de *zero* — trata-se de simples inversão de termos.

b) antes do art. indefinido *uma,* de pronomes que não admitem artigo (pessoais, indefinidos, demonstrativos e relativos) e de numerais: *Nunca assisti* a *uma cena tão dramática; Dirigi-me* a *ela; Não fui* a *nenhuma praia de Alagoas; Cheguei* a *certa hora; A essa altura, calei-me; A autoridade* a *que aludi; Governou de 1930* a *1945;* etc.

Obs.: Antes de numerais que indicam hora definida, a crase é, porém, de rigor: À *uma da manhã, todos saíram;* Às *duas horas da tarde, começaram a fazer a sesta,* etc.

c) em locuções formadas por substantivos repetidos: *face* a *face, frente* a *frente, gota* a *gota, de ponta* a *ponta,* etc.

d) antes de nomes próprios femininos que não admitem artigo: *ir* a *Cuba, viajar* a *Brasília, rezar* a *Nossa Senhora, ter devoção* a *Santa Teresinha,* etc.

e) antes de subst. feminino indeterminado: *A reação química deu-se* a *temperatura constante,* etc.

f) antes do subst. *casa* quando se refere ao próprio domicílio: *Voltou* a *casa para apanhar a mala,* etc.

g) antes do subst. *terra* empregado em oposição a *bordo: O náufrago chegou* a *terra,* etc.

Paradigmas de conjugação

As 60 tabelas de conjugação verbal que se seguem apresentam os três modelos de conjugação dos verbos regulares (tabelas 1 a 3) e 57 tabelas (4 a 60) que cobrem algumas variações das conjugações regulares e os diferentes modelos de conjugação irregular.

Em cada verbete de verbo no corpo do dicionário está anotado o número da tabela pela qual se conjuga, seguido da estrutura dos elementos fixos e variáveis a serem aplicados na tabela. Por exemplo, na tabela 53, que cobre 9 variações, a variação [ ]e[rv]ir aplica-se ao verbo [s]e[rv]ir (no verbete está indicada a tabela 53 e é apresentada esta estrutura). Seguindo a tabela, os grupos [s] e [rv] permanecem fixos, e as terminações e os grupos variáveis (sempre em negrito) acompanham as variações da tabela. Assim, [s]i[rv]o, [s]e[rv]es, etc. Na mesma tabela, outra variação, por exemplo, é [adv]e[rt]ir, onde ficam fixos os grupos [adv] e [rt], o que implica [adv]i[rt]o, [adv]e[rt]es, etc.

Verbos regulares

Como paradigmas para as três conjugações regulares foram escolhidos os verbos **amar (1)**, **vender (2)** e **partir (3)**.

Alguns verbos regulares apresentam alterações gráficas em certas circunstâncias, outros apresentam distinções de timbre. A saber:

1. Os verbos da 1ª conjugação cujos radicais terminam em —c, —ç, e —g que mudam tais letras, sempre que seguidas de —e, em —qu, —c e —gu, respectivamente. Ex.: **trancar** (8), **laçar** (9) e **largar** (11).

2. Os verbos da 2ª e 3ª conjugações cujos radicais terminam em —c, —g e —gu mudam tais letras, sempre que seguidas de —o ou —a, em —ç, —j e —g, respectivamente. Ex.: **aquecer** (34), **abranger** (36), **erguer** (33), **dirigir** (45), **extinguir** (46).

3. Os verbos terminados em —oar são regulares, mas recebem acento circunflexo na 1ª pessoa do pres. ind. Ex.: **coroar** (13).

4. Os verbos terminados em —iar são, em geral, regulares. São exceções: **ansiar**, **incendiar**, **mediar**, **odiar**, e **remediar** (veja item 3 dos verbos irregulares).

5. Os verbos em —ejar são, em geral, regulares; há, entretanto, aqueles cuja significação promove a unipessoalidade em seu uso (ex.: **flamejar, verdejar,** etc.), embora nada impeça a sua flexão, quando o contexto assim pedir. A maior parte deles têm o segundo e do radical fechado (ê) nas f. rizotônicas; o v. **invejar** (e alguns outros poucos na língua), porém, tem o e aberto (é) em tais formas.

6. Os verbos em —elhar são regulares, mas, em geral, têm o e fechado (ê) nas f. rizotônicas. O v. **grelhar** é exceção: pres. ind.: grelho (é), grelhas (é), grelha (é), etc.

Verbos irregulares

1. Os auxiliares de uso mais freqüente: **estar** (7), **haver** (6), **ser** (4) e **ter** (5).

2. Aqueles terminados em —ear. Ex.: **frear** (10).

3. Alguns verbos terminados em —iar, por analogia aos terminados em —ear. Ex.: **odiar** (12).

4. Alguns verbos têm variação na acentuação, troca de consoante na raiz, perda de vogal da terminação ou defectividade em certos tempos ou pessoas, e são únicos ou servem de paradigma para tais casos. Exemplos:

terminados em —ar: **saudar** (15), **aguar** (16), **averiguar** (17), **adequar** (18);
terminados em —er: **aprazer** (32), **jazer** (35), **roer** (37);
terminados em —ir: **ouvir** (42), **medir** (43), **conduzir** (44), **coibir** (50), **extorquir** (58), **falir** (59), **agredir** (54), **dormir** (55), **mentir** (53), **polir** (56), **bulir** (57), etc.

5. Alguns desses verbos terminados em —*ir* mudam a vogal da raiz de acordo com padrões fixos, variando de verbo para verbo as consoantes e os grupos consonantais. Seguem-se os padrões:

a) [m]e[nt]**ir** (53) tem no mesmo padrão (como exemplos): [s]e[rv]**ir**, [disc]e[rn]**ir**, [adv]e[rt]**ir**, [v]e[st]**ir**, [comp]e[l]**ir**, [ad]e[r]**ir**, [comp]e[t]**ir**, [d]e[sp]**ir**

b) [agr]e[d]**ir** (54) tem no mesmo padrão (como exemplos): [prev]e[n]**ir**, [c]e[rz]**ir**, [den]e[gr]**ir**

c) [d]o[rm]**ir** (55) tem no mesmo padrão (como exemplos): [c]o[br]**ir**, [t]o[ss]**ir**, [ab]o[l]**ir**

d) [p]o[l]**ir** (56) tem no mesmo padrão (como exemplo): [s]o[rt]**ir**

e) [b]u[l]**ir** (57) tem no mesmo padrão (como exemplos): [s]u[b]**ir**, [s]u[m]**ir**, [ent]u[p]**ir**, [c]u[sp]**ir**, [ac]u[d]**ir**, [f]u[g]**ir** (este, com troca do *g* pelo *j* antes de *a* e de *o*).

6. Outros paradigmas de verbos irregulares:

dar (14), **dizer** (19), **fazer** (20), **trazer** (21), **caber** (22), **saber** (23), **ver** (24), **prover** (25), **poder** (26), **crer** (27), **querer** (28), **valer** (30), **perder** (31), **jazer** (38), **cair** (38), **ir** (39), **vir** (40), **rir** (41), **seguir** (47) (análogo ao item 5.a, mas trocando o *gu* por *g* antes de *a* e o), **divergir** (48) (análogo ao item 5.a, mas trocando o *g* por *j* antes de *a* e o), **atribuir** (49), **frigir** (51), **argüir** (52), **pôr** (60).

7. Deve-se atentar para a ocorrência de notações sobre conjugação no interior dos verbetes referentes a alguns verbos, pois em tais casos a remissiva para uma tabela só é pertinente quando considerada a observação feita no próprio verbete. O verbo **prazer**, por exemplo, tem no seu interior a seguinte observação: "Irreg. e defect., só se conjuga nas 3ªs pess.; na 3ª pess. sing. do pres. ind. perde o *e* da terminação."; assim, a remissão para o paradigma **32** refere-se apenas às 3ªs pess. desse paradigma (pres. ind.: *praz, prazem*; pret. imperf. ind.: *prazia, praziam*; pret. perf.: *prouve, prouveram*; pret.m.-q.-perf.: *prouvera, prouveram*; fut. do pres.: *prazerá, prazerão*; pres. subj.: *praza, prazam*; pret. imperf. subj.: *prouvesse, prouvessem*; fut. subj.: *prouver, prouverem*).

Tabela relativa aos timbres das vogais *e* e *o* em verbos das 1ª e 2ª conjugações

A • Os verbos deste paradigma da 1ª conjugação —de terminações várias (*-ebar, -ecar, -eçar, -edar, -efar, -elar, -erar, -erdar, -ermar, -ernar, -esar, -essar, -estar, -etar, -evar*, etc.) — , como, por exemplo, **começar** e **levar**, têm o *e* aberto (é) nas formas rizotônicas, *i.e.* na 1ª, 2ª e 3ª pess. do sing. e 3ª pess. do pl. do pres. ind. e do pres. subj., e na 2ª pess. do sing. e nas 3ªs. do imperat. afirmativo: pres. ind.: *começo* (é), *começas* (é), *começa* (é), *começamos* (ê), *começais* (ê), *começam* (é) / *levo* (é), *levas* (é), *leva* (é), *levamos* (ê), *levais* (ê), *levam* (é); pres. subj.: *comece* (é), *comeces* (é), *comece* (é), *comecemos* (ê), *começais* (ê), *comecem* (é) / *leve* (é), *leves* (é), *leve* (é), *levemos* (ê), *levais* (ê), *levem* (é); imperat. afirmativo: *começa* (é), *comece* (é), *comecemos* (ê), *começai* (ê), *comecem* (é) / *leva* (é), *leve* (é), *levemos* (ê), *levai* (ê), *levem* (é).

B • Os verbos deste paradigma da 1ª conjugação, ger. terminados em *-ejar* (excetua-se *invejar*), *-elhar*, e *-egar*, como, por exemplo, **aparelhar**, **chegar** e **pelejar**, têm o *e* fechado (ê) nas f. rizotônicas, *i.e.*, nas 1ª, 2ª e 3ª pess. do sing. e 3ª pess. do pl. do pres. ind. e do pres. subj., e na 2ª pess. do sing. e nas 3ªs pess. do imperat. afirmativo: pres. ind.: *aparelho* (ê), *aparelhas* (ê), *aparelha* (ê), ... *aparelham* (ê) / *chego* (ê), *chegas* (ê), *chega* (ê), ... *chegam* (ê) / *pelejo* (ê), *pelejas* (ê), *peleja* (ê), ... *pelejam* (ê); no pres. subj.: *aparelhe* (ê), *aparelhes* (ê), *aparelhe* (ê), ... *aparelhem* (ê) / *chegue* (ê), *chegues* (ê), *chegue* (ê), ... *cheguem* (ê) / *peleje* (ê), *pelejes* (ê), *peleje* (ê), ... *pelejem* (ê); no imperat. afirmativo: *aparelha* (ê), *aparelhe* (ê), ... *aparelhem* (ê) / *chega* (ê), *chegue* (ê), ... *cheguem* (ê) / *peleja* (ê), *peleje* (ê), ... *pelejem* (ê). Ou seja, tanto nas formas rizotônicas quanto nas arrizotônicas o *e* é fechado.

C • Os verbos deste paradigma da 1ª conjugação, terminados em *-echar*, como, por exemplo, **fechar** e **apetrechar**, seguem o mesmo padrão que os de **B**; é comum, entretanto, a pronúncia do *e* aberto (é), nas formas rizotônicas, o que se deve evitar.

D • Os verbos deste paradigma da 1ª conjugação, terminados em *-egar*, como, por exemplo, **regar** e **abnegar**, ao contrário dos v. dos dois últimos paradigmas (**B** e **C**), têm o *e* aberto (é) nas f. rizotônicas, *i. e.*, na 1ª, 2ª e 3ª pess. do sing. e 3ª pess. do pl. do pres. ind. e do pres. subj., e na 2ª pess. do sing. e nas 3ªs pess. do imperat. afirmativo: pres. ind.: *rego* (é), *regas* (é), *rega* (é), ... *regam* (é) / *abnego* (é), *abnegas* (é), *abnega* (é), ... *abnegam* (é); pres. subj.: *regue* (é), *regues* (é), *regue* (é), ... *reguem* (é) / *abnegue* (é), *abnegues* (é), *abnegue* (é), ... *abneguem* (é); imperat. afirmativo: *rega* (é), *regue* (é), ... *reguem* (é) / *abnega* (é), *abnegue* (é), ... *abneguem* (é).

E • Os verbos da 1ª conjugação, terminados em *-oiar* (ditongo não seguido de consoante), como, por exemplo, **apoiar** e **aboiar**[1] (excetua-se *aboiar*[2]), têm o *o* aberto (ó) nas formas rizotônicas e nelas recebem acento gráfico: pres. ind.: *apóio, apóias, apóia, ... apóiam / abóio, abóias, abóia, ... abóiam;* pres. subj.: *apóie, apóies, ... apóiem / abóie, abóies, ... abóiem;* imperat. afirmativo: *apóia, apóie, ... apóiem / abóia, abóie, ... abóiem.*

F • Os verbos deste paradigma da 1ª conjugação — de terminações várias (*-obar, -ocar, -oçar, -ofar, -ogar, ojar, -olar, -olhar-, -opar, -orar, -orrar, -osar-, -ossar, -otar, -ovar,* etc.) —, como, por exemplo, **lograr**, **acordar** e **sobrar**, têm o *o* aberto (ó) nas formas rizotônicas, *i. e.,* nas 1ª, 2ª e 3ª pess. do sing. e na 3ª pess. do pl. do pres. ind. e do pres. subj., e na 2ª pess. do sing. e nas 3ªs pess. do imperat. afirmativo: pres. ind.: *logro* (ó)*, logras* (ó)*, logra* (ó)*, logramos* (ô)*, lograis* (ô)*, logram* (ó) */ acordo* (ó)*, acordas* (ó)*, acorda* (ó)*, acordamos* (ô)*, acordais* (ô)*, acordam* (ó) */ sobro* (ó)*, sobras* (ó)*, sobra* (ó)*, sobramos* (ô)*, sobrais* (ô)*, sobram* (ó); pres. subj.: *logre* (ó)*, logres* (ó)*, logre* (ó)*, logremos* (ô)*, logreis* (ô)*, logrem* (ó) */ acorde* (ó)*, acordes* (ó)*, acorde* (ó)*, acordemos* (ô)*, acordeis* (ô)*, acordem* (ó) */ sobre* (ó)*, sobres* (ó)*, sobre* (ó)*, sobremos* (ô)*, sobreis* (ô)*, sobrem* (ó); imperat. afirmativo: *logra* (ó)*, logre* (ó)*, ... logrem* (ó) */ acorda* (ó)*, acorde* (ó)*, ... acordem* (ó) */ sobra* (ó)*, sobre* (ó)*, ... sobrem* (ó).

G • Nos verbos deste paradigma da 2ª conjugação — de terminações várias (*-olher, -olver, -orver,* etc.) —, como, por exemplo, **correr**, **mover** e **torcer**, a 1ª pess. do sing. do pres. ind. tem o *o* do rad. fechado (ô), enquanto a 2ª e 3ª pess. do sing. e a 3ª pess. do pl. do pres. ind., e a 2ª pess. do sing. do imperat. afirmativo têm o *o* do rad. aberto (ó); as demais têm o *o* fechado (ô): pres. ind.: *corro* (ô)*, corres* (ó)*, corre* (ó)*, ... correm* (ó) */ movo* (ô)*, moves* (ó)*, move* (ó)*, ... movem* (ó) */ torço* (ô)*, torces* (ó)*, torce* (ó)*, ... torcem* (ó); pres. subj.: *corra* (ô)*, corras* (ô), etc. */ mova* (ô)*, movas* (ô), etc. */ torça* (ô)*, torças* (ô), etc.; imperat.: *corre* (ó)*, corra* (ô), etc. */ move* (ó)*, mova* (ô), etc. */ torce* (ó)*, torça* (ô), etc.

H • Os verbos deste paradigma da 2ª conjugação — de terminações várias (*-ecer, -eder, -eger, -erter, -escer, -eter, -exer,* etc.) —, como, por exemplo, **aquecer**, **mexer** e **proteger**, apresentam nas f. rizotônicas as seguintes particularidades: **a)** no pres. ind. a 1ª pess. sing. tem o *e* fechado (ê) [*aqueço* (ê); *mexo* (ê); *protejo* (ê)], e a 2ª pess. do sing. (e, portanto, a mesma pess. do imperat.), a 3ª do sing. e a 3ª do pl. têm o *e* aberto (é): *aqueces* (é)*, aquece* (é)*, aquecem* (é) */ mexes* (é)*, mexe* (é)*, mexem* (é) */ proteges* (é)*, protege* (é)*, protegem* (é); imperat.: *aquece* (é) */ mexe* (é) */ protege* (é); **b)** no pres. subj. o *e* é sempre fechado: *aqueça* (ê)*, aqueças* (ê), etc. */ mexa* (ê)*, mexas* (ê), etc. */ proteja* (ê)*, protejas* (ê), etc.

1 [am]ar ([am]ares, [am]ar, [am]armos, [am]ardes, [am]arem)

INDICATIVO		SUBJUNTIVO	IMPERATIVO
Presente	**Pret. imperf.**	**Presente**	**Afirm.**
[am]o	[am]ava	[am]e	—
[am]as	[am]avas	[am]es	[am]a
[am]a	[am]ava	[am]e	[am]e
[am]amos	[am]ávamos	[am]emos	[am]emos
[am]ais	[am]áveis	[am]eis	[am]ai
[am]am	[am]avam	[am]em	[am]em
Pret. perf.	**Pret. m.-q.-perf.**	**Pret. imperf.**	**Neg. (Não...)**
[am]ei	[am]ara	[am]asse	
[am]aste	[am]aras	[am]asses	[am]es
[am]ou	[am]ara	[am]assse	[am]e
[am]amos	[am]áramos	[am]ássemos	[am]emos
[am]astes	[am]áreis	[am]ásseis	[am]eis
[am]aram	[am]aram	[am]assem	[am]em
Fut. do pres.	**Fut. do pret.**	**Futuro**	**GERÚNDIO**
[am]arei	[am]aria	[am]ar	[am]ando
[am]arás	[am]arias	[am]ares	
[am]ará	[am]aria	[am]ar	**PARTICÍPIO**
[am]aremos	[am]aríamos	[am]armos	
[am]areis	[am]aríeis	[am]ardes	[am]ado
[am]arão	[am]ariam	[am]arem	

2 [vend]er ([vend]eres, [vend]er, [vend]ermos, [vend]erdes, [vend]erem)

INDICATIVO		SUBJUNTIVO	IMPERATIVO
Presente	**Pret. imperf.**	**Presente**	**Afirm.**
[vend]o	[vend]ia	[vend]a	—
[vend]es	[vend]ias	[vend]as	[vend]e
[vend]e	[vend]ia	[vend]a	[vend]a
[vend]emos	[vend]íamos	[vend]amos	[vend]amos
[vend]eis	[vend]íeis	[vend]ais	[vend]ei
[vend]em	[vend]iam	[vend]am	[vend]am
Pret. perf.	**Pret. m.-q.-perf.**	**Pret. imperf.**	**Neg. (Não...)**
[vend]i	[vend]era	[vend]esse	—
[vend]este	[vend]eras	[vend]esses	[vend]as
[vend]eu	[vend]era	[vend]esse	[vend]a
[vend]emos	[vend]êramos	[vend]êssemos	[vend]amos
[vend]estes	[vend]êreis	[vend]êsseis	[vend]ais
[vend]eram	[vend]eram	[vend]essem	[vend]am
Fut. do pres.	**Fut. do pret.**	**Futuro**	**GERÚNDIO**
[vend]erei	[vend]eria	[vend]er	[vend]endo
[vend]erás	[vend]erias	[vend]eres	
[vend]erá	[vend]eria	[vend]er	**PARTICÍPIO**
[vend]eremos	[vend]eríamos	[vend]ermos	
[vend]ereis	[vend]eríeis	[vend]erdes	[vend]ido
[vend]erão	[vend]eriam	[vend]erem	

3 [part]**ir** `([part]**ires**, [part]**ir**, [part]**irmos**, [part]**irdes**, [part]**irem**)

INDICATIVO		SUBJUNTIVO	IMPERATIVO
Presente	**Pret. imperf.**	**Presente**	**Afirm.**
[part]o	[part]ia	[part]a	—
[part]es	[part]ias	[part]as	[part]e
[part]e	[part]ia	[part]a	[part]a
[part]imos	[part]íamos	[part]amos	[part]amos
[part]is	[part]íeis	[part]ais	[part]i
[part]em	[part]iam	[part]am	[part]am
Pret. perf.	**Pret. m.-q.-perf.**	**Pret. imperf.**	**Neg. (Não...)**
[part]i	[part]ira	[part]isse	—
[part]iste	[part]iras	[part]isses	[part]as
[part]iu	[part]ira	[part]isse	[part]a
[part]imos	[part]íramos	[part]íssemos	[part]amos
[part]istes	[part]íreis	[part]ísseis	[part]ais
[part]iram	[part]iram	[part]issem	[part]am
Fut. do pres.	**Fut. do pret.**	**Futuro**	**GERÚNDIO**
[part]irei	[part]iria	[part]ir	[part]indo
[part]irás	[part]irias	[part]ires	
[part]irá	[part]iria	[part]ir	**PARTICÍPIO**
[part]iremos	[part]iríamos	[part]irmos	
[part]ireis	[part]iríeis	[part]irdes	[part]ido
[part]irão	[part]iriam	[part]irem	

4 ser (seres, ser, sermos, serdes, serem)

INDICATIVO		SUBJUNTIVO	IMPERATIVO
Presente	**Pret. imperf.**	**Presente**	**Afirm.**
sou	era	seja	—
és	eras	sejas	sê
é	era	seja	seja
somos	éramos	sejamos	sejamos
sois	éreis	sejais	sede
são	eram	sejam	sejam
Pret. perf.	**Pret. m.-q.-perf.**	**Pret. imperf.**	**Neg. (Não...)**
fui	fora	fosse	—
foste	foras	fosses	sejas
foi	fora	fosse	seja
fomos	fôramos	fôssemos	sejamos
fostes	fôreis	fôsseis	sejais
foram	foram	fossem	sejam
Fut. do pres.	**Fut. do pret.**	**Futuro**	**GERÚNDIO**
serei	seria	for	sendo
serás	serias	fores	
será	seria	for	**PARTICÍPIO**
seremos	seríamos	formos	
sereis	seríeis	fordes	sido
serão	seriam	forem	

5 ter   (teres, ter, termos, terdes, terem)

INDICATIVO		SUBJUNTIVO	IMPERATIVO
Presente	**Pret. imperf.**	**Presente**	**Afirm.**
tenho	tinha	tenha	—
tens	tinhas	tenhas	tem
tem	tinha	tenha	tenha
temos	tínhamos	tenhamos	tenhamos
tendes	tínheis	tenhais	tende
têm	tinham	tenham	tenham
Pret. perf.	**Pret. m.-q.-perf.**	**Pret. imperf.**	**Neg. (Não...)**
tive	tivera	tivesse	—
tiveste	tiveras	tivesses	tenhas
teve	tivera	tivesse	tenha
tivemos	tivéramos	tivéssemos	tenhamos
tivestes	tivéreis	tivésseis	tenhais
tiveram	tiveram	tivessem	tenham
Fut. do pres.	**Fut. do pret.**	**Futuro**	**GERÚNDIO**
terei	teria	tiver	tendo
terás	terias	tiveres	
terá	teria	tiver	**PARTICÍPIO**
teremos	teríamos	tivermos	
tereis	teríeis	tiverdes	tido
terão	teriam	tiverem	

6 haver   (haveres, haver, havermos, haverdes, haverem)

INDICATIVO		SUBJUNTIVO	IMPERATIVO
Presente	**Pret. imperf.**	**Presente**	**Afirm.**
hei	havia	haja	—
hás	havias	hajas	há
há	havia	haja	haja
havemos/hemos	havíamos	hajamos	hajamos
haveis/heis	havíeis	hajais	havei
hão	haviam	hajam	hajam
Pret. perf.	**Pret. m.-q.-perf.**	**Pret. imperf.**	**Neg. (Não...)**
houve	houvera	houvesse	—
houveste	houveras	houvesses	hajas
houve	houvera	houvesse	haja
houvemos	houvéramos	houvéssemos	hajamos
houvestes	houvéreis	houvésseis	hajais
houveram	houveram	houvessem	hajam
Fut. do pres.	**Fut. do pret.**	**Futuro**	**GERÚNDIO**
haverei	haveria	houver	havendo
haverás	haverias	houveres	
haverá	haveria	houver	**PARTICÍPIO**
haveremos	haveríamos	houvermos	
havereis	haveríeis	houverdes	havido
haverão	haveriam	houverem	

7 estar   (estares, estar, estarmos, estardes, estarem)

INDICATIVO		SUBJUNTIVO	IMPERATIVO
Presente	**Pret. imperf.**	**Presente**	**Afirm.**
estou	estava	esteja	—
estás	estavas	estejas	está
está	estava	esteja	esteja
estamos	estávamos	estejamos	estejamos
estais	estáveis	estejais	estai
estão	estavam	estejam	estejam
Pret. perf.	**Pret. m.-q.-perf.**	**Pret. imperf.**	**Neg. (Não...)**
estive	estivera	estivesse	—
estiveste	estiveras	estivesses	estejas
esteve	estivera	estivesse	esteja
estivemos	estivéramos	estivéssemos	estejamos
estivestes	estivéreis	estivésseis	estejais
estiveram	estiveram	estivessem	estejam
Fut. do pres.	**Fut. do pret.**	**Futuro**	**GERÚNDIO**
estarei	estaria	estiver	estando
estarás	estarias	estiveres	
estará	estaria	estiver	
estaremos	estaríamos	estivermos	**PARTICÍPIO**
estareis	estaríeis	estiverdes	estado
estarão	estariam	estiverem	

8 [tran]car   ([tran]cares, [tran]car, [tran]carmos, [tran]cardes, [tran]carem)

INDICATIVO		SUBJUNTIVO	IMPERATIVO
Presente	**Pret. imperf.**	**Presente**	**Afirm.**
[tran]co	[tran]cava	[tran]que	—
[tran]cas	[tran]cavas	[tran]ques	[tran]ca
[tran]ca	[tran]cava	[tran]que	[tran]que
[tran]camos	[tran]cávamos	[tran]quemos	[tran]quemos
[tran]cais	[tran]cáveis	[tran]queis	[tran]cai
[tran]cam	[tran]cavam	[tran]quem	[tran]quem
Pret. perf.	**Pret. m.-q.-perf.**	**Pret. imperf.**	**Neg. (Não...)**
[tran]quei	[tran]cara	[tran]casse	—
[tran]caste	[tran]caras	[tran]casses	[tran]ques
[tran]cou	[tran]cara	[tran]casse	[tran]que
[tran]camos	[tran]cáramos	[tran]cássemos	[tran]quemos
[tran]castes	[tran]cáreis	[tran]cásseis	[tran]queis
[tran]caram	[tran]caram	[tran]cassem	[tran]quem
Fut. do pres.	**Fut. do pret.**	**Futuro**	**GERÚNDIO**
[tran]carei	[tran]caria	[tran]car	[tran]cando
[tran]carás	[tran]carias	[tran]cares	
[tran]cará	[tran]caria	[tran]car	
[tran]caremos	[tran]caríamos	[tran]carmos	**PARTICÍPIO**
[tran]careis	[tran]caríeis	[tran]cardes	[tran]cado
[tran]carão	[tran]cariam	[tran]carem	

9 [la]çar   ([la]çares, [la]çar, [la]çarmos, [la]çardes, [la]çarem)

INDICATIVO		SUBJUNTIVO	IMPERATIVO
Presente	Pret. imperf.	Presente	Afirm.
[la]ço	[la]çava	[la]ce	—
[la]ças	[la]çavas	[la]ces	[la]ça
[la]ça	[la]çava	[la]ce	[la]ce
[la]çamos	[la]çávamos	[la]cemos	[la]cemos
[la]çais	[la]cáveis	[la]ceis	[la]çai
[la]çam	[la]çavam	[la]cem	[la]cem
Pret. perf.	Pret. m.-q.-perf.	Pret. imperf.	Neg. (Não...)
[la]cei	[la]çara	[la]çasse	—
[la]çaste	[la]çaras	[la]çasses	[la]ces
[la]çou	[la]çara	[la]çasse	[la]ce
[la]çamos	[la]çáramos	[la]cássemos	[la]cemos
[la]çastes	[la]çáreis	[la]císseis	[la]ceis
[la]çaram	[la]çaram	[la]çassem	[la]cem
Fut. do pres.	Fut. do pret.	Futuro	GERÚNDIO
[la]çarei	[la]çaria	[la]çar	[la]çando
[la]çarás	[la]çarias	[la]çares	
[la]çará	[la]çaria	[la]çar	PARTICÍPIO
[la]çaremos	[la]çaríamos	[la]çarmos	
[la]çareis	[la]çaríeis	[la]çardes	[la]çado
[la]çarão	[la]çariam	[la]çarem	

10 [fr]ear   ([fr]eares, [fr]ear, [fr]earmos, [fr]eardes, [fr]earem)

INDICATIVO		SUBJUNTIVO	IMPERATIVO
Presente	Pret. imperf.	Presente	Afirm.
[fr]eio	[fr]eava	[fr]eie	—
[fr]eias	[fr]eavas	[fr]eies	[fr]eia
[fr]eia	[fr]eava	[fr]eie	[fr]eie
[fr]eamos	[fr]eávamos	[fr]eemos	[fr]eemos
[fr]eais	[fr]eáveis	[fr]eeis	[fr]eai
[fr]eiam	[fr]eavam	[fr]eiem	[fr]eiem
Pret. perf.	Pret. m.-q.-perf.	Pret. imperf.	Neg. (Não...)
[fr]eei	[fr]eara	[fr]easse	—
[fr]easte	[fr]earas	[fr]easses	[fr]eies
[fr]eou	[fr]eara	[fr]easse	[fr]eie
[fr]eamos	[fr]eáramos	[fr]eássemos	[fr]eemos
[fr]eastes	[fr]eáreis	[fr]eásseis	[fr]eeis
[fr]earam	[fr]earam	[fr]eassem	[fr]eiem
Fut. do pres.	Fut. do pret.	Futuro	GERÚNDIO
[fr]earei	[fr]earia	[fr]ear	[fr]eando
[fr]earás	[fr]earias	[fr]eares	
[fr]eará	[fr]earia	[fr]ear	PARTICÍPIO
[fr]earemos	[fr]earíamos	[fr]earmos	
[fr]eareis	[fr]earíeis	[fr]eardes	[fr]eado
[fr]earão	[fr]eariam	[fr]earem	

11 [lar]gar ([lar]gares, [lar]gar, [lar]garmos, [lar]gardes, [lar]garem)

INDICATIVO		SUBJUNTIVO	IMPERATIVO
Presente	Pret. imperf.	Presente	Afirm.
[lar]go	[lar]gava	[lar]gue	—
[lar]gas	[lar]gavas	[lar]gues	[lar]ga
[lar]ga	[lar]gava	[lar]gue	[lar]gue
[lar]gamos	[lar]gávamos	[lar]guemos	[lar]guemos
[lar]gais	[lar]gáveis	[lar]gueis	[lar]gai
[lar]gam	[lar]gavam	[lar]guem	[lar]guem
Pret. perf.	**Pret. m.-q.-perf.**	**Pret. imperf.**	**Neg. (Não...)**
[lar]guei	[lar]gara	[lar]gasse	—
[lar]gaste	[lar]garas	[lar]gasses	[lar]gues
[lar]gou	[lar]gara	[lar]gasse	[lar]gue
[lar]gamos	[lar]gáramos	[lar]gássemos	[lar]guemos
[lar]gastes	[lar]gáreis	[lar]gásseis	[lar]gueis
[lar]garam	[lar]garam	[lar]gassem	[lar]guem
Fut. do pres.	**Fut. do pret.**	**Futuro**	**GERÚNDIO**
[lar]garei	[lar]garia	[lar]gar	[lar]gando
[lar]garás	[lar]garias	[lar]gares	
[lar]gará	[lar]garia	[lar]gar	**PARTICÍPIO**
[lar]garemos	[lar]garíamos	[lar]garmos	
[lar]gareis	[lar]garíeis	[lar]gardes	[lar]gado
[lar]garão	[lar]gariam	[lar]garem	

12 [od]iar ([od]iares, [od]iar, [od]iarmos, [od]iardes, [od]iarem)

INDICATIVO		SUBJUNTIVO	IMPERATIVO
Presente	Pret. imperf.	Presente	Afirm.
[od]eio	[od]iava	[od]eie	—
[od]eias	[od]iavas	[od]eies	[od]eia
[od]eia	[od]iava	[od]eie	[od]eie
[od]iamos	[od]iávamos	[od]iemos	[od]iemos
[od]iais	[od]iáveis	[od]ieis	[od]iai
[od]eiam	[od]iavam	[od]eiem	[od]eiem
Pret. perf.	**Pret. m.-q.-perf.**	**Pret. imperf.**	**Neg. (Não...)**
[od]iei	[od]iara	[od]iasse	—
[od]iaste	[od]iaras	[od]iasses	[od]eies
[od]iou	[od]iara	[od]iasse	[od]eie
[od]iamos	[od]iáramos	[od]iássemos	[od]iemos
[od]iastes	[od]iáreis	[od]iásseis	[od]ieis
[od]iaram	[od]iaram	[od]iassem	[od]eiem
Fut. do pres.	**Fut. do pret.**	**Futuro**	**GERÚNDIO**
[od]iarei	[od]iaria	[od]iar	[od]iando
[od]iarás	[od]iarias	[od]iares	
[od]iará	[od]iaria	[od]iar	**PARTICÍPIO**
[od]iaremos	[od]iaríamos	[od]iarmos	
[od]iareis	[od]iaríeis	[od]iardes	[od]iado
[od]iarão	[od]iariam	[od]iarem	

13 [cor]oar   ([cor]oares, [cor]oar, [cor]oarmos, [cor]oardes, [cor]oarem)

INDICATIVO		SUBJUNTIVO	IMPERATIVO
Presente	**Pret. imperf.**	**Presente**	**Afirm.**
[cor]ôo	[cor]oava	[cor]oe	—
[cor]oas	[cor]oavas	[cor]oes	[cor]oa
[cor]oa	[cor]oava	[cor]oe	[cor]oe
[cor]oamos	[cor]oávamos	[cor]oemos	[cor]oemos
[cor]oais	[cor]oáveis	[cor]oeis	[cor]oai
[cor]oam	[cor]oavam	[cor]oem	[cor]oem
Pret. perf.	**Pret. m.-q.-perf.**	**Pret. imperf.**	**Neg. (Não...)**
[cor]oei	[cor]oara	[cor]oasse	—
[cor]oaste	[cor]oaras	[cor]oasses	[cor]oes
[cor]oou	[cor]oara	[cor]oasse	[cor]oe
[cor]oamos	[cor]oáramos	[cor]oássemos	[cor]oemos
[cor]oastes	[cor]oáreis	[cor]oásseis	[cor]oeis
[cor]oaram	[cor]oaram	[cor]oassem	[cor]oem
Fut. do pres.	**Fut. do pret.**	**Futuro**	**GERÚNDIO**
[cor]oarei	[cor]oaria	[cor]oar	[cor]oando
[cor]oarás	[cor]oarias	[cor]oares	
[cor]oará	[cor]oaria	[cor]oar	**PARTICÍPIO**
[cor]oaremos	[cor]oaríamos	[cor]oarmos	
[cor]oareis	[cor]oaríeis	[cor]oardes	[cor]oado
[cor]oarão	[cor]oariam	[cor]oarem	

14 dar   (dares, dar, darmos, dardes, darem)

INDICATIVO		SUBJUNTIVO	IMPERATIVO
Presente	**Pret. imperf.**	**Presente**	**Afirm.**
dou	dava	dê	—
dás	davas	dês	dá
dá	dava	dê	dê
damos	dávamos	demos	demos
dais	dáveis	deis	dai
dão	davam	dêem	dêem
Pret. perf.	**Pret. m.-q.-perf.**	**Pret. imperf.**	**Neg. (Não...)**
dei	dera	desse	—
deste	deras	desses	dês
deu	dera	desse	dê
demos	déramos	déssemos	demos
destes	déreis	désseis	deis
deram	deram	dessem	dêem
Fut. do pres.	**Fut. do pret.**	**Futuro**	**GERÚNDIO**
darei	daria	der	dando
darás	darias	deres	
dará	daria	der	**PARTICÍPIO**
daremos	daríamos	dermos	
dareis	daríeis	derdes	dado
darão	dariam	derem	

15 [sa]u[d]ar   Conjuga-se como o paradigma 1, mas constitui paradigma para a localização da acentuação de vogal do radical (*u* ou *i*), nos tempos e pessoas assinalados.

INDICATIVO		SUBJUNTIVO	IMPERATIVO
Presente	Pret. imperf.	Presente	Afirm.
[sa]ú[d]o	[sa]u[d]ava	[sa]ú[d]e	—
[sa]ú[d]as	[sa]u[d]avas	[sa]ú[d]es	[sa]ú[d]a
[sa]ú[d]a	[sa]u[d]ava	[sa]ú[d]e	[sa]ú[d]e
[sa]u[d]amos	[sa]u[d]ávamos	[sa]u[d]emos	[sa]u[d]emos
[sa]u[d]ais	[sa]u[d]áveis	[sa]u[d]eis	[sa]u[d]ai
[sa]ú[d]am	[sa]u[d]avam	[sa]ú[d]em	[sa]ú[d]em
Pret. perf.	Pret. m.-q.-perf.	Pret. imperf.	Neg. (Não...)
[sa]u[d]ei	[sa]u[d]ara	[sa]u[d]asse	—
[sa]u[d]aste	[sa]u[d]aras	[sa]u[d]asses	[sa]ú[d]es
[sa]u[d]ou	[sa]u[d]ara	[sa]u[d]asse	[sa]ú[d]e
[sa]u[d]amos	[sa]u[d]áramos	[sa]u[d]ássemos	[sa]u[d]emos
[sa]u[d]astes	[sa]u[d]áreis	[sa]u[d]ásseis	[sa]u[d]eis
[sa]u[d]aram	[sa]u[d]aram	[sa]u[d]assem	[sa]ú[d]em
Fut. do pres.	Fut. do pret.	Futuro	GERÚNDIO
[sa]u[d]arei	[sa]u[d]aria	[sa]u[d]ar	[sa]u[d]ando
[sa]u[d]arás	[sa]u[d]arias	[sa]u[d]ares	
[sa]u[d]ará	[sa]u[d]aria	[sa]u[d]ar	
[sa]u[d]aremos	[sa]u[d]aríamos	[sa]u[d]armos	PARTICÍPIO
[sa]u[d]areis	[sa]u[d]aríeis	[sa]u[d]ardes	[sa]u[d]ado
[sa]u[d]arão	[sa]u[d]ariam	[sa]u[d]arem	

16 a[gu]ar   Semelhante ao paradigma 15 (muda a posição da vogal acentuada), é paradigma para a incidência do trema no *u* do radical, nos tempos e pessoas assinalados.

INDICATIVO		SUBJUNTIVO	IMPERATIVO
Presente	Pret. imperf.	Presente	Afirm.
á[gu]o	a[gu]ava	á[gü]e	—
á[gu]as	a[gu]avas	á[gü]es	á[gu]a
á[gu]a	a[gu]ava	á[gü]e	á[gü]e
a[gu]amos	a[gu]ávamos	a[gü]emos	a[gü]emos
a[gu]ais	a[gu]áveis	a[gü]eis	a[gu]ai
á[gu]am	a[gu]avam	á[gü]em	á[gü]em
Pret. perf.	Pret. m.-q.-perf.	Pret. imperf.	Neg. (Não...)
a[gü]ei	a[gu]ara	a[gu]asse	—
a[gu]aste	a[gu]aras	a[gu]asses	á[gü]es
a[gu]ou	a[gu]ara	a[gu]asse	á[gü]e
a[gu]amos	a[gu]áramos	a[gu]ássemos	a[gü]emos
a[gu]astes	a[gu]áreis	a[gu]ásseis	a[gü]eis
a[gu]aram	a[gu]aram	a[gu]assem	á[gü]em
Fut. do pres.	Fut. do pret.	Futuro	GERÚNDIO
a[gu]arei	a[gu]aria	a[gu]ar	a[gu]ando
a[gu]arás	a[gu]arias	a[gu]ares	
a[gu]ará	a[gu]aria	a[gu]ar	
a[gu]aremos	a[gu]aríamos	a[gu]armos	PARTICÍPIO
a[gu]areis	a[gu]aríeis	a[gu]ardes	a[gu]ado
a[gu]arão	a[gu]ariam	a[gu]arem	

17 [averigu]ar   Similar ao paradigma 1, difere na colocação de acento agudo ou trema no *u* do radical nos tempos e pessoas assinalados.

INDICATIVO		SUBJUNTIVO	IMPERATIVO
Presente	Pret. imperf.	Presente	Afirm.
[averigu]o	[averigu]ava	[averigú]e	—
[averigu]as	[averigu]avas	[averigú]es	[averigu]a
[averigu]a	[averigu]ava	[averigú]e	[averigú]e
[averigu]amos	[averigu]ávamos	[averigü]emos	[averigü]emos
[averigu]ais	[averigu]áveis	[averigü]eis	[averigu]ai
[averigu]am	[averigu]avam	[averigú]em	[averigú]em
Pret. perf.	Pret. m.-q.-perf.	Pret. imperf.	Neg. (Não...)
[averigü]ei	[averigu]ara	[averigu]asse	—
[averigu]aste	[averigu]aras	[averigu]asses	[averigú]es
[averigu]ou	[averigu]ara	[averigu]asse	[averigú]e
[averigu]amos	[averigu]áramos	[averigu]ássemos	[averigü]emos
[averigu]astes	[averigu]áreis	[averigu]ásseis	[averigü]eis
[averigu]aram	[averigu]aram	[averigu]assem	[averigú]em
Fut. do pres.	Fut. do pret.	Futuro	GERÚNDIO
[averigu]arei	[averigu]aria	[averigu]ar	[averigu]ando
[averigu]arás	[averigu]arias	[averigu]ares	
[averigu]ará	[averigu]aria	[averigu]ar	PARTICÍPIO
[averigu]aremos	[averigu]aríamos	[averigu]armos	
[averigu]areis	[averigu]aríeis	[averigu]ardes	[averigu]ado
[averigu]arão	[averigu]ariam	[averigu]arem	

18 [adequ]ar   Semelhante ao paradigma 17, difere quanto à defectividade, nos tempos e pessoas assinalados.

INDICATIVO		SUBJUNTIVO	IMPERATIVO
Presente	Pret. imperf.	Presente	Afirm.
—	[adequ]ava	—	—
—	[adequ]avas	—	—
—	[adequ]ava	—	—
[adequ]amos	[adequ]ávamos	[adeqü]emos	[adeqü]emos
[adequ]ais	[adequ]áveis	[adeqü]eis	[adequ]ai
—	[adequ]avam	—	—
Pret. perf.	Pret. m.-q.-perf.	Pret. imperf.	Neg. (Não...)
[adeqü]ei	[adequ]ara	[adequ]asse	—
[adequ]aste	[adequ]aras	[adequ]asses	—
[adequ]ou	[adequ]ara	[adequ]asse	—
[adequ]amos	[adequ]áramos	[adequ]ássemos	[adeqü]emos
[adequ]astes	[adequ]áreis	[adequ]ásseis	[adeqü]eis
[adequ]aram	[adequ]aram	[adequ]assem	—
Fut. do pres.	Fut. do pret.	Futuro	GERÚNDIO
[adequ]arei	[adequ]aria	[adequ]ar	[adequ]ando
[adequ]arás	[adequ]arias	[adequ]ares	
[adequ]ará	[adequ]aria	[adequ]ar	PARTICÍPIO
[adequ]aremos	[adequ]aríamos	[adequ]armos	
[adequ]areis	[adequ]aríeis	[adequ]ardes	[adequ]ado
[adequ]arão	[adequ]ariam	[adequ]arem	

19 dizer   (dizeres, dizer, dizermos, dizerdes, dizerem)

INDICATIVO		SUBJUNTIVO	IMPERATIVO
Presente	Pret. imperf.	Presente	Afirm.
digo	dizia	diga	—
dizes	dizias	digas	diz(e)
diz	dizia	diga	diga
dizemos	dizíamos	digamos	digamos
dizeis	dizíeis	digais	dizei
dizem	diziam	digam	digam
Pret. perf.	Pret. m.-q.-perf.	Pret. imperf.	Neg. (Não...)
disse	dissera	dissesse	—
disseste	disseras	dissesses	digas
disse	dissera	dissesse	diga
dissemos	disséramos	disséssemos	digamos
dissestes	disséreis	dissésseis	digais
disseram	disseram	dissessem	digam
Fut. do pres.	Fut. do pret.	Futuro	GERÚNDIO
direi	diria	disser	dizendo
dirás	dirias	disseres	
dirá	diria	disser	PARTICÍPIO
diremos	diríamos	dissermos	
direis	diríeis	disserdes	dito
dirão	diriam	disserem	

20 fazer   (fazeres, fazer, fazermos, fazerdes, fazerem)

INDICATIVO		SUBJUNTIVO	IMPERATIVO
Presente	Pret. imperf.	Presente	Afirm.
faço	fazia	faça	—
fazes	fazias	faças	faz
faz	fazia	faça	faça
fazemos	fazíamos	façamos	façamos
fazeis	fazíeis	façais	fazei
fazem	faziam	façam	façam
Pret. perf.	Pret. m.-q.-perf.	Pret. imperf.	Neg. (Não...)
fiz	fizera	fizesse	—
fizeste	fizeras	fizesses	faças
fez	fizera	fizesse	faça
fizemos	fizéramos	fizéssemos	façamos
fizestes	fizéreis	fizésseis	façais
fizeram	fizeram	fizessem	façam
Fut. do pres.	Fut. do pret.	Futuro	GERÚNDIO
farei	faria	fizer	fazendo
farás	farias	fizeres	
fará	faria	fizer	PARTICÍPIO
faremos	faríamos	fizermos	
fareis	faríeis	fizerdes	feito
farão	fariam	fizerem	

21 trazer   (trazeres, trazer, trazermos, trazerdes, trazerem)

INDICATIVO		SUBJUNTIVO	IMPERATIVO
Presente	**Pret. imperf.**	**Presente**	**Afirm.**
trago	trazia	traga	—
trazes	trazias	tragas	traz
traz	trazia	traga	traga
trazemos	trazíamos	tragamos	tragamos
trazeis	trazíeis	tragais	trazei
trazem	traziam	tragam	tragam
Pret. perf.	**Pret. m.-q.-perf.**	**Pret. imperf.**	**Neg. (Não...)**
trouxe	trouxera	trouxesse	—
trouxeste	trouxeras	trouxesses	tragas
trouxe	trouxera	trouxesse	traga
trouxemos	trouxéramos	trouxéssemos	tragamos
trouxestes	trouxéreis	trouxésseis	tragais
trouxeram	trouxeram	trouxessem	tragam
Fut. do pres.	**Fut. do pret.**	**Futuro**	**GERÚNDIO**
trarei	traria	trouxer	trazendo
trarás	trarias	trouxeres	
trará	traria	trouxer	**PARTICÍPIO**
traremos	traríamos	trouxermos	
trareis	traríeis	trouxerdes	trazido
trarão	trariam	trouxerem	

22 caber   (caberes, caber, cabermos, caberdes, caberem)

INDICATIVO		SUBJUNTIVO	IMPERATIVO
Presente	**Pret. imperf.**	**Presente**	**Afirm.**
caibo	cabia	caiba	—
cabes	cabias	caibas	—
cabe	cabia	caiba	—
cabemos	cabíamos	caibamos	—
cabeis	cabíeis	caibais	—
cabem	cabiam	caibam	—
Pret. perf.	**Pret. m.-q.-perf.**	**Pret. imperf.**	**Neg. (Não...)**
coube	coubera	coubesse	—
coubeste	couberas	coubesses	—
coube	coubera	coubesse	—
coubemos	coubéramos	coubéssemos	—
coubestes	coubéreis	coubésseis	—
couberam	couberam	coubessem	—
Fut. do pres.	**Fut. do pret.**	**Futuro**	**GERÚNDIO**
caberei	caberia	couber	cabendo
caberás	caberias	couberes	
caberá	caberia	couber	**PARTICÍPIO**
caberemos	caberíamos	coubermos	
cabereis	caberíeis	couberdes	cabido
caberão	caberiam	couberem	

23 saber   Semelhante ao paradigma 22, (**caber**), difere apenas na 1ª pess. sing. do pres. ind. e nos imperativos.   (**saberes, saber, sabermos, saberdes, saberem**)

INDICATIVO		SUBJUNTIVO	IMPERATIVO
Presente	Pret. imperf.	Presente	Afirm.
sei	sabia	saiba	—
sabes	sabias	saibas	sabe
sabe	sabia	saiba	saiba
sabemos	sabíamos	saibamos	saibamos
sabeis	sabíeis	saibais	sabei
sabem	sabiam	saibam	saibam
Pret. perf.	Pret. m.-q.-perf.	Pret. imperf.	Neg. (Não...)
soube	soubera	soubesse	—
soubeste	souberas	soubesses	saibas
soube	soubera	soubesse	saiba
soubemos	soubéramos	soubéssemos	saibamos
soubestes	soubéreis	soubésseis	saibais
souberam	souberam	soubessem	saibam
Fut. do pres.	Fut. do pret.	Futuro	GERÚNDIO
saberei	saberia	souber	sabendo
saberás	saberias	souberes	
saberá	saberia	souber	PARTICÍPIO
saberemos	saberíamos	soubermos	
sabereis	saberíeis	souberdes	sabido
saberão	saberiam	souberem	

24 ver   (**veres, ver, vermos, verdes, verem**)

INDICATIVO		SUBJUNTIVO	IMPERATIVO
Presente	Pret. imperf.	Presente	Afirm.
vejo	via	veja	—
vês	vias	vejas	vê
vê	via	veja	veja
vemos	víamos	vejamos	vejamos
vedes	víeis	vejais	vede
vêem	viam	vejam	vejam
Pret. perf.	Pret. m.-q.-perf.	Pret. imperf.	Neg. (Não...)
vi	vira	visse	—
viste	viras	visses	vejas
viu	vira	visse	veja
vimos	víramos	víssemos	vejamos
vistes	víreis	vísseis	vejais
viram	viram	vissem	vejam
Fut. do pres.	Fut. do pret.	Futuro	GERÚNDIO
verei	veria	vir	vendo
verás	verias	vires	
verá	veria	vir	PARTICÍPIO
veremos	veríamos	virmos	
vereis	veríeis	virdes	visto
verão	veriam	virem	

25 prover (proveres, prover, provermos, proverdes, proverem)

INDICATIVO		SUBJUNTIVO	IMPERATIVO
Presente	Pret. imperf.	Presente	Afirm.
provejo	provia	proveja	—
provês	provias	provejas	provê
provê	provia	proveja	proveja
provemos	províamos	provejamos	provejamos
provedes	províeis	provejais	provede
provêem	proviam	provejam	provejam
Pret. perf.	Pret. m.-q.-perf.	Pret. imperf.	Neg. (Não...)
provi	provera	provesse	—
proveste	proveras	provesses	provejas
proveu	provera	provesse	proveja
provemos	provêramos	provêssemos	provejamos
provestes	provêreis	provêsseis	provejais
proveram	proveram	provessem	provejam
Fut. do pres.	Fut. do pret.	Futuro	GERÚNDIO
proverei	proveria	prover	provendo
proverás	proverias	proveres	
proverá	proveria	prover	PARTICÍPIO
proveremos	proveríamos	provermos	
provereis	proveríeis	proverdes	provido
proverão	proveriam	proverem	

26 poder (poderes, poder, podermos, poderdes, poderem)

INDICATIVO		SUBJUNTIVO	IMPERATIVO
Presente	Pret. imperf.	Presente	Afirm.
posso	podia	possa	—
podes	podias	possas	—
pode	podia	possa	—
podemos	podíamos	possamos	—
podeis	podíeis	possais	—
podem	podiam	possam	—
Pret. perf.	Pret. m.-q.-perf.	Pret. imperf.	Neg. (Não...)
pude	pudera	pudesse	—
pudeste	puderas	pudesses	—
pôde	pudera	pudesse	—
pudemos	pudéramos	pudéssemos	—
pudestes	pudéreis	pudésseis	—
puderam	puderam	pudessem	—
Fut. do pres.	Fut. do pret.	Futuro	GERÚNDIO
poderei	poderia	puder	podendo
poderás	poderias	puderes	
poderá	poderia	puder	PARTICÍPIO
poderemos	poderíamos	pudermos	
podereis	poderíeis	puderdes	podido
poderão	poderiam	puderem	

27 [cr]er   ([cr]eres, [cr]er, [cr]ermos, [cr]erdes, [cr]erem)

INDICATIVO		SUBJUNTIVO	IMPERATIVO
Presente	**Pret. imperf.**	**Presente**	**Afirm.**
[cr]eio	[cr]ia	[cr]eia	—
[cr]ês	[cr]ias	[cr]eias	[cr]ê
[cr]ê	[cr]ia	[cr]eia	[cr]eia
[cr]emos	[cr]íamos	[cr]eiamos	[cr]eiamos
[cr]edes	[cr]íeis	[cr]eiais	[cr]ede
[cr]êem	[cr]iam	[cr]eiam	[cr]eiam
Pret. perf.	**Pret. m.-q.-perf.**	**Pret. imperf.**	**Neg. (Não...)**
[cr]i	[cr]era	[cr]esse	—
[cr]este	[cr]eras	[cr]esses	[cr]eias
[cr]eu	[cr]era	[cr]esse	[cr]eia
[cr]emos	[cr]êramos	[cr]êssemos	[cr]eiamos
[cr]estes	[cr]êreis	[cr]êsseis	[cr]eiais
[cr]eram	[cr]eram	[cr]essem	[cr]eiam
Fut. do pres.	**Fut. do pret.**	**Futuro**	**GERÚNDIO**
[cr]erei	[cr]eria	[cr]er	[cr]endo
[cr]erás	[cr]erias	[cr]eres	
[cr]erá	[cr]eria	[cr]er	
[cr]eremos	[cr]eríamos	[cr]ermos	**PARTICÍPIO**
[cr]ereis	[cr]eríeis	[cr]erdes	[cr]ido
[cr]erão	[cr]eriam	[cr]erem	

28 querer   Não se conjuga no imperativo, a não ser em frases enfáticas, e com extrema
raridade.   (quereres, querer, querermos, quererdes, quererem)

INDICATIVO		SUBJUNTIVO	IMPERATIVO
Presente	**Pret. imperf.**	**Presente**	**Afirm.**
quero	queria	queira	—
queres	querias	queiras	quer(e)
quer	queria	queira	queira
queremos	queríamos	queiramos	queiramos
quereis	queríeis	queirais	queirei
querem	queriam	queiram	queiram
Pret. perf.	**Pret. m.-q.-perf.**	**Pret. imperf.**	**Neg. (Não...)**
quis	quisera	quisesse	—
quiseste	quiseras	quisesses	queiras
quis	quisera	quisesse	queira
quisemos	quiséramos	quiséssemos	queiramos
quisestes	quiséreis	quisésseis	queirais
quiseram	quiseram	quisessem	queiram
Fut. do pres.	**Fut. do pret.**	**Futuro**	**GERÚNDIO**
quererei	quereria	quiser	querendo
quererás	quererias	quiseres	
quererá	quereria	quiser	
quereremos	quereríamos	quisermos	**PARTICÍPIO**
querereis	quereríeis	quiserdes	querido
quererão	quereriam	quiserem	

29 requerer   Note-se que a conjugação não é idêntica à de *querer*.

(requereres, requerer, requerermos, requererdes, requererem)

INDICATIVO		SUBJUNTIVO	IMPERATIVO
Presente	**Pret. imperf.**	**Presente**	**Afirm.**
requeiro	requeria	requeira	—
requeres	requerias	requeiras	requer(e)
requer	requeria	requeira	requeira
requeremos	requeríamos	requeiramos	requeiramos
requereis	requeríeis	requeirais	requerei
requerem	requeriam	requeiram	requeiram
Pret. perf.	**Pret. m.-q.-perf.**	**Pret. imperf.**	**Neg. (Não...)**
requeri	requerera	requeresse	—
requereste	requereras	requeresses	requeiras
requereu	requerera	requeresse	requeira
requeremos	requerêramos	requerêssemos	requeiramos
requerestes	requerêreis	requerêsseis	requeirais
requereram	requereram	requeressem	requeiram
Fut. do pres.	**Fut. do pret.**	**Futuro**	**GERÚNDIO**
requererei	requereria	requerer	requerendo
requererás	requererias	requereres	
requererá	requereria	requerer	**PARTICÍPIO**
requereremos	requereríamos	requerermos	
requerereis	requereríeis	requererdes	requerido
requererão	requereriam	requererem	

30 valer   (valeres, valer, valermos, valerdes, valerem)

INDICATIVO		SUBJUNTIVO	IMPERATIVO
Presente	**Pret. imperf.**	**Presente**	**Afirm.**
valho	valia	valha	—
vales	valias	valhas	vale
vale	valia	valha	valha
valemos	valíamos	valhamos	valhamos
valeis	valíeis	valhais	valei
valem	valiam	valham	valham
Pret. perf.	**Pret. m.-q.-perf.**	**Pret. imperf.**	**Neg. (Não...)**
vali	valera	valesse	—
valeste	valeras	valesses	valhas
valeu	valera	valesse	valha
valemos	valêramos	valêssemos	valhamos
valestes	valêreis	valêsseis	valhais
valeram	valeram	valessem	valham
Fut. do pres.	**Fut. do pret.**	**Futuro**	**GERÚNDIO**
valerei	valeria	valer	valendo
valerás	valerias	valeres	
valerá	valeria	valer	**PARTICÍPIO**
valeremos	valeríamos	valermos	
valereis	valeríeis	valerdes	valido
valerão	valeriam	valerem	

31 perder   Semelhante ao paradigma 2, com irregularidade na 1ª pess. sing. do pres. ind., pres. subj. e imperativos.   **(perderes, perder, perdermos, perderdes, perderem)**

INDICATIVO		SUBJUNTIVO	IMPERATIVO
Presente	**Pret. imperf.**	**Presente**	**Afirm.**
perco	perdia	perca	—
perdes	perdias	percas	perde
perde	perdia	perca	perca
perdemos	perdíamos	percamos	percamos
perdeis	perdíeis	percais	perdei
perdem	perdiam	percam	percam
Pret. perf.	**Pret. m.-q.-perf.**	**Pret. imperf.**	**Neg. (Não...)**
perdi	perdera	perdesse	—
perdeste	perderas	perdesses	percas
perdeu	perdera	perdesse	perca
perdemos	perdêramos	perdêssemos	percamos
perdestes	perdêreis	perdêsseis	percais
perderam	perderam	perdessem	percam
Fut. do pres.	**Fut. do pret.**	**Futuro**	**GERÚNDIO**
perderei	perderia	perder	perdendo
perderás	perderias	perderes	
perderá	perderia	perder	**PARTICÍPIO**
perderemos	perderíamos	perdermos	
perdereis	perderíeis	perderdes	perdido
perderão	perderiam	perderem	

32 [a]prazer   ([a]prazeres, [a]prazer, [a]prazermos, [a]prazerdes, [a]prazerem)

INDICATIVO		SUBJUNTIVO	IMPERATIVO
Presente	**Pret. imperf.**	**Presente**	**Afirm.**
[a]prazo	[a]prazia	[a]praza	—
[a]prazes	[a]prazias	[a]prazas	[a]praz(e)
[a]praz	[a]prazia	[a]praza	[a]praza
[a]prazemos	[a]prazíamos	[a]prazamos	[a]prazamos
[a]prazeis	[a]prazíeis	[a]prazais	[a]prazei
[a]prazem	[a]praziam	[a]prazam	[a]prazam
Pret. perf.	**Pret. m.-q.-perf.**	**Pret. imperf.**	**Neg. (Não...)**
[a]prouve	[a]prouvera	[a]prouvesse	—
[a]prouveste	[a]prouveras	[a]prouvesses	[a]prazas
[a]prouve	[a]prouvera	[a]prouvesse	[a]praza
[a]prouvemos	[a]prouvéramos	[a]prouvéssemos	[a]prazamos
[a]prouvestes	[a]prouvéreis	[a]prouvésseis	[a]prazais
[a]prouveram	[a]prouveram	[a]prouvessem	[a]prazam
Fut. do pres.	**Fut. do pret.**	**Futuro**	**GERÚNDIO**
[a]prazerei	[a]prazeria	[a]prouver	[a]prazendo
[a]prazerás	[a]prazerias	[a]prouveres	
[a]prazerá	[a]prazeria	[a]prouver	**PARTICÍPIO**
[a]prazeremos	[a]prazeríamos	[a]prouvermos	
[a]prazereis	[a]prazeríeis	[a]prouverdes	[a]prazido
[a]prazerão	[a]prazeriam	[a]prouverem	

33 erguer   (ergueres, erguer, erguermos, erguerdes, erguerem)

INDICATIVO		SUBJUNTIVO	IMPERATIVO
Presente	**Pret. imperf.**	**Presente**	**Afirm.**
ergo	erguia	erga	—
ergues	erguias	ergas	ergue
ergue	erguia	erga	erga
erguemos	erguíamos	ergamos	ergamos
ergueis	erguíeis	ergais	erguei
erguem	erguiam	ergam	ergam
Pret. perf.	**Pret. m.-q.-perf.**	**Pret. imperf.**	**Neg. (Não...)**
ergui	erguera	erguesse	—
ergueste	ergueras	erguesses	ergas
ergueu	erguera	erguesse	erga
erguemos	erguêramos	erguêssemos	ergamos
esguestes	erguêreis	erguêsseis	ergais
ergueram	ergueram	erguessem	ergam
Fut. do pres.	**Fut. do pret.**	**Futuro**	**GERÚNDIO**
erguerei	ergueria	erguer	erguendo
erguerás	erguerias	ergueres	
erguerá	ergueria	erguer	**PARTICÍPIO**
erguremos	erguríamos	erguermos	
erguereis	erguríeis	erguerdes	erguido
erguerão	ergueriam	erguerem	

34 [aque]cer   ([aque]ceres, [aque]cer, [aque]cermos, [aque]cerdes, [aque]cerem)

INDICATIVO		SUBJUNTIVO	IMPERATIVO
Presente	**Pret. imperf.**	**Presente**	**Afirm.**
[aque]ço	[aque]cia	[aque]ça	—
[aque]ces	[aque]cias	[aque]ças	[aque]ce
[aque]ce	[aque]cia	[aque]ça	[aque]ça
[aque]cemos	[aque]cíamos	[aque]çamos	[aque]çamos
[aque]ceis	[aque]cíeis	[aque]çais	[aque]cei
[aque]cem	[aque]ciam	[aque]çam	[aque]çam
Pret. perf.	**Pret. m.-q.-perf.**	**Pret. imperf.**	**Neg. (Não...)**
[aque]ci	[aque]cera	[aque]cesse	—
[aque]ceste	[aque]ceras	[aque]cesses	[aque]ças
[aque]ceu	[aque]cera	[aque]cesse	[aque]ça
[aque]cemos	[aque]cêramos	[aque]cêssemos	[aque]çamos
[aque]cestes	[aque]cêreis	[aque]cêsseis	[aque]çais
[aque]ceram	[aque]ceram	[aque]cessem	[aque]çam
Fut. do pres.	**Fut. do pret.**	**Futuro**	**GERÚNDIO**
[aque]cerei	[aque]ceria	[aque]cer	[aque]cendo
[aque]cerás	[aque]cerias	[aque]ceres	
[aque]cerá	[aque]ceria	[aque]cer	**PARTICÍPIO**
[aque]ceremos	[aque]ceríamos	[aque]cermos	
[aque]cereis	[aque]ceríeis	[aque]cerdes	[aque]cido
[aque]cerão	[aque]ceriam	[aque]cerem	

35 jazer   (jazeres, jazer, jazermos, jazerdes, jazerem)

INDICATIVO		SUBJUNTIVO	IMPERATIVO
Presente	**Pret. imperf.**	**Presente**	**Afirm.**
jazo	jazia	jaza	—
jazes	jazias	jazas	jaz(e)
jaz	jazia	jaza	jaza
jazemos	jazíamos	jazamos	jazamos
jazeis	jazíeis	jazais	jazei
jazem	jaziam	jazam	jazam
Pret. perf.	**Pret. m.-q.-perf.**	**Pret. imperf.**	**Neg. (Não...)**
jazi	jazera	jazesse	—
jazeste	jazeras	jazesses	jazas
jazeu	jazera	jazesse	jaza
jazemos	jazêramos	jazêssemos	jazamos
jazestes	jazêreis	jazêsseis	jazais
jazeram	jazeram	jazessem	jazam
Fut. do pres.	**Fut. do pret.**	**Futuro**	**GERÚNDIO**
jazerei	jazeria	jazer	jazendo
jazerás	jazerias	jazeres	
jazerá	jazeria	jazer	**PARTICÍPIO**
jazeremos	jazeríamos	jazermos	
jazereis	jazeríeis	jazerdes	jazido
jazerão	jazeriam	jazerem	

36 [abran]ger   ([abran]geres, [abran]ger, [abran]germos, [abran]gerdes, [abran]gerem)

INDICATIVO		SUBJUNTIVO	IMPERATIVO
Presente	**Pret. imperf.**	**Presente**	**Afirm.**
[abran]jo	[abran]gia	[abran]ja	—
[abran]ges	[abran]gias	[abran]jas	[abran]ge
[abran]ge	[abran]gia	[abran]ja	[abran]ja
[abran]gemos	[abran]gíamos	[abran]jamos	[abran]jamos
[abran]geis	[abran]gíeis	[abran]jais	[abran]gei
[abran]gem	[abran]giam	[abran]jam	[abran]jam
Pret. perf.	**Pret. m.-q.-perf.**	**Pret. imperf.**	**Neg. (Não...)**
[abran]gi	[abran]gera	[abran]gesse	—
[abran]geste	[abran]geras	[abran]gesses	[abran]jas
[abran]geu	[abran]gera	[abran]gesse	[abran]ja
[abran]gemos	[abran]gêramos	[abran]gêssemos	[abran]jamos
[abran]gestes	[abran]gêreis	[abran]gêsseis	[abran]jais
[abran]geram	[abran]geram	[abran]gessem	[abran]jam
Fut. do pres.	**Fut. do pret.**	**Futuro**	**GERÚNDIO**
[abran]gerei	[abran]geria	[abran]ger	[abran]gendo
[abran]gerás	[abran]gerias	[abran]geres	
[abran]gerá	[abran]geria	[abran]ger	**PARTICÍPIO**
[abran]geremos	[abran]geríamos	[abran]germos	
[abran]gereis	[abran]geríeis	[abran]gerdes	[abran]gido
[abran]gerão	[abran]geriam	[abran]gerem	

37 [r]oer ([r]oeres, [r]oer, [r]oermos, [r]oerdes, [r]oerem)

INDICATIVO		SUBJUNTIVO	IMPERATIVO
Presente	**Pret. imperf.**	**Presente**	**Afirm.**
[r]ôo	[r]oía	[r]oa	—
[r]óis	[r]oías	[r]oas	[r]ói
[r]ói	[r]oía	[r]oa	[r]oa
[r]oemos	[r]oíamos	[r]oamos	[r]oamos
[r]oeis	[r]oíeis	[r]oais	[r]oei
[r]oem	[r]oíam	[r]oam	[r]oam
Pret. perf.	**Pret. m.-q.-perf.**	**Pret. imperf.**	**Neg. (Não...)**
[r]oí	[r]oera	[r]oesse	—
[r]oeste	[r]oeras	[r]oesses	[r]oas
[r]oeu	[r]oera	[r]osse	[r]oa
[r]oemos	[r]oêramos	[r]oêssemos	[r]oamos
[r]oestes	[r]oêreis	[r]oêsseis	[r]oais
[r]oeram	[r]oeram	[r]oessem	[r]oam
Fut. do pres.	**Fut. do pret.**	**Futuro**	**GERÚNDIO**
[r]oerei	[r]oeria	[r]oer	[r]oendo
[r]oerás	[r]oerias	[r]oeres	
[r]oerá	[r]oeria	[r]oer	**PARTICÍPIO**
[r]oeremos	[r]oeríamos	[r]oermos	
[r]oereis	[r]oeríeis	[r]oerdes	[r]oído
[r]oerão	[r]oeriam	[r]oerem	

38 [c]air   Notem-se as vogais acentuadas nos hiatos.
([c]aíres, [c]air, [c]airmos, [c]airdes, [c]aírem)

INDICATIVO		SUBJUNTIVO	IMPERATIVO
Presente	**Pret. imperf.**	**Presente**	**Afirm.**
[c]aio	[c]aía	[c]aia	—
[c]ais	[c]aías	[c]aias	[c]ai
[c]ai	[c]aía	[c]aia	[c]aia
[c]aímos	[c]aíamos	[c]aiamos	[c]aiamos
[c]aís	[c]aíeis	[c]aiais	[c]aí
[c]aem	[c]aíam	[c]aiam	[c]aiam
Pret. perf.	**Pret. m.-q.-perf.**	**Pret. imperf.**	**Neg. (Não...)**
[c]aí	[c]aíra	[c]aísse	—
[c]aíste	[c]aíras	[c]aísses	[c]aias
[c]aiu	[c]aíra	[c]aísse	[c]aia
[c]aímos	[c]aíramos	[c]aíssemos	[c]aiamos
[c]aístes	[c]aíreis	[c]aísseis	[c]aiais
[c]aíram	[c]aíram	[c]aíssem	[c]aiam
Fut. do pres.	**Fut. do pret.**	**Futuro**	**GERÚNDIO**
[c]airei	[c]airia	[c]air	[c]aindo
[c]airás	[c]airias	[c]aíres	
[c]airá	[c]airia	[c]air	**PARTICÍPIO**
[c]airemos	[c]airíamos	[c]airmos	
[c]aireis	[c]airíeis	[c]airdes	[c]aído
[c]airão	[c]airiam	[c]aírem	

INDICATIVO		SUBJUNTIVO	IMPERATIVO
Presente	**Pret. imperf.**	**Presente**	**Afirm.**
vou	ia	vá	—
vais	ias	vás	vai
vai	ia	vá	vá
vamos	íamos	vamos	vamos
ides	íeis	vades	ide
vão	iam	vão	vão
Pret. perf.	**Pret. m.-q.-perf.**	**Pret. imperf.**	**Neg. (Não...)**
fui	fora	fosse	—
foste	foras	fosses	vás
foi	fora	fosse	vá
fomos	fôramos	fôssemos	vamos
fostes	fôreis	fôsseis	vades
foram	foram	fossem	vão
Fut. do pres.	**Fut. do pret.**	**Futuro**	**GERÚNDIO**
irei	iria	for	indo
irás	irias	fores	
irá	iria	for	**PARTICÍPIO**
iremos	iríamos	formos	
ireis	iríeis	fordes	ido
irão	iriam	forem	

40 vir   Nos verbos em [ ]vir, ocorre acento agudo no *e* nas 2ª e 3ª pess. sing. do pres. ind. e 2ª pess. sing. do imper. afirm.   (vires, vir, virmos, virdes, virem)

INDICATIVO		SUBJUNTIVO	IMPERATIVO
Presente	**Pret. imperf.**	**Presente**	**Afirm.**
venho	vinha	venha	—
vens	vinhas	venhas	vem
vem	vinha	venha	venha
vimos	vínhamos	venhamos	venhamos
vindes	vínheis	venhais	vinde
vêm	vinham	venham	venham
Pret. perf.	**Pret. m.-q.-perf.**	**Pret. imperf.**	**Neg. (Não...)**
vim	viera	viesse	—
vieste	vieras	viesses	venhas
veio	viera	viesse	venha
viemos	viéramos	viéssemos	venhamos
viestes	viéreis	viésseis	venhais
vieram	vieram	viessem	venham
Fut. do pres.	**Fut. do pret.**	**Futuro**	**GERÚNDIO**
virei	viria	vier	vindo
virás	virias	vieres	
virá	viria	vier	**PARTICÍPIO**
viremos	viríamos	viermos	
vireis	viríeis	vierdes	vindo
virão	viriam	vierem	

41 rir　　　　　　　　　　　　　　　　　　　(rires, rir, rirmos, rirdes, rirem)

INDICATIVO		SUBJUNTIVO	IMPERATIVO
Presente	Pret. imperf.	Presente	Afirm.
rio	ria	ria	—
ris	rias	rias	ri
ri	ria	ria	ria
rimos	ríamos	riamos	riamos
rides	ríeis	riais	ride
riem	riam	riam	riam
Pret. perf.	Pret. m.-q.-perf.	Pret. imperf.	Neg. (Não...)
ri	rira	risse	—
riste	riras	risses	rias
riu	rira	risse	ria
rimos	ríramos	ríssemos	riamos
ristes	ríreis	rísseis	riais
riram	riram	rissem	riam
Fut. do pres.	Fut. do pret.	Futuro	GERÚNDIO
rirei	riria	rir	rindo
rirás	ririas	rires	
rirá	riria	rir	PARTICÍPIO
riremos	riríamos	rirmos	
rireis	riríeis	rirdes	rido
rirão	ririam	rirem	

42 ouvir　　　　　　　　　　　　　　　　　(ouvires, ouvir, ouvirmos, ouvirdes, ouvirem)

INDICATIVO		SUBJUNTIVO	IMPERATIVO
Presente	Pret. imperf.	Presente	Afirm.
ouço	ouvia	ouça	—
ouves	ouvias	ouças	ouve
ouve	ouvia	ouça	ouça
ouvimos	ouvíamos	ouçamos	ouçamos
ouvis	ouvíeis	ouçais	ouvi
ouvem	ouviam	ouçam	ouçam
Pret. perf.	Pret. m.-q.-perf.	Pret. imperf.	Neg. (Não...)
ouvi	ouvira	ouvisse	—
ouviste	ouviras	ouvisses	ouças
ouviu	ouvira	ouvisse	ouça
ouvimos	ouvíramos	ouvíssemos	ouçamos
ouvistes	ouvíreis	ouvísseis	ouçais
ouviram	ouviram	ouvissem	ouçam
Fut. do pres.	Fut. do pret.	Futuro	GERÚNDIO
ouvirei	ouviria	ouvir	ouvindo
ouvirás	ouvirias	ouvires	
ouvirá	ouviria	ouvir	PARTICÍPIO
ouviremos	ouviríamos	ouvirmos	
ouvireis	ouviríeis	ouvirdes	ouvido
ouvirão	ouviriam	ouvirem	

43 [m]edir   ([m]edires, [m]edir, [m]edirmos, [m]edirdes, [m]edirem)

INDICATIVO		SUBJUNTIVO	IMPERATIVO
Presente	Pret. imperf.	Presente	Afirm.
[m]eço	[m]edia	[m]eça	—
[m]edes	[m]edias	[m]eças	[m]ede
[m]ede	[m]edia	[m]eça	[m]eça
[m]edimos	[m]edíamos	[m]eçamos	[m]eçamos
[m]edis	[m]edíeis	[m]eçais	[m]edi
[m]edem	[m]ediam	[m]eçam	[m]eçam
Pret. perf.	**Pret. m.-q.-perf.**	**Pret. imperf.**	**Neg. (Não...)**
[m]edi	[m]edira	[m]edisse	—
[m]ediste	[m]ediras	[m]edisses	[m]eças
[m]ediu	[m]edira	[m]edisse	[m]eça
[m]edimos	[m]edíramos	[m]edíssemos	[m]eçamos
[m]edistes	[m]edíreis	[m]edísseis	[m]eçais
[m]ediram	[m]ediram	[m]edissem	[m]eçam
Fut. do pres.	**Fut. do pret.**	**Futuro**	**GERÚNDIO**
[m]edirei	[m]ediria	[m]edir	[m]edindo
[m]edirás	[m]edirias	[m]edires	
[m]edirá	[m]ediria	[m]edir	**PARTICÍPIO**
[m]ediremos	[m]ediríamos	[m]edirmos	
[m]edireis	[m]ediríeis	[m]edirdes	[m]edido
[m]edirão	[m]ediriam	[m]edirem	

44 [cond]uzir   Além dos verbos em –**uzir**, o verbo [z]**u**[r]**zir** conjuga-se por este paradigma.
                  ([cond]uzires, [cond]uzir, [cond]uzirmos, [cond]uzirdes, [cond]uzirem)

INDICATIVO		SUBJUNTIVO	IMPERATIVO
Presente	Pret. imperf.	Presente	Afirm.
[cond]uzo	[cond]uzia	[cond]uza	—
[cond]uzes	[cond]uzias	[cond]uzas	[cond]uz(e)
[cond]uz	[cond]uzia	[cond]uza	[cond]uza
[cond]uzimos	[cond]uzíamos	[cond]uzamos	[cond]uzamos
[cond]uzis	[cond]uzíeis	[cond]uzais	[cond]uzi
[cond]uzem	[cond]uziam	[cond]uzam	[cond]uzam
Pret. perf.	**Pret. m.-q.-perf.**	**Pret. imperf.**	**Neg. (Não...)**
[cond]uzi	[cond]uzira	[cond]uzisse	—
[cond]uziste	[cond]uziras	[cond]uzisses	[cond]uzas
[cond]uziu	[cond]uzira	[cond]uzisse	[cond]uza
[cond]uzimos	[cond]uzíramos	[cond]uzíssemos	[cond]uzamos
[cond]uzistes	[cond]uzíreis	[cond]uzísseis	[cond]uzais
[cond]uziram	[cond]uziram	[cond]uzissem	[cond]uzam
Fut. do pres.	**Fut. do pret.**	**Futuro**	**GERÚNDIO**
[cond]uzirei	[cond]uziria	[cond]uzir	[cond]uzindo
[cond]uzirás	[cond]uzirias	[cond]uzires	
[cond]uzirá	[cond]uziria	[cond]uzir	**PARTICÍPIO**
[cond]uziremos	[cond]uziríamos	[cond]uzirmos	
[cond]uzireis	[cond]uziríeis	[cond]uzirdes	[cond]uzido
[cond]uzirão	[cond]uziriam	[cond]uzirem	

45 [diri]**gir** ([diri]**gires**, [diri]**gir**, [diri]**girmos**, [diri]**girdes**, [diri]**girem**)

INDICATIVO		SUBJUNTIVO	IMPERATIVO
Presente	**Pret. imperf.**	**Presente**	**Afirm.**
[diri]jo	[diri]gia	[diri]ja	—
[diri]ges	[diri]gias	[diri]jas	[diri]ge
[diri]ge	[diri]gia	[diri]ja	[diri]ja
[diri]gimos	[diri]gíamos	[diri]jamos	[diri]jamos
[diri]gis	[diri]gíeis	[diri]jais	[diri]gi
[diri]gem	[diri]giam	[diri]jam	[diri]jam
Pret. perf.	**Pret. m.-q.-perf.**	**Pret. imperf.**	**Neg. (Não...)**
[diri]gi	[diri]gira	[diri]gisse	—
[diri]giste	[diri]giras	[diri]gisses	[diri]jas
[diri]giu	[diri]gira	[diri]gisse	[diri]ja
[diri]gimos	[diri]gíramos	[diri]gíssemos	[diri]jamos
[diri]gistes	[diri]gíreis	[diri]gísseis	[diri]jais
[diri]giram	[diri]giram	[diri]gissem	[diri]jam
Fut. do pres.	**Fut. do pret.**	**Futuro**	**GERÚNDIO**
[diri]girei	[diri]giria	[diri]gir	[diri]gindo
[diri]girás	[diri]girias	[diri]gires	
[diri]girá	[diri]giria	[diri]gir	**PARTICÍPIO**
[diri]giremos	[diri]giríamos	[diri]girmos	
[diri]gireis	[diri]gíríeis	[diri]girdes	[diri]gido
[diri]girão	[diri]giriam	[diri]girem	

46 [extin]**guir** Este verbo (mas não o paradigma) tem particípio alternativo: **extinto**.
([extin]**guires**, [extin]**guir**, [extin]**guirmos**, [extin]**guirdes**, [extin]**guirem**)

INDICATIVO		SUBJUNTIVO	IMPERATIVO
Presente	**Pret. imperf.**	**Presente**	**Afirm.**
[extin]go	[extin]guia	[extin]ga	—
[extin]gues	[extin]guias	[extin]gas	[extin]gue
[extin]gue	[extin]guia	[extin]ga	[extin]ga
[extin]guimos	[extin]guíamos	[extin]gamos	[extin]gamos
[extin]guis	[extin]guíeis	[extin]gais	[extin]gui
[extin]guem	[extin]guiam	[extin]gam	[extin]gam
Pret. perf.	**Pret. m.-q.-perf.**	**Pret. imperf.**	**Neg. (Não...)**
[extin]gui	[extin]guira	[extin]guisse	—
[extin]guiste	[extin]guiras	[extin]guisses	[extin]gas
[extin]guiu	[extin]guira	[extin]guisse	[extin]ga
[extin]guimos	[extin]guíramos	[extin]guíssemos	[extin]gamos
[extin]guistes	[extin]guíreis	[extin]guísseis	[extin]gais
[extin]guiram	[extin]guiram	[extin]guissem	[extin]gam
Fut. do pres.	**Fut. do pret.**	**Futuro**	**GERÚNDIO**
[extin]guirei	[extin]guiria	[extin]guir	[extin]guindo
[extin]guirás	[extin]guirias	[extin]guires	
[extin]guirá	[extin]guiria	[extin]guir	**PARTICÍPIO**
[extin]guiremos	[extin]guiríamos	[extin]guirmos	
[extin]guireis	[extin]guiríeis	[extin]guirdes	[extin]guido
[extin]guirão	[extin]guiriam	[extin]guirem	[extin]to

47 [ ]seguir   ([ ]seguires, [ ]seguir, [ ]seguirmos, [ ]seguirdes, [ ]seguirem)

INDICATIVO		SUBJUNTIVO	IMPERATIVO
Presente	**Pret. imperf.**	**Presente**	**Afirm.**
[ ]sigo	[ ]seguia	[ ]siga	—
[ ]segues	[ ]seguias	[ ]sigas	[ ]segue
[ ]segue	[ ]seguia	[ ]siga	[ ]siga
[ ]seguimos	[ ]seguíamos	[ ]sigamos	[ ]sigamos
[ ]seguis	[ ]seguíeis	[ ]sigais	[ ]segui
[ ]seguem	[ ]seguiam	[ ]sigam	[ ]sigam
Pret. perf.	**Pret. m.-q.-perf.**	**Pret. imperf.**	**Neg. (Não...)**
[ ]segui	[ ]seguira	[ ]seguisse	—
[ ]seguiste	[ ]seguiras	[ ]seguisses	[ ]sigas
[ ]seguiu	[ ]seguira	[ ]seguisse	[ ]siga
[ ]seguimos	[ ]seguíramos	[ ]seguíssemos	[ ]sigamos
[ ]seguistes	[ ]seguíreis	[ ]seguísseis	[ ]sigais
[ ]seguiram	[ ]seguiram	[ ]seguissem	[ ]sigam
Fut. do pres.	**Fut. do pret.**	**Futuro**	**GERÚNDIO**
[ ]seguirei	[ ]seguiria	[ ]seguir	[ ]seguindo
[ ]seguirás	[ ]seguirias	[ ]seguires	
[ ]seguirá	[ ]seguiria	[ ]seguir	**PARTICÍPIO**
[ ]seguiremos	[ ]seguiríamos	[ ]seguirmos	
[ ]seguireis	[ ]seguiríeis	[ ]seguirdes	[ ]seguido
[ ]seguirão	[ ]seguiriam	[ ]seguirem	

48 [div]ergir   ([div]ergires, [div]ergir, [div]ergirmos, [div]ergirdes, [div]ergirem)

INDICATIVO		SUBJUNTIVO	IMPERATIVO
Presente	**Pret. imperf.**	**Presente**	**Afirm.**
[div]irjo	[div]ergia	[div]irja	—
[div]erges	[div]ergias	[div]irjas	[div]erge
[div]erge	[div]ergia	[div]irja	[div]irja
[div]ergimos	[div]ergíamos	[div]irjamos	[div]irjamos
[div]ergis	[div]ergíeis	[div]irjais	[div]ergi
[div]ergem	[div]ergiam	[div]irjam	[div]irjam
Pret. perf.	**Pret. m.-q.-perf.**	**Pret. imperf.**	**Neg. (Não...)**
[div]ergi	[div]ergira	[div]ergisse	—
[div]ergiste	[div]ergiras	[div]ergisses	[div]irjas
[div]ergiu	[div]ergira	[div]ergisse	[div]irja
[div]ergimos	[div]ergíramos	[div]ergíssemos	[div]irjamos
[div]ergistes	[div]ergíreis	[div]ergísseis	[div]irjais
[div]ergiram	[div]ergiram	[div]ergissem	[div]irjam
Fut. do pres.	**Fut. do pret.**	**Futuro**	**GERÚNDIO**
[div]ergirei	[div]ergiria	[div]ergir	[div]ergindo
[div]ergirás	[div]ergirias	[div]ergires	
[div]ergirá	[div]ergiria	[div]ergir	**PARTICÍPIO**
[div]ergiremos	[div]ergiríamos	[div]ergirmos	
[div]ergireis	[div]ergiríeis	[div]ergirdes	[div]ergido
[div]ergirão	[div]ergiriam	[div]ergirem	

INDICATIVO		SUBJUNTIVO	IMPERATIVO
Presente	**Pret. imperf.**	**Presente**	**Afirm.**
[atrib]**uo**	[atrib]**uía**	[atrib]**ua**	—
[atrib]**uis**	[atrib]**uías**	[atrib]**uas**	[atrib]**ui** A: [constr]**ói**
A:[constr]**óis**	[atrib]**uía**	[atrib]**ua**	[atrib]**ua**
[atrib]**ui** A: [constr]**ói**	[atrib]**uíamos**	[atrib]**uamos**	[atrib]**uamos**
[atrib]**uímos**	[atrib]**uíeis**	[atrib]**uais**	[atrib]**uí**
[atrib]**uís**	[atrib]**uíam**	[atrib]**uam**	[atrib]**uam**
[atrib]**uem**			
A:[constr]**oem**			
Pret. perf.	**Pret. m.-q.-perf.**	**Pret. imperf.**	**Neg. (Não...)**
[atrib]**uí**	[atrib]**uíra**	[atrib]**uísse**	—
[atrib]**uíste**	[atrib]**uíras**	[atrib]**uísses**	[atrib]**uas**
[atrib]**uiu**	[atrib]**uíra**	[atrib]**uísse**	[atrib]**ua**
[atrib]**uímos**	[atrib]**uíramos**	[atrib]**uíssemos**	[atrib]**uamos**
[atrib]**uístes**	[atrib]**uíreis**	[atrib]**uísseis**	[atrib]**uais**
[atrib]**uíram**	[atrib]**uíram**	[atrib]**uíssem**	[atrib]**uam**
Fut. do pres.	**Fut. do pret.**	**Futuro**	**GERÚNDIO**
[atrib]**uirei**	[atrib]**uiria**	[atrib]**uir**	[atrib]**uindo**
[atrib]**uirás**	[atrib]**uirias**	[atrib]**uíres**	
[atrib]**uirá**	[atrib]**uiria**	[atrib]**uir**	
[atrib]**uiremos**	[atrib]**uiríamos**	[atrib]**uirmos**	**PARTICÍPIO**
[atrib]**uireis**	[atrib]**uiríeis**	[atrib]**uirdes**	[atrib]**uído**
[atrib]**uirão**	[atrib]**uiriam**	[atrib]**uírem**	

INDICATIVO		SUBJUNTIVO	IMPERATIVO
Presente	**Pret. imperf.**	**Presente**	**Afirm.**
[c]**oíbo**	[c]**oibia**	[c]**oíba**	—
[c]**oíbes**	[c]**oibias**	[c]**oíbas**	[c]**oíbe**
[c]**oíbe**	[c]**oibia**	[c]**oíba**	[c]**oíba**
[c]**oibimos**	[c]**oibíamos**	[c]**oibamos**	[c]**oibamos**
[c]**oibis**	[c]**oibíeis**	[c]**oibais**	[c]**oibi**
[c]**oíbem**	[c]**oibiam**	[c]**oíbam**	[c]**oíbam**
Pret. perf.	**Pret. m.-q.-perf.**	**Pret. imperf.**	**Neg. (Não...)**
[c]**oibi**	[c]**oibira**	[c]**oibisse**	—
[c]**oibiste**	[c]**oibiras**	[c]**oibisses**	[c]**oíbas**
[c]**oibiu**	[c]**oibira**	[c]**oibisse**	[c]**oíba**
[c]**oibimos**	[c]**oibíramos**	[c]**oibíssemos**	[c]**oibamos**
[c]**oibistes**	[c]**oibíreis**	[c]**oibísseis**	[c]**oibais**
[c]**oibiram**	[c]**oibiram**	[c]**oibissem**	[c]**oíbam**
Fut. do pres.	**Fut. do pret.**	**Futuro**	**GERÚNDIO**
[c]**oibirei**	[c]**oibiria**	[c]**oibir**	[c]**oibindo**
[c]**oibirás**	[c]**oibirias**	[c]**oibires**	
[c]**oibirá**	[c]**oibiria**	[c]**oibir**	
[c]**oibiremos**	[c]**oibiríamos**	[c]**oibirmos**	**PARTICÍPIO**
[c]**oibireis**	[c]**oibiríeis**	[c]**oibirdes**	[c]**oibido**
[c]**oibirão**	[c]**oibiriam**	[c]**oibirem**	

51 frigir   Var. do paradigma 45, [diri]gir, alterado nas 2ª e 3ª pess. sing. e 3ª pess. pl. do pres. ind., e 2ª. pess. sing. do imper. afirm.   (frigir, frigires, frigir, frigirmos, frigirdes, frigirem)

INDICATIVO		SUBJUNTIVO	IMPERATIVO
Presente	**Pret. imperf.**	**Presente**	**Afirm.**
frijo	frigia	frija	—
freges	frigias	frijas	frege
frege	frigia	frija	frija
frigimos	frigíamos	frijamos	frijamos
frigis	frigíeis	frijais	frigi
fregem	frigiam	frijam	frijam
Pret. perf.	**Pret. m.-q.-perf.**	**Pret. imperf.**	**Neg. (Não...)**
frigi	frigira	frigisse	—
frigiste	frigiras	frigisses	frijas
frigiu	frigira	frigisse	frija
frigimos	frigíramos	frigíssemos	frijamos
frigistes	frigíreis	frigísseis	frijais
frigiram	frigiram	frigissem	frijam
Fut. do pres.	**Fut. do pret.**	**Futuro**	**GERÚNDIO**
frigirei	frigiria	frigir	frigindo
frigirás	frigirias	frigires	
frigirá	frigiria	frigir	**PARTICÍPIO**
frigiremos	frigiríamos	frigirmos	
frigireis	frigiríeis	frigirdes	frigido
frigirão	frigiriam	frigirem	frito

52 [ar]güir   ([ar]güires, [ar]güir, [ar]güirmos, [ar]güirdes, [ar]güirem)

INDICATIVO		SUBJUNTIVO	IMPERATIVO
Presente	**Pret. imperf.**	**Presente**	**Afirm.**
[ar]guo	[ar]güia	[ar]gua	—
[ar]gúis	[ar]güias	[ar]guas	[ar]gúi
[ar]gúi	[ar]güia	[ar]gua	[ar]gua
[ar]güimos	[ar]güíamos	[ar]guamos	[ar]guamos
[ar]güis	[ar]güíeis	[ar]guais	[ar]güi
[ar]gúem	[ar]güiam	[ar]guam	[ar]guam
Pret. perf.	**Pret. m.-q.-perf.**	**Pret. imperf.**	**Neg. (Não...)**
[ar]güi	[ar]güira	[ar]güisse	—
[ar]güiste	[ar]güiras	[ar]güisses	[ar]guas
[ar]güiu	[ar]güira	[ar]güisse	[ar]gua
[ar]güimos	[ar]güíramos	[ar]güíssemos	[ar]guamos
[ar]güistes	[ar]güíreis	[ar]güísseis	[ar]guais
[ar]güiram	[ar]güiram	[ar]güissem	[ar]guam
Fut. do pres.	**Fut. do pret.**	**Futuro**	**GERÚNDIO**
[ar]güirei	[ar]güiria	[ar]güir	[ar]güindo
[ar]güirás	[ar]güirias	[ar]güires	
[ar]güirá	[ar]güiria	[ar]güir	**PARTICÍPIO**
[ar]güiremos	[ar]güiríamos	[ar]güirmos	
[ar]güireis	[ar]güiríeis	[ar]güirdes	[ar]güido
[ar]güirão	[ar]güiriam	[ar]güirem	

53 9 variações no paradigma: [m]e[nt]ir [ ]e[rv]ir [ ]e[rn]ir [ ]e[rt]ir [ ]e[st]ir [ ]e[l]ir
[ ]e[r]ir [ ]e[t]ir [ ]e[sp]ir.   O infinitivo pessoal é igual ao fut. do subj.

INDICATIVO		SUBJUNTIVO	IMPERATIVO
Presente	**Pret. imperf.**	**Presente**	**Afirm.**
[m]i[nt]o	[m]e[nt]ia	[m]i[nt]a	—
[m]e[nt]es	[m]e[nt]ias	[m]i[nt]as	[m]e[nt]e
[m]e[nt]e	[m]e[nt]ia	[m]i[nt]a	[m]i[nt]a
[m]e[nt]imos	[m]e[nt]íamos	[m]i[nt]amos	[m]i[nt]amos
[m]e[nt]is	[m]e[nt]íeis	[m]i[nt]ais	[m]e[nt]i
[m]e[nt]em	[m]e[nt]iam	[m]i[nt]am	[m]i[nt]am
Pret. perf.	**Pret. m.-q.-perf.**	**Pret. imperf.**	**Neg. (Não...)**
[m]e[nt]i	[m]e[nt]ira	[m]e[nt]isse	—
[m]e[nt]iste	[m]e[nt]iras	[m]e[nt]isses	[m]i[nt]as
[m]e[nt]iu	[m]e[nt]ira	[m]e[nt]isse	[m]i[nt]a
[m]e[nt]imos	[m]e[nt]íramos	[m]e[nt]íssemos	[m]i[nt]amos
[m]e[nt]istes	[m]e[nt]íreis	[m]e[nt]ísseis	[m]i[nt]ais
[m]e[nt]iram	[m]e[nt]iram	[m]e[nt]issem	[m]i[nt]am
Fut. do pres.	**Fut. do pret.**	**Futuro**	**GERÚNDIO**
[m]e[nt]irei	[m]e[nt]iria	[m]e[nt]ir	[m]e[nt]indo
[m]e[nt]irás	[m]e[nt]irias	[m]e[nt]ires	
[m]e[nt]irá	[m]e[nt]iria	[m]e[nt]ir	**PARTICÍPIO**
[m]e[nt]iremos	[m]e[nt]iríamos	[m]e[nt]irmos	
[m]e[nt]ireis	[m]e[nt]iríeis	[m]e[nt]irdes	[m]e[nt]ido
[m]e[nt]irão	[m]e[nt]iriam	[m]e[nt]irem	

54 4 variações no paradigma: [agr]e[d]ir [ ]e[n]ir [ ]e[rz]ir [ ]e[gr]ir
       O infinitivo pessoal é igual ao fut. do subj.

INDICATIVO		SUBJUNTIVO	IMPERATIVO
Presente	**Pret. imperf.**	**Presente**	**Afirm.**
[agr]i[d]o	[agr]e[d]ia	[agr]i[d]a	—
[agr]i[d]es	[agr]e[d]ias	[agr]i[d]as	[agr]i[d]e
[agr]i[d]e	[agr]e[d]ia	[agr]i[d]a	[agr]i[d]a
[agr]e[d]imos	[agr]e[d]íamos	[agr]i[d]amos	[agr]i[d]amos
[agr]e[d]is	[agr]e[d]íeis	[agr]i[d]ais	[agr]e[d]i
[agr]i[d]em	[agr]e[d]iam	[agr]i[d]am	[agr]i[d]am
Pret. perf.	**Pret. m.-q.-perf.**	**Pret. imperf.**	**Neg. (Não...)**
[agr]e[d]i	[agr]e[d]ira	[agr]e[d]isse	—
[agr]e[d]iste	[agr]e[d]iras	[agr]e[d]isses	[agr]i[d]as
[agr]e[d]iu	[agr]e[d]ira	[agr]e[d]isse	[agr]i[d]a
[agr]e[d]imos	[agr]e[d]íramos	[agr]e[d]íssemos	[agr]i[d]amos
[agr]e[d]istes	[agr]e[d]íreis	[agr]e[d]ísseis	[agr]i[d]ais
[agr]e[d]iram	[agr]e[d]iram	[agr]e[d]issem	[agr]i[d]am
Fut. do pres.	**Fut. do pret.**	**Futuro**	**GERÚNDIO**
[agr]e[d]irei	[agr]e[d]iria	[agr]e[d]ir	[agr]e[d]indo
[agr]e[d]irás	[agr]e[d]irias	[agr]e[d]ires	
[agr]e[d]irá	[agr]e[d]iria	[agr]e[d]ir	**PARTICÍPIO**
[agr]e[d]iremos	[agr]e[d]iríamos	[agr]e[d]irmos	
[agr]e[d]ireis	[agr]e[d]iríeis	[agr]e[d]irdes	[agr]e[d]ido
[agr]e[d]irão	[agr]e[d]iriam	[agr]e[d]irem	

l

55 4 variações no paradigma: [d]o[rm]**ir** [ ]o[br]**ir** [ ]o[ss]**ir** [ ]o[l]**ir**
([d]o[rm]**ires**, [d]o[rm]**ir**, [d]o[rm]**irmos**, [d]o[rm]**irdes**, [d]o[rm]**irem**)

INDICATIVO		SUBJUNTIVO	IMPERATIVO
Presente	**Pret. imperf.**	**Presente**	**Afirm.**
[d]u[rm]o	[d]o[rm]ia	[d]u[rm]a	—
[d]o[rm]es	[d]o[rm]ias	[d]u[rm]as	[d]o[rm]e
[d]o[rm]e	[d]o[rm]ia	[d]u[rm]a	[d]u[rm]a
[d]o[rm]imos	[d]o[rm]íamos	[d]u[rm]amos	[d]u[rm]amos
[d]o[rm]is	[d]o[rm]íeis	[d]u[rm]ais	[d]o[rm]i
[d]o[rm]em	[d]o[rm]iam	[d]u[rm]am	[d]u[rm]am
Pret. perf.	**Pret. m.-q.-perf.**	**Pret. imperf.**	**Neg. (Não...)**
[d]o[rm]i	[d]o[rm]ira	[d]o[rm]isse	—
[d]o[rm]iste	[d]o[rm]iras	[d]o[rm]isses	[d]u[rm]as
[d]o[rm]iu	[d]o[rm]ira	[d]o[rm]isse	[d]u[rm]a
[d]o[rm]imos	[d]o[rm]íramos	[d]o[rm]íssemos	[d]u[rm]amos
[d]o[rm]istes	[d]o[rm]íreis	[d]o[rm]ísseis	[d]u[rm]ais
[d]o[rm]iram	[d]o[rm]iram	[d]o[rm]issem	[d]u[rm]am
Fut. do pres.	**Fut. do pret.**	**Futuro**	**GERÚNDIO**
[d]o[rm]irei	[d]o[rm]iria	[d]o[rm]ir	[d]o[rm]indo
[d]o[rm]irás	[d]o[rm]irias	[d]o[rm]ires	
[d]o[rm]irá	[d]o[rm]iria	[d]o[rm]ir	**PARTICÍPIO**
[d]o[rm]iremos	[d]o[rm]iríamos	[d]o[rm]irmos	
[d]o[rm]ireis	[d]o[rm]iríeis	[d]o[rm]irdes	[d]o[rm]ido
[d]o[rm]irão	[d]o[rm]iriam	[d]o[rm]irem	

56 [p]o[l]**ir** [desp]o[l]**ir** [rep]o[l]**ir** [s]o[rt]**ir**
([p]o[l]**ires**, [p]o[l]**ir**, [p]o[l]**irmos**, [p]o[l]**irdes**, [p]o[l]**irem**)

INDICATIVO		SUBJUNTIVO	IMPERATIVO
Presente	**Pret. imperf.**	**Presente**	**Afirm.**
[p]u[l]o	[p]o[l]ia	[p]u[l]a	—
[p]u[l]es	[p]o[l]ias	[p]u[l]as	[p]u[l]e
[p]u[l]e	[p]o[l]ia	[p]u[l]a	[p]u[l]a
[p]o[l]imos	[p]o[l]íamos	[p]u[l]amos	[p]u[l]amos
[p]o[l]is	[p]o[l]íeis	[p]u[l]ais	[p]o[l]i
[p]u[l]em	[p]o[l]iam	[p]u[l]am	[p]u[l]am
Pret. perf.	**Pret. m.-q.-perf.**	**Pret. imperf.**	**Neg. (Não...)**
[p]o[l]i	[p]o[l]ira	[p]o[l]isse	—
[p]o[l]iste	[p]o[l]iras	[p]o[l]isses	[p]u[l]as
[p]o[l]iu	[p]o[l]ira	[p]o[l]isse	[p]u[l]a
[p]o[l]imos	[p]o[l]íramos	[p]o[l]íssemos	[p]u[l]amos
[p]o[l]istes	[p]o[l]íreis	[p]o[l]ísseis	[p]u[l]ais
[p]o[l]iram	[p]o[l]iram	[p]o[l]issem	[p]u[l]am
Fut. do pres.	**Fut. do pret.**	**Futuro**	**GERÚNDIO**
[p]o[l]irei	[p]o[l]iria	[p]o[l]ir	[p]o[l]indo
[p]o[l]irás	[p]o[l]irias	[p]o[l]ires	
[p]o[l]irá	[p]o[l]iria	[p]o[l]ir	**PARTICÍPIO**
[p]o[l]iremos	[p]o[l]iríamos	[p]o[l]irmos	
[p]o[l]ireis	[p]o[l]iríeis	[p]o[l]irdes	[p]o[l]ido
[p]o[l]irão	[p]o[l]iriam	[p]o[l]irem	

57 7 variações no paradigma: [b]u[l]**ir** [ ]u[b]**ir** [ ]u[m]**ir** [ ]u[p]**ir** [ ]u[sp]**ir** [ ]u[d]**ir** [...f]u[g]**ir**
([j] antes de *o* e *a*)   O infinitivo pessoal é igual ao fut. do subj.

INDICATIVO		SUBJUNTIVO	IMPERATIVO
Presente	**Pret. imperf.**	**Presente**	**Afirm.**
[b]u[l]o	[b]u[l]ia	[b]u[l]a	—
[b]o[l]es	[b]u[l]ias	[b]u[l]as	[b]o[l]e
[b]o[l]e	[b]u[l]ia	[b]u[l]a	[b]u[l]a
[b]u[l]imos	[b]u[l]íamos	[b]u[l]amos	[b]u[l]amos
[b]u[l]is	[b]u[l]íeis	[b]u[l]ais	[b]u[l]i
[b]o[l]em	[b]u[l]iam	[b]u[l]am	[b]u[l]am
Pret. perf.	**Pret. m.-q.-perf.**	**Pret. imperf.**	**Neg. (Não...)**
[b]u[l]i	[b]u[l]ira	[b]u[l]isse	—
[b]u[l]iste	[b]u[l]iras	[b]u[l]isses	[b]u[l]as
[b]u[l]iu	[b]u[l]ira	[b]u[l]isse	[b]u[l]a
[b]u[l]imos	[b]u[l]íramos	[b]u[l]íssemos	[b]u[l]amos
[b]u[l]istes	[b]u[l]íreis	[b]u[l]ísseis	[b]u[l]ais
[b]u[l]iram	[b]u[l]iram	[b]u[l]issem	[b]u[l]am
Fut. do pres.	**Fut. do pret.**	**Futuro**	**GERÚNDIO**
[b]u[l]irei	[b]u[l]iria	[b]u[l]ir	[b]u[l]indo
[b]u[l]irás	[b]u[l]irias	[b]u[l]ires	
[b]u[l]irá	[b]u[l]iria	[b]u[l]ir	**PARTICÍPIO**
[b]u[l]iremos	[b]u[l]iríamos	[b]u[l]irmos	
[b]u[l]ireis	[b]u[l]iríeis	[b]u[l]irdes	[b]u[l]ido
[b]u[l]irão	[b]u[l]iriam	[b]u[l]irem	

58 [extorqu]**ir**   Conjuga-se pelo paradigma 3, mas defect.: não se conjuga na 1ª pess. sing. do pres. ind., todo o pres. subj., imper. neg., e 1ᵃˢ e 3ᵃˢ pess. do imper. afirm.

INDICATIVO		SUBJUNTIVO	IMPERATIVO
Presente	**Pret. imperf.**	**Presente**	**Afirm.**
—	[extorqu]ia	—	—
[extorqu]es	[extorqu]ias	—	[extorqu]e
[extorqu]e	[extorqu]ia	—	
[extorqu]imos	[extorqu]íamos	—	
[extorqu]is	[extorqu]íeis	—	[extorqu]i
[extorqu]em	[extorqu]iam	—	—
Pret. perf.	**Pret. m.-q.-perf.**	**Pret. imperf.**	**Neg. (Não...)**
[extorqu]i	[extorqu]ira	[extorqu]isse	—
[extorqu]iste	[extorqu]iras	[extorqu]isses	—
[extorqu]iu	[extorqu]ira	[extorqu]isse	—
[extorqu]imos	[extorqu]íramos	[extorqu]íssemos	—
[extorqu]istes	[extorqu]íreis	[extorqu]ísseis	—
[extorqu]iram	[extorqu]iram	[extorqu]issem	—
Fut. do pres.	**Fut. do pret.**	**Futuro**	**GERÚNDIO**
[extorqu]irei	[extorqu]iria	[extorqu]ir	[extorqu]indo
[extorqu]irás	[extorqu]irias	[extorqu]ires	
[extorqu]irá	[extorqu]iria	[extorqu]ir	**PARTICÍPIO**
[extorqu]iremos	[extorqu]iríamos	[extorqu]irmos	
[extorqu]ireis	[extorqu]iríeis	[extorqu]irdes	[extorqu]ido
[extorqu]irão	[extorqu]iriam	[extorqu]irem	

59 [fal]ir   Conjuga-se pelo paradigma 3, mas defect.: não se conjuga nas 1ª, 2ª e 3ª pess. sing. e 3ª pess. pl. do pres. ind., todo o pres. subj. e imper. neg., e quase todo imper. afirm.

INDICATIVO		SUBJUNTIVO	IMPERATIVO
Presente	**Pret. imperf.**	**Presente**	**Afirm.**
—	[fal]ia	—	—
—	[fal]ias	—	—
—	[fal]ia	—	—
[fal]imos	[fal]íamos	—	—
[fal]is	[fal]íeis	—	[fal]i
—	[fal]iam	—	—
Pret. perf.	**Pret. m.-q.-perf.**	**Pret. imperf.**	**Neg. (Não...)**
[fal]i	[fal]ira	[fal]isse	—
[fal]iste	[fal]iras	[fal]isses	—
[fal]iu	[fal]ira	[fal]isse	—
[fal]imos	[fal]íramos	[fal]íssemos	—
[fal]istes	[fal]íreis	[fal]ísseis	—
[fal]iram	[fal]iram	[fal]issem	—
Fut. do pres.	**Fut. do pret.**	**Futuro**	**GERÚNDIO**
[fal]irei	[fal]iria	[fal]ir	[fal]indo
[fal]irás	[fal]irias	[fal]ires	
[fal]irá	[fal]iria	[fal]ir	
[fal]iremos	[fal]iríamos	[fal]irmos	**PARTICÍPIO**
[fal]ireis	[fal]iríeis	[fal]irdes	[fal]ido
[fal]irão	[fal]iriam	[fal]irem	

60 pôr   (pores, por, pormos, pordes, porem)

INDICATIVO		SUBJUNTIVO	IMPERATIVO
Presente	**Pret. imperf.**	**Presente**	**Afirm.**
ponho	punha	ponha	—
pões	punhas	ponhas	põe
põe	punha	ponha	ponha
pomos	púnhamos	ponhamos	ponhamos
pondes	púnheis	ponhais	ponde
põem	punham	ponham	ponham
Pret. perf.	**Pret. m.-q.-perf.**	**Pret. imperf.**	**Neg. (Não...)**
pus	pusera	pusesse	—
puseste	puseras	pusesses	ponhas
pôs	pusera	pusesse	ponha
pusemos	puséramos	puséssemos	ponhamos
pusestes	puséreis	pusésseis	ponhais
puseram	puseram	pusessem	ponham
Fut. do pres.	**Fut. do pret.**	**Futuro**	**GERÚNDIO**
porei	poria	puser	pondo
porás	porias	puseres	
porá	poria	puser	
poremos	poríamos	pusermos	**PARTICÍPIO**
poreis	poríeis	puserdes	posto
porão	poriam	puserem	

GRUPOS INDÍGENAS NO BRASIL

LEGENDA DAS NOTAÇÕES USADAS

=	remissão a termo sinônimo
<<	indica que o grupo pertence a outro, mais inclusivo (mencionado com maiúsculas)
>>	indica que o grupo inclui subgrupos (mencionados em maiúsculas)
+	indica que o grupo uniu-se a outro(s)
?	indica falta de informações, ou informações controversas
—	indica que o grupo usa correntemente o português

Os nomes dos estados brasileiros, das grandes regiões e dos pontos cardeais são indicados por suas siglas convencionais

Ag	— Argentina
Am.	— América
Amaz.	— Amazônia
Bo	— Bolívia
Br	— Brasil
Cb	— Colômbia
Ga	— Guiana
GuF	— Guiana Francesa
Pe	— Peru
Pg	— Paraguai
Su	— Suriname
Vz	— Venezuela
tb.	— também (antecede menção a variantes e sinônimos)
v.	— remete a forma(s) variante(s)

Na coluna de classificação lingüística, a indicação básica é o nome da família a que pertence a língua falada pelo grupo; os nomes que figuram entre parênteses indicam subgrupo, e em itálico, o tronco maior a que a língua pertence.

DESIGNAÇÃO GERAL	ETNÔNIMO BRASÍLICO	CLASSIFICAÇÃO LINGÜÍSTICA	LOCAL
acauaio = INGARICÓ			
achaninca = CAMPA			
aconá	Aconan, Akonã	cariri	AL, SE
acuaua	Akuawa, Asurini, Asurini do Tocantins	tupi-guarani	PA
acuém >> XACRIABÁ >> XAVANTE >> XERENTE	Akwen	jê	
acurio	Akurio	caribe	PA
acuti-tapuia << BANIUA	Acuti-Tapuya		
agavotocuengue	Agahïtï Kwegï	?	MT
aicaná, aicanã (tb.: maçacá, tubarão)	Aikaná, Aikanã	(língua isolada)	RO

DESIGNAÇÃO GERAL	ETNÔNIMO BRASÍLICO	CLASSIFICAÇÃO LINGÜÍSTICA	LOCAL
aipatsê (+ cuicuro)	Aipatsê		MT
aiuateri	Aiuateri	ianomámi	AM
ajuru	Ajuru	tupari	RO
amanaié (tb.: amanajé, araranduara, manaié)	Amanayé	tupi-guarani	PA
amaribá, amaripá	Amaribá, Amaripá	aruaque	RR
amauaca, amaúca	Amahuaka, Amawaka	pano	AC, Pe
anambé	Anambé	tupi-guarani	PA
apalaí = APARAÍ			
apaniecra, apaniecrá, aponejicrã	Apányekra ou Apanyekrá (tb.: Kanela-Apányekra)	jê (timbira)	MA
aparaí (apalaí, aparaí do Jari)	Aparaí	caribe	PA
apiacá	Apiaká	tupi-guarani	MT
apinajé	Apinayé	jê	TO
apurinã	Apurinã, Apurinán	aruaque	AM
arapaço, arapasso	Arapaço, Arapaço-tapuya (tb.: Arapasso)	tucano	AM
arara[1] (arara do Aripuanã)	Arara	caribe	MT
arara[2] = CARO = UCARANGMÃ = XAUANAUÁ			
ararandeuara = AMANAIÉ			
araruá	Araruá	pano	AM
araueté	Araweté	tupi-guarani	PA
aré	Xetá	tupi-guarani	SC
arecuna = TAUREPANGUE	Arekuna		
aricapu	Arikapu	(língua isolada, ou jabuti)	RO
ariquém, ariqueme	Arikém	ariquém, *tupi*	MT, RO
arua, aruá	Aruá	mondé	RO
arucuiana	Arukuiana	caribe (?)	PA, RR, Ga
assurini, assurini do Tocantins =ACUAUA	Asurini		
assurini do Xingu = AUAETÉ	Asurini		
aticum	Atikum	—	PE
atoraí	Atoraí	aruaque	Ga
atroari	Atroari	caribe	AM, RR
auaetê, auaeté	Awaeté, Asurini do Xingu	tupi-guarani	PA

DESIGNAÇÃO GERAL	ETNÔNIMO BRASÍLICO	CLASSIFICAÇÃO LINGÜÍSTICA	LOCAL
auaqué	Auaké, Awaké	(língua isolada)	RR
aucrê, áucre << CAIAPÓ	A'ukre		
aueti	Aweti	*tupi*	MT
avá-canoeiro, avá	Avá-canoeiro	tupi-guarani	GO, TO
avacatueté = NHANDEVA			
bacairi	Bakairi	caribe	MT
baeúna	Bahúkiwa, Bahuna	tucano	AM
banauá	Banawá (tb.: Banauá)	arauá	RO
banauá-iáfi, banavá-jafi	Banawá-yafi	arauá	AM
baniua	Baníwa	aruaque	AM, Cb, Vz
bará, bará-tucano	Bará, Bará-Tukano	tucano	AM, Cb
barasana, barasano, barassana	Barasana	tucano	AM
baré	Baré	aruaque	AM, Vz
barém	Barém	botocudo	MG
baurim	Baurim	mundurucu	PA
bora	Bora	(língua isolada)	AM, Pe, Cb
bororo (tb.: otuque)	Bororo	bororo, *macro-jê*	MT
busquipani	Buskipani	pano	AC, Pe
caapor, caaporté = URUBU-CAAPOR			
cadiuéu	Kadiweu	guaicuru	MS
caiabi	Kayabi	tupi-guarani	MT, PA
caiapó	Kayapó	jê	MT, PA
caimbé	Kaimbé	—	BA
caingangue	Kaingang, Kaingâng	jê	SP, PR, SC, RS
caiová ou caiuá << GUARANI	Kaiowá, Caiová (tb.: Pai-tavyterã, Pain-Tawiterã)	(guarani)	SP, PR, SC, MS, Pg
calabaça	Calabassa	—	CE
calapalo	Kalapalo	caribe	MT
calina (tb.: galibi)	Kaliña, Kariña, Galibi	caribe	PA, GuF
camaiurá	Kamayurá	tupi-guarani	MT
cambeba (tb.: omágua)	Kambeba	*tupi*	AM
cambiuá	Kambiwá	—	PE
campa (tb.: achaninca)	Kampa	aruaque	AM, Pe
campé	Kampé	(não classificada)	RO
canamanti	Kanamanti	arauá	AM
canamari, canamiri	Kanamari	catuquina	AM
canela-apaniecra = APANIECRA			

DESIGNAÇÃO GERAL	ETNÔNIMO BRASÍLICO	CLASSIFICAÇÃO LINGÜÍSTICA	LOCAL
canela-rancocamecra	Kanela-Rankokamekra, Rankokamekra ou Rankokamekrá	jê (timbira)	MA
canoé, canoè	Kanoe	(língua isolada, ou da família tupari)	RO
cantaruré	Kantaruré	—	BA
capinauá	Kapinawá	—	PE
capité-minanei (tb.: quati-tapuia)	Kuati-tapuya	aruaque	AM
capom = INGARICÓ	Kapon, Kapong		
carafauiana	Karafawyana	caribe	PA, AM
caraíba (tb.: caribe)	Karib	caribe	N. e C.O. do Br.; N. da Am. do Sul
carajá	Karajá	carajá *macro-jê*	MT, TO
carapanã	Karapanã	tucano	AM, Cb
carapotó, carapoti	Karapotó	—	AL
cararaô << CAIAPÓ	Kararaô		
caripuna	Karipuna	pano	RO
caripuna-do-Amapá	Karipuna-do-Amapá	(crioulo francês)	AP
cariri	Kariri	—	CE, AL
cariri-xocó	Kariri-xocó	—	AL
oaritiana	Karitiana	ariquém	RO
carnijó = FULNIÓ			
caro (tb.: arara)	Karo	ramarama	RO
catauixi ou catuixi			
catuena	Katuena	caribe	PA, AM
catuixi: v. *catauixi*			
catuquina[1]	Katukina (tb.: Pedá-Djapá, Pidá-Dyapá)	catuquina	AM
catuquina[2] ou catuquina-pano	Katukina, Katukina-Pano (tb.: Shanenawá)	pano	AC
caxarari	Kaxarari	pano	RO, AM
caxinaua, caxinauá	Kaxinawa	pano	AC, Pe
caxixó	Kaxixó	—	MG
caxuiana	Kaxuyana	caribe	PA
chamacoco	Chamacoco	samuco	MS, Pg
chanenaua ou chanenauá = CATUQUINA[2]	Shanenawá		
chiriguano << GUARANI	Chiriguano	(guarani)	Bo, Ag
chiripá = NHANDEVA			
cinta-larga	Cinta-larga	mondé	MT, RO

DESIGNAÇÃO GERAL	ETNÔNIMO BRASÍLICO	CLASSIFICAÇÃO LINGÜÍSTICA	LOCAL
coaratira (tb.: mequém)	Koaratira	tupari	RO
cobéua = CUBEU	Cobewa		
cocama	Kokama	*tupi*	AM, Cb, Pe
cocraimoro << CAIAPÓ	Kokraimoro		
cocuiregatejê	Kokuiregatejê	jê (timbira)	MA
coeruna	Koeruna	(língua isolada)	AM
coevana	Koewana		AM
columbiara, corumbiara	Columbiara, Corumbiara	mondé	RO
conibo	Konibo	pano	S.O. da Amaz.
corecaru << BANIUA	Corecaru		AM
coronaua	Koronawa	pano	AC, AM, Pe
coropati	Coropati	—	AL
corubo	Korubo	pano	AM
corumbiara: v. *columbiara*			
craô, craó	Krahô, Kraó	jê (timbira)	TO
crejê ou crejé	Kreyé	jê (timbira)	PA
crenacarore ou crenacore = PANARÁ			
crenaque	Krenak	botocudo	MG
cricati, crincati	Krikati ou Krinkatí	jê (timbira)	MA
crizaná, crixaná	Crizaná	caribe	AM
cuatatere	Cuatatere	ianomâmi (?)	RR
cubencocro << CAIAPÓ	Kubenkokre		
cubencranotire << CAIAPÓ	Kubenkragnotire		
cubencranquem << CAIAPÓ	Kuben Kran Ken		
cubeu, cubéu (tb. cobéua)	Kubeo	tucano	AM, Cb
cucoecamecra	Kukóekamekra	jê (timbira)	MA
cuiana	Kuyana	caribe	PA
cuianaua	Kuyanawa	pano	AM
cuicuro	Kuikuro, Kuikúru	caribe	MT
culina (tb.: madija)	Kulina (tb.: Madija, Madihá)	arauá	AC, AM
culina-pano	Kulina-pano	pano	AM
curina: v. *culina*, *culina-pano*			
curipaco, curripaco	Kuripako	aruaque	AM, Cb, Vz
curuaia	Kuruaya	mundurucu	PA

DESIGNAÇÃO GERAL	ETNÔNIMO BRASÍLICO	CLASSIFICAÇÃO LINGÜÍSTICA	LOCAL
deni	Deni	arauá	AM
desana (desano, dessana)	Desana	tucano	AM
diau = TIRIIÓ			
diguti = GAVIÃO²			
emampriá	Emampriá		RO
emerenhom, emerion (tb.: teco)	Emerenhom	tupi-guarani, *tupi*	AP
enauenê-nauê (tb.: salumã)	Enawenê-Nawê, Salumã, Saluman	aruaque	MT
fulniô (tb.: carnijó)	Fulniô, Fulni-ô	*macro-jê*	PE
galibi = CALINA			
galibi-do-oiapoque	Galibi-do-oiapoque	caribe	AP
galibi-marvorno	Galibi-marworno	caribe	AP
gavião¹, gavião-de-mãe-maria	Gavião; Parkatejê, Parkateyê	jê (timbira)	PA
gavião², gavião-de-rondônia	Gavião; Digüt	mondé	RO
gavião³, gavião-do-maranhão	Gavião; Pukobiê	jê (timbira)	MA
gerém: v. *guerém*			
gorotire << CAIAPÓ	Gorotire		PA
guaicuru	Guãikuru (+)	guaicuru	MT, Pg
guajá	Awá (tb.: Guajá)	tupi-guarani	MA
guajajara	Tenethehara (tb.: Guajajara)	tupi-guarani	MA
guarani >>CAIOVÁ >>CHIRIGUANO >>MBIA >>NHANDEVA >>PAITAVITERÃ		tupi-guarani	MS, SP, RJ, PR, ES, SC e RS, Pg, Bo, Ag
guató	Guató	*macro-jê*	MS
guerém	Gerén, Gueren	—	BA
hã-hã-hãe = PATAXÓ-HÃ-HÃ-HÃE	Hã-Hã-Hãe		
hixcariana	Hixkaryana	caribe	AM, PA
hoódene (baniua do Içana) << BANIUA	Hohódene, Huhúteni		
huitoto = UITOTO			
iaminaua = JAMINAUA			
ianomã	Yanomám	ianomâmi	AM, RR, Vz
ianomami	Yanomami, Yanomâmi	ianomâmi	RR, AM, Vz
iatê = FULNIÓ			
iaualapiti	Yawalapiti	aruaque	MT

DESIGNAÇÃO GERAL	ETNÔNIMO BRASÍLICO	CLASSIFICAÇÃO LINGÜÍSTICA	LOCAL
iauanauá	Yawanawa	pano	AC
icé = Issé			AM
icpengue = TXICÃO			
iecuana	Yekwana, Ye'kuana (tb.: Mayongong, Makiritare)	caribe	RR, Vz
ingaricó (tb.: acauaio)	Ingarikó (tb.: Kapon)	caribe	RR, Ga, Vz
iranxe (tb.: menqui)	Irantxe ou Irânxe	(língua isolada)	MT
issé	Issé		
iudjá = JURUNA			
jaboti, jabuti	Yabuti	(língua isolada)	RO
jamamadi (tb.: iamamadi)	Yamamadi	arauá	AM
jaminaua (tb.: iaminaua)	Yaminawa (tb.: Jaminawa)	pano	AC, Pe
jarauara	Jarawara	arauá	AM
jauanaua	Yawanawa	pano	AC
jauaperi	Yauaperi	pano	AC
javaé	Yavahé	carajá	TO
jenipapo-canindé	Jenipapo-Kanindé	—	CE
jeripancó, jiripancó	Jiripankó	—	AL
juma	Yúma (tb.: Juma)	tupi-guarani (cauaíba)	AM
juruna	Yuruna (tb.: Yudjá, Juruna)	juruna, *tupi*	MT, PA
laiana	Laiana	aruaque	MS
maçacá = AICANÁ			
machineri: v. *maxineri*			
macu	Maku	macu	AM
macuna	Makuna	tucano	AM, Cb
macurape	Macurap, Makurap	tupari	RO
macuxi	Makushi ou Makuxi (tb.: Pemon)	caribe	RR
madija ou madijá = CULINA			
maiongongue = IECUANA			
maioruna, majuruna = MATSÉ			
manaié = AMANAIÉ			
manchineri: v. *maxineri*			
mandauaca	Mandawaka	aruaque	AM, Vz
maquiritare = IECUANA	Makiritare		
marubo	Marubo	pano	AM

DESIGNAÇÃO GERAL	ETNÔNIMO BRASÍLICO	CLASSIFICAÇÃO LINGÜÍSTICA	LOCAL
masacá, massacá = AICANÁ			
matipu	Matipú	caribe	MT
matis	Matis	pano	AM
matsé (tb.: maioruna)	Mayoruna (tb.: Matsé)	pano	AM
mauaiana	Mawayana	caribe	PA, AM
maué (+ SATERÉ)	Mawé	*tupi*	AM, PA
maxacali	Maxakali	maxacali, *macro-jê*	MG
maxineri (tb.: machineri)	Machineri, Manchineri (tb.: Menetenéri)	aruaque	AC
mbia << GUARANI	M'bia, M'bya	(guarani)	
mebenocre << CAIAPÓ	Mebegnokre		
mecranotire << CAIAPÓ	Mekragnotire		
meinaco	Mehinako, Mehinaku	aruaque	MT
menetenéri = MAXINERI			
menqui = IRANXE	Menky, Menki, Munku, Myky		
mequém = SAQUIRAPE = COARATIRA	Mekém, Mekén		
metuctire << CAIAPÓ	Metuktire		
miqui = IRANXE			
miranha	Miraña, Mirãnha	(língua isolada/ bora)	AM, Cb
miriti-tapuia	Miriti-Tapuia	tucano	AM
moré	Moré	xapacura	RO, Bo
morivene	Moriwene	aruaque	AM
mundurucu	Munduruku	mundurucu, *tupi*	PA
mura	Mura	mura	AM
mura-piraã = PIRAÃ			
nambiquara, nhambiquara	Nambikwara	nambiquara	MT, RO
naucuá, nauquá	Nahucuá, Nahukwá	caribe	MT
nhambiquara: v. *nambiquara*			
nhandeva << GUARANI	Nhandeva	(guarani)	PR, Pg
ninã	Ninam	ianomâmi	AM
nuquini	Nukini, Nukuini	pano	AC
ofaié, ofaié-xavante	Ofayé ou Ofayé-Xavante	*macro-jê*	MS
oiampi	Waiãpi, Wayãpi	tupi-guarani	PA, AP, GuF
omágua = CAMBEBA			
orouin	Oro Win	xapacura	RO
otuque = BORORO			

DESIGNAÇÃO GERAL	ETNÔNIMO BRASÍLICO	CLASSIFICAÇÃO LINGÜÍSTICA	LOCAL
pacaa-nova, pacaá-novo	Pakaa-nova, Wari	xapacura	RO
pacanaua	Pakanawa	pano	AC
paiacu	Paiacu	—	CE
pai-taviterã, pãi-taviterã << GUARANI	Pai-Tavyterã	(guarani)	Pg, MS
palicur	Palikur	aruaque	AP, GuF
panará (tb.: crenacarore)	Kreen-Akore, Krenakoré, Krenhakarore	jê	MT
pancararé	Pankararé	—	BA
pancararu	Pankararu	—	PE
pancaru	Pankaru	—	BA
paracanã	Parakanã, Parakanân	tupi-guarani	PA
pareci	Paresi	aruaque	MT
parintintim	Parintintim	tupi-guarani (cauaíua)	AM, RO
patamona	Kapon (tb.: Patamona)	caribe	RR, Ga
pataxó	Pataxó	maxacali, *macro-jê*	BA, MG
pataxó-hã-hã-hãe		maxacali, *macro-jê*	
paumari	Paumari	arauá	AM
paumelenho	Paumelenho	caribe	RO
pemon[1] = TAULIPANGUE			
pemon[2] = MACUXI			
piano (pianocotó) = TIRIIÓ			
piraã, pirarrã	Pirahã (tb.: Mura-Pirahã)	mura	AM
piratapuia, piratapuio	Piratapuya, Pira-Tapuya ou Piratapuyo	tucano	AM, Cb
pitaguari	Pitaguari	—	CE
poianaua	Poyanawa	pano	AC
potiguara	Potiguara	—	PB
poturu = ZOÉ			
pucanu << CAIAPÓ	Pukanu		
quasa	Kwaza	(língua isolada)	RO
quicretum << CAIAPÓ	Kikretum		
quiriri	Kiriri	—	BA
rancocamecrá = CANELA-RANCOCAMECRA			
reriíú, reriú	Reriiú	—	CE
ricbactsa	Rikbaktsa, Erigpaktsá	*macro-jê*	MT
salumã = ENAUENÊ-NAUÊ			

DESIGNAÇÃO GERAL	ETNÔNIMO BRASÍLICO	CLASSIFICAÇÃO LINGÜÍSTICA	LOCAL
sanumá	Sanumá	ianomâmi	AM
saquirabiape, saquirape (tb.: mequém)	Sakiráp, Sakirabiap, Sakiriabar	tupari, *tupi*	RO
saquiriabar	Sakiriabar	tupari, *tupi*	RO
sateré (tb.: sateré-maué)	Sateré (Sateré-Mawé)	*tupi*	AM, PA
sucuriiú-tapuia	Sukuriyú-Tapuya	aruaque	AM
suiá	Suyá	jê	MT
suruaã, suruarrá = ZURUAÃ			
suruí[1]	Aikewara (tb.: Suruí)	tupi-guarani	PA
suruí[2]	Paíter	mondé	RO
tabajara	Tabajara	—	MA, CE
tapaiúna	Tapayuna	jê	MT
tapeba	Tapeba		CE
tapirapé	Tapirapé	tupi-guarani	MT
tariana, tariano	Tariana	aruaque	AM, Cb
tatu-tapuia = ADZÂNENI			
taulipangue, taurepangue	Taulipang, Taurepang (tb.: Pemon)	caribe	RR
tembé	Tembé (tb.: Tenet(h)ehara)	tupi-guarani	PA, MA
tenharim	Teñarin, Tenharim	tupi-guarani (cauaíua)	AM
terena	Terena	aruaque	MS
ticuna	Tukuna, Magüta	(língua isolada)	AM, Cb, Pe
tingui-botó	Tingui-Botó, Tingï-Botó	—	AL
tiriió, tirió (tb.: diau, pianocotó)	Tiriyó, Tiryó (tb.: Tirió)	caribe	PA, Su
torá	Torá	xapacura	AM
tremembé	Tremembé	—	CE
trucá	Truká	—	PE, BA
trumai	Trumai	(língua isolada)	MT
tsoom-diapá	Tsohom-Djapá	catuquina	AM
tubarão = AICANÁ			
tucano	Tukano	tucano	AM, Cb
tucuna = TICUNA			
tuiúca	Tuyuca	tucano	AM, Cb
tupari	Tupari	tupari, *tupi*	RO
tupiniquim	Tupinikin	tupi-guarani	ES, BA
tupivara	Turiwara	tupi-guarani	PA
turá = TORÁ			
turivara ou turiuara	Turiwara	tupi-guarani	PA

DESIGNAÇÃO GERAL	ETNÔNIMO BRASÍLICO	CLASSIFICAÇÃO LINGÜÍSTICA	LOCAL
tuxá	Tuxá	—	BA, PE
txicão	Txikão (tb.: Ikpéng)	caribe	MT
txucarramãe << CAIAPÓ	Txucahamãe (=Metuktire)		
uaiana	Waiana, Wayana	caribe	PA, Su, GuF
uaimiri-atroari	Waimiri-atroari (tb.: Kinã)	caribe	AM, RR
uainumá	Uainumá	aruaque	AM
uaioró	Wayoró	tupari	RO
uai-uai, uaiuai	Waiwai	caribe	PA, AM, RR
uanano, uanana	Wanano	tucano	AM, Cb
uapitxana, uapixana	Wapisiana, Wapishana, Wapixana	aruaque	RR, Ga
uarequena, uerequena	Warekena	aruaque	AM, Vz
uari, vari = PACAA-NOVA			
uassu	Wasu	—	AL
uaurá	Waurá	aruaque	MT
ucarangmã (tb.: arara)	Ukarãgmã		PA
uira = DESANA			
uitoto (tb.: huitoto, vitoto)	Witoto	uitoto	AM, Pe, Cb
umutina	Omotina, Omotina	bororo	MT
urubu, urubu-caapor	Urubu-Kaapor (tb.: Ka'apor)	tupi-guarani	PA, MA
urueuauau (uru-eu-uau-uau), urupaim	Uru-Eu-Wau-Wau (tb.: Amadáwa e Uru-Pa-I11)	tupi-guarani	RO
vapidiana = UAPIXANA			
vari = PACAA-NOVA			
xacriabá (tb.: xicriabá)	Xakriabá	jê (acuém)	MG
xambioá	Xambioá	carajá	TO
xauanauá (tb.: arara)	Shawanauá	pano	AC
xavante	Xavante	jê (acuém)	MT
xerente	Xerente	jê (acuém)	TO
xereu	Xereu	caribe	PA, AM
xicrin << CAIAPÓ	Xikrin		
xipaia	Shipaya ou Xipaya	juruna	PA
xipaia-curuaia	Shipaya-Kuruaya ou Xipaia-Kuruaya	juruna	PA
xoclengue	Shokleng, Xokleng, Xókleng	jê	SC
xocó	Chocó, Xocó	—	SE
xucuru	Xukuru	—	PE

DESIGNAÇÃO GERAL	ETNÔNIMO BRASÍLICO	CLASSIFICAÇÃO LINGÜÍSTICA	LOCAL
xucuru-cariri	Xukuru-Kariri	—	BA, AL
zoé (tb.: poturu)	Zo'é	*tupi*	PA
zoró	Zoró	mondé	MT
zuruaã, zuruaá, zuruarrã, zuruarrá	Zuruahã, Zuruahá	arauá	AM

PAÍSES — PÁTRIOS — MOEDAS

PAÍS	CAPITAL	ADJETIVO PÁTRIO	UNIDADE MONETÁRIA	MOEDA DIVISIONÁRIA
Afeganistão	Cabul	afegane ou afegão	afegane	100 *puls*
África do Sul	Pretória (executiva)/ Cidade do Cabo (legislativa)/ Bloemfontein (judiciária)	sul-africano	*rand*	100 centavos
Albânia	Tirana	albanês	*lek* (pl. *leke*)	100 *quindars*
Alemanha	Berlim	alemão	marco alemão	100 fênigues
Andorra	Andorra la Vella	andorrano ou andorrense	peseta andorrana e franco francês	100 cêntimos
Angola	Luanda	angolano, angolense	novo cuanza	100 *lwei*
Antígua e Barbuda	Saint-John's	antiguano	dólar caribenho	100 centavos
Arábia Saudita	Riad	saudita, árabe-saudita ou saudi-arábico	rial saudita	100 *halalah*
Argélia	Argel	argelino ou argeliano	dinar argeliano	100 cêntimos
Argentina	Buenos Aires	argentino	peso argentino	100 centavos
Armênia	Ierevã	armênio	*dram*	100 *luma*
Austrália	Camberra	australiano	dólar australiano	100 centavos
Áustria	Viena	austríaco	xelim austríaco	100 *groschen*
Azerbaijão	Baku	azerbaijano	*manat azerbaijano*	100 *gopiks*
Baamas ou Bahamas	Nassau	baamiano ou baamense	dólar baamiano	100 centavos
Bangladesh	Daca	bengalês	*taka*	100 *poisha*
Barbados	Bridgetown	barbadiano	dólar barbadiano	100 centavos
Barein ou Bahrein ou Bareine ou Baharem ou Barém	Manama	bareinita ou barenita	dinar barenita	1.000 *fils*
Belarus (Bielo-Rússia ou Bielorrússia)	Minsk	bielo-russo ou bielorrusso	rublo bielorrusso (*zaichik*)	100 copeques
Bélgica	Bruxelas	belga	franco belga	100 cêntimos
Belize	Belmopan	belizenho	dólar belizenho	100 centavos
Benim	Porto Novo	beninense	franco CFA (*)	100 cêntimos

PAÍS	CAPITAL	ADJETIVO PÁTRIO	UNIDADE MONETÁRIA	MOEDA DIVISIONÁRIA
Bolívia	Sucre (capital constitucional)/ La Paz (sede do governo)	boliviano	boliviano	100 centavos
Bósnia-Herzegóvina	Sarajevo	bósnio	marco conversível	100 *pfenniga* conversíveis
Botsuana	Gaborone	botsuanês	*pula*	100 *thebe*
Brasil	Brasília	brasileiro	real	100 centavos
Brunei	Bandar Seri Begauan	bruneiano ou bruneano	dólar bruneiano	100 centavos
Bulgária	Sófia	búlgaro	*lev* (pl. *leva*)	100 *stotinki*
Burquina Faso	Uagadugu	burquinense	franco CFA	100 cêntimos
Burundi	Bujumbura	burundinês	franco do Burundi	100 cêntimos
Butão	Tinfu	butanês	*ngultrum*	100 *chetrum*
Cabo Verde	Praia	cabo-verdiano	escudo cabo-verdiano	100 centavos
Camarões	Iaundê	camaronês	franco CFA	100 cêntimos
Camboja	Phnom Penh	cambojano ou cambojiano	riel novo	100 *sen*
Canadá	Ottawa	canadense	dólar canadense	100 centavos
Catar	Doha	catariano	rial catariano	100 *dirhams*
Cazaquistão	Astana	cazaque	tenge	100 *tiyn*
Chade	N'Djamena	chadiano	franco CFA	100 cêntimos
Chile	Santiago	chileno	peso chileno	100 centavos
China	Pequim	chinês	iuan ou iuane	10 *jiao* ou 100 *fen* (1 *jiao* = 10 *fen*)
Chipre	Nicósia	cipriota ou cíprio	• libra cipriota (área grega) • lira turca (área turca)	100 centavos 100 *kurush*
Cingapura	Cidade de Cingapura	cingapuriano	dólar cingapuriano	100 centavos
Colômbia	Bogotá	colombiano	peso colombiano	100 centavos
Congo (República Democrática do)	Kinshasa	congolês	franco congolês	100 cêntimos
Congo (República do)	Brazzaville	congolês, congolense ou conguês	franco CFA	100 cêntimos
Coréia do Norte	Pyongyang	norte-coreano	*won* norte-coreano	100 *chon*
Coréia do Sul	Seul	sul-coreano	*won* sul-coreano	100 *chun*
Costa do Marfim	Yamoussoukro	ebúrneo, marfiniano ou marfinense	franco CFA	100 cêntimos

PAÍS	CAPITAL	ADJETIVO PÁTRIO	UNIDADE MONETÁRIA	MOEDA DIVISIONÁRIA
Costa Rica	San José	costarriquense, costarriquenho, costa-riquense ou costa-riquenho	*colón* costarriquenho	100 cêntimos
Croácia	Zagreb	croata	*kuna* croata	100 *lipas*
Cuba	Havana	cubano	peso cubano	100 centavos
Dinamarca	Copenhague	dinamarquês	coroa dinamarquesa	100 *oere*
Djibuti	Djibuti	djibutiense ou djibutiano	franco djibutiano	100 cêntimos
Dominica	Roseau	dominiquês ou dominicense	dólar caribenho	100 centavos
Egito	Cairo	egípcio	libra egípcia	100 piastras
El Salvador	San Salvador	salvadorenho ou salvatoriano	*colón* salvadorenho	100 centavos
Emirados Árabes Unidos	Abu Dabi	árabe	*dirham*	100 *fils*
Equador	Quito	equatoriano	sucre	100 centavos
Eritréia	Asmará	eritreu	*nafka*	100 centavos
Eslováquia	Bratislava	eslovaco	*koruna* eslovaca (pl. *koruny*)	100 *halierov*
Eslovênia	Lubliana	esloveno	tolar	100 *stotins*
Espanha	Madri	espanhol	peseta	100 cêntimos
Estados Unidos da América	Washington	norte-americano	dólar norte-americano	100 centavos
Estônia	Tallinn	estoniano	coroa estoniana	100 centavos
Etiópia	Adis-Abeba	etíope	*birr*	100 centavos
Fiji	Suva	fijiano	dólar fijiano	100 centavos
Filipinas	Manila	filipino	peso filipino	100 centavos
Finlândia	Helsinque	finlandês	*marca*	100 *pennia*
Formosa	Taipé	formosino ou taiuanês	novo dólar taiuanês	100 centavos
França	Paris	francês	franco francês	100 cêntimos
Gabão	Libreville	gabonense ou gabonês	franco CFA	100 cêntimos
Gâmbia	Banjul	gambiano	*dalasi*	100 *bututs*
Gana	Acra	ganense ou ganês	*cedi* novo	100 *pesewas*
Geórgia	T'bilisi	georgiano	*lari*	100 *tetri*
Granada	Saint George	granadino	dólar caribenho	100 centavos
Grécia	Atenas	grego	dracma	100 *lepta*
Guatemala	Cidade da Guatemala	guatemalteco ou guatemalense	*quetzal* ou quetçal	100 centavos

PAÍS	CAPITAL	ADJETIVO PÁTRIO	UNIDADE MONETÁRIA	MOEDA DIVISIONÁRIA
Guiana	Georgetown	guianense ou guianês	dólar guianês	100 centavos
Guiné	Conacri	guineano	franco guineano	100 *cauris*
Guiné-Bissau	Bissau	guineense	franco CFA	100 cêntimos
Guiné Equatorial	Malabo	guinéu-equatoriano	franco CFA	100 cêntimos
Haiti	Porto Príncipe	haitiano	gurde	100 cêntimos
Holanda	Amsterdã	holandês	florim	100 centavos
Honduras	Tegucigalpa	hondurenho	lempira	100 centavos
Hungria	Budapeste	húngaro	forinte	100 fileres
Iêmen	Sana	iemenita	rial iemenita	100 *fils*
Ilhas Comores	Moroni	comorense	franco comorense	100 cêntimos
Ilhas Marshall	Majuro	marshallino	dólar norte-americano	100 centavos
Ilhas Salomão	Honiara	salomônico	dólar das Ilhas Salomão	100 centavos
Índia	Nova Délhi	indiano, hindu ou índio	rupia indiana	100 *paisa*
Indonésia	Jakarta	indonésio	rupia indonésia	100 *sen*
Irã	Teerã	iraniano	rial iraniano	100 dinares
Iraque	Bagdá	iraquiano	dinar iraquiano	1.000 *fils*
Irlanda	Dublin	irlandês	libra irlandesa (*punt*)	100 *pence*
Islândia	Reykjavik	islandês	coroa islandesa	100 *aurar*
Israel	Jerusalém	israelense ou israeliano	siclo novo	100 *agorot* novos
Itália	Roma	italiano	lira italiana	100 centésimos
Iugoslávia	Belgrado	iugoslavo	novo dinar iugoslavo	100 *paras*
Jamaica	Kingston	jamaicano	dólar jamaicano	100 centavos
Japão	Tóquio	japonês	iene	100 *sen*
Jordânia	Amã	jordaniano	dinar jordaniano	1.000 *fils*
Kuweit ou Coveite	Cidade do Kuweit	kuweitiano ou coveitiano	dinar kuweitiano	1.000 *fils*
Laos	Vientiane	laosiano, laociano ou laosense	*kip* novo	100 *at*
Lesoto	Maseru	lesoto, lesotense ou lesotiano	*loti* (pl. *maloti*)	100 *lisente*
Letônia	Riga	letão, leto ou letoniano	*lat*	100 *santims*
Líbano	Beirute	libanês	libra libanesa	100 piastras

PAÍS	CAPITAL	ADJETIVO PÁTRIO	UNIDADE MONETÁRIA	MOEDA DIVISIONÁRIA
Libéria	Monróvia	liberiano	dólar liberiano	100 centavos
Líbia	Trípoli	líbio	dinar líbio	1.000 *dirhams*
Liechtenstein	Vaduz	liechtensteinense	franco suíço	100 cêntimos
Lituânia	Vilna	lituano	*litas*	100 *centas*
Luxemburgo	Luxemburgo	luxemburguês ou luxemburguense	franco de Luxemburgo	100 cêntimos
Macedônia	Skopje	macedônio	dinar macedônio	100 *deni*
Madagascar ou Madagáscar	Antananarivo	malgaxe ou madagascarense	franco malgaxe	100 cêntimos
Malásia	Kuala Lumpur	malásio ou malaio	*ringgit* (dólar malásio)	100 *sen*
Maláui ou Malavi	Lilongüe	malauiano, malauíta, malaviano ou malavita	*kuacha* malauiano	100 *tambala*
Maldivas	Male	maldivo ou maldivano	*rufiya*	100 *laari*
Mali	Bamaco	malinês	franco CFA	100 cêntimos
Malta	Valeta	maltês	lira maltesa	100 centavos
Marrocos	Rabat	marroquino	*dirham* marroquino	100 cêntimos
Maurício	Port Louis	mauriciano	rupia mauriciana	100 centavos
Mauritânia	Nuakchott	mauritano ou mauritaniano	*ouguiya*	5 *khoums*
México	Cidade do México	mexicano	novo peso mexicano	100 centavos
Mianmá	Yangon	birmanês	*kyat*	100 *pyas*
Micronésia	Palikir	micronésio	dólar norte-americano	100 centavos
Moçambique	Maputo	moçambicano	metical	100 centavos
Moldávia	Chisinau	moldávio	*leu* moldávio (pl. *lei*)	100 *bani*
Mônaco	Cidade de Mônaco	monegasco	franco francês	100 cêntimos
Mongólia	Ulan Bator	mongol	*tugrik*	100 *mongos*
Namíbia	Windhoek	namibiano	dólar namibiano	100 centavos
Nauru	Yaren	nauruano	dólar australiano	100 centavos
Nepal	Katmandu	nepalês	rupia nepalesa	100 *paisa*
Nicarágua	Manágua	nicaraguano ou nicaragüense	córdoba ouro	100 centavos
Níger	Niamei	nigerino ou nigerense	franco CFA	100 cêntimos
Nigéria	Abuja	nigeriano	*naira*	100 *kobo*

PAÍS	CAPITAL	ADJETIVO PÁTRIO	UNIDADE MONETÁRIA	MOEDA DIVISIONÁRIA
Noruega	Oslo	norueguês	coroa norueguesa	100 *oere*
Nova Zelândia	Wellington	neozelandês	dólar neozelandês	100 centavos
Omã	Mascate	omani ou omaniano	rial omani	1.000 *baiza*
Palau	Koror	palauano	dólar norte-americano	100 centavos
Panamá	Cidade do Panamá	panamenho, panamense ou (lus.) panamiano	balboa	100 centésimos
Papua Nova Guiné	Port Moresby	papuásio ou papua	*kina*	100 *toea*
Paquistão	Islamabad	paquistanense ou paquistanês	rupia paquistanesa	100 *paisa*
Paraguai	Assunção	paraguaio	guarani	100 cêntimos
Peru	Lima	peruano ou peruviano	novo sol	100 cêntimos
Polônia	Varsóvia	polonês	novo *zloti*	100 *groszy*
Portugal	Lisboa	português	escudo	100 centavos
Quênia	Nairóbi	queniano	xelim queniano	100 centavos
Quirguízia ou Quirguistão	Bishkek	quirguiz	*som*	100 *tyiyn*
Quiribati	Tarawa	quiribatiano	dólar australiano	100 centavos
Reino Unido	Londres	britânico	libra esterlina	100 *pence* novos
República Centro-Africana	Bangui	centro-africano	franco CFA	100 cêntimos
República Checa	Praga	checo	*koruna* checa (pl. *koruny*)	100 *haleru*
República Dominicana	Santo Domingo	dominicano	peso dominicano	100 centavos
Romênia	Bucareste	romeno	leu	100 *bani*
Ruanda	Kigali	ruandês	franco ruandês	100 cêntimos
Rússia	Moscou	russo	rublo	100 copeques
Samoa Ocidental	Apia	samoano	tala	100 *sene*
San Marino ou São Marino	San Marino	samarinês ou são-marinense	lira italiana	100 centésimos
Santa Lúcia	Castries	santa-lucense	dólar caribenho	100 centavos
São Kitts e Névis	Basseterre	neviano	dólar caribenho	100 centavos
São Tomé e Príncipe	São Tomé	são-tomense ou santomense	dobra	100 cêntimos
São Vicente e Granadinas	Kingstown	são-vicentino ou granadinense	dólar caribenho	100 centavos
Seicheles	Vitória	seichelense	rupia de Seicheles	100 centavos

PAÍS	CAPITAL	ADJETIVO PÁTRIO	UNIDADE MONETÁRIA	MOEDA DIVISIONÁRIA
Senegal	Dacar	senegalês	franco CFA	100 cêntimos
Serra Leoa	Freetown	serra-leonês	leone	100 centavos
Síria	Damasco	sírio	libra síria	100 piastras
Somália	Mogadíscio	somali ou somaliano	xelim somali	100 centavos
Sri Lanka	Colombo	cingalês	rupia do Sri Lanka	100 centavos
Suazilândia	Mbabane	suazi	*lilangeni*	100 centavos
Sudão	Cartum	sudanês	libra sudanesa	100 piastras
Suécia	Estocolmo	sueco	coroa sueca	100 *oere*
Suíça	Berna	suíço	franco suíço	100 cêntimos
Suriname	Paramaribo	surinamês	florim surinamês	100 centavos
Tailândia	Bangcoc	tailandês	*baht*	100 *satang*
Tajiquistão ou Tadjiquistão	Dushambe	tajique ou tadjique	rublo do Tajiquistão	100 *tanga*
Tanzânia	Dodoma	tanzaniano	xelim tanzaniano	100 centavos
Togo	Lomé	togolês	franco CFA	100 cêntimos
Tonga	Nuku'alofa	tonganês	*pa'anga*	100 *seniti*
Trinidad e Tobago	Port of Spain	trinitário ou tobaguiano	dólar de Trinidad e Tobago	100 centavos
Tunísia	Túnis	tunisiano	dinar tunisiano	1.000 *millimes*
Turcomênia ou Turcomenistão ou Turquimenistão	Ashgabat	turcomeno ou turcomano	*manat* turcomeno	100 *tenesi*
Turquia	Ancara	turco	lira turca	100 *kurush*
Tuvalu	Funafuti	tuvaluano	dólar tuvaluano	100 centavos
Ucrânia	Kiev	ucraniano	*hryvnia*	100 *kopiykas*
Uganda	Campala	ugandense	xelim ugandense	100 centavos
Uruguai	Montevidéu	uruguaio	novo peso uruguaio	100 centésimos
Usbequistão	Tashkent	usbeque	*soum* (pl. *soums*)	
Vanuatu	Porto-Vila	vanuatuense	*vatu*	100 cêntimos
Vaticano	Cidade do Vaticano		lira italiana	100 centésimos
Venezuela	Caracas	venezuelano	bolívar	100 cêntimos
Vietnã	Hanói	vietnamita	*dong* novo	100 *xu*
Zâmbia	Lusaca	zambiano	*kuacha* zambiano	100 *ngui*
Zimbabué	Harare	zimbabueano	dólar do Zimbabué	100 centavos

(*) CFA = Comunidade Financeira Africana

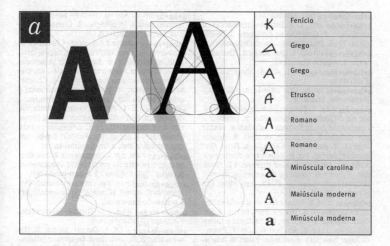

	Fenício
	Grego
	Grego
	Etrusco
	Romano
	Romano
	Minúscula carolina
	Maiúscula moderna
	Minúscula moderna

a¹ *sm.* **1.** A 1ª letra do nosso alfabeto. **2.** Figura ou representação dessa letra. • *num.* **3.** Primeiro (1), numa série. [Tb. us. para classificar algo como 'de primeira categoria; de qualidade superior, de alto valor ou importância'.] [Pl., nas acepç. 1 e 2: *as* (tb. indicado pela duplicação da letra: *aa*).]

a² **1.** *art. def.*, fem. do art. *o*. **2.** *Pron. pess.*, oblíquo, da 3ª pess. do sing., fem. **3.** *Pron. dem.*, fem. do pron. dem. *o*; aquela: *Esta flor não é a que lhe dei.*

a³ *prep.* Exprime inúmeras relações entre palavras, e substitui várias outras prep.: *Vou a São Paulo*; *Obedece às ordens*; *sensibilidade ao frio*; *Homem temente a Deus*; rege expletivamente o obj. dir. de verbos: *amar a Deus*; *Venera o filho ao pai*; com o verbo no infinitivo, entra na construção de f. verbais perifrásticas que têm o valor de gerúndio (*estar a chorar* [= 'estar chorando']), que têm valor incoativo (*Pegou a falar*), que exprimem fim ou intenção (*Correu a ver quem chegara*). Ocorre tb. em inúmeras loc. adv. (*a olho nu*; *a pé*; *aos poucos*; *às avessas*; etc.) e em várias loc. prep. (*a despeito de*; *com referência a*; etc.).

❑ **a 1.** *Fís.* Símb. de *aceleração*. **2.** *Mat.* Representa, numa expressão, uma quantidade variável conhecida. [Utilizam-se, ger., os símb. *b, c*, etc., para representar outras quantidades conhecidas, na mesma expressão.]

❑ **A 1.** No sistema hexadecimal de numeração, o décimo primeiro algarismo, equivalente ao número decimal 10. **2.** *Fís.* Símb. de *ampère*.

3. *Fís. Nucl.* Símb. de *número de massa*. **4.** *Med.* Designação de um aglutinógeno cuja presença nas hemácias caracteriza um grupo sanguíneo designado grupo A. **5.** *Mús.* Sinal com que se representa a nota ré, ou a escala ou acorde nela baseados.

á *sm.* A letra *a*.

à¹ Contr. da prep. *a* com o art. *a*: *Irei à festa.*

à² Contr. da prep. *a* com o pron. dem. *a*; àquela: *Esta flor é semelhante à que lhe dei.*

a•ba *sf.* **1.** Parte pendente de certas peças duma veste. **2.** Rebordo de chapéu. **3.** Lugar contíguo. **4.** Base de montanha; falda, sopé. **5.** Costela inferior do boi.

a•ba•ça•na•do *adj.* De um branco fusco e baço.

a•ba•ca•te *sm.* O fruto, bacáceo, do abacateiro.

a•ba•ca•tei•ro *sm. Bot.* Árvore laurácea de fruto muito nutritivo.

a•ba•ca•xi *sm. Bras.* **1.** *Bot.* Bromeliácea de infrutescência carnosa, comestível; ananás. **2.** Essa infrutescência; ananás. **3.** *Gír.* Coisa ou pessoa desagradável.

a•ba•ci•al *adj2g.* Relativo a abade ou a abadessa. [Pl.: *–ais*.]

á•ba•co *sm.* Moldura retangular com fileiras de hastes nas quais correm pequenas bolas, us. em operações aritméticas.

a•ba•de *sm.* Superior de certas ordens religiosas.

a•ba•des•sa (ê) *sf.* Fem. de *abade*.

a•ba•di•a *sf.* **1.** Mosteiro governado por abade ou abadessa. **2.** Circunscrição religiosa sob jurisdição de abade.

a•ba•fa•di•ço adj. Abafado (1).

a•ba•fa•do adj. 1. Sufocante, irrespirável; abafadiço. 2. Que não se divulgou. 3. Surdo (2). 4. Bras. Pop. Extremamente ocupado.

a•ba•fa•dor (ô) adj. 1. Que abafa. 2. Abafante. ● sm. 3. Aquilo que abafa.

a•ba•fa•men•to sm. 1. Ato de abafar(-se). 2. Falta de ar.

a•ba•fan•te adj2g. Que impede ou dificulta a respiração; abafador.

a•ba•far v.t.d. 1. Cobrir, para conservar o calor ou dificultar a evaporação. 2. Impedir a combustão de. 3. Sufocar, asfixiar. 4. Matar por asfixia. 5. Esconder, ocultar. 6. Agasalhar (2). 7. Amortecer o som de. 8. Bras. Gír. Roubar, furtar. Int. 9. Respirar a custo; asfixiar(-se). 10. Fazer calor intenso. 11. Bras. Gír. Ficar em situação de especial relevo; arrasar, sobressair-se. P. 12. Agasalhar (2). [Conjug.: ①[abaf]ar]

a•bai•xar v.t.d. 1. Tornar baixo ou mais baixo. 2. Fazer descer. 3. Dirigir para baixo. 4. Reduzir o preço, o valor de. 5. Diminuir a intensidade de. T.d.c. 6. Abaixar (3). Int. 7. Passar de lugar alto para outro mais baixo. 8. Assentar (14). 9. Arrefecer (a temperatura). P. 10. Curvar-se, dobrar-se. 11. Humilhar-se, rebaixar-se. [Sin. ger.: baixar. Conjug.:①[abaix]ar] § **a•bai•xa•do** adj.; **a•bai•xa•men•to** sm.; **a•bai•xan•te** adj2g.

a•bai•xo adv. 1. Em lugar ou posição menos alta. 2. Na parte inferior; abaixo. ● Interj. 3. Indica reprovação.

a•bai•xo•as•si•na•do sm. Documento assinado por várias pessoas, com reivindicação, manifestação de protesto ou de solidariedade, etc. [Pl.: abaixo-assinados.]

a•ba•jur sm. Peça que preserva os olhos da luz de lâmpada, vela, etc.; quebra-luz.

a•ba•la•da sf. Corrida, correria.

a•ba•la•do adj. 1. Que não está firme. 2. Fig. Abatido, alquebrado. 3. Fig. Perturbado, por efeito de grande comoção ou de choque emocional.

a•ba•lan•çar v.t.d. 1. Pesar (1). 2. Avaliar, calcular. P. 3. Atrever-se, arriscar-se. [Conjug.: ⑨ [abalan]çar] § **a•ba•lan•ça•men•to** sm.

a•ba•lar v.t.d. 1. Tornar menos sólido ou firme, sacudindo ou aluindo. 2. Agitar (1). 3. Comover, impressionar. 4. Fazer mudar de opinião, parecer, etc. Int. 5. V. fugir (1). 6. Partir (9). P. 7. Sacudir-se. 8. Abater (11). [Conjug.: ①[abal]ar] § **a•ba•la•dor** (ô) adj.; **a•ba•la•men•to** sm.; **a•ba•lá•vel** adj2g.

a•ba•li•za•do adj. Notável, competente.

a•ba•li•zar v.t.d. 1. Balizar (1). 2. Assinalar, marcar. [Conjug.: ①[abaliz]ar] § **a•ba•li•za•dor** (ô) adj.

a•ba•lo sm. 1. Ato ou efeito de abalar. 2. Estremecimento, trepidação. 3. Comoção, choque, baque, balanço (2).

a•bal•ro•ar v.t.d. e t.i. 1. Mar. Chocar-se (a embarcação) com (outra embarcação, cais, baía, etc.); colidir. 2. Aer. Colidir (a aeronave) com (outra aeronave), em vôo ou em manobra no solo ou na água. Int. e p. 3. Chocar-se, entrechocar-se. [Conjug.:⑬[abalr]oar] § **a•bal•ro:a•do** adj.; **a•bal•ro:a•men•to** sm.

a•ba•nar v.t.d. 1. Agitar, sacudir, continuadamente. 2. Refrescar, movendo abano, leque, etc. 3. V. acenar (1). P. 4. Refrescar-se com abano, etc.. [Conjug.: ①[aban]ar] § **a•ba•na•dor** (ô) adj. e sm.; **a•ba•na•men•to** sm.

a•ban•car v.int. 1. Sentar(-se). 2. Instalar-se com o intuito de permanecer longamente. [Conjug.: ⑧[aban]car] § **a•ban•ca•do** adj.

a•ban•da•lhar v.t.d. e p. Tornar(-se) bandalho, reles; aviltar(-se). [Conjug.: ①[abandalh]ar] § **a•ban•da•lha•do** adj.

a•ban•di•dar v.t.d. e p. Tornar(-se) bandido. [Conjug.: ①[abandid]ar]

a•ban•do•nar v.t.d. 1. Deixar, largar. 2. Desamparar. 3. Desistir de. 4. Desprezar, menosprezar. P. 5. Entregar-se, dar-se. [Conjug.:① [abandon]ar] § **a•ban•do•na•do** adj. e sm.

a•ban•do•no sm. Ato ou efeito de abandonar(-se).

a•ba•nhe•ém sm. Ling. O tupi (3) dos primeiros textos jesuíticos.

a•ba•no sm. Objeto que, movimentado seguidamente, agita o ar.

a•ba•rá sm. Bras. BA Bolinho de feijão.

a•bar•ba•do adj. Que tem muito que fazer ou está em apuros.

a•bar•car v.t.d. 1. Cingir com os braços; abraçar. 2. V. rodear (2). 3. Alcançar, atingir, abranger. 4. Conter em si; abranger. [Conjug.: ⑧[abar]car] § **a•bar•ca•dor** (ô) sm.; **a•bar•ca•men•to** sm.

a•bar•ro•tar v.t.d. e t.d.i. 1. Encher em demasia; atestar². P. 2. Encher-se; atestar-se. 3. Empanturrar-se. [Conjug.:①[abarrot]ar] § **a•bar•ro•ta•do** adj.; **a•bar•ro•ta•men•to** sm.

a•bas•ta•do adj. e sm. Diz-se de, ou indivíduo rico, endinheirado.

a•bas•tan•ça sf. Fartura; riqueza.

a•bas•tar v.t.d. e p. V. abastecer (1 e 4). [Conjug.: ① [abast]ar]

a•bas•tar•dar v.t.d. 1. Fazer perder a genuinidade, ou fazer degenerar. P. 2. Degenerar(-se). [Conjug.: ①[abastard]ar] § **a•bas•tar•da•do** adj.; **a•bas•tar•da•men•to** sm.

a•bas•te•cer v.t.d. 1. Prover do necessário; abastar. 2. Prover, munir. T.d.i. 3. Abastecer (2). P. 4. Prover-se, munir-se; abastar-se. [Conjug.: ㉞[abaste]cer] § **a•bas•te•ce•dor** (ô) adj. e sm.; **a•bas•te•ci•men•to** sm.

a•bas•te•ci•do adj. Bem provido; farto.

a•ba•ta•ta•do adj. 1. Em forma de batata, ou semelhante a ela. 2. Diz-se de nariz grosso, largo.

a•ba•te sm. 1. Ato ou efeito de abater (3). 2. V. abatimento (2).

a•ba•te•doi•ro ou a•ba•te•dou•ro sm. 1. V. matadouro. 2. Local onde se abatem pequenos animais para consumo.

a•ba•ter v.t.d. 1. Lançar por terra; derrubar. 2. Dar cabo de; matar. 3. Matar (animais) para consumo. 4. Enfraquecer, debilitar. 5. Entristecer. 6. Diminuir no preço, valor, etc. 7. Humilhar, rebaixar. Int. 8. Vir abaixo; desabar, abater-se. P. 9. Abater (8). 10. Humilhar-se, rebaixar-se. 11. Entristecer-se; abalar-se. [Conjug.: ② [abat]er] § a•ba•ti•do adj.

a•ba•ti•men•to sm. 1. Ação ou efeito de abater(-se). 2. Desconto, redução, abate. 3. Desalento, desânimo.

a•ba•tu•ma•do adj. 1. Bras. V. abetumado (1 e 2). 2. Bras. Prov. port. Que se abatumou; abetumado.

a•ba•tu•mar v.int. Tornar-se (o pão ou o bolo) duro e pesado. [Conjug.: ① [abatum]ar]

a•ba:u•lar v.t.d. Dar forma de baú a; tornar curvo. [Conjug.: ⑮ [aba:u]lar] § a•ba:u•la•do adj.; a•ba:u•la•men•to sm.

abc sm. V. a-bê-cê.

ab•di•ca•dor (ô) adj. e sm. Que ou aquele que abdica. [Fem.: abdicadora (ô), abdicatriz.]

ab•di•car v.t.d. 1. Renunciar voluntariamente a, abandonar (cargo, dignidade, etc.). 2. Desistir de; renunciar; resignar. T.i. 3. Abdicar (2). Int. 4. Renunciar ao cargo ou à dignidade em que estava investido. [Conjug.: ⑧ [abdi]car] § ab•di•ca•ção sf.; ab•di•can•te adj2g.; ab•di•ca•tó•ri:o adj.; ab•di•ca•triz (f.) e sf.; ab•di•cá•vel adj2g.

ab•do•me ou ab•dô•men sm. Anat. Parte do corpo do homem e doutros vertebrados, entre o tórax e a bacia, e em cuja cavidade estão numerosos órgãos (digestivos, urinários, etc.); ventre, barriga. [Pl. de abdômen: –mens e (p. us.) –menes.] § ab•do•mi•nal adj2g.

ab•du•ção sf. 1. Ato ou efeito de abduzir. 2. Jur. Rapto com violência, fraude ou sedução.

ab•du•zir v.t.d. 1. Desviar de um ponto; afastar. 2. Raptar, seqüestrar: Afirmou que extraterrestres abduziram o seu amigo. [Conjug.: ㊹ [abd]uzir]

a•be•be•rar v.t.d. e p. Dessedentar(-se). [Conjug.: ① [abeber]ar] § a•be•be•ra•do adj.

á-bê-cê sm. 1. F. substantivada de abc, modo corrente de designar o alfabeto. 2. As primeiras letras; a-é-i-ó-u. [Pl.: á-bê-cês.]

a•be•ce•dá•ri:o sm. V. alfabeto (2). 2. V. á-é-i-ó-u.

a•bei•rar v.t.d. e p. Chegar à beira de; aproximar(-se), avizinhar(-se) de. [Conjug.: ① [abeir]ar] § a•bei•ran•te adj2g.

a•be•lha (ê) sf. Zool. Inseto himenóptero que vive em colônia e produz cera e mel.

a•be•lha-mes•tra sf. Zool. A única fêmea fecunda da colméia; rainha. [Pl.: abelhas-mestras.]

a•be•lhu•do adj. Curioso; bisbilhoteiro. § a•be•lhu•di•ce sf.

a•ben•ço•ar v.t.d. 1. Dar a bênção a; benzer. 2. Fazer feliz, tornar próspero; proteger. P. 3. Fazer o sinal-da-cruz; benzer-se. [Conjug.: ⑬ [abenç]oar] § a•ben•ço•a•do adj.; a•ben•ço•a•dor (ô) adj. e sm.

a•ber•ra•ção sf. 1. Ato ou efeito de aberrar. 2. Defeito, distorção. 3. Anomalia, anormalidade. [Pl.: –ções.]

a•ber•rar v.int. 1. Desviar-se do que é tido como padrão, norma, ou considerado natural. T.i. 2. Ser diferente de; destoar. [Conjug.: ① [aberr]ar] § a•ber•ran•te adj2g.

a•ber•ta sf. 1. V. abertura (2). 2. Rego, canal, vala. 3. Nesga de céu limpo, em dia chuvoso. 4. Bras. Clareira.

a•ber•to adj. 1. Que se abriu; que não está fechado. 2. Sem cobertura; descoberto. 3. Sem nuvens (diz-se do céu, tempo, etc.). 4. Vasto, amplo. 5. Diz-se de cor viva, intensa. 6. Sincero, leal. 7. Não cicatrizado (ferida). 8. Gram. Diz-se do timbre da vogal, ou da vogal produzida a partir do distanciamento entre a língua e o céu da boca.

a•ber•tu•ra sf. 1. Ato ou efeito de abrir; abrimento. 2. Fenda, frincha; orifício; aberta. 3. V. inauguração (2).

a•bes•pi•nhar v.t.d. e p. Irritar(-se), amuar(-se), exasperar(-se). [Conjug.: ① [abespinh]ar] § a•bes•pi•nha•di•ço adj.; a•bes•pi•nha•do adj.; a•bes•pi•nha•men•to sm.

a•bes•ta•lha•do adj. Bras. Tolo, perplexo.

a•bes•ta•lhar-se v.p. Bras. Ficar abestalhado, perplexo. [Conjug.: ① [abestalh]ar]

a•be•to (ê) sm. Bot. Árvore abietácea rara nos trópicos, mas cultivada no Brasil como ornamental.

a•be•tu•ma•do adj. 1. Calafetado com betume. 2. Triste, melancólico. [Sin., nessas acepç.: abatumado.] 3. Bras. Prov. port. V. abatumado (2).

a•be•tu•mar v.t.d. Calafetar com betume. [Conjug.: ① [abetum]ar]

a•bi•car v.t.c. 1. Mar. Dirigir, apontar a proa. Int. e p. 2. Aproximar-se, chegar(-se). [Conjug.: ⑧ [abi]car]

a•bi•chor•na•do adj. Bras. 1. Quente, abafado (diz-se do tempo, vento, etc.). 2. Triste, desanimado. [Sin. ger.: abochornado.]

a•bi•chor•nar v.t.d., int. e p. Bras. Tornar(-se) abichornado; abochornar. [Conjug.: ① [abichorn]ar]

a•bi•ei•ro *sm. Bot.* Planta sapotácea frutífera.

a•bi:e•tá•ce:a *Bot. sf.* Espécime das abietáceas, família de gimnospermas coníferas. § **a•bi:e•tá•ce:o** *adj.*

a•bi:o•gê•ne•se *sf. Biol.* Origem de vida, a partir da matéria desprovida de vida.

a•bi•o•se *sf.* Ausência de vida.

a•bi•ó•ti•co *adj.* 1. Relativo a abiose. 2. Em que não se pode viver. 3. *Ecol.* Diz-se de componente do ecossistema que não inclui seres vivos, como, p. ex., as substâncias minerais, os gases e os elementos climáticos isolados. • *sm.* 4. Componente abiótico (3).

a•bis•coi•ta•do *adj.* Semelhante a biscoito.

a•bis•coi•tar *v.t.d.* 1. Cozer como biscoito. 2. Conseguir; arranjar. [Conjug.: ① [abiscoit]**ar**]

a•bis•ma•do *adj.* Muito admirado, surpreso.

a•bis•mal *adj.* 1. Relativo ou pertencente a abismo, ou da natureza dele. 2. *Fig.* Insondável; aterrador. [Sin. ger.: *abissal.* Pl.: *-mais.*]

a•bis•mar *v.t.d.* 1. Lançar no abismo. 2. Causar assombro ou admiração a. *P.* 3. Lançar-se no abismo. 4. Cair em profunda concentração. [Conjug.: ① [abism]**ar**]

a•bis•mo *sm.* 1. Abertura ou sulco natural do terreno, de fundo quase vertical, praticamente insondável. 2. *V. precipício* (1).

a•bis•sal *adj.2g* 1. Abismal. • *sm.* 2. A parte profunda dos oceanos abaixo de 2.000m. [Pl.: *-ais.*]

a•bis•sí•ni:o *adj.* 1. Da Abissínia, atual Etiópia (África). • *sm.* 2. O natural ou habitante da Abissínia.

a•biu *sm. Bras.* O fruto do abieiro.

ab•je•ção *sf.* Vilania, vileza. [Pl.: *-ções.*]

ab•je•to *adj. V. infame* (2).

ab•ju•rar *v.t.d.* 1. Renunciar solenemente a (religião, crença, etc.); renegar, arrenegar. 2. Renunciar, rejeitar. 3. Retratar-se de (opinião). [Conjug.: ① [abjur]**ar**] § **ab•ju•ra•ção** *sf.*; **ab•ju•ra•dor** (ô) *adj. e sm.*; **ab•ju•ran•te** *adj2g. e s2g.*

a•bla•ção *sf. Cir.* Remoção de estrutura orgânica ou de parte dela. [Pl.: *-ções.*]

a•blu•ção *sf.* 1. Lavagem (1). 2. Banho de corpo inteiro ou só de parte dele. [Pl.: *-ções.*]

a•blu•ir *v.t.d.* 1. *V. lavar* (1). 2. Purificar por meio da água. *P.* 3. Limpar-se; purificar-se. [Conjug.: ㊾ [abl]**uir**] § **a•blu•en•te** *adj2g. e s2g.*

a•blu•to•ma•ni:a *sf. Psiq.* Impulso mórbido para lavar-se e banhar-se. § **a•blu•to•ma•ní•a•co** *adj.*

ab•ne•ga•ção *sf.* 1. Ação ou efeito de abnegar. 2. *V. desprendimento.* [Pl.: *-ções.*]

ab•ne•ga•do *adj.* Que revela abnegação (2).

ab•ne•gar *v.t.d.* 1. Renunciar a; abster-se de. *P.* 2. Sacrificar-se em benefício de alguém. [Conjug.: ⑪ [abne]**gar**.]

a•bó•ba•da *sf.* 1. Cobertura encurvada, construída em geral com pedras ou tijolos que se apóiam uns nos outros, de modo que suportem seu próprio peso e as cargas externas; cúpula. 2. Qualquer coisa com essa forma. ✦ **Abóbada celeste.** O firmamento. **Abóbada craniana.** *Anat.* A parte superior, convexa, da caixa craniana.

a•bo•ba•do *adj. V. tolo* (1 e 2).

a•bo•ba•lha•do *adj. V. tolo* (1 e 2).

a•bo•bar *v.t.d. e p.* 1. Apalermar(-se), atoleimar(-se). 2. Assustar(-se), aterrar(-se). [Conjug.: ① [abob]**ar**]

a•bó•bo•ra *sf.* O fruto da aboboreira; jerimum.

a•bo•bo•rei•ra ou **a•bo•brei•ra** *sf. Bot.* Nome comum a várias cucurbitáceas de fruto comestível.

a•bo•bri•nha *sf.* 1. Fruto verde da aboboreira. 2. *Bras. Gír.* Bobagem, tolice.

a•bo•ca•nhar *v.t.d.* 1. Apanhar, pegar com a boca. 2. Morder. 3. *Fig.* Apoderar-se de; obter, usando de astúcia. [Conjug.: ① [abocanh]**ar**]

a•bo•chor•na•do *adj. V. abichornado.*

a•bo•chor•nar *v.t.d., int. e p. V. abichornar.* [Conjug.: ① [abochorn]**ar**]

a•boi•ar¹ *v.int. e p.* Flutuar, sobrenadar. [Conjug.: ① [aboi]**ar**, com acento agudo no *o* nas f. rizotônicas. Cf. *aboiar².*]

a•boi•ar² *v.int. Bras. Prov. port.* 1. Guiar uma boiada com aboio. 2. Trabalhar com bois. [Conjug.: ① [aboi]**ar**. Este verbo, ao contrário de *aboiar¹*, mantém o *o* fechado nas f. rizotônicas.]

a•boi•o *sm.* Toada com que os vaqueiros guiam as boiadas ou chamam os bois dispersos.

a•bo•iz (o-i) *sm.* Armadilha para aves e coelhos.

a•bo•le•tar *v.t.d., t.d.c. e p.* Alojar(se), instalar(-se). [Conjug.: ① [abolet]**ar**]

a•bo•li•ção *sf.* 1. Ação ou efeito de abolir. 2. *Restr.* Abolição da escravatura. [Pl.: *-ções.*]

a•bo•li•ci:o•nis•mo *sm.* Doutrina que pregava a abolição da escravatura. § **a•bo•li•ci:o•nis•ta** *adj2g. e s2g.*

a•bo•lir *v.t.d.* 1. Extinguir, suprimir. 2. Deixar de usar; largar. [Conjug.: ㊳ [abol]**ir**]

a•bo•mi•na•ção *sf.* 1. Ato ou efeito de abominar. 2. Pessoa ou coisa abominável. [Pl.: *-ções.*]

a•bo•mi•nar *v.t.d. e p.* Detestar(-se), odiar(-se). [Conjug.: ① [abomin]**ar**] § **a•bo•mi•ná•vel** *adj2g.*

a•bo•na•do *adj.* 1. Que se abonou ou fiou. 2. Rico, endinheirado. *sm.* 3. Indivíduo abonado (2).

a•bo•nar *v.t.d.* 1. Declarar bom ou verdadeiro. 2. Ficar como fiador de, ou responsável por (dívida, obrigação, etc.). 3. Confirmar, aprovar. 4. Justificar (falta ao trabalho). [Conjug.:

⌑ [abon]**ar**] § **a•bo•na•ção** *sf.*; **a•bo•na•dor** (ó) *adj.* e *sm.*

a•bo•no *sm.* 1. Fiança, garantia. 2. Louvor. 3. Remuneração adicional ao salário regular. 4. Defesa ou reforço (de opinião, conceito, etc.). 5. Relevamento de falta(s) ao trabalho.

a•bor•dar *v.t.d.* 1. Chegar à beira de. 2. Abalroar (uma embarcação) para tomá-la de assalto. 3. Aproximar-se de (alguém). 4. Tratar de (assunto). *T.c.* 5. Encostar; limitar. 6. Chegar a (o bordo, a praia). [Conjug.: ⌑ [abord]**ar**] § **a•bor•da•gem** *sf.*

a•bo•rí•gi•ne *adj2g.* e *s2g.* Que ou quem é originário da terra onde vive; indígena, nativo.

a•bor•re•cer *v.t.d.* 1. Sentir horror a; detestar. 2. Desgostar, descontentar. 3. V. *apoquentar. Int.* 4. Causar horror, aversão. 5. Abusar (3). *P.* 6. Enfastiar-se. 7. V. *apoquentar*. [Conjug.: ㉞ [aborre]**cer**] § **a•bor•re•ce•dor** (ô) *adj.*; **a•bor•re•ci•do** *adj.*

a•bor•re•ci•men•to *sm.* 1. Ato ou efeito de aborrecer(-se). 2. Aversão. 3. Tédio. 4. Desgosto.

a•bor•tar *v.int.* 1. *Med.* Eliminar prematuramente do útero produto da concepção. 2. Malograr-se. *T.d.* 3. Malograr, frustrar. 4. *Inform.* Cancelar a execução de (programa ou comando) antes de sua conclusão normal. [Conjug.: ⌑ [abort]**ar**]

a•**bor•to** (ô) *sm.* 1. *Med.* Ação ou efeito de abortar (1). 2. *Fig.* Indivíduo disforme; monstro.

a•bo•to•a•du•ra *sf.* 1. Ato de abotoar (1). 2. Botão removível, próprio para punho de camisa ou blusa.

a•bo•to•ar *v.t.d.* 1. Meter os botões nas casas para fechar (o vestuário). *Int.* 2. Deitar botões ou gomos; abotoar-se. 3. *Gír.* V. *morrer* (1). *P.* 4. Abotoar (2). 5. Unir-se ou fechar-se com botões. [Conjug.: ⑬ [abot]**oar**] § **a•bo•to•a•men•to** *sm.*

a•bra•ça•dei•ra *sf.* 1. Peça de ferro para segurar vigas ou paredes, etc. 2. Peça que cinge cortina ou cortinado, prendendo-o de lado; braçadeira.

a•bra•çar *v.t.d.* 1. Apertar ou rodear com os braços; abarcar. 2. V. *rodear* (2). 3. Adotar, seguir. *P.* 4. Abraçar-se a, com, ou em alguém ou algo. [Conjug.: ⑨ [abra]**çar**]

a•bra•ço *sm.* Ato de abraçar(-se); amplexo.

a•bran•dar *v.t.d., int.* e *p.* 1. Tornar(-se) brando ou mais brando. 2. V. *enternecer* (2). 3. Aplacar(-se), serenar(-se). 4. Fazer diminuir, ou diminuir de intensidade (temperatura, velocidade, som, etc.) [Conjug.: ⌑ [abrand]**ar**] § **a•bran•da•men•to** *sm.*

a•bran•ger *v.t.d.* 1. V. *rodear* (2). 2. V. *abarcar* (3 e 4). [Conjug.: ㊱ [abran]**ger**] § **a•bran•gen•te** *adj2g.*; **a•bran•gên•ci•a** *sf.*

a•bra•sa•do *adj.* 1. Em brasa; queimado. 2. Quente, ardente. 3. Aceso (1).

a•bra•são *sf.* 1. Raspagem; rasura. 2. Desgaste provocado por atrito. 3. Erosão causada pelas ondas. 4. *Med.* Desgaste orgânico provocado por ação mecânica. [Pl.: *–sões*.]

a•bra•sar *v.t.d.* 1. Tornar em brasa ou como que em brasa; queimar. 2. Devastar, destruir. 3. V. *enrubescer. Int.* 4. Produzir calor excessivo. *P.* 5. Converter-se em brasa. 6. V. *enrubescer*. [Conjug.: ⌑ [abras]**ar**] § **a•bra•sa•dor** (ô) *adj.*; **a•bra•sa•men•to** *sm.*

a•bra•si•lei•ra•do *adj.* Semelhante a, ou próprio de brasileiro.

a•bra•si•lei•rar *v.t.d.* e *p.* Adaptar(-se) ao temperamento, maneira, cultura ou estilo brasileiro. [Conjug.: ⌑ [abrasileir]**ar**]

a•bra•si•vo *adj.* e *sm.* 1. Que ou o que produz abrasão. 2. Diz-se de, ou substância muito dura, capaz de arrancar, por atrito, partículas de outros corpos.

a•breu•gra•fi•a *sf. Med.* Método para fixar fotograficamente, com equipamento próprio, a imagem observada pela radioscopia. § **a•breu•grá•fi•co** *adj.*

a•bre•vi•ar *v.t.d.* 1. Tornar breve ou mais breve. 2. Reduzir; diminuir. 3. Suprimir (parte da grafia de um termo), segundo critério específico. [Conjug.: ⌑ [abrevi]**ar**] § **a•bre•vi:a•ção** *sf.*

a•bre•vi:a•tu•ra *sf.* 1. Representação duma palavra por alguma(s) de suas sílabas ou letras. 2. Sinal ou cifra com que se representa uma palavra.

a•bri•có *sm. Bras.* O fruto do abricoteiro.

a•bri•co•tei•ro *sm. Bras. Bot.* Árvore sapotácea, frutífera, e de madeira útil.

a•bri•dei•ra *sf. Bras.* Aperitivo, em geral de aguardente.

a•bri•dor (ô) *sm.* Instrumento para abrir latas, garrafas, etc.

a•bri•gar *v.t.d.* e *p.* Resguardar(-se) de intempérie, dano ou perigo. [Conjug.: ⑪ [abri]**gar**] § **a•bri•ga•dor** (ô) *adj.*

a•bri•go *sm.* 1. Lugar que abriga. 2. Agasalho que protege do mau tempo. 3. Cobertura, teto. 4. *Fig.* Amparo, proteção.

a•bril *sm.* O quarto mês do ano, com 30 dias.

a•bri•lhan•tar *v.t.d.* e *p.* Tornar(-se) brilhante. [Conjug.: ⌑ [abrilhant]**ar**]

a•brir *v.t.d.* 1. Mover (porta, janela, etc., fechada ou cerrada); descerrar. 2. Afastar as partes juntas ou contínguas de. 3. Estender, distender. 4. Fender, furar, mediante incisão, corte, etc. 5. Fazer incisão em; cortar. 6. Retirar o invólucro, a tampa, etc., de. 7. Acender (luz elétrica). 8. Fundar, instalar. 9. Registrar, lavrar. 10. Conceder (crédito). 11. Dar por começado. 12. *Inform.* Carregar (10) (arquivo ou programa), preparando-o para ser usado. **13.** *Gír.* Romper (namoro, etc.). *T.d.i.* **14.** Abrir (10). *T.i.* **15.** Abrir (17) (a alguém). **16.** *Gír.* Romper relação com (pessoa). *Int.* **17.** Abrir a porta; franquear a entrada. **18.** Desabrochar. **19.** Desanuviar (o tempo). **20.** Começar a funcionar. **21.** Passar (o sinal de trânsito quando vermelho) a verde, que indica trânsito livre. *P.* **22.** Rasgar-se, fender-se. **23.** Fazer confidência(s); desabafar(-se). **24.** Mover-se (porta ou janela fechada ou cerrada) para dar passagem, etc. *T.c.* **25.** Dar acesso, comunicação; dizer. [Conjug.: ③ [abr]**ir**. Dois particípios: *abrido* e *aberto*.] § **a•bri•men•to** *sm*.

ab-ro•gar *v.t.d.* Anular, suprimir, revogar. [Conjug.: ⑪ [ab-ro]**gar**] § **ab-ro•ga•ção** *sf*.; **ab-ro•ga•dor** (ô) *adj.* e *sm*.

a•bro•lhos *sm.pl.* Rochedos marítimos que atingem a superfície das águas.

ab•rup•to (ab-ru) *adj.* **1.** Escarpado, íngreme. **2.** Rude, áspero. **3.** Repentino. § **ab•rup•ta•men•te** *adv*.

a•bru•ta•do *adj.* V. *abrutalhado*.

a•bru•ta•lha•do *adj.* Que tem modos de, ou é próprio de bruto; rude, grosseiro, abrutado.

abs•ces•so *sm. Patol.* Coleção (2) localizada de pus; apostema.

abs•cis•sa *sf.* **1.** *Geom.* Numa reta, a distância dum ponto a outro tomado como origem. **2.** *Geom. Anal.* Em um sistema de coordenadas cartesianas, coordenada referente ao eixo dos xx.

ab•sen•te•ís•mo *sm.* **1.** Hábito de estar freqüentemente ausente de um local (de trabalho, estudo, etc.). **2.** O fato de não comparecer a um ato, de abster-se de um dever, etc.

ab•sen•tis•mo *sm. Biol.* Prática de alguns animais de permanecerem longe da prole, aproximando-se dela apenas para trazer alimentos e dispensar outros cuidados.

ab•si•de *sf.* Em certas igrejas, o lugar onde fica o altar-mor.

ab•sin•to *sm.* **1.** *Bot.* Erva muito amarga, das compostas. **2.** Bebida alcoólica feita com as folhas dela.

ab•so•lu•tis•mo *sm.* **1.** Sistema de governo em que o governante tem poderes absolutos. **2.** Despotismo, tirania. § **ab•so•lu•tis•ta** *adj2g.* e *s2g.*

ab•so•lu•to *adj.* **1.** Não dependente de outrem ou duma coisa; independente. **2.** Ilimitado, infinito. **3.** Incondicional. **4.** Superior a todos os outros; único. • *sm.* **5.** Princípio constitutivo e explicativo de toda realidade.

ab•sol•ver *v.t.d.* e *t.d.i.* **1.** Relevar de culpa ou pena; declarar inocente. **2.** Perdoar, desculpar. *Int.* e *p.* **3.** Relevar-se de culpa. [Conjug.: ② [absolv]**er**] § **ab•sol•vi•ção** *sf.*

ab•sor•ção *sf.* **1.** Ato ou efeito de absorver(-se). **2.** *Fisiol.* Captação de substância pelo organismo, por diversas vias. [Pl.: –*ções*.]

ab•sor•to (ô) *adj.* Concentrado em seus pensamentos; abstraído, distante.

ab•sor•ver *v.t.d.* **1.** Embeber em si; recolher em si. **2.** Consumir, esgotar. **3.** Requerer toda a atenção de. **4.** Assimilar (3). *P.* **5.** Aplicar-se detidamente em. [Conjug.: ② [absorv]**er**] § **ab•sor•ven•te** *adj2g.* e *sm*.

abs•tê•mi•o *adj.* Que se abstém de bebidas alcoólicas.

abs•ten•ção *sf.* **1.** Ato ou efeito de abster-se; abstinência. **2.** Recusa voluntária de participar de qualquer ato. [Pl.: –*ções*.]

abs•ter•se *v.p.* **1.** Privar-se de fazer (algo). **2.** Privar-se (de alimento, álcool, etc.). **3.** Conter-se, refrear-se. [Conjug.: ⑤ [abs]**ter**[-se]]

abs•ti•nên•ci•a *sf.* **1.** Abstenção. **2.** Qualidade de quem se abstém. **3.** Privação de alimento, por penitência. **4.** V. *continência*.

abs•tra•ção *sf.* **1.** Ato ou efeito de abstrair(-se). **2.** V. *devaneio*. [Pl.: –*ções*.]

abs•tra•ci•o•nis•mo *sm.* A arte abstrata [v. *abstrato* (4)] ou o movimento que adota esta arte. § **abs•tra•ci•o•nis•ta** *adj2g.* e *s2g*.

abs•tra•ir *v.t.d.* e *t.d.i.* **1.** Considerar isoladamente (componentes de um todo). **2.** Separar, apartar. *T.i.* **3.** Não levar em conta; prescindir de. *P.* **4.** Alhear-se, distrair-se. **5.** Concentrar-se, absorver-se. [Conjug.: ㉟ [abstr]**air**] § **abs•tra•í•do** *adj*.

abs•tra•to *adj.* **1.** Resultante de abstração. **2.** Que opera com qualidades e relações, e não com a realidade. **3.** Que expressa qualidade ou característica separada do objeto a que pertence ou está ligado. **4.** Diz-se da arte ou do artista que, utilizando ou não os meios convencionais, abstém-se de representar a realidade tangível ou imaginária. **5.** *Fig.* De compreensão difícil.

ab•sur•do *adj.* **1.** Contrário ao bom senso, à razão, ao costume ou a qualquer tipo de verdade ou modelo estabelecido. **2.** Disparatado, tolo. • *sm.* **3.** Coisa absurda.

a•bu•li•a *sf. Psiq.* Perda ou diminuição da vontade, da capacidade de ter iniciativa.

a•bun•dân•ci:a *sf.* Grande quantidade; fartura, cópia.

a•bun•dan•te *adj2g.* Que existe em abundância; copioso.

a•bun•dar *v.int.* Existir em abundância. [Conjug.: ① [abund]**ar**]

a•bur•gue•sa•do *adj.* Que tem modos de, ou que é próprio de burguês.

a•bu•sa•do *adj.* **1.** Que abusa, que exorbita. **2.** *Fig.* Supersticioso. **3.** *Bras.* Intrometido, atrevido. **4.** *Bras.* Brigão. • *sm.* **5.** *Bras.* Indivíduo abusado (3 e 4).

a•bu•são *sf.* **1.** Abuso (1). **2.** Engano, erro. **3.** Superstição, crendice, abuso. [Pl.: *–sões.*]

a•bu•sar *v.t.d.* **1.** Usar mal ou inconvenientemente de. **2.** Valer-se ou aproveitar-se de. **3.** *Bras.* Ficar ou estar enfastiado de; aborrecer. *T.i.* **4.** Abusar (1 a 3). **5.** *Bras.* Agir com abuso; aproveitar-se (de alguém). *Int.* **6.** Usar mal ou inconvenientemente de situação de superioridade. [Conjug.: ① [abus]**ar**] § **a•bu•sa•dor** (ô) *adj.* e *sm.*

a•bu•si•vo *adj.* Em que há abuso.

a•bu•so *sm.* **1.** Mau uso, ou uso errado, excessivo ou injusto; abusão. **2.** *Bras.* Aborrecimento, enfaro.

a•bu•tre *sm.* **1.** *Zool.* Nome comum a várias aves catartídeas e acipitrídeas. **2.** *Bras. Impr. Zool.* Urubu. **3.** *Fig.* Homem cruel.

❑ **a. C.** Abrev. de *antes de Cristo*.

❑ **Ac** *Quím.* Símb. do *actínio*.

a•ca *sf.* Bodum (2).

a•ça *adj2g.* e *s2g. Bras.* V. *albino*.

a•ca•ba•do *adj.* **1.** Levado a cabo; pronto. **2.** V. *perfeito* (4). **3.** Abatido, gasto. **4.** Envelhecido.

a•ca•ba•men•to *sm.* **1.** Ato ou efeito de acabar(-se). **2.** Remate, arremate. **3.** Tratamento final de obra de pintura, de metal, de madeira, etc. **4.** *Edit.* Fase final da produção gráfica de uma publicação: o alceamento das folhas impressas e a colocação da capa. **5.** *Edit.* Tratamento, ou conjunto de características, da superfície de papel; cópia fotográfica, etc. Ex.: fosco, brilhante.

a•ca•ba•na•do *adj.* **1.** Diz-se dos animais de chifres e orelhas inclinados para baixo. **2.** Diz-se dos chifres ou das orelhas desses animais, e também da orelha humana, quando caída. [Sin. ger.: *cabano*.]

a•ca•bar *v.t.d.* **1.** Levar a cabo; concluir. **2.** Chegar ao fim ou ao termo de; terminar. **3.** Pôr termo ou fim (a). **4.** Dar cabo de; destruir, matar. *T.i.* **5.** Acabar (3): *acabar com uma briga*. **6.** Acabar (4). **7.** Ter como desfecho: *O namoro acabou em casamento*. **8.** Vir de terminar uma ação. *Int.* e *p.* **9.** Findar(-se). **10.** Consumir-se, esgotar-se. [Conjug.: ① [acab]**ar**]

a•ca•bo•cla•do *adj. Bras.* **1.** Que tem aspecto de caboclo. **2.** Referente a caboclo, ou próprio dele.

a•ca•bru•nhar *v.t.d.* **1.** Abater, prostrar. **2.** Afligir, contristar. *P.* **3.** Atormentar-se, afligir-se. [Conjug.: ① [acabrunh]**ar**] § **a•ca•bru•nha•do** *adj.*; **a•ca•bru•nha•men•to** *sm.*

a•ca•çá *sm. Bras.* Bolinho de milho branco ralado ou moído, envolvido, ainda quente, em folhas de bananeira.

a•ca•ça•pa•do¹ *adj.* De pouca altura; baixo.

a•ca•ça•pa•do² *adj.* Abaixado, agachado.

a•cá•ci•a *sf. Bot.* Nome comum a várias árvores, arbustos e trepadeiras floríferas, das leguminosas.

a•ca•de•mi•a *sf.* **1.** Estabelecimento de ensino superior de ciência ou arte; faculdade, escola. **2.** Sociedade ou agremiação de caráter científico, literário, artístico, desportivo, etc. **3.** Local onde se reúnem acadêmicos.

a•ca•dê•mi•co *adj.* **1.** Relativo a, ou próprio de academia ou de acadêmico. • *sm.* **2.** Membro ou aluno de academia.

a•ca•fa•jes•ta•do *adj. Bras.* Que tem maneiras ou procedimento, ou é próprio de cafajeste.

a•ça•fa•te *sm.* Cestinho de vime, sem arco e sem asas.

a•ça•frão *sm.* **1.** *Bot.* Erva iridácea. **2.** Sua flor. **3.** Pó amarelo dela retirado, e us. como corante, tempero e medicamento. [Pl.: *–frões.*]

a•ça•í *sm. Bras. Bot.* Palmácea de frutos bacáceos dos quais se faz um refresco apreciado; juçara.

a•çai•mo *sm.* Tipo de cabresto que se põe no focinho dos animais para não comerem ou não morderem; mordaça.

a•ca:i•pi•ra•do *adj. Bras.* Que tem maneiras, ou é próprio de caipira.

a•ca•ju *Bras. sm.* **1.** *Bot.* Mogno. • *adj2g2n.* **2.** Que tem a cor castanho-avermelhada do mogno.

a•ca•lan•to *sm.* Cantiga de ninar; acalento.

a•cal•ca•nhar *v.t.d.* Entortar, com andar, o tacão de (o calçado). [Conjug.: ① [acalcanh]**ar**]

a•ca•len•tar *v.t.d.* **1.** Adormecer (criança) ao som de cantigas. **2.** Consolar, confortar. **3.** Alentar, alimentar. [Conjug.: ① [acalent]**ar**]

a•ca•len•to *sm.* Acalanto.

a•cal•mar *v.t.d., int.* e *p.* Tornar(-se) calmo; tranqüilizar(-se), serenar(-se), encalmar(-se). [Conjug.: ① [acalm]**ar**]

a•ca•lo•ra•do *adj.* Animado; entusiasmado.

a•ca•mar *v.t.d.* **1.** Deitar em cama ou em superfície semelhante. **2.** Dispor em camas ou camadas. *Int.* e *p.* **3.** Cair de cama; adoecer. [Conjug.: ① [acam]**ar**] § **a•ca•ma•do** *adj.*

a•ca•ma•ra•dar *v.int.* e *p.* Tornar-se camarada, companheiro. [Conjug.: ① [acamarad]**ar**]

a•çam•bar•car *v.t.d.* **1.** Chamar (algo) exclusivamente a si, em detrimento de outros. **2.** Assenhorear-se ou apropriar-se de. [Conjug.: ⑧ [açambar]**car**] § **a•çam•bar•ca•dor** (ô) *adj.*; **a•çam•bar•ca•men•to** *sm.*

a•cam•pa•men•to *sm.* **1.** Ato ou efeito de acampar(-se). **2.** Lugar onde se acampa. ♦ **Levantar acampamento.** *Gír.* Ir-se embora.

a•cam•par *v.t.d., int.* e *p.* Instalar(-se), por certo tempo, em campo ou em acampamento. [Conjug.: ① [acamp]**ar**]

a•ca•na•lhar *v.t.d.* e *p.* Tornar(-se) canalha. [Conjug.: ① [acanalh]**ar**] § **a•ca•na•lha•do** *adj.*; **a•ca•na•lha•men•to** *sm.*

a•ca•nha•do *adj.* **1.** Pouco espaçoso. **2.** V. *tímido* (2).

a•ca•nha•men•to *sm.* 1. Ato ou efeito de acanhar-se. 2. Timidez.

a•ca•nhar *v.t.d.* e *p.* Envergonhar(-se), vexar (-se). [Conjug.: ⬚ [acanh]**ar**] § **a•ca•nha•dor** (ô) *adj.*

a•can•tá•ce:a *sf. Bot.* Espécime das acantáceas, família de ervas e arbustos de frutos capsulares. § **a•can•tá•ce:o** *adj.*

a•can•to¹ *sm. Bot.* Planta espinhosa, acantácea, cujas folhas serviram de modelo para ornatos arquitetônicos.

a•can•to² *sm.* Ornato arquitetônico em forma da folha do acanto¹.

a•can•to•cé•fa•lo *sm. Zool.* Espécime dos acantocéfalos, filo de organismos vermiformes sem tubo digestivo, endoparasitos de dois ou três vertebrados marinhos ou terrestres. § **a•can•to•cé•fa•lo** *adj.*

a•can•to•na•men•to *sm.* Construção não-militar onde se alojam, temporariamente, organizações militares, ou outras.

a•ção *sf.* 1. Ato ou efeito de agir, de atuar; atuação, ato. 2. Manifestação de uma força, duma energia, dum agente. 3. Maneira como um corpo, um agente, atua sobre outro. 4. Capacidade de agir. 5. Comportamento, procedimento. 6. V. *funcionamento* (2). 7. Ocorrência, acontecimento. 8. V. *enredo* (3). 9. *Econ.* Título de propriedade, negociável, representativo duma fração do capital, numa sociedade anônima. 10. *Gram.* Expressão de processo ou atividade. 11. *Jur.* Faculdade ou o exercício do direito de invocar o poder jurisdicional do Estado para fazer valer um direito que se julga ter. [Pl.: –ções.]

a•ca•rá *sm. Zool.* Nome comum a vários ciclídeos.

a•ca•ra•jé *sm. Bras.* Bolinho frito feito de massa de feijão-fradinho.

a•ca•re•ar *v.t.d.* 1. Pôr cara a cara; defrontar. 2. Pôr (testemunhas) em presença umas das outras. *T.d.i.* 3. Acarear (2). [Conjug.: ⑩ [acar]**ear**] § **a•ca•re:a•ção** *sf.*

a•ca•ri *sm. Bras. Zool.* Peixe loricariídeo [v. *cascudo¹* (2)].

a•ca•rí:a•se *sf.* Infestação por ácaro.

a•ca•ri•ci•ar *v.t.d.* e *p.* Afagar (1). [Conjug.: ⬚ [acarici]**ar**] § **a•ca•ri•ci:a•dor** (ô) *adj.*; **a•ca•ri•ci•an•te** *adj2g.*

a•ca•ri•nhar *v.t.d.* Tratar com carinho; mimar. [Conjug.: ⬚ [acarinh]**ar**]

a•ca•ri•no *sm. Zool.* Espécime dos acarinos, ordem de artrópodes aracnídeos pequenos, ou pequeníssimos, ger. de corpo não segmentado; têm vida livre ou parasitária, e podem causar prurido e reações alérgicas. § **a•ca•ri•no** *adj.*

á•ca•ro *sm. Zool.* Nome comum a vários acarinos, como carrapatos e micuins.

a•car•re•tar *v.t.d.* 1. Transportar em carreta ou carro. 2. Causar, motivar. [Conjug.: ⬚ [acarret]**ar**] § **a•car•re•ta•men•to** *sm.*

a•ca•sa•lar *v.t.d.* e *p.* Ajuntar(-se) (macho e fêmea) para a procriação; cruzar. [Conjug.: ⬚ [acasal]**ar**] § **a•ca•sa•la•men•to** *sm.*

a•ca•so *sm.* 1. Conjunto de causas independentes entre si que, por leis ignoradas, determinam um acontecimento qualquer. 2. Casualidade (2). • *adv.* 3. De modo casual; por acaso. ♦ **Por acaso.** V. *acaso* (3).

a•cas•ta•nha•do *adj.* De cor tirante a castanho.

a•ca•tar *v.t.d.* 1. Respeitar, honrar. 2. Obedecer, seguir (opinião, etc.). [Conjug.: ⬚ [acat]**ar**] § **a•ca•ta•dor** (ô) *adj.* e *sm.*; **a•ca•ta•men•to** *sm.*

a•ca•tó•li•co *adj.* e *sm.* Que não é católico.

a•cau•ã *sm. f. Zool.* Ave falconídea, diurna, cujo canto é tido como de mau agouro.

a•cau•le *adj2g. Bot.* Sem caule, ou de caule diminuto.

a•cau•te•lar *v.t.d., t.d.i.* e *p.* 1. Pôr(-se) de sobreaviso; prevenir(-se). 2. Resguardar(-se), proteger(-se). [Conjug.: ⬚ [acautel]**ar**] § **a•cau•te•la•do** *adj.*

a•ca•va•la•do *adj.* 1. Abrutalhado de maneiras. 2. *Bras.* Muito grande.

a•ce•bo•la•do *adj.* Temperado com cebola.

a•ce•der *v.t.i.* 1. Concordar; assentir, aquiescer. *Int.* 2. Aquiescer em algo. [Conjug.: ② [aced]**er**]

a•ce•fa•li•a *sf. Med.* Monstruosidade caracterizada por ausência de cabeça. § **a•ce•fá•li•co** *adj.*

a•cé•fa•lo *adj.* 1. *Med.* Que apresenta acefalia. 2. Sem responsável, sem chefe.

a•cei•rar *v.t.d.* Fazer aceiro em. [Conjug.: ⬚ [aceir]**ar**]

a•cei•ro *sm.* Desbaste de terreno em volta de propriedades, matas e coivaras, para impedir propagação de incêndios, etc.

a•cei•tan•te *s2g.* Aquele que dá o aceite a uma dívida.

a•cei•tar *v.t.d.* 1. Consentir em receber (coisa oferecida ou dada). 2. Concordar com. 3. Conformar-se com (fato, circunstância, etc.). 4. Chamar a si; atribuir-se. 5. Ter como bom ou certo. 6. Admitir, tolerar. *Transobj.* 7. Admitir, reconhecer: *Aceito por verdadeira a doutrina. Int.* 8. Assentir em algo. 9. Consentir em receber coisa oferecida ou dada. [Conjug.: ⬚ [aceit]**ar**; part.: *aceitado, aceito* e (lus.) *aceite.*] § **a•cei•ta•ção** *sf.*; **a•cei•ta•dor** (ô) *adj.* e *sm.*; **a•cei•tá•vel** *adj2g.*

a•cei•te *sm.* Reconhecimento formal de uma dívida, esp. pela assinatura do devedor em título (8) de crédito (letra de câmbio, duplicata, etc.)

a•ce•le•ra•ção *sf.* 1. Ação ou efeito de acelerar. 2. Rapidez na execução. 3. Pressa, precipitação. **4.** Aumento progressivo de velocidade de um veículo automotor. **5.** *Fís.* Taxa de variação da velocidade num intervalo de tempo [símb. usual: *a*]. [Pl.: *–ções*.]

a•ce•le•ra•do *adj.* **1.** Tornado rápido ou mais rápido. **2.** *Mec.* Diz-se do motor que trabalha em alta rotação. **3.** *Bras. Gír.* Agitado • *sm.* **4.** Passo da tropa que marcha a pé, de andamento mais rápido do que o comum.

a•ce•le•ra•dor (ô) *adj.* **1.** Que acelera. • *sm.* **2.** Aquilo que o faz. **3.** Dispositivo que regula a quantidade de mistura combustível que alimenta o motor de um veículo, para aumentar ou diminuir a velocidade. **4.** O pedal ou alavanca pelos quais se controla a aceleração de um veículo.

a•ce•le•rar *v.t.d.* **1.** Tornar célere ou mais célere. **2.** Fazer progredir ou andar mais rápido; apressar. **3.** Estimular (1). **4.** Imprimir maior velocidade a (o veículo automóvel). *Int.* **5.** Tornar-se célere. **6.** Imprimir maior velocidade de rotação ao motor de um veículo automóvel. *P.* **7.** Acelerar (5). [Conjug.: ① [aceler]**ar**]

a•cel•ga *sf. Bot.* Erva quenopodiácea us. como hortaliça.

a•cém *sm.* Carne do lombo do boi, entre a pá e o cachaço. [Pl.: *acéns*.]

a•ce•nar *v.int.* **1.** Fazer aceno(s). *T.i.* **2.** Acenar (1). **3.** Referir-se; aludir. [Conjug.: ① [acen]**ar**]

a•cen•de•dor (ô) *sm.* **1.** Aquele ou aquilo que acende. **2.** Isqueiro. **3.** Dispositivo ou aparelho elétrico para acender bicos de gás.

a•cen•der *v.t.d.* **1.** Pôr fogo a; fazer arder. **2.** Levar a (pavio, cigarro, etc.) ou produzir fogo em (fogão, lareira, etc.). **3.** Pôr em funcionamento (sistema elétrico ou de iluminação). **4.** Animar. **5.** Provocar, suscitar. *P.* **6.** Pegar fogo; queimar-se. [Cf. *ascender*. Conjug.: ② [acend]**er**. Dois particípios: *acendido* e *aceso*.]

a•ce•no *sm.* Movimento da cabeça, olhos ou mãos, para exprimir idéias; sinal, gesto.

a•cen•to *sm. Gram.* **1.** A maior intensidade (ou altura) imprimida a uma sílaba, em relação às que lhe são contíguas. **2.** Sinal diacrítico (q. v.) indicativo do acento (1). **3.** Sotaque. [Cf. *assento*.] ◆ **Acento agudo.** *Gram.* Acento (2), empregado para assinalar as vogais tônicas *a*, *i* e *u* (*página, aí, baú*), e as vogais tônicas abertas *e* e *o* (*pajé, etéreo, ósculo, herói*). **Acento circunflexo.** *Gram.* Acento (2) us. para indicar o timbre fechado das vogais tônicas *e* e *o*, assim como do *a* seguido de *m* e *n* (*três, vêm, pôs, abdômen, câmbio, cântico*). **Acento de altura.** *Gram.* Acento (1) caracterizado por uma variação na altura melódica, decorrente de uma variação na freqüência de vibração das cordas

vocais. **Acento de intensidade.** *Gram.* Acento (1) que, pela maior intensidade, distingue uma sílaba de sílabas contíguas. **Acento diferencial.** *Gram.* Acento circunflexo us. no *e* e no *o* para distinguir timbres vocálicos, como, p. ex., em *pôde* (em contraposição a *pode*), e voc. átonos de tônicos, como, p. ex., em *pôr* (em contraposição a *por*, prep). **Acento grave.** *Gram.* Acento (2) empregado para indicar a crase da prep. *a* com a forma fem. do art. (*a, as*) e com os pron. dem. (*a, as, aquele, aquela, aqueles, aquelas, aquilo*): *O político falou às massas; Refiro-me àquela pessoa que sabes; Quanto àquilo, nada sei.*

a•cen•tu•a•ção *sf.* Ato ou modo de acentuar (1). [Pl.: *–ções*.]

a•cen•tu•a•do *adj.* **1.** Que tem acento(s) ortográfico(s). **2.** Claro, nítido. **3.** Proeminente, saliente.

a•cen•tu•ar *v.t.d.* **1.** Empregar acento (2) em. **2.** Dar realce ou ênfase a. **3.** Dar relevo a; salientar. *Int.* **4.** Pronunciar ou escrever a(s) sílaba(s) de um vocábulo com o(s) devido(s) acento(s). *P.* **5.** Tornar-se mais intenso, ou adquirir (maior) relevo; aumentar. [Conjug.: ① [acentu]**ar**]

a•cep•ção *sf.* Sentido em que se emprega um termo; significação. [Pl.: *–ções*. Cf. *acessão*.]

a•ce•pi•lhar *v.t.d.* **1.** Alisar com o cepilho; aplainar. **2.** Aprimorar. § **a•ce•pi•lha•do** *adj.* [Conjug.: ① [acepilh]**ar**]

a•ce•pi•pe *sm.* V. *petisco*.

a•ce•ra•do *adj.* **1.** Que tem a têmpera do aço. **2.** Afiado, aguçado.

a•cer•bo *adj.* **1.** V. *azedo* (1). **2.** Que tem sabor áspero, amargo. **3.** Duro, árduo.

a•cer•ca (ê) *adv.* Perto; cerca. ◆ **Acerca de.** Com referência a; sobre.

a•cer•car *v.t.d.* e *p.* Aproximar(-se), avizinhar(-se). [M. us. como *p.* Conjug.: ⑧ [acer]**car**]

a•ce•ro•la *sf. Bot.* **1.** Arbusto malpighiáceo de fruto riquíssimo em vitamina A, C, ferro e cálcio. **2.** O fruto desse arbusto.

a•cér•ri•mo *adj.* **1.** Muito acre. **2.** Obstinado, firme.

a•cer•tar *v.t.d.* **1.** Achar ao certo; encontrar. **2.** Pôr de maneira certa, adequada; endireitar. **3.** Ajustar, combinar. **4.** Harmonizar, combinar (o passo, etc.). *T.d.i.* **5.** Acertar (3). *Int.* **6.** Proceder com acerto. **7.** Atingir o alvo. [Conjug.: ① [acert]**ar**] § **a•cer•ta•do** *adj.*; **a•cer•ta•dor** (ô) *adj.* e *sm.*

a•cer•to (ê) *sm.* **1.** Ato ou efeito de acertar. **2.** Sensatez; tino. **3.** Acaso, sorte. **4.** Correção no falar, no escrever, no proceder, etc. **5.** Acordo (3). [Cf. *asserto*.]

a•cer•vo *sm.* **1.** Grande porção. **2.** O conjunto das obras duma biblioteca, museu, etc.

a•ce•so (ê) *adj.* 1. Que se acendeu; abrasado. 2. Que denota vivacidade, energia. • *sm.* 3. Auge.

a•ces•são *sf.* Ato ou efeito de aceder. [Pl.: *-sões.* Cf. *acepção.*]

a•ces•sar *v.t.d. Inform.* Estabelecer comunicação com um computador ou um dispositivo a ele ligado, para obter informação ou usar certos recursos disponíveis. [Conjug.: ① (acess)ar] § **a•ces•sá•vel** *adj2g.*

a•ces•sí•vel *adj2g.* 1. De acesso fácil (coisa ou pessoa). 2. Inteligível, compreensível. 3. Módico, razoável. [Pl.: *-veis.*] § **a•ces•si•bi•li•da•de** *sf.*

a•ces•so *sm.* 1. V. *ingresso* (1). 2. Passagem (2). 3. Ímpeto, impulso. 4. Comunicação; trato. 5. *Med.* Fenômeno patológico de incidência e repetição variáveis (tosse, p. ex.). 6. *Inform.* Ato ou efeito de acessar.

a•ces•só•ri:o *adj.* 1. V. *secundário* (1). • *sm.* 2. Aquilo que é acessório: *acessórios do vestuário.* 3. *Autom.* Peça desnecessária ao funcionamento do veículo, mas que, ger., é útil para a segurança e conforto dos passageiros. 4. *Gram.* Termo que se junta a um nome ou a um verbo para precisar-lhes o sentido. [Cf. *assessório.*]

a•ce•tal *sm. Quím.* Produto de condensação de aldeído com álcool, com eliminação de água. [Pl.: *-tais.*]

a•ce•tal•de•í•do *sm. Quím.* Aldeído líquido, com dois átomos de carbono, us. na indústria [fórm.: CH_3CHO].

a•ce•ta•mi•da *sf. Quím.* Amida sólida, de odor desagradável [fórm.: $CH_3C(=O)NH_2$].

a•ce•ta•to *sm. Quím.* Sal ou éster do ácido acético.

a•cé•ti•co *adj. Quím.* Diz-se do ácido carboxílico de dois átomos de carbono [fórm.: $CH_3C(=O)OH$], que dá ao vinagre o seu cheiro e sabor típicos, e tb. de certas substâncias derivadas desse ácido, p. ex.: aldeído acético, anidrido acético.

a•ce•ti•le•no *sm. Quím.* Nome comum do etino.

a•ce•til•sa•li•cí•li•co *adj. Quím.* Diz-se de certo ácido carboxílico que tem ação contra dores, febres e inflamações, us. em remédios. [O ácido acetilsalicílico é tb. conhecido como aspirina (q. v.).]

a•ce•ti•nar *v.t.d.* 1. Tornar macio e lustroso como o cetim. 2. Tornar liso (o papel, passando-o na calandra). [Conjug.: ① (acetin)ar] § **a•ce•ti•na•do** *adj.*; **a•ce•ti•na•gem** *sf.*

a•ce•to•na *sf. Quím.* Cetona líquida, incolor, volátil, us. como solvente em muitas indústrias. [É a mais simples das cetonas; fórm.: $(CH_3)_2C=O$.]

a•cha *sf.* Pedaço de madeira tosca, para o lume.

a•cha•ca•di•ço *adj.* Sujeito a achaques.

a•cha•car *v.t.d.* 1. Maltratar, molestar. 2. *Bras. Gír.* Extorquir dinheiro de. *Transobj.* 3. Acusar, tachar: *Achaquei-o de negligente.* [Conjug.: ⑧ (acha)car]

a•cha•do *adj.* 1. Que se achou. • *sm.* 2. Ato ou efeito de achar. 3. Coisa encontrada. 4. *Fam.* Coisa vantajosa. 5. *Bras.* Coisa providencial. 6. *Bras.* Solução feliz.

a•cha•ma•lo•ta•do *adj.* Imitante a chamalote.

a•cha•que *sm.* Doença sem gravidade; mal-estar.

a•char *v.t.d.* 1. Encontrar por acaso ou procurando; deparar com. 2. Considerar, julgar. *Transobj.* 3. Julgar, supor. *T. i.* 4. Julgar acertado; resolver: *Achou de partir. Int.* 5. Encontrar; descobrir. *P.* 6. Estar, encontrar-se. 7. Situar-se. *Pred.* 8. Considerar-se, julgar-se. [Conjug.: ① (ach)ar]

a•cha•ta•do[1] *adj.* Que tem, por natureza, forma chata.

a•cha•ta•do[2] *adj.* 1. Que tomou forma chata. 2. Vencido, derrotado. 3. *Fig.* Diz-se de preço, salário, etc., que se tornou excessivamente baixo.

a•cha•tar *v.t.d.* e *p.* 1. Tornar(-se) chato; aplanar(-se). 2. Abater(-se), humilhar(-se). [Conjug.: ① (achat)ar] § **a•cha•ta•men•to** *sm.*

a•cha•vas•ca•do *adj.* Grosseiro, tosco, rude.

a•che•ga (ê) *sf.* 1. Aditamento, acréscimo. 2. Ajuda, auxílio. 3. Contribuição (3) para o aperfeiçoamento e/ou ampliação de alguma obra.

a•che•gar *v.t.d.* e *p.* 1. Ligar(-se), unir(-se). 2. Aproximar(-se). [Conjug.: ⑪ (ache)gar; quanto ao timbre do *e*, v. *chegar*.]

a•che•go (ê) *sm.* 1. Ato ou efeito de achegar. 2. *Bras.* Achega (2).

a•chin•ca•lhar *v.t.d.* 1. Zombar de; ridicularizar. 2. Rebaixar, humilhar. [Conjug.: ① (achincalh)ar] § **a•chin•ca•lha•ção** *sf.*; **a•chin•ca•lha•dor** (ô) *adj.* e *sm.*

a•chin•ca•lhe *sm.* Ato ou efeito de achincalhar; achincalhação.

a•chi•ne•sa•do *adj.* Semelhante a chinês, ou que lhe é próprio.

a•cho•co•la•ta•do *adj.* e *sm.* Diz-se de, ou alimento que contém chocolate, ou tem o sabor dele.

a•ci•ca•tar *v.t.d.* 1. Estimular (o cavalo) com acicate. 2. *Fig.* Estimular, incentivar. [Conjug.: ① (acicat)ar]

a•ci•ca•te *sm.* 1. Espora de um só aguilhão. 2. *Fig.* Estímulo.

a•ci•cu•lar *adj2g.* Que tem forma de agulha.

a•ci•den•ta•do[1] *adj.* 1. Que tem acidentes (terreno); irregular, desigual. 2. Em que houve acidentes (viagem).

a•ci•den•ta•do² *adj.* e *sm.* Diz-se de, ou aquele que se acidentou, que foi vítima de acidente (2).

a•ci•den•tal *adj2g.* V. *eventual.* [Pl.: *–tais.*]

a•ci•den•tar *v.t.d.* 1. Produzir acidente em. 2. Ferir em acidente. *P.* 3. Ser vítima de acidente (2). [Conjug.: 1 [acident]**ar**]

a•ci•den•te *sm.* 1. Acontecimento casual, imprevisto. 2. Acontecimento infeliz, casual ou não, de que resulta ferimento, dano, etc.; desastre. 3. Alteração na disposição de terreno. 4. *Mús.* Cada um dos sinais que alteram o som da escala natural, elevando-o ou abaixando-o, como o sustenido, o bemol, o bequadro, etc.

a•ci•dez (ê) *sf.* Qualidade ou sabor do que é ácido; azedume.

á•ci•do *sm.* 1. *Quím.* Qualquer de uma classe de substâncias que se dissociam em água formando íons hidrônio, que são capazes de ceder prótons, de aceitar um par de elétrons, que reagem com uma base para dar um sal. • *adj.* 2. V. *azedo* (1). 3. Que tem propriedades de um ácido (1). ◆ **Ácido desoxirribonucleico.** *Quím.* Biopolímero que constitui os genes e orienta a biossíntese das proteínas nos organismos. **Ácido ribonucleico.** *Quím.* Qualquer de certos biopolímeros que desempenham papel auxiliar na biossíntese das proteínas. [Sigla: *ARN.*]

a•ci•do•se *sf. Med.* Distúrbio resultante do acúmulo de ácido ou perda de base orgânicos.

a•ci•du•lar *v.t.d.* e *p.* Tornar(-se) acídulo ou ácido. [Conjug.: 1 [acidul]**ar**] § a•ci•du•la•ção *sf.*

a•cí•du•lo *adj.* Levemente ácido.

a•ci•ga•na•do *adj.* Semelhante a cigano, ou que dele é próprio.

a•ci•ma *adv.* 1. Em lugar mais alto, mais elevado. 2. Para o alto; para cima. • *Interj.* 3. Expressão de exortação; avante.

a•cin•te *sm.* Ação praticada de propósito, para desgostar alguém; provocação. § a•cin•to•so (ô) *adj.*

a•cin•zen•tar *v.t.d., int.* e *p.* Tornar(-se) cinzento ou um tanto cinzento. [Conjug.: 1 [acinzent]**ar**] § a•cin•zen•ta•do *adj.*

a•ci•o•na•do *adj.* 1. A que se deu ou comunicou movimento; posto em ação. • *sm.* 2. Gesto de quem fala ou representa.

a•ci•o•nar *v.t.d.* 1. Pôr em ação, em movimento. 2. Intentar ação judicial contra. *Int.* 3. Fazer acionados; gesticular. [Conjug.: 1 [acion]**ar**] § a•ci:o•na•dor (ô) *adj.* e *sm.*; a•ci:o•ná•vel *adj2g.*

a•ci•o•nis•ta *s2g.* Quem tem ação (9) de sociedade anônima.

a•ci•pen•se•rí•de:o *Zool. sm.* Espécime dos acipenserídeos, família de grandes peixes marinhos de regiões frias e que, ger., desovam em rios. § a•ci•pen•se•rí•de:o *adj.*

a•ci•pi•trí•de:o *sm. Zool.* Espécime dos acipitrídeos, família de aves falconiformes em que se incluem os gaviões brasileiros. § a•ci•pi•trí•de:o *adj.*

a•cir•rar *v.t.d.* 1. Irritar, exasperar. 2. Incitar, provocar. *P.* 3. Irritar-se. [Conjug.: 1 [acirr]**ar**] § a•cir•ra•do *adj.*; a•cir•ra•men•to *sm.*

a•cla•mar *v.t.d.* 1. Aplaudir ou aprovar com entusiasmo. 2. Proclamar (chefe de Estado). 3. Eleger por aclamação, *i.e.*, dispensando votação. [Conjug.: 1 [aclam]**ar**] § a•cla•ma•ção *sf.*; a•cla•ma•dor (ô) *adj.*

a•cla•rar *v.t.d.* 1. Tornar claro; iluminar. 2. Esclarecer; elucidar. *Int.* 3. Tornar-se claro; desanuviar-se. *P.* 4. Tornar-se claro, nítido. [Conjug.: 1 [aclar]**ar**] § a•cla•ra•ção *sf.*; a•cla•ra•dor (ô) *adj.*

a•cli•ma•ção *sf.* Ato ou efeito de aclimar(-se); aclimatação. [Pl.: *–ções.*]

a•cli•mar *v.t.d.* e *p.* 1. Habituar(-se) a um clima. 2. Habituar(-se), acostumar(-se). [Sin. ger.: *aclimatar.* Conjug.: 1 [aclim]**ar**]

a•cli•ma•ta•ção *sf.* Aclimação. [Pl.: *–ções.*]

a•cli•ma•tar *v.t.d.* e *p.* Aclimar. [Conjug.: 1 [aclimat]**ar**]

a•cli•ve *sm.* Ladeira (considerada de baixo para cima); subida.

ac•ne *sf. Med.* Dermatose causada por inflamação de folículos pilosos, conseqüente à retenção de secreção sebácea.

a•ço *sm. Quím.* Liga constituída principalmente de ferro e carbono, mas que pode conter outros elementos (p. ex., cromo, manganês ou molibdênio), que lhe conferem propriedades especiais, como resistência à corrosão, dureza, etc.

a•co•bar•dar *v.t.d.* e *p.* Acovardar. [Conjug.: 1 [acobard]**ar**] § a•co•bar•da•do *adj.*; a•co•bar•da•men•to *sm.*

a•co•ber•tar *v.t.d.* 1. Cobrir com coberta, manto, etc. 2. Cobrir, resguardar, defender. 3. Apadrinhar, proteger: *Acobertar criminosos.* *P.* 4. Acobertar-se (1 e 2). [Conjug.: 1 [acobert]**ar**]

a•co•bre•ar *v.t.d.* Dar cor ou aspecto de cobre a. [Conjug.: 10 [acobr]**ear**]

a•co•char *v.t.d.* e *p.* Apertar(-se), comprimir(-se). [Conjug.: 1 [acoch]**ar**] § a•co•cha•do *adj.*

a•co•co•rar *v.t.d.* e *p.* 1. Pôr(-se) de cócoras. 2. Humilhar(-se). [Conjug.: 1 [acocor]**ar**] § a•co•co•ra•do *adj.*

a•ço•dar *v.t.d.* e *p.* Apressar(-se), apressurar (-se). [Cf. *açudar.* Conjug.: 1 [açod]**ar**] § a•ço•da•do *adj.*; a•ço•da•men•to *sm.*

a•co•gu•lar *v.t.d.* Encher (medida, vasilha) em demasia, até formar cogulo. [Conjug.: 1 [acogul]**ar**] § a•co•gu•la•do *adj.*

a•coi•mar *v.t.d.* 1. Impor coima a; multar. 2. Castigar, punir. *Transobj.* 3. Acusar, tachar: *Acoimaram-no de impostor.* [Conjug.: ① [acoim]**ar**]

a•çoi•ta-ca•va•lo *sm. Bras. Bot.* Árvore tiliácea de madeira útil. [Pl.: *açoita-cavalos.*]

a•coi•tar *v.t.d.* 1. Dar coito ou guarda a. 2. Acolher, abrigar. 3. Esconder, ocultar. *P.* 4. Abrigar-se. [Conjug.: ① [acoit]**ar**] § **a•coi•ta•dor** (ô) *adj.* e *sm.*

a•çoi•tar *v.t.d.* e *p.* Fustigar(-se) com açoite; vergastar(-se). [Conjug.: ① [açoit]**ar**] § **a•çoi•ta•dor** (ô) *adj.* e *sm.*

a•çoi•te *sm.* V. *chicote.*

a•co•lá *adv.* 1. Em lugar afastado de quem fala e da pessoa com quem se fala; lá ao longe. 2. Para aquele lugar; para mais adiante.

a•col•che•tar *v.t.d.* Unir ou apertar com colchete(s). [Conjug.: ① [acolchet]**ar**]

a•col•cho•a•do¹ *adj.* 1. Que foi tecido ou lavrado como colcha. 2. Guarnecido de colcha. • *sm.* 3. Tecido acolchoado¹ (1).

a•col•cho•a•do² *adj.* 1. Cheio ou forrado como colchão; estofado. 2. Guarnecido de colchão. 3. Diz-se de tecido, plástico, etc., cujo forro, grosso, é preso com pontos, colado, etc. 4. Revestido de acolchoado² (5). • *sm.* 5. Tecido acolchoado² (1). 6. *Bras.* V. *edredom.*

a•col•cho•ar¹ *v.t.d.* 1. Tecer ou lavrar à maneira de colcha. 2. Guarnecer com colcha. [Conjug.: ⑬ [acolch]**oar**]

a•col•cho•ar² *v.t.d.* 1. Encher ou forrar como o colchão. 2. Forrar (tecido, couro, plástico, etc.) com algodão ou material análogo. 3. Revestir com acolchoado² (5). [Conjug.: ⑬ [acolch]**oar**]

a•co•lher (ê) *v.t.d.* 1. Dar agasalho ou acolhida a; hospedar. 2. Atender, receber. 3. Tomar em consideração. 4. Dar crédito a: *Não acolheu a justificativa. T.d.c.* 5. Acolher (1): *Acolheu-nos em sua casa. P.* 6. Abrigar-se, hospedar-se. [Conjug.: ② [acolh]**er**] § **a•co•lhe•dor** (ô) *adj.*

a•co•lhi•da *sf.* 1. Ato ou efeito de acolher; recepção. 2. Atenção, consideração. 3. Abrigo (4). [Sin. ger.: *acolhimento.*]

a•co•lhi•men•to *sm.* V. *acolhida.*

a•co•li•tar *v.t.d.* Servir de acólito a. [Conjug.: ① [acolit]**ar**]

a•có•li•to *sm.* 1. Aquele que recebeu a quarta e última das ordens menores na Igreja Católica. 2. Sacristão. 3. Ajudante, assistente.

a•co•me•ter *v.t.d.* 1. Investir contra ou sobre; atacar. 2. Empreender. 3. Chocar-se violentamente (um veículo com outro). 4. Manifestar-se de repente (doença, etc.). *Int.* [Conjug.: ② [acomet]**er**] § **a•co•me•te•dor** (ô) *adj.*

a•co•me•ti•da *sf.* V. *acometimento.*

a•co•me•ti•men•to *sm.* Ato ou efeito de acometer; acometida.

a•co•mo•da•ção *sf.* 1. Ato ou efeito de acomodar(-se). 2. Arranjo, disposição, arrumação. 3. Aposento, cômodo. [Pl.: *–ções.*]

a•co•mo•da•do *adj.* 1. Apropriado, adequado, cômodo. 2. Instalado, alojado. 3. Tranqüilo, sossegado. 4. Ajustado a uma situação da qual discorda. 5. Conformado.

a•co•mo•dar *v.t.d.* 1. Dar cômodo a; alojar. 2. Pôr ou dispor em ordem; arrumar. 3. Apaziguar. 4. Ter lugar, ou acomodações para: *Seu carro acomoda seis pessoas. T.d.i.* 5. Adaptar. *T.d.c.* 6. Arrumar, ajeitar. *Int.* 7. Apaziguar-se. *P.* 8. Retirar-se para seus cômodos ou aposentos. 9. Instalar-se, alojar-se. 10. Adaptar-se. 11. Acalmar-se. 12. Dar-se por satisfeito. [Conjug.: ① [acomod]**ar**]

a•co•mo•da•tí•ci:o *adj.* Que se acomoda facilmente.

a•com•pa•drar-se *v.p.* 1. Tornar-se compadre. 2. Acamaradar-se, associar-se. [Conjug.: ① [acompadr]**ar**[-se]]

a•com•pa•nha•dor (ô) *adj.* e *sm.* 1. Que ou aquele que acompanha; acompanhante. 2. *Mús.* Diz-se de, ou músico que executa acompanhamento (4).

a•com•pa•nha•men•to *sm.* 1. Ato ou efeito de acompanhar. 2. Aquilo que acompanha. 3. Cortejo, comitiva. 4. Parte da música executada concomitantemente às vozes ou instrumentos. 5. *Bras. Cul.* Prato secundário que acompanha o principal, como, p. ex., o arroz, a batata, etc.

a•com•pa•nhan•te *adj2g.* e *s2g.* 1. Acompanhador (1). 2. Pessoa que faz companhia ou dá assistência a indivíduo idoso, ou doente, inválido, etc.

a•com•pa•nhar *v.t.d.* 1. Ir em companhia de; seguir. 2. Seguir a mesma direção de. 3. Observar a marcha, a evolução de. 4. Ser da mesma política ou opinião que. 5. Executar acompanhamento (4) de. 6. Entender (um raciocínio, uma exposição, etc.): *Esta aluna acompanha bem as aulas. Int.* 7. Executar o acompanhamento (4). *P.* 8. Rodear-se; cercar-se. 9. Associar-se. 10. Cantar, tocando ao mesmo tempo o acompanhamento (4). [Conjug.: ① [acompa-nh]**ar**]

a•con•che•gar *v.t.d.* e *p.* 1. Tornar(-se) próximo, achegar(-se). 2. Tornar(-se) cômodo, confortável. [Conjug.: ⑪ [aconche]**gar**] § **a•con•che•ga•do** *adj.*

a•con•che•go (ê) *sm.* 1. Ação ou efeito de aconchegar(-se). 2. Conforto. 3. Pessoa que protege; amparo.

a•con•di•ci:o•nar *v.t.d.* 1. Dotar de certa condição. 2. Pôr condições a; regular, condicionar. 3. Embalar². 4. Preservar de deterioração.

5. Guardar em local conveniente. *T.d.c.* **6.** Acondicionar (5). *P.* **7.** Adaptar-se. [Conjug.: ① [acondicion]**ar**] § **a‧con‧di‧ci‧o‧na‧do** *adj.*; **a‧con‧di‧ci‧o‧na‧men‧to** *sm.*

a‧cô‧ni‧to *sm.* **1.** *Bot.* Planta ranunculácea, tóxica, us. em farmácia. **2.** Medicamento preparado com ela.

a‧con‧se‧lha‧men‧to *sm.* **1.** Ato ou efeito de aconselhar(-se). **2.** *Educ.* Etapa do processo de orientação educativa em que o orientador auxilia o educando na escolha de cursos, profissão, etc. **3.** *Psic.* Forma de assistência psicológica para solução de leves desajustamentos de conduta.

a‧con‧se‧lhar *v.t.d.* e *t.d.i.* **1.** Dar conselho a. **2.** Indicar a vantagem de; recomendar. *P.* **3.** Pedir ou tomar conselho. [Conjug.: ① [aconselh]**ar**] § **a‧con‧se‧lha‧dor** (ô) *adj.* e *sm.*; **a‧con‧se‧lhá‧vel** *adj2g.*

a‧con‧te‧cer *v.int.* **1.** Suceder ou realizar-se inopinadamente. **2.** Passar a ser realidade; suceder. **3.** *Bras. Gír.* Ter prestígio social, profissional, etc. *T.i.* **4.** Suceder, ocorrer. [Conjug.: ㉞ [aconte]**cer**. Norm., só se usa nas 3ªs pess. do sing. e do pl. Não tem imperat.] § **a‧con‧te‧ci‧do** *adj.* e *sm.*

a‧con‧te‧ci‧men‧to *sm.* **1.** O que acontece. **2.** Episódio, ocorrência. **3.** *Fam.* Coisa ou pessoa que causa sensação, constitui grande êxito.

a‧co‧pla‧gem *sf.* V. *acoplamento* [Pl. : *-gens*]

a‧co‧pla‧men‧to *sm.* **1.** Ato ou efeito de acoplar(-se). **2.** *Aer.* Uma das fases do reabastecimento no ar, em que um avião passa combustível para outro que precisa ser abastecido. **3.** *Astron.* Junção ou união de dois elementos de uma nave e/ou de estação espacial. [Sin. ger.: *acoplagem.*]

a‧co‧plar *v.t.i.* **1.** Estabelecer acoplamento: *O módulo acoplou com a nave. T.d.i.* **2.** Unir, conectar. *P.* **3.** Juntar-se por acoplamento (2 e 3). **4.** Acasalar-se (macho e fêmea). **5.** *Bras. Gír.* Amancebar-se. [Conjug.: ① [acopl]**ar**]

a‧cor (ó) *sm. Zool.* Grande ave de rapina diurna, acipitrídea. [Pl.: *açores.*]

a‧cor‧da (ô) *sf.* Sopa de migalhas de pão, portuguesa.

a‧cor‧da‧do *adj.* Desperto.

a‧cór‧dão *sm. Jur.* Decisão proferida em grau de recurso por tribunal coletivo. [Pl.: *-dãos.*]

a‧cor‧dar *v.t.d.* **1.** Tirar ou despertar do sono; despertar. **2.** Resolver de comum acordo; concordar. **3.** *Fig.* Provocar, despertar. *T.d.i.* **4.** Acordar (2). **5.** Lembrar, recordar. **6.** Conciliar (2). *T.i.* **7.** Despertar (de sono ou sonho). **8.** Voltar a si: *acordar de um desmaio. Int.* **9.** Sair do sono; despertar. **10.** Concordar (5). *P.* **11.** Recordar-se. **12.** Estar de acordo. [Conjug.: ① [acord]**ar**]

a‧cor‧de¹ *sm.* **1.** Cântico, ou poesia, especialmente lírica. **2.** *Mús.* Complexo sonoro resultante da emissão simultânea de três ou mais sons.

a‧cor‧de² *adj2g.* Que está de acordo; concorde.

a‧cor‧de‧ão *sm.* Nome comum a vários instrumentos de sopro de palheta livre, com um fole pregueado que se comprime ou distende, movimentando o ar, que, ao sair, faz vibrar as lâminas metálicas das palhetas. [Pl.: *-ões.*]

a‧cor‧do (ô) *sm.* **1.** Concordância de sentimentos ou idéias; concórdia. **2.** Harmonia, conformidade. **3.** Combinação, ajuste, acerto. **4.** Conhecimento resultante do uso perfeito dos sentidos; consciência. **5.** Composição (5).

a‧ço‧ri‧a‧no *adj.* **1.** Das ilhas dos Açores, situadas no Atlântico, a O. da Europa meridional. • *sm.* **2.** O natural ou habitante dos Açores.

a‧co‧ro‧ço‧ar *v.t.d.* **1.** Alentar; encorajar. *P.* **2.** Cobrar alento, ânimo; animar-se. [Conjug.: ⑬ [acoroço]**oar**] § **a‧co‧ro‧ço‧a‧do** *adj.*

a‧cor‧ren‧tar *v.t.d.* e *t.d.i.* **1.** Prender com corrente; encadear. **2.** Sujeitar, subjugar. *P.* **3.** Pôr-se ou ficar na dependência; sujeitar-se. [Conjug.: ① [acorrent]**ar**]

a‧cor‧rer *v.t.i.* e *int.* Acudir, ir ou vir em socorro de (alguém). [Conjug.: ② [acorr]**er**]

a‧cos‧sar *v.t.d.* **1.** Dar caça, perseguir. **2.** Flagelar, castigar. [Conjug.: ① [acoss]**ar**] § **a‧cos‧sa‧men‧to** *sm.*

a‧cos‧ta‧dou‧ro ou **a‧cos‧ta‧doi‧ro** *sm.* Atracadouro de pequenas embarcações.

a‧cos‧ta‧men‧to *sm.* **1.** Ato ou efeito de acostar. **2.** Numa rodovia, parte contígua à pista, para eventual parada de veículos e trânsito de pedestres.

a‧cos‧tar *v.t.d.* **1.** Encostar (a embarcação) a um cais ou a outra embarcação. *T.d.c.* **2.** Encostar, juntar. *P.* **3.** Aproximar-se da costa. [Conjug.: ① [acost]**ar**] § **a‧cos‧tá‧vel** *adj2g.*

a‧cos‧tu‧mar *v.t.d.i.* **1.** Exercitar para que se acomode ou adapte a (alguma pessoa ou coisa). **2.** Habituar, afazer; costumar. *T.i.* **3.** Acostumar (2). *P.* **4.** Habituar-se. [Conjug.: ① [acostum]**ar**]

a‧co‧ti‧le‧dô‧ne‧o *adj. Bot.* Sem cotilédones (planta).

a‧co‧to‧ve‧lar *v.t.d.* **1.** Dar ou tocar com o cotovelo em. *P.* **2.** Tocar-se mutuamente com o cotovelo. **3.** Dar encontrões recíprocos, pela falta de espaço. [Conjug.: ① [acotovel]**ar**]

a‧çou‧gue *sm.* Lugar onde se vende carne de gado, de aves, etc.

a‧çou‧guei‧ro *sm.* Proprietário ou empregado de açougue.

a‧co‧var‧dar *v.t.d.* e *p.* **1.** Tornar(-se) covarde; amedrontar(-se), intimidar(-se). **2.** Fazer perder o ânimo, ou perdê-lo. [Conjug.: ① [acovar-d]ar] § **a•co•var•da•men•to** sm.

a•cra•ci•a sf. Ausência de governo, de autoridade.

a•cra•ni•a sf. Med. Ausência total ou parcial de crânio.

a•cre¹ sm. Medida agrária de alguns países.

a•cre² adj2g. 1. V. azedo (1). 2. Áspero, ríspido, acrimonioso.

a•cre•di•tar v.t.d. 1. Dar crédito a; crer. 2. Dar poderes a (alguém) para representar uma nação perante um país estrangeiro. 3. Ter como verdadeiro; aceitar (5). T.i. 4. Acreditar (3). Transobj. 5. Julgar, achar. Pred. 6. Julgar-se. [Conjug.: ① [acredit]ar] § **a•cre•di•ta•do** adj.; **a•cre•di•tá•vel** adj2g.

a•cres•cen•tar v.t.d. 1. Ajuntar (uma coisa) a outra, para torná-la maior; aumentar. 2. Dizer em aditamento a; aditar. 3. Ajuntar, aditar. T.d.i. 4. Acrescentar (3). P. 5. Ajuntar-se, juntar-se. [Sin. ger.: adir.] [Conjug.: ① [acrescent]ar] § **a•cres•cen•ta•dor** (ô) adj.; **a•cres•cen•ta•men•to** sm.

a•cres•cer v.t.d. 1. Fazer maior; aumentar. T.i. 2. Ajuntar-se, acrescentar-se. Int. 3. Crescer, aumentar. 4. Vir em acréscimo de motivo(s) ou argumento(s). [Conjug.: ③④ [acres]cer]

a•crés•ci•mo sm. 1. Aquilo que se acrescentou. 2. Elevação, aumento.

a•cri•a•no adj. 1. Do AC. • sm. 2. O natural ou habitante desse estado.

a•crí•li•co sm. Quím. Polímero transparente us. em peças rígidas, letreiros, etc.

a•cri•mô•ni•a sf. Aspereza, rudeza; grosseria.

a•cri•mo•ni•o•so (ô) adj. Cheio de acrimônia. [Pl.: -osos (ó).]

a•cri•so•lar v.t.d. 1. Purificar no crisol. 2. Depurar, purificar. [Conjug.: ① [acrisol]ar]

a•cro•ba•ci•a sf. 1. Arte, profissão, exercício ou exibição de acrobata. 2. Movimento, ato ou procedimento que revela destreza, habilidade ou astúcia. 3. Manobra difícil e espetacular realizada por aeronave(s).

a•cro•ba•ta ou **a•cró•ba•ta** s2g. 1. Funâmbulo. 2. Malabarista. 3. P. ext. Ginasta. 4. Aviador que faz acrobacias. § **a•cro•bá•ti•co** adj.

a•cro•ci•a•no•se sf. Med. Cianose de ponto extremo do corpo (dedo, punho, tornozelo).

a•cro•fo•bi•a sf. Psiq. Medo mórbido à sensação de altura, aos lugares elevados. § **a•cro•fó•bi•co** adj.

a•cro•gra•ma sm. Sigla, usualmente de nome de empresa, com estrutura silábico-vocabular. Ex.: Frimisa por Frigoríficos de Minas Gerais Sociedade Anônima. [Cf. acrônimo.]

a•cro•me•ga•li•a sf. Med. Doença caracterizada por desenvolvimento excessivo, no adul-

to, das extremidades do corpo (mãos, pés, nariz, queixo). § **a•cro•me•gá•li•co** adj.

a•crô•ni•mo sm. Redução de uma locução que funciona como palavra. Ex: sonar [do ingl. so(und) n(avigating) a(nd) r(anging)], radar [do ingl. ra(dio) d(etecting) a(nd) r(anging)]. [Cf. acrograma.]

a•cró•po•le sf. 1. A parte mais elevada das antigas cidades gregas, onde se localizava a cidadela e, eventualmente, santuários. 2. Santuário ou fortaleza localizada no ponto mais alto da antiga cidade grega.

a•crós•ti•co sm. Composição poética em que as letras iniciais dos versos formam, lidas verticalmente, palavra(s) ou frase.

ac•tí•ni•a sf. Zool. Anêmona-do-mar.

ac•ti•ni•á•ri:o sm. Zool. Espécime dos actiniários, ordem de cnidários desprovidos de esqueleto; são pólipos solitários que vivem em rochas, areias, ou sobre invertebrados. Ex.: anêmona-do-mar. § **ac•ti•ni•á•ri:o** adj.

ac•ti•ní•de:os sm.pl. Quím. Grupo de elementos, com propriedades químicas semelhantes às do actínio, de número atômico entre 90 e 103, que compreende, em ordem crescente de número atômico, tório, protactínio, urânio, netúnio, plutônio, amerício, cúrio, berquélio, califórnio, einstênio, férmio, mendelévio, nobélio e laurêncio.

ac•ti•ni•di•á•ce:a sf. Bot. Espécime das actinidiáceas, família de árvores e arbustos ger. trepadores; não de frutos bacáceos, de regiões quentes; não ocorrem no Brasil. § **ac•ti•ni•di•á•ce:o** adj.

ac•tí•ni:o sm. Quím. Elemento químico de número atômico 89 [símb.: Ac].

a•çu adj2g. Grande, considerável. [Antôn.: mirim.]

a•cu•ar v.t.d. 1. Perseguir (a caça), forçando-a a refugiar-se na toca. 2. Cercar (o adversário) de modo que ele não possa fugir. [Conjug.: ① [acu]ar] § **a•cu•a•do** adj.

a•çú•car sm. 1. Produto alimentar de sabor doce, solúvel na água, extraído sobretudo da cana-de-açúcar e da beterraba; sacarose. 2. Quím. Qualquer carboidrato simples, solúvel em água, de sabor adocicado; ex.: glicose, sacarose. [Pl.: -res.]

a•çu•ca•ra•do adj. 1. Que se açucarou. 2. Doce como se fosse açúcar. 3. Água-com-açúcar (2).

a•çu•ca•rar v.t.d. 1. Adoçar com açúcar. 2. Tornar melífluo, suave. 3. Tornar meigo, terno. Int. e p. 4. Adquirir a consistência do açúcar. [Conjug.: ① [açucar]ar]

a•çu•ca•rei•ro sm. 1. Vaso em que se serve o açúcar. • adj. 2. Relativo ao açúcar ou à cana-de-açúcar.

a•çu•ce•na sf. Bot. Planta liliácea cultivada como ornamental, e sua flor.

a•çu•dar *v.t.d.* Represar (água) em açude. [Cf. *açodar*. Conjug.: ① [açud]**ar**]

a•çu•de *sm.* **1.** Construção destinada a represar água. **2.** *Bras.* Lago formado por represamento.

a•cu•dir *v.t.i.* **1.** Ir em socorro, auxílio; socorrer; auxiliar. **2.** Responder de pronto; retorquir. **3.** Vir à lembrança; ocorrer. *Int.* **4.** Atender a chamado, convite. *P.* **5.** Valer-se de alguém ou de alguma coisa. [Conjug.: ⑤⑦ [ac]**u**[d]**ir**]

a•cu•i•da•de *sf.* **1.** Qualidade de agudo (2). **2.** Agudeza de percepção; perspicácia.

a•cu•lá•li•o *sm.* Aparelho com que, por meio da audição, os mudos aprendem a falar.

a•çu•lar *v.t.d.* e *t.d.i.* **1.** Incitar (o cão) a morder. **2.** Incitar, estimular. [Cf. *assolar*. Conjug.: ① [açul]**ar**] **§ a•çu•la•men•to** *sm.*

a•cú•le•o *sm.* **1.** Ponta aguçada. **2.** *Bot.* Órgão vegetal semelhante ao espinho, porém mais superficial.

a•cul•tu•ra•ção *sf.* Transformação da cultura de um grupo, decorrente da assimilação de elementos culturais de outro grupo social com que mantém contato direto e regular. [Pl.: *-ções.*]

a•cul•tu•rar *v.t.d.* e *p.* Causar aculturação de (grupo ou indivíduo), ou passar por esse processo. [Conjug.: ① [acultur]**ar**] **§ a•cul•tu•ra•do** *adj.*

a•cu•mu•la•ção *sf.* **1.** Ato ou efeito de acumular. **2.** Aumento, acréscimo. **3.** Ajuntamento de pessoas ou coisas. [Sin. ger.: *acúmulo.* Pl.: *-ções.*]

a•cu•mu•la•da *sf. Turfe* Aposta que acumula cavalos de vários páreos em um mesmo jogo.

a•cu•mu•la•dor (ô) *adj.* **1.** Que acumula. • *sm.* **2.** Aquele que acumula. **3.** *Fís.-Quím.* Sistema capaz de converter energia química em energia elétrica.

a•cu•mu•lar *v.t.d.* **1.** Pôr em cúmulo ou montão; amontoar. **2.** Ajuntar, reunir. **3.** Exercer (várias funções, empregos, encargos, etc.) simultaneamente. *T.d.i.* **4.** Acumular (3). *P.* **5.** Pôr-se em cúmulo; amontoar-se. **6.** Ajuntar-se, reunir-se. [Conjug.: ① [acumul]**ar**] **§ a•cu•mu•lá•vel** *adj2g.*

a•cú•mu•lo *sm.* V. *acumulação.*

a•cu•pon•to *sm.* Local de introdução de agulha, na acupuntura.

a•cu•pun•tu•ra *sf. Med.* Método terapêutico oriental, muito antigo, e que consiste na introdução de agulhas muito finas em pontos cutâneos precisos, e com objetivos diversos como, p. ex., alívio de dor.

a•cu•rá•ci:a *sf. Mat.* Exatidão de uma operação ou de uma tabela.

a•cu•rar *v.t.d.* **1.** Tratar de (pessoa ou coisa) com cuidado. **2.** Aprimorar. *P.* **3.** Aprimorar-se. [Conjug.: ① [acur]**ar**] **§ a•cu•ra•do** *adj.*

a•cu•sa•ção *sf.* **1.** Ato ou efeito de acusar. **2.** Incriminação. **3.** Denúncia, delação. [Pl.: *-ções.*]

a•cu•sar *v.t.d.* **1.** Imputar falta, delito ou crime a; incriminar. **2.** Revelar, mostrar. **3.** Declarar, confessar. **4.** Comunicar (recebimento de carta, etc., a quem a escreveu). *T.d.i.* **5.** Culpar, incriminar. *Transobj.* **6.** Tachar, inculpar: *Acusaram-no de infiel. P.* **7.** Declarar-se culpado. [Conjug.: ① [acus]**ar**] **§ a•cu•sa•do** *adj.* e *sm.*; **a•cu•sa•dor** (ô) *adj.* e *sm.*; **a•cu•sá•vel** *adj2g.*

a•cús•ti•ca *sf. Fís.* Estudo das oscilações e ondas percebidas pelo ouvido como ondas sonoras. **§ a•cús•ti•co** *adj.*

a•cu•tân•gu•lo *adj. Geom.* Cujos ângulos são agudos.

a•cu•ti•lar *v.t.d.* Dar cutilada(s) em. [Conjug.: ① [acutil]**ar**] **§ a•cu•ti•la•dor** (ô) *adj.*; **a•cu•ti•la•men•to** *sm.*

a•da•ga *sf.* Arma branca, mais larga e maior que o punhal, que pode ter um ou dois gumes.

a•da•gi•á•ri:o *sm.* Coleção de adágios.

a•dá•gi:o *sm.* V. *provérbio.*

a•da•man•ti•no *adj.* Diamantino.

a•da•mas•ca•do *adj.* Diz-se do tecido com lavrados e ornatos que imitam o damasco (2).

a•dâ•mi•co *adj.* **1.** Pertencente ou relativo a Adão, o primeiro homem, segundo a tradição bíblica. **2.** Adamítico.

a•da•mí•ti•co *adj.* Relativo aos tempos primitivos; adâmico.

a•dap•tar *v.t.d.i.* **1.** Tornar apto. **2.** Adequar (1). *T.d.* **3.** Modificar o texto de (obra literária), adequando-o ao seu público (4), ou transformando-o em peça teatral, *script*, etc. *P.* **4.** Adequar-se. [Conjug.: ① [adapt]**ar**] **§ a•dap•ta•ção** *sf.*; **a•dap•tá•vel** *adj2g.*

❏ **ADN** Sigla de *ácido desoxirribonucleico.*

a•de•ga *sf.* **1.** Compartimento da casa onde se guardam bebidas. **2.** O conjunto dessas bebidas.

a•de•jar *v.int.* **1.** Dar vôos curtos e repetidos sem direção certa. **2.** Esvoaçar (1). **3.** *Fig.* Aflorar (1). *T.d.* **4.** Agitar à semelhança de asas. [Conjug.: ① [adej]**ar**]

a•de•jo (ê) *sm.* Ato de adejar.

a•del•ga•çar *v.t.d.*, *int.* e *p.* Fazer(-se) delgado, fino, ou menos denso; desengrossar. [Conjug.: ⑨ [adelga]**çar**] **§ a•del•ga•ça•do** *adj.*; **a•del•ga•ça•men•to** *sm.*

a•de•mais *adv.* Além disso; demais.

a•de•ma•nes *sm.pl.* **1.** Acenos, gestos, sinais. **2.** Trejeitos.

a•den•da *sf.* O que se acrescenta a um livro, a uma obra, para completá-los; apêndice.

a•den•do *sm.* Adenda.

a•de•no•ma *sm. Patol.* Tumor benigno, de tecido glandular.

a•de•no•ví•rus *sm2n. Biol.* Cada um de uma família de vírus patogênicos causadores de certas doenças respiratórias. § **a•de•no•vi•ró•ti•co** *adj.*

a•den•sar *v.t.d.* e *p.* 1. Tornar(-se) espesso ou denso. 2. Impregnar(-se). [Conjug.: ① [adens]ar]

a•den•trar *v.t.d.* 1. Fazer entrar. 2. Penetrar em; entrar. *Int.* e *p.* 3. Penetrar, entrar. [Conjug.: ① [adentr]ar]

a•den•tro *adv.* 1. No interior; dentro, interiormente. 2. Para o interior, para dentro.

a•dep•to *sm.* 1. O conhecedor dos princípios ou dogmas duma seita, religião, corrente filosófica, etc., ou o iniciado neles. 2. Partidário, prosélito.

a•de•quar *v.t.d.i.* 1. Tornar próprio, conveniente; adaptar: *Adequou o provérbio à ocasião.* 2. Amoldar, ajustar. *P.* 3. Amoldar-se, acomodar-se, ajustar-se. [Conjug.: ⑱ [adequ]ar] § **a•de•qua•ção** *sf.*; **a•de•qua•do** *adj.*

a•de•re•çar *v.t.d.* e *p.* Adornar(-se) com adereço(s). [Conjug.: ⑨ [adereç]ar] § **a•de•re•ça•men•to** *sm.*

a•de•re•ço (ê) *sm.* 1. Objeto de adorno pessoal; ornamento, enfeite. 2. Conjunto de jóias que combinam entre si.

a•de•rên•ci:a *sf.* 1. Qualidade de aderente. 2. Ligação, união, adesão.

a•de•ren•te *adj2g.* 1. Que adere. 2. Pegado, preso. • *s2g.* 3. Quem adere.

a•de•ren•tes *sm.pl.* Amigos, sequazes.

a•de•rir *v.int.* 1. Estar ou tornar-se intimamente ligado, colado. 2. Ser aderente; colar. 3. Abraçar partido, causa, etc. *T.i.* 4. Tornar-se aderente: *A camisa suada aderia ao corpo.* 5. Aderir (3). 6. Participar de iniciativa de apreço, apoio (a pessoa ou causa). *T.d.i.* 7. Unir, ligar. *P.* 8. Ajuntar-se, unir-se [Conjug.: ㉝ [ad]e[r]ir]

a•der•nar *v.int.* Inclinar-se (a embarcação) sobre um dos bordos. [Conjug.: ① [adern]ar]

a•de•são *sf.* Ato ou efeito de aderir. [Pl.: –*sões.*]

a•de•sis•mo *sm.* Adesão sistemática, em política, a situações novas ou vitoriosas.

a•de•si•vo *adj.* 1. Que adere ou cola; aderente. • *sm.* 2. Aquilo que adere ou cola. 3. Fita, papel, ou plástico autocolante (1).

a•des•trar *v.t.d.* e *p.* Tornar(-se) destro, capaz; habilitar(-se). [Conjug.: ① [adestr]ar] § **a•des•tra•do** *adj.*; **a•des•tra•dor** (ô) *adj.* e *sm.*; **a•des•tra•men•to** *sm.*

a•deus *interj.* 1. Us. em sinal de despedida. • *sm.* 2. Despedida, separação.

a•di:a•bá•ti•co *adj. Fís.* Diz-se do processo de transformação dum sistema no qual não há ganho ou perda de calor.

a•di:an•tar *v.t.d.* 1. Mover para diante. 2. *Fig.* Desenvolver. 3. Apressar. 4. Fazer ou dizer com antecipação. 5. Pagar adiantado parte ou total de (quantia ajustada). 6. Emprestar (dinheiro). *T.d.i.* 7. Dizer com antecipação. *Int.* 8. Avançar (o mecanismo do relógio) mais depressa que o normal. 9. Trazer vantagem, benefício, etc. 10. Ter efeito, valia (2), etc. *P.* 11. Ir para diante; avançar. 12. Apressar-se. [Conjug.: ① [adiant]ar] § **a•di:an•ta•do** *adj.*; **a•di:an•ta•men•to** *sm.*

a•di•an•te *adv.* 1. Na frente; na dianteira. 2. Em primeiro lugar, primeiramente. 3. À frente; para a frente. • *interj.* 4. Exprime intimação para continuar alguma coisa interrompida, equivalendo a *passe adiante, prossiga, toque para frente.*

a•di•ar *v.t.d.* Transferir para outro dia ou hora; delongar, protelar, retardar, protrair, procrastinar. [Conjug.: ① [adi]ar] § **a•di:a•men•to** *sm.*; **a•di:á•vel** *adj2g.*

a•di•ção *sf.* 1. Ato ou efeito de adir. 2. Acréscimo, aditamento. 3. Soma (1). [Pl.: –*ções.*]

a•di•ci:o•nal *adj2g.* e *sm.* Que ou o que se adiciona. [Pl.: –*nais.*]

a•di•ci:o•nar *v.t.d.* 1. Ajuntar; acrescentar. 2. Fazer a adição de; somar. *T.d.i.* 3. Adicionar (1). [Conjug.: ① [adicion]ar] § **a•di•ci:o•ná•vel** *adj2g.*

a•di•do *sm.* Funcionário agregado a outro, a corporação ou a quadro, para auxiliar.

a•di•men•si:o•nal Que não tem dimensão. [Pl.: –*nais.*]

a•di•po•so (ô) *adj.* 1. Gorduroso, gordo. 2. Muito gordo; obeso. [Pl.: –*posos* (ó).] § **a•di•po•si•da•de** *sf.*

a•dir *v.t.d., t.d.i.* e *p.* Acrescentar(-se). [Conjug.: ㊾ [ad]ir]

a•di•tar *v.t.d.* e *t.d.i.* 1. Acrescentar (2 e 3). *P.* 2. Ajuntar-se. [Conjug.: ① [adit]ar] § **a•di•ta•men•to** *sm.*

a•di•ti•vo *adj.* 1. Que se adita. • *sm.* 2. O que se adicionou. 3. *Quím.* Substância que se adiciona a uma solução para aumentar, diminuir ou eliminar determinada propriedade desta.

a•di•vi•nha¹ *sf.* Coisa para adivinhar; adivinhação, enigma.

a•di•vi•nha² *sf.* Fem. de adivinho.

a•di•vi•nha•ção *sf.* 1. Ato ou efeito de adivinhar. 2. V. *adivinha¹.* [Pl.: –*ções.*]

a•di•vi•nha•dor (ô) *adj.* e *sm.* Que ou aquele que adivinha.

a•di•vi•nhar *v.t.d.* 1. Descobrir, por meios supostamente sobrenaturais, ou por artifícios, o que está oculto em. 2. Interpretar, decifrar. [Conjug.: ① [adivinh]ar]

a•di•vi•nho *sm.* Indivíduo que se pretende capaz de adivinhar.

ad•ja•cên•ci:a *sf.* **1.** Qualidade de adjacente. **2.** Vizinhança.

ad•ja•cen•te *adj2g.* **1.** Contíguo, junto, confinante. **2.** Próximo, vizinho.

ad•je•ti•var *v.t.d.* **1.** Aplicar adjetivo a. **2.** Acompanhar de adjetivo; qualificar. *Transobj.* **3.** Qualificar. *Int.* **4.** Empregar adjetivo. [Conjug.: ⬚ [adjetiv]**ar**] § **ad•je•ti•va•ção** *sf.*; **ad•je•ti•va•do** *adj.*

ad•je•ti•vo *sm. Gram.* Palavra que modifica o subst., indicando qualidade, caráter, modo de ser ou estado: *rapaz bondoso; casa festiva.* ♦ **Adjetivo biforme.** *Gram.* O que admite flexão para o gênero fem. [Ex.: belo *menino*/bela *menina; idioma* francês/ *língua* francesa.] **Adjetivo uniforme.** *Gram.* O que possui uma única forma para os dois gêneros. [Ex.: *menina* feliz/ *menino* feliz; *cidade* pobre/ *estado* pobre.]

ad•ju•di•car *v.t.d.* **1.** Conceder a posse de (algo), por decisão ou sentença judicial ou administrativa. *T.d.i.* **2.** Considerar como autor, causa ou origem; atribuir. [Conjug.: ⑧ [adjudi]**car**] § **ad•ju•di•ca•ção** *sf.*; **ad•ju•di•ca•dor** (ô) *adj.* e *sm.*

ad•ju•di•ca•ti•vo *adj.* Adjudicatório.

ad•ju•di•ca•tó•ri:o *adj.* Diz-se de ato ou sentença de que deriva adjudicação; adjudicativo.

ad•jun•to *adj.* **1.** Unido próximo. **2.** Auxiliar, ajudante. • *sm.* **3.** Ajudante, assistente. **4.** *Gram.* Termo acessório, que modifica outro, principal ou acessório. ♦ **Adjunto adnominal.** *Gram.* Termo de valor adjetivo que especifica ou delimita o significado de um substantivo, seja qual for a função deste. [Ex.: A *menina* bonita *brincava na grama.*] **Adjunto adverbial.** *Gram.* Termo de valor adverbial que denota alguma circunstância do fato expresso pelo verbo, ou intensifica o sentido deste, ou de um adjetivo, ou de um advérbio. [Ex.: *Aquela menina* muito *bonita gosta* demais *de brincar* na areia.]

ad•ju•tó•ri:o *sm.* **1.** Ajuda, auxílio. **2.** *Bras.* Mutirão (2).

ad•mi•ní•cu•lo *sm.* Pequena ajuda.

ad•mi•nis•tra•ção *sf.* **1.** Ação ou efeito de administrar. **2.** Conjunto de princípios, normas e funções que têm por fim ordenar a estrutura e funcionamento de uma organização (empresa, órgão público, etc.). **3.** A sua prática. **4.** Função do administrador. **5.** O período de exercício dessa função. **6.** Pessoal que administra. **7.** Local da administração (6). [Pl.: *–ções.*]

ad•mi•nis•trar *v.t.d.* **1.** Gerir (negócios públicos ou particulares). **2.** Governar; dirigir. **3.** Dirigir (instituição). **4.** Ministrar (sacramento). **5.** Ministrar (medicamento). **6.** Manter (grupo, situação, etc.) sob controle. *T.d.i.* **7.** Administrar (4 e 5). **8.** Dar, aplicar: *Administrou-lhe um beijo na bochecha. P.* **9.** Ministrar medicamento a si mesmo. [Conjug.: ⬚ [administr]**ar**] § **ad•mi•nis•tra•dor** (ô) *adj.* e *sm.*

ad•mi•nis•tra•ti•vo *adj.* Relativo à administração.

ad•mi•ra•ção *sf.* **1.** Sentimento de deleite, enlevo, respeito, etc., ante o que se julga nobre, belo ou digno de amor; veneração. **2.** Espanto, assombro, surpresa. [Pl.: *–ções.*]

ad•mi•ra•do *adj.* Surpreso; espantado.

ad•mi•rar *v.t.d.* **1.** Olhar ou considerar com admiração. **2.** Experimentar admiração por. **3.** Admirar (4). *T.i.* e *int.* **4.** Causar admiração, espanto, assombro, etc. *P.* **5.** Sentir admiração, surpresa, etc. **6.** Ter ou sentir admiração a si mesmo, ou admiração recíproca. [Conjug.: ⬚[admir]**ar**] § **ad•mi•ra•dor** (ô) *adj.* e *sm.*; **ad•mi•rá•vel** *adj2g.*

ad•mi•ra•ti•vo *adj.* Que envolve admiração.

ad•mis•são *sf.* Ato ou efeito de admitir. [Pl.: *–sões.*]

ad•mis•sí•vel *adj2g.* Que se pode admitir. [Pl.: *–veis.*]

ad•mi•tân•ci:a *sf. Eletr.* O inverso da impedância de um circuito elétrico.

ad•mi•tir *v.t.d.* **1.** Aceitar ou reconhecer por bom, verdadeiro ou legítimo. **2.** Aceitar, reconhecer. **3.** Receber. **4.** Tolerar. **5.** Aceitar matrícula de. **6.** Empregar (2). *T.d.i.* **7.** Permitir o ingresso; acolher. *T.d.c.* **8.** Receber, acolher. *Transobj.* **9.** Aceitar, receber. **10.** Aceitar ou reconhecer como bom, verdadeiro ou legítimo: *Admitiu* a declaração por *verdadeira.* [Conjug.: ③ [admit]**ir**]

ad•mo•es•tar *v.t.d.* **1.** Advertir de falta. **2.** Censurar ou repreender com brandura; advertir. *T.d.i.* **3.** Avisar, lembrar, em advertência; advertir. [Conjug.: ⬚ [admoest]**ar**] § **ad•mo•es•ta•ção** *sf.*

a•do•bar *v.int.* Fazer adobe(s). [Conjug.: ⬚ [adob]**ar**] Cf. *adubar.*]

a•do•be (ô) *sm.* Tijolo cru, seco ao sol.

a•do•çan•te *adj2g.* e *sm.* Diz-se de, ou substância que adoça.

a•do•ção *sf.* Ação ou efeito de adotar. [Pl.: *–ções.*]

a•do•çar *v.t.d.* **1.** Tornar doce. *P.* **2.** Abrandar-se. [Conjug.: ⑨ [ado]**çar**] § **a•do•ça•do** *adj.*

a•do•ci•car *v.t.d.* **1.** Tornar um tanto doce. **2.** Tornar suave. *P.* **3.** Mostrar-se melífluo. [Conjug.: ⑧ [adoci]**car**] § **a•do•ci•ca•do** *adj.*

a•do:e•cer *v.int.* **1.** Cair doente; enfermar. *T.d.* **2.** Tornar doente; enfermar: *O trabalho excessivo adoeceu-o.* [Conjug.: 34 [adoe]**cer**]

a•do:en•ta•do *adj.* Um tanto doente.

a•doi•da•do *adj.* Meio doido; amalucado.

a•do•les•cên•ci:a *sf.* O período da vida humana que começa com a puberdade e se caracteriza por mudanças corporais e psicológicas, estendendo-se, aproximadamente, dos 12 aos 20 anos.

a•do•les•cen•te *adj2g.* **1.** Que está na adolescência, ou que dela é próprio. **2.** De pouco tempo; novo. • *s2g.* **3.** Pessoa que está na adolescência.

a•dô•nis *sm2n.* **1.** Personagem mitológico famoso por sua beleza. [Com inicial maiúscula.] **2.** *P. ext.* Homem belo e elegante.

a•do•rar *v.t.d.* **1.** Render culto a (divindade). **2.** Amar extremosamente. **3.** *Fam.* Gostar muitíssimo de: *Titia adorava crianças. P.* **4.** Venerar a si mesmo, ou amar-se mutuamente ao extremo. [Conjug.: ① [ador]**ar**] § **a•do•ra•ção** *sf.*; **a•do•ra•do** *adj.*; **a•do•ra•dor** (ô) *adj.* e *sm.*

a•do•rá•vel *adj2g.* **1.** Digno de adoração. **2.** Encantador. [Pl.: *–veis*.]

a•dor•me•cer *v.int.* **1.** Cair no sono; dormir. *T.d.* **2.** Fazer dormir. **3.** Acalmar. **4.** Insensibilizar. [Conjug.: ㉞ [adorme]**cer**] § **a•dor•me•ci•men•to** *sm.*

a•dor•nar *v.t.d.* e *p.* Ornar(-se), enfeitar(-se). [Conjug.: ①] § **a•dor•no** (ô) *sm.* V. *enfeite.*

a•do•tar *v.t.d.* **1.** Optar ou decidir-se por; escolher. **2.** Aceitar. **3.** Pôr em prática. **4.** Atribuir (a um filho de outrem) os direitos de filho próprio; perfilhar. [Conjug.: ① [adot]**ar**] § **a•do•tá•vel** *adj2g.*

a•do•ti•vo *adj.* **1.** Relativo à adoção. **2.** Que foi adotado. **3.** Que adotou: *pai adotivo.* • *sm.* **4.** Filho adotivo.

ad•qui•rir *v.t.d.* **1.** Passar a ter a posse de (algo) mediante compra, troca, oferta, etc.; obter. **2.** Passar a ter; vir a ter; criar, ganhar, contrair. **3.** Alcançar, conquistar. **4.** Assumir, tomar. [Conjug.: ③ [adquir]**ir**] § **ad•qui•ren•te** *adj2g.* e *s2g.*

a•dre•de (ê) *adv.* De propósito.

a•dre•na•li•na *sf.* **1.** *Fisiol.* Hormônio originado em medula supra-renal, e de intensos efeitos estimulantes sobre o coração e importantes ações metabólicas; sua secreção é aumentada em situações de perigo, ameaça, etc. **2.** *Bras. Gír.* Situação ou atividade excitante.

a•dri•á•ti•co *adj.* Pertencente ou relativo ao mar Adriático (Europa), ou às suas imediações.

a•dri•ça *sf.* Cabo para içar bandeira, certas vergas e velas, etc.

a•dro *sm.* Terreno em frente e/ou em volta de igreja.

ad•sor•ção *sf. Fís.-Quím.* Fixação de moléculas de uma substância na superfície de outra substância. [Pl.: *–ções.*]

ads•trin•gên•ci:a *sf.* Qualidade de adstringente.

ads•trin•gen•te *adj2g.* e *sm.* Que ou o que produz constrição.

ads•trin•gir *v.t.d.* **1.** Apertar, comprimir. **2.** Diminuir, restringir. **3.** Unir; juntar. *T.d.i.* **4.** Obrigar, constranger: *Adstringi-o ao cumprimento da lei. P.* **5.** Comprimir-se. **6.** Unir-se. **7.** Limitar-se. [Conjug.: ㊺ [adstrin]**gir**]

a•du•a•na *sf.* V. *alfândega.*

a•du:a•nei•ro *adj.* Alfandegário.

a•du•bar *v.t.d.* **1.** Temperar, condimentar. **2.** Fertilizar com adubo. [Conjug.: ① [adub]**ar** Cf. *adobar.*] § **a•du•ba•ção** *sf.*

a•du•bo *sm.* **1.** Tempero, condimento. **2.** Resíduos animais ou vegetais, ou substância química, que se misturam à terra para fertilizá-la; fertilizante.

a•du•e•la *sf.* Tábua encurvada com que se forma o corpo de tonéis, pipas, etc.

a•du•lar *v.t.d.* Lisonjear servilmente; bajular. [Conjug.: ① [adul]**ar**] § **a•du•la•ção** *sf.*; **a•du•la•dor** (ô) *adj.* e *sm.*

a•dul•te•ra•do *adj.* **1.** Alterado com fraude; falsificado. **2.** Modificado, alterado.

a•dul•te•rar *v.t.d.* **1.** Falsificar, contrafazer. **2.** Mudar, alterar. *P.* **3.** Corromper (5). [Conjug.: ① [adulter]**ar**] § **a•dul•te•ra•ção** *sf.*

a•dul•te•ri•no *adj.* **1.** Em que há adultério. **2.** Proveniente de adultério.

a•dul•té•ri:o *sm.* Infidelidade conjugal.

a•dúl•te•ro *adj.* e *sm.* Que ou quem pratica adultério.

a•dul•to *adj.* **1.** Que atingiu seu completo desenvolvimento: *animal adulto, planta adulta.* **2.** Relativo ao período da vida após a adolescência. • *sm.* **3.** Indivíduo adulto.

a•dun•co *adj.* Curvo em forma de garra ou gancho.

a•dus•to *adj.* **1.** Queimado, abrasado. **2.** Quentíssimo; ardente.

a•du•tor (ô) *adj.* e *sm.* Que ou o que aduz ou traz.

a•du•to•ra (ô) *sf.* Canal, galeria ou encanamento que conduz ao reservatório as águas dum manancial.

a•du•zir *v.t.d.* e *t.d.i.* Trazer, apresentar (razões, provas, etc.). [Conjug.: ㊹ [ad]**uzir**]

⊳ **ad valorem** [Lat.] Diz-se de imposto calculado sobre o valor da mercadoria.

ád•ve•na *adj2g.* e *s2g.* V. *adventício* (1).

ad•ven•tí•ci:o *adj.* **1.** Chegado de fora; estrangeiro, forasteiro, ádvena. **2.** Que está fora do lugar próprio, ou fora de época. **3.** *Bot.* Diz-se de qualquer órgão que nasce fora do lugar habitual: *raiz adventícia.* • *sm.* **4.** Aquele que chega de fora, que é estranho ou intruso; estrangeiro, forasteiro, ádvena.

ad•ven•tis•mo *sm.* Doutrina protestante que espera que se cumpram certas profecias na segunda vinda de Jesus à Terra.

ad•ven•tis•ta *adj2g.* **1.** Relativo ou pertencente ao adventismo ou aos adventistas. **2.** Que é seguidor do adventismo. • *s2g.* **3.** Seguidor do adventismo.

ad•ven•to *sm.* **1.** Vinda, chegada. **2.** Aparecimento, começo. **3.** Período de quatro semanas antes do Natal.

ad•ver•bi•al *adj2g.* **1.** Referente ao, ou próprio do advérbio. **2.** Que tem valor de advérbio.

ad•vér•bi:o *sm. Gram.* Palavra invariável que modifica verbo, adjetivo ou outro advérbio, ou oração equivalente a esses, exprimindo circunstância de tempo, lugar, modo, intensidade, etc. [Ex.: *acordar* cedo; *ir* além; *falar* depressa; muito *inteligente*.]

ad•ver•sá•ri:o *adj. e sm.* **1.** Que ou aquele que luta contra, que se opõe a. **2.** Inimigo.

ad•ver•sa•ti•vo *adj.* Oposto, adverso.

ad•ver•si•da•de *sf.* **1.** Contrariedade. **2.** Infortúnio. **3.** Qualidade de adverso (2).

ad•ver•so *adj.* **1.** Contrário. **2.** Desfavorável, impróprio.

ad•ver•tên•ci:a *sf.* **1.** Ato ou efeito de advertir. **2.** Admoestação, aviso.

ad•ver•tir *v.t.d.* **1.** Admoestar (2). **2.** Chamar a atenção para. **3.** Acautelar, prevenir. **4.** V. *notar* (3). *T.d.i.* **5.** Admoestar (3). **6.** Fazer observar, reparar. *P.* **7.** Dar fé; atentar. [Conjug.: ⬛ [adve]e[rt]ir]

ad•vir *v.t.i. e int.* **1.** Suceder; sobrevir. *Bit.i.* **2.** Vir em conseqüência; provir: *Daquele feito adveio-lhe a glória.* [Conjug.: 40 [ad]**vir**]

ad•vo•ca•ci•a *sf.* **1.** Ação de advogar. **2.** Profissão de advogado.

ad•vo•ca•tí•ci:o *adj.* Relativo a advocacia.

ad•vo•ga•do *sm.* Indivíduo legalmente habilitado a advogar.

ad•vo•gar *v.t.d.* **1.** Interceder a favor de. **2.** Defender em juízo. **3.** Defender com razões e argumentos. *T.i.* **4.** Interceder. *Int.* **5.** Exercer a profissão de advogado. [Conjug.: 11 [advo]**gar**]

a•e•do (é) *sm.* **1.** Aquele que, na Grécia antiga, contava em versos uma ação heróica. **2.** *P. ext.* Poeta.

á-é-i-ó-u *sm.* Substantivação de *a, e, i, o, u*, com que se designam as primeiras letras, ou rudimentos de uma matéria; a-bê-cê, abecedário.

a•e•ra•ção *sf.* **1.** Ato ou efeito de arejar. **2.** Renovação do ar. [Pl.: *-ções*.]

a•é•re:o *adj.* **1.** Relativo ao, ou formado de ar. **2.** Que vive no ar. **3.** Que se produz ou se desloca no ar. **4.** V. *desatento*. **5.** *Bot.* Diz-se de planta que vive ou se desenvolve no ar.

a•e•rí•co•la *adj2g.* Que vive no ar.

a•e•ró•bi•ca *sf.* Modalidade de condicionamento físico que, mediante exercícios rápidos

e ritmados, aumenta a oxigenação tecidual. § **a•e•ró•bi•co** *adj.*

a•e•ró•bi:o *adj. e sm. Biol.* Diz-se do, ou organismo a cuja vida é imprescindível o oxigênio retirado do ar.

a•e•ro•bi:o•lo•gi•a *sf.* Estudo da distribuição dos organismos vivos suspensos livremente na atmosfera.

a•e•ro•bi•on•te *adj2g. e sm.* Diz-se de, ou organismo aeróbio.

a•e•ro•di•nâ•mi•ca *sf. Fís.* Estudo das propriedades e características do ar e doutros gases em movimento.

a•e•ro•di•nâ•mi•co *adj.* **1.** Relativo à aerodinâmica. **2.** Diz-se de um sólido cuja forma lhe permite reduzir a resistência do ar.

a•e•ró•di•no *sm. Aer.* Aeronave (avião, planador, helicóptero, ultraleve, etc.) mais pesada que o ar.

a•e•ró•dro•mo *sm.* Área destinada a pouso e decolagem de aeronaves, e ao atendimento delas.

a•e•ro:es•pa•ci•al *adj2g.* **1.** Relativo ao aeroespaço. **2.** Concernente à aeronáutica e à astronáutica. [Pl.: *–ais*.]

a•e•ro:es•pa•ço *sm.* A atmosfera terrestre e o espaço depois dela.

a•e•ro•fó•li:o *sm.* **1.** *Aer.* Corpo de forma apropriada a produzir uma reação aerodinâmica normal à direção de seu movimento relativo. **2.** *Autom.* Peça que se adapta à traseira de carro de corrida para dar-lhe maior estabilidade.

a•e•ro•fo•to *sf.* Fotografia tirada de aeronave.

a•e•ro•gra•ma *sm.* Radiograma.

a•e•ró•li•to *sm. Astr.* Meteorito.

a•e•ro•mo•ça (ó) *sf. Bras. Obsol.* V. *comissária de bordo.*

a•e•ro•mo•de•lo *sm.* Miniatura de avião, helicóptero, etc., para pesquisa ou recreação.

a•e•ro•nau•ta *s2g.* Navegador aéreo.

a•e•ro•náu•ti•ca *sf.* Ciência, arte e prática da navegação aérea. § **a•e•ro•náu•ti•co** *adj.*

a•e•ro•na•ve *sf.* Qualquer dos aparelhos com que se navega no ar.

a•e•ro•pla•no *sm.* Avião.

a•e•ro•por•to (ó) *sm.* Aeródromo com instalações para chegada e partida, carga e descarga, etc., de aeronaves, e atendimento, embarque e desembarque de passageiros.

a•e•ros•sol *sm.* **1.** *Quím.* Colóide formado por um sólido ou líquido disperso em um gás. **2.** *P. ext.* Embalagem de um produto (tinta, desodorante, medicamento, etc.) que o emite em forma de aerossol.

a•e•rós•ta•to *sm.* Veículo que usa um gás mais leve que o ar para mantê-lo flutuando; balão e dirigível.

19

a•e•ro•ter•res•tre *adj2g.* **1.** Relativo ao ar ou à terra. **2.** Relativo às forças militares do ar e da terra.

a•e•ro•trans•por•te *sm.* **1.** Transporte por via aérea. **2.** Avião para transporte de grande vulto.

a•e•ro•vi•a *sf.* **1.** Espaço aéreo submetido a controle, em forma de corredor, e cujas dimensões são fixadas pela autoridade aeronáutica. **2.** Empresa de navegação aérea.

a•e•ro•vi•á•ri:o *adj.* **1.** Relativo a aerovia. • *sm.* **2.** Funcionário de aeroporto ou de aerovia (2).

a•é•ti•co *adj.* Alheio à ética.

a•fã *sm.* **1.** Vontade, ânsia. **2.** Trabalho; azáfama.

a•fa•bi•li•da•de *sf.* Qualidade, modos ou ato de afável.

a•fa•di•gar *v.t.d.* e *p.* Cansar(-se), fatigar(-se). [Conjug.: 11 [afadi]**gar**]

a•fa•gar *v.t.d.* **1.** Fazer carícias a. **2.** Alentar, alimentar. *P.* **3.** Fazer carícias a si mesmo, ou mutuamente. [Sin. ger.: *acariciar.* Conjug.: 11 [afa]**gar**]

a•fa•go *sm.* **1.** Ato ou efeito de afagar. **2.** Carícia ligeira. **3.** *Fig.* Graça, favor.

a•fa•ma•do *adj.* Célebre, famoso.

a•fa•nar *v.t.d.* **1.** Adquirir com afã; granjear. **2.** *Bras. Pop.* Roubar. [Conjug.: 1 [afan]**ar**]

a•fa•si•a *sf. Med.* Impossibilidade, por lesão cerebral, de expressão pela escrita ou por sinais, ou de compreensão da fala ou da escrita.

a•fá•si•co *adj.* **1.** Referente a, ou que sofre de afasia. • *sm.* **2.** Indivíduo afásico.

a•fas•ta•do *adj.* **1.** Que está longe (em relação a um ponto de referência). **2.** Distante um do outro. **3.** Longínquo, remoto.

a•fas•ta•men•to *sm.* **1.** Ato ou efeito de afastar(-se). **2.** *Mat.* Numa função de uma só variável, diferença entre dois valores da abscissa.

a•fas•tar *v.t.d.* **1.** Pôr de parte, de lado. **2.** Distanciar. **3.** Separar. *P.* **4.** Distanciar-se. [Conjug.: 1 [afast]**ar**] § **a•fas•ta•dor** (ó) *adj.*

a•fá•vel *adj2g.* Fácil e cortês nas relações. [Pl.: –*veis.*]

a•fa•zer *v.t.d.i.* e *p.* **1.** Habituar(-se), acostumar(-se). **2.** Acomodar(-se). [Conjug.: 20 [a]**fazer**]

a•fa•ze•res (è) *sm.pl.* Trabalhos, ocupações.

a•fe•ar *v.t.d.* e *p.* Tornar(-se) feio; enfear(-se). [Conjug.: 10 [af]**ear**]

a•fec•ção *sf. Med.* Processo mórbido considerado em suas manifestações atuais; doença. [Pl.: –*ções.*]

a•fei•ção *sf.* **1.** Sentimento de apego sincero por alguém ou algo; carinho, amizade. **2.** Inclinação, pendor. [Pl.: –*ções.*]

a•fei•ço•ar¹ *v.t.d.* **1.** Dar feição ou forma a; modelar. *P.* **2.** Tomar feição ou forma. **3.** Adaptar-se. [Conjug.: 13 [afeiç]**oar**]

a•fei•ço•ar² *v.t.d.* **1.** Inspirar afeição a. *P.* **2.** Ter ou tomar afeição. [Conjug.: 13 [afeiç]**oar**]

a•fei•to *adj.* Acostumado, habituado; feito.

a•fé•li:o *sm.* Ponto mais afastado da órbita de um corpo gravitando ao redor do Sol.

a•fe•mi•na•do *adj.* e *sm.* Efeminado.

a•fe•ren•te *adj2g.* Que leva ou conduz.

a•fé•re•se *sf. Gram.* Supressão de fonema ou grupo de fonemas no início da palavra. [Ex.: *Zé,* por *José.*] § **a•fe•ré•ti•co** *adj.*

a•fe•ri•ção *sf.* **1.** Ato ou efeito de aferir. **2.** Marca posta nas coisas aferidas. [Pl.: –*ções.*]

a•fe•rir *v.t.d.* Conferir (pesos, medidas, etc.) com os respectivos padrões. [Conjug.: 53 [af]e[r]ir. Cf. *auferir.*] § **a•fe•ri•do** *adj.*; **a•fe•rí•vel** *adj2g.*

a•fer•rar *v.t.d.* **1.** Prender com ferro. **2.** Segurar com força. *P.* **3.** Entregar-se com afinco; agarrar-se. [Conjug.: 1 [aferr]**ar**] § **a•fer•ra•do** *adj.*

a•fer•ro (è) *sm.* Obstinação; firmeza, afinco.

a•fer•ro•lhar *v.t.d.* **1.** Fechar com ferrolho. **2.** Guardar muito fechado. [Conjug.: 1 [aferrolh]**ar**] § **a•fer•ro•lha•dor** (ó) *adj.* e *sm.*

a•fer•ven•tar *v.t.d.* Submeter a uma rápida fervura. § **a•fer•ven•ta•do** *adj.* [Conjug.: 1 [afervent]**ar**]

a•fer•vo•rar *v.t.d.* e *p.* Encher(-se) de fervor. [Conjug.: 1 [afervor]**ar**]

a•fe•ta•ção *sf.* **1.** Ato ou efeito de afetar(-se). **2.** Falta de naturalidade; melindre. [Pl.: –*ções.*]

a•fe•ta•do *adj.* Que mostra afetação (2).

a•fe•tar *v.t.d.* **1.** Fingir, simular. **2.** Produzir lesão em. **3.** Comover. **4.** Dizer respeito a; interessar. **5.** Imitar (a forma duma coisa ou dum ser). [Conjug.: 1 [afet]**ar**] § **a•fe•tan•te** *adj2g.*

a•fe•ti•vi•da•de *sf.* Qualidade ou caráter de afetivo.

a•fe•ti•vo *adj.* **1.** Relativo a afeto. **2.** Que tem ou em que há afeto; afetuoso.

a•fe•to¹ *sm.* **1.** Afeição, amizade, amor. **2.** Objeto de afeição.

a•fe•to² *adj.* Partidário, sectário.

a•fe•tu•o•so (ô) *adj.* Afetivo (2). [Pl.: –*osos* (ó).]

a•fi:an•çar *v.t.d.* **1.** Ser fiador de; abonar. **2.** Pagar a fiança de. **3.** Afirmar, assegurar. **4.** Apresentar como digno de confiança; abonar. *T.d.i.* **5.** Afiançar (3). [Conjug.: 9 [afian]**çar**]

a•fi•ar *v.t.d.* **1.** Dar fio a; amolar. **2.** Adelgaçar na ponta; aguçar. **3.** Apurar (2). **4.** *Fig.* Tornar mordaz (2). **5.** Preparar para o assalto (os dentes, as garras). **6.** Aguçar (3). *P.* **7.** Aprimorar-se. [Conjug.: 1 [afi]**ar**. Cf. *afear.*] § **a•fi:a•ção** *sf.*; **a•fi:a•do** *adj.*; **a•fi:a•dor** (ô) *adj.* e *sm.*

a•fi•ci:o•na•do *sm.* Amador de um espetáculo, um esporte, uma arte, etc.

a•fi•dal•ga•do *adj.* Semelhante a fidalgo.

a•fi•dí•de:o *sm. Zool.* Espécime dos afidídeos, família de diminutos insetos homópteros. § **a•fi•dí•de:o** *adj.*

a•fi•gu•rar *v.t.d.* **1.** Apresentar forma ou figura de. *Transobj.* **2.** Representar em figura na imaginação. [Conjug.: ① [afigur]**ar**]

a•fi•la•do *adj.* Delicado, fino, adelgaçado.

a•fi•lar *v.t.d., int.* e *p.* Tornar(-se) fino. [Conjug.: ① [afil]**ar**]

a•fi•lha•do *sm.* **1.** Indivíduo em relação aos seus padrinhos. **2.** Protegido, favorito.

a•fi•li•a•da *sf. Rád. Telev.* Emissora afiliada (q. v.).

a•fi•li•ar *v.t.d. P.* **1.** Agregar(-se) ou juntar(-se) a uma corporação ou sociedade. **2.** Associar(-se). [Conjug.: ① [afili]**ar**]

a•fim *adj2g.* **1.** Que apresenta afinidade. **2.** Relativo ao parentesco de afinidade. • *s2g.* **3.** Parente por casamento, por vínculo de afinidade (4). [Pl.: *–fins*.]

a•fi•nal *adv.* **1.** Por fim; finalmente. **2.** Em conclusão.

a•fi•nar *v.t.d.* **1.** Tornar fino; adelgaçar. **2.** Aperfeiçoar. **3.** Purificar (metais) no crisol. **4.** Pôr no devido tom (instrumento musical, a voz). *T.d.i., t.i.* e *p.* **5.** Ajustar(-se), harmonizar(-se). *Int.* **6.** *Bras. Gír. Fut.* Não disputar a bola por medo de contusão. [Conjug.: ① [afin]**ar**] § **a•fi•na•ção** *sf.*

a•fin•co *sm.* **1.** Aferro. **2.** Perseverança.

a•fi•ni•da•de *sf.* **1.** Semelhança. **2.** Conformidade, identidade. **3.** Coincidência de gostos ou de sentimentos. **4.** *Relação estabelecida por casamento, e que vincula os parentes de cada um dos cônjuges ao outro cônjuge e seus parentes.*

a•fir•ma•ção *sf.* **1.** Ação ou efeito de afirmar(-se). **2.** Aquilo que se afirma; asseveração, asserção, assertiva, asserto. **3.** Afirmativa. [Pl.: *–ções*.]

a•fir•mar *v.t.d.* **1.** Tornar firme; consolidar. **2.** Declarar com firmeza; sustentar. **3.** Certificar, atestar. *T.d.i.* **4.** Afirmar (2). *P.* **5.** Adquirir segurança, estabilidade; estabelecer-se, fixar-se. [Conjug.: ① [afirm]**ar**]

a•fir•ma•ti•va *sf.* Declaração positiva, que afirma; afirmação; asserção.

a•fir•ma•ti•vo *adj.* Que afirma ou confirma; assertivo, assertório, conteste.

a•fi•ve•lar *v.t.d.* Segurar com fivela. [Conjug.: ① [afivel]**ar**]

a•fi•xar (cs) *v.t.d.* e *t.d.c.* **1.** Firmar, fixar. **2.** Pregar em lugares públicos (avisos, etc.). [Conjug.: ① [afix]**ar**] § **a•fi•xa•ção** (cs) *sf.*

a•fi•xo (cs) *adj.* **1.** Que se afixou. • *sm.* **2.** *Gram.* Designação comum aos prefixos, sufixos e infixos.

a•flau•ta•do *adj.* **1.** Com aparência ou som de flauta. **2.** Agudo (voz).

a•fli•ção *sf.* **1.** Agonia (2). **2.** Mágoa, tristeza, dor. **3.** Ansiedade, preocupação. [Pl.: *–ções*.]

a•fli•gir *v.t.d.* **1.** Causar aflição a; angustiar, oprimir. **2.** Atacar, atingir (doença). **3.** V. *arrasar* (4). *P.* **4.** Atormentar-se. **5.** Contristar-se. [Conjug.: ㊺ [afli]**gir**] § **a•fli•gen•te** *adj2g.*; **a•fli•gi•dor** (ó) *adj.*

a•fli•ti•vo *adj.* Que causa aflição.

a•fli•to *adj.* Angustiado ou preocupado.

a•flo•rar *v.t.d.* **1.** Tocar de leve. **2.** Esboçar (2). *T.i.* e *p.* **3.** Deixar-se entrever. *Int.* **4.** Vir à tona. [Conjug.: ① [aflor]**ar**] § **a•flo•ra•ção** *sf.*; **a•flo•ra•do** *adj.*

a•flu•ên•ci:a *sf.* **1.** Ato ou efeito de afluir; afluxo. **2.** Corrente abundante. **3.** Grande concorrência (de pessoas ou coisas).

a•flu•en•te *adj2g.* **1.** Que aflui. **2.** Copioso, abundante. • *sm.* **3.** Curso de água que deságua noutro, ou em um lago; tributário.

a•flu•ir *v.t.c.* **1.** Correr para; convergir. **2.** Concorrer em grande quantidade. *T.d.i.* e *int.* **3.** Afluir (2). [Conjug.: ㊾ [afl]**uir**]

a•flu•xo (cs) *sm.* Afluência (1).

a•fo•ba•ção *sf. Bras.* **1.** Grande pressa; lufalufa. **2.** Atrapalhação, nervosismo. [Sin. ger.: *afobamento.* Pl.: *–ções*.]

a•fo•ba•do *adj. Bras.* Tomado de afobação.

a•fo•ba•men•to *sm. Bras.* V. *afobação.*

a•fo•bar *v.t.d.* e *p. Bras.* Tornar(-se) afobado. [Conjug.: ① [afob]**ar**]

a•fo•far *v.t.d.* **1.** Tornar fofo, macio. *Int.* e *p.* **2.** Tornar-se fofo. **3.** Envaidecer-se. [Conjug.: ① [afof]**ar**]

a•fo•ga•di•nho *sm.* Pressa. ♦ **De afogadinho.** Apressadamente.

a•fo•ga•do *adj.* **1.** Que se afogou. **2.** Diz-se de roupa que sobe até o pescoço. • *sm.* **3.** Indivíduo que morreu por afogamento. **4.** O sobrevivente a afogamento.

a•fo•ga•dor (ó) *adj.* **1.** Que afoga. • *sm.* **2.** Aquele que afoga. **3.** *Autom.* Comando de um veículo automóvel que, ao ser acionado, torna mais rica em combustível a mistura que alimenta o motor.

a•fo•ga•men•to *sm.* **1.** Ato ou efeito de afogar(-se). **2.** Sufocação, seguida ou não de morte, resultante de encharcamento pulmonar com água ou substância que impossibilite o intercâmbio gasoso respiratório.

a•fo•gar *v.t.d.* **1.** Privar de respiração, ou matar, por asfixia, ou por submersão. **2.** Fazer desaparecer, eliminar. **3.** *Autom.* Fazer enguiçar (o motor) por excesso de combustível. *Int.* **4.** Enguiçar (o motor) por excesso de combustível. *P.* **5.** Matar-se ou morrer por asfixia ou submersão. **6.** *Fig.* Alagar-se. [Conjug.: ⑪ [afo]**gar**]

a•fo•gue•a•do *adj.* **1.** Abrasado, ardente. **2.** Muito corado.

a•fo•gue•ar *v.t.d.* **1.** Pôr fogo a. **2.** Aquecer muito. **3.** Fazer enrubescer. *P.* **4.** Inflamar-se. **5.** Enrubescer. [Conjug.: ⑩ [afogu]**ear**]

a•foi•tar *v.t.d.* e *p.* Tornar(-se) afoito. [Conjug.: ① [afoit]**ar**]

a•foi•to *adj.* **1.** Sem medo; corajoso. **2.** V. *valentão.* **3.** Apressado; precipitado. § **a•foi•te•za** (è) *sf.*

a•fo•ni•a *sf. Med.* Perda ou diminuição da voz.

a•fô•ni•co *adj.* Relativo à afonia, ou que a tem.

a•fo•ra *adv.* **1.** Fora; exteriormente. • *prep.* **2.** Além de. **3.** Exceto, fora.

a•fo•ra•men•to *sm.* **1.** Direito transmissível aos herdeiros e que confere o pleno gozo de imóvel mediante pagamento de foro (1). **2.** Documento que comprova o aforamento.

a•fo•rar *v.t.d.* **1.** Dar ou tomar por aforamento (1). *P.* **2.** Atribuir-se direitos, qualidades, etc. [Conjug.: ① [afor]**ar**]

a•fo•ris•mo *sm.* Sentença moral breve e conceituosa; apotegma, máxima.

a•for•mo•se•ar *v.t.d.* e *p.* Tornar(-se) formoso. [Conjug.: ⑩ [aformos]**ear**]

a•for•tu•na•do *adj.* Feliz, ditoso, venturoso.

a•fo•xé ou **a•fo•xê** *sm. Bras. BA Folcl.* **1.** Cortejo de natureza semi-religiosa que no carnaval desfila cantando e dançando. **2.** Canção cantada nesse cortejo.

a•fran•ce•sa•do *adj.* Semelhante a, ou próprio de francês.

a•fran•ce•sar *v.t.d.* e *p.* Adaptar(-se) ao temperamento, maneira e/ou estilo francês. [Conjug.: ① [afrances]**ar**]

a•fre•gue•sa•do *adj.* Que tem (muitos) fregueses.

a•fre•gue•sar-se *v.p.* Tornar-se freguês ou cliente. [Conjug.: ① [afregues]**ar**[-se]]

a•fres•co (è) *sm.* Pintura (3) executada sobre revestimento fresco de paredes e tetos.

a•fri•cân•der *s2g.* **1.** Indivíduo sul-africano branco, em geral descendente de holandeses. • *adj2g.* **2.** Pertencente ou relativo a africânder (1).

a•fri•câ•ner *sm.* **1.** Língua falada na África do Sul e em parte da Namíbia, originada do holandês do séc. XVII; *afrikaans.* • *adj2g.* **2.** De, pertencente ou relativo a essa língua.

a•fri•ca•nis•mo *sm.* Palavra ou loc. oriunda de língua africana.

a•fri•ca•ni•zar *v.t.d.* e *p.* Adaptar(-se) ao temperamento, maneira e/ou estilo africano. [Conjug.: ① [africaniz]**ar**]

a•fri•ca•no *adj.* **1.** Da África. • *sm.* **2.** O natural ou habitante da África.

⇨ **afrikaans** (afrikáns) [Africâner] *sm.* Africâner (1).

a•fro *adj.* **1.** V. *africano* (1). **2.** Diz-se do cabelo muito crespo, cujo corte o deixa arredondado e volumoso em volta do rosto. • *sm.* **3.** Africano (2).

a•fro-bra•si•lei•ro *adj.* **1.** Relativo ou pertencente à África e ao Brasil, ou à cultura dos afro-brasileiros. • *sm.* **2.** *Restr.* Brasileiro descendente de africanos negros. [Pl.: *afro-brasileiros.*]

a•fro•di•sí•a•co *adj.* e *sm.* Que ou aquilo que estimula, ou aumenta, o apetite sexual.

a•froi•xar *v.t.d., int.* e *p.* V. *afrouxar.* [Conjug.: ① [afroix]**ar**]

a•fron•ta *sf.* **1.** Injúria lançada em rosto; ultraje. **2.** V. *vergonha* (2).

a•fron•ta•do *adj.* **1.** Que sofreu afronta. **2.** *Pop.* Incomodado, em conseqüência de má digestão.

a•fron•tar *v.t.d.* **1.** Colocar fronte a fronte; confrontar. **2.** Infligir afronta a; insultar. **3.** Causar mal-estar a. *P.* **4.** Deparar-se com. **5.** Atacar de frente; acometer. **6.** Sentir-se incomodado por calor ou má digestão. [Conjug.: ① [afront]**ar**] § **a•fron•ta•men•to** *sm.*

a•fron•to•so (ô) *adj.* Que constitui afronta. [Pl.: *–tosos* (ó).]

a•frou•xar ou **a•froi•xar** *v.t.d.* **1.** Tornar frouxo. **2.** Alargar. *Int.* e *p.* **3.** Tornar-se frouxo. **4.** Relaxar-se. [Conjug.: ① [afroux]**ar**] § **a•frou•xa•men•to** *sm.*

af•ta *sf. Med.* Lesão inflamatória bucal, e que se apresenta como mancha esbranquiçada.

af•to•so (ô) *adj. Med.* **1.** Que se manifesta por aftas. **2.** Que as tem. [Pl.: *–tosos* (ó).]

a•fu•gen•tar *v.t.d.* **1.** Pôr em fuga. **2.** Fazer desaparecer. [Conjug.: ① [afugent]**ar**] § **a•fu•gen•ta•dor** (ô) *adj.* e *sm.*

a•fun•dar *v.t.d.* **1.** Fazer ir ao fundo. *Int.* e *p.* **2.** Ir ao fundo. **3.** *Bras. Fam.* Sair-se mal em exame, empreendimento, etc. [Conjug.: ① [afund]**ar**] § **a•fun•da•do** *adj.*; **a•fun•da•men•to** *sm.*

a•fu•ni•la•do *adj.* Em forma de funil.

a•fu•ni•lar *v.t.d.* **1.** Dar forma de funil a. *P.* **2.** Estreitar-se. [Conjug.: ① [afunil]**ar**]

❑ **Ag.** *Quím.* Símb. da *prata.*

a•gá *sm.* A letra *h.*

a•ga•char-se *v.p.* **1.** Abaixar-se. **2.** Ficar de cócoras. **3.** Humilhar-se. [Conjug.: ① [agach]**ar** [-se]] § **a•ga•cha•da** *sf.*; **a•ga•cha•do** *adj.*; **a•ga•cha•men•to** *sm.*

a•ga•da•nhar *v.t.d.* **1.** Lançar o gadanho a. **2.** Agarrar ou ferir com unhas ou garras. [Conjug.: ① [agadanh]**ar**]

a•ga•lac•ti•a *sf.* Ausência de secreção láctea. § **a•ga•lác•ti•co** *adj.*

a•ga•lo•a•do *adj.* Guarnecido de galões.

á•ga•pe *sf. m.* **1.** Refeição comunitária dos primitivos cristãos. **2.** *P. ext.* Banquete de confraternização.

á•gar *sm.* V. *ágar-ágar.*

á•gar-á•gar *sm.* Substância existente em certas rodofíceas, e que forma com facilidade um hidrogel us. como meio de cultura de microrganismos; ágar, gelose. [Pl.: *ágar-ágares.*]

a•gá•ri•co *sm.* Visco (1).

a•gar•ra•do *adj.* **1.** Seguro com força. **2.** Avaro. **3.** Muito ligado; afeiçoado em extremo.

a•gar•ra•men•to *sm.* **1.** Ato ou efeito de agarrar(-se); agarração. **2.** Avareza, sovinice. **3.**

União estreita e constante entre duas ou mais pessoas.

a•gar•rar *v.t.d.* **1.** Prender ou segurar com força. *T.i.* **2.** Pegar, ger. com força ou firmeza. *Int.* **3.** *Bras. Esport.* Jogar como goleiro. *P.* **4.** Segurar-se. **5.** *Pop.* Abraçar-se fortemente. [Conjug.: ① [agarr]**ar**] § **a•gar•ra•ção** *sf.*; **a•gar•ra•dor** (ô) *adj.* e *sm.*

a•ga•sa•lhar *v.t.d.* e *p.* **1.** Hospedar(-se). **2.** Cobrir(-se) com roupas; abafar(-se). **3.** Resguardar(-se) do mau tempo. [Conjug.: ① [agasalh]**ar**] § **a•ga•sa•lha•do** *adj.*

a•ga•sa•lho *sm.* **1.** Ação de agasalhar. **2.** Proteção, abrigo. **3.** Peça de vestuário para conservar o calor do corpo.

a•gas•tar *v.t.d.* e *p.* Aborrecer(-se), zangar(-se). [Conjug.: ① [agast]**ar**] § **a•gas•ta•do** *adj.*; **a•gas•ta•men•to** *sm.*

á•ga•ta¹ *sf. Min.* Pedra semipreciosa de brilho ceroso, com zonas concêntricas e diversamente coloridas.

á•ga•ta² *sf. Bras.* V. *ágave*.

a•ga•ta•nhar *v.t.d.* e *p.* Ferir(-se) com as unhas; unhar(-se), arranhar(-se). [Conjug.: ① [agatanh]**ar**] § **a•ga•ta•nha•do** *adj.*

á•ga•te *sm.* Ferro esmaltado. [F. paral.: *ágata*.]

a•ga:u•cha•do *adj.* Que tem modos e/ou aparência de gaúcho.

a•ga•vá•ce:a *sf. Bot.* Espécime das agaváceas, família de plantas ger. tropicais e xerófitas. Ex., no Brasil: a piteira. § **a•ga•vá•ce:o** *adj.*

a•ga•ve *sm.* e *f. Bot.* **1.** Nome comum a diversas plantas agaváceas de cujas folhas se extrai fibra com que se fazem cordas, tapetes, etc. **2.** Essa fibra. [Sin. ger.: *sisal*.]

a•gên•ci:a *sf.* **1.** Função ou cargo de agente. **2.** Empresa de prestação de serviços. **3.** Sucursal de repartição pública, de banco. **4.** O local de agência (2 e 3). **5.** Diligência, atividade.

a•gen•ci•ar *v.t.d.* **1.** Tratar de (negócios) como representante ou agente. **2.** Esforçar-se por obter; diligenciar. [Conjug.: ① [agenci]**ar**] § **a•gen•ci:a•dor** (ô) *adj.* e *sm.*

a•gen•da *sf.* Caderneta ou registro para anotações de compromissos, encontros, etc. ♦ **Agenda eletrônica.** Aparelho eletrônico portátil, ou programa de computador, que permite registrar e consultar informações diversas de uso pessoal.

a•gen•te *adj2g.* **1.** Que opera, agencia, age. • *s2g.* **2.** Pessoa agente (1). **3.** Quem trata de negócios por conta alheia. **4.** Membro de corporação policial ou de informações. • *sm.* **5.** Aquilo que produz, ou é capaz de produzir, determinado efeito. **6.** Aquilo que é agente (1). **7.** Causa, motivo. **8.** *Gram.* Aquele que pratica a ação expressa pelo verbo. [O *agente* é muitas vezes o *sujeito* (q. v.).] ♦ **Agente da**

(voz) passiva. *Gram.* Termo que, na voz passiva analítica, representa o agente (8).

a•gi•gan•ta•do *adj.* Com proporções de gigante.

a•gi•gan•tar *v.t.d.* e *p.* Tornar(-se) gigantesco. [Conjug.: ① [agigant]**ar**]

á•gil *adj2g.* **1.** Que se move com destreza; destro, hábil. **2.** Que tem presteza de movimentos; ligeiro, lesto. [Pl.: *ágeis*.] § **a•gi•li•da•de** *sf.*

a•gi•li•zar *v.t.d.* Imprimir maior agilidade, rapidez, eficiência, a. [Conjug.: ① [agiliz]**ar**] § **a•gi•li•za•ção** *sf.*

á•gi:o *sm. Econ.* **1.** Comissão ou valor adicional cobrado em operações cambiais ou financeiras, na venda de artigos de preço tabelado, etc. **2.** Diferença a maior entre o valor de mercado e o valor nominal de um título.

a•gi•o•ta *adj2g.* e *s2g.* Quem pratica a agiotagem; usurário.

agi:o•ta•gem *sf.* **1.** Transação financeira ou comercial visando à obtenção de lucros exagerados. **2.** Empréstimo a juros exorbitantes. [Pl.: *–gens*.]

a•gir *v.int.* Praticar ou efetuar na condição de agente; atuar. [Conjug.: ㊺ [a]**gir**]

a•gi•ta•ção *sf.* **1.** Ação ou efeito de agitar(-se). **2.** Movimento, oscilação. **3.** Perturbação, excitação. **4.** Comoção política; desordem. **5.** Alvoroço, tumulto. [Pl.: *–ções*.]

a•gi•ta•do *adj.* **1.** Diz-se de indivíduo inquieto. **2.** Diz-se do mar revolto. • *sm.* **3.** Indivíduo agitado.

a•gi•ta•dor (ô) *adj.* **1.** Que agita. • *sm.* **2.** Promotor de agitações.

a•gi•tar *v.t.d.* **1.** Fazer mover com frequência; abalar. **2.** Comover muito; abalar. **3.** Incitar à revolta; sublevar. *P.* **4.** Mover-se, mexer-se. **5.** Perturbar-se. [Conjug.: ① [agit]**ar**] § **a•gi•ta•do** *adj.*; **a•gi•tá•vel** *adj2g.*

a•glo•me•ra•do *adj.* **1.** Junto, amontoado. • *sm.* **2.** Conjunto, aglomeração.

a•glo•me•ran•te *adj2g.* **1.** Que aglomera. • *sm.* **2.** Aglutinante (2).

a•glo•me•rar *v.t.d.* e *p.* Juntar(-se), reunir(-se), ger. em quantidade. [Conjug.: ① [aglomer]**ar**] § **a•glo•me•ra•ção** *sf.*

a•glu•ti•na•ção *sf.* **1.** Ato ou efeito de aglutinar. **2.** *Gram.* V. *composição* (8). [Pl.: *–ções*.]

a•glu•ti•nan•te *adj2g.* **1.** Que aglutina. • *sm.* **2.** Material que tem a propriedade de ligar as partículas de outros materiais; aglomerante.

a•glu•ti•nar *v.t.d.* **1.** Colar. **2.** Unir, ligar. [Conjug.: ① [aglutin]**ar**] § **a•glu•ti•ná•vel** *adj2g.*

ag•na•ção *sf.* Relação de parentesco (entre indivíduos de qualquer sexo) traçada por linha exclusivamente masculina.

ag•ná•ti•co *adj.* Relativo a agnação ou a agnatos; patrilinear.

ag•na•to *adj.* e *sm.* Diz-se de, ou parente por agnação.

ag•nos•ti•cis•mo *sm.* Doutrina ou atitude que admite uma ordem de realidade que é incognoscível. § **ag•nós•ti•co** *adj.*

a•go•gô *sm.* Instrumento de percussão de origem africana: duas campânulas de ferro unidas, percutidas com vareta do mesmo metal.

a•go•ni•a *sf.* 1. Ânsia de morte. 2. Sofrimento, amargura; aflição. 3. V. *angústia* (1).

a•go•ni•ar *v.t.d.* 1. Causar agonia, aflição, a. 2. Afligir, inquietar. *P.* 3. Afligir-se. [Conjug.: ① [agoni]ar] § **a•go•ni•a•do** *adj.*; **a•go•ni•a•dor** (ó) *adj.* e *sm.*

a•gô•ni•co *adj.* Relativo à agonia.

a•go•ni•zan•te *adj2g.* e *s2g.* Que ou quem agoniza.

a•go•ni•zar *v.int.* Estar moribundo, em agonia. [Conjug.: ① [agoniz]ar]

a•go•ra *adv.* 1. Neste instante ou hora. 2. Atualmente. ✦ **Agora mesmo**. Agorinha.

á•go•ra *sf.* Praça pública das antigas cidades gregas.

a•go•ra•fo•bi•a *sf. Psiq.* Medo mórbido e angustiante de lugares públicos (praças, ruas, etc.). § **a•go•ra•fó•bi•co** *adj.*

a•go•ri•nha *adv. Bras.* Há poucos instantes; agora mesmo.

a•gos•to (ô) *sm.* O oitavo mês do ano, com 31 dias.

a•gou•rar ou **a•goi•rar** *v.t.d.* 1. Adivinhar, prever. 2. Fazer agouro; pressagiar. *Int.* 3. Ter ou fazer mau agouro. [Conjug.: ① [agour]ar]

a•gou•rei•ro ou **a•goi•rei•ro** *adj.* 1. Que agoura. 2. Que anuncia, ou se crê anunciar, desgraças. [Sin. de 1 e 2: *agourento*.] ✦ *sm.* 3. Indivíduo agoureiro.

a•gou•ren•to ou **a•goi•ren•to** *adj.* Agoureiro (1 e 2).

a•gou•ro ou **a•goi•ro** *sm.* 1. Profecia. 2. V. *presságio*. 3. *Restr.* Presságio de coisa má; mau agouro.

a•gra•ci•ar *v.t.d.* e *t.d.i.* Conceder graças, mercê, a. [Conjug.: ① [agraci]ar] § **a•gra•ci•a•do** *adj.*; **a•gra•ci•a•dor** (ó) *adj.*

a•gra•dar *v.t.i.* 1. Satisfazer o gosto, o critério de. 2. Causar satisfação a. *T.d.* 3. Agradar (1 e 2). 4. Contentar. 5. Manifestar carinho, amor, a. *Int.* 6. Causar ou inspirar satisfação. *P.* 7. Encantar (3). [Conjug.: ① [agrad]ar]

a•gra•dá•vel *adj2g.* Que agrada; capaz de agradar. [Pl.: *–veis*.]

a•gra•de•cer *v.t.d.* 1. Mostrar-se grato por: *Agradeceu* a gentileza. *T.d.i.* e *t.i.* 2. Demonstrar gratidão: *Agradeceu ao amigo a consideração. Int.* 3. Demonstrar gratidão. [Conjug.:

③⁴ [agrade]cer.] § **a•gra•de•ci•do** *adj.*; **a•gra•de•ci•men•to** *sm.*

a•gra•do *sm.* Ato ou efeito de agradar.

a•grá•ri:o *adj.* Da terra; do campo.

a•gra•var *v.t.d.* e *p.* Tornar(-se) grave, ou mais grave. [Conjug.: ① [agrav]ar] § **a•gra•va•men•to** *sm.*; **a•gra•van•te** *adj2g.*

a•gra•vo *sm.* 1. Ofensa, injúria, afronta. 2. Motivo grave de queixa.

a•gre•dir *v.t.d.* 1. Acometer, atacar. 2. Injuriar. 3. Ter conduta hostil a. 4. Bater em; surrar. 5. *Fig.* Incomodar (qualquer dos sentidos). [Conjug.: ⑤⁴ [agr]e[d]ir] § **a•gre•di•do** *adj.*

a•gre•ga•do *adj.* 1. Reunido, junto. ✦ *sm.* 2. Conjunto, reunião. 3. O que vive numa família como pessoa da casa. 4. Lavrador estabelecido em terra alheia.

a•gre•gar *v.t.d.* e *p.* 1. Reunir(-se), congregar(-se). 2. Juntar(-se), associar(-se). [Conjug.: ⑪ [agre]gar] § **a•gre•ga•ção** *sf.*; **a•gre•ga•ti•vo** *adj.*

a•gre•mi:a•ção *sf.* 1. Ato de agremiar(-se). 2. V. *sociedade* (3). [Pl.: *–ções*.]

a•gre•mi•ar *v.t.d.* 1. Reunir(-se) em grêmio ou em assembléia. 2. Associar(-se). [Conjug.: ① [agremi]ar]

a•gres•são *sf.* Ação ou efeito de agredir. [Pl.: *–sões*.]

a•gres•si•vo *adj.* Que tende a agredir ou denota agressão. § **a•gres•si•vi•da•de** *sf.*

a•gres•sor (ó) *adj.* e *sm.* Que ou quem agride.

a•gres•te *adj2g.* 1. Relativo ao campo; campestre. 2. Tosco, rústico.

a•gri•ão *sm. Bot.* Erva crucífera us. em salada. [Pl.: *–ões*.]

a•grí•co•la *adj2g.* Relativo à agricultura, ou próprio dela.

a•gri•cul•tor (ó) *sm.* O que pratica a agricultura.

a•gri•cul•tu•ra *sf.* Arte de cultivar os campos, com vistas à produção de vegetais úteis ao homem; lavoura.

a•gri•do•ce (ô) *adj2g.* Azedo e doce ao mesmo tempo.

a•gri•lho•ar *v.t.d.* 1. Prender com grilhões. *T.d.i.* e *p.* 2. Prender(-se), ligar(-se). [Conjug.: ⑬ [agrilh]oar] § **a•gri•lho:a•men•to** *sm.*

a•gri•men•sor (ó) *sm.* Medidor de terras.

a•gri•men•su•ra *sf.* Medição de terras.

a•gro:e•co•lo•gi•a *sf.* Ramo da ecologia que estuda as condições ambientais abióticas, bióticas e noóticas. § **a•gro:e•co•ló•gi•co** *adj.*

a•gro:in•dús•tri:a *sf.* A indústria na sua relação com a agricultura e o beneficiamento de matéria-prima desta. § **a•gro:in•dus•tri•al** *adj2g.*

a•gro•lo•gi•a *sf.* Ramo da agronomia que trata do estudo dos solos nas suas relações com a agricultura.

a•gro•no•mi•a *sf.* Teoria da agricultura. §
a•gro•nô•mi•co *adj.*

a•grô•no•mo *sm.* Especialista em agronomia.

a•gro•pe•cu•á•ri:a *sf.* A agricultura na sua relação com a pecuária. § **a•gro•pe•cu•á•ri:o** *adj.*

a•gro•tó•xi•co (cs) *sm.* Defensivo agrícola
(q. v.).

a•gro•vi•a *sf.* Via para escoamento de produtos agrícolas.

a•gru•pa•men•to *sm.* 1. Ato ou efeito de agru-
par(-se). 2. Grupo organizado. 3. Ajuntamento
(2).

a•gru•par *v.t.d.* e *p.* Reunir(-se) em grupo(s).
[Conjug.: 🔟 [agrup]**ar**]

a•gru•ra *sf.* 1. Dureza, aspereza. 2. *Fig.* Amargura; dissabor.

á•gua *sf.* 1. *Quím.* Líquido incolor, inodoro,
insípido, essencial à vida [fórm.: H_2O]. 2. A
parte líquida do globo terrestre. 3. Chuva (1).
4. Cada uma das superfícies planas que formam um telhado. ◆ **Água oxigenada.** *Quím.*
Peróxido de hidrogênio [fórm.: H_2O_2]. **Água sa-
nitária.** *Quím.* Solução aquosa diluída de
hipoclorito de sódio [v. *cloro líquido*].

a•gua•cei•ro *sm.* Chuva repentina e breve.

a•gua•cen•to *adj.* 1. Semelhante à água. 2.
Impregnado de água; encharcado.

á•gua-com-a•çú•car *adj2g2n.* 1. Simples, ingênuo. 2. Romântico; piegas, açucarado.

a•gua•da *sf.* 1. Abastecimento de água potável, sobretudo para viagens. 2. Lugar onde se
faz aguada (1).

á•gua-de-chei•ro *sf. Pop.* V. *água-de-colônia*.
[Pl.: *águas-de-cheiro*.]

á•gua-de-co•co *sf. Pop.* Albume líquido do
coco-da-bahia ainda verde, us. como refresco.
[Pl.: *águas-de-coco*.]

á•gua-de-co•lô•ni:a *sf.* Solução alcoólica de
essências de bergamota, de limão, lavanda,
etc., usada como perfume; água-de-cheiro. [Pl.:
águas-de-colônia.]

a•gua•dei•ro *sm.* Vendedor de água.

a•gua•do *adj.* 1. Diluído em, ou cheio de água.
2. *Fig.* Sem graça, insípido.

á•gua-for•te *sf.* Técnica de gravura que se
utiliza da ação corrosiva do ácido nítrico. [Pl.:
águas-fortes.]

á•gua-fur•ta•da *sf.* Sótão em que as janelas
abrem sobre o telhado; mansarda. [Pl.: *águas-
furtadas*.]

á•gua-ma•ri•nha *sf. Min.* Pedra semipreciosa, variedade azulada do berilo. [Pl.: *águas-
marinhas*.]

a•gua•men•to *sm.* Doença de animais de carga ou de tração, devida a excesso de trabalho
ou a resfriamento.

á•gua-mor•na *s2g. Fam.* Pessoa pacata, ino-
fensiva, ou mole, sem vida. [Pl.: *águas-mor-
nas*.]

a•gua•pé *sm. Bras. Bot.* Nome comum a várias
plantas aquáticas flutuantes.

a•guar *v.t.d.* 1. V. *regar* (1). 2. Misturar água
com (qualquer líquido). 3. Interromper o gosto ou a alegria de. *Int.* 4. *Pop.* Ficar com água
na boca, por desejar certa comida. *P.* 5. Encher-se de água. [Conjug.: 🔟 [a[gu]**ar**]

a•guar•dar *v.t.d.* 1. Estar à espera de; esperar.
2. Guardar, respeitar. [Conjug.: 🔟 [aguard]**ar**]
§ **a•guar•da•men•to** *sm.*

a•guar•den•te *sf.* 1. Bebida de alto teor alcoólico, obtida por destilação de muitos frutos, cereais, raízes, sementes, etc. 2. V. *cachaça* (1).

a•guar•den•tei•ro *sm.* Fabricante e/ou vendedor de aguardente.

á•gua-ré•gi:a *sf. Quím.* Mistura, fortemente
oxidante, dos ácidos clorídrico e nítrico, na
proporção de três para um. [Pl.: *águas-régias*.]

a•gua•re•la *sf.* Aquarela.

a•guar•rás *sf.* Líquido oleoso que é uma mistura de terpenos obtida por destilação de tere-
bintina e us. como solvente.

á•guas *sf.pl.* 1. O mar (1). 2. As marés. 3. As chuvas. 4. Águas minerais ou termais. 5. Urina.

á•gua-vi•va *sf.* 1. V. *maré de sizígia*. 2. *Zool.*
Cnidário marinho de corpo gelatinoso, e cujo
contato queima a pele humana; caravela. [Pl.:
águas-vivas.]

a•gu•çar *v.t.d.* 1. V. *afiar* (2). 2. Amolar (1). 3.
Excitar, estimular, afiar. 4. Apurar (2). [Con-
jug.: 🔟 [agu]**çar**] § **a•gu•ça•do** *adj.*; **a•gu•ça-
du•ra** *sf.*

a•gu•dez ou a•gu•de•za (ê) *sf.* 1. Acuidade.
2. *Fig.* Perspicácia; sutileza.

a•gu•do *adj.* 1. Terminado em gume ou em
ponta. 2. Arguto, perspicaz. 3. Intenso, violento. 4. *Geom.* Diz-se de ângulo menor que
um ângulo reto (q. v.). 5. *Gram.* Diz-se de
acento (2) que indica vogal tônica. 6. *Mús.*
Diz-se do som de freqüência com elevado
número de vibrações, por oposição ao som
grave: *voz aguda*. 7. *Mús.* Na escala geral dos
sons, diz-se da região que se estende do dó4
ao dó5. [Superl. (de 1 a 3): *acutíssimo* e *agu-
díssimo*.]

a•güen•tar *v.t.d.* 1. Suportar (peso, carga,
trabalho, etc.). 2. V. *suportar* (2). 3. Manter,
sustentar. *P.* 4. Manter-se firme. 5. Manter-
se, sustentar-se. [Conjug.: 🔟 [agüent]**ar**] §
a•güen•ta•dor (ô) *adj.* e *sm.*

a•guer•ri•do *adj.* 1. Afeito à guerra. 2. Corajoso, destemido.

á•gui:a *sf.* 1. *Zool.* Grande ave de rapina falconiforme; não existe na fauna brasileira. 2. Pessoa de muita perspicácia e talento. •*sm.* 3. Velhaco, espertalhão.

a•gui•lha•da *sf.* Vara comprida com ferrão na
ponta, para tanger bois.

a•gui•lhão *sm.* 1. A ponta de ferro da aguilhada; ferrão. 2. Ponta aguçada; bico. 3. Estímulo, incentivo. [Pl.: *–lhões.*]

a•gui•lho•a•da *sf.* 1. Picada com aguilhão; ferroada. 2. *Fig.* Agulhada (2).

a•gui•lho•ar *v.t.d.* 1. Picar com aguilhão. 2. Incitar. [Conjug.: ⑬ [aguilh]**oar**] § **a•gui•lho:a•men•to** *sm.*

a•gu•lha *sf.* 1. Hastezinha fina de aço, aguçada numa das extremidades e com um orifício na outra, pelo qual se enfia linha, fio, lã, etc., para coser, bordar ou tecer. 2. Varinha de metal, madeira, etc., com gancho próprio, para fazer meia, renda ou obras de malha. 3. Ponteiro de relógio ou de bússola. 4. Extremidade aguda. 5. Trilho móvel que, nas linhas férreas, facilita a passagem dum trem de uma via para outra. 6. Arremate arquitetônico para coroamento de torre ou campanário. 7. *Cir.* Instrumento aguçado em uma das extremidades, e de que há vários tipos, us. em suturas e punções.

a•gu•lha•da *sf.* 1. Picada com agulha. 2. *Fig.* Dor forte; aguilhoada.

a•gu•lhei•ro *sm.* 1. Estojo para guardar agulhas. 2. Fabricante de agulhas. 3. Ferroviário que movimenta as agulhas [v. *agulha* (5)].

ah *interj.* Exprime admiração, alegria, espanto, etc.

ai *interj.* Designa dor, lamento, e, por vezes, alegria.

a•í *adv.* 1. Nesse lugar. 2. A esse lugar. 3. Nesse ponto ou particularidade. • *interj.* 4. Serve para aplaudir ou tem sentido malicioso.

ai•a *sf.* Criada de dama nobre; camareira.

ai•a•to•lá *sm.* No Irã, título honorífico dado aos interpretadores xiitas da lei islâmica, em especial àqueles de autoridade superior.

ai•dé•ti•co *Med. adj.* 1. Relativo à AIDS ou que sofre dessa virose. • *sm.* 2. Indivíduo aidético.

❑ **AIDS** *Med.* Virose em que a defesa imunológica do indivíduo é progressivamente diminuída, propiciando o aparecimento de graves infecções e de outras lesões.

➪ **aileron** (êileron/elrón) [Ingl./Fr.] *sm. Aer.* Dispositivo móvel localizado na parte posterior da extremidade da asa do avião, destinado a controlar os movimentos de inclinação lateral do aparelho, como, p. ex., nas curvas.

ai•lu•rí•de:o *sm. Zool.* Espécime dos ailurídeos, família de carnívoros asiáticos em que o panda é, por vezes, classificado. § **ai•lu•rí•de:o** *adj.*

ai•mo•ré *s2g. Etnôn.* Indivíduo dos aimorés, povo indígena extinto, de língua pertencente ao tronco tupi, que habitava o S. da BA e no ES. § **ai•mo•ré** *adj2g.*

a•in•da *adv.* 1. Até agora; até o presente. 2. Até então; até aquele tempo. 3. Até (o tempo presente). ♦ **Ainda agora.** V. *agorinha.* **Ainda assim.** Não obstante. **Ainda bem.** Graças a Deus.

a:i•pim *sm. Bras. Bot.* V. *mandioca.* [Pl.: *–pins.*]

ai•po *sm. Bot.* Erva umbelífera us. em saladas, sopas, etc.

➪ **airbag** (èrbég) [Ingl.] *sm.* Saco fixo que infla automaticamente à frente dos passageiros de um veículo automóvel, em caso de acidente, impedindo que eles sejam atirados contra as partes duras do carro.

a:i•ro•so (ô) *adj.* Bem-apessoado, esbelto, elegante. [Pl.: *–rosos* (ó).]

a:is•tó•ri•co *adj.* Anistórico (1).

a•ja•e•zar *v.t.d.* Adornar de jaezes. [Conjug.: ① [ajaez]**ar**]

a•jan•ta•ra•do *adj.* 1. Semelhante a jantar. • *sm.* 2. *Bras.* Refeição farta servida, us. nos fins de semana e nos feriados, após a hora habitual do almoço e em lugar deste.

a•jar•di•nar *v.t.d.* Dispor em forma de, ou transformar em jardim. [Conjug.: ① [ajardin]**ar**] § **a•jar•di•na•do** *adj.*

a•jei•tar *v.t.d.* 1. Pôr a jeito; acomodar. *T.d.i.* 2. Conseguir por meios hábeis. *P.* 3. Mostrar-se hábil, jeitoso. 4. Acomodar-se. 5. Avir (3). [Conjug.: ① [ajeit]**ar**]

a•jo:e•lhar *v.t.d., int.* e *p.* Pôr(-se) de joelhos. [Conjug.: ① [ajoelh]**ar**] § **a•jo:e•lha•do** *adj.*

a•jou•jar *v.t.d.* Prender ou ligar com ajoujo. [Conjug.: ① [ajouj]**ar**]

a•jou•jo *sm.* Cordão ou corrente para prender ou jungir animais pelo pescoço.

a•ju•da *sf.* 1. Ato ou efeito de ajudar. 2. *Inform.* Parte de um aplicativo com instruções e explicações às quais se pode recorrer durante a utilização do programa.

a•ju•da•dor (ô) *adj.* e *sm.* Ajudante (1 e 2).

a•ju•dan•te *adj2g.* 1. Que ajuda; ajudador. • *s2g.* 2. Pessoa que ajuda; ajudador. 3. *Restr.* Pessoa que ajuda ou está às ordens de outra em trabalho ou função; auxiliar. • *sm.* 4. V. *hierarquia militar.*

a•ju•dar *v.t.d.* 1. Dar auxílio, assistência, a. 2. Socorrer (1). 3. Facilitar; propiciar. *t.d.i.* 4. Auxiliar em algo. *Int.* e *t.i.* 5. Dar auxílio, assistência a alguém. *P.* 6. Prestar auxílio a si mesmo, ou reciprocamente. [Conjug.: ① [ajud]**ar**]

a•ju:i•za•do *adj.* Que tem juízo; sensato.

a•ju:i•zar *v.t.d.* 1. Formar juízo ou conceito sobre; avaliar, julgar. 2. Avaliar, calcular. 3. Levar a juízo (numa demanda). *T.i.* 4. Ajuizar (1). [Conjug.: ⑮ [aju]**i**[z]**ar**]

a•jun•ta•men•to *sm.* 1. Ato ou efeito de ajuntar(-se). 2. Reunião de pessoas; agrupamento.

a•jun•tar *v.t.d.* 1. Pôr junto; unir, reunir. 2. Colecionar. 3. Economizar, poupar. *T.d.i.* 4.

Ajuntar (1). *Int.* **5.** Guardar dinheiro. *P.* **6.** Unir-se. [Sin. ger.: *juntar.* Conjug.: ⚀ [ajunt]**ar**]

a•ju•ra•men•ta•do *adj.* Que prestou juramento; juramentado.

a•ju•ra•men•tar *v.t.d.* **1.** Deferir juramento a. **2.** Fazer jurar. *P.* **3.** Obrigar-se por juramento. [Sin. ger.: *juramentar.* Conjug.: ⚀ [jurament]**ar**]

a•jus•ta•men•to *sm.* Ato ou efeito de ajustar(-se); ajuste.

a•jus•tar *v.t.d.* **1.** Tornar justo, exato; igualar. **2.** Convencionar, combinar. **3.** Adaptar. **4.** Regularizar (contas). **5.** Tomar para o serviço; contratar. **6.** Tornar (mais) justo; apertar. *P.* **7.** Adaptar-se, acomodar-se. [Conjug.: ⚀ [ajust]**ar**] § **a•jus•ta•do** *adj.* e *sm.*; **a•jus•tá•vel** *adj2g.*

a•jus•te *sm.* **1.** Ajustamento. **2.** Acordo, trato, combinação.

❏ **Al** *Quím.* Símb. do *alumínio.*

a•la *sf.* **1.** Fila, fileira. **2.** Cada um dos agrupamentos que numa associação têm particulares afinidades. **3.** Em certos jogos desportivos de competição, cada um dos lados da linha de ataque. **4.** Parte lateral do edifício que se estende além do corpo principal.

a•la•bão ou **a•la•vão** *adj.* **1.** Que dá leite, ou que dá muito leite (diz-se de gado). • *sm.* **2.** Rebanho de ovelhas leiteiras.

a•la•bar•da *sf.* Arma antiga: haste de madeira rematada em ferro largo e pontiagudo, atravessado por outro em forma de meia-lua.

a•la•bar•dei•ro *sm.* Aquele que usava alabarda.

a•la•bas•tri•no *adj.* Feito de, ou da cor do alabastro.

a•la•bas•tro *sm. Min.* Rocha muito branca e translúcida.

á•la•cre *adj2g.* Alegre, jovial. § **a•la•cri•da•de** *sf.*

a•la•do *adj.* Que tem asas.

a•la•dro•a•do *adj.* **1.** Que tem queda para ladrão. **2.** Em que há fraude.

a•la•ga•di•ço *adj.* **1.** Sujeito a alagar-se. • *sm.* **2.** Terreno alagadiço.

a•la•ga•do *adj.* **1.** Cheio de água; encharcado. • *sm.* **2.** Pequena lagoa transitória ou temporária.

a•la•gar *v.t.d.* **1.** Cobrir de água; inundar. **2.** Cobrir ou encher de qualquer líquido. **3.** *Fig.* Destruir, arruinar. *P.* **4.** Encher-se ou cobrir-se de água. [Conjug.: ⑪ [ala]**gar**] § **a•la•ga•men•to** *sm.*

a•la•go•a•no *adj.* **1.** De AL. • *sm.* **2.** O natural ou habitante desse estado.

a•la•mar *sm.* Galão de fio metálico, que guarnece e abotoa a frente dum vestuário.

a•lam•bi•ca•do *adj.* Presumido, afetado.

a•lam•bi•que *sm.* Aparelho (caldeira) de destilação; destilador.

a•lam•bra•do *adj.* **1.** Cercado com arame. • *sm.* **2.** Cerca de fios de arame.

a•la•me•da (ê) *sf.* Rua ou avenida marginada de árvores; aléia, avenida, bulevar.

á•la•mo *sm. Bot.* Árvore salicácea de madeira alva e macia.

a•lar¹ *adj2g.* Aliforme.

a•lar² *v.t.d.* **1.** Dar asa(s) a. **2.** Dispor em alas. **3.** Fazer voar. *P.* **4.** Desferir vôo. [Conjug.: ⚀ [al]**ar**]

a•lar³ *v.t.d.* **1.** Puxar para cima; içar. *P.* **2.** Elevar-se, alçar-se. [Conjug.: ⚀ [al]**ar**]

a•la•ran•ja•do *adj.* Da cor da casca ou da polpa de certas laranjas.

a•lar•de *sm.* **1.** Ostentação, jactância, aparato. **2.** Bazófia, fanfarrice.

a•lar•de•ar *v.t.d.* Fazer alarde de; ostentar. [Conjug.: ⑩ [alard]**ear**]

a•lar•gar *v.t.d.* **1.** Tornar (mais) largo. **2.** Despertar. **3.** Ampliar, aumentar. **4.** Dar maior duração a; prolongar. *Int.* e *p.* **5.** Fazer-se (mais) largo. [Conjug.: ⑪ [alar]**gar**] § **a•lar•ga•men•to** *sm.*

a•la•ri•do *sm.* **1.** Clamor de vozes; gritaria, algazarra. **2.** Choradeira.

a•lar•mar *v.t.d.* e *p.* Pôr(-se) em alarme; assustar(-se), sobressaltar(-se). [Conjug.: ⚀ [alarm]**ar**] § **a•lar•man•te** *adj2g.*

a•lar•me ou **a•lar•ma** *sm.* **1.** Brado às armas; rebate. **2.** Sinal para avisar dalgum perigo. **3.** Sobressalto.

a•lar•mis•ta *adj2g.* e *s2g.* Que ou quem gosta de espalhar notícias e boatos alarmantes.

a•lar•ve *s2g.* **1.** Pessoa rústica, rude, ou palerma. **2.** Comilão, glutão.

a•las•qui•a•no *adj.* **1.** Do Alasca (E.U.A.). • *sm.* **2.** O natural ou habitante desse estado.

a•las•trar *v.t.d.* **1.** Propagar; difundir. *Int.* e *p.* **2.** Estender-se gradualmente. **3.** Propagar-se, espalhar-se. [Conjug.: ⚀ [alastr]**ar**] § **a•las•tra•men•to** *sm.*

a•las•trim *sm. Med.* Virose eruptiva epidêmica, contagiosa. [Pl.: *-trins.*]

a•la•ú•de *sm.* Antigo instrumento de origem oriental, de cordas dedilháveis.

a•la•van•ca *sf. Fís.* Máquina simples, que consiste num corpo rígido que gira em volta dum ponto fixo (*fulcro*), e onde se estabelece um equilíbrio de momentos pela ação de duas forças: a potência e a resistência. **2.** Barra de ferro ou de madeira para mover ou levantar objetos pesados. **3.** *Fig.* Meio de ação; expediente.

a•la•van•ca•gem *sf.* **1.** Ato ou efeito de alavancar. **2.** *Econ.* Proporção de recursos de terceiros na estrutura de capital de uma empresa. [Pl.: *-gens.*]

a•la•van•car *v.t.d.* **1.** Mover ou levantar (algo) com o auxílio de alavanca. **2.** *Fig.* Elevar a uma posição de destaque. **3.** *Fig.* Promover, estimular (negócio, etc.). **4.** *Fig.* Custear, financiar, esp. mediante empréstimos (em distinção a recursos próprios). [Conjug.: ⑧ [alavan]**car**]

a•la•zão *adj.* e *sm.* Diz-se de, ou cavalo de pêlo cor de canela, amarelo-avermelhado. [Pl.: –zães, –zões.]

al•ba•nês *adj.* **1.** Da Albânia (Europa). • *sm.* **2.** O natural ou habitante da Albânia. **3.** A língua albanesa.

al•bar•da *sf.* Sela rústica para bestas de carga.

al•bar•dão *sm.* **1.** Albarda grande. **2.** *Bras.* Cadeia de serros alternados de baixadas, ao longo de cursos de água. [Pl.: –dões.]

al•ba•troz *sm. Zool.* Ave procelariídea que habita as zonas meridionais dos oceanos Pacífico e Atlântico.

al•ber•gar *v.t.d.* e *p.* Dar ou tomar albergue. [Conjug.: ⑪ [alber]**gar**]

al•ber•gue *sm.* **1.** V. *hospedaria.* **2.** Lugar onde se recolhe alguém por caridade; asilo. **3.** Refúgio, abrigo.

al•bi•no *adj.* e *sm.* Diz-se de, ou aquele a quem falta, de nascença, totalmente ou em parte, o pigmento da pele, dos pêlos e da íris. [Sin., bras.: aça, sarará.]

al•bor (ô) *sm.* V. *alvor.*

al•bor•noz (ó) *sm.* Grande manto de lã com capuz, usado pelos árabes.

ál•bum *sm.* **1.** Livro de folhas de cartolina ou de papel forte, onde se colam fotografias, selos, recortes, etc. **2.** Livro em branco, para autógrafos, versos, pensamentos, etc. [Pl.: –buns.]

al•bu•me ou al•bú•men *sm.* **1.** Clara de ovo. **2.** *Bot.* Tecido nutritivo que nas angiospermas envolve o embrião; endosperma. [Pl. de *albúmen*: albumens e (p. us.) albúmenes.]

al•bu•mi•na *sf. Quím.* Qualquer membro de uma classe de proteínas solúveis em água e coaguláveis por aquecimento.

al•bur•no *sm. Bot.* Parte periférica e mais nova da madeira do tronco das árvores.

al•ça *sf.* **1.** Aselha para levantar ou prender algo. **2.** Parte de uma coisa (usualmente em forma de arco ou laçada), feita especialmente para se agarrar ou segurar.

al•cá•cer *sm.* Antiga fortaleza, ou castelo fortificado.

al•ca•cho•fra (ô) *sf. Bot.* Planta hortense das compostas, cuja inflorescência é us. na alimentação.

al•ca•çuz *sm. Bot.* Arbusto das leguminosas de raiz doce, medicinal.

al•ça•da *sf.* **1.** Jurisdição, competência. **2.** Limite da ação, autoridade ou influência de alguém.

al•ca•güe•tar *v.t.d.* Delatar. [Conjug.: ① [alcagüet]**ar**] § al•ca•güe•ta•gem *sf.*

al•ca•güe•te (ê) *s2g.* Delator.

al•cai•de *sm.* **1.** Antigo governador de castelo ou província. **2.** Antigo oficial de justiça. **3.** Autoridade administrativa espanhola, com funções de prefeito. [Fem. de 3: *alcaidessa* e *alcaidina.*]

ál•ca•li *sm. Quím.* Qualquer de certos compostos básicos, como, p. ex., hidróxidos e carbonatos dos metais alcalinos.

al•ca•li•ni•da•de *sf. Quím.* Propriedade do que é alcalino; basicidade.

al•ca•li•no *adj.* **1.** Básico. **2.** V. *metal alcalino.*

al•ca•li•no-ter•ro•so *adj.* V. *metal alcalino-terroso.* [Pl.: alcalinos-terrosos (ó).]

al•ca•lói•de *sm. Quím.* Nome genérico de compostos químicos orgânicos que contêm nitrogênio, encontrados em vegetais e que, em muitos casos, possuem ação fisiológica.

al•ca•lo•se *sf. Med.* Condição patológica decorrente de acúmulo de bases [v. *base* (11)].

al•can•çar *v.t.d.* **1.** Chegar a; ir até. **2.** Chegar ou conseguir chegar até (alguém ou algo distante, ou que se afasta); apanhar. **3.** Atingir (2). **4.** Chegar ou poder chegar com a mão até, ou perto de (algo). **5.** Obter, lograr. **6.** Entender. *Int.* **7.** Conseguir o que se pretende. [Conjug.: ⑨ [alcan]**çar**] § al•can•çá•vel *adj2g.*

al•can•ce *sm.* **1.** Ato ou efeito de alcançar. **2.** Limite dentro do qual se consegue tocar ou atingir alguma coisa. **3.** Busca. **4.** Consecução. **5.** Distância horizontal entre a boca da arma de fogo (origem) e o ponto de queda do projétil. **6.** Desvio de valores confiados a alguém em razão de seu cargo ou função; desfalque, rombo **7.** Inteligência; acuidade. **8.** *Fig.* Importância, valor.

al•can•do•rar-se *v.p.* **1.** Elevar-se. **2.** Sublimar-se, exaltar-se. [Conjug.: ① [alcandor]**ar**[-se]] § al•can•do•ra•do *adj.*

al•ca•no *sm. Quím.* Hidrocarboneto saturado. [Os alcanos mais simples são, em ordem crescente do número de átomos de carbono: metano, etano, propano, butano, pentano, hexano, etc.]

al•can•til *sm.* Rocha escarpada, talhada a pique. [Pl.: –tis.]

al•can•ti•la•do *adj.* Em forma de alcantil.

al•ça•pão *sm.* Porta ou tampa horizontal que dá entrada para porão ou para desvão de telhado. [Pl.: –pões.]

al•ca•par•ra *sf.* Botão floral da alcaparreira.

al•ca•par•rei•ra *sf. Bot.* Planta hortense, caparidácea, que dá botão floral, aromático, us. como condimento.

al•çar *v.t.d.* **1.** Tornar alto; alcear. **2.** Suspender, elevar; alcear. **3.** Erigir. *P.* **4.** Levantar-se, erguer-se. **5.** Elevar-se, sobressair. [Conjug.: ⑨ [al]**çar**]

al•ca•téi•a *sf.* Bando de lobos. ◆ **De alcatéia.** À espreita.

al•ca•ti•fa *sf.* **1.** Alfombra. **2.** Tudo que se estende como alcatifa.

al•ca•ti•far *v.t.d.* Cobrir com alcatifa. [Conjug.: ① [alcatif]**ar**]

al•ca•tra *sf.* Peça de carne da rês, situada onde termina o fio do lombo.

al•ca•trão *sm.* Mistura de diversos componentes, negra, líquida, viscosa, obtida na destilação de várias substâncias orgânicas. [Pl.: –*trões.*]

al•ca•traz *sm. Zool.* Ave pelicaniforme das costas atlântica e pacífica da América tropical e subtropical.

al•ca•tro•ar *v.t.d.* Cobrir, misturar, untar ou vedar com alcatrão. [Conjug.: ⑬ [alcatr]**oar**]

al•ce *sm. Zool.* Mamífero cervídeo; os machos têm galhadas.

al•ce•ar¹ *v.t.d.* Alçar (1 e 2). [Conjug.: ⑩ [alc]**ear**] § **al•ce•a•men•to** *sm.*

al•ce•ar² *v.t.d.* Agrupar (folhas ou cadernos impressos), formando volumes regulares, como miolo de livro, apostila, etc. [Conjug.: ⑩ [alc]**ear**] § **al•ce•a•men•to** *sm.*

al•ce•di•ní•de:o *sm. Zool.* Espécime dos alcedinídeos, família de aves de bico comprido e forte, que usam para pescar. § **al•ce•di•ní•de:o** *adj.*

al•ce•no *sm. Quím.* Hidrocarboneto que possui uma ligação dupla entre dois átomos de carbono adjacentes; ex.: etileno. [Norma para nome sistemático de alcenos simples: alc<u>ano</u> → alc<u>eno</u>; ex.: etano → eteno (cujo nome comum é *etileno*).]

al•ci•no *sm. Quím.* Hidrocarboneto que possui uma ligação tripla entre dois átomos de carbono; ex.: acetileno. [Norma para nome sistemático de alcinos simples: alc<u>ano</u> → alc<u>ino</u>; ex.: etano → etino (cujo nome comum é *acetileno*).]

al•ci•o•ná•ce:o *sm. Zool.* Espécime dos alcionáceos, ordem de corais antozoários, ger. coloniais, desprovidos de exosqueleto calcário. São os corais-moles. § **al•ci•o•ná•ce:o** *adj.*

al•coi•ce ou **al•cou•ce** *sm.* V. *prostíbulo.*

ál•co•ol *sm. Quím.* **1.** Qualquer de certos compostos orgânicos, líquidos ou sólidos, que contêm o grupo funcional –OH ligado a um átomo de carbono saturado; ex.: etanol, metanol. [Norma para nome sistemático de alcoóis simples: alc<u>ano</u> → alc<u>anol</u>; ex.: etano → etanol (cujo nome comum é *álcool etílico*).] **2.** *Restr.* O etanol, líquido incolor, volátil, com cheiro e sabor típicos, obtido por fermentação de substâncias açucaradas ou amiláceas, ou por processos sintéticos. **3.** Espírito (6). [Pl.: –*óis.*]

al•co•ó•la•tra *s2g.* Quem se entrega ao alcoolismo (1).

al•co•ó•li•co *adj.* **1.** Que contém álcool; espirituoso. **2.** Relativo a ele.

al•co•o•lis•mo *sm. Med.* **1.** Ingestão excessiva de álcool, com graves conseqüências orgânicas, sociais e ocupacionais. **2.** Dependência de álcool.

al•co•o•li•za•do *adj.* Bêbedo, embriagado.

al•co•rão *sm.* O livro sagrado do islamismo. [Com inicial maiúscula.]

al•co•va (ó) *sf.* **1.** Quarto de dormir sem janela(s) para o exterior. **2.** Quarto de mulher.

al•co•vi•tar *v.t.d.* **1.** Servir a (alguém) de intermediário em relações amorosas. **2.** Intrigar; mexericar. *Int.* **3.** Servir de alcoviteiro. [Conjug.: ① [alcovit]**ar**]

al•co•vi•tei•ra *sf.* **1.** Mulher que alcovita. **2.** Mexeriqueira, leva-e-traz.

al•co•vi•tei•ro *sm.* Intermediário de namorados.

al•co•vi•ti•ce *sf.* Ofício de alcoviteiro.

al•cu•nha *sf.* Apelido, ger. depreciativo, alusivo a peculiaridade física ou moral; apodo.

al•cu•nhar *v.transobj.* Pôr alcunha a; apelidar. [Conjug.: ① [alcunh]**ar**]

al•de:a•men•to *sm.* **1.** Ato ou efeito de aldear. **2.** *Bras.* Povoação de índios dirigida por missionários ou por autoridade leiga.

al•de•ão *adj.* **1.** Pertencente ou relativo a aldeia. – *sm.* **2.** O natural ou habitante de aldeia. [Fem.: *aldeã.* Pl.: –*ãos,* –*ões,* –*ães.*]

al•de•ar *v.t.d.* **1.** Distribuir por aldeias. **2.** *Bras.* Reduzir numa só aldeia (2). [Conjug.: ⑩ [ald]**ear**]

al•dei•a *sf.* **1.** Pequena povoação, inferior a vila; povoado. **2.** *Bras.* Povoação formada só de índios; maloca.

al•de•í•do *sm. Quím.* Qualquer de certos compostos orgânicos, gasosos, líquidos ou sólidos, que contêm o grupo funcional –C(H)=O; ex.: aldeído fórmico. [Norma para nome sistemático de aldeídos simples: alc<u>ano</u> → alc<u>anal</u>; ex.: etano → etanal (cujo nome comum é *acetaldeído*).]

al•de•o•la *sf.* Pequena aldeia.

al•do•se *sf. Quím.* Qualquer carboidrato que é um aldeído.

al•dra•ba ou **al•dra•va** *sf.* **1.** Tranca ou tranqueta de porta, janela, etc. **2.** Argola ou maça de metal com que se bate às portas para que abram; batente.

a•le:a•tó•ri:o *adj.* V. *eventual.*

a•le•crim *sm. Bot.* **1.** Arbusto das labiadas cujas folhas têm odor agradável e forte, e são us. como condimento e em perfumaria. **2.** A flor ou a folha dele. [Pl.: –*crins.*]

a•le•ga•ção *sf.* **1.** Ato ou efeito de alegar. **2.** O que se alega. [Pl.: –*ções.*]

a•le•gan•te *adj2g.* e *s2g.* Que ou quem alega.

a•le•gar *v.t.d.* 1. Citar como prova. 2. Apresentar como explicação ou desculpa. [Conjug.: ⑪ [ale]**gar**] § a•le•gá•vel *adj2g.*

a•le•go•ri•a *sf.* 1. Exposição dum pensamento sob forma figurada. 2. Ficção que representa uma coisa para dar idéia de outra. 3. Obra artística que representa uma idéia abstrata mediante formas que a tornam compreensível.

a•le•gó•ri•co *adj.* Que encerra alegoria.

a•le•grão *sm.* Grande alegria. [Pl.: –*grões.*]

a•le•grar *v.t.d.* e *p.* Tornar(-se) alegre. [Conjug.: ① [alegr]**ar**]

a•le•gre *adj2g.* 1. Que tem, ou em que há alegria, ou que a inspira; contente. 2. Meio embriagado. 3. Vivo e vistoso (cor).

a•le•gri•a *sf.* 1. Qualidade ou estado de quem tem prazer de viver, de quem denota jovialidade. 2. Contentamento, satisfação.

a•léi•a *sf.* V. *alameda.*

a•lei•ja•do *adj.* e *sm.* Que ou aquele que tem algum defeito, deformidade ou mutilação física.

a•lei•jão *sm.* Deformidade. [Pl.: –*jões.*]

a•lei•jar *v.t.d.* 1. Causar aleijão a. *Int.* e *p.* 2. Ficar aleijado ou mutilado. [Conjug.: ① [aleijar] § a•lei•ja•men•to *sm.*

a•lei•tar *v.t.d.* Criar a leite; amamentar. [Conjug.: ① [aleit]**ar**] § a•lei•ta•men•to *sm.*

a•lei•ve *sm.* Falsa acusação; calúnia; aleivosia.

a•lei•vo•si•a *sf.* 1. Traição, deslealdade. 2. Dolo, fraude. 3. V. *aleive.*

a•lei•vo•so (ó) *adj.* Em que há, ou que procede com aleive. [Pl.: –*vosos* (ó).]

a•le•lui•a *sf.* 1. Cântico de alegria ou de ação de graças. 2. *Rel.* O sábado da Ressurreição.

a•lém *adv.* 1. Lá, acolá, lá ao longe. 2. Mais adiante. • *sm.* 3. O que vem após a morte; o além-túmulo, além-mundo. ◆ **Além de. 1.** Para mais de, para lá de: *Já estava além dos oitenta quando morreu.* **2.** Mais adiante de. **3.** Acima de: *Gasta além das suas posses.*

a•le•mão *adj.* 1. Da Alemanha (Europa). • *sm.* 2. O natural ou habitante da Alemanha. 3. A língua alemã. [Fem.: *alemã.* Pl.: –*mães.*]

a•lém-mar *adv.* 1. Além do mar. • *sm.* 2. As terras situadas além-mar. [Pl. do sm.: *além-mares.*]

a•lém-mun•do *sm.* V. *além* (3). [Pl.: *além-mundos.*]

a•lém-tú•mu•lo *sm.* Além (3). [Pl.: *além-túmulos.*]

a•len•ca•ri•a•no ou a•len•ca•ri•no *adj.* 1. Pertencente ou relativo a José de Alencar (q. v.). • *sm.* 2. Admirador desse poeta ou conhecedor profundo de sua obra.

a•len•ta•do *adj.* 1. Valente, brioso. 2. Avantajado, volumoso. 3. Robusto; vigoroso. 4. Farto, substancial.

a•len•tar *v.t.d.* 1. Dar alento a. *Int.* e *p.* 2. Tomar alento. [Conjug.: ① [alent]**ar**]

a•len•to *sm.* 1. Hálito, respiração. 2. Coragem, ânimo. 3. Alimento, sustento. 4. Inspiração.

a•ler•gi•a *sf. Med.* Hipersensibilidade a uma determinada substância ou agente físico, e a que se atribuem diversas doenças, como a asma.

a•lér•gi•co *adj.* Relativo à, ou que tem alergia.

a•ler•ta *adv.* 1. De sobreaviso. • *adj2g.* 2. Atento, vigilante. • *interj.* 3. Sentido! Cuidado!

a•ler•tar *v.t.d.* 1. Tornar alerta. *Int.* e *p.* 2. Pôr-se em alerta. [Conjug.: ① [alert]**ar**]

a•le•to•lo•gi•a *sf. Filos.* Tratado ou discurso acerca da verdade.

a•le•tri•a *sf.* Macarrão em fios, muito fino.

a•le•van•tar *v.t.d.* e *p.* Levantar(-se). [Conjug.: ① [alevant]**ar**]

a•le•vi•no *sm.* Filhote de peixe.

a•le•xan•dri•nis•mo *sm.* Conjunto de manifestações filosóficas, científicas e artísticas da civilização grega de Alexandria (v. *alexandrino²*) no período que vai do séc. III a.C. ao séc. III d.C.

a•le•xan•dri•no¹ *adj.* e *sm.* Diz-se de, ou verso de 12 sílabas; dodecassílabo.

a•le•xan•dri•no² *adj.* 1. De, ou pertencente, ou relativo a Alexandria (Egito). 2. Relativo ao alexandrinismo.

al•fa¹ *sm.* 1. A primeira letra do alfabeto grego (A, α). 2. *Astr.* A principal estrela de uma constelação, ger. a mais brilhante.

al•fa² *sf. Bot.* Planta das gramíneas, us. no fabrico de papel.

al•fa•be•tar *v.t.d.* Dispor por ordem alfabética. [Conjug.: ① [alfabet]**ar**]

al•fa•bé•ti•co *adj.* 1. Do alfabeto. 2. Que segue a ordem das letras dele.

al•fa•be•ti•zar *v.t.d.* Ensinar a ler e a escrever. [Conjug.: ① [alfabetiz]**ar**] § al•fa•be•ti•za•ção *sf.*; al•fa•be•ti•za•do *adj.*

al•fa•be•to *sm.* 1. Disposição convencional das letras duma língua. 2. O conjunto delas; abecedário, bê-á-bá. 3. Qualquer sistema de sinais estabelecidos para representar letras, fonemas ou palavras.

al•fa•ce *sf. Bot.* Planta hortense, das compostas, us. em salada.

al•fa•fa *sf. Bot.* Planta forrageira, das leguminosas.

al•fai•a *sf.* 1. Móvel ou artefato de uso ou adorno doméstico. 2. Paramento, adorno de igreja.

al•fai•a•ta•ri•a *sf.* Oficina ou loja de alfaiate.

al•fai•a•te *sm.* Aquele que faz roupas, sobretudo de homem.

al•fân•de•ga *sf.* 1. Repartição pública encarregada de vistoriar bagagens em trânsito e cobrar os direitos de entrada e saída. 2. Lugar onde ela se instala. [Sin. ger.: *aduana.*]

al•fan•de•ga•gem *sf.* Cobrança de direitos alfandegários. [Pl.: *-gens.*]

al•fan•de•gá•ri:o *adj.* Relativo à alfândega; aduaneiro.

al•fan•je *sm.* Sabre de folha curta e larga.

al•fa•nu•mé•ri•co *adj.* Relativo ao uso exclusivo de letras e números, em um sistema definido de codificação ou identificação.

al•far•rá•bi:o *sm.* Livro antigo ou velho; calhamaço, cartapácio.

al•far•ra•bis•ta *s2g.* Vendedor de alfarrábios; belchior.

al•fa•va•ca *sf. Bot.* Planta labiada, hortense, aromática.

al•fa•ze•ma *sf.* 1. *Bot.* Arbusto aromático das labiadas; lavanda. 2. Água-de-colônia de alfazema (1).

al•fe•nim *sf.* 1. Massa branca de açúcar, à qual se dá ponto especial. 2. Pessoa delicada, melindrosa. [Pl.: *-nins.*]

al•fe•res *sm2n.* No exército do Brasil colonial e imperial, militar que detinha o posto correspondente hoje a segundo-tenente.

al•fi•ne•ta•da *sf.* 1. Picada de alfinete. 2. Dor aguda e rápida. 3. Provocação; remoque.

al•fi•ne•tar *v.t.d.* 1. Picar com alfinete. 2. Marcar (uma costura) com alfinete. 3. Criticar, magoando. [Conjug.: 1 [alfinet]**ar**]

al•fi•ne•te (ê) *sm.* 1. Pequena haste de metal, com uma extremidade aguçada e a outra com cabeça (11), para prender ou segurar panos, papéis, etc. 2. Jóia semelhante ao alfinete, usada na gravata, no chapéu ou nos cabelos.

al•fi•ne•tei•ra *sf.* Almofadinha para alfinetes.

al•fi•ne•tes (ê) *sm.pl.* Despesas miúdas ou particulares.

al•fom•bra *sf.* Tapete espesso e fofo; alcatifa.

al•for•je *sm.* Duplo saco, fechado nos extremos e aberto no meio.

al•for•ri•a *sf.* 1. Liberdade concedida ao escravo. 2. *P. ext.* Libertação.

al•for•ri•ar *v.t.d.* 1. Dar alforria a; resgatar, forrar. *P.* 2. Libertar-se. [Conjug.: 1 [alforri]**ar**] § **al•for•ri•ado** *adj.*

al•ga *sf. Bot.* Espécime das algas, grupo de vegetais criptogâmicos acaules que vivem no fundo ou na superfície de águas salgadas e doces; incluem desde organismos simples e microscópicos até os que medem muitos metros. § **al•gá•ce:o** *adj.* ◆ **Alga marinha bentônica.** A que se fixa a substrato. **Alga parda.** V. *feófita.* **Alga verde.** V. *clorófita.* **Alga verde-azulada.** V. *cianobactéria.* **Alga vermelha.** V. *rodófita.*

al•ga•ra•vi•a *sf.* Linguagem pouco inteligível.

al•ga•ris•mo *sm.* Símbolo usado para a representação sistemática de números. ◆ **Algarismo arábico.** *Mat.* Cada um dos símbolos representativos dos números, na notação usualmente adotada, baseada no sistema decimal de numeração; cada um dos membros do conjunto dos símbolos 0, 1, 2, 3, 4, 5, 6, 7, 8 e 9, respectivamente zero, um, dois, três, quatro, cinco, seis, sete, oito e nove. **Algarismo romano.** *Mat.* Cada um dos símbolos representativos dos números, no sistema romano de numeração; quaisquer dos símbolos I, V, X, L, C, D e M, respectivamente um, cinco, dez, cinqüenta, cem, quinhentos e mil.

al•gar•vi•o *adj.* 1. Do Algarve (Portugal). • *sm.* 2. O natural ou habitante do Algarve.

al•ga•zar•ra *sf.* Vozearia, gritaria.

ál•ge•bra *sf.* Parte da matemática que estuda as leis e processos formais de operações com entidades abstratas. § **al•gé•bri•co** *adj.*

al•ge•ma *sf.* Cada uma de um par de argolas metálicas, com fechaduras, e ligadas entre si, us. para prender alguém pelo pulso. [Mais us. no plural.]

al•ge•mar *v.t.d.* Manietar com algemas. [Conjug.: 1 [algem]**ar**]

al•gi•bei•ra *sf.* Bolso.

ál•gi•do *adj.* Gélido, glacial. § **ál•gi•dez** (ê) *sf.*

al•go *pron. indef.* 1. Alguma coisa. • *adv.* 2. Um tanto, um pouco.

al•go•dão *sm.* 1. *Bot.* Substância branca, fibrosa, macia, que recobre as sementes de certas plantas [v. *algodoeiro* (1)]. 2. *Bot.* Planta que produz algodão (1). 3. Fio ou tecido fabricado com algodão (1). [Pl.: *-dões.*]

al•go•do•al *sm.* Plantação de algodão. [Pl.: *-ais.*]

al•go•do•ei•ro *sm.* 1. *Bot.* Nome comum a várias plantas comuns, p. ex., arbustos e arvoretas malváceos, cujas sementes, de pêlos brancos, macios e entrelaçados, fornecem o algodão (1). 2. Fabricante de algodão (3).

al•go•lo•gi•a *sf. Bot.* Estudo ou tratado das algas; ficologia.

al•go•lo•gis•ta *s2g.* V. *ficologista.*

al•go•rit•mo *sm.* Conjunto de regras e operações bem definidas e ordenadas, destinadas à solução de um problema ou classe de problemas em número finito de etapas. § **al•go•rít•mi•co** *adj.*

al•goz (ô) *sm.* V. *carrasco*[1] (1).

al•guém *pron. indef.* 1. Alguma pessoa. 2. Pessoa de relevo. • *s.m.* 3. Ente, pessoa.

al•gui•dar *sm.* Vaso de barro ou de metal, para uso doméstico.

al•gum *pron. indef.* 1. Um entre dois ou mais. 2. Um, qualquer. 3. Um certo; determinado. 4. Um pouco de; um certo. 5. Nenhum (quando posposto ao substantivo) em frase onde haja partícula negativa ou a prep. *sem.* • *s.m.* 6. *Pop.* Algum dinheiro. [Flex. do pron.: *alguma, alguns, algumas.*]

al•gu•res *adv.* Em algum lugar.

a•lhe•a•do *adj.* **1.** Distraído. **2.** Absorto.

a•lhe•ar *v.t.d.* **1.** Alienar (1). **2.** Afastar. *T.d.i.* e *t.d.c.* **3.** Alhear (2). *P.* **4.** Afastar-se. **5.** Distrair-se. [Conjug.: ⑩ [alh]**ear**] § **a•lhe:a•men•to** *sm.*

a•lhei•o *adj.* **1.** Que não é nosso. **2.** Estranho, estrangeiro. **3.** Que nada tem que ver com o assunto de que se trata; impróprio. **4.** Distraído, desatento.

a•lho *sm. Bot.* **1.** Planta hortense liliácea, cujo bolbo se usa como condimento. **2.** Esse bolbo.

a•lhu•res *adv.* Noutro lugar.

a•li *adv.* Naquele ou àquele lugar.

a•li•á *sf.* No Sri-Lanka, a fêmea do elefante.

a•li•a•do *adj.* **1.** Unido, ligado. **2.** Unido a outrem para ação comum. **3.** Vinculado por aliança (3). • *sm.* **4.** Aquele que se alia a outrem. **5.** *Antrop.* Indivíduo aliado (3).

a•li•an•ça *sf.* **1.** Ato ou efeito de aliar(-se). **2.** Anel de noivado ou de casamento. **3.** *Antrop.* Relação que se estabelece entre grupos sociais por meio de casamentos entre seus membros.

a•li•ar *v.t.d.* e *p.* Reunir(-se), associar(-se), coligar(-se). [Conjug.: ① [ali]**ar**]

a•li•ás *adv.* **1.** De outra maneira; do contrário. **2.** Além disso; além do mais. **3.** Diga-se de passagem. **4.** Ou por outra; ou seja.

á•li•bi *sm. Jur.* Meio de defesa em que o réu prova sua presença, no momento do delito, em lugar diverso daquele onde este foi cometido.

a•li•ca•te *sm.* Espécie de torquês terminada em pontas chatas ou recurvadas.

a•li•cer•çar *v.t.d.* **1.** Fazer o alicerce de. *T.d.i.* e *p.* **2.** Basear(-se). [Conjug.: ⑨ [alicer]**çar**]

a•li•cer•ce *sm.* **1.** Maciço de alvenaria, enterrado, que serve de base às paredes de um edifício; fundação. **2.** *Fig.* Base, fundamento.

a•li•ci•ar *v.t.d.* Atrair a si; seduzir, atrair. [Conjug.: ① [alici]**ar**] § **a•li•ci•an•te** *adj2g.*; **a•li•ci:a•dor** (ô) *adj.* e *sm.*

a•li:e•na•ção *sf.* **1.** Ato ou efeito de alienar(-se). **2.** Cessão de bens. **3.** Enlevo, arrebatamento. **4.** Falta de consciência dos problemas políticos e sociais. **5.** *Psiq.* Afastamento da sociedade; sensação de marginalidade. [Pl.: *–ções.*] ◆ **Alienação fiduciária.** Transferência pelo devedor ao credor do domínio de um bem, em garantia de pagamento.

a•li:e•na•do *adj.* **1.** Que se alienou. **2.** Louco, doido. • *sm.* **3.** Quem se alienou. **4.** Indivíduo desligado dos problemas sociais ou políticos.

a•li:e•nar *v.t.d.* **1.** Transferir para outrem o domínio de; alhear. **2.** Desviar, afastar. **3.** Alucinar, perturbar. *P.* **4.** Enlouquecer. **5.** Manter-se alheio aos acontecimentos. **6.** Tornar-se alienado (4). [Conjug.: ① [alien]**ar**] § **a•li:e•ná•vel** *adj2g.*

a•li:e•ní•ge•na *adj2g.* e *s2g.* **1.** Que ou quem é d'outro país; estrangeiro. **2.** *P. ext. Fig.* Que ou aquele que é de outro planeta.

a•li:e•nis•ta *s2g. Psiq.* Especialista em doenças mentais.

a•li•for•me *adj2g.* Em forma de asa; alar.

a•li•gá•tor *sm. Zool.* Reptil aligatorídeo que lembra o crocodilo. [Pl.: *aligatores* (ô).]

a•li•ga•to•rí•de:o *sm. Zool.* Espécime dos aligatorídeos, família que reúne reptis crocodilianos da América do Norte e de algumas regiões da China. § **a•li•ga•to•rí•de:o** *adj.*

a•li•gei•rar *v.t.d.* e *p.* Tornar(-se) ligeiro. [Conjug.: ① [aligeir]**ar**]

a•li•jar *v.t.d.* **1.** Lançar fora da embarcação, aliviar (a carga). **2.** Desembaraçar-se de, livrar-se de. *P.* **3.** Apartar de si; isentar-se. [Conjug.: ① [alij]**ar**]

a•li•má•ri:a *sf.* Animal, sobretudo quadrúpede.

a•li•men•ta•ção *sf.* **1.** Ato ou efeito de alimentar(-se). **2.** Tudo aquilo de que alguém costuma alimentar-se. **3.** Abastecimento, provimento. **4.** *Art. Gráf.* Operação ou processo de introdução do papel em equipamento gráfico. **5.** *Eletr.* Fonte de força eletromotriz que fornece corrente a um circuito. [Pl.: *–ções.*]

a•li•men•tar¹ *adj2g.* **1.** Relativo a alimento. **2.** Próprio para alimentação.

a•li•men•tar² *v.t.d.* **1.** Dar alimento a, ou ingeri-lo; nutrir, sustentar. **2.** Munir, abastecer. **3.** *Art. Gráf.* Fazer a alimentação (4) de. **4.** *Inform.* Introduzir informação em (base de dados). **5.** *Eletr.* Ligar (um circuito) a uma fonte de força eletromotriz. *P.* **6.** Nutrir-se, sustentar-se. [Conjug.: ① [aliment]**ar**]

a•li•men•tí•ci:o *adj.* Próprio para alimentar.

a•li•men•to *sm.* **1.** Toda substância que, ingerida ou absorvida por um ser vivo, o alimenta ou nutre. **2.** Sustento, alimentação.

a•lim•pa•du•ra *sf.* **1.** Ação ou efeito de alimpar; limpamento. **2.** Restos de algo que se alimpou.

a•lim•par *v.t.d.*, *int.* e *p.* Limpar(-se). [Conjug.: ① [alimp]**ar**]

a•lin•dar *v.t.d.* e *p.* Tornar(-se) lindo ou ornado. [Conjug.: ① [alind]**ar**] § **a•lin•da•men•to** *sm.*

a•lí•ne:a *sf.* **1.** Linha com que se abre parágrafo. **2.** Subdivisão dum parágrafo de regulamento, etc.; parágrafo.

a•li•nha•do *adj.* **1.** Trajado com esmero. **2.** Correto nas maneiras e/ou no proceder.

a•li•nha•men•to *sm.* **1.** Ato ou efeito de alinhar(-se); alinho. **2.** Direção do eixo de uma estrada, canal, etc. **3.** *Autom.* Operação que se destina a verificar e/ou corrigir o paralelismo das rodas de um veículo, ou a perpendicularidade destas em relação ao chassi.

a•li•nhar *v.t.d.* e *p.* **1.** Dispor(-se) em linha reta. **2.** Apurar(-se) no vestir. [Conjug.: ① [alinh]**ar**]

a•li•nha•var *v.t.d.* **1.** Coser a ponto largo, para o fazer depois com ponto miúdo. **2.** Esboçar. **3.** Executar mal, às pressas. [Conjug.: ① [ali-nhav]ar]

a•li•nha•vo *sm.* **1.** Ação ou efeito de alinha-var. **2.** Os pontos com que se alinhava.

a•li•nho *sm.* Alinhamento (1).

a•lí•quo•ta *sf.* Percentual com que determi-nado tributo incide sobre o valor do que é tri-butado.

a•li•sar *v.t.d.* **1.** Tornar liso, plano; aplanar. **2.** Desenrugar. **3.** Desencrespar (o cabelo). **4.** Passar a mão por, ger. em carícia. [Conjug.: ① [alis]ar. Cf. *alizar*.] **§ a•li•sa•do** *adj.*; **a•li•sa•men•to** *sm.*

a•lí•si:o *adj.* e *sm.* Diz-se de, ou vento persis-tente que sopra sobre extensas regiões, de sudoeste, no Hemisfério Sul, e de nordeste, no Hemisfério Norte.

a•lis•ta•men•to *sm.* **1.** Ato ou efeito de alis-tar(-se). **2.** Rol de pessoas alistadas.

a•lis•tar *v.t.d.* **1.** Pôr em lista(s); arrolar. **2.** Recrutar (1). *P.* **3.** Assentar praça. [Conjug.: ① [alist]ar]

a•li•te•ra•ção *sf. Gram.* Repetição de fone-ma(s) no início, meio ou fim de palavras pró-ximas, ou em frases ou versos em seqüência. [Ex.: "Quem com ferro fere, com ferro será ferido." (Prov.)] [Pl.: *–ções.*]

a•li•vi•ar *v.t.d.* **1.** Dar alívio, tranqüilidade a; acalmar. **2.** Tornar (mais) leve. **3.** Mino-rar. *Int.* **4.** Diminuir de intensidade. *P.* **5.** Sentir alívio. [Conjug.: ① [alivi]ar] **§ a•li•vi•a•do** *adj.*

a•lí•vi:o *sm.* **1.** Diminuição de dor, peso, tra-balho, etc. **2.** Consolo.

a•li•zar *sm.* Guarnição de madeira que cobre a junta entre o umbral ou marco da esquadria e a parede. [Cf. *alisar*.]

al•ja•va *sf.* Estojo para guardar setas, e que se trazia pendente do ombro.

al•jô•far *sm.* **1.** Pérola muito miúda. **2.** Gotas de água.

al•ma *sf.* **1.** Princípio de vida. **2.** Princípio espiritual do homem. **3.** Conjunto das facul-dades psíquicas, intelectuais e morais dum indivíduo; espírito (1). **4.** Sede dos afetos, sen-timentos, paixões. **5.** *Pop.* Espírito desencar-nado. **6.** Coragem, ânimo. **7.** Veemência de sentimento; entusiasmo. **8.** Pessoa, indivíduo. **9.** Condição primacial; essência. **10.** Interior, cilíndrico, duma arma de fogo, que vai da culatra à boca do cano. **11.** Pedaço entre a sola e a palmilha do sapato ou da bota.

al•ma•ço *adj.* e *sm.* Diz-se de, ou papel forte, próprio para documentos, registros públicos e mercantis, etc.

al•ma•na•que *sm.* Publicação que, além de calendário completo, contém matéria recrea-tiva, humorística, científica, literária e infor-mativa.

al•mei•rão *sm. Bot.* Espécie de chicória. [Pl.: *–rões.*]

al•me•jar *v.t.d.* e *t.i.* Desejar ardentemente; ansiar. [Conjug.: ① [almej]ar] **§ al•me•ja•do** *adj.*; **al•me•já•vel** *adj2g.*

al•me•na•ra *sf.* **1.** Facho ou farol que outrora se acendia nas terras ou castelos para dar si-nal ao longe. **2.** Torre em que se acendia a almenara (1).

al•mi•ran•ta•do *sm.* Posto ou dignidade de almirante.

al•mi•ran•te *sm.* V. *hierarquia militar.*

al•mi•ran•te-de-es•qua•dra *sm.* V. *hierarquia militar.* [Pl.: *almirantes-de-esquadra.*]

al•mís•car *sm.* **1.** Substância odorífera, muito volátil, segregada pelo almiscareiro, e usada em perfumaria e farmácia. **2.** Odor muito ativo.

al•mis•ca•rar *v.t.d.* e *p.* Perfumar(-se) com al-míscar. [Conjug.: ① [almiscar]ar] **§ al•mis•ca•ra•do** *adj.*

al•mis•ca•rei•ro *sm. Zool.* Mamífero artiodác-tilo, cervídeo, asiático, que tem forte secreção odorífera produzida por uma glândula abdo-minal.

al•mo•çar *v.int.* **1.** Tomar o almoço. *T.d.* **2.** Comer ao almoço. [Conjug.: ⑨ [almo]çar]

al•mo•ço *(ô) sm.* A primeira das duas refeições substanciais do dia, geralmente feita no come-ço da tarde.

al•mo•cre•ve *sm.* Condutor de bestas de car-ga; arrieiro.

al•mo•fa•da *sf.* **1.** Saco estofado, para encos-to, assento ou ornato. **2.** Peça saliente, reen-trante, ou apenas guarnecida por filete, mol-dura ou ranhura, em obras de madeira, pedra ou outro material.

al•mo•fa•di•nha *sf.* **1.** Pequena almofada. • *sm.* **2.** *Bras. Pop.* Homem que se veste com exces-sivo apuro.

al•mo•fa•riz *sm.* Recipiente semelhante ao pilão, em que se trituram substâncias sólidas.

al•môn•de•ga *sf.* Bolinho de carne picada, ovos e temperos, cozido em molho espesso.

al•mo•to•li•a *sf.* Vaso de folha, cônico, para azeite e outros líquidos, sobretudo oleosos.

al•mo•xa•ri•fa•do *sm.* Depósito de objetos, matérias-primas e materiais.

al•mo•xa•ri•fe *sm.* Administrador de almoxa-rifado.

a•lô *interj.* Serve para chamar a atenção, e, especialmente ao telefone, de saudação.

a•lo•cu•ção *sf.* Discurso breve, proferido em solenidade. [Pl.: *–ções.*]

a•lo•és *sm2n. Bot.* Planta suculenta, liliácea, medicinal; babosa.

a•lo•ja•men•to *sm.* **1.** Ação ou efeito de alo-jar(-se). **2.** Lugar onde a gente se aloja.

a•lo•jar *v.t.d., t.d.c.* e *p.* **1.** Acomodar(-se). **2.** Hospedar(-se). [Conjug.: ⒒ [aloj]**ar**]

a•lon•ga•do *adj.* Longo, comprido.

a•lon•ga•men•to *sm.* **1.** Ato ou efeito de alongar. **2.** Modalidade de exercício físico cujo objetivo é alongar o músculo afastando-o de origem da sua inserção.

a•lon•gar *v.t.d.* **1.** Tornar longo ou mais longo. **2.** Estender. **3.** Realizar alongamento (2) em. *P.* **4.** Prolongar-se; estender-se. [Conjug.: ⒒ [alon]**gar**]

a•lo•pa•ta ou a•ló•pa•ta *s2g. Med.* Quem exerce a alopatia.

a•lo•pa•ti•a *sf. Med.* Sistema terapêutico que trata as doenças por meios contrários a elas. § a•lo•pá•ti•co *adj.*

a•lo•pe•ci•a ou a•lo•pé•ci•a *sf. Patol.* Ausência, em extensão variável, de cabelo ou de pêlo. § a•lo•pé•ci•co *adj.*

a•los•sau•ro *sm. Paleont.* Dinossauro carnívoro, de 12m de comprimento, que habitou a América do Norte no final do jurássico.

a•lo•tro•pi•a *sf. Fís.-Quím.* Fenômeno que consiste em um elemento químico poder existir estavelmente sob formas diferentes, com diferentes propriedades físicas e químicas; ex.: grafita e diamante. § a•lo•tró•pi•co *adj.*

a•lou•rar ou aloirar *v.t.d.* e *p.* Tornar(-se) louro. [Conjug.: ⒒ [alour]**ar**]

al•pa•ca *sf.* **1.** *Zool.* Mamífero camelídeo da América do Sul, menor que a lhama, de pescoço longo e cabeça pequena. **2.** Sua lã. **3.** Tecido feito dela.

al•pen•dre *sm.* Cobertura saliente ger. à entrada de um prédio.

al•per•ca•ta ou al•par•ga•ta *sf. Bras. N.E.* **1.** Sandália sem salto, presa ao pé por tiras. **2.** Sapato feito de lona com sola de corda.

al•pes•tre *adj2g.* Alpino.

al•pi•nis•mo *sm.* Montanhismo. § al•pi•nis•ta *s2g.*

al•pi•no *adj.* Dos Alpes; alpestre.

al•pis•ta *sf.* **1.** *Bot.* Planta das gramíneas. **2.** Seu grão; alpiste.

al•pis•te *sm.* Alpista (2).

al•que•brar *v.t.d.* Prostrar; debilitar. [Conjug.: ⒒[alquebr]**ar**] § al•que•bra•do *adj.*; al•que•bra•men•to *sm.*

al•quei•re *sm.* **1.** Antiga medida de capacidade para secos e líquidos, variável de lugar para lugar. **2.** *Bras.* Medida de superfície agrária variável (2,42 hectares em SP e 4,84 hectares em MG, RJ e GO). **3.** Terreno que leva um alqueire (1) de semeadura.

al•que•no *sm. Quím.* Alceno.

al•qui•la *sf. Quím.* O grupo hidrocarbônico que é obtido quando se retira um átomo de hidrogênio de um alcano. [Norma para nome siste-

mático de alquilas: alc<u>ano</u> → alc<u>ila</u>; ex.: meta<u>no</u> → metila, eta<u>no</u> → etila.]

al•qui•mi•a *sf.* A química da Idade Média e da Renascença, que buscava, sobretudo, descobrir a pedra filosofal, fórmula secreta para transformar os metais em ouro.

al•qui•mis•ta *s2g.* Cultor da alquimia.

al•quí•no *sm. Quím.* Alcino.

al•ta *sf.* **1.** Aumento (de preço, cotação, etc.). **2.** Autorização de saída de hospital dada aos curados e convalescentes.

al•ta-cos•tu•ra *sf.* **1.** O conjunto dos grandes costureiros. **2.** A roupa produzida por tais costureiros, composta ger. de modelos exclusivos e de alto preço. [Pl.: *altas-costuras.*]

al•ta-fi•de•li•da•de *sf.* **1.** *Eletrôn.* Conjunto de técnicas para reproduzir e amplificar sem distorção um impulso sonoro. **2.** *Bras.* Eletrola ou toca-discos que funciona com base nessa técnica. [Pl.: *altas-fidelidades.*]

al•ta•nei•ro *adj.* **1.** Que voa muito alto. **2.** Soberbo, sobranceiro.

al•tar *sm.* **1.** Mesa consagrada aos sacrifícios religiosos. **2.** Mesa ou balcão de pedra destinado a sacrifícios, nas religiões pagãs; ara.

al•tar-mor *sm.* O altar principal duma igreja. [Pl.: *altares-mores.*]

al•ta-ro•da *sf.* A alta sociedade. [Pl.: *altas-rodas.*]

al•te•ar *v.t.d.* e *p.* Tornar(-se) alto ou mais alto. [Conjug.: ⒒[alt]**ear**]

al•te•rar *v.t.d.* **1.** Modificar. **2.** Perturbar, desorganizar. **3.** Decompor. **4.** Falsificar. **5.** Irritar, enfurecer. *P.* **6.** Modificar-se. **7.** Enfurecer-se. [Conjug.: ⒒[alter]**ar**] § al•te•ra•ção *sf.*; al•te•rá•vel *adj2g.*

al•ter•car *v.int.* e *t.i.* Discutir ou disputar com ardor; disputar. [Conjug.: ⒏[alter]**car**] § al•ter•ca•ção *sf.*

al•te•ri•da•de *sf.* Caráter ou qualidade do que é outro.

al•ter•na•dor (ô) *adj.* **1.** Que alterna. • *sm.* **2.** O que alterna. **3.** Aparelho elétrico, mecânico ou eletromecânico que fornece corrente alternada.

al•ter•nar *v.t.d.* **1.** Fazer suceder repetida e regularmente; revezar. **2.** Dispor em ordem alternada. *Int.* e *p.* **3.** Vir (uma coisa ou pessoa após outra). [Conjug.: ⒒[altern]**ar**] § al•ter•na•ção *sf.*; al•ter•na•do *adj.*; al•ter•nân•ci•a *sf.*; al•ter•nan•te *adj2g.*

al•ter•na•ti•va *sf.* **1.** Sucessão de duas coisas mutuamente exclusivas. **2.** Opção entre duas coisas. **3.** *Lóg.* Exclusão recíproca entre duas proposições, admitida a possibilidade de ambas serem verdadeiras.

al•ter•na•ti•vo *adj.* **1.** Que se diz, ou faz, ou ocorre com alternação. **2.** Que permite escolha. **3.** *Bras. Fig.* Que não está ligado a grupos ou tendências dominantes; que adota posição independente.

al•ter•no *adj.* Diz-se das folhas que se inserem alternadamente no caule.

al•te•ro•so (ô) *adj.* Alto e majestoso. [Pl.: *–rosos* (ó).]

al•te•za (è) *sf.* **1.** Qualidade do que é alto. **2.** Elevação moral; grandeza. **3.** Tratamento dado aos príncipes.

al•tí•me•tro *sm.* Instrumento para medir a altura.

al•ti•pla•no *sm.* V. *planalto.*

al•tis•so•nan•te *adj2g.* Que soa muito alto.

al•tis•ta *adj2g.* e *s2g.* Diz-se de, ou pessoa que joga na alta do câmbio, ou que eleva o preço das mercadorias.

al•ti•tu•de *sf.* Altura em relação ao nível do mar.

al•ti•vo *adj.* **1.** Elevado, alto. **2.** Nobre, digno, ilustre. **3.** Arrogante, presunçoso. § **al•ti•vez** (è) *sf.*

al•to[1] *adj.* **1.** De grande extensão vertical; elevado. **2.** Levantado, erguido; ereto. **3.** Elevado; intenso. **4.** Que soa forte. **5.** Nobre, excelente. **6.** Importante, relevante. **7.** Grave, sério. **8.** Penetrante, agudo. **9.** Altivo, brioso. **10.** Que não é módico. **11.** Muito fundo; profundo. **12.** Situado em nível ou altitude superior à de outro. **13.** Diz-se do trecho (e dos sítios circunvizinhos) de um rio mais próximo às suas nascentes. **14.** *Bras. Pop.* V. *embriagado.* • *sm.* **15.** Altura, elevação. **16.** Cimo, cume. • *adv.* **17.** A grande altura. **18.** Em som ou voz alta.

al•to[2] *interj.* Pare; suspenda.

al•to-as•tral *adj2g.* e *s2g.* **1.** Diz-se de, ou indivíduo que vive bem-humorado, feliz. • *sm.* **2.** Estado de espírito favorável atribuído à suposta influência positiva dos astros. [Opõe-se a *baixo-astral.* Pl.: *altos-astrais.*]

al•to-con•tras•te *sm. Fot. Art. Gráf.* **1.** Técnica ou processo us. para eliminar, total ou parcialmente, os meios-tons de fotografia ou estampa. **2.** Fotografia ou estampa obtidas com essa técnica. [Pl.: *altos-contrastes.*]

al•to-fa•lan•te *sm.* **1.** Amplificador de som, em certos aparelhos. **2.** *Eletrón.* Transdutor eletracústico que transforma um sinal de audiofreqüência numa onda acústica. [Pl.: *alto-falantes.*]

al•to-for•no *sm.* Construção onde se funde o minério de ferro reduzindo-o a ferro-gusa. [Pl.: *altos-fornos.*]

al•to-mar *sm.* A porção do mar afastada da costa; mar alto. [Pl.: *altos-mares.*]

al•to-re•le•vo *sm.* Escultura feita sobre plano de fundo, mas que dele sobressai em relevo ou saliência. [Pl.: *altos-relevos.*]

al•tru•ís•mo *sm.* Sentimento de quem põe o interesse alheio acima do seu próprio. § **al•tru•ís•ta** *adj2g.* e *s2g.*

al•tu•ra *sf.* **1.** Dimensão vertical dum corpo, da base para cima. **2.** Posição dum corpo acima dum plano ou ponto de referência. **3.** Estatura (1). **4.** Elevação, eminência. **5.** Cume, cimo. **6.** Momento, instante. **7.** Ponto, lugar. **8.** Importância, categoria.

a•lu•á *sm. Bras.* Certa bebida fermentada e refrigerante.

a•lu•a•do *adj.* **1.** V. *amalucado* (2). **2.** Que está no cio (animal).

a•lu•ci•na•ção *sf.* **1.** Ato ou efeito de alucinar(-se). **2.** Ilusão. **3.** *Psiq.* Sintoma em que se alega percepção do que, na realidade, não existe ou não ocorre. [Pl.: *–ções.*]

a•lu•ci•nar *v.t.d.* **1.** Privar da razão, do entendimento; desvairar. **2.** Fazer cair em alucinação. *Int.* **3.** Causar delírio ou desvario. *P.* **4.** Perder a razão; desvairar-se. [Conjug.: ① [alucin]**ar**] § **a•lu•ci•na•do** *adj.*; **a•lu•ci•nan•te** *adj2g.*

a•lu•ci•nó•ge•no *adj.* e *sm. Psiq.* Diz-se de, ou substância que provoca alucinações.

a•lu•de *sm.* V. *avalancha.*

a•lu•dir *v.t.i.* Fazer alusão; referir-se, reportar-se. [Não admite o pron. *lhe(s)*, mas apenas as f. analíticas *a ele(s)* , *a ela(s)*: *Não quero aludir àquele caso, jamais aludirei a ele.*] [Conjug.: ③ [alud]**ir**]

a•lu•gar *v.t.d.* **1.** Dar ou tomar de aluguel. **2.** *Bras. Gír.* Tomar o tempo, a atenção de (alguém). *T.d.i.* Alugar (1). [Conjug.: ⑪ [alu]**gar**] § **a•lu•ga•do** *adj.*

a•lu•guel *sm.* **1.** Cessão do uso e gozo de prédio, coisa ou animal, ou prestação de serviços, por tempo determinado ou não, mediante pagamento; locação. **2.** Remuneração paga em virtude dessa cessão. [Pl.: *guéis.*]

a•lu•ir *v.t.d.* **1.** Fazer vacilar; abalar. **2.** Pôr abaixo; derribar. *Int.* e *p.* **3.** Desabar. [Conjug.: ⑭ [al]**uir**]

a•lu•mi•ar *v.t.d.* e *p.* Iluminar (1 e 4). [Conjug.: ① [alumi]**ar**]

a•lu•mí•ni•o *sm. Quím.* Elemento de número atômico 13, metálico, branco-prateado, mole, dúctil, com muitas aplicações, puro ou em ligas [símb.: *Al*].

a•lu•na•gem *sf.* Alunissagem. [Pl.: *–gens.*]

a•lu•nis•sa•gem ou **a•lu•ni•za•gem** *sf.* Pouso na superfície lunar; alunagem. [Pl.: *–gens.*]

a•lu•nis•sar ou **a•lu•ni•zar** *v.int.* Pousar na Lua (astronave). [Conjug.: ① [aluniss]**ar**]

a•lu•no *sm.* Aquele que recebe instrução e/ou educação de mestre(s), em estabelecimento de ensino ou particularmente; estudante.

a•lu•são *sf.* **1.** Ato ou efeito de aludir. **2.** Referência vaga e indireta. [Pl.: *–sões.*]

a•lu•si•vo adj. Que contém alusão.

a•lu•vi•ão sf. m. Depósito de cascalho, areia e argila que as enxurradas formam junto às margens ou à foz dos rios. [Pl.: –ões.]

al•va ou **al•ba** sf. 1. Alvor (1). 2. Veste talar de pano branco. 3. Esclerótica. 4. Espécie de túnica que os condenados vestiam ao ir ao suplício.

al•va•cen•to adj. V. esbranquiçado.

al•va•di:o adj. V. esbranquiçado.

al•vai•a•de sm. Quím. Pigmento branco, de carbonato básico de chumbo ou de óxido de zinco.

al•var adj2g. Atoleimado (2).

al•va•rá sm. Documento pelo qual uma autoridade judiciária ou administrativa ordena ou autoriza a alguém a prática de determinado ato.

al•va•ren•ga sf. Bras. Embarcação para carga e descarga de navios.

al•ve•dri:o sm. Vontade própria.

al•vei•tar sm. 1. Curandeiro de doenças de animais. 2. Ferrador de cavalgaduras.

al•ve•jan•te adj2g. e sm. Diz-se de, ou substância que alveja.

al•ve•jar v.t.d. 1. Tornar alvo ou branco; branquear. 2. Atirar contra. [Conjug.: 1 [alvejar].]

al•ve•na•ri•a sf. Obra, ger. parede, muro ou alicerce, composta de pedras, ou de tijolos, ou de blocos de concreto, ligados ou não por argamassa.

ál•ve:o sm. Leito (de curso de água).

al•vé:o•lo sm. 1. Cavidade pequena. 2. Célula do favo de mel. 3. Anat. Designação genérica de pequenas dilatações em forma de saco. § **al•ve:o•lar** adj2g.

al•vi•ão sm. Enxadão ou picareta. [Pl.: –ões.]

al•vís•sa•ras sf.pl. Prêmio dado a quem anuncia boas novas ou entrega coisa perdida.

al•vis•sa•rei•ro adj. Auspicioso, prometedor.

al•vi•trar v.t.d. e t.d.i. Aconselhar; propor; sugerir. [Conjug.: 1 [alvitr]ar]

al•vi•tre sm. Lembrança, sugestão, parecer.

al•vo adj. 1. Branco, claro. 2. Puro, inocente. • sm. 3. A cor branca; branco. 4. Ponto a que se dirige o tiro. 5. Fig. Fim ou resultado que se deseja atingir; fito, meta, objetivo, objeto.

al•vor (ó) ou **al•bor** (ó) sm. 1. A primeira luz da manhã; alva. 2. V. alvura (1).

al•vo•ra•da sf. 1. Crepúsculo matutino. 2. Toque militar que anuncia a madrugada. 3. Toque de qualquer música ao despontar da manhã.

al•vo•re•cer v.int. 1. Romper o dia; amanhecer. 2. Começar a manifestar-se; aparecer. [Conjug.: 34 [alvore]cer. Defect., impess.: só se conjuga na 3ª pess. do sing.: alvorece, alvoreceu, etc.]

al•vo•ro•çar v.t.d. 1. Pôr em alvoroço. P. 2. Sobressaltar-se. 3. Alegrar-se. [Conjug.: 9 [alvoro]çar]

al•vo•ro•ço (ô) sm. 1. Agitação, sobressalto. 2. Pressa, azáfama. 3. Tumulto, confusão. 4. Motim. 5. Bras. Gritaria, balbúrdia.

al•vu•ra sf. 1. Qualidade de alvo, branco; brancura, alvor. 2. Candura, inocência.

❑ **Am** Quím. Símb. do amerício.

a•ma sf. 1. V. ama-de-leite. 2. V. ama-seca. 3. A dona de casa em relação aos criados.

a•ma•bi•li•dade sf. 1. Qualidade de amável. 2. Palavra ou gesto amável.

a•ma•ci•ar v.t.d. 1. Tornar macio. 2. Tornar brando. [Conjug.: 1 [amaci]ar]

a•ma-de-lei•te sf. Mulher que amamenta criança alheia; ama, babá (bras.). [Pl.: amas-de-leite.]

a•ma•do adj. e sm. Que ou quem é objeto de especial afeição; querido.

a•ma•dor (ô) adj. 1. Que se dedica a uma arte ou ofício por mero prazer. • sm. 2. Entusiasta, apreciador.

a•ma•do•ris•mo sm. 1. Condição de amador, de não profissional. 2. A arte do amador. 3. Sistema ou regime contrário ao profissionalismo. 4. Fig. Inexperiência.

a•ma•du•re•cer v.t.d., int. e p. Tornar(-se) maduro; amadurar. [Conjug.: 34 [amadure]cer] § **a•ma•du•re•ci•do** adj.; **a•ma•du•re•ci•men•to** sm.

â•ma•go sm. 1. Bot. Cerne. 2. P. ext. O centro, o meio de qualquer coisa. 3. A parte mais íntima de um ser; a alma, o íntimo, o seio.

a•mai•nar v.t.d. 1. Colher (a vela[1] [1]). 2. Abrandar, acalmar. Int. e p. 3. Serenar(-se). [Conjug.: 1 [amain]ar]

a•mal•di•ço•a•do adj. Que foi alvo de maldição; maldito.

a•mal•di•ço•ar v.t.d. Dizer mal de; praguejar ou imprecar contra; arrenegar, maldizer. [Conjug.: 13 [amaldiç]oar]

a•mál•ga•ma sf. e m. 1. Quím. Liga de mercúrio. 2. Fig. Mistura de elementos diversos que contribuem para formar um todo.

a•mal•ga•mar v.t.d. 1. Fazer amálgama de (mercúrio com outro metal). 2. Mesclar (1). P. 3. Mesclar-se. [Conjug.: 1 [amalgam]ar]

a•ma•lu•ca•do adj. 1. V. tolo (1 e 2). 2. Um tanto maluco; lunático, aluado.

a•ma•men•tar v.t.d. Dar de mamar a; aleitar. [Conjug.: 1 [amament]ar] § **a•ma•men•ta•ção** sf.

a•man•ce•bar-se v.p. Viver em mancebia; amasiar-se, amigar-se. [Conjug.: 1 [amanceb]ar[-se]]

a•ma•nhã adv. 1. No dia seguinte àquele em que estamos. • sm. 2. O dia seguinte.

a•ma•nhar *v.t.d.* Dar amanho a; lavrar. [Conjug.: ⏹ [amanh]**ar**]

a•ma•nhe•cer *v.int.* 1. Romper o dia. *T.c.* 2. Encontrar-se ao amanhecer em algum lugar. [Conjug.: 34[amanhe]**cer**. Na 1ª acepç. é unipess.] • *sm.* 3. A aurora (1).

a•ma•nho *sm.* Lavoura, cultivo.

a•man•sar *v.t.d.* e *p.* Tornar(-se) manso. [Conjug.: ⏹ [amans]**ar**] § **a•man•sa•dor** (ô) *adj.* e *sm.*

a•man•te *adj2g.* 1. Que ama. • *s2g.* 2. Quem ama; apaixonado. 3. Pessoa que tem com outra relações extramatrimoniais.

a•man•tei•ga•do[1] *adj.* Semelhante à manteiga, na cor e no aspecto.

a•man•tei•ga•do[2] *adj.* Feito com manteiga.

a•ma•nu•en•se *s2g.* Antigo burocrata que fazia a correspondência e copiava ou registrava documentos.

a•ma•pa•en•se *adj.* 1. Do AP. • *s2g.* 2. O natural ou habitante desse estado.

a•mar *v.t.d.* 1. Ter amor a. 2. Praticar o amor físico com. *Int.* 3. Ter amor; estar enamorado. *P.* 4. Ter sentimento mútuo de amor, ternura, paixão. 5. Praticar (duas pessoas) o ato sexual. [Conjug.: ⏹ [am]**ar**]

a•ma•ran•tá•ce•a *sf. Bot.* Espécime das amarantáceas, família de ervas e arbustos, alguns trepadores. § **a•ma•ran•tá•ce•o** *adj.*

a•ma•ran•to *sm. Bot.* Erva amarantácea, de belas flores.

a•ma•re•la•do *adj.* Tirante a amarelo.

a•ma•re•lão *sm. Bras.* V. *ancilostomíase.* [Pl.: –*lões.*]

a•ma•re•lar *v.t.d.* e *p.* 1. Tornar(-se) amarelo; amarelecer. *Int.* 2. Acovardar-se. [Conjug.: ⏹[amarel]**ar**]

a•ma•re•le•cer *v.t.d.* e *p.* Amarelar(-se). [Conjug.: 34[amarele]**cer**]

a•ma•re•li•dão *sf.* 1. Qualidade de amarelo. 2. Palidez. [Pl.: –*dões.*]

a•ma•re•li•nha *sf. Bras.* Jogo infantil, de pular num pé só sobre casas riscadas no chão.

a•ma•re•lo *adj.* 1. Da cor do ouro, da gema do ovo. 2. Diz-se dessa cor. 3. Pálido, descorado. 4. Diz-se da pele de pigmentação mediana e coloração castanho-amarelada, característica dos mongóis e outros povos asiáticos orientais. 5. Relativo a esses povos, ou à raça (2) a que pertencem. • *sm.* 6. A cor amarela. 7. Indivíduo da raça amarela.

a•mar•fa•nhar *v.t.d.* V. *amarrotar* (1). [Conjug.: ⏹[amarfanh]**ar**]

a•mar•gar *v.t.d.* 1. Tornar amargo. 2. Padecer, suportar. 3. Sofrer as consequências de. *Int.* 4. Ter sabor amargo. 5. Causar desgosto. [Conjug.: ⏹ [amar]**gar**]

a•mar•go *adj.* 1. Que tem sabor desagradável, como, p. ex., o fel; amargoso. 2. Sem açúcar. 3. Doloroso, triste. 4. Amargurado, sofrido. 5. *Pop.* Azedo (gosto).

a•mar•gor (ô) *sm.* V. *amargura.*

a•mar•go•so (ô) *adj.* Amargo (1). [Pl.: –*gosos* (ó).]

a•mar•gu•ra *sf.* 1. Sabor amargo. 2. Sofrimento arraigado de dor e ressentimento. [Sin. ger.: *amargor.*]

a•mar•gu•rar *v.t.d.* 1. Causar amargura a. *P.* 2. Angustiar-se; afligir-se. [Conjug.: ⏹ [amargur]**ar**]

a•ma•ri•li•dá•ce•a *sf. Bot.* Espécime das amarilidáceas, família de ervas ger. bulbosas, e de flores grandes. § **a•ma•ri•li•dá•ce•o** *adj.*

a•ma•rí•lis *sf2n. Bot.* Erva bulbosa, liliácea, e sua flor.

a•ma•rís•si•mo *adj.* Superl. de *amaro, amargo.*

a•mar•ra *sf.* Corrente especial, que segura a âncora à embarcação.

a•mar•ra•do *adj.* 1. Preso, atado. 2. Diz-se do semblante carrancudo. 3. *Fam.* Comprometido (por ligação amorosa). • *sm.* 4. *Bras.* Apanhado de coisas atadas (flores, ervas, etc.).

a•mar•rar *v.t.d.* 1. Atar (1). 2. Prender por laços morais. 3. Carregar (as feições), mostrando aborrecimento. 4. *Bras.* Ajustar em definitivo (um negócio). 5. *Bras.* Impedir o bom andamento de. *P.* 6. Ficar apaixonado. 7. Casar(-se) ou amasiar-se. [Conjug.: ⏹[amarr]**ar**] § **a•mar•ra•ção** *sf*

a•mar•ro•tar *v.t.d.* 1. Comprimir, machucar, deixando sinais de vincos ou dobras em; amarfanhar, amassar. *P.* 2. Ficar com vincos ou dobras. [Conjug.: ⏹[amarrot]**ar**] § **a•mar•ro•ta•do** *adj.*

a•ma-se•ca *sf.* Criada que cuida de crianças sem as amamentar; ama, babá (*bras.*), bá (*bras.*) e pajem (*bras. SP*). [Pl.: amas-secas.]

a•má•si•a *sf.* Concubina.

a•ma•si•ar-se *v.p.* V. *amancebar-se.* [Conjug.: ⏹[amasi]ar[-se]] § **a•ma•si•a•do** *adj.*

a•má•si•o *sm.* Homem amancebado.

a•mas•sa•doi•ro ou **a•mas•sa•dou•ro** *sm.* Recipiente, tabuleiro ou lugar onde se amassa.

a•mas•sa•du•ra *sf.* 1. Ato ou efeito de amassar(-se). 2. Sinal de pancada; mossa.

a•mas•sar *v.t.d.* 1. Converter em massa ou pasta. 2. V. *amarrotar* (1). *P.* 3. Amarrotar-se. [Conjug.: ⏹[amass]**ar**] § **a•mas•sa•dor** (ô) *adj.* e *sm.*

a•ma•tu•ta•do *adj. Bras.* Semelhante a matuto.

a•má•vel *adj2g.* 1. Digno de ser amado. 2. De trato ameno; agradável. [Pl.: –*veis.*]

a•ma•vi•os *sm.pl.* Feitiços, encantos.

a•ma•zo•na *sf.* Mulher que monta a cavalo; cavaleira.

a•ma•zo•nen•se *adj2g*. 1. Do AM. • *s2g*. 2. O natural ou habitante desse estado.

a•ma•zô•ni•co *adj*. Da Amazônia.

âm•bar *sm*. 1. Substância sólida parda ou preta, de cheiro almiscarado. 2. Resina fóssil, sólida, amarelada, us. na fabricação de vários objetos. [Pl.: *âmbares*.]

am•bi•ção *sf*. 1. Desejo veemente de alcançar os bens materiais ou o que satisfaz o amor-próprio (riqueza, glória, etc.). 2. Desejo intenso. [Pl.: *-ções*.]

am•bi•ci•o•nar *v.t.d.* Ter ambição de; desejar, querer. [Conjug.: ① [ambicion]ar]

am•bi•ci•o•so *adj*. Que tem ou denota ambição. [Pl.: *-osos* (ó).]

am•bi•des•tro (ê) *adj*. Que utiliza as duas mãos com a mesma facilidade. § am•bi•des•tr•ia *sf*.

am•bi•ên•ci:a *sf*. Meio ambiente.

am•bi:en•ta•lis•mo *sm*. O estudo do meio ambiente.

am•bi:en•ta•lis•ta *s2g*. Especialista em ambientalismo.

am•bi:en•tar *v.t.d., t.d.i.* e *p*. Adaptar(-se) a um ambiente. [Conjug.: ① [ambient]ar]

am•bi•en•te *adj2g*. 1. Que cerca ou envolve os seres vivos ou as coisas. • *sm*. 2. Aquilo que cerca ou envolve os seres vivos e/ou as coisas. 3. *Inform*. Conjunto de características gerais de um computador, sistema operacional, ou programa; configuração.

am•bí•guo *adj*. 1. Que se pode tomar em mais de um sentido; equívoco. 2. Cujo procedimento denota insegurança; indeciso. 3. V. *duvidoso*. § am•bi•güi•da•de *sf*.

âm•bi•to *sm*. 1. Recinto. 2. V. *campo* (5).

am•bi•va•lên•ci:a *sf*. 1. Caráter do que apresenta dois aspectos ou valores. 2. *Psicol*. Estado de quem, em determinada situação, experimenta, ao mesmo tempo, sentimentos opostos. § am•bi•va•len•te *adj2g*.

am•bos *num*. Um e outro; os dois.

am•bro•si•a *sf*. 1. *Mitol*. Manjar dos deuses. 2. Comida ou bebida deliciosa. 3. *Bras*. Doce feito com ovos e leite cozidos em calda de açúcar.

am•bu•lân•ci:a *sf*. Veículo para transporte de doentes ou de feridos, e esp. equipado para que lhes sejam ministrados primeiros socorros.

am•bu•lan•te *adj2g*. 1. Que não permanece no mesmo lugar. 2. Que funciona em local não fixo. • *s2g*. 3. Vendedor que exerce o seu comércio em logradouros públicos.

am•bu•la•to•ri•al *adj2g*. Relativo a ambulatório (2). [Pl.: *-ais*.]

am•bu•la•tó•ri:o *adj*. 1. Que impele a andar. • *sm*. 2. *Med*. Estabelecimento, ou setor no qual pacientes integrante de hospital, em que se atendem pacientes cujo estado físico não requer internação.

a•me•a•ça *sf*. 1. Promessa de castigo ou malefício. 2. Prenúncio ou indício de coisa má. 3. Palavra ou gesto intimidativo.

a•me:a•ça•dor (ô) *adj*. 1. Que ameaça. 2. Dizse de tempo que prenuncia temporal.

a•me:a•çar *v.t.d.* 1. Dirigir ameaça(s) a. 2. Pôr em perigo. 3. Estar na iminência de. [Conjug.: ⑨ [amea]çar]

a•me•a•lhar *v.t.d.* Economizar, poupar. [Conjug.: ① [amealh]ar]

a•me•ba *sf. Zool*. Qualquer protozoário de forma alterável que se locomove por pseudópode; ocorrem na água ou no solo, e alguns podem ser patogênicos para o homem. § a•me•bi•a•no *adj*.

a•me•bói•de *adj2g*. Da, ou semelhante à ameba.

a•me•dron•tar *v.t.d.* 1. Meter medo a. *P*. 2. Sentir medo. [Conjug.: ① [amedront]ar] § a•me•dron•ta•dor (ô) *adj*. e *sm*.

a•mei•a *sf*. Cada uma das partes salientes retangulares, separadas por intervalos iguais, na parte superior de muros. [Us., originariamente, em muralhas de fortificações, etc.]

a•mei•xa *sf*. O fruto da ameixeira.

a•mei•xei•ra *sf. Bot*. Arvoreta ou arbusto rosáceo de drupas doces e comestíveis.

a•mém *interj*. Palavra litúrgica, que indica perfeita concordância com um artigo de fé.

a•mên•do:a *sf*. 1. Fruto ou semente da amendoeira. 2. Semente contida em caroço.

a•men•do•a•do *adj*. 1. Semelhante a amêndoa. 2. Diz-se dos olhos apertados e como que repuxados para as têmporas.

a•men•do•ei•ra *sf. Bot*. Árvore rosácea de semente oleaginosa que, seca, é muito apreciada como alimento.

a•men•do•im *sm. Bot*. Erva das leguminosas, de frutos alimentícios, subterrâneos, que fornecem óleo útil. [Pl.: *-ins*.]

a•me•ni•zar *v.t.d., int.* e *p*. 1. Tornar(-se) ameno. 2. Tornar(-se) menos árduo. [Conjug.: ① [ameniz]ar]

a•me•no *adj*. Agradável, aprazível. § a•me•ni•da•de *sf*.

a•mer•ce•ar-se *v.p.* Condoer-se, compadecer-se. [Conjug.: ⑩ [amerc]ear[-se]]

a•me•ri•ca•ni•zar *v.t.d.* e *p*. Adaptar(-se) ao temperamento, gosto ou estilo norte-americano. [Conjug.: ① [americaniz]ar]

a•me•ri•ca•no *adj*. 1. Do continente americano. 2. *Restr*. Dos E.U.A. • *sm*. 3. O natural ou habitante do continente americano. 4. *Restr*. O natural ou habitante dos E.U.A.

a•me•rí•ci:o *sm. Quím*. V. *actinídeos* [símb.: *Am*].

a•me•rín•di:o *sm. Bras*. O indígena americano.

a•me•ris•sar *v.int. Gal*. Pousar (o hidravião). [Conjug.: ① [ameriss]ar] § a•me•ris•sa•gem *sf*. (gal.).

a•mes•qui•nhar *v.t.d.* e *p.* 1. Tornar(-se) mesquinho, insignificante. 2. Humilhar(-se). [Conjug.: 1 [amesquinh]ar] § a•mes•qui•nha•dor (ô) *adj.* e *sm.*; a•mes•qui•nha•men•to *sm.*

a•mes•trar *v.t.d.* 1. Tornar mestre, perito. 2. Ensinar; adestrar. [Conjug.: 1 [amestr]ar] § a•mes•tra•do *adj.*; a•mes•tra•dor (ô) *adj.* e *sm.*

a•me•tis•ta *sf.* Pedra semipreciosa, roxa.

a•mi•an•to *sm.* Silicato natural hidratado de cálcio e magnésio, incombustível, de contextura fibrosa. [A aspiração de fibras de amianto é muito danosa para os pulmões.]

a•mi•da *sf. Quím.* Classe de compostos orgânicos, líquidos ou sólidos, resultantes da combinação química de um ácido carboxílico e o amoníaco ou uma amina, com eliminação de água; ex.: acetamida. [Norma para nome sistemático de amidas: alcano → alcanamida; ex.: metano → metanamida (cujo nome comum é *formamida*).]

a•mí•da•la *sf. Anat.* Amígdala.

a•mi•da•li•te *sf. Med.* Amigdalite.

a•mi•do *sm.* Pó obtido dos grãos de muitas plantas, em especial dos grãos de cereais, e que é um carboidrato alimentício.

a•mi•ei•ro *sm. Bot.* Árvore betulácea, ornamental, de madeira útil.

a•mi•ga *sf.* 1. Mulher ligada a outrem pela amizade. 2. Concubina.

a•mi•gar *v.t.d.* 1. Tornar amigo. *P.* 2. Tornar-se amigo. 3. V. *amancebar-se.* [Conjug.: 11 [ami]gar] § a•mi•ga•ção *sf.*

a•mi•gá•vel *adj2g.* Próprio de amigos; amigo, amistoso. [Pl.: –*veis*.]

a•míg•da•la *sf. Anat.* 1. Designação genérica de órgão em forma de amêndoa. 2. Cada uma de duas massas de tecido linfóide, em forma de amêndoa, situadas de cada lado da orofaringe; amídala. § a•mig•da•li•a•no *adj.*

a•mig•da•li•te *sf. Med.* Inflamação de amígdala (2); amidalite.

a•mi•go *adj.* 1. Que é ligado a outrem por laços de amizade. 2. V. *amigável.* • *sm.* 3. Homem amigo (1). 4. Companheiro; protetor.

a•mi•mar *v.t.d.* Tratar com mimo; acarinhar. [Conjug.: 1 [amim]ar]

a•mi•na *sf. Quím.* Classe de compostos orgânicos, gasosos, líquidos ou sólidos, que contêm um átomo de carbono ligado ao nitrogênio e, este, ligado a hidrogênios ou outros átomos de carbono; ex.: metilamina, anilina. [Norma para nome sistemático de aminas: alcano → alcanamina; ex.: metano → metanamina (cujo nome comum é *metilamina*).]

a•mis•to•so (ô) *adj.* 1. V. *amigável.* 2. Propenso à amizade. [Pl.: –*tosos* (ó).]

a•mi•u•da•do (i-u) *adj.* Freqüente, repetido.

a•mi:u•dar *v.t.d.* 1. Fazer ou executar com freqüência. *Int.* e *p.* 2. Suceder amiúde. [Conjug.: 15 [ami]u[d]ar]

a•mi•ú•de *adv.* Repetidas vezes; a miúdo.

a•mi•za•de *sf.* Sentimento fiel de afeição, estima ou ternura entre pessoas que em geral não são parentes nem amantes; apreço.

am•né•si•a ou am•né•si:a *sf. Med.* Perda total ou parcial da memória. § am•né•si•co *adj.*

âm•ni:o *sm. Embr.* Membrana que se desenvolve em torno de embrião de vertebrados superiores.

a•mo *sm.* Dono da casa (em relação aos empregados); patrão.

a•mo:e•dar *v.t.d.* Reduzir (o metal) a moedas; cunhar. [Conjug.: 1 [amoed]ar]

a•mo•fi•nar *v.t.d.* e *p.* Apoquentar(-se), consumir(-se). [Conjug.: 1 [amofin]ar] § a•mo•fi•na•ção *sf.*; a•mo•fi•na•do *adj.*

a•moi•tar *v.int.* e *p. Bras.* Esconder-se, ocultar-se. [Conjug.: 1 [amoit]ar]

a•mo•la•dei•ra *sf.* V. *esmeril* (2).

a•mo•la•do *adj.* 1. Afiado, aguçado. 2. *Bras.* Aborrecido, entediado.

a•mo•la•dor (ô) *adj.* 1. Que amola. • *sm.* 2. Aquele que amola faças, tesouras, etc. 3. Aparelho ou utensílio amolador (1).

a•mo•lan•te *adj2g. Bras.* V. *maçante.*

a•mo•lar *v.t.d.* 1. Afiar na amoladeira ou no rebolo; aguçar. 2. *Bras.* Enfadar, importunar. *P.* 3. Apoquentar-se. [Conjug.: 1 [amol]ar] § a•mo•la•ção *sf.*

a•mol•dar *v.t.d.* e *p.* 1. Ajustar(-se) ao molde. 2. Ajustar(-se), adaptar(-se). [Conjug.: 1 [amold]ar]

a•mo•le•ca•do *adj.* Semelhante a, ou próprio de moleque.

a•mo•le•cer *v.t.d.* 1. Tornar mole, macio. 2. Enternecer, comover. *Int.* 3. Ficar mole. [Conjug.: 34 [amole]cer] § a•mo•le•ci•do *adj.*; a•mo•le•ci•men•to *sm.*

a•mol•gar *v.t.d.* 1. Deformar, comprimindo ou esmagando. *T.d.i.* 2. Conformar, ajustar. *P.* 3. Render-se, sujeitar-se. [Conjug.: 11 [a[mol]gar]

a•mô•ni:a *sf. Quím.* Solução aquosa de amoníaco.

a•mo•ní•a•co *sm. Quím.* Gás incolor, de cheiro forte, muito solúvel em água [fórm.: NH_3].

a•mon•to•ar *v.t.d.* 1. Pôr em montão; acumular. 2. Ajuntar ou empilhar sem ordem. 3. Guardar; juntar. *P.* 4. Ajuntar-se sem ordem. [Conjug.: 13 [amont]oar] § a•mon•to•a•do *adj.* e *sm.*; a•mon•to:a•men•to *sm.*

a•mor (ô) *sm.* 1. Sentimento que predispõe alguém a desejar o bem de outrem. 2. Sentimento de dedicação absoluta de um ser a outro, ou a uma coisa. 3. Inclinação ditada por laços de família. **4.** Inclinação sexual forte por outra pessoa. **5.** Afeição, amizade, simpatia. **6.** O objeto do amor (1 a 5).

a•mo•ra *sf.* Infrutescência carnosa da amoreira.

a•mo•ral *adj2g.* **1.** Nem contrário nem conforme à moral. **2.** A que falta moral ou que não tem senso dela. [Pl.: *–rais.*]

a•mor•da•çar *v.t.d.* **1.** Pôr mordaça em. **2.** *Fig.* Impedir de falar. [Conjug.: ⑨ [amorda]**çar**]

a•mo•rei•ra *sf. Bot.* Árvore frutífera morácea, de cujas folhas se nutre o bicho-da-seda.

a•mo•re•na•do *adj.* Um tanto moreno.

a•mor•fo *adj.* Sem forma definida; informe.

a•mor•nar *v.t.d.* **1.** Tornar morno. *Int.* **2.** Pôr-se morno. [Conjug.: ① [amorn]**ar**]

a•mo•ro•so (ô) *adj.* **1.** Que tem ou sente amor, ou a ele é propenso. **2.** Que o denota. [Pl.: *–rosos* (ó).]

a•mor-per•fei•to *sm. Bot.* Planta violácea, ornamental. [Pl.: *amores-perfeitos.*]

a•mor-pró•pri:o *sm.* Orgulho; brio. [Pl.: *amores-próprios.*]

a•mor•ta•lhar *v.t.d.* Envolver em mortalha. [Conjug.: ① [amortalh]**ar**] § **a•mor•ta•lha•do** *adj.*; **a•mor•ta•lha•men•to** *sm.*

a•mor•te•ce•dor (ô) *adj.* **1.** Que amortece. • *sm.* **2.** Aquilo que amortece. **3.** *Autom.* Peça que se adapta ao sistema de suspensão para amortecer as oscilações das molas.

a•mor•te•cer *v.t.d.* **1.** Tornar como morto. **2.** Enfraquecer, abrandar. *Int.* e *p.* **3.** Perder grande parte da força ou do impulso. [Conjug.: ㉞ [amorte]**cer**] § **a•mor•te•ci•do** *adj.*; **a•mor•te•ci•men•to** *sm.*

a•mor•ti•zar *v.t.d.* Extinguir (dívida) aos poucos. [Conjug.: ① [amortiz]**ar**] § **a•mor•ti•zá•vel** *adj2g.*

a•mos•tra *sf.* **1.** Porção de, ou produto sem valor comercial, e apresentado para demonstrar sua natureza, qualidade ou tipo. **2.** Qualquer espécime representativo. **3.** *Estat.* Parte de uma população selecionada para pesquisa de características dela. **4.** *Fig.* Sinal, indício.

a•mos•tra•gem *sf.* **1.** Seleção de amostra para ser examinada como representante de um todo. **2.** Amostras selecionadas. [Pl.: *–gens.*]

a•mos•trar *v.t.d., t.d.i.* e *p.* V. *mostrar.* [Conjug.: ① [amostr]**ar**]

a•mo•ti•nar *v.t.d.* e *p.* Levantar(-se) em motim; sublevar(-se). [Conjug.: ① [amotin]**ar**] § **a•mo•ti•na•do** *adj.* e *sm.*

a•mo•ví•vel *adj2g.* Capaz de mover-se ou de ser removido. [Pl.: *–veis.*]

am•pa•rar *v.t.d.* **1.** Dar ou servir de amparo a; escorar. **2.** V. *proteger* (1). **3.** Dar meios de vida a; sustentar. *P.* **4.** Apoiar-se. [Conjug.: ① [ampar]**ar**] § **am•pa•ra•do** *adj.*

am•pa•ro *sm.* **1.** Ação ou efeito de amparar. **2.** Proteção, socorro. **3.** Pessoa ou coisa que ampara.

am•pe•ra•gem *sf. Eletr.* Intensidade duma corrente elétrica, medida em *ampères.*

⇨ **ampère** (ampér) *sm. Eletr.* Unidade de medida de intensidade de corrente elétrica no SI [símb.: *A*].

am•ple•xo (cs) *sm.* Abraço.

am•pli•ar *v.t.d.* **1.** Tornar (mais) amplo. **2.** Reproduzir em formato maior. *P.* **3.** Tornar-se (mais) amplo. [Conjug.: ① [ampli]**ar**] § **am•pli:a•ção** *sf.*; **am•pli:a•dor** (ô) *adj.* e *sm.*; **am•pli•á•vel** *adj2g.*

am•pli•dão *sf.* **1.** Qualidade ou caráter de amplo. **2.** Grande extensão; vastidão. **3.** O céu. [Pl.: *–dões.*]

am•pli•fi•ca•dor (ô) *adj.* **1.** Que amplifica; amplificante. • *sm.* **2.** Aquilo ou aquele que amplifica. **3.** *Eletrôn.* Dispositivo com que se aumenta no sinal de saída um parâmetro do sinal de entrada, graças a fontes de energia que lhe são pertinentes.

am•pli•fi•car *v.t.d.* **1.** Fazer maior (o que já está grande); ampliar. **2.** Aumentar o som de (música, fala). [Conjug.: ⑧ [amplifi]**car**] § **am•pli•fi•ca•ção** *sf.*; **am•pli•fi•can•te** *adj2g.*; **am•pli•fi•cá•vel** *adj2g.*

am•pli•tu•de *sf.* **1.** Extensão, amplidão. **2.** Qualidade do que abrange grande amplidão.

am•plo *adj.* **1.** Muito extenso; vasto. **2.** Muito grande.

am•po•la (ô) *sf.* **1.** V. *empola.* **2.** Tubozinho sem abertura, destinado a conter um líquido. **3.** O conteúdo de uma ampola (2).

am•pu•lhe•ta (ê) *sf.* Relógio de areia.

am•pu•tar *v.t.d.* **1.** Cortar (membro do corpo); mutilar. **2.** Eliminar. [Conjug.: ① [amput]**ar**] § **am•pu•ta•ção** *sf.*

a•mu•a•do *adj.* Que tem amuo; mal-humorado.

a•mu•ar *v.t.d.* **1.** Provocar amuo em; aborrecer. *Int.* e *p.* **2.** Ter amuo; aborrecer-se. [Conjug.: ① [amu]**ar**]

a•mu•la•ta•do *adj.* Da cor e/ou feições de mulato.

a•mu•le•to (ê) *sm.* Pequeno objeto a que se atribui poder mágico de afastar males.

a•mu•o *sm.* Mau humor passageiro, revelado no aspecto, gestos ou silêncio; arrufo, calundu.

a•mu•ra•da *sf.* Prolongamento do costado da embarcação, acima do convés descoberto.

a•nã *sf.* **1.** Fem. de *anão.* **2.** Pequena estrela cujo diâmetro é de cerca de 10.000km.

a•na•ba•tis•ta *s2g.* **1.** Protestante de uma seita que rejeita o batismo de crianças e rebatiza os seus adeptos adultos. • *adj2g.* **2.** Dos anabatistas.

a•na•bó•li•co *adj.* Relativo a anabolismo.

a•na•bo•lis•mo *sm. Fisiol.* Processo metabólico pelo qual o organismo transforma, e incorpora a si, material nutritivo; assimilação.

a•na•bo•li•zan•te *adj2g.* Diz-se de substância que estimula o anabolismo, esp. o crescimento de massa muscular.

a•na•bo•li•zar *v.t.d.* e *int.* Realizar anabolismo (de). [Conjug.: ① [anaboliz]**ar**]

a•na•car•di•á•ce:a *sf. Bras. Bot.* Espécime das anacardiáceas, família de árvores e arbustos floríferos de regiões tropicais e temperadas. Ex.: a aroeira, o cajueiro. § **a•na•car•di•á•ce:o** *adj.*

a•na•co•lu•to *sm. Gram.* Figura de sintaxe que consiste, ger., em mudança abrupta de construção. [Ex.: "Quem o feio ama, bonito lhe parece" (prov.); *Olha: eu, até morrendo só, prefiro ficar sem você.*]

a•na•con•da *sf. Zool.* V. sucuri.

a•na•co•re•ta (ê) *sm.* Religioso que vive na solidão.

a•na•crô•ni•co *adj.* 1. Em que há anacronismo (1). 2. Que está em desacordo com a moda, o uso, constituindo atraso em relação a eles. 3. Avesso aos costumes atuais; retrógrado.

a•na•cro•nis•mo *sm.* 1. Confusão de data quanto a acontecimentos ou pessoas. 2. Fato ou atitude anacrônica.

a•na•e•ró•bi•co *adj.* V. anaeróbio (1 e 2).

a•na•e•ró•bi:o *Biol. adj.* 1. Diz-se de organismo que pode viver privado do contato do ar ou do oxigênio livre. 2. Relativo ao próprio de organismo anaeróbio. [Sin., nessas acepç.: *anaeróbico.*] • *sm.* 3. Organismo anaeróbio.

a•na•fi•lá•ti•co ou a•na•fi•lác•ti•co *adj.* Relativo à anafilaxia.

a•na•fi•la•xi•a (cs) *sf. Med.* Reação exagerada do organismo a uma proteína a ele estranha, ou a outro tipo de substância; esta reação pode ser muito grave e, mesmo, mortal.

a•ná•fo•ra *sf. Gram.* Repetição do mesmo voc. no início de cada um dos membros da frase, de duas ou mais frases, ou de dois ou mais versos. [Ex.: Era *o sol,* era *o mar.* Era *a* vida, *a* vida!]

a•na•gra•ma *sm. Gram.* Palavra formada pela transposição das letras de outra. [Ex.: *Belisa* por *Isabel.*]

a•ná•gua *sf.* Saia usada sob outra saia.

a•nais *sm.pl.* Publicação periódica de ciências, letras ou artes, organizada ano a ano.

a•na•já *sm. Bot.* Palmácea de fruto drupáceo, verde-amarelo.

a•nal *adj2g.* Do ânus, ou relativo a ele. [Pl.: *anais.*]

a•nal•fa•be•tis•mo *sm.* Estado ou condição de analfabeto.

a•nal•fa•be•to *adj.* e *sm.* 1. Que ou quem não sabe ler e escrever. 2. Que ou quem é muito ignorante.

a•nal•ge•si•a *sf. Med.* Ausência de sensibilidade a dor.

a•nal•gé•si•co *adj.* e *sm. Med.* Que ou medicamento que suprime a dor.

a•na•li•sa•dor (ô) *adj.* 1. Que analisa. • *sm.* 2. Analista[1] (1). 3. *Eletrôn.* Equipamento de teste usado na análise das características de desempenho de circuitos.

a•na•li•sar *v.t.d.* 1. Fazer análise[1] de. 2. Observar com minúcia. [Conjug.: ① [analis]**ar**] § **a•na•li•sá•vel** *adj2g.*

a•ná•li•se[1] *sf.* 1. Exame de cada parte de um todo para conhecer-lhe a natureza, as funções, etc. 2. O resultado da análise[1] (1). 3. *Mat.* Análise matemática. ♦ **Análise combinatória.** *Mat.* Parte da matemática que investiga o número de disposições possíveis dos membros de um conjunto nos seus subconjuntos. **Análise matemática.** *Mat.* Parte da matemática em que se utilizam os processos de passagem ao limite e que compreende o cálculo diferencial e integral, o estudo das equações de derivadas ordinárias e parciais, etc.; análise.

a•ná•li•se[2] *sf.* Psicanálise.

a•na•lis•ta[1] *s2g.* 1. Quem faz análise[1]; analisador. 2. Quem faz análises químicas, clínicas, etc. ♦ **Analista de sistemas.** *Inform.* Profissional que especifica requisitos e recursos necessários para o desenvolvimento de sistemas computacionais.

a•na•lis•ta[2] *s2g.* Psicanalista.

a•na•lí•ti•co[1] *adj.* 1. Relativo a, ou que procede por análise[1]. 2. *Mat.* Referente à, ou próprio da análise matemática.

a•na•lí•ti•co[2] *adj.* Relativo a, ou próprio de análise[2].

a•na•lo•gi•a *sf.* 1. Ponto de semelhança entre coisas diferentes. 2. Semelhança (2). 3. *Gram.* Modificação ou criação de uma forma lingüística por influência de outra(s) já existente(s).

a•na•ló•gi•co *adj.* 1. Fundado na analogia. 2. *Inform.* Que pode assumir valores contínuos.

a•ná•lo•go *adj.* 1. Em que há analogia.

a•na•nás *sm. Bot.* Abacaxi (1 e 2). [Pl.: *–nases.*]

a•não *sm.* Indivíduo de estatura muito abaixo da normal. [Fem.: *anã.* Pl.: *anões, anãos.*]

a•nap•ti•xe (cs) *sf. Gram.* Suarabácti.

a•nar•qui•a *sf.* 1. Falta de governo ou de chefe. 2. Confusão ou desordem disso resultante.

a•nár•qui•co *adj.* 1. Que está em anarquia. 2. Em que há anarquia. 3. Confuso, desordenado.

a•nar•quis•mo *sm.* Teoria que considera a autoridade um mal e preconiza a substituição do Estado pela cooperação de grupos associados.

a•nar•quis•ta *adj2g.* 1. Diz-se de partidário do, ou que é dado ao anarquismo. 2. Dado à anarquia (2). • *s2g.* 3. Pessoa anarquista.

a•nar•qui•zar *v.t.d.* 1. Tornar anárquico. 2. Pôr em desordem, em confusão. 3. Pôr em ridículo. *P.* 4. Tornar-se anárquico. [Conjug.: ⊡ [anar-quiz]**ar**]

a•nas•pí•de:o *sm. Zool.* Espécime dos anaspídeos, ordem de moluscos gastrópodes de concha interna muito reduzida. § a•nas•pí•de:o *adj.*

a•nás•tro•fe *sf. Gram.* Inversão da ordem natural das palavras.

a•ná•te•ma *sm.* 1. Expulsão do seio da Igreja; excomunhão. 2. Maldição. 3. *Fig.* Reprovação enérgica.

a•na•te•ma•ti•zar *v.t.d.* Proferir anátema contra (alguém ou algo). [Conjug.: ⊡ [anatema-tiz]**ar**]

a•na•tí•de:o *sm. Zool.* Espécime dos anatídeos, família de aves aquáticas que vivem em bandos. Ex.: patos, marrecos, cisnes. § a•na• tí•de:o *adj.*

a•na•ti•fa *sf. Zool.* Crustáceo cirrípede, marinho.

a•na•to•mi•a *sf.* 1. Estudo da forma e estrutura dos seres organizados. 2. Anatomia humana. § a•na•tô•mi•co *adj.*; a•na•to•mis•ta *s2g.*

a•na•va•lhar *v.t.d.* Ferir com navalha. [Conjug.: ⊡ [anavalh]**ar**]

an•ca *sf.* 1. O quarto traseiro dos quadrúpedes. 2. *Anat.* Quadril.

an•ces•tral *adj2g.* 1. Relativo a antecessores, a antepassados. • *s2g.* 2. Indivíduo do qual descendem outros indivíduos ou grupos; antecessor, antepassado. [Pl.: *–trais.*]

an•cho *adj.* 1. Largo. 2. Vaidoso.

an•cho•va (ô) *sf. Bras. Zool.* Enchova.

an•ci•ão *adj.* e *sm.* Diz-se de, ou pessoa velha e respeitável. [Fem.: *anciã.* Pl.: *–ãos, –ães, –ões.*]

an•ci•la *sf.* 1. Escrava, serva. 2. *Fig.* Coisa que serve de auxílio ou subsídio a outra.

an•ci•lo•se *sf. Med.* Imobilização e consolidação da articulação, em conseqüência de doença, traumatismo ou intervenção cirúrgica.

an•ci•los•to•mí•a•se *sf. Med.* Infecção intestinal causada por parasito do gênero *Ancylostoma*; amarelão, opilação.

an•ci•nho *sm.* Instrumento agrícola, de cabo longo, com uma travessa dentada.

ân•co•ra[1] *sf.* 1. Peça de formato especial e peso conveniente, que agüenta a embarcação no fundeadouro. 2. *Fig.* Proteção, abrigo.

ân•co•ra[2] *s2g.* Profissional de televisão ou de rádio que apresenta um programa jornalístico, faz comentários e coordena o trabalho de outros participantes.

ân•co•ra[3] *sf. Prom. Vend.* V. *loja-âncora.*

an•co•ra•doi•ro ou an•co•ra•dou•ro *sm.* Lugar próprio para ancoragem.

an•co•rar *v.int.* Lançar (a embarcação) âncora ao fundo, para com ela manter-se parada. [Conjug.: ⊡ [ancor]**ar**] § an•co•ra•gem *sf.*

an•co•re•ta (ê) *sf.* Pequeno barril.

an•da•ço *sm. Fam.* Pequena epidemia.

an•da•du•ra *sm.* Modo de andar, especialmente o das cavalgaduras.

an•dai•me *sm.* Armação com estrado, sobre o qual trabalham operários nas construções.

an•da•luz *adj.* 1. Da Andaluzia (Espanha). • *sm.* 2. O natural ou habitante da Andaluzia. [Fem.: *andaluza.*]

an•da•men•to *sm.* 1. Ato ou modo de andar. 2. Grau de velocidade imprimido a trecho musical.

an•dan•ça *sf.* Ação de andar ou viajar; viagem, excursão.

an•dan•te *adj2g.* 1. V. *errante.* 2. Corrente (5).

an•dar *v.int.* 1. Movimentar-se, dando passos. 2. Movimentar-se, por impulso próprio ou não; mover-se. 3. Continuar, prosseguir. 4. Passar (o tempo). 5. Trabalhar, funcionar. 6. Proceder, agir. 7. Ser transportado; viajar. 8. Ter seguimento. *T.c.* 9. Fazer-se acompanhar. *Pred.* 10. Achar-se ou viver em determinado estado, condição ou aspecto: *Anda* triste. *T.d.* 11. Percorrer, correr. [Conjug.: ⊡ [and]**ar**] • *sm.* 12. Ação ou maneira de andar. 13. Marcha, ritmo. 14. Num edifício, pavimento situado acima do térreo ou de uma sobreloja.

an•da•ri•lho *sm.* Aquele que anda muito.

an•das *sf.pl.* V. *andor.*

an•de•jo (ê) *adj.* Que anda por muitas terras.

an•di•no *adj.* 1. Dos Andes. • *sm.* 2. O natural ou habitante dos Andes.

an•di•ro•ba *sf. Bras. Bot.* Árvore meliácea de madeira útil, e que fornece óleo útil.

an•dor (ô) *sm.* Padiola sobre a qual se conduzem imagens nas procissões; charola, andas.

an•do•ri•nha *sf. Zool.* Nome comum a várias aves hirundinídeas.

an•do•ri•nhão *sm. Zool.* Pequenina ave cipselídea, de cor parda. [Pl.: *–nhões.*]

an•dra•jo *sm.* Roupa velha, em trapos. [Tb. us. no pl.] § an•dra•jo•so (ô) *adj.*

an•dra•jos *sm.pl.* V. *andrajo.*

an•dro•ceu *sm. Bot.* O estame da flor.

an•dro•gi•ni•a *sf.* Qualidade ou caráter de andrógino.

an•dró•gi•no *adj.* e *sm. Biol.* Hermafrodito.

an•drói•de *s2g.* Autômato de figura humana.

a•ne•do•ta *sf.* 1. Relato sucinto de fato jocoso. 2. *P. ext.* Piada.

a•ne•do•tá•ri:o *sm.* Coleção de anedotas.

a•ne•dó•ti•co *adj.* Que encerra anedota.

a•nel *sm.* 1. Pequena tira circular, geralmente de metal, simples ou com engaste de pedras preciosas, esmalte, etc., usada nos dedos como adorno ou símbolo. 2. Qualquer objeto ou órgão circular. 3. Aro. 4. Caracol ou cacho de cabelo. 5. Cada elo de corrente. [Pl.: *anéis.*]

a•ne•la•do *adj.* 1. Em forma de anel; anelar, aneliforme, anular[1]. 2. Encaracolado (cabelo).

a•ne•lan•te *adj2g.* **1.** Que deseja ardentemen-te. **2.** Ofegante.

a•ne•lão *sm.* Anel grosso, de prata ou de ouro. [Pl.: –*lões.*]

a•ne•lar¹ *adj.* V. *anelado* (1).

a•ne•lar² *v.t.d.* Dar forma de anel a. [Conjug.: ⬚ [anel]**ar**]

a•ne•lar³ *v.t.i.* **1.** Desejar com ardor. *Int.* **2.** Anelar³ (1). **3.** Ofegar. [Conjug.: ⬚ [anel]**ar**]

a•ne•lí•de:o *sm. Zool.* Espécime dos anelídeos, filo de vermes de corpo mole e alongado, segmentado. Ex.: minhocas, sanguessugas. § **a•ne•lí•de:o** *adj.*

a•ne•li•for•me *adj2g.* V. *anelado* (1).

a•ne•lo *sm.* Desejo ardente; anseio.

a•ne•mi•a *sf. Med.* Baixa, no sangue, do teor de hemácias ou de hemoglobina.

a•nê•mi•co *adj.* **1.** Referente à, ou próprio da anemia. **2.** Que sofre de anemia. **3.** Sem força, sem vigor. • *sm.* **4.** Indivíduo anêmico.

a•ne•mo•fi•li•a *sf. Bot.* Polinização das plantas através do vento.

a•ne•mô•me•tro *sm.* Instrumento para medir a velocidade ou a força do vento.

a•nê•mo•na *sf. Bot.* **1.** Erva ranunculácea. **2.** Sua flor.

a•nê•mo•na-do-mar *sf. Zool.* Cnidário bentônico, marinho, de vida solitária, polipóide, e com coroa de tentáculos em torno da boca. [Sin.: *flor-das-pedras.* Pl.: *anêmonas-do-mar.*]

a•ne•quim *sm. Bras. Zool.* Espécie de peixe muito feroz que chega a medir sete metros. [Pl.: –*quins.*]

a•nes•te•si•a *sf. Med.* Perda total ou parcial da sensibilidade, por efeito de várias causas mórbidas ou conseguida de propósito, nas intervenções cirúrgicas.

a•nes•te•si•ar *v.t.d.* Provocar anestesia em. [Conjug.: ⬚ [anestesi]**ar**]

a•nes•té•si•co *adj. Med.* **1.** Que anestesia. • *sm.* **2.** Medicamento anestésico.

a•nes•te•si:o•lo•gis•ta *s2g. Med.* Especialista em ministrar anestesia (1).

a•nes•te•sis•ta *s2g.* V. *anestesiologista.*

a•né•ti•co *adj.* Sem ética.

a•neu•ris•ma *sm. Med.* Dilatação, de forma variável, da parede da artéria ou da veia. § **a•neu•ris•má•ti•co** *adj.*

a•ne•xar (cs) *v.t.d.i.* **1.** Juntar a coisa considerada como principal. **2.** Reunir (um país, ou parte dele) a (outro). *P.* **3.** Reunir-se, juntar-se. [Conjug.: ⬚ [anex]**ar**] § **a•ne•xa•ção** (cs) *sf.*

a•ne•xim (ch) *sm.* V. *provérbio.* [Pl.: –*xins.*]

a•ne•xo (cs) *adj.* **1.** Ligado, preso. **2.** Apenso, ajuntado. • *sm.* **3.** O que está ligado como acessório. **4.** Prédio dependente de outro, ou que o complementa.

an•fí•bi:o¹ *adj.* **1.** Que vive tanto em terra como na água. **2.** Que pode ser utilizado em terra e/ ou na água.

an•fí•bi:o² *sm. Zool.* Espécime dos anfíbios, classe de animais vertebrados que nascem na água e na idade adulta têm tb. hábitos terrestres. § **an•fí•bi:o²** *adj.*

an•fi•neu•ro *sm. Zool.* Espécime dos anfineuros, ordem de moluscos marinhos de corpo achatado, vermiforme; os mais comuns apresentam carapaça de oito placas. § **an•fi•neu•ro** *adj.*

an•fí•po•de *sm. Zool.* Espécime dos anfípodes, ordem de pequenos crustáceos de vida aquática, bentônicos ou pelágicos; abrange as pulgas-do-mar e os saltões-da-praia. § **an•fí•po•de** *adj2g.*

an•fi•te•a•tro *sm.* **1.** Construção circular, oval, semicircular ou semi-oval, em ambiente aberto ou fechado, com arquibancadas e, no centro, uma arena ou palco para espetáculos públicos. **2.** Sala com palco ou estrado, e arquibancadas, para representações teatrais, aulas, etc.

an•fi•tri•ão *sm.* Aquele que recebe convivas. [Fem.: *anfitriã, anfitrioa.* Pl.: –*ões.*]

ân•fo•ra *sf.* Vaso de cerâmica, com duas asas simétricas, onde gregos e romanos armazenavam azeite, vinho, etc.

an•frac•tu:o•si•da•de *sf.* Saliência, depressão ou sinuosidade irregulares.

an•ga•ri•ar *v.t.d.* **1.** Obter, pedindo a um e a outro. *D.* Granjear. [Conjug.: ⬚ [angari]**ar**]

an•gé•li•ca *sf. Bot.* **1.** Planta umbelífera medicinal, cujo caule é us. em confeitaria. **2.** Planta amarilidácea, tuberosa, de flores perfumadas. **3.** A flor da angélica (2).

an•gé•li•co *adj.* **1.** Relativo a, ou próprio de anjo(s). **2.** *Fig.* Puríssimo, imaculado.

ân•ge•lus *sm2n.* Ave-marias.

an•gi•co *sm. Bot.* Árvore das leguminosas, de madeira útil.

an•gi•na *sf. Med.* **1.** Dor de intensidade variável, podendo ser muito forte. [T. ger. us., atualmente, para indicar origem cardíaca.] **2.** Qualquer inflamação, de caráter agudo, na garganta. § **an•gi•no•so** *adj.*

an•gi:o•gra•ma *sm. Med.* Visualização radiológica de vaso obtida por meio de contraste (3).

an•gi:o•lo•gi•a *sf. Med.* Estudo dos vasos [v. vaso (6)] que integram o sistema circulatório.

an•gi:o•lo•gis•ta *s2g. Med.* Especialista em angiologia.

an•gi:o•pa•ti•a *sf. Fitol.* Nome comum às doenças vasculares do sistema circulatório. § **an•gi:o•pá•ti•co** *adj.*

an•gi:o•plas•ti•a *sf. Med.* Procedimento que tem por objetivo desfazer estenose arterial. § **an•gi:o•plás•ti•co** *adj.*

an•gi:os•per•ma *sf. Bot.* Espécime das angiospermas, grupo de vegetais que têm as sementes dentro de um ovário fechado o qual, quando amadurece, forma o fruto. São as plantas floríferas. **§ an•gi:os•per•mo** *adj.*

an•gli•ca•nis•mo *sm.* A Igreja oficial da Inglaterra desde o séc. XVI.

an•gli•ca•no *adj.* Referente ao, ou que é partidário do anglicanismo.

an•gli•cis•mo *sm.* **1.** Palavra, expressão ou construção peculiar à língua inglesa. **2.** Admiração profunda a tudo quanto é inglês.

an•glo *adj.* e *sm.* Inglês (1 e 2).

an•glo-sa•xão (cs) *sm.* **1.** Indivíduo dos povos germânicos (anglos, saxões e jutos), que invadiram a Inglaterra entre os sécs. V e VI, e lá se fixaram. **2.** *P. ext.* Inglês (2) ou aquele que tem origem inglesa. • *adj.* **3.** Desses povos. [Pl.: *anglo-saxões.*]

an•go•rá *adj2g.* **1.** Diz-se de certa raça de gatos, cabras ou coelhos de pêlo comprido e fino. • *sm.* **2.** A lã ou o tecido de pêlo de cabra angorá.

an•gra *sf.* Enseada largamente aberta, que aparece onde há costas altas.

angs•tröm *sm. Fís.* Unidade de medida de comprimento, equivalente a $10\text{-}1^0$ m.

an•gu *sm. Bras.* **1.** Massa de farinha de milho (fubá), de mandioca ou de arroz, com água e sal, e escaldada ao fogo. **2.** *Pop.* Confusão; intriga.

an•gui•lí•de:o *sm. Zool.* Espécime dos anguilídeos, família de peixes serpentiformes, alimentícios. São as enguias. **§ an•gui•lí•de:o** *adj.*

an•güi•li•for•me *adj2g.* Que tem forma de enguia.

an•gu•lar *adj2g.* **1.** Relativo a ângulo(s). **2.** Em forma de ângulo.

ân•gu•lo *sm.* **1.** Esquina, canto. **2.** *Geom.* Figura formada por duas retas que têm um ponto comum. **3.** *Geom.* Medida do afastamento entre tais retas. ◆ **Ângulo agudo.** *Geom.* Ângulo (2) menor que 90º. **Ângulo de condução.** *Eletrôn.* Porção do ciclo de uma tensão alternada, expressa como um ângulo, durante a qual flui corrente. **Ângulo obtuso.** *Geom.* Ângulo (2) maior que 90º. **Ângulo polar.** *Geom. Anal.* Num sistema de coordenadas polares, o ângulo orientado entre o eixo polar e o raio vetor; ângulo vetorial, argumento. **Ângulo reto.** *Geom.* Ângulo (2) que tem 90º. **Ângulo vetorial.** *Geom. Anal.* V. *ângulo polar.*

an•gu•lo•so (ô) *adj.* **1.** Cheio de ângulos. **2.** Ossudo. [Pl.: *-losos* (ó).]

an•gús•ti:a *sf.* **1.** Grande ansiedade ou aflição; ânsia, agonia. **2.** Sofrimento, atribulação.

an•gus•ti•ar *v.t.d.* e *p.* Afligir(-se), atormentar(-se). [Conjug.: ① [angusti]**ar**] **§ an•gus•ti•a•do** *adj.*; **an•gus•ti•an•te** *adj2g.*

a•nhan•gá *sm. Bras.* Na mitologia tupi-guarani, o espírito do mal, o Diabo.

a•nhi•mí•de:o *sm. Zool.* Espécime dos anhimídeos, família de pássaros de pescoço curto e pernas longas, cor preta ou cinza, que habitam a América tropical e subtropical. **§ a•nhi•mí•de:o** *adj.*

a•nho *sm.* Cordeiro.

a•nhu•ma *sf. Bras. Zool.* Ave anhimídea que vive em pântanos e banhados.

a•ni•a•gem *sf.* Pano grosseiro, de juta ou de outra fibra, para sacos. [Pl.: *-gens.*]

a•ni•dri•do *sm. Quím.* Produto obtido de um ácido por eliminação de uma ou mais moléculas de água; ex.: anidrido acético.

a•ni•dro *adj. Quím.* Que lhe foi retirada a água.

a•nil¹ **1.** A cor azul; índigo. [Pl.: *anis.*] • *adj2g.2n.* **2.** Azul.

a•nil² *sm. Quím.* **1.** Substância vegetal ou sintética, azul, utilizada como corante; índigo. [Pl.: *anis.*]

a•ni•la•do *adj.* Azulado.

a•ni•lei•ra *sf. Bot.* Nome comum a várias plantas das leguminosas cujo fruto, leguminiforme, fornece o anil (1).

a•ni•li•na *sf.* **1.** *Quím.* Amina derivada do benzeno, líquida, incolor, oleosa, com odor característico [fórm.: $C_6H_5NH_2$]. **2.** Material corante fabricado com ela.

a•ni•ma•ção *sf.* **1.** Ato ou efeito de animar. **2.** Vivacidade comunicativa. **3.** Alegria, entusiasmo. **4.** Movimento, rebuliço. **5.** *Cin. Telev.* Técnica de simulação de movimento por meio de seqüência de desenhos ou imagens paradas. **6.** *Com.* Efeito de animação (5) obtido por meio de recursos de computação gráfica. [Pl.: *-ções.*]

a•ni•ma•do *adj.* **1.** Vivo (1). **2.** Alegre, vivaz.

a•ni•ma•dor (ô) *adj.* **1.** Que anima. • *sm.* **2.** Aquele que anima. **3.** *Restr.* Comunicador (2) que, num programa de rádio ou tevê, ou em apresentação ao vivo, anima e conduz o espetáculo atraindo a atenção do público.

a•ni•mal *sm.* **1.** Ser vivo organizado, dotado de sensibilidade e movimento (em oposição às plantas). **2.** *Biol.* Espécime dos animais, reino que reúne seres vivos pluricelulares, heterotróficos. **3.** Animal irracional. **4.** Pessoa muito ignorante, ou cruel, ou estúpida. **5.** *Bras.* Cavalo (1), sobretudo o macho. • *adj2g.* **6.** Do, ou próprio do animal. [Aum. *animalão*, *animalaço*; dim. *animalzinho*, *animalejo*, *animálculo.* Pl.: *-mais.*]

a•ni•ma•les•co (ê) *adj.* **1.** Relativo a, ou próprio de animal. **2.** *Fig.* Bestial, brutal.

a•ni•mar *v.t.d.* **1.** Dar alma ou energia vital a. **2.** Dar ânimo, coragem, a. **3.** Dar vivacidade a. **4.** Dar movimento, dinamismo, a. *Int.* **5.** Criar ânimo; cobrar esperança. *P.* **6.** Adquirir vida, animação, movimento. **7.** Resolver-se, decidir-se. [Conjug.: ① [anim]**ar**]

a•ní•mi•co *adj*. **1.** Pertencente ou relativo à alma; psíquico. **2.** Relativo a animismo.

a•ni•mis•mo *sm*. Crença ou sistema de pensamento que atribui alma própria a seres vivos, objetos inanimados e fenômenos da natureza. **§ a•ni•mis•ta** *s2g. adj2g.*; **a•ni•mís•ti•co** *adj*.

â•ni•mo *sm*. **1.** Alma, espírito. **2.** Índole. **3.** Coragem; vontade.

a•ni•mo•si•da•de *sf*. Aversão persistente.

a•ni•mo•so (ó) *adj*. Que tem ânimo; corajoso. [Pl.: –*mosos* (ó).]

a•ni•nhar *v.t.d.* **1.** Pôr ou recolher em ninho. **2.** Recolher. *Int.* e *p.* **3.** Fazer ninho. **4.** Recolher-se. [Conjug.: 1 [aninh]**ar**]

â•ni:on *sm. Quím.* Átomo ou grupo de átomos com carga negativa.

a•ni•qui•lar *v.t.d.* **1.** Reduzir a nada; anular. **2.** Destruir. **3.** Abater, prostrar. *T.i.* **4.** Aniquilar (1 e 2). *P.* **5.** Abater-se; humilhar-se. [Conjug.: 1 [aniquil]**ar**] **§ a•ni•qui•la•men•to** *sm*.

a•nis *sm. Bot.* Erva umbelífera de sementes aromáticas, com cuja essência se fabricam licores e xaropes; erva-doce. [Pl.: –*ses.*]

a•ni•se•te *sm*. Licor de anis.

a•ni•so•gâ•mi•co *adj. Biol.* Que produz gametas de diferentes tamanhos. **§ a•ni•so•ga•mi•a** *sf*.

a•nis•ti•a *sf*. Perdão de crime político.

a•nis•ti•ar *v.t.d.* Conceder anistia a. [Conjug.: 1 [anisti]**ar**] **§ a•nis•ti•a•do** *adj.* e *sm*.

a•his•tó•ri•co *adj*. **1.** Não histórico; alheio à história; aistórico. **2.** Contrário à história; anti-histórico (1).

a•ni•ver•sa•ri•ar *v.int. Bras.* Fazer aniversário. [Conjug.: 1 [aniversari]**ar**] **§ a•ni•ver•sa•ri•an•te** *adj2g.* e *s2g.* (*bras.*).

a•ni•ver•sá•ri:o *sm*. Dia em que faz ano(s) que se deu certo acontecimento, ou em que se completa(m) ano(s).

an•ji•nhos *sm.pl.* Anéis de ferro com que se prendiam e apertavam os dedos de criminosos.

an•jo *sm*. **1.** Ser espiritual que serve de mensageiro entre Deus e os homens. **2.** Criança vestida de anjo em procissões, etc. **3.** Criança sossegada. **4.** Criança morta. **5.** Pessoa bondosa.

a•no *sm*. Intervalo de tempo correspondente a uma revolução da Terra em torno do Sol, e equivale a 365 dias, 6 horas, 13 minutos e 53 segundos médios; espaço de 12 meses. ◆ **Ano civil.** O que vai de 1º de janeiro a 31 de dezembro. **Ano fiscal.** *Econ.* Período de 12 meses em que se executa o orçamento do Governo, e que pode não coincidir com o ano civil. **Ano letivo.** Período do ano em que funcionam os estabelecimentos de ensino.

a•no-bom *sm*. Ano-novo. [Pl.: *anos-bons.*]

a•nó•di•no *adj*. **1.** Que mitiga as dores (medicamento); analgésico. **2.** *Fig.* Pouco importante ou insignificante.

â•no•do *sm. Eletr.* Eletrodo positivo, para onde se dirigem os íons negativos.

a•nof•tal•mi•a *sf*. Ausência congênita de um ou de ambos os olhos. **§ a•nof•tál•mi•co** *adj*.

a•noi•te•cer *v.int.* **1.** Ir chegando, ou cair, a noite. *T.c.* **2.** Achar-se em determinado lugar ao anoitecer. *T.d.* **3.** Tornar escuro. *Pred.* **4.** Encontrar-se (em certo estado) à noite. [Conjug.: 34 [anoite]**cer**. Como *int.* (na 1ª acepç.), é unipessoal, conjugável só na 3ª pess. do sing., com sujeito zero.] • *sm.* **5.** O cair da noite.

a•no-luz *sm. Astron.* Unidade de distância que equivale àquela percorrida pela luz, no vácuo, à razão de, aproximadamente, 300.000km por segundo. [Pl.: *anos-luz.*]

a•no•ma•li•a *sf*. Irregularidade, anormalidade.

a•nô•ma•lo *adj*. Em que há anomalia.

a•no•mi•a *sf. Sociol.* Ausência generalizada de respeito a normas sociais, devido a contradições ou divergências entre estas. **§ a•nô•mi•co** *adj*.

a•no•ná•ce:a *sf. Bot.* Espécime das anonáceas, família de árvores e arbustos floríferos, cujos frutos são, ger., grandes bagas comestíveis. Ex.: fruta-de-conde, graviola, araticum. **§ a•no•ná•ce:o** *adj*.

a•no•ni•ma•to *sm*. Estado do que é anônimo.

a•nô•ni•mo *adj*. **1.** Sem o nome ou a assinatura do autor. **2.** Sem nome ou nomeada; obscuro.

a•no-no•vo *sm*. **1.** O dia 1º de janeiro; ano-bom. **2.** O primeiro dia do ano no calendário judaico, muçulmano, etc. [Pl.: *anos-novos.*]

a•no•plu•ro *sm. Zool.* Espécime dos anopluros, ordem de insetos hematófagos, desprovidos de asas. São os piolhos e chatos. **§ a•no•plu•ro** *adj*.

a•no•re•xi•a (cs) *sf. Med.* Redução ou perda do apetite; inapetência.

a•no•ré•xi•co (cs) *adj.* e *sm. Med.* Diz-se de, ou substância que induz a perda de apetite.

a•nor•mal *adj2g.* **1.** Que está fora da norma ou padrão. **2.** Contrário às regras; anômalo. [Pl.: –*mais.*]

a•nor•ma•li•da•de *sf*. **1.** Qualidade de anormal. **2.** Fato ou situação anormal.

a•no•so (ó) *adj*. De muitos anos; velho (coisa). [Pl.: *anosos* (ó).]

a•no•tar *v.t.d.* **1.** Apor notas a. **2.** Esclarecer com comentários. **3.** Tomar nota de; apontar. [Conjug.: 1 [anot]**ar**] **§ a•no•ta•ção** *sf.*; **a•no•ta•dor** (ô) *adj.* e *sm*.

a•no•vu•la•tó•ri:o *adj.* e *sm*. Diz-se da substância que impede ovulação.

an•qui•nhas *sf.pl.* Armação de arame com que se alteavam as saias nos quadris.

an•sei•o *sm*. **1.** Ato de padecer ânsias. **2.** Ânsia (2).

ân•si:a *sf.* **1.** V. *angústia* (1). **2.** Desejo ardente; anseio. **3.** Estertor, vasca.

an•si•a•do *adj.* **1.** Que padece ânsias. **2.** Desejado ardentemente; almejado.

an•si•ar *v.t.d.* **1.** Causar ânsia ou ansiedade a. **2.** Desejar com ardor; almejar. *T.i.* **3.** Ansiar (2). *Int.* **4.** Ter ânsias. [Conjug.: 12 [ans]**iar**]

ân•si:as *sf.pl.* Náuseas.

an•si:e•da•de *sf. Psiq.* Estado emocional angustiante acompanhado de alterações somáticas (cardíacas, respiratórias, etc.), e em que se prevêem situações desagradáveis, reais ou não.

an•si:o•lí•ti•co *adj.* e *sm. Med.* Diz de, ou medicamento que combate ansiedade.

an•si•o•so (ó) *adj.* Cheio de ânsia. [Pl.: *-osos* (ó).]

ans•pe•ça•da *sm.* V. *hierarquia militar.*

an•ta *sf. Zool.* Mamífero tapirídeo, pardo, de até 180 quilos, e que chega a 2m de comprimento por 1m de altura. Tem focinho prolongado em tromba. [Sin.: *tapir.*]

an•ta•gô•ni•co *adj.* Oposto, contrário.

an•ta•go•nis•mo *sm.* **1.** Oposição de idéias ou sistemas. **2.** Incompatibilidade.

an•ta•go•nis•ta *adj2g.* e *s2g.* Que ou quem atua em sentido oposto; adversário.

an•ta•nho *adv.* Nos tempos idos; antigamente, outrora.

an•tár•ti•co *adj.* **1.** Oposto do pólo ártico. **2.** Do pólo sul.

an•te *prep.* **1.** Em presença de. **2.** Em conseqüência de.

an•te•bra•ço *sm.* A parte do braço entre o cotovelo e o pulso.

an•te•câ•ma•ra *sf.* **1.** Aposento anterior à câmara (1). **2.** Ante-sala.

an•te•ce•dên•ci:a *sf.* Precedência, anterioridade.

an•te•ce•den•te *adj2g.* **1.** Que antecede; precedente. **2.** *Mat.* Numerador de uma razão (6).

an•te•ce•den•tes *sm.pl.* Os fatos anteriores, que deixam prever os que se hão de seguir.

an•te•ce•der *v.t.d.* **1.** Vir, estar, chegar ou ficar antes. **2.** Realizar antes do tempo. *T.i.* e *p.* **3.** Ser anterior; preceder. [Conjug.: 2 [antece]**der**]

an•te•ces•sor (ó) *sm.* Aquele que antecede; predecessor.

an•te•ci•pa•ção *sf.* **1.** Ato ou efeito de antecipar(-se). **2.** Antecedência, anterioridade. [Pl.: *-ções.*]

an•te•ci•par *v.t.d.* **1.** Fazer, dizer, sentir, antes do devido tempo; precipitar. **2.** Chegar antes de. *T.d.i.* **3.** Comunicar com antecipação. *Int.* **4.** Ocorrer com antecedência. *P.* **5.** Agir ou proceder com antecipação. [Conjug.: 1 [antecip]**ar**] § an•te•ci•pa•do *adj.*

an•te•da•tar *v.t.d.* Pôr data anterior em. [Conjug.: 1 [antedat]**ar**]

an•te•di•lu•vi•a•no *adj.* Anterior ao dilúvio.

an•te•go•zar *v.t.d.* Gozar com antecipação; prelibar. [Conjug.: 1 [antegoz]**ar**]

an•te•go•zo (ô) *sm.* Gozo antecipado.

an•te•his•tó•ri•co *adj.* Pré-histórico. [Pl.: *ante-históricos.*]

an•te•mão *adv. P. us.* V. *de antemão.* ♦ **De antemão.** Com antecedência; previamente.

an•te•me•ri•di•a•no *adj.* Anterior ao meio-dia.

an•te•na *sf. Zool.* **1.** Apêndice cefálico sensorial existente nos crustáceos, em insetos, etc. **2.** Estrutura com a função de captar ou transmitir as ondas eletromagnéticas.

an•te•on•tem *adv.* No dia anterior ao de ontem.

an•te•pa•ro *sm.* Nome comum às peças como tabiques, por ex., destinadas a resguardar ou proteger alguém ou algo.

an•te•pas•sa•do *sm.* Ascendente (3), especialmente o que é anterior aos avós.

an•te•pas•sa•dos *sm.pl.* Ascendentes, avós.

an•te•pas•to *sm.* Iguaria que se serve antes da refeição e que se destina a abrir o apetite.

an•te•pe•núl•ti•mo *adj.* Anterior ao penúltimo.

an•te•por *v.t.d.* **1.** Pôr antes. **2.** Preferir. *P.* **3.** Pôr-se antes. [Conjug.: 60 [ante]**por**]. Antôn.: *pospor.*]

an•te•po•si•ção *sf.* Ato ou efeito de antepor(-se). [Pl.: *-ções.*]

an•te•po•si•ti•vo *adj.* Que se antepõe. [Antôn.: *pospositivo.*]

an•te•pro•je•to *sm.* Esboço do projeto.

an•te•ra *sf. Bot.* Porção dilatada que encerra os grãos de pólen.

an•te•ri•or (ô) *adj2g.* Que está adiante; que vem ou fica antes. § an•te•ri:o•ri•da•de *sf.*

an•te•ro•zói•de *sm. Bot.* Célula sexual masculina.

an•tes *adv.* **1.** Em tempo ou lugar anterior. **2.** De preferência. **3.** Pelo contrário.

an•te•sa•la *sf.* Sala antecedente à principal; antecâmara. [Pl.: *ante-salas.*]

an•te•ver *v.t.d.* **1.** Ver com antecedência. **2.** Pressagiar, prever. [Conjug.: 24 [ante]**ver**] § an•te•vi•são *sf.*

an•te•vés•pe•ra *sf.* Dia precedente à véspera.

an•ti•á•ci•do *adj.* e *sm. Med.* Diz de, ou substância que combate a acidez gástrica.

an•ti:a•de•ren•te *adj2g.* e *sm.* Diz-se de, ou substância que, aplicada a objeto ou utensílio, impede a adesão deste a outros.

an•ti:a•é•re:o *adj.* **1.** Que se opõe aos ataques aéreos. **2.** Que protege dos ataques aéreos: *abrigo* antiaéreo.

an•ti:a•lér•gi•co *adj.* e *sm. Med.* Diz-se de, ou medicamento que combate a alergia.

an•ti•bi•ó•ti•co adj. e sm. Med. Diz-se de, ou substância capaz de impedir o crescimento de microrganismos ou de matá-los, e é empregada contra moléstias infecciosas.

an•ti•ci•clo•ne sm. Zona de pressão atmosférica relativamente elevada, que produz uma circulação difusora, geralmente acompanhada de bom tempo.

an•ti•cle•ri•cal adj2g. Contrário ao clero. [Pl.: –cais.]

an•ti•co:a•gu•lan•te adj2g. e sm. Diz-se de, ou substância que diminui a capacidade de coagulação sangüínea.

an•ti•con•cep•ci:o•nal adj2g. e sm. Diz-se de, ou substância que evita a concepção (2).

an•ti•cons•ti•tu•ci:o•nal adj2g. Contrário ao que dispõe a constituição de um país. [Pl.: –nais.]

an•ti•con•vul•si•van•te adj2g. e sm. Med. Diz-se de, ou medicamento que evita ou combate convulsão (2); anticonvulsivo.

an•ti•con•vul•si•vo adj. e sm. Med. Anticonvulsivante.

an•ti•cor•po (ô) sm. Imunol. Qualquer imunoglobulina que interage apenas com o antígeno que lhe induziu a síntese, ou com antígeno outro que seja intimamente relacionado a este. [Pl.: –corpos (ór).]

an•ti•cris•to sm. Rel. 1. Personagem que, segundo o Apocalipse, virá, antes do fim do mundo, semear a impiedade, até afinal ser vencido por Cristo. 2. A personificação de tudo que se opõe a Cristo, ao cristianismo, aos cristãos.

an•ti•de•mo•crá•ti•co adj. Contrário à democracia.

an•ti•de•ri•va•da sf. Mat. V. integral indefinida.

an•ti•der•ra•pan•te adj2g. 1. Que não derrapa ou que dificulta a derrapagem. 2. Diz-se do pneu dotado de propriedades que o impedem de derrapar.

an•tí•do•to sm. Med. Contraveneno.

an•ti•é•ti•co adj. Contrário à ética.

an•ti•fe•bril adj2g. e sm. Med. Febrífugo. [Pl.: –bris.]

an•ti•fo•na sf. Lit. Versículo cantado pelo celebrante, antes e depois dum salmo.

an•tí•ge•no sm. Patol. Qualquer substância que, em contato com organismo que não a tem, provoca nele a formação de anticorpo específico com o qual pode combinar-se de modo eletivo. § an•ti•gê•ni•co adj.

an•ti•go adj. 1. Do tempo remoto. 2. Que existiu ou sucedeu no passado. 3. Que é ou existe desde muito tempo; velho.

an•ti•gui•da•de ou an•ti•güi•da•de sf. 1. Qualidade de antigo. 2. O tempo, a era remota. 3. Os antigos. 4. O tempo de serviço (em cargo ou função).

an•ti•hi•gi•ê•ni•co adj. Contrário à higiene. [Pl.: anti-higiênicos.]

an•ti•his•tó•ri•co adj. Contrário à história, aos seus fatos e/ou princípios; anistórico.

an•ti•lo•ga•rit•mo sm. Mat. Número cujo logaritmo é um número dado.

an•tí•lo•pe sm. Zool. 1. Mamífero artiodáctilo, bovídeo, de porte pequeno, chifres longos dirigidos para cima e para trás, e que é comum na África. 2. O couro dele.

an•ti•ma•té•ri:a sf. Fís. Átomo ou matéria constituída por antipartículas.

an•ti•mô•ni:o sm. Quím. Elemento de número atômico 51, de aspecto metálico branco-azulado usado em ligas e sob a forma de compostos [símb.: Sb].

an•ti•no•mi•a sf. 1. Exclusão recíproca. 2. Filos. Conflito entre duas asserções demonstradas ou refutadas, aparentemente com igual rigor. [Cf., nesta acepç., paradoxo (4).]

an•ti:o•fí•di•co adj. e sm. Med. Diz-se de, ou substância que combate veneno de cobra.

an•ti•par•tí•cu•la sf. Fís. Nucl. Denominação comum às partículas elementares que apresentam mesma massa de uma partícula mas carga elétrica e algumas outras características opostas, e que têm a propriedade de se aniquilar em contato com a partícula equivalente.

an•ti•pa•ti•a sf. Sentimento de repulsa espontânea, aversão.

an•ti•pá•ti•co adj. Que inspira ou sente antipatia.

an•ti•pa•ti•zar v.t.i. Ter ou sentir antipatia; implicar. [Antôn.: simpatizar. Conjug.: 1 [antipatiz]ar]

an•ti•pe•da•gó•gi•co adj. Contrário às normas da pedagogia.

an•ti•pi•ré•ti•co adj. e sm. V. febrífugo.

an•tí•po•da s2g. 1. Habitante da Terra situado em lugar diametralmente oposto ao de outro. • adj. 2. Contrário, oposto.

an•ti•po•li:o•mi:e•lí•ti•co adj. Que combate a poliomielite.

an•ti•pú•tri•do adj. Que combate a putrefação.

an•ti•qua•do adj. 1. Que pensa ou age de maneira antiga. 2. Fora do uso ou moda; desusado.

an•ti•qua•lha sf. Coisa, objetos antigos.

an•ti•quá•ri:o sm. Colecionador, comerciante, ou loja de antiguidades.

an•ti•rá•bi•co adj. e sm. Med. Diz-se de, ou agente que evita ou combate a raiva. [Pl.: antirábicos.]

an•ti•se•mi•ta adj2g. e s2g. Contrário, hostil aos judeus. [Pl.: anti-semitas.] § an•ti•se•mi•tis•mo sm.

an•ti•sep•si•a sf. 1. Destruição de micróbios. 2. Conjunto de procedimentos empregados na anti-sepsia (1). [Pl.: anti-sepsias.]

an•ti-sép•ti•co *adj.* e *sm.* Diz-se de, ou subs-tância capaz de destruir micróbios. [Pl.: *anti-sépticos*.]

an•ti-si•fi•lí•ti•co *adj.* e *sm. Med.* Diz-se de, ou medicamento que combate a sífilis. [Pl.: *anti-sifilíticos*.]

an•ti-so•ci•al *adj2g.* Contrário à sociedade. [Pl.: *anti-sociais*.]

an•tí•te•se *sf.* 1. *Gram.* Figura pela qual se salienta a oposição entre duas palavras ou idéias. [Ex.: "Era o porvir – em frente do passado" (Castro Alves).] 2. V. *oposto* (4). 3. *Lóg.* Contrariedade ou contradição entre proposições.

an•ti•te•tâ•ni•co *adj.* e *sm. Med.* Que, ou substância que combate ou evita o tétano.

an•ti•tó•xi•co (cs) *adj. Med.* 1. Que é usado para combater ação de tóxico. 2. Relativo a antitoxina. • *sm.* 3. Substância antitóxica.

an•ti•to•xi•na (cs) *sf.* Anticorpo neutralizante específico contra toxina de microrganismo.

an•ti•ve•né•re:o *adj.* e *sm. Med.* Diz-se de, ou substância ou procedimento que evita ou combate doença venérea.

an•ti•vi•ral *adj2g* e *s2g.* Diz-se de, ou agente que extermina vírus; antivirulento, antivirótico. [Pl.: *–rais*.]

an•ti•vi•ró•ti•co *adj.* e *sm.* V. *antiviral.*

an•ti•vi•ru•len•to *adj.* e *sm.* V. *antiviral.*

an•ti•ví•rus *adj2g.2n.* e *sm2n. Inform.* Diz-se de, ou programa destinado à detecção e/ou remoção de vírus (2).

an•to•lhos *sm.pl.* 1. Pala com que se resguardam da luz olhos doentes. 2. Peças que se põem ao lado dos olhos das cavalgaduras para que olhem só para a frente.

an•to•lo•gi•a *sf.* Coleção de trechos escolhidos em prosa e/ou em verso; florilégio, seleta. § **an•to•ló•gi•co** *adj.*

an•to•mi•í•de:o *sm. Zool.* Espécime dos antomiídeos, família de insetos dípteros que inclui as moscas comuns. § **an•to•mi•í•de:o** *adj.*

an•to•ní•mi:a *sf. Gram.* Caráter dos antônimos, ou o seu emprego (1).

an•tô•ni•mo *sm. Gram.* Palavra de significação oposta à de outra.

an•to•zo•á•ri:o *sm. Zool.* Espécime dos antozoários, classe de cnidários marinhos, polipóides; inclui as anêmonas-do-mar e os corais. § **an•to•zo•á•ri:o** *adj.*

an•tro *sm.* 1. Cova funda e escura. 2. *Fig.* Lugar de corrupção.

an•tró•pi•co *adj.* De ou relativo ao homem ou à vida humana.

an•tro•po•cên•tri•co *adj.* Diz-se de atitude ou teoria que tem o homem como referencial único, ou que interpreta o Universo em termos de valores, feitos e experiências humanas.

an•tro•po•fa•gi•a *sf.* 1. Estado ou ato de antropófago. 2. *Antrop.* Prática institucionaliza-da de consumo de carne humana por seres humanos, ger. com caráter ritual. § **an•tro•po•fá•gi•co** *adj.*

an•tro•pó•fa•go *adj.* e *sm.* Que ou aquele que come carne humana; canibal.

an•tro•pói•de *adj2g.* Antropomorfo.

an•tro•pói•de:o *sm.* Simiiforme.

an•tro•po•lo•gi•a *sf.* 1. Estudo ou reflexão acerca do ser humano, e do que lhe é característico. 2. Designação comum a diferentes ciências ou disciplinas, cujas finalidades são descrever o ser humano e analisá-lo com base nas características biológicas e socioculturais dos diversos grupos (povos, etnias, etc.), dando ênfase às diferenças e variações entre eles. § **an•tro•po•ló•gi•co** *adj;* **an•tro•pó•lo•go** *sm.*

an•tro•po•mór•fi•co *adj.* 1. Antropomorfo. 2. Relativo ao antropomorfismo.

an•tro•po•mor•fis•mo *sm.* Crença ou pensamento que atribui formas ou atributos humanos a entidades abstratas ou seres não humanos.

an•tro•po•mor•fo *adj.* Semelhante ao homem quanto à forma; antropóide.

an•tro•pô•ni•mo *sm.* Nome próprio de pessoa.

an•tú•ri:o *sm. Bot.* Erva arácea, ornamental.

a•nu ou **a•num** *sm. Bras. Zool.* Ave cuculídea pequena, preta, de bico forte, e voraz destruidora de insetos. [Pl. de *anum*: *anuns*.]

a•nu•al *adj2g.* 1. Que dura ou é válido por um ano. 2. Que se realiza, se publica, se paga uma vez por ano. 3. Que completa o ciclo vegetativo e reprodutivo em um ano (planta). [Pl.: *–ais*.]

a•nu•á•ri:o *sm.* Publicação anual.

a•nu•i•da•de *sf.* 1. Quantia que se paga periodicamente para constituição de capital ou a amortização de dívida e capital e juros. 2. Quantia que se paga anualmente a uma instituição.

a•nu•ir *v.t.i.* e *int.* Dar consentimento, aprovação; assentir. [Conjug.: ⁴⁹ [an]uir] § **a•nu•ên•ci:a** *sf.*

a•nu•lar¹ *adj2g.* 1. V. *anelado* (1). 2. Diz-se do dedo em que é mais de hábito usar anel. • *sm.* 3. Dedo anular.

a•nu•lar² *v.t.d.* e *p.* 1. Tornar(-se) nulo; invalidar(-se). 2. Desfazer(-se), destruir(-se). [Sin. ger.: *nulificar.* Conjug.: ① [anul]ar] § **a•nu•la•dor** (ó) *adj.;* **a•nu•lá•vel** *adj2g.*

a•nun•ci•a•ção *sf.* 1. Ato ou efeito de anunciar. 2. *Rel.* O dia fixado pela Igreja para se comemorar a anunciação à Virgem Maria, pelo arcanjo Gabriel, do mistério da encarnação. [Pl.: *–ções.*]

a•nun•ci•ar *v.t.d.* 1. Dar a conhecer; noticiar. 2. Pôr anúncio de. 3. Indicar, prenunciar. 4. Prevenir da presença ou chegada de. *T.d.i.* 5. Comunicar, participar. 6. Anunciar (4). *Int.* 7.

Promover e custear a divulgação de anúncio (1). [Conjug.: ⊡ [anunci]**ar**] **§ a•nun•ci•an•te** *adj2g.* e *s2g.*

a•nún•ci:o *sm.* 1. Mensagem publicitária veiculada na mídia. 2. Notícia pela qual se dá qualquer coisa ao conhecimento público. 3. Previsão; vaticínio. ♦ **Anúncio classificado.** Anúncio (1) de venda, troca, etc., publicado em seção específica de jornal e/ou revista.

a•nu•ro¹ *adj.* Desprovido de cauda.

a•nu•ro² *sm. Zool.* Espécime dos anuros, ordem de animais anfíbios de cabeça fundida ao corpo, sem cauda, e cujos membros locomotores posteriores são mais desenvolvidos, especializados para o salto e a natação. São os sapos, rãs e pererecas. [Sin.: *batráquio.*] **§ a•nu•ro²** *adj.*

â•nus *sm2n. Anat.* Orifício, na extremidade terminal do intestino, por onde saem os excrementos.

a•nu•vi•ar *v.t.d.* e *p.* V. *nublar.* [Conjug.: ⊡ [anuvi]**ar**]

an•ver•so *sm.* Face de medalha ou moeda onde se vê a efígie ou emblema.

an•zol *sm.* Pequeno gancho, farpado, para pescar. [Pl.: *–zóis.*]

ao¹ comb. da prep. *a* com o art. *o: Vou ao baile.*

ao² comb. da prep. *a* com o pron. dem. neutro *o; àquele: Não dei o prêmio ao aluno mais brilhante, e sim ao mais aplicado.*

ao³ comb. da prep. *a* com o pron. dem. neutro *o; àquilo: Não respondo ao que me perguntas.*

a•on•de *adv.* A que lugar.

a•or•ta *sf. Anat.* Grande artéria que nasce no ventrículo esquerdo do coração. **§ a•ór•ti•co** *adj.*

a•pa•che *s2g.* Indivíduo dos apaches, povo indígena norte-americano de peles-vermelhas. **§ a•pa•che** *adj2g.*

a•pa•dri•nhar *v.t.d.* 1. Ser padrinho de. 2. Proteger. [Conjug.: ⊡ [apadrinh]**ar**] **§ a•pa•dri•nha•do** *adj.* e *sm.*; **a•pa•dri•nha•men•to** *sm.*

a•pa•gar *v.t.d.* 1. Extinguir (o fogo ou a luz). 2. Embaciar. 3. Destruir, aniquilar. 4. Fazer desaparecer (o que está escrito, desenhado ou pintado); desmanchar. 5. Fazer desaparecer: *O tempo tudo apaga.* 6. Deslustrar, obscurecer. 7. Desbotar (cor). 8. *Bras. Pop.* Desacordar. 9. *Bras. Pop.* Matar. *Int.* 10. Extinguir-se. 11. *Bras. Pop.* Morrer. 12. Perder o ânimo. 13. Adormecer. *P.* 14. Apagar (10, 11 e 13). [Conjug.: ⊡ [apa]**gar**] **§ a•pa•ga•do** *adj.*; **a•pa•ga•dor** (ô) *sm.*; **a•pa•ga•men•to** *sm.*

a•pa•go•gi•a *sf.* Redução de um problema a outro.

a•pai•xo•na•do *adj.* 1. Que se apaixonou. 2. Cheio de paixão; enamorado, caído. • *sm.* 3. Indivíduo apaixonado.

a•pai•xo•nar *v.t.d.* 1. Inspirar paixão a. 2. Entusiasmar. 3. Consternar, prostrar. *P.* 4. Encher-se de paixão. [Conjug.: ⊡ [apaixon]**ar**] **§ a•pai•xo•nan•te** *adj2g.*

a•pa•la•ce•ta•do *adj.* Semelhante a palacete.

a•pa•la•vrar *v.t.d.* e *t.d.i.* 1. Ajustar sob palavra; combinar. *P.* 2. Obrigar-se, comprometer-se, pela palavra. [Conjug.: ⊡ [apalavr]**ar**] **§ a•pa•la•vra•do** *adj.*

a•pa•ler•ma•do *adj.* Com ar e/ou modos de palerma.

a•pa•ler•mar *v. t. d.* e *p.* Tornar(-se) palerma, tolo; atoleimar(-se). [Conjug.: ⊡ [apalerm]**ar**] **Às apalpadelas.** Às cegas; com hesitação. ♦

a•pal•pa•de•la *sf.* Ato de apalpar uma vez. ♦

a•pal•par *v.t.d.* 1. Tocar com a mão para conhecer pelo tato; tatear. 2. Tocar brandamente. 3. Sondar. *P.* 4. Examinar-se com as mãos. [Conjug.: ⊡ [apalp]**ar**] **§ a•pal•pa•ção** *sf.*; **a•pal•pa•dor** (ô) *adj.* e *sm.*

a•pa•ná•gi:o *sm.* Propriedade característica.

a•pa•nha•do *sm.* 1. Aquilo que se apanhou ou juntou. 2. Resumo, sinopse.

a•pa•nhar *v.t.d.* 1. Colher, recolher. 2. Segurar com a(s) mão(s). 3. Levantar do chão. 4. Caçar ou pescar com rede, armadilha, etc. 5. Prender, capturar. 6. Tomar, pegar (veículo). 7. Contrair (doença). 8. Ser atingido por (chuva, vento, etc.); pegar. 9. Sofrer, levar. 10. Atingir, alcançar. 11. Entender. 12. Adquirir, pegar. *Int.* 13. Colher (5). 14. Ser espancado. 15. Perder em luta, jogo, etc. [Conjug.: ⊡ [apanh]**ar**] **§ a•pa•nha•dor** (ô) *adj.* e *sm.*

a•pa•ni•gua•do *sm.* 1. Protegido, favorito. 2. Partidário, sectário.

a•pa•ni•guar *v.t.d.* Dispensar proteção a; favorecer. [Conjug.: ⊡ [apanigu]**ar**]

a•pa•ra *sf.* Fragmento ou sobra de material cortado ou serrado.

a•pa•ra•dei•ra *sf. Pop.* Curiosa [q. v.].

a•pa•ra•dor (ô) *sm.* Móvel onde se põem as travessas com comida durante as refeições; bufê.

a•pa•ra•fu•sar *v.t.d.* 1. Fixar ou segurar com parafuso. 2. Apertar (parafuso). 3. Meditar, cismar. [Conjug.: ⊡ [aparafus]**ar**]

a•pa•rar *v.t.d.* 1. Receber, segurar (o que se tira, ou o que cai). 2. Receber (ataque, coisa arremessada, etc.), resguardando-se de ser atingido. 3. Cortar, ou serrar, a(s) borda(s) ou a(s) ponta(s) de. 4. Aguçar, apontar. 5. Apurar, aperfeiçoar. [Conjug.: ⊡ [apar]**ar**] **§ a•pa•ra•ção** *sf.*

a•pa•ra•to *sm.* 1. Ostentação em atos públicos ou particulares. 2. Elementos materiais, referências, citações de que se lança mão para ostentar poder, erudição, etc.

a•pa•ra•to•so (ô) *adj.* Feito com, ou em que há aparato. [Pl.: *–tosos* (ó).]

a•pa•re•cer *v.int.* **1.** Começar a ser visto; mostrar-se. **2.** Expor-se à vista; exibir-se. **3.** Surgir; manifestar-se. **4.** Comparecer. [Conjug.: 34 [apare]**cer**.] § **a•pa•re•ci•men•to** *sm.*

a•pa•re•lha•gem *sf.* Conjunto de aparelhos; aparelhamento, aparelho. [Pl.: *-gens*.]

a•pa•re•lha•men•to *sm.* **1.** Ato ou efeito de aparelhar(-se). **2.** V. *aparelhagem.*

a•pa•re•lhar *v.t.d.* **1.** Dispor ou preparar convenientemente. **2.** Arrear (a cavalgadura). **3.** Prover de equipamentos, engenhos, peças, etc. **4.** Preparar, dispor. *P.* **5.** Prover-se. [Conjug.: 1 [aparelh]**ar**. Tem o *e* fechado nas f. rizotônicas: pres. ind.: *aparelho* (ê), *aparelhas* (ê), *aparelha* (ê), ... *aparelham* (ê); pres. subj.: aparelhe (ê), *aparelhes* (ê), *aparelhe* (ê), ... *aparelhem* (ê).]

a•pa•re•lho (ê) *sm.* **1.** V. *aparelhagem.* **2.** Máquina, instrumento(s), objeto(s) ou utensílio(s) para um certo uso. **3.** Conjunto de órgãos animais ou vegetais que desempenham certas funções vitais. **4.** Serviço (6).

a•pa•rên•ci:a *sf.* **1.** O que se mostra à primeira vista; aspecto. **2.** Ilusão; fingimento.

a•pa•ren•ta•do *adj.* Que tem parentesco.

a•pa•ren•tar *v.t.d.* **1.** Apresentar na aparência, exteriormente. **2.** Inculcar (qualidade, aspecto, etc., que não tem); afetar. [Conjug.: 1 [aparent]**ar**]

a•pa•ren•tar-se *v.p.* Contrair parentesco; fazer-se parente. [Conjug.: 1 [aparent]**ar**[-sel]]

a•pa•ren•te *adj2g.* **1.** Que parece ser, mas não é; falso. **2.** Visível (1).

a•pa•ri•ção *sf.* **1.** Ato ou efeito de aparecer; aparecimento. **2.** V. *fantasma* (3). [Pl.: *-ções*.]

a•par•ta•men•to *sm.* Residência particular, servida por espaços de uso comum, em edifício com várias unidades.

a•par•tar *v.t.d.* **1.** Desunir, separar. **2.** Pôr de parte; separar. **3.** Separar (contendores). **4.** *Bras.* Separar (o gado) em grupos ou lotes. *P.* **5.** Separar-se, afastar-se. **6.** Ausentar-se. **7.** Divorciar-se. [Conjug.: 1 [apart]**ar**] § **a•par•ta•ção** *sf.*; **a•par•ta•dor** (ô) *adj.* e *sm.*

a•par•te *sm.* Interrupção que se faz a um orador.

a•par•te•ar *v.t.d.* **1.** Dirigir apartes a. *Int.* **2.** Interromper com apartes. [Conjug.: 10 [apart]**ear**]

a•par•va•lha•do *adj.* V. *tolo* (1 e 2).

a•par•va•lhar *v.t.d.* e *p.* **1.** Tornar(-se) parvo. **2.** Desorientar(-se). [Conjug.: 1 [aparvalh]**ar**]

a•pas•cen•tar *v.t.d.* **1.** Levar ao pasto ou pastagem. **2.** Guardar durante o pasto. [Conjug.: 1 [apascent]**ar**]

a•pa•te•ta•do *adj.* Um tanto pateta. V. *tolo* (1 e 2).

a•pa•ti•a *sf. Med.* **1.** Insensibilidade; indiferença. **2.** Falta de energia; indolência. § **a•pá•ti•co** *adj.*

a•pa•tos•sau•ro *sm. Paleont.* Dinossauro herbívoro que tinha 21m de comprimento, e que habitou os pântanos da América do Norte no jurássico.

a•pa•vo•rar *v.t.d.* **1.** Causar pavor a; aterrar. *Int.* **2.** Infundir pavor; aterrar. *P.* **3.** Assustar (2). [Conjug.: 1 [apavor]**ar**] § **a•pa•vo•ran•te** *adj2g.*

a•pa•zi•guar *v.t.d.* e *p.* **1.** Pôr(-se) em paz; pacificar(-se). **2.** V. *aquietar.* [Conjug.: 17 [apazigu]**ar**] § **a•pa•zi•gua•dor** (ô) *adj.* e *sm.*; **a•pa•zi•gua•men•to** *sm.*

a•pe•ar *v.t.d.* **1.** Fazer descer. *Int.* e *p.* **2.** Pôr abaixo; derrubar. **3.** Descer de montaria ou viatura. [Conjug.: 10 [ap]**ear**]

a•pe•dre•jar *v.t.d.* **1.** Atirar pedras contra. **2.** Insultar. [Conjug.: 1 [apedrej]**ar**] § **a•pe•dre•ja•men•to** *sm.*

a•pe•gar *v.t.d.* **1.** Fazer aderir; colar, pegar. **2.** Adaptar. *P.* **3.** Aderir, prender-se. **4.** Valer-se, procurando amparo. **5.** Tomar apego (2). [Conjug.: 11 [ape]**gar**] § **a•pe•ga•do** *adj.*; **a•pe•ga•men•to** *sm.*

a•pe•go (ê) *sm.* **1.** Pertinácia, aferro. **2.** Afeição.

a•pe•la•ção *sf.* **1.** Ato ou efeito de apelar. **2.** *Jur.* Recurso para instância superior. [Pl.: *-ções*.]

a•pe•lar *v.t.i.* **1.** Pedir auxílio. **2.** *Jur.* Interpor recurso judicial. **3.** *Bras. Gír.* Recorrer a (violência, ou a meios ilícitos ou desprezíveis). *Int.* **4.** *Jur.* Recorrer por apelação a juiz ou tribunal superior. **5.** *Bras. Gír.* Usar de violência ou de má-fé. [Conjug.: 1 [apel]**ar**]

a•pe•la•tivo *adj. Gram.* Diz-se de nome comum aos indivíduos de uma classe.

a•pe•lá•vel *adj2g.* De que se pode apelar ou recorrer. [Pl.: *-veis*.]

a•pe•li•dar *v.t.d.* **1.** Pôr apelido ou alcunha em; alcunhar. *Transobj.* **2.** Designar por apelido: *Apelidaram-no de fuinha.* [Conjug.: 1 [apelid]**ar**]

a•pe•li•do *sm.* Designação especial de alguém; cognome, alcunha.

a•pe•lo (ê) *sm.* Chamamento em auxílio.

a•pe•nas *adv.* **1.** A custo. **2.** Só, unicamente. • *conj.* **3.** Logo que; mal.

a•pên•di•ce *sm.* **1.** Adenda. **2.** *Anat.* Parte acessória dum órgão, ou que lhe é contínua, mas distinta pela forma ou posição. § **a•pen•di•cu•lar** *adj2g.* ♦ **Apêndice vermiforme.** *Anat.* Prolongamento fino, em forma de tubo, que se origina na parede do ceco.

a•pen•di•ci•te *sf. Med.* Inflamação do apêndice vermiforme.

a•pen•do•ar *v.int.* Apresentar pendão (milho, etc.). [Conjug.: 13 [apend]**oar**]

a•pen•so *adj.* 1. Junto, anexo. • *sm.* 2. O que se apensa; anexo.

a•pe•que•nar *v.t.d.* e *p.* 1. Tornar(-se) ou fazer(-se) pequeno. 2. Amesquinhar(-se). [Conjug.: ① [apequen]**ar**]

a•pe•rar *v.t.d. Bras. S.* Pôr os aperos em. [Conjug.: ① [aper]**ar**]

a•per•ce•ber *v.t.d.* 1. Notar, perceber. *P.* 2. Pôr-se em condições; aparelhar-se, preparar-se. 3. Notar, perceber. [Conjug.: ② [aperceb]**er**]

a•per•fei•ço•ar *v.t.d.* 1. Tornar (mais) perfeito. 2. Concluir com esmero. *P.* 3. Tornar-se (mais) perfeito. 4. Adquirir maior grau de instrução ou aptidão. [Conjug.⑬ [aperfeiç]**oar**] § **a•per•fei•ço•a•men•to** *sm.*

a•per•ga•mi•nha•do *adj.* Semelhante ao pergaminho; pergaminhoso.

a•pe•ri•ti•vo *sm.* Aquilo (sobretudo bebida) que abre o apetite.

a•pe•ro•lar *v.t.d.* Dar semelhança de pérola a. [Conjug.: ① [aperol]**ar**] § **a•pe•ro•la•do** *adj.*

a•pe•ros (è) *sm.pl. Bras. S.* O conjunto das peças necessárias para encilhar o cavalo; arreamento.

a•per•re•ar *v.t.d.* e *p.* Apoquentar(-se), amofinar(-se). [Conjug.:⑩[aperr]**ear**] § **a•per•re•a•ção** *sf.*; **a•per•re•a•do** *adj.*

a•per•ta•do *adj.* 1. Que se apertou, comprimiu, cerrou, restringiu, uniu, etc. 2. De pouca largura ou extensão. 3. Que está em dificuldade, sobretudo financeira.

a•per•tar *v.t.d.* 1. Premer. 2. Segurar em volta, com força. 3. Estreitar fortemente nos braços. 4. Fazer que não esteja largo ou frouxo. 5. Espremer. 6. Diminuir (despesas). 7. Apressar (o passo). 8. Afligir. 9. Tornar mais ativo, diligente. *Int.* 10. Juntar-se muito; unir-se. 11. Tornar-se (mais) intenso. *P.* 12. Cingir fortemente o corpo. 13. Unir-se mutuamente, com força. 14. *Bras.* Reduzir as despesas. [Conjug.: ① [apert]**ar**]

a•per•ta•ru•ão *sm. Bras. Bot.* Arbusto melastomatáceo de folhas adstringentes. [Pl.: *aperta-ruões.*]

a•per•to (ê) *sm.* 1. Ato ou efeito de apertar(-se). 2. Angústia, aflição. 3. Situação difícil; apertura, apuro, arrocho.

a•per•tu•ra *sf.* V. *aperto* (3).

a•pe•sar de *loc. prep.* De qualquer maneira; não obstante.

a•pe•te•cer *v.t.d.* 1. Ter apetite de; desejar. 2. Desejar intensamente; ambicionar. *T.i.* 3. Despertar apetite ou forte desejo em. *Int.* 4. Despertar apetite. [Conjug.:㉞ [apete]**cer**]

a•pe•te•cí•vel *adj2g.* Digno de ser apetecido. [Pl.: *-veis.*]

a•pe•tên•ci•a *sf.* Apetite.

a•pe•ti•te *sm.* 1. Vontade de comer. 2. Vontade, disposição, ânimo.

a•pe•ti•to•so (ô) *adj.* Que desperta apetite. [Pl.: *-tosos* (ó).]

a•pe•tre•char *v.t.d.* e *p.* Munir(-se) de apetrechos. [Conjug.: ① [apetrech]**ar**]

a•pe•tre•chos (è) *sm.pl.* V. *petrechos.*

a•pi•á•ri:o *sm.* Estabelecimento de criação de abelhas.

á•pi•ce *sm.* V. *auge.*

a•pi•cul•tor (ô) *sm.* Criador de abelhas.

a•pi•cul•tu•ra *sf.* Criação de abelhas.

a•pi:e•dar *v.t.d.* e *p.* Mover(-se) à piedade. [Conjug.: ① [apied]**ar**]. Irreg., segundo a maioria dos autores, mudando o *e* da raiz em *a* nas f. rizotônicas – 1ª, 2ª e 3ª pess. sing. e 3ª do pl. do pres. ind., do pres. subj. e do imper.: *apiado, apiadas, apiada, ... apiadam; apiade, apiades, apiade, ... apiadem.* Parece-nos, porém, que deve ser considerado regular: *apiedo(-me)*, etc., como se vê em inúmeros escritores, entre eles Carlos Drummond de Andrade, Antero de Figueiredo, etc.]

a•pi•men•ta•do *adj.* 1. Temperado com pimenta. 2. *Fig.* Picante, malicioso.

a•pi•men•tar *v.t.d.* 1. Temperar com pimenta. 2. *Fig.* Tornar picante, malicioso. 3. *Fig.* Estimular. [Conjug.: ① [apiment]**ar**]

a•pi•nha•do *adj.* 1. Completamente cheio. 2. Amontoado, aglomerado.

a•pi•nhar-se *v.p.* Unir-se apertadamente; aglomerar-se. [Conjug.: ① [apinh]**ar**[-se]]

a•pi•tar *v.int.* 1. Tocar apito. *T.d.* 2. *Bras. Esport.* Marcar ou assinalar (falta, infração). 3. Arbitrar. [Conjug.: ① [apit]**ar**]

a•pi•to *sm.* 1. Instrumento para assobiar; assobio. 2. Silvo (1).

a•pla•car *v.t.d.* e *p.* 1. Tornar(-se) plácido, tranqüilo. 2. Suavizar(-se). [Conjug.:⑧ [apla]**car**]

a•pla•có•fo•ro *sm. Zool.* Espécime dos aplacóforos, classe de moluscos bentônicos, marinhos, vermiformes, destituídos de concha, ger. encontrados em águas profundas. § **a•pla•có•fo•ro** *adj.*

a•plai•nar *v.t.d.* 1. Alisar com plaina. 2. Aplanar (2). [Conjug.: ① [aplain]**ar**]

a•pla•nar *v.t.d.* 1. Tornar plano ou chão; nivelar. 2. Facilitar, simplificar; aplainar. [Conjug.: ① [aplan]**ar**]

a•plau•dir *v.t.d.* 1. Festejar, demonstrando aprovação e louvor. 2. Dar aplauso (3) a. [Conjug.: ③ [aplaud]**ir**]

a•plau•so *sm.* 1. Ato ou efeito de aplaudir. 2. Apoio (3). 3. Demonstração, em geral ruidosa, de aprovação.

a•pli•ca•ção *sf.* 1. Ato ou efeito de aplicar(-se); emprego, utilização, uso. 2. Concentração do espírito, da atenção, etc. 3. Ornato que se aplica a uma obra. [Pl.: *-ções.*]

a•pli•ca•do *adj.* 1. Que se aplicou; sobresposto. 2. Voltado para o estudo, o trabalho; diligente.

a•pli•car *v.t.d.* 1. Sobrepor; apor. 2. Pôr em prática; empregar. 3. Receitar (medicamento). 4. Administrar, ministrar. 5. Infligir. *T.d.c.* 6. Aplicar (1). *T.d.i.* 7. Aplicar (2 e 5). 8. Adaptar. 9. Empregar (dinheiro) em; investir. 10. Pespegar. *T.i.* 11. Aplicar (9). *P.* 12. Consagrar-se, dedicar-se. [Conjug.: 8 [apli]**car**] § a•pli•cá•vel *adj2g.*

a•pli•ca•ti•vo *sm. Inform.* Programa destinado a auxiliar o usuário em determinada atividade sua, e não na manutenção do computador.

a•plí•si•a *sf. Zool.* Molusco gastrópode, anaspídeo, desprovido de concha; lebre-do-mar.

a•po•as•tro *sm. Astr.* Ponto da órbita de um astro, gravitando ao redor de outro, em que a distância entre os dois corpos é máxima.

a•po•ca•lip•se *sm. Rel.* O último livro do Novo Testamento, e que contém revelações terrificantes acerca dos destinos da humanidade.

a•po•ca•líp•ti•co *adj.* 1. Relativo ao Apocalipse. 2. *Fig.* Pavoroso, terrificante.

a•po•ci•ná•ce:a *sf. Bot.* Espécime das apocináceas, família de árvores, arbustos, ervas e trepadeiras lactescentes de frutos ger. edules. § a•po•ci•ná•ce:o *adj.*

a•po•co•pa•do *adj.* Em que houve apócope.

a•pó•co•pe *sf. Gram.* Supressão de fonema ou de sílaba no fim de palavra. [Ex.: *bel* por *belo.*]

a•pó•cri•fo *adj.* Diz-se de obra sem autenticidade, ou cuja autenticidade não se provou.

a•po•dar *v.t.d.* 1. Dirigir apodos a. *Transobj.* 2. Apelidar pejorativamente. [Conjug.: 1 [apod]**ar**]

a•po•de•rar-se *v.p.* Apossar-se, assenhorear-se. [Conjug.: 1 [apoder]**ar**[-se]]

a•po•dí•ti•co *adj.* Evidente, irrefutável.

a•po•do (ô) *sm.* 1. Mofa, motejo. 2. Alcunha.

a•po•dre•cer *v.t.d., int.* e *p.* Tornar(-se) podre. [Conjug.: 34 [apodre]**cer**] § a•po•dre•ci•men•to *sm.*

a•pó•fi•se *sf. Anat.* Eminência ou saliência, sobretudo de um osso.

a•po•fo•ni•a *sf. Gram.* Variação em vogal de raiz ou de afixo que pode resultar em mudança de significação ou de função gramatical. [Ex.: port. *fazer/fiz* (1ª pess. do pret. perf.).]

a•po•geu *sm. Astr. Astron.* Na órbita de um corpo que gravita em torno da Terra, o ponto mais distante desta. 2. V. *auge.*

a•poi•a•do *adj.* 1. Que recebeu apoio; aprovado. • *sm.* 2. *Fig.* Apoio. • *interj.* 3. Indica aprovação, aplauso; muito bem, bravo.

a•poi•ar *v.t.d.* 1. Dar apoio a. *P.* 2. Amparar(-se), encostar(-se). [Conjug.: 1 [apoi]**ar**.

O *o* recebe acento agudo nas f. rizotônicas: pres. ind.: *apóio, apóias, apóia, ... apóiam;* pres. subj.: *apóie, apóies, ... apóiem;* imperf.: *apóia, apóie, ..., apóiem.*]

a•poi•o *sm.* 1. Tudo o que serve de sustentáculo ou suporte. 2. Auxílio, socorro. 3. Aprovação; aplauso.

a•po•ja•tu•ra *sf. Mús.* Uma ou duas pequenas notas ornamentais precedentes à nota real, da qual tiram o próprio valor e a acentuação.

a•pó•li•ce *sf.* 1. Título da dívida pública. 2. Documento que formaliza contrato de seguro.

a•po•lí•ne:o *adj.* 1. Relativo a Apolo (Febo para os romanos), deus grego que personificava o Sol. 2. Que, pela beleza, lembra esse deus. 3. Caracterizado pela serenidade e racionalidade.

a•po•lí•ti•co *adj.* 1. Que não é político. 2. Que não se envolve ou não tem interesse em política.

a•po•lo•gé•ti•co *adj.* Que encerra apologia.

a•po•lo•gi•a *sf.* 1. Discurso de defesa ou louvor. 2. Louvor (2). § a•po•ló•gi•co *adj.*

a•po•lo•gis•ta *adj2g.* e *s2g.* Que ou quem faz apologia.

a•pó•lo•go *sm.* Alegoria moral em que figuram, falando, animais ou coisas inanimadas.

a•pon•ta•dor¹ (ô) *sm. Bras.* Objeto para apontar lápis.

a•pon•ta•dor² (ô) *sm.* Encarregado do ponto dos operários, nas obras.

a•pon•ta•men•to *sm.* Registro escrito de coisa ouvida, vista, lida ou pensada.

a•pon•tar¹ *v.t.d.* 1. Fazer a ponta de; aguçar. 2. Erguer em ponta (as orelhas). *T.d.i.* 3. Indicar, com o dedo, um gesto, etc.; indigitar. 4. Pôr em pontaria; assestar. *T.i.* 5. Apontar¹ (3). *Int.* 6. Surgir, despontar. [Conjug.: 1 [apont]**ar**] § a•pon•ta•do¹ *adj.*; a•pon•tá•vel *adj2g.*

a•pon•tar² *v.t.d.* Tomar apontamento de; notar, anotar. [Conjug.: 1 [apont]**ar**] § a•pon•ta•do² *adj.*

a•po•pléc•ti•co ou a•po•plé•ti•co *adj. Med.* Relativo a, ou sujeito a apoplexia.

a•po•ple•xi•a (cs) *sf. Med.* Perturbação neurológica súbita, de origem vascular, e em que há privação de sentidos, de movimento, de fala, etc.

a•po•quen•tar *v.t.d.* e *p.* Desgostar(-se), irritar(-se), por poucas ou pequenas coisas, com certa insistência, impacientando(-se); aborrecer(-se), aporrinhar(-se), azucrinar(-se), chatear(-se). [Conjug.: 1 [apoquent]**ar**] § a•po•quen•ta•ção *sf.*; a•po•quen•ta•do *adj.*; a•po•quen•ta•dor (ô) *adj.* e *sm.*; a•po•quen•ta•men•to *sm.*

a•por (ô) *v.t.d.c.* e *t.d.i.* 1. Pôr junto. 2. Aplicar ou dar (assinatura); pôr. [Conjug.: 60 [a]**por**]

a•po•ri•a *sf. Filos.* Dificuldade de ordem racional, aparentemente sem saída.
a•por•ri•nhar *v.t.d.* e *p. Pop.* V. *apoquentar.* [Conjug.: 1 [aporrinh]**ar**] § **a•por•ri•nha•ção** *sf.* (pop.); **a•por•ri•nha•do** *adj.*
a•por•tar *v.t.d.c.* **1.** Conduzir (o navio) ao porto. **2.** Encaminhar ou levar a algum lugar. *Int.* **3.** Chegar ao porto. [Conjug.: 1 [aport]**ar**] § **a•por•ta•men•to** *sm.*
a•por•tu•gue•sa•men•to *sm.* **1.** Ato ou efeito de aportuguesar. **2.** Adaptação fonética e morfológica, natural ou estabelecida, de voc. estrangeiro para o português.
a•por•tu•gue•sar *v.t.d.* e *p.* Adaptar(-se) à forma, às maneiras, ao caráter, sotaque, etc., português. [Conjug.: 1 [aportugues]**ar**]
a•pós *prep.* **1.** Depois de; trás. **2.** Atrás de (no sentido espacial). • *adv.* **3.** Noutra ocasião; depois.
a•po•sen•ta•do•ri•a *sf.* **1.** Ato ou efeito de aposentar(-se). **2.** *Bras.* Vencimentos ou proventos de aposentado.
a•po•sen•tar *v.t.d.* **1.** Conceder aposentadoria (2) a. **2.** Pôr de parte, de lado. *P.* **3.** Deixar o serviço, ou atividade, conservando o ordenado inteiro ou parte dele. [Conjug.: 1 [aposent]**ar**] § **a•po•sen•ta•do** *adj.* e *sm.*
a•po•sen•to *sm.* Compartimento de casa; cômodo.
a•pos•sar-se *v.p.* Tomar posse; apoderar-se. [Conjug.: 1 [aposs]**ar**[-se]]
a•pos•ta *sf.* **1.** Ajuste entre pessoas de opiniões diversas, no qual a que não acerta deve pagar à outra algo de antemão combinado. **2.** A coisa ou a soma da aposta.
a•pos•tar *v.t.d.* **1.** Fazer aposta (1) de. **2.** Asseverar, sustentar. **3.** Disputar, pleitear. **4.** Jogar, arriscar. *T.d.i.* **5.** Apostar (1). *T.i.* **6.** Estar certo da vitória ou do sucesso de. [Conjug.: 1 [apost]**ar**]
a•pos•ta•si•a *sf.* Abandono de crença, partido ou opinião.
a•pós•ta•ta *s2g.* Quem apostatou.
a•pos•ta•tar *v.int.* Cometer apostasia. [Conjug.: 1 [apostat]**ar**]
a•pos•te•ma *sm. Med.* Abscesso.
a•pos•te•mar *v.int. Med.* Formar abscesso. [Conjug.: 1 [apostem]**ar**]
⇨ **a posteriori** [Lat.] Diz-se de conhecimento ou idéia resultante de experiência ou que dela dependa. [Cf. *a priori.*]
a•pos•ti•la ou **a•pos•ti•lha** *sf.* **1.** Nota suplementar a um diploma oficial. **2.** Pontos ou matérias de aulas publicadas para uso de alunos.
a•pos•to (ô) *adj.* **1.** Que se apôs; adjunto. **2.** Aumentado, acrescentado. • *sm.* **3.** *Gram.* Nome, ou expressão equivalente, que exerce a mesma função sintática de outro elemento a que se refere. Ex.: *Luís*, irmão de José, *ganhou na loto.* [Pl.: *apostos* (ó).]
a•pos•to•la•do *sm.* **1.** Missão de apóstolo. **2.** Propaganda de um credo ou doutrina.
a•pos•to•lar *v.t.d.* e *t.i.* V. *evangelizar.* [Conjug.: 1 [apostol]**ar**]
a•pos•tó•li•co *adj.* **1.** Relativo aos apóstolos ou à Santa Sé. **2.** Papal.
a•pós•to•lo *sm.* **1.** *Rel.* Cada um dos 12 discípulos de Cristo. **2.** Propagador de idéia ou doutrina.
a•pos•tro•far[1] *v.t.d.* **1.** Dirigir apóstrofes a. **2.** Interromper com apóstrofes. [Conjug.: 1 [apostrof]**ar**]
a•pos•tro•far[2] *v.t.d.* **1.** Pôr apóstrofo em. [Conjug.: 1 [apostrof]**ar**]
a•pós•tro•fe *sm.* **1.** *Ling.* Figura que consiste em dirigir-se o orador ou o escritor, em geral (e não sempre) fazendo uma interrupção, a uma pessoa ou coisa real ou fictícia. **2.** Interrupção direta e inopinada. **3.** Catilinária.
a•pós•tro•fo *sm. Gram.* Sinal em forma de vírgula alceada ('), para indicar supressão de vogal. [Cf. *apóstrofe.*]
a•po•teg•ma *sm.* V. *aforismo.*
a•pó•te•ma *sm. Geom.* **1.** Segmento da perpendicular baixada do centro de um polígono regular sobre um lado. **2.** Altura de qualquer dos triângulos isósceles que formam a superfície lateral de uma pirâmide regular. **3.** Geratriz de um cone ou de um tronco de cone.
a•po•te•o•se *sf.* **1.** Deificação, endeusamento. **2.** Conjunto de honras tributadas a alguém. **3.** Glorificação.
a•po•te•ó•ti•co *adj.* **1.** Referente a, ou em que há apoteose. **2.** *Fig.* Muito elogioso.
a•pou•car *v.t.d.* **1.** Reduzir a pouco(s). **2.** Depreciar, rebaixar. [Conjug.: 8 [apou]**car**] § **a•pou•ca•do** *adj.*; **a•pou•ca•dor** (ô) *adj.* e *sm.*
a•pra•zar *v.t.d.* **1.** Marcar (prazo, tempo, data) para algo. **2.** Marcar tempo, ou data, para. [Conjug.: 1 [apraz]**ar**] § **a•pra•za•men•to** *sm.*
a•pra•zer *v.t.i.* e *int.* **1.** Causar prazer; agradar. *P.* **2.** Deleitar-se. [Conjug.: 32 [a]**prazer**. Embora não seja defect., *aprazer* é m. us. nas 3as pess.; como *p.*, usa-se correntemente em todas as pess. Falta-lhe o *e* da 3[a] pess. sing. do pres. ind.: *apraz, apraz-se.*] § **a•pra•zi•men•to** *sm.*
a•pra•zí•vel *adj2g.* **1.** Que apraz. **2.** Diz-se do lugar onde se goza de panorama belo e/ou de ameno clima. [Pl.: *–veis.*]
a•pre *interj.* V. *irra.*
a•pre•çar *v.t.d.* Perguntar o preço de, ou ajustá-lo. [Conjug.: 9 [apre]**çar**. Cf. *apressar.*] § **a•pre•ça•men•to** *sm.*
a•pre•ci:a•ção *sf.* **1.** Ato ou efeito de apreciar. **2.** Conceito, opinião. **3.** Análise.

a•pre•ci•ar *v.t.d.* **1.** Dar apreço, merecimento, a; estimar, prezar. **2.** Julgar, avaliar. [Conjug.: ① [apreci]ar] § **a•pre•ci•a•dor** (ô) *adj.* e *sm.*

a•pre•ci•a•ti•vo *adj.* Que denota apreciação.

a•pre•ço (ê) *sm.* **1.** Valor em que se tem algo. **2.** V. *consideração* (2).

a•pre:en•der *v.t.d.* **1.** Apropriar-se judicialmente de. **2.** Segurar, agarrar. **3.** Assimilar mentalmente. [Conjug.: ② [apreend]er] § **a•pre:en•sor** (ô) *adj.* e *sm.*

a•pre:en•são *sf.* **1.** Ato ou efeito de apreender. **2.** Preocupação, cisma. [Pl.: *–sões.*]

a•pre:en•sí•vel *adj2g.* Que se pode apreender. [Pl.: *–veis.*] § **a•pre:en•si•bi•li•da•de** *sf.*

a•pre:en•si•vo *adj.* Que sente, ou em que há apreensão.

a•pre•go•ar *v.t.d.* **1.** Anunciar com pregão. **2.** Declarar em público. [Conjug.: ⑬ [apreg]oar]

a•pren•der *v.t.d.* **1.** Tomar conhecimento de. *T.i.* **2.** Tornar-se capaz de (algo), graças a estudo, observação, experiência, etc.: *Aprendeu a falar inglês. Int.* **3.** Tomar conhecimento de algo, retê-lo na memória, graças a estudo, observação, experiência, etc. [Conjug.: ② [aprend]er]

a•pren•diz *sm.* Aquele que aprende ofício ou arte.

a•pren•di•za•do *sm.* **1.** Ato ou efeito de aprender; aprendizagem. **2.** *Bras.* Estabelecimento de ensino profissional.

a•pren•di•za•gem *sf.* Aprendizado (1). [Pl.: *–gens.*]

a•pre•sar *v.t.d.* Tomar como presa; capturar. [Conjug.: ① [apres]ar]

a•pre•sen•ta•ção *sf.* **1.** Ato ou efeito de apresentar(-se). **2.** Aparência externa; aspecto. [Pl.: *–ções.*]

a•pre•sen•tar *v.t.d.* **1.** Pôr diante, à vista, ou na presença de. **2.** Mostrar, exibir. **3.** Passar às mãos de; entregar. **4.** Expor, aduzir. **5.** Fazer travar conhecimento ou relações sociais. *T.d.i.* **6.** Dar, manifestar; expressar. **7.** Dar a conhecer uma ou mais pessoa(s) a outra(s); pô-la(s) em contato. **8.** Apresentar (3). *P.* **9.** Ser presente; comparecer. **10.** Ir à presença de alguém. **11.** Identificar-se, nomear-se. **12.** Surgir, manifestar-se. [Conjug.: ① [apresent]ar] § **a•pre•sen•ta•dor** (ô) *adj.* e *sm.*

a•pre•sen•tá•vel *adj2g.* **1.** Digno de se apresentar. **2.** De boa aparência. [Pl.: *–veis.*]

a•pres•sa•do *adj.* **1.** Que tem pressa; açodado. **2.** Que peca pela pressa com que se faz.

a•pres•sar *v.t.d.* **1.** Dar pressa a; acelerar. **2.** Antecipar; abreviar. *P.* **3.** Dar-se pressa; aviar-se. **4.** Aprontar-se apressadamente; apressurar-se. [Conjug.: ① [apress]ar]

a•pres•su•rar *v.t.d.* **1.** Apressar, acelerar. *P.* **2.** Apressar (4). [Conjug.: ① [apressur]ar]

a•pres•tar *v.t.d.* **1.** Preparar com prontidão. *P.* **2.** Dispor-se, preparar-se. [Conjug.: ① [aprest]ar]

a•pres•tos *sm.pl.* Petrechos (2).

a•pri•mo•rar *v.t.d.* e *p.* Tornar(-se) primoroso; aperfeiçoar(-se), refinar(-se), requintar(-se). [Conjug.: ① [aprimor]ar] § **a•pri•mo•ra•do** *adj.*; **a•pri•mo•ra•men•to** *sm.*

▷ **a priori** [Lat.] Diz-se de conhecimento ou de idéia anterior à experiência ou independente dela. [Cf. *a posteriori.*]

a•pri•o•ris•mo *sm.* Na ordem do conhecimento, aceitação de um ou mais elementos independentes da experiência.

a•pris•co *sm.* Curral (especialmente o de ovelhas); redil.

a•pri•si•o•nar *v.t.d.* Meter em prisão; encarcerar. [Conjug.: ① [aprision]ar] § **a•pri•si:o•na•do** *adj.*; **a•pri•si:o•na•dor** (ô) *adj.* e *sm.*; **a•pri•si:o•na•men•to** *sm.*

a•pro•ar *v.t.d.c.* Pôr a proa de (embarcação) em uma dada direção. [Conjug.: ⑬ [apr]oar] § **a•pro:a•men•to** *sm.*

a•pro•ba•ti•vo *adj.* Que envolve aprovação; aprobatório.

a•pro•ba•tó•ri:o *adj.* Aprobativo.

a•pro•fun•dar *v.t.d.* **1.** Tornar (mais) fundo. **2.** Examinar ou investigar a fundo. *P.* **3.** Tornar-se (mais) fundo. **4.** Penetrar, adentrar(-se). **5.** Investigar, ou examinar, assunto, tema, etc., a fundo. [Conjug.: ① [aprofund]ar] § **a•pro•fun•da•men•to** *sm.*

a•pron•tar *v.t.d.* **1.** Pôr pronto. **2.** Executar (algo impróprio ou errado). *T.i.* **3.** Agir de modo impróprio ou jocoso com. *Int.* **4.** Fazer o que não deve ser feito. *P.* **5.** Preparar-se. **6.** *Fam.* Vestir-se, arrumar-se. [Conjug.: ① [apront]ar]

a•pro•pin•quar *v.t.d.*, *t.d.i.* e *p.* Achegar(-se), aproximar(-se). [Conjug.: ① [apropinqu]ar]. Pres. ind.: *apropinquo, apropínquas, apropínqua, apropinquamos, apropinquais, apropinquam;* perf. ind.: *apropinqüei, apropinquaste, apropinquou, apropinquamos, apropinquastes, apropinquaram;* pres. subj.: *apropinqüe* (pín), *apropinqües* (pín), *apropinqüe* (pín), *apropinqüemos, apropinqüeis, apropinqüem* (pín).] § **a•pro•pin•qua•ção** *sf.*

a•pro•pri•a•do *adj.* Azado, oportuno; adequado.

a•pro•pri•ar *v.t.d.i.* **1.** Tomar como seu. **2.** Tomar como próprio, conveniente; adaptar. *P.* **3.** Apoderar-se. § **a•pro•pri:a•ção** *sf.* [Conjug.: ① [apropri]ar]

a•pro•va•ção *sf.* **1.** Demonstração, por atos, palavras ou gestos, de que se concorda com algo; concordância. **2.** Reconhecimento da boa validade do resultado de um exame ou concurso. [Pl.: -ções.]

a•pro•var v.t.d. 1. Dar aprovação a. 2. Consentir em. 3. Dar por habilitado em exame ou concurso. [Conjug.: ① [aprov]**ar**] **§ a•pro•va•do** adj. e sm.; **a•pro•vá•vel** adj2g.

a•pro•vei•ta•men•to sm. 1. Ato ou efeito de aproveitar(-se). 2. Bom emprego ou aplicação.

a•pro•vei•tar v.t.d. 1. Tirar proveito, vantagem, de; valer-se de. 2. Tornar proveitoso, útil. 3. Tornar utilizável o que já teve uso (roupa, comida, etc.). T.i. 4. Ser útil, proveitoso, ou eficaz. Int. 5. Tirar proveito, vantagem. P. 6. Aproveitar (5). 7. Tirar vantagem amorosa ou sexual de alguém. [Conjug.: ① [aproveit]**ar**] **§ a•pro•vei•ta•dor** (ô) adj. e sm.

a•pro•vi•si•o•nar v.t.d. e t.d.i. Abastecer, munir. [Conjug.: ① [aprovision]**ar**]

a•pro•xi•ma•ção (ss) sf. 1. Ato de aproximar(-se). 2. Estimativa, avaliação. 3. Mat. Resultado aproximado. 4. Mat. Processo para a obtenção de um resultado aproximado, na solução de um problema numérico. [Pl.: -ções.]

a•pro•xi•ma•do (ss) adj. 1. Que se aproxima, se avizinha; próximo. 2. Aproximativo (2).

a•pro•xi•mar (ss) v.t.d, t.d.i. e p. Pôr(-se) ou tornar(-se) próximo, ou mais próximo; avizinhar-se. [Conjug.: ① [aproxim]**ar**]

a•pro•xi•ma•ti•vo (ss) adj. 1. Que aproxima. 2. Feito por aproximação (2); aproximado.

a•pru•mar v.t.d. 1. Pôr a prumo. P. 2. Colocar-se em posição vertical; empertigar-se. 3. Bras. Melhorar de situação financeira ou de saúde, etc. [Conjug.: ① [aprum]**ar**] **§ a•pru•ma•do** adj.

a•pru•mo sm. 1. Posição vertical. 2. Altivez, brio.

ap•te•ri•gí•de:o sm. Zool. Espécime dos apterigídeos, família de pequenas aves cursórias de pernas curtas e fortes, e bico longo, flexível; vivem na Nova Zelândia. **§ ap•te•ri•gí•de:o** adj.

áp•te•ro adj. Sem asas.

ap•ti•dão sf. 1. Qualidade inata. 2. Habilidade ou capacidade adquiridas. [Pl.: -dões.]

ap•to adj. 1. Que tem aptidão; hábil. 2. Jur. Que satisfaz legalmente.

a•pu•nha•lar v.t.d. 1. Ferir ou matar com punhal, ou algo semelhante. 2. Trair, enganar. P. 3. Ferir-se ou matar-se com punhal. [Conjug.: ① [apunhal]**ar**]

a•pu•par v.t.d. Perseguir com apupos; vaiar. [Conjug.: ① [apup]**ar**]

a•pu•po sm. V. vaia.

a•pu•ra•ção sf. 1. Ato ou efeito de apurar(-se). 2. Contagem. [Pl.: -ções.]

a•pu•ra•do adj. 1. Em que há apuro. 2. Feito com apuro. 3. Bras. Em apuros, dificuldades financeiras. 4. Impaciente, sôfrego.

a•pu•rar v.t.d. 1. Tornar puro; purificar. 2. Aperfeiçoar, aprimorar; afiar, aguçar. 3. Arrecadar (esp. quantia em dinheiro). 4. Conhecer ao certo. 5. Fazer a apuração (2) de: apurar votos. Int. e p. 6. Aprimorar-se. 7. Esmerar-se no trajar. [Conjug.: ① [apur]**ar**] **§ a•pu•ra•do** adj.

a•pu•ro sm. 1. Requinte, excesso. 2. Perfeição, esmero. 3. V. aperto (3).

a•qua•cul•tu•ra sf. V. aqüicultura.

a•qua•pla•na•gem sf. 1. Pouso sobre água; amerissagem. 2. Gír. Aterrissagem perigosa em pista molhada.

a•qua•re•la sf. 1. Tinta feita de água e massa com pigmento colorido. 2. Técnica de pintura, e a pintura sobre papel na qual se usa essa tinta.

a•qua•re•lis•ta s2g. Pintor de aquarelas.

a•qua•ri•a•no sm. 1. Indivíduo nascido sob o signo de Aquário. • adj. 2. Diz-se de, ou pertencente ou relativo a aquariano (1).

a•quá•ri:o sm. 1. Depósito de água para conservar, criar ou observar animais ou plantas aquáticas. 2. Astr. A 11ª constelação do Zodíaco, situada no hemisfério sul. 3. Astrol. O 11º signo do Zodíaco, relativo aos que nascem entre 20 de janeiro e 19 de fevereiro. [Com inicial maiúscula, nas acepç. 2 e 3.]

a•quar•te•la•men•to sm. 1. Ato ou efeito de aquartelar(-se). 2. V. quartel² (1).

a•quar•te•lar v.t.d. e p. Alojar(-se) em quartéis. [Conjug.: ① [aquartel]**ar**]

a•quá•ti•co adj. Da água.

a•qua•vi•a sf. Hidrovia.

a•que•ce•dor (ô) adj. 1. Que aquece. • sm. 2. Aparelho para aquecer água, ambientes, etc.

a•que•cer v.t.d. 1. Transmitir calor a; esquentar, aquentar. 2. Econ. Provocar aquecimento (3) em. Int. e p. 3. Tornar-se quente; esquentar-se, aquentar-se. [Conjug.: ㉞ [aque]**cer**. Nas f. rizotônicas apresenta as seguintes particularidades: a) no pres. ind. a 1ª pess. sing. tem o e fechado: aqueço (ê), e a 2ª do sing. (e, portanto, a mesma pess. do imperat.), a 3ª do sing. e a 3ª do pl. têm o e aberto: aqueces (é), aquece (é), aquecem (é); aquece (é); b) no pres. subj. o e é sempre fechado: aqueça (ê), aqueças (ê), etc.]

a•que•ci•men•to sm. 1. Ato ou efeito de aquecer(-se). 2. Exercício físico que prepara o corpo para ginástica ou alongamento, ou o atleta para a entrada em campo, quadra, etc. 3. Econ. Aumento da atividade econômica ou das vendas.

a•que•du•to sm. Sistema de canalização de água por gravidade, originalmente formado de estrutura com uma ou mais ordens de arcadas superpostas.

a•que•le (ê) pron. dem. Indica pessoa ou coisa que está ali ou além. [Flex.: aquela, aqueles (ê), aquelas.]

à•que•le (ê) Contr. da prep. *a* com o pron. *aquele*: *Fale àquele moço.*

a•quém *adv.* Do lado de cá.

a•quê•ni•co *adj.* Que constitui aquênio, ou é semelhante a ele.

a•quê•ni:o *sm. Bot.* Fruto seco indeiscente, com uma só semente, presa ao pericarpo.

a•quen•tar *v.t.d.* e *p.* Aquecer(-se). [Conjug.: ⊞ [aquent]**ar**]

a•qui *adv.* 1. Neste ou a este lugar. 2. Nesta ocasião.

a•qüi•cul•tu•ra *sf.* Arte de criar e multiplicar animais e plantas aquáticas.

a•qui•es•cer *v.int.* e *t.i.* Consentir, aprovar. [Conjug.: ㉞ [aquies]**cer**] § **a•qui•es•cên•ci:a** *sf.*

a•qui•e•tar *v.t.d., int.* e *p.* Pôr(-se) quieto; quietar(-se), apaziguar(-se). [Conjug.: ⊞ [aquiet]**ar**]

a•qüi•fo•li•á•ce:a *sf. Bot.* Espécime das aqüifoliáceas, família de árvores e arbustos sempre-verdes a que pertence a erva-mate. § **a•qüi•fo•li•á•ce:o** *adj.*

a•qui•la•tar *v.t.d.* 1. Determinar o(s) quilate(s) de. 2. Avaliar, julgar. [Conjug.: ⊞ [aquilat]**ar**] § **a•qui•la•ta•ção** *sf.*; **a•qui•la•ta•dor** (ô) *sm.*; **a•qui•la•ta•men•to** *sm.*

a•qui•li•no *adj.* 1. Próprio da águia. 2. Diz-se de nariz adunco que lembra o bico da águia.

a•qui•lo *pron. dem.* Aquela(s) coisa(s).

à•qui•lo Contr. da prep. *a* com o pron. *aquilo.*

a•qui•nho•ar *v.t.d.* Repartir em quinhões. [Conjug.: ⅓ [aquinh]**oar**]

a•qui•si•ção *sf.* 1. Ato ou efeito de adquirir. 2. A coisa adquirida. [Pl.: -*ções.*]

a•qui•si•ti•vo *adj.* Relativo a, ou próprio para a aquisição.

a•quo•so (ô) *adj.* Que contém água, ou da natureza dela, ou semelhante a ela. [Pl.: *aquosos* (ó).] § **a•quo•si•da•de** *sf.*

ar *sm.* 1. Camada gasosa que envolve a Terra; atmosfera. 2. Aragem, brisa. 3. O espaço acima do solo. 4. Aparência, aspecto. 5. Modo especial de ser, de agir; modos, ares. ♦ **Ar comprimido.** Ar submetido a pressão superior à atmosférica. **Ao ar livre.** Fora de qualquer recinto coberto. **Ir ao ar.** Ser transmitido por estação de rádio ou de televisão: *A fala presidencial foi ao ar às 19 horas.* ❏ **Ar** *Quím.* Símb. do *argônio.*

a•ra *sf.* Altar (2).

á•ra•be *adj2g.* 1. Diz-se do indivíduo semita da Arábia (Península Arábica). 2. *P. ext.* Diz-se de indivíduo de língua árabe. 3. De, relativo a, ou característico da Arábia, dos árabes, sua civilização, língua, alfabeto, etc. • *s2g.* 4. Indivíduo árabe. • *sm.* 5. Língua semítica falada no N. da África e no Oriente Médio, e que se apresenta em duas variedades bem distintas, o árabe clássico e o árabe coloquial.

a•ra•bes•co (ê) *sm.* Ornato de origem árabe, no qual se entrelaçam linhas, ramagens, etc.

a•rá•bi•co *adj.* 1. Relativo à Arábia ou aos árabes. 2. Diz-se dos algarismos difundidos pelos árabes. • *sm.* 3. Algarismo arábico. [São os símbolos: 0, 1, 2, 3, 4, 5, 6, 7, 8, 9.]

a•ra•bis•mo *sm.* 1. Palavra, expressão ou construção peculiar à língua árabe. 2. Atitude de quem defende os interesses ou posições políticas, etc., dos árabes.

a•ra•bis•ta *s2g.* Especialista na língua e/ou cultura árabes.

a•ra•bi•zar *v.t.d.* e *p.* 1. Dar características árabes a. *P.* 2. Adquirir características árabes. [Conjug.: ⊞ [arabiz]**ar**] § **a•ra•bi•za•do** *adj.*

a•ra•çá *sm. Bras.* O fruto do araçazeiro.

a•ra•ca•ju•a•no *adj.* 1. De Aracaju, capital de SE. • *sm.* 2. O natural ou habitante de Aracaju.

a•ra•ça•zei•ro (cà) *sm. Bras. Bot.* Arvoreta frutífera, mirtácea, ger. silvestre.

a•rá•ce:a *sf. Bot.* Espécime das aráceas, família de monocotiledôneas herbáceas das matas úmidas. § **a•rá•ce:o** *adj.*

a•rac•ní•de:o *sm. Zool.* Espécime dos aracnídeos, classe de artrópodes terrestres com oito patas e corpo dividido em cefalotórax e abdome. São os escorpiões, as aranhas e os ácaros. § **a•rac•ní•de:o** *adj.*

a•rac•nói•de *sf. Anat.* Meninge situada entre a dura-máter e a pia-máter. § **a•rac•nói•de:o** *adj.*

a•ra•do¹ *sm.* Instrumento para lavrar a terra.

a•ra•do² *adj. Bras.* Cheio de fome; esfomeado, faminto.

a•ra•gem *sf.* Vento brando; brisa. [Pl.: -*gens.*]

a•ra•li•á•ce:a *sf. Bot.* Espécime das araliáceas, família de árvores e arbustos, por vezes trepadores, dos países quentes.

a•ra•me *sm.* 1. Liga de cobre e zinco, ou de outros metais. 2. Fio de arame (1), mais ou menos delgado.

a•ra•meu *sm.* 1. Indivíduo dos arameus, povo que vivia em Arame e na Mesopotâmia (Ásia antiga). • *adj.* 2. Dos arameus.

a•ran•de•la *sf. Bras.* Suporte preso à parede, para vela ou lâmpada elétrica.

a•ra•nha *sf. Zool.* 1. Aracnídeo cujo abdome tem glândulas que segregam seda, com que faz as teias. 2. Antiga carruagem leve, de duas rodas, puxada por um cavalo.

a•ran•zel *sm.* Discurso prolixo e enfadonho; arenga, lengalenga. [Pl.: -*zéis.*]

a•ra•pon•ga *sf. Bras. Zool.* Ave cotingídea de canto estridente.

a•ra•pu•ca *sf. Bras.* 1. Armadilha para apanhar passarinhos. 2. Negócio ou transação fraudulenta. **3.** Estabelecimento que pratica arapuca (2).

a•rar *v.t.d.* Lavrar, sulcar (a terra). [Conjug.: ① [ar]**ar**] § **a•rá•vel** *adj2g.*

a•ra•ra *sf. Bras. Zool.* Nome comum a várias aves psitacídeas de grande porte, cauda longa, bico forte, frugívoras e granívoras.

a•ra•ru•ta *sf. Bras. Bot.* **1.** Erva marantácea de cuja raiz se obtém fécula branca, alimentícia. **2.** Essa fécula.

a•ra•ti•cum *sm. Bras.* **1.** *Bot.* Árvore anonácea, nativa do cerrado, de frutos grandes, bacáceos, apreciadíssimos. **2.** Esse fruto. [Pl.: –*cuns.*]

a•ra•tu *sm. Zool.* Crustáceo grapsídeo, acinzentado.

a•rau•cá•ri:a *sf. Bot.* Árvore araucariácea de madeira útil, nativa no S. do país; pinheiro-do-paraná.

a•rau•ca•ri•á•ce:a *sf. Bot.* Espécime das araucariáceas, família de grandes coníferas que habitam zonas frias. § **a•rau•ca•ri•á•ce:o** *adj.*

a•rau•to *sm.* Nas monarquias medievais, oficial que fazia as publicações solenes, anunciava a guerra e proclamava a paz.

ar•bi•tra•gem *sf.* **1.** Ato ou efeito de arbitrar. **2.** Decisão ou veredicto de árbitro; arbítrio. **3.** *Econ.* Compra (de títulos, moeda estrangeira, etc.) e venda subseqüente a um preço mais alto.

ar•bi•trar *v.t.d.* **1.** Julgar como árbitro. **2.** Determinar, fixar (quantia) por arbítrio. *T.d.i.* **3.** Atribuir judicialmente. [Conjug.: ① [arbitr]**ar**] § **ar•bi•tra•dor** (ô) *adj. e sm.*

ar•bi•tra•ri:e•da•de *sf.* **1.** Qualidade de arbitrário. **2.** Ação arbitrária.

ar•bi•trá•ri:o *adj.* **1.** Em que há arbítrio. **2.** Despótico.

ar•bí•tri:o *sm.* **1.** Resolução dependente só da vontade. **2.** Arbitragem (2).

ár•bi•tro *sm.* **1.** Aquele que dirime questões por acordo das partes litigantes ou por designação oficial. **2.** Juiz (5).

ar•bó•re:o *adj.* Relativo ou semelhante a árvore.

ar•bo•res•cen•te *adj2g.* Que apresenta o porte (ou hábito) de árvore.

ar•bo•res•cer *v.int.* **1.** Tornar-se árvore. **2.** Crescer como árvore; desenvolver-se. [Conjug.: ㉞ [arbores]**cer**]

ar•bo•rí•co•la *adj2g.* Que vive em árvores.

ar•bo•ri•za•ção *sf.* **1.** Ato ou efeito de arborizar. **2.** Conjunto de árvores plantadas. [Pl.: –*ções.*]

ar•bo•ri•za•do *adj.* Plantado ou cheio de árvores.

ar•bo•ri•zar *v.t.d.* Plantar árvores em. [Conjug.: ① [arboriz]**ar**]

ar•bus•ti•vo *adj.* Da natureza do arbusto.

ar•bus•to *sm. Bot.* Vegetal lenhoso, de caule ramificado desde a base.

ar•ca *sf.* Grande caixa de tampa chata.

ar•ca•boi•ço ou **ar•ca•bou•ço** *sm.* **1.** Ossatura do peito; tórax. **2.** Esqueleto (2).

ar•ca•buz *sm.* Antiga arma de fogo portátil, espécie de bacamarte.

ar•ca•da¹ *sf.* **1.** Passagem ou galeria que tem, pelo menos num de seus lados, série de arcos contíguos. **2.** Abertura, ou série de aberturas, em forma de arco (3), em parede ou muralha.

ar•ca•da² *sf.* Golpe do arco nas cordas de instrumento musical.

ar•cai•co *adj.* Antiquado, obsoleto.

ar•ca•ís•mo *sm.* Palavra ou construção arcaica.

ar•ca•i•zar *v.t.d.* e *p.* Tornar(-se) arcaico. [Conjug.: ⑮ [arca]i[z]ar] § **ar•ca•i•zan•te** *adj2g.*

ar•can•jo *sm.* Anjo de ordem superior.

ar•ca•no *sm.* Segredo, mistério.

ar•ção *sm.* Parte arqueada e saliente da sela. [Pl.: –*ções.*]

ar•car *v.t.i.* **1.** Lutar corpo a corpo. **2.** Arrostar, enfrentar. **3.** Responder por; responsabilizar-se: *arcar com o prejuízo.* [Conjug.: ⑧ [ar]**car**]

ar•caz *sm.* Grande móvel em forma de arca, com gavetões.

ar•ce•bis•pa•do *sm.* **1.** Dignidade arquiepiscopal. **2.** Jurisdição ou residência do arcebispo.

ar•ce•bis•po *sm.* O primeiro em dignidade entre os bispos duma circunscrição eclesiástica.

ar•ce•di•a•go *sm.* Dignitário capitular.

ar•cho•te *sm.* Facho breado que se acende para iluminar.

ar•co *sm.* **1.** *Geom.* Segmento de uma curva. **2.** *Geom.* Medida linear de um segmento de curva. **3.** Peça curva, usada para vencer vãos de portas, janelas ou outras aberturas. **4.** Curvatura de abóbada. **5.** Arma com que se atiram setas. **6.** Cinta de madeira ou de metal que prende as aduelas dos barris. **7.** *Fut.* V. *gol* (1). **8.** *Mús.* Peça composta de uma vara flexível com as extremidades ligadas por crinas de cavalo ou náilon, usada para pôr em vibração as cordas dos instrumentos de arco (violino, viola, violoncelo, contrabaixo).

ar•co-í•ris *sm2n.* Fenômeno resultante da dispersão de luz solar em gotículas de água suspensas no ar, e que se mostra como um conjunto de arcos coloridos.

ar-con•di•ci:o•na•do *sm.* Condicionador de ar. [Pl.: *ares-condicionados.*]

ar•con•te *sm.* Magistrado da Grécia antiga.

ár•de•go *adj.* Impetuoso, arrojado.

ar•de•í•de:o *sm. Zool.* Espécime dos ardeídeos, família de aves ardeiformes que vivem em lagos, rios, etc.; alimentam-se de peixes. § **ar•de•í•de:o** *adj.*

ar•de:i•for•me *sm. Zool.* Espécime dos ardeiformes, ordem de aves pernaltas e de pescoço longo. **§ ar•de:i•for•me** *adj2g.*

ar•dên•ci:a *sf.* **1.** Qualidade ou estado de ardente. **2.** Sensação palatal resultante da ingestão de substâncias picantes. [Sin. ger.: *ardor.*]

ar•den•te *adj2g.* **1.** Que está em chamas ou em brasa. **2.** Que queima ou requeima. **3.** De sabor picante, acre ou azedo. **4.** Intenso, enérgico. **5.** Apaixonado.

ar•den•ti•a *sf.* Fosforescência marítima.

ar•der *v.int.* **1.** Consumir-se em chamas ou como que em chamas; abrasar-se, inflamar-se. **2.** Estar aceso. **3.** Queimar, abrasar. **4.** Sentir grande calor. **5.** Doer, incomodar, com a sensação de ardor. [Conjug.: ② [ard]**er**]

ar•di•do *adj.* **1.** Queimado, crestado. **2.** Em começo de decomposição e/ou fermentado. **3.** Picante (2).

ar•dil *sm.* Maneira hábil de enganar; astúcia, manha, artimanha. [Pl.: *–dis.*]

ar•di•lo•so (ó) *adj.* Que usa de ardis; manhoso, astucioso. [Pl.: *–losos* (ó).]

ar•dor (ó) *sm.* **1.** Calor intenso. **2.** V. *ardência.* **3.** Sabor acre ou picante. **4.** Entusiasmo, paixão.

ar•do•ro•so (ó) *adj.* Cheio de ardor, de entusiasmo. [Pl.: *–rosos* (ó).]

ar•dó•si:a *sf.* **1.** Rocha rudimentar, separável em lâminas resistentes, us. em coberturas de edificações, pisos, etc. **2.** V. *lousa* (3).

ár•du:o *adj.* **1.** Dificultoso; áspero. **2.** Trabalhoso.

a•re *sm.* Unidade de medida agrária equivalente a 100m².

á•re:a *sf.* **1.** Medida de uma superfície. **2.** Superfície plana, delimitada. **3.** Extensão de terreno. **4.** Campo de atividade ou interesse; esfera, domínio. **5.** *Bras.* Pátio.

a•re:al *sm.* Terreno onde predomina a areia. [Pl.: *–ais.*]

a•re•ar *v.t.d.* **1.** Cobrir com areia ou matéria semelhante. **2.** Limpar, polir, esfregando com areia ou outra substância. [Conjug.: ⑩ [ar]**ear**] **§ a•re•a•do** *adj.*

a•re•en•to *adj.* Arenoso.

a•rei•a *sf.* **1.** Partículas de rochas em desagregação, que se apresentam, em grãos mais ou menos finos, nas praias, leito de rios, desertos, etc. **2.** Qualquer pó. **3.** Grânulos calcários da urina.

a•re•jar *v.t.d.* **1.** Expor ao ar; ventilar. **2.** *Edit.* Aumentar o espaço entre os elementos gráficos de um leiaute (p. ex., entre letras ou entre linhas). *Int. e p.* **3.** Tomar novo ar, novo alento; espairecer. **4.** Tomar ar. [Conjug.: ① [arej]**ar**] **§ a•re•ja•men•to** *sm.*

a•re•na *sf.* **1.** Nos antigos anfiteatros romanos, área central onde combatiam os gladiadores e as feras. **2.** Terreno circular, fechado, para corridas de touros e outros espetáculos. **3.** Estrado alto, para lutas de boxe, etc. **4.** Palco, nos teatros de arena.

a•ren•ga *sf.* **1.** Alocução; discurso. **2.** V. *aranzel.* **3.** Altercação; disputa. **4.** *Bras.* Intriga, mexerico.

a•ren•gar *v.int.* **1.** Fazer arenga (1 e 2). **2.** Discutir, altercar. *T.i.* **3.** Arengar (2). [Conjug.: ⑪ [aren]**gar**]

a•ren•guei•ro *adj.* **1.** Que é dado à arenga. • *sm.* **2.** Leva-e-traz.

a•re•ni•to *sm. Petr.* Rocha constituída sobretudo de grãos de areia consolidada por um cimento.

a•re•no•so (ó) *adj.* Cheio de areia; areento. [Pl.: *–nosos* (ó).]

a•ren•que *sm. Zool.* Nome comum a diversos peixes clupeídeos que, ger., se comem defumados.

a•ré:o•la *sf. Med.* Área que circunda um ponto central e que dele tem cor diferente. ♦ **Aréola mamária.** *Anat.* Cada área escura que circunda mamilo (1).

a•re•ó•pa•go *sm.* O supremo tribunal de Atenas.

a•res *sm.pl.* V. *ar* (5).

a•res•ta *sf.* **1.** Ângulo exterior formado por dois planos que se cortam. **2.** Coisa sem importância. **3.** Certo prego quase sem cabeça.

a•res•to *sm.* Decisão dum tribunal considerada paradigma.

ar•fa•da *sf.* Arfagem (1 e 2).

ar•fa•gem *sf.* **1.** Ato ou efeito de arfar; arfada. **2.** Balanço da embarcação no sentido longitudinal, de popa a proa; arfada. **3.** Movimento da aeronave em torno do seu eixo transversal.

ar•far *v.int.* **1.** Respirar a custo; ofegar. **2.** Oscilar (a embarcação) de proa a popa. **3.** Balançar, balancear. [Conjug.: ① [arf]**ar**]

ar•ga•mas•sa *sf.* Mistura dum aglutinante com areia e água, us. no assentamento de alvenaria, ladrilhos, etc.

ar•ge•li•no *adj.* **1.** Da Argélia (África). • *sm.* **2.** O natural ou habitante da Argélia.

ar•gen•tá•ri:o *sm.* Milionário.

ar•gên•te:o *adj.* Da cor da prata; argentino[1].

ar•gen•tí•fe•ro *adj.* Que contém prata.

ar•gen•ti•no[1] *adj.* **1.** Argênteo. **2.** De timbre fino como o da prata (voz, som).

ar•gen•ti•no[2] *adj.* **1.** Da República Argentina (América do Sul). • *sm.* **2.** O natural ou habitante da Argentina.

ar•gi•la *sf.* Sedimento que, segundo o mineral argiloso nele existente, pode ser plástico; barro.

ar•gi•lo•so (ó) *adj.* Que contém argila. [Pl.: *–losos* (ó).]

ar•go•la *sf.* 1. Anel metálico para prender ou puxar qualquer coisa. 2. Qualquer objeto em forma de argola.

ar•go•nau•ta *sm.* 1. Navegador ousado. 2. *Zool.* Molusco cefalópode, com oito tentáculos, do Mediterrâneo e mares quentes, e que chega até às costas do Brasil.

ar•gô•ni:o *sm. Quím.* V. *gás nobre* [símb.: *Ar*].

ar•gú•ci:a *sf.* Sutileza de raciocínio ou de argumentação.

ar•guei•ro *sm.* Partícula leve separada de um corpo; cisco, pó.

ar•güir *v.t.d.* 1. Repreender, censurar, verberar, condenar, com argumentos ou razões. 2. Examinar, questionando ou interrogando. 3. Impugnar ou combater com argumentos. *T.d.i.* 4. Argüir (2). *Int.* 5. Examinar um aluno ou concorrente, questionando. [Conjug.52 [argüir] § **ar•güi•ção** *sf.*; **ar•güi•do** *adj.*; **ar•güi•dor** (ô) *sm.*

ar•gu•men•ta•ção *sf.* 1. Ato ou efeito de argumentar. 2. Conjunto de argumentos. [Pl.: -ções.]

ar•gu•men•tar *v.int.* 1. Apresentar argumentos. 2. Discutir. *T.i.* 3. Argumentar (1). *T.d.* 4. Apresentar como argumento. [Conjug.:1 [argument]ar] § **ar•gu•men•ta•dor** (ô) *adj.* e *sm.*

ar•gu•men•to *sm.* 1. Raciocínio pelo qual se tira uma conseqüência ou dedução. 2. V. *enredo* (3). 3. *Mat.* Variável independente (q. v.). 4. *Geom. Anal.* V. *ângulo polar.*

ar•gu•to *adj.* De espírito vivo, engenhoso, sutil.

á•ri:a¹ *sf.* Denominação geral de qualquer peça de música vocal ou instrumental em que predomina a melodia.

á•ri:a² *s2g.* 1. Indivíduo dos árias, os mais antigos antepassados que se conhecem da família indo-européia. • *adj2g.* 2. Pertencente ou relativo aos árias.

a•ri•a•no¹ *adj.* 1. Dos árias ou da raça deles. • *sm.* 2. Indivíduo ariano.

a•ri•a•no² *sm.* 1. Indivíduo nascido sob o signo de Áries. • *adj.* 2. Diz-se de, ou pertencente ou relativo a ariano² (1).

a•ri•dez (ê) *sf.* 1. Qualidade ou estado de árido. 2. Rudeza, aspereza. 3. *Fig.* Falta de brandura, de sensibilidade.

á•ri•do *adj.* 1. Sem umidade; seco. 2. Estéril, improdutivo. 3. Duro, insensível. 4. Fastidioso.

á•ri:es *sm.* 1. *Astr.* A primeira constelação do Zodíaco, situada no hemisfério norte. 2. *Astrol.* O primeiro signo do Zodíaco, relativo aos que nascem entre 21 de março e 20 de abril. [Com inicial maiúscula.]

a•ri•e•ete *sm.* Antiga máquina de guerra para abater muralhas.

a•ri•lo *sm. Bot.* Excrescência na superfície de muitas sementes como, p. ex., a noz-moscada.

a•ri•ra•nha *sf. Bras. Zool.* Mamífero mustelídeo só encontrado na Amazônia e Brasil Central; alimenta-se de peixes.

a•ris•co *adj.* 1. Esquivo. 2. Diz-se de animal que não se deixa domesticar.

a•ris•to•cra•ci•a *sf.* A classe dos nobres ou fidalgos; fidalguia.

a•ris•to•cra•ta *adj2g.* e *s2g.* Que ou quem pertence à aristocracia; fidalgo.

a•ris•to•crá•ti•co *adj.* Relativo à aristocracia.

a•ris•to•te•lis•mo. *sm. Filos.* O conjunto das doutrinas de Aristóteles (q. v.), e de seus seguidores.

a•rit•mé•ti•ca ou**a•ri•mé•ti•ca** *sf.* 1. Parte da matemática que investiga as propriedade elementares dos números inteiros e racionais. 2. Tratado ou compêndio de aritmética. 3. Exemplar de um desses tratados ou compêndios. § **a•ri(t)•mé•ti•co** *adj.*

ar•le•quim *sm. Teat.* Personagem da antiga comédia italiana, de traje multicor, e cuja função era divertir o público, nos intervalos. [Pl.: -quins.]

ar•ma *sf.* 1. Instrumento de ataque ou de defesa. 2. Qualquer objeto que sirva para tais fins. 3. Arma de fogo. 4. *Bras.* Cada uma das subdivisões básicas da tropa do exército: infantaria, cavalaria, artilharia, engenharia, comunicações. 5. Recurso, expediente. • **Arma branca.** Qualquer arma constituída de lâmina e cabo. **Arma de fogo.** Aquela que funciona mediante a deflagração de carga explosiva que dá lugar à formação de gases, sob cuja ação é lançado no ar um projetil. Ex.: revólver, espingarda, etc. [Tb. se diz apenas *arma*.]

ar•ma•ção *sf.* 1. Ato ou efeito de armar. 2. Peça ou conjunto de peças que serve(m) para sustentar, revestir, fixar, reforçar, unir, etc., as várias partes dum todo. 3. Conjunto de armários, balcões, etc., duma loja. 4. V. *corno* (1). [Pl.: -ções.]

ar•ma•da *sf.* 1. A totalidade dos navios destinados ao serviço naval, pertencentes ao Estado e incorporados à Marinha de Guerra. 2. *Bras. N.E.* Proeza, artimanha.

ar•ma•dilha *sf.* 1. Laço, engenho ou artifício para apanhar qualquer animal. 2. Logro; cilada.

ar•ma•dor¹ (ô) *sm.* 1. Aquele que arma. 2. Decorador de igrejas, salas, etc. 3. *Bras.* Gancho em que se prende o punho da rede.

ar•ma•dor² (ô) *sm.* Pessoa ou firma que equipa, mantém e explora comercialmente embarcação mercante.

ar•ma•dura *sf.* 1. Vestidura de proteção dos antigos guerreiros. 2. Tudo que serve para reforçar ou fortalecer qualquer obra. 3. O que o

animal usa para sua defesa ou ataque; armas.
4. *Eletr.* V. *eletrodo* (1). **5.** *Eng. Elétr.* A parte móvel de uma máquina elétrica (motor ou gerador) em que é induzida uma força eletromotriz. ◆ **Armadura bucal.** *Zool.* Conjunto de peças que formam o aparelho mastigador de insetos e crustáceos.

ar•ma•men•tis•mo *sm.* Doutrina que preconiza o aumento do material bélico de um país ou dos países. § **ar•ma•men•tis•ta** *adj2g.* e *s2g.*

ar•ma•men•to *sm.* **1.** Ato ou efeito de armar. **2.** Conjunto de armas. **3.** As armas e o equipamento militar de que dispõe um país.

ar•mar *v.t.d.* **1.** Prover de armas. **2.** Vestir ou cobrir com armadura. **3.** Preparar (aparelho, maquinismo ou coisa qualquer) para funcionar. **4.** Erguer o cão (2) de. **5.** Equipar (embarcação). **6.** Maquinar, tramar. **7.** Instalar, montar: *armar uma tenda.* **8.** Dispor ou encaixar as peças de (um objeto) de certa maneira. **9.** *Esport.* Preparar (equipe), atribuindo-lhe tática individual e coletiva. **10.** *Bras.* Prender no armador ou nos punhos de (rede). *T.d.i.* **11.** Armar (1). *Int.* **12.** Armar (8): *estante de armar.* *P.* **13.** Preparar-se para a guerra ou para defender-se. **14.** Munir-se de arma(s). **15.** Formar-se. [Conjug.: ① [arm]**ar**] § **ar•ma•do** *adj.*

ar•ma•ri•a *sf.* **1.** Conjunto de armas. **2.** A arte heráldica.

ar•ma•ri•nho *sm. Bras.* Loja de miudezas.

ar•má•ri:o *sm.* Móvel ou vão aberto na parede, com prateleiras e/ou gavetas, para guardar objetos.

ar•mas *sf.pl.* **1.** A profissão militar. **2.** Força ou feito militar. **3.** Insígnias de brasão. **4.** Armadura (3).

ar•ma•zém *sm.* **1.** Depósito de mercadorias, munições, etc. **2.** Mercearia. **3.** Grande estabelecimento comercial de secos e molhados, geralmente atacadista. [Pl.: *–zéns.*]

ar•ma•ze•na•gem *sf.* **1.** Ato ou efeito de armazenar. **2.** Quantia paga pelo depósito e permanência de mercadorias em alfândegas, etc. [Pl.: *–gens.*]

ar•ma•ze•nar *v.t.d.* **1.** Guardar em armazém. **2.** Acumular, preparando para uso futuro. **3.** Conter, comportar (coisas guardadas). [Conjug.: ① [armazen]**ar**] § **ar•ma•ze•na•men•to** *sm.*

ar•mei•ro *sm.* Fabricante, vendedor ou consertador de armas.

ar•mê•ni:o *adj.* **1.** Da Armênia (Ásia). ◆ *sm.* **2.** O natural ou habitante da Armênia. **3.** A língua armênia.

ar•men•to *sm.* Rebanho de gado graúdo (búfalos, elefantes, etc.), esp. de gado vacum.

ar•mi•la *sf.* Grupo de anéis ou molduras na base de certas colunas.

ar•mi•lar *adj2g.* Formado de armilas.

ar•mi•nho *sm. Zool.* **1.** Mamífero mustelídeo das regiões polares, de pele macia, alvíssima no inverno. **2.** A pele ou o pêlo do arminho.

ar•mis•tí•ci:o *sm.* Suspensão das hostilidades entre beligerantes como efeito de uma convenção, sem, contudo, se pôr fim à guerra; trégua.

ar•mo•ri•a•do *adj. Heráld.* Que tem armas ou brasão pintados, esculpidos ou aplicados.

ar•mo•ri•al *sm.* Livro onde vêm registrados os brasões. [Pl.: *–ais.*]

❑ **ARN** Sigla de *ácido ribonucleico.*

ar•nês *sm.* **1.** Antiga armadura completa dum guerreiro. **2.** Arreios de cavalo.

ar•ni•ca *sf.* **1.** *Bot.* Erva alpestre das compostas. **2.** A tintura medicinal que dela se extrai.

a•ro *sm.* Pequeno círculo; anel.

a•ro•ei•ra *sf. Bras. Bot.* **1.** Árvore anacardiácea de madeira útil e casca medicinal. **2.** Urundeúva.

a•ro•ma *sm.* Odor agradável de certas substâncias animais, vegetais, etc.; fragrância.

a•ro•má•ti•co *adj.* **1.** De perfume agradável; cheiroso. **2.** *Quím.* Diz-se de certos hidrocarbonetos altamente insaturados, p. ex., o benzeno e o naftaleno, e das substâncias deles derivadas.

a•ro•ma•ti•zar *v.t.d.* e *p.* Tornar(-se) aromático; perfumar(-se). [Conjug.: ① [aromatiz]**ar**] § **a•ro•ma•ti•za•do** *adj.*; **a•ro•ma•ti•zan•te** *adj2g.* e *s2g.*

ar•pão *sm.* O conjunto formado por um ferro fixado a um cabo, usado na caça submarina, na pesca de peixes grandes ou de cetáceos, etc. [Pl.: *–pões.*]

ar•pe•ar *v.t.d.* Arpoar. [Conjug.: ⑩ [arp]**ear**. Cf. *harpear*]

ar•pe•jar *v.int.* Produzir arpejos. [Conjug.: ① [arpej]**ar**. Cf. *harpejar*.]

ar•pe•jo (ê) *sm. Mús.* Execução rápida e sucessiva de notas dum acorde.

ar•péu *sm.* Gancho de ferro usado na abordagem de embarcações.

ar•po•ar *v.t.d.* Cravar o arpão ou o arpéu em; arpear. [Conjug.: ⑬ [arp]**oar**] § **ar•po:a•dor** (ô) *sm.*

ar•que:a•ção *sf.* **1.** Ato ou efeito de arquear. **2.** Medida da capacidade dos espaços internos de embarcação mercante. [Pl.: *–ções.*]

ar•que•a•do[1] *adj.* Em forma de arco; curvo.

ar•que•a•do[2] *adj.* Que se arqueou; curvado.

ar•que•ar *v.t.d.* **1.** Curvar em forma de arco. **2.** Verificar a arqueação (2) de. *P.* **3.** Curvar-se em forma de arco. [Conjug.: ⑩ [arqu]**ear**]

ar•quei•ro *sm.* **1.** O que peleja com arco. **2.** *Bras.* Goleiro.

ar•que•jar *v.int.* Respirar a custo; ofegar. [Conjug.: ① [arquej]**ar**] § **ar•que•jan•te** *adj2g.*

ar•que•jo (ê) *sm.* Ato de arquejar; respiração difícil.

ar•que:o•lo•gia *sf.* Ciência que estuda a vida e a cultura dos povos antigos por meio de escavações ou através de documentos, monumentos, etc., por eles deixados. **§ ar•que:o•ló•gi•co** *adj.*

ar•que•ó•lo•go *sm.* Especialista em arqueologia.

ar•que•óp•te•rix (cs) *sm.2n. Paleont.* A mais antiga ave conhecida; tinha dentes e garras, uma comprida cauda óssea, e era carnívora. Viveu no jurássico.

ar•qué•ti•po *sm.* **1.** Modelo de seres criados. **2.** Exemplar, protótipo.

ar•qui•ban•ca•da *sf. Bras.* Série de assentos em filas sucessivas, cada uma em plano mais elevado que a outra, a modo de escada.

ar•qui•di:o•ce•se *sf.* Diocese que tem outras sufragâneas; arcebispado. **§ ar•qui•di:o•ce•sa•no** *adj.*

ar•qui•du•que *sm.* Título honorífico dos príncipes da antiga família reinante da Áustria. [Fem.: *arquiduquesa.*]

ar•qui•du•que•sa (ê) *sf.* Esposa de arquiduque.

ar•qui:e•pis•co•pal *adj2g.* Relativo a arcebispo ou a arcebispado. [Pl.: *-pais.*]

ar•qui•i•nimigo *sm.* Inimigo no mais alto grau; inimigo supremo.

ar•qui•pé•la•go *sm.* Grupo mais ou menos numeroso de ilhas.

ar•qui•te•tar *v.t.d.* **1.** Idear (espaço ou elemento arquitetônico). **2.** Fazer o projeto arquitetônico de. **3.** Idear, planejar; tramar. [Conjug.: 1 [arquitet]**ar**] **§ ar•qui•te•ta•do** *adj.*

ar•qui•te•to *sm.* Aquele que exerce a arquitetura.

ar•qui•te•tô•ni•co *adj.* Relativo à arquitetura.

ar•qui•te•tu•ra *sf.* **1.** Arte de edificar. **2.** As obras de arquitetura dum país, época, etc.

ar•qui•tra•ve *sf. Arquit.* Viga mestra assentada horizontalmente sobre coluna ou pilar.

ar•qui•var *v.t.d.* **1.** Guardar em arquivo. **2.** Sobrestar o andamento de (inquérito, etc.). **3.** *Fig.* Guardar na memória. [Conjug.: 1 [arquiv]**ar**] **§ ar•qui•va•men•to** *sm.*

ar•qui•vis•ta *s2g.* Pessoa encarregada de arquivo.

ar•qui•vo *sm.* **1.** Conjunto de documentos. **2.** Lugar ou móvel onde se guardam esses documentos. **3.** *Inform.* Conjunto de dados ou instruções registrados em meio digital, identificado por nome.

ar•ra•bal•de *sm.* Cercanias duma cidade ou povoação; subúrbio.

ar•rai•a *sf. Bras.* **1.** Raia. **2.** Papagaio (3) pequeno.

ar•rai•al *sm.* **1.** Acampamento de tropas. **2.** Lugar de festas populares, com barracas de comida, diversões, etc. **3.** Lugarejo. [Pl.: *-ais.*]

ar•rai•ga•do *adj.* Que se arraigou; enraizado.

ar•rai•gar *v.t.d.c.* **1.** Firmar pela raiz. **2.** Firmar, fixar. *Int.* **3.** Lançar ou criar raízes. *P.* **4.** Fixar-se, enraizar-se. [Conjug.: 11 [arrai]**gar**]

ar•rais *sm2n.* Patrão de barco.

ar•ran•ca•da *sf.* **1.** Ato ou efeito de arrancar. **2.** Partida ou movimento súbito e/ou violento.

ar•ran•car *v.t.d.* **1.** Tirar ou separar ou extrair com mais ou menos força ou violência. **2.** Desarraigar (2). **3.** Provocar: *arrancar aplausos, risos. T.d.i.* **4.** Arrancar (1). **5.** Conseguir, obter, a custo de insistência, ou importunação. *T.d.c.* **6.** Arrancar (1). *Int.* **7.** Partir ou movimentar-se, ou sair, com ímpeto ou de repente. **8.** V. *fugir* (1). *P.* **9.** V. *fugir* (1). [Conjug.: 8 [arran]**car**]

ar•ran•ca-ra•bo *sm. Bras. Pop.* V. *rolo* (9). [Pl.: *arranca-rabos.*]

ar•ran•char *v.t.d.* **1.** Reunir em ranchos. **2.** Dar pousada a. *Int.* **3.** Reunir-se em rancho. *P.* **4.** Estabelecer-se provisoriamente. [Conjug.: 1 [arranch]**ar**]

ar•ran•co *sm.* Ímpeto violento.

ar•ra•nha-céu *sm.* Edifício de muitos andares. [Pl.: *arranha-céus.*]

ar•ra•nha•du•ra *sf.* **1.** Ferida leve ou unicamente da pele. **2.** Ranhura pouco profunda. [Sin. ger.: *arranhadura.*]

ar•ra•nhão *sm.* V. *arranhadura.* [Pl.: *-nhões.*]

ar•ra•nhar *v.t.d.* **1.** Raspar ou ferir de leve com as unhas ou com a ponta de qualquer objeto. **2.** Conhecer pouco, ou mal (uma língua, uma disciplina). **3.** Tocar pouco, ou mal (um instrumento). *Int.* **4.** Produzir arranhadura. *P.* **5.** Ferir-se com as unhas ou com outro objeto. [Conjug.: 1 [arranh]**ar**]

ar•ran•ja•do *adj.* **1.** Que se arranjou. **2.** *Bras.* Remediado.

ar•ran•jar *v.t.d.* **1.** V. *arrumar* (1 a 4). **2.** *Mús.* Fazer arranjo (5) de. *T.d.i.* **3.** Arrumar (5). *P.* **4.** Arrumar (6 e 7). [Conjug.: 1 [arranj]**ar**]

ar•ran•jo *sm.* **1.** Ato ou efeito de arranjar. **2.** Administração e/ou arrumação doméstica. **3.** Fortuna, bens. **4.** *Mat.* Subconjunto ordenado de um conjunto finito. **5.** *Mús.* Versão diferente da original de obra ou fragmento de obra musical. **6.** *Bras.* V. *conluio.* **7.** *Bras.* V. *negociata.*

ar•ran•que *sm.* **1.** Arranco. **2.** Motor de arranque.

ar•ras *sf.pl.* **1.** Garantia ou sinal de um contrato. **2.** Dote que, por contrato, o noivo assegura à esposa. **3.** Prova, demonstração.

ar•ra•sa•do *adj.* **1.** Tornado raso, plano. **2.** Devastado, destruído. **3.** Muito deprimido; prostrado. **4.** Esfalfado, exausto.

ar•ra•sar *v.t.d.* **1.** Tornar raso; nivelar, aplainar. **2.** Nivelar (a medida) com a rasoura. **3.** Lançar por terra, derrubar. **4.** Destruir, assolar, devastar. **5.** Humilhar, vexar. **6.** Abalar, abater, moral e fisicamente, em excesso. *Int.* **7.** V. *abafar* (11). *P.* **8.** Extenuar-se, exaurir-se. **9.** Arruinar (4). [Conjug.: 1 [arras]**ar**] § **ar•ra•sa•dor** (ô) *adj.*; **ar•ra•sa•men•to** *sm.*

ar•ras•tão *sm.* **1.** Esforço violento para arrastar. **2.** Rede de pesca, de arrastar pelo fundo. **3.** *Bras. Pop.* Grupo de assaltantes ou de desordeiros que agem em conjunto, contra pessoas, estabelecimentos comerciais, etc. [Pl.: –*tões*.]

ar•ras•ta-pé *sm. Bras. Pop.* Baile popular; forró, forrobodó. [Pl.: –*arrasta-pés*.]

ar•ras•tar *v.t.d.* **1.** Levar ou trazer de rojo ou de rastos; arrojar. **2.** Deslocar, fazer mover, sem afastar do chão. **3.** Roçar pelo chão. **4.** Emitir (voz) com vagar² (4) ou dificuldade. **5.** Impelir, levar. *P.* **6.** Andar de rojo ou de rastos; arrojar-se. **7.** Ir ou andar ou passar a custo ou lentamente. [Conjug.: 1 [arrast]**ar**] § **ar•ras•ta•do** *adj.*; **ar•ras•ta•men•to** *sm.*

ar•ras•to *sm.* Ato de arrastar(-se).

ar•rá•tel *sm.* Antiga unidade de peso, equivalente a 459g ou 16 onças. [Pl.: –*teis*.]

ar•ra•zo•a•do *sm.* Discurso com que se defende uma causa.

ar•ra•zo•ar *v.t.d.* **1.** Expor ou defender (causa, assunto, argumento, etc.) alegando razões. **2.** Censurar, repreender, argüir. *T.i.* **3.** Discorrer, falar. [Conjug.: 13 [arraz]**oar**] § **ar•ra•zo:a•men•to** *sm.*

ar•re *interj.* Designa cólera ou enfado.

ar•re:a•men•to *sm.* **1.** Ato ou efeito de arrear. **2.** *Bras.* Aperos.

ar•re•ar *v.t.d.* Pôr arreios em; aparelhar. [Conjug.: 10 [arr]**ear**]

ar•re•ba•nhar *v.t.d.* **1.** Ajuntar em rebanho. **2.** Juntar, reunir. [Conjug.: 1 [arrebanh]**ar**]

ar•re•ba•ta•men•to *sm.* **1.** Ato ou efeito de arrebatar(-se). **2.** Estado de indivíduo arrebatado.

ar•re•ba•tar *v.t.d.* **1.** Tirar com violência ou força; arrancar. **2.** Levar, desprender, de um ímpeto. **3.** Enlevar, extasiar. **4.** Enfurecer, encolerizar. [Conjug.: 1 [arrebat]**ar**] § **ar•re•ba•ta•dor** (ô) *adj. e sm.*; **ar•re•ba•ta•do** *adj.*

ar•re•ben•ta•ção *sf.* **1.** Ato ou efeito de arrebentar(-se). **2.** O lugar onde as ondas quebram de encontro à praia. [Pl.: –*ções*.]

ar•re•ben•ta-ca•va•lo *sm. Bras. Bot.* Erva solanácea medicinal; juá. [Pl.: *arrebenta-cavalos*.]

ar•re•ben•ta•do *adj.* **1.** Que (se) arrebentou. **2.** Sem dinheiro ou recursos. **3.** V. *exausto*.

ar•re•ben•tar *v.int., t.d. e t.i.* Rebentar. [Conjug.: 1 [arrebent]**ar**] § **ar•re•ben•ta•men•to** *sm.*

ar•re•bi•que *sm.* **1.** *Desus.* Cosmético róseo para pintar o rosto. **2.** Enfeite excessivo e de mau gosto.

ar•re•bi•ta•do *adj.* **1.** Diz-se de nariz revirado para cima na ponta. **2.** *Bras.* Petulante, insolente.

ar•re•bi•tar *v.t.d.* **1.** Revirar (a ponta ou a aba) para cima. *P.* **2.** Levantar-se, altear-se. **3.** Irritar-se. [Conjug.: 1 [arrebit]**ar**] § **ar•re•bi•ta•men•to** *sm.*

ar•re•bol *sm.* Vermelhidão do nascer ou do pôr do Sol. [Pl.: –*bóis*.]

ar•re•ca•dar *v.t.d.* **1.** Ter ou guardar em lugar seguro. **2.** Cobrar (renda, tributo). **3.** Recolher (certa quantia). **4.** Juntar, guardar. [Conjug.: 1 [arrecad]**ar**] § **ar•re•ca•da•ção** *sf.*; **ar•re•ca•da•dor** (ô) *adj. e sm.*

ar•re•ci•fe *sm.* Recife, escolho.

ar•re•dar *v.t.d.c.* **1.** Remover para trás; fazer recuar. **2.** Afastar. *T.d.* **3.** Apartar de um lugar para outro; remover. *T.d.i.* **4.** Dissuadir, demover. *Int. e p.* **5.** Pôr-se longe; afastar-se. [Conjug.: 1 [arred]**ar**]

ar•re•di:o *adj.* Que vive longe de todos.

ar•re•don•da•do *adj.* Que tem forma redonda.

ar•re•don•da•men•to *sm.* **1.** Ato ou efeito de arredondar(-se). **2.** *Mat.* Num cálculo aproximado, abandono de todos os algarismos posteriores aos de uma certa ordem decimal, com eventual modificação do último algarismo conservado.

ar•re•don•dar *v.t.d. e p.* Tornar(-se) redondo. [Conjug.: 1 [arredond]**ar**]

ar•re•do•res *sm.pl.* Cercanias.

ar•re•fe•cer *v.int.* **1.** Tornar-se frio; esfriar. **2.** Perder ou moderar a energia, o fervor. *T.d.* **3.** Fazer perder (fervor, energia, etc.); desanimar. [Conjug.: 34 [arrefe]**cer**]

ar•re•ga•çar *v.t.d.* **1.** Colher a borda de (saia), formando regaço. **2.** Puxar ou dobrar para cima (as calças, etc.). **3.** Levantar, contraindo ou arqueando (lábios), mostrando, deixando ver (riso, sorriso). [Conjug.: 9 [arrega]**çar**]

ar•re•ga•lar *v.t.d.* Abrir muito (os olhos), por espanto, admiração, surpresa, satisfação, etc. [Conjug.: 1 [arregal]**ar**] § **ar•re•ga•la•do** *adj.*

ar•re•ga•nhar *v.t.d.* **1.** Mostrar (os dentes), abrindo os lábios com expressão de cólera ou de riso. **2.** Abrir, alargar. *P.* **3.** Mostrar os dentes com expressão de cólera ou de riso. [Conjug.: 1 [arreganh]**ar**]

ar•re•ga•nho *sm.* **1.** Ato ou efeito de arreganhar(-se). **2.** Ameaça.

ar•re•gi•men•tar *v.t.d.* **1.** Alistar ou reunir em regimento. **2.** *Fig.* Reunir, associar, em partido, sociedade ou bando. *P.* **3.** Reunir-se. [Conjug.: 1 [arregiment]**ar**]

ar•rei•o *sm.* Conjunto de peças necessárias ao trabalho de carga do eqüídeo.

ar•re•li•a *sf.* Zanga, irritação.

ar•re•li•a•do *adj.* Dado a arrelias; arreliento.

ar•re•li•ar *v.t.d.* **1.** Fazer ou causar arrelia a; irritar, zangar. *P.* **2.** Zangar-se. [Conjug.: ① [arreli]**ar**]

ar•re•li•en•to *adj.* Arreliado.

ar•re•ma•tar¹ *v.t.d.* **1.** Rematar (1 e 2). **2.** *Fut.* Finalizar (jogada) com chute ou cabeçada para o gol. *Int.* **3.** Finalizar. [Conjug.: ① [arremat]**ar**]

ar•re•ma•tar² *v.t.d.* Comprar ou tomar de arrendamento em leilão. [Conjug.: ① [arremat]**ar**] § **ar•re•ma•ta•ção** *sf.*; **ar•re•ma•tan•te** *adj2g.* e *s2g.*

ar•re•ma•te *sm.* Acabamento, remate.

ar•re•me•dar *v.t.d.* **1.** Imitar grotescamente. **2.** Reproduzir, imitando. [Sin. ger.: *remedar.*] [Conjug.: ① [arremed]**ar**]

ar•re•me•do (ê) *sm.* Cópia, imitação.

ar•re•mes•são *sm.* Impulso de arremessar(-se). [Pl.: *–sões.*]

ar•re•mes•sar *v.t.d.* **1.** Arrojar (2). **2.** *Basq.* Fazer arremesso (3); chutar. *Int.* **3.** Arremessar (2). *P.* **4.** Arrojar (4). [Conjug.: ① [arremess]**ar**]

ar•re•mes•so *sm.* **1.** Ato ou efeito de arremessar(-se). **2.** Ímpeto, investida. **3.** *Basq.* No *basquete* lançamento da bola em direção à cesta; chute.

ar•re•me•ter *v.t.i.* Arrojar-se, lançar-se, atacar com ímpeto ou fúria; investir. [Conjug.: ② [arremet]**er**]

ar•re•me•ti•da *sf.* Assalto (1).

ar•ren•da•dor (ô) *sm.* Aquele que cede em arrendamento.

ar•ren•da•men•to *sm.* **1.** Contrato ou aluguel pelo qual alguém cede a outrem, por certo tempo e preço, o uso e gozo de coisa não fungível. **2.** *P. ext.* O preço nele estipulado. ◆ **Arrendamento mercantil.** Cessão (de veículo, máquina, etc.) contra o pagamento de prestações, ger. com opção de compra pelo arrendatário, ao fim do contrato; *leasing.*

ar•ren•dar *v.t.d.* e *t.d.i.* Dar ou tomar em arrendamento (1). [Conjug.: ① [arrend]**ar**]

ar•ren•da•tá•ri:o *sm.* Aquele que toma de arrendamento (2).

ar•re•ne•gar *v.t.d.* **1.** V. *abjurar* (1). **2.** V. *amaldiçoar.* [Conjug.: ⑪ [arrene]**gar**] § **ar•re•ne•ga•ção** *sf.*; **ar•re•ne•ga•do** *adj.*

ar•re•pe•lar-se *v.p.* Puxar os próprios cabelos ou a barba. [Conjug.: ① [arrepel]**ar**[-se]]

ar•re•pen•der-se *v.p.* **1.** Sentir mágoa ou pesar por falta ou erro cometido. **2.** Mudar de procedimento, de parecer. [Conjug.: ② [arrepend]**er**[-se]] § **ar•re•pen•di•do** *adj.* e *sm.*; **ar•re•pen•di•men•to** *sm.*

ar•re•pi•ar *v.t.d.* **1.** Eriçar, encrespar (cabelos,

pêlos, etc.) **2.** Causar arrepios em. *P.* **3.** Sentir arrepios. **4.** Horrorizar-se. [Conjug.: ① [arrepi]**ar**] § **ar•re•pi•a•do** *adj.*; **ar•re•pi•an•te** *adj2g.*

ar•re•pi:o *sm.* Tremor resultante de frio, medo, susto, horror, etc.; calafrio.

ar•res•tar *v.t.d.* Fazer arresto em; embargar. [Conjug.: ① [arrest]**ar**]

ar•res•to *sm. Jur.* Apreensão judicial de bens do suposto devedor para garantir a execução, que contra ele acaso se venha a promover; embargo.

ar•re•ve•sa•do *adj.* **1.** Difícil de entender; confuso. **2.** Diz-se de vocábulo difícil de pronunciar.

ar•re•ve•sar *v.t.d.* **1.** Pôr ao revés, às avessas. **2.** Dar sentido contrário. [Conjug.: ① [arreves]**ar**]

ar•ri•ar *v.t.d.* **1.** Abaixar, descer (o que estava suspenso ou levantado). **2.** Colocar no chão, sobre um móvel, etc. (objeto pesado). *Int.* e *p.* **3.** Cair ou vergar sob peso. **4.** Perder as forças, o ânimo. [Conjug.: ① [arri]**ar**]

ar•ri•ba *adv.* Para cima.

ar•ri•ba•ção *sf.* Ato de arribar; arribada. [Pl.: *–ções.*]

ar•ri•ba•da *sf.* Arribação.

ar•ri•bar *v.t.c.* **1.** *Mar.* Regressar ao porto de partida ou entrar em outro que não seja o da escala ou de destino. **2.** Ausentar-se sem licença. *Int.* **3.** Melhorar de sorte, saúde, etc. **4.** Mudar de pouco (as aves). [Conjug.: ① [arrib]**ar**]

ar•ri•ei•ro *sm.* Almocreve.

ar•ri•mar *v.t.d.* **1.** Pôr em rima. **2.** Arrumar (1). **3.** Servir de arrimo ou amparo a; amparar. *P.* **4.** Apoiar-se, encostar-se. [Conjug.: ① [arrim]**ar**] § **ar•ri•ma•do** *adj.*

ar•ri•mo *sm.* **1.** Encosto (1). **2.** Amparo, proteção, auxílio.

ar•ris•ca•do *adj.* **1.** Em que há risco ou perigo. **2.** Que se expõe a risco; ousado.

ar•ris•car *v.t.d.* e *p.* **1.** Expor(-se) a risco ou perigo. **2.** Sujeitar(-se) à sorte; aventurar(-se). [Conjug.: ⑧ [arris]**car**]

ar•rit•mi•a *sf.* **1.** Perturbação ou desvio do ritmo. **2.** *Med.* Arritmia cardíaca. ◆ **Arritmia cardíaca.** *Med.* Qualquer desvio da normalidade do ritmo dos batimentos cardíacos.

ar•ri•vis•mo *sm.* Procedimento de arrivista.

ar•ri•vis•ta *s2g.* Pessoa inescrupulosa, que quer vencer a todo custo.

ar•ri•zo•tô•ni•co *adj. Gram.* Diz-se das formas verbais em que o acento tônico recai após o radical (5). [Cf. *rizotônico.*]

ar•ro•ba (ô) *sf.* **1.** Peso antigo de 32 arráteis, hoje arredondado em 15 quilos. **2.** O símbolo @, us., p. ex., para separar, em endereços eletrônicos de internet, a identificação do usuário e a da rede em que está registrado.

ar•ro•char *v.t.d.* e *p.* Apertar(-se) muito. [Conjug.: ⒈ [arroch]**ar**]

ar•ro•cho (ó) *sm.* **1.** Pau torto e curto com que se torcem as cordas para apertar fardos, cargas, etc. **2.** V. *aperto* (3).

ar•ro•gân•ci:a *sf.* **1.** Orgulho excessivo; soberba. **2.** Insolência, atrevimento.

ar•ro•gan•te *adj2g.* Que tem ou revela arrogância.

ar•ro•gar *v.t.d.* **1.** Apropriar-se de. *T.d.i.* **2.** Atribuir. *P.* **3.** Tomar como seu; atribuir-se. [Conjug.: ⒒ [arro]**gar**]

ar•roi•o *sm.* Regato intermitente.

ar•ro•ja•do *adj.* Que revela, ou em que há arrojo.

ar•ro•jar *v.t.d.* **1.** Arrastar (1). **2.** Lançar com ímpeto ou força; atirar, arremessar. *P.* **3.** Arrastar (6). **4.** Atirar-se com força; lançar-se, arremessar-se. **5.** Ousar, atrever-se. [Conjug.: ⒈ [arroj]**ar**]

ar•ro•jo (ô) *sm.* **1.** Ousadia; atrevimento. **2.** Ato de arrojar ou arremessar.

ar•ro•la•men•to *sm.* **1.** Ato de arrolar. **2.** V. *lista* (1).

ar•ro•lar *v.t.d.* **1.** Meter em rol ou inventário. **2.** Alistar (1). [Conjug.: ⒈ [arrol]**ar**]

ar•ro•lhar *v.t.d.* Colocar rolha(s) em. [Conjug.: ⒈ [arrolh]**ar** Cf. *arrulhar.*]

ar•rom•ba *sf.* Cantiga ruidosa para a viola. ◆ **De arromba.** De causar espanto.

ar•rom•bar *v.t.d.* **1.** Fazer rombo em; romper. **2.** Abrir à força. [Conjug.: ⒈ [aromb]**ar**] **ar•rom•ba•dor** (ô) *adj.* e *sm.*; **ar•rom•ba•men•to** *sm.*

ar•ros•tar *v.t.d.* e *t.i.* Olhar de frente, encarar, sem medo; enfrentar. [Conjug.: ⒈ [arrost]**ar**]

ar•ro•tar *v.int.* **1.** Dar arroto(s); eructar. *T.d.* **2.** Alardear, blasonar. [Conjug.: ⒈ [arrot]**ar**]

ar•ro•te•ar *v.t.d.* Cultivar (terreno inculto). [Conjug.: ⒑ [arrot]**ear**] § **ar•ro•te:a•men•to** *sm.*

ar•ro•to (ô) *sm.* Erupção ruidosa de gases do estômago pela boca; eructação.

ar•rou•bo *sm.* Êxtase, arrebatamento.

ar•ro•xe•a•do *adj.* Tirante a roxo.

ar•roz (ô) *sm. Bot.* Planta das gramíneas cujo grão, do mesmo nome, é importante alimento.

ar•ro•zal *sm.* Campo semeado de arroz. [Pl.: *–zais.*]

ar•ru•a•ça *sf.* Motim de rua; assuada. [V. *rolo* (9).]

ar•ru:a•cei•ro *adj.* e *sm.* Que ou aquele que faz arruaças; desordeiro.

ar•ru:a•men•to *sm.* Conjunto de ruas.

ar•ru•ar *v.t.d.* Demarcar e abrir ruas em. [Conjug.: ⒈ [arru]**ar**]

ar•ru•da *sf. Bot.* Nome comum a várias plantas rutáceas, aromáticas, medicinais.

ar•ru•e•la *sf.* Chapa redonda, de aço, com furo circular, na qual se mete o parafuso para proteger a peça que vai ser aparafusada.

ar•ru•far *v.t.d.* e *p.* Irritar(-se), exasperar(-se). [Conjug.: ⒈ [arruf]**ar**]

ar•ru•fo *sm.* V. *amuo.*

ar•ru:i•nar *v.t.d.* **1.** Causar ruína a. **2.** Reduzir a ruínas. **3.** Empobrecer. *P.* **4.** Perder a saúde ou o dinheiro; arrasar-se. [Conjug.: ⒖ [arru]i[n]**ar**]

ar•rui•va•do *adj.* Tirante a ruivo.

ar•ru•lhar *v.int.* **1.** Cantar como os pombos e rolas. **2.** Dizer palavras doces, em tom meigo. [Conjug.: ⒈ [arrulh]**ar**. Cf. *arrolhar.*]

ar•ru•lho *sm.* Ato de arrulhar.

ar•ru•ma•ção *sf.* **1.** Ato ou efeito de arrumar. **2.** Boa ordem ou disposição. [Pl.: *–ções.*]

ar•ru•ma•dei•ra *sf. Bras.* Empregada que arruma e limpa a casa, ou os cômodos de hotéis, etc.

ar•ru•mar *v.t.d.* **1.** Pôr em ordem; compor. **2.** Conseguir, obter. **3.** *Fam.* Consertar, reparar. **4.** *Fam.* Contrair. *T.d.i.* **5.** Arrumar (2). *P.* **6.** Conseguir boa situação para si mesmo. **7.** V. *avir* (3). [Sin., nessas acepç.: *arranjar.*] **8.** *Fam.* Vestir-se, aprontar-se. [Conjug.: ⒈ [arrum]**ar**]

ar•se•nal *sm.* Armazéns e dependências para fabrico e/ou guarda de munições e petrechos de guerra. [Pl.: *–nais.*]

ar•sê•ni•co *sm. Quím.* Composto venenoso que é um óxido de arsênio [fórm.: As_2O_3].

ar•sê•ni:o *sm. Quím.* Elemento de número atômico 33, usado em medicina sob a forma de compostos, dos quais muitos são venenosos [símb.: *As*].

ar•te[1] *sf.* **1.** Capacidade ou atividade humana de criação plástica ou musical. **2.** V. *artes plásticas.* **3.** Os preceitos necessários à execução de qualquer arte. **4.** Habilidade; engenho. **5.** Ofício (em especial, nas artes manuais). **6.** Maneira, modo. **7.** *Bras.* V. *travessura.* **8.** *Art. Gráf.* Redução de arte-final. ◆ **Artes gráficas. 1.** Conjunto de técnicas e atividades relacionadas aos processos de composição de textos, produção de fôrmas, impressão e acabamento, para a execução de projetos gráficos de livros, revistas, jornais, etc. **2.** Atividades técnico-artísticas voltadas para a produção de gravuras, cartazes, capas de livro, etc. **Artes plásticas.** Artes que se manifestam por meio de elementos visuais e táteis, tais como o desenho, a pintura, a escultura, etc.; belas-artes, arte.

ar•te[2] *sf.* F. red. de *arte-final.*

ar•te•fa•to ou **ar•te•fac•to** *sm.* Qualquer objeto produzido industrialmente.

ar•te-fi•nal *sf. Art. Gráf.* Qualquer trabalho gráfico (cartaz, folheto, etc.), pronto para reprodução ou produção de fôrma de impressão. [Pl.: *artes-finais.*]

ar•te-fi•na•lis•ta *s2g.* Profissional que, nos sistemas tradicionais de artes gráficas, faz a preparação e montagem de artes-finais. [Pl.: *artes-finalistas*.]

ar•tei•ro *adj.* 1. V. *ardiloso*. 2. *Bras.* Traquinas, travesso.

ar•te•lho (ê) *sm. Anat. Desus.* Pododáctilo.

ar•té•ri:a *sf.* 1. *Anat.* Cada um dos vasos que conduzem o sangue do coração a todas as partes do corpo. 2. Grande via de comunicação.

ar•te•ri•al *adj2g.* Das artérias, ou relativo a elas. [Pl.: *-ais*.]

ar•te•ri:o•gra•fi•a *sf. Med.* Visualização radiológica de artéria(s) após injeção de contraste. § **ar•te•ri:o•grá•fi•co** *adj.*

ar•te•ri:os•cle•ro•se *sf. Patol.* Esclerose de artéria. § **ar•te•ri:os•cle•ró•ti•co** *adj.*

ar•te•sa•nal *adj2g.* Relativo a, ou próprio de artesão[1] ou artesanato. [Pl.: *-nais*.]

ar•te•sa•na•to *sm.* Técnica, tirocínio, arte ou local de trabalho de artesão[1.]

ar•te•são¹ *sm.* 1. Artista (4). 2. Indivíduo que exerce por conta própria uma arte, um ofício manual. [Fem.: *artesã*. Pl.: *-sãos*.]

ar•te•são² *sm.* Painel decorativo, formado por moldura, aplicado em tetos, abóbadas, etc. [Pl.: *-sãos*.]

ar•te•si•a•no *adj.* Diz-se do poço em que a água jorra sem ser preciso bombeamento

ár•ti•co *adj.* Do Norte; boreal.

ar•ti•cu•la•ção *sf.* 1. Ato ou efeito de articular(-se). 2. Pronunciação distinta das palavras. 3. *Anat.* Dispositivo orgânico pelo qual ficam em contato dois ou mais ossos, móveis ou não, entre si; juntura. [Pl.: *-ções*.]

ar•ti•cu•la•do *adj.* 1. Que se articulou. 2. Que tem articulações. 3. Que revela pensamento lógico, harmônico.

ar•ti•cu•lar¹ *adj2g.* Relativo às articulações.

ar•ti•cu•lar² *v.t.d.* 1. Unir pelas articulações. 2. Unir, juntar. 3. Proferir. 4. Pronunciar (palavra ou fonema) com distinção e clareza. 5. Expor em artigos ou parágrafos separados. 6. Formular (3). *P.* 7. Unir-se, juntar-se. [Conjug.: ⬚ [articul]ar]

ar•ti•cu•lis•ta *s2g.* Autor de artigos de jornal, revista, etc.

ar•tí•fi•ce *s2g.* Operário ou artesão[1] que trabalha em certos ofícios.

ar•ti•fi•ci•al *adj2g.* 1. Produzido pela arte ou pela indústria. 2. Fingido. [Pl.: *-ais*.] § **ar•ti•fi•ci:a•li•da•de** *sf.*

ar•ti•fí•ci:o *sm.* 1. Processo ou meio para se obter um artefato ou um objeto artístico. 2. Recurso engenhoso. 3. Astúcia, manha, artimanha.

ar•ti•fi•ci•o•so (ô) *adj.* Que encerra artifício. [Pl.: *-osos* (ó).]

ar•ti•go *sm.* 1. Objeto de negócio; mercadoria. 2. Divisão de lei, decreto, código, etc. 3. Cada ponto de uma contestação, petição, etc. 4. Ponto doutrinário. 5. *Gram.* Palavra variável que precede o substantivo, indicando-lhe o gênero e o número. 6. *Jorn.* Matéria publicada em jornal ou revista, e que inclui interpretação de fato noticiado. 7. Colaboração autoral publicada em revistas técnicas. ◆ **Artigo definido.** *Gram.* Artigo (5) [*o, a, os, as*] que se aplica a um ser determinado dentre outros da mesma espécie. [Ex.: *Já comprei o livro* (i.e, *determinado livro*).] **Artigo indefinido.** *Gram.* Artigo (5) [*um, uma, uns, umas*] que se refere a um ser qualquer dentre outros da mesma espécie. [Ex.: *Comprei um livro hoje cedo*.]

ar•ti•lha•ri:a *sf.* 1. Conjunto de canhões e mais peças para lançar projetis a grande distância. 2. Tropa de artilheiros. 3. Estudo para utilização de artilharia (1). 4. Fogo que a artilharia (1) despende.

ar•ti•lhei•ro *sm.* 1. Soldado de artilharia. 2. *Fut.* Jogador que, ao final de jogo ou campeonato, fez o maior número de gols. 3. *Fut.* Jogador que está sempre fazendo gols. [Sin. (2 e 3): *goleador*.]

ar•ti•ma•nha *sf.* Ardil, manha.

ar•ti:o•dác•ti•lo ou **ar•ti:o•dá•ti•lo** *sm. Zool.* Espécime dos artiodáctilos, ordem de mamíferos ungulados cujas patas têm número par de dedos. Ex.: bovídeos, cervídeos. § **ar•ti:o•dá(c)•ti•lo** *adj.*

ar•tis•ta *s2g.* 1. Quem se dedica às belas-artes. 2. Quem revela sentimento artístico. 3. Ator (2). 4. Artífice engenhoso; artesão.

ar•tís•ti•co *adj.* 1. Relativo à arte. 2. Que tem arte. 3. De lavor primoroso.

ar•tri•te *sf. Med.* Inflamação de articulação.

ar•trí•ti•co *adj.* 1. Relativo a artrite. • *sm.* 2. Aquele que sofre de artrite.

ar•tro•pa•ti•a *sf. Med.* Doença de articulação.

ar•tró•po•de *sm. Zool.* Espécime dos artrópodes, filo de animais invertebrados cujo corpo, revestido de esqueleto quitinoso, é dividido em cabeça, tórax e abdome, e tem quatro ou mais pares de apêndices articulados. Ex.: insetos, crustáceos. § **ar•tró•po•de** *adj2g.*

a•ru•á *sm. Zool.* Certo molusco que constitui o alimento específico do gavião-caramujeiro.

a•ru•a•que *Bras. s2g.* 1. *Etnôn.* Indivíduo dos aruaques, designação comum a diversos povos distribuídos por vários estados do Brasil. • *sm.* 2. *Gloss.* Família de línguas andino-equatoriais, faladas por povos indígenas no AM, MT, MS e RR, e ainda na Guiana, Guiana Francesa, Suriname, Bolívia e Peru. § **a•ru•a•que** *adj2g.*

a•run•di•ná•ce:o *adj.* Arundinoso.

a•run•di•no•so (ô) *adj.* Semelhante à cana[1]; arundináceo. [Pl.: *–nosos* (ó).]

ar•vo•a•do *adj.* Aturdido, tonto.

ar•vo•ra•do *adj.* 1. Erguido, levantado. 2. Hasteado.

ar•vo•rar *v.t.d.* 1. Elevar, levantar. 2. Hastear, içar (bandeira, etc.) *P.* 3. Assumir por autoridade própria um ofício, encargo, etc. [Conjug.: ① [arvor]**ar**]

ár•vo•re *sf. Bot.* 1. Vegetal lenhoso cujo caule, o tronco, só se ramifica bem acima do nível do solo. 2. Qualquer estrutura semelhante a árvore, ou que, pela sua disposição, a lembre. ♦ **Árvore genealógica.** 1. Representação gráfica dos antepassados e dos descendentes de uma pessoa, de uma família, etc. 2. Linhagem, estirpe, genealogia.

ar•vo•re•do (ê) *sm.* 1. Aglomeração de árvores. 2. *Constr. Nav.* Conjunto de mastros, vergas, etc., da embarcação.

ar•vo•re•ta (ê) *sf. Bot.* Dim. irreg. de *árvore.*

❑ **As** *Quím.* Símb. do *arsênio.*

ás *sm.* 1. Carta de baralho, de um só ponto, e que é o início ou o fim de cada naipe. 2. Pessoa exímia numa atividade.

a•sa *sf.* 1. *Zool.* Cada um dos dois membros superiores das aves, órgão principal do vôo (como nos pássaros), auxiliar da corrida (como nas galinhas) ou do nado (como nos pingüins), ou cada um dos órgãos de vôo dos morcegos. 2. *Zool.* Excrescência membranosa ou córnea do tórax dos insetos. 3. Parte saliente pela qual se seguram certos utensílios. 4. Parte da superfície do avião que produz sustentação aerodinâmica. 5. *Anat.* Nome genérico de formação aliforme. ♦ **Asa do nariz.** Asa (5) que contribui para formar a face externa de cada narina.

a•sa-del•ta *sf. Esport.* Asa constituída de armação com forma de triângulo, coberta de tecido fino, e que tem no centro uma espécie de trapézio onde o praticante se apóia e prende. [Pl.: *asas-deltas* e *asas-delta.*]

as•bes•to *sm.* Substância mineral fibrosa, incombustível e infusível, us. em construção.

as•bes•to•se *sf. Med.* Doença pulmonar devido a inalação de asbesto.

as•cen•dên•ci:a *sf.* 1. Ascensão (1). 2. Ascendente (2). 3. Influência, prestígio. 4. Série de gerações anteriores a um indivíduo; progênie, origem. 5. Ascendente (3).

as•cen•den•te *adj2g.* 1. Que sobe, que se eleva. • *sm.* 2. Predomínio; ascendência. • *s2g.* 3. Pessoa de quem se descende; antepassado.

as•cen•der *v.t.c., int.* e *p.* Subir, elevar-se. [Conjug.: ② [ascend]**er**. Cf. *acender.*]

as•cen•são *sf.* 1. Ato de ascender; ascendência. 2. Subida, elevação. [Pl.: *–sões.*]

as•cen•si:o•nal *adj2g.* Relativo a ascensão. [Pl.: *–nais.*]

as•cen•sor (ô) *sm.* Elevador (2).

as•cen•so•ris•ta *s2g. Bras.* Pessoa que maneja o ascensor; cabineiro.

as•ce•se *sf.* Exercício prático que leva à efetiva realização da virtude.

as•ce•ta *s2g.* Quem se consagra à ascese.

as•ce•tis•mo *sm.* Prática da ascese. § **as•cé•ti•co** *adj.*

as•cí•di:a *sf. Zool.* Nome comum aos ascidiáceos.

as•ci•di•á•ce:o *sm. Zool.* Espécime dos ascidiáceos, família de animais cordados, marinhos, ger. fixos; algumas espécies têm vida livre. § **as•ci•di•á•ce:o** *adj.*

as•co *sm.* Repulsa física ou moral.

a•se•lha (ê) *sf.* Pequena asa.

as•fal•tar *v.t.d.* Revestir de asfalto. [Conjug.: ① [asfalt]**ar**] § **as•fal•ta•do** *adj.*; **as•fal•ta•men•to** *sm.*

as•fal•to *sm.* 1. Espécie de betume para pavimentação de estradas e impermeabilização. 2. Pavimentação de asfalto (1).

as•fi•xi•a (cs) *sf. Med.* Conjunto de (alterações) patológicas resultante da baixa de oxigênio inalado.

as•fi•xi•ar (cs) *v.t.d.* 1. Causar asfixia a, ou matar por asfixia; sufocar, abafar. *Int.* 2. Não poder respirar livremente. [Conjug.: ① [asfixi]**ar**] § **as•fi•xi•an•te** (cs) *adj2g.*

a•si•á•ti•co *adj.* 1. Da Ásia. • *sm.* 2. O natural ou habitante da Ásia.

a•si•lar *v.t.d.* 1. Recolher em asilo (1). 2. Dar abrigo, proteção, a. [Conjug.: ① [asil]**ar**]

a•si•lo *sm.* 1. Casa de assistência social onde se sustentam e/ou educam crianças e abrigam mendigos, velhos, etc. 2. Abrigo, proteção.

as•ma *sf. Med.* Condição mórbida caracterizada por acessos recorrentes de intensa dispnéia, com respiração ruidosa.

as•má•ti•co *adj. Med.* Relativo à, ou que tem asma.

as•nei•ra *sf.* Qualidade, ação ou dito de asno (2); bobagem, disparate, dislate, estrupício.

as•nei•ren•to *adj.* Que costuma dizer ou fazer asneiras; bestialógico.

as•no *sm.* 1. V. *jumento* (1). 2. V. *burro* (3).

as•par•go *sm. Bot.* Planta liliácea com brotos carnosos, comestíveis.

as•pas *sf.pl.* Sinais de pontuação (" ") com que se abre (") e fecha (") uma citação.

as•pe•ar *v.t.d.* Pôr entre aspas. [Conjug.: ⑩ [asp]**ear**]

as•pec•to *sm.* 1. Aparência de alguém ou de algo; ar. 2. V. *fisionomia* (1). 3. Qualidade ou característica peculiar; face.

as•per•gir *v.t.d.* e *p.* Borrifar(-se) ou respingar(-se) com gotas de água ou de outro líquido; orvalhar(-se). [Conjug.: 48 [asp]**ergir**. Part.: *aspergido* e *asperso*.]

ás•pe•ro *adj.* **1.** De superfície desigual. **2.** Desagradável ao tato, ou ao ouvido, ao paladar, etc. **3.** De caráter firme; duro. **4.** V. *grosseiro* (3). § **as•pe•re•za** *sf.*

as•per•são *sf.* Ato ou efeito de aspergir. [Pl.: *–sões.*]

as•per•sor (ô) *adj.* **1.** Que asperge. *sm.* **2.** Pequena peça com que se aspergem, automaticamente, as plantas.

as•per•só•ri:o *sm.* Instrumento com que se asperge água benta; hissope.

ás•pi•de *sm.* e *f. Zool.* Reptil viperídeo da Europa.

as•pi•ra•ção *sf.* **1.** Ato de aspirar; absorção. **2.** Desejo ardente. **3.** *Gram.* Pronunciação gutural de certas letras. [Pl.: *–ções.*]

as•pi•ra•dor (ô) *adj.* **1.** Que aspira. • *sm.* **2.** Aparelho para aspirar (2).

as•pi•ran•te *adj2g.* **1.** Que aspira ou absorve. • *sm.* **2.** V. *hierarquia militar.*

as•pi•ran•te-a-o•fi•ci•al *sm.* V. *hierarquia militar.* [Pl.: *aspirantes-a-oficial.*] ◆ **Aspirante-a-oficial-aviador.** V. *hierarquia militar.*

as•pi•rar *v.t.d.* **1.** Introduzir (o ar) aos pulmões; inspirar. **2.** Atrair por meio de formação de vácuo ou de rarefação do ar. **3.** Sorver, absorver. **4.** Pronunciar com aspiração (3). *T.i.* **5.** Desejar vivamente; pretender. *Int.* **6.** Respirar. [Conjug.: 1 [aspir]**ar**]

as•pi•ri•na *sf. Quím.* Nome comercial do *ácido acetilsalicílico.*

as•quel•min•to *sm. Zool.* Espécime dos asquelmintos, filo de vermes de corpo não segmentado, e de vida livre, ou parasitos; têm tubo digestivo completo. § **as•quel•min•to** *adj.*

as•que•ro•so (ô) *adj.* Que causa asco; nojento. [Pl.: *–rosos* (ó).]

as•sa•car *v.t.d.i.* Imputar ou atribuir caluniosamente. [Conjug.: 8 [assa]**car**]

as•sa•dei•ra *sf.* Tabuleiro (1) de metal, para assar alimentos.

as•sa•do *adj.* **1.** Que se assou. **2.** Que apresenta assaduras (2). • *sm.* **3.** Prato (3) de carne assada.

as•sa•du•ra *sf.* **1.** Ato ou efeito de assar. **2.** *Med.* Inflamação cutânea devida a atrito, calor, etc.

as•sa•la•ri•ar *v.t.d.* **1.** Dar salário a; estipendiar. *P.* **2.** Empregar-se por salário. [Conjug.: 1 [assalari]**ar**] § **as•sa•la•ri•a•do** *adj.* e *sm.*; **as•sa•la•ri:a•dor** (ô) *adj.*

as•sal•tar *v.t.d.* **1.** Atacar de repente; investir com ímpeto e de súbito. **2.** Acometer à traição. **3.** Praticar, ger. à mão armada, roubo em: *assaltar um banco. Int.* **4.** Assaltar (1 a 3). [Conjug.: 1 [assalt]**ar**] § **as•sal•tan•te** *adj2g.* e *s2g.*

as•sal•to *sm.* **1.** Investida impetuosa; arremetida. **2.** Ataque súbito e violento para roubar, seqüestrar, etc.

as•sa•na *sm.* Postura da ioga.

as•sa•nhar *v.t.d.* **1.** Provocar a sanha ou raiva de. **2.** Tornar revolto. **3.** Causar excitação (2 a 4). *P.* **4.** Proceder de modo inadequado ou indecoroso; exceder-se. **5.** *P.ext. Gír.* Excitar-se sexualmente. [Conjug.: 1 [assanh]**ar**] § **as•sa•nha•do** *adj.*; **as•sa•nha•men•to** *sm.*

as•sar *v.t.d.* **1.** Submeter (alimento) à ação do calor, até ficar cozido e dourado. **2.** Aquecer ao extremo. **3.** Causar assadura (2) em. [Conjug.: 1 [ass]**ar**]

as•sas•si•nar *v.t.d.* **1.** Matar traiçoeiramente. **2.** Matar (ser humano). **3.** *Fig.* Tocar mal (um trecho de música). **4.** *Fig.* Falar mal (uma língua). [Conjug.: 1 [assassin]**ar**]

as•sas•si•na•to *sm.* Ato de assassinar; assassínio.

as•sas•sí•ni:o *sm.* Assassinato.

as•sas•si•no *sm.* Aquele que comete assassinato.

as•saz *adv.* Bastante, suficientemente.

as•se•ar *v.t.d.* **1.** Limpar, varrendo, ou lavando, ou polindo. *P.* **2.** Fazer a higiene de si mesmo. [Conjug.: 10 [ass]**ear**] § **as•se•a•do** *adj.*

as•se•cla *s2g.* Partidário, sectário.

as•se•di•ar *v.t.d.* **1.** Pôr assédio ou cerco a. **2.** Importunar com perguntas, propostas, etc. [Conjug.: 1 [assedi]**ar**]

as•sé•di:o *sm.* **1.** Cerco posto a um reduto para tomá-lo; sítio. **2.** Ato de assediar (2).

as•se•gu•rar *v.t.d.* **1.** Tornar seguro; garantir. **2.** Afirmar com segurança ou certeza; segurar, asseverar. *T.d.i.* **3.** Assegurar (2). **4.** Oferecer, ou permitir de modo certo ou seguro. *P.* **5.** Certificar-se. [Conjug.: 1 [assegur]**ar**] § **as•se•gu•ra•do** *adj.*; **as•se•gu•ra•dor** (ô) *adj.* e *sm.*

as•sei•o *sm.* **1.** Limpeza (2). **2.** Perfeição; apuro.

as•sel•va•jar *v.t.d.* e *p.* Tornar(se) selvagem, rude. [Conjug.: 1 [asselvaj]**ar**] § **as•sel•va•ja•do** *adj.*

as•sem•bléi•a *sf.* **1.** Reunião de pessoas para determinado fim. **2.** Corporação. **3.** V. *congresso* (3). ◆ **Assembléia Constituinte.** Assembléia encarregada de reformar ou fazer uma constituição (3); constituinte.

as•se•me•lhar *v.t.d.* e *t.d.i.* **1.** Tornar semelhante. *P.* **2.** Ser semelhante a, ou tornar-se semelhante. [Conjug.: 1 [assemelh]**ar**]

as•se•nho•re•ar *v.t.d.* **1.** Dominar como senhor ou dono. *P.* **2.** Apossar-se, apoderar-se. [Sin. ger.: *senhorear.* Conjug.: 10 [assenhor]**ear**]

as•sen•ta•dor (ô) *sm.* Aquele que assenta.

as•sen•ta•men•to *sm.* **1.** Ato ou efeito de assentar(-se). **2.** Nota por escrito; apontamento. **3.** Fixação ou estabelecimento de residência(s) em determinado lugar.

as•sen•tar *v.t.d.* **1.** Fazer sentar-se ou assentar-se; sentar. **2.** Colocar, aplicar ou dispor de modo que fique seguro, adaptado. **3.** Armar, instalar. **4.** Estabelecer, firmar. **5.** Dar a (indivíduo ou grupo) condições para que se fixe, se estabeleça. **6.** Decidir, deliberar. **7.** Anotar. *T.i.* **8.** Basear-se, fundar-se. **9.** Condizer, combinar; harmonizar-se. **10.** Ficar, ajustar-se (bem ou mal). *T.d.i.* **11.** Basear, fundar. **12.** Aplicar, desferir. *Int.* **13.** Tomar assento; sentar-se. **14.** Descer, depositando-se numa superfície qualquer; abaixar. **15.** Tornar-se ajuizado. *P.* **16.** Tomar assento. **17.** Fixar-se, estabelecer-se. [Conjug.: ① [assent]**ar**; part.: *assentado* e *assente*.]

as•sen•te *adj2g.* Resolvido, assentado.

as•sen•tir *v.t.i.* e *int.* V. *consentir* (1). [Conjug.: ⑤⑤ [ass]e[nt]**ir**] § **as•sen•ti•men•to** *sm.*

as•sen•to *sm.* **1.** Objeto ou lugar onde alguém se senta. **2.** Lugar em que algo está assente; base. **3.** Tampo de cadeira, banco, etc. **4.** *Fam.* V. *nádegas*. **5.** Assentamento (2). **6.** Termo de ato oficial. [Cf. *acento*.]

as•sep•si•a *sf. Med.* **1.** Ausência de infecção. **2.** Conjunto de processos que visam evitar a presença de germes patogênicos.

as•sép•ti•co *adj. Med.* **1.** Relativo à assepsia. **2.** Isento de germes patogênicos.

as•ser•ção *sf.* V. **1.** *afirmação* (2). **2.** Afirmativa. [Pl.: *–ções.*]

as•ser•ti•va *sf.* V. *afirmação* (2).

as•ser•ti•vo *adj.* V. *afirmativo*.

as•ser•to *sm.* V. *afirmação* (2). [Cf. *acerto*.]

as•ser•tó•ri•o *adj.* V. *afirmativo*.

as•ses•sor (ó) *sm.* **1.** Adjunto, assistente. **2.** Organismo (4) que assessora.

as•ses•so•rar *v.t.d.* Servir de assessor a. [Conjug.: ① [assessor]**ar**]

as•ses•so•ri•a *sf.* **1.** Ato ou efeito de assessorar; assessoramento. **2.** Órgão, ou conjunto de pessoas, que assessora um chefe. **3.** Escritório, ou instituição, especializado na coleta e análise de dados técnicos, estatísticos ou científicos. **4.** Lugar em que funciona uma assessoria (2 e 3).

as•ses•só•ri•o *adj.* Relativo a assessor ou a assessoria. [Cf. *acessório*.]

as•ses•tar *v.t.d.* **1.** Apontar ou dirigir (arma de fogo) para disparar. *T.d.c.* **2.** Apontar, dirigir. [Conjug.: ① [assest]**ar**]

as•se•ve•ra•ção *sf.* V. *afirmação* (2). [Pl.: *–ções.*]

as•se•ve•rar *v.t.d.* **1.** V. *assegurar* (2) **2.** Dar como certo; atestar. *T.d.i.* **3.** Asseverar (1). [Conjug.: ① [assever]**ar**]

as•se•xu•a•do (cs) *adj.* **1.** Que não tem os órgãos do sexo. **2.** *Fig.* Diz-se do indivíduo que aparentemente não tem vida sexual, ou por ela não tem interesse.

as•se•xu•al (cs) *adj2g. Biol.* Que se efetua sem o concurso de gametas. [Pl.: *–ais.*]

as•sí•du•:o *adj.* Que comparece com regularidade e exatidão ao lugar onde trabalha, estuda, etc. § **as•si•du•i•da•de** *sf.*

as•sim *adv.* **1.** Deste ou desse ou daquele modo. **2.** Do mesmo modo. • *conj.* **3.** Destarte; portanto.

as•si•me•tri•a *sf.* Ausência de simetria.

as•si•mi•la•ção *sf.* **1.** Ato ou efeito, ou processo de assimilar. **2.** *Antrop.* e *Sociol.* Processo pelo qual um grupo social minoritário perde suas características culturais distintivas, sendo absorvido pelo grupo maior. **3.** *Fisiol.* Anabolismo. **4.** *Gram.* Modificação de um som no sentido de tornar-se mais semelhante a outro do mesmo voc. [Ex.: lat. *nostru > nostro > nosto > nosso*.] [Pl.: *–ções.*]

as•si•mi•la•dor (ô) *adj.* **1.** Que produz assimilação. • *sm.* **2.** Aquele ou aquilo que assimila.

as•si•mi•lar *v.t.d.* **1.** Tornar semelhante ou igual. **2.** Fazer a assimilação (2 e 3) de. **3.** Tomar (10) como seu ou para si; absorver. **4.** Entender o sentido de; compreender. [Conjug.: ① [assimil]**ar**] § **as•si•mi•lá•vel** *adj2g.*

as•si•na•la•do *adj.* **1.** Que tem ou leva sinal marcado. **2.** Célebre, ilustre.

as•si•na•lar *v.t.d.* **1.** Marcar com sinal; assinar. **2.** Particularizar, especificar. *P.* **3.** Notabilizar-se. [Conjug.: ① [assinal]**ar**]

as•si•nan•te *s2g.* **1.** Pessoa que assina; subscritor. **2.** Aquele que adquiriu uma assinatura (3).

as•si•nar *v.t.d.* **1.** Firmar com seu nome ou sinal (carta, documento, obra, etc.); firmar. **2.** Assinalar (1). **3.** Adquirir assinatura (3) de. *P.* **4.** Assinar (1). [Conjug.: ① [assin]**ar**] § **as•si•ná•vel** *adj2g.*

as•si•na•tu•ra *sf.* **1.** Ato ou efeito de assinar. **2.** O nome escrito; firma. **3.** Ajuste pelo qual se adquire, mediante pagamento, o direito de receber, por certo tempo, jornal, revista, etc., ou assistir a televisão a cabo, ou a certo número de espetáculos, viajar de trem ou doutro veículo, etc.; subscrição.

as•sín•cro•no *adj.* **1.** Que não ocorre, ou não se processa, em sincronia com algum evento ou processo, ou segundo uma taxa constante em relação a determinada referência. **2.** *Eng. Elétr.* Diz-se de máquina elétrica rotativa cuja velocidade de rotação não é proporcional à freqüência da rede elétrica.

as•sín•de•to *sm. Gram.* Ausência de conjunções coordenativas entre frases ou entre par-

tes da mesma frase. [Ex.: *Cheguei, vi, venci.*] §
as•sin•dé•ti•co *adj.*

as•sí•ri:o *adj.* **1.** Da antiga Assíria (Ásia). •
sm. **2.** O natural ou habitante da Assíria. **3.** A
língua assíria.

as•si•sa•do *adj.* Que tem siso; sensato.

as•sis•tên•ci:a *sf.* **1.** Ato ou efeito de assistir.
2. V. *público* (3). **3.** Proteção, arrimo, ajuda. **4.**
Med. Socorro médico. **5.** *Bras.* Ambulância. **6.**
Bras. Hospital de pronto-socorro.

as•sis•ten•ci•al *adj2g.* **1.** Relativo à assistência. **2.** Em que há assistência. [Pl.: *-ais.*]

as•sis•ten•te *adj2g.* **1.** Que assiste ou dá assistência. • *s2g.* **2.** Pessoa presente a um ato,
cerimônia, etc. **3.** Adjunto ou auxiliar de professor, médico, etc.

as•sis•tir *v.t.i.* **1.** Estar presente; comparecer:
Assisti à cerimônia. **2.** Acompanhar visualmente; ver, testemunhar: *assistir a uma sessão de cinema.* **3.** Competir, caber: *Não lhes
assistia julgar nossas ações.* **4.** Assistir (5, 6 e
7). *T.d.* **5.** Auxiliar, socorrer; proteger: *Deus
assista (a)os jovens em tempos tão difíceis!* **6.**
Acompanhar na qualidade de ajudante, assistente, assessor: *Assistia (a)o imperador desde
a infância.* **7.** Acompanhar (enfermo, moribundo, parturiente, etc.) para prestar auxílio: *assistir (a)o doente. T.c.* **8.** Residir, morar. *Int.* **9.**
Estar presente; comparecer. [Conjug.: ③ [as-
sist]ir]

as•so•a•lhar[1] *v.t.d.* Unir ou pregar as tábuas
do soalho de (pavimento, estrado, etc.). [Con-
jug.: ① [assoalh]ar]

as•so•a•lhar[2] *v.t.d.* **1.** Expor ao sol. **2.** Expor,
mostrar, divulgar. [Conjug.: ① [assoalh]ar]

as•so•a•lho *sm.* Soalho.

as•so•ar *v.t.d.* Limpar (o nariz) de mucosi-
dade. *P.* **2.** Limpar-se do muco nasal, fazendo
sair o ar com força. [Conjug.: ⑬ [ass]oar]

as•so•ber•bar[1] *v.t.d.* **1.** Estar, ser ou ficar
sobranceiro a. *P.* **2.** Tornar-se orgulhoso.
[Conjug.: ① [assoberb]ar] § **as•so•ber•ba-
do**[1] *adj.*

as•so•ber•bar[2] *v.t.d.* Sobrecarregar de serviço. [Conjug.: ① [assoberb]ar] § **as•so•ber•
ba•do**[2] *adj.*

as•so•bi:a•dei•ra ou **as•so•vi:a•dei•ra** *sf.*
Bras. Irerê.

as•so•bi:a•dor ou **as•so•vi:a•dor** (ô) *adj.* e
sm. Que ou aquele que assobia.

as•so•bi•ar ou **as•so•vi•ar** *v.int.* **1.** V. *sibilar.*
2. Dar assobio(s). *T.d.* **3.** Executar assobiando
(música). [Conjug.: ① [assobi]ar]

as•so•bi:o ou **as•so•vi:o** *sm.* **1.** Som agudo produzido pelo ar comprimido entre os lábios. **2.**
Silvo agudo. **3.** Apito (1).

as•so•bra•da•do *adj.* Diz-se de prédio com
embasamento acima do nível do terreno, podendo constituir-se em porão.

as•so•ci:a•ção *sf.* **1.** Ato ou efeito de asso-
ciar(-se). **2.** Combinação, união. **3.** V. *sociedа-
de* (3). [Pl.: *-ções.*]

as•so•ci•a•do *sm.* Membro de uma associação.

as•so•ci•ar *v.t.d.* **1.** Unir, juntar (duas ou mais
coisas ou pessoas). **2.** Reunir em sociedade. **3.**
Mat. Estabelecer uma correspondência entre
(dois conjuntos). **4.** *Mat.* Reunir num só conjunto (dois ou mais membros de um conjunto), segundo certa norma. *T.d.i.* **5.** Estabelecer relação; identificar como afim, etc. *P.* **6.**
Unir-se. **7.** Tornar-se sócio. [Conjug.: ① [as-
soci]ar]

as•so•ci:a•ti•vo *adj.* **1.** Dado à associação. **2.**
Relativo a associação.

as•so•lar *v.t.d.* V. *arrasar* (4). [Conjug.: ① [as-
sol]ar. Cf. *açular.*] § **as•so•la•ção** *sf.;* **as•so•
la•dor** (ô) *adj.* e *sm.*

as•sol•da•dar *v.t.d.* e *p.* Ajustar(-se) por soldada ou soldo; assalariar(-se). [Conjug.: ① [as-
soldad]ar]

as•so•mar *v.t.c.* **1.** Subir a lugar elevado ou
extremo. **2.** Aparecer em ponto alto ou extremo. **3.** Mostrar-se; aparecer. *P.* **4.** Assomar (3).
[Conjug.: ① [assom]ar]

as•som•bra•ção *sf. Bras.* **1.** Terror cuja causa
é inexplicável. **2.** V. *fantasma* (3). [Pl.: *-ções.*]

as•som•brar *v.t.d.* **1.** Encher de assombro (1).
2. Procurar encobrir o merecimento ou prestígio alheio; obscurecer. *P.* **3.** Maravilhar-se.
4. Afinal ontar se [Conjug.: ① [assombr]ar]

as•som•bro *sm.* **1.** Espanto, maravilha. **2.** Pessoa ou coisa que produz espanto, admiração,
ou terror, etc.

as•som•bro•so (ô) *adj.* Que produz assombro.
[Pl.: *-brosos* (ó).]

as•so•mo *sm.* **1.** Ato de assomar ou aparecer.
2. Indício, sinal. **3.** Irritação, zanga.

as•so•prar *v.t.d., t.d.i.* e *int.* Soprar. [Conjug.:
① [assopr]ar]

as•su•a•da *sf.* **1.** V. *rolo* (9). **2.** V. *vaia.*

as•su•mir *v.t.d.* **1.** Tomar sobre si ou para si.
2. Passar a exercer. **3.** Vir a ter; adquirir. *Int.*
4. Passar a exercer cargo ou função. [Conjug.:
③ [assum]ir]

as•sun•ção *sf.* **1.** Elevação a um cargo ou dignidade. **2.** *Rel.* Subida do corpo e alma da Virgem Maria ao Céu. [Pl.: *-ções.*]

as•sun•tar *Bras. v.t.d.* **1.** Prestar atenção a. *T.i.*
2. Meditar, ponderar. *Int.* **3.** Escutar ou olhar;
observar. [Conjug.: ① [assunt]ar]

as•sun•to *sm.* **1.** Matéria ou objeto de que se
trata. **2.** Tema versado ou por versar.

as•sus•ta•di•ço *adj.* Que se assusta facilmente.

as•sus•tar *v.t.d.* **1.** Dar ou meter susto a; ate-
morizar. *P.* **2.** Ter susto ou medo; amedron-
tar-se, apavorar-se. [Conjug.: ① [assust]ar] §
as•sus•ta•dor (ô) *adj.* e *sm.*

as•ta•tí•ni:o *sm. Quím.* V. *halogênio* [simb.: *At*].

as•te•ca *s2g.* **1.** Indivíduo dos astecas, povo que habitava o México antes da conquista espanhola. • *sm.* **2.** O seu dialeto. • *adj2g.* **3.** Dos astecas.

as•te•ni•a *sf. Med.* Fraqueza orgânica; debilidade. § **as•tê•ni•co** *adj.*

as•te•ris•co *sm.* Sinal gráfico em forma de estrelinha (*), usado para, entre outros fins, substituir um nome que não se quer mencionar; estrelinha.

as•te•rói•de *sm. Astr.* Cada um dos pequenos corpos rochosos, de forma irregular, que orbitam o Sol, na maioria situados entre Marte e Júpiter; planetóide.

as•tig•má•ti•co *sm. Med.* O que tem astigmatismo.

as•tig•ma•tis•mo *sm. Med.* Distúrbio visual em que os raios luminosos partidos de um ponto não se reúnem, como deveriam, em um ponto da retina, sendo percebidos difusamente.

as•tra•cã *sm.* Pele de caracul morto logo depois de nascer, e us. em agasalhos.

as•tral *adj2g.* **1.** Relativo aos astros; sideral, sidéreo.. • *sm.* **2.** *Teos.* Plano intermediário entre o físico e o espiritual. **3.** *Bras. Pop.* Estado de espírito como que determinado pelos astros. **4.** *Bras. Pop.* Influência, boa ou má, que certos ambientes ou locais parece exercerem sobre pessoas ou coisas. [Pl.: *–trais*.]

as•tro *sm.* **1.** Nome comum a todos os objetos celestes; orbe. **2.** Ator (2) principal. **3.** Estrela (4 e 5).

as•tro•fí•si•ca *sf.* Ramo da astronomia que estuda a constituição e evolução dos astros. § **as•tro•fí•si•co** *adj.* e *sm.*

as•tro•lá•bi:o *sm.* Instrumento astronômico para medir as alturas dum astro acima do horizonte.

as•tro•lo•gi•a *sf.* Estudo e/ou conhecimento da suposta influência dos astros no destino e comportamento dos homens. § **as•tro•ló•gi•co** *adj.*; **as•tró•lo•go** *sm.*

as•tro•me•tri•a *sf.* Ramo da astronomia que trata da medida, da posição, dimensão e movimentos dos corpos celestes. § **as•tro•mé•tri•co** *adj.*; **as•trô•me•tra** *s2g.*

as•tro•nau•ta *s2g.* Pessoa treinada para viajar numa nave espacial; cosmonauta.

as•tro•náu•ti•ca *sf.* Ciência e técnica do vôo espacial; cosmonáutica. § **as•tro•náu•ti•co** *adj.*

as•tro•na•ve *sf. Astron.* V. *espaçonave.*

as•tro•no•mi•a *sf.* Ciência que trata da posição, movimentos, constituição e evolução dos astros. § **as•trô•no•mo** *sm.*

as•tro•nô•mi•co *adj.* **1.** Relativo à astronomia. **2.** *Fig.* Diz-se de preço, gasto, etc., altíssimo.

as•tú•ci:a *sf.* Habilidade em enganar.

as•tu•ci•o•so (ô) *adj.* Que tem ou revela astúcia; astuto. [Pl.: *–osos* (ó).]

as•tu•to *adj.* Astucioso.

❏ **At** *Quím.* Símb. do *astatínio.*

a•ta¹ *sf.* Registro escrito em que se relata o ocorrido numa sessão, convenção, congresso, etc.

a•ta² *sf. Bras.* V. *pinha* (2).

a•ta•ba•lho•ar *v.t.d.* **1.** Fazer ou dizer (qualquer coisa) sem ordem nem propósito, ou mal e às pressas. *P.* **2.** Atrapalhar-se, confundir-se. [Conjug.: ⑬ [atabalh]**oar**] § **a•ta•ba•lho•a•do** *adj.*

a•ta•ba•que *sm.* Espécie de tambor com couro de um lado só e percutido com as mãos.

a•ta•ca•dis•ta *adj2g.* **1.** Diz-se do comércio por atacado e de quem o explora. • *s2g.* **2.** Negociante atacadista. [Sin. ger.: *grossista*.]

a•ta•ca•do *adj.* **1.** Que sofreu ataque. • *sm.* **2.** Aquele que sofreu ataque. **3.** Comércio atacadista. ✦ **Por atacado.** Em grande quantidade.

a•ta•ca•dor (ô) *sm.* **1.** Cadarço. **2.** *P. ext.* Atilho (1).

a•ta•car *v.t.d.* **1.** Lançar-se inesperada e violentamente sobre (alguém ou algo); acometer, assaltar, investir. **2.** Hostilizar; injuriar. **3.** Verberar. **4.** Manifestar-se de súbito em; acometer. **5.** Estragar, danificar. **6.** Referir-se a (alguém) com violência, desprezo, etc. **7.** Dar começo a; iniciar. **8.** *Esport.* Promover ataque (4) a (adversário). **9.** *Bras. Pop.* Começar a comer com vontade. *T.i.* **10.** *Bras. Pop.* Atuar, agir. *Int.* **11.** Efetuar um ataque, uma investida. **12.** *Esport.* Efetuar ataque (4). *P.* **13.** Investir reciprocamente. **14.** Ofender mutuamente. [Conjug.: ⑧ [ata]**car**] § **a•ta•can•te** *adj2g.* e *s2g.*

a•ta•du•ra *sf.* **1.** Ação de atar. **2.** Atilho (1). **3.** *Cir.* Faixa destinada a envolver e proteger partes lesadas ou, ainda, manter curativos no lugar.

a•ta•fu•lhar *v.t.d.* e *p.* Encher(-se) em demasia; abarrotar(-se). [Conjug.: ① [atafulh]**ar**]

a•ta•lai•a *s2g.* **1.** V. *guarda* (5). • *sf.* **2.** Ponto alto de onde se vigia.

a•ta•lhar *v.t.d.* **1.** Impedir de correr, andar, crescer, continuar, etc. **2.** Encurtar (caminho), seguindo por atalho. **3.** Dizer, enunciar, interrompendo: *'Basta' – atalhou severamente o pai.* [Conjug.: ① [atalh]**ar**]

a•ta•lho *sm.* Caminho fora da estrada comum, para encurtar distância.

a•ta•man•car *v.t.d.* Fazer mal e às pressas. [Conjug.: ⑧ [ataman]**car**]

a•ta•na•zar *v.t.d.* e *p.* V. *atenazar* (2 a 4). [Conjug.: ① [atanaz]**ar**]

a•ta•pe•tar *v.t.d.* e *p.* Cobrir(-se) com tapete(s); tapetar(-se). [Conjug.: ① [atapet]**ar**] § **a•ta•pe•ta•do** *adj.*

a•ta•que *sm.* 1. Ato ou efeito de atacar. 2. Agressão, injúria. 3. Acesso repentino (de doença). 4. *Esport.* Ofensiva realizada por jogador(es) de uma equipe na intenção de marcar contra o adversário. 5. *Esport.* Os jogadores que têm a função de atacar.

a•tar *v.t.d.* 1. Cingir ou ligar com laçada ou nó; amarrar. 2. Unir, vincular. 3. Prender, enlaçar. 4. Subjugar. *P.* 5. Embaraçar-se. [Conjug.: ① [at]**ar**]

a•ta•ran•tar *v.t.d.* e *p.* Estontear(-se), perturbar(-se), aturdir(-se). [Conjug.: ① [atarant]**ar**] § a•ta•ran•ta•ção *sf.;* a•ta•ran•ta•do *adj.*

a•ta•re•fa•do *adj.* Cheio de tarefas.

a•ta•re•far *v.t.d.* e *p.* 1. Encarregar(-se) de tarefa. 2. Sobrecarregar(-se) de trabalho. [Conjug.: ① [ataref]**ar**]

a•tar•ra•ca•do *adj.* Baixo e gordo.

a•tar•ra•xar *v.t.d.* Apertar com tarraxa ou parafuso. [Conjug.: ① [atarrax]**ar**]

a•tas•ca•dei•ro *sm.* V. *lamaçal.*

a•tas•car-se *v.p.* 1. Meter(-se) (em atascadeiro). 2. Degradar-se no vício. [Conjug.: ⑧ [atas]**car**[-se]]

a•ta•ú•de *sm.* V. *caixão* (2).

a•ta•vi•ar *v.t.d.* e *p.* Adornar(-se), enfeitar(-se). [Conjug.: ① [atavi]**ar**]

a•tá•vi•co *adj.* Adquirido ou transmitido por atavismo.

a•ta•vi:o *sm.* Adorno, arranjo, enfeite.

a•ta•vis•mo *sm.* Reaparecimento, num descendente, de um caráter presente só em seus ascendentes remotos.

a•ta•za•nar *v.t.d.* e *p. Pop.* V. *atenazar* (2 a 4). [Conjug.: ① [atazan]**ar**] § a•ta•za•na•do *adj.*

a•té *prep.* 1. Indica um limite de tempo, no espaço ou nas ações. • *adv.* 2. Ainda, também.

a•te•ar *v.t.d.* 1. Soprar, fazer lavrar (o fogo). 2. Fomentar (a discórdia, as paixões, etc.). *T.d.i.* 3. Pôr, tacar (fogo) a. *Int.* e *p.* 4. Avivar-se (o fogo). [Conjug.: ⑩ [at]**ear**]

a•te•ís•mo *sm.* Falta de crença em Deus.

a•te•lec•ta•si•a *sf. Med.* Expansão incompleta de pulmão ou de parte dele.

a•te•li:ê *sm.* Oficina de pintor, fotógrafo, costura, etc.

a•te•mo•ri•zar *v.t.d.* e *p.* Causar temor a, ou sentir temor; assustar(-se). [Conjug.: ① [atemoriz]**ar**] § a•te•mo•ri•za•dor (ô) *adj.*

a•te•na•zar *v.t.d.* 1. Apertar com tenaz. 2. Torturar, mortificar. 3. Aborrecer, importunar. *P.* 4. Apoquentar-se. [Var., pop., nas acepç. 2, 3 e 4: *atanazar, atazanar.* Conjug.: ① [atenaz]**ar**]

a•ten•ção *sf.* 1. Aplicação cuidadosa da mente a alguma coisa. 2. Exame atento; reparo. 3. Ato ou palavra(s) que demonstra(m) consideração, urbanidade, etc., a, ou para com, alguém. • *interj.* 3. Pare! Cuidado! Olhe! [Pl.: *–ções.*]

a•ten•ci•o•so (ô) *adj.* 1. Que presta atenção. 2. Cortês, obsequioso. [Pl.: *–osos* (ó).]

a•ten•den•te *s2g. Bras.* Pessoa que, nos hospitais, ambulatórios, etc., desempenha serviços auxiliares de enfermagem.

a•ten•der *v.t.i.* 1. Dar ou prestar atenção. 2. Tomar em consideração; deferir. 3. Atentar, observar. *T.d.* 4. Acolher com atenção ou cortesia. 5. Atender (2) *Int.* 6. Escutar atentamente. [Conjug.: ② [atend]**er**] § a•ten•di•men•to *sm.*

a•te•neu *sm.* Estabelecimento de ensino secundário.

a•te•ni•en•se *adj2g.* 1. De Atenas, capital da Grécia. • *s2g.* 2. Natural ou habitante de Atenas.

a•ten•ta•do¹ *adj.* Que tem tento¹.

a•ten•ta•do² *adj. Bras. Pop.* De comportamento endiabrado; levado.

a•ten•ta•do³ *sm.* 1. Tentativa ou execução de crime. 2. Ofensa às leis ou à moral.

a•ten•tar¹ *v.t.d.* 1. Ver, considerar, observar, com tento; reparar em. 2. Refletir sobre; ponderar. 3. Aplicar (vista, ouvido, etc.). *T.i.* 4. Dirigir a atenção; reparar. 5. Tomar em consideração. *Int.* 6. Tomar algo em consideração. [Conjug.: ① [atent]**ar**]

a•ten•tar² *v.t.i.* 1. Cometer atentado; atacar. *T.d.* 2. Empreender, cometer. *Int.* 3. Perpetrar atentado. [Conjug.: ① [atent]**ar**]

a•ten•tar³ *v.t.d. Pop.* 1. Tentar (6). 2. *Bras.* Importunar. *Int.* 3. Perturbar. [Conjug.: ① [atent]**ar**]

a•ten•ta•tó•ri:o *adj.* Em que há, ou que constitui atentado³.

a•ten•to *adj.* 1. Que atende; cuidadoso, atencioso. 2. Estudioso, aplicado. 3. Cuidadoso, ponderado. 4. Reverente, respeitoso.

a•te•nu•a:ção *sf.* 1. Ato ou efeito de atenuar(-se). 2. Diminuição, abrandamento. 3. *Eletrôn.* Perda de potência, em decibéis, que sofre um sinal ao atravessar um filtro. [Pl.: *–ções.*]

a•te•nu•an•te *adj2g.* 1. Que atenua, ou diminui a gravidade de. 2. *Jur.* Diz-se de circunstância acidental do crime que acarreta diminuição da pena. • *sm.* 3. *Jur.* Circunstância atenuante.

a•te•nu•ar *v.t.d.* 1. Tornar tênue, delgado. 2. Diminuir. 3. Abrandar, amenizar. *P.* 4. Abrandar-se. [Conjug.: ① [atenu]**ar**]

a•ter•ra•gem *sf.* Aterrisagem. [Pl.: *–gens.*]

a•ter•rar¹ *v.t.d.* e *p.* Aterrorizar(-se). [Conjug.: ① [aterr]**ar**] § a•ter•ra•dor (ô) *adj.*

a•ter•rar² *v.t.d.* 1. Encher de, ou cobrir com terra. 2. Altear (um terreno), pela deposição de terra ou entulho. 3. *Eletr.* Ligar (um circuito) à terra. *Int.* 4. Aterrissar. [Conjug.: ① [aterr]**ar**] § a•ter•ra•do *adj.* e *sm.*

a•ter•ris•sa•gem *sf.* Ato de aterrissar; aterragem.

a•ter•ris•sar *v.int. Bras.* Descer à terra (avião, helicóptero); aterrar. [Conjug.: ① [aterriss]**ar**]

a•ter•ro (ê) *sm.* 1. Ato ou efeito de aterrar[2]. 2. Aquilo com que se aterra. 3. *Bras.* Terreno aterrado.

a•ter•ro•ri•zar *v.t.d.* e *p.* Encher(-se) de terror; aterrar(-se). [Conjug.: ① [aterroriz]**ar**] § a•ter•ro•ri•za•dor (ô) *adj.*

a•ter-se *v.p.* 1. Encostar-se, arrimar-se. 2. Cingir-se, limitar-se. [Conjug.: ⑤ [a]**ter**[-se]. Pres. ind.: *atenho-me, aténs-te, atém-se, atemo-nos, atende-vos, atêm-se.*]

a•tes•ta•ção *sf.* 1. Ato ou efeito de atestar[1]. 2. Testemunho escrito. [Pl.: *-ções.*]

a•tes•ta•do *sm.* 1. Documento que contém atestação (2); certidão. 2. *Fam.* Prova (1).

a•tes•tar[1] *v.t.d.* 1. Passar atestado de. 2. Testemunhar. 3. Provar, demonstrar. *Int.* 4. Dar atestado ou testemunho. [Conjug.: ① [atest]**ar**] § a•tes•tan•te *adj2g.* e *s2g.*

a•tes•tar[2] *v.t.d.* e *p.* Encher(-se) até ao testo ou borda; abarrotar(-se). [Conjug.: ① [atest]**ar**]

a•tes•ta•tó•ri•o *adj.* e *sm.* Que, ou o que serve para atestar[1] ou provar.

a•teu *adj.* e *sm.* Que ou aquele que não crê em Deus.

a•ti•çar *v.t.d.* 1. Espertar (o fogo). 2. Instigar, promover. 3. Excitar. [Conjug.: ⑨ [ati]**çar**] § a•ti•ça•dor (ô) *adj.* e *sm.*

a•ti•la•do *adj.* 1. Escrupuloso, correto. 2. Ajuizado, esperto.

a•ti•la•men•to *sm.* Qualidade de atilado.

a•ti•lho *sm.* 1. Fita, fio, cordel, etc., com que se ata ou amarra; atadura. 2. Feixe de espigas de milho. 3. Estopim.

a•ti•nar *v.t.d.* 1. Descobrir pelo tino, por conjetura ou por indício. 2. Dar tino de; perceber. *T.i.* 3. Atinar (1). 4. Lembrar-se de. 5. Atentar, reparar. [Conjug.: ① [atin]**ar**]

a•ti•nen•te *adj2g.* Referente, relativo, respeitante.

a•tin•gir *v.t.d.* 1. Alcançar, tocar. 2. Chegar ao que se quer ou deseja; alcançar, conseguir. 3. Chegar a. 4. Elevar-se a. 5. Abranger, incluir. 6. Afetar, abalar, tocar. 7. Acertar, ferindo. [Conjug.: ㊺ [atin]**gir**] § a•tin•gí•vel *adj2g.*

a•ti•pi•ci•da•de *sf.* Qualidade de atípico.

a•tí•pi•co *adj.* Que se afasta do normal, do típico.

a•ti•ra•dei•ra *sf. Bras.* Forquilha munida de elástico, com que se atiram pedrinhas; bodoque, estilingue.

a•ti•ra•di•ço *adj.* 1. *Fam.* Petulante, atrevido. 2. Dado a aventuras, esp. galantes.

a•ti•rar *v.t.d.* 1. V. *arrojar* (2). 2. Disparar (projetil). *T.i.* 3. Disparar arma de fogo ou de arremesso; alvejar. *Int.* 4. Disparar arma de fogo.

P. 5. Arrojar-se, lançar-se. 6. Dirigir galanteios. [Conjug.: ① [atir]**ar**] § a•ti•ra•dor (ô) *adj.* e *sm.*

a•ti•tu•de *sf.* 1. Posição do corpo; postura. 2. Reação ou maneira de ser, em relação a pessoa(s), objeto(s), etc.

a•ti•va *sf.* 1. Exercício efetivo de um serviço, de uma atividade. 2. A voz ativa dos verbos.

a•ti•va•do *adj.* Tornado ativo ou mais ativo.

a•ti•var *v.t.d.* e *p.* Tornar(-se) ativo ou mais ativo. [Conjug.: ① [ativ]**ar**] § a•ti•va•ção *sf.*

a•ti•vi•da•de *sf.* 1. Qualidade ou estado de ativo. 2. Rapidez, diligência. 3. V. *funcionamento* (2). 4. Modo de vida; profissão.

a•ti•vis•mo *sm.* Doutrina ou prática que preconiza ação política vigorosa e direta.

a•ti•vis•ta *adj2g.* 1. Relativo ao, ou que é partidário do ativismo. • *sm.* 2. Partidário ou militante do ativismo.

a•ti•vo *adj.* 1. Que exerce ação; que age, funciona, etc. 2. Apto a agir, funcionar, etc., com rapidez. 3. Intenso, vigoroso. 4. Diz-se de vulcão que está ou poderá entrar em erupção. • *sm.* 5. O total dos bens duma empresa ou pessoa.

a•tlân•ti•co *adj.* Diz-se do oceano que banha o oeste dos continentes africano e europeu, e o leste do americano.

a•tlas *sm2n.* 1. Coleção de mapas. 2. *Anat.* A primeira vértebra cervical, que sustenta a cabeça.

a•tle•ta *s2g.* Pessoa que pratica esportes.

a•tlé•ti•co *adj.* Relativo a, ou próprio de atleta.

a•tle•tis•mo *sm.* 1. Designação comum às atividades desportivas, em geral de caráter competitivo (corrida, lançamento, salto, etc.). 2. A prática dessas atividades.

at•mos•fe•ra *sf.* 1. Envoltório gasoso dos astros em geral. 2. Camada de ar que envolve a Terra. 3. O céu. 4. *Fís.* Atmosfera física. § at•mos•fé•ri•co *adj.* ◆ **Atmosfera física.** *Fís.* Unidade de medida de pressão equivalente à pressão exercida por uma coluna de mercúrio de 760mm de altura e de massa volumétrica igual a $13,5951 g/cm^3$, sujeita à aceleração normal da gravidade $(980,665 cm/s^2)$; atmosfera.

a•to *sm.* 1. Aquilo que se fez; feito. 2. O que se está fazendo; ação. 3. V. *comportamento*. 4. Cerimônia, solenidade. 5. Documento redigido segundo determinada fórmula, e capaz de produzir consequências jurídicas. 6. Cada uma das partes em que se divide a peça teatral. ◆ **Ato institucional.** Declaração solene, estatuto ou regulamento baixado pelo Governo.

à-toa *adj2g2n.* 1. Irrefletido. 2. Sem préstimo. 3. Fácil (1). 4. Desprezível, vil. 5. Sem importância.

a•to•a•lha•do *sm.* Pano ou toalha de mesa.

a•to•ar•da *sf.* Notícia vaga; boato.

a•to•bá *sm. Bras. Zool.* Ave sulídea que se nutre de peixes, que captura mergulhando; mergulhão.

a•to•char *v.t.d.* Encher em excesso; atulhar. [Conjug.: ① [atoch]**ar**]

a•tol *sm. Ocean. Geol.* Coroa de coral sobre pilar vulcânico, visível como ilha rasa encerrando lagoa. [Pl.: *atóis.*]

a•to•la•do¹ *adj.* Metido em atoleiro.

a•to•la•do² *adj. e sm.* Diz-se de, ou indivíduo tolo.

a•to•la•dou•ro *sm.* Pântano.

a•to•lar¹ *v.t.d. e t.d.c.* **1.** Meter ou enterrar em atoleiro. *T.c.* **2.** Ficar atolado. *P.* **3.** Enlear-se em situação difícil. [Conjug.: ① [atol]**ar**]

a•to•lar² *v.t.d. e p.* Tornar(-se) tolo. [Conjug.: ① [atol]**ar**]

a•to•lei•ma•do *adj.* **1.** Um tanto tolo. **2.** Que denota tolice, falta de inteligência; alvar.

a•to•lei•mar *v. t. d. e p.* Apalermar(-se). [Conjug.: ① [atoleim]**ar**]

a•to•lei•ro *sm.* V. *lamaçal.*

a•tô•mi•co *adj.* Relativo ao átomo.

á•to•mo *sm. Quím.* Sistema energeticamente estável, formado por um núcleo positivo que contém nêutrons e prótons, e cercado de elétrons; a menor quantidade duma substância elementar que tem as propriedades químicas dum elemento. ◆ **Átomo aceitador.** *Eletrôn.* Impureza aceitadora. **Átomo doador.** *Eletrôn.* Impureza doadora.

a•to•na•li•da•de *sf. Mús.* Indeterminação da tonalidade.

a•tô•ni•to *adj.* Confuso, perturbado, tonto.

á•to•no *adj. Gram.* Não tônico.

a•to•pe•tar *v.t.d. Bras.* Abarrotar. [Conjug.: ① [atopet]**ar**]

a•tor (ô) *sm.* **1.** Agente do ato. **2.** O que representa em peças teatrais, filmes, etc.; artista.

a•tor•do•a•do *adj.* Que se atordoou; aturdido, zonzo, tonto.

a•tor•do•ar *v.t.d.* **1.** Perturbar os sentidos de, por efeito de pancada, queda, estrondo, grande comoção, surpresa, etc. **2.** Molestar os ouvidos de. *Int.* **3.** Causar assombro; maravilhar. *P.* **4.** Ficar tonto. [Sin. ger.: *aturdir.* Conjug.: ⑬ [atord]**oar**] § **a•tor•do:a•men•to** *sm.*; **a•tor•do:an•te** *adj2g.*

a•tor•men•tar *v.t.d. e p.* **1.** Infligir tormento(s) a, ou sofrê-lo(s); mortificar(-se). **2.** Afligir(-se), torturar(-se). [Conjug.: ① [atorment]**ar**]

a•tra•bi•li•á•ri:o *adj.* Colérico, iracundo.

a•tra•ca•dou•ro ou **a•tra•ca•doi•ro** *sm.* Lugar onde se atracam embarcações.

a•tra•ção *sf.* **1.** Ato de atrair. **2.** Poder de encantar; fascínio. **3.** Tendência ou inclinação natural; pendor; propensão. **4.** Divertimento, distração. **5.** Pessoa ou coisa que suscita muita atenção. **6.** Interesse que alguém desperta em outro alguém. **7.** *Bras. Pop.* Desejo sexual. [Pl.: *–ções.*]

a•tra•car *v.t.d.* **1.** Amarrar à terra (uma embarcação). *T.d.c.* **2.** Encostar (a embarcação, ao cais ou a outra embarcação). *Int.* **3.** Encostar-se ao cais. *P.* **4.** Atracar (3). **5.** Entrar em luta corporal. **6.** *Bras. Pop.* Abraçar-se e beijar-se (um casal) intensamente. [Conjug.: ⑧ [atra]**car**] § **a•tra•ca•ção** *sf.*

a•tra•en•te *adj2g.* Que atrai, seduz, fascina.

a•trai•ço•ar *v.t.d.* **1.** Trair (1). *P.* **2.** Acusar-se involuntariamente. [Conjug.: ⑬ [atraiç]**oar**] § **a•trai•ço:a•dor** (ô) *adj. e sm.*

a•tra•ir *v.t.d.* **1.** Trazer, puxar ou solicitar para si. **2.** Seduzir, fascinar. **3.** Chamar, incitar a aproximar-se. **4.** Provocar, suscitar (opiniões, sentimentos, etc.) *T.d.i.* **5.** Fazer aderir (a idéia, religião, partido, etc.) *Int.* **6.** Exercer atração, sedução. [Conjug.: ㉘ [atr]**air**]

a•tra•pa•lhar *v.t.d. e p.* Confundir(-se), embaraçar(-se), perturbar(-se). [Conjug.: ① [atrapalh]**ar**] § **a•tra•pa•lha•ção** *sf.*

a•trás *adv.* **1.** Na parte posterior; na retaguarda. **2.** Depois, após. **3.** Anteriormente.

a•tra•sar *v.t.d.* **1.** Pôr para trás; recuar. **2.** Adiar, retardar. **3.** Prejudicar, lesar. **4.** Causar atraso a. **5.** *Pop.* Impedir que (algo ou alguém) progrida; criar dificuldades. *Int.* **6.** Mover-se com menos presteza ou velocidade que a normal. **7.** Ter, sofrer atraso (2 e 3). *P.* **8.** Fazer algo depois do tempo devido. **9.** Não conseguir chegar a tempo: *Atrasou-se para o batizado.* [Conjug.: ① [atras]**ar**] § **a•tra•sa•do** *adj.*

a•tra•so *sm.* **1.** Ação ou efeito de atrasar(-se). **2.** Demora, retardamento. **3.** Demora de pagamento.

a•tra•ti•vo *adj.* **1.** Que tem o poder de atrair. • *sm.* **2.** Coisa que atrai.

a•tra•van•car *v.t.d.* **1.** Impedir com travanca; estorvar. **2.** Acumular muitas coisas em (um lugar). [Conjug.: ⑧ [atravan]**car**] § **a•tra•van•ca•men•to** *sm.*

a•tra•vés *adv.* De lado a lado; atravessadamente. ◆ **Através de.** **1.** De um para outro lado de. **2.** Por entre. **3.** No decurso de.

a•tra•ves•sa•dor (ô) *sm.* **1.** Aquele que atravessa. **2.** Intermediário (4). **3.** *Bras.* Aquele que compra mercadorias por preço baixo para revendê-las com grande lucro.

a•tra•ves•sar *v.t.d.* **1.** Pôr ao través, ou obliquamente. **2.** Passar para o outro lado de, através ou por cima de; transpor. **3.** Ir do início até o fim de. **4.** Estender-se no tempo. **5.** Viver (períodos de tempos bons ou maus). **6.** Comprar (gêneros) por atacado, para revender mais caro. **7.** *Bras.* Vender ou negociar clandestinamente. **8.** Penetrar, perfurando. *Int.* **9.** *Bras. Pop.* Alterar (uma escola de samba) a sincronia do ritmo e/ou melodia de samba, ou ter (o samba) o seu andamento alterado. *P.* **10.** Pôr-se ao través ou obliquamente. **11.** Opor-se. [Conjug.: ① [atravess]**ar**]

a•tre•lar *v.t.d.* **1.** Prender ou levar preso pela trela. *P.* **2.** Prender-se, agarrar-se. [Conjug.: ① [atrel]**ar**]

a•tre•ver-se *v.p.* Ousar fazer algo, confiando em suas próprias forças; arrojar-se. [Conjug.: ② [atrev]er[-se]]

a•tre•vi•do *adj.* **1.** Que se atreve; afoito. **2.** Insolente, grosseiro.

a•tre•vi•men•to *sm.* **1.** Ação de atrever-se; ousadia, coragem. **2.** *Fig.* Insolência.

a•tri•bu•i•ção *sf.* **1.** Ato ou efeito de atribuir. **2.** Prerrogativa, privilégio. **3.** Faculdade inerente a um cargo. [Pl.: *-ções*.]

a•tri•bu•ir *v.t.d.i.* **1.** Considerar como autor, como origem ou causa; imputar. **2.** Dar, conceder. *P.* **3.** Tomar a si; reivindicar; arrogar-se. [Conjug.: ㊾ [atrib]**uir**] § **a•tri•bu•í•vel** *adj2g.*

a•tri•bu•la•ção *sf.* Tribulação. [Pl.: *-ções*.]

a•tri•bu•lar *v.t.d.* Causar tribulação ou atribulação a; angustiar; afligir. [Conjug.: ① [atribul]**ar**] § **a•tri•bu•la•do** *adj.*

a•tri•bu•ti•vo *adj.* **1.** Que atribui. **2.** Que indica ou serve de atributo.

a•tri•bu•to *sm.* **1.** O que é próprio de um ser. **2.** Emblema distintivo; símbolo. **3.** *Gram.* Termo que caracteriza o significado de uma palavra.

á•tri•o *sm.* **1.** Grande sala de distribuição da circulação, num edifício. **2.** Pátio interno de acesso a um edifício.

a•tri•tar *v.t.d.* **1.** Provocar atrito em. *T.d.i.* **2.** Friccionar (um corpo) em (outro). *P.* **3.** Friccionar-se (um corpo com outro). [Conjug.: ① [atrit]**ar**]

a•tri•to *sm.* **1.** Fricção entre dois corpos. **2.** Desinteligência, desavença.

a•triz *sf.* Fem. de *ator* (2).

a•tro *adj.* **1.** Negro, escuro. **2.** Lúgubre; medonho.

a•tro•ar *v.t.d.* Fazer estremecer com o estrondo [Conjug.: ⑬ [atr]**oar**] § **a•tro:a•dor** (ô) *adj.*

a•tro•ci•da•de *sf.* **1.** Qualidade de atroz. **2.** Ação atroz.

a•tro•fi•a *sf.* **1.** *Med.* Insuficiência de nutrição caracterizada por desgaste ou diminuição de tamanho de célula, tecido ou órgão. **2.** *P. ext.* Definhamento; decadência. § **a•tró•fi•co** *adj.*

a•tro•fi•ar *v.t.d.* e *p.* Causar ou sofrer atrofia. [Conjug.: ① [atrofi]**ar**] § **a•tro•fi•a•do** *adj.*; **a•tro•fi:a•men•to** *sm.*

a•tro•pe•la•men•to *sm.* Ato ou efeito de atropelar (1); atropelo.

a•tro•pe•lar *v.t.d.* **1.** Derrubar, por impacto, passando ou não por cima e, em geral, machu-

cando, contundindo. **2.** Dar, ao passar, encontrão violento em. **3.** Desprezar. **4.** Agir ou falar abruptamente. *P.* **5.** Entrechocar-se (pessoas). **6.** Aglomerar-se em desordem. **7.** *Fig.* Afligir, atormentar. [Conjug.: ① [atropel]**ar**] § **a•tro•pe•la•dor** (ô) *adj.* e *sm.*

a•tro•pe•lo (ê) *sm.* **1.** Atropelamento. **2.** Confusão, baralhada.

a•troz *adj2g.* **1.** Sem piedade; desumano. **2.** Pungente, aflitivo. [Superl. *atrocíssimo*.]

a•tu:a•ção *sf.* Ato ou efeito de atuar; desempenho. [Pl.: *-ções*.]

a•tu•al *adj2g.* **1.** Que ocorre no momento em que se fala. **2.** De sua época. [Pl.: *-ais*.]

a•tu•a•li•da•de *sf.* **1.** Qualidade ou estado de atual. **2.** A época presente.

a•tu•a•li•da•des *sf.pl.* Notícias atuais.

a•tu•a•li•zar *v.t.d.* e *p.* Tornar(-se) atual; modernizar(-se). [Conjug.: ① [atualiz]**ar**] § **a•tu:a•li•za•ção** *sf.*

a•tu•an•te *adj2g.* **1.** Que está em ato ou exercício de sua atividade. **2.** Diz-se de quem age, de quem não se omite.

a•tu•ar *v.int.* **1.** Exercer atividade; agir. *T.i.* **2.** Exercer influência, ou pressão. [Conjug.: ① [atu]**ar**. Cf. *autuar*.]

a•tu•lhar *v.t.d.* Atochar. [Conjug.: ① [atulh]**ar**]

a•tum *sm. Zool.* Peixe escombrídeo do Atlântico, que atinge 320 kg; sua carne é muito apreciada. [Pl.: *-atuns*.]

a•tu•rar *v.t.d.* V. *suportar* (2). [Conjug.: ① [atur]**ar**] § **a•tu•rá•vel** *adj2g.*

a•tur•di•do *adj.* V. *atordoado*.

a•tur•di•men•to *sm.* **1.** Ato de aturdir(-se). **2.** Estado de aturdido.

a•tur•dir *v.t.d.* e *p.* V. *atordoar*. [Conjug.: ㊿ [aturd]**ir**]

❑ **Au** *Quím.* Símb. do *ouro*.

au•dá•ci:a *sf.* **1.** Impulso que leva a cometer atos arrojados ou difíceis. **2.** Ousadia, coragem. **3.** Insolência, arrogância.

au•da•ci•o•so (ô) *adj.* Que tem ou denota audácia; audaz. [Pl.: *-osos* (ó).]

au•daz *adj2g.* Audacioso. [Superl. *audacíssimo*.]

au•di•ção *sf.* **1.** *Fisiol.* O sentido pelo qual se percebem os sons. **2.** Ato ou processo de ouvir, escutar; audiência. [Pl.: *-ções*.]

au•di•ên•ci:a *sf.* **1.** Audição (2). **2.** V. *público* (3). **3.** Recepção de autoridade ou pessoa grada a quem deseja ser ouvido por elas. **4.** Sessão solene para a realização de atos processuais; julgamento.

áu•di:o *sm.* **1.** *Eletrôn.* O som audível, reproduzido eletronicamente. **2.** *Cin. Son. Telev.* A parte sonora da gravação ou da transmissão de programa ou produção multimídia.

au•di:o•fre•qüên•ci:a *sf. Fís.* Freqüência compreendida entre 20 e 20.000Hz.

au•di:o•vi•su•al *adj2g.* **1.** Diz-se de sistema, processo, recurso ou meio de comunicação, ou de obra, programa ou mensagem que atingem o indivíduo através da vista e da audição, ou da imagem e do som. **2.** Diz-se do método pedagógico em que se lança mão do som e da imagem por meio de livros, filmes, discos, etc. • *s2g.* **3.** A obra, programa ou mensagem audiovisual (1). [Pl.: *–ais.*]

au•di•ti•vo *adj.* Relativo ao ouvido, ou à audição.

au•di•tor (ô) *sm.* Magistrado com exercício na justiça militar.

au•di•to•ri•a *sf.* **1.** Cargo de auditor. **2.** Lugar onde ele exerce as funções. **3.** Exame de operações financeiras ou registros contábeis, visando determinar sua correção ou legalidade.

au•di•tó•ri:o *sm.* **1.** O conjunto dos ouvintes que assistem a um discurso, audiência ou sessão. **2.** Sala para conferências, ou concertos, etc.

au•dí•vel *adj2g.* Que se ouve ou pode ser ouvido. [Pl.: *–veis.*]

au•fe•rir *v.t.d.* e *t.d.i.* Colher, obter, ter. [Conjug.: 53 [auf]e[r]ir. Cf. *aferir*.]

au•ge *sm.* O ponto ou o grau mais elevado; o apogeu, o ápice.

au•gu•rar *v.t.d.* e *t.d.i.* Agourar, predizer. [Conjug.: 1 [augur]ar]

au•gú•ri:o *sm.* V. *presságio*.

au•gus•to *adj.* **1.** Venerável. **2.** Sublime, majestoso.

au•la *sf.* **1.** Sala onde se leciona. **2.** Lição (1).

áu•li•co *sm.* V. *cortesão*.

au•men•tar *v.t.d.* **1.** Fazer maior em extensão, número, matéria, etc. **2.** Agravar. **3.** Acrescentar (1). **4.** Progredir, desenvolver-se. *Int.* **5.** Crescer. **6.** Agravar. [Conjug.: 1 [aument]ar]

au•men•ta•ti•vo *sm. Gram.* Palavra de significação engrandecida em relação àquela de que deriva.

au•men•to *sm.* **1.** Ato ou efeito de aumentar; acréscimo. **2.** *Restr.* Aumento de salário.

au•ra *sf.* **1.** Brisa, aragem. **2.** *Med.* Fenômenos ou sensações que precedem crise paroxística, como o ataque epiléptico.

áu•re:o *adj.* **1.** Da cor do ouro. **2.** Feito ou coberto de ouro. **3.** Brilhante, magnífico.

au•ré:o•la *sf.* **1.** Coroa de luz na cabeça dos santos, nas imagens deles; halo, nimbo, resplendor. **2.** *Fig.* Brilho ou esplendor moral; prestígio, glória.

au•re:o•lar¹ *adj2g.* Em forma de auréola.

au•re:o•lar² *v.t.d.* Cingir com auréola. [Conjug.: 1 [aureol]ar]

au•rí•cu•la *sf. Anat.* **1.** Porção de cada ouvido externo que não está situada de dentro da cabeça. **2.** Cada uma de duas cavidades cardíacas, direita e esquerda. § **au•ri•cu•lar** *adj2g.*

au•ri•cu•lar *adj2g.* Relativo ao ouvido.

au•rí•fe•ro *adj.* Que contém ou produz ouro.

au•ri•ver•de (ê) *adj2g.* Amarelo e verde.

au•ro•ra *sf.* **1.** Período antes do nascer do Sol, quando este já ilumina a parte da superfície terrestre ainda na sombra. **2.** Princípio, origem.

aus•cul•ta *sf. Med.* Procedimento em que mediante a aplicação de ouvido ou de estetoscópio sobre uma área desejada (toráxica, abdominal, etc.) procuram-se perceber ruídos no interior dela; auscultação.

aus•cul•ta•ção *sf. Med.* Ausculta. [Pl.: *–ções.*]

aus•cul•ta•dor (ô) *adj.* **1.** Que ausculta. • *sm.* **2.** Aquele que ausculta. **3.** Instrumento de auscultar.

aus•cul•tar *v.t.d.* **1.** *Med.* Realizar a ausculta de. **2.** Inquirir, sondar. [Conjug.: 1 [auscult]ar]

au•sên•ci:a *sf.* **1.** O fato de alguém se afastar, se apartar de alguém ou de algo; afastamento. **2.** Não comparecimento; falta. **3.** Inexistência, falta. **4.** *Med.* Perda transitória de memória e, até, de conhecimento, e que pode ter causas várias.

au•sen•tar-se *v.p.* Ir-se; retirar-se. [Conjug.: 1 [ausent]ar-se]

au•sen•te *adj2g.* **1.** Não presente. • *s2g.* **2.** Pessoa que deixou seu domicílio e se acha noutro lugar.

aus•pí•ci:o *sm.* V. *presságio*.

aus•pi•ci•o•so (ô) *adj.* De bons auspícios; promissor. [Pl.: *–osos* (ó).]

aus•te•ri•da•de *sf.* **1.** Qualidade ou caráter de austero. **2.** Inteireza de caráter; severidade, rigor.

aus•te•ro (té) *adj.* **1.** Duro de caráter; severo, rígido. **2.** Que tem controle sobre seus apetites ou paixões; sóbrio, sério. **3.** Grave, ponderado: *tom austero*. **4.** Econômico, sóbrio.

aus•tral *adj2g.* **1.** Do, relativo ao, ou próprio do austro ou sul. **2.** Que fica do lado do austro ou sul, ou que dele provém: *povo austral; ventos austrais*. **3.** Que é natural ou habitante do sul. [Sin. ger.: *meridional*. Pl.: *–trais*. Opõe-se a *boreal* e a *setentrional*.]

aus•tra•li•a•no *adj.* **1.** Da Austrália (Oceânia). • *sm.* **2.** O natural ou habitante da Austrália.

aus•tra•lo•pi•te•co *sm. Paleont.* Primata hominídeo que habitou a África no plioceno.

aus•trí•a•co *adj.* **1.** Da Áustria (Europa). • *sm.* **2.** O natural ou habitante da Áustria.

aus•tro *sm.* O sul.

au•tar•qui•a *sf.* **1.** Poder absoluto. **2.** Governo dum Estado por seus concidadãos. **3.** Entidade autônoma, auxiliar da administração pública. § **au•tár•qui•co** *adj.*

au•ten•ti•ca•do *adj.* Reconhecido como verdadeiro; autêntico.

au•ten•ti•car *v.t.d.* Tornar autêntico; reconhecer como verdadeiro. [Conjug.: ⑧ [autenti]**car**] **§ au•ten•ti•ca•ção** *sf.*

au•tên•ti•co *adj.* 1. Que é do autor a quem se atribui. 2. Fidedigno. 3. Que faz fé. 4. Autenticado. 5. De origem ou qualidade comprovada; genuíno, legítimo, verdadeiro. **§ au•ten•ti•ci•da•de** *sf.*

au•tis•mo *sm. Psiq.* Fenômeno patológico caracterizado pelo desligamento da realidade exterior e criação mental de um mundo autônomo.

au•to¹ *sm.* 1. Ato público; solenidade. 2. Registro escrito e autenticado de qualquer ato. 3. *Teat.* Gênero dramático originário da Idade Média.

au•to² *sm.* F. red. de *automóvel*.

au•to•bi•o•gra•fi•a *sf.* Vida dum indivíduo escrita por ele mesmo. **§ au•to•bi•o•grá•fi•co** *adj.*

au•to•cen•su•ra *sf.* Faculdade de exercer censura sobre os próprios atos, atitudes ou palavras.

au•to•cla•ve *sf.* Aparelho de desinfecção por meio do vapor a alta pressão e temperatura.

au•to•co•lan•te *adj2g.* 1. Que tem um dos lados recoberto de substância adesiva. • *sm.* 2. Etiqueta, papel ou impresso autocolante (1).

au•to•con•fi•an•ça *sf.* Confiança em si mesmo.

au•to•con•su•mo *sm.* Consumo pelo próprio produtor.

au•to•con•tro•le (ô) *sm.* Controle sobre as próprias ações ou sentimentos; autodomínio.

au•to•cra•ci•a *sf.* Governo dum príncipe, com poderes ilimitados e absolutos.

au•to•cra•ta *adj2g.* e *s2g.* Diz-se de, ou soberano absoluto e independente. **§ au•to•crá•ti•co** *adj.*

au•to•crí•ti•ca *sf.* 1. Crítica feita por alguém a si mesmo ou à própria conduta. 2. *P. ext.* Capacidade de exercer autocrítica (1).

au•to•cri•ti•car-se *vp.* Fazer a autocrítica (1). [Conjug.: ⑧ [autocriti]**car**[-se]]

au•tóc•to•ne *adj2g.* 1. Que é oriundo de terra onde se encontra, sem resultar de imigração ou importação. • *sm.* 2. V. *nativo* (4).

au•to-da-fé *sf.* 1. Proclamação solene das sentenças do tribunal da Inquisição, seguida da execução dos condenados. 2. *Fig.* Ato de destruir algo pelo fogo. [Pl.: *autos-da-fé*.]

au•to•de•fen•der-se *v.p.* Defender a si mesmo. [Conjug.: ② [autodefend]**er**[-se]]

au•to•de•fe•sa (è) *sf.* 1. Defesa de um direito feita pelo seu próprio titular. 2. Defesa do indivíduo com os seus próprios meios.

au•to•de•fi•nir-se *v.p.* Manifestar-se sobre si mesmo. [Conjug.: ③ [autodefin]**ir**[-se]]

au•to•des•tru•ir-se *v.p.* Destruir a si mesmo. [Conjug.: ㊾ Var. A [autodestr]**uir**[-se]]

au•to•de•ter•mi•na•ção *sf.* 1. Capacidade de decidir (4) por si próprio. 2. *Pol.* Livre escolha do estatuto político de um país, de uma unidade territorial, por seus habitantes, sem pressão externa. [Pl.: *–ções.*]

au•to•di•da•ta *adj2g.* e *s2g.* Que(m) se instrui por si, sem auxílio de professores.

au•to•do•mí•ni:o *sm.* Autocontrole.

au•tó•dro•mo *sm.* Conjunto de pistas e edificações para corrida de automóveis.

au•to-es•tra•da *sf.* 1. Estrada para veículos automóveis. 2. *Restr.* Auto-estrada (1) para grandes velocidades, ger. com pistas duplas e acessos limitados; autopista. [Pl.: *auto-estradas.*]

au•to•fun•ção *sf. Mat.* Numa equação diferencial ou integral que contenha um parâmetro, qualquer solução que só exista para determinados valores desse parâmetro.

au•tó•ge•no *adj.* 1. Diz-se da solda de dois metais por fusão parcial deles. 2. *Med.* Que procede do próprio organismo: *enxerto autógeno.*

au•to•ges•tão *sf.* Gerência de uma empresa pelos próprios trabalhadores. [Pl.: *–tões.*]

au•to•gi•ro *sm.* Avião com hélice horizontal não motriz, que se move verticalmente.

au•to•go•ver•nar-se *v.p.* Governar a si mesmo. [Conjug.: ① [autogovern]**ar**[-se]]

au•tó•gra•far *v.t.d.* Apor autógrafo em. [Conjug.: ① [autograf]**ar**]

au•tó•gra•fo *sm.* Escrito ou assinatura do próprio autor.

au•to•in•clu•ir-se *v.p.* Incluir(-se) a si mesmo. [Conjug.: ㊾ [autoincl]**uir**[-se]]

au•to•ma•ção *sf.* Sistema automático pelo qual os mecanismos controlam seu próprio funcionamento, quase sem a interferência do homem; automatização. [Pl.: *–ções.*]

au•to•má•ti•co *adj.* 1. Que se move, opera ou regula sem participação humana. 2. Que se pratica, em geral, corretamente, sem intervenção do pensamento consciente.

au•to•ma•tis•mo *sm.* Caráter do que é automático. 2. Ato ou gesto automático (2) realizado por hábito ou graças à aprendizagem.

au•to•ma•ti•za•ção *sf.* 1. Ato ou efeito de automatizar. 2. Automação. [Pl.: *–ções.*]

au•to•ma•ti•zar *v.t.d.* Tornar automático. [Conjug.: ① [automatiz]**ar**]

au•tô•ma•to *sm.* 1. Maquinismo que se move por meios mecânicos. 2. Aparelho que imita os movimentos humanos. 3. *Fig.* Pessoa que age como máquina, sem vontade própria.

au•to•me•di•car-se *v.p.* Medicar a si mesmo. 2. Tomar medicamento sem prescrição ou orientação médica. [Conjug.: ⑧ [automedi]**car**[-se]] **§ au•to•me•di•ca•ção** *sf.*

au•to•mo•bi•lis•mo *sm.* Esporte que se pratica com automóveis.

au•to•mo•bi•lis•ta *s2g.* Quem pratica automobilismo.

au•to•mo•triz *sf.* Veículo ferroviário a propulsão elétrica dotado de motor próprio.

au•to•mó•vel *adj2g.* e *sm.* Diz-se de, ou veículo que se move mecanicamente, em especial a motor de explosão; auto, carro. [Pl.: *–veis.*]

au•to•no•mi•a *sf.* **1.** Faculdade de se governar por si mesmo. **2.** Direito ou faculdade que tem uma nação de se reger por leis próprias. **3.** Distância máxima que um veículo pode percorrer sem se reabastecer de combustível.

au•tô•no•mo *adj.* **1.** Que tem, ou em que há autonomia. **2.** Que não depende de outro.

au•to•ô•ni•bus *sm2n.* Ônibus.

au•to•os•ci•la•ção *sf. Eletrôn.* Oscilação parasita incontrolável de um circuito eletrônico, devida a condições fortuitas, não desejadas, de seu funcionamento. [Pl.: *auto-oscilações.*]

au•to•pe•ça *sf.* **1.** Peça ou acessório de veículo automóvel. **2.** *P. ext.* Estabelecimento onde se vendem autopeças.

au•to•pis•ta *sf.* Auto-estrada (2).

au•to•pre•ser•va•ção *sf.* Preservação, esp. a instintiva, de si mesmo. [Pl.: *–ções.*]

au•to•pre•ser•var-se *v.p.* Preservar a si mesmo; resguardar-se. [Conjug.: 1 [autopreservar]ar[-se]]

au•to•pre•ser•va•ti•vo *adj.* Em que há, ou que se caracteriza por autopreservação.

au•top•si•a ou **au•tóp•si:a** *sf.* **1.** Exame de si mesmo. **2.** *Med. Impr.* Necropsia.

au•top•si•ar *v.t.d.* Fazer a autópsia de. [Conjug.: 1 [autopsi]ar]

au•to•pu•ni•ção *sf.* Punição que alguém dá a si mesmo. [Pl.: *–ções.*]

au•to•pu•ni•ti•vo *adj.* Que tem o caráter de autopunição.

au•tor (ô) *sm.* **1.** A causa principal, a origem de. **2.** Criador de obra artística, literária ou científica. **3.** Aquele que intenta demanda judicial.

au•to•ral *adj2g.* De, ou próprio de autor. [Pl.: *–rais.*]

au•to-re•tra•to *sm.* Retrato de um indivíduo feito por ele próprio. [Pl.: *auto-retratos.*]

au•to•ri•a *sf.* Condição de autor.

au•to•ri•da•de *sf.* **1.** Direito ou poder de fazer-se obedecer, dar ordens, tomar decisões, agir, etc. **2.** Aquele que tem esse direito ou poder. **3.** Influência, prestígio.

au•to•ri•tá•ri:o *adj.* Relativo a, ou que se baseia na autoridade, ou por ela se impõe.

au•to•ri•za•do *adj.* Digno de respeito, obediência e crédito.

au•to•ri•zar *v.t.d.* **1.** Conferir autoridade ou poder a. **2.** Dar autorização para; permitir.

T.d.i. **3.** Dar autorização, permissão. *P.* **4.** Justificar-se, abonar-se. [Conjug.: 1 [autoriz]ar] **§ au•to•ri•za•ção** *sf.*

au•tos *sm.pl.* Conjunto ordenado das peças dum processo judicial.

au•to-ser•vi•ço *sm.* Sistema em que o próprio comprador ou freguês se serve. [Pl.: *auto-serviços.*]

au•to-su•fi•ci•en•te *adj2g.* Que se basta a si mesmo. [Pl.: *auto-suficientes.*]

au•to-su•ges•tão *sf.* Sugestão que alguém exerce sobre si próprio. [Pl.: *auto-sugestões.*]

au•to•té•li•co *adj.* Que não tem finalidade ou sentido além ou fora de si.

au•to•trans•for•ma•dor (ô) *sm. Eng. Elétr.* Transformador em que parte do enrolamento é comum aos circuitos primário e secundário.

au•to•tró•fi•co *adj. Biol.* Diz-se de organismo capaz de sintetizar o próprio alimento, a partir de fontes inorgânicas simples, como, p. ex., dióxido de carbono, água, nitratos. As plantas verdes são autotróficas. **§ au•to•tro•fi•a** *sf.*

au•to•va•lor *sm. Mat.* Qualquer dos valores que definem as autofunções de uma equação diferencial ou integral.

au•tu•ar *v.t.d.* Lavrar um auto[1] (2) contra (alguém). [Conjug.: 1 [autu]ar. Cf. *atuar.*] **§ au•tu:a•ção** *sf.*

au•xi•li•ar[1] (ss) *adj2g.* e *s2g.* **1.** Que ou quem auxilia. • *sm.* **2.** *Gram.* Verbo auxiliar (q. v.).

au•xi•li•ar[2] (ss) *v.t.d.* e *t.d.i.* Prestar auxílio a; socorrer, ajudar. [Conjug.: 1 [auxili]ar]

au•xí•li:o (ss) *sm.* **1.** Ajuda, assistência. **2.** Amparo (2).

a•va•ca•lhar *v.t.d.* e *p. Bras. Pop.* Desmoralizar(-se), degradar(-se). [Conjug.: 1 [avacalh]ar]

a•val *sm.* Garantia pessoal que se dá de qualquer obrigado ou coobrigado em título cambial. [Pl.: *avales* ou *avais.*]

a•va•lan•cha *sf.* Grande massa de neve e gelo que se desagrega das montanhas e despenha; alude.

a•va•lan•che *sm. Gal.* V. *avalancha.*

a•va•li:a•ção *sf.* **1.** Ato ou efeito de avaliar. **2.** Valor determinado pelos avaliadores. [Pl.: *–ções.*]

a•va•li•ar *v.t.d.* **1.** Determinar a valia ou o valor de. **2.** Calcular (2). [Conjug.: 1 [avali]ar] **§ a•va•li:a•dor** (ô) *adj.* e *sm.*; **a•va•li•á•vel** *adj2g.*

a•va•lis•ta *s2g.* Pessoa que avaliza.

a•va•li•zar *v.t.d.* **1.** Obrigar-se por aval em. **2.** *Fig.* Abonar; afiançar. [Conjug.: 1 [avaliz]ar]

a•van•ça•do *adj.* **1.** Em que há ou envolve progresso. **2.** Atual, moderno.

a•van•çar *v.t.d.* **1.** Andar para a frente; adiantar-se. **2.** Ir além de; ultrapassar. *T.i.* **3.** Investir, atirar-se. *T.c.* **4.** Prolongar-se, estender-se.

Int. 5. Caminhar para frente. 6. Passar (o tempo). [Conjug.: 9 [avan]**çar**]

a•van•ço *sm*. 1. Ato ou efeito de avançar. 2. Melhoria, vantagem. 3. Aumento.

a•van•ta•ja•do *adj*. Que tem vantagem ou superioridade; que excede o comum.

a•van•ta•jar-se *v.p*. Levar vantagem; distinguir-se, sobressair. [Conjug.: 1 [avantaj]**ar** [-se]]

a•van•te *adv*. Adiante; para diante. [Tb. us. como interj.]

a•va•ran•da•do *adj. Bras*. Que tem varanda (prédio).

a•va•ren•to *adj*. e *sm*. V. *avaro*.

a•va•re•za (ê) *sf*. Apego sórdido ao dinheiro.

a•va•ri•a *sf*. 1. Dano ou prejuízo causado a uma embarcação ou à sua carga. 2. Dano, deterioração.

a•va•ri•ar *v.t.d*. e *p*. 1. Causar avaria a, ou sofrê-la; danificar(-se). 2. Estragar(-se). [Conjug.: 1 [avari]**ar**] § a•va•ri•a•do *adj*.

a•va•ro *adj*. e *sm*. Que ou aquele que tem avareza; avarento, pão-duro, sovina, somítico, tacanho, unha-de-fome, usurário, zura.

a•vas•cu•lar *adj2g. Anat*. Desprovido de vaso sanguíneo.

a•vas•sa•lar *v.t.d*. 1. Tornar vassalo. 2. Dominar, oprimir. 3. V. *arrasar* (4). [Conjug.: 1 [avassal]**ar**] § a•vas•sa•la•dor (ô) *adj*. e *sm*.

a•ve *sf. Zool*. Espécime das aves, classe de animais vertebrados, ovíparos, cuja pele é revestida de penas, os membros anteriores são transformados em asas, e a boca prolonga-se em bico; são desprovidos de dentes. ◆ **Ave de rapina**. *Zool*. A que tem bico adunco, garras fortes, etc. **Ave marinha**. *Zool*. A que se alimenta esp. de organismos marinhos. Ex.: pingüim, albatroz, gaivota.

a•vei•a *sf*. Cereal (2) us. na alimentação humana e animais.

a•ve•lã *sf*. O fruto da aveleira.

a•ve•lei•ra *sf. Bot*. Arbusto ou arvoreta betulácea, do hemisfério norte.

a•ve•lu•da•do *adj*. 1. V. *veludoso*. 2. Suave, brando.

a•ve•lu•dar *v.t.d*. 1. Dar o aspecto de veludo a (tecido). 2. Tornar macio, brando. *P*. 3. Tornar-se macio como o veludo. [Conjug.: 1 [aveludar]**ar**]

a•ve-ma•ri•a *sf*. 1. *Rel*. Oração católica em louvor da Virgem Maria. 2. Cada uma das contas de rosário que indicam as vezes que se diz essa oração. [Pl.: *ave-marias*.]

a•ve-ma•ri•as *sf.pl*. Toque (4) para a ave-maria, ao entardecer; o ângelus.

a•ve•na *sf. Poét*. Antiga flauta pastoril.

a•ven•ca *sf. Bot*. Nome comum a diversas plantas polipodiáceas, ornamentais, muito delicadas.

a•ve•ni•da *sf*. 1. Logradouro mais largo e importante que a rua. 2. V. *alameda*. 3. *Bras*. Vila[1] (2).

a•ven•tal *sm*. Peça que resguarda a roupa. [Pl.: *-tais*.]

a•ven•tar *v.t.d*. 1. Agitar ou mover ao vento. 2. Lembrar, sugerir (idéia); aventurar. [Conjug.: 1 [avent]**ar**]

a•ven•tu•ra *sf*. 1. Empresa ou experiência arriscada. 2. Acontecimento imprevisto; peripécia. 3. Ligação amorosa.

a•ven•tu•rar *v.t.d*. 1. Expor ou arriscar à ventura. 2. Aventar (2). *T.d.i*. 3. Expor, arriscar. *P*. 4. Arriscar-se. [Conjug.: 1 [aventur]**ar**]

a•ven•tu•rei•ro *adj*. 1. Que vive de aventuras ou ama a aventura (1). • *sm*. 2. Homem aventureiro.

a•ver•ba•ção *sf*. Averbamento. [Pl.: *-ções*.]

a•ver•ba•men•to *sm*. 1. Ato ou efeito de averbar; averbação. 2. Declaração ou nota em certos documentos.

a•ver•bar *v.t.d*. 1. Escrever em verba, à margem de. 2. Registrar; anotar. [Conjug.: 1 [averb]**ar**]

a•ve•ri•guar *v.t.d*. 1. Indagar, inquirir. 2. Certificar-se de; apurar. *T.d.i*. 3. Averiguar (1). *T.i*. 4. Informar-se. *P*. 5. Certificar-se. [Conjug.: 17 [averigu]**ar**] § a•ve•ri•gua•dor (ô) *adj*. e *sm*.

a•ver•me•lha•do *adj*. Tirante a vermelho.

a•ver•me•lhar *v.t.d*., *int*. e *p*. Tornar(-se) vermelho. [Conjug.: 1 [avermelh]**ar**]

a•ver•são *sf*. 1. Ódio, rancor. 2. Antipatia. [Pl.: *-sões*.]

a•ves•sas *sf.pl. P. us*. Coisas contrárias, opostas. ◆ **Às avessas**. Em sentido inverso; ao contrário.

a•ves•so (ê) *adj*. 1. Contrário, inverso. • *sm*. 2. A parte oposta à principal, ao lado direito; reverso.

a•ves•ta *sm*. Textos sagrados primitivos dos povos iranianos.

a•ves•truz *sf*. e *m. Zool*. Ave estrutionídea, a maior representante da classe das aves; pernalta, tem asas rudimentares e apenas dois dedos em cada pé.

a•ve•zar *v.t.d.i*. e *p*. Habituar(-se), acostumar(-se). [Conjug.: 1 [avez]**ar**]

a•vi:a•ção *sf*. 1. Navegação aérea por meio de aeródinos. 2. O conjunto dos aviões. [Pl.: *-ções*.]

a•vi:a•dor *sm*. Piloto de avião.

a•vi:a•men•to *sm*. 1. Ato ou efeito de aviar; O aparelhamento ou o material necessário à execução ou conclusão de qualquer obra.

a•vi•ão *sm*. Aeródino com meios próprios de locomoção, e cuja sustentação se faz por meio de asas; aeroplano. [Pl.: *-ões*.]

a•vi•ar *v.t.d*. 1. Executar, concluir. 2. Preparar medicamento prescrito em (receita). *Int*. e *p*. 3. Apressar (3). [Conjug.: 1 [avi]**ar**]

78

a•vi•á•ri:o sm. Estabelecimento onde se vendem aves.

a•ví•co•la adj2g. Relativo a aves.

a•ví•cu•la sf. Ave pequena.

a•vi•cul•tor (ô) sm. O que pratica a avicultura.

a•vi•cul•tu•ra sf. Técnica de criar aves.

á•vi•do adj. 1. Que deseja com ânsia. 2. Cobiçoso. 3. Muito sedento ou faminto. § a•vi•dez (ê) sf.

a•vi•go•rar v.t.d. e p. 1. Robustecer(-se). 2. Fortalecer(-se), consolidar(-se). [Conjug.: ① [avigor]ar]

a•vil•tar v.t.d. 1. Tornar vil; envilecer. 2. Humilhar. 3. Baixar o preço de. P. 4. Tornar-se vil; degradar-se, envilecer(-se). 5. Humilhar-se. [Conjug.: ① [avilt]ar] § a•vil•ta•men•to sm.; a•vil•tan•te adj2g.

a•vi•na•gra•do adj. Com sabor de vinagre, ou que o contém.

a•vin•do adj. Que se aveio.

a•vi•nha•do adj. 1. Que tem sabor ou cheiro de vinho. 2. V. embriagado.

a•vi:os sm.pl. Bras. S. Os objetos ou petrechos necessários para determinados fins.

a•vir v.t.d. 1. Pôr em concórdia, em harmonia. P. 2. Pôr-se em concórdia, em harmonia. 3. Sair-se de dificuldade; arranjar-se, arrumar-se, ajeitar-se. [Conjug.: ㊵ [a]vir]

a•vi•sa•do adj. 1. Que recebeu aviso. 2. Discreto; sensato. 3. Cauteloso.

a•vi•sar v.t.d. e t.d.i. 1. Dar aviso ou ciência de; informar. P. 2. Informar-se. 3. Prevenir-se. [Conjug.: ① [avis]ar]

a•vi•so sm. 1. Ato ou efeito de avisar. 2. Notícia, informação. 3. Documento de aviso (2). 4. Na linguagem burocrática, ofício de um ministro a outro. 5. Parecer, opinião. 6. Conselho (1), advertência.

a•vis•tar v.t.d. 1. Alcançar com a vista; enxergar. P. 2. Ver-se mutuamente. 3. Encontrar-se casualmente. [Conjug.: ① [avist]ar] § a•vis•tá•vel adj2g.

a•vi•ta•mi•no•se sf. Med. Distúrbio nutricional em que o paciente não recebe a mínima quantidade de vitaminas necessárias — e, portanto, não pode dispor dela —, o que provoca o aparecimento de estados mórbidos, variáveis com o tipo de carência vitamínica.

a•vi•var v.t.d. e p. Tornar(-se) mais vivo. [Conjug.: ① [aviv]ar] § a•vi•va•men•to sm.

a•vi•zi•nhar v.t.d. 1. Pôr perto; aproximar. 2. Aproximar-se de. T.d.i. 3. Avizinhar (1). P. 4. Aproximar-se. [Conjug.: ① [avizinh]ar]

a•vo sm. Mat. Fração de unidade, quando dividida em mais de 10 partes iguais, porém não em número potência de dez. Ex.: 1/12 — um doze avos; 3/12 – três doze avos. [Us. quase só no pl.]

a•vó sf. A mãe do pai ou da mãe.

a•vô sm. O pai do pai ou da mãe.

a•vo•a•do adj. Bras. Que anda com a cabeça no ar; tonto.

a•vo•an•te adj2g. e sf. Bras. Pop. Diz-se de, ou qualquer animal que voe.

a•vo•car v.t.d.i. 1. Chamar a si. 2. Atribuir-se, arrogar-se. P. 3. Chamar à sua responsabilidade; atribuir-se. [Conjug.: ⑧ [avo]car] § a•vo•cá•vel adj2g.

a•vo•en•go adj. Procedente ou herdado de avós, ou relativo a eles.

a•vo•en•gos sm.pl. Antepassados, avós.

a•vo•lu•mar v.t.d. e p. Aumentar, ou crescer, em volume, número ou quantidade. [Conjug.: ① [avolum]ar]

a•vós sm.pl. Avoengos.

a•vul•são sm. Patol. Dilaceração ou arrancamento de porção do corpo.

a•vul•so adj. 1. Arrancado à força. 2. Desligado do corpo ou da coleção de que faz parte.

a•vul•ta•do adj. Grande, vultoso.

a•vul•tar v.t.d. 1. Representar em vulto ou em relevo. 2. Ganhar vulto. T.i. 3. Importar; subir, elevar-se. Int. 4. Aumentar em número, intensidade, etc. [Conjug.: ① [avult]ar]

a•vun•cu•la•do sm. Antrop. Etnol. Avunculato.

a•vun•cu•lar adj2g. Pertencente ou relativo a tio ou tia, esp. ao tio materno.

a•vun•cu•la•to sm. Antrop. Etnol. Em muitas sociedades, a relação de autoridade instituída entre o tio materno e os filhos de sua irmã.

a•xa•dre•za•do adj. Diz-se de pano em xadrez.

a•xi•la (cs) sf. Anat. Junção de membro superior com parede lateral do tórax. § a•xi•lar (cs) adj2g.

a•xi:o•lo•gi•a sf. Estudo ou teoria dos valores [v. valor (2)]. § a•xi:o•ló•gi•co adj.

a•xi•o•ma (cs) sm. 1. Verdade evidente por si mesma. 2. P. ext. Máxima, sentença.

a•za•do adj. Propício, oportuno, próprio.

a•zá•fa•ma sf. 1. Muita pressa; urgência. 2. Grande afã; trabalho muito ativo; lufa-lufa, roda-viva, corre-corre.

a•za•fa•ma•do adj. 1. Que tem muita pressa. 2. Sobrecarregado de trabalho; muito atarefado.

a•za•fa•mar v.t.d. 1. Pôr em azáfama. 2. Sobrecarregar de trabalho, de tarefas. 3. Apressar. P. 4. Movimentar-se, agitar-se. [Conjug.: ① [azafam]ar]

a•za•gai•a sf. Lança curta de arremesso.

a•zá•le:a ou a•za•léi•a sf. Bot. Arbusto ericáceo, ornamental.

a•zar sm. 1. V. caiporismo. 2. Revés, infortúnio. 3. Casualidade, acaso.

a•za•ra•do adj. Bras. Que tem azar (1); caipora, azarento.

79

a•za•rar *v.t.d. Bras.* **1.** Dar azar (1) a. **2.** *Gír.* Paquerar (1). [Conjug.: ① [azar]**ar**]

a•za•ren•to *adj.* **1.** V. *azarado.* **2.** *Bras.* Que dá azar (1).

a•ze•dar *v.t.d.* **1.** Tornar azedo. **2.** Irritar, exasperar. *Int.* e *p.* **3.** Tornar-se azedo. [Conjug.: ① [azed]**ar**]

a•ze•do (ê) *adj.* **1.** Que é ácido ao paladar e ao olfato; acre, acerbo, ácido. **2.** Diz-se do alimento que a fermentação estragou. **3.** Diz-se de pessoa que está de mau humor. **4.** Mordaz, satírico.

a•ze•du•me *sm.* **1.** Acidez. **2.** Cólera; irritação.

a•zei•tar *v.t.d.* **1.** Temperar ou lubrificar com azeite. *P.* **2.** Irritar-se, abespinhar-se. [Conjug.: ① [azeit]**ar**] **§ a•zei•ta•do** *adj.*

a•zei•te *sm.* **1.** Óleo de azeitona. **2.** Óleo extraído de outros vegetais ou de gordura animal.

a•zei•tei•ro *sm.* Vendedor e/ou fabricante de azeite.

a•zei•to•na *sf.* Fruto da oliveira; oliva.

a•zei•to•na•do *adj.* Tirante à cor de azeitona.

a•zê•mo•la *sf.* Besta de carga.

a•ze•nha *sf.* Moinho de roda movido a água.

a•ze•vi•che *sm.* Variedade compacta de linhito, usada em joalheria.

a•zi•a *sf. Med.* Pirose.

a•zi•ag•o (á) *adj.* **1.** Agourento. **2.** V. *infausto.*

á•zi•mo *adj.* Diz-se do pão sem fermento.

a•zi•nha•vrar *v.t.d., int.* e *p.* Cobrir(-se) de azinhavre. [Conjug.: ① [azinhavr]**ar**] **§ a•zi•nha•vra•do** *adj.*

a•zi•nha•vre *sm.* Camada verde de bicarbonato de cobre que se forma nos objetos de cobre expostos ao ar úmido; zinabre.

a•zo *sm.* Motivo, ensejo, pretexto.

a•zor•ra•gue *sm.* V. *chicote.*

a•zó•ti•co *adj. Quím.* Nítrico.

a•zo•to (ô) *sm. Quím.* Nitrogênio.

a•zou•ga•do *adj.* Muito esperto, vivo, ou ladino.

a•zou•gar *v.t.d.* **1.** Misturar com azougue (1). **2.** Tornar vivo, esperto. [Conjug.: ① [azou]**gar**]

a•zou•gue *sm.* **1.** *Pop.* Mercúrio. **2.** Pessoa azougada.

❑ **AZT** Sigla de azidotimidina, medicamento us. no tratamento da AIDS.

a•zu•cri•nar *v.t.d.* e *p. Bras.* V. *apoquentar.* [Conjug.: ① [azucrin]**ar**] **§ a•zu•cri•na•do** *adj.*

a•zul *adj2g.* **1.** Da cor do céu sem nuvens com o Sol alto, da cor da safira. • *sm.* **2.** A cor azul em todas as suas gradações. **3.** O céu. **4.** *Pop.* Condição de lucro (de indivíduo, empresa, etc.). [Pl.: *azuis.*]

a•zu•la•do *adj.* De cor tirante a azul; anilado.

a•zu•lão *sm. Bras.* V. *tiê.* [Pl.: –*lões.*]

a•zu•lar *v.t.d.* **1.** Dar cor azul a. *Int.* **2.** V. *fugir* (1). [Conjug.: ① [azul]**ar**]

a•zu•le•ja•dor (ô) *sm.* Ladrilheiro.

a•zu•le•jar *v.t.d.* Ladrilhar. [Conjug.: ① [azulejj]**ar**]

a•zu•le•jo (ê) *sm.* Ladrilho.

a•zul-fer•re•te *adj2g2n.* **1.** Azul muito carregado, tirante a preto. **2.** Diz-se dessa cor. • *sm.* **3.** Essa cor. [Pl. do sm.: *azuis-ferretes.*]

a•zul-ma•ri•nho *adj2g2n.* **1.** Azul muito escuro, da cor do mar profundo. **2.** Diz-se dessa cor. • *sm.* **3.** Essa cor. [Pl. do sm.: *azuis-marinhos.*]

a•zul-pis•ci•na *adj2g2n.* **1.** Azul do tom da turquesa. **2.** Diz-se dessa cor. • *sm.* **3.** Essa cor. [Pl. do sm.: *azuis-piscinas* e *azuis-piscina.*]

𝟗	Fenício
𝟚	Grego
B	Grego
𝟪	Etrusco
B	Romano
B	Romano
b	Minúscula carolina
B	Maiúscula moderna
b	Minúscula moderna

b (bê) *sm.* **1.** A 2ª letra do nosso alfabeto. **2.** Figura ou representação dessa letra. • *num.* **3.** Segundo¹ (2), numa série. [Tb. us. para classificar algo como 'de segunda categoria; de qualidade, valor ou importância inferior ao padrão'.] [Pl. (nas acepç. 1 e 2) indicado pela duplicação da letra: *bb*.]

❏ **b** *Mat.* V. ❏ *a* (2).

❏ **B 1.** Símb. de *indução magnética*. **2.** No sistema hexadecimal de numeração, o décimo segundo algarismo, equivalente ao número decimal 11. **3.** *Med.* Designação de um aglutinógeno cuja presença nas hemácias caracteriza um grupo sanguíneo, designado *grupo B*. **4.** *Mús.* Sinal com que se representa a nota si, ou a escala ou acorde nela baseados. **5.** *Quím.* Símb. do *boro*.

❏ **Ba** *Quím.* Símb. do *bário*.

bá *sf. Bras.* V. *ama-seca*.

ba•ba *sf.* **1.** Saliva que escorre da boca; babugem. **2.** Muco segregado por certos animais.

ba•bá *sf. Bras.* **1.** V. *ama-de-leite*. **2.** V. *ama-seca*.

ba•ba•çu *sm. Bot.* Palmácea cujos frutos, drupáceos, fornecem sementes oleaginosas e comestíveis, das quais se extrai óleo útil.

ba•ba-de-mo•ça *sf. Bras. Cul.* Doce feito com calda de açúcar, leite de coco e gemas de ovos. [Pl.: *babas-de-moça*.]

ba•ba•do *sm.* Tira de fazenda pregueada ou franzida.

ba•ba•doi•ro ou **ba•ba•dou•ro** *sm.* Resguardo de tecido, etc., que, atado ao pescoço das crianças, evita que a baba ou a comida lhes suje ou umedeça a roupa; babador (*bras.*).

ba•ba•dor (ô) *sm. Bras.* V. *babadoiro*.

ba•bão *adj.* **1.** Que vive a babar-se. **2.** Tolo, bobo. • *sm.* **3.** Indivíduo babão. [Fem.: *babona.* Pl.: *–bões.*]

ba•ba•qua•ra *adj2g.* e *s2g.* V. *tolo* (1, 2, e 7).

ba•bar *v.t.d.* **1.** Molhar com baba. *Int.* **2.** Deitar baba. *P.* **3.** Babar (2). **4.** Gostar muito de. [Conjug.: ① [bab]**ar**] § **ba•ba•do²** *adj.*

ba•bau *interj. Fam.* Acabou-se, foi-se.

ba•bel *sf.* **1.** Confusão de vozes ou de línguas. **2.** Desordem, confusão, balbúrdia. [Pl.: *–béis.*]

ba•bé•li•co *adj.* Desordenado, confuso.

ba•bo•sa *sf. Bras. Pop.* Aloés.

ba•bo•sei•ra *sf.* Tolice, despropósito.

ba•bu•gem *sf.* **1.** Baba (1). **2.** Restos de comida. [Pl.: *–gens.*]

ba•bu•jar *v.t.d.* **1.** Sujar com babugem (1). **2.** Adular, bajular. [Conjug.: ① [babuj]**ar**]

ba•ca•ba *sf. Bras. Bot.* Palmácea de palmito e drupas alimentícias.

ba•cá•ce•o *adj.* Que constitui baga, ou é semelhante a ela.

ba•ca•lhau *sm.* **1.** *Zool.* Peixe gadídeo cuja carne se usa, principalmente, seca e salgada. **2.** *Bras.* Chicote com que se açoitavam escravos. **3.** Pessoa magríssima.

ba•ca•lho•a•da *sf. Cul.* Prato feito com bacalhau.

ba•ca•mar•te *sm.* Arma de fogo de cano curto e largo, reforçada na coronha.

ba•ca•na *adj2g. Bras. Gír.* Palavra que exprime inúmeras idéias apreciativas, equivalendo a *bom, excelente, belo*, etc., tudo no superlativo, aplicável a pessoas e coisas.

ba•ca•nal *sf.* Festa licenciosa. [Pl.: *–nais.*]

ba•can•te *sf.* Sacerdotisa de Baco.

ba•ca•rá *sm.* Jogo carteado, com um banqueiro e vários jogadores.

ba•cha•rel *sm.* **1.** Indivíduo que concluiu o primeiro grau universitário. **2.** *Restr.* Indivíduo formado em Direito. [Pl.: *–réis.*]

ba•cha•re•la•do *sm.* **1.** O grau de bacharel. **2.** O curso para a obtenção desse grau.

ba•cha•re•lan•do *sm.* Aquele que vai bacharelar-se.

ba•cha•re•lar-se *v.p.* Colar grau de bacharel. [Conjug.: ① [bacharel]**ar**[-se]]

ba•ci•a *sf.* **1.** Vaso redondo, de bordas largas, geralmente raso, próprio para lavagens. **2.** Conjunto de vertentes que margeiam rio ou mar interior. **3.** *Anat.* A parte inferior do tronco, cuja parte óssea é formada anterior e lateralmente pelos ilíacos, e posteriormente pelo sacro e cóccix; pelve.

ba•ci•lar *adj2g. Med.* Relativo a, ou produzido por bacilo.

ba•ci•la•ri•ó•fi•ta *sf. Bot.* Espécime das bacilariófitas, divisão de algas planctônicas, unicelulares ou coloniais, providas de rígida carapaça silicosa formada por duas valvas que se encaixam; vivem em água doce ou salgada. [Sin.: *crisófita, diatomácea.*]

ba•ci•lo *sm. Bacter.* Bactéria em forma de bastonete reto.

ba•ci•o *sm.* V. *urinol.*

⇨ **backup** (becáp') [Ingl.] *sm. Inform.* Cópia de segurança, ou o procedimento de criá-la.

ba•ço¹ *sm. Anat.* O maior órgão linfóide do organismo, situado no hipocôndrio esquerdo; tem, entre outras funções, importante papel na destruição de hemácias.

ba•ço² *adj.* Sem brilho; embaçado.

ba•co•re•jar *v.t.d.* **1.** Adivinhar, pressagiar. *Int.* **2.** Grunhir (o leitão). [Conjug.: ① [bacorej]**ar**]

ba•co•ri•nho *sm.* V. *leitão.*

bá•co•ro *sm.* V. *leitão.*

bac•té•ri:a *sf. Bacter.* Organismo unicelular procarioto que ger. se reproduz por cissiparidade; pode ser patogênico para o homem e outros animais. § **bac•te•ri•a•no** *adj.*

bac•te•ri•ci•da *adj2g.* e *sm. Med.* Diz-se de, ou qualquer agente com poder de matar bactéria.

bac•te•ri•o•lo•gi•a *sf.* Ciência que trata das bactérias. § **bac•te•ri:o•ló•gi•co** *adj.*; **bac•te•ri:o•lo•gis•ta** *s2g.*

bac•te•ri:os•tá•ti•co *adj.* e *sm. Med.* Diz-se de, ou agente que inibe o crescimento bacteriano.

bá•cu•lo *sm.* Bastão com a extremidade superior arqueada, usado pelos bispos.

ba•cu•rau *sm. Zool.* Nome comum a várias aves caprimulgídeas.

ba•cu•ri *sm. Bot.* **1.** Árvore gutiferácea de fruto comestível, saboroso. **2.** Esse fruto.

ba•da•la•da *sf.* Som produzido pela pancada do badalo do sino.

ba•da•la•do *adj. Bras. Pop.* Muito falado; muito comentado.

ba•da•lar *v.int.* **1.** Dar badaladas. *T.d.* **2.** Revelar indiscretamente; divulgar. **3.** *Pop.* Comparecer a festas, sobretudo para ser visto. *P.* **4.** *Pop.* Promover² (2). [Conjug.: ① [badal]**ar**]

ba•da•lo *sm.* Peça de metal pendurada no interior do sino, chocalho, etc., para fazê-los soar.

ba•da•me•co *sm.* V. *joão-ninguém.*

ba•de•jo (ê ou ê) *sm. Bras. Zool.* Nome comum a vários peixes serranídeos de carne muito apreciada.

ba•der•na *sf.* V. *confusão* (3 e 4).

ba•e•ta (a-ê) *sf.* Tecido felpudo, de lã.

ba:e•ti•lha *sf.* Baeta delgada e leve.

ba•fa•fá *sm. Bras. Fam.* V. *rolo* (9).

ba•fe•jar *v.t.d.* **1.** Aquecer com o bafo. **2.** Favorecer, proteger. *Int.* **3.** Exalar bafo. **4.** Soprar brandamente. [Conjug.: ① [bafej]**ar**]

ba•fe•jo (ê) *sm.* **1.** Sopro, alento. **2.** Favor, proteção.

ba•fi:o *sm.* Cheiro típico da umidade e ausência de renovação do ar; bolor.

ba•fo *sm.* **1.** Ar exalado dos pulmões. **2.** *Bras. Gír.* Conversa fiada.

ba•fô•me•tro *sm. Pop.* Aparelho que, ao analisar o bafo (1) expelido por alguém, determina o grau de concentração de álcool em seu organismo.

ba•fo•ra•da *sf.* Golfada de fumaça de cigarro, charuto ou cachimbo.

ba•ga *sf.* **1.** *Bot.* Fruto carnoso, indeiscente, com número variável de sementes. Ex.: uva, goiaba, mamão, tomate, etc. **2.** Gota de suor.

ba•ga•cei•ra *sf.* **1.** Lugar onde se junta o bagaço da uva ou da cana. **2.** Aguardente do bagaço da uva.

ba•ga•ço *sm.* **1.** Resíduo de frutas ou doutras substâncias depois de extraído o suco. **2.** Coisa usada demais.

ba•ga•gei•ro *sm.* **1.** Carregador de bagagens. **2.** Carro de bagagens. **3.** Estrutura metálica, no teto de carros, para transporte de volumes.

ba•ga•gem *sf.* **1.** Conjunto de objetos de uso pessoal que os viajantes conduzem em malas, etc. **2.** O conjunto das obras dum escritor ou, p. ext., de um cientista, de um pintor, etc. [Pl.: *–gens.*]

ba•ga•na *sf. Bras. Pop.* Guimba.

ba•ga•te•la *sf.* V. *ninharia.*

ba•go *sm.* **1.** Cada fruto do cacho de uvas. **2.** Fruto ou grão que lembre a uva.

ba•gre *sm. Zool.* Nome comum a vários peixes taquisurídeos de pele nua, *i.e.*, sem escamas.

ba•gue•te *sf.* **1.** Diamante retangular, lapidado com 25 facetas. **2.** *Bras. Pop.* Pão fino e longo.

ba•gu•lho *sm.* **1.** Semente contida no bago. **2.** Pessoa muito feia. **3.** *Bras.* Objeto sem valor.

ba•gun•ça *sf. Bras. Gír.* V. *confusão* (3 e 4).

ba•gun•çar *v.t.d.* e *int. Bras. Gír.* Promover bagunça ou desordem (em). [Conjug.: 9 [bagun]**çar**]

ba•gun•cei•ro *adj. Bras. Gír.* Que é dado à bagunça.

bai•a *sf.* **1.** Boxe para cavalos. **2.** *Bras.* Área demarcada para estacionamento de ônibus e embarque e desembarque de passageiros.

ba•í•a *sf.* Pequeno golfo, de boca estreita, a qual se alarga para o interior.

bai•a•cu *sm. Bras. Zool.* Nome comum a vários peixes marinhos plectógnatos, venenosos.

ba:i•a•no *adj.* **1.** Da BA. **2.** *Pop.* Nortista ou nordestino. • *sm.* **3.** O natural ou habitante daquele estado.

bai•ão *sm. Bras. N.E.* Dança e canto populares, ao som da viola e doutros instrumentos. [Pl.: –ões.]

bai•la *sf. Desus.* Baile. ♦ **Vir à baila.** Vir a propósito.

bai•la•do *sm.* Balé.

bai•lar *v.int.* **1.** Dançar (1). **2.** Mover-se, descrevendo curvas. *T.d.* **3.** Executar dançando. [Conjug.: 1 [bail]**ar**]

bai•la•ri•no *sm.* Aquele que baila por profissão; dançarino.

bai•le *sm.* Reunião festiva em que se dança.

bai•léu *sm.* **1.** Andaime suspenso e móvel. **2.** Nome comum a obras e peças em balanço, como, por ex., sacadas, aba de telhado, etc.

ba•i•nha (a-í) *sf.* **1.** Estojo onde se introduz a lâmina de arma branca. **2.** Dobra na barra de um tecido, de saia, etc., para que não se desfie. **3.** *Bot.* Base de folha, alargada, e que abraça o ramo ou o caule. **4.** *Anat.* Qualquer formação que circunda órgão ou parte deste.

bai•o *adj.* **1.** Que tem a cor do ouro desmaiado. **2.** Diz-se do eqüídeo de pêlo castanho.

bai•o•ne•ta (ê) *sf.* Arma branca que se adapta à boca do fuzil ou do mosquetão.

bai•o•ne•ta•da *sf.* Golpe de baioneta.

bair•ris•mo *sm.* Qualidade ou ação de bairrista.

bair•ris•ta *adj2g.* e *s2g.* Defensor exagerado dos interesses do bairro ou da sua terra.

bair•ro *sm.* Cada uma das partes em que se usa dividir uma cidade ou vila.

bai•ta *adj2g. Bras.* Muito grande.

bai•ú•ca (ú) *sf.* **1.** V. *biboca* (2). **2.** V. *taberna.*

bai•xa *sf.* **1.** Depressão de terreno. **2.** Redução de preço, cotação, etc. **3.** Dispensa de serviço.

4. Perda que um efetivo militar sofre por morte, ferimento ou aprisionamento dos seus integrantes.

bai•xa•da *sf.* **1.** Planície entre montanhas. **2.** Depressão de terreno, próxima a uma colina.

bai•xa-mar *sf.* Nível mínimo da curva da maré (1); maré baixa. [Pl.: *baixa-mares.*]

bai•xar *v.t.d.* **1.** V. *abaixar* (1 a 5). **2.** *Inform.* Receber (cópia de arquivo localizado em máquina remota) através de rede de computadores. *T.d.i.* **3.** Expedir (aviso, ordem, instrução, etc.). *T.d.c.* **4.** V. *abaixar* (3). *T.c.* **5.** Internar-se (em enfermaria, hospital, etc.), para tratamento. **6.** *Bras. Gír.* Aparecer. *Int.* e *p.* **7.** V. *abaixar* (7 a 11). [Conjug.: 1 [baix]**ar**]

bai•xa•ri•a *sf. Bras. Gír.* **1.** Ato vil, reles, baixo. **2.** Situação dele decorrente.

bai•xe•la *sf.* Conjunto dos utensílios utilizados no serviço de mesa ou do culto divino.

bai•xe•za (ê) *sf.* **1.** Qualidade ou caráter do que é baixo ou do que está embaixo. **2.** Indignidade, vileza.

bai•xi•o *sm.* Banco de areia sobre o qual a água do mar ou rio atinge pouca altura.

bai•xo *adj.* **1.** De pequena estatura. **2.** De pouca extensão vertical. **3.** A pouca altura do chão. **4.** Que está inferior ao seu nível ordinário. **5.** Vil, desprezível. **6.** Reles, chulo. **7.** Que mal se ouve. • *sm.* **8.** A mais grave das vozes masculinas. **9.** O cantor que a tem. **10.** *Mús.* O instrumento de diapasão mais grave de cada família de instrumentos.

bai•xo-as•tral *adj2g.* e *s2g.* **1.** Diz-se de, ou indivíduo que vive mal-humorado, infeliz, como que sob má influência astral. • *sm.* **2.** Situação ou circunstância adversa, atribuída a suposta má influência dos astros. [Opõe-se a *alto-astral.* Pl.: *baixos-astrais.*]

bai•xo-re•le•vo *sm.* Escultura em que as figuras sobrelevam o plano que lhes serve de fundo. [Pl.: *baixos-relevos.*]

bai•xo•te *adj.* e *sm.* Diz-se de, ou indivíduo um pouco baixo. [Fem.: *baixota.*]

ba•ju•lar *v.t.d.* Lisonjear, adular servilmente. [Conjug.: 1 [bajul]**ar**] § **ba•ju•la•ção** *sf.*; **ba•ju•la•dor** (ô) *adj.* e *sm.*

ba•la *sf.* **1.** Projétil metálico encaixado na cápsula do cartucho da arma de fogo. **2.** O cartucho e a bala juntos. **3.** *Bras.* Guloseima feita de açúcar e suco ou essência de frutas, leite, etc., em ponto vítreo. **4.** Tiro (3).

ba•la•ço *sm.* **1.** Grande bala. **2.** Tiro de bala. [Sin. ger.: *balázio.*]

ba•la•da *sf.* **1.** Poema narrativo de assunto lendário ou fantástico e de caráter simples e melancólico. **2.** Composição para piano, de forma livre, cultivada sobretudo pelos autores românticos: *baladas de Chopin.* **3.** *Pop.* Canção romântica.

ba•lai•o *sm.* Cesto de palha, cipó, etc., ger. em forma de alguidar.

ba•la•lai•ca *sf.* Instrumento musical de três cordas e forma triangular, de origem russa.

ba•lan•ça *sf.* **1.** Instrumento com que se determina a massa ou o peso dos corpos. **2.** Equilíbrio, ponderação. ◆ **Balança comercial.** *Econ.* Registro estatístico do valor das mercadorias exportadas e importadas por um país, em determinado período.

ba•lan•çar *v.t.d.* **1.** Fazer oscilar; balouçar, embalar. **2.** Equilibrar, compensar. **3.** Examinar, comparando. **4.** Dar balanço (3) em. **5.** *Bras.* Abalar, afetar. *T.i.* **6.** Hesitar. *Int.* e *p.* **7.** Mover-se dum lado para outro; oscilar, balouçar(-se), embalar(-se). [Sin. (1 a 4 e 7): *balancear*. Conjug.: 9 [balan]**çar**]

ba•lan•cê *sm.* Passo de quadrilha, que consiste em movimentos balançados do corpo sem deslocamento dos pés.

ba•lan•ce•a•do *adj.* **1.** Que se balanceou. **2.** Diz-se de alimentação, ração, etc., cujos componentes são equilibrados nas quantidades e qualidades. **3.** *Eng. Elétr.* Diz-se de circuito equilibrado no qual as cargas estão igualmente distribuídas entre as fases.

ba•lan•ce•a•men•to *sm.* **1.** Ato de balancear(-se). **2.** *Restr.* Ato de equilibrar as rodas de um veículo para lhe dar direção segura e estabilidade.

ba•lan•ce•ar *v.t.d.* **1.** V. *balançar* (1 a 4). **2.** *Autom.* Fazer o balanceamento (2) de. *Int.* e *p.* **3.** V. *balançar* (7). [Conjug.: 10 [balanc]**ear**]

ba•lan•ce•te (ê) *sm.* Balanço parcial duma escrituração comercial.

ba•lan•cim *sm. Zool.* Cada uma das formações encontradas no local onde seriam as asas posteriores dos dípteros. [Pl.: –*cins.*]

ba•lan•ço *sm.* **1.** Ato ou efeito de balançar; balouço, embalo. **2.** Movimento oscilatório; abalo, balouço. **3.** Demonstração contábil de receitas e despesas. **4.** Registro da situação patrimonial de uma empresa, indicando a origem e aplicação dos recursos. ◆ **Balanço de pagamentos.** *Econ.* Registro estatístico do valor de todas as transações efetuadas por um país com o exterior, em determinado período.

ba•lan•gan•dã *sm. Bras.* **1.** Ornamento ou amuleto, comumente de metal, em forma de figas, medalhas, etc., usado no traje típico das baianas; berenguendém. **2.** Penduricalho.

ba•lão *sm.* **1.** Aeróstato. **2.** Artefato de papel que se lança ao ar pelas festas juninas e sobe por força de ar quente produzido em seu interior. **3.** Brinquedo infantil que é uma esfera de borracha ou de plástico, de paredes muito finas, cheia de ar. **4.** Globo, bola. **5.** Mentira, balela. **6.** *Quím.* Recipiente esférico de vidro,

dotado de gargalo, onde se realizam operações químicas. [Pl.: –*lões.*]

ba•lão-de-en•sai•o *sm.* Pequeno balão (1) que se solta para verificar a direção do vento. [Pl.: *balões-de-ensaio.*]

ba•lar *v.int.* Dar balidos (a ovelha ou o cordeiro); balir. [Conjug.: 1 [bal]**ar**. Defect., norm. só se emprega nas 3as pess.]

ba•la•ta *sf.* **1.** *Bot.* Árvore sapotácea lactescente, de madeira útil e cujo látex é us. no fabrico da balata (2). **2.** Plástico natural comparável à guta-percha, e proveniente da seiva de certas sapotáceas.

ba•la•us•tra•da *sf.* **1.** Série de balaústres. **2.** Parapeito, corrimão, etc., com balaústres ou sem eles.

ba•la•ús•tre *sm.* **1.** Pequena coluna que sustenta, junto com outras iguais, uma travessa, corrimão ou peitoril. **2.** Haste vertical, de madeira ou de metal, geralmente nas portas de veículos coletivos, para auxiliar o passageiro a subir ou descer.

ba•lá•zi:o *sm.* Balaço.

bal•bu•ci•ar *v.t.d.* Articular (3) imperfeitamente e com hesitação. [Conjug.: 1 [balbuci]**ar**] § **bal•bu•ci•an•te** *adj2g.*

bal•bu•ci:o *sm.* Ato de balbuciar.

bal•búr•di:a *sf.* **1.** Vozearia, algazarra. **2.** Confusão, tumulto, alvoroço.

bal•cão *sm.* **1.** Varanda ou sacada guarnecida, em geral, de grade e peitoril. **2.** Móvel usado em lojas, etc., para atendimento do público ou da clientela. **3.** Localidade da platéia situada entre os camarotes e as galerias. [Pl.: –*cões.*]

bal•co•nis•ta *s2g. Bras.* Empregado de balcão; caixeiro.

bal•da *sf.* Defeito habitual; mania.

bal•da•do *adj.* Frustrado, inútil, vão.

bal•da•quim ou **bal•da•qui•no** *sm.* Espécie de dossel sustentado por colunas, que serve de cúpula ou coroa de um altar, trono, sólio ou leito. [Pl. de *baldaquim*: –*quins.*]

bal•dar *v.t.d.* **1.** Invalidar, frustrar. *P.* **2.** Ser inútil. [Conjug.: 1 [bald]**ar**]

bal•de *sm.* Vaso com o feitio de tronco de cone para tirar água de poços, receber despejos, etc.

bal•de•ar *v.t.d.* **1.** Tirar com balde. **2.** Molhar com baldes de água. **3.** Passar (líquidos) de um vaso para outro. **4.** Passar (mercadorias, bagagens ou passageiros) de um para outro veículo. [Conjug.: 10 [bald]**ear**] § **bal•de:a•ção** *sf.*

bal•di:o *adj.* **1.** Sem proveito; inútil. **2.** Diz-se de terreno abandonado, inculto, agreste. • *sm.* **3.** Terreno baldio (2).

ba•lé *sm.* **1.** Representação dramática em que se combinam a dança, a música e a pantomima; bailado. **2.** Companhia de balé. **3.** *P. ext.* Série de exercícios corporais para o desenvolvimento físico e técnico do bailarino: *Hoje temos aula de balé.*

ba•le•ar *v.t.d. Bras.* Ferir com bala (1) de arma de fogo portátil. [Conjug.: ⑩ [bal]**ear**]

ba•le•ei•ra *sf.* **1.** Embarcação miúda, a remo ou vela, usada no serviço dos navios. **2.** *Bras.* Embarcação veloz, usada para a pesca de baleias.

ba•le•ei•ro *sm.* **1.** Pescador de baleias. • *adj.* **2.** Relativo a baleia.

ba•lei•a *sf. Zool.* Nome comum a vários cetáceos marinhos balenopterídeos e balenídeos. Têm na boca centenas de barbatanas, que substituem os dentes. São os maiores animais de nosso tempo.

ba•lei•a-a•zul *sf. Zool.* Cetáceo balenopterídeo dos oceanos Atlântico e Pacífico, o maior representante da família, podendo alcançar até 30m de comprimento. [Pl.: *baleias-azuis.*]

ba•lei•ro *sm. Bras.* Vendedor de balas [v. *bala* (3)].

ba•le•la *sf.* Notícia ou dito sem fundamento.

ba•le•ní•de•o *sm. Zool.* Espécime dos balenídeos, família de cetáceos ger. destituídos de barbatana dorsal, e que têm a superfície ventral lisa; alimentam-se de plâncton, e ocorrem em ambos os hemisférios. § **ba•le•ní•de:o** *adj.*

ba•le•nop•te•rí•de•o *sm. Zool.* Espécime dos balenopterídeos, família de cetáceos de corpo fusiforme e pequena nadadeira dorsal; ocorrem em ambos os hemisférios e alimentam-se de pequenos peixes. Ex.: o baleote e a baleia-azul. § **ba•le•nop•te•rí•de:o** *adj.*

ba•le•o•te *sm. Zool.* Cetáceo balenopterídeo do Oceano Atlântico, cujo comprimento chega a 10 metros.

ba•li•do *sm.* Grito de ovelha ou de cordeiro.

ba•lir *v.int.* Balar. [Conjug.: ㊹ [bal]**ir**. *Defect.* Ger. só se conjuga nas 3ªs pess., mas, por exceção, pode-se conjugar conforme o paradigma.]

ba•lís•ti•ca *sf.* Ciência que estuda o movimento dos projetis, especialmente os disparados por armas de fogo.

ba•lis•tí•de•o *sm. Zool.* Espécime dos balistídeos, família de peixes de pele muito áspera, de corpo oblongo. § **ba•lis•tí•de:o** *adj.*

ba•li•za *sf.* **1.** Estaca ou objeto qualquer que marca um limite. **2.** Marca, sinal. **3.** Bóia, estaca, etc., que serve de referência à navegação. Sinal ou marco indicativo de certas normas de trânsito. **5.** Haste usada nas operações topográficas para assinalar pontos do terreno. **6.** *Fut.* V. *gol* (1). **7.** Vara ou bastão que soldado aciona em movimentos rítmicos à frente de banda de música. • *sm.* **8.** Soldado que, agitando uma baliza (4), indica, à frente da tropa, os movimentos que ela deve fazer. • *s2g.* **9.** Pessoa que faz evoluções acrobáticas, manejando um bastão, à frente de certos desfiles.

ba•li•za•gem *sf.* Ato de pôr balizas; balizamento. [Pl.: *–gens.*]

ba•li•za•men•to *sm.* Balizagem.

ba•li•zar *v.t.d.* **1.** Marcar com baliza; delimitar, abalizar. **2.** Determinar a grandeza de. [Conjug.: ① [baliz]**ar**]

bal•ne•á•ri:o *adj.* **1.** Relativo a banho (1). • *sm.* **2.** Recinto público destinado a banhos.

ba•lo•fo (ô) *adj.* **1.** De volume desmedido em relação ao peso. **2.** Sem consistência; fofo.

ba•lou•çar *v.t.d, int.* e *p.* V. *balançar* (1 e 7). [Conjug.: ⑨ [balou]**çar**]

ba•lou•ço *sm.* V. *balanço* (1 e 2).

bal•sa *sf.* **1.** Talha onde se guardam carnes curadas. **2.** Jangada grande, mm que se transportam cargas pesadas, em geral a pequenas distâncias.

bal•sa•mar *v.t.d.* **1.** Destilar bálsamo em. **2.** Perfumar, aromatizar. [Conjug.: ① [balsam]**ar**]

bal•sâ•mi•co *adj.* **1.** Da natureza do bálsamo. **2.** Aromático, perfumado.

bal•sa•mi•ná•ce:a *sf. Bot.* Espécime das balsamináceas, família de ervas de belas flores multicoloridas. § **bal•sa•mi•ná•ce:o** *adj.*

bál•sa•mo *sm.* **1.** Líquido aromático e espesso que flui de muitas plantas, espontaneamente ou por ferimento intencional. **2.** Perfume, aroma. **3.** Conforto, consolação.

ba•lu•ar•te *sm.* **1.** Bastião. **2.** Fortaleza inexpugnável. **3.** Apoio, suporte.

bal•za•qui•a•na *sf. Bras. Fam.* Mulher de uns 30 anos.

bal•za•qui•a•no *adj.* Relativo a, ou próprio de Honoré de Balzac (q. v.).

bam•ba *adj2g.* e *s2g. Gír.* **1.** Diz-se de, ou indivíduo valentão. **2.** Que ou quem domina um assunto.

bam•be•ar *v.t.d.* e *int.* Tornar(-se) bambo; afrouxar(-se). [Conjug.: ⑩ [bamb]**ear**]

bam•bi•ne•la *sf.* Cortina com que se adornam janelas e portas, dividida em duas partes, cada uma apanhada para um lado.

bam•bo *adj.* V. *frouxo* (1).

bam•bo•cha•ta *sf.* **1.** Patuscada, pândega. **2.** Negócio suspeito.

bam•bo•le•ar *v.t.d.* **1.** Balançar, menear. *Int.* e *p.* **2.** Menear-se com balanço do corpo; gingar. [Conjug.: ⑩ [bambol]**ear**]

bam•bo•lei•o *sm.* Ato de bambolear.

bam•bu *sm. Bot.* Planta bambusácea cujo colmo atinge muitos metros de altura. [Sin., bras.: *taboca, taquara.*]

bam•bu•al *sm.* Touceira de bambus. [Pl.: *–ais.*]

bam•búr•ri:o *sm. Fam.* **1.** Fortuna inesperada. **2.** Sorte no jogo.

bam•bu•sá•ce:a *sf. Bot.* Espécime das bambusáceas, família de plantas muito próximas às gramíneas; reúne várias espécies de bambu. § **bam•bu•sá•ce:o** *adj.*

ba•nal *adj2g.* Trivial, vulgar. [Pl.: *–nais.*]

ba•na•li•da•de *sf.* 1. Qualidade ou caráter de banal. 2. Coisa banal.

ba•na•li•zar *v.t.d.* e *p.* Tornar(-se) banal, vulgar; vulgarizar(-se). [Conjug.: ① [banaliz]**ar**]

ba•na•na *sf.* 1. O fruto da bananeira; pacova. 2. *Bras.* Cartucho de dinamite. • *s2g.* 3. Pessoa sem energia.

ba•na•na•da *sf.* Doce feito de polpa de banana.

ba•na•nal *sm.* Plantação de bananeiras. [Pl.: *–nais.*]

ba•na•nei•ra *sf. Bot.* Grande erva musácea de frutos bacáceos, saborosos e alimentícios, que se dispõem em cachos.

ban•ca *sf.* 1. Mesa de qualidade inferior. 2. Mesa de trabalho. 3. Bancada (3). 4. Escritório de advocacia. 5. Grupo de advogados, de examinadores, etc. 6. Fundo de apostas, em certos jogos de azar.

ban•ca•da *sf.* 1. Banco comprido. 2. Conjunto de bancos dispostos em ordem. 3. Peça plana ger. junto a parede e com pia embutida; banca. 4. *Bras.* Representação dum estado na Câmara dos Deputados ou no Senado Federal.

ban•car *v.int.* 1. Ser o responsável por uma banca (6). *T.d.* 2. V. *financiar.* 3. Fingir(-se) de. [Conjug.: ⑧ [ban]**car**]

ban•cá•ri:o *adj.* 1. Relativo a bancos. • *sm.* 2. Funcionário de banco ou de casa bancária.

ban•car•ro•ta (ô) *sf.* 1. Falência de negociante(s) ou do Estado. 2. Falência fraudulenta. 3. Ruína, decadência.

ban•co¹ *sm.* 1. Assento com encosto ou sem ele, ger. estreito e longo. 2. Escabelo. 3. Mocho¹ (2). 4. Mesa sobre a qual trabalham artífices. 5. Elevação do fundo do mar; chega que se à superfície e pode constituir-se de areia, coral, lama, etc. ◆ **Banco de areia.** Elevação formada de areia, em fundo de mar ou de rio.

ban•co² *sm.* 1. Estabelecimento que recebe depósitos de dinheiro, faz empréstimos e pratica outras transações financeiras. 2. *Med.* Instalação tecnicamente adequada para o armazenamento e fornecimento de órgãos (pele, córnea, sangue) e leite humanos. ◆ **Banco central.** *Econ.* Instituição que regula a quantidade de dinheiro em circulação num país e o funcionamento de seu sistema bancário. **Banco comercial.** *Econ.* O tipo mais comum de banco² (1), que opera principalmente com depósitos à vista e empréstimos de curto prazo (desconto de duplicatas, crédito ao consumidor, etc.). **Banco de dados.** *Inform.* 1. Conjunto de dados, organizado por categorias, de modo a facilitar a pesquisa, comparação e atualização das informações; base de dados. 2. Programa para uso e controle de um banco de dados (1). **Banco de imagem.** *Edit.* Acervo organizado de fotografias e ilustrações dispo-

níveis para utilização mediante pagamento de direitos de reprodução.

ban•da¹ *sf.* 1. Parte lateral; lado. 2. Grupo, facção. 3. Bando (1). 4. Conjunto de músicos que tocam instrumentos de sopro e percussão; banda de música. ◆ **Banda de música.** Banda¹ (4).

ban•da² *sf.* 1. Barra (5). 2. Cinta dos oficiais do exército. 3. Faixa ou listra larga. 4. *Fís.* Banda de energia. ◆ **Banda de condução.** *Fís.* Em um diagrama de energia dum cristal, a banda de energia ocupada por elétrons livres. **Banda de energia.** *Fís.* Conjunto de níveis de energia, muito pouco diferentes entre si, que os elétrons podem ocupar num cristal; banda. **Banda de valência.** *Fís.* Em um diagrama de energia dum cristal, a banda de energia ocupada pelos elétrons de valência.

ban•da•gem *sf.* Faixa, atadura. [Pl.: *–gens.*]

ban•da•lha *Bras. Pop. sf.* 1. Manobra irregular no trânsito. 2. Ato de cobrar preço acima da tabela em corrida de táxi. • *adj2g.* 3. Diz-se de motorista que pratica bandalha.

ban•da•lhei•ra *sf.* Ação ou atitude própria de bandalho.

ban•da•lho *sm.* Indivíduo sem dignidade nem brio.

ban•da•ri•lha *sf.* Farpa enfeitada que se crava no cachaço dos touros, nas touradas.

ban•da•ri•lhei•ro *sm.* Toureiro que crava bandarilhas em touros.

ban•das *sf. pl.* Direção, rumo, lado(s).

ban•de•ar¹ *v.t.d.* 1. Inclinar para o lado, para a banda¹. 2. Hesitar entre duas bandas, partidos, opiniões, etc. *T.c.* 3. Transferir-se; passar. *P.* 4. Passar para o lado contrário, mudando de opinião ou de partido. [Conjug.: ⑩ [band]**ear**]

ban•de•ar² *v.t.d.* e *p.* Reunir(-se) em bando. [Conjug.: ⑩ [band]**ear**]

ban•dei•ra *sf.* 1. Pedaço de pano, de uma ou mais cores, às vezes com legendas, ou emblemas, que se hasteia num pau e é distintivo de nação, corporação, partido, etc.; estandarte, lábaro, pendão, pavilhão. 2. Folha ou caixilho colocado no alto de portas e janelas. 3. Cata-vento metálico instalado no alto de torres, telhados, etc. 4. V. *entradas e bandeiras.* [Minienciclopédia.] 5. Grupo de garimpeiros, de exploradores de minério. ◆ **Dar bandeira.** *Bras. Gír.* 1. Deixar perceber (o toxicômano) que está sob efeito de droga. 2. *P. ext.* Deixar perceber alguma coisa que deveria ficar oculta.

ban•dei•ra•da *sf.* Quantia fixa marcada de início pelo taxímetro.

ban•dei•ran•te *sm. Bras.* 1. Homem pertencente a uma bandeira (4). • *sf.* 2. Menina ou moça pertencente a uma associação que pratica o escotismo.

ban•dei•ri•nha *s2g*. *Bras. Fut.* Auxiliar do juiz, que acena com uma pequena bandeira ao notar infração.

ban•dei•ro•la *sf.* **1.** Pequena bandeira. **2.** Bandeira de seda com franjas.

ban•dei•ro•so (ô) *adj. Bras. Gír.* Que dá bandeira. [Pl.: *–rosos* (ó).]

ban•de•ja (ê) *sf.* **1.** Tabuleiro plano, de feitio variado, para serviço de mesa, para se carregarem objetos leves, como copos, xícaras, etc. **2.** *Eng. Elétr.* Conduto (3) us. para suporte e acondicionar cabos e facilitar sua instalação e manutenção, feito, ger., de chapa metálica lisa e perfurada, ou de plástico.

ban•di•do *sm.* **1.** V. *malfeitor.* **2.** Pessoa de maus sentimentos.

ban•di•tis•mo *sm.* Vida ou ação de bandido.

ban•do *sm.* **1.** Grupo de pessoas ou animais; banda. **2.** As pessoas dum partido ou facção. **3.** V. *corja.* **4.** *Antrop. Etnol.* Conjunto de famílias que vivem juntas, permanentemente associadas, formando comunidade relativamente homogênea.

ban•dó *sm.* Cada parte do cabelo que, em certo penteado feminino, assenta de cada lado da testa.

ban•do•lei•ra *sf.* Correia usada a tiracolo, à qual se prende a arma de fogo portátil.

ban•do•lei•ro *sm.* **1.** V. *malfeitor.* **2.** Salteador.

ban•do•lim *sm. Mús.* Instrumento da família do alaúde, com quatro cordas duplas que se tangem com palheta. [Pl.: *–lins.*]

ban•do•li•nis•ta *s2g.* Tocador de bandolim.

ban•du•lho *sm. Pop.* V. *barriga* (2).

ban•dur•ra *sf.* Espécie de guitarra de braço curto, cordas de tripa e bordões.

ban•ga•lô *sm.* **1.** Casa de um só andar, e ger. com varanda coberta, na Índia. **2.** Casa de médio porte e de aspecto rústico, ger. avarandada.

ban•güê *sm. Bras.* **1.** Padiola de cipós trançados na qual se leva à bagaceira o bagaço verde da moenda. **2.** O conjunto da fornalha e das três tachas assentes sobre ela, nos engenhos de açúcar. **3.** Propriedade agrícola com canaviais e engenho de açúcar primitivo, anterior à usina.

ban•gue-ban•gue *sm.* **1.** Filme que retrata cenas da conquista do Oeste norte-americano, em geral com tiroteios, lutas, etc. **2.** *P. ext.* Filme com cenas de tiroteio. [Pl.: *bangue-bangues.*]

ban•gue•la *adj2g.* e *s2g. Bras.* Diz-se de, ou pessoa cuja arcada dentária é falha na frente.

ban•güe•zei•ro (güê) *sm. Bras.* Dono de bangüê (3).

ba•nha *sf.* Gordura animal, sobretudo do porco.

ba•nha•do *sm. Bras.* **1.** Pântano coberto de vegetação. **2.** V. *pântano.*

ba•nhar *v.t.d.* **1.** Lavar (1). **2.** Passar água ou outro líquido em. **3.** Correr por, passar em, ou junto de; regar. *P.* **4.** Tomar banho; lavar-se. [Conjug.: ① [banh]**ar**]

ba•nhei•ra *sf.* Recipiente grande, côncavo, para banho de imersão.

ba•nhei•ro *sm.* **1.** Aposento para banhos, com chuveiro e/ou banheira, e em geral com pia e vaso sanitário. **2.** *Bras.* Aposento com vaso sanitário.

ba•nhis•ta *s2g.* **1.** Pessoa que se banha em mar, piscina, rio, etc. **2.** Pessoa que se submete a banhos medicinais. **3.** *Bras.* Salva-vidas (2).

ba•nho *sm.* **1.** Imersão total ou parcial do corpo em líquido, sobretudo água, para fins higiênicos, terapêuticos, etc. **2.** O líquido destinado ao banho. **3.** Exposição a: *banho de sol, banho de raios ultravioleta.*

ba•nho-ma•ri•a *sm.* Processo de aquecer ou cozinhar lentamente qualquer substância mergulhando em água fervendo o vaso que a contém. [Pl.: *banhos-marias* e *banhos-maria.*]

ba•nhos *sm. pl.* Proclamas de casamento.

ba•nir *v.t.d.* **1.** V. *desterrar.* **2.** Expulsar, excluir. **3.** Afastar, afugentar: *banir uma idéia.* **4.** Abolir (1): *banir falsos valores. T.d.c.* e *t.d.i.* **5.** Banir (2). [Conjug.: ⑤⑧ [ban]**ir**. Defect. Faltamlhe as f. em que ao *n* se seguiria *o* ou *a*: a 1ª pess. do sing. do pres. ind. e todas as do pres. subj.] § **ba•ni•men•to** *sm.*

ban•jo *sm.* Instrumento musical de cordas, com caixa de tambor e braço longo e estreito.

ban•quei•ro *sm.* **1.** Diretor de banco⁷ (1). **2.** Proprietário de banco² (1) ou de casa bancária. **3.** Aquele que banca no jogo.

ban•que•ta (ê) *sf.* Pequena banca ou mesa.

ban•que•te (ê) *sm.* **1.** Refeição formal e solene, de que participam muitos convidados. **2.** Refeição lauta e festiva.

ban•que•te•ar *v.t.d.* **1.** Dar banquete(s) a. *P.* **2.** Participar de banquete. **3.** Comer lautamente. [Conjug.: ⑩ [banquet]**ear**]

ban•to *sm.* **1.** Indivíduo de um dos povos africanos que falam língua banta. **2.** No Brasil, qualquer dos escravos chamados de *angolas, benguelas, cabindas, congos, moçambiques.* **3.** *Gloss.* Grupo lingüístico composto de várias centenas de línguas faladas na África. • *adj.* **4.** Dos bantos, ou do grupo lingüístico banto.

ban•zar *v.t.i.* e *int.* Pensar detidamente; cismar. [Conjug.: ① [banz]**ar**]

ban•zé *sm. Pop.* V. *rolo* (9).

ban•zei•ro *adj.* **1.** Diz-se do mar que se agita vagaroso e quase sem ondas. **2.** *Fig.* Triste, melancólico.

ban•zo *sm.* Nostalgia mortal dos negros que eram escravizados e exilados de suas terras.

ba:o•bá *sm. Bot.* Árvore gigantesca bombacácea cujo tronco, considerado o mais grosso do mundo, é rico em reservas de água.

ba•que *sm.* **1.** Ruído de um corpo ao cair ou ao bater em outro. **2.** Queda, tombo. **3.** Batida, colisão. **4.** Desastre súbito. **5.** Abalo (3).

ba•que•ar *v.int.* **1.** Cair com baque (1), de repente. **2.** Sofrer baque (2 e 3). **3.** Perder o ânimo. *T.d.* **4.** Causar baque (5). [Conjug.: ⑩ [baqu]ear]

ba•que•ta (ê) *sf.* Vara de madeira com que se percutem tambores e outros instrumentos.

bar *sm.* Balcão, sala ou estabelecimento onde se servem sobretudo bebidas.

ba•ra•ço *sm.* Corda ou laço para estrangular.

ba•ra•fun•da *sf.* **1.** Mistura desordenada de pessoas ou coisas. **2.** V. *confusão* (3).

ba•ra•fus•tar *v.t.c.* Entrar ou meter-se com violência. [Conjug.: ① [barafust]ar]

ba•ra•lhar *v.t.d.* **1.** Misturar (as cartas do baralho); embaralhar. **2.** Misturar, confundir. *P.* **3.** Misturar-se, confundir-se. [Conjug.: ① [baralh]ar] § **ba•ra•lha•da** *adj.*; **ba•ra•lha•men•to** *sm.*

ba•ra•lho *sm.* Coleção das 52 cartas de jogar; cartas.

ba•rão *sm.* Título nobiliárquico, o primeiro e inferior na escala dos títulos. [Acima deste vêm os de visconde, conde, marquês e duque. Fem.: *baronesa* (ê). Pl.: *–rões*.]

ba•ra•ta *sf. Zool.* Inseto blatídeo achatado, oval, de hábitos noturnos; pode ser silvestre ou doméstico.

ba•ra•ta-cas•cu•da *sf. Zool.* Inseto blatídeo de asas grandes que se alimenta de frutas e cereais. [Pl.: *baratas-cascudas.*]

ba•ra•te•ar *v.t.d.* **1.** Vender por preço mais baixo do que o anterior. **2.** Menosprezar. *Int.* **3.** Diminuir de preço ou valor. *P.* **4.** Dar a si mesmo pouco valor. [Conjug.: ⑩ [barat]ear] § **ba•ra•te•a•men•to** *sm.*

ba•ra•tei•ro *adj.* Que vende barato.

ba•ra•te•za (ê) *sf.* Qualidade de barato (1).

ba•ra•to *adj.* **1.** Que custa um preço baixo. [Não diga *preço barato*.] **2.** Que cobra, ou onde se cobra, preço baixo. **3.** Comum, vulgar. • *adv.* **4.** Por preço módico (no sentido material ou no moral).

ba•ra•ú•na *sf. Bras. Bot.* Árvore das leguminosas, das florestas pluviais; tem madeira duríssima.

bar•ba *sf.* **1.** Cabelos do rosto do homem. **2.** Pêlos do focinho ou do bico de certos animais. [Tb. se diz *barbas*.]

bar•ba•ças *sm2n.* Aquele que tem barbas grandes.

bar•ba•da *sf.* **1.** O beiço inferior do cavalo. **2.** Cavalo que, sendo superior, sem dúvida, aos seus competidores de páreo, normalmente não pode perder. **3.** Qualquer competição onde a vitória é julgada fácil.

bar•ba•do *adj.* **1.** Que tem barba, ou que apresenta crescida. • *sm.* **2.** *Pop.* Indivíduo adulto.

bar•ban•te *sm.* V. *cordão* (1).

bar•ba•ri•a *sf.* **1.** Vida ou ação de bárbaro. **2.** Crueldade, selvageria. [Sin. ger.: *barbaridade.*]

bar•ba•ri•da•de *sf.* **1.** V. *barbaria*. • *interj.* **2.** Exprime espanto.

bar•bá•ri:e *sf.* Estado ou condição de bárbaro; barbarismo.

bar•ba•ris•mo *sm.* **1.** *Gram.* Vício de linguagem que consiste em erro na pronúncia, grafia, gênero, etc. Ex.: *pégada*, em vez de *pegada*; *a telefonema*, em vez de *o telefonema*. **2.** Barbárie.

bar•ba•ri•zar *v.t.d.* **1.** Embrutecer. **2.** Usar barbarismo (1) em. *Int.* **3.** Cometer barbarismo (1). *P.* **4.** Embrutecer-se. [Conjug.: ① [barbariz]ar]

bár•ba•ro *adj.* **1.** Entre os gregos e romanos, aquele que era estrangeiro. **2.** Sem civilização; rude. **3.** Cruel, desumano.

bar•bas *sf. pl.* V. *barba.*

bar•ba•ta•na *sf.* **1.** *Zool.* Dobra da pele dos peixes, sustida por esqueleto ósseo ou cartilaginoso. **2.** *Zool.* Dobra cutânea dos cetáceos e doutros mamíferos aquáticos. **3.** Hastezinha flexível usada na armação de certas roupas.

bar•be:a•dor (ó) *sm.* Aparelho de barbear.

bar•be•ar *v.t.d.* **1.** Fazer a barba a. *P.* **2.** Fazer a própria barba. [Conjug.: ⑩ [barb]ear]

bar•be:a•ri•a *sf.* Loja de barbeiro.

bar•bei•ra•gem *sf. Bras. Pop.* Imperícia ou falta cometida por barbeiro (3). [Pl.: *–gens.*]

bar•bei•ro *sm.* **1.** Homem cuja profissão é rapar ou aparar barbas e cortar cabelos. **2.** *Bras. Zool.* Inseto reduviídeo; no Brasil há mais de 30 espécies transmissoras da doença de Chagas. **3.** *Bras. Pop.* Mau condutor de veículos, esp. automóveis.

bar•be•la *sf.* Pele pendente do pescoço do boi.

bar•bi•ca•cho *sm.* Cabeçada de corda para cavalgaduras.

bar•bi•cha *sf.* Barba pequena e rala.

bar•bi•lho *sm.* Rede ou saco que se põe no focinho dalguns animais para não comerem nem mamarem.

bar•bi•tú•ri•co *sm. Med.* Qualquer de determinados compostos orgânicos, muitos deles com uso farmacológico devido a atividade sedativa e anticonvulsivante.

bar•bu•do *adj.* e *sm.* **1.** Que ou aquele que tem muita barba. **2.** *Pop.* Diz-se de, ou indivíduo adulto.

bar•ca *sf.* Embarcação de grande boca, pouco profunda, para transporte local de passageiros e carga em baías e enseadas.

bar•ca•ça *sf.* Grande e sólida embarcação de madeira, para carga e descarga de navios no porto.

bar•ca•ro•la *sf.* **1.** Canção romântica dos gondoleiros de Veneza. **2.** Peça vocal ou instrumental cujo ritmo sugere o balanço duma barca.

bar•co *sm.* 1. Embarcação pequena, sem coberta. 2. Qualquer embarcação.

bar•do *sm.* 1. Poeta heróico, entre os celtas e gálios. 2. Poeta, trovador.

bar•ga•nha *sf.* Troca, permuta.

bar•ga•nhar *v.t.d.* e *t.d.i.* 1. Negociar o preço de, para compra ou venda. 2. Trocar. [Conjug.: [1] [barganh]**ar**]

bá•ri:o *sm. Quím.* V. *metal alcalino-terroso* [símb.: *Ba*].

bá•ri:on *sm. Fís. Nucl.* Denominação genérica de partículas elementares pesadas, compostas de três *quarks*. [O bárion mais leve e estável é o próton.]

ba•ri•ô•nix (cs) *sm2n. Paleont.* Dinossauro com se caracterizava pelas grandes garras curvas, cabeça semelhante à dos crocodilos, e cauda longa. Viveu no cretáceo.

ba•ris•fe•ra *sf. Geofís.* Nife.

ba•rí•to•no *sm.* 1. Tom de voz entre o tenor e o baixo. 2. Cantor com essa voz.

bar•la•ven•to *sm.* 1. Direção donde sopra o vento. 2. Bordo da embarcação voltado para essa direção.

bar•na•bi•ta *sm.* Clérigo regular da congregação de S. Paulo.

ba•rô•me•tro *sm. Fís.* Instrumento para medir a pressão atmosférica.

ba•ro•na•to *sm.* Título ou dignidade de barão.

ba•ro•ne•sa (ê) *sf.* Mulher com a dignidade de barão, ou casada com um barão.

ba•ro•ne•te (ê) *sm.* Na Inglaterra, título de nobreza inferior ao de barão.

bar•quei•ro *sm.* Indivíduo que governa um barco ou nele trabalha.

bar•que•ta (ê) *sf.* Barca pequena.

bar•qui•nha *sf.* Espécie de cesto pendente do aeróstato, e onde viaja o aeronauta.

bar•ra *sf.* 1. Bloco de metal, retangular, ainda por ser trabalhado. 2. Pedaço grosso de madeira. 3. Bloco retangular de sabão, chocolate, etc. 4. Borda, beira. 5. Tira que guarnece a borda de uma roupa; banda. 6. Canal estreito de acesso a um porto; goleta. 7. Traço oblíquo, para separar números, para abreviaturas, etc. 8. Aparelho de ginástica formado por uma peça roliça horizontal, fixada, nos extremos, em dois esteios verticais. 9. *Bras.* Foz de rio ou de riacho. 10. *Bras. Fig.* Caráter específico de uma situação. 11. *Mat.* Símbolo que, colocado sobre os símbolos dos elementos de um conjunto, indica uma operação de associação desses elementos. 12. *Estat.* Símbolo que, colocado sobre o símbolo de uma variável, indica uma estimativa da sua média aritmética.

bar•ra•ca *sf.* 1. Abrigo de lona, náilon, etc., usado por soldados em campanha, excursio-

nistas, etc.; tenda. 2. Construção leve, de remoção fácil, usada em feiras; tenda. 3. Guarda-sol amplo us. em praia, etc.

bar•ra•cão *sm.* 1. Grande barraca. 2. Abrigo ou telheiro, ou casa provisória, para guardar utensílios ou depositar materiais de construção. 3. Barraco. [Pl.: –cões.]

bar•ra•co *sm.* Habitação tosca, onde vivem pessoas pobres; barracão.

bar•ra•do¹ *adj.* Que tem barra.

bar•ra•do² *adj.* Que foi impedido de entrar ou de fazer algo.

bar•ra•do³ *adj.* Coberto ou revestido de barro.

bar•ra•gem *sf.* 1. Estrutura construída num vale e que o fecha transversalmente, proporcionando um represamento de água; represa. 2. Obstrução, obstáculo. [Pl.: –gens.]

bar•ra-lim•pa *adj2g.* e *s2g. Bras. Gír.* Diz-se de, ou pessoa honesta, leal. V. *legal* (4). [Pl.: *barras-limpas*.]

bar•ra•men•to *sm.* 1. *Eng. Civil* Estrutura civil destinada a interceptar o curso de água de rio, visando sua regularização, parcial ou total, e a alimentação das obras de derivação. 2. *Eng. Elétr.* Condutor us. em subestações de energia elétrica, a partir do qual se ramificam linhas de transmissão, equipamentos, consumidores, etc. 3. *Inform.* Conjunto de vias físicas internas de um computador que interligam componentes e periféricos.

bar•ran•cei•ra *sf.* V. *ribanceira* (1).

bar•ran•co *sm.* 1. Escavação provocada por agentes naturais ou pelo homem; barroca. 2. Escavação natural. 3. V. *ribanceira* (1).

bar•ran•quei•ra *sf. Bras.* 1. V. *ribanceira* (1). 2. Grande despenhadeiro, precipício.

bar•ra•quei•ro *sm.* Dono de barraca (2).

bar•rar¹ *v.t.d.* 1. Atravessar ou guarnecer com barras. 2. Impedir (1). 3. *Bras.* Pôr na reserva (jogador). *T.d.i.* 4. Impedir (1). [Conjug.: [1] [barr]**ar**]

bar•rar² *v.t.d.* Barrear. [Conjug.: [1] [barr]**ar**]

bar•re•ar *v.t.d. Bras.* Revestir de barro; barrar. [Conjug.: [10] [barr]**ear**]

bar•re•gã *sf.* Concubina.

bar•rei•ra¹ *sf.* Local donde se extrai barro; barreiro.

bar•rei•ra² *sf.* 1. Parapeito ou trincheira construída de paus muito próximos e alinhados. 2. *Fig.* Obstáculo, embaraço. 3. Lugar escarpado e sem mato na margem de rio ou de estrada. 4. Posto fiscal, nos acessos de povoação ou cidade, para controle de trânsito ou cobrança de taxas alfandegárias, etc.

bar•rei•ro *sm.* 1. Barreira¹. 2. Depósito natural de sais minerais, muito procurado pelos animais.

bar•re•la *sf.* Água onde se ferve cinza, usada para branquear roupa; lixívia.

bar•ren•to *adj.* **1.** Da cor do barro. **2.** Que contém barro; barroso.

bar•re•ta•da *sf.* **1.** Saudação com barrete ou chapéu. **2.** Mesura exagerada. **3.** Elogio desabrido.

bar•re•te (ê) *sm.* **1.** Cobertura que se ajusta à cabeça; gorro. **2.** Chapéu quadrangular sem aba. **3.** *Zool.* O segundo estômago dos ruminantes.

bar•ri•ca *sf.* Pipa (1).

bar•ri•ca•da *sf.* Entrincheiramento provisório feito com barricas, carros, estacas, etc., para, em geral, impedir a passagem.

bar•ri•do *sm.* Barrito.

bar•ri•ga *sf.* **1.** *Pop.* V. *abdome.* **2.** *Pop.* Parte do abdome em que estão situados os intestinos; bandulho, pandulho, pança, bucho. **3.** Bojo. **4.** Notícia falsa dada por um jornal.

bar•ri•ga•da *sf.* Pancada na, ou com a barriga.

bar•ri•ga-ver•de *s2g.* e *adj2g. Pop. Joc.* V. *catarinense.* [Pl.: *barrigas-verdes*; p. us. como adjetivo.]

bar•ri•gu•da *sf. Bras.* Paineira.

bar•ri•gu•do *adj.* **1.** Pançudo. • *sm.* **2.** Indivíduo barrigudo. **3.** *Bras. Zool.* Nome comum a várias espécies de macacos.

bar•ril *sm.* Tonel de madeira, bojudo, feito de aduelas, usado, em geral, para conservar ou transportar líquidos. [Pl.: *–ris.*]

bar•ri•le•te (ê) *sm.* Pequeno barril.

bar•rir *v.int.* Soltar barritos. [Conjug.: 58 [barr]**ir.** Defect. Norm. só se conjuga na 3ª pess., por exceção nas outras, conforme o paradigma.]

bar•ri•to *sm.* A voz do elefante e dalguns outros animais; barrido.

bar•ro *sm.* Argila.

bar•ro•ca *sf.* **1.** Monte de barro. **2.** Barranco (1).

bar•ro•co (ô) *adj.* **1.** Na arquitetura e nas artes, diz-se do estilo caracterizado pelo dinamismo da forma e pela profusão e/ou suntuosidade dos elementos ornamentais, que vigorou do final do séc. XVI até meados do séc. XVII. [No Brasil, do séc. XVII até o começo do séc. XIX.] **2.** Relativo ao, ou próprio do estilo barroco. **3.** Muito ornamentado. **4.** *Fig.* Extravagante, bizarro. • *sm.* **5.** Estilo barroco.

bar•ro•so (ô) *adj.* **1.** Barrento (2). **2.** Diz-se do bovídeo de pêlo branco-amarelado e do eqüídeo com pêlo da cor do barro escuro. [Pl.: *–rosos* (ó).]

bar•ro•te *sm.* Peça de madeira onde se pregam as tábuas dos assoalhos e tetos.

ba•ru•lha•da *sf.* Grande barulho; barulheira.

ba•ru•lhei•ra *sf.* Barulhada.

ba•ru•lhen•to *adj.* **1.** Em que há barulho. **2.** Que faz barulho ou ruído. [Sin. ger.: *ruidoso*.]

ba•ru•lho *sm.* **1.** Ruído, rumor. **2.** Tumulto, desordem.

ba•sal•to *sm.* Rocha vulcânica, escura.

bas•ba•que *adj2g.* e *s2g.* V. *tolo* (1, 2 e 7).

bas•co *adj.* **1.** De, ou pertencente ou relativo ao País Basco (região situada parte na Espanha, parte na França). • *sm.* **2.** O natural ou habitante dessa região. **3.** Língua falada pelo povo basco, e que não se origina do indo-europeu.

bás•cu•la *sf.* **1.** Balança decimal. **2.** Movimento análogo ao do básculo.

bas•cu•lan•te *adj2g.* **1.** Que funciona com um movimento de báscula (2). • *sm.* **2.** Janela basculante (1).

bás•cu•lo *sm.* **1.** Ponte levadiça, com contrapeso. **2.** Peça de ferro móvel, para abrir e fechar ferrolho de porta, janela, etc.

ba•se *sf.* **1.** Tudo quanto serve de fundamento ou apoio. **2.** Parte inferior onde alguma coisa repousa ou se apóia. **3.** Parte inferior de coluna, pilar, etc. **4.** Origem, fundamento. **5.** Preparo intelectual. **6.** Ingrediente ou substância principal de uma mistura. **7.** Conjunto de construções e instalações militares destinadas a prestar apoio às unidades que operam em determinada área. **8.** *Eletrôn.* Estreita região entre o emissor e o coletor, num transistor bipolar. **9.** *Gram.* Radical (5). **10.** *Mat.* Num sistema de logaritmos, o número constante que, elevado ao logaritmo de outro, reproduz este outro. **11.** *Quím.* Substância que reage com um ácido para dar um sal, que se dissocia em água formando íons hidroxila (HO⁻), que é capaz de aceitar um próton e que pode doar um par de elétrons. ◆ **Base de dados.** *Inform.* Banco de dados (1). **Base espacial.** Centro de lançamento de foguetes e satélites. **Base ortonormal.** V. *ortonormal.* **Base vetorial.** *Mat.* Num espaço vetorial, conjunto de vetores linearmente independentes que, mediante combinações lineares apropriadas, podem reproduzir qualquer vetor do espaço.

ba•se•a•do¹ *adj.* Fundado, fundamentado.

ba•se•a•do² *sm. Bras. Gír.* Cigarro de maconha.

ba•se:a•men•to *sm. Constr.* Sapata (2).

ba•se•ar *v.t.d.* **1.** Servir de base a; fundamentar. *T.d.i.* **2.** Firmar. *P.* **3.** Fundar-se, apoiar-se. **4.** Ter como base, ou como fundamento. [Conjug.: 10 [bas]**ear**]

ba•se•lá•ce:a *sf. Bot.* Espécime das baseláceas, família de trepadeiras ger. carnosas, tuberculadas. § **ba•se•lá•ce:o** *adj.*

ba•si•ci•da•de *sf. Quím.* Propriedade do que é básico.

bá•si•co *adj.* **1.** Que serve de base; basilar. **2.** Fundamental, essencial. **3.** *Quím.* Que tem propriedades de uma base (11); alcalino.

ba•si•lar *adj2g.* **1.** Básico (1). **2.** Que nasce, ou está situado na base.

ba•sí•li•ca *sf.* Igreja que tem certas prerrogativas sobre as outras, salvo as catedrais.

ba•si•li•cão *sm.* Ungüento supurativo feito de cera, azeite, pez e resina. [Pl.: *–cões.*]

ba•si•lis•co *sm.* **1.** Serpente fantástica, capaz de matar pelo bafo, pelo olhar ou pelo contato. **2.** Antigo canhão de bronze.

bas•que•te *sm.* Esporte disputado por duas equipes de cinco jogadores que procuram fazer que uma bola entre num aro de ferro guarnecido de uma rede aberta no fundo e fixado a três metros do solo; basquetebol.

bas•que•te•bol *sm.* Basquete.

bas•ta *interj.* Não mais; cessar.

bas•tan•te *adj2g.* **1.** Que basta; suficiente. • *pron. indef.* **2.** Muito, numeroso. • *adv.* **3.** Em quantidade suficiente.

bas•tão *sm.* **1.** Pedaço de madeira roliço, que se pode segurar com as mãos e tem diferentes usos. **2.** Bastão (1) utilizado como arma ou insígnia de comando. [Pl.: *–tões.*]

bas•tar *v.int.* **1.** Ser bastante, suficiente; chegar: *Não basta o prejuízo? T.i.* **2.** Bastar (1): "Basta estar vivo para morrer." (Prov.) **3.** V. *satisfazer.* **4.** Determinar, ou desejar o término de; chegar: *Basta de violência! P.* **5.** Ser suficiente ou auto-suficiente. [Conjug.: ① [bast]ar]

bas•tar•do *adj.* **1.** Que nasceu fora do matrimônio. **2.** Degenerado da espécie a que pertence. • *sm.* **3.** Filho bastardo. § **bas•tar•di•a** *sf.*

bas•ti•ão *sm.* Parte da fortificação que avança e forma ângulo saliente; baluarte. [Pl.: *–ães, –ões.*]

bas•ti•dor (ô) *sm.* Caixilho de madeira onde se segura o tecido para bordar.

bas•to *adj.* **1.** Denso, espesso. **2.** Copioso, numeroso.

bas•to•na•da *sf.* Pancada com bastão.

bas•to•ne•te (ê) *sm.* Pequeno bastão.

ba•ta *sf.* **1.** Vestido de mulher, largo e solto, abotoado na frente desde o decote até perto da bainha. **2.** Blusa curta ou longa e reta, como as indianas. **3.** Veste usada por médicos, dentistas, etc., no exercício de suas funções.

ba•ta•lha *sf.* **1.** Conjunto de combates simultâneos ou sucessivos, travados numa guerra. **2.** Qualquer combate ou luta. **3.** *Fig.* Esforço, empenho. **4.** Certo jogo de cartas para duas pessoas.

ba•ta•lha•dor (ô) *adj.* e *sm.* **1.** Que ou aquele que batalha. **2.** *Bras. Fig.* Aquele que batalha para conseguir o que quer; lutador.

ba•ta•lhão *sm.* **1.** Unidade tática de infantaria ou cavalaria que faz parte dum regimento e se subdivide em companhias. **2.** Multidão de pessoas. [Pl.: *–lhões.*]

ba•ta•lhar *v.int.* **1.** Entrar em batalha; combater. **2.** *Bras. Gír.* Trabalhar. *T.i.* **3.** Discutir, argumentar. **4.** Lutar, ou agir, em defesa de. *T.d.* **5.** *Bras. Fig.* Tentar conseguir, esforçar-se por. [Conjug.: ① [batalh]ar]

ba•ta•ta *sf.* **1.** O tubérculo comestível da batata-inglesa. **2.** Qualquer tubérculo, comestível ou não. **3.** Erro de pronúncia. **4.** Nariz muito grosso e chato.

ba•ta•ta-ba•ro•a *sf. Bot.* **1.** Erva umbelífera de grandes raízes amarelas, alimentícias. **2.** Essa raiz. [Sin. ger.: *mandioquinha.* Pl.: *batatas-baroas.*]

ba•ta•ta-do•ce *sf. Bot.* **1.** Erva convolvulácea de raízes tuberosas, alimentícias, de sabor doce. **2.** Sua raiz. [Pl.: *batatas-doces.*]

ba•ta•ta-in•gle•sa *sf. Bras. Bot.* Erva solanácea cujos tubérculos subterrâneos, as batatas, são mundialmente us. na alimentação. [Pl.: *batatas-inglesas.*]

ba•ta•vo (tá) *adj.* e *sm.* Holandês.

ba•te•a•da *sf.* O conteúdo de uma bateia.

ba•te•ar *v.t.d.* Lavar na bateia. [Conjug.: ⑩ [bat]ear] § **ba•te:a•dor** (ô) *sm.*

ba•te-ba•te *sm. Bras.* Movimento constante de dois objetos que se chocam. [Pl.: *bates-bates* e *bate-bates.*]

ba•te-bo•ca *sm. Bras.* Discussão, altercação. [Pl.: *bate-bocas.*]

ba•te•dei•ra *sf.* **1.** Aparelho que bate o leite para fazer manteiga, ou, nos engenhos de açúcar, o melado. **2.** Aparelho, manual ou elétrico, para bater misturas, massas, ovos, etc.

ba•te•dor (ô) *sm.* **1.** Aquele ou aquilo que bate. **2.** Cunhador (de moeda). **3.** Explorador (do campo). **4.** Aquele que bate o terreno para levantar a caça. **5.** Polícia incumbido da guarda pessoal de autoridades, etc., e que, em veículo automóvel, precede, ladeia e segue os autos oficiais.

ba•te-es•ta•ca *sm.* Aparelho para cravar, por percussão, estacas no solo. [Pl.: *bate-estacas.*]

bá•te•ga *sf.* **1.** Espécie de bacia metálica, antiga. **2.** Pancada (4).

ba•tei•va *sf.* Gamela usada na lavagem das areias auríferas ou do cascalho diamantífero.

ba•tel *sm.* Pequeno barco. [Pl.: *–téis.*]

ba•te•la•da *sf.* **1.** Carga dum batel. **2.** Grande quantidade.

ba•te•lão *sm.* Embarcação de fundo chato, para desembarque ou transbordo de carga. [Pl.: *–lões.*]

ba•ten•te *sm.* **1.** Rebaixo ou umbral onde porta ou janela se encaixa ao fechar. **2.** A folha móvel de porta ou janela. **3.** V. *aldrava.* **4.** *Gír.* Trabalho efetivo, com que se ganha a vida.

ba•te-pa•po *sm.* Conversa amigável, despretensiosa; papo, cavaco. [Pl.: *bate-papos.*]

ba•ter *v.t.d.* **1.** Dar pancada(s) em. **2.** Dar choques com. **3.** Fechar, empurrando ou puxando com força. **4.** Premer com o dedo botão de (campainha), tecla de (máquina), etc. **5.** Sovar, socar. **6.** Percorrer (mato, caminho, etc.) em observação, exploração, etc. **7.** Mover (dentes, queixo, etc.), por frio, medo, etc. **8.** Agitar (as asas). **9.** Remexer (2) (ovos, massa, etc.). **10.** Percutir (instrumento [4]). **11.** Vencer, derrotar. **12.** Ultrapassar: *bater um recorde*. **13.** Tirar (10). **14.** Usar diariamente. **15.** Soar, indicando (as horas). **16.** *Bras. Pop.* Comer, devorar; traçar. **17.** *Gír.* Furtar, surripiar. *T.i.* **18.** Bater (1) (em porta ou janela), para que abram. **19.** Espancar, surrar. *T.c.* **20.** Chocar-se. **21.** Ir parar em. *T.d.c.* e *t.i.c.* **22.** Dar, acidentalmente, ou não, com (parte do corpo) em. *Int.* **23.** Dar pancada(s). **24.** Bater (18). **25.** Pulsar² (o coração). **26.** Tocar (sino). **27.** Bater (19): *Perverso, gosta de bater.* **28.** Soar ou dar horas. *P.* **29.** Lutar, combater. **30.** Sustentar polêmicas ou discussões. [Conjug.: ② [bat]**er**]

ba•te•ri•a *sf.* **1.** Fortificação com peças assestadas. **2.** Conjunto de utensílios de cozinha. **3.** *Eng. Elétr.* Fonte eletroquímica de corrente contínua, constituída de um ou mais elementos ligados em série ou em paralelo. **4.** *Mús.* O conjunto dos instrumentos de percussão duma orquestra, banda, etc.

ba•te•ris•ta *s2g. Bras.* Pessoa que toca bateria (4).

ba•ti•cum *sm. Bras.* **1.** Ruído de sapateados e palmas, como nos batuques. **2.** Sucessão de marteladas. **3.** Pulsação forte do coração e das artérias. [Pl.: –*cuns*.]

ba•ti•da *sf.* **1.** Ato ou efeito de bater; batido. **2.** V. *repreensão.* **3.** Exploração do campo, do terreno. **4.** *Bras.* Colisão de veículos. **5.** *Bras.* Diligência policial de surpresa. **6.** Bebida feita com cachaça, açúcar e, em geral, suco de frutas.

ba•ti•do *adj.* **1.** Espancado, sovado. **2.** Envelhecido, gasto. **3.** Derrotado, vencido. **4.** Comum, vulgar. **5.** Usado em excesso. • *sm.* **6.** Batida (1).

ba•ti•men•to *sm.* **1.** Choque impetuoso. **2.** *Med.* Pulsação (2).

ba•ti•me•tri•a *sf. Ocean. Fís.* Determinação do relevo do fundo de uma área oceânica, ou lacustre, fluvial, etc. § **ba•ti•mé•tri•co** *adj.*

ba•ti•na *sf.* Veste talar de abades, padres e estudantes dalgumas escolas.

ba•tis•mal *adj2g.* Relativo a batismo. [Pl.: –*mais*.]

ba•tis•mo *sm.* **1.** *Rel.* Sacramento da Igreja Católica, no qual a ablução, a imersão ou a simples aspersão com água significa a purificação das culpas e pecados. **2.** *Rel.* Administração desse sacramento; batizado. **3.** Ato de dar nome a uma pessoa ou coisa. **4.** Cerimônia de lançamento de navio, avião, etc., na qual são benzidos solenemente.

ba•tis•ta *adj2g.* e *s2g.* Diz-se de, ou membro da seita protestante dos batistas, na qual o batismo só se ministra aos adultos.

ba•tis•té•ri:o *sm.* Lugar onde se acha a pia batismal.

ba•ti•za•do *adj.* **1.** A quem se administrou o batismo. • *sm.* **2.** Batismo (2).

ba•ti•zar *v.t.d.* **1.** Administrar o batismo a. **2.** Pôr nome, alcunha ou epíteto em. **3.** Adulterar (certos líquidos), adicionando(-lhes) água ou outro líquido. **4.** *Fig.* Estrear: *batizar um vestido. P.* **5.** Receber o sacramento do batismo. [Conjug.: ① [batiz]**ar**]

ba•tom *sm.* Cosmético em forma de pequeno bastão, para colorir os lábios. [Pl.: –*tons*.]

ba•to•que *sm.* **1.** Boca ou buraco no bojo de pipas, tonéis, etc. **2.** A rolha que a veda. **3.** Indivíduo atarracado.

ba•to•ta *sf.* **1.** Trapaça no jogo. **2.** Casa de jogo. **3.** Certo jogo de azar.

ba•to•tei•ro *sm.* Aquele que faz batotas ou freqüenta assiduamente as batotas.

ba•trá•qui:o *adj.* e *sm. Zool.* V. *anuro².*

ba•tu•ca•da *sf. Bras.* **1.** Ritmo ou canção do batuque. **2.** Reunião popular em que se toca samba em instrumentos de percussão; batuque.

ba•tu•car *v.int.* **1.** Fazer barulho ritmado com pancadas. **2.** *Bras.* Dançar o batuque. **3.** *Bras.* Tocar piano mal. *T.d.* **4.** *Bras.* Dar o ritmo de, percutindo. [Conjug.: ⑧ [batu]**car**]

ba•tu•que *sm.* **1.** Qualquer das danças africanas ou brasileiras acompanhadas por instrumentos de percussão. **2.** Batucada (2). **3.** Ato ou efeito de batucar.

ba•tu•quei•ro *sm. Bras.* **1.** Freqüentador ou dançarino de batuques. **2.** Aquele que batuca [v. *batucar* (4)].

ba•tu•ta *sf.* Bastão delgado e leve com que os maestros regem as orquestras.

ba•ú *sm.* **1.** Caixa ou mala com tampa convexa na parte externa. **2.** *Bras. Gír.* Pessoa riquíssima.

bau•ni•lha *sf.* **1.** *Bot.* Planta orquidácea cujo fruto é uma fava da qual se extrai substância us. em confeitaria e perfumaria. **2.** Essa fava. **3.** Essência preparada com fava de baunilha.

bau•xi•ta *sf. Min.* Rocha com aparência de argila, mas sem plasticidade, e a principal fonte de alumínio.

bá•va•ro *adj.* **1.** De, ou pertencente ou relativo à Baviera (Alemanha). • *sm.* **2.** O natural ou habitante da Baviera.

ba•zar *sm.* **1.** Loja de comércio de objetos variados, sobretudo quinquilharias, louças, panelas, brinquedos, ou de objetos raros, exóticos. **2.** Exposição e venda de certos artigos, em geral para fins beneficentes.

ba•zó•fi:a *sf.* **1.** Vanglória, jactância. **2.** Fanfarrice, gabolice.

ba•zo•fi•ar *v.int.* e *t.i.* **1.** Vangloriar-se. *T.d.* **2.** Alardear. [Conjug.: ① [bazofi]**ar**]

ba•zu•ca *sf.* Lançador de foguetes antitanque, us. desde a II Guerra Mundial.

❏ **BCG** Sigla de uma vacina contra a tuberculose.

❏ **Be** *Quím.* Símb. do *berílio.*

bê *sm.* A letra *b.*

bê-a-bá *sm.* 1. V. *alfabeto* (2). 2. As noções preliminares dalgum assunto. [Pl.: *bê-á-bás.*]

be•a•ta *sf.* Fem. de *beato* (4).

be:a•ti•ce *sf.* Devoção afetada e fingida.

be:a•ti•fi•ca•ção *sf.* Cerimônia eclesiástica em que o Papa declara bem-aventurado, por suas virtudes, um ser humano falecido. [Pl.: *–ções.*]

be:a•ti•fi•car *v.t.d.* 1. Fazer a beatificação de. 2. *P. ext.* Fazer passar por santo, por bom. [Conjug.: ⑧ [beatifi]**car**]

be:a•ti•tu•de *sf.* 1. Bem-aventurança. 2. Gozo de alma dos que se absorvem em contemplações místicas. 3. Bem-estar.

be•a•to *adj.* 1. Que foi beatificado. 2. Feliz, venturoso. 3. Devoto em excesso. • *sm.* 4. O que é beato (1 e 3).

bê•be•do ou **bê•ba•do** *adj.* 1. V. *embriagado.* 2. V. *beberrão.* 3. Atordoado, zonzo. • *sm.* 4. V. *beberrão.*

be•bê ou **be•bé** *sm.* V. *neném.*

be•be•dei•ra *sf.* 1. Estado de bêbedo, de quem se embriagou; borracheira, carraspana (*pop.*), pifão (*pop.*), pileque (*bras., pop.*), porre (*bras., pop.*). 2. Ato de embebedar-se.

be•be•doi•ro ou **be•be•dou•ro** *sm.* 1. Nome comum a vários tipos de aparelhos ligados à rede hidráulica de edifícios, que fornecem água para beber. 2. Lugar onde se põe água para os animais beberem.

be•be•dor (ô) *adj.* e *sm.* Que ou aquele que bebe.

be•ber *v.t.d.* 1. Engolir (líquido); ingerir. 2. Ingerir o conteúdo de. 3. Impregnar-se de; absorver. 4. *Bras. Autom.* Consumir (combustível). *Int.* 5. Engolir líquidos, em especial bebidas alcoólicas. 6. Embriagar-se. 7. *Bras. Autom.* Consumir (veículo) combustível. [Conjug.: ② [beb]**er**]

be•be•ra•gem *sf.* 1. Cozimento medicinal. 2. Bebida desagradável. [Pl.: *–gens.*]

be•be•ri•car ou **be•ber•ri•car** *v.t.d.* 1. Beber a goles, aos poucos; bicar. *Int.* 2. Beber pouco, mas com freqüência; chupitar. [Conjug.: ⑧ [beberi]**car**]

be•ber•rão *adj.* e *sm.* Que ou aquele que bebe muito; bêbedo, ébrio, borracho. [Fem.: *beberrona.* Pl.: *–rões.*]

be•bes *sm.pl.* Aquilo que se bebe; bebidas.

be•bi•da *sf.* 1. Qualquer líquido potável. 2. Líquido alcoólico para beber. 3. *Pop.* O vício de beber.

be•bi•das *sf.pl.* Bebes.

be•bi•do *adj.* 1. Que se bebeu (líquido). 2. Que bebeu [v. *beber* (6)]. 3. V. *embriagado.*

be•ca *sf.* 1. Veste talar, preta, usada por funcionários judiciais, catedráticos e formandos de grau superior. 2. A magistratura.

be•ça *el. sf.* Us. na loc. *à beça.* ◆ **À beça.** *Bras. Fam.* 1. Em grande quantidade. 2. Ao extremo; muito.

be•ca•pe *sm.* V. *backup.*

be•co (ê) *sm.* Rua estreita e curta, em geral fechada num extremo.

be•del *sm.* Empregado subalterno da secretaria das escolas. [Pl.: *–déis.*]

be•de•lho (ê) *sm.* Tranqueta ou ferrolho de porta. ◆ **Meter o bedelho em.** Intrometer-se em (assunto que não lhe diz respeito).

be•du•í•no *sm.* Árabe do deserto.

be•ge *adj.2g.2n.* 1. De cor amarelada como a da lã em seu estado natural. • *sm.* 2. Essa cor.

be•gô•ni:a *sf. Bot.* Erva begoniácea, ornamental.

be•go•ni•á•ce:a *sf. Bot.* Espécime das begoniáceas, família de ervas de folhas grandes e coloridas; vivem ger. na sombra, em lugares úmidos. § **be•go•ni•á•ce:o** *adj.*

be•ha•vi:o•ris•mo. *sm.* Teoria que restringe a psicologia ao estudo do comportamento.

bei•ço *sm.* 1. Lábio. 2. Rebordo.

bei•ço•la *sf.* 1. Beiço grande e grosso. • *s2g.* 2. Beiçudo (2).

bei•çu•do *adj.* 1. Que tem beiços grossos. • *sm.* 2. Aquele que os tem; beiçola.

beija-flor *sm. Zool.* Ave troquilídea de vôo muito veloz, e que se nutre do néctar das flores; colibri. [Pl.: *beija-flores.*]

bei•ja-mão *sm.* Ato ou cerimônia de beijar o dorso da mão. [Pl.: *beija-mãos.*]

bei•jar *v.t.d.* 1. Dar beijo em; oscular. 2. *Fig.* Tocar de leve. *P.* 3. Trocar beijos. [Conjug.: ① [beij]**ar**]

bei•jo *sm.* Ato de tocar com os lábios em alguém ou algo, fazendo leve sucção; ósculo, boquinha.

bei•jo•ca *sf. Fam.* Beijo com estalido; bicota.

bei•jo•car *v.t.d.* 1. Dar beijocas em. *P.* 2. Trocar beijos ou beijocas. [Conjug.: ⑧ [beijo]**car**]

bei•jo•quei•ro *adj.* e *sm.* Que, ou quem é dado a beijar ou a beijocar.

bei•ju ou **bi•ju** *sm. Bras.* Bolinho achatado, de massa de tapioca ou de mandioca, do qual há muitas espécies; tapioca.

bei•ra *sf.* 1. V. *borda.* 2. Proximidade, vizinhança.

bei•ra•da *sf.* 1. V. *borda.* 2. V. *margem* (2). 3. *Bras. N.* Cercanias.

bei•ral *sm.* Prolongamento do telhado além da prumada das paredes. [Pl.: *–rais.*]

bei•ra-mar *sf.* A costa marítima; o litoral. [Pl.: *beira-mares.*]

bei•rar *v.t.d.* 1. Caminhar à beira ou margem de. 2. Ficar situado à beira de. 3. Ter aproximadamente. [Conjug.: ① [beir]**ar**]

93

bei•se•bol *sm.* Jogo de bola derivado do críquete e muito popular nos E.U.A. [Pl.: *–bóis.*]

be•la•do•na *sf. Bot.* Planta solanácea, medicinal.

be•las-ar•tes *sf.pl.* V. *artes plásticas.*

be•las-le•tras *sf.pl.* A eloqüência, a poesia, a literatura, etc., estudadas especialmente pelo prazer estético que possam dar.

bel•chi:or (xiór) *sm. Bras.* 1. Mercador de objetos velhos e usados. [Cf. *brechó.*] 2. Alfarrabista.

bel•da•de *sf.* Mulher belíssima.

be•le•guim *sm.* Agente de polícia; tira. [Pl.: *–guins.*]

be•le•nen•se *adj2g.* 1. De Belém, capital do PA. • *s2g.* 2. O natural ou habitante de Belém.

be•le•za (ê) *sf.* 1. Qualidade de belo. 2. Pessoa bela. 3. Coisa bela, muito agradável ou muito gostosa.

be•le•zo•ca *sf. Bras. Fam.* Pessoa bela; beleza.

bel•ga *adj2g.* 1. Da Bélgica (Europa). • *s2g.* 2. O natural ou habitante da Bélgica.

be•li•che *sm.* Conjunto de duas ou três camas superpostas, com os lastros apoiados numa armação única.

bé•li•co *adj.* Da, ou próprio da guerra.

be•li•co•so (ô) *adj.* 1. Que tem ânimo aguerrido; guerreiro. 2. Que incita à guerra. [Pl.: *–cosos* (ó).]

be•li•da *sf.* Névoa ou mancha esbranquiçada na córnea do olho.

be•li•ge•ran•te *adj2g.* Que faz guerra ou está em guerra. **§ be•li•ge•rân•ci:a** *sf.*

be•lis•cão *sm.* Ato ou efeito de beliscar. [Pl.: *–cões.*]

be•lis•car *v.t.d.* 1. Apertar (a pele) com as pontas do polegar e do indicador. 2. Ferir de leve. 3. Comer um pouquinho de; lambiscar. *Int.* 4. Comer pouco; lambiscar. [Conjug.: 8 [be-lis]**car**]

be•lo *adj.* 1. Que tem forma perfeita e proporções harmônicas. 2. Agradável aos sentidos. 3. Elevado; sublime. 4. Bom, generoso. 5. Aprazível; sereno. 6. Próspero, feliz. 7. Considerável pelo número, quantidade ou dimensões. 8. Lucrativo, vantajoso. • *sm.* 9. Caráter ou natureza do que é belo.

be•lo-ho•ri•zon•ti•no *adj.* 1. De Belo Horizonte, capital de MG. • *sm.* 2. O natural ou habitante de Belo Horizonte. [Pl.: *belo-horizontinos.*]

be•lo•na•ve *sf.* Navio de guerra.

bel-pra•zer *sm.* Vontade própria, arbítrio. [Pl.: *bel-prazeres.*] [Us. em loc. adv., como: *Procede a seu bel-prazer.*]

bel•tra•no *sm.* Certa pessoa indeterminada, que se menciona após outra, designada por *fulano.*

bel•ve•der ou **bel•ve•de•re** (ê) *sm.* Pequeno mirante.

bem *sm.* 1. Qualidade atribuída a ações e obras humanas que lhes confere um caráter moral. 2. Austeridade moral; virtude. 3. Felicidade, ventura. 4. Favor, benefício. 5. Vantagem, proveito. 6. Pessoa muito amada. 7. *Econ.* Mercadoria ou serviço que pode satisfazer uma necessidade humana. • *adv.* 8. Muito; bastante. 9. Convenientemente. 10. Com saúde. 11. Com perfeição. • *pron. indef.* 12. Muito; bastante. ◆ **Bem de capital.** *Econ.* Bem de produção não consumido no processo produtivo. **Bem de consumo.** *Econ.* Bem econômico que se destina ao consumo individual. **Bem econômico.** *Econ.* Bem que é objeto de compra e venda. **Bem livre.** *Econ.* Bem disponível sem custo, como o ar que respiramos.

bem-a•ca•ba•do *adj.* Feito com vista à perfeição; esmerado; bem-feito. [Pl.: *bem-acabados.*]

bem-a•ma•do *adj.* 1. Que é objeto de afeto particular. • *sm.* 2. O querido, o predileto. [Pl.: *bem-amados.*]

bem-a•pes•so•a•do *adj.* De boa aparência. [Pl.: *bem-apessoados.*]

bem-a•ven•tu•ra•do *adj.* 1. Muito feliz. • *sm.* 2. O que frui a bem-aventurança; santo. [Pl.: *bem-aventurados.*]

bem-a•ven•tu•ran•ça *sf.* A felicidade eterna, que os santos gozam no Céu; beatitude. [Pl.: *bem-aventuranças.*]

bem-bom *sm. Bras.* Comodidade, bem-estar. [Pl.: *bem-bons.*]

bem-com•por•ta•do *adj.* Que se comporta ou procede bem. [Pl.: *bem-comportados.*]

bem-e•du•ca•do *adj.* Delicado, cortês; educado. [Pl.: *bem-educados.*]

bem-es•tar *sm.* Estado de perfeita satisfação física ou moral; conforto. [Pl.: *bem-estares.*]

bem-fei•to *adj.* 1. V. *bem-acabado.* 2. De belas formas. 3. Elegante, gracioso. [Pl.: *bem-feitos.*]

bem-hu•mo•ra•do *adj.* De bom humor; alegre; satisfeito. [Pl.: *bem-humorados.*]

bem-me-quer *sm. Bot.* Erva das compostas, de flores amarelas; malmequer. [Pl.: *bem-me-queres.*]

bem-nas•ci•do *adj.* 1. Que nasceu para o bem. 2. De boa família, ou de família nobre. [Pl.: *bem-nascidos.*]

be•mol *sm. Mús.* Acidente (4) que indica dever ser abaixada de um semitom a nota à sua direita.

bem-pa•re•ci•do *adj.* De boa aparência; bonito, elegante. [Pl.: *bem-parecidos.*]

bem-pos•to *adj.* 1. De porte elegante. 2. Bem vestido. [Pl.: *bem-postos* (ó).]

bem-que•rer *V.t.i.* 1. Querer bem; estimar: *Bem-quer ao avô. P.* 2. Estimar-se mutuamente. [Conjug.: 28 [bem-]**querer**]. • *sm.* 3. V. *bemquerença.* 4. Pessoa a quem se ama; o bemamado. [Pl. do sm.: *bem-quereres.*]

bem-su•ce•di•do *adj.* Que teve bom sucesso, bom êxito. [Antôn.: *malsucedido*. Pl.: *bem-sucedidos*.]

bem-te-vi *sm. Bras. Zool.* Ave tiranídea, azeitonada, de peito e abdome amarelos. [Pl.: *bem-te-vis*.]

bem-vin•do *adj.* **1.** Que chegou a salvo, bem. **2.** Bem recebido, bem acolhido à chegada. [Pl.: *bem-vindos*.]

bem-vis•to *adj.* **1.** Bem conceituado. **2.** Benquisto (2). [Pl.: *bem-vistos*.]

bên•ção *sf.* **1.** Ação de benzer ou de abençoar. **2.** Graça divina. **3.** Palavras e sentimentos de gratidão. [Pl.: *–çãos*.]

ben•di•to (êin) *adj.* **1.** Abençoado. **2.** Feliz, ditoso. [Antôn.: *maldito*.] • *sm.* **3.** *Rel.* Oração católica que começa pela palavra *bendito*.

ben•di•zer (êin) *v.t.d.* **1.** Dizer bem de; louvar. **2.** Abençoar (1 e 2). [Conjug.: 19 [ben]**dizer**]

be•ne•di•ti•no *sm.* Monge da Ordem de S. Bento.

be•ne•fi•cên•ci:a *sf.* **1.** Ato, hábito ou virtude de fazer o bem. **2.** V. *caridade* (2). § **be•ne•fi•cen•te** *adj2g.*

be•ne•fi•ci•a•do *adj.* **1.** V. *beneficiário*. **2.** Submetido a beneficiamento. • *sm.* **3.** V. *beneficiário*.

be•ne•fi•ci:a•men•to *sm.* **1.** Ato ou efeito de beneficiar; beneficiação. **2.** Processo a que se submete produto agrícola [v. *beneficiar* (3)].

be•ne•fi•ci•ar *v.t.d.* **1.** Fazer benefício a, favorecer. **2.** Reparar, consertar. **3.** Submeter (produtos agrícolas, etc.) a processos de descascamento, descaroçamento, etc. que lhes dêem condições de serem consumidos ou utilizados. *P.* **4.** Propiciar benefícios a si mesmo. [Conjug.: 1 [benefici]**ar**] § **be•ne•fi•ci:a•ção** *sf.*

be•ne•fi•ci•á•ri:o *adj. e sm.* Diz-se de, ou aquele que recebe ou usufrui benefício ou vantagem; beneficiado.

be•ne•fí•ci:o *sm.* **1.** Serviço ou bem que se faz gratuitamente; favor, graça. **2.** Vantagem, proveito. [Antôn., nessas acepç., *malefício* (1).] **3.** Espetáculo cuja renda reverte em favor dalguém ou duma instituição. **4.** Melhoramento, benfeitoria. **5.** Auxílio por força de legislação social. **6.** Cargo eclesiástico, na Igreja Católica, ao qual se anexa o uso ou fruição dum bem.

be•né•fi•co *adj.* Que faz bem; benigno, benfazejo. [Superl. abs. sint.: *beneficentíssimo*. Antôn.: *maléfico*.]

be•ne•me•rên•ci:a *sf.* Qualidade ou ato de benemérito.

be•ne•mé•ri•to *adj.* **1.** Que merece o bem. **2.** Digno de honras, de recompensas. **3.** Ilustre, distinto. • *sm.* **4.** Indivíduo benemérito.

be•ne•plá•ci•to *sm.* Consentimento, aprovação.

be•nes•se (né) *sf.* e *m.* **1.** Emolumento paroquial. **2.** Lucro gratuito.

be•ne•vo•lên•ci:a *sf.* **1.** Boa vontade para com alguém. **2.** Afeto, estima. [Antôn.: *malevolência*.]

be•ne•vo•len•te *adj2g.* V. *benévolo*. [Superl.: *benevolentíssimo*. Antôn.: *malevolente*.]

be•né•vo•lo *adj.* **1.** Que tende a fazer o bem. **2.** Complacente, indulgente. [Sin. ger.: *benigno, benevolente*. Superl.: *benevolentíssimo*. Antôn.: *malevolente*.]

ben•fa•ze•jo (êin...ê) *adj.* **1.** Que faz o bem; caridoso. **2.** V. *benéfico*. [Antôn.: *malfazejo*.]

ben•fei•tor (êin...ô) *sm.* Aquele que faz o bem ou benefícios. [Antôn.: *malfeitor*.]

ben•fei•to•ri•a (êin) *sf.* Obra útil, feita em propriedade, e que a valoriza.

ben•ga•la *sf.* Bastão de madeira, de junco, etc., para arrimo.

ben•ga•la•da *sf.* Bordoada com bengala.

be•nig•no *adj.* **1.** V. *benévolo*. **2.** V. *benéfico*. **3.** Não perigoso nem maligno. [Antôn.: *maligno*.] § **be•nig•ni•da•de** *sf.*

ben•ja•mim *sm.* **1.** O filho preferido (em geral o mais moço). **2.** O membro mais jovem duma associação. **3.** *Bras.* Extensão dupla ou tripla para tomadas elétricas. [Pl.: *–mins*.]

ben•jo•ei•ro *sm. Bras. Bot.* Planta estiracácea cuja madeira produz resina aromática.

ben•jo•im *sm.* Bálsamo aromático extraído do benjoeiro. [Pl.: *–ins*.]

ben•que•ren•ça (êin) *sf.* O querer bem; estima, bem-querer. [Antôn.: *malquerença*.]

ben•quis•to (êin) *adj.* **1.** Querido de todos. **2.** Aceito, bem-visto. [Antôn.: *malquisto*.]

bens *sm.pl.* O que é propriedade de alguém; posses.

bên•ti•co *adj. Ecol.* Do, relativo ao, ou que ocorre no fundo de mar, lago ou lagoa.

ben•ti•nho *sm.* Objeto de devoção: dois quadradinhos de pano bento, com orações escritas e uma relíquia; escapulário, breve.

ben•to[1] *adj.* **1.** Que foi benzido. • *sm.* **2.** Frade beneditino.

ben•to[2] *sm. Ecol.* Bentos.

ben•tô•ni•co *adj. Ecol.* Diz-se de animal ou vegetal que vive no fundo de mar, lago ou lagoa.

ben•tos *sm2n. Ecol.* Conjunto dos seres vivos bentônicos; bento.

ben•ze•dei•ra *sf.* Mulher que aplica benzedura.

ben•ze•du•ra *sf.* Ato de benzer, ou de proceder a certos rituais não católicos, acompanhando-os de rezas; reza.

ben•ze•no *sm. Quím.* Hidrocarboneto aromático, líquido, incolor, volátil, venenoso, us. como solvente e matéria-prima de vários outros compostos [fórm.: C_6H_6].

ben•zer *v.t.d.* 1. Fazer o sinal-da-cruz sobre (pessoa ou coisa), recitando certas fórmulas litúrgicas. 2. Fazer benzeduras em. 3. Abençoar (3). *P.* 4. Fazer uma cruz com a mão direita, tocando a testa, o peito, o ombro esquerdo e o direito. [Conjug.: ② [benz]**er**] § **ben•zi•do** *adj.*

ben•zi•na *sf.* Mistura de hidrocarbonetos us. como solvente.

be•ó•ci:o *adj.* 1. Da, ou relativo à Beócia (Grécia antiga). 2. *Fig.* Ignorante. • *sm.* 3. O natural da Beócia. 4. *Fig.* Indivíduo beócio.

be•qua•dro *sm. Mús.* Acidente (4) que anula o efeito dos sustenidos e bemóis.

be•que *sm. Fut.* Zagueiro.

ber•çá•ri:o *sm.* Seção, nas maternidades, onde ficam os berços das crianças recém-nascidas.

ber•ço (ê) *sm.* 1. Leito para crianças de colo, geralmente armado com dispositivo para embalar. 2. Lugar de nascimento. 3. A primeira infância.

be•ren•guen•dém *sm. Bras.* Balangandã (1). [Pl.: –déns.]

ber•ga•mo•ta *sf.* 1. O fruto, comestível, da bergamoteira. 2. *Bras.* Tangerina.

ber•ga•mo•tei•ra *sf. Bot.* Árvore rutácea, parecida com a laranjeira e o limoeiro.

ber•gan•tim *sm.* Antiga embarcação a vela e a remo, com um ou dois mastros de galé. [Pl.: –tins.]

berg•so•nis•mo *sm. Filos.* Doutrina do filósofo francês Henri Bergson (q. v.).

be•ri•bé•ri *sm. Med.* Doença decorrente da deficiência de vitamina B^1 e que apresenta polineurite, anemia e cardiopatia. § **be•ri•bé•ri•co** *adj.*

be•rí•li:o *sm. Quím.* V. *metal alcalino-terroso* [símb.: *Be*].

be•ri•li•o•se *sf. Med.* Intoxicação por berílio e que compromete, ger., pulmões e, menos freqüentemente, pele, fígado, etc.

be•ri•lo *sm. Min.* O mais abundante dos minerais de berílio, e tb. pedra semipreciosa.

be•rim•bau *sm.* 1. Instrumento de ferro, semelhante a uma ferradura, com uma lingüeta no centro, e que se toca fazendo vibrar a extremidade livre da lingüeta. 2. *Bras.* Instrumento de percussão, com o qual se acompanha a capoeira² (2): arco de madeira reteado por um fio de arame, com uma cabaça presa ao dorso da extremidade inferior; urucungo.

be•rin•je•la ou **brin•je•la** *sf. Bot.* 1. Planta solanácea de fruto comestível. 2. Esse fruto.

ber•ke•li:a•nis•mo. *sm. Filos.* Doutrina do filósofo idealista irlandês George Berkeley (1685-1753).

ber•lin•da *sf.* 1. Pequeno coche de quatro rodas, suspenso entre dois varais. 2. Oratoriozinho para imagens de santos. 3. Certo jogo de prendas.

ber•li•nen•se *adj2g.* 1. De, ou pertencente ou relativo a Berlim, capital da Alemanha. • *s2g.* 2. O natural ou habitante de Berlim.

ber•lo•que *sm.* Pequeno enfeite que se traz pendurado de uma corrente.

ber•mu•da *sf. Short* que vai quase até os joelhos.

ber•nar•da *sf.* Revolta popular; motim, desordem.

ber•ne *sm.* Larva da mosca *Dermatobia hominis* que penetra na pele do homem e de outros animais.

ber•qué•li:o *sm. Quím.* V. *actinídeos* [símb.: *Bk*].

ber•ra•dor (ô) *adj.* 1. Que berra; berrante. • *sm.* 2. Aquele que berra.

ber•ran•te *adj2g.* 1. Berrador (1). 2. Muito vivo, que ofende a vista (cor). • *sm.* 3. *Bras. Gír.* Revólver. 4. *Bras.* Buzina de chifre com que os boiadeiros tangem o gado.

ber•rar *v.int.* 1. Soltar berros (os animais). 2. Falar ou chorar muito alto. *T.i.* e *t.d.* 3. Gritar (4 e 7). [Conjug.: ① [berr]**ar**]

ber•rei•ro *sm.* 1. Berros contínuos. 2. Choro, ger. infantil, muito ruidoso; berro.

ber•ro *sm.* 1. Grito de certos animais; rugido. 2. Berreiro (2). 3. Grito rude e alto, de gente. 4. Exclamação.

ber•ru•ga *sf. Bras. Pop.* V. *verruga.*

ber•ru•go•so (ô) *adj. Bras. Pop.* V. *verrugoso.* [Pl.: –gosos (ó).]

ber•ta•lha *sf. Bot.* Trepadeira baselácea, alimentícia.

be•sou•ro ou **be•soi•ro** *sm. Zool.* Nome comum a vários coleópteros. [V. *coleóptero.*]

bes•ta *sf.* Arma antiga, formada de arco, cabo e corda, com que se disparavam balas de pedra ou ferro, e setas.

bes•ta (ê) *sf.* 1. Quadrúpede, sobretudo o de grande porte. 2. Pessoa muito curta de inteligência. 3. *Bras. N.E.* Égua. • *s2g.* 4. Pessoa tola, simplória, ou pretensiosa. • *adj2g.* 5. Que é besta (4).

bes•ta-fe•ra *s2g.* 1. Animal feroz. 2. Pessoa cruel. [Pl.: *bestas-feras* e *bestas-fera.*]

bes•tar *v.int.* 1. Fazer ou dizer asneira(s). 2. V. *vaguear* (1 e 2). [Conjug.: ① [best]**ar**]

bes•tei•ra *sf. Bras.* Asneira; bestice, bestidade.

bes•ti•al *adj2g.* 1. Próprio de besta (ê). 2. Grosseiro, brutal. [Pl.: –ais.] § **bes•ti•a•li•da•de** *sf.*

bes•ti:a•li•zar *v.t.d.* Bestificar (1). [Conjug.: ① [bestializ]**ar**]

bes•ti:a•ló•gi•co *adj.* 1. *Bras. Fam.* Asneirento. • *sm.* 2. Discurso despropositado.

bes•ti•ce *sf.* V. *besteira.*

bes•ti•da•de *sf.* V. *besteira.*

bes•ti•fi•car *v.t.d.* 1. Tornar como besta (ê); bestializar, embestar. 2. Causar pasmo a;

embasbacar. [Conjug.: ⑧ [bestifi]**car**] § **bes•
ti•fi•ca•do** *adj.*

bes•tun•to *sm. Fam.* **1.** V. *cabeça* (5). **2.** Cabeça de curto alcance.

be•sun•tar *v.t.d.* Sujar, lambuzar. [Conjug.:
① [besunt]**ar**]

be•ta *sm.* A 2ª letra do alfabeto grego (B, ß).

be•ter•ra•ba *sf. Bot.* **1.** Erva quenopodiácea de
grossa raiz tuberosa, comestível, e da qual se extrai açúcar semelhante ao da cana. **2.** Essa raiz.

be•to•nei•ra *sf.* Máquina em que se prepara o
concreto (4).

be•tu•lá•ce:a *sf. Bot.* Espécime das betuláceas,
família de árvores e arbustos das regiões frias
do hemisfério norte. § **be•tu•lá•ce:o** *adj.*

be•tu•me *sm.* **1.** *Quím.* Mistura de hidrocarbonetos, solúvel em solventes orgânicos, natural ou obtida em processo de destilação. **2.**
Massa para pregar vidros aos caixilhos ou
tapar junturas de pedras.

be•tu•mi•no•so (ô) *adj.* Que contém betume,
ou é da natureza dele. [Pl.: –*nosos* (ó).]

be•xi•ga *sf.* **1.** *Anat.* Reservatório músculo-
membranoso sito na parte inferior do abdô-
me, e que recebe a urina vinda dos ureteres.
2. *Zool.* Vesícula natatória de muitos peixes.
3. *Med. Pop.* Varíola.

be•xi•guen•to *adj.* Que tem bexiga (3).

be•zer•ro (ê) *sm.* **1.** Vitelo, novilho. **2.** Sua pele
curtida.

❏ **Dh** *Quím. Símb. de bóhrio.*

❏ **Bi** *Quím.* Símb. do bismuto.

bi•be•lô *sm.* Objeto de adorno que se põe sobre a mesa, aparador, etc.

bí•bli:a *sf.* **1.** O conjunto dos livros sagrados
do Antigo e do Novo Testamento; Escritura.
[Com inicial maiúscula.] • *s2g.* **2.** *Bras. Pop.*
V. *protestante* (3).

bí•bli•co *adj.* Relativo à Bíblia.

bi•bli•ó•fi•lo *sm.* Colecionador de livros.

bi•bli:o•gra•fi•a *sf.* **1.** Lista, ger. em ordem
alfabética, de livros e outros documentos relativos a determinado assunto. **2.** Numa publicação, relação das obras consultadas pelo
autor. § **bi•bli:o•grá•fi•co** *adj.*

bi•bli•ó•gra•fo *sm.* Quem é versado em bibliografia.

bi•bli:o•ma•ni•a *sf.* Mania de acumular livros.
§ **bi•bli:o•ma•ní•a•co** *adj. e sm.*

bi•bli:o•te•ca *sf.* **1.** Coleção pública ou privada de livros e documentos congêneres, para
estudo, leitura e consulta. **2.** Edifício ou recinto onde ela se instala. **3.** Móvel onde se guardam e/ou ordenam livros.

bi•bli:o•te•cá•ri:o *sm.* Aquele que superintende uma biblioteca.

bi•bli:o•te•co•no•mi•a *sf.* Disciplina de nível
universitário referente à organização e administração de biblioteca(s).

bi•bo•ca *sf. Bras.* **1.** Vale profundo e de acesso
difícil. **2.** Casa pequena e pobre; baiúca.

bi•ca *sf.* **1.** Tubo ou telha por onde corre e cai
água. **2.** Todo orifício por onde escorre um
líquido.

bi•ca•da *sf.* Picada com o bico.

bi•car *v.t.d.* **1.** Dar bicadas em. **2.** Bebericar (1).
3. *Fam.* Provar (bebida ou alimento). [Conjug.:
⑧ [bi]**car**]

bi•car•bo•na•to *sm. Quím.* Qualquer sal que
contém o ânion HCO_3^-, ger. resultante da neu-
tralização parcial do ácido carbônico.

bi•cen•te•ná•ri:o *sm.* O segundo centenário (1).

bí•ceps *sm2n. Anat.* Nome comum a músculos
com duas extremidades e dois locais de inserção, seja o osso, seja a outra estrutura fixa. §
bi•ci•pi•tal *adj2g.*

bi•cha *sf. Bras.* **1.** Lombriga. **2.** Sanguessuga
(1). **3.** *Gír.* Indivíduo efeminado.

bi•cha•no *sm.* Gato, especialmente novo.

bi•char *v.int.* Criar bicho (3). [Conjug.: ① [bi-
ch]**ar**] § **bi•cha•do** *adj.*

bi•cha•ra•da *sf.* Porção de bichos; bicharia.

bi•cha•ri•a *sf.* Bicharada.

bi•chei•ra *sf. Bras.* Ferida de animal cheia de
bichos, de vermes.

bi•chei•ro *sm. Bras.* **1.** Aquele que anota as
apostas nos talões do jogo do bicho, ou o que
recebe o dinheiro dessas apostas. **2.** O que banca, nesse jogo.

bi•cho *sm.* **1.** Qualquer dos animais terrestres.
2. Pessoa muito feia e/ou intratável. **3.** *Bras.
Pop. Zool.* Broca². **4.** *Bras.* O jogo do bicho.

bi•cho-ca•be•lu•do *sm. Bras. Zool.* V. *tatarana.* [Pl.: *bichos-cabeludos.*]

bi•cho-car•pin•tei•ro *sm. Zool.* V. *escaravelho.*
[Pl.: *bichos-carpinteiros* e *bichos-carpinteiro.*]
◆ **Ter bicho-carpinteiro.** Ser irrequieto.

bi•cho-da-se•da *sm. Zool.* Nome comum aos
lepidópteros bombicídeos cujas crisálidas vivem dentro dum casulo de seda (1). [Pl.: *bichos-
da-seda.*]

bi•cho-de-pé ou **bi•cho-do-pé** *sm. Bras. Zool.*
Inseto sifonáptero cuja fêmea, fecundada, pe-
netra na pele do homem e doutros animais.
[Pl.: *bichos-de-pé* e *bichos-do-pé.*]

bi•cho-de-se•te-ca•be•ças *sm. Bras.* Coisa
muito difícil, muito complicada. [Pl.: *bichos-
de-sete-cabeças.*]

bi•cho-pa•pão *sm.* V. *papão.* [Pl.: *bichos-papões.*]

bi•cho-pau *sm. Zool.* Nome comum a vários insetos fasmatídeos. [Pl.: *bichos-paus* e *bichos-
pau.*]

bi•ci•cle•ta (é) *sf.* Veículo constituído por um
conjunto de tubos metálicos montado em duas
rodas, alinhadas uma atrás da outra, e com
selim, sendo manobrado por guidom e pedais.

bi•co *sm.* **1.** Proeminência córnea da boca das
aves e doutros animais. **2.** Ponta aguçada.

3. Renda que de um dos lados termina em ponta ou bico (2). **4.** *Pop.* Pequenos ganhos avulsos e/ou tarefa ocasional que os possibilita; biscate, galho.

bi•co-de-pa•pa•gai•o *sm. Bot.* **1.** Planta ornamental cactácea **2.** Nariz adunco. **3.** *Med.* Excrescência óssea patológica na coluna vertebral. [Pl.: *bicos-de-papagaio*.]

bi•co•lor (ô) *adj2g.* De duas cores.

bi•cos *sm.pl.Bras.* **1.** Restos de alguma coisa. **2.** Quantia insignificante.

bi•co•ta *sf. Bras.* Beijo com estalo; beijoca.

bi•cro•mi•a *sf. Edit.* **1.** Impressão em meiostons, a duas cores, feita a partir de uma imagem em preto-e-branco. **2.** Impressão a duas cores. [Cf. *quadricromia*.]

bi•cu•do *adj.* **1.** Que tem bico. **2.** Pontiagudo, aguçado. **3.** *Pop.* Difícil, complicado.

bi•dê ou **bi•dé** *sm.* Bacia oblonga para lavagem das partes inferiores do tronco (3).

bi•di•men•si•o•nal *adj2g.* Que tem duas dimensões. [Pl.: *–nais*.]

bi•e•la *sf.* Peça de máquina que transforma o movimento retilíneo alternado do pistão em movimento circular contínuo do eixo motor.

bi:e•nal *adj2g.* **1.** Que dura dois anos, ou se efetua de dois em dois anos. • *sf.* **2.** Evento bienal (1). [Pl.: *–nais*.]

bi•ê•ni:o *sm.* Período de dois anos.

bi:es•tá•vel *adj2g. Eletrôn.* Diz-se de sistema que tem dois pontos de equilíbrio ou de funcionamento estável.

bi•fe *sm.* **1.** Fatia de carne bovina frita, cozida ou grelhada; filé. **2.** Pedaço de fígado, porco, etc., preparado de modo semelhante. **3.** *Bras. Gír.* Corte na pele, por descuido, ao barbear-se, fazer as unhas, etc.

bí•fi•do *adj.* Fendido em duas partes; aberto ao meio: *o teiú tem língua bífida.*

bi•fo•cal *adj2g.* Que tem dois focos. [Pl.: *–cais*.]

bi•for•me *adj2g.* Que tem duas formas.

bi•fur•car *v.t.d.* e *p.* Separar(-se) em dois ramos. [Conjug.: ⑧ [bifur]car] § **bi•fur•ca•ção** *sf.*

bi•ga *sf.* Antigo carro romano de duas ou quatro rodas, puxado por dois cavalos.

bi•ga•mi•a *sf.* Estado de bígamo.

bí•ga•mo *adj.* e *sm.* Que ou aquele que tem dois cônjuges ao mesmo tempo.

big•no•ni•á•ce:a *sf. Bot.* Espécime das bignoniáceas, família de árvores e trepadeiras, ger. tropicais, de grandes flores e frutos capsulares. Ex.: o ipê. § **big•no•ni•á•ce:o** *adj.*

bi•go•de *sm.* Barba que nasce sobre o lábio superior.

bi•go•de•ar *v.t.d.* Enganar, lograr. [Conjug.: ⑩ [bigod]ear]

bi•go•dei•ra *sf.* Bigode farto.

bi•gor•na *sf.* **1.** Peça de ferro, com o corpo central quadrangular e as extremidades em pon-

ta geralmente cônica, sobre a qual se malham e amoldam metais. **2.** *Anat.* Ossículo de ouvido.

bi•gor•ri•lha *sm.* ou **bi•gor•ri•lhas** *sm2n.* Indivíduo reles, desprezível.

bi•guá *sm. Bras. Zool.* Ave falacrocoracídea preta, de dorso cinza.

bi•ju•te•ri•a *sf.* Objeto delicado, próprio para enfeite, como, p. ex., brincos, anéis, etc.

bi•la•bi•a•do *adj.* Que tem dois lábios.

bi•la•te•ral *adj2g.* **1.** Que tem dois lados. **2.** Referente a lados opostos. **3.** *Antrop.* Relativo ao parentesco pelo lado do pai e da mãe. [Pl.: *–rais*.]

bil•bo•quê *sm.* Brinquedo: bola de madeira com furo onde deve entrar um bastonete pontudo.

bi•lha *sf.* Vasilha bojuda, de barro, gargalo estreito, para conter líquidos potáveis.

bi•lhão *num.* e *sm.* Mil milhões, bilião. [Pl.: *–lhões*.]

bi•lhar *sm.* **1.** Jogo com três bolas (uma vermelha e duas brancas), que são impelidas com um taco de madeira sobre uma mesa revestida de feltro verde, com tabelas e seis caçapas. **2.** Essa mesa. **3.** V. *sinuca*.

bi•lhe•te (ê) *sm.* **1.** Carta simples e breve. **2.** Senha de admissão em espetáculo, reuniões, etc. **3.** Cartão impresso que dá direito a viagem em veículo coletivo; passagem. **4.** Cédula de habilitação em jogos de rifa e loteria.

bi•lhe•tei•ro *sm.* Vendedor de bilhetes.

bi•lhe•te•ri•a *sf. Bras.* Lugar onde se vendem bilhetes.

bi•li•ão *num.* e *sm.* Bilhão. [Pl.: *–ões*.]

bi•li•ar *adj2g.* Relativo à bílis.

bi•lín•güe *adj2g.* Que tem, fala, ou é escrito em duas línguas.

bi•lin•güis•mo *sm. Ling.* Utilização regular de duas línguas por indivíduo, ou comunidade, como resultado de contato lingüístico.

bi•li•o•ná•ri:o *adj.* e *sm.* Diz-se de, ou aquele que é muitíssimo rico.

bi•li•o•né•si•mo *num.* **1.** Ordinal correspondente a bilhão. **2.** Fracionário correspondente a bilhão.

bi•li•o•so (ô) *adj.* **1.** Cheio de bílis. **2.** Irascível, colérico. [Pl.: *–osos* (ó).]

bi•lir•ru•bi•na *sf. Med.* Pigmento biliar formado a partir de hemoglobina.

bí•lis *sf2n.* **1.** *Fisiol.* Líquido secretado pelo fígado e que, através de canais próprios, é levado ao duodeno. **2.** *Pop.* Mau humor.

bi•lon•tra *sm.* **1.** Velhaco, patife. **2.** Homem dado a conquistas amorosas. § **bi•lon•tra•gem** *sf.*

bil•ro *sm.* Peça de madeira ou de metal, semelhante ao fuso, para fazer rendas de almofada.

bil•tre *sm.* Homem vil, infame.

bim•ba•lhar *v.int.* Repicar, soar (o[s] sino[s]). [Conjug.: ① [bimbalh]**ar**]

bi•men•sal *adj2g.* Que aparece ou se faz duas vezes por mês; quinzenal. [Pl.: *–sais.*]

bi•mes•tral *adj2g.* Que dura dois meses, ou aparece ou se faz de dois em dois meses. [Pl.: *–trais.*]

bi•mes•tre *sm.* Período de dois meses seguidos.

bi•mo•tor (ó) *adj.* e *sm.* Diz-se de, ou veículo de dois motores.

bi•ná•ri:o *adj.* **1.** Que tem duas unidades, dois elementos. ● *sm.* **2.** *Fís.* Sistema de duas for-ças paralelas de suportes distintos, com senti-dos opostos, e que atuam sobre um corpo; con-jugado, par, torque.

bi•nó•cu•lo *sm.* Instrumento composto de duas lunetas, uma para cada olho, focalizáveis si-multaneamente.

bi•nô•mi:o *sm.* *Mat.* Forma algébrica consti-tuída por dois termos.

bi:o•ce•no•se *sf.* *Ecol.* Comunidade (5).

bi:o•ci•clo *sm.* *Biol.* O conjunto das etapas por que passa um ser vivo, do nascimento à mor-te; ciclo vital.

bi:o•ci•ên•ci:a *sf.* Nome genérico das ciências biológicas

bi:o•de•gra•dá•vel *adj2g.* Que pode ser decom-posto pelos microrganismos usuais no meio ambiente. [Pl.: *–veis.*]

bi:o•di•ver•si•da•de *sf.* A existência de uma grande variedade de espécies animais, vege-tais e de microrganismos em determinado hábitat natural.

bi:o•gê•ne•se *sf.* Princípio segundo o qual todo ser vivo provém de outro ser vivo.

bi:o•ge:o•ce•no•se *sf.* *Ecol.* Ecossistema.

bi:o•ge:o•gra•fi•a *sf.* *Ecol.* Estudo da distribui-ção geográfica dos seres vivos. [V. *zoogeogra-fia* e *fitogeografia.*]

bi:o•gra•far *v.t.d.* Fazer a biografia de. [Con-jug.: ① [biograf]**ar**]

bi:o•gra•fi•a *sf.* História da vida de uma pes-soa. § **bi:o•grá•fi•co** *adj.*

bi•ó•gra•fo *sm.* Autor de biografia(s).

bi:o•in•crus•ta•ção *sf.* *Biol.* Processo de colo-nização por crescimento de bactérias, algas e invertebrados sésseis, e que se desenvolve sobre estruturas submersas naturais ou arti-ficiais; incrustação biológica. [Pl. *-ções.*]

bi:o•lo•gi•a *sf.* O estudo dos seres vivos: sua estrutura, funcionamento, evolução, distribui-ção e inter-relações. § **bi:o•ló•gi•co** *adj.* ◆ **Bio-logia marinha.** Ramo da biologia que estuda os organismos marinhos

bi:o•lo•gis•ta *s2g.* Especialista em biologia; biólogo.

bi•ó•lo•go *sm.* Biologista.

bio•lu•mi•nes•cên•ci:a. *sf.* Luminescência produzida por organismos.

bi•o•ma *sm.* *Ecol.* Comunidade (5) importan-te que se estende sobre uma grande área e, ger., caracterizada por uma vegetação domi-nante.

bi:o•mas•sa *sf.* Qualquer matéria de origem vegetal, utilizada como fonte de energia.

bi•om•bo *sm.* Anteparo móvel, feito de caixi-lhos articulados por dobradiças e revestidos de papel, pano, etc.

bi•ô•ni•ca *sf.* Ciência que estuda a estrutura e a função dos organismos vivos com o fim de projetar dispositivos e aparelhagem tecnoló-gica.

bi•ô•ni•co *adj.* Diz-se de suposto organismo vivo ao qual se incorporam elementos em ge-ral eletrônicos.

bi:o•po•lí•me•ro *sm.* *Quím.* Polímero de ori-gem biológica, como, p. ex., as proteínas e os ácidos nucleicos.

bi:op•si•a ou **bi•óp•si:a** *sf.* *Patol.* Exame mi-croscópico de fragmento de órgão retirado de ser vivo.

bi:o•quí•mi•ca *sf.* Ramo da química que trata das reações ocorrentes nos organismos vivos.

bi:os•fe•ra *sf.* *Ecol.* O conjunto dos ecossiste-mas da Terra, isto é, das regiões da crosta e da atmosfera terrestres ocupadas pelos seres vi-vos; ecosfera.

bi:os•sín•te•se *sf.* *Quím.* Produção de substân-cia por organismo vivo.

bi:os•cis•te•ma *sm.* *Ecol.* O conjunto dos com-ponentes bióticos de ecossistema.

bi•o•ta *sf.* A flora e a fauna de uma região, ou de determinado período geológico.

bi:o•tec•no•lo•gi•a *sf.* Aplicação de métodos e processos biológicos e bioquímicos à produ-ção industrial.

bi•ó•ti•co *adj.* **1.** Relativo aos organismos vi-vos e aos processos vitais. **2.** Relativo ao bio-ma.

bi•ó•ti•po *sm.* **1.** *Biol.* e *Ecol.* Conjunto de in-divíduos cujos patrimônios genéticos muito se assemelham. **2.** *Med.* Tipo constitucional.

bi•ó•to•po *sm.* *Ecol.* Área física na qual os biótipos adaptados a ela e às condições am-bientais se apresentam praticamente unifor-mes.

bi•ó•xi•do *sm.* *Quím.* Dióxido.

bi•par *v.t.d.* Contatar (alguém) por meio de bipe. [Conjug.: ① [bip]**ar**]

bi•par•tir *v.t.d.* e *p.* Dividir(-se) em duas par-tes. [Conjug.: ③ [bipart]**ir**] § **bi•par•ti•do** *adj.*

bi•pe•se. **1.** Sinal sonoro de alerta, breve e ger. repetido, produzido por meio eletrônico. **2.** Receptor portátil de telecomunicação que emite bipes.

bi•pe•dal *adj2g.* Sobre dois pés ou duas patas (diz-se da posição dos bípedes). [Pl.: *–dais.*]

bí•pe•de *Zool. adj2g.* **1.** Que tem dois membros (diz-se de vertebrado). **2.** *P. ext.* Que anda em dois pés. • *sm.* **3.** Animal bípede.

bi•po•lar¹ *adj2g.* Que tem dois pólos.

bi•po•lar² *adj2g.* **1.** *Eng. Elétr.* Que tem ou que requer o uso de um bipolo. **2.** *Eletrôn.* Diz-se de dispositivo cuja operação depende essencialmente de elétrons e buracos como portadores de carga.

bi•po•lo *sm. Eng. Elétr.* Dispositivo elétrico com dois terminais diretamente acessíveis.

bi•qua•dra•da *sf. Mat.* Equação biquadrada (q. v.).

bi•quei•ra *sf.* **1.** Remate que se ajusta à ponta de algo; ponteira. **2.** Calha que sobressai à fachada dum edifício e por onde caem as águas pluviais recolhidas do telhado.

bi•quei•ro *adj. Bras. Fam.* Que come pouco; de má boca.

bi•quí•ni *sm.* **1.** Maiô de duas peças e reduzidíssimas dimensões. **2.** Calcinha que parte dos quadris, e cujas pernas são bastante cavadas.

bi•ri•ba *sm. Bras.* Certo jogo carteado.

bi•ri•ta *sf. Bras. Pop.* V. *cachaça* (1 e 2).

bi•rô *sm.* **1.** Repartição, agência. **2.** Firma que presta serviços simples de produção e/ou criação gráfica.

bir•ra *sf.* Insistência em permanecer numa ação ou atitude, ainda que absurda; teimosia, pirraça.

bir•ren•to *adj.* Que tem ou faz birra.

bi•ru•ta *sf.* **1.** Aparelho que indica a direção dos ventos de superfície e orienta, nos aeródromos, as manobras dos aviões. • *s2g.* **2.** *Bras. Gír.* Pessoa amalucada.

bis *interj.* Outra vez.

bi•são *sm. Zool.* Mamífero bovídeo, com cabeça e parte anterior do dorso cobertos de longos pêlos. [Pl.: *–sões.*]

bi•sar *v.t.d.* **1.** Repetir (cena duma peça, trecho de música, etc.), atendendo ao pedido de bis. **2.** *P. ext.* Repetir. [Conjug.: ⦸ [bis]**ar**]

bi•sa•vó *sf.* Mãe de avô ou de avó.

bi•sa•vô *sm.* Pai de avô ou de avó.

bis•bi•lho•tar *v.t.d.* e *int.* Investigar por curiosidade. [Conjug.: ⦸ [bisbilhot]**ar**]

bis•bi•lho•tei•ro *adj.* e *sm.* Que ou aquele que bisbilhota; mexeriqueiro.

bis•bi•lho•ti•ce *sf.* **1.** Ato de bisbilhotar. **2.** Qualidade de bisbilhoteiro.

bis•ca *sf.* **1.** Nome de vários jogos de cartas. **2.** *Fam.* Pessoa falsa.

bis•ca•te *sm.* **1.** Trabalho de pouca monta. **2.** *Bras.* V. *bico* (4).

bis•ca•te•ar *v.int.* Fazer biscates, ou viver deles. [Conjug.: ⑩ [biscat]**ear**]

bis•ca•tei•ro *sm. Bras.* Aquele que biscateia.

bis•coi•tei•ra ou **bis•cou•tei•ra** *sf.* Vaso para guardar biscoitos.

bis•coi•tei•ro ou **bis•cou•tei•ro** *sm.* Fabricante de biscoitos.

bis•coi•to ou **bis•cou•to** *sm.* Bolinho de farinha de trigo ou outra, açúcar, ovos, etc., bem cozido no forno.

bis•mu•to *sm. Quím.* Elemento metálico, cristalino, usado como medicamento sob a forma de compostos [símb.: *Bi*].

bis•na•ga *sf.* **1.** Tubo de plástico ou de chumbo usado na embalagem de tinta a óleo, pasta dentifrícia, etc. **2.** *Bras.* Longo pão cilíndrico, fino nas pontas.

bis•ne•to *sm.* Filho de neto ou de neta.

bi•so•nho *adj.* **1.** Sem experiência ou habilidade. **2.** Tímido, retraído.

bis•pa•do• *sm.* **1.** Diocese. **2.** Dignidade episcopal.

bis•par *v.t.d. Fam.* Observar ou espiar com atenção. [Conjug.: ⦸ [bisp]**ar**]

bis•po *sm.* **1.** Prelado que exerce o governo espiritual duma diocese. **2.** Presbítero. **3.** Peça do jogo de xadrez.

bis•sec•triz ou **bis•se•triz** *sf. Geom.* Reta que divide em ângulo.

bis•se•ma•nal *adj2g.* Que se faz ou publica duas vezes por semana. [Pl.: *–nais.*]

bis•sex•to (ês) *adj.* **1.** Diz-se do ano que tem 366 dias, por haver um dia extra em fevereiro. • *sm.* **2.** O dia que de quatro em quatro anos se acrescenta a esse mês.

bis•se•xu•al (cs) *adj2g.* **1.** Hermafrodito. **2.** Relativo ao comportamento sexual com indivíduos de ambos os sexos. **3.** Que tem esse comportamento. • *s2g.* **4.** Indivíduo bissexual. [Pl.: *–ais.*] § **bis•se•xu•a•li•da•de** *sf.*

bis•se•xu:a•lis•mo (cs) *sm.* Prática do comportamento bissexual.

bis•tu•ri *sm. Cir.* Instrumento cirúrgico de corte, do qual há vários modelos, de diferentes tamanhos e para fins variáveis.

⇨ **bit** (bit) [Ingl.] *sm. Inform.* **1.** Unidade mínima de informação em um sistema digital, que pode assumir apenas um de dois valores (ger. 0 ou 1). **2.** Representação numérica de um *bit*; dígito binário.

bi•tá•cu•la *sf.* Caixa que encerra a bússola.

bi•to•la *sf.* **1.** Medida reguladora; padrão. **2.** Distância entre os trilhos duma via férrea.

bi•to•la•do *adj.* Que tem visão ou compreensão muito limitada.

bi•to•lar *v.t.d.* **1.** Medir com bitola (1). **2.** Tornar bitolado. *P.* **3.** Tornar-se bitolado. [Conjug.: ⦸ [bitol]**ar**]

bi:u•ní•vo•co *adj. Mat.* Diz-se da relação, ou da correspondência, entre dois conjuntos em que cada elemento do primeiro corresponde a apenas um elemento do segundo, e vice-versa.

bi•val•ve¹ *adj2g.* Que tem duas valvas (fruto, concha).

bi•val•ve² *sm. Zool.* Espécime dos bivalves, classe de moluscos cujas conchas têm duas valvas. Ex.: mariscos, mexilhões, cernambis. **§ bi•val•ve²** *adj2g.*

bi•va•que *sm. Exérc.* Área ou tipo de estacionamento em que a tropa só dispõe de abrigos naturais.

bi•xá•ce:a (cs) *sf. Bot.* Espécime das bixáceas, família de pequenas árvores da América tropical. **§ bi•xá•ce:o** (cs) *adj.*

bi•zan•ti•no *adj.* 1. De Bizâncio, cidade européia fundada pelos gregos no séc. VII a.C. • *sm.* 2. Indivíduo bizantino.

bi•zar•ri•a *sf.* Qualidade, modos ou ação de bizarro.

bi•zar•ro *adj.* 1. Nobre, generoso. 2. Bem-apessoado; garboso. 3. Extravagante, esquisito.

❑ **Bk** *Quím.* Símb. de *berquélio.*

blan•dí•ci:a ou **blan•dí•ci:e** *sf.* Carícia; meiguice. **§ blan•di•ci•o•so** (ô) *adj.*

blas•fe•mar *v.int.* 1. Dizer blasfêmias. *T.i.* 2. Proferir palavras ultrajantes. [Conjug.: ☐ [blasfem]**ar**]

blas•fê•mi:a *sf.* Palavras que ultrajam a divindade, a religião, ou pessoa ou coisa respeitável.

blas•fe•mo (fê) *adj.* Que blasfema.

bla•so•nar *v.t.d.* 1. Ostentar, alardear. *T.i.* e *int.* 2. Vangloriar-se. [Conjug.: ☐ [blason]**ar**] **§ bla•so•na•dor** (ô) *adj.*

bla•tá•ri:o *sm. Zool.* Espécime dos blatários, ordem de insetos nocivos, domésticos, com asas cornificadas, e que põem os ovos em ooteca. Ex.: baratas, baratas-cascudas, etc. **§ bla•tá•ri:o** *adj.*

bla•te•rar *v.int.* 1. Deblaterar. 2. Soltar a voz (o camelo). [Conjug.: ☐ [blater]**ar**. Na acepç. 2 é unipessoal.]

bla•tí•de:o *sm. Zool.* Espécime dos blatídeos, família de insetos blatários cosmopolitas, alguns deles pragas domésticas. São as baratas. **§ bla•tí•de:o** *adj.*

ble•far *v.int.* 1. Iludir no jogo, apostando e/ou agindo como se tivesse boas cartas. 2. Esconder uma situação precária. *T.d.* 3. Enganar, lograr. [Conjug.: ☐ [blef]**ar**]

ble•fe *sm.* Ato de blefar.

ble•nor•ra•gi•a *sf. Med.* Gonorréia. **§ ble•nor•rá•gi•co** *adj.*

blin•da•gem *sf.* 1. Proteção contra ataques ou influências externas. 2. *Eng. Elétr.* Dispositivo para proteção de subestação e de linhas, por meio de cabos pára-raios, conjugados com hastes metálicas, instalados no topo das estruturas e aterrados à malha de terra. [Pl.: –*gens.*]

blin•dar *v.t.d.* Revestir de chapas de aço especial; encouraçar. [Conjug.: ☐ [blind]**ar**] **§ blin•da•do** *adj.*

blís•ter *sm.* Cartela em que pequenos produtos são encerrados em cavidades moldadas em folha de plástico e seladas por folha de alumínio, papel, etc.

➪ **blitz** (blits) [Al.] *sf.* Batida policial de improviso. [Com inicial maiúscula. Pl.: *Blitze.*]

blo•car *v.t.d. Edit.* Justificar (linhas de uma composição). [Conjug.: ☐ [blo]**car**]

blo•co *sm.* 1. Massa volumosa e sólida de uma substância. 2. Reunião de folhas de papel presas por um dos lados. 3. Cada edifício dos que formam um conjunto de prédios. 4. *Ling.* Unidade superior em que se classificam duas ou mais famílias lingüísticas. 5. *Bras.* Sociedade ou grupo carnavalesco.

blo•que•ar *v.t.d.* 1. Pôr bloqueio (2) a; sitiar. 2. Obstar, impedir. 3. Refrear, inibir. 4. *Esport.* Neutralizar ou defender (ataque [4]) em bloqueio. [Conjug.: ⑩ [bloqu]**ear**]

blo•quei•o *sm.* 1. Ato ou efeito de bloquear. 2. Cerco ou operação militar com que se procura cortar as comunicações duma praça ou porto com o exterior. 3. Restrição ou interrupção no desenvolvimento de algo. 4. No voleibol, parede de mãos erguidas pelos jogadores para tentar neutralizar o ataque adversário.

➪ **blue-jeans** (bludjí'ns) [Ingl.] *sm.* Ganga¹ azul, usada, ger., em roupa esportiva; jeans.

blu•sa *sf.* 1. Veste larga usada por operários, colegiais, artistas, etc.; bata. 2. Espécie de camisa usada por baixo ou por cima da saia, calça, etc. 3. Parte superior da indumentária feminina que vai dos ombros até a cintura.

blu•são *sm.* Blusa (2) esportiva folgada. [Pl.: –*sões.*]

bo•a *sf.* Grande serpente não venenosa, boídea.

bo•a•na *sf.* Cardume de peixes miúdos.

bo•a-noi•te ou **bo•a-nou•te** *sm.* 1. Saudação que se dirige a alguém depois das 18 horas. • *sf.* 2. *Bras. Bot.* Trepadeira convolvulácea, de flores perfumadas que se abrem ao anoitecer, fechando-se pela manhã. [Pl.: *boas-noites; boas-noutes.*]

bo•a-pra•ça *adj2g.* e *s2g.* Diz-se de, ou pessoa afável, delicada, bondosa, prestativa. [Pl.: *boas-praças.*]

bo•as-fes•tas *sf. pl.* Cumprimento e felicitações pelo Natal ou pelo ano-bom.

bo•as-vin•das *sf. pl.* Expressão de contentamento ou felicitação pela chegada de alguém.

bo•a-tar•de *sm.* Saudação que se dirige a alguém durante a tarde. [Pl.: *boas-tardes.*]

bo•a•te *sf.* Estabelecimento que funciona de noite, com bar, restaurante, pista de dança e palco para apresentações artísticas.

bo:a•tei•ro *sm.* Aquele que veicula boatos.

bo•a•to *sm.* Notícia anônima que corre publicamente sem confirmação; ruído, rumor, zunzum, zunzunzum.

bo•a-vi•da *s2g. Bras.* Pessoa que, pouco afeita ao trabalho, procura levar vida confortável. [Pl.: *boas-vidas.*]

bo•a-vis•ten•se *adj2g.* **1.** De Boa Vista, capital de RR. • *s2g.* **2.** O natural ou habitante de Boa Vista. [Pl.: *boa-vistenses.*]

bo•ba•gem *sf.* **1.** Gracejo de bobo. **2.** *Bras.* V. *asneira.* **3.** *Bras.* Fato ou palavra inconveniente. [Pl.: *-gens.*]

bo•ba•lhão *sm. Bras.* Indivíduo muito bobo. [Pl.: *-lhões.*]

bo•be•ar *v.int.* **1.** Fazer bobagem, asneira. **2.** *Gír.* Não perceber, por displicência ou ingenuidade, a importância de uma situação, um fato, etc. [Conjug.: 10 [bob]**ear**]

bo•bei•ra *sf.* Asneira, tolice.

bo•bi•na *sf.* **1.** Carretel para enrolar fio, filme, fita, etc. **2.** Grande rolo de papel contínuo, usado nas prensas rotativas. **3.** *Eng. Elétr.* Agrupamento de espiras de um condutor elétrico envoltas num núcleo (4), e que, num circuito, funciona como indutor.

bo•bi•na•do *sm. Eng. Elétr.* Conjunto de condutores que formam um mesmo circuito elétrico num aparelho ou numa máquina elétrica; enrolamento.

bo•bi•nar *v.t.d.* Enrolar em bobina. [Conjug.: 1 [bobin]**ar**]

bo•bo (ô) *sm.* **1.** Aquele que na Idade Média divertia nobres com suas chalaças e momices; truão. **2.** V. *tolo* (7). • *adj.* **3.** V. *tolo* (1 e 2).

bo•bó *sm. Bras.* Comida de origem africana: feijão mulatinho, dendê, com inhame ou aipim. ♦ **Bobó de camarão.** *Bras.* Mingau de aipim refogado com camarão, dendê e leite de coco.

bo•bo•ca *adj2g.* e *s2g. Bras.* V. *tolo* (1, 2 e 7).

bo•ca (ô) *sf.* **1.** *Anat.* Cavidade na parte inferior da face (ou da cabeça), pela qual o homem e outros animais ingerem os alimentos. **2.** A parte exterior dessa cavidade, formada pelos lábios. **3.** Qualquer abertura ou corte que dê idéia de boca (1). **4.** Extremidade inferior da calça, por onde passam as pernas. **5.** Foz, embocadura. **6.** *Fam.* Pessoa que come. **7.** Abertura do tubo ou do cano da arma de fogo, por onde sai a bala. **8.** Bocal (1). **9.** Abertura de saco (1).

bo•ca-a•ber•ta *s2g.* Pessoa que se surpreende com tudo. [Pl.: *bocas-abertas.*]

bo•ca•do *sm.* **1.** Porção de alimento que se leva de uma vez à boca. **2.** Pequena porção de algo.

bo•cai•na *sf. Bras.* Depressão numa serra.

bo•cai•ú•va *sf. Bras. Bot.* Palmácea de frutos drupáceos comestíveis.

bo•çal *adj2g.* Estúpido, ignorante. [Pl.: *-çais.*] § **bo•ça•li•da•de** *sf.*

bo•cal *sm.* **1.** Abertura de vaso, castiçal, garrafa, etc.; boca. **2.** Peça móvel que serve de em-

bocadura a instrumentos de sopro (corneta, trombeta, etc.). [Pl.: *-cais.*]

bo•ca-li•vre *sf. Bras. Pop.* Reunião numerosa, de entrada livre, e na qual se servem comidas e bebidas de graça. [Pl.: *bocas-livres.*]

bo•car•ra *sf.* Boca (1) enorme ou muito aberta; boqueirão.

bo•ce•jar *v.int.* **1.** Dar bocejos. **2.** Dizer por entre bocejos, ou com enfado. [Conjug.: 1 [bocej]**ar**]

bo•ce•jo (ê) *sm.* Abrimento espasmódico da boca (1), com aspiração do ar, seguida de expiração prolongada.

bo•ce•ta (ê) *sf.* **1.** Caixinha redonda, oval ou oblonga. **2.** *Bras. Chulo* Vulva.

bo•che•cha (ê) *sf. Anat.* A parte carnosa mais saliente de cada lado da face.

bo•che•char *v.t.d.* **1.** Agitar (um líquido) na boca (1), movimentando as bochechas. *Int.* **2.** Fazer uso de bochechos. [Conjug.: 1 [boche-ch]**ar**]

bo•che•cho (ê) *sm.* **1.** Ato de bochechar. **2.** Porção de líquido que se põe na boca (1) e se agita com as bochechas, cuspindo-a em seguida.

bo•che•chu•do *adj.* e *sm.* Que ou aquele que tem bochechas gordas.

bó•ci•o *sm. Med.* Hipertrofia da glândula tireóide; papeira (*bras.*).

bo•có *adj2g.* e *s2g. Bras.* V. *tolo* (1, 2 e 7).

bo•da (ô) *sf.* Celebração de, ou festa com que se celebra casamento; núpcias.

bo•das (ô) *sf.pl.* V. *núpcias.*

bo•de *sm.* **1.** O macho da cabra; cabrão. **2.** Caprino em geral. **3.** *Bras.* Complicação, encrenca. **4.** *Gír.* Sonolência provocada por droga. ♦ **Bode expiatório.** Pessoa a quem se imputam todos os reveses e todas as culpas.

bo•de•a•do *adj. Bras. Gír.* Chateado, amolado.

bo•de•ga *sf.* **1.** V. *taberna.* **2.** *Bras.* Pequeno armazém de secos e molhados.

bo•de•guei•ro *sm.* Dono da bodega.

bo•de•jar *v.int. Bras.* **1.** Emitir a voz (o bode). **2.** Gaguejar (1). [Conjug.: 1 [bodej]**ar**]

bo•do•que *sm. Bras.* **1.** Arco para atirar bolas de barro endurecidas ao fogo, pedrinhas, etc. **2.** V. *atiradeira.*

bo•dum *sm.* **1.** Fedor de bode não castrado. **2.** Transpiração fétida; catinga, xexéu. [Pl.: *-duns.*]

bo•ê•mi:a ou **bo•e•mi•a** (*Bras.*) *sf.* **1.** Vida airada. **2.** Vadiagem, pândega, estroinice.

bo•ê•mi:o *adj.* **1.** Da Boêmia, região da República Checa. **2.** Estróina, pândego. • *sm.* **3.** O natural ou habitante da Boêmia. **4.** Cigano (1). **5.** Indivíduo boêmio (2). **6.** Checo (2).

bo•fe *sm.* **1.** *Pop.* Pulmão. **2.** *Bras. Gír.* Pessoa sem atrativos. **3.** *Bras. Gír.* Homem.

bo•fes *sm.pl.* A fressura dos animais.

bo•fe•ta•da *sf.* Tapa no rosto, com a mão espalmada; tapa.

bo•fe•tão *sm.* Grande bofetada; sopapo. [Pl.: *-tões.*]

bo•ga•ri *sm. Bras. Bot.* Arbusto trepador das oleáceas, de flores perfumadas.

bóh•ri:o *sm. Quím.* Elemento de número atômico 107, artificial [símb.: *Bh*].

boi *sm. Zool.* Bovídeo doméstico, de chifres ocos, não ramificados.

bói *sm.* Aquele que, numa empresa (2), exerce funções de contínuo (2), mensageiro e outras.

bói•a *sf.* **1.** Flutuador usado para balizamento, amarração de navios, e outros fins, e agüenta-do no seu lugar fundeado ou amarrado. **2.** Peça de material flutuante (cortiça, isopor, etc.) **3.** *Bras. Pop.* Comida, refeição.

boi•a•da *sf.* Manada de bois.

boi:a•dei•ro *sm.* **1.** Tocador de boiada. **2.** *Bras.* Comprador de gado para revenda.

bói•a-fri•a *s2g.* Trabalhador agrícola que mora em área urbana e se desloca diariamente para propriedade rural próxima. [Pl.: *bóias-frias.*]

boi•ão *sm.* Vaso bojudo, de boca larga, para guardar doces, conservas, etc. [Pl.: *-ões.*]

boi•ar *v.t.d.* **1.** Pôr a flutuar, prendendo a bóia. *Int.* **2.** Flutuar, sobrenadar. **3.** *Pop. Comer.* **4.** *Bras. Gír.* Não entender. [Conjug.: ① [boi]ar.] Quanto à acentuação no *ó*, v. *apoiar*.]

boi•ci•nin•ga *sf. Bras. Zool.* Cascavel (2).

boi•co•tar *v.t.d.* **1.** Punir (pessoa, estabelecimento, país), recusando relações sociais ou comerciais. **2.** Criar embaraços aos interesses de. [Conjug.: ① [boicot]ar.]

boi•co•te *sm.* Ato ou efeito de boicotar.

bo•í•de:o *sm. Zool.* Espécime dos boídeos, família de grandes serpentes que habitam regiões tropicais. Ex.: pítons, boas. § **bo•í•de:o** *adj.*

boi•na *sf.* Espécie de boné chato, sem costura e sem pala, comumente de lã.

boi•ta•tá *sm. Bras. Pop.* Fogo-fátuo.

boi•ú•na *sf.* V. *sucuri.*

bo•jo (ô) *sm.* Saliência arredondada; barriga. § **bo•ju•do** *adj.*

bo•la *sf.* **1.** Qualquer corpo esférico. **2.** Qualquer coisa a que se dá feitio de bola; bolo. **3.** Artefato esférico, em geral de borracha, que pode saltar e se usa em vários esportes. **4.** *Bras.* O futebol. **5.** Juízo, siso. **6.** *Bras.* Piada, chiste. **7.** *Bras.* Comida envenenada para matar cães.

bo•la•cha *sf.* **1.** Biscoito achatado. **2.** *Fam.* Bofetada, bolachada.

bo•la•cha•da *sf.* Bolachada (2).

bo•la•ço *sm. Fut.* Jogada ou passe (3) bem realizado; bolão.

bo•la•da *sf.* **1.** Monte de dinheiro, ou bolo (ô) (4), no jogo. **2.** Grande quantia.

bo•lão *sm.* **1.** *Fut.* Bolaço. **2.** *Bras.* Grande quantidade de dinheiro. [Pl.: *-lões.*]

bo•lar *v.t.d. Bras. Pop.* **1.** Arquitetar (3). **2.** Conceber, inventar. [Conjug.: ① [bol]ar.]

bo•las *sf.pl.* **1.** Boleadeiras. • *interj.* **2.** Designa enfado ou reprovação.

bol•bo *sm.* V. *bulbo* (3).

bol•do (ô) *sm.* Planta monimiácea, medicinal.

bol•dri:é *sm.* Correia a tiracolo, à qual se prendia a espada, e onde se firma a haste da bandeira; talabarte.

bo•le•a•dei•ras *sf.pl. Bras. RS* Aparelho, em desuso, empregado para laçar animais ou como arma; bolas.

bo•le•ar¹ *v.t.d.* **1.** Dar a forma de bola a; arredondar. **2.** *Bras. S.* Arremessar as boleadeiras e enlear (o animal). *P.* **3.** Saracotear (3). [Conjug.: ⑩ [bol]ear]

bo•le•ar² *v.t.d.* Conduzir, dirigir. [Conjug.: v. *idear.*]

bo•le•ei•ro *sm.* Cocheiro.

bo•léi•a *sf.* **1.** Assento do cocheiro. **2.** A cabina do motorista, no caminhão.

bo•le•ro (é) *sm.* **1.** Certa dança espanhola. **2.** A música dessa dança. **3.** Certa canção e dança caribenhas. **4.** Casaco curto usado por cima de blusa.

bo•le•tim *sm.* **1.** Pequeno escrito noticioso, para circulação interna ou comunicação pública. **2.** Caderneta de registro escolar. [Pl.: *-tins.*]

bo•lha (ô) *sf.* **1.** Vesícula ou empola na pele. **2.** Glóbulo de ar, vapor ou gás que se forma nos líquidos quando fervem ou fermentam.

bo•li•che *sm. Bras.* Jogo em que se faz deslizar uma bola, buscando derrubar um conjunto de balizas.

bó•li•de *sf. Astr.* Meteoro maior que o comum, e que ao penetrar na atmosfera terrestre produz ruído e se torna muito brilhante, podendo deixar um rastro luminoso.

bo•li•na *sf.* **1.** *Mar.* Ato ou efeito de bolinar. **2.** Chapa plana, colocada verticalmente por baixo da quilha, nas embarcações de vela, para reduzir a inclinação e o abatimento da embarcação quando se navega à vela.

bo•li•nar *v.int.* **1.** *Mar.* Navegar à bolina. *T.d.* **2.** *Bras. Chulo* Passar a mão, voluptuosa e disfarçadamente em (alguém), em lugares públicos. [Conjug.: ① [bolin]ar.]

bo•li•vi•a•no *adj.* **1.** Da Bolívia (América do Sul). • *sm.* **2.** O natural ou habitante da Bolívia.

bo•lo (ô) *sm.* **1.** Bola (2). **2.** Tipo de pastelaria, de formas variadas, feita, em geral, de farinha, ovos, açúcar e gorduras. **3.** *Fam.* Pancada com palmatória. **4.** Quantia formada por entradas, apostas, multas e perdas dos parceiros no jogo. **5.** *Bras. Pop.* Aposta conjunta de diversas pessoas. **6.** *Bras.* Logro, burla.

bo•lor (ô) *sm.* **1.** Denominação comum a fungos que vivem de matérias orgânicas por eles decompostas; mofo. **2.** Bafio.

bo•lo•ren•to *adj.* Que tem bolor.

bo•lo•ta *sf.* **1.** V. *glande* (1). **2.** Qualquer penduricalho.

bol•sa (ô) *sf.* **1.** Sacola com alça, ou saco, ou carteira, para guardar dinheiro e/ou documentos, lenço, objetos de toalete, etc. **2.** Qualquer outro saco pequeno. **3.** Pensão gratuita a estudantes ou pesquisadores para estudos ou viagem cultural. **4.** Instituição onde se transacionam ações, títulos públicos e outros valores, ou mercadorias. **5.** *Anat.* e *Med.* Cavidade em forma de saco.

bol•sis•ta *s2g. Bras.* Quem recebeu uma bolsa (3).

bol•so (ô) *sm.* Saquinho de pano cosido à roupa; algibeira. [Pl.: *bolsos* (ô).] ♦ **De bolso.** De pequenas dimensões.

bom *adj.* **1.** Que tem todas as qualidades adequadas à sua natureza ou função. **2.** Bondoso; misericordioso. **3.** Que funciona bem (órgão ou aparelho). **4.** Favorável, proveitoso. **5.** Agradável, aprazível. **6.** Afável, cortês. **7.** Gostoso, saboroso. **8.** Válido, legal. **9.** Saudável, sadio.

bom•ba *sf.* **1.** Projétil ou artefato explosivo. **2.** Máquina para movimentar fluidos, gases ou líquidos, geralmente ao longo de tubulações. **3.** Aparelho para extrair ou esgotar líquidos. **4.** Aparelho para encher câmaras-de-ar. **5.** Canudo para se tomar mate; bombilha. **6.** *Fig.* Acontecimento inesperado. **7.** *Bras. Fam.* Coisa ruim. **8.** *Bras.* Reprovação em exame. **9.** *Bras.* Dispositivo pirotécnico. ♦ **Bomba atômica.** Dispositivo cujo grande poder de destruição provém da desintegração de átomos de urânio ou plutônio. **Bomba de hidrogênio.** Dispositivo cujo grande poder de destruição provém da fusão de átomos leves, como hidrogênio ou lítio, submetidos a temperatura altíssima.

bom•ba•cá•ce:a *sf. Bot.* Espécime das bombacáceas, família de árvores tropicais de grandes flores e folhas, e frutos capsulares, lenhosos. Ex.: o baobá. § **bom•ba•cá•ce:o** *adj.*

bom•ba•chas *sf.pl. Bras.* Calças muito largas em toda a perna, salvo no tornozelo.

bom•ba•da *sf.* **1.** Cada movimento completo da bomba (2 a 4). **2.** Quantidade de líquido, ar, etc., que a bomba aspira ou lança de cada vez. **3.** *Bras.* Perda; logro.

bom•bar *v.t.d.* **1.** V. *bombear.* *T.i.* **2.** *Bras.* Ser reprovado (em exame); levar bomba (8). [Conjug.: ⨎ [bomb]**ar**]

bom•bar•dão *sm. Bras.* **1.** Bombardino (1). **2.** Tuba. [Pl.: *–dões.*]

bom•bar•de•ar *v.t.d.* **1.** Arremessar bombas ou projetis de artilharia contra. **2.** Combater com perguntas e argumentos. *T.d.i.* **3.** Agredir verbalmente. [Conjug.: ⨎ [bombard]**ear**]

bom•bar•dei•o *sm.* Ato ou efeito de bombardear.

bom•bar•dei•ro *sm.* Avião empregado em bombardeios.

bom•bar•di•no *sm.* **1.** O saxofone baixo; bombardão. **2.** Trombone de pistões.

bom•bás•ti•co *adj.* **1.** Estrondoso, altissonante. **2.** Empolado, extravagante.

bom•be•ar *Bras. v.t.d.* **1.** Extrair (fluidos) com bomba (3 e 5). *Int.* **2.** Manobrar bomba (3 a 5). [Sin. ger.: *bombar.* Conjug.: ⨎ [bomb]**ear**] § **bom•be:a•men•to** *sm.*

bom•bei•ro *sm.* **1.** Homem que trabalha na extinção de incêndios. **2.** *Bras. RJ* Encanador.

bom•bi•cí•de:o *sm. Zool.* Espécime dos bombicídeos, família de lepidópteros noturnos cujas larvas tecem casulos. São os bichos-da-seda. § **bom•bi•cí•de:o** *adj.*

bom•bi•lha *sf. Bras.* Bomba (5).

bom•bo *sm.* **1.** Tambor (1) grande, de som grave; bumbo, zabumba. **2.** Tocador de bombo (1).

bom-bo•ca•do *sm.* Doce feito de gema de ovo, açúcar, leite de coco, etc. [Pl.: *bons-bocados.*]

bom•bom *sm.* Guloseima, em geral de chocolate, às vezes com recheio de frutas, licores, etc. [Pl.: *–bons.*]

bom•bor•do *sm. Mar.* O lado esquerdo da embarcação, considerando-se a proa como a sua frente.

bom-di•a *sm.* Saudação que se dirige a alguém na primeira metade do dia. [Pl.: *bons-dias.*]

bo•na•chão *adj. e sm.* Que ou aquele que tem bondade natural e é simples e paciente; bonacheirão. [Fem.: *bonachona.* Pl.: *–chões.*]

bo•na•chei•rão *adj. e sm.* Bonachão. [Fem.: *bonacheirona.* Pl.: *–rões.*]

bo•nan•ça *sf.* **1.** Bom tempo no mar; tempo favorável à navegação. **2.** Sossego, calma.

bo•nan•co•so (ô) *adj.* Que está em bonança. [Pl.: *–çosos* (ó).]

bon•da•de *sf.* **1.** Qualidade de bom. **2.** Boa ação. **3.** Benevolência, clemência.

bon•de *sm. Bras.* Veículo elétrico de transporte urbano, que se move sobre trilhos.

bon•do•so (ô) *adj.* Que tem, ou em que há bondade. [Pl.: *–dosos* (ó).]

bo•né *sm.* Cobertura para a cabeça, de copa redonda, com pala sobre os olhos.

bo•ne•ca *sf.* **1.** Figura que imita uma forma feminina e serve de brinquedo (1). **2.** Pequeno chumaço usado para envernizar, em encadernação, etc. **3.** *Bras.* A espiga de milho ainda em formação. **4.** *Bras. Art. Gráf.* Boneco (3).

bo•ne•co sm. 1. Boneca (1), mas de forma masculina. 2. Inf. Desenho de homem ou animal. 3. Art. Gráf. Projeto gráfico de livro, constituído por volume com as características do que se deseja imprimir; boneca.

bo•ni•fi•ca•ção sf. Concessão de bônus. [Pl.: -ções.]

bo•ni•fi•car v.t.d. Dar bonificação a. [Conjug.: ⑧ [bonifi]car]

bo•ni•fra•te sm. Fantoche, títere.

bo•ni•te•za (ê) sf. Qualidade de bonito.

bo•ni•to adj. 1. Que agrada aos sentidos ou ao espírito, sem ser propriamente belo. 2. Formoso, belo. 3. Bom, vantajoso. 4. Que mostra nobreza; generoso. 5. Excelente, magnífico. 6. Diz-se de dia claro, de sol. • sm. 7. Aquilo que é bonito. 8. Ação brilhante.

bo•no•mi•a sf. Qualidade de quem é bom, simples, crédulo, ou pachorrento.

bô•nus sm2n. 1. Prêmio, ou vantagem, concedido, em determinadas circunstâncias, a acionistas, compradores, empregados, etc. 2. Título da dívida pública.

bon•zo sm. Sacerdote budista.

⇨ boot (bu't) [Ingl.] sm. Inform. V. iniciação (5). ♦ **Dar boot.** Inform. V. iniciar (3).

bo•quei•ra sf. Pop. Med. Inflamação em comissura de lábio bucal.

bo•quei•rão sm. 1. Bocarra. 2. Abertura em costa marítima, rio ou canal. [Pl.: -rões.]

bo•que•jar v.t.d. e int. 1. Falar baixo. T.i. 2. Falar mal de. 3. Discutir (com alguém). [Conjug.: ① [boquej]ar]

bo•qui:a•ber•to adj. Muito admirado.

bo•qui•lha sf. Tubo de gesso, ou marfim, etc., por onde se fuma. [Sin. (bras.): piteira.]

bo•qui•nha sf. Bras. Fam. V. beijo. ♦ **Fazer uma boquinha.** Bras. Comer um pouco.

bo•ra•gi•ná•ce:a sf. Bot. Espécime das boragináceas, família de ervas e arbustos de distribuição cosmopolita. § **bo•ra•gi•ná•ce:o** adj.

bo•ra•to sm. Quím. Qualquer sal do ácido bórico.

bó•rax (cs) sm2n. Quím. O borato de sódio, cristalino, usado como anti-séptico.

bor•bo•leta (ê) sf. 1. Zool. Nome comum a lepidópteros diurnos, de quatro asas membranosas, e cujas larvas não tecem casulos, passando o período ninfal sob a forma de crisálidas. 2. Zool. Nome comum a peixes quetodontídeos, amarelos com faixas escuras; muitas espécies são criadas em aquários. 3. Fig. Pessoa volúvel. 4. Bras. Molinete (2) us. sobretudo para contagem de passageiros; torniquete; catraca.

bor•bo•le•te•ar v.int. 1. Adejar como as borboletas. 2. V. vaguear (2). 3. Fig. Devanear. [Conjug.: ⑩ [borbolet]ear] § **bor•bo•le•te:a•dor** (ô) adj.

bor•bo•tão sm. Jacto impetuoso, cachão. [Pl.: -tões.]

bor•bo•tar v.t.d. e int. Lançar, ou sair em borbotões. [Conjug.: ① [borbot]ar]

bor•bu•lha sf. 1. Bolha de fluido. 2. V. broto (1). 3. Vesícula na epiderme, de conteúdo aquoso ou purulento.

bor•bu•lhar v.int. 1. Sair em borbulhas, bolhas ou gotas freqüentes. 2. Apresentar-se em ebulição. [Conjug.: ① [borbulh]ar] § **bor•bu•lhan•te** adj2g.

bor•co (ô) el. sm. Us. na loc. adv. de borco. ♦ **De borco.** De boca para baixo.

bor•da sf. A extremidade duma superfície; beira, beirada, margem.

bor•da•dei•ra sf. Mulher que borda.

bor•da•do adj. 1. Que é ornado de cercadura, orla (4) ou bordado (2). • sm. 2. Lavor em relevo, sobre estofo ou pano, à linha, fio de lã, prata, ouro, etc.

bor•dão¹ sm. 1. Bastão (1) de arrimo; cajado, vara. 2. V. cacete (1). [Pl.: -dões.]

bor•dão² sm. Mús. 1. Corda de tripa ou de aço, coberta com fio metálico que, engrossando-a, permite maior tensão. 2. Nota das mais graves de qualquer instrumento. [Pl.: -dões.]

bor•dar v.t.d. e int. Fazer bordado (2) (em). [Conjug.: ① [bord]ar] § **bor•da•dor** (ô) sm.

bor•de•jar v.int. 1. Navegar em ziguezague, à vela, recebendo o vento ora por um bordo, ora por outro. 2. Ir de um lado para outro. 3. Cambalear. 4. Bras. Gír. Andar à cata de romance. [Conjug.: ① [bordej]ar]

bor•de•jo (ê) sm. Ato ou efeito de bordejar; bordo.

bor•del sm. Prostíbulo. [Pl.: -déis.]

bor•de•rô sm. Relação de títulos de crédito entregues a um banco para desconto ou cobrança.

bor•do sm. 1. Bordejo. 2. Cada uma das duas partes em que o casco da embarcação é dividido por seu plano longitudinal. 3. Cada uma das duas zonas do espaço interior à volta da embarcação. ♦ **A bordo.** 1. Dentro de embarcação. 2. P. ext. Dentro de veículo de transporte coletivo (trem, avião, etc.).

bor•do•a•da sf. Pancada com bordão¹ (2); cacetada.

bor•do•ei•ra sf. Bras. V. surra (1).

bo•ré sm. Bras. Etnogr. Espécie de trombeta dos índios.

bo•re•al adj2g. Do lado do norte; setentrional. [Pl.: -ais.]

bo•res•te sm. Bras. Mar. Estibordo.

bo•ri•ca•do adj. Que contém ácido bórico em dissolução.

bó•ri•co adj. Quím. Diz-se dum ácido que contém boro e tem poder desinfetante.

bor•la *sf.* **1.** Obra de passamanaria, formada por um suporte, de que pendem inúmeros fios. **2.** Barrete doutoral.

bor•nal *sm.* Saco que se pendura ao focinho de cavalgaduras para que nele comam. [Pl.: –*nais.*]

bo•ro *sm. Quím.* Elemento de número atômico 5, não metálico, sólido, pouco reativo [símb.: *B*].

bo•ro•co•xô *adj2g.* e *s2g. Bras. Gír.* Diz-se de, ou pessoa sem coragem, mole, fraca ou envelhecida.

bo•ro•ro (ôro) ou **bo•ro•ró** *Bras. s2g.* **1.** *Etnôn.* Indivíduo dos bororos, povo indígena que habita áreas de MT. • *sm.* **2.** *Gloss.* Família lingüística do tronco macro-jê, à qual pertencem as línguas faladas por povos indígenas do MT. § **bo•ro•ro** ou **bo•ro•ró** *adj2g.*

bor•ra (ô) *sf.* **1.** Sedimento de um líquido; fezes. **2.** Resíduo de seda de que se fazem tecidos mais grosseiros.

bor•ra-bo•tas *sm2n.* V. *joão-ninguém.*

bor•ra•cha *sf.* **1.** Substância elástica sintética, ou feita do látex da seringueira e outros. **2.** Esse látex beneficiado, para a indústria. **3.** Pedaço de borracha para apagar traços do desenho e da escrita. **4.** Odre de couro bojudo, com bocal, para conter líquidos.

bor•ra•cha•ri•a *sf.* Loja de borracheiro.

bor•ra•chei•ra *sf.* **1.** V. *bebedeira* (1). **2.** Obra malfeita.

bor•ra•chei•ro *sm.* O que se dedica à venda e/ ou conserto de pneumáticos.

bor•ra•cho¹ *sm.* Pombo implume ou que ainda não voa.

bor•ra•cho² *adj.* V. *beberrão.*

bor•ra•chu•do *sm. Bras. Zool.* Nome comum a vários mosquitos simuliídeos; pium.

bor•ra•dor (ô) *sm.* Livro onde se anotam, dia a dia, operações mercantis.

bor•ra•lhei•ra *sf.* Lugar onde se acumula borralho (2).

bor•ra•lhei•ro *adj.* **1.** Que gosta de ficar junto ao borralho, na cozinha. **2.** Que sai pouco de casa.

bor•ra•lho *sm.* **1.** Braseiro coberto de cinzas ou quase apagado. **2.** Cinzas quentes.

bor•rão *sm.* **1.** Mancha de tinta. **2.** V. *rascunho* (2). [Pl.: –*rões.*]

bor•rar *v.t.d.* **1.** Sujar em borrões. **2.** Riscar, rabiscar. **3.** Pintar grosseiramente. *P.* e *int.* **4.** *Pop.* Defecar. [Conjug.: ① [borr]**ar**]

bor•ras•ca *sf.* Vento forte e súbito, com chuva.

bor•re•go (ê) *sm.* Cordeiro com menos de um ano.

bor•ri•çar *v.int.* V. *chuviscar.* [Conjug.: ⑨ [borri]**çar**. Defect., unipess.]

bor•ri•far *v.t.d.* Molhar com borrifos. [Conjug.: ① [borrif]**ar**]

bor•ri•fo *sm.* **1.** Difusão de gotas. **2.** Gotinhas de chuva ou de orvalho.

bor•ze•guim *sm.* Botina cujo cano se fecha com cordões. [Pl.: –*guins.*]

bó•son *sm. Fís. Nucl.* Qualquer partícula elementar de *spin* inteiro. Ex.: méson e fóton. ♦ **Bóson W.** *Fís. Nucl.* Bóson de *spin* 1, com estados de carga elétrica igual à do próton ou à do elétron. [Representa-se por W^+ ou W^-, conforme a carga elétrica.]

bos•que *sm.* **1.** Grande porção de árvores reunidas. **2.** Mata, floresta.

bos•que•jar *v.t.d.* Fazer bosquejo de. [Conjug.: ① [bosquej]**ar**]

bos•que•jo (ê) *sm.* **1.** Os primeiros traços, que antecedem o plano geral duma obra. **2.** V. *rascunho* (2).

bos•sa *sf.* **1.** *Anat.* Protuberância arredondada na superfície óssea do crânio. **2.** V. *corcunda* (1). **3.** *Fig.* Aptidão, pendor.

bos•ta *sf.* **1.** Excremento do gado bovino ou de qualquer animal. **2.** V. *merda.* **3.** *Pop.* Coisa malfeita, de má qualidade, ou reles.

bo•ta *sf.* Calçado de couro, que envolve o pé, a perna e, às vezes, a coxa.

bo•ta-fo•ra *sm2n.* Ato ou festa com que se despede alguém, acompanhando-o até à partida.

bo•tâ•ni•ca *sf.* Ciência que tem por objeto o estudo dos vegetais.

bo•tâ•ni•co *adj.* **1.** Relativo à botânica. • *sm.* **2.** Especialista em botânica.

bo•tão *sm.* **1.** Pequena saliência que, nos vegetais, origina novos ramos, folhas ou flores. **2.** A flor antes de desabrochar. **3.** Pequena peça que se usa para fechar o vestuário, fazendo-a entrar numa casa, e também como adorno. **4.** Bola que se põe na ponta do florete para a estocada não ferir. **5.** *Patol.* Pequeno tumor arredondado.

botar *v.t.d.* **1.** Lançar fora; expelir. **2.** Vestir, calçar, pôr. **3.** Preparar, arranjar. **4.** Estabelecer, montar. *T.d.c.* **5.** Pôr, colocar ou estender. **6.** Guardar, depositar. **7.** Fazer entrar; introduzir. *T.d.i.* **8.** Pôr (defeito, falha, etc.). *T.i.* **9.** Pôr-se a; principiar. *Int.* **10.** Pôr ovos. **11.** Frutificar ou florescer. *P.* **12.** Ir(-se). **13.** Arrojar-se, atrever-se. [Conjug.: ① [bot]**ar**]

bo•ta•réu *sm.* Obra maciça de alvenaria, para reforçar paredes.

bo•te¹ *sm.* Escaler pequeno, para trabalhos leves ou pequenos serviços de navios no porto.

bo•te² *sm.* **1.** Golpe com arma branca. **2.** Ataque, investida. **3.** *Bras.* Salto do animal sobre a presa.

bo•te•co *sm. Bras. BA S. Fam.* e/ou *deprec.* V. *botequim.*

bo•te•quim *sm.* Estabelecimento onde se servem sobretudo bebidas; café ou bar popular. [Pl.: –*quins.*]

bo•te•qui•nei•ro *sm.* Dono e/ou administrador de botequim.

bo•ti•ca *sf.* Farmácia (2).

bo•ti•cão *sm.* Tenaz para arrancar dentes. [Pl.: *–cões.*]

bo•ti•cá•ri:o *sm.* Dono de botica; farmacêutico.

bo•ti•ja *sf.* Vaso cilíndrico, de boca estreita, gargalo curto e pequena asa.

bo•ti•jão *sm.* Bujão (2 e 3). [Pl.: *–jões.*]

bo•ti•na *sf.* *Bras.* Bota de cano curto.

bo•to[1] (ô) *sm.* *Zool.* Nome comum a vários cetáceos marinhos (delfinídeos), ou de água doce (platanistídeos).

bo•to[2] (ô) *adj.* De gume embotado.

bo•to•cu•do *sm. Bras.* **1.** *Etnôn.* Indivíduo dos botocudos, povo indígena extinto que habitava a região da divisa do ES com MG, e certas regiões de SC. **2.** *Gloss.* Família linguística à qual pertencem línguas faladas por povos indígenas, e que se prende ao tronco macro-jê. § **bo•to•cu•do** *adj.*

bo•to•ei•ra *sf.* Casa (4).

bo•to•que *sm.* Adorno em forma de disco ou botão, feito de madeira, que se prende a um furo no lábio, nariz ou orelha, us. por certos povos indígenas brasileiros.

bo•tu•lis•mo *sm. Med.* Envenenamento por alimento mal conservado e infectado pelo *Clostridium botulinum.* § **bo•tu•lí•ni•co** *adj.*

bou•ba *f. s. Med.* Doença infecciosa causada pelo *Treponema pertenue*; compromete a pele e, tardiamente, ossos e articulações. **2.** Doença contagiosa dos galináceos.

bo•ví•de:o *sm. Zool.* Espécime dos bovídeos, família dos mamíferos ruminantes, herbívoros, ungulados, providos de chifres; são os bois, antílopes, gazelas, ovelhas e cabras. § **bo•ví•de:o** *adj.*

bo•vi•no *adj.* Do, ou próprio do boi.

bo•xe (cs) *sm.* **1.** Jogo de murro em que dois contendores, com luvas especiais, se defrontam. **2.** Armadura metálica para os dedos, para se darem socos. **3.** Compartimento de cavalariça, mercado, garagem, central telefônica, etc., ou em banheiro, para o chuveiro. **4.** *Edit.* Parte delimitada de uma página impressa ger. por fios ou cercadura.

bo•xe:a•dor (ô) *sm. Bras.* Lutador de boxe.

bo•zó *sm.* Certo jogo de dados.

❏ **Br** *Quím.* Símb. do *bromo.*

bra•bo *adj.* **1.** *Bras. Açor.* V. *bravo[1]* (1 e 2). **2.** De má qualidade. **3.** Muito forte, intenso.

bra•ça *sf.* Antiga unidade de comprimento equivalente a 2,2m.

bra•ça•da *sf.* **1.** O que se pode abranger com os braços: *uma braçada de flores.* **2.** Movimento dos braços, em natação.

bra•ça•dei•ra *sf.* **1.** Correia ou argola fixada atrás do escudo e por onde se enfia o braço.

2. Faixa distintiva que se usa no braço, sobre a manga. **3.** Correia, faixa ou peça para reforçar, prender, etc.

bra•çal *adj2g.* Relativo aos, ou que se faz com os braços. [Pl.: *–çais.*]

bra•ce•jar *v.t.d.* **1.** Estender, balançar para um e outro lado, como se fossem braços. *Int.* **2.** Agitar os braços. **3.** Mover-se como braços. [Conjug.: ① [bracej]**ar**]

bra•ce•le•te (ê) *sm.* Argola de adorno que as mulheres usam no braço; pulseira.

bra•ço *sm.* **1.** *Anat.* Segmento de membro superior, que se estende da espádua ao cotovelo. **2.** Cada um dos membros superiores do homem. **3.** Cada membro dianteiro dos quadrúpedes. **4.** *P. ext.* Tentáculo. **5.** Cada uma das partes horizontais da cruz. **6.** Cada uma das duas partes do travessão da balança, do fulcro até o ponto de suspensão. **7.** Cada uma das peças laterais de poltrona, sofá, etc., onde se apóia o braço. **8.** O homem como trabalhador braçal. **9.** Trabalho braçal. **10.** Poder, autoridade. **11.** Parte estreita de mar ou rio que penetra terra adentro.

brác•te:a *sf.* Folha modificada, ger. colorida, sob flor ou inflorescência.

bra•dar *v.t.d.* **1.** Dizer em brados; clamar, gritar. **2.** Clamar (2 e 3). *T.i.* e *t.d.i.* **3.** Clamar (4 a 6). *Int.* **4.** Soltar brados; gritar, clamar. [Conjug.: ① [brad]**ar**]

bra•dí•po•di•de:o *sm. Zool.* Espécime dos bradipodídeos, família de mamíferos desdentados, arborícolas, fitófagos. São as preguiças. § **bra•di•po•dí•de:o** *adj.*

bra•do *sm.* Clamor (2).

bra•ga *sf.* Calção, geralmente curto e largo, de uso antigo. [Tb. se diz *bragas.*]

bra•gas *sf.pl.* Braga.

bra•gui•lha *sf.* Abertura dianteira de calça, calção, cueca, etc.

brâ•ma•ne *sf.* Membro da casta sacerdotal, a mais alta das castas tradicionais da Índia.

bra•ma•nis•mo *sm.* Organização religiosa, política e social dos brâmanes, voltada à utilização litúrgica dos Veda.

bra•mar *v.int.* **1.** Dar bramidos (o veado, o tigre, o boi, etc.); bramir. **2.** Estar no cio (o veado). **3.** Soltar bramidos; berrar, bramir. [Conjug.: ① [bram]**ar**]

bra•mi•do *sm.* **1.** Rugido de feras. **2.** Grito forte; clamor, berro.

bra•mir *v.int.* V. *bramar* (1 e 3). [Conjug.: 58 [bram]**ir**]

bran•ca•cen•to *adj.* V. *esbranquiçado.*

bran•co *adj.* **1.** Da cor da neve, do leite, da cal; alvo. **2.** Diz-se das coisas que têm cor mais clara que outras da mesma espécie. **3.** Pálido, descorado. **4.** Prateado, argênteo. **5.** Diz-se de indivíduo de pele clara. **6.** Diz-se da raça humana cuja principal característica distintiva é a pouca pigmentação da pele. • *sm.* **7.** A cor branca. **8.** Homem da raça branca. **9.** Espaço (6).

bran•cu•ra *sf.* Qualidade de branco; alvura, alvor.

bran•dir *v.t.d.* **1.** Erguer (a arma) antes da arremetida ou disparo. **2.** Agitar com a mão ou na mão, antes de arremessar, ou como ameaça. *Int.* **3.** Agitar-se, vibrar. [Conjug.: 58 [brand]**ir**]

bran•do *adj.* **1.** Mole, tenro. **2.** Meigo, delicado. **3.** Suave, ameno. § **bran•du•ra** *sf.*

bran•que•ar *v.t.d. e p.* **1.** Tornar(-se) branco ou mais branco. **2.** Cobrir(-se) com substância branca. [Conjug.: 10 [branqu]**ear**] § **bran•que:a•men•to** *sm.*

brân•qu:ia *sf. Zool.* Guelra.

bran•qui•nha *sf. Bras.* V. *cachaça* (1).

bra•quí•ce•ro *adj.* Que tem antenas ou chifres curtos.

bra•qui•lo•gi•a *sf. Gram.* Redução de uma palavra, expressão, sem prejuízo do sentido da forma plena. Ex.: *moto* por *motocicleta*. § **bra•qui•ló•gi•co** *adj.*

bra•qui•ó•po•de *sm. Zool.* Espécime dos braquiópodes, filo de animais marinhos bentônicos, semelhantes aos bivalves, providos de manto (3) e concha calcária. § **bra•qui•ó•po•de** *adj2g.*

bra•qui:os•sau•ro (brà) *sm. Paleont.* Dinossauro que media cerca de 24m e que, poss., era herbívoro. Viveu na América do Norte e na África, no jurássico.

bra•sa *sf.* **1.** Carvão incandescente. **2.** Incandescência; ardência. **3.** Calor intenso; ardor.

bra•são *sm.* Conjunto de peças, figuras e ornamentos dispostos no campo do escudo ou fora dele, e que representam as armas de uma nação, um soberano, família, corporação, cidade, etc. [Pl.: –*sões*.]

bra•sei•ra *sf.* V. *braseiro.*

bra•sei•ro *sm.* **1.** Vaso de metal ou de louça, para brasas. **2.** Fogo brando de brasas.

bra•si•le•í•na *sf. Quím.* Substância corante, vermelha, formada pela oxidação espontânea da brasilina (q. v.).

bra•si•lei•ris•mo *sm.* **1.** Palavra ou locução própria de brasileiro (2). **2.** Modismo próprio da linguagem dos brasileiros. **3.** *Bras.* Caráter distintivo do brasileiro e/ou do Brasil.

bra•si•lei•ro *adj.* **1.** Do, pertencente ou relativo ao Brasil. • *sm.* **2.** O natural ou habitante do Brasil. [Sin. de 1 e 2: *brasiliense, brasílico.*] **3.** *Lus.* Português que retorna rico do Brasil.

bra•si•li•a•na *sf.* Coleção de livros, publicações, estudos, acerca do Brasil.

bra•si•li:a•nis•ta *s2g.* Estrangeiro especialista em, ou estudioso de assuntos brasileiros.

bra•sí•li•co *adj.* **1.** Diz-se de gente e coisas indígenas do Brasil. **2.** V. *brasileiro* (1). • *sm.* **3.** V. *brasileiro* (2).

bra•si•li•da•de *sf.* Sentimento de amor ao Brasil.

bra•si•li•en•se¹ *adj2g. e s2g.* V. *brasileiro* (1 e 2).

bra•si•li•en•se² *adj2g.* **1.** De Brasília, capital do Brasil. • *s2g.* **2.** O natural ou habitante de Brasília.

bra•si•li•na *sf. Quím.* Substância encontrada no pau-brasil, que quando exposta ao ar e à luz se transforma na brasileína.

bra•va•ta *sf.* Intimidação ou ameaça arrogante.

bra•va•te•ar *v.int.* e *t.d.* Dizer bravatas, ou dirigir (ameaças). [Conjug.: 10 [bravat]**ear**]

bra•ve•za ou **bra•be•za** (ê) *sf.* **1.** Ferocidade, sanha. **2.** Bravura (2).

bra•vi:o *adj.* **1.** Bruto, selvagem. **2.** Feroz (1). **3.** Agreste, silvestre. [Sin., nessas acepç.: *bravo.*] **4.** Rude, rústico. **5.** Áspero, árduo.

bra•vo¹ *adj.* **1.** Corajoso, intrépido. **2.** V. *colérico* (2). [Var., nessas acepç.: *brabo.*] **3.** V. *bravio* (1 a 3). **4.** Muito agitado, tempestuoso. • *sm.* **5.** Homem bravo (1).

bra•vo² *interj.* Indica aplauso, admiração; muito bem!

bra•vu•ra *sf.* **1.** Qualidade ou caráter de bravo. **2.** Ação de bravo (1); braveza.

bre•ar *v.t.d.* **1.** Cobrir ou revestir de breu. *P.* **2.** Sujar-se, manchar-se. [Conjug.: 10 [br]**ear**] § **bre:a•do** *adj.*

bre•ca *sf. Pop.* Cãibra. ◆ **Levado da breca.** Endiabrado, travesso.

bre•car *v.t.d. e int. Bras.* V. *frear* (2 a 4). [Conjug.: 8 [bre]**car**]

bre•cha *sf.* **1.** Fenda ou abertura em algo. **2.** Espaço vazio; lacuna.

bre•chó *sm. Bras.* Loja de objetos velhos e usados. [Cf. *belchior* (1).]

bre•do (ê) *sm. Bot.* Erva amarantácea, alimentícia; caruru.

bre•ga *adj2g.* Cafona. § **bre•gui•ce** *sf.*

bre•jei•ri•ce *sf.* Ação ou palavras de brejeiro.

bre•jei•ro *adj.* **1.** Vagabundo. **2.** Brincalhão. **3.** Lúbrico. **4.** Relativo a brejo.

bre•jo *sm.* **1.** V. *pântano.* **2.** Terreno agreste, que só dá urzes.

bre•nha *sf.* Mata fechada; matagal.

bre•que *sm. Bras.* Freio (2 e 4).

bre•tão *adj.* **1.** Da Bretanha (França). **2.** Da Grã-Bretanha (Europa). • *sm.* **3.** O natural ou habitante da Bretanha ou da Grã-Bretanha. **4.** O dialeto da Bretanha. [Pl.: –*tões*.]

breu *sm.* Substância semelhante ao pez negro, obtida pela evaporação parcial ou destilação da hulha ou doutras matérias orgânicas.

bre•ve *adj2g.* **1.** De pouca duração ou extensão. **2.** Leve, ligeiro. **3.** Conciso, resumido. **4.** *Ling.* Em línguas que têm na duração um traço distintivo, diz-se de vogal, consoante ou sílaba 50% menos demorada do que outra que, à exceção desse traço, lhe é idêntica. • *sm.* 5. Rescrito que contém decisão de caráter particular. 6. *Bras.* Bentinho que contém uma oração. • *sf.* 7. Figura equivalente a duas semibreves. 8. *Ling.* Som ou sílaba breve (4). • *adv.* 9. Cedo, brevemente.

bre•vê *sm.* Diploma de aviador.

bre•vi•á•ri:o *sm.* 1. Livro das rezas cotidianas dos clérigos. 2. Sinopse, resumo.

bre•vi•da•de *sf.* 1. Qualidade de breve. 2. *Bras.* Bolinho de polvilho, açúcar, ovos, etc.

bri•da *sf.* Rédea. ◆ **A toda a brida.** À disparada.

bridge *sm.* Jogo de cartas em que se distribui o baralho entre quatro jogadores que, dois a dois, em parceria, tentarão fazer o número de vazas que se propuseram.

bri•ga *sf.* 1. Luta; conflito. 2. Quebra de boas relações; desavenças. [Sin. ger.: *rixa.*]

bri•ga•da *sf.* 1. Corpo militar, em geral composto de dois regimentos. 2. Conjunto de duas ou três baterias de campanha.

bri•ga•dei•ro *sm.* 1. V. *hierarquia militar.* 2. *Bras.* Docinho redondo, feito com leite condensado cozido ao qual se adiciona chocolate.

bri•ga•dei•ro-do-ar *sm.* V. *hierarquia militar.* [Pl.: *brigadeiros-do-ar.*]

bri•ga•lha•da *sf. Bras.* Briga longa e/ou generalizada.

bri•gão *adj.* e *sm.* Diz-se de, ou indivíduo que é dado a brigas. [Pl.: *-gões.*]

bri•gar *v.int.* 1. Lutar braço a braço. *T.i.* 2. Contender (2). 3. Lutar (4). [Conjug.: [11] [bri]**gar**] § **bri•ga•dor** (ô) *adj.* e *sm.*

bri•gue *sm.* Antigo navio a vela, cuja mastreação se constituía de gurupés e dois mastros.

bri•guen•to *adj.* Que é dado a brigas; brigão.

bri•lhan•te *adj2g.* 1. Luzidio, cintilante. 2. Ilustre, notável. 3. Magnífico, pomposo. • *sm.* 4. Diamante lapidado.

bri•lhan•ti•na *sf.* Cosmético para dar brilho e assentar o cabelo.

bri•lhan•tis•mo *sm.* Qualidade do que é brilhante.

bri•lhar *v.int.* 1. Ser ou mostrar-se brilhante. *T.i.* 2. Revelar-se, manifestar-se. *Pred.* 3. Destacar-se, notabilizar-se. [Conjug.: [1] [brilh]**ar**]

bri•lho *sm.* 1. Luz viva; cintilação. 2. Viveza, limpidez. 3. *Fig.* Vivacidade, expressividade. 4. Esplendor, pompa.

brim *sm.* Tecido forte de linho, algodão, etc. [Pl.: *brins.*]

brin•ca•dei•ra *sf.* 1. Ato ou efeito de brincar. 2. Brinquedo (2). 3. Entretenimento, passatempo, divertimento, brinquedo. 4. Gracejo, pilhéria.

brin•ca•lhão *adj.* e *sm.* Que ou aquele que é dado a brincar, a fazer brincadeira. [Fem.: *brincalhona.* Pl.: *-lhões.*]

brin•car *v.int.* 1. Divertir-se infantilmente. 2. Divertir-se, entreter-se. 3. Dizer ou fazer algo (a) por brincadeira. 4. Divertir-se participando em folguedos carnavalescos. *T.i.* 5. Brincar (3). 6. Zombar. 7. Entreter-se, fingindo-se de. [Conjug.: [8] [brin]**car**]

brin•co *sm.* Adorno que se usa no lobo da orelha.

brin•co-de-prin•ce•sa *sm. Bot.* Nome comum a vários arbustos onagráceos, ornamentais, ger. trepadores. [Pl.: *brincos-de-princesa.*]

brin•dar *v.t.d.* 1. Dirigir um brinde (1) a. 2. Dar brinde (2) a. *T.d.i.* 3. Conceder ou fazer algo que favoreça a. *T.i.* e *p.* 4. Erguer ou trocar brindes. [Conjug.: [1] [brind]**ar**]

brin•de *sm.* 1. Palavras de saudação a alguém no ato de beber. 2. Objeto que se oferece como dádiva.

brin•que•do (ê) *sm.* 1. Objeto para as crianças brincarem. 2. Jogo de criança; brincadeira. 3. V. *brincadeira* (3).

bri:o *sm.* 1. Sentimento da própria dignidade; pundonor, dignidade, hombridade. 2. Valentia, galhardia.

bri•ó•fi•to *sm. Bot.* Espécime dos briófitos, divisão de plantas não vasculares que vivem em lugares úmidos e se reproduzem por esporos. Ex.: musgos.

bri•o•so (ô) *adj.* Que tem brio. [Pl.: *-osos* (ó).]

bri:o•zo•á•ri:o *sm. Zool.* Espécime dos briozoários, ramo de invertebrados coloniais, aquáticos, que se apresentam em forma ou de incrustações em rochas, ou de massas gelatinosas, ou de plantas. § **bri:o:zo•á•ri:o** *adj.*

bri•sa *sf.* Vento brando e fresco; aragem.

bri•ta•dei•ra *sf.* Máquina para quebrar pedras; britador.

bri•ta•dor (ô) *sm.* 1. Aquele que brita. 2. Britadeira.

bri•tâ•ni•co *adj.* 1. Da Grã-Bretanha (Europa). • *sm.* 2. O natural ou habitante dela.

bri•tar *v.t.d.* Partir, quebrar, triturar. [Conjug.: [1] [brit]**ar**]

bro•a (ô) *sf.* Pão arredondado, feito de fubá de milho ou de arroz, de cará, etc.

bro•ca¹ *sf.* 1. Instrumento que, com movimento de rotação, abre orifícios circulares; pua. 2. Furo; orifício.

bro•ca² *sf. Zool.* Nome comum a todos os insetos, ou às suas larvas e lagartas, que corroem ou perfuram a madeira e outras coisas; bicho.

bro•ca³ *sf. Bras.* Fome (1).

bro•ca•do *sm.* Tecido de seda com desenhos em relevo realçados por fios de ouro ou prata.

bro•car *v.t.d.* 1. Furar com broca¹ (1). 2. Fazer broca¹ (2) em; furar. [Conjug.: [8] [bro]**car**]

bro•car•do sm. 1. Axioma jurídico. 2. Máxima, provérbio.

bro•cha sf. Prego curto, de cabeça larga e chata. [Cf. *broxa*.]

bro•char¹ v.t.d. Cravar brochas em; fixar, pregar. [Conjug.: ① [broch]**ar**]

bro•char² v.t.d. Edit. Fazer o acabamento (de publicação impressa) em brochura. [Conjug.: ① [broch]**ar**.] § **bro•cha•do** adj.

bro•che sm. Adorno ou jóia com alfinete e fecho.

bro•chu•ra sf. Edit. 1. Sistema de encadernação que utiliza capa flexível, que se cola ao miolo pela lombada. 2. P. ext. Livro brochado.

bró•co•lis ou **bró•co•los** sm.pl. Erva crucífera cultivada como verdura, e de que se utilizam sobretudo as inflorescências novas.

bró•di:o sm. Comezaina.

bro•mé•li:a sf. Bot. Nome comum a várias plantas bromeliáceas; caraguatá, gravatá.

bro•me•li•á•ce:a sf. Bot. Espécie das bromeliáceas, família de plantas monocotiledôneas de folhas rígidas, flores radiadas, fruto bacáceo ou capsular; são epífitas, ou terrestres. Ex.: o abacaxi. § **bro•me•li•á•ce:o** adj.

bro•me•to sm. Quím. 1. O ânion simples do bromo. 2. Qualquer sal que contenha esse ânion.

bro•mo sm. Quím. V. halogênio [símb.: Br].

bron•ca sf. Bras. Gír. Repreensão, censura.

bron•co adj. 1. Tosco, rude. 2. V. burro (4).

bron•que•ar v.t.i. e int. Gír. Dar bronca (em). [Conjug.: ⑩ [bronqu]**ear**]

brôn•qui:o sm. Anat. Cada um dos dois canais em que se bifurca a traquéia, e que se ramificam nos pulmões. § **bron•qui•al** adj2g.

bron•quí:o•lo sm. Anat. Cada uma das subdivisões mais finas do brônquio. § **bron•qui:o•lar** adj2g.

bron•qui•te sf. Med. Inflamação de brônquio.

bron•tos•sau•ro sm. Paleont. Mamífero perissodáctilo semelhante ao rinoceronte, porém muito maior que este, que viveu nos E.U.A., no oligoceno.

bron•ze sm. 1. Liga metálica de cobre e estanho. 2. Escultura em bronze (1). 3. Peça, ou as peças, de artilharia. 4. Sino. 5. Dureza; insensibilidade.

bron•ze•a•do adj. 1. Brônzeo (2). 2. Naturalmente moreno; trigueiro.

bron•ze:a•dor (ô) adj. e sm. Diz-se de, ou substância própria para bronzear.

bron•ze•ar v.t.d. 1. Dar cor de bronze a. 2. Guarnecer ou cobrir de bronze. Int. e p. 3. Escurecer(-se) pela ação do sol. [Conjug.: ⑩ [bronz]**ear**]

brôn•ze:o adj. 1. Do, ou da natureza do bronze, ou feito dele. 2. Da cor do bronze; bronzeado.

bro•tar v.t.d. 1. Lançar, o vegetal (rebentos, ramos, folhas, flores). 2. Lançar de si; expelir. T.i. 3. Proceder, emanar. 4. Jorrar. Int. 5. Surgir, aparecer. [Conjug.: ① [brot]**ar**]

bro•ti•nho sm. Bras. Pop. Moça ou rapaz no começo da adolescência (entre 14 e 18 anos); broto.

bro•to (ô) sm. 1. Bot. Cada novo órgão em desenvolvimento de uma planta; rebento, borbulha, gomo, vergôntea. 2. Bras. Pop. Brotinho.

bro•to•e•ja (ê) sf. Erupção cutânea, com prurido, formada por pequenas vesículas.

bro•xa sf. Pincel grande para caiação. [Cf. *brocha*.]

bro•xan•te adj2g. Bras. Chulo Cansativo; importuno.

bro•xar v.t.d. 1. Pintar com broxa. Int. 2. Bras. Chulo Perder a potência sexual. 3. Bras. Chulo Fig. Perder o entusiasmo; desanimar. [Conjug.: ① [brox]**ar**. Cf. *brochar*.]

bru•a•ca sf. Bras. 1. Saco ou mala de couro cru. 2. Pop. Mulher muito feia.

bru•ços el. sm. pl. Us. na loc. de bruços. ◆ De bruços. Com o ventre e o rosto voltados para baixo.

bru•ma sf. 1. Nevoeiro. 2. Cerração pouco densa (sobretudo no mar); névoa.

bru•mo•so (ô) adj. Em que há bruma. [Pl.: –mosos (ó).]

bru•ni•dor (ô) sm. 1. Aquele que brune. 2. Instrumento para brunir.

bru•ni•du•ra sf. 1. Ato ou efeito de brunir. 2. O brilho obtido com o brunidor.

bru•nir v.t.d. 1. Tornar brilhante, luzidio; polir, lustrar. 2. Fig. Apurar, aprimorar. [Conjug.: ⑤⑧ [brun]**ir**]

brus•co adj. 1. Áspero, desabrido. 2. Precipitado, arrebatado. 3. Inesperado, súbito.

bru•tal adj2g. 1. Próprio de bruto (8). 2. Cruel, desumano. 3. Rude, violento. [Pl.: –tais.]

bru•ta•li•da•de sf. 1. Qualidade de brutal. 2. Ação ou dito brutal.

bru•ta•li•zar v.t.d. 1. Tornar bruto; embrutecer. 2. Tratar com brutalidade; seviciar. P. 3. Tornar(-se) bruto. [Conjug.: ① [brutaliz]**ar**]

bru•ta•mon•tes sm2n. 1. Homem muito alto, corpulento. 2. Indivíduo asselvajado.

bru•to adj. 1. Tal como é encontrado na natureza. 2. Grosseiro. 3. Agreste, bravio. 4. Sem educação; grosseiro. 5. Tosco, rude. 6. Violento, brutal. 7. Total, integral. ◆ sm. 8. O animal irracional (por oposição ao homem). 9. Indivíduo bruto (4 e 6).

bru•xa sf. 1. Mulher que faz bruxarias; feiticeira. 2. Fig. V. canhão (5).

bru•xa•ri•a sf. 1. Ação maléfica, própria de bruxa ou bruxo, feitiço, feitiçaria, mandinga, sortilégio, canjerê (bras.), trabalho (bras.). 2. V. magia (1).

bru•xo *sm.* 1. Aquele que faz bruxarias; feiticeiro. 2. V. *mago* (2).

bru•xu•le•ar *v.int.* 1. Oscilar frouxamente (chama ou luz). 2. Brilhar fracamente; tremeluzir. 3. Ir-se extinguindo (chama ou luz). [Conjug.: ⑩[bruxul]ear] § **bru•xu•le•an•te** *adj2g.*

bu•bão *sm. Pop. Med.* Tumefação de gânglio linfático. [Pl.: *–bões.*]

bu•bô•ni•ca *sf. Pop. Med.* V. *peste bubônica.*

bu•bô•ni•co *adj. Med.* Pertencente ou relativo a bubão.

bu•cal *adj2g.* 1. Relativo a boca. 2. Oral. [Pl.: *–cais.*]

bu•cha *sf.* 1. Pedaço de papel ou de pano para comprimir e manter no cano a carga das armas de fogo carregadas pela boca. 2. Peça de madeira ou doutro material, para tapar rombos, orifícios, fendas, etc. 3. Bocado de pão ou doutra comida. 4. Pessoa ou coisa desagradável ou sem valor. 5. Logro, burla. 6. *Bras. Bot.* Planta cucurbitácea, trepadeira ou prostrada, cujo fruto tem, dentro, uma rede lenhosa, que, extraída e lavada, dá esponja vegetal. 7. Pedaço de madeira, plástico, etc., que se embute na parede para nele se introduzirem pregos ou parafusos destinados a sustentar ou prender algo pesado; tarugo.

bu•cho *sm. Zool.* Estômago dos mamíferos e dos peixes. 2. *Pop.* O estômago do homem. 3. *Bras. Pop.* V. *barriga* (?)

buck•mins•ter•fu•le•re•no *sm. Quím.* Substância composta por 60 átomos de carbono unidos na forma de uma bola de futebol.

bu•ço *sm.* Penugem no lábio superior do homem e dalgumas mulheres; lanugem, penugem.

bu•có•li•ca *sf.* V. *écloga.*

bu•có•li•co *adj.* 1. Relativo à vida e costumes do campo e dos pastores. 2. Campestre, rústico. 3. Que canta ou exalta as belezas da vida campestre, da natureza.

bu•co•lis•mo *sm.* 1. Qualidade ou caráter de bucólico. 2. Poesia bucólica [v. *bucólico* (3)].

bu•dis•mo *sm.* Sistema ético, religioso e filosófico fundado por Siddhartha Gautama, o Buda, e difundido por todo o Leste asiático.

bu•dis•ta *adj2g.* Relativo ao, ou que é adepto do budismo.

bu•ei•ro *sm.* 1. Abertura ou tubulação por onde escoam águas. 2. Conjunto de caixa e tampa de ferro grelhada, pelo qual entram as águas que escorrem para os coletores subterrâneos. 3. *Bras. N.E.* Chaminé de engenho, usina ou fábrica.

bu:e•na-di•cha *sf.* Sorte, sina. [Pl.: *buenas-dichas.*]

bú•fa•lo *sm. Zool.* Nome comum a vários bovídeos de pêlo ralo, cauda curta, chifres achatados e acabalados.

bu•fão *sm.* V. *bufo². [Pl.: –fões.]*

bu•far *v.int.* 1. Expelir com força o ar pela boca e/ou pelo nariz. 2. Expelir fumaça ou vapores. 3. Encolerizar-se, irritar-se. [Conjug.: ① [buf]ar]

bu•fa•ri•nhei•ro *sm.* Vendedor ambulante de quinquilharias, bugigangas.

bu•fê *sm. Bras.* Aparador.

⇨ **buffer** (báfer) [Ingl.] *sm. Inform.* Dispositivo de armazenamento transitório, utilizado na transferência de dados entre unidades que operam em velocidades ou ritmos distintos.

bu•fo¹ *sm.* 1. Ação ou efeito de bufar. 2. Som que se produz bufando.

bu•fo² *sm.* Ator encarregado de fazer rir o público com mímicas, esgares, etc.; bufão, truão.

bu•fo•ní•de•o *sm. Zool.* Espécime dos bufonídeos, família de anfíbios anuros de pele enrugada; são comuns no Brasil. Ex.: cururus. § **bu•fo•ní•de•o** *adj.*

⇨ **bug** (bág) [Ingl.] *sm. Inform.* Erro na programação ou execução de um programa.

bu•ga•lho *sm.* 1. Galha que se forma nos carvalhos. 2. *Pop.* O globo ocular.

bu•gan•ví•li:a *sf. Bot.* Trepadeira lenhosa nictaginácea, ornamental, de pequeninas flores em cachos.

bu•gi•ar *v.int.* Fazer gestos e trejeitos como os do bugio. [Conjug.: ① [bugi]ar]

bu•gi•gan•ga *sf.* 1. Objeto de pouco ou nenhum valor; quinquilharia. 2. V. *nhauhau lu.*

bu•gi:o *sm. Bras.* Guariba.

bu•gra *sf. Bras.* Fem. de *bugre.*

bu•gre *Bras. s2g.* 1. *Etnôn.* Indivíduo dos bugres, povo indígena que habita o S. do Brasil. • *sm.* 2. *Fig.* Designação genérica dada ao índio, especialmente o bravio ou aguerrido. 3. *Fig.* Indivíduo rude, inculto. • *adj2g.* 4. Pertencente ou relativo a bugre (1). [Fem. de 2 e 3: *bugra.*]

bu•jão *sm. Bras.* 1. Tampa de atarraxar com que se vedam orifícios em tonéis, tanques, barris, etc. 2. Recipiente usado para armazenar produtos voláteis. 3. Recipiente metálico, usado para entrega e uso de gás a domicílio. [Sin. de 2 e 3: *botijão.* Pl.: *–jões.*]

bu•jar•ro•na *sf. Mar.* Vela triangular içada entre o mastro de vante e o gurupés ou a proa da embarcação à vela.

bu•la *sf.* 1. Na Igreja Católica, carta pontifícia de caráter especialmente solene. 2. Impresso com informações que acompanha um medicamento; prospecto.

bul•bo *sm.* 1. *Anat.* Qualquer formação anatômica arredondada. 2. *Anat.* Segmento do sistema nervoso central, situado na frente do cerebelo e que continua, em direção ascendente, a medula espinhal. 3. *Bot.* Caule subterrâneo que acumula as reservas nutritivas com que a planta reconstitui, todos os anos, a parte aérea; bolbo. Ex.: a cebola. § **bul•bar** *adj2g*.

bul•bo•so *adj*. Que tem bulbo. [Pl.: *-bosos* (ó).]

bul•do•gue *sm*. Cão de raça inglesa, de cabeça volumosa e maciça, e focinho curto e achatado.

bu•le *sm*. Recipiente com tampa, asa e bico, para servir chá, café, chocolate, etc.

bu•le•var *sm*. V. *alameda*.

búl•ga•ro *adj*. **1**. Da Bulgária (Europa). • *sm*. **2**. O natural ou habitante dela. **3**. A língua búlgara.

bu•lha *sf*. Confusão de sons ou de gritos.

bu•lhu•fas *pron. indef. Bras*. Coisa nenhuma; nada.

bu•lí•ci:o *sm*. Rumor contínuo e indefinido; burburinho.

bu•li•ço•so (ó) *adj*. **1**. Que bole ou se move sem parar. **2**. Irrequieto, travesso. [Pl.: *-çosos* (ó).]

bu•li•mi•a *sf*. Apetite insaciável.

bu•lir *v.t.i*. **1**. Mover, balançar, tocar de leve em. **2**. Pôr as mãos em; tocar. **3**. Provocar, mexer. *Int*. **4**. Mover-se, mexer-se. [Conjug.: ⁵⁷ [bul]**ir**]

bum•ba *interj*. **1**. Imitativa de pancada, estouro, queda, etc. **2**. Zás, zás-trás.

bum-ba-meu-boi *sm2n. Bras*. Bailado popular cômico-dramático, com personagens humanos, animais e fantásticos, sobre a morte e ressurreição do boi.

bum•bo *sm*. V. *bombo* (1).

bun•da *sf*. As nádegas e o ânus.

bu•quê *sm*. V. *ramalhete*.

bu•ra•co *sm*. **1**. Depressão ou abertura natural ou artificial, numa superfície; cavidade. **2**. Pequena abertura, em geral arredondada; furo. **3**. Fenda, greta. **4**. Cova (1). **5**. *Fís*. Num semicondutor, vacância móvel na banda de valência, que funciona como uma carga positiva com massa positiva; lacuna. **6**. *Bras*. Coisa difícil, complicada. ◆ **Buraco branco.** *Astr*. Região teórica hipotética de intensa gravidade da qual matéria e energia emergem. **Buraco negro**. *Astr*. Região do espaçotempo com campo gravitacional tão intenso que atrai para seu interior toda a matéria próxima, e de onde nem a luz, nem a matéria, nem qualquer outro tipo de sinal pode escapar.

bu•ra•quei•ra *sf. Bras*. Terreno esburacado.

bur•bu•re•jar *v.int*. Rumorejar como a água em cachão. [Conjug.: ① [burburej]**ar**. Defect., conjugável só nas 3ᵃˢ pess.]

bur•bu•ri•nho *sm*. **1**. Bulício. **2**. Murmúrio.

bu•rel *sm*. Tecido grosseiro, de lã. [Pl.: *-réis*.]

bu•re•ta (ê) *sf. Quím*. Tubo graduado, com torneira na parte inferior.

bur•go *sm*. **1**. Na Idade Média, castelo, ou casa nobre, ou mosteiro, etc., e suas cercanias, com

muralha de defesa. **2**. Povoação menor que cidade ou vila.

bur•go•mes•tre *sm*. O magistrado principal, em municípios da Bélgica, Alemanha, Suíça, etc.

bur•guês *sm*. **1**. Designação dada aos homens que viviam nos burgos e posteriormente nas cidades onde não exerciam atividade braçal ou artesanal, porém, negociavam com lucro e empregavam pessoas, e acabaram por se constituir num grupo com valores distintos. **2**. Membro da burguesia (1). **3**. Modernamente, indivíduo da classe média ou da que detém os meios de produção. **4**. *Pej*. Homem apegado a valores materiais, de hábitos convencionais, conservadores. • *adj*. **5**. Relativo a burgo, burguês (1 a 4), ou à burguesia. [Flex.: *burguesa* (ê), *burgueses* (ê), *burguesas* (ê).]

bur•gue•si•a *sf*. **1**. Classe social surgida na Europa em fins da Idade Média, com o desenvolvimento econômico e o aparecimento das cidades, e que veio a dominar a vida política, social, econômica e intelectual. **2**. Qualidade ou condição de burguês.

bu•ril *sm*. Instrumento usado na execução de gravuras em metal e madeira. [Pl.: *-ris*.]

bu•ri•lar *v.t.d*. e *t.d.i*. Gravar, lavrar ou abrir com buril. [Conjug.: ① [buril]**ar**]

bu•ri•ti *sm. Bras. Bot*. **1**. Palmácea de cujo fruto se extrai óleo; buritizeiro. **2**. O fruto dela.

bu•ri•ti•zei•ro *sm. Bras*. Buriti (1).

bur•la *sf*. Dolo, logro, fraude.

bur•lão *adj*. e *sm*. Que ou quem pratica burla. [Fem.: *burlona*. Pl.: *-lões*.]

bur•lar *v.t.d*. Praticar burla contra. [Conjug.: ① [burl]**ar**]

bur•les•co (ês) *adj*. Cômico, ou ridiculamente cômico.

bur•le•ta (ê) *sf*. Comédia ligeira, menos caricatural que a farsa, e ger. musicada.

bu•ro•cra•ci•a *sf*. **1**. Administração da coisa pública por funcionários, sujeitos a hierarquia, rotina e regulamento inflexíveis. **2**. A classe dos burocratas. **3**. *P. ext. Pej*. Morosidade ou complicação no desempenho de serviço administrativo, decorrente do poder abusivo da burocracia (2).

bu•ro•cra•ta *s2g*. Funcionário pertencente à burocracia.

bu•ro•crá•ti•co *adj*. Relativo à burocracia.

bu•ro•cra•ti•zar *v.t.d*. Dar caráter ou feição burocrática a. [Conjug.: ① [burocratiz]**ar**]

bur•ra *sf*. **1**. A fêmea do burro (1); jumenta, asna. **2**. *Pop*. Cofre.

bur•ra•da *sf*. **1**. Ajuntamento de burros; burrama. **2**. Asneira, tolice.

bur•ra•ma *sf*. Burrada (1).

bur•ri•ce *sf*. Qualidade ou ação de burro ou parvo.

bur•ri•co *sm.* Burro pequeno; burrinho.

bur•ri•nho *sm.* **1.** Burrico. **2.** Bomba para aspirar líquidos. **3.** *Bras.* Bomba de freio hidráulico (dos automóveis).

bur•ro *sm.* **1.** V. *jumento* (1). **2.** Mu. **3.** Indivíduo curto de inteligência; imbecil, asno. • *adj.* **4.** Pouco inteligente; bronco, estúpido.

bus•ca *sf.* Ato ou efeito de buscar.

bus•ca-pé *sm.* Dispositivo pirotécnico que sai ziguezagueando rente ao chão e em geral acaba num estouro. [Pl.: *busca-pés*.]

bus•car *v.t.d.* **1.** Tratar de descobrir, de encontrar, conhecer, etc.; procurar. **2.** Tratar de trazer ou levar, adquirir, etc. **3.** Esforçar-se por. **4.** Imaginar, idear. **5.** Recorrer a. **6.** Ir ter a (alguma parte). *T.i.* **7.** Buscar (1). [Conjug.: ⑧ [bus]**car**]

bu•sí•lis *sm2n.* O ponto difícil na resolução de uma coisa.

bús•so•la *sf.* **1.** Agulha magnética móvel em torno dum eixo que passa pelo seu centro de gravidade, montada, geralmente, em caixa com limbo graduado, e usada para orientação. **2.** Tudo que serve de guia.

bus•to *sm.* **1.** A parte superior do tronco humano, da cintura ao pescoço; torso. **2.** Escultura ou pintura que representa a parte da figura humana que consta da cabeça, pescoço e parte do peito. **3.** Os seios da mulher.

bu•ta•no *sm.* *Quím.* Alcano que contém quatro átomos de carbono [fórm.: CH_3-CH_2-CH_2-CH_3], gasoso, que é um dos componentes principais do gás vendido em bujões, para uso doméstico, e do gás de isqueiros.

bu•ti•á *sm.* *Bras. Bot.* Palmácea de drupas comestíveis cujas amêndoas são oleaginosas.

bu•ti•que *sf.* **1.** Loja pequena, onde se vendem sobretudo artigos de vestuário e bijuterias. **2.** *P. ext.* Loja.

bu•tu•ca *sf. Bras. Zool.* Mutuca.

bu•xá•ce:a *sf. Bot.* Espécime das buxáceas, família de árvores e arbustos sempre-verdes, de pequeninas flores alvas e fruto drupáceo ou capsular. § **bu•xá•ce:o** *adj.*

bu•xo *sm. Bot.* Arbusto ou arvoreta buxácea, de madeira útil.

bu•zi•na *sf.* **1.** Nome comum a vários tipos de trombeta de corno ou metal retorcido que produz um único som, forte. **2.** Aparelho elétrico sonoro usado nos automóveis e veículos congêneres para dar sinais de advertência.

bu•zi•na•da *sf.* Toque de buzina.

bu•zi•nar *v.int.* **1.** Tocar ou fazer soar a buzina. **2.** Soprar com força, emitindo sons como o da buzina. *T.d.i.* e *t.i.* **3.** Dizer, com insistência; repetir muitas vezes. [Conjug.: ① [buzin]**ar**]

bú•zi:o *sm. Bras. Zool.* Nome comum às conchas espiraladas de moluscos.

bu•zo *sm. Bras.* Jogo popular com rodelas de casca de laranja, grão de milho, etc.

⇨ **byte** (bait) [Ingl.] *sm. Inform.* **1.** Seqüência constituída de um número fixo de *bits* adjacentes (ger., 8), considerada como unidade básica de informação **2.** Unidade de quantidade de informação, equivalente a 8 *bits*, us. na especificação da capacidade de memória de computadores, tamanho de arquivos, etc.

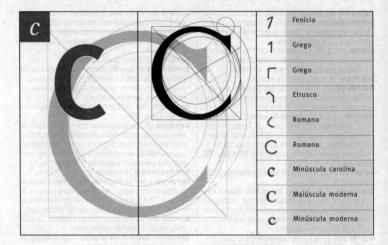

	Fenício
	Grego
	Grego
	Etrusco
	Romano
	Romano
	Minúscula carolina
	Maiúscula moderna
	Minúscula moderna

c (cê) *sm.* **1.** A 3ª letra do nosso alfabeto. **2.** Figura ou representação dessa letra ● *num.* **3.** Terceiro (1), numa série. [Tb. us. para classificar algo como 'de terceira categoria; de baixa qualidade; de valor ou importância bastante inferior'.] [Pl. (nas acepç. 1 e 2) indicado pela duplicação da letra: *cc*.]

❏ **c 1.** *Fís.* Símb. de *coulomb.* **2.** *Mat.* V. ❏ *a* (2).

❏ **C 1.** Na numeração romana, símb. do número 100. **2.** No sistema hexadecimal de numeração, o décimo terceiro algarismo, equivalente ao número decimal 12. **3.** *Fís.* Abrev. de *Celsius,* e que indica a escala termométrica de uma medida de temperatura [v. *grau Celsius* e *escala Celsius*]. **4.** *Mat.* Símb. do conjunto dos números complexos. **5.** *Mús.* Sinal com que se representa a nota dó, ou a escala ou acorde nela baseados. **6.** *Quím.* Símb. do *carbono.*

❏ **Ca** *Quím.* Símb. do *cálcio.*

cá¹ *adv.* Neste ou a este lugar; nesta ou a esta terra.

cá² *sm.* **1.** A letra *k.* **2.** Capa².

cã *sm.* Título dalguns chefes ou soberanos orientais.

ca•a•por *adj2g.* e *s2g.* Urubu-caapor.

ca•a•tin•ga *sf. Bras.* **1.** Vegetação arbustiva, sem folhas na estação seca, típica do N.E., N. de MG e MA. **2.** Zona (3) cuja vegetação é característica da caatinga. [Var.: *catinga.*]

ca•ba *sf. Zool.* Nome comum a vários insetos himenópteros, vespídeos.

ca•ba•ça *sf. Bras.* V. *porongo.*

ca•ba•cei•ro *sm. Bras. Bot.* Árvore das compostas, de madeira útil.

ca•ba•ço *sm.* **1.** O fruto do porongo ou cabaça. **2.** V. *porongo* (2).

ca•bal *adj2g.* **1.** Completo, pleno. **2.** Severo, rigoroso. [Pl.: *–bais.*]

ca•ba•la *sf.* **1.** Tradição mística do judaísmo, à qual estão associados ensinamentos esotéricos. **2.** Maquinação, conspiração.

ca•ba•lar *v.int.* **1.** Fazer cabala; conspirar. **2.** Aliciar eleitores. [Conjug.: ☐ [cabal]**ar**]

ca•ba•na *sf.* **1.** Habitação precária e rústica; choupana, tugúrio. **2.** Casebre.

ca•ba•no *adj.* Acabanado.

ca•ba•ré *sm.* Casa de diversões onde se bebe e dança e, tb., se assiste a espetáculos de variedades.

ca•baz *sm.* Cesto de verga, junco, etc., em geral raso, com tampa e asa.

ca•be•ça (ê) *sf.* **1.** Extremidade superior do corpo humano, que contém órgãos como os que formam o encéfalo, os da visão, os da audição, os do olfato, a boca, etc. **2.** A divisão correspondente, superior ou anterior, do corpo de outros animais. **3.** Nome comum às extremidades arredondadas de certas formações anatômicas como, p. ex., osso. **4.** A parte da cabeça (1) normalmente coberta pelo couro cabeludo. **5.** *P. ext.* A cabeça tida como a sede da inteligência, do pensamento. [Sin., nesta acepç., pop. e fam.: *bestunto, cachimônia, cachola.*] **6.** Inteligência; talento. **7.** Juízo, tino. **8.** Memória, lembrança. **9.** Pessoa muito inteligente e/ou culta. **10.** Animal ou pessoa, considerados como unidade. **11.** A extremidade mais dilatada de um objeto. **12.** A frente dum cortejo. ●*s2g.* **13.** O chefe; o líder.

ca•be•ça-cha•ta²*s2g. Bras.* Alcunha de cearenses e, p. ext., nortistas. [Pl.: *cabeças-chatas.*]

ca•be•ça•da *sf.* **1.** Pancada com a cabeça. **2.** Tolice, asneira. **3.** *Fut.* Ato de atirar ou rebater a bola com a cabeça. **4.** *Bras.* Cabresto provido de campainhas, que se põe no animal que vai na frente, para que a tropa o acompanhe.

ca•be•ça-de-ne•gro *sm. Bras.* **1.** *Bot.* Arbusto anonáceo cujos frutos bacáceos são tidos como medicinais. **2.** Bomba (1) de alto poder de detonação. [Pl.: *cabeças-de-negro.*]

ca•be•ça-de-por•co *sf. Bras. S. Pop.* Cortiço (2). [Pl.: *cabeças-de-porco.*]

ca•be•ça-de-pre•go *sf. Bras.* Pequeno abscesso cutâneo. [Pl.: *cabeças-de-prego.*]

ca•be•ça-de-re•de *sf. Rád. Telev.* Principal emissora de uma rede (8). [Pl.: *cabeças-de-rede.*]

ca•be•ça-de-ven•to *s2g.* Pessoa estouvada. [Pl.: *cabeças-de-vento.*]

ca•be•ça-du•ra *s2g.* **1.** Pessoa estúpida, pouco inteligente. **2.** Pessoa teimosa. [Pl.: *cabeças-duras.*]

ca•be•ça-in•cha•da *sf. Bras.* **1.** Grande paixão amorosa. **2.** Ciúme. [Pl.: *cabeças-inchadas.*]

ca•be•ça•lho *sm.* **1.** Timão do carro de bois, do qual pende a canga. **2.** Título de jornal ou doutra publicação periódica. **3.** Conjunto de dizeres que encimam tabela, página de livro, formulário, etc.

ca•be•ção *sm.* Gola larga. [Pl.: *–ções.*]

ca•be•ce•ar *v.int.* **1.** Menear a cabeça. **2.** Pender a cabeça por efeito de sono. **3.** *Fut.* Atirar ou rebater a bola com a cabeça. *T. d.* **4.** *Fut.* Bater em (a bola) com a cabeça. [Conjug.: [10] [cabec]ear]

ca•be•cei•ra *sf.* **1.** Parte da cama onde se deita a cabeça. **2.** Em mesa retangular ou oval, cada uma das extremidades. **3.** Nascente de rio ou riacho.

ca•be•ci•lha *sm.* Chefe de um bando.

ca•be•ço (ê) *sm.* Cume arredondado de monte.

ca•be•cor•ra (ó) *sf. Pop.* Cabeça grande.

ca•be•co•te *sm.* **1.** Cada uma das duas peças de ferro que fixam o objeto que se torneia. **2.** Cabeça magnética (de reprodução, gravação e apagamento) dum gravador (3). **3.** *Bras.* Parte dianteira e superior da sela.

ca•be•çu•do *adj.* **1.** De cabeça grande. **2.** Teimoso.

ca•be•dal *sm.* **1.** Conjunto dos bens que formam o patrimônio de alguém. **2.** Capital (3). **3.** Estimativa que se faz de coisas ou pessoas. **4.** *Fig.* O conjunto dos conhecimentos e/ou bens intelectuais e morais de alguém. [Pl.: *–dais.*]

ca•be•lei•ra *sf.* **1.** O conjunto dos cabelos da cabeça. **2.** Conjunto de cabelos postiços dispostos como os naturais; chinó, peruca. **3.** *Astr.* Parte de um cometa, com o aspecto de um envoltório gasoso, que rodeia o núcleo do astro; coma.

ca•be•lei•rei•ro *sm.* **1.** Aquele que, por profissão, corta ou penteia o cabelo dos outros. **2.** Estabelecimento onde trabalham esses profissionais.

ca•be•lo (ê) *sm.* **1.** Conjunto de pêlos do corpo humano, sobretudo os da cabeça. **2.** Pêlos dalguns animais. **3.** Mola de aço delgada que regula o movimento dos relógios pequenos.

ca•be•lu•da *sf. Bras. Bot.* **1.** Arbusto mirtáceo de folhas e sementes adstringentes. **2.** Seu fruto, recoberto de penugem.

ca•be•lu•do *adj.* **1.** Que tem muito cabelo. **2.** Intricado, difícil. **3.** Obsceno, imoral. ●*sm.* **4.** Indivíduo cabeludo (1).

ca•ber *v.t.c.* **1.** Poder ser contido. **2.** Poder entrar; passar. **3.** Poder realizar-se dentro de um certo tempo. *T.i.* **4.** Ser compatível. **5.** Pertencer como partilha ou quinhão. **6.** Competir (4). *Int.* **7.** Ter cabimento (1 e 2). [Conjug.: [22] **caber**]

ca•bi•de *sm.* Móvel com pequenos braços, ou peça, ou objeto apropriado, onde se penduram roupas, chapéus, toalhas, etc.

ca•bi•de•la *sf.* **1.** Os miúdos da galinha. **2.** Guisado que se faz com eles, juntamente com pedaços e sangue dessa ave.

ca•bi•do *sm.* Corporação dos cônegos de uma catedral.

ca•bil•da *sf.* **1.** Designação comum a diversas tribos nômades da África setentrional. **2.** *P. ext.* Tribo.

ca•bi•men•to *sm.* **1.** Aceitação, valimento. **2.** Oportunidade, conveniência.

ca•bi•na ou **ca•bi•ne** *sf.* **1.** Camarote (2). **2.** Nos trens, compartimento, com camas ou sem elas, para os passageiros. **3.** Nos aviões, compartimento onde ficam os instrumentos de vôo e o respectivo pessoal; carlinga. **4.** Boxe (3) para se falar ao telefone, etc. **5.** Módulo (2).

ca•bi•nei•ro *sm. Bras.* **1.** Vigia ou atendente de cabina (2). **2.** Ascensorista.

ca•bis•bai•xo *adj.* **1.** De cabeça baixa. **2.** Abatido, humilhado.

ca•bi•ú•na *sf. Bras. Bot.* Árvore das leguminosas, de madeira utilíssima, preta; cabiúva.

ca•bí•vel *adj2g.* Que tem cabimento. [Pl.: *–veis.*]

ca•bo¹ *sm.* **1.** V. *hierarquia militar.* **2.** Término, fim. **3.** Ponta de terra que entra pelo mar; ponta.

ca•bo² *sm.* **1.** Extremidade pela qual se segura um objeto ou instrumento. **2.** Rabo, cauda. **3.** Corda usada a bordo das embarcações. **4.** *Eng. Elétr.* Feixe constituído pelo torcimento de vários fios metálicos nus, e que pode ser isolado, ou não, dependendo do uso a que se destina. ◆**Cabo coaxial.** *Tec. Eletrôn.* Cabo elétrico constituído por dois condutores concêntricos separados por um dielétrico.

ca•bo•chão *sm. Bras.* Pedra preciosa ou não, talhada e polida, mas não facetada.

ca•bo•cla•da *sf. Bras.* Bando de caboclos.

ca•bo•cli•nho *sm. Bras. Zool.* Ave fringilídea do Norte e do Leste do Brasil.

ca•bo•clo (ó) *sm. Bras.* **1.** Mestiço de branco com índio; cariboca, curiboca. **2.** Antiga designação do indígena. **3.** Caboclo (1) de cor acobreada e cabelos lisos; caburé. **4.** V. *caipira* (1). • *adj.* **5.** V. *caipira* (2).

ca•bo-de-es•qua•dra *sm.* V. *hierarquia militar.* [Pl.: *cabos-de-esquadra.*]

co•bo•gó *sm. Constr.* Elemento vazado, de cerâmica ou cimento, us. na construção de paredes a fim de proporcionar a entrada de luz natural e ventilação.

ca•bo•gra•ma *sm.* Telegrama expedido por cabo submarino.

ca•bo•ta•gem *sf.* Navegação mercante em águas costeiras de um só país. [Pl.: *–gens.*]

ca•bo•ti•nis•mo *sm.* Ação, costumes ou vida de cabotino.

ca•bo•ti•no *adj. sm.* Que, ou o que vive a alardear seus méritos, reais ou fictícios.

ca•bra *sf.* **1.** *Zool.* Mamífero bovídeo, a fêmea do bode. • *sm.* **2.** *Bras.* Mestiço de mulato e negro. **3.** *Bras.* V. *capanga* (3). **4.** *Bras.* Pessoa, sujeito. **5.** *Bras.* V. *cangaceiro.*

ca•bra-ce•ga *sf.* Brincadeira em que uma criança vendada tenta agarrar outra, que a irá substituir. [Pl.: *cabras-cegas.*]

ca•brão *sm.* Bode (1). [Pl.: *–brões.*]

cá•bre:a *sf.* Guindaste para levantar materiais nas construções.

ca•brei•ro *sm.* Pastor que guarda cabras.

ca•bres•tan•te *sm. Constr. Nav.* Máquina para içar a amarra da âncora.

ca•bres•to (ê) *sm.* **1.** Arreio da cabeça e pescoço do cavalo, menos a embocadura. **2.** Freio (3) do prepúcio.

ca•bril *sm.* Curral de cabras. [Pl.: *–bris.*]

ca•bri•o•la *sf.* **1.** Salto de cabra. **2.** Cambalhota.

ca•bri•o•lar *v.int.* Dar cabriolas. [Conjug.: 1 [cabriol]**ar**]

ca•bri•o•lé *sm.* Carruagem leve, de duas rodas, com capota móvel, puxada por um cavalo.

ca•bri•ta *sf.* **1.** Cabra pequena. **2.** *Bras.* Mestiça ainda nova.

ca•bri•tar *v.int.* Saltar como os cabritos. [Conjug.: 1 [cabrit]**ar**]

ca•bri•to *sm.* Pequeno bode (1).

ca•bro•cha *Bras. s2g.* **1.** Qualquer mestiço escuro. • *sf.* **2.** Mulata jovem.

cá•bu•la *sf.* V. *caiporismo.*

ca•bu•lo•so (ó) *adj.* **1.** Que tem ou dá cábula; azarento. **2.** Aborrecido, importuno. [Pl.: *–losos* (ó).]

ca•bu•ré *sm. Bras.* **1.** Cafuzo. **2.** Caboclo (3). **3.** *Zool.* Nome comum a pequenas corujas com tufo na cabeça.

ca•ca *sf. Fam.* Excremento, fezes.

ca•ça *sf.* **1.** Caçada. **2.** Animais caçados. **3.** Conjunto de animais que se podem caçar. **4.** Busca, perseguição. • *sm.* **5.** Avião de caça. [Cf. *cassa.*]

ca•ça•da *sf.* Ato ou efeito de caçar; caça.

ca•ça•dor (ô) *adj.* e *sm.* Que ou aquele que caça.

ca•ça•dor-co•le•tor *adj.* e *sm. Antrop.* Que, ou aquele que vive da caça, pesca e coleta (3) como atividades econômicas principais. [Pl.: *caçadores-coletores.*]

ca•ca•jau *sm. Bras. Zool.* Cebídeo de porte médio, do N.O. da Amazônia, os únicos macacos sul-americanos de cauda curta; uacari.

ca•çam•ba *sf. Bras.* **1.** Balde preso a uma corda para tirar água dos poços. **2.** Qualquer balde. **3.** Estribo (1) em forma de chinela.

ca•ça-mi•nas *sm2n.* Tipo de navio de guerra que se destina a localizar e destruir minas submarinas.

ca•ça-ní•queis *sm2n. Bras.* Máquina que funciona introduzindo-se-lhe uma moeda, e que pode ou não dar prêmios a quem a introduziu.

ca•çan•je *sm.* **1.** Dialeto crioulo do português, falado em Angola. **2.** Português mal falado ou mal escrito.

ca•cão *sm. Zool.* Nome comum a vários peixes condrictes, marinhos, carnívoros, semelhantes aos tubarões. [Pl.: *–ções.*]

ca•ça•pa *sf.* Cada um dos seis buracos da mesa de sinuca.

ca•ça•po *sm.* Coelho novo.

ca•çar *v.t.d.* **1.** Perseguir (animais silvestres) a tiro, etc., para aprisionar ou matar. **2.** *Bras.* Procurar, buscar. *Int.* **3.** Andar à caça (1). [Conjug.: 9 [ca]**car**. Cf. *cassar.*]

ca•ca•re•co *sm. Bras.* Traste velho.

ca•ca•re•jar *v.int.* Cantar (a galinha e outras aves). [Conjug.: 1 [cacarej]**ar**. Norm., não se usa nas 1ªs pess.]

ca•ca•re•jo (ê) *sm.* O canto da galinha.

ca•ca•ri•a *sf.* Monte de cacos.

ca•ça•ro•la *sf.* Panela de metal com bordas altas, cabo e tampa.

ca•ca•tu•a *sf. Zool.* Nome comum a diversas aves trepadoras psitacídeas, maiores que os papagaios, e de penacho grande e ereto.

ca•cau *sm.* O fruto e a semente do cacaueiro.

ca•cau•ei•ro *sm. Bot.* Arvoreta esterculiácea cujas sementes encerram 50% de gordura e, beneficiadas, dão o chocolate.

ca•cau•i•cul•tu•ra (au-i) *sf. Bras.* Plantação ou cultura do cacau. § **ca•cau•i•cul•tor** (au-i...ô) *sm.*

ca•ce•ta•da *sf.* **1.** Pancada com cacete; bordoada, porretada. **2.** *Bras.* Coisa ou situação maçante; caceteação. **3.** *Bras. Fut.* Chute muito forte; pedrada.

ca•ce•te (ê) *sm.* **1.** Pedaço de pau com uma das pontas mais grossas que a outra; maça, bordão, porrete. • *adj2g.* **2.** *Bras.* V. *maçante.*

ca•ce•te:a•ção *sf. Bras.* Cacetada (2). [Pl.: -*ções.*]

ca•ce•te•ar *v.t.d.* **1.** Bater com cacete em; espancar. **2.** *Bras.* Importunar, chatear. *P.* **3.** Chatear-se. [Conjug.: ⑩ [cacet]**ear**]

ca•cha•ça *sf. Bras.* **1.** Aguardente obtida pela fermentação e destilação do mel, ou borras do melaço; aguardente, branquinha, birita, caninha, pinga. [A palavra tem muito mais de 100 sin., gerais ou regionais.] **2.** *Pop.* Qualquer bebida alcoólica; birita, óleo. **3.** Inclinação forte; paixão.

ca•cha•ção *sm.* Pancada no cachaço. [Pl.:-*ções.*]

ca•cha•cei•ro *adj.* e *sm. Bras.* Que, ou aquele que é dado em excesso à cachaça ou a outra bebida alcoólica.

ca•cha•ço *sm. Pop.* V. *cogote.*

ca•cha•lo•te *sm.* Cetáceo fiseterídeo de até 20m de comprimento; de sua cabeça se extrai o espermacete, e do corpo, óleo.

ca•chão *sm.* Borbotão. [Pl.: -*chões.*]

ca•chê *sm.* Pagamento recebido pela participação em filme, programa de TV, palestra, etc.

ca•che•a•do *adj.* Que forma cachos (cabelo).

ca•che•ar *v.int.* **1.** Tornar-se cacheado. *T.d.* **2.** Fazer cachos em (cabelo). [Conjug.: ⑩ [cach]**ear**. Na acepç. 1, norm., é impessoal.]

ca•che•col *sm.* Manta longa e estreita para agasalhar o pescoço. [Pl.: -*cóis.*]

ca•chim•ba•da *sf.* Ato de aspirar a fumaça do cachimbo.

ca•chim•bar *v.int.* Fumar cachimbo. [Conjug.: ① [cachimb]**ar**]

ca•chim•bo *sm.* Aparelho para fumar, composto de fornilho e um tubo. [Sin., bras.: *pito.*]

ca•chi•mô•ni:a *sf. Pop.* V. *cabeça* (5).

ca•cho *sm.* **1.** Conjunto de flores ou frutos pedunculados e dispostos num eixo comum. **2.** Anel de cabelo.

ca•cho•ei•ra *sf.* V. *queda-d'água.*

ca•cho•la *sf. Pop.* V. *cabeça* (5).

ca•cho•le•ta (ê) *sf.* Pancada (com o dorso das mãos com os dedos entrelaçados) na cabeça de outrem.

ca•chor•ra (ó) *sf.* Cadela nova.

ca•chor•ra•da *sf.* **1.** Bando de cachorros. **2.** *Fig.* Ação de cachorro (4).

ca•chor•ro (ó) *sm.* **1.** Cão novo. **2.** *Bras. Caboverd. Guin.* Qualquer cão. **3.** Cria de lobo, leão, etc. **4.** *Pej.* Canalha (2).

ca•chor•ro-quen•te *sm.* Sanduíche de pão, salsicha quente e molho. [Pl.: *cachorros-quentes.*]

ca•cim•ba *sf.* Poço cavado até um lençol de água.

ca•ci•que *sm. Bras.* V. *morubixaba.*

ca•co *sm.* **1.** Fragmento de louça, vidro, etc. **2.** Objeto estragado, ou sem valor. **3.** Pessoa velha, doente.

ca•ço•a•da *sf.* V. *zombaria.*

ca•ço•ar *v.t.d., t.i.* e *int.* Fazer caçoada; zombar. [Conjug.: ⑬ [caç]**oar**]

ca•co•e•te (ê) *sm.* **1.** *Med.* V. *tique.* **2.** Hábito próprio de pessoa ou grupo; sestro, mania.

ca•có•fa•to *sm. Gram.* Cacofonia (1) em que há sugestão de palavra obscena ou desagradável ao ouvido.

ca•co•fo•ni•a *sf. Gram.* **1.** Encontro ou repetição de sons do final de um vocábulo e início de outro que desagrada ao ouvido. **2.** V. *cacófato.* § ca•co•fô•ni•co *adj.*

cac•tá•ce:a *sf. Bot.* Espécime das cactáceas, família de plantas sem folhas e de caule muito grosso, com reservas de água. Têm, ger., espinhos, flores ornamentais, e frutos bacáceos, alguns comestíveis. § cac•tá•ce:o *adj.*

cac•to *sm. Bot.* Nome comum a várias cactáceas.

ca•çu•la *s2g.* e *adj2g. Bras.* O mais moço, ou que é o mais moço dos filhos ou dos irmãos.

ca•cun•da *sf.* **1.** *Bras.* Costas (1). **2.** V. *corcunda* (1).

ca•da *pron.* Designa uma unidade num grupo de pessoas, animais ou coisas de que é parte, ou um conjunto formado de duas ou mais partes, desse grupo.

ca•da•fal•so *sm.* Patíbulo.

ca•dar•ço *sm.* Cordão ou fita estreita, de seda, algodão, etc.

ca•das•trar *v.t.d.* **1.** Fazer o cadastro de. *P.* **2.** Fornecer dados para o próprio cadastro. [Conjug.: ① [cadastr]**ar**] § ca•das•tra•men•to *sm.*

ca•das•tro *sm.* **1.** Registro público dos bens imóveis de um território. **2.** Registro que bancos ou empresas mantêm de seus clientes, em especial de sua situação financeira.

ca•dá•ver *sm.* Corpo morto (sobretudo de ser humano).

ca•da•vé•ri•co *adj.* De ou próprio de cadáver.

ca•dê *Bras. Fam. Pop.* V. *quede.*

ca•de•a•do *sm.* Fechadura portátil, cujo aro, móvel, se introduz em duas argolas fixas às peças que se quer unir ou fechar.

ca•dei•a *sf.* **1.** Sucessão de anéis ou de elos de metal ligados uns aos outros; corrente. **2.** *Fig.* Seqüência de pessoas, objetos, palavras, etc. **3.** Estabelecimento oficial onde ficam detidos os acusados de crime ou contravenção; cárcere, presídio, prisão, calabouço, xadrez, casa de detenção. **4.** Enfiada (2). **5.** *Rád. Telev.* Rede (8).

ca•dei•ra *sf.* **1.** Assento (1) com costas, para uma pessoa. **2.** Disciplina ou matéria de um curso.

ca•dei•ras *sf.pl.* Os quadris.

ca•dei•ri•nha *sf.* Espécie de liteira antiga conduzida por homens.

ca•de•la *sf.* A fêmea do cão.

ca•dên•ci:a *sf.* Regularidade de movimentos ou de sons.

ca•den•ci•a•do *adj.* Que tem cadência; cadente.

ca•den•ci•ar *v.t.d.* Dar cadência a. [Conjug.: ① [cadenci]**ar**]

ca•den•te *adj2g.* 1. Que cai. 2. Cadenciado.

ca•der•ne•ta (ê) *sf.* Caderno ou pequeno livro destinado aos mais variados fins, como apontamentos, lembretes, etc.; canhenho. ♦ **Caderneta de poupança.** *Econ.* 1. Conta bancária na qual são creditados periodicamente juros e correção monetária. 2. O certificado correspondente a tal conta. [Sin., *bras., pop.: poupança.*]

ca•der•no *sm.* 1. *Edit.* Conjunto de folhas de papel, em branco ou pautadas, que formam livro (2). 2. Conjunto de folhas impressas, ger. com 4, 8, 16 ou 32 páginas de um livro, na fase de acabamento deste. 3. *Jorn.* Parte de um jornal, formada por folhas encasadas que constituem uma unidade.

ca•de•te (ê) *sm.* Aluno de escola militar superior do Exército ou da Aeronáutica.

ca•di•nho *sm.* Vaso empregado em operações químicas a temperaturas elevadas; crisol.

cád•mi:o *sm. Quím.* Elemento metálico de número atômico 48, do qual muitos compostos são venenosos e que é empregado em revestimentos resistentes à corrosão [símb.: *Cd*].

ca•du•car *v.int.* 1. Tornar-se caduco (2). 2. Tornar-se nulo; prescrever. [Conjug.: ⑧ [cadu]**car**]

ca•du•ceu *sm.* Insígnia do deus Mercúrio: bastão com duas serpentes enroscadas e com duas asas na extremidade superior.

ca•du•ci•da•de *sf.* Qualidade ou idade de caduco.

ca•du•co *adj.* 1. Que cai; que está prestes a cair. 2. Que perdeu as forças ou o viço, a capacidade mental, ou, por idade avançada, a razão, em parte; gagá. 3. Que se anulou.

ca•du•qui•ce *sf.* Ação ou dito de caduco (2).

ca•fa•jes•ta•da *sf. Bras.* Ação de cafajeste.

ca•fa•jes•te *Bras. s2g.* 1. Indivíduo desclassificado (2). ● *adj2g.* 2. Próprio de cafajeste (1).

ca•far•na•um (na-úm) *sm. Bras.* 1. Depósito de coisas velhas. 2. Confusão, miscelânea.

ca•fé *sm.* 1. O fruto do cafeeiro. 2. Infusão desse fruto descascado, torrado e moído. 3. A porção de café (2) servida em xícara, etc. 4. Estabelecimento onde se toma café e outras bebidas.

ca•fe•ei•ro *sm. Bot.* Arbusto rubiáceo cultivado para obtenção das sementes, de que se faz o café (2). § **ca•fe•ei•ro** *adj.*

ca•fe:i•cul•tu•ra *sf. Bras.* Lavoura de café. § **ca•fe:i•cul•tor** (ô) *sm.*

ca•fe•í•na *sf.* Substância encontrada no café, no chá e no guaraná, e estimulante do sistema nervoso.

ca•fe•tã *sm.* Veste talar usada sobretudo pelos povos árabes e turcos.

ca•fe•tão *sm. Pop.* Cáften. [Pl.: *–tões.*]

ca•fe•tei•ra *sf.* Recipiente onde se faz o café (2).

ca•fe•zal (fè) *sm.* Plantação de cafeeiros. [Pl.: *–zais.*]

ca•fe•zi•nho (fè) *sm. Bras.* Café (2) servido em pequenas xícaras.

cá•fi•la *sf.* Grande quantidade de camelos que transportam mercadorias.

ca•fo•na *adj2g.* 1. Que, com aparência ou pretensão de elegância e finura, é ridículo e de mau gosto (pessoa ou coisa); brega. ● *s2g.* 2. Pessoa cafona.

ca•fo•ni•ce *sf.* Qualidade de cafona, ou aquilo que o é.

cáf•ten *sm. Bras.* O que vive à custa de prostitutas; rufião, proxeneta.

caf•ti•na *sf. Bras.* Fem. de *cáften.*

ca•fu•a *sf.* 1. Antro, esconderijo. 2. Habitação miserável.

ca•fun•dó *sm. Bras.* Lugar ermo e afastado, de acesso difícil.

ca•fu•né *sm. Bras.* Ato de coçar levemente a cabeça de alguém.

ca•fu•zo *sm. Bras.* Mestiço de negro e índio; caburé.

cá•ga•do *sm. Zool.* Nome comum a vários reptis quelídeos da América do Sul, Austrália e Nova Guiné.

ca•gar *v.int.* e p. *Chulo* V. *defecar(-se).* [Conjug.: ⑪ [ca]**gar**]

cai•a•na *adj2g.* e *sf.* Diz-se de, ou cana-deaçúcar originária de Caiena (Guiana Francesa).

cai•ar *v.t.d.* 1. Pintar com tinta à base de cal, água e cola. 2. Dar cor branca a. [Conjug.: ① [cai]**ar**] § **cai•a•ção** *sf.*

cãi•bra *sf. Med.* Contração espasmódica e dolorosa dos músculos. [Sin. pop.: *breca.*]

cai•bro *sm.* Peça de madeira de seção retangular, usada em armações de telhados, soalhos, etc.

ca:i•ça•ra *Bras. sf.* 1. Cerca feita de varas ou galhos. ● *s2g.* 2. Caipira do litoral paulista.

ca•í•do *adj.* 1. Abatido, prostrado. 2. *Bras.* V. *apaixonado* (1).

cai•ei•ra *sf.* Forno onde se faz a cal.

cai•mão *sm. Zool.* Nome comum a cinco espécies de reptis crocodilianos que vivem em lagos e rios das Américas Central e do Sul. [Pl.: *–mões.*]

ca:i•men•to *sm.* Inclinação, queda.

ca:in•gan•gue *Bras. s2g.* 1. *Etnôn.* Indivíduo dos caingangues, povo indígena que habita em SP, PR, SC e RS. ● *sm.* 2. *Gloss.* Subgrupo da família lingüística jê, do S. do Brasil. § **ca:in•gan•gue** *adj2g.*

ca:i•nhar *v.int.* Latir doridamente (o cão). [Conjug.: ① [cainh]ar. Norm. é impessoal.]

ca:i•pi•ra *Bras. s2g.* **1.** Habitante do campo ou da roça. • *adj2g.* **2.** Diz-se de caipira (1). [Sin. ger.: *jeca, matuto, roceiro, sertanejo, caboclo, capiau, tabaréu.*]

ca:i•pi•ra•da *sf. Bras.* **1.** Grupo de caipiras. **2.** Ação ou modos de caipira.

ca:i•pi•ri•nha *sf.* Bebida preparada com limão em rodelas ou macerado, açúcar e gelo, batidos com cachaça.

ca:i•pi•rís•si•ma *sf.* Caipirinha em que a cachaça é substituída por vodca.

ca:i•po•ra *Bras. sm. f.* **1.** Ente fantástico da mitologia tupi, representado, segundo as regiões, de formas diversas. • *s2g.* **2.** Pessoa que dá ou tem azar; azarado. • *adj2g.* **3.** V. *azarado.*

ca:i•po•ris•mo *sm. Bras.* Má sorte ou infelicidade constante; azar, cábula, peso, urucubaca (*bras.*), macaca (*bras.*).

ca•ir *v.int.* **1.** Ir ao chão pelo próprio peso, ou por desequilíbrio, etc. **2.** Descer sobre a terra. **3.** Descer, abaixar. **4.** Perder a força ou intensidade, ou a qualidade. **5.** Sofrer redução (temperatura, produção, etc.). **6.** Desvalorizar-se (moeda, título, etc.). **7.** Ser destituído de poder, ou cargo, etc. **8.** Ser vítima de logro. **9.** Tornar-se nulo. **10.** Ser interrompido, devido a alguma falha (diz-se de ligação telefônica, ou de outros tipos de comunicação à distância). **11.** Parar de funcionar (sistema). **12.** Sair de moda. *T.i.* **13.** Incorrer, incidir. **14.** Ceder a (sentimento intenso). **15.** Combinar (3). **16.** *Pop.* Apaixonar-se. *T.c.* **17.** Ocorrer (em determinada época). **18.** Atirar-se. *Pred.* **19.** Ficar, tornar-se. [Conjug.: ㊳ [c]**air**] ♦ **Cair bem.** Ser bem aceito; agradar. **Cair fora.** Fugir (1). **Cair mal.** Não ser bem aceito; desagradar.

cais *sm2n.* Parte de um porto para embarque e desembarque.

cai•ti•tu *sm. Bras. Zool.* Mamífero taiaçuídeo da América do Sul, tb. chamado, impr., porco-do-mato.

cai•xa *sf.* **1.** Receptáculo de madeira, papelão, metal, etc., com tampa ou sem ela, faces geralmente retangulares ou quadradas, como um estojo, um cofre, etc. **2.** O conteúdo de uma caixa. **3.** Seção de bancos, etc., que paga ou recebe dinheiro, cheques, etc. **4.** *Econ.* Disponibilidade em dinheiro (esp. de empresa ou banco); encaixe. • *sm.* **5.** Livro comercial para registro de entradas e saídas de dinheiro. • *s2g.* **6.** Pessoa que trabalha na caixa (3). ♦ **Caixa acústica.** Caixa onde são instalados alto-falantes; sonofletor. **Caixa eletrônico.** Equipamento computadorizado e interativo, capaz de ser operado diretamente pelo cliente para realizar as funções mais comuns de uma agência bancária. **De caixa.** Diz-se do regime contábil no qual os pagamentos ou recebimentos são lançados na data em que são efetuados.

cai•xa-al•ta *sf.* Letra maiúscula. [Pl.: *caixas-altas.*]

cai•xa-bai•xa *sf.* Letra minúscula. [Pl.: *caixas-baixas.*]

cai•xa-d'á•gua *sf.* Reservatório de água. [Pl.: *caixas-d'água.*]

cai•xão *sm.* **1.** Caixa grande. **2.** Caixa em que se levam os mortos ao túmulo; ataúde, féretro, esquife. [Pl.: –*xões.*]

cai•xei•ral *adj2g.* Relativo a caixeiro (1). [Pl.: –*rais.*]

cai•xei•ro *sm.* **1.** Balconista. **2.** Entregador.

cai•xe•ta (ê) *sf.* Caixa pequena.

cai•xi•lho *sm.* **1.** Esquadria (2) ou parte dela. **2.** Moldura.

cai•xo•te *sm.* Caixa pequena e tosca.

ca•já *sm.* **1.** O fruto da cajazeira; cajazinha, taperebá. **2.** *Bot.* V. *cajazeira.* **3.** *Bot.* V. *cajá-manga.*

ca•ja•da•da *sf.* Pancada com cajado.

ca•ja•do *sm.* V. *bordão*[1] (1).

ca•já-man•ga *sm. Bot.* **1.** Árvore anacardiácea cujos frutos são grandes drupas amareladas; cajarana. **2.** Seu fruto. [Sin. ger.: *cajá.* Pl.: *cajás-mangas* e *cajás-manga.*]

ca•ja•ra•na *sf. Bot.* Cajá-manga (1).

ca•ja•zei•ra (jà) *sf. Angol. Bras. Bot.* Árvore anacardiácea de frutos drupáceos, suculentos, amarelos; são próprios para refrescos; cajá, cajazeiro, cajazinha.

ca•ja•zei•ro (jà) *sm. Bot.* V. *cajazeira.*

ca•ja•zi•nha *sf.* **1.** V. *cajá* (1). **2.** *Bot.* V. *cajazeira.*

ca•ju *sm. Bras.* Pedúnculo, comestível, do fruto do cajueiro (q. v.).

ca•ju•a•da *sf. Bras.* Refresco, ou doce, de caju.

ca•ju•ei•ro *sm. Bras. Bot.* Árvore anacardiácea cujo fruto, uma noz, torrada, tem excelente sabor. [A parte suculenta, impr. considerada fruto, é o caju, comestível e tb. us. em doces e bebidas.]

cal *sf.* Substância branca resultante da calcinação de pedras calcárias [fórm.: CaO]. [Pl.: *cales, cais.*]

ca•la•boi•ço ou **ca•la•bou•ço** *sm.* **1.** Prisão subterrânea; cárcere. **2.** *Pop.* V. *cadeia* (3).

ca•la•bre *sm.* Amarra de cabo[2] (3).

ca•la•bro•te *sm.* Cabo[2] (3) de pequena bitola.

ca•la•da *sf.* Silêncio total.

ca•la•do[1] *sm.* Distância entre a superfície da água em que a embarcação flutua e a face inferior da sua quilha.

ca•la•do[2] *adj. e sm.* Diz-se de, ou indivíduo que fala pouco.

ca•la•fa•te *sm.* Aquele que calafeta.

ca•la•fe•tar *v.t.d.* **1.** Vedar com estopa alcatroada (as junturas ou fendas duma embarcação). **2.** Tapar, vedar (fendas ou buracos). [Conjug.: ① [calafet]**ar**]

ca•la•fri:o *sm. Med.* Contração involuntária de músculos voluntários, com sensação de frio.

ca•la•mi•da•de *sf.* **1.** Catástrofe. **2.** Infortúnio.

ca•la•mi•to•so (ô) *adj.* Que envolve calamidade; catastrófico. [Pl.: *-tosos* (ó).]

ca•lan•dra¹ *sf.* Máquina para lustrar papel, tecidos, etc.

ca•lan•dra² *sf. Zool.* Ave alaudídea, canora.

ca•lan•drar *v.t.d.* Lustrar ou acetinar na calandra. [Conjug.: ① [calandr]**ar**] § **ca•lan•dra•gem** *sf.*

ca•lan•go *sm. Bras. Zool.* Nome comum a vários teiídeos, ger. pequenos.

ca•lão *sm.* Gíria com o uso de termos baixos. [Pl.: *-lões.*]

ca•lar¹ *v.int.* **1.** Estar em silêncio; não falar. **2.** Cessar de falar. **3.** Não divulgar o que sabe. *P.* **4.** Cessar de falar. *T.d.* **5.** Fazer calar. [Conjug.: ① [cal]**ar**]

ca•lar² *v.t.d.* Encaixar (a baioneta) no fuzil. [Conjug.: ① [cal]**ar**]

cal•ça *sf.* **1.** Peça externa do vestuário, que parte da cintura, se fecha junto às virilhas, cobre separadamente as pernas e pode ir até os tornozelos. **2.** Peça interna do vestuário feminino, semelhante à calça (1), mas que vai apenas até as virilhas; calcinha. [Tb. us. no plural.]

cal•ça•da *sf.* Caminho pavimentado para pedestres, numa rua, geralmente limitado por meio-fio; passeio.

cal•ça•dei•ra *sf.* Utensílio que ajuda a calçar (1) sapato, bota, etc.

cal•ça•do *sm.* Peça do vestuário (salvo a meia) para cobrir e proteger exteriormente os pés.

cal•ça•men•to *sm.* **1.** Ato ou efeito de calçar. **2.** Pavimentação de ruas, estradas, etc.

cal•ca•nhar *sm.* Parte posterior de cada pé. [Pl.: *-nhares.*]

cal•ção *sm.* Calça de bocas um tanto largas, que não ultrapassa o meio da coxa. [Pl.: *-ções.*]

cal•car *v.t.d.* **1.** Pisar com os pés. **2.** Comprimir (1). **3.** Humilhar (2). **4.** V. *reprimir* (1). *T.d.i.* **5.** *Fig.* Tomar como base, ou como modelo. [Conjug.: ⑧ [cal]**car**]

cal•çar *v.t.d.* **1.** Revestir os pés de (calçados, meias), as mãos de (luvas), o corpo e pernas de (calças). **2.** Empedrar (calçada, etc.). **3.** Pavimentar. **4.** Pôr calço ou cunha em. *Int.* **5.** Ajustar-se (calçado): *Este sapato calça bem. P.* **6.** Revestir os pés de calçados, as mãos de luvas, etc. [Conjug.: ⑨ [cal]**çar**]

cal•cá•ri:o *adj.* **1.** Que contém cálcio. **2.** Da natureza da cal. • *sm.* **3.** Rocha constituída essencialmente de carbonato de cálcio.

cal•ças *sf.pl.* V. *calça.*

cal•cei•ro *sm.* Aquele que faz calças.

cal•ce•mi•a *sf.* Teor sanguíneo de cálcio.

cal•ce•ta (ê) *sf.* **1.** Argola de ferro fixada no tornozelo dum prisioneiro. • *sm.* **2.** Homem condenado a trabalhos forçados.

cal•ce•tei•ro *sm.* Aquele que calça as ruas com pedras justapostas.

cal•ci•fi•ca•ção *sf. Med.* Deposição de cálcio em qualquer parte do organismo. [Pl.: *-ções.*]

cal•ci•fi•car *v.t.d.* **1.** Dar consistência de cal a. *Int.* e *p.* **2.** Sofrer calcificação. [Conjug.: ⑧ [calcifi]**car**]

cal•ci•nar *v.t.d.* **1.** Transformar (o carbonato de cálcio) em óxido de cálcio, para obter a cal. **2.** Reduzir a carvão ou a cinzas. *Int.* **3.** Abrasar (4). [Conjug.: ① [calcin]**ar**]

cal•ci•nha *sf.* Calça (2).

cál•ci:o *sm. Quím.* V. *metal alcalino-terroso* [símb.: *Ca*].

cal•ço *sm.* Cunha, pedra, pedaço de madeira, etc., que se põe debaixo dum objeto para o firmar, elevar ou nivelar.

cal•co•gê•ni:o *sm. Quím.* Qualquer dos elementos oxigênio, enxofre, selênio, telúrio e polônio, cujos números atômicos são, respectivamente, 8, 16, 34, 52 e 84.

cal•cu•do *adj.* **1.** Que tem calças muito compridas. **2.** Diz-se de ave cujas pernas são cobertas de penas.

cal•cu•la•do•ra (ô) *sf.* Mecanismo, instrumento ou dispositivo que realiza cálculos matemáticos.

cal•cu•lar *v.t.d.* **1.** Determinar por meio de cálculo (1). **2.** Computar, contar; avaliar. **3.** Fazer idéia de. **4.** Presumir. [Conjug.: ① [calcul]**ar**] § **cal•cu•lá•vel** *adj2g.*

cal•cu•lis•ta *adj2g.* Diz-se de pessoa interesseira.

cál•cu•lo *sm.* **1.** Realização de operação ou operações sobre números ou símbolos algébricos; cômputo. **2.** Avaliação, conjetura. **3.** Sentimento de cobiça; interesse. **4.** *Mat.* V. *cálculo diferencial e integral.* **5.** *Med.* Concreção que se forma em órgãos reservatórios musculomembranosos (bexiga, vesícula biliar, etc.) e em glândulas. ◆ **Cálculo diferencial e integral.** *Mat.* Estudo das propriedades das derivadas e diferenciais, dos processos de obtê-las, e da operação de integração, de suas propriedades e métodos de obtenção de primitivas; cálculo. [Sin.: *cálculo infinitesimal.*] **Cálculo infinitesimal.** *Mat.* Cálculo diferencial e integral.

cal•da *sf.* Solução de açúcar e água, ou suco de frutas, fervidos juntos.

cal•de•a•men•to *sm.* **1.** Ato ou efeito de caldear. **2.** V. *miscigenação.*

cal•de•ar *v.t.d.* **1.** Tornar incandescente, pôr em brasa (o ferro, etc.). **2.** Soldar, ligar (metais em brasa), reforçando-os. **3.** *Fig.* Mestiçar. [Conjug.: 10 [cald]**ear**]

cal•dei•ra *sf.* Grande recipiente de metal para aquecer água, ou outro líquido, produzir vapor, etc.

cal•dei•rão *sm.* **1.** Panela (1) grande, mais alta que larga. **2.** Escavação que as águas fazem nas rochas, na qual se encontra ouro e diamante. [Pl.: *–rões.*]

cal•dei•rei•ro *sm.* Artífice que faz caldeiras e outros utensílios de metal.

cal•dei•ri•nha *sf.* Vaso para água benta.

cal•do *sm.* **1.** Alimento líquido que se obtém cozinhando carne, peixe, etc., em geral com temperos. **2.** *Bras.* Sumo da polpa dos frutos ou doutras partes de certas plantas. **3.** *Bras.* Mergulho forçado que se dá em quem está nadando.

ca•le•che *sf.* e *m.* Carruagem de quatro rodas e dois assentos.

ca•le•fa•ção *sf.* Aquecimento de espaços internos. [Pl.: *–ções.*]

ca•lei•dos•có•pi:o ou **ca•li•dos•có•pi:o** *sm.* Objeto cilíndrico, cujo fundo há fragmentos móveis de vidro colorido, os quais, ao refletirem-se sobre um jogo de espelhos disposto longitudinalmente, produzem um sem-número de combinações de imagens.

ca•le•jar *v.t.d.* **1.** Produzir calos em. *Int.* e *p.* **2.** Tornar-se insensível. [Conjug.: 1 [calej]**ar**] § **ca•le•ja•dó** *ăǎj.*

ca•len•dá•ri:o *sm.* **1.** Folha ou folheto onde se indicam os dias, semanas e meses do ano, as fases da Lua, os feriados, etc. **2.** Sistema de divisão do tempo em que se aplica um conjunto de regras baseadas na astronomia e em convenções próprias, capazes de fixar a duração do ano civil e de suas diferentes datas.

ca•len•das *sf.pl.* O primeiro dia de cada mês romano, na Antiguidade.

ca•lha *sf.* **1.** Cano de zinco, ou cobre, etc., aberto em cima, que recebe águas pluviais. **2.** *Eng. Elétr.* Conduto (3) fechado, com tampa removível, destinado à instalação aparente de condutores elétricos; eletrocalha.

ca•lha•ma•ço *sm.* V. *alfarrábio.*

ca•lham•be•que *sm.* **1.** Barco velho e que não inspira confiança. **2.** Automóvel velho.

ca•lhan•dra *sf. Zool.* Calandra² (q. v.).

ca•lhar *v.int.* **1.** Vir a tempo. **2.** Acontecer, suceder. **3.** Encaixar (8). [Conjug.: 1 [calh]**ar**]

ca•lhau *sm.* Fragmento de rocha dura maior que o seixo.

ca•lhor•da *adj2g.* e *s2g.* Diz-se de, ou pessoa desprezível.

ca•li•bra•dor (ô) *sm.* Instrumento para calibrar.

ca•li•brar *v.t.d.* **1.** Dar o conveniente calibre a. **2.** Medir o calibre de. **3.** *Bras.* Dar a convenien-

te pressão de ar a (câmara-de-ar, pneu, etc.). *Int.* **4.** *Bras. Gír.* Embriagar-se. [Conjug.: 1 [calibr]**ar**] § **ca•li•bra•gem** *sf.*

ca•li•bre *sm.* **1.** Diâmetro interior do cano de arma-de-fogo, ou de qualquer cilindro oco. **2.** Diâmetro exterior dum projetil.

ca•li•bro•so (ô) *adj. Med.* Referente aos condutos (esp. aos vasos sanguíneos) que se apresentam com calibre dilatado. [Pl.: *–brosos* (ó).]

ca•li•ça *sf.* Fragmento de argamassa resultante de demolição de obras de alvenaria.

cá•li•ce¹ *sm.* **1.** Copinho para vinhos finos, licores, etc. **2.** O conteúdo do cálice (1).

cá•li•ce² *sm. Bot.* Verticilo floral externo, formado por sépalas.

cá•li•do *adj.* **1.** Quente (2). **2.** Ardente, apaixonado.

ca•li•fa *sm.* Título de soberano muçulmano.

ca•li•fa•do *sm.* **1.** Dignidade ou jurisdição de califa. **2.** Território governado por califa.

ca•li•fór•ni:o *sm. Quím.* V. *actinídeos* [símb.: *Cf*].

ca•li•gra•fi•a *sf.* **1.** Arte de escrever à mão segundo determinadas normas. **2.** Maneira própria de cada pessoa usar da caligrafia (1); letra.

ca•lí•gra•fo *sm.* Especialista em caligrafia (1).

ca•li•pí•gi:o *adj.* Que tem belas nádegas.

ca•lis•ta *s2g.* Profissional que trata dos pés, especialmente dos calos.

ca•li•tri•quí•de:o *sm. Zool.* Espécime dos calitriquídeos, família de pequenos macacos do Novo Mundo (os micos), de membros curtos, orelhas com tufos de pêlos e cauda não preênsil; são insetívoros e frugívoros. § **ca•li•tri•quí•de:o** *adj.*

cal•ma *sf.* **1.** Grande calor atmosférico, em geral sem vento; calor. **2.** O período mais quente do dia. **3.** Serenidade, sossego.

cal•man•te *adj2g.* **1.** Que calma, acalma. • *sm.* **2.** Medicamento que acalma; sedativo.

cal•mar *v.t.d., int.* e *p.* Acalmar. [Conjug.: 1 [calm]**ar**]

cal•ma•ri•a *sf.* **1.** Ausência de ventos. **2.** Grande calor sem vento.

cal•mo *adj.* **1.** V. *calmoso.* **2.** Sossegado, tranqüilo.

cal•mo•so (ô) *adj.* Em que há calma (1); quente, calmo, caloroso. [Pl.: *–mosos* (ó).]

ca•lo *sm.* Endurecimento da pele em determinado ponto; calosidade.

ca•lom•bo *sm. Bras.* Tumefação ou quisto cutâneo.

ca•lor (ô) *sm.* **1.** Forma de energia que se transfere dum sistema para outro por uma diferença de temperatura entre os dois. **2.** Sensação que se tem num ambiente aquecido (pelo Sol ou artificialmente), ou junto de um objeto quente e/ou que aquece. **3.** *P. ext.* Calma (1). **4.** Animação, vivacidade. **5.** Cordialidade.

ca•lo•ren•to *adj.* **1.** Muito sensível ao calor. **2.** Onde faz calor.

ca•lo•ri•a *sf.* Quantidade de calor necessária para elevar de 14,5ºC a 15,5ºC a temperatura de um grama de água.

ca•ló•ri•co *adj.* Relativo a calor ou a caloria.

ca•lo•rí•fe•ro *adj.* Que tem ou produz calor (1).

ca•lo•ri•fi•co *adj.* Que pode trocar energia sob forma de calor (1).

ca•lo•ro•so (ô) *adj.* **1.** V. *calmoso.* **2.** Cordial, afável. [Pl.: *–rosos* (ó).]

ca•lo•si•da•de *sf.* **1.** Dureza calosa. **2.** Calo.

ca•lo•so (ô) *adj.* Que tem calos. [Pl.: *–losos* (ó).]

ca•lo•ta *sf.* **1.** *Geom.* Calota esférica. **2.** Peça de metal que se adapta externamente às rodas dos automóveis. ♦ **Calota esférica.** *Geom.* Parte de uma superfície esférica limitada por um plano; calota.

ca•lo•te *sm.* Dívida intencionalmente não paga.

ca•lo•te•ar *v.t.d.* Passar calote(s) em. [Conjug.: 10 [calot]**ear**]

ca•lo•tei•ro *adj.* Que caloteia.

ca•lou•ri•ce ou **ca•loi•ri•ce** *sf.* Tolice de calouro.

ca•lou•ro ou **ca•loi•ro** *sm.* **1.** Estudante novato. **2.** Indivíduo inexperiente.

ca•lu•da *interj.* Serve para impor silêncio.

ca•lun•du *sm. Bras.* V. *amuo.*

ca•lun•ga *Bras. sf.* **1.** Coisa qualquer de tamanho reduzido. • *s2g.* **2.** Boneco (1) pequeno.

ca•lú•ni•a *sf.* Ato de procurar desacreditar publicamente alguém, fazendo-lhe acusações falsas, etc.; difamação.

ca•lu•ni•ar *v.t.d.* Levantar calúnia(s) contra. [Conjug.: 1 [caluni]**ar**] § **ca•lu•ni•a•dor** (ó) *adj. e sm.*

ca•lu•ni•o•so (ô) *adj.* Que encerra calúnia. [Pl.: *–osos* (ó).]

cal•va *sf.* Parte da cabeça de onde caiu o cabelo; careca.

cal•vá•ri•o *sm.* Martírio.

cal•ví•ci•e *sf.* Estado de calvo; careca.

cal•vi•nis•mo *sm.* Seita protestante fundada por João Calvino (q. v.). § **cal•vi•nis•ta** *adj2g. e s2g.*

cal•vo *adj.* Sem cabelo na cabeça ou em parte dela.

ca•ma *sf.* **1.** Qualquer lugar onde pessoas ou animais possam deitar-se e/ou dormir. **2.** Móvel para dormir ou repousar, sobre o qual se usa pôr um colchão. **3.** Camada de material fofo. [Sin. ger.: *leito.*]

ca•ma•da *sf.* **1.** Quantidade de matéria estendida sobre uma superfície. **2.** Porção de substância sobreposta a outra(s). **3.** Categoria, classe. ♦ **Camada de ozônio.** V. *ozônio.*

ca•ma•feu *sm.* Pedra semipreciosa, com duas

camadas de cor diferente, numa das quais se talha uma figura em relevo.

ca•ma•le•ão *sm. Zool.* Reptil camaleontídeo do Sul da Europa e da África, capaz de mudar de cor, para se camuflar. [Pl.: *–ões.*]

ca•ma•le•on•tí•de:o *sm. Zool.* Espécime dos camaleontídeos, família de sáurios arborícolas que têm cauda preênsil. § **ca•ma•le:on•tí•de:o** *adj.*

ca•ma•rá *sm. Bras. Bot.* Arbusto verbenáceo de folhas aromáticas; cambará.

câ•ma•ra *sf.* **1.** Aposento de uma casa, em especial o quarto de dormir. **2.** Assembléia deliberativa constituída em corpo legislativo. **3.** Local onde se reúne uma assembléia (2). **4.** Qualquer compartimento fechado. **5.** *Cin. Fot. Telev.* Equipamento dotado de sistema de lentes e us. para registrar imagens, mediante técnica fotográfica ou eletrônica. **6.** *Telev.* Operador de câmara (5). [F. paral., mais us. nas acepç. 5 e 6: *câmera.*]

ca•ma•ra•da *s2g.* **1.** Pessoa que convive com outra; companheiro, colega. **2.** Amigo cordial. **3.** Condiscípulo. • *sm.* **4.** Soldado (4).

ca•ma•ra•da•gem *sf.* **1.** Convivência de camaradas. **2.** Convívio íntimo e ameno. **3.** Procedimento ou atitude de camarada, de amigo. [Pl.: *–gens.*]

câ•ma•ra-de-ar *sf.* Tubo de borracha, que circunda a camba no interior dos pneus, e que se enche de ar comprimido. [Pl.: *câmaras-de-ar*.]

ca•ma•rão *sm. Zool.* Nome comum a vários crustáceos decápodes us., mundialmente, na alimentação. [Pl.: *–rões.*]

ca•ma•rão-de-á•gua-do•ce *sm. Bras. Zool.* Pitu. [Pl.: *camarões-de-água-doce.*]

ca•ma•rá•ri:o *adj.* **1.** Relativo a câmara. • *sm.* **2.** Antiga dignidade eclesiástica.

ca•ma•rei•ra *sf.* **1.** Aia. **2.** Criada em hotéis, etc.

ca•ma•rei•ro *sm.* **1.** Criado de hotéis, navios, etc. **2.** *Teat. Telev.* Profissional que assiste os artistas na utilização de roupagem, e na guarda e conservação desta.

ca•ma•ri•lha *sf.* Pessoas que cercam um chefe buscando influir nas suas decisões.

ca•ma•rim *sm.* Recinto dos teatros onde os atores se preparam. [Pl.: *–rins.*]

ca•ma•ri•nha *sf.* **1.** Quarto de dormir, em geral na parte central da casa. **2.** Gotícula redonda.

ca•ma•ro•te *sm.* **1.** Cada compartimento especial das salas de espetáculos, destinado aos espectadores. **2.** Quarto de dormir, nas embarcações; câmara.

ca•ma•ro•tei•ro *sm.* Camareiro de navio; camareiro.

ca•mar•te•lo *sm.* Martelo de canteiro (1).

cam•ba *sf.* Cada uma das peças curvas das rodas dum veículo.

cam•ba•da *sf*. **1**. Porção de objetos pendurados nalguma coisa. **2**. Porção de coisas; cambulhada. **3**. Molho de chaves. **4**. *Fig*. Corja, súcia.

cam•ba•do *adj*. Torto de um lado.

cam•bai•o *adj*. Que tem pernas tortas; cambeta.

cam•ba•la•cho *sm*. Transação ardilosa e com intenção de dolo.

cam•ba•le•ar *v.int*. **1**. Oscilar, por não se poder agüentar nas pernas. **2**. Andar sem firmeza. [Conjug.: 10 [cambal]ear] § **cam•ba•le•an•te** *adj2g*.

cam•ba•lho•ta *sf*. Movimento em que se gira o corpo sobre a cabeça e se volta à posição normal; cabriola.

cam•bar *v.int*. **1**. Entortar as pernas ao andar. **2**. Inclinar-se para o lado; adernar. [Conjug.: 1 [camb]ar]

cam•ba•rá *sm*. *Bras. Bot*. **1**. Camará. **2**. Pequena árvore das compostas, de madeira útil.

cam•ba•xil•ra ou**cam•ba•xir•ra** *sf. Zool. Bras*. V. *garriça*.

cam•be•ta (ê) *adj2g*. e *s2g*. Cambaio.

cam•bi•al *adj2g*. Relativo a câmbio. [Pl.: –*ais*.]

cam•bi•an•te *adj2g*. **1**. Furta-cor, irisado. • *sm*. **2**. Cor indistinta ou indecisa.

cam•bi•ar *v.t.d*. **1**. Fazer operações de câmbio (2). **2**. Mudar. *T.i*. **3**. Cambiar (2). *Int*. **4**. Mudar gradualmente de cor(es). [Conjug.: 1 [cambi]ar]

câm•bi:o *sm*. **1**. Troca, permuta. **2**. *Econ*. Compra e venda de moeda estrangeira.

cam•bis•ta *s2g*. **1**. Pessoa que negocia em câmbio (2). **2**. Pessoa que vende ingressos com ágio, fora das bilheterias.

cam•bi•to *sm*. **1**. Pernil de porco. **2**. Perna fina; gambito.

cam•brai•a *sf*. Tecido fino de linho ou de algodão.

cam•bri•a•no *sm*. O primeiro período da era paleozóica, em que surgem os equinodermos, foraminíferos e trilobites.

cam•bu•cá *sm. Bras. Bot*. **1**. Árvore mirtácea frutífera; cambucazeiro. **2**. Seu fruto, edule.

cam•bu•ci *sm. Bras. Bot*. **1**. Árvore mirtácea, frutífera; cambucizeiro. **2**. Seu fruto.

cam•bu•ci•zei•ro *sm. Bras*. Cambuci (1).

cam•bu•lha•da *sf*. Cambada (2).

ca•me•lei•ro *sm*. Condutor de camelos.

ca•mé•li:a *sf. Bot*. Arbusto teáceo de flores grandes, sem perfume.

ca•me•lí•de:o *sm. Zool*. Espécime dos camelídeos, família de mamíferos artiodátilos, ruminantes, que inclui o camelo, o dromedário, a lhama, a alpaca, a vicunha e o guanaco. § **ca•me•lí•de:o** *adj*.

ca•me•lo (ê) *sm. Zool*. **1**. Mamífero camelídeo nativo da Ásia Central; tem duas corcovas. **2**. *Bras. Gír*. Bicicleta.

ca•me•lô *sm*. Mercador que vende nas ruas.

câ•me•ra *sf*. V. *câmara*.

ca•mer•len•go *sm*. Cardeal que governa a Igreja entre a morte do papa e a eleição do seguinte.

ca•mi•nha•da *sf*. **1**. Ação de caminhar. **2**. Grande extensão de caminho percorrido ou por percorrer.

ca•mi•nhan•te *s2g*. Pessoa que caminha; caminheiro.

ca•mi•nhão *sm*. Veículo automóvel de grande porte, para transporte de carga pesada. [Pl.: –*nhões*.]

ca•mi•nhar *v.int*. **1**. Percorrer caminho a pé. **2**. *Fig*. Progredir, avançar. *T.i*. **3**. *Fig*. Propender (2). [Conjug.: 1 [caminh]ar]

ca•mi•nhei•ro *sm*. Caminhante.

ca•mi•nho *sm*. **1**. Faixa de terreno destinada ao trânsito de um para outro ponto; estrada. **2**. Espaço percorrido ou por percorrer, andando. **3**. Direção, rumo. **4**. Maneira de agir; meio.

ca•mi•nho•nei•ro *sm*. Motorista profissional de caminhão.

ca•mi•nho•ne•te *sf*. Veículo automóvel de pequeno porte, de passageiros e carga.

ca•mi•sa *sf*. **1**. Peça do vestuário masculino, usada em geral por cima da pele e que vai do pescoço às coxas. **2**. Invólucro incandescente de certas luzes ou lanternas.

ca•mi•sa-de-for•ça *sf*. Espécie de camisa de mangas fechadas e em cujas extremidades há cordões, outrora usada para tolher os movimentos de loucos agitados. [Pl.: *camisas-de-força*.]

ca•mi•sa-de-vê•nus *sf*. Envoltório de borracha, fino e resistente, para recobrir o pênis durante a cópula, retendo o esperma; camisinha. [Pl.: *camisas-de-vênus*.]

ca•mi•sa•ri•a *sf*. Estabelecimento onde se fabricam e/ou vendem camisas.

ca•mi•sei•ro *sm*. **1**. Fabricante e/ou vendedor de camisas. **2**. Armário para camisas, etc.

ca•mi•se•ta (ê) *sf*. Espécie de camisa (1) curta, ger. de malha, sem gola, ou decotada sem mangas.

ca•mi•si•nha *sf*. Camisa-de-vênus.

ca•mi•so•la *sf*. **1**. Vestimenta feminina para dormir. **2**. Vestido amplo.

ca•mo•mi•la *sf. Bot*. Nome comum a diversas plantas odoríferas das compostas, cujas flores, medicinais, são us. em infusões; macela.

ca•mo•ni•a•no *adj*. **1**. Relativo a, ou próprio de Luís de Camões (q. v.). • *sm*. **2**. Admirador desse poeta ou profundo conhecedor de sua obra.

ca•mor•ra (ô) *sf*. Associação de malfeitores.

cam•pa *sf*. **1**. Pedra que cobre a sepultura. **2**. V. *sepultura*.

cam•pa•i•nha (a-í) *sf.* **1.** Pequena sineta manual. **2.** Dispositivo (elétrico ou mecânico) instalado em portas de habitação, telefones, etc., e que, premido ou impulsionado, emite som característico. **3.** *Pop.* Úvula (2).

cam•pal *adj2g.* Relativo ao campo. [Pl.: *–pais.*]

cam•pa•na *sf.* Sino ou sineta.

cam•pa•ná•ri:o *sm.* Parte aberta da torre de igreja, onde estão os sinos.

cam•pa•nha *sf.* **1.** Campo (2) extenso e plano; planície. **2.** Série de operações militares que visam certo objetivo, numa mesma área geográfica. **3.** Conjunto de esforços para se atingir um fim.

cam•pa•nu•do *adj.* Pomposo, bombástico.

cam•pâ•nu•la *sf.* Qualquer objeto em forma de sino.

cam•pa•nu•lá•ce:o *adj.* Que tem forma de campânula ou de sino.

cam•pe•ão *sm.* O vencedor em provas ou certames. [Fem.: *campeã.* Pl.: *–ões.*]

cam•pe•ar *v.t.d.* **1.** Andar pelo campo ou pelo mato à procura de (o gado). **2.** Procurar, buscar. *Int.* **3.** Andar a cavalo no campo ou no mato, à procura do gado. [Conjug.: [10] [camp]ear] **§ cam•pe:a•ção** *sf.*; **cam•pe:a•dor** (ó) *adj.* e *sm.*

cam•pe•che (é) *sm. Bot.* Árvore das leguminosas de cujo cerne vermelho-escuro se extrai um corante.

cam•pei•ro *adj.* **1.** Do campo. **2.** Que trabalha no campo. • *sm.* **3.** Indivíduo campeiro.

cam•pe:o•na•to *sm.* Certame em que o vencedor recebe o título de campeão.

cam•pe•si•no *adj.* V. *campestre.*

cam•pes•tre *adj2g.* Do campo; rústico, campesino.

cam•pi•na *sf.* Campo extenso, pouco acidentado e sem árvores.

cam•po *sm.* **1.** Extensão de terra sem mata, e que tem ou não árvores esparsas. **2.** Grande terreno plantado. **3.** Zona fora do perímetro urbano das grandes cidades, na qual predominam as atividades agrícolas. **4.** Matéria, assunto. **5.** Área ou setor de conhecimento ou atividade; âmbito, domínio, esfera; campo de ação. **6.** *Fís.* Campo de força. **7.** Grupo bem definido de informações conexas e adjacentes, num formulário, questionário, etc. ◆ **Campo de ação.** V. *campo* (5). **Campo de força.** *Fís.* Aquele em que a grandeza física é uma força; campo. **Campo elétrico.** *Fís.* Aquele em que sobre uma carga elétrica uma força independente da velocidade da carga. **Campo eletrostático.** *Fís.* Campo elétrico estacionário. **Campo magnético.** *Fís.* **1.** O campo (6) de um ímã. **2.** Aquele em que sobre uma carga elétrica age uma força dependente da velocidade da carga, e que é nula quando esta se acha em repouso. **Campo vetorial. 1.** *Fís.* Campo cuja grandeza física é de natureza vetorial. **2.** *Mat.* Região do espaço a cada ponto da qual se associa um vetor.

cam•po-gran•den•se *adj2g.* **1.** De Campo Grande, capital do MS. • *s2g.* **2.** O natural ou habitante de Campo Grande. [Pl.: *campo-grandenses.*]

cam•po•nês *sm.* O que habita e/ou trabalha no campo; campônio, rústico.

cam•pô•ni:o *sm.* V. *camponês.*

cam•po-san•to *sm.* V. *cemitério.* [Pl.: *campos-santos.*]

ca•mu•fla•gem *sf.* **1.** Ato ou efeito de camuflar. **2.** Aquilo que serve para camuflar ou disfarçar. [Pl.: *–gens.*]

ca•mu•flar *v.t.d.* **1.** Dissimular (carros de combate, casco de navio, etc.) com pintura, ou (metralhadoras, etc.) com galhos de árvore. **2.** Disfarçar sob falsas aparências. *P.* **3.** Disfarçar-se de modo a confundir-se com o ambiente: *O camaleão se camufla.* [Conjug.: [1] [camufl]ar]

ca•mun•don•go *sm. Zool.* Pequeno mamífero murídeo, caseiro.

ca•mur•ça *sf.* **1.** *Zool.* Cabra montês. **2.** Sua pele, curtida.

ca•na¹ *sf. Bot.* Caule de várias gramíneas, como, p. ex., o bambu, a cana-de-açúcar, e de certas ervas.

ca•na² *sf.* Cana-de-açúcar.

ca•na•bi•dá•ce:a *sf. Bot.* Espécime das canabidáceas, família de ervas, algumas trepadeiras, de regiões temperadas. Ex.: lúpulo. **§ ca•na•bi•dá•ce:o** *adj.*

ca•na•da *sf.* Antiga medida de capacidade, equivalente a 2.622 litros.

ca•na-de-a•çú•car *sf. Bot.* Gramínea us. na fabricação de açúcar (sacarose), que, por sua vez, pode ser transformada em aguardente ou álcool, por destilação; cana. [Pl.: *canas-de-açúcar.*]

ca•na•den•se *adj2g.* **1.** Do Canadá (América do Norte). • *s2g.* **2.** O natural ou habitante desse país.

ca•nal *sm.* **1.** Escavação, sulco, fosso, etc., por onde corre ou circula água. **2.** Obra de engenharia para comunicação de mares, rios, lagos, etc., que serve à navegação. **3.** Estreito (5). **4.** Leito de rio. **5.** Cavidade ou tubo que dá passagem a gases ou líquidos, nos corpos organizados; conduto. **6.** *Automat.* Qualquer caminho pelo qual se pode transmitir uma comunicação. **7.** *Anat.* Segmento tubular, relativamente estreito, por onde transitam matérias diversas; conduto. **8.** *Eletrôn.* Região que conecta a fonte (7) e o dreno (2) num transistor de efeito de campo. [Pl.: *–nais.*]

ca•na•le•ta (è) *sf. Eng. Civil Eng. Elétr.* Conduto (3) de concreto, de seção retangular, com tampas removíveis.

ca•na•le•te (è) *sm.* Pequeno canal.

ca•na•lha *sf.* 1. Gente reles, desprezível. • *s2g.* 2. Pessoa infame, indigna. • *adj2g.* 3. Infame, vil.

ca•na•lhi•ce *sf.* Qualidade ou ação de canalha (2).

ca•na•lí•cu•lo *sm.* Pequeno canal; canalzinho.

ca•na•li•za•ção *sf.* 1. Ato ou efeito de canalizar. 2. Conjunto de canos ou canais. [Pl.: -*ções*.]

ca•na•li•zar *v.t.d.* 1. Dirigir por meio de canais ou canos. 2. Pôr canos de esgoto em. *T.d.i.* 3. *Fig.* Dirigir; encaminhar: *canalizar energias para um projeto.* [Conjug.: ① [canaliz]**ar**] § ca•na•li•zá•vel *adj2g.*

ca•na•pé *sm.* Espécie de sofá, com costas e braços.

ca•na•ra•na *sf. Bot. Bras.* Nome comum a várias gramíneas que crescem às margens dos rios.

ca•ná•ri•o *sm.* Ave fringilídea de belo canto.

ca•nas•tra *sf.* Caixa larga e pouco alta, de ripas de madeira flexível, de verga, ou revestida de couro.

ca•nas•trão *sm.* 1. Canastra grande. 2. *Bras. Gír.* Ator medíocre. [Fem.: *canastrona*. Pl.: -*trões*.]

ca•na•vi•al *sm.* Plantação de cana-de-açúcar. [Pl.: -*ais*.]

ca•na•vi•ei•ro *adj.* 1. Relativo à cana-de-açúcar. • *sm.* 2. Plantador dela.

can•cã *sm.* Espécie de quadrilha francesa dançada, em geral, só por mulheres.

can•ção *sf.* 1. Qualquer de vários tipos de composição musical popular ou erudita para ser cantada; cantiga. 2. Canto² (3). [Pl.: -*ções*.]

can•ce•la *sf.* 1. Porta gradeada, em geral de madeira e de pouca altura. 2. Armação metálica que abre e fecha ao trânsito à passagem de nível.

can•ce•lar *v.t.d.* 1. Riscar (o que está escrito) com traços em cruz, ou doutra maneira. 2. Dar como nulo. 3. Desistir de. [Conjug.: ① [cancel]**ar**] § can•ce•la•men•to *sm.*

cân•cer *sm. Med.* Designação genérica de qualquer tumor maligno. [Sin., lus.: *cancro*.] 2. *Astr.* A quarta constelação do Zodíaco, situada no hemisfério norte. 3. *Astrol.* O quarto signo do Zodíaco, relativo aos que nascem entre 21 de junho e 21 de julho. [Com inicial maiúscula, nas acepç. 2 e 3.]

can•ce•ri•a•no *sm.* 1. Indivíduo nascido sob o signo de Câncer. • *adj.* 2. Diz-se de, ou pertencente ou relativo a canceriano.

can•ce•rí•ge•no *adj.* Capaz de produzir câncer.

can•ce•ro•so (ò) *adj.* 1. Da natureza do câncer. • *sm.* 2. Doente de câncer. [Pl.: -*rosos* (ó).]

can•cha *sf.* 1. Pista preparada em terreno plano, para carreiras ou corridas de cavalos. 2. Espaço, lugar.

can•che•ar *v.t.d. Bras.* Cortar ou picar (o mate). [Conjug.: ⑩ [canch]**ear**]

can•ci•o•nei•ro *sm.* 1. Coleção de canções. 2. Coleção de antigas poesias líricas, portuguesas e espanholas.

can•ço•ne•ta (è) *sf.* Pequena canção sobre tema leve, espirituoso ou satírico.

can•cro *sm.* 1. *Med. Lus.* Câncer. 2. *Fig.* Mal que mina lentamente um organismo.

can•dan•go *sm.* 1. Designação que os africanos davam aos portugueses. 2. Operário das grandes obras de construção de Brasília (DF), em geral vindo do N.E. 3. Qualquer dos primeiros habitantes de Brasília.

can•de•ei•ro *sm.* Aparelho de iluminação, alimentado por óleo ou gás inflamável, com mecha ou camisa incandescente; lampião.

can•dei•a *sf.* Pequeno aparelho de iluminação, que se suspende por um prego, com recipiente de lata ou de outro material, abastecido com óleo, e no qual se embebe uma torcida; candela.

can•de•la *sf.* 1. Candeia. 2. *Fotom.* Unidade de medida de intensidade luminosa no SI, igual a 1/60 da intensidade luminosa de um centímetro quadrado da superfície de um radiador perfeito na temperatura de solidificação da platina¹ [símb.: *cd*].

can•de•la•bro *sm.* Grande castiçal, com vários focos de luz.

can•den•te *adj2g.* Que está em brasa; incandescente.

can•di•da•tar-se *v.p.* Apresentar-se candidato. [Conjug.: ① [candidat]**ar**[-se]]

can•di•da•to *sm.* Aspirante a cargo eletivo, emprego, honraria, etc.

can•di•da•tu•ra *sf.* Apresentação ou solicitação de candidato.

can•di•dez (è) *sf.* V. *candura.*

can•di•dí•a•se *sf. Med.* Infecção por fungo do gênero *Candida*, de localização ger. cutânea, mas que pode atingir setores do corpo (aparelho respiratório, aparelho digestivo, vagina, etc.).

cân•di•do *adj.* 1. Alvo, imaculado. 2. Puro, ingênuo, inocente.

can•dom•blé *sm. Bras.* 1. Religião introduzida no Brasil por escravos, na qual crentes novos e ancestrais, reais ou míticos, eram divinizados. 2. Designação genérica de diversas seitas derivadas do candomblé (1), e que apresentam influências estranhas à sua cultura (como, p. ex., elementos bantos, do espiritismo, rituais e mitos indígenas, etc.). 3. Local de culto do candomblé (1 e 2).

can•don•ga *sf.* 1. Carinho fingido; adulação. 2. Intriga, mexerico.

can•don•gar *v.int.* Fazer candonga. [Conjug.: [11] [candon]**gar**]

can•dor (ó) *sm.* V. *candura.*

can•du•ra *sf.* Qualidade de cândido; candidez, candor.

ca•ne•ca *sf.* Vaso pequeno, com asa, para líquidos.

ca•ne•co *sm.* Caneca estreita e longa.

ca•ne•la¹ *sf.* 1. *Bot.* Árvore laurácea de casca odorífera, us. como especiaria; caneleira. 2. Sua casca.

ca•ne•la² *sf.* A parte da perna entre o joelho e o pé.

ca•ne•la•da *sf.* Pancada na canela².

ca•ne•lei•ra *sf.* 1. Canela¹ (1). 2. Peça acolchoada que atletas usam para proteger a canela¹ (1).

ca•ne•lu•ra *sf. Arquit.* Estria ou sulco semelhante a um pequeno canalete, na ornamentação dos fustes de colunas, pilastras, etc.

ca•ne•ta (ê) *sf.* Pequeno tubo onde se encaixa a pena ou a ponta com que se escreve a tinta.

ca•ne•ta-tin•tei•ro *sf.* Caneta com depósito para tinta. [Pl.: *canetas-tinteiros* e *canetas-tinteiro.*]

cân•fo•ra *sf.* 1. Substância cristalina, odorífera, de emprego industrial e medicinal, extraída de vários vegetais e tb. obtida por via sintética. 2. Canforeira.

can•fo•ra•do *adj.* Que tem ou é preparado com cânfora.

can•fo•rei•ra *sf. Bot.* Árvore laurácea da qual se extrai a cânfora (1); cânfora.

can•ga¹ *sf.* Peça de madeira que prende os bois pelo pescoço e os liga ao carro, ou ao arado; jugo.

can•ga² *sf.* Retângulo de certo tecido de algodão, etc., us. como saída-de-praia.

can•ga•cei•ro *sm. Bras.* Bandido que agia no interior nordestino, e que andava sempre fortemente armado; cabra.

can•ga•ço *sm.* 1. Resíduo das uvas, depois de pisadas e extraído o líquido. 2. *Bras.* O conjunto das armas dos cangaceiros. 3. *Bras.* A vida que levam.

can•ga•lha *sf.* V. *cangalhas.*

can•ga•lhas *sf.pl.* Armação de madeira ou de ferro em que se sustenta e equilibra a carga das bestas, metade para cada lado. [Tb. se diz *cangalha.*]

can•gam•bá *sm. Bras. Zool.* Jaritataca.

can•ga•pé *sm. Bras.* Pontapé súbito e pérfido na panturrilha de outrem.

can•go•te *sm. Pop.* V. *cogote.*

can•gu•lo *sm. Bras. Zool.* Peixe balistídeo, marinho.

can•gu•ru *sm. Zool.* Mamífero marsupial macropodídeo, herbívoro, da Austrália, Tasmânia, etc.

câ•nha•mo *sm. Bot.* 1. Erva morácea cujo caule tem fibras têxteis importantíssimas; as folhas das plantas femininas, dessecadas e trituradas, fornecem a maconha (q. v.). 2. Fibra, fio ou tecido de cânhamo.

ca•nhão *sm.* 1. Peça de artilharia, de cano longo, grande velocidade inicial e campo de tiro vertical limitado, salvo se é canhão antiaéreo. 2. Peça metálica que forma a entrada de certas fechaduras. 3. Garganta sinuosa e profunda cavada por um curso de água. 4. *Zool.* A parte mais grossa da haste das penas das asas das aves. 5. *Bras.* Indivíduo feiíssimo. [Pl.: -*nhões.*]

ca•nhe•nho *sm.* 1. Caderneta. 2. Registro de lembranças.

ca•nhes•tro (ê) *adj.* Desajeitado, desazado.

ca•nho•na•ço *sm.* Tiro de canhão.

ca•nho•ne•ar *v.t.d.* Atacar com tiros de canhão. [Conjug.: [10] [canhon]**ear**]

ca•nho•nei•o *sm.* Descarga de canhões.

ca•nho•ta *sf.* A mão esquerda.

ca•nho•to (ó) *adj.* 1. Que é mais hábil com a mão esquerda que com a direita. 2. Inábil, desajeitado. •*sm.* 3. Homem canhoto. 4. *Bras.* Talão (3).

ca•ni•bal *sm.* 1. Antropófago. 2. Animal que come outros da mesma espécie. •*adj2g.* 3. Relativo a canibalismo; canibalesco. [Pl.: -*bais.*]

ca•ni•ba•les•co (ê) *adj.* Próprio de canibal.

ca•ni•ba•lis•mo *sm.* 1. Condição, ato ou prática de canibal (1 e 2). 2. *Fig.* Ferocidade de canibal. 3. *Antrop.* Antropofagia (2). § **ca•ni•ba•lís•ti•co** *adj.*

ca•ni•ba•li•za•ção *sf.* Ato e efeito de canibalizar (1). [Pl.: -*ções.*]

ca•ni•ba•li•zar *v.t.d.* 1. Retirar (peças de máquina) para utilizar na reparação ou na construção de outra máquina. 2. *P. ext.* Reaproveitar. [Conjug.: [1] [canibaliz]**ar**]

ca•ni•ça•da *sf.* Latada ou sebe de caniços.

ca•ní•ci•e *sf.* Aparecimento de cãs.

ca•ni•ço *sm.* 1. Cana delgada. 2. Cana da qual pende um fio com anzol, para pescar.

ca•ní•cu•la *sf.* Grande calor atmosférico.

ca•ni•cu•lar *adj2g.* Relativo a canícula.

ca•ni•cul•tor (ó) *sm.* Criador de cães.

ca•ni•cul•tu•ra *sf.* Criação de cães.

ca•ní•de•o *sm. Zool.* Espécime dos canídeos, família de mamíferos carnívoros cujos pés anteriores têm cinco dedos e os posteriores quatro, todos providos de garras. São os cães, raposas, lobos e chacais. § **ca•ní•de•o** *adj.*

ca•nil *sm.* Lugar onde se abrigam cães. [Pl.: -*nis.*]

ca•ni•na•na *sf. Bras. Zool.* Ofídio colubrídeo, não venenoso, de até 3m de comprimento.

ca•nin•dé *sm. Zool.* Ave psitacídea que habita o S. do Brasil.

ca•ni•no *adj.* 1. Referente a cão. 2. Diz-se de cada um dos quatro dentes situados, dois em cima e dois embaixo, entre os incisivos e os molares. • *sm.* **3.** Dente canino.

ca•ni•tar *sm. Bras.* Adorno indígena de penas para a cabeça.

ca•ni•ve•te (é) *sm.* Pequena faca cuja lâmina, móvel, se encaixa no cabo.

can•ja *sf.* Caldo de galinha cozida com arroz.

can•je•ra•na *sf. Bras. Bot.* Árvore meliácea de madeira vermelha, aromática, útil.

can•je•rê *sm. Bras.* **1.** Reunião para a prática de feitiçarias. **2.** V. *bruxaria* (1).

can•ji•ca *sf. Bras.* **1.** Papa de milho verde ralado, leite, açúcar e canela; canjiquinha. **2.** Milho branco cozido e temperado com leite de coco; munguzá.

can•ji•qui•nha *sf. Bras.* Canjica (1).

can•ji•rão *sm.* Jarro de boca larga, em geral para vinho. [Pl.: *–rões*.]

ca•no *sm.* **1.** Construção tubular para condução de água, gás, etc. **2.** Tubo de armas de fogo, por onde sai o projetil. **3.** Parte tubular de bota ou luva.

ca•no•a (ô) *sf.* Embarcação sem quilha, formada de um casco.

ca•no•ei•ro *sm.* Aquele que dirige canoa.

câ•non *sm.* **1.** Regra geral donde se inferem regras especiais. **2.** Relação, tabela. **3.** Padrão, norma. **4.** *Lit.* A parte central da missa católica. **5.** *Rel.* Lista de santos canonizados pela Igreja Católica. [Var.: *cânone*. Pl.: *cânones*.]

ca•no•ne *sm.* **1.** Cânon. **2.** *Mús.* Forma de imitação polifônica.

ca•no•ni•ca•to *sm.* Dignidade de cônego.

ca•nô•ni•co *adj.* Dos, ou conforme aos cânones.

ca•no•ni•sa *sf.* Mulher com dignidade correspondente à de cônego.

ca•no•ni•zar *v.t.d.* **1.** Inscrever no cânon ou rol dos santos; santificar. **2.** Enaltecer; consagrar. [Conjug.: ① [canoniz]**ar**] § **ca•no•ni•za•ção** *sf.*

ca•no•ro (nó) *adj.* De canto harmonioso.

can•sa•ço *sm.* Falta de forças causada por exercício demasiado ou por doença; canseira.

can•sa•do *adj.* **1.** Que se cansou. **2.** Diz-se da terra pouco produtiva por já haver suportado muitas culturas.

can•san•ção *sm. Bras. Bot.* Nome comum a várias plantas de pêlos urentes, da família das euforbiáceas, loasáceas e urticáceas. [Pl.: *–ções*.]

can•sar *v.t.d.* **1.** Causar cansaço, fadiga, a. **2.** Importunar, aborrecer. *T.i.* **3.** Fazer (algo) diversas vezes. **4.** Desistir. *Int.* **5.** Sentir cansaço. *P.* **6.** Cansar (5). **7.** Entediar-se. [Conjug.: ① [cans]**ar**]

can•sa•ti•vo *adj.* Que cansa.

can•sei•ra *sf.* Cansaço.

can•ta•da *sf.* **1.** Canto² (1). **2.** *Pop.* Conversa cheia de lábia com que se tenta seduzir alguém.

can•ta•dor (ô) *adj.* **1.** Que canta. • *sm.* **2.** Cantor ou poeta popular.

can•tan•te *adj2g.* **1.** Que canta. **2.** Próprio para cantar.

can•tão *sm.* Divisão territorial, em vários países. [Pl.: *–tões.*]

can•tar *v.t.d.* **1.** Exprimir por meio do canto² (1). **2.** Celebrar em poesia. **3.** Executar com a voz (um trecho musical). **4.** *Pop.* Dirigir cantada (2) a. *Int.* **5.** Emitir com a voz sons ritmados e musicais. [Conjug.: ① [cant]**ar**]

can•ta•ri•a *sf.* Pedra para construção.

can•tá•ri•da *sf. Zool.* Inseto meloídeo da Europa, que, triturado, tinha uso medicinal.

cân•ta•ro *sm.* Vaso grande e bojudo, com uma ou duas asas, para líquidos.

can•ta•ro•lar *v.t.d.* e *int.* Cantar a meia voz; trautear. [Conjug.: ① [cantarol]**ar**]

can•ta•ta *sf.* Composição vocal muito extensa, de inspiração profana ou religiosa, para uma ou várias vozes, com acompanhamento instrumental, e às vezes também coro, e destinada aos salões, à igreja, ao concerto, nunca ao teatro.

can•tei•ro *sm.* **1.** Operário que lavra a pedra de cantaria. **2.** Porção delimitada de terreno cultivado de plantas.

cân•ti•co *sm.* **1.** Hino (1). **2.** Ode, poema.

can•ti•ga *sf.* **1.** Poesia cantada, dividida em estrofes iguais. **2.** Canção (1). **3.** *Pop.* Conversa, choia de lábia ou astúcia.

can•til *sm.* Pequeno recipiente para transporte de líquidos. [Pl.: *–tis.*]

can•ti•le•na *sf.* Cantiga suave, ou monótona.

can•ti•na *sf.* Espécie de café ou taberna, em quartéis, escolas, etc.

can•to¹ *sm.* **1.** V. *esquina* (1 e 2). **2.** Lugar afastado. **3.** Quina³. **4.** *Pop.* Comissura labial ou palpebral.

can•to² *sm.* **1.** Som musical produzido pela voz do homem ou doutro animal. **2.** Música vocal. **3.** Poesia lírica; canção. **4.** Divisão de um longo poema. ◆ **Canto coral.** Coral² (2).

can•to•chão *sm. Mús.* Canto litúrgico da Igreja Católica do Ocidente, e cujo ritmo ou ausência de ritmo se baseia apenas na acentuação e nas divisões do fraseado; canto gregoriano. ◆ **Canto gregoriano.** *Mús.* Cantochão. [Pl.: *–chãos.*]

can•to•nei•ra *sf.* Prateleira num canto de parede.

can•tor (ô) *sm.* **1.** Aquele que canta, por profissão ou não. **2.** Poeta que celebra um grande feito ou um herói.

can•to•ri•a *sf.* **1.** Ação de cantar; canto. **2.** Vozes que cantam.

ca•nu•do *sm.* **1.** Tubo geralmente longo. **2.** Logro, prejuízo.

câ•nu•la *sf.* Tubo para inserção em ducto ou cavidade.

ca•nu•ti•lho *sm.* Miçanga longa para enfeite e guarnição de vestuário.

can•zar•rão *sm.* Grande cão (1). [Pl.: *–rões.*]

can•zo•a•da *sf.* Ajuntamento de cães.

cão *sm.* 1. *Zool.* Mamífero canídeo, domesticado pelo homem desde tempos remotos. 2. Peça de arma de fogo que percute espoleta. [Pl.: *cães.*]

ca•o•lho (ô) *adj. Bras.* 1. Cego de um olho; zarolho. 2. Estrábico; zarolho. • *sm.* 3. Indivíduo caolho.

ca:os *sm2n.* 1. Vazio obscuro e ilimitado que antecede e teria propiciado a geração do mundo. 2. Grande confusão ou desordem. 3. *Fís.* Comportamento praticamente imprevisível exibido em sistemas que têm evolução temporal extremamente sensível a variações em suas condições iniciais.

ca•ó•ti•co *adj.* Muito confuso; desordenado.

cão-ti•nho•so (ô) *sm.* O demônio (2). [Pl.: *cãestinhosos* (ó).]

ca•pa¹ *sf.* 1. Peça de vestuário usada sobre toda a outra roupa, para protegê-la, ou proteger quem a veste, contra a chuva. 2. V. *cobertura* (1). 3. Acolhimento, proteção. 4. Cobertura de papel, papelão, ou outro material, que enfeixa e protege o corpo (5) de livro, revista, etc.

ca•pa² *sm.* A 10ª letra do alfabeto grego (K, κ).

ca•pa•ção *sf.* Ato de capar os animais; castração. [Pl.: *–ções.*]

ca•pa•ce•te (ê) *sm.* Armadura de copa oval, para a cabeça.

ca•pa•cho *sm.* 1. Tapete de grossas fibras ásperas, posto às portas, para limpeza da sola do calçado. 2. Indivíduo servil; pelego.

ca•pa•ci•da•de *sf.* 1. Volume ou o âmbito interior de um corpo vazio. 2. Qualidade que pessoa ou coisa tem de satisfazer para determinado fim.

ca•pa•cí•me•tro *sm. Eletrôn.* Instrumento us. para medir capacitância.

ca•pa•ci•tân•ci:a *sf. Eletr.* Propriedade que têm alguns sistemas de armazenar energia elétrica sob a forma de um campo eletrostático.

ca•pa•ci•tar *v.t.d.i.* e *p.* 1. Tornar(-se) capaz; habilitar(-se). 2. Convencer(-se), persuadir(-se). [Conjug.: ① [capacit]**ar**]

ca•pa•ci•tor (ô) *sm. Eletr.* Conjunto de dois ou mais condutores elétricos separados entre si por isoladores; condensador.

ca•pa•do *adj.* 1. Castrado. • *sm.* 2. Carneiro ou bode castrado. 3. Porco castrado para engorda.

ca•pa•dó•ci:o *adj.* e *sm.* Que, ou aquele que tem maneiras acanalhadas, ou é trapaceiro.

ca•pan•ga *Bras. sf.* 1. Bolsa pequena que se usa a tiracolo. 2. Pequena bolsa de mão, usada sobretudo por homens. • *sm.* 3. Valentão posto ao serviço de quem lhe paga; guarda-costas, cabra, jagunço.

ca•pão¹ *sm.* 1. Frango cevado. 2. Cavalo castrado. [Pl.: *–pões.*]

ca•pão² *sm. Bras.* Porção de mato isolado no meio do campo. [Pl.: *–pões.*]

ca•par *v.t.d.* Extrair ou inutilizar os órgãos da reprodução de (animal); castrar. [Conjug.: ① [cap]**ar**]

ca•pa•ri•dá•ce:a *sf. Bot.* Espécime das capparidáceas, família de ervas e arbustos de belas flores. § **ca•pa•ri•dá•ce:o** *adj.*

ca•pa•taz *sm.* Chefe dum grupo de trabalhadores braçais.

ca•pa•ta•zi•a *sf.* 1. Funções de capataz. 2. Taxa alfandegária.

ca•paz *adj2g.* 1. Que tem capacidade (de conter, abrigar em si). 2. Que tem capacidade, competência; competente. 3. Adequado, próprio.

cap•ci•o•so (ô) *adj.* Ardiloso, manhoso, caviloso. [Pl.: *–osos* (ó).]

ca•pe•ar *v.t.d.* 1. Revestir com capa¹ (livro, folheto, etc.). 2. Ocultar, encobrir. 3. V. *iludir* (1). [Conjug.: ⑩ [cap]**ear**]

ca•pe•la *sf.* 1. Pequena igreja de um só altar. 2. Divisão de templo, com altar próprio. 3. Coroa de flores. 4. Em laboratórios, compartimento onde se realizam reações químicas que desprendem gases deletérios.

ca•pe•lão *sm.* Padre incumbido de rezar missa em capela, ou que dá assistência espiritual a regimentos militares, escolas, hospitais, etc. [Pl.: *–lães.*]

ca•pe•la•ri•a *sf.* Cargo ou dignidade de capelão.

ca•pe•lo¹ (ê) *sm.* 1. Capuz de frades. 2. Antiga touca de viúvas e freiras. 3. Murça usada por doutores em certas solenidades.

ca•pe•lo² (ê) *sm.* Chapéu cardinalício.

ca•pen•ga *Bras. adj2g.* 1. V. *coxo.* 2. *Fig.* A que falta algo. • *s2g.* 3. V. *coxo.*

ca•pen•gar *v.int. Bras.* 1. V. *coxear.* 2. Pender para um dos lados. [Conjug.: ⑪ [capen]**gar**]

ca•pe•ta (ê) *sm. Bras.* 1. V. *diabo* (2). 2. Traquinas, travesso.

ca•pi•au *sm.* e *adj. Bras.* V. *caipira.* [Fem.: *capioa.*]

ca•pi•lar *adj2g.* 1. Relativo a, ou fino como cabelo. • *sm.* 2. *Anat.* Designação de vaso (6) muito fino e cuja estrutura varia segundo o setor a que pertence (arterial, venoso, linfático, biliar).

ca•pi•lá•ri:a *sf. Bot.* Nome comum a algumas avencas.

ca•pi•lé *sm.* 1. Xarope de capilária. 2. Refresco de água e capilé (1).

ca•pim *sm. Bras. Bot.* Nome comum a várias gramíneas, quase todas forrageiras. [Pl.: *–pins.*]

ca•pi•na *sf. Bras. Bot.* Ato ou efeito de capinar.

ca•pi•na•dei•ra *sf.* Máquina agrícola para capinar mecanicamente.

ca•pi•narv.t.d. Bras. Limpar (uma plantação, um terreno) de capim ou erva má. [Conjug.: ⬜[capin]**ar**]

ca•pi•nei•rosm. Bras. Trabalhador que capina.

ca•pin•zalsm. Bras. Terreno coberto de capim. [Pl.: –zais.]

ca•pis•tas2g. Artista que projeta capa (4).

ca•pi•ta•çãosf. Tributo cobrado em valor igual por pessoa. [Pl.: –ções. Cf. captação.]

ca•pi•taladj2g. 1. Principal; fundamental. •sf. 2. Cidade que aloja a alta administração dum país ou estado, província, etc. •sm. 3. Riqueza, bens ou valores acumulados; cabedal. 4. Dinheiro aplicado numa empresa por seus proprietários. 5. Econ. Conjunto de bens produzidos pelo homem e que participam da produção de outros bens. [Pl.: –tais.]

ca•pi•ta•lis•mosm. Econ. Sistema econômico e social baseado na propriedade privada dos meios de produção, na organização da produção visando o lucro e empregando trabalho assalariado, e no funcionamento do sistema de preços.

ca•pi•ta•lis•taadj2g. 1. Relativo a capital ou ao capitalismo. 2. Que fornece capital a uma empresa (sócio). •s2g. 3. Quem vive do rendimento de um capital.

ca•pi•ta•li•zarv.t.d. 1. Converter em capital. Int. 2. Ajuntar dinheiro com vistas a formar um capital. [Conjug.: ⬜[capitaliz]**ar**] § **ca•pi•ta•li•za•ção** sf.; **ca•pi•ta•li•zá•vel** adj2g.

ca•pi•ta•ne•arv.t.d. V. comandar (1 e 2). [Conjug.: ⑩[capitan]**ear**]

ca•pi•ta•ni•asf. 1. Qualidade ou dignidade de capitão. 2. Comando, chefia. ♦ **Capitania hereditária.** Cada uma das divisões administrativas no período colonial do Brasil.

ca•pi•tâ•ni:aadj.(f.) e sf. Diz-se de, ou nau em que vai o comandante (capitão) duma força naval.

ca•pi•tão sm. 1. V. hierarquia militar. 2. Comandante de navio mercante. 3. Chefe militar; caudilho. 4. Chefe, cabeça. [Fem.: capitoa. Pl.: –tães.]

ca•pi•tão-a•vi:a•dorsm. V. hierarquia militar. [Pl.: capitães-aviadores.]

ca•pi•tão-de-cor•ve•ta sm. V. hierarquia militar. [Pl.: capitães-de-corveta.]

ca•pi•tão-de-fra•ga•ta sm. V. hierarquia militar. [Pl.: capitães-de-fragata.]

ca•pi•tão-de-mar-e-guer•rasm. V. hierarquia militar. [Pl.: capitães-de-mar-e-guerra.]

ca•pi•tão-do-ma•to sm. Indivíduo que se dedicava à captura dos escravos fugidos. [Pl.: capitães-do-mato.]

ca•pi•tão-mor sm. 1. Autoridade que, numa cidade ou vila, comandava a milícia chamada ordenança. 2. Título que tinham os donatários das capitanias. [Pl.: capitães-mores.]

ca•pi•tão-te•nen•tesm. V. hierarquia militar. [Pl.: capitães-tenentes.]

ca•pi•ta•ri sm. Bras. 1. Bot. Árvore bignoniácea, de madeira útil. 2. Zool. Nome comum às tartarugas machos.

ca•pi•telsm. Coroamento do fuste duma coluna. [Pl.: –téis.]

ca•pi•to•so(ô) adj. Que sobe à cabeça, que entontece. [Pl.: –tosos (ó).]

ca•pi•tu•lar¹adj2g. Relativo a capítulo (3) ou a cabido.

ca•pi•tu•lar²v.t.d. 1. Ajustar mediante certas condições. 2. Reduzir a capítulos [v. capítulo (1)]. 3. Enumerar, articular. Int. 4. V. render (8). 5. Transigir, ceder. [Conjug.: ⬜[capitul]**ar**] § **ca•pi•tu•la•ção** sf.

ca•pí•tu•lo sm. 1. Divisão de livro, lei, tratado, etc. 2. Artigo de contrato, acusação, etc. 3. Assembléia de dignidades eclesiásticas para tratar determinado assunto. 4. Bot. Inflorescência formada por pequenas flores insertas sobre um receptáculo único.

ca•pi•va•ra sf. Bras. Zool. Mamífero caviídeo, o maior dos roedores atuais (chega a pesar mais de 50 quilos).

ca•pi•xa•baadj2g. e s2g. Bras. V. espírito-santense.

ca•pôsm. Cobertura metálica, móvel, para proteger o motor de veículos automóveis.

ca•po•ei•ra¹sf. 1. Gaiola grande onde se criam e alojam capões e outras aves domésticas. 2. O conjunto das aves domésticas.

ca•po•ei•ra² Bras. sf. 1. Terreno onde o mato foi roçado e/ou queimado para cultivo da terra, ou para outro fim. 2. Jogo atlético individual, com um sistema de ataque e defesa. •s2g. 3. Quem o pratica.

ca•po•ei•ra•gem sf. Bras. 1. Sistema de luta dos capoeiras. 2. Vida de capoeira² (3). [Pl.: –gens.]

ca•po•ral adj2g. Diz-se de certo tipo de fumo. [Pl.: –rais.]

ca•po•ta sf. 1. Antigo toucado. 2. Coberta de automóveis e outros veículos.

ca•po•tarv.int. 1. Emborcar (um veículo automóvel). 2. Bras. Gír. Apagar (14) de repente. [Conjug.: ⬜[capot]**ar**] § **ca•po•ta•gem** sf.

ca•po•tesm. 1. Casacão militar. 2. Peça de vestuário, semelhante ao casaco.

ca•po•tei•ro sm. Bras. O que faz e/ou conserta capotas de automóveis.

ca•pri•char v.t.i. 1. Ter capricho; obstinar-se. 2. Esmerar-se. [Conjug.: ⬜[caprich]**ar**]

ca•pri•cho sm. 1. Desejo impulsivo, sem justificação aparente. 2. Fantasia, extravagância. 3. Teimosia, obstinação. 4. Esmero, apuro.

ca•pri•cho•so(ô) adj. Que capricha, ou tem ou denota capricho(s). [Pl.: –chosos (ó).]

ca•pri•cor•ni•a•no sm. 1. Indivíduo nascido sob o signo de Capricórnio. • adj. 2. Diz-se de, ou pertencente ou relativo a capricorniano.

ca•pri•cór•ni:o sm. 1. Astr. A 10ª constelação do Zodíaco, situada no hemisfério sul. 2. Astrol. O 10º signo do Zodíaco, relativo aos que nascem entre 22 de dezembro e 20 de janeiro. [Com inicial maiúscula.]

ca•pri•fo•li•á•ce:a sf. Bot. Espécime das caprifoliáceas, família de arvoretas e arbustos ornamentais. § **ca•pri•fo•li•á•ce:o** adj.

ca•pri•mul•gí•de:o sm. Zool. Espécime dos caprimulgídeos, família de aves noturnas de bico largo e curto, plumagem mole, asas e cauda ger. longas, insetívoras. § **ca•pri•mul•gí•de:o** adj.

ca•pri•no adj. 1. Relativo a cabra ou bode. • sm. 2. Cabra ou bode.

cáp•su•la sf. 1. Vaso de laboratório em forma de calota esférica. 2. Preparação medicamentosa envolta em material gelatinoso, de consistência variável, e destinada a dissolver-se no tubo digestivo. 3. Astron. Compartimento estanque lançado com um foguete espacial, e em cujo interior vão o astronauta e/ou os instrumentos de medida. 4. Bot. Qualquer fruto seco que se abre ao amadurecer. 5. Anat. Designação genérica de formação anatômica que envolve outra formação anatômica, órgão ou parte dele.

cap•su•lar adj2g. Relativo ou semelhante a cápsula.

cap•tar v.t.d. 1. Atrair, granjear, por meios capciosos. 2. Atrair, granjear. 3. Colher nas nascentes (água corrente). 4. Apreender, compreender. 5. Conseguir (empréstimo, recursos, etc.). [Conjug.: ① [capt]ar] § **cap•ta•ção** sf.

cap•tor (ô) sm. Aquele que captura.

cap•tu•ra sf. Ação ou efeito de capturar.

cap•tu•rar v.t.d. Prender, aprisionar. [Conjug.: ① [captur]ar]

ca•pu•chi•nho sm. Religioso da ordem franciscana.

ca•pu•lho sm. A cápsula do algodoeiro.

ca•puz sm. Cobertura para a cabeça.

ca•qué•ti•co adj. e sm. Que ou quem sofre de caquexia.

ca•que•xi•a (cs) sf. Med. Estado de desnutrição profunda que acompanha má condição geral de saúde.

ca•qui sm. Bras. O fruto do caquizeiro.

cá•qui adj2g2n. 1. Cor de barro. • sm. 2. Brim dessa cor.

ca•qui•zei•ro sm. Bras. Bot. Árvore ebenácea de fruto edule.

ca•ra sf. 1. V. rosto (1). 2. Semblante, fisionomia. 3. Aspecto, ar. 4. Ousadia, coragem.

ca•rá sm. Bras. 1. Bot. Trepadeira dioscoreácea de tubérculos nutritivos. 2. Esse tubérculo.

ca•ra•bi•na sf. Espingarda estriada; fuzil. [Var.: clavina.]

ca•ra•bi•nei•ro sm. Soldado armado de carabina.

ca•ra•ca•rá sm. Bras. Zool. V. carancho.

ca•ra•cí•de:o sm. Zool. Espécime dos caracídeos, grande família de peixes actinopterígios de água doce. Ex.: lambari, dourado. § **ca•ra•ci•de:o** adj.

ca•ra•col sm. Zool. 1. Nome comum a vários moluscos terrestres, pequenos, de concha fina. 2. Anel de cabelo enrolado em espiral. [Pl.: –cóis.]

ca•ra•co•lar v.int. Mover-se em hélice ou em espiral. [Conjug.: ① [caracol]ar]

ca•rac•te•re sm. 1. Qualquer dígito numérico, letra do alfabeto, código de controle ou símbolo especial, pertencente a um sistema específico de codificação; caráter. 2. P. ext. Qualquer símbolo ou sinal convencional empregado na comunicação escrita. [Pl.: caracteres.] ◆ **Caractere alfanumérico.** Inform. Qualquer dígito numérico ou letra do alfabeto (ou, eventualmente, um símbolo especial) que pertença a um sistema específico de codificação.

ca•rac•te•res sm.pl. Telev. Dizeres (legendas, créditos, títulos, etc.) inseridos num programa.

ca•rac•te•rís•ti•ca sf. 1. Aquilo que caracteriza; particularidade. 2. Mat. A parte inteira de um logaritmo decimal.

ca•rac•te•rís•ti•co adj. Que caracteriza.

ca•rac•te•ri•zar v.t.d. 1. Pôr em evidência o caráter de. 2. Descrever com propriedade, assinalando os caracteres de. P. 3. Distinguir-se. [Conjug.: ① [caracteriz]ar] § **ca•rac•te•ri•za•ção** sf.

ca•ra•cu Bras. adj2g. 1. Diz-se de raça bovina de pêlo curto e ruivo. • sm. 2. Espécime dessa raça.

ca•ra•cul sm. Variedade de carneiro asiático de velo encaracolado.

ca•ra•dri•i•for•me sm. Zool. Espécime dos caradriiformes, ordem de aves praianas, semimarinhas, que buscam alimentação na areia e em águas rasas. Ex.: gaivotas. § **ca•ra•dri•i•for•me** adj2g.

ca•ra•du•ra adj2g. e s2g. Bras. Cínico, sem-vergonha.

ca•ra•du•ris•mo sm. Bras. Qualidade ou modos de caradura.

ca•ra•gua•tá sm. Bras. Bot. V. bromélia.

ca•ra•í•ba Bras. s2g. 1. Etnôn. Indivíduo dos caraíbas, povo indígena que, à chegada dos colonizadores europeus (séc. XV-XVI), habitava as Antilhas, Guianas e litoral centroamericano, e que tem descendentes na Amazônia. • sm. 2. Gloss. V. caribe. § **ca•ra•í•ba** adj2g.

ca•ra•já *Bras. s2g.* 1. *Etnôn.* Indivíduo dos carajás, povo indígena que habita em MT e TO. • *sm.* 2. *Gloss.* Família lingüística do tronco macro-jê, composta por línguas indígenas faladas no Brasil central. § **ca•ra•já** *adj2g.*

ca•ra•man•chão *sm.* Treliça com trepadeiras, nos jardins. [Pl.: *–chões.*]

ca•ram•ba *interj.* Designa admiração, impaciência ou ironia.

ca•ram•bo•la¹ *sf.* 1. Bola vermelha do bilhar. 2. Embate duma bola de bilhar sobre outras duas, sucessivamente.

ca•ram•bo•la² *sf.* O fruto, comestível, da caramboleira.

ca•ram•bo•lei•ra *sf. Bot.* Arvoreta frutífera oxalidácea.

ca•ra•me•lo *sm.* 1. Calda de açúcar queimado, para cobrir certos doces, etc. 2. Bala (3) um tanto pastosa.

ca•ra-me•ta•de *sf.* Pessoa, em relação a outra que namora, ou com quem coabita, etc.; metade. [Pl.: *caras-metades.*]

ca•ra•min•guá *sm. Bras. Pop.* Dinheiro.

ca•ra•min•guás *sm.pl.* Trastes velhos; cacarecos.

ca•ra•mi•nho•las *sf.pl.* Fantasias, mentiras.

ca•ra•mu•jo *sm.* 1. *Zool.* Molusco gastrópode, semimarinho. 2. *Bras.* Indivíduo esquisitão, ensimesmado.

ca•ran•cho *sm. Bras. Zool.* Ave falconídea diurna, semelhante ao gavião; caracará, carcará.

ca•ran•dá *sf. Bras.* Palmácea de estipe e folhas úteis.

ca•ran•gí•de:o *sm. Zool.* Espécime dos carangídeos, família de peixes perciformes, muitos deles marinhos, e alimentícios. § **ca•ran•gí•de:o** *adj.*

ca•ran•gue•jei•ra *sf. Bras. Zool.* Aranha grande, peluda, de picada dolorosa, que não tece teia.

ca•ran•gue•jo (ê) *sm. Zool.* Nome comum a vários crustáceos decápodes que se alimentam de detritos orgânicos; alguns são us. na alimentação.

ca•ran•gue•jo•la *sf.* Armação de madeira, pouco sólida.

ca•ran•to•nha *sf.* Cara grande e feia; carão.

ca•rão *sm.* 1. Carantonha. 2. Repreensão, censura. [Pl.: *–rões.*]

ca•ra•pa•ça *sf.* Revestimento que protege o tronco dos cágados, tartarugas, etc.

ca•ra•pa•nã *sm. Bras. Amaz. Zool.* V. *mosquito.*

ca•ra•pau *sm. Zool.* Peixe perciforme, carangídeo us. na alimentação.

ca•ra•pe•ba *sf. Bras. Zool.* Peixe gerreídeo muito apreciado.

ca•ra•pe•tão *sm.* Mentira grande, patranha. [Pl.: *–tões.*]

ca•ra•pi•cu *sm. Bras. Zool.* Peixe perciforme, gerreídeo.

ca•ra•pi•na *s2g. Bras.* V. *carpinteiro* (1).

ca•ra•pi•nha *sf.* O cabelo crespo e lanoso dos negros; pixaim (*bras.*), carrapicho (*bras.*).

ca•ra•pi•nha•da *sf.* Refresco de xarope ou suco de fruta e gelo picado.

ca•ra•pu•ça *sf.* Barrete cônico.

ca•ra•tê *sm.* Arte oriental de ataque e defesa pessoal que se fundamenta na educação da vontade e em apurado treinamento físico.

ca•rá•ter *sm.* 1. Forma que se dá à letra manuscrita ou ao tipo de imprensa. 2. Especificidade; cunho, marca. 3. Qualidade inerente a uma pessoa, animal ou coisa. 4. Os traços psicológicos, as qualidades, o modo de ser, sentir e agir de um indivíduo, um grupo, um povo. 5. Gênio, humor. 6. Firmeza de atitudes. [Pl.: *caracteres.*]

ca•ra•tin•ga *sm. Bras.* 1. *Bot.* Nome comum a várias trepadeiras dioscoreáceas, ornamentais e de raízes comestíveis. 2. *Zool.* Peixe gerreídeo prateado.

ca•ra•va•na *sf.* 1. Multidão de mercadores ou viajantes que se reúnem para atravessar o deserto com segurança. 2. Grupo de pessoas que vão juntas a algum lugar, de peregrinos, etc.

ca•ra•van•ça•rá *sm.* No Oriente Médio, grande abrigo para hospedagem gratuita de caravanas.

ca•ra•va•nei•ro *sm.* Guia de caravanas.

ca•ra•ve•la *sf.* 1. Antigo navio de casco alto à popa e baixo à vante, aparelhado com um a quatro mastros. 2. *Zool.* Hidrozoário que vive em colônias, nos mares quentes.

ca•ra•xu•é *sm. Bras. Zool.* Sabiá da Amazônia. V. *turdídeo.*

car•be•to (ê) *sm. Quím.* Composto de carbono e um metal; carbureto.

car•bo•i•dra•to *sm. Quím.* Certos compostos químicos orgânicos, como os açúcares, o amido e a celulose, constituídos por carbono, hidrogênio e oxigênio.

car•bo•na•to *sm. Quím.* Qualquer sal ou éster do ácido carbônico.

car•bô•ni•co *adj. Quím.* 1. Próprio do carbono. 2. Diz-se do ácido instável [fórm.: H_2CO_3] formado pela dissolução do gás carbônico em água.

car•bo•ní•fe•ro *adj.* 1. Que contém ou produz carvão. • *sm.* 2. Período (5) que se caracteriza pelo aparecimento de anuros e reptis, e no qual se formaram as grandes jazidas de carvão.

car•bo•ni•zar *v.t.d.* 1. Reduzir a carvão. 2. Queimar (tecidos orgânicos) por meio de um metal em brasa ou de substância cáustica. *P.* 3. Reduzir-se a carvão. [Conjug.: ① [carboniz]**ar**] § **car•bo•ni•za•ção** *sf.*; **car•bo•ni•za•do** *adj.*

car•bo•no *sm. Quím.* Elemento de número atômico 6, cristalino, de cor preta na grafite e incolor no diamante, cujos compostos constituem o objeto de estudo da química orgânica [símb.: *C*].

car•bo•xí•li•co (cs) *adj. Quím.* Diz-se dos ácidos orgânicos, líquidos ou sólidos, que contêm o grupo funcional –C(=O)OH; ex.: ácido acético. [Norma para nome sistemático de ácidos carboxílicos simples: alcano → ácido alcanóico; ex.: metano → ácido metanóico (cujo nome comum é ácido fórmico).]

car•bún•cu•lo *sm. Med.* Infecção necrosante da pele e tecido subcutâneo que produz lesão com secreção purulenta.

car•bu•ra•dor (ô) *sm.* Aparelho onde o combustível se mistura com o ar, para garantir o bom funcionamento de um motor de explosão.

car•bu•ran•te *adj2g.* 1. Que produz carburação. • *sm.* 2. Combustível próprio para motor de explosão.

car•bu•rar *v.t.d.* 1. Provocar (num sistema) a elevação do teor de um combustível. 2. Combinar com o carbono ou com substância rica em carbono. [Conjug.: ① [carbur]**ar**] § **car•bu•ra•ção** *sf.*

car•bu•re•to (ê) *sm. Quím.* 1. *Impr.* Carbeto. 2. Nome vulgar do carbeto de cálcio, que produz acetileno por reação com água.

car•ca•ça *sf.* 1. Ossada (2 e 3). 2. Arcabouço, estrutura. 3. Casco velho de navio. 4. *Eng. Elétr.* Estrutura metálica que sustenta o núcleo magnético de uma máquina rotativa, com a função de suportá-la, transmitir esforços e guiar o ar de resfriamento.

car•ca•rá *sm. Bras. Zool.* V. *carancho.*

car•ce•ra•gem *sf.* 1. Ato ou efeito de encarcerar. 2. Despesa com a manutenção dos presos. 3. *Bras.* Lugar, na delegacia, onde ficam os detidos. [Pl.: –*gens.*]

car•ce•rá•ri:o *adj.* Do, ou relativo a cárcere.

cár•ce•re *sm.* 1. Calabouço. 2. *Pop.* V. *cadeia* (3).

car•ce•rei•ro *sm.* Guarda de cárcere.

car•ci•no•ma *sm. Med.* Câncer formado por células epiteliais. § **car•ci•no•ma•to•so** *adj.*

car•co•ma *sf. Zool.* V. *caruncho.*

car•co•mer *v.t.d.* 1. Roer (madeira). 2. Desfazer, como o carcoma. 3. V. *corroer.* 4. Destruir. [Conjug.: ② [carcom]**er**] § **car•co•mi•do** *adj.*

car•da *sf.* 1. Ato ou efeito de cardar. 2. *Tec.* Máquina que desembaraça, destrinça e limpa fibras têxteis.

car•da•mo•mo *sm. Zool.* Planta zingiberácea de sementes condimentosas.

car•dá•pi:o *sm.* Lista das iguarias que um restaurante pode servir, em ger. com o preço de cada uma.

car•dar *v.t.d.* Destrinçar ou pentear com carda (lã ou qualquer fibra têxtil). [Conjug.: ① [card]**ar**]

car•de•al *adj2g.* 1. Principal, fundamental. • *sm.* 2. Prelado do Sacro Colégio pontifício. 3. *Bras. Zool.* Ave fringilídea que tem parte do corpo encarnada. [Pl.: –*ais.*]

cár•dia *sf. Anat.* Orifício pelo qual o conteúdo esofagiano passa para o estômago.

car•dí•a•co *adj.* 1. Relativo ao coração. 2. Relativo a cárdia. • *sm.* 3. Doente do coração.

car•di•gã *sm.* Casaco de malha sem gola.

car•di•nal *adj2g. Gram.* Diz-se do numeral que designa quantidade absoluta. [Pl.: –*nais.*]

car•di•na•la•to *sm.* Dignidade de cardeal.

car•di•na•lí•ci:o *adj.* Relativo a cardeal (2).

car•di•o•gra•fi•a *sf. Fisiol. Card.* Registro gráfico, de que há várias formas, de fenômeno cardíaco, físico ou funcional. § **car•di•o•grá•fi•co** *adj.*

car•di•ó•gra•fo *sm.* Instrumento, de que há vários tipos, com que se realiza registro cardiográfico.

car•di•o•lo•gi•a *sf.* Estudo do coração em todos os seus aspectos. § **car•di:o•ló•gi•co** *adj.*

car•di•o•lo•gis•ta *s2g. Med.* Especialista em cardiologia; cardiólogo.

car•di•ó•lo•go *sm.* Cardiologista.

car•di•o•pa•ti•a *sf. Med.* Designação comum às afecções do coração.

car•do *sm. Bot.* Planta das compostas de folhas espinhosas, tida como praga da lavoura.

car•du•me *sm.* Bando de peixes.

ca•re•ca *sf.* 1. Calva. 2. Calvície. • *s2g.* 3. Pessoa calva. • *adj2g.* 4. Diz-se de pessoa calva.

ca•re•cen•te *adj2g.* Carente.

ca•re•cer *v.t.i.* 1. Não ter. 2. Necessitar. [Conjug.: ㉞ [care]**cer**]

ca•rei•ro *adj.* Que vende ou cobra caro.

ca•re•na *sf.* 1. *Constr. Nav.* A parte do casco das embarcações que fica abaixo do plano de flutuação em plena carga. 2. *Zool.* Crista, em forma de quilha, de certos ossos, como, p. ex., a do esterno das aves.

ca•re•na•do *adj. Zool.* Que tem carena (2).

ca•rên•ci:a *sf.* 1. Falta, ausência, privação. 2. Necessidade, precisão. 3. *Econ.* Período entre o recebimento de um empréstimo e o início de sua amortização. 4. Período de espera para a utilização de plano de saúde, de previdência privada, etc.

ca•ren•te *adj2g.* Que carece, necessita; carecente.

ca•re•pa *sf.* 1. Caspa. 2. Pó que se forma na superfície das frutas secas. 3. A superfície da madeira desbastada.

ca•res•ti•a *sf.* 1. Qualidade de caro (1). 2. Preço alto, superior ao valor real.

ca•re•ta (ê) *sf.* 1. Contração ou trejeito do rosto; esgar, momice, garatuja, visagem. • *adj2g.* 2. *Bras. Gír.* Diz-se de indivíduo antiquado (1).

ca•re•tei•ro *adj.* Que faz caretas.

ca•re•ti•ce *sf. Bras. Gír.* Qualidade, ação ou dito de careta (2 e 3).

car•ga *sf.* 1. Ato ou efeito de carregar; carregamento. 2. O que alguém ou algo pode transportar. 3. Fardo (1 e 3). 4. O peso que se pode transportar ou suportar; carregação. 5. Grande quantidade; carregação. 6. Munição (2). 7. *Eng. Elétr.* Elemento ou conjunto de elementos em um circuito elétrico que recebe energia elétrica de outras partes do circuito; carregamento. 8. *Fís.* Carga elétrica. ◆**Carga do elétron**. *Fís.* A menor quantidade de carga elétrica que pode ser ganha ou perdida por um sistema qualquer; carga elementar. **Carga elementar.** *Fís.* Carga do elétron. **Carga elétrica.** *Fís.* Quantidade de eletricidade de um sistema medida em unidades de carga do elétron; carga.

car•ga-d'á•gua *sf.* Chuva muito forte. [Pl.: *cargas-d'água*.]

car•gas-d'á•gua *sf.pl. Pop.* Motivo ignorado e/ou misterioso.

car•go *sm.* 1. V. *incumbência* (1). 2. Responsabilidade; obrigação. 3. Função ou emprego público ou particular.

car•guei•ro *sm.* 1. Guia de bestas de carga. 2. Besta de carga. 3. Navio cargueiro. • *adj.* 4. Que transporta carga.

ca•ri•a•mí•de•o *sm. Zool.* Espécime dos cariamídeos, família de aves cursórias, de pernas, pescoço e cauda longos, asas arredondadas, e crista. § **ca•ri:a•mí•de:o** *adj.*

ca•ri•ar *v.t.d.* 1. Produzir cárie em. *Int.* 2. Criar cárie. [Conjug.: 1 [cari]**ar**. Norm., é defect., sendo conjugado só nas 3ªs pess. do sing. e do pl.] § **ca•ri•a•do** *adj.*

ca•ri•be *sm. Gloss.* Grande família lingüística a que pertencem as línguas de muitos povos indígenas do N. e C.O. do Brasil, e da Colômbia às Guianas.

ca•ri•be•nho *adj.* 1. De, ou pertencente ao Mar do Caribe e às ilhas ali situadas. • *sm.* 2. O natural ou habitante dessas ilhas.

ca•ri•bo•ca *s2g.* V. *caboclo* (1).

ca•ri•cá•ce:a *sf. Bot.* Espécime das caricáceas, família de arvoretas de tronco leitoso e bagas ger. comestíveis. § **ca•ri•cá•ce:o** *adj.*

ca•ri•ca•to *adj.* 1. Ridículo, burlesco. 2. Que interpreta caricaturas (ator).

ca•ri•ca•tu•ra *sf.* 1. Desenho que, pelo traço ou escolha dos detalhes, acentua ou revela certos aspectos caricatos de pessoa ou fato. 2. Reprodução deformada de algo.

ca•ri•ca•tu•rar *v.t.d.* Representar por meio de caricatura. [Conjug.: 1 [caricatur]**ar**]

ca•ri•ca•tu•ris•ta *s2g.* Quem faz caricaturas.

ca•rí•ci:a *sf.* Manifestação física de afeto; afago, carinho.

ca•ri•da•de *sf.* 1. O amor que move a vontade à busca efetiva do bem de outrem. 2. A prática da caridade (1); beneficência, filantropia. 3. Benevolência, complacência. 4. Uma das três virtudes teologais.

ca•ri•do•so (ô) *adj.* Que tem ou revela caridade. [Pl.: *–dosos* (ó).]

cá•ri:e *sf.* Lesão inflamatória crônica de osso ou de dente. ◆ **Cárie dentária.** Lesão em que se dá formação de cavidade em dente, e que pode comprometer esmalte, dentina e polpa (3).

ca•ri•jó *adj2g. Bras.* De penas salpicadas de branco e preto (galo ou galinha); pedrês.

ca•ril *sm.* 1. Condimento indiano em pó, amarelo. 2. Molho feito com ele. [Pl.: *–ris.*]

ca•rim•bar *v.t.d.* 1. Marcar com carimbo. 2. *Esport.* Atingir de propósito (jogador adversário), com a bola do jogo. [Conjug.: 1 [carimb]**ar**]

ca•rim•bo *sm.* 1. Instrumento de borracha, etc., com que se marcam à tinta certos papéis. 2. Marca ou sinal que ele produz.

ca•ri•nho *sm.* Afago, meiguice, carícia.

ca•ri•nho•so (ô) *adj.* Cheio de carinho. [Pl.: *–nhosos* (ó).]

ca•ri•o•ca *Bras. adj2g.* 1. Da cidade do Rio de Janeiro, capital do RJ. • *s2g.* 2. O natural ou habitante dela.

ca•ri:o•fi•lá•ce:a *sf. Bot.* Espécime das cariofiláceas, família de ervas ou subarbustos esp. de regiões temperadas. § **ca•ri:o•fi•lá•ce:o** *adj.*

ca•ri•op•se *sf. Bot.* Fruto que apresenta o pericarpo preso à semente, confundindo-se com ela. Ex.: fruto das gramíneas.

ca•ri•pu•na *s2g. Bras. Etnôn.* Indivíduo dos caripunas, povo indígena da família lingüística pano, que habita RO. § **ca•ri•pu•na** *adj2g.*

ca•ris•ma *sm.* 1. *Teol.* Força ou dom conferido por graça divina. 2. *P. ext.* Qualidades especiais de liderança (política, etc.) derivadas de individualidade excepcional.

ca•ris•má•ti•co *adj.* Relativo a, ou da natureza do carisma, ou que o tem.

ca•ri•ta•ti•vo *adj.* Dado à prática da caridade.

car•lin•ga *sf.* Cabina (3).

car•ma *sm.* O conjunto das ações do homem e de suas conseqüências.

car•me•li•ta *s2g.* 1. Frade ou freira da Ordem de N. S. do Monte Carmelo. • *adj2g.* 2. Dessa ordem.

car•me•sim *adj2g2n.* e *sm.* Diz-se de, ou cor vermelha muito viva. [Pl. do sm.: *–sins.*]

car•mim *sm.* 1. Matéria corante que se extraía duma espécie de cochonilha. 2. A cor do carmim. [Pl.: *–mins.*] • *adj2g2n.* 3. Da cor do carmim. 4. Diz-se dessa cor. [Sin. (2 a 4): *magenta*.]

car•mo•na *sf.* Cremona (q. v.).

car•na•ção *sf.* Representação do corpo humano desnudo e com a cor natural. [Pl.: -*ções.*]

car•na•du•ra *sf.* A parte carnosa do corpo humano.

car•nal *adj2g.* 1. Relativo à carne (1 a 3), ou a
carne (4 e 5). 2. Sensual, lascivo. 3. *P. ext.*
Consangüíneo (1). [Pl.: -*nais.*]

car•na•ú•ba *sf. Bras.* 1. Carnaubeira. 2. A cera
extraída das folhas da carnaúba.

car•na:u•bal *sm. Bras.* Palmeiral de carnaúbas.
[Pl.: -*bais.*]

car•na:u•bei•ra *sf. Bras. Bot.* Palmácea de estipe reto, e grandes folhas, das quais se extrai
a carnaúba (2).

car•na•val *sm.* Os três dias precedentes à quarta-feira de cinzas, dedicados a várias sortes de
diversões, folias, folguedos. [Sin., p. us.: *entru-
do.* Pl.: -*vais.*]

car•na•va•les•co (ê) *adj.* 1. Do carnaval. 2.
Grotesco.

car•ne *sf.* 1. Tecido muscular, animal ou humano. 2. A parte vermelha dos músculos. 3. A
carne dos animais (com exceção da do peixe e,
às vezes, das aves), encarada como alimento.
4. O corpo, a matéria, em oposição ao espírito, à alma. 5. Sensualidade. 6. A parte mole,
aquosa e/ou comestível de folhas, frutos, raízes, etc.

car•nê *sm.* 1. Pequeno caderno de apontamentos. 2. Pequeno bloco (2) com as guias de pagamento de prestações.

car•ne•ar *v.int.* 1. *Bras. S.* Abater o gado e preparar as carnes para secar. *T.d.* 2. Abater e
esquartejar (rês). [Conjug.: 10 [carn]ear] §
car•ne:a•ção *sf.*

car•ne-de-sol *sf. Bras. N. N.E.* Carne salgada e
seca ao sol. [Pl.: *carnes-de-sol.*]

car•ne•gão *sm.* Carnicão. [Pl.: -*gões.*]

car•nei•ra•da *sf.* 1. Rebanho de carneiros. 2.
Fig. Grupo de pessoas submissas.

car•nei•ro[1] *sm. Zool.* Mamífero bovídeo, ovelhum, domesticado como gado lanígero.

car•nei•ro[2] *sm.* Gaveta ou urna tumular.

car•ne-se•ca *sf. Bras.* V. *charque.* [Pl.: *carnes-
secas.*]

car•ni•ça *sf.* 1. Animal que se mata para alimentação. 2. V. *matança* (1). 3. Carne podre,
que atrai urubus.

car•ni•cão *sm.* Zona central, purulenta e endurecida, de furúnculo; carnegão. [Pl.: -*cões.*]

car•ni•cei•ro *adj.* 1. Carnívoro[1]. 2. Sanguiná-
rio, cruel. • *sm.* 3. Magarefe.

car•ni•fi•ci•na *sf.* V. *matança* (1).

car•ní•vo•ro[1] *adj.* Que se alimenta de carne,
ou a prefere como alimento; carniceiro.

car•ní•vo•ro[2] *sm. Zool.* Espécime dos carnívoros, ordem de mamíferos cujos dentes e mandíbula são adaptados para dilacerar e triturar
carne; são os felídeos, canídeos, ursídeos, hie-

nídeos, mustelídeos, viverrídeos e procionídeos. § car•ní•vo•ro[2] *adj.*

car•no•si•da•de *sf.* Excrescência carnosa.

car•no•so (ô) *adj.* V. *carnudo.* [Pl.: -*nosos (ó).*]

car•nos•sáu•ri:o *sm. Paleont.* Espécime dos
carnossáurios, subordem de enormes dinossauros carnívoros que viveram do início do
jurássico até o final do cretáceo. Ex.: alossau-
ros, megalossauros.

car•nu•do *adj.* 1. Que tem muita carne. 2.
Musculoso. [Sin. ger.: *carnoso.*]

ca•ro *adj.* 1. Que custa um preço alto, elevado.
[Não diga *preço caro.*] 2. Dispendioso. 3. Querido, amado. • *adv.* 4. Por alto preço.

ca•ro•á *sm. Bras. Bot.* Bromeliácea acaule que
fornece fibras us. para fazer cordas, barban-
tes, etc.

ca•ro•á•vel *adj2g.* Carinhoso, meigo. [Pl.: -*veis.*]

ca•ro•ba *sf. Bras. Bot.* Nome comum a várias
arvoretas bignoniáceas, medicinais.

ca•ro•ço (ô) *sm.* 1. *Bot.* O núcleo, lenhoso e muito duro, dos frutos de tipo drupa, como o da
manga e o do pêssego. 2. Semente de vários
frutos, como o algodão, etc. 3. *Pop.* Tumor ou
erupção cutânea. 4. *Pop.* Íngua (2).

ca•ro•çu•do *adj.* Que tem caroços.

ca•ro•la *s2g.* Pessoa muito assídua à igreja.

ca•ro•li•ce *sf.* Qualidade, ato ou procedimento de carola; carolismo.

ca•ro•lín•gi:o *adj.* Da dinastia de Carlos Magno (742-814), rei dos francos e imperador do
Ocidente, ou relativo a ela.

ca•ro•lis•mo *sm.* Carolice.

ca•ro•lo (ô) *sm.* 1. Pancada na cabeça com vara,
ou com o nó dos dedos. 2. Espiga de milho
debulhada.

ca•ro•na *Bras. sf.* 1. Peça dos arreios que se
põe por baixo do lombilho. 2. Condução gratuita em qualquer veículo. • *s2g.* 3. Quem viaja de carona (2).

ca•ro•te•no *sm. Quím.* Substância de cor amarela, alaranjada ou vermelha, existente em
muitos vegetais, em algas, na gema de ovo e
na manteiga.

ca•ró•ti•da *sf. Anat.* Denominação dada a cada
uma de seis artérias, três de cada lado, que
dão a vascularização, por si e por seus ramos,
do pescoço e da cabeça. § ca•ro•tí•di•a•no *adj.*

car•pa *sf. Zool.* Nome comum a vários peixes
ciprinídeos, alimentícios.

car•pe•lo *sm. Bot.* Folha transformada que
entra na constituição do gineceu.

car•pe•te *sm.* Tapete que reveste inteiramente um cômodo, em geral fixado ao chão.

car•pi•dei•ra *sf.* Mulher mercenária que pran-
teava os mortos.

car•pi•na *s2g. Bras.* V. *carpinteiro* (1).

car•pin•ta•ri•a *sf.* Ofício ou oficina de carpinteiro.

car•pin•tei•ro sm. 1. Aquele que trabalha em obras grosseiras de madeira; carapina, carpina. 2. O que prepara e arma os cenários teatrais.

car•pir v.t.d. 1. Dizer ou contar, lamentando-se. 2. Arrancar, desarraigar. Int. e p. 3. Fazer lamúria; lastimar-se. [Conjug.: 58 [carp]ir] § car•pi•men•to sm.

car•po sm. 1. Anat. Porção do esqueleto entre antebraço e mão, constituída de oito ossos dispostos em duas fileiras. 2. Bot. Fruto (1). § car•pal adj2g.

car•que•ja (è) sf. Bot. Nome comum a várias plantas das compostas; têm propriedades medicinais.

car•qui•lha sf. Ruga, prega.

car•ra•da sf. 1. Carga que um carro transporta de uma vez. 2. Grande quantidade.

car•ran•ca sf. 1. Semblante sombrio. 2. Figura de madeira, em geral disforme, que orna a proa de certas embarcações.

car•ran•ça s2g. Pessoa apegada ao passado.

car•ran•cu•do adj. Que tem carranca (1).

car•ra•pa•tei•ra sf. Bot. V. mamona.

car•ra•pa•ti•ci•da sm. Preparado químico para matar carrapato.

car•ra•pa•to sm. Zool. Animal acarino parasito, hematófago que adere à epiderme dos vertebrados.

car•ra•pe•ta (è) sf. Pequeno pião que se faz girar com os dedos.

car•ra•pi•cho sm. Bras. 1. Nome comum a vários subarbustos das leguminosas, compostas, gramíneas, malváceas e tiliáceas, cujos frutos, com pequenos espinhos ou pêlos, aderem à roupa e ao pêlo dos animais. 2. V. carapinha.

car•ras•cal sm. Bras. Carrasco² (2). [Pl.: –cais.]

car•ras•co¹ sm. 1. Funcionário executor da pena de morte; algoz. 2. Indivíduo desumano. [Sin. ger.: verdugo.]

car•ras•co² sm. Bras. 1. Caminho pedregoso. 2. Formação vegetal nordestina, rala, enfezada e áspera; carrascal.

car•ras•pa•na sf. Pop. V. bebedeira (1).

car•re•ar v.t.d. 1. Conduzir em carro. 2. Carregar. 3. Ocasionar. T.d.i. 4. Carrear (3). [Conjug.: 10 [carr]ear] § car•re•a•ção sf.

car•re•a•ta sf. Pop. Manifestação pública em que grande número de veículos se movimentam em conjunto, com fins comemorativos, políticos, etc.

car•re•ga•ção sf. 1. V. carga (1, 4 e 5). 2. Bras. Doença, afecção. [Pl.: –ções.]

car•re•ga•do adj. 1. Cheio (1). 2. Diz-se da atmosfera quando apresenta espessas nuvens escuras que anunciam tempestade. 3. Sombrio, carrancudo.

car•re•ga•dor (ô) sm. Aquele que transporta carga ou que carrega a bagagem (1).

car•re•ga•men•to sm. 1. V. carga (1 e 6). 2. O conjunto ou porção de coisas que constituem uma carga (4).

car•re•gar v.t.d. 1. Pôr carga em. 2. Levar, transportar. 3. Trazer consigo. 4. Impregnar. 5. Meter a carga ou os projetis em arma de fogo. 6. Acumular eletricidade em. 7. Aumentar; exagerar. 8. Levar para longe. 9. Fot. Colocar filme em (a máquina fotográfica). 10. Inform. Ler (informações armazenadas), copiando-as para a memória principal do computador. T.i. 11. Carregar (7 e 8). 12. Encher-se. 13. Pôr em demasia. T.d.i. 14. Carregar (11). Int. e p. 15. Tornar-se carregado (2 e 3). [Conjug.: 11 [carre]gar]

car•rei•ra sf. 1. Corrida veloz. 2. Carreiro (2). 3. Percurso habitual de navio, trem, etc. 4. V. fileira. 5. Profissão (2).

car•rei•ro sm. 1. Guia de carro de bois. 2. Caminho estreito; carreira.

car•re•ta (è) sf. 1. Carro pequeno, de duas rodas. 2. Bras. Jamanta (2).

car•re•tei•ro sm. Condutor de carro ou de carreta.

car•re•tel sm. Pequeno cilindro de madeira, plástico, etc., com rebordos, para enrolar fios de linha, de arame, fita, etc. [Pl.: –téis.]

car•re•ti•lha sf. 1. Pequena roldana. 2. Peça circular, encabada, em forma de roseta, e que, ao rodar, corta massa de pastéis, etc.

car•re•to (ê) sm. 1. Ato ou efeito de transportar a frete. 2. Importância paga pelo carreto (1).

car•ril sm. 1. Sulco deixado pelas rodas do carro. 2. Lus. V. trilho² (3). [Pl.: –ris.]

car•ri•lhão sm. 1. Conjunto de sinos, primitivamente quatro, com que se tocam peças de música. 2. Relógio de parede que dá horas por música. [Pl.: –lhões.]

car•ri•nho sm. 1. Dim. de carro. 2. Carro para transportar bebês ou crianças pequenas.

car•ro sm. 1. Veículo de rodas para transportar pessoas ou carga. 2. V. automóvel.

car•ro•ça sf. Carro grosseiro, geralmente de tração animal, para cargas.

car•ro•ça•da sf. Carga que uma carroça pode transportar.

car•ro•ção sm. Grande carro de bois, coberto, que se usava para transporte de pessoas. [Pl.: –ções.]

car•ro•çá•vel adj2g. Apropriado ao tráfego de carroças e doutros veículos. [Pl.: –veis.]

car•ro•cei•ro sm. Condutor de carroça.

car•ro•ce•ri•a sf. 1. Em veículos automóveis de passeio, e coletivos, a parte que fica sobre o chassi, e onde se alojam motorista e passageiros. 2. Em caminhões, a parte traseira, destinada à carga.

car•ro•ci•nha sf. Bras. Carro de duas rodas com equipamento para venda de pipoca, milho verde cozido, etc.

car•ros•sel *sm.* Aparelho de parques de diversões: eixo a que se prendem hastes horizontais em cujas extremidades estão fixados cavalinhos de madeira, carrinhos, etc., que giram mecanicamente. [Pl.: *–séis.*]

car•ru•a•gem *sf.* Carro de quatro rodas, tirado a cavalos, para transportar pessoas. [Pl.: *–gens.*]

car•ta *sf.* **1.** Comunicação manuscrita ou impressa, endereçada a uma ou várias pessoas; missiva, epístola. **2.** Diploma (1). **3.** Folha onde se registram os cardápios nos restaurantes. **4.** Constituição (3). **5.** Cada uma das peças do jogo de baralho. ♦ **Carta constitucional.** Constituição (3).

car•ta•da *sf.* **1.** Lance no jogo de cartas. **2.** Empreendimento arriscado.

car•ta•gi•nês *adj.* **1.** De Cartago (antiga cidade da África).• *sm.* **2.** O natural ou habitante de Cartago. [Fem.: *cartaginesa* (ê). Sin. ger.: *púnico.*]

car•tão *sm.* **1.** Folha composta de camadas de papel coladas entre si, ou fabricada diretamente na máquina cilíndrica, com pasta de papel. **2.** Retângulo de cartão (1) para escrita. **3.** Objeto retangular e delgado, feito de plástico ou outro material resistente, por vezes dotado de uma faixa magnética com informações gravadas, e destinado a usos específicos, p. ex.: identificação do portador, utilização de certos equipamentos, operação de dispositivos eletrônicos, etc. [Pl.: *–tões.*] ♦ **Cartão magnético.** *Inform.* Cartão de plástico com uma faixa de material magnético contendo informações.

car•tão-pos•tal *sm.* Cartão (2) que numa das faces tem uma ilustração, reservando-se a outra à correspondência; postal. [Pl.: *cartões-postais.*]

car•tão-res•pos•ta *sm. Prop.* Impresso com porte postal pago, us. para facilitar a solicitação de informações, pedido de compra, etc. [Pl.: *cartões-respostas* e *cartões-resposta.*]

car•ta•pá•ci•o *sm.* V. *alfarrábio.*

car•tas *sf.pl.* **1.** Baralho. **2.** Jogo de cartas.

car•taz *sm.* **1.** Impresso de grande formato, para afixação em lugar público, e que traz anúncio comercial ou de exposições, espetáculos, etc. **2.** *Bras.* Popularidade, fama.

car•ta•zis•ta *s2g.* Pessoa que projeta e/ou desenha cartazes.

car•te•a•do *adj.* e *sm.* Diz-se de, ou jogo com cartas de baralho.

car•te•ar *v.int.* **1.** Jogar cartas, ou dá-las num jogo. *P.* **2.** Corresponder-se por carta (1). [Conjug.: 10 [cart]**ear**]

car•tei•ra *sf.* **1.** Bolsa, geralmente retangular, para guardar documentos, dinheiro, etc. **2.** Mesa para escrita, estudo, etc.; escrivaninha. **3.** Documento pessoal como, p. ex., a carteira de identidade. **4.** Conjunto de títulos (ações, bônus do governo, etc.) possuídos por um investidor. ♦ **Carteira de habilitação.** Documento que atesta a aptidão e o direito de alguém dirigir veículo automóvel. **Carteira de trabalho.** Documento onde se registram dados relativos ao emprego de seu portador; carteira profissional. **Carteira profissional.** Carteira de trabalho.

car•tei•ro *sm.* Mensageiro postal distribuidor de cartas e outras correspondências; correio.

car•tel¹ *sm.* **1.** Carta de desafio. **2.** Anúncio, cartaz. [Pl.: *–téis.*]

car•tel² *sm. Econ.* Acordo entre empresas independentes para atuação coordenada, especialmente no sentido de restringir a concorrência e elevar preços. [Pl.: *–téis.*]

car•te•la *sf.* **1.** Mostruário portátil de produtos. **2.** Embalagem, ger. de plástico moldado, para a venda de pequenos produtos como pilhas, lâminas de barbear, etc.

cár•ter *sm. Autom.* Componente de motor de veículo automóvel, no qual fica contido o óleo lubrificante.

car•te•si•a•nis•mo *sm. Filos.* Doutrina de René Descartes (q. v.), caracterizada pelo racionalismo, pela consideração do problema do método para a obtenção da verdade e pelo dualismo.

car•te•si•a•no *adj. Filos.* **1.** Relativo ao cartesianismo. **2.** Que confia de modo irrestrito e exclusivo na capacidade cognitiva da razão.

car•ti•la•gem *sf. Anat.* Tecido conjuntivo fibroso que constitui a maior parte do esqueleto do embrião, participa de modo importante no crescimento do corpo, e forra superfícies articulares dos ossos. [Pl.: *–gens.*]

car•ti•la•gi•no•so (ó) *adj.* Relativo a, ou que é composto de cartilagem. [Pl.: *–nosos* (ó).]

car•ti•lha *sf.* **1.** Livro para aprender a ler. **2.** Compêndio elementar.

car•to•gra•fi•a *sf.* Arte ou ciência de compor cartas geográficas ou mapas.

car•to•la *sf.* Chapéu masculino, preto, de copa alta, cilíndrica e com solenidades.

car•to•li•na *sf.* Cartão delgado, mais fino que o papelão.

car•to•man•ci•a (cí) *sf.* Adivinhação por meio de baralho. § **car•to•man•te** *s2g.*

car•to•na•do *adj.* Diz-se do livro que recebeu cartonagem (2).

car•to•na•gem *sf.* **1.** Fabrico de artefatos de cartão. **2.** Montagem do livro em capa rígida, de cartão. [Pl.: *–gens.*]

car•tó•ri•o *sm.* **1.** Arquivo de cartas e/ou documentos importantes. **2.** Repartição pública onde funcionam os tabelionatos, registros públicos, ofícios de notas, etc.

car•tu•cha•me *sm.* Provisão de cartuchos.

car•tu•chei•ra *sf.* Banda de lona ou de couro provida de orifício para cartuchos, usada, comumente, à cintura ou a tiracolo; patrona.

car•tu•cho *sm.* **1.** Invólucro oblongo de papel ou cartão. **2.** Estojo cilíndrico, metálico, que contém a carga duma arma de fogo. **3.** Recipiente removível que contém carretel com filme ou fita. **4.** *Inform.* Recipiente descartável com tinta para impressora.

car•tum *sm.* Desenho humorístico. [Cf. *charge.* Pl.: *–tuns.*]

car•tu•nis•ta *s2g.* Pessoa que faz cartuns.

car•tu•xa *sf.* Ordem religiosa muito austera, fundada por S. Bruno no séc. XI.

car•tu•xo *adj.* **1.** Relativo à cartuxa. • *sm.* **2.** Religioso dessa ordem.

ca•run•char *v.int.* Encher-se de caruncho. [Conjug.: ① [carunch]**ar**]

ca•run•cho *sm. Zool.* Nome comum a insetos coleópteros que perfuram sobretudo madeira e cereais, e cuja maioria é xilófaga; gorgulho, carcoma.

ca•run•cho•so (ô) *adj.* **1.** Cheio de carunchos. **2.** Carcomido, corroído. [Pl.: *–chosos* (ó).]

ca•ru•ru *sm. Bras. Bot.* Bredo.

car•va•lho *sm. Bot.* Grande árvore fagácea das regiões temperadas, e de madeira útil.

car•vão *sm.* **1.** Substância combustível, sólida, negra, produto da combustão incompleta de material orgânico; ~~carvão-de-pedra.~~ hulha. **2.** Brasa extinta; tição. **3.** Lápis de carvão para desenho. [Pl.: *–vões.*]

car•vão-de-pe•dra *sm.* V. *carvão* (1). [Pl.: *carvões-de-pedra.*]

car•vo:a•ri•a *sf.* Estabelecimento onde se fabrica e/ou vende carvão.

car•vo•ei•ro *adj.* **1.** Relativo a carvão. • *sm.* **2.** Fabricante e/ou vendedor de carvão.

cãs *sf.pl.* Cabelos brancos.

ca•sa *sf.* **1.** Edifício destinado, em geral, a habitação. **2.** Lar, família. **3.** Estabelecimento, firma. **4.** Abertura por onde passa o botão; botoeira. **5.** Grupo de dezenas, começado por dez ou múltiplo desse número, na idade de uma pessoa. **6.** *Mat.* Casa decimal. **7.** *Mat.* Numa tabela, interseção de uma linha e uma coluna. ◆ **Casa decimal.** *Mat.* Na expressão decimal de um número, posição de um algarismo à direita da vírgula; casa. **Casa de detenção.** **1.** Estabelecimento oficial onde ficam detidos os réus que aguardam julgamento. **2.** *P. ext.* V. *cadeia* (3). **Casa de penhor.** Estabelecimento onde se empresta dinheiro deixando como garantia jóias e/ou outros objetos; prego. **Casa de saúde.** Hospital de propriedade particular.

ca•sa•ca *sf.* Peça de vestuário masculino de cerimônia, curta na frente e com abas longas atrás.

ca•sa•cão *sm.* Casaco longo e amplo usado como agasalho. [Pl.: *–cões.*]

ca•sa•co *sm.* Peça de vestuário abotoada na frente, e de mangas, que cobre o tronco.

ca•sa•do *adj.* **1.** Que se casou. • *sm.* **2.** Aquele que se casou.

ca•sa•doi•ro ou **ca•sa•dou•ro** *adj.* Em idade de casar.

ca•sa-gran•de *sf. Bras.* **1.** Na Colônia e no Império, casa senhorial brasileira, de engenho de açúcar ou de fazenda. **2.** Casa de proprietário de engenho ou de fazenda. [Pl.: *casas-grandes.*]

ca•sal *sm.* **1.** Lugarejo de poucas casas. **2.** Par, composto de macho e fêmea ou homem e mulher. **3.** V. *parelha* (2). [Pl.: *–sais.*]

ca•sa•ma•ta *sf.* Abrigo subterrâneo abobadado e blindado.

ca•sa•men•tei•ro *adj.* Que arranja ou fomenta casamentos.

ca•sa•men•to *sm.* **1.** União solene entre duas pessoas de sexos diferentes, com legitimação religiosa e/ou civil; núpcias. **2.** A cerimônia dessa união. **3.** *Fig.* Aliança, união.

ca•sar *v.t.d.* **1.** Unir por casamento ou matrimônio. **2.** Promover o casamento de. **3.** Emparelhar (1). *T.d.i.* **5.** Casar (1, 2 e 4). *Int.* e *p.* **6.** Unir-se a alguém por matrimônio. **7.** Unir-se. [Conjug.: ① [cas]**ar**]

ca•sa•rão *sm.* Casa grande. [Pl.: *–rões.*]

ca•sa•ri:o *sm.* Aglomeração de casas.

cas•ca *sf.* **1.** Invólucro exterior de vários órgãos vegetais, como tronco, caule, raiz, fruto e semente. **2.** Aparência, exterioridade.

cas•ca•bu•lho *sm.* Monte de cascas.

cas•ca•lho *sm.* Pedra britada, ou lascas de pedra.

cas•cão *sm.* **1.** Casca grossa. **2.** Crosta endurecida. **3.** Crosta de sujidade ou de ferida. [Pl.: *–cões.*]

cas•ca•ta *sf.* **1.** Pequena queda-d'água. **2.** *Bras. Gír.* Conversa fiada; mentira.

cas•ca•tei•ro *adj.* e *sm.* Diz-se de, ou indivíduo mentiroso.

cas•ca•vel *sm.* **1.** Guizo. • *sf.* **2.** *Zool.* Cobra crotalídea; boicininga. **3.** *Fig.* Mulher de mau gênio. [Pl.: *–véis.*]

cas•co *sm.* **1.** O couro cabeludo. **2.** *Bras.* Capacete. **3.** Unha dos paquidermes, do cavalo, etc. **4.** Garrafa de cerveja, etc., vazia.

cas•co•so *adj.* Casquento.

cas•cu•do¹ *adj.* **1.** Que tem casca grossa ou pele dura. • *sm.* **2.** *Bras. Zool.* Nome comum a vários peixes loricariídeos.

cas•cu•do² *sm.* Pancada na cabeça com o nó dos dedos; coque, cocorote.

ca•se•ar *v.t.d.* Abrir e pontear casa(s) para botões em. [Conjug.: ⑩ [cas]**ear**] ca•se•bre *sm.* Casa pequena e pobre; cabana.

ca•se•í•na *sf.* Proteína existente no leite.

ca•sei•ro *adj.* **1.** De, ou usado em casa. **2.** Feito em casa (e não industrialmente). **3.** Diz-se de quem gosta mais de ficar em casa que de sair. **4.** Que vive em habitações humanas, ou em suas vizinhanças (diz-se de animais como ratos, baratas, etc.). • *sm.* **5.** Aquele que toma conta da casa de alguém, mediante paga.

ca•ser•na *sf.* **1.** Habitação de soldados, dentro do quartel ou de uma praça fortificada. **2.** V. *quartel²* (1).

⇨ cashmere (mir) [Ingl.] *sf.* V. *caxemira*.

ca•si•mi•ra *sf.* Tecido encorpado, de lã.

ca•si•nho•la *sf.* Casa pequena e/ou pobre; casinholo.

ca•si•nho•lo (ô) *sm.* Casinhola.

cas•mur•ro *adj.* e *sm.* Que ou aquele que é teimoso ou ensimesmado. § **cas•mur•ri•ce** *sf.*

ca•so *sm.* **1.** V. *fato¹* (1). **2.** Conjuntura (1). **3.** Casualidade, acaso. **4.** História, conto. • *conj.* **5.** No caso em que.

ca•só•ri•o *sm. Pop.* Casamento (1 e 2).

cas•pa *sf.* Escamas da pele, principalmente da pele da cabeça; carepa.

cas•pen•to *adj.* Cheio de caspa.

cás•pi•te *interj.* Indica admiração mista de ironia.

cas•quen•to *adj.* Que tem casca grossa; cascoso.

cas•que•te *sm.* Boné.

cas•qui•na•da *sf.* **1.** Risada de escárnio. **2.** Gargalhada.

cas•qui•nar *v.int.* Soltar casquinadas sucessivas. [Conjug.: 1 [casquin]**ar**]

cas•qui•nha *sf.* **1.** Casca delgada. **2.** *Bras.* Pequeno recipiente de massa de biscoito para sorvete.

cas•sa *sf.* Tecido leve de linho ou de algodão.

cas•sar *v.t.d.* **1.** Tornar nulo ou sem efeito (licença, autorização, direitos políticos, etc.). **2.** Tornar nulos ou sem efeito os direitos políticos ou de cidadão de. [Conjug.: 1 [cass]**ar**]. Cf. *caçar.*] § **cas•sa•ção** *sf.*; **cas•sa•do** *adj.* e *sm.*

cas•se•te *sm.* Estojo, para filme ou fita, com dois carretéis, um para bobinar e outro para rebobinar.

cas•si•no *sm.* Casa de diversões, com salões para jogos de azar e salões de festas.

cas•si•te•ri•ta *sf.* Minério de estanho.

cas•ta *sf.* **1.** Camada social hereditária, cujos membros são da mesma raça, etnia, profissão ou religião, e se casam entre si. **2.** Raça, linhagem. **3.** V. *qualidade* (4).

cas•ta•nha *sf.* **1.** O fruto do castanheiro. **2.** O fruto do cajueiro.

cas•ta•nhei•ro *sm. Bot.* Grande árvore fagácea de frutos comestíveis, a castanha.

cas•ta•nhe•ta (ê) *sf.* Estalido produzido pela ponta do dedo médio ao roçar rápido a do polegar.

cas•ta•nho *adj.* Da cor da casca da castanha (1).

cas•ta•nho•las *sf.pl.* Instrumento de percussão: duas peças de madeira ou de marfim que, ligadas entre si, e aos dedos ou pulsos do tocador, por um cordel, se entrechocam.

cas•tão *sm.* Remate superior das bengalas. [Pl.: –*tões.*]

cas•te•lã ou cas•te•lo•a ou cas•te•lo•na *sf.* **1.** Mulher de castelão. **2.** Senhora ou dona dum castelo.

cas•te•lão *sm.* **1.** Senhor feudal que vivia em castelo e exercia jurisdição em determinada área. **2.** Dono de castelo. [Pl.: –*lãos.*]

cas•te•lha•no *adj.* **1.** De Castela (Espanha). **2.** *Bras. S.* Do Uruguai ou da Argentina. • *sm.* **3.** O natural ou habitante de Castela. **4.** A língua espanhola. **5.** *Bras. S.* O natural ou habitante do Uruguai ou da Argentina.

cas•te•lo *sm.* **1.** Residência senhorial ou real, fortificada. **2.** Praça forte, com muralhas, fosso, etc.; fortaleza. **3.** Nas embarcações, parte que se eleva acima do convés principal.

cas•ti•çal *sm.* Utensílio com bocal onde se põe a vela de cera. [Pl.: –*çais.*]

cas•ti•ço *adj.* De boa casta; puro.

cas•ti•da•de *sf.* **1.** Qualidade de casto. **2.** Abstinência de relações sexuais.

cas•ti•gar *v.t.d.* **1.** Infligir castigo a. **2.** Repreender, advertir. [Conjug.: 11 [casti]**gar**] § **cas•ti•ga•do** *adj.*

cas•ti•go *sm.* **1.** Pena que se inflige a um culpado; punição. **2.** Repreensão. **3.** Mortificação.

cas•to *adj.* **1.** Que se abstém de relações sexuais. **2.** Virtuoso; puro.

cas•tor (ô) *sm. Zool.* Mamífero castorídeo. **2.** O seu pêlo.

cas•to•rí•de•o *sm. Zool.* Espécime dos castorídeos, família de roedores semi-aquáticos que habitam a Europa, a América do Norte e a Ásia. § **cas•to•rí•de•o** *adj.*

cas•trar *v.t.d.* **1.** Cortar ou destruir os órgãos reprodutores a. **2.** *Fig.* Impedir o desenvolvimento de. [Conjug.: 1 [castr]**ar**] § **cas•tra•ção** *sf.*; **cas•tra•do** *adj.* e *sm.*

cas•tren•se *adj2g.* **1.** Relativo à classe militar. **2.** Referente a acampamento militar.

ca•su•al *adj2g.* V. *eventual*. [Cf. *causal*. Pl.: –*ais.*]

ca•su•a•li•da•de *sf.* **1.** Qualidade de casual. **2.** Acontecimento casual; acaso.

ca•su•ar *sm. Zool.* Ave casuariídea da Oceania.

ca•su•a•rí•i•de•o *sm. Zool.* Espécime dos casuariídeos, família de aves grandes, cursórias, semelhantes ao avestruz. § **ca•su•a•rí•i•de•o** *adj.*

ca•su•a•ri•na *sf. Bot.* Nome comum a várias casuarináceas ornamentais.

ca•su:a•ri•ná•ce:a *sf. Bot.* Espécime das casuarináceas, família de árvores australianas e neozelandesas de diminutas folhas escamiformes. § **ca•su:a•ri•ná•ce:o** *adj.*

ca•su•ís•mo *sm.* Aceitação passiva de idéias ou de doutrinas.

ca•su•ís•ta *s2g.* Quem pratica o casuísmo.

ca•su•ís•ti•co *adj.* Relativo ao casuísmo.

ca•su•la *sf.* Vestimenta sacerdotal que se põe sobre a alva e a estola.

ca•su•lo *sm.* Invólucro formado pela larva do bicho-da-seda e por outras.

ca•ta *sf.* 1. Ação de catar. 2. *Bras.* Escavação para mineração.

ca•ta•bó•li•co *adj.* Em que há catabolismo.

ca•ta•bo•lis•mo *sm. Fisiol.* Processo metabólico pelo qual o organismo transforma em energia material anabolizado pelos tecidos, e do qual resultam produtos que são excretados; desassimilação.

ca•ta•ce•go *adj. Pop.* Que tem vista curta.

ca•ta•clis•mo *sm.* 1. Transformação brusca, e muito ampla, da crosta terrestre. 2. Desastre social.

ca•ta•cum•ba *sf.* V. *sepultura.*

ca•ta•di•óp•tri•co *sm.* Cada um dos dispositivos para reflexão e refração da luz, utilizados na sinalização das vias públicas e que devem ser instalados na parte traseira dos veículos. [Sin. bras., pop.: *olho-de-gato.*]

ca•ta•du•pa *sf.* Queda de grande porção de água corrente.

ca•ta•du•ra *sf.* Semblante, aspecto, aparência.

ca•ta•fal•co *sm.* Estrado alto sobre o qual se põe o féretro; essa.

ca•ta•lep•si•a *sf. Psiq.* Estado em que se observa rigidez dos músculos, permanecendo o paciente na posição em que é colocado.

ca•ta•lép•ti•co *adj.* Relativo a, ou atacado de catalepsia.

ca•ta•li•sa•dor (ô) *adj.* 1. *Fís.-Quím.* Diz-se de substância que produz catálise. 2. *Fig.* Que incentiva, estimula.

ca•tá•li•se *sf. Fís.-Quím.* Modificação (em geral aumento) de velocidade de uma reação química pela presença e atuação de uma substância que não se altera no processo.

ca•ta•lí•ti•co *adj. Quím.* Relativo a catálise.

ca•ta•lo•gar *v.t.d.* Relacionar em catálogo. [Conjug.: ⑪ [catalo]**gar**] § **ca•ta•lo•ga•ção** *sf.*

ca•tá•lo•go *sm.* Relação ou lista metódica, e em geral alfabética, de pessoas ou coisas.

ca•ta•na *sf.* 1. Espécie de alfanje. 2. Pequena espada curva.

ca•tan•du•ba ou ca•tan•du•va *sf. Bras.* Mato rasteiro, espinhento.

ca•tão *sm.* Homem de costumes ou princípios austeros. [Pl.: –*tões.*]

ca•ta•plas•ma *sf.* Papa medicamentosa que se aplica, entre dois panos, a uma parte do corpo dorida ou inflamada.

ca•ta•po•ra *sf. Bras. Pop.* Varicela.

ca•ta•pul•ta *sf.* Engenho de guerra que se usava para lançar projetis contra tropas e/ou fortificações inimigas.

ca•tar *v.t.d.* 1. Buscar, procurar. 2. Recolher um a um, procurando entre outras coisas. 3. Buscar piolhos, pulgas, etc., em, matando-os. 4. Escolher: *catar feijão.* [Conjug.: ① [cat]**ar**] § **ca•ta•dor** (ô) *adj.* e *sm.*

ca•ta•ra•ta *sf.* 1. Queda-d'água de grande extensão. 2. *Med.* Perda da transparência de cristalino ou da sua cápsula.

ca•ta•ri•nen•se *adj2g.* 1. De SC. • *s2g.* 2. O natural ou habitante desse estado.

ca•tar•rei•ra *sf.* Defluxo com muito catarro.

ca•tar•ren•to *adj.* Que tem catarro ou é propenso a encatarrar-se.

ca•tar•ri•no *Zool. adj.* 1. Que tem o septo nasal estreito e as narinas voltadas para baixo (diz-se de primata). • *sm.* 2. Primata catarrino (1).

ca•tar•ro *sm.* 1. *Med.* Secreção, ger. patológica, das mucosas. 2. Defluxo; resfriado. § **ca•tar•ral** *adj2g.*

ca•tar•se *sf.* 1. Purgação; purificação. 2. *Psiq.* Liberação de pensamentos, idéias, etc. que estavam reprimidos no inconsciente, seguindo-se alívio emocional.

ca•tár•ti•co *adj.* 1. Relativo a catarse. 2. *Med.* Substância que promove evacuação intestinal.

ca•tar•tí•de:o *sm. Zool.* Espécime dos catartídeos, família de grandes aves de rapina de cabeça nua cuja pele, por vezes, é de tom vivo. Ex.: condor, urubus. § **ca•tar•ti•de:o** *adj.*

ca•tás•tro•fe *sf.* Acontecimento lastimoso ou funesto; calamidade.

ca•tas•tró•fi•co *adj.* Com caráter de catástrofe.

ca•ta•ven•to *sm.* 1. Aparelho que determina a velocidade e a direção do vento. 2. Mecanismo que, pela ação de um cata-vento (1), extrai água de poços profundos. [Pl.: *cata-ventos.*]

ca•te•cis•mo *sm.* Livro elementar de instrução religiosa.

ca•te•cú•me•no *sm.* Quem se prepara para receber o batismo.

cá•te•dra *sf.* Cadeira pontifícia, ou professoral.

ca•te•dral *sf.* Igreja episcopal ou de uma diocese. [Pl.: –*drais.*]

ca•te•drá•ti•co *sm.* 1. Professor que ocupa cátedra. 2. Homem muito entendido em determinado assunto. • *adj.* 3. Diz-se de catedrático (1).

ca•te•go•ri•a *sf.* 1. Espécie, natureza, classe. 2. Alta classe ou qualidade. 3. Hierarquia social ou administrativa; classe. ◆ **Categoria gramatical.** *Gram.* V. *classe de palavras.*

ca•te•gó•ri•co *adj.* 1. Relativo a categoria. 2. Claro, explícito.

ca•te•go•ri•za•do *adj.* 1. Disposto em categorias. 2. De categoria importante.

ca•te•gu•te *sm.* Fio de origem animal, usado em cirurgia para suturas, etc.

ca•te•ná•ri:a *sf. Geom. Anal.* Curva plana cuja forma é a que assume um fio homogêneo, de espessura desprezível, quando suspenso por seus dois extremos e sob a ação única do próprio peso.

ca•te•que•se *sf.* Instrução metódica e oral sobre coisas religiosas.

ca•te•quis•ta *adj2g.* e *s2g.* Que ou quem catequiza.

ca•te•qui•zar *v.t.d.* 1. Instruir em matéria religiosa. 2. Procurar convencer; aliciar. [Conjug.: ① [catequiz]**ar**]

ca•te•re•tê *sm. Bras. S. GO.* Dança rural, em fileiras opostas, e cantada.

ca•ter•va (è) *sf.* V. *corja.*

ca•te•ter (tér) *sm. Med.* Instrumento tubular que é inserido no corpo para retirar líquidos, introduzir sangue, soros, medicamentos, efetuar investigações diagnósticas, etc.

ca•te•te•ris•mo *sm.* Introdução de cateter no corpo humano, e que pode ter diversos objetivos (hidratação, tratamento, etc.).

ca•te•to (è) *sm.* Qualquer dos lados adjacentes ao ângulo reto de um triângulo retângulo.

ca•ti•li•ná•ri:a *sf.* Acusação violenta e eloqüente.

ca•tim•bau *sm. Bras.* Prática de feitiçaria ou baixo espiritismo. [Var.: *catimbó.*]

ca•tim•bó *sm. Bras.* Catimbau.

ca•tim•plo•ra *sf.* Vaso de metal para resfriar água.

ca•tin•ga¹ *sf. Bras.* Bodum (2).

ca•tin•ga² *sf. Bras.* Caatinga.

ca•tin•gar *v.int. Bras.* Exalar mau cheiro; feder. [Conjug.: ⑪ [catin]**gar**]

ca•tin•go•so (ô) *adj. Bras.* Que exala catinga; catinguento. [Pl.: *–gosos* (ó).]

ca•tin•guei•ro *adj.* e *sm. Bras.* Diz-se de, ou habitante da catinga².

ca•tin•guen•to *adj.* Catingoso.

cá•ti:on *sm.* Átomo ou grupo de átomos com carga positiva.

ca•ti•van•te *adj2g.* Que cativa; atraente, sedutor.

ca•ti•var *v.t.d.* 1. Tornar cativo; capturar. 2. Ganhar a simpatia, a estima de; encantar. *P.* 3. Tornar-se cativo; ficar sujeito. 4. Apaixonar-se. [Conjug.: ① [cativ]**ar**]

ca•ti•vei•ro *sm.* 1. V. *escravidão* (1). 2. Local em que se mantém cativo um indivíduo.

ca•ti•vo *adj.* 1. Que não goza de liberdade; encarcerado. 2. Prisioneiro de guerra. 3. Forçado à escravidão. • *sm.* 4. Indivíduo cativo.

ca•to•do (ô) *sm. Eletr.* Eletrodo negativo; eletrodo de onde partem elétrons e para onde se dirigem os íons positivos.

ca•to•li•cis•mo *sm.* 1. Religião dos cristãos que reconhece o Papa como autoridade máxima e aceita os dogmas como verdades irrefutáveis e básicas. 2. A totalidade dos católicos.

ca•tó•li•co *adj.* Pertencente ao catolicismo (1), ou que o professa.

ca•tor•ze (ô) *num.* V. *quatorze.*

ca•tra•ca *sf.* V. *borboleta* (4).

ca•trai•a *sf.* Pequeno barco tripulado por um homem.

ca•trai•ei•ro *sm.* Tripulante de uma catraia.

ca•tra•pus *interj.* Voz imitativa do galopar ou de queda súbita e ruidosa.

ca•tre *sm.* 1. Cama de viagem, dobrável. 2. Leito tosco e pobre.

ca•tu•a•ba *sf. Bras. Bot.* Arbusto bignoniáceo tido como medicinal.

ca•tu•ca•da V. *cutucada.*

ca•tu•cão V. *cutucão.* [Pl.: *–cões.*]

ca•tu•car V. *cutucar.* [Conjug.: ⑧ [catu]**car**]

ca•tu•lé *sm. Bras. Bot.* Palmácea de frutos drupáceos cuja polpa fornece óleos alimentícios.

ca•tur•ra *s2g.* Pessoa aferrada a velhos hábitos, teimosa, que em tudo acha defeito.

ca•tur•ri•ce *sf.* Teimosia infundada; caturrismo.

ca•tur•ris•mo *sm.* 1. Palavras, idéias, atos de caturra. 2. Caturrice.

cau•ção *sf.* 1. Cautela, precaução. 2. Garantia, segurança. 3. Depósito feito em garantia de pagamento futuro, ou do cumprimento de contrato, edital, etc.; fiança. [Pl.: *–ções.*]

cau•cho *sm. Bot.* Grande árvore morácea cujo látex fornece borracha.

cau•ci:o•nar *v.t.d.* Dar em caução ou garantia. [Conjug.: ① [caucion]**ar**]

cau•da *sf.* 1. Prolongamento posterior do corpo de alguns animais; rabo. 2. O conjunto das penas do uropígio das aves; rabo. 3. A parte do vestido que se arrasta. 4. A parte posterior ou o prolongamento de certas coisas.

cau•dal *sm. f.* 1. Torrente impetuosa. • *adj2g.* 2. Caudaloso. [Pl.: *–dais.*]

cau•da•lo•so (ô) *adj.* Diz-se de rio que leva água em abundância; caudal. [Pl.: *–losos* (ó).]

cau•da•tá•ri:o *sm.* 1. Aquele que, nas solenidades, levanta e leva a cauda das vestes dos altos dignitários. 2. Indivíduo servil.

cau•di•lhis•mo *sm.* Sistema ou maneiras de caudilho.

cau•di•lho *sm.* 1. Chefe militar. 2. V. *mandachuva.* 3. Cabecilha.

cau•im (auím) *sm. Bras.* Bebida indígena feita de mandioca, milho, etc., fermentados. [Pl.: *–ins.*]

cau•le *sm. Bot.* Parte aérea, com folhas, do eixo das plantas superiores, ligada à raiz.

cau•lim *sm.* Argila pura, de cor branca. [Pl.: –*lins*.]

cau•sa *sf.* **1.** Aquilo ou aquele que faz que uma coisa exista. **2.** Aquilo ou aquele que determina um acontecimento. **3.** Razão, motivo. **4.** Partido, interesse. **5.** V. *demanda* (2).

cau•sa•dor (ô) *adj.* e *sm.* Que ou aquele que é causa de algo.

cau•sal *adj2g.* Relativo a, ou que exprime causa. [Cf. *casual*. Pl.: –*sais*.]

cau•sa•li•da•de *sf.* Relação de causa e efeito.

cau•sar *v.t.d.* e *t.d.i.* Ser causa de; motivar. [Conjug.: ① [caus]**ar**]

cau•sí•di•co *sm.* Defensor de causas; advogado.

caus•ti•car *v.t.d.* **1.** Aplicar cáusticos a; queimar. **2.** Aquecer muito, ressecando. [Conjug.: ⑧ [causti]**car**] § **caus•ti•can•te** *adj2g.*

caus•ti•ci•da•de *sf.* Qualidade de cáustico.

cáus•ti•co *adj.* **1.** Que queima, cauteriza os tecidos orgânicos. **2.** Irônico, mordaz. • *sm.* **3.** Cautério.

cau•te•la *sf.* **1.** Cuidado para evitar um mal. **2.** Documento que as casas de penhores passam aos que nelas levantam empréstimo. **3.** Certificado ou título provisório que representa ações ou debêntures.

cau•te•lo•so (ô) *adj.* Que procede com cautela; prudente, cauto. [Pl.: –*losos* (ó).]

cau•té•ri•o *sm. Med.* Agente usado para destruir os tecidos orgânicos e convertê-los em escara; cáustico.

cau•te•ri•zar *v.t.d.* **1.** Aplicar cautério a. **2.** *Fig.* Extirpar. [Conjug.: ① [cauteriz]**ar**] § **cau•te•ri•za•ção** *sf.*

cau•to *adj.* V. *cauteloso*.

ca•va *sf.* **1.** Operação de cavar. **2.** Lugar cavado. **3.** Abertura ou corte do vestuário na região axilar, a que se adaptam ou não mangas. **4.** *Anat.* Nome comum a duas grandes veias: a superior recolhe o sangue da cabeça, pescoço, membros superiores e tórax, e a inferior o sangue de membros inferiores e de órgãos abdominais.

ca•va•ção *sf.* **1.** Ato ou efeito de cavar. **2.** *Bras. Pop.* Negócio ou emprego obtido por proteção. **3.** *Bras. Pop.* Negócio ilícito. [Pl.: –*ções*.]

ca•va•co¹ *sm.* Lasca de madeira.

ca•va•co² *sm.* **1.** V. *bate-papo*. **2.** Mostras de aborrecimento da parte de quem é troçado ou contrariado. **3.** Contrariedade passageira.

ca•va•dor (ô) *adj.* **1.** Que cava. • *sm.* **2.** Aquele que cava. **3.** *Bras.* Aquele que cava, arranja emprego, negócio, etc.

ca•va•la *sf. Zool.* Peixe escombrídeo de carne apreciada.

ca•va•lar *adj2g.* Do, ou próprio do cavalo, ou da raça dele.

ca•va•la•ri•a *sf.* **1.** Multidão de cavalos. **2.** Multidão de gente a cavalo. **3.** Tropa militar que serve a cavalo. **4.** Instituição nobre, militar e religiosa da Idade Média.

ca•va•la•ri•a•no *sm. Bras.* Soldado de cavalaria (3); cavaleiro.

ca•va•la•ri•ça *sf.* Casa térrea, para cavalos; cocheira.

ca•va•la•ri•ço *sm.* Empregado de cavalariça.

ca•va•lei•ra *sf.* Fem. de *cavaleiro* (4); amazona.

ca•va•lei•ro *adj.* **1.** Que anda a cavalo. **2.** Relativo à cavalaria. • *sm.* **3.** Homem montado a cavalo. **4.** Aquele que sabe andar a cavalo. **5.** Cavalariano. **6.** Homem nobre; paladino.

ca•va•le•te (ê) *sm.* **1.** Armação móvel na qual se põe a prancheta, a tela para pintar, o quadro-negro, etc. **2.** Armação ou banqueta para apoiar as peças em que trabalham carpinteiros, mecânicos, etc.

ca•val•ga•da ou **ca•val•ga•ta** *sf.* Marcha dum troço de cavaleiros.

ca•val•ga•du•ra *sf.* **1.** Besta que se pode cavalgar. **2.** *Fig.* V. *cavalo* (2).

ca•val•gar *v.t.d.* **1.** Montar sobre. **2.** Saltar por cima de; galgar. *Int.* **3.** Montar a cavalo. [Conjug.: ⑪ [caval]**gar**] § **ca•val•ga•men•to** *sm.*

ca•va•lha•da *sf. Bras.* Porção de cavalos.

ca•va•lha•das *sf. pl.* Folguedo popular, espécie de torneio.

ca•va•lhei•res•co (ê) *adj.* Próprio de cavalheiro; cavalheiro.

ca•va•lhei•ris•mo *sm.* Ação ou atitude própria de cavalheiro.

ca•va•lhei•ro *sm.* **1.** Homem de sentimentos e ações nobres. **2.** Homem de educação esmerada. **3.** O homem que dança com uma mulher. • *adj.* **4.** Cavalheiresco.

ca•va•lo *sm.* **1.** *Zool.* Mamífero equídeo, domesticado como animal de tiro e de montaria. **2.** Homem muito grosseiro, ou pouco inteligente; jumento, cavalgadura. **3.** Ramo ou tronco em que se faz um enxerto. **4.** Certa peça do jogo de xadrez.

ca•va•lo-de-pau *sm. Bras.* Manobra em que se faz o veículo inverter o rumo mediante a aplicação súbita de freios, e em geral para fazê-lo parar. [Pl.: *cavalos-de-pau*.]

ca•va•lo-ma•ri•nho *sm. Zool.* Peixe singnatídeo que nada em posição ereta, e cuja cabeça lembra a do cavalo; hipocampo. [Pl.: *cavalos-marinhos*.]

ca•va•lo-va•por *sm. Fís.* Unidade de medida de potência, igual a 735,5W. [Pl.: *cavalos-vapor*.]

ca•va•nha•que *sm. Bras.* Barbicha no queixo, aparada em ponta.

ca•va•que•ar *v.int.* e *t.i. Fam.* Conversar em intimidade. [Conjug.: ⑩ [cavaqu]**ear**]

ca•va•quei•ra *sf.* V. *bate-papo*.

ca•va•qui•nho *sm.* Pequena viola, de quatro cordas simples e dedilháveis.

ca•var *v.t.d.* **1.** Revolver ou furar (a terra) com enxada, picareta, etc. **2.** Furar. **3.** Dar forma a, cavando: *cavar uma sepultura.* **4.** Extrair, cavando. **5.** Abrir cava em (vestuário). **6.** Esforçar-se por adquirir. *Int.* **7.** Trabalhar, cavando [v. *cavar* (1)]. **8.** *Bras.* Lutar duramente pela subsistência. [Conjug.: ① [cav]**ar**] § **ca•va•do** *adj.*

ca•va•ti•na *sf. Mús.* Pequena ária.

ca•vei•ra *sf.* Cabeça descarnada ou esqueleto da cabeça.

ca•ver•na *sf.* **1.** Grande cavidade no interior da terra, sobretudo em terrenos rochosos. **2.** Cada uma das peças curvas que formam o arcabouço da embarcação. **3.** *Med.* Cavidade patológica, como a que ocorre, p. ex., em tuberculose pulmonar.

ca•ver•na•me *sm.* O conjunto das peças que dão forma ao casco da embarcação.

ca•ver•no•so (ô) *adj.* Rouco e profundo (som); cavo. [Pl.: *–nosos* (ó).]

ca•vi•ar *sm.* Ova de esturjão conservada.

ca•vi•da•de *sf.* **1.** Espaço cavado de um corpo sólido. **2.** Buraco (1). ♦ **Cavidade serosa.** *Anat.* A que é revestida de membrana serosa.

ca•vi•í•de:o *sm. Zool.* Espécime dos caviídeos, roedores de cauda atrofiada, e mãos e pés com unhas fortes e cortantes. Ex.: preá, capivara. § **ca•vi•í•de:o** *adj.*

ca•vi•la•ção *sf.* **1.** Astúcia, manha. **2.** Ironia maliciosa. [Pl.: *–ções*.]

ca•vi•lha *sf.* Peça de madeira ou de metal para juntar ou segurar madeiras, chapas, etc., ou tapar orifício.

ca•vi•lo•so (ô) *adj.* Que tem ou denota cavilação; capcioso. [Pl.: *–losos* (ó).]

ca•vi•ú•na *sf.* Cabiúna.

ca•vo *adj.* **1.** Côncavo. **2.** Vazio, oco. **3.** Cavernoso.

ca•vou•car *v.t.d.* e *int.* Abrir cavoucos (em). [Conjug.: ⑧ [cavou]**car**]

ca•vou•co *sm.* **1.** Escavação aberta para alicerces de uma construção. **2.** Vala, fosso.

ca•vou•quei•ro *sm.* **1.** Aquele que abre cavoucos. **2.** Aquele que trabalha em pedreiras.

ca•xam•bu *sm. Bras. MG.* **1.** Grande tambor usado na dança homônima. **2.** Variedade de samba dançado ao som deste tambor e doutros; jongo.

ca•xan•gá *sm. Bras.* Crustáceo decápode, comestível.

ca•xe•mi•ra *sf.* Lã muito fina e macia do pêlo de certa cabra do Himalaia e com cujos fios se fazem tecidos, casacos, xales, etc. [Tb. se usa a f. *cashmere* (ingl.).]

ca•xe•ta (ê) *sf. Bras. Bot.* Arvoreta bignoniácea de madeira útil.

ca•xi•as *adj2g2n.* e *s2g2n. Bras. Pop.* Diz-se de, ou pessoa muito escrupulosa no cumprimento dos deveres.

ca•xin•gue•lê *sm. Bras. Zool.* Mamífero ciurídeo; esquilo, serelepe.

ca•xi•ren•gue ou **ca•xe•ren•guen•gue** *sm. Bras.* Faca velha e imprestável.

ca•xum•ba *sf. Bras.* Inflamação aguda da parótida. [Sin. *N.E. N.: papeira.*]

❑ **cd** *Fotom.* Símb. de *candela.*

❑ **Cd** *Quím.* Símb. do *cádmio.*

❑ **CD** *sm.* **1.** Disco óptico de tamanho relativamente pequeno (3,5 ou 5,25 polegadas), lido com *laser* e us., p. ex., para reprodução de música, ou para armazenamento de dados e programas de computador. **2.** Registro, em CD (1), de uma ou mais obras, especialmente musicais.

❑ **CDB** [F. abrev. de *Certificado de Depósito Bancário.*] *Econ.* Documento que comprova a efetivação de depósito a prazo fixo em estabelecimento bancário, rendendo juros e correção monetária.

❑ **CD-ROM** (cedê-rom) *sm. Inform.* Tipo de CD não regravável, com programas e dados para computador (inclusive imagens, sons, vídeos).

❑ **Ce** *Quím.* Símb. do *cério.*

cê *sm.* A letra *c.*

ce•ar *v.t.d.* **1.** Comer à ceia. *Int.* **2.** Comer a ceia. [Conjug.: ⑩ [c]**ear**]

ce:a•ren•se *adj2g.* **1.** Do CE. • *s2g.* **2.** O natural ou habitante desse estado.

ce•a•ta *sf.* Ceia lauta, abundante.

ce•bí•de:o *sm. Zool.* Espécime dos cebídeos, família de simiiformes que reúne os macacos do Novo Mundo. § **ce•bí•de:o** *adj.*

ce•bo•la (ô) *sf. Bot.* **1.** Erva bulbosa liliácea, condimentosa, de cheiro e sabor acres. **2.** O bulbo dessa planta. **3.** Bulbo qualquer.

ce•bo•la•da *sf.* **1.** Molho preparado com cebolas guisadas ou fritas. **2.** Iguaria com esse molho.

ce•bo•lão *sm.* Relógio antigo, de bolso ou de pulso, grande, redondo e grosso. [Pl.: *–lões.*]

ce•bo•li•nha *sf. Bras. Bot.* Erva liliácea de folhas compridas, cilíndricas, comestíveis.

ce•ce•ar *v.int.* Pronunciar o *s*, o *z*, o *c* (antes de *e* e de *i*) e o *x* (= ss) apoiando nos dentes a ponta da língua. [Conjug.: ⑩ [cec]**ear**] Cf. *ciciar.*]

cê-ce•di•lha *sm.* Cê em que se pôs cedilha. [Pl.: *cês-cedilhas.*]

ce•cei•o *sm.* Ato ou efeito de cecear.

ce•cí•di:o *sm. Bot.* Neoformação ou hipertrofia, em tecido vegetal, ger. esférica; galha.

ce•co *sm. Anat.* A primeira parte do intestino grosso. § **ce•cal** *adj2g.*

ce•den•te *adj2g.* e *s2g.* Que ou quem cede.

ce•der *v.t.d.i.* **1.** Transferir (a outrem) direitos, posse ou propriedade de algo. **2.** Pôr (algo) à disposição de alguém. *T.i.* **3.** Não resistir; sucumbir. **4.** Anuir. *Int.* **5.** Arriar(-se). **6.** Anuir. **7.** Diminuir; cessar. [Conjug.: ② [ced]**er**]

ce•di•ço adj. Sabido de todos.

ce•di•lha sf. Sinal gráfico (˛) que, sotoposto ao c antes de a, o, u, lhe dá o valor de s inicial.

ce•di•lhar v.t.d. Pôr cedilha em. [Conjug.: ① [cedilh]**ar**]

ce•do (ê) adv. **1.** Antes da ocasião. **2.** De madrugada.

ce•dro sm. Bot. Grande árvore meliácea de madeira útil.

ce•dro-do-lí•ba•no sm. Bot. Grande árvore pinácea, de madeira útil e aromática. [Pl.: cedros-do-líbano.]

cé•du•la sf. **1.** Documento escrito; apontamento. **2.** Confissão de dívida, escrita mas não legalizada. **3.** Papel que representa moeda de curso legal; nota. **4.** Bras. Papel com o nome de candidato a cargo eletivo; voto.

ce•fa•léi•a sf. Med. Dor de cabeça.

ce•fá•li•co adj. Da cabeça, ou relativo a ela.

ce•fa•ló•po•de sm. Zool. Espécime dos cefalópodes, classe de moluscos marinhos de cabeça grande e rodeada de 8, 10 ou mais tentáculos. Ex.: argonautas, polvos. § **ce•fa•ló•po•de** adj2g.

ce•fa•lo•tó•rax sm2n. Zool. Região anterior do corpo dos crustáceos e aracnídeos, formada pela fusão da cabeça e do tórax.

ce•gar v.t.d. **1.** Tirar a vista; tornar cego. **2.** Deslumbrar, fascinar. **3.** Fazer perder a razão; alucinar. **4.** Tirar o fio ou o gume de (faca, navalha, tesoura, etc.). Int. **5.** Perder a vista; ficar cego. **6.** Perturbar a vista. [Conjug.: ⑪ [ce]**gar**. Cf. segar.] § **ce•gan•te** adj2g.

ce•ga-re•ga sf. Pessoa muito tagarela, de voz desagradável e impertinente. [Pl.: cega-regas.]

ce•gas El.sf.sf.pl. us. na loc. às cegas. ♦ Às cegas. Sem ver.

ce•go adj. **1.** Privado da vista. **2.** Alucinado, transtornado. **3.** Com o fio gasto (faca, etc.). **4.** Diz-se de nó (1) difícil de ser desfeito. • sm. **5.** Indivíduo cego.

ce•go•nha sf. Zool. Ave ciconiídea que nidifica, ger., em chaminés e edificações altas, na Europa.

ce•guei•ra sf. **1.** Estado de cego. **2.** Afeição extrema, exagerada.

cei•a sf. **1.** Refeição da noite. **2.** Rel. A última ceia de Cristo com seus discípulos; a Santa Ceia.

cei•fa sf. Ato ou época de ceifar.

cei•fa•dei•ra sf. Máquina de ceifar; ceifeira.

cei•far v.t.d. **1.** Abater (seara madura) com a foice ou outro instrumento. **2.** Cortar. **3.** Arrebatar (a vida). **4.** Tirar a vida a. Int. **5.** Cortar as espigas maduras. [Sin. (em 1, 2 e 5): segar. Conjug.: ① [ceif]**ar**.]

cei•fei•ra sf. **1.** Ceifadeira. **2.** Mulher que ceifa.

cei•fei•ro sm. Homem que ceifa.

cei•til sm. Moeda portuguesa antiga, que valia um sexto de real. [Pl.: –tis.]

ce•la sf. Aposento de frades ou freiras, ou de presos.

ce•la•mim sm. Antiga medida, equivalente a 2,27 litros. [Pl.: –mins.]

ce•le•brar v.t.d. **1.** Fazer realizar com solenidade. **2.** Festejar (1). **3.** Louvar, exaltar. **4.** Acolher com festejos. **5.** Rezar (missa). Int. **6.** Rezar missa. [Conjug.: ① [celebr]**ar**] § **ce•le•bra•ção** sf.; **ce•le•bran•te** adj2g.

cé•le•bre adj2g. **1.** Afamado, famoso; famigerado. **2.** Muito notório; notável.

ce•le•bri•da•de sf. **1.** Qualidade de célebre; fama **2.** Pessoa célebre.

ce•le•bri•zar v.t.d. e p. Tornar(-se) célebre; notabilizar(-se). [Conjug.: ① [celebriz]**ar**]

ce•lei•ro sm. Casa onde se ajuntam e guardam cereais; tulha, granel.

ce•len•te•ra•do sm. Zool. V. cnidário.

ce•len•té•re•o sm. Zool. V. cnidário.

ce•le•ra•do sm. Indivíduo perverso e/ou criminoso.

cé•le•re adj2g. Veloz. § **ce•le•ri•da•de** sf.

ce•les•te adj2g. **1.** Relativo ao, ou que se avista ou está no céu. **2.** Da divindade. **3.** Sublime; divino. [Sin. ger.: celestial.]

ce•les•ti•al adj2g. V. celeste. [Pl.: –ais.]

ce•leu•ma sf. **1.** Vozerio de pessoas que trabalham. **2.** Barulho, algazarra.

ce•li•ba•tá•ri•o adj. e sm. Que ou aquele que não se casou.

ce•li•ba•to sm. O estado de pessoa que se man têm solteira.

ce•lo•fa•ne sm. Papel delgado e transparente, obtido da viscose.

cel•so adj. Excelso, sublime.

cel•ta s2g. **1.** Indivíduo dos celtas, povo de raça indo-germânica. • adj2g. **2.** Desse povo.

cé•lu•la sf. Biol. Unidade estrutural e funcional básica dos seres vivos, composta de numerosas partes, sendo as principais a membrana, o citoplasma e o núcleo. ♦ **Célula fotocondutiva.** Eletrôn. Dispositivo fotossensível cuja resistência elétrica varia com a luz que recebe. **Célula fotoelétrica.** Eletrôn. Dispositivo capaz de gerar uma corrente ou uma tensão elétrica, quando excitado por luz; fotocélula.

cé•lu•la-o•vo sf. Biol. Zigoto. [Pl.: células-ovos e células-ovo.]

ce•lu•lar adj2g. **1.** Que tem ou é formado de células. **2.** Relativo a célula. **3.** Diz-se de prisão (1) que se cumpre em cela. • sm. **4.** Telefone celular.

ce•lu•li•te sf. Med. Inflamação de tecido subcutâneo, podendo atingir músculo e causar formação de abscesso.

ce•lu•lói•de sm. Substância sólida, transparente, elástica, usada na indústria.

ce•lu•lo•se sf. Substância encontrada nos vegetais e usada na fabricação de papel.

cem *num.* **1.** Quantidade que é uma unidade maior que 99. **2.** Número (1) correspondente a essa quantidade. [Representa-se em algarismos arábicos por 100, e em algarismos romanos, por C.] **3.** *Fig.* Numerosos, muitos.

ce•men•to *sm. Anat.* Fina camada de tecido ósseo que recobre a raiz dentária, fixando o dente a osso.

ce•mi•té•ri:o *sm.* Recinto onde se enterram e guardam os mortos; necrópole, campo-santo.

ce•na *sf.* **1.** O palco teatral. **2.** No palco, o principal espaço de representação. **3.** A arte dramática. **4.** Cada uma das situações ou lances no decorrer de uma peça, filme, novela, romance, etc. **5.** Acontecimento dramático, ou cômico.

ce•ná•cu•lo *sm.* **1.** *Ant.* Sala onde se comia a ceia ou o jantar. **2.** Ajuntamento de pessoas que têm idéias ou objetos comuns.

ce•ná•ri:o *sm.* Lugar onde decorre a ação, ou parte da ação, de peça, romance, filme, etc.

ce•na•ris•ta *s2g. Bras.* Cenógrafo.

ce•nho *sm.* **1.** Aspecto ou rosto severo, carrancudo. **2.** Rosto, semblante.

cê•ni•co *adj.* Relativo à cena.

ce•nó•bi:o *sm.* Habitação de monges.

ce•no•bi•ta *s2g.* Monge que leva vida em comum com outros.

ce•no•gra•fi•a *sf. Cin. Teatr. Telev.* Arte de projetar cenários.

ce•nó•gra•fo *sm.* Especialista em cenografia; cenarista.

ce•no•tá•fi:o *sm.* Monumento fúnebre erigido à memória de alguém, mas que não lhe encerra o corpo.

ce•no•téc•ni•co *sm. Cin. Teatr. Telev.* Indivíduo responsável pela construção e montagem de cenários.

ce•nou•ra *sf. Bot.* **1.** Planta umbelífera de raiz comestível. **2.** Essa raiz.

ce•no•zói•ca *sf.* Era cronológica que se caracteriza pela extinção dos reptis gigantes, pelo aparecimento dos símios antropomorfos, e, já no fim, pelo surgimento do homem.

cen•si•tá•ri:o *adj.* Censual.

cen•so *sm.* Conjunto dos dados estatísticos dos habitantes duma cidade, estado, etc., com todas as suas características; recenseamento.

cen•sor (ô) *sm.* **1.** Aquele que censura. **2.** Crítico (4).

cen•su•al *adj2g.* Do, ou relativo ao censo; censitário. [Pl.: *–ais.*]

cen•su•ra *sf.* **1.** Exame crítico de obras literárias ou artísticas; crítica. **2.** V. *repreensão.* **3.** Crítica (4).

cen•su•rar *v.t.d.* **1.** Exercer censura sobre (1). **2.** Proibir a divulgação ou execução de. **3.** Reprovar (1). **4.** Repreender. [Conjug.: ☐ [censur]ar] § **cen•su•ra•do** *adj.*; **cen•su•rá•vel** *adj2g.*

cen•tau•ro *sm.* Monstro fabuloso, metade homem e metade cavalo.

cen•ta•vo *sm.* **1.** Centésimo (3). **2.** Moeda divisionária, a centésima parte do real e de outras moedas.

cen•tei•o *sm.* Cereal (2) us. para fazer pães, etc.

cen•te•lha (ê) *sf.* **1.** Partícula ígnea ou luminosa que sai dum corpo incandescente; chispa, lampejo, fagulha. **2.** Inspiração (2 e 3).

cen•te•lha•dor (ô) *sm. Eng. Elétr.* Dispositivo destinado a controlar as sobretensões através do ajuste do espaçamento entre dois eletrodos, um ligado à fase e outro à terra.

cen•te•na *sf.* Conjunto de cem quantidades; cento.

cen•te•ná•ri:o *sm.* **1.** Espaço de cem anos; século, centúria. **2.** Homem que atingiu cem ou mais anos. • *adj.* **3.** Relativo a cem. **4.** Que tem cem anos; secular.

cen•té•si•mo *num.* **1.** Ordinal correspondente a 100. **2.** Fracionário correspondente a 100. • *sm.* **3.** Nome dado a certas moedas divisionárias cujo valor é de um centésimo (2) da unidade monetária nacional.

cen•ti•a•re *sm.* Unidade agrária de superfície, equivalente ao metro quadrado; a centésima parte do are.

cen•tí•gra•do *sm. Fís.* Um grau, na escala da temperatura centesimal.

cen•ti•gra•ma *sm.* A centésima parte do grama^2.

cen•ti•li•tro *sm.* A centésima parte do litro.

cen•tí•me•tro *sm.* Unidade de medida de comprimento, igual a 0,01m.

cên•ti•mo *sm.* Moeda divisionária e centésima parte de várias moedas.

cen•to *num.* **1.** Grupo de cem objetos. • *sm.* **2.** Centena. **3.** O número cem.

cen•to•pei•a ou **cen•to•péi•a** *sf. Bras. Zool.* Lacraia.

cen•tral *adj2g.* **1.** Do, ou situado no centro. **2.** Principal, fundamental. **3.** *Eng. Elétr.* Estação de geração de energia elétrica, e que pode ser térmica, nuclear, hidrelétrica, termelétrica, eólica, etc. [Pl.: *–trais.*]

cen•tra•li•zar *v.t.d.* **1.** Tornar central; reunir em um centro. **2.** Atrair, trazer para si. *P.* **3.** Reunir-se (num centro); concentrar-se. [Conjug.: ☐ [centraliz]ar] § **cen•tra•li•za•ção** *sf.*; **cen•tra•li•za•dor** (ô) *adj.*

cen•trar *v.t.d.* **1.** Localizar no centro. **2.** *Fut.* Chutar (a bola) em passe longo, buscando o centro do campo. [Conjug.: ☐ [centr]ar]

cen•trí•fu•go *adj.* Que se afasta do centro.

cen•trí•pe•to *adj.* Que se dirige para o centro.

cen•tro *sm.* **1.** Ponto interior eqüidistante de todos os pontos da circunferência ou da superfície duma esfera. **2.** Interior, profundeza. **3.** A parte mais ativa da cidade, onde estão os setores comercial e financeiro. **4.** Lugar onde se desenvolvem certas atividades com objetivo determinado. **5.** Posição de meio num espaço qualquer. **6.** *Fig.* Qualquer posição política situada entre os extremos. **7.** *Fig.* Cerne (2). ◆ **Centro geométrico.** *Geom. Anal.* Centróide.

cen•tro:a•van•te *s2g. Fut.* Jogador que ocupa posição central, entre os atacantes.

cen•trói•de *sm. Geom. Anal.* Ponto cujas coordenadas são as médias das coordenadas dos pontos de uma figura geométrica; centro geométrico.

cen•tro-o•es•te *sm. Geogr.* V. *Grande Região* (Minienciclopédia). [Pl.: *centro-oestes.*]

cen•tro•po•mí•de:o *sm. Zool.* Espécime dos centropomídeos, peixes perciformes marinhos, ou de água doce. § **cen•tro•po•mí•de:o** *adj.*

cen•tu•pli•car *v.t.d.* **1.** Multiplicar por cem. **2.** Aumentar muito. [Conjug.: ⑧ [centupli]**car**]

cên•tu•plo *num.* **1.** Que é cem vezes maior que outro. • *sm.* **2.** Quantidade cem vezes maior que outra.

cen•tú•ri:a *sf.* **1.** V. *centenário* (1). **2.** Na milícia romana, companhia de 100 soldados.

cen•tu•ri•ão *sm.* Comandante de centúria. [Pl.: *–ões.*]

ce•pa (ê) *sf.* Tronco de videira.

ce•pi•lho *sm.* Pequena plaina.

ce•po (ê) *sm.* Toro ou pedaço de toro cortado transversalmente.

cep•ti•cis•mo ou **ce•ti•cis•mo** *sm.* **1.** Atitude ou doutrina segundo a qual o homem não pode chegar a qualquer conhecimento indubitável. **2.** Dúvida de tudo.

cép•ti•co ou **cé•ti•co** *adj. e sm.* Que ou aquele que tem cepticismo ou é partidário dele.

ce•ra (ê) *sf.* **1.** Substância amarelada e mole produzida pelas abelhas. **2.** Substância vegetal semelhante à cera.

ce•râ•mi•ca *sf.* **1.** Arte de fabricar artefatos de argila cozida. **2.** Qualquer desses artefatos.

ce•ra•mis•ta *s2g.* Quem trabalha em cerâmica.

ce•ra•tos•sau•ro *sm. Paleont.* Dinossauro carnívoro que era dotado de um chifre no nariz; viveu na América do Norte, no jurássico.

cer•ca (ê) *sf.* Vedação com que se circunda e fecha um terreno; muro, cercado.

cer•ca•do *adj.* **1.** Que se cercou. **2.** Rodeado com muro, etc. • *sm.* **3.** Terreno cercado. **4.** V. *cerca.*

cer•ca•du•ra *sf.* Guarnição do contorno dum objeto.

cer•ca•ni•as *sf.pl.* Região em torno duma vila, cidade, etc.; arredores.

cer•car *v.t.d.* **1.** Rodear com cerca. **2.** V. *rodear* (2). **3.** Pôr cerco a. **4.** Estar ou ficar em volta de. **5.** Assediar. *P.* **6.** Rodear (6). [Conjug.: ⑧ [cer]**car**]

cer•ce *adv.* V. *rente* (2).

cer•ce•ar *v.t.d.* **1.** Cortar cerce. **2.** Restringir,

limitar. [Conjug.: ⑩ [cerc]**ear**] § **cer•ce:a•men•to** *sm.*

cer•co (ê) *sm.* **1.** Ato ou efeito de cercar. **2.** Aquilo que circunda; cinto, cinturão. **3.** Assédio militar; sítio². **4.** Lugar cercado. **5.** *Fig.* Assédio (2).

cer•da (ê) *sf.* Pêlo mais espesso e resistente, ger. situado junto às cavidades naturais de certos mamíferos.

cer•do *sm.* Porco (1).

ce•re•al *sm.* **1.** *Bot.* Nome comum às gramíneas (trigo, aveia, cevada, milho, etc.) cujos grãos servem de base à alimentação. **2.** O grão dessas plantas.

ce•re•be•lo (bè) *sm. Anat.* Órgão encefálico situado posteriormente ao bulbo raquiano (q. v.) e sob o cérebro. § **ce•re•be•lar** *adj2g.*

ce•re•bral *adj2g.* Do cérebro, ou que o afeta. [Pl.: *–brais.*]

cé•re•bro *sm.* **1.** *Anat.* A parte superior e anterior do encéfalo. **2.** Inteligência, intelecto.

ce•re•ja (ê) *sf.* **1.** O fruto vermelho, redondo e pequeno, da cerejeira. **2.** *Bras.* Grão de café com a casca antes de secar.

ce•re•jei•ra *sf. Bot.* Árvore frutífera das rosáceas, de excelente madeira.

ce•rí•fe•ro *adj.* Que produz cera.

ce•ri•güe•la *sf. Bot.* Arvoreta anacardiácea cujo fruto, do mesmo nome, é rico em vitamina C.

ce•ri•mô•ni:a *sf.* **1.** Forma exterior e regular de um culto. **2.** Reunião de caráter solene. **3.** Formalidades corteses entre pessoas não íntimas.

ce•ri•mo•ni•al *sm.* Conjunto de formalidades que se devem seguir num ato solene ou festa pública. [Pl.: *–ais.*]

ce•ri•mo•ni•o•so (ó) *adj.* Cheio de cerimônia. [Pl.: *–osos* (ó).]

cé•ri:o *sm. Quím.* V. *lantanídeos* [símb.: *Ce*].

cer•nam•bi *sm. Bras. PA* **1.** *Zool.* Nome comum a alguns moluscos bivalves, comestíveis. **2.** Sambaqui.

cer•ne *sm.* **1.** *Bot.* Parte do lenho das árvores, no centro do tronco, formada de células mortas e substâncias nutritivas de reserva; âmago. **2.** *Fig.* A parte essencial e/ou a mais íntima; centro, núcleo.

ce•roi•las ou **ce•rou•las** *sf.pl.* Peça de vestuário masculino que cobre o ventre, coxas e pernas, e usada por baixo das calças.

ce•ro•ma *sf. Zool.* Membrana que reveste a base do bico de certas aves.

cer•ra•ção *sf.* **1.** Nevoeiro; bruma. **2.** Escuridão, treva(s). [Pl.: *–ções.* Cf. *serração.*]

cer•ra•do *adj.* **1.** Que se cerrou. • *sm.* **2.** *Bras.* Tipo de vegetação caracterizado por árvores baixas, retorcidas, de casca grossa. [Cf. *serrado.*]

cer•rar *v.t.d.* **1.** Fechar (1). **2.** Unir (os olhos, lábios, etc.). **3.** Unir fortemente; apertar: *cerrar os dentes.* **4.** Tapar, encobrir. **5.** Encerrar.

P. **6.** Cobrir-se de nuvens. **7.** Unir-se, apertar-se. [Conjug.: ⒈ [cerr]**ar**. Cf. *serrar*.]

cer•ro (ê) *sm.* Colina.

cer•ta *el. sf.* Us. na loc. *na certa*. ◆ **Na certa.** Sem dúvida; com certeza.

cer•ta•me ou **cer•tâ•men** *sm.* Ato público em que entidades competem ou concorrem para estabelecer uma graduação de valores; concurso. [Pl. de certâmen: *certamens* ou *certâmenes*.]

cer•tei•ro *adj.* **1.** Que acerta bem; certo. **2.** Bem dirigido.

cer•te•za (ê) *sf.* **1.** Qualidade de certo. **2.** Conhecimento exato. **3.** Convicção. **4.** Coisa certa.

cer•ti•dão *sf.* **1.** Documento em que se reproduzem peças processuais ou se certificam atos e fatos. **2.** Atestado (1). [Pl.: *–dões*.]

cer•ti•fi•ca•do *sm.* Documento em que se certifica alguma coisa.

cer•ti•fi•car *v.t.d.* **1.** Afirmar a certeza de; atestar. **2.** Passar a certidão de. *T.d.i.* **3.** Tornar ciente. **4.** Afirmar. *P.* **5.** Ter certeza de. **6.** Persuadir-se, convencer-se. [Conjug.: ⒏ [certi-fi]**car**]

cer•to *adj.* **1.** Em que não há erro; exato. **2.** Exato nos cálculos, no funcionamento; preciso. **3.** Infalível (1). **4.** Previamente fixado ou ajustado. **5.** Persuadido, convencido. **6.** Certeiro (1). • *pron. indef.* **7.** Não determinado; um, algum, qualquer: *certa vez.* • *sm.* **8.** Aquele ou aquilo que é certo. • *adv.* **9.** Com certeza.

ce•rú•le:o *adj.* Da cor do céu.

ce•ru•me ou **ce•rú•men** *sm.* Cera do ouvido. [Pl.: de *cerúmen*: *–mens* e (p. us.) *–menes*.]

cer•van•tes•co (ê) *adj.* Relativo, ou próprio de Miguel de Cervantes (q. v.); cervantino.

cer•van•ti•no *adj.* Cervantesco.

cer•ve•ja (ê) *sf.* Bebida fermentada, feita de cevada, lúpulo e doutros cereais.

cer•ve•ja•ri•a *sf.* Fábrica de, ou casa onde se vende ou se toma cerveja.

cer•ve•jei•ro *adj.* **1.** Relativo a cerveja. • *sm.* **2.** Fabricante ou vendedor dela.

cer•ví•de:o *sm. Zool.* Espécime dos cervídeos, família de mamíferos herbívoros, ruminantes; os machos têm chifres ramificados. São os veados, cervos e alces. § **cer•ví•de:o** *adj.*

cer•viz *sf. Anat.* A parte posterior do pescoço; nuca. § **cer•vi•cal** *adj2g.*

cer•vo *sm. Zool.* Mamífero cervídeo que vive, em bandos, em florestas ou regiões pantanosas.

cer•zi•dei•ra *sf.* **1.** Aquela que cirze. **2.** Agulha de cerzir.

cer•zi•dor (ô) *adj.* e *sm.* Que ou quem cirze.

cer•zi•du•ra *sf.* Ato ou efeito de cerzir.

cer•zir *v.t.d.* **1.** Coser (parte gasta ou rasgada dum tecido) de modo que mal se notem as costuras. *Int.* **2.** Costurar (2). [Conjug.: ⒌⒋ [c]e[rz]**ir**]

ce•sá•re:a *sf.* Cesariana.

ce•sa•ri•a•na *sf. Cir.* Operação em que se abre o útero materno para retirar o feto; cesárea.

cé•si:o *sm. Quím.* V. *metal alcalino* [símb.: *Cs*].

ces•são *sf.* Ato de ceder. [Pl.: *–sões*. Cf. *sessão* e *seção*.]

ces•sar *v.int.* **1.** Não continuar; interromper-se; parar. *T.i.* **2.** Parar, deixar. [Conjug.: ⒈ [cess]**ar**] § **ces•sar•fo•go** *sf.*; **ces•san•te** *adj2g.*

ces•sar-fo•go *sm2n.* Cessação de hostilidades bélicas.

ces•si:o•ná•ri:o *sm.* Aquele a quem se fez cessão.

ces•ta (ê) *sf.* **1.** Receptáculo feito de verga, fibra, etc., entrançada, para guarda ou transporte de coisas. **2.** Aro metálico, com rede de malha, por onde a bola deve passar para valer ponto, no basquete. ◆ **Cesta básica.** Cesta de consumo suficiente para o atendimento das necessidades mínimas de uma família típica. **Cesta de consumo.** Conjunto de bens habitualmente consumidos por determinada categoria de consumidores.

ces•tei•ro *sm.* Aquele que faz e/ou vende cestos.

ces•to (ê) *sm.* **1.** Cesta pequena. **2.** Qualquer cesta. **3.** Cabaz fundo.

ces•tói•de *sm. Zool.* Espécime dos cestóides, classe de vermes alongados, segmentados, sem tubo digestivo. São as tênias. § **ces•tói•de** *adj2g.*

ce•tá•ce:o *sm. Zool.* Espécime dos cetáceos, ordem de mamíferos adaptados à vida aquática. São as baleias, golfinhos e botos. § **ce•tá•ce:o** *adj.*

ce•tal *sm. Quím.* Produto de condensação de cetona com álcool, com eliminação de água. [Pl.: *–tais*.]

ce•tim *sm.* Tecido de seda, lustroso e macio. [Pl.: *–tins*.]

ce•ti•no•so (ô) *adj.* Macio como o cetim; acetinado. [Pl.: *–nosos* (ó).]

ce•to•na *sf. Quím.* Qualquer de certos compostos orgânicos, líquidos ou sólidos, que contêm o grupo funcional -C(=O)- ligado a dois átomos de carbono; ex.: acetona. [Norma para nome sistemático de cetonas simples: alcano → alcanona; ex.: propano → propanona (cujo nome comum é acetona).]

ce•to•se *sf. Quím.* Qualquer carboidrato que é uma cetona.

ce•tro *sm.* **1.** Bastão de apoio us. pelos reis. **2.** Poder real.

céu *sm.* **1.** Espaço ilimitado e indefinido onde se movem os astros. **2.** Firmamento. **3.** V. *dossel.* **4.** *Rel.* Região para onde vão as almas dos justos; paraíso. **5.** *Rel.* A Providência; Deus.

céus *interj.* Designa surpresa ou dor.

ce•va *sf.* **1.** Ato ou efeito de cevar(-se). **2.** Alimento com que se cevam animais.

ce•va•da *sf.* Cereal (2) us. para fazer uísque, cerveja, etc.

ce•va•do *adj.* **1.** Que se cevou. • *sm.* **2.** Porco que se cevou.

ce•var *v.t.d.* **1.** Alimentar, nutrir. **2.** Alimentar (animal) em demasia, para engordá-lo. **3.** Satisfazer, saciar. **4.** Pôr isca em. P. **5.** Saciar-se, fartar-se. [Conjug.: ① [cev]**ar**]

ce•vi•a•na *sf. Geom.* **1.** Reta que passa por um vértice e por um ponto do lado oposto de um triângulo. **2.** Segmento de reta que une um vértice ao lado oposto de um triângulo.
❑ Cf *Quím.* Símb. do *califórnio*.

❑ **CFC** Sigla de *clorofluorocarboneto*, nome genérico de certas substâncias orgânicas que contêm cloro e flúor, us. em refrigeradores, aerossóis, etc., e consideradas nocivas à camada de ozônio.

chá *sm.* **1.** *Bot.* Árvore ou arbusto teáceo cultivado pelas suas folhas, que contêm a teína, e das quais se faz infusão muito apreciada; chá-da-índia. **2.** As folhas do chá (1). **3.** A infusão feita com elas. **4.** Essa infusão. **5.** Reunião ou refeição em que se serve chá (4). **6.** Infusão feita com quaisquer outras folhas: *chá de erva-cidreira*.

chã *sf.* **1.** Terreno plano; planície. **2.** Carne da coxa do boi; chã-de-dentro.

cha•cal *sm. Zool.* Mamífero canídeo, feroz, da Ásia e da África. [Pl.: *–cais.*]

chá•ca•ra *sf. Bras.* Pequena propriedade campestre, em geral perto da cidade, com casa de habitação; sítio.

cha•ca•rei•ro *sm. Bras.* Dono ou administrador de chácara.

cha•ci•na *sf.* V. *matança* (1).

cha•ci•nar *v.t.d.* Matar, assassinar. [Conjug.: ① [chacin]**ar**] § **cha•ci•na•dor** (ó) *sm.*

cha•co•a•lhar *Bras. v.t.d.* **1.** Sacudir, balançar. **2.** *Gír.* Importunar. *Int.* **3.** Chacoalhar (1 e 2). *P.* **4.** Sacudir-se. [Conjug.: ① [chacoalh]**ar**]

cha•co•ta *sf.* **1.** V. *zombaria.* **2.** Antiga canção popular ou burlesca.

cha•co•te•ar *v.t.d., t.i.* e *int.* Fazer chacota (de); zombar (de). [Conjug.: ⑩ [chacot]**ear**]

chá-da-ín•dia *sm.* Chá (1). [Pl.: *chás-da-índia.*]

chã-de-den•tro *sf. Bras.* Chã (2). [Pl.: *chãs-de-dentro.*]

cha•fa•riz *sm.* Construção de alvenaria, com bica(s) por onde jorra água.

cha•fur•dar *v.int., t.c.* e *p.* **1.** Revolver-se (em lamaçal). *T.i.* **2.** *Fig.* Atolar-se (em vícios). [Conjug.: ① [chafurd]**ar**]

cha•ga *sf.* **1.** Ferida aberta; úlcera. **2.** A cicatriz por ela deixada.

cha•ga•do *adj.* Coberto de, ou convertido em chaga(s) ou úlcera(s).

cha•gá•si•co *adj.* e *sm.* Diz-se de, ou aquele que tem a doença de Chagas.

chai•rel *sm.* V. *xairel.* [Pl.: *–réis.*]

cha•la•ça *sf.* **1.** Dito zombeteiro. **2.** Gracejo pesado; chocarrice.

cha•la•cei•ro *adj.* e *sm.* Que ou quem diz chalaças.

cha•lé *sm.* Casa, esp. de madeira, com telhado de duas águas.

cha•lei•ra *sf.* **1.** Vasilha de metal, com bico e tampa, para aquecer água. •*s2g.* **2.** *Bras.* Aquele que adula, bajula. •*adj2g.* **3.** *Bras.* Que adula, bajula.

cha•lei•rar *v.t.d. Bras.* Adular, bajular. [Conjug.: ① [chaleir]**ar**]

chal•rar *v.int.* **1.** Palrar (1). **2.** Chilrear. **3.** V. *tagarelar.* [Sin. ger.: *chalrear.* Conjug.: ① [chalr]**ar**.]

chal•re•ar *v.int.* V. *chalrar.* [Conjug.: ⑩ [chalr]**ear**]

cha•lu•pa *sf.* Antigo navio à vela.

cha•ma *sf.* **1.** *Fís.-Quím.* Mistura de gases incandescentes; labareda. **2.** Claridade intensa; luz.

cha•ma•da *sf.* **1.** Ato de chamar; chamado, chamamento. **2.** Ato de chamar os membros de um grupo pelos nomes para ver se estão presentes em certo local. **3.** Toque de reunir. **4.** Sinal para chamar a atenção. **5.** *Pop.* V. *repreensão.* **6.** *Telev.* Comercial (2) de um programa veiculado na própria emissora que o transmite.

cha•ma•do *sm.* Chamada (1).

cha•ma•lo•te *sm.* Tecido em que a posição do fio produz um efeito ondeado.

cha•mar *v.t.d.* **1.** Dizer em voz alta o nome de (alguém) para que venha, ou para ver se está presente. **2.** Fazer ir ou vir. **3.** Acordar (1). **4.** Dizer, invocando. **5.** Convocar pelo toque de campainha, por meio de apito ou outro sinal. **6.** V. *convidar* (1). *T.d.i.* **7.** Convidar, escolher (para cargo ou emprego). **8.** Atrair; despertar. **9.** Fazer vir; trazer. **10.** Avocar. **11.** Pressionar botão para acionar mecanismo de (elevador). *T.d.c.* **12.** Chamar (2). *Transobj.* **13.** Qualificar. *Int.* **14.** Dar sinal, com a voz ou o gesto, para que alguém venha. **15.** Dar (o telefone) sinal de chamada. *P.* **16.** Ter por nome. [Conjug.: ① [cham]**ar**]

cha•ma•riz *sm.* **1.** Coisa que chama, que atrai. **2.** Apelo à publicidade; reclamo.

chá-ma•te *sm. Bras.* Mate[1] (3). [Pl.: *chás-mates, chás-mate.*]

cha•ma•ti•vo *adj. Bras.* Que chama ou solicita vivamente a atenção.

cham•bre *sm.* **1.** V. *roupão.* **2.** Camisola de dormir.

cha•me•go (ê) *sm. Bras.* **1.** Excitação para atos libidinosos. **2.** Amizade íntima; aproximação estreita; apego.

cha•me•jar *v.int.* **1.** Deitar chamas; arder. *T.d.* **2.** Expelir, como em chamas. [Conjug.: ① [chamej]**ar**] § **cha•me•jan•te** *adj2g.*

cha•mi•né *sf.* 1. Tubo que comunica a fornalha com o exterior e serve para dar tiragem ao ar e aos produtos da combustão. 2. V. *lareira* (2).

cham•pa•nha ou **cham•pa•nhe** *sm.* Vinho espumante.

cha•mus•ca *sf.* Ato ou efeito de chamuscar; chamusco, chamuscadela.

cha•mus•ca•de•la *sf.* 1. V. *chamusca*. 2. Chamusco (3).

cha•mus•car *v.t.d.* e *p.* Queimar(-se) de leve. [Conjug.: ⑧ [chamus]**car**] § **cha•mus•ca•do** *adj.*

cha•mus•co *sm.* 1. V. *chamusca*. 2. Cheiro de coisa chamuscada. 3. Queima ligeira daquilo que se passa pelo fogo; chamuscadela.

chan•ca *sf. Pop.* 1. Pé grande. 2. Calçado largo.

chan•ce *sf.* Ocasião favorável; oportunidade.

chan•ce•la *sf.* Rubrica gravada em sinete para suprir assinatura ou pôr marca em documentos.

chan•ce•la•ri•a *sf.* 1. Em alguns países, o ministério das relações exteriores. 2. Cargo de chanceler.

chan•ce•ler (lér) *sm.* 1. Antigo magistrado a quem incumbia a guarda do selo real. 2. Ministro das relações exteriores, nalguns países.

chan•cha•da *sf. Bras.* Peça, filme, espetáculo sem valor, cheio de recursos de mau gosto, de graças vulgares.

chan•fa•lho *sm.* Espada velha e ferrugenta.

chan•fra•du•ra *sf.* Recorte em ângulo, ou de esguelha; chanfro.

chan•frar *v.t.d.* Fazer chanfradura em. [Conjug.: ① [chanfr]**ar**]

chan•fro *sm.* Chanfradura.

chan•ta•ge•ar *v.t.d.* Fazer chantagem contra. [Conjug.: ⑩ [chantag]**ear**]

chan•ta•gem *sf.* O extorquir dinheiro, favores ou vantagens sob ameaça de revelações escandalosas. [Pl.: –*gens*.]

chan•ta•gis•ta *adj2g.* e *s2g.* Que ou quem pratica chantagem.

chan•ti•li *adj.* e *sm.* Diz-se de, ou creme (1) fresco, batido.

chan•tre *sm.* Funcionário eclesiástico que dirige o coro.

chão *adj.* 1. Plano, liso. 2. Singelo, simples. 3. Trivial, comum. • *sm.* 4. Terra chã. 5. V. *solo*[1] (1). 6. V. *pavimento* (1). 7. Lugar onde se nasceu ou reside. 8. Pequena propriedade de terra. [Pl.: *chãos*.]

cha•pa *sf.* 1. Qualquer peça lisa e pouco espessa, feita de material consistente, como metal, madeira, vidro, etc. 2. Terreno ou outra superfície plana. 3. Lista de candidatos a cargos eletivos. 4. Peça gravada em metal e destinada à impressão. 5. *Bras.* Radiografia (1). 6.

Bras. Placa (2). • *s2g.* 7. *Bras. Pop.* Companheiro, camarada.

cha•pa•da *sf.* V. *planalto*.

cha•pa•dão *sm. Bras.* 1. Chapada extensa. 2. Sucessão de chapadas. [Pl.: –*dões*.]

cha•pa•do *adj.* 1. *Pop.* Completo, perfeito. 2. *Bras. Gír.* Embriagado ou drogado.

cha•par *v.t.d.* 1. Pôr chapa em; chapear. *P.* 2. Estatelar-se. [Conjug.: ① [chap]**ar**]

cha•pe•ar *v.t.d.* 1. Chapar (1). *T.d.i.* 2. Revestir de chapa(s). [Conjug.: ⑩ [chap]**ear**] § **cha•pe•a•do** *adj.* e *sm.*; **cha•pe•a•men•to** *sm.*

cha•pe•la•ri•a *sf.* Local onde se fazem ou vendem chapéus.

cha•pe•lei•ra *sf.* Caixa onde se guardam os chapéus.

cha•pe•lei•ro *sm.* Aquele que faz e/ou vende chapéus.

cha•pe•le•ta (ê) *sf.* 1. Chapéu pequeno. 2. Válvula de sola usada nas bombas.

cha•péu *sm.* 1. Peça de feltro, palha, etc., com copa e abas, para cobrir a cabeça. 2. V. *guarda-chuva*.

cha•péu-de-chu•va *sm.* V. *guarda-chuva*. [Pl.: *chapéus-de-chuva*.]

cha•péu-de-sol *sm. Bras.* V. *guarda-chuva*. [Pl.: *chapéus-de-sol*.]

cha•pi•nhar *v.t.d.* Agitar (a água, a lama) com as mãos ou com os pés. [Conjug.: ① [chapinh]**ar**]

cha•ra•da *sf.* 1. Enigma para cuja solução se recompõe uma palavra partindo de elementos dela ou de sílabas que tenham um significado determinado. 2. Caso, assunto misterioso. 3. *Fig.* Linguagem obscura.

cha•ra•dis•ta *s2g.* Quem compõe e/ou decifra charadas.

cha•ran•ga *sf.* Pequena banda de música.

cha•rão *sm.* Verniz da China (1), muito lustroso e duradouro. [Pl.: –*rões*.]

char•co *sm.* 1. Água estagnada e imunda, pouco profunda. 2. V. *pântano*.

char•ge *sf.* Cartum em que se faz, ger., crítica social e política. [Cf. *cartum*.]

char•gis•ta *s2g.* Pessoa que faz charges.

char•lar *v.int.* Chalrar, palrar. [Conjug.: ① [charl]**ar**]

char•la•ta•nes•co (ê) *adj.* Próprio de charlatão.

char•la•ta•ni•ce *sf.* Qualidade ou ação de charlatão.

char•la•tão *sm.* 1. Vendedor público de drogas, que exagera ao apregoar-lhes as virtudes. 2. *Fig.* Embusteiro; trapaceiro. [Fem.: *charlatona*. Pl.: –*tães*, –*tões*.]

char•me *sm.* 1. Atração, encanto, simpatia. 2. *Fís. Part. Quark* com carga elétrica 2/3.

char•mo•so (ô) *adj.* Que tem charme; atraente. [Pl.: –*mosos* (ó).]

char•ne•ca *sf.* Terreno inculto e em que só crescem plantas rasteiras.

cha•ro•la *sf.* V. *andor*.

char•que *sm. Bras.* Carne da vaca, salgada e seca, em mantas; carne-seca, jabá.

char•que•a•da *sf. Bras.* Estabelecimento onde se charqueia a carne.

char•que•ar *v.t.d. Bras.* Preparar o charque. [Conjug.: 10 [charqu]**ear**]

char•rua *sf.* Arado grande, de ferro.

⇨ **charter** (txárter) [Ingl.] *sm.* V. *vôo charter*.

cha•ru•ta•ri•a *sf. Bras.* Tabacaria.

cha•ru•tei•ra *sf.* Estojo para guardar charutos.

cha•ru•tei•ro *sm.* 1. Dono de charutaria. 2. Operário que fabrica charuto.

cha•ru•to *sm.* Rolo de folhas secas de fumo, preparado para fumar-se.

chas•si *sm.* 1. Espécie de caixilho de câmaras fotográficas, onde se põe a chapa sensibiliza-da que deve ser impressionada pela luz, atra-vés da objetiva. 2. Estrutura de aço sobre a qual se monta toda a carroceria de veículo motorizado. 3. *Eletrôn.* Armação, em geral metálica, sobre a qual se montam os compo-nentes dum circuito eletrônico.

cha•ta *sf. Bras.* Embarcação para transportar carga pesada.

cha•te•ar *v.t.d.* e *p.* 1. V. *apoquentar*. 2. V. *en-tediar*. [Conjug.: 10 [chat]**ear**] § **cha•te:a•ção** *sf.*; **chateareado** *sm.*

cha•ti•ce *sf.* 1. Qualidade do que ou de quem é chato. 2. Coisa chata, maçante.

cha•to *adj.* 1. Sem relevo; plano. 2. Sem eleva-ção; rasteiro. 3. *Pop.* V. *maçante*. • *sm.* 4. *Bras. Zool.* Inseto peliculídeo que vive em geral na região pubiana.

chau•vi•nis•mo (au = ò) *sm.* Nacionalismo exagerado.

chau•vi•nis•ta (au = ò) *adj2g.* 1. Relativo ao chauvinismo, ou próprio dele, ou que o tem. • *s2g.* 2. Pessoa chauvinista.

cha•vão *sm.* V. *lugar-comum*. [Pl.: *–vões*.]

cha•ve *sf.* 1. Artefato de metal que faz movi-mentar a lingüeta das fechaduras. 2. Instru-mento para apertar ou desapertar parafusos. 3. Peça móvel para fechar orifícios de instru-mentos de sopro. 4. Peça com que se dá corda a relógios. 5. *Eletr.* Dispositivo que, segundo a posição que assume, interrompe um circui-to elétrico, ou nele introduz um componente. 6. *Mat.* Símbolo de agrupamento, equivalen-te ao parêntese: { }. 7. *Fig.* Elemento decisivo. ◆ **Chave de ignição.** Chave que opera a igni-ção (2), necessária para o motor do carro co-meçar a funcionar.

cha•ve:a•men•to *sm. Eng. Eletr.* Abertura ou fechamento de contatos de circuito ou de equi-pamento.

cha•vei•ro *sm.* 1. Aquele que guarda as cha-ves, ou que as faz ou conserta. 2. Objeto em que se prendem chaves; porta-chaves.

cha•ve•lho (ê) *sm.* V. *corno*.

chá•ve•na *sf.* Xícara, sobretudo para chá.

cha•ve•ta (ê) *sf.* 1. Peça na extremidade dum eixo, para fixar as rodas. 2. Peça para segurar a cavilha.

che•car *v.t.d., t.d.i.* e *int. Bras.* 1. Conferir, dan-do por visto e terminado. 2. Confrontar, com-parar. [Conjug.: 8 [che]**car**]

che•co *adj.* 1. De, ou pertencente ou relativo à República Checa (Europa). • *sm.* 2. Língua es-lava dos checos; boêmio. 3. O natural ou habi-tante da República Checa. [F. paral.: *tcheco*.]

che•fa•tu•ra *sf.* Repartição onde o chefe exer-ce suas funções.

che•fe *s2g.* 1. O principal entre outros. 2. Aque-le que exerce autoridade, dirige ou governa.

che•fe-de-di•vi•são *sm.* V. *hierarquia militar*. [Pl.: *chefes-de-divisão*.]

che•fe-de-es•qua•dra *sm.* V. *hierarquia mili-tar*. [Pl.: *chefes-de-esquadra*.]

che•fi•a *sf.* Cargo de chefe.

che•fi•ar *v.t.d.* Exercer a chefia de. [Conjug.: 1 [chefi]**ar**]

che•ga (é) *sm. f.* 1. Repreensão. • *interj.* 2. Não mais; basta.

che•ga•da *sf.* Ato de chegar (1 a 3).

che•ga•do *adj.* Próximo, contíguo.

che•gan•ça *sf. Bras.* Folguedo popular natalino.

che•gar *v.int.* 1. Vir. 2. Atingir o termo do movimento de ida ou vinda. 3. Atingir certo lugar. 4. Acontecer, suceder. 5. Nascer. 6. Começar: *Chegou* o verão. 7. *Bras.* Bastar (1). *T.i.* 8. Atingir, alcançar. 9. Conseguir. 10. Igualar-se. 11. Ir ao extremo de. 12. Bastar (4). *T.c.* 13. Chegar (3, 6 e 8). *T.d.* e *t.d.i.* 14. Apro-ximar. *P.* 15. Aproximar-se. [Conjug.: 11 [che]**gar**. Tem o *e* fechado nas f. rizotônicas: pres. ind.: *chego* (ê), *chegas* (ê), *chega* (ê), ... *chegam* (ê); pres. subj.: *chegue* (ê), ..., *chegue* (ê). etc.; imper.: *chega*, *chegue* (ê), etc.]

chei•a *sf.* 1. V. *enchente* (1). 2. Enchente fluvial. 3. Grande quantidade.

chei•o *adj.* 1. Que contém tudo que sua capaci-dade comporta; completo, carregado. 2. Mui-to cheio; repleto. 3. Que excede nalguma qualidade ou propriedade. 4. Nutrido, gordo. 5. *Bras. Gír.* Aborrecido, farto.

chei•rar *v.t.d.* 1. Tomar o cheiro de. 2. Intro-duzir no nariz (rapé, droga, etc.). 3. Indagar. *T.i.* 4. Exalar determinado cheiro. 5. Ter aparência ou semelhança. 6. Agradar, apra-zer. *Int.* 7. Exalar cheiro. [Conjug.: 1 [chei-r]**ar**]

chei•ro *sm.* 1. Impressão produzida no olfato pelas partículas odoríferas. 2. Cheiro agradá-vel; perfume. 3. Mau cheiro; fedor. 4. Indício, vestígio. 5. *Bras.* Salsa e cebolinha.

chei•ro•so (ô) *adj.* De cheiro agradável; aromático. [Pl.: *–rosos* (ó).]

chei•ro-ver•de *sm.* Porção de salsa e cebolinha frescas, juntas. [Pl.: *cheiros-verdes.*]

che•que *sm.* Ordem de pagamento dirigida a um banco por pessoa ou firma que aí tenha conta de depósito, em favor de outra pessoa ou firma. ◆ **Cheque ao portador.** *Econ.* O que é pagável a quem o apresentar ao banco. **Cheque nominal.** *Econ.* O que é pagável apenas a quem nele se especifica.

cher•ne *sm. Zool.* Peixe serranídeo de carne saborosa.

chi•a•do *sm.* 1. Ato ou efeito de chiar; chio. 2. Qualquer ruído contínuo semelhante ao chio (1 e 2).

chi•ar *v.int.* 1. Emitir chio. 2. Esbravejar. 3. Emitir som igual ao de coisa a ferver ou frigir. 4. *Bras. Gír.* Protestar, reclamar. [Conjug.: ⓵ [chi]**ar**]

chi•ba•ta *sf.* 1. Vara delgada para fustigar. 2. *Bras.* V. *chicote.*

chi•ba•ta•da *sf.* Pancada com chibata; chicotada.

chi•ba•te•ar *v.t.d.* Fustigar com chibata; chicotear. [Conjug.: ⓾ [chibat]**ear**]

chi•bé *sm. Bras.* Jacuba.

chi•ca•na *sf.* 1. Sutileza capciosa, em questões judiciais. 2. Ardil, astúcia.

chi•ca•nei•ro *adj.* e *sm.* Chicanista.

chi•ca•nis•ta *adj2g.* e *s2g.* Que ou quem é dado a chicanas forenses; chicaneiro.

chi•cle *sm.* 1. O látex da sapota, us. no fabrico da goma de mascar. 2. Chiclete.

chi•cle•te *sm.* Nome comercial de goma de mascar feita com o chicle (1); chicle.

chi•co *sm. Bras. Fam.* Designação afetiva de macaco.

chi•có•ri:a *sf. Bot.* Planta hortense, das compostas.

chi•co•ta•da *sf.* Pancada com chicote; chibatada.

chi•co•te *sm.* Cordel entrançado ou correia de couro, com cabo de madeira ou não, e usado para incitar animais; açoite, azorrague, chibata (*bras.*).

chi•co•te•ar *v.t.d.* Dar chicotadas em; chibatear. [Conjug.: ⓾ [chicot]**ear**]

chi•co•te-quei•ma•do *sm. Bras.* Brinquedo infantil em que uma criança esconde um objeto que deverá ser procurado pelas outras. [Pl.: *chicotes-queimados.*]

chi•fra•da *sf. Bras.* Golpe de chifre; cornada.

chi•frar *v.t.d.* 1. Ferir com os chifres. 2. Ser infiel a (pessoa com quem se tem relações carnais). [Sin. ger.: *cornear.* Conjug.: ⓵ [chifr]**ar**]

chi•fre *sm.* V. *corno.*

chi•fru•do *Bras. adj.* 1. Que tem chifres. • *sm.* 2. *Gír.* V. *corno* (2).

chi•le•nas *sf.pl. Bras. S. GO* Esporas grandes.

chi•le•no *adj.* 1. Do Chile (América do Sul). • *sm.* 2. O natural ou habitante do Chile.

chi•li•que *sm. Pop.* 1. V. *síncope* (1). 2. V. *faniquito.*

chil•re•a•da *sf.* Muitos chilreios ou chilros.

chil•re•ar *v.int.* 1. Pipilar; gorjear. 2. V. *tagarelar.* [Conjug.: ⓾ [chilr]**ear**]

chil•rei•o *sm.* Ato de chilrear; chilro.

chil•ro *sm.* Chilreio.

chim *adj2g.* e *s2g.* V. *chinês.* [Pl.: *chins.*]

chi•mar•rão *adj.* e *sm.* Diz-se de, ou mate cevado sem açúcar. [Pl.: *–rões.*]

chim•pan•zé ou **chi•pan•zé** *sm. Zool.* Grande macaco antropóide africano, de corpo peludo e braços longos.

chi•na[1] *s2g. Pop.* V. *chinês* (2).

chi•na[2] *sf. Bras.* Pessoa do sexo feminino da raça aborígine, ou com caracteres dessa raça.

chin•chi•la *sf. Zool.* Mamífero chinchilídeo.

chin•chi•lí•de:o *sm. Zool.* Espécime dos chinchilídeos, família de pequenos roedores de cauda longa e espessa, nativos do Chile e do Peru. § **chin•chi•lí•de:o** *adj.*

chi•ne•la *sf.* Chinelo.

chi•ne•la•da *sm.* Pancada com chinelo ou chinela.

chi•ne•lo *sm.* Calçado confortável, para uso doméstico.

chi•nês *adj.* 1. Da China (Ásia); chim. • *sm.* 2. O natural ou habitante da China; china, chim. [F. *chinesa* (ê).] 3. Conjunto de línguas (ou dialetos) faladas na China e em outras regiões do S.E. asiático.

chin•frim *adj2g.* 1. Insignificante, reles. • *sm.* 2. *Pop.* Algazarra, desordem. [Pl.: *–frins.*]

chin•fri•na•da *sf. Pop.* Grande chinfrim (2).

chi•nó *sm.* V. *cabeleira* (2).

chi•o *sm.* 1. Som agudo que emitem as rodas dos carros. 2. Guincho[1]. 3. Chiado.

⇨ **chip** (tchip) [Ingl.] *sm. Eletrôn.* V. *circuito integrado.*

chi•que *adj2g.* 1. Elegante no trajar. 2. De bom gosto.

chi•quê *sm. Pop.* Recusa fingida a fazer ou aceitar algo.

chi•quei•ro *sm.* 1. Pocilga ou curral de porcos. 2. Casa, lugar imundo.

chis•pa *sf.* 1. V. *centelha* (1). 2. Lampejo (1). 3. *Fig.* Talento; gênio.

chis•pa•da *sf. Bras.* Corrida rápida; disparada.

chis•par *v.int.* 1. Lançar chispas. 2. *Fig.* Correr em disparada. *T.d.* 3. Lançar de si (fogo, etc.). [Conjug.: ⓵ [chisp]**ar**]

chis•pe *sm.* Pé de porco.

chis•te *sm.* Dito engraçado; gracejo.

chis•to•so (ô) *adj.* Que tem chiste. [Pl.: *–tosos* (ó).]

chi•ta *sf.* Tecido ordinário, de algodão, estampado a cores.

chi•tão *sm.* Chita com estampado grande. [Pl.: –*tões*.]

cho•ça *sf.* Habitação mais tosca do que a cabana (1).

cho•ca•dei•ra *sf.* Aparelho para chocar ovos; incubadeira.

cho•ca•lhar *v.t.d.* 1. Agitar, sacudir, produzindo som semelhante ao do chocalho. 2. Vascolejar (líquido contido num recipiente). [Conjug.: ☐ [chocalh]**ar**] § **cho•ca•lhan•te** *adj2g.*

cho•ca•lho *sm.* 1. Instrumento de metal, com badalo, que se põe ao pescoço de animais. 2. Objeto destinado aos bebês, que, agitando-o, se distraem com o ruído.

cho•can•te *adj2g.* 1. Que choca, fere, ofende. 2. Que causa admiração, espanto, surpresa. • *interj.* 3. *Gír.* Exprime entusiasmo, admiração, ou encerra gracejo.

cho•car¹ *v.t.i.* 1. Dar choque; ir de encontro. *T.d.* 2. Ofender, agredir; melindrar. *Int.* 3. Ofender, magoar alguém. 4. Provocar admiração, espanto, surpresa. *P.* 5. Esbarrar mutuamente; embater-se. [Conjug.: ⑧ [cho]**car**]

cho•car² *v.t.d.* 1. Cobrir (os ovos), aquecendo-os com o corpo para que se desenvolva o embrião e nasça a ave. 2. *Bras.* Pensar longamente em. *Int.* 3. Estar no choco. [Conjug.: ⑧ [cho]**car**]

cho•car•rei•ro *adj. e sm.* Que ou quem diz chocarrices.

cho•car•ri•ce *sf.* Chalaça (2).

cho•char *v.int. Bras.* Ficar chocho (1). [Conjug.: ☐ [choch]**ar**]. Norm., é defect.]

cho•cho (ô) *adj.* 1. Sem suco, miolo ou grão; seco. 2. Enfraquecido. 3. Sem graça; insípido.

cho•co¹ (ô) *sm.* 1. Ato de chocar² (1); incubação. 2. O período da incubação.

cho•co²(ô) *adj.* 1. Diz-se de ovo em que se está desenvolvendo o embrião; goro. 2. Que está incubando (ave). 3. Podre; estragado.

cho•co•la•te *sm.* 1. Produto alimentar feito de amêndoas de cacau torradas. 2. Bebida ou bombom de chocolate (1).

cho•co•la•tei•ra *sf.* Vasilha em que se prepara ou serve o chocolate (2).

cho•co•la•tei•ro *sm.* 1. Fabricante ou vendedor de chocolate. 2. Quem cultiva e/ou negocia o cacau.

cho•fer *s2g.* Condutor de veículo automóvel; motorista.

cho•fre (ô) *sm.* Choque repentino. ◆ **De chofre.** De súbito.

chol•dra (ô) *sf. Pop.* 1. Coisa imprestável. 2. Grupo de marginais, de malfeitores, de pessoas desprezíveis.

cho•pe (ô) *sm.* Cerveja fresca de barril.

cho•que *sm.* 1. Embate ou encontro de dois corpos em movimento. 2. Embate violento de forças militares. 3. Oposição, conflito. 4. Luta, embate. 5. Abalo emocional. 6. Sensação produzida por uma carga elétrica. 7. *Psiq.* Súbito desequilíbrio mental. 8. *Med.* Estado em que há insuficiente perfusão sanguínea de órgãos vitais; pode ter causas diversas, como hemorragia, infecção, etc.

cho•ra•dei•ra *sf.* 1. Choro demorado e impertinente. 2. Lamúria (2).

cho•ra•do *adj.* 1. Pranteado, lamentado. 2. *Fig.* De conquista difícil: *gol chorado*.

cho•ra•mi•gar ou **cho•ra•min•gar** *v.int.* 1. Chorar amiúde e por motivos fúteis. 2. Chorar baixo. [Conjug.: ⑪ [chorami(n)]**gar**]

cho•ra•mi•gas ou **cho•ra•min•gas** *s2g.2n.* Pessoa que choramiga; chorão.

cho•rão *adj.* 1. Que chora muito. • *sm.* 2. Choramigas. [Fem.: *chorona*.] 3. V. *salgueiro*. [Pl.: –*rões*.]

cho•rar *v.int.* 1. Derramar lágrimas. 2. Exprimir tristeza, dor, etc., com pranto. 3. Pechinchar. 4. *Bras. Pop.* Servir choro (5). *T.d.* 5. Lamentar, lastimar. 6. Ter grande pesar ou desgosto pela perda ou falta de. 7. Arrepender-se (1). 8. Chorar (3). *T.i.* 9. Chorar (1 e 6). *P.* 10. Lastimar-se. [Conjug.: ☐ [chor]**ar**]

cho•ro (ô) *sm.* 1. Ato ou efeito de chorar. 2. Pranto, lágrimas. 3. *Bras.* Função musical em que um pequeno conjunto, de flauta, violão, cavaquinho, pandeiro, executa valsas, sambas, etc. 4. *Bras.* A música tocada por ele. 5. *Bras. Pop.* Bebida (2) servida além da dose paga.

cho•ro•so (ô) *adj.* 1. Que chora. 2. Magoado, contristado. [Pl.: –*rosos* (ó).]

chor•ri•lho *sm.* Quantidade considerável; série.

chou•pa•na *sf.* V. *cabana* (1).

chou•po *sm. Bot.* Grande árvore salicácea, de madeira útil.

chou•ri•ço *sm.* Enchido de porco, cujo recheio é misturado com sangue e curado ao forno.

chou•to *sm.* Trote (1) miúdo e incômodo.

cho•ver *v.int.* 1. Cair água em gotas da atmosfera. 2. *Fig.* Cair do alto em abundância. 3. *Fig.* Cair, sobrevir. [Conjug.: ② [chov]**er**. Impess., conjugado, na 1ª acepç., só na 3ª pess. sing.; em sentido fig., porém, pode-se conjugar nas demais pess.]

chu•char *v.t.d.* 1. Chupar, sugar. 2. Mamar (1). [Conjug.: ☐ [chuch]**ar**]

chu•chu *sm. Bras. Bot.* Trepadeira cucurbitácea de fruto verde, comestível, do mesmo nome.

chu•ço *sm.* Vara ou pau armado de aguilhão.

chu•cru•te *sm.* Repolho picado e fermentado em salmoura.

chu•é *adj2g.* Ordinário, reles.

chu•la *sf.* Dança e música popular de origem portuguesa.

chu•lé *sm. Pop.* Sujeira e fedor formados pelo suor dos pés.

chu•le•ar *v.t.d.* **1.** Coser a orla de (o tecido) de modo que não se desfie. *Int.* **2.** Fazer chuleio(s). [Conjug.: 10] [chul]**ear**]

chu•lei•o *sm.* Ato ou efeito de chulear, ou o ponto com que se chuleia.

chu•lo *adj.* Grosseiro, baixo, rude. § **chu•li•ce** *sf.*

chu•ma•ço *sm.* **1.** Pasta de algodão em rama, entre o forro e o pano do vestuário, para lhe altear o feitio. **2.** Porção de algodão ou gaze usada em curativos ou na toalete; tampão.

chum•ba•da *sf.* **1.** Tiro de chumbo. **2.** Chumbo que se põe nas redes e linhas de pescar.

chum•bar *v.t.d.* **1.** Prender, tapar ou soldar com chumbo ou com outro metal fusível. **2.** Ferir com chumbo (2). [Conjug.: 1] [chumb]**ar**]

chum•bo *sm.* **1.** *Quím.* Elemento de número atômico 82, metálico, cinzento, mole, muito denso, usado em várias ligas [símb.: *Pb*]. **2.** Grão desse metal, para caça. **3.** Pedaço desse metal que se põe nas redes e linhas de pescar. **4.** *Fig.* O que pesa muito.

chu•pa•da *sf.* Ato de chupar uma vez.

chu•par *v.t.d.* **1.** Sugar, sorver. **2.** Aplicar os lábios a, sugando, ou como quem o faz. **3.** Extrair com a boca o suco de. **4.** Revolver na boca. [Conjug.: 1] [chup]**ar**]

chu•pe•ta (ê) *sf. Bras.* Mamilo (2) de borracha para bebês.

chu•pim *sm. Bras. Zool.* Ave icterídea que costuma causar prejuízo à lavoura; corrixo. [Pl.: *–pins.*]

chu•pi•tar *v.t.d.* **1.** Chupar devagarinho. **2.** Bebericar. [Conjug.: 1] [chupit]**ar**]

chur•ras•ca•ri•a *sf. Bras.* Restaurante onde se serve especialmente churrasco.

chur•ras•co *sm. Bras.* Porção de carne, assada ao calor da brasa, em espeto ou sobre grelha.

chur•ras•quei•ra *sf.* Grelha ou outro aparelho para preparar churrasco.

chur•ras•quei•ro *sm.* Cozinheiro especialista em churrasco.

chur•ro *sm.* Massa de farinha de trigo em forma de bastão com estrias e que se come frita e com açúcar.

chus•ma *sf.* Grande quantidade (de pessoas ou coisas); magote.

chu•tar *Bras. v.t.d.* **1.** Dar chute em. **2.** *Gír.* Tentar acertar, arriscando. **3.** *Gír.* Pôr de lado; desprezar. **4.** *Basq.* Arremessar (2). *Int.* **5.** Dar chute. **6.** Chutar (2 e 4). [Conjug.: 1] [chut]**ar**]

chu•te *sm. Bras.* **1.** Pontapé na bola, no jogo de futebol. **2.** Pontapé. **3.** *Basq.* Arremesso (3).

chu•tei•ra *sf. Bras.* Sapato dotado de travas na sola, para se jogar futebol.

chu•va *sf.* **1.** Precipitação atmosférica formada de gotas de água, por efeito da condensação do vapor de água contido na atmosfera. **2.** Tudo que cai ou parece cair como chuva. ◆ **Chuva de pedra.** V. *granizo.*

chu•va•da *sf.* Chuva abundante e forte; toró, chuvarada.

chu•va•ra•da *sf.* V. *chuvada.*

chu•vei•ra•da *sf. Bras.* Banho rápido de chuveiro.

chu•vei•ro *sm.* **1.** Chuva repentina e abundante, mas passageira. **2.** Crivo por onde, nos banheiros, cai a água canalizada. **3.** O compartimento onde ele está.

chu•vis•car *v.int.* Chover pouco e miúdo; neblinar, peneirar (*bras.*). [Conjug.: 8] [chuvis]**car**. Defect. impess. Conjuga-se só na 3ª pess. do sing.]

chu•vis•co *sm.* **1.** Chuva fina. **2.** *Bras.* Doce de ovos em forma de chuva.

chu•vo•so (ô) *adj.* De, ou em que há chuva(s); pluvioso. [Pl.: *–vosos* (ó).]

ci•a•no *adj.* **1.** Azul-esverdeado. ● *sm.* **2.** Essa cor.

ci•a•no•bac•té•ri•a *sf. Bot.* Espécime das cianobactérias, indivíduos do reino *Monera* que se assemelham às algas; são as cianofíceas ou algas verde-azuladas.

ci•a•no•fí•ce•a *sf. Bot.* V. *cianobactéria.*

ci•a•no•se *sf. Patol.* Coloração azulada da pele e mucosa, devida a excesso, no sangue, de hemoglobina reduzida. § **ci•a•nó•ti•co** *adj.*

ci•a•te•á•ce•a *sf. Bot.* Espécime das ciateáceas, família de grandes pteridófitos que habitam matas úmidas e sombrias. § **ci•a•te•á•ce:o** *adj.*

ci•á•ti•ca *sf. Med.* Neuralgia que ocorre ao longo do trajeto de nervo ciático e de seus ramos.

ci•á•ti•co *adj. Anat.* De quadril, ou relativo a ele.

ci•ber•né•ti•ca *sf.* Ciência que estuda as comunicações e o sistema de controle nos organismos vivos e também nas máquinas.

ci•bó•ri:o *sm.* Vaso onde se guardam hóstias consagradas.

ci•ca *sf. Bras.* O travo de certas frutas verdes.

ci•ca•dí•de:o *sm. Zool.* Espécime dos cicadídeos, família de grandes insetos homópteros à qual pertencem as cigarras. § **ci•ca•dí•de:o** *adj.*

ci•ca•triz *sf.* **1.** *Med.* Marca deixada numa estrutura (3) pelo tecido fibroso que recompõe as partes lesadas. **2.** *Fig.* Lembrança duma dor moral. § **ci•ca•tri•ci•al** *adj2g.*

ci•ca•tri•zar *v.t.d.* **1.** Fazer que se forme cicatriz (1) em. **2.** Dissipar (a cicatriz [2]). *Int.* **3.** Fazer que se forme cicatriz (1). **4.** Transformar-se (uma ferida) em cicatriz. *P.* **5.** Cicatrizar (4). [Conjug.: 1] [cicatriz]**ar**] § **ci•ca•tri•za•ção** *sf.*

cí•ce•ro *sm.* Unidade de medida tipográfica, equivalente a 12 pontos (4,511mm).

ci•ce•ro•ne *s2g.* Guia de visitantes ou turistas.

ci•ci•ar *v.int.* **1.** Pronunciar as palavras em voz baixa, murmurando. **2.** Rumorejar de leve. [Conjug.: 1] [cici]**ar**. Cf. *cecear.*]

ci•ci•o *sm.* **1.** Ato ou efeito de ciciar. **2.** Rumor (1 e 2) brando.

ci•cla•gem *sf. Eletr.* A freqüência de uma corrente alternada. [Pl.: *–gens.*]

ci•cli•co *adj.* **1.** Relativo a ciclo. **2.** Que se repete numa certa ordem.

ci•clí•de:o *sm. Zool.* Espécime dos ciclídeos, família de peixes osteíctes, de água doce, que habitam a América do Sul, América Central e África. § **ci•clí•de:o** *adj.*

ci•clis•mo *sm.* **1.** A arte de andar de bicicleta. **2.** O esporte das corridas de bicicletas.

ci•clis•ta *s2g.* Quem pratica o ciclismo.

ci•clo *sm.* **1.** Série de fenômenos que se sucedem numa ordem determinada. **2.** Seqüência de fenômenos que se renovam periodicamente. ◆ **Ciclo vital.** *Ecol.* Biociclo.

ci•clo•ne *sm.* Tempestade violenta produzida por grandes massas de ar animadas de grande velocidade de rotação e que se deslocam a velocidades de translação crescentes até a tempestade se desfazer.

ci•clo•pe *sm.* Na mitologia grega, gigante com um só olho na testa.

ci•co•ni•í•de:o *sm. Zool.* Espécime dos ciconiídeos, família de grandes aves pernaltas e de bico longo, reto ou curvo; vivem em bandos. Ex.: cegonhas, jaburus. § **ci•co•ni•í•de:o** *adj.*

ci•co•ni•i•for•me *sm. Zool.* Espécime dos ciconiiformes, ordem de aves grandes de pernas e pescoço longos, vivem perto da água e ali mentam-se ger. de peixes. Ex.: garças, socós. § **ci•co•ni•i•for•me** *adj2g.*

ci•cu•ta *sf. Bot.* Planta venenosa, umbelífera.

ci•da•da•ni•a *sf.* Condição de cidadão.

ci•da•dão *sm.* **1.** Indivíduo no gozo dos direitos civis e políticos de um Estado. **2.** *Pop.* Indivíduo, sujeito. [Fem.: *cidadã, cidadoa.* Pl.: *–dãos.*]

ci•da•de *sf.* **1.** Complexo demográfico formado por importante concentração populacional não agrícola e dada a atividades de caráter mercantil, industrial, financeiro e cultural; urbe. **2.** O conjunto dos habitantes da cidade. **3.** *Restr.* O centro comercial.

ci•da•de•la *sf.* Fortaleza defensiva duma cidade.

ci•dra *sf.* O fruto da cidreira.

ci•drei•ra *sf. Bras. Bot.* Arbusto frutífero rutáceo, cítrico, de madeira útil.

ci•ên•ci:a *sf.* **1.** Conjunto metódico de conhecimentos obtidos mediante a observação e a experiência. **2.** Saber e habilidade que se adquire para o bom desempenho de certas atividades. **3.** Informação, conhecimento; notícia. ◆ **Ciências biológicas.** As que estudam os seres vivos. **Ciências humanas.** O conjunto de disciplinas que têm por objeto o homem, do passado e do presente, e seu comportamento individual ou coletivo. **Ciências naturais.**

A biologia, a botânica, a zoologia, a mineralogia e a petrologia.

ci•ên•ci:as *sf.pl.* Disciplinas escolares e universitárias que compreendem a química, a física, a biologia, a matemática, a astronomia e outras.

ci•en•te *adj2g.* **1.** Que tem ciência; sábio. **2.** Que tem ciência ou conhecimento de algo; sabedor.

ci:en•ti•fi•car *v.t.d.i.* **1.** Dar ciência ou conhecimento de; informar. *P.* **2.** Tomar conhecimento. [Conjug.: ⑧ [cientifi]**car**]

ci:en•ti•fi•cis•mo *sm.* Cientismo.

ci:en•tí•fi•co *adj.* Relativo à, ou que tem o rigor da ciência.

ci:en•tis•mo *sm.* Confiança na capacidade ilimitada de as ciências resolverem todas as questões e problemas que se põem ao homem; cientificismo.

ci:en•tis•ta *s2g.* Quem cultiva particularmente alguma ciência.

ci•fo•se *sf. Med.* Curvatura, de convexidade posterior, da coluna vertebral. § **ci•fó•ti•co** *adj.*

ci•fra *sf.* **1.** Zero, algarismo sem valor absoluto, que confere às unidades que o acompanham um valor relativo, segundo a posição. **2.** Montante de operações comerciais. **3.** Explicação duma escrita enigmática ou secreta; chave. **4.** Essa escrita.

ci•fra•do *adj.* Escrito em caracteres secretos.

ci•frão *sm.* Sinal ($) que expressa as unidades monetárias de muitos países. [Pl.: *–frões.*]

ci•frar *v.t.d.* **1.** Escrever em cifra (4). *P.* **2.** Resumir-se. [Conjug.: ① [cifr]**ar**]

ci•ga•no *sm.* **1.** Indivíduo de um povo nômade, que tem um código ético próprio, vive de artesanato, de ler a sorte, e se dedica à música. **2.** Homem de vida incerta.

ci•gar•ra *sf. Zool.* Nome comum a vários insetos cicadídeos cujos machos têm órgãos musicais, de som estrídulo. **2.** Campainha elétrica de som estridente.

ci•gar•rei•ra *sf.* Caixinha ou estojo onde se guardam cigarros.

ci•gar•ri•lha *sf.* Cigarro enrolado em fragmento de folha de fumo.

ci•gar•ri•nha *sf. Zool.* Inseto homóptero, pequeno.

ci•gar•ro *sm.* Pequena porção de fumo picado, enrolado em papel, etc., para se fumar.

ci•la•da *sf.* **1.** V. *emboscada.* **2.** V. *logro* (2). **3.** Deslealdade, traição.

ci•la•rí•de:o *sm. Zool.* Espécime dos cilarídeos, família de crustáceos decápodes caracterizados pela ausência de antenas longas. § **ci•la•rí•de:o** *adj.*

ci•lha *sf.* Tira de pano ou de couro com que se aperta a sela ou a carga por sob o ventre da cavalgadura.

ci•li•ar *adj2g.* Dos cílios, ou relativo a eles.

ci•lí•ci:o *sm.* Cinto ou cordão de lã áspera, que por penitência se usa direto sobre a pele.

ci•lin•dra•da *sf. Mec.* Volume máximo de gás por cilindro (2).

ci•lín•dri•co *adj.* Em forma de cilindro.

ci•lin•dro *sm.* 1. Corpo roliço, com o mesmo diâmetro em todo o comprimento. 2. Parte do motor no interior do qual se desloca o êmbolo, e onde se realiza a combustão da mistura e a expansão dos gases, que faz funcionar o motor.

cí•li:o *sm.* Pêlo da orla das pálpebras; pestana.

ci•ma *sf.* 1. A parte mais elevada. 2. V. *cume* (1).

ci•ma•lha *sf.* Saliência da parte mais alta da parede, onde assentam os beirais do telhado.

ci•mei•ra *sf.* Reunião de cúpula. [Mais us. como lus.]

ci•mei•ro *adj.* Que fica no cimo, no alto.

ci•men•ta•do *adj.* 1. Que se cimentou.* *sm.* 2. Cimento (2).

ci•men•tar *v.t.d.* 1. Ligar com cimento. 2. Pavimentar com cimento. 3. Firmar, consolidar. [Conjug.: 1 [ciment]**ar**]

ci•men•to *sm.* 1. Substância em pó, us. como aglomerante, e que, umedecida, se emprega em estado plástico, endurecendo, depois, pela perda da água. 2. Chão revestido de cimento; cimentado.

ci•mi•cí•de:o *sm. Zool.* Espécime dos cimicídeos, família de hemípteros de aparelho bucal sugador; parasitam aves e mamíferos, ou são predadores, ou são fitófagos. § ci•mi•cí•de:o *adj.*

ci•mi•tar•ra *sf.* Sabre oriental, de lâmina larga e recurva, e de um só gume.

cí•mo *sm.* V. *cume* (1).

ci•na•mo•mo *sm. Bot.* Árvore meliácea, ornamental.

cin•ca•da *sf.* Falta ou erro por imperícia.

cin•co *num.* 1. Quantidade que é uma unidade maior que 4. 2. Número (1) correspondente a essa quantidade. [Representa-se em algarismos arábicos por 5, e em algarismos romanos, por V.]

cin•dir *v.t.d. e p.* Separar(-se), dividir(-se). [Conjug.: 3 [cind]**ir**]

ci•ne *sm.* F. red. de *cinema* (3).

ci•ne•as•ta *s2g.* Quem exerce atividade relacionada com o cinema (1).

ci•ne•clu•be *sf.* Associação em que amadores de cinema se reúnem para ver filmes e estudar a arte cinematográfica em todos os seus aspectos.

ci•né•fi•lo *adj. e sm.* Que ou aquele que gosta muito de cinema.

ci•ne•gé•ti•ca *sf.* 1. Arte de caçar com cães. 2. Arte da caça. § ci•ne•gé•ti•co *adj.*

ci•ne•gra•fis•ta *s2g.* Operador de câmara cinematográfica.

ci•ne•jor•nal *sm.* Noticiário apresentado em cinemas. [Pl.: *–nais.*]

ci•ne•ma *sm.* 1. Arte de compor e realizar filmes cinematográficos. 2. Cinematografia. 3. Sala de espetáculos onde se projetam filmes cinematográficos.

ci•ne•ma•te•ca *sf.* Local onde se guardam filmes, especialmente os de valor cultural e artístico, e que tem, em geral, sala de projeção para exibi-los.

ci•ne•má•ti•ca *sf.* Parte da mecânica que se ocupa do movimento, independentemente de suas causas e da natureza dos corpos; cinética.

ci•ne•má•ti•co *adj.* Relativo ao movimento.

ci•ne•ma•to•gra•fi•a *sf.* Conjunto de métodos e processos para registro e projeção fotográfica de cenas animadas; cinema. § ci•ne•ma•to•grá•fi•co *adj.*

ci•ne•ma•tó•gra•fo *sm.* Aparelho que reproduz numa tela o movimento, mediante uma seqüência de fotografias.

ci•ne•rá•ri:o *adj.* 1. Relativo a cinzas. 2. Que contém os restos mortais de alguém.

ci•né•re:o *adj. Poét.* V. *cinzento.*

ci•nes•có•pi:o *sm. Elétrôn.* Tipo de válvula em que se forma a imagem nos receptores de televisão.

ci•né•ti•ca *sf.* V. *cinemática.*

cin•ga•lês *adj.* Do Sri Lanka (Ásia).* *sm.* 2. O natural ou habitante desse país. [Fem.: *cingalesa* (ê).]

cin•gir *v.t.d.* 1. V. *rodear* (2). 2. Ornar em roda; coroar. 3. Pôr à cinta. *T.d.i.* 4. Unir, apertar. *P.* 5. Ornar a própria fronte. 6. Limitar-se, restringir-se. [Conjug.: 45 [cin]**gir**]

cín•gu•lo *sm.* Cordão com que o sacerdote aperta a alva na cintura.

cí•ni•co *adj.* Que tem ou denota cinismo.

ci•nis•mo *sm.* 1. Impudência, descaramento. 2. *Filos.* Oposição radical e ativa às regras e convenções socioculturais.

ci•no•ce•fa•lí•de:o *sm. Zool.* Espécime dos cinocefalídeos, família de dermópteros africanos; são noturnos e arborícolas. § ci•no•ce•fa•lí•de:o *adj.*

ci•no•cé•fa•lo *sm. Zool.* Nome comum a macacos de focinho alongado, como o do cão.

ci•nóg•na•to *sm. Paleont.* Reptil carnívoro, semelhante a mamífero, que viveu no triássico, e cujos fósseis foram encontrados na Argentina e na África do Sul.

ci•no•gra•fi•a *sf.* Estudo sobre cães.

ci•no•lo•gi•a *sf.* Estudo dos cães.

cin•qüen•ta *num.* 1. Quantidade que é uma unidade maior que 49. 2. Número (1) que corresponde a essa quantidade. [Representa-se em algarismos arábicos por 50, e em algarismos romanos, por L.]

cin•qüen•tão *sm. e adj.* Qüinquagenário. [Fem.: *cinqüentona.* Pl.: *–tões.*]

cin•qüen•te•ná•ri:o *sm.* Qüinquagésimo aniversário.

cin•ta *sf.* 1. Faixa para apertar um corpo. 2. Cintura (1 e 2). 3. V. *cós* (2). 4. Tira de pano, couro, etc., para cingir. 5. Peça íntima de vestuário, para corrigir defeitos anatômicos.

cin•tar *v.t.d.* 1. Pôr cinta em. 2. Talhar (3), moldando a cintura. [Conjug.: ① [cint]**ar**]

cin•ti•lar *v.int.* 1. Apresentar o brilho das faíscas; tremeluzir. 2. Resplandecer. [Conjug.: ① [cintil]**ar**] § **cin•ti•la•ção** *sf.*; **cin•ti•lan•te** *adj2g.*

cin•to *sm.* 1. Faixa ou tira de tecido, etc., que cinge o meio do corpo. 2. V. *cós* (3). 3. V. *cerco* (2).

cin•tu•ra *sf.* 1. A parte média do tronco humano; cinta. 2. A parte do vestuário que a rodeia; cinta. 3. V. *cós* (2).

cin•tu•rão *sm.* 1. Grande cinto, geralmente de couro, em que se suspendem armas, se traz dinheiro, etc.; boldrié. 2. V. *cerco* (2). [Pl.: –rões.]

cin•za *sf.* 1. Pó ou resíduos da combustão de certas substâncias; borralho. • *adj2g.2n.* 2. V. *cinzento.*

cin•zas *sf.pl.* Restos mortais.

cin•zei•ro *sm.* 1. Montão de cinzas. 2. Parte do fogão de lenha onde cai a cinza. 3. Recipiente onde os fumantes jogam a cinza do fumo.

cin•zel *sm.* Instrumento de aço, cortante, usado por escultores e gravadores. [Pl.: –zéis.]

cin•ze•lar *v.t.d.* 1. Lavrar com cinzel. 2. Aprimorar. [Conjug.: ① [cinzel]**ar**] § **cin•ze•la•dor** (ô) *adj.* e *sm.*

cin•zen•to *adj.* Que tem cor de cinza (1); cinza, cinéreo.

ci•o *sm.* Período de desejo sexual intenso dos animais.

ci•o•so (ô) *adj.* 1. Ciumento. 2. Zeloso, cuidadoso. [Pl.: –osos (ó).]

ci•pe•rá•ce:a *sf. Bot.* Espécime das ciperáceas, família de plantas semelhantes às gramíneas, mas de caule mais rijo; vivem ger. em alagadiços. § **ci•pe•rá•ce:o** *adj.*

ci•pó *sm. Bot.* Nome comum a várias plantas trepadeiras que pendem das árvores e nelas se entrelaçam.

ci•po•al *sm. Bras.* 1. Mato abundante de cipós tão enredados que dificultam o trânsito. 2. *Fig.* Situação difícil, complicada, confusa, na qual se fica enredado. [Pl.: –ais.]

ci•pres•te *sm. Bot.* Árvore cupressácea, ornamental.

ci•pri•ní•de:o *sm. Zool.* Espécime dos ciprinídeos, família de peixes fusiformes, de água doce. § **ci•pri•ní•de:o** *adj.*

cip•se•lí•de:o *sm. Zool.* Espécime dos cipselídeos, família de aves de pernas curtas e pés pequeníssimos. São os andorinhões. § **cip•se•lí•de:o** *adj.*

ci•ran•da *sf.* 1. Peneira grossa. 2. Dança de roda infantil; cirandinha. 3. *Fig.* Turbilhão, voragem.

ci•ran•dar *v.t.d.* 1. Passar pela ciranda (1); peneirar. *Int.* 2. Dançar a ciranda (2). [Conjug.: ① [cirand]**ar**]

ci•ran•di•nha *sf.* Ciranda (2).

cir•cen•se *adj2g.* Relativo a circo (2 e 3).

cir•co *sm.* 1. V. *círculo* (2). 2. Grande anfiteatro onde os antigos se reuniam para jogos públicos; coliseu. 3. Recinto circular, desmontável, onde se dão espetáculos de acrobacia, equilibrismo, animais amestrados, etc.

cir•cui•to *sm.* 1. Linha que limita qualquer área fechada; contorno. 2. Conjunto de componentes elétricos, eletrônicos, fotelétricos, etc., ligados por condutores, e que formam caminho fechado pelo qual pode passar uma corrente elétrica; circuito elétrico. ◆ **Circuito elétrico.** Circuito (2). **Circuito impresso.** *Eletrôn.* Circuito (2) compacto e resistente, cujas conexões e alguns componentes são depositados numa placa (1) por meio de técnicas análogas às da impressão gráfica. **Circuito integrado.** *Eletrôn.* Circuito constituído de componentes miniaturizados, fabricados em uma pequena pastilha de silício.

cir•cu•la•ção *sf.* 1. Ato ou efeito de circular. 2. Movimento contínuo; marcha. 3. Função vital que transmite às partes do corpo dum animal (pelo sangue ou por outro líquido) ou dum vegetal (pela seiva) o alimento ou o oxigênio necessário à vida. [Pl.: –ções.] ◆ **Circulação colateral.** *Anat.* A que se processa através de vias secundárias, e é conseqüente à obstrução de via principal.

cir•cu•la•dor (ô) *adj.* 1. Que faz circular. • *sm.* 2. Aparelho circulador (de água, de ar).

cir•cu•lar[1] *adj2g.* 1. Em forma de círculo. • *sf.* 2. Carta, ofício ou manifesto enviado a muitas pessoas.

cir•cu•lar[2] *v.t.d.* 1. Estar à volta de. 2. Rodear (3). *Int.* 3. Mover-se circularmente, tornando ao ponto de partida. 4. Renovar-se (o ar). 5. Ter curso (a moeda). 6. Propagar-se. [Conjug.: ① [circul]**ar**]

cir•cu•la•tó•ri:o *adj.* Relativo à circulação (3).

cír•cu•lo *sm.* 1. *Geom.* Região dum plano limitada por uma circunferência. 2. Linha ou movimento circular, circunferência, circo. 3. *Fig.* V. *meio* (6).

cir•cu•na•ve•gar (cŭ) *v.int.* 1. Navegar em volta do globo, ou da ilha ou continente. *T.d.* 2. Rodear navegando. [Conjug.: ⑪ [circunave]**gar**] § **cir•cu•na•ve•ga•ção** (cŭ) *sf.*

cir•cun•cen•tro *sm. Geom.* Centro do círculo circunscrito a uma curva.

cir•cun•ci•dar *v.t.d.* Praticar a circuncisão em. [Conjug.: ① [circuncid]**ar**]

cir•cun•ci•são *sf. Cir.* Excisão, em extensão variável, do prepúcio. [Pl.: –*sões.*]

cir•cun•ci•so *adj.* e *sm.* Diz-se de, ou aquele em que se praticou a circuncisão.

cir•cun•dar *v.t.d.* **1.** V. *rodear* (2). **2.** Andar à volta de. [Conjug.: ① [circund]**ar**. É regular, embora formado de *dar*.]

cir•cun•fe•rên•ci:a *sf.* **1.** *Geom.* Lugar geométrico dos pontos dum plano eqüidistantes dum ponto fixo. **2.** V. *círculo* (2).

cir•cun•fle•xo (cs) *adj.* e *sm. Gram.* Diz-se de, ou acento (^) que indica som fechado de vogal.

cir•cun•ló•qui:o *sm.* Exposição em que se ladeia um assunto, sem abordá-lo diretamente; perífrase, rodeio.

cir•cun•lu•nar *adj2g.* Que está ou se realiza ao redor da Lua.

cir•cuns•cre•ver *v.t.d.* **1.** Escrever uma linha em torno de. **2.** Limitar, restringir. *P.* **3.** Limitar-se. [Conjug.: ② [circunscrev]**er**; part.: *circunscrito.*]

cir•cuns•cri•ção *sf.* **1.** Ato ou efeito de circunscrever. **2.** Divisão territorial. [Pl.: –*ções.*]

cir•cuns•cri•to *adj.* **1.** Limitado, restrito. **2.** Que tem limites determinados.

cir•cuns•pe•ção ou **cir•cuns•pec•ção** *sf.* **1.** Qualidade ou modos de circunspeto. **2.** Exame demorado de um objeto, considerado por todos os lados. [Pl.: –*ções.*]

cir•cuns•pe•to ou **cir•cuns•pec•to** *adj.* Que procede com, ou denota seriedade, reserva, dignidade, discrição; grave, sisudo.

cir•cuns•tân•ci:a *sf.* **1.** Situação, estado ou condição de coisa(s) ou pessoa(s) em dado momento. **2.** Particularidade que acompanha um fato, uma situação. **3.** Caso, condição.

cir•cuns•tan•ci•al *adj2g.* Relativo a, ou resultante de circunstância. [Pl.: –*ais.*]

cir•cuns•tan•te *adj2g.* **1.** Que está à volta. • *s2g.* **2.** Pessoa que está presente.

cir•cun•vi•zi•nhan•ça *sf.* **1.** Adjacência, vizinhança. **2.** Arredores, cercanias.

cir•cun•vi•zi•nho *adj.* **1.** Que está próximo ou em redor. **2.** Confinante, limítrofe.

cir•cun•vo•lu•ção *sf.* Movimento à volta de um centro. [Pl.: –*ções.*]

cí•ri:o *sm.* Vela, ger. grande, de cera.

cir•rí•pe•de *sm. Zool.* Espécime dos cirrípedes, classe de crustáceos que, ger., vivem fixos em rochas, cascos de navios, na carapaça de outros animais, etc. Ex.: cracas. § **cir•rí•pe•de** *adj2g.*

cir•ro¹ *sm.* **1.** Nuvem formada de cristais de gelo. **2.** *Pop.* Respiração estertorosa dos agonizantes.

cir•ro² *sm. Med.* Tumoração dura e indolor.

cir•ro•se *sf. Med.* Processo fibrosante disseminado que pode comprometer fígado e pulmão ou pulmões, subvertendo-lhes o padrão celular. ♦ **Cirrose hepática.** *Patol.* A que compromete o fígado. § **cir•ró•ti•co** *adj.*

ci•rur•gi•a *sf.* Ramo da medicina que trata de doenças ou contribui para diagnosticá-las mediante operações. § **ci•rúr•gi•co** *adj.*

ci•rur•gi•ão *sm.* Médico que exerce a cirurgia; operador (impr.). [Fem.: *cirurgiã.* Pl.: –*ões,* –*ães.*]

ci•sal•pi•no *adj.* Situado aquém dos Alpes, cordilheira da Europa.

ci•san•di•no *adj.* Situado aquém dos Andes, cordilheira da América do Sul.

ci•são *sf.* **1.** Ato ou efeito de cindir. **2.** Separação do corpo dum partido, sociedade, doutrina. [Pl.: –*sões.*]

cis•car *v.t.d.* **1.** Limpar de cisco, gravetos, etc. *Int.* **2.** *Bras.* Esgaravatar o solo (a galinha e outras aves) em busca de alimentos. [Conjug.: ⑧ [cis]**car**]

cis•co *sm.* **1.** Pó; argueiro. **2.** Lixo, varredura.

cis•ma *sm.* **1.** Separação do corpo e da comunhão de uma religião. • *sf.* **2.** Ato de cismar. **3.** *Bras.* Teima, obstinação. **4.** *Bras.* Desconfiança, suspeita.

cis•ma•do *adj.* Que tem cisma; desconfiado.

cis•mar *v.int.* **1.** Ficar absorto em pensamentos. **2.** Andar preocupado. *T.i.* **3.** Pensar com insistência. **4.** Teimar em fazer (algo). **5.** *Bras.* Desconfiar ou suspeitar. **6.** *Bras.* Antipatizar. *T.d.* **7.** Cismar (3). **8.** Convencer-se de. [Conjug.: ① [cism]**ar**]

cis•ne *sm. Zool.* Ave anatídea de plumagem branca (raramente preta) e pescoço longo.

cis•pla•ti•no *adj.* Situado aquém do Rio da Prata (América do Sul).

cis•si•pa•ri•da•de *sf.* Modalidade de reprodução vegetativa dos seres unicelulares, em que ocorre divisão direta das células.

cis•ter•na *sf.* **1.** Reservatório de água das chuvas. **2.** Poço, cacimba.

cís•ti•co *adj.* **1.** Relativo a cisto. **2.** Da vesícula biliar, ou relativo a ela.

cis•ti•te *sf. Med.* Inflamação da bexiga.

cis•to *sm. Med.* Formação saciforme que contém líquido ou matéria semi-sólida.

ci•ta•ção *sf.* **1.** Ato ou efeito de citar. **2.** Texto citado. [Pl.: –*ções.*]

ci•ta•di•no *adj.* e *sm.* Que, ou aquele que habita a cidade.

ci•tar *v.t.d.* **1.** Mencionar ou transcrever como autoridade ou exemplo. **2.** Mencionar o nome de. **3.** Intimar ou aprazar para comparecer em juízo ou cumprir ordem judicial. [Conjug.: ① [cit]**ar**]

ci•ta•ra *sf. Mús.* **1.** Tipo de lira grega antiga. **2.** Qualquer instrumento de cordas dedilháveis, desprovido de braço.

ci•ta•ris•ta *adj2g.* Quem toca cítara.

ci•to•lo•gi•a *Biol. sf.* Estudo da estrutura e função das células. § **ci•to•ló•gi•co** *adj.*

ci•to•plas•ma *sm. Biol.* O protoplasma, excluído o núcleo; contém solução gelatinosa em que ficam imersas as organelas. § **ci•to•plas•má•ti•co** *adj.*

cí•tri•co *adj.* Que contém ácido cítrico, o qual é encontrado em frutas como o limão, a laranja, etc.

ci•tri•cul•tor (ô) *adj. e sm.* Que ou quem se dedica à citricultura.

ci•tri•cul•tu•ra *sf.* Cultura de plantas cítricas, como a laranjeira, o limoeiro.

ci•tri•no *adj.* Da cor ou sabor do limão.

ci:u•ma•da *sf.* 1. Grande ciúme; ciumeira. 2. Cena de ciúme.

ci•ú•me *sm.* 1. Sentimento doloroso causado pela suspeita de infidelidade da pessoa amada; zelos. 2. Angústia provocada por sentimento exacerbado de posse.

ci:u•mei•ra *sf. Pop.* Ciumada (1).

ci:u•men•to *adj.* Que tem ciúme; cioso.

ci:u•rí•de:o *sm. Zool.* Espécime dos ciurídeos, família de pequenos roedores de cauda longa, pilosa, maior que o corpo. Ex.: caxinguelês. § **ci:u•rí•de:o** *adj.*

cí•vel *adj2g.* Do direito civil; civil. [Pl.: –*veis.*]

cí•vi•co *adj.* 1. Relativo aos cidadãos como membros do Estado. 2. Patriótico (1).

civil *adj2g.* 1. Cível. 2. Concernente às relações dos cidadãos entre si, reguladas por normas do direito civil. 3. Não militar. 4. Civilizado, cortês. • *sm.* 5. *Restr.* Casamento civil. • *s2g.* 6. Indivíduo não militar; paisano. [Pl.: –*vis.*]

ci•vi•li•da•de *sf.* Conjunto de formalidades observadas pelos cidadãos entre si em sinal de respeito mútuo e consideração.

ci•vi•lis•mo *sm.* Sentimento de quem propugna o exercício do governo pelos civis.

ci•vi•lis•ta *adj2g. e s2g.* 1. Que ou quem é partidário do civilismo. 2. Especialista em direito civil.

ci•vi•li•za•ção *sf.* 1. O conjunto dos aspectos da vida material e cultural de um grupo social em qualquer estágio de seu desenvolvimento. 2. Essas características no mais alto grau de sua evolução, em especial o progresso alcançado no mundo contemporâneo. 3. A cultura (2) própria de um povo, de uma coletividade, numa determinada época. [Pl.: –*ções.*]

ci•vi•li•zar *v.t.d.* 1. Dar civilização a. 2. Tornar-se civil, cortês. *P.* 3. Adquirir civilização (2). 4. Tornar-se civil, cortês. [Conjug.: 1 [civiliz]ar] § **ci•vi•li•za•do** *adj. e sm.*

ci•vis•mo *sm.* Devoção ao interesse público; patriotismo.

ci•zâ•ni:a *sf.* 1. Joio. 2. Desavença, discórdia.

❏ **Cl** *Quím.* Símb. do *cloro.*

clã *sm.* Unidade social formada por indivíduos que são ou se presumem descendentes de ancestrais comuns. § **clã•ni•co** *adj.*

cla•mar *v.t.d.* 1. Bradar (1). 2. Implorar, rogar. 3. Exigir, reclamar. *T.i.* 4. Protestar aos brados. 5. Ter como exigência; reclamar. *T.d.i.* 6. Clamar (2 e 3). *Int.* 7. Bradar (4). [Conjug.: 1 [clam]ar]

cla•mor (ó) *sm.* 1. Ação ou efeito de clamar. 2. Grito de queixa, súplica ou protesto; brado.

cla•mo•ro•so (ô) *adj.* 1. Em que há, ou que se faz ou manifesta com clamor; gritante. 2. Muito evidente; gritante. [Pl.: –*rosos* (ó).]

clan•des•ti•no *adj.* 1. Realizado às ocultas. 2. Ilegal. • *sm.* 3. *Pop.* Aquele que se introduz sub-repticiamente em navio, avião, etc., para viajar sem documentos nem passagem. § **clan•des•ti•ni•da•de** *sf.*

clan•gor (ô) *sm.* Som rijo e estridente como o de certos instrumentos metálicos de sopro.

cla•que *sf.* Grupo de admiradores ou seguidores de alguém.

cla•ra *sf.* 1. Albumina que envolve o ovo. 2. Esclerótica.

cla•ra•bói:a *sf.* Abertura no alto de edifícios, e que permite a entrada da luz.

cla•rão *sm.* 1. Luz viva e instantânea. 2. Claridade intensa; luzerna. [Pl.: –*rões.*]

cla•re•ar *v.t.d. e int.* 1. Tornar(-se) claro. 2. Tornar(-se) (voz) nítida. 3. Tornar(-se) inteligível. [Conjug.: 10 [clar]ear]

cla•rei•ra *sf.* Espaço sem árvore, ou quase, em mata ou bosque; aberta (*bras.*).

cla•re•za (ê) *sf.* 1. Qualidade de claro ou inteligível. 2. Limpidez, transparência.

cla•ri•da•de *sf.* 1. Qualidade de claro. 2. Luz viva, intensa. 3. Foco luminoso. 4. Brancura, alvura.

cla•ri•fi•car *v.t.d.* 1. Tornar claro, limpando ou purificando. *P.* 2. Tornar-se claro. [Conjug.: 8 [clarifi]car] § **cla•ri•fi•ca•ção** *sf.*

cla•rim *sm. Mús.* Instrumento de sopro, feito de metal, com bocal e tubo cônico, hoje usado para sinais militares. [Pl.: –*rins.*]

cla•ri•na•da *sf.* Toque de clarim.

cla•ri•ne•ta ou cla•ri•ne•te (ê) *sm.* Instrumento de sopro, de madeira ou metal, de tubo parcialmente cilíndrico e palheta simples.

cla•ri•ne•tis•ta *s2g.* Tocador de clarineta.

cla•ri•vi•den•te *adj2g.* 1. Que vê claro. 2. Prudente, cauteloso. § **cla•ri•vi•dên•ci:a** *sf.*

cla•ro *adj.* 1. Que alumia; luminoso. 2. Que recebe claridade; iluminado. 3. Transparente (1). 4. Límpido, puro. 5. Bem visível. 6. De cor pouco intensa. 7. Sem nuvens. 8. Diz-se da parte do dia em que o Sol está acima do horizonte. 9. Diz-se de indivíduo branco ou quase branco. 10. Bem audível; alto. 11. Fácil de entender; explícito. 12. V. *evidente.* • *sm.* 13.

Lugar onde é rarefeito ou inexistente o que, à volta, se encontra em certa quantidade; vazio. **14.** Espaço interrompido, num trecho escrito, por falta de letras ou linhas. • *adv.* **15.** Com clareza; claramente. • *interj.* **16.** Sem dúvida; evidentemente.

cla•ro-es•cu•ro *sm.* Em pintura, distribuição e combinação de luz e de sombras. [Pl.: *claros-escuros* e *claro-escuros.*]

clas•se *sf.* **1.** Numa série ou num conjunto, grupo ou divisão que apresenta características semelhantes; categoria. **2.** Categoria de cidadãos baseada nas distinções de ordem social ou jurídica. **3.** Grupo de pessoas que se diferenciam das outras por suas ocupações, costumes, etc. **4.** Categoria de meio de transporte, conforme acomodações e o preço. **5.** *Biol.* Reunião de ordens [v. *ordem* (15)]. **6.** Aula em que se ensina certa matéria. **7.** Aqueles que as freqüentam. **8.** O local onde se dão as aulas; sala. **9.** *Gram.* V. *classe de palavras.* **10.** *Bras.* Distinção de maneiras. ◆ **Classe de palavras.** *Gram.* Cada uma das classes [v. *classe* (1)] estabelecidas com base em características de significado e de forma: *substantivo, artigo, adjetivo, numeral, pronome, verbo, advérbio, preposição, conjunção, interjeição.* [Sin.: *categoria gramatical.*]

clas•si•cis•mo *sm.* **1.** Qualidade do que é clássico. **2.** Doutrina literária e artística baseada na tradição clássica greco-romana. **3.** O estilo clássico.

clás•si•co *adj.* **1.** Relativo à arte, à literatura ou à cultura dos antigos gregos e romanos. **2.** Que segue, em matéria de artes, letras, cultura, o padrão deles. **3.** Da melhor qualidade; exemplar. **4.** Sem excesso de ornatos; sóbrio, simples. **5.** Habitual. • *sm.* **6.** Escritor ou artista plástico clássicos e suas obras.

clas•si•fi•ca•do *adj.* **1.** Que se classificou. • *sm.* **2.** Indivíduo classificado (1). **3.** Anúncio classificado.

clas•si•fi•car *v.t.d.* **1.** Distribuir em classe e/ ou grupos, segundo sistema de classificação. **2.** Determinar (as categorias em que se divide e subdivide um conjunto). **3.** Pôr em ordem (documentos, coleções, etc.). *Transobj.* **4.** Qualificar; tachar. *P.* **5.** Ser aprovado em concurso ou torneio; qualificar-se. [Conjug.: ⑧ [classifi]**car**] § **clas•si•fi•ca•ção** *sf.*; **clas•si•fi•ca•dor** (ô) *adj.* e *sm.*

clau•di•car *v.int.* **1.** V. *coxear.* *T.i.* **2.** Cometer falta; errar. [Conjug.: ⑧ [claudi]**car**] § **clau•di•can•te** *adj2g.*

claus•tro *sm.* **1.** Pátio interior, descoberto e cercado de arcadas, nos conventos. **2.** A vida monástica. § **claus•tral** *adj2g.*

claus•tro•fo•bi•a *sf. Psiq.* Estado psicopatológico caracterizado pelo medo de estar em lu-

gares fechados, ou passar por eles. § **claus•tro•fó•bi•co** *adj.*

claus•tró•fo•bo *sm.* Quem sofre de claustrofobia.

cláu•su•la *sf.* Cada uma das disposições dum contrato, ou de documento semelhante, público ou privado.

clau•su•ra *sf.* **1.** Recinto fechado. **2.** Reclusão em claustro.

cla•va *sf.* Pau pesado, mais grosso num dos extremos, que se usava como arma; maça.

cla•ve *sf. Mús.* Sinal no princípio da pauta, para determinar o nome das notas e o grau de elevação delas na escala dos sons.

cla•ví•cu•la *sf. Anat.* Cada um de dois ossos que se articulam, um de cada lado, com o esterno e com a omoplata homolateral. § **cla•vi•cu•lar** *adj2g.*

cla•vi•na *sf.* Carabina.

cle•mên•ci:a *sf.* Disposição para perdoar; indulgência.

cle•men•te *adj2g.* Que perdoa; indulgente.

clep•si•dra *sf.* Relógio de água.

clep•to•ma•ni•a *sf. Psiq.* Impulso mórbido para o furto. § **clep•to•ma•ní•a•co** *sm.*

cle•ri•cal *adj2g.* Relativo ao clero. [Pl.: *–cais.*]

cle•ri•ca•lis•mo *sm.* Influência ou predomínio do clero, da Igreja.

clé•ri•go *sm.* Aquele que recebeu as ordens sacras.

cle•ro *sm.* **1.** A classe clerical. **2.** A corporação dos sacerdotes.

cli•car *v.t.d.* e *t.i. Inform.* Comprimir e soltar o botão do *mouse*, sem movimentar este, como forma de selecionar (um objeto de interface) ou ativar (um programa ou recurso de programa). [Conjug.: ⑧ [cli]**car**]

cli•chê *sm.* **1.** Placa gravada em relevo sobre metal, para impressão de imagens e textos por meio de prensa tipográfica. **2.** A imagem ou o texto assim impresso. **3.** V. *lugar-comum.*

cli•che•ri•a *sf.* Oficina onde se fazem clichês.

cli•en•te *s2g.* **1.** Constituinte, em relação a seu advogado, ou doente, em relação ao médico. **2.** Aquele que compra; freguês.

cli•en•te•la *sf.* Conjunto de clientes.

cli•en•te•lis•mo *sm.* Tipo de relação política em que uma pessoa dá proteção a outra(s) em troca de apoio, estabelecendo-se um laço de submissão pessoal. § **cli•en•te•lis•ta** *adj2g.*; **cli:en•te•lís•ti•co** *adj.*

cli•ma *sm.* Conjunto de condições meteorológicas (temperatura, ventos, etc.) típicas do estado médio da atmosfera num ponto da superfície terrestre.

cli•má•ti•co *adj.* Relativo ao clima.

clí•max (cs) *sm.* O ponto culminante.

cli•na *sf.* Crina.

clí•ni•ca *sf.* 1. A prática da medicina. 2. A clientela dum médico. 3. Lugar aonde vão os doentes consultar um médico, receber tratamento, submeter-se a exames clínicos, radiografias, etc. 4. Hospital, geralmente particular.

cli•ni•car *v.int.* Exercer a clínica (1). [Conjug.: ⑧ [clini]**car**]

clí•ni•co *sm.* 1. Médico que exerce a clínica. • *adj.* 2. Relativo a tratamento não cirúrgico.

cli•pa•gem *sf.* Conjunto atualizado de resumos das principais notícias publicadas na imprensa.

cli•pe¹ *sm.* Pequena peça de metal, ou de outro material, para prender folhas de papel.

cli•pe² *sm.* Videoclipe (q. v.).

cli•que *interj.* 1. Som de estalido ou de crepitação. • *sm.* 2. Ação ou efeito de clicar.

clis•ter *sm.* Injeção de água, ou dum líquido medicamentoso, no reto.

cli•va•gem *sf.* Propriedade que têm certos cristais de se fragmentar segundo determinados planos, que sempre são faces possíveis do cristal. [Pl.: *–gens.*]

clo•a•ca *sf.* 1. Fossa ou cano que recebe dejeções e imundícies. 2. V. *latrina.* 3. Cavidade genital e excretória no final do canal intestinal de aves e reptis.

clo•na•gem *sf.* 1. Obtenção de clone(s). 2. Introdução de material genético de uma célula em outra célula que passa a possuir e a multiplicar a informação genética da primeira.

clo•nar *v.t.d.* 1. Reproduzir (organismo, célula, material genético) por técnica especial de clonagem. 2. *Fig.* Produzir cópia ou imitação de (algo). [Conjug.: ① [clon]**ar**]

clo•ne *sm.* 1. *Biol.* O conjunto das células ou organismos originados de um mesmo indivíduo por reprodução assexual e geneticamente idênticos entre si. 2. Indivíduo geneticamente idêntico a outro, desenvolvido a partir de uma célula somática deste por técnica artificial. 3. *Inform.* Produto que tem as mesmas características básicas e desempenho funcional daquele originalmente criado por outro fabricante. § **clo•nal** *adj2g.*

clo•rar *v.t.d.* Tratar (a água) com o cloro. [Conjug.: ① [clor]**ar**]

clo•re•to (ê) *sm. Quím.* 1. O ânion simples do cloro. 2. Qualquer sal que contenha esse ânion.

clo•rí•dri•co *adj. Quím.* Diz-se do ácido formado pela combinação de hidrogênio e cloro. É muito ativo, e tem vários usos industriais [fórm.: HCl].

clo•ro *sm. Quím.* V. *halogênio* [símb.: *Cl*]. ◆ **Cloro líquido.** Solução aquosa concentrada de hipoclorito de sódio, obtida borbulhando-se cloro numa solução aquosa de soda cáustica.

clo•ro•fi•la *sf. Bot.* Pigmento de estrutura química semelhante à da hemoglobina; realiza a fotossíntese em presença da luz solar, liberando o oxigênio no ar e deste retirando o gás carbônico.

clo•ró•fi•ta *sf. Bot.* Espécime das clorófitas, divisão do reino vegetal que compreende organismos unicelulares, ou cujas células se congregam em talo; abrange as algas verdes.

clo•ro•fór•mi:o *sm. Quím.* Substância líquida, incolor, volátil, usada como solvente e que já foi empregada como anestésico (hoje, é considerada venenosa) [fórm.: CHCl₃].

clo•ro•se *sf. Med.* Tipo de anemia peculiar à mulher adolescente.

clu•be *sm.* 1. Local de reuniões políticas, sociais, literárias ou recreativas. 2. Local que tem, ger., edificações, piscinas, quadras de esportes, etc., e onde, mediante compra de título, ou mensalidade, etc. se reúnem pessoas para praticar esportes, dançar, etc.

clu•pe•í•de:o *sm. Zool.* Espécime dos clupeídeos, grande família de peixes ger. marinhos, de corpo fusiforme, achatado. Ex.: sardinhas. § **clu•pe•í•de:o** *adj.*

❑ **Cm** *Quím.* Símb. do *cúrio.*

cni•dá•ri:o *sm. Zool.* Espécime dos cnidários, filo de metazoários, ger. marinhos, medusóides ou polipóides, e que são ger. providos de nematocistos. Ex.: anêmonas-do-mar, corais, caravelas, hidras. § **cni•dá•ri:o** *adj.*

❑ **Co** *Quím.* Símb. do *cobalto.*

co:a•bi•tar *v.t.d.* e *t.i.* 1. Habitar em comum. *Int.* 2. Viver intimamente com alguém. [Conjug.: ① [coabit]**ar**] § **co:a•bi•ta•ção** *sf.*

co:a•ção¹ *sf.* Ato ou efeito de coagir; coerção. [Pl.: *–ções.*]

co:a•ção² *sf.* Ato ou efeito de coar. [Pl.: *–ções.*]

co:ac•tar ou **co:a•tar** *v.t.d.* Coagir, obrigar. [Conjug.: ① [coa(c)t]**ar**]

co:ad•ju•tor (ô) *adj.* 1. Que coadjuva. • *sm.* 2. Aquele que coadjuva. 3. Sacerdote adjunto de um pároco ou bispo.

co:ad•ju•var *v.t.d.* e *t.d.i.* 1. Ajudar, auxiliar. *P.* 2. Auxiliar-se, ajudar-se, mutuamente. [Conjug.: ① [coadjuv]**ar**] § **co:ad•ju•va•ção** *sf.*; **co:ad•ju•van•te** *adj2g.* e *s2g.*

co:a•dor (ô) *adj.* 1. Que coa. • *sm.* 2. Saco, ou vaso com crivo, por onde passa a parte mais fina, ou a líquida, de certas substâncias.

co:a•du•nar *v.t.d., t.d.i.* e *p.* Juntar(-se), reunir(-se) para a formação dum todo. [Conjug.: ① [coadun]**ar**]

co:a•gir *v.t.d.* e *t.d.i.* 1. Constranger. 2. Obrigar usando de violência; forçar. [Conjug.: ㊺ [coa]**gir**. Embora, para alguns, só se deva conjugar nas f. em que o *g* da raiz é seguido de *e* ou de *i*, a tendência, no Brasil, é usá-lo em todas as formas.]

co:a•gu•la•ção *sf. Med.* Fenômeno resultante de diversos mecanismos físicos e químicos, e que resulta na transformação de sangue líquido em massa sólida. [Pl.: –ções.]

co:a•gu•la•dor (ô) *adj.* **1.** Que coagula. • *sm.* **2.** O quarto estômago dos ruminantes; coalheira.

co:a•gu•lar *v.t.d.* **1.** Promover a coagulação de. *Int. e p.* **2.** Converter-se em sólido. [F. paral.: *coalhar*. Conjug.: ① [coagul]**ar**] § **co:a•gu•lá•vel** *adj2g.*

co•á•gu•lo *sm.* Parte coagulada de um líquido; coalho.

co:a•lha•da *sf.* Leite coalhado, em geral usado como alimento.

co:a•lha•do *adj.* **1.** Coagulado, solidificado. **2.** Apinhado, cheio.

co:a•lhar *v.t.d., int. e p.* Coagular. [Conjug.: ① [coalh]**ar**]

co:a•lhei•ra 1. Coagulador (2). **2.** Líquido segregado pelo coagulador (2), e utilizado nas queijarias para coalhar o leite; coalho.

co:a•lho *sm.* **1.** Coágulo. **2.** Coalheira (2).

co:a•li•zão *sf.* **1.** Acordo de partidos políticos para um fim comum. **2.** *Econ.* Acordo tácito entre produtores da mesma mercadoria, visando restringir a concorrência e elevar os preços. [Pl.: –zões.]

co•ar *v.t.d.* Fazer passar através de filtro ou coador. [Conjug.: ⑬ [c]**oar**. Pres. ind.: *côo, côas, côa,* etc.]

co:arc•tar ou **co:ar•tar** *v.t.d.* Estabelecer limites a; restringir. [Conjug.: ① [coar(c)t]**ar**]

co:a•ti•vo *adj.* **1.** Que coage; coercivo. **2.** Que tem o direito de impor obediência.

co-au•tor *sm.* **1.** Quem produz com outrem trabalho ou obra. **2.** Quem é culpado de delito juntamente com outrem. [Pl.: *co-autores.*] § **co-au•to•ri•a** *sf.*

co:a•xar *v.int.* Soltar a voz (a rã, o sapo). [Conjug.: ① [coax]**ar**. Norm., é defect., conjugado só nas 3ªs pess.]

co:a•xi•al (cs) *adj2g.* Que tem um eixo em comum. [Pl.: –ais.]

co•a•xo *sm.* A voz das rãs e dos sapos.

co•bai•a *sf. Zool.* Mamífero caviídeo muito us. em laboratório para fins experimentais; porquinho-da-índia.

co•bal•to *sm. Quím.* Elemento de número atômico 27, metálico, branco-prateado, resistente, usado em ligas [símb.: *Co*].

co•bar•de *adj2g. e s2g.* Covarde.

co•bar•di•a *sf.* Covardia.

co•ber•ta *sf.* V. *cobertura* (1).

co•ber•to *adj.* **1.** Que se cobriu. **2.** Tapado (1). **3.** Que se vestiu ou pôs agasalho. **4.** Cheio, repleto.

co•ber•tor (ô) *sm.* Peça para agasalhar, que constitui roupa de cama.

co•ber•tu•ra *sf.* **1.** Aquilo que cobre ou serve para cobrir; coberta, capa. **2.** Ato de cobrir. **3.** Apartamento construído sobre a laje de cobertura dum edifício. **4.** *Jorn.* Trabalho de coleta de informações realizado no próprio local do acontecimento a ser noticiado. **5.** *Mat.* Em relação a um conjunto, família de conjuntos cuja união o contém.

co•bi•ça *sf.* Avidez de bens materiais.

co•bi•çar *v.t.d.* **1.** Ter cobiça de; apetecer muito. **2.** Desejar (o que é de outrem). [Conjug.: ⑨ [cobi]**çar**]

co•bi•ço•so (ô) *adj.* Cheio de cobiça; ávido. [Pl.: –çosos (ó).]

co•bra *sf.* **1.** *Zool.* Nome comum a ofídios, venenosos ou não. **2.** *Fig.* Pessoa de má índole e/ou mau gênio. **3.** *Bras. Pop.* Pessoa perita em sua arte ou ofício.

co•bra•dor (ô) *sm.* Aquele que faz cobranças como, p. ex., de passagens em coletivos.

co•bran•ça *sf.* Ato ou efeito de cobrar.

co•brar *v.t.d.* **1.** Receber, adquirir (o que é devido). **2.** Fazer que seja pago. **3.** Readquirir, recuperar. **4.** Pedir ou exigir cumprimento de. *T.d.i.* **5.** Cobrar (2 e 4). *P.* **6.** Refazer-se, recobrar-se. [Conjug.: ① [cobr]**ar**]

co•bre *sm. Quím.* Elemento de número atômico 29, metálico, vermelho, maleável e dúctil, usado em ligas importantes [símb.: *Cu*].

co•brei•ro *sm. Pop.* V. *herpes-zoster.*

co•bre•lo *sm. Pop.* V. *herpes-zoster.*

co•bres *sm.pl.* **1.** V. *dinheiro* (3). **2.** Dinheiro miúdo, ou em moedas.

co•brir *v.t.d.* **1.** Ocultar ou resguardar, pondo algo, ou ficando em cima, diante ou em redor. **2.** Estender-se ou alastrar-se por cima de; recobrir. **3.** Proteger, defender. **4.** Dissimular. **5.** Ser suficiente para. **6.** Percorrer. **7.** Sobrepor-se a (a fêmea) para a cópula. **8.** Fazer a cobertura de. *T.d.i.* **9.** Encher: *O verão cobriu de frutos a árvore.* **10.** Cobrir (3) *P.* **11.** Pôr chapéu, etc., na cabeça. **12.** Envolver-se. **13.** Proteger-se. **14.** Ficar (uma superfície) ocupada por inteiro, ou quase; recobrir-se. [Conjug.: ⑤⑤ [c]o[br]**ir**; part.: *coberto.*]

co•ca (ó) *sf.* **1.** *Bot.* Arbusto eritroxiláceo cujas folhas e cascas encerram alcalóides. **2.** Cocaína.

co•ça *sf.* **1.** *Pop.* Ato de coçar. **2.** V. *surra* (1).

co•ca•da *sf.* Doce seco, de coco ralado e calda de açúcar.

co•ca•í•na *sf.* Alcalóide tóxico encontrado na coca; coca.

co•ca:i•no•ma•ni•a *sf. Psiq.* O vício da cocaína. § **co•ca:i•nô•ma•no** *sm.*

co•car¹ *sm.* Penacho, laço ou distintivo que se usa na cabeça, no chapéu, etc.

co•car² *sm.* Ficar à espreita (de); espiar. [Conjug.: ⑧ [co]**car**]

co•çar *v.t.d.* **1.** Esfregar ou roçar com as unhas ou com objeto áspero (a parte do corpo onde há coceira). **2.** Esfregar ou roçar com as unhas: *coçar a cabeça. Int.* **3.** Produzir coceira; comichar. *P.* **4.** Coçar a própria pele. [Conjug.: 9 [co]**çar**]

coc•ção *sf.* V. *cozedura.* [Pl.: *–ções.*]

coc•ci•ne•lí•de:o *sm. Zool.* Espécime dos coccinelídeos, família de coleópteros à qual pertencem as joaninhas. § **coc•ci•ne•lí•de:o** *adj.*

cóc•cix (csis) *sm2n. Anat.* Pequeno osso que termina a coluna vertebral na parte inferior. § **coc•cí•ge:o** *adj.*

có•ce•gas *sf.pl.* Espécie de tremor espasmódico, em geral acompanhado de riso convulso, produzido por leve roçar ou por fricção em pontos da pele ou das mucosas.

co•cei•ra *sf.* Sensação desagradável que leva a pessoa a coçar-se; comichão.

co•che (ô) *sm.* Carruagem suntuosa.

co•chei•ra *sf.* **1.** Casa onde se guardam coches, etc. **2.** Cavalariça.

co•chei•ro *sm.* Aquele que guia os cavalos duma carruagem; boleeiro.

co•chi•char *v.int.* e *t.i.* **1.** Falar em voz baixa; murmurar. *T.d.* e *t.d.i.* **3.** Cochichar (1). [Conjug.: 1 [cochich]**ar**]

co•chi•cho[1] *sm.* Ato de cochichar.

co•chi•cho[2] *sm. Bras. Zool.* Ave furnariídea do S.E. do Brasil.

co•chi•lar *v.int. Bras.* **1.** Dormir levemente; dormitar. **2.** Descuidar-se, distrair-se. [Conjug.: 1 [cochil]**ar**]

co•chi•lo *sm. Bras.* **1.** Ato de cochilar. **2.** Erro, descuido.

co•cho (ô) *sm.* **1.** Tabuleiro para conduzir cal amassada. **2.** Caixa onde gira a mó dos amoladores. **3.** *Bras.* Vasilha para a água ou a comida do gado.

co•cho•ni•lha *sf. Zool.* Inseto coccídeo, parasito de vegetais; segrega substâncias (cera, laca) us. em revestimento.

co•ci•en•te *sm. Mat.* Quociente.

có•cle:a *sf. Anat.* Parte anterior do labirinto ósseo. § **co•cle•ar** *adj2g.*

co•co (ó) *sm.* **1.** *Bacter.* Bactéria esférica ou ovóide. **2.** *Bot.* Porção individualizada em que se fragmentam vários frutos capsulares, na maturidade.

co•co (ô) *sm.* **1.** *Bot.* Nome comum a várias palmáceas. **2.** O fruto dessas palmeiras, esp. o do coqueiro-da-baía. **3.** *Pop.* Cabeça (1).

co•có *sm. Bras.* Penteado feminino em que se enrodilham os cabelos; coque.

co•cô *sm. Bras. Inf.* e *Pop.* V. *excremento.*

có•co•ras *el.* V. Us. na loc. *de cócoras.* ♦ **De cócoras.** Sentado no chão ou sobre os calcanhares; agachado.

co•co•ri•car *v.int.* Cantar (o galo). [Conjug.: 8 [cocori]**car**]. Norm., é defect., conjugado só nas 3ªs pess.]

co•co•ro•có ou **co•co•ro•cô** *sm. Bras.* Onomatopéia do canto do galo.

co•co•ro•te *sm. Bras.* V. *cascudo*[2].

co•cu•lo *sm. Bras. Pop.* Cogulo.

co•cu•ru•to *sm.* **1.** O alto da cabeça. **2.** V. *cume* (1).

cô•de:a *sf.* **1.** Parte exterior dura; crosta. **2.** Crosta de pão, rosca, etc.

có•di•ce *sm.* **1.** Forma característica do manuscrito em pergaminho, semelhante à do livro moderno. **2.** Obra antiga de autor clássico.

co•di•fi•ca•ção *sf.* Ato ou efeito de codificar. [Pl. *–ções.*]

co•di•fi•ca•do *adj.* Que se codificou; de que se fez codificação.

co•di•fi•ca•dor (ô) *adj.* **1.** Que codifica. ● *sm.* **2.** Aquele que codifica. **3.** *Eletrôn.* Circuito que transforma uma seqüência de sinais em sinais codificados.

co•di•fi•car *v.t.d.* **1.** Reunir em código (2). **2.** Reduzir a código (3). **3.** *Inform.* Conceber ou utilizar código (4) para o processamento de informações. [Conjug.: 8 [codifi]**car**]

có•di•go *sm.* **1.** Coleção de leis. **2.** Conjunto metódico e sistemático de disposições legais relativas a um assunto ou a um ramo do direito. **3.** Conjunto de sinais convencionais e secretos utilizados em correspondências e comunicações. **4.** *Inform.* Sistema de símbolos com que se representam dados e instruções de programa para serem processados por computador. ♦ **Código de barras.** Código (3) para representação de seqüências alfanuméricas por barras impressas de diferentes larguras, alinhadas paralelamente.

co•dor•na *sf. Zool.* Ave tinamídea de carne apreciada; codorniz.

co•dor•niz *sf.* Codorna.

co•e•du•ca•ção *sf.* Educação em comum. [Pl.: *co-educações.*]

co•e•fi•ci•en•te *sm.* **1.** Propriedade que tem um corpo ou fenômeno de poder ser avaliado numericamente; grau. **2.** *Mat.* Parte numérica num produto de números numéricos e literais.

co•e•lhei•ra *sf.* Recinto onde se criam coelhos.

co•e•lho (ê) *sm.* Mamífero leporídeo cavador, herbívoro, e gregário.

co•en•tro *sm. Bot.* Planta umbelífera de folhas condimentosas.

co•er•ção *sf.* Coação[1]. [Pl.: *–ções.*]

co•er•ci•ti•vo *adj.* Coercivo (1).

co•er•cí•vel *adj2g.* **1.** Que pode ser coagido. **2.** Que se pode encerrar em menor espaço. [Pl.: *–veis.*]

co•er•ci•vo *adj.* **1.** Que pode exercer coerção; coercitivo. **2.** Coativo (1).

co•e•rên•ci:a *sf.* **1.** Qualidade, estado ou atitude de coerente. **2.** Harmonia entre idéias, ou acontecimentos.

co:e•ren•te *adj2g.* **1.** Em que há coesão, ligação ou adesão recíproca. **2.** Que procede com lógica; conseqüente.

co:e•são *sf.* **1.** União íntima das partes de um todo; conexão. **2.** *Fig.* Concordância, união. [Pl.: *–sões.*]

co•e•so (ê) *adj.* Ligado ou unido por coesão.

co:es•ta•du•a•no *adj.* Que é do mesmo estado.

co:e•tâ•ne:o *adj.* e *sm.* V. *contemporâneo.*

co•e•vo (é) *adj.* e *sm.* V. *contemporâneo.*

co:e•xis•tir (z) *v.int.* e *t.i.* Existir simultaneamente. [Conjug.: ③[coexist]ir] § **co:e•xis•tên•ci:a** (z) *sf.*

co•fi•ar *v.t.d.* Alisar (a barba, o bigode), passando a mão por eles. [Conjug.: ①[cofi]ar]

co•fo (ô) *sm. Bras.* Samburá.

co•fre *sm.* Caixa ou móvel de metal reforçado, que se pode trancar e onde se guarda dinheiro, jóias, etc.

co•gi•ta•ção *sf.* **1.** Ação de cogitar. **2.** Pensamento profundo. [Pl.: *–ções.*]

co•gi•tar *v.t.d.* **1.** Refletir acerca de; imaginar. **2.** Tencionar. *T.i.* e *int.* **3.** Pensar, refletir. [Conjug.: ①[cogit]ar]

cog•na•ção *sf. Antrop.* Parentesco entre consangüíneos, pelo lado paterno e/ou materno.

cog•na•to *adj.* e *sm.* **1.** *Gram.* Diz-se de, ou vocábulo que tem raiz comum com outro(s). **2.** *Antrop.* Diz-se de, ou indivíduo que é parente de outro por cognação.

cog•ni•ção *sf.* **1.** Ato de conhecer. **2.** *P. ext.* Conhecimento, percepção.

cog•ni•ti•vo *adj.* Relativo ao conhecimento.

cog•no•me *sm.* Epíteto nominal; apelido.

cog•no•mi•nar *v.transobj.* Dar cognome a; apelidar. [Conjug.: ①[cognomin]ar]

cog•nos•cí•vel *adj2g.* Que se pode conhecer. [Pl.: *–veis.*]

co•go•te *sm. Pop.* Região occipital; nuca, cachaço, cangote.

co•gu•la *sf.* Túnica larga de religiosos.

co•gu•lo *sm.* O que numa medida excede o conteúdo até às bordas.

co•gu•me•lo *sm.* O corpo esporífero de várias espécies de fungo, formado por talo e píleo, e que pode ser comestível, ou venenoso.

co:i•bir *v.t.d.* e *p.* **1.** Reprimir(-se), refrear(-se). *T.d.i.* **2.** Impedir, proibir. [Conjug.50[c]oibir] § **co:i•bi•ção** *sf.*

coi•ce ou **cou•ce** *sm.* **1.** Pancada que certos quadrúpedes desferem com os cascos traseiros. **2.** Recuo da arma de fogo ao ser disparada.

coi•fa *sf.* **1.** Rede ou touca em que as mulheres envolvem o cabelo. **2.** Exaustor us. em cima de fogão (1) para retenção de gordura e remoção de vapores e fumaça. **3.** Exaustor us. em capela (4) para remoção de gases.

coi•ma *sf.* Castigo, pena; multa.

co:in•ci•dên•ci:a *sf.* **1.** Identidade ou igualdade de duas ou mais coisas. **2.** Simultaneidade eventual.

co:in•ci•den•te *adj2g.* Que coincide.

co:in•ci•dir *v.t.i.* **1.** Ser idêntico em formas ou dimensões. **2.** Ser semelhante; igualar-se. **3.** Ocorrer ao mesmo tempo. *Int.* **4.** Ser idêntico, igual. **5.** Incidir no mesmo ponto, ou ao mesmo tempo. [Conjug.: ③[coincid]ir]

coi•o•te *sm.* Canídeo selvagem, espécie de lobo das Américas do Norte e Central.

coi•ra•na *sf. Bras.* Arbusto solanáceo, medicinal.

co:ir•mão *adj.* Diz-se de primos filhos de irmãos. [Fem.: *coirmã.* Pl.: *–mãos.*]

coi•sa ou **cou•sa** *sf.* **1.** O que existe ou pode existir. **2.** Objeto inanimado. **3.** Acontecimento, ocorrência. **4.** Assunto, matéria. **5.** *Pop.* Indisposição indeterminada; troço. **6.** *Pop.* Qualquer objeto; troço. ◆ **Coisa pública.** O patrimônio, os negócios, os interesses do Estado.

coi•sa-ru•im *sf. Pop.* O diabo (1). [Pl.: *coisas-ruins.*]

coi•ta•do *adj.* e *sm.* Desgraçado, mísero.

coi•té *sf. Bras.* V. *cuieira.*

coi•tei•ro *sm.* **1.** V. *couteiro.* **2.** *Bras. N.E.* Aquele que dá coito[2] ou asilo a bandidos.

coi•to[1] *sm.* Cópula (2).

coi•to[2] *sm.* V. *couto.*

coi•va•ra *sf. Bras.* Pilha de ramagens não atingidas pela queimada proposital de roça, que se incineram para limpar o terreno e adubá-lo com as cinzas.

co•la *sf.* **1.** Substância ou preparado para fazer aderir papel, madeira e outros materiais. **2.** *Bras. Gír.* Cópia clandestina, em exames.

co•la•bo•ra•ção *sf.* **1.** Trabalho em comum com uma ou mais pessoas. **2.** Ajuda, auxílio. **3.** Artigo de jornal ou revista feito por pessoa estranha à redação. **4.** Participação em obra literária, científica, etc. [Pl.: *–ções.*]

co•la•bo•rar *v.t.d.* **1.** Prestar colaboração. **2.** Contribuir. *Int.* **3.** Prestar colaboração; cooperar. [Conjug.: ①[colabor]ar] § **co•la•bo•ra•dor** (ô) *adj.* e *sm.*

co•la•ção *sf.* **1.** Confronto, cotejo. **2.** Nomeação para benefício eclesiástico. **3.** Concessão de título, direito ou grau. **4.** Refeição leve. [Pl.: *–ções.*]

co•la•ço *adj.* e *sm.* Diz-se de, ou indivíduo em relação a outro que foi amamentado pela mesma mulher, embora filhos de mães diferentes; irmãos de leite.

co•la•gem *sf.* Composição artística em que se emprega material (papel, tecido, etc.) colado sobre uma superfície. [Pl.: *–gens.*]

co•lap•so *sm.* **1.** *Med.* Falência de função, de força, ou de estado geral; esgotamento. **2.** Situação anormal e grave; crise.

co•lar¹ *sm.* Ornato ou insígnia para o pescoço.

co•lar² *v.t.d.* Receber (cargo, direito, título ou grau). [Conjug.: 1 [col]**ar**]

co•lar³ *v.t.d.* **1.** Unir com cola; grudar. **2.** *Bras. Gír.* Copiar clandestinamente, num exame escrito. *Int.* **3.** Ligar-se com cola. **4.** *Bras. Gír.* Colar³ (2). [Conjug.: 1 [col]**ar**]

co•la•ri•nho *sm.* Gola de pano cosida à camisa.

co•la•ri•nho-bran•co *sm.* Designação comum a profissionais de diferentes níveis que, pela natureza das suas atividades, precisam de apresentar-se em trajes convencionais (para os homens, terno e gravata). [Pl.: *colarinhos-brancos*.]

co•la•te•ral *adj2g.* **1.** Que está ao lado. **2.** *Antrop.* Relativo ao parentesco que envolve laços de germanidade, e não apenas vínculos diretos de filiação. [Pl.: *–rais*.]

col•cha (ó) *sf.* Coberta de cama, usada, em geral, por sobre os lençóis e cobertor.

col•chão *sm.* Coxim grande, cheio de substância flexível, que se usa sobre o estrado da cama. [Pl.: *–chões*.]

col•chei•a *sf. Mús.* Figura que vale a metade da semínima.

col•che•te (ê) *sm.* **1.** Pequeno gancho de metal para prender uma parte do vestuário a outra. **2.** Cada um de um par de sinais de pontuação [ ] que encerram, num texto, palavras que não fazem parte dele. **3.** *Mat.* Símbolo de associação equivalente ao parêntese. [ ].

col•cho:a•ri•a *sf.* Estabelecimento onde se fabricam e/ou vendem colchões, travesseiros, etc.

col•cho•ei•ro *sm.* Aquele que faz, conserta e/ou vende colchões, etc.

col•dre (ó) *sm.* **1.** Cada um dos dois estojos de couro pendentes do arção da sela, e onde em geral se metem armas. **2.** Estojo de couro para revólver.

co•le•ar *v.int.* Andar ou mover-se sinuosamente, aos ziguezagues. [Conjug.: 10 [col]**ear**]

co•le•ção *sf.* **1.** Conjunto ou reunião de objetos da mesma natureza ou que têm qualquer relação entre si. **2.** *Med.* Acúmulo de sangue, de pus, ou de outra matéria, numa cavidade normal ou patológica do corpo. [Pl.: *–ções*.]

co•le•ci:o•nar *v.t.d.* Fazer coleção de; reunir, coligir. [Conjug.: 1 [colecion]**ar**] § **co•le•ci:o•na•dor** (ó) *sm.*

co•le•ga *s2g.* **1.** Companheiro de trabalho, profissão, escola, etc. **2.** Camarada (2).

co•le•gi•al *adj2g.* De colégio. • *s2g.* **2.** Aluno de colégio. [Pl.: *–ais*.]

co•lé•gi:o *sm.* **1.** Estabelecimento de ensino de 1° e 2° graus. **2.** Corporação eleitoral, etc.

co•le•guis•mo *sm.* Companheirismo.

co•lei•o *sm.* Movimento sinuoso.

co•lei•ra¹ *sf.* Espécie de colar que cinge o pescoço dos animais.

co•lei•ra² *sm. f. Bras. Zool.* Coleiro.

co•lei•ro *sm. Bras. Zool.* Ave fringilídea, canora; coleira.

co•len•do *adj.* Respeitável, venerando.

co•lên•qui•ma *sm. Bot.* Tecido vegetal cujas células têm paredes espessadas, com função de sustentação.

co•le•óp•te•ro *sm. Zool.* Espécime dos coleópteros, classe de insetos tetrápteros, de aparelho bucal mastigador e asas anteriores córneas. São os besouros. § **co•le•óp•te•ro** *adj.*

có•le•ra *sf.* **1.** Impulso violento contra o que nos ofende, fere ou indigna; ira. **2.** *Med.* Enterite aguda infecciosa, eventualmente letal, e que pode ser epidêmica ou endêmica.

co•lé•ri•co *adj.* **1.** Propenso à cólera. **2.** Cheio de cólera; irado, bravo. **3.** *Med.* Atacado de cólera (2).

co•les•te•rol *sm. Quím.* Substância complexa existente em todas as células do corpo, especialmente nas do tecido nervoso, e presente nas gorduras animais, com funções bioquímicas ainda não de todo esclarecidas, cujos ésteres se depositam nas placas responsáveis pela arteriosclerose. [Pl.: *–róis*.]

co•le•ta *sf.* **1.** Quantia que se paga de imposto. **2.** Ato ou efeito de coletar; arrecadação. **3.** Obtenção de recursos naturais para fins alimentares ou outros, sem cultivo ou domesticação.

co•le•tâ•ne:a *sf.* Conjunto de trechos de várias obras ou de um autor.

co•le•tar *v.t.d.* **1.** Obrigar a pagamento de coleta (1) de. **2.** Fazer coleta de; recolher. **3.** Colher (sangue, urina, esperma, etc.) para estudo ou exame. **4.** Colher (plantas), ou capturar (animais), para estudo. **5.** Obter (recursos, ger. vegetais), para fins alimentares, matéria-prima, etc., sem cultivo. [Conjug.: 1 [colet]**ar**]

co•le•te (ê) *sm.* Peça de vestuário abotoada na frente, sem mangas nem gola.

co•le•ti•vi•da•de *sf.* Qualidade de coletivo.

co•le•ti•vis•mo *sm.* Sistema social e econômico em que a exploração dos meios de produção deve tornar-se comum a todos os membros da sociedade. § **co•le•ti•vis•ta** *adj2g.* e *s2g.*

co•le•ti•vo *adj.* **1.** Que abrange ou compreende muitas coisas ou pessoas. **2.** De, ou utilizado por muitos. **3.** *Gram.* Diz-se do substantivo que, no singular, designa várias pessoas, animais ou coisas. Ex.: *povo, alcatéia, feixe,* etc. • *sm.* **4.** *Bras.* Veículo de transporte coletivo. **5.** *Bras. Esport.* Treino com todos os jogadores, antes de competição ou partida, para estabelecer a melhor formação da equipe.

co•le•tor (ô) *adj.* **1.** Que coleta. **2.** V. *compilador.* • *sm.* **3.** Aquele ou aquilo que coleta. **4.** V.

compilador. **5.** Aquele que lança ou recebe coletas. **6.** *Eletrôn.* Eletrodo que coleta elétrons. **7.** *Eletrôn.* Num transistor bipolar, região que forma uma junção PN com a base (8), da qual recebe portadores majoritários, através da junção polarizada inversamente.

co•le•to•ri•a *sf.* **1.** Repartição pública onde se pagam impostos. **2.** Cargo de coletor (5).

co•lhei•ta *sf.* **1.** Ato de colher (sobretudo produtos agrícolas). **2.** O conjunto dos produtos agrícolas de determinado período.

co•lher (é) *sf.* **1.** Utensílio em forma de concha (2) rasa e de cabo, para levar alimentos à boca, ou para misturar, provar ou servir iguarias. **2.** Colherada.

co•lher (ê) *v.t.d.* **1.** Tirar (flores, frutos, folhas) do ramo ou da haste; apanhar. **2.** Tirar, recolher. **3.** Coletar, coligir. **4.** Alcançar, obter. **5.** Apanhar, pegar. *Int.* **6.** Fazer a colheita. [Conjug.: ② [colh]er]

co•lhe•ra•da *sf.* Colher cheia; colher.

co•li•ba•ci•lo *sm. Bacter.* Bactéria que não sendo normalmente patogênica, pode, em certos casos, ter grande ação patogênica.

co•li•bri *sm.* Beija-flor.

có•li•ca *sf. Med.* Dor abdominal aguda, com variações decorrentes de peristaltismo.

co•li•dir *v.t.i.* e *int.* Ir de encontro; abalroar. [Conjug.: ③ [colid]ir]

co•li•for•me *sm. Bacter.* Nome genérico de bacilos intestinais gram-negativos. ◆ **Coliforme fecal.** *Bacter.* Coliforme presente em fezes.

co•li•ga•ção *sf.* Aliança de várias pessoas ou organizações com vista a um fim comum. [Pl.: –ções.]

co•li•gar *v.t.d., t.d.i.* e *p.* Associar(-se) por coligação; aliar(-se). [Conjug.: ⑪ [coli]gar]

co•li•gir *v.t.d.* e *t.d.i.* **1.** Reunir em coleção, massa ou feixe; ajuntar (o que está esparso). **2.** Concluir, deduzir, inferir. [Conjug.: ㊺ [coli]gir]

co•li•mar *v.t.d.* Ter em vista; pretender. [Conjug.: ① [colim]ar]

co•li•na *sf.* Pequeno monte ou elevação; cerro.

co•li•ne•ar *adj2g. Mat.* Diz-se de uma configuração pertencente à mesma reta que outra.

co•lí•ri•o *sm.* Medicamento líquido, para aplicação conjuntival.

co•li•são *sf.* **1.** Embate recíproco de dois corpos; choque, abalroamento. **2.** Luta, embate. **3.** Oposição. [Pl.: –sões.]

co•li•seu *sm.* Circo (2).

co•li•te *sf. Med.* Inflamação do colo²

col•mei•a ou col•méi•a *sf.* **1.** Cortiço ou outra instalação de abelhas. **2.** Acumulação de pessoas ou coisas.

col•mo *sm.* **1.** *Bot.* O caule das gramíneas. **2.** Palha extraída de várias plantas e usada para cobrir cabanas, etc.

co•lo¹ *sm.* **1.** *Anat.* Pescoço. **2.** *Anat.* Porção estreitada de órgão ou estrutura (3). **3.** Regaço.

co•lo² *sm. Anat.* A parte do intestino grosso entre o íleo e o reto.

co•lo•ca•ção *sf.* **1.** Ato ou efeito de colocar(-se). **2.** Emprego (2). [Pl.: –ções.]

co•lo•car *v.t.d.c.* **1.** Pôr (em algum lugar). *T.d.i.* **2.** Aplicar, empregar. **3.** Situar (moralmente); pôr. *T.d.* **4.** Dar emprego a; empregar. **5.** Vender. *P.* **6.** Tomar posição; instalar-se. **7.** Conseguir emprego. [Conjug.: ⑧ [colo]car] § **co•lo•cá•vel** *adj2g.*

co•lo•fão *sm.* Inscrição no fim de manuscritos ou de livros impressos, com indicações sobre a feitura dos mesmos, o nome do copista ou do impressor, data, etc. [Pl.: –fãos, –fões.]

co•lo•ga•rit•mo *sm. Mat.* Logaritmo decimal do inverso de um número. [Pl.: co-logaritmos.]

co•lói•de *sm. Fís.-Quím.* Sistema físico-químico que contém duas fases, uma das quais, a fase dispersa, está extremamente subdividida na outra, a fase dispersora.

co•lom•bi•na *sf.* Personagem da antiga comédia italiana, companheira do arlequim e do pierrô, namoradeira, fútil e bela.

có•lon *sm. Anat.* Colo².

co•lô•ni•a *sf.* **1.** Grupo de pessoas que se estabelecem em terra ou região estranha. **2.** Lugar onde se estabeleceu um desses grupos. **3.** Região pertencente a um Estado e fora de seu âmbito geográfico principal; possessão. **4.** *Biol.* Conjunto de organismos da mesma espécie e que vivem juntos.

co•lo•ni•al *adj2g.* Relativo a colônia ou colonos. [Pl.: –ais.]

co•lo•ni•a•lis•mo *sm.* Orientação política de manter sob domínio, inclusive econômico, as colônias [v. *colônia* (3)].

co•lo•ni•za•ção *sf.* **1.** Ato ou efeito de colonizar. **2.** *Biol.* Assentamento de plantas ou animais em novo meio ambiente. [Pl.: –ções.]

co•lo•ni•zar *v.t.d.* **1.** Transformar em colônia (3). **2.** Habitar como colono. [Conjug.: ① [coloniz]ar] § **co•lo•ni•za•dor** (ô) *adj.* e *sm.*

co•lo•no *sm.* Membro de uma colônia (1 a 3).

co•lo•qui•al *adj2g.* Próprio de colóquio. [Pl.: –ais.]

co•ló•qui•o *sm.* Conversação entre duas ou mais pessoas.

co•lo•ra•ção *sf.* **1.** Ação de dar ou de adquirir cor, ou cores. **2.** Efeito produzido pelas cores; colorido, cor. [Pl.: –ções.]

co•lo•rau *sm.* Pó vermelho, vegetal, condimentoso, feito de pimentão ou de urucum, etc.

co•lo•ri•do *adj.* **1.** Que tem cores. • *sm.* **2.** V. *coloração* (2).

co•lo•rir *v.t.d.* **1.** Dar cor ou cores a. **2.** Adornar. **3.** Realçar. *P.* **4.** Tomar cor(es). [Conjug.: ㊳ [color]ir] co•los•sal *adj2g.* 1. Com proporções de colosso (1). 2. V. *prodigioso.* [Pl.: *–sais.*]

co•los•so (ô) *sm.* 1. Estátua descomunal. 2. Pessoa ou objeto agigantado. 3. Grande poderio ou soberania. 4. Pessoa ou coisa excepcional.

co•los•tro (ô) *sm. Med.* Líquido fino, amarelo, secretado por glândula mamária, antes do parto, ou após ele.

col•pi•te *sf. Med.* Inflamação da vagina.

co•lu•brí•de:o *sm. Zool.* Espécime dos colubrídeos, família de ofídios que reúne espécies não venenosas, como a caninana, e venenosas, como a jararaca. § **co•lu•brí•de:o** *adj.*

co•lum•bá•ri:o *sm.* Construção provida de nichos onde se guardam cinzas funerárias.

co•lum•bí•de:o *sm. Zool.* Espécime dos columbídeos, família de aves de bico pequeno e curto, com ceroma grosso na base, e patas curtas, emplumadas. São as pombas e rolas. § **co•lum•bí•de:o** *adj.*

co•lu•na *sf.* 1. Pilar cilíndrico que sustenta abóbadas, entablamentos, etc., e serve de ornato em edifícios. 2. Linha vertical de algarismos. 3. Troço de soldados em linha. 4. Cada uma das divisões verticais duma página de livro ou periódico. 5. *Anat.* Nome genérico de estrutura (3) em forma de pilar. ♦ **Coluna vertebral.** *Anat.* A formada pela superposição das vértebras, situada na parte dorsal do tronco, e que sustenta a cabeça, e é sustentada pela bacia.

co•lu•na•ta *sf.* Série de colunas dispostas simetricamente.

com *prep.* Exprime inúmeras relações entre palavras (comparação, semelhança, união, companhia, etc.): *comparar um irmão com o outro; casar com uma viúva; Seus atos não são concordes com a sua pregação; um prato com muita comida; sair com alguém; Juntou-se a fome com a vontade de comer* (prov.). Ocorre em numerosas loc. adv. (*proceder com lealdade, trabalhar com afinco,* etc.) e em várias loc. prep. (*de acordo com, de parceria com,* etc.).

co•ma¹ *sf.* 1. Cabeleira abundante e crescida. 2. Copa de árvore. 3. *Astr.* Cabeleira.

co•ma² *sm. Med.* Estado em que há perda parcial ou total da consciência e da vigilância, da sensibilidade e da motricidade e, excetuando casos muito graves, conservação das funções circulatórias e respiratória.

co•ma•dre *sf.* 1. Madrinha, em relação aos pais do neófito. 2. Mãe do neófito, em relação aos padrinhos deste. 3. *Fam.* Parteira. 4. Urinol chato, para doentes que não se podem levantar.

co•man•dan•te *sm.* Aquele que tem um comando, que comanda um navio, etc.

co•man•dar *v.t.d.* 1. Exercer comando em; mandar em. 2. Dirigir, governar. [Sin., nessas acepç.: *capitanear.*] 3. Acionar (1). [Conjug.: ①] [comand]**ar**]

co•man•do *sm.* 1. Posto, autoridade ou funções de quem pode mandar, de comandante. 2. Direção, liderança. 3. Grupo de ação estratégica. 4. Destacamento de tropa de elite. 5. Dispositivo que comanda determinada operação. 6. *Inform.* Expressão em linguagem de programação, que determina que o computador execute uma instrução.

co•mar•ca *sf.* Circunscrição judiciária dum estado.

co•ma•to•so (ô) *adj.* Relativo a coma². [Pl.: *–tosos* (ó).]

com•ba•lir *v.t.d.* 1. Enfraquecer, debilitar. 2. Causar abalo ou alteração em; abater, abalar. *P.* 3. Debilitar-se. [Conjug.: ⑤⑨ [combal]**ir**]

com•ba•te *sm.* Ato ou efeito de combater.

com•ba•ten•te *adj2g.* e *s2g.* Que ou quem combate.

com•ba•ter *v.t.d.* 1. Bater-se com. 2. Opor-se a; contestar. 3. Fazer diligência para dominar, vencer ou extinguir. 4. Contestar em discussão. *Int.* e *p.* 5. Bater-se, pelejar. [Conjug.: ②] [combat]**er**]

com•ba•ti•vo *adj.* Que tem pendor para combater. § **com•ba•ti•vi•da•de** *sf.*

com•bi•na•ção *sf.* 1. Ato ou efeito de combinar(-se). 2. Ajuste, acordo. 3. Plano, projeto. 4. Roupa íntima feminina us. sob vestido. 5. *Gram.* Contração (3). 6. *Mat.* Subconjunto não ordenado de um conjunto discreto e finito. [Pl.: *–ções.*] ♦ **Combinação linear** *Mat.* Adição de entidades matemáticas análogas (equações, variáveis, matrizes, etc.), cada qual multiplicada por uma constante.

com•bi•na•do *adj.* 1. Que se combinou. • *sm.* 2. V. seleção (2).

com•bi•nar *v.t.d.* 1. Reunir em certa ordem. 2. Ajustar, pactuar. *T.i.* 3. Conferir; condizer. *T.d.i.* 4. Combinar (2). *Int.* 5. Harmonizar-se, condizer. *P.* 6. Estar de acordo. 7. Harmonizar-se. 8. Unir-se em combinação química. [Conjug.: ① [combin]**ar**]

com•bi•na•tó•ri:o *adj.* Relativo a, ou em que há combinação.

com•boi•ar *v.t.d.* 1. Escoltar (um comboio). 2. *Bras. Gír.* Fazer-se acompanhar de. [Conjug.: ① [comboi]**ar**] Quanto à acentuação do *o,* v. *apoiar.*]

com•boi•o *sm.* 1. Porção de veículos que se dirigem ao mesmo destino. 2. Série de vagões puxados por uma locomotiva; trem.

com•bu•ren•te *adj2g.* e *sm.* Que, ou aquilo que alimenta a combustão.

com•bus•tão *sf.* 1. Ação de queimar. 2. Estado de um corpo que arde produzindo calor, ou calor e luz. [Pl.: *–tões.*]

com•bus•tí•vel *adj2g.* e *sm.* Que, ou substância ou produto que produz combustão. [Pl.: *–veis.*]

com•bus•tor (ó) *sm. Bras.* Poste para iluminação pública.

co•me•çar *v.t.i.* e *t.d.* 1. Dar começo (a); principiar, iniciar. *Int.* 2. Ter começo. *Pred.* 3. Começar (2) em certo estado ou condição. [Conjug.: ⑨ [come]**çar**]. O *e* é aberto nas f. rizotônicas.]

co•me•ço (ê) *sm.* O primeiro momento da existência ou da execução duma coisa; princípio, origem.

co•mé•di:a *sf.* 1. Obra ou representação teatral em que predominam a sátira e a graça. 2. Fato ridículo. 3. Fingimento, simulação.

co•me•di•an•te *s2g.* Ator de comédia; cômico.

co•me•di•do *adj.* Prudente, moderado.

co•me•di•men•to *sm.* Compostura.

co•me•di•ó•gra•fo *sm.* Autor de comédias.

co•me•dir *v.t.d.* e *p.* Moderar(-se), conter(-se). [Conjug.: ㊸ [com]**edir**]. Defect. Não é us. na 1ª pess. do sing. do pres. ind. nem, portanto, no pres. do subj.; não é us., tb., nas 3ᵃˢ pess. do imperat., nem na 1ª pass. do pl. deste.]

co•me•mo•rar *v.t.d.* 1. Trazer à memória; fazer recordar; lembrar. 2. Festejar, celebrar. [Conjug.: ① [comemor]**ar**] § co•me•mo•ra•ção *sf.*; co•me•mo•rá•vel *adj2g.*

co•me•mo•ra•ti•vo *adj.* Próprio para comemorar.

co•men•da *sf.* Condecoração ou distinção de ordem honorífica.

co•men•da•dor (ó) *sm.* O titular de uma comenda.

co•me•nos *sm.2n.* Momento, ocasião. ◆ **Neste comenos.** Nesta mesma ocasião.

co•men•sal *s2g.* Cada um daqueles que comem juntos. [Pl.: *–sais.*]

co•men•su•rá•vel *adj2g.* 1. Que se pode medir. 2. *Mat.* Diz-se duma grandeza que contém certo número de vezes exatamente uma unidade convenientemente escolhida. [Pl.: *–veis.*]

co•men•tar *v.t.d.* 1. Fazer comentário(s) sobre. 2. Conversar acerca de. 3. Criticar, analisar. [Conjug.: ① [coment]**ar**]

co•men•tá•ri:o *sm.* 1. Série de observações com que se esclarece e/ou critica uma produção literária ou científica; anotação. 2. Apreciação dum fato ou situação.

co•men•ta•ris•ta *s2g.* Autor de comentários.

co•mer *v.t.d.* 1. Introduzir (alimentos) no estômago, pela boca, mastigando-os e engolindo-os. 2. *Fig.* Gastar em comida. 3. Destruir, consumir. 4. Consumir, corroer. 5. Roubar, furtar. *Int.* 6. Alimentar-se. • *sm.* 7. Comida. [Conjug.: ② [com]**er**]

co•mer•ci•al *adj2g.* 1. Do, ou próprio do comércio, ou relativo a ele. • *sm.* 2. Anúncio transmitido por emissora de rádio ou televisão. [Pl.: *–ais.*]

co•mer•ci•a•li•zar *v.t.d.* Tornar comerciável ou comercial. [Conjug.: ① [comercializ]**ar**] § co•mer•ci•a•li•za•ção *sf.*

co•mer•ci•an•te *adj2g.* e *s2g.* Que ou quem exerce o comércio, ou tem queda para ele; negociante.

co•mer•ci•ar *v.int.* Exercer a profissão de negociante; negociar. [Conjug.: ① [comerci]**ar**] § co•mer•ci•á•vel *adj2g.*

co•mer•ci•á•ri:o *sm. Bras.* Empregado no comércio.

co•mér•ci:o *sm.* 1. Permuta, compra e venda de produtos ou valores; mercado, negócio. 2. A classe dos comerciantes.

co•mes•tí•veis *sm.pl.* V. **víveres.**

co•mes•tí•vel *adj2g.* 1. Que é bom para comer; comível, edule. • *sm.* 2. Aquilo que se come. [Pl.: *–veis.*]

co•me•ta (ê) *sm. Astr.* Astro que, orbitando o sistema solar, se vaporiza parcialmente quando próximo ao Sol, formando uma cabeleira de gás e poeira, e ger. uma ou mais caudas.

co•me•ter *v.t.d.* e *t.d.i.* Praticar, fazer, perpetrar. [Conjug.: ② [comet]**er**; quanto ao timbre do *e*, v. mexer.]

co•me•ti•men•to *sm.* Empresa difícil e/ou vultosa.

co•me•zai•na *sf. Pop.* Refeição farta e alegre; bródio.

co•me•zi•nho *adj.* 1. Evidente, simples. 2. Caseiro, doméstico.

co•mi•chão *sf.* 1. Coceira. 2. *Fig.* Desejo premente. [Pl.: *–chões.*]

co•mi•char *v.int.* e *t.d.* 1. Causar comichão. *T.i.* 2. Sentir comichão (2). [Conjug.: ① [comich]**ar**]

co•mí•ci:o *sm.* Reunião pública de cidadãos para tratar de assunto de interesse geral ou de propaganda de candidatura a cargo eletivo.

cô•mi•co *adj.* 1. Relativo a comédia. 2. Que provoca o riso. • *sm.* 3. Comediante. § co•mi•ci•da•de *sf.*

co•mi•da *sf.* 1. O que se come ou é próprio para se comer. 2. Ação de comer.

co•mi•go *pron.* 1. Com a pessoa que fala. 2. Em minha companhia. 3. Ao mesmo tempo que eu. 4. Com a minha pessoa. 5. De mim para mim. 6. Em meu poder. 7. A meu cargo.

co•mi•lan•ça *sf. Bras. Pop.* 1. Ato de comer muito. 2. V. **negociata.**

co•mi•lão *adj.* e *sm.* Glutão. [Fem.: *comilona*, *comiloa.* Pl.: *–lões.*]

co•mi•nar *v.t.d.i.* Impor, prescrever (castigo, pena). [Conjug.: ① [comin]**ar**] § co•mi•na•ção *sf.*

co•mi•na•ti•vo *adj.* Cominatório.

co•mi•na•tó•ri:o *adj.* Que envolve cominação; cominativo.

co•mi•nho *sm. Bot.* Planta umbelífera cujo fruto contém sementes condimentosas.

co•mi•se•ra•ção *sf.* V. **compaixão.** [Pl.: *–ções.*]

co•mi•se•rar *v.t.d.* e *p.* Compadecer(-se). [Conjug.: ⬚ [comiser]**ar**]

co•mis•são *sf.* **1.** Ato de cometer, de encarregar. **2.** Encargo, incumbência. **3.** Grupo de pessoas incumbidas de tratar dado assunto; comitê. **4.** Retribuição (1 e 2), que se paga, ger., a prestador de serviço ou a corretor. [Pl.: –*sões*.]

co•mis•sá•ri:a *sf. Bras.* Comissária de bordo. [Sin., obsol.: *aeromoça*.] ◆ **Comissária de bordo**. V. *comissário de bordo*.

co•mis•sa•ri•a•do *sm.* **1.** Cargo de comissário. **2.** Repartição onde este trabalha.

co•mis•sá•ri:o *sm.* **1.** Aquele que exerce comissão (2). **2.** Autoridade policial. **3.** Comissário de bordo. ◆ **Comissário de bordo**. *Bras.* Funcionário incumbido de serviços indispensáveis à segurança e conforto dos passageiros nos aviões comerciais.

co•mis•si:o•nar *v.t.d.* Encarregar de comissão (2). [Conjug.: ⬚ [comission]**ar**]

co•mis•su•ra *sf.* Linha de junção. § **co•mis•su•ral** *adj2g.*

co•mi•tê *sm.* Comissão (3).

co•mi•ten•te *adj2g.* e *s2g.* Constituinte (2).

co•mi•ti•va *sf.* Gente que acompanha; séquito, companhia.

co•mí•vel *adj2g.* V. *comestível* (1). [Pl.: –*veis*.]

⇨ **commodity** (comó'diti) [Ingl.] *Econ.* Produto primário (q. v.), especialmente um de grande participação no comércio internacional, como café, soja, minérios. [Pl.: *commodities*.]

co•mo *conj.* **1.** Da mesma forma que; qual. **2.** Porque. • *adv.* **3.** De que maneira. **4.** Aproximadamente.

co•mo•ção *sf.* **1.** Perturbação, abalo. **2.** Revolta, motim. **3.** *Med.* Concussão. [Pl.: –*ções*.]

cô•mo•da *sf.* Móvel todo de gavetas.

co•mo•di•da•de *sf.* **1.** Qualidade de cômodo. **2.** Conforto, bem-estar.

co•mo•dis•mo *sm.* Atitude de quem atende, acima de tudo, à própria comodidade. § **co•mo•dis•ta** *adj2g.* e *s2g.*

cô•mo•do *adj.* **1.** Útil, vantajoso. **2.** Adequado, favorável. **3.** Tranqüilo, calmo. • *sm.* **4.** Aposento, acomodação.

co•mo•do•ro *sm.* V. *hierarquia militar.*

co•mo•ver *v.t.d.* **1.** Mover muito; agitar. **2.** Causar comoção ou abalo no ânimo de; emocionar, abalar. *P.* **3.** Emocionar-se. [Conjug.: ② [comov]**er**] § **co•mo•ven•te** *adj2g.*; **co•mo•vi•do** *adj.*

com•pac•ta•ção *sf.* Ato ou efeito de compactar. [Pl.: –*ções*.]

com•pac•tar *v.t.d.* **1.** Tornar compacto. **2.** Reduzir os volumes dos vazios de (um solo), aumentando-lhe a densidade e a estabilidade. **3.** *Inform.* Codificar (dados) em versão

menor que a original. [Conjug.: ⬚ [compact]**ar**]

com•pac•to *adj.* **1.** Cujas partes componentes estão muito juntas; comprimido. **2.** Denso, espesso. **3.** Conciso, resumido. **4.** *P. ext.* De tamanho menor que o normal.

com•pa•de•cer *v.t.d.* **1.** Inspirar compaixão em. **2.** Ter compaixão de. *P.* **3.** Sentir compaixão. [Conjug.: ③④ [compade]**cer**]

com•pa•dre *sm.* **1.** Padrinho de um neófito, em relação aos pais dele. **2.** Pai do neófito, em relação aos padrinhos.

com•pa•dri:o *sm.* **1.** Relações entre compadres. **2.** Cordialidade, intimidade. **3.** Proteção excessiva ou injusta.

com•pai•xão *sf.* Pesar que nos desperta a desgraça, a dor, de outrem; dó, comiseração, piedade. [Pl.: –*xões*.]

com•pa•nhei•ris•mo *sm.* Solidariedade própria de companheiro; coleguismo.

com•pa•nhei•ro *sm.* **1.** Aquele que acompanha. **2.** V. *camarada* (1).

com•pa•nhi•a *sf.* **1.** Ato de acompanhar. **2.** Aquilo ou aquele que acompanha. **3.** Pessoa com quem se está ou se vive. **4.** V. *comitiva*. **5.** V. *convivência* (1). **6.** Sociedade comercial.

com•pa•ra•dor *adj.* **1.** Que compara. • *sm.* **2.** Aquele que compara. **3.** *Eletrôn.* Circuito que compara dois sinais (quanto à amplitude, à tensão, etc.) e fornece um sinal de resposta indicativo do resultado.

com•pa•rar *v.t.d.* e *t.d.i.* **1.** Estabelecer confronto entre; confrontar, cotejar. *P.* **2.** Igualar-se, rivalizar. [Conjug.: ⬚ [compar]**ar**] § **com•pa•ra•ção** *sf.*; **com•pa•rá•vel** *adj2g.*

com•pa•ra•ti•vo *adj.* Que serve para comparar.

com•pa•re•cer *v.int.* Apresentar-se em local determinado. [Conjug.: ③④ [compare]**cer**] § **com•pa•re•ci•men•to** *sm.*

com•par•sa *s2g.* Ator secundário.

com•par•ti•lhar *v.t.d.*, *t.i.* e *t.d.i.* Ter ou tomar parte em; participar de; compartir, partilhar. [Conjug.: ⬚ [compartilh]**ar**]

com•par•ti•men•to *sm.* Cada divisão de uma casa, móvel, veículo, etc.

com•par•tir *v.t.d.*, *t.i.* e *t.d.i.* V. *compartilhar*. [Conjug.: ③ [compart]**ir**]

com•pas•sa•do *adj.* **1.** Moderado, pausado. **2.** Ritmado.

com•pas•sar *v.t.d.* Medir a compasso; cadenciar. [Conjug.: ⬚ [compass]**ar**]

com•pas•si•vo *adj.* Que tem ou denota compaixão.

com•pas•so *sm.* **1.** Instrumento para traçar circunferências e marcar medidas. **2.** *Mús.* Unidade métrica formada de tempos agrupados em porções iguais.

com•pa•ti•bi•li•da•de *sf.* **1.** Qualidade ou condição de compatível. **2.** *Mat.* Propriedade de um sistema de equações que admite pelo menos uma solução; consistência.

com•pa•ti•bi•li•zar *v.t.d.i.* Tornar compatível; conciliar. [Conjug.: ① [compatibiliz]**ar**]

com•pa•tí•vel *adj2g.* **1.** Que pode coexistir. **2.** Que pode ser combinado com outra(s) coisas(s), sem conflito ou oposição. [Pl.: *–veis*] .

com•pa•tri•o•ta *adj2g.* e *s2g.* Que ou quem é da mesma pátria que outrem.

com•pe•lir *v.t.d.i.* Obrigar, coagir. [Conjug.: ⑤ [comp]e[l]**ir**]

com•pen•di•ar *v.t.d.* Reduzir a compêndio. [Conjug.: ① [compendi]**ar**]

com•pên•di•o *sm.* **1.** Resumo de doutrina. **2.** Livro de texto para escolas.

com•pe•ne•tra•do *adj.* **1.** Convencido (1) intimamente. **2.** *Fig.* Sério, circunspecto.

com•pe•ne•trar *v.t.d.i.* e *p.* Convencer(-se); persuadir(-se). [Conjug.: ① [compenetr]**ar**]

com•pen•sa•ção *sf.* **1.** Ato ou efeito de compensar. **2.** *Econ.* Acerto de contas com cancelamento de débitos recíprocos, minimizando pagamentos em dinheiro. [Pl.: *–ções*]

com•pen•sa•dor (ô) *adj.* **1.** Que compensa. • *sm.* **2.** Maquinismo para corrigir as variações de temperatura no pêndulo.

com•pen•sar *v.t.d.* **1.** Estabelecer equilíbrio entre; equilibrar, contrabalançar. **2.** Reparar o dano, incômodo, etc., resultante de; contrabalançar. *T.d.i.* **3.** Compensar (1 e 2). **4.** Indenizar; recompensar. [Conjug.: ① [compens]**ar**]

com•pe•tên•ci•a *sf.* **1.** Faculdade que a lei concede a funcionário, juiz ou tribunal para apreciar e julgar certos pleitos ou questões. **2.** Capacidade, aptidão. **3.** Alçada, jurisdição. ◆ **De competência.** Diz-se do regime contábil no qual os pagamentos ou recebimentos são lançados na data em que são devidos.

com•pe•ten•te *adj2g.* **1.** Que tem competência; capaz. **2.** Próprio, adequado.

com•pe•ti•ção *sf.* **1.** Ato ou efeito de competir. **2.** Torneio² (2). [Pl.: *–ções*.]

com•pe•ti•dor (ô) *adj.* **1.** Que compete ou impele à competição. • *sm.* **2.** Antagonista, adversário.

com•pe•tir *v.t.i.* **1.** Pretender uma coisa simultaneamente com outrem; concorrer. **2.** Rivalizar com. **3.** Ser da competência de. **4.** Pertencer por direito; caber, tocar. [Conjug.: ⑤ [comp]e[t]**ir**]

com•pe•ti•ti•vo *adj.* **1.** Relativo a competição. **2.** Competidor (1). **3.** Que tem capacidade para competir.

com•pi•la•dor (ô) *adj.* e *sm.* Que ou aquele que compila; coletor.

com•pi•lar *v.t.d.* Coligir, reunir (textos de vários autores, ou de natureza ou procedência vária). [Conjug.: ① [compil]**ar**] § **com•pi•la•ção** *sf.*

com•pla•cên•ci:a *sf.* Benevolência, condescendência. § **com•pla•cen•te** *adj2g.*

com•plei•ção *sf.* **1.** Constituição física de alguém; constituição. **2.** Disposição de espírito; temperamento, inclinação. [Pl.: *–ções.*]

com•ple•men•tar¹ *adj2g.* Que serve de complemento.

com•ple•men•tar² *v.t.d.* e *p.* V. *completar* (1, 2 e 4). [Conjug.: ① [complement]**ar**]

com•ple•men•to *sm.* **1.** O que complementa ou completa. **2.** Acabamento, remate. **3.** *Mat.* Conjunto complementar.

com•ple•tar *v.t.d.* **1.** Tornar completo; inteirar, complementar. **2.** Concluir, rematar, complementar. **3.** Fazer, atingir. *P.* **4.** Fazer-se completo; complementar-se. [Conjug.: ① [complet]**ar**] § **com•ple•ta•men•to** *sm.*

com•ple•to *adj.* **1.** A que nada falta nada do que pode ou deve ter. **2.** Perfeito, acabado.

com•ple•xi•da•de (cs) *sf.* Qualidade de complexo.

com•ple•xo (cs) *adj.* **1.** Que abrange ou encerra muitos elementos ou partes. **2.** Observável sob diferentes aspectos. **3.** Confuso, complicado, intricado. • *sm.* **4.** Grupo ou conjunto de coisas, fatos ou circunstâncias que têm qualquer ligação ou nexo entre si. **5.** *Mat.* Número complexo (q. v.). **6.** *Psiq.* Grupo de idéias interrelacionadas que têm um denominador emocional comum o qual influencia, significativamente, as atitudes e comportamento de um indivíduo. ◆ **Complexo conjugado.** *Mat.* Número complexo cuja parte real é igual à de outro número complexo, e cuja parte imaginária é simétrica à deste; imaginário conjugado; conjugado.

com•pli•ca•ção *sf.* **1.** Ato ou efeito de complicar(-se). **2.** Dificuldade. [Pl.: *–ções*.]

com•pli•ca•do *adj.* Complexo; difícil.

com•pli•car *v.t.d.* **1.** Tornar confuso, intricado; embaraçar. **2.** Dificultar a compreensão ou a resolução de. *P.* **3.** Tornar-se confuso, difícil; embaraçar-se. [Conjug.: ⑧ [compli]**car**]

com•plô *sm.* **1.** Conspiração contra o Estado ou o poder constituído. **2.** Conluio contra instituição ou pessoa (5).

com•po•nen•te *adj2g.*, *s2g.* e *sm.* Que, ou quem, ou aquilo que entra na composição de algo. ◆ **Componente ativo.** *Eletrôn.* Elemento de circuito que é capaz de gerar ou de amplificar energia. **Componente passivo.** *Eletrôn.* Elemento de circuito que não pode gerar nem amplificar energia.

com•por *v.t.d.* **1.** Formar ou construir de diferentes partes, ou de várias coisas. **2.** Entrar na composição de. **3.** Produzir, inventar. **4.** Pôr em ordem. **5.** Reconciliar, harmonizar. **6.** *Edit.* Produzir (texto a ser impresso) no formato e nos caracteres indicados no leiaute. *Int.* **7.**

Escrever música. *P.* **8.** Conciliar-se. **9.** Ser composto; constituir-se. **10.** Pôr em ordem a própria aparência. [Conjug.: 60 [com]**por**]

com•por•ta *sf.* Porta que sustém as águas de um dique, de um açude ou de uma represa.

com•por•ta•men•to *sm.* Maneira de se comportar; procedimento, conduta, ato.

com•por•tar *v.t.d.* **1.** Permitir, admitir. **2.** Ser capaz de conter. **3.** Conter em si. *P.* **4.** Portar-se. **5.** *P. ext. Fam.* Portar-se bem. [Conjug.: 1 [comport]**ar**]

com•po•si•ção *sf.* **1.** Ato ou efeito de compor(-se). **2.** Coordenação, constituição. **3.** Redação (2). **4.** Produção literária ou artística. **5.** Acordo entre partes litigantes; acordo. **6.** *Edit.* Arte ou processo gráfico que abrange as operações conducentes à confecção duma forma tipográfica. **7.** *Edit.* O texto composto. **8.** *Gram.* Reunião de dois ou mais radicais para a formação de uma nova palavra, com significado único e autônomo. [Há dois tipos: *justaposição*, em que cada um dos elementos conserva a sua integridade morfológica (*pé-de-vento*, *passatempo*) e *aglutinação*, em que tais elementos se unem, subordinando-se a um único acento tônico: *planalto* (de *plano + alto*), embora (de *em + boa + hora*).] [Pl.: –*ções*.]

com•po•si•tor (ô) *sm.* **1.** Aquele que compõe. **2.** Aquele que se dedica à arte da composição (4) musical.

com•pos•ta *sf. Bot.* Espécime das compostas, família de ervas e arbustos floríferos de frutos aquênicos.

com•pos•to (ô) *adj.* **1.** Constituído por dois ou mais elementos. **2.** Circunspecto, sério. • *sm.* **3.** Substância ou corpo composto.

com•pos•tu•ra *sf.* Seriedade ou correção de maneiras; comedimento.

com•po•ta *sf.* Doce de frutas cozidas em calda de açúcar.

com•po•tei•ra *sf.* Recipiente para doces em calda.

com•pra *sf.* **1.** Ato ou efeito de comprar. **2.** A coisa comprada.

com•prar *v.t.d.* **1.** Adquirir por dinheiro. **2.** Subornar. **3.** Tirar do baralho (carta). *T.d.i.* **4.** Adquirir por compra (1). [Conjug.: 1 [compr]**ar**] § **com•pra•dor** (ô) *sm.*

com•pra•zer *v.t.i.* **1.** Fazer o gosto, a vontade, a; ser agradável a. *P.* **2.** Regozijar-se. [Conjug.: 32 [com]**prazer**. O perf. ind. e seus derivados têm duas formas: *comprazi* ou *comprouve*, etc.]

com•pre•en•der *v.t.d.* **1.** Conter em si; abranger. **2.** Alcançar com a inteligência; perceber, entender. **3.** Perceber, ouvir. *P.* **4.** Estar incluído ou contido. [Conjug.: 2 [compreend]**der**]

com•pre•en•são *sf.* **1.** Ato ou efeito de compreender. **2.** Faculdade de perceber; percep-

ção. **3.** *Lóg.* Conjunto de características de um objeto que se unificam em um conceito ou significação; conotação. [Pl.: –*sões*.]

com•pre•en•sí•vel *adj2g.* Que se pode compreender. [Pl.: –*veis*.]

com•pre•en•si•vo *adj.* Que compreende, ou revela compreensão.

com•pres•sa *sf.* Porção de algodão, linho ou gaze hidrófila, usada em curativo, intervenção cirúrgica, para proteger partes do corpo, mediar compressão, etc.

com•pres•são *sf.* Ato ou efeito de comprimir. [Pl.: –*sões*.]

com•pres•sor (ô) *adj.* e *sm.* Que, ou aquilo que comprime.

com•pri•do *adj.* **1.** Longo, extenso. **2.** *P. ext.* Alto (1). **3.** Que dura ou parece durar muito.

com•pri•men•to *sm.* **1.** Extensão de linha. **2.** Dimensão longitudinal de um objeto. **3.** Grandeza, tamanho. ♦ **Comprimento de onda.** *Fís.* Numa onda, a distância entre dois pontos cuja diferença de fase é igual a 2π radianos.

com•pri•mi•do *adj.* **1.** Compacto (1). • *sm.* **2.** *Med.* Preparação farmacêutica resultante de compressão de pó composto pela substância ativa e por excipiente.

com•pri•mir *v.t.d.* **1.** Reduzir a menor volume mediante pressão; calcar. **2.** Apertar, premer. *P.* **3.** Encolher-se. **4.** Espremer-se, apertar-se, aglomerando-se. [Conjug.: 3 [comprim]**ir**]

com•pro•ba•tó•ri•o *adj.* Próprio para comprovar.

com•pro•me•ter *v.t.d.* **1.** Obrigar por compromisso. **2.** Implicar; envolver. *T.d.* **3.** Expor a perigo, perda, etc. **4.** Pôr (alguém) em situação suspeita, ou má. *P.* **5.** Tomar compromisso (1). [Conjug.: 2 [compromet]**er**] § **com•pro•me•te•dor** (ô) *adj.*

com•pro•me•ti•men•to *sm.* **1.** Ato ou efeito de comprometer(-se). **2.** Compromisso; envolvimento.

com•pro•mis•so *sm.* **1.** Obrigação mais ou menos solene. **2.** Acordo pelo qual os litigantes sujeitam a arbitragem a decisão dum pleito. **3.** Dívida que se deve pagar em determinado dia.

com•pro•van•te *adj2g.* **1.** Que comprova. • *sm.* **2.** *Bras.* Documento com que se comprova algo (rendimentos, efetivação de uma despesa, etc.).

com•pro•var *v.t.d.* **1.** Ajuntar novas provas a; confirmar. **2.** Evidenciar. [Conjug.: 1 [comprov]**ar**] § **com•pro•va•ção** *sf.*

com•pul•sar *v.t.d.* Manusear (livros, documentos), consultando. [Conjug.: 1 [compuls]**ar**]

com•pul•si•vo *adj.* **1.** Que compele. **2.** Irreprimível.

com•pul•só•ri•a *sf.* Aposentadoria ou reforma forçada, por limite de idade.

com•pul•só•ri•o *adj.* Que obriga ou compele.

com•pun•ção *sf.* **1.** Pesar de ter cometido pecado ou ação má. **2.** Pesar profundo. [Pl.:*-ções.*]

com•pun•gir *v.t.d.* e *p.* Mover à compunção, ou tê-la; afligir(-se). [Conjug.: 45 [compun]**gir**]

com•pu•ta•ção *sf.* **1.** Ato ou efeito de computar. **2.** Estudo da tecnologia de projeto e uso de computadores. [Pl.: *-ções.*] ◆ **Computação gráfica.** *Inform.* Computação dedicada à geração, tratamento, apresentação e armazenamento de imagens.

com•pu•ta•dor (ô) *sm.* Aparelho ou dispositivo capaz de realizar operações lógicas e matemáticas segundo programas previamente preparados. ◆ **Computador digital.** *Inform.* Aquele que opera com dados discretos ou descontínuos. **Computador eletrônico.** *Inform.* Computador digital que usa circuitos eletrônicos.

com•pu•ta•do•ri•za•do *adj.* Que emprega, ou envolve uso de computador(es) especialmente programado(s).

com•pu•ta•do•ri•zar *v.t.d. Inform.* **1.** Processar ou armazenar (informação) mediante computador. **2.** Introduzir o uso de computadores na resolução de (um problema). [Conjug.: 1 [computadoriz]**ar**]

com•pu•tar *v.t.d.* **1.** Fazer o cômputo de; contar. **2.** *Inform.* Processar em computador. [Conjug.: 1 [comput]**ar**. Defect. Não é us. nas três 1ªs pess. do pres. ind.]

côm•pu•to *sm.* **1.** Contagem. **2.** Cálculo (1).

co•mum *adj2g.* **1.** Pertencente a todos ou a muitos. **2.** Trivial, vulgar. **3.** Normal, habitual. **4.** Feito em sociedade ou em comunidade.

co•mu•na *sf.* **1.** Na Idade Média, cidade emancipada e que passou a governar-se. **2.** Poder revolucionário instalado em Paris, em 1871.

co•mun•gan•te *adj2g.* e *s2g.* Que ou quem vai receber a comunhão (2).

co•mun•gar *v.int.* **1.** Tomar a comunhão (2). *T.i.* **2.** Pertencer a grupo que tem as mesmas idéias. **3.** Tomar parte em. **4.** Comunicar-se. [Conjug.: 11 [comun]**gar**]

co•mu•nhão *sf.* **1.** Ato ou efeito de comungar. **2.** *Rel.* Eucaristia. **3.** *Rel.* O ato de receber a Eucaristia. **4.** O ato, ou a condição de compartilhar das mesmas idéias, valores, sentimentos. [Pl.: *-nhões.*]

co•mu•ni•ca•bi•li•da•de *sf.* Qualidade de comunicável.

co•mu•ni•ca•ção *sf.* **1.** Ato ou efeito de comunicar(-se). **2.** Processo de emissão, transmissão e recepção de mensagens por meio de métodos e/ou sistemas convencionados. **3.** A mensagem recebida por esses meios. **4.** A capacidade de trocar ou discutir idéias, de dialogar, com vista ao bom entendimento entre pessoas.

co•mu•ni•ca•do *sm.* Aviso ou informação oficial ou particular.

co•mu•ni•ca•dor (ô) *adj.* **1.** Que comunica. • *sm.* **2.** Profissional de comunicação (2), especializado na transmissão de mensagens na imprensa, no rádio, na televisão, etc.

co•mu•ni•car *v.t.d.* **1.** Tornar comum; fazer saber. **2.** Pôr em contato ou relação; ligar, unir. **3.** Transmitir. *T.c.* **4.** Prover passagem a. *Int.* **5.** Estabelecer comunicação, entendimento, convívio. *P.* **6.** Comunicar (5). **7.** Tornar-se comum; transmitir-se, propagar-se. **8.** Travar ou manter entendimento; entender-se. [Conjug.: 8 [comuni]**car**]

co•mu•ni•ca•ti•vo *adj.* Que se comunica facilmente; expansivo, franco.

co•mu•ni•cá•vel *adj2g.* **1.** Que se pode comunicar. **2.** Comunicativo. [Pl.: *-veis.*]

co•mu•ni•da•de *sf.* **1.** Qualidade de comum. **2.** O corpo social; a sociedade. **3.** Grupo de pessoas submetidas a uma mesma regra religiosa. **4.** Local por elas habitado. **5.** *Ecol.* O conjunto das populações animais e vegetais que coexistem numa mesma região; biocenose.

co•mu•nis•mo *sm.* **1.** Sistema econômico e social baseado na propriedade coletiva. **2.** Sistema social, político e econômico desenvolvido teoricamente por Karl Marx (q. v.), e proposto pelos partidos comunistas como etapa posterior ao socialismo. § **co•mu•nis•ta** *adj2g.* e *s2g.*

co•mu•ni•tá•ri•o *adj.* Relativo à comunidade.

co•mu•ta•ção *sf.* **1.** Ato ou efeito de comutar. **2.** *Gram.* V. *metátese.* **3.** *Mat.* Inversão da ordem com que se efetua uma operação entre dois elementos de um conjunto. [Pl.: *-ções.*]

co•mu•ta•dor (ô) *sm.* Interruptor (3).

co•mu•tar *v.t.d.* e *t.d.i.* Mudar (pena, castigo) por outro menor. [Conjug.: 1 [comut]**ar**]

co•mu•ta•ti•vi•da•de *sf. Mat.* Propriedade de uma operação cujo resultado independe da ordem em que os elementos são operados.

co•mu•tá•vel *adj2g.* Que se pode comutar. [Pl.: *-veis.*]

con•ca•te•nar *v.t.d.* **1.** Prender, encadear. **2.** Estabelecer relação entre. *P.* **3.** Encadear-se. [Conjug.: 1 [concaten]**ar**] § **con•ca•te•na•ção** *sf.*

con•ca•vi•da•de *sf.* **1.** Qualidade do que é côncavo. **2.** Cavidade, cova.

côn•ca•vo *adj.* Menos elevado no meio que nas bordas; escavado.

con•ce•ber *v.t.d.* **1.** Formar (o embrião) pela fecundação do óvulo; gerar. **2.** Formar no espírito, na idéia. **3.** Compreender, entender. *Transobj.* **4.** Imaginar. *Int.* **5.** Ser fecundada. [Conjug.: 2 [conceb]**er**] § **con•ce•bí•vel** *adj2g.*

con•ce•der *v.t.d.* e *t.d.i.* **1.** Permitir, facultar. **2.** Dar, outorgar. [Conjug.: 2 [conced]**er**]

con•cei•ção *sf. Rel.* **1.** A concepção da Virgem Maria. **2.** A festa que a comemora. [Pl.: *-ções.*]

con•cei•to *sm.* **1.** Formulação duma idéia por palavras; definição. **2.** Pensamento; idéia. **3.** Reputação (1). **4.** Parte da charada, logogrifo, etc., na qual se dá a chave para a solução proposta.

con•cei•tu•a•do *adj.* Que goza de bom conceito.

con•cei•tu•ar *v.t.d.* e *transobj.* Formar conceito de, ou sobre. [Conjug.: ① [conceitu]**ar**] § **con•cei•tu:a•ção** *sf.*

con•cei•tu•o•so (ô) *adj.* Em que há conceito. [Pl.: *–osos* (ó).]

con•cen•tra•ção *sf.* **1.** Ato ou efeito de concentrar(-se). **2.** *P. ext.* Estado de quem se concentra num assunto ou matéria. [Pl.: *–ções.*] ◆ **Concentração de impurezas.** *Eletrôn.* Num semicondutor, quantidade de impurezas por unidade de volume.

con•cen•trar *v.t.d.* **1.** Fazer convergir para um centro ou para um mesmo ponto. **2.** Reunir, agrupar. **3.** Tornar mais denso, mais ativo, etc. *T.d.i.* **4.** Aplicar (o pensamento, a atenção, etc.) de modo intenso ou exclusivo. *P.* **5.** Aplicar a atenção a algum assunto. **6.** Reunir-se, agrupar-se. [Conjug.: ① [concentr]**ar**] § **con•cen•tra•do** *adj.*

con•cên•tri•co *adj.* Que tem o mesmo centro.

con•cep•ção *sf.* **1.** Ato ou efeito de conceber, gerar, ou de formar idéias. **2.** *Biol.* Conjunto dos fenômenos que levam à formação do ovo (1). [Pl.: *ções.*]

con•cer•nir *v.t.i.* Dizer respeito; ter relação; referir. [Conjuga-se como o paradigma ⑤ [conc]e[rn]ir, mas é us. quase só nas 3ᵃˢ pess.] § **con•cer•nen•te** *adj2g.*

con•cer•tar *v.t.d.* **1.** Pôr em boa ordem; compor, ajustar. **2.** Harmonizar, conciliar. *T.i.* **3.** Concertar (2). **4.** Concordar, anuir. *Int.* **5.** Soar acordemente, em concerto. [Conjug.: ① [concert]**ar**. Cf. *consertar.*]

con•cer•ti•na *sf.* Instrumento semelhante ao acordeão, mas com caixa hexagonal e teclado com botões.

con•cer•tis•ta *s2g.* Que dá concertos.

con•cer•to (ê) *sm.* **1.** Ato ou efeito de concertar. **2.** Consonância de instrumentos ou de vozes no canto; harmonia. **3.** Composição musical extensa, para um ou mais instrumentos solistas, com acompanhamento de orquestra. **4.** Espetáculo em que se executam obras musicais. [Cf. *conserto.*]

con•ces•são *sf.* **1.** Ação ou efeito de conceder. **2.** Privilégio concedido pelo Estado a uma empresa ou indivíduo para que explore ou um serviço de utilidade pública ou recursos naturais. [Pl.: *–sões.*]

con•ces•si•o•ná•ri:o *adj.* e *sm.* Que ou aquele que obtém uma concessão.

con•cha *sf. Zool.* **1.** Invólucro calcário ou cór-

neo de muitos moluscos. **2.** Utensílio arredondado e côncavo, em geral com cabo, para servir alimentos líquidos ou pastosos.

con•cha•vo *sm.* Acordo, ajuste, conluio.

con•ci•da•dão *sm.* Homem que é da mesma cidade ou país que outro(s). [F. *concidadã.* Pl.: *–dãos.*]

con•ci•li:á•bu•lo *sm.* Reunião secreta com intenções malévolas; corrilho.

con•ci•li:a•ção *sf.* **1.** Ato ou efeito de conciliar(-se). **2.** Harmonização de litigantes ou pessoas desavindas. [Pl.: *–ções.*]

con•ci•li•ar *v.t.d.* e *t.d.i.* **1.** Pôr em boa harmonia; reconciliar. **2.** Aliar, combinar. *P.* **3.** Estar ou pôr-se de acordo; harmonizar-se. [Conjug.: ① [concili]**ar**] § **con•ci•li:a•dor** (ô) *adj.*

con•ci•li•á•vel *adj2g.* Que se pode conciliar; compatível. [Pl.: *–veis.*]

con•cí•li:o *sm.* Assembléia de prelados católicos em que se tratam assuntos dogmáticos, doutrinários ou disciplinares.

con•ci•são *sf.* **1.** Exposição das idéias em poucas palavras. **2.** Precisão, exatidão. [Pl.: *–sões.*]

con•ci•so *adj.* **1.** Em que há concisão. **2.** Resumido.

con•ci•tar *v.t.d.* **1.** Incitar à desordem. **2.** Incitar, instigar. *T.d.i.* **3.** Concitar (2). [Conjug.: ① [concit]**ar**]

con•cla•mar *v.t.d.* **1.** Clamar em conjunto. *Transobj.* **2.** Aclamar; proclamar. [Conjug.: ① [conclam]**ar**]

con•cla•ve *sm.* **1.** Assembléia de cardeais para a eleição do Papa. **2.** Lugar onde se reúne.

con•clu•den•te *adj2g.* Que conclui, ou merece fé; terminante.

con•clu•ir *v.t.d.* **1.** Pôr término a, ou levar a cabo. **2.** Ajustar definitivamente. **3.** Deduzir, inferir. *T.d.i.* **4.** Concluir (3). *T.i.* **5.** Decidir-se. *Int.* **6.** Terminar de falar. [Conjug.: ㊾ [concl]**uir**]

con•clu•são *sf.* **1.** Ato ou efeito de concluir. **2.** Dedução. [Pl.: *–sões.*]

con•clu•si•vo *adj.* Próprio para concluir.

con•co•mi•tan•te *adj2g.* Que se manifesta ao mesmo tempo que outro(s). § **con•co•mi•tân•ci:a** *sf.*

con•cor•dân•ci:a *sf.* **1.** Ato ou efeito de concordar. **2.** *Gram.* Harmonização das flexões de palavras em uma frase.

con•cor•dar *v.t.d.* **1.** Pôr de acordo; acordar. **2.** Pôr-se de acordo. *T.d.i.* **3.** Concordar (1 e 2). **4.** Pôr ou estar em concordância gramatical. *T.i.* e *int.* **5.** Estar de acordo; acordar. [Conjug.: ① [concord]**ar**] § **con•cor•dan•te** *adj2g.*

con•cor•da•ta *sf.* **1.** Convenção entre o Estado e a Igreja sobre assuntos religiosos. **2.** Benefício concedido legalmente ao negociante insolvente, permitindo-lhe pagar as dívidas de acordo com as suas possibilidades.

con•cor•de *adj2g*. Da mesma opinião; conforme.

con•cór•di:a *sf*. Paz (1).

con•cor•rên•ci:a *sf*. 1. Ato ou efeito de concorrer. 2. Afluência simultânea de pessoas para o mesmo lugar. 3. *Econ*. Competição, em especial aquela que ocorre entre produtores ou vendedores de um mesmo produto. ◆ **Concorrência pública.** *Econ*. Procedimento destinado a selecionar fornecedores de mercadorias ou serviços, em especial para órgãos governamentais.

con•cor•rer *v.t.i.* 1. Juntar-se (para uma ação comum); contribuir. 2. Competir (1). 3. Candidatar-se. 4. Contribuir. 5. Coexistir. *T.c.* 6. Dirigir-se (para um mesmo ponto). 7. Acorrer, afluir (junto com outros). [Conjug.: ② [concorr]**er**] § **con•cor•ren•te** *adj2g.* e *s2g.*

con•cor•ri•do *adj*. Que é muito freqüentado, ou prestigiado.

con•cre•ção *sf*. 1. Ação de tornar concreto (2). 2. Efeito de agregação dos sólidos contidos nos líquidos. [Pl.: *–ções*.]

con•cre•ti•zar *v.t.d.* e *p*. Tornar(-se) concreto. [Conjug.: ① [concretiz]**ar**]

con•cre•to *adj*. 1. Que existe em forma material. 2. De consistência mais ou menos sólida. 3. Claro, definido. • *sm*. 4. *Constr*. Mistura de um aglutinante, ger. cimento ou cal, com água e um agregado de areia e pedra, para que venha a tornar-se massa compacta e dura.

con•cu•bi•na *sf*. Mulher que vive maritalmente, sem estar casada, com um homem.

con•cul•car *v.t.d.* Calcar aos pés. [Conjug.: ⑧ [concul]**car**]

con•cu•nha•do *sm*. Indivíduo em relação ao cunhado ou cunhada de seu cônjuge.

con•cu•pis•cên•ci:a *sf*. 1. Cobiça. 2. Apetite sexual excessivo.

con•cu•pis•cen•te *adj2g*. Que tem concupiscência.

con•cur•sa•do *adj.* e *sm*. Diz-se de, ou indivíduo habilitado em concurso público.

con•cur•so *sm*. 1. Ato ou efeito de concorrer. 2. Afluência, concorrência. 3. Cooperação, ajuda. 4. Certame. 5. Prova (5) para qualificação a certo cargo público.

con•cus•são *sf*. 1. *Med*. Condição resultante de choque (1) violento; comoção. 2. Extorsão ou peculato cometido por empregado público no exercício de suas funções. [Pl.: *–sões*.]

con•da•do *sm*. 1. Dignidade de conde. 2. Jurisdição ou território do conde.

con•dão *sm*. Virtude ou poder misterioso a que se atribui boa ou má influência. [Pl.: *–dões*.]

con•de *sm*. Título nobiliárquico, superior ao de visconde e inferior ao de marquês. [Fem.: *condessa*. V. *barão*.]

con•de•co•ra•ção *sf*. 1. Ato de condecorar. 2. Insígnia honorífica, ou de ordem militar ou civil; venera. [Pl.: *–ções*.]

con•de•co•rar *v.t.d.* e *t.d.i.* Distinguir com condecoração. [Conjug.: ① [condecor]**ar**]

con•de•na•ção *sf*. 1. Ato ou efeito de condenar. 2. A pena imposta. 3. Julgamento que condena. 4. Censura, reprovação. [Pl.: *–ções*.]

con•de•nar *v.t.d.* 1. Proferir sentença condenatória contra. 2. Indicar a criminalidade de. 3. Censurar, reprovar. 4. Considerar sem condições de cura. *T.d.i.* 5. Sentenciar (1). *P*. 6. Culpar-se. [Conjug.: ① [conden]**ar**] § **con•de•na•do** *adj.* e *sm.*; **con•de•ná•vel** *adj2g.*

con•den•sa•dor (ô) *adj*. 1. Que condensa. • *sm*. 2. Dispositivo em que se realiza a condensação de um vapor. 3. *Eletr*. Capacitor.

con•den•sar *v.t.d.* 1. Tornar denso ou mais denso. 2. Resumir, sintetizar. *P*. 3. Tornar-se denso. [Conjug.: ① [condens]**ar**] § **con•den•sa•ção** *sf*.

con•des•cen•dên•ci:a *sf*. 1. Ato de condescender. 2. Qualidade de condescendente.

con•des•cen•den•te *adj2g*. Que condescende; transigente.

con•des•cen•der *v.t.i.* e *int*. Transigir espontaneamente. [Conjug.: ② [condescend]**er**]

con•di•ção *sf*. 1. Modo de ser, estado, situação (de coisa). 2. Modo de viver resultante da situação de alguém. 3. Classe social. 4. Obrigação que se impõe e se aceita. [Pl.: *–ções*.]

con•di•ci:o•na•do *adj*. 1. Dependente de condição. 2. Adequado.

con•di•ci:o•na•dor (ô) *adj*. 1. Que condiciona. • *sm*. 2. Aquilo ou aquele que condiciona. ◆ **Condicionador de ar.** Aparelho para baixar a temperatura dum ambiente fechado; ar-condicionado.

con•di•ci:o•nal *adj2g*. Dependente de, ou que envolve condição. [Pl.: *–nais*.]

con•di•ci:o•nar *v.t.d.* 1. Pôr ou impor condições a. *T.d.i.* 2. Estabelecer como condição. *P*. 3. Habituar-se a condições novas. [Conjug.: ① [condicion]**ar**] § **con•di•ci:o•na•men•to** *sm*.

con•dig•no *adj*. Proporcional ao mérito, ao valor.

con•di•men•tar[1] *adj2g*. Relativo a, ou próprio para condimento.

con•di•men•tar[2] *v.t.d.* Pôr condimento em; temperar. [Conjug.: ① [condiment]**ar**]

con•di•men•to *sm*. Tempero.

con•di•men•to•so (ô) *adj*. Que condimenta. [Pl.: *–tosos* (ó).]

con•dis•cí•pu•lo *sm*. Companheiro de estudos; camarada.

con•di•zer *v.t.i.* e *int*. Estar em proporção, em harmonia; harmonizar-se. [Conjug.: ⑲ [con]**dizer**] § **con•di•zen•te** *adj2g.*

con•do•er *v.t.d.* **1.** Despertar compaixão em. *P.* **2.** Compadecer-se. [Conjug.: 37 [cond]oer. Na acepç. 1, norm., só se conj. nas 3ªˢ pess.]

con•do•lên•ci:a *sf.* Sentimento de quem se condói.

con•do•lên•ci:as *sf.pl.* V. *pêsames.*

con•do•mí•ni:o *sm.* **1.** Domínio exercido juntamente com outrem; co-propriedade. **2.** O objeto de condomínio (1). **3.** Conjunto residencial, ger. cercado, com acesso controlado, e cujos moradores dividem equipamentos comunitários.

con•dô•mi•no *sm.* **1.** Dono juntamente com outrem. **2.** Aquele que reside em condomínio (3).

con•dor (ô) *sm. Zool.* Ave falconiforme, catartídea, diurna, que habita os Andes; é a maior ave de rapina.

con•do•rei•ro *adj. Bras.* Diz-se de estilo elevado, hiperbólico, ou de poeta que tem esse estilo.

con•dric•te *sm. Zool.* Espécime dos condrictes, ordem de peixes carnívoros de esqueleto cartilaginoso e pele revestida de escamas placóides. São os tubarões e raias. § **con•dric•te** *adj2g.*

con•du•ção *sf.* **1.** Ato ou meio de conduzir. **2.** *Pop.* Meio de transporte; veículo. **3.** O próprio veículo de transporte. [Pl.: *–ções.*]

con•du•cen•te *adj2g.* Que conduz (a um fim).

çon•du•le•te (è). *sm. Eng. Elétr.* Caixa de passagem e/ou de distribuição de condutores [v. *conduto* (3)] para instalação aparente de baixa tensão.

con•du•ta *sf.* Procedimento, comportamento.

con•du•tân•ci:a *sf. Eletr.* **1.** Propriedade dum sistema que lhe permite conduzir eletricidade. **2.** Num condutor ôhmico, o inverso da resistência. **3.** A parte real da admitância de um circuito.

con•du•ti•bi•li•da•de *sf.* Propriedade que têm os cabos de ser condutores de calor, som, eletricidade, etc.

con•du•ti•vi•da•de *sf. Eletr.* Condutância de um condutor de seção reta uniforme igual a uma unidade de área, e de comprimento igual a uma unidade de comprimento; o inverso da resistividade.

con•du•ti•ví•me•tro *sm. Eng. Elétr.* Instrumento para medir a condutividade.

con•du•to *sm.* **1.** Via por onde se escoa um fluido. **2.** Canal (5 e 7). **3.** *Eng. Elétr.* Qualquer dispositivo metálico ou plástico us. na instalação de condutores elétricos.

con•du•tor¹ (ô) *adj.* **1.** Que conduz. • *sm.* **2.** Aquele ou aquilo que conduz. **3.** Cano por onde se escoam para o solo as águas pluviais do telhado. **4.** *Eletr.* Condutor elétrico. ◆ **Condutor elétrico.** *Eletr.* Todo sistema capaz de efetuar um transporte de carga elétrica sob a

forma de uma corrente elétrica; condutor. **Condutor ôhmico.** *Eletr.* Condutor elétrico em que a resistência é constante.

con•du•tor² (ô) *sm.* Homem que cobra ou arrecada as passagens em bondes.

con•du•zir *v.t.d.* **1.** Fazer-se acompanhar de, ou ir na companhia de, guiando, orientando. **2.** Guiar, dirigir. **3.** Comandar. **4.** Ter capacidade para transportar. **5.** Ser condutor de; transmitir. **6.** Levar. *T.c., t.i., t.d.c* e *t.d.i.* **7.** Conduzir (6). *P.* **8.** Comportar-se. [Conjug.: 44 [cond]uzir]

co•ne *sm. Geom.* Sólido limitado por uma superfície cônica (aquela cuja geratriz passa sempre por um ponto fixo) fechada e dois planos paralelos que cortam suas geratrizes. ◆ **Cone de sombra.** Região de sombra que um corpo opaco projeta atrás de si ao ser iluminado por um corpo celeste luminoso.

co•nec•tar *v.t.d.* **1.** Estabelecer conexão, ligação ou comunicação entre. *P.* **2.** Ter acesso a (informações, serviços) mediante conexão entre dispositivos computacionais. [Conjug.: 1 [conect]ar]

co•nec•tor (ô) *sm. Eng. Elétr.* Componente de um circuito, destinado a estabelecer ligação elétrica entre dois outros componentes.

cô•ne•go *sm.* Padre secular pertencente a um cabido e com obrigações religiosas numa sé.

co•ne•xão (cs) *sf.* **1.** Coesão. **2.** Ligação, relação. **3.** Peça ou dispositivo que liga dois condutos, etc., ou que serve como passagem ou comunicação. **4.** *Inform.* Comunicação entre dispositivos computacionais. [Pl.: *–xões.*]

co•ne•xo (cs) *adj.* Que tem conexão.

con•fa•bu•lar *v.int.* e *t.i.* **1.** Trocar idéias; conversar. **2.** Conversar sobre assunto misterioso ou secreto. [Conjug.: 1 [confabul]ar] § **con•fa•bu•la•ção** *sf.*

con•fec•ção *sf.* **1.** Ato ou efeito de confeccionar. **2.** Estabelecimento onde se fabricam roupas. [Pl.: *–ções.*]

con•fec•ci:o•nar *v.t.d.* **1.** Executar (qualquer obra). **2.** Preparar, manipular. [Conjug.: 1 [confeccion]ar]

con•fe•de•ra•ção *sf.* **1.** Reunião de Estados que, embora conservando a respectiva autonomia, formam um só, reconhecendo um governo comum. **2.** Liga, associação. [Pl.: *–ções.*]

con•fe•de•rar *v.t.d.* e *p.* Unir(-se) em confederação. [Conjug.: 1 [confeder]ar]

con•fe•de•ra•ti•vo *adj.* Relativo a federação.

con•fei•tar *v.t.d.* **1.** Cobrir com açúcar, ou confeitos. **2.** Ornamentar (bolo). [Conjug.: 1 [confeit]ar]

con•fei•ta•ri•a *sf.* **1.** Casa onde se fabricam e/ou vendem bolos, doces, etc. **2.** *Bras.* Casa onde se serve chá, refresco, etc. com torradas, doces, salgadinhos, etc.

con•fei•to *sm.* **1.** Semente ou pevide coberta de açúcar. **2.** Rebuçado. **3.** Pequeníssima guloseima, ger. granulada e colorida, us. para confeitar bolos.

con•fe•rên•cis•ta *sf.* **1.** Ato ou efeito de conferir. **2.** Confronto, cotejo. **3.** Conversação entre duas ou mais pessoas sobre negócios de interesse comum. **4.** Preleção pública sobre assunto literário, científico, etc. **5.** Congresso (2).

con•fe•ren•ci•ar *v.int.* **1.** Discutir ou tratar em conferência (3). **2.** Fazer preleção ou conferência (4). *T.i.* **3.** Ter conferência (3). [Conjug.: ① [conferenci]**ar**]

con•fe•ren•cis•ta *s2g.* Quem faz conferência (4).

con•fe•rir *v.t.d.* e *t.d.i.* **1.** Confrontar; verificar. **2.** V. *dar* (14). *Int.* **3.** Estar conforme ou certo. [Conjug.: ⑤⑤ [confe[e[r]ir] § **con•fe•ren•te** *adj2g.* e *s2g.*

con•fes•sar *v.t.d.* **1.** Declarar; revelar. **2.** Declarar (pecados) ao confessar. **3.** Ouvir em confissão. *T.d.i.* **4.** Confessar (1 e 2). *P.* **5.** Declarar pecados ao confessor. **6.** Reconhecer-se. [Conjug.: ① [confess]**ar**]

con•fes•si•o•ná•ri:o *sm.* Lugar onde o padre ouve a confissão.

con•fes•so *adj.* **1.** Que confessou culpa. **2.** Convertido ao cristianismo.

con•fes•sor (ó) *sm.* Sacerdote que ouve a confissão de pecado.

con•fe•te (é) *sm.* Cada um dos pequenos discos de papel colorido que atiram uns aos outros, aos punhados, os que brincam no carnaval.

con•fi•a•do *adj.* **1.** Que tem confiança. **2.** *Pop.* Atrevido, petulante.

con•fi•an•ça *sf.* **1.** Segurança íntima de procedimento. **2.** Crédito, fé. **3.** Boa fama. **4.** Segurança e bom conceito que inspiram as pessoas de talento, discrição, etc. **5.** *Pop.* Atrevimento, petulância.

con•fi•ar *v.int.* **1.** Ter confiança; ter fé, esperar. *T.i.* **2.** Ter esperança (em alguém ou algo). *T.d.i.* **3.** Comunicar em confiança. *P.* **4.** Fiar-se. [Conjug.: ① [confi]**ar**] § **con•fi•an•te** *adj2g.*

con•fi•á•vel *adj2g.* Em que(m) se pode confiar. [Pl.: *-veis.*]

con•fi•dên•ci:a *sf.* Informação ou revelação secreta.

con•fi•den•ci•al *adj2g.* Dito ou escrito em segredo. [Pl.: *-ais.*]

con•fi•den•ci•ar *v.t.d.* e *t.d.i.* Dizer em confidência. [Conjug.: ① [confidenci]**ar**]

con•fi•den•te *adj2g.* e *s2g.* Diz-se de, ou pessoa a quem se confiam segredos.

con•fi•gu•ra•ção *sf.* **1.** A forma exterior de um corpo; conformação. **2.** *Inform.* Conjunto de parâmetros, componentes, periféricos e programas que determinam a forma e a capacidade de funcionamento de um computador. **3.** *Geom.* Figura (8). [Pl.: *-ções.*]

con•fi•gu•rar *v.t.d.* **1.** Dar a forma ou figura de; representar. **2.** Ser o indício de. [Conjug.: ① [configur]**ar**]

con•fim *adj2g.* Que confina. [Pl.: *-fins.*]

con•fi•nar *v.t.d.* **1.** Limitar, demarcar. **2.** Encerrar, enclausurar. *T.d.c.* **3.** Confinar (2). **4.** Estar contíguo; limitar(-se). *P.* **5.** Concentrar-se. [Conjug.: ① [confin]**ar**] § **con•fi•nan•te** *adj2g.*

con•fins *sm.pl.* **1.** Raias, fronteiras. **2.** Extremo longínquo.

con•fir•ma•ção *sf.* **1.** Ato ou efeito de confirmar(-se). **2.** *Rel.* Crisma (2). [Pl.: *-ções.*]

con•fir•mar *v.t.d.* **1.** Afirmar de modo absoluto; corroborar. **2.** Comprovar. **3.** Sustentar, manter. **4.** Conferir confirmação (2) a. *P.* **5.** Verificar-se. [Conjug.: ① [confirm]**ar**]

con•fis•car *v.t.d.* e *t.d.i.* **1.** Apreender em proveito do fisco. **2.** Apossar-se de, como em caso de confisco. [Conjug.: ⑧ [confis]**car**]

con•fis•co *sm.* Apreensão em proveito do fisco.

con•fis•são *sf.* **1.** Ato de confessar(-se). **2.** Cada uma das seitas cristãs. **3.** *Rel.* Penitência (3). [Pl.: *-sões.*]

con•fla•gra•ção *sf.* **1.** Incêndio que se alastrou. **2.** Revolução ou guerra generalizada. [Pl.: *-ções.*]

con•fla•grar *v.t.d.* **1.** Incendiar totalmente. **2.** Pôr em convulsão, em agitação. [Conjug.: ① [conflagr]**ar**]

con•fli•tar *v.t.i.* e *int.* Estar em oposição. [Conjug.: ① [conflit]**ar**]

con•fli•to *sm.* **1.** Luta, combate. **2.** Guerra (1). **3.** Desavença, discórdia.

con•fli•tu•o•so (ó) *adj.* Relativo a, ou que tem caráter de conflito. [Pl.: *-osos* (ó).]

con•flu•ên•ci:a *sf.* **1.** Qualidade de confluente. **2.** Lugar onde se juntam dois ou mais rios.

con•flu•ir *v.t.c.* Correr (para o mesmo ponto); afluir. [Conjug.: ⑭ [confl]**uir**] § **con•flu•en•te** *adj2g.*

con•for•ma•ção *sf.* **1.** Configuração (1). **2.** Conformidade, resignação. [Pl.: *-ções.*]

con•for•ma•do *adj.* e *sm.* Que(m) se conforma, acomoda com infortúnios.

con•for•mar *v.t.d.* **1.** Formar; configurar. **2.** Conciliar, harmonizar. *T.d.i.* **3.** Conformar (2). *P.* **4.** Acomodar-se, resignar-se. [Conjug.: ① [conform]**ar**]

con•for•me *adj2g.* **1.** Que relativo a mesma forma; idêntico. **2.** Resignado. **3.** Concorde. **4.** Nos devidos termos. • *adv.* **5.** Em conformidade. • *conj.* **6.** Segundo as circunstâncias. **7.** Como, segundo. **8.** À medida que.

con•for•mi•da•de *sf.* Qualidade de conforme (1 a 4). ♦ **Em conformidade (com).** De acordo (com); segundo, conforme.

con•for•mis•mo *sm.* *Bras.* Atitude de quem se conforma com todas as situações.

con•for•tar *v.t.d.* **1.** Dar forças a; fortificar. **2.** Proporcionar conforto a. **3.** Aliviar as penas, a dor, de; consolar. *P.* **4.** Buscar consolo. [Conjug.: ① [confort]**ar**] § **con•for•ta•dor** (ô) *adj.*

con•for•tá•vel *adj2g.* **1.** Que oferece conforto[2]. **2.** Cômodo. [Pl.: *-veis.*]

con•for•to[1] (ô) *sm.* **1.** Ato ou efeito de confortar(-se). **2.** Consolo, alívio.

con•for•to[2] (ô) *sm.* Bem-estar material.

con•fra•de *sm.* **1.** Membro de confraria. **2.** Colega, companheiro.

con•fran•ger *v.t.d.* **1.** Moer, esmigalhar. **2.** Angustiar, afligir. *P.* **3.** Afligir-se. [Conjug.⯍] [confran]**ger**]

con•fra•ri•a *s.f.* **1.** Irmandade (2). **2.** Sociedade, associação.

con•fra•ter•ni•zar *v.t.i.* **1.** Conviver ou tratar fraternalmente. *Int.* **2.** Dar demonstração de amizade fraterna. [Conjug.:①[confaterniz]**ar**] § **con•fra•ter•ni•za•ção** *sf.*

con•fron•tar *v.t.d.* e *t.d.i.* **1.** Pôr frente a frente; afrontar. **2.** Comparar (1). *P.* **3.** Fazer face mutuamente; defrontar-se. [Conjug.: ① [confront]**ar**] § **con•fron•ta•ção** *sf.*; **con•fron•tan•te** *adj2g.*

con•fron•to *sm.* **1.** Ato ou efeito de confrontar. **2.** Paralelo, comparação. **3.** Briga (1).

con•fun•dir *v.t.d.*, *t.d.i.* **1.** Misturar desordenadamente; baralhar. **2.** Causar embaraço (1 e 2). *P.* **3.** Misturar-se. **4.** Perturbar-se, embaraçar-se. [Conjug.: ③ [confund]**ir**]

con•fu•são *sf.* **1.** Ato ou efeito de confundir(-se). **2.** Estado do que se acha confundido, misturado. **3.** Falta de ordem, de método, de organização; bagunça, baderna, barafunda. **4.** Agitação, tumulto; bagunça, baderna, desordem. [V. *rolo* (9).] **5.** Estado de quem se acha confuso, hesitante, perplexo. [Pl.: *-sões.*]

con•fu•so *adj.* **1.** Desordenado, tumultuado. **2.** Perturbado, enleado. **3.** Hesitante, perplexo.

con•fu•tar *v.t.d.* **1.** Refutar. **2.** Impugnar, contrariar. [Conjug.: ① [confut]**ar**]

con•gra•da *sf. Bras. PE AL* Bailado dramático em que os figurantes representam a coroação dum rei do Congo.

con•ge•la•ção *sf.* **1.** Ato ou efeito de congelar(-se); congelamento. **2.** Passagem dum líquido ao estado sólido. [Pl.: *-ções.*]

con•ge•la•do *adj.* **1.** Que se congelou. **2.** Frio como gelo. **3.** Que sofreu congelamento (2). **4.** Diz-se de alimento congelado [v. *congelar* (2)]. • *sm.* **5.** Alimento congelado: *balcão de congelados.*

con•ge•la•dor (ô) *adj.* **1.** Que congela. • *sm.* **2.** Compartimento da geladeira onde o gelo é fabricado e onde se guardam os alimentos a congelar.

con•ge•la•men•to *sm.* **1.** Congelação (1). **2.**

Econ. Fixação (de preços, tarifas, etc.) em certo nível.

con•ge•lar *v.t.d.* **1.** Tornar em gelo, ou frio como gelo; gelar. **2.** Resfriar (alimento) rapidamente, e a temperatura muito baixa. **3.** *Econ.* Tornar congelado (3). *P.* **4.** Tornar-se em gelo, ou frio como gelo; gelar-se. [Conjug.:① [congel]**ar**]

con•ge•mi•nar *v.t.d.* e *p.* Multiplicar(-se), redobrar(-se). [Conjug.: ① [congemin]**ar**]

con•gê•ne•re *adj2g.* Do mesmo gênero.

con•gê•ni•to *adj.* V. *inato.*

con•ges•tão *sf. Med.* Afluência anormal do sangue aos vasos dum órgão. [Pl.: *-tões.*]

con•ges•ti•o•na•men•to *sm.* **1.** Ato ou efeito de congestionar(-se). **2.** *Bras.* Engarrafamento (2).

con•ges•ti•o•nar *v.t.d.* **1.** Produzir congestão em. **2.** *Bras.* Produzir congestionamento (2) em. *P.* **3.** Tornar-se afogueado. [Conjug.: ① [congestion]**ar**] § **con•ges•ti•o•na•do** *adj.*

con•ges•ti•vo *adj.* Relativo a, ou que indica possibilidade de congestão.

con•glo•me•ra•ção *sf.* Agregação em massa. [Pl.: *-ções.*]

con•glo•me•ra•do *sm.* **1.** Rocha formada de fragmentos arredondados, de diâmetro superior a 2mm, e reunidos por um cimento qualquer. **2.** *Fig.* Grupo constituído de empresas que têm atividades diversas.

con•glo•me•rar *v.t.d.* **1.** Fazer conglomeração de. *P.* **2.** Unir-se, reunir-se. [Conjug.: ① [conglomer]**ar**]

con•go•nha *sf. Bot.* **1.** *Bras.* Nome comum a vários arbustos aqüifoliáceos de folhas us. em infusões. **2.** V. *erva-mate.*

con•gra•çar *v.t.d.*, *t.d.i.* e *p.* Reconciliar(-se); harmonizar(-se). [Conjug.: ⑨ [congra]**çar**] § **con•gra•ça•men•to** *sm.*

con•gra•tu•la•ções *sf.pl.* Palavras com que alguém se congratula com outrem.

con•gra•tu•lar *v.t.d.i.* **1.** Felicitar. *P.* **2.** Regozijar-se com o bem ou satisfação de outrem. **3.** Felicitar a si mesmo. [Conjug.: ① [congratul]**ar**] § **con•gra•tu•la•ção** *sf.*

con•gre•ga•ção *sf.* **1.** Ato ou efeito de congregar(-se). **2.** Conselho dos professores duma escola de ensino médio ou superior. **3.** Grupo de religiosos, sob a direção de um responsável, e que emitem votos não solenes. [Pl.: *-ções.*]

con•gre•gar *v.t.d.* **1.** Juntar, reunir. **2.** Convocar. *P.* **3.** Reunir-se em congresso. [Conjug.⯍ [congre]**gar**]

con•gres•sis•ta *s2g.* Membro de congresso.

con•gres•so *sm.* **1.** Reunião, encontro, de cientistas, de membros de uma classe, etc. **2.** Reunião de diplomatas para tratarem de problemas internacionais; conferência. **3.** O corpo ou o poder legislativo de uma nação; assembléia, parlamento. [No Brasil, é constituído pelo Senado Federal e pela Câmara dos Deputados.]

côn•gru:a *sf.* Pensão que se concedia aos padres.

con•gru•ên•ci:a *sf.* Harmonia duma coisa com o fim a que se destina; coerência.

con•gru•en•te *adj2g. Geom.* Diz-se de figuras que coincidem, quando superpostas.

co•nha•que *sm.* Aguardente de certa uva.

co•nhe•cer *v.t.d.* **1.** Ter noção ou conhecimento de; saber. **2.** Ser muito versado em; saber bem. **3.** Ter relações ou convivência com. **4.** Travar conhecimento com. **5.** Reconhecer. **6.** Apreciar, avaliar. **7.** Ter experimentado (algo). **8.** Ter estado em (certo lugar). **9.** Ter relações sexuais com. *T.i.* **10.** Ter grande saber, ou competência: *O juiz conhecia da causa. P.* **11.** Ser consciente de si mesmo, dos seus valores e limitações. [Conjug.: ③④ [conhe]cer] § **co•nhe•ce•dor** (ô) *adj.* e *sm.*

co•nhe•ci•do *adj.* **1.** Que muitos conhecem. **2.** Famoso pelas obras ou atividade. • *sm.* **3.** Indivíduo de quem temos conhecimento.

co•nhe•ci•men•to *sm.* **1.** Ato ou efeito de conhecer. **2.** Informação ou noção adquiridas pelo estudo ou pela experiência. **3.** Consciência de si mesmo. **4.** *Com.* Nota de despacho de mercadorias entregues para transporte.

co•nhe•ci•men•tos *sm.pl.* Erudição, saber.

cô•ni•co *adj.* Que tem forma de cone; coniforme.

co•ní•fe•ra *sf. Bot.* Espécime das coníferas, classe de gimnospermas que produzem sementes não abrigadas em fruto. Ex.: o pinheiro. § **co•ní•fe•ro** *adj.*

co•ni•for•me *adj2g.* Cônico.

co•ni•vên•ci:a *sf.* **1.** Ato de ser conivente. **2.** Qualidade de quem é conivente. **3.** V. *conluio.*

co•ni•ven•te *adj2g.* Que finge não ver ou encobre o mal praticado por outrem.

con•je•tu•ra *sf.* Juízo ou opinião sem fundamento preciso; suposição.

con•je•tu•rar *v.t.d.* **1.** Julgar por conjetura. *Int.* **2.** Fazer conjeturas. [Conjug.: ① [conjetur]**ar**]

con•ju•ga•ção *sf.* **1.** Ato ou efeito de conjugar(-se). **2.** Reunião, junção. **3.** *Gram.* Conjunto ordenado das flexões dos verbos. [Pl.: –*ções.*]

con•ju•ga•do *adj.* **1.** Unido, ligado. • *sm.* **2.** Apartamento composto de sala e quarto reunidos numa só peça, banheiro e cozinha. **3.** *Fís.* V. *binário* (2). **4.** *Mat.* V. *complexo conjugado.*

con•ju•gal *adj2g.* Relativo a cônjuges ou ao casamento. [Pl.: –*gais.*]

con•ju•gar *v.t.d.* **1.** *Gram.* Dizer ou escrever ordenadamente as flexões de (verbo). *P.* **2.** Unir-se ou ligar-se conjuntamente. [Conjug.: ⑪ [conju]**gar**]

con•ju•gá•vel *adj2g.* Que se pode conjugar. [Pl.: –*veis.*]

côn•ju•ge *s2g.* Cada um dos casados, em relação ao outro; consorte.

con•jun•ção *sf.* **1.** União, encontro. **2.** *Gram.* Palavra invariável que liga duas orações ou dois termos semelhantes da mesma oração. **3.** *Astr.* Alinhamento de dois corpos do sistema solar, de forma que parecem estar, quando vistos da Terra, no mesmo lugar (ou quase) do céu. [Pl.: –*ções.*]

con•jun•ti•va *sf. Anat.* Membrana mucosa que forra a parte externa de globo ocular e a interna das pálpebras. § **con•jun•ti•val** *adj2g.*

con•jun•ti•vi•te *sf. Med.* Inflamação de conjuntiva.

con•jun•ti•vo *adj.* **1.** Que junta. **2.** *Gram.* Que une orações ou palavras.

con•jun•to *adj.* **1.** Junto simultaneamente. • *sm.* **2.** Reunião das partes dum todo. **3.** Equipe; grupo. **4.** *Mat.* Qualquer coleção de seres matemáticos. ◆ **Conjunto aberto.** *Mat.* Conjunto cujo complemento é fechado. **Conjunto complementar.** *Mat.* O que deve ser somado a outro a fim de se obter um terceiro; complemento. **Conjunto discreto.** *Mat.* O que não tem pontos de acumulação, como, p. ex., o conjunto dos números inteiros. **Conjunto fechado.** *Mat.* O que contém todos os seus pontos de acumulação. **Conjunto finito.** *Mat.* O que pode ser posto em correspondência biunívoca com um subconjunto limitado dos números naturais. **Conjunto interseção.** *Mat.* V. *produto* (7). **Conjunto nulo.** *Mat.* Conjunto vazio. **Conjunto ordenado.** *Mat.* Aquele entre cujos membros se define uma relação de ordem. **Conjunto união.** *Mat.* V. *união* (8). **Conjunto vazio.** *Mat.* O que não contém nenhum elemento; conjunto nulo.

con•jun•tu•ra *sf.* **1.** Situação nascida dum encontro de circunstâncias e considerada como o ponto de partida de uma evolução, uma ação, um fato; caso. **2.** Lance difícil. ◆ **Conjuntura econômica.** Situação da economia, especialmente quanto a variações de curto prazo na produção ou nos preços.

con•ju•ra•ção *sf.* **1.** Ato de conjurar. **2.** Conspiração contra autoridade estabelecida. [Pl.: –*ções.*]

con•ju•ra•do *sm.* Aquele que conjura, conspira.

con•ju•rar *v.t.d.* **1.** Planejar por meio de conjuração. **2.** Maquinar. **3.** Incitar. *T.d.i.* **4.** Conjurar (3). *T.i.* **5.** Conspirar, insurgir-se. *P.* **6.** Filiar-se numa conspiração. [Conjug.: ① [conjur]**ar**]

con•lui•ar *v.t.d.* e *p.* Unir(-se) em conluio. [Conjug.: ① [conlui]**ar**]

con•lui•o *sm.* Combinação entre duas ou mais pessoas para lesar outrem; trama, conivência, arranjo.

co•nos•co (ó) *pron.* **1.** Em nossa companhia. **2.** De nós para nós. **3.** Em nosso poder.

co•no•ta•ção *sf.* **1.** Relação que se nota entre duas ou mais coisas. **2.** Sentido translato, ou subentendido, às vezes de teor subjetivo, que uma palavra ou expressão pode apresentar paralelamente à acepção em que é empregada. **3.** *Lóg.* Compreensão (3). [Pl.: –*ções*.]

co•no•tar *v.t.d.* Ter como conotação. [Conjug.: ① [conot]**ar**]

con•quan•to *conj.* Posto que; embora; se bem que.

con•quis•ta *sf.* **1.** Ato de conquistar. **2.** Pessoa ou coisa conquistada.

con•quis•ta•dor (ô) *sm.* **1.** Aquele que conquista. **2.** *Fam.* O que é dado a conquistas amorosas.

con•quis•tar *v.t.d.* **1.** Submeter pela força de armas; vencer. **2.** Adquirir à força do trabalho; alcançar. **3.** Granjear, ganhar (amor, simpatia, etc.). [Conjug.: ① [conquist]**ar**] § **con•quis•tá•vel** *adj2g.*

con•sa•grar *v.t.d.* **1.** Tornar sagrado. **2.** Oferecer a Deus ou aos santos por culto ou voto. **3.** Na religião católica e em seitas protestantes, converter (pão e vinho) em corpo e sangue de Cristo. *T.d.i.* **4.** Dedicar, votar. *P.* **5.** Dedicar-se. **6.** Obter sucesso, fama. [Conjug.: ① [consagr]**ar**] § **con•sa•gra•ção** *sf.*

con•san•güí•neo *adj.* **1.** Que tem o mesmo sangue; que é parente pelo sangue. **2.** *Antrop.* Referente aos parentes consangüíneos, ou à relação de consangüinidade entre eles.

con•san•güi•ni•da•de *sf.* **1.** Qualidade ou condição de consangüíneo. **2.** Relação entre parentes consangüíneos.

cons•ci•ên•ci:a *sf.* **1.** Atributo pelo qual o homem pode conhecer e julgar sua própria realidade. **2.** Faculdade de estabelecer julgamentos morais dos atos realizados. **3.** Cuidado com que se executa um trabalho, se cumpre um dever; senso de responsabilidade. **4.** Conhecimento, noção. **5.** *Med.* Percepção imediata dos acontecimentos e da própria atividade psíquica.

cons•ci:en•ci•o•so (ó) *adj.* Que tem consciência (3). [Pl.: –*osos* (ó).]

cons•ci:en•te *adj2g.* **1.** Que tem consciência (2 e 5). **2.** Que procede com consciência (3 e 4). **3.** Cônscio.

cons•ci:en•ti•zar *v.t.d.i.* e *p.* Dar ou tomar consciência de. [Conjug.: ① [conscientiz]**ar**] § **cons•ci:en•ti•za•ção** *sf.*

cons•ci:en•ti•za•do. *adj.* **1.** Que se conscientizou. **2.** Que tem uma certa consciência política.

côns•ci:o *adj.* Que sabe bem o que faz ou deve fazer; consciente.

cons•cri•ção *sf.* Convocação para o serviço militar. [Pl.: –*ções*.]

cons•cri•to *adj.* e *sm.* Recrutado para serviço militar.

con•se•cu•ção *sf.* Ato ou efeito de conseguir. [Pl.: –*ções*.]

con•se•cu•ti•vo *adj.* Que segue imediatamente; seguinte, imediato.

con•se•guin•te *adj2g. P. us.* V. *consecutivo.* ✦ **Por conseguinte.** Por conseqüência; por isso.

con•se•guir *v.t.d.* **1.** Alcançar, obter. **2.** Ter como conseqüência ou resultado. [Conjug.: ㊼ [con]**seguir**]

con•se•lhei•ro *adj.* **1.** Que aconselha. • *sm.* **2.** Aquele que aconselha. **3.** Membro de um conselho. **4.** *Bras.* Título honorífico do Império.

con•se•lho (ê) sm. **1.** Advertência que se emite; aviso. **2.** Corpo consultivo e/ou deliberativo que se reúne para tratar de assunto de interesse público ou particular: *conselho de ministros, conselho de diretores de banco.*

con•sen•so sm. Concordância de idéias, de opiniões.

con•sen•tâ•ne:o *adj.* Apropriado, adequado.

con•sen•ti•men•to sm. **1.** Ato ou efeito de consentir. **2.** Licença, permissão. **3.** Aprovação.

con•sen•tir *v.t.d.* **1.** Dar consenso ou aprovação a; permitir, assentir. **2.** Concordar com. *T.i.* **3.** Anuir, concordar. *Int.* **4.** Dar consentimento. [Conjug.: ㊾ [cons]e[nt]**ir**]

con•se•qüên•ci:a *sf.* **1.** Resultado, efeito. **2.** Dedução, conclusão.

con•se•qüen•te *adj2g.* **1.** Que segue naturalmente. **2.** Que se infere ou deduz. **3.** Coerente (2). • *sm.* **4.** *Mat.* Denominador de uma razão (6). **5.** *Mat.* Numa seqüência ordenada, termo que sucede imediatamente a outro.

con•ser•tar *v.t.d.* **1.** Pôr em bom estado ou condição (o que estava danificado); reparar. **2.** Dar melhor disposição a. **3.** Remediar, corrigir. [Conjug.: ① [consert]**ar**. Cf. *concertar.*] § **con•ser•ta•dor** (ô) *sm.*

con•ser•to (ê) *sm.* Ato ou efeito de consertar. [Cf. *concerto.*]

con•ser•va *sf.* **1.** Líquido em que se conservam substâncias alimentícias. **2.** Substância assim conservada.

con•ser•va•dor (ô) *adj.* **1.** Que conserva. **2.** Diz-se daquele que em política é favorável à conservação da situação vigente, opondo-se a reformas radicais. • *sm.* **3.** O encarregado da conservação de arquivo, museu, biblioteca, etc. **4.** Aquele que é conservador (2).

con•ser•va•do•ris•mo *sm.* Conservantismo.

con•ser•van•tis•mo *sm.* Atitude de quem é conservador, que é hostil a inovações políticas ou sociais; conservantismo.

con•ser•var *v.t.d.* **1.** Resguardar de dano, decadência, deterioração, etc.; preservar. **2.** Ter ou reter em seu poder; resguardar. **3.** Manter.

Transobj. **4.** Manter em certo estado, ou condição. *P.* **5.** Manter-se. **6.** Continuar a ter boa condição física, ao envelhecer. [Conjug.: ① [conserv]ar] § **con•ser•va•ção** *sf.*

con•ser•va•tó•ri:o *sm.* Estabelecimento público para ensino de artes como a música, etc.

con•si•de•ra•ção *sf.* **1.** Ato ou efeito de considerar. **2.** Importância dada a alguém; respeito, deferência, reverência, apreço. [Pl.: *–ções.*]

con•si•de•rar *v.t.d.* **1.** Atentar para; ponderar. **2.** Examinar; apreciar. **3.** Contemplar, observar. *T.i.* **4.** Pensar, refletir. *Transobj.* **5.** Ter em boa conta. **6.** Julgar, supor. [Conjug.: ① [consider]ar]

con•si•de•rá•vel *adj2g.* **1.** Que deve ser objeto de consideração. **2.** Muito grande. [Pl.: *–veis.*]

con•sig•nar *v.t.d.* **1.** Declarar, estabelecer. *T.d.i.* **2.** Confiar ou enviar (mercadorias) a alguém, para que as negocie, em comissão. [Conjug.: ① [consign]ar] § **con•sig•na•ção** *sf.*

con•sig•na•tá•ri:o *sm.* Aquele a quem se consignam mercadorias, ou que recebe em consignação o equivalente do que lhe é devido.

con•si•go *pron.* **1.** Em sua companhia. **2.** Com a sua pessoa. **3.** De si para si; entre si. **4.** Em seu poder.

con•sis•tên•ci:a *sf.* **1.** Qualidade ou estado de consistente. **2.** *Mat.* Compatibilidade (2).

con•sis•ten•te *adj2g.* **1.** Que consta ou consiste. **2.** Sólido, rijo.

con•sis•tir *v.t.i.* **1.** Constar, compor-se. **2.** Fundar-se, basear-se. **3.** Resumir-se. [Conjug.: ③ [consist]ir]

con•sis•tó•ri:o *sm.* Assembléia de cardeais, presidida pelo Papa.

con•so•a•da *sf.* Ceia da noite de Natal.

con•so•an•te *adj2g.* **1.** Que tem consonância. **2.** *Fon.* Diz-se do fonema resultante dum fechamento ou dum estreitamento em qualquer região acima da glote, que funciona como obstáculo à passagem da corrente de ar. **3.** *Fon.* Diz-se da(s) letra(s) que apresenta(m) fonemas dessa espécie. • *sf.* **4.** *Fon.* Fonema consoante. **5.** *Fon.* Letra consoante. • *prep.* e *conj.* **6.** Conforme, segundo.

con•so•la•ção *sf.* **1.** Ato ou efeito de consolar(se). **2.** Conforto, lenitivo. **3.** Pessoa ou coisa que consola. [Sin. ger.: *consolo* (ô). Pl.: *–ções.*]

con•so•lar *v.t.d.* **1.** Aliviar o padecimento de. **2.** Dar sensação agradável a. *T.d.i.* **3.** Dar alívio, conforto. *P.* **4.** Receber consolação (2). **5.** Conformar-se. [Conjug.: ① [consol]ar]

con•so•le *sm.* Consolo.

con•so•li•dar *v.t.d.* **1.** Tornar sólido, seguro. **2.** Provocar em (fratura óssea) a formação dum calo resistente. *P.* **3.** Tornar-se sólido. [Conjug.: ① [consolid]ar] § **con•so•li•da•ção** *sf.*

con•so•lo (ô) *sm.* V. *consolação.*

con•so•lo *sm.* Móvel de sala para colocar objetos de ornato; console.

con•so•nân•ci:a *sf.* **1.** Conjunto agradável de sons; harmonia. **2.** Afinidade entre os sons. **3.** *Fig.* Acordo, conformidade.

con•so•nan•tal *adj2g.* Referente a consoante (4), ou constituído por consoantes. [Pl.: *–tais.*]

con•sor•ci•ar *v.t.d., t.d.i.* e *p.* **1.** Unir(-se), associar(-se). **2.** Casar(-se). [Conjug.: ① [consorci]ar]

con•sór•ci:o *sm.* **1.** Associação, união. **2.** V. *casamento.* **3.** Sistema de autofinanciamento para a compra de bens de consumo duráveis, como, p. ex., automóveis.

con•sor•te *s2g.* Cônjuge.

cons•pí•cu:o *adj.* Notável, eminente, insigne.

cons•pi•ra•ção *sf.* **1.** Ato ou efeito de conspirar. **2.** Conluio secreto. [Pl.: *–ções.*]

cons•pi•rar *v.t.d.* **1.** Maquinar, tramar. *T.d.i.* **2.** Tramar conspiração (2). [Conjug.: ① [conspir]ar] § **cons•pi•ra•dor** (ô) *adj.* e *sm.*

cons•pur•car *v.t.d.* e *p.* Sujar(-se); macular(-se). [Conjug.: ⑧ [conspur]car]

cons•tân•ci:a *sf.* **1.** Qualidade de constante. **2.** Firmeza de ânimo.

cons•tan•te *adj2g.* **1.** Que não se desloca. **2.** Incessante. **3.** De ânimo firme. **4.** Que consta ou consiste. • *sf.* **5.** Idéia ou preocupação obsessiva. **6.** *Mat.* Numa expressão analítica, grandeza independente das variáveis nela envolvidas.

cons•tar *v.int.* **1.** Passar por certo. *T.i.* **2.** Chegar ao conhecimento. **3.** Estar escrito ou mencionado. **4.** Consistir, constituir-se. [Conjug.: ① [const]ar]

cons•ta•tar *v.t.d.* Estabelecer ou consignar a verdade de (um fato); comprovar. [Conjug.: ① [constat]ar]

cons•te•la•ção *sf.* **1.** *Astr.* Uma das 88 regiões convencionais da esfera celeste estabelecidas pela União Astronômica Internacional. **2.** *P. ext.* Grupo de estrelas. **3.** Grupo; série. [Pl.: *–ções.*]

cons•ter•nar *v.t.d.* **1.** Causar grande aflição e abatimento a; desalentar. *P.* **2.** Afligir-se profundamente. [Conjug.: ① [constern]ar] § **cons•ter•na•ção** *sf.*

cons•ti•pa•ção *sf.* **1.** *Med.* Retardamento do trânsito intestinal; prisão de ventre. **2.** *Pop.* Resfriado (2). [Pl.: *–ções.*]

cons•ti•par *v.t.d.* Causar constipação a. [Conjug.: ① [constip]ar] § **cons•ti•pa•do** *adj.*

cons•ti•tu•ci:o•nal *adj2g.* **1.** Relativo à constituição, ou próprio dela. **2.** Diz-se do regime em que o poder executivo é limitado por uma constituição (3). **3.** Inerente à organização física ou psíquica do indivíduo. [Pl.: *–nais.*] § **cons•ti•tu•ci:o•na•li•da•de** *sf.*

cons•ti•tu•ci:o•na•lis•mo *sm.* Sistema ou doutrina dos partidários do regime constitucional.

cons•ti•tu•ci:o•na•lis•ta *adj2g.* 1. Relativo ao constitucionalismo, ou que é partidário dele. • *s2g.* 2. Partidário do constitucionalismo.

cons•ti•tu•i•ção *sf.* 1. Ato ou efeito de constituir. 2. Modo por que se constitui uma coisa, um ser vivo, um grupo de pessoas; organização. 3. Lei fundamental num Estado, que contém normas sobre a formação dos poderes públicos, direitos e deveres dos cidadãos, etc.; carta constitucional. 4. Compleição (1). [Pl.: –*ções.*]

cons•ti•tu•in•te *adj2g.* 1. Que constitui, que faz parte de um todo. • *s2g.* 2. Quem faz de outrem seu procurador ou representante; comitente. 3. Membro de assembléia constituinte (q. v.). • *sf.* 4. Assembléia constituinte (q. v.).

cons•ti•tu•ir *v.t.d.* 1. Ser a parte essencial de; formar, compor. 2. Organizar, estabelecer. *Transobj.* 3. Nomear; eleger. *P.* 4. Arrogar-se qualidade, direito, etc. 5. Compor-se. 6. Consistir-se em. [Conjug.: 49 [constit]**uir**]

cons•ti•tu•ti•vo *adj.* Que constitui.

cons•tran•ger *v.t.d.* 1. Tolher a liberdade de; coagir. 2. Causar constrangimento (3) a; embaraçar. *P.* 3. Experimentar constrangimento (2 e 3). [Conjug.: 36 [constran]**ger**]

cons•tran•gi•do *adj.* 1. Forçado, 2. Que experimentou constrangimento.

cons•tran•gi•men•to *sm.* 1. Ato de constranger. 2. Situação de quem foi violentado. 3. Pudor (1) que sente quem foi desrespeitado ou exposto a algo indesejável. 4. Encabulação, acanhamento.

cons•tri•ção *sf.* Aperto, compressão. [Pl.: –*ções.*]

cons•trin•gir *v.t.d.* 1. Apertar em volta. *P.* 2. Contrair-se, apertar-se. [Conjug.: 45 [constrin]**gir**]

cons•tru•ção *sf.* 1. Ato, arte ou efeito de construir. 2. V. *edifício.* 3. *Gram.* Colocação das palavras nas frases e destas nos períodos. [Pl.: –*ções.*]

cons•tru•ir *v.t.d.* 1. Dar estrutura a; edificar. 2. Organizar, arquitetar. 3. Formar, conceber. *Int.* 4. Fazer construções. [Conjug.: 49 Var. A [constr]**uir**]

cons•tru•ti•vo *adj.* 1. Próprio para construir. 2. Que busca melhorar.

cons•tru•tor *(ô) adj.* e *sm.* Que ou aquele que constrói.

con•subs•tan•ci•ar *v.t.d.* 1. Unir para formar uma substância; consolidar. *P.* 2. Unir-se, ligar-se intimamente. [Conjug.: 1 [consubstanci]**ar**]

côn•sul *sm.* Representante duma nação encarregado de, em país estrangeiro, proteger-lhe os súditos, fomentar-lhe o comércio, etc. [Fem.: *consulesa* (ê). Pl.: *cônsules.*]

con•su•la•do *sm.* Cargo, residência ou escritório de cônsul.

con•sul•ta *sf.* 1. Ato ou efeito de consultar. 2. Parecer.

con•sul•tar *v.t.d.* 1. Pedir conselho, opinião, parecer, (a). 2. Informar-se por meio de. 3. Pesquisar, compulsar. *T.d.i.* 4. Consultar (1). *P.* 5. Pedir parecer. [Conjug.: 1 [consult]**ar**]

con•sul•ti•vo *adj.* Que emite parecer sem voto deliberativo (corporação).

con•sul•tor *(ô) sm.* Aquele que dá ou pede conselho.

con•sul•tó•ri:o *sm.* Local próprio para consultas (esp. as médicas).

con•su•ma•ção¹ *sf.* Consumo mínimo, obrigatório, de bebida ou comida em clubes e outras casas de diversões, ou a despesa feita com esse consumo. [Pl.: –*ções.*]

con•su•ma•ção² *sf.* Ato ou efeito de consumar(-se). [Pl.: –*ções.*]

con•su•ma•do *adj.* Acabado, rematado, completo.

con•su•mar *v.t.d.* 1. Terminar, acabar. 2. Realizar, praticar. *P.* 3. Completar-se. [Conjug.: 1 [consum]**ar**]

con•su•mi•ção *sf.* 1. Ato ou efeito de consumir(-se). 2. *Bras.* Inquietação, apreensão. [Pl.: –*ções.*]

con•su•mi•dor *(ô) adj.* 1. Que consome. • *sm.* 2. Aquele ou aquilo que consome. 3. *Econ.* Indivíduo ou instituição que compra bens para seu consumo.

con•su•mir *v.t.d.* 1. Corroer até à destruição; destruir. 2. Destruir pelo fogo. 3. Gastar (bens de consumo ou de produção) pelo uso. 4. Absorver (alimento ou bebida). 5. Enfraquecer, abater. 6. Desgostar, mortificar. *Int.* 7. Adquirir bens de consumo ou de produção. *P.* 8. Apoquentar-se. [Conjug.: 57 [cons]**u**[m]**ir**]

con•su•mis•mo *sm.* Consumo exagerado de bens.

con•su•mo *sm.* 1. Ato ou efeito de consumir, de gastar. 2. Uso de mercadorias e serviços para satisfação de necessidades e desejos humanos. 3. *Eng. Elétr.* Energia consumida durante um intervalo de tempo.

con•sun•ção *sf. Med.* Emagrecimento e perda de força, observáveis em doenças graves e prolongadas. [Pl.: –*ções.*]

con•ta *sf.* 1. Ato ou efeito de contar. 2. Operação aritmética. 3. Documento apresentado ao comprador com o preço das mercadorias vendidas ou serviços prestados; nota de despesa (5). 4. Registro dos depósitos ou retiradas de dinheiro feitos por pessoa ou firma num banco. 5. Registro contábil de transações de uma mesma natureza. 6. Responsabilidade. 7. Informação, notícia. 8. Pequena esfera com orifício no centro, e que se enfia em rosário, colar, etc. **9.** *Inform.* Em sistemas e redes de computadores, registro a respeito de cada um dos usuários cadastrados, para controle do acesso individual aos recursos oferecidos.

con•tá•bil *adj2g.* Relativo à contabilidade. [Pl.: *–beis.*]

con•ta•bi•li•da•de *sf.* Ciência que sistematiza e interpreta registros de transações financeiras de empresas e de outras organizações.

con•ta•bi•lis•ta *s2g.* Perito em contabilidade.

con•ta•bi•li•zar *v.t.d.* Fazer a escrita (4) de. [Conjug.: ① [contabiliz]**ar**]

con•tac•tar ou **con•ta•tar** *v.t.d., t.i.* e *int.* Ter ou entrar em contato com. [Conjug.: ① [conta(c)t]**ar**]

con•tac•to ou **con•ta•to** *sm.* **1.** Estado ou situação dos corpos que se tocam. **2.** Comunicação, interação ou convivência entre pessoas ou grupos. **3.** Comunicação, conexão. ◆ **Conta(c)to ôhmico.** *Eng. Elétr.* Contato elétrico para o qual se mantém linear a relação entre a tensão sobre ele e a corrente que o atravessa.

con•ta•dor (ô) *adj.* **1.** Que conta. • *sm.* **2.** Aquele que conta. **3.** Verificador de contas. **4.** Aparelho para contagem de água, de gás ou de eletricidade; medidor. **5.** *Bras.* Homem diplomado em contabilidade. ◆ **Contador Geiger.** Dispositivo para medição de radioatividade, mediante detecção e contagem de partículas ionizantes.

con•ta•do•ra *sf.* **1.** Repartição onde se faz verificação de contas. **2.** *Bras.* Mulher diplomada em contabilidade.

con•ta•gem *sf.* Ato, efeito ou operação de contar; cômputo. [Pl.: *–gens.*]

con•ta•gi•ar *v.t.d.* **1.** Transmitir por contágio. **2.** *P. ext.* Transmitir-se. *P.* **3.** Pegar doença por contágio. [Sin. (1 e 3): *contaminar.*] **4.** Ser tomado (por emoção, etc.), como que por contágio. [Conjug.: ① [contagi]**ar**]

con•tá•gio *sm. Med.* Transmissão de doença por contato imediato ou mediato.

con•ta•gi•o•so (ô) *adj.* Que se propaga por contágio. [Pl.: *–osos* (ó).]

con•ta-go•tas *sm2n.* Aparelho para pingar gotas de um líquido.

con•ta•mi•nar *v.t.d.* **1.** Contagiar (1). **2.** Provocar infecção em. *P.* **3.** Contagiar (3). [Conjug.: ① [contamin]**ar**] § **con•ta•mi•na•ção** *sf.*

con•tan•to Us. na loc. conj. *contanto que.* ◆ **Contanto que.** Com a condição de que.

con•tar *v.t.d.* **1.** Verificar o número, a quantidade de; computar. **2.** Fazer entrar como parcela numa conta. **3.** Ter, possuir. **4.** Narrar, relatar. **5.** Ter esperanças de. **6.** Propor-se a; tencionar. **7.** Incluir num grupo, num total. *T.i.* **8.** Contar (4). **9.** Dispor de. *Int.* **10.** Fazer contas; calcular. **11.** Ter peso, importância; pesar: *Sua opinião não conta.* [Conjug.: ① [cont]**ar**]

con•têi•ner *sm.* Grande caixa, de tamanho e características padronizados, para acondicionamento de carga, a fim de facilitar o seu transporte, embarque, desembarque, etc.

con•tem•pla•ção *sf.* **1.** Ato ou efeito de contemplar. **2.** Deferência, consideração. **3.** Grande aplicação (2) às coisas divinas. [Pl.: *–ções.*]

con•tem•pla•do *adj.* e *sm.* Que(m) recebeu contemplação (2), ou foi sorteado para receber prêmio, etc.

con•tem•plar *v.t.d.* **1.** Olhar atenta ou embevecidamente. **2.** Dar alguma coisa a, como prêmio ou prova de admiração. *T.d.i.* **3.** Contemplar (2). [Conjug.: ① [contempl]**ar**]

con•tem•pla•ti•vo *adj.* **1.** Meditativo; sonhador. **2.** Dado à contemplação (3).

con•tem•po•râ•ne•o *adj.* e *sm.* Que ou aquele que é do mesmo tempo ou do nosso tempo; coevo, coetâneo.

con•tem•po•ri•zar *v.int.* **1.** Acomodar-se às circunstâncias. *T.d.* **2.** Entreter para ganhar tempo. [Conjug.: ① [contemporiz]**ar**] § **con•tem•po•ri•za•dor** (ô) *adj.* e *sm.*

con•ten•ção *sf. Bras.* Ato de conter(-se). [Pl.: *–ções.*]

con•ten•ci•o•so (ô) *adj.* **1.** Em que há litígio. • *sm.* **2.** Seção de repartição ou estabelecimento onde se tratam questões litigiosas. [Pl.: *–osos* (ó).]

con•ten•da *sf.* **1.** Debate, controvérsia. **2.** Peleja.

con•ten•der *v.int.* **1.** Ter contenda com alguém. *T.i.* **2.** Lutar, brigar, discutir; disputar. [Conjug.: ② [contend]**er**]

con•ten•dor (ô) *sm.* Aquele que contende.

con•ten•são *sf.* Esforço, ou aplicação considerável. [Pl.: *–sões.*]

con•ten•ta•men•to *sm.* Sentimento de prazer; alegria.

con•ten•tar *v.t.d.* e *p.* Tornar(-se) contente. [Conjug.: ① [content]**ar**]

con•ten•te *adj2g.* Alegre; prazenteiro; satisfeito.

con•ter *v.t.d.* **1.** Ter em si; incluir. **2.** V. *reprimir* (1). **3.** Manter dentro de certos limites. *P.* **4.** Reprimir-se. [Conjug.: ⑤ [con]**ter**]

con•ter•râ•ne•o *sm.* Aquele que é da mesma terra; compatriota, patrício.

con•tes•ta•ção *sf.* **1.** Ato de contestar. **2.** Debate, questão. **3.** *Jur.* Resposta ao libelo do autor no processo. [Pl.: *–ções.*]

con•tes•tar *v.t.d.* **1.** Provar com o testemunho de outrem. **2.** V. *impugnar* (1). **3.** Contradizer; negar. [Conjug.: ① [contest]**ar**] § **con•tes•tá•vel** *adj2g.*

con•tes•te *adj2g.* **1.** Concorde em depoimento. **2.** V. *afirmativo.*

con•te•ú•do *sm.* O que se contém nalguma coisa.

con•tex•to (ês) *sm.* O que constitui o texto no seu todo.

con•tex•tu•ra (ês) *sf.* Ligação entre as partes dum todo.

con•ti•go *pron.* 1. Com a pessoa com quem se fala. 2. Em tua companhia. 3. De ti para ti. 4. Em teu poder.

con•tí•guo *adj.* 1. Que está em contato; unido. 2. Vizinho, adjacente. § **con•ti•güi•da•de** *sf.*

con•ti•nên•ci:a *sf.* 1. Abstenção de prazeres; abstinência. 2. Cumprimento (2) militar.

con•ti•nen•tal *adj2g.* Do, ou relativo ao continente. [Pl.: *–tais.*]

con•ti•nen•te *adj2g.* 1. Que tem continência. • *sm.* 2. Grande massa de terra cercada pelas águas oceânicas. 3. Cada uma das cinco grandes divisões da Terra: Europa, Ásia, África, América e Oceânia.

con•tin•gên•ci:a *sf.* Qualidade do que é contingente.

con•tin•gen•ci•ar *v.t.d. Econ.* Impor o governo limite ou quota a (a liberação de verba orçamentária, à importação de certas mercadorias, etc.). [Conjug.: ① [contingenci]**ar**]

con•tin•gen•te *adj2g.* Que pode ou não suceder; incerto, indeterminado.

con•ti•nu•a•do *adj.* V. *contínuo* (1).

con•ti•nu•ar *v.t.d.* 1. Prosseguir ou prolongar sem interrupção. 2. Dar seguimento a. 3. Seguir-se a. *T.i.* 4. Persistir; prosseguir. *Pred.* 5. Permanecer. *Int.* 6. Seguir avante; prosseguir. *P.* 7. Estender-se, prolongar-se. [Conjug.: ① [continu]**ar**] § **con•ti•nu:a•ção** *sf.*

con•ti•nu•i•da•de *sf.* 1. Qualidade do que é contínuo. 2. *Mat.* Propriedade que caracteriza uma função contínua. 3. *Eng. Eletr.* Condição de um circuito elétrico em que há um percurso fechado, permitindo fluxo de corrente.

con•ti•nu•ís•mo *sm.* Manobra política que visa à perpetuação, no poder, de uma pessoa ou de um grupo.

con•ti•nu•ís•ta *adj2g.* Que(m) é partidário do continuísmo.

con•tí•nu:o *adj.* 1. Em que não há interrupção; seguido, continuado. • *sm.* 2. Funcionário que leva e traz papéis, transmite recados, etc.

con•tis•ta *s2g.* Autor de contos literários.

con•to¹ *sm.* 1. Narração falada ou escrita. 2. Engodo, embuste.

con•to² *sm.* 1. *Ant.* Número, contagem. 2. *Obsol.* Dez vezes cem mil-réis [v. *real¹* (1)].

con•tor•ção *sf.* 1. Ato ou efeito de contorcer(-se). 2. Contração muscular. [Pl.: *–ções.*]

con•tor•cer *v.t.d.* e *p.* Torcer(-se) muito; contrair(-se). [Conjug.: ㉞ [contor]**cer**]

con•tor•ci:o•nis•ta *s2g.* Ginasta que faz contorções.

con•tor•nar *v.t.d.* 1. Fazer o contorno de. 2. *Fig.*

Dar a (uma situação, um caso) uma solução de emergência. [Conjug.: ① [contorn]**ar**]

con•tor•no (ô) *sm.* 1. Linha que fecha ou limita exteriormente um corpo; periferia. 2. Circuito (1).

con•tra *prep.* 1. Em oposição a; em luta com. 2. Em contradição com. 3. Em direção oposta à de. 4. Recebendo em troca. 5. Em direção a. • *sm.* 6. Obstáculo. 7. Contestação, objeção.

con•tra-al•mi•ran•te *sm.* V. *hierarquia militar.* [Pl.: *contra-almirantes.*]

con•tra-a•ta•que *sm.* Ataque em resposta a outro. [Pl.: *contra-ataques.*]

con•tra•bai•xis•ta *s2g.* Tocador de contrabaixo.

con•tra•bai•xo *sm.* O maior e mais grave instrumento de cordas, da família do violino.

con•tra•ba•lan•çar *v.t.d.* 1. Igualar em peso; equilibrar. 2. V. *compensar* (1 e 2). *T.d.i.* 3. Contrabalançar (2). [Conjug.: ⑨ [contrabalan]**çar**]

con•tra•ban•de•ar *v.t.d.* e *int.* Fazer contrabando (de). [Conjug.: ⑩ [contraband]**ear**]

con•tra•ban•dis•ta *s2g.* Quem faz contrabando; muambeiro (*bras. pop.*).

con•tra•ban•do *sm.* 1. Introdução clandestina de mercadorias estrangeiras sem pagamento de direitos. 2. A coisa contrabandeada; muamba (*bras. pop.*).

con•tra•ção *sf.* 1. Ato ou efeito de contrair(-se). 2. *Econ.* Redução no nível de atividade econômica de um país. 3. *Gram.* Aglutinação de dois elementos gramaticais por crase, ditongação, adaptação fonética, ou elisão. 4. *Gram.* Crase. [Pl.: *–ções.*]

con•tra•ca•pa *sf.* Cada um dos lados internos de livro, revista, etc.

con•tra•ce•na *sf.* 1. Ato de contracenar. 2. *Teatr. Cin. Telev.* Diálogo fingido que se desenvolve paralelamente à cena principal.

con•tra•ce•nar *v.int.* 1. Participar de contracena (2). *T.i.* 2. Contracenar (1). 3. Representar, interpretar. [Conjug.: ① [contracen]**ar**]

con•tra•cep•ção *sf.* Infecundidade resultante do uso de contraceptivo. [Pl.: *–ções.*]

con•tra•cep•ti•vo *adj.* e *sm.* Diz-se de, ou medicamento ou método anticoncepcional.

con•tra•che•que *sm.* Documento entregue mensalmente pelo empregador ao assalariado, especificando o montante do salário, eventuais descontos e a quantia líquida a ser paga.

con•tra•cor•ren•te *sf.* Corrente oceânica que flui em direção a uma principal.

con•tra•cos•ta *sf.* Costa marítima oposta a outra, no mesmo continente ou na mesma ilha.

con•trác•til V. *contrátil.*

con•tra•dan•ça *sf.* Dança rústica, em que os pares se defrontam e executam uma série de movimentos contrários.

con•tra•di•ção *sf.* 1. Incoerência entre o que se diz e o que se disse, entre palavras e ações;

desacordo. 2. *Lóg.* Exclusão recíproca e necessária entre duas proposições. [Pl.: *–ções.*]

con•tra•di•ta *sf. Jur.* Alegação dum pleiteante contra outro.

con•tra•di•tar *v.t.d.* Opor contradita a. [Conjug.: 1 [contradit]**ar**]

con•tra•di•tó•ri:o *adj.* Em que há contradição.

con•tra•di•zer *v.t.d.* 1. Dizer o contrário de; contrariar. 2. Desmentir (2). *P.* 3. Dizer o contrário do que antes afirmava. [Conjug.: 19 [contra]**dizer**]

con•tra•en•te *adj2g. e s2g.* Que ou quem contrai.

contrafação *sf.* Falsificação de produtos, assinaturas, etc., de outrem. [Pl.: *–ções.*]

con•tra•fa•zer *v.t.d.* 1. Reproduzir, imitando; imitar, arremedar. *P.* 2. Violentar-se. 3. Ficar contrafeito. [Conjug.: 20 [contra]**fazer**]

con•tra•fé *sf.* Cópia autêntica de citação ou intimação, que se entrega ao citado ou intimado.

con•tra•fei•to *adj.* Constrangido; forçado.

con•tra•for•te *sm.* 1. Forro que reforça a parte posterior do calçado. 2. Qualquer forro usado como reforço. 3. Cadeia de montanhas que se destaca de um maciço principal, entestando com ele.

con•tra•gol•pe *sm.* Golpe em oposição a outro.

con•tra•gos•to (ó) *sm.* Falta de vontade ou gosto.

con•tra•í•do *adj.* 1. Encolhido; estreitado. 2. Que se contraiu ou assumiu.

con•tra-in•di•ca•ção *sf.* Indicação contrária a outra. [Pl.: *contra-indicações.*]

con•tra•ir *v.t.d.* 1. Fazer contração de; crispar. 2. Adquirir (amizades, hábitos, doenças, etc.). 3. Assumir (1). 4. *P. ext.* Assumir o compromisso de: *contrair matrimônio. P.* 5. Encolher-se, apertar-se. [Conjug.: 38 [contr]**air**]

con•tral•to *sm.* 1. A voz feminina de tessitura mais grave. 2. Cantora que tem essa voz.

con•tra•mão *Bras. sf.* Direção oposta à mão (8). [Pl.: *–mãos.*] • *adj2g2n.* 2. Que tem a direção oposta à mão (8).

con•tra•mar•cha *sf.* Marcha em sentido oposto ao da que se fazia.

con•tra•mes•tre *sm.* O responsável por uma equipe ou determinado serviço (numa fábrica, oficina, etc.).

con•tra-o•fen•si•va *sf.* Contra-ataque ou ofensiva para retirar ao inimigo a iniciativa de ataque. [Pl.: *contra-ofensivas.*]

con•tra-or•dem *sf.* Ordem que anula outra. [Pl.: *contra-ordens.*]

con•tra•pa•ren•te *s2g.* 1. Parente muito afastado. 2. Parente afim.

con•tra•par•te *sf.* Parte musical em oposição a outra.

con•tra•pe•so (ê) *sm.* Peso adicional que, posto numa concha da balança, a equilibra com a outra.

con•tra•pon•to *sm. Mús.* 1. Disciplina que ensina a compor polifonia. 2. Arte de compor música para duas ou mais vozes ou instrumentos. ◆ **Em contraponto.** Simultaneamente.

con•tra•por (ô) *v.t.d.* 1. Pôr contra, em frente; confrontar. 2. Pôr em paralelo. 3. Apresentar em oposição. *T.d.i.* 4. Contrapor (1 e 3). *P.* 5. Pôr-se contra. [Conjug.: 60 [contra]**por**]

con•tra•pro•du•cen•te *adj2g.* Cujo resultado é contrário ao que se esperava.

con•tra•pro•pa•gan•da *sf.* Propaganda destinada a combater outra.

con•tra•pro•por *v.t.d.* Apresentar como contraproposta. [Conjug.: 60 [contrapro]**por**]

con•tra•pros•ta *sf.* Proposta em substituição a outra não aprovada ou aceita.

con•tra•pro•va *sf.* Impugnação jurídica de um libelo.

con•tra-re•gra *s2g. Cin. Rád. Teatr. Telev.* Pessoa encarregada de efeitos sonoros, cuidar dos cenários e dos objetos de cena, indicar a entrada de atores, etc. [Pl.: *contra-regras.*]

con•tra-re•vo•lu•ção *sf.* Revolução que visa a anular outra. [Pl.: *contra-revoluções.*]

con•tra•ri•ar *v.t.d.* 1. Dizer, fazer ou querer o contrário de. 2. Aborrecer, descontentar. 3. Não condizer com. *P.* 4. Aborrecer-se. [Conjug.: 1 [contrari]**ar**]

con•tra•ri•e•da•de *sf.* 1. Qualidade ou caráter do que é contrário. 2. Decepção, transtorno. 3. Desgosto, aborrecimento. 4. *Lóg.* Exclusão recíproca entre duas proposições, admitida a possibilidade de ambas serem falsas.

con•trá•ri:o *adj.* 1. Que apresenta oposição ou diferença absoluta. 2. Desfavorável, desvantajoso. • *sm.* 3. Tudo que é oposto. 4. Adversário, inimigo.

con•tra-sen•so *sm.* Dito ou ato contrário ao bom senso. [Pl.: *contra-sensos.*]

con•tras•tar *v.t.d.* 1. Fazer contraste ou oposição a. 2. Opor-se, contrariar. *T.i.* 3. Estar em oposição. [Conjug.: 1 [contrast]**ar**] § con•tras•tá•vel *adj2g.*

con•tras•te *sm.* 1. Oposição entre coisas ou pessoas das quais uma faz que a outra se destaque. 2. Verificação do toque (8) do ouro ou da prata. 3. *Radiol.* Diferença de densidade ótica perceptível em radiografia. 4. *Impr.* Substância que, introduzida em órgão oco ou provido de canal, permite que tais órgãos sejam estudados radiologicamente.

con•tra•ta•dor (ô) *adj. e sm.* Que ou aquele que contrata; contratante.

con•tra•tan•te *adj2g. e s2g.* Contratador.

con•tra•tar *v.t.d.* 1. Fazer contrato de. 2. Adquirir por contrato. 3. V. *empregar* (2). [Conjug.: 1 [contrat]**ar**]

con•tra•tem•po *sm.* Acidente imprevisto; espiga.

con•trá•til ou **con•trác•til** *adj2g.* Suscetível de contrair-se ou encolher-se. [Pl.: *–teis*.]

con•tra•to *sm.* **1.** Ato ou efeito de contratar. **2.** Acordo de duas ou mais pessoas, empresas, etc., que entre si transferem direito ou se sujeitam a uma obrigação. **3.** Documento que expressa esse acordo.

con•tra•tor•pe•dei•ro *sm.* Navio de combate armado de torpedos, canhões, armas anti-submarinas ou pequenos mísseis.

con•tra•tu•al *adj2g.* Que consta de contrato. [Pl.: *–ais*.]

con•tra•ven•ção *sf.* Transgressão ou infração a disposições estabelecidas. [Pl.: *–ções*.]

con•tra•ve•ne•no *sm.* Medicamento que frustra a ação dum veneno; antídoto.

con•tra•ven•tor (ô) *sm.* Aquele que perpetra contravenção.

con•tri•bu•i•ção *sf.* **1.** Ato ou efeito de contribuir. **2.** Quinhão, cota. **3.** Subsídio moral, social, literário ou científico para algum fim. [Pl.: *–ções*.]

con•tri•bu•in•te *adj2g.* e *s2g.* Que(m) contribui, ou paga contribuição.

con•tri•bu•ir *v.t.i.* **1.** Concorrer com outrem nos meios para a realização duma coisa. **2.** Ter parte. **3.** Pagar contribuição. *Int.* **4.** Ter parte numa despesa comum. [Conjug.: 49 [contribu]**ir**]

con•tri•bu•ti•vo *adj.* Referente a contribuição.

con•tri•ção *sf.* Arrependimento das próprias culpas ou pecados. [Pl.: *–ções*.]

con•tri•star *v.t.d.* e *p.* Tornar(-se) muito triste; afligir(-se). § **con•tris•ta•do** *adj.* [Conjug.: 1 [constrist]**ar**] **.**

con•tri•to *adj.* Que tem contrição; arrependido.

con•tro•lar *v.t.d.* **1.** Exercer o controle de. **2.** Submeter a controle. **3.** Dominar (emoção, temperamento, etc.) *P.* **4.** Manter o controle (3). [Conjug.: 1 [control]**ar**] § **con•tro•la•dor** (ô) *adj.* e *sm.*; **con•tro•lá•vel** *adj2g.*

con•tro•le (ô) *sm.* **1.** Ato ou poder de controlar. **2.** Fiscalização exercida sobre as atividades de pessoas, órgãos, etc., para que não se desviem das normas preestabelecidas. **3.** Domínio físico e psíquico de si mesmo. ✦ **Controle remoto.** Dispositivo, ou método que permite o controle a distância de máquinas ou equipamentos.

con•tro•vér•si•a *sf.* **1.** Debate regular sobre assunto literário, artístico, religioso, científico, etc. **2.** Contestação, polêmica.

con•tro•ver•so *adj.* Que é objeto de controvérsia; controvertido.

con•tro•ver•ter *v.t.d.* Pôr objeção ou dúvida a; discutir. [Conjug.: 2 [controvert]**er**]

con•tro•ver•ti•do *adj.* Controverso.

con•tu•do *conj.* No entanto; não obstante.

con•tu•má•ci•a *sf.* Grande teimosia; obstinação. § **con•tu•maz** *adj2g.*

con•tun•den•te *adj2g.* **1.** Que contunde. **2.** Decisivo, incisivo. **3.** Agressivo demais.

con•tun•dir *v.t.d.* **1.** Fazer contusão em. *P.* **2.** Sofrer contusão. [Conjug.: 3 [contund]**ir**]

con•tur•bar *v.t.d.* e *p.* Perturbar(-se), alterar(-se). [Conjug.: 1 [conturb]**ar**]

con•tu•são *sf. Med.* Lesão traumática superficial, com laceração cutânea ou sem ela. [Pl.: *–sões*.]

con•tu•so *adj.* Que sofreu contusão.

co•nú•bi•o *sm.* Ligação, aliança.

con•va•les•cen•ça *sf.* Recuperação que se segue a doença, operação, traumatismo, etc.

con•va•les•cer *v.int.* Recuperar-se, mais ou menos lentamente, de doença, traumatismo, etc. [Conjug.: 34 [convales]**cer**] § **con•va•les•cen•te** *adj2g.* e *s2g.*

con•ven•ção *sf.* **1.** Ajuste ou determinação sobre um assunto, fato, norma de ação, etc. **2.** Assembléia ou reunião para fins políticos e outros. [Pl.: *–ções*.]

con•ven•cer *v.t.d.* e *p.* **1.** Persuadir(-se) de determinada coisa. *T.d.i.* **2.** Persuadir. [Conjug.: 34 [conven]**cer**] § **con•ven•ci•men•to** *sm.*

con•ven•ci•do *adj.* **1.** Que se convenceu; convicto. **2.** *Fam.* Imodesto, presunçoso.

con•ven•ci•o•nal *adj2g.* **1.** Relativo a, ou resultante de convenção. **2.** Conforme às convenções sociais. [Pl.: *–nais*.]

con•ven•ci•o•nar *v.t.d.* Estabelecer por convenção; combinar. [Conjug.: 1 [convencion]**ar**]

con•ve•ni•ên•ci•a *sf.* **1.** Qualidade ou caráter de conveniente. **2.** Interesse, vantagem.

con•ve•ni•en•te *adj2g.* **1.** Útil, vantajoso. **2.** Decoroso, decente. **3.** Oportuno.

con•vê•ni•o *sm.* Convenção, ajuste.

con•ven•to *sm.* Habitação de comunidade religiosa.

con•ven•tu•al *adj2g.* De convento. [Pl.: *–ais*.]

con•ver•gên•ci•a *sf.* **1.** Ato de convergir. **2.** Qualidade, caráter ou estado de convergente. **3.** Ponto ou grau em que linhas, raios luminosos, etc., convergem. **4.** *Mat.* Medida pela qual determinado método iterativo se aproxima do seu resultado.

con•ver•gen•te *adj2g.* Que converge.

con•ver•gir *v.t.c.* **1.** Tender ou dirigir-se (para o mesmo ponto). *T.i.* **2.** Concorrer, afluir (ao mesmo ponto). **3.** Tender (para um mesmo fim). [Conjug.: 48 [conv]**ergir**]

con•ver•sa *sf.* **1.** Conversação. **2.** Mentira, peta. ✦ **Conversa fiada. 1.** Propósito ou proposta de pessoa que não tem, na realidade, intenção de cumprir o que diz; bafo. **2.** Conversa (1) sem nenhum resultado prático.

con•ver•sa•ção *sf.* Ato de conversar; conversa. [Pl.: *–ções.*]

con•ver•sa•dor (ô) *adj.* e *sm.* Que ou aquele que gosta de conversa.

con•ver•são *sf.* **1.** Ato ou efeito de converter(-se). **2.** O ato de passar dum grupo religioso para outro, duma para outra seita ou religião. [Pl.: *–sões.*]

con•ver•sar *v.t.i.* e *bit.i.* **1.** Falar, tratar. *Int.* **2.** Trocar idéias ou informações, durante conversa. [Conjug.: 1 [convers]**ar**]

con•ver•sí•vel *adj2g.* **1.** Que se pode converter. **2.** Que tem a capota dobrável ou removível (automóvel, barco, etc.). • *sm.* **3.** Automóvel conversível (2). [Pl.: *–veis.*]

con•ver•so *sm.* Religioso leigo, *i. e.*, com votos, mas sem haver recebido ordens sacras.

con•ver•sor (ô) *sm. Eng. Elétr.* Máquina que transforma corrente contínua em alternada, ou vice-versa.

con•ver•ter *v.t.d.* **1.** Conduzir à religião que se julga ser a verdadeira. **2.** Fazer mudar de partido, de parecer, de modo de vida. *T.d.i.* **3.** Transformar (uma coisa) em outra de forma e/ou propriedade diferente. **4.** Trocar (moeda) por outra equivalente. *Int.* **5.** *Basq.* Acertar o arremesso à cesta, conseguindo pontos. **6.** *Fut.* Marcar gol na cobrança de falta ou pênalti. *P.* **7.** Transformar-se, mudar-se. **8.** Mudar de religião, opinião, etc. [Conjug.: 2 [convert]**er**]

con•vés *sm.* **1.** Qualquer dos pavimentos numa embarcação. **2.** O piso deles; deque.

con•ves•co•te *sm. Bras. P. us.* Piquenique.

con•ve•xo (cs) *adj.* Arredondado externamente; bojudo. § **con•ve•xi•da•de** (cs) *sf.*

con•vic•ção *sf.* Certeza adquirida, ou persuasão íntima; certeza. [Pl.: *–ções.*]

con•vic•to *adj.* **1.** Convencido (1). **2.** Diz-se do réu cujo crime se demonstrou.

con•vi•da•do *sm.* Aquele que recebeu convite (1 e 2).

con•vi•dar *v.t.d.i.* **1.** Pedir o comparecimento de; convocar, chamar. **2.** Solicitar, instar. **3.** Atrair, levar. *T.d.* **4.** Convidar (1). *Int.* **5.** Ser convidativo. **6.** Dar-se por convidado. [Conjug.: 1 [convid]**ar**]

con•vi•da•ti•vo *adj.* Que convida, atrai; atraente.

con•vin•cen•te *adj2g.* Que convence.

con•vir *v.t.i.* **1.** Concordar, admitir. **2.** Ser conveniente, proveitoso. *Int.* **3.** Ser conveniente. [Conjug.: 40 [con]**vir**]

con•vi•te *sm.* **1.** Ato de convidar. **2.** Mensagem pela qual se convida. **3.** *Fig.* Aquilo que atrai ou estimula.

con•vi•va *s2g.* Quem participa em banquete, almoço, etc.

con•vi•vên•ci:a *sf.* **1.** Ato ou efeito de convi-

ver; convívio, companhia. **2.** Trato constante, diário.

con•vi•ver *v.t.i.* **1.** Viver em comum com outrem em intimidade, em familiaridade. *Int.* **2.** Viver em comum. [Conjug.: 2 [conviv]**er**] § **con•vi•ven•te** *adj2g.*

con•ví•vi:o *sm.* Convivência (1).

con•vo•ca•ção *sf.* **1.** Ato ou efeito de convocar. **2.** Ato ou efeito de chamar um alistado para prestação do serviço militar. [Pl.: *–ções.*]

con•vo•car *v.t.d.* **1.** V. *convidar* (1). **2.** Fazer reunir. *T.d.i.* **3.** *Esport.* Convidar (desportista) a participar de seleção (2). [Conjug.: 8 [convo]**car**] § **con•vo•ca•do** *adj.* e *sm.*

con•vol•vu•lá•ce:a *sf. Bot.* Espécime das convolvuláceas, família de ervas, subarbustos e arbustos, ger. trepadores, cloríferos e de frutos capsulares. § **con•vol•vu•lá•ce:o** *adj.*

con•vos•co (ô) *pron.* **1.** Em vossa companhia. **2.** De vós para vós. **3.** Em vosso poder.

con•vul•são *sf.* **1.** Agitação violenta e/ou desordenada. **2.** *Med.* Contração muscular involuntária e instantânea isolada ou em série causando movimento(s) localizado(s) a um ou mais grupos musculares. [Pl.: *–sões.*]

con•vul•si:o•nar *v.t.d.* **1.** Pôr em convulsão. **2.** Excitar à revolução. [Conjug.: 1 [convulsion]**ar**]

con•vul•si•van•te *adj2g.* Diz-se de, ou agente que produz convulsão (2).

con•vul•si•vo *adj.* Convulso.

con•vul•so *adj.* Em que há convulsão; convulsivo.

co•o•bri•ga•do *adj.* e *sm.* Diz-se de, ou aquele que assumiu obrigação juntamente com outro.

co•o•nes•tar *v.t.d.* Fazer que pareça honesto, decente. [Conjug.: 1 [coonest]**ar**]

co•o•pe•ra•do *sm.* Membro ou participante de uma cooperativa; cooperativado.

co•o•pe•rar *v.t.i.* e *bit.i.* **1.** Trabalhar em comum; colaborar. *Int.* **2.** Auxiliar, ajudar, colaborar. [Conjug.: 1 [cooper]**ar**] § **co•o•pe•ra•ção** *sf.*; **co•o•pe•ra•dor** (ô) *adj.*

co•o•pe•ra•ti•va *sf.* Empresa organizada e dirigida pelos usuários de seus serviços, visando o benefício destes e não o lucro.

co•o•pe•ra•ti•va•do *sm.* Cooperado.

co•o•pe•ra•ti•vis•mo *sm.* Doutrina ou prática da difusão de cooperativas no sistema econômico. § **co•o•pe•ra•ti•vis•ta** *adj2g.* e *s2g.*

co•o•pe•ra•ti•vo *adj.* Em que há cooperação.

co•or•de•na•ção *sf.* **1.** Ato ou efeito de coordenar. **2.** *Gram.* União de elementos lingüísticos sintaticamente equivalentes, *i.e.*, de função idêntica na construção (3). [Pl.: *–ções.*]

co•or•de•na•da *sf.* **1.** Elemento de um conjunto que permite situar um ponto no espaço. **2.** *Fig. Fam.* Orientação, diretriz. **3.** *Gram.* Oração coordenada (q. v.). ◆ **Coordenadas carte-**

sianas. *Geom. Anal.* **1.** Sistema de coordenadas planas em que as famílias de curvas coordenadas são retas paralelas a dois eixos que se cortam. **2.** Sistema de coordenadas tridimensionais em que as famílias de superfícies coordenadas são três famílias de planos respectivamente paralelos a três planos com uma interseção comum. **Coordenadas esféricas.** *Geom. Anal.* Coordenadas curvilíneas ortogonais em que as famílias de superfícies coordenadas são: superfícies esféricas concêntricas; superfícies cônicas coaxiais com vértice no centro das esferas; feixe de semiplanos coaxiais às superfícies cônicas. **Coordenadas polares.** *Geom. Anal.* Coordenadas planas em que as famílias de curvas coordenadas são: um feixe de retas com um ponto comum; circunferências de círculo com centro nesse ponto.

co•or•de•na•do *adj. Gram.* Diz-se de oração que vem ligada a outra da mesma natureza, em seqüência.

co•or•de•nar *v.t.d.* **1.** Dispor segundo certa ordem e método. **2.** Organizar e/ou dirigir, dando orientação. *P.* **3.** Ligar-se, coerentemente. [Conjug.: ① [coorden]**ar**] § **co•or•de•na•dor** (ô) *adj. e sm.*

co•or•de•na•ti•vo *adj.* **1.** Relativo a, ou que produz coordenação. **2.** *Gram.* Diz-se da conjunção que liga termos ou orações de idêntica função gramatical

co•pa *sf.* **1.** A parte superior do chapéu. **2.** *Bot.* Ramagem superior de uma árvore. **3.** Compartimento da casa, ligado à cozinha, onde se toma o café da manhã ou mesmo o almoço e o jantar.

co•pa•do *adj.* Que tem grande copa (2).

co•pa•í•ba *sf. Bot.* Árvore das leguminosas que fornece óleo medicinal, e madeira útil.

co•pal *adj2g.* Diz-se de resinas vegetais usadas em vernizes e lacas. [Pl.: *–pais.*]

co•par *v.int. e p.* Formar copa (a árvore). [Conjug.: ① [cop]**ar**]

co•pas *sf.pl.* Naipe vermelho, que se figura com o desenho de um coração.

co•pá•zi:o *sm.* Copo grande.

co•pei•ro *sm.* Empregado doméstico que trabalha na copa (3) e serve à mesa.

có•pi:a *sf.* **1.** Transcrição textual; traslado. **2.** Reprodução; imitação. **3.** V. *abundância.* ◆ **Cópia de segurança.** *Inform.* Cópia de arquivo(s), ou de todo um disco, guardada(s) como reserva.

co•pi:a•dor (ô) *sm.* **1.** Copista. **2.** Livro onde se copiam cartas e outros documentos, no comércio, etc.

co•pi:ar¹ *sm. Bras.* Varanda contígua à casa.

co•pi:ar² *v.t.d.* **1.** Fazer a cópia de. **2.** Reproduzir, imitando. **3.** Imitar (1). **4.** *Fot.* Reproduzir (um negativo). [Conjug.: ① [copi]**ar**]

co•pi•des•car *v.t.d.* Fazer o trabalho de copidesque (1) em. [Conjug.: ⑧ [copides]**car**] § **co•pi•des•ca•gem** *sf.*

co•pi•des•que *sm. Edit. Jorn.* **1.** Correção às normas gramaticais e aperfeiçoamento estilístico de um texto, para publicação. **2.** Aquele que faz o copidesque. **3.** Setor de jornal, editora, etc., em que ele é feito.

co•pi•lo•to *sm.* Aquele que dirige uma aeronave juntamente com o piloto. [Pl.: *co-pilotos.*]

co•pi•o•so (ô) *adj.* De que há cópia (3); abundante. [Pl.: *–osos* (ó).]

co•pis•ta *s2g.* Pessoa que copia; copiador.

co•pla *sf.* **1.** Pequena composição poética, geralmente em quadras, para ser cantada. **2.** V. *quadra* (2).

co•po *sm.* Vaso, em geral cilíndrico, sem tampa, pelo qual se bebe.

co•po-de-lei•te *sm. Bras. Bot.* Erva arácea em que as flores são envoltas em brácteas brancas. [Pl.: *copos-de-leite.*]

co•pro•pri:e•da•de *sf.* Condomínio (1). [Pl.: *copropriedades.*]

có•pu•la *sf.* **1.** União, ligação. **2.** O ato sexual; coito.

co•pu•lar *v.t.d.* **1.** Ajuntar; acasalar. *T.i. e int.* **2.** Ter cópula (2). [Conjug.: ① [copul]**ar**]

co•que¹ *sm.* **1.** V. *cascudo².* **2.** *Bras.* Cocó.

co•que² *sm.* Resíduo sólido da destilação do carvão mineral.

co•quei•ral *sm.* Grupo de coqueiros. [Pl.: *–rais.*]

co•quei•ro *sm. Bot.* Nome comum às palmáceas que fornecem coco.

co•quei•ro-da-ba•í•a *sm. Bras. Bot.* Palmácea cujo fruto tem polpa muito us. na culinária nacional, e fornece óleo comestível. [Pl.: *coqueiros-da-baía.*]

co•que•lu•che *sf. Med.* Doença infecciosa aguda, com alto poder de contágio, que incide esp. em crianças caracterizada por acessos de tosse espasmódica.

co•que•te *adj2g.* Que procura despertar admiração, tendo cuidados excessivos com a aparência física ou outros dotes.

co•que•tel *sm.* **1.** Bebida feita com a mistura de duas ou mais bebidas. **2.** *Restr.* O conjunto das drogas que, tomadas simultaneamente, visam produzir determinado efeito terapêutico. **3.** Reunião social, por ocasião da qual se servem coquetéis, salgadinhos, etc. [Pl.: *–téis.*]

co•que•tis•mo *sm.* Atitude de coquete.

cor *sm. Ant.* Coração. ◆ **De cor.** Com fundamento ou base na memória; de memória.

cor (ô) *sf.* **1.** Sensação que a luz provoca no órgão de visão humana, e que depende, primordialmente, do comprimento de onda das radiações. [Contrapõe-se ao *branco*, que é a síntese das radiações, e ao *preto*, que é a ausência de cor.] **2.** Qualquer cor, exceto o branco, o preto e o cinzento. **3.** V. *coloração* (2). **4.** Qualquer matéria corante. **5.** O colorido da pele, especialmente das faces. **6.** Característica particular; feição, tom. **7.** *Fís. Part.* Número quântico associado a grau de liberdade que têm os *quarks* e os glúons, e que tem, nas interações fortes, papel análogo ao da carga elétrica nas interações eletromagnéticas. ◆ **De cor.** Diz-se das pessoas de pele naturalmente negra.

co•ra•ção *sm.* **1.** *Anat.* Órgão oco, muscular, sito na cavidade torácica, formado de duas aurículas e dois ventrículos, e que recebe o sangue e o bombeia mediante movimentos ritmados. **2.** A parte mais interna, ou mais central, ou a mais importante, dum lugar, região, etc. **3.** A natureza ou a parte emocional do indivíduo. **4.** Amor, afeto. **5.** Qualquer objeto de forma semelhante à do coração. [Pl.: –ções.]

co•ra•do *adj.* Que tem as faces vermelhas.

co•ra•dou•ro *sm. Bras.* Lugar onde se põe roupa a corar, a alvejar; quarador (*bras.*).

co•ra•gem *sf.* Energia moral ante situações aflitivas ou difíceis. [Pl.: –gens.]

co•ra•jo•so (ô) *adj.* Que tem ou denota coragem. [Pl.: –josos (ó).]

co•ral¹ *sm.* **1.** *Zool.* Animal marinho, cnidário, responsável pela formação de recifes e atóis. [Pl.: –rais.] • *adj2g.2n.* **2.** V. *coralino.*

co•ral² *adj2g.* **1.** Relativo a coro (ô). • *sm.* **2.** Canto em coro (ô); canto coral; coro. **3.** *Mús.* Designação de certos grupos corais; coro. [Pl.: –rais.]

co•ral-du•ro *sm. Zool.* Animal esclerectínio (q. v.); coral-pétreo. [Pl.: *corais-duros.*]

co•ra•li•no *adj.* De certa cor vermelho-amarelada; coral.

co•ra•li•to *sm. Biol.* Esqueleto calcário de um pólipo de coral.

co•ral-mo•le *sm. Zool.* Animal alcionáceo (q. v.). [Pl.: *corais-moles.*]

co•ran•te *adj2g.* e *sm.* Que ou substância que cora.

co•ral-pé•tre:o *sm. Zool.* Coral-duro. [Pl.: *corais-pétreos.*]

co•rar *v.t.d.* **1.** Dar cor a; colorir. **2.** Branquear, expondo ao sol (roupa, cera, etc.); quarar (*bras.*). **3.** *Cul.* Dar (mais) cor a (assado ou fritura). *T.i.* e *int.* **4.** Enrubescer, ruborizar-se. [Conjug.: 1 [cor]ar]

cor•be•lha (ê) *sf.* Cesto delicado, cheio de frutas, flores, etc.

cor•ça (ô) *sf.* A fêmea do corço.

cor•cel *sm.* Cavalo belo e veloz. [Pl.: –céis.]

cor•ço (ô) *sm. Zool.* Cervídeo pequeno, de chifres curtos.

cor•co•ro•ca *sf. Bras. Zool.* Nome comum a vários peixes perciformes.

cor•co•va *sf.* **1.** Curva saliente. **2.** V. *corcunda* (1). **3.** Parte saliente no lombo de camelo ou de dromedário.

cor•co•va•do *adj.* Que tem corcova.

cor•co•ve•ar *v.int.* e *p.* Dar corcovos. [Conjug.: 10 [corcov]ear]

cor•co•vo (ô) *sm.* Salto que o cavalo dá, arqueando o dorso; pinote.

cor•cun•da *sf.* **1.** Protuberância disforme nas costas ou no peito; bossa, giba, corcova. • *s2g.* **2.** Quem a tem.

cor•da *sf.* **1.** Cabo de fios vegetais ou sintéticos unidos e torcidos uns sobre os outros. **2.** Fio de tripa, ou de aço, náilon, etc., que vibra nalguns instrumentos musicais. **3.** Lâmina que aciona o maquinismo dos relógios e doutros instrumentos. **4.** *Geom.* Segmento de uma secante a uma curva, ou a uma superfície, compreendido entre dois pontos de interseção. **5.** *Anat.* Corda vocal. ◆ **Corda vocal.** *Anat.* Cada uma das quatro pregas de membrana vocal (duas inferiores e duas superiores) existentes no interior da laringe. [Tb. se diz apenas *corda.*]

cor•da•do *sm. Zool.* Espécime dos cordados, filo que abrange metazoários que têm notocórdio. São os protocordados e os vertebrados. § **cor•da•do** *adj.*

cor•da•me *sm.* Conjunto de cordas; cordoalha.

cor•dão *sm.* **1.** Corda muito delgada; cordel, barbante. **2.** Corrente que se usa pendente do pescoço. **3.** *Biol.* Estrutura semelhante a cordão (1). [Pl.: –dões.]

cor•da•to *adj.* **1.** Que se põe de acordo. **2.** Sensato.

cor•dei•ro *sm.* Filhote de ovelha; anho.

cor•del *sm.* V. *cordão* (1). [Pl.: –déis.]

cor-de-ro•sa *adj2g.2n.* **1.** Da cor vermelho-clara de certas rosas; rosa, rosado, róseo. • *sm2n.* **2.** Essa cor.

cor•di•al *adj2g.* **1.** Relativo ao coração. **2.** Franco, afável. • *sm.* **3.** Medicamento ou bebida que fortalece. [Pl.: –ais.] § **cor•di:a•li•da•de** *sf.*

cor•di•lhei•ra *sf.* Sistema extenso de altas montanhas.

cor•do•a•lha *sf.* Cordame.

cor•do•vão *sm.* Couro de cabra curtido, para calçado. [Pl.: –vãos.]

cor•du•ra *sf.* Qualidade de cordato.

co•re•a•no *adj.* **1.** Da Coréia do Norte ou do Sul (Ásia). • *sm.* **2.** O natural ou habitante desses países. **3.** A língua coreana.

co•réi•a *sf. Med.* Neuropatia caracterizada por incessantes e variáveis movimentos que, embora pareçam bem coordenados, são involuntários. § **co•réi•co** *adj.*

co•re:o•gra•fi•a *sf.* **1.** A arte de compor bailados ou de anotar, sobre o papel, os passos e figuras deles. **2.** A arte da dança. § **co•re:o•grá•fi•co** *adj.*

co•re•to (ê) *sm.* Pavilhão, ao ar livre, para concertos musicais.

cor•go *sm. Pop.* F. sincopada de *córrego.*

co•ri•á•ce:o *adj.* Da consistência do couro, ou semelhante a ele.

co•ris•car *v.int.* Brilhar como corisco. [Conjug.: ⑧ [coris]**car**. Norm., é impess.]

co•ris•co *sm.* Centelha que fende as nuvens sem provocar trovões.

co•ris•ta¹ *s2g.* Cada um dos membros dos coros teatrais, de igreja, etc.

co•ris•ta² *sf.* Artista que dança e canta em conjunto numa produção teatral (revista, *show*, etc.).

co•ri•za *sf. Med.* Inflamação catarral de mucosa de fossa nasal.

cor•ja *sf.* Multidão de pessoas desprezíveis, ou de malfeitores; súcia, malta, matula, caterva, bando, récua.

cor•na•da (ê) *sf.* Chifrada.

cór•ne:a *sf. Anat.* Formação transparente que constitui a porção anterior da camada fibrosa de cada globo ocular.

cor•ne•ar *v.t.d.* Chifrar. [Conjug.: ⑩ [corn]**ear**]

cór•ne:o *adj.* Feito de, ou duro como corno.

cór•ner *sm. Fut.* Infração que consiste em sair a bola pela linha de fundo, tocada por um jogador do time que defende; escanteio. [Pl.: *córneres.*]

cor•ne•ta (ê) *sf.* **1.** Instrumento de sopro, com bocal. **2.** Trombeta (1). • *sm.* **3.** Corneteiro.

cor•ne•tei•ro *sm.* Soldado que toca corneta; corneta.

cor•ní•fe•ro *adj.* Que tem cornos.

cor•ni•fi•ca•do *adj.* **1.** Diz-se de estrutura dura como o corno. **2.** Diz-se de barbatana ou parte cartilaginosa que lembra o osso.

cor•ni•ja *sf. Arquit.* Série de molduras sobrepostas que formam saliências na parte superior de parede, porta, etc.

cor•no (ô) *sm.* **1.** Apêndice duro e recurvo que guarnece a fronte de alguns animais; chifre, haste, ponta, armação, defesa, chavelho, guampa (*bras.*). **2.** *Gír.* Marido de adúltera; cornudo, chifrudo.

cor•nu•có•pi:a *sf.* Corno mitológico que simboliza a abundância.

cor•nu•do *adj.* **1.** Que tem chifres.• *sm.* **2.** *Gír.* V. *corno* (2).

co•ro (ô) *sm.* **1.** Conjunto vocal que se expressa pelo canto e pela declamação. **2.** *Mús.* Conjunto de cantores que executam peças em uníssono ou a várias vozes. **3.** *Mús.* Composição destinada a coro (2). **4.** *Mús.* Coral² (2). **5.** *Mús.* Coral² (3). **6.** Parte de uma igreja destinada à congregação, durante os ofícios. **7.** Balcão, nas igrejas, destinado à música. **8.** Grupo de coristas que se apresentam como fundo numa produção teatral. [Pl.: *coros* (ó).]

co•ro•a (ô) *sf.* **1.** Ornato circular com que se cinge a cabeça. **2.** O poder ou dignidade real; a realeza. **3.** Tonsura. **4.** V. *cume* (1). **5.** *Anat.* Porção de dente situada acima da linha formada pela gengiva. **6.** Flores dispostas em círculo, enviadas aos mortos. **7.** *Bras.* Baixio nos estuários e no baixo curso dos rios e lagos. • *s2g.* **8.** *Bras. Gír.* Pessoa madura ou idosa.

co•ro:a•ção *sf.* **1.** Ato ou efeito de coroar. **2.** O cerimonial da coroação. [Pl.: *–ções.*]

co•ro•a•do¹ *sm. Bras. Etnôn.* Indivíduo dos coroados, povo indígena extinto que habitava áreas dos atuais MG e RJ. § **co•ro•a•do¹** *adj.*

co•ro•a•do² *adj.* **1.** Que tem coroa. **2.** Que tem dignidade soberana. **3.** Premiado, laureado.

co•ro:a•men•to *sm.* **1.** Coroação (1 e 2). **2.** Ornato que coroa ou termina a parte superior de edifício, móvel, etc.

co•ro•ar *v.t.d.* **1.** Pôr coroa em. **2.** Servir de remate superior a; encimar. **3.** Terminar, rematar (ação, atividade, etc.). **4.** Premiar. **5.** Cingir (2). [Conjug.: ⑬ [cor]**oar**]

co•ro•ca *adj2g. Bras.* Decrépito, caduco.

co•ro•i•nha (o-i) *sm.* Menino que nas igrejas ajuda nas missas e ladainhas.

co•ro•la *sf. Bot.* Verticilo interno do perianto.

co•ro•ná•ri:a *sf. Anat.* Cada uma das duas artérias que irrigam o coração. § **co•ro•na•ri•a•no** *adj.*

co•ro•ná•ri:o *adj.* **1.** Relativo a, ou em forma de coroa. **2.** *Anat.* Diz-se de formações (vasos, nervos, ligamentos, etc.) que têm aspecto circundante, como o da coroa. **3.** *Anat.* Relativo à(s) artéria(s) que nutrem o miocárdio, ou a lesão dessas artérias.

co•ro•nel *sm.* **1.** V. *hierarquia militar.* **2.** *Bras.* Chefe político do interior do País. **3.** *Bras. Pop.* Aquele que, numa roda, paga as despesas. [Pl.: *–néis.*]◆ **Coronel aviador.** V. *hierarquia militar.*

co•ro•nha *sf.* A parte das espingardas e doutras armas de fogo, onde se encaixa o cano.

co•ro•nha•da *sf.* Golpe com coronha.

cor•pan•zil *sm. Fam.* Corpo grande. [Pl.: *–zis.*]

cor•pe•te (ê) *sm.* Blusa ajustada ao corpo e que não excede a cintura.

cor•po (ô) *sm.* **1.** A substância física de cada homem ou animal. **2.** *Restr.* Cadáver. **3.** *Restr.* A parte do organismo humano e animal formada pelo tórax e pelo abdome. **4.** A parte central ou principal (de um edifício, de um veículo, etc.). **5.** Qualquer objeto material caracterizado por suas propriedades físicas. **6.** *Edit.* Tamanho do caráter ou do tipo. **7.** *Fig.* Grupo de pessoas consideradas como unidade ou como conjunto organizado. **8.** *Fig.* A parte principal de uma idéia, de uma doutrina, de um texto.

cor•po-a-cor•po *sm2n*. *Bras*. Luta de corpo a corpo.

cor•po•ra•ção *sf*. 1. Associação de pessoas da mesma profissão ou outra atividade, sujeitas à mesma regra e com os mesmos deveres ou direitos. 2. Associação que visa a um fim comum. [Pl.: *–ções*.]

cor•po•ral *adj2g*. Do, ou próprio do corpo. [Pl.: *–rais*.]

cor•po•ra•ti•vis•mo *sm*. 1. Doutrina ou prática de organização social baseada em entidades representativas de categorias profissionais. 2. Defesa dos interesses ou privilégios de um setor organizado da sociedade, em detrimento do interesse público. § **cor•po•ra•ti•vis•ta** *adj2g*. e *s2g*.

cor•pó•re•o *adj*. Relativo a corpo.

cor•po•ri•fi•car *v.t.d*. 1. Atribuir corpo a (aquilo que não o tem). *P*. 2. Tomar corpo. [Conjug.: ⑧[corporifi]**car**] § **cor•po•ri•fi•ca•ção** *sf*.

cor•pu•len•to *adj*. 1. Que tem corpo grande. 2. Obeso. § **cor•pu•lên•ci•a** *sf*.

cor•pús•cu•lo *sm*. Corpo pequeníssimo.

cor•re•a•me *sm*. Conjunto de correias.

cor•re•ão *sm*. Correia grande. [Pl.: *–ões*.]

cor•re•ção *sf*. 1. Ato ou efeito de corrigir(-se). 2. Qualidade de correto. ✦ **Correção monetária**. *Econ*. Mecanismo para compensar o efeito da inflação sobre depósitos de poupança, títulos do Governo, etc., pelo aumento periódico do valor nominal destes segundo um índice de preços. [Pl.: *–ções*.]

cor•re-cor•re *sm*. V. *azáfama* (2). [Pl.: *corres-corres* ou *corre-corres*.]

cor•re•dei•ra *sf*. *Bras*. Trecho de rio onde as águas correm céleres.

cor•re•di•ço *adj*. Que corre ou resvala fácil; correntio.

cor•re•dor(ô) *adj*. 1. Que corre. • *sm*. 2. Aquele que corre. 3. Atleta que participa de uma corrida esportiva. 4. Passagem, em geral estreita e longa, no interior duma edificação.

cor•re•eiro *sm*. Fabricante e/ou vendedor de correias.

cor•re•gi•dor(ô) *sm*. Magistrado a quem cabe corrigir os erros e abusos de autoridades judiciárias e funcionários da justiça.

cór•re•go *sm*. 1. Sulco aberto pelas águas correntes. 2. V. *ribeiro*.

cor•rei•a *sf*. Tira, em geral de couro.

cor•rei•ção *sf*. 1. Ato ou efeito de corrigir(-se). 2. Função exercida pelo corregedor. [Pl.: *–ções*.]

cor•rei•o *sm*. 1. Pessoa incumbida de levar ou trazer correspondência ou notícias. 2. Serviço público que recebe e expede correspondência. 3. Edifício onde ele funciona. 4. Carteiro. ✦ **Correio eletrônico**. *Inform*. 1. Serviço que possibilita a troca assíncrona de mensagens e arquivos através de redes de computadores.

Mensagem ou bloco de mensagens transmitida(s) por esse serviço. [Sin. ger. (ingl.): *e-mail*.]

cor•re•la•ção *sf*. Relação mútua. [Pl.: *–ções*.]

cor•re•li•gi•o•ná•ri•o *sm*. 1. Homem da mesma religião. 2. Aquele que compartilha das mesmas idéias políticas, das mesmas convicções de outrem.

cor•ren•te *adj2g*. 1. Que corre, que flui. 2. Não estagnado (água). 3. *Fig*. Geralmente admitido; usual, comum. 4. *Fig*. Sabido de todos. 5. Diz-se do ano ou do mês que está transcorrendo; andante. • *sf*. 6. O curso das águas; correnteza. 7. Cadeia (1). ✦ **Corrente alternada**. 1. *Eletr*. Aquela cuja intensidade varia senoidalmente com o tempo. 2. *Eletrôn*. Corrente elétrica cuja intensidade e sentido variam periodicamente com o tempo. **Corrente contínua**. *Eletr*. Corrente elétrica cuja intensidade é constante, ou varia muito pouco, nunca se lhe invertendo o sentido. **Corrente elétrica**. Fluxo de carga elétrica através de um condutor, ou intensidade desse fluxo. **Corrente trifásica**. *Eng*. *Elétr*. Corrente elétrica composta, produzida por um gerador em que se formam, simultaneamente, três tensões alternadas senoidais que guardam entre si uma diferença de fase constante e igual a 120°.

cor•ren•te•za (ê) *sf*. Corrente (6).

cor•ren•ti•o *adj*. 1. Corrediço. 2. Usual, corrente.

cor•ren•tis•ta *s2g*. Titular de conta-corrente, num banco² (1).

cor•rer *v.int*. 1. Deslocar-se num andamento mais veloz que a marcha. 2. Mover-se com rapidez. 3. Derramar (líquido); escorrer. 4. Ter seguimento no tempo; discorrer. 5. Ter (moeda) curso legal. *T.d*. 6. Percorrer; visitar. 7. Percorrer, examinando. 8. Estar sujeito a (perigo, etc.). 9. Fazer o percurso de. *T.c*. 10. Dirigir-se apressadamente a. *T.i*. 11. Arcar (3). 12. Ficar por conta (6). [Conjug.: ② [corr]**er**. A 2ª e a 3ª pess. do sing. e a 3ª pess. do pl. do pres. ind., e a 2ª pess. do sing. do imperat. afirmativo têm o *o* do rad. aberto (ó); as demais, o *o* fechado (ô).]

cor•re•ri•a *sf*. Corrida desordenada; corre-corre.

cor•res•pon•dên•ci•a *sf*. 1. Ato ou efeito de corresponder(-se). 2. Troca de cartas, telegramas, etc. 3. Conjunto de cartas que um indivíduo recebe ou expede. 4. *Mat*. Regra por meio da qual se associam a cada elemento de um conjunto um ou mais elementos de outro.

cor•res•pon•den•te *adj2g*. 1. Que corresponde. • *s2g*. 2. Pessoa que se corresponde com alguém.

cor•res•pon•der *v.t.i*. 1. Ser próprio, adequado, ou proporcional. 2. Retribuir, devolver. *P*. 3. Estar em correlação. 4. Cartear-se (2). [Conjug.: ② [correspond]**er**]

cor•re•ta•gem *sf.* Serviços do corretor. [Pl.: *–gens*.]

cor•re•ti•vo *adj.* 1. Que serve para corrigir. • *sm.* 2. Punição, castigo.

cor•re•to *adj.* 1. Emendado, corrigido; sem erros. 2. Íntegro, honesto.

cor•re•tor (ô) *sm.* Agente comercial especializado que serve de intermediário na aquisição de bens ou serviços.

cor•ri•da *sf.* 1. Ato ou efeito de correr; carreira. 2. Espaço percorrido. 3. Competição de velocidade (de atletas, cavalos, automóveis, etc.). 4. Afluência inopinada a banco para saque de depósitos. 5. Afluência a um local onde se oferece oportunidade de ganho fácil (mercadorias raras ou de baixo preço, jazidas de minério, etc.). 6. Nos táxis, a quantia estipulada, ou indicada por taxímetro, e que corresponde a certo percurso. 7. Escoamento de metal em fusão.

cor•ri•gen•da *sf.* Errata.

cor•ri•gir *v.t.d.* 1. Dar forma correta a, emendando. 2. Eliminar (erro, deficiência, etc.). 3. Reparar (injustiça, etc.). 4. Castigar. *P.* 5. Emendar-se. [Conjug.: ⁴⁵ [corri]**gir**]

cor•ri•lho *sm.* Conciliábulo.

cor•ri•mão *sm.* Peça ao longo de uma escada, para resguardo ou apoio para a mão. [Pl.: *–mãos, –mões*.]

cor•ri•men•to *sm.* 1. Ato ou efeito de correr, de escorrer. 2. *Med.* Secreção patológica que se escoa de um órgão.

cor•ri•quei•ro *adj.* Corrente, vulgar.

cor•ri•xo *sm. Bras. Zool.* Chupim.

cor•ro•bo•rar *v.t.d.* Confirmar, comprovar. [Conjug.: ① [corrobor]**ar**]

cor•ro•er *v.t.d.* 1. Consumir lentamente, aos poucos; roer, carcomer. *P.* 2. Atacar ou roer reciprocamente. [Conjug.: ³⁷ [corr]**oer**]

cor•rom•per *v.t.d.* 1. Deteriorar, decompor. 2. Alterar. 3. Perverter. 4. Induzir a realizar ato(s) contrário(s) ao dever, à ética. *P.* 5. Apodrecer, adulterar-se, deteriorar-se. 6. Perverter-se. [Conjug.: ② [corromp]**er**]

cor•ro•são *sf.* 1. Ação ou efeito de corroer. 2. Desgaste, ou modificação química ou estrutural de um material, provocados pela ação de agentes do meio ambiente. [Pl.: *–sões*.]

cor•ro•si•vo *adj. e sm.* Que ou aquilo que corrói.

cor•rup•ção ou **cor•ru•pção** *sf.* 1. Ato ou efeito de corromper; decomposição. 2. Devassidão, depravação. 3. Suborno, peita. [Pl.: *–ções*.]

cor•ru•pi•ão *sm. Bras.* Pássaro icterídeo, canoro, preto e alaranjado; sofrê. [Pl.: *–ões*.]

cor•ru•pi•ar *v.int.* Girar muito; rodopiar. [Conjug.: ① [corrupi]**ar**]

cor•ru•pi:o *sm.* 1. Brincadeira infantil em que os participantes rodopiam velozmente. 2.

Roda-viva, afã. 3. Designação de determinados ouriços-do-mar.

cor•rup•te•la *sf.* 1. Alteração, modificação. 2. Modo errado de escrever ou pronunciar palavra ou locução.

cor•rup•tí•vel ou **cor•ru•ptí•vel** *adj2g.* Capaz de se corromper. [Pl.: *–veis*.]

cor•rup•to ou **cor•ru•pto** *adj.* 1. Que sofreu corrupção. 2. Devasso, depravado. 3. Diz-se de indivíduo que corrompe ou se deixa corromper ou subornar; instigador ou cúmplice de corrupção. • *sm.* 4. Indivíduo corrupto (3).

cor•rup•tor ou **cor•ru•ptor** (ô) *adj. e sm.* Que ou aquele que corrompe.

cor•sá•ri:o *sm.* Navio, ou homem que faz o corso¹.

cor•so¹ (ô) *sm.* 1. Ataque ao tráfego comercial do inimigo, realizado por navio de guerra ou navio mercante armado. 2. Desfile de carros, de carruagens.

cor•so² (ô) *adj.* 1. Da Córsega, ilha do Mediterrâneo. • *sm.* 2. O natural ou habitante dela.

cor•ta•do *adj.* 1. Que se cortou. • *sm.* 2. *Bras.* Apuro, dificuldade. 3. *Bras.* Perseguição miúda e repetida.

cor•ta•dor (ô) *adj.* 1. Que corta; cortante. • *sm.* 2. Aquele ou aquilo que corta.

cor•tan•te *adj2g.* 1. Cortador (1). 2. Estridente. 3. Muito frio; gelado.

cor•tar *v.t.d.* 1. Dividir com instrumento de gume. 2. Separar (uma parte) de um todo, com instrumento cortante. 3. Fazer incisão em. 4. Derrubar, cortando. 5. Talhar (3). 6. Suprimir. 7. Encurtar. 8. Interromper. 9. Singrar. 10. Atravessar. 11. Anular, desfazer. 12. Dividir (o baralho) antes de cartear (1). 13. *Bras. Pop.* Ultrapassar (um veículo, ou quem o dirige) inesperada e perigosamente, entrando na mesma faixa de rodagem; fechar. *Int.* 14. Ter bom gume. 15. No voleibol, tênis, etc., interceptar a trajetória da bola, batendo nela com força em direção ao campo adversário. *P.* 16. Ferir-se com instrumento cortante. [Conjug.: ① [cort]**ar**]

cor•te *sm.* 1. Ato ou efeito de cortar(-se). 2. Talho ou golpe com instrumento cortante. 3. Porção de fazenda suficiente para uma roupa. 4. Modo de talhar as roupas. 5. Interrupção. 6. Redução.

cor•te (ô) *sf.* 1. A residência de um monarca; paço. 2. As pessoas que habitualmente cercam um soberano. 3. Cidade onde este reside. 4. Galanteio. 5. *Bras.* Tribunal (1).

cor•te•jar *v.t.d.* 1. Fazer ou dirigir cortesia a; cumprimentar. 2. Fazer a corte (ô) a; galantear. [Conjug.: ① [cortej]**ar**] § **cor•te•ja•dor** (ô) *adj. e sm.*

cor•te•jo (ê) *sm.* 1. Ato ou efeito de cortejar. 2. Comitiva pomposa.

cor•tês *adj2g.* Que tem ou denota cortesia.

cor•te•são *adj.* **1.** Da corte (ô). **2.** Palaciano. • *sm.* **3.** Homem da corte (ô); áulico, palaciano. [Fem.: *cortesã*. Pl.: *–sãos, –sões* (p. us.).]

cor•te•si•a *sf.* Delicadeza, amabilidade.

cór•tex (cs) *sm2n.* Camada externa de todos os órgãos animais ou vegetais, de estrutura mais ou menos concêntrica.

cor•ti•ça *sf. Bot.* Casca de sobreiro e doutras árvores.

cor•ti•ço *sm.* **1.** Casa onde as abelhas se criam e fabricam o mel e a cera. **2.** *Bras.* Habitação coletiva de pessoas pobres; cabeça-de-porco.

cor•ti•na *sf.* Peça, em geral de pano, que, suspensa, num vão, resguarda, guarnece ou veda algo.

cor•ti•na•do *sm.* Cortina de filó que envolve cama ou berço para proteger de insetos.

co•ru•ja *sf.* **1.** *Bras. Zool.* Ave noturna, titonídea ou estrigídea. **2.** Canhão (5). • *s2g.* **3.** *Bras.* Pai ou mãe que exagera as boas qualidades do(s) filho(s).

co•rus•car *v.int.* Fulgurar; reluzir. [Conjug.: ⑧ [corus]**car**. Norm. é unipessoal.] § **co•rus•can•te** *adj2g.*

cor•ve•jar *v.int.* Crocitar. [Conjug.: ① [cor-vej]**ar**]

cor•ve•ta¹ (ê) *sf.* Navio de combate, para patrulha e escolta de embarcações.

cor•ve•ta² (ê) *sm. Bras.* F. red. de *capitão-de-corveta.*

cor•ví•de:o *sm. Zool.* Espécime dos corvídeos, família de aves onívoras que vivem em matas e descampados. Ex.: a gralha. § **cor•ví•de:o** *adj.*

cor•vi•na *sf. Zool.* Peixe perciforme, marinho.

cor•vo (ô) *sm. Zool.* Ave corvídea, preta. [Pl.: *corvos* (ó).]

❑ **cos** *Trig.* Símb. de *co-seno.*

cós *sm2n.* **1.** Tira de pano que cinge calças, saias, etc., no lugar da cintura. **2.** Parte do vestuário onde se ajusta essa tira; cinta, cinto, cintura.

❑ **cosec** *Mat.* Símb. de *co-secante* [outra f.: *csc*].

co-se•can•te *sf. Mat.* Função que é o inverso do seno [símb. *csc* e *cosec*]. [Pl.: *co-secantes.*] ◆ **Co-secante hiperbólica.** *Mat.* Função definida como o inverso do seno hiperbólico.

co-se•no *sm. Trig.* Função de um ângulo orientado, igual ao quociente entre a abscissa da extremidade dum arco de circunferência subtendido por esse ângulo e o raio da circunferência [símb.: *cos*]. [Pl.: *co-senos.*] ◆ **Co-seno hiperbólico.** *Mat.* Função igual à média aritmética entre duas exponenciais com os expoentes simétricos [símb.: *cosh*].

co•ser *v.t.d.* e *int.* Costurar. [Conjug.: ② [cos]**er**. Cf. *cozer*.]

❑ **cosh** *Mat.* Símb. de *co-seno hiperbólico.*

cos•mé•ti•co *sm.* Qualquer produto usado para limpeza, conservação ou maquilagem da pele.

cós•mi•co *adj.* Do, ou relativo ao cosmo.

cos•mo *sm.* O Universo (1).

cos•mo•go•ni•a *sf.* **1.** A origem ou formação do mundo, do universo conhecido. **2.** Narrativa ou doutrina sobre a origem do mundo ou do universo. § **cos•mo•gô•ni•co** *adj.*

cos•mo•lo•gi•a *sf.* **1.** Narrativa ou doutrina a respeito dos princípios que governam o mundo, o universo. **2.** Ciência que estuda as grandes estruturas do universo e sua evolução. § **cos•mo•ló•gi•co** *adj.*

cos•mo•nau•ta *s2g.* Astronauta.

cos•mo•náu•ti•ca *sf.* Astronáutica. § **cos•mo•náu•ti•co** *adj.*

cos•mo•na•ve *sf. Astron.* V. *espaçonave.*

cos•mo•po•li•ta *adj2g.* **1.** Diz-se de pessoa que vive, adaptada, ora num país, ora noutro, ou que passa a vida a viajar. **2.** Que é de todas as nações. **3.** *Bot. Zool.* Diz-se das espécies que se espalham pela maior parte do globo, espontaneamente. • *s2g.* **4.** Pessoa cosmopolita (1).

cos•mo•po•li•tis•mo *sm.* Qualidade ou maneira de viver de cosmopolita.

cos•ta *sf.* **1.** Litoral. **2.** Porção de mar próxima da terra. **3.** *Pop.* Costela (1).

cos•ta•do *sm.* **1.** Revestimento ou forro exterior do casco, numa embarcação. **2.** Cada um dos quatro avós de cada indivíduo.

cos•tas *sf.pl.* **1.** A parte posterior do tronco humano; cacunda. **2.** A parte posterior de vários objetos. **3.** Espaldar, encosto. **4.** O reverso.

cos•te•ar *v.t.d.* Navegar perto da costa de. [Conjug.: ⑩ [cost]**ear**]

cos•tei•ro *adj.* **1.** Relativo a costa (1). **2.** Que costeia.

cos•te•la *sf. Anat.* Cada um dos 24 ossos que, em 12 pares, se estendem das vértebras torácicas à linha média do tronco, formando a maior parte da caixa torácica. **2.** *Bras. Fam.* Esposa.

cos•te•le•ta (ê) *sf.* **1.** Costela (1) de certos animais, separada com carne. **2.** *Bras.* Porção de barba e cabelo que se deixa crescer na parte lateral do rosto, junto à orelha.

cos•tu•mar *v.t.d.* **1.** Ter por costume. *T.d.i.* **2.** Acostumar (2). *P.* **3.** Habituar-se. [Conjug.: ① [costum]**ar**]

cos•tu•me¹ *sm.* **1.** Uso, hábito ou prática geralmente observada. **2.** Uso, moda.

cos•tu•me² *sm.* **1.** Trajo adequado ou característico. **2.** Roupa feminina composta de saia e casaco combinados.

cos•tu•mei•ro *adj.* Usual, habitual.

cos•tu•ra *sf.* **1.** Ato, efeito, arte ou profissão de coser. **2.** Trabalho feito com agulha e fio. **3.** Tecido ou outro material costurado ou por costurar.

cos•tu•rar *v.t.d.* **1.** Unir com pontos de agulha. *Int.* **2.** Fazer trabalho de costura. [Sin. ger.: *coser*. Conjug.: 1 [costur]**ar**]

cos•tu•rei•ro *sm.* Indivíduo que costura por profissão. [F. *costureira*.]

❏ **cot** *Trig.* Símb. de *co-tangente*.

co•ta¹ *sf.* Armadura de couros retorcidos ou de malhas de ferro, que cobria o corpo.

co•ta² *sf.* **1.** Quinhão. **2.** Porção determinada. **3.** Cota-parte (2). **4.** Em sociedades de responsabilidade limitada, a porção de capital de cada sócio. **5.** Número que exprime a distância vertical de um ponto a uma superfície horizontal de referência (altura, altitude, diferença de nível, etc.). **6.** *Arquit.* Qualquer medida que se aponte a projetos. **7.** *Mat.* Numa função de uma ou mais variáveis, diferença entre dois valores da variável dependente. [Var. de *quota*.]

co•ta•ção *sf.* **1.** Ato ou efeito de cotar. **2.** Preço pelo qual se negociam mercadorias, títulos, etc., nas bolsas ou nas praças de comércio. **3.** Conceito, reputação. [Pl.: –*ções*.]

co-tan•gen•te *sf. Trig.* Função de um ângulo orientado, igual à razão entre a abscissa e a ordenada da extremidade dum arco de circunferência subtendido pelo ângulo [símb.: *cot*]. [Pl.: *co-tangentes*.] ◆ **Co-tangente hiperbólica.** *Mat.* Função igual ao quociente do co-seno hiperbólico pelo seno hiperbólico [símb.: *coth*].

co•ta-par•te *sf.* **1.** Fração duma soma comum que cada pessoa deve pagar ou receber. **2.** Quantia correspondente à contribuição de cada indivíduo de um grupo para certo fim; cota. [Pl.: *cotas-partes* e *cotas-parte*.]

co•tar *v.t.d.* Fixar o preço ou a taxa de. [Conjug.: 1 [cot]**ar**]

co•te•jar *v.t.d.* e *t.d.i.* Comparar (1). [Conjug.: 1 [cotej]**ar**]

co•te•jo (ê) *sm.* Ato ou efeito de cotejar.

❏ **coth** *Mat.* Símb. de *co-tangente hiperbólica*.

co•ti•di•a•no *adj.* Diário (1). [Var. de *quotidiano*.]

co•ti•lé•do•ne *sm.f. Bot.* A primeira folha que surge quando a semente germina, e cuja função é nutrir a planta no início do crescimento.

co•tin•gí•de:o *sm. Zool.* Espécime dos cotingídeos, família de aves passeriformes frugívoras e insetívoras. § **co•tin•gí•de:o** *adj.*

co•tis•ta *adj2g.* e *s2g.* Que(m) tem cotas integrantes do capital duma sociedade.

co•ti•zar *v.t.d.* **1.** Distribuir por cota². *P.* **2.** Reunir-se a outros a fim de contribuir para uma despesa comum. [Var. de *quotizar*. Conjug.: 1 [cotiz]**ar**]

co•to (ô) *sm.* **1.** Resto de vela, de tocha ou de archote. **2.** Porção que resta de um membro, ou de um órgão, depois de amputação ou de resseção.

co•tó *adj2g. Bras.* Que tem braço ou perna, ou o rabo mutilado.

co•to•co (ô) *sm. Bras.* Coto (ô) (2).

co•to•ne•te (é) [Marca registrada] *sm.* Pequena haste, ger. de plástico, com dois pequenos chumaços de algodão nas extremidades, usada, principalmente, para fins higiênicos.

co•to•ni•cul•tor (ô) *sm.* Agricultor que se ocupa da cotonicultura.

co•to•ni•cul•tu•ra *sf.* Cultura do algodão.

co•to•ve•la•da *sf.* Pancada com o cotovelo.

co•to•ve•lo (ê) *sm.* **1.** *Anat.* Articulação que une braço e antebraço. **2.** *Fig.* Ângulo mais ou menos fechado, de rio, estrada, muro, etc.

co•to•vi•a *sf.* Pássaro motacilídeo, canoro, europeu.

co•tur•no *sm.* Antigo calçado de sola grossa.

cou•de•la•ri•a *sf.* Haras.

cou•ra•ça ou **coi•ra•ça** *sf.* **1.** Armadura defensiva para as costas e o peito. **2.** Chapa espessa de aço que protege grandes navios de guerra. **3.** Proteção, defesa.

cou•ra•ça•do *adj.* e *sm.* Diz-se de, ou navio revestido de couraça (2).

cou•ra•ma ou **coi•ra•ma** *sf.* Montão de couros.

cou•ro ou **coi•ro** *sm.* **1.** Pele espessa de certos animais. **2.** A pele curtida de animais. ◆ **Couro cabeludo.** Pele de cabeça humana.

cou•ta•da *sf.* Terra onde a caça é proibida.

cou•tei•ro *sm.* Guarda de coutada ou do couto. [Var.: *coiteiro* (q. v.).]

cou•to *sm.* **1.** *Ant.* Terra coutada. **2.** *Ant.* Lugar onde se podiam asilar os criminosos, onde não entrava a justiça do rei. **3.** Asilo, valhacouto. [Var.: *coito*.]

⤷ **couvade** (cuvàd) [Fr.] *sf. Antrop.* Entre certos povos, conjunto de interdições e de ritos a que um homem está obrigado durante a gravidez da mulher e logo após o nascimento da criança.

cou•ve *sf. Bot.* Planta crucífera, hortense.

cou•ve-flor *sf. Bot.* Planta crucífera de flores comestíveis. [Pl.: *couves-flores* e *couves-flor*.]

cou•ve-tron•chu•da *sf.* Couve cujas folhas têm margens onduladas e nervuras largas; troncha. [Pl.: *couves-tronchudas*.]

co•va *sf.* **1.** Abertura na terra; buraco. **2.** Toca (1). **3.** V. *sepultura*.

cô•va•do *sm.* Antiga medida de comprimento, correspondente a 66 centímetros.

co•var•de *adj2g.* **1.** Medroso, poltrão. **2.** Pusilânime (1). **3.** Desleal, traiçoeiro. ● *s2g.* **4.** Pessoa covarde. [F. paral.: *cobarde*.]

co•var•di•a *sf.* **1.** Falta de coragem; medo. **2.** Ato desleal que atinge apenas os mais fracos. [F. paral.: *cobardia*.]

co•vei•ro *sm.* Aquele que abre covas para defuntos.

co•vil *sm.* **1.** Cova de feras. **2.** Abrigo de salteadores. [Pl.: –*vis*.]

co•vo *sm. Bras.* Redil de pesca formado por esteiras armadas em paus e munidas de sapatas de chumbo.

co•xa (ô) *sf. Anat.* Parte de membro inferior que vai da virilha ao joelho, e cujo esqueleto é o fêmur. § **co•xal** *adj2g.*

co•xe•ar *v.int.* Andar firmando o passo mais de um lado que do outro, em decorrência de alguma deficiência física; mancar, manquejar, claudicar, capengar (*bras.*). [Conjug.: ⑩ [cox]**ear**]

co•xi•a *sf.* 1. Passagem estreita entre duas fileiras de bancos, camas, etc. 2. Recinto para cavalo na estrebaria.

co•xi•lha *sf.* Campina com pequenas e contínuas elevações arredondadas, típica da planície gaúcha.

co•xim *sm.* Almofada que serve de assento. [Pl.: –*xins*.]

co•xo (ô) *adj.* e *sm.* Que ou quem coxeia; manco, capenga (*bras.*).

co•ze•du•ra *sf.* Ato ou efeito de cozer; cozimento, cocção.

co•zer *v.t.d.* 1. Preparar (alimentos) pela ação do fogo. 2. Submeter à ação do fogo (substâncias dentro dum líquido). *Int.* 3. Preparar alimentos ao fogo. [Sin. ger.: *cozinhar*. Conjug.: ② [coz]**er**. Cf. *coser*.]

co•zi•do[a] *adj.* 1. Que se cozeu. • *sm.* 2. *Cul.* Prato de carnes (peito, carnes, salgadas, etc.) cozidas com verduras, legumes, etc.

co•zi•men•to *sm.* 1. V. *cozedura*. 2. Infusão (3).

co•zi•nha *sf.* 1. Parte da casa onde se preparam os alimentos. 2. Arte de cozinhar.

co•zi•nhar *v.t.d.* e *int.* Cozer. [Conjug.: ① [cozinh]**ar**]

co•zi•nhei•ra *sf.* Aquela que cozinha, especialmente a profissional.

co•zi•nhei•ro *sm.* Aquele que cozinha, especialmente o profissional. [Sin., pop.: *mestre-cuca*.]

❏ **CPU** [Ingl.] *sf. Inform.* V. *unidade central de processamento*.

❏ **Cr** *Quím.* Símb. do *cromo*.

cra•ca *sf. Bras. Zool.* Crustáceo cirrípede, marinho.

cra•chá *sm.* 1. Insígnia honorífica que se traz ao peito. 2. Cartão com dados pessoais, que se prende na roupa, para identificação.

cra•cí•de:o *sm. Zool.* Espécime dos cracídeos, família de aves arborícolas que se alimentam de frutas, insetos e pequenos animais. Ex.: jacus, mutuns. § **cra•cí•de:o** *adj.*

cra•ni•a•no *adj.* Do crânio.

crâ•ni:o *sm.* 1. *Anat.* Caixa óssea que encerra e protege o encéfalo. 2. *Bras. Fig. Pop.* Indivíduo inteligentíssimo e/ou muito sabedor.

crá•pu•la *sf.* 1. Desregramento, devassidão. • *sm.* 2. Indivíduo crapuloso, devasso; canalha.

cra•pu•lo•so (ô) *adj.* 1. Em que há crápula (1). 2. Dado a ela; devasso. [Pl.: –*losos* (ó).]

cra•que *sm. Bras.* 1. *Turfe* Cavalo notável de corrida. 2. *Fig.* Pessoa exímia em qualquer atividade.

cra•se *sf. Gram.* Contração ou fusão de duas vogais idênticas (especialmente dois *aa*) em uma só; contração.

cras•so *adj.* 1. Espesso, grosso. 2. Desmedido. 3. Rude, bronco.

cra•te•ra *sf.* 1. Buraco grande. 2. Larga abertura por onde saem as matérias dum vulcão em erupção. 3. Vaso em forma de taça com duas alças onde os gregos e romanos misturavam vinho e água.

cra•var *v.t.d.* 1. Fazer penetrar à força e profundamente. 2. Engastar (pedraria). *T.d.i.* 3. Fixar, fitar. [Conjug.: ① [crav]**ar**] § **cra•va•ção** *sf.*

cra•vei•ra *sf.* 1. Orifício de ferradura no qual entra o cravo[2](1). 2. Padrão para medir a altura das pessoas. 3. Aparelho com que o sapateiro e o luveiro tomam medida do pé e da mão. 4. *Fig.* Medida, padrão.

cra•vei•ro *sm. Bot.* Erva cariofilácea, florífera.

cra•ve•jar *v.t.d.* 1. Fixar com cravos [v. *cravo*[2] (1)]. 2. Engastar. [Conjug.: ① [cravej]**ar**]

cra•ve•lha (ê) *sf.* Peça de certos instrumentos musicais, para lhes retesar as cordas.

cra•vo[1] *sm. Bot.* A flor, perfumada, do craveiro.

cra•vo[2] *sm.* 1. Prego para ferradura; prego. 2. *Med.* Lesão de glândula sebácea caracterizada por pequena saliência esbranquiçada com ponto escuro no centro. 3. Calo doloroso e encravado na planta do pé.

cra•vo[3] *sm. Mús.* Instrumento de teclado de cordas pinçáveis com caixa de ressonância horizontal, aproximadamente triangular.

cra•vo-de-de•fun•to *sm. Bot.* 1. Planta ornamental das compostas. 2. Sua flor. [Pl.: *cravos-de-defunto*.]

cre•che *sf.* Estabelecimento que dá assistência diurna a crianças de pouca idade ou cujas mães são necessitadas ou trabalham fora do lar.

cre•den•ci•ais *sf.pl.* Carta conferida a embaixador ou enviado especial para se fazer acreditar junto a governo de um país estrangeiro.

cre•den•ci•al *adj2g.* 1. Digno de crédito. • *sf.* 2. Título que abona alguém. [Pl.: –*ais*.]

cre•den•ci•ar *v.t.d.* 1. Conferir credenciais a. 2. Habilitar. *P.* 3. Habilitar-se. [Conjug.: ① [credenci]**ar**]

cre•di•á•ri:o *sm.* Sistema de vendas a crédito com pagamento a prestações.

cre•di•bi•li•da•de *sf.* Qualidade do que é crível.

cre•di•tar *v.t.d.* 1. Dar crédito a. *T.d.i.* 2. Atribuir. [Conjug.: ① [credit]**ar**]

cre•di•tí•ci:o *adj.* Referente ao crédito público.

cré•di•to *sm.* 1. Confiança. 2. Boa reputação; boa fama. 3. *Econ.* Cessão de mercadoria, serviço ou dinheiro, para pagamento futuro. 4. *Cin. Telev.* Lista com indicação de atores, técnicos, produtor, diretor, etc., que aparece perno fim de um filme ou programa. [Nesta acepç., tb. us. no plural.] 5. *Econ.* Autorização de despesa, no serviço público. ◆ **A crédito.** Para pagamento futuro; a prazo; fiado.

cre•do *sm.* 1. Fé religiosa; crença. 2. Oração cristã iniciada, em latim, pela palavra *credo* (creio); creio-em-deus-padre. • *interj.* 3. Exprime espanto e aversão.

cre•dor (ô) *adj.* 1. Merecedor, digno. • *sm.* 2. Aquele a quem se deve dinheiro ou outra coisa.

cré•du•lo *adj.* Que crê facilmente; ingênuo. § **cre•du•li•da•de** *sf.*

crei•o-em-deus-pa•dre *sm2n. Bras.* Credo (2).

cre•ma•lheira *sf.* 1. O trilho dentado de linha férrea, no qual engrenam as rodas, também dentadas, das locomotivas, para subir rampas muito fortes. 2. Peça dentada de certas engrenagens.

cre•mar *v.t.d.* Incinerar (cadáver). [Conjug.: ① [crem]**ar**] § **cre•ma•ção** *sf.*

cre•ma•tó•ri:o *adj.* e *sm.* Diz-se de, ou lugar onde se crema.

cre•me *sm.* 1. Substância espessa, branco-amarelada, que se forma na superfície do leite; nata. 2. *Cul.* Iguaria feita com leite engrossado com farinha. • *adj2g.2n.* 3. Da cor do creme (1). 4. Preparação farmacêutica destinada a uso externo e que comporta maior quantidade de água do que a pomada, sendo menos densa do que esta.

cre•mo•na *sf.* Ferragem com que se trancam janelas e portas, composta de duas hastes presas numa cremalheira movida por maçaneta; carmona.

cre•mo•so (ô) *adj.* Que tem consistência de creme. [Pl.: *–mosos* (ó).]

cren•ça *sf.* 1. Ato ou efeito de crer. 2. Fé religiosa. 3. Convicção íntima.

cren•di•ce *sf.* Crença popular.

cren•te *adj2g.* e *s2g.* 1. Que ou quem crê. 2. Relativo a, próprio de, ou quem é adepto de seitas evangélicas.

cre:o•li•na *sf.* Nome comercial de certo desinfetante e germicida líquido.

cre•pe *sm.* 1. Tecido fino, em geral transparente. 2. Fita ou tecido negro usado em sinal de luto. 3. *Cul.* Espécie de panqueca de massa fina.

cre•pi•tar *v.int.* 1. Dar estalidos (a madeira a arder, o sal ao fogo). 2. Estalar como a madeira a arder, o sal ao fogo. [Conjug.: ① [crepit]**ar**] § **cre•pi•tan•te** *adj2g.*

cre•pom *sm.* 1. Crepe (1) grosso. 2. Certo tipo de papel crespo, de cores diversas. [Pl.: *–pons.*]

cre•pus•cu•lar *adj2g.* Do crepúsculo.

cre•pús•cu•lo *sm.* 1. Luminosidade proveniente da iluminação das camadas superiores da atmosfera pelo Sol, quando, embora escondido, está próximo do horizonte. 2. *Fig.* V. *decadência.*

crer *v.t.d.* 1. Ter por certo ou verdadeiro; acreditar. 2. Aceitar como verdadeiras as palavras de. 3. Julgar, supor. *Transobj.* 4. Crer (3). *T.i.* 5. Ter fé. *Int.* 6. Ter fé ou crença (sobretudo religiosa). [Conjug.: ㉗ [cr]**er**]

cres•cen•te *adj2g.* 1. Que cresce. • *sm.* 2. *Astr.* Quarto crescente.

cres•cer *v.int.* 1. Aumentar em volume, estatura, força, duração, grandeza ou extensão. 2. Aumentar em número ou quantidade. 3. Nascer e desenvolver-se. 4. Avolumar-se; inchar. *T.d.* 5. Fazer crescer. *Pred.* 6. Desenvolver-se (em certo estado ou condição). [Conjug.: ㉞ [cres]**cer**] § **cres•ci•men•to** *sm.*

cres•ci•do *adj.* 1. Que cresceu; desenvolvido. 2. Grande, considerável.

cres•po (ê) *adj.* 1. De superfície áspera; rugoso. 2. Anelado, encrespado. 3. Agitado, encapelado. 4. Ameaçador.

cres•tar *v.t.d.* e *p.* Queimar(-se) à superfície, de leve; tostar(-se). [Conjug.: ① [crest]**ar**]

cre•tá•ce:o *sm. Paleont.* Período (5) que se caracteriza, na fauna, pelo aparecimento dos primeiros mamíferos de pequeno porte e, na flora, pelo surgimento das coníferas.

cre•ti•no *adj.* e *sm.* Imbecil, idiota. § **cre•ti•ni•ce** *sf.*

cre•to•ne *sm.* Fazenda branca, forte, de algodão.

cri•a *sf.* 1. Animal que ainda mama. 2. *Bras.* Pessoa, em geral pobre, criada em casa alheia.

cri:a•ção *sf.* 1. Ato ou efeito de criar. 2. O conjunto dos seres criados. 3. O conjunto dos animais domésticos que se criam. [Pl.: *–ções.*]

cri:a•ci:o•nis•mo *sm.* Doutrina segundo a qual a origem dos seres é um ato de criação, e não o resultado de um processo contínuo de evolução. § **cri:a•ci:o•nis•ta** *adj2g.* e *s2g.*

cri:a•da•gem *sf.* Conjunto de criados. [Pl.: *–gens.*]

cri:a•do *sm.* V. *empregado doméstico.*

cri:a•dor (ô) *adj.* 1. Que cria; criativo. 2. Fecundo. • *sm.* 3. Aquele que cria. 4. Deus. [Com inicial maiúscula, nesta acepç.].

cri:an•ça *sf.* 1. Ser humano de pouca idade, menino ou menina. 2. *Fig.* Pessoa ingênua. ◆ **Criança prematura.** *Cir.* Aquela que nasce após completadas vinte semanas de gravidez, e antes do termo desta, e pesando de 500 a 2.299g.

cri•an•ça•da *sf.* **1.** Reunião de crianças. **2.** V. *criancice.*

cri•an•ci•ce *sf.* Ação ou dito de criança; criançada, puerilidade.

cri•an•ço•la *s2g.* **1.** Criança que fede a cueiros. **2.** Jovem que, já não sendo criança, age como tal.

cri•ar *v.t.d.* **1.** Dar existência a. **2.** Dar origem a; formar. **3.** Imaginar. **4.** Fundar. **5.** Educar. **6.** Promover a procriação de. **7.** Cultivar. **8.** Adquirir, granjear. *T.d.i.* **9.** Criar (5). **10.** Causar. *P.* **11.** Nascer; originar-se. [Conjug.: ① [cri]**ar**]

cri•a•ti•vo *adj.* Criador (1).

cri•a•tu•ra *sf.* **1.** Coisa ou ser criado. **2.** Indivíduo (3).

cri•ci•ú•ma *sf. Bras. Bot.* Gramínea de colmo usado em cestos.

cri•cri *sm. Bras.* Voz imitativa do canto dos grilos.

cri•me *sm.* Violação da lei penal; delito.

cri•mi•nal *adj2g.* Relativo a crime. [Pl.: *–nais.*]

cri•mi•na•li•da•de *sf.* **1.** Estado de criminoso. **2.** O conjunto dos crimes.

cri•mi•na•lis•ta *s2g.* Especialista em Direito Penal.

cri•mi•no•so (ó) *adj.* **1.** Em que há, ou que cometeu crime. • *sm.* **2.** Aquele que cometeu crime. [Pl.: *–nosos* (ó).]

cri•na *sf. Zool.* Pêlo do pescoço e da cauda do cavalo, e doutros animais.

cri•nói•de *sm. Zool.* Espécime dos crinóides, classe de animais equinodermos, marinhos, que se fixam por um pedúnculo, e que vivem no mar até a profundidade de 4.000m; inclui os lírios-do-mar. § **cri•nói•de** *adj2g.*

cri•o•ge•ni•a *sf. Fís.* Ciência da produção e manutenção de temperaturas muito baixas em sistemas ou materiais. § **cri•o•gê•ni•co** *adj.*

cri•ou•lo *adj.* **1.** Dizia-se do negro nascido na América. **2.** Referente aos nativos de determinada região. **3.** Diz-se de qualquer negro. • *sm.* **4.** Indivíduo crioulo. **5.** *Ling.* Língua (3) que resulta do contato prolongado entre grupos que falam línguas diferentes, sendo um deles, ger., de falantes de língua européia.

crip•ta *sf.* Capela subterrânea para sepultamento.

crip•tô•ni•o *sm. Quím.* V. *gás nobre* [símb.: *Kr*].

crip•tó•ga•mo *sm. Bot.* Vegetal cujos órgãos reprodutores não são aparentes; não produz flores. § **crip•to•gâ•mi•co** *adj.*

cri•sá•li•da *sf.* A pupa dos lepidópteros, envolta em casulo, e em estágio de repouso.

cri•sân•te•mo *sm.* Subarbusto das compostas, ornamental, a sua flor; monsenhor.

cri•se *sf.* **1.** *Med.* Manifestação súbita, inicial ou não, de doença física ou mental. **2.** Fase difícil, grave, na evolução das coisas, dos sentimentos, dos fatos; colapso. **3.** Deficiência,

penúria. **4.** Ponto de transição entre uma época de prosperidade e outra de depressão.

cris•ma *sm.* **1.** Óleo perfumado que se usa na administração dalguns sacramentos. • *sf.* **2.** *Rel.* O sacramento que confirma a fé católica; confirmação.

cris•mar *v.t.d.* **1.** Conferir a crisma (2) a. **2.** Apadrinhar em crisma (2). *P.* **3.** Receber a crisma (2). [Conjug.: ① [crism]**ar**]

cri•só•fi•ta *sf. Bot.* V. *bacilariófita.*

cri•sol *sm.* Cadinho. [Pl.: *–sóis.*]

cri•só•li•ta *sf.* Crisólito.

cri•só•li•to *sm.* Pedra preciosa da cor do ouro; crisólita.

cris•par *v.t.d.* **1.** Encrespar, franzir. **2.** Contrair (1). *P.* **3.** Contrair-se espasmodicamente. [Conjug.: ① [crisp]**ar**] § **cris•pa•ção** *sf.*

cris•ta *sf.* **1.** *Zool.* Excrescência carnosa na cabeça dos galináceos. **2.** *Zool.* Excrescência alongada, ger. serreada, que se estende da cabeça à cauda de certos sáurios, como, p. ex., a iguana. **3.** *Anat.* Eminência óssea estreita e pontuda. **4.** V. *poupa* (2). **5.** V. *cume* (1).

cris•tal *sm.* **1.** Substância sólida, cujas partículas constitutivas (átomos, íons ou moléculas) estão arrumadas regularmente no espaço. **2.** Quartzo vítreo incolor. **3.** Objeto de cristal (2). [Pl.: *–tais.*] ◆ **Cristal líquido.** Líquido orgânico cujo tom pode ser trocado eletronicamente entre o preto e o branco.

cris•ta•lei•ra *sf. Bras.* Armário onde se guardam objetos de cristal e outros.

cris•ta•li•no *adj.* **1.** Que tem a forma do cristal (1). **2.** Límpido como cristal. • *sm.* **3.** *Anat.* Em cada olho, formação biconvexa, transparente, que intervém no mecanismo de refração ocular.

cris•ta•li•zar *v.t.d.* **1.** Converter em cristal. *T.i., int.* e *p.* **2.** Permanecer em mesmo estado; não mudar. [Conjug.: ① [cristaliz]**ar**] § **cris•ta•li•za•ção** *sf.*

cris•tan•da•de *sf.* O conjunto dos povos ou países cristãos.

cris•tão *adj.* **1.** Relativo ao cristianismo, ou que o professa. • *sm.* **2.** Indivíduo cristão. [Fem.: *cristã.* Pl.: *–tãos.* Superl.: *cristianíssimo.*]

cris•tão-no•vo *sm.* Judeu convertido ao cristianismo. [Pl.: *cristãos-novos.*]

cris•ti•a•nis•mo *sm.* O conjunto das religiões cristãs, *i.e.*, baseadas nos ensinamentos, pessoa e vida de Jesus Cristo.

cris•ti•a•ni•zar *v.t.d.* e *p.* Tornar(-se) cristão. [Conjug.: ① [cristianiz]**ar**]

cri•té•ri•o *sm.* **1.** Aquilo que serve de norma para julgamento. **2.** Preceito que permite distinguir o erro da verdade. **3.** Tino, discernimento.

cri•te•ri•o•so (ó) *adj.* Que tem ou revela critério. [Pl.: *–osos* (ó).]

crí•ti•ca *sf.* **1.** Arte ou faculdade de julgar produções ou manifestações de caráter intelectual. **2.** Apreciação delas (em geral por escrito). **3.** Os críticos. **4.** Arte de criticar ou censurar; censura. **5.** Julgamento. **6.** Julgamento ou apreciação desfavorável.

cri•ti•car *v.t.d.* Fazer a crítica (2, 5 e 6) de. [Conjug.: ⑧ [criti]**car**] § **cri•ti•cá•vel** *adj2g.*

cri•ti•cis•mo *sm. Filos.* No kantismo (q. v.), a análise crítica do conhecimento racional como ponto de partida da reflexão filosófica.

crí•ti•co *adj.* **1.** Relativo a crítica, ou a crise. **2.** Que encerra crítica. **3.** Grave, perigoso. • *sm.* **4.** Aquele que escreve críticas; censor.

cri•var *v.t.d.* **1.** Passar por crivo. **2.** Furar em muitos pontos. *T.d.i.* **3.** Encher, cobrir. [Conjug.: ① [criv]**ar**]

crí•vel *adj2g.* Que se pode crer; acreditável. [Pl.: –*veis.*]

cri•vo *sm.* **1.** Peneira de arame. **2.** *Bras.* Bordado de bastidor feito sobre tecido em que se tiraram alguns fios até formarem uma espécie de grade; labirinto.

cro•ché ou **cro•chê** *sm.* Tecido rendado executado à mão com uma agulha que tem um gancho na extremidade.

cro•ci•tar *v.int.* Soltar a voz (o corvo); corvejar. [Conjug.: ① [crocit]**ar**. Norm. é impessoal.]

cro•co•di•li•a•no *sm. Zool.* Espécime dos crocodilianos, ordem de reptis de grande porte, dotados de pulmões, e que habitam os rios. Ex.: jacarés. § **cro•co•di•li•a•no** *adj.*

cro•co•di•lo *sm. Zool.* Grande reptil crocodiliano da África.

cro•ma•do *adj.* Revestido de cromo.

cro•mar *v.t.d.* Recobrir (superfície metálica) com camada de cromo. [Conjug.: ① [crom]**ar**]

cro•má•ti•co *adj.* **1.** Relativo a cores ou a cor. **2.** *Mús.* Diz-se de um intervalo cujos sons têm o mesmo nome, mas um deles é alterado, ou de uma escala cujos sons apresentam entre si apenas intervalos de semitons.

cro•mo¹ *sm. Quím.* Elemento de número atômico 24, metálico, duro, maleável, que forma inúmeras ligas [símb. Cr].

cro•mo² *sm.* Figura ou desenho estampado a cores.

cro•mos•so•mo *sm. Citol. Genét.* Unidade morfológica e fisiológica, visível ou não ao microscópio ótico, e que contém a informação genética.

crô•ni•ca *sf.* **1.** Narração histórica, por ordem cronológica. **2.** Pequeno conto, de enredo indeterminado. **3.** Texto jornalístico redigido de forma livre e pessoal. **4.** Seção de revista ou de jornal. **5.** Conjunto de notícias sobre alguém ou algum assunto.

crô•ni•co *adj.* **1.** Que dura há muito. **2.** Persistente, inveterado. **3.** *Med.* De longa duração (doença).

cro•nis•ta *s2g.* Quem escreve crônicas.

cro•no•gra•ma *sm.* Representação gráfica da previsão da execução de um trabalho, com os prazos em que se deverão executar as diversas fases.

cro•no•lo•gi•a *sf.* Ciência da utilização de regras para estabelecer as divisões do tempo e a fixação das datas. § **cro•no•ló•gi•co** *adj.*

cro•no•me•trar *v.t.d.* **1.** Registrar com o cronômetro a duração de. **2.** *Fig.* Controlar. [Conjug.: ① [cronometr]**ar**] § **cro•no•me•tra•gem** *sf.*

cro•nô•me•tro *sm.* Instrumento de precisão para medir intervalos de tempo.

⇨ **crooner** (crúner) [Ingl.] *sm.* Cantor integrante de um conjunto ou orquestra que utiliza técnica de voz suave.

cro•que•te *sm.* Bolinho feito de carne, peixe, etc., moídos.

cro•qui *sm.* Esboço, em breves traços, de desenho ou de pintura.

⇨ **croquis** (croqui) [Fr.] *sm.* V. *croqui.*

cros•ta (ô) *sf.* **1.** Camada de substância espessa que se forma sobre um corpo. **2.** Casca, côdea. **3.** *Med.* Cada fragmento de matéria sólida resultante do ressecamento de exsudato ou de secreção corporal.

cro•ta•lí•de•o *sm. Zool.* Espécime dos crotalídeos, família de cobras venenosas relacionadas aos viperídeos. § **cro•ta•lí•de•o** *adj.*

cru *adj.* **1.** Não cozido. **2.** Não preparado. **3.** Que nada tem que lhe atenue a intensidade. **4.** Sem disfarce. **5.** Bárbaro, cruel.

cru•ci•al¹ *adj2g.* Cruciforme. [Pl.: –*ais.*]

cru•ci•al² *adj2g.* **1.** Árduo; difícil. **2.** Decisivo. [Pl.: –*ais.*]

cru•ci•an•te *adj2g.* **1.** Que crucia. *Fig.* Que aflige, tortura.

cru•ci•ar *v.t.d.* Crucificar (2). [Conjug.: ① [cruci]**ar**]

cru•cí•fe•ra *sf. Bot.* Espécime das crucíferas, família de ervas cujas flores têm quatro sépalas e pétalas, e quatro estames; muitas são comestíveis, e outras, ornamentais. § **cru•cí•fe•ro** *adj.*

cru•ci•fi•ca•do *adj.* **1.** Pregado na cruz. • *sm.* **2.** Jesus Cristo. [Com inicial maiúscula, nesta acepç.]

cru•ci•fi•car *v.t.d.* **1.** Aplicar o suplício da cruz a. **2.** Torturar, cruciar. **3.** Condenar (alguém), ger. de modo implacável e/ou injusto. [Conjug.: ⑧ [crucifi]**car**] § **cru•ci•fi•ca•ção** *sf.*

cru•ci•fi•xo (cs) *sm.* A cruz com a imagem de Cristo crucificado.

cru•ci•for•me *adj2g.* Em forma de cruz; crucial.

cru•el *adj2g.* **1.** Que se compraz em fazer mal, em atormentar. **2.** Desumano. **3.** Que denota crueldade. **4.** Pungente, doloroso. [Superl.: *crudelíssimo, cruelíssimo.* Pl.: –*éis.*]

cru:el•da•de *sf.* 1. Qualidade de cruel. 2. Ato ou caráter cruel.

cru•en•to *adj.* Em que há derramamento de sangue; sangrento, sanguinolento.

cru•pe *sm. Med.* 1. Laringite com sufocação. 2. Difteria laríngea em que há asfixia por obstrução da via aérea, devida a presença de falsas membranas.

crus•ta *sf.* Crosta.

crus•tá•ce:o *sm. Zool.* Espécime dos crustáceos, classe de animais aquáticos que respiram por brânquias, e têm exosqueleto calcário. Ex.: caranguejos. § **crus•tá•ce:o** *adj.*

cruz *sf.* 1. Antigo instrumento de suplício (dois madeiros, um atravessado no outro) em que se amarravam condenados à morte. 2. *Rel.* A cruz em foi pregado Cristo, ou a representação dela. 3. *Rel.* Símbolo da redenção de Cristo e do cristianismo.

cru•za•da *sf.* 1. Expedição militar que se fazia na Idade Média contra hereges ou infiéis. 2. Campanha de propaganda ou defesa de alguma idéia.

cru•za•do¹ *sm.* Expedicionário de cruzada (1).

cru•za•do² *adj.* 1. Disposto ou posto em cruz. • *sm.* 2. Moeda (antiga) de 400 réis. 3. Unidade monetária, e moeda, brasileira, (símbolo: CZ$), de 28/2/1986 até 15/1/1989, quando foi substituído pelo cruzado novo (1.000 cruzados = 1 cruzado novo). ♦ **Cruzado novo.** Unidade monetária, e moeda, brasileira, (símbolo: NCZ$), de 16/1/1989 a 15/3/1990, quando foi substituído pelo cruzeiro (1 cruzado novo = 1 cruzeiro).

cru•za•dor (ô) *sm.* Navio de combate, médio, muito veloz, para explorações, escoltas de outras embarcações, etc.

cru•za•men•to *sm.* 1. Ato ou efeito de cruzar(-se). 2. Ponto onde se cruzam caminhos, ruas, etc.

cru•zar *v.t.d.* 1. Dispor em cruz. 2. Dar a forma de cruz a. 3. Transpor; atravessar. 4. Percorrer em vários sentidos. 5. Acasalar (animais). 6. *Econ.* Traçar em (a face dum cheque) duas linhas paralelas, tornando-pagável apenas a um banco. *Int.* e *p.* 7. Encontrar-se, vindo em direções opostas. [Conjug.: ① [cruz]**ar**]

cru•zei•ro *sm.* 1. Grande cruz, erguida nos adros, cemitérios, praças, etc. 2. A parte da igreja entre a nave e o coro. 3. Unidade monetária, e moeda, brasileira, (símbolo: CR$), de 1.11.1942 até 12.2.1967, quando foi substituído pelo cruzeiro novo (1.000 cruzeiros = 1 cruzeiro novo); de 15.5.1970 até 27.2.1986, quando foi substituído pelo cruzado (1.000 cruzeiros = 1 cruzado); e de 16.3.1990 a 31.7.1993, quando foi substituído pelo cruzeiro real (1.000 cruzeiros = 1 cruzeiro real). 4. Viagem de navio de passageiros em visita a vários portos. 5. *Bras.* Urutu. ♦ **Cruzeiro novo.** Unidade monetária, e moeda, brasileira, (símbolo: NCR$), de 13.2.1967 até 14.5.1970, quando foi substituído pelo cruzeiro (1 cruzeiro novo = 1 cruzeiro).

Cruzeiro real. Unidade monetária, e moeda, brasileira, (símbolo: CR$), de 1.8.1993 até 30.6.1994, quando foi substituído pelo real (2.750 cruzeiros reais = 1 real).

❑ **Cs** *Quím.* Símb. do *césio*.

❑ **csc** *Mat.* Símb. de *co-secante* [outra f.: *cosec*].

csi *sm.* A 14ª letra do alfabeto grego (X, x).

cte•nó•fo•ro *sm. Zool.* Espécime dos ctenóforos, filo de invertebrados marinhos, planctônicos, carnívoros, transparentes, medusóides, ger. desprovidos de nematocistos. § **cte•nó•fo•ro** *adj.*

❑ **Cu** *Quím.* Símb. do *cobre*.

cu:an•du *sm. Bras.* Ouriço-cacheiro.

cu•ba *sf.* Vasilha grande, para vinho ou outros líquidos; tina.

cu•ba•gem *sf.* Cálculo da capacidade (1) dum recipiente ou dum recinto. [Pl.: *–gens*.]

cu•ba•no *adj.* 1. De Cuba (América Central). • *sm.* 2. O natural ou habitante de Cuba.

cu•bar *v.t.d.* 1. Avaliar ou medir (o volume dum sólido). 2. Fazer a cubagem de. [Conjug.: ① [cub]**ar**]

cu•ba•tão *sm. Bras.* Pequena elevação no sopé de cordilheiras. [Pl.: *–tões*.]

cú•bi•ca *sf. Mat.* Equação cúbica.

cú•bi•co *adj.* Relativo a, ou em forma de cubo.

cu•bí•cu•lo *sm.* 1. Pequeno compartimento. 2. Cela de convento ou de cadeia.

cu•bis•mo *sm.* Escola de pintura surgida no início do séc. XX, que se caracteriza pela decomposição e geometrização das formas naturais. § **cu•bis•ta** *adj2g.* e *s2g.*

cú•bi•to *sm. Anat.* Osso longo da parte interna do antebraço. § **cu•bi•tal** *adj2g.*

cu•bo *sm.* 1. *Geom.* Poliedro regular com seis faces quadradas. 2. Objeto cúbico. 3. *Mat.* A terceira potência de uma variável.

cu•co *sm. Zool.* Ave cuculídea, européia.

cu•cu•lí•de:o *sm. Zool.* Espécime dos cuculídeos, família de aves cuculiformes que vivem em capoeiras e descampados. Ex.: anuns. § **cu•cu•lí•de:o** *adj.*

cu•cu•li•for•me *sm. Zool.* Espécime dos cuculiformes, ordem de aves pequenas ou de porte médio, e cujos pés não têm garras preênseis. § **cu•cu•li•for•me** *adj2g.*

cu•cur•bi•tá•ce:a *sf. Bot.* Espécime das cucurbitáceas, família de plantas rasteiras, ou trepadeiras, de fruto bacáceo, ger. comestível. § **cu•cur•bi•tá•ce:o** *adj.*

cu•e•ca *sf.* Peça íntima do vestuário masculino, espécie de calção usado sob as calças. [Tb. se diz *cuecas*.]

cu•e•cas *sf. pl.* Cueca.

cu•ei•ro *sm.* Pano em que se envolve o corpo das crianças de peito da cintura para baixo.

cui•a *sf.* **1.** Fruto da cuieira. **2.** Vaso feito desse fruto maduro e esvaziado do miolo; cuité.

cui•a•ba•no *adj.* **1.** De Cuiabá, capital do MT. • *sm.* **2.** O natural ou habitante de Cuiabá.

cu•í•ca *sf. Bras.* **1.** *Zool.* Didelfídeo semelhante ao gambá. **2.** Instrumento musical popular feito com pequeno barril a que se prende, numa das bocas, uma pele bem estirada, em cujo centro está presa uma varinha que, atritada, produz ronco.

cui•da•do *sm.* **1.** Atenção; cautela. **2.** Desvelo, zelo.

cui•da•do•so (ô) *adj.* Que tem ou denota cuidado. [Pl.: *–dosos* (ó).]

cui•dar *v.t.d.* **1.** Imaginar, meditar; cogitar. **2.** Julgar, supor. *T.i.* **3.** Cuidar (2). **4.** Aplicar a atenção, o pensamento, a imaginação. **5.** Ter cuidado (2). **6.** Fazer os preparativos. *Transobj.* **7.** Cuidar (2). *P.* **8.** Prevenir-se. **9.** Ter cuidado consigo mesmo. [Conjug.: ① [cuid]**ar**]

cui•ei•ra *sf. Bras. Bot.* Arvoreta bignoniácea de madeira útil, e cujo fruto, maduro, é us. como vasilha; coité, cuité.

cui•té *sf.* e *m. Bras.* **1.** Cuia (2). **2.** *Bot.* V. *cuieira.*

cu•jo *Pron. rel.* **1.** De que ou de quem, do qual, da qual, dos quais. • *sm.* **2.** *Bras. Fam.* V. *fulano* (1).

cu•la•tra *sf.* **1.** O fundo do cano de arma de fogo. **2.** A parte posterior do canhão.

cu•li•ná•ri:a *sf.* A arte de cozinhar.

cu•li•ná•ri:o *adj.* Relativo à cozinha.

cul•mi•nân•ci:a *sf.* Auge, apogeu.

cul•mi•nan•te *adj2g.* **1.** Que é o mais elevado, o mais alto. **2.** *Fig.* Que é mais importante.

cul•mi•nar *v.int.* Chegar à culminância. [Conjug.: ① [culmin]**ar**]

cu•lo•te *sm.* Calça larga na parte superior e justa a partir do joelho, para montaria.

cul•pa *sf.* **1.** Ação negligente ou imprudente ou danosa a outrem. **2.** Falta voluntária contra a moral, preceito religioso ou lei. **3.** Responsabilidade por ação ou omissão prejudicial, reprovável ou criminosa, mas não intencional.

cul•pa•bi•li•da•de *sf.* Qualidade de culpável ou de culpado.

cul•pa•do *adj.* e *sm.* **1.** Que ou quem praticou ato culposo; responsável. **2.** Criminoso, delinqüente.

cul•par *v.t.d.*, *t.d.i.* e *p.* Acusar(-se) de culpa; incriminar(-se). [Conjug.: ① [culp]**ar**]

cul•pá•vel *adj2g.* A que se pode lançar a culpa. [Pl.: *–veis*.]

cul•po•so (ô) *adj.* Que cometeu, ou em que há culpa. [Pl.: *–posos* (ó).]

cul•ti•va•dor (ô) *sm.* Aquele que cultiva; cultor.

cul•ti•var¹ *sf. Bot.* Variedade híbrida de planta, por cultivo. [Pl.: *–vares*.]

cul•ti•var² *v.t.d.* **1.** Fertilizar (a terra) pelo trabalho. **2.** Dar condições para o nascimento e

desenvolvimento de (planta). **3.** Procurar manter ou conservar. **4.** Desenvolver. *P.* **5.** Adquirir cultura (3). [Conjug.: ① [cultiv]**ar**] §
cul•ti•vá•vel *adj2g.*

cul•ti•vo *sm.* Ato ou efeito de cultivar.

cul•to¹ *sm.* **1.** Adoração ou homenagem à divindade em qualquer de suas formas e em qualquer religião. **2.** Modo de exteriorizar o culto (1); ritual. **3.** Veneração, preito.

cul•to² *adj.* Instruído, ilustrado.

cul•tor (ô) *sm.* **1.** Cultivador. **2.** Aquele que se dedica a determinado estudo.

cul•tu•al *adj2g.* De, ou relativo a culto. [Pl.: *–ais*.]

cul•tu•ar *v.t.d.* Render culto¹ a. [Conjug.: ① [cultu]**ar**]

cul•tu•ra *sf.* **1.** Ato, efeito ou modo de cultivar. **2.** O complexo dos padrões de comportamento, das crenças, das instituições, das manifestações artísticas, intelectuais, etc., transmitidos coletivamente, e típicos de uma sociedade. **3.** O conjunto dos conhecimentos adquiridos em determinado campo. **4.** Criação de certos animais, esp. microscópicos: *cultura de germes.* § **cul•tu•ral** *adj2g.*

cu•ma•ri ou **cu•ma•rim** *sm. Bras. Bot.* Planta solanácea, cujo fruto é uma pimenta fortíssima. [Pl.: de cumarim: *–rins*.]

cum•bu•ca *sf. Bras.* Vaso para líquidos, feito de cabaça, com abertura circular em cima.

cu•me *sm.* **1.** O ponto mais alto; cimo, clima, crista, coroa, cocuruto, cumeeira, grimpa, pináculo, píncaro. **2.** *Fig.* Auge, apogeu.

cu•me•a•da *sf.* Seqüência de cumes de montanhas.

cu•me•ei•ra *sf.* **1.** V. *cume* (1). **2.** A parte mais alta do telhado.

cúm•pli•ce *s2g.* **1.** Quem tomou parte num delito ou crime. **2.** Quem colabora em, ou participa com outrem de algum fato; parceiro. §
cum•pli•ci•da•de *sf.*

cum•pri•men•tar *v.t.d.* **1.** Dirigir cumprimentos a; saudar. **2.** Louvar. *T.d.i.* **3.** Felicitar. *P.* **4.** Trocar cumprimentos; saudar-se. [Conjug.: ① [cumpriment]**ar**]

cum•pri•men•to *sm.* **1.** Ato ou efeito de cumprir. **2.** Gesto ou expressão oral ou escrita de cortesia; saudação. **3.** V. *elogio.*

cum•prir *v.t.d.* **1.** Tornar efetivo (o que foi determinado, ou a que nos obrigamos); desempenhar. **2.** Preencher, realizar. **3.** Satisfazer (pedido, desejo). **4.** Cumprir (1). *Int.* **5.** Ter necessário. *P.* **6.** Realizar-se. [Conjug.: ③ [cumpr]**ir**. Impess. na acepç. 5.]

cu•mu•lar *v.t.d.* e *p.* V. *acumular* (1 e 5). [Conjug.: ① [cumul]**ar**]

cu•mu•la•ti•vo *adj.* Em que há acumulação.

cú•mu•lo *sm.* **1.** Reunião de coisas sobrepostas; montão. **2.** O auge. **3.** Nuvem branca, formada de elementos que lembram flocos de algodão.

cu•nei•for•me *adj2g.* 1. Que tem forma de cunha. 2. Diz-se da escrita dos antigos povos da Mesopotâmia (Ásia).

cun•hã *sf. Bras. Amaz.* Mulher.

cu•nha *sf.* Peça de ferro ou de madeira que se introduz numa brecha para fender pedras, madeira, etc., ou servir de calço, etc.

cu•nha•di:o *sm.* Parentesco entre cunhados.

cu•nha•do *sm.* Irmão de um dos cônjuges em relação ao outro.

cu•nhar *v.t.d.* 1. Imprimir cunho (2) em. 2. Amoedar. [Conjug.: ⓵[cunh]**ar**] § **cu•nha•gem** *sf.*

cu•nhe•te (ê) *sm.* Caixote de madeira para guardar ou transportar munição de guerra.

cu•nho *sm.* 1. Placa de ferro para marcar moedas, medalhas, etc. 2. A marca em relevo impressa por essa placa. 3. *Fig.* Marca, selo.

cu•ni•cul•tor (ô) *sm.* Criador de coelhos.

cu•ni•cul•tu•ra *sf.* Criação de coelhos.

cu•pão V. *cupom.*

cu•pê *sm.* 1. Carruagem fechada, de quatro rodas. 2. Automóvel de duas portas.

cu•pi•dez (ê) *sm.* Qualidade de cúpido; cobiça.

cú•pi•do *adj.* 1. Ávido de dinheiro ou bens materiais. 2. Possuído de, ou que revela desejos amorosos.

cu•pim *sm. Bras.* 1. *Zool.* Nome comum a insetos isópteros que atacam plantas, raízes, cereais, madeira, etc.; térmita, térmite. 2. O seu ninho, na madeira ou no solo. [Pl.: *–pins.*]

cu•pin•cha *s2g. Bras.* Amigo, camarada.

cu•pom ou **cu•pão** *sm.* 1. Título de juro que vem junto a uma ação ou obrigação, e destacável. 2. Cédula impressa e/ou numerada, destacável, que dá direito a voto, a assistir a espetáculos, a receber brindes, etc. [Pl.: *–pons; –pões.*]

cu•pres•sá•ce:a *sf. Bot.* Espécime das cupressáceas, família de coníferas que habitam regiões temperadas e frias; no Brasil, só se desenvolvem quando cultivadas. § **cu•pres•sá•ce:o** *adj.*

cu•pu:a•çu *sm. Bras. Bot.* 1. Árvore esterculiácea cujo fruto é doce, us. em compotas e refrescos. 2. Esse fruto.

cú•pu•la *sf.* 1. A parte superior, côncava e interna dalguns edifícios. 2. Abóbada (1). 3. *Bras. Fig.* As pessoas dirigentes, de um partido, organização, etc.; direção, chefia.

cu•ra *sf.* 1. Ato ou efeito de curar(-se). 2. Restabelecimento da saúde. 3. Tratamento. • *sm.* 4. Vigário de aldeia.

cu•ra•çau *sm.* Licor de aguardente de cana e casca de laranja amarga.

cu•ra•dor (ô) *sm.* 1. Aquele que exerce curadoria, que tem a função de zelar pelos bens e interesses dos que, por si, não o possam fazer (órfãos, loucos, etc.). 2. Membro do Ministério Público que exerce funções específicas na defesa de incapazes ou de certas instituições e pessoas. 3. Pessoa responsável pela organização e manutenção de determinado acervo de obras de arte.

cu•ra•do•ri•a *sf.* Cargo, poder ou função de curador; curatela.

cu•ran•dei•ro *sm.* Aquele que cura por meio de rezas e feitiçarias.

cu•rar *v.t.d.* 1. Restabelecer a saúde de. 2. Debelar (doença). 3. Fazer (alguém) perder defeito moral ou hábito prejudicial. 4. Secar ao calor, ou ao fumeiro. *P.* 5. Restabelecer-se, sarar. [Conjug.: ⓵[cur]**ar**] § **cu•ra•do** *adj.*

cu•ra•re *sm. Bras.* Veneno violentíssimo, de ação paralisante, extraído da casca de certos cipós, e com que povos indígenas envenenam flechas. [É us. em alguns tratamentos clínicos, sendo tb. valioso auxiliar em anestesia geral.]

cu•ra•te•la *sf.* Curadoria.

cu•ra•ti•vo *sm.* 1. Ato ou efeito de curar(-se). 2. Conjunto de medidas aplicadas a ferida, incisão cirúrgica, etc., visando cicatrização. • *adj.* 3. Relativo a cura.

cu•ra•to *sm.* 1. Cargo ou residência de cura (4). 2. Povoação pastoreada por um cura (4).

cu•rá•vel *adj2g.* Que pode ser curado. [Pl.: *–veis.*]

cu•re•ta (ê) *sf.* Instrumento cirúrgico para raspar.

cu•re•tar *v.t.d.* Raspar com a cureta. [Conjug.: ⓵[curet]**ar**] § **cu•re•ta•gem** *sf.*

cú•ri:a *sf.* O conjunto dos organismos e entidades eclesiásticas que cooperam com o bispo na diocese. ◆ **Cúria romana.** 1. O conjunto de entidades e autoridades que colaboram com o Papa, em Roma. 2. A corte papal.

cu•ri•al *adj2g.* 1. Da cúria. 2. Próprio, conveniente. [Pl.: *–ais.*]

cu•ri•an•go *sm. Bras. Zool.* Ave caprimulgídea, amarelada.

cu•ri•bo•ca (ô) *s2g. Bras. N.* V. *caboclo* (1).

cu•ri•mã *sf. Bras. Zool.* Pequeno peixe mugilídeo, comestível.

cu•rin•ga *sm. Bras.* Carta de baralho que, em certos jogos, muda de valor e colocação na seqüência.

cu•ri•ó *sm. Bras. Zool.* Pássaro fringilídeo, canoro.

cú•ri:o *sm. Quím.* V. *actinídeos* [símb.: *Cm*].

cu•ri•o•sa *sf. Fam.* Parteira sem habilitação legal; aparadeira.

cu•ri:o•si•da•de *sf.* 1. Qualidade de curioso. 2. Desejo de ver, informar-se, aprender, etc. 3. Bisbilhotice, indiscrição. 4. Raridade (2).

cu•ri•o•so (ô) *adj.* 1. Que tem, denota ou desperta curiosidade. 2. Que, embora sem interesse pessoal no fato, dele participa como espectador. 3. Surpreendente. • *sm.* 4. Indivíduo curioso. 5. Aquele que entende de muita coisa, sem ser técnico. [Pl.: *–osos* (ó).]

198

cu•ri•ti•ba•no *adj.* 1. De Curitiba, capital do PR. •*sm.* 2. O natural ou habitante de Curitiba.

cur•ra *sf. Bras. Gír.* Violência sexual praticada por dois ou mais indivíduos contra mulher ou homem.

cur•ral *sm.* 1. Lugar onde se junta e recolhe o gado. 2. *Bras.* Armadilha para apanhar peixes. [Pl.: *-rais.*]

cur•rar *v.t.d. Bras. Gír.* Praticar curra contra. [Conjug.: ① [curr]ar]

cur•rí•cu•lo¹ *sm. Bras.* As matérias constantes de um curso.

cur•rí•cu•lo² *sm.* Forma red. e adapt. de *curriculum vitae* (q. v.).

⇨ **curriculum vitae** (currículum vitae) [Lat.] Conjunto de dados relativos à vida estudantil, profissional, etc. de quem se candidata a emprego, a concurso, etc. [Pl.: *curricula vitae.*]

cur•sar *v.t.d.* 1. Percorrer, andar. 2. Seguir curso (6 e 7) de. [Conjug.: ① [curs]ar]

cur•si•vo *adj.* e *sm.* Diz-se de, ou letra manuscrita, geralmente pequena, traçada de modo rápido e corrente.

cur•so *sm.* 1. Ato de correr. 2. Movimento numa direção; fluxo. 3. A direção de um rio, da nascente à foz. 4. *Fig.* Andamento, rumo. 5. *Fig.* Seqüência, decurso. 6. O conjunto das matérias ensinadas em escolas, classes, etc., segundo um programa e o adiantamento dos alunos. 7. Série de aulas, conferências ou palestras. 8. Estabelecimento de ensino especializado. 9. Tratado ou compêndio sobre determinada matéria. 10. Percurso marítimo. 11. *Econ.* Circulação e aceitação (de moeda). ◆ **Curso de água.** Água corrente que pode constituir rio, ribeiro ou riacho.

cur•sor (ô) *sm.* 1. Peça que corre ao longo de outra, em certos instrumentos. 2. *Inform.* Figura que indica, na tela do computador, o ponto sobre o qual incidem certos comandos.

◆ **Cursor do mouse.** *Inform.* Figura que se desloca na tela acompanhando movimentos do *mouse*, e aponta onde a ação deste terá efeito, se for acionado.

cur•só•ri:o *adj.* Adaptado para a corrida.

cur•ta-me•tra•gem *sm. Cin. Telev.* Filme com duração média de 10 min. [Pl.: *curtas-metragens.*]

cur•tir *v.t.d.* 1. Preparar (o couro) para que não apodreça. 2. Preparar (alimento) pondo-o de molho em líquido adequado. 3. Padecer, sofrer. 4. *Bras.* Deleitar-se em. [Conjug.: ③ [curt]ir] § cur•ti•ção *sf.*; cur•ti•men•to *sm.*

cur•to *adj.* 1. De comprimento pequeno, ou inferior ao que devia ser. 2. Rápido, breve. 3. Escasso. § cur•te•za (ê) *sf.*

cur•to-cir•cui•to *sm.* Num circuito elétrico, conexão de dois condutores de potencial diferente. [Pl.: *curtos-circuitos.*]

cur•tu•me *sm.* 1. Curtimento (de couros, peles, etc.). 2. Estabelecimento onde se curtem os couros.

cu•ru•mi ou cu•ru•mim *sm. Bras. Amaz.* V. *menino.* [Pl. de curumim: *-mins.*]

cu•ru•pi•ra ou cur•ru•pi•ra *sm.* Segundo crendice, ente fantástico que habita as matas e é um índio de pés virados para trás.

cu•ru•ru *sm. Bras. Zool.* Sapo da família dos bufonídeos; sapo-cururu.

cur•va *sf.* 1. Linha ou superfície curva. 2. Trecho sinuoso de rua, estrada, ou qualquer via; volta. ◆ **Curva característica.** *Eletrôn.* Representação gráfica da dependência entre um parâmetro do sinal de saída dum circuito e outro parâmetro do sinal de entrada; característica. **Curva senoidal.** *Geom. Anal.* Senóide.

cur•va•do *adj.* V. *curvo.*

cur•var *v.t.d.* e *p.* 1. Tornar(-se) curvo; dobrar(-se), encurvar(-se). 2. Inclinar(-se) para diante ou para baixo; encurvar(-se). 3. Sujeitar(-se). [Conjug.: ① [curv]ar]

cur•va•tu•ra *sf.* 1. Forma curva de qualquer corpo. 2. Cumprimento com inclinação do corpo para a frente.

cur•ve•ta (ê) *sf.* Movimento que faz o cavalo erguendo e dobrando as patas dianteiras e baixando a garupa.

cur•ve•te•ar *v.int.* Fazer curvetas. [Conjug.⑩ [curvet]ear]

cur•vi•lí•ne:o *adj.* De linhas curvas ou de forma curva.

cur•vo *adj.* 1. Que muda de direção sem formar ângulos; arqueado. 2. Que não é reto nem plano. [Sin. ger.: *curvado.*]

cus•cuz *sm2n. Bras.* 1. Iguaria de farinha de milho ou de arroz, etc., cozida ao vapor. 2. Bolo de tapioca com leite de coco. [Admite-se tb., como sm., o pl. *cuscuzes.*]

cus•pa•ra•da *sf. Bras.* 1. Grande porção de cuspo. 2. Ato de emiti-la.

cus•pe ou cus•po *sm.* V. *saliva.*

cus•pi•nhar *v.int.* e *t.d.* Cuspir amiúde, e pouco de cada vez. [Conjug.: ① [cuspinh]ar]

cus•pir *v.int.* 1. Lançar da boca cuspo ou outra substância líquida. *T.d.* 2. Expelir pela boca. *T.i.* 3. Lançar saliva em. [Conjug.㊗ [c]u[sp]ir]

cus•ta *el. sf.* Us. na loc. *à custa de.* ◆ **À custa de.** 1. Com o emprego ou o auxílio de. 2. A expensas de.

cus•tar *v.int.* 1. Ser adquirido por certo preço ou valor. 2. *Bras.* Custar (5). *T.i.* 3. Ser difícil, penoso. 4. *Bras.* Ter dificuldade. 5. *Bras.* Tardar, demorar. [Conjug.: ① [cust]ar]

cus•tas *sf.pl.* Despesas em processo judicial.

cus•te•ar *v.t.d.* Correr com as despesas de. [Conjug.: ⑩ [cust]ear]

cus•tei•o *sm.* **1.** Ato de custear. **2.** Conjunto ou relação de gastos.

cus•to *sm.* **1.** Quantia que uma coisa custou. **2.** *Fig.* Dificuldade, esforço. **3.** *Bras.* Tardança. ◆ **Custo de vida.** Gastos habituais em bens de consumo de uma família média, em certa faixa de renda.

cus•tó•di:a *sf.* **1.** Lugar onde se guarda algo com segurança. **2.** Lugar onde se conserva alguém detido. **3.** Guarda, proteção. **4.** Objeto de ouro ou prata em que se guarda e expõe a hóstia consagrada.

cus•to•di•ar *v.t.d.* Ter em custódia; guardar. [Conjug.: ① [custodi]**ar**]

cus•tó•di:o *adj.* Que guarda, defende, protege.

cus•to•so (ó) *adj.* **1.** Que custa muito dinheiro; dispendioso, oneroso. **2.** Difícil, árduo. [Pl.: *–tosos* (ó).]

cu•tâ•ne:o *adj.* Da cútis.

cu•te•la•ri•a *sf.* Arte ou oficina de cuteleiro.

cu•te•lei•ro *sm.* Fabricante e/ou vendedor de instrumentos de corte.

cu•te•lo *sm.* **1.** Instrumento cortante, semicircular, de ferro. **2.** Utensílio semelhante a esse, especial para cortadores e correeiros.

cu•ti•a *sf. Bras. Zool.* Mamífero dasiproctídeo que habita matas e capoeiras.

cu•tí•cu•la *sf.* Película, em especial a que se desprende da pele em torno das unhas.

cu•ti•la•da *sf.* Golpe de cutelo, sabre, espada, etc.

cú•tis *sf2n.* A pele humana; tez.

cu•tu•ca•da ou **ca•tu•ca•da** *sf. Bras. Pop.* Ato ou efeito de cutucar.

cu•tu•cão ou **ca•tu•cão** *sm. Bras. Pop.* Cutucada grande. [Pl.: *–cões.*]

cu•tu•car ou **ca•tu•car** *v.t.d. Bras. Pop.* **1.** Tocar de leve (alguém) com o dedo, o cotovelo, etc., para chamar a atenção; chuchar. **2.** Introduzir a ponta do dedo, ou objeto fino, etc., em (orifício do corpo, fechadura, etc.). [Conjug.: ⑧ [cutu]**car**]

cu•xi•ú *sm. Bras. Zool.* Cebídeo preto semelhante ao saguí.

❑ **cv.** *Fís.* Símb. de *cavalo-vapor.*

czar *sm.* Título do imperador da Rússia e de certos soberanos eslavos antigos. [Var. de *tzar.*]

cza•ri•na *sf.* Fem. de *czar.* [Var. de *tzarina.*]

cza•ris•mo *sm.* Sistema político em vigor na Rússia no tempo dos czares. [Var. de *tzarismo.*] § **cza•ris•ta** *adj2g.*

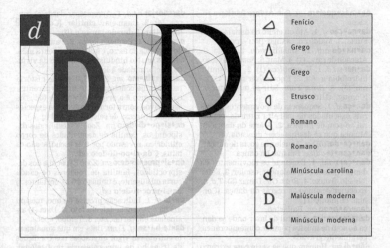

	Fenício
	Grego
	Grego
	Etrusco
	Romano
	Romano
	Minúscula carolina
	Maiúscula moderna
	Minúscula moderna

d (dê) *sm.* **1.** A 4ª letra do nosso alfabeto. **2.** Figura ou representação dessa letra. • *num.* **3.** Quarto (1), numa série. [Tb. us. para classificar algo como 'de quarta categoria; de qualidade, importância ou valor muito baixos'. Pl. (nas acepç. 1 e 2) indicado pela duplicação da letra: *dd*.]

❏ **D 1.** No sistema romano de numeração, símb. do número 500. **2.** No sistema hexadecimal de numeração, o décimo quarto algarismo, equivalente ao número decimal 13. **3.** *Mús.* Sinal com que se representa a nota ré, ou a escala ou acorde nela baseados.

da¹ Contr. da prep. *de* com o art. *a*.

da² Contr. da prep. *de* com o pron. dem. *a*.

dá•bli:o *sm.* A letra *w*.

dac•ti•lo•gra•far ou **da•ti•lo•gra•far** *v.t.d.* e *int.* Escrever à máquina. [Conjug.: ① [da(c)tilograf]ar]

dac•ti•lo•gra•fi•a ou **da•ti•lo•gra•fi•a** *sf.* Arte de dactilografar. § **da(c)•ti•lo•grá•fi•co** *adj.*

dac•ti•ló•gra•fo ou **da•ti•ló•gra•fo** *sm.* Indivíduo que dactilografa.

dac•ti•los•co•pi•a ou **da•ti•los•co•pi•a** *sf.* Sistema de identificação por meio das impressões digitais. § **da(c)•ti•los•có•pi•co** *adj.*

dá•di•va *sf.* Aquilo que se dá; donativo.

da•di•vo•so (ó) *adj.* Que gosta de dar; generoso. [Pl.: *–vosos* (ó).]

da•do¹ *sm* . Peça cúbica marcada em cada uma das faces com pontos de 1 a 6, usada em certos jogos.

da•do² *adj.* **1.** Que se deu; oferecido. **2.** Permitido. **3.** Afeito. **4.** Afável. **5.** Determinado. • *sm.* **6.** Elemento ou quantidade conhecida, que serve de base a resolução dum problema. **7.** Elemento para a formação dum juízo. **8.** *Inform.* Elemento de informação, em forma apropriada para armazenamento, processamento ou transmissão por meios automáticos.

da•í Contr. da prep. *de* com o adv. *aí*.

da•lém Contr. da prep *de* com o adv. *além*.

da•li Contr. da prep. *de* com o adv. *ali*.

dá•li:a¹ *sf. Bot.* Planta ornamental das compostas, e sua flor.

dá•li:a² *sf. Cin. Teatr. Telev.* Lembrete para locutor, intérprete, etc., colocado fora do alcance visual do espectador. [Cf. *prompter*.]

dal•tô•ni•co *adj.* Relativo a, ou que tem daltonismo.

dal•to•nis•mo *sm. Med.* Distúrbio visual que consiste na incapacidade de perceber certas cores, ger. o vermelho e o verde.

da•ma *sf.* **1.** Mulher nobre. **2.** Designação atenciosa ou honorífica de qualquer mulher. **3.** A mulher que dança com um homem. **4.** Atriz. **5.** A carta do baralho com a figura feminina.

da•mas *sf.pl.* Jogo entre dois parceiros, num tabuleiro dividido em 64 quadrados, alternadamente pretos e brancos.

da•mas•ce•no *adj.* **1.** De Damasco (Síria). • *sm.* **2.** O natural ou habitante de Damasco.

da•mas•co *sm.* **1.** O fruto do damasqueiro. **2.** Tecido de seda com desenhos lavrados.

da•mas•quei•ro *sm. Bot.* Árvore frutífera rosácea.

da•na•ção *sf.* **1.** Ato ou efeito de danar(-se). **2.** Fúria. **3.** Maldição, castigo. [Pl.: *–ções.*]

da•na•do *adj.* **1.** Amaldiçoado. **2.** Irado. **3.** Atacado de raiva (1). **4.** Mau. **5.** *Fam.* Travesso.

da•nar *v.t.d.* **1.** V. *danificar* (1). **2.** Transmitir hidrofobia a. *Int.* **3.** Encolerizar-se. *P.* **4.** Danar (3). **5.** *Bras. Fam.* Sair-se mal; dançar. [Conjug.: ① [dan]**ar**]

dan•ça *sf.* **1.** Seqüência de movimentos corporais executados de maneira ritmada, em geral ao som de música. **2.** A arte da dança. **3.** Música que se destina a ser dançada.

dan•ça•dor(ô) *sm.* Aquele que gosta de dançar.

dan•çan•te *adj2g.* Em que há dança.

dan•çar *v.int.* **1.** Executar os movimentos da dança (1); bailar. **2.** Balançar, oscilar. **3.** Estar folgado, frouxo. **4.** *Bras. Gír.* Danar (5). *T.d.* **5.** Executar segundo as regras da dança. [Conjug.: ⑨ [dan]**çar**]

dan•ça•ri•no *sm.* Bailarino.

dan•ce•te•ri•a *sf.* Local de lazer onde se dança ao som de música popular contemporânea, geralmente gravada.

dân•di *sm.* Homem que se veste com extremo apuro, ou que se preocupa demais em vestir-se bem.

da•ni•fi•car *v.t.d.* **1.** Causar dano; estragar, danar. *P.* **2.** Sofrer dano. [Conjug.: ⑧ [danifi]**car**] § **da•ni•fi•ca•ção** *sf.*

da•ni•nho *adj.* Que causa dano; danoso, nocivo.

da•no *sm.* **1.** Mal ou ofensa pessoal. **2.** Prejuízo que sofre quem tem seus bens deteriorados ou inutilizados.

da•no•so(ô) *adj.* Daninho. [Pl.: *–nosos* (ó).]

dan•tes *adv.* Antes, antigamente.

dan•tes•co(ês) *adj.* **1.** Relativo a Dante Alighieri (q. v.). **2.** *Fig.* Terrível, horrível.

da•que•le(ê) Contr. da prep. *de* com o pron. *aquele.*

da•quém Contr. da prep. *de* com o adv. *aquém.*

da•qui Contr. da prep. *de* com o adv. *aqui.*

da•qui•lo Contr. da prep. *de* com o pron. dem. *aquilo.*

dar *v.t.d.* **1.** Presentear, doar. **2.** Conceder; oferecer. **3.** Produzir. **4.** Bater, soar. **5.** Emitir, soltar. **6.** Resultar em. **7.** Manifestar, revelar. **8.** Lançar, brotar. **9.** Ministrar, administrar. **10.** Sugerir, propor. **11.** Causar, determinar. **12.** Registrar, consignar. **13.** Dedicar, consagrar. **14.** Conceder; conferir; outorgar. *T.d.i.* **15.** Dar (1, 2, 9, 11, 13 e 14). **16.** Aplicar. **17.** Confiar, incumbir. **18.** Atribuir. **19.** Proporcionar. **20.** Trocar. *T.i.* **21.** Chegar, bastar. **22.** Ter jeito, vocação. *T.c.* **23.** Ir ter. **24.** Abrir (24). *Int.* **25.** Fazer dádiva(s). **26.** Frutificar. **27.** Bater, soar. *P.* **28.** Relacionar-se. **29.** Ocorrer. **30.** Dedicar-se. [Conjug.: ⑭ **dar**]

dar•de•jar *v.t.d.* **1.** Arremessar dardo(s) contra. *Int.* **2.** Chamejar, cintilar. [Conjug.: ① [dardej]**ar**] § **dar•de•jan•te** *adj2g.*

dar•do *sm.* **1.** Pequena lança. **2.** Pau terminado em lança de ferro, e que se atira com a mão.

dar•ma *sm.* No hinduísmo, exercício da virtude, conformidade à lei.

dar•wi•nis•mo *sm. Zool.* Sistema de história natural cuja conclusão extrema é o parentesco fisiológico e a origem comum de todos os seres vivos, com a formação de novas espécies por um processo de seleção natural (q. v.).

da•si•po•dí•de•o *sm. Zool.* Espécime dos dasipodídeos, família de desdentados de corpo cilíndrico, revestido por três escudos; são os tatus. § **da•si•po•dí•de•o** *adj.*

da•si•proc•tí•de•o *sm. Zool.* Espécime dos dasiproctídeos, família de roedores de cauda curta ou ausente, e unhas fortes e cortantes. § **da•si•proc•tí•de•o** *adj.*

da•ta *sf.* **1.** Indicação precisa do ano, mês ou dia da ocorrência dalgum fato. **2.** Data (1) assinalada em cartas, etc. **3.** Tempo; época.

da•ta-ba•se *sf. Econ.* Data em que anualmente entram em vigor alterações nas condições de trabalho de uma categoria profissional, negociadas entre o sindicato e os empregadores. [Pl.: *datas-bases* e *datas-base.*]

da•tar *v.t.d.* **1.** Pôr data em. *T.c.* **2.** Durar, existir (desde certo tempo). [Conjug.: ① [dat]**ar**]

❏ **dB** *Fís.* Símb. de *decibel.*

❏ **Db** *Quím.* Símb. do *dúbnio.*

❏ **d. C.** Abrev. de *depois de Cristo.*

❏ **DDT** Sigla de *dicloro-difenil-tricloroetano*, nome impróprio do di(clorofenil)-tricloroetano, inseticida condenado por seus efeitos daninhos ao meio ambiente.

de *prep.* Exprime inúmeras relações entre palavras e substitui várias outras prep.: *máquina de escrever; obra de medicina; falar da vida alheia; estar de cama; ser amado de todos; casa de João.* Com o auxiliar *haver* e o infinitivo impess. de outros verbos, forma loc. perifrásticas do fut.: *hei de vencer, hei de vingar-me.* Auxilia a formação de numerosíssimos adj. adv. (*de norte a sul, de manhã, morrer de fome,* etc.). Ocorre em algumas loc. conj. (*de modo que, de maneira que,* etc.) e tb. em várias loc. prep. (*a propósito de, de acordo com,* etc.).

dê *sm.* A letra *d.*

de•ão *sm.* **1.** Dignitário eclesiástico que preside ao cabido; decano. **2.** Decano (1). [Fem. de 2: *deã.* Pl.: *deãos, deões, deães.*]

de•bai•xo *adv.* **1.** Em posição inferior, mas na mesma direção vertical; abaixo. **2.** Em condição ou situação inferior; por baixo.

de•bal•de *adv.* Em vão; embalde.

de•ban•da•da *sf.* Fuga ou saída desordenada.

de•ban•dar *v.int.* e *p.* Pôr-se em debandada; dispersar-se. [Conjug.: ① [deband]**ar**]

de•ba•te *sm.* Discussão em que se alegam razões pró ou contra.

de•ba•ter *v.t.d.* 1. Examinar em debate; discutir (1). 2. Questionar. *Int.* 3. Discutir. *P.* 4. Agitar-se muito. [Conjug.: ② [debat]**er**]

de•be•lar *v.t.d.* 1. Vencer, dominar. 2. V. *reprimir* (1). 3. Extinguir. [Conjug.: ① [debel]**ar**]

de•bên•tu•re *sf.* Título de crédito, ger. ao portador, emitido por sociedade anônima.

de•bi•car *v.t.d.* 1. Comer pequena porção de; provar. 2. Zombar de. *T.i.* 3. Debicar (2). [Conjug.: ⑧ [debi]**car**]

dé•bil *adj2g.* 1. Sem vigor físico. 2. Pouco resistente. 3. *Gír.* V. *tolo* (1 e 2). [Pl.: *–beis*.] § **de•bi•li•da•de** *sf.*

de•bi•li•ta•do *adj.* Sem forças; definhado.

de•bi•li•tar *v.t.d.* e *p.* Tornar(-se) débil; enfraquecer(-se). [Conjug.: ① [debilit]**ar**] § **de•bi•li•ta•ção** *sf.*

de•bi•que *sm.* Ato de debicar ou escarnecer; zombaria.

de•bi•tar *v.t.d.* e *t.d.i.* 1. Inscrever como devedor. 2. Lançar (determinada quantia) na conta devedora de alguém. [Conjug.: ① [debit]**ar**]

dé•bi•to *sm.* V. *dívida*.

de•bla•te•rar *v.int.* e *t.i.* Falar ou clamar com violência contra pessoas ou coisas. [Conjug.: ① [deblater]**ar**]

de•bo•cha•do *adj.* 1. Libertino. 2. Trocista. 3. Próprio de quem é debochado (2).

de•bo•char *v.t.d.* 1. Lançar no deboche; corromper. 2. Zombar de. *T.i.* 3. Debochar (2). [Conjug.: ① [deboch]**ar**]

de•bo•che *sm.* 1. Devassidão. 2. Troça.

de•bre•ar *v.t.d.* e *int. Bras.* Embrear. [Conjug.: ⑩ [debr]**ear**. Quanto à acentuação do *e* das terminações, v. *idear*.]

de•bru•ar *v.t.d.* Guarnecer com debrum. [Conjug.: ① [debru]**ar**]

de•bru•çar *v.t.d.* e *p.* Curvar(-se), inclinar(-se). [Conjug.: ⑨ [debru]**çar**]

de•brum *sm.* Tira que se cose dobrada sobre a orla dum tecido. [Pl.: *–bruns*.]

de•bu•lhar *v.t.d.* 1. Extrair os grãos ou sementes de. *P.* 2. *Fig.* Desmanchar-se: *debulhar-se em lágrimas*. [Conjug.: ① [debulh]**ar**]

de•bu•tan•te *sf.* Mocinha que se estréia na vida social.

de•bu•tar *v.int.* 1. Iniciar-se. 2. *Restr.* Estrear-se na vida social. [Conjug.: ① [debut]**ar**]

de•bu•xar *v.t.d.* Esboçar (1). [Conjug.: ① [debux]**ar**]

de•bu•xo *sm.* Esboço (1 e 2).

dé•ca•da *sf.* Espaço de 10 dias ou 10 anos.

de•ca•dên•ci:a *sf.* Estado daquele ou daquilo que decai; declínio, crepúsculo. § **de•ca•den•te** *adj2g.*

de•ca•e•dro *sm.* Poliedro formado por dez faces.

de•cá•go•no *sm. Geom.* Poliedro de 10 lados.

de•ca•gra•ma *sm.* Unidade de massa correspondente a um décimo de grama.

de•ca•ir *v.int.* 1. Ir para baixo; abater-se. 2. Sofrer declínio ou diminuição. *T.i.* 3. Sofrer diminuição ou perda; perder ou deixar de merecer: *decair da confiança de alguém*. [Conjug.: ㊳ [dec]**air**] § **de•ca•í•do** *adj.*

de•cal•car *v.t.d.* 1. Reproduzir (um desenho) calcando. 2. Plagiar. [Conjug.: ⑧ [decal]**car**]

de•cá•lo•go *sm. Rel.* Os 10 mandamentos da lei de Deus.

de•cal•que *sm.* 1. Ato ou efeito de decalcar. 2. Desenho ou imagem decalcada.

de•ca•na•to *sm.* Dignidade de decano ou deão.

de•ca•no (câ) *sm.* 1. O mais antigo ou mais velho dos membros de uma classe, instituição ou corporação; deão. 2. Deão (1). 3. Sub-reitor de uma universidade. [Fem.: *decana*.]

de•can•ta•do *adj.* Famoso, notável.

de•can•tar¹ *v.t.d.* Separar impurezas que se contenham em (um líquido). [Conjug.: ① [decant]**ar**] § **de•can•ta•ção** *sf.*

de•can•tar² *v.t.d.* Celebrar ou exaltar em cantos ou em versos. [Conjug.: ① [decant]**ar**]

de•ca•pi•tar *v.t.d.* Cortar a cabeça de; degolar. [Conjug.: ① [decapit]**ar**] § **de•ca•pi•ta•ção** *sf.*

de•cá•po•de *sm. Zool.* Espécime dos decápodes, ordem de crustáceos cujo corpo tem cinco pares de patas ambulatórias. Ex.: *camarões.* § **de•cá•po•de** *adj2g.*

de•cas•sé•gui *adj2g.* e *s2g.* Diz-se de, ou estrangeiro, freqüentemente descendente de japoneses, que vai trabalhar no Japão.

de•cas•sí•la•bo *adj.* 1. Diz-se do verso ou palavra que tem 10 sílabas. • *sm.* 2. Verso decassílabo.

de•ca•tlo *sm. Esport.* Conjunto de 10 provas de atletismo: corrida de velocidade (100, 400 e 1.500m, e 110m, com barreiras), saltos (em distância, em altura e com vara) e lançamentos (de peso, de disco e de dardo). [Cf. *triatlo* e *pentatlo.*]

de•cên•ci:a *sf.* Qualidade de decente; decoro, dignidade, honestidade.

de•cên•di:o *sm.* Espaço de 10 dias; dezena.

de•cê•ni:o *sm.* Espaço de 10 anos.

de•cen•te *adj2g.* 1. Honrado, honesto. 2. Digno, adequado. 3. Que tem bons modos.

de•ce•par *v.t.d.* Cortar, separando do corpo de que faz parte. [Conjug.: ① [decep]**ar**]

de•cep•ção *sf.* Malogro de uma esperança; desilusão, desengano. [Pl.: *–ções*.]

de•cep•ci:o•nar *v.t.d.* e *p.* Desiludir(-se), desapontar(-se), desencantar-se. [Conjug.: ① [decepcion]**ar**] § **de•cep•ci:o•na•do** *adj.*

de•cer•to *adv.* Com certeza; certamente.

de•ci•bel *sm. Fís.* Unidade adimensional usada para exprimir a razão de duas potências (elétricas ou sonoras), igual a 10 vezes o logaritmo decimal do quociente das duas potências [símb.: *dB*]. [Pl.: *-béis.*]

de•ci•di•do *adj.* 1. Resolvido, assente. 2. Enérgico.

de•ci•dir *v.t.d.* 1. Determinar, resolver. 2. Solucionar. 3. Dar decisão (2) a. *Int.* 4. Tomar deliberação. *P.* 5. Dar preferência. 6. Resolver-se. [Conjug.: ③ [decid]ir]

de•ci•frar *v.t.d.* 1. Ler, explicar ou interpretar (o que está escrito em cifra, ou mal escrito). 2. Revelar (2). [Conjug.: ① [decifr]ar] § **de•ci•fra•ção** *sf.;* **de•ci•frá•vel** *adj2g.*

dé•ci•ma *sf.* 1. Cada uma das dez partes iguais em que se divide a unidade; décimo. 2. Dízima. 3. *Art. Poét.* Estrofe de 10 versos.

de•ci•mal *adj2g.* Referente a décimo. [Pl.: *-mais.*]

de•cí•me•tro *sm.* Unidade de comprimento correspondente a um décimo de metro.

dé•ci•mo *num.* 1. Ordinal correspondente a 10. 2. Fracionário correspondente a 10. • *sm.* 3. Décima (1). ♦ **Décimo primeiro.** *num.* Undécimo. **Décimo segundo.** *num.* Duodécimo.

de•ci•são *sf.* 1. Ato ou efeito de decidir(-se). 2. Sentença, julgamento. [Pl.: *-sões.*]

de•ci•si•vo *adj.* 1. Que decide, resolve. 2. Grave, crítico. 3. Definitivo.

de•cla•mar *v.t.d., t.i.* e *int.* Recitar em voz alta, com gestos e entonações apropriadas. [Conjug.: ① [declam]ar] § **de•cla•ma•ção** *sf.;* **de•cla•ma•dor** (ô) *adj.* e *sm.*

de•cla•ma•tó•ri:o *adj.* Próprio de declamação.

de•cla•ra•ção *sf.* 1. Ato ou efeito de declarar(-se). 2. Aquilo que se declara. 3. Confissão de amor. [Pl.: *-ções.*]

de•cla•ran•te *adj2g.* e *s2g.* Que ou quem declara.

de•cla•rar *v.t.d.* e *t.d.i.* 1. Dar a conhecer; expor. 2. Proclamar publicamente. 3. Anunciar (solenemente). 4. Revelar. *Transobj.* 5. Julgar, considerar. 6. Nomear. *P.* 7. Dar a conhecer as suas intenções; manifestar-se. 8. Reconhecer-se. [Conjug.: ① [declar]ar]

de•cla•ra•ti•vo *adj.* Em que há declaração.

de•cli•na•ção *sf.* 1. Ato ou efeito de declinar. 2. *Gram.* Flexão de substantivos, adjetivos e pronomes. [Pl.: *-ções.*]

de•cli•nar *v.int.* 1. Desviar-se do rumo. 2. Descer, descair. 3. Baixar. *T.i.* 4. V. *recusar* (1). *T.d.* 5. Enunciar as flexões de (nomes e pronomes). [Conjug.: ① [declin]ar]

de•cli•ná•vel *adj2g.* Que se pode declinar. [Pl.: *-veis.*]

de•clí•ni:o *sm.* 1. Ato de declinar; declinação. 2. V. *decadência.*

de•cli•ve *sm.* Ladeira (considerada de cima para baixo); descida.

de•co•lar *v.int.* Despegar-se (aeronave) da terra ou do mar ao levantar vôo. [Conjug.: ① [decol]ar] § **de•co•la•gem** *sf.*

de•com•po•nen•te *adj2g.* Que decompõe.

de•com•po•ní•vel *adj2g.* Que se pode decompor. [Pl.: *-veis.*]

de•com•por *v.t.d.* 1. Separar os elementos componentes de. 2. Corromper, estragar. *P.* 3. Estragar-se. [Conjug.: 60 [decom]por] § **de•com•pos•to** (ô) *adj.*

de•com•po•si•ção *sf.* Ato ou efeito de decompor(-se). [Pl.: *-ções.*]

de•co•ra•ção *sf.* Ato ou efeito de decorar². [Pl.: *-ções.*]

de•co•ra•dor (ô) *sm.* Indivíduo especializado em decoração.

de•co•rar¹ *v .t.d.* Aprender de cor. [Conjug.: ① [decor]ar]

de•co•rar² *v .t.d.* 1. Guarnecer (casa ou parte dela) com móveis, objetos, etc. 2. Ornamentar, enfeitar. [Conjug.: ① [decor]ar]

de•co•ra•ti•vo *adj.* Que serve para decorar².

de•co•ro (ô) *sm.* V. *decência.*

de•co•ro•so (ô) *adj.* Conforme ao decoro; decente. [Pl.: *-rosos* (ó).]

de•cor•rên•ci:a *sf.* Decurso, conseqüência.

de•cor•rer *v.int.* 1. Passar, escoar-se, discorrer, correr (o tempo); transcorrer. 2. Suceder, acontecer. *T.i.* 3. Originar-se. [Conjug.: ② [decorr]er] § **de•cor•ren•te** *adj2g.*

de•co•ta•do *adj.* 1. Cortado ou aparado na parte superior. 2. Que tem decote.

de•co•tar *v.t.d.* 1. Cortar por cima e/ou em volta de; aparar. 2. Fazer decote (2) em. [Conjug.: ① [decot]ar]

de•co•te *sm.* 1. Ato ou efeito de decotar. 2. Abertura na parte superior de roupa para passagem da cabeça.

de•cré•pi:to *adj.* Muito idoso ou gasto.

de•cre•pi•tu•de *sf.* Estado ou condição de decrépito; velhice extrema.

de•cres•cer *v.int.* Tornar-se menor; diminuir. [Conjug.: 34 [decres]cer] § **de•cres•cen•te** *adj2g.*

de•crés•ci•mo *sm.* Ato de decrescer.

de•cre•tar *v.t.d.* 1. Ordenar por decreto ou lei. 2. Determinar, estabelecer. [Conjug.: ① [decret]ar] § **de•cre•ta•ção** *sf.*

de•cre•to *sm.* 1. Determinação escrita, emanada do chefe do Estado ou de outra autoridade superior. 2. Determinação, ordem.

de•cú•bi•to *sm.* Posição de quem está deitado.

de•cu•par *v.t.d. Cin. Telev.* Dividir (roteiro) em planos, com as indicações necessárias à filmagem ou à gravação. [Conjug.: ① [decup]ar] § **de•cu•pa•gem** *sf.*

de•cu•pli•car *v.t.d.* Tornar 10 vezes maior. [Conjug.: ⑧ [decupli]**car**]

dé•cu•plo *num.* 1. Que é dez vezes maior que outro. • *sm.* 2. Quantidade dez vezes maior que outra.

de•cur•so *sm.* 1. Ato de decorrer; passagem do tempo. 2. Tempo de duração. 3. Sucessão, seqüência.

de•da•da *sf.* 1. Porção de substância aderente que se toma com um dedo. 2. Mancha que o dedo deixa num objeto.

de•dal *sm.* 1. Utensílio cilíndrico que ao coser se encaixa no terceiro dedo da mão, para empurrar a agulha. 2. Porção mínima. [Pl.: *–dais.*]

de•da•lei•ra *sf. Bot.* Planta medicinal, escrofulariácea.

dé•da•lo *sm.* Cruzamento confuso de caminhos; labirinto.

de•dar *v .t.d. Bras. Gír.* Delatar. [Conjug.: ① [ded]**ar**]

de•di•ca•ção *sf.* 1. Qualidade de quem se dedica. 2. Abnegação, devotamento. 3. Ato de dedicar-se a determinado serviço ou ocupação. [Pl.: *–ções.*]

de•di•ca•do *adj.* Que se dedica ou sacrifica.

de•di•car *v.t.d.i.* e *p.* 1. Oferecer(-se) com afeto *m* dedicação. 2. Consagrar(-se), votar(-se). 3. Pôr(-se) ao serviço de [Conjug.: ⑧ [dedi]**car**]

de•di•ca•tó•ri:a *sf.* Palavras escritas com que se oferece alguma coisa a alguém.

de•dig•nar-se *v. p.* Julgar indigno de si. [Conjug.: ① [dedign]**ar**[-se]]

de•di•lhar *v.t.d.* 1. Fazer vibrar com os dedos. 2. Executar com os dedos (peça ou trecho musical) em instrumento de corda. [Conjug.: ① [dedilh]**ar**] § **de•di•lha•men•to** *sm.*; **de•di•lhá•vel** *adj2g.*

de•do (ê) *sm.* 1. Cada um dos prolongamentos articulados que terminam os pés e as mãos. 2. Cada uma das partes da luva correspondente a um dedo. 3. *Fig.* Capacidade, aptidão. 4. *Fig.* Sinal, marca.

de•do-du•ro *s2g. Bras. Gír.* Delator, alcagüete. [Pl.: *dedos-duros.*]

de•du•ção *sf.* 1. Ação de deduzir; conclusão. 2. *Jur.* Enumeração minuciosa de fatos e argumentos. [Pl.: *–ções.*]

de•du•ti•vo *adj.* Que procede por dedução.

de•du•zir *v.t.d.* 1. Inferir; concluir. 2. Arrolar (fatos e argumentos) encadeados que mais têm relação entre si. 3. Propor em juízo. *T.d.i.* 4. Deduzir (1 e 2). 5. Abater, reduzir. *Int.* 6. Deduzir (1). [Conjug.: ㊹ [ded]**uzir**]

de•fa•sa•gem *sf.* 1. Diferença de fase entre dois fenômenos; diferença. 2. *Fig.* Diferença ou atraso (de pessoa, coisa ou situação, em relação a outra). [Pl.: *–gens.*]

de•fa•sar *v.t.d.* 1. *Fís.* Estabelecer diferença de fase entre (duas oscilações ou vibrações). 2. *Fig.* Provocar defasagem em. [Conjug.: ① [defas]**ar**] § **de•fa•sa•do** *adj.*

⇨ **default** (defôlt) [Ingl.] *adj2g.* e *sm. Inform.* Diz-se de, ou informação pressuposta como válida, na ausência de especificação por parte do usuário.

de•fe•car *v.t.d.* 1. Separar as impurezas de (líquido). *Int.* 2. Expelir os excrementos; evacuar, obrar. *P.* 3. Sujar-se com os próprios excrementos. [Conjug.: ⑧ [defe]**car**]

de•fec•ção *sf.* Abandono de partido, crença, etc. [Pl.: *–ções.*]

de•fec•ti•vo *adj.* 1. A que falta alguma coisa. 2. *Gram.* Diz-se do verbo a que faltam tempos, modos ou pessoas.

de•fei•to *sm.* 1. Imperfeição. 2. Imperfeição moral; vício. 3. Desarranjo; enguiço.

de•fei•tu•o•so (ô) *adj.* Que tem defeito(s). [Pl.: *–osos* (ó).]

de•fen•der *v.t.d.* 1. Prestar socorro ou auxílio a. 2. Resistir a ataque ou agressão feita a; proteger. 3. Resguardar. 4. Interceder por. 5. Sustentar com razões ou argumentos. 6. *Esport.* Evitar que o adversário faça gol ou marque ponto(s) por meio de (bola, chute, pênalti, falta, cortada, etc.). *T.d.i.* 7. Defender (1 a 5). *Int.* 8. *Esport.* Realizar defesa (3) de ataque (4). 9. *Esport.* Agarrar (3). *P.* 10. Repelir ataque ou agressão a si próprio; proteger-se. 11. Abrigar-se. 12. Justificar-se. [Conjug.: ⑩ [defen]der; part.: *defendido* e *defeso*.]

de•fen•sá•vel *adj2g.* Que pode ser defendido. [Pl.: *–veis.*]

de•fen•si•va *sf.* 1. Conjunto de meios de defesa. 2. Posição de quem se defende.

de•fen•si•vo *adj.* 1. Que serve para, ou visa à defesa. • *sm.* 2. Aquilo que defende, preserva. ◆ **Defensivo agrícola.** *Quím.* Produto químico utilizado no combate a, e prevenção de pragas agrícolas; agrotóxico.

de•fen•sor (ô) *sm.* Aquele que defende.

de•fe•rên•ci:a *sf.* V. *consideração* (2).

de•fe•ren•te *adj2g.* Cortês; reverente.

de•fe•rir *v.t. d.* e *t.i.* Anuir a (o que se pede ou requer); atender; despachar favoravelmente. [Conjug.: ㊾ [def]e[r]**ir.** Cf. *diferir.*] § **de•fe•ri•men•to** *sm.*

de•fe•sa (ê) *sf.* 1. Ato de defender(-se). 2. Aquilo que serve para defender. 3. Ato ou forma de repelir um ataque. 4. Contestação de uma acusação. 5. Justificação. 6. Proteção. 7. Cada um dos dentes caninos dos animais. 8. V. *corno.*

de•fe•so (ê) *adj.* Proibido, vedado.

de•fi•ci•ên•ci:a *sf.* 1. Falta, carência. 2. Insuficiência.

de•fi•ci•en•te *adj2g.* 1. Em que há deficiência. • *s2g.* 2. Pessoa que apresenta deficiência física ou psíquica.

dé•fi•cit *sm.* O que falta para completar uma conta, orçamento, etc., ou para as receitas igualarem as despesas. [Opõe-se a *superávit*.]

de•fi•ci•tá•ri:o *adj.* Que acusa déficit.

de•fi•nha•do *adj.* 1. Emagrecido, abatido. 2. Debilitado.

de•fi•nhar *v.t.d.* 1. Tornar magro, extenuar. *Int.* e *p.* 2. Consumir-se aos poucos. [Conjug.: ⬚ [definh]**ar**] § **de•fi•nha•men•to** *sm.*

de•fi•ni•ção *sf.* 1. Ato ou efeito de definir(-se). 2. Expressão com que se define. 3. Explicação precisa; significação. [Pl.: –*ções.*]

de•fi•ni•do *adj.* Exato, preciso.

de•fi•nir *v.t.d.* 1. Determinar a extensão ou os limites de. 2. Explicar o significado de. 3. Fixar, estabelecer. *P.* 4. Dizer o que pensa a respeito de algo. 5. Decidir-se. [Conjug.: ③ [defin]**ir**]

de•fi•ni•ti•vo *adj.* Decisivo; categórico.

de•fla•ção *sf.* 1. Redução geral de preços. 2. Política que tem por fim reduzir os gastos dos consumidores, visando evitar a inflação. 3. Ação de eliminar o efeito da inflação numa série temporal de valores. [Sin. ger. (p. us.): *desinflação.* Pl.: –*ções.*]

de•fla•ci:o•nar *v.t.d.* Produzir ou efetuar deflação em; desinflacionar. [Conjug.: ⬚ [deflacion]**ar**]

de•fla•gra•ção *sf.* Ocorrência súbita e impetuosa; irrupção. [Pl.: –*ções.*]

de•fla•grar *v.int.* 1. Inflamar-se com chama intensa, centelha ou explosões. 2. Irromper repentinamente. *T.d.* 3. Atear, provocar. [Conjug.: ⬚ [deflagr]**ar**]

de•flo•ra•ção *sf.* V. *defloração.* [Pl.: –*ções.*]

de•flo•ra•men•to *sm.* V. *defloração.*

de•flo•rar *v.t.d.* 1. Desflorar (1). 2. V. *violar* (3). [Conjug.: ⬚ [deflor]**ar**]

de•flu•xo (cs ou ss) *sm. Med.* Eliminação importante em inflamação nasal como, p. ex., exsudato.

de•for•mar *v.t.d.* 1. Alterar a forma de. 2. Deturpar, modificar. *P.* 3. Perder a forma primitiva. [Conjug.: ⬚ [deform]**ar**] § **de•for•ma•ção** *sf.*

de•for•mi•da•de *sf.* Desproporção ou anormalidade de conformação (1); aleijão.

de•frau•dar *v.t.d.* Fraudar. [Conjug.: ⬚ [fraud]**ar**]

de•fron•tar *v.t.i.* 1. Pôr-se ou estar defronte; enfrentar. 2. Deparar. *T.d.* 3. Enfrentar (3). *P.* 4. Confrontar-se. 5. Deparar-se. [Conjug.: ⬚ [defront]**ar**]

de•fron•te *adv.* Em face; frente a frente.

de•fu•mar *v.t.d.* 1. Expor, curar, secar ao fumo, ao fumeiro; fumar. 2. Perfumar com o fumo de substâncias aromáticas. [Conjug.: ⬚ [defum]**ar**] § **de•fu•ma•ção** *sf.*; **de•fu•ma•dor** (ô) *adj.*

de•fun•to *sm.* Pessoa que morreu; morto.

de•ge•lar *v.t.d., int.* e *p.* 1. Derreter(-se) (o que estava congelado); descongelar(-se). 2. *Fig.* Amolecer(-se), abrandar(-se). [Conjug.: ⬚ [degel]**ar**]

de•ge•lo (ê) *sm.* Ato ou efeito de degelar.

de•ge•ne•rar *v.int.* e *p.* 1. Perder as qualidades ou características primitivas. 2. Alterar-se para pior; estragar-se. 3. Corromper-se. [Conjug.: ⬚ [degener]**ar**] § **de•ge•ne•ra•ção** *sf.*; **de•ge•ne•ra•do** *adj.* e *sm.*

de•ge•ne•ra•ti•vo *adj.* Que produz degeneração.

de•ge•ne•res•cên•ci:a *sf.* Alteração dos caracteres dum corpo organizado.

de•glu•tir *v.t.d.* e *int.* Engolir (1). [Conjug.: ③ [deglut]**ir**] § **de•glu•ti•ção** *sf.*

de•go•la *sf.* Degolação.

de•go•la•ção *sf.* Ato ou efeito de degolar; degola. [Pl.: –*ções.*]

de•go•lar *v.t.d.* Decapitar. [Conjug.: ⬚ [degol]**ar**]

de•gra•da•ção *sf.* 1. Destituição ignominiosa dum grau, qualidade, etc. 2. Aviltamento. [Pl.: –*ções.*]

de•gra•dar *v.t.d.* 1. Privar de graus, dignidades ou encargos. 2. Aviltar. *P.* 3. V. *aviltar-se* (4). [Conjug.: ⬚ [degrad]**ar**] § **de•gra•dan•te** *adj2g.*

de•grau *sm.* Cada uma das peças, constituídas essencialmente de um plano horizontal, em que se põe o pé para subir ou descer escada.

de•gre•dar *v.t.d.* Impor degredo a. [Conjug.: ⬚ [degred]**ar**] § **de•gre•da•do** *adj.* e *sm.*

de•gre•do (ê) *sm.* Pena de desterro imposta a criminosos.

de•gus•tar *v.t.d.* 1. Experimentar (bebida ou comida) para avaliar-lhe a qualidade ou o sabor; provar: *degustar um caqui, um vinho.* 2. *P. ext.* Comprazer-se ou deleitar-se com, comendo ou bebendo: *degustava cada gole do vinho raro.* [Conjug.: ⬚ [degust]**ar**] § **de•gus•ta•ção** *sf.*

dei•da•de *sf.* 1. Divindade, nume; deus ou deusa. 2. Pessoa ou coisa que se admira e venera.

de:is•cen•te *adj2g. Bot.* Diz-se de fruto que abre espontaneamente para deixar cair as sementes. § **de:is•cên•ci:a** *sf.*

de•ís•mo *sm. Filos.* Sistema ou atitude dos que rejeitam toda espécie de revelação divina, mas admitem a existência da divindade.

dei•tar *v.t.d.* 1. Estender ao comprido. 2. Estender em decúbito. 3. Fazer pender. 4. Fazer cair. 5. Entornar (2). 6. Expelir. *P.* 7. Estender-se ao comprido, sobre leito, ou no chão, etc. [Conjug.: ⬚ [deit]**ar**]

dei•xa *sf.* 1. Legado, herança. 2. Palavra, sinal ou atitude do ator, que indica a outro(s) o momento em que deve(m) falar ou entrar em cena.

dei•xar *v.t.d.* **1.** Sair de; afastar-se. **2.** Apartar-se de. **3.** Largar, soltar. **4.** Renunciar a. **5.** Pôr de parte. **6.** Permitir (2). **7.** Abandonar. **8.** Causar, ou transmitir, ao ausentar-se ou morrer. **9.** Transmitir como legado². **10.** Provocar. **11.** Adiar. *T.i.* **12.** Cessar. **13.** Fugir a. *T.d.i.* **14.** Deixar (9). *T.d.c.* **15.** Pôr, colocar. *Transobj.* **16.** Fazer; tornar. *P.* **17.** Separar-se. [Conjug.: ① [deix]**ar**]

de•je•ção *sf.* Evacuação de matérias fecais. [Pl.: –ções.]

de•je•tar *v.int.* V. *defecar* (2). [Conjug.: ① [dejet]**ar**]

de•je•to *sm.* **1.** Ato de evacuar excrementos. **2.** Conjunto de materiais fecais expelidos de uma vez.

de•la Contr. da prep. *de* com o pron. *ela.*

de•la•ção *sf.* Ato de delatar; denúncia. [Pl.: –ções. Cf. *dilação.*]

de•lam•bi•do *adj.* Afetado, presumido.

de•la•tar *v.t.d.* **1.** Denunciar, revelar (crime ou delito). **2.** Denunciar (1 e 2). *T.d.i.* **3.** Denunciar como culpado. *P.* **4.** Denunciar-se como culpado. [Conjug.: ① [delat]**ar**]

de•la•tor (ô) *sm.* Aquele que delata.

de•le (ê) Contr. da prep. *de* com o pron. *ele.*

de•le•ga•ção *sf.* **1.** Ato ou efeito de delegar. **2.** Comissão (3) que confere a alguém o direito de agir em nome de outrem. **3.** *P. ext.* Comissão representativa. [Pl.: –ções.]

de•le•ga•ci•a *sf.* Cargo, jurisdição ou repartição de delegado.

de•le•ga•do *sm.* **1.** Aquele que recebeu delegação (2). **2.** A maior autoridade policial numa delegacia.

de•le•gar *v.t.d.* **1.** Transmitir por delegação (2). *T.d.i.* **2.** Enviar (alguém) com poderes de julgar, resolver, etc. [Conjug.: ⑪ [dele]**gar**]

de•lei•tar *v.t.d. e p.* Causar deleite a, ou sentir deleite; deliciar(-se). [Conjug.: ① [deleit]**ar**] § **de•lei•tá•vel** *adj2g.*

de•lei•te *sm.* **1.** Gozo íntimo e suave. **2.** Prazer intenso, pleno; delícia.

de•le•tar *v.t.d. Inform.* Eliminar, suprimir (informação, texto, arquivo, etc.); apagar. [Conjug.: ① [delet]**ar**]

de•le•té•ri•o *adj.* **1.** Que destrói. **2.** Nocivo à saúde. **3.** Corruptor.

del•fim *sm. Zool.* Golfinho. [Pl.: –fins.]

del•fi•ní•de•o *sm.* Espécime dos delfinídeos, família de cetáceos cuja cabeça termina em rostro curto. Ex.: botos. § **del•fi•ní•de•o** *adj.*

del•ga•do *adj.* **1.** Pouco espesso. **2.** De reduzida grossura ou diâmetro. **3.** Magro. § **del•ga•de•za** (ê) *sf.*

de•li•be•rar *v.t.d., int. e p.* **1.** Resolver(-se), após exame, discussão. *T.i.* **2.** Discutir, examinar. [Conjug.: ① [deliber]**ar**] § **de•li•be•ra•ção** *sf.*; **de•li•be•ran•te** *adj2g.*

de•li•be•ra•ti•vo *adj.* Capaz de deliberar.

de•li•ca•do *adj.* **1.** Delgado. **2.** Leve; brando. **3.** Fraco, frágil. **4.** Terno. **5.** Sensível, sutil. **6.** Cortês. **7.** Embaraçoso. § **de•li•ca•de•za** (ê) *sf.*

de•lí•ci:a *sf.* **1.** Deleite (2). **2.** Extrema felicidade. **3.** Coisa deliciosa.

de•li•ci•ar *v.t.d. e p.* Deleitar(-se). [Conjug.: ① [delici]**ar**]

de•li•ci•o•so (ô) *adj.* **1.** Que causa delícia (1). **2.** Excelente. [Pl.: –osos (ó).]

de•li•mi•tar *v.t.d.* Fixar os limites de; demarcar, deslindar, balizar. [Conjug.: ① [delimit]**ar**] § **de•li•mi•ta•ção** *sf.*

de•li•ne•ar *v.t.d.* **1.** Fazer os traços gerais de; esboçar. **2.** Planejar. [Conjug.: ⑩ [delin]**ear**] § **de•li•ne:a•men•to** *sm.*

de•lin•qüên•ci:a *sf.* **1.** Ato de delinqüir. **2.** Condição de delinqüente.

de•lin•qüen•te *adj2g. e s2g.* Que ou quem delinqüiu.

de•lin•qüir *v.int.* Cometer falta, crime, delito. [Conjug.: ⑤⑧ [delinqü]**ir**]

de•lí•qui:o *sm.* Desfalecimento, desmaio.

de•lir *v.t.d. e p.* **1.** Apagar(-se); desvanecer(-se). **2.** Desfazer(-se). [Conjug.: ⑤⑧ [del]**ir**]

de•li•rar *v.int.* Estar ou cair em delírio. [Conjug.: ① [delir]**ar**] § **de•li•ran•te** *adj2g.*

de•lí•ri:o *sm.* **1.** *Psiq.* Distúrbio mental caracterizado por idéias que contradizem a evidência e são inacessíveis à crítica. **2.** Exaltação do espírito; desvairamento.

de•li•to *sm.* **1.** Crime. **2.** Culpa, falta.

de•li•tu•o•so (ô) *adj.* Que constitui delito. [Pl.: –osos (ó).]

de•lon•ga *sf.* Ato ou efeito de delongar; demora.

de•lon•gar *v.t.d.* **1.** Tornar demorado. **2.** V. *adiar.* *P.* **3.** Demorar-se. [Conjug.: ⑪ [delon]**gar**]

del•ta *sm.* **1.** A 4ª letra do alfabeto grego (Δ, δ). **2.** Foz, ger. de feitio triangular, que tem ilhas de aluvião.

de•ma•go•gi•a *sf.* **1.** Dominação ou predomínio das facções populares. **2.** Conjunto de processos políticos para captar e utilizar as paixões populares. § **de•ma•gó•gi•co** *adj.*

de•ma•go•go (ô) *sm.* **1.** Partidário da demagogia. **2.** Político que se vale da demagogia.

de•mais *adv.* **1.** Excessivamente; em demasia. **2.** Ademais. • *pron.* **3.** Os restantes.

de•man•da *sf.* **1.** Ação de demandar. **2.** Ação judicial; processo, causa, litígio, questão, pleito. **3.** Quantidade de mercadoria ou serviço que um consumidor ou conjunto de consumidores deseja e está disposto a comprar, a um determinado preço; procura.

de•man•dar *v.t.d.* **1.** Ir em busca de. **2.** Dirigir-se para. **3.** Necessitar. **4.** Pedir. **5.** Intentar demanda (2) contra. *Int.* **6.** Propor demanda (2). [Conjug.: ① [demand]**ar**]

de•mão *sf.* **1.** Cada película de tinta, etc., aplicada sobre uma superfície. **2.** Auxílio, ajuda. [Sin. ger.: *mão*. Pl.: *–mãos*.]

de•mar•car *v.t.d.* **1.** V. *delimitar*. **2.** Determinar, fixar. [Conjug.: ⑧ [demar]**car**] § **de•mar•ca•ção** *sf.*

de•ma•si•a *sf.* Aquilo que é demais; excesso, sobra. ◆ **Em demasia.** V. *demasiado* (3).

de•ma•si•a•do *adj.* **1.** Que excede os justos limites; excessivo. **2.** Descomedido. • *adv.* **3.** Demasiadamente, em demasia.

de•mên•ci:a *sf. Psiq.* Designação genérica de deterioração mental.

de•men•te *adj2g.* e *s2g.* Que ou quem tem demência.

de•mé•ri•to *sm.* Falta ou perda de mérito.

de•mis•são *sm.* Ato ou efeito de demitir(-se). [Pl.: *–sões*.]

de•mi•tir *v.t.d.* **1.** Tirar cargo, função ou dignidade de; exonerar. *P.* **2.** Exonerar-se. [Conjug.: ③ [demit]**ir**]

de•mo¹ *sm.* Demônio. [V. *diabo* (2).]

de•mo² *sm.* Fita (de áudio ou de vídeo), programa de computador, etc., produzidos para simples demonstração.

de•mo•cra•ci•a *sf.* **1.** Governo do povo; soberania popular. **2.** Doutrina ou regime político baseado nos princípios da soberania popular e da distribuição eqüitativa do poder.

de•mo•cra•ta *s2g.* **1.** Quem é adepto da democracia. • *adj2g.* **2.** Democrático (1).

de•mo•crá•ti•co *adj.* **1.** Relativo ou pertencente à democracia; democrata. **2.** Que emana do povo, ou que a ele pertence.

de•mo•cra•ti•zar *v.t.d.* e *p.* Tornar(-se) democrático ou democrata. [Conjug.: ① [democratiz]**ar**] § **de•mo•cra•ti•za•ção** *sf.*

de•mo•du•la•ção *sf. Eletrôn.* Processo que consiste em extrair, duma onda de radiofreqüência modulada em amplitude, freqüência, ou fase, o sinal de áudio original usado na modulação (3); detecção.

de•mo•du•la•dor (ô) *sm. Eletrôn.* Circuito usado para realizar o processo de demodulação; detector.

de•mo•lir *v.t.d.* **1.** Deitar abaixo (qualquer construção). **2.** *Fig.* Destruir. [Conjug.: ⑤⑧ [demol]**ir**] § **de•mo•li•ção** *sf.*

de•mo•ní•a•co *adj.* Diabólico (1).

de•mô•ni:o *sm.* **1.** Nas crenças da Antiguidade, gênio ou espírito do bem e do mal. **2.** Nas religiões judaica e cristã, gênio ou representação do mal; Lúcifer, Diabo, Satanás. **3.** V. *diabo* (2). **4.** *Fig.* Pessoa má, perversa; diabo.

de•mons•tra•ção *sf.* **1.** Ato ou efeito de demonstrar. **2.** Tudo que serve para demonstrar; prova. **3.** Sinal. [Pl.: *–ções*.]

de•mons•trar *v.t.d.* **1.** Provar mediante raciocínio concludente; comprovar. **2.** Mostrar, evidenciar. *T.d.i.* **3.** Dar a conhecer. *P.* **4.** Revelar-se. [Conjug.: ① [demonstr]**ar**] § **de•mons•trá•vel** *adj2g.*

de•mons•tra•ti•vo *adj.* Próprio para demonstrar.

de•mo•ra *sf.* Ato ou efeito de demorar(-se); delonga.

de•mo•rar *v.t.d.* **1.** Fazer que fique ou espere; deter. **2.** Atrasar, adiar. *T.i.* **3.** Levar tempo. *Int.* **4.** Tardar a vir, a ser feito, etc. *P.* **5.** Permanecer. **6.** Atrasar-se. [Conjug.: ① [demor]**ar**] § **de•mo•ra•do** *adj.*

de•mo•ver *v.t.d.* **1.** Tirar ou mudar de lugar. **2.** Dissuadir. *T.d.i.* **3.** Demover (2). *P.* **4.** Dissuadir-se. [Conjug.: ② [demov]**er**]

de•mu•da•do *adj.* Transformado, mudado.

den•dê *sm. Bras.* **1.** Dendezeiro. **2.** O fruto do dendezeiro.

den•de•zei•ro (dê) *sm. Bras. Bot.* Palmácea cujos frutos fornecem óleo muito us. como tempero; dendê.

de•ne•gar *v.t.d.* **1.** Dizer que não é verdade; negar. **2.** Não dar; negar. **3.** Indeferir. *P.* **4.** Recusar-se. [Conjug.: ⑪ [dene]**gar**] § **de•ne•ga•ção** *sf.*

de•ne•grir *v.t.d.* **1.** Enegrecer. **2.** Manchar. **3.** Infamar. [Conjug.: ⑤④ [den]e[gr]**ir**] § **de•ne•gri•dor** (ô) *adj.* e *sm.*

den•go *sm. Bras.* **1.** V. *denguice*. **2.** Dengue (2).

den•go•so (ô) *adj.* **1.** Cheio de dengues; faceiro. **2.** Manhoso, astuto. **3.** Diz-se de criança birrenta. [Pl.: *–gosos* (ó).]

den•gue *sm.* **1.** V. *denguice*. **2.** Birra ou choradeira de criança; dengo. **3.** *Med.* Virose endêmica e epidêmica e que causa fortes dores musculares e articulares, febre alta, etc.

den•gui•ce *sf.* Qualidade de dengoso; dengue, dengo; faceirice.

de•no•do (ó) *sm.* Ousadia, intrepidez. § **de•no•da•do** *adj.*

de•no•mi•na•ção *sf.* **1.** Ato de denominar. **2.** Nome. [Pl.: *–ções*.]

de•no•mi•na•dor (ô) *adj.* **1.** Que denomina. • *sm.* **2.** Aquele que denomina. **3.** *Mat.* Termo que fica abaixo do traço duma fração ordinária; o divisor, numa fração desse tipo. ◆ **Denominador comum.** *Mat.* Um múltiplo de todos os denominadores de um conjunto de frações ordinárias.

de•no•mi•nar *v.t.d.* **1.** Pôr nome em; nomear. **2.** Indicar ou chamar por nome. *Transobj.* **3.** Chamar, nomear. [Conjug.: ① [denomin]**ar**]

de•no•mi•na•ti•vo *adj.* Próprio para denominar.

de•no•ta•ção *sf.* **1.** Ato ou efeito de denotar. **2.** *Lóg.* Extensão (9). [Pl.: *–ções*.]

de•no•tar *v.t.d.* **1.** Revelar por meio de notas ou sinais; fazer ver; indicar. **2.** Significar, exprimir, simbolizar. [Conjug.: ① [denot]ar]

den•si•da•de *sf.* **1.** Qualidade de denso. **2.** Relação entre a massa e o volume dum corpo. ◆ **Densidade de fluxo magnético.** *Fís.* Indução magnética.

den•so *adj.* **1.** Que tem muita massa e peso em relação ao volume. **2.** Espesso. **3.** Compacto.

den•ta•da *sf.* **1.** Ferimento com os dentes. **2.** Vestígio de dentada (1).

den•ta•do *adj.* **1.** Guarnecido de dentes. **2.** Recortado em dentes; denteado.

den•ta•du•ra *sf.* **1.** O conjunto dos dentes, nas pessoas e nos animais. **2.** Dentes artificiais, devidamente montados em gengivas artificiais.

den•tal *adj2g.* Dos dentes. [Pl.: *–tais*.]

den•tar *v.t.d.* **1.** Morder. **2.** Formar ou fazer dentes em; dentear. [Conjug.: ① [dent]ar]

den•tá•ri•o *adj.* **1.** Relativo a dentes. **2.** Em que se pratica a odontologia.

den•te *sm.* **1.** Cada uma das estruturas duras, semelhantes a osso, que guarnecem os maxilares e a mandíbula do homem e doutros animais, e servem especialmente para morder e triturar alimentos. **2.** Cada uma das saliências que guarnecem certas engrenagens.

den•te•a•do *adj.* Dentado (2).

den•te•ar *v.t.d.* Dentar (2). [Conjug.: ⑩ [dent]ear]

den•ti•ção *sf.* **1.** Formação e nascimento dos dentes. **2.** O conjunto dos dentes. [Pl.: *–ções.*]

den•tí•cu•lo *sm.* Pequeno dente (1).

den•ti•frí•ci•o *sm.* Preparado com que se limpam os dentes.

den•ti•na *sf.* Porção dura do dente, coberta por esmalte, na coroa (5), e por cemento, na raiz.

den•tis•ta *s2g.* Profissional que trata das moléstias dentárias.

den•tre *prep.* Do meio de.

den•tro *adv.* Do lado interior.

den•tu•ça *sf. Fam.* Arcada dentária com dentes grandes e/ou proeminentes.

den•tu•ço *adj.* e *sm.* Que(m) tem dentuça.

de•nun•ci•a•dor (ó) *adj.* e *sm.* Que(m) denuncia; denunciante.

de•nun•ci•an•te *adj2g.* e *s2g.* Denunciador.

de•nun•ci•ar *v.t.d.* **1.** Dar denúncia de; acusar, delatar, descobrir. **2.** Dar a conhecer ou a perceber; delatar. *T.d.i.* **3.** Revelar. *P.* **4.** Revelar-se. [Conjug.: ① [denunci]ar] § **de•nún•ci•a** *sf.*

de•nun•ci•a•ti•vo *adj.* Próprio para denunciar.

de•pa•rar *v.t.i.* e *p.* Encontrar(-se) inesperadamente; defrontar(-se). [Conjug.: ① [depar]ar]

de•par•ta•men•to *sm.* **1.** Divisão administrativa de algumas nações. **2.** Seção ou divisão em ministério, casa comercial, etc.

de•pau•pe•rar *v.t.d.* **1.** Empobrecer. **2.** Esgotar as forças de; debilitar. *P.* **3.** Debilitar-se. [Conjug.: ① [depauper]ar] § **de•pau•pe•ra•dor** (ó) *adj.*; **de•pau•pe•ra•men•to** *sm.*

de•pe•nar *v.t.d.* **1.** Tirar as penas a. **2.** *Pop.* Extorquir dinheiro a. **3.** *Pop.* Tirar os bens de (alguém). **4.** *Pop.* Retirar as peças de (veículo roubado ou abandonado). [Conjug.: ① [depen]ar] § **de•pe•na•do** *adj.*

de•pen•dên•ci•a *sf.* **1.** Estado de dependente. **2.** Sujeição, subordinação. **3.** Cada uma das peças ou cômodos de uma casa. **4.** *Med.* Necessidade de manter uso de droga.

de•pen•den•te *adj2g.* **1.** Que depende. • *s2g.* **2.** Quem não pode prover sua subsistência.

de•pen•der *v.t.i.* **1.** Estar na dependência. **2.** Ter conexão ou relação imediata. **3.** Estar subordinado. [Conjug.: ② [depend]er]

de•pen•du•rar *v.t.d.* Pendurar. [Conjug.: ① [dependur]ar]

de•pe•ni•car *v.t.d.* Tirar ou arrancar as penas ou os pêlos de, aos poucos. [Conjug.: ⑧ [depeni]car]

de•pe•re•cer *v.int.* Ir-se finando aos poucos. [Conjug.: ㉞ [depere]cer] § **de•pe•re•ci•men•to** *sm.*

de•pi•la•dor (ó) *adj.* **1.** Que depila. • *sm.* **2.** Aquele ou aquilo que depila. **3.** Aparelho depilador (1).

de•pi•lar *v.t.d.* **1.** Arrancar ou fazer cair o pêlo ou o cabelo a. *P.* **2.** Rapar-se. [Conjug.: ① [depil]ar] § **de•pi•la•ção** *sf.*

de•pi•la•tó•ri•o *adj.* **1.** Diz-se daquilo que depila. • *sm.* **2.** Substância para retirar cabelo ou o pêlo de.

de•ple•ção *sf.* **1.** *Eng. Civil.* Redução do nível de água de um reservatório. **2.** *Med.* Redução de qualquer matéria armazenada no corpo.

de•plo•rar *v.t.d.* **1.** Chorar, prantear. **2.** Lamentar. [Conjug.: ① [deplor]ar] § **de•plo•ra•ção** *sf.*

de•plo•rá•vel *adj2g.* Lamentável; detestável. [Pl.: *–veis.*]

de•po•en•te *s2g.* Quem depõe em juízo como testemunha.

de•po•i•men•to *sm.* **1.** Ato de depor. **2.** Testemunho (1).

de•pois *adv.* **1.** Em seguida. **2.** Ademais.

de•por *v.t.d.* **1.** Pôr de parte, de lado (algo que se trazia). **2.** Despojar de cargo ou dignidade. **3.** Colocar abaixo; baixar. **4.** Declarar em juízo. *T.d.i.* **5.** Depor (1). **6.** Pôr, depositar. *T.i.* **7.** Fornecer provas. *Int.* **8.** Prestar depoimento em juízo. *P.* **9.** V. *depositar-se.* [Conjug.: ㉖ [de]por]

de•por•tar *v.t.d.* e *t.d.c* Desterrar, banir. [Conjug.: ① [deport]ar] § **de•por•ta•ção** *sf.*

de•po•si•ção *sf.* Ato ou efeito de depor. [Pl.: *–ções.*]

de•po•si•tan•te *adj2g.* e *s2g.* Que ou quem deposita.

de•po•si•tar *v.t.d.* **1.** Pôr em depósito; guardar. *T.d.c.* **2.** Pôr, colocar. *T.d.i.* **3.** Confiar, fiar. *P.* **4.** Ficar no fundo; depor-se, assentar. [Conjug.: ① [deposit]**ar**]

de•po•si•tá•ri:o *sm.* Aquele que recebe em depósito.

de•pó•si•to *sm.* **1.** Ato de depositar(-se). **2.** Aquilo que se depositou. **3.** Lugar ou estado do que se depositou. **4.** Sedimento. **5.** Reservatório. **6.** Armazém (1). ◆ **Depósito bancário.** *Econ.* Quantia depositada em banco comercial.

de•pra•va•ção *sf.* **1.** Ato ou efeito de depravar(-se). **2.** Degeneração mórbida. [Pl.: –*ções.*]

de•pra•var *v.t.d.* e *p.* **1.** Danificar(-se), corromper-se. **2.** Perverter(-se), degenerar(-se). [Conjug.: ① [deprav]**ar**]

de•pre•car *v.t.d.* e *t.d.i.* Rogar, instar, suplicar. [Conjug.: ⑧ [depre]**car**]

de•pre•ci:a•ção *sf.* **1.** Ação de depreciar. **2.** Baixa de preço ou de valor. **3.** *Fig.* Desprezo, desdém. [Pl.: –*ções.*]

de•pre•ci:ar *v.t.d.* e *p.* Desvalorizar(-se). [Conjug.: ① [depreci]**ar**]

de•pre•ci:a•ti•vo *adj.* Em que há depreciação.

de•pre•dar *v.t.d.* **1.** Assolar, devastar. **2.** Roubar, saquear. *T.d.i.* **3.** Depredar (2). [Conjug.: ① [depred]**ar**] § **de•pre•da•ção** *sf.*

de•pre•en•der *v.t.d.*, *t.i.* e *t.d.i.* Compreender; deduzir. [Conjug.: ② [depreend]**er**]

de•pres•sa *adv.* Com pressa; rapidamente.

de•pres•são *sf.* **1.** Ato de deprimir(-se). **2.** Abaixamento de nível por pressão, ou peso. **3.** Baixa de terreno. **4.** Abatimento moral ou físico. **5.** *Econ.* Período de declínio acentuado na atividade produtiva e no emprego. **6.** *Psiq.* Estado mental caracterizado por tristeza, desespero e desestímulo quanto a qualquer atividade. [Pl.: –*sões.*]

de•pri•mir *v.t.d.* **1.** Causar depressão (2, 4 e 6) em. **2.** Debilitar, enfraquecer. *P.* **3.** Sofrer depressão (4). [Conjug.: ③ [deprim]**ir**] § **de•pri•men•te** *adj2g.*; **de•pri•mi•do** *adj.*

de•pu•rar *v.t.d.* e *p.* Tornar(-se) puro ou mais puro; purificar(-se). [Conjug.: ① [depur]**ar**] § **de•pu•ra•ção** *sf.*

de•pu•ra•ti•vo *adj.* e *sm.* Que ou medicamento que depura.

de•pu•ta•ção *sf.* **1.** Ato de deputar. **2.** Delegação (3) de pessoas incumbidas de missão especial. [Pl.: –*ções.*]

de•pu•ta•do *sm.* **1.** Indivíduo encarregado de tratar de negócios de outrem. **2.** Membro eleito de assembléia legislativa.

de•pu•tar *v.t.d.* Encarregar de uma missão; delegar. [Conjug.: ① [deput]**ar**]

de•que *sm.* Convés (2).

de•ri•va *sf.* **1.** *Autom.* Desvio que um instrumento sofre com o tempo, a partir do seu ponto de repouso, quando a variável medida e as condições ambientes são constantes. **2.** *Cronol.* Variação progressiva da marcha de um relógio. ◆ **À deriva.** Sem rumo; solto, arrastado.

de•ri•va•ção *sf.* **1.** Ato ou efeito de derivar. **2.** *Gram.* Processo de formação de palavras que consiste, basicamente, no acréscimo de afixos a uma raiz. [Pl.: –*ções.*]

de•ri•va•da *sf.* *Mat.* Taxa de variação de uma função em relação a uma variável. ◆ **Derivada ordinária.** *Mat.* A derivada de uma função de uma única variável. **Derivada parcial.** *Mat.* A derivada de uma função de diversas variáveis em relação a uma delas, quando as outras permanecem constantes.

de•ri•va•do *adj.* e *sm.* **1.** Que ou o que se derivou. **2.** Diz-se de, ou voc. formado por derivação (2). ◆ **Derivado regressivo.** *Gram.* Vocábulo que se forma pela redução da palavra primitiva, como *paga*, de *pagar*.

de•ri•var *v.t.d.* **1.** Desviar do seu curso. *T.i.* **2.** Formar-se (uma palavra de outra). **3.** Originar-se, resultar. *Int.* e *p.* **4.** Fluir. **5.** Originar-se. [Conjug.: ① [deriv]**ar**]

de•ri•va•ti•vo *adj.* **1.** Relativo a derivação. • *sm.* **2.** *Med.* Revulsivo. **3.** Ocupação para atenuar ou fazer esquecer algo desagradável.

der•ma *sm.* *Anat.* Pele (1).

der•máp•te•ro *sm.* *Zool.* Espécime dos dermápteros, ordem de artrópodes de aparelho bucal mastigador, e par de pinças na extremidade do abdome. São as lacrainhas. § **der•máp•te•ro** *adj.*

der•ma•to•lo•gi•a *sf.* Ramo da medicina que estuda a pele. § **der•ma•to•ló•gi•co** *adj.*

der•má•to•mo *sm.* Instrumento cirúrgico destinado à retirada de lâmina(s) delgada(s) de pele usada(s) para recobrir área(s) cutânea(s) cruenta(s).

der•ma•to•se *sf.* *Med.* Qualquer doença de pele.

der•me *sf.* *Histol.* Tecido conjuntivo sobre o qual se apóia a epiderme, e que se comunica com a hipoderme.

der•móp•te•ro *sm.* *Zool.* Espécime dos dermápteros, ordem de pequenos mamíferos herbívoros, de cauda longa, que apresentam patágio; são os lêmures-voadores. § **der•móp•te•ro** *adj.*

der•ra•dei•ro *adj.* **1.** Último. **2.** Extremo, final.

der•ra•ma *sf.* Tributo local repartido em proporção com os rendimentos de cada contribuinte.

der•ra•ma•men•to *sm.* Ato ou efeito de derramar(-se); derrame.

der•ra•mar *v.t.d.* **1.** Cortar ou aparar os ramos a. **2.** Espalhar, espargir. **3.** Espalhar, dispersar. **4.** Fazer correr (líquido) para fora; entornar. **5.** Verter (lágrimas). *P.* **6.** Espalhar-se, difundir-se. **7.** Emitir em abundância. [Conjug.: ① [derram]**ar**]

der•ra•me *sm.* **1.** Derramamento. **2.** *Med.* Acúmulo de líquido ou gases em cavidade natural ou acidental. **3.** *Pop. Med.* Acidente vascular cerebral.

der•ra•par *v.int. Bras.* Escorregar de lado (veículo de rodas), perdendo a direção. [Conjug.: ① [derrap]**ar**] **§ der•ra•pa•gem** *sf.* (*bras.*); **der•ra•pan•te** *adj2g.*

der•re•ar *v.t.d.* e *p.* **1.** Tornar(-se) líquido. **2.** Prostrar. *P.* **3.** Curvar-se, vergar-se. **4.** Extenuar-se. [Conjug.: ⑩ [derr]**ear**] **§ der•re•a•do** *adj.*

der•re•dor *adv.* Em volta; à roda. ✦ **Em derredor de.** Em torno de.

der•re•ter *v.t.d.* e *p.* **1.** Tornar(-se) líquido. **2.** Consumir(-se), gastar(-se). **3.** Enternecer(-se). [Conjug.: ② [derret]**er**] **§ der•re•ti•men•to** *sm.*

der•ri•bar *v.t.d.* **1.** Lançar por terra. **2.** Abater, prostrar. *T.d.i.* **3.** Destituir. [Sin. ger.: *derrubar*. Conjug.: ① [derrib]**ar**.] **§ der•ri•ba•do** *adj.*

der•ro•ca•da *sf.* **1.** Desmoronamento. **2.** Ruína (5).

der•ro•car *v.t.d.* **1.** Desmoronar. **2.** Remover rochas, especialmente do leito de (rios ou canais), para os desobstruir. **3.** Humilhar. *P.* **4.** Desmoronar-se. [Conjug.: ⑧ [derro]**car**]

der•ro•ta¹ *sf.* **1.** Ação ou efeito de derrotar. **2.** Fracasso, malogro.

der•ro•ta² *sf. Náut.* O caminho que uma embarcação percorre numa viagem por mar; rota.

der•ro•tar¹ *v.t.d.* **1.** Destroçar; desbaratar. **2.** Vencer em discussão, competição ou jogo. [Conjug.: ① [derrot]**ar**]

der•ro•tar² *v.t.d.* Desviar da rota. [Conjug.: ① [derrot]**ar**]

der•ro•tis•mo *sm.* Pessimismo de quem só crê em derrota ou fracasso. **§ der•ro•tis•ta** *adj2g.* e *s2g.*

der•ru•ba•da *sf.* **1.** Ato de abater as árvores de uma mata. **2.** *Bras.* Demissão, em massa, de funcionários públicos, por motivos políticos, ou outros.

der•ru•bar *v.t.d.* **1.** V. *derribar*. **2.** *Bras. Gír.* Agir em prejuízo de (alguém). *T.d.i.* **3.** V. *derribar*. [Conjug.: ① [derrub]**ar**] **§ der•ru•ba•do** *adj.*

de•sa•ba•do *adj.* **1.** Que desabou. **2.** De abas largas e caídas (chapéu).

de•sa•ba•far *v.t.d.* **1.** Desagasalhar. **2.** Expressar (o que sente ou pensa); desafogar, descarregar. *Int.* e *p.* **3.** Expressar o que sente ou pensa; desafogar(-se), desembuchar (*Fam.*), desentranhar-se. [Conjug.: ① [desabaf]**ar**]

de•sa•ba•fo *sm.* Ato ou efeito de desabafar (2 e 3).

de•sa•ba•la•do *adj. Pop.* **1.** Excessivo, desmedido. **2.** Precipitado. **§ de•sa•ba•la•da•men•te** *adv.*

de•sa•bar *v.t.d.* **1.** Abaixar a aba de. *Int.* **2.** Desmoronar, ruir. **3.** Desencadear-se (chuva, tempestade). [Conjug.: ① [desab]**ar**] **§ de•sa•ba•men•to** *sm.*

de•sa•bi•ta•do *adj.* Sem habitantes; deserto.

de•sa•bi•tu•ar *v.t.d.i.* e *p.* Desacostumar(-se). [Conjug.: ① [desabitu]**ar**]

de•sa•bo•nar *v.t.d.* **1.** Desacreditar; depreciar. *P.* **2.** Perder o crédito, a autoridade. [Conjug.: ① [desabon]**ar**] **§ de•sa•bo•na•dor** (ô) *adj.*

de•sa•bo•no *sm.* **1.** Ato ou efeito de desabonar. **2.** Descrédito.

de•sa•bo•to•ar *v.t.d.* **1.** Tirar o botão da casa (4) de. *Int.* **2.** Desabrochar. *P.* **3.** Abrir o próprio vestuário, desabotoando-o. **4.** Desabrochar-se. [Conjug.: ① [desabot]**oar**]

de•sa•bri•do *adj.* **1.** Rude; áspero. **2.** Insolente.

de•sa•bri•ga•do *adj.* **1.** Que não tem abrigo. **2.** Exposto às intempéries. • *sm.* **3.** Indivíduo desabrigado.

de•sa•bri•gar *v.t.d.* **1.** Tirar o abrigo a. **2.** Desamparar. [Conjug.: ① [desabri]**gar**]

de•sa•bro•char *v.int.* e *p.* Principiar a abrir; abrir-se (a flor); desabotoar(-se). [Conjug.: ① [desabroch]**ar**]

de•sa•bu•sa•do *adj.* Confiado; insolente.

de•sa•ca•tar *v.t.d.* Desrespeitar (1). [Conjug.: ① [desacat]**ar**]

de•sa•ca•to *sm.* Desrespeito.

de•sa•ce•le•rar *v.t.d.* Reduzir a velocidade de; retardar. [Conjug.: ① [desaceler]**ar**] **§ de•sa•ce•le•ra•ção** *sf.*

de•sa•cer•tar *v.t.d.* **1.** Tirar da ordem ou do acerto. *Int.* **2.** Proceder erradamente. [Conjug.: ① [desacert]**ar**]

de•sa•cer•to (ê) *sm.* **1.** Falta de acerto; erro. **2.** Tolice, asneira.

de•sa•col•che•tar *v.t.d.* Desprender os colchetes. [Conjug.: ① [desacolchet]**ar**]

de•sa•co•mo•dar *v.t.d.* Tirar do(s) cômodo(s), do lugar; desalojar. [Conjug.: ① [desacomod]**ar**] **§ de•sa•co•mo•da•do** *adj.*

de•sa•com•pa•nha•do *adj.* Sem companhia, só.

de•sa•com•pa•nhar *v.t.d.* Deixar de acompanhar, ou de prestar auxílio ou apoio a. [Conjug.: ① [desacompanh]**ar**]

de•sa•con•che•gar *v.t.d.* Tirar o aconchego (2) a. [Conjug.: ① [desaconche]**gar**]

de•sa•con•se•lhar *v.t.d.i.* Desviar de uma resolução; dissuadir. [Conjug.: ① [desaconse-lh]**ar**]

de•sa•cor•da•do *adj.* Que perdeu os sentidos; desmaiado.

de•sa•cor•do (ô) *sm.* **1.** Falta de acordo; discordância. **2.** Contradição (1).

de•sa•cor•ren•tar *v.t.d.* Livrar, soltar da corrente. [Conjug.: ① [desacorrent]**ar**]

de•sa•cos•tu•mar *v.t.d.i.* e *p.* Fazer perder, ou perder, um hábito ou costume; desabituar(-se). [Conjug.: ① [desacostum]**ar**]

de•sa•cre•di•ta•do *adj.* 1. Que perdeu o crédito ou a reputação. 2. Mal conceituado.

de•sa•cre•di•tar *v.t.d.* e *p.* Fazer perder, ou perder o crédito ou a reputação. [Conjug.: ① [desacredit]**ar**]

de•sa•do•rar *v.t.d.* Detestar, abominar. [Conjug.: ① [desador]**ar**]

de•sa•fei•ção *sf.* Desamor, desafeto. [Pl.: –ções.]

de•sa•fei•ço•ar[1] *v.t.d.* Desfigurar (1). [Conjug.: ⑬ [desafeiç]**oar**]

de•sa•fei•ço•ar[2] *v.t.d.i.* 1. Tirar a afeição. 2. Perder a afeição a quem se tinha. [Conjug.: ⑬ [desafeiç]**oar**]

de•sa•fei•to *adj.* Não afeito; desacostumado.

de•sa•fer•rar *v.t.d.* 1. Soltar (o que estava seguro). *P.* 2. Desprender-se, soltar-se. [Conjug.: ① [desaferr]**ar**]

de•sa•fer•ro•lhar *v.t.d.* Correr o ferrolho de, para abrir. [Conjug.: ① [desaferrolh]**ar**]

de•sa•fe•ta•ção *sf.* Falta de afetação. [Pl.: –ções.]

de•sa•fe•to[1] *sm.* Desafeição.

de•sa•fe•to[2] *adj.* e *sm.* Adversário, inimigo.

de•sa•fi•ar *v.t.d.* 1. Propor duelo ou combate a. 2. Instigar, provocar, reptar. 3. Afrontar, arrostar. [Conjug.: ① [desafi]**ar**]

de•sa•fi•nar *v.t.d.*, *int.* e *p.* Fazer perder, ou perder, a afinação. [Conjug.: ① [desafin]**ar**] § **de•sa•fi•na•ção** *sf.*; **de•sa•fi•na•do** *adj.*

de•sa•fi•o *sm.* 1. Ato de desafiar; repto. 2. Provocação. 3. *Bras.* Diálogo popular cantado, composto de improviso.

de•sa•fi•ve•lar *v.t.d.* Despertar a fivela de. [Conjug.: ① [desafivel]**ar**]

de•sa•fo•gar *v.t.d.* 1. Livrar do que afoga, aperta ou oprime. 2. V. *desabafar* (2). *Int.* e *p.* 3. V. *desabafar* (3). [Conjug.: ⑪ [desafo]**gar**] § **de•sa•fo•ga•do** *adj.*

de•sa•fo•go (ó) *sm.* 1. Alívio, desabafo. 2. Abastança, folga.

de•sa•fo•ra•do *adj.* Atrevido, insolente.

de•sa•fo•rar *v.t.d.* 1. Isentar do pagamento de um foro. 2. Tornar insolente, atrevido. [Conjug.: ① [desafor]**ar**]

de•sa•fo•ro (ó) *sm.* 1. Pouca-vergonha. 2. Atrevimento, insolência.

de•sa•for•tu•na•do *adj.* Não afortunado; infeliz.

de•sa•fron•ta *sf.* 1. Ato ou efeito de desafrontar(-se). 2. Satisfação que se tira duma afronta.

de•sa•fron•tar *v.t.d.* e *p.* 1. Livrar(-se) ou vingar(-se) de afronta; desagravar(-se). 2. Defender(-se) de afronta, ataque, perseguição, etc. [Conjug.: ① [desafront]**ar**]

de•sa•ga•sa•lha•do *adj.* Pouco enroupado; desabrigado.

de•sa•ga•sa•lhar *v.t.d.* 1. Tirar o agasalho a; desabrigar. *P.* 2. Desabrigar-se, desabafar-se, descobrir-se. [Conjug.: ① [desagasalh]**ar**]

de•sá•gi•o *sm.* Diferença a menor entre o valor nominal de um título, ou o preço tabelado de uma mercadoria, e o valor efetivamente pago.

de•sa•gra•dar *v.t.i.* e *p.* Não agradar(-se); desprazer. [Conjug.: ① [desagrad]**ar**] § **de•sa•gra•dá•vel** *adj2g.*

de•sa•gra•do *sm.* Falta de agrado; desprazer.

de•sa•gra•var *v.t.d.* 1. Reparar (ofensa, injúria). 2. Tornar menos grave. *P.* 3. Vingar-se, desforrar-se. [Conjug.: ① [desagrav]**ar**]

de•sa•gra•vo *sm.* 1. Reparação de agravo ou afronta. 2. Emenda de agravo, mediante sentença de tribunal superior.

de•sa•gre•gar *v.t.d.* e *t.d.i.* 1. Desunir, separar (o que estava agregado). *P.* 2. V. *desunir-se*. [Conjug.: ⑪ [desagre]**gar**] § **de•sa•gre•ga•ção** *sf.*

de•sa•gua•doi•ro ou **de•sa•gua•dou•ro** *sm.* Rego, canal, etc., para escoamento de águas.

de•sa•guar *v.t.d.* 1. Esgotar a água de. 2. Enxugar, secar. *Int.* 3. Lançar as suas águas (rio); desembocar. [Conjug.: ⑯ [des]a[gu]**ar**] § **de•sa•gua•men•to** *sm.*

de•sai•re *sm.* Falta de decoro; inconveniência.

de•sai•ro•so (ô) *adj.* Em que há desaire. [Pl.: –rosos (ó).]

de•sa•jei•ta•do *adj.* Sem jeito; canhestro; desastrado.

de•sa•ju•dar *v.t.d.* e *int.* 1. Não ajudar; desfavorecer. 2. Atrapalhar. [Conjug.: ① [desajud]**ar**] § **de•sa•ju•da•do** *adj.*

de•sa•jui•za•do *adj.* Falto de juízo; insensato.

de•sa•jus•ta•do *adj.* 1. Transtornado; desordenado. 2. *Psicol.* Que tem desajustamento (2).

de•sa•jus•ta•men•to *sm.* 1. Ato ou efeito de desajustar(-se). 2. *Psicol.* Falta de ajustamento do indivíduo ao meio familiar ou social, à comunidade, etc.

de•sa•jus•tar *v.t.d.* 1. Desfazer o ajuste de; separar. 2. Desordenar. *P.* 3. Desunir-se, deparar-se. 4. Desavir-se. [Conjug.: ① [desajust]**ar**]

de•sa•len•ta•do *adj.* 1. Sem ânimo ou alento; desanimado. 2. Cansado, fatigado.

de•sa•len•tar *v.t.d.*, *int.* e *p.* Desanimar(-se). [Conjug.: ① [desalent]**ar**]

de•sa•len•to *sm.* Falta de alento; desânimo.

de•sa•li•nhar *v.t.d.* 1. Tirar do alinhamento. 2. Desarranjar, desordenar. [Conjug.: ① [desalinh]**ar**] § **de•sa•li•nha•do** *adj.*

de•sa•li•nha•var *v.t.d.* Tirar os alinhavos a. [Conjug.: ① [desalinhav]**ar**]

de•sa•li•nho *sm.* Falta de alinho; desarranjo.

de•sal•ma•do *adj.* Desumano; crudelíssimo.

de•sa•lo•jar *v.t.d.* **1.** Tirar do alojamento. **2.** Tirar de lugar ou posto. *Int.* e *p.* **3.** Sair de onde estava, ou de alojamento, posto, etc. [Conjug.: ① [desaloj]**ar**] **§ de•sa•lo•ja•men•to** *sm.*

de•sa•mar•rar *v.t.d.* Desprender(-se), desatar(-se). [Conjug.: ① [desamarr]**ar**]

de•sa•mar•ro•tar *v.t.d.* Alisar (o que estava amarrotado). [Conjug.: ① [desamarrot]**ar**]

de•sa•mas•sar *v.t.d.* **1.** Desfazer (a massa do pão) para que demore a levedar. **2.** Desfazer a amassadura de. [Conjug.: ① [desamass]**ar**]

de•sam•bi•ção *sf.* Falta de ambição. [Pl.: *–ções*.]

de•sam•bi•en•ta•do *adj.* Afastado de seu ambiente.

de•sa•mor (ó) *sm.* Falta de amor.

de•sam•pa•rar *v.t.d.* Deixar de amparar, de sustentar; abandonar. [Conjug.: ① [desampar]**ar**] **§ de•sam•pa•ra•do** *adj.*

de•sam•pa•ro *sm.* Falta de amparo; abandono.

de•san•car *v.t.d.* **1.** Derrear com pancadas na anca. **2.** Bater muito em. **3.** *Fig.* Criticar severamente. [Sin. de 1 e 2: *descadeirar*. Conjug.: ⑧ [desan]**car**] **§ de•san•ca•do** *adj.*

de•san•dar *v.t.d.* **1.** Fazer andar para trás. **2.** Percorrer em sentido contrário. *T.i.* **3.** Começar; pôr-se: *Nervoso, desandou a falar. Int.* **4.** Andar para trás; retroceder. **5.** Entrar em decadência. **6.** Decompor-se, alterar-se. [Conjug.: ① [desand]**ar**]

de•sa•ni•mar *v.t.d.*, *int.* e *p.* Fazer perder, ou perder, o ânimo, a energia; desalentar. [Conjug.: ① [desanim]**ar**] **§ de•sa•ni•ma•do** *adj.*

de•sâ•ni•mo *sm.* Falta de ânimo; desalento.

de•sa•nu•vi•ar *v.t.d.* e *p.* **1.** Limpar(-se) de nuvens. **2.** Serenar(-se). [Conjug.: ① [desanuvi]**ar**]

de•sa•pai•xo•na•do *adj.* Que age imparcialmente; imparcial, desinteressado.

de•sa•pa•ra•fu•sar *v.t.d.* **1.** Desatarraxar os parafusos de. *P.* **2.** Desatarraxar-se. [Conjug.: ① [desaparafus]**ar**]

de•sa•pa•re•cer *v.int.* **1.** Deixar de ser visto; sumir(-se). **2.** Ocultar-se; sumir(-se). **3.** Perder-se. **4.** V. *morrer* (1). **5.** Esquivar-se furtivamente. [Conjug.: ㉞ [desapare]**cer**] **§ de•sa•pa•re•ci•men•to** *sm.*

de•sa•pe•ga•do *adj.* **1.** Desunido, despegado. **2.** Desafeiçoado. **3.** Desinteressado.

de•sa•pe•gar *v.t.d.* e *p.* V. *despegar*. [Conjug.: ⑪ [desape]**gar**]

de•sa•pe•go (ê) *sm.* **1.** Falta de apego, de afeição. **2.** Desinteresse, indiferença.

de•sa•per•ce•bi•do *adj.* **1.** Desprevenido. **2.** Desprovido.

de•sa•per•tar *v.t.d.* **1.** Afrouxar, alargar (o que estava apertado). **2.** Aliviar. [Conjug.: ① [desapert]**ar**]

de•sa•pi•e•da•do *adj.* Sem piedade; desumano, cruel.

de•sa•poi•ar *v.t.d.* Tirar o apoio de. [Conjug.: ① [desapoi]**ar**. Quanto à acentuação no *o*, v. *apoiar*.]

de•sa•pon•ta•do *adj.* Decepcionado.

de•sa•pon•ta•men•to *sm.* Sucesso desagradável, que surpreende; decepção.

de•sa•pon•tar *v.t.d.* **1.** Causar desapontamento a. *P.* **2.** Ter ou sentir desapontamento. [Conjug.: ① [desapont]**ar**]

de•sa•pos•sar *v.t.d.i.* **1.** Tirar ou privar da posse de. *P.* **2.** Renunciar à posse. [Sin. ger.: *desempossar*. Conjug.: ① [desaposs]**ar**]

de•sa•pre•ço (ê) *sm.* Falta de apreço.

de•sa•pren•der *v.t.d.* e *t.i.* Esquecer (o que aprendera). [Conjug.: ② [desaprend]**er**]

de•sa•pro•pri•ar *v.t.d.* Privar alguém da propriedade de. [Conjug.: ① [desapropri]**ar**] **§ de•sa•pro•pri:a•ção** *sf.*

de•sa•pro•var *v.t.d.* Não aprovar; reprovar. [Conjug.: ① [desaprov]**ar**] **§ de•sa•pro•va•ção** *sf.*

de•sa•pro•vei•tar *v.t.d.* Não aproveitar; desperdiçar. [Conjug.: ① [desaproveit]**ar**]

de•sa•pru•mar *v.t.d.* e *p.* Desviar(-se) do prumo. [Conjug.: ① [desaprum]**ar**]

de•sar•mar *v.t.d.* **1.** Tirar as armas ou meios de ataque ou defesa a. **2.** Desguarnecer de armamento. **3.** Anular mecanismo de disparo de (arma de fogo, bomba, etc.). **4.** Separar as peças componentes de; desmontar. **5.** Serenar, aplacar. **6.** Desativar (8), ou pôr desmonte (1); desmontar. *Int.* e *p.* **7.** Depor as armas. [Conjug.: ① [desarm]**ar**] **§ de•sar•ma•men•to** *sm.*

de•sar•mo•ni•a *sf.* **1.** Falta de harmonia. **2.** Divergência, discordância; dissonância. **§ de•sar•mô•ni•co** *adj.*

de•sar•mo•ni•zar *v.t.d.* e *p.* Pôr(-se) em desarmonia (2). [Conjug.: ① [desarmoniz]**ar**]

de•sar•rai•gar *v.t.d.* **1.** Arrancar pela raiz ou com raízes. **2.** Extinguir ou destruir inteiramente. [Sin. ger.: *desenraizar, erradicar, extirpar.* Conjug.: ① [desarraig]**ar**]

de•sar•ran•jar *v.t.d.* **1.** Tirar da ordem ou arranjo costumado. **2.** Alterar ou prejudicar o bom arranjo, a boa ordem ou o bom funcionamento de. [Conjug.: ① [desarranj]**ar**] **§ de•sar•ran•ja•do** *adj.*

de•sar•ran•jo *sm.* **1.** Desordem, confusão. **2.** Obstáculo, contratempo. **3.** *Pop.* Diarréia.

de•sar•ra•zo•a•do *adj.* Em que não há, ou que não tem razão; disparatado.

de•sar•ra•zo•ar *v.int.* V. *disparatar.* [Conjug.: ⑬ [desarraz]**oar**]

de•sar•re•ar *v.t.d.* Tirar os arreios a. [Conjug.: ⑩ [desarr]**ear**]

de•sar•ro•char *v.t.d.* Desapertar (o que estava arrochado). [Conjug.: ① [desarroch]**ar**] de•sar•ro•lhar *v.t.d.* Tirar a rolha de. [Conjug.: ① [desarrolh]**ar**]

de•sar•ru•ma•ção *sf.* 1. Ato ou efeito de desarrumar. 2. Estado do que está desarrumado. [Pl.: *–ções*.]

de•sar•ru•mar *v.t.d.* Desfazer a arrumação de; desordenar, desarranjar. [Conjug.: ① [desarrum]**ar**]

de•sar•ti•cu•la•ção *sf.* 1. Ato ou efeito de desarticular(-se). 2. *Cir.* Amputação por seção (1) em articulação. [Pl.: *–ções.*]

de•sar•ti•cu•lar *v.t.d.* 1. Amputar na articulação (3). 2. Fazer sair da articulação (3); destroncar (*Pop.*). 3. Desconjuntar. *P.* 4. Sair da articulação (3). [Conjug.: ① [desarticul]**ar**]

de•sar•vo•ra•do *adj.* 1. Que voga (2) sem governo. 2. *Fig.* Que fugiu desordenadamente. 3. *Bras.* Diz-se do indivíduo desnorteado, perturbado, etc.

de•sar•vo•rar *v.t.d.* 1. Deitar abaixo, abater (o que estava arvorado). 2. Tirar ou derrubar os mastros à (embarcação). *P.* 3. Desnortear-se, desorientar-se. [Conjug.: ① [desarvor]**ar**]

de•sa•sa•do *adj.* 1. De asas caídas ou partidas. 2. Derreado, desancado. [Cf. *desazado*.]

de•sas•nar *v.t.d.* Tirar da ignorância; ensinar. [Conjug.: ① [desasn]**ar**]

de•sas•sei•o *sm.* Falta de asseio; sujeira.

de•sas•si•mi•la•ção *sf. Fisiol.* Catabolismo. [Pl.: *–ções.*]

de•sas•si•mi•lar *v.t.d.* Tirar ou fazer cessar a assimilação de; alterar. [Conjug.: ① [desassimil]**ar**]

de•sas•si•sa•do *adj.* Que não tem siso; desatinado.

de•sas•so•ci•ar *v.t.d.* 1. Desligar (aquele ou aquilo que estava associado). *P.* 2. Desligar-se. [Conjug.: ① [desassoci]**ar**]

de•sas•som•bra•do *adj.* 1. Não sombrio; exposto ao sol. 2. Franco, afável. 3. Temerário.

de•sas•som•bro *sm.* 1. Falta de assombro; firmeza. 2. Franqueza, confiança.

de•sas•sos•se•gar *v.t.d.* e *p.* Tirar o sossego a, ou perder o sossego; inquietar(-se). [Conjug.: ⑪ [desassosse]**gar**] § de•sas•sos•se•ga•do *adj.*

de•sas•sos•se•go (ê) *sm.* Falta de sossego; inquietação.

de•sas•tra•do *adj.* 1. Que redundou em desastre. 2. Proveniente de desastre. 3. Desajeitado.

de•sas•tre *sm.* 1. Acontecimento calamitoso, sobretudo o que ocorre de súbito e causa grande dano ou prejuízo. 2. Acidente (2).

de•sas•tro•so (ô) *adj.* Em que há, ou que produz desastre. [Pl.: *–trosos* (ó).]

de•sa•tar *v.t.d.* 1. Desprender, desamarrar. 2. Desfazer, desdar (nó ou liame). 3. Solucionar. *T.i.* 4. Começar de repente. *P.* 5. Desprender-se, desdar-se. [Conjug.: ① [desat]**ar**]

de•sa•tar•ra•xar *v.t.d.* 1. Desprender, tirando a(s) tarraxa(s) ou parafuso(s) de. *P.* 2. Desprender-se. [Conjug.: ① [desatarrax]**ar**]

de•sa•ta•vi•ar *v.t.d.* e *p.* Tirar os atavios a, ou os próprios atavios; desenfeitar(-se). [Conjug.: ① [desatavi]**ar**] § de•sa•ta•vi•a•do *adj.*

de•sa•ten•ção *sf.* 1. Falta de atenção ou cuidado; distração. 2. Descortesia, desconsideração, descaso. [Pl.: *–ções.*]

de•sa•ten•ci•o•so (ô) *adj.* Que tem ou envolve desatenção. [Pl.: *–osos* (ó).]

de•sa•ten•der *v.t.d.* e *t.i.* Não atender (a). [Conjug.: ② [desatend]**er**]

de•sa•ten•to *adj.* Não atento; distraído ou leviano, aéreo, desligado.

de•sa•ti•nar *v.t.d.*, *int.* e *p.* Fazer perder o tino, a razão, ou perdê-los; desvairar-se; enlouquecer. [Conjug.: ① [desatin]**ar**] § de•sa•ti•na•do *adj.*

de•sa•ti•no *sm.* 1. Falta de tino, de juízo; loucura. 2. Ato ou palavras de desatinado.

de•sa•ti•var *v.t.d.* 1. *Bras.* Tornar inativo: *desativar uma usina.* 2. Tirar a (algo) a capacidade de operar, ou funcionar: *desativar uma bomba.* [Conjug.: ① [desativ]**ar**] § de•sa•ti•va•do *adj.*

de•sa•to•lar *v.t.d.* 1. Tirar do atoleiro, do lamaçal. *P.* 2. Sair do atoleiro. [Conjug.: ① [desatol]**ar**]

de•sa•tra•car *v.t.d.* e *p.* Desencostar(-se) e afastar(-se) (embarcação) de cais ou doutra embarcação a que esteja atracada. [Conjug.: ⑧ [desatra]**car**]

de•sa•tra•van•car *v.t.d.* 1. Não atravancar. 2. *Fig.* Desimpedir, desembaraçar. [Conjug.: ⑧ [desatravan]**car**]

de•sa•tre•lar *v.t.d.* e *p.* 1. Tirar(-se) ou soltar(-se) da trela. 2. Desengatar(-se). [Conjug.: ① [desatrel]**ar**]

de•sau•to•rar *v.t.d.* 1. Privar de cargo, dignidade ou insígnia, por castigo; exautorar, desautorizar. *P.* 2. Perder a autoridade; rebaixar-se; desautorizar-se. [Conjug.: ① [desautor]**ar**] § de•sau•to•ra•do *adj.*

de•sau•to•ri•zar *v.t.d.* e *p.* V. *desautorar.* [Conjug.: ① [desautoriz]**ar**]

de•sa•ven•ça *sf.* Quebra de boas relações; inimizade, discórdia, rixa.

de•sa•ver•go•nha•do *adj.* e *sm.* Que ou quem não tem vergonha; descarado, safado.

de•sa•vin•do *adj.* Que anda em desavença.

de•sa•vir *v.t.d.*, *t.d.i.* e *p.* Suscitar desavenças entre, ou pôr-se em desavença. [Conjug.: ㊵ [desa]**vir**]

de•sa•vi•sa•do *adj.* e *sm.* Imprudente, leviano.

de•sa•za•do *adj.* Desajeitado, inapto. [Cf. *desasado.*]

de•sa•zo *sm.* Falta de jeito; inaptidão.

des•ban•car *v.t.d.* **1.** Ganhar o dinheiro da banca (5) a. **2.** Avantajar-se a; suplantar; vencer. **3.** Desbancar (2) (ger. indivíduo), conquistando-lhe o lugar, a posição, ou o mérito: *desbancou o chefe. T.d.i.* **4.** Desbancar (2 e 3). [Conjug.: 🔲 [desban]**car**]

des•ba•ra•tar *v.t.d.* **1.** Esbanjar, malbaratar. **2.** Estragar, arruinar. **3.** Vencer, derrotar, destroçar. **4.** Maltratar. *P.* **5.** Estragar-se, arruinar-se. [Conjug.: 🔲 [desbarat]**ar**]

des•ba•ra•to *sm.* Ato ou efeito de desbaratar.

des•bar•ran•car *v.t.d. e p.* Desfazer(-se) encosta, barranco, etc. [Conjug.: 🔲 [desbarran]**car**]

des•bas•tar *v.t.d.* **1.** Tornar menos basto. **2.** Desengrossar (uma peça), cortando. **3.** Aperfeiçoar, polir. [Conjug.: 🔲 [desbast]**ar**]

des•bas•te *sm.* Ato ou efeito de desbastar.

des•bei•çar *v.t.d.* **1.** Cortar o(s) beiço(s) a. **2.** Quebrar as bordas a. [Conjug.: 🔲 [desbei]**çar**]

des•bo•ca•do *adj.* Obsceno em palavras; impudico, inconveniente.

des•bo•tar *v.t.d., int. e p.* Fazer esmaecer a cor ou o brilho de, ou perder a cor, o brilho, a viveza. [Conjug.: 🔲 [desbot]**ar**] § **des•bo•ta•do** *adj.*

des•bra•ga•do *adj.* **1.** Descomedido. **2.** Impudico.

des•bra•ga•men•to *sm.* Qualidade ou ato de desbragado.

des•bra•gar *v.t.d.* **1.** Não refrear (a linguagem, os modos, etc.). **2.** Tornar libertino, impudico. *P.* **3.** Tornar-se desbragado. [Conjug.: 🔲 [desbra]**gar**]

des•bra•var *v.t.d.* **1.** Domar, amansar. **2.** Preparar (terreno) para cultura. **3.** Explorar (terras desconhecidas). **4.** Abrir caminho em. [Conjug.: 🔲 [desbrav]**ar**] § **des•bra•va•dor** (ó) *adj. e sm.*

des•bu•ro•cra•ti•zar *v.t.d.* Simplificar ou reduzir a burocracia de. [Conjug.: 🔲 [desburocratiz]**ar**] § **des•bu•ro•cra•ti•za•ção** *sf.*

des•ca•be•la•do *adj.* **1.** Cujo cabelo foi arrancado. **2.** *Fam.* Despenteado, desgrenhado. **3.** Exagerado, excessivo. **4.** Desesperado. **5.** Horrorizado.

des•ca•be•lar *v.t.d.* **1.** Arrancar os cabelos a. *P.* **2.** Despentear-se. **3.** Desesperar-se. [Conjug.: 🔲 [descabel]**ar**]

des•ca•bi•do *adj.* Sem cabimento; impróprio.

des•ca•dei•ra•do *adj. Bras.* **1.** Que, por acidente ou doença, arrasta as patas traseiras (animal). **2.** Que, por enfermidade, tem dor nas cadeiras (pessoa). **3.** *Pop.* Fatigado, cansado.

des•ca•dei•rar *v.t.d.* Desancar (1 e 2). *P.* **2.** Ficar descadeirado. [Conjug.: 🔲 [descadeir]**ar**]

des•ca•í•da *sf.* **1.** Ato de descair. **2.** Lapso, erro.

des•ca•ir *v.t.d.* **1.** Deixar pender ou cair. *Int.* **2.** Abaixar-se, declinar. **3.** Cair, pender. **4.** Sofrer diminuição ou decadência; declinar. **5.** Esmorecer; desfalecer. [Conjug.: 🔲 [des-

c]**air**] § **des•ca•í•do** *adj.*; **des•ca•i•men•to** (a-i) *sm.*

des•ca•la•bro *sm.* Grande dano ou perda; ruína.

des•cal•ça•de•la *sf. Pop.* V. *descompostura.*

des•cal•çar *v.t.d.* **1.** Tirar (meia, sapato, luva). **2.** Despir (pé, mão ou perna) daquilo com que estava calçado. **3.** Tirar o calçamento de. **4.** Tirar o calço ou apoio a. *P.* **5.** Tirar o próprio calçado. [Conjug.: 🔲 [descal]**çar**; part.: *descalçado* e *descalço.*]

des•cal•ço *adj.* **1.** Sem calçado. **2.** De pés nus ou calçados apenas com meias.

des•ca•li•bra•do *adj.* Que não está calibrado.

des•ca•mar *v .t.d., int. e p.* V. *escamar.* [Conjug.: 🔲 [descam]**ar**].

des•cam•bar *v.int.* **1.** Cair, tombar. **2.** Baixar, declinar. *T.c.* **3.** Tender. *T.i.* **4.** Passar a pior. [Conjug.: 🔲 [descamb]**ar**]

des•ca•mi•nho *sm.* Extravio, sumiço.

des•cam•pa•do *adj.* **1.** Desabrigado, desabitado. • *sm.* **2.** Campo extenso, inculto, aberto e desabitado.

des•can•sa•do *adj.* **1.** Tranqüilo. **2.** Lento.

des•can•sar *v.t.d.* **1.** Dar descanso a. **2.** Tranqüilizar, acalmar. *T.d.c.* **3.** Apoiar, firmar. *Int.* **4.** Repousar do cansaço. **5.** Estar na cama; dormir. **6.** Ficar de pousio (terra). **7.** Sossegar. **8.** Estar sepultado. **9.** *Bras.* V. *morrer* (1). **10.** *Bras.* Dar à luz; parir. [Conjug.: 🔲 [descans]**ar**]

des•can•so *sm.* **1.** Repouso, sossego. **2.** Ócio, folga. **3.** Lentidão. **4.** Alívio, consolo. **5.** Objeto sobre o qual outro assenta ou se apóia.

des•ca•rac•te•ri•zar ou **des•ca•ra•te•ri•zar** *v.t.d.* **1.** Fazer perder a característica. **2.** Desfazer a caracterização a. *P.* **3.** Perder a(s) característica(s). [Conjug.: 🔲 [descara(c)teriz]**ar**] § **des•ca•ra(c)•te•ri•za•ção** *sf.*

des•ca•ra•do *adj. e sm.* **1.** V. *desavergonhado.* **2.** Que ou quem é insolente, atrevido.

des•ca•ra•men•to *sm.* Qualidade ou ação de descarado; descaro.

des•car•ga *sf.* **1.** Ato de descarregar; descarregamento. **2.** Tiro de arma de fogo. **3.** Muitos tiros disparados simultaneamente. **4.** Bomba ou válvula que controla a descarga de água em um vaso sanitário. **5.** Condução de eletricidade através de um gás; descarga elétrica. ♦ **Descarga elétrica.** Descarga (5).

des•car•na•do *adj.* **1.** Escasso de carnes. **2.** Magríssimo, macérrimo.

des•car•nar *v.t.d.* **1.** Separar da carne os ossos de. **2.** Descascar (1). [Conjug.: 🔲 [descarn]**ar**]

des•ca•ro *sm.* Descaramento.

des•ca•ro•ça•dor (ó) *sm.* Aparelho ou máquina de descaroçar.

des•ca•ro•çar *v.t.d.* Tirar o(s) caroço(s) a. [Conjug.: 🔲 [descaro]**çar**] § **des•ca•ro•ça•men•to** *sm.*

des•car•re•ga•men•to *sm.* Descarga (1).

des•car•re•gar *v.t.d.* **1.** Tirar a carga (2 e 3) de. **2.** Tirar a carga (6) de (arma de fogo). **3.** Disparar a carga (6) de (arma de fogo). **4.** Lançar, despejar. **5.** V. *desabafar* (2). *T.d.i.* **6.** Aliviar; desobrigar. **7.** Descontar (6). *T.i.* **8.** Descontar (7). *Int.* **9.** Despejar carga. **10.** Tirar sem carga (7) (a bateria [3]). *P.* **11.** Aliviar-se, livrar-se. [Conjug.: **11** [descarre]**gar**]

des•car•ri•la•men•to ou **des•car•ri•lha•men•to** (*bras.*) ou **de•sen•car•ri•la•men•to** (*bras.*) *sm.* Ato ou efeito de descarrilar.

des•car•ri•lar ou **des•car•ri•lhar** (*bras.*) ou **de•sen•car•ri•lar** (*bras.*) *v.t.d.* **1.** Fazer sair dos trilhos. *Int.* **2.** Saltar fora dos trilhos sobre os quais a rodando. **3.** *Fig.* Sair do bom caminho. [Conjug.: **1** [descarril(h)]**ar**]

des•car•tar *v.t.d.* **1.** Rejeitar (a carta de baralho que não serve). **2.** Não levar em conta. **3.** Jogar fora após o uso. **4.** Livrar-se de (algo ou alguém importuno). *P.* **5.** Livrar-se de pessoa ou coisa importuna. [Conjug.: **1** [descart]**ar**] **§ des•car•tá•vel** *adj2g.*

des•car•te *sm.* Ato ou efeito de se descartar.

des•ca•sar *v.t.d.* **1.** Desfazer o casamento de. **2.** Separar. **3.** Desemparelhar, desirmanar. *P.* **4.** Separar-se. [Conjug.: **1** [descas]**ar**]

des•cas•ca•dor (ô) *sm.* **1.** Aquele ou aquilo que descasca. **2.** Máquina para descascar cereais.

des•cas•car *v.t.d.* **1.** Tirar a casca de; descarnar. **2.** *Bras.* Repreender severamente. **3.** *Bras.* Falar mal de. *Int.* **4.** Largar ou perder a casca. [Conjug.: **8** [descas]**car**] **§ des•cas•ca•men•to** *sm.*

des•ca•so *sm.* **1.** Desatenção (2). **2.** Inadvertência.

des•ca•val•gar *v.t.d., int.* e *p.* V. *desmontar* (1 e 6). [Conjug.: **11** [descaval]**gar**]

des•cen•dên•ci:a *sf.* **1.** Parentesco por filiação. **2.** Conjunto de pessoas ligadas por filiação a um antepassado comum.

des•cen•den•te *adj2g.* **1.** Que descende. **2.** Que desce; decrescente. • *s2g.* **3.** Quem descende de outro.

des•cen•der *v.t.i.* **1.** Provir por geração. **2.** Derivar, originar-se. [Conjug.: **2** [descend]**er**]

des•cen•so *sm.* Descida (1).

des•cen•tra•li•zar *v.t.d.* **1.** Descentrar. **2.** Dar autonomia a (os órgãos públicos, administrativos, tornando-os desvinculados do poder central). [Conjug.: **1** [descentraliz]**ar**] **§ des•cen•tra•li•za•do** *adj.*

des•cen•trar *v.t.d.* Afastar ou separar do centro; descentralizar. [Conjug.: **1** [descentr]**ar**]

des•cer *v.t.d.* **1.** Percorrer do alto para baixo. **2.** Pender, abaixar. **3.** Abaixar (3). **4.** Baixar, diminuir. **5.** Desferir (golpe[s]). *T.c.* **6.** Sair ou vir de lugar elevado. **7.** Baixar, pousar. *T.i.* **8.** Apear(-se), saltar. *T.d.c.* **9.** Tirar de lugar ele-

vado. *Bit.c.* **10.** Descer (11). *Int.* **11.** Mover-se de cima para baixo. **12.** Vir a nível inferior; baixar. **13.** *Fig.* Desacreditar-se; decair. [Conjug.: **34** [des]**cer**]

des•cer•rar *v.t.d.* **1.** Abrir (o que estava cerrado). **2.** Divulgar, revelar. **3.** Desapertar, afrouxar. *P.* **4.** Abrir-se. [Conjug.: **1** [descerr]**ar**]

des•ci•da *sf.* **1.** Ato de descer; descenso. **2.** Declive. **3.** Diminuição, abaixamento.

des•clas•si•fi•ca•do *adj.* **1.** Que perdeu ou não alcançou classificação. **2.** Indigno da consideração social. • *sm.* **3.** Indivíduo desclassificado (2). [Sin. de 2 e 3: *desqualificado.*]

des•clas•si•fi•car *v.t.d.* **1.** Deslocar ou tirar de uma classe ou categoria. **2.** Desacreditar. **3.** Eliminar (concorrente) em competição, concurso, etc. [Conjug.: **8** [desclassifi]**car**] **§ des•clas•si•fi•ca•ção** *sf.*

des•co•ber•ta *sf.* **1.** Coisa que se descobriu; invenção. **2.** Terra descoberta, achada. **3.** Achado (3). [Sin. ger.: *descobrimento.*]

des•co•ber•to *adj.* **1.** Não coberto; nu. **2.** Destapado. **3.** Denunciado, revelado. **4.** Inventado.

des•co•bri•men•to *sm.* **1.** Ato ou efeito de descobrir(-se). **2.** V. *descoberta.*

des•co•brir *v.t.d.* **1.** Tirar cobertura que ocultava, deixando à vista. **2.** Deixar ver; mostrar. **3.** Encontrar pela primeira vez: *Cabral descobriu o Brasil.* **4.** Inventar (1), ou atestar, pela primeira vez, a existência ou a ocorrência de: *descobrir uma vacina.* **5.** Achar, encontrar. **6.** Revelar. **7.** Delatar. **8.** Alcançar com a vista. **9.** Perceber. **10.** Reconhecer. *P.* **11.** Mostrar-se; aparecer. **12.** Tirar o chapéu, o barrete, etc. **13.** Tirar de si o que cobre. [Conjug.: **55** [desc]o[br]ir; part.: *descoberto.*] **§ des•co•bri•dor** (ô) *adj.* e *sm.*

des•co•co (ô) *sm.* Descaramento, atrevimento.

des•co•lar *v.t.d.* **1.** Despegar(-se), separar(-se) (o que estava colado). **2.** *Bras. Gír.* Conseguir, obter, arranjar. *P.* **3.** Despegar-se. [Conjug.: **1** [descol]**ar**]

des•co•lo•ra•ção *sf.* Ato ou efeito de descolorar. [Pl.: *-ções.*]

des•co•lo•rar *v.t.d., int.* e *p.* Descorar. [Conjug.: **1** [descolor]**ar**] **§ des•co•lo•ra•ção** *sf.*

des•co•lo•rir *v.t.d.* e *p.* **1.** Descorar. **2.** Tirar (a) ou perder a expressividade ou o colorido. *Int.* **3.** Descorar. [Conjug.: **58** [descolor]**ir**]

des•co•me•di•men•to *sm.* Falta de comedimento.

des•co•me•dir-se *v.p.* Praticar excessos; exceder-se, descompor-se, desmedir-se, destemperar-se, desenfrear-se. [Irreg., defect. Conjug.: **43** [descom]edir[-se], mas falta-lhe a 1ª pess. sing. do pres. ind. e todo o pres. subj.] **§ des•co•me•di•do** *adj.*

des•com•por *v.t.d.* **1.** Desordenar. **2.** Tirar a feição regular de; desfigurar. **3.** Desfazer. **4.** Injuriar. **5.** Repreender com violência. *P.* **6.** Desarranjar-se, desalinhar-se. **7.** V. *descomedir-se.* [Conjug.: 60 [descom]**por**]

des•com•pos•tu•ra *sf.* Censura acrimoniosa; repreenda, destampatório, descalçadela, sabão (*fam.*).

des•co•mu•nal *adj2g.* Fora do comum; colossal. [Pl.: *–nais.*]

des•con•cer•ta•do *adj.* Embaraçado; sem jeito.

des•con•cer•tan•te *adj2g.* Que desconcerta ou desorienta.

des•con•cer•tar *v.t.d.* **1.** Fazer perder o concerto, a boa disposição; desarranjar. **2.** Atrapalhar, desnortear. **3.** Desavir. *Int.* **4.** V. *desparatar.* *P.* **5.** Desarranjar-se, estragar-se. **6.** Atrapalhar-se. **7.** Desavir-se. [Conjug.: 1 [desconcert]**ar**. Cf. *desconsertar.*]

des•con•cer•to (ê) *sm.* **1.** Desarranjo, transtorno. **2.** Desarmonia, discordância.

des•con•cha•vo *sm.* **1.** Ato ou efeito de desconchavar. **2.** Disparate; tolice.

des•co•ne•xo (cs) *adj.* Sem conexão; incoerente.

des•con•fi•a•do *adj.* Que desconfia.

des•con•fi•an•ça *sf.* **1.** Qualidade de desconfiado. **2.** Falta de confiança.

des•con•fi•ar *v.t.d.* **1.** Ter suposição de; conjeturar. *T.i.* **2.** Suspeitar, duvidar. **3.** Zangar-se. *Int.* **4.** Mostrar-se desconfiado. **5.** Perder a confiança. [Conjug.: 1 [desconfi]**ar**]

des•con•for•me *adj2g.* Descomedido, descomunal.

des•con•for•to (ô) *sm.* **1.** Falta de conforto. **2.** Desconsolo, aflição. **3.** Mal-estar (2).

des•con•ge•lar *v.t.d.* **1.** Degelar (1). **2.** *Econ.* Fazer cessar o congelamento (2) de. *P.* **3.** Degelar (1). [Conjug.: 1 [descongel]**ar**]

des•con•ges•ti•o•nar *v.t.d.* **1.** Livrar de congestão. **2.** Desinchar. **3.** Restabelecer em (via pública) trânsito normal. **4.** Desobstruir. [Conjug.: 1 [descongestion]**ar**] § **des•con•ges•ti:o•na•men•to** *sm.*; **des•con•ges•ti:o•nan•te** *adj2g.*

des•co•nhe•cer *v.t.d.* **1.** Não conhecer; ignorar. **2.** Não reconhecer (benefício recebido). **3.** Não admitir, não reconhecer. *P.* **4.** Não se reconhecer. [Conjug.: 34 [desconhe]**cer**] § **des•co•nhe•ci•men•to** *sm.*

des•co•nhe•ci•do *adj.* **1.** Não conhecido; ignorado. **2.** Sem conhecimentos ou relações. • *sm.* **3.** Pessoa não conhecida. **4.** Aquilo que não se conhece.

des•con•jun•tar *v.t.d.* e *p.* **1.** Tirar fora, ou sair, das junturas ou juntas. **2.** Separar(-se), desunir(-se). **3.** Desmanchar(-se), desfazer(-se). [Conjug.: 1 [desconjunt]**ar**] § **des•con•jun•ta•do** *adj.*

des•con•ser•tar *v.t.d.* Desarranjar, desconjuntar. [Conjug.: 1 [desconsert]**ar**. Cf. *desconcertar.*]

des•con•si•de•ra•ção *sf.* **1.** Falta de consideração. **2.** Ofensa, ultraje. [Pl.: *–ções.*]

des•con•si•de•rar *v.t.d.* **1.** Não considerar; não examinar convenientemente. **2.** Tratar sem respeito ou com desapreço. [Conjug.: 1 [desconsider]**ar**]

des•con•so•la•do *adj.* **1.** Triste, consternado. **2.** *Fam.* Insípido, desenxabido (pessoa ou coisa).

des•con•so•lar *v.t.d.* e *p.* Afligir(-se), entristecer(-se). [Conjug.: 1 [desconsol]**ar**] § **des•con•so•la•dor** (ô) *adj.*

des•con•so•lo (ô) *sm.* **1.** Falta de consolação. **2.** Tristeza, desolação.

des•con•tar *v.t.d.* **1.** Pagar ou receber (um título de crédito) antes do vencimento, mediante desconto. **2.** Tirar duma conta, quantidade ou todo; deduzir. **3.** Não levar em conta. **4.** *Fam.* Revidar. **5.** *Bras.* Sacar ou receber o valor de (cheque). *T.d.i.* **6.** Agir, injustamente, contra (pessoa[s]), como se em revide a agressão, contrariedade, etc.: *Descontou sua raiva no amigo.* *T.i.* **7.** Descontar (6). [Sin. (de 6 e 7): *descarregar.* Conjug.: 1 [descont]**ar**]

des•con•ten•ta•men•to *sm.* Desgosto, insatisfação.

des•con•ten•tar *v.t.d.* e *p.* Tornar(-se) descontente; desgostar(-se). [Conjug.: 1 [descontent]**ar**]

des•con•ten•te *adj2g.* **1.** Não contente; desgostoso, insatisfeito. **2.** Que exprime desgosto, tristeza. • *s2g.* **3.** Pessoa descontente (1).

des•con•tí•nu:o *adj.* Não contínuo; interrompido. § **des•con•ti•nu•i•da•de** *sf.*

des•con•to *sm.* **1.** Ato ou efeito de descontar. **2.** Redução de preço; abatimento. **3.** *Econ.* Negociação de título de crédito em data anterior a seu vencimento. **4.** *Econ.* A comissão cobrada (pelos bancos) nessa operação.

des•con•tro•lar *v.t.d.* e *p.* Fazer perder, ou perder, o controle, o equilíbrio; desequilibrar(-se). [Conjug.: 1 [descontrol]**ar**] § **des•con•tro•la•do** *adj.*

des•con•tro•le (ô) *sm.* Falta de controle.

des•con•ver•sar *v.int. Bras.* Mudar de assunto, numa conversação; fazer-se desentendido. [Conjug.: 1 [desconvers]**ar**]

des•co•rar *v.t.d., int.* e *p.* Fazer perder, ou perder a cor. [Conjug.: 1 [descor]**ar**] § **des•co•ra•do** *adj.*

des•cor•ço•ar ou **des•co•ro•ço•ar** *v.t.d.* e *int.* Fazer perder, ou perder, o ânimo ou a coragem a; desanimar. [Conjug.: 13 [descor-r(o)ç]**oar**] § **des•cor•ço•a•do** ou **des•co•ro•ço•a•do** *adj.*

des•cor•tês *adj2g*. Falto de cortesia; indelicado.

des•cor•te•si•a *sf*. Grosseria, indelicadeza.

des•cor•ti•nar *v.t.d.* **1.** Mostrar, correndo a cortina. **2.** Enxergar, avistar. **3.** Tornar manifesto; revelar. *P.* **4.** Revelar-se, mostrar-se. [Conjug.: ⎡1⎤ [descortin]**ar**]

des•cor•ti•no *sm. Bras.* **1.** Capacidade de antever. **2.** Perspicácia.

des•co•ser *v.t.d.* **1.** Desmanchar a costura de. **2.** Desfazer (costura). *Int.* e *p.* **3.** Desfazer-se a costura de. [Sin. ger.: *descosturar*. Conjug.: ⎡2⎤ [descos]**er**.]

des•co•si•do *adj.* **1.** Cuja costura se desfez. **2.** *Fig.* Sem nexo.

des•cos•tu•rar *v.t.d., int.* e *p.* V. *descoser*. [Conjug.: ⎡1⎤ [descostur]**ar**]

des•cré•di•to *sm.* **1.** Falta de crédito. **2.** Má fama, ou desonra, por mau procedimento.

des•cren•ça *sf.* Falta ou perda de crença; incredulidade.

des•cren•te *adj2g.* e *s2g.* Que ou quem descrê; incrédulo.

des•crer *v.t.d.* **1.** Deixar de crer. **2.** Não crer. *T.i.* **3.** Não crer; não dar crédito. [Conjug.: ⎡27⎤ [descr]**er**]

des•cre•ver *v.t.d.* **1.** Fazer a descrição de; narrar. **2.** Expor, contar minuciosamente. **3.** Perfazer traçado, ou traçar, movimentando-se. *T.d.i.* **4.** Descrever (2). [Conjug.: ⎡2⎤ [descrev]**er**; part.: *descrito*.]

des•cri•ção *sf.* **1.** Ato ou efeito de descrever. **2.** Exposição falada ou escrita. [Cf.: *discrição*. Pl.: *-ções*.]

des•cri•ti•vo *adj.* **1.** Que descreve, ou próprio para descrever. **2.** Relativo a descrições.

des•cri•to *adj.* Que se descreveu.

des•cru•zar *v.t.d.* Separar (o que estava cruzado). [Conjug.: ⎡1⎤ [descruz]**ar**]

des•cui•da•do *adj.* **1.** Falto de cuidado. **2.** Desleixado. **3.** Preguiçoso, indolente.

des•cui•dar *v.t.d.* **1.** Tratar sem cuidado; descurar. **2.** Não fazer caso de. *T.d.i.* **3.** Fazer esquecer-se. *T.i.* **4.** Não cuidar; esquecer-se. **5.** Deixar de ser atento. *P.* **6.** Descuidar (4 e 5). **7.** Estar ou ficar desatento. [Conjug.: ⎡1⎤ [descuid]**ar**]

des•cui•dis•ta *s2g. Bras. Gír.* Gatuno que atua valendo-se de descuido da vítima.

des•cui•do *sm.* **1.** Falta de cuidado. **2.** Inadvertência. **3.** Desleixo. **4.** Lapso. **5.** Falta, erro.

des•cui•do•so (ô) *adj.* Desleixado, negligente. [Pl.: *-dosos* (ó).]

des•cul•pa *sf.* **1.** Ação ou efeito de desculpar(-se). **2.** Perdão; indulgência. **3.** Escusa (2).

des•cul•par *v.t.d.* **1.** Eliminar ou atenuar a culpa de; justificar. *T.d.i.* **3.** Perdoar. *P.* **4.** Dar as razões

que eliminam ou atenuam a própria culpa. **5.** Pedir desculpa (2). [Conjug.: ⎡1⎤ [desculp]**ar**]

des•cum•prir *v.t.d.* Não cumprir; deixar de cumprir. [Conjug.: ⎡3⎤ [descumpr]**ir**]

des•cu•rar *v.t.d.* **1.** Desleixar, descuidar. *T.i.* **2.** Descuidar; negligenciar. [Conjug.: ⎡1⎤ [descur]**ar**]

des•cur•var *v.t.d.* Desencurvar. [Conjug.: ⎡1⎤ [descurv]**ar**]

des•dar *v.t.d.* e *p.* Desatar (2 e 5). [Conjug.: ⎡14⎤ [des]**dar**]

des•de (ê) *prep.* A começar de; a partir de. ◆ **Desde que. 1.** Desde o tempo, o momento em que. **2.** Visto que.

des•dém *sm.* **1.** Desprezo com orgulho. **2.** Desprezo (1). [Pl.: *-déns*.]

des•de•nhar *v.t.d.* **1.** Mostrar ou ter desdém a. *T.i.* **2.** Não fazer caso; depreciar. *P.* **3.** Não se dignar; dedignar-se. [Conjug.: ⎡1⎤ [desdenh]**ar**]

des•de•nho•so (ô) *adj.* Que tem ou em que há desdém. [Pl.: *-nhosos* (ó).]

des•den•ta•do¹ *adj.* **1.** Sem dente(s). **2.** Que deixa ver a falta de dentes.

des•den•ta•do² *sm. Zool.* Espécime dos desdentados, ordem de mamíferos americanos, arborícolas, que não têm dentes, ou os têm em número reduzido; são os tatus, tamanduás e preguiças. § **des•den•ta•do²** *adj.*

des•di•ta *sf.* Falta de dita; desventura.

des•di•to•so (ô) *adj.* e *sm.* Infeliz, desventurado, inditoso. [Pl.: *-tosos* (ó).]

des•di•zer *v.t.d.* **1.** Contradizer a afirmação de; desmentir. **2.** Dizer o contrário de; negar. *P.* **3.** Negar o que dissera; retratar-se. [Conjug.: ⎡19⎤ [des]**dizer**]

des•do•brar *v.t.d.* e *p.* **1.** Abrir(-se) ou estender(-se) (o que estava dobrado). **2.** Desenvolver(-se), incrementar(-se). **3.** Dividir(-se) em dois. [Conjug.: ⎡1⎤ [desdobr]**ar**] § **des•do•bra•men•to** *sm.*

des•doi•rar ou **des•dou•rar** *v.t.d.* e *p.* **1.** Fazer perder, ou perder a douradura ou o brilho. **2.** V. *deslustrar* (2). [Conjug.: ⎡1⎤ [desdoir]**ar**]

des•doi•ro ou **des•dou•ro** *sm.* Ato ou efeito de desdourar(-se).

de•se•du•car *v.t.d.* **1.** Educar mal. **2.** Estragar a educação de. [Conjug.: ⎡8⎤ [desedu]**car**]

de•se•jar *v.t.d.* **1.** Ter desejo ou vontade de; querer, ambicionar. **2.** Ter desejo (5 e 6). *T.d.i.* **3.** Fazer votos de (saúde, felicidade, etc.). *Int.* **4.** Ter desejos. [Conjug.: ⎡1⎤ [desej]**ar**]

de•se•jo (ê) *sm.* **1.** Vontade de possuir ou de gozar. **2.** Anseio, aspiração. **3.** Cobiça, ambição. **4.** Apetite. **5.** Apetite sexual. **6.** *Pop.* Vontade exacerbada de comer e/ou beber determinada(s) coisa(s), na gravidez.

de•se•jo•so (ô) *adj.* Que tem desejo. [Pl.: *-josos* (ó).]

de•se•le•gân•ci:a *sf.* **1.** Falta de elegância. **2.** Ação deselegante.

de•se•le•gan•te *adj2g.* **1.** Falto de elegância. **2.** Desairoso. § de•se•le•gân•ci:a *sf.*

de•se•ma•ra•nhar *v.t.d.* **1.** Desembaraçar (2), desencrespar. **2.** Esclarecer, decifrar (questão, caso, etc.). [Conjug.: ① [desemaranh]**ar**]

de•sem•ba:i•nhar *v.t.d.* **1.** Tirar da bainha. **2.** Desmanchar a bainha de (costura). [Conjug.: ① [desembainh]**ar**]

de•sem•ba•ra•ça•do *adj.* **1.** Ativo, expedito. **2.** Desinibido.

de•sem•ba•ra•çar *v.t.d.* **1.** Livrar de embaraço; desimpedir. **2.** Estirar ou separar (o que estava enredado); desemaranhar, desenredar. **3.** Livrar, safar; desentalar. *P.* **4.** Livrar-se, safar-se; desentalar-se. **5.** Desinibir-se. [Conjug.: ⑨ [desembara]**çar**]

de•sem•ba•ra•ço *sm.* **1.** Ato de desembaraçar(-se). **2.** Falta de acanhamento. **3.** Facilidade; agilidade.

de•sem•bar•ca•doi•ro ou de•sem•bar•ca•dou•ro *sm.* Desembarque (2).

de•sem•bar•car *v.t.d.* **1.** Tirar de uma embarcação. *Int.* **2.** Sair de uma embarcação ou de outro meio de transporte; saltar em terra. [Conjug.: ⑧ [desembar]**car**]

de•sem•bar•ga•dor (ô) *sm.* Juiz de tribunal de justiça ou de apelação.

de•sem•bar•gar *v.t.d.* Tirar o embargo a. [Conjug.: ⑪ [desembar]**gar**]

de•sem•bar•que *sm.* **1.** Ato de desembarcar. **2.** *Restr.* Lugar onde se desembarca; desembarcadouro.

de•sem•bes•ta•do *adj.* V. *desenfreado.*

de•sem•bes•tar *v.t.d.* **1.** Despedir da besta (seta, etc.). **2.** Proferir com violência. *Int.* **3.** Correr impetuosamente. [Conjug.: ① [desembest]**ar**]

de•sem•bo•ca•du•ra *sf.* V. *foz.*

de•sem•bo•car *v.t.c.* **1.** Transpor, saindo, a embocadura de rio, de canal, de rua, etc. **2.** Ir dar (noutra rua ou lugar). [Conjug.: ⑧ [desembo]**car**]

de•sem•bol•sar *v.t.d.* **1.** Tirar da bolsa ou do bolso (para atender a gasto). **2.** Despender, gastar. [Conjug.: ① [desembols]**ar**]

de•sem•bol•so (ô) *sm.* **1.** Ato de desembolsar. **2.** O que se pagou ou gastou.

de•sem•bru•lhar *v.t.d.* Tirar de embrulho; desempacotar, desenrolar. [Conjug.: ① [desembrulh]**ar**]

de•sem•bu•char *v.t.d.* **1.** Confessar ou dizer (o que se havia calado). **2.** *Pop.* Tirar da carteira ou do bolso. *Int.* **3.** V. *desabafar* (3). [Conjug.: ① [desembuch]**ar**]

de•se•mol•du•rar *v.t.d.* Tirar da moldura; desenquadrar. [Conjug.: ① [desemoldur]**ar**]

de•sem•pa•car *v.t.d. Bras.* Tirar a teima a (ca-

valgadura que empacou). [Conjug.: ⑧ [desempa]**car**]

de•sem•pa•co•tar *v.t.d.* Tirar do pacote; desembrulhar. [Conjug.: ① [desempacot]**ar**]

de•sem•pa•re•lhar *v.t.d.* Separar o que estava emparelhado. [Conjug.: ① [desemparelh]**ar**. Quanto ao timbre do *e,* v. *aparelhar.*]

de•sem•pa•tar *v.t.d.* **1.** Tirar o empate a; decidir (o que estava empatado). *Int.* **2.** Decidir-se. **3.** *Esport.* Sair do empate. [Conjug.: ① [desempat]**ar**]

de•sem•pa•te *sm.* Ato ou efeito de desempatar.

de•sem•pe•na•do *adj.* **1.** Sem empenamento; direito. **2.** *Bras.* Que tem boa postura.

de•sem•pe•nar *v.t.d.* e *p.* Tirar o empenamento a, ou perder o empenamento; aprumar(-se). [Conjug.: ① [desempen]**ar**]

de•sem•pe•nhar *v.t.d.* **1.** Resgatar (o que se dera como penhor). **2.** Livrar de dívidas. **3.** Cumprir (aquilo a que se estava obrigado). **4.** Executar. **5.** Representar, interpretar. *Int.* **6.** Desempenhar (5). *P.* **7.** Cumprir, executar. [Conjug.: ① [desempenh]**ar**]

de•sem•pe•nho *sm.* **1.** Ato ou efeito de desempenhar. **2.** Atuação; comportamento. **3.** Interpretação, representação.

de•sem•pe•no *sm.* Ato ou efeito de desempenar(-se).

de•sem•per•rar *v.t.d.* **1.** Tornar lasso (o que estava perro). **2.** Tirar a teimosia a. *Int.* **3.** Deixar de estar perro. [Conjug.: ① [desemperr]**ar**]

de•sem•pi•lhar *v.t.d.* Desmanchar pilha (1). [Conjug.: ① [desempilh]**ar**]

de•sem•po•ar *v.t.d.* **1.** Tirar o pó a; limpar do pó. **2.** *Fig.* Tirar preconceitos a. *Int.* **3.** Perder preconceitos. [Conjug.: ⑬ [desemp]**oar**]

de•sem•po•çar *v.t.d.* Tirar do poço ou poça. [Conjug.: ⑨ [desempo]**çar**. Cf. *desempossar.*]

de•sem•po•lei•rar *v.t.d.* Tirar do poleiro. [Conjug.: ① [desempoleir]**ar**]

de•sem•pos•sar *v.t.d.i.* e *p.* V. *desapossar.* [Conjug.: ① [desemposs]**ar**. Cf. *desempoçar.*]

de•sem•pre•ga•do *adj.* e *sm.* Que ou aquele que está sem emprego.

de•sem•pre•gar *v.t.d.* Demitir de emprego; destituir, exonerar. [Conjug.: ⑪ [desempre]**gar**]

de•sem•pre•go (ê) *sm.* **1.** Falta de emprego. **2.** *Econ.* Situação em que parcela da força de trabalho (q. v.) não consegue obter ocupação.

de•sen•ca•be•çar *v.t.d.i.* Tirar da cabeça ou da idéia; dissuadir. [Conjug.: ⑨ [desenca-be]**çar**]

de•sen•ca•bres•tar *v.t.d.* e *p.* Soltar(-se) do cabresto. [Conjug.: ① [desencabrest]**ar**]

de•sen•ca•de•ar *v.t.d.* **1.** Soltar, desatar (o que estava encadeado). **2.** Desunir (coisas que têm conexão entre si). 3. Provocar. *Int.* 4. Romper com ímpeto (tempestade), etc. *P.* 5. Irromper. [Conjug.: ⑩ [desencad]**ear**]

de•sen•cai•xar *v.t.d.* 1. Fazer sair do encaixe. 2. Deslocar. *P.* 3. Sair do encaixe. [Conjug.: ① [desencaix]**ar**]

de•sen•cai•xo•tar *v.t.d.* Tirar de caixote ou de caixa. [Conjug.: ① [desencaixot]**ar**]

de•sen•ca•la•crar *v.t.d.* e *p.* Livrar(-se) de apuros, de dívidas. [Conjug.: ① [desencalacr]**ar**]

de•sen•ca•lhar *v.t.d.* 1. Tirar do encalhe (uma embarcação). 2. Desobstruir, desimpedir. 3. Trazer para o uso (algo guardado ou esquecido). *Int.* 4. Sair do encalhe. 5. *Bras. Pop.* Ser vendido. 6. *Bras. Joc.* Encontrar casamento. [Conjug.: ① [desencalh]**ar**]

de•sen•ca•lhe *sm.* Ato ou efeito de desencalhar.

de•sen•ca•mi•nhar *v.t.d.* 1. Desviar do caminho certo. 2. Desviar do bom caminho; perverter. 3. Desviar, apartar. *P.* 4. Extraviar-se. 5. Perverter-se. [Conjug.: ① [desencaminh]**ar**]

de•sen•can•ta•men•to *sm.* Ato ou efeito de desencantar(-se); desencanto.

de•sen•can•tar *v.t.d.* 1. Desfazer o encanto de. 2. Causar decepção a; desiludir. 3. Achar (coisa perdida ou difícil de achar). 4. Fazer aparecer como por encanto. *Int.* 5. Aparecer como por encanto. 6. *Bras. Pop.* Fazer (alguém) o que já devia ter feito. 7. *Bras. Pop.* Ser feito ou ficar pronto (algo esperado há tempos): *Aleluia! Sua tese* <u>desencantou</u>. *P.* 8. Decepcionar-se. [Conjug.: ① [desencant]**ar**]

de•sen•can•to *sm.* 1. Desencantamento. 2. Desilusão, desapontamento.

de•sen•ca•par *v.t.d.* Tirar a capa de. [Conjug.: ① [desencap]**ar**]

de•sen•car•ce•rar *v.t.d.* Tirar do cárcere; libertar. [Conjug.: ① [desencarcer]**ar**]

de•sen•car•dir *v.t.d.* e *int.* 1. Clarear(-se) (roupa encardida). 2. Tirar ou perder o encardido (4 e 5). [Conjug.: ③ [desencard]**ir**]

de•sen•car•go *sm.* 1. Cumprimento ou desobrigação de um encargo. 2. *Fig.* Alívio, desabafo.

de•sen•car•nar *v.int.* 1. *Espirit.* Deixar a carne; passar para o mundo espiritual; desincorporar. 2. *Pop.* V. *morrer* (1). [Conjug.: ① [desencarn]**ar**] § **de•sen•car•na•ção** *sf.*

de•sen•cas•que•tar *v.t.d.* Tirar da cabeça (idéia, mania, teima, etc.). [Conjug.: ① [desencasquet]**ar**]

de•sen•cas•to•ar *v.t.d.* 1. Tirar o castão a. 2. Desengastar. [Conjug.: ⑬ [desencast]**oar**]

de•sen•ca•var *v.t.d. Bras.* Descobrir, desencovar. [Conjug.: ① [desencav]**ar**]

de•sen•co•brir *v.t.d.* Descobrir, tirando o que ocultava. [Conjug.: ⑤⑤ [desenc]**o**[br]**ir**]; part.: *desencoberto.*]

de•sen•co•men•dar *v.t.d.* Desistir de (o que

estava encomendado). [Conjug.: ① [desencomend]**ar**]

de•sen•con•tra•do *adj.* 1. Que vai em direção oposta à de outro. 2. Contrário, oposto.

de•sen•con•trar *v.t.d.* 1. Fazer que não se encontrem (dois ou mais indivíduos ou coisas). *int.* 2. Ser incompatível; discordar. *P.* 3. Não se encontrar. 4. Discordar. [Conjug.: ① [desencontr]**ar**]

de•sen•con•tro *sm.* Ato ou efeito de desencontrar(-se).

de•sen•co•ra•jar *v.t.d.* e *p.* Tirar, ou perder, a coragem ou estímulo (a). [Conjug.: ① [desencoraj]**ar**]

de•sen•cor•do•ar *v.t.d.* Tirar as cordas a. [Conjug.: ⑬ [desencord]**oar**]

de•sen•cor•par *v.t.d.* Fazer diminuir o corpo ou volume a. [Conjug.: ① [desencorp]**ar**]

de•sen•cos•tar *v.t.d.* e *p.* Desviar(-se) ou afastar(-se) do encosto. [Conjug.: ① [desencost]**ar**]

de•sen•co•var *v.t.d.* 1. Tirar ou fazer sair da cova. 2. Descobrir (o que estava escondido ou perdido); desencavar. [Conjug.: ① [desencov]**ar**]

de•sen•cra•var *v.t.d.* 1. Tirar os pregos a; despregar. 2. Tirar (o que estava pregado); despregar. *Int.* 3. *Bras. Joc.* Desencalhar (6). [Conjug.: ① [desencrav]**ar**]

de•sen•cres•par *v.t.d.* 1. Desemaranhar. 2. Alisar. *P.* 3. Deixar de estar crespo (o mar). [Conjug.: ① [desencresp]**ar**]

de•sen•cur•var *v.t.d.* Desfazer a curva ou curvatura de; descurvar. [Conjug.: ① [desencurv]**ar**]

de•sen•di•vi•dar *v.t.d.* 1. Solver dívida(s) de; desobrigar. *P.* 2. Pagar suas próprias dívidas. [Conjug.: ① [desendivid]**ar**]

de•sen•fa•dar *v.t.d.* e *p.* Divertir(-se), distrair(-se). [Conjug.: ① [desenfad]**ar**]

de•sen•fa•do *sm.* 1. Alívio do enfado. 2. Recreação.

de•sen•fai•xar *v.t.d.* Tirar as faixas a. [Conjug.: ① [desenfaix]**ar**]

de•sen•far•dar *v.t.d.* Tirar do(s) fardo(s). [Conjug.: ① [desenfard]**ar**]

de•sen•fas•ti•ar *v.t.d.* 1. Tirar o fastio (1) a. 2. Distrair. 3. Amenizar. *P.* 4. Desenfadar-se. [Conjug.: ① [desenfasti]**ar**]

de•sen•fei•tar *v.t.d.* e *p.* Desataviar(-se). [Conjug.: ① [desenfeit]**ar**] § **de•sen•fei•ta•do** *adj.*

de•sen•fei•ti•çar *v.t.d.* e *p.* 1. Livrar(-se) de feitiço; desencantar(-se). 2. Livrar(-se) de paixão. [Conjug.: ⑨ [desenfeiti]**çar**]

de•sen•fei•xar *v.t.d.* 1. Tirar de feixe. 2. Desunir. [Conjug.: ① [desenfeix]**ar**]

de•sen•fer•ru•jar *v.t.d.* 1. Tirar a ferrugem a. 2. *Fam.* Dar exercício às articulações de. [Conjug.: ① [desenferruj]**ar**]

de•sen•fi•ar *v.t.d.* **1.** Tirar do fio ou linha. *P.* **2.** Soltar-se (o que estava enfiado). [Conjug.: ① [desenfi]**ar**]

de•sen•fre•a•do *adj.* **1.** Sem freio. **2.** Arrebatado, descomedido. [Sin. ger.: *desembestado*.]

de•sen•fre•ar *v.t.d.* **1.**Tirar o freio ou o obstáculo a; soltar. *P.* **2.** Tomar o freio nos dentes, desprendendo-o. **3.** Soltar-se com ímpeto. **4.** Encolerizar-se. **5.** V. *descomedir-se.* [Conjug.: ⑩ [desenfr]**ear**]

de•sen•fur•nar *v.t.d. e p.* **1.** Fazer sair, ou sair, de furna. **2.** *Fam.* Fazer voltar, ou voltar, ao convívio social. **3.** Desenterrar (3 e 4). [Conjug.: ① [desenfurn]**ar**]

de•sen•gai•o•lar *v.t.d.* Tirar de gaiola. [Conjug.: ① [desengaiol]**ar**]

de•sen•ga•ja•do *adj.* **1.** Que reside fora do quartel. **2.** Que não assumiu posição política, ou abdicou da que assumira.

de•sen•ga•jar *v.int. e p.* Desligar-se de (atividade em que estava engajado). [Conjug.: ① [desengaj]**ar**]

de•sen•ga•nar *v.t.d.* **1.** Tirar de engano. **2.** Tirar as esperanças de salvação a. *P.* **3.** Sair (de engano). **4.** Desiludir-se. [Conjug.: ① [desengan]**ar**] § **de•sen•ga•na•do** *adj.*

de•sen•gan•char *v.t.d. e p.* Soltar(-se), desprender(-se) (o que estava enganchado). [Conjug.: ① [desenganch]**ar**]

de•sen•ga•no *sm.* **1.** Ato ou efeito de desenganar(-se). **2.** Desilusão, decepção.

de•sen•gar•ra•far *v.t.d.* **1.** Tirar de garrafa. **2.** Eliminar o engarrafamento (2) de. [Conjug.: ① [desengarraf]**ar**]

de•sen•gas•gar *v.t.d.* Tirar o engasgamento a. [Conjug.: ⑪ [desengas]**gar**]

de•sen•gas•tar *v.t.d.* Tirar do engaste; desencastoar. [Conjug.: ① [desengast]**ar**]

de•sen•ga•tar *v.t.d. e p.* Desprender(-se) ou soltar(-se) do engate. [Conjug.: ① [desengat]**ar**]

de•sen•ga•ti•lhar *v.t.d.* Soltar o cão (2) de (arma de fogo); desarmar. [Conjug.: ① [desengatilh]**ar**]

de•sen•gon•ça•do *adj.* **1.** Tirado dos engonços. **2.** Desajeitado, desconjuntado.

de•sen•gon•çar *v.t.d. e p.* Tirar, ou sair, dos engonços, ou dar essa impressão. [Conjug.: ⑨ [desengon]**çar**]

de•sen•gor•du•rar *v.t.d.* Tirar a gordura, ou a(s) mancha(s) de gordura, a. [Conjug.: ① [desengordur]**ar**]

de•sen•gra•ça•do *adj.* Que não tem graça, elegância, espírito.

de•sen•gros•sar *v.t.d.* **1.** Adelgaçar. *Int.* **2.** Desinchar. [Conjug.: ① [desengross]**ar**]

de•sen•gui•çar *v.t.d e p.* Livrar(-se) de enguiço. [Conjug.: ⑨ [desengui]**çar**]

de•se•nhar *v.t.d.* **1.** Traçar o desenho (1 e 4) de. **2.** Delinear. *Int.* **3.** Traçar desenho(s). [Conjug.: ① [desenh]**ar**]

de•se•nhis•ta *s2g.* Pessoa que exerce a arte do desenho, ou sabe desenhar.

de•se•nho *sm.* **1.** Representação de formas sobre uma superfície, por meio de linhas, pontos e manchas. **2.** A arte e a técnica de representar, com lápis, pincel, etc., um tema real ou imaginário, expressando a forma. **3.** Forma, feitio, configuração (1). **4.** Traçado, projeto.

de•sen•la•çar *v.t.d. e p.* Desprender(-se) de laço. [Conjug.: ⑨ [desenla]**çar**]

de•sen•la•ce *sm.* **1.** Ato ou efeito de desenlaçar. **2.** Desfecho, remate (de situação complicada, de peça, etc.).

de•sen•la•me•ar *v.t.d.* **1.** Tirar a lama[1] (1) a. **2.** Restabelecer a honra, o crédito de. *P.* **3.** Limpar-se de lama[1] (1). [Conjug.: ⑩ [desenlam]**ear**]

de•sen•la•tar *v.t.d.* Retirar da lata. [Conjug.: ① [desenlat]**ar**]

de•sen•no•ve•lar *v.t.d. e p.* Desenrolar(-se) (o que estava enovelado). [Conjug.: ① [desenovel]**ar**]

de•sen•qua•drar *v.t.d.* Tirar de quadro ou de moldura. [Conjug.: ① [desenquadr]**ar**]

de•sen•ra•i•zar *v.t.d.* V. *desarraigar.* [Conjug.: ⑮ [desenra]i[z]**ar**] § **de•sen•ra•i•za•men•to** *sm.*

de•sen•ras•car *v.t.d. e p.* Livrar(-se) de embaraço(s), de dificuldade(s). [Conjug.: ⑧ [desenras]**car**]

de•sen•re•dar *v.t.d. e p.* **1.** Desembaraçar(-se), desenlaçar(-se). **2.** Resolver(-se) (questão intricada). **3.** Tornar(-se) claro, perceptível. [Conjug.: ① [desenred]**ar**]

de•sen•ro•lar *v.t.d.* **1.** Desfazer o rolo de. **2.** V. *desembrulhar.* **3.** Explicar, explanar. *P.* **4.** Desdobrar-se. [Conjug.: ① [desenrol]**ar**] § **de•sen•ro•la•men•to** *sm.*

de•sen•ros•car *v.t.d. e p.* Estirar(-se) (o que estava enroscado). [Conjug.: ⑧ [desenros]**car**]

de•sen•ru•gar *v.t.d.* **1.** Desfazer as rugas de; alisar. **2.** Perder as rugas. [Conjug.: ⑪ [desenru]**gar**]

de•sen•sa•car *v.t.d.* Tirar do(s) saco(s) ou saca(s). [Conjug.: ⑧ [desensa]**car**]

de•sen•tai•par *v.t.d.* Tirar de entre taipas. [Conjug.: ① [desentaip]**ar**]

de•sen•ta•lar *v.t.d. e p.* **1.** Tirar(-se) ou soltar(-se) das talas. **2.** V. *desembaraçar* (3 e 4). [Conjug.: ① [desental]**ar**]

de•sen•te•di•ar *v.t.d.* Tirar o tédio a. [Conjug.: ① [desentedi]**ar**]

de•sen•ten•der *v.t.d.* **1.** Não entender, ou fingir que não entende. *P.* **2.** Não se compreender mutuamente. **3.** Desavir-se. [Conjug.: ② [desentend]**er**] de•sen•ten•di•men•to *sm.* 1. Ato ou efeito de desentender(-se). 2. Falta de entendimento. 3. Estupidez, burrice. 4. Discussão, debate.

de•sen•ter•rar *v.t.d.* 1. Tirar de sob a terra. 2. Exumar (1). 3. Tirar de lugar recôndito. 4. Tirar do esquecimento. [Conjug.: ① [desenterr]**ar**] § de•sen•ter•ra•men•to *sm.*

de•sen•to•a•do *adj.* Desafinado, dissonante.

de•sen•to•ar *v.int.* Sair do tom; desafinar. [Conjug.: ⑬ [desent]**oar**]

de•sen•to•car *v.t.d. e p.* Fazer sair, ou sair, de cova ou toca. [Conjug.: ⑧ [desento]**car**]

de•sen•tor•pe•cer *v.t.d.* 1. Tirar o torpor a. 2. Reanimar, excitar. *Int. e p.* 3. Sair do torpor. [Conjug.: ㉞ [desentorpe]**cer**]

de•sen•tor•tar *v.t.d.* Endireitar (o que estava torto). [Conjug.: ① [desentort]**ar**]

de•sen•tra•nhar *v.t.d.* 1. Tirar das entranhas. 2. Arrancar as entranhas a. 3. Tirar ou extrair do íntimo, como que das próprias entranhas. *P.* 4. V. *desabafar* (3). [Conjug.: ① [desentranh]**ar**]

de•sen•tris•te•cer *v.t.d., int. e p.* Fazer perder, ou perder, a triteza; alegrar(-se). [Conjug.: ㉞ [desentriste]**cer**]

de•sen•tu•lhar *v.t.d.* 1. Tirar o entulho a. 2. Desobstruir (o que estava entulhado). [Conjug.: ① [desentulh]**ar**]

de•sen•tu•pir *v.t.d. e p.* Desobstruir, ou livrar-se de obstrução (o que estava entupido). [Conjug.: ㊵ [desent]**u**[p]**ir**]

de•sen•ver•ni•zar *v.t.d.* Tirar o verniz a. [Conjug.: ① [desenverniz]**ar**]

de•sen•vol•to *adj.* 1. V. *desinibido* (2). 2. Travesso. 3. Libertino. § de•sen•vol•tu•ra *sf.*

de•sen•vol•ver *v.t.d.* 1. Fazer crescer, medrar, prosperar. 2. Exercer, aplicar. 3. Gerar, produzir. 4. Expor com minúcia. *P.* 5. Crescer. 6. Aumentar, progredir. 7. Progredir intelectualmente. [Conjug.: ② [desenvolv]**er**; part.: *desenvolvido* e *desenvolto*.] § de•sen•vol•vi•do *adj.*

de•sen•vol•vi•men•to *sm.* 1. Ato ou efeito de desenvolver(-se). 2. Crescimento, progresso.

de•sen•xa•bi•do *adj.* 1. Insípido (1). 2. Sem graça ou sem animação; monótono.

de•se•qui•li•bra•do *adj.* 1. Sem equilíbrio. 2. Louco, desvairado. 3. Irrefletido.

de•se•qui•li•brar *v.t.d. e p.* Tirar o equilíbrio a, ou perdê-lo. [Conjug.: ① [desequilibr]**ar**]

de•se•qui•lí•bri•o *sm.* 1. Ausência de equilíbrio. 2. *Psicol.* Anomalia psíquica em que há variabilidade de humor e emotividade excessiva, e que leva à não adaptação social.

de•ser•ção *sf.* Ato ou efeito de desertar. [Pl.: *–ções*.]

de•ser•dar *v.t.d.* Excluir de herança ou de sucessão. [Conjug.: ① [deserd]**ar**] § de•ser•da•do *adj.*

de•ser•tar *v.t.d.* 1. Tornar ermo, deserto; despovoar. 2. Abandonar, deixar. *T.i.* 3. Afastar-se, desviar-se. *Int.* 4. Deixar o serviço militar sem licença. [Conjug.: ① [desert]**ar**]

de•ser•to *adj.* 1. Desabitado, despovoado. • *sm.* 2. Região que recebe anualmente precipitação de água inferior a 250mm, ou, então, em que essa precipitação é maior, porém distribuída de forma heterogênea, do que resultam pobreza de vegetação e fraca densidade populacional.

de•ser•tor (ô) *sm.* 1. Militar que deserta [v. *desertar* (4)]. 2. Trânsfuga (1).

de•ses•pe•ra•ção *sf.* Ato ou efeito de desesperar(-se); desespero. [Pl.: *–ções*.]

de•ses•pe•ra•do *adj.* 1. Que perdeu a esperança. 2. Que está entregue ao desespero. 3. Próprio de desesperado (4). • *sm.* 4. Indivíduo desesperado (1 e 2).

de•ses•pe•ran•ça *sf.* Falta ou perda de esperança.

de•ses•pe•rar *v.t.d.* 1. Tirar a esperança a. 2. Causar desespero a. 3. Deixar de esperar. *Int.* 4. Perder a esperança. *P.* 5. Desanimar de conseguir algo. 6. Cair em desespero. [Conjug.: ① [desesper]**ar**] § de•ses•pe•ra•dor (ô) *adj.*

de•ses•pe•ro (ê) *sm.* 1. Desesperação. 2. Aflição extrema. 3. Cólera, furor.

de•ses•ti•mar *v.t.d.* Não estimar, ou deixar de estimar. [Conjug.: ① [desestim]**ar**]

des•fa•ça•tez (ê) *sf.* Falta de vergonha; descaramento, impudência.

des•fal•car *v.t.d.* 1. Subtrair parte de. 2. Reduzir, diminuir. 3. Cometer desfalque (2) contra (firma, sócio, etc.). 4. *P. ext.* Roubar. *T.d.i.* 5. Fazer ficar sem. *P.* 6. Ficar falto de. [Conjug.: ⑧ [desfal]**car**]

des•fa•le•cer *v.t.d.* 1. Tirar as forças a; enfraquecer. 2. Desalentar. *Int.* 3. Desmaiar (4). 4. Diminuir, decrescer. [Conjug.: ㉞ [desfale]**cer**] § des•fa•le•ci•do *adj.*; des•fa•le•ci•men•to *sm.*

des•fal•que *sm.* 1. Ato ou efeito de desfalcar. 2. Alcance (6). 3. O resultado material do desfalque; roubo.

des•fas•ti•o *sm.* 1. Falta de fastio; apetite. 2. Graça; bom humor.

des•fa•vor (ô) *sm.* 1. Falta de favor, de graça; desgraça. 2. Malquerença.

des•fa•vo•rá•vel *adj2g.* 1. Não favorável. 2. Adverso, contrário. [Pl.: *–veis*.]

des•fa•vo•re•cer *v.t.d.* Não favorecer; desajudar. [Conjug.: ㉞ [desfavore]**cer**]

des•fa•zer *v.t.d. e p.* 1. Inutilizar(-se), desmanchar(-se). 2. Reduzir(-se) a fragmentos; despedaçar(-se). 3. Destroçar(-se). 4. Desatar(-se). 5. Desunir(-se), separar(-se). 6. Anular(-se). 7. Diluir(-se), desmanchar(-se). 8. Resolver(-se).

9. Tornar(-se) sem efeito; desmanchar(-se). **10.** Transformar(-se). [Conjug.: 20 [des]**fazer**]

des•fe•ar *v.t.d.* e *p.* Tornar(-se) feio; afear-se. [Conjug.: 10 [desf]**ear**. Cf. *desfiar*.]

des•fe•char *v.t.d.* **1.** Disparar (2). **2.** V. *desferir* (1). **3.** Abrir, descerrar. **4.** Lançar ou desencadear com ímpeto. *Int.* **5.** Ter desenlace; concluir, rematar. [Conjug.: 1 [desfech]**ar**]

des•fe•cho (ê) *sm.* Conclusão ou remate, especialmente de romance, drama, etc.

des•fei•ta *sf.* Ofensa, injúria.

des•fei•te•ar *v.t.d.* Fazer desfeita(s) a. [Conjug.: 10 [desfeit]**ear**]

des•fei•to *adj.* **1.** Que mudou inteiramente de forma. **2.** Desmanchado, destruído. **3.** Anulado. **4.** Diluído, dissolvido.

des•fe•rir *v.t.d.* **1.** Dar, vibrar; despedir, desfechar (golpe, tiro, etc.). **2.** Fazer vibrar as cordas de (instrumento musical). [Conjug.: 53 [desf]e[r]**ir**]

des•fer•rar *v.t.d.* **1.** Tirar a ferradura de. *P.* **2.** Perder as ferraduras (o animal). [Conjug.: 1 [desferr]**ar**]

des•fi•ar *v.t.d.* **1.** Desfazer em fios. **2.** Expor, arrolando com minúcia. **3.** Passar (rosário) de conta em conta. *P.* **4.** Desfazer-se em fios. [Conjug.: 1 [desfi]**ar**. Cf. *desfear*.] § **des•fi•a•do** *adj.*

des•fi•bra•do *adj.* **1.** A que se tiraram as fibras. **2.** Sem fibra ou energia; fraco.

des•fi•brar *v.t.d.* **1.** Tirar as fibras a. **2.** Esmiuçar, analisar. [Conjug.: 1 [desfibr]**ar**]

des•fi•gu•rar *v.t.d.* **1.** Alterar a figura, aspecto, feições de; desafeiçoar. *P.* **2.** Sofrer modificação no aspecto. [Conjug.: 1 [desfigur]**ar**] § **des•fi•gu•ra•ção** *sf.*; **des•fi•gu•ra•do** *adj.*

des•fi•la•da *sf.* Corrida impetuosa.

des•fi•la•dei•ro *sm.* Passagem estreita entre montanhas; garganta, passo.

des•fi•lar *v.int.* **1.** Marchar em fila(s). **2.** Seguir-se imediatamente um ao outro; suceder-se. [Conjug.: 1 [desfil]**ar**]

des•fi•le *sm.* **1.** Ato de desfilar. **2.** Evento em que estilista ou grife apresenta(m) coleção para certa estação.

des•flo•ra•ção *sf.* **1.** Queda das flores. **2.** Violação da virgindade. [Sin. ger.: *defloração, defloramento, desfloramento*. Pl.: *–ções*.]

des•flo•ra•men•to *sm.* V. *desfloração*.

des•flo•rar *v.t.d.* **1.** Tirar as flores a; deflorar. **2.** V. *violar* (3). *P.* **3.** Perder as flores. [Conjug.: 1 [desflor]**ar**]

des•flo•res•tar *v.t.d. Bras.* Derrubar muitas árvores de (terreno, região); desfazendo floresta; desmatar. [Conjug.: 1 [desflorest]**ar**] § **des•flo•res•ta•men•to** *sm.*

des•fo•lhar *v.t.d.* e *p.* Tirar as folhas ou as pétalas a, ou perdê-las. [Conjug.: 1 [desfolh]**ar**] § **des•fo•lha•men•to** *sm.*

des•for•ço (ô) *sm.* Vingança, desforra, desagravo. [Pl.: *–forços* (ó).]

des•for•ra (ô) *sf.* Ato de desforrar[2]; vingança.

des•for•rar[1] *v .t.d.* Tirar o forro[1] (1 e 2) a. [Conjug.: 1 [desforr]**ar**]

des•for•rar[2] *v.t.d.* e *p.* **1.** Vingar(-se), desafrontar(-se). **2.** Indenizar(-se) (de). [Conjug.: 1 [desforr]**ar**]

des•fral•dar *v.t.d.* **1.** Soltar ao vento, largar (as velas). **2.** Abrir, soltar. *P.* **3.** Tremular (a bandeira). [Conjug.: 1 [desfrald]**ar**]

des•fru•tar *v.t.d.* **1.** Usufruir, gozar. **2.** Viver à custa de. **3.** Zombar de. *T.i.* **4.** Desfrutar (1). [Conjug.: 1 [desfrut]**ar**]

des•fru•tá•vel *adj.2g.* **1.** Que se pode desfrutar. **2.** Que se presta a desfrute (2), ou é dado a desfrute (3). [Pl.: *–veis*.]

des•fru•te *sm.* **1.** Ato de desfrutar. **2.** Zombaria. **3.** Ação ridícula, escandalosa ou leviana.

des•ga•lhar *v.t.d.* Cortar os galhos de. [Conjug.: 1 [desgalh]**ar**]

des•gar•rar *v.int.* e *p.* **1.** Desviar-se do rumo. **2.** Desencaminhar-se. [Conjug.: 1 [desgarr]**ar**] § **des•gar•ra•do** *adj.*; **des•gar•re** *sm.*

des•gas•tar *v.t.d.* e *p.* **1.** Gastar(-se) ou consumir(-se) pelo atrito. **2.** Gastar(-se) aos poucos. **3.** Fazer ficar ou ficar exausto; abater(-se). **4.** Perder poder, prestígio. [Conjug.: 1 [desgast]**ar**]

des•gas•te *sm.* Ato ou efeito de desgastar(-se)

des•gos•tar *v.t.d.* **1.** Causar desgosto a; descontentar. **2.** Fazer perder o gosto. *T.i.* **3.** Não gostar. *P.* **4.** Descontentar-se. **5.** Magoar-se. [Conjug.: 1 [desgost]**ar**]

des•gos•to (ô) *sm.* **1.** Desprazer, desagrado. **2.** Mágoa. **3.** Aversão.

des•gos•to•so (ô) *sm.* **1.** Que sente desgosto; descontente. **2.** De gosto ou sabor desagradável. [Pl.: *–tosos* (ó).]

des•go•ver•nar *v.t.d.* **1.** Governar mal. **2.** Desviar do bom caminho. *Int.* **3.** Navegar sem governo (uma embarcação). *P.* **4.** Governar-se mal. **5.** Perder o domínio de si mesmo; desregrar-se. [Conjug.: 1 [desgovern]**ar**]

des•go•ver•no (ê) *sm.* **1.** Mau governo. **2.** Esbanjamento; desregramento.

des•gra•ça *sf.* **1.** Infortúnio, desdita. **2.** Miséria, penúria. **3.** Desfavor (1). **4.** *Fam.* Calamidade, catástrofe.

des•gra•ça•do *adj.* **1.** Infeliz, desventurado. **2.** Vil, desprezível.

des•gra•çar *v.t.d.* **1.** Causar a desgraça a. **2.** *Pop.* V. *violar* (3). *P.* **3.** Tornar-se desditoso. [Conjug.: 9 [desgra]**çar**]

des•gra•cei•ra *sf. Bras.* Sucessão de desgraças.

des•gra•ci•o•so (ô) *adj.* Não gracioso. [Pl.: *–osos* (ó).]

des•gre•nhar *v.t.d.* Emaranhar, despentear (os cabelos). [Conjug.: ① [desgrenh]ar] § **des•gre•nha•do** *adj.*

des•gru•dar *v.t.d.* e *p.* **1.** Despegar(-se) (o que estava grudado). *T.d.i.* e *t.i.* **2.** Afastar(-se). [Conjug.: ① [desgrud]ar]

des•guar•ne•cer *v.t.d.* **1.** Privar de guarnição. **2.** Tirar os ornatos a. *P.* **3.** Privar-se de guarnição, de ornatos, etc. [Conjug.: ④ [desguarne]cer] § **des•guar•ne•ci•do** *adj.*

des•gui•ar *v.int. Bras. RJ Gír.* Ir embora. [Conjug.: ① [desgui]ar]

de•si•de•ra•to *sm.* Aquilo que se deseja, a que se aspira; aspiração.

de•si•di•a *sf.* **1.** Preguiça, indolência. **2.** Desleixo.

de•si•di•o•so (ô) *adj.* Que tem desídia. [Pl.: –*osos* (ó).]

de•si•dra•ta•do *adj.* **1.** Que se desidratou. **2.** Que perdeu água corporal.

de•si•dra•tar *v.t.d.* **1.** Extrair, pelo calor ou pelo vácuo, a água de (um composto). **2.** Retirar líquidos orgânicos a. *P.* **3.** Perder líquidos orgânicos. [Conjug.: ① [desidrat]ar] § **de•si•dra•ta•ção** *sf.*

de•sig•na•ção *sf.* **1.** Ato ou efeito de designar. **2.** Nome, denominação. [Pl.: –*ções*.]

de•sig•nar *v.t.d.* **1.** Nomear; indicar. **2.** Ser o sinal, o símbolo de. **3.** Fixar, marcar. *T.d.i.* **4.** Nomear (para cargo ou emprego). [Conjug.: ① [design]ar]

de•síg•ni•o *sm.* Intento, plano, projeto.

de•si•gual *adj2g.* **1.** Não igual; diferente. **2.** Variável, mutável. **3.** Inconstante, volúvel. **4.** Sem equilíbrio de forças; desproporcional. [Pl.: –*guais*.]

de•si•gua•lar *v.t.d.* e *p.* Tornar(-se) desigual. [Conjug.: ① [desigual]ar]

de•si•gual•da•de *sf.* **1.** Qualidade ou estado de desigual; diferença, dessemelhança. **2.** *Mat.* Relação entre os membros de um conjunto, que envolve os sinais de "maior que" ou "menor que".

de•si•lu•dir *v.t.d.* e *p.* **1.** Tirar ilusões a, ou perdê-las; desenganar(-se). **2.** Causar ou experimentar decepção. [Conjug.: ③ [desilud]ir] § **de•si•lu•di•do** *adj.*

de•si•lu•são *sf.* Ato ou efeito de desiludir(-se); desengano, decepção. [Pl.: –*sões*.]

de•sim•pe•dir *v.t.d.* Tirar o impedimento a; desembaraçar. [Conjug.: ㊽ [desimp]edir] § **de•sim•pe•di•men•to** *sm.*

de•sin•char *v.t.d.* **1.** Desfazer ou diminuir a inchação de. *Int.* e *p.* **2.** Deixar de estar inchado. [Conjug.: ① [desinch]ar]

de•sin•com•pa•ti•bi•li•zar *v.t.d.* **1.** Tirar a incompatibilidade a. *P.* **2.** Deixar de estar incompatibilizado. [Conjug.: ① [desincompatibiliz]ar]

de•sin•cor•po•rar *v.t.d.* **1.** Separar (o que estava incorporado). *Int.* **2.** *Restr.* Desencarnar (1). *P.* **3.** Separar-se; desligar-se. [Conjug.: ① [desincorpor]ar]

de•sin•cum•bir *v.t.d.i.* **1.** Tirar a incumbência de; desobrigar. *P.* **2.** Dar conta de uma incumbência. **3.** Livrar-se de uma incumbência. [Conjug.: ③ [desincumb]ir]

de•sin•de•xar (cs) *v.t.d. Econ.* Eliminar a indexação de. [Conjug.: ① [desindex]ar] § **de•sin•de•xa•ção** (cs) *sf.*

de•si•nên•ci•a *sf.* **1.** Extremidade, termo. **2.** *Gram.* Elemento morfológico que indica gênero, número, pessoa, modo e tempo, etc.

de•sin•fe•cção *sf.* **1.** Ato ou efeito de desinfetar. [Pl.: –*ções*.]

de•sin•fe•liz *adj2g.* e *s2g. Pop.* V. *infeliz.*

de•sin•fe•tan•te ou **de•sin•fec•tan•te** *adj2g.* **1.** Que desinfeta. • *sm.* **2.** Substância desinfetante.

de•sin•fe•tar ou **de•sin•fec•tar** *v.t.d.* **1.** Livrar do que infeta. *Int.* **2.** Destruir microorganismos patogênicos, ou torná-los inertes. **3.** *Bras. Gír.* Retirar-se de um lugar. [Conjug.: ① [desinfe(c)t]ar] § **de•sin•fec•ta•dor, de•sin•fe•ta•dor** *adj.*

de•sin•fla•ção *sf. Econ.* V. *deflação.* [Pl.: –*ções*.]

de•sin•fla•ci•o•nar *v.t.d.* Deflacionar. [Conjug.: ① [desinflacion]ar]

de•sin•fla•mar *v.t.d.* **1.** Fazer cessar a inflamação (2) de. *Int.* e *p.* **2.** Deixar de estar inflamado. [Conjug.: ① [desinflam]ar]

de•sin•for•ma•ção *sf.* **1.** Ato ou efeito de desinformar. **2.** Falta de informação, de conhecimento. **3.** Informação propositadamente falseada ou deformada. [Pl.: –*ções*.]

de•sin•for•ma•do *adj.* Não informado ou mal informado.

de•sin•for•mar *v.t.d.* Deixar de informar, ou informar erroneamente. [Conjug.: ① [desinform]ar]

de•si•ni•bi•do *adj.* **1.** Livre de inibições. **2.** Sem timidez; desembaraçado, desenvolto.

de•si•ni•bir *v.t.d.* e *p.* Tornar(-se) desinibido; desembaraçar(-se). [Conjug.: ③ [desinib]ir]

de•sin•qui•e•tar *v.t.d.* Tornar desinquieto. [Conjug.: ① [desinquiet]ar] § **de•sin•qui•e•ta•ção** *sf.*

de•sin•qui•e•to *adj.* **1.** Muito inquieto; desassossegado. **2.** *Fam.* Traquinas, travesso.

de•sin•so•fri•do *adj.* Sôfrego, impaciente, insofrido.

de•sin•te•gra•ção *sf.* **1.** Ato ou efeito de desintegrar(-se). **2.** *Fís. Nucl.* Processo em que um núcleo atômico emite uma partícula. [Pl.: –*ções*.]

de•sin•te•grar *v.t.d.* **1.** Separar (o que estava incorporado). *P.* **2.** Deixar de integrar. [Conjug.: ① [desintegr]ar]

de•sin•te•li•gên•ci:a *sf.* **1.** Divergência, desacordo. **2.** Inimizade, malquerença.

de•sin•te•res•sa•do *adj.* **1.** Que não tem interesse. **2.** Desapaixonado. **3.** V. *desprendido.*

de•sin•te•res•sar-se *v. p.* **1.** Cessar de ter interesse. **2.** Não se importar. [Conjug.: ☐ [desinteress]**ar**[-se]]

de•sin•te•res•se (ê) *sm.* **1.** Falta de interesse. **2.** V. *desprendimento.* **3.** Isenção.

de•sin•to•xi•ca•ção *sf.* **1.** Ato ou efeito de desintoxicar(-se). **2.** *Med.* Qualquer tratamento destinado a libertar um viciado de seu vício. [Pl.: –*ções.*]

de•sin•to•xi•car (cs) *v.t.d.* **1.** Fazer passar a intoxicação a. **2.** *Med.* Realizar a desintoxicação (2) de. *P.* **3.** Superar intoxicação. [Conjug.: ⑧ [desintoxi]**car**]

de•sin•tu•mes•cer *v.t.d.* e *int.* Desinchar(-se). [Conjug.: ㉞ [desintumes]**cer**]

de•sir•ma•na•do *adj.* Separado de coisa ou pessoa com que estava irmanado.

de•sir•ma•nar *v.t.d.* Tornar desirmanado. [Conjug.: ☐ [desirman]**ar**]

de•sis•tir *v.t.i.* **1.** Não prosseguir (num intento); renunciar; abrir mão. *Int.* **2.** Desistir (1). [Conjug.: ③ [desist]**ir**] **§ de•sis•tên•ci:a.** *sf.*

des•je•jum *sm. Bras.* A primeira refeição do dia. [Pl.: –*juns.*]

des•la•crar *v.t.d.* Partir o lacre que fecha ou sela. [Conjug.: ☐ [deslacr]**ar**]

des•lan•char *Bras. Pop. v.int.* **1.** Dar partida; partir. **2.** Ir para a frente; desenvolver-se, progredir. **3.** *Esport. Gír.* Abrir vantagem contra o adversário. *P.* **4.** Ir(-se) embora; partir. *T.d.* **5.** Fazer desenvolver-se. [Conjug.: ☐ [deslanch]**ar**]

des•la•va•do *adj.* **1.** Desbotado. **2.** Descarado, cínico. **3.** Desavergonhado.

des•le•al *adj2g.* **1.** Que não é leal. **2.** Que denota deslealdade. [Pl.: –*ais.*]

des•le:al•da•de *sf.* Falta de lealdade; traição.

des•lei•xar *v.t.d.* e *p.* Descuidar(-se) de; negligenciar(-se), desmazelar(-se). [Conjug.: ☐ [desleix]**ar**] **§ des•lei•xa•do** *adj.*

des•lei•xo *sm.* Ato ou efeito de desleixar(-se); incúria.

des•lem•brar *v.t.d.* e *p.* Não lembrar(-se); esquecer(-se). [Conjug.: ☐ [deslembr]**ar**]

des•li•ga•do *adj.* **1.** Separado, desunido. **2.** Afastado. **3.** *Fam.* V. *desatento.*

des•li•gar *v.t.d.* **1.** Separar (o que estava ligado); desatar. **2.** Despedir, demitir. **3.** Interromper a fonte de força de (aparelho elétrico, motor, etc.). *P.* **4.** Soltar-se. **5.** Afastar-se. **6.** Livrar-se. **7.** Perder o contato com. **8.** Não se preocupar mais com algo; esquecer-se dos problemas. **9.** Despedir (7). [Conjug.: ⑪ [desli]**gar**] **§ des•li•ga•men•to** *sm.*

des•lin•dar *v.t.d.* **1.** V. *delimitar.* **2.** Destrinçar.

3. Investigar, esmiuçar. **4.** Apurar (coisa difícil ou complicada). [Conjug.: ☐ [deslind]**ar**]

des•lin•de *sm.* Ato ou efeito de deslindar.

des•li•za•men•to *sm.* Deslize (1 e 2).

des•li•zar *v.int.* **1.** Escorregar brandamente; resvalar. **2.** Cometer deslize(s), falha(s). [Conjug.: ☐ [desliz]**ar**]

des•li•ze *sm.* **1.** Ato ou efeito de deslizar; deslizamento. **2.** Escorregadela, deslizamento. **3.** Falha, falta.

des•lo•ca•do *adj.* **1.** Que mudou ou está fora do seu lugar. **2.** Luxado, desarticulado. **3.** Fora de propósito.

des•lo•ca•men•to *sm.* **1.** Ato ou efeito de deslocar(-se). **2.** Mudança de um lugar para outro. **3.** Mudança de direção.

des•lo•car *v.t.d.* **1.** Tirar do lugar onde se encontrava. **2.** Fazer mudar de lugar; desviar. **3.** Desarticular (2), luxar. *P.* **4.** Desarticular-se (4). **5.** Desprender-se. [Conjug.: ⑧ [deslo]**car**] **§ des•lo•ca•ção** *sf.*

des•lum•bra•do *adj.* **1.** Que se deslumbrou. **2.** Que se entusiasma facilmente por algo. • *sm.* **3.** Indivíduo deslumbrado (2).

des•lum•brar *v.t.d.* **1.** Ofuscar ou turvar a vista de, devido a muita luz ou a brilho em excesso. **2.** Perturbar o entendimento de. **3.** Causar assombro a. **4.** Fascinar. *P.* **5.** Deixar-se fascinar ou seduzir. [Conjug.: ☐ [deslumbr]**ar**] **§ des•lum•bra•men•to** *sm.;* **des•lum•bran•te** *adj2g.*

des•lus•trar *v.t.d.* e *p.* **1.** Tirar ou diminuir o lustre de, ou perdê-lo. **2.** Infamar(-se), desonrar(-se); desdourar(-se). [Conjug.: ☐ [deslustr]**ar**]

des•lus•tre *sm.* Ato ou efeito de deslustrar(-se).

des•mai•ar *v.t.d.* **1.** Fazer perder a cor, desbotar. **2.** Empanar, deslustrar. *Int.* e *p.* **3.** Perder a cor; descorar. **4.** Sofrer desmaio (2); desfalecer. **5.** Obscurecer-se. [Conjug.: ☐ [desmai]**ar**] **§ des•mai•a•do** *adj.*

des•mai•o *sm.* **1.** Perda das forças; desfalecimento. **2.** V. *síncope* (1). **3.** Abatimento, desânimo.

des•ma•mar *v.t.d.* **1.** Apartar do leite. **2.** Fazer deixar de mamar. *Int.* e *p.* **3.** Superar o período da amamentação. [Conjug.: ☐ [desmam]**ar**]

des•man•cha-pra•ze•res *s2g.2n. Fam.* Quem estorva divertimento ou prazer alheio.

des•man•char *v.t.d.* **1.** Modificar a forma ou arranjo de. **2.** Inutilizar, desfazer. **3.** Destruir, demolir. **4.** Tornar sem efeito; desfazer. *P.* **5.** Desfazer (9). **6.** Descomedir-se, desregrar-se. [Conjug.: ☐ [desmanch]**ar**]

des•man•dar *v.t.d.* **1.** Mandar o contrário de (o que se tinha mandado). *P.* **2.** Transgredir ordens. **3.** V. *desregrar-se.* [Conjug.: ☐ [desmand]**ar**]

des•man•do sm. 1. Ato ou efeito de desman-
dar(-se). 2. Desobediência. 3. Excesso; abuso.

des•man•te•lar v.t.d. 1. Demolir, derribar
(muralha, fortificação, etc.). 2. Separar as peças de, desarranjando o todo. 3. Desordenar,
desarranjar. P. 4. V. desmoronar-se. [Conjug.:
1 [desmantel]ar]

des•mar•ca•do adj. 1. Fora das marcas. 2.
Desmedido, enorme. 3. Desfeito; cancelado.

des•mar•car v.t.d. 1. Tirar as marcas ou os
marcos a. 2. Cancelar, desfazer (compromisso). 3. Adiar (compromisso, ato [3], etc.). [Con-
jug.: 8 [desmar]car]

des•mas•ca•rar v.t.d. 1. Descobrir, tirando a
máscara. 2. Desmoralizar, revelando os desígnios ocultos de. 3. Dar a conhecer (o que se
ocultava). P. 4. Dar-se a conhecer tal qual é.
[Conjug.: 1 [desmascar]ar]

des•mas•tre•ar v.t.d. e p. Tirar o(s) mastro(s)
a, ou perdê-los. [Conjug.: 10 [desmastr]ear]

des•ma•tar v.t.d. Bras. Desflorestar. [Conjug.:
1 [desmat]ar] § des•ma•ta•men•to sm. (bras.)

des•ma•ze•la•do adj. Descuidoso, desleixado.

des•ma•ze•lar-se v. p. Tornar-se desmaze-
lado; desleixar-se. [Conjug.: 1 [desmaze-
l]ar[-se]

des•ma•ze•lo (ê) sm. Desleixo, negligência.

des•me•di•do adj. 1. Que excede as medidas;
descomedido. 2. Incomensurável; excessivo.
[Sin. ger.: desmesurado.]

des•me•dir-se v. p. V. descomedir-se. [Conjug.:
43 [desm]edir[-se]]

des•mem•brar v.t.d. 1. Cortar, amputar o(s)
membro(s) de. 2. Dividir em partes. P. 3. Separar-se. [Conjug.: 1 [desmembr]ar] § des•
mem•bra•men•to sm.

des•me•mo•ri•a•do adj. Falto de memória.

des•me•mo•ri•ar v.t.d. e p. Fazer perder, ou
perder a memória. [Conjug.: 1 [desmemo-
ri]ar]

des•men•ti•do adj. 1. Que foi contradito. • sm.
2. Declaração ou palavras com que se desmen-
te. 3. Negação, constestação.

des•men•tir v.t.d. 1. Declarar que (alguém) não
diz a verdade. 2. Negar (o que outrem afirma);
contradizer. P. 3. Contradizer-se. [Conjug.: 53
[desm]e[nt]ir]

des•me•re•cer v.t.d. 1. Não merecer; ser indigno de. 2. V. menoscabar (2). Int. 3. Perder o
valor, o merecimento. [Conjug.: 34 [desme-
re]cer] § des•me•re•ce•dor (ô) adj.

des•me•su•ra•do adj. V. desmedido.

des•mi•li•ta•ri•zar v.t.d. 1. Tirar o caráter
militar a. 2. Privar de armamentos. P. 3. Perder o caráter militar. [Conjug.: 1 [desmili-
tariz]ar]

des•mi•o•la•do adj. e sm. Diz-se de, ou indivíduo insensato, louco.

des•mo•bi•li•ar ou des•mo•bi•lhar (bras.)

v.t.d. Desguarnecer de mobília (casa, aposento, etc.). [Conjug.: 1 [desmobili]ar]

des•mo•bi•li•zar v.t.d. e p. Desfazer(-se) a
mobilização de (tropa, grupo, etc.). [Conjug.:
1 [desmobiliz]ar]

des•mo•don•tí•de:o sm. Zool. Espécime dos
desmodontídeos, família de morcegos das
Américas tropical e subtropical, que são, exclusivamente, hematófagos. § des•mo•don•
tí•de:o adj.

des•mon•tar v.t.d. 1. Fazer descer ou apear de
cavalgadura; descavalgar. 2. Retirar donde
estava montado. 3. Tirar do engaste (pedra
preciosa). 4. Desarmar (4 e 6). 5. Retirar as
peças de (veículo roubado), para repasse. Int.
e p. 6. Apear-se, descavalgar. [Conjug.: 1
[desmont]ar]

des•mon•te sm. 1. Ato ou efeito de desmontar.
2. Extração de minério das jazidas. 3. Bras.
Pop. Local, clandestino, de desmonte (1) [v.
desmontar (5)].

des•mo•ra•li•zar v.t.d. 1. Tornar imoral; perverter, corromper. 2. Tirar o bom nome de;
desmerecer. 3. Abater o moral de. P. 4. Perder a moralidade, a moral; perverter-se. [Con-
jug.: 1 [desmoraliz]ar] § des•mo•ra•li•za•ção
sf.; des•mo•ra•li•za•do adj. e sm.

des•mo•ro•nar v.t.d. 1. Fazer vir abaixo. Int. e
p. 2. Vir abaixo; desabar, desmantelar-se.
[Conjug.: 1 [desmoron]ar] § des•mo•ro•na•
·men•to sm.

des•mu•nhe•ca•do adj. e sm. Bras. Gír. Que
ou aquele que desmunheca.

des•mu•nhe•car v.t.d. 1. Cortar a munheca a
(o braço). 2. Decepar ou quebrar a mão a. Int.
3. Bras. Gír. Exibir (o homem) modos ou maneiras próprios de mulher. [Conjug.: 8
[desmunhe]car]

des•na•ci•o•na•li•zar v.t.d. e p. Tirar, ou perder a feição nacional (a). [Conjug.: 1 [desna-
cionaliz]ar] § des•na•ci•o•na•li•za•ção sf.

des•nas•trar v.t.d. Destrançar. [Conjug.: 1
[desnastr]ar]

des•na•ta•dei•ra sf. Aparelho para desnatar.

des•na•tar v.t.d. Tirar a nata a (o leite). [Con-
jug.: 1 [desnat]ar]

des•na•tu•ra•li•zar v.t.d. 1. Tirar os direitos
de cidadão dum país a. P. 2. Renunciar a esses direitos; desnaturalizar-se. [Conjug.: 1 [desna-
turaliz]ar]

des•na•tu•rar v.t.d. 1. Alterar a natureza de.
2. Tornar cruel. P. 3. Desnaturalizar-se. [Con-
jug.: 1 [desnatur]ar] § des•na•tu•ra•do adj.

des•ne•ces•sá•ri:o adj. Não necessário.

des•ní•vel sm. Diferença de nível. [Pl.: –veis.]

des•ni•ve•lar v.t.d. Tirar do nivelamento. [Con-
jug.: 1 [desnivel]ar]

des•nor•te•ar v.t.d. 1. Desviar do norte ou
rumo; desorientar. 2. Perturbar; desorientar.

Int. e *p.* **3.** V. *desorientar* (1 e 2). [Conjug.: ⑩ [desnort]**ear**] § **des•nor•te•a•do** *adj.*; **des•nor• te:a•men•to** *sm.*; **des•nor•te•an•te** *adj2g.*

des•nu•dar *v.t.d.* **1.** Pôr nu; despir. **2.** Mostrar, revelar. **3.** Desembainhar. *P.* **4.** Pôr-se nu; despir-se. [Conjug.: ① [desnud]**ar**] § **des•nu• da•men•to** *sm.*

des•nu•do *adj.* Nu, despido.

des•nu•tri•ção *sf. Med.* Nutrição insuficiente, ou nula. [Pl.: *–ções.*]

des•nu•tri•do *adj.* Mal nutrido, ou não nutrido.

des•nu•trir *v.t.d.* **1.** Nutrir mal, ou não nutrir. *P.* **2.** Emagrecer, definhar. [Conjug.: ③ [desnutr]**ir**]

de•so•be•de•cer *v.t.i.* **1.** Não obedecer. **2.** Infringir, violar. *Int.* **3.** Desobedecer (1). [Conjug.: ㉞ [desobede]**cer**]

de•so•be•di•ên•ci:a *sf.* Falta de obediência. § **de•so•be•di•en•te** *adj2g.*

de•so•bri•gar *v.t.d.* **1.** Livrar de obrigação, dispensar. **2.** Isentar. **3.** V. *exonerar* (2). **4.** Desendividar (1). *T.d.i.* **5.** Desobrigar (2). *P.* **6.** Cumprir a sua obrigação. **7.** Isentar-se. **8.** V. *exonerar* (3). [Conjug.: ⑪ [desobri]**gar**]

de•sobs•tru•ção *sf.* Ato ou efeito de desobstruir. [Pl.: *–ções.*]

de•sobs•tru•ir *v.t.d.* Desimpedir, removendo o que obstruía. [Conjug.: ㊾ [desobstr]**uir**]

de•so•cu•pa•do *adj.* **1.** Que se desocupou. **2.** Que não trabalha; ocioso. **3.** Livre; disponível. **4.** Vago². • *sm.* **5.** Indivíduo desocupado (2).

de•so•cu•par *v.t.d.* **1.** Sair de (lugar que ocupava). **2.** Livrar de ocupação. **3.** Deixar devoluto. **4.** Tirar o que estava dentro de: *desocupar uma gaveta*. **5.** Liberar. *P.* **6.** Desimpedir-se. **7.** Ficar ocioso. [Conjug.: ① [desocup]**ar**] § **de•so•cu•pa•ção** *sf.*

de•so•do•ran•te *adj2g.* e *sm.* Que, ou substância que desodoriza.

de•so•do•rar *v.t.d. P. us.* Desodorizar. [Conjug.: ① [desodor]**ar**]

de•so•do•ri•zar *v.t.d.* Tirar odor ou mau odor a; desodorar. [Conjug.: ① [desodoriz]**ar**]

de•so•fi•ci:a•li•zar *v.t.d.* Tirar o caráter oficial a. [Conjug.: ① [desoficializ]**ar**]

de•so•la•ção *sf.* **1.** Ato ou efeito de desolar(-se). **2.** Devastação, ruína. **3.** Solidão. **4.** Consternação. [Pl.: *–ções.*]

de•so•la•do *adj* . Triste; consternado.

de•so•lar *v.t.d.* **1.** Despovoar. **2.** Devastar, assolar. **3.** Entristecer ao extremo. *P.* **4.** Despovoar-se. [Conjug.: ① [desol]**ar**]

de•so•ne•rar *v.t.d.* e *p.* V. *exonerar* (2 e 3). [Conjug.: ① [desoner]**ar**]

de•so•nes•to *adj.* **1.** Sem honestidade. **2.** Indigno, torpe. **3.** Devasso. § **de•so•nes•ti•da•de** *sf.*

de•son•ra *sf.* **1.** Falta ou perda de honra; descrédito. **2.** Ação ou fato que a provoca.

de•son•ra•do *adj.* Sem honra; que a perdeu.

de•son•rar *v.t.d.* **1.** Ofender a honra de; infamar. **2.** *Pop.* V. *violar* (3). *P.* **3.** Praticar ato desonroso. [Conjug.: ① [desonr]**ar**]

de•son•ro•so (ô) *adj.* Em que há desonra. [Pl.: *–rosos* (ó).]

de•so•pi•lar *v.t.d.* Desobstruir; aliviar. [Conjug.: ① [desopil]**ar**] § **de•so•pi•lan•te** *adj2g.*

de•so•pres•são *sf.* **1.** Ato ou efeito de desoprimir. **2.** Alívio, desafogo. [Pl.: *–sões.*]

de•so•pri•mir *v.t.d.* e *p.* Livrar(-se) de opressão. [Conjug.: ③ [desoprim]**ir**]

de•so•ras *el. sf.pl.* Us. na loc. *a desoras.* ♦ **A desoras.** Fora de horas; tarde da noite.

de•sor•dei•ro *adj.* e *sm.* Arruaceiro.

de•sor•dem *sf.* **1.** Falta de ordem; desorganização. **2.** Desalinho. **3.** V. *confusão* (3 e 4). [Pl.: *–dens.*]

de•sor•de•na•do *adj.* Que não tem ordem; desarranjado.

de•sor•de•nar *v.t.d.* e *p.* Tirar da ordem, ou sair dela; desarranjar(-se). [Conjug.: ① [desorden]**ar**]

de•sor•ga•ni•za•ção *sf.* Desordem (1). [Pl.: *–ções.*]

de•sor•ga•ni•za•do *adj.* Que não tem organização, ordem; desordenado.

de•sor•ga•ni•zar *v.t.d.* **1.** Destruir a organização de. **2.** Destruir a boa ordem de; desordenar. *P.* **3.** Ficar sem organização. [Conjug.: ① [desorganiz]**ar**]

de•so•ri•en•tar *v.t.d.* e *p.* **1.** Fazer perder, ou perder, o rumo, a direção; desnortear(-se). **2.** Perturbar(-se), desnortear(-se). **3.** Desvairar(-se), desatinar(-se). [Conjug.: ① [desorient]**ar**] § **de•so•ri•en•ta•ção** *sf.*; **de•so• ri:en•ta•do** *adj.*

de•sos•sar *v.t.d.* Tirar os ossos de. [Conjug.: ① [desoss]**ar**]

de•so•va *sf.* Ato ou efeito de desovar.

de•so•var *v.int.* **1.** Pôr os ovos (especialmente, peixes, tartarugas). **2.** *Pop.* Dar à luz; parir. [Conjug.: ① [desov]**ar**]

des•pa•cha•do *adj.* **1.** Que se despachou ou obteve despacho. **2.** Expedito, desembaraçado.

des•pa•chan•te *s2g.* **1.** Quem despacha mercadorias. **2.** Agente comercial incumbido de desembaraçar mercadorias, pagar direitos e fretes, etc.

des•pa•char *v.t.d.* **1.** Pôr despacho (2) em. **2.** Decidir. **3.** Incumbir de serviço, missão, etc. **4.** V. *deferir*. **5.** *Bras.* Despedir (1 e 2). **6.** *Bras.* Matar. *Int.* **7.** Lavrar despacho (2). *P.* **8.** Aviar-se. [Conjug.: ① [despach]**ar**]

des•pa•cho *sm.* **1.** Ato ou efeito de despachar. **2.** Nota lançada por autoridade em petição ou requerimento, deferindo-o ou indeferindo-o. **3.** Nomeação para cargo público. **4.** Desenvoltura, desembaraço. **5.** *Bras. Rel.* Pagamento antecipado do favor que se espera de Exu, que levará o recado ao orixá a quem está afeto aquilo que se deseja obter.

des•pa•ra•fu•sar *v.t.d.* e *p.* Desaparafusar(-se). [Conjug.: ① [desparafus]**ar**]

des•pau•té•ri:o *sm.* Grande disparate.

des•pe•da•çar *v.t.d.* **1.** Fazer em pedaços. **2.** *Fig.* Afligir, pungir. *P.* **3.** Partir-se. [Sin. ger.: *espedaçar, estraçalhar.* Conjug.: ⑨ [despeda]**çar**]

des•pe•di•da *sf.* Ato de despedir(-se).

des•pe•dir *v.t.d.* **1.** Fazer sair; despachar. **2.** Dispensar os serviços de; despachar, desligar. **3.** Separar-se de (pessoa com que se está). **4.** V. *desferir* (1). *P.* **5.** Retirar-se cumprimentando. **6.** Ir-se; acabar(-se). **7.** Demitir-se de emprego; desligar-se. [Conjug.: ㊸ [desp]**edir**]

des•pe•gar *v.t.d.* e *p.* **1.** Desunir(-se), descolar(-se), desapegar(-se). **2.** Tornar(-se) menos afeiçoado. [Conjug.: ⑪ [despe]**gar**]

des•pei•ta•do *adj.* **1.** Que tem despeito. **2.** Desavindo. **3.** Irritado, zangado. • *sm.* **4.** Indivíduo despeitado.

des•pei•tar *v.t.d.* **1.** Causar despeito a; amuar. *P.* **2.** Amuar-se, irritar-se. [Conjug.: ① [despeit]**ar**]

des•pei•to *sm.* Desgosto misto de raiva, por decepção ou pelo amor-próprio ferido. ◆ **A despeito de.** Apesar de; não obstante.

des•pe•jar *v.t.d.* **1.** Livrar de obstáculo; desobstruir. **2.** Desocupar; evacuar. **3.** Entornar, vazar. **4.** Vazar o conteúdo de. **5.** Promover o despejo (2) de. **6.** *Bras. Gír.* Esvaziar bebendo. *T.d.i.* **7.** Lançar com ímpeto: *Despejou toda sua fúria no amigo. Int.* **8.** Deixar a casa, o lugar; sair. **9.** Deixar-se lançar ou derramar(-se). *P.* **10.** Despejar (9). [Conjug.: ① [despej]**ar**] § **des•pe•ja•do** *adj.*

des•pe•jo (ê) *sm.* **1.** Ato ou efeito de despejar. **2.** Desocupação compulsória de imóvel.

des•pen•car *v.t.d.* **1.** *Bras.* Separar (sobretudo bananas) da penca ou cacho. *Int.* **2.** Cair desastradamente de grande altura. **3.** Sofrer grande queda (moeda, bolsa de valores, etc.). *T.c.* **4.** Despencar (2). **5.** *Bras.* Vir ou ir (de/para lugar muito distante ou de difícil acesso). **6.** *Bras.* Chegar. *P.* **7.** Pôr-se a correr desabaladamente. **8.** *Bras.* Despencar (5). [Conjug.: ⑧ [despen]**car**]

des•pen•der *v.t.d.* **1.** Fazer despesa de; gastar. **2.** Gastar, consumir. *Int.* **3.** Fazer despesa(s); gastar. [Conjug.: ② [despend]**er**]

des•pen•du•rar *v.t.d.* Tirar do lugar (o que estava pendurado). [Conjug.: ① [despendur]**ar**]

des•pe•nha•dei•ro *sm.* **1.** V. *precipício* (1). **2.** Perigo ou grande desgraça.

des•pe•nhar *v.t.d.* e *p.* Lançar(-se) ou precipitar(-se) de grande altura. [Conjug.: ① [despenh]**ar**]

des•pen•sa *sf.* Compartimento da casa, etc., onde se guardam mantimentos.

des•pen•sei•ro *sm.* O encarregado da despensa.

des•pen•te•ar *v.t.d.* e *p.* **1.** Desmanchar o penteado de, ou o próprio penteado. **2.** Desarrumar(-se). [Conjug.: ⑩ [despent]**ear**] § **des•pen•te•a•do** *adj.*

des•per•ce•ber *v.t.d.* **1.** Não perceber; não notar. *P.* **2.** V. *desprevenir* (2). [Conjug.: ② [desperceb]**er**]

des•per•ce•bi•do *adj.* Que não se viu ou não se ouviu.

des•per•di•çar *v.t.d.* **1.** Gastar sem proveito, ou em excesso; esbanjar, esperdiçar. **2.** Desaproveitar. [Conjug.: ⑨ [desperdi]**çar**] § **des•per•di•ça•men•to** *sm.*

des•per•di•ça•do *adj.* **1.** Gasto sem proveito; esbanjado. **2.** Que gasta muito, que desperdiça.

des•per•dí•ci:o *sm.* **1.** Ato ou efeito de desperdiçar; desperdiçamento. **2.** Desaproveitamento, extravio; perda.

des•per•so•na•li•zar *v.t.d.* **1.** Mudar a personalidade, o caráter de. *P.* **2.** Proceder em desacordo com o próprio caráter. [Conjug.: ① [despersonaliz]**ar**]

des•per•su:a•dir *v.t.d.* e *p.* Dissuadir(-se). [Conjug.: ③ [despersuad]**ir**]

des•per•ta•dor (ô) *adj.* **1.** Que desperta. • *sm.* **2.** Aquele ou aquilo que desperta. **3.** Relógio com dispositivo que soa em hora determinada.

des•per•tar *v.t.d.* **1.** Tirar do sono; acordar, espertar. **2.** Excitar, estimular. **3.** Dar origem a. *T.d.i.* **4.** Tirar, arrancar. **5.** Provocar, causar. *Pred.* **6.** Acordar em certo estado ou condição. *Int.* **7.** Sair do sono; acordar, espertar. **8.** Aparecer, mostrar-se. *P.* **9.** Acordar, espertar. [Conjug.: ① [despert]**ar**]; part.: *despertado* e *desperto*] • *sm.* **10.** Ato de despertar.

des•per•to *adj.* Que despertou; acordado.

des•pe•sa (ê) *sf.* O que se despende. [V. *gasto* (2).]

des•pe•ta•lar *v.t.d.* e *p.* Arrancar as pétalas a, ou perdê-las. [Conjug.: ① [despetal]**ar**]

des•pi•car *v.t.d.* e *p.* Desforrar(-se), vingar(-se). [Conjug.: ⑧ [despi]**car**]

des•pi•ci•en•do *adj.* Desprezível.

des•pi•do *adj.* **1.** Sem vestuário; nu. **2.** Livre, isento.

des•pi•que *sm.* Ato de despicar(-se).

des•pir *v.t.d.* **1.** Tirar a roupa a; desvestir. **2.** Tirar do corpo (a roupa). **3.** Despojar de folhagem. **4.** Deixar ou pôr de lado; abandonar. *P.* **5.** Desnudar-se. **6.** Despojar (4). [Conjug.: ㊿ [d]e[sp]**ir**]

des•pis•tar *v.t.d.* **1.** Fazer perder a pista; desnortear. **2.** Iludir, desfazendo as suspeitas. [Conjug.: ① [despist]**ar**]

des•plan•te sm. Audácia, atrevimento.

des•plu•mar v.t.d. Tirar as plumas a; depenar. [Conjug.: 1 (desplum)**ar**]

des•po•ja•do adj. 1. Que a si mesmo se despojou. 2. V. desprendido.

des•po•jar v.t.d. 1. Roubar; saquear. 2. Privar da posse. P. 3. Privar-se. 4. Largar, abandonar. [Conjug.: 1 (despoj)**ar**] § **des•po•ja•men•to** sm.

des•po•jo (ô) sm. 1. Presa (2). 2. O que caiu ou se arrancou, tendo servido de revestimento ou adorno. [Pl.: –pojos (ó).]

des•po•jos (ó) sm.pl. Restos (2).

des•pol•par v.t.d. Tirar a polpa a. [Conjug.: 1 (despolp)**ar**]

des•po•lu•ir v.t.d. 1. Eliminar (de determinado meio) os elementos que o poluem. 2. Fazer cessar a poluição de. P. 3. Livrar-se da poluição. [Conjug.: 49 (despol)**uir**]

des•pon•tar v.t.d. 1. Gastar a ponta a; embotar. 2. Ocorrer, lembrar. Int. 3. Surgir; nascer. [Conjug.: 1 (despont)**ar**]

des•por•te (ô) sm. V. esporte (1).

des•por•to (ô) sm. V. esporte (1). [Pl.: –portos (ó).]

des•po•sar v.t.d. 1. Contrair esponsais com; esposar. 2. Fazer casar. T.d.i. 3. Desposar (2). P. 4. Contrair esponsais; casar(-se). [Conjug.: 1 (desposa)**ar**]

dés•po•ta s2g. Tirano.

des•pó•ti•co adj. Próprio de déspota; tirânico.

des•po•tis•mo sm. 1. Autoridade ou ato de déspota. 2. Sistema de governo fundado no poder de dominação sem freios.

des•po•vo•a•do adj. 1. Que não é povoado; deserto. • sm. 2. Lugar sem casas ou habitantes.

des•po•vo•ar v.t.d. e p. Privar de habitantes, ou ficar sem eles; desolar(-se). [Conjug.: 13 (despov)**oar**] § **des•po•vo•a•men•to** sm.

des•pra•zer v.t.i. e int. 1. Desagradar(-se). [Conjug.: 32 (des)**prazer**] • sm. 2. Desagrado.

des•pre•ca•tar•se v.p. V. desprevenir (2). [Conjug.: 1 (desprecat)**ar**[-se]]

des•pre•gar v.t.d. 1. Arrancar (o que estava pregado); descravar. 2. Desviar, apartar. P. 3. Desprender-se, soltar-se. [Conjug.: 11 (despre)**gar**] § **des•pre•ga•do** adj.

des•pre•gui•çar•se v.p. Espreguiçar-se. [Conjug.: 9 (despregui)**çar**[-se]]

des•pren•der v.t.d. e p. Soltar(-se) (o que estava preso); desligar(-se). [Conjug.: 2 (desprend)**er**]

des•pren•di•do adj. Que tem ou denota desprendimento, abnegação, desinteresse; despojado.

des•pren•di•men•to sm. Ato ou efeito de desprender(-se), sobretudo das coisas materiais; abnegação, desinteresse.

des•pre•o•cu•pa•ção sf. Estado de quem se acha ou é despreocupado. [Pl.: –ções.]

des•pre•o•cu•par v.t.d. e p. Livrar(-se) ou isentar(-se) de preocupação. [Conjug.: 1 (despreocup)**ar**] § **des•pre•o•cu•pa•do** adj.

des•pre•pa•ro sm. Falta de preparo, desgoverno.

des•pres•ti•gi•ar v.t.d. e p. Tirar o prestígio a, ou perdê-lo. [Conjug.: 1 (desprestigi)**ar**]

des•pres•tí•gi:o sm. Falta de prestígio.

des•pre•ten•são sf. Falta de pretensão; modéstia. [Pl.: –sões.]

des•pre•ten•si•o•so (ô) adj. Sem pretensão; modesto. [Pl.: –osos (ó).]

des•pre•ve•ni•do adj. 1. Não prevenido. 2. Pop. Sem dinheiro no bolso, ou disponível.

des•pre•ve•nir v.t.d.i. 1. Não prevenir. P. 2. Ser imprevidente; desprecatar-se, desperceber-se. [Conjug.: 54 (desprev)**e**[n]**ir**]

des•pre•zar v.t.d. 1. Ter ou sentir desprezo por. 2. Não fazer caso de. 3. Não levar em conta. [Conjug.: 1 (desprez)**ar**]

des•pre•zí•vel adj2g. Digno de desprezo; despiciendo. [Pl.: –veis.]

des•pre•zo (ê) sm. 1. Falta de apreço; desdém. 2. Repulsa com nojo.

des•pri•mor (ô) sm. Falta de primor, de cortesia.

des•pri•mo•ro•so (ô) adj. Falto de primor. [Pl.: –rosos (ó).]

des•pro•por•ção sf. 1. Falta de proporção. 2. Descomedimento. [Pl.: –ções.]

des•pro•por•ci•o•na•do adj. Em que há desproporção; desproporcional.

des•pro•por•ci•o•nal adj2g. Desproporcionado. [Pl.: –nais.]

des•pro•po•si•ta•do adj. Que não tem propósito.

des•pro•po•si•tar v.int. V. disparatar. [Conjug.: 1 (despropositar)**ar**]

des•pro•pó•si•to sm. 1. Falta de propósito; destempero, descomedimento. 2. V. asneira. 3. Bras. Quantidade enorme.

des•pro•te•ger v.t.d. Faltar com, ou retirar a proteção a; desamparar. [Conjug.: 36 (desprote)**ger**]

des•pro•vei•to sm. Prejuízo, detrimento.

des•pro•ver v.t.d. 1. Tirar as provisões a. 2. Recusar as provisões necessárias a. T.d.i. 3. Privar (de provisões, ou coisas necessárias). [Conjug.: 25 (des)**prover**]

des•pro•vi•do adj. 1. Falto de provisões. 2. Privado de recursos; desprevenido.

des•pu•dor (ô) sm. Falta de pudor.

des•pu•do•ra•do adj. Falto de pudor.

des•qua•li•fi•ca•do adj. e sm. Desclassificado (2 e 3).

des•qua•li•fi•car v.t.d. 1. Tirar as boas qualidades a, ou fazer perdê-las. 2. Excluir de um torneio ou certame. P. 3. Tornar-se inapto, indigno; inabilitar-se. [Conjug.: ⑧ [desqualifi]**car**] § **des·qua·li·fi·ca·ção** *sf.*

des·qui·ta·do *adj.* e *sm.* Diz-se de, ou aquele que se desquitou.

des·qui·tar *v.t.d.* e *p.* Separar ou separar-se (os cônjuges) por desquite. [Conjug.: ① [desquit]**ar**]

des·qui·te *sm.* Dissolução de sociedade conjugal, pela qual se separam os cônjuges e seus bens sem quebra do vínculo matrimonial.

des·ra·ti·zar *v.t.d.* Eliminar os ratos de (algum lugar). [Conjug.: ① [desratiz]**ar**] § **des·ra·ti·za·ção** *sf.*

des·re·gra·do *adj.* 1. Sem regra. 2. Perdulário, dissipador. 3. Devasso, libertino.

des·re·gra·men·to *sm.* 1. Falta de regra; descomedimento. 2. Dissolução (4), licenciosidade. 3. Desgoverno.

des·re·grar-se *v.p.* Afastar-se da regra ou da ordem estabelecida; tornar-se inconveniente, desgovernar-se, desmandar-se. [Conjug.: ① [desregr]**ar**[-se]]

des·res·pei·tar *v.t.d.* 1. Faltar com o respeito a; desacatar. 2. Transgredir, violar. 3. Perturbar. [Conjug.: ① [desrespeit]**ar**]

des·res·pei·to *sm.* Falta de respeito; desacato.

des·res·pei·to·so (ô) *adj.* Não respeitoso. [Pl.: *–tosos* (ó).]

des·se (ê) contr. da prep. *de* com o pron. *esse.*

des·se·car *v.t.d.* e *p.* 1. Tornar(-se) seco. 2. Tornar(-se) duro, insensível. [Conjug.: ⑧ [desse]**car**. Cf. *dissecar*.]

des·se·den·tar *v.t.d.* e *p.* Matar a sede a, ou a própria sede. [Conjug.: ① [dessedent]**ar**]

des·se·me·lhan·ça *sf.* Falta de semelhança; desigualdade.

des·se·me·lhan·te *adj2g.* Não semelhante; diferente.

des·sen·tir *v.t.d.* Perder o sentimento de; deixar de sentir. [Conjug.: ㊾ [dess]e[nt]**ir**. Cf. *dissentir*.]

des·ser·vi·ço *sm.* Mau serviço.

des·ser·vir *v.t.d.* 1. Fazer desserviço a. *Int.* 2. Não servir. [Conjug.: ㊾ [dess]e[rv]**ir**]

des·sol·dar *v.t.d.* 1. Tirar a solda a. *P.* 2. Despregar-se (o que estava soldado). [Conjug.: ① [dessold]**ar**]

des·so·rar *v.t.d.* e *p.* 1. Converter(-se) em soro (ô). 2. Enfraquecer(-se). [Conjug.: ① [dessor]**ar**]

des·ta·bo·ca·do *adj. Bras. Fam.* 1. Adoidado. 2. Destemido.

des·ta·ca·men·to *sm.* Grupamento de unidades ou partes de unidades do exército, sob comando único, em caráter temporário e missão tática definida.

des·ta·car *v.t.d.* 1. Enviar (tropas) em destacamento. 2. Separar, apartar. 3. Fazer sobressair. *P.* 4. Separar-se. 5. Sobressair, distinguir-se. [Conjug.: ⑧ [desta]**car**]

des·ta·cá·vel *adj2g.* Que se pode destacar. [Pl.: *–veis.*]

des·tam·par *v.t.d.* Tirar a tampa ou o tampo a; destapar. [Conjug.: ① [destamp]**ar**] § **des·tam·pa·do** *adj.*

des·tam·pa·tó·ri·o *sm. Bras.* 1. Discussão muito acesa. 2. V. *descompostura*.

des·ta·par *v.t.d.* Destampar. [Conjug.: ① [destap]**ar**] § **des·ta·pa·do** *adj.*

des·ta·que *sm.* 1. Qualidade ou estado do que sobressai, ou se destaca. 2. Realce, relevo. 3. Figura ou assunto de destaque.

des·tar·te *adv.* Por essa forma; assim.

des·te (ê) Contr. da prep. *de* com o pron. *este.*

des·te·lhar *v.t.d.* Tirar as telhas de (uma edificação). [Conjug.: ① [destelh]**ar**]

des·te·mi·do *adj.* Sem temor; intrépido.

des·te·mor (ô) *sm.* Falta de temor; intrepidez.

des·tem·pe·ra·do *adj.* 1. Que se destemperou. 2. Desregrado, descomedido; descontrolado. 3. Despropositado. • *sm.* 4. Indivíduo destemperado (2 e 3).

des·tem·pe·ran·ça *sf.* Intemperança.

des·tem·pe·rar *v.t.d.* 1. Fazer perder a têmpera. 2. Diminuir a têmpera ou a força a. 3. Tornar menos acentuado o sabor de. 4. Enfraquecer (tinta), diluindo-a em água. 5. Tornar descomedido. *Int.* e *p.* 6. Perder a têmpera. 7. V. *descomedir-se*. [Conjug.: ① [destemper]**ar**]

des·tem·pe·ro (ê) *sm.* 1. Ação absurda; disparate. 2. V. *despropósito* (1).

des·ter·rar *v.t.d.* Fazer sair da terra, do país; banir. [Conjug.: ① [desterr]**ar**] § **des·ter·ra·do** *adj.* e *sm.*

des·ter·ro (ê) *sm.* 1. Ato de desterrar(-se); banimento. 2. Pena de desterro. 3. Lugar onde vive o desterrado.

des·ti·la·ção *sf.* 1. Ação de destilar. 2. Destilaria. [Pl.: *–ções.*]

des·ti·la·dor (ô) *adj.* 1. Que destila. • *sm.* 2. Alambique.

des·ti·lar *v.t.d.* 1. Passar diretamente (uma substância) do estado líquido ao gasoso, e depois de novo ao líquido, por condensação do vapor obtido. *Int.* e *t.c.* 2. Cair ou escorrer gota a gota. [Conjug.: ① [destil]**ar**]

des·ti·la·ri·a *sf.* Estabelecimento onde se destila.

des·ti·na·ção *sf.* 1. Ato de destinar(-se). 2. Direção, destino. [Pl.: *–ções.*]

des·ti·nar *v.t.d.i.* 1. Reservar (para determinado fim). *P.* 2. Dedicar-se; consagrar-se. [Conjug.: ① [destin]**ar**]

des·ti·na·tá·ri·o *sm.* Aquele a quem se destina ou se remete algo.

des·tin·gir *v.t.d.* e *p.* Tirar a cor ou a tinta a, ou perdê-la. [Conjug.: ㊺ [destin]**gir**] § **des·tin·gi·do** *adj.*

des•ti•no *sm.* 1. Sucessão de fatos que podem ou não ocorrer, e que constituem a vida do homem, considerados como resultantes de causas independentes de sua vontade; sorte, fado. 2. O futuro. 3. Aplicação, emprego. 4. Lugar aonde se dirige alguém ou algo; direção.

des•ti•tu•ir *v.t.d.* 1. Privar de autoridade, dignidade ou emprego; exonerar, demitir. *T.d.i.* 2. Privar. 3. Demitir. *P.* 4. Privar-se. [Conjug.: 49 [destit]uir] § des•ti•tu•i•ção *sf.*

des•to•ar *v.int.* 1. Desentoar, desafinar. 2. Soar mal. *T.i.* 3. Discordar. 4. Não condizer; não ser adequado. [Conjug.: 13 [dest]oar] § des•to•an•te *adj2g.*

des•to•car *v.t.d.* Arrancar os tocos de (árvores). [Conjug.: 8 [desto]car]

des•tor•cer *v.t.d.* 1. Desfazer a torcedura a. 2. Virar ou voltar para o lado oposto. [Conjug.: 34 [destor]cer. Cf. *distorcer*.]

des•tra (ê) *sf.* A mão direita.

des•tram•be•lha•do *adj. e sm.* 1. Diz-se de, ou indivíduo desorganizado. 2. Diz-se de, ou indivíduo adoidado.

des•tram•be•lhar *v.int.* 1. Escangalhar(-se). *P.* 2. Proceder como destrambelhado. [Conjug.: 1 [destrambelh]ar]

des•tran•car *v.t.d.* Tirar a(s) tranca(s) a. [Conjug.: 8 [destran]car]

des•tran•çar *v.t.d.* Desfazer as tranças de; desnastrar. [Conjug.: 9 [destran]çar]

des•tra•tar *v.t.d. Bras.* Maltratar com palavras; insultar. [Conjug.: 1 [destrat]ar. Cf. *distratar*.]

des•tra•var *v.t.d.* 1. Desprender do travão ou das travas. 2. Soltar. *P.* 3. Soltar-se. [Conjug.: 1 [destrav]ar]

des•tre•za (ê) *sf.* 1. Qualidade de destro. 2. Agilidade de mãos e de todos os movimentos. 3. Habilidade, aptidão.

des•trin•çar ou **des•trin•char** (*Bras.*) *v.t.d.* 1. Separar os fios de. 2. V. *esmiuçar* (3). [Conjug.: 9 [destrin]çar]

des•tri•par *v.t.d.* Estripar. [Conjug.: 1 [destri]p]ar]

des•tro (ê) *adj.* 1. Direito (1). 2. Que fica do lado direito. 3. Ágil, desembaraçado. 4. Hábil de movimentos. 5. Sagaz, astuto.

des•tro•car *v.t.d.* Desfazer a troca de. [Conjug.: 8 [destro]car]

des•tro•çar *v.t.d.* 1. Pôr em debandada; dispersar. 2. Desbaratar (3). 3. Despedaçar. 4. Arruinar. [Conjug.: 9 [destro]çar]

des•tro•ço (ó) *sm.* 1. Ato ou efeito de destroçar. 2. O que está destroçado, partido; ruínas. 3. Resto(s); fragmento(s). [Nesta acepç. mais us. no pl.: *destroços* (ó).]

des•trói•er *sm. Bras. Mar. G. Desus.* Contratorpedeiro.

des•tro•nar *v.t.d.* 1. Derribar do trono. 2. *Fig.*

Abater, humilhar. [Conjug.: 1 [destron]ar] § des•tro•na•men•to *sm.*

des•tron•car *v.t.d.* 1. Separar do tronco; decepar. 2. *Pop.* Desarticular (2). [Conjug.: 8 [destron]car]

des•tru•i•dor (ô) *adj. e sm.* V. *destrutivo.*

des•tru•ir *v.t.d.* 1. Demolir, arruinar (o que estava construído). 2. Extinguir. 3. V. *arrasar* (4). 4. Matar. *Int.* 5. *Bras. Gír.* Apresentar ótimo desempenho. [Conjug.: 49 Var. A [destr]uir. V. tb. *construir*.] § des•tru•i•ção *sf.*

des•tru•tí•vel *adj2g.* Que pode ser destruído. [Pl.: –veis.]

des•tru•ti•vo *adj. e sm.* Que ou aquele que destrói; destruidor.

de•su•ma•ni•da•de *sf.* 1. Falta de humanidade; crueldade. 2. Ato desumano.

de•su•ma•no *adj.* 1. Não humano; desnaturado. 2. Bárbaro, cruel.

de•su•ni•ão *sf.* 1. Falta ou ausência de união. 2. Desavença, discórdia. [Pl.: –ões.]

de•su•nir *v.t.d. e p.* Desfazer a união de, ou a própria união; separar(-se), desagregar(-se). [Conjug.: 3 [desun]ir]

de•su•sa•do *adj.* 1. Que não é usado. 2. Que está fora de uso; obsoleto, antiquado.

de•su•so *sm.* Falta de uso, emprego ou aplicação, ou de hábito.

des•vai•ra•men•to *sm.* 1. Desvario. 2. Desorientação, desnorteamento.

des•vai•rar *v.t.d. e p.* 1. Fazer cair ou cair em desvario; enlouquecer. 2. Tornar(-se) exaltado; enfurecer(-se). 3. V. *desvairar*. [Conjug.: 1 [desvair]ar] § des•vai•ra•do *adj.*

des•va•li•a *sf.* Falta de valia.

des•va•li•do *adj.* 1. Sem valimento ou valia. 2. Desamparado ou desgraçado.

des•va•li•o•so (ó) *adj.* Não valioso. [Pl.: –osos (ó).]

des•va•lor (ô) *sm.* Falta de valor.

des•va•lo•ri•zar *v.t.d. e p.* Tirar o valor a, ou perder o valor; depreciar(-se). [Conjug.: 1 [desvaloriz]ar] § des•va•lo•ri•za•ção *sf.*

des•va•ne•cer *v.t.d.* 1. Dissipar; extinguir. 2. Aliviar (dor ou processo inflamatório). 3. Envaidecer. *P.* 4. Desfazer-se. 5. Desbotar-se. 6. Envaidecer-se. [Conjug.: 34 [desvane]cer] § des•va•ne•ci•do *adj.*; des•va•ne•ci•men•to *sm.*

des•van•ta•gem *sf.* Falta de vantagem; inferioridade. [Pl.: –gens.]

des•van•ta•jo•so (ô) *adj.* Não vantajoso. [Pl.: –josos (ó).]

des•vão *sm.* 1. Espaço entre o telhado e o forro de uma casa. 2. Recanto escuso; esconderijo. [Pl.: –vãos.]

des•va•ri•o *sm.* Ato de loucura; desvairamento.

des•ve•lar¹ *v .t.d.* 1. Não deixar dormir. *P.* 2. Encher-se de zelo, de cuidados. [Conjug.: 1 [desvel]ar] § des•ve•la•do¹ *adj.*

des•ve•lar² *v .t.d.* e *p.* Dar(-se) a conhecer; revelar(-se). [Conjug.: ⬜ [desvel]**ar**] § **des•ve•la•do²** *adj.*

des•ve•lo (ê) *sm.* 1. Grande cuidado; dedicação. 2. O objeto de desvelo (1).

des•ven•ci•lhar *v.t.d.* e *p.* Soltar(-se), desprender(-se). [Conjug.: ⬜ [desvencilh]**ar**]

des•ven•dar *v.t.d.* 1. Tirar a venda dos olhos de. 2. Destapar, tirando a venda. 3. Revelar. [Conjug.: ⬜ [desvend]**ar**]

des•ven•tu•ra *sf.* Desdita, infortúnio.

des•ven•tu•ra•do *adj.* e *sm.* Infeliz, desditoso.

des•ves•tir *v.t.d.* 1. Despir. 2. Tirar do corpo (o vestuário ou parte dele). *P.* 3. Despir-se. [Conjug.: ⬜ [desv]e[st]**ir**]

des•vi•ar *v.t.d.* 1. Mudar a direção de. 2. Afastar do ponto onde se encontrava. 3. Alterar o destino ou aplicação de. *P.* 4. Afastar-se. [Conjug.: ⬜ [desvi]**ar**]

des•vin•car *v.t.d.* Tirar vinco(s) a; alisar. [Conjug.: ⬜ [desvin]**car**]

des•vin•cu•lar *v.t.d.* 1. Desatar ou desligar (o que estava vinculado). 2. Liberar (bens que constituíam vínculo). *T.d.i.* 3. Desvincular (1). *P.* 4. *Fig.* Desligar-se. [Conjug.: ⬜ [desvincul]**ar**]

des•vi:o *sm.* 1. Ato ou efeito de desviar(-se) da posição normal. 2. Sinuosidade, curva. 3. Subtração fraudulenta; furto.

des•vi•rar *v.t.d.* 1. Fazer voltar à posição normal (o que estava virado). 2. Virar do avesso. *P.* 3. Voltar à posição normal. 4. *Bras. Fig.* Dar o máximo de si em algo. [Conjug.: ⬜ [desvir]**ar**]

des•vir•gi•nar *v.t.d.* Tirar a virgindade a; violar. [Conjug.: ⬜ [desvirgin]**ar**]

des•vir•tu•ar *v.t.d.* 1. Depreciar a virtude, o merecimento, de. 2. Julgar desfavoravelmente. 3. Tomar em mau sentido. [Conjug.: ⬜ [desvirtu]**ar**] § **des•vir•tu:a•men•to** *sm.*

des•vi•ta•li•zar *v.t.d.* Privar da vitalidade. [Conjug.: ⬜ [desvitaliz]**ar**]

de•ta•lhar *v.t.d.* Narrar minuciosamente; particularizar. [Conjug.: ⬜ [detalh]**ar**]

de•ta•lhe *sm.* Particularidade, pormenor.

de•tec•ção *sf.* 1. Ato ou efeito de detectar. 2. *Eletrôn.* Demodulação. [Pl.: *–ções.*]

de•tec•tar *v.t.d.* 1. Revelar ou perceber a existência de. 2. Tornar perceptível ao ouvido ou à vista; revelar. 3. *Eletrôn.* Fazer a detecção ou demodulação de. [Conjug.: ⬜ [detect]**ar**]

de•tec•tor (ô) *sm. Eletrôn.* Demodulador.

de•tec•ti•ve ou **de•te•ti•ve** *sm.* Agente investigador de crimes.

de•ten•ça *sf.* Demora, delonga.

de•ten•to *sm. Bras.* V. *prisioneiro* (1).

de•ten•tor (ô) *sm.* Aquele que detém.

de•ter *v.t.d.* 1. Fazer cessar; interromper. 2. Fazer demorar; reter. 3. Suspender, suster. 4.

Conservar em seu poder. 5. Determinar a prisão provisória de. *P.* 6. Cessar de andar. 7. Ocupar-se longamente. 8. Conter-se, reprimir-se. [Conjug.: ⑤ [de]**ter**] § **de•ten•ção** *sf.*

de•ter•gen•te *adj2g.* e *sm.* Diz-se de, ou substância que deterge ou purifica.

de•ter•gir *v.t.d.* Limpar por meio de substância ou ingredientes químicos. [Conjug.: ㊽ [det]**ergir**] Defect., ger. só se usa nas 3ᵃˢ pess.]

de•te•ri:o•rar *v.t.d.* 1. Danificar, estragar. 2. Corromper (1). 3. Desperdiçar. *P.* 4. Danificar-se. 5. Corromper (5). 6. Agravar-se; complicar-se. [Conjug.: ⬜ [deterior]**ar**] § **de•te•ri:o•ra•ção** *sf.*

de•ter•mi•na•ção *sf.* 1. Ato ou efeito de determinar(-se). 2. Resolução, decisão. 3. Capacidade de decisão. [Pl.: *–ções.*]

de•ter•mi•na•do *adj.* 1. Que se determinou. 2. Resoluto, decidido. 3. Expedito; rápido. • *pron. indef.* 4. V. *certo* (7).

de•ter•mi•nan•te *adj2g* . 1. Que determina; determinador. • *sm.* 2. *Mat.* Função algébrica racional inteira dos elementos de uma matriz quadrada de ordem *n*, que se obtém formando todos os produtos de *n* elementos, de modo que, em cada um deles, apareça uma e somente uma vez um elemento de qualquer das linhas e qualquer das colunas, e atribuindo ao produto o sinal mais (+) ou o sinal menos (-), conforme seja par ou ímpar o número de inversões na ordem dos elementos que o constituem.

de•ter•mi•nar *v.t.d.* 1. Marcar termo a; delimitar; fixar. 2. Definir, precisar. 3. Ordenar. 4. Motivar. 5. Especificar. 6. Fixar, assentar. *P.* 7. Decidir-se. [Conjug.: ⬜ [determin]**ar**]

de•ter•mi•nis•mo *sm. Filos.* Conexão rigorosa entre os fenômenos (naturais ou humanos), de modo que cada um deles é completamente condicionado pelos que o precederam.

de•tes•tar *v.t.d.* 1. Ter horror ou aversão a; odiar. *P.* 2. Ter aversão recíproca, ou a si mesmo; odiar-se. [Conjug.: ⬜ [detest]**ar**]

de•tes•tá•vel *adj2g.* 1. Que se deve destestar. 2. Péssimo. [Pl.: *–veis.*]

de•ti•do *adj.* 1. Que se deteve. 2. Demorado. 3. Que está preso provisoriamente. • *sm.* 4. Indivíduo detido (3). 5. Prisioneiro (1).

de•to•na•ção *sf.* 1. Ato ou efeito de detonar; disparo (2). 2. Ruído súbito devido à explosão. [Pl.: *–ções.*]

de•to•nar *v.t.d.* 1. Fazer explodir (projétil, bomba, etc.). 2. Disparar (arma de fogo). 3. Dar início a, com alarde. 4. *Fig.* Dar fim a; acabar. *Int.* 5. Estrondar, explodindo. [Conjug.: ⬜ [deton]**ar**]

de•tra•ção *sf.* 1. Maledicência, difamação. 2. Menosprezo, depreciação. [Pl.: *–ções.*]

de•tra•ir *v.t.d.* Dizer mal de; difamar, detratar (*bras.*). [Conjug.: 38 [detr]**air**]

de•trás *adv.* **1.** Na parte posterior. **2.** Depois.

de•tra•tar *v.t.d. Bras.* V. *detrair.* [Conjug.: 1 [detrat]**ar**]

de•tra•tor (ô) *sm.* Quem detrai ou detrata.

de•tri•men•to *sm.* Dano, prejuízo.

de•tri•to *sm.* Resíduo de uma substância; restos.

de•tur•par *v.t.d.* **1.** Tornar torpe, feio; desfigurar. **2.** Manchar, conspurcar. **3.** Adulterar. *P.* **4.** Modificar-se, adulterar-se. [Conjug.: 1 [deturp]**ar**] § **de•tur•pa•ção** *sf.*; **de•tur•pa•dor** (ô) *adj. e sm.*

deus *sm.* **1.** Ser infinito, perfeito, criador do Universo. [Com inicial maiúscula.] **2.** Nas religiões politeístas, divindade masculina superior aos homens, e senhora dos destinos da vida.

deu•sa *sf.* **1.** Cada uma das divindades femininas do politeísmo. **2.** Mulher belíssima.

deu•té•ri:o *sm . Quím.* Isótopo do hidrogênio com um próton e um nêutron no núcleo atômico.

dêu•te•ron *sm . Fís. Part.* Núcleo composto de um próton e um nêutron.

de•va•gar *adv.* Sem pressa; lentamente. [Cf. *divagar.*]

de•va•ne•ar *v.t.d.* **1.** Pensar em (coisas vãs). **2.** Pensar vagamente em. *T.i.* **3.** Devanear (1 e 2). *Int.* **4.** Divagar (3). **5.** Delirar, desvairar. [Conjug.: 10 [devan]**ear**] § **de•va•ne:a•dor** *adj. e sm.*

de•va•nei•o *sm.* Capricho da imaginação; sonho, fantasia.

de•vas•sa *sf.* Sindicância, inquérito.

de•vas•sar *v.t.d.* **1.** Invadir e pôr a descoberto (o que estava defeso). **2.** Tentar descobrir. **3.** Ter vista para dentro de. **4.** Submeter a devassa. [Conjug.: 1 [devass]**ar**] § **de•vas•sa•do** *adj.*

de•vas•si•dão *sf.* Caráter, procedimento, vida de devasso. [Pl.: *–dões.*]

de•vas•so *adj. e sm.* Diz-se de, ou homem dissoluto, libertino.

de•vas•tar *v.t.d.* **1.** V. *arrasar* (4). **2.** Tornar deserto; despovoar. [Conjug.: 1 [devast]**ar**] § **de•vas•ta•ção** *sf.*; **de•vas•ta•dor** (ô) *adj. e sm.*

de•ve *sm. Cont.* Débito.

de•ve•dor (ô) *adj.* **1.** Que deve. **2.** Que constitui débito. • *sm.* **3.** Aquele que deve.

de•ver *v.t.d.* **1.** Ter obrigação de. **2.** Estar na obrigação de pagar, de restituir. **3.** Ter de; precisar. *T.d.i.* **4.** Dever (2). **5.** Estar em agradecimento por. *Int.* **6.** Ter dívidas ou deveres. [Conjug.: 2 [dev]**er**] • *sm.* **7.** Obrigação; tarefa. **8.** Obrigação moral.

de•ve•ras *adv.* A valer; realmente; muito.

de•ver•bal *adj2g. e sm. Gram.* Diz-se de, ou

substantivo que é derivado regressivo de verbo. Ex.: *compra*, de *comprar.* [Pl.: *–bais.*]

de•vo•ção *sf.* **1.** Ato de dedicar-se ou consagrar-se a alguém ou entidade. **2.** Fervor religioso. [Pl.: *–ções.*]

de•vo•lu•to *adj.* Desocupado, desabitado.

de•vol•ver *v.t.d.i.* **1.** Mandar ou dar de volta (o que fora entregue, remetido, esquecido, etc.); restituir. **2.** Transferir (a outrem um direito ou propriedade). *T.d.* **3.** Devolver (1). **4.** Não aceitar. **5.** Replicar. **6.** Refletir. **7.** *Bras. Pop.* Vomitar. [Conjug.: 2 [devolv]**er**]

de•vo•ni•a•no *sm .* Período (5) que se caracteriza pelo aparecimento de animais marinhos moluscóides, insetos e peixes.

de•vo•rar *v.t.d.* **1.** Engolir de uma só vez; comer avidamente. **2.** Destruir, dissipar. **3.** Ler muito rapidamente. **4.** Atormentar, consumir. [Conjug.: 1 [devor]**ar**] § **de•vo•ra•dor** (ô) *adj.*

de•vo•tar *v.t.d.i.* **1.** Oferecer em voto (1). **2.** Dedicar. *P.* **3.** Dedicar-se, consagrar-se. [Conjug.: 1 [devot]**ar**] § **de•vo•ta•do** *adj.*; **de•vo•ta•men•to** *sm.*

de•vo•to *adj.* **1.** Piedoso. **2.** Dedicado, devotado. • *sm.* **3.** Aquele que é devoto.

dez (é) *num.* **1.** Quantidade que é uma unidade maior que 9. **2.** Número (1) correspondente a essa quantidade. [Representa-se em algarismos arábicos por 10, e em algarismos romanos, por X.] **3.** Décimo (1).

de•zem•bro *sm.* O duodécimo e último mês do ano, com 31 dias.

de•ze•na *sf.* **1.** Conjunto de dez quantidades. **2.** Decêndio.

de•ze•no•ve *num .* **1.** Quantidade que é uma unidade maior que 18. **2.** Número (1) correspondente a essa quantidade. [Representa-se em algarismos arábicos por 19, e em algarismos romanos, por XIX.]

de•zes•seis *num.* **1.** Quantidade que é uma unidade maior que 15. **2.** Número (1) correspondente a essa quantidade. [Representa-se em algarismos arábicos por 16, e em algarismos romanos, por XVI.]

de•zes•se•te *num.* **1.** Quantidade que é uma unidade maior que 16. **2.** Número (1) correspondente a essa quantidade. [Representa-se em algarismos arábicos por 17, e em algarismos romanos, por XVII.]

de•zoi•to *num.* **1.** Quantidade que é uma unidade maior que 17. **2.** Número (1) correspondente a essa quantidade. [Representa-se em algarismos arábicos por 18, e em algarismos romanos, por XVIII.]

di•a *sm.* **1.** O período de tempo em que a Terra está clara, ou o intervalo entre uma noite e outra. **2.** O período de tempo, de 24 horas, que reúne um dia (1) e uma noite (1). **3.** Ocasião própria. ◆ **Dia de Reis**. Comemoração da adoração do Menino Jesus pelos Reis Magos (Baltazar, Melchior e Gaspar); epifania. **Dia santo**. Dia consagrado ao culto religioso.

di•a-a-di•a *sm*. A sucessão dos dias; o viver cotidiano. [Pl.: *dias-a-dias*, *dia-a-dias*.]

di:a•be•te *smf*. ou **di:a•be•tes** *sm2n*. e *sf2n*. *Med*. **1**. Designação genérica de doenças que se caracterizam por grande eliminação de urina. **2**. *Impr*. Diabetes melito. ◆ **Diabetes melito**. Distúrbio do metabolismo dos açúcares. [Tb. se diz apenas *diabetes*.]

di:a•bé•ti•co *adj*. e *sm*. Diz-se de, ou aquele que tem diabetes.

di•a•bo *sm*. **1**. V. *demônio* (2 e 4). **2**. O chefe dos demônios; capeta, Demo, Demônio, Satanás, Satã, Lúcifer, sujo (*bras.*, *pop.*); diacho, tentação, tinhoso. **3**. Coisa indeterminada ou desconhecida. • *Interj*. **4**. Exprime contrariedade, perplexidade, impaciência, raiva, etc.

di:a•bó•li•co *adj*. **1**. Do, ou próprio do Diabo; demoníaco. **2**. Terrível, atroz, satânico, infernal.

di:a•bre•te (ê) *sm*. Criança travessa.

di:a•bru•ra *sf*. Travessura de criança.

di•a•cho *sm*. **1**. V. *diabo* (2). • *Interj*. **2**. Diabo (4).

di:a•co•na•to *sm*. Dignidade e/ou função de diácono.

di:á•co•no *sm*. Clérigo cuja função é inferior à do padre.

di:a•de•ma *sm*. **1**. Faixa ornamental com que os soberanos cingem a cabeça. **2**. Adorno circular que as mulheres usam no penteado.

di:á•fa•no *adj*. Que, sendo compacto, dá passagem à luz.

di:a•frag•ma *sm*. **1**. *Anat*. Largo músculo que separa a cavidade torácica da abdominal. **2**. *Fís*. Membrana elástica usada para provocar ou detectar e transmitir vibrações. **3**. Dispositivo anticoncepcional, de uso feminino, e ger. de borracha. **4**. *Fot. Cin. Telev*. Dispositivo cuja abertura regula a entrada de luz na câmera. § **di:a•frag•má•ti•co** *adj*.

di:ag•nos•ti•car *v.t.d.* Fazer o diagnóstico de. [Conjug.: 8 [diagnosti]**car**]

di:ag•nós•ti•co *sm*. Conhecimento ou determinação duma doença pelos seus sintomas, sinais e/ou exames diversos.

di:a•go•nal *adj2g*. **1**. Oblíquo, inclinado. • *sm*. **2**. Direção, linha diagonal. **3**. *Álg*. Diagonal principal. ◆ **Diagonal principal**. *Álg*. Numa matriz quadrada ou num determinante, o conjunto dos elementos que têm iguais entre si a ordem da linha e a da coluna; diagonal. [Pl.: *-nais*.]

di:a•gra•ma *sm* . Representação gráfica de determinado fenômeno. ◆ **Diagrama de energia**. *Fís*. **1**. Gráfico em que se representa a dependência funcional entre a energia de um sistema e uma coordenada deste. **2**. Diagrama simbólico em que se representam, de maneira convencional, os níveis de energia de um sistema microscópico.

di:a•gra•mar *v.t.d.* **1**. *Edit*. Determinar a disposição de (os espaços a serem ocupados pelo texto, ilustração, etc., de livro, jornal, etc.). **2**. Dispor, de acordo com estrutura predeterminada, o que vai ser impresso. [Conjug.: ▣ [diagram]**ar**] § **di:a•gra•ma•ção** *sf*.

di•al *sm*. Mostrador de um instrumento. [Pl.: *-ais*.]

di:a•lé•ti•ca *sf*. A arte do diálogo ou da discussão.

di:a•lé•ti•co *adj*. **1**. Que concerne à arte do diálogo. **2**. Diz-se de todo processo que é incessante, progressivo, movido por oposições violentas e que avança por rupturas.

di:a•le•to *sm*. Variedade regional de uma língua. § **di:a•le•tal** *adj2g*.

di:a•lo•gar *v.t.d.* e *int*. Ter ou manter diálogo. [Conjug.: 11 [dialo]**gar**]

di•á•lo•go *sm*. **1**. Fala alternada entre duas ou mais pessoas; conversação. **2**. Troca ou discussão de idéias, opiniões, etc.

di•a-luz *sm*. Distância percorrida pela luz em um dia e equivalente a 26 bilhões de quilômetros. [Pl.: *dias-luz*.]

di:a•man•te *sm*. **1**. Mineral formado de carbono puro, a mais dura e brilhante das pedras preciosas. **2**. Fragmento de diamante ou doutro cristal muito duro, fixo num cabo, e usado para cortar vidro.

di:a•man•tí•fe•ro *adj*. Diz-se de terreno onde há diamantes.

di:a•man•ti•no *adj*. De diamante, ou do que lembra pela dureza e sobretudo pelo brilho; adamantino.

di•â•me•tro *sm*. *Geom*. Numa curva, lugar geométrico dos pontos médios das cordas paralelas a uma dada direção.

di•an•te *prep*. *P. us*. Diante de. ◆ **Diante de**. Em presença de; ante.

di:an•tei•ra *sf*. O ponto mais avançado; frente; vanguarda.

di:an•tei•ro *adj*. Que está ou vai adiante.

di:a•pa•são *sm*. **1**. *Mús*. Altura relativa de um som na escala geral; tom. **2**. Pequeno objeto metálico usado para afinar os instrumentos e as vozes. **3**. Padrão, medida. [Pl.: *-sões*.]

di:a•po•si•ti•vo *sm*. Reprodução fotográfica em uma chapa transparente, apropriada para projeção.

di•á•ri:a *sf*. **1**. Receita ou despesa de cada dia. **2**. Salário por dia de trabalho. **3**. Importância paga a funcionários em viagem, para seus gastos, ou a hospitais, hotéis, etc., por dia de internamento ou de hospedagem.

di•á•ri:o *adj.* **1.** Que se faz ou sucede todos os dias; cotidiano. • *sm.* **2.** Relação do que se faz ou sucede em cada dia. **3.** Registro dessa relação; jornal. **4.** Jornal² (1).

di:a•ris•ta¹ *s2g.* Redator de jornal diário.

di:a•ris•ta² *s2g. Bras.* Trabalhador que ganha só nos dias em que trabalha, ou cujo ganho é calculado por dia.

di:ar•réi:a *sf. Med.* Evacuação freqüente de fezes líquidas e abundantes. [Sin.: *desarranjo*, *(bras., fam.) piriri, (pop.) soltura.*]

di•as *sm.pl.* Tempo de vida, de existência.

di•ás•po•ra *sf.* **1.** A dispersão dos judeus, no correr dos séculos. **2.** *P. ext.* Dispersão de povo(s) em virtude de perseguição de grupo(s) intolerante(s).

di:a•tér•mi•co *adj.* Que não restringe a passagem de calor.

di•á•te•se *sf. Med.* Distúrbio de natureza constitucional, que produz maior susceptibilidade a certas doenças.

di:a•to•má•ce:a *sf.* Bacilariófita.

di:a•tô•mi•co *adj. Quím.* Formado por dois átomos.

di:a•tô•ni•co *adj. Mús.* **1.** Diz-se de um intervalo ou de uma escala cujos sons constituivos são vizinhos e possuem nomes diferentes. **2.** Diz-se de uma escala que procede, segundo a ordem natural, numa seqüência ordenada de tons e semitons.

di:a•tri•be *sf.* Crítica acerba.

di•ca *sf. Bras. Gír.* Informação ou indicação nova ou mal conhecida.

dic•ção *sf.* **1.** Modo de dizer. **2.** A arte de dizer, de recitar. [Pl.: *-ções.*]

di•ci:o•ná•ri:o *sm.* Conjunto de vocábulos duma língua ou de termos próprios duma ciência ou arte, dispostos alfabeticamente e com os respectivos significados ou a sua versão noutra língua. [Sin.: *léxico* e (*bras., pop.*) *pai-dos-burros.*]

di•ci:o•na•ris•ta *s2g.* Autor de dicionário; lexicógrafo.

di•ci:o•na•ri•zar *v.t.d.* Incluir ou registrar em dicionário. [Conjug.: ① [dicionariz]ar] § **di•ci:o•na•ri•za•ção** *sf.*

di•co•ti•lé•do•ne *adj2g. Bot.* Dicotiledôneo.

di•co•ti•le•dô•ne:o *adj. Bot.* Com dois cotilédones; dicotilédone.

di•co•to•mi:a *sf.* Divisão de um conceito em dois elementos em geral contrários.

dic•té•ri:o *sm.* Zombaria, troça.

di•da•ta *s2g.* **1.** Pessoa que instrui. **2.** Autor de obras didáticas.

di•dá•ti•ca *sf.* A técnica de dirigir e orientar a aprendizagem.

di•dá•ti•co *adj.* **1.** Relativo ao ensino, ou próprio dele. **2.** Próprio para instruir.

di•del•fí•de:o *sm. Zool.* Espécime dos didelfídeos, mamíferos marsupiais de cauda quase nua. São os gambás e cuícas. § **di•del•fí•de:o** *adj.*

di:e•dro *sm. Geom.* Figura formada por dois planos que se encontram.

di•e•lé•tri•co *adj. sm. Eletr.* Diz-se de, ou meio não condutor de corrente elétrica.

▷ **diesel** (disel) [Ingl.] *adj2g.* **1.** Diz-se de óleo combustível extraído do petróleo. **2.** Diz-se de motor movido a óleo diesel. • *sm.* **3.** Óleo diesel.

di•e•ta¹ *sf.* **1.** Ingestão habitual de alimento sólido ou líquido. **2.** Prescrição médica de controle alimentar; regime.

di•e•ta² *sf.* Assembléia política de alguns Estados.

íi:e•té•ti•ca *sf.* Estudo científico de dieta¹ (2).

di:e•té•ti•co *adj. Med.* Relativo a, ou determinado pela dieta.

di:e•tis•ta *s2g.* Nutricionista.

di•fa•mar *v.t.d.* **1.** Tirar a boa fama ou o crédito a; desacreditar publicamente; infamar. *T.i.* **2.** V. *detrair*. [Conjug.: ① [difam]ar] § **di•fa•ma•ção** *sf.*; **di•fa•ma•dor** (ô) *adj. e sm.*

di•fe•ren•ça *sf.* **1.** Qualidade de diferente. **2.** Divergência; desarmonia. **3.** Desigualdade. **4.** Distinção (2). **5.** *Mat.* Resultado da subtração de duas quantidades. **6.** *Mat.* Conjunto de elementos que pertencem a um conjunto, mas não pertencem a outro nele contido. ♦ **Diferença de potencial.** *Eletr.* Trabalho necessário para levar de um ponto a outro (no espaço ou num circuito elétrico) uma unidade de carga elétrica.

di•fe•ren•çar *v.t.d. e p.* **1.** Tornar(-se) diferente, diverso, distinto; diferenciar(-se), distinguir(-se). *T.d.i.* **2.** Estabelecer diferença; distinguir, discriminar, discernir. [Conjug.: ⑨ [diferen]çar]

di•fe•ren•ci:a•ção. *sf.* **1.** Ato ou efeito de diferenciar(-se). **2.** *Mat.* Ato de calcular a diferencial de uma função. [Pl.: *-ções.*]

di•fe•ren•ci:a•dor (ô) *adj.* **1.** Que diferencia ou faz a diferenciação. **2.** *Eletrôn.* Diz-se de circuito cuja tensão de saída é diretamente proporcional à derivada, no tempo, da tensão de entrada. • *sm.* **3.** *Eletrôn.* Circuito diferenciador (2).

di•fe•ren•ci:al *adj2g.* **1.** Relativo a, ou que indica diferença. • *sm.* **2.** Aparelho que conserva o automóvel em equilíbrio na passagem das curvas, permitindo que as rodas traseiras se movam com velocidade diferente uma da outra. **3.** *Mat.* O produto da derivada de uma função de uma variável pelo acréscimo infinitesimal dessa variável. [Pl.: *-ais.*]

di•fe•ren•ci:ar *v.t.d., t.d.i. e p.* V. *diferençar.* [Conjug.: ① [diferenci]ar]

di•fe•ren•te *adj2g.* **1.** Que não é igual, que difere; desigual. **2.** Variegado, variado. **3.** Modificado.

di•fe•rir *v.t.d.* **1.** Adiar, retardar. *T.i.* **2.** Divergir, discordar, discrepar. **3.** Ser diferente; distinguir-se. *Int.* **4.** Diferir (3). [Conjug.: 53 [dif]e[r]ir. Cf. *deferir*.]

di•fí•cil *adj2g.* **1.** Árduo, custoso. **2.** Trabalhoso. **3.** Penoso. **4.** Embaraçoso. **5.** Intricado. **6.** Insociável, intratável. **7.** Pouco provável. [Superl.: *dificílissimo, dificílimo*. Pl.: *–ceis*.]

di•fi•cul•da•de *sf.* **1.** Caráter de difícil. **2.** Aquilo que o é. **3.** Obstáculo, óbice. **4.** Situação crítica.

di•fi•cul•tar *v.t.d.* **1.** Tornar difícil ou custoso de fazer. **2.** Criar dificuldade(s), empecilho(s) a. *P.* **3.** Fazer-se difícil. [Antôn.: *facilitar*. Conjug.: 1 [dificult]ar]

di•fi•cul•to•so (ô) *adj.* Cheio de dificuldades. [Pl.: *–tosos* (ó).]

di•fra•ção *sf. Fís.* Fenômeno que ocorre quando uma fração de um raio luminoso que incide sobre um material opaco atravessa este material. [Pl.: *–ções*.]

dif•te•ri•a *sf. Med.* Doença infecciosa bacteriana, contagiosa, passível de vacinação, e que se caracteriza pela formação, principalmente na faringe e na laringe, de pseudomembranas, e por fenômenos gerais de intoxicação (paralisias, etc.). **§ dif•té•ri•co** *adj.*

di•fun•dir *v.t.d.* **1.** Propagar, transmitir. **2.** Irradiar, emitir. *P.* **3.** Espalhar-se. **4.** Propagar-se, divulgar-se. [Conjug.: 3 [difund]ir]

di•fu•são *sf.* **1.** Ato ou efeito de difundir. **2.** Derramamento de fluido. **3.** Espalhamento, disseminação; propagação, divulgação. **4.** *Fís. Ópt.* Espalhamento de um raio luminoso por pequenas partículas ou irregularidades microscópicas. [Pl.: *–sões*.]

di•fu•si•o•nis•mo *sm.* Teoria segundo a qual as transformações da humanidade decorrem do contato entre grupos e difusão de seus elementos culturais. **§ di•fu•si•o•nis•ta** *adj2g.* e *s2g.*

di•fu•so *adj.* **1.** Em que há difusão. **2.** Excessivo; redundante. **3.** *Med.* Não circunscrito.

di•ge•rir *v.t.d.* **1.** Fazer a digestão de. **2.** Assimilar, compreender. *Int.* **3.** Realizar a digestão. [Conjug.: 53 [dig]e[r]ir] **§ di•ge•rí•vel** *adj2g.*

di•ges•tão *sf. Fisiol.* Transformação dos alimentos em substâncias assimiláveis. [Pl.: *–tões*.]

di•ges•ti•vo *adj.* Relativo à digestão, ou que a facilita.

di•ges•to *sm.* **1.** Coleção das decisões dos jurisconsultos romanos mais célebres, transformadas em lei pelo imperador Justiniano (v. 483-565). **2.** Publicação composta de artigos, livros, etc., condensados.

di•gi•ta•do *adj.* Que tem forma ou disposição de dedos; digitiforme.

di•gi•tal¹ *adj2g.* **1.** Dos, ou pertencente ou relativo aos dedos. **2.** Relativo a dígito. **3.** Relativo à representação de quantidades ou valores variáveis, por meio de conjuntos finitos de algarismos. **4.** Diz-se de aparelho eletrônico que emprega microprocessador. **5.** Que só pode assumir valores predeterminados. [Pl.: *–tais*.]

di•gi•tal² *sm. Bot.* Planta herbácea eurasiana, escrofulariácea, de que se extraem diversas substâncias que têm efeito tônico sobre o coração. [Pl.: *–tais*.]

di•gi•ta•li•zar *v.t.d. Inform.* Representar (sinais analógicos) por uma seqüência de números ou de sinais digitais. [Conjug.: 1 [digitaliz]ar] **§ di•gi•ta•li•za•ção** *sf.*; **di•gi•ta•li•za•dor** (ô) *adj.sm.*

di•gi•tar *v.t.d.* **1.** *Inform.* Fornecer (informação) a um computador, por meio de toques em teclado, ou mouse (texto, carta, etc.) desse modo. *Int.* **2.** Digitar (1). [Conjug.: 1 [digit]ar] **§ di•gi•ta•ção** *sf.*

di•gi•ti•for•me *adj2g.* Digitado.

dí•gi•to *sm.* **1.** *Arit.* Qualquer dos algarismos arábicos de 0 a 9. **2.** Cada uma das posições ocupadas por algarismos, na notação de um número. ◆ **Dígito binário.** *Inform.* Qualquer um dos dois caracteres (ger. 0 e 1) us. em uma notação binária ou em um sistema binário de numeração.

di•gla•di•ar *v.int.* e *p.* **1.** Combater com espada ou gládio, corpo a corpo. **2.** Contender, lutar. [Conjug.: 1 [digladi]ar]

dig•nar-se *v.p.* Ter a bondade; fazer mercê, favor. [Conjug.: 1 [dign]ar[-se]]

dig•ni•da•de *sf.* **1.** Qualidade de digno. **2.** Função, título etc., que confere posição graduada. **3.** Honestidade. **4.** Brio.

dig•ni•fi•car *v.t.d.* **1.** Tornar digno. **2.** Elevar a uma dignidade. **3.** Honrar, distinguir. *P.* **4.** Tornar-se digno. [Conjug.: 8 [dignifi]car]

dig•ni•tá•ri•o *sm.* Aquele que exerce cargo elevado, que tem alta graduação honorífica.

dig•no *adj.* **1.** Merecedor. **2.** Apropriado. **3.** Que tem, ou em que há dignidade.

dí•gra•fo *sm. Gram.* Reunião de duas letras que, juntas, representam um único fonema. [Ex: *ch, gu* (antes de *e* e *i*), *lh, nh, qu* (antes de *e* e *i*), *rr, ss*.]

di•gres•são *sf.* **1.** Desvio de rumo ou de assunto. **2.** Excursão, passeio. **3.** Subterfúgio, evasiva. [Pl.: *–sões*.]

di•la•ção *sf.* Adiamento; delonga. [Pl.: *–ções*. Cf. *delação*.]

di•la•ce•rar *v.t.d.* **1.** Rasgar em pedaços. **2.** Afligir muito; torturar. *P.* **3.** Ferir-se; espedaçar-se. [Conjug.: 1 [dilacer]ar] **§ di•la•ce•ran•te** *adj2g.*

di•la•pi•dar *v.t.d.* **1.** Destruir, demolir. **2.** Dissipar, esbanjar. [Conjug.: 1 [dilapid]ar] **§ di•la•pi•da•ção** *sf.*

di•la•tar *v.t.d.* **1.** Aumentar as dimensões ou o volume de. **2.** Estender, ampliar. **3.** Distender. **4.** Difundir. **5.** Prolongar no tempo. **6.** Adiar. *P.* **7.** Ampliar-se. [Conjug.: ① [dilat]**ar**. Cf. *delatar*.] § **di•la•ta•ção** *sf.*; **di•la•tá•vel** *adj2g.*

di•le•ção *sf.* Afeição especial; estima. [Pl.: *–ções.*]

di•le•ma *sf.* Situação embaraçosa com duas saídas difíceis ou penosas.

di•le•tan•te *adj2g.* e *s2g.* Amador ou apreciador apaixonado, especialmente por música.

di•le•to *adj.* Preferido na afeição; querido especialmente.

di•li•gên•ci:a¹ *sf.* **1.** Cuidado ativo; zelo. **2.** Rapidez. **3.** Providência. **4.** Investigação. **5.** Execução de certos serviços judiciais fora dos respectivos tribunais ou cartórios.

di•li•gên•ci:a² *sf.* Carruagem puxada a cavalos que servia para o transporte de passageiros.

di•li•gen•ci•ar *v.t.d.* e *t.i.* Esforçar-se ou empenhar-se por. [Conjug.: ① [diligenci]**ar**]

di•li•gen•te *adj2g.* **1.** Aplicado (2). **2.** Ligeiro.

di•lu•ir *v.t.d.* **1.** Diminuir a concentração de (uma solução), adicionando-lhe um líquido conveniente. **2.** Misturar com água; desfazer, desmanchar. **3.** Desfazer; abrandar. *P.* **4.** Desfazer-se em líquido. **5.** Atenuar-se. [Conjug.: ⁴⁹ [dil]**uir**] § **di•lu:i•ção** *sf.*

di•lu•vi•a•no *adj.* Relativo ao dilúvio universal, ou a dilúvio.

di•lú•vi:o *sm.* **1.** Inundação universal; cataclismo. **2.** Chuva forte, ger. com inundação.

di•ma•nar *v.int.* e *t.i.* Brotar; derivar; emanar. [Conjug.: ① [diman]**ar**]

di•men•são *sf.* **1.** Sentido em que se mede a extensão para avaliá-la; extensão. **2.** Tamanho, volume. **3.** *Fig.* Importância. **4.** *Mat.* O número mínimo de variáveis necessárias à descrição analítica de um conjunto. [Pl.: *–sões.*]

di•men•si:o•na•li•da•de *sf. Mat.* O número de dimensões de uma grandeza.

di•mi•nu•en•do *sm.* Número de que se subtrai outro.

di•mi•nu:i•ção *sf.* **1.** Ato ou efeito de diminuir. **2.** Subtração (2). [Pl.: *–ções.*]

di•mi•nu•ir *v.t.d.* **1.** Reduzir a menos (em dimensão, quantidade ou intensidade); tornar menor. **2.** Abreviar, encurtar. **3.** Subtrair (2). *Int.* **4.** Tornar-se menor. **5.** Abrandar(-se). *P.* **6.** Humilhar-se. [Conjug.: ⁴⁹ [dimin]**uir**] § **di•mi•nu:i•dor** (ó) *adj.*

di•mi•nu•ti•vo *adj.* **1.** Que dá ou adiciona idéia de pequenez (muitas vezes com implicação apreciativa ou pejorativa). • *sm.* **2.** *Gram.* Palavra formada com suf. diminutivo (ex.: *gatinho*), ou locução (ex.: *gato pequeno*) que indica a noção de pequenez.

di•mi•nu•to *adj.* Muito pequeno ou muito escasso; minuto.

di•na•mar•quês *adj.* **1.** Da Dinamarca (Europa). • *sm.* **2.** O natural ou habitante da Dinamarca. **3.** A língua dinamarquesa.

di•nâ•mi•ca *sf.* Parte da mecânica que estuda os movimentos dos corpos, relacionando-os às forças que os produzem.

di•nâ•mi•co *adj.* **1.** Relativo a dinâmica. **2.** Dotado de dinamismo. **3.** Relativo a movimento.

di•na•mis•mo *sm.* **1.** Grande atividade. **2.** *Filos.* Conjunto de doutrinas que identificam a matéria com energia ou movimento.

di•na•mi•tar *v.t.d.* Fazer ir pelos ares com dinamite. [Conjug.: ① [dinamit]**ar**]

di•na•mi•te *sf.* Explosivo feito de nitroglicerina impregnada em certos materiais absorventes.

di•na•mi•zar *v.t.d.* Dar caráter dinâmico a. [Conjug.: ① [dinamiz]**ar**] § **di•na•mi•za•ção** *sf.*

dí•na•mo *sm.* Máquina rotativa que converte energia mecânica em elétrica.

di•nar *sm.* Unidade monetária, e moeda, da Iugoslávia, do Iraque e de outros países, dividida em 100 cêntimos.

di•nas•ti:a *sf.* Série de soberanos pertencentes a uma mesma família. § **di•nás•ti•co** *adj.*

din•di•nho *sm. Bras. Fam.* **1.** Dim. carinhoso de *padrinho.* **2.** Idem de *avô.*

di•nhei•ra•da *sf.* Porção considerável de dinheiro; dinheirama, dinheirão.

di•nhei•ra•ma *sf.* V. *dinheirada.*

di•nhei•rão *sm.* V. *dinheirada.* [Pl.: *–rões.*]

di•nhei•ro *sm.* **1.** Moeda (1). **2.** Cédulas e moedas aceitas como meio de pagamento. **3.** Meios de pagamento: cédulas, moedas e depósitos bancários. **4.** Qualquer soma de dinheiro (1); metal, ouro, pataca (*desus.*), pecúnia, prata, (*bras., gír.* ou *pop.*) grana, jabá, jabaculê, milho, tutu, níquel, cobres.

di•no•don•te *sm . Paleont.* Enorme dinossauro carnívoro que viveu no Canadá no início do cretáceo.

di•nó•fi•ta. *sf. Bot.* V. *pirrófita.*

di•no•fla•gé•li•da *sf. Bot.* V. *pirrófita.*

di•nos•sau•ro *sm. Paleont.* Nome comum a grandes répteis terrestres, próximos aos crocodilos atuais, que habitaram a Terra nos períodos triássico, jurássico e cretáceo.

di•no•té•ri:o *sm. Paleont.* Mamífero proboscídeo, antepassado do elefante, que tinha 4m de altura, que viveu na África, Europa e Ásia, no mioceno, plioceno e plistoceno.

din•tel *sm.* **1.** Verga de porta ou janela. **2.** Apoio lateral de prateleiras, nas estantes. [Pl.: *–téis.*]

di:o•ce•sa•no *adj.* Respeitante a diocese.

di:o•ce•se *sf.* Circunscrição territorial sujeita à administração eclesiástica de um bispo ou, por vezes, arcebispo; bispado.

di•o•do (ô) *sm.* Dispositivo eletrônico que permite a passagem de corrente elétrica somente numa direção.

di•ói•co *adj. Bot.* Que apresenta órgãos sexuais masculinos e femininos em indivíduos distintos.

di•o•ni•sí•a•co *adj.* **1.** Relativo a Dioniso (Baco para os romanos), deus grego dos ciclos vitais, do vinho e da alegria. **2.** *Fig.* Alegre, exuberante, instintivo.

di•os•co•re•á•ce:a *sf. Bot.* Espécime das dioscoreáceas, família de ervas, ger. trepadeiras, cujos tubérculos são ricos em amido. Ex.: o cará. § **di:os•co•re•á•ce:o** *adj.*

di•ó•xi•do *sm. Quím.* Composto que contém dois átomos de oxigênio não ligados entre si; bióxido. ◆ **Dióxido de carbono.** *Quím.* Gás carbônico. **Dióxido de enxofre.** *Quím.* Gás sulfuroso.

di•plo•ma *sm.* **1.** Título ou documento oficial pelo qual se confere um cargo, dignidade, mercê ou privilégio; carta. **2.** Título que afirma as habilitações de alguém ou confere um grau.

di•plo•ma•ci•a *sf.* **1.** Ciência das relações exteriores ou negócios estrangeiros dos Estados. **2.** A ação política externa de um estado. **3.** O conjunto dos diplomatas.

di•plo•mar *v.t.d.* e *p.* Conferir diploma a, ou recebê-lo. [Conjug.: ① [diplom]**ar**]

di•plo•ma•ta *s2g.* **1.** Pessoa que tem por profissão a diplomacia. **2.** Representante dum Estado junto a outro.

di•plo•má•ti•co *adj.* **1.** Da diplomacia (1), ou relativo a ela. **2.** Discreto. **3.** Hábil.

di•po•lo *sm. Fís.* Sistema constituído por duas cargas elétricas iguais e de sinal oposto separadas por pequena distância; dipolo elétrico. ◆ **Dipolo elétrico.** *Fís.* Dipolo.

dip•so•ma•ni•a *sf. Med.* Impulso mórbido que leva a ingerir bebidas tóxicas, sobretudo alcoólicas. § **dip•so•ma•ní•a•co** *adj.*

díp•te•ro[1] *adj.* Que tem duas asas.

díp•te•ro[2] *Zool.* Espécime dos dípteros, ordem de insetos com duas asas anteriores; as posteriores apresentam-se transformadas em balancins. São as moscas e mosquitos. § **díp•te•ro**[2] *adj.*

di•que *sm.* Construção sólida, para represar águas correntes.

di•re•ção *sf.* **1.** Arte ou efeito de dirigir. **2.** Cargo de diretor; diretoria. **3.** Corporação presidida por um diretor; diretoria. **4.** Critério, norma. **5.** Rumo. [Pl.: –*ções*.]

di•re•ci:o•nar *v.t.d.* Dar direção, orientação, a; dirigir. [Conjug.: ① [direcion]**ar**]

di•rei•ta *sf.* **1.** A mão direita; destra. **2.** Lado direito.

di•rei•te•za (ê) *sf.* Direitura (2).

di•rei•to *adj.* **1.** Pertencente a lado do corpo humano em que a ação muscular é, no tipo normal, mais forte e mais ágil; destro. **2.** Correspondente a esse lado para um observador colocado em frente. **3.** Diz-se do lado dos rios que fica à direita do observador que olha a parte para onde as águas descem. **4.** V. *direto* (1). **5.** Reto (1). **6.** Ereto. **7.** Íntegro, honrado. **8.** Leal, sincero. • *sm.* **9.** O que é justo, conforme à lei. **10.** Faculdade legal de praticar ou não praticar um ato. **11.** Prerrogativa que alguém tem de exigir de outrem, em seu proveito, a prática ou a abstenção de algum ato. **12.** O conjunto das normas jurídicas vigentes num país. **13.** Imposto alfandegário. **14.** O lado principal, ou mais perfeito, dum objeto, tecido, etc. (em oposição ao *avesso*). • *adv.* **15.** Em linha reta; direto.

di•rei•tu•ra *sf.* **1.** Qualidade de direito ou reto. **2.** Direção retilínea; direiteza.

di•re•ti•va *sf.* Diretriz (2).

di•re•to *adj.* **1.** Que vai em linha reta; reto, direito. **2.** Sem desvio. **3.** Sem intermediário. **4.** Sem rodeios. **5.** Franco, espontâneo. **6.** Que incide imediatamente sobre pessoas ou bens (contribuição). • *sm.* **7.** No jogo do boxe, golpe que se dá desferindo o antebraço para a frente. • *adv.* **8.** Direito (15).

di•re•tor (ô) *adj.* **1.** Que dirige; dirigente. • *sm.* **2.** Quem dirige; dirigente. **3.** Guia, mentor. **4.** *Cin. Telev. Teatr.* Aquele que dirige peça, novela, filme, etc.

di•re•to•ri•a *sf.* Direção (2 e 3).

di•re•tó•ri:o *adj.* **1.** Que dirige; diretor. • *sm.* **2.** Comissão diretora. **3.** Conselho diretor. **4.** *Inform.* Subdivisão de um disco (3), na qual se agrupam arquivos, facilitando a organização e localização destes.

di•re•triz *adj.* (*f.*) **1.** Fem. de diretor (1). • *sf.* **2.** Linha reguladora de um caminho ou estrada, de um plano, um negócio, ou de procedimento; diretiva.

di•ri•gen•te *adj2g.* e *s2g.* Diretor (1 e 2).

di•ri•gir *v.t.d.* **1.** Dar direção a; gerir, governar. **2.** Conduzir, orientar, direcionar. **3.** Operar o mecanismo e controles de (veículo automóvel). *T.d.i.* **4.** Enviar, encaminhar. **5.** Dizer, lançar. *P.* **6.** Encaminhar-se. **7.** Comunicar-se por palavras. [Conjug.: ⑮ [diri]**gir**]

di•ri•gí•vel *adj2g.* **1.** Que se pode dirigir. • *sm.* **2.** Aeronave com hélices propulsoras e um sistema de direção, e que usa um gás mais leve que o ar para mantê-la flutuando. [Pl.: –*veis.*]

di•ri•men•te *adj2g.* **1.** Que dirime. **2.** *Jur.* Que isenta de pena ou exclui a culpabilidade.

di•ri•mir *v.t.d.* **1.** Anular; suprimir. **2.** Resolver. [Conjug.: ③ [dirim]**ir**]

dis•car *Bras. v.int.* **1.** Fazer girar disco (ou premer tecla) de aparelho telefônico, para estabelecer ligações. *T.d.* **2.** Marcar (número) para fazer ligação telefônica. [Conjug.: ⑧ [dis]**car**]

dis•cen•te *adj2g.* 1. Que aprende. 2. Relativo a alunos.

dis•cer•ni•men•to *sm.* 1. Faculdade de discernir. 2. Tino, juízo. 3. Apreciação, análise.

dis•cer•nir *v.t.d.* 1. Conhecer distintamente; saber distinguir. *T.d.i.* 2. Diferençar (2). *Int.* 3. Fazer apreciação de algo. [Conjug.: 53] [discle[rn]ir] § **dis•cer•ní•vel** *adj2g.*

dis•ci•for•me *adj2g.* Discóide.

dis•ci•pli•na *sf.* 1. Regime de ordem imposta ou mesmo consentida. 2. Ordem que convém ao bom funcionamento de uma organização. 3. Relações de subordinação do aluno ao mestre. 4. Submissão a um regulamento. 5. Qualquer ramo do conhecimento. 6. Matéria de ensino.

dis•ci•pli•na•dor (ô) *adj.* e *sm.* Que ou quem disciplina.

dis•ci•pli•nar¹ *adj2g.* Relativo à disciplina.

dis•ci•pli•nar² *v .t.d.* e *p.* 1. Sujeitar(-se) ou submeter(-se) à disciplina. 2. Castigar(-se) com disciplinas. [Conjug.: 1] [disciplin]ar]

dis•ci•pli•nas *sf.pl.* Correias com que frades e devotos se flagelam por penitência ou castigo.

dis•cí•pu•lo *sm.* Aquele que recebe ensino de alguém ou segue as idéias e doutrinas de outrem.

dis•co *sm.* 1. Objeto chato e circular. 2. Roda (2). 3. *Anat.* Designação genérica de formação redonda ou arredondada. 4. *Inform.* Disco (1) giratório em cuja superfície informações podem ser registradas e posteriormente recuperadas. ◆ **Disco de áudio digital.** *Eletrôn.* Disco com registro de sinais sonoros, cuja leitura é feita por processo óptico a laser. **Disco galáctico.** *Astr.* Conjunto de estrelas, de gás e de poeira em uma galáxia espiral, em forma de disco. **Disco intervertebral.** *Anat.* Cada disco situado entre duas vértebras. **Disco magnético.** *Inform.* Disco (4), ou conjunto de discos, em que as informações são registradas magneticamente. **Disco óptico.** Disco (4) em que as informações são registradas em formato digital e lidas por meio de emissões luminosas (como as do laser). **Disco rígido.** *Inform.* Disco magnético, não removível, de grande capacidade de armazenamento. [Sin.: *HD* (*hard disk*), *winchester*.]

dis•cói•de *adj2g.* Em forma de disco; disciforme.

dis•cor•dân•ci:a *sf.* Falta de concordância; divergência, discórdia, discrepância, desacordo.

dis•cor•dar *v.int.* e *t.i.* Não concordar; divergir. [Conjug.: 1] [discord]ar] § **dis•cor•dan•te** *adj2g.*

dis•cor•de *adj2g.* 1. Que discorda; discordante. 2. Oposto, contrário. 3. Destoante.

dis•cór•di:a *sf.* 1. V. *discordância.* 2. Desavença. 3. Desordem; luta.

dis•cor•rer *v.int.* 1. Correr para diversos lados. 2. V. *decorrer* (1). *T.i.* 3. Falar, discursar. 4. Expor. *Pred.* 5. Decorrer; passar. [Conjug.: 2] [discorr]er]

dis•co•te•ca *sf.* 1. Coleção de discos. 2. Móvel onde se guardam discos. 3. Danceteria.

dis•cre•pân•ci:a *sf.* V. *discordância.*

dis•cre•par *v.t.i.* 1. V. *diferir* (2). 2. Divergir de opinião; discordar; divergir, dissentir. [Conjug.: 1] [discrep]ar] § **dis•cre•pan•te** *adj2g.*

dis•cre•te•ar *v.int.* Discorrer com discernimento. [Conjug.: 10] [discret]ear]

dis•cre•to *adj.* 1. Reservado nas palavras e nos atos. 2. Que não se faz sentir ou notar com intensidade. 3. Modesto, recatado. 4. Sem continuidade; separado, distinto.

dis•cri•ção *sf.* Qualidade ou procedimento de discreto. [Cf. *descrição.* Pl.: *–ções.*] ◆ **À discrição.** À vontade.

dis•cri•ci:o•ná•ri:o *adj.* Que procede ou se exerce à discrição; arbitrário.

dis•cri•mi•na•ção *sf.* 1. Ato ou efeito de discriminar. 2. Tratamento preconceituoso dado a certas categorias sociais, raciais, etc. 3. *Eletrôn.* Eliminação de todos os sinais que entram num circuito, exceto daqueles que têm uma determinada característica de fase, de freqüência ou de amplitude. [Pl.: *–ções.*]

dis•cri•mi•na•dor (ô) *adj.* 1. Que discrimina. • *sm.* 2. Aquele que discrimina. 3. *Eletrôn.* Circuito que pode transformar a freqüência ou a fase de um sinal na amplitude de outro sinal.

dis•cri•mi•nar *v.t.d.* e *t.d.i.* 1. Distinguir; discernir, diferençar. 2. Separar. *T.i.* 3. Estabelecer diferenças. [Conjug.: 1] [discrimin]ar] § **dis•cri•mi•na•tó•ri:o** *adj.*

dis•cur•sar *v.int.* 1. Fazer discurso(s). *T.i.* 2. Discorrer, falar. [Conjug.: 1] [discurs]ar]

dis•cur•sei•ra *sf.* 1. Discurso longo e tedioso. 2. Grande porção de discursos.

dis•cur•so *sm.* 1. Peça oratória proferida em público. 2. Exposição metódica sobre certo assunto; arrazoado.

dis•cus•são *sf.* 1. Ação de discutir. 2. Altercação, disputa. [Pl.: *–sões.*]

dis•cu•tir *v.t.d.* 1. Debater (questão, problema, assunto). 2. Examinar, questionando. 3. Defender ou impugnar (assunto controvertido). *T.i.* e *int.* 4. Travar discussão. 5. Questionar. [Conjug.: 3] [discut]ir]

dis•cu•tí•vel *adj2g.* 1. Que se pode discutir. 2. Problemático, incerto. [Pl.: *–veis.*]

di•sen•te•ri•a *sf.* *Med.* Inflamação intestinal, especialmente do colo[2], e que se manifesta por dor abdominal, tenesmo e defecações freqüentes, com sangue e muco. § **di•sen•té•ri•co** *adj.*

dis•far•çar *v.t.d.* e *p.* 1. Encobrir(-se), ocultar(-se). 2. Mudar(-se), alterar(-se). *T.d.i.* e *p.*

disfarce   disquete

3. Vestir(-se) de modo a tornar(-se) irreconhecível. [Conjug.: ⑨ [disfar]**çar**]

dis•far•ce sm. 1. Ação de disfarçar(-se). 2. Tudo que serve para disfarçar.

dis•for•me adj2g. 1. Desconforme, descomunal. 2. Monstruoso, horrendo.

dis•fun•ção sf. Med. Função (1) que se efetua de maneira anômala. [Pl.: -ções.]

dis•jun•gir v.t.d. 1. Soltar do jugo. 2. P. ext. Separar, desunir. [Conjug.: 58 [disjung]**ir**. É, em geral, m. us. nas 3ªs pess.]

dis•jun•to adj. Não junto; separado, desunido.

dis•jun•tor (ô) sm. Eng. Elétr. Equipamento de manobra para interromper ou ligar circuitos, em condições normais ou anormais de operação, e com capacidade para interromper correntes de curto-circuito.

dis•la•te sm. V. asneira.

dís•par adj2g. Desigual, dessemelhante.

dis•pa•ra•da sf. Bras. Corrida desenfreada.

dis•pa•rar v.t.d. 1. Atirar, lançar, arrojar. 2. Descarregar (arma de fogo); desfechar. 3. Dar (tiro[s]). 4. Soltar ou emitir com força. T.d.i. 5. Disparar (1 e 2). Int. 6. Bras. Correr desabaladamente. 7. Aumentar (preço, venda, etc.) subitamente. [Conjug.: ① [dispar]**ar**]

dis•pa•ra•ta•do adj. 1. Que pratica disparate(s), ou em que os há. 2. Desarrazoado.

dis•pa•ra•tar v.int. Dizer ou cometer disparates; desarrazoar, desconcertar, desconchavar, despropositar. [Conjug.: ① [disparat]**ar**]

dis•pa•ra•te sm. V. asneira.

dis•pa•ri•da•de sf. 1. Qualidade do que é díspar; desigualdade. 2. Bras. Palavra ou expressão despropositada.

dis•pa•ro sm. 1. Ato ou efeito de disparar. 2. Tiro de arma de fogo; detonação.

dis•pên•di•o sm. V. gasto (2).

dis•pen•di•o•so (ô) adj. Que exige grande dispêndio; custoso, caro. [Pl.: -osos (ó).]

dis•pen•sa sf. Licença ou permissão para não se fazer algo a que se estava obrigado.

dis•pen•sar v.t.d. 1. Dar dispensa a; desobrigar. 2. Prescindir de. 3. Conceder, conferir. 4. Demitir, despedir. T.d.i. 5. Dispensar (1 e 3). P. 6. Eximir-se. [Conjug.: ① [dispens]**ar**] § **dis•pen•sá•vel** adj2g.

dis•pen•sá•ri•o sm. Estabelecimento onde se dispensam cuidados gratuitos a enfermos pobres.

dis•pep•si•a sf. Med. Dificuldade de digerir.

dis•pép•ti•co adj. 1. Referente à dispepsia. • sm. 2. Aquele que a tem.

dis•per•são sf. Ato ou efeito de dispersar(-se). [Pl.: -sões.]

dis•per•sar v.t.d. e p. Fazer ir, ou ir(-se) para diferentes partes; dissolver(-se), espalhar(-se). [Conjug.: ① [dispers]**ar**] § **dis•per•sa•dor** (ô) adj. e sm.

dis•per•si•vo adj. 1. Que causa dispersão; dispersor. 2. Que não se concentra no que faz. • sm. 3. Indivíduo dispersivo (2).

dis•per•so adj. Separado sem ordem; espalhado.

dis•per•sor (ô) adj. Dispersivo (1).

dis•pli•cên•ci:a sf. 1. Predisposição de espírito para a tristeza ou o tédio. 2. Descontentamento, desgosto. 3. Bras. Desleixo nas maneiras, no vestir, no proceder. 4. Bras. Negligência, indiferença.

dis•pli•cen•te adj2g. Que tem, denota ou produz displicência.

disp•néi•a sf. Med. Dificuldade de respirar. § **disp•néi•co** adj.

dis•po•ni•bi•li•da•de sf. 1. Qualidade ou estado de disponível. 2. Situação de servidor público que temporariamente não está em efetivo exercício.

dis•po•ni•bi•li•zar v.t.d. 1. Tornar disponível. 2. Restr. Inform. Oferecer ao público (determinada informação ou serviço), permitindo o uso ou acesso. [Conjug.: ① [disponibiliz]**ar**] § **dis•po•ni•bi•li•za•do** adj.

dis•po•ní•vel adj2g. De que se pode dispor. [Pl.: -veis.]

dis•por v.t.d. 1. Arrumar, colocar em lugar(es) próprio(s), adequado(s), conveniente(s). 2. Colocar em certa ordem. 3. Estabelecer; prescrever. T.d.i. 4. Dispor (5. Pôr de acordo, harmonizar. 6. Persuadir. T.i. 7. Usar livremente. 8. Desfazer-se (de algo). 9. Ter a posse. Int. 10. Resolver em caráter definitivo. P. 11. Decidir-se. 12. Dispor (8). 13. Preparar-se. 14. Dedicar-se. [Conjug.: 60 [dis]**por**]

dis•po•si•ção sf. 1. Arranjo. 2. V. tendência. 3. Intenção. 4. Prescrição legal. 5. Estado de espírito ou de saúde; temperamento. [Pl.: -ções.]

dis•po•si•ti•vo sm. 1. Regra, preceito. 2. Artigo de lei. 3. Mecanismo ou conjunto de meios dispostos para certo fim. 4. Jur. Parte de lei, declaração ou sentença que contém a matéria legislada, a resolução ou decisão e a exposição de razões ou motivos.

dis•pos•to (ô) adj. 1. Posto de certa forma. 2. Preparado. 3. Propenso. 4. Determinado. 5. Bras. Vivo, animado. 6. Bras. Pronto para o que der e vier. [Pl.: -postos (ó).]

dis•pró•si:o sm. Quím. V. lantanídeos [símb.: Dy].

dis•pu•ta sf. Ato ou efeito de disputar.

dis•pu•tar v.t.d. 1. Lutar por obter (algo ou alguém); porfiar. 2. Concorrer a; pleitear. 3. Altercar. T.d.i. 4. Tentar obter em concorrência. T.i. 5. Disputar (3). Int. 6. Ter dissensão. [Conjug.: ① [disput]**ar**]

dis•que•te sm. Inform. Disco magnético flexível, removível do computador e us. para trans-

240

portar e armazenar cópias de arquivos e programas.

dis•sa•bor (ô) *sm.* Desgosto, aborrecimento.

dis•se•ca•ção *sf.* **1.** *Cir.* Isolamento, pelo uso de instrumental apropriado, de parte de um corpo ou de um órgão, para estudo anatômico, em intervenção cirúrgica. **2.** Análise ou exame minucioso. [Sin. ger.: *dissecção.* Pl.: *–ções.*]

dis•se•car *v.t.d.* **1.** Fazer dissecação de. **2.** Analisar com minúcia. [Conjug.: 8 [disse]**car**. Cf. *dessecar.*]

dis•sec•ção *sf.* V. *dissecação.* [Pl.: *–ções.*]

dis•se•mi•nar *v.t.d.* e *p.* Difundir(-se), propagar(-se). [Conjug.: 1 [dissemin]**ar**] § **dis•se•mi•na•ção** *sf.*

dis•sen•são *sf.* Divergência de opiniões, interesses ou sentimentos; dissídio, dissidência. [Pl.: *–sões.*]

dis•sen•tir *v.t.i.* V. *discrepar* (2). [Conjug.: 53 [diss]e[nt]**ir**. Cf. *dessentir.*]

dis•ser•ta•ção *sf.* **1.** Exposição desenvolvida de matéria doutrinária, científica ou artística. **2.** Exposição de matéria estudada. [Pl.: *–ções.*]

dis•ser•tar *v.t.i.* Fazer dissertação; discorrer. [Conjug.: 1 [dissert]**ar**]

dis•si•dên•ci•a *sf.* **1.** V. *dissensão.* **2.** Cisma, cisão.

dis•si•den•te *adj2g.* Que diverge das opiniões de outrem ou da opinião geral, ou se separa de uma corporação por essa divergência.

dis•sí•di•o *sm.* **1.** V. *dissensão.* **2.** *Jur.* Denominação comum às controvérsias individuais ou coletivas submetidas à Justiça do Trabalho.

dis•sí•la•bo *adj.* e *sm. Gram.* Diz-se de, ou palavra de duas sílabas.

dis•si•mu•la•do *adj.* **1.** Encoberto, disfarçado. **2.** Que tem por hábito dissimular; simulado.

dis•si•mu•lar *v.t.d.* **1.** Ocultar ou encobrir com astúcia; encobrir. **2.** Não dar a perceber, calando ou simulando. *Int.* **3.** Não revelar seus sentimentos ou desígnios. [Conjug.: 1 [dissimul]**ar**] § **dis•si•mu•la•ção** *sf.*; **dis•si•mu•la•dor** (ô) *adj.* e *sm.*; **dis•si•mu•lá•vel** *adj2g.*

dis•si•pa•dor (ô) *adj.* e *sm.* V. *perdulário.*

dis•si•par *v.t.d.* **1.** Espalhar, dispersar. **2.** Pôr fim a. **3.** Dilapidar. *P.* **4.** Dispersar-se; evaporar-se. **5.** Desaparecer. **6.** *Fís.* Perder (energia) sob forma térmica. [Conjug.: 1 [dissip]**ar**] § **dis•si•pa•ção** *sf.*

dis•so Contr. da prep. *de* com o pron. *isso.*

dis•so•ci•ar *v.t.d.* **1.** Separar (o que estava associado); desagregar. **2.** Decompor quimicamente. *P.* **3.** Separar-se. [Conjug.: 1 [dissoci]**ar**]

dis•so•lu•ção *sf.* **1.** Ato ou efeito de dissolver(-se). **2.** Decomposição dum organismo pela separação dos elementos constituintes. **3.** Rompimento de contrato, sociedade, etc.

4. Perversão de costumes; desregramento, licenciosidade. [Pl.: *–ções.*]

dis•so•lu•to *adj.* Devasso, corrupto.

dis•so•lú•vel *adj2g.* Que pode ser dissolvido. [Pl.: *–veis.*]

dis•sol•ver *v.t.d.* **1.** Fazer passar (uma substância) para a solução; solver. **2.** Dispersar. **3.** Anular, extinguir. **4.** Desmembrar, dispersar. **5.** Tornar dissoluto. *P.* **6.** Desmembrar-se; dissipar-se. **7.** Solver-se. **8.** Derreter-se. [Conjug.: 2 [dissolv]**er**] § **dis•sol•ven•te** *adj2g.* e *s2g.*

dis•so•nân•ci:a *sf.* **1.** Som ou sons desagradáveis ao ouvido. **2.** V. *desarmonia.* § **dis•so•nan•te** *adj2g.*

dis•su•a•dir *v.t.d.i.* e *p.* Afastar(-se) de um propósito; despersuadir(-se). [Antôn.: *persuadir.* Conjug.: 3 [dissuad]**ir**]

dis•tân•ci:a *sf.* **1.** Espaço entre duas coisas ou pessoas. **2.** Intervalo de tempo entre dois momentos. **3.** Lonjura, longitude. **4.** Separação.

dis•tan•ci•ar *v.t.d.*, *t.d.i.* e *p.* Pôr(-se) distante; afastar(-se). [Conjug.: 1 [distanci]**ar**]

dis•tan•te *adj2g.* **1.** Que dista; afastado. **2.** V. *absorto.*

dis•tar *v.int.* **1.** Ser ou estar distante ou a certa distância. *T.i.* **2.** Diferençar-se. [Conjug.: 1 [dist]**ar**]

dis•ten•der *v.t.d.* e *p.* Estender(-se) em vários sentidos, ou muito. [Conjug.: 2 [distend]**er**]

dis•ten•são *sf.* Ato ou efeito de distender(-se). [Pl.: *–sões.*]

dis•tí•co *sm.* Estrofe de dois versos.

dis•tin•ção *sf.* **1.** Ato ou efeito de distinguir(-se). **2.** Caracteres, características, qualidades, pelas quais uma pessoa ou coisa difere de outra. **3.** Elegância no porte, maneiras, atitudes; garbo. [Pl.: *–ções.*]

dis•tin•guir *v.t.d.* **1.** V. *diferençar* (1). **2.** Avistar ou ouvir; perceber. **3.** Mostrar consideração especial a. *T.d.i.* e *int.* **4.** Diferençar, discriminar, discernir. *P.* **5.** V. *diferençar* (1). **6.** Sobressair-se; evidenciar-se. [Conjug.: 46 [distin]**guir**]

dis•tin•ti•vo *adj.* **1.** Próprio para distinguir. • *sm.* **2.** Coisa que distingue; insígnia.

dis•tin•to *adj.* **1.** Que não se confunde; diverso. **2.** Isolado. **3.** Notável (3). **4.** Perceptível. **5.** Que tem distinção (3).

dis•to Contr. da prep. *de* com o pron. dem. *isto.*

dis•tor•cer *v.t.d.* **1.** Mudar o sentido, a intenção, a substância, de; torcer. **2.** Mudar a direção, a posição normal, de. [Conjug.: 34 [distor]**cer**. Cf. *destorcer.*] § **dis•tor•ção** *sf.*; **dis•tor•ci•do** *adj.*

dis•tra•ção *sf.* **1.** Desatenção (1). **2.** Recreação. [Pl.: *–ções.*]

dis•tra•í•do *adj.* Desatento.

dis•tra•ir *v.t.d.* **1.** Atrair ou desviar a atenção de (alguém) para outro ponto ou objeto. **2.** Desviar. **3.** Livrar de preocupação. **4.** Divertir. *T.d.i.* **5.** Distrair (2 e 3). *P.* **6.** Descuidar-se. **7.** Divertir-se. [Conjug.: ⸝38⸝ [distr]**air**]

dis•tra•tar *v.t.d.* Efetuar o distrato de (pacto ou contrato). [Conjug.: ⸝1⸝ [distrat]**ar**. Cf. *destratar*.]

dis•tra•to *sm.* Ato de distratar; rescisão ou anulação de contrato.

dis•tri•bu•ir *v.t.d.* **1.** Atirar, soltar, dar para diferentes partes, em diferentes direções. **2.** Conferir, atribuir. **3.** Pôr em ordem; classificar. *T.d.i.* **4.** Dar (a uns e outros); repartir. [Conjug.: ⸝49⸝ [distrib]**uir**] § **dis•tri•bu•i•ção** *sf.*; **dis•tri•bu•i•dor** (ô) *adj.*

dis•tri•bu•ti•vo *adj.* **1.** Que distribui. **2.** Que indica distribuição.

dis•tri•to *sm.* Divisão administrativa de município ou cidade, de certos departamentos de administração pública, etc.

dis•túr•bi:o *sm.* Perturbação orgânica ou social.

di•ta *sf.* Fortuna, sorte; boa sorte.

di•ta•do *sm.* **1.** O que se dita ou se ditou para ser escrito. **2.** V. *provérbio.*

di•ta•dor (ô) *sm.* Aquele que concentra todos os poderes do Estado.

di•ta•du•ra *sf.* **1.** Forma de governo em que todos os poderes se enfeixam nas mãos dum indivíduo, grupo, partido ou classe. **2.** Tirania.

di•ta•me *sm.* **1.** O que se dita. **2.** O que a consciência e a razão dizem que deve ser.

di•tar *v.t.d.* e *t.d.i.* **1.** Pronunciar (o que outrem há de escrever). **2.** Impor. [Conjug.: ⸝1⸝ [dit]**ar**]

di•ta•to•ri•al *adj2g.* Relativo a ditador ou à ditadura. [Pl.: *-ais.*]

di•to *adj.* **1.** Que se disse. • *sm.* **2.** Palavra ou frase. **3.** O que se disse. **4.** V. *provérbio.* **5.** Mexerico, enredo.

di•to-cu•jo *sm. Bras. Fam.* Cujo (2). [Pl.: *ditos-cujos.*]

di•ton•go *sm. Gram.* Grupo de dois fonemas vogais proferidos numa só sílaba.

di•to•so (ô) *adj.* Que tem dita; venturoso. [Pl.: *-tosos* (ó).]

di:u•re•se *sf. Med.* Secreção urinária.

di:u•ré•ti•co *adj.* e *sm. Med.* Diz-se de, ou agente que aumenta a diurese.

di•ur•no *adj.* **1.** Que se faz ou ocorre de dia. **2.** De hábitos diurnos (animal).

di:u•tur•no *adj.* **1.** Que vive muito tempo. **2.** Que tem longa duração.

di•va *sf.* **1.** Deusa. **2.** Epíteto de cantora, ou atriz, de notável.

di•vã *sm.* Sofá sem encosto.

di•va•gar *v.int.* **1.** Andar sem rumo certo; vaguear. **2.** Sair do assunto de que se tratava. **3.** Fantasiar, devanear. [Conjug.: ⸝1⸝ [diva]**gar**. Cf. *devagar*.] § **di•va•ga•ção** *sf.*

di•ver•gên•ci:a *sf.* V. *discordância.*

di•ver•gir *v.int.* **1.** Afastar-se progressivamen-

te; desviar-se. **2.** V. *discrepar* (2). *T.i.* **3.** Discordar. **4.** Não se harmonizar; não condizer. [Conjug.: ⸝48⸝ [div]**ergir**] § **di•ver•gen•te** *adj2g.*

di•ver•são *sf.* Entretenimento, distração. [Pl.: *-sões.*]

di•ver•si•fi•car *v.t.d.* **1.** Tornar diverso. *T.i.* e *int.* **2.** Ser diverso; divergir. [Conjug.: ⸝8⸝ [diversifi]**car**] § **di•ver•si•fi•ca•ção** *sf.*

di•ver•so *adj.* **1.** Diferente, distinto. **2.** Vário, variado. **3.** Mudado, alterado. **4.** Discordante, divergente. § **di•ver•si•da•de** *sf.*

di•ver•sos *pron. indef. pl.* Vários; alguns.

di•ver•ti•do *adj.* Que diverte ou gosta de se divertir.

di•ver•tir *v.t.d.* **1.** Recrear, entreter, distrair. **2.** Fazer mudar de fim, de objeto. *T.d.i.* **3.** Fazer esquecer. *P.* **4.** Recrear-se, distrair-se. [Conjug.: ⸝53⸝ [divle[rt]ir] § **di•ver•ti•men•to** *sm.*

dí•vi•da *sf.* **1.** O que se deve. **2.** Obrigação, dever. [Sin. ger.: *débito.*] ◆ **Dívida pública.** *Econ.* Total dos débitos contraídos pelos governos federal, estaduais e municipais, e pelas empresas estatais.

di•vi•den•do *sm.* **1.** *Mat.* Quantidade que, numa divisão, se divide por outra. **2.** *Econ.* Parcela do lucro de uma sociedade anônima atribuída a cada ação em que se subdivide seu capital.

di•vi•dir *v.t.d.* **1.** Partir, separar ou repartir em várias partes. **2.** Desavir. **3.** Demarcar. **4.** Ratear[1] as despesas ou o lucro de. **5.** Compartilhar. *T.d.i.* **6.** Dividir (4 e 5). **7.** Classificar. **8.** *Mat.* Fazer com (um número) a divisão. *P.* **9.** Separar-se em diversas partes. [Conjug.: ⸝3⸝ [divid]**ir**]

di•vi•na•ção *sf.* **1.** Arte de adivinhar. **2.** Adivinhação. [Pl.: *-ções.*]

di•vi•nal *adj2g.* Divino (2). [Pl.: *-nais.*]

di•vi•na•tó•ri:o *adj.* **1.** Relativo a divinação ou adivinhação. **2.** Que tem a faculdade de adivinhar.

di•vin•da•de *sf.* **1.** Natureza divina. **2.** Deus ou deusa.

di•vi•ni•zar *v.t.d.* **1.** Atribuir caráter divino a. *P.* **2.** Tornar-se divino. [Conjug.: ⸝1⸝ [diviniz]**ar**]

di•vi•no *adj.* **1.** De, ou proveniente de Deus. **2.** Encantador; divinal.

di•vi•sa *sf.* **1.** Sinal divisório. **2.** Distintivo, marca. **3.** Sentença que simboliza idéia ou sentimento pessoal, ou norma dum partido. **4.** Cada um dos galões indicativos das patentes militares.

di•vi•são *sf.* **1.** Ato de dividir(-se). **2.** Linha ou objeto divisório. **3.** Compartimento ou parte de uma casa. **4.** Repartição. **5.** Discórdia, dissensão. **6.** Área dalgumas jurisdições. **7.** *Exérc.* Unidade tática composta de todas as armas e dos serviços essenciais para conduzir operações terrestres. **8.** *Mat.* Operação cujo fim é determinar o maior número de vezes que um número, o *dividendo*, contém outro, o *divisor*. [Pl.: –*sões*.] ◆ **Divisão exata.** *Mat.* A que tem resto igual a zero.

di•vi•sar *v.t.d.* **1.** Avistar; observar. **2.** Marcar, delimitar. [Conjug.: 1 [divis]**ar**]

di•vi•sas *sf.pl.* **1.** Disponibilidade de dinheiro que um Estado possui em praças estrangeiras. **2.** Moeda estrangeira ou créditos em moeda estrangeira.

di•vi•si•o•ná•ri•o *adj.* **1.** Relativo à divisão (6). **2.** *Bras.* Diz-se da moeda de pequeno valor, que serve para troco.

di•vi•sí•vel *adj2g.* Que pode ser dividido. [Pl.: –*veis*.] § **di•vi•si•bi•li•da•de** *sf.*

di•vi•sor (ô) *sm.* **1.** Aquilo ou aquele que divide. **2.** *Mat.* Número pelo qual se divide outro. ◆ **Divisor próprio.** *Mat.* Cada um dos divisores de um número menores que esse número, inclusive a unidade. **Máximo divisor comum.** *Mat.* O maior número que divide simultaneamente cada membro de um conjunto de inteiros [símb.: *mdc*].

di•vi•só•ri:a *sf.* **1.** Linha que divide; divisão. **2.** Tapume, parede, etc., que divide um espaço qualquer.

di•vor•ci•ar *v.t.d.* **1.** Provocar ou decretar o divórcio de. *P.* **2.** Separar-se judicialmente (cônjuges) pelo divórcio. [Conjug.: 1 [divorci]**ar**]

di•vór•ci:o *sm.* Dissolução do vínculo matrimonial, podendo os divorciados contrair novas núpcias.

di•vul•gar *v.t.d.* e *p.* Tornar(-se) público ou notório; propagar(-se), propalar(-se). [Conjug.: 11 [divul]**gar**] § **di•vul•ga•ção** *sf.*

di•zer *v.t.d.* **1.** Exprimir por palavras ou por escrito, ou de outro modo. **2.** Proferir. **3.** Afirmar. **4.** Recitar. **5.** Contar, narrar. **6.** Celebrar (missa). *T.d.i.* **7.** Exprimir por palavras. **8.** Aconselhar. **9.** Dizer (3). *T.c.* **10.** Abrir (25). *P.* **11.** Afirmar ou declarar de si. [Conjug.: 19 dizer] • *sm.* **12.** Expressão, dito. **13.** Linguagem falada.: *o dizer do povo.*

di•zi•ma *sf.* **1.** Imposto equivalente a um décimo do rendimento. **2.** *Mat.* Dízima periódica. ◆ **Dízima periódica.** *Mat.* Representação decimal de um número no qual um conjunto de um ou mais algarismos se repete indefinidamente, a começar de certa ordem decimal; dízima.

di•zi•mar *v.t.d.* Destruir, exterminar. [Conjug.: 1 [dizim]**ar**] § **di•zi•ma•dor** (ô) *adj.* e *sm.*

di•zi•mo *sm.* A décima parte.

diz-que-diz-que *sm2n.* Boato, falatório, intriga.

❏ **DNA** Sigla, em inglês, de *ácido desoxirribonucleico*.

do¹ Contr. da prep. *de* com o art. *o*.

do² Contr. da prep. *de* com o pron. dem. *o*; daquele.

do³ Contr. da prep. *de* com o pron. neutro *o*; daquilo.

dó¹ *sm.* **1.** V. *compaixão*. **2.** Tristeza.

dó² *sm. Mús.* **1.** O primeiro grau da escala diatônica natural. **2.** Sinal da nota dó na pauta.

do:a•ção *sf.* **1.** Ato ou efeito de doar. **2.** O que se doou. [Pl.: –*ções*.]

do•ar *v.t.d.i.* e *t.d.* Transmitir gratuitamente (bens, etc.) a outrem. [Conjug.: 13 [d]**oar**] § **do:a•dor** (ô) *adj.* e *sm.*

do•bar *v.t.d.* Enovelar (o fio da meada). [Conjug.: 1 [dob]**ar**]

do•bra *sf.* **1.** Parte dum objeto que, volteada, fica sobreposta a outra. **2.** Vinco, prega.

do•bra•di•ça *sf.* Peça de metal formada de duas chapas unidas para um eixo comum, e sobre a qual gira a porta, janela, etc.

do•bra•di•nha *sf. Bras.* **1.** A parte do intestino do boi usada na alimentação. **2.** Guisado feito com ela. [Sin. ger.: *tripa*.]

do•bra•do *adj.* **1.** Em dobro; duplicado, duplo. **2.** Voltado sobre si; enrolado. **3.** *Bras. Pop.* De compleição robusta. • *sm.* **4.** *Bras.* Música de marcha militar.

do•bra•du•ra *sf.* Ato, operação ou efeito de dobrar.

do•brar *v.t.d.* **1.** Tornar duas vezes maior; duplicar. **2.** Tornar maior, ou mais completo, ou intenso. **3.** Virar (um objeto) de modo que uma ou mais partes dele se sobreponham a outra(s). **4.** Fazer curvar. **5.** Amansar. *Int.* **6.** Soar (o sino) dando dobre. **7.** Tornar-se outro tanto maior; duplicar-se. *P.* **8.** Ceder. [Conjug.: 1 [dobr]**ar**] § **do•bra•men•to** *sm.*; **do•brá•vel** *adj2g.*

do•bre *sm.* **1.** Ato ou efeito de dobrar. **2.** Toque (de sinos) no dia de finados, ou quando da morte de alguém.

do•bro (ô) *sm.* Duplo (2).

do•ca *sf.* Parte de um porto onde atracam navios para carga e descarga.

do•ce (ô) *adj2g.* **1.** Que tem sabor como o do mel ou o do açúcar. **2.** De sabor agradável. **3.** Meigo. **4.** Brando, ameno. [Superl.: *dulcíssimo, docíssimo*.] • *sm.* **5.** Confecção culinária em que entra açúcar ou outro adoçante.

do•cei•ro *sm.* Homem que faz e/ou vende doces.

do•cên•ci:a *sf.* **1.** Qualidade de docente. **2.** O exercício do magistério.

do•cên•ci:a-li•vre *sf.* Atividade exercida por docente-livre. [Sin., bras.: *livre-docência*. Pl.: *docências-livres*.]

do•cen•te *adj2g.* **1.** Que ensina. **2.** Relativo a professores. • *sm.* **3.** Professor, lente.

do•cen•te-li•vre *sm.* **1.** Título universitário obtido mediante concurso. • *s2g.* **2.** Pessoa que obteve o docente-livre (1). • *adj2g.* **3.** Que obteve o docente-livre (1). [Sin. ger.: *livre-docente*. Pl.: *docentes-livres*.]

dó•cil *adj2g.* Fácil de ser ensinado, de conduzir, de guiar. [Pl.: –*ceis*.] § **do•ci•li•da•de** *sf.*

do•cu•men•ta•ção *sf.* 1. Ato ou efeito de documentar. 2. Conjunto de documentos. [Pl.: –ções.]

do•cu•men•tar *v.t.d.* Juntar documento(s) a; provar com documento(s). [Conjug.: ① [documentar] § **do•cu•men•tá•vel** *adj2g.*

do•cu•men•tá•ri:o *adj.* 1. Relativo a documento. • *sm.* 2. *Cin. Restr.* Filme, geralmente de curta-metragem, que registra e comenta um fato, um ambiente ou determinada situação.

do•cu•men•to *sm.* Qualquer escrito us. para consulta, estudo, prova, etc. § **do•cu•men•tal** *adj2g.*

do•çu•ra *sf.* 1. Qualidade do que é doce. 2. Gosto do doce. 3. Brandura; meiguice.

do•de•ca•e•dro *sm.* Poliedro formado por doze faces.

do•de•ca•fo•nis•mo *sm. Mús.* Técnica de composição criada por Arnold Schoenberg (1874-1951), e baseada nos 12 sons da escala cromática.

do•de•cá•go•no *sm.* Polígono de doze lados.

do•de•cas•sí•la•bo *adj.* • *s2g.* 3. Alexandrino[1].

do•dói *Bras. Inf. sm.* 1. Doença; ou dor; ou machucado. • *adj2g.* 2. Doente.

do•en•ça *sf.* 1. Falta ou perturbação da saúde. 2. Vício; defeito. ◆ **Doença de Chagas.** Doença descoberta e estudada por Carlos Chagas (q. v.), veiculada por um inseto conhecido no Brasil por diversos nomes [v. *barbeiro* (2)], e que tem como germe etiológico o *Trypanosoma cruzi.*

do•en•ça-do-so•no *sf. Patol.* Doença endêmica que ocorre em áreas da África tropical infestadas pela mosca tsé-tsé. Compromete, dentre outros setores do organismo, o sistema nervoso central, levando a extrema letargia física e mental, sono invencível e morte. [Pl.: *doenças-do-sono.*]

do•en•te *adj2g.* 1. Que tem doença. 2. Apaixonado; maníaco. • *s2g.* 3. Pessoa doente.

do•en•ti:o *adj.* 1. Que adoece facilmente. 2. Nocivo à saúde. 3. Mórbido.

do•er *v.int.* 1. Causar dor, sofrimento, ou dó, pena. *P.* 2. Ressentir-se (física ou moralmente); magoar-se. 3. Condoer-se; apiedar-se. [Conjug.: ㊲ [d]**oer**. Como int., só se conjuga nas 3ªs pess. Como pron., conjuga-se em todas as pess.: eu me *dôo*, etc.]

do•es•to *sm.* Acusação desonrosa; injúria.

do•ga•res•sa (ê) *sf.* Dogesa.

do•ge *sm.* Magistrado supremo das antigas repúblicas de Veneza e Gênova.

do•ge•sa (ê) *sf.* Mulher do doge; dogaressa.

dog•ma *sm.* Ponto fundamental e indiscutível de doutrina religiosa e, p. ext., de qualquer doutrina ou sistema.

dog•má•ti•co *adj.* Relativo a dogma, ou ao dogmatismo.

dog•ma•tis•mo *sm.* 1. Atitude arrogante de afirmação ou negação. 2. *Filos.* Crença, geralmente ingênua e não crítica, nas verdades e princípios racionais.

doi•dei•ra *sf.* V. *doidice.*

doi•di•ce ou **dou•di•ce** *sf.* 1. Ato ou palavras de doido. 2. Ato impensado ou leviano. 3. Arrebatamento. [Sin. ger.: *doideira.*]

doi•di•va•nas ou **dou•di•va•nas** *s2g.* e *2n. Fam.* Indivíduo leviano, estouvado.

doi•do ou **dou•do** *adj.* 1. Louco, alienado, demente. 2. Que age como doido; extravagante, arrebatado. 3. Insensato. • *sm.* 4. Indivíduo doido.

do•í•do *adj.* Que se doeu; dorido, magoado.

dois ou **dous** *num.* 1. Quantidade que é uma unidade maior do que um (1). 2. Que está marcado ou identificado com o número 2. [Nesta acepç., é us. como aposto (sem flexão), em seguida a um substantivo: *linha dois, loja dois.*] • *sm.2n.* 3. Representação, em algarismos, do número 2.

dó•lar *sm.* Unidade monetária, e moeda dos E.U.A., Canadá, Austrália, Nova Zelândia e outros países, igual a 100 cêntimos.

do•la•ri•za•ção *sf. Econ.* Utilização do dólar dos E.U.A. como medida de valor ou como meio de pagamento, em lugar da moeda nacional. [Pl.: –ções.]

do•lei•ro *sm.* Aquele que comercia ilegalmente com dólar ou com qualquer moeda estrangeira.

do•len•te *adj2g.* Que manifesta dor. § **do•lên•ci:a** *sf.*

dól•mã *sm.* Veste ou casaco militar.

do•lo *sm.* Ato consciente, ou intenção, com que se induz, mantém ou confirma outrem num erro. § **do•lo•so** (ô) *adj.*

do•lo•ri•do *adj.* 1. Que tem, ou em que há dor; dorido. 2. Lamentoso.

do•lo•ro•so (ô) *adj.* Que produz, ou em que há dor. [Pl.: –*rosos* (ó).]

do•lo•so (ô) *adj.* Em que há, ou causado por dolo. [Pl.: –*losos* (ó).]

dom¹ *sm.* 1. Dádiva, presente. 2. Qualidade inata. 3. Mérito, merecimento. 4. Poder. [Pl.: *dons.*]

dom² *sm.* Título honorífico de nobres e de altos dignitários da Igreja. [Com inicial maiúscula. Pl.: *dons.*]

do•mar *v.t.d.* 1. Domesticar (2). 2. Subjugar; sujeitar. 3. Reprimir. [Conjug.: ① [dom]**ar**] § **do•ma** *sf.*; **do•ma•dor** (ô) *adj.* e *sm.*

do•mes•ti•car *vtd.* 1. Tornar doméstico; adaptar (animal ou planta) à vida em associação com os seres humanos. 2. Amansar ou adestrar (animal selvagem); domar. [Conjug.: ⑧ [domesti]**car**] § **do•mes•ti•ca•ção** *sf.*; **do•mes•ti•cá•vel** *adj2g.*

do•més•ti•co *adj.* 1. Da, ou referente à casa, à vida da família; familiar. 2. Que vive ou é criado em casa (animal). • *sm.* 3. Empregado doméstico. § **do•mes•ti•ci•da•de** *sf.*

do•mi•ci•li•ar¹ *adj2g* . Relativo a domicílio.

do•mi•ci•li•ar² *v .t.d.* 1. Dar domicílio a. *P. 2.* Fixar domicílio. [Conjug.: ① [domicili]**ar**]

do•mi•cí•li:o *sm.* Casa ou lugar onde se reside; residência.

do•mi•na•dor(ó) *adj.* Que domina; dominante.

do•mi•nân•ci:a *sf.* Qualidade de dominante.

do•mi•nan•te *adj2g.* Dominador.

do•mi•nar *v.t.d.* 1. Exercer autoridade, poder, influência ou domínio sobre. 2. Reprimir. 3. Preponderar, predominar. 4. Saber. *P.* 5. Conter-se. [Conjug.: ① [domin]**ar**] § **do•mi•na•ção** *sf.*

do•min•go *sm.* O primeiro dia da semana, destinado ao descanso e à oração.

do•min•guei•ro *adj.* Do domingo.

do•mi•ni•cal *adj2g.* Relativo ao Senhor, ou ao domingo. [Pl.: *–cais.*]

do•mi•ni•ca•no *adj.* 1. Da ordem de S. Domingos. 2. Da República Dominicana ou de São Domingos (Antilhas). • *sm.* 3. Frade da Ordem de S. Domingos. 4. O natural ou habitante da República Dominicana ou de São Domingos (Antilhas).

do•mí•ni:o *sm.* 1. Autoridade, poder. 2. Posse. 3 Grande extensão territorial pertencente a indivíduo, empresa ou Estado. 4. V. *campo* (5). 5. *Mat.* Numa função, conjunto dos valores que as variáveis independentes podem tomar. 6. *Ocean.* Grande extensão de um ecossistema aquático.

do•mi•nó *sm.* 1. Túnica, com capuz e mangas, usada como fantasia (4). 2. Quem a veste. 3. Certo jogo com 28 pedras retangulares.

do•mo *sm.* Cobertura de forma curva, executada com material translúcido, para iluminação do interior de edificação.

do•na *sf.* 1. Fem. de *dono.* 2. Título que precede o nome próprio das senhoras.

do•na-de-ca•sa *sf. Bras.* Mulher que dirige e/ ou administra o lar. [Pl.: *donas-de-casa.*]

do•nai•re *sf.* Gentileza, garbo, graça.

do•na•tá•ri:o *sm.* 1. O que recebeu uma doação. 2. Senhor de capitania hereditária no Brasil colonial.

do•na•ti•vo *sm.* Dádiva.

don•de Contr. da prep. *de* e do adv. *onde.* Indica procedência, causa ou conclusão.

do•ni•nha *sf. Zool.* Mamífero mustelídeo.

do•no *sm.* 1. Proprietário, senhor. 2. Chefe (de uma casa).

don•ze•la *sf.* 1. *Ant.* Mulher moça, nobre. 2. Mulher virgem.

do•pa•gem *sf.* 1. Ato ou efeito de dopar(-se). 2. *Eletrôn.* Processo que consiste em introdu-

zir, num semicondutor, pequenas quantidades de impurezas. [Pl.: *–gens.*] ◆ **Dopagem tipo N.** *Eletrôn.* Aquela feita com impurezas doadoras. **Dopagem tipo P.** *Eletrôn.* Aquela feita com impurezas aceitadoras.

do•par *v.t.d.* 1. Ministrar substância excitante ou estupefaciente a. 2. Drogar (1). 3. *Eletrôn.* Adicionar pequenas quantidades de impurezas em (um semicondutor). *P.* 4. Dopar-se (1 e 2). [Conjug.: ① [dop]**ar**]

dor (ó) *sf.* 1. *Med.* Sensação de sofrimento, decorrente de lesão (5) e percebida por formações nervosas especializadas. 2. Mágoa, pesar.

do•ri•do *adj.* 1. Dolorido (1). 2. Triste.

dor•men•te¹ *adj2g.* 1. Que dorme; adormecido. 2. Entorpecido. § **dor•mên•ci:a** *sf.*

dor•men•te² *sm .* *Bras.* Peça colocada transversalmente à via, e onde se assentam e fixam os trilhos das ferrovias.

dor•mi•da *sf.* 1. Ato de dormir. 2. Pousada para pernoitar.

dor•mi•dei•ra *sf.* 1. Sonolência, modorra. 2. *Bras. Bot.* Planta ornamental das leguminosas; sensitiva.

dor•mi•nho•co (ô) *adj.* e *sm. Fam.* Que ou quem dorme muito.

dor•mir *v.int.* 1. Estar entregue ao sono. [Sin. inf.: *nanar.*] 2. Estar imóvel. 3. Distrair-se. 4. Estar latente. [Conjug.: ⑤⑤ [d]o[rm]**ir**]

dor•mi•tar *v.int.* e *t.d.* Cochilar (1). [Conjug.: ① [dormit]**ar**]

dor•mi•tó•ri:o *sm.* 1. Salão ou ala de edifício com muitos quartos de dormir. 2. Quarto de dormir, ger. com muitas camas.

dor•sal *adj2g.* Do dorso (1). [Pl.: *–sais.*]

dor•so (ô) *sm.* 1. Costas (dos homens e dos animais). 2. *Anat.* Aspecto (3) de uma formação anatômica que, em posição, corresponde às costas; no homem, é posterior. 3. Parte posterior. 4. V. *lombada* (2).

do•sar *v.t.d.* Regular por dose. [Conjug.: ① [dos]**ar**] § **do•sa•gem** *sf.*

do•se *sf.* 1. *Med.* Quantidade fixa de uma substância que entra na composição de determinado medicamento. 2. Porção de medicamento, bebida, etc., que se toma ou se serve de uma vez. 3. *Fís.* Quantidade total de energia absorvida por um sistema sujeito à ação de uma radiação ionizante.

do•sí•me•tro *sm. Fís. Nucl.* Medidor de radioatividade capaz de medir uma dose de radiação

dos•sel *sm.* Armação ornamental, que encima altar, trono, etc.; céu, sobrecéu. [Pl.: *–séis.*]

dos•si:ê *sm.* Coleção de documentos referentes a certo processo, assunto ou a certo indivíduo.

do•ta•ção *sf.* 1. Ato de dotar. 2. Renda destinada à manutenção de pessoa ou corporação. 3. Verba (2). [Pl.: *–ções.*]

do•tar *v.t.d.* **1.** Dar dote a. **2.** Favorecer. **3.** Consignar para dotação. [Conjug.: 1 [dot]**ar**]

do•te *sm.* **1.** Bens que recebe uma pessoa, em especial a mulher que se casa e a freira ao entrar no convento. **2.** Dom natural.

dou•ra•do ou **doi•ra•do** *adj.* **1.** Da cor do ouro. **2.** Revestido de, enfeitado, ou bordado a ouro. • *sm.* **3.** *Bras. Zool.* Peixe caracídeo us. na alimentação.

dou•ra•dor ou **doi•ra•dor** (ô) *sm.* Operário ou artista que doura.

dou•ra•du•ra ou **doi•ra•du•ra** *sf.* Arte ou operação de dourar.

dou•rar ou **doi•rar** *v.t.d.* **1.** Revestir com camada de ouro. **2.** Dar cor de ouro a. **3.** Dar brilho, ou aspecto ilusório, a. [Conjug.: 1 [dour]**ar**] § **dou•ra•men•to** *sm.*

dou•to *adj.* Muito instruído; erudito, sábio.

dou•tor *sm.* **1.** Aquele que se formou numa universidade e recebeu a mais alta graduação desta após haver defendido tese. **2.** Aquele que se diplomou numa universidade. **3.** *Pop.* Médico (2).

dou•to•ra•do *sm.* **1.** Graduação de doutor. **2.** Curso especializado que se faz após a graduação; doutoramento.

dou•to•ral *adj2g.* De, ou próprio de doutor. [Pl.: *–rais.*]

dou•to•ra•men•to *sm.* **1.** Ato de doutorar(-se). **2.** Doutorado (2).

dou•to•ran•do *sm.* O que vai doutorar-se.

dou•to•rar *v.t.d.* e *p.* Conferir o grau de doutor a, ou recebê-lo. [Conjug.: 1 [doutor]**ar**]

dou•tri•na *sf.* **1.** Conjunto de princípios que servem de base a um sistema filosófico, científico, etc. **2.** Catequese cristã. **3.** Ensinamento.

dou•tri•ná•ri:o *adj.* Relativo a, ou que encerra doutrina.

⇨ **down** (dáun) [Ingl.] *sm. Fís. Part.* *Quark* com carga elétrica –1/3.

⇨ **download** ('daunlòud) [Ingl.] *sm. Inform.* Em redes de computadores, obtenção de cópia de um arquivo localizado em máquina remota. ♦ **Fazer um *download.*** *Inform.* V. *baixar* (2).

do•ze (ô) *num.* **1.** Quantidade que é uma unidade maior que 11. **2.** Número (1) correspondente a essa quantidade. [Representa-se em algarismos arábicos por 12, e em algarismos romanos, por XII.]

❏ **DPT** Sigla de vacina tríplice contra difteria, coqueluche e tétano.

drac•ma *sf.* Unidade monetária, e moeda, da Grécia.

dra•co•ni•a•no *adj.* Excessivo, rigoroso; cruelmente severo.

dra•ga *sf.* Aparelho com que se tira areia, etc., do fundo do mar, rios, etc.

dra•gão *sm.* Monstro fabuloso, representado, em geral, com cauda de serpente, garras e asas. [Pl.: *–gões.*]

dra•gão-de-co•mo•do *sm. Zool.* Varano (q. v.). [Pl.: dragões-de-comodo].

dra•gar *v.t.d.* Limpar ou desobstruir com draga. [Conjug.: 1 [dra]**gar**] § **dra•ga•gem** *sf.*

drá•ge:a *sf.* Comprimido medicamentoso recoberto de substância em geral doce.

dra•go•na *sf.* Galão ou peça metálica que os militares usam no ombro, como distintivo.

dra•ma *sm.* **1.** Peça teatral em que o cômico se mistura com o trágico. **2.** Episódio comovente ou patético.

dra•ma•lhão *sm.* Peça ou filme medíocre e cheio de lances trágicos. [Pl.: *–lhões.*]

dra•má•ti•co *adj.* **1.** Relativo a drama. **2.** Que representa dramas. **3.** Comovente, patético. § **dra•ma•ti•ci•da•de** *sf.*

dra•ma•ti•zar *v.t.d.* **1.** Dar a forma de drama a. **2.** Tornar ou procurar tornar dramático. [Conjug.: 1 [dramatiz]**ar**]

dra•ma•tur•gi•a *sf.* **1.** Arte dramática; teatro. **2.** Arte e técnica de compor peças teatrais.

dra•ma•tur•go *sf.* **1.** Autor de drama (1). **2.** Teatrólogo.

dra•pe•jar *v.t.d.* **1.** Dispor de maneira harmoniosa (as dobras de pano, de vestimenta). *Int.* **2.** Agitar-se, ondular. [Conjug.: 1 [drapej]**ar**]

drás•ti•co *adj.* **1.** Diz-se de purgante enérgico. **2.** Enérgico. • *sm.* **3.** Purgante enérgico.

dre•na•gem *sf.* **1.** Ato, efeito, ou operação de drenar. **2.** Conjunto de operações e instalações para remover o excesso de águas da superfície ou do subsolo. [Pl.: *–gens.*]

dre•nar *v.t.d.* **1.** Fazer a drenagem de. **2.** *Med.* Aplicar dreno em. [Conjug.: 1 [dren]**ar**]

dre•no *sm.* **1.** Tubo ou vala para drenagem. **2.** *Eletrôn.* Eletrodo de um transistor de efeito de campo. **3.** *Med.* Objeto, variável em natureza e em forma, com que se procura manter a saída de líquido duma cavidade para outra cavidade, ou para o meio exterior.

dri•blar *v.t.d.* **1.** Iludir, enganar, lograr. **2.** *Fut.* Enganar (o adversário), negaceando com o corpo e mantendo o controle da bola, a fim de ultrapassá-lo; fintar. [Conjug.: 1 [dribl]**ar**]

dri•ble *sm.* Ato ou efeito de driblar.

drin•que *sm.* Bebida alcoólica, especialmente tomada fora das refeições.

⇨ **drive** (draiv) [Ingl.] *sm. Inform.* Num computador, periférico que movimenta o disco para nele gravar ou ler informações.

⇨ **drive-in** (dráiv in) [Ingl.] *sm.* Instalação comercial em que o serviço é oferecido ao cliente dentro do próprio veículo.

⇨ **driver** (dráiver) [Ingl.] *sm. Inform.* Arquivo com parâmetros e instruções específicas, que possibilita o uso de determinado dispositivo do computador (como impressora, *modem*, etc.).

dro•ga *sf*. **1**. *Med*. Qualquer composto químico de uso médico, diagnóstico, terapêutico ou preventivo. **2**. *Restr*. Substância cujo uso pode levar a dependência (4). **3**. Substância entorpecente, alucinógena, excitante, etc. **4**. Coisa de pouco valor ou desagradável.

dro•gar *v.t.d*. **1**. Fazer ingerir droga (3); dopar. *P*. **2**. Intoxicar-se com droga (3); dopar-se. [Conjug.: ⑪ [dro]**gar**]

dro•ga•ri•a *sf*. Estabelecimento onde se vendem drogas. [V. *droga* (1 e 2).]

dro•mai•í•de:o *sm*. *Zool*. Espécime dos dromaiídeos, família de grandes aves pernaltas, cursórias. § **dro•mai•í•de:o** *adj*.

dro•me•dá•ri:o *sm*. *Zool*. Mamífero camelídeo domesticado, nativo da África do Norte; tem apenas uma corcova.

dro•pe *sm*. *Bras*. Bala (3), em geral redonda.

dru•pa *sf*. *Bot*. Fruto carnoso, com um núcleo duríssimo, como o pêssego e a manga.

dru•pá•ce:o *adj*. Que constitui drupa, ou é semelhante a ela.

du:a•lis•mo *sm*. Doutrina que admite a coexistência de dois princípios, ger. opostos: bem e mal, alma e corpo, espírito e matéria, ondas e partículas. § **du:a•lis•ta** *adj2g*.

du•as *num*. Fem. de dois.

dú•bi:o *adj*. **1**. Duvidoso, incerto; ambíguo. **2**. Difícil de definir ou explicar. § **du•bi:e•da•de** *sf*.

du•bi•ta•ti•vo *adj*. Em que há dúvida.

du•blar *v.t.d*. Fazer a dublagem de. [Conjug.: ① [dubl]**ar**]

dúb•ni:o *sm*. *Quím*. Elemento de número atômico 105, artificial [símb.: *Db*].

du•ca•do¹ *sm*. **1**. Estado cujo soberano é um duque. **2**. Dignidade ducal.

du•ca•do² *sm*. Nome comum a moedas de ouro de vários países.

du•cal *adj2g*. Relativo a duque ou duquesa. [Pl.: *–cais*.]

du•cen•té•si•mo *num*. **1**. Ordinal correspondente a 200. **2**. Fracionário correspondente a 200.

du•cha *sf*. Jorro de água dirigido sobre o corpo de alguém, como terapêutica ou higiene.

dúc•til *adj2g*. Que se pode reduzir a fios, estirar, distender, sem romper-se. [Pl.: *–teis*.] § **duc•ti•li•da•de** *sf*.

duc•to *sm*. **1**. Qualquer tubulação para conduzir fluidos a grande distância. **2**. *Anat*. Formação tubular que dá passagem a matérias diversas (bile, sangue, etc.), de acordo com o aparelho ou sistema a que pertença. § **duc•tal** *adj2g*.

du•e•lis•ta *s2g*. Quem se bate em duelo.

du•e•lo *sm*. **1**. Combate entre duas pessoas. **2**. Luta com armas iguais.

du•en•de *sm*. Ente fantástico que se acredita-

va aparecer de noite nas casas, fazendo travessuras.

du•e•to (ê) *sm*. **1**. *Mús*. Composição para duas vozes ou dois instrumentos. **2**. Canto a duas vozes. [Sin. ger.: *duo*.]

dul•ci•fi•car *v.t.d*. **1**. Tornar doce; adoçar. **2**. Tornar agradável, suave; suavizar. *P*. **3**. Suavizar-se, abrandar-se. [Conjug.: ⑧ [dulcifi]**car**]

dul•çor (ô) *sm*. Doçura.

dul•ço•ro•so (ô) *adj*. Cheio de dulçor. [Pl.: *–rosos* (ó).]

dum Contr. da prep. *de* e do num., art. e pron. *um*. [Pl.: *duns*.]

⇨ **dumping** (dâmpin) [Ingl.] *sm*. Venda por preço abaixo do custo com o propósito de afastar concorrentes.

du•na *sf*. Monte de areia movediça formado pelo vento.

du•o *sm*. *Mús*. Dueto.

du:o•dé•ci•mo *num*. **1**. Que ocupa o lugar de número 12, numa série ordenada. **2**. Cada uma das 12 partes iguais em que se divide algo.

du:o•de•no *sm*. *Anat*. A primeira parte do intestino delgado. § **du:o•de•nal** *adj2g*.

du•pla *sf*. **1**. Grupo de duas pessoas que atuam em comum. **2**. Conjunto de dois elementos.

du•pli•car *v.t.d*. e *int*. Dobrar (1 e 7). [Conjug.: ⑧ [dupli]**car**] § **du•pli•ca•ção** *sf*.

du•pli•ca•ta (ê) *sf*. **1**. Cópia. **2**. Título de crédito formal, nominativo, que representa e comprova crédito preexistente, e destinado a aceite e pagamento pelo comprador.

dú•pli:ce *num2g*. **1**. V. *duplo* (1). • *adj2g*. **2**. Fingido.

du•pli•ci•da•de *sf*. **1**. Qualidade daquilo que é dúplice. **2**. Qualidade de quem é dúplice; fingimento.

du•plo *num*. **1**. Que é duas vezes maior que outro; dúplice, dobrado. • *sm*. **2**. Quantidade duas vezes maior; dobro. **3**. Pessoa ou coisa muito semelhante a outra.

du•que¹ *sm*. Título nobiliárquico, superior ao de marquês. [Fem.: *duquesa*.] [V. *barão*.]

du•que² *sm*. **1**. Carta de jogar que tem dois pontos. **2**. Dois pontos, na véspora.

du•ra *sf*. V. *duração* (1).

du•ra•ção *sf*. **1**. O tempo em que uma pessoa, ou coisa, dura; dura. **2**. O tempo do desenvolvimento de um processo. **3**. Qualidade do que dura. [Pl.: *–ções*.]

du•ra•doi•ro ou **du•ra•dou•ro** *adj*. Que dura muito, ou pode durar muito; durável, permanente.

du•ra•lu•mí•ni:o *sm*. Liga metálica constituída de alumínio e magnésio.

du•ra-má•ter *sf*. *Anat*. A mais externa e espessa das três meninges que envolvem o encéfalo e a medula espinhal. [Pl.: *duras-máteres*.]

du•ran•te *prep.* Exprime duração: no tempo de, ou pelo espaço de.

du•rar *v.int.* **1.** Continuar a existir; prolongar-se. **2.** Conservar-se em determinado estado, com as mesmas qualidades. **3.** Viver, existir. [Conjug.: ① [dur]**ar**]

du•rá•vel *adj2g.* V. *duradouro.* [Pl.: *–veis.*] § **du•ra•bi•li•da•de** *sf.*

du•re•za (ê) *sf.* **1.** Qualidade de duro². **2.** Ação dura; crueldade. **3.** *Pop.* Situação muito difícil, ou de falta de dinheiro.

du•ro¹ *sm.* Moeda espanhola, de prata, que vale cinco pesetas, ou papel-moeda do mesmo valor.

du•ro² *adj.* **1.** Que não é tenro ou mole; rijo. **2.** Desagradável ao ouvido. **3.** Árduo, custoso. **4.** V. *inexorável* (1). **5.** Vigoroso. **6.** Enérgico. **7.** Insensível. **8.** *Bras. Gír.* V. *pronto* (6).

dú•vi•da *sf.* **1.** Incerteza sobre a realidade dum fato ou sobre a verdade duma asserção. **2.** Descrença.

du•vi•dar *v.t.d.* **1.** Ter ou mostrar dúvida sobre. **2.** Não acreditar. *T.i.* **3.** Estar ou mostrar-se indeciso ou desconfiado. *Int.* **4.** Não crer. [Conjug.: ① [duvid]**ar**]

du•vi•do•so (ô) *adj.* Que oferece ou inspira dúvida(s); ambíguo, impreciso, indeciso. [Pl.: *–dosos* (ó).]

du•zen•tos *num.* **1.** Quantidade que é uma unidade maior que 199. **2.** Número (1) correspondente a essa quantidade. [Representa-se em algarismos arábicos por 200, e em algarismos romanos por CC.]

dú•zi:a *sf.* Conjunto de 12 objetos da mesma natureza.

❑ **DVD** *sm.* Tipo de CD capaz de armazenar imagens, sons e arquivos de computador em quantidade superior à do CD-ROM (de 4,7 a 17 GB), empregando padrão diferente de codificação.

❑ **Dy** *Quím.* Símb. de *disprósio.*

dze•ta (ê) *sm.* Zeta.

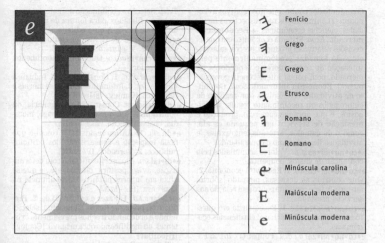

	Fenício
	Grego
	Grego
	Etrusco
	Romano
	Romano
	Minúscula carolina
	Maiúscula moderna
	Minúscula moderna

e (é ou ê) *sm.* **1.** A 5ª letra do nosso alfabeto. **2.** Figura ou representação dessa letra. • *num.* **3.** Quinto (1), numa série. [Tb. us. para classificar algo como 'de quinta categoria; de baixíssimo valor, qualidade ou importância'.] [Pl., nas acepç. 1 e 2: *es* (tb. indicado pela duplicação da letra: *ee*).]

e (i ou ê) *conj.* **1.** Aditiva: une orações e palavras. **2.** Adversativa = mas, porém.

❏ **E 1.** No sistema hexadecimal de numeração, o décimo quinto algarismo, equivalente ao número decimal 14. **2.** *Fís.* Símb. de *energia*. **3.** *Geogr.* Abrev. de *Este*. **4.** *Mús.* Sinal com que se representa a nota mi, ou a escala ou acorde nela baseados.

é *sm.* A letra *e*.

é•ba•no *sm. Bot.* Árvore ebenácea de madeira escura.

e•be•ná•ce:a *sf. Bot.* Espécime das ebenáceas, família de árvores e arbustos de frutos bacáceos, das regiões quentes. Ex.: o caquizeiro. § **e•be•ná•ce:o** *adj.*

é•bri:o *adj.* **1.** Bêbado, embriagado. **2.** V. *beberrão.*

e•bu•li•ção *sf.* **1.** *Fís.* Vaporização de um líquido sob pressão igual à sua pressão de vapor na temperatura em que se encontra. **2.** Efervescência (2). [Pl.: *–ções.*]

e•búr•ne:o *adj.* De marfim, ou que o lembra.

e•clâmp•si:a *sf. Med.* Estado caracterizado por série de convulsões e perda de consciência, e que pode surgir nos três meses finais da gravidez, durante o parto ou na seqüência deste. § **e•clâmp•ti•co** *adj.*

e•cle•si•ás•tico *adj.* **1.** Da Igreja, ou relativo a ela. • *sm.* **2.** Sacerdote, clérigo, padre.

e•clé•ti•co *adj.* **1.** Relativo ao ecletismo ou partidário dele. **2.** Formado por elementos colhidos em diferentes gêneros ou opiniões.

e•cle•tis•mo *sm. Filos.* Método que reúne teses de sistemas diversos.

e•clip•sar *v.t.d.* **1.** Interceptar a luz vinda de (um astro). **2.** *Fig.* Encobrir. **3.** Sobrepujar. *P.* **4.** Ocultar-se (um astro). [Conjug.: ⊡ [eclips]ar]

e•clip•se *sm. Astr.* Fenômeno em que um astro deixa de ser visível no todo ou em parte, devido à sombra de outro astro.

é•clo•ga ou **é•glo•ga** *sf.* Poesia pastoril, em geral dialogada; pastoral, bucólica.

e•clo•são *sf.* Ato de surgir; aparecimento. [Pl.: *–sões.*]

e•co *sm.* **1.** Fenômeno físico que se manifesta pela repetição dum som. **2.** Repetição de palavras ou de sons.

e•co•ar *v.int.* **1.** Fazer eco. **2.** Ter repercussão. *T.d.* **3.** Repetir, repercutir. [Conjug.: ⒀ [ec]oar]

e•co•lo•gi•a *sf. Biol.* Estudo das relações entre os seres vivos e o meio onde vivem, bem como de suas recíprocas influências. § **e•co•ló•gi•co** *adj.*

e•co•no•me•tri•a *sf.* Estudo de relações econômicas por meio de modelos matemáticos e técnicas estatísticas.

e•co•no•mi•a *sf.* **1.** Ciência que trata dos fenômenos relativos à produção, distribuição e consumo de bens. **2.** Contenção nos gastos. **3.**

O conjunto dos conhecimentos relativos à economia (1), ministrados nas respectivas faculdades; ciências econômicas. ◆ **Economia de mercado.** *Econ.* Sistema econômico em que as decisões relativas a produção, preços, salários, etc., são tomadas predominantemente pela interação de compradores e vendedores no mercado, com pouca interferência governamental. **Economia informal.** *Econ.* Conjunto de atividades econômicas sem registro de empregados ou recolhimento regular de impostos, e que abrange comércio, produção e prestação de serviços em pequena escala, como o de camelôs, artesãos, engraxates, e atividades ilegais (como o contrabando).

e•co•no•mi•as *sf.pl.* Valores acumulados pela contenção de gastos; poupança.

e•co•nô•mi•co *adj.* 1. Relativo à economia. 2. Que controla as despesas; poupado, sóbrio, austero. 3. Que consome pouco (em relação aos serviços prestados).

e•co•no•mis•ta *s2g.* 1. Especialista em questões econômicas. 2. Bacharel em ciências econômicas.

e•co•no•mi•zar *v.t.d.* 1. Poupar (1). *Int.* 2. Fazer economia. [Conjug.: 🔲 [economiz]**ar**]

e•cô•no•mo *sm.* Administrador duma casa grande, ou de instituição particular ou pública.

e•cos•fe•ra *sf. Ecol.* V. biosfera.

e•cos•sis•te•ma *sm. Ecol.* O conjunto formado pela comunidade e o meio ambiente: as relações que os seres vivos de uma comunidade estabelecem com os fatores ambientais, como, p. ex., solo, ar, água, etc. [Sin.: *biogeocenose.*] § e•cos•sis•tê•mi•co *adj.*

e•cu•mê•ni•co *adj.* 1. Mundial, universal. 2. Relativo ao ecumenismo.

e•cu•me•nis•mo *sf.* Movimento que visa a unificação das igrejas cristãs (católica, protestante e ortodoxa).

e•cú•me•no *sm.* 1. A área habitável ou habitada da Terra. 2. O universal, o geral.

ec•ze•ma *sm. Med.* Dermatose inflamatória, com formação de vesículas e crostas.

e•da•fos•sau•ro *sm. Paleont.* Reptil herbívoro, com crista dorsal óssea, que viveu no carbonífero e no permiano da Europa e da América do Norte.

e•daz *adj2g.* 1. Voraz (1). 2. V. *glutão.* [Superl.: *edacíssimo.*]

e•de•ma *sm. Med.* Acúmulo anormal de líquido em qualquer tecido ou órgão.

é•den *sm.* 1. Paraíso (1). [Com inicial maiúscula.] 2. Paraíso (3).

e•di•ção *sf.* 1. Ato ou efeito de editar. 2. *Edit.* Publicação de livros, revistas, jornais, discos, etc. 3. *Edit.* O conjunto de exemplares de uma edição (2) publicados de cada vez. 4. *Cin. Rad.*

Telev. Seleção e combinação de materiais gravados ou filmados, para feitura de um filme, programa, etc. 5. A obra editada. [Pl.: *–ções.*]

e•di•fi•ca•ção *sf.* 1. Ato ou efeito de edificar(-se). 2. V. *edifício.* [Pl.: *–ções.*]

e•di•fi•can•te *adj2g.* Que edifica moralmente; moralizador.

e•di•fi•car *v.t.d.* 1. Construir (1). 2. Induzir à virtude. *Int.* 3. Infundir sentimentos morais e religiosos. [Conjug.: 🔲 [edifi]**car**]

e•di•fí•ci:o *sm.* Construção de alvenaria, ou doutro material, que serve de abrigo, moradia, etc.; edificação, casa, prédio.

e•dil *sm.* 1. Antigo magistrado romano que fazia inspeção e conservação dos edifícios públicos. 2. Vereador. [Pl.: *edis.*]

e•di•tal *sm.* Ato escrito oficial e com determinação, aviso, postura, citação, etc., e que se afixa em lugares públicos ou se anuncia na imprensa. [Pl.: *–tais.*]

e•di•tar *v.t.d.* 1. Fazer a edição (2) de. 2. Produzir ou preparar (texto, filme, etc.), selecionando e ordenando trechos previamente existentes, ou modificando obra original. [Conjug.: 🔲 [edit]**ar**]

e•di•to *sm.* Parte de lei em que se preceitua alguma coisa; decreto, ordem. [Cf. *édito.*]

é•di•to *sm.* Ordem judicial publicada por anúncios ou editais. [Cf. *edito.*]

e•di•tor (ô) *adj.* 1. Que edita. • *sm.* 2. Quem edita. 3. O responsável pela supervisão, preparação de textos especializados, etc., em jornal, revista, etc. 4. *Inform.* Programa para criar ou modificar arquivos. ◆ **Editor de texto.** *Inform.* Programa que oferece recursos básicos para criação e modificação de textos (como inserção e exclusão de caracteres, por digitação), mas sem recursos de formatação.

e•di•to•ra (ô) *sf.* Organização que edita livros, revistas, etc.

e•di•to•ra•ção *sf.* 1. Preparação técnica de originais [v. *original* (5)] para publicação. 2. Processo que compreende seleção e preparação de originais, desenvolvimento do projeto gráfico, elaboração de artes-finais e acompanhamento da produção gráfica, com vista à edição de livros, revistas, etc. [Pl.: *–ções.*] ◆ **Editoração eletrônica.** Aquela com auxílio de recursos da microinformática, esp. no desenvolvimento do projeto gráfico.

e•di•to•rar *v.t.d.* Fazer a editoração de. [Conjug.: 🔲 [editor]**ar**] § e•di•to•ra•dor (ô) *sm.*

e•di•to•ri•al *sf.* Cada uma das seções (de órgão de imprensa, etc.) a cargo de um editor.

e•di•to•ri•al *adj2g.* 1. Relativo a editor ou editora. • *sm.* 2. Artigo de jornal que exprime a opinião do órgão (3). [Pl.: *–ais.*]

e•di•to•ri:a•lis•ta *s2g.* Pessoa que escreve editorial (2).

e•dre•dom ou e•dre•dão *sm.* Cobertura acolchoada, para cama; acolchoado. [Pl.: *-dons* (ou *-dões*).]

e•du•ca•ção *sf.* 1. Ato ou efeito de educar(-se). 2. Processo de desenvolvimento da capacidade física, intelectual e moral do ser humano. 3. Civilidade, polidez. [Pl.: *-ções.*] § e•du•ca•ci:o•nal *adj2g.*

e•du•can•dá•ri:o *sm.* Estabelecimento onde se ministra educação.

e•du•can•do *sm.* Aquele que está sendo educado.

e•du•car *v.t.d.* e *p.* 1. Promover o desenvolvimento da capacidade intelectual, moral e física de (alguém), ou de si mesmo. 2. Instruir(-se) (1 e 7). [Conjug.: ⑧ [edu]car] § e•du•ca•dor (ô) *adj.* e *sm.*

e•dul•co•rar *v.t.d.* Tornar doce; adoçar. [Conjug.: ① [edulcor]ar]

e•du•le *adj2g.* V. *comestível* (1).

e•fe (é) *sm.* A letra *f.*

e•fei•to *sm.* 1. Produto de uma causa. 2. Resultado de um ato qualquer. 3. Efetivação, execução. 4. Eficácia, eficiência. 5. Impressão; sensação. ◆ **Efeito estufa.** Aquecimento da biosfera devido ao excesso de gás carbônico e outros poluentes na atmosfera.

e•fe•me•rí•de:o *sm. Zool.* Espécime dos efemerídeos, família de insetos escavadores cujas ninfas ocorrem, aos milhares, em lagoas, lagos e grandes rios; quando adultos, têm poucas horas de vida. § e•fe•me•rí•de:o *adj.*

e•fê•me•ro[1] *adj.* Pouco duradouro; passageiro.

e•fê•me•ro[2] *sm. Zool.* Inseto efemerídeo que serve de alimento aos peixes.

e•fe•mi•na•do *adj.* e *sm.* Que ou quem tem aparência e/ou hábitos de mulher.

e•fer•ves•cên•ci:a *sf.* 1. Evolução dum gás em bolhas dentro de um líquido. 2. *Fig.* Agitação do espírito.

e•fer•ves•cen•te *adj2g.* 1. Que apresenta efervescência (1). 2. Buliçoso, inquieto.

e•fe•ti•var *v.t.d.* e *p.* Tornar(-se) efetivo (1 e 2). [Conjug.: ① [efeti]var] § e•fe•ti•va•ção *sf.*

e•fe•ti•vo *adj.* 1. Que produz um efeito real; positivo. 2. Permanente, fixo. • *sm.* 3. O número de militares que compõem uma formação terrestre, naval ou aérea.

e•fe•tu•ar *v.t.d.* 1. Realizar, cumprir. 2. Executar (operação matemática). *P.* 3. Realizar-se. [Conjug.: ① [efetu]ar] § e•fe•tu•a•ção *sf.*

e•fi•caz *adj2g.* Que produz o efeito desejado; eficiente. [Superl.: *eficacíssimo.*]

e•fi•cá•ci:a *sf.* Qualidade ou propriedade de eficaz.

e•fi•ci•ên•ci:a *sf.* Ação ou virtude de produzir um efeito.

e•fi•ci•en•te *adj2g.* Eficaz.

e•fí•gi:e *sf.* Representação plástica da imagem duma pessoa real ou simbólica.

e•flo•res•cên•ci:a *sf. Bot.* Formação e aparecimento da flor.

e•flú•vi:o *sm.* 1. Emanação de um fluido. 2. Exalação.

e•fu•são *sf.* Demonstração viva de sentimentos íntimos; expansão. [Pl.: *-sões.*]

e•fu•si•vo *adj.* Expansivo, comunicativo.

é•gi•de *sf.* Defesa; proteção; amparo.

e•gíp•ci:o *adj.* 1. Do Egito (África). • *sm.* 2. O natural ou habitante do Egito.

e•go•cên•tri•co *adj.* e *sm.* Que(m) refere tudo ao próprio eu; egoísta. § e•go•cen•tris•mo *sm.*

e•go•ís•mo *sm.* Amor excessivo ao bem próprio, sem consideração aos interesses alheios.

e•go•ís•ta *adj2g.* 1. Que demonstra egoísmo. 2. Egocêntrico. • *s2g.* 3. Pessoa egoísta.

e•gré•gi:o *adj.* Muito distinto; insigne.

e•gres•so *adj.* 1. Que saiu, se afastou. • *sm.* 2. Aquele que deixou convento. 3. Detento que se retirou, legalmente, de estabelecimento penal. 4. Saída, retirada.

é•gua *sf.* A fêmea do cavalo.

eh *interj.* Para chamar a atenção.

ei *interj. Bras.* Para cumprimentar.

ei•a *interj.* Para animar, excitar.

eins•tê\|ni:o *sm. Quím.* V. *actinídeos* [simb.: *Es*].

ei•ra *sf.* Terreno onde se secam e limpam os cereais e legumes, ou onde, nas marinhas, se junta o sal.

eis *adv.* Aqui está.

ei•to *sm.* 1. Roça onde trabalhavam escravos. 2. *P. ext. Bras. Pop.* Trabalho intenso.

ei•va *sf.* 1. Falha, fenda, rachadura, em vidro ou em louça. 2. Nódoa num fruto que principia a apodrecer. 3. Defeito moral.

ei•var *v.t.d.* 1. Produzir eiva em. 2. Contaminar (física ou moralmente). *P.* 3. Ser afetado por eiva. 4. Debilitar-se, decair. [Conjug.: ① [eiv]ar]

ei•xo *sm.* 1. *Geom.* Reta que passa pelo centro de um corpo e em volta da qual esse corpo executa rotação. 2. Linha principal que divide um corpo em partes aproximadamente simétricas. 3. Peça que articula uma ou mais partes dum mecanismo que em torno dela descreve movimento circular. 4. Peça alongada em cujas extremidades se fixam rodas. 5. O ponto principal; o centro. 6. Aliança entre nações de sistema político idêntico. ◆ **Eixo cartesiano.** *Geom. Anal.* 1. Qualquer das retas características das coordenadas cartesianas bidimensionais. 2. Qualquer das retas formadas pela interseção dos planos característicos das coordenadas cartesianas tridimensionais. **Eixo visual.** *Med.* Em cada olho, uma linha reta que vai da fóvea central ao ponto fixado pelo olho.

e•ja•cu•lar *v.t.d.* 1. Emitir (sêmen ou pólen). *Int.* 2. Emitir esperma. [Conjug.: ① [ejacul]**ar**] § **e•ja•cu•la•ção** *sf.*

e•la *pron. pess.* Fem. de *ele* (ê).

e•la•bo•rar *v.t.d.* 1. Preparar gradualmente e com trabalho. 2. Formar, organizar. 3. Tornar assimilável (o alimento). *P.* 4. Formar-se. [Conjug.: ① [elabor]**ar**] § **e•la•bo•ra•ção** *sf.*

e•la•fros•sau•ro *sm. Paleont.* Dinossauro que tinha patas traseiras longas e delgadas, como as da avestruz, e patas dianteiras curtas; era um corredor veloz, e viveu na África, no jurássico.

e•las•mo•brân•qui:o *sm. Zool.* Espécime dos elasmobrânquios, subclasse de grandes peixes cartilaginosos dotados de numerosos dentes que, se perdidos durante a alimentação, são continuamente substituídos. § **e•las•mo•brân•qui:o** *adj.*

e•lás•ti•co *adj.* 1. Que se pode esticar, comprimir ou curvar; flexível. • *sm.* 2. Tira circular de borracha para cintar objetos. § **e•las•ti•ci•da•de** *sf.*

el•do•ra•do *sm.* País imaginário de grandes riquezas.

e•le (ê) *pron. pess.* Designa a 3ª pess. do masc. sing.

e•le *sm.* A letra *l*.

e•le:a•tis•mo *sm.* Doutrina filosófica cujo representante principal, Parmènides (q. v.), defendia a tese da unidade e imobilidade absolutas do ser.

e•lec•tro•fo•rí•de:o *sm. Zool.* Espécime dos electroforídeos, família de peixes actinopterígios, angüiliformes, cuja cauda pode emitir descargas elétricas. Ex.: peixe-elétrico. § **e•lec•tro•fo•rí•de:o** *adj.*

e•le•fan•te *sm. Zool.* Grande mamífero elefantídeo. [Fem.: *elefanta*.]

e•le•fan•tí•a•se *sf. Med.* 1. Hipertrofia e espessamento da pele, por qualquer causa. 2. Forma crònica de filariose (q. v.).

e•le•fan•tí•de:o *sm. Zool.* Espécime dos elefantídeos, família de proboscídeos da África e Índia (Ásia). § **e•le•fan•tí•de:o** *adj.*

e•le•fan•ti•no *adj.* Relativo a elefante, ou à elefantíase.

e•le•gân•ci:a *sf.* 1. Distinção de porte, de maneira; garbo. 2. Graça, encanto. 3. Bom gosto. 4. Gentileza. 5. Cortesia.

e•le•gan•te *adj2g.* 1. Que tem elegância. 2. Diz-se de pessoa requintada. 3. Correto, apurado. • *s2g.* 4. Pessoa elegante.

e•le•ger *v.t.d.* 1. Preferir entre dois ou mais. 2. Escolher por votação. *Transobj.* 3. Nomear, ger. por meio de votos. [Conjug.: ㊱ [ele]**ger**; part.: *elegido* e *eleito*.]

e•le•gi•a *sf.* Poema lírico em geral triste.

e•le•gí•vel *adj2g.* Que pode ser eleito. [Pl.: –*veis*.] § **e•le•gi•bi•li•da•de** *sf.*

e•lei•ção *sf.* 1. Ato ou efeito de eleger. 2. Escolha, por meio de votação, de pessoa para ocupar cargo. [Pl.: –*ções*.]

e•lei•to *adj.* Escolhido, preferido.

e•lei•tor (ô) *sm.* Aquele que elege ou tem direito de eleger.

e•lei•to•ra•do *sm.* Conjunto de eleitores.

e•lei•to•ral *adj2g.* Relativo a eleições. [Pl.: –*rais*.]

e•lei•to•rei•ro *adj.* Que visa à captação de votos em eleição próxima, e não ao interesse real da comunidade.

e•le•men•tar *adj2g.* 1. Relativo a elemento(s). 2. Primário, rudimentar. 3. Relativo às primeiras noções de uma arte ou ciência. 4. *Mat.* Diz-se de qualquer das operações: soma, subtração, multiplicação e divisão.

e•le•men•to *sm.* 1. Tudo que entra na composição dalguma coisa. 2. Cada parte de um todo. 3. Ambiente, meio. 4. Recurso; informação. 5. *Quím.* Substância que não pode ser decomposta, mediante os processos químicos ordinários, em outras substâncias mais simples; substância constituída por átomos com a mesma carga nuclear. ♦ **Elemento principal.** *Mat.* Qualquer dos elementos da diagonal de um determinante ou de uma matriz.

e•le•men•tos *sm.pl.* V. *rudimentos*.

e•len•co *sm.* 1. Lista, rol. 2. Conjunto dos atores de uma telenovela, de um filme, de uma peça, etc.

e•le•ti•vo *adj.* Relativo a, ou que envolve eleição, ou é próprio dela.

e•le•tra•cús•ti•ca *sf.* Parte da física que estuda a transformação da energia elétrica em energia sonora, e vice-versa. § **e•le•tra•cús•ti•co** *adj.*

e•le•tri•ci•da•de *sf. Fís.* Cada um dos fenômenos em que estão envolvidas cargas elétricas.

e•le•tri•cis•ta *s2g.* Pessoa que trabalha com aparelhos elétricos, que é especialista em eletricidade.

e•lé•tri•co *adj.* 1. Relativo à eletricidade. 2. Que se move ou se põe em funcionamento por ela. 3. *Fig.* Que faz tudo com rapidez. 4. *Fig.* Agitado.

e•le•tri•fi•car *v.t.d.* Tornar elétrico (2). [Conjug.: ⑧ [eletrifi]**car**] § **e•le•tri•fi•ca•ção** *sf.*

e•le•tri•zar *v.t.d.* 1. Desenvolver ou excitar propriedades elétricas em (corpos). 2. *Fig.* Arrebatar; excitar. [Conjug.: ① [eletriz]**ar**] § **e•le•tri•za•ção** *sf.*

e•le•tro•ca•lha *sf. Eng. Elétr.* Calha (2).

e•le•tro•car•di•ó•gra•fo *sm. Med.* Instrumento com que se realiza o eletrocardiograma.

e•le•tro•car•di:o•gra•ma *sm. Med.* Registro gráfico de atividade elétrica cardíaca, obtido mediante o uso de eletrocardiógrafo.

e•le•tro•co:a•gu•la•ção *sf. Cir.* Procedimento, com equipamento adequado, em que se obtém hemostasia pelo uso de corrente elétrica. [Pl.: *-ções.*]

e•le•tro•cu•ção *sf.* Ação de eletrocutar. [Pl.: *-ções.*]

e•le•tro•cu•tar *v.t.d.* Matar ou executar por meio de choque elétrico. [Conjug.: ① [eletrocut]ar]

e•le•tro•di•nâ•mi•ca *sf.* O estudo das propriedades, comportamento e efeito das cargas elétricas em movimento.

e•le•tro•do (ô) *sm.* 1. *Eletr.* Qualquer das placas de um capacitor; armadura, placa. 2. *Elétron.* Qualquer componente metálico situado no interior duma válvula eletrônica. 3. *Fís.* Condutor metálico por onde uma corrente elétrica entra num sistema ou sai dele.

e•le•tro•do•més•ti•co *adj. e sm.* Diz-se de, ou aparelho elétrico de uso caseiro.

e le•tro•do•por•ta *sm. Eletrôn.* Porta (4). [Pl.: *eletrodos-portas* e *eletrodos-porta.*]

e•le•tro•du•to *sm. Eng. Elétr.* Tubo para instalação de condutores elétricos.

e•le•tro:en•ce•fa•ló•gra•fo *sm. Med.* Instrumento com que se realiza eletroencefalograma. § e•le•tro:en•ce•fa•lo•grá•fi•co *adj.*

e•le•tro:en•ce•fa•lo•gra•ma *sm. Med.* Registro gráfico de atividade elétrica encefálica, obtido mediante o uso do eletroencefalógrafo.

e•le•tro•í•mã *sm.* Instrumento usado para produzir campos magnéticos por meio de corrente elétrica que magnetiza um núcleo de ferro.

e•le•tró•li•se *sf. Quím.* Conjunto de fenômenos químicos ocorrentes numa solução condutora, provocados pela passagem de corrente elétrica.

e•le•tro•lí•ti•co *adj.* Referente à eletrólise, ou realizado por meio dela.

e•le•tro•mag•né•ti•co *adj.* Diz-se de qualquer fenômeno de que participam campos elétricos e magnéticos.

e•le•tro•mag•ne•tis•mo *sm.* Estudo dos fenômenos eletromagnéticos.

e le•tro•me•câ•ni•co *adj.* Diz-se de qualquer instrumento, ou aparelhagem, ou relé, etc., que é, simultaneamente, elétrico e mecânico.

e•lé•tron *sm. Quím.* Uma das partículas elementares, dotada de carga elétrica negativa unitária, que constituem os átomos. ◆ **Elétron de valência.** *Fís.-Quím.* Aquele que normalmente está na camada eletrônica mais externa dum átomo e participa na determinação das propriedades ópticas, químicas e condutoras desse átomo; elétron óptico. **Elétron óptico.** *Fís.-Quím.* Elétron de valência.

e•le•trô•ni•ca *sf.* Parte da física dedicada ao estudo do comportamento de certos circuitos elétricos, ou à fabricação deles.

e•le•trô•ni•co *adj.* 1. Relativo à eletrônica ou à aplicação de seus conhecimentos. 2. Que emprega equipamento cujo funcionamento está baseado no uso de circuitos eletrônicos, e especialmente processadores ou computadores.

e•lé•tron-volt *sm.* Unidade de medida de energia, igual a energia adquirida por um elétron quando acelerado por uma diferença de potencial de um volt. [Pl.: *elétrons-volts* e *elétrons-volt.*]

e•le•tro•quí•mi•ca *sf. Quím.* Estudo das reações provocadas pela passagem de corrente elétrica em um meio.

e•le•tro•quí•mi•co *adj.* Relativo à eletroquímica.

e•le•tros•tá•ti•ca *sf. Fís.* Estudo das propriedades e do comportamento de cargas elétricas em repouso.

e•le•tros•tá•ti•co *adj.* Referente à eletrostática.

e•le•tro•tec•ni•a *sf.* O estudo das aplicações práticas da eletricidade. § e•le•tro•téc•ni•co *adj. e sm.*

e•le•va•ção *sf.* 1. Ato ou efeito de elevar(-se). 2. Altura de algo ao se elevar. 3. Alta, aumento. 4. Ponto elevado; eminência. 5. *Mat.* Ato de elevar (um número) a uma certa potência. [Pl.: *-ções.*]

e•le•va•do *adj.* 1. Que tem elevação. 2. Alto, superior. • *sm.* 3. Via urbana em nível superior ao do solo, para tráfego rodoviário ou ferroviário.

e•le•va•dor (ô) *adj.* 1. Que eleva. • *sm.* 2. Máquina elevatória; ascensor.

e•le•var *v.t.d.* 1. Pôr em plano superior; erguer. 2. Dirigir para cima. 3. Aumentar em número, preço, valor, etc. *T.d.i.* 4. Erguer, alçar. *P.* 5. Erguer-se, alçar-se. [Conjug.: ① [elev]ar]

e•le•va•tó•ri:o *adj.* 1. Que serve para elevar. 2. Relativo a elevação.

e•li•dir *v.t.d.* Fazer elisão de; suprimir. [Conjug.: ③ [elid]ir]

e•li•mi•nar *v.t.d.* 1. Suprimir, excluir. 2. Expulsar do organismo. 3. Matar (1 e 4). *T.d.i.* 4. Fazer sair. [Conjug.: ① [elimin]ar] § e•li•mi•na•ção *sf.*

e•li•mi•na•tó•ri:a *sf.* Matéria, prova ou competição eliminatória.

e•li•mi•na•tó•ri:o *adj.* Que elimina.

e•lip•se *sf.* 1. *Gram.* Omissão de palavra(s) que se subentende(m). 2. *Geom.* Lugar geométrico dos pontos de um plano cujas distâncias a dois pontos fixos desse plano têm soma constante.

e•líp•ti•co ou e•lí•ti•co *adj.* Relativo a, ou em forma de elipse.

e•li•são *sf.* 1. Eliminação, supressão. 2. *Gram.* Supressão da vogal átona final duma palavra, quando a seguinte principia por vogal: *dalgo* (= *de algo*). [Pl.: –*sões*.]

e•li•te *sf.* O que há de melhor numa sociedade ou num grupo social; escol.

é•li•tro *sm.* Cada uma das duas asas anteriores, córneas e sem nervuras, dos coleópteros.

e•li•xir *sm. Med.* Preparação farmacêutica, ger. alcoólica, adocicada, us. como veículo de medicamentos variados. [Pl.: –*xires*.]

el•mo (é) *sm.* Capacete da armadura (1).

e•lo (é) *sm.* **1.** Argola de cadeia. **2.** *Fig.* Ligação, união.

e•lo•gi•ar *v.t.d.* Fazer elogio(s) a; louvar. [Conjug.: ① [elogi]**ar**]

e•lo•gi:o *sm.* **1.** Expressão de admiração, aprovação, louvor, etc. **2.** Discurso em louvor de alguém; encômio.

e•lo•gi•o•so (ó) *adj.* Que encerra elogio. [Pl.: –*osos* (ó).]

e•lo•qüên•ci:a *sf.* **1.** Capacidade de exprimir-se facilmente. **2.** A arte de persuadir, comover, etc., pelas palavras. **§ e•lo•qüen•te** *adj2g.*

e•lu•ci•dar *v.t.d.* e *p.* Esclarecer(-se), informar(-se) bem. [Conjug.: ① [elucid]**ar**] **§ e•lu•ci•da•ção** *sf.*

e•lu•ci•dá•ri:o *sm.* Livro que elucida ou explica coisas ininteligíveis ou obscuras.

e•lu•cu•bra•ção *sf.* V. *lucubração*. [Pl.: –*ções*.]

em *prep.* Exprime idéia de: lugar onde se está (*Encontra-se* **em** *Paris*); tempo em que algo sucede, ou em que se faz alguma coisa (*Os campos florescem* **na** *primavera*; *Fará a tarefa* **em** *seis dias*); modo de ser; estado (*Vive* **em** *êxtase*; *São iguais* **em** *tudo*); o destino ou fim de uma ação (*Acenou* **em** *despedida*), etc. Entra na composição de adj. adn. que especificam o significado do subst. (*ferro* **em** *brasa*).

e•ma *sf. Zool.* Grande ave reídea; nhandu.

e•ma•çar *v.t.d.* Reunir em maço(s). [Conjug.: ⑨ [ema]**çar**. Cf. *emassar*.]

e•ma•ci•ar *v.t.d.* e *p.* Tornar(-se) magro ou macilento. [Conjug.: ① [emaci]**ar**] **§ e•ma•ci:a•ção** *sf.*; **e•ma•ci•a•do** *adj.*

e•ma•gre•cer *v.t.d.*, *int.* e *p.* Tornar(-se) magro; definhar. [Conjug.: ㉞ [emagre]**cer**] **§ e•ma•gre•ci•men•to** *sm.*

⮕ **e-mail** (imèil) [Ingl.] *sm.* V. *correio eletrônico*.

e•ma•nar *v.t.i.* **1.** Provir, originar-se. **2.** Exalar-se. [Conjug.: ① [eman]**ar**] **§ e•ma•na•ção** *sf.*

e•man•ci•par *v.t.d.* e *p.* **1.** Eximir(-se) do pátrio poder ou da tutela. **2.** Tornar(-se) independente; libertar(-se). [Conjug.: ① [emancip]**ar**] **§ e•man•ci•pa•ção** *sf.*

e•ma•ra•nha•do *adj.* **1.** Que se emaranhou; embaraçado. • *sm.* **2.** Aquilo que é emaranhado.

e•ma•ra•nhar *v.t.d.* e *p.* **1.** Misturar(-se), confundir(-se), embaraçar(-se). **2.** Complicar(-se). [Conjug.: ① [emaranh]**ar**]

e•mas•cu•lar *v.t.d.* e *p.* Tirar a virilidade a, ou perdê-la. [Conjug.: ① [emascul]**ar**] **§ e•mas•cu•la•ção** *sf.*

e•mas•sar *v.t.d.* Revestir ou cobrir com massa. [Conjug.: ① [emass]**ar**. Cf. *emaçar*.]

em•ba•çar *v.t.d.* **1.** V. *embaciar*. **2.** Ofuscar. **3.** Enganar, lograr. *Int.* **4.** V. *embaciar*. [Conjug.: ⑨ [emba]**çar**]

em•ba•ci•ar *v.t.d.* e *int.* Fazer perder, ou perder, o brilho ou a transparência; embaçar, empanar. [Conjug.: ① [embaci]**ar**] **§ em•ba•ci:a•do** *adj.*

em•ba•i•nhar *v.t.d.* **1.** Meter na bainha. **2.** Fazer bainhas em. [Conjug.: ① [embainh]**ar**]

em•ba•ir *v.t.d.* Enganar, iludir. [Conjug.: ㊾ [emba]**ir**]

em•bai•xa•da *sf.* **1.** Cargo, função ou missão de embaixador. **2.** O seu séquito. **3.** Residência ou local de trabalho de embaixador. **4.** Comissão, encargo.

em•bai•xa•dor (ô) *sm.* **1.** A categoria mais alta de representante diplomático, e título de quem a ocupa. **2.** V. *emissário*.

em•bai•xa•do•ra *sf.* Fem. de *embaixador*.

em•bai•xa•triz *sf.* Mulher de embaixador (1).

em•bai•xo *adv.* Em ponto, plano ou posição inferior.

em•ba•la•do¹ *adj.* **1.** Acelerado (1). • *adv.* **2.** Em grande velocidade.

em•ba•la•do² *adj.* Que se embalou; acondicionado.

em•ba•la•gem¹ *sf.* **1.** Ato ou efeito de embalar². **2.** O invólucro ou recipiente usado para embalar². [Pl.: –*gens*.]

em•ba•la•gem² *sf.* Impulso ou ímpeto intenso. [Pl.: –*gens*.]

em•ba•lar¹ *v.t.d.* **1.** Balançar no berço ou aconchegada ao peito (a criança), para adormecê-la. **2.** Balançar. **3.** Entreter; iludir. **4.** Impulsionar, acelerar. [Conjug.: ① [embal]**ar**]

em•ba•lar² *v.t.d.* Acondicionar (objetos) em fardos, caixas, etc. [Conjug.: ① [embal]**ar**]

em•bal•de *adv.* Debalde.

em•ba•lo *sm.* **1.** V. *balanço* (1). **2.** Impulso.

em•bal•sa•mar *v.t.d.* **1.** Perfumar. **2.** Introduzir em (cadáver) substâncias que o preservem da decomposição. *P.* **3.** Perfumar-se. [Conjug.: ① [embalsam]**ar**] **§ em•bal•sa•ma•do** *adj.*; **em•bal•sa•ma•men•to** *sm.*

em•ban•dei•rar *v.t.d.* Ornar com bandeiras. [Conjug.: ① [embandeir]**ar**] **§ em•ban•dei•ra•do** *adj.*

em•ba•ra•ça•do *adj.* **1.** Que se embaraçou. **2.** Emaranhado (1). **3.** Constrangido.

em•ba•ra•çar *v.t.d.* **1.** Impedir, estorvar. **2.** Confundir. **3.** Emaranhar (1), enlear (fio[s] de lã, cabelo, etc.). **4.** Constranger (2). *P.* **5.** Sentir embaraços; embrulhar-se. [Conjug.: ⑨ [embara]**çar**]

em•ba•ra•ço *sm.* 1. Impedimento, óbice. 2. Perturbação.

em•ba•ra•ço•so (ô) *adj.* Que causa, ou em que há embaraço; espinhoso. [Pl.: *-çosos* (ó).]

em•ba•ra•fus•tar *v.t.c.* e *p. Bras.* Entrar desordenadamente, ou com ímpeto. [Conjug.: 1 [embarafust]**ar**]

em•ba•ra•lhar *v.t.d.* 1. Misturar, baralhar. 2. Misturar (as cartas do baralho). *Int.* 3. Misturar as cartas do baralho. *P.* 4. Misturar-se. 5. Confundir-se, atrapalhar-se. [Conjug.: 1 [embaralh]**ar**]

em•bar•ca•ção *sf.* Qualquer construção destinada a navegar sobre água. [Pl.: *-ções.*]

em•bar•ca•di•ço *sm.* Marinheiro, marujo.

em•bar•ca•dou•ro ou **em•bar•ca•dou•ro** *sm.* Lugar de embarque; cais.

em•bar•car *v.t.d.* 1. Pôr dentro de uma embarcação. *T.i.* 2. Entrar em embarcação, trem, avião, etc.) para viajar. 3. *Bras. Gír.* Deixar-se levar. *Int.* e *p.* 4. Entrar em embarcação, trem, avião, etc., para seguir viagem. [Conjug.: 8 [embar]**car**]

em•bar•gar *v.t.d.* Pôr embargo a; arrestar. [Conjug.: 1 [embar]**gar**] § **em•bar•ga•dor** (ô) *adj.* e *sm.*

em•bar•go *sm.* 1. Impedimento, obstáculo. 2. *Jur.* Arresto.

em•har•que *sm.* Ato de embarcar(-se).

em•ba•sa•men•to *sm.* 1. Base de edifício ou construção, ou de colunas ou estátuas. 2. *Fig.* Base, fundamento.

em•ba•sar *v.t.d.* Fazer o embasamento (1) de. [Conjug.: 1 [embas]**ar**]

em•bas•ba•ca•do *adj.* Boquiaberto, espantado.

em•bas•ba•car *v.t.d.* 1. Causar admiração, espanto, a. *Int.* e *p.* 2. Ficar boquiaberto; pasmar-se. [Conjug.: 8 [embasba]**car**]

em•ba•te *sm.* Choque impetuoso.

em•ba•ter *v.t.c.* e *p.* Produzir choque; chocar(-se). [Conjug.: 2 [embat]**er**]

em•ba•to•car *v.t.d.* Pôr batoque em. [Conjug.: 8 [embato]**car**. Cf. *embatucar.*]

em•ba•tu•car *v.t.d.* 1. Fazer calar. *Int.* e *p.* 2. Não poder falar; calar(-se). 3. Confundir(-se), embaraçar(-se). [Conjug.: 8 [embatu]**car**. Cf. *embatocar.*]

em•ba•u•lar *v.t.d.* Meter em baú(s). [Conjug.: 15 [emba]**u**[l]**ar**]

em•be•be•dar *v.t.d., int.* e *p.* Tornar(-se) bêbedo. [Conjug.: 1 [embebed]**ar**]

em•be•ber *v.t.d.* 1. Absorver. *T.d.i.* 2. Fazer penetrar por (um líquido). *P.* 3. Ensopar-se, encharcar-se. [Conjug.: 2 [embeb]**er**] § **em•be•bi•men•to** *sm.*

em•bei•çar *v.t.d.* e *p.* Tornar(-se) apaixonado; enamorar(-se). [Conjug.: 9 [embei]**çar**] § **em•bei•ça•do** *adj.*

em•be•le•car *v.t.d.* e *p.* Enganar, ou deixar-se enganar, com boas aparências; iludir(-se). [Conjug.: 8 [embele]**car**]

em•be•le•co (ê) *sm.* Engano, embuste.

em•be•le•zar *v.t.d.* e *p.* Tornar(-se) belo; aformosear(-se). [Conjug.: 1 [embelez]**ar**] § **em•be•le•za•dor** (ô) *adj.* e *sm.*; **em•be•le•za•men•to** *sm.*

em•bes•tar *v.t.d.* 1. V. *bestificar* (1). *Int.* 2. Obstinar-se; teimar. [Conjug.: 1 [embest]**ar**]

em•be•ve•cer *v.t.d.* 1. Causar enlevo, êxtase, a. *P.* 2. Ficar absorto, extasiado. [Conjug. 34 [embeve]**cer**] § **em•be•ve•ci•do** *adj.*; **em•be•ve•ci•men•to** *sm.*

em•be•zer•rar *v.int.* e *p.* 1. Zangar-se, amuar-se. 2. Obstinar-se; teimar. [Conjug.: 1 [embezerr]**ar**] § **em•be•zer•ra•do** *adj.*

em•bi•car *v.t.c.* 1. Ir ter; esbarrar. 2. Dirigir-se, encaminhar-se. *P.* 3. Dirigir-se. [Conjug.: 8 [embi]**car**]

em•bi:o•car *v.t.d., t.d.i.* e *p.* Esconder(-se), ocultar(-se). [Conjug.: 8 [embio]**car**]

em•bi•ra *sf.* 1. *Bras. Bot.* Nome comum a arbustos timeleáceos que produzem boa fibra na entrecasca. 2. Cipó us. para amarrar.

em•bir•rar *v.t.i.* 1. Teimar com ira e obstinação. 2. Ter aversão; antipatizar. 3. *Int.* Ficar birrento. [Conjug.: 1 [embirr]**ar**] § **em•bir•ra•ção** *sf.*; **em•bir•ran•te** *adj2g.*

em•ble•ma *sm.* V. *insígnia.*

em•bo•a•ba *s2g. Bras.* Alcunha que os descendentes dos bandeirantes paulistas davam, nas lavras, aos forasteiros portugueses e brasileiros que buscavam ouro e pedras preciosas, e, p. ext., aos portugueses em geral.

em•bo•ca•du•ra *sf.* 1. Parte do freio que entra na boca da besta. A foz de um rio, ou entrada de rua, etc. 3. A parte dos instrumentos de sopro que o músico apóia nos lábios ou põe na boca.

em•bo•car *v.t.d.* 1. Aplicar a boca a (um instrumento musical). *Int.* 2. Introduzir-se, entrar. [Conjug.: 8 [embo]**car**]

em•bo•çar *v.t.d.* Pôr emboço em. [Conjug.: 9 [embo]**çar**. Cf. *embuçar.*]

em•bo•ço (ô) *sm.* A primeira camada de argamassa, ou de cal, na parede, e que serve de base ao reboco.

em•bo•la•da *sf. Bras.N.E.* Poesia popular cantada, em compasso binário.

em•bo•lar¹ *v.int.* 1. Cair, rolando como uma bola. 2. Engalfinhar-se com o adversário, rolando por terra. *P.* 3. Engalfinhar-se. [Conjug.: 1 [embol]**ar**]

em•bo•lar² *v.t.d.* 1. Reduzir a bolo (ô) (1). 2. Enrolar, emaranhar. [Conjug.: 1 [embol]**ar**]

em•bo•li•a *sf. Med.* Bloqueio súbito de vaso sanguíneo por matéria trazida a ele pela corrente circulatória.

êm•bo•lo *sm.* **1.** O disco ou cilindro móvel das seringas, bombas e outros maquinismos; pistom. **2.** *Med.* Coágulo sanguíneo ou matéria de outras naturezas (ar, fragmento de cálcio, etc.) que, veiculados pela corrente sanguínea, passam de um vaso mais calibroso a outro menos calibroso, obstruindo-o.

em•bol•sar *v.t.d.* **1.** Meter no bolso ou na bolsa. **2.** Entrar na posse de; receber. **3.** Pagar o que se deve a. [Conjug.: ① [embols]**ar**]

em•bol•so (ô) *sm.* Ato ou efeito de embolsar.

em•bo•ne•car *v.t.d.* e *p.* **1.** Enfeitar(-se) muito. *Int.* **2.** *Bras.* Criar boneca (3) (o milho). [Conjug.: ⑧ [embone]**car**]

em•bo•ra *conj.* Ainda que; se bem que.

em•bor•car *v.t.d.* **1.** Virar de borco (vasilha, canoa, etc.). **2.** Entornar na boca, bebendo. *Int.* **3.** Cair ou virar de borco. [Conjug.: ⑧ [embor]**car**]

em•bor•nal *sm.* **1.** Saco que se põe no focinho das bestas. **2.** Saco ou bolsa para transportar alimentos, ferramentas, etc. [Pl.: –nais.]

em•bos•ca•da *sf.* **1.** Ato de esperar às escondidas o inimigo para assaltá-lo; cilada, espera, tocaia. **2.** Cilada, traição.

em•bos•car *v.t.d.* e *p.* Pôr(-se) de emboscada. [Conjug.: ⑧ [embos]**car**]

em•bo•tar *v.t.d.* e *p.* **1.** Tirar o fio, a ponta, o gume, ou perdê-los. **2.** Enfraquecer(-se). **3.** Insensibilizar(-se). [Conjug.: ① [embot]**ar**]

em•bran•que•cer *v.t.d.* **1.** Tornar branco; branquejar. *Int.* e *p.* **2.** Tornar-se branco. **3.** Encanecer (1). [Conjug.: ㉞ [embranque]**cer**]

em•bra•ve•cer *v.t.d.* **1.** Tornar bravo, feroz. *Int.* **2.** Enfurecer-se. **3.** Encapelar-se (o mar). [Conjug.: ㉞ [embrave]**cer**]

em•bre:a•gem *sf.* *Autom.* Dispositivo que permite ligar e desligar o motor da transmissão por meio de discos de fricção. [Pl.: –gens.]

em•bre•ar *v.t.d.* e *int.* Acionar a embreagem de; debrear. [Conjug.: ⑩ [embr]**ear**. Quanto à acentuação do *e*, v. *idear*.]

em•bre•nhar *v.t.d.c.* **1.** Meter, esconder em (as brenhas, o mato). *P.* **2.** Meter-se, esconder-se no mato. **3.** Entrar ou penetrar no interior de. **4.** *Fig.* Aprofundar-se (em pensamentos, memórias, etc.). [Conjug.: ① [embrenh]**ar**]

em•bri:a•ga•do *adj.* Que se embriagou; bêbedo, bebido, avinhado, pinguço (*bras.*), tonto (*bras.*).

em•bri:a•gar *v.t.d.* **1.** Causar embriaguez a; embebedar. **2.** Inebriar, extasiar. *Int.* **3.** Produzir embriaguez. *P.* **4.** Embebedar-se. [Conjug.: ⑪ [embria]**gar**] § **em•bri:a•ga•dor** (ô) *adj.*

em•bri:a•guez (ê) *sf.* **1.** Estado de quem se embriagou; bebedeira. **2.** Arroubo; êxtase.

em•bri•ão *sm.* **1.** Nos animais, organismo em seus primeiros estágios de desenvolvimento; nos vegetais, organismo rudimentar que se forma no interior da semente. **2.** *Embr.* O ser humano, do fim da segunda até o final da oitava semana de desenvolvimento. **3.** *Fig.* Começo, origem. [Pl.: –ões.]

em•bri:o•lo•gi•a *sf.* Ciência que trata da formação e do desenvolvimento do embrião.

em•bri:o•ná•ri:o *adj.* Relativo a, ou que constitui embrião.

em•bro•ca•ção *sf.* *Med.* Aplicação, lenta e por fricção, de líquido medicamentoso a uma área do corpo. [Pl.: –ções.]

em•bro•mar *Bras.* *v.t.d.* **1.** Enganar, protelando a execução de algo. **2.** Enganar, confundindo; lograr; embrulhar. *Int.* **3.** Muito prometer e nada cumprir. [Conjug.: ① [embrom]**ar**]

em•bru•lha•da *sf.* Confusão, desordem. [V. *rolo* (9).]

em•bru•lhar *v.t.d.* **1.** Envolver em papel, pano, etc., formando pacote. **2.** Enrolar, dobrar. **3.** Complicar; embaraçar. **4.** Causar enjôo a. **5.** *Bras.* V. *embromar* (2). *P.* **6.** Envolver-se, enrolar-se. **7.** Embaraçar-se. [Conjug.: ① [embrulh]**ar**]

em•bru•lho *sm.* Coisa embrulhada.

em•bru•te•cer *v.t.d.*, *int.* e *p.* Tornar(-se) bruto, estúpido. [Conjug.: ㉞ [embrute]**cer**] § **em•bru•te•ci•men•to** *sm.*

em•bu•á *sm.* *Bras.* *Zool.* Nome comum a vários miriápodes; gongolo ou gongolô, piolho-de-cobra.

em•bu•çar *v.t.d.* e *p.* **1.** Cobrir(-se) até aos olhos. **2.** Disfarçar(-se). [Conjug.: ⑨ [embu]**çar**. Cf. *emboçar*.]

em•bu•ço *sm.* A parte da capa com que se cobre o rosto.

em•bur•rar *v.t.d.* **1.** Tornar estúpido; embrutecer. *Int.* **2.** Amuar(-se), embezerrar(-se). **3.** Empacar (como um burro). [Conjug.: ① [emburr]**ar**] § **em•bur•ra•do** *adj.*

em•bus•te *sm.* Mentira artificiosa; logro.

em•bus•tei•ro *adj.* e *sm.* Que, ou o que usa de embustes; impostor.

em•bu•ti•do *adj.* **1.** Introduzido à força. **2.** Marchetado, tauxiado. • *sm.* **3.** *Bras.* Enchido (2).

em•bu•tir *v.t.d.* **1.** Introduzir, entalhar (peças de marfim, pedra, etc.). *T.d.i.* **2.** Embutir (1). **3.** Introduzir (uma coisa) dentro de outra. [Conjug.: ③ [embut]**ir**]

e•me (ê) *sm.* A letra *m*.

e•men•da *sf.* **1.** Ato de emendar(-se). **2.** Peça que se junta a outra para aumentar-lhe as dimensões, corrigir defeito, etc.; remendo. **3.** Lugar onde se faz essa junção. **4.** Alteração proposta para um texto submetido à discussão ou votação.

e•men•dar *v.t.d.* 1. Modificar. 2. Corrigir. 3. Pôr emenda (2) em. 4. Ligar, formando um todo. 5. Reparar (injustiça, prejuízo, etc.). *T.d.i.* 6. Emendar (3 e 4). *P.* 7. Corrigir-se. [Conjug.: ① [emend]**ar**]

e•men•ta *sf.* 1. Apontamento, nota. 2. Resumo; sumário.

e•mer•gên•ci:a *sf.* 1. Ação de emergir. 2. Situação crítica; incidente. 3. Caso de urgência.

e•mer•gen•te *adj2g.* 1. Que emerge. 2. Procedente, resultante.

e•mer•gir *v.int.* 1. Sair de onde estava mergulhado. 2. Manifestar-se, mostrar-se. [Conjug.: ⑤⑧ [emerg]**ir**; part.: *emergido* e *emerso*.]

e•mé•ri•to *adj.* Insigne, douto.

e•mer•são *sf.* Ato de emergir (1). [Antôn.: *imersão*. Pl.: *–sões*.]

e•mer•so *adj.* Que emergiu.

e•mé•ti•co *adj.* e *sm. Med.* Diz-se de, ou agente que produz vômito.

e•mi•gra•ção *sf.* 1. Ato de emigrar. 2. Conjunto de emigrantes. [Pl.: *–ções*.]

e•mi•gra•do *adj.* e *sm.* Emigrante.

e•mi•gran•te *adj2g.* e *s2g.* Que ou quem emigra; emigrado.

e•mi•grar *v.int.* e *t.c.* 1. Deixar um país para ir estabelecer-se em outro. 2. Mudar anualmente de terra (certos animais). [Conjug.: ① [emigr]**ar**. Cf. *imigrar*.]

e•mi•nên•ci:a *sf.* 1. Elevação. 2. V. *saliência* (1). 3. Superioridade. 4. Tratamento dado aos cardeais. [Cf. *iminência*.]

e•mi•nen•te *adj2g.* 1. Alto, elevado. 2. Excelente. [Cf. *iminente*.]

e•mir *sm.* Título dos chefes de certas tribos ou províncias muçulmanas.

e•mi•ra•do *sm.* 1. Estado ou região governada por emir. 2. Dignidade de emir.

e•mis•são *sf.* Ação de emitir. [Pl.: *–sões*.]

e•mis•sá•ri:o *sm.* Aquele que é enviado em missão; embaixador, mensageiro.

e•mis•sor (ô) *sm.* 1. Aquele ou aquilo que emite ou envia alguém ou algo; emitente. 2. *Eletrôn.* Num transistor bipolar, região que forma uma junção PN com a base (8), e da qual fluem (para a base) portadores minoritários, através da junção polarizada diretamente.

e•mis•so•ra (ô) *sf. Rád. Telev.* Organização que irradia programas para uma comunidade; estação, radiodifusora. ◆ **Emissora afiliada.** *Rád. Telev.* A que é independente, e que participa de uma rede de emissoras.

e•mi•ten•te *s2g.* 1. Emissor. 2. Quem emite cheque, nota promissória, duplicata.

e•mi•tir *v.t.d.* 1. Lançar fora de si. 2. Pôr em circulação. 3. Pronunciar. 4. Enunciar (opinião, etc.). 5. Enviar, expedir. *T.d.i.* 6. Emitir

(4). *Int.* 7. Pôr dinheiro em circulação. [Conjug.: ③ [emit]**ir**]

e•mo•ção *sf.* 1. Ato de mover-se moralmente. 2. Perturbação do espírito, provocada por situações diversas e que se manifesta como alegria, tristeza, raiva, etc.; comoção. 3. Estado de ânimo despertado por sentimento estético, religioso, etc. [Pl.: *–ções*.] § **e•mo•ci•o•nal** *adj2g.*

e•mo•ci•o•nar *v.t.d.*, *int.* e *p.* Provocar emoção em, ou senti-la; comover(-se). [Conjug.: ① [emocion]**ar**] § **e•mo•ci•o•nan•te** *adj2g.*

e•mo•ci•o•ná•vel *adj2g.* Que se emociona facilmente.

e•mol•du•rar *v.t.d.* 1. Meter em moldura. 2. Adornar, ornar. [Conjug.: ① [emoldur]**ar**]

e•mo•li•en•te *adj2g.* e *sm. Med.* Diz-se de, ou agente que amolece a pele ou uma superfície interna.

e•mo•lu•men•to *sm.* 1. Lucro, proveito. 2. Gratificação.

e•mo•ti•vo *adj.* 1. Propenso a emoções; sensível. 2. Próprio de quem é emotivo (1), ou que revela emoção, ou valor afetivo. § **e•mo•ti•vi•da•de** *sf.*

em•pa•car *v.int. Bras.* 1. Emperrar, parar (o cavalo ou o burro). 2. Não continuar, não ir adiante. [Conjug.: ⑧ [empa]**car**] § **em•pa•ca•dor** (ô) *adj.* (*bras.*).

em•pa•char *v.t.d.* e *p.* 1. Encher(-se) muito; sobrecarregar(-se). 2. V. *empanturrar*. [Conjug.: ① [empach]**ar**] § **em•pa•cha•do** *adj.*; **em•pa•cho** *sm.*

em•pa•co•tar *v.t.d.* Meter em pacote(s). [Conjug.: ① [empacot]**ar**]

em•pa•da *sf.* 1. Iguaria de massa, com recheio, em geral com tampa da própria massa, e assada em fôrma; empadão. 2. Empadinha.

em•pa•dão *sm.* Empada (1). [Pl.: *–dões*.]

em•pa•di•nha *sm.* Empada feita em forminha; empada.

em•pá•fi:a *sf.* Orgulho vão.

em•pa•lhar *v.t.d.* 1. Acondicionar com palha. 2. Encher de palha (a pele de animal morto). 3. Tecer com palha. [Conjug.: ① [empalh]**ar**] § **em•pa•lha•ção** *sf.*; **em•pa•lha•dor** (ô) *sm.*

em•pa•li•de•cer *v.t.d.* e *int.* 1. Tornar(-se) pálido. 2. Fazer perder o viço, ou perdê-lo. 3. Desmerecer. [Conjug.: ㉞ [empalide]**cer**]

em•pal•mar *v.t.d.* 1. Esconder na palma da mão. 2. Furtar, surripiar. [Conjug.: ① [empalm]**ar**] § **em•pal•ma•ção** *sf.*

em•pa•nar¹ *v.t.d.* e *p.* 1. Encobrir(-se), ocultar(-se). 2. V. *embaciar*. [Conjug.: ① [empan]**ar**] § **em•pa•na•do¹** *adj.*; **em•pa•na•men•to** *sm.*

em•pa•nar² *v.t.d. Cul.* Passar pedaço(s) de (carne, peixe, etc.) na farinha de trigo, no ovo e em farinha de rosca e então fritá-lo(s). [Conjug.: ① [empan]**ar**] § **em·pa·na·do**² adj. e sm.

em·pan·tur·rar v.t.d. e p. Encher(-se) de comida; empanzinar(-se), empachar(-se), fartar(-se), encher(-se). [Conjug.: ① [empanturr]**ar**]

em·pan·zi·nar v.t.d. e p. V. empanturrar. [Conjug.: ① [empanzin]**ar**] § **em·pan·zi·na·men·to** sm.

em·pa·par v.t.d. 1. Reduzir a papa. 2. Embeber, mergulhar. P. 3. Ensopar-se, embeber-se. [Conjug.: ① [empap]**ar**]

em·pa·pe·lar v.t.d. Envolver ou revestir com papel. [Conjug.: ① [empapel]**ar**]

em·pa·pu·çar v.t.d. Encher de papos ou pregas. [Conjug.: ⑨ [empapu]**çar**] § **em·pa·pu·ça·do** adj.

em·par·cei·rar v.t.d., t.d.i. e p. Unir(-se) em parceria. [Conjug.: ① [emparceir]**ar**]

em·pa·re·dar v.t.d. e p. Encerrar(-se) entre paredes. [Conjug.: ① [empared]**ar**]

em·pa·re·lhar v.t.d. 1. Pôr de par a par; casar. 2. Igualar, irmanar. T.i. 3. Emparelhar (4 e 5). Int. 4. Ficar lado a lado. P. 5. Equiparar-se. [Conjug.: ① [emparelh]**ar**] § **em·pa·re·lha·men·to** sm.

em·pas·tar v.t.d. 1. Converter em, ou cobrir de pasta. 2. Pint. Aplicar (tinta[s]) em grande quantidade. P. 3. Formar pasta. [Conjug.: ① [empast]**ar**] § **em·pas·ta·do** adj.; **em·pas·ta·men·to** sm.

em·pas·te·lar v.t.d. 1. Tip. Misturar (caracteres ou outro material tipográfico) com os de diferente caixa. 2. Inutilizar as oficinas de um jornal. [Conjug.: ① [empastel]**ar**] § **em·pas·te·la·men·to** sm.

em·pa·tar v.t.d. 1. Tolher o seguimento de. 2. Aplicar (dinheiro) em circunstâncias não lucrativas. 3. Igualar (votações opostas, ou tentos no jogo). T.i. e int. 4. Chegar ao fim de uma competição sem haver vencedor. [Conjug.: ① [empat]**ar**]

em·pa·te sm. Ato ou efeito de empatar.

em·pa·ti·a sf. Tendência para sentir o que sentiria, se estivesse em situação vivida por outra pessoa.

em·pe·ci·lho sm. Estorvo, obstáculo.

em·pe·der·ni·do adj. 1. Que se tornou duro como pedra; endurecido. 2. Insensível, cruel.

em·pe·der·nir v.t.d. 1. Tornar em pedra, ou duro como pedra. P. 2. Tornar-se insensível, desumano. [Conjug.: ① [empedern]**ir**]

em·pe·dra·do adj. 1. Que se empedrou. • sm. 2. A parte das estradas que tem pedra britada.

em·pe·drar v.t.d. 1. Calçar, revestir (o solo) com pedras. Int. 2. Petrificar-se. P. 3. Empedernir-se. [Conjug.: ① [empedr]**ar**] § **em·pe·dra·men·to** sm.

em·pe·li·ca·do adj. 1. Que nasce com a cabeça envolta no pelico. 2. Fig. De muita sorte.

em·pe·na sf. 1. Parede lateral dum edifício. 2. Peça de madeira que vai do frechal à cumeeira.

em·pe·nar¹ v.t.d. 1. Enfeitar com penas. Int. e p. 2. Criar penas; emplumar-se. [Conjug.: ① [empen]**ar**. Cf. empinar.]

em·pe·nar² v.t.d. e int. Fazer entortar, ou entortar-se, ger. pela ação do calor ou da umidade. [Conjug.: ① [empen]**ar**. Cf. empinar.] § **em·pe·na·do** adj.

em·pe·nhar v.t.d. 1. Dar em penhor. 2. Empregar com diligência. 3. Obrigar por promessa. T.d.i. 4. Empenhar (2). 5. Econ. Efetuar empenho (3). P. 6. Endividar-se, dando em penhor. 7. Pôr todo o empenho. [Conjug.: ① [empenh]**ar**]

em·pe·nho sm. 1. Ato de dar a palavra em penhor; obrigação. 2. Grande interesse. 3. Econ. Ato que vincula recurso orçamentário ao pagamento de determinada despesa.

em·pe·ri·qui·tar-se v.p. Bras. Enfeitar-se em demasia. [Conjug.: ① [emperiquit]**ar**[-se] § **em·pe·ri·qui·ta·do** adj.

em·per·nar v.int. Cruzar as pernas. [Conjug.: ① [empern]**ar**]

em·per·ra·men·to sm. 1. Ação ou efeito de emperrar. 2. Fig. Teimosia. [Sin. ger.: emperro.]

em·per·rar v.t.d. 1. Tornar perro, difícil de mover. 2. Fazer parar. Int. 3. Tornar-se perro. 4. Deixar de funcionar; parar. [Conjug.: ① .[emperr]**ar**]

em·per·ro (ê) sm. V. emperramento.

em·per·ti·ga·do adj. 1. Aprumado. 2. Vaidoso.

em·per·ti·gar-se v.p. Aprumar-se, endireitar-se. [Conjug.: ⑪ [emperti]**gar**[-se]

em·pes·tar v.t.d. e p. 1. Infetar(-se) com peste. 2. Inficcionar(-se), contaminar(-se). 3. Fig. Tornar(-se) desagradável pela contaminação do ambiente com elementos nocivos. [Sin. ger.: empestear. Conjug.: ① [empest]**ar**.]

em·pes·te·ar v.t.d. e p. V. empestar. [Conjug.: ⑩ [empest]**ear**]

em·pe·te·car v.t.d. e p. Bras. Enfeitar(-se), vestir(-se) de modo exagerado. [Conjug.: ⑧ [empete]**car**]

em·pi·lha·dei·ra sf. Máquina para empilhar e arrumar cargas.

em·pi·lhar v.t.d. 1. Pôr em pilha; amontoar. P. 2. Ficar amontoado, ger. formando pilha. [Conjug.: ① [empilh]**ar**]

em·pi·na·do adj. Erguido, levantado.

em·pi·na·dor (ô) adj. sm. Que ou aquele que empina.

em·pi·nar v.t.d. 1. Pôr a pino; erguer. 2. Tornar proeminente (nariz, peito, ventre, etc.). 3. Fazer subir; elevar. 4. Bras. Fazer subir aos ares (pipa, papagaio, etc.). P. 5. Pôr-se a pino. 6. Fig. Enfatuar-se. [Conjug.: ① [empin]**ar**. Cf. empenar.]

em•pi•po•car v.int. Bras. Criar pústulas ou borbulhas. [Conjug.: ⑧ [empipo]car. Norm. é defect., us. só nas 3ᵃˢ pess.]

em•pí•ri•co adj. Baseado apenas na experiência, e não no estudo.

em•pi•ris•mo sm. Filos. Doutrina que admite que o conhecimento provenha unicamente da experiência. § em•pi•ris•ta s2g.

em•pla•car v.t.d. 1. Pôr placa ou chapa em. 2. Gír. Chegar a (certo ano ou idade). [Conjug.: ⑧ [empla]car.

em•plas•trar v.t.d. Pôr emplastro em. [Conjug.: ① [emplastr]ar]

em•plas•tro sm. Med. Forma farmacêutica, para uso externo, a que se acrescentam medicamentos, e que amolece ao calor do corpo e a este adere.

em•plu•mar v.t.d. 1. Ornar de plumas ou penas. P. 2. Empenar-se¹ (2). [Conjug.: ① [emplum]ar]

em•po•ar v.t.d. e p. Cobrir(-se) de pó. [Conjug.: ⑬ [emp]oar]

em•po•bre•cer v.t.d., int. e p. Tornar(-se) pobre. [Conjug.: ㉞ [empobre]cer] § em•po•bre•ci•do adj.; em•po•bre•ci•men•to sm.

em•po•çar v.t.d. 1. Acumular, formando poça: O vento empoçou a água da chuva. 2. Formar poça(s) em. Int. e p. 3. Formar poça. [Conjug.: ⑨ [empo]çar. Cf. empossar.]

em•po:ei•rar v.t.d. e p. Cobrir(-se) de poeira. [Conjug.: ① [empoeir]ar]

em•po•la (ó) sf. Med. 1. Bolha na pele, cheia de serosidade; vesícula. 2. Bolha de água fervendo. [Sin. ger.: ampola.]

em•po•la•do adj. 1. Cheio de empolas. 2. Fig. Muito pomposo.

em•po•lar v.t.d. 1. Fazer bolha(s) em. 2. Tornar pomposo, bombástico. 3. Encapelar (2). Int. 4. Criar empolas. P. 5. Empolar (2). 6. Tornar-se soberbo. 7. Encapelar (3). [Conjug.: ① [empol]ar]

em•po•lei•rar v.t.d. e p. Pôr(-se) em poleiro, ou como se em poleiro. [Conjug.: ① [empoleir]ar]

em•pol•gan•te adj2g. Que empolga; que atrai vivamente.

em•pol•gar v.t.d. 1. Lançar mão de; segurar. 2. Agarrar. 3. Entusiasmar, impressionar. 4. Atrair, absorver. P. 5. Impressionar-se, entusiasmar-se. [Conjug.: ⑪ [empol]gar]

em•pom•bar v.t.i. e p. Bras. Gír. Zangar-se, irritar-se. [Conjug.: ① [empomb]ar]

em•por•ca•lhar v.t.d. e p. Tornar(-se) porco, imundo; sujar(-se). [Conjug.: ① [emporca-lh]ar]

em•pó•ri:o sm. Centro de comércio internacional.

em•pós prep. e adv. Após, depois.

em•pos•sar v.t.d. 1. Dar posse a. P. 2. Tomar posse. [Conjug.: ① [emposs]ar. Cf. empoçar.]

em•pra•zar v.t.d. 1. Citar, ou convidar, para comparecer em prazo certo. P. 2. Ajustar (duas ou mais pessoas) prazo e lugar para encontro. [Conjug.: ① [empraz]ar]

em•pre•en•der v.t.d. 1. Propor-se, tentar (ação, empresa laboriosa e difícil). 2. Pôr em execução. [Conjug.: ② [empreend]er] § em•pre•en•de•dor (ô) adj.

em•pre•en•di•men•to sm. 1. Ato de empreender. 2. O que se empreendeu; empresa.

em•pre•ga•do sm. 1. Aquele que exerce emprego ou função; funcionário. 2. V. empregado doméstico. ◆ Empregado doméstico. Bras. Aquele que presta serviço dentro de uma casa; criado, doméstico, empregado.

em•pre•ga•dor (ô) adj. e sm. Que ou aquele que emprega [v. empregar (2)].

em•pre•gar v.t.d. 1. Dar emprego, uso ou aplicação a. 2. Dar emprego ou colocação a; colocar. 3. Fazer uso de; aplicar. T.d.i. 4. Empregar (3). P. 5. Ser admitido em emprego; colocar-se. [Conjug.: ⑪ [empre]gar]

em•pre•go (ê) sm. 1. Ato de empregar; aplicação. 2. Cargo ou ocupação em serviço particular, público, etc.; colocação. 3. V. trabalho (4).

em•prei•ta•da sf. 1. Obra por conta de outrem, com pagamento previamente ajustado. 2. Fig. Tarefa difícil ou desagradável.

em•prei•tar v.t.d. Fazer ou tomar por empreitada (1). [Conjug.: ① [empreit]ar]

em•prei•tei•ra sf. Empresa contratante de obras públicas.

em•prei•tei•ro sm. Aquele que empreita.

em•pre•nhar v.t.d. e p. Tornar(-se) prenhe (a fêmea). [Conjug.: ① [emprenh]ar]

em•pre•sa (ê) sf. 1. Empreendimento (2). 2. Econ. Organização econômica destinada à produção ou venda de mercadoria ou serviços, tendo em geral como objetivo o lucro.

em•pre•sar v.t.d. 1. Fazer a produção (3) de. 2. Representar como empresário (2). [Sin. ger.: empresariar. Conjug.: ① [empres]ar.]

em•pre•sa•ri•a•do sm. A classe dos empresários.

em•pre•sa•ri•al adj2g. Relativo a empresa (2). [Pl.: –ais.]

em•pre•sa•ri•ar v.t.d. V. empresar. [Conjug.: ① [empresari]ar]

em•pre•sá•ri:o sm. 1. Aquele que tem empresa (2). 2. Aquele que se ocupa da vida profissional e dos interesses pecuniários de um artista, atleta, etc.

em•pres•tar v.t.d. 1. Confiar a alguém (soma de dinheiro, ou coisa), para que faça uso dela restituindo-a depois ao dono. 2. Dar a juros (dinheiro). 3. Tomar por empréstimo. T.d.i. 4. Emprestar (1 a 3). 5. Dar, conferir. [Conjug.: ① [emprest]ar]

em•prés•ti•mo *sm.* **1.** Ato de emprestar. **2.** A coisa emprestada.

em•pro•a•do *adj.* Vaidoso, presunçoso.

em•pu•bes•cer *v.int.* e *p.* **1.** Tornar-se púbere. **2.** Criar pêlos. [Conjug.: 34 [empubes]**cer**]

em•pu•lhar *v.t.d.* **1.** Troçar ou zombar de. **2.** Enganar. [Conjug.: 1 [empulh]**ar**] § **em•pu•lha•ção** *sf.*

em•pu•nha•du•ra *sf.* Lugar por onde se seguram certos utensílios ou armas; punho.

em•pu•nhar *v.t.d.* **1.** Segurar pela empunhadura. **2.** Pegar em. [Conjug.: 1 [empunh]**ar**]

em•pur•rão *sm.* Ato de empurrar; empuxão. [Pl.: *–rões.*]

em•pur•rão•zi•nho *sm. Fig.* Ajuda, auxílio.

em•pur•rar *v.t.d.* **1.** Impelir com violência; empuxar. **2.** Dar encontrões em; empuxar. *T.d.i.* **3.** Impingir (3). **4.** Conduzir, levar. **5.** *Bras. Gír.* Tentar convencer (alguém) a se envolver com outrem. *P.* **6.** Empurrar (2), mutuamente. [Conjug.: 1 [empurr]**ar**]

em•pu•xar *v.t.d.* **1.** Empurrar (1 e 2). **2.** Arrastar, induzir. [Conjug.: 1 [empux]**ar**] § **em•pu•xão** *sm.*

e•mu *sm. Zool.* Ave dromaiídea da Austrália.

e•mu•de•cer *v.t.d.* e *int.* **1.** Tornar(-se) mudo; calar(-se). **2.** Tornar(-se) silencioso. [Conjug.: 34 [emude]**cer**]

e•mu•la•ção *sf.* **1.** Sentimento que incita a igualar ou superar outrem. **2.** Estímulo, incentivo. **3.** *Inform.* Ato ou efeito de emular (3). [Pl.: *–ções.*]

e•mu•lar *v.t.d.* **1.** Ter emulação com; competir. **2.** Igualar. **3.** *Inform.* Comportar-se um programa ou equipamento como (outro). *T.i.* **4.** Emular (1). [Conjug.: 1 [emul]**ar**] § **e•mu•la•dor** (ô) *adj.* e *sm.*

ê•mu•lo *sm.* Aquele que tem emulação (1); competidor, rival.

e•mul•são *sf. Med.* Preparação farmacêutica líquida, de aparência leitosa, e que contém, em suspensão, substância gordurosa. [Pl.: *–sões.*]

e•nal•te•cer *v.t.d.* **1.** Elevar. **2.** Exaltar. [Conjug.: 34 [enalte]**cer**] § **e•nal•te•ci•men•to** *sm.*

e•na•mo•ra•do *adj.* V. *apaixonado* (2).

e•na•mo•rar *v.t.d.* **1.** Inspirar amor em. *P.* **2.** Apaixonar-se. [Conjug.: 1 [enamor]**ar**]

e•nan•te•ma *sm. Med.* Mancha(s) vermelha(s), de extensão variável, encontrada(s) em mucosa(s), em muitas doenças. § **e•nan•te•má•ti•co** *adj.*

en•ca•bar *v.t.d.* Meter o cabo de (instrumento) em abertura adequada. [Conjug.: 1 [encab]**ar**]

en•ca•be•çar *v.t.d.* **1.** Vir à testa ou à frente de. **2.** Ser o cabeça, o chefe; chefiar. **3.** Ser o título de (um escrito). [Conjug.: 9 [encabe]**çar**] § **en•ca•be•ça•men•to** *sm.*

en•ca•bres•tar *v.t.d.* **1.** Pôr cabresto a. **2.** *Fig.* Subjugar (pessoa). [Conjug.: 1 [encabrest]**ar**]

en•ca•bu•la•ção *sf. Bras.* Efeito de encabular(-se); constrangimento, acanhamento. [Pl.: *–ções.*]

en•ca•bu•la•do *adj.* e *sm.* Diz-se de, ou indivíduo envergonhado.

en•ca•bu•lar *v.t.d.*, *int.* e *p. Bras.* Envergonhar(-se), acanhar(-se). [Conjug.: 1 [encabul]**ar**]

en•ca•cho:ei•ra•do *adj. Bras.* Que tem, ou é semelhante a cachoeira.

en•ca•de•ar *v.t.d.* **1.** Ligar ou prender com cadeia. **2.** Ligar, coordenar (idéias, etc.). **3.** Ligar, prendendo cadeia. **4.** Dizer em seqüência. *T.d.i.* **5.** Encadear (1 a 3). *P.* **6.** Ligar-se ou prender-se a outros, conforme a ordem natural. [Conjug.: 10 [encad]**ear**] § **en•ca•de•a•do** *adj.*; **en•ca•de:a•men•to** *sm.*

en•ca•der•na•ção *sf.* **1.** Ato ou efeito de encadernar (2). **2.** A capa dum livro encadernado. [Pl.: *–ções.*]

en•ca•der•nar *v.t.d.* **1.** Formar caderno(s) com. **2.** Juntar cadernos ou folhas de (livro), formando um volume, ao qual se liga uma capa, em geral rígida, coberta de couro, pano, etc. [Conjug.: 1 [encadern]**ar**] § **en•ca•der•na•dor** (ô) *sm.*

en•ca•fi•far *Bras. Fam. v.t.d.* e *int.* **1.** Envergonhar(-se), encabular(-se). **2.** Intrigar, enlear. *T.i.* **3.** Cismar. [Conjug.: 1 [encafif]**ar**] § **en•ca•fi•fa•do** *adj.*

en•ca•fu•ar *v.t.d.* e *p.* Esconder(-se). [Conjug.: 1 [encafu]**ar**]

en•cai•po•rar *v.t.d.*, *int.* e *p. Bras.* Tornar(-se) infeliz, ou azarado. [Conjug.: 1 [encaipor]**ar**]

en•cai•xar *v.t.d.* **1.** Encaixotar. **2.** Recolher em caixa (3). **3.** Encaixar (4 e 5). *T.d.i.* **4.** Meter uma peça em outra preparada para recebê-la. **5.** Intercalar, inserir. *T.i.* **6.** Entrar no encaixe. *Int.* **7.** Encaixar (6). **8.** Vir a propósito; calhar. *P.* **9.** Encaixar (6). **10.** Ajustar (7). **11.** Estar no encaixe; inserir-se. [Conjug.: 1 [encaix]**ar**]

en•cai•xe¹ *sm.* **1.** Ato ou efeito de encaixar(-se). **2.** Cavidade ou vão destinado a uma peça saliente. **3.** Juntura.

en•cai•xe² *sm. Econ.* Caixa (4).

en•cai•xi•lhar *v.t.d.* Guarnecer de caixilhos. [Conjug.: 1 [encaixilh]**ar**]

en•cai•xo•tar *v.t.d.* Meter em caixa ou caixote; encaixar. [Conjug.: 1 [encaixot]**ar**]

en•ca•la•crar *v.t.d.* e *p. Pop.* **1.** Meter(-se) em dificuldades. **2.** Endividar(-se). [Conjug.: 1 [encalacr]**ar**] § **en•ca•la•cra•ção** *sf.* (*pop.*); **en•ca•la•cra•do** *adj.*

en•cal•ço *sm.* Rasto, pista, pegada.

en•ca•lhar *v.t.d.* **1.** Fazer dar em seco (a embarcação). *Int.* **2.** Ficar em seco (embarcação). **3.** Ficar detido; parar. **4.** *Bras.* Não ter saída (quaisquer mercadorias). **5.** *Bras. Pop.* Continuar solteiro ou sozinho, depois de certa idade; encravar. [Conjug.: ① encalh]**ar** § **en•ca•lha•do** *adj.*

en•ca•lhe *sm.* **1.** Ato ou efeito de encalhar. **2.** Obstrução, obstáculo, estorvo. **3.** *Bras.* Mercadoria que ficou encalhada.

en•ca•lis•trar *v.t.d.* e *int.* Envergonhar(-se), vexar(-se). [Conjug.: ① encalistr]**ar**

en•cal•mar *v.t.d.* **1.** Causar calor a; aquecer. **2.** Zangar, irritar. *Int.* **3.** Acalmar-se. [Conjug.: ① encalm]**ar**

en•ca•lom•bar *v.int. Bras.* Criar calombo. [Conjug.: ① encalomb]**ar**

en•ca•mi•nhar *v.t.d.* **1.** Mostrar o caminho a. **2.** Pôr no bom caminho; orientar. **3.** Conduzir pelos meios competentes. *T.d.i.* **4.** Enviar, remeter. *T.d.c.* **5.** Fazer tomar o rumo de. *P.* **6.** Dirigir-se, guiar-se. [Conjug.: ① encaminh]**ar** § **en•ca•mi•nha•men•to** *sm.*

en•cam•par *v.t.d.* **1.** *Jur.* Rescindir (contrato de arrendamento). **2.** *Jur.* Tomar (o governo) posse de (empresa) após acordo em que se combina indenização. **3.** *Fig.* Adotar (idéia, teoria, etc.). [Conjug.: ① encamp]**ar**

en•ca•na•dor (ô) *sm. Bras.* Aquele que conserta encanamento; bombeiro.

en•ca•na•men•to *sm.* **1.** Ato ou efeito de encanar[1]. **2.** Conjunto de canos para distribuição de líquido ou de gás.

en•ca•nar[1] *v.t.d.* Conduzir por cano ou canal; canalizar. [Conjug.: ① encan]**ar**

en•ca•nar[2] *v.t.d.* **1.** *Med.* Pôr (osso fraturado) em talas ou canas, para se soldar. **2.** *Bras. Gír.* Meter na prisão; prender. [Conjug.: ① encan]**ar**

en•ca•ne•cer *v.int.* **1.** Fazer-se branco (o cabelo, a barba); embranquecer. **2.** Criar cãs; envelhecer. [Conjug.: ㉞ encane]**cer**

en•can•gar *v.t.d.* Pôr canga em; jungir. [Conjug.: ⑪ encan]**gar**

en•can•ta•do *adj.* **1.** Que se encantou. **2.** Fascinado, enlevado. **3.** Enfeitiçado.

en•can•ta•men•to *sm.* **1.** Ato ou efeito de encantar(-se). **2.** Magia; feitiço. **3.** Coisa maravilhosa.

en•can•tar *v.t.d.* **1.** Lançar encantamento ou magia sobre; enfeitiçar. **2.** Transformar supostamente (um ser) em outro, por artes mágicas. **3.** Cativar, seduzir. **4.** Deliciar, deleitar. *P.* **5.** Tomar-se de encantos; maravilhar-se. **6.** Transformar-se supostamente em outro ser, por artes mágicas. [Conjug.: ① encant]**ar** § **en•can•ta•dor** (ô) *adj.*

en•can•to *sm.* **1.** Coisa que delicia, encanta. **2.** Sedução; fascínio.

en•can•zi•nar *v.t.d.* **1.** Fazer zangar. *P.* **2.** Teimar. **3.** Enfurecer-se. [Conjug.: ① encanzin]**ar** § **en•can•zi•na•men•to** *sm.*

en•ca•par *v.t.d.* **1.** Cobrir com capa. **2.** Proteger (livro, caderno, etc.) com capa de papel, etc. [Conjug.: ① encap]**ar**

en•ca•pe•lar *v.t.d.* **1.** Conceder o capelo de doutor a. **2.** Levantar, encrespar (o mar, as ondas, etc.). *Int.* e *p.* **3.** Encrespar-se, agitar-se (o mar). [Conjug.: ① encapel]**ar**

en•ca•po•tar *v.t.d.* **1.** Cobrir com capa ou capote. **2.** Disfarçar; encobrir. [Conjug.: ① encapot]**ar**

en•ca•pu•zar *v.t.d.* e *p.* Cobrir(-se) com capuz. [Conjug.: ① encapuz]**ar** § **en•ca•pu•za•do** *adj.*

en•ca•ra•co•la•do *adj.* Enrolado em forma de caracol.

en•ca•ra•co•lar *v.t.d.* **1.** Dar forma de caracol a. *Int.* e *p.* **2.** Enrolar-se em forma de caracol. [Conjug.: ① encaracol]**ar** § **en•ca•ra•co•la•do** *adj.*

en•ca•ra•mu•jar-se *v.p. Bras.* **1.** Retrair-se, tal como o caramujo. **2.** *Fig.* Entristecer-se, magoar-se. [Conjug.: ① encaramuj]**ar**[-se]

en•ca•ran•gar *v.t.d.* e *p.* **1.** Paralisar(-se) (por frio ou reumatismo, etc.). **2.** *Pop.* Tornar(-se) adoentado. [Conjug.: ⑪ encaran]**gar**

en•ca•ra•pi•nha•do *adj.* Diz-se do cabelo lanoso como os dos pretos; pixaim.

en•ca•ra•pi•nhar *v.t.d.* e *p.* Tornar(-se) (o cabelo) crespo. [Conjug.: ① encarapinh]**ar**

en•ca•ra•pi•tar *v.t.d., t.d.c.* e *p.* Pôr(-se) no alto. [Conjug.: ① encarapit]**ar**

en•ca•rar *v.t.d.* **1.** Olhar de cara, com atenção; enfrentar. **2.** Considerar; analisar. **3.** Enfrentar (5 a 7). [Conjug.: ① encar]**ar**

en•car•ce•rar *v.t.d.* **1.** Prender em cárcere. **2.** Afastar do convívio social. *P.* **3.** Entristecer-se, isolar-se. [Conjug.: ① encarcer]**ar** § **en•car•ce•ra•do** *adj.*; **en•car•ce•ra•men•to** *sm.*

en•car•di•do *adj.* **1.** Que se encardiu. **2.** Diz-se de pele que perdeu o brilho e o aspecto saudável. **3.** Sujo (1). • *sm.* **4.** *Bras.* Estado ou condição de encardido (1 a 3). **5.** *Bras.* Incrustação de sujeira. [Sin. (de 4 e 5): *encardimento*.]

en•car•di•men•to *sm.* Encardido (4 e 5).

en•car•dir *v.t.d.* **1.** Sujar, criando, ger., mancha. **2.** Lavar mal, sem tirar toda a sujeira. *Int.* **3.** Ficar mal lavado, conservando parte da sujeira que tinha. [Conjug.: ③ encard]**ir**. Quando *int.*, norm. conjugável só nas 3ªs pess.]

en•ca•re•cer *v.t.d.* **1.** Tornar caro; subir o preço de. **2.** Louvar, elogiar. *Int.* **3.** Tornar-se caro. [Conjug.: ㉞ encare]**cer**. § **en•ca•re•ci•men•to** *sm.*

en•car•go *sm.* **1.** Incumbência, obrigação. **2.** Ocupação, cargo. **3.** Condição onerosa, ou restrita de vantagem.

en•car•na•ção *sf.* 1. Ato de encarnar(-se). 2. Para os católicos, mistério pelo qual Deus se fez homem. 3. Para os espíritas, cada uma das existências do espírito materializado. [Pl.: –ções.]

en•car•na•dor (ó) *sm.* Aquele que encarna figuras ou imagens.

en•car•nar *v.t.d.* 1. Dar cor de carne a (imagens, estátuas, etc.), pintando-as. 2. Ser a personificação, o modelo de. 3. Representar (personagem, papel). *T.i.* 4. *Rel.* Penetrar (o espírito em um corpo). *Int.* 5. *Rel.* Nascer como ser humano. *P.* 6. Introduzir-se profundamente. [Conjug.: ① [encarn]**ar**] § **en•car•na•do** *adj.*

en•car•ni•ça•men•to *sm.* 1. Ato de encarniçar(-se). 2. Obstinação.

en•car•ni•çar *v.t.d.* 1. Incitar, açular. *P.* 2. Enraivecer-se. [Conjug.: ⑨ [encarni]**çar**] § **en•car•ni•ça•do** *adj.*

en•ca•ro•çar *v.int.* e *p. Bras.* Criar caroço(s). [Conjug.: ⑨ [encaro]**çar**]

en•car•qui•lhar *v.t.d.* e *p.* Encher(-se) de carquilhas ou rugas; enrugar(-se). [Conjug.: ① [encarquilh]**ar**] § **en•car•qui•lha•do** *adj.*

en•car•re•ga•do *adj.* e *sm.* Que ou aquele que está incumbido de um cargo, serviço, etc.

en•car•re•gar *v.t.d.i.* 1. Dar como cargo, ou incumbência, etc. *P.* 2. Tomar obrigação ou encargo. [Conjug.: ⑪ [encarre]**gar**; part.: *encarregado* e (lus.) *encarregue*.]

en•car•rei•rar *v.t.d.* e *p.* 1. Dirigir(-se), encaminhar(-se). 2. Pôr(-se) em bom caminho; encarrilhar. 3. Pôr ou ficar em ordem, ou em fila. [Conjug.: ① [encarreir]**ar**]

en•car•ri•lar ou en•car•ri•lhar *v.t.d.* 1. Pôr nos carris ou trilhos. 2. V. *encarreirar* (2). *P.* 3. V. *encarreirar* (2). *Int.* 4. Entrar no bom caminho. 5. Entrar nos eixos. [Conjug.: ① [encarril(h)]**ar**]

en•car•tar *v.t.d.* 1. Fazer o encarte (1) de. *Int.* 2. Jogar carta sobre outra do mesmo naipe. [Conjug.: ① [encart]**ar**]

en•car•te *sm.* 1. Operação de intercalar, entre os cadernos duma publicação, uma ou mais folhas. 2. Folheto que acompanha uma publicação. 3. Folha(s) impressa(s) ou encarte (2) de propaganda.

en•car•tu•char *v.t.d.* Meter em cartucho. [Conjug.: ① [encartuch]**ar**]

en•car•vo•ar *v.t.d.* e. *p.* Sujar(-se) de carvão. [Conjug.: ⑬ [encarv]**oar**] § **en•car•vo•a•do** *adj.*

en•ca•sa•ca•do *adj.* 1. Vestido de casaca ou casaco. 2. Em traje cerimonioso. 3. *Pop.* Bem agasalhado.

en•ca•sa•car•se *v.p.* 1. Vestir-se com casaca ou casaco. 2. Pôr traje cerimonioso. [Conjug.: ⑧ [encasa]**car**[-se]]

en•cas•que•tar *v.t.d.* 1. Meter na cabeça, no juízo. *T.d.i.* 2. Incutir. 3. Persuadir. *Int.* e *p.* 4. Cismar; obstinar-se. [Conjug.: ① [encasquet]**ar**]

en•cas•te•lar *v.t.d.* 1. Fortificar com castelo (1 e 2). 2. Dar forma de castelo a. 3. Amontoar. *P.* 4. Amontoar-se. 5. Recolher-se, refugiar-se. [Conjug.: ① [encastel]**ar**]

en•cas•to•ar *v.t.d.* Pôr castão em. [Conjug.: ⑬ [encast]**oar**]

en•ca•tar•rar•se *v.p.* Endefluxar-se, constipar-se. [Conjug.: ① [encatarr]**ar**[-se]]

en•ca•va•lar *v.t.d.* Sobrepor; amontoar. [Conjug.: ① [encaval]**ar**] § **en•ca•va•la•do** *adj.*

en•ce•fá•li•co *adj.* Do encéfalo, ou relativo a ele.

en•ce•fa•li•te *sf. Med.* Inflamação no encéfalo.

en•cé•fa•lo *sm. Anat.* Parte do sistema nervoso central contida na cavidade do crânio. § **en•ce•fá•li•co** *adj.*

en•ce•na•ção *sf.* 1. Ato ou efeito de encenar. 2. Espetáculo teatral; montagem. 3. *Fig.* Fingimento. [Pl.: –ções.]

en•ce•nar *v.t.d.* 1. Pôr em cena (um espetáculo). *Int.* 2. Fingir, simular. [Conjug.: ① [encen]**ar**]

en•ce•ra•dei•ra *sf.* Aparelho para encerar soalhos.

en•ce•ra•do *adj.* 1. Coberto de cera. 2. Polido com cera. • *sm.* 3. Oleado.

en•ce•rar *v.t.d.* 1. Untar ou cobrir de cera (tecido ou madeira). 2. Polir, lustrar com cera. [Conjug.: ① [encer]**ar**] § **en•ce•ra•men•to** *sm.*

en•cer•rar *v.t.d.c.* 1. Meter ou guardar (em lugar que se fecha). 2. Enclausurar. *T.d.* 3. Ter em si; conter, incluir. 4. Terminar. 5. Fechar (conta). 6. Resumir; limitar. *T.d.i.* 7. *Fig.* Guardar (em alguém). *P.* 8. Fechar-se, enclausurar-se. 9. Findar-se. [Conjug.: ① [encerr]**ar**] § **en•cer•ra•men•to** *sm.*

en•ces•tar *v.t.d.* 1. Arrecadar em cesto. 2. *Basq.* Fazer (a bola) entrar na cesta (2). *Int.* 3. *Basq.* Converter (5). [Conjug.: ① [encest]**ar**]

en•ce•tar *v.t.d.* Começar, principiar. [Conjug.: ① [encet]**ar**]

en•cha•pe•lar•se *v.p.* Cobrir-se com chapéu. [Conjug.: ① [enchapel]**ar**[-se]]

en•char•car *v.t.d.* e *p.* 1. Converter(-se) em charco. 2. Molhar(-se) muito; ensopar(-se). [Conjug.: ⑧ [enchar]**car**]

en•chen•te *sf.* 1. Quantidade de água acima do comum, que cobre áreas habitualmente secas; inundação, cheia. 2. Grande afluência de gente. 3. Maré ascendente.

en•cher *v.t.d.* 1. Tornar cheio. 2. Ocupar, preencher. 3. Espalhar-se ou difundir-se por. 4. *Pop.* Causar chateação, perturbação a. *T.d.i.* 5. Encher (1 e 2). 6. Cobrir, cumular. *Int.* 7. Tornar-se gradualmente cheio. 8. *Bras. Pop.* Chatear, perturbar. *P.* 9. Tornar-se cheio. 10. V. *empanturrar-se.* 11. Tomar-se de: *encher-se de coragem.* 12. *Bras. Pop.* Perder a paciência, a tolerância com (pessoa, coisa, fato, etc.); cansar-se. [Conjug.: ② [ench]**er**]

en•chi•do *adj*. 1. Cheio. • *sm*. 2. Qualquer dos artigos (lingüiça, salsicha, paio, etc.) em que a carne é introduzida em tripa natural ou sintética; embutido.

en•chi•men•to *sm*. 1. Ato ou efeito de encher (-se). 2. Coisa com que se enche.

en•cho•va (ô) *sf. Zool*. Peixe perciforme de carne muito apreciada; anchova.

en•chu•ma•çar *v.t.d*. Pôr chumaço em. [Conjug.: ⑨ [enchuma]**çar**]

en•cí•cli•ca *sf*. Carta circular pontifícia.

en•ci•clo•pé•di:a *sf*. Obra (6) que abrange todos os ramos do conhecimento.

en•ci•clo•pé•di•co *adj*. 1. Relativo à enciclopédia. 2. Que abrange todo o saber.

en•ci•lhar *v.t.d*. Pôr cilha em (animal). [Conjug.: ① [encilh]**ar**] § **en•ci•lha•men•to** *sm*.

en•ci•mar *v.t.d*. 1. Colocar em cima de. 2. Estar acima de. 3. Coroar (2). [Conjug.: ① [encim]**ar**]

en•ci•u•mar *v.t.d*. e *p*. Tornar(-se) ciumento. [Conjug.: ⑮ [enci]u[m]**ar**]

en•clau•su•rar *v.t.d*. e *p*. 1. Pôr(-se) em clausura, ou numa que em clausura. 2. Afastar(-se) do convívio social. [Conjug.: ① [enclausur]**ar**]

en•co•brir *v.t.d*. 1. Esconder, ocultar. 2. Dissimular (1). 3. Não revelar. 4. Não deixar ver ou ouvir. *T.d.i*. 5. Encobrir (1 a 3). *Int*. 6. Cobrir-se de nuvens; toldar-se. *P*. 7. Ocultar-se. [Conjug.: ⑤⑤ [enc]o[br]ir; part.: *encoberto*.] § **en•co•ber•to** *adj*.; **en•co•bri•men•to** *sm*.

en•co•le•ri•zar *v.t.d*. e *p*. Pôr(-se) em cólera; irar(-se). [Conjug.: ① [encoleriz]**ar**] § **en•co•le•ri•za•do** *adj*.

en•co•lher *v.t.d*. 1. Retrair, contrair. 2. Encurtar. *Int*. 3. Diminuir de dimensão; contrair-se. *P*. 4. Retrair-se, contrair-se. 5. Mostrar-se tímido, acanhado. [Conjug.: ② [encolh]**er**] § **en•co•lhi•do** *adj*.; **en•co•lhi•men•to** *sm*.

en•co•men•da *sf*. 1. Ato de encomendar. 2. Aquilo que se encomenda.

en•co•men•da•ção *sf*. Ato ou efeito de encomendar (2). [Pl.: *–ções*.] ◆ **Encomendação dos mortos**. *Rel*. Oração que se reza na encomendação.

en•co•men•dar *v.t.d*. 1. Mandar fazer (obra, compra, etc.). 2. *Rel*. Orar pela salvação de (corpo ou alma de um defunto). 3. Encarregar, incumbir. *T.d.i*. 4. Encomendar (1 e 3). *P*. 5. Confiar-se à proteção de. [Conjug.: ① [encomend]**ar**]

en•co•mi•ar *v.t.d*. Dirigir encômios a. [Conjug.: ① [encomi]**ar**]

en•cô•mi:o *sm*. Louvor, elogio.

en•com•pri•dar *v.t.d*. e *p. Bras*. Tornar(-se) (mais) comprido. [Conjug.: ① [encomprid]**ar**]

en•con•tra•di•ço *adj*. Fácil de encontrar.

en•con•trão *sm*. Empurrão forte. [Pl.: *–trões*.]

en•con•trar *v.t.d*. 1. Deparar com (coisa, local, etc.); achar. 2. Defrontar-se com (pessoa) por acerto ou por acaso. 3. Atinar com; descobrir. 4. Ir de encontro a; chocar(-se). *T.i*. 5. Encontrar (2 e 4). *T.d.c*. 6. Encontrar (2). *Transobj*. 7. Achar (em certo estado ou condição). *P*. 8. Entrechocar-se. 9. Ir ter com alguém. 10. Deparar por acaso. 11. Achar-se em certo lugar. 12. Descobrir-se, achar-se. [Conjug.: ① [encontr]**ar**]

en•con•tro *sm*. 1. Ato de encontrar(-se). 2. Choque, encontrão. 3. *Bras*. Confluência de rios.

en•con•tros *sm.pl*. 1. Os ombros. 2. A parte dos cascos do cavalo junto ao talão. 3. Nas aves, ponto de articulação do úmero com o rádio e o cúbito.

en•co•ra•jar *v.t.d*. e *t.d.i*. 1. Dar coragem a. *P*. 2. Tomar coragem. [Conjug.: ① [encoraj]**ar**]

en•cor•do•a:men•to *sm*. 1. Ato de encordoar. 2. *Bras*. O conjunto das cordas dum instrumento de música. 3. *Eng. Elétr*. Disposição dos fios ou de grupos de fios que formam um cabo² (4).

en•cor•do•ar *v.t.d*. Prover de cordas. [Conjug.: ⑬ [encord]**oar**]

en•cor•pa•do *adj*. 1. Que tem muito corpo; corpulento. 2. Consistente, espesso.

en•cor•par *v.t.d*. 1. Dar mais corpo a. 2. Aumentar. *Int*. 3. Crescer, engrossar. [Conjug.: ① [encorp]**ar**]

en•cos•ta *sf*. Vertente (3).

en•cos•ta•do *adj*. 1. Arrimado. 2. Que não tem procura, uso ou aplicação. 3. Sem trabalho. 4. Que foi posto de lado.

en•cos•tar *v.t.d*. 1. Pôr junto. 2. Fechar (porta, janela, etc.). 3. Pôr de lado, de parte. 4. *V. recostar*. 5. Parar, estacionar. *T.d.i*. 6. Apoiar, arrimar. *T.c*. 7. Encostar (5). *T.i*. 8. Tocar, ou quase que tocar em alguém. *P*. 9. Firmar-se, apoiar-se. 10. *V. recostar*. 11. Deitar-se por algum tempo. 12. *Bras*. Fazer-se dependente de alguém, ger. de modo abusivo. [Conjug.: ① [encost]**ar**]

en•cos•to (ô) *sm*. 1. Lugar ou objeto a que alguém ou algo se encosta; arrimo. 2. Apoio, proteção. 3. Entre os espíritas, espírito que está ao lado de um ser vivo para o proteger ou prejudicar.

en•cou•ra•ça•do ou **en•coi•ra•ça•do** *adj*. 1. Blindado. • *sm*. 2. *Bras*. Navio de combate, armado de canhões de grosso calibre e bem protegido por chapas de aço especial.

en•cou•ra•çar ou **en•coi•ra•çar** *v.t.d*. Blindar. [Conjug.: ⑨ [encoura]**çar**]

en•co•va•do *adj*. 1. Metido em cova, buraco. 2. *Fig*. Oculto. 3. Muito dentro das órbitas (olho).

en•co•var *v.t.d.* **1.** V. *enterrar* (2). **2.** Ocultar. *P.* **3.** Tornar-se encovado. [Conjug.: ① [encov]**ar**]

en•cra•va•do *adj.* **1.** Que se encravou. **2.** Que cresceu penetrando na pele (pêlo, unha).

en•cra•var *v.t.d.* **1.** Fixar, pregar (cravo, prego). *T.d.i.* **2.** Segurar com cravo ou prego. **3.** Embutir, engastar (pedras preciosas, etc.). **4.** Encravar (1). *Int.* **5.** Encalhar (5). *P.* **6.** Fixar-se, penetrando. **7.** Embeber-se, embutir-se. [Conjug.: ① [encrav]**ar**] § **en•cra•va•men•to** *sm.*

en•cren•ca *sf. Gír.* **1.** Coisa ou situação difícil ou perigosa. **2.** Briga, desordem. **3.** Intriga.

en•cren•car *Bras. Gír. v.t.d.* **1.** Pôr em dificuldade. **2.** Enguiçar (1). *T.i.* **3.** Armar encrenca. *Int.* **4.** Encrencar (2). **5.** Enguiçar (1). *P.* **6.** Meter-se em encrenca. [Conjug.: ⑧ [encren]**car**] § **en•cren•ca•do** *adj.*

en•cren•quei•ro *adj. e sm.* Que(m) arma encrenca.

en•cres•par *v.t.d. e. p.* **1.** Tornar(-se) crespo; enrugar(-se). **2.** Eriçar(-se). **3.** Agitar(-se) (o mar, as ondas, etc.). **4.** Irritar(-se). [Conjug.: ① [encresp]**ar**] § **en•cres•pa•do** *adj.*

en•cru•ar *v.t.d.* **1.** Tornar cru, enrijar (o que estava quase cozido). **2.** Tornar cruel. *Int.* **3.** Tornar-se cru. **4.** Fazer-se cruel. **5.** *Fig.* Não progredir, não crescer. *P.* **6.** Exacerbar-se. [Conjug.: ① [encru]**ar**] § **en•cru•a•men•to** *sm.*

en•cru•zi•lha•da *sf.* **1.** Lugar onde se cruzam estradas ou caminhos. **2.** *Fig.* Situação embaraçosa, difícil de explicar.

en•cur•ra•lar *v.t.d.* **1.** Meter no curral. **2.** Encerrar em lugar estreito e sem saída. **3.** Pôr cerco a. *P.* **4.** Refugiar-se em lugar sem saída. [Conjug.: ① [encurral]**ar**]

en•cur•tar *v.t.d.* **1.** Tornar curto. **2.** Fazer menor; diminuir. *Int. e p.* **3.** Tornar-se (mais) curto. [Conjug.: ① [encurt]**ar**] § **en•cur•ta•men•to** *sm.*

en•cur•var *v.t.d., int. e p.* **1.** V. *curvar* (1 e 2). **2.** Humilhar(-se). [Conjug.: ① [encurv]**ar**] § **en•cur•va•men•to** *sm.*

en•de•cha (è) *sf.* Poesia muito triste.

en•de•flu•xar•se (ss) *v.p.* Contrair defluxo. [Conjug.: ① [endeflux]**ar**[-se]]

en•de•mi•a *sf. Med.* Doença que existe constantemente em determinado lugar.

en•dê•mi•co *adj. Med.* Da natureza da endemia.

en•de•mo•ni•nha•do *adj.* **1.** Possuído pelo Demônio; possesso. **2.** *Fig.* Levado.

en•de•mo•ni•nhar *v.t.d.* **1.** Meter o Demônio no corpo da (pessoa ou animal). *P.* **2.** Enfurecer-se. [Conjug.: ① [endemoninh]**ar**]

en•de•re•çar *v.t.d.* **1.** Pôr endereço (2) em. *T.d.i., t.d.c. e p.* **2.** Dirigir(-se), encaminhar(-se). [Conjug.: ⑨ [endere]**çar**]

en•de•re•ço (ê) *sm.* **1.** Designação do local em que um indivíduo habita ou pode ser encontrado, uma organização tem sede, etc. **2.** Sobrescrito. **3.** Residência. **4.** *Inform.* Expressão numérica que identifica e permite localizar determinada informação na memória de um computador. ♦ **Endereço eletrônico.** *Inform.* Expressão pela qual um usuário é identificado numa rede de computadores, e que permite o recebimento de mensagens de correio eletrônico.

en•deu•sar *v.t.d.* **1.** Atribuir dotes divinos a; divinizar. **2.** Exaltar ao máximo. *P.* **3.** Atribuir a si mesmo dotes divinos. **4.** Exaltar-se, gloriar-se. [Conjug.: ① [endeus]**ar**] § **en•deu•sa•men•to** *sm.*

en•di•a•bra•do *adj.* **1.** Travesso, levado. **2.** Mau.

en•di•nhei•ra•do *adj.* Que tem dinheiro; rico.

en•di•rei•tar *v.t.d.* **1.** Pôr direito; desentortar. **2.** Corrigir. *Int.* **3.** Corrigir-se; emendar-se. **4.** Ficar direito. *P.* **5.** Tornar-se direito. **6.** Retomar o bom caminho. [Conjug.: ① [endireit]**ar**]

en•di•vi•dar *v.t.d. e p.* Fazer contrair dívida(s), ou contraí-las. [Conjug.: ① [endivid]**ar**] § **en•di•vi•da•do** *adj.*

en•do•cár•di•o *sm. Anat.* Membrana que forra interiormente o coração.

en•do•car•po *sm.* A camada mais interna do pericarpo.

en•dó•cri•no *adj. Med.* Das glândulas de secreção interna, ou referente a elas.

en•do•cri•no•lo•gi•a *sf. Med.* Estudo das glândulas endócrinas. § **en•do•cri•no•ló•gi•co** *adj.*

en•do•don•ti•a *sf. Odont.* A parte da odontologia que trata das lesões da polpa e raiz dentárias e do tecido periapical. § **en•do•dôn•ti•co** *adj.*

en•do•en•ças *sf.pl.* Solenidades religiosas da quinta-feira santa.

en•do•fau•na *sf. Ecol.* O conjunto de organismos bentônicos que vivem no fundo dos oceanos, em sedimentos ainda não consolidados.

en•do•ga•mi•a *sf.* Costume social que prescreve o casamento entre indivíduos de um mesmo grupo ou subgrupo. § **en•do•gâ•mi•co** *adj.*; **en•dó•ga•mo** *adj. e sm.*

en•dó•ge•no *adj.* Originado no interior do organismo, ou por fatores internos.

en•doi•dar *v.t.d. e int.* V. *enlouquecer*. [Conjug.: ① [endoid]**ar**]

en•doi•de•cer *v.t.d. e int.* V. *enlouquecer*. [Conjug.: ㉞ [endoide]**cer**]

en•do•lin•fa *sf. Anat.* Líquido contido no labirinto membranoso.

en•do•pa•ra•si•to *sm. Biol.* Parasito que vive no interior do organismo de outro animal.

en•dor•fi•na *sf.* Cada uma de um grupo de substâncias produzidas pelo organismo (esp.

após exercício físico intenso) e que diminuem a sensibilidade à dor e provocam sensação de bem-estar.

en•dos•co•pi•a *sf. Med.* Visualização, mediante equipamento especial, de superfície interna de órgão ou de estrutura, e com fim de diagnóstico ou de tratamento. § **en•dos•có•pi•co** *adj.*

en•dos•có•pi:o *sm. Med.* Instrumento, que varia de tipo segundo área a ser examinada, para realizar endoscopia.

en•dos•per•ma *sm. Bot.* Albume (2).

en•dos•sa•do *adj.* **1.** Em que há endosso. • *sm.* **2.** Aquele a quem se endossou uma letra.

en•dos•san•te *adj2g. e s2g.* Que ou quem endossa.

en•dos•sar *v.t.d.* **1.** Pôr endosso em (letra, ordem, etc.). **2.** *Fig.* Avalizar (2). [Conjug.: ① [endoss]**ar**]

en•dos•so (ô) *sm.* Transferência de propriedade dum título nominativo com a cláusula "à ordem", mediante declaração escrita, em geral, no verso dele.

en•do•ve•no•so (ô) *adj.* V. *intravenoso.* [Pl.: –*nosos* (ó).]

en•du•re•cer *v.t.d., int. e p.* **1.** Tornar(-se) duro; enrijecer(-se). **2.** Tornar(-se) insensível. [Conjug.: ④ [endure]**cer**] § **en•du•re•ci•do** *adj.*; **en•du•re•ci•men•to** *sm.*

ene (ê) *sm.* A letra *n.*

❑ **E.N.E.** Abrev. de *és-nordeste.*

e•ne:a•go•nal *adj2g.* Que tem nove ângulos. [Pl.: –*nais.*]

e•ne•á•go•no *sm.* Polígono de nove lados.

e•ne•gé•si•mo *adj. Mat.* Enésimo (1) (q. v.).

e•ne•gre•cer *v.t.d.* **1.** Tornar negro; escurecer. **2.** Difamar. *Int. e p.* **3.** Tornar-se negro; escurecer(-se). [Conjug.: ④ [enegre]**cer.**] § **e•ne•gre•ci•do** *adj.*; **e•ne•gre•ci•men•to** *sm.*

ê•ne:o *adj.* De bronze; brônzeo.

e•ner•gé•ti•ca *sf.* Ciência que estuda a energia.

e•ner•gé•ti•co *adj.* **1.** Relativo à energética. **2.** Relativo à energia.

e•ner•gi•a *sf.* **1.** Força, vigor. **2.** Firmeza de caráter. **3.** *Fís.* Propriedade dum sistema que lhe permite realizar trabalho. § **e•nér•gi•co** *adj.* ♦ **Energia atômica.** *Fís.* Energia nuclear. **Energia nuclear.** *Fís.* A que se desprende quando, numa reação nuclear, a soma das massas das partículas que reagem é maior que a soma das massas das que se produzem; energia atômica.

e•nér•gi•co *adj.* Que tem energia.

e•ner•gú•me•no *sm.* Endemoninhado; possesso.

e•ner•van•te *adj2g.* **1.** Que enerva. **2.** Irritante, exasperante.

e•ner•var¹ *v.t.d.* **1.** Tirar a força física ou moral a; debilitar. **2.** Exasperar. *P.* **3.** Debilitar-se. **4.** Exasperar-se. [Conjug.: ① [enerv]**ar**]

e•ner•var² *v.t.d.* **1.** Fazer nervuras em. **2.** Cobrir com couro. [Conjug.: ① [enerv]**ar**]

e•né•si•mo *adj.* **1.** *Mat.* Que ocupa a ordem *n.* **2.** *Pop.* Que corresponde a um grande número de vezes.

en•fa•dar *v.t.d.* **1.** Entediar. **2.** Molestar, irritar. *P.* **3.** Aborrecer-se, irritar-se. [Conjug.: ① [enfad]**ar**]

en•fa•do *sm.* **1.** Impressão desagradável; mal-estar. **2.** Cansaço, aborrecimento.

en•fa•do•nho *adj.* Que enfada, aborrece.

en•fai•xar *v.t.d.* Envolver ou atar com faixas. [Conjug.: ① [enfaix]**ar**]

en•fa•ra•men•to *sm.* V. *enfaro.*

en•fa•rar *v.t.d. e p.* Causar enfaro, ou enjôo, a, ou senti-lo(s). [Conjug.: ① [enfar]**ar**]

en•far•dar *v.t.d.* Fazer fardo de; empacotar. [Conjug.: ① [enfard]**ar**]

en•fa•ro *sm.* **1.** Enjôo. **2.** Tédio. [Sin. ger.: *enfaramento.*]

en•far•pe•lar *v.t.d. e p.* Vestir(-se) com roupa nova. [Conjug.: ① [enfarpel]**ar**]

en•far•rus•car *v.t.d. e. p.* Sujar(-se) com carvão ou fuligem. [Conjug.: ⑧ [enfarrus]**car**]

en•far•tar¹ *v.t.d.* **1.** Causar enfarte¹ a; fartar. **2.** Entupir, obstruir. [Conjug.: ① [enfartar]**ar**]

en•far•tar² *v.int.* Sofrer ou ter um infarto. [Conjug.: ① [enfart]**ar**]

en•far•te¹ *sm.* Ato ou efeito de enfartar; fartação, empanzinamento.

en•far•te² *sm. Med.* V. *infarto.*

ên•fa•se *sf.* **1.** Modo afetado de se exprimir. **2.** Relevo ou destaque especial.

en•fas•ti•ar *v.t.d. e p.* Causar fastio a, ou senti-lo; aborrecer(-se), enfadar(-se). [Conjug.: ① [enfasti]**ar**] § **en•fas•ti•o•so** *adj.*

en•fá•ti•co *adj.* Que tem ou denota ênfase.

en•fa•ti•o•tar-se *v. p. Bras.* Vestir-se com apuro. [Conjug.: ① [enfatiot]**ar**[-se]]

en•fa•ti•zar *v.t.d.* Dar ênfase (2) a; salientar. [Conjug.: ① [enfatiz]**ar**]

en•fa•tu•ar *v.t.d e p.* Tornar(-se) fátuo; envaidecer(-se). [Conjug.: ① [enfatu]**ar**] § **en•fa•tu•a•do** *adj.*; **en•fa•tu:a•men•to** *sm.*

en•fe•ar *v.t.d. e p.* Tornar(-se) feio; afear(-se). [Conjug.: ⑩ [enf]**ear**]

en•fei•tar *v.t.d.* **1.** Pôr enfeites em; adornar, ornar, ornamentar. **2.** Embelezar. *P.* **3.** Adornar-se; embelezar-se. [Conjug.: ① [enfeit]**ar**] § **en•fei•ta•do** *adj.*

en•fei•te *sm.* O que se adiciona a alguém ou a algo para o embelezar, valorizar, etc.; adorno, ornato, ornamento.

en•fei•ti•çar *v.t.d.* **1.** Sujeitar à ação de feitiço. **2.** Fazer mal a, usando de supostas artes diabólicas. **3.** Seduzir, fascinar. *P.* **4.** Deixar-se cativar. [Conjug.: ⑨ [enfeiti]**çar**] § **en•fei•ti•ça•men•to** *sm.*

en•fei•xar *v.t.d.* **1.** Atar em feixe. **2.** Juntar, reunir. [Conjug.: ① [enfeix]**ar**]

en•fer•ma•gem *sf. Med.* **1.** A arte ou função de cuidar dos enfermos. **2.** Os serviços de enfermaria. [Pl.: *–gens*.]

en•fer•mar *v.t.d.* e *int.* Tornar(-se) enfermo. [Conjug.: ① [enferm]**ar**]

en•fer•ma•ri•a *sf.* Setor de hospital que se destina à internação de doente(s).

en•fer•mei•ro *sm.* **1.** Indivíduo diplomado em enfermagem, ou profissional dessa arte. **2.** O que cuida de enfermos.

en•fer•mi•ço *adj.* Que anda sempre enfermo.

en•fer•mi•da•de *sf.* Doença, achaque.

en•fer•mo (ê) *adj.* e *sm.* Diz-se de, ou aquele que está doente, achacado.

en•fer•ru•jar *v.t.d., int.* e *p.* **1.** Fazer criar, ou criar ferrugem; oxidar(-se). **2.** Fazer perder a destreza, ou perdê-la. [Conjug.: ① [enferruj]**ar**]

en•fes•tar *v.t.d.* Dobrar (pano) pelo meio, na sua largura. [Conjug.: ① [enfest]**ar**] § **en•fes•ta•do** *adj.*

en•fe•za•do *adj.* **1.** Raquítico, acanhado, pequeno. **2.** Irritado, aborrecido.

en•fe•zar *v.t.d.* **1.** Tolher o crescimento normal de. **2.** Irritar. *Int.* e *p.* **3.** Irritar-se. [Conjug.: ① [enfez]**ar**]

en•fi•a•da *sf.* **1.** Porção de objetos enfiados em linha ou fio, ou dispostos em linha. **2.** Seqüência de acontecimentos, palavras, etc.; cadeia. **3.** *Bras. Gír. Fut.* Goleada.

en•fi•ar *v.t.d.* **1.** Introduzir (um fio) num orifício. **2.** Meter em fio (pérolas, contas, etc.). **3.** Introduzir, meter. **4.** Vestir ou calçar. *T.d.i.* **5.** Enfiar (3 e 4). *Int.* **6.** Entrar, meter-se. **7.** *Bras.* Encabular. *P.* **8.** Meter-se. [Conjug.: ① [enfi]**ar**]

en•fi•lei•rar *v.t.d.* e *p.* Dispor(-se) em fileiras; alinhar(-se). [Conjug.: ① [enfileir]**ar**]

en•fim *adv.* Finalmente; por fim.

en•fi•se•ma *sm. Med.* Coleção patológica de ar em órgão ou tecido (3). § **en•fi•se•ma•to•so** *adj.*

en•fo•car *v.t.d.* V. *focalizar.* [Conjug.: ⑧ [enfo]**car**]

en•fo•que *sm.* Maneira de enfocar ou focalizar um assunto.

en•for•car *v.t.d.* **1.** Supliciar na forca. **2.** Estrangular; asfixiar. **3.** *Bras.* Deixar de trabalhar ou de ir ao colégio em dia (que fica entre feriado ou dia santo e o fim de semana). *P.* **4.** Suicidar-se por estrangulação, suspendendo-se pelo pescoço. [Conjug.: ⑧ [enfor]**car**] § **en•for•ca•men•to** *sm.*

en•fra•que•cer *v.t.d.* **1.** Fazer perder as forças; debilitar. *Int.* e *p.* **2.** Debilitar-se. [Conjug.: ㉞ [enfraque]**cer**] § **en•fra•que•ci•men•to** *sm.*

en•fre•ar *v.t.d.* **1.** Pôr freio a. **2.** Reprimir, conter. *P.* **3.** Reprimir-se. [Conjug.: ⑩ [enfr]**ear**]

en•fren•tar *v.t.d.* **1.** Defrontar (1). **2.** Atacar de frente. **3.** Pôr-se em, ou aceitar confronto com. **4.** Encarar (1), com firmeza. **5.** Não fugir a (o inimigo, uma dificuldade, etc.). **6.** Passar por (situação ou coisa difícil). **7.** Competir, disputar com: *O Brasil enfrentou a França na final.* [Sin. (de 5 a 7): *encarar.*] *P.* **8.** Defrontar-se, confrontar-se. [Conjug.: ① [enfrent]**ar**]

en•fro•nhar *v.t.d.* **1.** Meter em fronha. *T.d.i.* **2.** Tornar ciente, versado. *P.* **3.** Tomar conhecimento de algo. [Conjug.: ① [enfronh]**ar**]

en•fu•ma•çar *v.t.d.* Encher ou toldar de fumaça. [Conjug.: ⑨ [enfuma]**çar**]

en•fu•nar *v.t.d.* **1.** Retesar (vela de embarcação) com cordas, para que o vento a encha. **2.** Encher, inflar. **3.** V. *envaidecer.* *P.* **4.** Tornar-se (a vela) bojuda com o vento. **5.** V. *envaidecer-se.* [Conjug.: ① [enfun]**ar**]

en•fu•ni•lar *v.t.d.* Vazar por funil. [Conjug.: ① [enfunil]**ar**]

en•fu•re•cer *v.t.d.* **1.** Tornar furioso; irar. *Int.* e *p.* **2.** Ficar furioso. **3.** Encapelar-se (o mar). [Conjug.: ㉞ [enfure]**cer**] § **en•fu•re•ci•do** *adj.*; **en•fu•re•ci•men•to** *sm.*

en•fur•nar *v.t.d.* **1.** Ocultar, esconder. *P.* **2.** *Fam.* Fugir ao convívio; retrair-se. [Conjug.: ① [enfurn]**ar**]

en•ga•be•lar ou **en•gam•be•lar** *v.t.d. Bras.* Enganar, iludir, com falsas promessas. [Conjug.: ① [engabel]**ar**] § **en•ga•be•la•ção** ou **en•gam•be•la•ção** *sf.*; **en•ga•be•la•men•to** ou **en•gam•be•la•men•to** *sm.* (*bras.*)

en•ga•io•lar *v.t.d.* **1.** Meter na gaiola (1). **2.** *Pop.* Meter na cadeia; prender. [Conjug.: ① [engaiol]**ar**]

en•ga•ja•do *adj.* e *sm.* **1.** Diz-se de, ou aquele que se engajou. **2.** Diz-se de, ou aquele que é contratado para certos serviços.

en•ga•ja•men•to *sm.* **1.** Ato ou efeito de engajar(-se). **2.** Contrato para certos serviços. **3.** Qualidade ou condição de engajado.

en•ga•jar *v.t.d.* **1.** Aliciar para serviço pessoal ou para emigração. *P.* **2.** Obrigar-se a serviço por engajamento. **3.** Alistar-se no exército. **4.** Empenhar-se em algo. **5.** Pôr-se a serviço de uma causa. [Conjug.: ① [engaj]**ar**]

en•ga•la•nar *v.t.d.* e *p.* Embelezar(-se), alindar(-se). [Conjug.: ① [engalan]**ar**]

en•gal•fi•nhar-se *v.p.* **1.** Agarrar-se (dois ou mais adversários) em luta corporal. **2.** Travar discussão acirrada. [Conjug.: ① [engalfinh]**ar**[-se]]

en•ga•nar *v.t.d.* **1.** Induzir em erro. **2.** Iludir, burlar. *P.* **3.** Cometer erro, engano. **4.** Iludir-se. [Conjug.: ① [engan]**ar**] § **en•ga•na•dor** (ô) *adj.*

en•gan•char *v.t.d.* **1.** Segurar com gancho. *T.i.* e *int.* **2.** Prender(-se). *P.* **3.** Travar-se, enlaçar-se. **4.** Enganchar (2). [Conjug.: 1 [enganch]**ar**]

en•ga•no *sm.* Falta de verdade no que se diz, faz, crê ou pensa; ilusão, erro, equívoco.

en•ga•no•so (ô) *adj.* Que engana; ilusório. [Pl.: –*nosos* (ó).]

en•gar•ra•fa•men•to *sm.* **1.** Ato ou efeito de engarrafar. **2.** Dificuldade de escoamento de veículos, causada por perturbação no trânsito (acidente, obras, número excessivo de veículos, etc.); congestionamento.

en•gar•ra•far *v.t.d.* **1.** Meter em garrafa(s). **2.** Causar engarrafamento (2) (em). *Int.* **3.** Sofrer engarrafamento (2). [Conjug.: 1 [engarraf]**ar**] § **en•gar•ra•fa•do** *adj.*

en•gas•gar *v.t.d.* **1.** Produzir engasgo a. **2.** Impedir a fala de. **3.** Causar embaraço a. *Int.* e *p.* **4.** Ficar com a garganta obstruída. **5.** Embaraçar-se. [Conjug.: 11[engas]**gar**] § **en•gas•ga•do** *adj.*; **en•gas•ga•men•to** *sm.*

en•gas•go *sm.* **1.** Ato de engasgar(-se), de obstruir a garganta. **2.** Aquilo que impede a fala.

en•gas•tar *v.t.d.* **1.** Embutir ou encravar em ouro, prata, etc. *T.d.i.* **2.** Encaixar. *P.* **3.** Encaixar-se. [Conjug.: 1 [engast]**ar**]

en•gas•te *sm.* **1.** Ato ou efeito de engastar. **2.** Guarnição de metal que segura a pedraria nas jóias.

en•ga•tar *v.t.d.* **1.** Prender com engates. **2.** Engrenar (2). *T.d.i.* **3.** Engatar (1). [Conjug.: 1 [engat]**ar**]

en•ga•te *sm.* Aparelho com que se ligam entre si os carros, vagões, etc.

en•ga•ti•lhar *v.t.d.* **1.** Preparar (arma) para atirar. **2.** *Fig.* Preparar (sorriso, resposta, etc.), tendo em vista certo fim ou efeito. [Conjug.: 1 [engatilh]**ar**]

en•ga•ti•nhar *v.int.* **1.** Andar com as mãos pelo chão; andar de gatinhas. *T.i.* **2.** Iniciar-se (em ciência, saber, etc.); ser principiante em. [Conjug.: 1 [engatinh]**ar**]

en•ga•ve•ta•men•to *sm.* **1.** Ato ou efeito de engavetar. **2.** *Restr.* Colisão em que um veículo se encaixa no outro, a exemplo dos trens.

en•ga•ve•tar *v.t.d.* **1.** Meter em gaveta(s). **2.** Causar engavetamento (2) a. *P.* **3.** *Bras.* Meter-se um vagão por dentro de outro, numa colisão de trens. **4.** Sofrer engavetamento (2). [Conjug.: 1 [engavet]**ar**]

en•ga•zo•par *v.t.d. Bras.* Lograr; embair. [Conjug.: 1 [engazop]**ar**]

en•ge•lhar *v.t.d.* **1.** Enrugar (1). **2.** Contrair, murchar. *Int.* e *p.* **3.** Enrugar (2). **4.** Murchar(-se). [Conjug.: 1 [engelh]**ar**] § **en•ge•lha•do** *adj.*

en•gen•drar *v.t.d.* **1.** Gerar, produzir. **2.** V. *engenhar*. [Conjug.: 1 [engendr]**ar**]

en•ge•nhar *v.t.d.* Inventar, idear; engendrar. [Conjug.: 1 [engenh]**ar**]

en•ge•nha•ri•a *sf.* Aplicação de conhecimentos científicos e empíricos, e certas habilitações específicas, à criação de estruturas, dispositivos e processos para converter recursos naturais em formas adequadas ao atendimento das necessidades humanas. ◆ **Engenharia genética.** O conjunto dos procedimentos para alteração artificial de genes e para reprodução de um organismo.

en•ge•nhei•ro *sm.* Homem diplomado em engenharia e/ou profissional dessa arte.

en•ge•nho *sm.* **1.** Faculdade inventiva. **2.** Habilidade, destreza. **3.** Qualquer máquina ou aparelho. **4.** *Bras.* Moenda de cana-de-açúcar. **5.** *Bras.* Estabelecimento agrícola destinado à cultura da cana e à fabricação do açúcar.

en•ge•nho•ca *sf.* **1.** Aparelho de fácil invenção. **2.** *Bras. N.E.* Pequeno engenho para o fabrico de aguardente, açúcar e rapadura.

en•ge•nho•so (ô) *adj.* **1.** Que tem engenho. **2.** Feito com engenho. [Pl.: –*nhosos* (ó).]

en•ges•sar *v.t.d.* **1.** Cobrir de gesso. **2.** Colocar gesso sobre, para atar fratura. [Sin. ger.: *gessar*. Conjug.: 1 [engess]**ar**]

en•glo•bar *v.t.d.* **1.** Reunir num todo; juntar. **2.** Incluir. *P.* **3.** Entrar; incluir-se. [Conjug.: 1 [englob]**ar**]

en•go•dar *v.t.d.* **1.** Atrair com engodo. **2.** Engabelar. [Conjug.: 1 [engod]**ar**]

en•go•do (ô) *sm.* **1.** Isca para apanhar peixes, aves, etc. **2.** Coisa com que se seduz alguém.

en•gol•far•se *v.p.* **1.** Penetrar, entranhar-se. **2.** Absorver-se. [Conjug.: 1 [engolf]**ar**[-se]]

en•go•lir *v.t.d.* **1.** Passar da boca para o estômago; deglutir. **2.** Devorar. **3.** *Fig.* Aceitar como verdadeiro. **4.** *Fig.* Sofrer em segredo ou sem protesto. [Conjug.: 55 [eng]o[l]**ir**]

en•go•ma•dei•ra *sf.* Mulher que engoma e/ou passa roupa a ferro.

en•go•mar *v.t.d.* **1.** Pôr goma (3) em; gomar. **2.** Passar (a roupa) com ferro de engomar. *Int.* **3.** Passar roupa. [Conjug.: 1 [engom]**ar**]

en•gon•ço *sm.* Espécie de dobradiça; gonzo.

en•gor•da *sf.* **1.** Ato ou efeito de engordar. **2.** *Bras.* O pasto para a ceva do gado.

en•gor•dar *v.t.d.* e *int.* **1.** Tornar(-se) gordo. **2.** Fazer crescer, ou crescer. [Conjug.: 1 [engord]**ar**]

en•gor•du•rar *v.t.d.* e *p.* Sujar(-se) com gordura. [Conjug.: 1 [engordur]**ar**] § **en•gor•du•ra•do** *adj.*

en•gra•ça•do *adj.* Que tem ou denota graça, espírito.

en•gra•çar *v.t.d.* **1.** Dar graça a. *T.i.* **2.** Simpatizar, gostar. *P.* **3.** Engraçar (2). **4.** Tomar confiança indevida. [Conjug.: 9 [engra]**çar**]

en•gra•da•do *adj.* **1.** Cercado de grade. • *sm.* **2.** *Bras.* Armação de sarrafos para proteger animal ou coisa durante seu transporte.

en•gra•dar *v.t.d.* **1.** Cercar ou prover de grades. **2.** Pregar (tela) na grade. [Conjug.: ① [engrad]**ar**]

en•gran•de•cer *v.t.d., int.* e *p.* **1.** Tornar(-se) grande, ou maior do que era; elevar(-se). *T.i.* **2.** Crescer. [Conjug.: ㉞ [engrande]**cer**] § **en•gran•de•ci•men•to** *sm.*

en•gra•va•tar-se *v.p.* **1.** Pôr gravata. **2.** Enfatiotar-se. [Conjug.: ① [engravat]**ar**[-se]]

en•gra•vi•dar *v.t.d., t.i.* e *int.* Tornar(-se) grávida. [Conjug.: ① [engravid]**ar**]

en•gra•xar *v.t.d.* Passar graxa em, e esfregar, para ficar lustroso. [Conjug.: ① [engrax]**ar**]

en•gra•xa•te *s2g. Bras.* Quem engraxa sapatos.

en•gre•na•gem *sf.* **1.** Jogo de rodas dentadas para transmissão de movimentos e força, nos maquinismos. **2.** *Fig.* Organização; organismo. [Pl.: *–gens.*]

en•gre•nar *v.t.d.* **1.** Entrosar (1). **2.** Fazer que as engrenagens da marcha de um veículo automóvel engatem com as do eixo do motor, dando início a (uma marcha); engatar. **3.** Preparar (motor; *Fig.* grupo) para funcionar. **4.** *Fig.* Iniciar. *T.i.* **5.** Harmonizar-se. **6.** Adaptar-se, encaixar-se. *Int.* **7.** Ficar em condições de funcionar. [Conjug.: ① [engren]**ar**]

en•gri•nal•dar *v.t.d.* e *p.* Enfeitar(-se) com grinalda. [Conjug.: ① [engrinald]**ar**]

en•gro•lar *v.t.d.* **1.** Pronunciar mal, confusamente. **2.** Fazer mal (um serviço). [Conjug.: ① [engrol]**ar**]

en•gros•sar *v.t.d.* **1.** Tornar (mais) grosso. **2.** Fazer aumentar o número de. **3.** Dar timbre mais grave a (a voz). **4.** *Gír.* Adular, bajular. *T.i.* **5.** *Gír.* Mostrar-se grosseiro com alguém. *Int.* **6.** Tornar-se (mais) grosso, ou (mais) avolumado, (mais) intenso. **7.** Engrossar (5). [Conjug.: ① [engross]**ar**] § **en•gros•sa•men•to** *sm.*

en•gru•pir *v.t.d. Bras. Gír.* Enganar, tapear. [Conjug.: ③ [engrup]**ir**]

en•gui•a *sf. Zool.* Peixe anguilídeo.

en•gui•çar *Bras. v.t.d.* e *int.* **1.** Fazer parar, ou parar por desarranjo (máquina, automóvel, relógio, etc.); encrencar. *T.i.* **2.** Brigar; encrencar. [Conjug.: ⑨ [engui]**çar**]

en•gui•ço *sm.* **1.** Mau-olhado, quebranto. **2.** Estorvo no funcionamento; desarranjo.

en•gu•lhar *v.t.d.* e *int.* Enjoar (1 e 4). [Conjug.: ① [engulh]**ar**]

en•gu•lho *sm.* Ânsia de vômito; náusea.

e•nig•ma *sm.* **1.** V. *adivinha¹.* **2.** Coisa obscura.

e•nig•má•ti•co *adj.* **1.** Em que há enigma. **2.** Difícil de compreender.

en•jau•lar *v.t.d.* **1.** Meter em jaula. **2.** Prender. *P.* **3.** Enclausurar-se. [Conjug.: ⑮ [enjau]**l**[ar]]

en•jei•tar *v.t.d.* **1.** Não aceitar; recusar. **2.** Abandonar, rejeitar (filho ou criança). **3.** Reprovar. *P.* **4.** Enjeitar (1) a si mesmo. [Conjug.: ① [enjeit]**ar**] § **en•jei•ta•do** *adj.*

en•jo•a•do *adj.* **1.** Que é vítima de, ou causa enjôo. **2.** Aborrecido, antipático.

en•jo•ar *v.t.d.* **1.** Causar enjôo a. **2.** Repugnar. **3.** Entediar. *Int.* **4.** Sentir enjôo. **5.** Causar enjôo. *T.i.* e *p.* **6.** Entediar-se. [Conjug.: ⑬ [enj]**oar**]

en•jo:a•ti•vo *adj.* **1.** Que causa enjôo. **2.** Tedioso.

en•jô•o *sm.* **1.** Náusea (1). **2.** Sofrimento do estômago e da cabeça, que às vezes acomete quem viaja em navio, carro, etc. **3.** *Fig.* Aborrecimento. **4.** Nojo.

en•la•çar *v.t.d.* **1.** Prender com laços. **2.** Abraçar. **3.** Envolver, cingir. *T.d.i.* **4.** Combinar; conciliar. *P.* **5.** Unir-se formando laços ou laçadas. **6.** Ligar-se. [Conjug.: ⑨ [enla]**çar**]

en•la•ce *sm.* **1.** Ato ou efeito de enlaçar(-se). **2.** Casamento.

en•la•me•ar *v.t.d.* e *p.* **1.** Cobrir(-se), ou sujar(-se) com lama. **2.** Macular, ou tornar-se maculado (honra, etc.). **3.** Envilecer(-se) (pessoa). [Conjug.: ⑩ [enlam]**ear**]

en•lan•gues•cer *v.int.* e *p.* Tornar-se lânguido. [Conjug.: ㉞ [enlangues]**cer**]

en•la•ta•do *adj.* **1.** Conservado em lata. • *sm.* **2.** Comestível (2) enlatado.

en•la•tar *v.t.d.* Meter ou conservar em lata. [Conjug.: ① [enlat]**ar**]

en•le•ar *v.t.d.* **1.** Atar com liames. **2.** Enrolar (3). **3.** Enlevar. **4.** Embaraçar, confundir. **5.** Atrapalhar. *T.d.i.* **6.** Envolver, implicar. *P.* **7.** Enrolar-se. **8.** Envolver-se, enredar-se. [Conjug.: ⑩ [enl]**ear**]

en•lei•o *sm.* **1.** Ato ou efeito de enlear(-se). **2.** Confusão. **3.** Enlevo.

en•le•var *v.t.d.* e *p.* Encantar(-se); extasiar(-se). [Conjug.: ① [enlev]**ar**]

en•le•vo (ê) *sm.* Encanto, deleite; êxtase.

en•lou•que•cer *v.t.d.* e *int.* Fazer perder, ou perder a razão; endoidecer, endoidar. [Conjug.: ㉞ [enlouque]**cer**]

en•lu:a•ra•do *adj.* Banhado de luar.

en•lu•tar *v.t.d.* e *p.* **1.** Cobrir(-se) de luto. **2.** Causar ou sofrer grande mágoa. [Conjug.: ① [enlut]**ar**]

e•no•bre•cer *v.t.d.* e *p.* Fazer(-se) nobre, ilustre; engrandecer(-se). [Conjug.: ㉞ [enobre]**cer**]

e•no•do•ar *v.t.d.* **1.** Pôr nódoa(s) em; manchar. **2.** Desonrar, infamar. **3.** Desonrar-se. [Conjug.: ⑬ [enod]**oar**] e•no•jar *v.t.d.* e *p.* **1.** Nausear(-se). **2.** Causar aversão a, ou ter aversão. [Conjug.: ☐ [eno-j]**ar**] § e•no•ja•do *adj.*; e•no•ja•men•to *sm.*

e•nor•me *adj2g.* Muito grande; fora das normas. § e•nor•mi•da•de *sf.*

e•no•ve•lar *v.t.d.* e *p.* **1.** Converter(-se) em novelos. **2.** Enrolar(-se). **3.** Tornar(-se) confuso. [Conjug.: ☐ [enovel]**ar**]

en•qua•drar *v.t.d.* **1.** Meter em quadro; emoldurar. **2.** Incluir. **3.** Focalizar. **4.** Incriminar. *T.i.* **5.** Combinar(-se). *T.d.i.* **6.** *Bras.* Indiciar pela prática de delito. *P.* **7.** Ajustar-se. **8.** Incluir-se. [Conjug.: ☐ [enquadr]**ar**] § en•qua•dra•men•to *sm.*

en•quan•to *conj.* **1.** No tempo em que. **2.** Ao passo que.

en•quis•tar *v.int.* **1.** Transformar-se em quisto. *P.* **2.** Formar núcleo ou quisto. [Conjug.: ☐ [enquist]**ar**]

en•qui•zi•lar *v.t.d.*, *int.* e *p.* Aborrecer(-se). [Conjug.: ☐ [enquizil]**ar**]

en•ra•bi•char *v.t.d.* **1.** Dar forma de rabicho a. **2.** Enamorar. *P.* **3.** Enamorar-se. [Conjug.: ☐ [enrabich]**ar**] § en•ra•bi•cha•do *adj.*

en•rai•ve•cer *v.t.d.* e *p.* Encher(-se) de raiva; irar(-se). [Conjug.: ③④ [enraive]**cer**]

en•ra•i•zar *v.t.d.* Fixar pela raiz. *Int.* **2.** Criar raízes. *P.* **3.** Arraigar-se. [Conjug.: ⑮ [enra]i[z]**ar**] § en•rai•za•men•to *sm.*

en•ras•ca•da *sf.* Aperto, embaraço, apuros.

en•ras•car *v.t.d.* **1.** Apanhar em rasca ou rede. **2.** Enredar, embaraçar. **3.** Fazer cair em cilada. *P.* **4.** V. *enredar* (6). [Conjug.: ⑧ [enras]**car**]

en•re•dar *v.t.d.* **1.** Colher ou prender na rede. **2.** Prender, cativar; atar. **3.** Armar intrigas, enredos, a; intrigar. **4.** Complicar, embaraçar. *Int.* **5.** Intrigar, mexericar. *P.* **6.** Embaraçar-se, emaranhar-se, enrascar-se. **7.** Complicar-se. [Conjug.: ☐ [enred]**ar**]

en•re•do (ê) *sm.* **1.** Ato ou efeito de enredar(-se). **2.** Intriga, mexerico. **3.** Conjunto dos incidentes que constituem a ação duma obra de ficção; entrecho, intriga, argumento.

en•re•ge•lar *v.t.d.* e *p.* **1.** Tornar(-se) muito gelado; congelar(-se). *Int.* **2.** Enregelar (1). [Conjug.: ☐ [enregel]**ar**] § en•re•ge•la•do *adj.*

en•ri•car *v.t.d.*, *int.* e *p.* V. *enriquecer.* [Conjug.: ⑧ [enri]**car**]

en•ri•jar *v.t.d.* **1.** Tornar rijo; endurecer. *Int.* e *p.* **2.** Tornar-se rijo, duro; entesar-se. **3.** Fortalecer-se. [Sin. ger.: *enrijecer.* Conjug.: ☐ [enri-j]**ar**]

en•ri•je•cer *v.t.d.*, *int.* e *p.* V. *enrijar.* [Conjug.: ③④ [enrije]**cer**]

en•ri•que•cer *v.t.d.*, *int.* e *p.* **1.** Tornar(-se) rico ou opulento. **2.** Desenvolver(-se). [Sin. ger.: *enricar.* Conjug.: ③④ [enrique]**cer**] § en•ri•que•ci•men•to *sm.*

en•ro•ca•men•to *sm.* Maciço de pedras para proteger aterros ou estruturas contra a erosão.

en•ro•di•lhar *v.t.d.* Fazer em rodilha. [Conjug.: ☐ [enrodilh]**ar**]

en•ro•la•do *adj.* **1.** Que forma rolo. **2.** *Gír.* Confuso.

en•ro•la•men•to *sm.* **1.** Ato de enrolar(-se). **2.** *Eng. Elétr.* Bobinado.

en•ro•lar *v.t.d.* **1.** Dar forma de rolo a. **2.** Dobrar em rolo ou espiral. **3.** Envolver, cingir. **4.** Embrulhar, empacotar. **5.** Complicar. **6.** *Gír.* Lograr, tapear. *T.d.i.* **7.** Enrolar (3). *P.* **8.** Envolver (10 e 11). **9.** *Bras.* Atrapalhar-se, embaraçar-se. [Conjug.: ☐ [enrol]**ar**]

en•ros•car *v.t.d.* **1.** Torcer em forma de rosca ou de espiral. *T.d.i.* **2.** Enrolar, envolver. *P.* **3.** Mover em espiral. **4.** Encolher-se. [Conjug.: ⑧ [enros]**car**] § en•ros•ca•do *adj.*

en•rou•par *v.t.d.* e *p.* Cobrir(-se) ou prover(-se) de roupas. [Conjug.: ☐ [enroup]**ar**]

en•rou•que•cer *v.t.d.*, *int.* e *p.* Tornar(-se) rouco. [Conjug.: ③④ [enrouque]**cer**]

en•ru•bes•cer *v.t.d.*, *int.* e *p.* Tornar(-se) vermelho ou corado; ruborizar(-se), abrasar(-se). [Conjug.: ③④ [enrubes]**cer**.]

en•ru•gar *v.t.d.* **1.** Fazer rugas em; engelhar. *P.* **2.** Encarquilhar-se, engelhar-se. [Conjug.: ⑪ [enru]**gar**] § en•ru•ga•do *adj.*

en•rus•ti•do *adj. Pop.* Diz-se do indivíduo muito introvertido.

en•rus•tir *v.t.d. Bras.* **1.** Iludir, enganar. **2.** Furtar, surrupiar. [Conjug.: ③ [enrust]**ir**]

en•sa•bo•ar *v.t.d.* e *p.* Lavar(-se) com sabão. [Conjug.: ⑬ [ensab]**oar**]

en•sa•car *v.t.d.* Meter em saco(s). [Conjug.: ⑧ [ensa]**car**] § en•sa•ca•men•to *sm.*

en•sai•ar *v.t.d.* **1.** Experimentar (algo). **2.** Pôr em prática; experimentar. **3.** Treinar; exercitar. [Conjug.: ☐ [ensai]**ar**]

en•sai•o¹ *sm.* **1.** Prova, experiência. **2.** Exame, estudo. **3.** Tentativa, experiência. **4.** Treino.

en•sai•o² *sm.* Estudo literário, menor que um tratado, sobre determinado assunto.

en•sa•ís•ta *s2g.* Escritor autor de ensaios [v. *ensaio²*].

en•san•chas *sf.pl.* Oportunidade, ensejo.

en•san•de•cer *v.t.d.* e *int.* **1.** Tornar(-se) sandeu. **2.** Enlouquecer. [Conjug.: ③④ [ensande]**cer**. Quanto ao timbre do *e*, v. *aquecer.*]

en•san•güen•tar *v.t.d.* e *p.* Encher(-se) ou manchar(-se) de sangue. [Conjug.: ☐ [ensan-güent]**ar**]

en•sa•ri•lhar *v.t.d.* **1.** Dobrar em sarilho. **2.** Emaranhar, enredar. **3.** Dispor (espingardas) na vertical, apoiadas umas nas outras. [Sin. ger.: *sarilhar.*] [Conjug.: ☐ [ensaril-h]**ar**]

en•se•a•da *sf.* **1.** Pequeno porto ou baía. **2.** Recôncavo (2). **3.** *Bras.* Entrada de campo alagadiço.

en•se•bar *v.t.d.* **1.** Untar ou sujar com sebo. **2.** Sujar pelo uso. [Conjug.: ①[enseb]**ar**] **§ en•se•ba•do** *adj.*

en•se•ca•dei•ra *sf.* **1.** *Eng. Civil.* Estrutura provisória destinada a manter seco o local de uma obra. **2.** *Eng. Civil.* Barragem temporária, normalmente de terra e utilizada durante a construção de um reservatório (2). **3.** *Eng. Mec.* Comporta não manobrável, destinada a manutenção.

en•se•jar *v.t.d.* e *t.d.i.* Dar ensejo a. [Conjug.: ①[ensej]**ar**]

en•se•jo (ê) *sm.* Ocasião propícia; oportunidade.

en•si•lar *v.t.d. Bras.* Armazenar (cereais) em silos. [Conjug.: ①[ensil]**ar**] **§ en•si•la•gem** *sf.*

en•si•mes•mar-se *v.p.* Meter-se consigo mesmo. [Conjug.: ①[ensimesm]ar[-se]] **§ en•si•mes•ma•do** *adj.*

en•si•na•men•to *sm.* **1.** Ato ou efeito de ensinar. **2.** Preceito. **3.** Exemplo, lição.

en•si•nar *v.t.d.* **1.** Ministrar o ensino de; lecionar. **2.** Transmitir conhecimentos a; instruir. **3.** Adestrar. **4.** Indicar. *Int.* **5.** V. *lecionar* (2). [Conjug.: ①[ensin]**ar**]

en•si•no *sm.* **1.** Transmissão de conhecimentos; instrução. **2.** Os métodos empregados no ensino (1).

en•so•ber•be•cer *v.t.d.* e *p.* Tornar(-se) soberbo; envaidecer(-se). [Conjug.: ㉞[ensoberbe]**cer**]

en•so•la•ra•do *adj.* Batido pelo sol.

en•so•pa•do *adj.* **1.** Muito molhado. • *sm.* **2.** Prato de carne picada ensopada com legumes.

en•so•par *v.t.d.* **1.** Converter em sopa. **2.** Embeber em líquido. **3.** Encharcar (2). **4.** *Cul.* Preparar (carne, peixe, verduras, etc.) refogando com diversos temperos e cozinhando a fogo lento em água. *P.* **5.** Encharcar-se (2). [Conjug.: ①[ensop]**ar**]

en•sur•de•cer *v.t.d.* **1.** Tornar surdo. **2.** Amortecer ou abafar o ruído de. *Int.* **3.** Tornar(-se) surdo. **4.** Produzir surdez. [Conjug.: ㉞[ensurde]**cer**] **§ en•sur•de•ce•dor** (ô) *adj.*; **en•sur•de•ci•men•to** *sm.*

en•ta•bu•ar *v.t.d.* Prover de tábuas; entabular. [Conjug.: ①[entabu]**ar**]

en•ta•bu•lar *v.t.d.* **1.** Entabuar. **2.** Encetar (conversa, negociação). [Conjug.: ①[entabular]**ar**]

en•tai•par *v.t.d.* **1.** Cobrir de taipas. **2.** Emparedar. [Conjug.: ①[entaip]**ar**]

en•ta•lar *v.t.d.* **1.** Apertar com talas, fixando. **2.** Meter em passagem estreita. **3.** Meter em embaraços; encalacrar. *Int.* **4.** Engasgar (4). *P.* **5.** Meter-se em lugar apertado, e ficar preso. **6.** Encalacrar-se. [Conjug.: ①[ental]**ar**] **§ en•ta•la•ção** *sf.*; **en•ta•la•do** *adj.*

en•ta•lha•dor (ô) *sm.* **1.** Aquele que entalha; gravador. **2.** Instrumento de entalhar.

en•ta•lhar *v.t.d.* Abrir cortes em (madeira ou objetos de madeira) para criar uma escultura, ou a matriz duma xilogravura; esculpir, gravar. [Conjug.: ①[entalh]**ar**]

en•ta•lhe *sm.* V. *entalho.*

en•ta•lho *sm.* **1.** Gravura ou escultura em madeira. **2.** Peça com figuras entalhadas. [Sin. ger.: *entalhe.*]

en•tan•to *adv.* **1.** V. *no entanto* (1). • *conj.* **2.** V. *no entanto* (2). ◆ **No entanto. 1.** *loc. adv.* Neste meio tempo; entrementes, entanto. **2.** *loc. conj.* Contudo, entretanto, entanto.

en•tão *adv.* **1.** Nesse ou naquele tempo. **2.** Nesse caso.

en•tar•de•cer *v.int.* **1.** Ir caindo a tarde. [Conjug.: ㉞[entarde]**cer**; impess., us. só na 3ª pess. sing.] • *sm.* **2.** O cair da tarde.

en•te *sm.* **1.** O que existe; coisa, objeto, ser. **2.** Pessoa. **3.** O que supomos existir.

en•te•a•do *sm.* O filho de matrimônio anterior com relação ao cônjuge atual de seu pai ou de sua mãe.

en•te•di•ar *v.t.d.* e *p.* Causar tédio a, ou senti-lo; aborrecer(-se), chatear(-se). [Conjug.: ①[entedi]**ar**]

en•ten•der *v.t.d.* **1.** Ter idéia clara de; compreender. **2.** Ter experiência ou conhecimento de. **3.** Achar, pensar. **4.** V. *compreender* (2). **5.** Ouvir; perceber. *T.i.* **6.** Ser hábil ou perito. *Int.* **7.** Ter entendimento. *P.* **8.** Comunicar-se. • *sm.* **9.** V. *entendimento* (2). [Conjug.: ②[entend]**er**]

en•ten•di•men•to *sm.* **1.** Faculdade de compreender, pensar ou conhecer. **2.** Juízo, opinião; entender. **3.** Combinação, ajuste.

en•te•ne•bre•cer *v.t.d.* e *p.* Cobrir(-se) de trevas. [Conjug.: ㉞[entenebre]**cer**; norm. só se usa na 3ª pess.]

⇨ **enter** [Ingl.] *sm. Inform.* Tecla que usualmente sinaliza ao computador, quando premida, o completamento de uma ação do usuário.

en•te•ri•te *sf. Med.* Inflamação do intestino.

en•ter•ne•cer *v.t.d.* e *p.* **1.** Tornar(-se) terno, amoroso. **2.** Tornar(-se) dócil, brando; abrandar(-se). **3.** Sensibilizar(-se), compadecer(-se). [Conjug.: ㉞[enterne]**cer**] **§ en•ter•ne•ce•dor** (ô) *adj.*; **en•ter•ne•ci•men•to** *sm.*

en•ter•ra•men•to *sm.* **1.** Ato ou efeito de enterrar(-se); enterro. **2.** V. *funeral* (2).

en•ter•rar *v.t.d.* **1.** Pôr debaixo da terra; soterrar. **2.** Encerrar em túmulo; sepultar, encovar. **3.** Ocultar sob a terra. **4.** Sobreviver a. **5.** Comparecer ao enterro de. **6.** Celebrar o fim de. **7.**

Pôr termo a (assunto ou questão desagradá-vel). **8.** Levar à ruína, ao insucesso. *T.d.i.* **9.** Cravar ou espetar profundamente. *P.* **10.** Introduzir-se. **11.** Desacreditar-se. **12.** Arruinar-se financeiramente. **13.** Entregar-se, absorver-se. [Conjug.: 1 [enterr]**ar**]

en•ter•ro (ê) *sm.* **1.** Enterramento (1). **2.** V. *funeral* (2).

en•te•sar *v.t.d.*, *int.* e *p.* Fazer(-se) teso ou tenso; retesar(-se). [Conjug.: 1 [entes]**ar**]

en•te•soi•rar ou **en•te•sou•rar** *v.t.d.* Juntar, acumular (dinheiro, riqueza, etc.). [Conjug.: 1 [entesoir]**ar**]

en•tes•tar *v.t.i.* **1.** Fazer frente a; confrontar. **2.** Confinar, limitar. [Conjug.: 1 [entest]**ar**]

en•ti•bi•ar *v.t.d.*, *int.* e *p.* Tornar(-se) tíbio; enfraquecer(-se). [Conjug.: 1 [entibi]**ar**]

en•ti•da•de *sf.* **1.** O que constitui a essência duma coisa; ente, ser. **2.** Tudo que existe ou pode existir. **3.** Empresa, organização, instituição.

en•ti•si•car *v.t.d.* **1.** Tornar tísico. **2.** Aborrecer, apoquentar. *Int.* e *p.* **3.** Tornar-se tísico. [Conjug.: 8 [entisi]**car**]

en•to•a•ção *sf.* **1.** Ato ou efeito de entoar. **2.** Modulação na voz de quem fala ou recita; inflexão, entonação. [Pl.: *-ções.*]

en•to•ar *v.t.d.* **1.** Fazer ouvir, cantando. **2.** Principiar (melodia [2]). **3.** Dar o tom para se cantar ou tocar instrumento. [Conjug.: 13 [ent]**oar**]

en•to•car *v.t.d.* **1.** Meter em toca. *P.* **2.** *Bras.* Esconder-se, encafuar-se. [Conjug.: 8 [ento]**car**]

en•to•jar *v.int.* Sentir entojo. [Conjug.: 1 [entoj]**ar**]

en•to•jo (ô) *sm.* **1.** Nojo que a mulher sente quando da gravidez. **2.** Desejos extravagantes que então lhe advêm.

en•to•mo•fi•li•a *sf. Bot.* Polinização por intermédio de insetos, tais como abelhas e borboletas.

en•to•mo•lo•gi•a *sf.* Parte da zoologia que trata dos insetos. § **en•to•mo•ló•gi•co** *adj.*; **en•to•mo•lo•gis•ta** *s2g.*

en•to•na•ção *sf.* **1.** V. *entoação* (2). **2.** Tom que se toma ao falar ou ler. [Pl.: *-ções.*]

en•to•no *sm.* Orgulho, arrogância.

en•ton•te•cer *v.t.d.* e *int.* **1.** Causar tonturas ou vertigens a, ou senti-las. **2.** Tornar(-se) tonto, idiota. [Conjug.: 34 [entonte]**cer**]

en•tor•nar *v.t.d.* **1.** Emborcar (um vaso), para despejá-lo. **2.** Derramar (líquido, grânulos, objetos pequenos, etc.); deitar. **3.** Fazer extravasar. **4.** *Pop.* Tomar (bebida alcoólica). *Int.* **5.** *Pop.* Embriagar-se. *P.* **6.** Transbordar (2). [Conjug.: 1 [entorn]**ar**]

en•tor•no (ô) *sm.* **1.** Circunvizinhança. **2.** *Arquit.* Área vizinha de um bem tombado. **3.** *Mat.*

Região que se situa em torno de um determinado ponto.

en•tor•pe•cer *v.t.d.* **1.** Causar torpor a. **2.** Tirar a energia a; debilitar. *Int.* e *p.* **3.** Estar ou ficar em torpor. [Conjug.: 34 [entorpe]**cer**] § **en•tor•pe•cen•te** *adj2g.* e *sm.*; **en•tor•pe•ci•men•to** *sm.*

en•tor•se *sf. Cir.* Lesão traumática articular e que causa, apenas, dano ligamentar.

en•tor•tar *v.t.d.* **1.** Tornar torto (1). **2.** Arquear, curvar. *Int.* **3.** Tornar-se torto. **4.** Desviar-se. *P.* **5.** Entortar (3). **6.** *Fig.* Perder-se. [Conjug.: 1 [entort]**ar**]

en•tra•da *sf.* **1.** Ato de entrar. **2.** Ingresso, admissão. **3.** Abertura, boca. **4.** Porta, portão. **5.** Começo, princípio. **6.** Parte da cabeça, acima das fontes, destituída de cabelo. **7.** Quantia com que se começa um jogo ou um negócio. **8.** Ingresso. **9.** O primeiro prato, em salgados, ceia ou jantar. **10.** *Eletrôn.* Parte de um circuito eletrônico que recebe um sinal externo para transformá-lo. **11.** *Eletrôn.* V. *excitação* (5). **12.** *Inform.* Transferência de informação externa para o processador central, ou para dispositivo intermediário de armazenamento. **13.** *Inform.* Qualquer informação externa. **14.** *Bras.* Expedição, no período colonial, que ger. partia dum ponto do litoral, para explorar o interior, apresar indígenas ou procurar minas.

en•tra•lhar *v.t.d.* **1.** Tecer as tralhas de. **2.** Enredar. *Int.* **3.** Prender-se; enredar-se. [Conjug.: 1 [entralh]**ar**]

en•tran•çar *v.t.d.* **1.** Trançar (1). **2.** Entretecer, entrelaçar. *P.* **3.** Entrelaçar-se. [Conjug.: 9 [entran]**çar**] § **en•tran•ça•men•to** *sm.*

en•trân•ci•a *sf.* Lugar de ordem das circunscrições judiciárias, na classificação que delas se faz para efeitos legais.

en•tra•nha *sf.* Qualquer víscera do abdome ou do tórax.

en•tra•nha•do *adj.* **1.** Arraigado, inveterado. **2.** Íntimo, profundo.

en•tra•nhar *v.t.i.* e *t.d.i.* **1.** Penetrar ou fazer penetrar a fundo. *P.* **2.** Penetrar a fundo. **3.** Introduzir-se. **4.** Absorver-se. [Conjug.: 1 [entranh]**ar**]

en•tra•nhas *sf.pl.* **1.** O ventre materno. **2.** Índole. **3.** Sentimento. **4.** Profundidade.

en•tran•te *adj2g.* **1.** Que entra. **2.** Que está para começar.

en•trar *v.int.* **1.** Passar de fora para dentro. **2.** Penetrar, introduzir-se. *T.c.* **3.** Entrar (1 e 2). **4.** Comparecer em lugar onde se cumpre um dever, se desempenha um cargo, etc. **5.** *Inform.* Abrir (12) página de (um sítio da Web). *T.i.* **6.** Ser parte componente. **7.** Contribuir. **8.** Ser admitido em corporação, grupo, etc. **9.** Envolver-se, meter-se. **10.** Levar em conta; considerar. **11.** Começar. **12.** Começar a fruir. **13.** Passar a outro estado, condição: _entrar na adolescência_. **14.** Comer ou beber, ou usar em demasia. **15.** _Inform._ Abrir (12) (programa ou arquivo). **16.** _Inform._ Conectar (3). [Conjug.: 1 [entr]**ar**]

en•tra•var _v.t.d._ **1.** Pôr entraves a; travar. **2.** Tornar impraticável. [Conjug.: 1 [entrav]**ar**]

en•tra•ve _sm._ **1.** Travão, peia. **2.** Empecilho.

en•tre _prep._ Exprime: relação de lugar no espaço que separa pessoas ou coisas (_Sentou-se entre nós dois_); espaço que vai dum lugar a outro (_Viaja muito entre São Paulo e Rio_); intervalo que separa as coisas umas das outras (_A casa fica entre o rio e a colina_); espaço limitado em que uma pessoa ou coisa se encontra (_Vive preso entre quatro paredes_); intervalo de tempo que separa dois fatos ou duas épocas (_entre a Independência e a República_); diferenciação de caracteres ou qualidades (_Há pouca diferença entre José e João_); etc.

en•tre:a•ber•to _adj._ Aberto incompletamente.

en•tre:a•brir _v.t.d._ **1.** Abrir um pouco. _Int._ e _p._ **2.** Começar a desabrochar. [Sin. ger.: _soabrir_. Conjug.: 3 [entreabr]**ir**; part.: _entreaberto_.]

en•tre•a•to _sm._ Intervalo entre os atos duma peça teatral.

en•tre•cas•ca _sf. Bot._ A parte interna da casca das árvores.

en•tre•cer•rar _v.t.d._ Cerrar em parte, não de todo; entrefechar. [Conjug.: 1 [entrecerr]**ar**]

en•tre•cho (ê) _sm._ V. _enredo_ (3).

en•tre•cho•car-se _v.p._ **1.** Chocar-se mutuamente. **2.** _Fig._ Estar em contradição. [Conjug.: 8 [entrechoca]**car**[-se]]

en•tre•cho•que _sm._ Ação de entrechocar-se.

en•tre•cor•ta•do _adj._ Cortado ou interrompido a intervalos.

en•tre•cor•tar _v.t.d._ **1.** Cruzar com cortes. _P._ **2.** Cortar-se mutuamente. [Conjug.: 1 [entrecort]**ar**]

en•tre•cos•to (ô) _sm._ Carne entre as costelas da rês, junto ao espinhaço.

en•tre•cru•zar _v.t.d.i._ **1.** Entrelaçar. **2.** Mesclar. _P._ **3.** Cruzar-se mutuamente. [Conjug.: 1 [entrecruz]**ar**]

en•tre•fe•char _v.t.d._ Entrecerrar. [Conjug.: 1 [entrefech]**ar**. Quanto ao timbre de _e_, v. _fechar_.]

en•tre•fer•ro _sm. Eng. Elétr._ **1.** Pequena interrupção da parte ferromagnética de um circuito magnético. **2.** Espaço de ar entre dois núcleos de uma máquina elétrica.

en•tre•ga _sf._ **1.** Ato ou efeito de entregar(-se). **2.** A coisa entregue.

en•tre•ga•dor (ô) _sm._ Aquele que entrega a domicílio mercadorias compradas, refeições, etc.; caixeiro.

en•tre•gar _v.t.d._ **1.** Passar às mãos ou à posse de alguém. **2.** Denunciar. _T.d.i._ **3.** Entregar (1 e 2). **4.** Restituir. **5.** Deixar aos cuidados de; confiar. _P._ **6.** Dedicar-se. **7.** V. _render_ (7). **8.** Deixar-se dominar por vício, paixão, etc. **9.** Abandonar-se, dar-se. [Conjug.: 11 [entre]**gar**; part.: _entregado_ e _entregue_.]

en•tre•gue _adj2g._ **1.** Dado por entrega. **2.** Dedicado.

en•tre•la•çar _v.t.d._ e _t.d.i._ **1.** Prender, ligar, enlaçando um no outro. **2.** Entretecer, entrançar. _P._ **3.** Ligar-se, enlear-se. [Conjug.: 9 [entrela]**çar**] § **en•tre•la•ça•men•to** _sm._

en•tre•li•nha _sf._ **1.** Espaço entre duas linhas. **2.** Aquilo que nele se escreve.

en•tre•li•nhar _v.t.d._ Pôr entrelinha em. [Conjug.: 1 [entrelinh]**ar**]

en•tre•me•ar _v.t.d., t.d.i., int._ e _p._ Pôr ou estar de permeio; entremeter(-se). [Conjug.: 10 [entrem]**ear**]

en•tre•mei•o _sm._ **1.** Aquilo que está de permeio. **2.** Renda ou tira bordada, sem bicos.

en•tre•men•tes _adv._ Neste ou naquele intervalo de tempo; entretanto.

en•tre•me•ter _v.t.d., t.d.i._ e _p._ Meter(-se) de permeio. [Conjug.: 2 [entremet]**er**]

en•tre•mos•trar _v.t.d., t.d.i._ e _p._ Mostrar(-se) incompletamente. [Conjug.: 1 [entremostr]**ar**]

en•tre•nó _sm. Bot._ Porção de caule situada entre dois nós.

en•tre:o•lhar-se _v.p._ Olhar-se mutuamente. [Conjug.: 1 [entreolh]**ar**[-se]]

en•tre:ou•vir _v.t.d._ Ouvir de modo vago, confuso. [Conjug.: 42 [entre]**ouvir**]

en•tre•per•na¹ _sf._ A parte das calças onde se juntam as pernas.

en•tre•per•na² _sf. Bras._ **1.** A carne cortada da região entre as pernas da rês. **2.** Assado ou churrasco feito dessa carne.

en•tre•pos•to (ô) _sm._ Armazém onde só se guardam ou vendem as mercadorias dum estado ou duma companhia.

en•tres•sa•char _v.t.d.i._ Meter (entre outras cousas). [Conjug.: 1 [entressach]**ar**]

en•tres•sa•fra _sf._ Período entre uma safra e outra do mesmo produto.

en•tres•so•la _sf._ Peça entre a palmilha e a sola do calçado.

en•tre•tan•to _adv._ **1.** Entrementes. • _conj._ **2.** Todavia, contudo.

en•tre•te•cer _v.t.d._ **1.** Tecer entremeando. **2.** Tramar. _T.d.i._ **3.** Inserir; intercalar. _P._ **4.** Entrelaçar-se. [Conjug.: 34 [entrete]**cer**]

en•tre•te•la _s.f._ Pano que se põe entre o forro e a fazenda numa peça de vestuário para lhe dar mais consistência.

en•tre•tem•po _sm._ Tempo intermediário.

en•tre•te•ni•men•to _sm._ Ato de entreter(-se), ou aquilo que entretém; entretimento.

en•tre•ter *v.t.d.* 1. Distrair, para desviar a atenção. 2. Divertir com recreação. *Int.* 3. Servir de distração. *P.* 4. Divertir-se, recrear-se. 5. Ocupar-se. [Conjug.: 5 [entre]**ter**]

en•tre•tí•tu•lo *sm. Jorn.* Cada um dos títulos curtos utilizados para dividir o texto de uma matéria em blocos; intertítulo.

en•tre•ti•men•to *sm.* Entretenimento.

en•tre•var¹ *v.t.d.* e *p.* Cobrir(-se) de trevas. [Conjug.: 1 [entrev]**ar**]

en•tre•var² *v.t.d.* 1. Tornar paralítico. *Int.* e *p.* 2. Ficar paralítico. [Conjug.: 1 [entrev]**ar**] § en•tre•va•do *adj.* e *sm.*

en•tre•ver *v.t.d.* 1. Ver de maneira imperfeita. 2. Prever. *P.* 3. Avistar-se. [Conjug.: 24 [entre]**ver**]

en•tre•ve•ro *sm. Bras.* Desordem, confusão entre pessoas, animais ou objetos.

en•tre•vis•ta *sf.* 1. Vista e conferência entre duas ou mais pessoas em local determinado com antecipação. 2. Encontro combinado. 3. Comentário ou opinião dada diretamente a jornalista, para ser divulgado em jornal, rádio, televisão, etc.

en•tre•vis•tar *v.t.d.* e *p.* Ter entrevista (com). [Conjug.: 1 [entrevist]**ar**]

en•trin•chei•ra•men•to *sm.* 1. Ato de entrincheirar(-se). 2. Conjunto de trincheiras.

en•trin•chei•rar *v.t.d.* e *p.* Fortificar(-se) com trincheiras. [Conjug.: 1 [entrincheir]**ar**]

en•tris•te•cer *v.t.d.* e *p.* Tornar(-se) triste; afligir(-se). [Conjug.: 34 [entriste]**cer**] § en•tris•te•ce•dor (ô) *adj.*

en•tron•ca•do *adj.* Corpulento, espadaúdo e, em geral, de estatura mediana.

en•tron•ca•men•to *sm.* Ponto de junção de dois ou mais caminhos, de duas ou mais coisas.

en•tron•car *v.int.* 1. Criar tronco; robustecer. 2. Reunir-se (um caminho a outro). [Conjug.: 8 [entron]**car**]

en•tro•ni•zar *v.t.d.* 1. Elevar ao trono. 2. Pôr em altar (imagem de santo). 3. Exaltar. [Conjug.: 1 [entroniz]**ar**] § en•tro•ni•za•ção *sf.*

en•tro•pi•a *sf. Fís.* Medida da quantidade de desordem dum sistema.

en•tro•sa•men•to *sm.* 1. Ato ou efeito de entrosar(-se). 2. Coincidência de pontos de vista, opiniões, etc.

en•tro•sar *v.t.d.* 1. Meter os dentes de (uma roda) pelos vãos de outra; engrenar. 2. Adaptar a um meio ou a uma situação. *Int.* e *p.* 3. Encaixar-se, adaptar-se. 4. *Bras.* Harmonizar-se. [Conjug.: 1 [entros]**ar**]

en•trou•xar ou en•troi•xar *v.t.d.* Meter em trouxa. [Conjug.: 1 [entroux]**ar**]

en•tru•do *sm. P. us.* Carnaval.

en•tu•lhar *v.t.d.* 1. Meter em tulha (trigo, azeitonas, etc.). 2. Acumular. *P.* 3. Encher-se, abarrotar-se. [Conjug.: 1 [entulh]**ar**]

en•tu•lho *sm.* 1. Caliça, pedregulhos, areia, tudo que sirva para aterrar, nivelar depressão de terreno, vala, etc. 2. Restos de tijolos, argamassa, etc. 3. Materiais inúteis resultantes de demolição. 4. Lixo (1).

en•tu•pi•gai•tar *v.t.d.* e *p. Bras. Pop.* Embaraçar(-se), atrapalhar(-se). [Conjug.: 1 [entupigait]**ar**]

en•tu•pir *v.t.d.* 1. V. *obstruir* (1). *T.d.i.* 2. Fazer ficar cheio. *P.* 3. V. *obstruir* (4). 4. Ficar cheio. [Conjug.: 57 [ent]**u**[p]**ir**. Pres. ind.: *entupo, entopes* ou *entupes, entope* ou *entupe, entupimos, entupis, entopem* ou *entupem.*]

en•tu•si•as•mar *v.t.d.* e *p.* Encher(-se) de entusiasmo; animar(-se). [Conjug.: 1 [entusiasm]**ar**] § en•tu•si•as•ma•do *adj.*

en•tu•si•as•mo *sm.* 1. Veemência, vigor, no falar ou no escrever. 2. Arrebatamento. 3. Ardor. 4. Júbilo.

en•tu•si•as•ta *adj2g.* e *s2g.* Que ou quem se entusiasma.

en•tu•si•ás•ti•co *adj.* Que tem ou denota entusiasmo.

e•nu•me•ra•ção *sf.* 1. Indicação de coisas uma por uma. 2. Exposição ou relação metódica. 3. Conta, cômputo. [Pl.: *–ções.*]

e•nu•me•rar *v.t.d.* 1. Fazer enumeração (1) de. 2. Relacionar metodicamente. [Conjug.: 1 [enumer]**ar**] § e•nu•me•rá•vel *adj2g.*

e•nu•me•ra•ti•vo *adj.* Que enumera.

e•nun•ci•a•ção *sf.* Ato ou efeito de enunciar. [Pl.: *–ções.*]

e•nun•ci•a•do *sm.* Proposição, exposição.

e•nun•ci•ar *v.t.d.* Exprimir, expor. [Conjug.: 1 [enunci]**ar**]

ê•nu•pla *sf. Mat.* Conjunto de *n* quantidades, onde *n* é um inteiro.

en•vai•de•cer *v.t.d.* e *p.* Tornar(-se) vaidoso; enfunar(-se), inflar(-se). [Conjug.: 34 [envaide]**cer**]

en•va•si•lhar *v.t.d.* Meter em vasilha, pipa, tonel, garrafa. [Conjug.: 1 [envasilh]**ar**]

en•ve•lhe•cer *v.t.d.* e *p.* Tornar(-se) velho. [Conjug.: 34 [envelhe]**cer**] § en•ve•lhe•ci•do *adj.*; en•ve•lhe•ci•men•to *sm.*

en•ve•lo•par *v.t.d. Bras.* Meter em envelope(s). [Conjug.: 1 [envelop]**ar**]

en•ve•lo•pe *sm.* Invólucro para remessa ou guarda de correspondência, documento ou impresso qualquer; sobrecarta.

en•ve•ne•nar *v.t.d.* 1. Misturar veneno em. 2. Ministrar veneno a; intoxicar. 3. Corromper, perverter. 4. Desvirtuar. *P.* 5. Tomar veneno para matar-se. 6. Intoxicar-se. [Conjug.: 1 [envenen]**ar**] § en•ve•ne•na•do *adj.*; en•ve•ne•na•men•to *sm.*

en•ver•de•cer *v.t.d.* e *int.* 1. Tornar(-se) verde. 2. Cobrir(-se) de verdor. 3. Rejuvenescer. *P.* 4. Tornar-se verde. [Conjug.: 34 [enverde]**cer**]

en•ve•re•dar *v.int.* e *t.c.* Tomar caminho; dirigir-se. [Conjug.: ① [envered]**ar**]

en•ver•ga•du•ra *sf.* 1. A distância de uma a outra ponta das asas abertas duma ave. 2. Dimensão máxima transversal de uma ponta à outra das asas de um avião. 3. Capacidade, aptidão. 4. Importância, peso.

en•ver•gar *v.t.d.* 1. Curvar, arquear. 2. Vestir, trajar. *Int.* e *p.* 3. Vergar(-se), curvar(-se). [Conjug.: ⑪ [enver]**gar**]

en•ver•go•nhar *v.t.d.* 1. Encher de vergonha. 2. Desonrar. *T.d.i.* 3. Envergonhar (1 e 2). *P.* 4. Ter vergonha. [Conjug.: ① [envergonh]**ar**]

en•ver•ni•zar *v.t.d.* Cobrir com verniz (1). [Conjug.: ① [enverniz]**ar**]

en•ves•gar *v.t.d.* e *int.* Tornar ou ficar (os olhos, a vista, ou pessoa) vesgo(s). [Conjug.: ⑪ [enves]**gar**]

en•vi•a•do *sm.* 1. Portador, mensageiro. 2. Encarregado de negócios diplomáticos.

en•vi•ar *v.t.d.* 1. Expedir, remeter. 2. Encaminhar, conduzir. 3. Mandar (alguém) em missão. *T.d.i.* 4. Dirigir. *T.d.c.* 5. Mandar (alguém ou algo). [Conjug.: ① [envi]**ar**]

en•vi•dar *v.t.d.* 1. Apostar quantia maior e provocar (o parceiro) para que aceite a parada. 2. Desafiar. 3. Empregar com muito empenho. [Conjug.: ① [envid]**ar**]

en•vi•dra•çar *v.t.d.* 1. Cobrir ou guarnecer de vidros. *P.* 2. Embaciar-se. [Conjug.: ⑨ [envidra]**çar**] § **en•vi•dra•ça•do** *adj.*

en•vi•e•sar *v.t.d.* 1. Pôr ao viés. 2. Envesgar. 3. Entortar. *P.* 4. Entortar-se. [Conjug.: ① [envies]**ar**] § **en•vi•e•sa•do** *adj.*

en•vi•le•cer *v.t.d.* 1. Tornar vil; aviltar. 2. Vender por preço vil. *Int.* e *p.* 3. Aviltar-se. [Conjug.: ㉞ [envile]**cer**]

en•vi•o *sm.* Ato de enviar.

en•vi:u•var *v.t.d.* e *p.* Tornar(-se) viúvo. [Conjug.: ⑮ [envi]**u**[v]**ar**]

en•vol•ta *sf.* Confusão, desordem, tumulto.

en•vol•to (ô) *adj.* Envolvido, embrulhado.

en•vol•tó•ri:o *sm.* Invólucro.

en•vol•ver *v.t.d.* 1. Abranger, abarcar. 2. Encerrar, conter. 3. Cercar, rodear. 4. Cobrir, enrolando; cingir. 5. Cativar; seduzir. 6. Fazer tomar parte; comprometer. 7. Acarretar. *T.d.i.* 8. Envolver (3, 4 e 6). *P.* 9. Cobrir-se, enrolando. 10. Tomar parte. 11. Ter relação amorosa com alguém. [Conjug.: ② [envolv]**er**; part.: *envolvido* e *envolto.*] § **en•vol•vi•men•to** *sm.*

en•xa•da *sf.* Instrumento de capinar ou revolver a terra.

en•xa•dão *sm.* Enxada grande; alvião. [Pl.: –dões.]

en•xa•dre•zar *v.t.d.* Dividir em quadrados. [Conjug.: ① [enxadrez]**ar**] § **en•xa•dre•za•do** *adj.*

en•xa•dris•mo *sm.* A arte ou gosto do jogo de xadrez.

en•xa•dri•sta *s2g.* Jogador de xadrez; xadrezista.

en•xa•guar *v.t.d.* Passar em várias águas para tirar o sabão. [Conjug.: ⑯ [enx]**a**[gu]**ar**]

en•xa•me *sm.* O conjunto das abelhas duma colméia.

en•xa•me•ar *v.t.d.* 1. Reunir (as abelhas) em cortiço. *Int.* 2. Formar enxame. 3. Pulular, formigar. [Conjug.: ⑩ [enxam]**ear**]

en•xa•que•ca (ê) *sf. Med.* Dor de cabeça periódica, muitas vezes unilateral, e que se acompanha de náusea, vômito, etc.

en•xár•ci:a *sf.* O conjunto de cabos, nos navios a vela.

en•xa•ro•par *v.t.d.* Transformar em xarope. [Conjug.: ① [enxarop]**ar**]

en•xer•ga (ê) *sf.* 1. Colchão rústico. 2. Cama pobre; catre.

en•xer•gão *sm.* 1. Colchão que se põe sob o colchão da cama. 2. Estrado (2). [Pl.: –gões.]

en•xer•gar *v.t.d.* 1. Ver a custo; entrever. 2. Descortinar, avistar. 3. Perceber. 4. Pressentir. *T.d.i.* 5. Enxergar (3 e 4). *Transobj.* 6. Considerar. [Conjug.: ⑪ [enxer]**gar**]

en•xe•ri•do *adj. Bras.* Que se intromete no que não lhe toca; intrometido.

en•xe•rir-se *v.p.* Intrometer-se. [Conjug.: ㊾ [enx]**e**[r]**ir**[-se]]

en•xer•tar *v.t.d.* 1. Fazer enxerto em. 2. Introduzir, inserir. 3. Inseminar. *T.d.i.* 4. Enxertar (1). 5. Inserir, acrescentar. *P.* 6. Inserir-se. [Conjug.: ① [enxert]**ar**]

en•xer•ti•a *sf.* Ato ou efeito de enxertar.

en•xer•to (ê) *sm.* 1. *Bot.* Método de propagação vegetal no qual se introduz uma parte viva duma planta em outra, para que nesta se desenvolva. 2. *Bot.* A planta enxertada. 3. *Med.* Qualquer tecido ou órgão que é implantado em um organismo.

en•xó *sf.* Instrumento de cabo curto e com chapa de aço cortante, para desbastar madeira.

en•xo•frar *v.t.d.* 1. Polvilhar, preparar ou desinfetar com enxofre. *P.* 2. *Fig.* Irritar-se. [Conjug.: ① [enxofr]**ar**]

en•xo•fre (ô) *sm. Quím.* V. *calcogênio* [símb.: *S*].

en•xo•tar *v.t.d.* 1. Afugentar, empurrando, batendo ou gritando. 2. Expulsar. [Conjug.: ① [enxot]**ar**]

en•xo•val *sm.* Conjunto de roupas e certos complementos, de quem se casa, de recém-nascido, de quem se interna em colégio, etc. [Pl.: –vais.]

en•xo•va•lhar *v.t.d.* 1. Sujar, enodoar. 2. Amarfanhar. 3. Macular. 4. Insultar; afrontar. *P.* 5. Ficar sujo. 6. Amarrotar-se. 7. Macular-se. [Conjug.: ① [enxovalh]**ar**]

en•xo•vi•a *sf.* Cárcere térreo ou subterrâneo, escuro, úmido e sujo.

en•xu•ga•doi•ro ou **en•xu•ga•dou•ro** *sm.* Lugar onde se põe algo a enxugar.

en•xu•gar *v.t.d.* **1.** Tirar a umidade a; secar. **2.** Fazer cessar (as lágrimas, o pranto) a. **3.** Eliminar (o que é excessivo). **4.** *Bras. Fig.* Eliminar (de um texto) o que é supérfluo, para maior clareza e elegância. *Int.* e *p.* **5.** Secar(-se). [Conjug.: 11 [enxu]**gar**; part.: *enxugado* e *enxuto*.] § **en•xu•ga•men•to** *sm.*

en•xún•di•a *sf.* **1.** Gordura do porco e das aves. **2.** Gordura (1).

en•xun•di•o•so (ô) *adj.* Cheio de enxúndia; obeso. [Pl.: *–osos* (ó).]

en•xur•ra•da *sf.* Volume de água que corre com muita força, e resultante de grandes chuvas.

en•xu•to *adj.* **1.** Não molhado; seco. **2.** Sem lágrimas. **3.** Sem chuva. **4.** Que não é gordo nem magro.

en•zi•ma *sf.* **1.** Diástase, fermento solúvel. **2.** *Quím.* Proteína com propriedades catalíticas específicas.

e:o•ce•no *sm.* Época (4) da era cenozóica em que surgiram os primeiros cães, gatos, coelhos, elefantes e cavalos.

e•ó•li•co *adj.* Relativo a vento.

e•pên•te•se *sf.* *Gram.* Desenvolvimento de fonema(s) no meio de uma palavra. [Ex.: lat. *stella* > port. *estrela*.]

e•pi•ben•tos *sm2n. Ecol.* Epifauna.

e•pi•cen•tro *sm.* O ponto da superfície terrestre atingido em primeiro lugar e com maior intensidade pelas ondas sísmicas.

é•pi•co *adj.* **1.** Referente à epopéia e aos heróis. **2.** Digno de epopéia.

e•pi•cu•ris•mo *sm. Filos.* Doutrina do filósofo grego Epicuro (341 - 270 a.C.), que identifica o bem com o prazer, que deve ser encontrado na prática da virtude e na cultura do espírito. § **e•pi•cu•ris•ta** *s2g. adj2g.*

e•pi•de•mi•a *sf. Med.* **1.** Ocorrência súbita, e em número elevado de pessoas, de doença, esp. infecciosa. **2.** *Restr.* Aparecimento intermitente de doença infecciosa contagiosa, a qual rapidamente se difunde.

e•pi•dê•mi•co *adj.* Relativo a epidemia.

e•pi•der•me *sf.* **1.** *Histol.* Camada celular superficial que reveste a derme e com ela constitui a pele. **2.** *Bot.* A camada celular mais externa duma planta. § **e•pi•dér•mi•co** *adj.*

e•pi•dí•di•mo *sm. Anat.* Pequeno corpo situado na parte superior de cada testículo, de que constitui o início da via excretora.

e•pi•fa•ni•a *sf.* **1.** Aparição ou manifestação divina. **2.** Festividade religiosa comemorativa dessa aparição. **3.** Dia de Reis.

e•pi•fau•na *sf. Ecol.* O conjunto de organismos bentônicos que vivem no fundo de mar ou em leito de rio; epibentos.

e•pí•fi•to *adj.* e *sm. Bot.* Diz-se de, ou vegetal que vive sobre outro sem dele retirar nutrimento.

e•pi•glo•te *sf. Anat.* Válvula que fecha a glote no momento da deglutição. § **e•pi•gló•ti•co** *adj.*

e•pí•go•no *sm.* **1.** Aquele que pertence à geração seguinte. **2.** Discípulo ou imitador de um grande mestre.

e•pí•gra•fe *sf.* **1.** Inscrição (2). **2.** Título ou frase que serve de tema a um assunto.

e•pi•gra•ma *sm.* **1.** Poesia breve, satírica. **2.** Dito mordaz e picante.

e•pi•lep•si•a *sf. Med.* Afecção, de que há várias formas, que se manifesta por crise(s) com distúrbios de consciência, contrações involuntárias musculares, etc.

e•pi•lép•ti•co ou **e•pi•lé•ti•co** *adj.* Relativo à, ou que sofre de epilepsia.

e•pí•lo•go *sm.* **1.** Remate, fecho. **2.** O último ato ou cena de uma peça.

e•pis•co•pa•do *sm.* **1.** Dignidade ou jurisdição dum bispo. **2.** Conjunto de bispos.

e•pis•co•pal *adj2g.* Relativo a bispo. [Pl.: *–pais.*]

e•pi•só•di•co *adj.* Da natureza do episódio.

e•pi•só•dio *sm.* **1.** Ação ligada à principal (em obra literária ou artística). **2.** *Fato, caso* sucesso.

e•pis•te•mo•lo•gi•a *sf.* Estudo crítico dos princípios, hipóteses e resultados das ciências já constituídas; teoria da ciência. § **e•pis•te•mo•ló•gi•co** *adj.*

e•pís•to•la *sf.* **1.** V. *carta* (1). **2.** Parte da missa em que se lê trecho das epístolas dos apóstolos.

e•pis•to•lar *adj2g.* De, ou próprio de epístola.

e•pi•tá•fio *sm.* Inscrição tumular.

e•pi•ta•lâ•mi:o *sm.* Canto ou poema nupcial.

e•pi•té•li:o *sm. Histol.* Tecido, de que há alguns tipos, que reveste a superfície externa do corpo, assim como as paredes das cavidades internas deste. § **e•pi•te•li•al** *adj2g.*

e•pí•te•to *sm.* **1.** Palavra ou frase que qualifica pessoa ou coisa. **2.** Cognome, alcunha.

e•pí•to•me *sm.* Resumo, sinopse.

e•pi•zo•o•ti•a *sf.* Doença endêmica de animais.

é•po•ca *sf.* **1.** Faixa cronológica para a qual se toma por base um acontecimento notável. **2.** Período muito importante por um fato, personalidade, certas conjunturas, etc.; era, idade. **3.** Período, fase; tempo. **4.** *Geol.* Subdivisão dos períodos cronológicos de características mais restritas e duração decrescente.

e•po•péi•a *sf.* Poema longo sobre assunto grandioso e heróico.

ep•si•lo *sm.* V. *epsílon.*

ep•sí•lon *sm.* A 5ª letra do alfabeto grego (E, ε).

e•qua•ção *sf. Mat.* Qualquer igualdade que só é satisfeita para alguns valores dos seus domínios. [Pl.: –*ções.*] ♦ **Equação algébrica.** *Mat.* A que só contém operações algébricas. **Equação algébrica irracional.** *Mat.* Equação algébrica que não é racional; equação irracional. **Equação algébrica racional.** *Mat.* Equação algébrica que só contém funções racionais; equação racional. **Equação algébrica racional inteira.** *Mat.* A que pode ser escrita como um polinômio igualado a zero. **Equação biquadrada.** *Mat.* Equação algébrica racional inteira do quarto grau e que só contém as potências pares da variável; biquadrada. **Equação cúbica.** *Mat.* Equação algébrica racional inteira do terceiro grau; cúbica. **Equação diferencial.** *Mat.* A que envolve duas ou mais variáveis e as derivadas de umas em relação às outras. **Equação integral.** *Mat.* A que contém incógnitas sob o sinal de integração. **Equação irracional.** *Mat.* Equação algébrica irracional (q.v.). **Equação racional.** *Mat.* Equação algébrica racional (q. v.).

e•qua•dor (ô) *sm.* O círculo máximo da esfera terrestre, perpendicular à linha que une os pólos.

e•qua•li•za•ção *sf. Eletrôn.* Diminuição da distorção de um sinal por meio de circuitos que compensem as deformações, reforçando a intensidade de algumas freqüências e diminuindo a de outras.

e•quâ•ni•me *adj2g.* Que tem ou denota equanimidade.

e•qua•ni•mi•da•de *sf.* 1. Igualdade de ânimo. 2. Moderação. 3. Eqüidade em julgar.

e•qua•to•ri•al *adj2g.* Do, ou situado no equador. [Pl.: –*ais.*]

e•qua•to•ri•a•no *adj.* 1. Do Equador (América do Sul). • *sm.* 2. O natural ou habitante do Equador.

e•qües•tre *adj2g.* Relativo à cavalaria ou a cavaleiros.

e•qüi•ân•gu•lo *adj.* Que tem os ângulos iguais.

e•qüi•da•de ou **e•qüi•da•de** *sf.* Disposição de reconhecer igualmente o direito de cada um.

e•qüí•de•o¹ *adj.* Relativo ou semelhante ao cavalo.

e•qüí•de•o² *sm. Zool.* Espécime dos eqüídeos, família de perissodátilos que inclui os cavalos, asnos e zebras. § **e•qüí•de•o²** *adj.*

e•qüi•dis•tan•te *adj2g.* Que dista igualmente. § **e•qüi•dis•tân•ci:a** *sf.*

e•qüi•lá•te•ro ou **e•qüi•lá•te•ro** *adj. Geom.* Que tem os lados iguais entre si.

e•qui•li•bra•do *adj.* 1. Posto ou mantido em equilíbrio. 2. Contrabalançado. 3. Prudente.

e•qui•li•brar *v.t.d.* 1. Pôr ou manter em equilíbrio. 2. Contrabalançar, compensar. *P.* 3. Manter-se em equilíbrio. [Conjug.: ⬚ (equilibr]ar**)**

e•qui•lí•bri:o *sm.* 1. Manutenção dum corpo na posição normal, sem oscilações ou desvios. 2. Igualdade entre forças opostas. 3. Estabilidade mental e emocional. ♦ **Equilíbrio mecânico.** *Fís.* Estado de um sistema (8) no qual a resultante de todas as forças que atuam sobre ele é nula e o par resultante de todos os binários é, também, igual a zero. **Equilíbrio químico.** *Fís.-Quím.* Estado de um sistema (8) em que não existem diferenças de potencial químico dos diversos componentes e em que, portanto, a composição do sistema não se altera ao longo do tempo. **Equilíbrio térmico.** *Fís.* Estado de um sistema (8) em que, por não existirem fluxos de calor, há igualdade de temperatura em todos os pontos de qualquer de suas fases cujas fronteiras são permeáveis ao calor. **Equilíbrio termodinâmico.** *Fís.* Estado de um sistema (8) em que existe equilíbrio mecânico, químico e térmico, e em que não há transporte de cargas elétricas nem variações de grandezas magnéticas.

e•qui•li•bris•ta *s2g.* Pessoa que se conserva em equilíbrio, em posição difícil.

e•qui•mo•se *sf. Med.* Pequena mancha devida a hemorragia, que pode ocorrer na pele, mucosas ou serosas. § **e•qui•mó•ti•co** *adj.*

e•qüi•no *adj.* 1. Relativo a cavalo; cavalar. • *sm.* 2. Animal eqüino.

e•qüi•nó•ci:o *sm.* Ponto da órbita da Terra onde se registra igual duração do dia e da noite. § **e•qüi•no•ci:al** *adj2g.*

e•qüi•no•der•mo *sm. Zool.* Espécime dos equinodermos, filo de invertebrados marinhos, de corpo coberto, ger., de formação calcária. Ex.: estrelas-do-mar. § **e•qüi•no•der•mo** *adj.*

e•qui•nói•de *sm. Zool.* Espécime dos equinóides, classe de equinodermos com carapaça formada por grandes placas revestidas de espinhos; abrangem os ouriços-do-mar. § **e•qui•nói•de** *adj2g.*

e•qui•pa•gem *sf.* 1. Conjunto de pessoas empregadas nos serviços a bordo de uma embarcação. 2. Os tripulantes dum avião. [Pl.: –*gens.*]

e•qui•pa•men•to *sm.* 1. Tudo aquilo de que o militar precisa para entrar em serviço. 2. O conjunto do que serve para equipar. 3. O conjunto dos instrumentos necessários a determinada função.

e•qui•par *v.t.d.* 1. Guarnecer ou prover (uma embarcação) do necessário para a manobra, defesa, etc. 2. Prover do necessário. *P.* 3. Prover-se do necessário. [Conjug.: ⬚ (equip]ar**)**

e•qui•pa•rar *v.t.d.* e *t.d.i.* 1. Comparar (pessoas ou coisas) considerando-as iguais. *P.*

2. Comparar-se, igualando-se; emparelhar-se. [Conjug.: ① [equipar]**ar**]. § **e•qui•pa•ra•ção** sf.

e•qui•pe sf. Grupo de pessoas que juntas participam duma competição esportiva ou se aplicam a uma tarefa ou trabalho.

e•qui•ta•ção sf. Arte de cavalgar. [Pl.: –ções.]

e•qüi•ta•ti•vo adj. Que tem ou denota eqüidade.

e•qui•va•len•te ou **e•qüi•va•len•te** adj2g. 1. De igual valor. • sm. 2. Aquilo que equivale. § **e•qui•va•lên•ci:a** ou **e•qüi•va•lên•ci:a** sf.

e•qui•va•ler ou **e•qüi•va•ler** v.t.i. e p. Ser igual no valor, no peso ou na força. [Conjug.: ㉚ [equi]**valer**]

e•qui•vo•car-se v.p. Confundir-se, enganar-se. [Conjug.: ⑧ [equivo]**car**[-se]] § **e•qui•vo•ca•ção** sf.

e•quí•vo•co adj. 1. Ambíguo (1). 2. Que dá margem a suspeita. • sm. 3. V. engano.

❑ Er Quím. Símb. do érbio.

e•ra sf. 1. Ponto determinado no tempo, que se toma por base para a contagem dos anos. 2. V. época (2). 3. Época, tempo. 4. Geol. Divisão básica do tempo geológico, a qual abrange vários períodos.

e•rá•ri:o sm. V. fisco.

ér•bi:o sm. Quím. V. lantanídeos [símb.: Er].

e•re•ção sf. Ato ou efeito de erguer(-se) ou de erigir. [Pl.: –ções.]

e•re•mi•ta s2g. Quem vive no ermo por penitência; ermitão.

e•ré•til adj2g. Capaz de ereção. [Pl.: –teis.]

e•re•ti•zon•tí•de:o sm. Zool. Espécime dos eretizontídeos, família de roedores arborícolas de corpo espinhoso, pernas curtas, caudas compridas em todos os dedos, cauda preênsil. Ex.: ouriço. § **e•re•ti•zon•tí•de:o** adj.

e•re•to ou **e•rec•to** adj. Erguido, aprumado.

er•gás•tu•lo sm. Cárcere, enxovia.

er•go•me•tri•a sf. Fisiol. Medição do trabalho muscular pelo ergômetro. § **er•go•mé•tri•co** adj.

er•gô•me•tro sm. Fisiol. Aparelho com que se mede o trabalho desenvolvido por um grupo de músculos.

er•go•no•mi•a sf. Conjunto de estudos que visam a organização metódica do trabalho em função do fim proposto e das relações entre o homem e a máquina. § **er•go•nô•mi•co** adj.

er•guer v.t.d. 1. Levantar, elevar. 2. Erigir, edificar. 3. Fazer soar alto (a voz). 4. Animar, alentar. T.d.i. 5. Erguer (2). T.d.c. 6. Erguer (1). P. 7. Pôr-se em pé; levantar-se. 8. Aparecer, surgir. [Conjug.: ㉝ **erguer**]

e•ri•cá•ce:a sf. Bot. Espécime das ericáceas, família de plantas lenhosas, ger. arbustivas. § **e•ri•cá•ce:o** adj.

e•ri•çar ou **er•ri•çar** v.t.d. e p. 1. Tornar(-se) hirto; arrepiar(-se). 2. Irritar(-se). 3. Tornar(-se) desperto. [Conjug.: ⑨ [eri]**çar**]

e•ri•gir v.t.d. 1. Erguer, levantar. 2. Fundar, criar. 3. Erguer (2). T.d.i. 4. Erigir (3). [Conjug.: ㊺ [eri]**gir**]

e•ri•si•pe•la sf. Med. Forma aguda superficial de celulite, ger. causada por estreptococo.

e•ri•te•ma sm. Med. Área de vermelhidão cutânea devida a congestão de vasos capilares. § **e•ri•te•ma•to•so** adj.

e•ri•tro•xi•lá•ce:a sf. Bot. Espécime das eritroxiláceas, família de árvores e arbustos de regiões tropicais e subtropicais. § **e•ri•tro•xi•lá•ce:o** adj.

er•mi•da sf. 1. Capela fora do povoado. 2. Igrejinha.

er•mi•tão sm. 1. Eremita. 2. Aquele que cuida de uma ermida. [Fem.: ermitã e ermitoa. Pl.: –tães, –tãos e –tões.]

er•mo (ê) sm. 1. Lugar sem habitantes; deserto. • adj. 2. Desabitado, deserto.

e•ro•dir v.t.d. Causar erosão em. [Conjug.: ③ [erod]**ir**]

e•ro•são sf. Desgaste mecânico operado pelas águas correntes, pelo vento, pelo movimento das geleiras e pelos mares. [Pl.: –sões.]

e•ró•ti•co adj. 1. Relativo ao amor. 2. Lúbrico, lascivo.

e•ro•tis•mo sm. Amor lúbrico.

er•ra•da sf. Bras. Ant. Erro do caminho.

er•ra•di•car v.t.d. V. desarraigar. [Conjug.: ⑧ [erradi]**car**]

er•ra•di:o adj. V. errante.

er•ra•do adj. 1. Que tem erro(s). 2. Que não é o certo ou o adequado. 3. Bras. Que comete erros, gafes.

er•ran•te adj2g. Que erra ou vagueia; erradio; andante.

er•rar v.t.d. 1. Cometer erro, enganar-se, em. 2. Não acertar em. T.i. 3. Errar (1). T.c. 4. Percorrer. 5. Vagar. Int. 6. Cometer erro(s); falhar. 7. V. vagabundear (1). [Conjug.: ① [err]**ar**]

er•ra•ta sf. Lista dos erros tipográficos de um impresso; corrigenda.

er•re sm. A letra r.

er•ro (ê) sm. 1. Ato ou efeito de errar (1 e 6). 2. Juízo falso. 3. Incorreção. 4. Desvio do bom caminho.

er•rô•ne:o adj. Que contém erro; falso.

e•ruc•ta•ção sf. Arroto. [Pl.: –ções.]

e•ruc•tar v.int. Arrotar (1). [Conjug.: ① [eruc•t]**ar**]

e•ru•di•ção sf. Instrução vasta e variada. [Pl.: –ções.]

e•ru•di•tis•mo sm. Ostentação de erudição.

e•ru•di•to (dí) adj. e sm. Que ou aquele que tem erudição.

e•rup•ção *sf.* **1.** Saída com ímpeto. **2.** *Med.* Enrubescimento da pele, às vezes acompanhado de formação de manchas, vesículas, etc. **3.** Emissão de lavas, cinzas, etc., da cratera dum vulcão. [Pl.: *-ções.*]

e•rup•ti•vo *adj.* Que provoca erupção.

er•va *sf. Bot.* **1.** Planta não lenhosa cujas partes aéreas vivem menos dum ano. **2.** *Bras.* Qualquer planta venenosa que nasce em pastagens.

er•va-de-pas•sa•ri•nho *sf. Bot.* Planta lorantácea que parasita árvores por disseminação pelos pássaros. [Pl.: *ervas-de-passarinho.*]

er•va•do *adj.* Impregnado de suco de erva (2).

er•va-do•ce *sf. Bot.* **1.** Anis. **2.** Funcho. [Pl.: *ervas-doces.*]

er•val *sm. Bras.* Mata em que predomina a erva-mate. [Pl.: *-vais.*]

er•va-ma•te *sf. Bot.* Árvore aqüifoliácea de cujas folhas se faz o mate¹ (3); mate. [Pl.: *ervas-mates* e *ervas-mate.*]

er•vi•lha *sf. Bot.* Trepadeira anual das leguminosas, com sementes comestíveis.

er•vo•so (ó) *adj.* Cheio de ervas; herboso. [Pl.: *–vosos* (ó).]

❏ **Es** *Quím.* Símb. do einstêinio.

es•ba•fo•ri•do *adj.* **1.** Ofegante pelo cansaço ou pela pressa. **2.** Apressado.

es•ba•fo•rir *v.t.d.* e *p.* Fazer ficar, ou ficar afobado e ofegante. [Conjug.: 59 [esbafor]ir]

es•ba•ga•çar *v.t.d.* e *p. Bras.* **1.** Fazer(se) em bagaços, ou em cacos. **2.** Dissipar(-se) (bens). [Conjug.: 9 [esbaga]çar]

es•ban•da•lhar *v.t.d.* **1.** Fazer em trapos; esfarrapar. *P.* **2.** Perverter-se. **3.** Despedaçar-se. [Conjug.: 1 [esbandalh]ar]

es•ban•jar *v.t.d.* V. *desperdiçar* (1). [Conjug.: 1 [esbanj]ar] § **es•ban•ja•dor** (ô) *adj.* e *sm.*; **es•ban•ja•men•to** *sm.*

es•bar•ra•da *sf. Bras.* V. *esbarro.*

es•bar•rar *v.t.i.* **1.** Ir de encontro; topar. **2.** Tropeçar. **3.** Encontrar por acaso. *T.c.* **4.** Ir ter; chegar. *P.* **5.** Acotovelar-se. [Conjug.: 1 [esbarr]ar]

es•bar•ro *sm.* Ação de esbarrar; encontrão, esbarrada.

es•ba•ter *v.t.d.* Atenuar gradualmente os contrastes de cor ou de tom de. [Conjug.: 2 [esbat]er]

es•bei•çar *v.t.d.* Arrancar os beiços, as bordas, a. [Conjug.: 9 [esbei]çar]

es•bel•to *adj.* **1.** Garboso, airoso. **2.** Magro e elegante. § **es•bel•tez** ou **es•bel•te•za** (ê) *sf.*

es•bir•ro *sm.* Empregado menor dos tribunais.

es•bo•çar *v.t.d.* **1.** Fazer esboço de; debuxar. **2.** Deixar entrever; aflorar. [Conjug.: 9 [esbo]çar]

es•bo•ço (ô) *sm.* **1.** Delineamento em linhas gerais duma obra de desenho, gravura, escul-

tura, etc.; debuxo. **2.** Obra em estado de esboço; debuxo. **3.** Resumo, sumário.

es•bo•de•gar *Bras. v.t.d.* **1.** Arruinar, estragar. *P.* **2.** Desleixar-se. **3.** Enfadar-se. **4.** Cansar-se. [Conjug.: 11 [esbode]gar] § **es•bo•de•ga•do** *adj.* (*bras.*)

es•bo•far *v.t.d., int.* e *p.* Extenuar(-se), esfalfar(-se). [Conjug.: 1 [esbof]ar]

es•bo•fe•te•ar *v.t.d.* Dar bofetada(s) em. [Conjug.: 10 [esbofet]ear]

es•bor•do•ar *v.t.d.* Dar bordoada(s) em. [Conjug.: 13 [esbord]oar]

es•bór•ni:a *sf. Bras.* V. *orgia* (1).

es•bo•ro•ar *v.t.d., int.* e *p.* **1.** Reduzir(-se) a pó; desfazer(-se). **2.** Desmoronar(-se). [Conjug.: 13 [esbor]oar]§ **es•bo•ro:a•men•to** *sm.*

es•bor•ra•char *v.t.d.* **1.** Fazer rebentar, apertando ou achatando. *P.* **2.** Estatelar-se no chão. [Conjug.: 1 [esborrach]ar]§ **es•bor•ra•cha•do** *adj.*

es•bran•qui•ça•do *adj.* Tirante a branco; brancacento, alvadio, alvacento.

es•bra•se•ar *v.t.d.* **1.** Pôr em brasa. **2.** Ruborizar. *Int.* e *p.* **3.** Tomar a cor de brasa. [Conjug.: 10 [esbras]ear] § **es•bra•se•a•do** *adj.*

es•bra•ve•jar *v.t.i.* e *int.* Gritar, bradar, vociferar. [Conjug.: 1 [esbravej]ar]

es•bu•ga•lha•do *adj.* Muito saliente ou arregalado (olho).

es•bu•ga•lhar *v.t.d.* Abrir muito (os olhos). [Conjug.: 1 [esbugalh]ar]

es•bu•lhar *v.t.d.* e *t.d.i.* Espoliar. [Conjug.: 1 [esbulh]ar]

es•bu•lho *sm.* Ato de esbulhar; espoliação.

es•bu•ra•car *v.t.d.* **1.** Encher de buracos. **2.** Furar. *P.* **3.** Encher-se de buracos. [Conjug.: 8 [esbura]car] § **es•bu•ra•ca•do** *adj.*

es•bur•gar ou **es•bru•gar** *v.t.d.* **1.** Tirar a casca a. **2.** Tirar a carne de (os ossos). [Conjug.: 11 [esbur]gar]

es•ca•be•che (é) *sm.* Molho ou conserva de temperos refogados, com vinagre, para carne ou peixe.

es•ca•be•lo (ê) *sm.* **1.** Banco pequeno, para descanso dos pés. **2.** *Etnogr.* Assento ao rés do chão us., principalmente pelas mulheres, entre vários povos indígenas brasileiros, principalmente pelas mulheres.

es•ca•bi•char *v.t.d.* Investigar ou examinar com paciência (coisas miúdas); escarafunchar. [Conjug.: 1 [escabich]ar]

es•ca•bi•o•se *sf. Med.* Afecção cutânea contagiosa, parasitária, e que causa intenso prurido. [Sin.: *sarna* e (*pop.*) *pereba.*] § **es•ca•bi•o•so** *adj.*

es•ca•bre•a•do *adj.* **1.** Zangado; irritado. **2.** *Bras.* Ressabiado.

es•ca•bro•so (ô) *adj.* **1.** Pedregoso. **2.** Difícil, árduo. **3.** Indecoroso. [Pl.: *–brosos* (ó).]

es•ca•bu•jar *v.int.* Debater-se com os pés e com as mãos; estrebuchar. [Conjug.: ① [escabuj]**ar**]

es•ca•char *v.t.d.* **1.** Abrir à força. **2.** Separar ao meio. [Conjug.: ① [escach]**ar**]

es•ca•da *sf.* **1.** Série de degraus por onde se sobe ou desce. **2.** Meio de vencer ou se elevar.

es•ca•da•ri•a *sf.* **1.** Série de escadas em lanços seguidos, separados por patamares. **2.** Escada ampla e/ou longa.

es•ca•fan•dris•ta *s2g.* Mergulhador que usa o escafandro.

es•ca•fan•dro *sm.* Vestimenta impermeável e hermética, provida de um aparelho respiratório, e própria para mergulhos demorados.

es•ca•fe•der-se *v.p. Pop.* Fugir às pressas; safar-se. [Conjug.: ② [escafed]**er**[-se]]

es•ca•la *sf.* **1.** Linha graduada, dividida em partes iguais, que indica a relação das dimensões ou distâncias marcadas sobre um plano com as dimensões ou distâncias reais. **2.** Porto ou lugar de parada de qualquer meio de transporte, entre o lugar de partida e o de chegada. **3.** *Mús.* Disposição esquemática de notas que se sucedem em ordem ascendente ou descendente. ♦ **Escala absoluta de temperatura.** *Fís.* V. *escala internacional de temperatura*. **Escala Fahrenheit.** *Fís.* Escala de temperatura usada em países de língua inglesa. A temperatura em graus Fahrenheit é igual à soma de 32 mais 9/5 da temperatura em graus Celsius. **Escala internacional de temperatura.** *Fís.* Escala de temperatura baseada nos dois princípios da termodinâmica, com um ponto fixo: o ponto triplo da água, que é fixado em 273,16. [Sin.: *escala absoluta de temperatura* e *escala Kelvin*.] **Escala Kelvin.** *Fís.* V. *escala internacional de temperatura*.

es•ca•la•da *sf.* Ação de escalar.

es•ca•lão *sm.* **1.** Cada um dos pontos sucessivos duma série; nível, grau. **2.** Nível hierárquico na administração pública ou privada. [Pl.: *–lões*.]

es•ca•lar¹ *adj2g.* **1.** Que é representado em escala (1). **2.** *Fís.* Diz-se de qualquer grandeza que pode ser caracterizada exclusivamente por um número, dimensional ou não. • *sm.* **3.** *Fís.* Grandeza escalar.

es•ca•lar² *v.t.d.* **1.** Subir a (algum lugar) usando escada. **2.** Subir a (montanha íngreme). **3.** Atingir. **4.** Escalonar (3). **5.** *Bras.* Designar para serviços em horas ou lugares diferentes. **6.** *Bras.* Escolher (jogador) para a formação de equipe. [Conjug.: ① [escal]**ar**]

es•ca•la•vrar *v.t.d.* **1.** Golpear, esfolar, arranhar. **2.** Esburacar. *Int.* e *p.* **3.** Arranhar-se. [Conjug.: ① [escalavr]**ar**]

es•cal•da•do *adj.* **1.** Em que se jogou água fervente. • *sm.* **2.** *Bras.* Pirão feito com o caldo a ferver e farinha, sem ser mexido.

es•cal•da•du•ra *sf.* Ato ou efeito de escaldar(-se).

es•cal•da-pés *sm2n.* Pedilúvio com água muito quente.

es•cal•dar *v.t.d.* **1.** Queimar com líquido quente ou vapor. **2.** Meter em água fervendo. **3.** Aquecer muito. **4.** Refogar, guisar. *Int.* **5.** Ser muito quente. *P.* **6.** Sofrer queimadura. [Conjug.: ① [escald]**ar**]

es•ca•le•no *adj. Geom.* Diz-se do triângulo cujos ângulos e lados são todos desiguais.

es•ca•ler (é) *sm.* Embarcação miúda, impelida a remo ou a vela, e que executa serviços dum navio ou repartição marítima.

es•ca•lo•nar *v.t.d.* **1.** Dispor (as tropas) umas por detrás das outras, para se sustentarem mutuamente. **2.** Distribuir, agrupar. **3.** Subir por degraus ou etapas; escalar. [Conjug.: ① [escalon]**ar**] § es•ca•lo•na•men•to *sm.*

es•cal•pe•lar¹ *v.t.d.* **1.** Rasgar ou dissecar com escalpelo. **2.** Analisar minuciosamente. [Conjug.: ① [escalpel]**ar**]

es•cal•pe•lar² *v.t.d.* Arrancar a pele do crânio a. [Conjug.: ① [escalpel]**ar**]

es•cal•pe•lo (é) *sm. Cir.* Bisturi de um ou dois gumes, utilizado em dissecações.

es•cal•va•do *adj.* Calvo, careca.

es•ca•ma *sf.* **1.** *Zool.* Cada uma das pequenas lâminas que protegem a pele de alguns peixes e répteis. **2.** *Med.* Cada uma das crostas que se separam da epiderme por efeito de certas moléstias.

es•ca•mar *v.t.d.* **1.** Tirar as escamas a. *Int.* **2.** Desfazer-se em escamas. *P.* **3.** Perder as escamas. [Sin. ger. *descamar*. Conjug.: ① [escam]**ar**]

es•ca•mo•so (ô) *adj.* Coberto de escamas. [Pl.: *–mosos* (ó).]

es•ca•mo•te•ar *v.t.d.* **1.** Fazer desaparecer sem que se note. **2.** Furtar com destreza. **3.** Encobrir com subterfúgios. *P.* **4.** Fugir sorrateiramente. [Conjug.: ⑩ [escamot]**ear**] § es•ca•mo•te:a•ção *sf.*

es•cân•ca•ra *sf.* Estado do que se acha à vista. ♦ **Às escâncaras.** À vista de todos.

es•can•ca•ra•do *adj.* **1.** Claro, patente. **2.** Totalmente aberto.

es•can•ca•rar *v.t.d.* e *p.* **1.** Abrir(-se) inteiramente. **2.** Mostrar(-se). [Conjug.: ① [escancar]**ar**]

es•can•char *v.t.d.* **1.** Separar ao meio. **2.** Abrir (as pernas), ao montar a cavalo, ou ao modo de quem o faz. [Conjug.: ① [escanch]**ar**]

es•can•da•li•zar *v.t.d.* **1.** Causar escândalo (2) a. **2.** Ofender, melindrar. *Int.* **3.** Escandalizar (1 e 2). *P.* **4.** Melindrar-se. [Conjug.: ① [escandaliz]**ar**] § es•can•da•li•zá•vel *adj2g.*

es•cân•da•lo *sm.* **1.** O que é causa ou resultado de erro ou pecado. **2.** Indignação provocada por mau exemplo. **3.** Tumulto, escarcéu. **4.** Fato imoral, revoltante.
es•can•da•lo•so (ô) *adj.* Que escandaliza. [Pl.: *–losos* (ó).]
es•can•di•na•vo *adj.* **1.** Da Escandinávia, península da Europa setentrional. • *sm.* **2.** O natural ou habitante da Escandinávia.
es•can•dir *v.t.d.* Decompor (um verso) em seus elementos métricos. [Conjug.: ③ [escand]**ir**]
es•ca•ne•ar *v.t.d. Inform.* Digitalizar (documento impresso, desenho, fotografia, etc.) por meio de aparelho de leitura óptica (v. *scanner*). [Conjug.: ⑩ [escan]**ear**]
es•can•ga•lhar *v.t.d.* e *p.* Desarranjar(-se); estragar(-se). [Conjug.: ① [escangalh]**ar**]
es•ca•nho•ar *v.t.d.* e *p.* Barbear(-se) com apuro, passando a navalha ou a lâmina uma segunda vez de baixo para cima. [Conjug.: ⑬ [escanh]**oar**]
es•ca•ni•fra•do *adj.* Muito magro; escanzelado.
es•ca•ni•nho *sm.* Pequeno compartimento em gaveta, cofre, armário, etc.
es•can•são *sf.* Ato ou efeito de escandir. [Pl.: *–sões.*]
es•can•tei•o *sm. Bras. Fut.* Córner.
es•can•ze•la•do *adj.* Escanifrado.
es•ca•pa•da *sf.* **1.** Fuga precipitada e às ocultas. **2.** Saída rápida. [Sin. ger.: *escapulida, escapadela.*]
es•ca•pa•de•la *sf.* V. *escapada.*
es•ca•pa•men•to *sm.* Escape.
es•ca•par *v.t.i.* **1.** Livrar-se de perigo ou de acidente funesto, desagradável, etc. **2.** Esquivar-se, furtar-se. **3.** Fugir, livrar-se. **4.** Passar despercebido. **5.** Soltar(-se). *Int.* **6.** Sobreviver. **7.** V. *fugir* (1). [Conjug.: ① [escap]**ar**; part.: *escapado, escapo* e *escape.*]
es•ca•pa•tó•ri:a *sf.* Desculpa, subterfúgio.
es•ca•pe *sm.* Ação ou efeito de escapar(-se); escapamento.
es•ca•po *adj.* Fora de perigo; salvo.
es•ca•pu•la *sf.* Ato de escapulir.
es•cá•pu•la *sf.* Prego de cabeça dobrado em ângulo reto para suspensão dum objeto.
es•ca•pu•lá•ri:o *sm.* V. *bentinho.*
es•ca•pu•li•da *sf.* V. *escapada.*
es•ca•pu•lir *v.t.i., int.* e *p.* V. *fugir* (1). [Conjug.: (57) [escap]**u**[l]**ir**]
es•ca•ra *sf. Med.* Crosta resultante da mortificação de tecido por traumatismo, queimadura, imobilização em leito, etc.
es•ca•ra•be•í•de:o *sm. Zool.* Espécime dos escarabeídeos, família de besouros cujas larvas, brancas e moles, são, ger., daninhas à agricultura. § **es•ca•ra•be•í•de:o** *adj.*
es•ca•ra•fun•char *v.t.d.* **1.** V. *esgaravatar* (2). **2.** Remexer em. [Conjug.: ① [escarafunch]**ar**]
es•ca•ra•mu•ça *sf.* Combate; briga, contenda.
es•ca•ra•ve•lho (ê) *sm. Zool.* Inseto escarabeídeo que se alimenta de excrementos de mamíferos herbívoros.
es•car•céu *sm.* **1.** Vagalhão. **2.** Gritaria, alarido.
es•ca•ri•fi•ca•ção *sf. Med.* Ato de produzir escara. [Pl.: *–ções.*]
es•ca•ri•fi•car *v.t.d. Med.* Produzir escara em. [Conjug.: ⑧ [escarifi]**car**]
es•car•la•te *adj2g.* e *adj2g2n.* **1.** De cor vermelha vivíssima e rutilante. • *sm.* **2.** A cor escarlate.
es•car•la•ti•na *sf. Med.* Doença infecciosa aguda causada por estreptococo e que se caracteriza por febre, amigdalite, faringite, etc.
es•car•men•tar *v.t.d.* **1.** Castigar ou repreender com rigor. *P.* **2.** Ficar advertido pelo dano ou castigo que recebeu. [Conjug.: ① [escarment]**ar**]
es•car•men•to *sm.* **1.** Correção, castigo, punição. **2.** Experiência, lição.
es•car•nar *v.t.d.* **1.** Descobrir (um osso), tirando a carne; descarnar. **2.** Rapar (a pele). *P.* **3.** Perder a pele. [Conjug.: ① [escarn]**ar**]
es•car•ne•cer *v.t.d.* e *t.i.* Fazer escárnio (de). [Conjug.: ㉞ [escarne]**cer**]
es•car•ni•nho *adj.* Que faz ou revela escárnio.
es•cár•ni:o *sm.* **1.** V. *zombaria.* **2.** Desprezo, desdém.
es•ca•ro•la *sf. Bot.* Variedade de chicória.
es•car•pa *sf.* Ladeira íngreme.
es•car•pa•do *adj.* Íngreme.
es•car•ra•dei•ra *sf.* Vaso onde se escarra.
es•car•ran•char *v.t.d.* e *p.* Montar ou assentar(-se) de pernas muito abertas. [Conjug.: ① [escarranch]**ar**]
es•car•ra•pa•char *v.t.d.* **1.** Abrir muito (as pernas). *T.c.* **2.** Estatelar-se. *P.* **3.** Sentar-se muito à vontade. [Conjug.: ① [escarrapach]**ar**]
es•car•rar *v.int.* **1.** Expelir o escarro; expectorar. *T.d.* **2.** Expelir da boca (escarro, sangue). [Conjug.: ① [escarr]**ar**]
es•car•ro *sm.* Matéria oriunda do aparelho respiratório e eliminada pela boca.
es•car•var *v.t.d* **1.** Cavar superficialmente. **2.** Minar. [Conjug.: ① [escarv]**ar**]
es•cas•se•ar *v.t.d.* e *t.d.i.* **1.** Dar com escassez. *Int.* **2.** Fazer-se escasso; rarear. [Conjug.: ⑩ [escass]**ear**]
es•cas•sez (ê) *sf.* **1.** Qualidade de escasso. **2.** Falta, carência.
es•cas•so *adj.* De que há pouco; parco, raro.

es•ca•to•lo•gi•a¹ *sf.* Estudo sobre os excrementos.

es•ca•to•lo•gi•a² *sf. Teol.* Tratado sobre os fins últimos do homem.

es•ca•va•ção *sf.* 1. Ato ou efeito de escavar. 2. Remoção de aterro ou entulho para nivelar ou abrir cortes num terreno. [Pl.: *-ções.*]

es•ca•va•dei•ra *sf.* Nome comum a vários tipos de máquina de escavar e revolver terra.

es•ca•va•dor (ô) *adj.* 1. Que cava ou escava. 2. *Zool.* Que cava o solo, nele formando galerias (diz-se de animais como a toupeira, a ratazana).

es•ca•var *v.t.d.* 1. Formar cavidades em. 2. Cavar em roda. 3. Fazer escavação (2) em. *P.* 4. Formar cova ou cavidade. [Conjug.: ① [escav]**ar**] § **es•ca•va•do** *adj.*

es•ca•vei•ra•do *adj.* Que lembra uma caveira, pelo rosto descarnado.

es•cla•re•cer *v.t.d.* 1. Iluminar, alumiar. 2. Tornar claro, compreensível. 3. Dar explicação a. 4. Ilustrar. *T.d.i.* 5. Esclarecer (3). *Int.* 6. Tornar-se claro. *P.* 7. Informar-se. 8. Ilustrar-se. [Conjug.: ㉞ [esclare]**cer**]

es•cla•re•ci•do *adj.* 1. Que se esclareceu. 2. Instruído, informado. 3. Receptivo a novas idéias e comportamentos.

es•cla•re•ci•men•to *sm.* 1. Ação ou efeito de esclarecer(-se). 2. Explicação, justificação. 3. Informação, dado.

es•cle•rac•tí•ni:o *sm. Zool.* Espécime dos esclerac-
tíníos, ordem de corais antozoários, ger. coloniais, de exosqueleto calcário, considerados os principais construtores de recifes de corais; abrangem os corais-duros e os corais-moles. [Sin.: *madreporário.*] § **es•cle•rac•tí•ni:o** *adj.*

es•cle•rên•qui•ma *sm. Bot.* Tecido vegetal de sustentação, muito duro e resistente, formado por células mortas.

es•cle•ro•sar *v.t.d.* e *p.* Fazer adquirir esclerose, ou adquiri-la. [Conjug.: ① [esclero]**sar**]

es•cle•ro•se *sf. Med.* Endurecimento de órgão, e conseqüente aumento, nele, de formação de tecido conjuntivo. § **es•cle•ró•ti•co** *adj.*

es•cle•ró•ti•ca *sf. Anat.* Membrana branca externa que reveste posteriormente cada globo ocular em cerca de 5/6 e que se continua, anteriormente, com cada córnea.

es•co•a•doi•ro ou **es•co•a•dou•ro** *sm.* Lugar ou cano por onde se escoam águas, etc.

es•co•a•men•to *sm.* 1. Ato de escoar(-se). 2. Declive por onde as águas escoam.

es•co•ar *v.t.d.* 1. Fazer correr lentamente (um líquido). 2. Deixar escorrer. 3. *Bras.* Fazer (o trânsito) fluir. *Int.* 4. Correr, escorrer. 5. Esvair-se. 6. Decorrer, passar(-se). 7. *Bras.* Fluir (o trânsito). *P.* 8. Escoar (3 a 6). [Conjug.: ⑬ [esc]**oar**]

es•co•cês *adj.* 1. Da Escócia (Grã-Bretanha). • *sm.* 2. O natural ou habitante da Escócia.

es•coi•ce•ar *v.t.d.* 1. Dar coice em. 2. Tratar brutalmente; insultar. *Int.* 3. Escoicear (1). [Conjug.: ⑩ [escoic]**ear**]

es•coi•mar *v.t.d.i.* 1. Livrar (de impurezas, ou, *Fig.*, de falhas, etc.); limpar. *P.* 2. Livrar-se. [Conjug.: ① [escoim]**ar**]

es•col *sm.* 1. Elite. 2. As pessoas mais cultas. [Pl.: *-cóis.*]

es•co•la *sf.* 1. Estabelecimento público ou privado onde se ministra ensino coletivo. 2. Alunos, professores e pessoas duma escola. 3. Sistema ou doutrina de pessoa notável em qualquer dos ramos do saber. ◆ **Escola de samba.** *Bras.* Sociedade musical e recreativa, composta de sambistas, passistas, compositores, músicos, figurinistas, etc., e que promove festejos, espetáculos e desfiles (esp. no carnaval).

es•co•la•do *adj. Bras.* Esperto, sabido.

es•co•lar *adj2g.* 1. Relativo a escola. • *sm.* 2. Estudante, aluno.

es•co•la•ri•da•de *sf.* Tirocínio escolar.

es•co•la•ri•zar *v.t.d.* e *p.* Submeter(-se) ao ensino escolar. [Conjug.: ① [escolariz]**ar**]

es•co•lás•ti•ca *sf.* Conjunto de doutrinas teológico-filosóficas da Idade Média, caracterizadas sobretudo pelo problema da relação entre fé e razão. § **es•co•lás•ti•co** *adj.*

es•co•lha (ô) *sf.* 1. Ato ou efeito de escolher. 2. Preferência. 3. Opção. 4. *Bras.* Café inferior.

es•co•lher *v.t.d.* 1. Preferir. 2. Fazer seleção de: *escolher grãos. T.d.i.* e *t.i.* 3. Optar (entre duas ou mais pessoas ou coisas). [Conjug.: ② [escolh]**er**]

es•co•lho (ô) *sm.* Rochedo à superfície da água.

es•co•li•o•se *sf. Med.* Desvio lateral da coluna vertebral. § **es•co•li•ó•ti•co** *adj.*

es•co•lo•pa•cí•de:o *sm. Zool.* Espécime dos escolopacídeos, família de aves caradriiformes, ribeirinhas. § **es•co•lo•pa•cí•de:o** *adj.*

es•col•ta *sf.* 1. Conjunto de policiais, embarcações, aviões, etc., que acompanham ou defendem pessoa(s) ou coisa(s). 2. Séquito. 3. *P. ext.* Ação de escoltar.

es•col•tar *v.t.d.* 1. Acompanhar para defender ou guardar. 2. Ir ao seguir junto de; acompanhar. [Conjug.: ① [escolt]**ar**]

es•com•brí•de:o *sm. Zool.* Espécime dos escombrídeos, família de peixes marinhos, perciformes. Ex.: o atum. § **es•com•brí•de:o** *adj.*

es•com•bros *sm.pl.* Entulhos, destroços.

es•con•de-es•con•de *sm2n.* Jogo infantil em que uma criança deve procurar as outras, que se esconderam.

es•con•der *v.t.d.* 1. Pôr em lugar oculto; ocultar. 2. Não revelar. 3. Disfarçar. *T.d.i.* 4. Esconder (1 e 2). *T.d.c.* 5. Esconder (1). *P.* 6. Ocultar-se. **7.** Disfarçar-se. **8.** Proteger-se. [Conjug.: ② [escond]er]

es•con•de•ri•jo *sm.* Lugar onde alguém ou algo se esconde.

es•con•di•das *El. sm.pl.* Us. na loc. *às escondidas.* ◆ **Às escondidas.** Ocultamente.

es•con•ju•rar *v.t.d.* **1.** Exorcismar. **2.** Fazer imprecações contra; amaldiçoar. **3.** Afastar. *Int.* **4.** Esconjurar (2). *P.* **5.** Lastimar-se. [Conjug.: ① [esconjur]ar]

es•con•ju•ro *sm.* **1.** Juramento com imprecações. **2.** Exorcismo.

es•con•so *adj.* Oculto, escondido.

es•co•pe•ta (ê) *sf.* Antiga espingarda curta.

es•co•po (ô) *sm.* Alvo, mira; intenção.

es•co•pro (ô) *sm.* Instrumento de ferro e aço, para lavrar madeiras, pedras, etc.

es•co•ra *sf.* **1.** V. *esteio* (1). **2.** Amparo, arrimo.

es•co•rar *v.t.d.* **1.** Segurar com escora(s). **2.** Apoiar, amparar. **3.** *Bras.* Esperar (alguém) de emboscada; tocaiar. **4.** *Bras.* Enfrentar, detendo. *T.d.c.* **5.** Escorar (2). *P.* **6.** Amparar-se, estear-se. [Conjug.: ① [escor]ar]

es•cor•bu•to *sm. Med.* Doença devida à carência de vitamina C, e caracterizada pela tendência a hemorragias. § **es•cor•bú•ti•co** *adj.*

es•cor•char *v.t.d.* **1.** Tirar a casca ou cortiça de. **2.** Tirar a pele ou o revestimento de. **3.** Cobrar preço(s) exorbitante(s) a. **4.** Destruir. [Conjug.: ① [escorch]ar]

es•cor•ço (ô) *sm.* **1.** Desenho ou pintura em miniatura. **2.** Resumo, síntese.

es•co•re *sm.* Resultado de uma partida esportiva expresso em números; placar.

es•có•ri:a *sf.* **1.** Resíduo que se forma junto com a fusão dos metais. **2.** V. *ralé* (2).

es•co•ri•ar *v.t.d. e p.* Ferir(-se) superficialmente. [Conjug.: ① [escori]ar] § **es•co•ri:a•ção** *sf.*

es•cor•pi•a•no *sm.* **1.** Indivíduo nascido sob o signo de Escorpião. • *adj.* **2.** Diz-se de, ou pertencente ou relativo a escorpiano.

es•cor•pi•ão *sm.* **1.** *Zool.* Nome comum a aracnídeos escorpionídeos; lacrau. **2.** *Astr.* A oitava constelação do Zodíaco, situada no hemisfério sul. **3.** *Astrol.* O oitavo signo do Zodíaco, relativo aos que nascem entre 23 de outubro e 21 de novembro. [Com inicial maiúscula, nas acepç. 2 e 3.] [Pl.: *–ões.*]

es•cor•pi•o•ní•de:o *sm. Zool.* Espécime dos escorpionídeos, ordem de aracnídeos cujo abdome tem 12 segmentos, os cinco últimos formando cauda com aguilhão, pelo qual inoculam peçonha. § **es•cor•pi•o•ní•de:o** *adj.*

es•cor•ra•çar *v.t.d.* **1.** Pôr para fora, expulsar, com desprezo. **2.** Afugentar, batendo. [Conjug.: ⑨ [escorra]çar]

es•cor•re•ga *sf.* Escorregador (2).

es•cor•re•ga•de•la *sf.* **1.** Ato ou efeito de escorregar; escorregão. **2.** Erro, deslize.

es•cor•re•ga•di:o *adj.* Em que se escorrega facilmente.

es•cor•re•ga•dor (ô) *adj.* **1.** Que escorrega. • *sm.* **2.** Plano inclinado para as crianças se divertirem, escorregando; escorrega.

es•cor•re•gão *sm.* Escorregadela (1). [Pl.: *–gões.*]

es•cor•re•gar *v.int.* **1.** Deslizar com o próprio peso; resvalar. **2.** Ser escorregadio. **3.** Cometer erro, falta, deslize. *T.i.* **4.** Incorrer; cair. **5.** Errar. *T.d.c.* **6.** Deslizar. [Conjug.: ⑪ [escorre]gar]

es•cor•rei•to *adj.* **1.** Sem defeito ou lesão. **2.** Apurado, correto.

es•cor•rer *v.t.d.* **1.** Fazer correr ou esgotar (o líquido). **2.** Tirar a (algo) o líquido com que se achava misturado. *T.c.* **3.** Fluir, escoar. *Int.* **4.** Gotejar, pingar. **5.** Descair, pender. [Conjug.: ② [escorr]er]

es•cor•va *sf.* Porção de pólvora para comunicar fogo à carga dum foguete ou dum tiro de mina.

es•cor•var *v.t.d.* Pôr escorva em. [Conjug.: ① [escorv]ar]

es•co•tei•ro[1] *adj.* **1.** Que viaja sem bagagem. **2.** Só, desacompanhado.

es•co•tei•ro[2] *sm.* **1.** Membro de qualquer unidade de escotismo. [Cf. *bandeirante* (2).] • *adj.* **2.** Relativo ao escotismo.

es•co•ti•lha *sf.* Abertura no convés do navio.

es•co•tis•mo *sm.* Organização mundial de educação fora da escola, fundada por Baden Powell (1857-1941), e que visa a desenvolver, nos jovens, um comportamento baseado em valores éticos.

es•co•va[1] (ô) *sf.* Utensílio para limpar, lustrar, etc., que consta de placa onde são inseridos filamentos flexíveis de cerda, fio sintético ou metal.

es•co•va[2] (ô) *sf.* Escovadela (1).

es•co•va•de•la *sf.* **1.** Ato de escovar; escova. **2.** *Fig.* Repreensão.

es•co•va•do *adj.* **1.** Limpo, ou penteado com escova. **2.** *Pop.* Bem vestido. **3.** *Bras.* Esperto, ladino.

es•co•var *v.t.d.* **1.** Limpar com escova. **2.** Pentear com escova. **3.** Repreender. **4.** Surrar. [Conjug.: ① [escov]ar]

es•cra•va•tu•ra *sf.* **1.** Tráfico de escravos. **2.** Escravidão (2). ●

es•cra•vi•dão *sf.* **1.** Condição de escravo; cativeiro, servidão. **2.** Regime social de sujeição do homem e utilização de sua força para fins econômicos, como propriedade privada; escravatura. [Pl.: *–dões.*]

es•cra•vi•zar *v.t.d.* **1.** Tornar escravo. **2.** Oprimir, subjugar. *P.* **3.** Fazer-se escravo. [Conjug.: ① [escraviz]ar]

es•cra•vo *adj. e sm.* **1.** Que ou aquele que está sujeito a um senhor, como propriedade dele. **2.** Que ou aquele que está inteiramente sujeito a outrem, ou a alguma coisa.

es•cra•vo•cra•ci•a *sf.* O predomínio dos escravocratas.

es•cra•vo•cra•ta *adj2g.* 1. Em que há escravidão, ou que é partidário dela. • *s2g.* 2. Partidário dela.

es•cre•te *sm.* V. *seleção* (2).

es•cre•ven•te *s2g.* Quem copia o que outrem escreve ou dita; escriturário.

es•cre•ver *v.t.d.* 1. Representar por meio de escrita. 2. Compor (obra literária, científica, etc.). 3. *Bras. Pop.* Lançar multa a (infrator de trânsito). *T.d.i.* 4. Dirigir carta(s), bilhete(s), etc. *T.i.* 5. Dirigir carta(s), bilhete(s), etc. *Int.* 6. Compor obra(s) literária(s), científica(s), etc. 7. Exercer a profissão de escritor. *P.* 8. Cartear-se. [Conjug.: ② [escrev]er. Part.: *escrito*.]

es•cre•vi•nhar *v.t.d.* 1. Escrever (coisas de pouco valor, sem proveito). *Int.* 2. Escrever mal. [Conjug.: ① [escrevinh]ar]

es•cri•ba *sm.* 1. Doutor da lei, entre os judeus. • *s2g.* 2. *Pop.* Mau escritor.

es•crí•ni:o *sm.* Cofrezinho estofado, para guardar jóias.

es•cri•ta *sf.* 1. Representação de palavras ou idéias por sinais; escritura. 2. Grafia (1). 3. Ato de escrever. 4. Aquilo que se escreve. 5. Escrituração mercantil. 6. *Bras.* O que constitui uma rotina.

es•cri•to *adj.* 1. Representado ou expresso pela escrita (1). • *sm.* 2. Composição literária ou científica.

es•cri•tor (ô) *sm.* Autor de composições literárias e/ou científicas.

es•cri•tó•ri:o *sm.* 1. Compartimento da casa destinado à leitura e à escrita; gabinete. 2. Lugar onde se faz o expediente duma administração ou se tratam negócios.

es•cri•tu•ra *sf.* 1. Documento autêntico de um contrato. 2. Escrita (1). 3. A Bíblia.

es•cri•tu•rar *v.t.d.* 1. Registrar sistematicamente (contas comerciais). 2. Lavrar (documento autêntico). [Conjug.: ① [escritur]ar] § es•cri•tu•ra•ção *sf.*

es•cri•tu•rá•ri:o *sm.* 1. Quem escritura. 2. Escrevente.

es•cri•va•ni•nha *sf.* Carteira (2).

es•cri•vão *sm.* Oficial público que escreve autos, atas e outros documentos de fé pública. [Fem.: *escrivã*. Pl.: *–vães*.]

es•cró•fu•la *sf. Med. Desus.* Tuberculose de gânglios linfáticos cervicais.

es•cro•fu•lo•so (ô) *adj.* Relativo à, ou que tem escrófula. [Pl.: *–losos* (ó).]

es•cro•que *s2g.* O que se apodera de bens alheios por manobras fraudulentas.

es•cro•to (ô) *sm. Anat.* Bolsa que contém os testículos.

es•crú•pu•lo *sm.* 1. Hesitação ou dúvida de consciência; melindre. 2. Cuidado, zelo.

es•crú•pu•lo•so (ô) *adj.* Que tem escrúpulos. [Pl.: *–losos* (ó).]

es•cru•tar *v.t.d.* Investigar, pesquisar. [Conjug.: ① [escrut]ar]

es•cru•ti•nar *v.int.* e *t.d.* Verificar os votos, apurar o número deles e conferi-los. [Conjug.: ① [escrutin]ar]

es•cru•tí•ni:o *sm.* 1. Votação em urna. 2. Apuração de votos.

es•cu•dar *v.t.d.* 1. Cobrir ou defender com escudo. 2. Proteger, defender. *T.d.i.* 3. Escudar (2). *P.* 4. Estribar-se, apoiar-se. [Conjug.: ① [escud]ar]

es•cu•dei•ro *sm.* Na Idade Média, pajem que carregava o escudo do cavaleiro e acompanhava este à guerra.

es•cu•de•la *sf.* Tigela de madeira, pouco funda.

es•cu•de•ri•a *sf.* Organização proprietária de carros de corrida especialmente fabricados para disputar prêmios.

es•cu•do *sm.* 1. Arma defensiva contra golpes de espada ou de lança. 2. Peça onde se representam as armas ou os brasões. 3. *Zool.* Placa triangular, dura, que recobre o tegumento de certos animais.

es•cu•la•char *v.t.d. Gír.* Descompor, desmoralizar; esculhambar. [Conjug.: ① [esculach]ar] § es•cu•la•cha•do *adj.*

es•cu•lham•bar *Gír. v.t.d.* e *t.i.* 1. V. *esculachar*. 2. Estragar, danificar. *P.* 3. Arruinar-se. [Conjug.: ① [esculhamb]ar]

es•cul•pir *v.t.d.* 1. Trabalhar (pedra, madeira, barro, etc.), imprimindo-lhe uma forma particular. 2. *Fig.* Imprimir. *Int.* 3. Trabalhar como escultor. [Conjug.: ⑤⑧ [esculp]ir]

es•cul•tor (ô) *sm.* Artista que faz a escultura (2).

es•cul•tu•ra *sf.* 1. Arte de plasmar a matéria entalhando a madeira, modelando o barro, etc., para representar em relevo estátuas, figuras, etc. 2. Obra de escultura (1).

es•cul•tu•ral *adj2g.* 1. Concernente à escultura. 2. Que tem formas perfeitas. [Pl.: *–rais*.]

es•cu•ma *sf.* V. *espuma*.

es•cu•ma•dei•ra *sf.* Colher crivada de orifícios, para tirar a escuma dos líquidos; espumadeira.

es•cu•mar *v.t.d.* e *int.* V. *espumar*. [Conjug.: ① [escum]ar]

es•cu•mi•lha *sf.* 1. Chumbo moído para caçar pássaros. 2. Tecido fino e transparente de lã ou seda; espécie de gaze.

es•cu•na *sf.* Antigo navio a vela.

es•cu•ras *El. sf.pl.* Us. na loc. *às escuras.* ♦ **Às escuras.** No escuro.

es•cu•re•cer *v.t.d.* 1. Tornar escuro. 2. Fazer diminuir a luz de. 3. Apagar o brilho, a glória de. 4. Tornar obscuro. 5. Turvar, perturbar. *Int.* 6. Tornar-se escuro. 7. Turvar-se (a vista). **8.** Anoitecer. [Conjug.: 34 [escure]**cer**. Na acepç. 8, é impess.]

es•cu•ri•dão *sf.* **1.** Estado do que é escuro. **2.** Falta de luz; escuro. **3.** *Fís.* Ignorância. [Pl.: *–dões*.]

es•cu•ro *adj.* **1.** Falto de luz; pouco claro. **2.** Tirante a negro. **3.** Misterioso, escuso. **4.** *Bras. Pop.* Preto ou mulato. • *sm.* **5.** Escuridão (2).

es•cu•sa *sf.* **1.** Ato ou efeito de escusar(-se). **2.** Desculpa, justificativa.

es•cu•sa•do *adj.* Inútil, desnecessário.

es•cu•sar *v.t.d.* **1.** Admitir escusas de; desculpar. **2.** Dispensar. **3.** Servir de escusa; justificar. *T.d.i.* **4.** Escusar (1 e 2). *P.* **5.** Desculpar-se. **6.** Recusar-se, negar-se. [Conjug.: 1 [escus]**ar**] § **es•cu•sá•vel** *adj2g.*

es•cu•so *adj.* **1.** Esconso, escondido. **2.** Suspeito.

es•cu•ta *sf.* Ato de escutar. ✦ **Escuta eletrônica.** *Telec.* Sistema de escuta que registra emissões eletromagnéticas provenientes de radares, de redes de telecomunicações, de aviões, etc.

es•cu•tar *v.t.d.* **1.** Tornar-se ou estar atento para ouvir. **2.** Ouvir (1). **3.** Atender os conselhos de. *Int.* **4.** Prestar atenção para ouvir alguma coisa. [Conjug.: 1 [escut]**ar**]

es•cu•ti•for•me *adj2g.* Em forma de escudo (1).

es•drú•xu•lo *adj.* **1.** *Gram.* Proparoxítono. **2.** *Pop.* Esquisito, excêntrico. • *sm.* **3.** *Gram.* Proparoxítono.

❑ **E.S.E.** Abrev. de *és-sudeste*.

es•fa•ce•lar *v.t.d.* **1.** Arruinar, destruir. **2.** Fazer em pedaços. *P.* **3.** Arruinar-se. **4.** Desfazer-se, ou fazer-se em pedaços. [Conjug.: 1 [esfacel]**ar**]

es•fai•ma•do *adj.* V. *faminto*.

es•fal•far *v.t.d.* e *p.* Enfraquecer(-se) por trabalho ou doença; esgotar(-se); extenuar(-se). [Conjug.: 1 [esfalf]**ar**]

es•fa•que•ar *v.t.d.* **1.** Ferir ou matar com faca. *Int.* **2.** *Fam.* Cobrar preço exorbitante. *P.* **3.** Ferir-se mutuamente com faca. [Conjug.: 10 [esfaqu]**ear**]

es•fa•re•lar *v.t.d.* **1.** Converter em farelo; esmigalhar. **2.** Esfacelar (2). *Fig.* Fragmentar. *P.* **4.** Converter-se em farelo, ou como que em farelo. [Conjug.: 1 [esfarel]**ar**]

es•far•ra•pa•do *adj.* **1.** De vestes em farrapos; roto. **2.** *Bras.* Sem consistência (desculpa).

es•far•ra•par *v.t.d.* **1.** Reduzir a farrapos; esfrangalhar. **2.** Rasgar, dilacerar. *P.* **3.** Rasgar-se. [Conjug.: 1 [esfarrap]**ar**]

es•fe•nis•cí•de:o *sm. Zool.* Espécime dos esfeniscídeos, família de aves marinhas com asas modificadas em paletas natatórias; alimentam-se de animais marinhos. São os pingüins. § **es•fe•nis•cí•de:o** *adj.*

es•fe•ra *sf.* **1.** Região do espaço limitada por uma superfície esférica. **2.** Qualquer corpo redondo; bola, globo. **3.** Globo (2). **4.** Ambiente; círculo. **5.** V. *campo* (5).

es•fé•ri•co *adj.* Em forma de esfera (2).

es•fe•ro•grá•fi•ca *adj* e *sf. Bras.* Diz-se da, ou a caneta em cuja ponta há uma esfera metálica que regula a saída da tinta.

es•fi:a•par *v.t.d., int.* e *p.* Desfazer(-se) em fiapos. [Conjug.: 1 [esfiap]**ar**]

es•finc•ter *sm. Anat.* Faixa anular de fibras musculares que, ao relaxarem-se ou contraírem-se, regulam o trânsito de vários ductos naturais do corpo. [Pl.: *esfíncteres*.] § **es•finc•te•ri•a•no** *adj.*

es•fin•ge *sf.* **1.** Monstro mitológico, leão alado com cabeça e busto humanos, que matava os viajantes quando não decifravam o enigma que lhes propunha. **2.** *Fig.* Pessoa misteriosa.

es•fo•gue•ar *v.t.d.* **1.** Afoguear (1 a 3). *P.* **2.** Corar muito; enrubescer. **3.** *Bras.* Perder a calma. [Conjug.: 10 [esfogu]**ear**]

es•fo•la•du•ra *sf.* Ato ou efeito de esfolar(-se).

es•fo•lar *v.t.d.* **1.** Tirar a pele ou o couro de. **2.** Arranhar, escoriar. **3.** Vender caro a. *P.* **4.** Arranhar-se. [Conjug.: 1 [esfol]**ar**] § **es•fo•la•do** *adj.*

es•fo•me•a•do *adj.* V. *faminto*.

es•fo•me•ar *v.t.d.* Causar fome a, por privação de alimentos. [Conjug.: 10 [esfom]**ear**]

es•for•ça•do *adj.* **1.** Vigoroso, enérgico. **2.** Corajoso. **3.** Diligente, aplicado.

es•for•çar *v.t.d.* **1.** Dar força a. **2.** Encorajar. *Int.* e *p.* **3.** Cobrar força, ânimo. **4.** Empregar todas as forças para conseguir algo. [Conjug.: 9 [esfor]**çar**]

es•for•ço (ô) *sm.* **1.** Atividade em que alguém mobiliza todas as suas forças, físicas e/ou morais, para atingir um fim. **2.** Vigor, energia. **3.** Ânimo, coragem.

es•fran•ga•lhar *v.t.d.* e *p.* Esfarrapar(-se). [Conjug.: 1 [esfrangalh]**ar**]

es•fre•ga *sf.* **1.** Ato de esfregar; esfregação. **2.** *Pop.* Surra, sova.

es•fre•ga•ção *sf.* Esfrega (1). [Pl.: *–ções*.]

es•fre•gão *sm.* Pano, etc., de esfregar. [Pl.: *–gões*.]

es•fre•gar *v.t.d.i.* **1.** Passar repetidamente a mão, ou um objeto, pela superfície de (um corpo), para produzir ou aumentar o calor, para limpar, etc.; friccionar. *T.d.* **2.** Roçar (uma coisa com outra). **3.** Friccionar. **4.** Limpar. *P.* **5.** Roçar-se. [Conjug.: 11 [esfre]**gar**]

es•fri•ar *v.t.d., int.* e *p.* **1.** Tornar(-se) frio. **2.** Tornar(-se) insensível, indiferente. [Conjug.: 1 [esfri]**ar**] § **es•fri•a•men•to** *sm.*

es•fu•ma•çar *v.t.d.* **1.** Encher de fumaça. **2.** Defumar (alimentos). *P.* **3.** Encher-se de fumaça. **4.** *Fig.* Sumir; esfumar. [Conjug.: ⑨ [esfuma]**çar**]

es•fu•mar *v.t.d.* **1.** Desenhar a carvão (3). **2.** Esbater com esfuminho. *P.* **3.** Desaparecer pouco a pouco. [Conjug.: ① [esfum]**ar**]

es•fu•mi•nho *sm.* Rolo de feltro, etc., aparado em ponta, para esbater desenho a lápis, a carvão, etc.

es•fu•zi•an•te *adj2g.* **1.** Que esfuzia. **2.** Muito alegre; radiante.

es•fu•zi•ar *v.int.* Zunir como os projetis da fuzilaria. [Conjug.: ① [esfuzi]**ar**]

es•ga•da•nhar *v.t.d.* e *p.* Ferir(-se) com as unhas; arranhar(-se). [Conjug.: ① [esgadanh]**ar**]

es•gal•ga•do *adj.* Magro e alto como um galgo.

es•ga•lhar *v.t.d.* **1.** Desgalhar. *Int.* e *p.* **2.** Dividir-se em novos ramos. [Conjug.: ① [esgalh]**ar**]

es•ga•na•ção *sf.* **1.** Ato de esganar. **2.** Gana, avidez. [Pl.: *-ções.*]

es•ga•na•do *adj.* **1.** Faminto. **2.** Ávido, sôfrego.

es•ga•nar *v.t.d.* Estrangular, sufocar. [Conjug.: ① [esgan]**ar**]

es•ga•ni•çar *v.t.d.* **1.** Tornar (a voz) aguda, à maneira de ganido. *P.* **2.** Cantar com som agudo. [Conjug.: ⑨ [esgani]**çar**] § **es•ga•ni•ça•do** *adj.*

es•gar *sm.* Careta, trejeito.

es•ga•ra•va•ta•dor (ô) *sm.* **1.** Instrumento para limpar pequenos orifícios. **2.** Instrumento para remexer brasas.

es•ga•ra•va•tar ou **es•gra•va•tar** *v.t.d.* **1.** Limpar ou remexer com esgaravatador. **2.** Remexer com as unhas. [Conjug.: ① [esgaravat]**ar**]

es•gar•çar *v.t.d.* **1.** Dividir (o pano), apartando os fios; desfiar. **2.** Desfazer. *Int.* **3.** Abrir-se (o tecido). *P.* **4.** Esgarçar (3). **5.** Desfazer-se. [Conjug.: ⑨ [esgar]**çar**]

es•ga•ze•a•do *adj.* **1.** Deslavado (cor). **2.** Diz-se dos olhos inquietos, com expressão de espanto ou desvairamento.

es•ga•ze•ar *v.t.d.* **1.** Pôr (os olhos) em branco. **2.** Volver (os olhos) com expressão desvairada. [Conjug.: ⑩ [esgaz]**ear**]

es•go•e•lar *v.t.d.* **1.** Dizer aos gritos. *Int.* e *p.* **2.** Gritar alto e muito. [Conjug.: ① [esgoel]**ar**]

es•go•ta•du•ra *sf.* Ato ou efeito de esgotar(-se); esgotamento.

es•go•ta•men•to *sm.* **1.** Esgotadura. **2.** *Restr.* Exaustão (2).

es•go•tar *v.t.d.* **1.** Tirar até a última gota de; haurir. **2.** Consumir, gastar. **3.** Extenuar. **4.** Tratar inteiramente (um assunto). *Int.* **5.** Esgotar (6 a 8). *P.* **6.** Exaurir-se, secar-se. **7.** Ser vendido (livro, jornal, edição, ingresso, etc.) até o último exemplar; acabar. **8.** Gastar-se por inteiro, consumir-se. **9.** Extenuar-se. [Conjug.: ① [esgot]**ar**] § **es•go•ta•do** *adj.*

es•go•to (ô) *sm.* **1.** Cano ou orifício para dar vazão a qualquer líquido. **2.** Canalização para recolha e escoamento de águas pluviais e detritos dum conjunto de edificações.

es•gra•va•tar *v.t.d.* V. *esgaravatar*. [Conjug.: ① [esgravat]**ar**]

es•gri•ma *sf.* Arte de jogar com armas brancas: espada, sabre e florete.

es•gri•mir *v.t.d.* **1.** Jogar ou manejar (armas brancas). *T.i.* **2.** Esgrimir (4). *Int.* **3.** Manejar armas brancas. **4.** Brigar, lutar. [Conjug.: ③ [esgrim]**ir**]

es•gri•mis•ta *s2g.* Pessoa que esgrime.

es•guei•rar *v.t.d.* **1.** Voltar (o olhar, os olhos) sorrateiramente. *P.* **2.** Retirar-se sorrateiramente. [Conjug.: ① [esgueir]**ar**]

es•gue•lha (ê) *sf.* Obliqüidade. ◆ **De esguelha.** De soslaio; de través.

es•gui•char *v.t.d.* **1.** Expelir com força (um líquido) por tubo ou orifício. *Int.* e *t.c.* **2.** Sair por abertura estreita, com ímpeto; jorrar. [Conjug.: ① [esguich]**ar**]

es•gui•cho *sm.* **1.** Ato ou efeito de esguichar. **2.** Jacto de líquido.

es•gui•o *adj.* Alto e delgado.

es•la•vo *sm.* **1.** Grupo étnico e lingüístico que abrange os poloneses, checos, eslovacos, búlgaros, russos e outros povos. **2.** Indivíduo desse grupo. ◆ *adj.* **3.** Desse grupo.

es•ma•e•cer *v.int.* **1.** Perder a cor; desbotar. **2.** Enfraquecer. ᴑ. Desmaiar (pessoa). *P.* **4.** Esmaecer (1). [Conjug.: ㉞ [esmae]**cer**]

es•ma•gar *v.t.d.* **1.** Comprimir até rebentar ou achatar. **2.** Triturar. **3.** Abater. **4.** Suplantar. **5.** Oprimir, tiranizar. **6.** Afligir. [Conjug.: ⑪ [esma]**gar**] § **es•ma•ga•men•to** *sm.*

es•mal•tar *v.t.d.* **1.** Cobrir ou ornar com esmalte. **2.** Matizar. **3.** Ilustrar. [Conjug.: ① [esmalt]**ar**] § **es•mal•ta•do** *adj.*

es•mal•te *sm.* **1.** Substância transparente, aplicável em estado líquido, e que, após a secagem, produz película brilhante, de aspecto vítreo. **2.** *Anat.* Substância que reveste dentina de coroas dentárias. **3.** *Restr.* Espécie de esmalte que se passa nas unhas para embelezá-las.

es•me•ral•da *sf.* Pedra preciosa, em geral verde.

es•me•ral•di•no *adj.* Da cor da esmeralda.

es•me•rar *v.t.d.* **1.** Mostrar esmero em. *P.* **2.** Trabalhar com esmero. **3.** Aperfeiçoar-se. [Conjug.: ① [esmer]**ar**] § **es•me•ra•do** *adj.*

es•me•ril *sm.* **1.** Substância que contém óxido de ferro e que, pulverizada, serve para polir metais, pedras preciosas, etc. **2.** Pedra de amolar; amoladeira, mó. [Pl.: *-ris.*]

es•me•ri•lar ou **es•me•ri•lhar** *v.t.d.* **1.** Polir com esmeril. **2.** Pesquisar. **3.** Apurar. *P.* **4.** Apurar-se. [Conjug.: ① [esmeril(h)]**ar**]

es•me•ro(ê) *sm.* **1.** Cuidado especial num serviço. **2.** Grande apuro.

es•mi•ga•lhar *v.t.d.* e *p.* Reduzir(-se) a migalhas; espedaçar(-se). [Conjug.: ① [esmigalh]**ar**]

es•mi•lo•don•te *sm. Paleont.* Felídeo semelhante ao tigre cujos dentes caninos superiores tinham cerca de 15cm; viveu no plistoceno da América do Sul; tigre-dentes-de-sabre.

es•mir•rar-se *v.p.* Secar, murchar(-se). [Conjug.: ① [esmirr]**ar**[-se]]

es•mi:u•çar *v.t.d.* **1.** Dividir em partes miúdas. **2.** Examinar, analisar. **3.** Explicar com minúcia; destrinçar. [Conjug.: ⑨[esmiu]**çar**. Quanto à acentuação, v. ⑮ *saudar*.]

es•mo(ê) *sm.* Cálculo aproximado; estimativa.
♦ **A esmo. 1.** Ao acaso. **2.** Sem fundamento.

es•mo•la *sf.* O que se dá aos necessitados; espórtula.

es•mo•lam•ba•do *adj.* e *sm. Bras.* Que(m) está com a roupa em molambos.

es•mo•lar *v.t.d.* e *int.* Dar esmola a, ou pedir esmolas. [Conjug.: ① [esmol]**ar**]

es•mo•ler(lér) *adj2g.* e *s2g.* **1.** Que ou quem dá esmolas. **2.** *Bras. Pop.* Que ou quem as pede.

es•mo•re•cer *v.t.d.* **1.** Tirar o ânimo a. **2.** Diminuir a intensidade de. *Int.* **3.** Perder o ânimo; desanimar(-se). **4.** Desmaiar. **5.** Apagar-se. **6.** Extinguir-se. [Conjug.: ㉞ [esmore]**cer**] § **es•mo•re•ci•do** *adj.*; **es•mo•re•ci•men•to** *sm.*

es•mur•rar *v.t.d.* Dar murros em. [Conjug.: ① [esmurr]**ar**]

es•no•bar *v.t.d.* **1.** Tratar com desprezo a. *Int.* **2.** Proceder como esnobe. [Conjug.: ① [esnob]**ar**] § **es•no•ba•ção** *sf.* (*bras.*).

es•no•be *adj.* **1.** Que tem ou denota esnobismo. • *s2g.* **2.** Pessoa esnobe.

es•no•bis•mo *sm.* **1.** Tendência a desprezar relações humildes e a admirar e/ou respeitar com exagero os que têm grande prestígio ou alta posição social. **2.** Exacerbado sentimento de superioridade.

és-nor•des•te *sm.* Ponto do horizonte situado entre o E. e o N.E. [Abrev.: *E.N.E.* Pl.: *és-nordestes.*]

e•so•fa•gi•a•no *adj.* Do esôfago, ou relativo a ele.

e•sô•fa•go *sm. Anat.* Órgão que comunica a faringe com o estômago.

e•so•té•ri•co *adj.* **1.** Relativo ao esoterismo (1 e 2). **2.** Diz-se de ensinamento ligado ao ocultismo. **3.** Diz-se de ensinamento reservado a poucos. [Cf. *exotérico.*]

e•so•te•ris•mo *sm.* **1.** Doutrina que preconiza que o ensinamento da verdade deve limitar-se a um pequeno número de indivíduos, escolhidos por sua inteligência e/ou valor moral. **2.** *P. ext.* Ocultismo.

es•pa•çar *v.t.d.* **1.** Abrir intervalos entre; espacejar. **2.** Adiar. **3.** Aumentar o intervalo (2) entre. [Conjug.: ⑨ [espa]**çar**]

es•pa•ce•jar *v.t.d.* **1.** Espaçar (1). **2.** *Tip.* Abrir espaços entre (palavras, letras, linhas). [Conjug.: ① [espacej]**ar**] § **es•pa•ce•ja•men•to** *sm.*

es•pa•ci•al *adj2g.* Relativo ao espaço (4), ou que nele se realiza. [Pl.: *–ais.*]

es•pa•ço *sm.* **1.** Distância entre dois pontos, ou a área ou o volume entre limites determinados. **2.** Lugar mais ou menos bem delimitado, cuja área pode conter alguma coisa. **3.** Extensão indefinida. **4.** O Universo. **5.** Período ou intervalo de tempo. **6.** Em texto escrito ou impresso, o claro que constitui a separação entre as palavras e, às vezes, também entre as letras de uma palavra; branco. ♦ **Espaço n-dimensional.** *Mat.* Espaço em que cada ponto é univocamente caracterizado por um conjunto de *n* números.

es•pa•ço•na•ve *sf.* Veículo espacial, ger. tripulado; astronave, cosmonave, nave espacial.

es•pa•ço•so(ô) *adj.* Extenso, amplo. [Pl.: *–çosos* (ó).]

es•pa•ço-tem•po *sm.* Espaço us. na teoria da relatividade, formado pelas três dimensões espaciais mais uma quarta dimensão de tempo, conectadas entre si e de mesma natureza geométrica. [Pl.: *espaços-tempos* e *espaços-tempo.*]

es•pa•da *sf.* Arma branca de lâmina comprida e pontiaguda, com um ou dois gumes.

es•pa•da•chim *s2g.* **1.** Quem luta com espada. **2.** Brigão, valentão. [Pl.: *–chins.*]

es•pa•da•gão *sm.* Espada grande. [Pl.: *–gões.*]

es•pa•da•na *sf.* **1.** Coisa em forma de espada. **2.** Labareda. **3.** Barbatana de peixe.

es•pa•da•nar *v.t.d.* **1.** Deixar cair em borbotões. *Int.* **2.** Sair em borbotões. [Conjug.: ① [espadan]**ar**]

es•pa•dar•te *sm. Zool.* Peixe xifiídeo do Atlântico.

es•pa•das *sf.pl.* Um dos quatro naipes, preto, figurado com o ferro (2) duma lança.

es•pa•dá•ú•do *adj.* De espáduas largas.

es•pa•dim *sm.* Pequena espada. [Pl.: *–dins.*]

es•pá•du:a *sf.* A omoplata e as partes moles que a revestem; espalda.

es•pa•gue•te *sm.* Macarrão em fios, feito de sêmola de trigo.

es•pai•re•cer *v.t.d.* e *int.* Distrair(-se), recrear(-se). [Conjug.: ㉞ [espaire]**cer**]

es•pal•da *sf.* **1.** Espádua. **2.** V. *espaldar.*

es•pal•dar *sm.* Costas de cadeira; espalda, respaldo.

es•pa•lha•fa•to *sm.* Balbúrdia, estardalhaço.

es•pa•lha•fa•to•so(ô) *adj.* Que faz espalhafato. [Pl.: *–tosos* (ó).]

es•pa•lha•men•to *sm.* 1. Ato de espalhar(-se). 2. *Fís. Nucl.* Modificação da trajetória duma partícula quando esta interage com outra partícula e que pode, ou não, ser acompanhada de variação da energia da partícula espalhada.

es•pa•lhar *v.t.d.* 1. Lançar para diferentes lados. 2. Dispersar. 3. Divulgar. 4. Emitir. *T.d.i.* 5. Infundir, incutir. *Int.* 6. Dispersar-se. *P.* 7. Debandar. 8. Difundir-se. 9. Divulgar-se. [Conjug.: ① [espalh]**ar**]

es•pal•mar *v.t.d.* 1. Tornar plano como a palma da mão; aplainar. 2. Aparar (a bola, peteca, etc.) com a(s) mão(s). *Int.* 3. Espalmar (2). [Conjug.: ① [espalm]**ar**] § **es•pal•ma•do** *adj.*

es•pa•na•dor (ô) *sm.* Utensílio para espanar, feito de penas, de tiras de pano, etc.

es•pa•nar *v.t.d.* Sacudir o pó de. [Conjug.: ① [espan]**ar**]

es•pan•car *v.t.d.* Agredir com pancadas; surrar. [Conjug.: ⑧ [espan]**car**] § **es•pan•ca•men•to** *sm.*

es•pa•nhol *adj.* 1. Da Espanha (Europa). • *sm.* 2. O natural ou habitante da Espanha. 3. A língua espanhola. [Fem.: *espanhola.* Pl.: –*nhóis.*]

es•pa•nho•lis•mo *sm.* Palavra, ou construção própria do espanhol (3).

es•pan•ta•di•ço *adj.* Que se espanta facilmente.

es•pan•ta•do *adj.* Cheio de espanto, de pasmo; aturdido, atônito.

es•pan•ta•lho *sm.* 1. Boneco ou qualquer objeto que se põe no campo para espantar e afugentar aves ou roedores. 2. Pessoa feia.

es•pan•tar *v.t.d.* 1. Causar espanto a. *Int.* 2. Causar espanto. *P.* 3. Encher-se de espanto. [Sin. ger.: *sarapantar.* Conjug.: ① [espant]**ar**]

es•pan•to *sm.* 1. Pasmo, admiração. 2. Sobressalto. 3. Admiração, enleio.

es•pan•to•so (ô) *adj.* Que causa espanto; extraordinário. [Pl.: –*tosos* (ó).]

es•pa•ra•dra•po *sm.* Tira de material aderente usada para manter curativos no lugar, etc.

es•par•gir ou **es•par•zir** *v.t.d.* 1. Espalhar ou derramar (um líquido). 2. Espalhar em borrifos ou pequenas porções. [Var.: *esparzir.* Conjug.: ㊺ [espar]**gir**. Para alguns autores, só se deve conjugar nas f. em que ao *g* se seguir *e* ou *i*; para outros, deve-se conjugar em todas as f. Raramente é us. na 1ª pess. sing. do pres. ind. e, pois, no pres. subj.]

es•par•ra•mar *v.t.d.* e *p.* Espalhar(-se), dispersar(-se). [Conjug.: ① [esparram]**ar**] § **es•par•ra•ma•ção** *sf.*

es•par•re•la *sf.* 1. Armadilha de caça. 2. Logro.

es•par•so *adj.* Disperso, espalhado.

es•par•ta•no *adj.* 1. De Esparta (Grécia). 2. Sóbrio, austero (à maneira dos espartanos

antigos). • *sm.* 3. O natural ou habitante de Esparta.

es•par•ti•lho *sm.* Colete com barbatanas us. outrora pelas mulheres.

es•par•to *sm. Bot.* Planta das gramíneas, medicinal, e de que se fazem cestas, cordas, etc.

es•par•zir *v.t.d.* V. *espargir.* [Conjug.: ㊺ [esparz]**ir**]

es•pas•mo *sm. Med.* Contração súbita e involuntária de músculo(s), acompanhada de dor e de distúrbio funcional.

es•pas•mó•di•co *adj.* Que se manifesta por espasmo, ou da natureza dele.

es•pa•ta *sf. Bot.* Bráctea ampla que envolve espiga como, p. ex., no antúrio.

es•pa•ti•far *v.t.d.* e *p.* Fazer(-se) em pedaços; despedaçar(-se). [Conjug.: ① [espatif]**ar**]

es•pá•tu•la *sf.* Espécie de faca de madeira, metal, etc., para abrir os livros ou espalmar, amolecer ou misturar preparações farmacêuticas.

es•pa•ven•tar *v.t.d.* e *p.* Espantar(-se), assustar(-se). [Conjug.: ① [espavent]**ar**]

es•pa•ven•to *sm.* 1. Espanto, susto. 2. Aparato.

es•pa•vo•rir *v.t.d.* e *p.* Apavorar(-se), assustar(-se). [Conjug.: ㊾ [espavor]**ir**] § **es•pa•vo•ri•do** *adj.*

es•pe•car *v.t.d.* Suster em espeque. [Conjug.: ⑧ [espe]**car**]

es•pe•ci•al *adj2g.* 1. Relativo a uma espécie; próprio, específico. 2. Exclusivo, reservado. 3. Fora do comum. [Pl.: –*ais.*]

es•pe•ci•a•li•da•de *sf.* 1. Qualidade de especial. 2. Coisa muito fina ou rara. 3. Trabalho, profissão (ou ramo dentro de uma profissão).

es•pe•ci•a•lis•ta *s2g.* Pessoa que se dedica a determinada especialidade (3).

es•pe•ci•a•li•zar *v.t.d.* 1. Mencionar ou tratar à parte, de modo especial. *P.* 2. Dedicar-se a uma especialidade (3). [Conjug.: ① [especializ]**ar**] § **es•pe•ci•a•li•za•ção** *sf.*

es•pe•ci•a•ri•a *sf.* Qualquer droga aromática (canela, noz-moscada, etc.) para condimentar iguarias.

es•pé•cie *sf.* 1. Gênero, natureza, qualidade. 2. Condição, casta. 3. Aparência, simulacro. 4. *Biol.* Unidade biológica fundamental: grupo de organismos vivos muito semelhantes entre si e aos ancestrais, e que se cruzam.

es•pe•ci•fi•car *v.t.d.* 1. Indicar a espécie de. 2. Explicar minuciosamente. [Conjug.: ⑧ [especifi]**car**]

es•pe•ci•fi•ci•da•de *sf.* 1. Qualidade de específico. 2. Qualidade típica duma espécie.

es•pe•cí•fi•co *adj.* 1. De, ou próprio de espécie. 2. Exclusivo, especial.

es•pé•ci•me ou **es•pé•ci•men** (*P. us.*) *sm.* 1. Modelo, amostra. 2. *Bot. Zool.* Indivíduo representante de uma família, de uma classe, etc.

es•pe•ci•o•so (ò) *adj.* **1.** De aparência enganadora. **2.** Belo, atraente. [Pl.: *–osos* (ó).]

es•pec•ta•dor (ò) *sm.* **1.** Testemunha (1). **2.** Aquele que assiste a um espetáculo.

es•pec•tro *sm.* **1.** Figura imaginária. **2.** V. *fantasma* (3).

es•pe•cu•la•ção *sf.* **1.** Ato ou efeito de especular². **2.** Negócio em que uma das partes abusa da honradez da outra. [Pl.: *–ções*.]

es•pe•cu•lar¹ *adj2g.* **1.** Relativo a espelho. **2.** *Med.* Relativo a exame realizado com espéculo.

es•pe•cu•lar² *v.t.d.* **1.** Examinar com atenção; averiguar; pesquisar. *T.i.* **2.** Valer-se de certa posição, ou de circunstância, etc., para obter vantagens. **3.** Informar-se minuciosamente. **4.** Meditar, refletir. *Int.* **5.** Meditar, refletir. **6.** Meter-se em operações financeiras visando apenas a lucros. [Conjug.: ① [especul]**ar**] § **es•pe•cu•la•dor** (ô) *adj.* e *sm.*

es•pe•cu•la•ti•vo *adj.* Em que há especulação, ou caracterizado por ela.

es•pé•cu•lo *sm.* Instrumento médico com que se examina o interior de conduto ou de cavidade do corpo.

es•pe•da•çar *v.t.d.* e *p.* V. *despedaçar*. [Conjug.: ⑨ [espeda]**çar**]

es•pe•lhan•te *adj2g.* Brilhante como um espelho.

es•pe•lhar *v.t.d.* **1.** Converter em espelho. **2.** Refletir como um espelho; retratar. *Int.* **3.** Refletir a luz como um espelho; brilhar. *P.* **4.** Ver-se em espelho. **5.** Refletir-se, brilhar. [Conjug.: ① [espelh]**ar**]

es•pe•lho (ê) *sm.* **1.** *Ópt.* Superfície refletora de raios luminosos. **2.** Objeto que serve para refletir as imagens das pessoas e coisas. **3.** Modelo, exemplo. **4.** *Eng. Elétr.* Tampa de caixa de derivação de condutor¹ (4) ou de uma caixa para interruptor ou para tomada.

es•pe•lun•ca *sf.* Local sujo e/ou escuso onde, em geral, se joga carteado, roleta, etc.

es•pe•que *sm.* V. *esteio* (1).

es•pe•ra *sf.* **1.** Ato ou efeito de esperar. **2.** Expectativa. **3.** Demora. **4.** V. *emboscada* (1).

es•pe•ran•ça *sf.* **1.** Ato de esperar o que se deseja. **2.** Expectativa. **3.** Fé em conseguir o que se deseja. **4.** O que se espera ou deseja. **5.** *Rel.* A segunda das três virtudes teologais (q. v.). **6.** *Bras. Zool.* Inseto ortóptero saltador, ger. verde.

es•pe•ran•ça•do *adj.* Que tem esperança.

es•pe•ran•çar *v.t.d.* **1.** Dar esperança(s) a; animar. *P.* **2.** Ter esperança. [Conjug.: ⑨ [esperan]**çar**]

es•pe•ran•ço•so (ò) *adj.* Cheio de esperança. [Pl.: *–çosos* (ó).]

es•pe•ran•to *sm. Gloss.* Língua artificial, elaborada por Ludwik Lejzer Zamenhof (1859-1917).

es•pe•rar *v.t.d.* **1.** Ter esperança em. **2.** Estar ou ficar à espera de. **3.** Supor, presumir. **4.** Aguardar em emboscada. *T.i.* **5.** Confiar. **6.** Ter esperança. *Int.* **7.** Estar na expectativa. [Conjug.: ① [esper]**ar**]

es•per•di•çar *v.t.d.* V. *desperdiçar* (1). [Conjug.: ⑨ [esperdi]**çar**]

es•per•ma *sm. Biol.* Líquido fecundante produzido pelos órgãos genitais dos animais machos; sêmen.

es•per•ma•ce•te *sm.* Substância com que se fabricam velas de iluminação.

es•per•ma•to•zói•de *sm. Biol.* Célula sexual masculina, móvel.

es•per•ne•ar *v.int.* Agitar as pernas. [Conjug.: ⑩ [espern]**ear**]

es•per•ta•lhão *adj.* e *sm.* Diz-se de, ou homem muito esperto, finório. [Fem.: *espertalhona*. Pl.: *–lhões*.]

es•per•tar *v.t.d.* **1.** Tornar esperto (1). **2.** V. *despertar* (1). *Int.* e *p.* **3.** V. *despertar* (7 e 9). **4.** Animar-se (5 e 6). [Conjug.: ① [espert]**ar**]

es•per•te•za (ê) *sf.* Qualidade, ação, modos ou dito de pessoa esperta.

es•per•to *adj.* **1.** Acordado, desperto. **2.** Inteligente, fino. **3.** Ativo, vivo. **4.** Velhaco, finório. **5.** Quase quente. [Cf. *experto*.]

es•pes•sar *v.t.d.* e *p.* Tornar(-se) espesso. [Conjug.: ① [espess]**ar**] § **es•pes•sa•men•to** *sm.*

es•pes•so (ê) *adj.* **1.** Grosso, denso. **2.** Basto, cerrado. **3.** Compacto, sólido.

es•pes•su•ra *sf.* Qualidade de espesso.

es•pe•ta•cu•lar *adj2g. Bras.* **1.** Que constitui espetáculo (1). **2.** Ótimo, excelente.

es•pe•tá•cu•lo *sm.* **1.** Tudo o que chama a atenção, atrai e prende o olhar. **2.** Representação teatral, ou semelhante; função. **3.** Cena ridícula ou escandalosa.

es•pe•ta•cu•lo•so (ò) *adj.* **1.** Que dá muito na vista. **2.** Ostentoso, pomposo. **3.** Espalhafatoso. [Pl.: *–losos* (ó).]

es•pe•tar *v.t.d.* **1.** Furar com espeto. *P.* **2.** Cravar-se. **3.** Ferir-se. **4.** Arrepiar-se. [Conjug.: ① [espet]**ar**]

es•pe•to (ê) *sm.* **1.** Utensílio de ferro ou pau, para assar carne. **2.** Pau aguçado numa das extremidades. **3.** *Fig.* Pessoa muito alta e magra.

es•pe•vi•ta•do *adj.* Vivo; petulante; saliente.

es•pe•zi•nhar *v.t.d.* **1.** Calcar aos pés; pisar. **2.** Humilhar, rebaixar. [Conjug.: ① [espezinh]**ar**]

es•pi•a¹ *s2g.* **1.** Pessoa que às escondidas espreita as ações de alguém. **2.** Sentinela, vigia. **3.** Espião.

es•pi•a² *sf.* Qualquer cabo que se amarra no alto de mastros ou postes para mantê-los em equilíbrio.

es•pi•a•da *sf. Bras.* **1.** Ato de espiar (1 e 3) rapidamente; espiadela.

es•pi•a•de•la *sf.* Espiada.

es•pi•ão *sm.* **1.** Indivíduo que delata, por incumbência, o que observou e/ou escutou. **2.** Agente secreto; espia. [Fem.: *espiã.* Pl.: *–ões.*]

es•pi•ar *v.t.d.* **1.** Observar em segredo; espionar. **2.** Aguardar (ensejo, ocasião). **3.** *Bras.* Observar, olhar. *T.i.* e *int.* **4.** Espiar (3). [Cf. *expiar.*] [Conjug.: [1] [espi]**ar**]

es•pi•ca•çar *v.t.d.* **1.** Ferir com o bico. **2.** Picar com instrumento agudo. **3.** Instigar, incitar. **4.** Afligir; torturar. [Conjug.: [9] [espica]**çar**]

es•pi•char *v.t.d.* **1.** Esticar, estender. *Int.* **2.** Crescer. **3.** *Pop.* V. *morrer* (1). *P.* **4.** Deitar-se. [Conjug.: [1] [espich]**ar**]

es•pi•ga *sf.* **1.** *Bot.* Inflorescência caracterizada por flores sésseis dispostas ao longo do eixo. **2.** *Fam.* Contratempo.

es•pi•ga•do *adj.* **1.** Que criou espiga. **2.** Diz-se de pessoa magra e de grande estatura.

es•pi•gão *sm.* **1.** Espiga grande. **2.** Pico de serra, monte ou rochedo. **3.** Divisor das águas do telhado. **4.** *Bras.* Edifício com muitos andares. [Pl.: *–gões.*]

es•pi•gar *v.int.* **1.** Criar espiga (o milho, o trigo, etc.). **2.** Desenvolver-se, crescer. [Conjug.: [11] [espi]**gar**]

es•pi•na•frar *v.t.d. Bras. Gír.* Repreender ou criticar com dureza. [Conjug.: [1] [espinafr]**ar**] § **es•pi•na•fra•ção** *sf.* (*Bras. Gír.*)

es•pi•na•fre *sm. Bot.* Erva quenopodiácea, hortense.

es•pin•gar•da *sf.* Arma de fogo, de cano longo.

es•pin•gar•de•ar *v.t.d.* Ferir ou matar com espingarda. [Conjug.: [10] [espingard]**ear**]

es•pi•nha *sf.* **1.** *Anat.* Designação genérica de saliência óssea em forma de espinho. **2.** *Pop.* A coluna vertebral. **3.** Osso de peixe. **4.** Borbulha da pele, sobretudo a do rosto. ◆ **Espinha dorsal. 1.** A coluna vertebral. **2.** *Fig.* Aquilo que dá sustentação, que constitui a estrutura principal.

es•pi•nha•ço *sm.* **1.** Coluna vertebral. **2.** *Pop.* Costas. **3.** Serro.

es•pi•nhal *adj2g.* Relativo à espinha (1 e 2). [Pl.: *–nhais.*]

es•pi•nhar *v.t.d.* e *p.* **1.** Picar(-se) ou ferir(-se) com espinho. **2.** Irritar(-se). [Conjug.: [1] [espinh]**ar**]

es•pi•nhei•ro *sm. Bot.* Arbusto rutáceo; fornece condimento.

es•pi•nhe•la *sf. Pop.* O apêndice cartilaginoso do esterno.

es•pi•nhen•to *adj.* Cheio de espinhos ou espinhas.

es•pi•nho *sm.* **1.** *Bot.* Excrescência dura e pungente da epiderme duma planta. **2.** Pico, ponta. **3.** Cerda do ouriço ou do porco-espinho. **4.** Dificuldade, embaraço.

es•pi•nho•so (ô) *adj.* **1.** Que tem espinhos ou espinhas. **2.** Embaraçoso. [Pl.: *–nhosos* (ó).]

es•pi•no•te•ar *v.int.* Dar pinotes. [Conjug.: [10] [espinot]**ear**]

es•pi•o•nar *v.t.d.* Espreitar ou investigar como espião. **2.** Espiar (1). [Conjug.: [1] [espion]ar] § **es•pi•o•na•gem** *sf.*

es•pi•ra *sf.* **1.** Configuração da espiral. **2.** Cada volta da espiral. **3.** *Eng. Elétr.* Cada volta de uma bobina.

es•pi•ral *sf.* **1.** *Geom.* Curva plana gerada por um ponto móvel que gira em torno de um ponto fixo, ao mesmo tempo que dele se afasta ou se aproxima segundo uma lei determinada. **2.** Curva ou sinuosidade que lembra a espiral (1). [Pl.: *–rais.*]

es•pi•ra•la•do *adj.* Em forma de espiral.

es•pi•ra•lar *v.t.d., int.* e *p.* Dar forma de espiral a, ou tomá-la. [Conjug.: [1] [espiral]**ar**]

es•pi•ri•lo *sm. Patol.* Designação genérica de bactéria em forma de filamento alongado e helicoidal. § **es•pi•ri•lar** *adj2g.*

es•pí•ri•ta *adj2g.* **1.** Relativo ao espiritismo. • *s2g.* **2.** Partidário dele. [Sin. ger.: *espiritista.*]

es•pi•ri•tis•mo *sm. Rel.* Doutrina baseada na crença da sobrevivência da alma e da existência de comunicações entre vivos e mortos.

es•pi•ri•tis•ta *adj2g.* e *s2g.* V. *espírita.*

es•pí•ri•to *sm.* **1.** A parte imaterial do ser humano; alma. **2.** Entidade sobrenatural ou imaginária, como os anjos, o diabo, os duendes. **3.** Inteligência. **4.** V. *humor* (3). **5.** Pensamento, idéia. **6.** Líquido obtido pela destilação; álcool.

es•pí•ri•to-san•ten•se *adj2g.* **1.** Do ES. • *s2g.* **2.** O natural ou habitante desse estado. [Sin. ger.: *capixaba.* Pl.: *espírito-santenses.*]

es•pi•ri•tu•al *adj2g.* Relativo ao espírito (1). [Pl.: *–ais.*]

es•pi•ri•tu•a•li•da•de *sf.* **1.** Qualidade ou caráter de espiritual. **2.** Progresso metódico dos valores espirituais.

es•pi•ri•tu•a•lis•mo *sm.* Doutrina cuja base é a prioridade do espírito com relação às condições materiais. § **es•pi•ri•tu•a•lis•ta** *adj2g.* e *s2g.*

es•pi•ri•tu•a•li•zar *v.t.d.* **1.** Converter em espírito. *P.* **2.** Despir-se de afeições terrenas. **3.** Buscar a espiritualidade (2). [Conjug.: [1] [espiritualiz]**ar**] § **es•pi•ri•tu•a•li•za•ção** *sf.*

es•pi•ri•tu•o•so (ô) *adj.* **1.** Que tem ou denota espírito (3 e 4). **2.** Alcoólico (1). [Pl.: *–osos* (ó).]

es•pir•ra•dei•ra *sf. Bras. Bot.* Arbusto apocináceo, ornamental.

es•pir•rar *v.t.d.* **1.** Expelir. **2.** Dar, soltar. *Int.* **3.** Dar espirro. **4.** Jorrar. *T.c.* **5.** Espirrar (4). [Conjug.: [1] [espirr]**ar**]

es•pir•ro *sm.* Expiração violenta e estrepitosa.

es•pla•na•da *sf.* Terreno urbano plano e descoberto.

es•plên•di•do *adj.* **1.** Que tem esplendor (1). **2.** Grandioso; suntuoso. **3.** *Fam.* Excelente.

es•plen•dor (ô) *sm.* **1.** Fulgor, resplendor. **2.** Suntuosidade. **3.** Grandeza.

es•po•car *v.int. Bras.* Estourar, pipocar. [Conjug.: ⑧ [espo]**car**. Norm. só é us. nas 3ᵃˢ pess.]

es•po•jar-se *v.p.* Estender-se e rebolar-se no chão. [Conjug.: ① [espoj]**ar**[-se]]

es•po•le•ta (ê) *sf.* Cápsula que inflama a carga dos projetis ocos, causando o disparo.

es•po•li•ar *v.t.d.* e *t.d.i.* Privar de algo por fraude ou violência; esbulhar. [Conjug.: ① [espoli]**ar**] § **es•po•li•a•ção** *sf.*; **es•po•li•a•dor** (ô) *adj.* e *sm.*

es•pó•li•o *sm.* Bens que alguém, morrendo, deixou.

es•pon•gi•á•ri•o *sm.* e *adj. Zool.* V. *porífero*.

es•pon•ja *sf.* **1.** *Zool.* Qualquer espécime dos poríferos; esponja-do-mar. **2.** Substância porosa e leve, deles proveniente, ou de material sintético.

es•pon•ja-do-mar *sf. Zool.* Esponja (1). [Pl.: *esponjas-do-mar*.]

es•pon•jo•so (ô) *adj.* Que tem a natureza ou a aparência da esponja. [Pl.: *–josos* (ó).]

es•pon•sais *sm.pl.* Noivado (1).

es•pon•sal *adj2g.* Relativo a esposos. [Pl.: *–sais*.]

es•pon•sa•lí•ci•o *adj.* Relativo a esponsais.

es•pon•tâ•ne•o *adj.* **1.** Voluntário (2). **2.** Que se desenvolve, ou vegeta, sem intervenção humana. § **es•pon•ta•nei•da•de** *sf.*

es•pon•tar *v.t.d.* **1.** Aparar ou cortar as pontas a. *Int.* **3.** Despontar. [Conjug.: ① [espont]**ar**]

es•po•ra *sf.* Artefato de metal que se põe no tacão do calçado para incitar o animal que se monta.

es•po•ra•da *sf.* Picada com espora.

es•po•rân•gi•o *sm. Biol.* Célula ou corpo onde se formam esporos.

es•po•rão *sm.* **1.** Saliência córnea do tarso de alguns machos galináceos. **2.** Contraforte duma parede. [Pl.: *–rões*.]

es•po•re•ar *v.t.d.* **1.** Ferir, picar, excitar com espora. **2.** Estimular, excitar. *T.d.i.* **3.** Esporear (2). [Conjug.: ① [espor]**ear**]

es•po•rí•fe•ro *adj.* Que tem esporos.

es•po•ro *sm. Biol.* Célula reprodutora de várias plantas e microrganismos, que se pode desenvolver em um indivíduo sem fundir-se com outra célula.

es•po•ró•fi•to *sm. Bot.* Vegetal que apresenta esporos.

es•po•ro•zo•á•ri•o *sm. Zool.* Espécime dos esporozoários, classe de protozoários parasitas que se reproduzem por ciclo alterno, ora sexuado, ora por esporulação. Ex.: o causador da malária. § **es•po•ro•zo•á•ri•o** *adj.*

es•por•ro (ô) *sm. Bras. Chulo* **1.** V. *esperma*. **2.** Bagunça, desordem. **3.** Repreensão violenta.

es•por•te *sm.* **1.** O conjunto dos exercícios físicos praticados com método, individualmente ou em equipe; desporte, desporto. **2.** Qualquer deles. **3.** *Fig.* Entretenimento.

es•por•tis•ta *s2g.* Quem se dedica ao esporte.

es•por•ti•vo *adj.* **1.** Relativo ao esporte. **2.** Que é dado à prática do esporte. **3.** Próprio de quem é esportivo (2).

es•pôr•tu•la *sf.* **1.** V. *gorjeta*. **2.** Esmola.

es•po•ru•la•ção *sf.* Formação de esporos. [Pl.: *–ções*.]

es•po•sa (ô) *sf.* Mulher (em relação ao marido).

es•po•sar *v.t.d.* **1.** Unir em casamento; casar. **2.** Receber por esposa ou esposo; desposar. **3.** Defender com interesse. *P.* **4.** Casar-se. [Conjug.: ① [espos]**ar**]

es•po•so (ô) *sm.* Marido. [Pl.: *–posos* (ô).]

es•pos•te•jar *v.t.d.* Cortar em postas; retalhar. [Conjug.: ① [espostej]**ar**]

es•prai•ar *v.t.d.* **1.** Lançar à praia. **2.** Estender. **3.** Espalhar. **4.** Espairecer. *P.* **5.** Estender-se pela praia. **6.** Expandir-se, estender-se. **7.** Divagar sobre um assunto. [Conjug.: ① [esprai]**ar**] § **es•prai•a•men•to** *sm.*

es•pre•gui•ça•dei•ra *sf.* Cadeira com encosto reclinado ou reclinável e lugar para se estenderem as pernas.

es•pre•gui•çar-se *v.p.* Estirar os membros por sono ou moleza. [Conjug.: ⑨ [espregui]**çar**[-se]]

es•prei•ta *sf.* Ato de espreitar.

es•prei•tar *v.t.d.* **1.** Observar ocultamente; espiar. **2.** Observar com atenção. [Conjug.: ① [espreit]**ar**]

es•pre•me•dor (ô) *adj.* **1.** Que espreme. • *sm.* **2.** Aquele ou aquilo que espreme. **3.** Aparelho para retirar, espremendo, suco de frutas, de vegetais.

es•pre•mer *v.t.d.* **1.** Comprimir para extrair o suco. **2.** Comprimir, apertar. **3.** Interrogar com insistência. *P.* **4.** Apertar-se, comprimir-se. [Conjug.: ② [esprem]**er**]

es•pul•gar *v.t.d.* Tirar as pulgas a. [Conjug.: ⑪ [espul]**gar**]

es•pu•ma *sf.* **1.** Conjunto de bolhas que se formam à superfície dum líquido que se agita, que fermenta ou que ferve. **2.** Saliva espumosa. [Sin. ger.: *escuma*.]

es•pu•ma•dei•ra *sf.* Escumadeira.

es•pu•mar *v.t.d.* **1.** Tirar a espuma de. **2.** Cobrir de espuma. **3.** *Fig.* Destilar. *Int.* **4.** Fazer espuma; deitar espuma. [Sin. ger.: *escumar*. Conjug.: ① [espum]**ar**] § **es•pu•man•te** *adj2g.*

es•pu•mo•so (ô) *adj.* Que tem ou faz espuma. [Pl.: *–mosos* (ó).]

es•pú•ri•o *adj.* **1.** Não genuíno. **2.** Ilegítimo, ilegal.

es•qua•dra sf. **1.** A totalidade dos navios de guerra dum país. **2.** Seção duma companhia de infantaria.

es•qua•drão sm. Seção dum regimento de cavalaria. [Pl.: -drões.]

es•qua•dre•jar v.t.d. Serrar ou cortar em esquadria. [Conjug.: 1 [esquadrej]**ar**]

es•qua•dri•a sf. **1.** Ângulo reto. **2.** Armação de madeira, metal, etc., onde se fixa porta, janela, veneziana, etc. **3.** Constr. Designação genérica de portas, caixilhos, etc.

es•qua•dri•lha sf. Grupamento de aeronaves.

es•qua•dri•nhar v.t.d. Examinar minuciosamente. [Conjug.: 1 [esquadrinh]**ar**]

es•qua•dro sm. Instrumento triangular para formar ou medir ângulos e tirar linhas perpendiculares.

es•quá•li•do adj. **1.** Sórdido, sujo. **2.** Macilento.

es•quar•te•jar v.t.d. **1.** Partir em quartos. **2.** Retalhar, espostejar. [Conjug.: 1 [esquartej]**ar**] § **es•quar•te•ja•men•to** sm.

es•que•cer v.t.d. **1.** Deixar sair da memória. **2.** Pôr de lado; desprezar. **3.** Perder o amor, a estima, a. **4.** Deixar por inadvertência. **5.** Tirar da memória. **6.** Deixar; largar. T.i. **7.** Esquecer (1). P. **8.** Perder a lembrança. **9.** Descuidar-se. **10.** Estar absorto. [Conjug.: 34 [esque]**cer**. Quanto ao timbre do e, v. aquecer.]

es•que•ci•do(a) adj. **1.** Que se esqueceu, que saiu da memória. **2.** Que se esquece facilmente. **3.** Que está sem movimento, paralisado. • sm. **4.** Indivíduo esquecido.

es•que•ci•men•to sm. **1.** Ato ou efeito de esquecer(-se). **2.** Omissão, descuido.

es•que•lé•ti•co adj. **1.** Anat. Relativo a esqueleto. **2.** Magríssimo, macérrimo.

es•que•le•to (ê) sm. **1.** Anat. Conjunto de ossos, cartilagens e ligamentos que se interligam para formar o arcabouço do corpo dos animais vertebrados; ossatura. **2.** A armação dum edifício, navio, etc.; arcabouço. **3.** Pessoa esquelética.

es•que•ma sm. Representação sumária, ou em diagrama, de algo.

es•que•má•ti•co adj. **1.** Referente a esquema. **2.** Feito segundo esquema.

es•que•ma•ti•zar v.t.d. Representar por meio de esquema. [Conjug.: 1 [esquematiz]**ar**]

es•quen•ta•do adj. **1.** Aquecido, requentado. **2.** Irado, iracundo.

es•quen•tar v.t.d. **1.** Causar calor, ou mais calor, a. **2.** Aquecer. **3.** Irritar. P. **4.** Aquecer-se. **5.** Irritar-se. Int. **6.** Esquentar (2). **7.** Bras. Preocupar-se. [Conjug.: 1 [esquent]**ar**]

es•quer•da (ê) sf. **1.** O lado oposto ao direito. **2.** Mão ou lado esquerdo. **3.** Conjunto de partidários duma reforma ou revolução socialista.

es•quer•dis•ta adj2g. **1.** Relativo à, ou que é partidário da esquerda (3). • s2g. **2.** Partidário dela.

es•quer•do (ê) adj. **1.** Que está do lado oposto ao direito (1); sinistro. **2.** Oblíquo, torto. **3.** Desajeitado.

es•qui sm. Cada um de um par de peças longas e estreitas de madeira, etc., que se atam aos pés para deslizar sobre a neve.

es•qui•ar v.int. Deslizar com esqui. [Conjug.: 1 [esqui]**ar**]

es•qui•fe sm. V. caixão (2).

es•qui•lo sm. V. caxinguelê.

es•qui•mó s2g. **1.** Indivíduo dos esquimós, povo nativo da Groenlândia, da costa setentrional da América e das ilhas árticas vizinhas. • adj2g. **2.** Desse povo.

es•qui•na sf. **1.** Ângulo formado por duas paredes convergentes; canto[1]. **2.** Lugar onde duas ou mais ruas se cruzam.

es•qui•pá•ti•co adj. Extravagante, excêntrico.

es•qui•si•to adj. **1.** Invulgar, raro, fino. **2.** V. extravagante (2). § **es•qui•si•ti•ce** sf.

es•quis•tos•so•mí•de:o sm. Zool. Espécime dos esquistossomídeos, família de vermes platelmintos, parasitos, causadores dos esquistossomose. § **es•quis•tos•so•mí•de:o** adj.

es•quis•tos•so•mo sm. Zool. Qualquer de vários vermes esquistossomídeos.

es•quis•tos•so•mo•se sf. Med. Infecção produzida por esquistossomo. § **es•quis•tos•so•ma•to•so** adj.

es•qui•va sf. Ato de esquivar ou evitar um golpe, desviando o corpo ou parte dele.

es•qui•van•ça sf. **1.** Desdém em relação a quem procura agradar-nos. **2.** Recusa.

es•qui•var v.t.d. **1.** Evitar (pessoa ou coisa que ameaça ou desagrada). P. **2.** Eximir-se, furtar-se. **3.** Evitar, fugir. [Conjug.: 1 [esquiv]**ar**]

es•qui•vo adj. **1.** Que mostra esquivança; desdenhoso. **2.** Arisco, intratável.

es•qui•zo•fre•ni•a sf. Psiq. Grupo de distúrbios mentais que, basicamente, demonstram dissociação e discordância das funções psíquicas, perda de unidade da personalidade, ruptura de contato com a realidade. § **es•qui•zo•frê•ni•co** adj. e sm.

es•sa[1] sf. **1.** Catafalco. **2.** Espécie de túmulo vazio erguido num templo enquanto se sufraga a alma do defunto.

es•sa[2] pron. dem. Fem. sing. de esse (ê).

es•se sm. A letra s.

es•se (ê) pron. dem. Aplica-se a pessoa ou coisa próxima daquela a quem nos dirigimos ou que tem relação com ela.

es•sên•ci:a sf. **1.** Substância. **2.** Óleo fino e aromático extraído de certos vegetais.

es•sen•ci•al *adj2g.* **1.** Que constitui a essência. **2.** Indispensável, necessário, fundamental. [Pl.: *–ais.*]

es•sou•tro Contr. do pron. *esse* com o pron. *outro.*

és-su•des•te *sm.* Ponto do horizonte situado entre o E. e o S.E.; és-sueste. [Abrev.: *E.S.E.* Pl.: *és-sudestes.*]

és-su•es•te *sm.* És-sudeste. [Pl.: *és-suestes.*]

es•ta *pron. dem.* Fem. de *este.*

es•ta•ba•na•do *adj.* **1.** Imprudente, adoidado. **2.** Desajeitado, desastrado.

es•ta•be•le•cer *v.t.d.* **1.** Fazer estável, firme. **2.** Criar, instituir. **3.** Determinar, fixar. **4.** Instalar. **5.** Organizar. *T.d.i.* **6.** Firmar. *P.* **7.** Fixar residência. **8.** Abrir estabelecimento comercial ou industrial. **9.** V. *afirmar* (5). [Conjug.: 34] [estabele]**cer**] § **es•ta•be•le•ci•do** *adj.*

es•ta•be•le•ci•men•to *sm.* **1.** Ato ou efeito de estabelecer(-se). **2.** Instituição (3). **3.** Casa comercial.

es•ta•bi•li•da•de *sf.* Qualidade de estável.

es•ta•bi•li•zar *v.t.d.* e. *p.* Tornar(-se) estável, fixo. [Conjug.: 1] [estabiliz]**ar**] § **es•ta•bi•li•za•ção** *sf.*; **es•ta•bi•li•za•do** *adj.*; **es•ta•bi•li•zá•vel** *adj2g.*

es•tá•bu•lo *sm.* Lugar coberto onde se recolhe o gado vacum.

es•ta•ca *sf.* **1.** Peça estrutural alongada, de madeira, aço ou concreto, que se crava no solo para transmitir-lhe a carga duma construção, como parte da fundação. **2.** Pau que se finca no solo para marcar, suster, amparar, etc.

es•ta•ca•da *sf.* Lugar defendido ou fechado por estacas muito juntas.

es•ta•ção *sf.* **1.** Paragem ou pausa num lugar; estada. **2.** Lugar onde param trens, ônibus, etc. **3.** Posto policial, telefônico, etc. **4.** *Telec.* Centro de radiotransmissão. **5.** *Rád. Telev.* V. *emissora.* **6.** Cada uma das quatro divisões do ano: primavera, verão, outono, inverno. **7.** Quadra, época. [Pl.: *–ções.*] ◆ **Estação espacial.** Engenho espacial que não dispõe de meio de propulsão autônomo, destinado a missão determinada, com certo caráter de permanência. **Estação orbital.** Estação espacial (q. v.) em órbita.

es•ta•car *v.t.d.* **1.** Segurar com estacas. **2.** Fazer parar. *Int.* **3.** Parar de repente. [Conjug.: 8] [esta]**car**]

es•ta•ca•ri•a *sf.* Conjunto de estacas que formam alicerces de construção.

es•ta•ci•o•na•men•to *sm.* **1.** Ato de estacionar. **2.** Lugar onde se estacionam veículos.

es•ta•ci•o•nar *v.int.* **1.** Fazer estação (1); parar. **2.** Permanecer estacionário. *T.d.* **3.** Fazer parar (um veículo) por algum tempo em determinado lugar. [Conjug.: 1] [estacion]**ar**]

es•ta•ci•o•ná•ri•o *adj.* Imóvel, parado.

es•ta•da *sf.* Ato de estar; permanência, estadia.

es•ta•dão *sm.* Pompa, luxo. [Pl.: *–dões.*]

es•ta•de•ar *v.t.d.* e *p.* Mostrar(-se) com ostentação. [Conjug.: 10] [estad]**ear**]

es•ta•di•a *sf.* **1.** Prazo concedido para carga e descarga do navio enquanto ancorado num porto. **2.** V. *estada.*

es•tá•di•o *sm.* Campo de jogos esportivos.

es•ta•dis•ta *s2g.* Pessoa de atuação notável na política e na administração dum país.

es•ta•do *sm.* **1.** Modo de ser ou estar. **2.** Situação ou disposição em que se acham as pessoas ou as coisas. **3.** Situação social ou profissional; condição. **4.** O conjunto das condições físicas e morais duma pessoa. **5.** Luxo, pompa. **6.** O conjunto dos poderes políticos duma nação; governo. **7.** Divisão territorial de certos países. **8.** *Dir.* Nação politicamente organizada. ◆ **Estado gasoso.** *Fís.* Estado de agregação de uma substância no qual as moléculas ou os átomos estão relativamente distantes uns dos outros e as forças atrativas ou repulsivas são, em média, pequenas. **Estado líquido.** *Fís.* Estado de agregação de uma substância no qual as moléculas ou os átomos estão, em média, muito mais próximos uns dos outros que no estado gasoso, havendo uma ordenação espacial local e transitória, e uma interação relativamente intensa das partículas vizinhas. **Estado sólido.** *Fís.* Estado de agregação de uma substância cujas partículas constitutivas (moléculas, íons, os átomos) se acham arrumadas ordenadamente no espaço, formando uma rede cristalina, e em que há uma forte interação das partículas vizinhas.

es•ta•do-mai•or *sm. Mil.* Grupo de oficiais que assessoram um comandante no planejamento e no controle de execução de operações militares. [Pl.: *estados-maiores.*]

es•ta•du•al *adj2g. Bras.* Relativo a estado (7). [Pl.: *–ais.*]

es•ta•fa *sf.* **1.** Cansaço, fadiga. **2.** Fadiga por trabalho muscular ou intelectual intenso e prolongado; esgotamento.

es•ta•far *v.t.d.* e *p.* **1.** Cansar(-se) fatigar(-se). **2.** Importunar(-se), maçar(-se). [Conjug.: 1] [estaf]**ar**] § **es•ta•fan•te** *adj2g.*

es•ta•fer•mo (ê) *sm. Fam.* Pessoa sem préstimo.

es•ta•fe•ta (ê) *sm. Bras.* Entregador de telegramas.

es•ta•fi•lo•co•co *sm. Biol.* Bactéria que se apresenta formando colônias em cacho. § **es•ta•fi•lo•có•ci•co** *adj.*

es•tag•fla•ção *sf. Econ.* Situação em que há simultaneamente estagnação econômica, com baixo crescimento ou decréscimo do produto nacional e do emprego, e inflação. [Pl.: –ções.]

es•ta•gi•ar v.t.c. e int. Fazer estágio (1) em. [Conjug.: ⬚ [estagi]**ar**]

es•ta•gi•á•ri:o sm. Aquele que faz estágio (1).

es•tá•gi:o sm. **1.** Aprendizado, tirocínio (de qualquer profissional). **2.** Etapa, fase. **3.** Astron. Unidade autônoma e separável de um veículo espacial, dotada ou não de meio de propulsão.

es•tag•nar v.t.d. **1.** Impedir o corrimento de (um líquido). **2.** Paralisar. Int. **3.** Ficar (a água) presa, empoçada. **4.** Estagnar (5). P. **5.** Não progredir; paralisar-se. [Conjug.: ⬚ [estagn]**ar**] § **es•tag•na•ção** sf.; **es•tag•na•do** adj.

es•tai sm. **1.** Cabo de aço para absorver os esforços de um poste ou de outra estrutura, transmitindo-os ao solo por meio de âncoras. **2.** Marinh. Qualquer dos cabos que agüentam a mastreação para vante.

es•ta•lac•ti•te sf. Min. Precipitado mineral, alongado, que se forma nos tetos de caverna ou subterrâneo.

es•ta•la•gem sf. V. hospedaria. [Pl.: –gens.]

es•ta•lag•mi•te sf. Min. Precipitado mineral, alongado, que se forma no solo de caverna ou subterrâneo.

es•ta•la•ja•dei•ro sm. Dono de estalagem.

es•ta•lar v.t.d. **1.** Produzir estalo em. **2.** Estrelar (2). T.i. **3.** Latejar. Int. **4.** Fender-se; estralar. **5.** Produzir estalo; estralar. [Conjug.: ⬚ [estal]**ar**] § **es•ta•la•do** adj.

es•ta•lei•ro sm. Lugar onde se constroem e/ ou consertam navios.

es•ta•li•do sm. Estalo.

es•ta•lo sm. Som breve e seco produzido por coisa que se racha ou quebra, se choca com outra, de súbito e com ímpeto; estalido.

es•ta•me sm. Bot. Órgão masculino da flor, formado pelo filete (3).

es•tam•pa sf. **1.** Figura impressa. **2.** Figura, ilustração. **3.** Cada exemplar tirado de placa ou prancha gravada. [Pl.: –gens.]

es•tam•pa•do adj. **1.** Que se estampou. • sm. **2.** Bras. Tecido estampado.

es•tam•pa•gem sf. Ato, efeito ou processo de estampar. [Pl.: –gens.]

es•tam•par v.t.d. **1.** Imprimir letras, figuras, etc., sobre (tecido, metal, papel, plástico, etc.), obtendo cópias isoladas ou repetições sucessivas. P. **2.** Gravar-se, fixar-se. [Conjug.: ⬚ [estamp]**ar**]

es•tam•pa•ri•a sf. Fábrica ou seção de fábrica onde se estampam tecidos, etc.

es•tam•pi•do sm. Som forte e súbito como a detonação de arma de fogo.

es•tam•pi•lha sf. **1.** Marca estampada por chapa própria. **2.** Bras. Selo do fisco.

es•tam•pi•lhar v.t.d. Pôr estampilha(s) em. [Conjug.: ⬚ [estampilh]**ar**]

es•tan•car v.t.d. **1.** Impedir o corrimento de (líquido). **2.** Pôr fim a. Int. **3.** Deixar de correr. **4.** Cessar. P. **5.** Estancar (3). [Conjug.: ⑧ [estan]**car**]

es•tân•ci:a¹ sf. **1.** Parada, estação. **2.** Grupo de versos que apresentam, em geral, sentido completo; estrofe.

es•tân•ci:a² sf. Bras. Fazenda (2) destinada à cultura de terra e à criação de gado.

es•tan•ci•ei•ro sm. Dono de estância².

es•tan•dar•te sm. **1.** Bandeira de guerra. **2.** V. bandeira (1).

es•ta•nhar v.t.d. Cobrir com camada de estanho. [Conjug.: ⬚ [estanh]**ar**] § **es•ta•nha•do** adj.

es•ta•nho sm. Quím. Elemento de número atômico 50, metálico branco-prateado, dúctil, usado puro ou em ligas, como o bronze [símb.: Sn].

es•tan•que adj2g. **1.** Sem fenda ou abertura por onde entre ou saia líquido. **2.** P. ext. Sem comunicação; isolado: A matemática e a física não são áreas estanques.

es•tan•qui•da•de ou **es•tan•quei•da•de** sf. Qualidade de estanque.

es•tan•te sf. **1.** Móvel com prateleiras, para livros, papéis, etc. **2.** Suporte inclinado para livros, partitura musical, etc., para facilitar a leitura.

es•ta•pa•fúr•dio adj. Extravagante, esquisito.

es•ta•que•ar v.t.d. **1.** Segurar com estacas. **2.** Bras. Colocar estacas para construção de (cercas). [Conjug.: ⑩ [estaqu]**ear**]

es•tar v. pred. **1.** Ser em um dado momento; achar-se (em certa condição). **2.** Achar-se, encontrar-se (em certo estado ou condição). **3.** Manter-se (em certa posição). **4.** Permanecer. **5.** Vestir. T.c. **6.** Achar-se, encontrar-se (em certo lugar ou em certo momento). **7.** Comparecer; presenciar. **8.** Haver, existir. T.i. **9.** Consistir; basear-se. **10.** Concordar, anuir. Impess. **11.** Fazer: Está muito calor. [Conjug.: ⑦ estar]

es•tar•da•lha•ço sm. Grande bulha; rumor.

es•tar•re•cer v.t.d. **1.** Assustar, aterrorizar. Int. e p. **2.** Assustar-se; apavorar-se. [Conjug.: ㉞ [estarre]**cer**]

es•ta•tal adj2g. Pertencente ou relativo ao estado (8). [Pl.: –tais.]

es•ta•te•lar v.t.d. **1.** Derrubar. **2.** Tornar atônito. Int. **3.** Cair estirado no chão. P. **4.** Ficar atônito. [Conjug.: ⬚ [estatel]**ar**]

es•tá•ti•ca sf. **1.** Parte da mecânica que estuda o equilíbrio dos corpos sob a ação de forças. **2.** Ruído produzido nos radiorreceptores por impulsos elétricos provenientes de atividades elétricas na atmosfera terrestre.

es•tá•ti•co *adj.* Imóvel, parado.

es•ta•tís•ti•ca *sf.* **1.** Parte da matemática em que se investigam processos de obtenção, organização e análise de dados sobre uma população ou uma coleção de seres quaisquer, e métodos de tirar conclusões e fazer predições com base nesses dados. **2.** Conjunto de elementos numéricos relativos a um fato social.

es•ta•tís•ti•co *adj.* **1.** Relativo à estatística. • *sm.* **2.** Especialista em estatística.

es•ta•ti•zar *v.t.d.* **1.** Transformar empresas particulares em organizações de propriedade do Estado. **2.** Reservar (recurso natural, ramo da atividade econômica, etc.) à exploração exclusiva do estado (8). [Sin. ger.: *nacionalizar.* Conjug.: ① [estatiz]**ar**]

es•ta•tor (ô) *sm. Eng. Elétr.* Carcaça (4), núcleo e enrolamento de máquina elétrica rotativa.

es•tá•tu•a *sf.* Peça de escultura em três dimensões, que representa figura humana, divina ou animal.

es•ta•tu•a•ri•a *sf.* Coleção de estátuas.

es•ta•tu•á•ri•a *sf.* Arte de fazer estátuas.

es•ta•tu•á•ri•o *sm.* Aquele que faz estátuas.

es•ta•tu•e•ta (ê) *sf.* Pequena estátua.

es•ta•tu•ir *v.t.d.* Determinar em estatuto; estabelecer. [Conjug.: ㊾ [estat]**uir**]

es•ta•tu•ra *sf.* **1.** Altura duma pessoa em posição rigorosamente vertical. **2.** Altura.

es•ta•tu•to *sm.* Lei orgânica de um Estado, sociedade ou associação. § **es•ta•tu•tá•ri•o** *adj.*

es•tá•vel *adj2g.* Assente, firme, sólido, inalterável. [Pl.: *–veis.*]

es•te *sm.* **1.** Ponto cardeal (q. v.) sito à direita do observador voltado para o norte (1); leste, levante. [Abrev.: *E.*] **2.** V. *oriente* (1).

es•te (ê) *pron. dem.* Designa: pessoa ou coisa presente e próxima de quem fala; lugar onde se está, ou vive, ou nasceu; fatos cronológicos e fenômenos atmosféricos ocorrentes quando a pessoa fala ou escreve; etc.

es•te•a•ri•na *sf.* Substância usada na fabricação de velas.

es•te•a•to•me•ri•a *sf. Med.* Depósito importante de gordura, restrito a face externa de quadril ou coxa.

es•tei•o *sm.* **1.** Peça para suster alguma coisa; escora, espeque. **2.** Amparo, apoio.

es•tei•ra¹ *sf. Mar.* Porção de água revolta que a embarcação deixa atrás de si.

es•tei•ra² *sf.* Tecido de junco, tábua, palha, etc., usado para forrar chão, paredes, etc.

es•te•lar *adj2g.* Referente às estrelas, ou constituído delas.

es•te•li•o•na•tá•ri•o *sm.* Autor de estelionato.

es•te•li•o•na•to *sm.* Ato de obter, para si ou para outrem, vantagem patrimonial ilícita, em prejuízo alheio, induzindo ou mantendo em erro alguém, por meio fraudulento.

es•tên•cil *sm. Bras.* **1.** Matriz na qual se gravam textos e imagens para reprodução em mimeógrafo. **2.** Qualquer matriz ou fôrma utilizada para produção de cópias por meio de entintamento através de áreas não bloqueadas. [Pl.: *–ceis.*]

es•ten•der *v.t.d.* **1.** Dar maior superfície a. **2.** Desdobrar, estirar. **3.** Alongar, distender. **4.** Prolongar. *T.d.i.* **5.** Oferecer, apresentando. *Int.* **6.** Tornar-se comprido. *P.* **7.** Alongar-se, prolongar-se. **8.** Pôr-se deitado. **9.** Prolongar-se. **10.** Abranger, abarcar. [Conjug.: ② [estend]**er**]

es•te•no•gra•far *v.t.d.* e *int.* Escrever em estenografia; taquigrafar. [Conjug.: ① [estenograf]**ar**]

es•te•no•gra•fi•a *sf.* Escrita abreviada na qual se empregam sinais que permitem escrever com a mesma rapidez com que se fala; taquigrafia. § **es•te•no•grá•fi•co** *adj.*; **es•te•nó•gra•fo** *sm.*

es•ten•tó•re•o *adj.* **1.** Que tem voz muito forte. **2.** Diz-se de voz ou ruído muito forte.

es•te•pe *sf.* Tipo de vegetação dominado por gramíneas e próprio de zonas frias e secas.

és•ter *sm. Quím.* Qualquer de certos compostos orgânicos, líquidos ou sólidos, resultantes da combinação química de um ácido e um álcool (1), com eliminação de água; ex.: acetato de etila (formado por combinação de ácido acético e etanol).

es•ter•co (ê) *sm.* Excremento animal.

es•ter•cu•li•á•ce•a *sf. Bot.* Espécime das esterculiáceas, família de árvores, arbustos e ervas floríferos, de folhas ger. recortadas e fruto capsular ou bacáceo; ex.: o cacaueiro. § **es•ter•cu•li•á•ce•o** *adj.*

es•té•re•o *sm.* Medida de volume para lenha, equivalente a um metro cúbico.

es•te•re•o•fo•ni•a *sf.* Técnica de reprodução de som artificial, a qual se caracteriza por reconstituir a distribuição espacial das fontes sonoras.

es•te•re•o•fô•ni•co *adj.* **1.** Diz-se de, ou relativo a sistema acústico que funciona pelo princípio da estereofonia. **2.** Diz-se do som obtido por essa técnica, o qual dá a sensação de distribuição espacial.

es•te•re•os•co•pi•a *sf. Fot.* Processo fotográfico que produz efeito tridimensional. § **es•te•re•os•có•pi•co** *adj.*

es•te•re•os•có•pi:o *sm. Fot.* Visor binocular utilizado para observação de imagem estereoscópica.

es•te•re•o•ti•pa•do *adj.* **1.** Que se estereotipou. **2.** Que não varia; fixo, inalterável.

es•te•re•o•ti•par *v.t.d.* **1.** Imprimir por estereotipia. **2.** Tornar fixo, inalterável. [Conjug.: ① [estereotip]**ar**] es•te•re:o•ti•pi•a *sf. Tip.* Processo pelo qual se duplica uma composição tipográfica, transformando-a em fôrma compacta, mediante moldagem de uma matriz.

es•té•ril *adj2g.* 1. Que não produz; infecundo, ingrato, sáfaro. 2. Em que nada se produziu ou realizou. 3. *Med.* Livre de micróbios vivos. 4. *Med.* Diz-se do homem ou da mulher incapazes de reproduzir. [Pl.: *–reis.*] § es•te•ri•li•da•de *sf.*

es•te•ri•li•za•dor (ô) *adj.* 1. Que esteriliza; esterilizante. • *sm.* 2. Aparelho para esterilizar.

es•te•ri•li•zan•te *adj2g.* Esterilizador (1).

es•te•ri•li•zar *v.t.d.* 1. Tornar estéril (1, 3 e 4). 2. *Med.* Destruir microrganismos vivos. [Conjug.: ① (esteriliz)ar] § es•te•ri•li•za•ção *sf.*

es•ter•li•no *sm.* A libra, moeda inglesa.

es•ter•no *sm. Anat.* Osso ímpar, situado na parte anterior do tórax. § es•ter•nal *adj2g.*

es•ter•quei•ra *sf.* Estrumeira.

es•ter•tor (ô) *sm.* 1. Respiração rouca e crepitante dos moribundos; vasca. 2. *Med.* Ruído pulmonar, percebido por ausculta, e que é acompanhado de som surdo e prolongado. [Pl.: *–tores.*] § es•ter•to•ro•so (ô) *adj.*

es•te•ta *s2g.* 1. Pessoa que coloca os valores estéticos, a beleza, acima de tudo. 2. Pessoa versada em estética.

es•té•ti•ca *sf.* Estudo das condições e dos efeitos da criação artística. § es•té•ti•co *adj.*

es•te•ti•cis•ta *s2g.* Profissional especializado em assuntos de beleza, maquiagem, penteado, etc.

es•te•tos•có•pi:o *sm. Med.* Instrumento com que se realiza ausculta.

es•té•vi:a *sf. Bot.* Planta das compostas da qual se extraem produtos naturais, esp. um adoçante.

es•ti•a•da *sf.* 1. Estiagem. 2. Breve espaço de tempo em que deixa de chover.

es•ti•a•gem *sf.* Abaixamento máximo da água em rios, fontes, etc.; estiada. [Pl.: *–gens.*]

es•ti•ar *v.int.* Cessar de chover. [Conjug.: ① (esti)ar]

es•ti•bor•do *sm. Mar.* O lado direito da embarcação a partir da proa; boreste.

es•ti•car *v.t.d.* 1. Puxar, estender, segurando com força. 2. Estender. *Int.* 3. *Pop.* V. *morrer* (1). *P.* 4. Estender-se. [Conjug.: ⑧ (esti)car]

es•tig•ma *sm.* 1. Cicatriz, sinal. 2. Ferrete (2). 3. *Bot.* Porção terminal do gineceu, que recolhe o pólen e sobre a qual ele germina.

es•tig•ma•ti•zar *v.t.d.* 1. Marcar com estigma (2). 2. Censurar, condenar. [Conjug.: ① (estigmatiz)ar]

es•ti•le•te (ê) *sm.* 1. Punhal de lâmina fina. 2. *Bot.* Porção que prolonga o ovário (3) para cima, e em cuja ponta fica o estigma.

es•ti•lha•çar *v.t.d. e p.* Partir(-se) em estilhaços; despedaçar(-se). [Conjug.: ⑨ (estilha)çar]

es•ti•lha•ço *sm.* 1. Fragmento dum objeto despedaçado e projetado com violência. 2. Pedaço, fragmento.

es•ti•lin•gue *sm.* V. *atiradeira.*

es•ti•lis•ta *s2g.* 1. Pessoa que escreve com estilo apurado, elegante. 2. Profissional que lança as novas formas da moda.

es•ti•lís•ti•ca *sf.* Disciplina que estuda a expressividade duma língua, *i. e.*, sua capacidade de emocionar mediante o estilo (1).

es•ti•lís•ti•co *adj.* Relativo ao estilo ou à estilística.

es•ti•lo *sm.* 1. Modo de exprimir-se falando ou escrevendo. 2. Uso, costume. 3. A feição típica de um artista, uma escola artística, uma época, uma cultura, etc. 4. Gênero, qualidade, espécie. 5. Maneira de tratar, de viver; procedimento, conduta, modos. 6. Maneira ou traço pessoal no agir, na prática de um esporte, na dança, etc.

es•ti•ma *sf.* 1. Sentimento de importância, do valor, de alguém ou de algo; apreço. 2. Amizade.

es•ti•mar *v.t.d.* 1. Ter em estima (1); apreciar. 2. Avaliar o preço, o valor de. *P.* 3. Ter estima (1) recíproca. 4. Prezar-se. [Conjug.: ① (estim)ar] § es•ti•ma•do *adj.*

es•ti•ma•ti•va *sf.* Avaliação; cômputo.

es•ti•ma•ti•vo *adj.* Fundado no apreço que se dá, ou em probabilidades.

es•ti•má•vel *adj2g.* Digno de estima. [Pl.: *–reis.*]

es•ti•mu•lan•te *adj2g. e sm.* Diz-se de, ou medicamento que estimula, que excita.

es•ti•mu•lar *v.t.d.* 1. Dar estímulo a; incitar. 2. Animar, encorajar. *T.d.i.* 3. Estimular (2). [Conjug.: ① (estimul)ar]

es•tí•mu•lo *sm.* 1. Aquilo que ativa a ação orgânica no homem, no animal e na planta, que o(s) incita a algo. 2. Aquele ou aquilo que impele à ação.

es•ti:o *sm.* Verão.

es•ti•o•la•men•to *sm.* 1. Alteração mórbida dos seres vivos privados da influência da luz e do ar puro. 2. Definhamento, fraqueza.

es•ti:o•lar *v.t.d.* 1. Causar estiolamento a. *Int.* e *p.* 2. Sofrer estiolamento. [Conjug.: ① (estiol)ar]

es•ti•pe *sm. Bot.* Caule, esp. de palmáceas.

es•ti•pen•di•ar *v.t.d.* Dar estipêndio a. [Conjug.: ① (estipendi)ar]

es•ti•pên•di:o *sm.* Salário, soldada, paga.

es•ti•pu•lar *v.t.d.* 1. Ajustar ou convencionar segundo condições ou cláusulas. 2. Determinar. [Conjug.: ① (estipul)ar]

es•ti•ra•cá•ce:a *sf. Bot.* Espécime das estiracáceas, família de árvores e arbustos floríferos de frutos capsulares, drupáceos, ou secos e indeiscentes; alguns produzem resinas aromáticas. § es•ti•ra•cá•ce:o *adj.*

es•ti•ra•da *sf. Bras. Prov. port.* Estirão.

es•ti•rân•ci:o *sm.* V. *mesolitoral.*

es•ti•rão *sm.* Caminhada longa; estirada. [Pl.: –rões.]

es•ti•rar *v.t.d.* **1.** Estender, puxando. **2.** Alongar; esticar. **3.** Deitar por terra. *P.* **4.** Estender-se ao comprido. [Conjug.: ① [estir]**ar**]

es•ti•re•no *sm. Quím.* Substância aromática, us. na fabricação de polímeros.

es•tir•pe *sf.* Origem, linhagem.

es•ti•va *sf.* **1.** A primeira porção de carga de navio. **2.** *Bras.* Serviço de movimentação de carga a bordo dos navios nos portos.

es•ti•va•dor (ô) *sm.* Aquele que trabalha em estiva.

es•to•ca•da *sf.* Golpe com estoque¹ ou com a ponta de espada ou florete.

es•to•car *v.t.d. Bras.* Formar estoque² (1) de. [Conjug.: ⑧ [esto]**car**. Cf. *estucar.*]

es•to•fa (ó) *sf.* V. *laia.*

es•to•fa•dor (ô) *sm.* Aquele que tem por ofício estofar móveis.

es•to•far *v.t.d.* Guarnecer ou cobrir de estofo. [Conjug.: ① [estof]**ar**] § **es•to•fa•do** *adj.*

es•to•fo (ô) *sm.* **1.** Qualquer tecido para revestir sofás, poltronas, etc. **2.** Algodão, espuma, etc., usado por baixo dele.

es•toi•cis•mo *sm.* **1.** *Filos.* Escola filosófica que se caracteriza sobretudo pela consideração do problema moral. **2.** Impassibilidade em face da dor ou da adversidade.

es•tói•co *adj.* e *sm.* **1.** Diz-se de, ou aquele que é partidário do estoicismo (1). **2.** Diz-se de, ou aquele que é impassível ante a dor e a adversidade.

es•to•jo (ô) *sm.* Caixa cuja forma e disposição internas se adaptam ao conteúdo.

es•to•la *sf.* **1.** Fita larga que os sacerdotes põem por cima da alva. **2.** Espécie de xale retangular, comprido.

es•to•ma•cal *adj2g.* Do estômago, ou relativo a ele. [Pl.: –cais.]

es•to•ma•gar *v.t.d.* e *p.* **1.** Agastar(-se). **2.** Ofender(-se). [Conjug.: ⑪ [estoma]**gar**]

es•tô•ma•go *sm. Anat.* Órgão situado entre o esôfago e o duodeno, e onde se realiza importante fase da digestão.

es•to•ma•ti•te *sf. Med.* Inflamação da membrana mucosa da boca (1).

es•to•ma•tó•po•de *sm. Zool.* Espécime dos estomatópodes, ordem de crustáceos que vivem no fundo do mar, ger. em zonas tropicais. § **es•to•ma•tó•po•de** *adj2g.*

es•ton•te•ar *v.t.d.* **1.** Tornar tonto, aturdir. **2.** Deslumbrar, maravilhar. *P.* **3.** Ficar tonto. [Conjug.: ⑩ [estont]**ear**] § **es•ton•te:a•men•to** *sm.*; **es•ton•te•an•te** *adj2g.*

es•to•pa (ô) *sf.* **1.** Na tecelagem, o resíduo da fibra penteada com o qual se elabora o fio cardado. **2.** Tecido fabricado com a estopa (1).

es•to•pa•da *sf. Fam.* Coisa enfadonha; maçada.

es•to•pim *sm.* Acessório de explosivo, destinado a transmitir a chama para ignição duma espoleta ou de outro explosivo congênere; atilho. [Pl.: –pins.]

es•to•que¹ *sm.* Espada comprida e reta, pontuda, com lâmina triangular ou quadrangular.

es•to•que² *sm.* **1.** Porção armazenada de mercadorias. **2.** Local de estoque² (1).

es•to•re *sm.* Cortina que se enrola e desenrola por meio de mecanismo apropriado.

es•tor•ri•car ou **es•tur•ri•car** *v.t.d.* e *int.* Secar demasiadamente, torrando ou quase queimando. [Conjug.: ⑧ [estorri]**car**]

es•tor•var *v.t.d.* **1.** Causar estorvo a; embaraçar. **2.** Impedir; tolher. [Conjug.: ① [estorv]**ar**]

es•tor•vo (ô) *sm.* **1.** Embaraço, obstáculo. **2.** Coisa ou pessoa que estorva.

es•tou•ra•do ou **es•toi•ra•do** *adj.* **1.** Que estourou; rebentado. **2.** Que diz o que quer, sem medir conveniências.

es•tou•rar ou **es•toi•rar** *v.int.* **1.** Dar estouro. **2.** Soar com estrépito. **3.** Fazer-se em pedaços. **4.** Debandar. **5.** Latejar. **6.** Vir à tona. *T.d.* **7.** Fazer rebentar com estrondo; explodir. **8.** Destruir. **9.** Arrebentar. *T.i.* **10.** Encher-se. *P.* **11.** *Bras. Pop.* Arrebentar-se, machucar-se. [Conjug.: ① [estour]**ar**]

es•tou•ro ou **es•toi•ro** *sm.* **1.** Ruído de coisa que estoura. **2.** Acontecimento imprevisto. **3.** Discussão violenta. **4.** *Bras.* Repreensão súbita e violenta.

es•tou•tro Contr. do pron. *este* com o pron. *outro.*

es•tou•va•do *adj.* Imprudente; estabanado.

es•tou•va•men•to *sm.* **1.** Qualidade de estouvado. **2.** Ação própria de pessoa estouvada.

es•trá•bi•co *adj.* e *sm.* Diz-se de, ou aquele que sofre de estrabismo.

es•tra•bis•mo *sm. Med.* Desvio ocular para dentro ou para fora, de modo que os eixos visuais se situam, um em relação a outro, diferentemente do normal.

es•tra•ça•lhar *v.t.d.* e *p. Bras.* V. *despedaçar(-se).* [Conjug.: ① [estraçalh]**ar**]

es•tra•da *sf.* **1.** Caminho relativamente largo, para o trânsito. **2.** Qualquer via de transporte terrestre.

es•tra•dei•ro *adj. Bras.* **1.** Que está sempre em viagem. **2.** V. *trapaceiro.* • *sm.* **3.** V. *trapaceiro.* § **es•tra•dei•ri•ce** *sf.* (*bras.*)

es•tra•do *sm.* **1.** Armação larga e rasa, em geral de madeira, onde se pisa ou se assenta algo; tablado. **2.** Parte da cama sobre a qual assenta o colchão.

es•tra•gar *v.t.d.* e *p.* **1.** Fazer estrago em, ou sofrer estrago; danificar(-se). **2.** Prejudicar(-se). **3.** Viciar(-se), corromper(-se). **4.** Degenerar-se (2). [Conjug.: ⑪ [estra]**gar**] § **es•tra•ga•do** *adj.*

es•tra•go *sm.* **1.** Prejuízo, dano; deterioração. **2.** Dano moral. **3.** Mau uso; desperdício.

es•tra•la•da *sf.* Grande ruído ou gritaria.

es•tra•lar *v.int.* **1.** Dar muitos estalos; estralejar. **2.** Estalar (4 e 5). [Conjug.: ① [estral]**ar**]

es•tra•le•jar *v.int.* Estralar (1). [Conjug.: ① [estralej]**ar**]

es•tra•lo *sm.* V. *estalo.*

es•tram•bó•ti•co *adj. Fam.* V. *extravagante* (2).

es•tran•gei•ra•do *adj.* Que tem modos de estrangeiro ou prefere o que é estrangeiro.

es•tran•gei•ri•ce *sf.* **1.** Coisa feita ou dita a modo de estrangeiros. **2.** Afeição excessiva às coisas estrangeiras.

es•tran•gei•ris•mo *sm.* Palavra, frase ou construção sintática estrangeira.

es•tran•gei•ro *adj.* **1.** De nação diferente daquela a que se pertence, ou próprio dela. **2.** Diz-se de país que não é o nosso. • *sm.* **3.** A(s) terra(s) estrangeira(s); o exterior. **4.** Indivíduo estrangeiro; forasteiro; gringo (*pop.*). **5.** Exótico (1). [Sin. (pop.) de 3 e 4: *estranja.*]

es•tran•gu•lar *v.t.d.* **1.** Apertar o pescoço de, dificultando-lhe ou impedindo-lhe a respiração; sufocar. **2.** Comprimir. **3.** Reprimir. *P.* **4.** Suicidar-se por estrangulação. [Conjug.: ① [estrangu]**lar**] § **es•tran•gu•la•ção** *sf.;* **es•tran•gu•la•dor** (ô) *adj.* e *sm.;* **es•tran•gu•la•men•to** *sm.*

es•tra•nhar *v.t.d.* **1.** Achar estranho (1). **2.** Achar censurável. **3.** *Fam.* Esquivar-se de (pessoa desconhecida). [Conjug.: ① [estranh]**ar**]

es•tra•nhá•vel *adj2g.* **1.** Que causa estranheza. **2.** Censurável, repreensível. [Pl.: *-veis.*]

es•tra•nhe•za (ê) *sf.* **1.** Qualidade de estranho. **2.** Espanto, pasmo.

es•tra•nho *adj.* **1.** Fora do comum; desusado; anormal. **2.** Que é de fora; estrangeiro; alheio. **3.** Singular; extravagante. **4.** Misterioso. **5.** *Fís. Part.* Diz-se de *quark* de carga elétrica –1/3.

es•tran•ja *sf. Pop.* **1.** V. *estrangeiro* (3). • *s2g.* **2.** V. *estrangeiro* (4).

es•tra•ta•ge•ma *sm.* **1.** Ardil empregado na guerra para burlar o inimigo. **2.** Manha, ardil.

es•tra•té•gi:a *sf.* **1.** Arte militar de planejar e executar movimento e operações de tropas, navios e/ou aviões para alcançar ou manter posições relativas e potenciais bélicos favoráveis a futuras ações táticas. **2.** Arte de aplicar os meios disponíveis ou explorar condições favoráveis com vista a objetivos específicos. § **es•tra•té•gi•co** *adj.*

es•tra•te•gis•ta *s2g.* Perito em estratégia.

es•tra•ti•fi•ca•do *adj.* **1.** Que se estratificou. **2.** Que sofreu estratificação.

es•tra•ti•fi•car *v.t.d.* **1.** Dispor em estratos ou camadas. *P.* **2.** *Fig.* Permanecer em um mesmo estado; não mudar. [Conjug.: ⑧ [estratifi]**car**] § **es•tra•ti•fi•ca•ção** *sf.*

es•tra•to *sm.* **1.** Cada uma das camadas das rochas estratificadas. **2.** Nuvem baixa que se apresenta como uma camada horizontal de base bem definida. **3.** Faixa ou camada de uma população quanto ao nível de renda, educação, etc. [Cf. *extrato.*]

es•tra•tos•fe•ra *sf.* Camada atmosférica situada acima de 12.000m de altitude. § **es•tra•tos•fé•ri•co** *adj.*

es•tre•ar *v.t.d.* **1.** Fazer a estréia (2 a 5) de. *Int.* e *p.* **2.** Fazer algo pela primeira vez. [Conjug.: ⑩ [estr]**ear**. Quanto à acentuação do e, v. *idear.* Cf. *estriar.*] § **es•tre•an•te** *adj2g.* e *s2g.*

es•tre•ba•ri:a *sf.* Lugar onde se recolhem bestas.

es•tre•bu•char *v.int.* e *p.* Agitar muito, convulsivamente, os pés e as mãos; debater-se. [Conjug.: ① [estrebuch]**ar**]

es•tréi•a *sf.* **1.** Ato ou efeito de estrear(-se). **2.** O primeiro uso que se faz de uma coisa. **3.** A primeira vez que um artista, um filme, etc., se apresenta. **4.** A primeira obra dum escritor, artista ou cientista. **5.** V. *inauguração* (2).

es•trei•tar *v.t.d.* **1.** Tornar (mais) estreito. **2.** Diminuir. **3.** Apertar contra si. **4.** Tornar mais íntimo. *Int.* e *p.* **5.** Tornar(-se) estreito. **6.** Tornar-se mais íntimo. [Conjug.: ① [estreit]**ar**]

es•trei•te•za (ê) *sf.* Qualidade de estreito.

es•trei•to *adj.* **1.** Que é pouco largo ou pouco amplo. **2.** Delgado, fino. [Antôn.: *largo.*] **3.** Tacanho (3). **4.** Mesquinho. • *sm.* **5.** Braço de mar que liga dois mares ou duas partes do mesmo mar; canal.

es•tre•la (ê) *sf.* **1.** *Astr.* Nome comum aos astros luminosos que mantêm praticamente as mesmas posições relativas na esfera celeste, e que, observados a olho nu, apresentam cintilação. **2.** *Astr.* Qualquer astro. **3.** Destino. **4.** Artista (3) de renome; astro. **5.** *P. ext.* Pessoa que sobressai em determinada área; astro. ♦ **Estrela cadente.** *Astr.* Meteorito que se torna incandescente ao atravessar a atmosfera. **Estrela da manhã.** *Astr.* V. *estrela-d'alva.* **Estrela matutina.** *Astr.* V. *estrela-d'alva.*

es•tre•la-d'al•va *sf. Astr.* O planeta Vênus, quando observado ao nascer do Sol; estrela da manhã, estrela matutina. [Pl.: *estrelas-d'alva.*]

es•tre•la•do *adj.* **1.** Coberto ou cheio de estrelas. **2.** Em forma de estrela. **3.** Diz-se de ovos fritos sem serem mexidos.

es•tre•la-do-mar *sf. Zool.* Animal equinodermo cujo corpo tem forma de estrela. [Pl.: *estrelas-do-mar.*]

es•tre•lar *v.t.d.* **1.** Encher ou ornar de estrelas. **2.** Frigir (ovos) sem os mexer. **3.** *Fig.* Enfeitar. **4.** *Bras.* Trabalhar em (cinema, teatro) como estrela ou astro. *P.* **5.** Cobrir-se de estrelas. **6.** *Fig.* Enfeitar-se. [Conjug.: ① [estrel]**ar**]

es•tre•li•nha *sf.* **1.** Asterisco. **2.** Massa para sopa, em forma de estrelas.

es•tre•me *adj2g.* Sem mistura; puro; genuíno.

es•tre•me•ção *sm.* Tremor rápido; estremecimento. [Pl.: –*ções.*]

es•tre•me•cer *v.t.d.* **1.** Causar tremor a. **2.** Estimar enternecidamente. *Int.* **3.** Tremer subitamente de medo, espanto, etc. **4.** Sofrer abalo rápido. [Conjug.: 34 [estreme]**cer**] § **es•tre•me•ci•men•to** *sm.*

es•tre•me•ci•do *adj.* **1.** Muito amado. **2.** Com a amizade abalada.

es•tre•mu•nhar *v.int.* e *p.* Despertar de súbito, ainda tonto de sono. [Conjug.: ① [estremunh]**ar**]

es•trê•nu:o *adj.* **1.** Valente, corajoso. **2.** Ativo, diligente. **3.** Esforçado, tenaz.

es•tre•par *v.t.d.* **1.** Ferir com estrepe. **2.** *Bras. Gír.* Prejudicar. *P.* **3.** Ferir-se em estrepe. **4.** *Bras. Gír.* Dar-se mal. [Conjug.: ① [estrep]**ar**]

es•tre•pe *sm.* **1.** Espinho (1). **2.** Pua de madeira ou de ferro. **3.** Ponta aguda. **4.** Dificuldade. **5.** Pessoa incômoda. **6.** *Etnogr.* Espécie de armadilha defensiva, us. entre certos povos indígenas, constituída por lascas de madeira cravadas no chão e aguçadas nas extremidades. **7.** *Bras. Gír.* Pessoa muito feia.

es•tre•pi•tar *v.int.* Soar, vibrar, com estrépito; estrondar. [Conjug.: ① [estrepit]**ar**]

es•tré•pi•to *sm.* Ruído forte; estrondo.

es•tre•pi•to•so (ô) *adj.* Que produz estrépito. [Pl.: –*tosos* (ó).]

es•trep•to•co•co *sm.* *Biol.* Bactéria que se apresenta em colônias em forma de cadeia. § **es•trep•to•có•ci•co** *adj.*

es•trep•to•mi•ci•na *sf.* Antibiótico produzido a partir do *Streptomyces griseus.*

es•tres•sar *v.t.d.* **1.** Causar estresse a. *Int.* **2.** Apresentar estresse. *P.* **3.** Estressar (2). [Conjug.: ① [estress]**ar**]

es•tres•se *sm.* *Med.* Conjunto de reações do organismo a agressões de origens diversas, capazes de perturbar-lhe o equilíbrio interno.

es•tri•a *sf.* Linha fina que forma um sulco, aresta, etc., na superfície dum corpo.

es•tri•a•do *adj.* Que tem estria(s).

es•tri•ar *v.t.d.* Formar estria(s) em. [Conjug.: ① [estri]**ar**. Cf. *estrear.*] § **es•tri:a•men•to** *sm.*

es•tri•bar *v.t.d.* **1.** Firmar (os pés) em estribo. **2.** Firmar, apoiar. *T.i.* **3.** Fundamentar-se. *P.* **4.** Firmar-se em estribo. **5.** Fundamentar-se. [Conjug.: ① [estrib]**ar**]

es•tri•bei•ra *sf.* Estribo de montar à gineta.

es•tri•bi•lho *sm.* Verso(s) repetido(s) no fim de cada estrofe duma composição; refrão.

es•tri•bo *sm.* **1.** Peça presa ao loro, de cada lado da sela, e na qual o cavaleiro firma o pé. **2.** Degrau ou plataforma das viaturas. **3.** *Anat.* Pequeno osso do ouvido médio.

es•tric•ni•na *sf.* *Quím.* Alcalóide encontrado na noz-vômica, estimulante nervoso, venenoso.

es•tri•den•te *adj2g.* Que faz estridor; agudo. § **es•tri•dên•ci:a** *sf.*

es•tri•dor (ô) *sm.* Ruído forte, penetrante.

es•tri•du•lar *v.int.* **1.** Fazer, produzir estridor. **2.** Cantar ou dizer com som estrídulo. [Conjug.: ① [estridul]**ar**]

es•trí•du•lo *adj.* e *sm.* Diz-se de, ou som estridente.

es•tri•gí•de:o *sm.* *Zool.* Espécime dos estrigídeos, família de estrigiformes cujo dedo médio é mais comprido que o interior, e que, ger., têm penacho. Ex.: corujas. § **es•tri•gí•de:o** *adj.*

es•tri•gi•for•me *sm.* *Zool.* Espécime dos estrigiformes, ordem de aves de rapina, noturnas, de bico muito curvo, com ceroma, pés preensores, unhas aduncas e, ger., penacho. Ex.: corujas, caburés. § **es•tri•gi•for•me** *adj2g.*

es•tri•lar *v.int.* **1.** Vociferar por zanga, exasperação. **2.** Protestar fortemente. [Conjug.: ① [estril]**ar**]

es•tri•lo *sm.* *Bras. Pop.* **1.** Grito irritado, ou de protesto. **2.** Reclamação indignada.

es•tri•par *v.t.d.* Tirar as tripas a; destripar. [Conjug.: ① [estrip]**ar**]

es•tri•pu•li•a *sf.* *Bras.* Travessura; tropelia.

es•tro *sm.* Inspiração (4).

es•tro•fe *sf.* Estância¹ (2).

es•trói•na *adj2g.* e *s2g.* Extravagante e perdulário. § **es•tro:i•ni•ce** *sf.*

es•trom•par *v.t.d.* Esfalfar, extenuar. [Conjug.: ① [estromp]**ar**]

es•trôn•ci:o *sm.* *Quím.* V. *metal alcalino-terroso* [símb.: *Sr*].

es•tron•dar *v.int.* Fazer ou causar estrondo; estrondear. [Conjug.: ① [estrond]**ar**]

es•tron•de•ar *v.int.* Estrondar. [Conjug.: 10 [estrond]**ear**] § **es•tron•de•an•te** *adj2g.*

es•tron•do *sm.* **1.** Grande ruído; estampido, fragor. **2.** Ostentação ruidosa; alarde, pompa.

es•tron•do•so (ô) *adj.* **1.** Que faz estrondo (1). **2.** Em que há estrondo (2). [Pl.: –*dosos* (ó).]

es•tro•pi•ar *v.t.d.* **1.** Cortar algum membro a; mutilar. **2.** Fatigar ou cansar muito. **3.** Ler ou pronunciar mal. **4.** Executar mal, cantando ou tocando. *P.* **5.** Aleijar-se. [Conjug.: ① [estropi]**ar**]

es•tro•pí•ci:o *sm.* Prejuízo, malefício. [Cf. *estrupício.*]

es•tru•gir *v.t.d.* **1.** Fazer estremecer com estrondo. **2.** *Cul.* Refogar. *Int.* **3.** Vibrar fortemente. [Conjug.: 45 [estru]**gir**. Norm. só se usa nas 3ªs pess.]

es•tru•mar *v.t.d.* Deitar estrume em (terra ou cultura). [Conjug.: ① (estrum)**ar**]

es•tru•me *sm.* Adubo (2) constituído de esterco e folhas apodrecidas.

es•tru•mei•ra *sf.* Depósito de estrume; esterqueira.

es•tru•pí•ci:o *sm. Bras. Pop.* 1. Algazarra. 2. Asneira. 3. Coisa de grandes dimensões, ou complicada. [Cf. *estropício.*]

es•tru•ti:o•ní•de:o *sm. Zool.* Espécime dos estrutionídeos, família que abrange as maiores aves atuais; herbívoros e frugívoros, nidificam no solo, e habitam a África. São as avestruzes. § **es•tru•ti:o•ní•de:o** *adj.*

es•tru•tu•ra *sf.* 1. Reunião de partes ou elementos, em certa ordem ou disposição. 2. O modo como as partes ou elementos se relacionam, e que determina as características ou o funcionamento do todo. 3. A parte mais resistente de um corpo, construção, etc., que lhe dá sustentação e conformação espacial. 4. *Fig.* O que é mais fundamental, essencial, ou estável. 5. Nas ciências humanas, conjunto de relações abstratas que forma um todo integrado e subjacente à variedade dos fenômenos empíricos. § **es•tru•tu•ral** *adj2g.*

es•tru•tu•ra•lis•mo *sm.* Nas ciências humanas, designação de diversas correntes que se baseiam no conceito de estrutura (5), e no pressuposto de que a análise das estruturas é mais importante do que a descrição dos fenômenos em termos funcionais. § **es•tru•tu•ra•lis•ta** *adj2g.* e *s2g.*

es•tru•tu•rar *v.t.d.* 1. Fazer ou formar estrutura (1) de. *P.* 2. Adquirir estrutura. [Conjug.: ① (estrutur)**ar**]

es•tu•á•ri:o *sm.* Tipo de foz em que o curso de água se abre mais ou menos largamente.

es•tu•ca•dor (ô) *sm.* Operário que estuca.

es•tu•car *v.t.d.* Revestir de estuque. [Conjug.: ⑧ (estu)**car**. Cf. *estocar.*]

es•tu•dan•te *s2g.* Pessoa que estuda; aluno.

es•tu•dar *v.t.d.* 1. Aplicar a inteligência a, para aprender. 2. Observar atentamente. 3. Procurar fixar na memória. 4. Freqüentar o curso de. 5. Exercitar-se ou adestrar-se em. 6. Examinar atentamente. *Int.* 7. Estudar (1). 8. Ser estudante. *P.* 9. Observar-se, analisar-se. [Conjug.: ① (estud)**ar**]

es•tú•di:o *sm. Bras.* 1. Oficina de artista. 2. Local destinado a atividades artísticas, ou próprio para a realização de filmagens, gravações para rádio e televisão, fotografias, etc.

es•tu•di:o•so (ô) *adj.* e *sm.* Que ou aquele que gosta de estudar. [Pl.: *–diosos* (ó).]

es•tu•do *sm.* 1. Ato de estudar. 2. Aplicação do espírito para aprender. 3. O conjunto dos conhecimentos adquiridos com essa aplicação.

4. Trabalhos que precedem a execução dum projeto. 5. Trabalho literário ou científico sobre um assunto. 6. Exame, análise.

es•tu•fa *sf.* 1. Fogão para aquecer aposentos. 2. Parte do fogão indiretamente aquecida. 3. Construção de material leve, ger. envidraçada, e com temperatura e umidade controladas, para cultura de plantas.

es•tu•fa•do *adj.* 1. Metido ou seco em estufa. • *sm.* 2. *Cul.* Prato de carne que se estufou [v. *estufar*[1] (2)].

es•tu•far[1] *v.t.d.* 1. Aquecer em estufa. 2. *Cul.* Cozinhar (a carne refogada) a fogo lento. [Conjug.: ① (estuf)**ar**]

es•tu•far[2] *v.t.d.* e *int.* 1. Aumentar o volume de, ou tê-lo aumentado. 2. Inflar(-se). *P.* 3. Sentir-se orgulhoso. [Conjug.: ① (estuf)**ar**]

es•tu•gar *v.t.d.* 1. Apressar, aligeirar (o passo). 2. Incitar. [Conjug.: ⑪ (estu)**gar**]

es•tul•ti•ce *sf.* Estultícia.

es•tul•tí•ci:a *sf.* Qualidade ou procedimento de estulto; estultice.

es•tul•to *adj.* V. *tolo* (1 e 2).

es•tu•pe•fa•ção *sf.* 1. Entorpecimento. 2. *Fig.* Pasmo, assombro. [Pl.: *–ções.*]

es•tu•pe•fa•ci•en•te *adj2g.* 1. Que causa estupefação. 2. Diz-se de droga estupefaciente. • *sm.* 3. *Med.* Droga estupefaciente.

es•tu•pe•fa•to *adj.* Pasmado, atônito.

es•tu•pen•do *adj.* 1. Admirável, maravilhoso. 2. Espantoso, extraordinário.

es•tu•pi•dez (ê) *sf.* 1. Qualidade de estúpido. 2. Palavra ou ação que denota estupidez.

es•tu•pi•di•fi•car *v.t.d.* e *p.* Tornar(-se) estúpido. [Conjug.: ⑧ (estupidifi)**car**]

es•tú•pi•do *adj.* 1. Falto de inteligência, de discernimento. 2. *Bras.* Grosseiro, incivil.

es•tu•por (ô) *sm.* 1. *Med.* Estado mórbido em que o doente, imóvel, não reage a estímulos externos, nem a perguntas. 2. *Pop.* Qualquer paralisia repentina. 3. *Fig.* Pessoa de más qualidades, ou muito feia.

es•tu•po•rar *v.t.d.* e *p.* Fazer cair, ou cair em estupor. [Conjug.: ① (estupor)**ar**]

es•tu•prar *v.t.d.* Cometer estupro contra; violar. [Conjug.: ① (estupr)**ar**] § **es•tu•pra•dor** (ô) *adj.* e *sm.*

es•tu•pro *sm.* O crime de constranger alguém ao coito com violência ou grave ameaça; violação.

es•tu•que *sm.* 1. Massa preparada com gesso, água e cola. 2. Revestimento ou ornatos feitos com ela.

es•tur•jão *sm. Zool.* Peixe acipenserídeo de cujas ovas se faz caviar. [Pl.: *–jões.*]

es•tur•rar *v.t.d.* 1. Estorricar; queimar. *Int.* e *p.* 2. Secar demais. [Conjug.: ① (esturr)**ar**]

es•tur•ri•car *v.t.d.* e *int.* V. *estorricar.* [Conjug.: ⑧ (esturri)**car**]

es•tur•ro *sm.* Estado ou cheiro de coisa esturrada.

es•va•e•cer *v.t.d.* e *p.* **1.** Desfazer(-se), dissipar(-se); desvanecer(-se). **2.** Fazer perder as forças, ou perdê-las. **3.** Desanimar(-se). [Sin. ger.: *esvanecer*. Conjug.: 34 [esvae]**cer**] § **es•va•e•ci•men•to** *sm.*

es•va•ir *v.t.d.* **1.** Fazer evaporar ou desaparecer; dissipar. *P.* **2.** Evaporar-se ou desaparecer; dissipar-se. **3.** Esgotar-se, exaurir-se. **4.** Desmaiar. [Conjug.: 38 [esv]**air**; mais us. como P.]

es•va•ne•cer *v.t.d.* e *p.* V. *esvaecer*. [Conjug.: 34 [esvane]**cer**]

es•va•zi•ar *v.t.d.* e *p.* **1.** Tornar(-se) vazio. **2.** Tirar a importância a, ou perdê-la. [Conjug.: 1 [esvazi]**ar**] § **es•va•zi•a•men•to** *sm.*

es•ver•de•a•do *adj.* Tirante ao verde; verdoengo.

es•ver•de•ar *v.t.d.* e *int.* Dar cor verde ou esverdeada a, ou adquirir essa(s) cor(es). [Conjug.: 10 [esverd]**ear**]

es•vo:a•çar *v.int.* e *p.* **1.** Bater as asas com força; adejar, voejar. **2.** Flutuar ao vento. [Conjug.: 9 [esvoa]**çar**]

es•vur•mar *v.t.d.* **1.** Limpar (a ferida) do pus, espremendo-a. **2.** *Fig.* Criticar (defeito de alguém). [Conjug.: 1 [esvurm]**ar**]

e•ta *sm.* A 7ª letra do alfabeto grego (H, η).

e•ta (è) *interj. Bras.* Exprime animação.

e•ta•no *sm. Quím.* Alcano que contém dois átomos de carbono, gasoso [fórm.: CH₃-CH₃].

e•ta•nol *sm. Quím.* Álcool etílico. V. *álcool* (2). [Pl.: –*nóis.*]

e•ta•pa *sf.* **1.** Cada uma das partes em que pode dividir-se o desenvolvimento dum negócio, obra, campanha, carreira, etc. **2.** Fase, estágio. **3.** Ração diária dos soldados.

e•tá•ri•o *adj.* Relativo a idade.

e•te•no *sm. Quím.* Hidrocarboneto gasoso, incolor, que é uma das principais matérias-primas da indústria química; etileno. [É o mais simples dos alcenos; fórm. H₂C≡CH₂.]

é•ter *sm.* **1.** O espaço celeste. **2.** *Quím.* Qualquer de certos compostos orgânicos que contêm dois grupos hidrocarbônicos unidos por um átomo de oxigênio; ex.: éter dietílico. **3.** *Quím. Restr.* O éter dietílico ◆ **Éter dietílico.** *Quím.* Líquido incolor, volátil, com cheiro característico, inflamável, us. como solvente [fórm.: (CH₃CH₂)₂O]. **Éter etílico.** *Quím.* Nome comum do *éter dietílico* ◆ **Éter sulfúrico.** *Quím.* O éter dietílico. [O nome se refere ao ácido sulfúrico, us. na sua fabricação.]

e•té•re:o *adj.* **1.** Relativo ao, ou da natureza do éter. **2.** Sublime; celestial.

e•ter•ni•da•de *sf.* **1.** Qualidade de eterno. **2.** A vida que, para crentes, começa após a morte. **3.** Demora indefinida.

e•ter•ni•zar *v.t.d.* **1.** Tornar eterno. **2.** Prolongar. **3.** Dar glória ou fama imorredoura a; imortalizar. *P.* **4.** Prolongar-se indefinidamente. **5.** Imortalizar-se. [Conjug.: 1 [eterniz]**ar**]

e•ter•no *adj.* **1.** Que não tem princípio nem fim; que dura sempre. **2.** V. *imortal* (1). **3.** Incessante. **4.** Imutável. ◆ **O Eterno.** Deus.

é•ti•ca *sf.* **1.** Estudo dos juízos de apreciação referentes à conduta humana, do ponto de vista do bem e do mal. **2.** Conjunto de normas e princípios que norteiam a boa conduta do ser humano.

é•ti•co *adj.* Pertencente ou relativo à ética.

e•ti•la *sf. Quím.* Alquila de dois átomos de carbono, correspondente ao etano [fórm.: -CH₂CH₃].

e•ti•le•no *sm. Quím.* Nome comum do *eteno.*

e•tí•li•co *adj. Quím.* Qualificativo de certos compostos orgânicos derivados do etano.

e•ti•mo•lo•gi•a *sf.* **1.** O estudo da origem das palavras. **2.** Origem duma palavra. § **e•ti•mo•ló•gi•co** *adj.*

e•ti•mo•lo•gis•ta *s2g.* **1.** Especialista em etimologia. **2.** Partidário da ortografia etimológica. [Sin. ger.: *etimólogo*.]

e•ti•mó•lo•go *sm.* V. *etimologista.*

e•ti•no *sm. Quím.* Hidrocarboneto gasoso, incolor, de cheiro desagradável, altamente inflamável, us. em maçaricos para soldar e na indústria química; acetileno. [É o mais simples dos alcinos; fórm.: H-C≡C-H.]

e•ti:o•lo•gi•a *sf.* Parte da medicina que trata das causas das doenças. § **e•ti:o•ló•gi•co** *adj.*

e•ti•ó•pe *adj2g.* **1.** Da Etiópia (África). ◆ *s2g.* **2.** O natural ou habitante da Etiópia.

e•ti•que•ta (è) *sf.* **1.** Conjunto de cerimônias usadas na corte ou na casa dum chefe de Estado. **2.** Formas cerimoniosas do trato social; formalidade, protocolo. **3.** Rótulo posto sobre algo para designar o que é ou o que contém.

e•ti•que•tar *v.t.d.* Pôr etiqueta(s) (3) em. [Conjug.: 1 [etiquet]**ar**]

et•ni•a *sf. Antrop.* População ou grupo social que apresenta homogeneidade cultural e lingüística, compartilhando história e origem comuns. § **et•ni•ci•da•de** *sf.*; **ét•ni•co** *adj.*

ét•ni•co *adj.* Relativo ou pertencente a povo ou raça.

et•no•cen•tris•mo *sm.* Tendência a considerar as normas e valores da própria sociedade ou cultura como critério de avaliação de todas as demais. § **et•no•cên•tri•co** *adj.*

et•no•gra•fi•a *sf. Antrop.* **1.** Estudo descritivo de um ou mais aspectos sociais e culturais de um povo, grupo social, etc. **2.** Atividade de obtenção e elaboração de dados, em pesquisa de campo antropológica. § **et•no•grá•fi•co** *adj.*; **et•nó•gra•fo** *sm.*

et•no•lo•gi•a *sf. Antrop.* **1.** Parte da antropologia, que procura generalizar e sistematizar os conhecimentos a respeito dos diferentes povos e suas culturas, obtidos através da etnografia (2). **2.** *Bras.* O estudo antropológico das sociedades indígenas. § et•no•ló•gi•co *adj.*; et•nó•lo•go *sm.*

et•nô•ni•mo *sm.* Nome de povos, de tribos e de castas. ◆ **Etnônimo brasílico.** Designação de povo, etnia ou grupo que habitava o território brasileiro em tempos pré-cabralianos, e de seus descendentes atuais. [Segundo a convenção usualmente seguida pelos antropólogos, os etnônimos se escrevem com maiúscula inicial e não variam em gênero e número.]

e•tos *sm.* **1.** Modo de ser, temperamento ou disposição interior, de natureza emocional ou moral. **2.** O espírito que anima uma coletividade, instituição, etc., e que marca suas realizações ou manifestações culturais.

e•trus•co *adj.* **1.** Da, ou pertencente ou relativo à antiga Etrúria (Itália central). • *sm.* **2.** O natural ou habitante dessa região.

eu **1.** *Pron. pess.* da 1ª pess. • *sm.* **2.** A personalidade de quem fala.

❏ **Eu** *Quím.* Símb. do *európio.*

eu•ca•lip•to *sm. Bot.* Grande árvore mirtácea, medicinal, e de madeira útil.

eu•ca•ris•ti•a *sf. Rel.* **1.** Um dos sete sacramentos da Igreja Católica, no qual Jesus Cristo se acha presente sob as aparências do pão e do vinho, com seu corpo, sangue, alma e divindade. **2.** Ato central do culto cristão. [Sin. ger.: *comunhão.*]

eu•fau•si•á•ce:o *sm. Zool.* Espécime dos eufausiáceos, ordem de crustáceos marinhos dos mares frios; constituem o principal alimento das baleias. [V. *krill.*] § eu•fau•si•á•ce:o *adj.*

eu•fe•mis•mo *sm.* **1.** Ato de suavizar a expressão duma ideia substituindo a palavra própria por outra mais cortês. **2.** Palavra usada por eufemismo.

eu•fo•ni•a *sf.* **1.** Som agradável ao ouvido. **2.** Escolha feliz de sons. § eu•fô•ni•co *adj.*

eu•for•bi•á•ce:a *sf. Bot.* Espécime das euforbiáceas, família de ervas, árvores e arbustos ger. lactescentes, cujo fruto é uma tricoca. Ex.: a seringueira. § eu•for•bi•á•ce:o *adj.*

eu•fo•ri•a *sf.* **1.** Sensação de perfeito bem-estar. **2.** Alegria intensa e, em regra, expansiva. § eu•fó•ri•co *adj.*

eu•ge•ni•a *sf.* O estudo das condições mais propícias à reprodução e melhora da raça humana. § eu•gê•ni•co *adj.*

eu•nu•co *sm.* Homem castrado que, no Oriente, era guarda dos haréns.

eu•ra•si•a•no *adj.* Da, pertencente ou relativo à Eurásia, nome dado ao conjunto de terras da Europa e da Ásia.

eu•ri•bi•on•te *sm. Ecol.* Espécie capaz de povoar meios muito variáveis; eurióico.

eu•ri•ói•co *sm. Ecol.* Euribionte.

eu•ro *sm. Econ.* Moeda comum da Alemanha, Áustria, Bélgica, Espanha, Finlândia, França, Holanda, Irlanda, Itália, Luxemburgo e Portugal, introduzida como unidade escritural desde 1.1.1999, e como notas e moedas a partir de 1.1.2002.

eu•ro•dó•lar *sm. Econ.* Moeda dos E.U.A. depositada em bancos não americanos, especialmente europeus, e por estes emprestada a tomadores de vários países.

eu•ro•pe:i•zar *v.t.d.* e *p.* Tornar(-se) europeu; adaptar(-se) ao temperamento, maneira ou estilo europeus. [Conjug.: [15] [europe]i[z]ar] § eu•ro•pe:i•za•ção *sf.*; eu•ro•pe:i•za•do *adj.*

eu•ro•peu *adj.* **1.** Da Europa. • *sm.* **2.** O natural ou habitante da Europa. [Fem.: *européia.*]

eu•ró•pi:o *sm. Quím.* V. *lantanídeos* [simb.: *Eu*].

eu•ta•ná•si:a *sf. Med.* **1.** Morte serena, sem sofrimento. **2.** Prática, sem amparo legal, pela qual se busca abreviar sem dor ou sofrimento a vida dum enfermo incurável e terminal (1).

eu•tro•fi•ca•ção *sf. Ecol.* Proliferação de matéria orgânica em um meio hídrico, e que resulta na multiplicação de matéria vegetal que, por decomposição, provoca a diminuição do oxigênio necessário à vida animal.

e•va•cu•ar *v.t.d.* **1.** Desocupar; esvaziar. **2.** Sair de (uma praça de guerra), por haver capitulado. **3.** Expelir. *Int.* **4.** V. *defecar* (2). [Conjug.: [1] [evacu]ar] § e•va•cu•a•ção *sf.*

e•va•dir *v.t.d.* **1.** Fugir a; evitar. *P.* **2.** Fugir às ocultas. **3.** Fugir da prisão. **4.** Sumir-se. [Conjug.: [3] [evad]ir]

e•van•ge•lho *sm.* **1.** *Rel.* Doutrina de Cristo. **2.** *Rel.* Cada um dos quatro livros principais do Novo Testamento, ou trechos deles. [Com inicial maiúscula nessas acepç.] **3.** Coisa tida por verdadeira. **4.** Norma; doutrina.

e•van•gé•li•co *adj.* **1.** Relativo ao Evangelho (1 e 2). **2.** Relativo ou pertencente a certos grupos religiosos não ligados ao protestantismo histórico, e que afirmam seguir os Evangelhos. • *sm.* **3.** Membro de cada um desses grupos.

e•van•ge•lis•mo *sm.* Sistema ou política moral ou religiosa, fundada no Evangelho.

e•van•ge•lis•ta *sm. Rel.* Autor de qualquer dos quatro livros do Evangelho.

e•van•ge•li•zar *v.t.d.* **1.** Pregar o Evangelho a; apostolar, pregar. *P.* **2.** Cristianizar-se. [Conjug.: [1] [evangeliz]ar] § e•van•ge•li•za•ção *sf.*

e•va•po•ra•ção *sf.* **1.** Ato de evaporar(-se). **2.** Transformação dum líquido em vapor, efetuada a qualquer temperatura. [Pl.: *–ções.*]

e•va•po•rar *v.t.d.* **1.** Transformar em vapor ou gás: *O calor evapora a água. Int.* **2.** Converter-se em vapor (1). *P.* **3.** Passar ao estado de vapor (1). **4.** Desaparecer, dissipar-se. [Conjug.: 1 [evapor]**ar**]

e•va•são *sf.* Ato de evadir-se; fuga. [Pl.: *–sões.*]

e•va•si•va *sf.* Desculpa ardilosa; subterfúgio.

e•va•si•vo *adj.* **1.** Que facilita a evasão. **2.** Sutil. **3.** Que serve de subterfúgio.

e•ven•to *sm.* **1.** Eventualidade (2). **2.** Acontecimento, sucesso.

e•ven•tu•al *adj2g.* Que depende de acontecimento incerto; casual, fortuito, acidental. [Pl.: *–ais.*]

e•ven•tu•a•li•da•de *sf.* **1.** Qualidade de eventual. **2.** Acontecimento eventual; evento.

e•vic•ção *sf. Jur.* Perda que sofre o adquirente de uma coisa em conseqüência da reivindicação judicial do verdadeiro dono. [Pl.: *–ções.*]

e•vic•to *adj.* **1.** Que está sujeito à evicção (coisa ou pessoa). • *sm.* **2.** Aquele que está obrigado à evicção.

e•vi•dên•ci•a *sf.* Qualidade do que é evidente ou incontestável; certeza manifesta.

e•vi•den•ci•ar *v.t.d. e p.* Tornar(-se) evidente. [Conjug.: 1 [evidenci]**ar**]

e•vi•den•te *adj2g.* Tão claro que se compreende prontamente, dispensando demonstração; que não oferece dúvida; claro, manifesto.

e•vi•tar *v.t.d.* **1.** Fugir a, desviar-se de (coisa ou pessoa nociva ou desagradável). **2.** Impedir, atalhar. [Conjug.: 1 [evit]**ar**] § **e•vi•tá•vel** *adj2g.*

e•vo•car *v.t.d.* **1.** Chamar de algum lugar. **2.** Clamar por, mediante exorcismos, invocações (almas do outro mundo, demônios). **3.** Trazer à lembrança. [Conjug.: 8 [evo]**car**] § **e•vo•ca•ção** *sf.*

e•vo•ca•ti•vo *adj.* Que serve para evocar.

e•vo•lar-se *v.p.* **1.** Elevar-se, voando. **2.** Exalar-se. **3.** Desfazer-se, dissipar-se. [Conjug.: 1 [evol]**ar**[-se]]

e•vo•lu•ção *sf.* **1.** Deslocamento progressivo. **2.** Série de movimentos concatenados e harmônicos. **3.** Sucessão de acontecimentos em que cada um está condicionado pelo(s) anterior(es). **4.** Processo de transformação em que certos elementos simples ou indistintos se tornam aos poucos mais complexos ou mais pronunciados; desenvolvimento. **5.** *Biol.* Formação de novas espécies de seres vivos a partir de espécies preexistentes, como resultado de um princípio geral de transformação na natureza. **6.** *Biol.* Segundo o darwinismo, processo que, ao longo de sucessivas gerações, leva à diferenciação das espécies, determinado por mutações genéticas e por seleção natural. [Pl.: *–ções.*]

e•vo•lu•ci•o•nar *v.int.* **1.** Evolver. **2.** Fazer evolução (2). *T.d.* **3.** Fazer passar por transformação; modificar. [Conjug.: 1 [evolucio-n]**ar**]

e•vo•lu•ci•o•nis•mo *sm.* Doutrina filosófica ou teoria científica fundada na idéia de evolução. § **e•vo•lu•ci•o•nis•ta** *adj2g. e s2g.*

e•vo•lu•í•do *adj.* **1.** Que atingiu elevado grau de desenvolvimento, de cultura, etc. **2.** Apto a aceitar novas idéias, novos padrões de comportamento; adiantado, avançado.

e•vo•lu•ir *v.int.* **1.** Executar ou sofrer evolução. *T.i.* **2.** Passar gradualmente de um estado a outro, por uma série de transformações. [Sin. ger.: *evolver.* Conjug.: 49 [evol]**uir**] § **e•vo•lu•ti•vo** *adj.*

e•vol•ver *v.int. e t.i.* V. *evoluir.* [Conjug.: 2 [evolv]**er**]

e•xa•ção (z) *sf.* **1.** Cobrança rigorosa de dívida ou de impostos. **2.** Exatidão. [Pl.: *–ções.*]

e•xa•cer•ba•ção (z) *sf.* **1.** Ato ou efeito de exacerbar(-se). **2.** Irritação. [Pl.: *–ções.*]

e•xa•cer•bar (z) *v.t.d. e p.* **1.** Tornar(-se) mais acerbo, mais intenso, mais veemente, mais violento, etc. **2.** Irritar(-se), exasperar(-se). [Conjug.: 1 [exacerb]**ar**]

e•xa•ge•ra•ção (z) *sf.* Ato de exagerar(-se); exagero. [Pl.: *–ções.*]

e•xa•ge•ra•do (z) *adj.* **1.** Em que há exageração. **2.** Que é dado a exagerar.

e•xa•ge•rar (z) *v.t.d.* **1.** Dar ou atribuir a (coisa ou fato), proporções maiores que as reais. **2.** Encarecer em demasia. **3.** Aparentar mais do que sente. *T.i.* **4.** *Bras.* Usar com excesso: *exagerar na pimenta, no sal. Int.* **5.** Fazer ou dizer algo com excesso. [Conjug.: 1 [exager]**ar**]

e•xa•ge•ro (z) *...ê*) *sm.* Exageração.

e•xa•la•ção (z) *sf.* **1.** Ato de exalar(-se). **2.** O que se exala dum corpo sólido ou líquido. [Pl.: *–ções.*]

e•xa•lar (z) *v.t.d.* **1.** Emitir, lançar de si (vapores, odores, etc.). **2.** Manifestar. *P. e t.i.* **3.** Sair; emanar. **4.** Evolar-se. [Conjug.: 1 [exal]**ar**]

e•xal•ta•do (z) *adj.* **1.** Exagerado, excessivo. **2.** Fanático, apaixonado. **3.** Facilmente irritável.

e•xal•tar (z) *v.t.d.* **1.** Tornar alto, ou sublime, ou grandioso, etc. **2.** Louvar. **3.** Levar ao mais alto grau de intensidade. **4.** Enfurecer. *P.* **5.** Excitar-se ao extremo. **6.** Enfurecer-se. **7.** Vangloriar-se. [Conjug.: 1 [exalt]**ar**] § **e•xal•ta•ção** (z) *sf.*

e•xa•me (z) *sm.* **1.** Ato de examinar. **2.** Prova a que alguém é submetido e pela qual demonstra sua capacidade em determinado assunto. **3.** V. *inspeção.* **4.** *Med.* Qualquer procedimento médico que vise esclarecer causa, tipo, evolução e tratamento de doente, ou verificar sanidade (2).

e•xa•mi•na•do (z) *sm.* Aquele que está sendo ou vai ser examinado.

e•xa•mi•nar (z) *v.t.d.* **1.** Analisar com atenção e minúcia. **2.** Ponderar ou meditar sobre. **3.** Submeter a exame (2 e 4). **4.** Observar, sondar. *P.* **5.** Observar a própria consciência. [Conjug.: ① [examin]**ar**] § **e•xa•mi•na•dor** (z...ô) *adj.* e *sm.*

e•xan•gue (z) *adj2g.* **1.** Sem sangue. **2.** Sem forças.

e•xâ•ni•me (z) *adj2g.* Desfalecido, ou morto.

e•xan•te•ma (z) *sm. Med.* Vermelhidão cutânea, de intensidade variável, e encontrada em numerosas doenças. § **e•xan•te•má•ti•co** *adj.*

e•xa•rar (z) *v.t.d.* Consignar ou registrar por escrito; lavrar. [Conjug.: ① [exar]**ar**]

e•xas•pe•rar (z) *v.t.d.* e *p.* **1.** Irritar(-se) muito; encolerizar(-se). **2.** Agravar(-se), exacerbar(-se). [Conjug.: ① [exasper]**ar**] § **e•xas•pe•ra•ção** (z) *sf.*; **e•xas•pe•ran•te** (z) *adj2g.*

e•xa•to (z) *adj.* **1.** Certo, correto. **2.** Preciso, rigoroso. **3.** Perfeito, esmerado. § **e•xa•ti•dão** (z) *sf.*

e•xau•rir (z) *v.t.d.* **1.** Esgotar inteiramente; despejar até à última gota. **2.** Dissipar inteiramente. *P.* **3.** Secar-se, esgotar-se. **4.** Extenuar-se; esvair-se; esgotar-se. [Conjug.: 58 [exaur]**ir**] § **e•xau•rí•vel** (z) *adj2g.*

e•xaus•tão (z) *sm.* **1.** Ato ou efeito de exaurir(-se). **2.** Cansaço extremo; esgotamento. [Pl.: –*tões.*]

e•xaus•ti•vo (z) *adj.* **1.** Que esgota, que exaure. **2.** Cansativo no mais alto grau.

e•xaus•to (z) *adj.* Muitíssimo cansado; extenuado, esgotado, arrebentado (*Gír.*).

e•xaus•tor (z...ô) *sm.* Aparelho que aspira o ar viciado e o renova.

e•xau•to•rar (z) *v.t.d.* V. *desautorar* (1). [Conjug.: ① [exautor]**ar**]

ex•ce•ção *sf.* **1.** Ato ou efeito de excetuar. **2.** Desvio da regra geral. **3.** Aquilo que se exclui da regra. **4.** Exclusão. **5.** Privilégio (1). [Pl.: –*ções.*]

ex•ce•den•te *adj2g.* **1.** Que excede ou sobeja. • *sm.* **2.** Excesso, sobejo, sobra.

ex•ce•der *v.t.d.* e *t.d.i.* **1.** Ser superior a, ir além de (em peso, valor, extensão, etc.). **2.** Superar. *T.i.* **3.** Exceder (1). *P.* **4.** Ir além do que é natural, conveniente. **5.** Enfurecer-se. **6.** Esmerar-se. [Conjug.: ② [exced]**er**] § **ex•ce•dí•vel** *adj2g.*

ex•ce•lên•ci:a *sf.* **1.** Qualidade de excelente; primazia. **2.** Tratamento que se dá a pessoas de alta hierarquia social, política, etc. ◆ **Sua excelência.** V. *excelentíssimo* (2). **Vossa excelência.** V. *excelentíssimo* (2).

ex•ce•len•te *adj2g.* Muitíssimo bom; excepcional, excelso.

ex•ce•len•tís•si•mo *adj.* **1.** Superl. abs. sint. de *excelente.* **2.** Tratamento honorífico dado a

indivíduos de alta hierarquia política, social, etc.; sua excelência, vossa excelência. [Abrev.: *Ex.ᵐᵒ*.]

ex•ce•ler *v.int.* e *t.i.* Distinguir-se de outros, ou entre outros, ou acima de outros; ser excelente. [Conjug.: ② [excel]**er**. Defect. Faltam-lhe as f. em que ao *l* do radical se seguiria *o* ou *a*: a 1ª pess. do sing. do pres. ind. e todo o pres. subj.]

ex•cel•so *adj.* **1.** Alto; sublime. **2.** V. *excelente.*

ex•cen•tri•ci•da•de¹ *sf.* Desvio ou afastamento do centro.

ex•cen•tri•ci•da•de² *sf.* Qualidade, modos, ou procedimento de excêntrico²; extravagância.

ex•cên•tri•co¹ *adj.* **1.** Que desvia ou afasta do centro. **2.** Que não tem o mesmo centro.

ex•cên•tri•co² *adj.* e *sm.* V. *extravagante* (2 e 4).

ex•cep•ci:o•nal *adj2g.* **1.** Em que há, ou que constitui exceção. **2.** Que goza de exceção. **3.** V. *excelente.* **4.** Que é *portador de necessidades especiais* (q. v.). • *s2g.* **5.** Indivíduo excepcional (4). [Pl.: –*nais.*]

ex•ces•si•vo *adj.* Demasiado; exagerado.

ex•ces•so *sm.* **1.** Diferença para mais entre duas qualidades. **2.** Aquilo que excede o permitido, o legal, o normal. **3.** Sobra (1). **4.** Violência, desmando.

ex•ce•to *prep.* Com exclusão ou à exceção de; afora, salvo, tirante.

ex•ce•tu•ar *v.t.d., t.d.i.* e *p.* Isentar(-se), excluir(-se). [Conjug.: ① [excetu]**ar**]

ex•ci•pi•en•te *sm. Med.* Substância a que se incorpora(m) o(s) princípio(s) ativo(s) de medicamento para que se absorva(m) mais facilmente.

ex•ci•ta•bi•li•da•de *sf.* **1.** Qualidade de excitável. **2.** *Fisiol.* Irritabilidade (2).

ex•ci•ta•ção *sf.* **1.** Ato ou efeito de excitar(-se). **2.** Grande agitação. **3.** Forte sensação de vigor, energia, entusiasmo e/ou desejo. **4.** Desejo sexual. **5.** *Eletrôn.* Tensão, ou corrente, aplicada externamente aos terminais de entrada de um circuito, dispositivo, ou equipamento; entrada, sinal de excitação. [Pl.: –*ções.*]

ex•ci•tar *v.t.d.* **1.** Ativar a ação de. **2.** Estimular. **3.** Avivar, despertar. **4.** Irritar, enraivecer. **5.** Provocar excitação (3 ou 4) em. *P.* **6.** Exaltar-se, inflamar-se. **7.** Ter ou sentir excitação (3 ou 4). [Conjug.: ① [excit]**ar**] § **ex•ci•ta•do** *adj.*; **ex•ci•tan•te** *adj2g.*

ex•ci•tá•vel *adj2g.* Que se pode excitar, ou que facilmente se excita. [Pl.: –*veis.*]

ex•cla•ma•ção *sf.* **1.** Ato de exclamar; voz, grito ou brado de alegria, raiva, dor, etc. **2.** Sinal de pontuação (!) com que se marca a entoação exclamativa. [Pl.: –*ções.*]

ex•cla•mar *v.t.d.* **1.** Pronunciar em voz muito alta; bradar, clamar. *Int.* **2.** Vociferar, gritar. [Conjug.: ① [exclam]**ar**]

ex•cla•ma•ti•vo *adj.* Que encerra exclamação.

ex•clu•den•te *adj2g.* Que exclui, ou em que há exclusão.

ex•clu•ir *v.t.d.* **1.** Ser incompatível com. **2.** Eliminar. *T.d.i.* **3.** Pôr fora; expulsar; retirar. **4.** Privar; despojar. *P.* **5.** Isentar-se. [Conjug.: 49 [excl]**uir**]

ex•clu•são *sf.* Ato de excluir(-se). [Pl.: *–sões.* Antôn.: *inclusão.*]

ex•clu•si•ve *adv.* Excluindo.

ex•clu•si•vis•mo *sm.* Sistema ou feitio de quem repele tudo que é contrário à sua opinião, ou quer tudo só para seu uso ou gozo pessoal. § **ex•clu•si•vis•ta** *adj2g.* e *s2g.*

ex•clu•si•vo *adj.* **1.** Que exclui ou elimina. **2.** Privativo, restrito. § **ex•clu•si•vi•da•de** *sf.*

ex•co•gi•tar *v.t.d.* **1.** Cogitar, idear. **2.** Pesquisar. *Int.* **3.** Refletir, imaginar. [Conjug.: 1 [excogit]**ar**] § **ex•co•gi•ta•ção** *sf.*

ex•co•mun•gar *v.t.d.* **1.** Impor a excomunhão a. **2.** Amaldiçoar, esconjurar. **3.** Condenar, reprovar. [Conjug.: 11 [excomun]**gar**]

ex•co•mu•nhão *sf. Rel.* Pena eclesiástica que exclui do gozo de todos ou de alguns dos bens espirituais comuns aos fiéis. [Pl.: *–nhões.*]

ex•cre•ção *sf.* **1.** *Med.* Eliminação, do corpo, de qualquer substância ou matéria. **2.** *Fisiol.* Eliminação, por via especial, de produto glandular. [Pl.: *–ções.*]

ex•cre•men•tí•ci:o *adj.* Relativo a excremento, ou da natureza dele.

ex•cre•men•to *sm.* **1.** Tudo que os animais expelem do corpo pelas vias naturais. **2.** Fezes.

ex•cres•cên•ci:a *sf.* **1.** Saliência, proeminência. **2.** Superfluidade. **3.** *Med.* Tumor, mais ou menos volumoso, na superfície dum órgão.

ex•cre•tar *v.t.d.* Segregar; expelir. [Conjug.: 1 [excret]**ar**] § **ex•cre•tor** (ô) *adj.*; **ex•cre•tó•ri:o** *adj.*

ex•cur•são *sf.* **1.** Passeio pelos arredores. **2.** Viagem de recreio, às vezes em grupo. [Pl.: *–sões.*]

ex•cur•si:o•nar *v.int.* Fazer excursão. [Conjug.: 1 [excursion]**ar**]

e•xe•cra•ção (z) *sf.* **1.** Ato de execrar(-se); aversão ilimitada. **2.** Aquele ou aquilo que se execra. [Pl.: *–ções.*]

e•xe•cran•do (z) *adj.* V. *execrável.*

e•xe•crar (z) *v.t.d.* **1.** Detestar, abominar. **2.** Desejar mal a (alguém). *P.* **3.** Detestar-se. [Conjug.: 1 [execr]**ar**]

e•xe•crá•vel (z) *adj2g.* Que merece execração; abominável, execrando. [Pl.: *–veis.*]

e•xe•cu•ção (z) *sf.* **1.** Ato ou efeito de executar. **2.** Cumprimento de pena de morte. **3.** Dom especial de tocar um instrumento musical. [Pl.: *–ções.*]

e•xe•cu•tan•te (z) *adj2g.* **1.** Que executa. • *s2g.* **2.** Músico que executa a sua parte.

e•xe•cu•tar (z) *v.t.d.* **1.** Levar a efeito; realizar. **2.** Tornar efetivas as prescrições de; cumprir. **3.** Tocar (4). **4.** Cantar (3). **5.** Representar, interpretar. **6.** Supliciar, justiçar; matar. **7.** Obrigar (um devedor) a pagar por meio de ação judicial. **8.** *Inform.* Processar (instrução, rotina ou subrotina) de um programa; rodar. [Conjug.: 1 [execut]**ar**]

e•xe•cu•tá•vel (z) *adj2g.* **1.** Exeqüível. **2.** *Inform.* Diz-se de programa que pode ser executado diretamente por computador, por estar codificado em linguagem de máquina. • *sm.* **3.** *Inform.* Programa executável. [Pl.: *–veis.*]

e•xe•cu•ti•vo¹ (z) *adj.* **1.** Que executa; executor. **2.** Ativo, decidido. **3.** Encarregado de executar as leis. • *sm.* **4.** Um dos três poderes detentores da soberania estatal, ao qual incumbe a execução das leis e a administração dos negócios públicos.

e•xe•cu•ti•vo² (z) *sm.* Aquele que ocupa cargo de direção ou chefia de alto nível, esp. numa empresa.

e•xe•cu•tor (z...ô) *adj.* Executivo¹ (1).

e•xe•cu•to•ri•a (z) *sf.* Repartição que se encarrega da cobrança dos créditos de uma comunidade.

e•xe•cu•tó•ri:o (z) *adj.* Que se pode ou há de executar.

e•xe•ge•se (z...gé) *sf.* Explicação ou interpretação de obra literária, artística, de um sonho, etc. § **e•xe•gé•ti•co** *adj.*

e•xe•ge•ta (z...gé) *s2g.* Pessoa que faz exegese(s).

e•xem•plar (z) *adj2g.* **1.** Que serve ou pode servir de exemplo. • *sm.* **2.** Modelo original que deve ser imitado ou copiado; exemplo. **3.** Peça (2). **4.** Cada indivíduo de certa espécie ou variedade. **5.** *Bibliol.* Cada um dos impressos pertencentes à mesma tiragem; número. § **e•xem•pla•ri•da•de** *sf.*

e•xem•pli•fi•car (z) *v.t.d.* **1.** Mostrar com exemplos. **2.** Mencionar como exemplo. [Conjug.: 8 [exemplifi]**car**] § **e•xem•pli•fi•ca•ção** (z) *sf.*

e•xem•plo (z) *sm.* **1.** Modelo (1). **2.** Fato de que se pode tirar proveito ou ensino; lição. **3.** Frase ou passagem dum autor, citada para confirmar regra ou demonstrar alguma coisa. **4.** Exemplar (2).

e•xé•qui:as (z) *sf.pl.* Cerimônias ou honras fúnebres.

e•xe•qüí•vel (z) *adj2g.* Que se pode executar; possível. [Pl.: *–veis.*] § **e•xe•qüi•bi•li•da•de** (z) *sf.*

e•xer•cer (z) *v.t.d.* **1.** Preencher os deveres, funções ou obrigações inerentes a (um cargo). **2.** Desempenhar. **3.** Levar a efeito; praticar. **4.** Exercitar. [Conjug.: 34 [exer]**cer**]

e•xer•cí•ci:o (z) *sm.* **1.** Ato de exercer; prática, uso. **2.** Desempenho de função ou profissão. **3.** Atividade física. **4.** Adestramento. **5.** Trabalho escolar para adestrar ou treinar o aluno. **6.** Período de execução dos serviços dum orçamento público.

e•xer•ci•tar (z) *v.t.d.* **1.** Praticar, exercer. **2.** Adestrar. *P.* **3.** Adestrar-se pelo estudo ou pelo exercício. [Conjug.: 1 [exercit]**ar**]

e•xér•ci•to (z) *sm.* **1.** Conjunto das forças armadas de terra de um país. **2.** As tropas que entram num combate. **3.** *Fig.* Multidão.

e•xi•bi•ci:o•nis•mo (z) *sm.* **1.** Mania ou gosto de ostentação ou exibição. **2.** *Psiq.* Impulso patológico que leva a mostrar órgãos genitais. § **e•xi•bi•ci:o•nis•ta** (z) *adj2g.* e *s2g.*

e•xi•bir (z) *v.t.d.* e *p.* **1.** Mostrar(-se), apresentar(-se). **2.** Expor(-se), patentear(-se). **3.** Mostrar(-se) com aparato. *T.d.i.* **4.** Mostrar, apresentar. [Conjug.: 3 [exib]**ir**] § **e•xi•bi•ção** (z) *sf.*

e•xi•gên•ci:a (z) *sf.* **1.** Ato de exigir. **2.** Pedido urgente ou impertinente.

e•xi•gen•te (z) *adj2g.* **1.** Que exige. **2.** Difícil de contentar ou de satisfazer.

e•xi•gir (z) *v.t.d.* **1.** Reclamar em função de direito legítimo ou suposto. **2.** Ordenar, intimar. **3.** Prescrever, determinar. **4.** Requerer; demandar. *T.d.i.* **5.** Exigir (1 e 3). **6.** Pedir com atividade. [Conjug.: 45 [exi]gir] § **e•xi•gí•vel** (z) *adj2g.*

e•xí•guo (z) *adj.* **1.** De pequenas proporções; diminuto. **2.** Escasso. § **e•xi•güi•da•de** (z) *sf.*

e•xi•lar (z) *v.t.d.* **1.** Mandar para o exílio; expatriar. **2.** Afastar, apartar. *P.* **3.** Condenar-se a exílio voluntário. **4.** Isolar-se. [Conjug.: 1 [exil]**ar**] § **e•xi•la•do** (z) *adj.* e *sm.*

e•xí•li:o (z) *sm.* **1.** Desterro. **2.** O lugar onde reside o exilado.

e•xí•mi:o (z) *adj.* Excelente em sua arte ou profissão.

e•xi•mir (z) *v.t.d.* **1.** Isentar, desobrigar, dispensar. *T.d.i.* **2.** Isentar; livrar: *Eximiu-o de culpa. P.* **3.** Isentar-se, desobrigar-se. **4.** Esquivar-se. [Conjug.: 3 [exim]**ir**]

e•xis•tên•ci:a (z) *sf.* **1.** O fato de existir, de viver. **2.** Vida (1 e 3). **3.** Ente, ser. **4.** Realidade: *A existência do mundo é inegável.* § **e•xis•ten•ci•al** *adj2g.*

e•xis•ten•ci:a•lis•mo (z) *sm. Filos.* Caráter das doutrinas para as quais o objeto próprio da reflexão é o homem na sua existência concreta.

e•xis•tir (z) *v.int.* **1.** Ter existência real; ser, haver. **2.** Viver, estar. **3.** Subsistir, durar. [Conjug.: 3 [exist]**ir**] § **e•xis•ten•te** *adj2g.*

ê•xi•to (z) *sm.* **1.** Resultado, conseqüência. **2.** Resultado feliz; bom êxito.

◻ **Ex.ᵐᵒ** Abrev. de *excelentíssimo.*

e•xó•cri•no (z) *adj.* Diz-se de órgão glandular que, por via própria, elimina produto de secreção para o meio externo.

ê•xo•do (z) *sm.* Emigração, saída.

e•xo:es•que•le•to ou **e•xos•que•le•to** (z...lê) *sm. Zool.* Esqueleto córneo que reveste o corpo de todos os artrópodes.

e•xo•ga•mi•a (z) *sf. Antrop.* Costume social que prescreve o casamento entre indivíduos pertencentes a grupos ou subgrupos distintos. § **e•xo•gâ•mi•co** *adj.*; **e•xó•ga•mo** *adj.* e *sm.*

e•xó•ge•no (z) *adj.* Originado no exterior do organismo, ou por fatores externos.

e•xo•ne•rar (z) *v.t.d.* **1.** Destituir de emprego; demitir. **2.** Tirar ônus a; desobrigar, desonerar. *P.* **3.** Demitir-se; desobrigar-se, desonerar-se. [Conjug.: 1 [exoner]**ar**] § **e•xo•ne•ra•ção** (z) *sf.*

e•xo•rar (z) *v.t.d., t.d.i.* e *int.* Implorar com ânsia. [Conjug.: 1 [exor]**ar**]

e•xor•bi•tân•ci:a (z) *sf.* **1.** Ato de exorbitar. **2.** Excesso, demasia. **3.** Preço excessivo.

e•xor•bi•tar (z) *v.int.* **1.** Exceder os justos limites, o razoável. *T.i.* **2.** Desviar-se (de norma, regra, razão). [Conjug.: 1 [exorbit]**ar**] § **e•xor•bi•tan•te** *adj2g.*

e•xor•cis•mar (z) *v.t.d.* Fazer exorcismo contra; esconjurar. [Conjug.: 1 [exorcism]**ar**]

e•xor•cis•mo (z) *sm.* Oração e cerimônia religiosa com que se esconjura o Demônio, os espíritos maus, etc.; esconjuro. § **e•xor•cis•ta** (z) *s2g.*

e•xór•di:o (z) *sm.* O começo de um discurso.

e•xor•tar (z) *v.t.d.* **1.** Animar, incitar. *T.d.i* **2.** Aconselhar; induzir. [Conjug.: 1 [exort]**ar**] § **e•xor•ta•ção** *sf.*

e•xor•ta•ti•vo (z) *adj.* Próprio para exortar.

e•xos•fe•ra (z) *sf. Geofís.* Camada atmosférica exterior à ionosfera.

e•xo•té•ri•co (z) *adj.* Diz-se de ensinamento transmitido ao público sem restrição. [Cf. *esotérico*.]

e•xó•ti•co (z) *adj.* **1.** Que não é indígena; estrangeiro. **2.** Excêntrico, extravagante.

e•xo•tis•mo (z) *sm.* **1.** Qualidade de exótico. **2.** Coisa exótica.

ex•pan•dir *v.t.d.* **1.** Tornar pando; dilatar. **2.** Difundir. **3.** Desenvolver. **4.** Desabafar. *P.* **5.** Desenvolver-se. **6.** Aumentar. **7.** Desabafar-se. **8.** Mostrar-se expansivo. **9.** Difundir-se. [Conjug.: 3 [expand]**ir**]

ex•pan•são *sf.* Ato ou efeito de expandir(-se). [Pl.: *–sões*.]

ex•pan•si•vo *adj.* **1.** Suscetível de expandir(-se). **2.** Comunicativo.

ex•pa•tri•ar *v.t.d.* **1.** Expulsar da pátria; exilar, banir. *P.* **2.** Ir para o exílio. **3.** Ir residir em país estrangeiro. [Conjug.: 1 [expatri]**ar**] § **ex•pa•tri:a•ção** *sf.*; **ex•pa•tri•a•do** *adj.* e *sm.*

ex•pec•tan•te *adj2g.* Que espera, observando.

ex•pec•ta•ti•va ou ex•pe•ta•ti•va *sf.* Esperança fundada em supostos direitos, probabilidades ou promessas.

ex•pec•to•ra•ção ou ex•pe•to•ra•ção *sf. Med.* Ação de expelir, pela boca, matéria proveniente do aparelho respiratório. [Pl.: –*ções.*]

ex•pec•to•ran•te ou ex•pe•to•ran•te *adj2g.* e *sm. Med.* Diz-se de, ou medicamento que provoca ou facilita a expectoração.

ex•pec•to•rar ou ex•pe•to•rar *v.t.d.* 1. Expelir do peito; escarrar. *Int.* 2. Expelir o escarro. [Conjug.: ⊡ [expector]ar]

ex•pe•di•ção *sf.* 1. Ato ou efeito de expedir. 2. *Mil.* Remessa de tropas para um determinado fim. 3. *Mil.* O corpo de tropa. 4. Grupo dedicado a explorar, a estudar uma região, em geral cientificamente. 5. *Bras.* Seção encarregada de expedir cartas ou mercadorias, em lojas, etc. [Pl.: –*ções.*]

ex•pe•di•ci•o•ná•ri:o *adj.* e *sm.* Que ou aquele que faz parte de expedição.

ex•pe•di•en•te *sm.* 1. Horário de funcionamento das repartições públicas, lojas, escritórios, etc. 2. A correspondência, requerimentos, etc., duma repartição. 3. Meio para eliminar embaraços ou alcançar determinados fins. 4. *Edit.* Seção de um periódico onde se registram o nome do jornalista responsável, a tiragem, o endereço da redação, etc.

ex•pe•dir *v.t.d.* 1. Remeter ao destino; enviar. 2. Fazer partir, com determinado fim. 3. Publicar oficialmente (decreto, portaria, etc.). *T.d.i.* 4. Expedir (1). *P.* 5. Desembaraçar-se, livrar-se. [Conjug.: 43 [exp]edir]

ex•pe•di•to *adj.* Desembaraçado, lesto.

ex•pe•lir *v.t.d.* 1. Lançar fora com violência; expulsar. 2. Lançar de si. 3. Arremessar à distância. 4. Proferir com violência. *T.d.c.* 5. Expelir (1). [Conjug.: 53 [exp[e]l]ir; part.: *expelido* e *expulso.*]

ex•pen•sas *El. sf.pl.* Us. na loc. *a expensas de.* ◆ **A expensas de.** À custa de; com despesas pagas por.

ex•pe•ri•ên•ci:a *sf.* 1. Ato de experimentar; experimento. 2. Prática da vida. 3. Habilidade ou perícia resultante do exercício contínuo duma profissão, arte ou ofício. 4. Tentativa, ensaio; experimento.

ex•pe•ri•en•te *adj2g.* e *s2g.* Que ou quem tem experiência.

ex•pe•ri•men•tal *adj2g.* Relativo a, ou fundado na experiência. [Pl.: –*tais.*]

ex•pe•ri•men•tar *v.t.d.* 1. Submeter a experiência (4); ensaiar. 2. Pôr em prática; executar. 3. Tentar. 4. Submeter a provas morais. 5. Conhecer pela experiência (2). 6. Vestir (roupa) ou calçar (sapatos, etc.) para ver se

ficam bem. 7. Sofrer, suportar. [Conjug.: ⊡ [experiment]ar] § ex•pe•ri•men•ta•ção *sf.*

ex•pe•ri•men•to *sm.* Experiência (1 e 4).

ex•per•to *adj.* 1. Que tem experiência. 2. Que sabe; ciente. ● *sm.* 3. Perito (4). [Cf. *esperto.*]

ex•pi•ar *v.t.d.* 1. Remir (a culpa), cumprindo pena. 2. Sofrer as conseqüências de. 3. Sofrer, padecer. [Conjug.: ⊡ [expi]ar. Cf. *espiar.*] § ex•pi•a•ção *sf.*

ex•pi:a•tó•ri:o *adj.* Que serve para expiar.

ex•pi•ra•ção *sf.* 1. Expulsão do ar dos pulmões. 2. Termo (1) de certo prazo. [Pl.: –*ções.*]

ex•pi•rar *v.t.d.* 1. Expelir (o ar) dos pulmões. 2. Exalar. *Int.* 3. V. *morrer* (1). 4. Terminar. [Conjug.: ⊡ [expir]ar]

ex•pla•nar *v.t.d.* 1. Tornar plano, fácil, claro. 2. Esclarecer, explicar. [Conjug.: ⊡ [explan]ar] § ex•pla•na•ção *sf.*

ex•ple•ti•vo *adj.* Diz-se de palavras e expressões que, embora desnecessárias ao sentido da frase, lhe dão maior força ou graça.

ex•pli•ca•ção *sf.* 1. Ato de explicar(-se). 2. Lição particular. 3. Razão (de uma coisa, de uma atitude, etc.). [Pl.: –*ções.*]

ex•pli•ca•dor (ô) *adj.* 1. Que explica. ● *sm.* 2. Aquele que leciona; professor.

ex•pli•car *v.t.d.* 1. Tornar inteligível ou claro. 2. Interpretar. 3. Justificar, desculpar. 4. Ensinar. 5. Expressar. *T.d.i.* 6. Explicar (1, 2 e 4). *P.* 7. Dar razão das suas ações ou palavras. 8. Exprimir-se, expressar-se. [Conjug.: 8 [expli]car] § ex•pli•ca•ção *sf.*; ex•pli•ca•ti•vo *adj.*; ex•pli•cá•vel *adj2g.*

ex•plí•ci•to *adj.* Expresso formalmente; claro.

ex•plo•dir *v.t.d.* 1. Provocar a explosão de. *Int.* 2. Fazer explosão; estourar. [Conjug.: 58 [explod]ir]

ex•plo•rar *v.t.d.* 1. Procurar, descobrir. 2. Percorrer estudando. 3. Pesquisar, estudar. 4. Desenvolver (negócio ou indústria). 5. Tirar partido ou proveito de (pessoa, fato, situação, etc.). 6. Ludibriar. [Conjug.: ⊡ [explor]ar] § ex•plo•ra•ção *sf.*; ex•plo•ra•dor (ô) *adj.* e *sm.*

ex•plo•são *sf.* 1. Comoção (1) seguida de detonação e produzida pelo desenvolvimento repentino duma força ou pela expansão súbita de um gás. 2. Detonação, estouro. [Pl.: –*sões.*]

ex•plo•si•vo *adj.* 1. Capaz de explodir. 2. Arrebatado, impulsivo. ● *sm.* 3. Substância inflamável, capaz de produzir explosão (1).

ex•po•en•te *sm.* 1. *Mat.* Número que, alceado à direita do outro, indica a potência a que se deve elevá-lo. ● *s2g.* 2. *Bras.* Representante ilustre duma classe, profissão, etc.

ex•po•nen•ci•al *sf. Mat.* Função exponencial (q. v.). [Pl.: –*ais.*]

ex•por *v.t.d.* 1. Pôr em perigo; arriscar. 2. Contar, narrar. 3. Explicar. 4. Revelar. 5. Deixar ver. 6. Pôr à vista; mostrar. 7. Tornar evidente. *T.d.i.* **8.** Expor (2 a 7). **9.** Sujeitar à ação de. *Int.* **10.** Fazer exposição (2). *P.* **11.** Exibir-se. **12.** Arriscar-se. **13.** Sujeitar-se à ação de. [Conjug.: 60 [ex]**por**]

ex•por•ta•ção *sf.* **1.** Ato ou efeito de exportar. **2.** O conjunto dos artigos exportados. [Pl.: *-ções.*]

ex•por•ta•dor (ô) *adj. e sm.* Que, ou negociante ou firma que exporta.

ex•por•tar *v.t.d. e t.d.c.* **1.** Mandar transportar para fora de um país, estado ou município. **2.** Viabilizar a aquisição de (tecnologia, conhecimento, etc.) em outro(s) país(es). **3.** *Inform.* Gravar (dados) em formato diferente do original, para permitir sua leitura por outros aplicativos. *Int.* **4.** Exportar (1). [Conjug.: 1 [export]**ar**] § **ex•por•tá•vel** *adj2g.*

ex•po•si•ção *sf.* **1.** Ato ou efeito de expor(-se). **2.** Exibição pública de obras de arte, fotografias, peças de artesanato, produtos industriais ou agrícolas, etc.; feira. **3.** O conjunto do que se expõe. [Pl.: *-ções.*]

ex•po•si•ti•vo *adj.* **1.** Relativo a exposição. **2.** Que expõe, descreve, dá a conhecer.

ex•po•si•tor (ô) *sm.* Aquele que expõe.

ex•pos•to (ô) *adj.* Que está a mostra, à vista.

ex•pres•são *sf.* **1.** Ato de exprimir(-se). **2.** Enunciação do pensamento por gestos ou palavras escritas ou faladas; verbo. **3.** Dito, frase. **4.** Manifestação (1). [Pl.: *-sões.*] ♦ **Expressão idiomática.** Seqüência de palavras que funcionam como uma unidade; idiotismo.

ex•pres•sar *v.t.d., t.d.i. e p.* V. *exprimir.* [Conjug.: 1 [express]**ar**]; part.: *expressado e expresso.*]

ex•pres•si•vi•da•de *sf.* Qualidade de expressivo.

ex•pres•si•vo *adj.* Que exprime; significativo.

ex•pres•so *adj.* **1.** Que fica exarado, consignado. **2.** Categórico; concludente. **3.** Que é enviado rapidamente, sem delongas. **4.** Diz-se de qualquer meio de transporte coletivo que vai ao seu destino sem parar em todas as estações ou cidades. • *sm.* **5.** Veículo expresso (4).

ex•pri•mir *v.t.d.* **1.** Dar a entender, a conhecer. **2.** Enunciar por palavras ou gestos. **3.** Representar por meio da arte. **4.** Significar, representar. *T.d.i.* **5.** Exprimir (1). *P.* **6.** Fazer conhecer suas idéias; comunicar-se. **7.** Manifestar-se, mostrar-se. [Sin. ger.: *expressar.* Conjug.: 3 [exprim]**ir**; part.: *exprimido e expresso.*] § **ex•pri•mí•vel** *adj2g.*

ex•pro•bar ou **ex•pro•brar** *v.t.d.* **1.** Fazer censuras a. *T.d.i.* **2.** Exprobar (1). **3.** Lançar em rosto. [Conjug.: 1 [exprob]**ar**] § **ex•pro•ba•ção** ou **ex•pro•bra•ção** *sf.*

ex•pro•pri•ar *v.t.d. e t.d.i.* Tirar a (alguém), legalmente, a posse de sua propriedade, mediante indenização. [Conjug.: 1 [expropri]**ar**] § **ex•pro•pri:a•ção** *sf.*

ex•pug•nar *v.t.d.* Conquistar à força de armas; vencer, pelejando. [Conjug.: 1 [expugn]**ar**] § **ex•pug•na•ção** *sf.*; **ex•pug•ná•vel** *adj2g.*

ex•pul•são *sf.* **1.** Ato de expulsar. **2.** Saída forçada. **3.** Evacuação. [Pl.: *-sões.*]

ex•pul•sar *v.t.d.* **1.** Fazer sair, por castigo ou violência, do lugar onde estava. **2.** Excluir por pena ou castigo: *O colégio expulsou os dois.* **3.** Eliminar. *T.d.c.* **4.** Fazer sair. [Conjug.: 1 [expuls]**ar**; part.: *expulsado e expulso.*]

ex•pul•so *adj.* Que se expulsou.

ex•pur•gar *v.t.d.* **1.** Purgar completamente; purificar. **2.** Livrar do que é nocivo ou imoral. *T.d.i.* **3.** Limpar; purificar. *P.* **4.** Limpar-se, corrigir-se. [Conjug.: 11 [expur]**gar**]

ex•pur•go *sm.* Ato ou efeito de expurgar.

ex•su•da•to *sm. Med.* Líquido, de natureza variável, que flui de área inflamada.

ex•sur•gir *v.int.* Erguer-se, levantar-se. [Conjug.: 45 [exsur]**gir**]

êx•ta•se *sm.* **1.** Arrebatamento íntimo; arroubo. **2.** Admiração de coisas sobrenaturais.

ex•ta•si•ar *v.t.d.* **1.** Arrebatado; em êxtase. **2.** Pasmado, assombrado.

ex•ta•si•ar *v.t.d. e p.* Causar êxtase a, ou cair em êxtase; inebriar(-se), enlevar(-se). [Conjug.: 1 [extasi]**ar**]

ex•tá•ti•co *adj.* Posto em êxtase; enlevado.

ex•tem•po•râ•ne:o *adj.* Fora do tempo próprio.

ex•ten•são *sf.* **1.** Efeito de estender(-se); ampliação. **2.** Dimensão (1). **3.** V. *duração* (1). **4.** Importância, alcance. **5.** Desenvolvimento. **6.** Aplicação extensiva do sentido de palavra ou frase. **7.** Instalação telefônica ligada à mesma linha que outro(s) aparelho(s), em local diverso. **8.** *Inform.* Seqüência de caracteres adicionada ao final do nome de um arquivo, e que indica o tipo do arquivo, segundo sua função ou formato. **9.** *Lóg.* Conjunto dos objetos a que um conceito se refere; denotação. [Pl.: *-sões.*]

ex•ten•sí•vel *adj2g.* Que pode ser estendido; extensivo. [Pl.: *-veis.*]

ex•ten•si•vo *adj.* **1.** Extensível. **2.** Que se aplica a mais de um caso. **3.** Diz-se de produção agrícola em área extensa, com técnicas rudimentares e baixa produtividade. **4.** Diz-se de crescimento agrícola apenas pelo aumento da área explorada, sem melhoria técnica.

ex•ten•so *adj.* **1.** Vasto, amplo. **2.** Comprido, longo. **3.** Prolongado.

ex•te•nu•ar *v.t.d. e p.* Esgotar as forças a, ou as próprias forças; debilitar(-se). [Conjug.: 1 [extenu]**ar**] § **ex•te•nu:a•ção** *sf.*; **ex•te•nu•a•do** *adj.*; **ex•te•nu•an•te** *adj2g.*

ex•te•ri•or (ô) *adj2g.* **1.** Que está na parte de fora. **2.** Relativo a nações estrangeiras; externo. • *sm.* 3. A parte externa. 4. Aspecto, aparência. 5. V. *estrangeiro* (3).

ex•te•ri•o•ri•da•de *sf.* 1. Qualidade de exterior. 2. Aquilo que se exterioriza.

ex•te•ri•o•ri•zar *v.t.d.* 1. Dar a conhecer; externar. *P.* 2. Manifestar-se, externar-se. [Conjug.: ① [exterioriz]**ar**]

ex•ter•mi•nar *v.t.d.* 1. Expulsar, desterrar. 2. Destruir com mortandade; aniquilar. 3. Acabar com. *T.d.c.* 4. Exterminar (1). [Conjug.: ① [extermin]**ar**] § **ex•ter•mi•na•dor** (ô) *adj.* e *sm.*

ex•ter•mí•ni:o *sm.* Ato ou efeito de exterminar.

ex•ter•nar *v.t.d.* e *p.* V. *exteriorizar.* [Conjug.: ① [extern]**ar**]

ex•ter•na•to *sm.* Estabelecimento de ensino onde há só alunos externos.

ex•ter•no *adj.* 1. Que está por fora ou vem de fora. 2. Exterior (2). 3. Diz-se do aluno que não mora no colégio. 4. Diz-se de medicamento que se aplica em parte externa do corpo.

ex•tin•ção *sf.* Ato ou efeito de extinguir(-se). [Pl.: –*ções.*]

ex•tin•guir *v.t.d.* 1. Apagar (fogo). 2. Amortecer, abrandar. 3. Aniquilar. 4. Pagar (dívida). 5. Exterminar (2) inteiramente. 6. Exterminar (3). 7. Abolir. *P.* 8. Apagar-se. 9. Esgotar-se. 10. V. *morrer* (2). [Conjug.: ㊻ [extin]**guir**; part.: *extinguido* e *extinto.*]

ex•tin•to *adj.* 1. Que deixou de existir; acabado. 2. Apagado. • *sm.* 3. Morto, finado.

ex•tin•tor (ô) *adj.* 1. Que extingue. • *sm.* 2. Aparelho para extinguir incêndios.

ex•tir•par *v.t.d.* 1. V. *desarraigar.* 2. Extinguir, destruir. 3. Extrair. [Conjug.: ① [extirp]**ar**] § **ex•tir•pa•ção** *sf.*; **ex•tir•pá•vel** *adj2g.*

ex•tor•quir *v.t.d.* e *t.d.i.* 1. Obter por violência, ardil, etc. 2. Adquirir por extorsão (2). [Conjug.: ㊿ [extorqu]**ir**]

ex•tor•são *sf.* 1. Ato de extorquir. 2. Ato pelo qual alguém, mediante violência, ameaça, etc., é constrangido a ceder bem ou dinheiro. [Pl.: –*sões.*]

ex•tor•si•o•ná•ri:o *adj.* e *sm.* Que ou aquele que pratica extorsão.

ex•tor•si•vo *adj.* Que constitui extorsão.

ex•tra *Pop. adj2g.* 1. F. red. de *extraordinário.* • *s2g.* 2. Quem faz serviço acidental ou suplementar. 3. Ator que vem à cena como elemento de um grupo, aglomerado, ou multidão; figurante, ponta.

ex•tra•ção *sf.* 1. Ato ou efeito de extrair. 2. Aquilo que se extrai. 3. Consumo, venda. 4. Sorteio de tômbolas e loterias. [Pl.: –*ções.*]

ex•tra•con•ju•gal *adj2g.* Que está fora dos direitos e deveres conjugais; estranho ao matrimônio. [Pl.: –*gais.*]

ex•tra•di•ção *sf. Jur.* Entrega de alguém ao país que o reclama. [Pl.: –*ções.*]

ex•tra•di•tar *v.t.d. Jur.* Entregar por extradição. [Conjug.: ① [extradit]**ar**]

ex•tra•ir *v.t.d.* 1. Tirar de dentro de onde estava; tirar para fora. 2. Arrancar, extirpar. 3. Colher, tirar. 4. Executar, tocar. 5. *Mat.* Encontrar por cálculo (a raiz de um número). *T.d.i.* 6. Extrair (1 a 3). [Conjug.: ㊳ [extr]**air**]

ex•tra•ju•di•ci•al *adj2g.* Extrajudiciário. [Pl.: –*ais.*]

ex•tra•ju•di•ci•á•ri:o *adj.* Que não se realiza perante a autoridade judiciária; extrajudicial.

ex•tra•nu•me•rá•ri:o *adj.* 1. Que está além ou fora do número certo. 2. Não pertencente ao quadro efetivo dos funcionários ou empregados.

ex•tra•o•fi•ci•al *adj2g.* 1. Que não tem origem oficial. 2. Estranho a negócios públicos. [Pl.: *extra-oficiais.*]

ex•tra•or•di•ná•ri:o *adj.* 1. Não ordinário; fora do comum. 2. Admirável. 3. V. *extravagante* (2). 4. Espantoso. 5. Muito grande ou elevado. 6. Que só ocorre em dadas circunstâncias. • *sm.* 7. Qualquer despesa, ou ato, fora do comum, imprevisto.

ex•tra•po•lar *v.t.d.* Ir além de; ultrapassar, exceder. [Conjug.: ① [extrapol]**ar**]

ex•tra•ter•re•no *adj.* De fora da Terra.

ex•tra•ter•res•tre *adj2g.* e *s2g.* Diz-se de, ou aquele ou aquilo que é de fora da Terra.

ex•tra•ti•vis•mo *sm.* Exploração dos recursos naturais renováveis em áreas protegidas pelo poder público.

ex•tra•ti•vis•ta *adj2g.* e *s2g.* Diz-se de, ou aquele que pratica o extrativismo.

ex•tra•ti•vo *adj.* 1. Que opera por extração. 2. Relativo a extração.

ex•tra•to *sm.* 1. Coisa que se extraiu de outra. 2. Trecho, fragmento. 3. V. *resumo* (2). 4. Reprodução, cópia. 5. Essência aromática; perfume. 6. *Med.* Forma farmacêutica obtida por solução e evaporação. [Cf. *estrato.*]

ex•tra•va•gân•ci:a *sf.* Qualidade, modos ou procedimento de extravagante; excentricidade.

ex•tra•va•gan•te *adj2g.* 1. Que anda fora do seu lugar. 2. Que se afasta do habitual, do comum; singular, original, estrambótico, excêntrico, esquisito, extraordinário. 3. Estróina. • *sm.* 4. Pessoa extravagante (2 e 3); excêntrico.

ex•tra•va•sar *v.t.d.* 1. Derramar, fazer transbordar (um líquido). 2. Manifestar; expandir, transbordar. *T.i.* 3. Sair. *Int.* e *p.* 4. Sair do álveo (o rio). 5. Derramar-se. [Conjug.: ① [extravas]**ar**]

ex•tra•va•sor (ô) *sm. Eng. Civil.* Dispositivo de segurança, us. em barragens, para não permitir que o nível de água do reservatório atinja valor perigoso.

ex•tra•vi•ar *v.t.d.* **1.** Tirar do caminho ou via; desencaminhar. **2.** Fazer que não chegue ao seu destino. **3.** Induzir em erro. *P.* **4.** Perder-se. [Conjug.: ① [extravi]**ar**]

ex•tra•vi•o *sm.* Ato ou efeito de extraviar(-se).

ex•tre•ma•do *adj.* **1.** Extraordinário, excepcional. **2.** Extremo, extraordinário.

ex•tre•mar *v.t.d.* e *p.* Tornar(-se) extremo, máximo; distinguir(-se). [Conjug.: ① [extrem]**ar**]

ex•tre•ma-un•ção *sf. Rel.* Unção dos doentes com óleo dos enfermos, um dos sete sacramentos da Igreja. [Pl.: *extremas-unções* e *extrema-unções.*]

ex•tre•mi•da•de *sf.* **1.** Qualidade de extremo. **2.** Fim, limite. **3.** Ponta (1).

ex•tre•mis•mo *sm.* Doutrina ou corrente que preconiza soluções extremas para os problemas sociais. § **ex•tre•mis•ta** *adj2g.* e *s2g.*

ex•tre•mo *adj.* **1.** Que está no ponto mais afastado; remoto, distante. **2.** Que atingiu o grau máximo. **3.** Diz-se de facção extremada, radical. • *sm.* **4.** O ponto mais distante.

ex•tre•mos *sm.pl.* **1.** Carinho excessivo. **2.** Último recurso.

ex•tre•mo•sa *sf. Bot.* Arvoreta litrácea, ornamental.

ex•tre•mo•so (ô) *adj.* Que tem extremos; que chega a extremos. [Pl.: *–mosos* (ó).]

ex•trín•se•co (s = c) *adj.* Não pertencente à essência duma coisa ou pessoa.

ex•tro•ver•são *sf.* Qualidade ou estado de extrovertido. [Pl.: *–sões.*]

ex•tro•ver•ter-se *v.p.* Proceder como extrovertido. [Antôn.: *introverter-se.* Conjug.: ② [extrovert]**er**[-se]]

ex•tro•ver•ti•do *sm.* e *adj.* Que ou aquele que é expansivo, comunicativo, sociável.

e•xu (x = ch) *sm. Bras. Rel.* Orixá ou mensageiro dos orixás, assimilado ao diabo cristão por missionários, e descrito como de gênio irascível, vaidoso, e suscetível, embora possa trabalhar para o bem.

e•xu•be•rân•ci•a (z) *sf.* Grande abundância.

e•xu•be•ran•te (z) *adj2g.* **1.** Cheio, repleto. **2.** Animado, vivo. **3.** Viçoso, vigoroso.

e•xul•ta•ção (z) *sf.* Estado de quem exulta; júbilo. [Pl.: *–ções.*]

e•xul•tar (z) *v.int.* e *t.i.* Sentir e manifestar grande júbilo, ou alvoroço; alegrar-se. [Conjug.: ① [exult]**ar**] § **e•xul•tan•te** (z) *adj2g.*

e•xu•mar (z) *v.t.d.* **1.** Tirar da sepultura; desenterrar. [Antôn.: *inumar.*] **2.** Desenterrar (3). *T.d.i.* **3.** Exumar (2). [Conjug.: ① [exum]**ar**] § **e•xu•ma•ção** (z) *sf.*

ex-vo•to (ês) *sm.* Quadro, imagem, etc., que se oferece a um santo em reconhecimento por graça alcançada. [Pl.: *ex-votos.*]

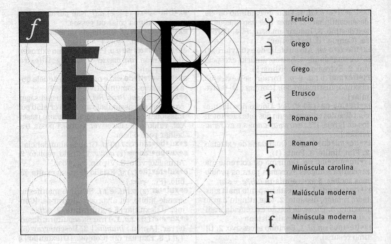

Ϥ	Fenício
ꓶ	Grego
—	Grego
ꓶ	Etrusco
ꓶ	Romano
F	Romano
ſ	Minúscula carolina
F	Maiúscula moderna
f	Minúscula moderna

f (efe) *sm.* **1.** A 6ª letra do nosso alfabeto. **2.** Figura ou representação dessa letra. • *num.* **3.** Sexto (1), numa série. [Pl. (nas acepç. 1 e 2) indicado pela duplicação da letra: *ff.*]

❑ **f** *Mat.* Símb. de *função* (8).

❑ **F 1.** No sistema hexadecimal de numeração, o décimo sexto algarismo, equivalente ao número decimal 15. **2.** *Mús.* Sinal com que se representa a nota fá, ou a escala ou acorde nela baseados. **3.** *Quím.* Símb. do *flúor.*

❑ **f.e.m.** *Eletr.* Abrev. de *força eletromotriz.*

fá *sm. Mús.* **1.** O quarto grau da escala diatônica de dó. **2.** Sinal da nota fá na pauta.

fã *s2g. Gír.* Admirador exaltado; tiete.

fá•bri•ca *sf.* **1.** Estabelecimento industrial equipado com máquinas capazes de transformar matéria-prima em produtos prontos para o consumo. **2.** O pessoal de um desses estabelecimentos.

fa•bri•ca•ção *sf.* **1.** Ato ou efeito de fabricar; fabrico. **2.** Arte, maneira ou técnica de fabricar algo; fabrico. [Pl.: –*ções.*]

fa•bri•can•te *s2g.* **1.** Pessoa que trabalha na fabricação de objetos de consumo ou que dirige sua fabricação. **2.** O(s) dirigente(s) de uma fábrica (1).

fa•bri•car *v.t.d.* **1.** Produzir em fábrica. **2.** Inventar; engendrar. **3.** Construir. **4.** Causar. [Conjug.: ⑧ [fabri]car] § **fa•bri•cá•vel** *adj2g.*

fa•bri•co *sm.* Fabricação.

fa•bril *adj2g.* Relativo à manufatura. [Pl.:–*bris.*]

fa•bros•sau•ro *sm. Paleont.* Dinossauro herbívoro que se locomovia em posição bipedal, e que viveu nos alagadiços da África do Sul no jurássico.

fá•bu•la *sf.* **1.** Narração alegórica, cujas personagens são, em regra, animais, e que encerra lição moral. **2.** Mito (5). **3.** Lenda, ficção.

fa•bu•lar *v.t.d.* **1.** Narrar em forma de fábula. **2.** Inventar. *Int.* **3.** Contar fábulas. **4.** Mentir. [Conjug.: ① [fabul]ar] § **fa•bu•la•dor** (ô) *adj.* e *sm.*

fa•bu•lá•ri•o *sm.* Coleção de fábulas.

fa•bu•lis•ta *s2g.* Autor de fábulas.

fa•bu•lo•so (ô) *adj.* **1.** Imaginário. **2.** Mitológico. **3.** *Bras.* Excelente. [Pl.:–*losos* (ó).]

fa•ca *sf.* Instrumento cortante, constituído de lâmina e cabo.

fa•ca•da *sf.* **1.** Golpe de faca. **2.** Surpresa dolorosa. **3.** *Bras. Gír.* Pedido de dinheiro.

fa•ça•nha *sf.* **1.** Ato heróico; feito, proeza. **2.** *Fig.* Coisa notável, difícil de executar, proeza. **3.** *Irôn.* Ação má, perversa.

fa•ça•nho•so *adj.* Que pratica façanha.

fa•cão *sm.* **1.** Aum. de *faca.* **2.** Sabre, espada. [Pl.:–*cões.*]

fac•ção *sf.* **1.** Bando sedicioso. **2.** Partido político. **3.** *P. ext.* Parte divergente ou dissidente dum grupo ou partido. [Pl.:–*ções.*]

fac•ci•o•sis•mo *sm.* **1.** Qualidade de faccioso; parcialidade. **2.** Sectarismo (1).

fac•ci•o•so (ô) *adj.* Parcial. [Pl.:–*osos* (ó).]

fa•ce *sf.* **1.** *Anat.* A parte anterior da cabeça, que se estende da fronte ao queixo. **2.** Parte lateral da face. **3.** Superfície (2). **4.** Aspecto; faceta, lado. **5.** Em medalha ou moeda, o lado da efígie.

fa•ce•ar *v.t.d.* **1.** Fazer faces ou lados em. **2.** Mostrar-se à frente ou à face de. *T.c.* **3.** Ficar em frente. [Conjug.: ⁱ⁰ [fac]**ear**]

fa•cé•ci:a *sf.* Dito chistoso.

fa•cei•ri•ce *sf.* Qualidade de faceiro (1).

fa•cei•ro *adj.* **1.** Janota. **2.** Alegre. **3.** Dengoso (1).

fa•ce•ta (ê) *sf.* **1.** Superfície limitante de cristal ou pedra preciosa. **2.** V. *face* (5).

fa•ce•tar *v.t.d.* **1.** Fazer facetas em. **2.** Lapidar. [Conjug.: ⁱ [facet]**ar**]

fa•ce•to (ê) *adj.* Chistoso, engraçado.

fa•cha•da *sf.* **1.** Frente. **2.** *Fig.* Aparência.

fa•cho *sm.* Archote.

fa•ci•al *adj2g.* Da face, ou relativo a ela. [Pl.: –ais.]

fá•cil *adj2g.* **1.** Que se faz ou consegue sem esforço, ou se apreende sem custo. **2.** Claro, simples. **3.** Dócil. [Pl.: –ceis.] • *adv.* **4.** Com facilidade; facilmente. [Superl.: *facílimo, facilíssimo.*] § **fa•ci•li•da•de** *sf.*

fa•ci•li•da•des *sf.pl.* Meios fáceis de conseguir algo.

fa•ci•li•tar *v.t.d.* **1.** Tornar (mais) fácil. *T.d.i.* **2.** Facilitar (1). **3.** Pôr à disposição. *Int.* **4.** Agir com imprevidência; descuidar-se. [Antôn.: *dificultar*. Conjug.: ⁱ [facilit]**ar**] § **fa•ci•li•ta•ção** *sf.*

fa•cí•no•ra *s2g.* Pessoa perversa e criminosa.

fac•sí•mi•lar *adj2g.* Impresso em fac-símile, **2.** Relativo a fac-símile. [Pl.: *fac-similares.*]

fac-sí•mi•le *sm.* **1.** Reprodução de um texto, de um documento, etc., especialmente por processo fotográfico. **2.** V. *fax.* [Pl.: *fac-símiles.*]

fac•tí•vel *adj2g.* Que pode ser feito; exeqüível. [Pl.: –veis.]

⇨ **factoring** (féctorin) [Ingl.] *sm.* V. *fomento mercantil.*

fac•tó•tum *sm.* Pessoa incumbida de todos os negócios de outrem. [Pl.: –tuns.]

fac•tu•al ou **fa•tu•al** *adj2g.* Relativo a, ou que se baseia nos fatos. [Pl.: –ais.]

fa•cul•da•de *sf.* **1.** Poder de fazer algo; capacidade. **2.** Talento, dom. **3.** Escola de ensino superior.

fa•cul•tar *v.t.d.* e *t.d.i.* **1.** Facilitar, permitir. **2.** Proporcionar. [Conjug.: ⁱ [facult]**ar**]

fa•cul•ta•ti•vo *adj.* **1.** Que dá a faculdade ou o poder de algo. **2.** Não obrigatório. • *sm.* **3.** Médico.

fa•cún•di:a *sf.* Eloqüência, loqüela.

fa•da *sf.* Entidade fantástica, com poder sobrenatural.

fa•da•do *adj.* Predestinado.

fa•dar *v.t.d.* **1.** Determinar o destino, a sorte de. *T.d.i.* **2.** Destinar (1). [Conjug.: ⁱ [fad]**ar**]

fa•dá•ri:o *sm.* Destino talhado por poder sobrenatural.

fa•di•ga *sf.* **1.** Cansaço. **2.** *Fís.* Diminuição gradual da resistência de um material por efeito de solicitações repetidas.

fa•dis•ta *s2g.* Tocador e/ou cantador de fados.

fa•do *sm.* **1.** V. *destino* (1). **2.** Canção popular portuguesa.

fa•gá•ce:a *sf. Bot.* Espécime das fagáceas, família de árvores sempre-verdes, de madeira útil, do hemisfério norte. § **fa•gá•ce:o** *adj.*

fa•go•te *sm.* Instrumento de sopro, de madeira, com tubo cônico, longo e dobrado, e palheta dupla. § **fa•go•tis•ta** *s2g.*

fa•guei•ro *adj.* **1.** Que afaga; meigo. **2.** Agradável.

fa•gu•lha *sf.* V. *centelha* (1).

fai•a *sf. Bot.* Árvore fagácea, ornamental.

fai•an•ça *sf.* Louça de barro vidrado.

fai•na *sf.* **1.** Atividade a que concorre ponderável parcela da tripulação dum navio. **2.** Azáfama (2).

fai•são *sm. Zool.* Ave fasianídea, de excelente carne. [Pl.: –sões.]

fa•ís•ca *sf.* **1.** Partícula que salta duma substância candente em atrito com outro corpo; centelha. **2.** Palheta de ouro que se perde na terra ou areia das minas. **3.** Centelha.

fa•is•ca•dor (a-is...ô) *sm. Bras.* O que se ocupa em faiscar (5); garimpeiro.

fa•is•car (a-is) *v.t.d.* **1.** Lançar de si. **2.** Lançar como faíscas. *Int.* **3.** Lançar faíscas. **4.** Cintilar, brilhar. **5.** *Bras.* Procurar faísca (2) ou diamante em terras já lavradas. [Conjug.: ⑧ [fais]**car**] § **fa•is•can•te** (a-i) *adj2g.*

fai•xa *sf.* **1.** Tira. **2.** Atadura. **3.** Porção de terra estreita e longa; orla.

fa•ju•to *adj. Bras. Gír.* **1.** Que não é autêntico; ruim, falso. **2.** Cafona, brega.

fa•la *sf.* **1.** Ação ou faculdade de falar (1). **2.** *P. ext.* Emissão de sons por animais; voz. **3.** Timbre da voz; voz. **4.** Discurso (1).

fa•la•ção *sf. Pop.* Discurso, fala. [Pl.: –ções.]

fa•lá•ci:a *sf.* Qualidade ou caráter de falaz.

fa•la•ci•o•so (ô) *adj.* Enganoso, falaz. [Pl.: –osos (ó).]

fa•la•cro•co•ra•cí•de:o (fà) *sm. Zool.* Espécime dos falacrocoracídeos, família de aves pelicaniformes. § **fa•la•cro•co•ra•cí•de:o** *adj.*

fa•la•do *adj.* Famoso, notável.

fa•la•dor (ô) *adj.* e *sm.* Que ou aquele que fala muito, que é indiscreto.

fa•lan•ge *sf.* **1.** Multidão. **2.** *Anat.* Qualquer dos ossos de quirodáctilos ou de pododáctilos.

fa•lan•ge•ta (ê) *sf. Anat. Desus.* A terceira falange.

fa•lan•gi•nha *sf. Anat. Desus.* A falange média.

fa•lan•te *adj2g.* **1.** Que fala. **2.** Que fala demais. • *sm.* **3.** O usuário de uma língua.

fa•lar *v.int.* **1.** Expressar-se por palavras. **2.** Discorrer sobre um assunto. *T.d.* **3.** Exprimir por meio de palavras. **4.** Dizer, referir. **5.** Conversar sobre. **6.** Saber exprimir-se (em algum idioma). *T.d.i.* **7.** Falar (3 e 4). *T.i.* **8.** Conversar, discorrer. **9.** Falar mal. *Bit.i.* **10.** Falar (8). *P.* **11.** Dialogar. [Conjug.: ⊡ [fal]**ar**] ▪ *sm.* **12.** Ato ou efeito de falar (1).

fa•las•trão *adj.* e *sm.* Tagarela. [Fem.: *falastrona*. Pl.: *–trões*.]

fa•la•tó•ri:o *sm.* **1.** Ruído de vozes, de fala. **2.** Maledicência.

fa•laz *adj2g.* **1.** Enganador, fraudulento. **2.** Enganoso, ilusório, falacioso. [Superl.: *falacíssimo*.]

fal•cão *sm. Zool.* **1.** Ave falconiforme, falconídea. **2.** *Bras.* Gavião. [Pl.: *–cões*.]

fal•ca•tru•a *sf.* Artifício para burlar; fraude, logro.

fal•co•ní•de:o *sm. Zool.* Espécime dos falconídeos, família de aves falconiformes. § **fal•co•ní•de:o** *adj.*

fal•co•ni•for•me *sm. Zool.* Espécime dos falconiformes, ordem de aves predadoras, diurnas, de bico robusto, mandíbula curva para baixo, ceroma bem desenvolvido, asas longas e fortes, e garras pontiagudas. Ex.: os gaviões. § **fal•co•ni•for•me** *adj2g.*

fal•da *sf.* V. *aba* (4).

fa•le•cer *v.int.* **1.** V. *morrer* (1). *T.i.* **2.** Faltar. **3.** Carecer (1). [Conjug.:▨ [fale]**cer**]

fa•le•ci•do *adj.* e *sm.* Que ou aquele que faleceu; morto.

fa•le•ci•men•to *sm.* **1.** Morte, óbito. **2.** Falta, carência.

fa•lên•ci:a *sf.* Ato ou efeito de falir; quebra.

fa•lha *sf.* **1.** Omissão. **2.** Defeito.

fa•lhar *v.t.d.* **1.** Fazer falhas em. **2.** Não acertar; errar. *T.i.* **3.** Deixar de cumprir ou de fazer. **4.** Não corresponder às expectativas (de alguém), ou trair-lhe a confiança. **5.** Falhar (2). *Int.* **6.** Não suceder como se esperava. **7.** Malograr-se. **8.** Não funcionar (2), ou fazê-lo mal. [Conjug.: ⊡ [falh]**ar**]

fa•lho *adj.* **1.** Que tem falha(s). **2.** Falto, carente.

fá•li•co *adj.* Relativo a falo.

fa•lir *v.int.* **1.** Não ter com que pagar aos credores; quebrar. **2.** Malograr-se, fracassar. **3.** Desfalecer. [Conjug.: ▨ [fal]**ir**] § **fa•li•do** *adj.* e *sm.*

fa•lí•vel *adj2g.* Que pode falhar ou enganar-se. [Pl.: *–veis*.] § **fa•li•bi•li•da•de** *sf.*

fa•lo *sm.* **1.** O pênis. **2.** Símbolo ou representação dele.

fal•ri•pas *sf.pl.* Farripas.

fal•sá•ri:o *sm.* Falsificador de documentos, moeda, etc.

fal•se•ar *v.t.d.* **1.** Tornar falso; falsificar. **2.** Enganar, atraiçoar. **3.** Dar tom de falsete a (a voz). *Int.* **4.** Pisar em falso. [Conjug.:▥ [fals]**ear**] § **fal•se:a•men•to** *sm.*

fal•se•te (ê) *sm.* Voz com que se procura imitar a voz de soprano ou a de meninos.

fal•si•fi•car *v.t.d.* **1.** Imitar ou alterar com fraude. **2.** Reproduzir, imitando. **3.** Dar aparência enganosa a, a fim de passar por bom. [Conjug.: ▧ [falsifi]**car**] § **fal•si•fi•ca•ção** *sf.*; **fal•si•fi•ca•dor** (ô) *adj.* e *sm.*

fal•so *adj.* **1.** Contrário à realidade. **2.** Em que há mentira, ou dolo. **3.** Desleal, traiçoeiro. **4.** Infundado; inexato. **5.** Falsificado. § **fal•si•da•de** *sf.* ◆ **Em falso. 1.** Errando o passo ou a pancada. **2.** Sem fundamento.

fal•ta *sf.* **1.** Ato ou efeito de faltar. **2.** Privação. **3.** Ausência (2). **4.** Culpa. **5.** Erro (4). **6.** *Esport.* Transgressão das regras de um jogo ou esporte. ◆ **Bater (ou cobrar) falta.** *Esport.* Chutar, arremessar (1), ou fazer uma jogada, como punição de falta (6). **Sem falta.** Infalivelmente. ◆ **Bater (ou cobrar) falta.**

fal•tar *v.t.i.* **1.** Sentir ou sofrer privação de (coisa necessária ou com que se contava). **2.** Deixar de fazer, de cumprir, de acudir, de comparecer. **3.** Ser indispensável (para se completar um número ou um todo). **4.** Faltar (6): *Faltam recursos ao Estado. Int.* **5.** Não comparecer. **6.** Deixar de haver; não existir. [Conjug.: ⊡ [falt]**ar**]

fal•to *adj.* Necessitado, carecido.

fal•to•so (ô) *adj.* **1.** Que cometeu falta; culpado. **2.** Diz-se de aluno ou de professor que falta às aulas. [Pl.: *–tosos* (ó).]

fa•ma *sf.* **1.** Voz geral; voz pública. **2.** Renome, glória.

fa•mão *sm. Bras.AM* Exímio empinador de papagaio (3). [Pl.: *–mões*.]

fa•mé•li•co *adj.* V. *faminto.*

fa•mi•ge•ra•do *adj.* De muita fama (sobretudo quando má).

fa•mí•li:a *sf .* **1.** Pessoas aparentadas que vivem, ger., na mesma casa, particularmente o pai, a mãe e os filhos. **2.** Pessoas do mesmo sangue. **3.** Origem, ascendência. **4.** *Art. Gráf.* O conjunto dos caracteres ou dos tipos com o mesmo desenho básico. **5.** *Biol.* Reunião de gêneros [v. *gênero* (5)]. ◆ **Família elementar.** *Antrop.* A que é constituída pelo casal e seus filhos; família nuclear. **Família extensa.** *Antrop.* A que é constituída pela associação de duas ou mais famílias elementares. **Família nuclear.** *Antrop.* Família elementar.

fa•mi•li•ar *adj2g.* **1.** Da família; doméstico. **2.** Vulgar, comum. **3.** Que se conhece bem. ▪ *sm.* **4.** Pessoa da família.

fa•mi•li:a•ri•da•de *sf.* **1.** Qualidade do que é familiar. **2.** Intimidade.

fa•mi•li:a•ri•zar *v.t.d.* **1.** Tornar familiar. *T.d.i.* **2.** Acostumar, habituar. *P.* **3.** Relacionar-se. **4.** Acostumar-se. [Conjug.: ⊡ [familiariz]**ar**] § **fa•mi•li:a•ri•za•do** *adj.*

fa•min•to *adj.* Que tem fome; famélico, esfomeado, esfaimado.

fa•mo•so (ô) *adj.* Que tem fama; célebre. [Pl.: –*mosos* (ó).]

fâ•mu•lo *sm.* Criado, servidor.

fa•nal *sm.* Farol (1). [Pl.: –*nais*.]

fa•nar *v.t.d.* e *p.* Murchar(-se), secar(-se). [Conjug.: ⚊ [fan]**ar**]

fa•ná•ti•co *adj.* **1.** Que se julga inspirado por uma divindade. **2.** Que adere cegamente a doutrina ou partido. **3.** Que tem grande dedicação ou amor a alguém ou algo.• *sm.* **4.** Indivíduo fanático. § **fa•na•tis•mo** *sm.*

fa•na•ti•zar *v.t.d.* e *p.* Tornar(-se) fanático. [Conjug.: ⚊ [fanatiz]**ar**]

fan•ca•ri•a *sf.* Trabalho mal-acabado.

fan•dan•go *sm.* **1.** Dança espanhola. **2.** Música para essa dança. **3.** *Bras. S.* Baile popular, rural, ao som de viola ou de sanfona.

fa•ne•ró•ga•mo *sm. Bot.* Vegetal cujos órgãos reprodutores são aparentes; produz flores. § **fa•ne•ro•gâ•mi•co** *adj.* **fa•ne•ró•ga•mo** *adj.*

fan•far•ra *sf.* Banda de música formada por instrumentos de sopro, de metal, e bateria.

fan•far•rão *adj.* e *sm.* Que ou quem blasona de valente com o ser; parlapatão, ferrabrás, farofeiro (*bras.*). [Fem.: *fanfarrona*. Pl.: –*rões*.]

fan•far•ri•ce *sf.* **1.** Qualidade ou caráter de fanfarrão. **2.** Ato, dito ou modos de fanfarrão; fanfarronada, gabarolice.

fan•far•ro•na•da *sf.* Fanfarrice (2).

fa•nho *adj.* Fanhoso (1).

fa•nho•so (ô) *adj.* **1.** Que fala ou parece falar pelo nariz; fanho. **2.** Diz-se de voz de quem fala assim, ou de som que a lembra. [Pl.: –*nhosos* (ó).]

fa•ni•qui•to *sm. Fam.* Ataque de nervos sem importância nem gravidade; chilique, fricote, piripaque.

fan•ta•si•a *sf.* **1.** Imaginação (1). **2.** Obra ou criação da imaginação. **3.** V. *devaneio.* **4.** Vestimenta us. no carnaval e em outros festejos, e que imita a de palhaços, bruxas, etc. **5.** *Bras.* Jóia de material de preço relativamente baixo, não precioso.

fan•ta•si•ar *v.t.d.* **1.** Criar na fantasia; idealizar. *Transobj.* **2.** Vestir fantasia (4). *Int.* **3.** Sonhar, devanear. *P.* **4.** Fantasiar (2). [Conjug.: ⚊ [fantasi]**ar**]

fan•ta•si•o•so (ó) *adj.* Cheio de fantasia (1); imaginoso. [Pl.: –*osos* (ó).]

fan•tas•ma *sm.* **1.** Imagem ilusória. **2.** Visão apavorante. **3.** Suposto reaparecimento de defunto, em geral sob forma indefinida; assombração, espectro, aparição, sombra, visagem, visão. **4.** Pessoa magríssima, macilenta.

fan•tás•ti•co *adj.* **1.** Só existente na fantasia; imaginário. **2.** Extraordinário. **3.** Falso.

fan•to•che *sm.* Boneco de cabeça feita de massa de papel ou de outro material, cujo corpo, formado pela roupa, o operador movimenta com a mão; títere, marionete.

fa•quei•ro *sm.* Estojo para talheres.

fa•quir *sm.* **1.** Hindu mendicante, em geral muçulmano, que vive em ascetismo rigoroso. **2.** Homem que se exibe jejuando, deixando-se picar, etc.

fa•rân•do•la *sf.* **1.** Dança provençal em cadeia, executada ao som de instrumentos típicos. **2.** *Fig.* Grupo agitado, barulhento; bando.

fa•ra•ó *sm.* Soberano do antigo Egito.

fa•ra•ô•ni•co *adj.* Dos faraós, ou de sua época.

far•da *sf.* **1.** Uniforme de corte e cores regulamentares para diversas classes ou corpos de indivíduos; fardamento. **2.** *Fig.* A carreira militar.

far•da•men•to *sm.* **1.** Farda (1). **2.** Conjunto de fardas.

far•dão *sm. Bras.* Farda (1) usada em solenidade pelos membros de certas academias. [Pl.: –*dões*.]

far•dar *v.t.d.* e *p.* Vestir(se) com farda (1). [Conjug.: ⚊ [fard]**ar**]

far•do *sm.* **1.** Coisa(s) mais ou menos volumosa(s) ou pesada(s), destinada(s) a transporte; carga. **2.** Pacote. **3.** O que moralmente custa suportar; ônus.

fa•re•jar *v.t.d.* **1.** Seguir levado pelo faro ou cheiro. **2.** Adivinhar, pressentir. *Int.* **3.** Tomar o faro. [Conjug.: ⚊ [farej]**ar**]

fa•re•lo *sm.* A parte grosseira da farinha de trigo ou de outros cereais, que resta depois da peneiração.

far•fa•lhar *v.int.* Rumorejar como a folhagem agitada pelo vento. [Conjug.: ⚊ [farfalh]**ar**] § **far•fa•lha•da** *sf.*

fa•ri•ná•ce•o *adj.* Relativo à farinha, ou dela obtido.

fa•rin•ge *sf . Anat.* Órgão que se estende da base do crânio ao início do esôfago. § **fa•rín•ge:o** *adj.*

fa•rin•gi•te *sf. Med.* Inflamação da faringe.

fa•ri•nha *sf.* **1.** Pó a que se reduzem certos produtos, em especial os cereais moídos. **2.** *Bras.* Farinha de mandioca.

fa•ri•nha•da *sf. Bras.* Fabrico da farinha (2).

fa•ri•nhei•ra *sf.* Recipiente em que se serve a farinha (2).

fa•ri•nhen•to *adj.* Que tem muita farinha.

fa•ri•seu *sm.* Indivíduo hipócrita. [Fem.: *fariséia*.]

far•ma•cêu•ti•co *adj.* **1.** Relativo a farmácia. **2.** Preparado em farmácia.• *sm.* **3.** Indivíduo diplomado em farmácia e/ou profissional dessa especialidade.

far•má•ci:a *sf.* 1. Parte da farmacologia que trata do modo de preparar, caracterizar e conservar os medicamentos. 2. Estabelecimento onde se preparam e/ou vendem medicamentos; botica.

far•ma•co•lo•gi•a (fàr) *sf.* Parte da medicina que estuda os medicamentos. § **far•ma•co•ló•gi•co** (fàr) *adj.*

far•nel *sm.* Provisões alimentícias para jornada. [Pl.: –néis.]

fa•ro *sm.* 1. Olfato dos animais. 2. *Fig.* Intuição; instinto.

fa•ro•fa *sf.* 1. Jactância, ostentação. 2. *Bras.* Farinha de mandioca torrada, com gordura e às vezes ovos, etc.

fa•ro•fei•ro *adj.* e *sm. Bras.* V. *fanfarrão.*

fa•rol *sm.* 1. Construção erguida na costa, à entrada de porto, ilha, etc., onde há uma luz que serve de guia aos navegantes; fanal. 2. Lanterna de automóveis. 3. *Bras. SP.* V. *sinaleira.* [Pl.: –róis.]

fa•ro•lei•ro *sm.* Vigia de um farol.

fa•ro•le•te (ê) *sm. Bras.* Pequeno farol de veículos automóveis.

far•pa *sf.* 1. Ponta metálica penetrante, em forma de ângulo agudo. 2. Lasca de madeira que por acaso se introduz na pele; felpa. 3. Haste armada de farpa (1), com que se picam touros em corridas. 4. *Fig.* Crítica mordaz.

far•pa•do *adj.* Recortado em forma de farpa.

far•par *v.t.d.* V. *farpear.* [Conjug.: 1 [farp]**ar**]

far•pe•ar *v.t.d.* 1. Meter farpa(s) em. 2. *Fig.* Dirigir farpas [v. *farpa* (4)] a. [Sin. ger.: *farpar.* Conjug.: 10 [farp]**ear**]

far•pe•la *sf.* Roupa, traje; fatiota.

far•ra *sf.* 1. *Bras.* Festa licenciosa. 2. *Fam.* Caçoada, brincadeira.

far•ran•cho *sm.* 1. Rancho que se dirige a romaria ou diversão. 2. Grupo de pessoas que tem por fito divertir-se.

far•ra•po *sm.* 1. Pedaço de pano, rasgado ou muito usado. 2. Peça de roupa muito rota.

far•re•ar *v.int. Bras.* Fazer farra. [Conjug.: 10 [farr]**ear**]

far•ri•pas *sf.pl.* Cabelos muito ralos na cabeça; falripas.

far•ris•ta *adj2g.* e *s2g. Bras.* Que ou quem é dado a farras.

far•rou•pi•lha *s2g.* Maltrapilho.

far•sa *sf.* 1. Peça cómica de um só ato e ação burlesca. 2. Logro, embuste.

far•san•te *s2g.* 1. Quem representa farsa ou pratica atos burlescos. 2. Farsista (1). • *adj2g.* 3. Diz-se de farsante (1 e 2).

far•sis•ta *s2g.* 1. Pessoa pouco séria, pouco confiável; farsante. • *adj2g.* 2. Próprio de farsista (1).

far•ta•ção *sf.* V. *enfarte¹.* [Pl.: –ções.]

far•tar *v.t.d.* 1. Saciar a fome e/ou a sede a. 2.

Satisfazer (sentimento, desejo). 3. Causar aborrecimento a. *T.d.i.* 4. Encher, aborrotar. *P.* 5. V. *empanturrar.* 6. Cansar-se. [Conjug.: 1 [fart]**ar**; part.: *fartado* e *farto.*]

far•to *adj.* 1. Saciado. 2. Abundante. 3. Aborrecido.

far•tum *sm.* 1. Mau cheiro resultante de ranço. 2. Bodum, catinga. [Pl.: –tuns.]

far•tu•ra *sf.* V. *abundância.*

fas•cí•cu•lo *sm. Edit.* 1. Caderno ou grupo de cadernos duma obra que se publica à medida que vai sendo impressa. 2. Número (5).

fas•ci•na•ção *sf.* 1. Fascínio. 2. Encanto, enlevo. [Pl.: –ções.]

fas•ci•nar *v.t.d.* 1. Subjugar com o olhar. 2. Atrair irresistivelmente; encantar. *Int.* 3. Seduzir, deslumbrar. [Conjug.: 1 [fascin]**ar**] § **fas•ci•nan•te** *adj2g.*

fas•cí•ni:o *sm.* Grande atração; deslumbramento, fascinação.

fas•cis•mo *sm.* Sistema político nacionalista, antidemocrático, liderado por Benito Mussolini (1883-1945), na Itália. § **fas•cis•ta** *adj2g.* e *s2g.*

fa•se *sf.* 1. Qualquer estágio duma evolução que abrange várias modificações. 2. Época ou período com características definidas. 3. *Astr.* Aspecto que apresenta um astro sem luz própria, segundo as condições de iluminação vistas da Terra. 4. *Fís.* Na expressão analítica de um movimento harmônico simples, o argumento da função periódica. 5. *Eletr.* Cada uma das tensões de uma corrente trifásica. 6. *Eletr. P. ext.* O condutor em que está presente uma dessas tensões.

fa•si•a•ní•de:o *sm. Zool.* Espécime dos fasianídeos, família de aves de bico ger. curto e forte, e pernas adaptadas para a corrida e para ciscar o chão, em busca de alimento. Ex.: galinhas, faisões, pavões. § **fa•si:a•ní•de:o** *adj.*

fas•ma•tí•de:o *sm. Zool.* Espécime dos fasmatídeos, família de grandes insetos que abrange os chamados bichos-paus, pelo corpo semelhante a gravetos. § **fas•ma•tí•de:o** *adj.*

fa•sor (ô) *sm. Eng. Eletr.* Vetor rotativo, em função do tempo.

fas•ti•di•o•so (ô) *adj.* Que dá fastio; tedioso. [Pl.: –osos (ó).]

fas•ti:o *sm.* 1. Falta de apetite. 2. Tédio.

fas•tos *sm.pl.* Registros públicos de fatos ou obras memoráveis.

fas•tu•o•so (ô) *adj.* Pomposo, luxuoso, faustoso. [Pl.: –osos (ó).]

fa•tal *adj2g.* 1. Determinado pelo fado (1). 2. Que tem de ser; inevitável. 3. Funesto, nefasto. [Pl.: –tais.]

fa•ta•li•da•de *sf.* 1. Qualidade de fatal. 2. Destino, fado. 3. Acontecimento funesto.

fa•ta•lis•mo *sm. Filos.* Doutrina ou atitude segundo a qual o curso da vida humana está previamente fixado. § **fa·ta·lis·ta** *adj2g.* e *s2g.*

fa·ti·a *sf.* **1.** Pedaço fino e chato de pão, queijo, frutas, etc.; naco, talhada. **2.** Cada um dos pedaços que se cortam de bolo, torta, etc.

fa·ti·ar *v.t.d.* Cortar em fatias. [Conjug.: ☐ [fati]**ar**]

fa·tí·di·co *adj.* Sinistro; trágico.

fa·ti·gar *v.t.d.* e *p.* **1.** Cansar(-se). **2.** Aborrecer(-se), enfadar(-se). [Conjug.: ☐ [fati]**gar**] § **fa·ti·ga·do** *adj.*; **fa·ti·gan·te** *adj2g.*

fa·to¹ *sm.* **1.** Coisa ou ação feita; sucesso, caso, feito. **2.** Aquilo que realmente existe, que é real. ♦ **De fato. 1.** Com efeito; efetivamente. **2.** Realmente.

fa·to² *sm.* Roupa, vestuário.

fa·to³ *sm.* Rebanho pequeno, particularmente de cabras.

fa·tor (ô) *sm.* **1.** Aquele que faz ou executa algo. **2.** Aquilo que contribui para um resultado. **3.** *Mat.* Cada um dos elementos, em operação de produto. ♦ **Fator de produção.** *Econ.* Insumo (1).

fa·to·rar *v.t.d.* Decompor (um número) em todos os seus fatores até o quociente ficar um. [Conjug.: ☐ [fator]**ar**]

fa·tu·o: *adj.* **1.** Muito tolo. **2.** Vaidoso, presunçoso. **3.** V. *transitório.* § **fa·tu·i·da·de** *sf.*

fa·tu·ra *sf.* **1.** Ato, efeito, modo de fazer; feitura. **2.** Relação especificada que acompanha remessa de mercadorias expedidas.

fa·tu·rar *v.t.d.* **1.** Fazer a fatura (2) de (mercadoria vendida). **2.** Incluir na fatura (2) (uma mercadoria). *Int.* **3.** *Bras. Pop.* Ganhar muito dinheiro. [Conjug.: ☐ [fatur]**ar**]

fau·ce *sf. Anat.* Trecho em que se dá a passagem da boca para a faringe, e que inclui tanto a parte cavitária, quanto seus limites.

fau·na *sf.* Conjunto dos animais próprios duma região ou dum período geológico.

fau·no *sm.* Divindade mitológica campestre, com pés de cabra, cornos, e cabeluda.

faus·to *adj.* **1.** Feliz; venturoso; próspero. • *sm.* **2.** V. *pompa* (2).

faus·to·so (ô) *adj.* V. *fastuoso.* [Pl.: *–tosos* (ó).]

fau·tor (ô) *adj.* Que é causa; que favorece, fomenta. [Fem.: *fautriz.*]

fa·va *sf. Bot.* **1.** Planta das leguminosas, hortense, medicinal, cujo fruto é uma vagem viscosa, comestível. **2.** Qualquer vagem.

fa·ve·la *sf. Bras.* Conjunto de habitações populares, em geral toscamente construídas e usualmente deficientes de recursos higiênicos.

fa·ve·la·do *sm.* e *adj. Bras.* Morador de favela.

fa·vo *sm.* Alvéolo(s) onde as abelhas depositam o mel.

fa·vô·ni·o *sm.* **1.** Vento brando do poente. **2.** Vento propício.

fa·vor (ô) *sm.* **1.** Mercê, graça; obséquio. **2.** V. *benefício* (1).

fa·vo·rá·vel *adj2g.* **1.** Que favorece; propício. **2.** Que é em favor de algo ou de alguém. [Pl.: *–veis.*]

fa·vo·re·cer *v.t.d.* **1.** Ser em favor de (alguém); beneficiar. **2.** Proteger com parcialidade. **3.** Realçar o mérito de. *T.d.i.* **4.** Dotar. *P.* **5.** Valer-se. [Conjug.: ☐ [favore]**cer**]

fa·vo·ri·ta *sf.* A predileta dum soberano.

fa·vo·ri·tis·mo *sm.* Preferência dada a favorito; filhotismo.

fa·vo·ri·to *adj.* **1.** Amado com preferência. **2.** A que se dá preferência; preferido. • *sm.* **3.** Aquele que é o predileto.

fax (cs) *sm.2n.* **1.** Equipamento que reproduz documentos a distância, através de linha telefônica. **2.** Documento transmitido pelo fax.

fa·xi·na *sf.* **1.** Feixe de ramos, ou de paus curtos, com que se entopem fossos, nas campanhas militares. **2.** Serviço de limpeza de rancho nas casernas. **3.** Limpeza geral.

fa·xi·nar *v.t.d.* e *int.* Fazer faxina (3) (em). [Conjug.: ☐ [faxin]**ar**]

fa·xi·nei·ro *sm.* **1.** Aquele que nos quartéis tem serviço de faxina (2 e 3). **2.** Encarregado de faxina (3).

⇨ **fax-modem** (faksmôdem) [Ingl.] *sm. Inform.* Dispositivo para computadores, que combina as funções de um *modem* convencional e as de envio e recepção de *fax.*

fa·zen·da *sf.* **1.** Conjunto de bens; haveres. **2.** Propriedade rural, de lavoura ou de criação de gado. **3.** Pano, tecido. **4.** As finanças públicas.

fa·zen·dá·ri·o *adj.* Relativo à fazenda (4).

fa·zen·dei·ro *sm.* Dono de fazenda (2).

fa·zer *v.t.d.* **1.** Dar existência ou forma a; criar. **2.** Construir, edificar. **3.** Fabricar; manufaturar. **4.** Produzir intelectualmente. **5.** Executar, realizar. **6.** Pôr em ordem. **7.** Dar origem a. **8.** Preparar, cozinhando. **9.** Proferir (promessa, votos, etc.). **10.** Trabalhar em. **11.** Formar. **12.** Ir às compras em (feira, supermercado, etc.). **13.** Cursar. **14.** Comer. **15.** Apresentar (certa flexão): *O verbo vir faz vier no fut. do subj.* **16.** *Pop.* Excretar. *Impess.* **17.** Ter decorrido (determinado período de tempo); haver: *Faz dois anos que eles se casaram.* **18.** Ocorrer (determinado estado atmosférico); haver: *faz frio, faz sol. T.d.i.* **19.** Causar. **20.** Prestar (favor, obséquio). *Transobj.* **21.** Tornar. *T.i.* **22.** Esforçar-se. *Int.* **23.** Proceder, portar-se. *P.* **24.** Tornar-se, transformar-se. **25.** Tornar-se; ficar. **26.** Fingir-se. [Conjug.: ☐ [fazer]

faz-tu·do *sm.2n.* Pessoa que se ocupa em múltiplos misteres.

☐ **Fe** *Quím.* Simb. do *ferro.*

fé *sf.* **1.** Crença religiosa. **2.** Conjunto de dogmas e doutrinas que constituem um culto. **3.** *Rel.* A primeira das virtudes teologais: adesão e anuência pessoal a Deus. **4.** Firmeza na execução duma promessa ou compromisso. **5.** Crença, confiança. **6.** Testemunho autêntico, escrito, de certos funcionários, que tem força em juízo.

fe:al•da•de *sf.* Qualidade de feio; feiúra.

fe•bre *sf. Med.* **1.** Síndrome caracterizada por hipertermia, taquisfigmia, taquipnéia, etc. **2.** Exaltação do espírito. ♦ **Febre paratifóide.** *Med.* Doença que tem curso clínico e lesões similares aos do tifo, deste diferindo, apenas, bacteriologicamente; paratifo. **Febre tifóide.** *Med.* Infecção causada pela *Salmonella typhi*; tifo.

fe•bri•ci•tan•te *adj2g.* Febril (1 e 3).

fe•brí•cu•la *sf. Med.* Febre de pouca intensidade.

fe•brí•fu•go *adj. e sm. Med.* Que, ou medicamento que combate a febre; antifebril, antipirético.

fe•bril *adj2g.* **1.** Em estado de febre; febricitante. **2.** Relativo a febre; pirético. **3.** Exaltado; febricitante. [Pl.: *–bris.*]

fe•cal *adj2g.* Referente a fezes ou constituído delas. [Pl.: *–cais.*]

fe•cha•du•ra *sf.* Peça metálica que, por meio de lingüeta(s) e com o auxílio de chave, fecha portas, gavetas, etc.

fe•char *v.t.d.* **1.** Pôr algo em posição de obstruir a entrada, a abertura, de; cerrar. **2.** Unir, juntar as partes separadas de. **3.** Impedir, com trinco, chave, etc., a comunicação de (janela, porta, etc.) com outra peça ou área. **4.** Tapar a abertura de. **5.** Impedir o trânsito em. **6.** Interromper o funcionamento de: *fechar uma escola.* **7.** Terminar. **8.** Realizar definitivamente (um negócio). **9.** Cicatrizar. **10.** *Inform.* Encerrar sessão de uso de (arquivo, programa, etc.). **11.** *Bras. Pop.* Cortar (13). *Int.* **12.** Terminar, findar. **13.** Encerrar o expediente. **14.** Deixar de funcionar. **15.** Cicatrizar-se (ferimento). **16.** Passar (o sinal de trânsito quando verde ou amarelo) a vermelho, que indica parada obrigatória. *P.* **17.** Meter-se em recinto fechado. **18.** Acabar-se. **19.** Dar por encerrado (expediente, negócio, etc.). [Conjug.: ① [fech]**ar**. Pres. ind.: *fecho* (ê), *fechas* (ê), etc.; pres. subj.: *feche* (ê), etc.] § **fe•cha•do** *adj.*; **fe•cha•men•to** *sm.*

fe•cho (ê) *sm.* **1.** Aldrava ou ferrolho de porta. **2.** Qualquer peça com que se fecha um objeto. **3.** Ponto onde se unem e fecham duas partes duma coisa. **4.** Remate, acabamento. ♦ **Fecho ecler.** Fecho (2) usado em roupas, bolsas, etc., dotado de dentes que engranzam para abrir e fechar; zíper.

fé•cu•la *sf.* Substância farinácea extraída de tubérculos e raízes.

fe•cu•len•to *adj.* Que tem fécula.

fe•cun•dar *v.t.d.* **1.** Transmitir a (um germe) causa imediata do seu desenvolvimento. **2.** Fertilizar. **3.** Tornar capaz de conceber ou gerar. *Int. e p.* **4.** Tornar-se fecundo. **5.** Conceber. [Conjug.: ① [fecund]**ar**] § **fe•cun•da•ção** *sf.*; **fe•cun•dan•te** *adj2g.*

fe•cun•do *adj.* **1.** Capaz de produzir ou de reproduzir(-se); fértil, produtivo. **2.** Criador. § **fe•cun•di•da•de** *sf.*

fe•de•go•so(ó) *sm. Bot.* Nome comum a vários arbustos e arvoretas das leguminosas que têm propriedades medicinais. [Pl.: *–gosos* (ó).]

fe•de•lho (ê) *sm.* Criançola.

fe•den•ti•na *sf.* Grande fedor.

fe•der *v.int.* **1.** Exalar mau cheiro. **2.** *Fig.* Causar má impressão. *T.i.* **3.** *Fig.* Causar aborrecimento. **4.** Feder (1). [Conjug.: ② [fed]**er**. O *e* do radical é aberto nas f. rizotônicas em que o *d* vem seguido de *e*: *fedes, fede, fedem,* e fechado naquelas em que ao *d* se segue *o* ou *a*: *fedo* (ê), *feda* (ê), *fedas* (ê), ... *fedam* (ê). M.-q.-perf. ind.: *federa* (ê), *federas* (ê), *federa* (ê), *fedêramos, fedêreis, federam* (ê).]

fe•de•ra•ção *sf.* **1.** União política entre estados, sob um governo central. **2.** União de clubes, empresas, sindicatos, etc. **3.** Associação, aliança. [Pl.: *–ções.*]

fe•de•ral *adj2g.* Relativo a federação. [Pl.: *–rais.*]

fe•de•ra•lis•mo *sm.* Forma de governo pelo qual vários estados se reúnem numa só nação, sem perda de sua autonomia fora dos negócios de interesse comum.

fe•de•rar *v.t.d. e p.* Reunir(-se) em federação. [Conjug.: ① [feder]**ar**]

fe•de•ra•ti•vo *adj.* Relativo a uma federação.

fe•dor (ô) *sm.* Mau cheiro; cheiro repelente ou nauseabundo; fetidez.

fe•do•ren•to *adj.* Que exala fedor; fétido.

fe•é•ri•co *adj.* Do mundo das fadas; mágico; maravilhoso, deslumbrante.

fei•ção *sf.* **1.** Forma, aspecto. **2.** Jeito, modo. **3.** Índole, caráter. [Pl.: *–ções.*]

fei•ções *sf.pl.* Delineamento do rosto humano; rosto, semblante.

fei•jão *sm.* **1.** Semente de feijoeiro. **2.** Feijoeiro. **3.** O feijão cozido. **4.** *P. ext.* Alimento. [Pl.: *–jões.*]

fei•jo•a•da *sf.* **1.** Qualquer prato preparado com feijão. **2.** *Bras.* Prato típico nacional, preparado com feijão, em geral preto, toucinho, carne-seca, porco (2) salgado, etc., e, no N. e N.E., tb. com verduras cozidas.

fei•jo•al *sm.* Plantação de feijão. [Pl.: *–ais.*]

fei•jo•ei•ro *sm. Bot.* Nome comum a várias trepadeiras das leguminosas cujos frutos são vagens com sementes comestíveis.

fei•o *adj.* **1.** De aspecto desagradável. **2.** Indecoroso; vil. **3.** Diz-se do tempo mau, chuvoso, etc. • *sm.* **4.** Coisa feia.

fei•o•so (ô) *adj.* Um tanto feio. [Pl.: *-osos* (ó).]

fei•ra *sf.* **1.** Lugar público, não raro descoberto, onde se expõem e vendem mercadorias. **2.** Exposição (2). **3.** Palavra que entra na composição dos nomes dos dias da semana, menos o sábado e o domingo.

fei•ran•te *s2g.* Pessoa que vende em feira.

fei•ta *sf.* **1.** Obra; ação. **2.** Ocasião, vez.

fei•ti•ça•ri•a *sf.* Emprego de feitiços. V. *bruxaria.*

fei•ti•cei•ro *sm.* **1.** Bruxo (1). **2.** *Fig.* Quem encanta ou atrai.

fei•ti•ço *sm.* **1.** Malefício de feiticeiros. V. *bruxaria.* **2.** *Fig.* Encanto, fascinação.

fei•ti:o *sm.* **1.** Forma, figura, feição. **2.** Modo, jeito. **3.** V. *temperamento* (2).

fei•to[1] *sm.* **1.** V. *fato*[1] (1). **2.** Ato (1). **3.** Ato heróico; façanha (1).

fei•to[2] *adj.* **1.** Afeito. **2.** Adulto. **3.** Decidido, resolvido. **4.** Constituído, formado. **5.** Pronto para ser usado ou consumido.

fei•tor (ô) *sm.* **1.** Administrador de bens alheios. **2.** Capataz.

fei•to•ri•a *sf.* **1.** Administração de feitor. **2.** *Bras.* No período colonial, posto de troca com os indígenas, mormente de pau-brasil.

fei•tu•ra *sf.* Feitura (1).

fei•ú•ra *sf.* Fealdade.

fei•xe *sm.* **1.** Molho, braçada. **2.** Grande porção de qualquer coisa.

fel *sm.* **1.** *Pop.* Bílis (1). **2.** Coisa muito amarga. [Pl.: *féis, feles.*]

fe•lá *sm.* Camponês, lavrador, especialmente do Egito.

felds•pa•to *sm. Min.* Nome comum a vários minerais componentes das rochas eruptivas.

fe•li•ci•da•de *sf.* **1.** Qualidade ou estado de feliz. **2.** Bom êxito; sucesso.

fe•li•ci•da•des *sf.pl.* Congratulações.

fe•li•ci•tar *v.t.d.* **1.** Tornar feliz. **2.** Dirigir parabéns ou cumprimentos a; congratular, cumprimentar. *T.d.i.* **3.** Felicitar (2). *P.* **4.** Congratular-se. [Conjug.: [1] [felicit]**ar**] § **fe•li•ci•ta•ção** *sf.*

fe•lí•de:o *sm. Zool.* Espécime dos felídeos, família de mamíferos carnívoros de unhas afiadas e retráteis; abrange os leões, onças, tigres e gatos em geral. § **fe•lí•de:o** *adj.*

fe•li•no *adj.* Do gato ou semelhante a ele.

fe•liz *adj2g.* **1.** Ditoso, afortunado. **2.** Contente, alegre. **3.** Bem-sucedido. **4.** Bem lembrado.

fe•li•zar•do *sm.* Indivíduo que julgamos estar muito feliz por ter ganho herança, prêmio, etc.

fe•lo•ni•a *sf.* **1.** Rebelião de vassalo contra o senhor. **2.** Traição, perfídia.

fel•pa (ê) *sf.* **1.** Pêlo saliente nos tecidos; felpo. **2.** Penugem de animais. **3.** Lanugem de certas folhas ou frutos. **4.** Farpa (2).

fel•po (ê) *sm.* Felpa (1).

fel•pu•do *adj.* Que tem muita felpa.

fel•tro (ê) *sm.* Espécie de estofo, de lã ou de pêlo, produzido por empastamento.

fê•me:a *sf.* **1.** Qualquer animal do sexo feminino. **2.** Mulher (1). **3.** V. *macho* (5).

fe•mi•nil *adj2g.* Próprio de mulher; feminino. [Pl.: *-nis.*]

fe•mi•ni•li•da•de *sf.* Qualidade, caráter, modo de ser ou viver próprio de mulher.

fe•mi•ni•no *adj.* **1.** Relativo ao sexo caracterizado pelo ovário, nos animais e nas plantas. **2.** Feminil.

fe•mi•nis•mo *sm.* Movimento favorável à equiparação dos direitos civis e políticos da mulher aos do homem. § **fe•mi•nis•ta** *adj2g.* e *s2g.*

fe•mi•ni•zar *v.t.d.* **1.** Dar caráter ou feição feminina a. *P.* **2.** Adquirir modos femininos. [Conjug.: [1] [feminiz]**ar**]

fê•mur *sm. Anat.* Osso único de coxa. [Pl.: *fêmures.*] § **fe•mu•ral** *adj2g.*

fen•da *sf.* **1.** Abertura numa superfície, ou em objeto fendido ou rachado. **2.** Qualquer abertura estreita. [Sin ger.: *frincha, greta.*]

fen•der *v.t.d.* **1.** Fazer fenda (2) em. **2.** Separar no sentido do comprimento. **3.** Navegar por; sulcar. **4.** Atravessar, cruzar. *Int.* e *p.* **5.** Abrir-se em fenda (0); rachar-se. [Conjug.: [2] [fend]**er**] § **fen•di•men•to** *sm.*

fe•ne•cer *v.int.* **1.** Terminar. **2.** V. *morrer* (1). **3.** Murchar (planta, flor). [Conjug.: [34] [fene]**cer**]

fe•ní•ci:o *adj.* **1.** Da Fenícia (Ásia antiga). • *sm.* **2.** O natural ou habitante da Fenícia.

fê•nix (ks) *sf2n.* **1.** Ave mitológica, que, segundo a tradição egípcia, durava séculos e, queimada, renascia das cinzas. **2.** Pessoa ou coisa rara.

fe•no *sm.* Erva ceifada e seca, para alimento de animais.

fe•nol *sm. Quím.* Substância sólida, de cheiro característico, encontrada no alcatrão [fórm.: C_6H_5OH]. [Pl.: *-nóis.*]

fe•nolf•ta•le•í•na *sf. Quím.* Substância orgânica, cristalina, us. como indicador e, em medicina, como laxante.

fe•no•me•nal *adj2g.* Que tem caráter de fenômeno; raro, assombroso, espantoso. [Pl.: *-nais.*]

fe•nô•me•no *sm.* **1.** Qualquer modificação operada nos corpos pelos agentes físicos ou químicos. **2.** Tudo quanto é percebido pelos sentidos ou pela consciência. **3.** Fato de natureza moral ou social. **4.** Tudo o que se observa de extraordinário no ar ou no céu. **5.** O que é raro e surpreendente. **6.** Pessoa ou objeto com algo anormal ou extraordinário.

fe•ó•fi•ta *sf. Bot.* Espécime das feófitas, divisão do reino vegetal que compreende organismos pluricelulares; abrange as algas pardas. § **fe•ó•fi•to** *adj.*

fe•ra *sf.* 1. Animal bravio e carnívoro. 2. Pessoa muito cruel.

fe•raz *adj2g.* De grande força produtiva; fértil, fecundo. [Superl.: *feracíssimo.*] § **fe•ra•ci•da•de** *sf.*

fé•re•tro *sm.* V. *caixão* (2).

fe•re•za (ê) *sf.* Ferocidade.

fé•ri:a *sf.* 1. Dia semanal. 2. Salário de trabalhador. 3. Soma dos salários da semana. 4. Em casa comercial, a quantia apurada mediante vendas.

fe•ri•a•do *adj.* e *sm.* Diz-se de, ou dia de férias.

fé•rias *sf.pl.* 1. Dias em que se suspendem os trabalhos oficiais (datas patrióticas e dias santificados). 2. Certo número de dias seguidos para descanso de empregados, estudantes, etc.

fe•ri•da *sf.* 1. Lesão corporal causada por trauma. 2. Ulceração, chaga. 3. Incisão cirúrgica.

fe•ri•no *adj.* 1. Semelhante a fera. 2. Cruel. 3. Sarcástico, irônico em alto grau.

fe•rir *v.t.d.* 1. Fazer ferida(s) em. 2. Cortar, fender. 3. Tocar, tanger. 4. Ofender. 5. Causar impressão em (olhos, ouvidos). 6. Prejudicar ou contrariar (interesses, princípios, etc.). *P.* 7. Produzir ferimento(s) em si mesmo. 8. Melindrar-se. [Conjug.: 53 [f]e[r]ir] § **fe•ri•do** *adj.* e *sm.*; **fe•ri•men•to** *sm.*

fer•men•ta•ção *sf.* 1. Transformação química provocada por fermento vivo ou por princípio extraído de fermento. 2. Efervescência gasosa oriunda dessa transformação. 3. *Fig.* Efervescência, agitação. [Pl.: *–ções.*]

fer•men•tar *v.t.d.* 1. Produzir fermentação em. 2. Agitar (2), excitar. *Int.* 3. Decompor-se pela fermentação. 4. Agitar-se. [Conjug.: 1 [ferment]ar]

fer•men•to *sm.* 1. *Quím. Desus.* Microrganismo que produz fermentação; enzima. 2. Massa de farinha que azedou e que, misturada a outra massa de pão, a fermenta. [Sin. ger.: *levedura.*]

fér•mi:o *sm. Quím.* V. *actinídeos* [símb.: *Fm*].

fér•mi:on *sm.* Partícula com *spin* semi-inteiro.

fer•nan•do-no•ro•nhen•se *adj2g.* 1. De Fernando de Noronha, ilha que integra o Estado de Pernambuco • *s2g.* 2. O natural ou habitante de Fernando de Noronha. [Pl.: *fernandonoronhenses.*]

fe•ro *adj.* 1. V. *feroz.* 2. Encarniçado, cruento. 3. Intimidador, amedrontador.

fe•ro•ci•da•de *sf.* Qualidade de feroz; fereza.

fe•roz *adj2g.* 1. De índole ou natureza de fera; bravio. 2. Perverso, cruel. 3. Violento, impetuoso. [Sin. ger.: *fero.*]

fer•ra *sf.* 1. Ato ou efeito de ferrar (3). 2. *Bras.* Época durante a qual se ferra o gado.

fer•ra•brás *adj2g.* e *s2g.* V. *fanfarrão.* [Pl.: *ferrabrases.*]

fer•ra•dor (ô) *sm.* Indivíduo cuja profissão é ferrar cavalgaduras, etc.

fer•ra•du•ra *sf.* Peça de ferro que se aplica na parte inferior das patas das cavalgaduras.

fer•ra•du•ra-do-mar *sf. Zool.* Animal equinodermo, equinóide. [Pl.: *ferraduras-do-mar.*]

fer•ra•gei•ro *sm.* Negociante de ferragens ou de ferro; ferreiro.

fer•ra•gem *sf.* 1. Conjunto ou porção de peças de ferro necessárias para edificação, artefatos, etc. 2. Guarnição de ferro. [Pl.: *–gens.*]

fer•ra•men•ta *sf.* 1. Utensílio de ferro dum trabalhador. 2. Utensílio(s) duma arte ou ofício.

fer•ra•men•tei•ro *sm.* Mecânico especializado na confecção de ferramentas e moldes.

fer•rão *sm.* 1. Aguilhão (1). 2. O dardo dos insetos. [Pl.: *–rões.*]

fer•rar *v.t.d.* 1. Guarnecer de ferro. 2. Pôr ferraduras em (cavalgadura). 3. Marcar com ferro em brasa (boi, cavalo, etc.). 4. Colher (vela). 5. *Bras. Pop.* Prejudicar. *T.d.i.* 6. Dar, aplicar. 7. Cravar, enterrar. *Int.* 8. *Bras.* Marcar o animal com ferro em brasa. *P.* 9. Entranhar-se, cravar-se. 10. *Bras. Gír.* Sair-se mal. [Conjug.: 1 [ferr]ar] § **fer•ra•do** *adj.*

fer•ra•ri•a *sf.* 1. Fábrica de ferragens. 2. Loja ou oficina de ferreiros.

fer•rei•ro *sm.* 1. Artífice que trabalha em ferro. 2. Ferrageiro.

fer•re•nho *adj.* 1. Duro, inflexível; férreo. 2. Que não cede; obstinado.

fér•re:o *adj.* 1. De ferro. 2. Ferrífero. 3. Forte, resistente. 4. V. *ferrenho* (1).

fer•re•te (ê) *sm.* 1. Instrumento com que se marcavam escravos e criminosos, e com que se marca o gado. 2. Sinal de ignomínia; estigma.

fer•re•te•ar *v.t.d.* 1. Marcar com ferrete. 2. *Fig.* Afligir. [Conjug.: 10 [ferret]ear]

fer•rí•fe•ro *adj.* Que contém ferro ou sais de ferro; férreo.

fer•ro *sm.* 1. *Quím.* Elemento de número atômico 26, metálico, branco-acinzentado, duro, que forma ligas, como o aço, de aplicações importantes, e tem muitos empregos na indústria e na arte [símb.: *Fe*]. 2. Instrumento feito de ferro, ou apenas a parte cortante e/ou perfurante desse instrumento. 3. Nome comum a vários instrumentos ou utensílios em que entra sobretudo o ferro, como, p. ex., o ferro de passar roupa. 4. Ferramenta de certas artes ou ofícios.

fer•ro•a•da *sf.* 1. Picada com ferrão. 2. Pontada. 3. Censura mordaz.

fer•ro•ar *v.t.d., t.d.i.* e *int.* Dar ferroadas. [Conjug.: 13 [ferr]oar]

fer•ro-gu•sa *sm.* O que se obtém diretamente do alto-forno. [Pl.: *ferros-gusas, ferros-gusa.*]

fer•ro•lho (ô) *sm.* **1.** Tranca corrediça de ferro para fechar portas e janelas. **2.** *Fut.* Retranca (2).

fer•ro•mag•né•ti•co *adj.* *Fís.* Diz-se de substâncias que têm elevada permeabilidade magnética, que pode ser observada pela forte atração entre dois corpos que a possuam.

fer•ro•mag•ne•tis•mo *sm.* *Fís.* Propriedade das substâncias ferromagnéticas.

fer•ro-ve•lho *sm.* Estabelecimento que negocia com sucata (1). [Pl.: *ferros-velhos.*]

fer•ro•via *sf.* Sistema de transporte sobre trilhos.

fer•ro•vi•á•ri:o *Bras. adj.* **1.** De ferrovia, ou relativo a ela. • *sm.* **2.** Empregado em ferrovia.

fer•ru•gem *sf.* Óxido que se forma à superfície do ferro exposto à umidade, ou sobre outro metais. [Pl.: *–gens.*]

fer•ru•gen•to *adj.* Coberto de ferrugem.

fer•ru•gi•no•so (ô) *adj.* Da natureza da ferrugem ou do ferro. [Pl.: *–nosos* (ó).]

fér•til *adj2g.* **1.** V. *fecundo* (1). **2.** Capaz de produzir com facilidade, de inventar, de criar. **3.** Muito fecundo (terra). [Pl.: *–teis.*] § **fer•ti•li•da•de** *sf.*

fer•ti•li•zan•te *adj2g.* **1.** Que fertiliza. • *sm.* **2.** Adubo (?).

fer•ti•li•zar *v.t.d., int.* e *p.* Tornar(-se) fértil ou produtivo. [Conjug.: ☐ [fertiliz]**ar**] § **fer•ti•li•za•ção** *sf.*

fé•ru•la *sf.* Palmatória.

fer•ve•doi•ro ou **fer•ve•dou•ro** *sm.* **1.** Movimento semelhante ao de um líquido a ferver. **2.** Grande ajuntamento. **3.** Grande agitação.

fer•ven•te *adj2g.* **1.** Que ferve. **2.** *Fig.* Que tem ímpeto e ardor; ardente, fervoroso.

fer•ver *v.t.d.* **1.** Produzir ebulição (1) em. **2.** Cozer em água fervente ou noutro líquido em ebulição. **3.** Esterilizar em água fervendo. *T.i.* **4.** Exaltar-se: *ferver de raiva. Int.* **5.** Entrar em ebulição. **6.** Animar-se; excitar-se. **7.** Ser em grande número; pulular. [Conjug.: ② [ferv]**er**] § **fer•vi•do** *adj.*

fér•vi•do *adj.* **1.** Muito quente; abrasador. **2.** *Fig.* Caloroso, entusiástico. **3.** Fervoroso.

fer•vi•lhar *v.int.* **1.** Ferver continuamente. **2.** Achar-se ou ficar em estado de excitação. **3.** Pulular. *T.i.* **4.** Fervilhar (3). [Conjug.: ☐ [fervilh]**ar**]

fer•vor (ô) *sm.* **1.** Ato de ferver, ou estado do que ferve. **2.** Calor veemente. **3.** Ardor, energia. **4.** Dedicação, zelo.

fer•vo•ro•so (ô) *adj.* Cheio de fervor; férvido. [Pl.: *–rosos* (ó).]

fer•vu•ra *sf.* Ato ou efeito de ferver; ebulição.

fes•ce•ni•no *adj.* Obsceno, licencioso.

fes•ta *sf.* **1.** Reunião alegre para fim de divertimento. **2.** Solenidade, comemoração. **3.** Dia santo. **4.** Regozijo, alegria.

fes•tão *sm.* Ornato geralmente em forma de arco de flores, folhagens, etc. [Pl.: *–tões.*]

fes•tas *sf.pl.* **1.** Carícias, agrados. **2.** Presente, dádiva. **3.** O dia de Natal e o ano-novo.

fes•tei•ro *adj.* **1.** Dado a festas. • *sm.* **2.** Aquele que patrocina festividade religiosa.

fes•te•jar *v.t.d.* **1.** Fazer festa a, ou em honra de. **2.** Comemorar; celebrar. **3.** Acariciar. [Conjug.: ☐ [festej]**ar**]

fes•te•jo (ê) *sm.* **1.** Ato ou efeito de festejar. **2.** Festividade; solenidade.

fes•tim *sm.* **1.** Pequena festa. **2.** Banquete. **3.** Cartucho (2). [Pl.: *–tins.*]

fes•ti•val *sm.* **1.** Grande festa. **2.** Festa artística em que se exibem várias obras de competição. [Pl.: *–vais.*]

fes•ti•vi•da•de *sf.* Festa religiosa ou cívica; função.

fes•ti•vo *adj.* **1.** De festa. **2.** Alegre, divertido.

fes•to•ar *v.t.d.* Ornar com festões. [Conjug.: ⑬ [fest]**oar**]

fe•ti•che *sm.* Objeto animado ou inanimado, feito pelo homem ou produzido pela natureza, ao qual se atribui poder sobrenatural e se presta culto.

fe•ti•chis•mo *sm.* **1.** Culto de fetiches. **2.** *Psiq.* Perversão sexual em que se atribui a um objeto seu ou uma parte do corpo o poder de produzir orgasmo, ou de ajudar a produzi-lo. § **fe•ti•chis•ta** *adj2g.* e *s2g.*

fe•ti•dez (ê) *sf.* Qualidade de fétido; fedor.

fé•ti•do *adj.* Que fede; fedorento, nauseabundo.

fe•to¹ *sm.* *Embriol.* O produto da fecundação, em animal vivíparo, depois que apresenta a forma da espécie.

fe•to² *sm.* *Bot.* Nome comum a várias plantas filicíneas.

feu•dal *adj2g.* Relativo a, ou próprio do feudo ou de feudalismo. [Pl.: *–dais.*]

feu•da•lis•mo *sm.* Regime feudal.

feu•da•tá•ri:o *sm.* **1.** Senhor de feudo. **2.** Vassalo, súdito.

feu•do *sm.* **1.** Propriedade que o senhor de certos domínios concedia mediante a condição de vassalagem e prestação de certos serviços e rendas. **2.** Direito ou dignidade feudal.

fe•ve•rei•ro *sm.* O segundo mês do ano, com 28 ou (nos anos bissextos) 29 dias.

fez (ê) *sm.* Barrete usado por certos povos do Oriente Médio e da África. [Pl.: *fezes* (ê). Cf. *fezes*, sf. pl.]

fe•zes *sf.pl.* **1.** Borra (1). **2.** Matérias fecais; excrementos. **3.** Escórias metálicas. [Cf. *fezes* (ê), pl. de *fez* (ê).]

fi *sm.* A 21ª letra do alfabeto grego (F, f).

fi:a•ção *sf.* **1.** Ato ou efeito de fiar[1]. **2.** Local onde se fia. **3.** O conjunto de fios de uma instalação elétrica. [Pl.: *-ções.*]

fi•a•do *adj.* **1.** Vendido a crédito. • *adv.* **2.** A crédito: *vender, comprar fiado.*

fi:a•dor(ô) *sm.* **1.** Quem fia ou abona alguém, responsabilizando-se pelo cumprimento de obrigações do abonado. **2.** Correia do freio (1).

fi•am•bre *sm.* Carne, sobretudo presunto, preparada para se comer fria.

fi•an•ça *sf.* **1.** Ato de fiar[2] (1). **2.** Quantia em que importa a caução (3).

fi:an•dei•ra *sf.* Mulher que se ocupa em fiar.

fi•a•po *sm.* Fio tênue.

fi•ar[1] *v .t.d.* **1.** Reduzir a fio (substância filamentosa). **2.** Puxar à trinca. **3.** *Fig.* Maquinar (intrigas). *Int.* **4.** Reduzir a fio qualquer matéria filamentosa. [Conjug.: Ⅰ [fi]ar]

fi•ar[2] *v .t.d.* **1.** Ser o fiador de; afiançar. **2.** Esperar, confiar. **3.** Vender a crédito. *Int.* **4.** Fiar[2] (3). *P.* **5.** Ter confiança; confiar. [Conjug.: Ⅰ [fi]ar]

fi•as•co *sm.* Malogro, fracasso.

fi•bra *sf.* **1.** Cada uma das estruturas alongadas que constituem tecidos animais e vegetais ou certas substâncias minerais. **2.** *Anat.* Formação (6) alongada, filiforme. **3.** Qualquer filamento ou fio. **4.** Energia, caráter. ◆ **Fibra óptica**. Filamento de material transparente, capaz de conduzir sinais ópticos, us. para confecção de cabos de telecomunicações.

fi•bri•no•gê•ni:o *sm .* *Bioquím.* Proteína presente no plasma e que tem papel importante na coagulação do sangue.

fi•brói•de *adj2g.* e *sm. Patol.* Diz-se de, ou tumor que tem estrutura fibrosa, lembrando fibroma.

fi•bro•ma *sm. Patol.* Tumor benigno formado, em grande parte, por tecido fibroso. § **fi•bro•ma•to•so** *adj.*

fi•bro•so(ô) *adj.* **1.** Que tem ou é composto de fibras. **2.** Semelhante à fibra. [Pl.: *–brosos* (ó).]

fi•bros•se•ro•so *adj.* Que se compõe de elementos fibrosos e serosos. [Pl.: *–rosos* (ó).]

fi•car *v.t.d.* **1.** Estacionar (em algum lugar); permanecer. **2.** Estar situado. **3.** Pernoitar. **4.** Ser adiado, transferido. *T.i.* **5.** Restar, sobrar. **6.** Não ir além de. **7.** Obrigar-se (a alguma coisa). **8.** Concordar. **9.** Comprar. **10.** Caber por quinhão. **11.** Custar. **12.** Obter ou deter a guarda de. **13.** Manter sob sua posse. **14.** Contrair (doença): *ficar com caxumba.* **15.** Acertar; combinar: *Ficou de sair com a irmã.* **16.** *Bras. Gír.* Ficar (21). *Pred.* **17.** Permanecer em certa disposição de espírito ou situação. **18.** Tornar-se. *Int.* **19.** Perdurar. **20.** Ficar (5). **21.** *Bras. Gír.* Trocar carinhos por período curto, mas sem compromisso de namoro. *P.* **22.** Demorar-se. [Conjug.: ⑧ [fi]car]

fic•ção *sf.* **1.** Ato ou efeito de fingir. **2.** Coisa imaginária; fantasia, criação. **3.** *Fig.* Literatura de ficção. [Pl.: *-ções.*]

fic•ci:o•nis•ta *s2g.* Autor(a) de obras de ficção (3).

fi•cha *sf.* **1.** Tento[2] (1) de jogo. **2.** Peça semelhante ao tento[2] (1), ou retângulo de papel, etc., que se compra e corresponde ao preço duma passagem, dum telefonema, etc. **3.** Cartão para anotações e ulterior classificação. **4.** O que está anotado em uma ficha. **5.** Registro em repartições, consultórios, etc., sobre alguém.

fi•char *v.t.d.* Anotar ou registrar em ficha(s). [Conjug.: Ⅰ [fich]ar]

fi•chá•ri:o *sm.* **1.** Coleção de fichas. **2.** Lugar onde se guardam fichas.

fi•co•lo•gi•a *sf.* Algologia.

fi•co•lo•gis•ta *s2g.* Especialista em ficologia; ficólogo, algologista.

fi•có•lo•go *sm .* V. *ficologista.*

fic•tí•ci:o *adj.* **1.** Imaginário. **2.** Simulado.

fi•cus *sm2n. Bot.* Nome comum a várias árvores, lianas, e outras trepadeiras moráceas, lactescentes. Ex.: a figueira.

fi•dal•go *sm.* **1.** Aquele que tem título de nobreza. • *adj.* **2.** Quem tem privilégios de nobreza. **3.** Generoso, nobre.

fi•dal•gui•a *sf.* **1.** Qualidade ou ação de fidalgo. **2.** A classe dos fidalgos.

fi•de•dig•no *adj.* Digno de fé; merecedor de crédito. § **fi•de•dig•ni•da•de** *sf.*

fi•de•li•da•de *sf.* Qualidade de fiel.

fi•du•ci•al *adj2g.* Fiduciário. [Pl.: *–ais.*]

fi•du•ci•á•ri:o *adj.* Dependente de confiança, ou que a revela.

fi•ei•ra *sf.* **1.** Aparelho com que se reduzem a fio os metais. **2.** V. *fileira.*

fi•el *adj2g.* **1.** Digno de fé; leal, honrado. **2.** Que não falha; seguro. **3.** Pontual, exato. **4.** Verídico. • *s2g.* **5.** Ajudante de tesoureiro. • *sm.* **6.** Fio ou ponteiro que indica o equilíbrio de uma balança. **7.** Membro de seita ou religião. [Superl.: *fidelíssimo.* Pl.: *–éis.*]

fi•ga *sf.* **1.** Amuleto em forma de mão fechada, com o polegar entre o indicador e o médio, e usado como preservativo (2) de malefícios. **2.** Sinal em que se põem os dedos como na figa (1), para esconjurar ou repelir.

fi•ga•dal *adj2g.* **1.** Hepático. **2.** *Fig.* Intenso, profundo. [Pl.: *–dais.*]

fí•ga•do *sm .* *Anat.* Grande órgão glandular, anexo ao tubo digestivo.

fi•go *sm.* Infrutescência da figueira.

fi•guei•ra *sf. Bot.* Nome comum a várias árvores moráceas, uma delas com infrutescência comestível, o figo.

fi•gu•ra *sf*. **1.** A estatura e a configuração geral do corpo. **2.** Vulto, corpo. **3.** Forma exterior; figuração. **4.** Imagem, representação. **5.** Representação de imagem por desenho, gravura, etc.; ilustração. **6.** Nome comum ao rei, ao valete e à dama, nos baralhos. **7.** *Edit.* Designação genérica de elemento não textual (desenho, tabela, quadro, etc.) us. em publicações impressas. **8.** *Geom.* Qualquer conjunto formado por pontos, linhas e superfícies; configuração. **9.** *Gram.* Forma de elocução que foge da norma rigorosa, para um fim expressivo. **10.** *Mús.* Cada um dos oito sinais gráficos que indicam a duração de uma nota ou de uma pausa.

fi•gu•ra•ção *sf*. **1.** Ato de figurar. **2.** Figura (3). [Pl.: *–ções*.]

fi•gu•ra•do *adj*. **1.** Alegórico. **2.** Hipotético. **3.** *Gram.* Diz-se do sentido de palavra ou locução expressa simbolicamente por metáfora, metonímia, etc.

fi•gu•ran•te *s2g*. V. *extra* (3).

fi•gu•rão *sm*. **1.** Personagem importante. **2.** Ato que dá nas vistas. [Pl.: *–rões*.]

fi•gu•rar *v.t.d.* **1.** Traçar a figura de. **2.** Simbolizar. **3.** Fingir. *T.i.* **4.** Tomar parte; participar. **5.** Fazer parte; incluir-se. [Conjug.: ① [figur]**ar**]

fi•gu•ra•ti•vo *adj*. **1.** Simbólico, representativo. **2.** Que representa, sob certa forma real das coisas sensíveis.

fi•gu•ri•nis•ta *s2g*. Desenhista de figurinos.

fi•gu•ri•no *sm*. **1.** Figura que representa o traje da moda. **2.** Revista de modas.

fi•la[1] *sf*. **1.** V. *fileira*. **2.** Fileira de pessoas que se põem umas atrás das outras, pela ordem de chegada.

fi•la[2] *sf*. Ato de filar.

fi•la•men•to *sm*. **1.** Fio de pequeníssimo diâmetro. **2.** *Bot.* Porção do talo dos vegetais que apresenta desenvolvimento linear.

fi•la•men•to•so (ó) *adj*. Constituído por filamento. [Pl.: *–tosos* (ó).]

fi•lan•te *adj2g.* e *s2g. Bras.* Que ou quem é dado a filar (4 e 6).

fi•lan•tro•pi•a *sf*. **1.** Amor à humanidade. **2.** A caridade. § **fi•lan•tró•pi•co** *adj*.

fi•lan•tro•po (ó) *sm*. Aquele que pratica a filantropia (2).

fi•lão *sm*. **1.** Enchimento das fendas da crosta terrestre por substâncias de origem hidrotérmica. **2.** Veio (2). **3.** *Fig.* Fonte de lucros e vantagens. [Pl.: *–lões*.]

fi•lar *v.t.d.* **1.** Agarrar à força. **2.** Segurar com os dentes. **3.** Açular (cão). **4.** *Bras.* Obter de graça, ou pedir a outrem, para não comprar. **5.** *Bras. Pop.* Observar ocultamente; espreitar. **6.** *Bras.* Fazer que os outros paguem. *T.d.i.* **7.** Filar (4 e 6). *Int.* **8.** Segurar com os dentes a

presa. *P.* **9.** Agarrar-se com os dentes a algo. **10.** Agarrar-se, segurar-se. [Conjug.: ① [fil]**ar**]

fi•lá•ri:a *sf* . *Patol.* Parasito nematódeo.

fi•la•rí•a•se *sf* . *Med.* Filariose.

fi•la•ri•o•se *sf* . *Med.* Qualquer doença causada por filária, como, p. ex., a elefantíase.

fi•lar•mô•ni•ca *sf*. **1.** Sociedade musical. **2.** Orquestra ou banda de música.

fi•la•te•li•a *sf*. Hábito e gosto de colecionar selos do correio. § **fi•la•té•li•co** *adj*.

fi•la•te•lis•ta *s2g*. Pessoa dada à filatelia.

fi•láu•ci:a *sf*. **1.** Amor-próprio exagerado. **2.** Presunção, vaidade.

fi•lé *sm*. **1.** Nome comum a certo músculo das reses. **2.** *Bras.* Bife (1).

fi•lei•ra *sf*. Série de coisas, pessoas, etc., em linha reta; fieira, fila, carreira.

fi•le•te (ê) *sm*. **1.** Pequeno fio. **2.** *Anat.* Ramificação mais tênue dos nervos. **3.** *Bot.* A parte do estame que sustenta a antera.

fi•lha *sf*. Pessoa do sexo feminino, em relação aos pais.

fi•lha•ra•da *sf*. Porção de filhos.

fi•lho *sm*. **1.** Pessoa do sexo masculino, em relação aos pais. **2.** Descendente. **3.** Aquele que é procedente (de alguma terra, região, etc.). **4.** Homem, em relação a Deus, a quem o educou, etc. • *adj*. **5.** Procedente, resultante.

fi•lhó *sm*. e *f*. Bolinho de ovos e farinha polvilhado com açúcar e canela ou passado em calda por filária, como. [Var.: *filhós*.]

fi•lho-fa•mí•li:a *sm*. O filho menor sujeito ao pátrio poder. [Pl.: *filhos-famílias, filhos-família*.]

fi•lhós *sm*. e *f*. Filhó. [Pl.: *–lhoses*.]

fi•lho•te *sm*. Cria de animal.

fi•lho•tis•mo *sm*. *Bras.* Favoritismo.

fi•li•a•ção *sf*. **1.** Ato de perfilhar. **2.** Relação de parentesco entre os pais e seus filhos. **3.** Os pais de alguém. [Pl.: *–ções*.]

fi•li•al *adj2g.* **1.** Relativo ao filho. • *sf*. **2.** Estabelecimento dependente da matriz (3); sucursal. [Pl.: *–ais*.]

fi•li•ar *v.t.d.* **1.** Perfilhar (1). *T.d.i.* **2.** Admitir (em comunidade, sociedade, etc.). **3.** Relacionar, ligar. *P.* **4.** Originar-se. **5.** Entrar em comunidade, sociedade, etc. **6.** Ligar-se. [Conjug.: ① [fili]**ar**]

fi•li•cí•ne:a *sf*. *Bot.* Espécime das filicíneas, classe de pteridófitos que abrange fetos, samambaias e avencas. § **fi•li•cí•ne:o** *adj*.

fi•li•for•me *adj2g.* Delgado como um fio.

fi•li•gra•na *sf*. **1.** Obra de ourivesaria, feita de fios de ouro ou prata delicadamente entrelaçados e soldados. **2.** Marca-d'água.

fi•lis•teu *adj*. **1.** Relativo aos filisteus, povo semita mencionado na Bíblia. • *sm*. **2.** Indivíduo filisteu. **3.** *Fig.* Indivíduo de espírito vulgar, terra-a-terra. [Fem.: *filistéia*.]

fil•ma•do•ra *sf.* Câmera cinematográfica ou de vídeo, de uso amador.

fil•mar *v.t.d.* **1.** Registrar seqüência de imagens em filme (1). **2.** Fazer um filme (2) baseado em (determinado enredo). **3.** *Fig.* Registrar na memória. *Int.* **4.** Fazer filme(s). [Conjug.: ① [film]ar] § **fil•ma•gem** *sf.*

fil•me *sm.* **1.** *Fot. Cin.* Película recoberta por emulsão fotossensível utilizada para registrar imagens. **2.** Obra cinematográfica; fita, película.

fil•mo•te•ca *sf.* Coleção de filmes.

fi•lo *sm. Biol.* Em zoologia, reunião de classes [v. *classe* (5)].

fi•ló *sm.* Tecido transparente, de seda, algodão, etc., tramado em forma de rede.

fi•ló•di:o *sm. Bot.* Pecíolo achatado semelhante à folha.

fi•lo•lo•gi•a *sf.* Estudo da língua em toda a sua amplitude, e dos escritos que a documentam. § **fi•lo•ló•gi•co** *adj.;* **fi•ló•lo•go** *sm.*

fi•lo•so•fal *adj2g.* V. *filosófico.* [Pl.: –*fais.*]

fi•lo•so•far *v.int.* **1.** Raciocinar sobre assuntos filosóficos. **2.** Raciocinar tirando induções. **3.** Meditar. *T.i.* **4.** Argumentar, discutir com sutileza. [Conjug.: ① [filosof]ar]

fi•lo•so•fi•a *sf.* **1.** Estudo que visa a ampliar incessantemente a compreensão da realidade, no sentido de apreendê-la na sua inteireza. **2.** Razão; sabedoria.

fi•lo•só•fi•co *adj.* **1.** Relativo à filosofia, ou à filósofo. **2.** Racional, lógico. [Sin. ger.: *filosofal.*]

fi•ló•so•fo *adj.* **1.** Que cultiva a filosofia. • *sm.* **2.** Aquele que a cultiva. **3.** *Pop.* Aquele que vive indiferente às convenções sociais.

fi•lo•ta•xi•a (cs) *sf.* Parte da botânica que estuda a disposição das folhas no caule.

fil•trar *v.t.d.* **1.** Fazer ou deixar passar (um líquido) por filtro. **2.** Não deixar passar; reter. *T.d.i.* **3.** Escolher, selecionar. *Int.* e *p.* **4.** Passar através, ou como que através, de filtro. [Conjug.: ① [filtr]ar] § **fil•tra•ção** *sf.;* **fil•tra•gem** *sf.*

fil•tro *sm.* **1.** Aparelho que purifica a água. **2.** Tudo que é capaz de filtrar. **3.** Beberagem que, supostamente, desperta o amor na pessoa a quem era ministrada. **4.** *Eletrôn.* Quadripolo capaz de processar sinais elétricos analógicos ou digitais. ♦ **Filtro de linha.** *Eletrôn.* Dispositivo que suprime ruídos e surtos de tensão da rede elétrica.

fim *sm.* **1.** Conclusão; final. **2.** Extremidade; final. **3.** A última parte ou fase de algo; final. **4.** Causa. **5.** Alvo. **6.** Morte (1 e 2). [Pl.: *fins.*] ♦ **Por fim.** V. *enfim.*

fim•bri:a *sf.* Franja, orla.

fi•mo•se *sf. Cir.* Aperto do prepúcio, que impossibilita descobrir a glande.

fi•na•do *adj.* **1.** Que se finou. • *sm.* **2.** Defunto.

fi•nal *adj2g.* **1.** Do fim; último. • *sm.* **2.** Fim (1 a 3). • *sf.* **3.** Prova, ou partida, etc. final em competição. [Pl.: –*nais.*]

fi•na•li•da•de *sf.* Fim a que algo se destina; objetivo, alvo.

fi•na•lís•si•ma *sf.* Final (3) numa competição acirrada.

fi•na•lis•ta *adj2g.* e *s2g.* Diz-se de, ou indivíduo, atleta, equipe, etc., que chega à final (3).

fi•na•li•zar *v.t.d.* **1.** Pôr fim a; concluir. *Int.* **2.** Ter fim; acabar. **3.** *Fut.* Chutar para gol. *P.* **4.** Finalizar (2). [Conjug.: ① [finaliz]ar]

fi•nan•ças *sf.pl.* **1.** Situação financeira. **2.** Os recursos financeiros e econômicos de um país.

fi•nan•cei•ro *adj.* Relativo a finanças.

fi•nan•ci:a•men•to *sm.* **1.** Ato de financiar. **2.** Importância com que se financia alguma coisa.

fi•nan•ci•ar *v.t.d.* **1.** Prover às despesas de; bancar. *T.d.i.* **2.** Dar como financiamento. [Conjug.: ① [financi]ar]

fi•nan•cis•ta *s2g.* Especialista em finanças.

fi•nar-se *v.p.* **1.** Definhar-se. **2.** V. *morrer* (1). [Conjug.: ① [fin]ar[-se]]

fin•ca-pé *sm.* **1.** Ato de fincar o pé com força. **2.** Porfia, pertinácia. [Pl.: *finca-pés.*]

fin•car *v.t.d.* **1.** Cravar, enterrar. *T.d.c.* **2.** Fincar (1). **3.** Enraizar, arraigar. **4.** Pôr, apoiando com força. *T.d.i.* **5.** Fincar (3). **6.** Fitar, fixar. *P.* **7.** Cravar-se. [Conjug.: ⑧ [fin]car]

fin•dar *v.t.d.* **1.** Pôr fim a, ou chegar ao fim de; acabar. *Int.* **2.** Ter fim. [Conjug.: ① [find]ar]

fin•do *adj.* **1.** Que se findou. **2.** Concluído, acabado.

fi•ne•za (ê) *sf.* **1.** Qualidade de fino. **2.** Amabilidade, gentileza.

fin•gir *v.t.d.* **1.** Inventar, fabular. **2.** Aparentar, simular. *Int.* **3.** Ser ou mostrar-se dissimulado, hipócrita. *Pred.* **4.** Simular ser. *P.* **5.** Querer passar por. [Conjug.: ㊺ [fin]gir] § **fin•gi•do** *adj.;* **fin•gi•men•to** *sm.*

fi•ni•to *adj.* Que tem fim.

fin•lan•dês *adj.* **1.** Da Finlândia (Europa). • *sm.* **2.** O natural ou habitante daquele país. **3.** A sua língua.

fi•no *adj.* **1.** Que não é grosso; delgado. **2.** Agudo e vibrante (som, voz). **3.** Delicado, amável. **4.** Esbelto. **5.** De boa qualidade. **6.** Esperto, sagaz. § **fi•nu•ra** *sf.*

fi•nó•ri:o *adj.* e *sm.* Que ou quem é esperto, ladino.

fin•ta *sf.* **1.** Logro. **2.** *Esport.* Drible.

fin•tar *v.t.d.* **1.** Lograr, enganar. **2.** *Fut.* Driblar. [Conjug.: ① [fint]ar]

fi:o *sm.* **1.** Fibra extraída de plantas têxteis. **2.** Linha fiada e torcida. **3.** Enfiada (1). **4.** Porção de metal esticado na fieira (1). **5.** Tênue corrente de líquido. **6.** Encadeamento. **7.** Gume.

fi•or•de *sm.* Golfo estreito e profundo, entre montanhas altas.

fir•ma *sf.* **1.** Assinatura manuscrita ou gravada. **2.** Nome usado pelo comerciante ou industrial no exercício de suas atividades; razão social.

fir•ma•men•to *sm.* Abóbada celeste; céu.

fir•mar *v.t.d.* **1.** Tornar firme, seguro; fixar. **2.** Corroborar. **3.** Combinar, ajustar. **4.** Pôr firma (2) ou assinatura em (documento). **5.** Estabelecer. **6.** Sancionar (lei, decreto). *T.d.c.* **7.** Firmar (1). *T.d.i.* **8.** Basear, fundamentar. *Int.* **9.** Ficar (o tempo) firme. *P.* **10.** Tornar-se firme, estável. **11.** Apoiar-se, amparar-se. [Conjug.: ① [firm]**ar**]

fir•me *adj2g.* **1.** Sólido, seguro, fixo. **2.** Estável. **3.** Inalterável. **4.** Resoluto, decidido. **5.** Que não desbota (cor). § **fir•me•za** (ê) *sf.*

fi•ru•la *sf. Bras.* **1.** Excesso de voltas, de floreios. **2.** *Fut.* Demonstração de domínio da bola.

fis•cal *adj2g.* **1.** Relativo ao fisco. • *s2g.* **2.** Empregado aduaneiro. **3.** Pessoa incumbida de fiscalizar certos atos ou executar certas disposições. [Pl.: *–cais*.]

fis•ca•li•zar *v.t.d.* **1.** Vigiar examinando. **2.** Sindicar (os atos de outrem). *Int.* **3.** Exercer o ofício de fiscal. [Conjug.: ① [fiscaliz]**ar**] § **fis•ca•li•za•ção** *sf.*

fis•co *sm.* Conjunto de órgãos da administração pública, incumbidos da arrecadação e fiscalização de tributos; tesouro; erário.

fi•se•te•rí•de:o *sm. Zool.* Espécime dos fisiterídeos, família de cetáceos providos de dentes e com narina única. São os cachalotes. § **fi•se•te•rí•de:o** *adj.*

fis•ga *sf.* Arpão para pescar. **2.** Fenda (2).

fis•ga•da *sf.* Dor aguda e rápida.

fis•gar *v.t.d.* **1.** Pescar com arpão. **2.** Perceber com rapidez. **3.** Deter (quem se ia escapando). **4.** *Bras. Fam.* Despertar amor em (alguém), conquistá-lo. [Conjug.: ⑪ [fis]**gar**]

fí•si•ca *sf.* Ciência que investiga as propriedades dos campos [v. *campo* (6)] e as propriedades e a estrutura dos sistemas materiais, e suas leis fundamentais.

fi•si•cis•mo *sm. Filos.* Doutrina que afirma ser a linguagem da física, de direito, a linguagem de toda a ciência.

fí•si•co *adj.* **1.** Relativo à física ou às leis da natureza • *sm.* **2.** As qualidades exteriores e materiais do homem. **3.** Compleição (1). **4.** Especialista em física.

fí•si•co-quí•mi•ca *sf.* Ciência que emprega métodos e informações da física e da química para investigar as propriedades de sistemas, relacionando-as a sua estrutura e constituição. [Pl.: *físico-químicas*.]

fí•si•co-quí•mi•co *adj.* Relativo à físico-química. [Pl.: *físico-químicos*.]

fi•si•o•lo•gi•a *sf.* Parte da biologia que investiga as funções orgânicas e processos ou atividades vitais. § **fi•si•o•ló•gi•co** *adj.*; **fi•si•o•lo•gis•ta** *s2g.*

fi•si•o•lo•gis•mo *sm. Bras. Deprec.* Atitude ou prática (de políticos, funcionários públicos, etc.) caracterizada pela busca de ganhos ou vantagens pessoais.

fi•si•o•no•mi•a *sf.* **1.** As feições do rosto; semblante, aspecto, rosto. **2.** Conjunto de caracteres especiais. § **fi•si•o•nô•mi•co** *adj.*

fi•si•o•no•mis•ta *s2g.* Quem grava bem as fisionomias.

fi•si•o•te•ra•pi•a *sf. Med.* Terapia em que se usam agentes e exercícios físicos. § **fi•si•o•te•rá•pi•co** *adj.*

fis•são *sf. Fís.* Reação nuclear, espontânea ou provocada, em que um núcleo atômico, geralmente pesado, se divide em duas partes de massas comparáveis, liberando grande quantidade de energia; fissão nuclear. ♦ **Fissão nuclear.** *Fís.* Fissão. [Pl.: *–sões*.]

fís•sil *adj2g.* Que se pode fender, dividir, espontaneamente ou não (diz-se particularmente de átomos radioativos, como do urânio, plutônio, rádio). [Pl.: *–seis*.]

fís•sí•pe•de *adj2g. Zool.* Que tem os dedos separados, livres.

fis•su•ra *sf.* **1.** Racha ou fenda pouco perceptível. **2.** *Anat.* Nome genérico de fenda ou sulco. **3.** *Med.* Ulceração superficial alongada, ger. dolorosa. **4.** *Med.* Sulco ósseo superficial devido a traumatismo. **5.** *Fig. Bras. Gír.* Forte anseio; sofreguidão.

fis•su•ra•do *adj. Bras. Gír.* **1.** Ávido, sôfrego. **2.** Apaixonado, louco, gamado.

fís•tu•la *sf. Med.* Conduto patológico, de natureza congênita ou não, que comunica dois órgãos, ou um órgão com o meio exterior. § **fis•tu•lo•so** *adj.*

fi•ta *sf.* **1.** Tecido reto e fino, usado para atar, ornamentar, debruar, etc. **2.** V. *filme* (2). **3.** Ato de chamar a atenção com trejeitos e fingimento.

fi•tar *v.t.d.* **1.** Fixar a vista em. **2.** Fixar (a atenção, etc.). *T.d.i.* **3.** Fitar (1). *P.* **4.** Olhar-se mutuamente. [Conjug.: ① [fit]**ar**]

fi•tei•ro *adj.* e *sm.* Diz-se de, ou aquele que faz fita (3).

fi•to¹ *sm.* V. *alvo* (5).

fi•to² *adj.* Cravado, pregado.

fi•to•ben•tos *sm2n. Bot.* O conjunto das plantas aquáticas macroscópicas, bentônicas.

fi•tó•fa•go *adj.* Que se nutre de vegetais.

fi•to•ge:o•gra•fi•a *sf.* Parte da botânica que trata das relações entre a planta e o meio, esp. no que concerne à distribuição destas na Terra.

fi•to•plânc•ton *sm. Bot.* V. *plâncton*. [Pl.: *–tons*.]

fi•to•te•ra•pi•a *sf. Med.* Tratamento mediante o uso de plantas. § **fi•to•te•rá•pi•co** *adj.*

fi•ve•la *sf.* Peça metálica, com uma parte dentada em que se enfia ou prende a presilha de certos vestuários, uma correia, etc.

fi•xa•ção (cs) *sf.* **1.** Ato ou efeito de fixar(-se). **2.** Apego exagerado ou doentio a algo ou a alguém. **3.** O objeto desse apego. [Pl.: *–ções*.]

fi•xa•dor (cs...ô) *adj.* **1.** Que fixa. • *sm.* **2.** Aquilo que fixa. **3.** *Restr.* Líquido com que se fixa o penteado.

fi•xar (cs) *v.t.d.* **1.** Pregar em algum lugar. **2.** Tornar firme, estável. **3.** Fitar (1). **4.** Determinar. **5.** Assentar, estabelecer. **6.** Reter na memória. *T.d.i.* **7.** Fixar (3). *T.d.c.* **8.** Fixar (1 e 5). *P.* **9.** Tornar-se firme. **10.** Aplicar toda a atenção. **11.** Estabelecer residência. **12.** Ter fixação (2) por. [Conjug.: ⊡ [fix]**ar**] § **fi•xá•vel** (cs) *adj2g.*

fi•xo (cs) *adj.* **1.** Que está pegado e preso a um corpo imóvel. **2.** Voltado para alguém ou algo sem se desviar. **3.** Seguro, estável. **4.** Imóvel. **5.** Constante (1). **6.** Que não desbota (cor). § **fi•xi•dez** (cs...ê) *sf.*

flá•ci•do *adj.* **1.** Mole, lânguido. **2.** Adiposo. **3.** Sem elasticidade; frouxo. § **fla•ci•dez** (ê) *sf.*

fla•ge•la•ção *sf.* **1.** Ato ou efeito de flagelar(-se). **2.** Tortura. **3.** Sofrimento. [Pl.: *–ções*.]

fla•ge•la•do¹ *adj . Zool.* Provido de flagelo².

fla•ge•la•do² *adj . e sm.* **1.** Que(m) foi atingido por flagelo¹ (3). **2.** Que(m) sofreu flagelação.

fla•ge•lar *v.t.d.* **1.** Bater com flagelo¹ (1) em; açoitar. **2.** Afligir, torturar. *P.* **3.** Mortificar-se. [Conjug.: ⊡ [flagel]**ar**]

fla•ge•lo¹ *sm .* **1.** Chicote para açoitar. **2.** Tortura, suplício. **3.** Calamidade pública.

fla•ge•lo² *sm . Zool.* Organela locomotora dos protozoários.

fla•gra *sm. Bras. Gír.* Flagrante (3).

fla•gran•te *adj2g.* **1.** Manifesto, patente. **2.** Diz-se do ato que a pessoa é surpreendida a praticar. • *sm.* **3.** Ato flagrante (2). **4.** Comprovação ou documentação de flagrante (3). [Cf. *fragrante*.]

fla•grar *v.t.d. Bras. Pop.* **1.** Apanhar em flagrante (3). **2.** Fazer o flagrante (4) de. [Conjug.: ⊡ [flagr]**ar**]

fla•ma *sf.* **1.** Chama, labareda. **2.** Calor, ardor. **3.** Vivacidade.

fla•man•te *adj2g.* **1.** Flamejante. **2.** De cor viva.

fla•mar *v.t.d.* Desinfetar por meio de chamas rápidas, queimando álcool; flambar. [Conjug.: ⊡ [flam]**ar**]

flam•bar *v.t.d.* **1.** Flamar. **2.** *Cul.* Pôr bebida alcoólica sobre (alimento), ateando-lhe fogo em seguida. [Conjug.: ⊡ [flamb]**ar**] § **flam•ba•do** *adj.*; **flam•ba•gem** *sf.*

flam•bo:ai•ã *sm. Bot.* Árvore florífera das leguminosas, das regiões tropicais.

fla•me•jan•te *adj2g.* **1.** Que flameja; flamante. **2.** Vistoso.

fla•me•jar *v.int.* **1.** Lançar flamas ou chamas. **2.** Brilhar como a chama. *T.d.* **3.** Lançar à maneira de chamas. [Conjug.: ⊡ [flamej]**ar**. Norm. é defect., conjugável só nas 3ªs pess.]

fla•men•go *adj.* **1.** De Flandres (França e Bélgica). • *sm.* **2.** O natural ou habitante de Flandres. **3.** A língua de lá.

flâ•mu•la *sf.* **1.** Pequena chama. **2.** Bandeirola estreita e pontiaguda.

fla•nar *v.int. Gal.* Passear ociosamente. [Conjug.: ⊡ [flan]**ar**]

flan•co *sm.* **1.** Lado de um exército ou de um corpo de tropas. **2.** *Anat.* Cada uma das duas regiões laterais abdominais abaixo de hipocôndrio e acima de ílio. **3.** Parte lateral de qualquer objeto; lado.

flan•dres *sm2n.* F. red. de *folha-de-flandres*.

fla•ne•la *sf.* Certo tecido de lã.

flan•que•ar *v.t.d.* **1.** Atacar de flanco. **2.** Marchar ao lado de, paralelamente. **3.** Defender (por todos os flancos). [Conjug.: ⑩ [flanque]**ar**]

⇨ **flash** (flésh) [Ingl.] *sm.* **1.** Clarão (1) ou dispositivo que o produz, usado geralmente em fotografia. **2.** *Cin. Telev.* Cena curtíssima. **3.** *Jorn.* Informação dada de forma sucinta, com prioridade, interrompendo a programação normal de uma emissora.

fla•to *sm.* Flatulência (1).

fla•tu•lên•ci:a *sf.* **1.** Acúmulo de gases no tubo digestivo; flato. **2.** *Fig.* Bazófia, vanglória.

flau•ta *sf.* **1.** Instrumento musical de sopro, de tubo aberto, com orifícios, e de embocadura livre. **2.** *Bras.* Vadiação. [Var.: *frauta*.]

flau•te•ar *v.int.* **1.** Tocar flauta. **2.** *Bras.* Viver na flauta; vadiar. *T.d.* **3.** *Bras.* Zombar de. [Conjug.: ⑩ [flaut]**ear**]

flau•tim *sm.* Instrumento musical de sopro, menor e mais fino que a flauta. [Pl.: *–tins*.]

flau•tis•ta *s2g.* Tocador de flauta.

fle•bi•te *sf.* Inflamação de veia(s).

fle•cha *sf.* **1.** Haste de madeira ou metal, com ponta aguda, e que se arremessa por meio de arco ou besta; seta. **2.** Extremidade piramidal ou cônica de uma torre. **3.** *Eng. Elétr. Eng. Mec.* Deflexão de um cabo, formando uma catenária, e resultante de esforços nos seus extremos, de seu próprio peso, de sobrecarga eventual devida à formação de gelo (região de clima frio), e de derivação para outras ligações. [Var.: *frecha*.]

fle•cha•da *sf.* Golpe ou ferimento de flecha (1). [Var.: *frechada*.]

fle•char *v.t.d.* **1.** Ferir com flecha (1). **2.** *Fig.* Magoar. *T.c.* **3.** Correr em direção a. [Var.: *frechar*. Conjug.: ⊡ [flech]**ar**. Nas f. rizotônicas tem o *e* aberto]

flec•tir ou **fle•tir** *v.t.d.* **1.** Vergar, dobrar; flexionar. *Int.* e *p.* **2.** Dobrar(-se), flexionar(-se). [Conjug.: ⟦53⟧ [fl]e[(c)t]**ir**]

flei•mão ou **fleg•mão** *sm. Med.* Inflamação do tecido conjuntivo. [Pl.: *-mões.*]

fler•tar *v.int.* e *t.i.* Namorar por pouco tempo. [Conjug.: ⟦1⟧ [flert]**ar**]

fler•te (êr) *sm.* Namoro superficial, sem conseqüência.

fleu•ma ou **fleg•ma** (ê) *sf.* **1.** Frieza de ânimo, impassibilidade. **2.** Pachorra. **3.** *Med.* Secreção mucosa viscosa.

fleu•má•ti•co ou **fleg•má•ti•co** *adj. Med.* Que tem fleuma.

fle•xão (cs) *sf.* **1.** Ato de flectir; curvatura. **2.** *Gram.* Variante das desinências nas palavras declináveis e conjugáveis. **3.** Movimento pelo qual parte do membro se dobra sobre outra situada acima dele. [Pl.: *-xões.*]

fle•xi•bi•li•zar (cs) *v.t.d.* e *p.* Tornar(-se) flexível. [Conjug.: ⟦1⟧ [flexibiliz]**ar**]

fle•xi•o•nar (cs) *v.t.d.* **1.** Fazer a flexão (2) de. **2.** Flectir (1). *Int.* e *p.* **3.** Flectir (2). **4.** Assumir flexão (2). [Conjug.: ⟦1⟧ [flexion]**ar**]

fle•xí•vel (cs) *adj2g.* **1.** Que se pode dobrar ou curvar. **2.** Elástico. **3.** Fácil de manejar; maleável. **4.** Dócil, submisso. [Pl.: *-veis.*] § **fle•xi•bi•li•da•de** (cs) *sf.*

fle•xo•gra•fi•a (cs) *sf.* Sistema de impressão que utiliza fôrma moldada em plástico ou borracha. § **flo**xo giá fi co (aa) *adj.*

fli•pe•ra•ma *sm.* **1.** Máquina eletrônica de jogo, acionada por ficha. **2.** Estabelecimento onde há vários tipos dessa máquina.

flo•co *sm.* **1.** Partícula de neve que esvoaça e cai lentamente. **2.** Conjunto de filamentos que esvoaçam ao sopro da aragem.

fló•cu•lo *sm.* Pequeno floco.

flor (ô) *sf.* **1.** *Bot.* O órgão reprodutor das angiospermas, e que, ger., tem cores vivas e cheiro agradável. **2.** Planta que dá flores. **3.** A parte mais fina de uma substância. **4.** Elite, escol. **5.** Pessoa bela e/ou boa.

flo•ra *sf.* **1.** O conjunto das espécies vegetais duma região. **2.** *Bras.* Loja de flores.

flo•ra•da *sf.* Abertura geral das flores de uma planta, ou de muitas.

flo•ral *adj2g.* **1.** Relativo à flor (1) ou à flora. **2.** Que contém só flores. [Pl.: *-rais.*]

flo•rão *sm.* Ornato circular, do feitio de flor, no centro de teto, abóbada, etc. [Pl.: *-rões.*]

flor-das-pe•dras *sf. Zool.* V. *anêmona-do-mar.* [Pl.: *flores-das-pedras.*]

flor-de-lis *sf.* **1.** *Zool.* Planta bulbosa, amarilidácea, florífera. **2.** Ornamento heráldico em forma de um lírio estilizado. [Pl.: *flores-de-lis.*]

flo•re•a•do *adj.* **1.** Cheio de floreios. **2.** Adornado. • *sm.* **3.** Enfeite. **4.** Variação caprichosa, em música.

flo•re•ar *v.t.d.* **1.** V. *florir* (2 e 3). **2.** Ornar com imagens literárias ou artísticas. **3.** Manejar com destreza (arma branca). [Conjug.: ⟦10⟧ [flor]**ear**]

flo•rei•o *sm.* **1.** Ato de florear. **2.** Ornatos exagerados.

flo•rei•ra *sf.* Vaso ou jarra para flores.

flo•ren•ti•no *adj.* **1.** De Florença (Itália). • *sm.* **2.** O natural ou habitante de Florença.

flo•res•cer *v.int.* **1.** Florir (4). **2.** Prosperar, desenvolver-se. *T.d.* **3.** Cobrir de flores; florir. [Conjug.: ⟦34⟧ [flores]**cer**] § **flo•res•cen•te** *adj2g.*

flo•res•ta *sf.* Vasta extensão de terreno coberta de árvores grandes, e cujas copas se tocam.

flo•res•tal *adj2g.* De, ou próprio de floresta. [Pl.: *-tais.*]

flo•re•te (ê) *sm.* Arma branca, usada na esgrima, e composta de cabo e haste metálica pontiaguda.

flo•ri•a•no•po•li•ta•no *adj.* **1.** De Florianópolis, capital de SC. • *s2g.* **2.** O natural ou habitante de Florianópolis.

flo•ri•cul•tor (ô) *sm.* Aquele que pratica a floricultura.

flo•ri•cul•tu•ra *sf.* Arte de cultivar flores.

flo•ri•do *adj.* **1.** Em flor; coberto de flores. **2.** Adornado de flores.

fló•ri•do *adj.* Brilhante, esplêndido.

flo•rí•fe•ro *adj.* Que produz flores.

flo•ri•lé•gio *sm.* V. *antologia.*

flo•rir *v.t.d.* **1.** Florescer (3). **2.** Adornar com flores; florear. **3.** Enfeitar, adornar; florear. *Int.* **4.** Dar flores ou estar em flor; florescer. **5.** Desabrochar, desenvolver-se. [Conjug.: ⟦58⟧ [flor]**ir**]

flo•ris•ta *s2g.* **1.** Comerciante de flores. **2.** Fabricante de flores artificiais.

flo•ti•lha *sf.* Frota pequena. **2.** Agrupamento de pequenos navios (de guerra ou de pesca).

flu•en•te *adj2g.* **1.** Que corre facilmente; corrente. **2.** Fluido (2). **3.** Espontâneo. § **flu•ên•ci:a** *sf.*

flu:i•dez (ê) *sf.* Qualidade do que é fluido.

flu:i•di•fi•car *v .t.d.* e *p.* Tornar(-se) fluido. [Conjug.: ⟦8⟧ [fluidifi]**car**] § **flu:i•di•fi•ca•ção** *sf.*

flu:i•do *adj.* **1.** Diz-se das substâncias líquidas ou gasosas. **2.** Que corre ou se expande à maneira de líquido ou gás; fluente. **3.** Frouxo, brando. • *sm.* **4.** Corpo (líquido ou gasoso) que toma a forma do recipiente em que está.

flu•ir *v.int.* **1.** Correr em estado líquido. **2.** Dirigir-se. **3.** Decorrer (tempo). **4.** Circular (o trânsito). *T. c.* **5.** Fluir (2). *T.i.* **6.** Proceder, provir. [Conjug.: ⟦49⟧ [fl]**uir**]

flu•mi•nen•se *adj2g.* **1.** Do RJ. • *s2g.* **2.** O natural ou habitante desse estado.

flú•or *sm. Quím.* V. *halogênio* [símb.: *F*].

flu:o•rar *v.t.d.* **1.** Adicionar flúor a. **2.** *P. ext.* Adicionar fluoreto a. [A água é fluorada com fluoreto, e não com flúor.] [Conjug.: ☐ [fluor]**ar**]

flu:o•res•cên•ci:a *sf.* Luminescência provocada pela conversão, em corpo, dalguma forma de energia em radiação visível. **§ flu:o•res•cen•te** *adj2g.*

flu:o•re•to (ê) *sm.* **1.** *Quím.* Ânion constituído por um átomo de flúor com carga negativa unitária. **2.** Qualquer dos compostos em que ocorre o fluoreto (1), como o fluoreto de sódio.

flu•tu•an•te *adj2g.* **1.** Que flutua. **2.** *Eletrôn.* Diz-se de circuito, ou de dispositivo, que não tem nenhum terminal ligado ao potencial de terra (6). • *sm.* **3.** Qualquer plataforma flutuante onde atracam embarcações.

flu•tu•ar *v.int.* **1.** Conservar-se à superfície dum líquido; boiar. **2.** Agitar-se ao vento. **3.** Permanecer no ar; pairar. **4.** Oscilar (moeda) em sua cotação. **5.** *Fig.* Vaguear, errar. [Conjug.: ☐ [flutu]**ar**] **§ flu•tu•a•ção** *sf.*; **flu•tu•a•dor** (ô) *adj.* e *sm.*

flu•vi•al *adj2g.* Relativo a, ou próprio de rios, ou que neles vive. [Pl.: *–ais.*]

flu•xo (cs) *sm.* **1.** Ato ou modo de fluir. **2.** Corrente, curso de fluido em um conduto, de tráfego numa rua, etc. **3.** *Fís.* Num campo vetorial, integral do produto escalar do vetor associado a cada ponto pelo vetor de um elemento infinitesimal de área que contenha o ponto. **4.** *Fís.* Energia transportada por uma radiação eletromagnética através de uma área por unidade de tempo. **5.** *Fís.* Número de partículas que atravessam uma área por unidade de tempo. ◆ **Fluxo de indução magnética.** *Fís.* Fluxo magnético. **Fluxo magnético.** *Fís.* Integral de área do vetor indução magnética; fluxo de indução magnética.

flu•xo•gra•ma (cs) *sm.* Representação gráfica, por meio de símbolos geométricos, da solução algorítmica de um problema, de uma seqüência de operações e movimentos, etc.

❏ **Fm** *Quím.* Símb. do *férmio.*

fo•bi•a *sf.* **1.** Medo mórbido. **2.** Aversão.

fo•ca *sf. Zool.* Mamífero focídeo encontrado em todos os oceanos, esp. nas altas latitudes.

fo•cal *adj2g.* Relativo a foco. [Pl.: *–cais.*]

fo•ca•li•zar *v.t.d.* **1.** *Ópt.* Ajustar ou arrumar (um sistema óptico) de modo que forme imagens nítidas. **2.** Pôr em foco; salientar. [Sin. ger.: *enfocar* e *focar.*] [Conjug.: ☐ [focaliz]**ar**]

fo•car *v.t.d.* V. focalizar. [Conjug.: ☒ [fo]**car**]

fo•cí•de:o *sm. Zool.* Espécime dos focídeos, família de mamíferos carnívoros, aquáticos, desprovidos de orelhas, e cujos membros posteriores são impróprios à locomoção em terra. Ex.: as focas. **§ fo•cí•de:o** *adj.*

fo•ci•nhei•ra *sf.* **1.** Focinho de porco (1). **2.** Correia que cinge o focinho do animal.

fo•ci•nho *sm.* **1.** Parte anterior, saliente, da cabeça de certos animais, em que ficam nariz e boca. **2.** *Pop.* Cara (1).

fo•co *sm.* **1.** *Ópt.* Ponto (8) para onde converge, ou donde diverge, um feixe de raios luminosos paralelos, após atravessar uma lente. **2.** Ponto (8) de convergência. **3.** *Med.* Ponto (8) de infecção, em certas moléstias microbianas.

fo•fo (ô) *adj.* **1.** Leve e que facilmente cede à pressão; mole, macio. **2.** Enfatuado, afetado.

fo•fo•ca *sf. Bras. Pop.* Mexerico, intriga.

fo•fo•car *v.int. Bras. Pop.* Fazer fofoca. [Conjug.: ☒ [fofo]**car**]

fo•ga•cho *sm.* **1.** Labareda ou chama pequena. **2.** Sensação de calor que vem à face.

fo•ga•gem *sf. Pop.* Nome comum a vários distúrbios cutâneos e de mucosa. [Pl.: *–gens.*]

fo•gão *sm.* **1.** Caixa de ferro ou de alvenaria, com fornalha e chaminé, para cozinhar. **2.** V. *lareira* (2). [Pl.: *–gões.*]

fo•ga•rei•ro *sm.* Pequeno fogão portátil, de barro ou de ferro, para cozinhar ou aquecer.

fo•ga•réu *sm.* Fogo que se expande em labaredas.

fo•go (ô) *sm.* **1.** Desenvolvimento simultâneo de calor e luz, que é produto da combustão de matérias inflamáveis. **2.** Incêndio (2). **3.** Descarga de arma. **4.** Clarão intenso. **5.** Na Antiguidade, um dos quatro elementos (sendo os outros a água, a terra e o ar). [Pl.: *fogos* (ó).] ◆ **Estar de fogo.** *Bras. Gír.* Estar bêbedo.

fo•go-fá•tu:o *sm.* Inflamação espontânea de gases emanados das sepulturas e de pântanos. [Sin., bras. pop.: *boitatá.* Pl.: *fogos-fátuos.*]

fo•gos (ó) *sm.pl.* Foguetes [v. *foguete* (1)].

fo•go-sel•va•gem *sm . Med.* Dermopatia crônica, potencialmente letal. [Pl.: *fogos-selvagens.*]

fo•go•so (ô) *adj.* **1.** Que tem fogo ou calor; ardoroso. **2.** Impetuoso. **3.** Irrequieto. [Pl.: *–gosos* (ó).]

fo•guei•ra *sf.* Lenha ou outra matéria combustível empilhada, à qual se lança fogo.

fo•gue•ta•da *sf.* **1.** Foguetório (2). **2.** *Fig.* Descompostura.

fo•gue•te (ê) *sm.* **1.** Engenho pirotécnico que estoura no ar, usado em ocasiões festivas; rojão, fogos. **2.** Elemento motor usado em projetis, mísseis, etc. **3.** *Astron.* Veículo espacial que utiliza propulsão a reação.

fo•gue•tei•ro *sm.* **1.** Fabricante de foguetes [v. *foguete* (1)]. **2.** *Fig.* V. *mentiroso* (1).

fo•gue•tó•ri:o *sm.* **1.** Festa com muitos foguetes [v. *foguete* (1)]. **2.** *Fig.* Estampido de foguetes; foguetada.

fo•guis•ta *s2g. Bras.* O encarregado das fornalhas nas máquinas a vapor.

foi•ça•da *sf.* Golpe de foice.

foi•çar *v.t.d.* Cortar com foice; ceifar. [Conjug.: ⑨ [foi]**çar**]

foi•ce *sf.* Instrumento para ceifar.

fol•clo•re (ó) *sm.* O conjunto ou estudo das tradições, conhecimentos ou crenças de um povo, expressos em suas lendas, canções e costumes. § **fol•cló•ri•co** *adj.*; **fol•clo•ris•ta** *s2g.*

fo•le *sm.* Utensílio que produz vento, para ativar uma combustão ou limpar cavidades.

fô•le•go (ê) *sm.* 1. Capacidade de reter o ar nos pulmões. 2. Ânimo, coragem.

fol•ga *sf.* 1. Interrupção de atividade para descanso ou recreação. 2. O período dessa interrupção. 3. Desafogo.

fol•ga•do *adj.* 1. Que tem folga. 2. Largo (3). 3. Despreocupado. 4. *Bras. Fam.* Confiado (2). 5. *Bras. Fam.* Que se esquiva ao trabalho. • *sm.* 6. Indivíduo folgado (4 e 5).

fol•gan•ça *sf.* 1. Folga, descanso. 2. Festa, divertimento; folguedo.

fol•gar *v.t.d.* 1. Dar folga ou descanso a. 2. Tornar largo; desajustar. *T.d.i.* 3. Aliviar, livrar. *T.i.* 4. Ter alívio (em cuidados, trabalhos). 5. Alegrar-se. 6. *Bras. Pop.* Agir com abuso ou com atrevimento (com alguém). *Int.* 7. Ter folga ou descanso. 8. Ter prazer ou lazer. [Conjug.: ⑪ [fol]**gar**]

fol•ga•zão *adj.* e *sm.* 1. Que ou aquele que gosta de folgar, de divertir-se. 2. Brincalhão. [Fem.: *folgazona*. Pl.: *–zões*.]

fol•gue•do (ê) *sm.* V. *folgança* (2).

fo•lha (ô) *sf.* 1. *Bot.* Órgão laminar, ger. verde, de planta, e que é o principal órgão da fotossíntese. 2. Representação ou imitação da folha (1). 3. Pedaço de papel de determinado formato, espessura ou cor. 4. Cada uma das unidades materiais de que se compõe um livro, revista, etc., cujas faces têm o nome de *página*. 5. Parte móvel de janela ou de porta. ◆ **Folha corrida**. Certidão (1) por meio da qual se atesta ausência de antecedentes criminais.

fo•lha-de-flan•dres *sf.* Folha de ferro estanhado, usada no fabrico de muitos utensílios; lata. [F. red.: *flandres*. Pl.: *folhas-de-flandres*.]

fo•lha•gem *sf.* 1. O conjunto das folhas duma planta. 2. Ornato que imita folhas ou flores. [Pl.: *–gens*.]

fo•lhe•a•do *adj.* Formado por folhas, ou relativo a elas.

fo•lhe•ar *v.t.d.* 1. Volver as folhas de (livro, revista, etc.); manusear. 2. Ler apressadamente, ou sem atenção, as folhas de. 3. Consultar, estudar. [Conjug.: ⑩ [folh]**ear**]

fo•lhe•tim *sm.* 1. Seção literária dum periódico, que ocupa, em regra, a parte inferior duma página; gazetilha. 2. Fragmento de romance publicado dia a dia num jornal. [Pl.: *–tins*.]

fo•lhe•ti•nes•co (ê) *adj.* 1. Próprio de folhetim. 2. Cheio de lances, de aventuras (fato, história, etc.).

fo•lhe•ti•nis•ta *s2g.* Pessoa que escreve folhetins.

fo•lhe•to (ê) *sm.* Publicação não periódica, de poucas folhas, com capa ou sem ela.

fo•lhi•nha *sf.* Folha com o calendário impresso.

fo•lho•so (ó) *sm.* O terceiro estômago dos ruminantes. [Pl.: *–lhosos* (ó).]

fo•lhu•do *adj.* Cheio de folhas.

fo•li•a *sf.* Folgança ruidosa; pândega.

fo•li•á•ce•o *adj.* Semelhante a folha (1).

fo•li•ão *sm.* Indivíduo amigo da folia. [Fem.: *foliona*. Pl.: *–ões*.]

fo•li•ar *v.int.* Andar em folias. [Conjug.: ① [foli]**ar**]

fo•lí•cu•lo *sm* . *Anat.* Nome genérico de formação saciforme, ou glândula, com função secretora ou excretora.

fó•li•o *sm* . *Edit.* Número que indica a paginação de uma publicação impressa.

fo•lí:o•lo *sm. Bot.* Cada uma das partes da folha composta.

fo•me *sf.* 1. Grande apetite de alimentos. 2. Míngua de víveres. 3. Avidez.

fo•men•tar *v.t.d.* 1. Promover o desenvolvimento de; estimular. 2. Excitar, incitar. 3. Friccionar (a pele) com um medicamento líquido. [Conjug.: ① [foment]**ar**] § **fo•men•ta•ção** *sf.*

fo•men•to *sm.* 1. Ato ou efeito de fomentar. 2. Medicamento para fomentar (3). 3. Lenitivo, refrigério. 4. Estímulo. ◆ **Fomento mercantil**. *Econ.* Sistema pelo qual um produtor transfere os créditos resultantes de suas vendas a uma empresa especializada, que assume as despesas de cobrança e os riscos de não pagamento; *factoring*.

fo•na•ção *sf* . *Fisiol.* Produção da voz. [Pl.: *–ções*.]

fo•na•do *adj.* Diz-se de mensagem passada pelo telefone.

fo•na•dor (ô) *adj. Gram.* Que produz a voz.

fo•ne *sm. Bras.* A peça do aparelho telefônico que se leva ao ouvido.

fo•ne•ma *sm. Gram.* Unidade mínima distintiva no sistema sonoro de uma língua.

fo•né•ti•ca *sf. Gram.* Estudo dos sons da fala, esp. no que diz respeito à sua produção, transmissão e recepção.

fo•né•ti•co *adj.* Relativo a fonema ou à fonética.

fo•ni•a•tri•a *sf.* Parte da medicina que se ocupa das perturbações da fonação e de seu tratamento.

fo•nó•gra•fo *sm.* Aparelho que reproduz os sons gravados em discos sob a forma de sulcos espiralados; gramofone. § **fo•no•grá•fi•co** *adj.*

fo•no•gra•ma *sf.* **1.** Sinal gráfico que representa um som. **2.** *Bras.* Telegrama fonado.

fo•no•lo•gi•a *sf. Gram.* Estudo dos sons da linguagem.

fô•non *sm. Fís.* Partícula hipotética, importante no tratamento teórico da condutividade térmica nos sólidos.

fon•ta•ne•la *sf. Anat.* Espaço membranoso que os fetos e as crianças muito novas têm no crânio; moleira.

fon•te *sf.* **1.** Nascente de água. **2.** Chafariz. **3.** Origem, causa. **4.** Documento (ou pessoa) de que(m) se obtém informação. **5.** *Anat.* Cada um dos lados da cabeça que formam a região temporal. **6.** *Eng. Elétr.* Circuito capaz de fornecer energia elétrica, em condições controladas, a outro circuito; fonte de alimentação. **7.** *Eletrôn.* Eletrodo de um transistor de efeito de campo que fornece cargas (elétrons ou buracos) ao canal (8). ♦ **Fonte de alimentação.** *Eng. Elétr.* Fonte (6).

fo•ra *adv.* **1.** Na parte exterior. **2.** Noutro lugar que não sua casa. **3.** No estrangeiro. • *prep.* **4.** Sem contar com; afora. • *interj.* **5.** V. *irra.* ♦ **Dar o fora.** *Bras. Pop.* Ir embora; afastar-se.

fo•ra-da-lei *adj2g2n.* e *s2g2n.* V. *marginal* (2 e 3).

fo•ra•gir-se *v.p.* Esconder-se, homiziar-se. [Conjug.: 45 [fora]**gir**[-se]] § **fo•ra•gi•do** *adj.* e *sm.*

fo•ra•mi•ní•fero *sm. Zool.* Espécime dos foraminíferos, ordem de protozoários, ger. marinhos, cujo corpo tem pseudópodes finos, ramificados, dentro de uma carapaça calcária. § **fo•ra•mi•ní•fe•ro** *adj.*

fo•ras•tei•ro *adj.* e *sm.* Que ou quem é de fora; estrangeiro, adventício, ádvena.

for•ca (ô) *sf.* Instrumento para o suplício de estrangulação ou enforcamento.

for•ça (ô) *sf.* **1.** Saúde física; vigor. **2.** Energia física ou moral. **3.** Esforço necessário para fazer algo. **4.** Ação de obrigar alguém a fazer algo; violência. **5.** Influência, prestígio. **6.** Energia elétrica. **7.** *Fís.* Todo agente capaz de atribuir aceleração a um corpo. **8.** Conjunto de tropas, navios ou aeronaves, para fins operantes ou administrativos. ♦ **Força de trabalho.** *Econ.* Total de pessoas disponíveis para exercer atividades produtivas, e que abrange os ocupados e os que estejam buscando ocupação; população economicamente ativa. **Força eletromotriz.** *Eletr.* Tensão elétrica entre os terminais de uma fonte de energia elétrica que está funcionando em condições de reversibilidade. [Abrev.: *f.e.m.*]

for•ca•do *sm.* Instrumento de lavoura: haste terminada em duas ou três pontas; garfo.

for•ça•do *adj.* **1.** Obrigado, compelido. **2.** Não natural; contrafeito. • *sm.* **3.** Indivíduo condenado a trabalhos forçados; grilheta.

for•çar *v.t.d.* **1.** Obter por força. **2.** Entrar à força em. **3.** Violentar, estuprar. **4.** Arrombar. **5.** Submeter a esforço excessivo. *T.d.i.* **6.** Constranger, obrigar. *P.* **7.** Obrigar-se a; constranger-se. [Conjug.: 9 [for]**çar**]

for•ce•jar *v.t.i.* **1.** Empregar esforços. **2.** Lutar. [Conjug.: 1 [forcej]**ar**]

fór•ceps *sm2n.* Tenaz ou pinça cirúrgica usada para extrair do útero a criança.

for•ço•so (ô) *adj.* Inevitável, necessário. [Pl.: –*çosos* (ó).]

for•çu•do *adj.* Diz-se daquele que tem muita força; forte.

fo•rei•ro *sm.* O que faz uso dum prédio e percebe os lucros relativos a ele, pagando foro ao senhorio direto.

fo•ren•se *adj2g.* Relativo ao foro judicial.

for•ja *sf.* **1.** Conjunto de fornalha, fole, bigorna, que usam no seu ofício os que trabalham em metal. **2.** Oficina de ferreiro.

for•jar *v.t.d.* **1.** Aquecer e trabalhar na forja. **2.** Fabricar, fazer. **3.** Inventar. **4.** Falsificar. [Conjug.: 1 [forj]**ar**]

for•ma *sf.* **1.** Os limites exteriores da matéria de que se constitui um corpo, e que a este conferem configuração particular. **2.** Ser ou objeto cuja natureza e aspecto não se podem precisar. **3.** Modo variável por que uma idéia, acontecimento, ação, se apresenta. **4.** Maneira, modo. **5.** Tipo determinado sob cujo modelo se faz algo. **6.** Estado, condição. **7.** Boa aparência, ou bom estado físico. **8.** Alinhamento, fila. **9.** O modo de expressão que o artista adota na criação ou composição duma obra, usando os elementos adequados à sua arte. ♦ **Forma paralela.** *Gram.* A que, na língua, coexiste com outra, sem dela provir.

fôr•ma *sf.* **1.** Modelo oco onde se põe metal derretido, material em estado plástico, vidro ou qualquer líquido que, solidificando-se, tomará a forma desejada; molde. **2.** Peça que imita o pé, usada no fabrico de calçados. **3.** Vasilha em que se assam bolos, etc. **4.** *Art. Gráf.* Base que contém zona impressora com imagem a ser transferida, direta ou indiretamente, para papel ou outra superfície; matriz. [A grafia oficial desta palavra é *forma*.]

for•ma•ção *sf.* **1.** Ato, efeito ou modo de formar. **2.** Constituição, caráter. **3.** Modo por que se constituiu uma mentalidade, um caráter. **4.** O conjunto dos elementos que constituem um corpo de tropas. **5.** Conjunto de aviões em vôo, de navios de guerra em operação, etc. **6.** *Anat.* Nome genérico de estrutura (3) ou parte dela, e que tem aspecto definido. [Pl.: –*ções*.]

for•mal *adj2g.* **1.** Relativo a forma. **2.** Evidente, manifesto. **3.** Genuíno. **4.** Convencional. [Pl.: –*mais*.]

for•mal•de•í•do *sm. Quím.* Aldeído gasoso com somente um átomo de carbono [fórm.: HCHO], normalmente empregado em solução aquosa [v. *formol*]; aldeído fórmico.

for•ma•li•da•de *sf.* 1. Aquilo que é de praxe. 2. V. *etiqueta* (2).

for•ma•lis•mo *sm.* 1. Respeito exagerado e meticuloso a normas, regras ou modelos. 2. Tendência artística que privilegia os aspectos formais em vez do conteúdo.

for•ma•li•zar *v.t.d.* 1. Dar forma a; formar. 2. Realizar segundo fórmulas ou formalidades. *P.* 3. Mostrar-se ofendido ou escandalizado. [Conjug.: ① [formaliz]ar]

for•ma•mi•da *sf. Quím.* A mais simples das amidas orgânicas [fórm.: HC(=O)NH₂].

for•man•do *sm. Bras.* Aquele que está prestes a formar-se, a concluir um curso.

for•mão *sm.* Utensílio com uma extremidade chata e cortante, e outra embutida em cabo. [Pl.: *-mões.*]

for•mar *v.t.d.* 1. Dar a forma a (algo). 2. Ter a forma de. 3. Conceber, imaginar. 4. Pôr em ordem, em linha. 5. Educar. 6. Fabricar, fazer. 7. Constituir. *Int.* 8. Dispor-se em ordem, alinhando-se (tropas). *P.* 9. Tomar forma. 10. Concluir curso universitário, etc. [Conjug.: ① [form]ar] § for•ma•dor (ó) *adj. e sm.*

for•ma•ta•ção *sf.* 1. Ato ou efeito de formatar. 2. *Inform.* Padrão de organização de disco magnético ou outro meio similar de armazenamento. 3. A disposição espacial dos elementos visuais de um documento (texto, imagens, etc.). [Pl.: *-ções.*]

for•ma•tar *v.t.d.* 1. *Inform.* Estabelecer a forma de disposição dos dados em (arquivo ou registro). 2. *Inform.* Preparar (meio de armazenamento magnético) para receber dados. 3. *Inform.* Especificar a disposição dos elementos na tela do computador, ou em documento a ser impresso por meio dele. 4. Determinar o formato (4) de. [Conjug.: ① [format]ar]

for•ma•ti•vo *adj.* Que dá forma a alguma coisa.

for•ma•to *sm.* 1. Feitio, forma. 2. Tamanho de folha, livro, anúncio, etc. 3. *Inform.* Conjunto de características específicas de estruturação, codificação, organização ou apresentação de dados. 4. *Rád. Telev.* Estrutura ou forma de apresentação de programa de TV ou de rádio, seminário, etc.

for•ma•tu•ra *sf.* 1. Ato ou efeito de formar(-se). 2. Graduação universitária, ou em outros cursos.

for•mi•a•to *sm . Quím.* Qualquer éster ou sal do ácido fórmico.

fór•mi•ca *sf.* Nome comercial de material laminado, recoberto de resina artificial, usado especialmente para revestimentos.

for•mi•ci•da *sm. Bras.* Preparado químico para matar formigas.

for•mi•cí•de•o *sm. Zool.* Espécime dos formicídeos, família de insetos himenópteros, sociais, que inclui espécies predadoras. § for•mi•cí•de:o *adj.*

fór•mi•co *adj. Quím.* Diz-se do ácido carboxílico de um átomo de carbono [fórm.: HC(=O)OH], encontrado no veneno das formigas e, tb., de certas substâncias derivadas desse ácido, como, p. ex., o aldeído fórmico.

for•mi•dá•vel *adj2g.* 1. Descomunal, colossal. 2. Terrível, pavoroso. 3. Que desperta admiração, entusiasmo, etc. 4. *Bras.* Muito bom, ou bonito, etc. [Pl.: *-veis.*]

for•mi•ga *sf.* 1. *Zool.* Nome comum a todos os formicídeos. 2. *Fig.* Pessoa econômica e/ou trabalhadeira. 3. *Fam.* Pessoa que gosta muito de doces [v. *doce* (5)].

for•mi•ga-le•ão *sf. Bras. Zool.* Larva de neuróptero, que vive em escavações em forma de cone invertido, em cujo vértice se acha a cabeça do inseto. [Pl.: *formigas-leões* e *formigas-leão.*]

for•mi•ga•men•to *sm. Med.* Forma de parestesia (q. v.).

for•mi•gar *v.int.* 1. Sentir formigamento. 2. Pulular (2). *T.i.* 3. Apresentar em quantidade: *Este bairro formiga de ladrões.* [Conjug.: ⑪ [formi]gar] § for•mi•gan•te *adj2g.*

for•mi•guei•ro *sm.* 1. Toca de formigas. 2. Multidão de pessoas. 3. Formigamento.

for•mi•nha *sf.* Fôrma (3) para bolos, empadas, etc., muito pequenos.

for•mol *sm.* Solução aquosa de formaldeído, usada como anti-séptico, bactericida e para conservar cadáveres, etc. [Pl.: *-móis.*]

for•mo•so (ô) *adj.* De formas, feições ou aspecto agradável, harmonioso; belo, bonito. [Pl.: *-mosos* (ó).]

for•mo•su•ra *sf.* 1. Qualidade de formoso. 2. Pessoa ou coisa formosa.

fór•mu•la *sf.* 1. Expressão dum preceito, regra ou princípio. 2. Modo já estabelecido para requerer, declarar, executar, etc., alguma coisa, com palavras precisas. 3. Receita (3). 4. *Med.* Enumeração, com as respectivas quantidades, das substâncias que devem ser associadas para produzir determinados efeitos.

for•mu•lar *v.t.d.* 1. Pôr em fórmula. 2. Aviar (uma receita). 3. Expor com precisão (conceito, proposta, etc.); articular. [Conjug.: ① [formul]ar] § for•mu•la•ção *sf.*

for•mu•lá•ri:o *sm.* 1. Coleção de fórmulas. 2. Modelo, impresso ou não, de fórmula (2). ♦ **Formulário contínuo.** Série de folhas, cada uma presa à anterior e à seguinte com picotes ou serrilhado, para facilitar a alimentação ininterrupta da impressora, durante a impressão.

for•na•da *sf.* **1.** Conjunto dos pães, tijolos, etc., que se cozem de cada vez no mesmo forno. **2.** Porção de coisas que se fazem duma vez.

for•na•lha *sf.* **1.** Forno grande. **2.** Parte do forno, da máquina ou do fogão onde se queima o combustível; forno.

for•ne•cer *v.t.d.* e *t.d.i.* **1.** Abastecer de. **2.** Gerar, produzir. **3.** Proporcionar o necessário a. [Conjug.: **34** [forne]**cer**] § **for•ne•ce•dor** (ô) *adj.* e *sm.*; **for•ne•ci•men•to** *sm.*

for•nei•ro *sm.* Aquele que mete o pão no forno.

for•ni•car *v.int.* e *t.i.* Copular (com). [Conjug.: **8** [forni]**car**]

for•ni•do *adj.* **1.** Abastecido, provido. **2.** Robusto.

for•ni•lho *sm.* **1.** Pequeno forno ou fogareiro. **2.** A parte do cachimbo onde arde o fumo.

for•no (ô) *sm.* **1.** Construção em forma de abóbada com portinhola, para cozer pão, louça, cal, telha, etc. **2.** Fornalha (2). **3.** Parte do fogão para fazer assados. **4.** *Fig.* Lugar muito quente.

fo•ro *sm.* Praça pública, na antiga Roma.

fo•ro (ô) *sm.* **1.** Quantia ou pensão paga anualmente pelo foreiro. **2.** Uso ou privilégio garantido pelo tempo ou pela lei. **3.** Lugar onde funcionam os órgãos do poder judiciário; tribunal.

fo•ros *sm.pl.* Imunidades, privilégios.

for•qui•lha *sf.* **1.** Pequeno forcado de três pontas. **2.** Vara, pau ou tronco bifurcado.

for•ra *sf. Bras. Pop.* Desforra.

for•ra•do *adj.* Que tem forro[1].

for•ra•gei•ro *adj.* Que serve como forragem.

for•ra•gem *sf.* Qualquer planta ou grão para alimentação do gado. [Pl.: *–gens.*]

for•rar[1] *v.t.d.* **1.** Pôr forro[1] em. **2.** Reforçar com entretela. **3.** Revestir. *T.d.i.* **4.** Forrar[1] (3). *P.* **5.** Agasalhar-se. **6.** Revestir-se. [Conjug.: **1** [forr]**ar**]

for•rar[2] *v .t.d.* **1.** Tornar forro[2] ou livre; alforriar. **2.** Poupar, economizar. *P.* **3.** Livrar-se. [Conjug.: **1** [forr]**ar**]

for•re•ta (ê) *s2g.* Avaro, avarento, mesquinho.

for•ro[1] (ô) *sm.* **1.** Enchimento ou guarnição interna de certos artefatos, peças de vestuário, etc. **2.** Revestimento de sofás, cadeiras, etc. **3.** Tábuas com que se reveste por dentro o teto de casas. **4.** Revestimento de paredes, edifícios, etc.

for•ro[2] (ô) *adj.* **1.** Liberto; alforriado. **2.** Que não paga foro (1). **3.** Livre, isento.

for•ró *sm. Bras. Pop.* V. *arrasta-pé.*

for•ro•bo•dó *sm. Bras. Pop.* V. *arrasta-pé.*

for•ta•le•cer *v.t.d.* **1.** Tornar (mais) forte; robustecer, fortificar. **2.** Munir de meios de defesa. **3.** Corroborar. **4.** Encorajar. *P.* **5.** Robustecer-se. **6.** Munir-se de meios de defesa. [Conjug.: **34** [fortale]**cer**] § **for•ta•le•ci•men•to** *sm.*

for•ta•le•za (ê) *sf.* **1.** Qualidade ou virtude dos fortes. **2.** Solidez, segurança. **3.** Força, energia moral. **4.** V. *forte* (13).

for•ta•le•zen•se *adj2g.* **1.** De Fortaleza, capital do CE. • *s2g.* **2.** O natural ou habitante de Fortaleza.

for•te *adj2g.* **1.** Que tem força; vigoroso. **2.** Robusto. **3.** Valente. **4.** Poderoso. **5.** Com muita possibilidade de vitória. **6.** Consistente, rijo. **7.** Que tem fortificações. **8.** Intenso, violento. **9.** De valor; de peso. **10.** Nutritivo. **11.** *Bras. Pop.* Que tem prestígio ou está prestigiado em função ou cargo. • *sm.* **12.** Aquilo em que alguém é excelente. **13.** Construção para proteção dum lugar estratégico, duma cidade ou região; fortaleza, fortificação. • *s2g.* **14.** Pessoa forte (3).

for•ti•fi•ca•ção *sf.* **1.** Ato ou efeito de fortificar. **2.** V. *forte* (13). [Pl.: *–ções.*]

for•ti•fi•can•te *adj2g.* **1.** Que fortifica. • *sm.* **2.** Preparado que fortalece o organismo.

for•ti•fi•car *v.t.d.* **1.** Tornar forte; fortalecer. **2.** Guarnecer de forte (13). *P.* **3.** V. *fortalecer* (5). [Conjug.: **8** [fortifi]**car**]

for•tim *sm.* Pequeno forte (13). [Pl.: *–tins.*]

for•tui•to (túi) *adj.* V. *eventual.*

for•tu•na *sf.* **1.** Casualidade, acaso. **2.** Destino fado, sorte. **3.** Boa sorte. **4.** *Bras.* Riqueza.

fos•co (ô) *adj.* Sem brilho ou transparência; baço.

fos•fa•to *sm. Quím.* Qualquer sal do ácido fosfórico.

fos•fo•res•cên•ci:a *sf.* Propriedade de certos corpos de brilhar na obscuridade, sem espalhar calor. § **fos•fo•res•cen•te** *adj2g.*

fos•fó•ri•co *adj.* **1.** Relativo a, ou que contém fósforo. **2.** Que brilha como o fósforo. **3.** *Quím.* Diz-se de um ácido (fórm.: H_3PO_4) de grande importância industrial e biológica.

fós•fo•ro *sm.* **1.** *Quím.* Elemento de número atômico 15, não metálico, luminoso na obscuridade, e que arde em contato com o ar [símb.: P]. **2.** Palito com uma cabeça composta de corpos que se inflamam quando atritados.

fos•sa *sf.* **1.** Cavidade, mais ou menos ampla e profunda, no solo; fosso. **2.** Cavidade subterrânea para despejo de imundícies ou onde se recolhem esgotos sanitários. **3.** *Anat.* Nome genérico de depressão ou de área oca. **4.** *Bras. Gír.* Forte depressão moral.

fos•sar *v.t.d.* **1.** Revolver (a terra) com o focinho ou fuça. **2.** Sondar, investigar. [Sin. ger.: *fuçar.* Conjug.: **1** [foss]**ar**]

fós•sil *adj2g.* **1.** Que se extrai da terra. • *sm.* **2.** Vestígio ou resto petrificado de animais ou vegetais que habitaram a Terra em época remotíssima, e que ger. não são mais representados por espécimes vivos. **3.** *Fig.* Homem antiquado. [Pl.: *–seis.*]

fos•si•li•zar *v.t.d.* **1.** Tornar fóssil. *P.* **2.** Tornar-se fóssil. **3.** Tornar-se antiquado, ultrapassado. [Conjug.: ① [fossiliz]**ar**] § **fos•si•li•za•ção** *sf.*; **fos•si•li•za•do** *adj.*

fos•so (ô) *sm.* **1.** Fossa (1) que delimita um terreno, que serve de defesa, etc. **2.** Valado. **3.** *Fig.* Divergência, desacordo.

fo•to *sf.* F. red. de *fotografia* (2).

fo•to•cé•lu•la *sf.* *Eletr.* Dispositivo fotoelétrico que converte radiação luminosa em eletricidade.

fo•to•com•po•si•ção *sf.* *Edit.* Composição (6) fotográfica.

fo•to•có•pi:a *sf.* **1.** Processo reprográfico que utiliza a ação da luz. **2.** A cópia assim feita.

fo•to•co•pi•ar *v.t.d.* Reproduzir por fotocópia. [Conjug.: ① [fotocopi]**ar**]

fo•to•de•tec•tor (ô) *adj.* e *sm.* *Eletrôn.* Diz-se de, ou dispositivo que detecta ou responde à energia luminosa.

fo•to•di•o•do (ô) *sm.* *Eletrôn.* Diodo cujo fluxo de carga depende da luz incidente sobre a sua junção fotossensível.

fo•to:e•lé•tri•co ou **fo•te•lé•tri•co** *adj.* *Fís.* Que transforma energia luminosa em elétrica.

fo•to•gê•ni•co *adj.* Que se representa bem pela fotografia.

fo•to•gra•far *v.t.d.* **1.** Registrar (imagem) por meio de fotografia. *Int.* **2.** Sair (bem ou mal) em fotografia(s). [Conjug.: ① [fotograf]**ar**]

fo•to•gra•fi•a *sf.* Processo de registrar imagens mediante a ação da luz sobre filme (1). **2.** Imagem assim obtida; foto. § **fo•to•grá•fi•co** *adj.*; **fo•tó•gra•fo** *sm.*

fo•to•gra•ma *sf.* Cada uma das imagens registradas em filme (1) fotográfico ou cinematográfico.

fo•to•gra•vu•ra *sf.* *Art. Gráf.* Processo fotomecânico de gravar formas para impressão.

fo•to•li•e•to *sm.* **1.** Pedra ou placa de metal com imagem fotográfica para impressão. **2.** *Art. gráf.* Filme (1) usado para gravar na chapa (4) imagem para impressão.

fo•to•me•tri•a *sf.* Parte da óptica que investiga os métodos e processos de medição de fluxos luminosos e das características energéticas associadas a tais fluxos.

fo•tô•me•tro *sm.* Instrumento utilizado para medir intensidade luminosa.

fo•to•mon•ta•gem *sf.* Composição feita com recortes de fotografias e desenhos combinados e fotografados novamente. [Pl.: *–gens*.]

fó•ton *sm.* *Fís. Part.* Partícula elementar associada ao campo eletromagnético; *quantum* de luz.

fo•to•no•ve•la *sf.* História em quadrinhos em que imagens fotográficas substituem os desenhos.

fo•tos•sen•si•bi•li•da•de *sf.* **1.** Sensibilida-

de às radiações luminosas. **2.** *Med.* Resposta cutânea anormal aos raios solares.

fo•tos•sen•sí•vel *adj2g.* Dotado de fotossensibilidade. [Pl.: *–veis*.]

fo•tos•sín•te•se *sf.* Processo químico pelo qual plantas verdes e outros organismos fototrópicos sintetizam compostos orgânicos, a partir de dióxido de carbono e de água, sob a ação da luz solar, e com desprendimento de oxigênio.

fo•to•te•ra•pi•a *sf.* *Med.* Tratamento que utiliza a ação da luz. § **fo•to•te•rá•pi•co** *adj.*

fo•to•tro•pis•mo *sm.* *Biol.* Tropismo determinado pela luz. § **fo•to•tró•pi•co** *adj.*

fó•ve:a *sf.* *Anat.* Nome genérico de pequena depressão na superfície ou no corpo de um órgão. ◆ **Fóvea central.** *Anat.* Depressão no centro de mácula.

fo•vis•mo *sm.* Movimento artístico do início do séc. XX, caracterizado pela simplificação das formas e pela valorização da cor.

foz *sf.* Ponto onde um rio (ou outro curso fluvial) deságua, no mar, num lago ou noutro rio; embocadura, desembocadura.

☐ **Fr** *Quím.* Simb. do *frâncio.*

fra•ca•lhão *sm.* Indivíduo covarde. [Fem.: *fracalhona.* Pl.: *–lhões*.]

fra•ção *sf.* **1.** Parte de um todo. **2.** *Mat.* Número que representa uma ou mais partes da unidade que foi dividida em partes iguais. [Pl.: *–ções*.] ◆ **Fração decimal.** *Mat.* Fração própria cujo denominador é uma potência de 10. **Fração imprópria.** *Mat.* Fração ordinária cujo numerador é maior que o denominador. **Fração ordinária.** *Mat.* Fração cujo denominador não é potência de 10. **Fração própria.** *Mat.* Fração ordinária cujo numerador é menor que o denominador.

fra•cas•sar *v.t.d.* **1.** Despedaçar com estrépito. *Int.* e *t.i.* **2.** Falhar, malograr-se. [Conjug.: ① [fracass]**ar**]

fra•cas•so *sm.* **1.** Estrondo de coisa que se parte ou cai. **2.** Mau êxito; malogro; ruína.

fra•ci:o•nar *v.t.d.* **1.** Partir em frações ou fragmentos; dividir. *P.* **2.** Dividir-se. [Conjug.: ① [fracion]**ar**] § **fra•ci:o•na•men•to** *sm.*

fra•ci:o•ná•ri:o *adj.* Em que há fração.

fra•co *adj.* **1.** Que não tem força física, saúde, vigor. **2.** Sem força de vontade. **3.** Sujeito a errar, a pecar; frágil. **4.** Sem autoridade, poder, importância, influência. **5.** Pouco versado. **6.** Frágil (1). **7.** Pouco expressivo, medíocre. **8.** Sem importância ou expressão. **9.** De baixo teor alcoólico. **10.** *Bras. Pop.* Tuberculoso (1). • *sm.* **11.** Pendor ou inclinação irresistível. § **fra•que•za** (ê) *sf.*

frac•tal *adj2g.* e *sm.* Diz-se de, ou forma geométrica que pode ser subdividida indefinidamente em partes, as quais, de certo modo, são cópias reduzidas do todo. [Pl.: *–tais*.]

fra•de¹ *sm.* Religioso de comunidade onde se emitem votos solenes.

fra•de² *sm.* Marco de pedra ou de concreto à entrada de ruas, becos, etc., ou em calçadas, para proteger edificações ou impedir acesso de veículos.

fra•ga *sf.* Rocha escarpada; penhasco.

fra•ga•ta¹ *sf.* Navio de guerra de porte médio, veloz, próprio para dar combate a submarinos ou realizar outras missões.

fra•ga•ta² *sm. Mar. G. Bras.* F. red. de *capitão-de-fragata.*

frá•gil *adj2g.* **1.** Pouco sólido ou resistente; fraco. **2.** Pouco vigoroso; débil. **3.** Pouco durável. [Superl.: *fragílimo, fragilíssimo.* Pl.: *–geis.*] § **fra•gi•li•da•de** *sf.*

fra•gi•li•zar *v.t.d.* e *p.* **1.** Tornar(-se) frágil; debilitar(-se). **2.** Abater(-se) emocionalmente; sensibilizar(-se). [Conjug.: ① [fragiliz]**ar**] § **fra•gi•li•za•do** *adj.*; **fra•gi•li•zá•vel** *adj2g.*

frag•men•tar *v.t.d.* e *p.* Fazer(-se) em fragmentos; quebrar(-se). [Conjug.: ① [fragment]**ar**] § **frag•men•ta•ção** *sf.*

frag•men•tá•ri•o *adj.* Que se encontra em fragmentos.

frag•men•to *sm.* **1.** Cada um dos pedaços de uma coisa partida ou quebrada. **2.** Parte dum todo; pedaço, fração.

fra•gor (ô) *sm.* Estrondo.

fra•go•so (ô) *adj.* Cheio de fragas. [Pl.: *–gosos* (ó).]

fra•grân•ci:a *sf.* **1.** Qualidade de fragrante. **2.** Perfume.

fra•gran•te *adj2g.* Odorífero, perfumado, aromático. [Cf. *flagrante.*]

fral•da *sf.* **1.** A parte inferior da camisa. **2.** Retângulo de material macio e, usualmente, impermeável, que, dobrado, se adapta às nádegas do bebê e absorve urina e excremento (2). **3.** Sopé (de serra), monte, etc.).

fram•bo•e•sa *sf.* O fruto da framboeseira.

fram•bo:e•sei•ra *sf. Bot.* Arbusto rosáceo, de fruto cheiroso e comestível.

fran•cês *adj.* **1.** Da França (Europa). • *sm.* **2.** O natural ou habitante da França. **3.** A língua francesa. [Flex. de 1 e 2: *francesa* (è), *franceses* (è), *francesas* (è).]

fran•ce•sis•mo *sm.* **1.** Galicismo. **2.** Admiração profunda a tudo quanto é francês.

frân•ci:o *sm. Quím.* V. *metal alcalino* [símb.: *Fr*].

fran•cis•ca•no *adj.* **1.** De uma das ordens de S. Francisco, ou da Ordem dos Frades Menores. **2.** *Fig.* Diz-se de pobreza extrema. • *sm.* **3.** Frade de qualquer daquelas ordens.

fran•co *sm.* **1.** Indivíduo dos francos, povo germânico que conquistou parte da Gália. • *adj.* **2.** Desse povo. **3.** Espontâneo, sincero. **4.** Desimpedido, livre. **5.** Isento de tributos, impostos ou qualquer pagamento. § **fran•que•za** (ê) *sf.*

fran•ga *sf.* Galinha nova, que ainda não põe.

fran•ga•lho *sm.* **1.** Farrapo, trapo. **2.** Coisa ou pessoa em péssimo estado.

fran•go *sm.* **1.** O filho da galinha, já crescido, mas antes de ser galo. **2.** *Bras.* Rapazola. **3.** *Bras. Fut.* Bola fácil de defender e que o goleiro deixa passar.

fran•go•te *sm.* Rapazinho, adolescente.

fran•ja *sf.* **1.** Galão com fios pendentes (de algodão, de seda, etc.), usado como enfeite ou guarnição. **2.** Cabelo puxado para a testa e aparado.

fran•jar *v.t.d.* **1.** Guarnecer com franja (1). **2.** Aparar (o cabelo) em franja. **3.** Desfiar (toalha, etc.) em franjas. [Conjug.: ① [franj]**ar**]

fran•que•ar *v.t.d.* **1.** Isentar de imposto ou pagamento. **2.** Patentear. **3.** Tornar franco, livre; facultar. **4.** Pagar o porte de (carta ou outra remessa postal). **5.** Conceder (franquia [5]). *T.d.i.* **6.** Franquear (3). [Conjug.: ⑩ [franqu]**ear**]

fran•qui•a *sf.* **1.** Liberdade de direitos; imunidade, privilégio. **2.** Isenção de certos direitos, certas obrigações. **3.** Pagamento de porte de carta e demais remessas postais. **4.** Em contratos de seguro, parcela do prejuízo não coberta pela empresa seguradora. **5.** Licença concedida por detentor de marca registrada a firmas independentes, para fabricação ou venda de produtos com tal marca.

fran•zi•do *adj.* **1.** Que se franziu. • *sm.* **2.** Conjunto de dobras não achatadas de um tecido, que se aproximam por meio de um fio que se puxa.

fran•zi•no *adj.* **1.** De talhe fino, delgado. **2.** Pouco resistente; fraco, raquítico.

fran•zir *v.t.d.* **1.** Fazer pequenas pregas em. **2.** Enrugar, amarrotar. **3.** Contrair. *P.* **4.** Contrair-se. [Conjug.: ③ [franz]**ir**]

fra•que *sm.* Traje de cerimônia masculino, bem ajustado ao tronco, curto na frente e com longas abas atrás.

fra•que•ar *v.int.* V. *fraquejar.* [Conjug.: ⑩ [fraqu]**ear**]

fra•que•jar *v.int.* **1.** Mostrar-se abatido, sem forças; desfalecer. **2.** Perder o vigor; desencorajar-se. [Sin. ger.: *fraquear.* Conjug.: ① [fraquej]**ar**]

fras•ca•ri•a *sf.* Quantidade de frascos.

fras•cá•ri:o *adj.* Estróina, libertino, dissoluto.

fras•co *sm.* Vaso de vidro, cristal ou barro vidrado, em geral para líquidos.

fra•se *sf.* **1.** Reunião de palavras que formam sentido completo; sentença. **2.** Locução, expressão.

fra•se•a•do *adj.* e *sm.* Diz-se de, ou conjunto orgânico de palavras.

fra•se•ar *v.int.* Dispor as idéias em frases. [Conjug.: ⑩ [fras]**ear**]

fra•se:o•lo•gi•a *sf.* Conjunto das frases ou locuções próprias de uma língua, de um escritor, de uma época, etc.

fras•quei•ra *sf.* **1.** Lugar onde se guardam frascos e garrafas. **2.** *Bras.* Pequena maleta em que se carregam objetos de toalete, em viagem.

fra•ter•nal *adj2g.* Fraterno. [Pl.: –*nais.*]

fra•ter•ni•da•de *sf.* **1.** Parentesco de irmãos. **2.** Amor ao próximo. **3.** Harmonia, concórdia.

fra•ter•ni•zar *v.t.d.* **1.** Unir com amizade estreita, fraterna. *Int.* e *t.i.* **2.** Comungar nas mesmas idéias. *P.* **3.** Unir-se como irmãos. [Conjug.: ① [fraterniz]**ar**]

fra•ter•no *adj.* De, ou próprio de irmão; fraternal.

fra•tri•a *sf.* Subdivisão de tribo ou outro grupamento, constituída por indivíduos ou grupos ligados a um genitor ou antepassado comum.

fra•tri•ci•da *s2g.* Assassino de irmão.

fra•tri•cí•di:o *sm.* Assassínio de irmão.

fra•tu•ra *sf.* **1.** Ato ou efeito de fraturar. **2.** *Cir.* Solução de continuidade em osso ou cartilagem. ◆ **Fratura aberta.** *Cir.* Aquela em que o local da fratura se comunica com o meio exterior.

fra•tu•rar *v.t.d.* **1.** Partir (osso, superfície articular). **2.** Partir osso de (membro). [Conjug.: ① [fratur]**ar**]

frau•dar *v.t.d.* Cometer fraude contra; defraudar. [Conjug.: ① [fraud]**ar**]

frau•de *sf.* **1.** V. *logro* (2). **2.** Abuso de confiança.

frau•du•len•to *adj.* Propenso a, ou em que há fraude.

frau•ta *sf.* V. *flauta.*

fre•a•da *sf.* **1.** Ato ou efeito de frear, de apertar o freio dum veículo. **2.** *P. ext.* As marcas de pneu, no asfalto, ou o som resultante(s) de freada (1).

fre•ar *v.t.d.* **1.** Refrear. **2.** Apertar o freio (2) de. *Int.* **3.** Apertar o freio (2) de veículo. **4.** Parar (veículo). *P.* **5.** Conter-se. [Conjug.: ⑩ [fr]**ear**] Sin. ger.: *brecar* (2, 3 e 4) e *travar* (2 e 3).]

fre•cha *sf.* V. *flecha.*

fre•cha•da *sf.* V. *flechada.*

fre•chal *sm.* Viga onde se assentam os frontais de cada pavimento de uma casa. [Pl.: –*chais.*]

fre•char *v.t.d.* e *t.c.* V. *flechar.* [Conjug.: ① [frech]**ar**]

⇨ **freeware** (fri-uér) [Ingl.] *sm. Software* oferecido pelo seu autor, gratuitamente, a todos os interessados.

fre•guês *sm.* **1.** Aquele que compra ou vende habitualmente a determinada pessoa. **2.** Comprador, cliente. [Flex.: *freguesa* (è), *fregueses* (è), *freguesas* (è).]

fre•gue•si•a *sf.* **1.** Povoação, sob o aspecto eclesiástico. **2.** Concorrência de fregueses a estabelecimento ou vendedor; clientela.

frei *sm.* Forma que toma a palavra *freire,* quando precede nome ou apelido: *Frei Luís.*

frei•o *sm.* **1.** Peça de metal que passa pela boca da cavalgadura, presa às rédeas, e serve para guiá-la; trava, travão. **2.** Dispositivo que modera ou faz cessar o movimento de maquinismos ou veículos; travão. **3.** *Anat.* Pequena prega que reduz ou evita o movimento duma estrutura do corpo. **4.** *Fig.* Aquilo que reprime ou modera.

frei•ra *sf.* Religiosa de uma ordem, à qual faz votos; madre.

frei•re *sm.* Membro de certa ordem religiosa.

frei•xo *sm. Bot.* Grande árvore oleácea.

fre•men•te *adj2g.* **1.** Que freme, que vibra. **2.** Veemente, arrebatado.

fre•mir *v.int.* **1.** Ter rumor surdo e áspero. **2.** Vibrar, ecoar. **3.** Estremecer. *T.d.* **4.** Agitar. [Conjug.: ㊸ [frem]**ir**]

frê•mi•to *sm.* **1.** Rumor surdo e áspero. **2.** Sussurro, rumor. **3.** Estremecimento, vibração. **4.** *Med.* Sensação vibrátil percebida por palpação.

fre•ne•si *sm.* **1.** Delírio, desvario. **2.** Grande excitação ou agitação.

fre•né•ti•co *adj.* Que tem ou revela frenesi.

fren•te *sf.* **1.** Parte anterior de qualquer coisa; face. **2.** Fachada. **3.** Rosto, face. **4.** Testa (2). **5.** V. *dianteira.* **6.** Local de combate. **7.** Presença.

fre•qüên•ci:a *sf.* **1.** Ato ou efeito de freqüentar. **2.** Repetição amiudada de fatos ou acontecimentos. **3.** As pessoas que freqüentam um lugar. **4.** *Fís.* Número de ciclos que um sistema com movimento periódico efetua na unidade de tempo.

fre•qüen•tar *v.t.d.* **1.** Ir freqüentemente a. **2.** Conviver com. **3.** Cursar (estabelecimento de ensino). [Conjug.: ① [freqüent]**ar**] § **fre•qüen•ta•dor** (ô) *adj.* e *sm.*

fre•qüen•te *adj2g.* **1.** Amiudadamente repetido; continuado. **2.** Assíduo. **3.** Comum, habitual.

fre•sa *sf.* Ferramenta giratória de diversos gumes para cortar ou desbaratar metais e outros materiais.

fre•sar *v.t.d.* Cortar ou desbastar com fresa. [Conjug.: ① [fres]**ar**]

fres•ca (è) *sf.* Aragem agradável que sopra de manhã ou à tardinha.

fres•co (è) *adj.* **1.** Entre frio e morno; levemente frio. **2.** Viçoso. **3.** Sadio. **4.** Vigoroso, forte. **5.** Recente. **6.** Não estragado. **7.** Bem arejado.

fres•cor (ô) *sm.* **1.** Qualidade de fresco. **2.** Viço. **3.** Vigor. [Sin. ger.: *frescura.*]

fres•cu•ra *sf.* **1.** V. *frescor.* **2.** *Pop.* Procedimento ou expressão abusada ou impudica.

fres•su•ra *sf.* O conjunto das vísceras mais grossas (pulmões, fígado, coração, etc.) dalguns animais.

fres•ta *sf.* **1.** Abertura estreita na parede, para deixar passar a luz e o ar. **2.** Fenda, greta, frincha.

fre•tar *v.t.d.* **1.** Tomar ou ceder a frete. *T.d.i.* **2.** Ajustar por frete. [Conjug.: ① [fret]**ar**] § **fre•ta•men•to** *sm.*

fre•te *sm.* **1.** Preço a pagar, resultante da aplicação duma tarifa a um serviço de transporte. **2.** Transporte fluvial ou marítimo. **3.** Carregamento de navio. **4.** Coisa transportada.

fre•vo (è) *sm. Bras. N.E.* Dança carnavalesca de rua e salão, essencialmente rítmica, de coreografia individual e andamento rápido.

fri•a•gem *sf.* Frialdade resultante de vento. [Pl.: *–gens.*]

fri:al•da•de *sf.* **1.** Qualidade ou estado de frio; friúra, frieza. **2.** Tempo frio. **3.** Falta de ardor; insensibilidade, frigidez, frieza.

fric•ção *sf.* Ato ou efeito de friccionar; atrito. [Pl.: *–ções.*]

fric•ci•o•nar *v.t.d.* **1.** Fazer fomentação em. **2.** Atritar, esfregar. [Conjug.: ① [friccion]**ar**]

fri•co•te *sm.* **1.** Manha, dengue. **2.** *Bras. Gír.* V. *faniquito.*

fri•ei•ra *sf.* **1.** *Med. Pop.* Dermatite causada por frio. **2.** *Med. Pop.* Ulceração produzida, ger., entre pododáctilos.

fri•e•za (è) *sf.* V. *frialdade* (1 e 3).

fri•gi•dei•ra *sf.* **1.** Utensílio de barro ou de metal, para frigir. **2.** *Bras. N.E. MG e prov. lus.* V. *fritada* (2).

fri•gi•dez (è) *sf.* **1.** Qualidade de frígido ou de frio. **2.** V. *frialdade* (3). **3.** *Psiq.* Ausência de desejo e de prazer durante relação sexual.

frí•gi•do *adj.* **1.** Muito frio; álgido. **2.** Que tem frigidez (3).

frí•gi:o *adj.* **1.** Da Frígia (Ásia antiga). • *sm.* **2.** O natural ou habitante da Frígia.

fri•gir *v.t.d.* **1.** Cozer com manteiga, azeite, etc., na frigideira; fritar. *Int.* **2.** Ficar frito. *P.* **3.** Afligir-se. [Conjug.: ⑤ **frigir**]

fri•go•rí•fi•co *adj.* e *sm.* Diz-se de, ou aparelho para manter frescas e em bom estado certas substâncias, sobretudo alimentícias.

frin•cha *sf.* V. *fenda.*

frin•gi•lí•de:o *sm. Zool.* Espécime dos fringilídeos, família de aves passeriformes, algumas delas notáveis pelo canto; são granívoras, insetívoras ou frugívoras. Ex.: canários, coleiros. § **frin•gi•lí•de:o** *adj.*

fri:o *adj.* **1.** Que perdeu o calor, ou não o tem. **2.** Em que faz frio (6). **3.** Que comunica o frio (6) ou dele não preserva. **4.** Inexpressivo, insípido. **5.** Insensível, impassível. • *sm.* **6.** Baixa temperatura.

fri:o•lei•ra *sf.* Ninharia, bagatela.

fri•sa *sf. Teat.* Camarote junto à platéia.

fri•sa•dor (ô) *sm.* Instrumento para frisar[1].

fri•san•te[1] *adj2g.* Que frisa ou encrespa.

fri•san•te[2] *adj2g.* **1.** Que frisa ou salienta. **2.** Exato, convincente.

fri•sar[1] *v.t.d.* **1.** Encrespar (o cabelo). **2.** Franzir. [Conjug.: ① [fris]**ar**] § **fri•sa•do**[1] *adj.* e *sm.*

fri•sar[2] *v.t.d.* **1.** Pôr friso em. **2.** Salientar. [Conjug.: ① [fris]**ar**] § **fri•sa•do**[2] *adj.*

fri•so *sm.* **1.** Faixa pintada ou esculpida na parte superior de parede. **2.** Tábua estreita e aparelhada, para forros ou tetos. **3.** *Arquit.* Parte plana entre a cornija e a arquitrave.

fri•ta•da *sf.* **1.** Aquilo que se frita duma vez. **2.** *Cul.* Massa de ovos batidos cozida em frigideira sobre camarões, ou picadinho de carne, etc.; frigideira, mal-assada.

fri•tar *v.t.d.* Frigir. [Conjug.: ① [frit]**ar**]

fri•to *adj.* Que se frigiu ou fritou.

fri•tu•ra *sf.* **1.** Ato de fritar. **2.** Qualquer alimento frito.

fri•ú•ra *sf.* Frialdade (1).

frí•vo•lo *adj.* **1.** Sem importância; sem valor; vão. **2.** Fútil; leviano, volúvel. § **fri•vo•li•da•de** *sf.*

fron•de *sf. Bot.* **1.** A copa, os ramos ou a ramagem das árvores. **2.** *Bot.* A folha das pteridófitas e das palmáceas.

fron•do•so (ô) *adj.* Que tem ampla fronde. [Pl.: *–dosos* (ó).]

fro•nha *sf.* **1.** Espécie de saco que, com enchimento de substância macia (penas, espuma de plástico, etc.), forma o travesseiro ou almofada. **2.** Capa para envolver o travesseiro.

fron•tal *adj2g.* **1.** Relativo à fronte. **2.** Muito franco; radical. • *sm.* **3.** Ornato por cima de portas ou janelas. **4.** Parede de meio tijolo. **5.** *Anat.* Osso único situado na parte anterior do crânio e formador do esqueleto da fronte. [Pl.: *–tais.*]

fron•tão *sm. Arquit.* Coroamento de fachada, de porta, etc., em forma triangular ou em arco. [Pl.: *–tões.*]

fron•ta•ri•a *sf.* A fachada principal de um edifício.

fron•te *sf.* Parte da face situada acima dos olhos; testa.

fron•tei•ra *sf.* **1.** Extremidade dum país ou região do lado onde confina com outro; limite, raia. **2.** Limite (2).

fron•tei•ri•ço *adj.* Que vive ou fica na fronteira.

fron•tei•ro *adj.* Que está defronte.

fron•tis•pí•ci:o *sm.* **1.** Fachada principal. **2.** Rosto, face. **3.** Portada (2).

fro•ta *sf.* **1.** Conjunto de navios mercantes de um mesmo país, ou duma mesma companhia, ou duma mesma categoria. **2.** Conjunto de veículos pertencentes a um mesmo indivíduo ou a uma mesma companhia. **3.** *P. ext.* Grande quantidade; chusma, multidão.

frou•xi•dão *sf.* Condição ou procedimento de frouxo. [Pl.: *–dões.*]

frou•xo *adj.* **1.** Que não está retesado; pouco tenso ou apertado; lasso, bambo. **2.** Sem energia; fraco. **3.** Indolente. **4.** *Bras. Pop.* Covarde.

fru•fru *sm.* Rumor de folhas, de seda atritada, de asas no vôo.

fru•gal *adj2g.* **1.** Relativo a frutos, ou que se sustenta deles. **2.** Que se contenta com pouca alimentação. **3.** Composto de alimento simples, leve. [Pl.: *–gais.*] § **fru•ga•li•da•de** *sf.*

fru•gí•vo•ro *adj.* Que se alimenta de frutos.

fru•ir *v.t.d.* **1.** Estar na posse de; possuir. **2.** V. *usufruir* (2). *T.i.* **3.** Desfrutar. [Conjug.: 49 [fr]**uir**] § **fru•i•ção** *sf.*

frus•trar *v.t.d.* **1.** Enganar a expectativa de; iludir. **2.** Inutilizar. *P.* **3.** Malograr-se, falhar. **4.** Decepcionar-se. [Conjug.: 1 [frustr]**ar**]

fru•ta *sf. Bot.* Nome comum a frutos, pseudofrutos e infrutescências comestíveis; fruto.

fru•ta-de-con•de *sf. Bot.* V. *pinha* (2). [Pl.: *frutas-de-conde.*]

fru•ta-pão *sf. Bot.* Árvore morácea de fruto carnudo, alimentício, do mesmo nome. [Pl.: *frutas-pães* e *frutas-pão.*]

fru•tei•ra *sf.* **1.** Árvore frutífera. **2.** Vendedora de frutas. **3.** Recipiente para frutas.

fru•tei•ro *sm.* Vendedor de frutas.

fru•ti•cul•tor (ô) *sm.* Aquele que pratica a fruticultura.

fru•ti•cul•tu•ra *sf.* Cultura de árvores frutíferas.

fru•tí•fe•ro *adj.* Que dá frutos.

fru•ti•fi•ca•ção *sf.* **1.** Ato ou efeito frutificar. **2.** Formação de fruto. **3.** Época em que as árvores frutificam [v. *frutificar* (1)]. [Pl.: *–ções.*]

fru•ti•fi•car *v.int.* **1.** Dar frutos. **2.** Produzir resultado vantajoso; dar lucro. *T.d.* **3.** Dar como fruto. **4.** Produzir (bom resultado). [Conjug.: 8 [frutifi]**car**. Norm. é defect., conjugável só nas 3ªs pess.]

fru•to *sm.* **1.** *Bot.* Órgão gerado pelos vegetais floríferos, e que conduz a semente; carpo. **2.** Fruta. **3.** Filho; prole. **4.** Resultado, conseqüência. **5.** Proveito. **6.** Renda, lucro.

fru•to-do-mar *sm. Bot.* Nome comum dos animais marinhos (crustáceos e moluscos) us. na alimentação humana. [Pl.: *frutos-do-mar.*]

fru•tu•o•so (ô) *adj.* **1.** Abundante em frutos. **2.** Proveitoso, lucrativo. [Pl.: *–osos* (ó).]

fu•bá *sm. Bras.* Farinha de milho ou de arroz.

fu•be•ca•da *sf. Bras. Gír.* **1.** Pancada; surra. **2.** Descompostura.

fu•ça *sf. Chulo* **1.** Ventas, focinho. **2.** Cara, focinho. [Tb. us. no plural.]

fuçar *v.t.d. Bras.* V. *fossar.* [Conjug.: 9 [fu]**çar**]

fu•ças *sf.pl. Chulo* V. *fuça.*

fu•ga¹ *sf.* **1.** Ato ou efeito de fugir. **2.** Retirada rápida e precipitada. [Sin. ger.: *fugida.*]

fu•ga² *sf. Mús.* Composição polifônica baseada sobre a imitação, e que explora sistematicamente os recursos de um tema principal (sujeito) e de temas secundários (contra-sujeitos), apresentados em contraponto com o sujeito.

fu•gaz *adj2g.* **1.** Que foge rápido. **2.** Pouco duradouro; fugidio, fugitivo. § **fu•ga•ci•da•de** *sf.*

fu•gi•da *sf.* **1.** V. *fuga¹.* **2.** Ato de ir e voltar com rapidez a algum lugar.

fu•gi•di•o *adj.* **1.** Propenso a fugas; acostumado a fugir. **2.** Fugitivo (1). **3.** V. *fugaz* (2). **4.** Esquivo, arisco.

fu•gir *v.int.* **1.** Retirar-se às pressas para escapar a algum perigo; pôr-se em fuga; abalar, escapar, escapulir(-se), mandar-se (*pop.*), arrancar-se (*pop.*), raspar-se (*pop.*). **2.** Ir-se afastando. **3.** Passar depressa. *T.i.* **4.** Desviar-se. **5.** Evitar. *T.c.* **6.** Soltar-se; escapar. [Conjug.: 57 [f]u[g]ir; muda o *g* em *j* antes de *o* e *a.*]

fu•gi•ti•vo *adj.* **1.** Que fugiu, que se evadiu; fugidio. **2.** V. *fugaz* (2). • *sm.* **3.** Indivíduo que foge.

fu•i•nha *sf. Zool.* Pequeno mustelídeo daninho.

fu•jão *adj.* Que é vezeiro em fugir. [Fem.: *fujona.* Pl.: *–jões.*]

fu•la•no *sm.* **1.** Designação vaga de pessoa incerta ou que não se quer nomear; sujeito, cujo. **2.** Pessoa, indivíduo.

ful•cro *sm.* **1.** Suporte, sustentáculo. **2.** Suporte sobre o qual gira algo.

fu•lei•ro *adj.* Sem valor; ordinário, reles.

fu•le•re•no *sm . Quím.* Qualquer de certas substâncias semelhantes ao buckminsterfulereno.

ful•gen•te *adj2g.* Que fulge; fúlgido.

fúl•gi•do *adj.* Fulgente.

ful•gir *v.int.* **1.** Ter fulgor; resplandecer. **2.** Sobressair. [Conjug.: 58 [fulg]**ir**]

ful•gor (ô) *sm.* Brilho, cintilação.

ful•go•rí•de•o *sm. Zool.* Espécime dos fulgorídeos, insetos homópteros de grande porte; são as jequitiranabóias.

ful•gu•ra•ção *sf.* **1.** Clarão desacompanhado de estampido, causado pela eletricidade atmosférica. **2.** Cintilação, brilho. **3.** Ação de raio (4) sobre o homem ou outros animais. **4.** *Med.* Destruição, com objetivo terapêutico, de tecido vivo, por corrente de alta freqüência. [Pl.: *–ções.*]

ful•gu•rar *v.int.* **1.** Cintilar. **2.** Resplandecer. **3.** Sobressair. [Conjug.: 1 [fulgur]**ar**] § **ful•gu•ran•te** *adj2g.*

fu•li•gem *sf.* Substância preta formada por depósito de fumaça; picumã, pucumã, tisne. [Pl.: *–gens.*]

fu•li•gi•no•so (ô) *adj.* Que tem fuligem. [Pl.: *–nosos* (ó).]

ful•mi•nan•te *adj2g.* **1.** Que fulmina. **2.** Que mata instantaneamente. **3.** Cruel, terrível.

ful•mi•nar *v.t.d.* **1.** Despedir, lançar (raios). **2.** Ferir com o raio, ou a modo de raio. **3.** Matar instantaneamente. **4.** Reduzir à impotência: *Seu olhar fulminou-a.* **5.** Aniquilar. *T.d.i.* **6.** Dirigir, despedir. [Conjug.: ① [fulmin]**ar**]

ful•ni•ô *Bras. s2g.* **1.** *Etnôn.* Indivíduo dos fulniôs, povo indígena do tronco lingüístico macro-jê, que habita em PE. • *sm.* **2.** A língua desse povo. § **ful•ni•ô** *adj2g.*

fu•lo *adj. Bras. Gír.* Zangadíssimo, irritadíssimo.

ful•vo *adj.* De cor amarela escura.

fu•ma•ça *sf.* **1.** Grande porção de fumo (1). **2.** Porção de fumo (3) absorvida pelo fumante.

fu•ma•çar *v.t.d.* **1.** Encher de fumaça. *Int.* **2.** Lançar fumaça; fumegar. [Conjug.: ⑨ [fuma]**çar**]

fu•ma•ças *sf.pl.* Vaidade, jactância.

fu•ma•cei•ra *sf.* Grande porção de fumaça.

fu•ma•cen•to *adj.* Cheio de fumaça.

fu•man•te *adj2g.* e *s2g.* Que, ou o que tem o hábito de fumar.

fu•mar *v.t.d.* **1.** Aspirar o fumo ou tabaco de. **2.** Defumar (1). *Int.* **3.** Aspirar o fumo do charuto, cigarro, cachimbo, etc. **4.** Irritar-se, enfurecer(-se). [Conjug.: ① [fum]**ar**. Sin. bras., nas acepç. 1 e 3: *pitar.*]

fu•me•gan•te *adj2g.* **1.** Que fumega. **2.** Diz-se do alimento muito quente.

fu•me•gar *v.int.* **1.** Lançar ou exalar fumaça ou vapores. *T.d.* **2.** Lançar de si; exalar. [Conjug.: ⑪ [fume]**gar**. Cf. *fumigar.*]

fu•mei•ro *sm.* **1.** Chaminé. **2.** Espaço entre o fogão e o telhado, onde se defumam alimentos.

fu•mi•cul•tu•ra *sf.* Cultura do fumo (3).

fu•mi•gar *v.t.d.* **1.** Expor à fumaça, a vapores ou gases; defumar. **2.** Desinfetar (um local) por meio de fumaça. [Conjug.: ⑪ [fumi]**gar**. Cf. *fumegar.*] § **fu•mi•ga•ção** *sf.*

fu•mo *sm.* **1.** Vapor que sobe dos corpos em combustão ou muito aquecidos. **2.** Exalação malcheirosa que sobe dos corpos em decomposição. **3.** Tabaco (1 e 2).

fu•nâm•bu•lo *sm.* Equilibrista que anda e volteia na corda ou no arame. § **fu•nam•bu•lis•mo** *sm.*

fun•ção *sf.* **1.** Ação própria ou natural dum órgão, aparelho ou máquina. **2.** Cargo, serviço, ofício. **3.** Prática ou exercício de função (2). **4.** Utilidade, serventia. **5.** Posição, papel; atribuição. **6.** Espetáculo (2). **7.** Festividade. **8.** *Mat.* Qualquer correspondência entre dois ou mais conjuntos. **9.** *Quím.* Grupo de átomos que, presente numa molécula, lhe confere propriedades químicas características; grupo funcional. **10.** *Quím.* Conjunto de substâncias que têm o mesmo grupamento funcional. [Pl.: *-ções.*] ◆

Função algébrica. *Mat.* A que satisfaz a uma equação algébrica. **Função contínua.** *Mat.* Num ponto do seu domínio, é a função que obedece às seguintes condições: a) a função é definida no ponto; b) o limite da função no ponto coincide com o valor da função no ponto. **Função de onda.** *Fís.* Função matemática que descreve a probabilidade de uma onda eletromagnética, ou uma partícula, se encontrar numa determinada posição espacial, ou num determinado estado quântico. **Função exponencial.** *Mat.* Função da variável x igual à potência x do número e: $y = e^x$; exponencial. **Função harmônica.** *Mat.* Função harmônica simples. **Função harmônica simples.** *Mat.* A função seno ou a função co-seno; função harmônica. **Função integrando.** *Mat.* Integrando. **Função linear.** *Mat.* Função que preserva combinações lineares. **Função racional.** *Mat.* Aquela expressa como a razão de dois polinômios. **Função transcendente.** *Mat.* Qualquer função que não é algébrica.

fun•cho *sm. Bot.* Erva umbelífera aromática; erva-doce.

fun•ci•o•nal *adj2g.* **1.** Referente a função, ou ao desempenho desta. **2.** Concernente a funções orgânicas vitais, ou à sua realização. **3.** Diz-se daquilo que é capaz de cumprir com eficiência seus fins utilitários; prático. **4.** *Med.* Diz-se de lesão ou de distúrbio para os quais não se encontram lesão orgânica explicativa. [Pl.: *-nais.*] § **fun•ci•o•na•li•da•de** *sf.*

fun•ci•o•na•lis•mo *sm.* **1.** Os funcionários públicos. **2.** Tendência a privilegiar, no pensamento ou na prática, aquilo que é funcional, ou a idéia de função. § **fun•ci•o•na•lis•ta** *adj2g.* e *s2g.*

fun•ci•o•na•men•to *sm.* Ato ou efeito de funcionar.

fun•ci•o•nar *v.int.* **1.** Exercer as respectivas funções. **2.** Realizar, com precisão e regularidade, função ou operação para a qual foi desenvolvido ou preparado. **3.** Estar em atividade ou em vigor. **4.** Ter bom êxito. [Conjug.: ① [funcion]**ar**]

fun•ci•o•ná•ri•o *sm.* Aquele que exerce uma função, especialmente pública.

fun•da *sf.* **1.** Laçada de couro ou de corda para arrojar pedras. **2.** Dispositivo usado para deter o progresso de certas hérnias.

fun•da•ção *sf.* **1.** Ato ou efeito de fundar. **2.** Instituição para fins de utilidade pública ou de beneficência. **3.** Alicerce. [Pl.: *-ções.*]

fun•da•men•tal *adj2g.* Que serve de fundamento (2); básico. [Pl.: *-tais.*]

fun•da•men•tar *v.t.d., t.d.i.* e *p.* Dar fundamento (2) a, ou ter como fundamento; fundar(-se), basear(-se), estribar-se. [Conjug.: ① [fundamentʃ]**ar**] § **fun•da•men•ta•ção** *sf.*

fun•da•men•to *sm.* **1.** Base, alicerce. **2.** Conjunto de razões em que se funda uma tese, ponto de vista, etc.; base, apoio. **3.** Razão, motivo.

fun•dão *sm.* **1.** V. *pego*[1] (1). **2.** Lugar afastado, ermo. [Pl.: –*dões*.]

fun•dar *v.t.d.* **1.** Assentar os alicerces de (construção). **2.** Edificar, construir. **3.** Criar, estabelecer. **4.** V. *fundamentar*. *T.d.i.* **5.** Apoiar, basear. *P.* **6.** V. *fundamentar*. [Conjug.: ☐ [fund]**ar**] § **fun•da•dor** (ó) *adj.* e *sm.*

fun•de•ar *v.int.* **1.** Deitar âncora; ancorar. **2.** Ir ao fundo. [Conjug.: ⑩ [fund]**ear**]

fun•den•te *adj2g.* **1.** Que está em, ou facilita a fusão. • *sm.* **2.** Substância que auxilia a fusão dos metais.

fun•di•á•ri•o *adj.* Relativo a terrenos ou imóveis.

fun•di•ção *sf.* Ato, efeito, arte ou fábrica de fundir. [Pl.: –*ções*.]

fun•di•dor (ó) *sm.* Operário que funde.

fun•di•lho *sm.* Parte das calças e cuecas que corresponde ao assento; fundilhos.

fun•di•lhos *sm.pl.* Fundilho.

fun•dir *v.t.d.* **1.** Derreter, liquefazer (metais). **2.** Lançar metal fundido em molde (1), para solidificação; vazar. **3.** Incorporar em uma só (várias coisas); juntar, unir. *T.d.i.* **4.** Fundir (3). *P.* **5.** Derreter-se. **6.** Incorporar-se. [Conjug.: ③ [fund]**ir**]

fun•do *adj.* **1.** Que tem fundura; profundo. **2.** Covado, reentrante. **3.** Muito firme; arraigado. **4.** Profundo (4). • *sm.* **5.** A parte que, numa cavidade, recipiente, etc., fica mais longe da borda, da abertura de entrada, etc. **6.** A parte mais baixa e sólida em que repousam ou correm as águas. **7.** Profundidade. **8.** A parte mais baixa, ou mais afastada, ou mais interior dum lugar ou região. **9.** A extremidade da agulha de costura manual, com buraco, e oposta à ponta. **10.** Substância, essência. **11.** Âmago, íntimo. **12.** *Econ.* Recursos monetários reservados para determinado fim; fundos. ♦ **Fundo de ações.** *Econ.* Fundo de investimento aplicado em ações. **Fundo de *commodities*.** *Econ.* Fundo de investimento aplicado em títulos vinculados à produção ou comercialização de *commodities*. **Fundo de investimento.** *Econ.* Fundo (12) formado por quotas de vários investidores e administrado por instituição financeira, com rateio dos rendimentos entre os quotistas.

fun•dos *sm.pl. Econ.* **1.** Fundo (12). **2.** Capital e outros valores constitutivos do ativo duma sociedade.

fun•du•ra *sf.* Distância vertical da boca ou da superfície (de um poço, etc.) ao fundo; profundidade.

fú•ne•bre *adj2g.* Relativo à morte, aos mortos ou a coisa a eles relacionadas; funerário, funeral, funéreo, mortuário.

fu•ne•ral *adj2g.* **1.** V. *fúnebre*. • *sm.* **2.** Pompas fúnebres; enterro, enterramento, saimento. [Pl.: –*rais*.]

fu•ne•rá•ri:o *adj.* V. *fúnebre*.

fu•né•re:o *adj.* V. *fúnebre*.

fu•nes•to *adj.* **1.** Que fere mortalmente, ou prognostica ou traz desgraça, desventura, tristeza, etc. **2.** Nocivo, desastroso.

fun•gar *v.int.* Produzir som, absorvendo ar, muco, rapé, etc., pelo nariz. [Conjug.: ⑪ [fun]**gar**]

fun•gi•ci•da *adj2g.* e *sm.* Diz-se de, ou substância tóxica para combater fungos.

fun•gí•vel *adj2g.* **1.** Que se gasta. **2.** Que se consome com o primeiro uso. [Pl.: –*veis*.]

fun•go *sm. Biol.* Espécime dos fungos, reino que reúne seres vivos unicelulares ou pluricelulares, eucariontes, esporíferos, que não têm clorofila. Ex.: cogumelos.

fu•ni•cu•lar *sm.* Veículo em que a tração é feita por cabos acionados por motor estacionário, muito usado para vencer grandes diferenças de nível.

fu•nil *sm.* Utensílio cônico, provido de um tubo, para transvasar líquidos. [Pl.: –*nis*.]

fu•ni•la•ri•a *sf.* Estabelecimento de funileiro.

fu•ni•lei•ro *sm.* Fabricante de funis e doutros utensílios de folha-de-flandres.

fu•ra-bo•lo (bó) *sm. Bras. Fam.* O dedo indicador; fura-bolos. [Pl.: *fura-bolos* (bó).]

fu•ra-bo•los (bó) *sm2n. Bras. Fam.* Fura-bolo.

fu•ra•cão *sm.* **1.** *Meteor.* Ciclone que se forma nas regiões do Atlântico Norte, do mar do Caribe, do golfo do México e na costa nordeste da Austrália, e no qual a velocidade dos ventos pode atingir até 300km/h. **2.** *Fig.* Grande ímpeto. [Pl.: –*cões*.]

fu•ra•dor (ó) *adj.* **1.** Que fura. • *sm.* **2.** Utensílio com que se abrem furos ou, furando, se quebra gelo, etc.

fu•rão *sm. Zool.* Mamífero mustelídeo. **2.** *Bras.* Indivíduo cavador ou bisbilhoteiro. [Pl.: –*rões*.]

fu•rar *v.t.d.* **1.** Abrir ou fazer furo(s) em. **2.** Penetrar em; introduzir-se por. **3.** Frustrar. *Int.* **4.** Abrir caminho. **5.** Romper. [Conjug.: ☐ [fur]**ar**]

fur•gão *sm.* Carro coberto, para transporte de bagagens ou pequena carga. [Pl.: –*gões*.]

fú•ri:a *sf.* **1.** Furor (1). **2.** Raiva, ódio. **3.** Ímpeto. **4.** Pessoa furiosa.

fu•ri•bun•do *adj.* Furioso (1).

fu•ri•o•so (ó) *adj.* **1.** Quem tem fúria, ou ira; furibundo. **2.** Entusiasta. **3.** Impetuoso. [Pl.: –*osos* (ó).]

fur•na *sf.* Caverna ou gruta, formada, em geral, de blocos de pedra; antro, lapa.

fur•na•ri•í•de:o *sm. Zool.* Espécime dos furnariídeos, família de aves passeriformes, gritadoras. Ex.: joão-de-barro. § **fur•na•ri•í•de:o** *adj.*

fu•ro sm. 1. Abertura artificial; buraco, orifício. 2. Bras. Notícia dada em primeira mão num jornal, em noticiário de televisão, de rádio, etc.

fu•ror (ô) sm. 1. Grande exaltação de ânimo; fúria. 2. Delírio violento. 3. Arrebatamento. 4. Entusiasmo, veemência.

fur•ri•el sm. V. hierarquia militar. [Pl.: -éis.]

fur•ta-cor adj2g.2n. 1. Que apresenta cor diversa, segundo a luz projetada; cambiante. • sm. 2. A cor cambiante. [Pl. do s.m.: furta-cores.]

fur•tar v.t.d. 1. Subtrair fraudulentamente (coisa alheia); roubar. 2. Fazer passar como seu (trabalho, idéia, etc.). T.d.i. 3. Furtar (1 e 2). 4. Desviar, esquivar. P. 5. V. esquivar (2). [Conjug.: ① [furt]ar]

fur•ti•vo adj. 1. Praticado a furto, às ocultas. 2. Disfarçado, dissimulado.

fur•to sm. 1. Ato ou efeito de furtar. 2. O que se furtou. ♦ A furto. Às ocultas; dissimuladamente.

fu•rún•cu•lo sm. Med. Lesão (5) inflamatória cutânea circunscrita causada pela penetração de bactérias em folículo piloso.

fu•run•cu•lo•se sf. Med. Erupção de furúnculos.

fu•sa sf. Mús. Figura que vale a metade da semicolcheia.

fu•são sf. 1. Ato ou efeito de fundir(-se). 2. Fís. Passagem duma substância, ou duma mistura, da fase sólida para a líquida. [Pl.: -sões.]

fus•co adj. Escuro, pardo.

fu•se•la•gem sf. O corpo principal e mais resistente do avião. [Pl.: -gens.]

fu•si•for•me adj2g. Que tem forma de fuso.

fu•sí•vel adj2g. 1. Que se pode fundir. • sm. 2. Bras. Eng. Elétr. Dispositivo de proteção de circuitos elétricos, formado por um material que funde, interrompendo o circuito, quando a corrente elétrica que o percorre ultrapassa um dado valor. [Pl.: -veis.] § fu•si•bi•li•da•de sf.

fu•so sm. 1. Instrumento roliço sobre o qual se forma, ao fiar, a maçaroca. 2. Peça onde se enrola a corda do relógio. ♦ Fuso horário. Cada uma das 24 partes da superfície terrestre limitada por meridianos eqüidistantes entre si de 15 graus, dentro da qual a hora, por convenção, é a mesma.

fu•sô sm. Calça elástica comprida, presa sob o calcanhar.

fu•so•lo•gi•a sf. Estudo dos foguetes.

fu•só•lo•go sm. Especialista em fusologia.

fus•tão sm. Tecido cujo direito forma cordões justapostos. [Pl.: -tões.]

fus•te sm. 1. Haste, cabo. 2. A parte da coluna entre o capitel e a base.

fus•ti•gar v.t.d. 1. Bater com vara. 2. Açoitar. 3. Fig. Excitar, estimular. [Conjug.: ⑪ [fusti]gar]

fu•te•bol sm. Jogo esportivo disputado por dois times, de 11 jogadores cada um, com uma bola de couro, num campo com um gol (1) em cada uma das extremidades, e cujo objetivo é fazer entrar a bola no gol (1) defendido pelo adversário. [Pl.: -bóis.]

fú•til adj2g. 1. Frívolo, leviano. 2. Insignificante, vão. [Pl.: -teis.]

fu•ti•li•da•de sf. 1. Qualidade ou caráter de fútil. 2. Coisa fútil.

fu•ti•li•zar v.t.d. 1. Querer tornar, ou tornar fútil. Int. 2. Dizer ou fazer futilidades. P. 3. Tornar-se fútil. [Conjug.: ① [futiliz]ar]

fu•tri•car Bras. Pop. v.t.d. 1. Intrigar, mexericar; fuxicar. Int. 2. Intrometer-se em algo para atrapalhar. 3. Futricar (1). [Conjug.: ⑧ [futri]car]

fu•tu•rar v.t.d. e t.d.i. 1. Predizer, conjeturar. Int. 2. Vaticinar. [Conjug.: ① [futur]ar]

fu•tu•ris•mo sm. Movimento modernista baseado numa concepção extremamente dinâmica da vida, voltada para o futuro. § fu•tu•ris•ta adj2g. e s2g.

fu•tu•ro sm. 1. Tempo que há de vir; porvir. 2. Sorte futura; destino. • adj. 3. Vindouro.

fu•tu•ro•so (ô) adj. Que promete bom futuro. [Pl.: -rosos (ó).]

fu•xi•car v.t.d. 1. Coser ligeiramente e a grandes pontos. 2. Amarrotar. 3. Remexer, revirar. 4. Bras. Fam. V. futricar (1). Int. 5. Bras. Fam. Fuxicar (4). [Conjug.: ⑧ [fuxi]car]

fu•xi•co sm. Bras. Fam. Intriga, mexerico.

fu•zar•ca sf. Bras. Pop. Farra, folia.

fu•zil sm. 1. Relâmpago. 2. Arma portátil de repetição, de cano longo. [Pl.: -zis.]

fu•zi•lar v.t.d. 1. Despedir de si, a modo de raios ou centelhas. 2. Matar com arma de fogo. Int. 3. Anunciar ódio, rancor. [Conjug.: ① [fuzil]ar]

fu•zi•la•ri•a sf. Tiros simultâneos.

fu•zi•lei•ro sm. 1. Soldado armado de fuzil. 2. Bras. Mar. Fuzileiro naval.

fu•zu•ê sm. Bras. Gír. 1. Festa, função. 2. Barulho, confusão.

𐤂	Fenício
Γ	Grego
Γ	Grego
٦	Etrusco
⟨	Romano
G	Romano
8	Minúscula carolina
G	Maiúscula moderna
g	Minúscula moderna

g (gê) *sm.* **1.** A 7ª letra do nosso alfabeto. **2.** Figura ou representação dessa letra. ● *num.* **3.** Sétimo (1), numa série. [Pl. (nas acepç. 1 e 2) indicado pela duplicação da letra: *gg*.]

❑ **g** Símb. de *grama²*.

❑ **G** *Mús.* Sinal com que se representa a nota sol, ou a escala ou acorde nela baseados.

❑ **Ga** *Quím.* Símb. do *gálio*.

ga•bar *v.t.d.* **1.** Fazer o elogio de; louvar. **2.** Lisonjear, incensar. *P.* **3.** Jactar-se, vangloriar-se. [Conjug.: ⊡ [gab]**ar**] **§ ga•ba•ção** *sf.*

ga•bar•di•na *sf.* Tecido de lã ou algodão, em que os fios formam listras diagonais salientes.

ga•ba•ri•ta•do *adj. Bras.* Que tem gabarito (5).

ga•ba•ri•to *sm.* **1.** Modelo a que se devem conformar certas partes de navio, peças de artilharia, etc. **2.** O conjunto das dimensões que se devem observar em construções. **3.** Instrumento com que se verificam essas dimensões. **4.** Qualquer série de dimensões prefixadas. **5.** *Bras.* Tabela das respostas corretas das questões duma prova. **6.** *Bras.* Categoria, nível.

ga•ba•ro•la *adj2g.* e *s2g.* **1.** Gabola. **2.** Fanfarrão.

ga•ba•ro•li•ce *sf.* **1.** Gabolice. **2.** Fanfarrice (2).

ga•bi•ne•te (ê) *sm.* **1.** Numa edificação, quarto mais ou menos isolado, para certos trabalhos. **2.** Escritório (1). **3.** O conjunto dos ministros dum Estado, ou dos auxiliares ou colaboradores imediatos dum chefe de Estado, ministro, etc. **4.** *Inform.* Caixa, ou invólucro inteiriço de certos aparelhos.

ga•bi•ro•ba *sf. Bras. Bot.* V. *guabiroba*.

ga•bi•ru *sm. Bras.* V. *guabiru*.

ga•bo•la *adj2g.* e *s2g.* Que(m) gosta de gabar-se; gabarola.

ga•bo•li•ce *sf.* Ato ou dito de gabola; gabarolice.

ga•da•nhar *v.t.d.* **1.** Cortar (erva) com gadanho (3). **2.** Arranhar com gadanho (1 e 2). [Conjug.: ⊡ [gadanh]**ar**]

ga•da•nho *sm.* **1.** Garra de ave de rapina. **2.** *P.ext.* Unha. **3.** Espécie de ancinho.

ga•dí•de•o *sm. Zool.* Espécime dos gadídeos, família de peixes marinhos das águas frias e temperadas. Ex.: bacalhau, hadoque. **§ ga•dí•de:o** *adj.*

ga•do *sm.* **1.** Reses em geral. **2.** Rebanho (1).

ga•do•lí:ni:o *sm. Quím.* V. *lantanídeos* [símb.: *Gd*].

ga•fa•nho•to (ó) *sm. Zool.* Inseto ortóptero, daninho.

ga•fe *sf.* Ação e/ou palavras inconvenientes; mancada, rata.

ga•fi•ei•ra *sf.* Estabelecimento comercial com pista de dança e orquestra, e onde se dança aos pares.

ga•fo•ri•nha *sf.* Cabelo em desalinho; grenha.

ga•gá *adj2g. Pop.* V. *caduco* (2).

ga•go *adj.* e *sm.* Que ou aquele que gagueja; tartamudo.

ga•guei•ra *sf.* Gaguez.

ga•gue•jar *v.int.* **1.** Pronunciar as palavras com hesitação e repetindo as sílabas; tartamudear. **2.** Falar sem certeza. **3.** Vacilar nas respostas. *T.d.* **4.** Guaguejar (1). [Conjug.: ⊡ [gaguej]**ar**] ga•guez (ê) *sf.* Embaraço de fala típico dos gagos.

gai•a•col *sm.* V. *guaiacol.* [Pl.: *–cóis.*]

gai•a•to *sm.* 1. Rapaz travesso e vadio. 2. Indivíduo alegre, brincalhão. § gai•a•ti•ce *sf.*

gai•o¹ *sm. Zool.* Ave européia, corvídea.

gai•o² *adj.* Alegre, jovial.

gai•o•la *sf.* 1. Pequena clausura em que se encerram aves, feita de cana, junco, arame, etc. 2. Jaula. • *sm.* 3. *Bras. AM a PI* Pequeno vapor de navegação fluvial.

gai•ta *sf.* 1. Instrumento de sopro, com vários orifícios, que se toca fazendo-o correr por entre os lábios, duma extremidade à outra. 2. *Bras.* Pequena flauta reta, espécie de pífaro.

gai•tei•ro *sm.* 1. Tocador de gaita. • *adj.* 2. Folião, festeiro.

ga:i•vo•ta *sf. Zool.* Ave caradriiforme branco-acinzentada.

ga•jo *sm.* 1. Homem de modos abrutalhados. 2. Sujeito qualquer; tipo.

ga•la *sf.* 1. Traje para solenidades. 2. V. *pompa* (2). 3. Festa nacional.

ga•lã *sm. Cin., Teatr., Telev.* Personagem ou ator que tem o papel decisivo nas intrigas amorosas.

ga•la•lau *sm. Bras. Fam.* Homem alto.

ga•la•li•te *sf.* Material plástico derivado da caseína pura, tratada pelo formol.

ga•lan•te *adj2g.* 1. Gracioso, gentil. 2. Distinto, elegante. 3. Engraçado. • *s2g.* 4. Pessoa galante.

ga•lan•te•ar *v.t.d.* 1. Fazer a corte a. *Int.* 2. Dizer galanteios. [Conjug.: 10 [galant]ear] § ga•lan•te:a•dor (ô) *adj.* e *sm.*

ga•lan•tei•o *sm.* Ações ou ditos de galante (4); atenções amorosas; corte (ô).

ga•lan•te•ri•a *sf.* 1. Arte ou jeito de galantear. 2. Dito galante.

ga•lão¹ *sm.* 1. Tira ou cadarço, de tecido bordado ou de fios entrançados, usado como enfeite ou debrum; grega. 2. Tira de ponta dourada, usada como distintivo no boné e nas mangas da farda de certas categorias de militares e funcionários. [Pl.: *–lões.*]

ga•lão² *sm.* Medida de capacidade, equivalente a 3,785 litros. [Pl.: *–lões.*]

ga•lar *v.t.d.* Fecundar (a fêmea). [Aplica-se aos galináceos.]

ga•lar•dão *sm.* V. *prêmio* (1). [Pl.: *–dões.*]

ga•lar•do•ar *v.t.d.* 1. Conferir galardão a. 2. Premiar, compensar. [Conjug. 13 [galard]oar]

ga•lá•xi:a (cs) *sf. Astr.* Conjunto aparentemente isolado no espaço cósmico de milhões ou bilhões de estrelas, mantidas agrupadas pela gravidade.

ga•lé¹ *sf.* 1. Antiga embarcação de guerra, longa e estreita, impelida por grandes remos. • *sm.* 2. Homem sentenciado às galés (2).

ga•le•ão *sm.* Antigo navio de guerra, com popa arredondada e bojuda e quatro mastros. [Pl.: *–ões.*]

ga•le•go (ê) *adj.* 1. Da Galiza (Espanha). • *sm.* 2. O natural ou habitante da Galiza. 3. A língua falada ali. 4. *Bras. Deprec.* Português (2).

ga•le•na *sf.* O principal minério do chumbo.

ga•le•o•ta *sf. Ant.* Pequena galé, de até 20 remos.

ga•le•ra¹ *sf.* 1. Antigo navio à vela, de três mastros. 2. Carroça para transportar bombeiros, em serviço de incêndio.

ga•le•ra² *sf. Bras.* V. *torcida*[1.]

ga•le•ri•a *sf.* 1. Corredor extenso em que, ger., se dispõem quadros, estátuas, etc. 2. Coleção de quadros, estátuas, etc., organizada artisticamente. 3. Estabelecimento que expõe e/ou vende obras dessa natureza. 4. Conjunto de tubos enterrados, para conduzir águas pluviais. 5. Corredor subterrâneo. 6. Nos teatros, a localidade mais barata, na sua parte mais alta do recinto. 7. *Arquit.* Corredor largo e extenso.

ga•lés *sm.pl. Ant.* 1. A pena dos condenados a remar em galé (1). 2. Trabalhos forçados executados por presos com correntes aos pés.

ga•le•to (ê) *sm.* Frango ainda novo.

gal•gar *v.t.d.* 1. Saltar por cima de; transpor. 2. Subir; trepar. 3. Andar por. 4. Elevar-se a; atingir. [Conjug.: 11 [gal]gar]

gal•go *sm.* Cão de talhe elevado, pernas longas, focinho afilado e muito ágil.

ga•lha *sf. Pop.* Cecídio.

ga•lha•da *sf.* 1. Ramagem de árvores; galharada, galhâria. 2. Cada um dos cornos ramificados dos ruminantes.

ga•lha•ra•da *sf.* V. *galhada* (1).

ga•lhar•de•te (ê) *sm.* 1. Bandeira em forma de trapézio, para fazer sinais. 2. Flâmula para ornamentar ruas, etc., em ocasiões festivas; pendão.

ga•lhar•di•a *sf.* Qualidade de galhardo.

ga•lhar•do *adj.* 1. Garboso, bem-apessoado. 2. Generoso, gentil.

ga•lha•ri•a *sf.* V. *galhada* (1).

ga•lhe•ta (ê) *sf.* Vaso pequeno, de vidro, para o azeite e o vinagre.

ga•lhe•tei•ro *sm.* Utensílio de mesa que sustenta as galhetas.

ga•lho *sm.* 1. Ramo (1). 2. A parte do ramo que, partido este, fica presa ao caule. 3. Corno de ruminantes. 4. *Gír.* Dificuldade, complicação. 5. *Pop.* V. *bico* (4).

ga•lho•fa *sf.* Gracejo, troça, zombaria.

ga•lho•far *v.int.* 1. Fazer galhofa; gracejar. *T.d.* 2. Dizer em tom de galhofa. *T.i.* 3. Zombar. [Conjug.: 1 [galhof]ar]

ga•lho•fei•ro *adj.* Que é dado a galhofas.

ga•lhu•do *adj.* Que tem grandes cornos.

ga•li•cis•mo *sm.* Palavra, expressão ou construção afrancesada; francesismo.

ga•li•for•me *sm. Zool.* Espécime dos galiformes, ordem de aves de bico pequeno e forte, asas curtas e arredondadas, e pernas curtas; são, ger., terrestres. Ex.: galinhas, perus. § **ga•li•for•me** *adj2g.*

ga•li•leu *adj.* 1. Da Galiléia, região da Palestina (Ásia) onde Cristo pregou parte de sua doutrina. • *sm.* 2. O natural ou habitante da Galiléia. [Fem.: *galiléia*.]

ga•li•ná•ce:o *adj.* 1. Diz-se de ave semelhante à galinha. • *sm.* 2. Qualquer dessas aves.

ga•li•nha *sf.* 1. *Zool.* Ave fasianídea, a fêmea do galo, domesticada visando à carne e aos ovos. 2. Pessoa covarde, medrosa.

ga•li•nha-d'an•go•la *sf. Zool.* Ave numidídea originária da África, de penas pretas com pintas brancas. [Pl.: *galinhas-d'angola*.]

ga•li•nhei•ro *sm.* 1. Vendedor de galinhas. 2. Cercado onde se criam galinhas.

gá•li:o *sm. Quím.* Elemento de número atômico 31, metálico [símb.: *Ga*].

ga•lo *sm.* 1. *Zool.* Ave fasianídea, o macho da galinha; tem crista carnuda e asas curtas e largas. 2. *Pop.* Pequena inchação na testa ou na cabeça, resultante de pancada.

ga•lo•cha *sf.* Calçado de borracha usado por cima dos sapatos para preservá-los da umidade.

ga•lo•pa•da *sf.* Corrida a galope; galope.

ga•lo•pan•te *adj2g.* 1. Que galopa. 2. *Pop.* Diz-se da tísica de desenlace rápido.

ga•lo•par *v.int.* 1. Andar a galope. *T.d.* 2. Percorrer, galopando. 3. Fazer galopar (1): *galopar um alazão*. [Conjug.: 1 [galop]**ar**]

ga•lo•pe *sm.* 1. A carreira mais rápida de alguns animais, em especial do cavalo. 2. Corrida veloz. 3. *Bras.* Galopada.

gal•pão *sm. Bras.* Construção coberta, fechada por paredes ou tapumes, e destinada a fins industriais ou a depósito. [Pl.: *–pões*.]

gal•va•ni•zar *v.t.d.* Recobrir (um metal) com outro, por processo eletrolítico. [Conjug.: 1 [galvaniz]**ar**] § **gal•va•ni•za•ção** *sf.*; **gal•va•ni•za•do** *adj.*; **gal•va•ni•za•dor** (ô) *adj. e sm.*

ga•ma *sm.* 1. A 3ª letra do alfabeto grego (Γ, γ). • *sf.* 2. *Mús.* Qualquer escala (3). 3. Sucessão de idéias, teorias, etc.

ga•ma•ção *sf. Bras. Gír.* Amor; paixão. [Pl.: *–ções*.]

ga•ma•do *adj. Bras. Gír.* Apaixonado; vidrado.

ga•mão *sm.* 1. Jogo (de azar e cálculo) de tábulas e dados, entre dois parceiros. 2. Tabuleiro em que é jogado. [Pl.: *–mãos, –mões*.]

ga•mar *v.t.i. e int. Bras. Gír.* Encantar-se por; vidrar. [Conjug.: 1 [gam]**ar**]

gam•bá *sm. e f. Zool.* 1. Mamífero didelfídeo; sarigüê. 2. *Gír.* Ébrio inveterado.

gam•bi:ar•ra *sf. Teat.* Rampa de luzes e/ou refletores, situada ao lado de outras, ou acima da ribalta, ou no teto da platéia, a uns metros do palco.

gam•bi•to *sm.* Cambito (2).

ga•me•la *sf.* Vasilha de madeira ou de barro.

ga•me•lei•ra *sf. Bot.* Grande árvore morácea, lactescente, e de madeira útil.

ga•me•ta (ê) *sm. Biol.* Célula reprodutora, masculina ou feminina, capaz de unir-se a outra do sexo oposto, na reprodução sexuada. § **ga•me•tân•gi:o** *sm. Bot.* Órgão que produz gametas.

ga•mo *sm.* Cervídeo semelhante ao veado.

ga•na *sf.* 1. Grande apetite ou desejo de algo. 2. Impulso, ímpeto. 3. Má vontade contra alguém; raiva.

ga•nân•ci:a *sf.* Sede ou ambição de ganho.

ga•nan•ci•o•so (ô) *adj.* Que tem ganância. [Pl.: *–osos* (ó).]

gan•cho *sm.* Peça recurva, de material resistente, para suspender quaisquer pesos.

gan•dai•a *sf.* 1. Vadiagem, ociosidade. 2. Vida dissoluta.

gan•dai•ar *v.int.* Viver na gandaia. [Conjug.: 1 [gandai]**ar**]

gan•du•la *s2g. Esport.* Pessoa que busca e devolve a bola que sai do campo ou quadra durante o jogo.

gan•ga¹ *sf.* Tecido forte, azul ou amarelo.

gan•ga² *sf.* Resíduo, em geral inaproveitável, de uma jazida mineral.

gân•gli:o *sm. Anat.* Cada uma das pequenas estruturas, em forma de nó, situadas ao longo dos vasos linfáticos (*gânglios linfáticos*), ou localizadas nas raízes posteriores da medula (1) ou no sistema nervoso autônomo (*gânglios nervosos*). § **gan•gli:o•nar** *adj2g.*

gan•gor•ra (ô) *sf. Bras.* Aparelho para diversão infantil; tábua apoiada em peça pontiaguda, sobre a qual gira horizontalmente ou oscila.

gan•gre•na *sf.* 1. *Med.* Morte de tecido ou órgão geralmente por perda de suprimento sanguíneo. 2. Corrupção moral. § **gan•gre•no•so** *adj.*

gan•gre•nar *v.t.d.* 1. Produzir gangrena em. 2. Corromper. *Int.* e *p.* 3. Converter-se em gangrena. 4. Corromper-se. [Conjug.: 1 [gangren]**ar**]

gângs•ter *sm.* 1. Membro de grupo de malfeitores que cometem assaltos e roubos à mão armada. 2. *Fig. Pop.* Indivíduo que por seu caráter e ações se assemelha, moralmente, a um gângster (1).

gangs•te•ris•mo *sm.* Ação ou atitude de gângster.

gan•gue *sf. Bras. Gír.* Turma (1 e 4).

ga•nha-pão *sm.* 1. Trabalho de que alguém vive. 2. Instrumento, objeto, etc., que proporciona os meios de subsistência. [Pl.: *ganha-pães.*]

ga•nhar *v.t.d.* **1.** Adquirir, granjear. **2.** Adquirir a posse de. **3.** Perceber (quantia correspondente a ordenado, salário, etc.). **4.** Conseguir, alcançar. **5.** Obter por direito ou por acaso. **6.** Obter a vitória em; vencer. **7.** Captar, atrair. **8.** Passar a ter: *A estrada* ganhou *novos acessos. T.d.i.* **9.** Receber (presente, dádiva, etc.). **10.** Receber (golpe). **11.** Perceber (quantia). *Int.* **12.** Adquirir a posse de dinheiro ou bens. [Conjug.: ⌷ [ganh]ar; part.: *ganhado* e *ganho.* A f. regular, *ganhado*, é p. us.] § **ga•nha•dor** (ô) *adj.* e *sm.*

ga•nho *adj.* **1.** Que se ganhou. • *sm.* **2.** O que se ganhou. **3.** *Eletrôn.* Medida da capacidade de um equipamento, dispositivo ou circuito, de produzir, na saída, aumento do valor de um dado parâmetro elétrico de entrada.

ga•ni•do *sm.* **1.** Grito lamentoso dos cães. **2.** Voz esganiçada.

ga•nir *v.int.* Dar ganidos. [Conjug.: 58 [gan]ir]

gan•so *sm. Zool.* Ave anatídea, domesticada.

gan•zá *sm. Bras.* Espécie de maracá.

ga•ra•gem *sf.* **1.** Abrigo para veículos. **2.** Oficina em que eles se consertam. [Pl.: *-gens.*]

ga•ra•gis•ta *s2g. Bras.* Dono ou encarregado de garagem.

ga•ra•nhão *sm.* Cavalo destinado à reprodução. [Pl.: *-nhões.*]

ga•ran•ti•a *sf.* **1.** Ato ou efeito de garantir. **2.** Ato ou palavra com que se assegura obrigação, intenção, etc. **3.** Documento assegurador da autenticidade e/ou boa qualidade dum produto ou serviço. **4.** *P.ext.* O período em que vigora tal garantia.

ga•ran•tir *v.t.d.* **1.** Responsabilizar-se por; afiançar. **2.** Afirmar como certo, como bom. **3.** Tornar certo, seguro. *T.d.i.* **4.** Garantir (2 e 3). **5.** Livrar, defender. **6.** Conferir, dar. [Conjug.: ③ [garant]ir] § **ga•ran•ti•dor** (ô) *adj.* e *sm.*

ga•ra•pa *sf. Bras.* **1.** Bebida refrigerante: mel ou açúcar com água. **2.** Refresco de qualquer fruta. **3.** O caldo da cana para destilação.

ga•ra•tu•ja *sf.* **1.** V. *careta.* **2.** Desenho malfeito. **3.** Rabisco.

ga•ra•tu•jar *v.int.* Fazer garatujas. [Conjug.: ⌷ [garatuj]ar]

gar•bo *sm.* **1.** Elegância (1). **2.** Distinção (3).

gar•bo•so (ô) *adj.* Que tem ou revela garbo. [Pl.: *-bosos* (ó).]

gar•ça *sf. Zool.* Ave ardeídea que vive em bandos.

gar•ção *sm.* V. *garçom.* [Pl.: *-ções.*]

gar•çom *sm.* Empregado que serve à mesa em restaurantes, cafés, etc. [Pl.: *-çons.*]

gar•ço•ne•te *sf. Bras.* Empregada que serve à mesa ou ao balcão, tal como os garçons.

gar•dê•ni:a *sf. Bot.* Arvoreta rubiácea, florífera, ornamental; jasmim-do-cabo.

ga•re *sf.* Estação de estrada de ferro.

gar•fa•da *sf.* Porção de comida que um garfo leva de cada vez.

gar•far *v.t.d.* **1.** Pegar, ou revolver, etc., com garfo. **2.** *Bras. Gír.* Prejudicar, lesar. [Conjug.: ⌷ [garf]ar]

gar•fo *sm.* **1.** Utensílio de três ou quatro dentes, que faz parte do talher e serve para levar a comida à boca e segurar alguma peça de alimento que se quer cortar. **2.** Forcado.

gar•ga•lha•da *sf.* Risada franca e ruidosa.

ga•re•ga•lhar *v.int.* Soltar gargalhadas. [Conjug.: ⌷ [gargalh]ar]

gar•ga•lo *sm.* Parte superior de garrafa ou doutra vasilha, com entrada estreita.

gar•gan•ta *sf.* **1.** Parte anterior do pescoço; gorja, gasganete, goela (*pop.*). **2.** *Anat.* Trajeto que vai da boca à faringe. **3.** Entrada ou abertura estreita. **4.** V. *desfiladeiro.*

gar•gan•te•ar *v.int.* Fazer trinados com a voz. [Conjug.: 10 [gargant]ear]

gar•gan•ti•lha *sf.* Colar que se ajusta ao pescoço.

gar•ga•re•ja•men•to *sm.* Ato ou efeito de gargarejar; gargarejo (1).

gar•ga•re•jar *v.t.d.* **1.** Agitar (um líquido) na boca ou na garganta. *Int.* **2.** Fazer gargarejos. [Conjug.: ⌷ [gargarej]ar]

gar•ga•re•jo (ê) *sm.* **1.** Agitação de um líquido na boca ou na garganta; gargarejamento. **2.** Líquido, medicamentoso ou não, com que se gargareja. **3.** *Bras. Gír.* Em teatros, cinemas, etc., a primeira fila de cadeiras, ou de pessoas em pé.

ga•ri *sm. Bras.* Varredor de ruas.

ga•rim•pa•gem *sf. Bras.* Prática de garimpo. [Pl.: *-gens.*]

ga•rim•par *Bras. v.int.* **1.** Exercer o ofício de garimpeiro. *T.d.* **2.** Procurar (metal precioso). **3.** *P. ext.* Procurar como que em garimpo. **4.** *Fig.* Selecionar, reunindo. [Conjug.: ⌷ [garimp]ar]

ga•rim•pei•ro *sm. Bras.* **1.** O que anda à cata de metais e pedras preciosas. **2.** O que trabalha nas lavras diamantinas. **3.** Faiscador.

ga•rim•po *sm. Bras.* Lugar onde há explorações diamantinas e auríferas.

gar•ni•sé *adj2g.* **1.** Diz-se de galináceo pequeno, de origem inglesa. **2.** *Fig. Bras. Pop.* Diz-se de pessoa franzina, de pequena estatura e brigona.

ga•ro•a (ô) *sf. Bras.* Chuva miúda e persistente.

ga•ro•ar *v.int. Bras.* Cair garoa. [Conjug.: 13 [gar]oar. Defect., impess.]

ga•ro•ta (ô) *sf.* **1.** Menina. **2.** Namorada.

ga•ro•ta•da *sf.* **1.** Ajuntamento de garotos. **2.** Ato ou dito de garoto.

ga•ro•ti•ce *sf.* Ato, palavras ou vida de garoto.

ga•ro•to (ô) *adj.* 1. Que brinca ou vadia pelas ruas. • *sm.* 2. Rapaz que vadia pelas ruas. 3. *Bras.* V. *menino*.

ga•rou•pa *sf. Zool.* Nome comum a vários peixes serranídeos de carne saborosa.

gar•ra¹ *sf.* 1. A unha aguçada e curva de feras e aves de rapina. 2. *P. ext.* Unha comprida e que lembra a garra¹ (1).

gar•ra² *sf.* Ato de garrar. ♦ **À garra.** Sem rumo; solto, perdido.

gar•ra•fa *sf.* 1. Vaso, em geral de vidro e com gargalo estreito, para conter líquidos. 2. O conteúdo dele.

gar•ra•fa•da *sf.* 1. Medicamento líquido contido numa garrafa. 2. Pancada com garrafa.

gar•ra•fal *adj2g.* 1. Em forma de garrafa. 2. *Fig.* Grande, graúdo. [Pl.: *–fais.*]

gar•ra•fão *sm.* 1. Garrafa grande. 2. *Basq.* Área do campo, sob a tabela (6), na qual o jogador atacante só pode permanecer, no máximo, três segundos. [Pl.: *–fões.*]

gar•ran•cho *sm. Bras.* Letra ininteligível, ou feia.

gar•rar *v.int.* Ir à garra (embarcação fundeada). [Conjug.: ① [garr]**ar**]

gar•ri•ça *sf. Bras. Zool.* Ave troglodítidea, canora; cambaxilra, cambaxirra.

gar•ri•di•ce *sf.* Apuro excessivo no vestir.

gar•ri•do *adj.* 1. Muito enfeitado. 2. Elegante. 3. Alegre, vivo.

gar•ro•te¹ *sm.* 1. Pau curto com que se aperta a corda que estrangula os condenados. 2. Estrangulação sem suspensão do padecente. 3. *Med.* Dispositivo aplicado em redor de membro (1), de modo a produzir compressão, até que não se perceba batimento arterial.

gar•ro•te² *sm.* Bezerro de dois a quatro anos de idade.

gar•ro•ti•lho *sm. Patol.* Crupe diftérico.

gar•ru•cha *sf.* Pistola de carregar pela boca.

gar•ru•li•ce *sf.* Tagarelice (1).

gár•ru•lo *adj.* e *sm.* Tagarela.

ga•ru•pa *sf.* A parte superior do corpo das cavalgaduras que vai do lombo à anca.

gás *sm.* Fluido muito compressível cujo volume é o do recipiente que o contém. ♦ **Gás carbônico.** *Quím.* Dióxido de carbono, gasoso, incolor, inodoro, solúvel em água, produzido pela respiração e pela queima de substâncias que contêm carbono. **Gás nobre.** *Quím.* Qualquer dos gases elementares (hélio, neônio, argônio, criptônio, xenônio e radônio) cujos números atômicos são, respectivamente, 2, 10, 18, 36, 54 e 86. **Gás sulfuroso.** *Quím.* Dióxido de enxofre, gasoso, sufocante, produzido pela queima do enxofre. **Cheio de gás.** Com muita disposição; ansioso por fazer alguma coisa.

ga•se•i•fi•car *v.t.d.* 1. Transformar em gás. 2. Adicionar gás a. *P.* 3. Transformar-se em gás.

[Sin. ger.: *gasificar*. Conjug.: ⑧ [gaseifi]**car**] § **ga•se:i•fi•ca•ção** *sf.*; **ga•se:i•fi•cá•vel** *adj2g.*

ga•ses *sm.pl.* Vapores do estômago e dos intestinos; ventosidades.

gas•ga•ne•te (ê) *sm.* V. *garganta* (1).

ga•si•fi•car *v.t.d.* e *p.* V. *gaseificar*. [Conjug.: ⑧ [gasifi]**car**] § **ga•si•fi•ca•ção** *sf.*

ga•so•du•to *sm.* Tubulação destinada a conduzir, principalmente, gases naturais ou derivados de petróleo, etc.

ga•so•gê•ni:o *sm.* 1. Aparelho para fabricar ou produzir gás. 2. Aparelho para produção de gás combustível, usado como substituto da gasolina, etc.

ga•so•li•na *sf.* Líquido volátil extraído do petróleo por destilação e us. como combustível.

ga•sô•me•tro *sm.* Reservatório de gás para iluminação ou combustão.

ga•so•sa *sf. Bras.* Limonada gasosa.

ga•so•so (ô) *adj.* Da natureza do, ou que contém grande quantidade de gás, esp. gás carbônico. [Pl.: *–sosos* (ó).]

gas•ta•dei•ra *sf.* Aquela que gasta muito.

gas•ta•dor (ô) *adj.* e *sm.* Que ou quem gasta muito; perdulário. [Fem.: *gastadora* (ô).]

gas•tar *v.t.d.* 1. Diminuir pelo atrito o volume de. 2. Destruir, danificar. 3. Consumir. 4. Despender. 5. Servir-se de; empregar. 6. Passar (a vida, o tempo). *T.d.i.* 7. Empregar, aplicar. 8. Desperdiçar. *Int.* 9. Despender dinheiro. *P.* 10. Render as forças a saúde. 11. Estragar-se. [Conjug.: ① [gast]**ar**; part.: *gastado* e *gasto*.]

gas•to *adj.* 1. Que se gastou. • *sm.* 2. O que se gastou ou despendeu; despesa, dispêndio.

gas•tral•gi•a *sf. Med.* Dor no estômago.

gas•tren•te•ri•te *sf. Med.* Inflamação do estômago e do intestino.

gás•tri•co *adj.* Relativo ao estômago.

gas•trin•tes•ti•nal *adj2g.* Relativo a estômago e a intestino. [Pl.: *–nais.*]

gas•tri•te *sf. Med.* Inflamação do estômago.

gas•tro•no•mi•a *sf.* Arte de cozinhar de modo que se dê o maior prazer a quem come. § **gas•tro•nô•mi•co** *adj.*

gas•trô•no•mo *sm.* Amante das boas iguarias.

gas•tró•po•de *sm. Zool.* Espécime dos gastrópodes, classe de moluscos de concha univalve. § **gas•tró•po•de** *adj2g.*

gas•tros•co•pi•a *sf. Med.* Exame endoscópico do estômago. § **gas•tros•có•pi•co** *adj.*

ga•ta *sf.* 1. A fêmea do gato. 2. *Marinh.* Nome comum a vários mastros.

ga•ti•lho *sm.* Peça dos fechos da arma de fogo que, puxada, efetua o disparo. ♦ **Gatilho salarial.** *Econ.* Sistema de reajuste salarial pelo qual os salários são reajustados sempre que a inflação acumulada atinge determinado percentual.

ga•ti•ma•nhos *sm.pl.* Gestos ridículos ou sinais feitos com as mãos; gatimonha.

ga•ti•mo•nha *sf.* Gatimanhos.

ga•ti•nha *sf. Bras. Gír.* Menina graciosa, bonita.

ga•ti•nhas *sf.pl.* Us. na loc. *andar de gatinhas.*
◆ **Andar de gatinhas.** Andar com as mãos pelo chão; engatinhar.

ga•to *sm.* **1.** *Zool.* Felídeo domesticado, us. no combate aos ratos. **2.** *Bras.* Homem bonito. **3.** *Bras. Pop.* Ligação clandestina de energia elétrica.

ga•to-do-ma•to *sm. Bras. Zool.* Jaguatirica. [Pl.: *gatos-do-mato.*]

ga•to-sa•pa•to *sm.* Coisa desprezível. [Pl.: *gatos-sapatos* e *gatos-sapato.*] ◆ **Fazer gato-sapato de.** Fazer (alguém) de joguete.

ga•tu•na•gem *sf.* Ação própria de gatuno; furto. [Pl.: *–gens.*]

ga•tu•nar *v.t.d.* e *int.* Furtar, roubar. [Conjug.: [1] [gatun]**ar**]

ga•tu•no *sm.* Aquele que furta, ladrão.

ga•tu•ra•mo *sm. Zool.* Pequena ave traupídea, canora.

ga:u•cha•da *sf. Bras.* **1.** Grande porção de gaúchos. **2.** Gaucharia.

ga:u•cha•ri•a *sf. Bras.* Ação própria de gaúcho; gauchada.

ga:u•ches•co (ês) *adj. Bras.* Relativo ao gaúcho, ou próprio dele.

ga•ú•cho *adj.* e *sm.* V. *rio-grandense-do-sul.*

gau•dé•ri:o *adj.* e *sm.* Diz-se de, ou pessoa ou cão vadio, vagabundo.

gáu•di:o *sm.* Alegria; júbilo.

gá•ve:a *sf. Marinh.* Cada um dos mastros suplementares que espigavam logo acima dos mastros compridos e grossos dos antigos navios à vela.

ga•ve•ta (ê) *sf.* Caixa sem tampa, corrediça, que se introduz, como parte integrante, em mesa, cômoda, etc.

ga•ve•tei•ro *sm.* Armação que se põe no interior dum móvel para suster gavetas.

ga•vi•al *sm. Zool.* Grande crocodiliano do rio Ganges (Índia). [Pl.: *–ais.*]

ga•vi•ão *sm. Zool.* Nome comum a várias aves falconiformes, acipitrídeas e falconídeas. [Pl.: *–ões.*]

ga•ze *sf.* Tecido leve e transparente.

ga•ze•ar¹ *v.int.* Cantar (a garça, a andorinha, etc.). [Conjug.: [10] [gaz]**ear**]

ga•ze•ar² *v.t.d.* **1.** Faltar a (o estudo, a aula, etc.). *Int.* **2.** Faltar às aulas ou ao trabalho para vadiar. [Sin. ger.: *gazetear.* Conjug.: [10] [gaz]**ear**]

ga•ze•la *sf. Zool.* Bovídeo de longas patas delgadas e chifres espiralados; vive em bandos na África e Ásia.

ga•ze•ta¹ (ê) *sf.* Publicação política, doutrinária, noticiosa, literária, etc.

ga•ze•ta² (ê) *sf.* Ato de gazear².

ga•ze•te•ar *v.t.d.* e *int.* V. *gazear².* [Conjug.: [10] [gazet]**ear**]

ga•ze•tei•ro¹ *sm. Deprec.* Jornalista.

ga•ze•tei•ro² *adj.* e *sm. Bras.* Diz-se de, ou estudante que gazeia.

ga•ze•ti•lha *sf.* **1.** Seção noticiosa de um periódico. **2.** Folhetim (1).

ga•zu•a *sf.* Ferro curvo ou torto com que se podem abrir fechaduras.

❏ **GB** Símb. de *gigabyte.*

❏ **Gd** *Quím.* Símb. do *gadolínio.*

❏ **Ge** *Quím.* Símb. do *germânio.*

gê *sm.* A letra *g.*

ge•a•da *sf.* Orvalho congelado.

ge•ar *v.int.* Formar-se ou cair geada. [Conjug.: [10] [g]**ear**. Defect., impess.]

ge•car•ci•ní•de:o *sm. Zool.* Espécime dos gecarcinídeos, família de crustáceos decápodes onívoros, de regiões tropicais, que vivem em terra, água salobra ou água doce, e vão ao oceano para reproduzir. § **ge•car•ci•ní•de:o** *adj.*

ge•co•ní•de:o *sm. Zool.* Espécime dos geconídeos, família de pequenos lagartos insetívoros, ger. noturnos, que têm o corpo recoberto de escamas. Ex.: lagartixa. § **ge•co•ní•de:o** *adj.*

ge•e•na *sf.* **1.** O Inferno. **2.** Lugar de suplício, de sofrimento.

gêi•ser *sm.* Fonte quente com erupções periódicas e que, normalmente, traz muitos sais em dissolução.

gel *sm.* **1.** *Quím.* Colóide formado por um sólido disperso em um líquido. **2.** *Pop.* Cosmético gelatinoso us. no cabelo.

ge•la•dei•ra *sf. Bras.* Móvel que encerra uma máquina frigorífica destinada a manter-lhe o interior em baixa temperatura; refrigerador.

ge•la•do *adj.* **1.** Frigidíssimo. • *sm.* **2.** *Bras.* Qualquer bebida gelada.

ge•la•du•ra *sf. Med.* Lesão causada por ação do frio.

ge•lar *v.t.d., int.* e *p.* **1.** Congelar (1 e 4). **2.** Tornar(-se) excessivamente frio; refriar(-se). **3.** Apavorar(-se). [Conjug.: [1] [gel]**ar**]

ge•la•ti•na *sf.* **1.** Proteína existente nos ossos e tecidos fibrosos animais. **2.** Gelatina (1) preparada para uso alimentar. **3.** Iguaria feita com ela.

ge•la•ti•no•so (ô) *adj.* **1.** Que contém gelatina. **2.** Da natureza e aspecto da geléia. [Pl.: *–nosos* (ó).]

ge•léi•a *sf.* Alimento preparado com frutas cozidas em açúcar, e que, ao esfriar, toma consistência gelatinosa.

ge•lei•ra *sf.* Amontoamento de gelo passível de deslocamento, nas regiões em que a queda de neve ultrapassa o degelo.

gé•li•do *adj.* Muito frio; gelado.

ge•lo (ê) *sm.* **1.** Água em estado sólido, cristalizada. **2.** Frio excessivo. **3.** Indiferença.

ge•lo•se *sf.* V. *ágar-ágar.*

ge•lo•si•a *sf.* Grade de tabuinhas de madeira cruzadas a intervalos, que ocupa o vão duma janela; rótula.

ge•ma *sf.* **1.** *Biol.* A parte central, amarela, do ovo das aves. **2.** *Biol.* Massa celular que, brotando de tecido ou órgão, pode originar novo indivíduo. **3.** Pedra preciosa.

ge•ma•da *sf.* Porção de gema(s) de ovo, batida(s) com açúcar, à qual se adiciona líquido quente.

gê•me•o *adj.* **1.** Que nasceu do mesmo parto. **2.** Idêntico, igual. • *sm.* **3.** Indivíduo gêmeo (1).

gê•me•os *sm.pl.* **1.** *Astr.* A terceira constelação do Zodíaco, situada no hemisfério norte. **2.** *Astrol.* O terceiro signo do Zodíaco, relativo aos que nascem entre 21 de maio e 20 de junho. [Com inicial maiúscula.]

ge•mer *v.int.* **1.** Exprimir dor moral ou física com voz inarticulada. **2.** Produzir som triste, ou monótono. **3.** Ranger, estalar. **4.** Sofrer. *T.d.* **5.** Dizer, gemendo. [Conjug.: ② [gem]**er**] § **ge•men•te** *adj2g.*

ge•mi•do *sm.* **1.** Ato de gemer (1). **2.** Som plangente.

ge•mi•nar *v.t.d.* Duplicar, ligando. [Conjug.: ① [gemin]**ar**]

ge•mi•ni•a•no *sm.* **1.** Indivíduo nascido sob o signo de Gêmeos. • *adj.* **2.** Diz-se de, ou pertencente ou relativo a geminiano.

gen•ci•a•na *sf. Bot.* Erva gencianácea, medicinal.

gen•ci•a•ná•ce•a *sf. Bot.* Espécime das gencianáceas, família de ervas glabras das zonas temperadas. § **gen•ci•a•ná•ce•o** *adj.*

ge•ne *sm. Genét.* Unidade hereditária ou genética, situada no cromossomo, e que determina as características dum indivíduo.

ge•ne:a•lo•gi•a *sf.* **1.** Lista ou diagrama com os nomes dos antepassados de um indivíduo e a indicação dos casamentos e das sucessivas gerações que o ligam a determinado ancestral. **2.** A série desses antepassados. **3.** O estudo da origem das famílias. **4.** *Fig.* Procedência, origem. **5.** Os descendentes de um indivíduo, família ou grupo de organismos. § **ge•ne:a•ló•gi•co** *adj.*

ge•ne•bra *sf.* Aguardente de cereais, com bagas de zimbro nela destiladas ou maceradas.

ge•ne•ral *sm.* **1.** V. *hierarquia militar.* **2.** Caudilho, chefe. [Pl.: *–rais.*]

ge•ne•ra•la•do *sm.* Generalato.

ge•ne•ra•la•to *sm.* Posto de general; generalado.

ge•ne•ral-de-bri•ga•da *sm.* V. *hierarquia militar.* [Pl.: *generais-de-brigada.*]

ge•ne•ral-de-di•vi•são *sm.* V. *hierarquia militar.* [Pl.: *generais-de-divisão.*]

ge•ne•ral-de-e•xér•ci•to *sm.* V. *hierarquia militar.* [Pl.: *generais-de-exército.*]

ge•ne•ra•li•da•de *sf.* **1.** Qualidade do que é geral. **2.** O maior número.

ge•ne•ra•li•da•des *sf.pl.* Rudimentos.

ge•ne•ra•lís•si•mo *sm.* O chefe supremo de um exército.

ge•ne•ra•li•zar *v.t.d.* e *p.* Tornar(-se) geral ou comum; difundir(-se), propagar(-se). [Conjug.: ① [generaliz]**ar**] § **ge•ne•ra•li•za•ção** *sf.*

ge•ne•ra•ti•vo *adj.* Gerativo.

ge•né•ri•co *adj.* **1.** Respeitante a gênero. **2.** Geral (1). **3.** *Farm.* Diz-se de medicamento comercializado com o nome técnico, *i.e.*, o nome do princípio ativo que o integra. • *sm.* **4.** *Farm.* Medicamento genérico.

gê•ne•ro *sm.* **1.** Agrupamento de indivíduos, objetos, etc. que tenham características comuns. **2.** Classe, ordem, qualidade. **3.** Modo, estilo. **4.** *Antrop.* A forma como se manifesta, social e culturalmente, a identidade sexual dos indivíduos. **5.** *Biol.* Reunião de espécies [v. *espécie* (4)]. **6.** *Gram.* Categoria que classifica os nomes em masculino, feminino e neutro.

gê•ne•ros *sm.pl.* Mercadorias, esp. víveres.

ge•ne•ro•si•da•de *sf.* **1.** Qualidade de generoso. **2.** Ação generosa.

ge•ne•ro•so (ô) *adj.* **1.** Que gosta de dar; pródigo. **2.** Que perdoa facilmente. **3.** Nobre, leal. **4.** Diz-se de vinho de elevada graduação alcoólica, e que se bebe fora das refeições ou à sobremesa. [Pl.: *–rosos* (ó).]

gê•ne•se *sf.* **1.** Formação dos seres, desde uma origem. **2.** Formação, constituição.

ge•né•si•co *adj.* Genésico.

ge•né•ti•ca *sf.* Ramo da biologia que estuda as leis da transmissão dos caracteres hereditários nos indivíduos.

ge•né•ti•co *adj.* Relativo à gênese, à geração, ou à genética; genésico.

gen•gi•bre *sm. Bot.* Erva zingiberácea, medicinal.

gen•gi•va *sf. Anat.* Parte da mucosa da boca, e que circunda colo de dente que já irrompeu. § **gen•gi•val** *adj2g.*

ge•ni•al *adj2g.* **1.** De, ou próprio de gênio. **2.** *Bras. Gír.* Ótimo, excelente. [Pl.: *–ais.*]

gê•ni:o *sm.* **1.** Espírito benéfico ou maléfico, que, segundo os antigos, presidia ao destino de cada um. **2.** Altíssimo grau de capacidade mental criadora, em qualquer sentido. **3.** Homem de potência intelectual incomum. **4.** Índole, temperamento. **5.** Mau gênio; irascibilidade.

ge•ni•o•so (ô) *adj.* Que tem gênio mau. [Pl.: *–osos* (ó).]

ge•ni•tal *adj2g.* Relativo à geração, ou que serve para ela. [Pl.: *–tais.*]

ge•ni•tor (ô) *sm.* **1.** Aquele que gera, ou gerou. **2.** Pai.

ge•ni•to•ra (ó) *sf*. 1. Aquela que gera, ou que gerou. 2. Mãe.

ge•no•cí•di:o *sm*. Tentativa de, ou destruição, total ou parcial, de grupo nacional, étnico, racial ou religioso; crime contra a humanidade.

ge•nó•ti•po *sm*. *Genét*. Constituição genética de um indivíduo.

gen•ro *sm*. O marido da filha em relação aos pais desta. [Fem.: *nora*.]

gen•ta•lha *sf*. Ralé (2).

gen•te *sf*. 1. Quantidade de pessoas indeterminadas; povo. 2. Grupo de pessoas que têm certas características, ou profissão, ou interesses, em comum. 3. O ser humano. 4. População.

gen•til *adj2g*. 1. Nobre, generoso. 2. Delicado; gracioso. 3. Amável, cortês. [Superl.: *gentílimo, gentilíssimo*. Pl.: *-tis*.]

gen•ti•le•za (ê) *sf*. 1. Qualidade ou caráter de gentil. 2. Amabilidade, delicadeza.

gen•til-ho•mem *sm*. Homem nobre; fidalgo. [Pl.: *gentis-homens*.]

gen•ti•li•co *adj*. 1. De, ou próprio do gentio. 2. Diz-se do nome que designa a nação à qual se pertence. • *sm*. 3. Esse nome.

gen•ti:o *sm*. 1. Aquele que professa o paganismo. 2. *P. ext*. O índio[1] (1).

ge•nu•fle•xão (cs) *sf*. Flexão do joelho. [Pl.: *-xões*.]

ge•nu•fle•xó•ri:o (cs) *sm*. Estrado para ajoelhar e orar, com apoio para os braços.

ge•nu•í•no *adj*. 1. Sem mistura nem alteração; puro. 2. V. *autêntico* (5).

ge:o•cên•tri•co *adj*. 1. Relativo ao centro da Terra. 2. Que tem a terra como centro.

ge:o•de•si•a ou **ge:o•dé•si•a** *sf*. Ciência que trata da forma e das dimensões da Terra, ou de pontos determinados de sua superfície. § **ge:o•dé•si•co** *adj*.

ge:o•fí•si•ca *sf*. Ciência que estuda os fenômenos físicos que afetam a Terra.

ge:o•gra•fi•a *sf*. Ciência que descreve a superfície da Terra e estuda seus acidentes físicos, climas, solos e vegetações, e as relações entre o meio natural e os grupos. § **ge:o•grá•fi•co** *adj*.; **ge:o•gra•fo** *sm*. ♦ **Geografia política.** Geopolítica (q. v.).

ge•ói•de *sm*. Sólido geométrico que tem forma semelhante à da Terra.

ge:o•lo•gi•a *sf*. Ciência cujo objetivo é o estudo das origens, formação e sucessivas transformações e evoluções do globo terrestre. § **ge:o•ló•gi•co** *adj*.; **ge•ó•lo•go** *sm*.

ge:o•me•tri•a *sf*. Ciência que investiga as formas e dimensões dos seres matemáticos. § **ge:o•mé•tri•co** *adj*.

ge:o•me•tri•zar *v.t.d.* Dar forma geométrica a. [Conjug.: 1 [geometriz]**ar**]

ge:o•po•lí•ti•ca *sf*. Ramo da geografia que tra-

ta do Estado em suas relações com o meio; geografia política.

ge:os•sau•ro *sm*. *Paleont*. Reptil crocodiliano esp. aquático; viveu no jurássico e no cretáceo, e seus vestígios foram encontrados nos mares da Europa central.

ge•ra•ção *sf*. 1. Ato ou efeito de gerar. 2. Cada grau de filiação de pai a filho. 3. Conjunto de pessoas nascidas pela mesma época. 4. O espaço de tempo (aproximadamente 25 anos) que vai de uma geração (3) a outra. 5. *Rád. Telev.* Transmissão em circuito fechado de sinais de áudio ou vídeo para um ou mais pontos. [Pl.: *-ções*.]

ge•ra•dor (ô) *adj*. 1. Que gera. • *sm*. 2. Aquele ou aquilo que gera. 3. A parte das máquinas de vapor em que este fluido se produz. 4. Dispositivo capaz de fornecer energia elétrica a um circuito.

ge•ral *adj2g*. 1. Comum à maior parte; genérico. 2. V. *total* (1). 3. Universal (5). • *sm*. 4. A maior parte. • *sf*. 5. Local, em teatros, estádios, etc., pelo qual se cobram preços mais baixos. [Pl.: *-rais*.]

ge•râ•ni•á•ce:a *sf*. *Bot*. Espécime das geraniáceas, família de ervas e subarbustos ornamentais. § **ge•ra•ni•á•ce:o** *adj*.

ge•râ•ni:o *sm*. *Bot*. Nome comum a várias geraniáceas.

ge•rar *v.t.d.* 1. Criar, procriar. 2. Causar. 3. Produzir. 4. Conceber (1). 5. *Rád. Telev.* Fazer a geração de (programa). *P.* 6. Nascer; desenvolver-se. [Conjug.: 1 [ger]**ar**]

ge•ra•ti•vo *adj*. 1. Que pode gerar. 2. Relativo a geração.

ge•ra•triz *adj*.(*f*). 1. Que gera. • *sf*. 2. *Geom*. Curva que, ao mover-se, origina uma superfície.

ger•bão *sm*. *Bras. Bot*. Gervão. [Pl.: *-bões*.]

ge•rên•ci:a *sf*. 1. Gestão. 2. Funções de gerente. 3. O lugar onde ele exerce suas funções. 4. Administração.

ge•ren•ci•ar *v.t.d.* 1. Dirigir como gerente. 2. V. *gerir*. [Conjug.: 1 [gerenci]**ar**] § **ge•ren•ci:a•men•to** *sm*.

ge•ren•te *adj2g*. e *s2g*. Que ou quem gere negócios, bens ou serviços.

ger•ge•lim *sm*. *Bot*. Erva pedaliácea cujas sementes, condimentosas, fornecem óleo comestível e us. na indústria farmacêutica. [Pl.: *-lins*.]

ge•ri•a•tra *s2g*. Especialista em geriatria.

ge•ri•a•tri•a *sf*. *Med*. Estudo do idoso quanto a suas condições de vida normais e patológicas; gerontologia. § **ge•ri•á•tri•co** *adj*.

ge•rin•gon•ça *sf*. Objeto ou coisa malfeita e de duração precária.

ge•rir *v.t.d.* Ter gerência sobre; administrar, dirigir, gerenciar. [Conjug.: 53 [g]e[r]**ir**]

ger•mâ•ni•co *adj*. Relativo à antiga Germânia, ou à Alemanha (Europa).

ger•mâ•ni:o *sm. Quím.* Elemento de número atômico 32, cristalino, cinza-metálico, empregado na manufatura de dispositivos eletrônicos [símb.: *Ge*].

ger•ma•nis•mo *sm.* **1.** Palavra, expressão ou construção peculiar à língua alemã. **2.** Admiração profunda a tudo quanto é alemão.

ger•ma•ni•zar *v.t.d.* e *p.* Adaptar(-se) ao temperamento, maneira e/ou estilo germânico. [Conjug.: ① [germaniz]**ar**] § **ger•ma•ni•za•ção** *sf.*; **ger•ma•ni•za•do** *adj.*

ger•ma•no *adj.* e *sm.* Diz-se de, ou cada um dos irmãos que procedem do mesmo pai e/ou da mesma mãe.

ger•ma•nó•fi•lo *adj.* e *sm.* Amigo ou admirador da Alemanha e dos alemães.

ger•me *sm.* **1.** Rudimento de um novo ser. **2.** Micróbio (2). **3.** Princípio, origem, causa.

gér•men *sm.* V. *germe.*

ger•mi•ci•da *adj2g.* e *sm.* Diz-se de, ou substância que mata germes.

ger•mi•nal *adj2g.* Relativo ao germe. [Pl.: –*nais.*]

ger•mi•nar *v.int.* **1.** Começar a desenvolver-se (semente, bulbo, etc.). **2.** Tomar incremento ou vulto. *T.d.* **3.** Causar, gerar. [Conjug.: ① [germin]**ar**] § **ger•mi•na•ção** *sf.*

ge•ron•to•cra•ci•a *sf.* **1.** Governo exercido por anciãos. **2.** *Antrop. Sociol.* Sistema político baseado na autoridade decisiva dos membros mais velhos do grupo. § **ge•ron•to•crá•ti•co** *adj.* **ge•ron•to•ló•gi•a** *sf. Med.* Geriatria. § **ge•ron•to•ló•gi•co** *adj.*

ger•re•í•de:o *sm. Zool.* Espécie dos gerreídeos, família de pequenos peixes marinhos, perciformes, que habitam águas litorâneas. § **ger•re•í•de:o** *adj.*

ge•rún•di:o *sm. Gram.* Forma invariável dos verbos, que se produz, em português, pela mudança do *r* final do infinitivo em -*ndo.*

ger•vão *sm. Bot.* Nome comum a ervas verbenáceas ornamentais, ou forrageiras; gerbão. [Pl.: –*vões.*]

ges•sar *v.t.d.* V. *engessar.* [Conjug.: ① [gess]**ar**]

ges•so (ê) *sm.* **1.** Substância calcária cozida a baixa temperatura e empregada em moldagens, tetos rebaixados, e em traumatologia. **2.** Objeto moldado em gesso.

ges•ta *sf.* **1.** Feitos guerreiros. **2.** Canção que celebra tais feitos.

ges•ta•ção *sf.* **1.** Tempo decorrido da concepção (2) até o nascimento; gravidez. **2.** Elaboração. [Pl.: –*ções.*]

ges•tan•te *sf.* Mulher durante a gestação (1).

ges•tão *sf.* Ato ou efeito de gerir; gerência. [Pl.: –*tões.*]

ges•tar *v.t.d., int.* Conceber, gerar. [Conjug.: ① [gest]**ar**]

ges•ta•tó•ri:o *adj.* **1.** Relativo a gestação. **2.** Diz-se da cadeira em que é conduzido o papa.

ges•ti•cu•lar *v.int.* e *t.d.* Fazer gestos, ou exprimir por gestos. [Conjug.: ① [gesticul]**ar**] § **ges•ti•cu•la•ção** *sf.*; **ges•ti•cu•la•do** *adj.*

ges•to¹ *sm.* Movimento do corpo, em especial da cabeça e dos braços, para exprimir idéias ou sentimentos, ou para realçar a expressão.

ges•to² *sm.* Ação, ato (em geral, brilhante).

❏ **GHz** *Fís.* Símb. de *gigahertz.*

gi•ba *sf.* V. *corcunda* (1).

gi•bão¹ *sm. Bras.* Casaco de couro us. pelos vaqueiros; véstia. [Pl.: –*bões.*]

gi•bão² *sm. Zool.* Nome comum a vários macacos grandes, asiáticos, de focinho alongado, grandes dentes e calosidades nas nádegas. [Pl.: –*bões.*]

gi•bi *sm. Bras.* **1.** Nome registrado de determinada revista em quadrinhos, infanto-juvenil. **2.** *P. ext.* Qualquer revista em quadrinhos.

gi•bo•so (ô) *adj.* Que tem giba. [Pl.: –*bosos* (ó).] § **gi•bo•si•da•de** *sf.*

gi•es•ta *sf. Bot.* Subarbusto das leguminosas, ornamental.

gi•ga•by•te *sm. Inform.* Unidade de medida de informação, equivalente a 1.024 megabytes [símb.: *GB*].

gi•ga•hertz *sm. Fís.* Unidade de medida de freqüência, igual a 10^9 hertz [símb.: *GHz*].

gi•gan•ta *sf.* Fem. de *gigante* (1).

gi•gan•te *sm.* **1.** Homem de elevada estatura e/ou grande corpulência. • *adj2g.* **2.** Enorme.

gi•gan•tes•co (ê) *adj.* **1.** Que tem estatura de gigante. **2.** Prodigioso, grandioso.

gi•gan•tis•mo *sm.* **1.** Desenvolvimento extraordinário e anormal de qualquer ser, animal ou vegetal. **2.** *P. ext.* Crescimento gigantesco.

gi•go•lô *sm.* Homem que vive à custa de mulher.

gi•le•te (é) *sf.* **1.** Nome registrado de uma lâmina para barbear. **2.** Qualquer lâmina desse tipo.

gil•vaz *sm.* Golpe ou cicatriz no rosto.

gim *sm.* Aguardente de cereais (cevada, trigo, aveia) e zimbro. [Pl.: –*gins.*]

gim•nos•per•ma *sf. Bot.* Espécie das gimnospermas, grupo de vegetais que se caracterizam pelos óvulos e sementes a descoberto, e que são abundantes nos climas temperados, mas raros no Brasil. Ex. coníferas. § **gim•nos•per•mo** *adj.*

gi•na•si•a•no *sm.* Aluno de ginásio (2).

gi•ná•si:o *sm.* **1.** Lugar onde se pratica ginástica. **2.** *Bras. Desus.* Período de ensino de quatro anos que sucedia ao curso primário. **3.** *Bras. Desus.* Estabelecimento em que se ministrava esse ensino. § **gi•na•si•al** *adj2g.*

gi•nás•ti•ca *sf.* Arte ou ato de exercitar o corpo, para fortificá-lo ou dar-lhe agilidade. § **gi•nás•ti•co** *adj.*

gin•ca•na *sf.* Competição entre equipes em que ganha a que completar as tarefas com mais rapidez e habilidade.

gi•ne•ceu *sm. Bot.* Órgão feminino das flores, que consta, em geral, de três partes: ovário, estilete e estigma.

gi•ne•co•lo•gi•a *sf. Med.* Parte da medicina que trata das doenças privativas das mulheres. § **gi•ne•co•ló•gi•co** *adj.*; **gi•ne•co•lo•gis•ta** *s2g.*

gi•ne•ta(ê) *sf.* Sistema de equitação de estribo curto.

gi•ne•te(ê) *sm.* **1.** Cavalo de boa raça, fino e bem adestrado. **2.** Bom cavaleiro (4).

gi•ne•te•ar *v.int.* **1.** Corcovar (o cavalo). *T.d.* **2.** Fazer (o animal) corcovear. [Conjug.: 10[gi-net]**ear**]

gin•gar *v.int.* Bambolear(-se), saracotear-se. [Conjug.: 11[gin]**gar**]

gin•ja *sf.* O fruto da ginjeira.

gin•jei•ra *sf. Bot.* Árvore frutífera rosácea.

gíp•se•o *adj.* Feito de gesso.

gi•ra *s2g. Bras. Fam.* Pessoa meio maluca.

gi•ra•fa *sf. Zool.* **1.** Mamífero girafídeo, africano. **2.** *Pop.* Pessoa alta e/ou de pescoço muito comprido.

gi•ra•fí•de•o *sm. Zool.* Espécime dos girafídeos, família de artiodáctilos de pescoço muito longo, patas finas, e com dois pequenos cornos. § **gi•ra•fí•de•o** *adj.*

gi•rân•do•la *sf.* **1.** Roda em que se reúne certo número de foguetes que se acendem ao mesmo tempo. **2.** *P. ext.* O conjunto dos foguetes assim reunidos.

gi•rar *v.int.* **1.** Andar à roda ou em giro; rodar. **2.** Andar dum lado para outro. **3.** Circular. **4.** Decorrer, passar(-se). *T.d.* **5.** Fazer rodar ou fazer dar voltas: *girar os olhos, o corpo.* [Conjug.: 1 [gir]**ar**]

gi•ras•sol *sm. Bot.* Planta das compostas, de grandes flores amarelas e frutos (pop. chamados *sementes*) que fornecem óleo comestível; helianto. [Pl.: *–sóis.*]

gi•ra•tó•ri:o *adj.* Que gira ou circula.

gí•ri:a *sf.* **1.** Linguagem de malfeitores, malandros, etc. **2.** Linguagem que, nascida em certo grupo social, termina estendendo-se à linguagem familiar. **3.** Palavra ou expressão de gíria (1 e 2). § **gi•ri•es•co** *adj.*

gi•ri•no *sm. Zool.* Nome comum às larvas dos anuros.

gi•ro *sm.* **1.** Volta, circuito. **2.** Movimento de negócio. **3.** *Fam.* Pequena excursão ou passeio; volta.

giz *sm.* **1.** *Min.* Calcário de fácil fragmentação e que contém sílica e argila; greda. **2.** Bastonete de giz (1), para se escrever em quadros-negros.

gla•bro *adj.* Sem pêlo (1 e 3), ou sem barba.

gla•ce *sf.* Cobertura de bolo, solidificada ou não, feita, em geral, à base de açúcar.

gla•cê *sm.* **1.** Glace. •*adj2g.* **2.** Diz-se de frutas secas e cobertas de açúcar.

gla•ci:a•ção *sf.* Formação particular dos períodos geológicos em que a superfície da terra estava recoberta pelas geleiras. [Pl.: *–ções.*]

gla•ci•al *adj2g.* **1.** Do, ou relativo ao gelo. **2.** Muito frio. **3.** Sem animação. [Pl.: *–ais.*]

gla•ci•á•ri:o *adj.* Relativo à época glacial ou plistoceno.

gla•di:a•dor(ô) *sm.* Aquele que nos circos romanos combatia com homens ou com feras.

glá•di:o *sm.* Espada de dois gumes; espada.

glan•de *sf.* **1.** Fruto do carvalho, vulgarmente chamado *bolota.* **2.** *Anat.* Nome genérico de pequena massa arredondada. ♦ **Glande peniana.** Extremidade, em forma de barrete, do pênis.

glân•du•la *sf.* Conjunto de células especializadas, que fabricam substância(s) destinada(s) a atuar no organismo e, após, ser(em) destruída(s), ou dele eliminada(s).

glan•du•lar *adj2g.* Relativo a, ou que tem forma de glândula.

glau•co *adj.* Verde tirante a azul; verde-azulado.

glau•co•ma *sm. Med.* Cada uma de um grupo de oftalmopatias caracterizadas por aumento de pressão intra-ocular e diminuição do campo visual.

gle•ba *sf.* Terreno próprio para cultura; torrão.

glei•che•ni•á•ce:a *sf. Bot.* Espécime das gleicheniáceas, família de pteridófitos das regiões tropicais. Ex.: samambaias. § **glei•che•ni•á•ce:o** *adj.*

gli•ce•mi•a *sf. Med.* Teor de glicose no sangue.

gli•ce•ri•na *sf.* Álcool líquido, incolor, viscoso.

gli•cí•di:o *sm. Quím.* Designação geral de açúcares, carboidratos e substâncias análogas. § **gli•cí•di•co** *adj.*

gli•co•pro•te•í•na *sf. Bioquím.* Proteína ligada a resíduo glicídico.

gli•co•se *sf. Quím.* Açúcar sólido, incolor, encontrado no sangue e em várias plantas [fórm.: $C_6H_{12}O_6$].

glo•bal *adj2g.* Integral, total. [Pl.: *–bais.*]

glo•ba•li•zar *v.t.d.* **1.** Totalizar, integralizar. *P.* **2.** Sofrer globalização. [Conjug.: 1 [globaliz]**ar**]

glo•ba•li•za•ção *sf.* Processo de integração entre as economias e sociedades dos vários países, especialmente no que se refere à produção de mercadorias e serviços, aos mercados financeiros, e à difusão de informações. [Pl.: *–ções.*]

glo•bo(ô) *sm.* **1.** Corpo esférico. **2.** O globo terrestre; a Terra. **3.** Representação esférica do sistema planetário. [Pl.: *globos* (ô).]

glo•bu•lar *adj2g.* Com a forma de globo; orbicular.

gló•bu•lo *sm.* Pequeno globo. ♦ **Glóbulo branco.** *Histol.* Leucócito. **Glóbulo sanguíneo.** *Histol.* Cada um dos elementos do sangue (hemácia, leucócito, plaqueta). **Glóbulo vermelho.** *Histol.* Hemácia.

gló•ri:a *sf.* **1.** Fama obtida por ações extraordinárias, grandes serviços à humanidade, etc.; celebridade, renome. **2.** Brilho, esplendor. **3.** Honra, homenagem.

glo•ri•ar *v.t.d.* **1.** Cobrir de glória; glorificar. *P.* **2.** Glorificar (2). **3.** Ufanar-se, envaidecer-se; glorificar. [Conjug.: ① [glori]**ar**]

glo•ri•fi•car *v.t.d.* **1.** Prestar homenagem a; honrar. *P.* **2.** Adquirir glória; gloriar-se. **3.** Gloriar (3). [Conjug.: ⑧ [glorifi]**car**] § **glo•ri•fi•ca•ção** *sf.*; **glo•ri•fi•ca•dor** (ó) *adj. e sm.*

glo•rí:o•la *sf.* Glória vã.

glo•ri•o•so (ó) *adj.* Cheio de glória, ou que a dá. [Pl.: *-osos* (ó).]

glo•sa *sf.* **1.** Nota explicativa de palavra ou texto. **2.** Anotação marginal ou nas entrelinhas. **3.** Crítica. **4.** Composição poética a que servem de mote os quatro versos duma quadra.

glo•sar *v.t.d.* **1.** Comentar, anotar. **2.** Criticar. **3.** Suprimir ou anular. **4.** Fazer glosa (4) de. *Int.* **5.** Fazer glosas. [Conjug.: ① [glos]**ar**]

glos•sá•ri:o *sm.* **1.** Vocabulário ou livro em que se explicam palavras de significação obscura. **2.** Vocabulário de um texto ou obra.

glo•te *sf. Anat.* Abertura na laringe, entre as bordas livres das cordas vocais inferiores. § **gló•ti•co** *adj.*

glu•ma *sf. Bot.* Bráctea que envolve e protege os órgãos florais das gramíneas.

glú•on *sm. Fís. Part.* Partícula subnuclear de massa e carga elétrica nulas mediadora das interações fortes entre *quarks* e responsável pela força de coesão que permite formar os núcleos atômicos.

glu•tão *sm.* Aquele que come muito e com avidez; comilão, edaz. [Fem.: *glutona.* Pl.: *-tões.*]

glu•te *sm.* Substância encontrada nos cereais, quando das farinhas se separa o amido.

glú•ten *sm.* Glute.

glú•te:o *adj. Anat.* Referente às nádegas.

glu•ti•no•so (ó) *adj.* Que tem glute, ou é da consistência dele. [Pl.: *-nosos* (ó).]

glu•to•na•ri:a *sf.* Qualidade de glutão.

gnais•se *sm. Geol.* Rocha laminada, cristalina, de composição mineralógica muito variável.

gno•mo *sm. Folc.* Espírito feio e de baixa estatura que, segundo crendices, vive no interior da Terra, onde guarda minas e tesouros.

gno•se *sf.* **1.** Conhecimento, sabedoria. **2.** *Filos.* Conhecimento esotérico da divindade.

gno•si:o•lo•gi•a *sf.* Estudo das fontes, limites e valor do conhecimento humano; teoria do conhecimento.

gnos•ti•cis•mo *sm.* Ecletismo que visa conciliar todas as religiões por meio da gnose. § **gnós•ti•co** *adj.*

go•dê *sm.* **1.** Corte de tecido em viés, utilizado em saias, etc. • *adj2g.* **2.** Diz-se de roupa ou parte dela assim cortada.

go•e•la *sf. Pop.* V. *garganta* (1).

go•frar *v.t.d.* Marcar por pressão, sem tinta, ouro ou outro material, ornatos e letras, nas lombadas e pastas de pano, couro, etc., de (livro ou outra coisa que se encaderna). [Conjug.: ① [gofr]**ar**]

go•go (ó) *sm.* Gosma (1).

go•gó *sm. Bras. Fam.* Pomo-de-adão.

goi•a•ba *sf. Bras.* O fruto da goiabeira, rico em vitamina C.

goi•a•ba•da *sf. Bras.* Doce de goiaba em pasta.

goi•a•bei•ra *sf. Bot.* Arvoreta das mirtáceas, frutífera.

goi•a•mum *sm. Bras. Zool.* V. *guaiamu.* [Pl.: *-muns.*]

goi•a•ni•en•se *adj2g.* **1.** De Goiânia, capital de GO. • *s2g.* **2.** O natural ou habitante de Goiânia.

goi•a•no *adj.* **1.** Do Estado de Goiás, ou da cidade e município do mesmo nome. • *sm.* **2.** O natural ou habitante de Goiás.

goi•ta•cá *s2g. Bras. Etnôn.* Indivíduo dos goitacas, povo indígena extinto que até à metade do séc. XVII senhoreava o litoral e outras áreas do ES e do RJ. § **goi•ta•cá** *adj2g.*

goi•va *sf.* Formão que tem o chanfro do corte no lado côncavo, e usado em marcenaria, escultura, etc.

goi•vo *sm. Bot.* Erva crucífera ornamental, e sua flor.

gol (ó) *sm. Fut.* **1.** Linha ou quadro que a bola deve transpor, como principal objetivo do jogo; arco, baliza, meta. **2.** Ponto que se marca quando a bola transpõe o gol (1) do adversário. [Pl.: *gois* (p. us.), *golos* (lus.) e *gols* (f. mais us., embora menos preferível).]

go•la *sf.* A parte do vestuário junto ao pescoço ou em volta dele.

go•le *sm.* Porção de líquido que se engole duma vez; trago; sorvo.

go•le•a•da *sf. Bras. Fut.* Vitória por larga margem de gois.

go•le:a•dor *adj.* **1.** Que faz muitos gols. • *sm.* **2.** Artilheiro (2 e 3).

go•le•ar *v.t.d. e int.* Vencer por vários gois. [Conjug.: ⑩ [gol]**ear**]

go•lei•ro *sm. Bras. Fut.* Jogador que defende o gol; arqueiro.

go•le•ta (ê) *sf.* Barra (6).

gol•fa•da *sf.* **1.** Aquilo que se golfa ou vomita duma vez. **2.** Jorro, jacto.

gol•far *v.t.d.* **1.** Expelir em golfadas; vomitar. **2.** Expelir; emitir. *Int.* **3.** Sair em golfadas. [Conjug.: ① [golf]**ar**]

gol•fe (ô) *sm.* Esporte de origem escocesa, que consiste em impelir com um taco uma bolinha maciça, fazendo-a entrar numa série de buracos.

gol•fi•nho *sm. Zool.* Cetáceo delfinídeo de até 2m de comprimento; delfim.

gol•fo (ô) *sm.* Porção de mar que entra fundo pela terra, e cuja abertura é muito larga.

gol•pe *sm.* **1.** Movimento pelo qual um corpo se choca com outro; pancada. **2.** Incisão. **3.** Acontecimento súbito e inesperado. **4.** Abalo, choque. **5.** Manobra para lesar outrem.

gol•pe•ar *v.t.d.* **1.** Dar golpes em. **2.** Ferir com golpes. **3.** Afligir, angustiar. [Conjug.: ⑩ [golp]**ear**]

go•ma *sf.* **1.** Seiva translúcida e viscosa dalguns vegetais. **2.** *Bras.* Cola feita com farinha de trigo, polvilho, etc., e água. **3.** *Bras.* Preparado para engomar roupa, feito com água e amido.

go•ma•a•rá•bi•ca *sf.* Cola (1) feita de resina de certas árvores. [Pl.: *gomas-arábicas.*]

go•ma-laca *sf.* Laca. [Pl.: *gomas-lacas* e *gomas-laca.*]

go•mar *v.t.d.* Engomar (1). [Conjug.: ① [gom]**ar**]

go•mo *sm.* **1.** V. *broto* (1). **2.** Divisão natural da polpa de certos frutos.

gô•na•da *sf. Biol.* Glândula que produz gametas.

gôn•do•la *sf.* **1.** Pequena embarcação de remos, típica dos canais de Veneza (Itália). **2.** Estante de supermercado.

gon•do•lei•ro *sm.* Tripulante de gôndola.

gon•go *sm.* Instrumento de percussão: disco metálico que se faz vibrar batendo-lhe com uma baqueta.

gon•go•lo (gô) ou **gon•go•lô** *sm. Bras. Zool.* Embuá.

gon•gó•ri•co *adj.* Do gongorismo, ou relativo a essa escola.

gon•go•ris•mo *sm.* **1.** Escola literária espanhola, caracterizada por excesso de metáforas, antíteses, anástrofes e alusões clássicas. **2.** Modo de escrever típico dessa escola.

go•nor•réi•a *sf. Med.* Infecção bacteriana ger. adquirida mediante relação sexual, e que produz, no homem, uretrite e eliminação de secreção purulenta, e, na mulher, compromete órgãos genitais; blenorragia; purgação (*Pop.*)

gon•zo *sm.* Dobradiça de porta ou de janela.

go•rar *v.t.d.* e *int.* **1.** Malograr(-se), frustrar(-se). **2.** Impedir a incubação de, ou não chegar a incubar (ovo). [Conjug.: ① [gor]**ar**]

gor•do (ô) *adj.* **1.** Que tem muita gordura; gorduroso, graxo. **2.** Que tem o tecido adiposo desenvolvido. **3.** Avultado, alentado. **4.** Diz-se do domingo e da terça-feira de carnaval.

gor•du•cho *adj.* Um tanto gordo.

gor•du•ra *sf.* **1.** Substância graxa, de escassa consistência, encontrada nos tecidos adiposos dos animais e em vários óleos vegetais. **2.** Tecido adiposo. **3.** Obesidade.

gor•du•ro•so (ô) *adj.* **1.** V. *gordo* (1). **2.** Engordurado. **3.** Da consistência da gordura. [Pl.: *–rosos* (ó).]

gor•go•mi•lo *sm. Pop.* Garganta, goela. [Tb. us. no pl.]

gor•go•ná•ce•o *sm. Zool.* Espécime dos gorgonáceos, ordem de animais antozoários que formam colônias ger. arborescentes; incluem os corais vermelhos, us. em joalheria. **§ gor•go•ná•ce•o** *adj.*

gor•gô•ni•a *sf.* **1.** *Zool.* O gênero dos gorgoniídeos. **2.** Espécie, ou espécime desse gênero.

gor•go•ni•í•de•o *sm. Zool.* Espécime dos gorgoniídeos, família de gorgonáceos arborescentes. **§ gor•go•ni•í•de•o** *adj.*

gor•go•rão *sm.* Tecido encorpado, de seda ou lã, em cordões salientes. [Pl.: *–rões.*]

gor•gu•lho *sm. Bras. Zool.* Caruncho.

go•ri•la *sm.* **1.** *Zool.* Grande macaco pongídeo, africano. **2.** *Fig.* Brutamontes.

gor•ja *sf.* V. *garganta* (1).

gor•je•ar *v.int.* **1.** Soltar sons agradáveis (os pássaros); trinar. *T.d.* **2.** Exprimir com voz melodiosa. [Conjug.: ⑩ [gorj]**ear**]

gor•jei•o *sm.* Ato ou efeito de gorjear.

gor•je•ta (ê) *sf.* Pequena quantia, além da devida, que se dá como gratificação; propina, espórtula.

go•ro (ô) *adj.* Que gorou.

gor•ro (ô) *sm.* Barrete (1).

gos•ma *sf.* **1.** Doença que ataca a língua das aves, sobretudo as galináceas; gogo. **2.** Matéria composta de várias substâncias (água, muco, etc.), e que se expele pela boca.

gos•men•to *adj.* Cheio de gosma.

gos•tar *v.t.i.* **1.** Achar bom gosto ou sabor. **2.** Sentir prazer. **3.** Ter afeição, amizade. **4.** Julgar bom; aprovar. **5.** Ter por hábito; costumar. **6.** Dar-se bem. *P.* **7.** Estimar-se mutuamente. [Conjug.: ① [gost]**ar**]

gos•to (ô) *sm.* **1.** Sentido pelo qual se percebe o sabor das coisas; paladar. **2.** Sabor (2). **3.** Prazer, satisfação. **4.** Inclinação, pendor. **5.** Critério, opinião. **6.** Bom gosto. [Pl.: *gostos* (ó).]

gos•to•são *sm. Bras. Gír.* Homem atraente, gabola, cheio de pose (2). [Fem.: *gostosona*. Pl.: *–sões.*]

gos•to•so (ô) *adj.* **1.** Que tem bom gosto ou sabor; saboroso. **2.** Que dá prazer, satisfação; agradável. **3.** *Bras. Gír.* Diz-se de pessoa muito atraente, sensual. [Pl.: *–tosos* (ó).]

gos•to•so•na *sf. Bras. Gír.* Mulher muito atraente.

gos•to•su•ra *sf. Bras. Fam.* **1.** Coisa gostosa. **2.** Grande gosto; delícia.

go•ta (ô) *sf.* **1.** Porção mínima de líquido suficientemente pesado para cair em forma de esfera ou pêra; pingo, pinga. **2.** Gotículas (de orvalho ou de suor). **3.** *Med.* Artropatia causada por distúrbio do metabolismo de purinas, ocorrendo excesso de ácido úrico no organismo. § **go•to•so** (ô) *adj.*

go•tei•ra *sf.* **1.** Telha de beiral, donde escorre a água da chuva. **2.** Fenda ou buraco de telhado de onde cai água quando chove.

go•te•jar *v.int.* **1.** Cair em gotas. *T.d.* **2.** Deixar cair gota a gota. [Conjug.: ① [gotej]**ar**] § **go•te•jan•te** *adj2g.*

gó•ti•co *adj.* Diz-se dum estilo arquitetônico que floresceu na Europa do séc. XIII ao XV, e que se caracteriza sobretudo pelo uso de ogivas.

go•tí•cu•la *sf.* Gota mínima; gotinha, gotazinha.

go•ver•na•dor (ô) *sm.* Aquele que governa um estado, uma região.

go•ver•na•men•tal *adj2g.* Relativo ao governo, ou que dele provém ou que emana. [Pl.: *–tais.*]

go•ver•nan•ta *sf.* Mulher que administra casa de outrem, ou que se emprega em casa de família para educar crianças.

go•ver•nar *v.t.d.* **1.** Regular o andamento de; conduzir. **2.** Exercer o governo de. **3.** Ter poder ou autoridade sobre. **4.** Dominar, controlar. *Int.* **5.** Ter poder de administrar e dispor. *P.* **6.** Cuidar dos seus interesses. **7.** Dominar-se, controlar-se. [Conjug.: ① [govern]**ar**] § **go•ver•ná•vel** *adj2g.*

go•ver•nis•ta *adj2g.* e *s2g.* Partidário do governo.

go•ver•no (ê) *sm.* **1.** Ato ou efeito de governar(-se). **2.** Administração. **3.** Domínio, controle. **4.** O poder executivo. **5.** Regime político dum Estado. **6.** Freio; direção.

go•za•ção *sf. Bras. Fam.* Ação ou efeito de gozar (4 e 9); zombaria; deboche. [Pl.: *–ções.*]

go•za•do *adj.* **1.** Desfrutado. **2.** *Bras.* Esquisito, estranho. **3.** *Bras. Gír.* Engraçado.

go•zar *v.t.d.* **1.** Usar ou possuir (coisa útil ou aprazível). **2.** Aproveitar, desfrutar. **3.** Sentir prazer. **4.** *Bras. Fam.* Rir de (ato, fato, alguém); debochar. *T.i.* **5.** Gozar (3 e 4). **6.** Ter; desfrutar. *Int.* **7.** Experimentar prazer. **8.** Achar graça em algo. **9.** Atingir o orgasmo. [Conjug.: ① [goz]**ar**]

go•zo (ô) *sm.* **1.** Ato ou efeito de gozar; prazer, satisfação. **2.** Posse ou uso dalguma coisa de que advém satisfação ou vantagens. **3.** *Bras.* Prazer sexual. [Pl.: *gozos* (ó).]

go•zo•so (ô) *adj.* **1.** Em que há, ou que revela ou constitui gozo (1). **2.** Que tem gozo ou prazer. [Pl.: *–zosos* (ó).]

grã¹ *sf.* Lã tinta de escarlate.

grã² *sf. Pop.* O aspecto macroscópico do tecido das madeiras e do douro curtido.

grã³ *adj2g.* V. *grão².*

gra•ça *sf.* **1.** Favor dispensado ou recebido; mercê, benefício. **2.** Ato de clemência do poder público, que favorece um condenado; mercê. **3.** Beleza, elegância. **4.** Dito ou ato espirituoso; gracejo, chiste. **5.** O nome de batismo. **6.** Favor ou mercê concedida a alguém por Deus. ◆ **De graça.** Gratuitamente.

gra•ças *sf.pl.* **1.** Agradecimento. • *interj.* **2.** Expressa satisfação, alívio. **3.** Expressa agradecimento.

gra•ce•jar *v.int.* e *t.i.* **1.** Dizer gracejos. *T.d.* **2.** Exprimir por gracejo. [Conjug.: ① [gracej]**ar**]

gra•ce•jo (ê) *sm.* V. *graça* (4).

grá•cil *adj2g.* **1.** Delgado, fino. **2.** Arioso, elegante. [Superl.: *gracílimo, gracilíssimo.* Pl.: *–ceis.*]

gra•ci•o•so (ô) *adj.* **1.** Que tem, ou em que há graça. **2.** Dado ou feito de graça. [Pl.: *–osos* (ó).] § **gra•ci•o•si•da•de** *sf.*; **gra•ci•o•sa•men•te** *adv.*

gra•ço•la *sf.* Dito zombeteiro ou de mau gosto.

gra•da•ção *sf.* Aumento, diminuição ou transição gradual. [Pl.: *–ções.*]

gra•da•ti•vo *adj.* **1.** Que se processa por graus ou valores sucessivos (crescentes ou decrescentes). **2.** Gradual.

gra•de *sf.* **1.** Armação de peças cruzadas ou paralelas, com intervalos, para resguardar um lugar, ou vedá-lo. **2.** Instrumento para revolver e aplanar a terra lavrada. **3.** *Rád. Telev.* A estrutura de programação de uma emissora, constituída pelo conjunto de programas e intervalos comerciais.

gra•de•a•do *adj.* **1.** Que tem grade(s). • *sm.* **2.** Grade para vedar janelas, jardins, etc.

gra•de•ar *v.t.d.* Prover de, ou limitar com grades. [Conjug.: ⑩ [grad]**ear**]

gra•di•en•te *sm.* **1.** Medida da inclinação dum terreno. **2.** Medida da variação de determinada característica de um meio (a pressão atmosférica, a temperatura, p. ex.) dum ponto para outro desse meio.

gra•dil *sm. Bras.* Grade (1) pouco alta. [Pl.: *–dis.*]

gra•do¹ *sm.* Vontade (1). Us. nas loc. *de bom grado* e *de mau grado, i.e.,* de boa vontade ou de má vontade.

gra•do² *adj.* **1.** Bem desenvolvido; graúdo. **2.** Importante, notável.

gra•du•a•ção *sf.* **1.** Ato ou efeito de graduar(-se). **2.** Divisão em graus, minutos e segundos. **3.** Hierarquia social; categoria. **4.** *Bras.* Grau (13) na etapa inicial do ensino universitário. [Pl.: *–ções.*]

gra•du•a•do *adj.* **1.** Dividido em graus. **2.** *Bras.* Eminente, grado. **3.** *Bras.* Que se graduou ou diplomou em universidade.

gra•du•al *adj2g.* Que se faz por graus; gradativo. [Pl.: *-ais.*]

gra•du•ar *v.t.d.* **1.** Dispor ou marcar por graus. **2.** Ordenar em categorias; classificar. **3.** Dirigir de modo gradual. **4.** Conferir grau universitário, ou as honras de posto militar, a. **5.** Aquilatar, avaliar. *P.* **6.** Tomar grau universitário. [Conjug.: ① [gradu]**ar**]

grã-du•ca•do *sm.* Grão-ducado. [Pl.: *grã-ducados.*]

grã-du•que *sm.* Grão-duque. [Pl.: *grã-duques.*]

gra•far *v.t.d.* Dar forma escrita a. [Conjug.: ① [graf]**ar**]

gra•fi•a *sf.* **1.** A técnica do uso da linguagem como comunicação escrita; escrita. **2.** Maneira de escrever.

grá•fi•ca *sf.* Estabelecimento gráfico.

grá•fi•co *adj.* **1.** Relativo à grafia, ou às artes gráficas, ou que delas se ocupa. **2.** Representado por desenho ou figuras geométricas. • *sm.* **3.** Representação gráfica de fenômenos de vária natureza. **4.** O que trabalha na indústria gráfica.

grã-fi•no *sm. Bras.* Indivíduo rico, ou requintado, ou elegante. [Pl.: *grã-finos.*]

gra•fi•ta *sf. Min.* Carbono puro, usado na fabricação de lápis; grafite.

gra•fi•tar¹ *v.t.d.* Converter em grafita. [Conjug.: ① [grafit]**ar**]

gra•fi•tar² *v.t.d. Bras.* Inscrever grafite² em. [Conjug.: ① [grafit]**ar**]

gra•fi•te¹ *sm.* Grafita.

gra•fi•te² *sm.* Palavra, frase ou desenho feitos em muro ou parede de local público.

gra•fi•tei•ro *sm.* Aquele que inscreve grafite².

gra•fo•lo•gi•a *sf.* **1.** Ciência geral da escrita. **2.** Análise da personalidade de alguém pelo estudo dos traços de sua escrita. § **gra•fo•ló•gi•co** *adj.;* **gra•fó•lo•go** *sm.*

gra•lha *sf.* **1.** *Zool.* Ave corvídea de voz estridente. **2.** *Fig.* Pessoa tagarela, cuja voz lembra a da gralha.

gra•ma¹ *sf. Bot.* Nome comum a várias gramíneas ornamentais, ou forrageiras, ou medicinais.

gra•ma² *sm. Fís.* Unidade de medida de massa, igual a 0,001 kg.

gra•ma•do *adj.* e *sm. Bras.* Diz-se de ou terreno coberto ou plantado de grama¹.

gra•mar¹ *v.t.d.* **1.** Suportar, aturar; sofrer. **2.** *Bras.Pop.* Andar, trilhar. [Conjug.: ① [gram]**ar**]

gra•mar² *v.t.d. Bras.* Plantar ou cobrir de grama¹. [Conjug.: ① [gram]**ar**]

gra•má•ti•ca *sf.* **1.** Estudo ou tratado dos fatos da linguagem e das leis naturais que a regulam. **2.** Livro onde se expõem as regras da linguagem.

gra•ma•ti•cal *adj2g.* Relativo ou conforme à gramática. [Pl.: *-cais.*]

gra•má•ti•co *adj.* **1.** Da gramática. • *sm.* **2.** Especialista em gramática.

gra•ma•tu•ra *sm. Edit.* Valor que expressa a massa (8) de uma folha de papel de 1m², em gramas.

gra•mí•ne:a *sf. Bot.* Espécime das gramíneas, família de plantas que engloba vegetais como o capim, o bambu, a cana. § **gra•mí•ne:o** *adj.*

gram-ne•ga•ti•vo *adj. Bacter.* Diz-se de bactéria que não retém a coloração violeta, no método de Gram. [Pl.: *gram-negativos.*]

gra•mo•fo•ne *sm.* Fonógrafo.

gram•pe•ar *v.t.d.* **1.** Prender com grampo(s). **2.** *Bras.* Aplicar grampo (5) em (telefone). **3.** *Bras.* Grampear (2) o telefone de (alguém, instituição, local, etc.). [Conjug.: ⑩ [gramp]**ear**] § **gram•pe•a•men•to** *sm.*

gram•po *sm.* **1.** Peça de metal que segura e liga duas pedras, numa construção. **2.** Haste para segurar peças nas quais se trabalha. **3.** Gancho de metal para prender ou prender o cabelo feminino. **4.** Prego em forma de U com que se firmam fios elétricos, etc. **5.** *Bras.* Instalação que interfere nas ligações da linha do telefone que se quer controlar, a fim de poder ouvir e/ou gravar conversações.

gram-po•si•ti•vo *adj. Bacter.* Diz-se de bactéria que retém a coloração violeta, no método de Gram. [Pl.: *gram-positivos.*]

gra•na *sf. Bras. Gír.* Dinheiro (4).

gra•na•da¹ *sf.* Artefato bélico com uma câmara interna que leva uma carga de arrebentamento.

gra•na•da² *sf. Min.* Nome comum a silicatos cristalizados cuja coloração depende da composição.

gra•na•dei•ro *sm.* Soldado que vai na dianteira de cada regimento.

gran•de *adj2g.* **1.** De tamanho, volume, intensidade, etc., acima do normal. **2.** Comprido, longo. **3.** Crescido, desenvolvido. **4.** Numeroso. **5.** Exagerado. **6.** Extraordinário, desmedido. **7.** Generoso. **8.** Grave. **9.** Poderoso. **10.** Que revela magnanimidade, ou heroísmo, etc. (gesto). • *sm.* **11.** Pessoa rica e/ou poderosa, influente.

gran•de•za *(ê) sf.* **1.** Qualidade de grande. **2.** *Mat.* Entidade suscetível de medida.

gran•di•lo•qüen•te *adj2g.* V. *grandíloquo.* [Superl.: *grandiloqüentíssimo.*]

gran•dí•lo•quo *adj.* **1.** Que tem linguagem pomposa. **2.** Diz-se do estilo nobre, elevado. [Sin. ger.: *grandilóqüente.*]

gran•di•o•so *(ô) adj.* **1.** Grande, nobre, elevado. **2.** Pomposo. [Pl.: *-osos (ó).*] § **gran•di•o•si•da•de** *sf.*

gra•nel *sm.* V. *celeiro.* [Pl.: *-néis.*] ♦ **A granel.** Em grande quantidade.

gra•ní•ti•co *adj.* Da natureza do granito.

gra•ni•to *sm. Petr.* Rocha granular caracterizada essencialmente por quartzo e um feldspato alcalino.

gra•ní•vo•ro *adj.* Que se alimenta de grãos ou de sementes.

gra•ni•zo *sm.* Chuva cujas gotas se congelam ao atravessar uma camada de ar frio, caindo sob a forma de pedras de gelo; saraiva; chuva de pedra.

gran•ja *sf.* Pequena propriedade rural de criação de pequenos animais para abate (aves, coelhos, etc.), venda de ovos, cultivo de hortaliças, etc.

gran•je•ar *v.t.d.* e *t.d.i.* 1. Conquistar ou obter com trabalho ou esforço. 2. Atrair, conquistar; obter. [Conjug.: 10 [granj]ear]

gran•jei•o *sm.* Ato de granjear.

gran•jei•ro *sm.* Aquele que cultiva uma granja, ou é dono de granja.

gra•nu•la•ção *sf.* 1. Ato ou efeito de granular². 2. *Biol.* Agregado de substâncias que se apresenta sob a forma de grânulo(s). [Pl.: –ções.]

gra•nu•la•do¹ *adj.* Que apresenta grânulos.

gra•nu•la•do² *adj.* 1. Reduzido a grânulos. • *sm.* 2. Confeito em grânulos.

gra•nu•lar¹ *adj2g.* Composto de grânulos.

gra•nu•lar² *v.t.d.* Dar forma de grânulos a. [Conjug.: 1 [granul]ar]

grâ•nu•lo *sm.* Pequeno grão.

gra•nu•lo•so (ó) *adj.* Formado de grânulos. [Pl.: –losos (ó).]

grão¹ *sm.* 1. Semente de cereais e doutras plan-tas. 2. Pequeno corpo arredondado. [Pl.: grãos.]

grão² *adj.* F. apocopada de *grande*; grã. [Pl.: grãos.]

grão-de-bi•co *sm.* 1. *Bot.* Planta hortense das leguminosas. 2. Sua semente, alimentícia. [Pl.: grãos-de-bico.]

grão-du•ca•do *sm.* País governado por grão-duque. [Pl.: grão-ducados.]

grão-du•que *sm.* Título dado a alguns príncipes soberanos. [Pl.: grão-duques.]

grão-mes•tre *sm.* O chefe supremo de antiga ordem religiosa ou de cavalaria, ou de loja maçônica. [Pl.: grão-mestres.]

grão-vi•zir *sm.* O primeiro-ministro do Império Otomano. [Pl.: grão-vizires.]

grap•sí•de:o *sm. Zool.* Espécime dos grapsídeos, família de crustáceos de carapaça quadrangular que habitam mares, estuários e mangues. § **grap•sí•de:o** *adj.*

gras•nar *v.int.* 1. Soltar a voz (o pato, o corvo, a rã, etc.). 2. Gritar em voz desagradável. *T.d.* 3. Dizer, grasnando. [Conjug.: 1 [grasn]ar]

gras•sar *v.int.* Alastrar-se progressivamente. [Conjug.: 1 [grass]ar. Defect., só us. nas 3ᵃˢ pess.]

gra•ti•dão *sf.* 1. Qualidade de quem é grato. 2. Reconhecimento, agradecimento. [Pl.: –dões.]

gra•ti•fi•ca•ção *sf.* 1. Ato ou efeito de gratificar¹. 2. Retribuição de serviço extraordinário, ou remuneração acima da normal por serviço bem executado. 3. Remuneração de certos cargos públicos em comissão. [Pl.: –ções.]

gra•ti•fi•car *v.t.d.* 1. Dar ou cobrar gratificação (2) a. 2. Dar gorjeta a. [Conjug.: 8 [gratifi]car] § **gra•ti•fi•can•te** *adj2g.*

gra•ti•nar *v.t.d.* e *int.* Fazer tostar queijo ralado, farinha de rosca, etc. na superfície de (prato de forno). [Conjug.: 1 [gratin]ar]

grá•tis *adv.* 1. Gratuitamente, graciosamente. • *adj2g2n.* 2. De graça; gratuito.

gra•to *adj.* 1. Agradecido. 2. Agradável.

gra•tu:i•da•de *sf.* Qualidade de gratuito.

gra•tui•to *adj.* 1. Feito ou dado de graça. 2. Desinteressado. 3. Infundado. § **gra•tui•ta•men•te** *adv.*

gra•tu•lar *v.t.d.* 1. Mostrar-se reconhecido para com. *P.* 2. Congratular-se com. [Conjug.: 1 [gratul]ar]

gra•tu•la•tó•ri:o *adj.* 1. Em que se manifesta gratidão. 2. Próprio para felicitar.

grau *sm.* 1. Cada um dos pontos ou estágios sucessivos duma progressão. 2. Cada uma das divisões duma escala de medidas quantitativas. 3. Coeficiente. 4. Unidade de medida angular ou termométrica [símb.: °]. 5. Unidade de medida entre os paralelos e meridianos terrestres [símb.: °]. 6. Título obtido ao completar-se o curso universitário, ou como honraria. 7. Nota (6). 8. Número de gerações que separam os parentes até o tronco comum. 9. Ponto irreversível que se atinge num estado (físico, psíquico, social, etc.) ou num projeto. 10. Classe, categoria. 11. *Mús.* Cada um dos sons que se sucedem numa escala. 12. *Gram.* Categoria que exprime aumento ou diminuição de um ser (grau do subst.), ou maior ou menor intensidade de um atributo ou de uma circunstância (grau do adj. e do adv.). 13. *Bras.* Cada uma das divisões do ensino desenvolvida em etapas progressivas. ♦ **Graus de liberdade.** *Fís. Part.* Cada um dos atributos básicos que caracterizam uma partícula elementar, como, p. ex., a massa e a carga elétrica.

gra•ú•do *adj.* 1. Grande. 2. Crescido, desenvolvido. 3. Importante, influente.

gra•ú•na *sf. Bras. Zool.* Ave icterídea, preta.

gra•va•ção *sf.* 1. Ato ou efeito de gravar. 2. Captação e registro de sons, ou de sons e imagens, em disco, fita magnética, ou outro suporte. [Pl.: –ções.]

gra•va•dor (ô) *sm.* 1. Aquele que grava. 2. Artista que faz gravuras. 3. Aparelho de gravação (2).

gra•va•me *sm.* 1. Encargo pesado; ônus. 2. *Jur.* Contrato que cerceia direito de proprietário de imóvel.

gra•var¹ *v.t.d.* 1. *Grav.* Abrir com buril, cinzel, etc. 2. *Grav.* Entalhar com formão, talhadeira, etc. 3. *Grav.* Entalhar, fixar ou fazer corroer (imagens e eventualmente letras), para posterior impressão. **4.** Fazer gravação (2) de. **5.** Memorizar. **6.** Registrar (sons, imagens, informações para computador) em algum tipo de suporte (ger., magnético) para posterior reprodução ou processamento. [Conjug.: 1 [grav]**ar**]

gra•var² *v.t.d.* **1.** Onerar, vexar. **2.** Sobrecarregar com tributo(s). [Conjug.: 1 [grav]**ar**]

gra•va•ta *sf.* **1.** Tira de tecido, estreita e longa, usada em volta do pescoço e amarrada na frente em nó ou laço. **2.** *Bras.* Golpe sufocante aplicado com o braço em volta do pescoço da vítima.

gra•va•tá *sm. Bras. Bot.* V. *bromélia.*

gra•ve *adj2g.* **1.** Sujeito à ação da gravidade. **2.** Importante, sério. **3.** Solene. **4.** Severo. **5.** Intenso, vivo. **6.** Doloroso. **7.** Que pode ter conseqüências sérias, trágicas. **8.** Produzido por ondas de pequena freqüência (som).

gra•ve•to (ê) *sm.* Pedaço de lenha miúda.

gra•vi•da•de *sf.* **1.** Qualidade de grave. **2.** *Fís.* Atração que a Terra exerce sobre qualquer corpo colocado em suas vizinhanças.

gra•vi•dez (ê) *sf.* **1.** *Med.* Estado da mulher, e das fêmeas em geral, durante a gestação; prenhez. **2.** Gestação (1). **§ gra•ví•di•co** *adj.*

grá•vi•do *adj.* **1.** Em estado de gravidez; prenhe. **2.** Cheio, repleto. **3.** Carregado, pesado.

gra•vi•o•la *sf. Bras. Bot.* Árvore anonácea frutífera, e de madeira útil.

gra•vi•ta•ção *sf.* **1.** Ato de gravitar. **2.** *Fís.* Atração que um corpo exerce sobre outro, em razão de sua massa, e que é proporcional a essa massa (e também à massa do corpo atraído) e decresce com o quadrado da distância que separa os dois corpos. [Pl.: –*ções.*]

gra•vi•tar *v.t.i.* **1.** Tender para um ponto ou centro em força de gravitação. **2.** Andar à volta de um astro, atraído por ele. [Conjug.: 1 [gravit]**ar**]

grá•vi•ton *sm. Fís. Part.* Partícula hipotética que seria a mediadora das interações gravitacionais.

gra•vu•ra *sf.* **1.** Ato, efeito ou arte de gravar¹ (1 a 3). **2.** Estampa gravada.

gra•xa *sf.* **1.** Substância para conservar o couro e dar-lhe brilho. **2.** *Quím.* Emulsão dum sabão metálico em um óleo, para lubrificação.

gra•xo *adj.* **1.** V. *gordo* (1). **2.** Diz-se de ácidos carboxílicos, ger. com mais de dez átomos de carbono, que combinados com a glicerina sob a forma de ésteres, constituem as gorduras e óleos animais e vegetais.

⇨ **gray** *sm. Med. Nucl.* Unidade de medida de dose de radiação ionizante absorvida, no Sistema Internacional [símb.: *Gy*].

gre•co-la•ti•no *adj.* Pertencente ou relativo à Grécia e a Roma, a gregos e latinos, ou ao grego e ao latim. [Pl.: *greco-latinos.*]

gre•co-ro•me•ano *adj.* Comum aos gregos e aos romanos. [Pl.: *greco-romanos.*]

gre•da *sf.* Giz (1).

gre•ga (ê) *sf.* **1.** Cercadura arquitetônica formada de linhas retas entrelaçadas. **2.** *Bras.* Galão¹ (1).

gre•gá•ri:o *adj.* Que vive em bando.

gre•go (ê) *adj.* **1.** Da Grécia (Europa); heleno. • *sm.* **2.** O natural ou habitante da Grécia; heleno. **3.** A língua grega.

gre•go•ri•a•no¹ *adj.* Diz-se do rito e do canto atribuídos ao Papa Gregório I (séc. VI).

gre•go•ri•a•no² *adj.* Relativo à reforma cronológica do Papa Gregório XIII (séc. XVI).

grei *sf.* **1.** Rebanho de gado miúdo. **2.** Sociedade; partido.

gre•lar *v.int.* **1.** Deitar grelo (1). **2.** *Bras.* Aumentar (o dinheiro). [Conjug.: 1 [grel]**ar**]

gre•lha (ê) *sf.* Gradezinha de ferro sobre a qual se assam substâncias comestíveis, ou sobre a qual se acende o carvão nos fogareiros, etc.

gre•lhar *v.t.d.* Assar ou torrar na grelha. [Conjug.: 1 [grelh]**ar**]

gre•lo (ê) *sm. Bot.* **1.** Gema (2) que se desenvolve na semente. **2.** Haste dalgumas plantas antes de as flores desabrocharem.

grê•mi:o *sm.* V. *sociedade* (3).

gre•ná *adj2g2n.* **1.** Da cor da granada² avermelhada ou do romã. • *sm.* **2.** Essa cor.

gre•nha *sf.* Gaforinha.

gre•ta (ê) *sf.* **1.** Abertura da terra, provocada pelo calor do Sol. **2.** V. *fenda.* **§ gre•ta•do** *adj.*

gre•tar *v.t.d.* **1.** Abrir fenda ou greta em. *Int.* e *p.* **2.** Fender-se, abrir-se. [Conjug.: 1 [gret]**ar**]

gre•ve (ê) *sf.* Recusa, resultante de acordo, de operários, estudantes, funcionários, etc., a trabalhar ou a comparecer onde o dever os chama até que sejam atendidos em certas reivindicações.

gre•vis•ta *adj2g.* **1.** Relativo a greve. • *s2g.* **2.** Quem promove greve e/ou nela toma parte.

gri•far *v.t.d.* **1.** Compor (uma palavra ou trecho de texto) em grifo, para realçar. **2.** Sublinhar no original (palavra ou trecho que se deva compor em grifo). **3.** Destacar, ressaltar. [Conjug.: 1 [grif]**ar**]

gri•fo *adj.* **1.** Itálico (3). **2.** Sublinhado. • *sm.* **3.** Itálico (4).

gri•la•do *adj. Bras. Gír.* Vivamente preocupado ou perturbado.

gri•la•gem *sf. Bras.* Sistema utilizado por grileiros. [Pl.: –*gens.*]

gri•lar *v.t.d., int.* e *p. Bras. Fam.* Perturbar(-se), amolar(-se), chatear(-se). [Conjug.: 1 [gril]**ar**]

gri•lei•ro *sm. Bras.* Indivíduo que procura apossar-se de terras alheias mediante falsas escrituras de propriedade.

gri•lhão sm. **1.** V. *cadeia* (1). **2.** Laço, prisão. [Pl.: –*lhões*.]

gri•lhe•ta (ê) sf. **1.** Argola de ferro, no extremo duma corrente do mesmo metal, à qual se prendiam os condenados a trabalhos forçados. • sm. **2.** Homem condenado àqueles trabalhos; forçado.

gri•lo sm. **1.** Zool. Inseto ortóptero dotado de órgão que produz estridor. **2.** Fam. Preocupação. **3.** Fam. Complicação. **4.** Fam. Cisma, implicância.

grim•pa sf. **1.** Lâmina móvel do cata-vento; ventoinha. **2.** V. *cume* (1).

grim•par¹ v.int. **1.** Subir, trepar. **2.** Investir contra alguém. **3.** Responder com insolência. T.d. **4.** Subir a; galgar. [Conjug.: ⓘ [grimp]**ar**]

grim•par² v.int. Bras. Colarem-se as peças de (um motor a explosão); gripar. [Conjug.: ⓘ [grimp]**ar**]

gri•nal•da sf. **1.** Coroa de flores, ramos, pedraria, etc.; guirlanda. **2.** Ornato arquitetônico em grinalda (1).

grin•go sm. Bras. Pop. Deprec. V. *estrangeiro*.

gri•par¹ v.int. Bras. Grimpar². [Conjug.: ⓘ [grip]**ar**]

gri•par² Bras. v.t.d. **1.** Causar gripe a. Int. **2.** Ser atacado de gripe. [Conjug.: ⓘ [grip]**ar**]

gri•pe sf. Med. Virose que causa febre, cefaléia, mal-estar, além de manifestações respiratórias (irritação nasal, faringite, etc.); influenza. § **gri•pal** adj2g.

gri•sa•lho adj. **1.** Diz-se do cabelo escuro entremeado de fios brancos. **2.** Que tem cabelos grisalhos.

gri•se•ta (ê) sf. Peças metálicas onde se enfia a torcida das lamparinas.

gri•ta sf. Gritaria.

gri•ta•dor adj. **1.** Que grita. **2.** Zool. Que emite grito (2).

gri•ta•lhão sm. Indivíduo que grita muito. [Fem.: *gritalhona*. Pl.: –*lhões*.]

gri•tan•te adj2g. **1.** Que grita, clama ou brada. **2.** Diz-se de cores muito vivas. **3.** Clamoroso.

gri•tar v.int. **1.** Dar grito(s). **2.** Falar muito alto. **3.** Protestar. T.i. **4.** Chamar aos gritos; berrar. **5.** Gritar (3). **6.** Advertir em voz alta. T.d. **7.** Dizer em voz alta; berrar. [Conjug.: ⓘ [grit]**ar**] § **gri•ta•dor** (ô) adj. e sm.

gri•ta•ri•a sf. Sucessão de gritos; grita.

gri•to sm. **1.** Voz geralmente aguda e elevada, que se ouve ao longe. **2.** Zool. Voz forte dos animais, variável com a espécie.

gro•gue sm. **1.** Bebida alcoólica misturada com água quente, açúcar e casca ou suco de limão. • adj2g. **2.** Meio tonto, como que bêbado.

gro•sa¹ sf. Doze dúzias.

gro•sa² sf. Lima grossa para desbastar madeira, ferro ou o casco de cavalgaduras.

gro•se•lha (ê) sf. **1.** O fruto da groselheira. **2.** Xarope de groselha (1).

gro•se•lhei•ra sf. Bot. Arbusto saxifragáceo frutífero.

gros•sei•ro adj. **1.** De qualidade inferior. **2.** Malfeito, tosco. **3.** De maneiras ou modos descorteses, impolidos; mal-educado, rude, áspero, grosso. **4.** Imoral, sórdido; grosso.

gros•se•ri•a sf. Qualidade, modos, ação, dito, de grosseiro.

gros•sis•ta adj2g. e s2g. Bras. V. *atacadista*.

gros•so (ô) adj. **1.** De grande diâmetro. **2.** Sólido, consistente. **3.** Denso, espesso. **4.** Áspero. **5.** Grave (8). **6.** Mais volumoso ou encorpado que outros da mesma espécie. **7.** Gír. V. *grosseiro* (3 e 4). • adv. **8.** Com voz grossa. • sm. **9.** A maior parte.

gros•su•ra sf. **1.** Qualidade de grosso. **2.** Dimensão dalguns sólidos entre a superfície anterior e a posterior. **3.** Bras. Gír. Ato ou expressão grosseira, sórdida, rude.

gro•ta sf. **1.** Abertura produzida pelas enchentes na ribanceira ou na margem dum rio. **2.** Bras. Vale profundo.

gro•tão sm. Bras. Depressão funda entre montanhas. [Pl.: –*tões*.]

gro•tes•co (ê) adj. Que suscita riso ou escárnio; ridículo.

grou sm. Zool. Ave gruídea, migrante.

gru•a sf. **1.** A fêmea do grou. **2.** Aparelho usado para levantar grandes pesos.

gru•dar v.t.d. e t.d.i. **1.** Ligar ou colar com grude. **2.** Fazer aderir à alguma superfície; colar. T.i. **3.** Unir-se, colar-se. **4.** Bras. Gír. Não se afastar de (alguém). Int. e p. **5.** Ligar-se, colar. [Conjug.: ⓘ [grud]**ar**]

gru•de sm. Cola ou massa para ajustar e unir peças de madeira, couro, etc.

gru•den•to adj. Pegajoso, viscoso.

gru•í•de:o sm. Zool. Espécime dos gruídeos, família de grandes aves pernaltas de asas largas, adaptadas para planar; vivem, ger., em alagadiços. § **gru•í•de:o** adj.

gru:i•for•me sm. Zool. Espécime dos gruiformes, ordem de aves aquáticas e terrestres, grandes ou pequenas, de bico alongado, pernas compridas, pés com dedos longos e finos. Ex.: saracuras. § **gru:i•for•me** adj2g.

gru•me•te (ê) sm. Marinheiro de graduação inferior na armada.

gru•mi•xa•ma sf. Bras. Bot. **1.** Arvoreta das mirtáceas, de fruto bacáceo comestível; grumixameira. **2.** Seu fruto.

gru•mi•xa•mei•ra sf. Bras. Bot. Grumixama (1).

gru•mo sm. Aglomeração de partículas, seres ou objetos pequeninos.

gru•nhi•do sm. **1.** Ação de grunhir. **2.** Voz do porco, do javali.

gru•nhir v.int. **1.** Soltar grunhidos (o porco ou o javali, ou, p. ext., outros animais). T.d. **2.** Emitir à maneira de grunhido. [Conjug.: ⃫58 [grunh]**ir**]

gru•pa•men•to *sm.* 1. Ato ou efeito de grupar. 2. Organização militar que reúne elementos de comando e de combate. 3. *Quím.* V. *grupo* (3).

gru•par *v.t.d.* e *p.* Agrupar. [Conjug.: ① [grup]ar]

gru•pi a•ra *sf. Bras.* Gupiara.

gru•po *sm.* 1. Reunião ou conjunto de pessoas, coisas ou objetos que se abrangem no mesmo lance de olhos ou formam um todo. 2. Pequena associação de pessoas reunidas para um fim comum. 3. *Quím.* Conjunto de átomos, ligados entre si, que faz parte de uma molécula; grupamento, radical. ◆ **Grupo étnico.** *Antrop.* Etnia (2). **Grupo funcional.** *Quím.* Aquele que caracteriza uma função (9). **Grupos taxonômicos.** *Biol.* Classificação metódica dos seres vivos baseada num conjunto de caracteres que, a partir da espécie (4), se apresentam em gradação crescente: *gênero, família, ordem, classe, ramo, filo* e *reino*.

gru•ta *sf.* Caverna natural ou artificial.

gua•bi•ra•ba *sf. Bras. Bot.* Arbusto boragináceo, frutífero, e seu fruto.

gua•bi•ro•ba *sf. Bras. Bot.* Arbusto mirtáceo, frutífero, medicinal, e seu fruto.

gua•bi•ru *sm. Bras.* 1. *Zool.* Murídeo cinza-avermelhado, comum nas zonas e habitações rurais do Brasil. 2. Gatuno, larápio.

gua•che ou **gua•cho** *sm.* 1. Preparação feita de substâncias corantes destemperadas em água de mistura com goma e tornadas pastosas pela adição de mel. 2. Pintura executada com guache. [Cf. *guaxe*.]

guai•a•col *sm.* Composto aromático, líquido, oleoso, incolor, usado em medicina. [Pl.: *-cóis.*]

guai•a•mu *sm. Bras. Zool.* Crustáceo decápode, azul; goiamum.

gua•ja•ja•ra *s2g. Bras. Etnôn.* Indivíduo dos guajajaras, povo indígena da família lingüística tupi-guarani, que habita o MA. § **gua•ja•ja•ra** *adj2g.*

guam•pa *sf. Bras.* 1. V. *corno* (1). 2. Vasilha para líquidos, feita de chifre.

gua•na•co *sm. Zool.* Mamífero camelídeo da América do Sul, que é a espécie selvagem do lhama.

guan•du ou **guan•do** *sm. Bras. Bot.* Arbusto das leguminosas, de sementes (feijões) comestíveis.

gua•no *sm.* 1. Acumulação de fosfato de cálcio resultante de excremento de aves marinhas. 2. Adubo artificial para as terras, semelhante a esse.

gua•po *adj.* 1. Ousado. 2. Bonito, garboso.

gua•rá¹ *sm. Bras. Zool.* Ave tresquiornitídea vermelha, dos estuários da América do Sul.

gua•rá² *sm. Bras. Zool.* Canídeo de hábitos noturnos, que é um cachorro selvagem.

gua•ra•ju•ba *sf. Zool.* Peixe perciforme, carangídeo, da costa atlântica das Américas.

gua•ra•ná *sm. Bras.* 1. *Bot.* Cipó sapindáceo da floresta amazônica, cuja cápsula fornece sementes rica em substâncias excitantes. 2. Massa fabricada com essas sementes. 3. Bebida feita com o pó dessa massa.

gua•ra•ni *Bras. s2g.* 1. *Etnôn.* Indivíduo dos guaranis, povo indígena da família lingüística tupi-guarani, que habita Argentina, Bolívia, Paraguai e diversos estados brasileiros (MS, SP, RJ, PR, ES, SC, RS), constituindo um dos maiores grupos existentes no Brasil. • *sm.* 2. *Gloss.* Denominação para diversas variantes de línguas indígenas da família tupi-guarani, da qual a mais conhecida é língua oficial no Paraguai, ao lado do espanhol. § **gua•ra•ni** *adj2g.*

guar•da *sf.* 1. Ato ou efeito de guardar. 2. Proteção. 3. Resguardo da mão, na arma branca. 4. Serviço de vigilância feito por uma ou mais pessoas. • *s2g.* 5. Pessoa incumbida de vigiar ou guardar alguma coisa; vigia, sentinela, atalaia.

guar•da-can•ce•la *sm. Bras.* Vigia incumbido das passagens de nível das ferrovias. [Pl.: *guarda-cancelas.*]

guar•da-cha•ves *sm2n.* Vigia incumbido de manobrar as chaves nos desvios ou entroncamentos dos trilhos das ferrovias.

guar•da-chu•va *sm.* Armação de varetas móveis, coberta de pano ou doutro material, para resguardar da chuva ou do sol; guarda-sol, chapéu-de-sol, chapéu-de-chuva, chapéu. [Pl.: *guarda-chuvas.*]

guar•da-cos•tas *sm2n.* 1. Pessoa que acompanha outra para defendê-la. 2. V. *capanga* (3).

guar•da-dor (ô) *adj.* e *sm.* Que ou aquele que guarda, que vigia alguma coisa.

guar•da-flo•res•tal *sm.* Funcionário do Estado incumbido de vigiar florestas e matas. [Pl.: *guardas-florestais.*]

guar•da-fo•go (ô) *sm.* Parede entre prédios contíguos, para evitar a comunicação de fogo. [Pl.: *guarda-fogos* (ó).]

guar•da-frei•o *sm.* Ferroviário que vigia e manobra os freios dos vagões. [Pl.: *guarda-freios.*]

guar•da-li•vros *s2g2n.* Profissional que se encarrega da escrituração de livros [v. *livro* (3)].

guar•da-loi•ça ou **guar•da-lou•ça** *sm.* Armário ou prateleira onde se guarda louça. [Pl.: *guarda-loiças, guarda-louças.*]

guar•da-ma•ri•nha *sm.* 1. Aluno de escola naval que estagia para ser promovido a segundo-tenente. 2. V. *hierarquia militar.* [Pl.: *guardas-marinhas, guardas-marinha.*]

guar•da-mor *sm.* Título de chefe da polícia aduaneira nos portos. [Pl.: *guardas-mores.*]

guar•da•mo•ri•a *sf. Bras.* Repartição anexa às alfândegas, incumbida da polícia fiscal nos portos e a bordo dos navios.

guar•da-mó•veis *sm2n. Bras.* Estabelecimento onde, mediante pagamento, se depositam móveis.

guar•da-na•po *sm.* Pequena toalha de pano ou de papel, para limpar os lábios.

guar•da-no•tur•no *sm.* Guarda (5) que, à noite, ronda e vigia as entradas de habitações ou casas comerciais. [Pl.: *guardas-noturnos*.]

guar•da-pó *sm.* Veste usada por cima da roupa a fim de resguardá-la do pó, em viagem, aula, etc. [Pl.: *guarda-pós*.]

guar•dar *v.t.d.* **1.** Vigiar com o fim de defender, proteger ou preservar. **2.** Pôr em lugar próprio. **3.** Tomar conta de. **4.** Proteger, defender. **5.** Não revelar; ocultar. **6.** Não perder. **7.** Conservar, manter. **8.** Memorizar. **9.** Velar. *T.d.c.* **10.** Guardar (2). *T.d.i.* **11.** Reservar; destinar. **12.** Defender. *P.* **13.** Prevenir-se; preservar-se. **14.** Reservar-se. [Conjug.: [1] [guard]**ar**]

guar•da-rou•pa *sm.* **1.** Armário onde se guarda a roupa. **2.** O conjunto das roupas de uso duma pessoa ou dos componentes dum grupo. [Pl.: *guarda-roupas*.]

guar•da-sol *sm.* V. *guarda-chuva*. [Pl.: *guarda-sóis*.]

guar•di•ão *sm.* **1.** Superior dalguns conventos. **2.** *Fig.* Aquele que guarda, preserva: *guardião dos bons costumes*. [Fem.: *guardiã*. Pl.: *–ães*, *–ões*.]

gua•ri•ba *sm. Bras. Zool.* Cebídeo cuja pele da maxila inferior é barbada; vive em bandos; bugio.

gua•ri•da *sf.* **1.** Covil de feras. **2.** Abrigo, refúgio.

gua•ri•ta *sf.* **1.** Torre nos ângulos dos antigos baluartes, para abrigo das sentinelas. **2.** Cabine, ger. removível, para abrigar vigilantes, etc.

guar•ne•cer *v.t.d.* **1.** Prover do necessário. **2.** Fortalecer, fortificar. **3.** Caiar (parede) depois de rebocada. **4.** Adornar. *T.d.i.* **5.** Prover, munir. [Conjug.: [34] [guarne]**cer**]

guar•ni•ção *sf.* **1.** Aquilo que guarnece. **2.** Tropa que defende determinada praça, ou nela serve. **3.** A equipagem dum navio. **4.** O punho e a guarda (3) da espada. **5.** Enfeite, adorno. **6.** Guarnição (5) feita com verduras cruas ou cozidas, etc., as quais, em geral, servem de acompanhamento de um prato (3). [Pl.: *–ções*.]

guas•ca *sf. Bras.* **1.** Tira ou correia de couro cru. • *adj2g.* e *s2g.* **2.** V. *rio-grandense-do-sul*.

gua•xe *sm. Bras. Zool.* Ave icterídea preta e vermelha. [Cf. *guache*.]

gua•xi•ma *sf. Bras. Bot.* Planta malvácea medicinal, de fibras têxteis.

gua•xi•nim *sm. Bras. Zool.* Canídeo selvagem que vive nos brejos e mangues. [Pl.: *–nins*.]

gu•de *sm. Bras.* Jogo infantil cujo fito é fazer entrarem em três buracos bolinhas de vidro.

gue•de•lha (ê) *sf.* Cabelo desgrenhado e longo.

guei•xa *sf.* Cantora e dançarina japonesa que, em reuniões, entretém os homens com dança, música e conversação.

guel•ra *sf. Zool.* Órgão respiratório dos animais aquáticos; brânquia.

guen•zo *adj. Bras.* **1.** Magríssimo. **2.** Fraco (1).

guer•ra *sf.* **1.** Luta armada entre nações ou partidos; conflito. **2.** Expedição militar; campanha. **3.** A arte militar. **4.** Oposição.

guer•re•ar *v.t.d.* **1.** Fazer guerra a; combater. *T.i.* **2.** Disputar (com alguém), ou bater-se (por algo). *Int.* **3.** Fazer guerra; combater. [Conjug.: [10] [guerr]**ear**]

guer•rei•ro *adj.* **1.** Relativo a guerra. **2.** Belicoso. • *sm.* **3.** Aquele que guerreia.

guer•ri•lha *sf.* **1.** Luta armada travada por grupos constituídos irregularmente, e que não obedece às normas das convenções internacionais. **2.** Tropa indisciplinada.

guer•ri•lhar *v.int.* **1.** Fazer guerrilha. **2.** Ser guerrilheiro. [Conjug.: [1] [guerrilh]**ar**]

guer•ri•lhei•ro *sm.* **1.** Aquele que combate em guerrilha. • *adj.* **2.** Relativo a guerrilha.

gue•to (ê) *sm.* **1.** Bairro onde os judeus eram obrigados a morar. **2.** *P. ext.* Bairro onde são confinadas certas minorias, por imposições econômicas, ou raciais, ou mesmo sociais.

gui•a *sf.* **1.** Ato ou efeito de guiar. **2.** Documento que acompanha a correspondência oficial, ou mercadorias, para terem livre trânsito. **3.** Formulário para pagamento de importâncias, para notificações, etc. • *s2g.* **4.** Pessoa que guia outras. **5.** Pessoa que acompanha turistas, viajantes, etc. • *sm.* **6.** Livro de instruções. **7.** Publicação para orientar habitantes ou visitantes de determinada região ou cidade.

gui•ão *sm.* **1.** Pendão ou estandarte que vai à frente de procissões ou irmandades. **2.** V. *guidom*. [Pl.: *–ães*, *–ões*.]

gui•ar *v.t.d.* **1.** Servir de guia a; orientar, dirigir. **2.** Proteger. **3.** Conduzir (cavalos). **4.** Dirigir (veículo automóvel). **5.** Aconselhar. *T.d.c.* **6.** Encaminhar, conduzir. *Int.* **7.** *Bras.* Dirigir veículo automóvel. *P.* **8.** Dirigir-se. [Conjug.: [1] [gui]**ar**]

gui•chê *sm.* Portinhola em parede, porta, grade, etc., por onde o público se comunica com funcionários ou empregados, como, p. ex., caixa de um banco, bilheteiro, etc.

gui•dom *sm.* Barra de direção de bicicletas, motocicletas, etc.; guião.

gui•lho•ti•na *sf.* **1.** Instrumento de decapitação, no qual o golpe é desferido por uma lâmina triangular precipitada de certa altura. **2.** Caixilho de janela que se levanta e abaixa verticalmente.

gui•lho•ti•nar *v.t.d.* Decapitar com a guilhotina (1). [Conjug.: ① [guilhotin]**ar**]

guim•ba *sf. Bras. Pop.* A parte que resta do charuto ou do cigarro, depois de fumado; bagana.

gui•na•da *sf.* **1.** *Mar.* Desvio da proa para um ou outro bordo, que afasta o navio do rumo em que vinha. **2.** Mudança profunda radical e/ou súbita, em situação, atitude, etc. **3.** *Bras.* Desvio (1) que um veículo realiza de repente.

gui•nar *v.int.* **1.** Mover-se às guinadas; oscilar. **2.** Dar uma guinada. *T.d.* **3.** Desviar com rapidez. [Conjug.: ① [guin]**ar**]

guin•char[1] *v.int.* Soltar guinchos [v. *guincho*[1]]. [Conjug.: ① [guinch]**ar**]

guin•char[2] *v.t.d. Bras.* **1.** Puxar (um veículo), com o guincho[2] (3). **2.** Içar com o guincho[2] (1 e 3). [Conjug.: ① [guinch]**ar**]

guin•cho[1] *sm.* Som agudo e inarticulado emitido pelo homem e por alguns animais; chio.

guin•cho[2] *sm.* **1.** Pequeno guindaste. **2.** Máquina usada a bordo na manobra de cabos ou amarras. **3.** *Bras.* Automóvel com guindaste, para puxar carros; carro-guincho, reboque.

guin•dar *v.t.d., t.d.i.* e *p.* Levantar(-se), alçar(-se). [Conjug.: ① [guind]**ar**]

guin•das•te *sm.* Aparelho para levantar pesos.

guir•lan•da *sf.* **1.** Grinalda (1). **2.** Festão.

gui•sa *sf. P. us.* Maneira, modo. ♦ **À guisa de.** À maneira de.

gui•sa•do *sm.* Carne refogada com molho.

gui•sar *v.t.d.* **1.** Preparar com refogado. **2.** Preparar, traçar. [Conjug.: ① [guis]**ar**]

gui•tar•ra *sf.* Nome de vários instrumentos de cordas dedilháveis, com braço longo e caixa de ressonância de fundo chato. § **gui•tar•ris•ta** *s2g.*

gui•zo *sm.* Esferazinha oca, de metal, com furinhos, que contém bolinha(s) maciça(s) e que, agitada, produz som peculiar; cascavel.

gu•la *sf.* **1.** Excesso na comida e na bebida. **2.** Apego excessivo a boas iguarias. [Sin. ger.: *gulodice*.]

gu•lo•di•ce *sf.* **1.** V. *gula.* **2.** Iguaria muito apetitosa.

gu•lo•sei•ma *sf.* Gulodice (2).

gu•lo•so (ô) *adj.* Que tem o vício da gula ou gosta de gulodices. [Pl.: *–losos* (ó).]

gu•me *sm.* O lado afiado de instrumento de corte; fio.

gu•pi•a•ra *sf. Bras.* Depósito diamantífero na crista dos morros; grupiara.

gu•ri *sm. Bras.* V. *menino.*

gu•ri•a•da *sf. Bras.* **1.** Menina (1). **2.** Namorada.

gu•ri•za•da *sf.* Criançada (1 e 2).

gu•ru•pés *sm2n. Marinh.* No veleiro, mastro que se lança, inclinado, do bico da proa para a frente, no plano longitudinal.

gu•sa *sf.* F. red. de *ferro-gusa.*

gus•ta•ção *sf.* **1.** Ato de provar. **2.** Percepção do sabor de uma coisa. [Pl.: *–ções.*]

gus•ta•ti•vo *adj.* Relativo ao sentido do gosto.

gu•ta-per•cha *sf. Bot.* Árvore sapotácea cujo látex tem uso industrial. [Pl.: *gutas-perchas* e *guta-perchas.*]

gu•ti•fe•rá•ce:a *sf. Bot.* Espécime das gutiferáceas, família de árvores e arbustos floríferos, lactescentes, e de frutos capsulares, drupáceos, ou bacáceos. § **gu•ti•fe•rá•ce:o** *adj.*

gu•tí•fe•ro *adj. Poét.* Que deita gotas.

gu•tu•ral *adj2g.* **1.** Relativo ou pertencente à garganta. **2.** Produzido ou modificado na garganta (som). [Pl.: *–rais.*]

gu•tu•ra•li•zar *v.t.d. Gram.* Tornar gutural (2). [Conjug.: ① [guturaliz]**ar**]

□ **Gy** *Med. Nucl.* Símb. de *gray.*

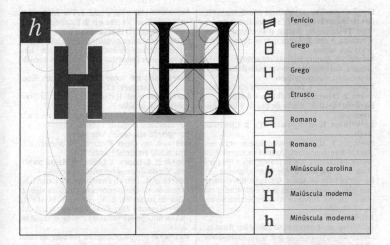

≡	Fenício
⊟	Grego
H	Grego
⧯	Etrusco
⊟	Romano
H	Romano
ƀ	Minúscula carolina
H	Maiúscula moderna
h	Minúscula moderna

h (agá) *sm.* **1.** A 8ª letra do nosso alfabeto. **2.** Figura ou representação dessa letra. • *num.* **3.** Oitavo (1), numa série. [Pl.: (nas acepç. 1 e 2) indicado pela duplicação da letra: *hh*.]
❏ **h** Símb. de *hora*.
❏ **H** *Quím.* Símb. do *hidrogênio*.
hã *interj.* Indica reflexão, admiração.
há•bil *adj2g.* **1.** Que tem aptidão ou capacidade para algo. **2.** Esperto; sagaz. **3.** De acordo com as imposições legais, com as exigências preestabelecidas: *Fez a prova em tempo hábil.* [Pl.: *-beis.*] § **ha•bi•li•da•de** *sf.*
ha•bi•li•do•so (ó) *adj.* Que tem ou revela habilidade. [Pl.: *-dosos* (ó).]
ha•bi•li•ta•ção *sf.* **1.** Ato ou efeito de habilitar(-se). **2.** Aptidão, capacidade. **3.** Documento que atesta a aptidão e o direito de alguém de dirigir veículo automóvel. [Pl.: *-ções.*]
ha•bi•li•ta•ções *sf. pl.* Cabedal de conhecimentos.
ha•bi•li•tar *v.t.d.* e *t.d.i.* **1.** Tornar hábil, ou apto, ou capaz; preparar. *P.* **2.** Tornar-se apto, ou capaz. **3.** Justificar legalmente habilitação jurídica. **4.** Pôr-se à disposição. [Conjug.: ① [habilit]**ar**]
ha•bi•ta•ção *sf.* **1.** Ato ou efeito de habitar. **2.** Lugar ou casa onde se habita; morada. [Pl.: *-ções.*]
ha•bi•tá•cu•lo *sm.* Habitação pequena e modesta.
ha•bi•tan•te *s2g.* Quem reside habitualmente num lugar; morador.

ha•bi•tar *v.t.d.* **1.** Ocupar como residência; residir. **2.** Tornar habitado. **3.** Ter hábitat em. *T.c.* **4.** Habitar (1). *T.i.* **5.** Morar (com alguém). [Conjug.: ① [habit]**ar**] § **ha•bi•tá•vel** *adj2g.*
há•bi•tat *sm. Ecol.* **1.** Lugar onde vive um organismo. **2.** O conjunto das características ecológicas do hábitat (1). [Pl.: *-tats.*]
ha•bi•te-se *sm2n.* Documento oficial em que se autoriza ocupação e uso de edifício recém-construído ou reformado.
há•bi•to *sm.* **1.** Disposição adquirida pela repetição freqüente dum ato, uso, costume. **2.** Roupagem de frade ou freira.
ha•bi•tu•al *adj2g.* **1.** Que se faz, ou que sucede, por hábito. **2.** Freqüente, usual. [Pl.: *-ais.*]
ha•bi•tu•ar *v.t.d.i.* e *p.* Fazer contrair um hábito, ou contraí-lo; acostumar(-se). [Conjug.: ① [habitu]**ar**]
ha•chu•ra *sf.* Raiado ou raias que, em desenho ou gravura, produz(em) efeito de sombra ou nuança.
ha•chu•rar *v.t.d.* Traçar hachura(s) em. [Conjug.: ① [hachur]**ar**]
ha•do•que *sm. Zool.* Peixe gadídeo, alimentício, das águas frias e temperadas do hemisfério norte.
há•dron *sm. Fís. Part.* Partícula que sofre interação forte.
ha•dros•sau•ro *sm. Paleont.* Grande dinossauro herbívoro que se locomovia em posição bipedal; viveu nos E.U.A., no cretáceo.
háf•ni:o *sm. Quím.* Elemento de número atômico 72, metálico [símb.: *Hf*].

ha•gi:o•gra•fi•a (àg) *sf.* Biografia de santo (7).

ha•gi:ó•gra•fo *adj.* 1. Diz-se dos livros do Antigo Testamento, menos o Pentateuco e os Profetas. • *sm.* 2. Autor que escreve sobre a vida dos santos.

hai•cai *sm.* Poema japonês constituído de três versos, dos quais dois são pentassílabos e um, o segundo, é heptassílabo.

hai•ti•a•no *adj.* 1. Do Haiti (América Central). • *sm.* 2. O natural ou habitante do Haiti.

ha•li•êu•ti•ca *sf.* A arte da pesca. § ha•li•êu•ti•co *adj.*

há•li•to *sm.* 1. Ar expirado; bafo. 2. Cheiro da boca.

ha•lo *sm.* 1. *Meteor.* Designação comum a meteoros luminosos constituídos de círculos ou arcos brilhantes, tendo por centro o Sol ou a Lua. 2. V. *auréola.* 3. *Fig.* Glória, prestígio.

ha•lo•gê•ni:o *sm. Quím.* Qualquer dos elementos (flúor, cloro, bromo, iodo e astatínio) cujos números atômicos são, respectivamente, 9, 17, 35, 53 e 85.

hal•ter *sm.* V. *haltere.*

hal•te•re *sm.* Instrumento ginástico: duas esferas de ferro ligadas por uma haste desse metal, que a mão segura facilmente.

han•gar *sm.* Abrigo fechado, ou galpão, para aeronaves, barcos, etc.

han•se•ni•a•no *adj.* e *sm.* Que(m) tem hanseníase.

han•se•ní•a•se *sf.* V. *lepra* (1).

ha•plo•lo•gi•a *sf. Gram.* Contração ou redução dos elementos similares de um vocábulo. Ex.: *idólatra,* por *idolólatra.*

ha•ra•qui•ri *sm.* Modalidade japonesa de suicídio, em que se rasga o ventre à faca ou a sabre.

ha•ras *sm2n.* Campo ou fazenda de criação de cavalos de corrida; coudelaria.

⇨ hardware ('harduér) [Ingl.] *sm. Inform.* Componente, ou conjunto de componentes físicos de um computador.

ha•rém *sm.* 1. Parte do palácio do sultão muçulmano reservada às odaliscas; serralho. 2. O conjunto delas. [Pl.: *–réns.*]

har•mo•ni•a *sf.* 1. Disposição bem ordenada entre as partes de um todo. 2. Proporção, ordem. 3. Paz coletiva entre pessoas. 4. Agradável sucessão de sons.

har•mô•ni•ca *sf.* 1. Instrumento musical: caixa de ressonância com lâminas de vidro de comprimento desigual que são vibradas com uma baqueta. 2. *Bras.* Espécie de acordeão.

har•mô•ni•co *adj.* Relativo a, ou em que há harmonia.

har•mô•ni:o *sm.* Pequeno órgão (4) de sala, em que os tubos são substituídos por palhetas livres.

har•mo•ni•o•so (ô) *adj.* Que tem ou está em harmonia. [Pl.: *–osos* (ó).]

har•mo•ni•zar *v.t.d.* e *t.d.i.* 1. Pôr em harmonia; conciliar. *T.i.,* int. e *p.* 2. Estar em harmonia. [Conjug.: ① [harmoniz]ar]

har•pa *sf.* Instrumento (4) mais ou menos triangular, de cordas desiguais, que se tangem com os dedos das duas mãos e dotado de pedais.

har•pe•ar *v.int.* Tocar harpa; harpejar. [Conjug.: ⑩ [harp]ear. Cf. *arpear.*]

har•pe•jar *v.int.* Harpear. [Conjug.: ① [harpej]ar. Cf. *arpejar.*]

har•pi•a (pí) *sf.* Monstro fabuloso, com rosto de mulher e corpo de abutre.

har•pis•ta *s2g.* Quem toca harpa.

hás•si:o *sm. Quím.* Elemento de número atômico 108, artificial [símb.: *Hs*].

has•ta *sf.* 1. Lança. 2. Leilão. ◆ Hasta pública. Venda de bens em público, pregão.

has•te *sf.* 1. Pau ou ferro, direito, longo e levantado, no qual se encrava ou apóia algo. 2. Pau de bandeira. 3. V. *corno.* ◆ Haste de aterramento. *Eng. Elétr.* Eletrodo constituído de uma peça condutora rígida, enfiada no solo.

has•te•ar *v.t.d.* 1. Elevar ou prender ao cimo de haste, vara ou mastro. *P.* 2. Erguer-se, levantar-se. [Conjug.: ⑩ [hast]ear]

hau•rir *v.t.d.* 1. Tirar para de lugar profundo. 2. Esgotar (1). 3. Sorver (1). 4. Extrair, colher. [Conjug.: ⑤⑧ [haur]ir]

haus•to *sm.* 1. Ato de haurir. 2. Trago, sorvo. 3. Sorvo, aspiração.

ha•vai•a•no (a-i) *adj.* 1. Do arquipélago do Havaí (Oceânia). • *sm.* 2. O natural ou habitante do Havaí.

ha•va•na *sm.* Charuto fabricado em Havana (Cuba).

ha•ver *v.t.d.* 1. *P. us.* Ter, possuir. 2. *P. us.* Alcançar, conseguir. *Impess.* 3. Existir (1). 4. Suceder, ocorrer. 5. Realizar-se, efetuar-se. 6. Fazer (17 e 18). *T.d.i.* 7. *P. us.* Haver (2). *P.* 8. Proceder, comportar-se. 9. Entender-se, avir-se. [Conjug.: ⑥ haver] • *sm.* 10. *Cont.* Crédito.

ha•ve•res (ê) *sm. pl.* Bens, riqueza.

ha•xi•xe *sm.* Resina extraída das folhas e inflorescências do cânhamo (1).

❏ HD *sm. Inform.* V. *disco rígido.*

❏ He *Quím.* Símb. do *hélio.*

heb•do•ma•dá•ri:o *adj.* 1. Semanal. • *sm.* 2. Publicação semanal; semanário.

he•brai•co *adj.* 1. Hebreu (3). • *sm.* 2. Hebreu (1). 3. *Ling.* Língua em que se escreve grande parte da Bíblia, hoje a língua oficial de Israel; hebreu.

he•breu *sm.* 1. Indivíduo dos hebreus, povo semita da Antiguidade, do qual descendem os atuais judeus; hebraico. 2. Hebraico (3). • *adj.* 3. Dos hebreus; hebraico.

he•ca•tom•be *sf.* Mortandade.

hec•ta•re *sm.* Unidade de medida agrária, equivalente a 100 ares.

hec•to•gra•ma *sm.* Medida de massa, equivalente a 100 gramas.

hec•to•li•tro *sm.* Medida de capacidade, equivalente a 100 litros.

hec•tô•me•tro *sm.* Medida de comprimento, equivalente a 100 metros.

he•di•on•do *adj.* 1. Vicioso, sórdido. 2. Repulsivo. 3. Pavoroso, medonho. § **he•di•on•dez** (ê) *sf.*

he•do•nis•mo *sm.* Tendência a considerar que o prazer individual e imediato é a finalidade da vida. § **he•do•nis•ta** *adj2g. e s2g.*

he•ge•mo•ni•a *sf.* Preponderância, supremacia.

hé•gi•ra *sf.* 1. Era maometana que se inicia com a fuga de Maomé [v. *maometano* (1)] para Meca. 2. *Fig.* Fuga[1].

hein *interj.* V. *hem.*

he•lê•ni•co *adj.* Relativo à Hélade, ou Grécia antiga.

he•le•nis•mo *sm.* 1. Palavra, locução ou construção própria da língua grega. 2. O conjunto das idéias e costumes da Grécia antiga.

he•le•nis•ta *s2g.* Especialista na língua e civilização da Grécia antiga.

he•le•nís•ti•co *adj.* 1. Referente ao helenismo. 2. Diz-se do período da história da Grécia que vai desde Alexandre Magno (q. v.) até a conquista romana.

he•le•no *adj. e sm.* V. *grego* (1 e 2).

he•li•an•to *sm. Bot.* Girassol.

hé•li•ce *sf.* 1. *Geom.* Curva reversa cujas tangentes formam um ângulo constante com uma reta fixa do espaço. 2. Propulsor náutico, que substitui as rodas. [Nesta acepç., em nossa marinha só se usa no masc.] 3. Peça propulsora dos aviões.

he•li•coi•dal *adj2g.* Helicóide. [Pl.: –*dais.*]

he•li•cói•de *adj2g.* Em forma de hélice; helicoidal.

he•li•cóp•te•ro *sm.* Aeronave de asa rotativa em forma de grandes hélices, capaz de elevar-se e baixar verticalmente, além de realizar deslocamentos horizontais e vôo pairado.

hé•li•o *sm. Quím.* Elemento que, no estado líquido, tem o mais baixo ponto de ebulição conhecido e, no estado gasoso, é usado para inflar balões. V. *gás nobre* [simb.: *He*].

he•li•o•cen•tris•mo *sm.* Sistema cosmológico que admite ser o Sol o centro do Universo.

he•li•o•gra•vu•ra *sf.* Processo de fotogravura a entalhe.

he•li•o•tró•pi:o *sm. Bot.* 1. Erva boraginácea de flores diminutas. 2. Qualquer planta cujas flores se voltam para o Sol.

he•li•o•tro•pis•mo (è) *sm.* Fenômeno de fototropismo (q. v.) no qual a fonte de luz é o Sol[1] (2).

he•li•pon•to *sm.* Porção de solo ou de água, ou estrutura artificial, us. para pouso e decolagem de helicópteros.

he•li•por•to (ô) *sm.* Heliponto público, dotado de instalações para pouso e decolagem de helicópteros, embarque e desembarque de passageiros e/ou de carga. [Pl.: –*portos* (ó).]

➪ **help** [Ingl.] *sm. Inform.* V. *ajuda* (2).

hem *interj.* Denota não haver a pessoa ouvido bem, ou ter ficado espantada ou indignada.

he•má•ci:a *sf. Histol.* Glóbulo vermelho do sangue.

he•ma•ti•ta *sf. Min.* Mineral que é um dos mais importantes minérios de ferro.

he•ma•tó•fa•go *adj.* Que se nutre de sangue.

he•ma•to•lo•gi•a *sf. Med.* Estudo do sangue e dos órgãos formadores deste. § **he•ma•to•ló•gi•co** *adj.*

he•ma•to•ma *sm. Med.* Tumor formado de sangue extravasado.

he•ma•to•se *sf. Fisiol.* Processo fisiológico em que o sangue, com baixo teor de oxigênio, é trazido pelas artérias pulmonares aos pulmões, onde ocorrem trocas gasosas que o tornam rico em oxigênio.

he•ma•to•zo á•ri:o *adj. e sm. Biol.* Diz-se de, ou protozoário que parasita o sangue de animais.

he•me•ro•te•ca *sf.* Seção de biblioteca onde estão jornais e revistas.

he•mi:a•ce•tal *sm. Quím.* Produto da adição reversível de álcool a aldeído. [Pl.: –*tais.*]

he•mi•ce•tal *sm. Quím.* Produto da adição reversível de álcool a cetona. [Pl.: –*tais.*]

he•mi•ci•clo *sm.* Espaço semicircular, especialmente o mundo de bancadas para espectadores.

he•mi•ple•gi•a *sf. Med.* Paralisia de um dos lados do corpo. § **he•mi•plé•gi•co** *adj. e sm.*

he•míp•te•ro *sm. Zool.* Espécime dos hemípteros, ordem de artrópodes de aparelho bucal sugador; são aquáticos ou terrestres, na maioria fitófagos, mas alguns são parasitas e hematófagos. Ex.: percevejos. § **he•míp•te•ro** *adj.*

he•mis•fé•ri:o *sm.* 1. Metade duma esfera. 2. Cada uma das duas metades em que a Terra é imaginariamente dividida pelo círculo do equador.

he•mo•fi•li•a *sf.* Distúrbio de coagulação sanguínea, de caráter hereditário, e em que surgem, espontaneamente ou como decorrência de traumatismos, mesmo leves, hemorragias subcutâneas, em membranas mucosas, articulações, etc. § **he•mo•fí•li•co** *adj.*

he•mo•glo•bi•na *sf. Fisiol.* Pigmento existente na hemácia, e que transporta oxigênio.

he•mop•ti•se *sf. Med.* Expectoração sanguínea ou sanguinolenta.

he•mor•ra•gi•a *sf. Med.* Derramamento de sangue para fora dos vasos que o contêm. § **he•mor•rá•gi•co** *adj.*

he•mor•roi•da *sf. Med.* Variz em reto ou ânus. § **he•mor•roi•dá•ri:o** *adj.*

he•mós•ta•se *sf. Med.* Detenção de hemorragia.

he•mos•tá•ti•co *adj.* e *sm. Med.* Diz-se de, ou procedimento ou medicamento que detém ou ajuda a deter hemorragia.

hen•de•ca•e•dro *sm. Geom.* Poliedro de onze faces.

hen•de•cá•go•no *sm. Geom.* Polígono de 11 faces.

hen•de•cas•sí•la•bo *adj.* **1.** Que tem 11 sílabas. * *sm.* **2.** Verso de 11 sílabas.

he•pá•ti•co *adj.* Relativo ao fígado; figadal.

he•pa•ti•te *sf. Med.* Inflamação do fígado.

he•pa•to•lo•gi•a *sf. Med.* Estudo do fígado. § **he•pa•to•ló•gi•co** *adj.*

he•pa•to•lo•gis•ta *s2g. Med.* Especialista em hepatologia.

he•pa•to•ma *sm.* Qualquer tumor do fígado.

hep•ta•e•dro *sm. Geom.* Poliedro de sete faces.

hep•tá•go•no *sm. Geom.* Polígono de sete lados.

hep•ta•no *sm. Quím.* Alcano que contém sete átomos de carbono, líquido, que é um dos componentes principais da gasolina.

hep•tas•sí•la•bo *adj.* e *sm.* V. *setissílabo.*

he•ra *sf. Bot.* Nome comum a várias trepadeiras araliáceas.

he•rál•di•ca *sf.* A arte ou ciência dos brasões. § **he•rál•di•co** *adj.*

he•ran•ça *sf.* **1.** O que se herda, ou se transmite por hereditariedade (2). **2.** Patrimônio deixado por alguém ao morrer.

her•bá•ce:o *adj.* Que tem a consistência e o porte de erva.

her•ba•ná•ri:o *sm.* **1.** Estabelecimento que vende ervas medicinais. **2.** Indivíduo que as conhece e/ou vende.

her•bá•ri:o *sm.* Coleção de plantas dessecadas que se destinam à pesquisa científica.

her•bi•ci•da *adj2g.* e *sm.* Diz-se de, ou substância que destrói ervas daninhas.

her•bí•fe•ro *adj.* Que produz erva.

her•bí•vo•ro *adj.* Que se alimenta de ervas.

her•bó•re:o *adj.* Relativo a erva.

her•bo•so *(ô) adj.* Ervoso. [Pl.: *–bosos* (ó).]

her•cú•le:o *adj.* Extraordinariamente robusto.

hér•cu•les *sm.2n. Fig.* Homem hercúleo.

her•da•de *sf.* Grande propriedade rural.

her•dar *v.t.d.* e *t.d.i.* **1.** Receber por herança. **2.** Adquirir por hereditariedade (vício, moléstia, etc.). **3.** Deixar por herança; legar. **4.** Receber por transmissão. [Conjug.: ☐ [herd]**ar**]

her•dei•ro *sm.* **1.** Aquele que herda [v. *herdar* (1 e 4)]. **2.** *Fam.* Filho (1).

he•re•di•ta•ri:e•da•de *sf.* **1.** Qualidade de hereditário. **2.** Transmissão dos caracteres físicos ou morais aos descendentes.

he•re•di•tá•ri:o *adj.* Que se transmite por herança.

he•re•ge *adj2g.* e *s2g.* Que, ou quem professa heresia (1).

he•re•si•a *sf.* **1.** Doutrina contrária ao que foi definido pela Igreja em matéria de fé. **2.** *Fig.* Contra-senso; absurdo.

he•ré•ti•co *adj.* Relativo a, ou que contém heresia.

her•ma *sf. Escult.* **1.** Estátua do deus mitológico Hermes ou Mercúrio. **2.** Busto em que o peito, as costas e os ombros são cortados por planos verticais.

her•ma•fro•di•to *adj.* e *sm. Biol.* Diz-se de, ou ser que tem órgãos reprodutores dos dois sexos.

her•me•neu•ta *s2g.* Especialista em hermenêutica.

her•me•nêu•ti•ca *sf.* Método que visa a interpretação de textos (filosóficos, religiosos, etc.). § **her•me•nêu•ti•co** *adj.*

her•mé•ti•co *adj.* **1.** Inteiramente fechado, de sorte que o ar não possa entrar. **2.** De compreensão muito difícil.

her•me•tis•mo *sm.* Qualidade de hermético (2).

hér•ni:a *sf. Med.* Deslocamento parcial ou total dum órgão através de orifício patológico ou tornado patológico. § **her•ni•á•ri:o** *adj.*

he•rói *sm.* **1.** Homem extraordinário pelos feitos guerreiros, valor ou magnanimidade. **2.** Protagonista de obra literária.

he•rói•co *adj.* Próprio de herói.

he•ro•í•na¹ *sf.* Mulher de valor extraordinário, ou que é protagonista duma obra literária.

he•ro•í•na² *sf. Quím.* Substância sintética, tóxica, feita da morfina, de ação mais intensa que esta, e que é uma droga (3) ilegal, capaz de rapidamente gerar dependência no usuário.

he•ro•ís•mo *sm.* **1.** Qualidade de herói ou de heróico. **2.** Ato heróico.

her•pes *sm2n. Med.* Virose cutânea devida a herpes-vírus, e caracterizada pela formação de agregados de pequenas empolas.

her•pes-ví•rus *sm2n. Microbiol.* Vírus herpevirídeo.

her•pes-zos•ter *sm. Med.* Virose, muito dolorosa, devida a herpevirídeo caracterizado por erupção unilateral de empolas, e que acompanha o trajeto de nervos sensitivos. [Sin.: *zona* e (pop.) *cobrelo, cobreiro.* Pl.: *herpes-zosteres.*]

her•pe•vi•rí•de:o *sm. Microbiol.* Espécime dos herpevirídeos, família de vírus DNA de 80 a 100 milímetros, e cujo capsídio inclui 162 capsômeros. § **her•pe•vi•rí•de:o** *adj.*

hertz *sm. Fís.* Unidade de medida de freqüência de um fenômeno periódico igual à freqüência de um evento por segundo [simb.: *Hz*].

he•si•ta•ção *sf.* **1.** Ato ou efeito de hesitar. **2.** Estado de quem hesita. **3.** Indecisão. [Pl.: *–ções.*]

he•si•tar *v.int. e t.i.* **1.** Estar ou ficar indeciso, perplexo. **2.** Ter dúvidas. [Sin. ger.: *vacilar.* Conjug.: ① [hesit]ar] § **he•si•tan•te** *adj2g.*

he•te•ro•do•xi•a (èt...cs) *sf.* Qualidade de heterodoxo.

he•te•ro•do•xo (èt...cs) *adj.* Desviado de princípios doutrinários. [Antôn.: *ortodoxo* (cs).]

he•te•ro•gê•ne:o (èt) *adj.* **1.** De diferente natureza. **2.** Composto de partes de diferente natureza. § **he•te•ro•ge•ne:i•da•de** *sf.*

he•te•rô•ni•mo *adj.* **1.** Diz-se de autor que publica um livro sob o nome verdadeiro doutra pessoa. • *sm.* **2.** Outro nome, imaginário, que um autor empresta a suposto autor de certas obras suas.

he•te•ro•no•mi•a (èt) *sf.* Condição de pessoa ou grupo que recebe de outrem a lei a que se deve submeter.

he•te•ros•se•xu•al (èt...cs) *adj2g. e s2g.* Diz-se de, ou indivíduo que pratica o ato sexual com indivíduos de sexo diferente do seu. [Pl.: *–ais.*]

he•te•ros•se•xu:a•lis•mo (èt...cs) *sm.* Prática heterossexual.

he•te•ro•tró•fi•co (èt) *adj. Biol.* Diz-se de organismo incapaz de sintetizar o próprio alimento, e que, a partir de compostos inorgânicos complexos, produz os seus constituintes orgânicos. [Os animais e algumas plantas são heterotróficos.] § **he•te•ro•tro•fi•a** *sf.*

heu•re•ca *interj.* Achei, encontrei. [É us. quando se acha a solução dum problema difícil.]

heu•rís•ti•ca *sf.* Conjunto de regras e métodos que visam a descoberta, à invenção ou à resolução de problemas. § **heu•rís•ti•co** *adj.*

he•xa•de•ci•mal (cs) *adj2g.* Relativo ou pertencente ao sistema de numeração que emprega 16 algarismos. [Pl.: *–mais.*]

he•xa•e•dro (cs) *sm. Geom.* Poliedro de seis faces.

he•xa•go•nal (cs) *adj2g. Geom.* Relativo a, ou que tem por base um hexágono. [Pl.: *–nais.*]

he•xá•go•no (cs) *sm. Geom.* Polígono de seis lados.

he•xa•no *sm. Quím.* Alcano que contém seis átomos de carbono, líquido, us. como solvente.

he•xas•sí•la•bo (cs) *adj. e sm.* Diz-se de, ou verso ou palavra de seis sílabas.

❑ **Hf** *Quím.* Símb. do *háfnio.*

❑ **Hg** *Quím.* Símb. do *mercúrio.*

hi•a•to *sm. Gram.* **1.** Encontro de duas vogais pertencentes a sílabas distintas. **2.** Intervalo.

hi•ber•na•ção *sf.* Sono letárgico de certos animais e vegetais durante o inverno. [Pl.: *-ções.*]

hi•ber•nal *adj2g.* Do, ou relativo ao inverno, ou próprio dele. [Pl.: *–nais.*]

hi•ber•nar *v.int.* **1.** Estar ou cair em hibernação. **2.** Invernar (2). [Conjug.: ① [hibern]ar]

hí•bri•do *adj. Biol.* Originário do cruzamento de espécies diferentes.

hi•dra¹ *sf.* Serpente fabulosa, morta por Hércules (semideus da mitologia grega).

hi•dra² *sf. Zool.* Hidrozoário de água doce, polipóide, séssil, sem esqueleto calcário; vive em colônias.

hi•dra•má•ti•co *adj.* **1.** Diz-se da mudança (3) cujo comando é acionado automaticamente por meio de sistema hidráulico. **2.** Diz-se do automóvel dotado desse tipo de mudança.

hi•dra•ta•do *adj.* **1.** Que se hidratou. **2.** Associado quimicamente à água.

hi•dra•tar *v.t.d.* **1.** Converter em hidrato. **2.** Tratar (a pele) com substância que mantenha a sua umidade natural, ou que a devolva. **3.** *Med.* Administrar água ou outro líquido, para compensar perdas líquidas, pela boca ou por outras vias. [Conjug.: ① [hidrat]ar] § **hi•dra•tan•te** *adj2g. e s2g.*

hi•dra•to *sm. Quím.* Composto que contém uma ou mais moléculas de água.

hi•dráu•li•ca *sf. Fís.* Investigação simplificada de escoamento de fluidos (especialmente água).

hi•dráu•li•co *adj.* **1.** Relativo à hidráulica. **2.** Relativo a qualquer movimento de líquidos, especialmente a água.

hi•dra•vi•ão *sm.* Avião que opera somente a partir de superfície aquática; hidroavião, hidroplano. [Pl.: *–viões.*]

hi•dre•lé•tri•ca *sf.* Empresa ou companhia de energia hidrelétrica.

hi•dre•lé•tri•co *adj.* Em que se produz corrente elétrica por meio de força hidráulica.

hi•dro:a•vi•ão *sm.* V. *hidravião.* [Pl.: *–viões.*]

hi•dro•car•bo•ne•to (è) *sm. Quím.* Composto formado apenas por átomos de carbono e hidrogênio.

hi•dro•car•bô•ni•co *adj. Quím.* Próprio de, ou derivado de hidrocarboneto.

hi•dró•fi•lo *adj.* Que absorve bem a água.

hi•dro•fo•bi•a *sf.* **1.** Horror aos líquidos. **2.** *Med.* Raiva (1). § **hi•dró•fo•bo** *adj.*

hi•dro•gê•ni:o *sm. Quím.* Elemento de número atômico 1, gasoso, incolor, participante de uma longa série de compostos [simb.: *H*].

hi•dro•gra•fi•a *sf.* O conjunto das águas correntes ou estáveis duma região. § **hi•dro•grá•fi•co** *adj.*

hi•drô•me•tro *sm.* Aparelho para medir a quantidade de água consumida nas residências.

hi•dro•mi•ne•ral *adj2g.* Relativo a água mineral. [Pl.: –*rais*.]

hi•drô•ni:o *sm. Quím.* O cátion H_3O^+.

hi•dro•pi•si•a *sf. Med.* Acumulação anormal de líquido seroso em tecidos ou em cavidades do corpo.

hi•dro•pla•no *sm.* V. *hidravião*.

hi•dro•po•ni•a *sf.* Hidropônica.

hi•dro•pô•ni•ca *sf.* Técnica de cultura de plantas em solução nutriente, ger. com suporte de areia, cascalho, etc.

hi•dros•fe•ra *sf.* As águas oceânicas e as águas continentais da superfície terrestre, incluindo os lençóis subterrâneos e o vapor aquoso da atmosfera.

hi•dro•te•ra•pi•a *sf. Med.* **1.** Terapia pela água. **2.** *Restr.* Tratamento em que a água tem aplicações externas (banhos, duchas, etc.). § **hi•dro•te•rá•pi•co** *adj.*

hi•dro•tér•mi•co *adj.* Relativo à água e ao calor.

hi•dro•vi•a *sf.* Via líquida (mar, rios, lagos, etc.) us. para o transporte e as comunicações. § **hi•dro•vi•á•ri:o** *adj.*

hi•dró•xi•do (cs) *sm. Quím.* Composto químico formado por um ou mais ânions HO^- e um cátion metálico.

hi•dro•xi•la (cs) *sf. Quím.* **1.** O grupo –OH, presente em hidróxidos, alcoóis, ácidos carboxílicos, etc. **2.** O ânion HO^-.

hi•dro•zo•á•ri:o *sm. Zool.* Espécime dos hidrozoários que, em seu ciclo de vida, podem ser polipóides ou medusóides. Ex.: caravelas marinhas e hidras. § **hi•dro•zo•á•ri:o** *adj.*

hi•e•na *sf.* **1.** *Zool.* Mamífero hienídeo. **2.** *Fig.* Pessoa que ri da desgraça alheia.

hi:e•ní•de:o *sm. Zool.* Espécime dos hienídeos, família de mamíferos carnívoros que se alimentam, sobretudo, de animais mortos e putrefatos. São as hienas. § **hi:e•ní•de:o** *adj.*

hi:e•rar•qui•a *sf.* **1.** Ordem e subordinação dos poderes eclesiásticos, civis e militares. **2.** Série contínua de graus ou escalões, em ordem crescente ou decrescente. ♦ **Hierarquia militar.** Ordenação da autoridade, em diferentes níveis, dentro da estrutura das forças armadas. [No Exército, Marinha de Guerra e Aeronáutica brasileiros existem hoje, respectivamente, os seguintes postos e graduações, aqui citados em ordem decrescente: marechal, almirante, marechal-do-ar (preenchidos apenas em épocas excepcionais); general-de-exército, almirante-de-esquadra, tenente-brigadeiro; general-de-divisão, vice-almirante, major-brigadeiro; general-de-brigada, contra-almirante, brigadeiro-do-ar; coronel, capitão-de-mar-e-guerra, coronel aviador; tenente-coronel, capitão-de-fragata, tenente-coronel aviador; major, capitão-de-corveta, major aviador; capitão, capitão-tenente, capitão-aviador; primeiro-tenente (nas três armas); segundo-tenente (nas três armas); aspirante-a-oficial, guarda-marinha, aspirante-a-oficial aviador; subtenente, suboficial; primeiro-sargento (nas três armas); segundo-sargento (nas três armas); terceiro-sargento (nas três armas); cabo (nas três armas); soldado, marinheiro, soldado. No Exército do Brasil colonial e imperial, a hierarquia militar era a seguinte: marechal-de-exército; tenente-general; marechal-de-campo; brigadeiro, mestre-de-campo, ou coronel; tenente-coronel; sargento-mor ou major; ajudante ou capitão; tenente; alferes; primeiro-cadete; segundo-cadete; primeiro-sargento; segundo-sargento; furriel; cabo-de-esquadra; anspeçada; soldado; e na Marinha de Guerra: almirante; vice-almirante; chefe-de-esquadra; chefe-de-divisão; capitão-de-mar-e-guerra; capitão-de-fragata; capitão-tenente; tenente-do-mar ou primeiro-tenente; segundo-tenente; guarda-marinha; aspirante; primeiro-sargento; segundo-sargento; quartel-mestre; cabo; marinheiro. Em Portugal, atualmente, existem, no Exército e na Aeronáutica, os postos seguintes: marechal, general, brigadeiro, coronel, tenente-coronel, major, capitão, tenente e alferes; e na Marinha de Guerra: almirante, vice-almirante, contra-almirante, comodoro, capitão-de-mar-e-guerra, capitão-de-fragata, capitão-tenente, primeiro-tenente, segundo-tenente, subtenente e guarda-marinha (equivalentes).]

hi:e•rár•qui•co *adj.* Conforme à hierarquia.

hi:e•rar•qui•zar *v.t.d.* Organizar ou distribuir segundo uma ordem hierárquica, ou segundo a importância de. [Conjug.: ① [hierarquiz]**ar**]

hi:e•ró•gli•fo *sm.* Ideograma figurativo que constitui a notação de certas escritas analíticas.

hí•fen *sm.* Sinal gráfico (-) usado para ligar os elementos de palavras compostas, unir pronomes átonos a verbos, e separar, no fim da linha, uma palavra em duas partes; traço-de-união. [Pl.: *hifens* e (p. us. no Brasil) *hífenes*.]

hi•fe•ni•zar *v.t.d.* **1.** Usar hífen em. **2.** Unir com hífen. [Conjug.: ① [hifeniz]**ar**]

hí•gi•do *adj.* **1.** Relativo à saúde. **2.** Sadio, são. § **hi•gi•dez** (ê) *sf.*

hi•gi•e•ne *sf.* **1.** *Med.* Ciência relativa à conservação da saúde. **2.** Limpeza, asseio.

hi•gi•ê•ni•co *adj.* **1.** Relativo à higiene. **2.** Limpo, asseado.

hi•gi:e•nis•ta *s2g.* Especialista em higiene.

hi•gi:e•ni•zar *v.t.d.* Tornar higiênico, saudável. [Conjug.: ① [higieniz]**ar**]

hi•grô•me•tro *sm. Fís.* Qualquer instrumento destinado a medir a umidade do ar ou de um gás.

hi•la•ri•an•te *adj2g*. Que produz hilaridade.

hi•la•ri•da•de *sf*. **1.** Alegria, riso. **2.** Vontade de rir; explosão de riso(s).

hi•lá•ri:o *adj*. *Bras. Gír*. Muito engraçado.

hí•men *sm. Anat*. Prega membranosa que, parcial ou totalmente, oclui o orifício vaginal externo. [Pl.: *hímens* e (p. us. no Brasil) *hímenes*.]

hi•me•neu *sm*. Matrimônio.

hi•me•nóp•te•ro *sm. Zool*. Espécime dos himenópteros, ordem de insetos com quatro asas membranosas e aparelho bucal mastigador; inclui espécies parasitas doutros insetos, e espécies sociais. Ex.: abelhas, marimbondos, formigas. § **hi•me•nóp•te•ro** *adj*.

hi•ná•ri:o *sm*. Coleção de hinos.

hin•di *sm*. A mais importante das línguas vernáculas da Índia, considerada a língua oficial.

hin•du *adj2g*. e *s2g*. V. *indiano*.

hin•du•ís•mo *sm*. Religião atual da maioria dos povos da Índia, resultante de uma evolução secular do Veda e do bramanismo.

hin•dus•ta•ni *sm. Gloss*. O dialeto padrão do hindi.

hi•no *sm*. **1.** Poema ou cântico de veneração, louvor ou invocação à divindade. **2.** Música marcial ou solene, acompanhada dum texto.

hip *interj*. Proferida antes do *hurra*.

hi•pe•rá•si•do *adj*. Demasiadamente ácido. § **hi•pe•ra•ci•dez** (ê) *sf*.

hi•pér•ba•to ou **hi•pér•ba•ton** *sm. Gram*. Inversão da ordem natural das palavras ou das orações.

hi•pér•bo•le *sf*. **1.** *Ret*. Figura que engrandece ou diminui em demasia a verdade das coisas; exageração. **2.** *Geom*. Lugar geométrico dos pontos dum plano cujas distâncias a dois pontos fixos desse plano têm diferença constante.

hi•per•bó•li•co *adj*. Que usa de, ou em que há hipérbole; exagerado.

hi•per•in•fla•ção *sf. Econ*. Aumento muito rápido do nível de preços de um país, provocando rejeição crescente da moeda nacional. [Pl.: *-ções*.]

hi•per•me•nor•réi•a *sf. Med*. Menstruação excessiva com duração, e a intervalos habituais; menorragia.

hi•per•mí•di:a *sf. Inform*. Conjunto de textos, gráficos, sons, vídeos etc., organizado segundo o modelo próprio do hipertexto.

hí•pe•ron *sm. Fís. Part*. Denominação de bárions instáveis, mais pesados que o próton e que contêm pelo menos um *quark* estranho.

hi•per•sen•sí•vel *adj2g*. Extremamente sensível. [Pl.: *-veis*.] § **hi•per•sen•si•bi•li•da•de** *sf*.

hi•per•ten•são *sf. Med*. Elevação, acima do normal, da pressão no interior de um órgão ou de um sistema (7), como ocorre, p. ex., na hipertensão arterial. [Pl.: *-sões*.]

hi•per•ten•so *adj*. Que tem hipertensão.

hi•per•tex•to (ês) *sm. Inform*. Conjunto de blocos mais ou menos autônomos de texto, apresentado em meio eletrônico computadorizado e no qual há remissões associando entre si diversos elementos, de tal modo que o leitor pode passar diretamente entre eles, escolhendo seu próprio percurso de leitura, sem seguir seqüência predeterminada. § **hi•per•tex•tu•al** (ês) *adj2g*.

hi•per•tro•fi•a *sf. Histol*. Aumento de tamanho de um tecido ou órgão, devido a aumento de tamanho das células que o formam.

hí•pi•co *adj*. Relativo ao hipismo ou a cavalos.

hi•pis•mo *sm*. O esporte das corridas de cavalos; turfe.

hip•no•se *sf. Psiq*. Tipo especial e incompleto de sono, provocado por meios vários (olhar, etc.) executados pelo hipnotizador, a cujas sugestões o hipnotizado obedece.

hip•nó•ti•co *adj*. e *sm*. Que, ou substância que produz sono.

hip•no•tis•mo *sm*. Conjunto de processos físicos ou psíquicos utilizados para produzir a hipnose.

hip•no•ti•zar *v.t.d.* **1.** Fazer cair em hipnose. **2.** *Fig*. Encantar, fascinar. [Conjug.: ① [hipnotiz]ar] § **hip•no•ti•za•dor** (ô) *sm.*; **hip•no•ti•zan•te** *adj2g.*; **hip•no•ti•zá•vel** *adj2g*.

hi•po•cam•po *sm. Zool*. Cavalo-marinho.

hi•po•clo•ri•to *sm. Quím*. 1. O ânion ClO⁻. 2. Qualquer sal que contenha esse ânion.

hi•po•con•dri•a *sf. Psiq*. Estado mental em que há depressão e doentia preocupação com a própria saúde; nosomania. § **hi•po•con•drí•a•co** *adj*.

hi•po•côn•dri:o *sm. Anat*. Cada uma de duas regiões súpero-laterais do abdome.

hi•po•cri•si•a *sf*. **1.** Afetação de virtude ou sentimento que não se tem. **2.** Fingimento, falsidade.

hi•pó•cri•ta *adj2g*. Que tem, ou em que há hipocrisia.

hi•po•der•me *sf. Histol*. Tecido situado abaixo da derme.

hi•po•dér•mi•co *adj*. **1.** Que está abaixo da pele. **2.** Que se aplica por baixo da pele. **3.** Relativo à hipoderme.

hi•pó•dro•mo *sm*. Local onde se realizam corridas de cavalos; prado.

hi•pó•fi•se *sf. Anat*. Pequena glândula endócrina, situada na base do cérebro e que exerce ação reguladora de várias outras glândulas endócrinas; pituitária.

hi•po•po•ta•mí•de:o *sm. Zool*. Espécime dos hipopotamídeos, família de grandes artiodáctilos anfíbios com orifícios nasais na parte superior do focinho. § **hi•po•po•ta•mí•de:o** *adj*.

hi•po•pó•ta•mo *sm. Zool.* Hipopotamídeo dos rios africanos.

hi•pós•ta•se *sf.* Ficção tomada como real.

hi•po•te•ca *sf.* 1. Sujeição de bens imóveis ao pagamento duma dívida, sem se transferir ao credor a posse do bem gravado. 2. Dívida resultante de hipoteca (1).

hi•po•te•car *v.t.d.* 1. Sujeitar a hipoteca. *T.d.i.* 2. Ceder em hipoteca. 3. *Fig.* Garantir, assegurar. [Conjug.: ⑧ [hipote]**car**]

hi•po•te•cá•ri:o *adj.* Relativo a hipoteca.

hi•po•te•nu•sa *sf. Geom.* Lado oposto ao ângulo reto de um triângulo retângulo.

hi•pó•te•se *sf.* 1. Suposição. 2. Eventualidade.

hi•po•té•ti•co *adj.* Fundado em hipótese.

hir•su•to *adj.* 1. De pêlos longos, duros e espessos. 2. V. *hirto* (3 e 4).

hir•to *adj.* 1. Teso, inteiriçado. 2. Parado, imóvel. 3. Eriçado, hirsuto. 4. Áspero, hirsuto.

hi•ru•dí•ne:o *sm. Zool.* Espécime dos hirudíneos, classe de anelídeos de corpo achatado, dividido por anéis, e com ventosa para fixação. Vivem na terra ou na água; são as sanguessugas. § **hi•ru•dí•ne:o** *adj.*

hi•run•di•ní•de:o *sm. Zool.* Espécime dos hirundinídeos, família de aves passeriformes que vivem em bandos e migram; são as andorinhas. § **hi•run•di•ní•de:o** *adj.*

his•pa•no-a•me•ri•ca•no *adj.* 1. Da América de língua espanhola. • *sm.* 2. Indivíduo de origem espanhola e americana. [Flex.: *hispano-americana, hispano-americanos, hispano-americanas.*]

his•so•pe (ó) *sm.* Aspersório.

his•te•re•se *sf. Fís.* Fenômeno que consiste em a resposta de um sistema a uma solicitação externa se atrasar em relação ao incremento ou à atenuação dessa solicitação.

his•te•ri•a *sf. Psiq.* Neurose que se caracteriza pela presença de sinais diversos (paralisias, distúrbios visuais, crises epileptiformes e tetaniformes, etc.), e que podem ser reproduzidos por sugestão ou por auto-sugestão.

his•té•ri•co *adj.* 1. Relativo à, ou que tem histeria. 2. *Pop.* Irritável.

his•te•ris•mo *sm. Psiq.* V. *histeria.*

his•te•ros•co•pi•a *sf. Med.* Exame endoscópico da cavidade uterina.

his•te•ros•có•pi:o *sm. Med.* Endoscópio uterino.

his•to•lo•gi•a *sf.* Ramo da biologia que estuda a estrutura microscópica normal de tecidos e órgãos. § **his•to•ló•gi•co** *adj.*

his•tó•ri:a *sf.* 1. Narração dos fatos notáveis ocorridos na vida dos povos, em particular, e da humanidade, em geral. 2. Conjunto de conhecimentos, adquiridos através da tradição e/ou mediante documentos, acerca da evolução do passado da humanidade. 3. Ciência e

método que permitem adquiri-los e transmiti-los. 4. Narração de acontecimentos, ações, fatos ou particularidades relativos a um determinado assunto. 5. Narrativa (2). 6. Enredo, trama. 7. Mentira. 8. Amolação. ◆ **História em quadrinhos.** Seqüência dinâmica de desenhos (quadrinhos), em geral com legendas, que contam uma história.

his•to•ri:a•dor (ô) *sm.* Especialista em história (1); historiógrafo.

his•to•ri•ar *v.t.d. e t.d.i.* Contar, narrar. [Conjug.: ① [histori]**ar**]

his•to•ri•cis•mo *sm. Filos.* Doutrina que estuda seus objetos do ponto de vista da origem e desenvolvimento deles.

his•tó•ri•co *adj.* 1. Da, ou digno de figurar na história (1). 2. Real, verdadeiro. • *sm.* 3. Exposição cronológica de fatos.

his•to•ri•e•ta (ê) *sf.* História (4 e 5) curta.

his•to•ri:o•gra•fi•a *sf.* 1. Ciência e arte de escrever a história (1). 2. Estudo histórico e crítico acerca da história ou dos historiadores.

his•to•ri:ó•gra•fo *sm.* Historiador.

his•tri•ão *sm.* 1. Entre os romanos, ator de certo tipo de comédia. 2. Comediante. 3. Bobo (1). [Pl.: *-triões.*]

his•tri•cí•de:o *sm. Zool.* Espécime dos histricídeos, família de roedores escavadores, noturnos; têm alguns pêlos do corpo modificados em espinhos, pernas curtas, e cauda longa. São os porcos-espinhos. § **his•tri•cí•de:o** *adj.*

hi•tle•ris•mo *sm.* O conjunto das doutrinas de Hitler [v. *nazismo*].

❏ **HIV** Sigla inglesa de *Human Immunodeficiency Virus*, que se refere a agente causador da AIDS.

❏ **Ho** *Quím.* Símb. do *hólmio.*

ho•di•er•no *adj.* Dos dias de hoje; atual.

ho•je (ô) *adv.* 1. No dia em que estamos. 2. Atualmente.

ho•lan•dês *adj.* 1. Da Holanda (Europa). • *sm.* 2. O natural ou habitante da Holanda. 3. A língua holandesa. [Flex.: *holandesa* (ê), *holandeses* (ê), *holandesas* (ê).]

ho•lár•ti•ca *sf.* Região zoogeográfica que compreende as partes não tropicais da Europa, da Ásia, N. da África e S. da América do Norte até ao N. do México. [Com inicial maiúscula.] § **ho•lár•ti•co** *adj.*

ho•le•ri•e•te *sm. Bras. SP* Contracheque.

ho•lis•mo *sm.* 1. Teoria de que existe uma tendência à interação dos elementos do universo e em especial dos seres vivos, e não de uma soma dessas partes. 2. Método (2) holístico de observação ou de estudo.

ho•lís•ti•co *adj.* 1. Relativo ou próprio de holismo. 2. Que dá preferência ao todo ou a um sistema completo, e não à análise, à separação das respectivas partes componentes.

hól•mi:o *sm. Quím.* V. *lantanídeos* [símb.: *Ho*].

ho•lo•caus•to *sm.* 1. Sacrifício, entre os antigos hebreus, em que se queimavam inteiramente os animais. 2. Sacrifício, expiação. 3. *Restr.* Massacre de milhões de judeus pelos nazistas.

ho•lo•ce•no *sm. Geol.* Época (4) em que ocorre o desenvolvimento e a expansão da civilização humana.

ho•lo•fo•te *sm.* Projetor de grande intensidade, que ilumina os objetos à distância.

ho•lo•gra•fi•a *sf. Fot.* Processo fotográfico para a obtenção de imagens tridimensionais mediante utilização de *laser.* § **ho•lo•grá•fi•co** *adj.*

ho•lo•plânc•ton *sm. Biol.* Organismo que é planctônico em todas as fases do seu ciclo de vida. [Pl.: *-tons.*]

ho•lo•tú•ri:a *sf. Zool.* Equinodermo de tegumento coriáceo e corpo cilíndrico. Ex.: pepino-do-mar.

ho•lo•tu•rói•de:o *sm. Zool.* Espécime dos holoturóideos, classe de equinodermos de corpo cilíndrico que têm vida livre, ou são fixos. Ex.: pepinos-do-mar. § **ho•lo•tu•rói•de:o** *adj.*

hom•bri•da•de *sf.* 1. Aspecto varonil. 2. Nobreza de caráter; dignidade.

ho•mem *sm.* 1. Qualquer indivíduo da espécie animal que apresenta o maior grau de complexidade na escala evolutiva; ser humano. 2. A espécie humana; a humanidade. 3. Ser humano do sexo masculino; varão. 4. O homem (3) na idade adulta. 5. Adolescente que atingiu a virilidade. [Pl.: *-mens.*]

ho•me•na•ge•ar *v.t.d.* Prestar homenagem (2) a. [Conjug.: [10] [homenag]**ear**] § **ho•me•na•ge•a•do** *adj. e sm.*

ho•me•na•gem *sf.* 1. *Ant.* Promessa de fidelidade do vassalo ao senhor feudal. 2. Ato de respeito, de consideração, de cortesia; preito. [Pl.: *-gens.*]

ho•men•zar•rão *sm.* Homem muito alto e forte. [Pl.: *-rões.*]

ho•me:o•pa•ta *adj2g. s2g.* Diz-se de, ou médico que exerce a homeopatia.

ho•me:o•pa•ti•a *sf.* Sistema terapêutico em que se tratam as doenças com substâncias ministradas em doses pequeníssimas, capazes de produzir, em pessoas sãs, sintomas semelhantes aos que apresentam os doentes a serem tratados. § **ho•me:o•pá•ti•co** *adj.*

⇨ **homepage** (hôum' pèidj') [Ingl.] *sf. Inform.* 1. Página oficial de entrada num sítio da *Web*, que geralmente contém uma apresentação e remissões às principais seções de conteúdo. 2. Sítio da *Web*, na Internet.

ho•mé•ri•co *adj.* 1. Pertencente ou relativo a Homero (q. v.), ou próprio dele e de sua obra. 2. *Fig.* Estrondoso.

ho•mi•ci•da *adj2g.* e *s2g.* Que, ou aquele que pratica homicídio(s).

ho•mi•cí•di:o *sm.* Morte de uma pessoa, praticada por outrem; assassinato.

ho•mi•li•a *sf. Rel.* Pregação em estilo simples e quase coloquial sobre o Evangelho.

ho•mi•ní•de:o *sm. Zool.* Espécime dos hominídeos, família de simiiformes que, em antigas classificações, incluía o homem e formas ancestrais atualmente extintas. § **ho•mi•ní•de:o** *adj.*

ho•mi•zi•ar *v.t.d., t.d.c.* e *p.* 1. Esconder(-se) à vigilância da justiça. 2. Esconder(-se). [Conjug.: [1] [homizi]**ar**]

ho•mó•fo•no *adj.* e *sm. Gram.* Diz-se de, ou vocábulo que tem o mesmo som de outro com grafia e sentido diferente. Ex.: *paço* e *passo.*

ho•mo•ge•ne:i•zar *v.t.d.* e *p.* Tornar(-se) homogêneo. [Conjug.: [15] [homogene]**i**[z]**ar**]

ho•mo•gê•ne:o *adj.* Cujas partes são da mesma natureza, ou estão solidamente e/ou estreitamente ligadas. § **ho•mo•ge•nei•da•de** *sf.*

ho•mó•gra•fo *adj.* e *sm. Gram.* Diz-se de, ou palavras de grafia idêntica e significado diverso. [Ex.: *cedo* (ê), adv., e *cedo* (é), do v. *ceder.*]

ho•mo•lo•gar *v.t.d.* Confirmar ou aprovar por autoridade judicial ou administrativa. [Conjug.: [11] [homolo]**gar**] § **ho•mo•lo•ga•ção** *sf.*

ho•mó•lo•go *adj.* 1. *Geom.* Diz-se dos lados, ângulos, diagonais, segmentos, vértices e outros elementos que se correspondem *ordena*damente em figuras semelhantes. 2. *P. ext.* Equivalente, correspondente, embora mais ou menos diverso. 3. Cuja posição, estrutura, função, etc., é igual ou similar.

ho•mo•ní•mi•a *sf.* Propriedade de homônimo.

ho•mô•ni•mo *adj.* e *sm.* 1. Que, ou aquele que tem o mesmo nome. 2. *Gram.* Diz-se de, ou palavra que se pronuncia e/ou escreve da mesma forma que outra, mas de origem e sentido diferentes. [V. *homófono* e *homógrafo.*]

ho•móp•te•ro *sm. Zool.* Espécime dos homópteros, ordem de insetos fitófagos, terrestres, sugadores de seiva. Ex.: cigarras, cigarrinhas. § **ho•móp•te•ro** *adj.*

ho•mos•se•xu•al (cs) *adj2g.* e *s2g.* Diz-se de, ou indivíduo que pratica o ato sexual com pessoas do mesmo sexo. [Pl.: *-uais.*]

ho•mos•se•xu:a•lis•mo (cs) *sm.* Prática homossexual.

ho•mún•cu•lo *sm.* Homenzinho.

ho•nes•tar *v.t.d.* 1. Tornar honesto; honrar. 2. Coonestar. 3. Adornar. [Conjug.: [1] [honest]**ar**]

ho•nes•to *adj.* 1. Honrado, digno. 2. Íntegro, probo. § **ho•nes•ti•da•de** *sf.*

ho•no•rá•ri:o *adj.* 1. V. *honorífico* (1). 2. Que dá honras sem os proventos materiais; honorífico.

ho•no•rá•ri:os *sm.pl.* Remuneração a quem exerce profissão liberal: advogado, médico, etc.; proventos.

ho•no•rá•vel *adj2g.* Digno de ser honrado. [Pl.: –*veis.*] § ho•no•ra•bi•li•da•de *sf.*

ho•no•rí•fi•co *adj.* 1. Que honra e distingue; honroso, honorário. 2. Honorário (2).

hon•ra *sf.* 1. Consideração à virtude, ao talento, à coragem, à santidade, às boas ações ou às qualidades de alguém. 2. Sentimento de dignidade própria que leva o homem a procurar merecer a consideração geral; pundonor, brio. 3. Dignidade. 4. Grandeza, glória. 5. Graça, distinção. 6. Castidade, pureza.

hon•ra•do *adj.* 1. Que tem honra, honesto, probo, sério. 2. Respeitado. § hon•ra•dez (ê) *sf.*

hon•rar *v.t.d.* 1. Conferir honras a. 2. Distinguir com honrarias. 3. Respeitar. 4. Lisonjear. *P.* 5. Adquirir honra. 6. Lisonjear-se. [Conjug.: ① [honr]ar]

hon•ra•ri•a *sf.* 1. Dignidade, distinção. [M. us. no pl.] 2. Manifestação honrosa.

hon•ro•so (ô) *adj.* 1. Que dá, ou em que há honra. 2. V. honorífico (1). [Pl.: –rosos (ó).]

hó•quei *sm. Esport.* Jogo entre duas equipes, em que cada uma, munida de bastões recurvados numa extremidade, tenta impelir uma pequena bola através do arco adversário.

ho•ra *sf.* 1. A 24ª parte do dia natural, ou do tempo que a Terra leva para fazer uma rotação completa sobre si mesma (símb.: *h*]. 2. Pancada ou badalada em campainha ou sino de relógio, indicando horas. 3. Momento propício; ocasião. 4. Tempo exato.

ho•ra-luz *sf.* Distância percorrida pela luz em uma hora e equivalente a 1,1 bilhão de quilômetros. [Pl.: *horas-luz.*]

ho•rá•ri:o *adj.* 1. Relativo a hora(s). 2. Que se percorre no espaço de uma hora. • *sm.* 3. Tabela indicativa das horas de certos serviços.

hor•da *sf.* 1. Tribo nômade. 2. Bando de aventureiros, de indisciplinados, de invasores, etc.

ho•ris•ta *adj2g.* e *s2g.* Diz-se de, ou empregado cujo salário é calculado em horas e não em dias.

ho•ri•zon•tal *adj2g.* 1. Do, ou paralelo ao horizonte. 2. Estendido horizontalmente. • *sf.* 3. Linha paralela ao horizonte. [Pl.: –*tais.*] § ho•ri•zon•ta•li•da•de *sf.*

ho•ri•zon•te *sm.* 1. Linha circular que limita o campo da nossa observação visual, e na qual o céu parece encontrar-se com a terra ou o mar. 2. Espaço (3). ◆ **Horizonte de eventos.** Lugar geométrico dos pontos do espaço-tempo onde, segundo um observador distante, o tempo parece estar parado.

hor•mô•ni:o *sm. Biol.* Substância produzida no corpo por órgão, células de um órgão, ou por células dispersas, que é lançada na corrente sanguínea, e que regula o crescimento ou o funcionamento de órgão ou de tecido específico em local próximo ou distante.

ho•rós•co•po ou ho•ros•có•pi:o *sm.* Prognóstico sobre a vida duma pessoa, tirado, segundo os astrólogos, da situação de certos astros na hora do nascimento dela.

hor•ren•do *adj.* 1. Que causa horror. 2. Feiíssimo. 3. Cruel. [Sin. ger.: *horrível* e *horroroso.*]

hor•ri•pi•lar *v.t.d.* e *p.* 1. Causar arrepios a, ou tê-los. 2. Horrorizar(-se). [Conjug.: ① [horripil]ar] § hor•ri•pi•lan•te *adj2g.*

hor•rí•vel *adj2g.* 1. V. horrendo. 2. Muito ruim; péssimo, horroroso. [Pl.: –*veis.*]

hor•ror (ô) *sm.* 1. Sensação arrepiante de medo, de pavor. 2. Receio, temor. 3. Repulsa, aversão. 4. Aquilo que inspira horror. 5. *Pop.* Ror [*v. quantidade* (2)].

hor•ro•ri•zar *v.t.d.* e *p.* 1. Encher(-se) de horror, de pavor; horripilar(-se). *Int.* 2. Causar horror. [Conjug.: ① [horroriz]ar] § hor•ro•ri•za•do *adj.*

hor•ro•ro•so (ô) *adj.* 1. V. horrível (2). 2. V. horrendo. [Pl.: –*rosos* (ó).]

hor•ta *sf.* Terreno onde se cultivam hortaliças.

hor•ta•li•ça *sf. Bot.* Nome comum a plantas herbáceas comestíveis que, ger., se cultivam em hortas; verdura.

hor•te•lã *sf. Bot.* Erva das labiadas de propriedades semelhantes às da hortelã-pimenta.

hor•te•lão *sm.* Aquele que trata de horta. [Pl.: –*lãos*, –*lões*. Fem.: *horteloa.*]

hor•te•lã-pi•men•ta *sf. Bot.* Erva labiada, aromática, que fornece óleo rico em mentol. [Pl.: *hortelãs-pimentas* e *hortelãs-pimenta.*]

hor•ten•se *adj2g.* Relativo a, ou cultivado em horta; hortícola.

hor•tên•si:a *sf. Bot.* Arbusto ornamental saxifragáceo, e suas flores.

hor•tí•co•la *adj2g.* Hortense.

hor•ti•cul•tor (ô) *sm.* Pessoa que se dedica à horticultura.

hor•ti•cul•tu•ra *sf.* Arte de cultivar hortas e jardins.

hor•to (ô) *sm.* Terreno onde se cultivam plantas de jardim.

ho•sa•na *sm.* 1. *Rel.* Hino eclesiástico que se canta no domingo de Ramos, que marca o início da Semana Santa. 2. Louvor.

hos•pe•da•gem *sf.* 1. Ato de hospedar; hospitalidade. 2. Hospedaria. [Pl.: –*gens.*]

hos•pe•dar *v.t.d.* 1. Receber ou alojar como hóspede. 2. Abrigar. *P.* 3. Tornar-se hóspede. [Conjug.: ① [hosped]ar]

hos•pe•da•ri•a *sf.* Casa onde se recebem hóspedes mediante remuneração; estalagem, hospedagem; albergue.

hós•pe•de *sm.* Quem se aloja temporariamente em casa alheia, ou hotel, etc.

hos•pe•dei•ro *adj.* **1.** Que hospeda. • *sm.* **2.** Quem hospeda. **3.** *Biol.* Animal, ou planta, que dá abrigo a, ou nutre outro organismo.

hos•pí•ci:o *sm.* **1.** Casa onde se hospedam e/ ou tratam pessoas pobres ou doentes, sem retribuição. **2.** Manicômio.

hos•pi•tal *sm.* Estabelecimento onde se tratam doentes, internados ou não. [Pl.: –*tais*.]

hos•pi•ta•lar *adj2g. Med.* Relativo a hospital.

hos•pi•ta•lei•ro *adj.* **1.** Que dá hospedagem por bondade ou caridade. **2.** Que acolhe com satisfação (os hóspedes).

hos•pi•ta•li•da•de *sf.* **1.** Hospedagem. **2.** Qualidade de hospitaleiro.

hos•pi•ta•li•zar *v.t.d.* e *p.* Internar(-se) em hospital. [Conjug.: ⬜ [hospitaliz]**ar**]

hos•te *sf.* Tropa; exército.

hós•ti:a *sf. Rel.* Partícula circular de massa de pão ázimo que é consagrada na missa.

hos•til (í) *adj2g.* **1.** Que se opõe claramente a alguém ou a alguma coisa. **2.** Que age como inimigo; agressivo. **3.** Próprio de inimigo; pouco amistoso. [Pl.:–*tis*.] § **hos•ti•li•da•de** *sf.*; **hos•til•men•te** *adv.*

hos•ti•li•zar *v.t.d.* **1.** Tratar hostilmente. **2.** Ter sentimento hostil contra. **3.** Mover guerra a. *P.* **4.** Agredir-se mutuamente. [Conjug.: ⬜ [hostiliz]**ar**]

ho•tel *sm.* Estabelecimento onde se alugam quartos e apartamentos mobiliados, com refeições ou sem elas. [Pl.: –*téis*.]

ho•te•lei•ro *sm.* **1.** Dono ou administrador de hotel. • *adj.* **2.** Relativo a hotéis.

❑ **Hs** *Quím.* Símb. do *hássio.*

hu•lha *sf.* V. *carvão* (1).

hum *interj.* Exprime dúvida, desconfiança.

hu•ma•nar *v.t.d.* Humanizar (1 e 3). [Conjug.: ⬜ [human]**ar**]

hu•ma•ni•da•de *sf.* **1.** A natureza humana. **2.** O homem, o gênero humano. **3.** Clemência.

hu•ma•ni•da•des *sf.pl.* O estudo da língua e literatura grega e latina.

hu•ma•nis•mo *sm.* **1.** *Filos.* Doutrina ou atitude que se coloca expressamente numa perspectiva antropocêntrica. **2.** Movimento renascentista voltado especialmente para as línguas e literaturas greco-romanas. **3.** Formação do espírito humano voltada para a cultura literária e científica. § **hu•ma•nis•ta** *adj2g.*

hu•ma•ni•tá•ri:o *adj.* Que ama os seus semelhantes; humano.

hu•ma•ni•zar *v.t.d.* **1.** Dar condição humana a; humanar. **2.** Civilizar. *P.* **3.** Tornar-se humano; humanar-se. [Conjug.: ⬜ [humaniz]**ar**]

hu•ma•no *adj.* **1.** Relativo ao homem. **2.** Humanitário.

hu•mil•da•de *sf.* **1.** Virtude que nos dá o sentimento da nossa fraqueza. **2.** Modéstia. **3.** Submissão.

hu•mil•de *adj2g.* **1.** Que tem ou aparenta humildade. • *s2g.* **2.** Pessoa de condição modesta.

hu•mi•lhan•te *adj2g.* Que humilha; vergonhoso.

hu•mi•lhar *v.t.d.* **1.** Tornar humilde. **2.** Tratar com desprezo; vexar, aviltar, menosprezar. *P.* **3.** Aviltar-se, rebaixar-se; menosprezar-se. [Conjug.: ⬜ [humilh]**ar**] § **hu•mi•lha•ção** *sf.*

hu•mo *sm. Ecol.* O produto da decomposição parcial de restos vegetais ou animais, que se acumula no chão florestal, onde enriquece o solo. [A f. de maior uso é *húmus.*]

hu•mor (ô) *sm.* **1.** *Fisiol.* Substância orgânica líquida ou semilíquida. **2.** Disposição de espírito. **3.** Veia cômica; espírito, graça. **4.** Capacidade de perceber ou expressar o que é cômico ou divertido.

hu•mo•ra•lis•mo *sm. Hist. Med.* Antiga teoria segundo a qual a saúde e a doença dependem, respectivamente, do equilíbrio ou do desequilíbrio dos humores [v. *humor* (1)].

hu•mo•ris•mo *sm.* Qualidade ou caráter de humorista ou dos escritos humorísticos.

hu•mo•ris•ta *s2g.* Pessoa que fala ou escreve com humor (3).

hu•mo•rís•ti•co *adj.* Em que há, ou que tem graça, espírito ou feição irônica.

hú•mus *sm2n. Ecol.* V. *humo.*

hún•ga•ro *adj.* **1.** Da Hungria (Europa). • *sm.* **2.** O natural ou habitante da Hungria. **3.** A língua húngara.

hur•ra *interj.* e *sm.* **1.** Exclamação de saudação ou de entusiasmo. **2.** Grito de saudação de marinheiros. [V. *hip.*]

⇨ **hyperlink** (háiper link) [Ingl.] *sm. Inform.* V. *link.*

❑ **Hz** Símb. de *hertz.*

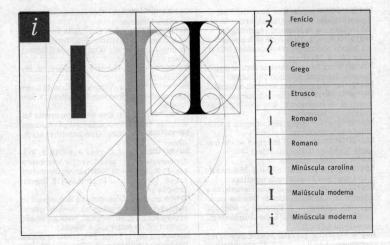

⌐	Fenício
⟨	Grego
I	Grego
I	Etrusco
I	Romano
I	Romano
ι	Minúscula carolina
I	Maiúscula moderna
i	Minúscula moderna

i *sm.* **1.** A 9ª letra do nosso alfabeto. **2.** Figura ou representação dessa letra. * *num.* **3.** Nono (1), numa série. [Pl., nas acepç. 1 e 2: *is* (tb. indicado pela duplicação da letra: *ii*).]

❏ **i** *Mat.* Símb. da *unidade imaginária* (v. *número complexo*).

❏ **I 1.** Na numeração romana, símb. do *número* 1. **2.** *Quím.* Símb. do *iodo*.

ia•iá (ià-iá) *sf. Bras. Fam.* Tratamento dado às meninas e às moças no tempo da escravidão (2).

i:a•no•mâ•mi *Bras. s2g.* **1.** *Etnôn.* Indivíduo dos ianomâmis, povo indígena que habita o extremo Norte de RR e AM, e na Venezuela. * *sm.* **2.** *Gloss.* Família lingüística à qual pertencem as línguas faladas por alguns povos indígenas da Amazônia setentrional. § **i:a•no•mâ•mi** *adj2g.*

i:an•que *adj2g.* e *s2g.* V. *norte-americano.*

i:a•ra *sf. Bras. Folcl.* V. *mãe-d'água.*

i:a•te *sm.* Embarcação à vela ou a motor, para recreio ou regata.

i•bé•ri•co *adj.* **1.** Da Ibéria, antigo nome da Espanha, ou dos iberos. **2.** Da Península Ibérica; ibero. * *sm.* **3.** Ibero (2).

i•be•ro (bé) *adj.* **1.** Ibérico (2). * *sm.* **2.** Indivíduo dos iberos, antigos habitantes da Ibéria; ibérico.

i•be•ro-a•me•ri•ca•no *adj.* **1.** Dos, relativo aos, ou próprio dos povos americanos colonizados por Portugal ou pela Espanha. * *sm.* **2.** Indivíduo ibero-americano. [Flex.: *ibero-americana, ibero-americanos, ibero-americanas.*]

➪ **ibidem** (ibídem) [Lat.] *adv.* **1.** Aí mesmo. **2.** Na mesma obra, capítulo, ou página.

i•bis *sf.m.2n. Zool.* Ave ciconiídea das regiões quentes da Europa e N. da África.

i•bo•pe *sm.* Índice obtido mediante pesquisa de opinião pública. [De *Instituto Brasileiro de Opinião Pública.*]

i•çá *sm.* e *f. Bras. Zool.* Tanajura.

i•çar *v.t.d.* Erguer, levantar. [Conjug.: ⑨ [i]**çar**. Cf. *inçar.*] § **i•ça•men•to** *sm.*

í•co•ne *sm.* **1.** Na igreja russa e na grega, representação, em superfície plana, da figura de Cristo, da Virgem ou de um santo. **2.** Símbolo gráfico que representa um objeto pelos seus traços mais característicos. **3.** *Inform.* Figura apresentada na tela do computador, us. para identificar e/ou acionar um programa ou um recurso de programa.

i•co•no•clas•ta *adj2g.* e *s2g.* **1.** Diz-se de, ou quem destrói símbolos, estátuas, etc. **2.** *Fig.* Diz-se de, ou pessoa irreverente.

i•co•nos•có•pi:o *sm. Eletrôn.* Tubo de raios catódicos utilizado em televisão, no qual se converte uma imagem óptica numa seqüência de impulsos elétricos.

i•co•no•te•ca *sf.* Local onde se guardam imagens, etc.

i•co•sa•e•dro *sm. Geom.* Poliedro de vinte faces.

i•co•sá•go•no *sm.* Polígono de vinte lados.

ic•te•rí•ci:a ou **i•te•rí•ci:a** *sf. Med.* Síndrome caracterizada pela deposição, localizada ou generalizada, de pigmento biliar na pele e membranas mucosas, apresentando o paciente coloração amarelada. § **ic•té•ri•co** *adj.*

ic•te•rí•de:o *sm. Zool.* Espécime dos icterídeos, família de aves passeriformes de bico longo, pés fortes, ger. onívoras. Ex.: chupins, japins. § **ic•te•rí•de:o** *adj.*

ic•tí•i•co *adj.* Relativo ao peixe, ou próprio dele.

ic•ti•ó•fa•go *adj.* e *sm.* Que(m) come peixe.

ic•ti:o•lo•gi•a *sf.* Parte da zoologia que trata dos peixes. § **ic•ti:o•ló•gi•co** *adj.*; **ic•ti:ó•lo•go** *sm.*

ic•ti•ór•nis *sf. Paleont.* Ave do tamanho de uma gaivota, e semelhante a ela, que viveu no cretáceo da América do Norte.

i•da *sf.* 1. Ato ou movimento de ir(-se). 2. Jornada de ida.

i•da•de *sf.* 1. Número de anos de alguém ou de algo. 2. Duração ordinária da vida. 3. Época da vida. 4. Velhice (1). 5. V. *época* (2). 6. Qualquer época da civilização que apresenta determinadas características culturais ou sociais.
◆ **Idade Média.** Período histórico compreendido entre o começo do séc. V e meados do séc. XV.

i•de•al *adj2g.* 1. Que existe somente na idéia; imaginário. 2. Que reúne toda a perfeição concebível. • *sm.* 3. O que é objeto da nossa mais alta aspiração. 4. O modelo sonhado ou ideado pela fantasia dum artista. [Pl.: *–ais.*]

i•de:a•lis•mo *sm.* 1. Propensão do espírito para o ideal. 2. *Filos.* Qualquer uma das doutrinas que afirma ser a realidade essencialmente espiritual, mental, intelectual ou psicológica. § **i•de:a•lis•ta** *adj2g.* e *s2g.*

i•de:a•li•zar *v.t.d.* 1. Tornar ideal. 2. Fantasiar (1). 3. Projetar, planejar. *P.* 4. Imaginar-se de modo ideal. [Conjug.: ① [idealiz]**ar**]

i•de•ar *v.t.d.* 1. Criar na idéia. 2. Projetar, planejar. [Conjug.: ⑩ [id]**ear**. Quanto à acentuação do *e*: pres. ind.: *idéio, idéias, idéia.... ideiam*; pres. subj.: *idéie, idéias, idéie.... idéiem.*]

i•déi•a *sf.* 1. Representação mental de coisa concreta ou abstrata. 2. Projeto, plano. 3. Imaginação (4). 4. Opinião, conceito. 5. Mente, pensamento. 6. Lembrança.

i•dem *pron.* O mesmo.

i•dên•ti•co *adj.* Perfeitamente igual.

i•den•ti•da•de *sf.* 1. Qualidade de idêntico. 2. Os caracteres próprios e exclusivos duma pessoa: nome, idade, estado, profissão, sexo, etc.

i•den•ti•fi•ca•ção *sf.* 1. Ato ou efeito de identificar(-se). 2. Reconhecimento duma coisa ou dum indivíduo como os próprios. [Pl.: *–ções.*]

i•den•ti•fi•car *v.t.d.* 1. Tornar idêntico. 2. Determinar a identidade (2) de. *P.* 3. Comprovar a própria identidade. 4. Perceber afinidades, ou compartilhar sentimentos ou idéias com alguém. [Conjug.: ⑧ [identifi]**car**]

i•de:o•gra•ma *sm.* Sinal de notação das escritas analíticas, como, p. ex., o hieróglifo.

i•de:o•ló•gi•a *sf.* 1. Ciência da formação das idéias. 2. Sistema de idéias. § **i•de:o•ló•gi•co** *adj.*

i•dí•li:o *sm.* 1. Pequena poesia campestre. 2. Amor poético e suave. § **i•dí•li•co** *adj.*

i•di•o•ma *sm.* Língua duma nação ou peculiar a uma região.

i•di:o•má•ti•co *adj.* Relativo ou peculiar a um idioma.

i•di:o•ma•tis•mo *sm.* Idiotismo (2).

i•di:os•sin•cra•si•a *sf.* Maneira própria de ver, sentir, reagir, de cada indivíduo.

i•di•o•ta *adj2g.* e *s2g.* 1. Que ou quem é pouco inteligente; ignorante, imbecil. 2. V. *tolo* (1, 2 e 7). 3. *Psiq.* Diz-se de, ou aquele que sofre de idiotia.

i•di•o•ti•a *sf. Psiq.* A mais grave das formas de retardo mental.

i•di:o•ti•ce *sf.* Qualidades, modos ou ditos de idiota; idiotismo.

i•di:o•tis•mo *sm.* 1. Idiotice. 2. Expressão idiomática (q. v.); idiomatismo.

i•dó•la•tra *adj2g.* 1. Relativo à, ou que pratica a idolatria. • *s2g.* 2. Pessoa idólatra.

i•do•la•trar *v.t.d.* 1. Prestar idolatria (1) a. 2. Amar com idolatria (2). [Conjug.: ① [idolatr]**ar**]

i•do•la•tri•a *sf.* 1. Culto prestado a ídolos. 2. Amor ou paixão exagerada.

í•do•lo *sm.* 1. Estátua ou simples objeto cultuado como deus ou deusa. 2. Objeto em que se julga habitar um espírito, e por isso venerado. 3. Pessoa a quem se tributa respeito ou afeto excessivos.

i•dô•ne:o *adj.* 1. Próprio ou adequado para alguma coisa. 2. Que tem condições para desempenhar certos cargos ou realizar certas obras. § **i•do•nei•da•de** *sf.*

i•dos *sm.pl.* Os tempos, os dias passados.

i•do•so (ô) *adj.* e *sm.* Que(m) tem bastante idade; velho. [Pl.: *idosos* (ó).]

i•ga•pó *sm.* Mata inundada.

i•ga•ra *sf.* Canoa feita de casca de árvore.

i•ga•ra•pé *sm. Bras. Amaz.* Pequeno rio, às vezes navegável.

i•ga•ri•té *sf.* Canoa.

i•glu *sm.* Casa (1) em forma de cúpula, construída pelos esquimós com blocos de neve compacta.

ig•na•ro *adj.* Ignorante, bronco, rude.

ig•na•vo *adj.* Indolente, preguiçoso.

ig•ne:o *adj.* Do, ou da natureza e/ou cor do fogo.

ig•ni•ção *sf.* 1. Estado de corpo em combustão. 2. Mecanismo que dá início à ação do combustível no cilindro do motor de combustão interna. [Pl.: *–ções.*]

ig•nó•bil *adj2g.* Sem nobreza; objeto, vil. [Pl.: *–beis.*]

ig•no•mí•ni:a *sf.* Grande desonra; infâmia.

ig•no•mi•ni•o•so (ô) *adj.* Que traz ou envolve ignomínia; infame. [Pl.: *-osos* (ó).]

ig•no•rân•ci:a *sf.* 1. Condição de quem não é instruído. 2. Falta de saber. 3. Estado de quem ignora ou desconhece alguma coisa. 4. *P. ext. Bras. Pop.* Falta de educação; estupidez, grosseria.

ig•no•ran•te *adj2g.* e *s2g.* 1. Que ou quem ignora. 2. Que ou quem não tem instrução. 3. *P. ext. Bras. Pop.* Falto de educação, ou aquele que não a tem; estúpido, grosseiro.

ig•no•rar *v.t.d.* 1. Não ter conhecimento de; não saber. 2. Não usar de. 3. Não ter. 4. Não tomar conhecimento de (pessoa ou fato), por desprezo ou indiferença. [Conjug.: ① [ignor]**ar**]

ig•no•to *adj.* Desconhecido, ignorado, incógnito.

i•gre•ja (è) *sf.* 1. Templo cristão. 2. Autoridade eclesiástica. 3. A comunidade cristã. ♦ **Igreja matriz.** A que tem jurisdição sobre outras igrejas ou capelas de uma dada circunscrição.

i•gre•ji•nha *sf.* 1. Igreja (1) pequena. 2. *Fig.* Panelinha.

i•gual *adj2g.* 1. Que tem a mesma aparência, estrutura ou proporção; idêntico. 2. Que tem o mesmo nível; plano. 3. Que tem a mesma grandeza, valor, quantidade, quantia ou número; equivalente. 4. Da mesma condição, categoria, natureza, etc. [Pl.: *iguais*.]

i•gua•lar *v.t.d.* e *t.d.i.* 1. Tornar igual. 2. Nivelar. *T.i.* 3. Tornar-se ou ser igual. *P.* 4. Tornar-se ou supor-se igual a. [Conjug.: ① [igual]**ar**]

i•gual•da•de *sf.* 1. Qualidade ou do estado de igual. 2. *Mat.* Expressão de uma relação entre seres matemáticos iguais.

i•gua•lha *sf.* Igualdade de posição social.

i•gua•li•tá•ri:o *adj.* Relativo a, ou que é partidário da igualdade de condições para todos os membros da sociedade.

i•gua•li•ta•ris•mo *sm.* Sistema que preconiza a igualdade de condições para todos os membros da sociedade.

i•gua•ní•de:o *sm. Zool.* Espécime dos iguanídeos, família de lagartos de membros longos e ágeis e que, ger., têm crista (2). § **i•gua•ní•de:o** *adj.*

i•gua•ri•a *sf.* Comida fina e/ou apetitosa.

ih *interj.* Designa admiração, espanto, ironia ou temor.

i•la•ção *sf.* Dedução, conclusão. [Pl.: *-ções.*]

i•la•que•ar *v.t.d., int.* e *p.* Fazer cair, ou cair em logro. [Conjug.: ⑩ [ilaqu]**ear**]

i•la•ti•vo *adj.* Em que há ilação; conclusivo.

i•le•gal *adj2g.* Contrário à lei; ilegítimo. [Pl.: *-gais.*] § **i•le•ga•li•da•de** *sf.*

i•le•gi•ti•mo *adj.* Não legítimo. § **i•le•gi•ti•mi•da•de** *sf.*

i•le•gí•vel *adj2g.* Não legível. [Pl.: *-veis.*]

í•le:o *sm. Anat.* A terceira e última porção do intestino delgado. § **i•le•al** *adj2g.*

i•le•so *adj.* São e salvo; incólume.

i•le•tra•do *adj.* 1. Que não tem conhecimentos literários. 2. Analfabeto, ou quase.

i•lha *sf.* Terra menos extensa que os continentes e cercada de água por todos os lados.

i•lhal *sm.* Cada uma das depressões laterais por baixo do lombo do cavalo; ilharga. [Pl.: *ilhais.*]

i•lhar *v.t.d.* e *p.* Tornar(-se) isolado, incomunicável, como em uma ilha; isolar(-se). [Conjug.: ① [ilh]**ar**] § **i•lha•do** *adj.*

i•lhar•ga *sf.* Cada uma das partes laterais e inferiores do abdome.

i•lhéu *adj.* 1. Relativo a ilha. • *sm.* 2. O natural ou habitante duma ilha. [Sin. ger: *insulano*, *insular.* Fem.: *ilhoa* (ô).]

i•lhó ou i•lhós *sm.* e *f.* Orifício por onde se enfia fita ou cordão. [Pl. de *ilhós*: *ilhoses.*]

i•lho•ta *sf.* Ilha pequena.

i•lí•a•co *sm. Anat.* Cada um de dois ossos da bacia (3), e constituído de três partes: ílio, ísquio e púbis.

i•li•ba•do *adj.* Não tocado; puro, incorrupto.

i•li•bar *v.t.d.* Tornar puro, sem mancha. [Conjug.: ① [ilib]**ar**]

i•lí•ci•to *adj.* 1. Não lícito; proibido pela lei. 2. Contrário à moral e/ou ao direito.

i•li•mi•ta•do *adj.* Sem limite; infinito, imenso.

í•li:o *sm. Anat.* A maior das três partes do ilíaco.

i•ló•gi•co *adj.* Que não tem lógica; absurdo.

i•lo•gis•mo *sm.* 1. Falta de lógica. 2. Absurdo.

i•lu•dir *v.t.d.* 1. Produzir ilusão em; enganar, lograr. 2. Dissimular, disfarçar. *P.* 3. Cair ou viver em ilusão. [Conjug.: ③ [ilud]**ir**]

i•lu•mi•na•ção *sf.* 1. Ato ou efeito de iluminar(-se). 2. Arte e técnica de iluminar recintos. 3. *P. ext.* O conjunto das luzes que iluminam um ambiente, parte dele, ou um objeto. 4. Inspiração. [Pl.: *-ções.*]

i•lu•mi•na•do *adj.* 1. Que recebe luz ou iluminação. • *sm.* 2. Indivíduo que se julga inspirado.

i•lu•mi•nar *v.t.d.* 1. Derramar luz sobre; alumiar. 2. Esclarecer, ilustrar. 3. Inspirar, orientar. *P.* 4. Encher-se de luz; alumiar-se. [Conjug.: ① [ilumin]**ar**]

i•lu•mi•nis•mo *sm.* Confiança na razão e nas ciências como motores do progresso.

i•lu•mi•nu•ra *sf.* Em antigos manuscritos e nalguns incunábulos, pintura minuciosa representando letras iniciais, e ornatos.

i•lu•são *sf.* 1. Engano dos sentidos ou da mente, que faz tomar uma coisa por outra. 2. Sonho, devaneio. [Pl.: *-sões.*]

i•lu•si•o•nis•mo *sm.* Prestidigitação.

i•lu•si•o•nis•ta *s2g.* V. *prestidigitador.*

i•lu•só•ri:o *adj.* Que produz ilusão; enganoso.

372

i•lus•tra•ção*sf.* 1. Ato ou efeito de ilustrar(-se). 2. Conjunto de conhecimentos; saber. 3. Imagem ou figura que orna ou elucida um texto escrito. [Pl.: -*ções.*]

i•lus•tra•do*adj.* 1. Instruído. 2. Que tem gravuras ou ilustrações.

i•lus•tra•dor(ô) *adj.* 1. Que ilustra. • *sm.* 2. Desenhista de ilustrações.

i•lus•trar*v.t.d.* 1. Tornar ilustre; glorificar. 2. Esclarecer, elucidar. 3. Instruir. 4. Exemplificar. 5. Ornar com ilustração (3). *P.* 6. Adquirir conhecimentos; instruir-se. [Conjug.: ① [ilustr]**ar**]

i•lus•tra•ti•vo *adj.* Que ilustra ou que serve para ilustrar.

i•lus•tre*adj2g.* 1. Que se distingue por qualidades dignas de louvor; insigne. 2. Célebre, notável. 3. Nobre, fidalgo.

í•mã*sm. Fís.* Corpo de elevada permeabilidade magnética, com imantação permanente; magneto. 2. Peça de metal imantada.

i•ma•cu•la•do*adj.* 1. Sem mácula ou mancha. 2. Puro, inocente. [Sin. ger.: *cândido.*]

i•ma•gem*sf.* 1. Representação gráfica, plástica ou fotográfica de pessoa ou de objeto. 2. Representação plástica da Divindade, dum santo, etc. 3. Estampa que representa assunto ou motivo religioso. 4. Reprodução invertida, da pessoa ou de objeto, numa superfície refletora. 5. Representação mental dum objeto, impressão, etc.; lembrança, recordação. 6. Metáfora. [Pl.: -*gens.*]

i•ma•gi•na•ção*sf.* 1. Faculdade que tem o espírito de imaginar; fantasia. 2. Faculdade de criar mediante a combinação de idéias. 3. A coisa imaginada. 4. Criação, invenção, idéia. 5. Fantasia, devaneio. [Pl.: -*ções.*]

i•ma•gi•nar*v.t.d.* 1. Construir ou conceber na imaginação; fantasiar, idear, inventar. 2. Representar na imaginação. 3. Fazer idéia; supor, presumir. *Int.* 4. Pensar, cismar. *P.* 5. Julgar-se, supor-se. [Conjug.: ① [imagin]**ar**]

i•ma•gi•ná•ri:o*adj.* 1. Que só existe em imaginação; ilusório; irreal, fantástico. • *sm.* 2. Aquele que faz estátuas; santeiro. ◆ **Imaginário conjugado.** *Mat.* Complexo conjugado.

i•ma•gi•na•ti•va*sf.* Faculdade de imaginar.

i•ma•gi•na•ti•vo*adj.* Imaginoso.

i•ma•gi•ná•vel*adj2g.* Que se pode imaginar. [Pl.: -*veis.*]

i•ma•gi•no•so(ô) *adj.* Dotado de imaginação fértil; imaginativo. [Pl.: -*nosos* (ó).]

i•ma•ne*adj2g.* Muito grande; enorme.

i•ma•nen•te *adj2g.* Que existe sempre em um dado objeto e inseparável dele. § **i•ma•nên•ci:a** *sf.*

i•ma•ni•zar *v.t.d.* V. *imantar.* [Conjug.: ① [imaniz]**ar**] § **i•ma•ni•za•ção** *sf.*

i•man•tar*v.t.d.* Comunicar a (um metal) a propriedade do imã; magnetizar, imanizar. [Conjug.: ① [imant]**ar**] § **i•man•ta•ção** *sf.*

i•mar•ces•cí•vel*adj2g.* Que não murcha. [Pl.: -*veis.*]

i•ma•te•ri•al*adj2g.* Que não tem a natureza da matéria. [Pl.: -*ais.*]

i•ma•tu•ro*adj.* 1. Que não é ou não está maduro. 2. Diz-se daquele que não atingiu plenamente o desenvolvimento físico, emocional ou intelectual. § **i•ma•tu•ri•da•de** *sf.*

im•ba•ú•ba *sf. Bras. Bot.* Umbaúba.

im•bé *sm. Bras. Bot.* Planta arácea, trepadeira.

im•be•cil(cil) *adj2g. e s2g.* 1. V. *idiota* (1). 2. V. *tolo* (1, 2 e 7). 3. *Psiq.* Diz-se de, ou aquele que sofre de imbecilidade. [Pl.: -*cis.*]

im•be•ci•li•da•de *sf.* 1. Qualidade ou ato de imbecil. 2. *Psiq.* Retardo mental em que o nível intelectual do indivíduo não ultrapassa o de uma criança de 7 anos.

im•be•ci•li•zar*v.t.d. e p.* Tornar(-se) imbecil. [Conjug.: ① [imbeciliz]**ar**]

im•be•le *adj2g.* Não belicoso.

im•ber•be *adj2g.* Sem barba (1).

im•bri•car *v.t.d., t.d.i. e p.* Dispor(-se) (coisas) de maneira que só em parte se sobreponham umas às outras, como, p. ex., as escamas do peixe. [Conjug.: ⑧ [imbri]**car**]

im•bu *sm. Bras.* O fruto do imbuzeiro. [Var.: *umbu.*]

im•bui•a *sf. Bras. Bot.* Árvore laurácea de madeira útil.

im•bu•ir *v.t.d.i.* 1. Meter num líquido; embeber. 2. Fazer penetrar; embeber, entranhar. 3. V. *infundir* (3). *P.* 4. Impregnar-se. [Conjug.: ㊾ [imb]**uir**]

im•bu•ra•na *sf. Bras. Bot.* Arvoreta burserácea das caatingas.

im•bu•zei•ro *sm. Bras. Bot.* Arvoreta anacardiácea de frutos comestíveis. [Var.: *umbuzeiro.*]

i•me•di:a•ção*sf.* O fato de estar imediato. [Pl.: -*ções.*]

i•me•di:a•ções *sf.pl.* Vizinhanças, arredores.

i•me•di:a•tis•mo*sm.* Sistema de atuar dispensando mediações e rodeios, visando a vantagem imediata.

i•me•di:a•to *adj.* 1. Que não tem nada de permeio; próximo. 2. Rápido, instantâneo. • *sm.* 3. Funcionário de categoria logo abaixo da do chefe, e que o substitui em suas faltas. 4. Oficial que substitui o comandante de um navio.

i•me•mo•rá•vel*adj2g.* Imemorial. [Pl.: -*veis.*]

i•me•mo•ri•al*adj.* De que não há memória; imemorável. [Pl.: -*ais.*]

i•men•si•da•de*sf.* 1. Extensão ilimitada. 2. O espaço imenso; o infinito. [Sin. ger.: *imensidão.*]

i•men•si•dão *sf.* Imensidade. [Pl.: -*ções.*]

i•men•so *adj.* 1. Que não tem medida; incomensurável, ilimitado. 2. Muito grande; enorme. 3. Inúmero, inumerável.

i•men•su•rá•vel *adj2g.* Que não pode ser medido; incomensurável. [Pl.: *-veis.*]

i•me•re•ci•do *adj.* Não merecido; imérito.

i•mer•gir *v.t.d.* 1. Fazer submergir; mergulhar. *Int.* e *p.* 2. Entrar; penetrar; introduzir-se. [Conjug.: 58 [imerg]ir; dois part.: *imergido* e *imerso*.] § i•mer•gen•te *adj2g.*

i•mé•ri•to *adj.* Imerecido.

i•mer•são *sf.* Ato de imergir(-se). [Pl.: *-sões.* Antôn.: *emersão.*]

i•mer•so *adj.* Mergulhado, submerso.

i•mi•grar *v.int.* e *t.c.* Entrar (num país estranho) para nele viver. [Conjug.: 1 [imigr]ar. Cf. *emigrar.*] § i•mi•gra•ção *sf.*; i•mi•gra•do *adj.* e *sm.*; i•mi•gran•te *adj2g.* e *s2g.*

i•mi•gra•tó•ri:o *adj.* Relativo à imigração.

i•mi•nên•ci:a *sf.* Caráter de iminente; proximidade. [Cf. *eminência.*]

i•mi•nen•te *adj2g.* Que ameaça acontecer em breve. [Cf. *eminente.*]

i•mis•cu•ir-se *v.p.* V. *intrometer* (2). [Conjug.: 3 [imiscu]ir[-se]]

i•mi•ta•ção *sf.* 1. Ato ou efeito de imitar. 2. *Mús.* Processo que consiste na reprodução de um motivo melódico em diferentes planos da composição. [Pl.: *-ções.*]

i•mi•tân•ci:a *sf. Eletrôn.* Designação genérica de admitância ou de impedância.

i•mi•tar *v.t.d.* 1. Reproduzir à semelhança de; copiar. 2. Ter por modelo ou norma. 3. Tentar reproduzir a maneira, o estilo de. 4. Falsificar; contrafazer. 5. Ter falsa aparência de. [Conjug.: 1 [imit]ar] § i•mi•ta•dor (ô) *adj.* e *sm.*; i•mi•tá•vel *adj2g.*

i•mo•bi•li•á•ri:a *sf. Bras.* Empresa que se dedica à construção de edifícios e/ou ao comércio de lotes, residências, lojas, etc.

i•mo•bi•li•á•ri:o *adj.* Relativo a imóveis.

i•mo•bi•li•da•de *sf.* Qualidade ou estado de imóvel.

i•mo•bi•lis•mo *sm.* Predileção pelas coisas antigas e/ou aversão ao progresso.

i•mo•bi•li•zar *v.t.d.* 1. Tornar imóvel. 2. Prejudicar o desenvolvimento de. *P.* 3. Tornar-se imóvel. 4. Não progredir. [Conjug.: 1 [imobiliz]ar] § i•mo•bi•li•za•ção *sf.*

i•mo•de•ra•ção *sf.* Falta de moderação. [Pl.: *-ções.*]

i•mo•de•ra•do *adj.* Não moderado; desconhecido.

i•mo•dés•ti:a *sf.* 1. Falta de modéstia. 2. V. *impudor.* § i•mo•des•to *adj.*

i•mo•lar *v.t.d.* 1. Matar em sacrifício; sacrificar. 2. *P. ext.* Assassinar, matar. *T.d.i.* 3. Oferecer em sacrifício. *P.* 4. Sacrificar-se. [Conjug.: 1 [imol]ar] § i•mo•la•ção *sf.*

i•mo•ral *adj2g.* Contrário à moral. [Pl.: *-rais.*] § i•mo•ra•li•da•de *sf.*

i•mor•re•doi•ro ou i•mor•re•dou•ro *adj.* V. *imortal* (1).

i•mor•tais *sm.pl.* Os deuses do paganismo.

i•mor•tal *adj2g.* 1. Que não morre; eterno, imorredouro. • *sm.* 2. *Restr.* Membro da Academia Francesa ou da Brasileira de Letras. [Pl.: *-tais.*] § i•mor•ta•li•da•de *sf.*

i•mor•ta•li•zar *v.t.d.* e *p.* 1. Tornar(-se) imortal. 2. Eternizar(-se) na memória dos homens. [Conjug.: 1 [imortaliz]ar] § i•mor•ta•li•zá•vel *adj2g.*

i•mó•vel *adj2g.* 1. Sem movimento; parado. • *sm.* 2. Bem que não é móvel, como terras, casas, etc. 3. *P. ext.* Edifício, casa. [Pl.: *-veis.*]

im•pa•ci•ên•ci:a *sf.* 1. Falta de paciência. 2. Pressa. 3. Irritação.

im•pa•ci•en•tar *v.t.d.* e *p.* Fazer perder, ou perder, a paciência; irritar(-se). [Conjug.: 1 [impacient]ar]

im•pa•ci•en•te *adj2g.* 1. Que não tem paciência. 2. Apressado, precipitado. 3. Inquieto, agitado.

im•pac•to *sm.* 1. Encontro de projétil, míssil, bomba ou torpedo, com o alvo; choque. 2. Impressão muito forte.

im•pa•gá•vel *adj2g.* 1. Que não se pode ou não se deve pagar. 2. Muito engraçado; hilariante. [Pl.: *-veis.*]

im•pal•pá•vel *adj2g.* Que não se pode palpar. [Pl.: *-veis.*]

im•pa•lu•dar *v.t.d.* e *p.* Infeccionar(-se) com agente causador de impaludismo. [Conjug.: 1 [impalud]ar]

im•pa•lu•dis•mo *sm.* V. *malária.*

im•par *v.int.* 1. Arfar; ofegar; soluçar. 2. Mostrar-se soberbo. *T.i.* 3. Impar (2). [Conjug.: 1 [imp]ar]

ím•par *adj2g.* 1. Que não tem igual; sem-par. 2. *Mat.* Diz-se de número não divisível por dois. • *sm.* 3. *Mat.* Número ímpar (2).

im•par•ci•al *adj2g.* Que julga sem paixão; reto, justo. [Pl.: *-ais.*] § im•par•ci:a•li•da•de *sf.*

im•pas•se *sm. Gal.* Situação de que é difícil ou impossível uma saída favorável.

im•pas•sí•vel *adj2g.* Indiferente à dor, às alegrias ou aos desgostos. [Pl.: *-veis.*] § im•pas•si•bi•li•da•de *sf.*

im•pa•tri•ó•ti•co *adj.* Não patriótico.

im•pá•vi•do *adj.* Não pávido; destemido.

im•pe•cá•vel *adj2g.* 1. Não sujeito a pecar. 2. Sem falha ou defeito. [Pl.: *-veis.*]

im•pe•dân•ci:a *sf. Eletr.* Quociente entre a amplitude de uma tensão alternada e a amplitude da corrente que ela provoca em um circuito.

im•pe•di•men•to *sm.* 1. Ato ou efeito de impedir. 2. Obstáculo, estorvo. 3. *Fut.* Infração que consiste no posicionamento irregular de um jogador.

im•pe•dir *v.t.d.* 1. Impossibilitar a execução ou o prosseguimento de; barrar. 2. Interromper, obstruir. 3. Tornar impraticável. 4. Não permitir. *T.d.i.* 5. Impedir (4). 6. Dificultar; tolher. [Conjug.: 43 [imp]**edir**]

im•pe•di•ti•vo *adj.* Próprio para impedir.

im•pe•lir *v.t.d.* 1. Impulsionar para algum lugar. 2. Incitar, instigar. *T.d.i.* 3. Impelir (1 e 2). 4. Coagir, obrigar. [Conjug.: 53 [imp]e[l]**ir**]

im•pe•ne *adj2g.* Sem penas ou plumas. [Cf. *implume*.]

im•pe•ne•trá•vel *adj2g.* 1. Que não se pode penetrar. 2. Incompreensível; inexplicável. 3. Que não mostra o que sente ou pensa. [Pl.: *-veis*.]

im•pe•ni•ten•te *adj2g.* Que persiste no erro ou no crime.

im•pe•ra•dor (ô) *sm.* 1. Aquele que rege um império (2). 2. Nome dado ao soberano de algumas nações.

im•pe•rar *v.int.* 1. Exercer o mando supremo; reinar. 2. Dominar, prevalecer. [Conjug.: 1 [imper]**ar**] § **im•pe•ran•te** *adj2g.* e *s2g.*

im•pe•ra•ti•vo *adj.* 1. Que ordena ou exprime ordem. 2. *Gram.* Diz-se do modo verbal que exprime ordem, exortação ou súplica. • *sm.* 3. Imposição, ditame. 4. Necessidade imperiosa. 5. *Gram.* O modo imperativo.

im•pe•ra•triz *sf.* 1. Esposa do imperador. 2. Soberana dum império.

im•per•cep•tí•vel *adj2g.* Não perceptível. [Pl.: *-veis*.]

im•per•do•á•vel *adj2g.* Não perdoável. [Pl.: *-veis*.]

im•pe•re•ce•doi•ro ou **im•pe•re•ce•dou•ro** *adj.* Imperecível.

im•pe•re•cí•vel *adj2g.* Que não há de perecer; imperecedouro. [Pl.: *-veis*.]

im•per•fei•ção *sf.* 1. Qualidade de imperfeito. 2. Falta de primor. 3. Incorreção, defeito. [Pl.: *-ções*.]

im•per•fei•to *adj.* 1. Falto de perfeição. • *sm.* 2. *Gram.* Tempo verbal que exprime ação incompleta ou não realizada.

im•pe•ri•al *adj2g.* Relativo a império, ou a imperador. [Pl.: *-ais*.]

im•pe•ri•a•lis•mo *sm.* Política de expansão e domínio territorial e/ou econômico de uma nação sobre outras. § **im•pe•ri•a•lis•ta** *adj2g.* e *s2g.*

im•pe•rí•ci•a *sf.* Qualidade ou ato de imperito.

im•pé•ri•o *sm.* 1. Autoridade, domínio. 2. Monarquia cujo soberano tem o título de imperador ou imperatriz. 3. O território desse Estado. 4. Estado muito importante e/ou muito vasto.

im•pe•ri•o•so (ô) *adj.* 1. Que manda com império; dominador. 2. Impreterível, inevitável. [Pl.: *-osos* (ó).]

im•pe•ri•to *adj.* Não perito; inábil.

im•per•me•a•bi•li•zar *v.t.d.* Tornar impermeável. [Conjug.: 1 [impermeabiliz]**ar**] § **im•per•me•a•bi•li•za•ção** *sf.*

im•per•me•á•vel *adj2g.* 1. Que não se deixa atravessar por fluidos, especialmente pela água. 2. Insubmisso; desobediente. [Pl.: *-veis*.] § **im•per•me•a•bi•li•da•de** *sf.*

im•pers•cru•tá•vel *adj2g.* Não perscrutável. [Pl.: *-veis*.]

im•per•sis•ten•te *adj2g.* Não persistente; inconstante.

im•per•tér•ri•to *adj.* Que não se aterroriza.

im•per•ti•nen•te *adj2g.* 1. Que não vem a propósito; inoportuno. 2. Que fala ou age de modo ofensivo; insolente. § **im•per•ti•nên•ci:a** *sf.*

im•per•tur•bá•vel *adj2g.* Que não se perturba. [Pl.: *-veis*.]

im•pes•so•al *adj2g.* 1. Que não se refere ou não se dirige a uma pessoa em particular, mas às pessoas em geral. 2. *Gram.* Diz-se de verbo que não comporta sujeito concebível. [Ex.: *anoitecer, nevar*.] [Pl.: *-ais*.] § **im•pes•so:a•li•da•de** *sf.*

im•pe•ti•gem *sf.* V. *impetigo*. [Pl.: *-gens*.]

im•pe•ti•go *sm. Med.* Dermatopatia, de origem bacteriana, que se apresenta sob a forma de empolas ou de pústulas, que se agrupam e, precocemente, se rompem, formando erosões que, rapidamente, aumentam e se alastram.

ím•pe•to *sm.* 1. Movimento arrebatado. 2. Manifestação súbita e violenta; impulso. 3. Pressa irrefletida; precipitação.

im•pe•trar *v.t.d.* e *t.d.i.* 1. Interpor (um recurso). 2. Rogar, suplicar. [Conjug.: 1 [impetr]**ar**] § **im•pe•tran•te** *adj2g.* e *s2g.*; **im•pe•tra•ti•vo** *adj.*; **im•pe•tra•tó•ri:o** *adj.*

im•pe•tu•o•so (ô) *adj.* 1. Que se move com ímpeto. 2. Arrebatado, veemente. [Pl.: *-osos* (ó).] § **im•pe•tu:o•si•da•de** *sf.*

im•pi:e•da•de *sf.* Falta de piedade.

im•pi:e•do•so (ô) *adj.* Sem piedade. [Pl.: *-dosos* (ó).]

im•pi•gem ou **im•pin•gem** *sf. Med.* Designação imprecisa, comum a várias dermatoses. [Pl.: *-gens*.]

im•pin•gir *v.t.d.i.* 1. Dar ou aplicar violentamente. 2. Levar a acreditar, iludindo. 3. Obrigar a aceitar; empurrar. 4. Fazer passar uma coisa por outra. [Conjug.: 45 [impin]**gir**]

im•pi•o *adj.* e *sm. Impr.* V. *ímpio*.

ím•pi:o *adj.* 1. Que não tem fé; incrédulo. 2. Que denota ou envolve impiedade: *guerra ímpia*. • *sm.* 3. Indivíduo ímpio; incrédulo.

im•pla•cá•vel *adj2g.* 1. Que não se deixa aplacar. 2. Que não perdoa. [Pl.: *-veis*.]

im•plan•tar *v.t.d.c.* e *t.d.i.* **1.** Introduzir; estabelecer. **2.** Inserir (uma coisa) em outra. *T.d.* **3.** Implantar (1). **4.** *Cir.* Fazer implante de. [Conjug.: ⬚ [implant]**ar**] § **im•plan•ta•ção** *sf.*

im•plan•te *sm. Cir.* Matéria que é, de propósito, inserida ou implantada no hospedeiro (3), e que pode ser orgânica (p. ex., rim) ou inorgânica (p. ex., peça dentária artificial).

im•ple•men•tar *v.t.d.* **1.** Prover de implemento(s). **2.** Pôr em prática; dar execução a (um plano, programa ou projeto). [Conjug.: ⬚ [implement]**ar**] § **im•ple•men•ta•ção** *sf.*

im•ple•men•to *sm.* **1.** O que é indispensável à execução de algo; petrechos. **2.** Cumprimento, execução.

im•pli•ca•ção *sf.* **1.** Ato ou efeito de implicar(-se); implicância. **2.** O que fica implicado ou subentendido. **3.** Relação de antecedência e conseqüência entre fatos ou proposições. [Pl.: *–ções.*]

im•pli•cân•ci:a *sf.* **1.** Implicação (1). **2.** *Fam.* Má vontade; birra. **3.** Antipatia.

im•pli•can•te *adj2g.* e *s2g.* **1.** Que ou quem implica. **2.** *Fam.* Diz-se de, ou indivíduo dado a criar caso(s), desavença(s), a aborrecer, a amolar.

im•pli•car *v.t.d.* **1.** Tornar confuso; embaraçar. **2.** Fazer supor. **3.** Trazer como conseqüência. **4.** Demandar, requerer. *T.d.i.* **5.** Comprometer, envolver. **6.** Originar. *T.i.* **7.** Implicar (2). **8.** Antipatizar. **9.** Chatear, amolar (pessoa[s]). **10.** Mostrar-se antipático ou contrário a (fato, coisa, etc.). *Int.* **11.** Ser incompatível. *P.* **12.** Comprometer-se. [Conjug.: ⑧ [impli]**car**]

im•pli•ca•ti•vo *adj.* Que implica, ou produz implicação.

im•plí•ci•to *adj.* Que está envolvido, mas não de modo claro; subentendido.

im•plo•dir *v.t.d.* e *int.* Provocar a implosão de, ou sofrer o efeito de implosão. [Conjug.: ⑤⑧ [implod]**ir**]

im•plo•rar *v.t.d.* **1.** Pedir em tom de súplica chorosa, ou humildemente. **2.** Solicitar com insistência. *T.d.i.* **3.** Implorar (1). *Int.* **4.** Pedir com ansiedade e insistência. [Conjug.: ⬚ [implor]**ar**]

im•plo•são *sf.* **1.** Conjunto de explosões que se combinam de tal forma que seus efeitos tendem para um ponto central. **2.** Fenômeno, em geral violento, que ocorre quando as paredes de um recipiente cedem a uma pressão que é maior no exterior que no interior. [Pl.: *–sões.*]

im•plu•me *adj2g.* Que ainda não tem penas ou plumas. [Cf. *impene.*]

im•po•li•do *adj.* **1.** Que não recebeu polimento. **2.** Não polido; descortês; rude. § **im•po•li•dez** (ê) *sf.*

im•po•lu•to *adj.* Não poluído; imaculado.

im•pon•de•ra•do *adj.* Irrefletido, precipitado.

im•pon•de•rá•vel *adj2g.* **1.** Que não se pode pesar. **2.** Que não se pode avaliar; muito sutil. [Pl.: *–veis.*]

im•po•nen•te *adj2g.* **1.** Que impõe admiração; majestoso. **2.** Arrogante, altivo. § **im•po•nên•ci:a** *sf.*

im•pon•tu•al *adj2g.* Não pontual. [Pl.: *–ais.*] § **im•pon•tu:a•li•da•de** *sf.*

im•po•pu•lar *adj2g.* Não popular. § **im•po•pu•la•ri•da•de** *sf.*

im•po•pu•la•ri•zar *v.t.d.* e *p.* Tornar(-se) impopular. [Conjug.: ⬚ [impopulariz]**ar**]

im•por *v.t.d.* **1.** Tornar obrigatório ou indispensável. **2.** Inspirar, infundir. **3.** Fixar, estabelecer. *T.d.i.* **4.** Impor (2 e 3). **5.** Conferir, atribuir. **6.** Infligir (1). *Int.* **7.** Enganar com boas maneiras; iludir. *P.* **8.** Fazer-se aceitar. **9.** Determinar a si mesmo. [Conjug.: ⑥⓪ [im]**por**]

im•por•ta•ção *sf.* **1.** Ato ou efeito de importar. **2.** O que se importou. [Pl.: *–ções.*]

im•por•ta•do•ra (ó) *sf. Bras.* Firma ou empresa importadora.

im•por•tân•ci:a *sf.* **1.** Grande valor; mérito, interesse. **2.** Autoridade, prestígio. **3.** Quantia em dinheiro. **4.** Valor em dinheiro; custo, importe.

im•por•tan•te *adj2g.* **1.** Que tem importância. **2.** Que merece consideração, apreço. **3.** Necessário. • *sm.* **4.** O que é essencial ou mais interessa.

im•por•tar *v.t.d.* **1.** Fazer vir de outro país, estado ou município. **2.** Ter como conseqüência ou resultado; causar, implicar. *T.d.i.* **3.** Trazer. *T.i.* **4.** Atingir (certo preço ou custo). **5.** Resultar. **6.** Ser necessário; convir, interessar. *Int.* **7.** Ser útil ou proveitoso; interessar. *P.* **8.** Fazer caso; ligar importância. [Conjug.: ⬚ [import]**ar**] § **im•por•ta•dor** (ô) *adj.* e *sm.*

im•por•tá•vel *adj2g.* Que pode ser importado. [Pl.: *–veis.*]

im•por•te *sm.* Importância (4).

im•por•tu•nar *v.t.d.* **1.** Incomodar com súplicas repetidas. **2.** Aborrecer, apoquentar. **3.** Causar transtorno, embaraço a. [Conjug.: ⬚ [importun]**ar**] § **im•por•tu•na•ção** *sf.*

im•por•tu•no *adj.* **1.** Que importuna; impertinente, maçante. **2.** Inoportuno, intempestivo.

im•po•si•ção *sf.* **1.** Ação de impor, estabelecer, determinar. **2.** Coisa imposta. [Pl.: *–ções.*]

im•pos•si•bi•li•tar *v.t.d.* **1.** Tornar impossível ou irrealizável. **2.** Fazer perder as forças ou a aptidão para. *T.d.i.* **3.** Privar de fazer algo. *P.* **4.** Perder as forças, a aptidão. [Conjug.: ⬚ [impossibilit]**ar**]

im•pos•sí•vel *adj2g.* **1.** Que não tem possibilidade; irrealizável, impraticável. **2.** Incrível, extraordinário. **3.** Insuportável, intolerável. • *sm.* **4.** Coisa impossível. [Pl.: *–veis.*] § **im•pos•si•bi•li•da•de** *sf.*

im•pos•tar v.t.d. Emitir corretamente (a voz). [Conjug.: ① [impost]**ar**] § **im•pos•ta•ção** sf.

im•pos•to (ô) adj. **1.** Que se faz aceitar ou realizar à força. • sm. **2.** Tributo, contribuição. ◆ **Imposto direto.** Econ. O que incide sobre a renda ou os recursos de pessoas ou empresas, como o imposto de renda. **Imposto indireto.** Econ. O que incide sobre transações, como o imposto sobre circulação de mercadorias.

im•pos•tor (ô) adj. e sm. Que, ou aquele que tem impostura.

im•pos•tu•ra sf. **1.** Embuste, logro. **2.** Hipocrisia, fingimento.

im•po•tá•vel adj2g. Não potável. [Pl.: –veis.]

im•po•tên•ci:a sf. **1.** Qualidade de impotente (1). **2.** Med. Incapacidade de realizar relação sexual normal completa, da parte do homem, ou da mulher.

im•po•ten•te adj2g. **1.** Que não pode; fraco, débil. **2.** Que tem impotência (2).

im•pra•ti•cá•vel adj2g. **1.** Que não se pode praticar. **2.** V. impossível (1). **3.** Intransitável. [Pl.: –veis.]

im•pre•car v.t.d.i. **1.** Pedir (a Deus ou a poder superior) que envie sobre alguém (males ou bens). **2.** Pedir ou rogar com insistência. Int. **3.** Rogar pragas. [Conjug.: ⑧ [impre]**car**] § **im•pre•ca•ção** sf.

im•pre•ci•são sf. Falta de precisão, de rigor. [Pl.: –sões.]

im•pre•ci•so adj. Indeterminado, vago.

im•preg•nar v.t.d. **1.** Infiltrar-se em; penetrar. T.d.i. **2.** Embeber; penetrar. **3.** Incutir, infundir. P. **4.** Penetrar. **5.** Embeber-se. [Conjug.: ① [impregn]**ar**] § **im•preg•na•ção** sf.

im•pren•sa sf. **1.** Art. Gráf. Tipografia (1). **2.** O conjunto dos jornais e publicações congêneres. **3.** Os jornalistas, os repórteres.

im•pren•sar v.t.d. **1.** Apertar no prelo. **2.** Apertar à maneira de prensa; apertar muito. **3.** Forçar a uma decisão, a uma atitude. [Conjug.: ① [imprens]**ar**]

im•pres•cin•dí•vel adj2g. Não prescindível; indispensável. [Pl.: –veis.]

im•pres•cri•tí•vel adj2g. Que não prescreve. [Pl.: –veis.]

im•pres•são sf. **1.** Ato ou efeito de imprimir(-se). **2.** Marca ou sinal da pressão dum corpo sobre outro. **3.** Estado físico ou psicológico resultante da atuação de elementos ou situações exteriores sobre os sentidos; sensação. **4.** Influência que um ser ou situação exerce em alguém. **5.** Opinião vaga. **6.** Art. Gráf. Fixação de texto ou imagem em papel, cartão, etc., ger. para reprodução ou multiplicação, mediante pressão de elementos moldados, gravados, etc., e adaptados a prensas. **7.** Art.Gráf. Inform. Qualquer processo de aplicação mecânica de tinta, ou de

fixação ou formação de pigmento em uma superfície, para reprodução ou multiplicação de texto ou imagem. **8.** Art. Gráf. Inform. Cópia ou reprodução de texto ou imagem, obtida por impressão (6). [Pl.: –sões.]

im•pres•si:o•nar v.t.d. **1.** Produzir impressão moral ou material em. Int. **2.** Produzir impressão material em alguém. P. **3.** Receber impressão moral. [Conjug.: ① [impression]**ar**] § **im•pres•si:o•nan•te** adj2g.

im•pres•si:o•ná•vel adj2g. Que se impressiona fácil. [Pl.: –veis.]

im•pres•si:o•nis•mo sm. Movimento pictórico do fim do séc. XIX, que expressa a realidade essencialmente como impressão de fenômenos de cor e luz.

im•pres•si:o•nis•ta adj2g. **1.** Relativo ao impressionismo, ou próprio dele. **2.** Que é adepto do impressionismo. • s2g. **3.** Adepto desse movimento.

im•pres•so adj. **1.** Que se imprimiu. • sm. **2.** Produto das artes ou indústrias gráficas.

im•pres•sor (ô) adj. e sm. Que ou quem imprime.

im•pres•so•ra (ô) sf. **1.** V. prensa (2). **2.** Art. Gráf. Equipamento utilizado para imprimir (2 e 3). **3.** Inform. Aparelho que reproduz os dados de saída de um computador, registrando-os com tinta ou pigmento sobre papel ou outro suporte similar.

im•pres•tá•vel adj2g. **1.** Que não presta; inservível, inútil. **2.** Sem prestimosidade. [Pl.: –veis.]

im•pre•te•rí•vel adj2g. Que não se pode preterir. [Pl.: –veis.]

im•pre•vi•dên•ci:a sf. Falta de previdência. § **im•pre•vi•den•te** adj2g.

im•pre•vi•são sf. Falta de previsão. [Pl.: –sões.]

im•pre•vi•sí•vel adj2g. Não previsível. [Pl.: –veis.]

im•pre•vis•to adj. Inopinado, inesperado.

im•pri•mir v.t.d. **1.** Fixar (marca, sinal, etc.) por meio de pressão. **2.** Representar ou reproduzir (texto, figura, etc.) com sinais gráficos sobre papel ou outro material, por meio da arte, técnica ou processo de impressão (6 e 7). **3.** Produzir (cópia ou cópias de texto, imagens, etc., ou de publicação), por meio de impressão (6 e 7). T.d.i. **4.** Incutir, gravar. **5.** Inspirar, infundir. **6.** Produzir, causar. **7.** Inform. Reproduzir (dados no arquivo de computador) em papel, ou suporte similar, por meio de periférico de saída, como impressora ou plotter. [Conjug.: ③ [imprim]**ir**; part.: imprimido e impresso.]

im•pro•bo adj. Sem probidade; desonesto. § **im•pro•bi•da•de** sf.

im•pro•ce•den•te adj2g. Não procedente. § **im•pro•ce•dên•ci:a** sf.

im•pro•ce•der v.int. Não proceder. [Conjug.: ② [improced]er]

im•pro•du•ti•vo adj. 1. V. estéril (1). 2. Não rendoso.

im•pro•fe•rí•vel adj2g. Que não se pode proferir. [Pl.: –veis.]

im•pro•fí•cu:o adj. Não profícuo; sem proveito.

im•pro•pé•ri:o sm. 1. Ato ou palavra repreensível, ofensiva; vitupério. 2. Repreensão injuriosa.

im•pró•pri:o adj. 1. Que não é próprio; inadequado, indevido. 2. Que não é justo; inexato. 3. Indecoroso, indecente. § **im•pro•pri:e•da•de** sf.

im•pror•ro•gá•vel adj2g. Não prorrogável. [Pl.: –veis.]

im•pro•vá•vel adj2g. Não provável. [Pl.: –veis.]

im•pro•vi•sar v.t.d. 1. Fazer, inventar ou preparar às pressas. 2. Falar, escrever ou compor de improviso. Int. 3. Discursar ou versejar de improviso. P. 4. Adotar de má-fé, ou por necessidade, uma profissão, uma qualidade, etc. [Conjug.: ① [improvis]ar] § **im•pro•vi•sa•ção** sf.; **im•pro•vi•sa•dor** (ô) adj. e sm.

im•pro•vi•so adj. 1. Repentino, súbito, inopinado. sm. 2. Produto intelectual inspirado na própria ocasião. ♦ **De improviso**. Sem preparação; de repente.

im•pru•dên•ci:a sf. 1. Falta de prudência. 2. Ato ou dito contrário à prudência. § **im•pru•den•te** adj2g. e s2g.

im•pú•be•re adj2g. Que não é púbere.

im•pu•dên•ci:a sf. 1. V. impudor. 2. Ato ou dito impudente.

im•pu•den•te adj2g. Impudico.

im•pu•di•cí•ci:a sf. Falta de pudicícia.

im•pu•di•co (dí) adj. Sem pudor; impudente.

im•pu•dor (ô) sm. Falta de pudor, de pejo; impudência, despudor, imodéstia.

im•pu•ei•ra sf. Bras. Ipueira.

im•pug•nar v.t.d. 1. Contrariar com razões; refutar, contestar, opugnar. 2. Pugnar contra; opor-se a. [Conjug.: ① [impugn]ar] § **im•pug•na•ção** sf.; **im•pug•na•dor** (ô) adj. e sm.

im•pul•são sf. 1. Impulso (1). 2. Fís. Integral, no tempo, de uma força que atua sobre um corpo; impulso. [Pl.: –sões.]

im•pul•si:o•nar v.t.d. Dar impulso a. [Conjug.: ① [impulsion]ar]

im•pul•si•vo adj. 1. Que dá impulso. 2. Que age sem refletir. 3. Que facilmente se excita ou enfurece. § **im•pul•si•vi•da•de** sf.

im•pul•so sm. 1. Ato de impelir; impulsão. 2. Ímpeto (2). 3. Estímulo, incitamento, instigação. 4. Eletrôn. Pulso (1). 5. Fís. Impulsão (2).

im•pul•sor (ô) adj. e sm. Que, aquele ou aquilo que impulsa ou impele.

im•pu•ne adj2g. Que escapou à punição. § **im•pu•ni•da•de** sf.

im•pu•re•za (ê) sf. 1. Qualidade ou estado de impuro. 2. Aquilo que, misturado a uma substância, a polui ou adultera. 3. Coisa impura. 4. Fís. Substância que, adicionada em pequeníssima quantidade a um semicondutor, lhe altera os níveis de energia e determina a formação de buracos ou liberta elétrons. ♦ **Impureza aceitadora**. Eletrôn. Átomo que, introduzido na estrutura cristalina de um semicondutor, tem um elétron de valência a menos do que o necessário para completar uma ligação covalente com átomos vizinhos, aceitando qualquer elétron disponível na estrutura para completar a ligação; átomo aceitador. **Impureza doadora**. Eletrôn. Átomo que, introduzido na estrutura cristalina de um semicondutor, tem um elétron de valência a mais do que o necessário para completar uma ligação covalente com átomos vizinhos, liberando-o para a banda de condução; átomo doador.

im•pu•ro adj. Que não tem pureza, ou contém impureza(s).

im•pu•ta•ção sf. 1. Ato ou efeito de imputar. 2. Aquilo que é imputado. [Pl.: –ções.]

im•pu•tar v.t.d.i. 1. Atribuir (a alguém) a responsabilidade de. 2. Conferir. [Conjug.: ① [imput]ar]

im•pu•tá•vel adj2g. Suscetível de se imputar. [Pl.: –veis.]

i•mun•dí•ci:a sf. V. imundície.

i•mun•dí•ci:e sf. 1. Falta de asseio. 2. Porcaria, sujeira. 3. Lixo, entulho.

i•mun•do adj. 1. Sujo, emporcalhado. 2. Indecente, obsceno.

i•mu•ne adj2g. Não sujeito; isento, livre.

i•mu•ni•da•de sf. 1. Condição de não ser sujeito a algum ônus ou encargo. 2. Imunol. Estado que confere a um organismo proteção contra infecções, e que é obtido, p. ex., por imunização ou por prévia infecção. 3. Jur. Direitos, privilégios ou vantagens de que alguém desfruta por causa do cargo ou função que exerce: *imunidade parlamentar*.

i•mu•ni•zar v.t.d. e t.d.i. 1. Tornar imune a determinada(s) moléstia(s). 2. Tornar imune, não sujeito; defender. [Conjug.: ① [imuniz]ar] § **i•mu•ni•za•ção** sf.

i•mu•no•glo•bu•li•na sf. Imunol. Cada uma de um grupo de globulinas, presentes no soro sanguíneo e noutros líquidos corporais, e que participam de reações imunológicas.

i•mu•tá•vel adj2g. Não sujeito a mudança. [Pl.: –veis.]

❏ **In** Quím. Símb. do índio[2].

i•na•ba•lá•vel adj2g. 1. Firme, constante. 2. Inexorável, implacável. [Pl.: –veis.]

i•ná•bil adj2g. Não hábil; desajeitado, inapto. [Pl.: –beis.] § **i•na•bi•li•da•de** sf.

i•na•bi•li•tar *v.t.d.* e *p.* **1.** Tornar(-se) inábil, física ou moralmente. **2.** Reprovar, ou ser reprovado, em concurso ou exame. *T.d.i.* **3.** Inabilitar (1). [Conjug.: ① [inabilit]**ar**] § **i•na•bi•li•ta•ção** *sf.*

i•na•bi•tá•vel *adj2g.* Que não se pode habitar. [Pl.: –*veis.*]

i•na•bi•tu•al *adj2g.* Não habitual; insólito. [Pl.: –*ais.*]

i•na•bor•dá•vel *adj2g.* Que não se pode abordar. [Pl.: –*veis.*]

i•na•ca•ba•do *adj.* Não acabado; inconcluso.

i•na•ca•bá•vel *adj2g.* Que não se pode acabar. [Pl.: –*veis.*]

i•na•ção *sf.* Falta de ação; inércia. [Pl.: –*ções.*]

i•na•cei•tá•vel *adj2g.* Não aceitável. [Pl.: –*veis.*]

i•na•ces•sí•vel *adj2g.* **1.** Que não dá acesso. **2.** Intratável, insociável. [Pl.: –*veis.*]

i•na•cre•di•tá•vel *adj2g.* Não acreditável; incrível, inverossímil. [Pl.: –*veis.*]

i•na•cu•sá•vel *adj2g.* Não acusável. [Pl.: –*veis.*]

i•na•dap•tá•vel *adj2g.* Não adaptável. [Pl.: –*veis.*]

i•na•de•qua•do *adj.* Não adequado; impróprio.

i•na•di•á•vel *adj2g.* Que não se pode adiar. [Pl.: –*veis.*]

i•na•dim•plên•ci:a *sf.* Falta de cumprimento de um contrato ou de qualquer de suas condições.

i•na•dim•plen•te *adj2g.* Diz-se do devedor que incorre em inadimplência.

i•nad•mis•sí•vel *adj2g.* Não admissível. [Pl.: –*veis.*]

i•nad•ver•tên•ci:a *sf.* **1.** Imprevidência, descuido. **2.** Irreflexão, imprudência.

i•nad•ver•ti•do *adj.* Feito sem reflexão.

i•na•fi:an•çá•vel *adj2g.* Não afiançável. [Pl.: –*veis.*]

i•na•la•ção *sf.* **1.** Ato ou efeito de inalar. **2.** Absorção, pelas vias respiratórias, dos vapores de substâncias medicamentosas. [Pl.: –*ções.*]

i•na•la•dor (ô) *adj.* e *sm.* Que ou aquilo que serve para fazer inalações.

i•na•lar *v.t.d.* Absorver com o hálito; aspirar. [Conjug.: ① [inal]**ar**]

i•na•li:e•ná•vel *adj2g.* Não alienável; intransferível. [Pl.: –*veis.*]

i•nal•te•rá•vel *adj2g.* **1.** Que não se pode alterar. **2.** Impassível, imperturbável. [Pl.: –*veis.*]

i•nam•bu *sm.* e *f. Bras. Zool.* V. *inhambu.*

i•na•mis•to•so (ô) *adj.* Não amistoso; inimigo, hostil. [Pl.: –*tosos* (ó).]

i•na•mo•ví•vel *adj2g.* **1.** Que não pode ser destituído de seu posto. **2.** Que não pode ser removido. [Pl.: –*veis.*]

i•na•ne *adj2g.* **1.** Vazio, oco. **2.** Frívolo, vão. § **i•na•ni•da•de** *sf.*

i•na•ni•ção *sf.* **1.** Qualidade de inane. **2.** Prostração por falta de alimento. [Pl.: –*ções.*]

i•na•ni•ma•do *adj.* **1.** Sem ânimo; morto. **2.** Sem sentidos. **3.** Sem alma; sem vida.

i•na•nir *v.t.d.* **1.** Reduzir à inanição (2). *P.* **2.** Cair em inanição (2). [Conjug.: ⑤⑧ [inan]**ir**]

i•na•pe•lá•vel *adj2g.* De que não se pode apelar. [Pl.: –*veis.*]

i•na•pe•tên•ci:a *sf.* Falta de apetite. § **i•na•pe•ten•te** *adj2g.*

i•na•pli•cá•vel *adj2g.* Não aplicável. [Pl.: –*veis.*]

i•na•pre•ci•á•vel *adj2g.* **1.** Que não se pode avaliar, apreciar. **2.** Tão precioso que parece estar acima de toda a estima ou consideração que se lhe possa ter. [Pl.: –*veis.*]

i•na•pro•vei•tá•vel *adj2g.* Não aproveitável. [Pl.: –*veis.*]

i•nap•ti•dão *sf.* Falta de aptidão. [Pl.: –*dões.*]

i•nap•to *adj.* Não apto; incapaz.

i•nar•rá•vel *adj2g.* Que não se pode narrar; inenarrável. [Pl.: –*veis.*]

i•nar•ti•cu•la•do *adj.* Que não é articulado ou pronunciado ou que o é com dificuldade ou deficiência.

i•nar•ti•cu•lá•vel *adj2g.* Que não se pode articular ou pronunciar. [Pl.: –*veis.*]

i•nas•si•mi•lá•vel *adj2g.* Não assimilável. [Pl.: –*veis.*]

i•na•ta•cá•vel *adj2g.* Que não se pode atacar ou censurar; intocável. [Pl.: –*veis.*]

i•na•tin•gí•vel *adj2g.* Não atingível. [Pl.: –*veis.*]

i•na•tis•mo *sf. Filos.* Doutrina que admite a existência de idéias independentes da experiência.

i•na•ti•vo *adj.* **1.** Que não está em exercício. **2.** Aposentado ou reformado (funcionário ou empregado). § **i•na•ti•vi•da•de** *sf.*

i•na•to¹ *adj.* Que nasce com o indivíduo; congênito, ingênito, nativo, nato.

i•na•to² *adj.* Não nascido.

i•nau•di•to (dí) *adj.* **1.** Que nunca se ouviu dizer. **2.** Extraordinário, incrível.

i•nau•dí•vel *adj2g.* Não audível. [Pl.: –*veis.*]

i•nau•gu•ra•ção *sf.* **1.** Ato de inaugurar. **2.** Solenidade inaugural; abertura, estréia. [Pl.: –*ções.*]

i•nau•gu•ral *adj2g.* Referente a inauguração. [Pl.: –*rais.*]

i•nau•gu•rar *v.t.d.* **1.** Expor pela primeira vez à vista ou ao uso do público. **2.** Introduzir o uso de. *P.* **3.** Iniciar-se. [Conjug.: ① [inaugur]**ar**]

i•nau•tên•ti•co *adj.* Não autêntico.

i•na•ve•gá•vel *adj2g.* Não navegável. [Pl.: –*veis.*]

in•ca *s2g.* **1.** Membro de uma dinastia reinante no Peru na época da conquista espanhola. **2.** Soberano dessa dinastia. • *adj2g.* **3.** Incaico.

in•ca•bí•vel *adj2g.* Que não tem cabimento. [Pl.: *–veis.*]

in•cai•co *adj.* Relativo aos incas; inca.

in•cal•cu•lá•vel *adj2g.* Não calculável. [Pl.: *–veis.*]

in•can•des•cen•te *adj2g.* Que está em brasa; ardente, candente. **§ in•can•des•cên•ci:a** *sf.*

in•can•des•cer *v.t.d.* e *int.* Tornar(-se) candente. [Conjug.: 34 [incandes]**cer**]

in•can•sá•vel *adj2g.* Que não se cansa. [Pl.: *–veis.*]

in•ca•pa•ci•da•de *sf.* Falta de capacidade; inaptidão.

in•ca•pa•ci•tar *v.t.d., t.d.i.* e *p.* Tornar(-se) incapaz. [Conjug.: 1 [incapacit]**ar**]

in•ca•paz *adj2g.* e *s2g.* Que ou quem não é capaz, ou não tem capacidade legal.

in•çar *v.t.d.* 1. Povoar de prole copiosa (de animais, em especial insetos ou parasitos). 2. Alastrar-se ou espalhar-se por. *P.* 3. Encher-se. 4. Contaminar-se. [Conjug.: 9 [in]**çar.** Cf. *içar.*]

in•ca•rac•te•rís•ti•coou in•ca•ra•te•rís•ti•co *adj.* Não característico.

in•cau•to *adj.* Não cauteloso; imprudente.

in•cen•der *v.t.d.* e *p.* 1. Fazer arder ou como que fazer arder; pôr fogo a; inflamar(-se). 2. Ruborizar(-se). 3. Excitar(-se). [Conjug.: 2 [incend]**er**]

in•cen•di•ar *v.t.d.* 1. Atear fogo a; queimar. 2. Afoguear, abrasar, como num incêndio. 3. Excitar, inflamar. *P.* 4. Queimar, arder; abrasar-se, inflamar-se. [Conjug.: 12 [incend]**iar**]

in•cen•di•á•ri:o *sm.* 1. Aquele que ateia incêndio. 2. Revolucionário (2) exaltado.

in•cên•di:o *sm.* 1. Ato ou efeito de incendiar. 2. Fogo que lavra com intensidade, destruindo e, às vezes, causando prejuízos.

in•cen•sar *v.t.d.* 1. Defumar ou perfumar com incenso. 2. Adular, bajular. [Conjug.: 1 [incens]**ar**]

in•cen•so *sm.* Resina aromática e extraída de certas árvores.

in•cen•ti•var *v.t.d.* e *t.d.i.* Dar incentivo a; estimular. [Conjug.: 1 [incentiv]**ar**]

in•cen•ti•vo *sm.* Aquilo que incita ou excita; estímulo.

in•cer•to *adj.* 1. Indeterminado, impreciso. 2. Duvidoso, problemático. 3. Indistinto, indeciso. 4. Inconstante, precário, variável. **§ in•cer•te•za** *sf.*

in•ces•san•te *adj2g.* Que não cessa.

in•ces•to (é) *sm.* União sexual ilícita entre parentes consangüíneos, afins ou aditivos.

in•ces•tu•o•so (ô) *adj.* Referente a, ou que praticou incesto. [Pl.: *–tuosos* (ó).]

in•cha•ção *sf.* 1. Ato ou efeito de inchar(-se); inchamento. 2. *Pop.* Tumor. [Pl.: *–ções.*]

in•char *v.t.d.* 1. Tornar túmido; intumescer. 2. Aumentar o volume de; dilatar. 3. Envaidecer. *Int.* e *p.* 4. V. *intumescer.* 5. Envaidecer-se, orgulhar-se. [Conjug.: 1 [inch]**ar**] **§ in•cha•do** *adj.*; **in•cha•men•to** *sm.*

in•ci•dên•ci:a *sf.* 1. Ação de incidir. 2. Qualidade de incidente.

in•ci•den•tal *adj2g.* Relativo a, ou que tem caráter de incidente (2). [Pl.: *–tais.*]

in•ci•den•te *adj2g.* 1. Que incide ou sobrevém. • *sm.* 2. Circunstância acidental.

in•ci•dir *v.t.i.* 1. Recair; refletir-se. 2. Recair; pesar. 3. Cair, incorrer. [Conjug.: 3 [incid]**ir**]

in•ci•ne•rar *v.t.d.* Queimar até reduzir a cinzas. [Conjug.: 1 [inciner]**ar**] **§ in•ci•ne•ra•ção** *sf.*

in•ci•pi•en•te *adj2g.* Que está no começo.

in•cir•cun•ci•so *adj.* Não circunciso.

in•ci•são *sf.* 1. Corte, talho, golpe. 2. *Cir.* Seção (1) de tecido ou de órgão produzida por instrumento próprio. [Pl.: *–sões.*] **§ in•ci•si:o•nal** *adj2g.*

in•ci•si•vo *adj.* 1. Que corta ou é próprio para cortar. 2. Decisivo, direto. 3. Cortante; penetrante. 4. *Anat.* Diz-se de cada um dos oito dentes situados, quatro em cima e quatro embaixo, na frente das arcadas. • *sm.* 5. *Anat.* Dente incisivo.

in•ci•ta•ção *sf.* 1. Ato ou efeito de incitar(-se). 2. Aquilo que incita. [Pl.: *–ções.*]

in•ci•tar *v.t.d.* 1. Instigar; impelir. 2. Suscitar. 3. Açular (um animal). *T.d.i.* 4. Incitar (1). [Conjug.: 1 [incit]**ar**] **§ in•ci•ta•dor** (ô) *adj.* e *sm.*; **in•ci•ta•men•to** *sm.*; **in•ci•tá•vel** *adj2g.*

in•ci•vil *adj2g.* Não civil; descortês. [Pl.: *–vis.*] **§ in•ci•vi•li•da•de** *sf.*

in•ci•vi•li•za•do *adj.* Não civilizado.

in•clas•si•fi•cá•vel *adj2g.* 1. Que não se pode classificar. 2. Censurável, reprovável. [Pl.: *–veis.*]

in•cle•men•te *adj2g.* Não clemente; não indulgente. **§ in•cle•mên•ci:a** *sf.*

in•cli•na•ção *sf.* 1. Ato ou efeito de inclinar(-se). 2. Disposição, tendência. 3. Simpatia (1). 4. Objeto de simpatia. [Pl.: *–ções.*]

in•cli•nar *v.t.d.* 1. Desviar da linha reta. 2. Colocar obliquamente com relação a um plano ou uma direção. 3. Tornar propenso; predispor. *T.d.i.* 4. Inclinar (2 e 3). *P.* 5. Desviar-se da linha reta, vertical ou horizontal. 6. Curvar-se, abaixar-se. [Conjug.: 1 [inclin]**ar**]

ín•cli•to *adj.* Celebrado, ilustre, egrégio.

in•clu•ir *v.t.d.* 1. Compreender, abranger. 2. Conter em si. 3. Inserir, introduzir. *T.d.i.* 4. Incluir (3). *P.* 5. Estar incluído ou compreendido; fazer parte; inserir-se. [Conjug.: 49 [incl]**uir;** dois part.: *incluído* e *incluso.*] **§ in•clu•são** *sf.*

in•clu•si•ve *adv.* De modo inclusivo; com inclusão.

in•clu•si•vo *adj.* Que inclui, abrange.

in•clu•so *adj.* Incluído, compreendido.

in•co:a•ti•vo *adj.* Diz-se de verbo que exprime começo de ação ou de estado, como *anoitecer, florescer.*

in•co:er•cí•vel *adj2g.* V. *irreprimível.* [Pl.: –*veis.*]

in•co:e•ren•te *adj2g.* **1.** Sem coerência. **2.** Disparatado; contraditório. § **in•co:e•rên•ci:a** *sf.*

in•cóg•ni•ta *sf.* **1.** *Mat.* Grandeza por determinar. **2.** O que é desconhecido e se procura saber.

in•cóg•ni•to *adj.* Desconhecido; ignoto.

in•cog•nos•cí•vel *adj2g.* Que não se pode conhecer. [Pl.: –*veis.*]

ín•co•la *s2g.* Habitante, morador.

in•co•lor(ô) *adj2g.* **1.** Sem cor; descolorido. **2.** Sem opinião determinada.

in•có•lu•me *adj2g.* Ileso.

in•com•bus•tí•vel *adj2g.* Que não pode queimar-se. [Pl.: –*veis.*]

in•co•men•su•rá•vel *adj2g.* **1.** Imensurável. **2.** Que não tem medida comum com outra grandeza. [Pl.: –*veis.*]

in•co•mo•dar *v.t.d.* **1.** Causar incômodo a; importunar. **2.** Desgostar, irritar. *Int.* **3.** Incomodar (1). *P.* **4.** Molestar-se, cansar-se. **5.** Indispor-se, zangar-se. [Conjug.: ①[incomod]**ar**]

in•có•mo•di•da•de *sf.* Falta de comodidade.

in•cô•mo•do *adj.* **1.** Que não oferece comodidade. **2.** Desagradável, desconfortável. **3.** Enfadonho, cansativo. • *sm.* **4.** Doença ligeira; indisposição.

in•com•pa•rá•vel *adj2g.* Que não admite comparação. [Pl.: –*veis.*]

in•com•pa•ti•bi•li•zar *v.t.d., t.d.i.* e *p.* Tornar(-se) incompatível. [Conjug.: ①[incompatibiliz]**ar**]

in•com•pa•tí•vel *adj2g.* **1.** Que não pode harmonizar-se. **2.** Diz-se de cargos ou funções que não se podem acumular. [Pl.: –*veis.*] § **in•com•pa•ti•bi•li•da•de** *sf.*

in•com•pe•tên•ci:a *sf.* **1.** Falta de competência. **2.** Inabilidade, inaptidão. § **in•com•pe•ten•te** *adj2g.*

in•com•ple•to *adj.* Não completo.

in•com•pre:en•di•do *adj.* Que não é bem compreendido, não é bem apreciado.

in•com•pre:en•são *sf.* Falta de compreensão. [Pl.: –*sões.*]

in•com•pre:en•sí•vel *adj2g.* **1.** Que não se pode compreender. **2.** Enigmático, misterioso. [Pl.: –*veis.*]

in•com•pre:en•si•vo *adj.* Incapaz de compreensão para com outrem.

in•com•pres•sí•vel *adj2g.* **1.** Que não se pode comprimir. **2.** *Fig.* Que não se pode reprimir; irreprimível. [Pl.: –*veis.*]

in•co•mum *adj2g.* **1.** Fora do comum. **2.** Nunca visto; inédito.

in•co•mu•ni•cá•vel *adj2g.* **1.** Que não tem ou não apresenta comunicação. **2.** Intratável, insociável. [Pl.: –*veis.*] § **in•co•mu•ni•ca•bi•li•da•de** *sf.*

in•co•mu•tá•vel *adj2g.* Não comutável. [Pl.: –*veis.*]

in•con•ce•bí•vel *adj2g.* Não concebível. [Pl.: –*veis.*]

in•con•ci•li•á•vel *adj2g.* Não conciliável; incompatível. [Pl.: –*veis.*]

in•con•clu•den•te *adj2g.* Não concludente; ilógico.

in•con•clu•so *adj.* Não concluído ou concluso; inacabado.

in•con•cus•so *adj.* **1.** Firme, estável. **2.** Incontestável, irrecusável.

in•con•di•ci:o•nal *adj2g.* Não sujeito a condições; absoluto, irrestrito. [Pl.: –*nais.*]

in•con•fes•sá•vel *adj2g.* Que não se pode ou não se deve confessar. [Pl.: –*veis.*]

in•con•fes•so *adj.* Que não é confesso.

in•con•fi•dên•ci:a *sf.* Falta de fidelidade para com alguém, particularmente para com o soberano ou o Estado.

in•con•fi•den•te *adj2g.* e *s2g.* Que ou quem está envolvido em inconfidência.

in•con•for•ma•do *adj.* Que não se conforma ou não se conformou.

in•con•for•mis•mo *sm.* Procedimento de quem é inconformado.

in•con•fun•dí•vel *adj2g.* Não confundível. [Pl.: –*veis.*]

in•con•ge•lá•vel *adj2g.* Não congelável. [Pl.: –*veis.*]

in•con•gru•en•te *adj2g.* Inconveniente, incoerente. § **in•con•gru•ên•ci:a** *sf.*

in•co•nho *adj.* Que nasce pegado a outro (fruto).

in•con•ju•gá•vel *adj2g.* Não conjugável. [Pl.: –*veis.*]

in•cons•ci:en•te *adj2g.* **1.** Não consciente (1). **2.** Que está sem consciência (3). **3.** Que procede sem consciência (2 e 4). **4.** V. *leviano* (1). • *s2g.* **5.** Pessoa inconsciente. § **in•cons•ci:ên•ci:a** *sf.*

in•con•se•qüên•ci:a *sf.* Falta de conseqüência; incoerência. § **in•con•se•qüen•te** *adj2g.*

in•con•si•de•ra•do *adj.* Não considera; imprudente, precipitado.

in•con•sis•ten•te *adj2g.* **1.** Falto de consistência. **2.** Sem consistência, solidez, fundamento. § **in•con•sis•tên•ci:a** *sf.*

in•con•so•lá•vel *adj2g.* Não consolável. [Pl.: –*veis.*]

in•cons•tân•ci:a *sf.* **1.** Falta de constância. **2.** Leviandade, infidelidade.

in•cons•tan•te *adj2g.* **1.** Volúvel. **2.** Instável.

in•cons•ti•tu•ci:o•nal *adj2g.* Não constitucional ou que se opõe à constituição do Estado. [Pl.: *–nais.*] § **in•cons•ti•tu•ci:o•na•li•da•de** *sf.*

in•con•sú•til *adj2g.* Sem costuras. [Pl.: *–teis.*]

in•con•tá•vel *adj2g.* Impossível de contar. [Pl.: *–veis.*]

in•con•ten•tá•vel *adj2g.* Não contentável. [Pl.: *–veis.*]

in•con•tes•ta•do *adj.* Não contestado; inconteste.

in•con•tes•tá•vel *adj2g.* Não contestável; indiscutível, inquestionável, incontroverso. [Pl.: *–veis.*]

in•con•tes•te *adj2g.* 1. Que não é conteste (1). 2. Incontestado.

in•con•ti•do *adj.* Que não se pode conter.

in•con•ti•nên•ci:a *sf.* Falta de continência.

in•con•ti•nen•te *adj2g.* 1. Falto de continência; imoderado, sensual. • *s2g.* 2. Pessoa imoderada em sensualidade.

in•con•ti•nên•ti *adv.* Sem demora; sem interrupção.

in•con•tras•tá•vel *adj2g.* 1. Irrefutável, irrespondível. 2. V. *irrevogável.* [Pl.: *–veis.*]

in•con•tro•lá•vel *adj2g.* Não controlável; irreprimível. [Pl.: *–veis.*]

in•con•tro•ver•so *adj.* V. *incontestável.*

in•con•ve•ni•en•te *adj2g.* 1. Falto de conveniência. 2. Inoportuno, impróprio. 3. Oposto ao decoro. • *sm.* 4. Prejuízo; perigo, risco. 5. Estorvo, embaraço. § **in•con•ve•ni•ên•ci:a** *sf.*

in•con•ver•sí•vel *adj2g.* Que não se pode converter. [Pl.: *–veis.*]

in•cor•po•ra•do•ra (ô) *sf.* Firma ou empresa que incorpora [v. *incorporar* (4)].

in•cor•po•rar *v.t.d.* 1. Dar forma corpórea a. 2. Reunir (diversas companhias mercantis) em uma só (4). 3. Juntar num só corpo; reunir. 4. Realizar contrato em condomínio, para construção de imóvel (3). *T.d.i.* 5. Incorporar (3). *P.* 6. Tomar forma corpórea; materializar-se. 7. Reunir-se, juntar-se. [Conjug.: [1] [incorpor]**ar**] § **in•cor•po•ra•ção** *sf.*; **in•cor•po•ra•dor** (ô) *adj.* e *sm.*

in•cor•pó•re:o *adj.* Que não tem corpo; imaterial.

in•cor•re•ção *sf.* 1. Falta de correção. 2. Ação ou atitude incorreta. [Pl.: *–ções.*]

in•cor•rer *v.t.d.* 1. Ficar incluído, implicado ou comprometido; incidir. 2. Ficar sujeito a. [Conjug.: [2] [incorr]**er**]

in•cor•re•to *adj.* 1. Não correto; errado. 2. Desonesto, indigno.

in•cor•ri•gí•vel *adj2g.* 1. Impossível de corrigir. 2. Incapaz de corrigir-se. [Pl.: *–veis.*]

in•cor•rup•tí•vel *adj2g.* 1. Insuscetível de corrupção. 2. Que não se deixa subornar. 3. Íntegro, reto. [Pl.: *–veis.*] § **in•cor•rup•ti•bi•li•da•de** *sf.*

in•cor•rup•to *adj.* Que não se corrompeu.

in•cré•du•lo *adj.* 1. Falto de crença; ímpio, ateu. • *sm.* 2. Indivíduo incrédulo. § **in•cre•du•li•da•de** *sf.*

in•cre•men•tar *v.t.d.* 1. Dar incremento a. 2. Tornar mais elaborado ou diferente; realçar. 3. Animar. *P.* 4. Tomar incremento. 5. Tornar-se mais elaborado ou sofisticado. [Conjug.: [1] [increment]**ar**] § **in•cre•men•ta•do** *adj.*

in•cre•men•to *sm.* Ato de crescer, de aumentar; desenvolvimento.

in•cre•par *v.t.d.* 1. Repreender asperamente. *T.d.i.* e *transobj.* 2. Acusar, censurar. [Conjug.: [1] [increp]**ar**] § **in•cre•pa•ção** *sf.*

in•créu *sm.* Indivíduo incrédulo.

in•cri•mi•nar *v.t.d.* 1. Ter por criminoso. 2. V. *inculpar* (1). *P.* 3. Deixar transparecer a própria culpa. [Conjug.: [1] [incrimin]**ar**] § **in•cri•mi•na•ção** *sf.*

in•cri•ti•cá•vel *adj2g.* Não criticável. [Pl.: *–veis.*]

in•crí•vel *adj2g.* 1. Inacreditável. 2. Extraordinário; inexplicável. 3. Excêntrico, estranho. [Pl.: *–veis.*]

in•cru•en•to *adj.* Em que não houve derramamento de sangue.

in•crus•ta•ção *sf.* 1. Ato ou efeito de incrustar(-se). 2. Coisa incrustada. [Pl.: *–ções.*] ◆ **Incrustação biológica.** *Ecol.* Bioincrustação.

in•crus•tar *v.t.d.* 1. Cobrir de crosta. 2. Adornar com embutidos ou incrustações. *T.d.i.* 3. Embutir, inserir. 4. Cobrir. *P.* 5. Prender-se fortemente. 6. Arraigar-se. [Conjug.: [1] [incrust]**ar**]

in•cu•ba•ção *sf.* 1. Ato ou efeito de incubar. 2. *Fig.* Elaboração, preparação. [Pl.: *–ções.*]

in•cu•ba•dei•ra *sf.* Chocadeira.

in•cu•ba•do•ra (ô) *sf.* 1. Aparelho para incubação artificial de galináceos; chocadeira. 2. Aparelho destinado a manter criança prematura em ambiente de temperatura, oxigenação e umidade apropriadas.

in•cu•bar *v.t.d.* 1. Chocar (ovos). 2. Premeditar, planejar. 3. Possuir em estado latente. [Conjug.: [1] [incub]**ar**] § **in•cu•ba•do** *adj.*

in•cul•ca *sf.* 1. Ato ou efeito de inculcar. 2. Pessoa que inculca.

in•cul•car *v.t.d.* 1. Apontar, citar, recomendar. 2. Demonstrar. 3. Repetir várias vezes, para gravar no espírito. *T.d.i.* 4. Propor, indicar, aconselhar. 5. Gravar, fixar. [Conjug.: [8] [incul]**car**]

in•cul•pa•do¹ *adj.* Isento de culpa; inocente.

in•cul•pa•do² *adj.* e *sm.* Que ou quem é objeto de inculpação; acusado, culpado.

in•cul•par *v.t.d., t.d.i.* e *transobj.* 1. Atribuir culpa (a); acusar, incriminar. *P.* 2. Confessar-se culpado. [Conjug.: [1] [inculp]**ar**] § **in•cul•pa•ção** *sf.*

in•cul•pá•vel *adj2g.* Que não se pode culpar. [Pl.: *–veis.*] § **in•cul•pa•bi•li•da•de** *sf.*

in•cul•to *adj.* **1.** Não cultivado; agreste, árido. **2.** Sem cultura ou instrução.

in•cul•tu•ra *sf.* Qualidade de inculto (2).

in•cum•bên•ci:a *sf.* **1.** Ato ou efeito de incumbir(-se); encargo, cargo. **2.** Missão ou negócio que se incumbe a alguém.

in•cum•bir *v.t.d.i.* **1.** Dar comissão ou incumbência a; encarregar. *T.i.* **2.** Caber, competir. *P.* **3.** Encarregar-se. [Conjug.: ③ [incumb]ir]

in•cu•ná•bu•lo *adj.* e *sm.* Diz-se de, ou livro impresso nos primeiros anos da arte de imprimir, até 1500.

in•cu•rá•vel *adj2g.* Que não tem cura. [Pl.: *–veis.*]

in•cú•ri:a *sf.* Falta de cuidado; desleixo.

in•cur•são *sf.* **1.** Invasão militar. **2.** Entrada, penetração. [Pl.: *–sões.*]

in•cur•si:o•nar *v.t.c.* Penetrar em (território, área, etc.). [Conjug.: ① [incursion]ar]

in•cur•so *adj.* Que incorreu (em).

in•cu•tir *v.t.d.* **1.** Inspirar, infundir. *T.d.i.* **2.** Infundir no ânimo; insinuar. [Conjug.: ③ [incut]ir]

in•da *adv.* Ainda.

in•da•gar *v.t.d.* **1.** Procurar saber; pesquisar, investigar, inquirir. **2.** Perguntar, inquirir, interrogar. *T.d.i.* e *t.i.* **3.** Indagar (1). [Conjug.: ⑪ [inda]gar] § **in•da•ga•ção** *sf.*; **in•da•ga•ti•vo** *adj.*; **in•da•ga•tó•ri:o** *adj.*

in•dé•bi•to *adj.* **1.** Que não tem razão de ser; improcedente. **2.** Não devido.

in•de•cên•ci:a *sf.* **1.** Falta de decência. **2.** Ação, dito ou modos indecentes.

in•de•cen•te *adj2g.* **1.** Que não tem decência. **2.** Contrário à decência (ato, dito ou modo); obsceno.

in•de•ci•são *sf.* **1.** Estado ou qualidade de indeciso. **2.** Falta de espírito de decisão. [Pl.: *–sões.*]

in•de•ci•so *adj.* **1.** Não decidido; hesitante, irresoluto. **2.** Indistinto, vago.

in•de•cli•ná•vel *adj2g.* **1.** De que é impossível declinar; irrecusável. **2.** *Gram.* Diz-se das palavras que não se flexionam; invariável. [Pl.: *–veis.*]

in•de•com•po•ní•vel *adj2g.* Que não se pode decompor. [Pl.: *–veis.*]

in•de•co•ro•so (ô) *adj.* Não decoroso; indecente. [Pl.: *–rosos* (ó).]

in•de•fec•tí•vel *adj2g.* Que não falha; infalível. [Pl.: *–veis.*]

in•de•fen•sá•vel *adj2g.* Sem defesa; não defensável. [Pl.: *–veis.*]

in•de•fen•so *adj.* V. **indefeso.**

in•de•fe•rir *v.t.d.* Não deferir; dar despacho contrário a. [Conjug.: ㊾ [indef]e[r]ir] § **in•de•**

fe•ri•do *adj.*; **in•de•fe•ri•men•to** *sm.*; **in•de•fe•rí•vel** *adj2g.*

in•de•fe•so (ê) *adj.* **1.** Que não é defendido. **2.** Desarmado, fraco. [Sin. ger.: *indefenso.*]

in•de•fes•so (é) *adj.* Infatigável, incansável.

in•de•fi•ni•do *adj.* Não definido; incerto.

in•de•fi•ní•vel *adj2g.* Que não se pode definir. [Pl.: *–veis.*]

in•de:is•cen•te *adj2g. Bot.* Diz-se de fruto que não abre espontaneamente para deixar cair as sementes. § **in•de:is•cên•ci:a** *sf.*

in•de•lé•vel *adj2g.* Que não se pode delir. [Pl.: *–veis.*]

in•de•li•ca•do *adj.* Não delicado; rude, grosseiro. § **in•de•li•ca•de•za** (ê) *sf.*

in•de•ne *adj2g.* Que não sofreu dano; ileso. § **in•de•ni•da•de** *sf.*

in•de•ni•za•ção *sf.* **1.** Ato de indenizar. **2.** Quantia com que se indeniza [v. *indenizar* (1 e 2)]. [Pl.: *–ções.*]

in•de•ni•zar *v.t.d.* **1.** Ressarcir (pessoa, empresa) por danos, prejuízos, acidentes. **2.** *Bras.* Pagar o que de direito a (funcionário, etc.), à época de demissão, quebra de contrato, etc. *T.d.i.* **3.** Indenizar (1). *P.* **4.** Receber indenização (2) ou compensação. [Conjug.: ① [indeniz]ar]

in•de•pen•den•te *adj2g.* **1.** Livre de qualquer dependência ou sujeição. **2.** Que tem meios próprios de subsistência. **3.** Que tem autonomia política (país). § **in•de•pen•dên•ci:a** *sf.*

in•de•pen•der *v.t.i.* Não depender; não estar subordinado. [Conjug.: ② [independ]er]

in•des•cri•tí•vel *adj2g.* Que não se pode descrever. [Pl.: *–veis.*]

in•des•cul•pá•vel *adj2g.* Que não merece desculpa. [Pl.: *–veis.*]

in•de•se•já•vel *adj2g.* **1.** Não desejável. • *s2g.* **2.** Pessoa estrangeira cuja entrada ou permanência num país é tida por inconveniente. [Pl.: *–veis.*]

in•des•tru•tí•vel *adj2g.* Não destrutível. [Pl.: *–veis.*]

in•de•ter•mi•na•ção *sf.* **1.** Ausência ou falta de determinação. **2.** *Filos.* Caráter de fenômeno que não é regularmente condicionado por outros. [Pl.: *–ções.*]

in•de•ter•mi•na•do *adj.* **1.** Não determinado ou fixo. **2.** Indefinido, vago. **3.** Indeciso, irresoluto. **4.** Contingente.

in•de•ter•mi•ná•vel *adj2g.* Não determinável. [Pl.: *–veis.*]

in•de•vas•sá•vel *adj2g.* Que não se pode devassar. [Pl.: *–veis.*]

in•de•vi•do *adj.* **1.** Imerecido. **2.** V. *impróprio* (1).

ín•dex (cs) *sm.2n.* **1.** *P. us.* V. **índice. 2.** Catálogo dos livros cuja leitura era proibida pela Igreja.

in•de•xa•ção (cs) *sf.* Ato ou efeito de indexar. [Pl.: *–ções.*]

in•de•xar (cs) *v.t.d.* **1.** *Econ.* Tornar (certa importância monetária — depósito de poupança, salário, valor de título governamental, etc.) corrigível automaticamente, de acordo com um índice de preços. **2.** Ordenar em forma de índice (1). [Conjug.: ① [index]**ar**]

in•di:a•nis•mo *sm.* **1.** Ciência da língua e da civilização hindus. **2.** *Bras.* Literatura inspirada em temas da vida dos índios das Américas. § **in•di:a•nis•ta** *adj2g.* e *s2g.*

in•di•a•no *adj.* **1.** Da Índia (Ásia); índico, hindu. • *sm.* **2.** O natural ou habitante da Índia; hindu.

in•di•ca•dor (ô) *adj.* **1.** Que indica. **2.** Diz-se do dedo situado entre o polegar e o médio. • *sm.* **3.** Dedo indicador (2). **4.** *Quím.* Substância que tem uma cor em meio básico e outra em meio ácido.

in•di•car *v.t.d.* **1.** Apontar com o dedo; indigitar. **2.** Tornar patente; revelar. **3.** Apontar, designar. **4.** Propor, sugerir. **5.** Expor, mencionar. **6.** Aconselhar, lembrar. *T.d.i.* **7.** Indicar (1, 3, 4 e 6). [Conjug.: ⑧ [indi]**car**] § **in•di•ca•ção** *sf.*

in•di•ca•ti•vo *adj.* **1.** Que indica. **2.** *Gram.* Diz-se do modo verbal que apresenta o fato como positivo e absoluto. • *sm.* **3.** *Gram.* Esse modo.

ín•di•ce *sm.* **1.** *Edit.* Lista, em ordem alfabética, de nomes, assuntos, etc., com a indicação das páginas ou das partes em que esses tópicos são mencionados numa obra. **2.** *Edit.* Sumário (4). **3.** Nível de desempenho, audiência, popularidade, etc. **4.** Tudo que indica ou denota qualidade ou característica especial. **5.** *Inform.* Uma lista ordenada de valores usada para localizar uma informação. **6.** *Inform.* O campo (7) cujos valores formam essa lista. **7.** *Mat.* Símbolo numérico ou literal que se associa a outro para caracterizar um novo símbolo. ♦ **Índice de octana.** Medida da qualidade da gasolina para motores; octanagem. **Índice de preços.** *Econ.* Número que indica a variação média dos preços, em relação a um período tomado como base.

in•di•ci•a•do *adj.* **1.** Notado por indícios. • *sm.* **2.** *Jur.* Aquele sobre quem recaem indícios de ter delinquido.

in•di•ci•ar *v.t.d.* **1.** Dar indício(s) de. **2.** Denunciar, acusar. **3.** Submeter a inquérito policial ou administrativo. [Conjug.: ① [indici]**ar**] § **in•di•ci:a•ção** *sf.*

in•di•ci:o *sm.* Sinal, vestígio, indicação.

ín•di•co *adj.* **1.** V. *indiano* (1). **2.** Relativo ao Oceano Índico.

in•di•fe•ren•te *adj2g.* **1.** Que demonstra desinteresse. **2.** Que não é bom nem mau. § **in•di•fe•ren•ça** *sf.*

in•di•fe•ren•tis•mo *sm.* Atitude caracterizada pela falta de interesse.

in•dí•ge•na *adj2g.* **1.** Originário de determinado país, região ou localidade; nativo. **2.** *Bras.* Relativo a índio[1] (1), ou aos índios em geral. • *s2g.* **3.** Pessoa natural do lugar ou do país em que habita; nativo. **4.** Índio[1] (2).

in•di•gên•ci:a *sf.* **1.** Estado de indigente (1). **2.** Os indigentes; a mendicância.

in•di•ge•nis•mo *sm.* **1.** Defesa e valorização das populações indígenas de um país, região, etc. **2.** *Bras.* Conjunto de idéias e ações relativas à situação das populações indígenas brasileiras e à sua incorporação à sociedade nacional. § **in•di•ge•nis•ta** *adj2g.* e *s2g.*

in•di•gen•te *adj2g.* **1.** Paupérrimo, pobríssimo. • *s2g.* **2.** Pessoa indigente; mendigo.

in•di•ges•tão *sf. Med.* Digestão deficiente, ou falta de digestão. [Pl.: *–tões.*]

in•di•ges•to *adj.* **1.** Difícil de ser digerido. **2.** Que produz indigestão.

in•di•gi•ta•do *adj.* e *sm.* Diz-se de, ou indivíduo apontado como culpado de crime ou de falta.

in•di•gi•tar *v.t.d.* e *t.d.i.* **1.** Indicar (1). **2.** Designar, mostrar. [Conjug.: ① [indigit]**ar**]

in•dig•na•ção *sf.* **1.** Sentimento de cólera despertado por ação indigna; ódio, raiva. **2.** Repulsa, aversão. [Pl.: *–ções.*]

in•dig•na•do *adj.* Que mostra ou sente indignação.

in•dig•nar *v.t.d.* e *p.* Fazer sentir, ou sentir, indignação; revoltar(-se). [Conjug.: ① [indign]**ar**]

in•dig•ni•da•de *sf.* **1.** Falta de dignidade. **2.** Ação indigna.

in•dig•no *adj.* **1.** Não digno. **2.** Que praticou indignidade ou procede indignamente.

ín•di•go *sm.* **1.** Anil[1] (1). **2.** *Quím.* Anil[2].

ín•di:o[1] *sm.* **1.** Aborígine das Américas; habitante das terras americanas, ao chegarem os primeiros europeus, nos séculos XV e XVI. **2.** Indivíduo que pertence ao grupo étnico descendente dos aborígines americanos. • *adj.* **3.** Relativo aos índios.

ín•di:o[2] *sm. Quím.* Elemento de número atômico 49, metálico [símb.: *In*].

in•di•re•ta *sf. Bras.* Observação ou alusão feita com disfarce.

in•di•re•to *adj.* **1.** Não direto. **2.** Disfarçado, dissimulado. **3.** Ambíguo, duvidoso.

in•dis•ci•pli•na *sf.* Procedimento, ato ou dito contrário à disciplina.

in•dis•ci•pli•na•do *adj.* Que não observa disciplina.

in•dis•ci•pli•nar *v.t.d.* e *p.* Fazer perder ou perder a disciplina. [Conjug.: ① [indisciplin]**ar**]

in•dis•cre•to *adj.* 1. Não discreto ou reservado; inconveniente. 2. Inconfidente, leviano. 3. Tagarela, linguarudo.

in•dis•cri•ção *sf.* 1. Qualidade de indiscreto. 2. Ato ou dito indiscreto. [Pl.: –ções.]

in•dis•cri•mi•na•do *adj.* Não discriminado.

in•dis•cu•tí•vel *adj2g.* V. *incontestável.* [Pl.: –veis.]

in•dis•far•çá•vel *adj2g.* Não disfarçável. [Pl.: –veis.]

in•dis•pen•sá•vel *adj2g.* Não dispensável; imprescindível. [Pl.: –veis.]

in•dis•po•ní•vel *adj2g.* De que não se pode dispor. [Pl.: –veis.]

in•dis•por *v.t.d.* 1. Alterar a disposição de. 2. Produzir mal-estar ou doença em. 3. Irritar, aborrecer. *T.d.i.* 4. Gerar inimizade; inimizar, malquistar. *P.* 5. Aborrecer-se. 6. Inimizar-se, malquistar-se. [Conjug.: 60 [indis]por]

in•dis•po•si•ção *sf.* 1. Pequena alteração na saúde; mal-estar. 2. Briga, desavença. [Pl.: –ções.]

in•dis•pos•to (ó) *adj.* 1. Que tem indisposição, mal-estar. 2. Agastado com alguém; zangado.

in•dis•pu•tá•vel *adj2g.* Não disputável. [Pl.: –veis.]

in•dis•so•lú•vel *adj2g.* Não dissolúvel. [Pl.: –veis.] § **in•dis•so•lu•bi•li•da•de** *sf.*

in•dis•tin•to *adj.* 1. Mal definido ou mal definível; indeciso, vago. 2. Confuso; misturado.

in•di•e•te•so (ó) *adj.* Doeditoso. [Pl.: –toses (ó.)]

in•di•vi•du•al *adj2g.* 1. Relativo a indivíduo. 2. Peculiar a, ou executado por uma só pessoa. [Pl.: –ais.]

in•di•vi•du:a•li•da•de *sf.* 1. O que constitui o indivíduo. 2. *Fig.* Caráter especial ou particularidade que distingue uma pessoa ou coisa. 3. *Fig.* Personalidade, vulto.

in•di•vi•du:a•lis•mo *sm.* 1. A existência individual. 2. Sentimento ou conduta egocêntrica.

in•di•vi•du:a•lis•ta *adj2g.* 1. Relativo ao, ou que é sectário do individualismo. 2. Egoísta, egocêntrico. • *s2g.* 3. Sectário do individualismo. 4. Pessoa egoísta, egocêntrica.

in•di•vi•du:a•li•zar *v.t.d.* e *p.* Tornar(-se) individual; particularizar(-se). [Conjug.: 1 [individualiz]ar]

in•di•vi•du•ar *v.t.d.* 1. Narrar ou expor minuciosamente. 2. Caracterizar, especificar. [Conjug.: 1 [individu]ar]

in•di•ví•du:o *adj.* 1. Indiviso. • *sm.* 2. O exemplar duma espécie qualquer, orgânica ou inorgânica, que constitui uma unidade distinta. 3. A pessoa humana, considerada em suas características particulares; criatura. 4. *Fam.* Pessoa qualquer; sujeito, criatura, cidadão.

in•di•vi•sí•vel *adj2g.* Não divisível. [Pl.: –veis.]

in•di•vi•so *adj.* Não dividido.

in•di•zí•vel *adj2g.* 1. Que não se pode dizer. 2. Raro, incomum. [Pl.: –veis.]

in•dó•cil *adj2g.* Não dócil; rebelde; insubordinável. [Pl.: –ceis.] § **in•do•ci•li•da•de** *sf.*

in•do-eu•ro•peu *sm.* 1. *Gloss.* Língua pré-histórica, da qual não se tem registro. 2. Indivíduo de um povo cuja língua descende dela. • *adj.* 3. Pertencente ou relativo ao indo-europeu. [Flex.: *indo-européia, indo-europeus* e *indo-européias.*]

ín•do•le *sf.* 1. V. *temperamento* (2). 2. Feitio, modo, caráter.

in•do•len•te *adj2g.* 1. Insensível, apático. 2. Preguiçoso, ocioso. 3. Negligente, desleixado. § **in•do•lên•ci:a** *sf.*

in•do•lor (ô) *adj2g.* Que não provoca dor.

in•do•má•vel *adj2g.* Impossível de domar; indômito. [Pl.: –veis.]

in•dô•mi•to *adj.* 1. Não domado; bravio. 2. Indomável.

in•du•bi•tá•vel *adj2g.* De que não se pode duvidar. [Pl.: –veis.]

in•du•ção *sf.* 1. Ato ou efeito de induzir. 2. *Lóg.* Operação de estabelecer uma proposição geral com base no conhecimento de certo número de dados singulares. [Pl.: –ções.] ◆ **Indução eletromagnética.** *Fís.* Estabelecimento de uma força eletromotriz num circuito por efeito da variação de um fluxo magnético que o atravessa. **Indução eletrostática.** *Eletr.* Estabelecimento de uma distribuição do conquo olótrico om um corpo olotricamente neutro, por influência de outras cargas colocadas na vizinhança dele. **Indução magnética.** *Fís.* Grandeza vetorial igual à densidade de fluxo de um campo magnético; densidade de fluxo magnético [símb.: *B*].

in•dul•gen•te *adj2g.* 1. Pronto a perdoar. 2. Condescendente, complacente. § **in•dul•gên•ci:a** *sf.*

in•dul•tar *v.t.d.* Dar indulto a. [Conjug.: 1 [indult]ar]

in•dul•to *sm.* 1. Perdão, graça. 2. Decreto pelo qual se concede indulto (1).

in•du•men•tá•ri:a *sf.* 1. A arte ou a história do vestuário. 2. V. *roupa* (2).

in•du•men•to *sm.* V. *roupa* (2).

in•dús•tri:a *sf.* 1. Aptidão, perícia. 2. Profissão mecânica ou mercantil; ofício. 3. *Econ.* Atividade de produção de mercadorias, abrangendo a extração de produtos naturais e sua transformação. 4. O conjunto das empresas industriais. 5. Qualquer dos ramos da indústria. 6. *Fig.* Invenção, engenho. ◆ **Indústria de transformação.** *Econ.* Atividade de transformação de matérias-primas em produtos intermediários (ex.: lingotes de aço) ou produtos finais (ex.: roupas, automóveis, máquinas). **Indústria extrativa.** *Econ.* Atividade de extração e beneficiamento de produtos vegetais ou minerais.

in•dus•tri•al *adj2g.* 1. Da, ou produzido pela indústria. 2. Em que a indústria apresenta desenvolvimento: *centro industrial.* • *s2g.* 3. Pessoa que exerce ou tem uma indústria. [Pl.: *-ais.*]

in•dus•tri•a•li•zar *v.t.d.* 1. Promover o desenvolvimento industrial de. 2. Aproveitar (algo) como matéria-prima industrial. *P.* 3. Tornar-se industrial (2). [Conjug.: 1 [industrializ]ar]

in•dus•tri•a•li•zá•vel *adj2g.* Que pode ser industrializado. [Pl.: *-veis.*]

in•dus•tri•ar *v.t.d.* 1. Instruir de antemão; explicar. *P.* 2. Instruir-se. [Conjug.: 1 [industri]ar]

in•dus•tri•á•ri•o *sm.* Operário que trabalha na indústria.

in•dus•tri•o•so (ô) *adj.* 1. Dotado de indústria (1); laborioso. 2. Executado com indústria, com arte. 3. Esperto, hábil, sagaz. [Pl.: *-triosos* (ó).]

in•du•tân•ci•a *sf. Eletr.* Propriedade de indução de força eletromotriz em um circuito, por efeito da variação de uma corrente que passa pelo próprio circuito ou por um circuito próximo.

in•du•ti•vo *adj.* 1. Que procede por indução. 2. Em que há indução, ou relativo a ela.

in•du•tor (ô) *adj.* 1. Que induz, incita, instiga ou sugere. 2. Que produz indução. • *sm.* 3. Aquele que induz; incitador, instigador, induzidor. 4. *Fís.* Componente passivo de um circuito elétrico, que tem a função de introduzir neste uma indutância.

in•du•zir *v.t.d.* 1. Causar, inspirar. 2. Concluir, deduzir. 3. Mover. *T.d.i.* 4. Induzir (3). 5. Instigar, incitar. 6. Fazer cair ou incorrer. [Conjug.: 44 [ind]**uzir**] § **in•du•zi•dor** (ô) *adj. e sm.*; **in•du•zi•men•to** *sm.*

i•ne•bri•ar *v.t.d. e p.* 1. Tornar(-se) ébrio; embriagar(-se). 2. Extasiar(-se). [Conjug.: 1 [inebri]ar] § **i•ne•bri•an•te** *adj2g.*

i•ne•di•tis•mo *sm.* Caráter ou qualidade de inédito.

i•né•di•to *adj.* 1. Não publicado ou não impresso. 2. *Fig.* Nunca visto; incomum.

i•ne•fá•vel *adj2g.* 1. Que não se pode exprimir por palavras. 2. Encantador, inebriante. [Pl.: *-veis.*]

i•ne•fi•caz *adj2g.* Não eficaz; inútil. § **i•ne•fi•cá•ci•a** *sf.*

i•ne•fi•ci•en•te *adj2g.* Sem eficiência. § **i•ne•fi•ci•ên•ci•a** *sf.*

i•ne•gá•vel *adj2g.* Não negável; evidente. [Pl.: *-veis.*]

i•ne•go•ci•á•vel *adj2g.* Que não se pode negociar. [Pl.: *-veis.*]

i•ne•le•gí•vel *adj2g.* Não elegível. [Pl.: *-veis.*] § **i•ne•le•gi•bi•li•dade** *sf.*

i•ne•lu•tá•vel *adj2g.* Com que se luta em vão. [Pl.: *-veis.*]

i•ne•nar•rá•vel *adj2g.* Inarrável. [Pl.: *-veis.*]

i•nep•to *adj.* 1. Sem nenhuma aptidão. 2. Tolo, idiota. § **i•nép•ci•a** *sf.*

i•ne•qui•vo•co *adj.* Em que não há equívoco; claro.

i•nér•ci•a *sf.* 1. Falta de ação, de atividade; inação. 2. Indolência; preguiça. 3. *Fís.* Resistência que todos os corpos materiais opõem à modificação de seu estado de movimento.

i•ne•ren•te *adj2g.* Que está por natureza inseparavelmente ligado a alguma coisa ou pessoa. § **i•ne•rên•ci•a** *sf.*

i•ner•me *adj2g.* Sem armas ou meios de defesa.

i•ner•te *adj2g.* Que tem ou produz inércia.

i•nes•cru•pu•lo•so (ô) *adj.* Não escrupuloso. [Pl.: *-losos* (ó).]

i•nes•cru•tá•vel *adj2g.* Que não se pode escrutar. [Pl.: *-veis.*]

i•nes•cu•sá•vel *adj2g.* 1. Indispensável. 2. Indesculpável. [Pl.: *-veis.*]

i•nes•go•tá•vel *adj2g.* 1. Que não se pode esgotar. 2. Superabundante. [Sin. ger.: *inexaurível.* Pl.: *-veis.*]

i•nes•pe•ra•do *adj.* Não esperado; imprevisto.

i•nes•que•cí•vel *adj2g.* Que não se pode esquecer; inolvidável. [Pl.: *-veis.*]

i•nes•ti•má•vel *adj2g.* 1. Que não se pode estimar ou avaliar. 2. Que tem valor altíssimo. [Pl.: *-veis.*]

i•ne•vi•tá•vel *adj2g.* Não evitável. [Pl.: *-veis.*]

i•ne•xa•ti•dão (z) *sf.* 1. Falta de exatidão. 2. Coisa inexata. [Pl.: *-dões.*]

i•ne•xa•to (z) *adj.* Falto de exatidão.

i•ne•xau•rí•vel (z) *adj2g.* V. *inesgotável.* [Pl.: *-veis.*]

i•nex•ce•dí•vel *adj2g.* Que não pode ser excedido. [Pl.: *-veis.*]

i•ne•xe•qüí•vel (z) *adj2g.* Não exeqüível; inviável. [Pl.: *-veis.*] § **i•ne•xe•qüi•bi•li•da•de** (z) *sf.*

i•ne•xis•tên•ci•a (z) *sf.* Não existência. § **i•ne•xis•ten•te** *adj2g.*

i•ne•xis•tir (z) *v.int.* Não existir; não haver. [Conjug.: 3 [inexist]ir]

i•ne•xo•rá•vel (z) *adj2g.* 1. Que não se move a rogos; implacável, inflexível, duro. 2. Austero, rígido. [Pl.: *-veis.*]

i•nex•pe•ri•ên•ci•a *sf.* 1. Qualidade de inexperiente. 2. Erro devido a inexperiência.

i•nex•pe•ri•en•te *adj2g. e s2g.* 1. Que ou quem não tem experiência. 2. Inocente, ingênuo.

i•nex•pli•cá•vel *adj2g.* Não explicável. [Pl.: *-veis.*]

i•nex•plo•ra•do *adj.* Não explorado.

i•nex•plo•rá•vel *adj2g.* Não explorável. [Pl.: *-veis.*]

i•nex•pres•si•vo *adj.* Não expressivo.

i•nex•pri•mí•vel *adj2g.* 1. Não exprimível. 2. Encantador, inefável. [Pl.: *-veis.*]

i•nex•pug•ná•vel *adj2g.* Que não se to-mar de assalto. [Pl.: *–veis.*]

i•nex•ten•sí•vel *adj2g.* Não extensível. [Pl.: *–veis.*]

i•nex•tin•guí•vel *adj2g.* Não extinguível. [Pl.: *–veis.*] § **i•nex•tin•gui•bi•li•da•de** *sf.*

i•nex•tin•to *adj.* Não extinto; que subsiste.

i•nex•tir•pá•vel *adj2g.* Não extirpável. [Pl.: *–veis.*]

i•nex•tri•cá•vel ou **i•nex•trin•cá•vel** *adj2g.* Que não se pode deslindar. [Pl.: *–veis.*]

in•fa•lí•vel *adj2g.* **1.** Que não falha. **2.** Inevitá-vel. **3.** Que nunca se engana ou erra. [Pl.: *–veis.*] § **in•fa•li•bi•li•da•de** *sf.*

in•fa•mar *v.t.d.* **1.** Tornar infame, ignominio-so. **2.** Atribuir infâmia a. **3.** Difamar (1). *P.* **4.** Desonrar-se. [Conjug.: ⊞ [infam]**ar**] § **in•fa•man•te** *adj2g.*

in•fa•me *adj2g.* **1.** Que tem má fama. **2.** Que pratica atos vis, desonrosos; abjeto, despre-zível, torpe. **3.** Próprio de quem é infame; indigno.

in•fâ•mi:a *sf.* **1.** Má fama. **2.** Perda de boa fama. **3.** Ignomínia. **4.** Qualidade de, ou ato infame.

in•fân•ci:a *sf.* **1.** Período de crescimento, no ser humano, que vai do nascimento à puberdade; puerícia, meninice. **2.** As crianças. **3.** *Fig.* O primeiro período de existência de uma insti-tuição, sociedade, etc.

in•fan•ta *sf.* Fem. de *infante* (0).

in•fan•ta•ri:a *sf. Mil.* Tropa militar que faz ser-viço a pé, exceto os caçadores.

in•fan•te¹ *adj2g.* **1.** Que está na infância (1). **2.** Criança (1). • *sm.* **3.** Filho do rei de Portugal ou da Espanha, porém não herdeiro da coroa.

in•fan•te² *sm.* Soldado de infantaria.

in•fan•ti•ci•da *adj2g.* e *s2g.* Que ou quem pra-ticou infanticídio.

in•fan•ti•cí•di:o *sm.* **1.** Assassínio de recém-nascido ou de criança (1). **2.** *Jur.* Morte do próprio filho, sob a influência do estado puer-peral, durante o parto ou logo depois.

in•fan•til *adj2g.* **1.** Próprio da infância (1) ou para crianças; pueril. **2.** Ingênuo, tolo. [Pl.: *–tis.*] § **in•fan•ti•li•da•de** *sf.*

in•fan•ti•lis•mo *sm.* Persistência de caracte-res infantis na vida adulta, notando-se, prin-cipalmente, retardo mental e subdesenvolvi-mento sexual.

in•fan•ti•li•zar *v.t.d.* e *p.* Tornar(-se) infantil. [Conjug.: ⊞ [infantiliz]**ar**]

in•far•to *sm. Med.* Área de necrose conseqüen-te à baixa de teor de oxigênio; enfarte.

in•fa•ti•gá•vel *adj2g.* **1.** Que não se fatiga. **2.** Zeloso, desvelado. [Pl.: *–veis.*]

in•faus•to *adj.* Que não é fausto ou propício; infeliz, aziago.

in•fec•ção ou **in•fe•ção** *sf.* **1.** Ato ou efeito de infeccionar(-se). **2.** Qualidade ou estado de infeccionado. **3.** Contaminação, corrupção. **4.** *Inform.* Presença, transferência ou instalação de cópia de um vírus (2) em computador(es), disco(s) ou arquivo(s). **5.** *Med.* Penetração, desenvolvimento e multiplicação de micror-ganismos no organismo animal, e de que po-dem resultar, para este, conseqüências varia-das, habitualmente nocivas. [Pl.: *–ções.*]

in•fec•ci:o•nar ou **in•fe•ci:o•nar** *v.t.d.* **1.** Con-tagiar, viciar. **2.** Causar infecção (4) a. *P.* **3.** Contaminar-se. [Sin. ger.: *infectar.* Conjug.: ⊞ [infec(c)ion]**ar**] § **in•fe(c)•ci:o•na•do** *adj.*

in•fec•ci:o•so ou **in•fe•ci:o•so** (ô) *adj.* Que produz infecção, ou dela resulta. [Pl.: *–ciosos* (ó).]

in•fec•tar ou **in•fe•tar** *v.t.d.* **1.** V. *infeccionar.* **2.** *Inform.* Causar infecção (4) em (computa-dor, arquivo, etc.). *P.* **3.** V. *infeccionar.* [Con-jug.: ⊞ [infe(c)t]**ar**] § **in•fe(c)•tan•te** *adj2g.*

in•fec•to ou **in•fe•to** *adj.* **1.** Que tem infecção. **2.** Que lança mau cheiro. **3.** Moralmente re-pugnante.

in•fe•cun•do *adj.* V. *estéril* (1). § **in•fe•cun•di•da•de** *sf.*

in•fe•li•ci•da•de *sf.* **1.** Qualidade ou estado de infeliz; desdita. **2.** Lance infeliz.

in•fe•li•ci•tar *v.t.d.* Tornar infeliz, desditoso. [Conjug.: ⊞ [infelicit]**ar**]

in•fe•liz *adj2g.* **1.** Não feliz; desditoso, desgra-çado. **2.** Despropositado, desastrado. **3.** V. *in-fausto.* • *s2g.* **4.** Pessoa infeliz. [Sin. pop., nas acepç. 1 e 4: *desinfeliz.*]

in•fen•so *adj.* Contrário, adverso.

in•fe•rên•ci:a *sf.* **1.** Ato ou efeito de inferir; conclusão. **2.** Raciocínio, dedução, indução.

in•fe•ri•or (ô) *adj2g.* **1.** Que está abaixo, por baixo ou mais baixo. **2.** Que está abaixo de outro(s) em qualidade, importância, valor. § **in•fe•ri:o•ri•da•de** *sf.*

in•fe•ri:o•ri•zar *v.t.d.* e *p.* Tornar(-se) inferior. [Conjug.: ⊞ [inferioriz]**ar**]

in•fe•rir *v.t.d.* e *t.d.i.* Deduzir pelo raciocínio. [Conjug.: ⅗ [infe[r]ir]

in•fer•nal *adj2g.* **1.** Relativo ao, ou próprio do Inferno. **2.** Terrível, atroz, diabólico. [Pl.: *–nais.*]

in•fer•nar *v.t.d.* Atormentar, afligir, infernizar. [Conjug.: ⊞ [infern]**ar**]

in•fer•ni•nho *sf. Bras. Gír.* Boate em recinto pequeno, com música muito barulhenta.

in•fer•ni•zar *v.t.d.* **1.** Infernar. **2.** Arreliar, ir-ritar. [Conjug.: ⊞ [inferniz]**ar**]

in•fer•no *sm.* **1.** *Mit.* Lugar subterrâneo onde estão as almas dos mortos. **2.** Segundo o cris-tianismo, lugar ou situação pessoal em que se encontram os que morreram em estado de pecado. **3.** Tormento, martírio.

in•fes•ta•ção *sf.* **1.** Ato ou efeito de infestar. **2.** *Patol.* Estabelecimento, proliferação e ação deletéria de parasitos na pele e apêndices dela. [Pl.: *-ções.*]

in•fes•ta•do *adj. sm.* Diz-se de, ou aquele em que há infestação (2).

in•fes•tar *v.t.d.* **1.** Percorrer, devastando; assolar. **2.** Causar grandes estragos a. **3.** Produzir infestação (2) em. [Conjug.: ① [infest]**ar**]

in•fi•de•li•da•de *sf.* Qualidade ou procedimento de infiel.

in•fi•el *adj2g.* **1.** Sem fidelidade; desleal. **2.** Inexato, inverídico. • *s2g.* **3.** Pagão; gentio.

in•fil•tra•ção *sf.* **1.** Ato ou efeito de infiltrar(-se). **2.** Penetração de um fluido em um sólido através de poros ou interstícios. **3.** *Med.* Acúmulo, em células ou tecidos, de substâncias estranhas a eles. **4.** *Med.* Injeção de anestésico, ou de outro medicamento, visando efeito local. [Pl.: *-ções.*]

in•fil•trar *v.t.d.* **1.** Penetrar como através de filtro. **2.** Causar infiltração (2) em. **3.** Introduzir lentamente; insinuar. **4.** *Med.* Fazer infiltração (3) em. **5.** Infiltrar (2). **6.** Introduzir. *P.* **7.** Introduzir-se aos poucos; insinuar-se. **8.** Penetrar no meio de. [Conjug.: ① [infiltr]**ar**]

ín•fi•mo *adj.* O mais baixo de todos.

in•fin•dá•vel *adj2g.* Que não chega ao fim. [Pl.: *-veis.*]

in•fin•do *adj.* Infinito (1).

in•fi•ni•da•de *sf.* Grande porção.

in•fi•ni•te•si•mal *adj2g.* Relativo às quantidades infinitamente pequenas. [Pl.: *-mais.*]

in•fi•ni•ti•vo *Gram. adj.* **1.** Diz-se do modo verbal que, em português, exprime ação ou estado, sem ger. determinar número e pessoa, ou tempo. • *sm.* **2.** Esse modo. [Sin. ger.: *infinito.*]

in•fi•ni•to *adj.* **1.** Sem fim, termo ou limite; infindo. **2.** De extensão ou intensidade extremas; imenso. **3.** V. *inumerável.* **4.** *Gram.* V. *infinitivo* (1). • *sm.* **5.** Extensão infinita. **6.** *Gram.* V. *infinitivo* (2). **7.** *Mat.* Grandeza cujo módulo é arbitrariamente grande [símb.: ∞].

in•fi•xo (cs) *sm. Gram.* Afixo no interior da palavra. Ex.: o *t* de *cafeteira.*

in•fla•ção *sf.* **1.** Ato ou efeito de inflar(-se). **2.** *Econ.* Aumento geral de preços, com conseqüente perda do poder aquisitivo do dinheiro. [Pl.: *-ções.* Cf. *infração.*]

in•fla•ci•o•nar *v.t.d.* e *int.* Produzir inflação (2) (em). [Conjug.: ① [inflacion]**ar**]

in•fla•do *adj.* **1.** Inchado. **2.** Soberbo.

in•fla•ma•ção *sf.* **1.** Ato ou efeito de inflamar (-se). **2.** *Med.* Reação protetora localizada em tecidos animais, e produzida por tipos diferentes de agressão. [Pl.: *-ções.*]

in•fla•mar *v.t.d.* **1.** Converter em chamas. **2.** Excitar; estimular. **3.** Causar inflamação (2) a. **4.** Ruborizar. *Int.* **5.** Sofrer inflamação (2). **6.** *Bras. Gír.* Ficar cheio, repleto. *P.* **7.** Pegar

fogo. **8.** Exaltar-se. **9.** Ruborizar-se. [Conjug.: ① [inflam]**ar**] § **in•fla•ma•do** *adj.*

in•fla•ma•tó•ri:o *adj.* Que inflama.

in•fla•má•vel *adj2g.* e *sm.* Que, ou substância que se pode inflamar. [Pl.: *-veis.*]

in•flar *v.t.d.* e. *p.* **1.** Encher(-se), enfunar(-se). **2.** V. *envaidecer.* [Conjug.: ① [infl]**ar**]

in•fle•xão (cs) *sf.* **1.** Curvatura, flexão. **2.** Dobra; desvio. **3.** Tom de voz; modulação. [Pl.: *-xões.*]

in•fle•xí•vel (cs) *adj2g.* **1.** Não flexível (1). **2.** V. *inexorável* (1). [Pl.: *-veis.*] § **in•fle•xi•bi•li•da•de** (cs) *sf.*

in•fli•gir *v.t.d.* **1.** Cominar ou aplicar (pena, castigo, repreensão). **2.** Causar, produzir. [Conjug.: ㊺ [infli]**gir**. Cf. *infringir.*]

in•flo•res•cên•ci:a *sf. Bot.* Peça florífera em que há mais de uma flor num pedúnculo.

in•flu•ên•ci:a *sf.* **1.** Ato ou efeito de influir; influxo. **2.** Ação que uma pessoa ou coisa exerce sobre outra; influxo. **3.** Animação, entusiasmo. **4.** Prestígio, crédito. **5.** Ascendência, predomínio.

in•flu•en•ci•ar *v.t.d., t.d.i.* e *p.* Exercer influência em, ou receber influência. [Conjug.: ① [influenci]**ar**]

in•flu•en•te *adj2g. s2g.* Que(m) influi ou exerce influência.

in•flu•en•za *sf. Med.* V. *gripe.*

in•flu•ir *v.t.d.* **1.** Fazer fluir para dentro de. **2.** Inspirar, sugerir. **3.** Entusiasmar. **4.** V. *infundir* (3). *T.d.i.* **5.** Influir (3). *T.i.* **6.** Exercer influência (2 e 5). *Int.* **7.** Ter importância; exercer influência. [Conjug.: ㊾ [infl]**uir**]

in•flu•xo (cs) *sm.* V. *influência* (1 e 2).

in•fo•gra•fi•a *sf. Edit.* Técnica de combinar desenhos, fotos, gráficos, etc. para a apresentação dramatizada de dados. § **in•fo•grá•fi•co** *adj.*

in•for•ma•ção *sf.* **1.** Ato ou efeito de informar(-se); informe. **2.** Dados acerca de alguém ou de algo. **3.** Instrução, direção. **4.** *Inform.* Conhecimento extraído dos dados. **5.** *Inform.* Resumo dos dados. [Pl.: *-ções.*] § **in•for•ma•ci•o•nal** *adj2g.*

in•for•mal *adj2g.* **1.** Destituído de formalidade (2). **2.** Próprio de quem é informal. [Pl.: *-mais.*]

in•for•mar *v.t.d.* **1.** Dar informe ou parecer sobre. **2.** Comunicar, participar. *T.d.i.* **3.** Informar (2). *T.i.* e *int.* **4.** Dar informações, notícias. *P.* **5.** Inteirar (6). [Conjug.: ① [inform]**ar**] § **in•for•man•te** *s2g.*

in•for•má•ti•ca *sf.* Ciência que visa ao tratamento da informação através do uso de equipamentos da área de processamento de dados (q.v.)

in•for•ma•ti•vo *adj.* Destinado a informar ou noticiar.

in•for•ma•ti•zar *v.t.d.* **1.** Adaptar (métodos, tarefas, atividades) ao uso de sistemas computadorizados. **2.** Equipar (uma instituição, uma empresa, etc.) com sistemas de computador. [Conjug.: ⓵ [informatiz]**ar**]

in•for•me¹ *sm.* Informação (1).

in•for•me² *adj2g.* Sem forma ou feitio; amorfo.

in•for•tu•na•do *adj.* Sem fortuna; infeliz.

in•for•tú•ni:o *sm.* Infelicidade, desventura, mal.

in•fra•ção *sf.* Ato ou efeito de infringir. [Pl.: *-ções.* Cf. *inflação.*]

inf•ra-es•tru•tu•ra *sf.* **1.** Parte inferior duma estrutura. **2.** A estrutura básica de uma organização, sistema, etc. **3.** *Restr.* A base material ou econômica da sociedade. [Pl.: *infra-estruturas.*] § **in•fra-es•tru•tu•ral** *adj2g.*

in•fra•li•to•ral *sm.* Região costeira banhada pelo mar, situada abaixo da mais baixa linha de maré. [Sin.: *inframaré.* Pl.: *-rais.*] § **in•fra•li•to•ral** *adj.*

in•fra•ma•ré *sf.* Infralitoral.

in•fra•tor (ô) *sm.* Aquele que infringe.

in•fra•ver•me•lho *adj.* e *sm.* Diz-se de, ou radiação eletromagnética muito eficiente no processo de transmissão de calor por irradiação, e que provoca o aquecimento dum sistema quando por ele absorvida.

in•fre•ne *adj2g.* Sem freio; desenfreado.

in•fre•qüen•te *adj2g.* Não freqüente.

in•frin•gir *v.t.d.* Violar, transgredir; desrespeitar. [Conjug.: ⓵ [infrin]**gir**. Cf. *infligir.*]

in•fru•tes•cên•ci:a *sf. Bot.* Frutificação simultânea duma inflorescência, que resulta num fruto composto íntegro. Ex.: o abacaxi.

in•fru•tí•fe•ro *adj.* **1.** Estéril, árido. **2.** Sem resultado; inútil.

in•fun•da•do *adj.* Sem fundamento.

in•fun•dir *v.t.d.* **1.** Pôr de infusão (2). **2.** Comunicar, incutir, inspirar. *T.d.i.* **3.** Entornar, derramar. *P.* **5.** Introduzir-se. [Conjug.: ⓷ [infund]**ir**]

in•fu•são *sf.* **1.** Ato ou efeito de infundir(-se). **2.** Manipulação em que se lança líquido fervente sobre substância de que se deseja retirar um princípio. **3.** V. *cozimento.* [Pl.: *-sões.*]

in•fu•sí•vel *adj2g.* Não fusível. [Pl.: *-veis.*]

in•fu•so *adj.* Posto de infusão.

in•gá *sm.* e *f. Bot.* **1.** Árvore das leguminosas de frutos ger. comestíveis; ingazeira, ingazeiro. **2.** Esse fruto.

in•ga•zei•ra *sf. Bras. Bot.* V. *ingá* (1)

in•ga•zei•ro *sm. Bras. Bot.* V. *ingá* (1).

in•gê•ni•to *adj.* De nascença; inato.

in•gen•te *adj2g.* Muito grande; enorme.

in•ge•nu:i•da•de *sf.* Qualidade, ato ou dito de ingênuo (1 e 2).

in•gê•nu:o *adj.* **1.** Sem malícia; franco. **2.** Inocente, puro, singelo. • *sm.* **3.** Indivíduo ingênuo. **4.** Filho de escrava nascido após a lei da emancipação.

in•ge•rên•ci:a *sf.* Ato ou efeito de ingerir(-se); intervenção.

in•ge•rir *v.t.d.* **1.** Introduzir no organismo pela boca (1). *T.d.i.* **2.** Introduzir. *P.* **3.** Intervir, intrometer(-se). [Conjug.: ⓹ [inge[r]**ir**]

in•ges•tão *sf.* Ato de ingerir; deglutição. [Pl.: *-tões.*]

in•glês *adj.* **1.** Da Inglaterra (Europa); anglo. • *sm.* **2.** O natural ou habitante da Inglaterra; anglo. **3.** *Gloss.* A língua inglesa. [Flex. (de 1 e 2): *inglesa* (ê), *ingleses* (ê), *inglesas* (ê).]

in•gle•sar *v.t.d.* e *p.* Dar feição inglesa a, ou tomá-la. [Conjug.: ⓵ [ingles]**ar**]

in•gló•ri:o *adj.* Em que não há glória.

in•gra•to *adj.* **1.** Que não é grato, que não reconhece os benefícios recebidos. **2.** V. *estéril* (1). **3.** Desagradável, molesto. § **in•gra•ti•dão** *sf.*

in•gre•di•en•te *sm.* Substância que entra na preparação de medicamento, iguaria, etc.

ín•gre•me *adj2g.* Difícil de subir; escarpado.

in•gres•sar *v.t.c.* e *t.i.* Fazer ingresso; entrar. [Conjug.: ⓵ [ingress]**ar**]

in•gres•so *sm.* **1.** Ato de entrar ou ingressar; entrada, acesso. **2.** *Bras.* Bilhete que dá direito a ingressar em qualquer diversão; entrada.

ín•gua *sf. Med.* **1.** Ingurgitamento do gânglio linfático inguinal. **2.** *P. ext.* Ingurgitamento dos gânglios das axilas, do pescoço, etc.

in•gui•nal *adj2g.* Relativo à virilha. [Pl.: *-nais.*]

in•gur•gi•tar *v.t.d.* **1.** Engolir; obstruir. *Int.* e *p.* **2.** Inchar(-se), intumescer(-se). [Conjug.: ⓵ [ingurgit]**ar**] § **in•gur•gi•ta•ção** *sf.*; **in•gur•gi•ta•men•to** *sm.*

i•nha•ca *sf. Bras. Pop.* Catinga, morrinha.

i•nham•bu *sm. Bras. Zool.* Ave tinamídea das matas; inambu, nambu, nhambu.

i•nha•me *sm. Bras. Bot.* Erva arácea de tubérculos nutritivos, do mesmo nome.

i•ni•bi•ção *sf.* **1.** Ato ou efeito de inibir(-se). **2.** Resistência psicológica a certos sentimentos ou atos. [Pl.: *-ções.*]

i•ni•bi•do *adj.* **1.** Que se inibiu. **2.** Que apresenta inibição (2). • *sm.* **3.** Indivíduo inibido (2).

i•ni•bir *v.t.d.* **1.** Impedir, embaraçar. *T.d.i.* **2.** Impedir, impossibilitar. *P.* **3.** Embaraçar-se; retrair-se. [Conjug.: ⓷ [inib]**ir**]

i•ni•bi•tó•ri:o *adj.* Capaz de inibir.

i•ni•ci:a•ção *sf.* **1.** Ato ou efeito de iniciar(-se). **2.** Aquisição das primeiras noções duma matéria ou disciplina. **3.** Preparação pela qual se inicia alguém nos mistérios de uma religião, doutrina ou rito. **4.** *Antrop.* Série de atos e cerimônias rituais que marcam a passagem dos indivíduos a novas posições sociais ou seu acesso a determinadas funções. **5.** *Inform.* Seqüência mais ou menos padronizada de operações com que se prepara um computador ou periférico para uma sessão de uso. [Pl.: *-ções.*]

i•ni•ci•a•do adj. 1. Instruído em (conhecimento, arte, etc.).• sm. 2. Neófito de qualquer seita ou ordem.

i•ni•ci•al adj2g. 1. Que inicia. • sf. 2. A primeira letra de uma palavra. [Pl.: –ais.]

i•ni•ci•a•li•zar v.t.d. Inform. V. iniciar (3 e 4). [Conjug.: ① [inicializ]ar] § i•ni•ci•a•li•za•ção sf.

i•ni•ci•ar v.t.d. 1. Dar princípio a; começar. 2. Ministrar as primeiras noções; informar. 3. Inform. Submeter (computador ou periférico) a iniciação (5), preparando para uso. 4. Inform. Carregar ou abrir (programa). T.d.i. 5. Iniciar (2). 6. Admitir aos mistérios e cerimônias (de ordem ou seita). P. 7. Ser admitido; iniciar. [Conjug.:① [inici]ar] § i•ni•ci•a•dor (ô) adj. e sm.; i•ni•ci•an•te adj2g. e s2g.

i•ni•ci•a•ti•va sf. 1. Ação de quem é o primeiro a propor e/ou empreender algo. 2. Ação, empreendimento. 3. Qualidade de saber agir.

i•ní•ci•o sm. Princípio, começo.

i•ni•gua•lá•vel adj2g. Não igualável. [Pl.:–veis.]

i•ni•lu•dí•vel adj2g. 1. Que não admite dúvidas. 2. Que não se pode iludir. [Pl.: –veis.]

i•ni•ma•gi•ná•vel adj2g. Que não se pode imaginar. [Pl.:–veis.]

i•ni•mi•go adj. 1. Hostil, adverso, contrário. 2. De grupo, facção ou partido oposto. 3. Nocivo. • sm. 4. Aquele que odeia ou detesta alguém ou algo. 5. Grupo, facção ou partido hostil. 6. Coisa nociva.

i•ni•mi•tá•vel adj2g. Não imitável. [Pl.: –veis.]

i•ni•mi•za•de sf. Falta de amizade; malquerença.

i•ni•mi•zar v.t.d., t.d.i. e p. Tornar(-se) inimigo; indispor(-se), malquistar(-se). [Conjug.:① [inimiz]ar]

i•nin•te•li•gí•vel adj2g. Não inteligível; obscuro. [Pl.:–veis.]

i•nin•ter•rup•to adj. Não interrupto; constante.

i•ní•quo adj. 1. Contrário à eqüidade. 2. Perverso, malévolo. § i•ni•qüi•da•de sf.

in•je•ção sf. 1. Ato ou efeito de injetar. 2. Líquido que se injeta. 3. Introdução de líquido medicamentoso em tecido ou órgão por meio de seringa e agulha. [Pl.: –ções.]

in•je•tar v.t.d. 1. Introduzir sob pressão (gás, líquido ou fluido) num corpo. T.d.i. 2. P. ext. Introduzir. [Conjug.:① [injet]ar]

in•je•tá•vel adj2g. Próprio para ser injetado. [Pl.: –veis.]

in•je•tor (ô) adj. 1. Que injeta. • sm. 2. Aparelho para injetar.

in•jun•ção sf. Ordem formal; imposição. [Pl.: –ções.]

in•jú•ri•a sf. 1. Ato ou efeito de injuriar. 2. Aquilo que é injusto. 3. Patol. Qualquer tipo de lesão infligida ao corpo.

in•ju•ri•ar v.t.d. 1. Dirigir injúria ou insulto a. P. 2. Bras. Pop. Zangar-se. [Conjug.: ① [injuri]ar] § in•ju•ri:a•dor (ô) adj. sm.; in•ju•ri•an•te adj2g.

in•ju•ri•o•so (ô) adj. Em que há injúria. [Pl.: –osos (ó).]

in•jus•ti•ça sf. 1. Falta de justiça. 2. Ação ou coisa injusta.

in•jus•ti•ça•do adj. sm. Que ou quem não recebeu justiça.

in•jus•ti•fi•cá•vel adj2g. Não justificável. [Pl.: –veis.]

in•jus•to adj. Falto de justiça ou contrário a ela.

i•nob•ser•vân•ci:a sf. Falta de observância.

i•no•cên•ci:a sf. 1. Qualidade de inocente. 2. Falta de culpa. 3. Candura, pureza. 4. Ingenuidade.

i•no•cen•tar v.t.d. 1. Considerar ou tornar inocente. 2. Desculpar, absolver. P. 3. Ser considerado inocente. [Conjug.: ① [inocent]ar]

i•no•cen•te adj2g. 1. Inofensivo, inócuo. 2. Isento de culpa, ou malícia. 3. Cândido, puro. • s2g. 4. Pessoa inocente. 5. Criança de tenra idade.

i•no•cu•lar v.t.d. 1. Enxertar, inserir, introduzir. 2. Med. Introduzir (em um organismo) soro, vacina, microrganismo causador de doença, etc. [Conjug.: ① [inocul]ar] § i•no•cu•la•ção sf.

i•nó•cu:o adj. Que não faz dano; inofensivo.

i•no•do•ro (dó) adj. Que não tem odor.

i•no•fen•si•vo adj. Inócuo.

i•nol•vi•dá•vel adj2g. Inesquecível. [Pl.:–veis.]

i•no•mi•na•do adj. sm. Que, ou aquilo que não tem nome.

i•no•mi•ná•vel adj2g. 1. Que não se pode designar por um nome. 2. Vil; revoltante. [Pl.: –veis.]

i•no•pe•ran•te adj2g. Que não opera, não produz o efeito necessário. § i•no•pe•rân•ci:a sf.

i•nó•pi:a sf. 1. Grande pobreza, penúria. 2. Escassez absoluta.

i•no•pi•na•do adj. Não esperado; imprevisto.

i•no•pi•no adj. Inopinado.

i•no•por•tu•no adj. Não oportuno; intempestivo.

i•nor•gâ•ni•co adj. 1. Que não tem órgãos; não orgânico. 2. Sem vida.

i•nós•pi•to adj. 1. Sem condições para hospedar. 2. Em que não se pode viver.

i•no•va•ção sf. 1. Ato ou efeito de inovar. 2. Novidade (3). [Pl.: –ções.]

i•no•var v.t.d. 1. Renovar (1). 2. Introduzir novidade em. [Conjug.: ① [i]novar] § i•no•va•dor (ô) adj. sm.

i•no•xi•dá•vel (cs) adj2g. Não oxidável. [Pl.: –veis.]

⇨ input (ínput) [Ingl.] sm. Inform. Entrada (12 e 13).

in•qua•li•fi•cá•vel *adj2g.* 1. Não qualificável. 2. Indigno, vil. [Pl.: *–veis.*]

in•que•bran•tá•vel *adj2g.* 1. Que não se pode quebrantar; inflexível. 2. Incansável. [Pl.: *–veis.*]

in•qué•ri•to (ké) *sm.* 1. Ato ou efeito de inquirir. 2. Conjunto de atos e diligências que visam a apurar alguma coisa; sindicância.

in•ques•ti•o•ná•vel *adj2g.* V. *incontestável.* [Pl.: *–veis.*]

in•qui•e•ta•ção *sf.* Falta de quietação, de sossego; excitação, inquietude. [Pl.: *–ções.*]

in•qui•e•ta•dor (ô) *adj.* Que causa inquietação, inquietante.

in•qui•e•tan•te *adj2g.* Inquietador.

in•qui•e•tar *v.t.d.* e *p.* Tornar(-se) inquieto; perturbar(-se). [Conjug.: ① [inquiet]**ar**]

in•qui:e•to *adj.* 1. Não quieto; desassossegado. 2. Turbulento, agitado. 3. Ansioso, aflito.

in•qui•e•tu•de *sf.* V. *inquietação.*

in•qui•li•na•to *sm.* 1. Estado de quem reside em casa alugada. 2. Os inquilinos.

in•qui•li•no *sm.* Indivíduo residente em casa que tomou de aluguel.

in•qui•nar *v.t.d.* 1. Cobrir de manchas. 2. Corromper. *Transobj.* 3. Tachar, qualificar. [Conjug.: ① [inquin]**ar**]

in•qui•rir *v.t.d.* 1. V. *indagar* (1 e 2). 2. Interrogar judicialmente. *T.d.i.* e *t.i.* 3. Indagar (1 e 2). *Int.* 4. Fazer perguntas, indagações [Conjug.: ③ [inquir]**ir**] § **in•qui•ri•ção** *sf.*; **in•qui•ri•dor** (ô) *adj. sm.*

in•qui•si•ção *sf.* 1. Ato ou efeito de inquirir. 2. Antigo tribunal eclesiástico instituído para investigar e punir crimes contra a fé católica. [Nesta acepç., com inicial maiúscula. Pl.: *–ções.*]

in•qui•si•dor (ô) *sm.* Juiz da Inquisição.

in•qui•si•ti•vo *adj.* Relativo a, ou que envolve inquisição.

in•qui•si•to•ri•al *adj2g.* Relativo a inquisição, ou severo como os métodos da Inquisição. [Pl.: *–riais.*]

in•sa•ci•á•vel *adj2g.* Que não se satisfaz. [Pl.: *–veis.*]

in•sa•lu•bre *adj2g.* Não salubre; mau para a saúde. § **in•sa•lu•bri•da•de** *sf.*

in•sa•ná•vel *adj2g.* Que não se pode sanar. [Pl.: *–veis.*]

in•sâ•ni:a *sf.* Loucura, demência.

in•sa•ni•da•de *sf.* 1. Qualidade de insano. 2. Demência, loucura.

in•sa•no *adj.* 1. V. *insensato* (1). 2. Excessivo; árduo. 3. Diz-se daquele que apresenta distúrbio mental. • *sm.* 4. Indivíduo insano (3).

in•sa•tis•fa•ção *sf.* Falta de satisfação; descontentamento. [Pl.: *–ções.*]

in•sa•tis•fei•to *adj.* Não satisfeito; descontente.

in•sa•tu•ra•do *adj.* Diz-se de compostos orgânicos que possuem dois átomos de carbono adjacentes dupla ou triplamente ligados entre si.

ins•ci•en•te *adj2g.* Não ciente; ignorante. § **ins•ci•ên•ci:a** *sf.*

ins•cre•ver *v.t.d.* e *t.d.i.* 1. Escrever, insculpindo ou gravando. 2. Efetuar a inscrição de. 3. Pôr por escrito; escrever. *P.* 4. Inscrever a si mesmo. [Conjug.: ② [inscrev]**er**; part.: *inscrito.*]

ins•cri•ção *sf.* 1. Ato ou efeito de inscrever. 2. Palavras escritas ou gravadas em monumento, medalha, etc.; epígrafe. 3. Ato ou efeito de assentar em registro, lista, etc. [Pl.: *–ções.*]

ins•cri•to *adj.* 1. Registrado, assentado. 2. Incluído (em lista).

ins•cul•pir *v.t.d.* 1. Entalhar, esculpir. 2. Gravar em material duro; gravar. *T.d.i.* 3. Insculpir (1). [Conjug.: ⑤⑧ [insculp]**ir**]

in•se•gu•ran•ça *sf.* Falta de segurança.

in•se•gu•ro *adj.* Não seguro.

in•se•mi•na•ção *sf.* 1. Fecundação do óvulo. 2. Introdução de sêmen na cavidade uterina. [Pl.: *–ções.*]

in•se•mi•nar *v.t.d.* Fazer a inseminação (2) em. [Conjug.: ① [insemin]**ar**]

in•sen•sa•to *adj.* Falto de senso ou razão; louco, insano.

in•sen•si•bi•li•zar *v.t.d.* e *p.* Tornar(-se) insensível. [Conjug.: ① [insensibiliz]**ar**]

in•sen•sí•vel *adj2g.* 1. Sem sensibilidade. 2. Não sensível; apático, indiferente. 3. Impiedoso. [Pl.: *–veis.*] § **in•sen•si•bi•li•da•de** *sf.*

in•se•pa•rá•vel *adj2g.* Não separável. [Pl.: *–veis.*]

in•se•pul•to *adj.* Não sepulto.

in•ser•ção *sf.* Ato ou efeito de inserir(-se). [Pl.: *–ções.*]

in•se•rir *v.t.d.i.* 1. Introduzir, incluir. *P.* 2. Fixar-se, implantar-se. 3. Meter-se, pôr-se. [Conjug.: ⑤⑧ [ins]e[r]**ir**; dois part.: *inserido* e *inserto.*]

in•ser•to *adj.* 1. Introduzido, inserido. 2. Publicado entre outras coisas.

in•ser•ví•vel *adj2g.* V. *imprestável* (1). [Pl.: *–veis.*]

in•se•ti•ci•da *adj2g.* e *sm.* Que, ou substância que mata insetos.

in•se•tí•vo•ro *adj.* Que se nutre de insetos.

in•se•to *sm. Zool.* Espécime dos insetos, classe de artrópodes de corpo dividido em cabeça, com um par de antenas, tórax, ger. com dois pares de asas, e três pares de patas; são ger. terrestres.

in•sí•di:a *sf.* Emboscada, cilada.

in•si•di•o•so (ô) *adj.* 1. Que é dado a armar insídias. 2. Traiçoeiro, pérfido. [Pl.: *–diosos* (ó).]

in•sig•ne *adj2g.* Muito distinto; notável, célebre.

in•síg•ni:a *sf.* 1. Sinal distintivo de função, dignidade, posto, nobreza, etc.; símbolo. 2. Sinal distintivo dos membros de uma associação, irmandade, etc. [Sin. ger.: *emblema.*]

in•sig•ni•fi•cân•ci:a *sf.* 1. Qualidade de insignificante. 2. V. *ninharia.*

in•sig•ni•fi•can•te *adj2g.* Que não tem valor; reles.

in•sin•ce•ro *adj.* Não sincero. § **in•sin•ce•ri•da•de** *sf.*

in•si•nu:a•ção *sf.* 1. Ato ou efeito de insinuar(-se). 2. Aquilo que se dá a entender. 3. Sugestão, lembrança. 4. Advertência direta ou disfarçada. [Pl.: *–ções.*]

in•si•nu•an•te *adj2g.* 1. Que insinua ou é próprio para insinuar. 2. Que tem o dom, a habilidade de insinuar-se.

in•si•nu•ar *v.t.d.* 1. Fazer penetrar no ânimo de; persuadir. 2. Dar a entender de modo sutil ou indireto. *T.d.i.* 3. Insinuar (1 e 2). 4. Introduzir sutilmente ou com destreza. *P.* 5. Introduzir-se com habilidade ou dissimulação. 6. *Bras. Pop.* Demonstrar interesse sexual por alguém: *Insinuou-se para o colega sem qualquer pudor.* [Conjug.: ① [insinu]**ar**]

in•sí•pi•do *adj.* 1. Sem sabor; desenxabido. 2. Tedioso; monótono. § **in•si•pi•dez** (ê) *sf.*

in•si•pi•ên•ci:a *sf.* Qualidade de insipiente.

in•si•pi•en•te *adj2g.* Não sapiente; ignorante.

in•sis•tên•ci:a *sf.* 1. Ato ou efeito de insistir. 2. Qualidade de insistente.

in•sis•ten•te *adj2g.* 1. Que insiste; obstinado, perseverante. 2. Importuno, maçante.

in•sis•tir *v.t.i.* e *int.* 1. Perseverar no que diz, pede ou faz. 2. Teimar; obstinar-se. [Conjug.: ③ [insist]**ir**]

in•so•ci•á•vel *adj2g.* Não sociável; misantropo. [Pl.: *–veis.*]

in•so•fis•má•vel *adj2g.* Que não admite sofisma. [Pl.: *–veis.*]

in•so•fri•do *adj.* 1. Que tem pouca paciência para sofrer. 2. Sôfrego (3).

in•so•la•ção *sf.* 1. Tempo durante o qual o Sol brilha livre de nebulosidade ou nevoeiro. 2. *Med.* Consequência mórbida de intensa exposição a calor, natural ou artificial, e em que se produzem desidratação, distúrbios neurológicos, musculares, etc. [Pl.: *–ções.*]

in•so•len•te *adj2g.* Ofensivamente desrespeitoso em atos e/ou palavras; atrevido, arrogante, grosseiro, malcriado. § **in•so•lên•ci:a** *sf.*

in•só•li•to *adj.* 1. Contrário ao costume, às regras; inabitual. 2. Incomum.

in•so•lú•vel *adj2g.* Que não se pode dissolver, ou resolver. [Pl.: *–veis.*]

in•sol•ven•te *adj2g.* Que não pode pagar o que deve. § **in•sol•vên•ci:a** *sf.*

in•son•dá•vel *adj2g.* 1. De que não se pode encontrar o fundo. 2. Inexplicável; incompreensível. [Pl.: *–veis.*]

in•so•ne *adj2g.* 1. Que tem insônia. 2. Passado em claro (noite).

in•sô•ni:a *sf.* Privação do sono; grande dificuldade para dormir; vigília.

in•so•no•ro (nó) *adj.* Que não soa.

in•so•pi•tá•vel *adj2g.* Não sopitável. [Pl.: *–veis.*]

in•sos•so (ô) *adj.* 1. Sem o sal preciso; insulso. 2. Sem tempero.

ins•pe•ção *sf.* 1. Ato ou efeito de inspecionar. 2. Vistoria, fiscalização. [Sin. ger.: *exame.* Pl.: *–ções.*]

ins•pe•ci:o•nar *v.t.d.* 1. Examinar como inspetor. 2. Revistar. 3. Examinar com atenção. [Conjug.: ① [inspecion]**ar**]

ins•pe•tor (ô) *sm.* 1. Encarregado de inspeção. 2. *Bras.* Chefe de repartição aduaneira.

ins•pe•to•ri•a *sf. Bras.* Repartição ou junta encarregada de inspecionar.

ins•pi•ra•ção *sf.* 1. Ato de inspirar(-se) ou de ser inspirado. 2. Ato de inspirar (1 e 3). 3. Qualquer estímulo ao pensamento ou à atividade criadora. 4. Entusiasmo poético; estro. [Pl.: *–ções.*]

ins•pi•ra•do *adj.* 1. Que procede sob o influxo de uma inspiração mística ou poética. 2. Que tem ou revela inspiração (4). 3. Que resultou de inspiração (2).

ins•pi•ra•dor (ô) *adj.* Que inspira ou sugere.

ins•pi•rar *v.t.d.* 1. Introduzir (o ar) nos pulmões. 2. Fazer que (uma ideia, concepção, etc.) se apresente; sugerir. *T.d.i.* 3. Motivar, sugerir. *Int.* 4. Introduzir o ar nos pulmões. *P.* 5. Receber inspiração. 6. Entusiasmar-se. [Conjug.: ① [inspir]**ar**] § **ins•pi•ra•tó•ri:o** *adj.*

ins•ta•la•ção *sf.* 1. Ato ou efeito de instalar(-se). 2. Conjunto de aparelhos ou peças instaladas. [Pl.: *–ções.*]

ins•ta•lar *v.t.d.* e *t.d.c.* 1. Dispor para funcionar; estabelecer. 2. Dar hospedagem a; alojar. *T.d.i.* 3. Dar posse a. *P.* 4. Hospedar-se. [Conjug.: ① [instal]**ar**] § **ins•ta•la•dor** (ô) *adj.* e *sm.*

ins•tân•ci:a *sf.* 1. Qualidade do que é instante. 2. Pedido ou solicitação instante. 3. *Jur.* Jurisdição; foro (ô).

ins•tan•tâ•ne:o *adj.* Que se dá num instante; momentâneo.

ins•tan•te *adj2g.* 1. Que insta ou insiste. 2. Iminente. 3. Urgente, inadiável. • *sm.* 4. V. *momento* (1 e 2).

ins•tar *v.t.d.* e *t.d.i.* 1. Pedir com instância; insistir. *T.i.* 2. Instar (1). 3. Argumentar; questionar. *Int.* 4. Persistir, insistir. [Conjug.: ① [inst]**ar**]

ins•tau•rarv.t.d. **1.** Começar, iniciar, estabelecer. **2.** Fundar, inaugurar. [Conjug.: ① [instaur]ar] § **ins•tau•ra•ção** sf.; **ins•tau•ra•dor** (ó) adj. sm.

ins•tá•vel adj2g. Não estável; mudável. [Pl.: –veis.] § **ins•ta•bi•li•da•de** sf.

ins•ti•gar v.t.d. **1.** Incitar, estimular. **2.** Açular, provocar (animais). T.d.i. **3.** Instigar (1). **4.** Incitar (pessoa) contra (outra). [Conjug.: ① [insti]gar] § **ins•ti•ga•ção** sf.; **ins•ti•ga•dor** (ô) adj. e sm.

ins•ti•larv.t.d. **1.** Introduzir gota a gota. T.d.i. **2.** Fig. V. insuflar (2). P. **3.** Infiltrar-se. [Conjug.: ① [instil]ar] § **ins•ti•la•ção** sf.

ins•tin•ti•voadj. **1.** Relativo ao instinto. **2.** Que age guiado só pelo instinto. **3.** V. maquinal.

ins•tin•to sm. **1.** Fator inato de comportamentos dos animais, variável segundo a espécie, e caracterizado, em dadas condições, por atividades elementares e automáticas. **2.** Impulso espontâneo e alheio à razão; intuição.

ins•ti•tu•ci•o•naladj2g. Relativo a instituição. [Pl.: –nais.]

ins•ti•tu•ci•o•na•li•zar v.t.d. e p. Dar caráter de instituição a, ou adquiri-lo. [Conjug.: ① [institucionaliz]ar]

ins•ti•tu•i•ção sf. **1.** Ato ou efeito de instituir. **2.** A coisa instituída. **3.** Associação ou organização de caráter social, religioso, filantrópico, etc. [Pl.: –ções.]

ins•ti•tu•i•ções sm.pl. **1.** O conjunto das leis, das normas que regem uma sociedade política. **2.** O conjunto das estruturas sociais estabelecidas, especialmente as relacionadas com a coisa pública.

ins•ti•tu•ir v.t.d. **1.** Dar começo a; estabelecer; criar. **2.** Marcar; aprazar. Transobj. **3.** Nomear ou declarar por herdeiro. [Conjug.: ㊾ [instit]uir]

ins•ti•tu•to sm. **1.** Nome comum a certas agremiações de caráter cultural, artístico, etc., ou a certos estabelecimentos de ensino médio e superior. **2.** Organização parestatal para fins de previdência social, aposentadoria, pensões, etc. **3.** O local onde funciona um instituto.

ins•tru•ção sf. **1.** Ato ou efeito de instruir(-se). **2.** Saber; erudição. **3.** Explicação dada para um determinado fim. **4.** Inform. V. comando (5). **5.** Inform. Instrução de máquina. [Pl.: –ções.]
♦ **Instrução de máquina.** Inform. Uma operação elementar de um computador com os dados desta operação.

ins•tru•ir v.t.d. **1.** Transmitir conhecimento a; ensinar. **2.** Ensinar como proceder. **3.** Adestrar, habilitar. **4.** Jur. Preparar (processo, causa, etc.) para ser julgado. T.d.i. **5.** Esclarecer, informar. Int. **6.** Educar. P. **7.** Receber instrução. **8.** Informar-se. [Conjug.: ㊾ [instr]uir]

ins•tru•men•ta•dor (ô) sm. Bras. Aquele que instrumenta [v. instrumentar (2)].

ins•tru•men•taladj2g. **1.** Que serve de instrumento. **2.** Relativo a instrumentos. • sm. **3.** Conjunto de instrumentos. [Pl.: –tais.]

ins•tru•men•ta•li•zar v.t.d. e p. Dotar(-se) dos meios ou dos instrumentos necessários, adequados. [Conjug.: ① [instrumentaliz]ar]

ins•tru•men•tar v.t.d. **1.** Escrever para cada instrumento (4) (a parte da peça musical que lhe pertence, numa orquestra). **2.** Bras. Fornecer a (o cirurgião e auxiliares) o material usado no ato operatório. Int. **3.** Bras. Instrumentar (2). [Conjug.: ① [instrument]ar] § **ins•tru•men•ta•ção** sf.

ins•tru•men•tis•ta s2g. Quem toca instrumento.

ins•tru•men•to sm. **1.** Objeto, em geral mais simples que o aparelho, que serve de agente mecânico na execução de qualquer trabalho. **2.** Qualquer objeto considerado em sua função ou utilidade. **3.** Recursos empregados para alcançar um objetivo; meio. **4.** Objeto que produz sons musicais.

ins•tru•ti•voadj. Que instrui ou é próprio para instruir.

ins•tru•tor (ô) adj. sm. Que, ou o que instrui, ensina, adestra.

in•sub•mis•so adj. **1.** Não submisso; altivo, independente. • sm. **2.** Bras. Cidadão que, convocado para o serviço militar, não se apresentou. § **in•sub•mis•são** sf.

in•su•bor•di•na•ção sf. **1.** Falta de subordinação. **2.** Rebelião, revolta. [Pl.: –ções.]

in•su•bor•di•na•do adj. **1.** Que se insubordinou ou não se subordina. • sm. **2.** Indivíduo insubordinado (1).

in•su•bor•di•nar v.t.d. **1.** Causar insubordinação em. P. **2.** Cometer ato de insubordinação. [Conjug.: ① [insubordin]ar] § **in•su•bor•di•ná•vel** adj2g.

in•su•bor•ná•veladj2g. Incorruptível, íntegro. [Pl.: –veis.]

in•sub•sis•ten•te (sis) adj2g. Não subsistente. § **in•sub•sis•tên•ci•a** sf.

in•subs•ti•tu•í•vel adj2g. Que não se pode substituir. [Pl.: –veis.]

in•su•ces•so sm. Mau resultado; malogro.

in•su•fi•ci•en•te adj2g. **1.** Não suficiente. **2.** Incompetente; incapaz. **3.** Intelectualmente medíocre. § **in•su•fi•ci•ên•ci•a** sf.

in•su•flar v.t.d. **1.** Encher de ar, gás ou vapor, por meio de sopro. **2.** Sugerir, insinuar, instilar. T.d.i. **3.** Insuflar (2). **4.** Med. Administrar sob pressão (corpos pulverizados ou gases) em superfícies ou cavidades. [Conjug.: ① [insufl]ar] § **in•su•fla•ção** sf.; **in•su•fla•dor** (ô) adj. e sm.

in•su•la•no adj. sm. V. ilhéu.

in•su•lar *adj2g. s2g.* V. *ilhéu.*

in•su•li•na *sf. Quím.* Hormônio segregado pelo pâncreas.

in•sul•so *adj.* Insosso (1).

in•sul•ta•dor (ô) *adj.* Que insulta.

in•sul•tan•te *adj2g.* Em que há insulto; insultuoso.

in•sul•tar *v.t.d.* Dirigir insulto a. [Conjug.: ①] [insult]**ar**]

in•sul•to *sm.* Injúria, ultraje, afronta.

in•sul•tu•o•so (ô) *adj.* Insultante. [Pl.: -*osos* (ô).]

in•su•mo *sm.* **1.** *Econ.* Elemento que entra no processo de produção de mercadorias ou serviços (máquinas e equipamentos, trabalho humano, etc.); fator de produção. **2.** Recurso (4) usado na produção de algo.

in•su•pe•rá•vel *adj2g.* Não superável. [Pl.: -*veis.*]

in•su•por•tá•vel *adj2g.* Não suportável. [Pl.: -*veis.*]

in•sur•gen•te *adj2g.* **1.** Que se insurge ou insurgiu. • *s2g.* **2.** Quem está em insurreição; rebelde.

in•sur•gir *v.t.d.* e *p.* **1.** Sublevar(-se), rebelar(-se), insubordinar(-se). *T.i.* **2.** Surgir. [M. us. como p. Conjug.: ㊺ [insur]**gir**]

in•sur•rei•ção *sf.* Ato ou efeito de insurgir(-se). [Pl.: -*ções.*]

in•sur•re•to ou **in•sur•rec•to** *adj. sm.* Que ou quem se insurgiu.

in•sus•pei•ção *sf.* Falta de suspeição. [Pl.: -*ções.*]

in•sus•pei•to *adj.* **1.** Não suspeito. **2.** Imparcial.

in•sus•ten•tá•vel *adj2g.* Que não se pode sustentar. [Pl.: -*veis.*]

in•tan•gí•vel *adj2g.* **1.** V. *intocável.* **2.** Inatacável. [Pl.: -*veis.*] § **in•tan•gi•bi•li•da•de** *sf.*

in•ta•nha *sm. Bras. Zool.* Anfíbio anuro que é um sapo grande, muito voraz; sapo-boi.

in•tac•to ou **in•tac•to** *adj.* **1.** Não tocado. **2.** Incólume, ileso. **3.** Puro, impoluto.

ín•te•gra *sf.* **1.** Totalidade, soma. **2.** Contexto completo de fato, etc.

in•te•gra•ção *sf.* **1.** Ato ou efeito de integrar(-se). **2.** *Eletrôn.* Processo de fabricação de circuitos integrados. **3.** *Mat.* Ato de calcular uma integral. [Pl.: -*ções.*] ◆ **Integração econômica.** *Econ.* Forma de associação entre países visando estimular o comércio recíproco, com redução ou eliminação de tarifas alfandegárias e harmonização das políticas econômicas.

in•te•gra•dor (ô) *adj.* **1.** Que integra ou faz integração. **2.** *Eletrôn.* Diz-se do circuito cuja tensão de saída é diretamente proporcional à integral, no tempo, da tensão de entrada. • *sm.* **3.** Aquilo ou aquele que integra ou faz

integração. **4.** *Eletrôn.* Circuito (2) integrador (2).

in•te•gral *adj2g.* **1.** Total, inteiro, global. • *sf.* **2.** *Mat.* Designação corrente de integral definida ou de integral indefinida. [Pl.: -*grais.*] ◆ **Integral definida.** *Mat.* Diferença entre os dois valores que assume uma integral indefinida em dois pontos especificados do seu domínio; integral. **Integral indefinida.** *Mat.* Função cuja derivada é igual ao integrando; integral. [Sin.: *primitiva* e *antiderivada.*]

in•te•gra•lis•mo *sm. Bras.* Movimento político brasileiro baseado nos moldes fascistas, fundado em 1932 e extinto em 1937. § **in•te•gra•lis•ta** *adj2g.* e *s2g.*

in•te•gra•li•zar *v.t.d.* Integrar (1). [Conjug.: ① [integraliz]**ar**]

in•te•gran•do *sm. Mat.* Função submetida à operação de integração; função integrando.

in•te•gran•te *adj2g.* **1.** Que integra ou completa. **2.** *Gram.* Diz-se de conjunção subordinativa (*que, se*) que introduz certas orações subordinadas. • *s2g.* **3.** Pessoa que faz parte de um grupo, de uma equipe, etc.

in•te•grar *v.t.d.* **1.** Tornar inteiro; completar; integralizar. **2.** Fazer parte de. *T.d.i.* **3.** Juntar. *P.* **4.** Tornar-se parte integrante; incorporar-se. [Conjug.: ① [integr]**ar**] § **in•te•gra•ção** *sf.*

ín•te•gro *adj.* **1.** Inteiro, completo. **2.** Perfeito, exato. **3.** Reto; inatacável. **4.** Brioso, pundonoroso. § **in•te•gri•da•de** *sf.*

in•tei•rar *v.t.d.* **1.** Tornar inteiro ou completo; completar. **2.** Terminar. **3.** Perfazer. **4.** Completar (quantia). *T.d.i.* **5.** Cientificar. *P.* **6.** Cientificar-se. [Conjug.: ① [inteir]**ar**]

in•tei•re•za (ê) *sf.* **1.** Qualidade ou estado de inteiro. **2.** Integridade física ou moral.

in•tei•ri•çar *v.t.d.* e *p.* Tornar(-se) inteiriço ou hirto; entesar(-se). [Conjug.: ⑨ [inteiri]**çar**]

in•tei•ri•ço *adj.* **1.** Feito de uma só peça; inteiro. **2.** Inflexível, rígido.

in•tei•ro *adj.* **1.** Em toda a sua extensão; todo, completo. **2.** Na sua totalidade. **3.** Ileso, incólume. **4.** Não deteriorado, quebrado ou rachado. **5.** Inteiriço (1). **6.** Não castrado (animal). **7.** Ilimitado, irrestrito. **8.** *Mat.* Diz-se de qualquer dos números -∞, ... , -3, -2, -1, 0, 1, 2, 3, ...

in•te•lec•ção *sf.* Ato ou efeito de entender. [Pl.: -*ções.*]

in•te•lec•ti•vo *adj.* Relativo ao intelecto.

in•te•lec•to *sm.* V. *inteligência* (1).

in•te•lec•tu•al *adj2g.* **1.** Relativo ao intelecto. **2.** Que tem dotes de espírito, de inteligência. • *s2g.* **3.** Pessoa devotada às coisas do espírito, da inteligência. [Pl.: -*ais.*]

in•te•lec•tu•a•li•da•de *sf.* **1.** V. *inteligência* (1). **2.** As faculdades intelectuais.

in•te•lec•tu•a•lis•mo *sm.* Predomínio dos elementos racionais.

in•te•lec•tu:a•li•zar *v.t.d.* e *p.* Tornar(-se) intelectual. [Conjug.: ⒈ [intelectualiz]**ar**]

in•te•li•gên•ci:a *sf.* 1. Faculdade ou capacidade de aprender, apreender, compreender ou adaptar-se facilmente; intelecto, intelectualidade. 2. Destreza mental; agudeza, perspicácia. 3. Pessoa inteligente. ◆ **Inteligência artificial.** *Inform.* Ramo da ciência da computação dedicado a desenvolver equivalentes computacionais de processos peculiares à cognição humana, como, p. ex., a produção de inferências lógicas, o aprendizado, a compreensão de linguagem natural e o reconhecimento de padrões.

in•te•li•gen•te *adj2g.* Que tem ou revela inteligência (1 e 2).

in•te•li•gí•vel *adj2g.* Que se compreende bem. [Pl.: *–veis.*] § **in•te•li•gi•bi•li•da•de** *sf.*

in•te•me•ra•to *adj.* Íntegro, puro, incorrupto.

in•tem•pe•ran•ça *sf.* Falta de temperança.

in•tem•pe•ran•te *adj2g.* 1. Que não é sóbrio. 2. Dissoluto.

in•tem•pé•ri:e *sf.* Falta de boa temperatura; mau tempo.

in•tem•pes•ti•vo *adj* 1. Inoportuno. 2. Súbito, imprevisto.

in•ten•ção *sf.* 1. V. *intento.* 2. Vontade, desejo. 3. Propósito. [Pl.: *–ções.*]

in•ten•ci:o•na•do *adj.* Feito com intenção.

in•ten•ci:o•nal *adj2g.* Em que há, ou que revela intenção. [Pl.: *–nais.*] § **in•ten•ci:o•na•li•da•de** *sf.*

in•ten•ci:o•nar *v.t.d.* Ter a intenção de; tencionar. [Conjug.: ⒈ [intencion]**ar**]

in•ten•dên•ci:a *sf.* Cargo ou direção de intendente, ou lugar onde ele exerce suas funções.

in•ten•den•te *s2g.* 1. Pessoa que dirige ou administra alguma coisa. ● *sm.* 2. *Bras.* Nome que até cerca de 1930 se deu aos chefes do poder executivo municipal, hoje prefeitos.

in•ten•si•fi•car *v.t.d.* e *p.* Tornar(-se) intenso ou mais intenso. [Conjug.: ⒏ [intensifi]**car**] § **in•ten•si•fi•ca•ção** *sf.*

in•ten•si•vo *adj.* 1. Que tem intensidade; ativo, intenso. 2. Diz-se da cultura que acumula trabalho e capital em terreno relativamente limitado. 3. Que pede aplicação intensa, por ter de se fazer em prazo curto.

in•ten•so *adj.* 1. V. *intensivo* (1). 2. Duro, árduo. 3. Violento, rude. 4. Muito ativo. § **in•ten•si•da•de** *sf.*

in•ten•tar *v.t.d.* 1. Tentar, tencionar. 2. Esforçar-se por. 3. *Jur.* Propor em juízo. [Conjug.: ⒈ [intent]**ar**]

in•ten•to *sm.* Plano, desígnio, intenção, tenção.

in•ten•to•na *sf.* 1. Intento louco. 2. Conluio e/ ou tentativa de motim ou revolta.

in•te•ra•ção *sf.* Ação que se exerce mutuamente entre duas ou mais coisas, ou duas ou mais pessoas, etc. [Pl.: *–ções.*] ◆ **Interação eletromagnética.** *Fís.* Tipo de força de longo alcance que atua entre partículas ou corpos que têm carga elétrica. **Interação forte.** *Fís.* Tipo de força muito intensa que atua entre quarks e glúons e é responsável pelas forças nucleares. **Interação fraca.** *Fís.* Tipo de força de curto alcance responsável pela desintegração radioativa de núcleos atômicos. **Interação gravitacional.** *Fís.* Força de longo alcance que atua sobre corpos que têm massa ou energia, exercendo uma atração mútua entre eles.

in•te•ra•gir *v. int.* Agir reciprocamente. [Conjug.: ⒋⒌ [intera]**gir**]

in•te•ra•ti•vi•da•de *sf.* 1. Caráter ou condição de interativo. 2. Capacidade (de um equipamento, sistema de comunicação ou de computação, etc.) de interagir ou permitir interação.

in•te•ra•ti•vo *adj.* 1. Relativo à interação. 2. Diz-se de recurso, meio ou processo de comunicação que permite ao receptor interagir ativamente com o emissor. 3. *Inform.* Relativo a sistemas, programas, procedimentos etc. em que o usuário pode ou deve continuamente intervir no curso das atividades do computador, fornecendo dados ou comandos. § **in•te•ra•ti•vi•da•de** *sf.*

in•ter•ca•lar *v.t.d.*, *t.d.i.* e *p.* Pôr(-se) de permeio; interpor. [Conjug.: ⒈ [intercal]**ar**] § **in•ter•ca•la•ção** *sf.*

in•ter•câm•bi:o *sm.* 1. Troca, permuta. 2. Relações de comércio, ou culturais, entre nações.

in•ter•ce•der *v.t.i.* e *bit.i.* Intervir (a favor de alguém ou de algo). [Conjug.: ⒉ [interced]**er**]

in•ter•ce•lu•lar *adj2g.* Localizado entre as células.

in•ter•cep•tar *v.t.d.* 1. Interromper no seu curso; deter. 2. Reter, deter (o que era destinado a outrem). 3. Ser obstáculo a. 4. Captar. [Conjug.: ⒈ [intercept]**ar**]

in•ter•ces•são *sf.* Ato de interceder; intervenção. [Pl.: *–sões.*]

in•ter•ces•sor *(ô) adj. sm.* Que ou aquele que intercede.

in•ter•clu•be *adj2g.* Que se realiza ou se disputa entre clubes.

in•ter•co•mu•ni•car-se *v.p.* Comunicar-se reciprocamente. [Conjug.: ⒏ [intercomuni]**car**[-se]]

in•ter•co•ne•xão *(cs). sf.* Conexão entre dois ou mais processos, equipamentos, idéias, etc. § **in•ter•co•nec•ta•do** *adj.*

in•ter•con•ti•nen•tal *adj2g.* 1. Situado entre continentes. 2. Que se faz de continente para continente. [Pl.: *–tais.*]

in•ter•cos•tal *adj2g.* Localizado entre as costelas. [Pl.: *–tais.*]

in•ter•cur•so *sm.* 1. Comunicação, trato. 2. Relacionamento.

in•ter•de•pen•dên•ci:a *sf.* Dependência recíproca.

in•ter•de•pen•der *v.int.* Depender reciprocamente. [Conjug.: ② [interdepend]er] § in•ter•de•pen•den•te *adj2g.*

in•ter•di•ção *sf.* 1. Ato de interdizer (1). 2. *Jur.* Privação judicial de alguém reger sua pessoa e bens. 3. *Jur.* Privação legal do gozo ou exercício de certos direitos a bem da coletividade. [Sin. ger.: *interdito.* Pl.: –*ções.*]

in•ter•di•tar *v.t.d.* 1. Declarar interdito (1 e 2); pronunciar interdito (4 e 5) contra. 2. *P. ext.* Impedir a utilização de: *Os manifestantes interditaram a rua.* [Conjug.: ① [interdit]ar]

in•ter•di•to *adj.* 1. Que está sob interdição; interditado. 2. *Jur.* Privado por interdição (2 e 3). •*sm.* 3. Indivíduo interdito (2). 4. Interdição. 5. *Jur.* Ação intentada para proteger a posse contra turbações, esbulhos, ou violência iminente.

in•ter•di•zer *v.t.d.* 1. Proibir, impedir. 2. *Jur.* Privar por interdição (2 e 3). *T.d.i.* 3. Interdizer (1). [Conjug.: ⑲ [inter]dizer]

in•te•res•sa•do *adj.* 1. Que tem interesse em algo. 2. Baseado em interesses pessoais. 3. Que co-participa dos lucros duma firma (empregado).

in•te•res•san•te *adj2g.* 1. Que interessa, que cativa o espírito. 2. Atraente, simpático. 3. Estranho, curioso.

in•te•res•sar *v.t.d.* 1. Dar interesse ou proveito a. 2. Cativar a atenção, a curiosidade de. 3. Captar a benevolência de. *T.d.i.* 4. Atrair ou provocar o interesse, a atenção. 5. Dar (a alguém) parte (em algum negócio). *T.i.* 6. Dizer respeito. 7. Ser útil, proveitoso, importar. *Int.* 8. Ter ou despertar interesse. *P.* 9. Tomar interesse; empenhar-se. 10. Ter interesse, curiosidade. [Conjug.: ① [interess]ar]

in•te•res•se (ê) *sm.* 1. Lucro material ou pecuniário; ganho. 2. Parte ou participação que alguém tem nalguma coisa. 3. Vantagem, proveito; benefício. 4. Cobiça, avidez. 5. Zelo, simpatia ou curiosidade por alguém ou algo. 6. Empenho.

in•te•res•sei•ro *adj.* 1. Que só atende ao seu interesse. 2. Inspirado pelo interesse.

in•te•res•ta•du•al *adj2g.* Que se efetua entre dois ou mais estados da mesma união política. [Pl.: –*ais.*]

in•te•res•te•lar *adj2g.* Diz-se do que está situado, ou se realiza, entre as estrelas.

in•ter•fa•ce *sf.* 1. Recurso que permite a comunicação ou interação entre dois sistemas ou organismos. 2. *Inform.* Dispositivo de conexão entre computador e periférico(s), ou entre periféricos. 3. *Inform.* Conjunto de elementos de *hardware* e *software* destinados a possibilitar a interação com o usuário. ◆ In-

terface com o usuário. *Inform.* Interface (2). **Interface gráfica.** *Inform.* Tipo de interface (2) em que a interação está baseada no amplo emprego de imagens na tela do computador. **Interface paralela.** *Inform.* Interface (2) que apresenta mais de uma linha de comunicação de dados, para o envio simultâneo de vários *bits.* **Interface serial.** *Inform.* Interface (2) que apresenta uma única linha para a comunicação de dados, permitindo a transmissão de apenas um *bit* de cada vez.

in•ter•fe•rên•ci:a *sf.* Intervenção (1).

in•ter•fe•rir *v.t.d.* V. *intervir* (1). [Conjug.: ㊿ [interf]e[r]ir] § in•ter•fe•ren•te *adj2g.*

in•ter•fo•nar *v.t.d. e i.* Comunicar-se por meio de interfone. [Conjug.: ① [interfon]ar]

in•ter•fo•ne *sm.* Aparelho eletracústico utilizado para a comunicação entre apartamentos, salas, portarias, etc., e que consta de microfone e pequeno alto-falante.

in•ter•ga•lác•ti•co *adj.* Diz-se do que está situado, ou se realiza, entre as galáxias.

in•ter•gla•ci•á•ri:o *adj. Geol.* Que fica entre dois períodos glaciários.

in•ter•go•ver•na•men•tal *adj2g.* Que se realiza entre dois ou mais governos ou governadores. [Pl.: –*tais.*]

in•te•rim *sm.* Estado interino. [Pl.: –*rins.*] ◆ **Neste ínterim.** Entrementes, entretanto.

in•te•ri•no *adj.* Que exerce funções só durante o tempo de impedimento de outrem. § in•te•ri•ni•da•de *sf.*

in•te•ri•or (ô) *adj2g.* 1. Que está dentro; interno. 2. Íntimo, particular. •*sm.* 3. A parte interna. 4. O âmago (3). 5. Índole, caráter. 6. Em país litorâneo, a região situada costa adentro.

in•te•ri•o•ra•no *adj.* 1. Relativo ao interior (6). 2. Que é do interior.

in•te•ri•o•ri•zar *v.t.d.* 1. Trazer para dentro de si; incorporar, assimilar. 2. Introduzir pelo interior. *P.* 3. Tornar-se interior. 4. Introduzir-se pelo interior. [Conjug.: ① [interioriz]ar]

in•ter•jei•ção *sf. Gram.* Palavra com que se exprime um sentimento de dor, alegria, admiração, irritação, etc. Ex.: *ah, ai, ih, ó, puxa,* etc. [Pl.: –*ções.*]

in•ter•je•ti•vo *adj.* 1. Expresso por interjeição. 2. Da natureza da interjeição.

in•ter•li•gar *v.t.d. e p.* Ligar(-se) entre si (duas ou mais coisas). [Conjug.: ⑪ [interli]gar] § in•ter•li•ga•do *adj.*

in•ter•lo•cu•ção *sf.* Conversação entre duas ou mais pessoas. [Pl.: –*ções.*]

in•ter•lo•cu•tor (ô) *sm.* Aquele que fala com outro, ou em nome de outro.

in•ter•lú•di:o *sm. Mús.* Trecho de composição musical intercalado entre as várias partes desta.

in•ter•me•di:a•ção *sf*. Ato ou efeito de intermediar; mediação. [Pl.: *–ções*.]

in•ter•me•di•ar *v.t.d.* 1. Entremear. 2. Servir
de intermediário (2) em. *T.d.i.* 3. Intermediar
(1). *Int.* 4. Intervir, interceder. [Conjug.: ⑫
[intermed]iar]

in•ter•me•di•á•ri:o *adj*. 1. Que está de permeio; intermédio. • *sm.* 2. V. *mediador*. 3.
Corretor. 4. Negociante que age entre o produtor e o consumidor; revendedor.

in•ter•mé•di:o *adj*. 1. Intermediário (1). • *sm.*
2. Intervenção, mediação.

in•ter•mi•ná•vel *adj2g*. 1. Sem termo; infinito. 2. Prolongado, demorado. [Pl.: *–veis*.]

in•ter•mi•ten•te *adj2g*. Que apresenta inter-
rupções ou suspensões; não contínuo.

in•ter•mo•du•la•ção *sf*. *Eletrôn.* Modulação
em freqüência de cada componente de uma
onda complexa pelos demais componentes.
[Pl.: *–ções*.]

in•ter•na•ci:o•nal *adj2g*. Relativo a, ou que se
realiza entre nações. [Pl.: *–nais*.]

in•ter•na•ci:o•na•li•zar *v.t.d.* e *p.* Tornar(-se)
internacional. [Conjug.: ① [internacionali-
z]ar] § in•ter•na•ci:o•na•li•za•ção *sf*.

in•ter•nar *v.t.d.* 1. Colocar dentro; introduzir. 2.
Pôr em internato. 3. Requisitar a permanência,
diurna e noturna, de (paciente) em hospital, clínica, para tratamento intensivo ou não. 4. Confiar (idoso, deficiente, etc.) aos cuidados e à assistência de instituição especializada. 5. *Bras.*
Tornar (menor de idade) interno em instituição
governamental. *T.d.c.* e *t.d.i.* 6. Internar (2 a 5).
P. 7. Meter-se; entranhar-se. 8. Recolher-se em
hospital, em asilo, etc. [Conjug.: ① [intern]ar] §
in•ter•na•ção *sf*.; in•ter•na•men•to *sm.*

in•ter•na•to *sm.* Instituição de ensino ou assistência onde os alunos ou socorridos resi-
dem; pensionato.

in•ter•nau•ta *s2g*. *Inform.* 1. Usuário da *Internet*, rede mundial de computadores. 2. *Restr.*
Usuário intensivo da rede *Internet*, que ocupa
grande parte de seu tempo explorando os recursos por ela oferecidos.

⇨ internet ('internet') [Ingl.] *sf*. *Inform.* 1. Conjunto de redes de computadores ligadas entre
si. 2. Rede de computadores de âmbito mundial, descentralizada e de acesso público, cujos
principais serviços oferecidos são o correio
eletrônico e a *Web*. [Tb. se diz *rede*.]

in•ter•no *adj*. 1. Que está dentro; interior. 2.
Diz-se de aluno que mora no colégio onde estuda. • *sm.* 3. Aluno interno (2). 4. Estudante
de medicina que auxilia, num hospital, o corpo médico.

in•te•ro•ce•â•ni•co (in) *adj*. Que está entre
os oceanos.

in•ter•par•ti•dá•ri:o *adj*. Que se efetua entre
partidos políticos.

in•ter•pe•lar *v.t.d.* 1. Dirigir a palavra a (alguém) para perguntar alguma coisa. 2. Intimar (alguém) a que responda. [Conjug.: ①
[interpel]ar] § in•ter•pe•la•ção *sf*.; in•ter•pe•
lan•te *adj2g*. e *s2g*.

in•ter•pe•ne•trar-se *v.p.* Penetrar-se mutuamente. [Conjug.: ① [interpenetr]ar[-se]]

in•ter•pla•ne•tá•ri:o *adj*. Que está ou se efetua entre planetas.

in•ter•po•lar *v.t.d.* 1. Introduzir, inserir. 2. Pôr
de permeio; entremear, interpor. *T.d.i.* 3. Interpolar (2). [Conjug.: ① [interpol]ar]

in•ter•por *v.t.d.* e *t.d.i.* 1. V. *interpolar* (2). 2.
Opor, contrapor. 3. *Jur.* Entrar em juízo com
(um recurso). *P.* 4. Meter-se de permeio. 5.
Opor-se, contrapor-se. [Conjug.: ⑥ [inter]por]

in•ter•po•si•ção *sf*. Ato ou efeito de inter-
por(-se). [Pl.: *–ções*.]

in•ter•pos•to (ó) *adj*. Que se interpôs.

in•ter•pre•ta•ção *sf*. 1. Ato ou efeito de interpretar. 2. Explicação. 3. Arte e técnica de interpretar (4). 4. Modo de interpretar (4). [Pl.:
–ções.]

in•ter•pre•tar *v.t.d.* 1. Ajuizar a intenção, o
sentido de. 2. Explicar ou declarar o sentido
de (texto, lei, etc.). 3. Tirar de (sonho, visão,
etc.) indução ou presságio. 4. Representar no
teatro, cinema, televisão, etc. [Conjug.: ①
[interpret]ar] § in•ter•pre•tá•vel *adj2g*.

in•tér•pre•te *s2g*. 1. Pessoa que interpreta. 2.
Quem serve de intermediário na fala a favor compreender indivíduos que falam idiomas diferentes.

in•ter•ra•ci•al *adj2g*. Que se realiza ou se observa entre raças. [Pl.: *inter-raciais*.]

in•ter•reg•no *sm.* 1. Tempo que decorre entre
dois reinados. 2. Interrupção, intervalo.

in•ter•re•la•ção *sf*. Relação mútua. [Pl.: *inter-
relações*.]

in•ter•re•la•ci:o•nar *v.t.d.* e *t.d.i.* 1. Estabelecer inter-relações. *P.* 2. Ter inter-relação. [Con-
jug.: ① [inter-relacion]ar] § in•ter•re•la•ci:o•
na•do *adj*.

in•ter•re•sis•ten•te *adj2g*. Diz-se da alavanca
com resistência entre a potência e o ponto de
apoio. [Pl.: *inter-resistentes*.]

in•ter•ro•ga•ção *sf*. 1. Ato ou efeito de inter-
rogar(-se); interrogatório. 2. Sinal de pontuação (?) com que se marca a entoação interro-
gativa. [Pl.: *–ções*.]

in•ter•ro•gar *v.t.d.* e *t.d.i.* 1. Fazer perguntas
a; inquirir. 2. Propor questões a; examinar.
Int. 3. Fazer perguntas, indagações, interro-
gações. [Conjug.: ⑪ [interro]gar] § in•ter•ro•
gan•te *adj2g*. e *s2g*.

in•ter•ro•ga•ti•vo *adj*. Que encerra interrogação ou pergunta.

in•ter•ro•ga•tó•ri:o *sm.* 1. Interrogação (1). 2.
Jur. Auto em que se escrevem as respostas do

indiciado ou do réu às perguntas feitas pela autoridade competente.

in•ter•rom•per *v.t.d.* **1.** Fazer parar, ou deixar de fazer, por algum tempo. **2.** Fazer cessar. **3.** Cortar o discurso a. **4.** Estorvar. *P.* **5.** Cessar o que vinha fazendo. [Conjug.: 2 [interromp]er]

in•ter•rup•ção *sf.* Ato ou efeito de interromper(-se). [Pl.: –*ções*.]

in•ter•rup•to *adj.* Interrompido; suspenso.

in•ter•rup•tor (ô) *adj.* **1.** Que interrompe. • *sm.* **2.** Aquele ou aquilo que interrompe. **3.** *Fís.* Dispositivo que pode interromper ou restabelecer a continuidade num circuito elétrico, ou numa parte dele; comutador.

in•ter•se•ção ou **in•ter•sec•ção** *sf.* **1.** Ato de cortar-se mutuamente. **2.** *Mat.* V. *conjunto interseção*. [Pl.: –*ções*.]

in•ters•tí•ci:o *sm.* **1.** Pequeno intervalo entre as partes dum todo. **2.** Fenda, frincha.

in•ter•tí•tu•lo *sm. Jorn.* Entretítulo.

in•ter•tro•pi•cal *adj2g.* Que se situa entre os trópicos. [Pl.: –*cais*.]

in•te•rur•ba•no *adj.* **1.** Que se faz ou se verifica entre cidades ou outras aglomerações populacionais. • *sm.* **2.** *Bras.* Comunicação telefônica entre duas cidades.

in•ter•va•lar¹ *adj2g.* Situado num intervalo.

in•ter•va•lar² *v.t.d.* e *t.d.i.* Dispor com intervalos; entremear. [Conjug.: 1 [interval]ar]

in•ter•va•lo *sm.* **1.** Espaço entre dois pontos ou duas coisas. **2.** Espaço de tempo entre dois fatos, duas épocas. **3.** *Mús.* Distância que separa dois sons.

in•ter•ven•ção *sf.* **1.** Ato de intervir; interferência. **2.** Operação (2). **3.** *Bras.* Interferência do poder central em qualquer unidade da Federação. [Pl.: –*ções*.]

in•ter•ven•tor (ô) *adj.* **1.** Que intervém; interveniente. • *sm.* **2.** *Bras.* Aquele que o presidente da República delega para assumir interinamente o governo dum estado (7) sujeito ao regime de intervenção.

in•ter•vir *v.t.i.* **1.** Meter-se de permeio; ingerir-se, interferir. **2.** Interpor sua autoridade, ou bons ofícios, ou diligência. *Int.* **3.** Sobrevir. **4.** Intervir (1). [Conjug.: 40 [inter]vir] § **in•ter•ve•ni•en•te** *adj2g.*

in•ter•vo•cá•li•co *adj. Gram.* Que está entre vogais.

in•tes•ti•no *adj.* **1.** Interno; íntimo. • *sm.* **2.** *Anat.* Víscera integrante do tubo digestivo, e que vai do estômago até o ânus. § **in•tes•ti•nal** *adj2g.* ◆ **Intestino delgado.** *Anat.* Porção do tubo digestivo que se estende desde o final do piloro até a válvula ileocecal. **Intestino grosso.** *Anat.* Porção do tubo digestivo que se estende desde o ceco até o ânus.

in•ti•ma•ção *sf.* **1.** Ato de intimar ou ser intimado. **2.** *Jur.* Notificação judicial. [Pl.: –*ções*.]

in•ti•mar *v.t.d.i.* **1.** Determinar de modo impositivo, autoritário; ordenar. *T.d.* **2.** *Jur.* Fazer intimação (2) a. [Conjug.: 1 [intim]ar] § **in•ti•ma•do** *adj.* e *sm.*

in•ti•ma•ti•va *sf.* Frase ou gesto com força de intimação.

in•ti•ma•ti•vo *adj.* Que serve para intimar.

in•ti•mi•da•de *sf.* **1.** Qualidade de íntimo. **2.** Vida íntima, particular; privacidade. **3.** Trato íntimo.

in•ti•mi•dar *v.t.d.* e *p.* **1.** Tornar(-se) tímido, receoso. **2.** Amedrontar(-se). [Conjug.: 1 [intimid]ar] § **in•ti•mi•da•ção** *sf.*

ín•ti•mo *adj.* **1.** Que está muito dentro. **2.** Que atua no interior. **3.** Muito cordial ou afetuoso. **4.** Estreitamente ligado. • *sm.* **5.** O âmago (3). **6.** Amigo íntimo.

in•ti•mo•ra•to *adj.* Sem temor; destemido.

in•ti•tu•lar *v.t.d.* **1.** Dar título a. *Transobj.* **2.** Denominar. *P.* **3.** Ter por denominação ou título; chamar-se. [Conjug.: 1 [intitul]ar]

in•to•cá•vel *adj2g.* **1.** Em que não se pode tocar; intangível, impalpável. **2.** Inatacável. [Pl.: –*veis*.]

in•to•le•ran•te *adj2g.* Não tolerante. § **in•to•le•rân•ci:a** *sf.*

in•to•le•rá•vel *adj2g.* Não tolerável. [Pl.: –*veis*.]

in•to•xi•car (cs) *v.t.d.* e *p.* Envenenar(-se). [Conjug.: 8 [intoxi]car] § **in•to•xi•ca•ção** (cs) *sf.*

in•tra•du•zí•vel *adj2g.* Que não se pode traduzir. [Pl.: –*veis*.]

in•tra•gá•vel *adj2g.* Que não se pode tragar; insuportável. [Pl.: –*veis*.]

in•tra•mus•cu•lar *adj2g.* **1.** Relativo ao interior de músculo. **2.** Que se aplica no interior de músculo.

⇨ **in•tra•net** [Ingl.] *sf. Inform.* Rede de computadores de acesso privado, porém ligada à *Internet*.

in•tran•qüi•li•da•de *sf.* Falta de tranqüilidade.

in•tran•qüi•li•zar *v.t.d.* e *p.* Tirar a tranqüilidade a, ou perdê-la. [Conjug.: 1 [intranqüiliz]ar]

in•trans•fe•rí•vel *adj2g.* Inalienável. [Pl.: –*veis*.]

in•tran•si•gên•ci:a (zi) *sf.* **1.** Falta de transigência; intolerância. **2.** Austeridade de caráter; severidade. § **in•tran•si•gen•te** (zi) *adj2g.*

in•tran•si•tá•vel (zi) *adj2g.* Por onde não é possível transitar. [Pl.: –*veis*.]

in•tran•si•ti•vo (zi) *adj. Gram.* Diz-se do verbo cuja ação ou estado não transita do sujeito a nenhum objeto.

in•trans•mis•sí•vel *adj2g.* Não transmissível. [Pl.: –*veis*.]

in•trans•po•ní•vel *adj2g.* Não transponível. [Pl.: –*veis*.]

in•tra-o•cu•lar *adj2g.* **1.** Localizado no interior do olho. **2.** Que se aplica no interior de olho. [Pl.: *intra-oculares*.]

in•tra•tá•vel *adj2g.* **1.** Não tratável. **2.** Insociável. [Pl.: *–veis.*]

in•tra•ve•no•so (ô) *adj.* **1.** Relativo ao interior de veia. **2.** Que se aplica no interior de veia. [Sin. ger.: *endovenoso.* Pl.: *–nosos* (ó).]

in•tré•pi•do *adj.* **1.** Que não trepida; audaz, corajoso. **2.** Que não tem medo; destemido. § **in•tre•pi•dez** (ê) *sf.*

in•tri•ca•do *adj.* **1.** Obscuro, confuso, emaranhado. **2.** Custoso de perceber. [Var.: *intrincado.*]

in•tri•ga *sf.* **1.** Comentário malicioso, ou de má-fé, que ocasiona aborrecimentos, inimizades; enredo, mexerico. [Dim. irreg.: *intriguelha* (ê).] **2.** V. *enredo* (3).

in•tri•gar *v.t.d. e t.d.i.* **1.** Inimizar com intrigas. **2.** Encher de curiosidade; tornar perplexo. *P.* **3.** Inimizar-se, indispor-se. **4.** Ficar perplexo, curioso, ou desconfiado. [Conjug.: 11 [intri]**gar**] § **in•tri•gan•te** *adj2g.* e *s2g.*

in•trin•ca•do *adj.* V. *intricado.*

in•trín•se•co *adj.* **1.** Que está dentro duma coisa ou pessoa e lhe é próprio, íntimo. **2.** Inseparavelmente ligado a uma pessoa ou coisa.

in•tro•du•ção *sf.* **1.** Ato ou efeito de introduzir(-se). **2.** V. *prefácio.* [Pl.: *–ções.*]

in•tro•du•ti•vo *adj.* Que serve de introdução.

in•tro•du•tor (ô) *adj. sm.* Que, ou aquele que introduz.

in•tro•du•zir *v.t.d.* **1.** Fazer entrar, ou fazer ser adotado. **2.** Fazer penetrar; meter. *T.d.i.* **3.** Introduzir (1 e 2). **4.** Incluir, incorporar. **5.** Iniciar. *T.d.c.* **6.** Introduzir (1 e 2) *P.* **7.** Fazer-se admitir, entrar. **8.** Fixar-se, arraigar-se. [Conjug.: 44 [introd]**uzir**]

in•tró•i•to *sm.* Começo, princípio.

in•tro•me•ter *v.t.d.c. e t.d.i.* **1.** Introduzir, intercalar. *P.* **2.** Tomar parte; ingerir-se, imiscuir-se. [Conjug.: 2 [intromet]**er**]

in•tro•me•ti•do *adj.* **1.** Que se mete no que não lhe toca; metediço, indiscreto. • *sm.* **2.** Indivíduo intrometido (1).

in•tro•me•ti•men•to *sm.* **1.** Ato de intrometer(-se); intromissão. **2.** Modos ou ação de intrometido.

in•tro•mis•são *sf.* Intrometimento (1). [Pl.: *–sões.*]

in•tros•pec•ção *sf.* Observação dos próprios pensamentos ou sentimentos. [Pl.: *–ções.*]

in•tro•ver•são *sf.* Qualidade ou estado de introvertido. [Pl.: *–sões.*]

in•tro•ver•ter-se *v.p.* Voltar-se para dentro; concentrar-se. [Antôn.: *extroverter-se.* Conjug.: 2 [introvert]**er**[-se]

in•tro•ver•ti•do *adj.* Metido consigo mesmo.

in•tru•jão *sm.* **1.** Indivíduo que intruja. **2.** *Bras.* Receptor de objetos furtados. [Pl.: *–jões.*]

in•tru•jar *v.t.d.* **1.** Imiscuir-se com (outras pessoas), para explorá-las; lograr. *Int.* **2.** Contar mentiras. *P.* **3.** Fazer intrujices; lograr-se. [Conjug.: 1 [intruj]**ar**]

in•tru•ji•ce *sf.* Ato de intrujar.

in•tru•são *sf.* Ação de intruso. [Pl.: *–sões.*]

in•tru•so *adj. sm.* Diz-se de, ou indivíduo que se introduz em lugar, cargo, dignidade, etc., sem qualidade para tal.

in•tu•i•ção *sf.* **1.** Ato de ver, perceber, discernir; percepção clara ou imediata. **2.** Pressentimento, presságio. [Pl.: *–ções.*]

in•tu•ir *v.t.d. e int.* Deduzir ou concluir por intuição. [Conjug.: 49 [int]**uir**]

in•tu•i•ti•vo *adj.* **1.** Da, ou próprio, ou fundado na intuição. **2.** Dotado dela.

in•tu•i•to (túi) *sm.* **1.** Que se tem em vista; intento, plano. **2.** Finalidade, objetivo.

in•tu•mes•cer *v.t.d., int. e p.* Tornar(-se) túmido; tumefazer(-se), inchar. [Conjug.: 34 [intumes]**cer**] § **in•tu•mes•ci•do** *adj.*

in•tur•ges•cer *v.t.d., int. e p.* Tornar(-se) túrgido ou inchado. [Conjug.: 34 [inturges]**cer**]

i•nú•bil *adj2g.* Que não é núbil. [Pl.: *–beis.*]

i•nu•ma•ção *sf.* Ato de inumar; enterro. [Pl.: *–ções.*]

i•nu•ma•no *adj.* Alheio ao sentimento de humanidade; cruel.

i•nu•mar *v.t.d.* Sepultar, enterrar. [Antôn.: *exumar.* Conjug.: 1 [inum]**ar**]

i•nu•me•rá•vel *adj2g.* Que não se pode numerar ou contar; muito numeroso; infinito, inúmero. [Pl.: *–veis.*]

i•nú•me•ro *adj.* V. *inumerável.*

i•nun•da•ção *s.f.* **1.** Ato ou efeito de inundar(-se). **2.** V. *enchente* (1). [Pl.: *–ções.*]

i•nun•dar *v.t.d.* **1.** Cobrir de água; submergir, alagar. **2.** Encher de água ou doutra substância líquida. **3.** Encher completamente. **4.** Transbordar. *P.* **5.** Cobrir-se de água. [Conjug.: 1 [inund]**ar**] § **i•nun•dá•vel** *adj2g.*

i•nu•si•ta•do *adj.* Não usado ou não usual.

i•nú•til *adj2g.* **1.** Sem utilidade ou préstimo. **2.** Baldado, vão. [Pl.: *–teis.*] § **i•nu•ti•li•da•de** *sf.*

i•nu•ti•li•zar *v.t.d. e p.* **1.** Tornar(-se) inútil ou imprestável. **2.** Destruir(-se), danificar(-se). [Conjug.: 1 [inutiliz]**ar**]

in•va•dir *v.t.d.* **1.** Entrar à força ou hostilmente em. **2.** Difundir-se, espalhar-se por. **3.** Tomar, dominar. [Conjug.: 3 [invad]**ir**]

in•va•li•dar *v.t.d. e p.* Tornar(-se) inválido. [Conjug.: 1 [invalid]**ar**]

in•vá•li•do *adj.* **1.** Que não vale. **2.** Que perdeu o vigor; fraco. **3.** Mutilado ou paralítico. • *sm.* **4.** Homem inválido (2 e 3). § **in•va•li•dez** (ê) *sf.*

in•va•ri•á•vel *adj2g.* **1.** Que não varia; imutável; constante; firme. **2.** *Gram.* Indeclinável (2). [Pl.: *–veis.*] § **in•va•ri:a•bi•li•da•de** *sf.*

in•va•são *sf.* Ato ou efeito de invadir. [Pl.: *-sões*.]

in•va•sor(ó) *adj. sm.* Que, ou o que invade.

in•vec•ti•va *sf.* Doesto, injúria.

in•vec•ti•var *v.t.d.* **1.** Dirigir invectiva(s) a; censurar energicamente. *T.i.* **2.** Dizer invectivas. [Conjug.: ⬜ [invectiv]**ar**]

in•ve•ja *sf.* **1.** Desgosto ou pesar pelo bem ou felicidade de outrem. **2.** Desejo violento de possuir o bem alheio. **3.** Objeto da inveja.

in•ve•jar *v.t.d.* **1.** Ter inveja de. **2.** Cobiçar (o que é de outrem). *Int.* **3.** Ter ou sentir inveja. [Conjug.: ⬜ [invej]**ar**]. Tem (ao contrário da quase totalidade dos verbos em *-ejar*) o *e* aberto nas formas rizotônicas: *invejo* (é), *invejas* (é), *invejam* (é); *inveje* (é), *invejes* (é), *invejem* (é), etc.] **§ in•ve•já•vel** *adj2g.*

in•ve•jo•so(ó) *adj.* Que tem inveja. [Pl.: *-josos* (ó).]

in•ven•ção *sf.* **1.** Ato ou efeito de inventar. **2.** Coisa inventada; invento. **3.** Faculdade ou poder inventivo; criatividade. [Pl.: *-ções*.]

in•ven•ci•o•ni•ce *sf.* Embuste, mentira.

in•ven•cí•vel *adj2g.* Que não se pode vencer; invicto. [Pl.: *-veis*.] **§ in•ven•ci•bi•li•da•de** *sf.*

in•ven•dá•vel *adj2g.* Não vendável. [Pl.: *-veis*.]

in•ven•dí•vel *adj2g.* Não vendível. [Pl.: *-veis*.]

in•ven•tar *v.t.d.* **1.** Ser o primeiro a ter idéia de. **2.** Criar na imaginação; imaginar. **3.** Contar falsamente; urdir. *T.i.* **4.** Cismar, resolver. [Conjug.: ⬜ [invent]**ar**]

in•ven•ta•ri•ar *v.t.d.* **1.** Fazer o inventário de. **2.** Descrever miudamente. **3.** Relacionar. [Conjug.: ⬜ [inventari]**ar**] **§ in•ven•ta•ri•an•te** *adj2g.* e *s2g.*

in•ven•tá•ri:o *sm.* **1.** Relação dos bens deixados por alguém que morreu. **2.** Relação ou rol de mercadorias, bens, etc.

in•ven•ti•va *sf.* Faculdade de inventar.

in•ven•ti•vo *adj.* **1.** Inventor. **2.** Em que há invenção, criação.

in•ven•to *sm.* Invenção (2).

in•ven•tor(ó) *adj.* **1.** Que inventa; inventivo. • *sm.* **2.** Aquele que inventa, ou que fez uma descoberta.

in•ver•na•da¹ *sf.* Invernia.

in•ver•na•da² *sf. Bras.* Pastagem rodeada de obstáculos, onde se guardam cavalares, muares e bovinos para que repousem e se restaurem.

in•ver•nal *adj2g.* Relativo ao, ou próprio do inverno; invernoso. [Pl.: *-nais*.]

in•ver•nar *v.t.c.* **1.** Passar o inverno. *Int.* **2.** Fazer mau tempo; hibernar. [Conjug.: ⬜ [invern]**ar**]

in•ver•ni•a *sf.* Inverno rigoroso; invernada.

in•ver•no *sm.* **1.** Estação do ano que sucede ao outono e antecede a primavera. **2.** Tempo frio. **3.** *Bras. N. N.E.* Estação das chuvas.

in•ver•no•so(ó) *adj.* Invernal. [Pl.: *-nosos* (ó).]

in•ve•ros•sí•mil *adj2g.* Não verossímil; inacreditável. [Pl.: *-meis.* Superl.: *inverossimílimo*.]

in•ve•ros•si•mi•lhan•ça *sf.* Qualidade de inverossímil.

in•ver•são *sf.* Ato ou efeito de inverter. [Pl.: *-sões*.]

in•ver•si•vo *adj.* **1.** Que inverte; inversor. **2.** Em que há inversão.

in•ver•so *adj.* **1.** Que segue sentido, ordem, etc., contrário ao sentido ou ordem natural. **2.** Oposto, contrário. • *sm.* **3.** V. *oposto* (4).

in•ver•sor(ó) *adj.* **1.** Que inverte; inversivo. • *sm.* **2.** O que inverte. **3.** *Eletrôn.* Amplificador que inverte a polaridade do sinal de entrada.

in•ver•te•bra•do *adj. sm.* Diz-se de, ou animal que não tem vértebras.

in•ver•ter *v.t.d.* **1.** Voltar ou virar em sentido contrário ao natural. **2.** Alterar, mudar. *P.* **3.** Virar-se ao contrário. **4.** Tornar-se o contrário do que era. [Conjug.: ⬜ [invert]**er**]

in•vés *sm.* Lado oposto; avesso.

in•ves•ti•da *sf.* Ato ou efeito de investir (1).

in•ves•ti•du•ra *sf.* Ato de investir num cargo.

in•ves•ti•ga•dor(ó) *adj.* **1.** Que investiga. • *sm.* **2.** Aquele que o faz. **3.** *Bras.* Agente de polícia.

in•ves•ti•gar *v.t.d.* **1.** Seguir os vestígios de. **2.** Pesquisar. **3.** Examinar com atenção. [Conjug.: ⬜ [investi]**gar**] **§ in•ves•ti•ga•ção** *sf.*

in•ves•ti•men•to *sm.* **1.** Ato ou efeito de investir. **2.** *Econ.* Aplicação de dinheiro (em títulos, ações, imóveis, etc.) com o propósito de obter lucro. **3.** *Econ.* Aumento do estoque de capital (5), expandindo a capacidade produtiva da economia.

in•ves•tir *v.t.d.* **1.** Atacar, acometer. *T.d.i.* **2.** Aplicar ou empregar capitais. *T.i.* **3.** Investir (1). *Transobj.* **4.** Empossar formalmente. *P.* **5.** Atacar, acometer. **6.** Tomar posse. [Conjug.: 53 [inv]e[st]**ir**] **§ in•ves•ti•dor** (ó) *adj.* e *sm.*

in•ve•te•ra•do *adj.* **1.** Muito antigo; de velha data. **2.** Profundamente radicado; arraigado.

in•ve•te•rar *v.t.d.* **1.** Tornar velho, antigo. *T.d.i.* **2.** Fixar ou arraigar com o tempo. *P.* **3.** Tornar-se velho, antigo. **4.** Fixar-se com o tempo. [Conjug.: ⬜ [inveter]**ar**]

in•vi:a•bi•li•zar *v.t.d.* e *p.* Tornar(-se) inviável. [Conjug.: ⬜ [inviabiliz]**ar**]

in•vi•á•vel *adj2g.* Não viável; inexeqüível. [Pl.: *-veis*.]

in•vic•to *adj.* **1.** Que nunca sofreu derrota. **2.** Invencível.

ín•vi:o *adj.* **1.** Em que não há caminho; intransitável. **2.** Intransitável (caminho).

in•vi:o•la•do *adj.* Não violado; íntegro.

in•vi:o•lá•vel *adj2g.* Não violável. [Pl.: *-veis*.] **§ in•vi:o•la•bi•li•da•de** *sf.*

in•vi•sí•vel *adj2g.* Que não se pode ver, ou de que não se tem conhecimento. [Pl.: *–veis.*] § **in•vi•si•bi•li•da•de** *sf.*

in•vo•car *v.t.d.* **1.** Implorar a proteção, ou o socorro, ou auxílio, de. **2.** Rogar, suplicar. **3.** Alegar em seu favor. **4.** Evocar. *T.i.* e *p.* **5.** *Bras. Gír.* Antipatizar, embirrar. [Conjug.: ⑧ [invo]**car**] § **in•vo•ca•ção** *sf.*

in•vo•ca•ti•vo *adj.* Que invoca, ou é próprio para invocar.

in•vo•lu•ção *sf.* Movimento regressivo. [Pl.: *–ções.*]

in•vó•lu•cro *sm.* Tudo que serve para envolver; envoltório.

in•vo•lu•ir *v.int.* Sofrer involução; regredir. [Conjug.: ㊾ [invol]**uir**]

in•vo•lun•tá•ri•o *adj.* Não voluntário; independente da vontade.

in•vo•lu•to *adj.* Diz-se da disposição das folhas jovens quando estas se acham enroladas sobre a face interna.

in•vul•gar *adj2g.* Não vulgar; incomum.

in•vul•ne•rá•vel *adj2g.* **1.** Não vulnerável. **2.** Imaculado, puro. [Pl.: *–veis.*]

in•zo•na *sf. Bras. Pop.* Embuste, intriga.

in•zo•nei•ro *adj. Bras. Pop.* **1.** Intrigante. **2.** Sonso; manhoso.

i:o•de•to (ê) *sm. Quím.* **1.** O ânion simples do iodo. **2.** Qualquer sal que contenha esse ânion.

i:o•do (ô) *sm. Quím.* V. *halogênio* [símb.: *I*].

i:o•do•fór•mi:o *sm. Quím.* Substância orgânica usada como anestésico local e como antiséptico [fórm.: CHI_3].

i:o•ga *sf.* **1.** Sistema de filosofia da Índia no qual se expõem os meios fisiológicos e psíquicos que levam a um estado de perfeição, livre de paixões e de inquietude. **2.** Técnica de ginástica para aplicação de ioga.

i:o•gur•te *sm.* Coalhada preparada sob a ação de fermentos lácteos.

io•iô¹ *sm.* Brinquedo constituído por dois discos unidos no centro por um pequeno cilindro preso a um cordão que faz o ioiô subir e descer.

io•iô² *sm. Bras.* Tratamento que os escravos davam aos senhores; nhonhô, nhô.

i:o•le *sf.* Canoa estreita, leve e rápida.

í•on *sm. Fís.-Quím.* Átomo ou grupamento de átomos com excesso ou com falta de carga elétrica negativa. [Pl.: *íons.*]

i:o•ni•za•ção *sf.* Formação de íons. [Pl.: *–ções.*]

i:o•nos•fe•ra *sf. Geogr.* Região da atmosfera terrestre onde há grande ionização, e que tem aproximadamente 40km a 700km de altitude.

i:o•ta *sm.* A 9ª letra do alfabeto grego (I, ι).

i•pê ou **i•pé** *sm. Bras. Bot.* Nome comum a duas bignoniáceas ornamentais, uma de flor amarela (pau-d'arco) e outra de flor violácea (peúva), consideradas árvores nacionais.

i•pe•ca•cu•a•nha *sf. Bras. Bot.* Erva rubiácea medicinal; poaia.

ip•sí•lon *sm.* **1.** A letra *y.* **2.** A 20ª letra do alfabeto grego (Y, υ).

íp•si•lon *sm.* V. *ipsílon.*

ip•si•lo•ne *sm. Bras. Pop.* V. *ipsílon.*

i•pu•ei•ra *sf. Bras.* Lagoeiro formado nos lugares baixos pelo transbordamento dos rios. [Var.: *impueira.*]

ir *v.int.* **1.** Passar, ou deslocar-se dum lugar para outro, por movimento próprio, impulso imprimido, etc., ou com auxílio de transporte ou veículo. **2.** Partir. **3.** Ser mandado ou remetido. **4.** Extinguir-se; ir-se. **5.** Continuar, achar-se (em certo grau de adiantamento, em certa fase, etc.). **6.** V. *morrer* (1). **7.** Achar-se em certa situação, fase, em dados termos. *T.c.* **8.** Ir (1). **9.** Ser levado ou transportado, voluntariamente ou não. **10.** Comparecer, apresentar-se. **11.** Ocorrer. **12.** Estar, achar-se (de saúde). *T.i.* **13.** Simpatizar. **14.** Dar início; começar. **15.** Tratar (de um assunto). **16.** Avançar, investir. *T.d.* **17.** Andar por; seguir. *Pred.* **18.** Estar, achar-se (de saúde). **19.** Harmonizar-se, combinar. *P.* **20.** Retirar-se, partir. **21.** Dirigir-se. **22.** Ter fim; dissipar-se. **23.** V. *morrer* (1). [Como v. auxiliar exprime tempo futuro, ou significa 'concorrer para', ou 'estar prestes a', ou 'dispor-se ou preparar-se para', 'tencionar'. Conjug.: ㊳ **ir**]

❑ **Ir** *Quím.* Símb. do irídio.

i•ra *sf.* **1.** Cólera (1). **2.** Desejo de vingança.

i•ra•cún•di:a *sf.* Qualidade de iracundo.

i•ra•cun•do *adj.* Propenso à, ou cheio de ira; irascível, iroso, irado; violento.

i•ra•do *adj.* V. *iracundo.*

i•ra•ni•a•no *adj.* **1.** Do Irã (Ásia). • *sm.* **2.** O natural ou habitante do Irã.

i•rar *v.t.d.* e *p.* Causar ira a, ou encher-se de ira; encolerizar(-se). [Conjug.: ① [ir]**ar**]

i•ra•ra *sf. Bras. Zool.* Mustelídeo de hábitos noturnos.

i•ras•cí•vel *adj2g.* V. *iracundo.* [Pl.: *–veis.*] § **i•ras•ci•bi•li•da•de** *sf.*

i•re•rê *sm.* e *f. Bras. Zool.* Ave anatídea dos rios e lagoas; assobiadeira.

i•ri•ar *v.t.d.* **1.** Dar as cores do arco-íris a. *P.* **2.** Matizar-se. [Conjug.: ① [iri]**ar**]

i•ri•dá•ce:a *sf. Bot.* Espécime das iridáceas, família de plantas monocotiledôneas, ornamentais, que têm rizomas, bulbos ou tubérculos. § **i•ri•dá•ce:o** *adj.*

i•ri•des•cen•te *adj2g.* Que apresenta ou reflete as cores do arco-íris.

i•rí•di:o *sm. Quím.* Elemento de número atômico 77, metálico [símb.: *Ir*].

íris¹ *sf.2n.* e *sm.2n.* **1.** O espectro solar. **2.** *Anat.* Em cada olho, membrana circular, pigmentada, com orifício central (*pupila*), e situada posteriormente à córnea e anteriormente ao cristalino, e cujas fibras musculares, agindo sobre a pupila, regulam a entrada da luz no olho.

í•ris² *sf.2n. Bot.* Erva iridácea ornamental e sua flor.

i•ri•sar *v.t.d., int.* e *p.* Dar as cores do arco-íris a, ou tomá-las; matizar(-se). [Conjug.: 1 [iris)**ar]** § **i•ri•sa•ção** *sf.*

ir•lan•dês *adj.* 1. Da Irlanda (Europa). • *sm.* 2. O natural ou habitante da Irlanda. 3. A língua irlandesa. [Flex. (de 1 e 2): *irlandesa* (ê), *irlandeses* (ê), *irlandesas* (ê).]

ir•mã *sf.* Fem. de *irmão.*

ir•ma•nar *v.t.d.* e *t.d.i.* 1. Tornar irmão; unir por laços fraternais. 2. Igualar, unir. *P.* 3. Unir-se; igualar-se. [Conjug.: 1 [irman]**ar]** § **ir•ma•na•ção** *sf.*

ir•man•da•de *sf.* 1. Parentesco entre irmãos. 2. Associação de caráter religioso; confraria.

ir•mão *sm.* 1. Filho do mesmo pai e da mesma mãe, ou só do mesmo pai ou só da mesma mãe, em relação a outro(s) filho(s); mano (*fam.*). 2. Correligionário, confrade. 3. Frade ou religioso que não recebe as ordens sacras. 4. Membro de uma irmandade (2). 5. Um dos componentes dum par (animal, objeto). [Fem. *irmã.* Pl.: *–mãos.*] ◆ **Irmão de leite.** Colaço.

i•ro•ni•a *sf.* 1. Modo de exprimir-se em que se diz o contrário do que se pensa ou sente. 2. Contraste fortuito que parece um escárnio.

i•rô•ni•co *adj.* Que usa de, ou em que há ironia.

i•ro•ni•zar *v.t.d.* 1. Fazer ironia sobre. 2. Dizer ou escrever com ironia. *Int.* 3. Fazer ironia. [Conjug.: 1 [ironiz]**ar]**

i•ro•so (ô) *adj.* V. *iracundo.* [Pl.: *irosos* (ó).]

ir•ra *interj.* Exprime raiva, repulsa, desprezo, desaprovação; fora, apre.

ir•ra•ci•o•nal *adj2g.* 1. Em que a razão não intervém, ou contrário a ela. 2. Que não raciocina. • *sm.* 3. Animal sem raciocínio. 4. *Mat.* Número irracional. [Pl.: *–nais.*] § **ir•ra•ci•o•na•li•da•de** *sf.*

ir•ra•di•a•ção *sf.* 1. Ato ou efeito de irradiar(-se). 2. *Fís. Nucl.* Bombardeio duma substância por um feixe de partículas. [Pl.: *–ções.*]

ir•ra•di•an•te *adj2g.* 1. Que irradia. 2. Muito alegre; vivo, comunicativo.

ir•ra•di•ar *v.t.d.* 1. Lançar de si, emitir (raios luminosos, caloríficos, etc.), em sentido centrífugo. 2. Propagar, difundir. 3. Transmitir por meio de radiodifusora. *T.i.* e *p.* 4. Difundir-se. [Conjug.: 1 [irradi]**ar]**

ir•re•al *adj2g.* Não real; imaginário. [Pl.: *–ais.*]

ir•re:a•li•zá•vel *adj2g.* Não realizável. [Pl.: *–veis.*]

ir•re•ba•tí•vel *adj2g.* Irrefutável. [Pl.: *–veis.*]

ir•re•con•ci•li•á•vel *adj2g.* Que não se pode reconciliar. [Pl.: *–veis.*]

ir•re•co•nhe•cí•vel *adj2g.* Não reconhecível. [Pl.: *–veis.*]

ir•re•cor•rí•vel *adj2g.* De que não se pode recorrer. [Pl.: *–veis.*]

ir•re•cu•pe•rá•vel *adj2g.* Não recuperável. [Pl.: *–veis.*]

ir•re•cu•sá•vel *adj2g.* 1. Que não se pode recusar. 2. Incontestável, inegável. [Pl.: *–veis.*]

ir•re•du•tí•vel *adj2g.* 1. Não redutível. 2. Indomável, invencível. [Pl.: *–veis.*]

ir•re•fle•ti•do *adj.* Que não reflete; inconsiderado.

ir•re•fle•xão (cs) *sf.* Falta de reflexão. [Pl.: *–xões.*]

ir•re•fre•á•vel *adj2g.* Não refreável; irreprimível. [Pl.: *–veis.*]

ir•re•fu•tá•vel *adj2g.* V. *irrespondível.* [Pl.: *–veis.*]

ir•re•ge•ne•rá•vel *adj2g.* Não regenerável; incorrigível. [Pl.: *–veis.*]

ir•re•gu•lar *adj2g.* 1. Não regular; anormal. 2. Inconstante, vário. 3. De tamanho variável; desigual. 4. Contrário à lei ou à justiça. 5. *Gram.* Diz-se de verbo que não segue o paradigma da sua conjugação.

ir•re•gu•la•ri•da•de *sf.* 1. Qualidade ou estado de irregular. 2. Ação ou situação irregular.

ir•re•le•van•te *adj2g.* Não relevante.

ir•re•li•gi•o•so (ó) *adj.* 1. Não religioso. 2. Ateu, ímpio. [Pl.: *–osos* (ó).] § **ir•re•li•gi•o•si•da•de** *sf.*

ir•re•me•di•á•vel *adj2g.* Que não se pode remediar. [Pl.: *–veis.*]

ir•re•mo•ví•vel *adj2g.* Que não pode ser removido. [Pl.: *–veis.*]

ir•re•pa•rá•vel *adj2g.* Que não se pode reparar, recuperar ou suprir. [Pl.: *–veis.*]

ir•re•pli•cá•vel *adj2g.* V. *irrespondível.* [Pl.: *–veis.*]

ir•re•pre•en•sí•vel *adj2g.* Que não merece repreensão. [Pl.: *–veis.*]

ir•re•pri•mí•vel *adj2g.* Não reprimível; incoercível. [Pl.: *–veis.*]

ir•re•pro•chá•vel *adj2g.* Que não merece reproche. [Pl.: *–veis.*]

ir•re•qui:e•to *adj.* 1. Que nunca está sossegado; que não pára nunca. 2. Buliçoso, turbulento.

ir•res•ga•tá•vel *adj2g.* Que não se pode resgatar. [Pl.: *–veis.*]

ir•re•sis•tí•vel *adj2g.* A que não se pode resistir. [Pl.: *–veis.*]

ir•re•so•lu•to *adj.* Não resoluto; hesitante, indeciso. § **ir•re•so•lu•ção** *sf.*

ir•re•so•lú•vel *adj2g.* Que não se pode resolver. [Pl.: *–veis.*]

ir•res•pi•rá•vel *adj2g.* Que, ou onde não se pode respirar. [Pl.: *–veis.*]

ir•res•pon•dí•vel *adj2g.* A que não se pode responder; irrefutável, irreplicável, incontrastável. [Pl.: *-veis.*]

ir•res•pon•sá•vel *adj2g.* **1.** Que não pode ser responsabilizado pelos atos que pratica. **2.** Próprio de irresponsável. **3.** V. *leviano* (1). • *s2g.* **4.** Pessoa irresponsável. [Pl.: *-veis.*] § **ir•res•pon•sa•bi•li•da•de** *sf.*

ir•res•trin•gí•vel *adj2g.* Que não se pode restringir. [Pl.: *-veis.*]

ir•res•tri•to *adj.* Não restrito; ilimitado.

ir•re•tor•quí•vel *adj2g.* A que não se pode retorquir. [Pl.: *-veis.*]

ir•re•tra•tá•vel *adj2g.* V. *irrevogável.* [Pl.: *-veis.*]

ir•re•ve•ren•te *adj2g.* Falto de reverência; desatencioso, incivil. § **ir•re•ve•rên•ci•a** *sf.*

ir•re•ver•sí•vel *adj2g.* Não reversível. [Pl.: *-veis.*]

ir•re•vo•cá•vel *adj2g.* Irrevogável. [Pl.: *-veis.*]

ir•re•vo•gá•vel *adj2g.* Não revogável; irretratável, incontrastável. [F. paral.: *irrevocável.* Pl.: *-veis.*]

ir•ri•ga•ção *sf.* **1.** Ato ou efeito de irrigar. **2.** *Agr.* Rega artificial das terras por meio de canais, canos, etc. [Pl.: *-ções.*]

ir•ri•ga•dor (ó) *adj.* **1.** Que irriga. • *sm.* **2.** Artefato para regar.

ir•ri•gar *v.t.d.* **1.** V. *regar* (1). **2.** Fazer afluir o sangue a. **3.** *Agr.* Molhar por meio de irrigação (2). [Conjug.: ⑪ [irri]**gar**]

ir•ri•são *sf.* Zombaria, motejo, escárnio. [Pl.: *-sões.*]

ir•ri•só•ri•o *adj.* Em que há, ou que provoca irrisão.

ir•ri•ta•bi•li•da•de *sf.* **1.** Qualidade ou estado de irritável. **2.** *Fisiol.* Capacidade que tem um órgão de reagir a estímulo(s); excitabilidade.

ir•ri•ta•ção *sf.* **1.** Ato ou efeito de irritar. **2.** Exasperação, aborrecimento, irritabilidade. **3.** Prurido (na pele). [Pl.: *-ções.*]

ir•ri•ta•di•ço *adj.* Que se irrita com facilidade.

ir•ri•tar *v.t.d.* **1.** Produzir irritação (2 e 3) em. **2.** Provocar; importunar. **3.** Impacientar. *P.* **4.** Ter irritação (2); aborrecer-se. **5.** Impacientar-se. [Conjug.: ① [irrit]**ar**] § **ir•ri•tan•te** *adj2g.*

ir•ri•tá•vel *adj2g.* Que se irrita facilmente. [Pl.: *-veis.*]

ír•ri•to *adj.* Que ficou sem efeito; nulo.

ir•rom•per *v.int.* **1.** Entrar, ou brotar, com ímpeto ou violência. **2.** Aparecer, ou fazer-se ouvir, de repente. [Conjug.: ② [irromp]**er**]

ir•rup•ção *sf.* **1.** Ato de irromper. **2.** Deflagração. [Pl.: *-ções.*]

is•ca *sf.* **1.** Engodo que se põe no anzol para pescar. **2.** Combustível que recebe as faíscas do fuzil para comunicar fogo. **3.** *Cul.* Tira de fígado ou de bacalhau frita. **4.** Chamariz, engodo.

i•sen•ção *sf.* **1.** Ato ou efeito de eximir(-se) ou isentar(-se). **2.** Independência de caráter. **3.** Imparcialidade; neutralidade. [Pl.: *-ções.*]

i•sen•tar *v.t.d.i.* e *p.* Tornar(-se) isento (1 e 2). [Conjug.: ① [isent]**ar**]

i•sen•to *adj.* **1.** Que não está sujeito a um dever ou obrigação; livre. **2.** Imparcial, neutro.

is•lã ou is•la•me *sm.* O conjunto dos muçulmanos, sua religião, cultura e civilização; o mundo muçulmano. [Com inicial maiúscula.]

is•lâ•mi•co *adj.* Do, ou relativo ao Islã.

is•la•mis•mo *sm.* Religião monoteísta fundada por Maomé (c. 570-632). [Sin., p. us.: *maometismo.*]

is•la•mi•ta *adj2g.* e *s2g.* Diz-se de, ou sectário do islamismo; muçulmano, maometano.

i•só•ba•ro *adj.* **1.** *Fís. Nucl.* Diz-se de dois ou mais núcleos que têm números atômicos diferentes, mas o mesmo número de massa, como, p. ex., zircônio 90, e nióbio 90. **2.** De igual pressão atmosférica.

i•só•ba•ta *sf.* Linha que, nas cartas hidrográficas, liga pontos de igual profundidade.

i•so•ga•mi•a *sf.* **1.** *Antrop.* Casamento entre indivíduos de mesmo *status* social, econômico ou religioso. **2.** *Biol.* Fusão de gametas iguais. § **isogâmico** *adj.*

i•so•la•dor (ó) *adj.* **1.** Que isola, isolante. • *sm.* **2.** *Eng. Eletr.* Componente dum circuito elétrico ou eletrônico que tem a função de o isolar, eletricamente, do exterior.

i•so•la•men•to *sm.* **1.** Ato ou efeito de isolar(-se). **2.** Estado de pessoa isolada.

i•so•lan•te *adj2g.* **1.** Isolador (1). • *sm.* **2.** *Eletr.* Substância que conduz pouquíssima ou nenhuma corrente elétrica.

i•so•lar *v.t.d.* **1.** Tornar solitário; deixar só. **2.** *Eletr.* Aplicar isolador ou isolante a. *T.d.i.* **3.** Isolar (1). *P.* **4.** Afastar-se do convívio social. [Conjug.: ① [isol]**ar**]

i•so•por (ó) *sm.* Nome comercial de material pouco denso, isolante térmico, formado por polímero contendo inúmeros alvéolos com ar.

i•sóp•te•ro *sm. Zool.* Espécime dos isópteros, ordem de artrópodes com quatro asas membranosas, iguais; são sociais, e alguns (soldados, operários) são ápteros. § **i•sóp•te•ro** *adj.*

i•sós•ce•le *adj2g. Geom.* **1.** Diz-se do triângulo que tem dois de seus lados iguais e, portanto, dois ângulos iguais. **2.** Diz-se do trapézio cujos lados não paralelos são iguais.

i•sós•ce•les *adj2g.* *2n.* Isóscele.

i•so•tó•pi•co *adj.* Próprio ou relativo a isótopo.

i•só•to•po *sm. Quím.* Cada um dos tipos de átomo de um mesmo elemento químico, nos quais, além da carga nuclear igual, o número de nêutrons também é igual.

i•so•tró•pi•co *adj.* Que apresenta as mesmas propriedades físicas em todas as direções.

is•quei•ro *sm.* Pequeno aparelho com pedra, ou líquido, ou gás inflamável, que produz chama.

is•que•mi•a *sf. Med.* Suspensão ou baixa, localizada, de irrigação sangüínea, devida a má circulação arterial.

ís•qui:o *sm. Anat.* A porção dorsal inferior do ilíaco.

is•ra:e•len•se *adj2g.* 1. Do Estado de Israel (Ásia). • *s2g.* 2. O natural ou habitante dele.

is•ra:e•li•ta *s2g.* 1. Indivíduo do povo de Israel. • *adj2g.* 2. Desse povo. [Sin. ger.: *judeu*.]

is•sei *adj2g.* e *s2g.* Diz-se de, ou japonês que emigra, em especial, para a América.

is•so *pron. dem.* 1. Essa(s) coisa(s). 2. *Deprec.* e *fam.* Essa pessoa.

íst•mo *sm.* Faixa de terra que liga uma península a um continente.

is•to *pron. dem.* 1. Esta(s) coisa(s). 2. *Deprec.* e *fam.* Esta pessoa.

i•ta•li:a•nis•mo *sm.* 1. Palavra, expressão ou construção peculiar à língua italiana. 2. Admiração profunda a tudo quanto é italiano.

i•ta•li•a•no *adj.* 1. Da Itália (Europa); itálico. • *sm.* 2. O natural ou habitante da Itália. 3. A língua italiana.

i•tá•li•co *adj.* 1. Italiano (1). 2. Da Itália antiga. 3. *Art. Gráf.* Diz-se do tipo de realce inclinado para a direita; grifo. • *sm.* 4. *Art. Gráf.* Esse tipo; grifo.

í•ta•lo *adj. sm.* Italiano (1 e 2).

i•ta•o•ca *sf. Bras.* Caverna (1).

i•ta•pe•ba *sf.* Recife de pedra paralelo à margem de rio.

i•ta•ra•ré *sm.* Curso subterrâneo de um rio através de rochas calcárias.

i•tê *adj2g. Bras.* Sem gosto; insípido.

i•tem *adv.* 1. Da mesma forma; também. [Us. em contas e numerações.] • *sm.* 2. Cada um dos artigos ou alíneas duma exposição escrita, dum regulamento, etc. 3. *Inform.* Dado elementar. 4. *Inform.* Variável (2) elementar. [Pl. do s.m.: *itens*.]

i•te•ra•ção *sf.* 1. Ato de iterar; repetição. 2. *Mat.* Processo de resolução (de uma equação, de um problema) mediante uma seqüência finita de operações em que o objeto de cada uma é o resultado da que a precede. [Pl.: *-ções*.]

i•te•rar *v.t.d.* 1. Tornar a fazer ou a dizer; repetir, reiterar. 2. *Mat.* Fazer uso de iteração (2). [Conjug.: ① [iter]**ar**]

i•te•ra•ti•vo *adj.* 1. Relativo a, ou em que há iteração. 2. Repetido, reiterado. 3. *Mat.* Diz-se de procedimento que se baseia no uso ou aplicação da iteração (2).

i•tér•bi:o *sm. Quím.* V. *lantanídeos* [símb.: *Yb*].

i•te•rí•ci:a *sf. Med.* Icterícia.

i•ti•ne•ran•te *adj2g.* e *s2g.* Que ou quem viaja, percorre itinerários.

i•ti•ne•rá•ri:o *adj.* 1. Concernente a caminhos. • *sm.* 2. Descrição de viagem; roteiro. 3. Caminho a percorrer, ou percorrido. 4. Caminho, trajeto.

i•to•ro•ró *sm. Bras.* Pequena cachoeira.

i•tri:o *sm. Quím.* Elemento de número atômico 39, metálico [símb.: *Y*].

i:u•gos•la•vo *adj.* 1. Da Iugoslávia (Europa). • *sm.* 2. O natural ou habitante da Iugoslávia.

i•xe *interj. Bras.* Exclamação irônica, ou de desprezo.

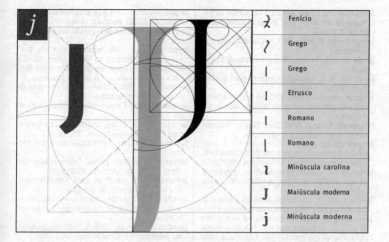

	Fenício
	Grego
	Grego
	Etrusco
	Romano
	Romano
	Minúscula carolina
J	Maiúscula moderna
j	Minúscula moderna

j (jota) *sm.* **1.** A 10ª letra do nosso alfabeto. **2.** Figura ou representação dessa letra. ♦ *num.* **3.** Décimo (1), numa série. [Pl. (nas acepç. 1 e 2) indicado pela duplicação da letra: *jj.*]

já *adv.* **1.** Neste momento; agora. **2.** Sem demora; agora mesmo. **3.** Jamais (2). ♦ **Já que.** Visto que; uma vez que.

ja•bá¹ *sm.* e *f. Bras.* Charque.

ja•bá² *sm. Bras. Gír.* Jabaculê.

ja•ba•cu•lê *sm. Gír.* **1.** Propina, gorjeta. **2.** V. *dinheiro* (4).

ja•bo•ran•di *sm. Bras. Bot.* Arbusto rutáceo, medicinal.

ja•bo•ta *sf. Bras.* A fêmea do jabuti.

ja•bu•ru *sm. Bras. Zool.* Ave ciconiídea que freqüenta rios, lagoas e pantanais.

ja•bu•ti *sm. Bras. Zool.* Quelídeo de carapaça alta.

ja•bu•ti•ca•ba *sf. Bras.* Fruto da jabuticabeira.

ja•bu•ti•ca•bal *sm. Bras.* Grande quantidade de jabuticabeiras. [Pl.: *-bais.*]

ja•bu•ti•ca•bei•ra *sf. Bras. Bot.* Árvore mirtácea, frutífera.

ja•ca *sf.* O fruto da jaqueira.

ja•cá *sm. Bras.* Cesto para conduzir carga às costas de animais.

ja•ça *sf.* **1.** Substância heterogênea em pedra preciosa. **2.** Mancha, falha.

ja•ca•mi ou **ja•ca•mim** *sm. Bras. Bot.* Ave psofiídea domesticável. [Pl. de jacamim: *-mins.*]

ja•ça•nã *sf. Bras. Zool.* Ave jacanídea de todo o Brasil.

ja•ca•ní•de:o *sm. Zool.* Espécime dos jacanídeos, família de aves pernaltas de bico longo e fino; vivem nas praias alagadiças de rios e lagoas. § **ja•ca•ní•de:o** *adj.*

ja•ca•ran•dá *sm. Bras. Bot.* Árvore das legumiínosas que fornece madeira de lei.

ja•ca•ré *sm. Bras. Zool.* Nome comum a todos os crocodilianos aligatorídeos do Brasil.

ja•cen•te *adj2g.* **1.** Que jaz. **2.** Imóvel, estacionário.

ja•cin•to *sm. Bot.* Erva liliácea de belíssimas flores.

ja•co•bi•nis•mo *sm.* Partido, doutrina ou idéias de jacobino.

ja•co•bi•no *sm.* **1.** Membro de um clube político fundado em Paris em 1789. **2.** *Bras.* Nacionalista estreito; xenófobo.

jac•tân•ci:a *sf.* **1.** Vaidade, ostentação. **2.** Orgulho, arrogância.

jac•tan•ci•o•so (ô) *adj.* Que tem ou denota jactância. [Pl.: *-ciosos* (ó).]

jac•tar-se *v.p.* Ter jactância; gabar-se. [Conjug.: ① [jact]**ar**[-se]]

jac•to ou **ja•to** *sm.* **1.** Ímpeto, impulso. **2.** Saída impetuosa de um líquido ou de um gás; jorro. **3.** *Bras.* Avião a jacto.

ja•cu *sm. Bras. Zool.* Ave cracídea das matas brasileiras.

ja•cu•ba *sf. Bras.* Refresco feito com água, farinha de mandioca e açúcar; chibé.

ja•cu•lar *v.t.d.* **1.** Ejacular. **2.** Lançar, arremessar. [Conjug.: ① [jacul]**ar**]

ja•cu•la•tó•ri:a *sf.* Oração curta e fervorosa.

ja•cu•mã *sm.* Remo indígena em forma de pá.

ja•cun•dá *sm. Bras. Zool.* Peixe ciclídeo semelhante à traíra.

ja•cu•tin•ga *sf. Bras. Zool.* Ave cracídea da mata virgem.

ja•de *sf. Min.* Mineral duro, compacto, esverdeado.

ja•ez (ê) *sm.* **1.** Aparelho e adorno para bestas. **2.** Qualidade, espécie.

ja•guar *sm. Bras. Zool.* Felídeo grande e feroz cuja pelagem tem manchas pretas; onça, onçapintada.

ja•gua•ti•ri•ca *sf. Bras. Zool.* Felídeo noturno que vive em matas; gato-do-mato.

ja•gun•ço *sm. Bras.* **1.** V. *capanga* (3). **2.** Indivíduo do grupo de seguidores de Antônio Conselheiro na campanha de Canudos (1896-1897).

ja•le•co *sm.* Casaco de tecido leve, sem forro, de uso profissional por médicos, dentistas, cabeleireiros, etc.

ja•mais *adv.* **1.** Em tempo nenhum; nunca. **2.** Em algum ou qualquer tempo passado; já.

ja•man•ta *sf. Bras.* **1.** *Zool.* Peixe mobulídeo de até 1,5t. **2.** Caminhão, tipo reboque, usado para transportar automóveis; carreta. **3.** Indivíduo grande, desajeitado.

ja•ma•xim *sm.* Cesto para cargas, provido de alça; panacum. [Pl.: *–xins.*]

jam•bei•ro *sm. Bot.* Árvore mirtácea, frutífera.

jam•bo *sm.* O fruto de cor rubra do jambeiro.

ja•me•gão *sm. Pop.* Assinatura; rubrica. [Pl.: *–gões.*]

ja•me•lão *sm. Bras. Bot.* Árvore mirtácea de frutas edules. [Pl.: *–lões.*]

jan•dai•a *sf. Bras. Zool.* Ave psitacídea; vive em bandos.

ja•nei•ro *sm.* O primeiro mês do ano, com 31 dias.

ja•ne•la *sf.* **1.** Abertura na parede dum edifício para deixar que nele entre a luz e o ar. **2.** *Inform.* Em interfaces gráficas, região retangular na tela do computador onde são exibidas as informações de um processo em execução.

jan•ga•da *sf. Bras.* Embarcação chata, feita de cinco paus roliços, dos pescadores do N.E.

jan•ga•dei•ro *sm. Bras.* Dono ou patrão de jangada.

jân•gal *sm.* Floresta, selva. [Pl.: *–les.*]

jân•ga•la *sm.* Jângal.

ja•no•ta *adj2g. e s2g.* Diz-se de, ou pessoa que se veste com excessivo apuro; peralta.

jan•ta *sf. Pop.* Jantar (4 e 5).

jan•tar *v.int.* **1.** Tomar o jantar (4 e 5). *T.d.* **2.** Comer ao jantar (4). **3.** *Gír.* Passar para trás; suplantar. [Conjug.: ⊡ [jant]**ar**] • *sm.* **4.** A refeição da noite. **5.** A comida que constitui essa refeição.

ja•ó *sm. e.f. Bras. Zool.* Ave tinamídea, escura, de pio triste, do Brasil central.

ja•pim *sm. Bras. Zool.* Ave icterídea negra, com a base da cauda amarela; xexéu. [Pl.: *–pins.*]

ja•po•na *sf.* Espécie de jaquetão, em geral azulmarinho.

ja•po•nês *adj.* **1.** Do Japão (Ásia) • *sm.* **2.** O natural ou habitante do Japão. [Flex. (de 1 e 2): *japonesa* (ê), *japoneses* (ê), *japonesas* (ê). Sin. (de 1 e 2): *nipônico.*] **3.** A língua japonesa.

ja•quei•ra *sf. Bot.* Grande árvore morácea de frutos muito apreciados.

ja•que•ta (ê) *sf.* Casaco que em geral chega só até a cintura.

ja•que•tão *sm.* Paletó traspassado na frente, com quatro ou seis botões. [Pl.: *–tões.*]

ja•ra•guá *sm. Bras. Bot.* Gramínea alta, forrageira.

ja•ra•ra•ca *sf. Bras.* **1.** *Zool.* Ofídio colubrídeo venenoso de até 1,50m. **2.** Víbora (2).

ja•ra•ra•cu•çu *sm. Bras. Zool.* Cobra crotalídea amarelo-escura, de até 2,20m.

jar•da *sf.* Unidade fundamental de comprimento do sistema inglês, equivalente a 3 pés ou 914mm.

jar•dim *sm.* Terreno onde se cultivam plantas, ou vegetais de toda natureza. [Pl.: *–dins.*]

jar•di•nar *v.int.* Cultivar jardim. [Conjug.: ⊡ [jardin]**ar**] § **jar•di•na•dor**

jar•di•nei•ra *sf.* **1.** Fem. de *jardineiro.* **2.** Móvel, ou elemento construído, para a colocação de plantas. **3.** *Bras.* Ônibus aberto, de bancos paralelos.

jar•di•nei•ro *sm.* Profissional que jardina.

jar•gão *sm.* **1.** Linguagem corrompida. **2.** Gíria profissional. [Pl.: *–gões.*]

ja•ri•na *sf. Bras. Bot.* Palmácea de cujas sementes se fazem botões; marfim-vegetal.

ja•ri•ta•ta•ca *sf. Bras. Zool.* Mamífero mustelídeo ofiófago do N. do País; tem glândula anal que secreta e faz projetar, como defesa, líquido fétido e irritante; cangambá.

jar•ra *sf.* Vaso para água ou para flores; jarro.

jar•re•te (ê) *sm.* **1.** A parte da perna situada atrás do joelho. **2.** Nervo ou tendão da perna dos quadrúpedes.

jar•ro *sm.* Vaso alto e bojudo, com asa e bico, próprio para água; jarra.

jas•mim *sm. Bot.* **1.** Arbusto ou trepadeira das oleáceas de flores alvas, perfumadíssimas; jasmineiro. **2.** A flor do jasmim. [Pl.: *–mins.*]

jas•mim-do-ca•bo *sm. Bot.* Gardênia. [Pl.: *jasmins-do-cabo.*]

jas•mi•nei•ro *sm. Bot.* Jasmim (1).

jas•pe *sm. Min.* Variedade de quartzo opaco, de cores diversas, sendo a vermelha a mais comum.

ja•ta•í *sm. Bras. Bot.* Jatobá.

ja•to *sm.* Jacto.

ja•to•bá *sm. Bras. Bot.* Árvore das leguminosas de fruto comestível, uma vagem; jataí.

ja•ú¹ *sm. Bras. Zool.* Grande peixe fluvial, pimelodídeo.
ja•ú² *sm. Bras.* Andaime móvel, usado em serviços de pintura e reparos externos de edifícios.
jau•la *sf.* Prisão para feras; gaiola.
ja•va•li *sm. Zool.* Mamífero suídeo; é um porco selvagem.
ja•va•li•na *sf.* A fêmea do javali.
ja•zer *v.int.* **1.** Estar deitado no chão ou em cama. **2.** Estar morto, ou como morto. **3.** Estar sepultado. *Pred.* **4.** Permanecer, estar. [Conjug.: 35 **jazer**]
ja•zi•da *sf.* Depósito natural de substâncias úteis, inclusive os combustíveis naturais.
ja•zi•go *sm.* **1.** V. *sepultura.* **2.** Pequena edificação, nos cemitérios, para o sepultamento de várias pessoas.
jê *sm. Bras.* **1.** Designação genérica de diversos povos indígenas do Brasil central. **2.** *Gloss.* Família lingüística do tronco macro-jê, que reúne diversas línguas faladas por povos indígenas do Brasil central. **§ jê** *adj2g.*
⇨ **jeans** (djins) [Ingl.] *sm.* **1.** *Blue jeans* (2). **2.** Calça semelhante à *blue jeans*, mas em outras cores, ou preta, ou branca.
je•ca *s2g.* e *adj2g. Bras.* V. *caipira.*
je•gue *sm. Bras. N. N.E. C.O.* V. *jumento* (1).
jei•ra *sf.* Medida agrária que varia, segundo o país, de 19 a 36 hectares.
jei•to *sm.* **1.** Modo, maneira. **2.** Aspecto, feitio. **3.** Índole, caráter. **4.** Propensão. **5.** Habilidade, arte. **6.** Torcedura; luxação. **7.** *Bras.* Boas maneiras.
jei•to•so (ô) *adj.* **1.** Que tem jeito; hábil. **2.** Elegante, airoso. **3.** Adequado. [Pl.: *–tosos* (ó).]
je•ju•ar *v.int.* **1.** Praticar o jejum. **2.** Abster-se de algo. [Conjug.: 1 [jeju]**ar**] **§ je•ju•a•dor** (ô) *sm.*
je•jum *sm.* Abstinência, total ou parcial de alimentação, em certos dias, por penitência ou prescrição religiosa ou médica. [Pl.: *–juns.*]
je•ju•no *adj.* **1.** Que está em jejum. • *sm.* **2.** *Anat.* A segunda porção do intestino delgado. **§ je•ju•nal** *adj2g.*
je•ni•pa•pei•ro *sm. Bras. Bot.* Árvore rubiácea de bagas aromáticas usadas para fazer licores.
je•ni•pa•po *sm. Bras.* O fruto do jenipapeiro.
je•qui *sm. Bras. N. N.E.* Cesto para pesca, longo e afunilado.
je•qui•ce *sf. Bras.* Atos ou modos próprios de jeca.
je•qui•ti•bá *sm. Bras. Bot.* Árvore lecitidácea de madeira útil.
je•qui•ti•ra•na•bói•a *sf. Bras. Zool.* Inseto fulgorídeo, inofensivo, cuja cabeça lembra a dos lagartos.
je•re•ré *sm. Bras. N.E. a SP* Espécie de rede para pesca de camarões e de peixes miúdos.
je•ri•co *sm.* V. *jumento* (1).
je•ri•mum *sm. Bras. N. N.E.* **1.** Abóbora. **2.** *Bot.* V. *aboboreira.* [Pl.: *–muns.*]
je•ro•pi•ga *sf.* **1.** Bebida feita de mosto, aguardente e açúcar. **2.** Vinho ordinário; zurrapa.
jér•sei *sm.* Tecido de tricô muito fino.
je•su•í•ta *sm.* Membro da Companhia de Jesus, ordem religiosa fundada por Inácio de Loyola (q. v.).
je•su•í•ti•co *adj.* Dos, ou próprio dos jesuítas.
ji:a *sf. Bras. Zool.* Rã.
ji•bói•a *sf. Zool.* Cobra boídea, não venenosa, arborícola, de até 4m.
ji•boi•ar (òi) *v.int.* e *t.d. Bras.* Digerir em repouso refeição farta. [Conjug.: 1 [jiboi]**ar**; quanto à acentuação do *o*, v. *apoiar.*]
ji•ça•ra *sf. Bras. Bot.* V. *juçara.*
ji•ló *sm. Bras.* Fruto, de sabor amargo, do jiloeiro.
ji•lo•ei•ro (lò) *sm. Bras. Bot.* Erva solanácea muito cultivada no Brasil, de frutos amargos, alimentícios.
⇨ **jingle** (djíngol) [Ingl.] *sm.* Pequeno anúncio musicado.
jin•ji•bir•ra *sf.* Bebida fermentada feita de frutas, gengibre, etc., e água.
ji•pe *sm.* Pequeno automóvel, hoje usado sobretudo em serviços rurais.
ji•rau *sm. Bras.* **1.** Armação de madeira sobre a qual se constroem casas. **2.** Qualquer armação de madeira em forma de estrado ou palanque. **3.** Pavimento construído a meia altura de um recinto; mezanino.
jiu-jít•su *sm.* Luta corporal em que se tenta imobilizar o adversário com golpes de destreza aplicados a pontos sensíveis do corpo. [Pl.: *jiu-jítsus.*]
jo:a•lhei•ro *sm.* Fabricante e/ou vendedor de jóias.
jo:a•lhe•ri•a ou **jo:a•lha•ri•a** *sf.* Estabelecimento onde se vendem jóias.
jo:a•ne•te (ê) *sm. Med.* Bolsa serosa recoberta de pele espessada, resultante ger. de compressão por calçado, e desenvolvida, sobretudo, ao nível de articulação do primeiro pododáctilo.
jo:a•ni•nha *sf. Zool.* Pequeno inseto coccinelídeo de asas coloridas.
jo:a•ni•no *adj.* Relativo a João ou Joana, ou a S. João.
jo:ão-de-bar•ro *sm. Bras. Zool.* Ave furnariídea que constrói o ninho amassando barro. [Pl.: *joões-de-barro.*]
jo:ão-nin•guém *sm.* Indivíduo sem importância; sujeito à-toa; zé-ninguém; borra-botas; lagalhé, leguelhé (*bras.*); mequetrefe (*pop.*). [Pl.: *joões-ninguém.*]
jo:ão-pes•ta•na *sm. Pop.* O sono. [Pl.: *joões-pestanas* e *joão-pestanas.*]

jo•ça sf. Bras. Gír. Coisa complicada, ou ruim, ou sem valia.

jo•co•so (ó) adj. Que provoca o riso; engraçado. [Pl.: –cosos (ó).] § **jo•co•si•da•de** sf.

jo•ei•ra¹ sf. Peneira para separar o trigo do joio.

jo•ei•ra² sf. Ato de joeirar; joeiramento.

jo:ei•rar v.t.d. 1. Passar (o trigo) pela joeira. 2. Peneirar. 3. Escolher, separando o bom do mau. [Conjug.: ① [joeir]ar] § **jo:ei•ra•men•to** sm.

jo:e•lha•da sf. Pancada com o joelho.

jo:e•lhei•ra sf. Peça com que se protegem os joelhos.

jo•e•lho (ê) sm. 1. Anat. Segmento de membro inferior que compreende a articulação de coxa e perna e as partes moles que a circundam. 2. A parte da veste correspondente ao joelho.

jo•ga•da sf. 1. Ato ou efeito de jogar. 2. Bras. Esquema em geral lucrativo ou vantajoso.

jo•ga•do adj. 1. Que se jogou ou arriscou no jogo. 2. Bras. Prostrado, inerte. 3. Bras. Abandonado, desamparado.

jo•ga•dor (ô) adj. 1. Que joga. • sm. 2. Aquele que joga por esporte, hábito, profissão ou vício.

jo•gar v.t.d. 1. Tomar parte no jogo de. 2. Arriscar ao jogo. 3. Fazer apostas em jogo. 4. Arremessar, atirar. T.d.i. 5. Jogar (4). 6. Instigar, açular. T.i. 7. Disputar partida. 8. Basear-se, fundar-se. Int. 9. Ter o hábito ou vício do jogo, ou cultivá-lo como esporte. 10. Oscilar, balançar-se P. 11. Atirar-se, lançar-se. [Conjug.: ① [jo]gar]

jo•ga•ti•na sf. Vício. O hábito ou vício, ou exercício continuado, do jogo, principalmente o de azar.

jo•go (ô) sm. 1. Atividade física ou mental fundada em sistema de regras que definem a perda ou o ganho. 2. Passatempo. 3. Jogo de azar, i. e., aquele em que a perda ou o ganho dependem mais da sorte que do cálculo. 4. O vício de jogar. 5. Série de coisas que forma um todo, ou coleção. 6. Conjugação harmoniosa de peças mecânicas com o fim de movimentar um maquinismo. 7. Balanço, oscilação. 8. Manha, astúcia. 9. Comportamento de quem visa a obter vantagens de outrem. ◆ **Jogos malabares.** Jogos de posições e movimentos difíceis e extravagantes, com prestidigitação e outras habilidades manuais. **Jogos olímpicos.** Competições esportivas internacionais que se realizam, ger., de quatro em quatro anos, e em país previamente escolhido.

jo•gral sm. Na Idade Média, trovador ou intérprete de poemas e canções de caráter épico, romanesco ou dramático. [Fem.: jogralesa. Pl.: –grais.]

jo•gue•te (ê) sm. Pessoa que é objeto de ludíbrio ou zombaria, ou que é manobrada facilmente pelos outros.

jói•a sf. 1. Artefato de material precioso (metal, pedra, etc.). 2. Pessoa ou coisa muito valiosa ou muito boa. 3. Bras. Quantia que pagam os que são admitidos como membros de associações, clubes, etc.

joi•o sm. Gramínea que medra nos trigais.

jon•go sm. Bras. Caxambu (1).

jol•dra (ô) sf. V. choldra.

jô•ni:o adj. e sm. Diz-se de, ou indivíduo que habitava a antiga Jônia (colônia grega da Ásia Menor).

jó•quei sm. Cavaleiro que monta, por profissão, cavalo de corrida; montaria.

jor•na•da sf. 1. Caminho que se faz num dia. 2. Viagem por terra. 3. Ação ou expedição militar. 4. Duração do trabalho diário.

jor•na•de•ar v.int. Fazer jornada(s). [Conjug.: ⑩ [jornad]ear]

jor•nal¹ sm. Salário diário; salário. [Pl.: –nais.]

jor•nal² sm. 1. Gazeta diária; diário. 2. Noticiário. [Pl.: –nais.]

jor•na•le•co sm. Jornal² (1) insignificante e/ou mal redigido.

jor•na•lei•ro¹ sm. Operário a quem se paga jornal¹.

jor•na•lei•ro² sm. Bras. Vendedor e/ou entregador de jornais.

jor•na•lis•mo sm. 1. A profissão de jornalista. 2. A imprensa jornalística. [Sin. ger.: periodismo.]

jor•na•lis•ta s2g. Pessoa que dirige ou redige um jornal² (1), ou que dele é colaboradora; periodista.

jor•na•lís•ti•co adj. Relativo a jornal², a jornalista ou a jornalismo.

jor•rar v.int. e t.c. 1. Brotar, com jorro ou com ímpeto. T.i. 2. Fig. Fluir, manar. T.d. 3. Lançar com ímpeto. 4. Emitir. [Conjug.: ① [jorr]ar]

jor•ro (ô) sm. Jacto (2).

jo•ta¹ sm. A letra j.

jo•ta² sf. Música e dança popular espanhola.

jou•le sm. Fís. Unidade de medida de energia no S.I. igual ao trabalho realizado por uma força constante de um newton cujo ponto de aplicação se desloca da distância de um metro na direção da força.

jo•vem adj2g. 1. Que está na juventude; juvenil. 2. Juvenil (1). • s2g. 3. Pessoa jovem (1). [Pl.: –vens.]

jo•vi•al adj2g. 1. Alegre, prazenteiro. 2. Engraçado, espirituoso. [Pl.: –ais.] § **jo•vi:a•li•da•de** sf.

⊳ **joystick** (djòistik) [Ingl.] sm. Inform. Dispositivo us. para jogos de computador, que permite indicar direções e intensidades por meio de uma alavanca e selecionar ações por meio de botões.

ju•á sm. Bras. 1. Arrebenta-cavalo. 2. Bot. O fruto do juazeiro.

ju:a•zei•ro (à) *sm. Bras. Bot.* Árvore raminácea da caatinga nordestina, de fruto comestível.

ju•ba *sf.* Crina de leão.

ju•bi•lar *v.t.d.* e *p.* 1. Encher(-se) de júbilo; alegrar(-se) muito. 2. Aposentar(-se) (professor). [Conjug.: ① [jubil]ar] § ju•bi•la•ção *sf.*

ju•bi•leu *sm.* 1. Indulgência plenária concedida pelo Papa em várias solenidades. 2. Solenidade da recepção do jubileu (1). 3. O qüinquagésimo aniversário de casamento, do exercício duma função, etc.

jú•bi•lo *sm.* Grande contentamento; alegria.

ju•bi•lo•so (ó) *adj.* Cheio de júbilo. [Pl.: –*losos* (ó).]

ju•cá *sm. Bras. Bot.* Pau-ferro.

ju•ça•ra *sf. Bras. Bot.* 1. Palmácea cujo gomo terminal constitui o palmito. 2. Açaí.

ju•cun•do *adj.* Alegre, prazenteiro, jovial. § ju•cun•di•da•de *sf.*

ju•dai•co *adj.* Relativo a judeus; judeu.

ju•da•ís•mo *sm.* Ambiente social, cultural, político e religioso do povo hebreu, no qual se formou o cristianismo.

ju•da•i•zan•te *adj2g.* e *s2g.* Que ou quem judaíza.

ju•da•i•zar *v.int.* 1. Observar os ritos e tradições judaicos. *T.d.* 2. Converter ao judaísmo. [Conjug.: ⑮ [juda]i[z]ar]

ju•deu *adj.* 1. Da Judéia (Ásia). 2. Israelita (2). 3. Judaico. • *sm.* 4. O natural ou habitante da Judéia. 5. Israelita (1). 6. Aquele que segue a religião judaica. 7. *Deprec.* Usurário. [Fem.: *judia*.]

ju•di•a•ção *sf.* Maus tratos; judiaria. [Pl.: –*ções*.]

ju•di•ar *v.t.i.* 1. Usar de judiação; maltratar. 2. Zombar. [Conjug.: ① [judi]ar]

ju•di•a•ri•a¹ *sf.* 1. Grande porção de judeus. 2. Bairro destinado a judeus.

ju•di•a•ri•a² *sf.* Judiação.

ju•di•can•te *adj2g.* 1. Que julga; judicativo. 2. Que exerce as funções de juiz.

ju•di•ca•ti•vo *adj.* 1. Judicante. 2. Que tem a faculdade de julgar ou sentenciar.

ju•di•ca•tó•ri:o *adj.* 1. Próprio para julgar. 2. Relativo a julgamento.

ju•di•ca•tu•ra *sf.* 1. Poder de julgar. 2. Função, cargo ou dignidade de juiz.

ju•di•ci•al *adj2g.* 1. Relativo a juiz, a tribunais ou à justiça; forense. 2. Judiciário (1). [Pl.: –*ais*.]

ju•di•ci•á•ri:o *adj.* 1. Relativo ao direito processual ou à organização da justiça; judicial. • *sm.* 2. Um dos três poderes detentores da soberania estatal, ao qual incumbe distribuir justiça e interpretar a constituição.

ju•di•ci•o•so (ó) *adj.* 1. Que julga com acerto; sensato. 2. Que revela acerto, juízo. [Pl.: –*ciosos* (ó).]

ju•dô *sm.* Jogo esportivo de combate e defesa, inspirado nas técnicas de jiu-jítsu.

ju•do•ca *s2g. Bras.* Praticante de judô.

ju•glan•dá•ce:a *sf. Bot.* Espécime das juglandáceas, família de árvores e arbustos que ocorrem nas áreas frias do Velho Mundo. § ju•glan•dá•ce:o *adj.*

ju•go *sm.* 1. Canga. 2. Junta de bois. 3. Sujeição, submissão. 4. Domínio moral.

ju•gu•lar¹ *Anat. adj2g.* 1. Relativo à garganta (1) ou ao pescoço. • *sf.* 2. Cada um de três pares de veias de cada lado do pescoço.

ju•gu•lar² *v.t.d.* 1. Debelar, sufocar. 2. Dominar, subjugar. 3. Degolar. [Conjug.: ① [jugul]ar]

ju•iz (u-iz) *sm.* 1. Aquele que tem o poder de julgar. 2. Aquele que julga; julgador. 3. Membro de um júri. 4. Membro do poder judiciário. 5. Aquele que dirige competição esportiva; árbitro.

ju•í•za *sf.* Mulher que exerce as funções de juiz.

ju:i•za•do *sm.* 1. Cargo de juiz (4). 2. Local onde este exerce suas funções.

ju•í•zo *sm.* 1. Ato de julgar. 2. Conceito, opinião. 3. Tino, ponderação, senso, bom senso, siso. 4. Foro ou tribunal onde se processam e julgam os pleitos. 5. *Pop.* Mente, pensamento.

ju•jút•su *sm.* V. *jiu-jítsu*.

jul•ga•do *adj.* 1. Sentenciado. 2. Imaginado, pensado. • *sm.* 3. Sentenciado.

jul•ga•men•to *sm.* 1. Ato ou efeito de julgar. 2. Decisão. 3. Apreciação. 4. Audiência (4).

jul•gar *v.t.d.* 1. Decidir como juiz ou árbitro. 2. Sentenciar (2). 3. Supor, conjeturar. 4. Formar opinião ou juízo crítico sobre; avaliar. *Transobj.* 5. Considerar. *Int.* 6. Sentenciar (3). *P.* 7. Ter-se por; considerar-se. [Conjug.: ⑪ [jul]gar] § jul•ga•dor (ó) *adj.* e *sm.*

ju•lho *sm.* O sétimo mês do ano, com 31 dias.

ju•li•a•no *adj.* Relativo à reforma cronológica de Júlio César, no ano 45 a.C.

ju•men•to *sm.* 1. *Zool.* Mamífero eqüídeo us. como animal de tração e carga; asno, burro, jerico, jegue. 2. Cavalo (2).

jun•ção *sf.* 1. Ato de juntar(-se). 2. Ponto onde duas ou mais coisas se unem; junta, juntura. [Pl.: –*ções*.] ◆ **Junção** PN. *Elétron.* Limite entre duas regiões de um semicondutor que têm, respectivamente, dopagem tipo P e dopagem tipo N.

jun•car *v.t.d.* 1. Cobrir de juncos. 2. Cobrir de folhas ou flores. 3. Encher, cobrir. *T.d.i.* 4. Juncar (2). [Conjug.: ⑧ [jun]car]

jun•co *sm.* 1. *Bot.* Nome comum a várias ciperáceas e juncáceas, flexíveis, de que se fazem móveis, bengalas, etc. 2. Bengala de junco.

jun•gir *v.t.d.* 1. Ligar por jugo; emparelhar. 2. Unir, ligar, atar. 3. Subjugar. [Conjug.: ⑱ [jung]ir. É, em geral, m. us. nas 3ªs pess.]

ju•nho *sm.* O sexto mês do ano, com 30 dias.

ju•ni•no *adj. Bras.* Relativo ao, ou que se realiza no mês de junho.

jú•ni•or *adj.* **1.** O mais jovem (de dois). **2.** Emprega-se após o nome da pessoa, para indicar que é a mais jovem da família com aquele nome. [Pl.: *juniores* (ò).]

ju•ní•pe•ro *sm. Bot.* Zimbro.

jun•qui•lho *sm.* **1.** *Bot.* Erva amarilidácea de flores perfumadas. **2.** Sua flor.

jun•ta *sf.* **1.** V. *junção* (2). **2.** Articulação, juntura. **3.** Parelha (1). **4.** Reunião de pessoas convocadas para um dado fim. **5.** Conferência de médicos junto a um enfermo.

jun•tar *v.t.d., t.d.i., int.* e *p.* V. *ajuntar.* [Conjug.: ① [junt]**ar**; part.: *juntado* e *junto*.]

jun•to *adj.* **1.** Unido, anexo. **2.** Próximo, chegado. • *adv.* **3.** Juntamente. **4.** Ao lado; perto.

jun•tu•ra *sf.* **1.** *junção* (2). **2.** Junta (2). **3.** Linha de união ou de junção de duas peças. **4.** *Anat.* V. *articulação.*

jú•pi•ter *sm. Astr.* O maior planeta do sistema solar, o quinto em ordem de afastamento do Sol, tendo 16 satélites. [Com inicial maiúscula.]

ju•qui•ri *sm. Bras. Bot.* Árvore das leguminosas, da Amazônia.

ju•ra *sf.* Juramento.

ju•ra•do *adj.* **1.** Solenemente declarado. **2.** Protestado com juramento. **3.** *Bras.* Ameaçado (de agressão ou morte). • *sm.* **4.** Membro de júri (1).

ju•ra•men•tar *v.t.d.* e *p.* V. *ajuramentar.* [Conjug.: ① [jurament]**ar**] § **ju•ra•men•ta•do** *adj.*

ju•ra•men•to *sm.* **1.** Ato de jurar; jura. **2.** Afirmação ou promessa solene.

ju•rar *v.t.d.* **1.** Afirmar sob juramento. **2.** Invocar, chamar. **3.** Afirmar categoricamente; afiançar. *T.d.i.* **4.** Jurar (1 e 3). *T.i.* **5.** Fazer juramento (2). **6.** Proferir imprecações; praguejar. *Int.* **7.** Prestar ou proferir juramento. [Conjug.: ① [jur]**ar**]

ju•rás•si•co *sm.* Período (5) que se caracteriza pelo aparecimento dos animais de transição entre reptis e aves; nesse período os dinossauros dominaram sobre a Terra.

ju•re•ma *sf. Bras.* **1.** *Bot.* Arbusto espinhoso das leguminosas. **2.** Bebida alucinógena feita com a casca, raízes ou frutos dele.

jú•ri *sm.* **1.** Tribunal judiciário formado por um juiz de direito, que o preside e julga segundo a prova dos autos, e certo número de cidadãos (*jurados*), que julgam como juízes de fato; tribunal do júri. **2.** Comissão incumbida de avaliar o mérito de pessoas ou coisas.

ju•rí•di•co *adj.* **1.** Relativo ao direito. **2.** Conforme aos princípios do direito; lícito, legal.

ju•ris•con•sul•to *sm.* Homem versado na ciência do direito e que faz profissão de dar pareceres sobre questões judiciais; jurista, jurisperito, jurisprudente.

ju•ris•di•ção *sf.* **1.** Poder atribuído a uma autoridade para fazer cumprir certas leis e punir quem as infrinja em determinada área. **2.** Área na qual se exerce esse poder; vara. **3.** Poder, influência. [Pl.: *-ções*]

ju•ris•pe•ri•to *sm.* V. *jurisconsulto.*

ju•ris•pru•dên•ci•a *sf.* Interpretação reiterada que os tribunais dão à lei, nos casos concretos submetidos a seu julgamento.

ju•ris•pru•den•te *s2g.* V. *jurisconsulto.*

ju•ris•ta *s2g.* V. *jurisconsulto.*

ju•ri•tiou ju•ru•ti *sf. Bras. Zool.* Ave columbídea pardo-avermelhada, de canto agradável.

ju•ro *sm.* **1.** Importância cobrada pelo empréstimo de dinheiro. **2.** Rendimento, interesse.

ju•ros *sm.pl.* Juro.

ju•ru•be•ba *sf. Bras. Bot.* Arbusto solanáceo, medicinal.

ju•ru•ju•ba *sf. Bras. Bot.* Subarbusto verbenáceo ornamental, e medicinal; verbão.

ju•ru•pa•ri *sm. Bras.* **1.** Um diabo dos tupis. **2.** Entre missionários, o diabo do cristianismo.

ju•ru•ru *adj2g. Bras.* Triste, melancólico.

jus *sm.* Direito (11). ◆ **Fazer jus a.** Tratar de merecer.

ju•san•te *sf.* **1.** Vazante da maré. **2.** Sentido em que fluem as águas de uma corrente fluvial.

jus•ta *sf.* **1.** Na Idade Média, combate entre dois cavaleiros armados de lança; torneio. **2.** Luta, combate.

jus•ta•flu•vi•al *adj2g.* Que está nas margens de um rio. [Pl.: *-ais*.]

jus•ta•li•ne•ar *adj2g.* Diz-se de tradução em que o texto de cada linha vai traduzido ao lado, ou na linha imediata.

jus•ta•por (ô) *v.t.d., t.d.i.* e *p.* Pôr(-se) junto. [Conjug.: ⑥⓪ [justa]**por**]

jus•ta•po•si•ção *sf.* **1.** Ato ou efeito de justapor(-se). **2.** *Gram.* V. *composição* (8). [Pl.: *-ções*.]

jus•ta•pos•to (ô) *adj.* Que se justapôs. [Pl.: *-postos* (ó).]

jus•tar *v.int.* Participar de justa; combater. [Conjug.: ① [just]**ar**]

jus•te•za (ê) *sf.* Qualidade de justo; exatidão, precisão, certeza.

jus•ti•ça *sf.* **1.** A virtude de dar a cada um aquilo que é seu. **2.** A faculdade de julgar segundo o direito e melhor consciência. **3.** Magistratura (2). **4.** Conjunto de magistrados judiciais e pessoas que servem junto deles. **5.** O pessoal dum tribunal. **6.** O poder judiciário.

jus•ti•çar *v.t.d.* Punir com a morte ou com suplício. [Conjug.: ⑨ [justi]**çar**] § **jus•ti•ça•do** *adj.* e *sm.*

jus•ti•cei•ro *adj.* **1.** Amante da justiça. **2.** Rigoroso na aplicação da lei; imparcial, inflexível. • *sm.* **3.** Indivíduo justiceiro.

jus•ti•fi•car *v.t.d.* **1.** Demonstrar ou provar a inocência de. **2.** Provar em juízo; provar. **3.** Legitimar, desculpar. **4.** Dar razão a. *P.* **5.**

Provar a própria inocência, ou a boa razão do seu procedimento. [Conjug.: ⑧ [justifi]-car] § **jus•ti•fi•ca•ção** *sf.*; **jus•ti•fi•cá•vel** *adj2g.*

jus•ti•fi•ca•ti•va *sf.* Causa, prova ou documento que comprova a realidade de um fato.

jus•ti•fi•ca•ti•vo *adj.* Que serve para justificar.

jus•to *adj.* 1. Conforme à justiça, à eqüidade, à razão. 2. Imparcial; íntegro. 3. Exato, preciso. 4. Legítimo, fundado. 5. Que se ajusta ou se adapta bem. 6. Apertado. • *sm.* 7. Homem virtuoso.

ju•ta *sf. Bot.* Erva tiliácea, de fibras têxteis.

ju•ve•nes•cer *v.t.d.* e *p.* Rejuvenescer(-se). [Conjug.: ㉞ [juvenes]**cer**]

ju•ve•nil *adj2g.* 1. Da, ou próprio da juventude; jovem. 2. Jovem (1). [Pl.: –*nis*.]

ju•ve•ni•li•da•de *sf.* V. *juventude* (1).

ju•ven•tu•de *sf.* 1. Idade moça; mocidade, juvenilidade. 2. A gente moça; mocidade.

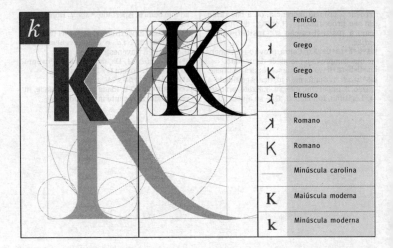

↓	Fenício
𐤊	Grego
Κ	Grego
𐌊	Etrusco
Λ	Romano
K	Romano
	Minúscula carolina
K	Maiúscula moderna
k	Minúscula moderna

k (cá) *sm.* **1.** Antiga letra do nosso alfabeto, substituída por *c* ou por *q*, e que só é utilizada em certos estrangeirismos, em nomes próprios estrangeiros e seus derivados, e em símbolos e abreviaturas de uso internacional. **2.** Figura ou representação dessa letra. • *num.* **3.** Undécimo (1), numa série. [Pl. (nas acepç. 1 e 2) indicado pela duplicação da letra: *kk*.]

❑ **K 1.** *Fís.* Símb. de *kelvin*. **2.** *Fís.* Símb. de *káon*. **3.** *Quím.* Símb. do *potássio*.

kan•ti•a•no *adj.* **1.** Pertencente ou relativo ao filósofo Immanuel Kant (q. v.), ou à sua doutrina. **2.** Que é partidário dessa doutrina. • *sm.* **3.** Partidário dela.

ká•on *sm. Fís. Nucl.* Denominação genérica de mésons de massa aproximadamente igual à metade da massa do próton e que contêm um *quark* ou um *antiquark* estranho [símb.: *K*]. [Pl.: *-ons*.]

kar•de•cis•ta *adj.* **1.** De, ou relativo a Allan Kardec (1804-1869), pensador espírita francês. • *s2g.* **2.** Partidário de sua doutrina. [Sin. ger.: *espírita*.]

⇨ **kart** [Ingl.] *sm.* Pequeno automóvel dotado de embreagem automática e sem carroceria.

❑ **kb** Símb. de *kilobit*.

❑ **kB** Símb. de *kilobyte*.

kel•vin (kél) *sm. Fís.* Intervalo unitário de temperatura na escala absoluta de temperatura [símb.: *K*].

ke•ple•ri•a•no *adj.* Pertencente ou relativo ao astrônomo alemão Johann Kepler (q. v.), ou próprio dele.

⇨ **kerning** (kérnin) [Ingl.] *sm. Art. Gráf.* Espacejamento estabelecido automaticamente entre pares de letras por sistema eletrônico de composição.

❑ **kg** Símb. de *quilograma*.

⇨ **khmer** [Termo nativo.] *sm.* **1.** Indivíduo dos *khmers*, povo nativo do Camboja. **2.** *Gloss.* A língua oficial do Camboja. **§ khme•ri•ano** *adj.*

❑ **kHz** Símb. de *quilohertz*.

ki:er•ke•ga:ar•di•a•no (quir) *adj.* **1.** Pertencente ou relativo ao filósofo e teólogo dinamarquês Kierkegaard (q. v.), ou à sua doutrina. **2.** Que é partidário dessa doutrina. • *sm.* **3.** Partidário dela.

⇨ **kilobit** (kílou-bit) [Ingl.] *sm. Inform.* Unidade de medida de informação equivalente a 2^{10} (*i. e.*, 1.024) *bits* [símb.: *kb*].

⇨ **kilobyte** (kílou-bait) [Ingl.] *sm. Inform.* Unidade de medida de informação equivalente a 2^{10} (*i. e.*, 1.024) *bytes* [símb.: *kB*].

⇨ **kilt** (quilt) [Ingl.] *sm.* Saiote pregueado, parcialmente trespassado, e quadriculado em cores correspondentes a cada clã ou família, e que faz parte do traje típico masculino da Escócia.

⇨ **kit** (quit) [Ingl.] *sm.* Conjunto de materiais reunidos em embalagem adequada e us. para um fim específico.

⇨ **kitchenette** (kitxenet') [Ingl.] *sf.* **1.** Cozinha pequena, ou parte de um compartimento ou armário dispostos como cozinha. **2.** Apartamento de um único compartimento e mais banheiro e *kitchenette*; apartamento conjugado.

⇨ **kitsch** (kitch) [Al.] *adj2g.2n.* e *sm.2n.* Diz-se de, ou qualquer manifestação (decorativa ou outra) que adota elementos inusitados ou populares considerados de mau gosto pela cultura estabelecida. [Como s. com inicial maiúscula.]

⇨ **kiwi** (kíui) [Ingl.] *sm.* Quiui.

❑ **km** Símb. de *quilômetro*.

⇨ **know-how** (nôu-háu) [Ingl.] *sm.* Conjunto de conhecimentos necessários ao desempenho de função ou tarefa.

❑ **Kr** *Quím.* Símb. do *criptônio*.

⇨ **krill** (kril) [Ingl.] *sm2n. Zool.* Pequeno crustáceo eufausiáceo, planctônico, e suas formas larvais.

⇨ **kümmel** (cúmel) [Al.] *sm.* Licor alcoólico aromatizado com cominho, ger. fabricado na Alemanha e na Rússia. [Com inicial maiúscula.]

❑ **kW** Símb. de *quilowatt*.

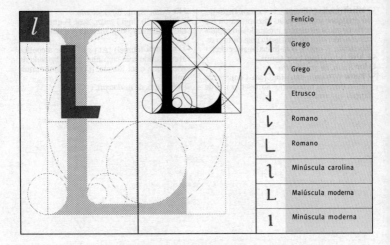

l	Fenício
1	Grego
∧	Grego
↲	Etrusco
↳	Romano
L	Romano
ʟ	Minúscula carolina
L	Maiúscula moderna
l	Minúscula moderna

l (éle) *sm.* **1.** A 11ª letra do nosso alfabeto. **2.** Figura ou representação dessa letra. **3.** A forma da letra L (maiúscula), com dois segmentos aproximadamente perpendiculares, ou aquilo que tem essa forma. • *num.* **4.** Undécimo (1), numa série. **5.** Duodécimo (1), numa série em que a letra *k* corresponde ao 11º elemento. [Pl. (nas acepç. 1 a 4) indicado pela duplicação da letra: *ll.*]

❑ **l** *Símb.* de *litro.*

❑ **L 1.** Na numeração romana, símb. do número *50.* **2.** *Geogr.* Abrev. de *Leste.*

❑ **La** *Quím.* Símb. do *lantânio.*

lá¹ *sm. Mús.* **1.** O sexto grau da escala diatônica de dó. **2.** Sinal da nota *lá* na pauta.

lá² *adv.* **1.** Naquele lugar; ali. **2.** Àquele lugar; ali. **3.** Nesse tempo (futuro); então.

lã *sf.* **1.** Pêlo que cobre o corpo de certos animais. **2.** Fio de lã. **3.** Pano tecido com ele.

la•ba•re•da (ê) *sf.* Grande chama; língua de fogo.

lá•ba•ro *sm.* V. *bandeira* (1).

la•béu *sm.* **1.** Nota infame ou infamante. **2.** Mancha na reputação; desonra.

lá•bi:a *sf.* **1.** Astúcia, manha. **2.** Palavreado (2).

la•bi•a•da *sf. Bot.* Espécime das labiadas, família de plantas floríferas, herbáceas ou arbustivas; cujas flores têm corola labiada; algumas são medicinais. Ex.: a hortelã.

la•bi•a•do¹ *adj. Bot.* Cuja corola, de cinco pétalas, tem duas delas soldadas, lembrando um lábio.

la•bi•a•do² *adj. Bot.* Pertencente ou relativo às labiadas [v. *labiada*].

la•bi•al *adj2g.* **1.** Relativo a lábio. **2.** *Gram.* Que se pronuncia com os lábios. [Pl.: *–ais.*]

lá•bil *adj2g.* **1.** Instável. **2.** Transitório. [Pl.: *–beis.*]

lá•bi:o *sm. Anat.* Nome genérico de borda carnosa. ◆ **Lábio bucal.** *Anat.* Cada uma das duas margens, superior e inferior, da boca. **Grande lábio.** *Anat.* Cada uma das bordas vulvares. **Pequeno lábio.** *Anat.* Cada uma de duas dobras membranosas, e situada para dentro de grande lábio.

la•bi•rin•ti•te *sf. Med.* Inflamação de labirinto (3).

la•bi•rin•to *sm.* **1.** Edifício com muitas divisões, corredores, etc. e de feitio tão complicado que só a muito custo se lhe acerta com a saída. **2.** Jardim cortado por numerosas ruas entrelaçadas e intricadas. **3.** *Anat.* Sistema de cavidades ou canais que se comunicam entre si. **4.** *Bras. N.E.* Crivo (2). ◆ **Labirinto membranoso.** *Anat.* Em cada ouvido, rede de bolsas que contêm endolinfa. **Labirinto ósseo.** *Anat.* Porção óssea de cada ouvido interno.

la•bor (ô) *sm.* Trabalho, faina.

la•bo•rar *v.int.* **1.** V. *labutar. T.d.* **2.** Cultivar (as terras); lavrar. *T.i.* **3.** Incorrer (em erro, engano). [Conjug.: ⬜ [labor]**ar**]

la•bo•ra•tó•ri:o *sm.* Sala ou edifício onde se fazem experiências científicas, exame e/ou preparo de medicamentos, exames clínicos, etc.

la•bo•ra•to•ris•ta *s2g.* Técnico de laboratório.

414

la•bo•ri•o•so (ô) *adj.* **1.** Amigo de trabalhar; trabalhador. **2.** Trabalhoso, difícil. [Pl.: *–osos* (ó).]

la•bor•te•ra•pi•a *sf.* Terapia ocupacional. § **la•bor•te•rá•pi•co** *adj.*

la•bre•go (ê) *adj.* e *sm.* Diz-se de, ou indivíduo rude, grosseiro.

la•bu•ta *sf.* Trabalho ou labor intenso.

la•bu•tar *v.int.* Trabalhar duro e com perseverança; lidar, laborar. [Conjug.: 1 [labut]**ar**]

la•ca *sf.* **1.** Resina vermelho-escura extraída de árvores anacardiáceas do Extremo Oriente. **2.** Charão. **3.** Verniz obtido sinteticamente.

la•ça•da *sf.* **1.** Nó cuja alça se desata facilmente. **2.** Alça no ponto do crochê ou do tricô.

la•ça•dor (ô) *sm. Bras.* Homem destro em laçar o gado.

la•cai•o *sm.* **1.** Criado de libré, que acompanhava o amo em passeio ou jornada. **2.** Indivíduo desprezível, bajulador.

la•çar *v.t.d.* e *p.* Prender(-se) com ou por laço; enlaçar(-se). [Conjug.: 9 [la]**çar**]

la•ça•ri•a *sf.* Fitas enlaçadas.

la•ça•ro•te *sm.* Laço (1) grande e vistoso.

la•ce•rar *v.t.d.* e *p.* Afligir(-se) muito. [Conjug.: 1 [lacer]**ar**]

la•ço *sm.* **1.** Nó que se desata sem esforço, e apresenta uma, duas ou mais alças. **2.** Aliança, vínculo. **3.** Armadilha. **4.** Corda lançada para prender o gado.

la•cô•ni•co *adj.* Breve, conciso.

la•co•nis•mo *sm.* Modo breve, lacônico, de falar ou escrever.

la•crai•a *sf. Bras. Zool.* Artrópode miriápode, peçonhento, que tem pinça córnea na extremidade do abdome; centopéia.

la•crai•nha *sf. Bras. Zool.* Inseto dermáptero inofensivo.

la•crar *v.t.d.* **1.** Selar ou fechar com lacre. **2.** *P.ext.* Fechar completamente. [Conjug.: 1 [lacr]**ar**]

la•crau *sm. Zool.* Escorpião (1).

la•cre *sm.* Substância resinosa usada para fechar garrafas, selar ou fechar cartas, etc.

la•cri•mal *adj2g.* **1.** Relativo a, ou que produz lágrimas. • *sm.* **2.** *Anat.* Pequeno osso situado na parede medial de cada órbita. [Pl.: *–mais.*]

la•cri•mar *v.int.* Deitar lágrimas; chorar. [Conjug.: 1 [lacrim]**ar**]

la•cri•me•jar *v.int.* Deitar algumas lágrimas; lagrimejar. [Conjug.: 1 [lacrimej]**ar**] § **la•cri•me•jan•te** *adj2g.*

la•cri•mo•gê•ne:o *adj.* Que provoca lágrimas.

la•cri•mo•so (ô) *adj.* **1.** Que chora; choroso. **2.** Aflito, lastimoso. [Pl.: *–mosos* (ó).]

lac•tar *v.t.d.* Amamentar. [Conjug.: 1 [lact]**ar**] § **lac•tan•te** *adj2g.*

lac•tá•ri:o *sm.* Estabelecimento em que se colhe e distribui leite humano.

lac•ten•te *adj2g.* e *s2g.* Diz-se de, ou ser que ainda mama.

lác•te:o ou **lá•te:o** *adj.* **1.** Relativo a leite. **2.** Leitoso (1). **3.** Que contém leite.

lac•tes•cen•te *adj2g.* **1.** Que contém suco leitoso. **2.** Provido de látex. § **lac•tes•cên•ci:a** *sf.*

lac•ti•cí•ni:o ou **la•ti•ci•ni:o** *sm.* Preparado comestível feito com leite.

lác•ti•co *adj.* Relativo ao leite.

lac•tí•fe•ro *adj.* Que produz leite.

lac•tô•me•tro *sm.* Instrumento para avaliar a pureza e a densidade do leite.

lac•to•se *sf.* Açúcar encontrado no leite.

la•cu•na *sf.* **1.** Vácuo, vão. **2.** Falha, omissão. **3.** *Fís.* Buraco (5).

la•cu•nar *adj2g.* Que apresenta lacunas.

la•cus•tre *adj2g.* Relativo a, ou que está sobre ou às margens de lago.

la•dai•nha (a-i) *sf.* **1.** *Rel.* Oração formada por uma série de invocações curtas e respostas repetidas. **2.** V. *lengalenga.*

la•de•ar *v.t.d.* **1.** Acompanhar, indo ao lado. **2.** Estar situado ao lado de. **3.** Não tratar diretamente de; contornar. *Int.* **4.** Andar a (a cavalgadura) de través. [Conjug.: 10 [lad]**ear**]

la•dei•ra *sf.* **1.** Inclinação de terreno um tanto acentuada. **2.** Rua mais ou menos íngreme.

la•di•no *adj.* **1.** Intelectualmente fino. **2.** Astuto, esperto, finório.

la•do *sm.* **1.** Parte direita ou esquerda de qualquer corpo. **2.** Flanco (3). **3.** Lugar à direita ou à esquerda de alguém ou de algo. **4.** Parte oposta à outra. **5.** Qualquer face dum objeto, em relação às outras. **6.** Direção, rumo. **7.** Lugar, banda. **8.** Partido, grupo. **9.** V. *face* (5). ♦ **Pôr de lado. 1.** Abandonar, desprezar. **2.** Deixar de usar; encostar.

la•dra *adj.* e *sf.* Diz-se de, ou mulher que rouba.

la•dra•do *sm.* V. *latido.*

la•drão *adj.* **1.** Que furta. • *sm.* **2.** Aquele que furta ou rouba; gatuno, larápio, rato. **3.** Homem desonesto. **4.** Tubo de descarga em depósitos de água, banheiras, etc. [Pl.: *–drões.*]

la•drar *v.int.* **1.** Latir. *T.d.* **2.** Proferir com violência. [Conjug.: 1 [ladr]**ar**. Norm., não é us. nas 1ªs pess.]

la•dra•vaz *sm.* Grande ladrão; ladroaço.

la•dri•do *sm.* V. *latido.*

la•dri•lhar *v.t.d.* Revestir de ladrilhos; azulejar. [Conjug.: 1 [ladrilh]**ar**]

la•dri•lhei•ro *sm.* Fabricante e/ou assentador de ladrilhos; azulejeiro, azulejador.

la•dri•lho *sm.* Peça de cerâmica, cimento, etc., para revestir paredes ou pavimentos; azulejo.

la•dro *sm.* V. *latido.*

la•dro•a•ço *sm.* Ladravaz.

la•dro•a•gem *sf.* V. *ladroeira.* [Pl.: *–gens.*]

la•dro•ei•ra *sf.* Roubo, furto, ladroagem.

la•ga•lhé *sm. Bras.* V. *joão-ninguém.*

la•ga•mar *sm.* Baía ou golfo abrigado, no interior dum rio ou duma enseada.

la•gar *sm.* Espécie de tanque onde se espremem certos frutos, em especial as uvas.

la•gar•ta *sf. Zool.* Nome comum às larvas dos lepidópteros.

la•gar•ta-de-fo•go *sf. Bras. Zool.* V. *tatarana.* [Pl.: *lagartas-de-fogo.*]

la•gar•te•ar *v.int.* Expor-se ao sol, à maneira do lagarto. [Conjug.:⑩[lagart]ear]

la•gar•ti•xa *sf. Zool.* Nome comum a vários lagartos pequeninos, esp. da família dos geconídeas; osga.

la•gar•to *sm. Zool.* Nome comum a vários sáurios, iguanídeos, camaleontídeos, teiídeos, etc. Ex.: a iguana, o camaleão, o teiú.

la•go *sm.* 1. Extensão de água cercada de terras. 2. Tanque irregular de jardim.

la•go•a (ô) *sf.* Lago pouco extenso.

la•go•ei•ro *sm.* 1. Depósito de água de chuva. 2. Lugar alagadiço.

la•gos•ta *sf. Zool.* Crustáceo palimurídeo us. na alimentação.

la•gos•tim *sm. Zool.* Crustáceo cilarídeo us. na alimentação. [Pl.: *-tins.*]

lá•gri•ma *sf.* 1. Gota de humor segregado pelas glândulas do olho. 2. Gota, pingo. 3. Objeto em forma de lágrima.

la•gri•me•jar *v.int.* Lacrimejar. [Conjug.:①[lagrimej]ar] § **la•gri•me•jan•te** *adj2g.*

la•gu•na *sf.* Lago de barragem, formado de águas salgadas, por acumulação das águas do mar.

lai•a *sf.* Qualidade; casta; jaez, estofa.

lai•cis•mo *sm.* Estado ou caráter de laico.

lai•co *sf.* Leigo (1).

lai•vo *sm.* Mancha, nódoa.

lai•vos *sm.pl.* Noções elementares; rudimentos.

la•je ou **la•jem** *sf.* 1. Pedra de superfície plana, de pequena espessura, ger. quadrangular; lousa. 2. Obra contínua de concreto armado, a qual constitui pavimento ou teto de edificação. [Pl. de lajem: *-jens.*]

la•je•a•do *adj.* 1. Revestido de lajes. • *sm.* 2. Pavimento lajeado; lajeado.

la•je•ar *v.t.d.* Assentar lajes em. [Conjug.⑩[laj]ear]

la•je•do (ê) *sm.* Lajeado (2).

la•jo•ta *sf.* Pequena laje.

la•jo•tei•ro *sm.* Assentador de lajotas.

la•ma¹ *sf.* 1. V. *lodo* (1). 2. *Fig.* Sordidez, miséria, lodo.

la•ma² *sm.* Sacerdote budista, entre os mongóis e tibetanos.

la•ma³ *sf.* e *m. Zool.* Lhama².

la•ma•çal *sm.* Lugar onde há muita lama¹; atoleiro, lameiro, lamaceira, atascadeiro.

la•ma•cei•ra *sf.* V. *lamaçal.*

la•ma•cen•to *adj.* Coberto de lama¹; lamoso.

lam•ba•da *sf.* 1. Paulada, cacetada. 2. *Bras.* Golpe de chicote ou rebenque. 3. *Bras.* Música em compasso binário, andamento vivo e animado, e ritmo acentuadamente sincopado. 4. Dança que a acompanha.

lam•ban•ça *sf. Fam.* 1. Coisa que se pode lamber ou comer. 2. Tumulto, algazarra. 3. *Bras.* Gabolice, bazófia. 4. *Bras.* Serviço malfeito.

lam•bão *adj.* e *sm.* 1. Guloso. 2. Que ou quem se lambuza ao comer, ou faz mal o seu serviço. 3. Tolo, palerma. [Fem.: *lambona.* Pl.: *-bões.*]

lam•ba•ri *sm. Bras. Zool.* Pequeno peixe caracídeo muito us. na alimentação.

lamb•da *sm.* A 11ª letra do alfabeto grego (Λ, λ).

lam•be•dor (ô) *adj.* e *sm.* 1. Que, ou aquele que lambe. 2. *Bras.* Adulador, bajulador.

lam•be-lam•be *sm.* Fotógrafo ambulante. [Pl.: *lambe-lambes.*]

lam•be:os•sau•ro *sm. Paleont.* Grande dinossauro (15m de comprimento) que tinha focinho semelhante a um bico de pato e crista óssea; viveu no cretáceo da América do Norte.

lam•ber *v.t.d.* 1. Passar a língua sobre. 2. Engolir. 3. Tocar de leve; roçar. 4. Estender-se por, destruindo: *O fogo lambeu a velha casa.* 5. *Bras.* Adular. *Int.* 6. *Bras. RJ* Incendiar-se (um balão). [Conjug.:②[lamb]er]

lam•bi•da *sf.* Lambidela.

lam•bi•de•la *sf.* Ato ou efeito de lamber; lambida.

lam•bi•do *adj.* 1. Que se lambeu. 2. Diz-se de obra de arte demasiado polida. 3. Desgracioso. 4. Diz-se de saia ou cabelo muito lisos.

lam•bis•car *v.t.d.* e *int.* Comer um pouco de; debicar. [Conjug.:⑧[lambis]car]

lam•bis•co *sm.* Pequena porção de comida.

lam•bis•gói•a *s2g.* Pessoa delambida.

lam•bre•quim *sm.* Ornato de madeira, ou de lâmina metálica, com recortes vazados, para beiras de telhados, cortinas, etc. [Var.: *lambrequins.*]

lam•bre•quins *sm.pl.* V. *lambrequim.*

lam•bre•ta (ê) *sf.* Veículo motorizado, com duas pequenas rodas e assento em lugar do selim.

lam•bri *sm.* Revestimento de madeira, etc., aplicado até certa altura, de paredes internas; lambris.

lam•bris *sm.pl.* V. *lambri.*

lam•bu•jem *sf.* 1. Resto de comida que fica no prato. 2. Pequeno lucro com que se seduz alguém. 3. *Bras.* Vantagem que um jogador concede ao parceiro. [Pl.: *-jens.*]

lam•bu•zar *v.t.d.* e *p.* Sujar(-se), emporcalhar(-se) principalmente de comida. [Conjug.: ①[lambuz]ar]

la•mei•ro *sm.* V. *lamaçal.*

la•me•li•for•me (lâ) *adj2g.* Em forma de lâmina.

la•men•ta•ção *sf.* 1. Ato ou efeito de lamentar(-se). 2. Queixa, lamento. 3. Canto fúnebre. [Pl.: *–ções.*]

la•men•tar *v.t.d.* 1. Chorar ou prantear com gemidos e gritos. 2. Lastimar, deplorar, lamuriar. 3. Magoar-se por causa de. *P.* 4. Lastimar (4). [Conjug.: ① [lament]**ar**] § **la•men•tá•vel** *adj2g.*

la•men•to *sm.* 1. Queixa plangente; lamúria. 2. Pranto, choro.

la•men•to•so (ô) *adj.* Que tem caráter de lamento. [Pl.: *–tosos* (ó).]

lâ•mi•na *sf.* 1. Chapa delgada de metal ou de outro material. 2. Fragmento chato e delgado de qualquer substância. 3. Folha de instrumento cortante.

la•mi•na•do *adj.* 1. Que tem feitio de lâmina. • *sm.* 2. Placa de madeira compensada feita com camadas finas superpostas e coladas.

la•mi•na•dor (ô) *adj.* e *sm.* Que ou aquele que lamina.

la•mi•nar¹ *adj2g.* Formado por lâminas, ou que as tem.

la•mi•nar² *v.t.d.* Reduzir a lâminas. [Conjug.: ① [laminar] **ar**] § **la•mi•na•ção** *sf.*

la•mo•so (ô) *adj.* Lamacento. [Pl.: *–mosos* (ó).]

lâm•pa•da *sf.* 1. Vaso com uma torcida e líquido combustível, para alumiar. 2. Qualquer aparelho para iluminar.

lam•pa•dá•ri:o *sm.* 1. Candelabro. 2. Peça para iluminação, donde pendem dispositivos para um ou mais focos de luz.

lam•pa•ri•na *sf.* Recipiente com um líquido iluminante, no qual se mergulha um discozinho traspassado por um pavio que, aceso, dá luz.

lam•pei•ro *adj.* Buliçoso, espevitado.

lam•pe•jar *v.int.* Emitir lampejo. [Conjug.: ① [lampej]**ar**] § **lam•pe•jan•te** *adj2g.*

lam•pe•jo (ê) *sm.* 1. Clarão repentino; chispa. 2. V. *centelha* (1). 3. *Fig.* Manifestação rápida e/ou brilhante duma idéia.

lam•pi•ão *sm.* Lanterna grande, portátil ou fixa em teto, etc. [Pl.: *–ões.*]

lam•prei•a *sf. Zool.* Peixe petromizonídeo de boa carne.

la•mú•ri:a *sf.* 1. Lamento (1). 2. Lengalenga de desgraças.

la•mu•ri•ar *v.int.* e *p.* 1. Fazer lamúria; lamentar-se. *T.d.* e *t.d.i.* 2. Dizer em tom de lamúrias. [Conjug.: ① [lamuri]**ar**] § **la•mu•ri•an•te** *adj2g.*

lan•ça *sf.* 1. Arma ofensiva ou de arremesso: haste de madeira terminada por ferro pontiagudo. 2. Varal de carruagem.

lan•ça-cha•mas *sm.2n.* Arma que projeta e inflama combustível gelatinoso para incendiar material e/ou pessoa.

lan•ça•dei•ra *sf.* 1. Peça de tear, que contém um cilindro por onde passa o fio de tecelagem. 2. Peça semelhante, nas máquinas de costura.

lan•ça•dor (ô) *adj.* 1. Que lança. • *sm.* 2. Aquele ou aquilo que lança. 3. *Astron.* Foguete usado para colocar um satélite ou sonda no espaço.

lan•ça•men•to *sm.* 1. Ato de lançar(-se); lance, lanço. 2. Ato de dar a conhecer ao público, de exibir, alguma coisa ou pessoa. 3. Livro, filme, etc., de que se fez o lançamento (2). 4. Registro ou escrituração contábil. 5. *Restr.* Envio de um engenho ao espaço por intermédio de um dispositivo de propulsão. 6. *Fut.* Passe de longa distância. 7. *Market.* Introdução de um novo produto ou serviço no mercado.

lan•ça-per•fu•me *sm.* Recipiente cilíndrico, com éter perfumado, que se lança em jacto, especialmente pelo carnaval. [Pl.: *lança-perfumes.*]

lan•çar *v.t.d.* 1. Atirar com força; arremessar. 2. Jogar; arremessar. 3. Vomitar (1). 4. Emitir. 5. Fazer brotar. 6. Apresentar; propor: *lançar* uma candidatura. 7. Pôr em voga. 8. Fazer o lançamento (2) de. *T.d.c.* 9. Lançar (1). 10. Despejar, vazar. *T.d.i.* 11. Lançar (1). 12. Atribuir. 13. Dirigir. 14. Oferecer como lanço, em leilão. 15. Expelir. *Int.* 16. Vomitar (4). *P.* 17. Atirar-se, arrojar-se. 18. Arriscar-se. 19. Desaguar. [Conjug.: ⑨ [lan]**çar**]

lan•ça-tor•pe•dos *sm.2n.* Aparelho a bordo de navio de guerra, para lançar torpedos.

lan•ce *sm.* 1. V. *lançamento* (1). 2. V. *lanço* (2). 3. Acontecimento, fato. 4. Ocorrência (1). 5. Caso ou situação difícil. 6. Jogada.

lan•ce•ar *v.t.d.* Ferir com lança (1). [Conjug.: ⑩ [lanc]**ear**]

lan•cei•ro *sm.* Soldado armado de lança.

lan•ce:o•la•do *adj.* Que tem feitio semelhante ao da lança.

lan•ce•ta (ê) *sf.* Instrumento cirúrgico de dois gumes, para sangrias, incisão de abscesso, etc.

lan•ce•tar *v.t.d.* Cortar ou abrir com lanceta. [Conjug.: ① [lancet]**ar**]

lan•cha *sf.* Embarcação, cuja propulsão mais comum é a motor, para navegação costeira, ou transporte, ou lazer, ou para outros serviços dentro dos portos.

lan•char *v.int.* 1. Comer lanche. *T.d.* 2. Comer como lanche. [Conjug.: ① [lanch]**ar**]

lan•che *sm.* 1. Merenda. 2. Refeição pequena.

lan•chei•ra *sf.* Maleta onde se leva lanche; merendeira.

lan•cho•ne•te *sf. Bras.* Casa onde se servem refeições ligeiras, sucos de fruta, etc.

lan•ci•nar *v.t.d.* **1.** Picar, golpear; pungir. **2.** Atormentar, afligir. [Conjug.: ①[lancin]**ar**] § **lan•ci•nan•te** *adj2g.*

lan•ço *sm.* **1.** V. *lançamento* (1). **2.** Oferta de preço em leilão; lance, monta. **3.** Seção de estrada, de muro, parede, piso, etc. **4.** Parte de uma escada compreendida entre dois patamares. **5.** Lado de uma rua.

lan•ga•nho *sm. Bras.* **1.** Carne de má qualidade. **2.** Coisa mole, viscosa, repugnante.

lan•gor (ô) *sm.* Languidez.

lan•go•ro•so (ô) *adj.* V. *lânguido* (1 e 3). [Pl.: *–rosos* (ó).]

lan•gues•cer *v.int.* Tornar-se lânguido; definhar(-se). [Conjug.: ㉞ [langues]**cer**]

lan•gui•dez (ê) *sf.* Estado de lânguido; langor.

lân•gui•do *adj.* **1.** Sem forças; fraco, debilitado, langoroso. **2.** Mórbido, doentio. **3.** Voluptuoso, sensual, langoroso.

la•nhar *v.t.d.* **1.** Dar golpe, ou lanho, em. **2.** *P. ext.* Ferir, machucar. **3.** Afligir, magoar. *P.* **4.** Ferir-se, machucar-se. [Conjug.: ① [lanh]**ar**]

la•nho *sm.* Golpe de instrumento cortante.

la•ni•fí•ci:o *sm.* Obra, tecido ou manufatura de lã.

la•ní•ge•ro *adj.* Que tem, produz, ou cria lã.

la•no•so (ô) *adj.* **1.** Relativo à lã. **2.** Semelhante à, ou que tem muita lã; lanudo. [Pl.: *–nosos* (ó).]

lan•ta•ní•de:os ou **lan•ta•ní•di:os** *sm.pl. Quím.* Grupo de elementos, com propriedades químicas semelhantes às do lantânio, de número atômico entre 58 e 71, que compreende, em ordem crescente de número atômico, cério, prasiodímio, neodímio, promécio, samário, európio, gadolínio, térbio, disprósio, hólmio, érbio, túlio, itérbio e lutécio.

lan•tâ•ni:o *sm. Quím.* V. *lantanídeos* [símb.: *La*].

lan•te•jou•la *sf.* Lentejoula.

lan•ter•na *sf.* **1.** Utensílio portátil com lâmpada elétrica alimentada por pilhas. **2.** *Autom.* Dispositivo de iluminação e/ou sinalização instalado em veículos. **3.** *Bras.* Utensílio de matéria transparente, como o vidro, no qual se põe uma luz protegida contra o vento. **4.** *Bras.* Lanterninha (2).

lan•ter•na-de-a•ris•tó•te•les *sf. Zool.* Aparelho mastigador de equinóides. [Pl.: *lanternas-de-aristóteles*.]

lan•ter•na•gem *sf. Bras.* Operação de endireitar ou aplanar carrocerias de automóvel. [Pl.: *–gens*.]

lan•ter•nei•ro *sm. Bras.* Especialista em lanternagem.

lan•ter•ni•nha *s2g. Bras.* **1.** Em cinemas, teatros, guia munido de lanterna (1) que ajuda o espectador a encontrar um lugar. **2.** O

último colocado em qualquer competição; lanterna.

la•nu•do *adj.* Lanoso (2).

la•nu•gem *sf.* **1.** V. *buço*. **2.** Pêlo macio que cobre algumas folhas ou frutos. [Pl.: *–gens.*]

la•pa *sf.* Grande pedra ou laje que forma um abrigo.

lá•pa•ro *sm.* Filhote de coelho; coelho novo.

la•pa•ros•co•pi•a (là) *sf. Med.* Exame endoscópico da cavidade abdominal, e que permite a realização de exames e de intervenções cirúrgicas. § **la•pa•ros•có•pi•co** (là) *adj.*

la•pa•ro•to•mi•a (là) *sf. Cir.* Qualquer incisão destinada a abrir a cavidade abdominal. § **la•pa•ro•tô•mi•co** (là) *adj.*

la•pe•la *sf.* Parte anterior e superior de um casaco voltada para fora.

la•pi•dar¹ *adj2g.* **1.** Relativo a, ou gravado em lápide. **2.** Primoroso, perfeito.

la•pi•dar² *v.t.d.* **1.** Maltratar ou matar com pedradas. **2.** Talhar, polir (pedra preciosa). **3.** Polir, aperfeiçoar. **4.** *Fig.* Educar com esmero. *P.* **5.** Aperfeiçoar-se; polir-se. [Conjug.: ① [lapid]**ar**] § **la•pi•da•ção** *sf.*

la•pi•da•ri•a *sf.* **1.** Arte de lapidar² (2). **2.** Oficina de lapidário.

la•pi•dá•ri:o *sm.* Aquele que lapida pedras preciosas.

lá•pi•de *sf.* **1.** Pedra com qualquer inscrição comemorativa. **2.** Laje tumular.

la•pi•nha *sf. Bras. N.E.* Nicho ou presépio que se arma pelo Natal, Ano-bom e Reis.

lá•pis *sm.2n.* Pequeno cilindro de grafita, etc., envolvido em madeira, para escrever ou desenhar.

la•pi•sar *v.t.d.* Desenhar ou escrever a lápis. [Conjug.: ① [lapis]**ar**]

la•pi•sei•ra *sf.* Tubo de metal, matéria plástica, etc., onde encaixa um pequeno cilindro de grafita, e que se usa como lápis.

lap•so *sm.* **1.** Espaço de tempo. **2.** Engano involuntário.

⇨ **laptop** (lèptop) [Ingl.] *sm. Inform.* Microcomputador portátil, dotado de bateria, monitor plano e teclado, próprio para uso em situações de locomoção.

la•quê *sm.* Produto com que se vaporizam os cabelos para fixar o penteado.

la•que•ar *v.t.d. Bras.* Cobrir com laca ou com tinta esmaltada. [Conjug.: ⑩ [laqu]**ear**] § **la•que•a•do** *adj.*

lar *sm.* **1.** A parte da cozinha onde se acende o fogo. **2.** Lareira (1). **3.** A casa de habitação. **4.** A família (1). **5.** A pátria.

la•ran•ja *sf.* **1.** O fruto, apreciado, da laranjeira. **2.** *Bras. Gír.* Intermediário, esp. no mercado financeiro, que faz transações em nome de um terceiro, cuja identidade fica oculta.

la•ran•ja•da *sf.* O sumo da laranja com adoçante e água.

la•ran•jal *sm.* Plantação de laranjeiras.

la•ran•jei•ra *sf. Bot.* Árvore frutífera, rutácea.

la•ran•jei•ro *sm.* Vendedor de laranjas.

la•rá•pi:o *sm.* V. *ladrão* (2).

lar•de•ar *v.t.d.* Entremear (carne) com lardo. [Conjug.: ⑩ [lard]**ear**]

lar•do *sm.* Toicinho, sobretudo em tiras.

la•rei•ra *sf.* 1. A laje do lar (1), onde se acende o fogo; lar. 2. Fornalha onde se faz fogo para aquecer interiores; chaminé, fogão.

lar•ga *sf.* Largueza, liberdade.

lar•ga•da *sf.* 1. Ato de largar. 2. Partida de um lugar. 3. Ponto de partida e o momento inicial de uma corrida.

lar•gar *v.t.d.* 1. Soltar (o que se segura). 2. Deixar cair. 3. Deixar fugir. 4. Pôr de parte; abandonar. 5. Deixar, abandonar. 6. Desviar-se de. 7. Soltar. 8. *Pop.* Proferir, soltar. *T.i.* 9. Deixar. 10. Separar-se. 11. Soltar-se. *Int.* e *p.* 12. Partir; ir-se. [Conjug.: ⑪ [lar]**gar**]

lar•go *adj.* 1. Que tem grande extensão transversal. 2. Amplo, vasto. 3. Que não é estreito ou apertado; folgado. 4. Longo; demorado. 5. Importante, considerável. 6. Generoso, liberal. [Antôn.: *estreito*.] • *sm.* 7. V. *largura* (1). 8. Praça (1).

lar•gue•za (ê) *sf.* 1, V, *largura* (1). 2. Generosidade, liberalidade. 3. Abastança, folga.

lar•gu•ra *sf.* 1. Qualidade de largo; largueza, largo. 2. A menor dimensão duma superfície plana horizontal, em contraposição a *comprimento*.

la•rin•ge *sf.* ou *m. Anat.* Conduto situado acima da traquéia e abaixo da raiz da língua, e que intervém no mecanismo da fonação. § **la•rín•ge:o** *adj.*

la•rin•gi•te *sf. Med.* Inflamação da laringe.

lar•va *sf. Zool.* O primeiro estágio do desenvolvimento, independente e móvel, do ciclo de vida da maioria dos invertebrados, anfíbios e peixes.

lar•va•do *adj.* Insidioso, disfarçado.

lar•val *adj2g.* Relativo a larva; larvar. [Pl.: *–vais*.]

lar•var *adj2g.* Larval.

la•sa•nha *sf.* Massa alimentícia em tiras largas.

las•ca *sf.* 1. Fragmento fino e longo. 2. Fatia, talhada.

las•car *v.t.d.* 1. Fazer lascas em; rachar. *Int.* 2. Fazer-se em lascas; fender-se. *P.* 3. Lascar (2). 4. *Pop.* Dar-se mal. [Conjug.: ⑧ [las]**car**]

las•ci•vo *adj.* Sensual, lúbrico. § **las•ci•vi:a** *sf.*

⇨ **laser** (lèiser) [Ingl.] *adj.* 1. Diz-se de radiação luminosa altamente concentrada, sem defasagem, de uma só cor. • *sm.* 2. Dispositivo que a produz. 3. Qualquer instrumento,

objeto, etc., que utiliza ou é acionado mediante tal radiação. Ex.: disco *laser*.

las•se•ar *v.t.d.* e *int. Bras.* Tornar(-se) lasso, frouxo. [Conjug.: ⑩ [lass]**ear**]

las•si•dão *sf.* 1. Qualidade ou estado de lasso. 2. Prostração de forças; fadiga. [Sin. ger.: *lassitude*. Pl.: *–dões*.]

las•si•tu•de *sf.* V. *lassidão*.

las•so *adj.* 1. Cansado, fatigado. 2. V. *frouxo* (1). 3. Dissoluto, devasso.

lás•ti•ma *sf.* 1. V. *compaixão*. 2. Tristeza, desgraça. 3. Aquilo que é lastimável. 4. Coisa ou pessoa inútil.

las•ti•mar *v.t.d.* 1. Deplorar, lamentar. 2. Afligir, angustiar. 3. Compadecer-se de. *P.* 4. Queixar-se, lamentar-se. [Conjug.: ① [lastim]**ar**]

las•ti•má•vel *adj2g.* Lamentável, deplorável. [Pl.: *–veis*.]

las•ti•mo•so (ô) *adj.* Próprio de quem se lastima; triste, plangente. [Pl.: *–mosos* (ó).]

las•tra•gem *sf.* Ato de pôr lastro[1] no leito das vias férreas; lastreamento. [Pl.: *–gens*.]

las•trar *v.t.d.* 1. Carregar com lastro[1] (1). 2. Tornar mais firme, aumentando o peso. 3. Cobrir. *Int.* 4. Alastrar(-se), propagar-se. [Conjug.: ① [lastr]**ar**]

las•tre•a•men•to *sm.* Lastragem.

las•tro[1] *sm.* 1. Tudo o que se mete no porão do navio para lhe dar estabilidade. 2. Depósito em ouro, que serve de garantia ao papel moeda. 3. Base, fundamento.

las•tro[2] *sm. Bras.* 1. Camada de pedra britada que forma uma base de superfície resistente ou pesada. 2. Camada de pedra britada, posta sob os dormentes duma ferrovia.

la•ta *sf.* 1. Folha-de-flandres. 2. Recipiente feito desse material.

la•ta•da *sf.* Armação para sustentar trepadeira.

la•ta•gão *sm.* Homem robusto e alto. [Pl.: *–gões*.]

la•tão *sm.* Liga de cobre e zinco. [Pl.: *–tões*.]

la•ta•ri•a *sf.* 1. Grande porção de latas. 2. *P. ext.* Alimentos enlatados. 3. Carroceria de automóvel.

lá•te•go *sm.* Açoite feito de correia ou de corda.

la•te•jar *v.int.* Pulsar, palpitar. [Conjug.: ① [latej]**ar**] § **la•te•jan•te** *adj2g.*

la•te•jo (ê) *sm.* Ato de latejar; pulsação.

la•ten•te *adj2g.* 1. Não manifesto; oculto. 2. Disfarçado, dissimulado.

la•te•ral *adj2g.* Relativo ao, ou que está ao lado. [Pl.: *–rais*.]

lá•tex (cs) *sm.2n.* Suco espesso, quase sempre alvo, que brota de muitas plantas quando feridas.

la•ti•do *sm.* A voz do cão; ladro, ladrado, ladrido.

la•ti•fun•di•á•ri:o *sm.* Dono de latifúndio.

la•ti•fún•di:o *sm.* Propriedade rural de grande extensão, esp. a que tem grande proporção de terras não cultivadas.

la•tim *sf.* **1.** Língua indo-européia primitivamente falada no Lácio, antiga região da Itália, e que se difundiu pelo império romano. **2.** *Fig.* Coisa difícil de compreender. [Pl.: *–tins.*]

la•ti•nis•mo *sm.* Locução ou construção peculiar à língua latina.

la•ti•nis•ta *s2g.* Grande conhecedor do latim.

la•ti•ni•zar *v.t.d.* Submeter à influência da cultura latina. [Conjug.: ① [latiniz]**ar**]

la•ti•no *adj.* Relativo ao latim, ou aos povos de origem latina.

la•ti•no-a•me•ri•ca•no *adj.* **1.** Pertencente aos países americanos de línguas neolatinas. * *sm.* **2.** Indivíduo latino-americano. [Pl.: *latino-americanos.*]

la•tir *v.int.* Dar latidos; ladrar. [Conjug.: 58 [lat]**ir.** Norm. só conjugável nas 3ªs pess.]

la•ti•tu•de *sf.* **1.** Qualidade de lato; largura. **2.** Na esfera terrestre, ângulo que faz com o plano do equador terrestre o raio que passa por determinado observador ou determinada localidade.

la•to *adj.* Largo, amplo.

la•to:a•ri•a *sf.* Oficina ou ofício de latoeiro.

la•to•ei•ro *sm.* O que trabalha em obras de lata e/ou de latão.

la•tri•a *sf.* **1.** Adoração devida aos deuses. **2.** Culto.

la•tri•na *sf.* Dependência da casa com vaso ou fossa de dejeções; cloaca, sentina, privada, quartinho.

la•tro•cí•ni:o *sm.* Roubo ou extorsão violenta, à mão armada.

lau•da *sf. Edit.* Folha padronizada de papel, e que contém um número determinado de linhas e espaços.

lau•da•tó•ri:o *adj.* Próprio de, ou que encerra louvor.

lau•dê•mi:o *sm. Jur.* Pensão ou prêmio que o foreiro paga ao senhorio direto, quando há alienação do respectivo prédio.

lau•do *sm.* Parecer de perito(s), com a conclusão da perícia; louvação.

lau•rá•ce:a *sf. Bot.* Espécime das lauráceas, família de árvores e arbustos dicotiledôneos de frutos bacáceos ou drupáceos. § **lau•rá•ce:o** *adj.*

láu•re:a *sf.* V. *laurel.*

lau•re•a•do *adj.* **1.** Que recebeu laurel ou láurea. **2.** Festejado; homenageado. * *sm.* **3.** Indivíduo laureado.

lau•re•ar *v.t.d.* **1.** Coroar ou cingir de louros. **2.** Premiar por mérito literário, artístico, etc. **3.** Aplaudir; festejar. [Conjug.: 10 [laur]**ear**]

lau•rel *sm.* **1.** Coroa de louros. **2.** Prêmio, recompensa. [Sin. ger.: *láurea.* Pl.: *–réis.*]

lau•rên•ci:o *sm. Quím.* V. *actnídeos* [símb.: *Lr*].

láu•re:o *adj.* Relativo a louro.

lau•to *adj.* Suntuoso e abundante; opíparo.

la•va *sf.* Numa erupção vulcânica, o que se derrama na superfície da Terra.

la•va•bo *sm.* **1.** Reservatório de águas, com torneira, à entrada de uma sacristia, refeitório, etc.; pia, lavatório. **2.** *Bras.* Pequeno banheiro com pia e privada.

la•va•dei•ra ou **la•van•dei•ra** *sf.* **1.** Mulher que lava roupa. **2.** *Zool.* V. *libélula.*

la•va•do *adj.* Que se lavou; limpo.

la•va•do•ra (ô) *sf.* Máquina de lavar roupa.

la•va•du•ra *sf.* Lavagem (1).

la•va•gem *sf.* **1.** Ato ou efeito de lavar(-se); lavadura. **2.** Restos de comida para os porcos. **3.** *Bras.* V. *clister.* [Pl.: *–gens.*]

la•van•da *sf.* **1.** *Bot.* Alfazema (1). **2.** Água-de-colônia feita da essência dessa planta.

la•van•de•ri•a *sf.* **1.** Estabelecimento onde se lavam e passam peças de vestuário; tinturaria. **2.** Parte de casa, hotel, etc., onde se lava e passa roupa.

la•va-pés *sm.2n. Rel.* Cerimônia litúrgica, em quinta-feira santa, na qual se celebra o haver Jesus lavado os pés aos discípulos.

la•var *v.t.d.* **1.** Limpar, banhando; banhar. **2.** Purificar; expurgar. **3.** *Bras.* Disfarçar a origem ilegal, ilícita de (dinheiro) por meio de fraude. *Int.* **4.** Saber lavar (1). *P.* **5.** Tomar banho. [Conjug.: ① [lav]**ar**]

la•va•tó•ri:o *sm.* **1.** Utensílio ou móvel com aprestos para lavar as mãos e o rosto. **2.** *Bras.* Pia (2) usada para o mesmo fim. **3.** *Fig.* Purificação, expurgação.

la•vor (ô) *sm.* Trabalho manual.

la•vou•ra ou **la•voi•ra** *sf.* **1.** Preparação do terreno para a sementeira ou plantação. **2.** Amanho e/ou cultivo da terra; lavradio, agricultura. [Sin. ger.: *lavra.*]

la•vra *sf.* **1.** Ato de lavrar. **2.** V. *lavoura.* **3.** *Bras.* Terreno de mineração.

la•vra•di:o *adj.* **1.** Próprio para ser lavrado; arável. * *sm.* **2.** Lavoura (2).

la•vra•dor (ô) *sm.* Aquele que trabalha na lavoura, como proprietário ou como empregado; agricultor.

la•vra•gem *sf.* **1.** Ato ou efeito de lavrar. **2.** Lavoura (2). [Pl.: *–gens.*]

la•vrar *v.t.d.* **1.** Sulcar (a terra) com arado ou trator; arar, cultivar. **2.** Fazer ornatos ou lavores em. **3.** Lapidar[2] **4.** Gastar; corroer. **5.** Exarar. *Int.* **6.** Alastrar-se, propagar-se. [Conjug.: ① [lavr]**ar**]

la•vra•tu•ra *sf. Bras.* Ato de lavrar (escritura, documento).

la•xan•te *sm.* Purgante ligeiro; laxativo.

la•xar *v.t.d.* Relaxar, afrouxar. [Conjug.: ① [lax]**ar**]

la•xa•ti•vo *sm.* Laxante.

la•xo *adj.* V. *frouxo* (1).

la•za•ren•to *adj.* e *sm.* **1.** Diz-se de, ou quem tem pústulas, chagas. **2.** V. *leproso.*

la•za•re•to (ê) *sm.* Edifício para quarentena de pessoas suspeitas de contágio.

lá•za•ro *sm.* Leproso, lazarento.

la•zei•ra *sf.* **1.** Desgraça, miséria. **2.** *Pop.* Fome.

la•zei•ren•to *adj. Pop.* Que tem lazeira.

la•zer (ê) *sm.* Tempo disponível; descanso, folga.

le•al *adj2g.* **1.** Sincero, franco e honesto. **2.** Fiel aos seus compromissos. [Pl.: *–ais.*] § **le•al•da•de** *sf.*

le•ão *sm.* **1.** *Zool.* Felídeo predador de grande porte, de cauda longa e felpuda, e juba; habita a África. [Fem.: *leoa.*] **2.** Homem valente. **3.** *Astr.* A quinta constelação do Zodíaco, situada no hemisfério norte. **4.** *Astrol.* O quinto signo do Zodíaco, relativo aos que nascem entre 22 de julho a 22 de agosto. [Com inicial maiúscula, nas acepç. 3 e 4.] [Pl.: *–ões.*]

le•ão-de-chá•ca•ra *sm. Bras. Gír.* Guardião de casa de diversões. [Pl.: *leões-de-chácara.*]

⇨ **leasing** (lízin') [Ingl.] *sm. Econ.* V. *arrendamento mercantil.*

le•bra•cho *sm.* O macho da lebre, ainda novo.

le•brão *sm.* O macho da lebre. [Pl.: *–brões.*]

le•bre *sf. Zool.* Mamífero leporídeo cujas patas posteriores, maiores que as anteriores, são adaptadas para o salto e para a corrida.

le•brei•ro *adj.* Diz-se de lebreu.

le•breu *sm.* Cão que caça lebres.

le•ci•o•nar *v.t.d.* **1.** Dar lições de. *Int.* **2.** Exercer o magistério; dar aulas; ensinar. [Conjug.: ⏢ [lecion]**ar**]

le•ci•ti•dá•ce:a *sf. Bot.* Espécime das lecitidáceas, família de dicotiledôneas intertropicais. § **le•ci•ti•dá•ce:o** *adj.*

le•do (ê) *adj.* Risonho, alegre.

le•dor (ô) *adj.* e *sm.* Leitor.

le•ga•ção *sf.* **1.** Ato de legar. **2.** Qualquer missão que trata dos interesses dum Estado junto a uma potência estrangeira. **3.** Missão diplomática de caráter permanente, inferior a embaixada. **4.** A sede duma legação (3). [Pl.: *–ções.*]

le•ga•do¹ *sm.* Núncio (2) com missão especial.

le•ga•do² *sm.* Valor ou objeto que alguém deixa a outrem em testamento.

le•gal *adj2g.* **1.** Referente ou conforme a lei. **2.** Legítimo. **3.** V. *jurídico* (2). **4.** *Bras. Pop.* Certo, em ordem. **5.** *Bras. Gír.* Palavra que exprime numerosas idéias apreciativas: *ótimo, perfeito, leal, digno,* etc. [V. *bacana.*] [Pl.: *–gais.*]

le•ga•li•da•de *sf.* **1.** Qualidade de legal. **2.** Sistema (7) conforme a lei.

le•ga•lis•mo *sm.* **1.** Apego, em geral exagerado, a normas e procedimentos legais. **2.** Respeito à(s) lei(s) vigente(s).

le•ga•lis•ta *adj2g.* Relativo à legalidade, ou que pugna por ela.

le•ga•li•zar *v.t.d.* Tornar legal; legitimar. [Conjug.: ⏢ [legaliz]**ar**] § **le•ga•li•za•ção** *sf.*

le•gar *v.t.d.i.* Deixar como legado²; transmitir. [Conjug.: ⏣ [le]**gar**]

le•ga•tá•ri:o *sm.* O que recebeu um legado².

le•gen•da *sf.* **1.** Relato da vida dos santos. **2.** Lenda (2). **3.** Letreiro, inscrição. **4.** *Edit. Jorn.* Texto curto e explicativo que acompanha fotografia ou ilustração. **5.** *Cin. Telev.* Texto superposto às imagens, com a tradução das falas dos personagens.

le•gen•dar *v.t.d.* e *int.* Pôr legenda (4 e 5) em. [Conjug.: ⏢ [legend]**ar**]

le•gen•dá•ri:o *adj.* **1.** Relativo a legendas. **2.** Lendário. • *sm.* **3.** Coleção de legendas [v. *legenda* (1)].

⇨ **legging** (léguin') [Ingl.] *sm.* Calça de malha comprida e justa.

le•gi•ão *sf.* **1.** Corpo do antigo exército romano constituído de infantaria e cavalaria. **2.** Corpo ou divisão de exército. **3.** *Fig.* Multidão de seres reais ou imaginários. **4.** Designação de certas instituições militares, beneficentes, honoríficas, etc. [Pl.: *–giões.*]

le•gi:o•ná•ri:o *adj.* **1.** De legião. • *sm.* **2.** Aquele que pertence a legião (1, 2 e 4).

le•gis•la•ção *sf.* **1.** Conjunto de leis. **2.** A ciência das leis. [Pl.: *–ções.*]

le•gis•lar *v.t.d.* **1.** Estabelecer (regras, leis, normas, etc.). *T.i.* e *int.* **2.** Estabelecer ou fazer leis. [Conjug.: ⏢ [legisl]**ar**] § **le•gis•la•dor** (ô) *adj.*

le•gis•la•ti•vo *adj.* **1.** Que legisla. • *sm.* **2.** Um dos três poderes detentores da soberania estatal, ao qual incumbe elaborar as leis.

le•gis•la•tu•ra *sf.* Período durante o qual os legisladores exercem o seu mandato.

le•gis•ta *s2g.* **1.** Quem conhece ou estuda as leis. **2.** Médico que se dedica aos aspectos jurídicos da profissão.

le•gí•ti•ma *sf.* Parte da herança reservada por lei aos herdeiros necessários.

le•gi•ti•mar *v.t.d.* **1.** Tornar legítimo; legalizar. **2.** Equiparar (o filho ilegítimo) à situação legal dos filhos legítimos. [Conjug.: ⏢ [legitim]**ar**]

le•gí•ti•mo *adj.* **1.** Conforme a lei; legal. **2.** Fundado no direito, na razão ou na justiça. **3.** Autêntico. **4.** Resultante de matrimônio (filho). § **le•gi•ti•mi•da•de** *sf.*

le•gí•vel *adj2g.* Que se pode ler. [Pl.: *–veis.*]

lé•gua *sf.* Medida itinerária equivalente a 6.000m.

le•gue•lhé *sm. Bras.* V. *joão-ninguém.*

le•gu•me *sm. Bot.* **1.** A vagem com sementes que é fruto das leguminosas. **2.** *Bras.* Hortaliça.

le•gu•mi•ni•for•me *adj2g.* Em forma de legume (1).

le•gu•mi•no•sa *sf. Bot.* Espécime das leguminosas, grande família de dicotiledôneas que engloba árvores, arbustos, ervas e trepadeiras; o fruto é um legume (1).

le•gu•mi•no•so¹ *adj.* Que frutifica em vagem ou legume. [Pl.: *–nosos* (ó).]

le•gu•mi•no•so² *adj. Bot.* Pertencente ou relativo às leguminosas (v. *leguminosa*). [Pl.: *–nosos* (ó).]

lei *sf.* **1.** Regra de direito ditada pela autoridade estatal e tornada obrigatória para se manter a ordem e o progresso numa comunidade. **2.** Norma(s) elaborada(s) e votada(s) pelo poder legislativo. **3.** Obrigação imposta pela consciência e pela sociedade. **4.** Norma, regra.

lei•au•te *sm.* Projeto ou esquema de uma obra apresentados graficamente.

lei•go *adj.* **1.** Que não é clérigo; laico. **2.** Estranho ou alheio a um assunto. **3.** V. *secular* (5).

lei•lão *sm.* Venda pública a quem oferecer maior lanço; hasta. [Pl.: *–lões.*]

lei•lo•ar *v.t.d.* Pôr ou apregoar em leilão. [Conjug.: [13] [leil]**oar**]

lei•lo•ei•ro *sm.* Organizador e/ou pregoeiro de leilões.

leish•ma•ni•o•se (lich) *sf. Med.* Infecção causada por algumas espécies de protozoário do gênero *Leishmania*, e que pode ter forma cutânea, mucocutânea ou visceral.

lei•tão *sm.* Porco novo; bacorinho, bácoro. [Pl.: *–tões.*]

lei•te *sm.* **1.** Líquido branco, opaco, segregado pelas glândulas mamárias das fêmeas dos mamíferos. **2.** Suco vegetal branco. **3.** Qualquer líquido leitoso.

lei•tei•ra *sf.* **1.** Recipiente onde se serve ou ferve o leite. **2.** Vendedora de leite.

lei•tei•ro *adj.* **1.** Que produz leite. • *sm.* **2.** Vendedor de leite.

lei•te•ri•a ou **lei•ta•ri•a** *sf.* Casa comercial especializada na venda de leite e laticínios.

lei•to *sm.* **1.** Armação de madeira, ferro, etc., que sustenta o enxergão e o colchão da cama. **2.** A própria cama. **3.** Superfície aplainada de caminho, rua, estrada, etc. **4.** Extensão de terreno sobre a qual flui um rio.

lei•to•a (ô) *sf.* A fêmea do leitão.

lei•tor (ô) *adj.* e *sm.* Que ou aquele que lê ou tem o hábito de ler; ledor.

lei•to•so (ô) *adj.* **1.** Que tem o aspecto e/ou a coloração do leite; lácteo. **2.** Esbranquiçado e opaco. [Pl.: *–tosos* (ó).]

lei•tu•ra *sf.* **1.** Ato, arte ou hábito de ler. **2.** Aquilo que se lê. **3.** *Tec.* Operação de percorrer, em um meio físico, seqüências de marcas codificadas que representam informações registradas, e reconvertê-las à forma anterior (como imagens, sons, dados para processamento).

le•ma *sm.* **1.** Proposição que prepara a demonstração de outra. **2.** Sentença, divisa.

lem•bran•ça *sf.* **1.** Ato ou efeito de lembrar(-se). **2.** Idéia ou recordação de fatos passados que se conserva na memória. **3.** Inspiração, idéia. **4.** Presente, brinde.

lem•bran•ças *sf. pl.* V. *recomendações.*

lem•brar *v.t.d.* **1.** Trazer à memória; recordar. **2.** Dar a idéia de; sugerir, propor. *T.d.i.* **3.** Fazer recordar. **4.** Recomendar. *T.i.* e *p.* **5.** Ter lembrança; recordar-se. [Conjug.: [1] [lembr]**ar**]

lem•bre•te (ê) *sm.* Anotação para ajudar a memória.

le•me *sm.* **1.** Aparelho instalado na popa da embarcação ou na cauda do avião, e que serve para governá-los. **2.** Direção, governo.

lê•mu•re *sm. Zool.* Mamífero lemurídeo.

lê•mu•re-vo:a•dor *sm. Zool.* Mamífero cinocefalídeo. [Pl.: *lêmures-voadores.*]

le•mu•rí•de:o *sm. Zool.* Espécime dos lemurídeos, família de primatas arborícolas, herbívoros, sociais, que habitam Madagascar (África). § **le•mu•rí•de:o** *adj.*

len•ço *sm.* Quadrado de pano para assoar o nariz ou para ornar e/ou resguardar a cabeça ou o pescoço.

len•çol *sm.* **1.** Peça de tecido usada para forrar a cama e/ou para servir de coberta. **2.** Depósito subterrâneo natural de água, petróleo, etc. [Pl.: *–çóis.*]

len•da *sf.* **1.** Tradição popular. **2.** Narração de caráter maravilhoso, em que os fatos históricos são deformados pela imaginação do povo ou do poeta; legenda. **3.** Ficção, fábula.

len•dá•ri:o *adj.* Com caráter de lenda; legendário.

lên•de:a *sf. Zool.* Nome comum a ovos de insetos anopluros (piolhos), que ger. se agarram à base dos pêlos.

len•ga•len•ga *sf.* Conversa, narração ou discurso enfadonho; arenga, ladainha.

le•nha *sf.* Porção de achas usadas como combustível.

le•nha•dor (ô) *sm.* Quem corta ou racha lenha.

le•nhar *v.int.* Cortar lenha para queimar. [Conjug.: [1] [lenh]**ar**]

le•nhei•ro *sm.* **1.** Aquele que corta e/ou negocia lenhas. **2.** Lugar onde se empilha a lenha cortada.

le•nho *sm.* **1.** *Bot.* O principal tecido de sustentação e condução da seiva bruta nos caules e raízes. **2.** Madeiro.

le•nho•so (ô) *adj.* Que tem a natureza, o aspecto ou a consistência do lenho ou madeira. [Pl.: *–nhosos* (ó).]

le•ni•men•to *sm.* Aquilo que suaviza, mitiga.

le•nir *v.t.d.* Abrandar, mitigar. [Conjug.: 59 [len]**ir**]

le•ni•ti•vo *adj.* **1.** Próprio para lenir; calmante. • *sm.* **2.** Medicamento lenitivo.

le•no•cí•ni:o *sm.* Crime de prestar assistência à libidinagem alheia e/ou dela tirar proveito.

len•te¹ *sf.* Corpo transparente, limitado por duas superfícies refratoras, das quais pelo menos uma é curva.

len•te² *s2g. Obsol.* Professor de escola superior.

len•te•jou•la ou **len•te•joi•la** ou **lan•te•jou•la** ou **lan•te•joi•la** *sf.* Pequena palheta de metal, etc., que se cose ao tecido para o enfeitar.

len•tí•cu•la *sf.* Lente¹ pequena.

len•ti•dão *sf.* **1.** Qualidade de lento. **2.** Vagar, pachorra. [Pl.: *–dões.*]

len•ti•lha *sf. Bot.* Trepadeira das leguminosas, com legume alimentício.

len•to *adj.* **1.** Moroso, mole. **2.** Pouco agitado; brando.

le:o•ni•no *adj.* **1.** Do, ou próprio do leão. **2.** Fraudulento, doloso (contrato). **3.** Diz-se de, ou pertencente ou relativo a leonino (4). • *sm.* **4.** Indivíduo nascido sob o signo de Leão.

le:o•par•do *sm.* Grande felídeo de pele mosqueada, da África e da Ásia.

le•pi•do *adj.* **1.** Alegre, jovial. **2.** Ligeiro, ágil.

le•pi•dóp•te•ro *sm. Zool.* Designativo dos lepidópteros, família de insetos cujas quatro asas membranosas são recobertas de escamas. São as borboletas e as mariposas. **§ le•pi•dóp•te•ro** *adj.*

le•pis•ma•tí•de:o *sm. Zool.* Espécime dos lepismatídeos, família de tisanuros ápteros que destroem tecidos e papel. São as traças. **§ le•pis•ma•tí•de:o** *adj.*

le•po•rí•de:o *sm. Zool.* Espécime dos leporídeos, família de mamíferos roedores à qual pertencem a lebre e o coelho. **§ le•po•rí•de:o** *adj.*

le•po•ri•no *adj.* **1.** Da lebre. **2.** *Cir.* Diz-se do lábio bucal superior com fenda congênita.

le•pra *sf.* **1.** Doença infecciosa crônica, transmissível, e que lesa pele, membranas mucosas, nervos, ossos e vísceras. **2.** *Pop.* Sarna de cachorro. **3.** Vício que se propaga como a lepra.

le•pro•sá•ri:o *sm.* Hospital de leprosos.

le•pro•so (ó) *adj. e sm.* Que ou quem tem lepra (1); morfético, lazarento. [Pl.: *–prosos* (ó).]

lép•ton *sm. Fís. Part.* Férmion que não sofre interações fortes. São léptons o elétron, o múon, o tau, e os neutrinos associados a essas partículas.

le•que *sm.* **1.** Abano constituído essencialmente de um semicírculo de tecido ou papel, ajustado a uma armação com varetas que se abre e fecha. **2.** Qualquer coisa com a forma ou disposição dum leque aberto. **3.** *Fig.* Desdo-

bramento de opções a partir de um determinado elemento.

ler *v.t.d.* **1.** Percorrer com a vista (o que está escrito), proferindo ou não as palavras, mas conhecendo-as. **2.** Ver e estudar (coisa escrita). **3.** Decifrar e interpretar o sentido de. **4.** Perceber. **5.** Adivinhar. **6.** *Tec.* Captar signos ou sinais registrados em (um suporte) para recuperar as informações por eles codificadas. **7.** *Inform.* Copiar (informação armazenada ou externa) para a memória principal do computador, onde fica disponível para processamento. *Int.* **8.** Ver as letras do alfabeto e juntá-las em palavras. [Conjug.: 27 [l]**er**]

ler•do *adj.* **1.** Lento ou pesado nos movimentos. **2.** Tolo, aparvalhado. **§ ler•de•za** (ê) *sf.*

lé•ri:a *sf.* Fala astuciosa; lábia.

le•ro-le•ro *sm.* Conversa fiada, sem objetivo. [Pl.: *lero-leros.*]

le•são *sf.* **1.** Ato ou efeito de lesar(-se). **2.** Pancada, contusão. **3.** Dano, prejuízo. **4.** Violação dum direito. **5.** *Med.* Dano produzido em estrutura ou órgão. [Pl.: *–sões.*]

le•sar *v.t.d.* **1.** Causar lesão a; contundir, ferir. **2.** Ofender a reputação ou violar o direito de. **3.** Prejudicar (1). [Conjug.: 1 [les]**ar**]

les•bi:a•nis•mo *sm.* Homossexualismo feminino.

lés•bi•ca *sf.* Aquela que é dada ao lesbianismo.

le•si•vo *adj.* Que lesa; que causa lesão.

les•ma (ê) *sf.* **1.** *Zool.* Nome comum a moluscos gastrópodes semimarinhos ou terrestres, esp. àqueles que têm pequena concha externa em espiral. **2.** Pessoa indolente, mole.

les•ma-do-mar *sf. Zool.* Molusco nudibrânquio. [Pl.: *lesmas-do-mar.*]

lés-nor•des•te *sm.* És-nordeste. [Pl.: *lés-nordestes.*]

le•so (é) *adj.* **1.** Ofendido, lesado, física ou moralmente. **2.** *Bras.* V. *tolo* (1 e 2).

lés-su•es•te *sm.* És-sudeste. [Pl.: *lés-suestes.*]

les•te *sm.* **1.** V. *este* (1). [Abrev.: L.] **2.** *Geogr.* V. *Grande Região.* (Minienciclopédia)

les•to (ê) *adj.* **1.** V. *ágil* (2). **2.** Expedito.

le•tal *adj2g.* **1.** V. *mortal* (2). **2.** Próprio da morte. [Pl.: *–tais.*]

le•tar•gi•a *sf. Med.* Estado patológico em que há diminuição do nível de consciência, e caracterizado por indiferença, sonolência e apatia. **2.** Sono profundo; letargo. **3.** Indiferença, apatia; letargo. **§ le•tár•gi•co** *adj.*

le•tar•go *sm.* V. *letargia* (2 e 3).

le•ti•vo *adj.* **1.** Em que há lições ou aulas. **2.** Relativo às atividades escolares.

le•tra *sf.* **1.** Cada um dos sinais gráficos elementares com que se representam os vocábulos de uma língua escrita, e que assumem diferentes formas segundo sua origem. **2.** Caligrafia. **3.** *Fig.* Sentido claramente expresso pela escrita. **4.** Texto em verso de certas músicas. **5.** Letra de câmbio. ◆ **Letra de caixa-alta.** V. *caixa-alta.* **Letra de caixa-baixa.** V. *caixa-baixa.* **Letra de câmbio.** Título (8) de crédito pelo qual o credor ordena ao devedor que pague certa quantia em certa data; letra.

le•tra•do *adj.* e *sm.* Que ou quem é versado em letras; erudito.

le•tras (ê) *sf.pl.* O cultivo da literatura e/ou da língua ou das humanidades.

le•trei•ro *sm.* Inscrição sucinta, em letras visíveis, que contém informação, aviso, etc.

le•tris•ta *s2g.* **1.** Artista gráfico especialista no desenho de letras. **2.** Pessoa que pinta letras. **3.** Aquele que escreve letras de música.

léu *sm.* Us. na expr. *ao léu.* ◆ **Ao léu.** À toa; à vontade.

leu•ce•mi•a *sf. Med.* Doença maligna, de caráter progressivo, e em que há proliferação desordenada de leucócitos e de seus precursores, no sangue e na medula óssea. § **leu•cê•mi•co** *adj.* e *sm.*

leu•có•ci•to *sm. Histol.* Célula incolor, nucleada, de que há mais de um tipo, encontrada no sangue e na linfa; é capaz de movimentos amebóides.

leu•co•ci•to•se *sf. Med.* Aumento transitório da taxa sanguínea de leucócitos, e que pode ter variadas causas.

le•va *sf.* **1.** Alistamento de tropas; recrutamento. **2.** Grupo, magote.

le•va•da *sf.* **1.** Ato de levar. **2.** Corrente de água que se desvia de um rio para regar ou para mover algum engenho. **3.** Cascata, cachoeira. **4.** *Bras.* Elevação de terreno.

le•va•di•ço *adj.* Que se levanta ou baixa facilmente.

le•va•do *adj. Pop.* Travesso, traquina(s).

le•va-e-traz *s2g.2n. Bras.* Pessoa intrigante, mexeriqueira.

le•van•tar *v.t.d.* **1.** Pôr ao alto; elevar, erguer. **2.** Pôr em posição ereta; erguer. **3.** Erigir, edificando. **4.** Erguer do chão; suspender. **5.** Fazer subir ao ar, espalhando. **6.** Dirigir (os olhos, a vista) para o alto. **7.** Elevar, erguer, lit. ou fig.: *Levantar a voz.* **8.** Engrandecer. **9.** Suscitar. **10.** Conseguir (dinheiro) por empréstimo, ou por outro meio. **11.** Obter, conquistar. **12.** Arrolar, depois de pesquisa ou investigação. *T.d.i.* **13.** Levantar (7). *P.* **14.** Pôr-se de pé; erguer-se. **15.** Sair da cama. **16.** Sublevar-se. **17.** Surgir. [Conjug.: ① [levant]**ar**] § **le•van•ta•dor** (ô) *adj* e *sm;* **le•van•ta•men•to** *sm.*

le•van•te¹ *sm.* **1.** V. *este* (1). **2.** Os países do Mediterrâneo oriental. [Nesta acepç., com inicial maiúscula.]

le•van•te² *sm.* Revolta, motim.

le•van•ti•no *adj.* Do Levante¹ (2).

le•var *v.t.d.* **1.** Fazer passar dum lugar para outro; transportar. **2.** Portar, carregar. **3.** Retirar. **4.** Conduzir, guiar. **5.** Ter em seu poder. **6.** Ser portador de; transmitir. **7.** Causar a morte de; matar. **8.** Sentir, ao partir. **9.** Passar (certo período de tempo). **10.** Passar (a vida); viver. **11.** Sofrer, suportar. **12.** Obter, receber. **13.** Roubar. **14.** Ganhar, lucrar. **15.** Fazer representar; exibir. **16.** Encenar. **17.** Ter (dada capacidade); poder conter. **18.** Precisar, requerer. *T.d.i.* **19.** Fazer chegar. **20.** Induzir; decidir. **21.** Portar, para presentear ou para entregar. *T.d.c.* **22.** Levar (1, 2 e 19). *T.c.* **23.** Ir ter; conduzir. *Int.* **24.** *Bras.* Ser castigado fisicamente. *P.* **25.** Deixar-se dominar. [Conjug.: ① [lev]**ar**]

le•ve *adj2g.* **1.** De pouco peso ou pouca densidade. **2.** Pouco espesso ou denso; tênue. **3.** Que se movimenta com desembaraço, agilmente. **4.** *Fig.* Livre de peso ou pressão; aliviado. **5.** *Fig.* Sem profundidade ou gravidade; superficial. **6.** De fácil digestão (alimento, etc.).

le•ve•dar *v.t.d.* **1.** Tornar lévedo; fazer fermentar. *Int.* **2.** Fermentar (a massa) [Conjug.: ① [leved]**ar**] § **le•ve•da•do** *adj.*

lê•ve•do *sm.* **1.** Fungo agente de fermentação, empregado na preparação de bebidas alcoólicas não destiladas e na panificação; levedura. • *adj.* **2.** Que fermentou; levedado.

le•ve•du•ra *sf.* **1.** V. *lêvedo* (1) **2.** V. *fermento.*

le•ve•za (ê) *sf.* **1.** Qualidade de leve. **2.** Leviandade.

le•vi•an•da•de *sf.* Qualidade, caráter, conduta ou ato de leviano; leveza.

le•vi•a•no *adj.* **1.** Que julga ou procede irrefletidamente; irresponsável. **2.** V. *volúvel* (2).

le•vi•a•tã *sm.* **1.** Monstro do caos, na mitologia fenícia, identificado na Bíblia como animal aquático ou reptil. **2.** *Fig.* Coisa grande e possante. **3.** *Restr.* Estado forte e poderoso (em alusão ao livro homônimo de Thomas Hobbes [q. v.]).

le•vi•ra•to *sm. Antrop. Hist.* A prática do casamento de uma viúva com o irmão de seu marido.

le•vi•ta *sm.* **1.** Membro da tribo de Levi, entre os hebreus. **2.** Sacerdote da antiga Jerusalém.

le•vi•tar *v.int.* e *p.* Erguer-se (pessoa ou coisa) acima do solo, sem que nada visível a sustenha ou suspenda. [Conjug.: ① [levit]**ar**] § **le•vi•ta•ção** *sf.*

lé•xi•co (cs) *sm.* **1.** Dicionário. **2.** Dicionário abreviado. **3.** O conjunto das palavras usadas numa língua, ou num texto, ou por um autor.

le•xi•co•grá•fi•a (cs) *sf.* A ciência do lexicógrafo. § **le•xi•co•grá•fi•co** (cs) *adj.*

le•xi•có•gra•fo (cs) *sm.* Dicionarista.

le•xi•co•lo•gi•a (cs) *sf.* Parte da gramática que se ocupa da etimologia das palavras e das várias acepções delas. § **le•xi•co•ló•gi•co** (cs) *adj.*

le•xo•vis•sau•ro *sm. Paleont.* Dinossauro que tinha placas ósseas dispostas ao longo da coluna vertebral, até à cauda; viveu no jurássico europeu.

❑ **lg** *Mat.* Símb. de *logaritmo decimal* [outra f.: *log*].

lha•ma¹ *sf.* Tecido de fio de prata ou de ouro.

lha•ma² *sf.* e *m. Zool.* Mamífero camelídeo domesticado, da América do Sul, de pelagem longa e lanosa; lama.

lha•no *adj.* 1. Franco, sincero. 2. Simples, despretensioso. 3. Afável. § **lha•ne•za** (ê) *sf.*

lha•nos *sm.pl.* Extensas planícies de vegetação herbácea, na América do Sul.

lhe *pron. pess.* A ele, a ela (ou a você, ao senhor, a V. S.ª, etc.), ou nele, nela, etc., ou dele, dela, etc.

lho¹ contr. do pron. pess. *lhe* com o pron. pess. *o* ou com o pron. dem. neutro *o*.

lho² *ant.* e *pop.* contr. do pron. pess. *lhe* (= *lhes*) com o pron. pess. *o* ou o pron. dem. neutro *o*.

❑ **Li** *Quím.* Símb. do *lítio*.

li•a•me (á) *sm.* O que liga uma coisa ou pessoa a outra.

li•a•na *sf. Bot.* Nome comum a trepadeiras lenhosas, epífitas.

li•ba•ção *sf.* Ato de libar ou de beber. [Pl.: _–ções._]

li•ba•nês *adj.* 1. Do Líbano (Ásia) • *sm.* 2. O natural ou habitante do Líbano. [Flex.: *libanesa* (ê), *libaneses* (ê), *libanesas* (ê).]

li•bar *v.t.d.* 1. Beber, sorver. 2. Experimentar. [Conjug.: ① [lib]**ar**]

li•be•lo (bé) *sm.* 1. *Jur.* Exposição articulada do que se pretende provar contra um réu. 2. Escrito de caráter satírico ou difamatório.

li•bé•lu•la *sf. Zool.* Inseto odonato, cosmopolita; lavadeira, lavandeira.

lí•ber *sm. Bot.* Tecido condutor da seiva orgânica.

li•be•ra•ção *sf.* 1. Ato ou efeito de liberar(-se). 2. Extinção de dívida ou obrigação. 3. Dispensa. [Pl.: _–ções._]

li•be•ral *adj2g.* 1. Amigo de dar; dadivoso, pródigo. 2. Que é partidário do liberalismo. 3. Que tem idéias ou opiniões avançadas. • *s2g.* 4. Partidário do liberalismo. [Pl.: _–rais._]

li•be•ra•li•da•de *sf.* Qualidade de liberal (1).

li•be•ra•lis•mo *sm.* Atitude dos que defendem a propriedade privada, as reformas sociais graduais, as liberdades civis e a liberdade de mercado. ◆ **Liberalismo econômico.** *Econ.* Doutrina que enfatiza a iniciativa individual, a concorrência entre agentes econômicos e a ausência de interferência governamental, como princípios de organização econômica.

li•be•ra•lis•ta *adj2g.* Relativo ao liberalismo.

li•be•ra•li•zar *v.t.d.* e *t.d.i.* Prodigalizar. [Conjug.: ① [liberaliz]**ar**]

li•be•rar *v.t.d.* 1. Tornar livre ou quite de obrigação de dívida. 2. Permitir. 3. Lançar de si (gases): *Durante a fotossíntese as plantas liberam oxigênio. T.d.i.* 4. Libertar, livrar. 5. Isentar, desobrigar. *P.* 6. Livrar-se. 7. Desobrigar-se. [Conjug.: ① [liber]**ar**]

li•ber•da•de *sf.* 1. Faculdade de cada um se decidir ou agir segundo a própria determinação. 2. Estado ou condição de homem livre. 3. Confiança, intimidade (às vezes abusiva).

li•ber•tar *v.t.d., t.d.i.* e *p.* 1. Tornar(-se) liberto; livrar(-se). 2. Livrar(-se) da influência de. [Conjug.: ① [libert]**ar**] § **li•ber•ta•ção** *sf.*; **li•ber•ta•dor** (ô) *adj.* e *sm.*

li•ber•tá•ri:o *adj.* e *sm.* 1. Diz-se de, ou partidário da liberdade absoluta. 2. Anarquista.

li•ber•ti•no *adj.* Libidinoso (2). § **li•ber•ti•na•gem** *sf.*

li•ber•to *adj.* 1. Que foi libertado; livre. • *sm.* 2. Escravo liberto.

li•bi•di•na•gem *sf.* Vida ou atos libidinosos. [Pl.: _–gens._]

li•bi•di•no•so (ô) *adj.* 1. Relativo ao prazer sexual ou que o sugere. 2. Lascivo, devasso, libertino. [Pl.: _–nosos_ (ó).]

li•bi•do (bí) *sf.* Instinto ou desejo sexual.

li•bra *sf.* 1. Medida de massa, usada no sistema inglês de pesos e medidas. 2. Moeda real cujo valor variou conforme os tempos e lugares. 3. *Astr.* A sétima constelação do Zodíaco, situada no hemisfério sul. 4. *Astrol.* O sétimo signo do Zodíaco, relativo aos nascidos entre 23 de setembro e 22 de outubro. [Com inicial maiúscula, nas acepç. 3 e 4.]

li•brar *v.t.d.* 1. Pôr em equilíbrio. *T.d.i.* 2. *Fig.* Basear. *P.* 3. Suster-se (no ar). 4. *Fig.* Basear-se. [Conjug.: ① [libr]**ar**]

li•bré *sf.* Uniforme de criado de casas nobres.

li•bre•to (ê) *sm.* Texto ou argumento de ópera, opereta ou comédia musicada.

li•bri•a•no *sm.* 1. Indivíduo nascido sob o signo de Libra. • *adj.* 2. Diz-se de, ou pertencente ou relativo a libriano (1).

li•ça *sf.* 1. Lugar destinado a torneios, combates, correrias, etc. 2. Luta, combate.

li•ção *sf.* 1. Matéria ou tema ensinado pelo professor ao aluno; aula. 2. Trabalho escolar apresentado pelo aluno ao professor. 3. Ensinamento, conselho, exemplo. 4. Exemplo (2). [Pl.: _–ções._]

li•cen•ça *sf.* 1. Consentimento, autorização. 2. Documento que atesta a concessão de licença (1). 3. Autorização para faltar ao serviço durante um dado período. ◆ **Licença especial.** *Bras.* Licença-prêmio (q. v.).

li•cen•ça•prê•mi:o *sf.* Licença (3) a que tem direito funcionário público depois de cada qüinqüênio de exercício; licença especial. [Pl.: *licenças-prêmios* e *licenças-prêmio*.]

li•cen•ci•a•do *adj.* 1. Que tem licença. 2. Que foi dispensado. 3. Que tem licenciatura. • *sm.* 4. Indivíduo licenciado (3).

li•cen•ci•ar *v.t.d.* 1. Conceder licença (3) a. 2. Conceder licenciatura a. *P.* 3. Tomar licença (3). 4. Tomar licenciatura. [Conjug.: 1 [licenci]**ar**]

li•cen•ci:a•tu•ra *sf. Bras.* Grau universitário que permite o exercício do magistério do ensino médio.

li•cen•ci•o•so (ó) *adj.* 1. Indisciplinado, desregrado. 2. Sensual, libidinoso. [Pl.: *–osos* (ó).] § **li•cen•ci:o•si•da•de** *sf.*

li•ceu *sm.* Estabelecimento de ensino secundário e/ou profissional.

li•ci•tar *v.int.* 1. Oferecer qualquer quantia no ato de arrematação. *T.d.* 2. Pôr em leilão. 3. Efetuar (a administração pública) seleção da proposta mais vantajosa para fornecimento de bens ou prestação de serviços. [Conjug.: 1 [licit]**ar**] § **li•ci•ta•ção** *sf.*; **li•ci•tan•te** *adj2g. s2g.*

lí•ci•to *adj.* 1. Permitido por lei. 2. V. *jurídico* (2). 3. Admissível.

li•cor (ó) *sm.* Bebida alcoólica, aromatizada e doce.

li•co•rei•ra *sf.* Licoreiro.

li•co•rei•ro *sm.* Conjunto de garrafa e cálices para licor; licoreira.

li•co•ro•so (ó) *adj.* Que tem o aroma e o teor alcoólico do licor, e é doce como ele. [Pl.: *–rosos* (ó).]

li•da *sf.* Ato de lidar; labuta, lide.

li•dar *v.t.d.* 1. Participar de (luta). *T.i.* 2. Ocupar-se. 3. Tratar, enfrentar. *Int.* 4. V. *labutar.* [Conjug.: 1 [lid]**ar**]

li•de¹ *sf.* 1. V. *lida.* 2. V. *litígio.*

li•de² *sm. Jorn.* Parte introdutória de matéria jornalística, que ger. apresenta o resumo desta matéria.

lí•der *sm.* Guia; chefe.

li•de•rar *v.t.d.* 1. Dirigir na condição de líder. 2. Ser o primeiro em. [Conjug.: 1 [lider]**ar**] § **li•de•ran•ça** *sf.*

lí•di•mo *adj.* 1. Legítimo, autêntico. 2. Puro, genuíno.

li•ga *sf.* 1. V. *ligação* (1). 2. Aliança, pacto. 3. Partido (2). 4. Tira elástica que cinge a meia à perna. 5. *Quím.* Mistura de dois ou mais metais, produzida por fusão dos componentes.

li•ga•ção *sf.* 1. Ato ou efeito de ligar(-se); ligamento, ligadura, liga. 2. Relação, vinculação. 3. Amizade. 4. Relação amorosa e sensual. 5. *Bras.* Ato ou efeito de ligar o telefone. [Pl.: *–ções*.] ♦ **Ligação covalente.** *Fís.-Quím.* Ligação homopolar em que existe um orbital molecular correspondente à combinação dos or-

bitais de dois elétrons de valência de dois átomos. **Ligação homopolar.** *Fís.-Quím.* Aquela em que a atração eletrostática é nula ou desprezível.

li•ga•du•ra *sf.* 1. V. *ligação* (1). 2. Faixa, atadura. 3. *Cir.* Interrupção, temporária ou definitiva, de fluxo sanguíneo em interior de vaso (6).

li•ga•men•to *sm.* 1. V. *ligação* (1). 2. V. *ligadura* (2). 3. *Anat.* Estrutura constituída por tecido fibroso, forte, que se insere pelas extremidades em ossos ou cartilagens. § **li•ga•men•tar** *adj2g.*

li•gar *v.t.d.* 1. Apertar, prender, atar, com laço ou ligadura; prender, fixar. 2. Juntar novamente (o que está separado, cortado). 3. Fazer aderir ou pegar. 4. Pôr em comunicação, ou em contato. 5. Tornar conexo ou coerente. 6. Unir por vínculos morais ou afetivos. 7. Pôr em funcionamento. 8. *Cir.* Fazer ligadura (3) em. 9. *Bras.* Acionar disco ou tecla de (o telefone), para estabelecer ligação; tocar. *T.d.i.* 10. Ligar (1 e 2). 11. Unir, vincular. 12. Relacionar, associar. *T.i.* 13. Prestar atenção. 14. *Bras.* Telefonar. *Int.* 15. Unir, aderir; soldar-se. *P.* 16. Unir-se por vínculos morais ou afetivos. 17. Relacionar-se. 18. Formar aliança. 19. Combinar-se. [Conjug.: 1 [li]**gar**]

li•gei•ro *adj.* 1. V. *leve* (3 a 5). 2. Rápido, veloz. 3. V. *ágil* (2). 4. Volúvel, leviano. § **li•gei•re•za** (ê) *sf.*

lig•ni•fi•ca•ção *sf. Bot.* Impregnação da membrana das células vegetais pela lignina. [Pl.: *–ções*.]

lig•ni•na *sf. Bot.* Substância que forma o lenho.

lig•ni•to *sm.* Linhito.

li•lás ou **li•laz** *sm.* 1. *Bot.* Arbusto oleáceo de flores arroxeadas. 2. A flor desse arbusto. • *adj2g.* 3. Da cor arroxeada do lilás (2).

li•li•á•ce:a *sf. Bot.* Espécime das liliáceas, família de plantas monocotiledôneas, algumas ornamentais, outras medicinais. § **li•li•á•ce:o** *adj.*

li•ma¹ *sf.* Ferramenta manual de aço, com superfície lavrada de estrias, e usada para polir ou desbastar ou raspar matérias duras.

li•ma² *sf.* O fruto da limeira.

li•ma•lha *sf.* Pó de um metal quando é limado.

li•mão *sf.* O fruto, cítrico, do limoeiro. [Pl.: *–mões.*]

li•mar *v.t.d.* 1. Desgastar, raspar ou polir com lima¹. 2. Aperfeiçoar. [Conjug.: 1 [lim]**ar**] § **li•ma•gem** *sf.*

lim•bo *sm.* 1. Orla, borda. 2. Rebordo do disco de um instrumento de medição, sobre o qual é marcada a graduação angular. 3. Lugar onde, segundo a teologia católica, estão as almas mortas sem batismo.

li•mei•ra *sf. Bot.* Árvore rutácea, frutífera.

li•mi•ar *sm.* 1. Soleira da porta. 2. Início.

li•mi•nar adj2g. **1.** Posto à frente; que antecede. **2.** Dir. Diz-se de medida do juiz, no início de processo, para evitar dano irreparável ao direito que se alega. **3.** Que constitui um limiar ou passagem.• sf. **4.** Dir. Medida liminar.

li•mi•ta•ção sf. **1.** Ato ou efeito de limitar(-se). **2.** Fixação, delimitação. **3.** Diminuição. **4.** Mediocridade. [Pl.: -ções.]

li•mi•ta•dor (ó) adj. **1.** Que limita, restringe; limitante. • sm. **2.** Eletrôn. Circuito destinado a limitar superiormente a um dado valor a amplitude dum sinal elétrico.

li•mi•tan•te adj2g. Limitador (1).

li•mi•tar v.t.d. **1.** Determinar os limites de, ou servir de limite a. **2.** Restringir, diminuir. T.d.i. **3.** Restringir, circunscrever. P. **4.** Restringir-se. **5.** Ter como limite(s); confinar, lindar. [Conjug.: ① [limit]ar]

li•mi•ta•ti•vo adj. Que serve para limitar.

li•mi•te sm. **1.** Linha de demarcação; raia. **2.** Local onde se separam dois terrenos ou territórios contíguos, fronteira. **3.** Parte ou ponto extremo; fim, termo.

li•mí•tro•fe adj2g. Que se encontra na região da fronteira; confinante, lindeiro.

lim•no•lo•gi•a sf. Ramo da ecologia que estuda os habitats e os ecossistemas de água doce. § lim•no•ló•gi•co adj.

lim•no•plânc•ton sm. Biol. O plâncton das águas doces.

li•mo sm. **1.** Alga que se encontra na água doce. **2.** Lodo, lama. § li•mo•so (ó) adj.

li•mo•ei•ro sm. Bot. Arvoreta rutácea, frutífera.

li•mo•na•da sf. O sumo do limão com água e açúcar.

li•mo•ne•no sm. Quím. Terpeno de cheiro característico, encontrado no óleo essencial da casca da laranja, e de outras frutas cítricas.

lim•pa•de•la sf. Limpeza (1) rápida e superficial.

lim•par v.t.d. **1.** Tornar limpo. **2.** Livrar de impureza(s); purificar. **3.** Tornar sereno e sem nuvens. **4.** Esvaziar o conteúdo de. **5.** Roubar. P. **6.** Tornar-se limpo. [Conjug.: ① [limp]ar; part.: limpado e limpo.] § lim•pa•men•to sm.

lim•pa-tri•lhos sm.2n. Bras. Espécie de grade resistente fixada à frente da locomotiva para remover corpos que se encontram entre os trilhos.

lim•pe•za (ê) sf. **1.** Ato ou efeito de limpar(-se). **2.** Qualidade de limpo, de asseado; asseio. **3.** Esmero, apuro.

lím•pi•do adj. **1.** Que não é turvo; transparente, lúcido. **2.** Nítido, claro, limpo. **3.** Sem nuvens; limpo. § lim•pi•dez (ê) sf.

lim•po adj. **1.** Sem mancha; asseado. **2.** V. límpido (2 e 3). **3.** Nitidamente perceptível. **4.** Bem-feito (1). **5.** Isento, livre. **6.** Puro, imaculado. **7.** Honrado, probo. **8.** Bras. Gír. V. pronto (6).

li•mu•si•ne sf. Automóvel de passeio espaçoso e fechado por vidros.

li•ná•ce:a sf. Espécime das lináceas, família de ervas, arbustos e árvores cultivados pelas flores, ou pelas fibras úteis. § li•ná•ce:o adj.

lin•ce sm. Felídeo selvagem, de cauda curta.

lin•char v.t.d. Justiçar sumariamente, sem qualquer espécie de julgamento legal. [Conjug.: ① [linch]ar] § lin•cha•men•to sm.

lin•dar v.t.d. **1.** Pôr linde em; demarcar. T.c. **2.** V. limitar (5). [Conjug.: ① [lind]ar]

lin•de sm. Limite. § lin•dei•ro adj.

lin•de•za (ê) sf. **1.** Qualidade de lindo. **2.** Pessoa ou coisa linda.

lin•do adj. **1.** Agradável à vista ou ao espírito; belo, formoso. [Antôn.: feio.] **2.** Gracioso, delicado; airoso. **3.** Perfeito, primoroso.

li•ne:a•men•to sm. Traço, linha.

li•ne:a•men•tos sm.pl. **1.** Traços gerais; esboço. **2.** Linhas do corpo humano. **3.** Rudimentos.

li•ne•ar adj2g. **1.** Relativo a, ou que apresenta a disposição de linha (9). **2.** Que se representa por linhas. **3.** Sem rodeios; direto. **4.** Antrop. Relativo a parentesco traçado por linha direta, por relações sucessivas de filiação.

lin•fa sf. **1.** Histol. Líquido transparente, amarelado ou incolor, que circula nos vasos linfáticos e contém, esp., linfócitos. **2.** Poét. A água.

lin•fá•ti:co adj. **1.** Relativo a linfa, ou que a contém. **2.** Sem vida, apático. • sm. **3.** Anat. Vaso ou gânglio linfático.

lin•fó•ci•to sm. Histol. Leucócito sem granulações específicas.

lin•fói•de adj2g. Semelhante à linfa.

lin•fo•ma sm. Qualquer doença maligna de tecido linfóide.

lin•go•te sm. Barra de metal fundido.

lín•gua sf. **1.** Anat. Órgão muscular, alongado, móvel, situado na cavidade bucal, e que serve para a degustação, a deglutição e a articulação dos sons da voz. **2.** Objeto semelhante à língua (1). **3.** O conjunto das palavras e expressões, faladas ou escritas, usadas por um povo, por uma nação e o conjunto de regras da sua gramática. ♦ **Língua de fogo.** Labareda.

lin•gua•do sm. **1.** Barra ou lingote de ferrogusa. **2.** Bras. Zool. Peixe soleídeo, saboroso.

lin•gua•fo•ne sm. Método de ensino de línguas mediante o uso de gravação (2).]

lin•gua•gem sf. **1.** O uso da palavra articulada ou escrita como meio de expressão e de comunicação entre pessoas. **2.** A forma de expressão pela linguagem (1) própria dum indivíduo, grupo, classe, etc. **3.** Vocabulário; palavreado. [Pl.: -gens.] ♦ **Linguagem artificial.** Aquela deliberadamente criada por um grupo de especialistas para servir a determinado propósito. **Linguagem de máquina.** Inform.

Linguagem de programação em que instruções e dados são representados como seqüências de dígitos binários, não exigindo processamento adicional ou tradução prévia para execução. **Linguagem de programação.** *Inform.* Conjunto de instruções e regras de composição e encadeamento, por meio do qual se representam ações executáveis por um computador. **Linguagem natural.** Qualquer linguagem de uso geral, escrita e/ou falada por uma comunidade humana.

lin•gua•jar *sm.* 1. Modo de falar; fala. 2. Falar (12).

lin•gual *adj2g.* Relativo à língua (1). [Pl.: -guais.]

lin•gua•ru•do *adj.* e *sm.* Falador, maledicente.

lin•güe•ta (ê) *sf.* Peça móvel das fechaduras, a qual, movida pela chave, tranca porta, gaveta, etc.

lin•güi•ça *sf.* Enchido de carne de porco.

lin•güis•ta *s2g.* Especialista em lingüística ou no estudo da língua.

lin•güís•ti•ca *sf.* A ciência da linguagem.

lin•güís•ti•co *adj.* Relativo à lingüística ou à língua (3), ou que tem por base a língua (3).

li•nha *sf.* 1. Fio de fibras de linho torcidas, ou de algodão, seda, fibra sintética, etc. para coser, bordar, fazer renda, etc. 2. Cordel para usos vários. 3. Fio com anzol para pescar. 4. Sistema de fios ou de cabos que conduzem energia elétrica, ou que estabelecem comunicações a distância por meio elétrico. 5. Contato ou conexão entre aparelhos de telecomunicação, ou o sinal elétrico que transporta mensagens a distância. 6. Serviço regular de telecomunicações, ou direito de uso deste serviço. 7. Traço contínuo duma só dimensão. 8. Contorno (1). 9. Traço de separação real ou imaginário. 10. Cada um dos traços que sulcam as palmas das mãos. 11. Série de unidades militares, ou pessoas em geral, ou coisas, alinhadas ou enfileiradas. 12. Ferrovia. 13. Série de palavras escritas numa mesma direção de lado a lado da página. 14. Processo, técnica. 15. Série de graus de parentesco, numa família. 16. Regra, norma. 17. Correção de maneiras. 18. Serviço regular de transporte entre dois pontos. 19. A duodécima parte da polegada. 20. O Equador. 21. *Bras.* V. *trilho*² (1).

li•nha•ça *sf.* A semente do linho (1).

li•nha•da *sf.* 1. Lance de anzol. 2. *Fig.* Espiadela.

li•nha•gem *sf.* 1. Genealogia, estirpe; família. 2. *Antrop.* Unidade social formada por indivíduos ligados a um ancestral comum por laços demonstráveis de descendência. [Pl.: -gens.]

li•nhi•to *sm.* Carvão fóssil.

li•nho *sm.* 1. *Bot.* Erva linácea cujo caule fornece uma fibra do mesmo nome. 2. Tecido de linho.

li•ni•men•to *sm.* Medicamento líquido, untuoso, para fricções.

⇨ **link** [Ingl.] *sm. Inform.* Em hipertextos e hipermídia, vínculo entre documentos ou pontos de documentos; *hyperlink.*

li•nó•le•o *sm.* Tela recoberta de substância impermeável (óleo de linhaça e pó de cortiça), e que é usado para tapetes.

li•o•fi•li•za•ção *sf.* Processo de secagem e eliminação de substâncias voláteis realizado em temperatura baixa e sob pressão reduzida. [Pl.: -ções.]

li•o•fi•li•zar *v.t.d.* Efetuar a liofilização de. [Conjug.: ① [liofiliz]**ar**]

li•pí•di:o *sm. Quím.* Designação geral de gorduras e outras substâncias lipofílicas existentes nos seres vivos.

li•po:as•pi•ra•ção *sf.* Aspiração, feita cirurgicamente, de excesso(s) gorduroso(s) do corpo humano, e com objetivo estético. [Pl.: -ções.]

li•po•fí•li•co *adj. Quím.* Que se dissolve bem em gorduras e hidrocarbonetos.

li•pói•de *adj2g.* Referente a gordura.

li•po•ma *sm. Med.* Tumor benigno formado por tecido gorduroso.

li•que•fa•zer ou **li•qüe•fa•zer** *v.t.d.* e *p.* 1. Tornar(-se) líquido. 2. Fundir(-se), derreter(-se). [Conjug.: ⑳ [lique]**fazer**. Sin. ger.: *liquidificar* ou *liqüidificar.*] § **li•que•fa•ção** ou **li•qüe•fa•ção** *sf.*

li•que•fei•to ou **li•qüe•fei•to** *adj.* Que se liquefez.

lí•quen *sm.* 1. *Bot.* Espécime dos liquens, grupo de vegetais formados por um fungo e uma alga, em simbiose; produzem larga série de antibióticos. 2. *Med.* Nome genérico de vários tipos de doenças cutâneas caracterizadas pela presença de lesões papulares pequenas e firmes, ger. muito próximas entre si. [Pl.: *liquens* e *líquenes.*] § **li•quê•ni•co** *adj.*

li•qui•da•ção ou **li•qüi•da•ção** *sf.* 1. Ato ou efeito de liquidar(-se). 2. Venda de mercadorias a preços abaixo do normal; queima. [Pl.: -ções.]

li•qui•dan•te ou **li•qüi•dan•te** *adj2g.* 1. Que liquida. • *s2g.* 2. Pessoa física ou jurídica incumbida da liquidação duma sociedade civil ou comercial.

li•qui•dar ou **li•qüi•dar** *v.t.d.* 1. Ajustar (contas). 2. Pagar, resgatar (um título). 3. Solver (uma obrigação). 4. Tirar a limpo; apurar. 5. Matar (1). 6. Encerrar (assunto ou questão desagradável). 7. Encerrar transações comerciais de (estabelecimento). 8. *Bras.* Vender por preço abaixo do custo; queimar, torrar. *P.* 9. Arruinar-se. [Conjug.: ① [liquid]**ar**]

li•qui•dez ou **li•qüi•dez** (ê) *sf. Econ.* **1.** Facilidade com que um ativo pode ser convertido em dinheiro. **2.** Disponibilidade de ativos líquidos.

li•qui•di•fi•ca•dor (ó) ou **li•qüi•di•fi•ca•dor** (ó) *sm.* Aparelho elétrico para misturar, transformar em pasta ou líquido, ou triturar certos alimentos.

li•qui•di•fi•car ou **li•qüi•di•fi•car** *v.t.d.* e *p.* V. *liquefazer*. [Conjug.: ⑧ [liquidifi]**car**]

lí•qui•do ou **lí•qüi•do** *adj.* **1.** Que flui ou corre, tomando sempre a forma do recipiente onde se encontra. **2.** Diz-se de ativo em dinheiro, imediatamente conversível em dinheiro. **3.** Sem inclusão da embalagem ou do vasilhame: *peso líquido*. **4.** *Econ.* Diz-se de valor obtido após deduções ou descontos. **5.** *Fig.* Verificado, apurado, final. * *sm.* **6.** Substância líquida. ◆ **Líquido seroso.** *Fisiol.* Líquido contido em cavidade serosa, e nela segregado.

li•ra *sf.* Instrumento musical de cordas em forma de U.

lí•ri•ca *sf.* Poesia lírica.

lí•ri•co *sm.* **1.** Diz-se do gênero de poesias em que se cantam emoções e sentimentos íntimos. **2.** Sentimental. **3.** Relativo à ópera.

lí•ri:o *sm.* **1.** Planta liliácea, ornamental. **2.** A flor branca dessa planta; lis.

li•ri:o-do-mar. *sm. Zool.* Equinodermo crinóide. [Pl.: *lírios-do-mar*.]

lis *sm.* Lírio (2).

lis•bo•e•ta (ê) *adj2g.* **1.** De Lisboa, capital de Portugal. * *s2g.* **2.** O natural ou habitante de Lisboa.

li•so *adj.* **1.** De superfície plana ou sem aspereza. **2.** Diz-se de cabelo não ondulado ou encaracolado. **3.** *Bras. Gír.* V. *pronto* (6).

li•son•ja *sf.* Louvor exagerado; adulação.

li•son•je:a•dor (ô) *adj.* Que lisonjeia; lisonjeiro.

li•son•je•ar *v.t.d.* **1.** Procurar agradar com lisonjas. **2.** Agradar a; deleitar. *P.* **3.** Deleitar-se, recebendo lisonjas. [Conjug.: ⑩ [lisonj]**ear**]

li•son•jei•ro *adj.* **1.** Lisonjeador. **2.** Prometedor; satisfatório.

lis•ta *sf.* **1.** Relação de nomes de pessoas ou coisas; relação, rol, arrolamento. **2.** Listra. ◆ **Lista de discussão.** *Inform.* Qualquer grupo de pessoas que se associam para trocar, por meio de correio eletrônico, informações ou opiniões sobre determinado tema.

lis•ta•gem *sf.* **1.** Lista, arrolamento. **2.** Lista contínua em computador. [Pl.: *–gens*.]

lis•tar *v.t.d.* **1.** Arrolar, relacionar. **2.** Fornecer ou enumerar (informações) na forma de lista(s). [Conjug.: ① [list]**ar**]

lis•tra *sf.* **1.** Num tecido, linha ou faixa de cor ou textura diferente; risca. **2.** Risco, traço. [F. paral.: *lista*.]

lis•tra•do ou **lis•ta•do** *adj.* Que tem listras ou riscas; riscado.

li•su•ra *sf.* **1.** Qualidade de liso. **2.** Honradez; franqueza.

li•ta•ni•a *sf.* Ladainha.

li•tei•ra *sf.* Cadeirinha coberta, sustentada por dois longos varais e conduzida por duas bestas ou por dois homens, um à frente e outro atrás.

li•te•ral *adj2g.* **1.** Relativo a letra (1). **2.** Conforme à letra do texto. **3.** Exato, rigoroso. [Pl.: *–rais*.]

li•te•rá•ri:o *adj.* Relativo a letras, à literatura.

li•te•ra•to *sm.* Autor de obras literárias; escritor.

li•te•ra•tu•ra *sf.* **1.** Arte de compor trabalhos artísticos em prosa ou verso. **2.** O conjunto de trabalhos literários dum país ou duma época.

lí•ti•co *adj.* Relativo a pedra.

li•ti•gar *v.t.i.* e *int.* **1.** Ter litígio ou demanda. **2.** Contender. [Conjug.: ⑪ [liti]**gar**] § **li•ti•gan•te** *adj2g.* e *s2g.*

li•tí•gi:o *sm.* **1.** Questão judicial; demanda, pleito. **2.** Disputa, contenda, pendência, querela. [Sin. ger.: *lide*.]

li•ti•gi•o•so (ô) *adj.* Que envolve litígio. [Pl.: *–osos* (ó).]

□ **lí•ti:o** *sm. Quím.* V. *metal alcalino* [símb.: *Li*].

li•tó•fi•lo *adj.* Que cresce e se desenvolve nos rochedos; rupestre.

li•to•gra•far *v.t.d.* Gravar ou imprimir em litografia. [Conjug.: ① [litograf]**ar**]

li•to•gra•fi•a *sf.* **1.** Processo de gravar sobre pedra calcária ou placa de metal. **2.** Estampa obtida por este processo; litogravura. § **li•to•grá•fi•co** *adj.*

li•to•gra•vu•ra *sf.* Litografia (2).

li•to•lo•gi•a *sf. Geol.* Estudo das rochas.

li•to•ral *adj2g.* **1.** Litorâneo. * *sm.* **2.** Região banhada pelo mar; costa. [Pl.: *–rais*.]

li•to•râ•ne:o *adj.* Da beira-mar; litoral.

li•to•ri•na *sf. Bras.* Automotriz.

li•tos•fe•ra *sf. Geofís.* A parte externa, consolidada, da Terra; crosta terrestre.

li•trá•ce:a *sf. Bot.* Espécime das litráceas, família de ervas e arbustos ornamentais de países quentes e temperados. § **li•trá•ce:o** *adj.*

li•tro *sm.* **1.** Unidade de medida de capacidade, igual a um decímetro cúbico [símb.: *l* ou, excepcionalmente, *L*]. [É permissível o uso do símb. com maiúscula para evitar confusão com o algarismo 1.] **2.** Garrafa de litro.

li•tur•gi•a *sf.* O culto público e oficial instituído por uma igreja; ritual. § **litúrgico** *adj.*

lí•vi•do *adj.* **1.** De cor entre o branco e o preto, mais ou menos plúmbea. **2.** Extremamente pálido (1). § **li•vi•dez** (ê) *sf.*

li•vrar *v.t.d., t.d.i.* e *p.* **1.** Tornar(-se) livre; soltar(-se). **2.** Isentar(-se) de mal ou perigo. **3.**

Tirar(-se) de embaraço ou posição difícil; salvar(-se). [Conjug.: ⬚ [livr]**ar**] § li•vra•men•to *sm.*

li•vra•ri•a *sf.* Loja de livros.

li•vre *adj2g.* **1.** Que não está sujeito a algum senhor. **2.** Que não está, ou já não está, prisioneiro; solto. **3.** Desprendido, solto. **4.** Que age por si mesmo; independente. **5.** Que goza dos seus direitos civis e políticos. **6.** Cujo funcionamento sem coerção ou discriminação é garantido por lei. **7.** Permitido, autorizado. **8.** Isento (1). **9.** Disponível, desocupado. **10.** Desimpedido, desembaraçado. **11.** Que não está casado. **12.** Licencioso. **13.** Sem limites; imenso.

li•vre-ar•bí•tri:o *sm.* Capacidade individual de autodeterminação. [Pl.: *livres-arbítrios.*]

li•vre•co *sm.* Livro sem valor, reles.

li•vre-do•cên•ci:a *sf.* Docência-livre (q. v.). [Pl.: *livres-docências.*]

li•vre-do•cen•te *sm.* V. *docente-livre.* [Pl.: *livres-docentes.*]

li•vrei•ro *sm.* **1.** Comerciante de livros.° *adj.* **2.** Referente à produção de livros.

li•vre-pen•sa•dor (ô) *sm.* Aquele que pensa livremente, guiado pela razão, especialmente em matéria religiosa. [Pl.: *livres-pensadores* (ô).]

li•vres•co (ê) *adj.* Proveniente apenas de leituras, e não de experiência ou estudo: *saber livresco.*

li•vro *sm.* **1.** Reunião de folhas impressas presas por um lado e enfeixadas ou montadas em capa. **2.** A obra intelectual publicada sob a forma de livro (1). **3.** Registro para certos tipos de anotações, sobretudo comerciais.

li•xa *sf.* Papel a que se aglutina substância abrasiva, usado para polir metais, madeiras, etc.

li•xão *sm. Bras. SP* Lixeira (2). [Pl.: *–xões.*]

li•xar *v.t.d.* **1.** Desgastar ou polir com lixa. **2.** Polir, brunir. *P.* **3.** Indignar-se. **4.** Arruinar-se. **5.** *Bras. Gír.* Não se incomodar. [Conjug.: ⬚ [lix]**ar**]

li•xei•ra *sf.* **1.** Depósito de lixo; lata de lixo. **2.** Vazadouro de lixo; lixão.

li•xei•ro *sm. Bras.* Carregador de lixo; gari.

li•xí•vi:a *sf.* Barrela.

li•xo *sm.* **1.** O que se varre da casa, da rua, e se joga fora; entulho. **2.** Coisa imprestável. ◆ **Lixo atômico.** *Fís. Nucl.* Conjunto de detritos resultantes de fusão nuclear e que devem ser isolados em razão de sua radioatividade; lixo radioativo; rejeito nuclear. **Lixo radioativo.** *Fís. Nucl.* V. *lixo atômico.*

❑ **ln** *Mat.* Símb. de *logaritmo neperiano.*

lo 1. F. arc. do art. def. masc. sing. **2.** F. arc. do pron. pess. oblíquo da 3ª pess. masc. sing., ainda hoje us. depois de f. verbais acabadas em *r,*

s ou *z,* após os pron. *nos* e *vos,* e o adv. *eis.* **3.** F. arc. do pron. dem. neutro *o,* ainda hoje us. nos mesmos casos em que se usa *lo* (2).

ló *sm. Marinh.* O lado da embarcação voltado para barlavento.

lo•a (ó) *sf.* Discurso laudatório; apologia.

lo:a•sá•ce:a *sf. Bot.* Espécime das loasáceas, família de plantas ger. dotadas de pêlos urentes. Ex.: o cansanção. § **lo:a•sá•ce:o** *adj.*

⇨ **lobby** (lóbi) [Ingl.] *sm.* **1.** Grupo de pressão visando influenciar decisões governamentais em favor de determinados interesses. **2.** Atividade como a de um tal grupo.

lo•bi•nho *sm. Pop.* Quisto subcutâneo; calombo.

lo•bi•so•mem *sm. Folcl.* Homem que, segundo a crendice, se transforma em lobo nas noites de sexta-feira. [Pl.: *–mens.*]

lo•bis•ta *adj2g.* e *s2g.* Diz-se de, ou pessoa que pertence a um *lobby.*

lo•bo *sm. Anat.* Porção de um órgão demarcada com maior ou menor nitidez. [Dim.: *lóbulo.*]

lo•bo (ô) *sm. Zool.* Canídeo selvagem da Europa, Ásia e América do Norte. [Fem.: *loba* (ô).]

lo•bo-do-mar (lô) *sm.* Marinheiro experimentado. [Pl.: *lobos-do-mar* (lô).]

lo•bre•gar *v.t.d.* Tornar lôbrego. [Conjug.: ⬚ [lobre]**gar**. Cf. *lobrigar.*]

lô•bre•go *adj.* V. *lúgubre* (2).

lo•bri•gar *v.t.d.* **1.** Ver a custo, indistintamente, ou por acaso. **2.** Ver ao longe. [Conjug.: ⬚ [lobri]**gar**. Cf. *lobregar.*]

lo•bu•lo *sm.* Pequeno lobo.

lo•bu•lo•so (ô) *adj.* Que apresenta lóbulo(s). [Pl.: *–losos* (ó).]

lo•ca *sf.* Gruta pequena, ou lapa, que serve de esconderijo a animais.

lo•ca•ção *sf.* **1.** Ato de locar. **2.** Aluguel (1). [Pl.: *–ções.*]

lo•ca•dor (ô) *sm.* Aquele que se obrigou a ceder algo em locação, ou a prestar um serviço.

lo•ca•do•ra *sf.* Estabelecimento comercial que aluga carros, fitas de vídeo, CDs, etc.

lo•cal *adj2g.* **1.** Relativo a determinado lugar. **2.** Restrito ou limitado a uma área, subconjunto ou domínio específico. **3.** *Inform.* Relativo ao computador que está sendo diretamente utilizado pelo usuário, numa rede de computadores.° *sm.* **4.** Lugar, sítio ou ponto, referido a um fato. [Pl.: *–cais*]

lo•ca•li•da•de *sf.* **1.** Lugar determinado. **2.** Povoado.

lo•ca•li•za•ção *sf.* **1.** Ato ou efeito de localizar(-se). **2.** Lugar determinado. [Pl.: *–ções.*]

lo•ca•li•zar *v.t.d.* **1.** Determinar local de; locar. **2.** Inteirar-se do paradeiro de. **3.** Detectar, identificar. *P.* **4.** Fixar-se (em certo lugar). [Conjug.: ⬚ [localiz]**ar**]

lo•ção *sf. Bras.* Líquido perfumado, para a cútis ou os cabelos. [Pl.: *–ções.*]

lo•car *v.t.d.* **1.** Dar de aluguel ou de arrendamento; alugar. **2.** Localizar (1). **3.** *Bras.* Marcar com estaca (os pontos singulares duma construção, ou o eixo duma estrada). [Conjug.: ⑧ [lo]**car**]

lo•ca•tá•ri•o *sm.* Aquele que se obrigou a receber a coisa alugada ou a prestação de serviços.

lo•cau•te *sm.* V. *lockout.*

➪ **lockout** (lokáut) [Ingl.] *sm.* Paralisação de setor ou unidade produtiva determinada pelos proprietários, como instrumento de pressão.

lo•co•mo•ção *sf.* Ato de locomover-se, ou de transportar. [Pl.: *–ções.*]

lo•co•mo•ti•va *sf.* Máquina a vapor, elétrica, etc., que opera a tração dos trens de ferro.

lo•co•mo•tor (ô) *adj.* Que opera a locomoção.

lo•co•mo•triz *adj.(f.)* Fem. de *locomotor.*

lo•co•mó•vel *adj2g.* **1.** Que pode locomover-se. • *sm.* **2.** Máquina a vapor sobre rodas. [Pl.: *–veis..*]

lo•co•mo•ver-se *v.p.* Mudar de lugar; deslocar-se. [Conjug.: ② [locomov]**er**[-se]]

lo•cu•ção *sf.* **1.** Modo especial de falar ou de dizer. **2.** *Gram.* Reunião de duas ou mais palavras que compõem o significado de uma só. [Pl.: *–ções.*]

lo•cu•ple•tar *v.t.d.* e *p.* **1.** Dnhon(se) em demasia. **2.** Tornar(-se) rico, em geral por meios pouco honestos. [Conjug.: ① [locuplet]**ar**]

lo•cu•tor (ô) *sm. Rád. Telev.* Profissional que apresenta programas, narra eventos esportivos ou faz a leitura de textos, comerciais ou não.

lo•cu•tó•ri•o *sm.* Compartimento separado por grades, donde falam as pessoas recolhidas em conventos, prisões, etc., com as de fora.

lo•da•çal *sm.* Lugar onde há muito lodo (1).

lo•do (ô) *sm.* **1.** Argila muito mole, quase fluida, que contém matéria orgânica; vasa, lama. **2.** V. *lama*[1] (2).

lo•do•so (ô) *adj.* Que tem lodo (1); lamacento. [Pl.: *–dosos* (ó).]

❑ **log** *Mat.* Símb. de *logaritmo decimal* [outra f.: *lg*].

lo•ga•rit•mo *sm. Mat.* **1.** Expoente a que se deve elevar um número constante para obter-se outro número. **2.** V. *logaritmo decimal.* ◆ **Logaritmo decimal.** *Mat.* O expoente a que se deve elevar o número 10 para se obter outro número; logaritmo [símb.: *lg* e *log*]. **Logaritmo hiperbólico.** *Mat.* V. *logaritmo neperiano.* **Logaritmo natural.** *Mat.* V. *logaritmo neperiano.* **Logaritmo neperiano.** *Mat.* O expoente a que se deve elevar o número *e* para se obter outro número; logaritmo hiperbólico, logaritmo natural [símb.: *ln*].

ló•gi•ca *sf.* **1.** Coerência de raciocínio, de idéias. **2.** Modo de raciocinar peculiar a alguém, ou a um grupo. **3.** Seqüência coerente, regular e necessária de acontecimentos, de coisas. **4.** *Filos.* A ciência dos princípios normativos e formais do raciocínio.

ló•gi•co *adj.* **1.** Conforme à lógica, ao bom senso. **2.** Que raciocina com justeza, coerência. **3.** Que resulta, natural ou inevitavelmente, de uma certa situação, de um dado, de um fato.

➪ **login** (lóguin) [Ingl.] *sm. Inform.* **1.** Início de uma sessão de conexão (4), em que geralmente é feita a identificação do usuário. **2.** O nome que identifica um usuário em um sistema de computadores.

lo•go *adv.* **1.** Sem tardança; imediatamente. **2.** Com a maior brevidade. **3.** Daqui a pouco. **4.** Exatamente, justamente. **5.** Ainda por cima; por cúmulo. • *conj.* **6.** Por conseguinte; portanto.

➪ **logoff** (lógof) [Ingl.] *sm. Inform.* Encerramento de sessão de conexão (4).

lo•go•gri•fo *sm.* Charada em que as letras da palavra insinuada pelo conceito, parcialmente combinadas, formam outras palavras, que é preciso adivinhar para se chegar àquela.

➪ **logon** (lógon) [Ingl.] *sm. Inform.* V. *login* (1).

lo•go•ti•po *sm.* Símbolo formado por palavra ou letra com desenho característico para representar visualmente uma empresa, um produto, etc. [Cf. *marca* (3).]

lo•gra•doi•ro ou **lo•gra•dou•ro** *sm.* Praça, rua, passeio ou jardim público.

lo•grar *v.t.d.* **1.** Gozar, fruir, desfrutar. **2.** Conseguir; obter. **3.** Ludibriar (2). *Int.* **4.** Produzir o resultado que se esperava. [Conjug.: ① [logr]**ar**]

lo•gro (ô) *sm.* **1.** Ato ou efeito de lograr. **2.** Artifício para iludir; burla, trapaça, fraude, cilada.

lo•ja *sf.* **1.** Num edifício, dependência para atividades comerciais. **2.** Estabelecimento comercial. **3.** *Bot.* Cada uma das subdivisões da antera ou do ovário das plantas. ◆ **Loja de conveniência.** *Market.* Loja que permanece aberta ger. por 24 horas, e que oferece seleção limitada de produtos, como, p. ex., refrigerante, biscoito, cigarro, revista.

lo•ja-ân•co•ra *sf. Prom. Vend.* Estabelecimento comercial de grande porte e bem conhecido, e que serve como base comercial de um *shopping center*; âncora. [Pl.: *lojas-âncoras* e *lojas-âncora.*]

lo•jis•ta *s2g.* Dono ou diretor da loja de comércio.

lom•ba *sf.* **1.** Crista arredondada de colina ou serra. **2.** Ladeira (1). **3.** Monte de terra ou areia formado pelo vento.

lom•ba•da *sf.* **1.** O dorso do boi. **2.** Num livro, o lado da costura; dorso, lombo. **3.** Pequena elevação, ger. construída através de rua, para fazer com que os veículos reduzam a velocidade.

lom•bar *adj2g.* Relativo ao lombo.

lom•bei•ra *sf. Bras. Prov. port.* **1.** Moleza de corpo; preguiça. **2.** V. *sonolência* (1).

lom•bo *sm.* **1.** *Anat.* Segmento do dorso (1) situado entre o tórax, acima, e a bacia, abaixo. **2.** Parte carnosa aos lados da espinha dorsal, nos animais. **3.** V. *lombada* (2).

lom•bri•cal *adj2g.* Relativo ou semelhante a lombriga. [Pl.: –*cais*]

lom•bri•ci•da *sf.* Substância que destrói as lombrigas.

lom•bri•ga *sf. Bras. Zool.* Animal parasito do intestino do homem; bicha.

lom•bri•guei•ro *sm.* Vermífugo (2).

lom•bu•do *adj.* Que tem grande lombo (1 e 2).

lo•na *sf.* Tecido resistente, de linho grosso, algodão ou cânhamo.

lon•dri•no *adj.* **1.** De Londres, capital da Inglaterra. • *sm.* **2.** O natural ou habitante de Londres.

lon•ga-me•tra•gem *sm. Cin. Telev.* Filme com duração superior a 70 minutos. [Pl.: *longas-metragens.*]

lon•gâ•ni•me *adj2g.* **1.** Magnânimo, generoso. **2.** Corajoso, intrépido. **3.** Paciente, resignado. § **lon•ga•ni•mi•da•de** *sf.*

lon•ga•ri•na *sf.* Qualquer viga disposta segundo o comprimento de uma estrutura.

lon•ge *adv.* **1.** A grande distância, no espaço ou no tempo. • *adj2g.* **2.** Distante, longínquo.

lon•ge•vo (é) *adj.* Muito idoso; macróbio. § **lon•ge•vi•da•de** *sf.*

lon•gi•lí•ne:o *adj.* Delgado e alongado.

lon•gín•quo *adj.* **1.** V. *longe* (2). **2.** Que de grande distância nos chega à vista ou ao ouvido.

lon•gi•tu•de *sf.* **1.** Lonjura. **2.** Na esfera terrestre, arco do equador terrestre compreendido entre o meridiano que passa pelo observatório astronômico de Greenwich e o meridiano que passa pelo observador.

lon•gi•tu•di•nal *adj2g.* Relativo ao comprimento, à longitude. [Pl.: –*nais.*]

lon•go *adj.* **1.** Que se estende em sentido longitudinal. **2.** Demorado, duradouro.

lon•ju•ra *sf.* Grande distância; longitude.

lon•tra *sf. Zool.* Mamífero mustelídeo, semiaquático.

lo•quaz *adj2g.* **1.** Falador, palrador. **2.** Facundo, eloqüente. § **lo•qua•ci•da•de** *sf.*

lo•qüe•la *sf.* **1.** Fala (1). **2.** Verbosidade.

lo•ran•tá•ce:a *sf. Bot.* Espécime das lorantáceas, família de dicotiledôneas parasitas. § **lo•ran•tá•ce:o** *adj.*

lor•de *sm.* **1.** Título honorífico inglês. **2.** Membro de uma das câmaras do parlamento inglês.

lor•do•se *sf. Med.* Convexidade, em sentido anterior, normalmente presente nos segmentos cervical e lombar da coluna vertebral, e que pode, patologicamente, exagerar-se. § **lor•dó•ti•co** *adj.*

lo•ri•ca•ri•í•de:o *sm. Zool.* Espécime dos loricariídeos, grande família de peixes herbívoros, de água doce; têm a cabeça e parte do corpo vestido por placas ósseas. Ex.: cascudos. § **lo•ri•ca•ri•í•de:o** *adj.*

lo•ro *sm.* Correia dupla afivelada à sela ou ao selim para firmar o estribo.

lo•ro•ta *sf. Bras.* **1.** Mentira (1). **2.** Conversa fiada.

lo•ro•tei•ro *adj.* e *sm. Bras. Pop.* V. *mentiroso* (1).

lor•pa (ô) *adj2g.* e *s2g.* **1.** V. *tolo* (1 e 2). **2.** Grosseiro, boçal.

lo•san•go *sm.* **1.** *Geom.* Quadrilátero plano que tem os lados iguais, e dois ângulos agudos e dois obtusos. **2.** Objeto em forma de losango (1).

lo•ta•ção *sf.* **1.** Ato ou efeito de lotar. **2.** A capacidade dum veículo, duma sala de espetáculos, etc. [Pl.: –*ções*.]

lo•tar *v.t.d.* **1.** Dividir em lotes. **2.** Fixar ou determinar o número de. **3.** Completar a lotação (2) de; encher. *T.d.c.* **4.** Colocar (funcionário) em (determinado setor, repartição, etc.). *Int.* **5.** Completar a lotação (2). [Conjug.: ① [lot]ar]

lo•te *sm.* **1.** Quinhão que cabe a alguém numa partilha. **2.** Objeto(s) leiloado(s) de uma vez. **3.** Determinada porção de objetos, em geral da mesma natureza. **4.** Área delimitada de terreno para construções, ou pequena agricultura.

lo•te•ar *v.t.d. Bras.* Dividir (um terreno) em lotes. [Conjug.: ⑩ [lot]ear]

lo•te•ca *sf. Bras. Pop.* Loteria esportiva (q. v.).

lo•te•ri•a *sf.* **1.** Toda espécie de jogo de azar em que se tiram à sorte prêmios a que correspondem bilhetes numerados, cartões marcados, ou meios análogos de aposta. **2.** *Fig.* Aquilo que depende do acaso. § **lo•té•ri•co** *adj.* ✦ **Loteria esportiva.** *Bras.* Loteria (1) que dá os prêmios de acordo com os resultados de jogos de futebol previamente escolhidos; loteca.

lo•to¹ *sm. Bot.* **1.** Planta aquática ninfeácea. **2.** Sua flor.

lo•to² *sm. Bras.* Loteria oficial em que se sorteiam cinco dezenas.

lo•to (ô) *sm.* Jogo de azar com cartões, numerados de 1 a 90; víspora.

ló•tus *sm2n. Bot.* V. *loto¹.*

lou•ça ou **loi•ça** *sf.* Artefato de barro, porcelana, etc., para uso doméstico, sobretudo para serviço de mesa.

lou•ção *adj.* **1.** Garrido, enfeitado. **2.** Airoso, alegre. **3.** Bem-feito; formoso. [Fem.: *louçã*. Pl.: –*ções*.] § **lou•ça•ni•a** *sf.*

lou•co *adj.* **1.** Que perdeu a razão; doido, maluco. **2.** Contrário à razão; insensato. **3.** Dominado por paixão intensa; apaixonado. **4.** Esquisito, excêntrico. **5.** Imprudente. **6.** Doidivanas.

lou•cu•ra *sf.* Estado ou condição de louco; insanidade mental.

lou•rei•ro ou **loi•rei•ro** *sm. Bot.* Arvoreta laurácea de folhas condimentosas; louro.

lou•ro¹ ou **loi•ro¹** *sm.* **1.** *Bot.* Loureiro. **2.** Sua folha.

lou•ro² ou **loi•ro²** *sm. Fam. Zool.* Papagaio (1).

lou•ro³ ou **loi•ro³** *adj.* **1.** De cor amarelo-tostado, entre o dourado e o castanho-claro. **2.** Diz-se do cabelo dessa cor. • *sm.* **3.** Aquele que tem o cabelo louro.

lou•ros ou **loi•ros** *sm.pl.* Glórias, triunfos, lauréis.

lou•sa ou **loi•sa** *sf.* **1.** Laje (1). **2.** Pedra tumular. **3.** Lâmina de ardósia, na qual se escreve com ponteiro da mesma pedra ou com giz; pedra.

lou•va-a-deus *sm.2n. Zool.* Inseto mantido predador que, pousado, lembra pessoa em oração.

lou•va•ção *sf.* **1.** Ato ou efeito de louvar(-se); louvor. **2.** Laudo. [Pl.: *–ções.*]

lou•va•do *adj.* **1.** Que recebeu louvor. • *sm.* **2.** Indivíduo nomeado ou escolhido para decidir demanda como perito.

lou•va•mi•nha *sf.* Louvor excessivo; lisonja.

lou•var *v.t.d.* **1.** Dirigir louvor(es) a; elogiar. **2.** Exaltar, glorificar. **3.** Bendizer. *P.* **4.** Gabar-se; vangloriar-se. [Conjug.: ① [louv]**ar**] § **lou•vá•vel** *adj2g.*

lou•vor (ô) *sm.* **1.** Louvação (1). **2.** Elogio, encômio. **3.** Glorificação, exaltação.

❑ **Lr** *Quím.* Símb. do *laurêncio.*

❑ **Lu** *Quím.* Símb. do *lutécio.*

lu•a *sf.* **1.** Satélite da Terra. [Com inicial maiúscula.] **2.** Espaço de um mês lunar. **3.** Satélite dum planeta qualquer. ♦ **Lua cheia.** Fase (3) em que o reflexo da luz solar é produzido por toda a superfície visível da Lua. **Lua nova.** Fase (3) em que o Sol ilumina a outra face lunar, e a Lua não reflete sobre a Terra a luz solar.

lu•a-de-mel *sf.* Os primeiros dias após o casamento. [Pl.: *luas-de-mel.*]

lu•ar *sm.* O clarão da lua.

lú•bri•co *adj.* Lascivo, sensual. § **lu•bri•ci•da•de** *sf.*

lu•bri•fi•can•te *adj2g.* e *sm.* Que, ou substância que lubrifica.

lu•bri•fi•car *v.t.d.* Tornar úmido, ou escorregadio; umedecer(-se). [Conjug.: ⑧ [lubrifi]**car**] § **lu•bri•fi•ca•ção** *sf.*

lu•car•na *sf.* Abertura em telhado de uma casa para entrada de luz.

lu•cer•na *sf.* Pequena luz.

lú•ci•do *adj.* **1.** Que luz; brilhante, luzente. **2.** V. *límpido* (1). **3.** *Fig.* Que tem clareza, penetração da inteligência ou da razão. § **lu•ci•dez** (ê) *sf.*

lú•ci•fer *sm.* **1.** V. *diabo* (2). **2.** V. *demônio* (2). [Com inicial maiúscula.]

lu•crar *v.t.d., t.d.i.* e *t.i.* **1.** Tirar lucro ou vantagem de; aproveitar. *Int.* **2.** Auferir lucro. [Conjug.: ① [lucr]**ar**]

lu•cra•ti•vo *adj.* Que dá lucro ou vantagem.

lu•cro *sm.* **1.** Ganho, vantagem ou benefício que se obtém de algo, ou com uma atividade. **2.** *P.ext.* Proveito, vantagem.

lu•cu•bra•ção *sf.* **1.** Meditação longa e profunda. **2.** Meditação. [Pl.: *–ções.*]

lu•cu•brar *v.int.* **1.** Trabalhar ou estudar de noite, à luz. **2.** Meditar, refletir. [Conjug.: ① [lucubr]**ar**]

lu•di•bri•ar *v.t.d.* **1.** Tratar com ludíbrio (1). **2.** Enganar, tapear, lograr. [Conjug.: ① [ludibri]**ar**]

lu•dí•bri:o *sm.* **1.** V. *zombaria.* **2.** Objeto de zombaria ou desprezo.

lú•di•co *adj.* Relativo a jogos, brinquedos e divertimentos.

lu•fa•da *sf.* Rajada de vento.

lu•fa-lu•fa *sf.* V. *azáfama* (2). [Pl.: *lufa-lufas.*]

lu•gar *sm.* **1.** Espaço ocupado; sítio. **2.** Espaço (2). **3.** Sítio ou ponto referido a um fato. **4.** Esfera, ambiente. **5.** Povoação, localidade, região ou país. **6.** Posição, situação. **7.** Emprego, cargo. **8.** Assento marcado e determinado. **9.** Posição determinada num conjunto, numa série, etc. **10.** Oportunidade, ocasião.

lu•gar-co•mum *sm.* Argumento, idéia ou expressão muito conhecida e repisada; chavão, clichê. [Pl.: *lugares-comuns.*]

lu•ga•re•jo (ê) *sm.* Pequeno povoado; arraial.

lu•gar-te•nen•te *sm.* Aquele que substitui outrem por algum tempo. [Pl.: *lugar-tenentes.*]

lú•gu•bre *adj2g.* **1.** Relativo a, ou que é sinal de luto, morte. **2.** Fúnebre, lutuoso, sepulcral, lôbrego.

lu•la *sf. Zool.* Molusco cefalópode de carne apreciada.

lum•ba•go *sm. Med.* Dor lombar.

lu•me *sm.* **1.** Fogo (1). **2.** Luz; fulgor.

lu•mi•nar *sm.* Homem preeminente na ciência, nas artes ou nas letras; luzeiro.

lu•mi•ná•ri:a *sf.* **1.** Aquilo que alumia. **2.** Qualquer objeto destinado a iluminar mediante eletricidade.

lu•mi•nes•cên•ci:a *sf.* Emissão de luz por uma substância, provocada por processo que não seja o aquecimento. § **lu•mi•nes•cen•te** *adj2g.*

lu•mi•no•so (ô) *adj.* **1.** Que dá, esparge ou reflete luz. **2.** Lúcido; perspicaz. [Pl.: *–nosos* (ó).] § **lu•mi•no•si•da•de** *sf.*

lu•na•ção *sf.* Espaço de tempo decorrido entre duas luas novas consecutivas. [Pl.: *–ções.*]

lu•nar *adj2g.* Da, ou próprio da Lua.

lu•ná•ti•co *adj.* 1. Sujeito à influência da Lua. 2. V. *amalucado* (2).

lun•du ou lun•dum *sm. Bras.* Dança de par solto, de origem africana. [Pl. de lundum: –*duns.*]

lu•ne•ta (è) *sf.* 1. Telescópio refrator, de pequena abertura. 2. Óculo (1).

lu•ni•for•me *adj2g.* Em forma de meia-lua.

lu•pa *sf.* Lente usada como instrumento óptico de ampliação.

lu•pa•nar *sm.* V. *prostíbulo.*

lu•pi•no *adj.* Relativo a, ou próprio de lobo.

lú•pu•lo *sm. Bot.* Trepadeira canabidácea cujas flores se usam para aromatizar a cerveja.

lú•pus *sm. Med. Desus.* Lesão cutânea, destrutiva.

lu•ra *sf.* 1. Toca de coelhos e outros animais. 2. Cova, buraco.

lu•ri•do *adj.* 1. Pálido, lívido. 2. Sombrio, tenebroso.

lus•co-fus•co *sm.* A hora do crepúsculo vespertino ou matutino; lusque-fusque. [Pl.: *luscofuscos.*]

lu•sí•a•da *adj2g.* e *s2g.* V. *lusitano.*

lu•si•ta•no *adj.* 1. Da Lusitânia e de seus habitantes. 2. Português (1). * *sm.* Português (2). [Sin. ger.: *luso, lusíada.*]

lu•so *adj.* e *sm.* V. *lusitano.*

lu•so-bra•si•lei•ro *adj.* 1. De, ou relativo a Portugal e ao Brasil, ou de origem portuguesa e brasileira. * *sm.* 2. Indivíduo de origem portuguesa e brasileira. [Sin. ger.: *luso-brasílico.* Pl.: *luso-brasileiros.*]

lu•so-bra•sí•li•co *adj.* e *sm.* V. *luso-brasileiro.* [Pl.: *luso-brasílicos.*]

lu•so•fo•ni•a *sf.* Comunidade formada por povos que habitualmente falam português.

lu•só•fo•no *adj.* e *sm.* Diz-se de, ou país, ou povo, ou indivíduo, etc., que fala português, ou que tem o português como língua.

lus•que-fus•que *sm.* Lusco-fusco. [Pl.: *lusquefusques.*]

lus•tral *adj2g.* 1. Que serve para lustrar. 2. Diz-se da água do batismo cristão. [Pl.: –*trais.*]

lus•trar *v.t.d.* 1. Dar brilho ou lustre a; polir. 2. Engraxar. 3. Purificar, limpar. *Int.* 4. Brilhar. [Conjug.: ⬚ [lustr]**ar**]

lus•tre *sm.* 1. Polimento dado a um objeto, ou que ele reflete naturalmente. 2. Brilhantismo. 3. Candelabro suspenso, de vários braços.

lus•tro¹ *sm.* Qüinqüênio.

lus•tro² *sm.* Polimento, lustre.

lus•tro•so (ô) *adj.* Que tem lustre (1 e 2). [Pl.: –*trosos* (ó).]

lu•ta *sf.* 1. Combate corpo a corpo, sem armas, entre dois atletas. 2. Qualquer combate corpo a corpo. 3. Peleja; guerra. 4. Antagonismo entre forças contrárias; conflito. 5. Esforço (1).

lu•ta•dor (ô) *adj.* 1. Que luta. * *sm.* 2. Aquele que luta por um fim. 3. Atleta que pratica luta (1).

lu•tar *v.int.* 1. Travar luta; combater, pugnar. 2. Trabalhar duro para atingir certo objetivo. *T.i.* 3. Contender (2). 4. Empenhar-se (na conquista do que se quer ou daquilo em que se acredita). [Conjug.: ⬚ [lut]**ar**]

lu•té•ci•o *sm. Quím.* V. *lantanídeos* [símb.: *Lu*].

lu•te•ra•nis•mo *sm.* Doutrina e seita religiosa de Martinho Lutero (q. v.).

lu•te•ra•no *adj.* Que, ou o que é adepto do luteranismo.

lut•ja•ní•de•o *sm. Zool.* Espécime dos lutjanídeos, família de peixes actinopterígios, ger. marinhos, das regiões tropicais. § lut•ja•ní•de:o *adj.*

lu•to *sm.* 1. Sentimento de dor pela morte de alguém. 2. Os sinais exteriores deste sentimento, em especial o traje, ordinariamente preto. 3. O tempo que se fica de luto (2). 4. Consternação.

lu•tu•len•to *adj.* Lodoso, lamacento.

lu•tu•o•so (ô) *adj.* 1. Coberto de luto. 2. V. *lúgubre* (2). [Pl.: –*osos* (ó).]

lu•va *sf.* Peça de vestuário que se ajusta à mão e aos dedos.

lu•vas *sf.pl.* Soma extra, paga, quando exigida, pelo inquilino ao senhorio, no contrato de locação de um prédio, etc.

lu•xa•ção *sf.* 1. Deslocamento de qualquer parte do corpo, esp. de osso. 2. Deslocamento permanente de duas superfícies articulares que, em grau variável, perderam as relações que mantinham normalmente. [Pl.: –*ções.*]

lu•xar¹ *v.t.d.* 1. Deslocar, desarticular (osso). *Int.* 2. Ficar deslocado. [Conjug.: ⬚ [lux]**ar**]

lu•xar² *v.int.* Ostentar luxo. [Conjug.: ⬚ [lux]**ar**]

lu•xen•to *adj. Bras.* Pretensioso; exigente.

lu•xo *sm.* 1. Vida que se leva com grandes despesas supérfluas e o gosto do conforto excessivo e do prazer; fausto. 2. Bem ou prazer custoso e supérfluo. 3. *Bras.* Dengues, melindres. 4. *Bras.* Recusa fingida a fazer ou aceitar algo.

lu•xu•o•so (ô) *adj.* Em que há luxo, ou que o ostenta. [Pl.: –*osos* (ó).] § lu•xu:o•si•da•de *sf.*

lu•xú•ri:a *sf.* 1. Viço das plantas. 2. V. *sensualidade* (2).

lu•xu•ri•an•te *adj2g.* Viçoso, exuberante.

lu•xu•ri•ar *v.int.* 1. Vicejar. 2. *Fig.* Entregar-se à luxúria, à libertinagem. [Conjug.: ⬚ [luxuri]**ar**]

lu•xu•ri•o•so (ô) *adj.* Sensual, libertino. [Pl.: –*osos* (ó).]

luz *sf. Fís.* Radiação eletromagnética, capaz de provocar sensação visual num observador normal 2. Claridade emitida pelos corpos celestes, ou por corpos que não a têm, mas que a refletem de outros. 3. Claridade, luminosidade. **4.** Objeto usado para iluminar. **5.** Brilho, fulgor. **6.** Inteligência. **7.** Certeza, verdade. **8.** Ilustração, saber. ♦ **Dar à luz.** V. *parir*.

lu•zei•ro *sm.* **1.** Qualquer coisa que emite luz. **2.** Luminar.

lu•zen•te *adj2g.* Que brilha ou luz; luzidio.

lu•zer•na *sf.* **1.** Clarão. (2). **2.** V. *lucarna*.

lu•zi•di:o *adj.* Brilhante, luzido, luzente.

lu•zi•do *adj.* **1.** Vistoso, pomposo. **2.** V. *luzidio*.

lu•zi•men•to *sm.* **1.** Ação ou efeito de luzir. **2.** Brilho. **3.** Pompa, fausto.

lu•zir *v.int.* **1.** Emitir luz; irradiar claridade. **2.** Refletir a luz (superfície polida). **3.** *Fig.* Brilhar (2). [Conjug.: 44 [l]**uzir**]

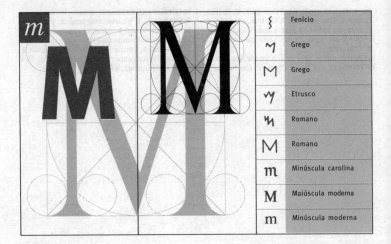

ʂ	Fenício
ᛘ	Grego
Ϻ	Grego
ᛘ	Etrusco
ᛞ	Romano
Ϻ	Romano
ᵯ	Minúscula carolina
M	Maiúscula moderna
m	Minúscula moderna

m (ême) *sm.* **1.** A 12ª letra do nosso alfabeto. **2.** Figura ou representação dessa letra. • *num.* **3.** Duodécimo (1), numa série. **4.** Décimo terceiro, numa série em que a letra *k* corresponde ao 11º elemento. [Pl. (nas acepç. 1 e 2) indicado pela duplicação da letra: *mm*.]

❏ **m 1.** Símb. do *metro* (1). **2.** *Fís.* Símb. de *massa* (8). **3.** Abrev. de *minuto*.

❏ **M** Na numeração romana, símb. do número 1000.

ma Contr. dos pron. *me* e *a*.

má *adj.* e *sf.* Fem. de *mau*.

ma•ca *sf.* **1.** Cama de lona, suspensa, onde dormem, a bordo, os marinheiros. **2.** Padiola (2). **3.** Cama portátil, provida de rodas, em que se transportam doentes.

ma•ça *sf.* **1.** Clava. **2.** Pilão cilíndrico usado pelos calceteiros; maço.

ma•çã *sf.* O fruto da macieira.

ma•ca•bro (cá) *adj.* **1.** Fúnebre, funéreo. **2.** Afeiçoado a coisas tristes.

ma•ca•ca *sf.* **1.** A fêmea do macaco. **2.** *Bras.* V. *caiporismo*.

ma•ca•ca•da *sf.* **1.** Macacaria. **2.** *Bras. Fam.* A turma (1).

ma•ca•cão *sm. Bras.* **1.** Calça e blusa inteiriças, folgadas, de tecido consistente, usadas por operários. **2.** Vestimenta esportiva semelhante a essa. [Pl.: –*cões*.]

ma•ca•ca•ri•a *sf.* Porção ou bando de macacos; macacada.

ma•ca•co *sm.* **1.** *Zool.* Nome comum a todos os primatas, à exceção dos lêmures e do homem;

sêmio. **2.** Aquele que macaqueia. **3.** Maquinismo, com manivela, para levantar grandes pesos.

ma•ca•co•a (ô) *sf. Fam.* Doença sem gravidade.

ma•ça•da *sf.* Trabalho, atividade ou situação enfadonha, fastidiosa.

ma•ca•da•me *sm.* Sistema de calçamento de ruas e estradas: uma camada espessa de pedra britada, aglutinada e comprimida.

ma•ca•dâ•mi:a *sf. Bot.* Árvore proteácea de sementes nuciformes comestíveis, do mesmo nome.

ma•ca•da•mi•zar *v.t.d.* Aplicar macadame em. [Conjug.: ① [macadamiz]**ar**]

ma•ça•dor (ô) *adj. sm.* V. *maçante*.

ma•cam•bú•zi:o *adj.* Sorumbático, tristonho.

ma•ça•ne•ta (ê) *sf.* Remate por onde se pega para fazer funcionar o trinco das portas e janelas.

ma•çan•te *adj2g.* **1.** Que maça, enfada, aborrece; maçador, chato (*pop.*), amolante (*bras.*), cacete (*bras.*). • *s2g.* **2.** Indivíduo maçante.

ma•ca•pa•en•se (pà) *adj2g.* **1.** De Macapá, capital do AP. • *s2g.* **2.** O natural ou habitante de Macapá.

ma•ça•pão *sm.* Bolo de amêndoas. [Pl.: –*pães*.]

ma•ca•que•ar *v.t.d.* Imitar de modo ridículo. [Conjug.: ⑩ [macaqu]**ear**]

ma•ca•qui•ce *sf.* **1.** Ato ou efeito de macaquear. **2.** Adulação, bajulação.

ma•çar *v.t.d.* **1.** Enfadar, importunar, amolar. *Int.* **2.** Ser maçante. [Conjug.: ⑨ [ma]**çar**]

ma•ça•ran•du•ba *sf. Bras. Bot.* Árvore sapotácea, útil.

436

ma•ca•réu *sm.* Onda de arrebentação que irrompe de súbito em sentido oposto ao do fluxo das águas de rio e, seguida de ondas menores, sobe rio acima.

ma•ça•ri•co *sm.* **1.** Aparelho que permite obter chama a uma temperatura muito alta, usado para soldar, fundir ou cortar metais. **2.** *Bras. Zool.* Ave ribeirinha, caradriiforme.

ma•ça•ro•ca *sf.* **1.** Fio que o fuso enrolou em torno de si. **2.** Espiga de milho.

ma•car•rão *sm.* Massa alimentícia de farinha de trigo, de feitio variado. [Pl.: *–rões.*]

ma•car•ro•na•da *sf. Bras. Cul.* Iguaria feita com macarrão cozido, molho, etc.

ma•car•rô•ni•co *adj.* Diz-se de qualquer idioma mal falado ou mal escrito.

ma•ca•xei•ra ou **ma•ca•xe•ra** (ê) *sf. Bras. Bot.* V. *mandioca.*

ma•ce•ga *sf.* Qualquer erva daninha das searas.

ma•ce•gal *sm. Bras.* Grande extensão de terreno coberto de macega. [Pl.: *–gais.*]

ma•cei•ó *sm. Bras. N.E.* Lagoeiro à beira-mar.

ma•cei•o•en•se (ô) *adj2g.* **1.** De Maceió, capital de AL. • *s2g.* **2.** O natural ou habitante de Maceió.

ma•ce•la *sf. Pop.* Camomila.

ma•ce•rar *v.t.d.* **1.** Amolecer (substância sólida) pela ação dum líquido, ou socando. **2.** Machucar (algo) para extrair-lhe o suco. **3.** *Fig.* Mortificar (o corpo) por penitência. **P. 4.** Torturar-se. [Conjug.: ⟨1⟩ [macer]ar] § ma•ce•ra•ção *sf.*; ma•ce•ra•do *adj.*

ma•cér•ri•mo *adj.* Muitíssimo magro; magríssimo.

ma•ce•ta (ê) *sf.* **1.** Pequeno maço (1) de ferro usado pelos pedreiros. **2.** Peça cilíndrica para desfazer e moer tintas.

ma•ce•tar *v.t.d.* Bater com a maceta ou o macete em. [Conjug.: ⟨1⟩ [macet]ar]

ma•ce•te *sm.* **1.** Maço (1) com que se bate no cabo dos formões. **2.** *Bras. Gír.* Recurso engenhoso para se obter algo.

ma•cha•da•da *sf.* Golpe de machado.

ma•cha•di•a•no *adj.* Relativo ou pertencente ao escritor brasileiro Machado de Assis (q. v.), ou próprio dele.

ma•cha•di•nha *sf.* Machado pequeno.

ma•cha•do *sm.* Instrumento cortante que se usa, encabado, para rachar lenha, aparelhar madeira, etc.

ma•chão *sm.* **1.** Indivíduo que alardeia sua masculinidade. **2.** Valentão. • *adj.* **3.** Valentão. [Pl.: *–chões.*]

ma•cho *sm.* **1.** Animal do sexo masculino. **2.** Homem (física e sexualmente). **3.** Valentão, fanfarrão. **4.** Dobra em duas pregas num pano, uma de cada lado. **5.** Peça da dobradiça, do colchete, etc., que encaixa na outra, a fêmea.

ma•chu•ca•do *adj.* **1.** Que se machucou. • *sm.*

2. Contusão, machucadura. **3.** *P. ext.* Qualquer ferimento sem gravidade.

ma•chu•car *v.t.d.* **1.** Esmagar (um corpo) com o peso e/ou a dureza de outro. **2.** Produzir chaga ou contusão em; ferir. **3.** *Fig.* Melindrar, magoar. *P.* **4.** Ferir-se. **5.** *Fig.* Magoar-se. **6.** *Bras. Gír.* Sair-se mal. [Conjug.: ⟨8⟩ [machu]car] § ma•chu•ca•du•ra *sf.*

ma•ci•ço *adj.* **1.** Que não é oco; compacto. **2.** Espesso, cerrado. • *sm.* **3.** Conjunto de montanhas grupadas em volta dum ponto culminante. **4.** Grande massa ou conjunto.

ma•ci•ei•ra *sf. Bot.* Árvore rosácea, frutífera.

ma•ci•ez (ê) ou **ma•ci•e•za** (ê) *sf.* Qualidade de macio.

ma•ci•len•to *adj.* Magro e pálido.

ma•ci•o *adj.* **1.** Suave ao tato; brando. **2.** Doce, brando, manso.

ma•ci•o•ta *sf. Bras.* Us. na loc. *na maciota.* ◆ **Na maciota. 1.** Sem esforço; sem se alterar. **2.** Sem complicação; tranqüilamente.

ma•ço *sm.* **1.** Martelo de madeira usado por carpinteiros, escultores, calceteiros, etc. **2.** Maça (2). **3.** Conjunto de coisas atadas juntas ou contidas no mesmo invólucro.

ma•çom *sm.* Membro da maçonaria. [Pl.: *–çons.*]

ma•ço•na•ri•a *sf.* Sociedade filantrópica secreta que tem por símbolo os instrumentos do pedreiro e do arquiteto.

ma•co•nha *sf.* **1.** *Bot.* Cânhamo (1). **2.** As folhas e inflorescências dessecadas e trituradas do cânhamo (1), us. como alucinógeno.

ma•co•nhei•ro *sm. Bras.* Vendedor e/ou fumante de maconha (2).

ma•çô•ni•co *adj.* Relativo à maçonaria, ou pertencente a ela.

má-cri•a•ção *sf.* Qualidade, ato ou dito de quem é malcriado. [Pl.: *más-criações* e *má-criações.*]

ma•cro•al•ga *sf. Bot.* Alga macroscópica bentônica ou planctônica encontrada em água doce, ou salgada.

ma•cró•bi•o *sm.* Aquele que tem idade avançada.

ma•cro•bi•ó•ti•ca *sf.* Dieta com base em cereais integrais, legumes e frutas.

ma•cro•ce•fa•li•a *sf. Med.* Aumento patológico do volume da cabeça. § ma•cro•ce•fá•li•co *adj.*

ma•cro•cé•fa•lo *adj.* e *sm.* Que ou quem tem macrocefalia.

ma•cro•cos•mo *sm.* O Cosmo como um todo orgânico por oposição ao ser humano (micro-cosmo).

ma•cro•e•co•no•mi•a *sf. Econ.* Parte da economia (2) que estuda o funcionamento do sistema econômico como um todo.

ma•cro-jê *Bras. sm.* **1.** *Gloss.* Tronco lingüístico com ampla distribuição no terrritório brasileiro, e ao qual pertencem as famílias bororo, jê, botocudo, macaxali, entre outras. • *adj2g.* **2.** Pertencente ou relativo a macro-jê (1). [Pl., nesta acepç.: *macros-jês.*]

ma•cro•ma•ni•a *sf. Psiq.* Megalomania. §
me•ga•lo•ma•ní•a•co *adj. sm.*

ma•cro•po•dí•de:o *sm. Zool.* Espécime dos macropodídeos, família de marsupiais herbívoros à qual pertence o canguru. § **ma•cro•po•dí•de:o** *adj.*

ma•cros•có•pi•co *adj.* Diz-se de observações feitas a olho nu.

ma•cu•co *sm. Bras. Zool.* Ave tinamídea das matas virgens.

ma•çu•do *adj.* 1. Que tem forma de maça. 2. Maçante, monótono (escrito, discurso).

má•cu•la *sf.* 1. Nódoa, mancha. 2. V. *mancha* (4).

ma•cu•lar *v.t.d.* 1. Pôr máculas em. 2. *Fig.* Infamar. *P.* 3. Incorrer em desonra. [Conjug.: ⌷ [macul]ar] § **ma•cu•la•dor** (ô) *adj.*

ma•cum•ba *sf. Bras.* 1. Religião afro-brasileira com elementos de várias religiões indígenas brasileiras e do cristianismo. 2. O ritual que lhe corresponde.

ma•cum•bei•ro *adj. e sm. Bras.* Diz-se de, ou praticante da macumba.

ma•cu•xi *s2g. Bras. Etnôn.* Indivíduo dos macuxis, povo indígena da família lingüística caraíba, que habita em RR. § **ma•cu•xi** *adj2g.*

ma•da•ma *sf.* 1. Senhora, dama. 2. *Pop.* Dona-de-casa.

ma•dei•ra *sf.* Cerne das árvores constituído pelo lenho morto. ◆ **Madeira de lei.** Madeira dura, própria para construções.

ma•dei•ra•me *sm.* Madeiramento.

ma•dei•ra•men•to *sm.* O conjunto das madeiras que constituem a estrutura de uma edificação, ou de parte dela.

ma•dei•rei•ro *Bras. sm.* 1. Negociante de madeiras. • *adj.* 2. Relativo ao comércio ou à indústria de madeiras.

ma•dei•ro *sm.* Peça grossa de madeira; lenho.

ma•dei•xa *sf.* Mecha de cabelos da cabeça.

ma•do•na *sf.* Nossa Senhora (representada em imagem ou pintura).

ma•dor•na *sf.* V. *modorra.*

ma•dra•ço *adj. sm.* V. *mandrião.*

ma•dras•ta *sf.* A mulher, em relação ao(s) filho(s) que o marido teve de matrimônio anterior.

ma•dre *sf.* 1. Freira. 2. Superiora de comunidade religiosa. 3. Viga horizontal sobre a qual assentam barrotes. 4. *Anat.* V. *útero.*

ma•dre•pé•ro•la *sf.* Substância iridescente, nacarada, lisa, que forma a camada interna da concha de vários moluscos.

ma•dre•po•rá•ri:o *sm. Zool.* V. *escleractínio.*
§ **ma•dre•po•rá•ri:o** *adj.*

ma•dres•sil•va *sf. Bot.* Trepadeira caprifoliácea de flores perfumadas.

ma•dri•gal *sm.* 1. Composição poética engenhosa e galante. 2. Galanteio dirigido a damas. [Pl.: –*gais.*]

ma•dri•le•no *adj.* 1. De Madri, capital da Espanha. • *sm.* 2. O natural ou habitante de Madri.

ma•dri•nha *sf.* 1. Mulher que serve de testemunha em batizado, crisma e casamento, e assim chamada em relação ao neófito ou à pessoa que se crisma ou casa. 2. *Bras.* égua ou besta que serve de guia duma tropa de muares.

ma•dru•ga•da *sf.* 1. V. *manhã* (2). 2. Período entre zero hora e o amanhecer.

ma•dru•gar *v.int.* 1. Levantar-se bem cedo. 2. Fazer algo antes do tempo próprio. [Conjug.: ⌷⌷ [madru]**gar**] § **ma•dru•ga•dor** (ô) *adj.*

ma•du•ra•ção *sf.* Sazonamento da fruta; amadurecimento, maturação. [Pl.: –*ções.*]

ma•du•rar *v.t.d., int. e p.* V. *amadurecer.* [Conjug.: ⌷ [madur]**ar**]

ma•du•re•za (ê) *sf.* Qualidade ou estado de maduro.

ma•du•ro *adj.* 1. Pronto para ser colhido, ceifado, ou comido (grão, fruto, etc.). 2. Plenamente desenvolvido; amadurecido. 3. Que já não é moço. 4. *Fig.* Prudente, refletido.

mãe *sf.* 1. Mulher ou qualquer fêmea que deu à luz um ou mais filhos. 2. Fonte, origem.

mãe-ben•ta *sf. Bras.* Bolinho de farinha de trigo, coco e ovos. [Pl.: *mães-bentas.*]

mãe-d'á•gua *sf. Bras. Folcl.* Ente fantástico, espécie de sereia de rios e lagos; iara, uiara. [Pl.: *mães-d'água.*]

mãe-de-san•to *sf. Bras.* Fem. de *pai-de-santo* (q. v.). [Pl.: *mães-de-santo.*]

mãe-do-ca•ma•rão *sf. Bras. Zool.* Tamburutaca. [Pl.: *mães-do-camarão.*]

ma•es•tri•a *sf.* Mestria.

ma•es•tri•na *sf.* Fem. de *maestro.*

ma•es•tro *sm.* 1. Compositor musical. 2. Regente de orquestra.

má-fé *sf.* Intenção dolosa; perfídia. [Pl.: *más-fés.*]

má•fi:a *sf.* 1. Organização criminosa predominantemente italiana. 2. *P. ext.* Grupo de pessoas que agem desonestamente.

ma•fi•o•so (ô) *adj.* Que pertence à máfia. [Pl.: –*fiosos* (ó).]

má-for•ma•ção *sf. Med.* Formação anormal ou defeituosa, de origem congênita ou hereditária. [Pl.: *más-formações.*]

ma•ga *sf.* Mulher que pratica magia.

ma•ga•não *sm.* Aquele que é muito magano. [Pl.: –*nões.*]

ma•ga•no *adj. sm.* Diz-se de, ou indivíduo jovial, engraçado.

ma•ga•re•fe *sm.* Aquele que mata e esfola reses nos matadouros; carniceiro.

ma•ga•zi•ne *sm.* 1. *Bras.* Publicação periódica, ger. ilustrada e recreativa. 2. Casa onde se vendem artigos de modas; loja. 3. Cartucho, cassete.

ma•gen•ta *adj2g.2n. e sm.* V. *carmim* (2 a 4).

ma•gi•a *sf.* **1.** Arte ou ciência oculta com que se pretende produzir efeitos e fenômenos contrários às leis naturais; bruxaria, mágica. **2.** Magnetismo, encanto. **3.** *Antrop.* Conjunto de crenças, práticas e saberes relativos ao possível uso ou domínio de forças impessoais que agem na natureza ou nos indivíduos. ◆ **Magia negra.** Magia (1) praticada com maus propósitos; necromancia.

má•gi•ca *sf.* **1.** V. *magia* (1). **2.** V. *prestidigitação.*

má•gi•co *adj.* **1.** Referente à magia. **2.** Extraordinário, sobrenatural. **3.** Encantador, fascinante. • *sm.* **4.** V. *mago* (2). **5.** V. *prestidigitador.*

ma•gis•té•ri:o *sm.* **1.** Cargo de professor. **2.** O exercício desse cargo ou a classe dos professores; professorado.

ma•gis•tra•do *sm.* **1.** Aquele a quem se delegaram poderes para governar ou distribuir justiça. **2.** Juiz, desembargador, ministro.

ma•gis•tral *adj2g.* **1.** De mestre. **2.** Perfeito, completo, exemplar. [Pl.: *–trais.*]

ma•gis•tra•tu•ra *sf.* **1.** Dignidade ou funções de magistrado. **2.** A classe dos magistrados.

mag•ma *sm.* Massa natural, fluida, ígnea, situada em camadas profundas da Terra.

mag•má•ti•co *adj.* Do magma ou relativo a ele.

mag•nâ•ni•mo *adj.* Que tem ou denota grandeza de alma. **§ mag•na•ni•mi•da•de** *sf.*

mag•na•ta *s2g.* Pessoa influente ou ilustre; manata (*pop.*).

mag•né•si:a *sf. Quím.* O óxido de magnésio, branco, cristalino, usado como refratário e em medicina.

mag•né•si:o *sm. Quím.* V. *metal alcalino-terroso* [símb.: *Mg*].

mag•né•ti•co *adj2g.* **1.** Relativo ao magneto ou ao magnetismo. **2.** Diz-se de fenômeno pertinente a um ímã ou análogo aos provocados por um ímã.

mag•ne•tis•mo *sm.* **1.** *Fís.* Nome comum às propriedades características dos campos e das substâncias magnéticas. **2.** *Fig.* Fascinação, encantamento.

mag•ne•ti•zar *v.t.d.* **1.** V. *imantar.* **2.** Dominar a vontade de. **3.** *Fig.* Atrair, fascinar. [Conjug.: ① [magnetiz]**ar**] **§ mag•ne•ti•za•ção** *sf.*

mag•ne•to *sm. Fís.* V. *ímã* (1).

mag•ne•tô•me•tro *sm. Geofís.* Instrumento destinado à medição de intensidade do campo magnético.

mag•ni•fi•car *v.t.d.* **1.** Engrandecer, louvando. **2.** Ampliar as dimensões de (um objeto). **P. 3.** Mostrar-se grande, magnífico. [Conjug.: ⑧ [magnifi]**car**]

mag•ni•fi•cên•ci:a *sf.* **1.** Qualidade de magnificente. **2.** Ostentação, luxo. **3.** Generosidade.

mag•ni•fi•cen•te *adj2g.* **1.** Grandioso; suntuoso. **2.** Generoso, liberal. [Sin. ger.: *magnífico.*]

mag•ní•fi•co *adj.* **1.** V. *magnificente.* **2.** Muito bom; excelente.

mag•ni•tu•de *sf.* **1.** Qualidade de magno; grandeza. **2.** Importância, gravidade.

mag•no *adj.* Grande, importante.

mag•nó•li:a *sf. Bot.* Árvore magnoliácea, ornamental, e sua flor.

mag•no•li•á•ce:a *sf. Bot.* Espécime das magnoliáceas, família de árvores ornamentais esp. das regiões temperadas. **§ mag•no•li•á•ce:o** *adj.*

ma•go *sm.* **1.** Antigo sacerdote, entre os medos e persas. **2.** O que pratica a magia (1); mágico, bruxo.

má•go:a *sf.* **1.** Desgosto, amargura, paixão. **2.** Descontentamento, desagrado. **3.** Dó, pena.

ma•go•ar *v.t.d. e p.* **1.** Ferir(-se), contundir (-se). **2.** Melindrar(-se), ofender(-se). **3.** Contristar(-se). [Conjug.: ⑬ [mag]**oar**] **§ ma•go•a•do** *adj.*

ma•go•te *sm.* V. *quantidade* (2).

ma•gri•ce•la *adj2g. e s2g.* Que ou quem é muito magro.

ma•gris•si•mo *adj.* Macérrimo.

ma•gro *adj.* **1.** Falto de carnes. **2.** Que tem pouca ou nenhuma gordura ou sebo. **3.** Pouco rendoso. **§ ma•gre•za** (ê) *sf.*

ma•gua•ri *sm. Bras. Zool.* Ave ardeídea sul-americana.

mai•êu•ti•ca *sf.* Na filosofia socrática, arte de *extrair* do interlocutor, por meio de perguntas, as verdades do objeto em questão.

mai•o *sm.* O quinto mês do ano, com 31 dias.

mai•ô *sm.* Traje que molda o corpo, feito em geral em tecido elástico, e usado para banho de mar, ginástica, etc.

mai•o•ne•se *sf.* Molho frio: azeite, gema de ovo e temperos, batidos juntos.

mai•or *adj2g.* **1.** Que excede outro em tamanho, espaço, duração, grandeza, etc. **2.** Que chegou à maioridade. • *s2g.* **3.** Indivíduo maior (2).

mai•o•ral *sf.* O chefe, o cabeça. [Pl.: *–rais.*]

mai•o•ri•a *sf.* O maior número ou a maior parte.

mai•o•ri•da•de *sf.* **1.** A idade em que o indivíduo entra no pleno gozo de seus direitos civis (no Brasil, 21 anos). **2.** Estado de maior (3). ◆ **Maioridade civil.** Condição de maioridade, aos 21 anos, para efeitos civis. **Maioridade penal.** Condição de maioridade (no Brasil, aos 18 anos) para efeitos criminais. **Maioridade política.** Condição de maioridade relativa (no Brasil, aos 16 anos) em que o menor fica habilitado, mediante alistamento eleitoral, a exercer o direito de voto.

mais *adv.* **1.** Designa aumento, grandeza, superioridade, comparação. **2.** Além disso; também. **3.** Preferentemente. **4.** De novo. • *sm.* **5.** V. *resto* (1). • *pron. indef.* **6.** Em maior número ou quantidade.

mais-que-per•fei•to *adj. sm. Gram.* Diz-se de, ou o tempo verbal que indica ação ou estado passado com relação ao perfeito (5). [Pl.: *mais-que-perfeitos.*]

mais-va•li•a *sf. Econ.* Em economia marxista, valor do que o trabalhador produz menos o valor de seu próprio trabalho (dado pelo custo de seus meios de subsistência). [Segundo o marxismo, a mais-valia mede a exploração dos assalariados pelos capitalistas, e é a fonte do lucro destes.] [Pl.: *mais-valias.*]

mai•ta•ca *sf. Bras. Zool.* Ave psitacídea de cores vivas.

mai•ús•cu•la *sf.* Letra maiúscula.

mai•ús•cu•lo *adj. Tip.* Diz-se do caráter de maior tamanho das duas formas com que se representa uma mesma letra no alfabeto.

ma•jes•ta•de *sf.* **1.** Grandeza suprema; elevação, superioridade, sublimidade. **2.** Título de imperador ou rei e de imperatriz ou rainha.

ma•jes•tá•ti•co *adj.* **1.** De, ou próprio de majestade. **2.** Augusto, sublime, majestoso.

ma•jes•to•so (ô) *adj.* **1.** Que tem majestade. **2.** Imponente, suntuoso. **3.** V. *majestático* (2). [Pl.: *-tosos* (ó).]

ma•jor *sm.* V. *hierarquia militar.*

ma•jo•rar *v.t.d.* Aumentar. [Conjug.: 1 [major]ar] § **ma•jo•ra•ção** *sf.*

ma•jor-a•vi•a•dor *sm.* V. *hierarquia militar.* [Pl.: *majores-aviadores.*]

ma•jor-bri•ga•dei•ro *sm.* V. *hierarquia militar.* [Pl.: *majores-brigadeiros.*]

ma•jo•ri•tá•ri:o *adj. Bras.* Relativo à maioria.

mal¹ *sm.* **1.** O que é nocivo, mau. **2.** Aquilo que se opõe ao bem, à virtude, à honra. [Antôn. de 1 e 2: **bem**.] **3.** Enfermidade. **4.** V. *infortúnio.* **5.** V. *malefício* (1). [Pl.: *males.*]

mal² *adv.* **1.** De modo mau, ou diferente do que devia ser. **2.** Incorretamente. **3.** Insatisfatoriamente. **4.** De modo desfavorável. **5.** Rudemente. **6.** Escassamente; pouco. **7.** A custo; dificilmente. **8.** Gravemente enfermo. • *conj.* **9.** Logo que; apenas.

ma•la *sf.* **1.** Saco de couro ou de pano, em geral fechado com cadeado. **2.** Espécie de caixa para transporte de roupas em viagem. **3.** Mala (1) para o transporte de correspondência; mala postal. **4.** *P. ext.* Correspondência postal. **5.** *Bras. Gír.* Pessoa enfadonha, maçante. ✦ **Mala postal.** Mala (3).

ma•la•bar *adj.* **1.** Malabarense (1). **2.** Diz-se de certos jogos de posições e movimentos difíceis e extravagantes, com prestidigitação e outras habilidades manuais. • *s2g.* **3.** Malabarense (2).

ma•la•ba•ren•se *adj2g.* **1.** Da, ou pertencente ou relativo à região de Malabar (Ásia). • *s2g.*

2. O natural ou habitante dessa região. [Sin. ger.: *malabar.*]

ma•la•ba•ris•mo *sm.* Exercício de jogos malabares. § **ma•la•ba•ris•ta** *s2g.*

mal-a•ca•ba•do *adj.* Mal executado; malfeito. [Pl.: *mal-acabados.* Antôn.: *bem-acabado.*]

ma•la•ca•che•ta (ê) *sf. Bras. Min.* Mica (1).

ma•la-di•re•ta *sf. Market.* **1.** Sistema de comunicação individualizada via correio (2). **2.** Material enviado por mala-direta (1). [Pl.: *malas-diretas.*]

ma•la•gue•nha *sf.* **1.** *Mús.* Canção espanhola. **2.** Dança espanhola em compasso ternário.

ma•la•gue•ta (ê) *sf.* A semente, aromática e picante, de uma planta zingiberácea africana, us. como condimento; pimenta-malagueta.

mal-a•jam•bra•do *adj. Bras.* V. *mal-amanhado.* [Pl.: *mal-ajambrados.*]

mal-a•ma•nha•do *adj.* Que está mal vestido; malposto, mal-ajambrado. [Pl.: *mal-amanhados.*]

ma•lan•dra•gem *sf.* **1.** Súcia de malandros. **2.** Qualidade, ato ou dito de malandro; malandrice. [Pl.: *-gens.*]

ma•lan•drar *v.int.* Levar vida de malandro. [Conjug.: 1 [malandr]ar]

ma•lan•dri•ce *sf.* Malandragem (2).

ma•lan•dro *sm.* **1.** Aquele que abusa da confiança dos outros, ou que não trabalha e vive de expedientes; velhaco, patife. **2.** Indivíduo preguiçoso, mandrião. **3.** Indivíduo vivo, astuto. • *adj.* **4.** Que é malandro.

ma•lar *sm. Anat.* **1.** Cada um de dois ossos de forma quadrangular situados, um de cada lado, em bochecha. • *adj.* **2.** Relativo a ele, ou às maçãs do rosto.

ma•lá•ri:a *sf. Med.* Doença infecciosa, endêmica em várias regiões, causada por protozoários do gênero *Plasmodium*, e transmitida por picadas de mosquitos do gênero *Anopheles*; impaludismo, maleita, sezão.

mal-as•sa•da *sf. Bras.* V. *fritada* (2). [Pl.: *mal-assadas.*]

mal-as•som•bra•do *adj. Bras.* Diz-se de lugar em que se acredita aparecer fantasma (3). [Pl.: *mal-assombrados.*]

mal-a•ven•tu•ra•do *adj. e sm.* Desventurado. [Pl.: *mal-aventurados.* Antôn.: *bem-aventurados.*]

mal•ba•ra•tar *v.t.d.* **1.** Vender com prejuízo. **2.** Desperdiçar, desbaratar. *T.d.i.* **3.** Aplicar indevidamente. [Conjug.: 1 [malbarat]ar]

mal•chei•ro•so (ô) *adj.* Que cheira mal. [Pl.: *-rosos* (ó).]

mal•cri•a•do *adj.* **1.** Descortês, indelicado; mal-educado. • *sm.* **2.** Indivíduo malcriado.

mal•da•de *sf.* **1.** Qualidade de mau. **2.** Ação má. **3.** Malícia (3).

mal•dar *v.t.d.* Conceber (um mau juízo). [Conjug.: 1 [mald]ar]

mal•di•ção *sf.* **1.** Ato ou efeito de maldizer ou amaldiçoar. **2.** Praga (1). **3.** Infortúnio, desgraça. [Pl.: –*ções.*]

mal•di•to *adj.* **1.** Diz-se daquele ou daquilo que foi amaldiçoado. **2.** Pernicioso, funesto. [Antôn.: *bendito.*]

mal•di•zên•ci:a *sf.* V. *maledicência.*

mal•di•zen•te *adj2g.* e *s2g.* Que ou quem fala mal dos outros; maledicente.

mal•di•zer *v.t.d.* **1.** Amaldiçoar. *T.i.* **2.** Dizer mal. [Conjug.: 19 [mal]**dizer**]

mal•do•so (ô) *adj.* Que tem maldade. [Pl.: –*dosos* (ó).]

ma•le•ar *v.t.d.* **1.** Transformar em lâminas. **2.** Bater com o martelo em; malhar. **3.** Tornar dócil, flexível; abrandar. [Conjug.: 10 [mal]**ear**]

ma•le•á•vel *adj2g.* Que se pode malear ou malhar; flexível. [Pl.: –*veis.*] § **ma•le:a•bi•li•da•de** *sf.*

ma•le•di•cên•ci:a *sf.* **1.** Qualidade de maldizente. **2.** Ação de maldizente; difamação. [F. paral.: *maldizência.*]

ma•le•di•cen•te *adj2g.* e *s2g.* Maldizente.

mal-e•du•ca•do *adj.* e *sm.* V. *malcriado.* [Pl.: *mal-educados.*]

ma•le•fí•ci:o *sm.* **1.** Prejuízo, dano; mal. [Antôn.: *benefício* (1 e 2).] **2.** Feitiço, sortilégio.

ma•lé•fi•co *adj.* Que faz ou atrai o mal; maligno. [Superl.: *maleficentíssimo.* Antôn.: *benéfico.*]

maleiro *sm.* **1.** Fabricante e/ou vendedor de mala. **2.** Lugar para se guardarem malas. **3.** *Bras.* Carregador de malas e bagagens; carregador.

ma•lei•ta *sf. Med.* V. *malária.*

mal-e-mal *adv.* **1.** Pouco mais ou menos. **2.** Escassamente.

mal-en•ca•ra•do *adj.* **1.** Que tem má cara. **2.** Que aparenta má índole. [Pl.: *mal-encarados.*]

mal-en•ten•di•do *sm.* Equívoco; desentendimento. [Pl.: *mal-entendidos.*]

mal-es•tar *sm.* **1.** Indisposição orgânica. **2.** Situação incômoda; embaraço. [Pl.: *mal-estares.*]

ma•le•ta (ê) *sf.* Pequena mala; malote.

ma•le•vo•lên•ci:a *sf.* Qualidade ou ação de malevolente. [Antôn.: *benevolência.*]

ma•le•vo•len•te *adj2g.* **1.** De má índole; mau, malévolo. **2.** Que tem má vontade contra alguém.

ma•lé•vo•lo *adj.* V. *malevolente* (1). [Superl.: *malevolentíssimo.* Antôn.: *benévolo.*]

mal•fa•da•do *adj.* Desditoso, infortunado.

mal•fa•dar *v.t.d.* **1.** Profetizar má sorte a. **2.** Tornar infeliz. [Conjug.: 1 [malfad]**ar**]

mal•fa•ze•jo (ê) *adj.* Amigo de fazer mal. [Antôn.: *benfazejo.*]

mal•fei•to *adj.* Mal executado. [Antôn.: *bemfeito.*]

mal•fei•tor (ô) *sm.* Aquele que comete crimes ou delitos graves; facínora, bandido, bandoleiro.

mal•for•ma•ção *sf. Med.* V. *má-formação.* [Pl.: –*ções.*]

mal•for•ma•do *adj.* Que tem má-formação.

mal•gra•do *prep.* Não obstante; apesar de.

ma•lha¹ *sf.* **1.** Cada uma das alças ou voltas dum fio (de lã, seda, etc.). **2.** Tecido cujas malhas se ligam, formando carreiras superpostas. **3.** Roupa colante, de malha. **4.** Tecido de malha com fios metálicos, usado na Idade Média em vestes de combate. ◆ **Malha de terra.** *Eng. Elétr.* Num circuito (2), conjunto de condutores nus interligados, enterrados no solo.

ma•lha² *sf.* Mancha natural na pele dos animais.

ma•lha³ *sf.* **1.** V. *malhada¹* (1). **2.** V. *surra* (1).

ma•lha•ção *sf.* Ato ou efeito de malhar. [Pl.: –*ções.*]

ma•lha•da¹ *sf.* **1.** Ato de malhar (1); malha, malhação. **2.** Pancada com malho.

ma•lha•da² *sf.* **1.** Cabana de pastores. **2.** Curral de gado. **3.** Rebanho de ovelhas.

ma•lha•do¹ *adj.* **1.** Que se malhou. **2.** *Bras. Gír.* Moldado (o corpo ou parte dele) em conseqüência de ginástica e exercícios intensos; sarado.

ma•lha•do² *adj.* Que tem malhas ou manchas.

ma•lhar *v.t.d.* **1.** Bater com o malho em. **2.** Espancar. **3.** Zombar de. *Int.* **4.** *Bras. Gír.* Fazer ginástica vigorosa visando a musculação ou emagrecimento. [Conjug.: 1 [malh]**ar**]

ma•lha•ri:a *sf.* **1.** Indústria de malha¹ (2). **2.** Fábrica ou loja de roupas de malha¹ (2). **3.** Roupas de malha¹ (2).

ma•lho *sm.* Grande martelo, sem unhas.

mal-hu•mo•ra•do *adj.* Que tem ou está de mau humor; irritado, azedo. [Pl.: *mal-humorados.*]

ma•lí•ci:a *sf.* **1.** Tendência para o mal. **2.** Astúcia; esperteza, manha, ronha. **3.** Intenção maldosa ou satírica; maldade.

ma•li•ci•ar *v.t.d.* **1.** Atribuir malícia a. **2.** Tomar em mau sentido. **3.** Fazer mau juízo de. [Conjug.: 1 [malici]**ar**]

ma•li•ci•o•so (ô) *adj.* Que tem ou denota malícia. [Pl.: –*osos* (ó).]

ma•lig•no *adj.* **1.** Maléfico. **2.** Nocivo, danoso. **3.** Que tende a piorar progressivamente, levando à morte (doença). [Antôn.: *benigno.*] § **ma•lig•ni•da•de** *sf.*

ma•li•no *adj. Pop.* Diz-se de criança traquinas.

mal-in•ten•ci:o•na•do *adj.* Que tem más intenções; maldoso. [Antôn.: *bem-intencionado.* Pl.: *mal-intencionados.*]

mal•me•quer *sm. Bras. Bot.* Bem-me-quer.

ma•lo•ca *sf. Bras.* **1.** Habitação índia, que aloja diversas famílias. **2.** Aldeia indígena.

ma•lo•grar *v.t.d.* **1.** Fazer desaparecer ou gorar. *P.* **2.** Não ir avante; frustrar-se. [Conjug.: 1 [malogr]**ar**]

ma•lo•gro (ô) *sm.* Insucesso, fracasso.

ma•lo•te *sm.* **1.** Maleta. **2.** *Bras.* Serviço de transporte e entrega rápida de correspondência e encomendas.

mal•pa•ra•do *adj.* Em situação desfavorável.

mal•pi•ghi•á•ce:a *sf. Bot.* Espécime das malpighiáceas, família de dicotiledôneas que incluí árvores e arbustos lenhosos, por vezes trepadores. § **mal•pi•ghi•á•ce:o** *adj.*

mal•pos•to (ó) *adj.* V. *mal-amanhado.*

mal•que•ren•ça *sf.* Falta de estima ou amizade; malquerer.

mal•que•rer *v.t.d.* **1.** Querer mal a. [Conjug.: 28 [mal]**querer**]• *sm.* **2.** Malquerença.

mal•quis•tar *v.t.d., t.d.i.* e *p.* Tornar(-se) malquisto. [Conjug.: 1 [malquist]**ar**]

mal•quis•to *adj.* Que é objeto de antipatia. [Antôn.: *benquisto.*]

mal•são *adj.* **1.** Doentio. **2.** Mal curado. **3.** Mórbido, doentio. **4.** Maléfico, maligno. [Fem.: *malsã.* Pl.: *–sãos.*]

mal•si•nar[1] *v.t.d.* **1.** Desejar mal a. **2.** Agourar mal de. **3.** Dar má sorte a. *T.d.i.* **4.** Malsinar[1] (3). [Conjug.: 1 [malsin]**ar**]

mal•si•nar[2] *v.t.d.* **1.** Denunciar, delatar. **2.** Torcer o sentido de. **3.** Censurar. [Conjug.: 1 [malsin]**ar**]

mal•so•an•te *adj2g.* Que soa mal.

mal•su•ce•di•do *adj.* Que teve mau sucesso, ou insucesso; frustrado. [Antôn.: *bem-sucedido.*]

mal•ta *sf.* **1.** Bando, grupo. **2.** V. *corja.*

mal•ta•do *adj.* A que se adicionou malte.

mal•te *sm.* Produto da germinação das sementes de cevada, e de outros grãos, us. no fabrico de cerveja, etc.

mal•thu•si•a•nis•mo *sm.* Teoria econômica formulada por Malthus (v. *malthusiano*), segundo a qual a população tenderia a crescer em proporção maior do que seus meios de subsistência, causando redução no nível médio de renda.

mal•thu•si•a•no *adj.* **1.** Do, ou relativo a, ou próprio do inglês Thomas R. Malthus (1766-1834). **2.** Relativo ao malthusianismo.

mal•tra•pi•lho *adj.* Que anda esfarrapado; roto.

mal•tra•tar *v.t.d.* **1.** Infligir maus tratos a. **2.** Tratar mal; insultar, ultrajar. **3.** Danificar. [Conjug.: 1 [maltrat]**ar**]

ma•lu•co *adj.* **1.** V. *louco* (1). **2.** Que age como se fosse louco. **3.** V. *tolo* (1 e 2).• *sm.* **4.** Indivíduo maluco.

ma•lu•quei•ra *sf.* Maluquice (2 a 4).

ma•lu•qui•ce *sf.* **1.** Loucura. **2.** Ato ou dito de maluco. **3.** Extravagância, esquisitice. **4.** Tolice, bobagem. [Sin. de 2 a 4: *maluqueira.*]

mal•va *sf. Bot.* Erva malvácea mucilaginosa, medicinal.

mal•vá•ce:a *sf. Bot.* Espécime das malváceas, família de dicotiledôneas que abrange ervas, árvores e arbustos lenhosos. § **mal•vá•ce:o** *adj.*

mal•va•dez (ê) *sf.* Qualidade ou ato de malvado; maldade, malvadeza. [Pl.: *–zes.*]

mal•va•de•za (ê) *sf.* V. *malvadez.*

mal•va•do *adj.* Que pratica atos cruéis, ou disso é capaz.

mal•ver•sa•ção *sf.* **1.** Falta no exercício de um cargo, ou na gerência de fundos. **2.** Má administração. [Pl.: *–ções.*]

mal•ves•ti•do *adj.* **1.** Mal-amanhado. **2.** Vestido inadequadamente.

mal•vis•to *adj.* **1.** Mal conceituado; suspeito. **2.** Antipatizado, malquisto.

ma•ma *sf.* **1.** *Anat.* Órgão glandular característico dos mamíferos e que, na fêmea, segrega leite. **2.** O período de amamentação.

ma•ma•da *sf.* **1.** Ato de mamar. **2.** Tempo que dura a amamentação.

ma•ma•dei•ra *sf.* **1.** Garrafinha com chupeta, para amamentar crianças. **2.** O leite, mingau, ou suco, etc., contido em mamadeira (1).

ma•mãe *sf. Bras.* Tratamento carinhoso dado à mãe.

ma•man•ga•ba *sf. Zool.* Nome comum a abelhas bombídeas que fazem o ninho no solo.

ma•mão *sm.* O fruto do mamoeiro; papaia. [Pl.: *–mões.*]

ma•mar *v.t.d.* e *t.i.* **1.** Sugar ou chupar (o leite de quem amamenta), ou o que está na mamadeira). **2.** Chupar, sugar. *T.d.i.* **3.** Extorquir. *Int.* **4.** Mamar (1). [Conjug.: 1 [mam]**ar**]

ma•má•ri:o *adj.* Relativo a mama.

ma•ma•ta *sf. Bras.* **1.** Empresa ou administração pública em que se tem oportunidade de mamar (3). **2.** V. *negociata.*

mam•bem•be *Bras. sm.* **1.** Ator ou grupo teatral amador, ambulante.• *adj2g.* **2.** Medíocre, ordinário.

ma•me•lu•co *sm. Bras.* Filho de índio com branco.

ma•mí•fe•ro[1] *adj.* Que tem mamas.

ma•mí•fe•ro[2] *sm. Zool.* Espécime dos mamíferos, classe de vertebrados caracterizados pela presença de glândulas mamárias nas fêmeas e por apresentarem o corpo coberto de pêlos. São os primatas, carnívoros e cetáceos (estes, com poucos pêlos). § **ma•mí•fe•ro**[2] *adj.*

ma•mi•lo *sm.* **1.** *Anat.* Saliência pigmentada da superfície anterior de mama (2). *P. ext.* O que tem a forma de mamilo.

ma•mi•nha *sf.* **1.** Mamilo (1). **2.** A parte mais macia da alcatra.

ma•mo•ei•ro *sm. Bot.* Arvoreta caricácea, frutífera.

ma•mo•gra•fi•a *sf.* Exame radiológico de mama.

ma•mo•na *sf. Bot.* Planta euforbiácea de fruto capsular do mesmo nome, do qual se extrai óleo útil; carrapateira.

ma•mo•plas•ti•a *sf. Cir.* Operação plástica em mama; mastoplastia.

ma•mu•te *sm. Paleont.* Gigantesco elefante fóssil do quaternário; mastodonte.

ma•na *sf. Fam.* Irmã.

ma•ná *sm.* 1. Alimento que, segundo a Bíblia, Deus mandou, em forma de chuva, aos israelitas no deserto. 2. Coisa muito vantajosa.

ma•na•cá *sf. Bot.* Arbusto solanáceo, ornamental.

ma•na•da *sf.* Rebanho de gado grosso.

ma•nan•ci•al *sm.* 1. Nascente de água; olho-d'água, fonte. 2. Fonte perene e abundante. [Pl.: –ais.]

ma•nar *v.t.d.* 1. Verter incessantemente e/ou em abundância. *Int.* 2. Correr ou fluir em abundância. [Conjug.: 1 [man]**ar**]

ma•na•ta *sm. Pop.* 1. Magnata. 2. Velhaco, patife.

ma•nau•en•se *adj2g.* 1. De Manaus, capital do AM. • *s2g.* 2. O natural ou habitante de Manaus.

man•ca•da *sf. Bras.* 1. Erro; falha. 2. V. *gafe.*

man•cal *sm.* Dispositivo sobre o qual se apóia um eixo que gira, desliza ou oscila, e que lhe permite movimento com um mínimo de atrito. [Pl.: –cais.]

man•car *v.int.* 1. V. *coxear. P.* 2. Ficar manco. 3. *Bras. Gír.* Convencer-se de que está sendo inoportuno, inconveniente. [Conjug.: 8 [man]**car**]

man•ce•bi•a *sf.* Dotado de quem vive amancebado.

man•ce•bo (ê) *sm.* Jovem moço.

man•cha *sf.* 1. Nódoa; laivo. 2. Malha². 3. Cada pincelada, na distribuição das tintas num quadro. 4. Desonra, labéu, mácula. 5. *Edit.* A parte impressa da página, por oposição às margens.

man•char *v.t.d.* e *p.* 1. Sujar(-se) com mancha; enodoar(-se). 2. Desonrar(-se). [Conjug.: 1 [manch]**ar**] § **man•cha•do** *adj.*

man•chei•a *sf.* Porção de coisas, ou duma coisa, que a mão pode abranger; punhado.

man•che•te *sf. Bras.* Título ou notícia, em letras maiores, em jornal ou revista.

man•co *adj.* 1. Diz-se de pessoa ou de animal a que falta mão ou pé, ou que não pode servir-se dalgum braço ou perna. 2. Coxo. • *sm.* 3. Indivíduo manco.

man•co•mu•nar *v.t.d.* e *t.d.i.* 1. Ajustar, combinar. *P.* 2. Pôr-se de acordo; combinar-se. [Conjug.: 1 [mancomun]**ar**]

man•da•ca•ru *sm. Bras. Bot.* Cacto de porte arbóreo.

man•da-chu•va *s2g. Bras.* 1. Indivíduo importante ou influente; figurão. 2. Chefe, líder. [Pl.: *manda-chuvas.*]

man•da•do *adj.* 1. Que se mandou. 2. Enviado. • *sm.* 3. V. *mandamento* (1). 4. Recado, incumbência. 5. Ordem escrita que emana de uma autoridade.

man•da•men•to *sm.* 1. Ato ou efeito de mandar; mandado, mando. 2. Preceito, regra. 3. A ordem contida num mandado (5). 4. *Rel.* Cada um dos preceitos da Igreja ou do decálogo.

man•dan•te *adj2g.* 1. Que manda. • *s2g.* 2. Quem manda. 3. Quem incita a certos atos.

man•dão *adj. sm.* Que ou quem gosta de mandar. [Fem.: *mandona.* Pl.: –dões.]

man•dar *v.t.d.* 1. Exigir que se faça; ordenar. 2. Determinar. 3. Comandar. 4. Ter autoridade sobre; governar. 5. Enviar. *T.d.i.* 6. Mandar (5). 7. Ordenar que vá. 8. Atirar. *T.i.* 9. Exercer poder ou autoridade. *T.d.c.* 10. Desterrar; exilar. *Int.* 11. Exercer o mando. *P.* 12. *Bras. Pop.* Ir(-se) embora. 13. V. *fugir* (1). [Conjug.: 1 [mand]**ar**]

man•da•rim *sm.* Alto funcionário público, na antiga China. [Pl.: –rins.]

man•da•tá•ri:o *sm.* 1. Aquele que recebe mandato. 2. Executor de mandatos. 3. Representante, procurador.

man•da•to *sm.* 1. Autorização que alguém confere a outrem para praticar em seu nome certos atos; procuração. 2. Missão, incumbência. 3. Poderes políticos que o povo outorga a um cidadão, pelo voto, para governar a nação, estado ou município, ou representá-lo nas respectivas assembléias legislativas. 4. *P.ext.* O período desse mandato.

man•dí•bu•la *sf. Anat.* Osso único, em forma de ferradura, que constitui a queixada inferior do homem. § **man•di•bu•lar** *adj2g.*

man•din•ga *sf.* V. *bruxaria* (1). § **man•din•guei•ro** *sm.*

man•din•gar *v.t.d.* e *int.* Fazer mandinga, feitiço. [Conjug.: 1 [mandin]**gar**]

man•di•o•ca *sf. Bras.* 1. *Bot.* Planta euforbiácea de tubérculos alimentícios, da qual há espécies venenosas, de que se faz a farinha de mesa, etc. 2. O tubérculo dessa planta. [Sin. ger.: *aipim, macaxeira.*]

man•di•o•qui•nha *sf. Bras. Bot.* Batata-baroa.

man•do *sm.* 1. Poder ou direito de mandar; autoridade, comando. 2. V. *mandamento* (1).

man•dri•ão *adj. sm.* Que ou quem é preguiçoso, vadio; madraço, malandro. [Fem.: *mandriona.* Pl.: –driões.]

man•dri•ar *v.int.* Levar vida de mandrião. [Conjug.: 1 [mandri]**ar**]

man•dril¹ *sm.* Ferramenta usada para retificar e calibrar furos. [Pl.: –dris.]

man•dril² *sm. Zool.* Gibão² africano que, quando adulto, tem listras vermelhas, brilhantes, na face, e nádegas calosas, azuis. [Pl.: –dris.]

man•du•car *v.t.d.* e *int.* Comer, mastigar. [Conjug.: 8 [mandu]**car**]

ma•né *sm. Bras. Prov. port.* 1. Indivíduo inepto, desleixado. 2. Tolo, bobo.

ma•nei•ra *sf.* 1. Modo particular de ser ou de agir. 2. Meio, modo, forma. 3. *Bras. Prov. port.* Abertura das saias ou blusas a partir do cós.

ma•nei•rar *Bras. Gír. v.t.d.* 1. Remediar ou resolver (problema, dificuldade, etc.). *Int.* 2. Abrandar. 3. Agir com tato, prudência. [Conjug.: ☐ [maneir]**ar**]

ma•nei•ro *adj.* 1. Fácil de manejar. 2. Que exige pouco esforço. 3. *Bras. Gír.* V. *bacana.*

ma•nei•ro•so (ó) *adj.* Que tem boas maneiras; afável. [Pl.: *–rosos* (ó).]

ma•ne•jar *v.t.d.* 1. Manusear (1). 2. Governar com as mãos. 3. Dirigir, controlar. [Conjug.: ☐ [manej]**ar**]

ma•ne•jo (ê) *sm.* 1. Ato ou efeito de manejar. 2. Gerência, administração.

ma•ne•quim *sm.* 1. Boneco que representa homem ou mulher, usado para estudos artísticos ou científicos, ou para trabalhos de confecção de roupas ou exposição destas em vitrines, etc. 2. Medida para roupas feitas. • *s2g.* 3. Pessoa que exibe roupas, etc. de casa de modas; modelo. [Pl.: *–quins.*]

ma•ne•ta (ê) *adj2g.* e *s2g.* Diz-se de, ou pessoa a quem falta um braço ou uma das mãos.

man•ga¹ *sf.* 1. Parte do vestuário onde se enfia o braço. 2. Qualquer peça em forma de tubo que reveste ou protege outra peça.

man•ga² *sf.* O fruto da mangueira².

man•ga•ba *sf. Bras.* O fruto da mangabeira.

man•ga•bei•ra *sf. Bras. Bot.* Arvoreta apocinácea.

man•ga-lar•ga *adj2g.* e *sm. Bras.* Diz-se de, ou cavalo de certa raça obtida em MG (manga-larga marchador), e em SP (manga-larga paulista). [Pl.: *mangas-largas.*]

man•ga•nês *sm. Quím.* Elemento de número atômico 25, metálico, cinzento, mole, denso, usado em diversas ligas [símb.: *Mn*].

man•gar *v.t.i.* e *int.* 1. Caçoar, afetando seriedade. 2. Escarnecer, zombar. [Conjug.: ⑪ [man]**gar**] § **man•ga•ção** *sf.*

man•gual *sm.* 1. Instrumento para malhar cereais. 2. Chicote com que se açoitam animais. [Pl.: *–guais.*]

man•gue *sm. Ecol.* 1. Comunidade formada de árvores que se localizam, nos trópicos, em áreas ao lado do mar; manguezal (*bras.*). 2. Cada uma das plantas que aí vegetam.

man•guei•ra¹ *sf.* Tubo de lona, borracha, etc., para condução de água ou de ar.

man•guei•ra² *sf. Bot.* Árvore anacardiácea de fruto saboroso.

man•gue•zal *sm. Ecol.* 1. Ecossistema costeiro das regiões quentes, ger. inundado por água salobra. 2. *Bras.* Mangue (1). [Pl. *–zais.*]

ma•nha *sf.* 1. Destreza, habilidade. 2. V. *malícia* (2). 3. Defeito ou mau hábito inveterado;

sestro, mania. 4. Dengue, luxo. 5. *Fam.* Choro infantil sem causa.

ma•nhã *sf.* 1. Tempo que vai do nascer do Sol ao meio-dia. 2. A alvorada; o amanhecer; a madrugada.

ma•nho•so (ó) *adj.* 1. Que tem ou revela manha(s). 2. *Fam.* Diz-se de criança choramingas. [Pl.: *–nhosos* (ó).]

ma•ni•a *sf.* 1. Síndrome mental caracterizada por excitação psíquica, insônia, muita atividade, etc., e, em certos casos, agitação motora. 2. Excentricidade. 3. Gosto exagerado por algo. 4. Obsessão. 5. V. *cacoete* (2).

ma•ní•a•co *adj. sm.* Diz-se de, ou aquele que sofre de mania (1).

ma•ni•a•tar ou ma•ni•e•tar *v.t.d.* 1. Atar as mãos de. 2. Prender, amarrar. 3. Subjugar. [Conjug.: ☐ [maniat]**ar**]

ma•ni•ço•ba *sf. Bras. Bot.* Arvoreta euforbiácea, lactescente.

ma•ni•cô•mi•o *sm.* Hospital para doentes mentais; hospício.

ma•ní•cu•la *sf. Zool.* 1. Membro anterior de mamífero. 2. *Bras.* Manivela (1).

ma•ni•cu•ra ou ma•ni•cu•re *sf.* Fem. de *manicuro.*

ma•ni•cu•ro *sm.* Aquele que se dedica ao tratamento das unhas das mãos.

ma•ni•fes•ta•ção *sf.* 1. Ato ou efeito de manifestar(-se). 2. Demonstração. 3. Homenagem pública e coletiva. [Pl.: *–ções.*]

ma•ni•fes•tar *v.t.d.* e *p.* 1. Tornar(-se) manifesto; divulgar(-se). 2. Exprimir(-se). 3. Mostrar(-se), revelar(-se). *T.d.i.* 4. Declarar, revelar. [Conjug.: ☐ [manifest]**ar**] § **ma•ni•fes•tan•te** *s2g.*

ma•ni•fes•to *adj.* 1. Patente, claro, evidente. • *sm.* 2. Coisa manifestada. 3. Declaração pública ou solene das razões que justificam certos atos ou fundamentam certos direitos. 4. Programa político, estético, etc.

ma•ni•lha *sf.* Tubo de barro vidrado, para canalização de água e esgoto.

ma•ni•nho *adj.* 1. Estéril, infecundo. 2. Não aproveitável ou não aproveitado para o cultivo; inculto, estéril. 3. Bravo, silvestre.

ma•ni•pan•so *sm.* Ídolo africano; fetiche.

ma•ni•pu•lar *v.t.d.* 1. Preparar com a mão. 2. Preparar (medicamentos) com corpos simples. 3. Fazer funcionar. 4. Dominar, controlar. [Conjug.: ☐ [manipul]**ar**] § **ma•ni•pu•la•ção** *sf.*; **ma•ni•pu•la•dor** (ô) *adj. sm.*; **ma•ni•pu•lá•vel** *adj2g.*

ma•nir•ro•to (ó) *sm.* Mão-aberta.

ma•ni•tó ou ma•ni•tô *sm.* Gênio tutelar, ou demônio, entre os índios americanos.

ma•ni•ve•la *sf.* 1. Peça de máquina à qual se imprime movimento com a mão; manícula. 2. Peça sujeita a qualquer força motriz, e que aciona engenho ou máquina.

man•jar *v.t.d.* **1.** *Ant.* Comer (1). **2.** *Bras. Gír.* Observar, espionar. **3.** *Gír.* Entender, compreender. *T.i.* **4.** *Gír.* Entender. [Conjug.: 1 [manj]ar] • *sm.* **5.** Qualquer substância alimentícia, especialmente as delicadas e apetitosas.

man•je•doi•ra ou **man•je•dou•ra** *sf.* Tabuleiro onde, nas estrebarias, se põe comida para os animais.

man•je•ri•cão *sm. Bot.* Erva labiada, condimentosa. [Pl.: –cões.]

man•je•ro•na *sf. Bot.* Erva labiada, tônica, condimentosa.

ma•no *sm. Fam.* **1.** Irmão (1). **2.** Amigo cordial.

ma•no•bra *sf.* **1.** Ação de fazer funcionar à mão um aparelho, máquina, etc. **2.** Conjunto de ações ou movimentos para se alcançar um dado fim. **3.** Movimento de tropas em campanha. **4.** Trama ardilosa; artimanha.

ma•no•brar *v.t.d.* **1.** Realizar manobra(s) com. **2.** Encaminhar ou governar com habilidade. **3.** Executar movimentos em, para fazer funcionar. *Int.* **4.** Realizar exercícios militares. [Conjug.: 1 [manobr]ar] **§ ma•no•brá•vel** *adj2g.*

ma•no•brei•ro *sm.* **1.** O que faz ou dirige manobras. **2.** *Bras.* Indivíduo incumbido de manobrar veículos automóveis em garagens, estacionamentos, etc.

ma•nô•me•tro *sf. Fís.* Instrumento para medir pressões.

ma•no•pla *sf.* **1.** Antiga luva de ferro. **2.** Mão grande e malfeita; manzorra

man•quei•ra *sf.* **1.** Defeito de manco. **2.** Ato de manquejar.

man•que•jar *v.int.* e *t.i.* **1.** V. *coxear.* **2.** *Fig.* Falhar, claudicar. [Conjug.: 1 [manquej]ar]

man•são *sf.* Residência grande e luxuosa. [Pl.: –sões.]

man•sar•da *sf.* **1.** Água-furtada. **2.** Morada pobre.

man•si•dão *sf.* **1.** Qualidade ou estado de manso. **2.** Serenidade, tranqüilidade. [Pl.: –dões.]

man•so *adj.* **1.** De índole pacífica; pacato. **2.** Sereno, tranqüilo. **3.** Amansado. **4.** Não silvestre; cultivado.

man•su•e•tu•de *sf.* Mansidão.

man•ta *sf.* **1.** Grande pano de lã, para agasalhar. **2.** Lenço grande usado como xale. **3.** Pano de lã usado sob o velme. **4.** Grande pedaço de carne ou peixe, curado ao sol.

man•tei•ga *sf.* Substância gorda e alimentícia que se extrai da nata do leite.

man•tei•guei•ra *sf.* Recipiente para a manteiga.

man•te•ne•dor (ô) *adj.* Que mantém, sustenta, protege ou defende.

man•ter *v.t.d.* **1.** Prover do necessário à subsistência. **2.** Conservar, sustentar. **3.** Sustentar em certa posição, ou no gozo dum direito. **4.** Conservar, preservar. *T.d.c.* **5.** Fazer ficar

em algum lugar. *Transobj.* **6.** Manter (4). *P.* **7.** Alimentar-se. **8.** Conservar-se, permanecer. [Conjug.: 5 [man]ter]

man•tí•de:o *sm. Zool.* Espécime dos mantídeos, família de insetos predadores. Ex.: louva-a-deus. **§ man•tí•de:o** *adj.*

man•ti•lha *sf.* **1.** Manta para proteger os ombros e a cabeça. **2.** Véu fino, adorno feminino para cabeça e ombros.

man•ti•men•tos *sm. pl.* Víveres, comestíveis.

man•tis•sa *sf. Mat.* A parte decimal de um logaritmo.

man•to *sm.* **1.** Veste longa, folgada e sem mangas, para abrigo da cabeça e do tronco. **2.** Capa de cauda e roda, que se prende nos ombros. **3.** *Zool.* Membrana situada entre o corpo do animal e a concha, nos moluscos e braquiópodes.

man•tô *sm.* Casaco feminino, longo, usado por cima doutra veste.

man•tô•de:o *sm. Zool.* Espécime dos mantódeos, ordem de artrópodes predadores de tamanho médio a grande. São os louva-a-deus. **§ man•tó•de:o** *adj.*

ma•nu•al *adj2g.* **1.** Da mão. **2.** Feito com as mãos, ou manobrado com elas. • *sm.* **3.** Livro que traz noções essenciais sobre uma matéria. [Pl.: –ais.]

ma•nu•fa•tu•ra *sf.* **1.** Trabalho manual. **2.** Obra feita à mão. **3.** Grande estabelecimento industrial; fábrica. **4.** Produto de manufatura (3).

ma•nu•fa•tu•rar *v.t.d.* **1.** Produzir com trabalho manual. **2.** Fabricar ou produzir em manufatura (3); fabricar. [Conjug.: 1 [manufatur]ar]

ma•nus•cri•to *adj. sm.* Que ou aquilo que se escreveu à mão.

ma•nu•se•ar *v.t.d.* **1.** Pegar ou executar com a mão; manejar. **2.** Folhear (1). [Conjug.: 10 [manus]ear] **§ ma•nu•se•á•vel** *adj2g.*

ma•nu•sei•o *sm.* Ato ou efeito de manusear.

ma•nu•ten•ção *sf.* **1.** Ato ou efeito de manter (-se). **2.** As medidas ou os cuidados necessários para a conservação ou para o funcionamento de alguma coisa. [Pl.: –ções.]

man•zor•ra (ô) *sf.* Manopla (2).

mão *sf.* **1.** *Anat.* Em cada membro superior, o segmento distal ao punho. **2.** Cada extremidade dos membros superiores dos quadrúmanos, e anteriores dos quadrúpedes. **3.** Domínio, controle. **4.** Lado, direção ou posição indicada por cada uma das mãos. **5.** Porção de coisas que se abrange com a mão; mãozada. **6.** V. *demão.* **7.** Lanço completo de jogo de cartas. **8.** *Bras.* Numa via pública, a direção em que o veículo deve transitar. [Pl.: *mãos.*] ✦ **Abrir mão.** Desistir (1). **À mão armada.** Em que se faz uso de arma de fogo.

mão-a•ber•ta *s2g. Bras.* Indivíduo gastador, perdulário; manirroto. [Pl.: *mãos-abertas.*]

mão-de-o•bra *sf.* 1. Trabalho manual de operário, artífice, etc. 2. A força de trabalho de uma empresa, entidade, etc. 3. *Bras. Pop.* Coisa difícil, complicada. [Pl.: *mãos-de-obra.*]

ma:o•me•ta•no *adj.* 1. Relativo a Maomé. [V. *islamismo.*] 2. V. *muçulmano* (1). • *sm.* 3. V. *muçulmano* (2).

ma:o•me•tis•mo *sm.* V. *islamismo* (1).

mão-za•da *sf.* Mão (5).

ma•pa *sm.* 1. Representação, em superfície plana e escala menor, dum terreno, país, território, etc. 2. Lista descritiva; relação.

ma•pa-mún•di *sm.* Mapa que representa toda a superfície da Terra, em dois hemisférios. [Pl.: *mapas-múndi.*]

ma•pe•ar *v.t.d.* Fazer ou levantar o mapa de. [Conjug.: ⑩[map]ear] § **ma•pe:a•men•to** *sm.*

ma•po•te•ca *sf.* Coleção de mapas e cartas geográficas.

ma•que•te (è) ou **ma•que•ta** (è) *sf.* 1. Esboço de uma obra de escultura, moldado em barro ou cera. 2. Miniatura de projeto arquitetônico ou de engenharia.

ma•qui•a•gem ou **ma•qui•la•gem** *sf.* 1. Ato ou efeito de maquiar. 2. O conjunto dos produtos de beleza us. na maquiagem (1), como, p. ex., o pó-de-arroz, o batom, etc. [Pl.: *-gens.*]

ma•qui•ar ou **ma•qui•lar** *v.t.d.* 1. Aplicar cosméticos em (o rosto). P. 2. Aplicar cosméticos no próprio rosto; pintar-se. [Conjug.: ① [maqui]ar] § **ma•qui•la•dor** (ô) *sm.*

ma•qui:a•vé•li•co *adj.* 1. Pertencente ou relativo ao, ou próprio do maquiavelismo. 2. Que tem, ou em que há perfídia, má-fé.

ma•qui:a•ve•lis•mo *sm.* 1. Sistema político exposto por Maquiavel (q. v., na Minienciclopédia) em sua obra *O Príncipe.* 2. Política desprovida de boa-fé. 3. *Fig.* Procedimento astucioso; velhacaria.

má•qui•na *sf.* 1. Aparelho para comunicar movimento, ou para aproveitar, pôr em ação ou transformar uma energia ou um agente natural. 2. V. *mecanismo* (1). 3. Veículo locomotor. 4. Utensílio, instrumento.

ma•qui•nal *adj2g.* Inconsciente; automático. [Pl.: *-nais.*]

ma•qui•nar *v.t.d.* 1. Projetar (um ardil); urdir, tramar. 2. Projetar, planear. *T.d.i.* 3. Maquinar (1). *T.i.* 4. Conspirar. [Conjug. ⑪ [maqui-n]ar] § **ma•qui•na•ção** *sf.*

ma•qui•na•ri•a *sf.* Conjunto de máquinas; maquinismo.

ma•qui•nis•mo *sm.* 1. V. *mecanismo* (1). 2. Maquinaria.

ma•qui•nis•ta *s2g.* 1. Quem inventa, constrói ou conduz máquinas, sobretudo locomotivas e máquinas de navios a vapor. 2. *Telev.* Profissional que monta, desmonta e transporta cenários.

mar *sm.* 1. Oceano (1). 2. Cada uma das porções em que ele se divide.

ma•ra•bá *s2g. Bras.* Mestiço de francês, ou branco em geral, com índia.

ma•ra•cá *sm. Bras.* 1. Instrumento chocalhante dos índios. 2. Chocalho que acompanha certas músicas e danças populares.

ma•ra•ca•nã *sf. Bras. Zool.* Ave psitacídea, pequena arara.

ma•ra•ca•tu *sm. Bras. PE* Cortejo carnavalesco que segue uma mulher que num bastão leva uma bonequinha enfeitada, a *calunga.*

ma•ra•cu•já *sm. Bras.* O fruto do maracujazeiro.

ma•ra•cu•ja•zei•ro (jà) *sm. Bras. Bot.* Trepadeira passiflorácea de fruto us. para refrescos, sorvetes, etc.

ma•ra•cu•tai•a *sf.* Negócio fraudulento; negociata, mamata.

ma•ra•fo•na *sf.* 1. Boneca de trapos. 2. Prostituta.

ma•ra•já *sm.* Príncipe ou potentado, na Índia.

ma•ra•jo•a•ra *Bras. adj2g.* 1. Da ilha de Marajó (PA). • *s2g.* 2. O natural ou habitante dessa ilha.

ma•ra•nhão *sm.* Intriga caluniosa; mexerico. [Pl.: *-nhões.*]

ma•ra•nhen•se *s2g. Bras.* O natural ou habitante do MA. § **ma•ra•nhen•se** *adj2g.*

ma•ra•ni *sf.* Mulher de marajá.

ma•ran•tá•ce:a *sf. Bot.* Espécime das marantáceas, família de monocotiledôneas herbáceas, muitas das quais são ornamentais. § **ma•ran•tá•ce:o** *adj.*

ma•ras•mo *sm.* 1. Fraqueza extrema; extenuação. 2. Desânimo. 3. Inércia, inatividade.

ma•ra•to•na *sf.* 1. Corrida a pé, de longo percurso. 2. Competição esportiva, intelectual, etc.

ma•ra•vi•lha *sf.* 1. Ato ou fato extraordinário, surpreendente, prodigioso. 2. Pessoa ou coisa admirável, extraordinária. § **ma•ra•vi•lho•so** (ô) *adj.*

ma•ra•vi•lhar *v.t.d. e p.* 1. Encher(-se) de admiração, assombro, pasmo. *Int.* 2. Causar admiração, pasmo. [Conjug.: ① [maravilh]ar]

mar•ca *sf.* 1. Ato ou efeito de marcar. 2. Sinal distintivo de um objeto. 3. Símbolo gráfico que identifica ou representa uma instituição, uma empresa, etc., e que pode ser nome, logotipo, emblema ou figura. 4. Categoria, qualidade. 5. Nódoa ou vestígio de doença ou contusão. 6. Limite, marco. 7. Padrão. 8. *Fig.* Impressão (que fica no espírito). 9. *Fig.* Sinal distintivo.

mar•ca•ção *sf.* 1. Ato ou efeito de marcar. 2. Indicação e coordenação, pelo diretor, dos movimentos e atitudes dos atores numa peça. **3.** Tais movimentos e atitudes. [Pl.: *-ções.*]

mar•ca-d'á•gua *sf. Ind.* Letreiro ou desenho, visível por transparência, numa folha de papel; filigrana. [Pl.: *marcas-d'água.*]

mar•can•te *adj2g.* **1.** Que marca. **2.** Que sobressai, se evidencia.

mar•car *v.t.d.* **1.** Pôr marca ou sinal em. **2.** Indicar, apontar. **3.** Ser o traço distintivo de. **4.** Demarcar, delimitar. **5.** Fixar, determinar. **6.** Ferir, machucar. **7.** Produzir impressão em. **8.** *Bras.* Assinalar (o gado) a ferro em brasa. **9.** *Fut.* Fazer (gol). **10.** *Fut.* Registrar (falta, pênalti, etc.). **11.** *Fut.* Acompanhar o adversário, dificultando-lhe a atuação. *T.d.i.* **12.** Combinar, ajustar. *Int.* **13.** *Bras.* Deixar marca, traços, sinais, de sua presença, atuação, etc. **14.** *Fut.* Fazer gol. [Conjug.: 8 [mar]**car**]

mar•ce•na•ri•a *sf.* Oficina ou arte de marceneiro.

mar•ce•nei•ro *sm.* Oficial que trabalha a madeira com mais arte que o carpinteiro.

mar•cha *sf.* **1.** Ato ou efeito de marchar. **2.** Jornada a pé. **3.** Modo de andar; andadura, passo. **4.** Cortejo, séquito. **5.** Passo cadenciado (dum homem, ou dum corpo de tropas). **6.** Seqüência, sucessão. **7.** Progresso, andamento. **8.** Peça musical, em compasso binário ou quaternário, com que se regula a marcha (5). **9.** *Bras.* Gênero de música popular em compasso binário cuja coreografia é um andar rítmado, em voltas.

mar•chan•te *s2g.* O que compra gado para vendê-lo abatido, aos açougues.

mar•char *v.int.* **1.** Andar, caminhar. **2.** Caminhar a passo cadenciado. **3.** Seguir os devidos trâmites. *T.c.* **4.** Dirigir-se. *T.i.* **5.** Progredir, avançar. **6.** Ir em busca. [Conjug.: 1 [march]**ar**]

mar•che•tar *v.t.d.* **1.** Fazer (obra de marchetaria). *T.d.i.* **2.** Embutir, tauxiar. [Conjug.: 1 [marchet]**ar**]

mar•che•ta•ri•a *sf.* **1.** Arte de incrustar, embutir ou aplicar peças recortadas de madeira, marfim, bronze, etc., em obra de marcenaria, formando desenhos. **2.** A obra assim executada.

mar•chi•nha *sf.* Marcha (9) de andamento vivo e ritmo binário.

mar•ci•al *adj2g.* **1.** Relativo à, ou próprio da guerra; bélico. **2.** Belicoso, aguerrido. [Pl.: *– ais.*]

mar•ci•a•no *adj.* **1.** Relativo ao planeta Marte. ♦ *sm.* **2.** Suposto habitante dele.

mar•co *sm.* **1.** Sinal de demarcação que se põe nos limites territoriais. **2.** Coluna, pirâmide, etc., para assinalar um local ou acontecimento. **3.** Fronteira, limite. **4.** Guarnição fixa de portas e janelas.

mar•ço *sm.* O terceiro mês do ano, com 31 dias.

ma•ré *sf.* **1.** Movimento periódico das águas do mar, pelo qual elas se elevam ou se abaixam em relação a uma referência fixa no solo. **2.** Fluxo e refluxo dos acontecimentos. **3.** Oportunidade, ensejo. ♦ **Maré alta.** Nível máximo da curva da maré (1); maré cheia, preamar, montante. **Maré baixa.** V. *baixa-mar.* **Maré cheia.** V. *maré alta.* **Maré de sizígia.** Maré de grande amplitude, que se segue ao dia de lua cheia ou de lua nova; água-viva.

ma•re•ar *v.t.d.* **1.** Provocar enjôo em. **2.** Tirar o brilho a; embaciar. *Int.* **3.** Enjoar a bordo. [Conjug.: 10 [mar]**ear**]

ma•re•chal *sm.* **1.** V. *hierarquia militar.* **2.** Chefe supremo do exército em caso de guerra. [Pl.: *–chais.*]

ma•re•cha•la•to ou **ma•re•cha•la•do** *sm.* Cargo ou dignidade de marechal.

ma•re•chal-de-cam•po *sm.* V. *hierarquia militar.* [Pl.: *marechais-de-campo.*]

ma•re•chal-de-e•xér•ci•to *sm.* V. *hierarquia militar.* [Pl.: *marechais-de-exército.*]

ma•re•chal-do-ar *sm.* V. *hierarquia militar.* [Pl.: *marechais-do-ar.*]

mar-e-guer•ra *sm.* F. red. de *capitão-de-mar-e-guerra.*

ma•re•jar *v.t.d.* **1.** Verter, gotejar. *T.i.* e *t.c.* **2.** Brotar; sair. *P.* **3.** Encher-se de lágrimas. [Conjug.: 11 [marej]**ar**]

ma•re•mo•to *sm.* Grande agitação do mar, causada pelas oscilações sísmicas.

ma•re•si•a *sf.* Cheiro típico vindo do mar, na vazante (2).

ma•re•ta (ê) *sf.* Pequena onda.

ma•ré-ver•me•lha *sf. Ecol.* Proliferação extraordinária de fitoplânctons, principalmente de dinoflagelados, que, em geral, dá coloração avermelhada à água do mar. [Pl.: *marés-vermelhas.*]

mar•fim *sm.* Substância resistente, branca, das presas do elefante. [Pl.: *–fins.*]

mar•fim-ve•ge•tal *sm. Bras. Bot.* Jarina. [Pl.: *marfins-vegetais.*]

mar•ga *sf.* Calcário argiloso.

mar•ga•ri•da *sf. Bot.* **1.** Planta das compostas, ornamental. **2.** Sua flor.

mar•ga•ri•na *sf.* Substância, semelhante à manteiga, extraída dos sebos e óleos vegetais.

mar•ge•ar *v.t.d.* **1.** Fazer margem em. **2.** Seguir pela margem de. **3.** Situar-se à margem. [Conjug.: 10 [marg]**ear**]

mar•gem *sf.* **1.** Parte em branco ao redor de folha manuscrita ou impressa. **2.** Linha ou faixa que limita ou circunda algo; borda. **3.** O terreno que ladeia um curso de água ou circunda um lago; beira, orla. **4.** Ensejo, ocasião. [Pl.: *–gens.*]

mar•gi•nal *adj2g.* **1.** Da margem (1 e 2), ou feito, escrito, desenhado nela. **2.** *Bras.* Que vive fora do âmbito da sociedade ou da lei, como vagabundo, mendigo ou delinqüente. • *s2g.* **3.** Indivíduo marginal (2). [Sin. de 2 e 3: *fora-da-lei*. Pl.: *–nais.*]

mar•gi•na•li•da•de *sf.* Estado ou condição de marginal (3).

mar•gi•na•li•zar *v.t.d.* **1.** Impedir que participe de uma sociedade, grupo, da vida pública, etc. *P.* **2.** Tornar-se marginal (2). [Conjug.: ① [marginaliz]**ar**]

ma•ri•a-fu•ma•ça *sf.* Trem (3) com locomotiva a vapor. [Pl.: *marias-fumaças* e *marias-fumaça.*]

ma•ri•a-mo•le *sf.* Doce feito de clara de ovo, açúcar e gelatina batidas até tomarem consistência esponjosa. [Pl.: *marias-moles.*]

ma•ri•a•no *adj. Rel.* Relativo à Virgem Maria, ou a seu culto.

ma•ri•a-sem-ver•go•nha *sf. Bras. Bot.* Erva balsaminácea, espontânea. [Pl.: *marias-sem-vergonha.*]

ma•ri•a-vai-com-as-ou•tras *s2g.* e *2n. Bras. Fam.* Pessoa fraca e sem vontade própria.

ma•ri•cas *sm.2n.* Indivíduo efeminado, ou medroso.

ma•ri•cul•tu•ra *sf.* Cultivo de animais e plantas marinhos visando seu aproveitamento pelo homem.

ma•ri•do *sm.* Cônjuge do sexo masculino.

ma•rim•ba *sf.* Instrumento de percussão: série de lâminas graduadas em escala, percutidas com duas baquetas e dispostas sobre cabaças ou tubos de metal.

ma•rim•bon•do *sm. Bras. Zool.* Vespa.

ma•ri•nha *sf.* **1.** Praia, beira-mar. **2.** O que diz respeito à navegação por mar. **3.** Forças navais ou navios de guerra com sua equipagem. **4.** Salina. **5.** Desenho ou pintura inspirada em motivo marítimo.

ma•ri•nha•gem *sf.* O conjunto dos marinheiros; maruja. [Pl.: *–gens.*]

ma•ri•nha•ri•a *sf.* A arte ou profissão de marinheiro, restrita, hoje, a atividades menores.

ma•ri•nhei•ro *sm.* **1.** Homem do mar; marujo. **2.** *V. marítimo* (4). **3.** *V. hierarquia militar.*

ma•ri•nho *adj.* Relativo ao mar, ou que o habita ou dele provém; marítimo.

ma•ri:o•ne•te *sf. V. fantoche.*

ma•ri•po•sa (ó) *sf. Zool.* Nome comum a lepidópteros noturnos ou crepusculares.

ma•ris•ca•da *sf. Bras.* Prato feito de vários tipos de mariscos.

ma•ris•car *v.t.d.* **1.** Colher, apanhar (mariscos). *Int.* **2.** Colher ou apanhar mariscos. **3.** Catar ou ciscar insetos pelo chão. [Conjug.: ⑧ [maris]**car**]

ma•ris•co *sm. Zool.* **1.** Qualquer dos invertebrados marinhos, ger. crustáceos e moluscos, que

servem de alimento ao homem. **2.** *Restr.* Mexilhão.

ma•ris•ma *sf.* Terreno alagadiço à beira de mar ou rio.

ma•ris•ta *s2g.* **1.** Religioso da Congregação dos Maristas. • *adj2g.* **2.** Pertencente ou relativo a ela.

ma•ri•ta•ca *sf. Zool.* Nome comum às jandaias.

ma•ri•tal *adj2g.* Relativo a marido, ou ao matrimônio. [Pl.: *–tais.*]

ma•ri•ti•cí•di:o *sm.* Crime de mulher que mata marido.

ma•rí•ti•mo *adj.* **1.** Marinho. **2.** Que ocorre no, ou se faz por mar. **3.** Relativo à marinha (2). • *sm.* **4.** O que exerce atividade profissional a bordo de uma embarcação; marinheiro, marujo.

⇨ **marketing** (márketin) [Ingl.] Conjunto de estratégias e ações relativas a desenvolvimento, apreçamento, distribuição e promoção de produtos e serviços, e que visa à adequação mercadológica destes.

mar•man•jo *sm.* **1.** Homem adulto, ou abrutalhado. **2.** Moço corpulento.

mar•me•la•da *sf.* **1.** Doce pastoso, de marmelo. **2.** *Bras.* Negócio desonesto; mamata.

mar•me•lei•ro *sm. Bot.* Árvore rosácea de cujo fruto, o marmelo, se faz doce.

mar•me•lo *sm.* O fruto do marmeleiro.

mar•mi•ta *sf.* **1.** Recipiente com tampa, para transportar comida. **2.** O conteúdo dele.

mar•mi•tei•ro *sm. Bras.* **1.** Empregado que entrega marmita em domicílio. **2.** *Pej.* Aquele que, no trabalho, come de sua marmita.

mar•mo•ra•ri•a *sf.* Estabelecimento onde se fazem trabalhos em mármore.

már•mo•re *sm.* Calcário duro e compacto, de cores variadas, usado em obras de arquitetura e escultura.

mar•mó•re:o *adj.* Semelhante ao, ou feito de mármore.

mar•mo•ris•ta *s2g.* **1.** Serrador ou polidor de mármore. **2.** Quem faz esculturas de mármore.

mar•mo•ta *sf. Zool.* Mamífero roedor ciurídeo.

ma•ro•la *sf. Bras.* Ondulação na superfície do mar.

ma•rom•ba *sf.* Vara com que se equilibram funâmbulos.

ma•rom•bar *v.int. Bras.* **1.** Procurar equilibrar-se; tentear. **2.** Usar de dissimulação. [Conjug.: ① [maromb]**ar**]

ma•ro•ni•ta *s2g.* **1.** Indivíduo dos maronitas, católicos do Líbano. • *adj2g.* **2.** Pertencente ou relativo aos maronitas.

ma•ros•ca *sf.* Trapaça, logro, ardil.

ma•ro•to (ô) *adj.* **1.** Ladino, esperto. **2.** Velhaco, patife. • *sm.* **3.** Indivíduo maroto.

mar•quês *sm.* Título nobiliárquico, superior ao de conde e inferior ao de duque. [V. *barão.*]

mar•que•sa (ê) *sf.* **1.** Fem. de *marquês.* **2.** Canapé largo, com assento de palhinha.

mar•que•sa•do (ê) *sm.* Cargo, dignidade ou domínios de marquês ou marquesa.

mar•que•tei•ro *sm. Pop.* Profissional de *marketing.*

mar•qui•se *sf. Gal.* Cobertura saliente, na parte externa dum edifício.

mar•ra *sf.* Marrão[1]. ◆ **Na marra.** *Pop.* **1.** Mediante emprego de violência. **2.** A qualquer preço.

mar•rão[1] *sm.* Grande martelo com que se quebram pedras; marra. [Pl.: *-rões.*]

mar•rão[2] *sm.* Pequeno porco desmamado. [Fem.: *marrã.* Pl.: *-rãos.*]

mar•rão[3] *adj. sm. Bras. RJ* Diz-se de, ou rês bravia. [Pl.: *-rões.*]

mar•rar *v.int.* Arremeter com a cornada (animal cornífero). [Conjug.: ①[marr]**ar**] § **mar•ra•da** *sf.*

mar•re•co *sm. Zool.* Pequena ave anatídea.

mar•re•ta (ê) *sf.* Tipo de martelo de cabo longo, para quebrar pedra.

mar•re•ta•da *sf.* Pancada ou golpe com marreta.

mar•re•tar *v.t.d.* **1.** Bater com marreta em. **2.** *Bras.* Espancar, surrar. [Conjug.:①[marre-t]**ar**]

mar•re•tei•ro *sm.* **1.** Operário que trabalha com marreta. **2.** *Bras. SP* Vendedor ambulante.

mar•rom *adj2g.* Castanho. [Pl.: *-rons.*]

mar•ro•quim *sm.* Pele de cabra ou de bode, tingida do lado da flor e já pronta para artefatos. [Pl.: *-quins.*]

mar•ro•qui•no *adj.* **1.** De Marrocos (África). • *sm.* **2.** O natural ou habitante de Marrocos.

mar•ru•á *sm. Bras.* Novilho não domesticado.

mar•su•pi•al *sm. Zool.* Espécime dos marsupiais, ordem de mamíferos cujo desenvolvimento embrionário termina na cavidade ventral da mãe (v. marsúpio). Ex.: canguru, gambá. [Pl.: *-ais.*] § **mar•su•pi•al** *adj2g.*

mar•sú•pi:o *sm. Zool.* A bolsa formada pela pele do abdome dos marsupiais.

mar•ta *sf. Zool.* Mustelídeo de pelagem apreciada.

mar•te *sm. Astr.* O quarto planeta em ordem de afastamento do Sol, e que tem dois satélites. [Com inicial maiúscula.]

mar•te•la•da *sf.* Pancada com martelo.

mar•te•lar *v.t.d.* **1.** Bater com o martelo em. **2.** Aturdir, atordoar. *Int.* **3.** Dar marteladas. **4.** Insistir para persuadir, ou para alcançar algo. [Conjug.: ①[martel]**ar**]

mar•te•le•te (ê) *sm.* Pequeno martelo.

mar•te•lo *sm.* **1.** Instrumento de ferro, com cabo, para bater, quebrar e, sobretudo, cravar e retirar pregos em madeira. **2.** Pequeno malho usado por juízes, leiloeiros, etc. **3.** *Anat.* Ossículo em forma de martelo, em ouvido médio.

mar•tim *sm. Zool.* F. red. de *martim-pescador.* [Pl.: *-tins.*]

mar•tim-pes•ca•dor *sm. Zool.* Ave alcedinídea azul, que só se alimenta de peixes; martim. [Pl.: *martins-pescadores.*]

mar•ti•ne•te (ê) *sm.* Martelo grande e pesado, movido a água ou vapor, para malhar a frio o aço ou o ferro.

már•tir *s2g.* **1.** Quem sofreu torturas ou a morte, por sustentar a fé cristã. **2.** Quem sofre muito.

mar•tí•ri:o *sm.* **1.** Sofrimento ou suplício de mártir (1). **2.** Grande sofrimento.

mar•ti•ri•zar *v.t.d.* **1.** Infligir martírio a. **2.** Afligir, atormentar. *P.* **3.** Mortificar (4). [Conjug.: ①[martiriz]**ar**]

ma•ru•í ou **ma•ru•im** (u-ím) *sm. Bras. Zool.* Inseto díptero de picada dolorosa. [Pl. de maruim: *maruins* (u-íns).]

ma•ru•ja *sf.* Marinhagem.

ma•ru•ja•da *sf.* **1.** Os marujos. **2.** Multidão de marujos.

ma•ru•jo *sm.* **1.** Marinheiro (1). **2.** V. *marítimo* (4).

ma•ru•lhar *v.int.* **1.** Agitar-se (o mar) formando ondas. **2.** Imitar o ruído das ondas. [Conjug.: ① [marulh]**ar**]

ma•ru•lho *sm.* Movimento das águas do mar, de caráter permanente.

mar•xis•mo (cs) *sm.* Sistema político e econômico dos alemães Karl Marx (q. v.) e Friedrich Engels (1820-1895). § **mar•xis•ta** (cs) *adj2g. s2g.*

mas[1] *conj.* **1.** Exprime oposição ou restrição, ou causa de uma ação, etc. • *sm.* **2.** Obstáculo, estorvo.

mas[2] Contr. do pron. pess. *me* com o pron. pess. *as: Pedi-lhe as cartas, e ele mas deu.*

mas•car *v.t.d.* **1.** Mastigar sem engolir. *Int.* **2.** Mastigar fumo. [Conjug.: ⑧ [mas]**car**]

más•ca•ra *sf.* **1.** Objeto que representa uma cara ou parte dela, e se usa no rosto como disfarce. **2.** Peça para resguardar o rosto, na guerra ou na esgrima. **3.** Molde que se tira do rosto dos cadáveres. **4.** Peça do aparelho que se aplica no nariz e boca do paciente para anestesiá-lo. **5.** Peça de pano ou outro material para cobrir ou proteger o rosto ou parte dele. **6.** Cosmético para tratamento ou limpeza da pele do rosto. **7.** *P. ext.* Fisionomia típica.

mas•ca•ra•da *sf.* Festa de que participam mascarados.

mas•ca•ra•do *adj.* **1.** Disfarçado com máscara (1). **2.** Fingido, dissimulado.

mas•ca•rar *v.t.d.* e *p.* **1.** Pôr máscara (em). **2.** Disfarçar(-se), dissimular(-se). [Conjug.: ① [mascar]**ar**]

mas•ca•te *sm. Bras.* Mercador ambulante que vende jóias, objetos manufaturados, etc.

mas•ca•vo *adj.* Diz-se do açúcar não refinado.

mas•co•te *sf.* Pessoa, animal ou coisa a que se atribui o dom de trazer felicidade.

mas•cu•li•ni•da•de *sf.* Qualidade de masculino (1 e 2).

mas•cu•li•ni•zar *v.t.d.* **1.** Tornar masculino. **2.** Atribuir gênero masculino, ou dar forma masculina, a. *P.* **3.** Tomar aparência e/ou modos próprios do sexo masculino. [Conjug.: ⚀ [masculiniz]**ar**]

mas•cu•li•no *adj.* **1.** Que é do sexo dos animais machos; macho. **2.** Másculo (1). **3.** *Gram.* Diz-se dos nomes que pela terminação e concordância designam seres masculinos ou como tal considerados.

más•cu•lo *adj.* **1.** Do, ou próprio do homem, ou de animal macho; masculino. **2.** Varonil, viril.

mas•mor•ra (ô) *sf.* Prisão subterrânea.

ma•so•quis•mo *sm.* **1.** Perversão sexual em que a pessoa só tem prazer ao ser maltratada. **2.** *P. ext.* Prazer que se sente com o próprio sofrimento.

ma•so•quis•ta *adj2g.* **1.** Relativo ao, ou próprio do masoquismo. * *sm.* **2.** Indivíduo masoquista.

mas•sa *sf.* **1.** Quantidade apreciável de matéria sólida ou pastosa, em geral de forma indefinida. **2.** Quantidade relativamente grande dum fluido. **3.** Aglomerado de elementos (em geral, da mesma natureza) que formam um conjunto. **4.** Mistura de farinha com um líquido, formando pasta. **5.** Comestível de farinha amassada, para ser cozido. **6.** Número considerável de pessoas que mantêm entre si uma certa coesão de caráter social, etc. **7.** Turba, multidão. **8.** *Fís.* Grandeza fundamental da física que mede a inércia de um corpo, *i.e.*, sua resistência a aceleração, e cuja unidade de medida no S.I. é o quilograma [símb.: *m*]. ✦ **Massa atômica**. *Fís.-Quím.* Razão entre a massa de um átomo de um nuclídeo e 1/12 da massa de um átomo do nuclídeo carbono 12.

mas•sa•crar *v.t.d.* **1.** Matar cruelmente; chacinar. **2.** *Bras.* Pôr em situação muito embaraçosa, ou penosa, ou humilhante. **3.** *Bras.* Estafar. [Conjug.: ⚀ [massacr]**ar**]

mas•sa•cre *sm.* **1.** Morticínio cruel. **2.** Ato ou efeito de massacrar.

mas•sa•ge•ar *v.t.d.* **1.** Dar massagens em. *Int.* **2.** Fazer massagens. [Conjug.: ⚀ [massag]**ear**]

mas•sa•gem *sf.* Compressão metódica do corpo, ou de parte dele, para melhorar a circulação ou para se obterem outras vantagens terapêuticas. [Pl.: *-gens.*]

mas•sa•gis•ta *s2g.* Pessoa que faz massagens por profissão.

mas•sa•pê ou **mas•sa•pé** *sm. Bras.* Terra argilosa, preta quase sempre, formada pela decomposição de calcários.

mas•sas *sf. pl.* **1.** Multidão. **2.** O povo.

mas•si•fi•car *v.t.d.* Orientar e/ou influenciar (o[s] indivíduo[s]) pela mídia no sentido de igualar-lhe(s) as reações e a conduta. [Conjug.: ⚇ [massifi]**car**] § **mas•si•fi•ca•ção** *sf.*

⇨ **master** (máster) [Ingl.] *sm.* V. *matriz* (5).

mas•te•ri•za•ção *sf.* Produção de *master*.

mas•ti•ga•dor (ô) *adj.* Que mastiga ou serve para mastigar.

mas•ti•gar *v.t.d.* **1.** Triturar com os dentes. **2.** Pronunciar confusamente; resmungar. [Conjug.: ⚄ [masti]**gar**]

mas•ti•gó•fo•ro *sm. Zool.* Espécime dos mastigóforos, classe de protozoários que usam um ou mais flagelos para locomoção. § **mas•ti•gó•fo•ro** *adj.*

mas•tim *sm.* Cão para guarda de gado. [Pl.: *-tins.*]

mas•ti•te *sf.* Inflamação de mama.

mas•to•don•te *sm.* **1.** *Paleont.* Mamute. **2.** *Joc.* Pessoa muito corpulenta.

mas•to•plas•ti•a *sf. Cir.* Mamoplastia.

mas•tre•a•ção *sf.* **1.** Ato ou efeito de mastrear. **2.** Os mastros de uma embarcação. [Pl.: *-ções.*]

mas•tre•ar *v.t.d.* Pôr mastro em (embarcação). [Conjug.: ⚉ [mastr]**ear**]

mas•tro *sm.* **1.** Peça de madeira, de ferro, cilíndrica, que se ergue acima do convés, para suster as velas (nas embarcações à vela), antenas, luzes de posição e de marcha, etc. **2.** Haste sobre a qual se iça a bandeira.

mas•tru•ço *sm. Bras. Bot.* Erva crucífera, medicinal.

mas•tur•ba•ção *sf.* Ato de masturbar(-se). [Pl.: *-ções.*]

mas•tur•bar *v.t.d. e p.* Provocar orgasmo (em) pela fricção da mão ou por outro modo. [Conjug.: ⚀ [masturb]**ar**]

ma•ta *sf.* Terreno onde crescem árvores silvestres; floresta, selva, mato.

ma•ta-bor•rão *sm.* Papel que absorve tinta ou qualquer outro líquido. [Pl.: *mata-borrões.*]

ma•ta-bur•ro *sm. Bras.* Ponte de traves espaçadas, para vedar o trânsito de animais. [Pl.: *mata-burros.*]

ma•ta-cão *sm.* **1.** Pedra solta, grande e arredondada. **2.** Grande fatia ou pedaço. [Pl.: *-cães.*]

ma•ta•do *adj. Bras.* Malfeito, mal-acabado.

ma•ta-doi•ro ou **ma•ta-dou•ro** *sm.* **1.** Lugar onde se abatem reses para consumo público. **2.** *Fig.* Lugar muito insalubre. [Sin. ger.: *abatedoiro* ou *abatedouro.*]

ma•ta•gal *sm.* **1.** Brenha. **2.** Terreno coberto de plantas bravas; mato. [Pl.: *-gais.*]

ma•ta•lo•ta•gem *sf.* Provisão de mantimentos para uma viagem. [Pl.: *-gens.*]

ma•ta•lo•te *sm.* **1.** Marinheiro, marujo. **2.** *Mar. G.* Navio que navega mais próximo de outro, em uma formatura.

ma•tan•ça *sf.* 1. Assassinato coletivo; morticínio, mortandade, chacina, carniça, carnificí-
na. 2. Abatimento de reses para consumo.
ma•ta-pi•o•lho (ô) *sm. Pop.* O dedo polegar.
[Pl.: *mata-piolhos* (ô).]
ma•tar *v.t.d.* 1. Tirar violentamente a vida a;
assassinar. 2. Causar a morte de. 3. Fazer
murchar. 4. Fazer desaparecer. 5. Saciar, satisfazer. 6. Fazer às pressas e mal. 7. *Bras. Gír.*
Deixar de comparecer a (aula, trabalho). 8.
Fut. Amortecer (a bola). *Int.* 9. Causar mor-
te(s). 10. Ser assassino. 11. *Fut.* Amortecer a
bola. *P.* 12. Suicidar-se (1). 13. Fatigar-se. [Con-
jug.: ① [mat]ar; part.: *matado* e *morto.*] §
ma•ta•dor (ô) *adj. sm.*
ma•te¹ *sm.* 1. *Bot.* Erva-mate. 2. Suas folhas,
secas e pisadas. 3. A infusão dessas folhas.
ma•te² *adj2g2n.* Embaciado, fosco.
ma•tei•ro *sm. Bras.* Explorador de matas, que
através delas se guia quase só por instinto.
ma•te•má•ti•ca *sf.* Ciência que investiga relações entre entidades definidas abstrata e logicamente.
ma•te•má•ti•co *adj.* 1. Relativo à matemática.• *sm.* 2. Especialista em matemática.
ma•té•ri:a *sf.* 1. Qualquer substância sólida, líquida ou gasosa que ocupa lugar no espaço. 2.
Substância capaz de receber certa forma, ou em
que atua determinado agente. 3. Pus que se forma nas feridas. 4. Assunto do discurso, conversação, etc. 5. Causa, objeto. 6. Notícia, reportagem, artigo, texto qualquer, de jornal, revista,
noticiário de TV, etc. 7. Disciplina escolar.
ma•te•ri•al *adj2g.* 1. Relativo à matéria. 2.
Não espiritual.• *sm.* 3. O que é relativo à matéria. 4. Conjunto dos objetos que formam
uma obra, construção, etc. 5. Petrechos, utensílios. [Pl.: *-ais.*]
ma•te•ri:a•li•da•de *sf.* 1. Qualidade do que é
material. 2. Sentimentos baixos, vulgares. 3.
Ausência de sensibilidade.
ma•te•ri:a•lis•mo *sm.* 1. Vida voltada unicamente para os gozos e bens materiais. 2. *Filos.* Qualquer das doutrinas filosóficas que
afirme a antecedência da natureza com relação ao espírito, à mente ou a qualquer realidade de ordem intelectual.
ma•te•ri:a•lis•ta *adj2g.* 1. Relativo ao, ou que
é partidário do materialismo.• *sm.* 2. Partidário dele.
ma•te•ri:a•li•zar *v.t.d.* 1. Tornar material. 2.
Atribuir as qualidades da matéria a. 3. Realizar. *P.* 4. *Esp.* Manifestar-se (o espírito) sob
forma material. 5. Realizar-se. [Conjug.: ①
[materializ]ar] § ma•te•ri:a•li•za•ção *sf.*
ma•té•ri:a-pri•ma *sf.* A substância bruta principal e essencial com que se faz alguma coisa.
[Pl.: *matérias-primas.*]
ma•ter•nal *adj2g.* Materno. [Pl.: *-nais.*]

ma•ter•ni•da•de *sf.* 1. Condição de mãe. 2.
Hospital, ou setor hospitalar, para atendimento de mulheres grávidas, e para intervenções
cirúrgicas obstetrícias. 3. Estabelecimento de
assistência para mulheres no último período
de gravidez, no parto.
ma•ter•no *adj.* De, ou próprio de mãe; ma-
ternal.
ma•ti•lha *sf.* Grupo de cães de caça.
ma•ti•na *sf.* 1. Matinada (1). 2. *Pop.* Manhã (1).
ma•ti•na•da *sf.* 1. Alvorada, matina. 2. Ruído
forte. 3. Algazarra.
ma•ti•nal *adj2g.* Matutino (1). [Pl.: *-nais.*]
ma•ti•nas *sf. pl.* A primeira parte do ofício divino.
ma•ti•nê *sf.* Vesperal (2).
ma•tiz *sm.* 1. Nuança, tonalidade. 2. Gradação
sutil, quase imperceptível.
ma•ti•zar *v.t.d.* 1. Dar diferentes gradações a
(as cores); nuançar. 2. Dar cores diversas a;
colorir. 3. Enfeitar. *P.* 4. Apresentar diversas
cores; irisar-se. [Conjug.: ① [matiz]ar] § ma•
ti•za•do *adj.*
ma•to *sm.* 1. Terreno inculto onde nascem plantas agrestes. 2. *Bot.* Essas plantas, antes e depois de cortadas.
ma•to-gros•sen•se *adj2g.* 1. De MT.• *s2g.* 2.
O natural ou habitante desse estado. [Pl.: *mato-
grossenses.*]
ma•to-gros•sen•se-do-sul *adj2g.* 1. De MS.•
s2g. 2. O natural ou habitante desse estado.
[Pl.: *mato-grossenses-do-sul.*]
ma•tra•ca *sf.* 1. Certo instrumento de percussão. 2. *Bras.* Pessoa tagarela.
ma•tra•que•ar *v.int.* 1. Tocar matraca. 2. V.
tagarelar. [Conjug.: ⑩ [matraqu]ear]
ma•trei•ro *adj.* Astuto, manhoso, sabido.
ma•tri•ar•ca *sf.* Mulher, considerada como
base da família ou autoridade social. § ma•
tri:ar•cal *adj2g.*
ma•tri:ar•ca•do *sm. Antrop.* Ordem social caracterizada pela preponderância da autoridade materna ou feminina.
ma•tri•ci•da *s2g.* Quem cometeu matricídio.
ma•tri•cí•di:o *sm.* Assassinato da própria mãe.
ma•trí•cu•la *sf.* 1. Registro de nomes de pessoas
sujeitas a certos serviços ou encargos. 2. Ato
de matricular(-se). 3. Taxa paga por quem se
matricula.
ma•tri•cu•lar *v.t.d.* e *p.* Inscrever(-se) em registro de matrícula. [Conjug.: ① [matricul]ar]
ma•tri•la•te•ral *adj2g. Antrop.* Relativo ao parentesco pelo lado da mãe.
ma•tri•li•ne•ar *adj2g. Antrop.* 1. Relativo aos
parentes por linha exclusivamente feminina.
2. Relativo à descendência pela linha materna.
ma•tri•mô•ni:o *sm.* 1. União legal de homem
com mulher; casamento. 2. *Rel.* Um dos sete
sacramentos da Igreja católica: a celebração

do matrimônio diante de um padre. § **ma•tri•mo•ni•al** adj2g.

má•tri:o adj. Relativo à mãe.

ma•triz sf. 1. Lugar onde algo se gera ou cria. 2. Molde para a fundição de qualquer peça. 3. Estabelecimento principal, centralizador e controlador das sucursais; sede. 4. Igreja matriz. 5. Cópia completa e de alta qualidade de um filme, gravação de áudio, arquivo magnético, etc., utilizada para duplicação, reprodução ou edição. 6. Anat. V. útero. 7. Edit. Clichê, pedra litográfica, chapa, etc., em que se gravam ou moldam as letras e imagens a serem reproduzidas por impressão; fôrma. 8. Mat. Arranjo retangular de elementos de um conjunto. ♦ **Matriz diagonal.** Mat. A que tem todos os elementos iguais a zero, exceto os da diagonal principal. **Matriz quadrada.** Mat. Aquela em que o número de linhas é igual ao de colunas. **Matriz retangular.** Mat. Aquela em que o número de linhas é diferente do de colunas.

ma•tro•na sf. 1. Entre os antigos romanos, esposa. 2. Mulher madura e corpulenta.

ma•tu•la[1] sf. V. corja.

ma•tu•la[2] sf. Bras. Farnel, merenda.

ma•tu•ra•ção sf. 1. Ato ou efeito de maturar. 2. V. maduração. [Pl.: –ções.]

ma•tu•rar v.t.d. e int. Amadurecer. [Conjug.: ① [matur]**ar**]

ma•tu•ri•da•de sf. 1. Estado em que há madureza, amadurecimento. 2. Idade madura.

ma•tu•sa•lém sm. Fam. Homem velhíssimo; macróbio. [Pl.: –léns.]

ma•tu•ta•gem sf. Bras. Matutice. [Pl.: –gens.]

ma•tu•tar v.int. 1. Pensar ou refletir em algo; cismar, ruminar. T.i. 2. Pensar, refletir. [Conjug.: ① [matut]**ar**]

ma•tu•ti•ce sf. Aparência, modos ou ação de matuto; matutagem.

ma•tu•ti•no adj. 1. Da manhã; matinal. • sm. 2. Jornal que sai pela manhã.

ma•tu•to adj. 1. Que vive no mato, na roça. 2. Bras. V. caipira (2). • sm. 3. Bras. V. caipira (1).

mau adj. 1. Que causa mal, prejuízo ou moléstia. 2. Malfeito; imperfeito. 3. Funesto. 4. V. malevolente (1). 5. Contrário à razão, à justiça, à virtude. 6. Grosseiro, rude. 7. Incapaz, inábil. 8. Sem talento. • sm. 9. Homem mau. [Fem.: má. Antôn.: bom.]

mau•o•lha•do sm. Suposta desgraça causada por certas pessoas a outras para quem olham. [Pl.: maus-olhados.]

mau•so•léu sm. Sepulcro suntuoso.

ma•vi•o•so (ó) adj. Suave, harmonioso. [Pl.: –viosos (ó).]

ma•xa•ca•li Bras. s2g. 1. Etnôn. Indivíduo dos maxacalis, povo indígena que habita em MG. • sm. 2. Gloss. Família lingüística do tronco macro-jê, que reúne línguas faladas por povos indígenas em MG. § **ma•xa•ca•li** adj2g.

ma•xi•des•va•lo•ri•za•ção (cs) sf. Bras. Desvalorização substancial de uma moeda em relação a outra. [Pl.: –ções.]

ma•xi•la (cs) sf. Anat. Estrutura óssea em que se implantam os dentes superiores, que contribui para formar o esqueleto de órbitas, cavidades nasais e palato, e que resulta da reunião dos dois ossos maxilares.

ma•xi•lar (cs) adj2g. Anat. 1. Relativo a maxila. • sm. 2. Cada um dos dois ossos formadores da maxila.

má•xi•ma (ss) sf. 1. Princípio básico e indiscutível de ciência ou arte. 2. V. aforismo. 3. V. provérbio.

má•xi•me (cs...è) adv. Principalmente, especialmente.

ma•xi•mi•zar v.t.d. 1. Elevar ao máximo. 2. Superestimar. [Antôn.: minimizar. Conjug.: ① [maximiz]**ar**.] § **ma•xi•mi•za•ção** sf.

má•xi•mo (ss) adj. 1. Que está acima de todos. • sm. 2. O mais alto grau a que pode chegar uma quantidade variável. 3. O ponto mais alto.

ma•xi•xe[1] sm. Bras. O fruto do maxixeiro.

ma•xi•xe[2] sm. Bras. Certa dança urbana.

ma•xi•xei•ro sm. Bras. Bot. Cucurbitácea de frutos comestíveis.

ma•ze•la sf. 1. Ferida, chaga. 2. Enfermidade. 3. Desgosto. 4. Mancha na reputação.

ma•zur•ca sf. Dança popular polonesa.

❑ **Mb** Símb. de megabit.

❑ **MB** Símb. de megabyte.

❑ **Md** Quím. Símb. do mendelévio.

❑ **mdc** Mat. Símb. de máximo divisor comum.

me F. átona do pronome eu.

me:a•ção sf. 1. Divisão em duas partes iguais. 2. Direito de co-propriedade entre dois vizinhos sobre um ou mais objetos. [Pl.: –ções.]

me•a•da sf. Porção de fios dobados.

me•a•do sm. A parte média ou mediana; o meio. [Tb. us. no pl.]

me•a•dos sm. pl. Meado.

me:a•lhei•ro sm. Pequeno cofre com uma fenda por onde se põe dinheiro a juntar.

me•an•dro sm. Sinuosidade de curso de água, de caminho, etc.

me•ão adj. 1. Intermediário, mediano, médio. 2. Nem grande nem pequeno; mediano. [Fem.: meã. Pl.: –ãos.]

me•ar v.t.d. 1. Dividir ou partir ao meio. 2. Chegar à metade de. P. 3. Chegar ao meio. [Conjug.: ⑩ [m]ear. Cf. miar.]

me•a•to sf. Orifício.

me•câ•ni•ca sf. Ciência que investiga os movimentos e as forças que os provocam.

me•câ•ni•co adj. 1. Relativo à mecânica. 2. Feito com máquina. 3. Maquinal, automático. • sm. 4. Especialista em mecânica.

me•ca•nis•mo *sm.* 1. Disposição das partes constitutivas de uma máquina; maquinismo, máquina. 2. Processo de funcionamento.

me•ca•ni•zar *v.t.d.* 1. Prover de máquinas e meios mecânicos. *P.* 2. Tornar-se maquinal. [Conjug.: ① [mecaniz]**ar**] § **me•ca•ni•za•ção** *sf.*

me•ca•no•gra•fi•a *sf.* Emprego de máquinas ou dispositivos mecânicos para operações de cálculo, classificação, etc., em documentos diversos.

me•ce•nas *sm.2n.* Protetor das letras, ciências e artes, ou dos artistas e sábios.

me•cha *sf.* 1. Feixe ou torcida de fios ou filamentos. 2. Torcida ou pavio da vela ou lampião.

me•da•lha *sf.* 1. Peça metálica, em geral redonda ou ovalada, com emblema, efígie e inscrição. 2. Peça que representa ou inclui objeto de devoção religiosa.

me•da•lhão *sm.* 1. Medalha grande. 2. Moldura ou jóia em se contêm retratos, cabelos, etc. 3. *Deprec.* Homem importante; figurão. [Pl.: *–lhões.*]

mé•di:a *sf.* 1. Quantidade, estado ou coisa situada em determinada eqüidistância dos pontos extremos. 2. Nota mínima para aprovação escolar. 3. *Bras.* Xícara de café com leite. ◆ **Média aritmética.** *Mat.* O quociente da soma de *n* valores por *n*. **Média geométrica.** *Mat.* Raiz enésima do produto de *n* valores dados. **Média proporcional** *Mat.* Média geométrica de dois valores. **Média quadrática.** *Mat.* Raiz quadrada da média aritmética dos quadrados de valores dados.

me•di:a•ção *sf.* 1. Ato ou efeito de mediar. 2. Intervenção, intercessão, intermediação. [Pl.: *–ções.*]

me•di:a•dor (ô) *sm.* Aquele que medeia ou intervém; árbitro, intermediário, medianeiro.

me•di:a•na *sf. Geom.* Num triângulo, segmento de reta que une um vértice ao meio do lado oposto.

me•di:a•nei•ro *sm.* 1. V. *mediador.* 2. Aquele que executa os desígnios de alguém. 3. Intercessor.

me•di:a•ni•a *sf.* 1. Qualidade de mediano (1). 2. Meio-termo entre a riqueza e a pobreza.

me•di:a•no *adj.* 1. Que está no meio, ou entre dois extremos; médio. 2. Meão (2). 3. V. *mediócre.*

me•di:an•te *prep.* Por meio ou intermédio de.

me•di:ar *v.t.d.* 1. Dividir ao meio. 2. Intervir como árbitro ou mediador. [Conjug.: ⑫ [med]**iar**]

me•di:a•to *adj.* 1. Que resulta de mediação. 2. Indireto.

me•di:ca•ção *sf.* Ato, ação ou efeito de medicar. [Pl.: *–ções.*]

me•di:ca•men•to *sm.* Substância ou preparado que se utiliza como remédio.

me•di:ca•men•to•so (ô) *adj.* Que tem propriedades de medicamento. [Pl.: *–tosos* (ó).]

me•di:can•te *adj2g.* e *s2g.* Que ou quem mendiga.

me•di:ção *sf.* Ato ou efeito de medir; medida. [Pl.: *–ções.*]

me•di:car *v.t.d., int.* e *p.* Tratar com medicamento(s), ou tomá-los. [Conjug.: ⑧ [medi]**car**]

me•di:ci•na *sf.* Arte e ciência de evitar, curar ou atenuar as doenças.

me•di:ci•nal *adj2g.* 1. Relativo à medicina; médico. 2. Que serve de medicamento. [Pl.: *–nais.*]

mé•di:co (ó) *adj.* 1. Medicinal (1). • *sm.* 2. Indivíduo diplomado em medicina e que a exerce; doutor.

mé•di:co-le•gal *adj2g.* Relativo à parte da medicina que se ocupa de questões jurídicas. [Pl.: *médico-legais.*]

me•di:da *sf.* 1. Medição. 2. Padrão (2). 3. Qualquer objeto para medir uma quantidade. 4. Limite, termo. 5. Dimensão, tamanho. 6. Disposição, providência.

me•di:dor (ô) *adj.* 1. Que mede. • *sm.* 2. Aquele ou aquilo que mede.

me•di:e•val *adj2g.* Da Idade Média, ou próprio dela. [Pl.: *–vais.*]

mé•di:o *adj.* 1. Mediano (1). 2. Que ocupa ou exprime o meio-termo. 3. Diz-se do dedo maior da mão, situado entre o anular¹ (3) e o indicador (2).

me•di:•o•cre *adj2g.* 1. Que não é bom nem mau. 2. Sem relevo; vulgar. [Sin. ger.: *mediano.*]

me•di:o•cri•da•de *sf.* 1. Qualidade de medíocre. 2. Pessoa medíocre.

me•di:o•li•to•ral (mé) *sm.* V. *mesolitoral.* [Pl.: *–rais.*] § **me•di:o•li•to•ral** *adj2g.*

me•dir *v.t.d.* 1. Determinar ou verificar, tendo por base uma escala fixa, a extensão, medida ou grandeza de. 2. Ser a medida de. 3. Refrear, moderar. 4. Avaliar, calcular. 5. Pesar (3). 6. Contar as sílabas métricas de. *T.c.* 7. Ter a extensão, comprimento ou altura de. *P.* 8. Competir; bater-se. [Conjug.: ㊸ [m]**edir**]

me•di:ta•bun•do *adj.* Que medita profundamente; pensativo, meditativo.

me•di:tar *v.t.d.* 1. Submeter a exame interior; ponderar. 2. Estudar, considerar, refletir. *T.i.* e *int.* 3. Concentrar intensamente o espírito em algo; refletir, pensar. [Conjug.: ① [medit]**ar**] § **me•di:ta•ção** *sf.*

me•di:ta•ti•vo *adj.* V. *meditabundo.*

me•di:ter•râ•ne:o *adj.* 1. Situado entre terras. • *sm.* 2. Mar interior, especialmente o que está entre a Europa e a África.

mé•di:um *s2g. Espirit.* Intermediário entre os vivos e a alma dos mortos. [Pl.: *–uns.*] § **me•di:u•ni•da•de** *sf.*

me•do (ê) *sm.* 1. Sentimento de viva inquietação ante a noção de perigo real ou imaginário, de ameaça; pavor, temor. 2. V. *receio.*

me•do•nho *adj.* Que causa medo.

me•drar[1] *v.int.* **1.** Crescer, vegetando; desenvolver-se. **2.** Prosperar, progredir. *T.d.* **3.** Fazer crescer ou fazer prosperar. [Conjug.: ①] [medr]**ar**]

me•drar[2] *v.int. Bras. Gír.* Ter medo. [Conjug.: ① [medr]**ar**]

me•dro•so (ô) *adj.* Cheio de medo. [Pl.: *-drosos* (ó).]

me•du•la *sf.* **1.** *Anat.* Nome comum a certos órgãos, porções de órgãos, ou a estruturas, que se caracterizam por ter uma situação central em relação à estrutura ou ao órgão em cujo interior se encontram. **2.** *Bot.* Nas plantas de caule cilíndrico, a porção central deste. **3.** Âmago, essência. ◆ **Medula espinhal.** *Anat.* A parte do sistema nervoso central contida na coluna vertebral.

me•du•lar *adj2g.* **1.** Relativo a medula. **2.** Essencial.

me•du•sa *sf. Zool.* Forma livre de cnidário, semelhante a sino ou a guarda-chuva.

me•du•sói•de *adj2g.* Que tem forma ou consistência de medusa.

me•ei•ro *adj.* **1.** Que tem direito à metade dos bens. • *sm.* **2.** O que planta em terreno alheio, e com o qual proprietário reparte o resultado das plantações.

me•fis•to•fé•li•co *adj.* **1.** Relativo a, ou próprio de Mefistófeles, demônio intelectual das lendas germânicas. **2.** *Fig.* Diabólico; terrível.

me•ga *sm. Inform.* F. red. de *megabyte.*

⇨ **me•ga•bit** [Ingl.] *sm. Inform.* Unidade de medida de informação, equivalente a 2^{20} (*i. e.*, 1.048.576) *bits* [símb.: *Mb*].

⇨ **me•ga•by•te** (megabáit) [Ingl.] *sm. Inform.* Unidade de medida de informação, equivalente a 2^{20} (*i. e.*, 1.048.576) *bytes* [símb.: *MB*]. [F. red.: *mega.*]

me•ga•hertz *sm.2n. Fís.* Unidade de medida de freqüência, igual a um milhão de hertz.

me•ga•lí•ti•co *adj.* Diz-se dos monumentos préhistóricos feitos de grandes blocos de pedra.

me•ga•lo•cé•fa•lo (mè) *adj.* Que tem cabeça excessivamente grande.

me•ga•lo•ma•ni•a (mè) *sf. Psiq.* Mania de grandeza; superestima patológica de si mesmo, das próprias qualidades; macromania. § **me•ga•lo•ma•ní•a•co** *adj.*

me•ga•los•sau•ro (mè) *sm. Paleont.* Grande dinossauro carnívoro que viveu no jurássico da África e da Europa.

me•ga•té•ri•o *sm. Paleont.* Mamífero desdentado que viveu no plioceno e plistoceno da América do Sul.

me•ga•ton *sm. Fís. Nucl.* Unidade de medida da energia que se desprende numa explosão nuclear e equivalente à energia de um milhão de toneladas de dinamite. [Pl.: *-tons.*]

me•ge•ra (gé) *sf.* **1.** Mulher cruel. **2.** Mãe desnaturada.

me•gôh•me•tro *sm. Eng. Elétr.* Instrumento para medir resistência elétrica de isolamento.

mei•a *sf.* **1.** Peça tecida em algodão, lã, seda, náilon, etc., para cobrir o pé e a perna ou parte dela. **2.** Ponto de malha com que se faz essa e outras peças de vestuário.

mei•a-á•gua *sf.* Telhado de um só plano. [Pl.: *meias-águas.*]

mei•a-cal•ça *sf.* Meia (1) que vai até a cintura. [Pl.: *meias-calças.*]

mei•a-di•rei•ta *s2g. Fut.* Atleta que ocupa, na linha dianteira, a posição entre o centro e a ponta direita. [Pl.: *meias-direitas.*]

mei•a-es•quer•da *s2g. Fut.* Atleta que ocupa, na linha dianteira, a posição entre o centro e a ponta esquerda. [Pl.: *meias-esquerdas.*]

mei•a-es•ta•ção *sf.* Os dias do ano que não são nem muito quentes nem muito frios. [Pl.: *meias-estações.*]

mei•a-i•da•de *sf.* A idade dos 40 aos 60 anos. [Pl.: *meias-idades.*]

mei•a-ir•mã *sf.* Filha só do mesmo pai, ou só da mesma mãe, em relação a outro(s) filho(s). [Pl.: *meias-irmãs.*]

mei•a-lu•a *sf.* Aspecto da Lua quando se mostra em forma de semicírculo. [Pl.: *meias-luas.*]

mei•a-luz *sf.* Claridade dúbia; penumbra. [Pl.: *meias-luzes.*]

mei•a-noi•te ou **mei•a-nou•te** *sf.* As 24 horas. [Pl.: *meias-noites* ou *meias-noutes.*]

mei•a-tin•ta *sf.* **1.** Gradação de cores; matiz. **2.** Tom de uma cor, entre luz e sombra. [Pl.: *meias-tintas.*]

mei•go *adj.* **1.** Amável, afável. **2.** Carinhoso; suave. § **mei•gui•ce** *sf.*

mei•o *sm.* **1.** Ponto eqüidistante dos extremos; metade. **2.** Ponto eqüidistante de vários outros em sua periferia; centro. **3.** Posição intermediária. **4.** Situação de permeio. **5.** *Fig.* Lugar onde se vive; ambiente. **6.** *Fig.* Grupo social a que se pertence; círculo, mundo. **7.** Meio ambiente. **8.** Recurso(s) empregado(s) para alcançar um objetivo; método. **9.** Capacidade (2). **10.** Via, caminho. • *adj.* **11.** Incompleto, inacabado. • *num.* **12.** Metade da unidade. • *adv.* **13.** Um pouco; quase. ◆ **Meio ambiente.** *Ecol.* O conjunto de condições e influências naturais que cercam um ser vivo ou uma comunidade (5), e que agem sobre ele(s). **Meio de pagamento.** *Econ.* Instrumento geralmente aceito na compra de mercadorias e serviços e na quitação de dívidas. [Numa economia moderna, o total dos meios de pagamento é dado pelo dinheiro em circulação mais os depósitos à vista em bancos comerciais.]

mei•o-di•a *sm.* As 12 horas. [Pl.: *meios-dias.*]

mei•o-fi:o *sm.* Fieira de pedras de cantaria que serve de remate à calçada. [Pl.: *meios-fios.*]

mei•o-ir•mão *sm.* Filho só do mesmo pai, ou só da mesma mãe, em relação a outro(s) filho(s). [Pl.: *meios-irmãos.*]

mei•os *sm.pl.* Bens pecuniários; haveres.

mei•o-ter•mo *sm.* Termo a igual distância de dois extremos. [Pl.: *meios-termos.*]

mei•o-tom *sm.* 1. *Mús.* Intervalo de metade de um tom; semitom. 2. Matiz. [Pl.: *meios-tons.*]

me:it•né•ri:o *sm Quím.* Elemento de número atômico 109, artificial [símb.: *Mt*].

mel *sm.* Substância doce elaborada pelas abelhas. [Pl.: *meles* e *méis.*]

me•la•ço *sm.* Líquido viscoso, fezes de cristalização do açúcar.

me•la•do¹ *sm. Bras. N.E.* A calda grossa do açúcar, de que se faz rapadura.

me•la•do² *adj.* 1. Adoçado com, ou doce que nem mel. 2. *Bras.* Sujo ou lambuzado de mel ou doutra substância pegajosa.

me•lan•ci•a *sf. Bot.* Planta cucurbitácea de fruto comestível, grande e suculento, do mesmo nome.

me•lan•co•li•a *sf.* 1. *Psiq.* Forma grave de depressão. 2. Tristeza, pesar.

me•lan•có•li•co *adj.* Que sofre ou tem melancolia.

me•la•ni•na *sf. Biol.* Pigmento negro encontrado, normalmente, no pelo, cabelo, etc., o, patologicamente, em diversos tumores.

me•lão *sm.* O fruto do meloeiro. [Pl.: *–lões.*]

me•lar *v.t.d.* 1. Adoçar ou cobrir com mel. 2. *Bras. Pop.* Anular; estragar. *P.* 3. Lambuzar-se. [Conjug.⬚1 [mel]**ar**]

me•las•to•ma•tá•ce:a *sf. Bot.* Espécime das melastomatáceas, família de ervas, arbustos e árvores floríferos de regiões tropicais e subtropicais.

me•le:a•gri•dí•de:o *sm. Zool.* Espécime dos meleagrídeos, família de grandes aves de cauda larga e arredondada; são terrestres, e gregárias. § **me•le:a•gri•dí•de:o** *adj.*

me•le•ca *sf. Bras. Pop.* Secreção nasal.

me•le•na *sf.* 1. Cabelos longos e soltos. 2. *Med.* Eliminação de fezes escuras, contendo sangue alterado bioquimicamente.

me•lhor *adj2g.* 1. Comp. de super. de *bom.* • *sm.* 2. O que é superior a tudo o mais. 3. O que é acertado ou sensato.• *adv.* 4. Comp. de *bem*: mais bem; de modo mais perfeito, ou justo, etc.

me•lho•ra *sf.* Transição para melhor estado ou condição; melhoria.

me•lho•ra•men•to *sm.* 1. Benfeitoria, beneficiamento; melhoria. 2. Adiantamento, progresso.

me•lho•rar *v.t.d.* 1. Tornar melhor ou superior. 2. Fazer convalescer. *T.i.* 3. Apresentar melhora, ou adquirir melhor situação. *Int.* 4. Tornar-se melhor. 5. Convalescer. [Conjug.⬚1 [melhor]**ar**]

me•lho•ri•a *sf.* 1. Melhora. 2. Melhoramento (1).

me•li•á•ce:a *sf. Bot.* Espécime das meliáceas, família de árvores floríferas de fruto capsular, lenhoso. § **me•li•á•ce:o** *adj.*

me•li•an•te *s2g.* Malandro, vagabundo.

me•lí•fe•ro *adj.* Que produz mel.

me•lí•flu:o *adj.* 1. Que flui como o mel. 2. De voz e/ou maneiras brandas, doces.

me•lin•drar *v.t.d.* e *p.* Suscetibilizar(-se), magoar(-se). [Conjug.⬚1 [melindr]**ar**]

me•lin•dre *sm.* 1. Delicadeza no trato. 2. Escrúpulo (1). 3. Facilidade de magoar-se; suscetibilidade. 4. *Bras.* Afetação (2).

me•lin•dro•so (ô) *adj.* 1. Delicado, sensível. 2. Muito suscetível. 3. Embaraçoso. [Pl.: *–drosos* (ó).]

me•lis•so•gra•fi•a *sf.* Descrição dos costumes das abelhas.

me•lo•di•a *sf.* 1. Sucessão rítmica de sons simples, a intervalos diferentes, e com certo sentido musical. 2. *Pop.* Música (3) agradável, com as características da melodia (1).

me•ló•di•co *adj.* Relativo à melodia, ou que a tem.

me•lo•di•o•so (ô) *adj.* 1. Em que há melodia (1). 2. *Fig.* Suave, agradável. [Pl.: *–osos* (ó).]

me•lo•dra•ma *sm Teat.* Peça demasiado sentimental, com situações turbulentas e diálogos pomposos. § **me•lo•dra•má•ti•co** *adj.*

me•lo•ei•ro *sm. Bot.* Cucurbitácea de fruto comestível e suculento, o melão.

me•lo•í•de:o *sm. Zool.* Espécime dos meloídeos, família de coleópteros que inclui besouros daninhos às plantas, como, p. ex., a vaquinha (2). § **me•lo•í•de:o** *adj.*

me•lo•ma•ni•a *sf.* Paixão exagerada pela música. § **me•lo•ma•ní•aco** *adj.*; **me•lô•ma•no** *adj. sm.*

me•lo•péi•a *sf.* 1. Peça musical para acompanhamento de um recitativo. 2. Toada monótona; cantilena.

me•lo•so (ô) *adj.* 1. Que lembra o mel; doce. 2. *Bras.* Sentimental em demasia. [Pl.: *–losos* (ó).]

mel•ro *sm.* 1. Ave turdídea canora, preta. 2. *Fig.* Indivíduo espertalhão. [Fem.: *melra* e *mélroa.*]

mem•bra•na *sf.* 1. *Zool. Anat.* Nome genérico da fina camada de tecido que recobre uma superfície ou serve de divisão a um espaço ou órgão. 2. Tecido fino que separa duas partes e que recebe ou transmite vibrações. 3. *Citol.* Camada de tecido que envolve externamente a célula e que regula o intercâmbio de substâncias diversas com o ambiente.◆ **Membrana do tímpano.** *Anat.* Membrana que separa, do ouvido externo, a cavidade do tímpano. **Membrana serosa.** *Anat.* Membrana que reveste internamente as cavidades torácica e abdominal, e órgãos nelas contidos; serosa.

mem•bra•no•so (ô) *adj.* Que tem membrana, ou é da natureza, ou da consistência dela. [Pl.: *-nosos* (ó).]

mem•bro *sm.* **1.** *Anat.* Cada um dos quatro apêndices laterais do tronco, dois superiores e dois inferiores, ligados a ele por meio de articulações, e que realizam movimentos diversos, entre os quais a locomoção. **2.** Pessoa pertencente a uma associação, comunidade, etc.; sócio, associado. **3.** Parte de um todo.

me•mo•ran•do *sm.* **1.** Papel onde se anotam coisas que devem ser lembradas. **2.** Participação ou aviso por escrito.

me•mo•rar *v.t.d.* Lembrar, recordar. [Conjug.: ① [memor]**ar**]

me•mo•rá•vel *adj2g.* **1.** Digno de ser lembrado. **2.** Célebre (2). [Pl.: *-veis*.]

me•mó•ri:a *sf.* **1.** Faculdade de reter as idéias, impressões e conhecimentos adquiridos. **2.** Lembrança, reminiscência. **3.** Dissertação sobre assunto científico, literário ou artístico. **4.** *Inform.* Dispositivo em que informações podem ser registradas, conservadas, e posteriormente recuperadas. **5.** *Inform.* Memória principal. ◆ **Memória principal.** *Inform.* A que é interna ao computador, diretamente ligada ao processador, na qual ficam armazenados os dados e instruções de um programa quando está sendo executado. **Memória secundária.** *Inform.* A que não é intrínseca ao computador mas está diretamente conectada a este e por ele controlada. Ex.: disco magnético.

me•mo•ri•al *sm.* **1.** Escrito que relata fatos memoráveis; memórias. **2.** Petição escrita. [Pl.: *-ais*.]

me•mo•ri:a•lis•ta *s2g.* Autor de memórias.

me•mó•ri:as *sf. pl.* **1.** Escrito em que alguém conta sua vida ou narra fatos a que assistiu ou de que participou. **2.** Memorial (1).

me•mo•ri•zar *v.t.d.* **1.** Trazer à memória. **2.** Aprender de cor. [Conjug.: ① [memoriz]**ar**] § **me•mo•ri•za•ção** *sf.*

men•ção *sf.* **1.** O ato de nomear ou citar algo ou alguém; referência. **2.** Gesto(s) de quem se dispõe a praticar um ato; intento. **3.** Registro. [Pl.: *-ções*.]

men•ci:o•nar *v.t.d.* **1.** Fazer menção (1) de. **2.** Referir, relatar, expor. *T.d.i.* **3.** Mencionar (2). [Conjug.: ① [mencion]**ar**]

men•daz *adj2g.* **1.** Mentiroso, falso. **2.** Desleal, traiçoeiro. [Superl.: *mendacíssimo*.]

men•de•lé•vi:o *sm. Quím.* V. *actinídeos* [símb.: *Md*].

men•di•cân•ci:a *sf.* V. *mendicidade*.

men•di•can•te *adj2g.* e *s2g.* Que ou quem mendiga.

men•di•ci•da•de *sf.* **1.** Ato de mendigar. **2.** Os mendigos. **3.** Condição de mendigo. [Sin. ger.: *mendicância*.]

men•di•gar *v.t.d.* e *int.* **1.** Pedir por esmola; esmolar. **2.** Pedir com humildade, ou pleitear servilmente. *T.d.i.* **3.** Mendigar (2). [Conjug.: ⑪ [mendi]**gar**]

men•di•go *sm.* Aquele que pede esmola para viver; mendicante, pedinte.

me•ne•ar *v.t.d.* e *p.* **1.** Mover(-se) de um para outro lado. **2.** Mover(-se) com desenvoltura; saracotear(-se). [Conjug.: ⑩ [men]**ear**]

me•nei:o *sm.* **1.** Ato ou efeito de menear(-se). **2.** Movimento do corpo ou de parte dele. **3.** Gesto. **4.** *Fig.* Ardil, astúcia.

me•nes•trel *sm.* Poeta ou cantor medieval. [Pl.: *-tréis*.]

me•ni•na *sf.* **1.** Criança do sexo feminino. **2.** Mulher nova e/ou solteira; mocinha.

me•nin•ge *sf. Anat.* Cada uma das três membranas que envolvem o encéfalo e a medula espinhal. § **me•nín•ge:o** *adj.*

me•nin•gi•te *sf. Med.* Inflamação de meninge.

me•ni•ni•ce *sf.* **1.** V. *infância* (1). **2.** Ato ou dito próprio de menino; cranicice.

me•ni•no *sm.* Criança do sexo masculino. [Sin., bras.: *garoto, guri, curumi* ou *curumim*.]

me•nis•co *sm. Anat.* Formação corporal em forma de crescente. [Usado, isoladamente, com muita freqüência, para designar formação cartilaginosa inserida na extremidade superior de cada tíbia.]

me•no•pau•sa *sf. Med.* Cessação permanente da menstruação.

me•nor *adj2g.* **1.** Mais pequeno. [É corretíssimo o comp. *mais pequeno*.] **2.** Que ainda não atingiu a maioridade. • *s2g.* **3.** Indivíduo menor (2).

me•no•ri•da•de *sf.* **1.** Estado ou condição de pessoa menor (2); idade até aos 21 anos; minoridade. **2.** A parte ou quantidade menor de um todo.

me•nor•ra•gi:a *sf. Med.* Hipermenorréia.

me•nor•réi:a *sf.* Menstruação normal.

me•nos *pron. indef.* **1.** Em menor número ou quantidade. **2.** Em condição inferior. • *adv.* **3.** Em número ou quantidade menor. • *prep.* **4.** Exceto, salvo. • *sm.* **5.** O que é mínimo.

me•nos•ca•bar *v.t.d.* **1.** Reduzir a menos; tornar imperfeito. **2.** Fazer pouco de; depreciar, desprezar, desmerecer. [Conjug.: ① [menoscab]**ar**]

me•nos•ca•bo *sm.* Ato ou efeito de menoscabar.

me•nos•pre•zar *v.t.d.* **1.** Ter em menos conta ou em pouco apreço; desprezar. *P.* **2.** V. *humilhar* (3). [Conjug.: ① [menospre]**zar**]

me•nos•pre•zo (ê) *sm.* Ato ou efeito de menosprezar; desprezo.

men•sa•gei•ro *sm.* Aquele que entrega mensagens, encomendas, etc.

men•sa•gem *sf.* **1.** Comunicação ou recado verbal ou escrito. **2.** Discurso que um chefe de governo envia ao parlamento. [Pl.: *-gens.*]

men•sal *adj2g.* Relativo a, ou que dura um mês, ou se faz de mês em mês. [Pl.: *-sais.*]

men•sa•li•da•de *sf.* Importância paga por mês.

men•sá•ri:o *sm.* Publicação periódica mensal.

mens•tru:a•ção *sf.* Fluxo sanguíneo normal, que ocorre durante certa fase da vida da mulher, e que se origina no útero, eliminando-se para o meio exterior; mênstruo. [Pl.: *-ções.*] **§ mens•tru•al** *adj2g.*

mêns•tru:o *sf.* Menstruação.

men•su•rar *v.t.d.* Determinar a medida de; medir. [Conjug.: ① [mensur]**ar**] **§ men•su•rá•vel** *adj2g.*

men•ta *sf.* Designação científica da hortelã.

men•tal *adj2g.* Da mente. [Pl.: *-tais.*]

men•ta•li•da•de *sf.* A mente; o pensamento.

men•te *sf.* **1.** Inteligência; espírito; pensamento. **2.** Concepção, imaginação. **3.** Intuito, tenção.

men•te•cap•to *adj.* **1.** Que perdeu a razão; louco. **2.** Tolo, néscio.

men•tir *v.int.* **1.** Afirmar coisa que sabe ser contrária à verdade. **2.** Errar no que diz. **3.** Induzir em erro. *T.i.* **4.** Mentir (1). **5.** Dizer mentira(s); enganar. [Conjug.: ⑤⑥ [m]e[nt]**ir**]

men•ti•ra *sf.* **1.** Ato de mentir; impostura, fraude; peta, potoca, lorota. **2.** Engano dos sentidos ou do espírito; erro, ilusão. **3.** Hábito de mentir.

men•ti•ro•so (ô) *adj.* **1.** Que mente; loroteiro, potoqueiro. **2.** Oposto à verdade; falso. [Pl.: *-rosos* (ó).]

men•to *sm.* **1.** *Anat.* Porção da face abaixo do lábio bucal inferior. **2.** *Zool.* Saliência carnuda por baixo do beiço inferior dos animais.

men•tol *sm.* Substância existente na essência de hortelã. [Pl.: *-tóis.*]

men•to•la•do *adj.* Que contém mentol.

men•tor (ô) *sm.* Guia intelectual.

me•nu *sm.* **1.** Cardápio. **2.** O conjunto de iguarias e bebidas servidas numa refeição. **3.** *Inform.* Lista exibida na tela do computador e cujos itens representam comandos de um programa, dentre os quais se pode escolher uma opção.

me•que•tre•fe *sm. Pop.* V. *joão-ninguém.*

mer•ca•de•jar *v.int.* **1.** Ser mercador ou negociante; mercanciar, traficar. *T.d.* e *t.d.i.* **2.** Negociar, vender. [Conjug.: ① [mercadej]**ar**]

mer•ca•do *sm.* **1.** Lugar onde se comerciam gêneros alimentícios e outras mercadorias. **2.** *Econ.* Qualquer situação em que compradores e vendedores em potencial entram em contato. **3.** *Econ.* O conjunto dos mercados (2). ◆ **Mercado comum.** *Econ.* Associação de países visando estimular o comércio recíproco pela eliminação de tarifas alfandegárias entre eles, e

estabelecimento de política comercial comum quanto aos demais países.

mer•ca•dor (ô) *sm.* Aquele que merca, compra para vender; mercante.

mer•ca•do•ri•a *sf. Econ.* **1.** Bem resultante do processo de produção e destinado à venda. **2.** Bem tangível, em distinção a serviços.

mer•can•ci•a (cí) *sf.* **1.** Ato de mercadejar; tráfico, comércio. **2.** Mercadoria.

mer•can•ci•ar *v.int., t.d.* e *t.d.i.* Mercadejar. [Conjug.: ① [mercanci]**ar**]

mer•can•te *adj2g.* **1.** Relativo ao trato comercial; mercantil. ● *s2g.* **2.** Mercador.

mer•can•til *adj2g.* **1.** Relativo a mercadorias. **2.** Mercante. **3.** Referente ao comércio; comercial. [Pl.: *-tis.*]

mer•can•ti•lis•mo *sm.* **1.** Predominância do interesse ou do espírito mercantil. **2.** Doutrina econômica que defende ações do estado visando a obtenção de um saldo positivo nas transações do país com o exterior.

mer•car *v.t.d.* Comprar para vender. [Conjug.: ⑧ [mer]**car**]

mer•cê *sf.* **1.** Preço ou recompensa de trabalho; paga. **2.** V. *graça* (1 e 2).

mer•ce•a•ri•a *sf.* Loja onde se vendem a retalho gêneros alimentícios; armazém, venda.

mer•ce•ei•ro *sm.* Dono de mercearia.

mer•ce•ná•ri:o *adj.* Que trabalha por soldo, ou só pelo interesse da paga.

mer•cu•ri•al *adj2g.* Que contém mercúrio. [Pl.: *-ais.*]

mer•cú•ri:o *sm.* **1.** *Quím.* Elemento de número atômico 80, metálico, líquido, prateado, denso, venenoso [símb.: Hg]. **2.** *Astr.* O menor de todos os planetas do sistema solar e o mais próximo do Sol. [Com inicial maiúscula, nesta acepç.]

mer•da *sf. Chulo* Matérias fecais; excremento, bosta.

me•re•cer *v.t.d.* **1.** Ser digno de. **2.** Ter direito a. **3.** Estar em condições de obter, ou de receber. [Conjug.: ㉞ [mere]**cer**] **§ me•re•ce•dor** (ô) *adj.*

me•re•ci•do *adj.* Que se mereceu; devido, justo.

me•re•ci•men•to *sm.* Qualidade de quem merece; mérito.

me•ren•có•ri:o *adj.* Var. de *melancólico.*

me•ren•da *sf.* **1.** Refeição leve, entre o almoço e o jantar. **2.** O que os meninos levam para comer na escola.

me•ren•dar *v. int.* e *t.d.* Comer a merenda, ou à hora da merenda. [Conjug.: ① [merend]**ar**]

me•ren•gue *sm.* **1.** Suspiro (7). **2.** Música e dança do Caribe.

me•re•trí•ci:o *sm.* **1.** Profissão de meretriz. **2.** As meretrizes.

me•re•triz *sf.* Mulher que pratica o ato sexual por dinheiro; prostituta.

mer•gu•lha•dor (ô) *adj.* **1.** Que mergulha.● *sm.* **2.** Aquele que o faz. **3.** Homem que trabalha debaixo da água.

mer•gu•lhão *sm.* **1.** *Bot.* Haste de planta, que se mergulha na terra para criar novas raízes e germinar. **2.** *Zool.* Atobá. [Pl.: *–lhões.*]

mer•gu•lhar *v.t.d.* **1.** Introduzir na água ou noutro líquido. **2.** Fazer penetrar. *T.c.* **3.** Penetrar ou lançar-se (em piscina, lagoa, mar, etc.). **4.** Atirar-se, jogar-se. *T.i.* **5.** Dedicar-se totalmente: *mergulhar nos estudos.* **6.** Entregar-se, render-se totalmente: *mergulhar no vício. T.d.c.* **7.** Mergulhar (2). *Int.* e *p.* **8.** Entrar na água a ponto de ficar coberto por ela; imergir. [Conjug.⒈ [mergulh]**ar**]

mer•gu•lho *sm.* **1.** Ato de mergulhar(-se). **2.** A prática ou o ofício de quem mergulha [v. *mergulhar* (3)], como esportista ou profissional.

me•ri•di•a•no *sm.* **1.** *Astr.* Qualquer dos círculos máximos da esfera terrestre que passam pelos pólos; meridiano terrestre. **2.** *Med.* Designação de linha hipotética que passa em formação anatômica esférica. ● *adj.* **3.** Relativo ao meio-dia. ◆ **Meridiano terrestre.** *Astr.* Meridiano.

me•ri•di•o•nal *adj2g.* **1.** Que está do lado do sul; austral. ● *s2g.* **2.** Habitante das regiões do Sul. [Pl.: *–nais.*]

me•ri•tís•si•mo *adj.* De grande mérito; digníssimo. [Aplica-se, sobretudo, a juízes de direito.]

mé•ri•to *sm.* Merecimento.

me•ri•tó•ri:o *adj.* Que merece louvor; louvável.

me•ro *adj.* **1.** Sem mistura; puro, simples. **2.** Comum, simples.

me•ro•plânc•ton *sm. Ecol.* Fase temporária ou sazonal de plâncton, formada pelas larvas pelágicas de organismos bentônicos.

mês *sm.* **1.** Cada uma das 12 divisões do ano solar: sete com 31 dias, quatro com 30 dias, e uma (fevereiro) com 28 ou (nos anos bissextos) 29 dias. **2.** Espaço de 30 dias. [Pl.: *meses* (ê).]

me•sa (ê) *sf.* **1.** Móvel, em geral de madeira, sobre o qual se come, escreve, trabalha, etc. **2.** Conjunto formado pelo presidente e secretários duma assembléia. **3.** Numa seção eleitoral, o conjunto dos indivíduos que se ocupam dos trabalhos relativos à votação. **4.** Quantia fixa ou cumulativa de apostas, em certos jogos de azar.

me•sa•da *sf.* Quantia que se dá em cada mês.

me•sa-de-ca•be•cei•ra *sf.* Mesinha posta à cabeceira da cama. [Pl.: *mesas-de-cabeceira.*]

me•sa-re•don•da *sf.* Reunião de pessoas especialistas, ou que entendem de determinado assunto, que o discutem ou deliberam sobre ele. [Pl.: *mesas-redondas.*]

me•sá•ri:o *sm.* Aquele que faz parte da mesa (3).

mes•cla *sf.* **1.** Mistura de elementos diversos; amálgama, misto. **2.** Tecido em que os fios da trama e da urdidura são de cores diversas.

mes•clar *v.t.d.* e *t.d.i.* **1.** Misturar, ligar, amalgamar. **2.** Unir, incorporar. *P.* **3.** Misturar-se, confundir-se. [Conjug.:⒈ [mescl]**ar**]

me•se•ta (ê) *sf.* Planalto de pequena conformação.

mes•mi•ce *sf.* Ausência de variedade ou de progresso. **2.** Pasmaceira.

mes•mo (ê) *pron. dem.* **1.** Exatamente igual; idêntico. **2.** Parecido, semelhante. **3.** Citado, mencionado. **4.** Não diverso; tal qual.● *sm.* **5.** A mesma coisa.● *adv.* **6.** Exatamente.

me•so•li•to•ral *sm.* Região costeira banhada pelo mar, situada entre a linha de maré mais alta e a linha de maré mais baixa. [Sin.: *estirâncio, mediolitoral.* Pl. *–rais.*] § **me•so•li•to•ral** *adj2g.*

mé•son *sm. Fís. Part.* Denominação genérica de partículas constituídas por um par *quark-antiquark.*

me•sos•fe•ra *sf. Geofís.* Camada atmosférica entre a estratosfera e a ionosfera.

me•so•zói•ca *sf.* Era cronológica que se caracteriza pelo desenvolvimento dos dinossauros, e pelos indícios dos primeiros mamíferos, aves e plantas floríferas. § **me•so•zói•co** *adj.*

mes•qui•nha•ri•a *sf.* V. *mesquinhez.*

mes•qui•nhez (ê) *sf.* **1.** Qualidade de mesquinho. **2.** Ação mesquinha. [Sin. ger.: *mesquinharia.*]

mes•qui•nho *adj.* **1.** Insignificante, parco. **2.** Avaro. **3.** Desditoso. **4.** Baixo, sórdido.

mes•qui•ta *sf.* O templo dos muçulmanos.

mes•se *sf.* **1.** Seara em bom estado de ceifar. **2.** Ceifa, colheita. **3.** Aquisição, conquista.

mes•si•a•nis•mo *sm.* **1.** Crença na vinda de um messias, que anuncia e instaura uma época de felicidade e justiça. **2.** Qualquer movimento político-religioso baseado nessa crença. § **mes•si•a•nis•ta** *adj2g.*

mes•si•as *sm.2n.* **1.** *Rel.* Pessoa a quem Deus comunica algo de seu poder ou autoridade. **2.** *P. ext.* Pessoa esperada ansiosamente. § **mes•si•â•ni•co** *adj.*

mes•ti•ça•gem *sf.* **1.** Cruzamento de espécies diferentes. **2.** V. *miscigenação.* [Pl.: *–gens.*]

mes•ti•ça•men•to *sm.* V. *miscigenação.*

mes•ti•çar *v.t.d.* e *p.* Cruzar(-se) (os indivíduos de uma etnia, ou de uma raça) com os de outra; caldear. [Conjug.:⒐ [mesti]**çar**]

mes•ti•ço *adj.* **1.** Descendente de indivíduos de etnias diferentes. **2.** Proveniente do cruzamento de raças diferentes.● *sm.* **3.** Indivíduo mestiço.

mes•tra *sf.* Mulher que ensina; professora.

mes•tra•do *sm.* **1.** Conjunto de mestres. **2.** Curso de pós-graduação que capacita o graduado à execução de pesquisas em uma área de conhecimento. **3.** *Bras.* O grau de mestre (7).

mes•tre *sm.* **1.** Homem que ensina; professor. **2.** O que é perito ou versado numa ciência ou arte. **3.** Homem de muito saber. **4.** O que se avantaja em qualquer coisa. **5.** Artífice em relação a seus subordinados. **6.** Comandante de pequena embarcação. **7.** Aquele que tem o mestrado (2). • *adj.* **8.** Que serve de base ou de guia; fundamental.

mes•tre-cu•ca *sm.* *Fam.* Cozinheiro. [Pl.: *mestres-cucas.*]

mes•tre-de-ar•mas *sm.* Professor de esgrima. [Pl.: *mestres-de-armas.*]

mes•tre-de-cam•po *sm.* V. *hierarquia militar.* [Pl.: *mestres-de-campo.*]

mes•tre-de-ce•ri•mô•ni:as *sm.* **1.** Sacerdote que dirige o cerimonial litúrgico. **2.** Mestre-sala. [Pl.: *mestres-de-cerimônias.*]

mes•tre-es•co•la *sm.* Professor de instrução primária. [Pl.: *mestres-escolas.*]

mes•tre-sa•la *sm.* Diretor de um baile público ou de um desfile festivo; mestre-de-cerimônias. [Pl.: *mestres-salas.*]

mes•tri•a *sf.* **1.** Qualidade de mestre. **2.** Perícia. [F. paral.: *maestria.*]

me•su•ra *sf.* Reverência (4).

me•su•rar *v.t.d.* **1.** Fazer ou dirigir mesuras a; cumprimentar, cortejar. *P.* **2.** Agir com comedimento; moderar-se. [Conjug.: 1 [mesur]ar]

me•su•rei•ro *adj.* Dado a fazer mesuras.

me•ta *sf.* **1.** Sinal que indica ou demarca o ponto final das corridas (de cavalos, de regatas, etc.). **2.** V. *gol* (1). **3.** *Fig.* V. *alvo* (5).

me•ta•bo•lis•mo *sm. Fisiol.* Conjunto de fenômenos físicos e químicos que levam à produção e manutenção de substância viva organizada e a oferta de energia para uso do organismo. § **me•ta•bó•li•co** *adj.*

me•ta•car•po *sm. Anat.* Em mão, a parte situada entre o punho e os quirodáctilos. § **me•ta•car•pi•a•no** *adj.*

me•ta•de *sf.* **1.** Cada uma das duas partes iguais em que se divide um todo. **2.** Meio (1). **3.** Cara-metade.

me•ta•fí•si•ca *sf.* **1.** *Filos.* Estudo sistemático dos fundamentos da realidade e do conhecimento. **2.** *Fig.* Sutileza no arrazoar, no discorrer.

me•ta•fí•si•co *adj.* **1.** Relativo à metafísica. **2.** Transcendente (2).

me•tá•fo•ra *sf. Gram.* Tropo em que a significação natural duma palavra é substituída por outra com que tem relação de semelhança. [Por metáfora, chama-se *raposa* a uma pessoa astuta.]

me•ta•fó•ri•co *adj.* Relativo a, ou em que há metáfora(s).

me•tal *sm.* **1.** Substância simples, com brilho próprio, boa condutora de calor e de eletricidade. **2.** *Fig.* V. *dinheiro* (4). **3.** Timbre (da voz). [Pl.: *–tais.*] ◆ **Metal alcalino**. *Quím.* Qualquer metal do primeiro grupo da classificação periódica dos elementos, lítio, sódio, potássio, rubídio, césio, frâncio, cujos números atômicos são, respectivamente, 3, 11, 19, 37, 55 e 87. **Metal alcalino-terroso**. *Quím.* Qualquer dos metais, berílio, magnésio, cálcio, estrôncio, bário, rádio, cujos números atômicos são, respectivamente, 4, 12, 20, 38, 56 e 88.

me•tá•li•co *adj.* De metal, ou em que ele entra.

me•ta•li•zar *v.t.d.* **1.** Transformar em metal. **2.** Guarnecer ou recobrir com metal. **3.** Dar cor ou aparência de metal a. [Conjug.: 1 [metaliz]ar]

me•ta•lo•gra•fi•a *sf.* **1.** Descrição ou tratado dos metais. **2.** Estudo da estrutura dos metais e ligas.

me•ta•lur•gi•a *sf.* Conjunto de tratamentos físicos e químicos a que os minerais são submetidos para se extraírem os metais. § **me•ta•lúr•gi•co** *adj. sm.*

me•ta•me•ri•za•ção *sf. Zool.* Divisão do corpo de verme ou artrópode em metâmeros. [Pl.: *–ções.*] § **me•ta•me•ri•za•do** *adj.*

me•tâ•me•ro *sm. Zool.* Cada um dos anéis de verme ou artrópode.

me•ta•mor•fo•se *sf.* **1.** Transformação. **2.** *Zool.* Mudança de forma que se opera no ciclo de vida de certos animais, como, p. ex., dos insetos e batráquios.

me•ta•mor•fo•se•ar *v.t.d.* e *p.* Transformar(-se). [Conjug.: 10 [metamorfos]ear]

me•ta•no *sm. Quím.* Hidrocarboneto mais simples, que contém apenas um átomo de carbono e quatro de hidrogênio [fórm.: CH_4], gás inflamável, de emprego industrial e doméstico, encontrado em jazidas na crosta terrestre e também produzido na decomposição de matéria orgânica.

me•ta•nol *sm. Quím.* Álcool metílico; líquido volátil, inflamável, cujas propriedades são semelhantes às do etanol, mas que é venenoso. [Pl.: *–nóis.*]

me•ta•plas•mo *sm. Gram.* Qualquer das figuras que acrescentam, suprimem, permutam ou transpõem fonemas nas palavras. Ex.: *enamorar > namorar*; *esburgar > esbrugar*.

me•tás•ta•se *sf. Patol.* Migração de doença de um órgão a outro a que não está diretamente ligado anatomicamente. § **me•tas•tá•ti•co** *adj.*

me•ta•tar•so *sm. Anat.* Em cada pé, a parte situada entre o tarso e os pododáctilos. § **me•ta•tar•si•a•no** *adj.*

me•tá•te•se *sf. Gram.* Transposição de fonemas dentro de um mesmo vocábulo; comutação. Ex.: *esburgar > esbrugar*.

me•ta•zo•á•ri:o *sm. Biol.* Organismo animal constituído por muitas células.

me•te•di•ço *adj.* Intrometido, indiscreto, metido.

me•tem•psi•co•se *sf.* Doutrina segundo a qual uma mesma alma pode animar, sucessivamente, corpos diversos, homens, animais ou vegetais; transmigração.

me•te•ó•ri•co *adj.* **1.** Referente a, ou produzido por meteoro. **2.** *Fig.* Brilhante porém efêmero.

me•te•o•ri•to *sm. Astr.* Corpo metálico ou rochoso que, vindo do espaço cósmico, cai na superfície da Terra; aerólito.

me•te•o•ro *sm.* **1.** Qualquer fenômeno que ocorre na atmosfera terrestre: chuva, neve, relâmpago, estrela cadente, etc. **2.** Fenômeno luminoso que resulta do atrito de meteoróide com gases da atmosfera terrestre.

me•te•o•rói•de *sm.* Pequeno corpo que vaga pelo espaço cósmico e que incandesce ao entrar na atmosfera terrestre.

me•te•o•ro•lo•gi•a *sf.* A parte da física que estuda os meteoros [v. *meteoro* (1)]. § **me•te•o•ro•ló•gi•co** *adj.*

me•ter *v.t.d.i.* **1.** Causar, inspirar. **2.** Empregar, aplicar. **3.** Fazer entrar ou participar. *T.d.c.* **4.** Fazer entrar; fazer participar: *Não quis meter a família na trama.* **5.** Pôr, colocar. **6.** Pôr, guardar. **7.** Fazer entrar nalgum assunto, negócio, etc. *T.d.* **8.** Meter (1). *P.* **9.** Esconder-se; ocultar-se. **10.** Intrometer-se, ingerir-se. **11.** Dirigir-se. **12.** Provocar, desafiar (alguém). [Conjug.: ☐ [met]**er**]

me•ti•cu•lo•so (ô) *adj.* **1.** Suscetível de pequenos receios ou escrúpulos; escrupuloso. **2.** Minucioso (3). Cuidadoso. [Pl.: *–losos* (ó).] § **me•ti•cu•lo•si•da•de** *sf.*

me•ti•do *adj.* V. *metediço.*

me•ti•la *sf. Quím.* Alquila de um átomo de carbono, correspondente ao metano [fórm.: -CH₃].

me•ti•la•mi•na *sf. Quím.* A mais simples das aminas, gasosa, com odor desagradável [fórm.: CH₃NH₂].

me•tí•li•co *adj.* Qualificativo de certos compostos orgânicos derivados do metano.

me•tó•di•co *adj.* Que tem, ou em que há método.

me•to•dis•mo *sm.* Seita anglicana fundada no séc. XVIII por John Wesley (1703-1791).

me•to•di•zar *v.t.d.* **1.** Tornar metódico. **2.** Regularizar, ordenar. [Conjug.: ☐ [metodiz]**ar**]

mé•to•do *sm.* **1.** Procedimento organizado que conduz a um certo resultado. **2.** Processo ou técnica de ensino. **3.** Modo de agir, de proceder. **4.** Regularidade e coerência na ação. **5.** Tratado (3) elementar. ♦ **Método de Gram.** *Bacter.* Processo de coloração us. para classificar bactérias.

me•to•do•lo•gi•a *sf.* Conjunto de métodos, regras e postulados utilizados em determinada disciplina e sua aplicação.

me•to•ní•mi:a *sf. Gram.* Tropo que consiste em designar um objeto por palavra designativa doutro objeto que tem com o primeiro uma relação de causa e efeito (*trabalho*, por *obra*), de continente e conteúdo (*copo*, por *bebida*), a parte pelo todo (*asa*, por *avião*), etc.

me•tra•gem *sf.* **1.** Medição em metros. **2.** Quantidade de metros. [Pl.: *–gens.*]

me•tra•lha *sf.* Balas miúdas, pedaços de ferro, cacos, etc., com que se carregam projetis ocos.

me•tra•lha•do•ra (ô) *sf.* Arma de fogo automática, que em pouco tempo dispara muitos projetis.

me•tra•lhar *v.t.d.* Atacar com tiros de metralha, ou com metralhadora. [Conjug.: ☐ [metralh]**ar**]

mé•tri•ca *sf.* Arte que ensina os elementos necessários à leitura de versos medidos.

mé•tri•co *adj.* Relativo ao metro (1), ou ao sistema que o tem por base, ou à métrica.

me•tri•fi•car *v.t.d.* **1.** Pôr em verso medido. *Int.* **2.** Compor versos medidos. [Conjug.: ☐ [metrifi]**car**] § **me•tri•fi•ca•ção** *sf.*

me•tri•te *sf.* Inflamação do útero.

me•tro *sm.* **1.** Unidade fundamental de medida de comprimento no SI, igual ao comprimento do trajeto percorrido pela luz no vácuo durante um intervalo de tempo de 1/299.792.458 de segundo [símb.: *m*]. **2.** Qualquer objeto de medir, com o comprimento de um metro. **3.** Medida reguladora da quantidade de pés ou sílabas de um verso.

me•trô *sm.* F. red. de *metropolitano²*.

me•tro•lo•gi•a *sf.* Ciência que estuda os sistemas de pesos e medidas.

me•tró•po•le *sf.* **1.** Cidade principal, ou capital de província ou do estado. **2.** Cidade grande. **3.** Nação, em relação às suas colônias.

me•tro•po•li•ta•no¹ *adj.* **1.** De, ou que tem aspecto ou caráter de metrópole. ● *sm.* **2.** Prelado da metrópole, em relação aos prelados sufragâneos.

me•tro•po•li•ta•no² *sm.* Sistema de viação urbana em túneis subterrâneos; metrô.

me•tror•ra•gia *sf. Med.* Hemorragia uterina que ocorre a intervalos regulares, porém freqüentes.

me•tro•vi•á•ri:o *adj.* **1.** Relativo ao metrô. **2.** Que se faz pelo metrô. ● *sm.* **3.** Funcionário do metrô.

meu *pron.* Pertencente à, ou próprio da, ou sentido, experimentado, pela pessoa que fala.

❑ **MeV** *Fís. Part.* Unidade de medida de energia equivalente a um milhão de elétrons-volt.

me•xer *v.t.d.* **1.** Imprimir movimento a; agitar; mover. **2.** Deslocar. **3.** Misturar, revolvendo. *T.i.* **4.** Remexer (4). **5.** Importunar com gracejos ou impertinências. **6.** Ocupar-se. **7.** *Fig.* Tocar, bulir. *Int. e p.* **8.** Mover-se. **9.** Sair do

seu lugar ou posição. [Conjug.: ② [mex]er] §
me•xe•ção sf. (fam.)
me•xe•ri•ca sf. Bras. Tangerina.
me•xe•ri•car v.t.d.i. e int. Fazer mexerico; bisbilhotar. [Conjug.: ⑧ [mexeri]car]
me•xe•ri•co sm. 1. Enredo, intriga. 2. Bisbilhotice.
me•xe•ri•quei•ra sf. Bras. Tangerineira.
me•xe•ri•quei•ro adj. e sm. Que ou quem mexerica; bisbilhoteiro.
me•xi•ca•no adj. 1. Do México (América do
Norte). • sm. 2. O natural ou habitante do
México.
me•xi•da sf. Mixórdia.
me•xi•lhão sm. Zool. Nome comum a vários moluscos bivalves que se fixam nas pedras. [Pl.:
–lhões.]
me•za•ni•no sm. Pavimento intermediário entre dois andares principais.
me•zi•nha sf. Pop. Qualquer remédio caseiro.
❑ **Mg** Quím. Símb. do magnésio.
❑ **MHz** Símb. de megahertz.
mi¹ sm. Mús. 1. O terceiro grau da escala diatônica de dó. 2. Sinal da nota mi na pauta.
mi² sm. A 12ª letra do alfabeto grego (M, μ); mu.
mi•a•do sm. A voz do gato e doutros animais;
mio.
mi•ar v.int. Soltar miado ou som que o lembra.
[Conjug.: ① [mi]ar. Cf. mear.]
mi•as•ma sm. Emanação fétida oriunda de animais ou plantas em decomposição.
mi•au sm. 1. Onomatopéia da voz do gato. 2.
Inf. O gato.
mi•ca sf. Min. Mineral brilhante, muito usado
por sua transparência e não-fusibilidade; ma-
lacacheta.
mi•ca•do sm. Título do soberano do Japão.
mi•ca•gem sf. Careta (1). [Pl.: –gens.]
mi•çan•ga sf. Contas de vidro, variadas e miúdas. [M. us. no pl.]
mic•ção sf. Ato de urinar. [Pl.: –ções.]
mi•co sm. Bras. 1. Zool. Nome comum a diversos macacos calitriquídeos. 2. Gír. Coisa indesejável que se procura passar adiante. ◆
Pagar mico. Bras. Gír. Dar vexame.
mi•co-le•ão sm. Bras. Zool. Mico de bela pelagem dourada e juba avermelhada, que habita
o litoral sudeste do Brasil; mico-leão-dourado.
[Pl.: micos-leões e micos-leão.]
mi•co-le•ão-dou•ra•do sm. Zool. Mico-leão.
[Pl.: micos-leões-dourados e micos-leão-doura-
dos.]
mi•co•lo•gi•a sf. Ciência que trata dos fungos.
mi•co•se sf. Med. Qualquer infecção produzida por fungo. § **mi•có•ti•co** adj.
mi•crei•ro Inform. sm. 1. Aficionado por micros. 2. Usuário habitual de micros. • adj. 3.
Relativo a microcomputador.
mi•cro sm. Inform. V. microcomputador.

mi•cro•al•ga sf. Bot. Alga microscópica encontrada em água doce e em água salgada.
mi•cro•bi•a•no adj. Relativo a micróbio, ou
em que os há.
mi•cró•bi:o sm. Microbiol. 1. Organismo unicelular bacteriano, vegetal, ou animal. 2. Microrganismo capaz de produzir doenças, e
causar fermentação e putrefação; germe.
mi•cro•bi•o•lo•gi•a sf. Ciência que estuda os
microrganismos.
mi•cro•ci•rur•gi•a sf. Modalidade de cirurgia
em que as intervenções são realizadas com o
auxílio de microscópio especial.
mi•cro•com•pu•ta•dor (ô) sm. Inform. Computador que emprega um único microprocessador como unidade central de processamento. [F. red.: micro.]
mi•cro•cos•mo sm. 1. Mundo pequeno, resumo do Universo. 2. Restr. O ser humano. [Cf.
macrocosmo.] 3. Fig. Pequeno mundo; círculo.
mi•cro:e•co•no•mi•a sf. Econ. Parte da economia (2) que estuda o comportamento de agentes econômicos individuais (consumidores,
produtores) e sua interação no mercado.
mi•cro:em•pre•sa sf. Econ. Empresa ou firma individual abaixo de determinado tamanho, que é isenta de certos impostos.
mi•cro•fil•mar v.t.d. Fotografar (livros, documentos, etc.) em microfilme. [Conjug.: ①
[microfilm]ar] § **mi•cro•fil•ma•gem** sf.
mi•cro•fil•me sm. Reprodução fotográfica de
documentos, livros, etc., em formato muito
reduzido.
mi•cro•flo•ra sf. Flora constituída por vegetais
microscópicos como, p. ex., algas e bactérias.
mi•cro•fo•ne sm. Aparelho que transforma a
energia sonora em energia elétrica.
mi•cro•fo•ni•a sf. Son. Perturbação na transmissão sonora causada por vibração mecânica.
mi•crô•me•tro sm. Fís. 1. Unidade de medida
de comprimento, igual à milionésima parte do
metro [símb.: μm]. 2. Instrumento para medição de comprimentos ou de ângulos muito
pequenos, baseado em dispositivos mecânicos
ou em sistemas ópticos.
mi•cro•on•da sf. Certo tipo de radiação eletromagnética.
mi•crô•ô•ni•bus sm. Ônibus de tamanho reduzido.
mi•cro•pro•ces•sa•dor (ô) sm. Inform. Processador (3) miniaturizado, cujos circuitos são fabricados numa única pastilha de silício.
mi•cror•ga•nis•mo sm. Microbiol. Nome comum a organismos microscópicos. Ex.: bactérias, vírus.
mi•cros•có•pi•co adj. 1. Visível só ao microscópio. 2. Fig. Pequeníssimo.

mi•cros•có•pi:o *sm.* Instrumento óptico para a observação e estudo de objetos de pequeníssimas dimensões.

mi•cró•to•mo *sm.* Instrumento destinado a secionar, em fatias muito finas, fragmentos de órgãos, para estudo microscópico deles.

mic•tó•ri:o *sm. Bras.* Lugar próprio para nele se urinar.

mi•cu•im *sm. Bras. Zool.* Ácaro cuja picada provoca forte coceira; mucuim. [Pl.: *–ins.*]

mí•di:a *sf.* 1. Designação genérica dos meios, veículos e canais de comunicação, como, p. ex., jornal, revista, rádio, televisão, *outdoor*, etc. 2. Setor de agência de propaganda responsável pela veiculação de anúncios na mídia (1).

mi•ga•lha *sf.* Pequeno fragmento de pão, de bolo, ou de outro alimento farináceo.

mi•ga•lo•mor•fa (mì) *sf. Zool.* Espécime das migalomorfas, subordem de grandes aracnídeos cuja picada é dolorosa e, a de algumas espécies, venenosa. § **mi•ga•lo•mor•fo** *adj.*

mi•gra•ção *sf.* 1. Passagem dum país para outro (falando-se d'um povo ou de grande multidão). 2. Viagens, periódicas ou irregulares, feitas por certas espécies de animais. [Pl.: *–ções.*]

mi•gran•te *adj2g.* e *s2g.* Que ou aquele que migra.

mi•grar *v.t.c.* e *int.* Mudar de país ou de região; arribar. [Conjug.: ① [migr]**ar**]

mi•i•o•lo•gi•a *sf.* Tratado acerca das moscas.

mi•ja•da *sf. Pop.* 1. Ação de mijar. 2. A porção de urina de uma micção.

mi•jar *v.int.* e *p. Pop.* V. *urinar.* [Conjug.: ① [mij]**ar**]

mi•jo *sm. Pop.* V. *urina.*

mil *num.* 1. Quantidade que é uma unidade maior que 999. 2. Número (1) correspondente a essa quantidade. [Representa-se em algarismos arábicos por 1.000, e em algarismos romanos, por M.]

mi•la•gre *sm.* 1. Feito ou ocorrência extraordinária, não explicável pelas leis da natureza. 2. *Fig.* Acontecimento admirável, espantoso.

mi•la•grei•ro *adj* e *sm.* Que ou aquele que faz ou acredita em milagres.

mi•la•gro•so (ô) *adj.* 1. A quem se atribuem milagres, ou que os faz. 2. Maravilhoso, prodigioso, miraculoso. [Pl.: *–grosos* (ó).]

mi•le•nar *adj2g.* Que tem um milênio; milenário.

mi•le•ná•ri:o *adj.* 1. Relativo ao milhar. 2. Milenar. • *sm.* 3. Milênio.

mi•le•na•ris•mo *sm.* Crença no advento de uma época de paz, justiça ou felicidade geral. § **mi•le•na•ris•ta** *adj2g.*

mi•lê•ni:o *sm.* Período de mil anos; milenário.

mi•lé•si•mo *num.* 1. Ordinal correspondente a 1.000. 2. Fracionário correspondente a 1.000.

mi•lha *sf.* Medida itinerária inglesa e norte-

americana, equivalente a 1.609m. ◆ **Milha marítima.** *Náut.* Unidade de distância usada em navegação, igual ao comprimento de um minuto de meridiano terrestre, e que foi convencionalmente fixada em exatos 1.852m.

mi•lha•fre *sm. Zool.* Ave falconídea européia.

mi•lhão *sm.* 1. Mil milhares. 2. *Fig.* Grande número indeterminado, porém muito considerável; mil, milhar. [Pl.: *–lhões.*]

mi•lhar *sm.* 1. Mil unidades. 2. V. *milhão* (2).

mi•lha•ral *sm.* Plantação de milho. [Pl.: *–rais.*]

mi•lhei•ro *sm.* Milhar (1), na contagem de certas coisas (plantas, frutas, sardinhas, etc.).

mi•lho *sm.* 1. Cereal (2) us. na alimentação. 2. *Bras. Gír.* V. *dinheiro* (4).

mi•lhões *sm.pl.* 1. *Pop.* Muito dinheiro. • *adv.* 2. *Bras. Gír.* No mais alto grau; muitíssimo.

mi•lí•ci:a *sf.* 1. Vida ou disciplina militar. 2. Força militar dum país.

mi•li•ci•a•no *adj.* Da milícia.

mi•lí•ci:as *sf.pl.* Tropas auxiliares de segunda linha.

mi•li•gra•ma *sm.* Medida de massa, equivalente à milésima parte do grama[?].

mi•li•li•tro *sm.* Unidade de capacidade, equivalente à milésima parte do litro.

mi•lí•me•tro *sm.* Milésimo do metro.

mi•li:o•ná•ri:o *adj.* e *sm.* 1. Que ou quem tem milhões. 2. Que representa ou encerra milhões. • *sm.* 3. Quem é riquíssimo, tem milhões, tem uma grande fortuna.

mi•li:o•né•si•mo *num.* 1. Ordinal correspondente a milhão. 2. Fracionário correspondente a milhão.

mi•li•tân•ci:a *sf.* Atividade ou estado de militante.

mi•li•tan•te *adj2g.* e *s2g.* 1. Diz-se de, ou aquele que está engajado na luta por uma causa, uma idéia, um partido, etc. 2. Diz-se de, ou aquele que adere sem restrições a uma organização política, sindical, religiosa, etc., e que participa intensamente da vida dessa organização.

mi•li•tar¹ *adj2g.* 1. Relativo à guerra, às milícias, aos soldados. 2. Relativo às três forças armadas (marinha, exército e aeronáutica). 3. Do exército. • *sm.* 4. Aquele que segue a carreira das armas.

mi•li•tar² *v.int.* 1. Seguir a carreira das armas. 2. Fazer guerra; combater. 3. Seguir e defender as idéias dum grupo político, religioso, etc. [Conjug.: ① [milit]**ar**]

mi•li•ta•ris•mo *sm.* Sistema político em que preponderam os militares. § **mi•li•ta•ris•ta** *adj2g.* e *s2g.*

mi•li•ta•ri•zar *v.t.d.* Dar organização militar a; prover de armas e/ou de outros recursos militares. [Conjug.: ① [militariz]**ar**]

mi•lon•ga *sf. Bras.* RS Certa música platina, dolente, cantada ao som do violão.

mi•lon•gas *sf.pl. Bras.* Mexericos, intrigas.

mil-réis *sm.2n.* Unidade monetária brasileira antes de 11.11.1942, quando foi substituído pelo cruzeiro (1 mil-réis = 1 cruzeiro).

mim *pron. pess.* F. oblíqua de *eu*, sempre regida de preposição.

mi•mar *v.t.d.* e *p.* Tratar(-se) com mimo¹. [Conjug.: ① [mim]**ar**] § **mi•ma•do** *adj.*

mi•me:o•gra•far *v.t.d.* Tirar cópia(s) de, ao mimeógrafo. [Conjug.: ① [mimeograf]**ar**]

mi•me•ó•gra•fo *sm. Edit.* Equipamento para impressão em pequenos formatos e em baixa tiragem, que utiliza estêncil como matriz.

mi•me•tis•mo *sm.* 1. Propriedade que têm certas espécies vivas de confundir-se pela forma ou pela cor com o meio ambiente, ou com indivíduos de qualquer outra espécie. 2. *P. ext.* Imitação de alguém ou de algo.

mí•mi•ca *sf.* 1. A arte de expressar por meio de gestos; pantomima. 2. Pantomima (2).

mi•mo¹ *sm.* 1. Presente delicado. 2. Delicadeza, gentileza. 3. Afago, carícia.

mi•mo² *sm.* Ator de pantomima.

mi•mo•sa *sf. Bot.* Arbusto de flores amarelas, das leguminosas.

mi•mo•se•ar *v.t.d.* 1. Tratar com mimo¹; mimar. *T.d.i.* 2. Presentear. [Conjug.: ⑩ [mimoslear]

mi•mo•so (ó) *adj.* 1. Delicado, sensível. 2. Terno, meigo. 3. Gracioso, encantador. [Pl.: –*mosos* (ó).]

mi•na *sf.* 1. Cavidade artificial na terra, para se extraírem minérios, combustíveis, etc. 2. Jazida de minérios preciosos. 3. Nascente de água. 4. Cavidade cheia de pólvora e que, explodindo, destrói quanto está por cima. 5. Engenho de guerra camuflado, que contém matérias explosivas. 6. *Bras.* A grafita das lapiseiras. 7. *Bras. Fig.* Negócio lucrativo. 8. *Bras. Gír.* Garota, menina.

mi•nar *v.t.d.* 1. Abrir mina(s) em. 2. Cavar, escavar. 3. Propagar-se, alastrar-se. 4. Corroer aos poucos; consumir. 5. Brotar, fluir, manar. *Int.* 6. Brotar, fluir. [Conjug.: ① [min]**ar**]

mi•na•re•te (i) *sm.* Torre de mesquita donde se anuncia aos muçulmanos a hora das orações.

min•di•nho *adj.* Diz-se do dedo mínimo.

mi•nei•ro¹ *adj.* 1. Relativo a mina (1 e 2). • *sm.* 2. O que trabalha em minas ou as possui.

mi•nei•ro² *adj.* 1. De MG. • *sm.* 2. O natural ou habitante desse estado.

mi•ne•ra•ção *sf.* Exploração de mina (1 e 2). [Pl.: –*ções.*]

mi•ne•ral *adj2g.* 1. Relativo aos minerais. • *sm.* 2. Corpo inorgânico, sólido à temperatura ordinária, que constitui as rochas da crosta terrestre. [Pl.: –*rais.*]

mi•ne•ra•lo•gi•a *sf.* Ciência que trata dos minerais. § **mi•ne•ra•ló•gi•co** *adj.*

mi•ne•ra•lo•gis•ta *s2g.* Especialista em mineralogia.

mi•ne•rar *v.t.d.* e *int.* Explorar (mina), ou extrair de mina. [Conjug.: ① [miner]**ar**]

mi•né•ri:o *sm.* Mineral ou associação de minerais de que se podem extrair metais ou substâncias não metálicas.

min•gau *sm. Bras.* Papa de farinha de trigo, ou outro cereal, de mandioca, etc.

min•gua *sf.* 1. Falta do necessário; privação, penúria. 2. *Fig.* Falta, carência.

min•guan•te *adj2g.* 1. Que míngua. • *sm.* 2. *Astr.* Quarto minguante.

min•guar *v.t.d.* e *int.* Tornar(-se) menor, ou escasso. [Conjug.: ⑯ [m]i[ngu]**ar**] § **min•gua•do** *adj.*

mi•nha *pron. poss. fem.* de *meu.*

mi•nho•ca *sf. Zool.* Nome comum a animais anelídeos terrestres.

mi•ni:a•tu•ra *sf.* 1. Pintura, desenho, etc., de pequenas dimensões. 2. *P. ext.* Qualquer coisa em ponto pequeno.

mi•ni:a•tu•ri•za•do *adj.* Que se miniaturizou.

mi•ni:a•tu•ri•zar *v.t.d.* 1. Pintar em miniatura, ou fazer miniatura(s), ou como que miniatura de. 2. *Eletrôn.* Construir circuitos eletrônicos de estado sólido, de reduzidas dimensões, capazes de efetuar diversas funções de controle de corrente ou de tensão. [Conjug.: ① [miniaturiz]**ar**]

mi•ni•des•va•lo•ri•za•ção *sf. Bras. Econ.* Pequena desvalorização de uma moeda em relação a outra. [Pl.: –*ções.*]

mi•ni•di•ci:o•ná•ri:o *sm.* Dicionário de pequeno porte.

mi•ni•fún•di:o *sm.* Pequena propriedade rural, esp. a que é voltada à agricultura de subsistência.

mí•ni•ma *sf. Mús.* Figura que vale a metade da semibreve.

mi•ni•ma•lis•mo *sm.* 1. *Art. Plást.* Corrente surgida por volta de 1965, e que visa reduzir a pintura e a escultura às mais simples formas, muitas vezes repetidas. 2. *Mús.* Método moderno de composição que tem como característica principal o uso obsedante da repetição, só alterada por pequenas modulações e mudanças dinâmicas ou rítmicas. 3. *P. ext.* Qualquer movimento artístico que se expressa através da extrema simplificação da forma.

mi•ni•ma•lis•ta *adj2g.* 1. Relativo ao, ou que é adepto ou seguidor do minimalismo. • *s2g.* 2. Adepto ou seguidor do minimalismo.

mi•ni•mi•zar *v.t.d.* 1. Tornar mínimo. 2. Subestimar. [Antôn.: *maximizar.* Conjug.: ① [minimiz]**ar**.] § **mi•ni•mi•za•ção** *sf.*

mí•ni•mo *adj.* 1. Superl. de *pequeno*: que é o menor ou está no grau mais baixo. 2. Diz-se do dedo menor da mão; mindinho. • *sm.* 3. A menor porção de algo.

mi•nis•sai•a *sf.* Saia muito curta.

mi•nis•sé•ri:e *sf. Telev.* Programa de televisão, similar a novela, apresentado ger. em série de oito ou mais episódios.

mi•nis•te•ri•al *adj2g.* De ministério ou de ministro. [Pl.: *–ais.*]

mi•nis•té•ri:o *sm.* 1. Cargo, incumbência, mister. 2. Profissão, função. 3. Parte da administração dos negócios do Estado atribuída a cada ministro. 4. Função de ministro (3), ou tempo de exercício dela. 5. Local onde têm sede as atividades ministeriais da administração pública.

mi•nis•tra *sf.* 1. Mulher que exerce função de ministro. 2. Mulher de ministro.

mi•nis•trar *v.t.d.* e *t.d.i.* 1. Dar, fornecer. 2. Administrar; aplicar. [Conjug.: ① [ministr]**ar**]

mi•nis•tro *sm.* 1. Aquele a quem incumbe um cargo, função, ofício. 2. Medianeiro, intermediário. 3. Chefe de um ministério (3); Ministro de Estado. 4. Categoria diplomática abaixo da de embaixador (1), e título de quem a ocupa. 5. Pastor protestante. ♦ **Ministro de Estado.** Ministro (3).

mi•no•rar *v.t.d.* 1. Tornar menor; diminuir. 2. Atenuar. [Conjug.: ① [minor]**ar**]

mi•no•ra•ti•vo *adj.* 1. Que minora ou diminui. • *sm.* 2. V. *laxante*.

mi•no•ri•a *sf.* 1. Inferioridade numérica. 2. A parte menos numerosa duma corporação deliberativa, etc. 3. *Antrop. Sociol.* Subgrupo que, dentro de uma sociedade, se considera e/ou é considerado diferente do grupo dominante, e que não participa, em igualdade de condições, da vida social.

mi•no•ri•da•de *sf.* Menoridade.

mi•no•ri•tá•ri:o *adj.* 1. Pertencente ou relativo à minoria. 2. Que constitui, ou se apóia, em minoria (3).

mi•nu•a•no *sm. Bras. RS* V. *pampeiro*.

mi•nú•ci:a *sf.* 1. V. *pormenor*. 2. Coisa muito miúda, ou insignificante; ninharia.

mi•nu•ci•ar *v.t.d.* V. *pormenorizar*. [Conjug.: ① [minuci]**ar**]

mi•nu•ci•o•so (ô) *adj.* 1. Que se prende a minúcias; meticuloso. 2. Narrado por miúdo. 3. Feito com toda a atenção. [Pl.: *–ciosos* (ó).]

mi•nu•dên•ci:a *sf.* 1. V. *pormenor*. 2. Observação ou exame escrupuloso.

mi•nu•den•ci•ar *v.t.d.* V. *pormenorizar*. [Conjug.: ① [minudenci]**ar**]

mi•nu•en•do *sm.* Diminuendo.

mi•nu•e•to (ê) *sm. Mús.* Antiga dança nobre e graciosa, de origem francesa.

mi•nús•cu•la *sf.* Letra minúscula.

mi•nús•cu•lo *adj.* 1. Pequeno, miúdo. 2. *Tip.* Diz-se da letra pequena, não maiúscula.

mi•nu•ta¹ *sf.* A primeira redação de qualquer documento; rascunho.

mi•nu•ta² *sf. Bras.* Nos restaurantes, comida feita no momento de servir.

mi•nu•tar *v.t.d.* Fazer ou ditar a minuta¹ de. [Conjug.: ① [minut]**ar**]

mi•nu•to *sm.* 1. Unidade de medida de intervalo de tempo, igual a 60s. 2. Unidade de medida de arco ou ângulo, e igual a 1/60 do grau [símb.: *m*]. 3. *Fig.* Momento, instante.

mi•nu•to-luz *sm.* Distância percorrida pela luz em um minuto e equivalente a 18 milhões de quilômetros. [Pl.: *minutos-luz.*]

mi•o *sm.* Miado.

mi:o•cár•di:o *sm. Anat.* A camada média, e mais espessa, muscular, da parede do coração.

mi:o•car•di•te *sf. Med.* Inflamação do miocárdio.

mi:o•ce•no *sm.* época (4) da era cenozóica em que surgiram vários novos mamíferos, inclusive ratos e camundongos.

mi•o•lo (ô) *sm.* 1. A parte interior do pão, dalguns frutos, etc. 2. *Fam.* O cérebro, a massa encefálica. 3. *Fam.* Medula (1) ou tutano. 4. *Fig.* A parte essencial, fundamental. 5. *Fig.* Inteligência, juízo. 6. *Edit.* O conjunto das páginas de uma publicação impressa, enfeixado pela capa. [Pl.: *–los* (ó).]

mi:o•lo•gi•a *sf.* Estudo dos músculos.

mi•o•ma *sm.* Qualquer tumor constituído por fibras musculares.

mi•o•pe *adj.* e *s2g.* Diz-se de, ou aquele que sofre de miopia.

mi:o•pi•a *sf. Oftalm.* Vício de refração em que os raios luminosos entram paralelamente ao eixo ótico, sendo levados a um foco adiante da retina, sendo apenas vistos, claramente, os objetos próximos.

mi:o•só•tis *sm.2n. Bot.* Erva boraginácea de pequenas flores azuis, do mesmo nome.

mi•ra¹ *sm.* 1. Ato ou efeito de mirar. 2. Pontaria (2). 3. *Fig.* Objetivo; intuito.

mi•ra² *sm.* Apêndice metálico, na extremidade do cano das armas de fogo, para dirigir a pontaria.

mi•ra•bo•lan•te *adj2g.* 1. Ridiculamente vistoso ou pomposo. 2. Extraordinário.

mi•ra•cu•lo•so (ô) *adj.* V. *milagroso* (2). [Pl.: *–losos* (ó).]

mi•ra•gem *sf.* 1. Efeito óptico, freqüente nos desertos, que faz ver a imagem, de ordinário, em posição invertida. 2. Visão enganosa. [Pl.: *–gens.*]

mi•ra•mar *sm.* Mirante voltado para o mar.

mi•ran•te *sm.* Local, em ponto elevado, donde se apreciam vistas panorâmicas, e que pode ter muretas, pavilhão, bancos, etc.

mi•rar *v.t.d.* **1.** Cravar a vista em; fitar, observar; olhar. **2.** Voltar-se (os olhos) para fitar. **3.** Avistar, enxergar. *T.i.* **4.** Tomar como alvo; apontar. *P.* **5.** Ver-se, contemplar-se (em espelho, etc.). [Conjug.: ① [mir]ar]

mi•rí•a•de ou **mi•rí•a•da** *sf.* Quantidade indeterminada, porém grandíssima.

mi•ri:a•gra•ma (mí) *sm.* Unidade de massa equivalente a 10.000g.

mi•ri:a•li•tro (mí) *sm.* Unidade de capacidade equivalente a 10.000 litros.

mi•ri•â•me•tro *sm.* Unidade de comprimento equivalente a 10.000m.

mi•ri•á•po•de *sm. Zool.* Espécime dos miriápodes, grupo de artrópodes ápteros, de corpo segmentado, com um ou dois pares de asas em cada segmento. Ex.: lacraias. § **mi•ri•á•po•de** *adj2g.*

mi•rim *Bras. adj2g.* **1.** Pequeno, diminuto. [Antôn.: *açu.*] • *sf.* **2.** *Zool.* Nome comum a pequenas abelhas meliponídeas. [Pl.: –*rins.*]

mi•ris•ti•cá•ce:a *sf. Bot.* Espécime das misticáceas, família de árvores dióicas, floríferas, de fruto capsular e semente com arilo aromático. § **mi•ris•ti•cá•ce:o** *adj.*

mir•me•co•fa•gí•de:o *sm. Zool.* Espécime dos mirmecofagídeos, família de desdentados que se nutrem de insetos, esp. formigas. Ex.: tamanduá-bandeira. § **mir•me•co•fa•gí•de:o** *adj.*

mirara *sf. Bot.* **1.** Árvore burcerácea de resina perfumada. **2.** Essa resina.

mir•rar *v.t.d.* **1.** Tornar seco; ressecar. **2.** Tornar magro; consumir. *Int.* e *p.* **3.** Emagrecer em extremo. **4.** Diminuir de volume; encolher. [Conjug.: ① [mirr]ar]

mir•tá•ce:a *sf. Bot.* Espécime das mirtáceas, família de árvores e arbustos dicotiledôneos de regiões quentes. Ex.: jabuticabeira, eucalipto. § **mir•tá•ce:o** *adj.*

mi•san•tro•pi:a *sf.* Aversão à sociedade, aos homens. § **mi•san•tró•pi•co** *adj.*

mi•san•tro•po (ó) *adj. sm.* Que ou quem sofre de misantropia.

mis•ce•lâ•ne:a *sf.* **1.** Mistura de variadas compilações literárias. **2.** Mistura de coisas diversas.

mis•ci•ge•na•ção *sf.* Cruzamento de etnias; caldeamento, mestiçagem, mestiçamento, mistura. [Pl.: –*ções.*]

mis•cí•vel *adj2g.* Que se pode misturar. [Pl.: –*veis.*]

mi•se•rá•vel *adj2g.* **1.** Digno de compaixão. **2.** Desprezível, infame. **3.** Perverso, malvado. **4.** Próprio de quem é muito pobre. **5.** Sem valor; ínfimo. **6.** Avarento, sovina. [Sin. de 1, 2, 4 e 5: mísero. Superl.: *miserabilíssimo.* Pl.: –*veis.*]

mi•sé•ri:a *sf.* **1.** Estado deplorável. **2.** Indigência, penúria. **3.** Avareza, sovinice. **4.** Bagatela, ninharia. **5.** Ação vil.

mi•se•ri•cór•di:a *sf.* Compaixão suscitada pela miséria, pela dor alheia. § **mi•se•ri•cor•di•o•so** (ô) *adj.*

mí•se•ro *adj.* V. *miserável* (1, 2, 4 e 5).

mi•so•ne•ís•mo *sm.* Aversão a tudo quanto é novo.

mis•sa *sf.* **1.** *Rel.* Celebração fundamental do culto católico, que comemora a Ceia de Cristo e seu sacrifício pela humanidade. **2.** *Mús. Restr.* Obra vocal e instrumental composta para uma missa cantada ou solene.

mis•sal *sm.* Livro que encerra as orações da missa e outras. [Pl.: –*sais.*]

mis•são *sf.* **1.** Função ou poder que se confere a alguém para fazer algo; encargo. **2.** Comissão diplomática. **3.** Obrigação, dever. **4.** Instituição de missionários para pregação da fé cristã. [Pl.: –*sões.*]

mís•sil *sm.* Engenho lançado com o fim de alcançar um alvo terrestre, percorrendo uma trajetória entre dois pontos da Terra. [Pl.: –*seis.*]

mis•si:o•ná•ri:o *sm.* Pregador de missão cristã.

mis•si•va *sf.* V. *carta* (1).

mis•si•vis•ta *s2g.* Pessoa que escreve ou é portadora de missivas.

mis•ter (é) *sm.* **1.** V. *ofício* (1). **2.** V. *profissão* (2). **3.** V. *ministério* (1). **4.** Coisa necessária ou forçosa.

mis•té•ri:o *sm.* **1.** Objeto da fé ou dogma religioso, impenetrável à razão humana. **2.** Tudo que a inteligência humana é incapaz de explicar ou compreender. **3.** Coisa ou elemento oculto ou obscuro.

mis•te•ri•o•so (ô) *adj.* **1.** Em que há mistério. **2.** Inexplicável, enigmático. **3.** Estranho, imponderável. **4.** Dúbio, suspeito. [Pl.: –*osos* (ó).]

mís•ti•ca *sf.* Firme crença numa doutrina religiosa, filosófica, etc.

mis•ti•cis•mo *sm.* **1.** Estado espiritual de união com o divino, o sobrenatural. **2.** Doutrina que afirma a possibilidade dessa união. **3.** Religiosidade profunda.

mís•ti•co *adj.* **1.** Referente ou próprio das experiências do misticismo (1). **2.** Que pratica o misticismo. • *sm.* **3.** Aquele que pratica o misticismo.

mis•ti•fi•car *v.t.d.* **1.** Abusar da credulidade de; ludibriar. **2.** Fantasiar. [Conjug.: ⑧ [mistifi]car] § **mis•ti•fi•ca•ção** *sf.*

mis•to *adj.* **1.** Oriundo da mistura de elementos diversos. **2.** Confuso, misturado. **3.** Que transporta cargas e passageiros (veículo). **4.** Que admite alunos dos dois sexos (escola). • *sm.* **5.** Mistura, mescla. **6.** *Bras.* Sanduíche de queijo e presunto.

mis•tu•ra *sf.* **1.** Ato ou efeito de misturar(-se). **2.** V. *mescla* (1). **3.** V. *miscigenação.*

mis•tu•rar *v.t.d.* **1.** Juntar (pessoas ou coisas diversas). **2.** Cruzar, unir (seres de castas diversas). *T.d.i.* **3.** Juntar, mesclar. **4.** Confundir, baralhar. *P.* **5.** Confundir-se, mesclar-se. [Conjug.: ① [mistur]**ar**]

mi•ti•fi•car *v.t.d.* Converter em mito. [Conjug.: ⑧ [mitifi]**car**]

mi•ti•gar *v.t.d.* **1.** Abrandar, amansar. **2.** Suavizar, aliviar. **3.** Atenuar. *P.* **4.** Suavizar-se. [Conjug.: ① [miti]**gar**]

mi•to *sm.* **1.** Relato sobre seres e acontecimentos imaginários, que fala dos primeiros tempos ou de épocas heróicas **2.** Narrativa de significação simbólica, transmitida de geração em geração dentro de determinado grupo e considerada verdadeira por ele. **3.** Idéia falsa, que distorce a realidade ou não corresponde a ela. **4.** Pessoa, fato ou coisa real valorizados pela imaginação popular, pela tradição, etc. **5.** *Fig.* Coisa ou pessoa fictícia, irreal; fábula. § **mí•ti•co** *adj.*

mi•to•lo•gi•a *sf.* **1.** O estudo da ciência dos mitos. **2.** O conjunto ou a matéria deles. § **mi•to•ló•gi•co** *adj.*; **mi•tó•lo•go** *sm.*

mi•to•ma•ni•a *sf.* Tendência mórbida para a mentira. § **mi•tô•ma•no** *sm.*

mi•tô•ni•mo *sm.* Nome de personagem mitológico.

mi•tra *sf.* **1.** Barrete alto e cônico, com duas faixas que caem sobre as espáduas, usado pelo papa, bispos e cardeais em certas solenidades. **2.** Dignidade pontifícia ou episcopal. **3.** O bispado. **4.** *Pop.* V. *uropígio*.

mi•tra•do *adj.* Que tem mitra (1 e 2) ou o direito de usá-la.

mi•tri•da•tis•mo *sm.* Imunidade adquirida contra veneno mediante ministração de doses crescentes dele.

mi:u•ça•lha *sf.* Conjunto de coisas miúdas e sem importância.

mi:u•de•za *sf.* **1.** Qualidade de miúdo. **2.** V. *pormenor*.

mi•ú•do *adj.* **1.** Pequenino, diminuto. **2.** Amiudado, freqüente. **3.** Minucioso, cuidadoso.

mi•ú•dos *sm.pl.* **1.** Dinheiro de pouco valor, ou em moedas. **2.** Pequenas vísceras de animais.

mi•xa•gem (cs) *sf. Son.* Combinação de dois ou mais sinais de som ou de imagem. [Pl.: –gens.]

mi•xar (cs) *v.t.d.* Fazer a mixagem de. [Conjug.: ① [mix]**ar**]

mi•xór•di•a *sf.* **1.** Mistura desordenada. **2.** Confusão, embrulhada.

❑ **mmc** *Mat.* Símb. de *mínimo múltiplo comum.*

❑ **Mn** *Quím.* Símb. do *manganês.*

mne•mô•ni•ca *sf.* Arte e técnica de desenvolver a memória. § **mne•mô•ni•co** *adj.*

mo Equiv. do pron. pess. complem. *me* e do pron. dem., ou dem. neutro, *o.*

❑ **Mo** *Quím.* Símb. do *molibdênio.*

mó *sf.* **1.** Pedra de moinho, ou de lagar. **2.** V. *esmeril* (2).

mo•a•gem *sf.* Ato ou efeito de moer (1 e 2); moedura. [Pl.: –gens.]

mó•bil *adj2g.* **1.** Móvel (1). • *sm.* **2.** O que induz alguém a uma ação; móvel, motivação, motivo. [Pl.: –beis e –biles.]

mo•bí•li:a *sf.* Mobiliário.

mo•bi•li•ar *v.t.d. Bras.* Guarnecer de mobília. [Conjug.: ① [mobili]**ar**]

mo•bi•li•á•ri:o *sm.* Conjunto de móveis; mobília.

mo•bi•li•da•de *sf.* Qualidade do que é móvel.

mo•bi•li•zar *v.t.d.* **1.** Movimentar (1). **2.** Fazer passar (tropas) do estado de paz para o de guerra. **3.** Motivar, mover em prol de (causa, campanha, movimento, etc.). *P.* **4.** Agir em prol de uma causa, uma campanha, etc. [Conjug.: ① [mobiliz]**ar**] § **mo•bi•li•za•ção** *sf.*; **mo•bi•li•zá•vel** *adj2g.*

mo•bu•lí•de:o *sm. Zool.* Espécime dos mobulídeos, família de grandes peixes marinhos de áreas tropicais e subtropicais. Ex.: jamanta. § **mo•bu•lí•de:o** *adj.*

mo•ca *sm.* **1.** Variedade de café superior, originário da Arábia. **2.** Café (2).

mo•ça (ô) *sf.* **1.** Mulher jovem; rapariga (p. us. no Brasil). **2.** Mulher jovem.

mo•ça•da *sf.* Grupo ou reunião de jovens.

mo•cam•bo *sm. Bras. N.E.* Habitação miserável.

mo•ção *sf.* Proposta, numa assembléia, sobre o estudo de uma questão ou a propósito de incidente que ali surja. [Pl.: –ções.]

mo•çá•ra•be *adj.* e *s2g.* Diz-se de, ou cristão que vivia nas terras da Península Ibérica ocupadas pelos árabes.

mo•ce•tão *sm.* Rapaz robusto e bem-parecido. [Pl.: –tões.]

mo•ce•to•na *sf.* Moça forte e formosa.

mo•chi•la *sf.* Saco onde soldados, excursionistas, alunos, etc. levam, às costas, objetos de uso.

mo•cho¹ (ô) *sm. Zool.* **1.** Coruja ou caburé sem penacho. **2.** Banco baixo, sem encosto.

mo•cho² (ô) *adj.* Diz-se do animal que, devendo ter chifres, não os tem.

mo•ci•da•de *sf.* **1.** O período da vida entre a infância e a idade madura; juventude. **2.** Os moços.

mo•ci•nha *sf.* Moça muito jovem.

mo•ço (ô) *adj.* **1.** Novo em idade; jovem. • *sm.* **2.** Rapaz (2).

mo•co•tó *sm. Bras.* Pata de bovino, sem o casco, usada como alimento.

mo•da *sf.* **1.** Uso, hábito ou estilo geralmente aceito, variável no tempo, e resultante de determinado gosto, meio social, região, etc. **2.** Uso passageiro que regula a forma de vestir, etc. **3.** Arte e técnica do vestuário. **4.** Maneira, modo. **5.** *Bras.* Modinha.

mo•dal *adj2g.* Relativo a modo ou modalidade. [Pl.: *-dais.*]

mo•da•li•da•de *sf.* **1.** Modo de ser peculiar a cada indivíduo; modo de existir. **2.** Forma ou característica de uma coisa, ato, pensamento, organização, etc.

mo•de•lar[1] *adj2g.* Que serve de modelo; exemplar.

mo•de•lar[2] *v.t.d.* **1.** Fazer o modelo ou molde de. **2.** Dar ao contorno a; moldar. *P.* **3.** Tomar por modelo; moldar-se em. [Conjug.: ① [model]ar] § **mo•de•la•gem** *sf.*

mo•de•lo (ê) *sm.* **1.** Aquilo que serve de referência ou que é dado para ser reproduzido. **2.** Representação em pequena escala de algo que se pretende reproduzir em grande. **3.** Protótipo de um objeto. **4.** Pessoa que posa para artista plástico ou fotógrafo. **5.** Pessoa ou coisa que serve de exemplo ou norma. **6.** Tipo específico de roupa, automóvel e outros produtos de consumo.• *s2g.* **7.** Manequim (3).

⇨ **modem** (môudem) [Ingl.] *sm. Inform.* Dispositivo que permite a comunicação entre computadores digitais, por meio de canal analógico (como linha telefônica convencional). [Pl.: *modems.*]

mo•de•ra•ção *sf.* **1.** Ato ou efeito de moderar(-se). **2.** Comedimento. [Pl.: *-ções.*]

mo•de•rar *v.t.d.* **1.** Conter nos justos ou devidos limites. **2.** Refrear. **3.** Atenuar. *P.* **4.** Agir com comedimento. [Conjug.: ① [moder]ar] § **mo•de•ra•do** *adj.*; **mo•de•ra•dor** (ô) *adj. sm.*

mo•der•ni•ce *sf.* Apego a coisas modernas.

mo•der•ni•da•de *sf.* Qualidade ou condição do que é moderno.

mo•der•nis•mo *sm.* **1.** Preferência pelo que é moderno. **2.** Facilidade em adotar idéias e práticas modernas. **3.** Nome comum a movimentos literários e artísticos surgidos a partir do fim do séc. XIX. § **mo•der•nis•ta** *adj2g. s2g.*

mo•der•ni•zar *v.t.d. e p.* Adaptar(-se) aos usos ou necessidades modernas. [Conjug.: ① [moderniz]ar] § **mo•der•ni•za•ção** *sf.*

mo•der•no *adj.* **1.** Dos tempos atuais ou mais próximos de nós; recente. **2.** Atual, hodierno. **3.** Que está na moda.

mo•dés•ti:a *sf.* **1.** Ausência de vaidade; simplicidade, despretensão. **2.** Decência, compostura. **3.** Moderação, sobriedade.

mo•des•to *adj.* Que tem, ou em que há modéstia.

mó•di•co *adj.* **1.** Exíguo, reduzido. **2.** Parco, escasso. **3.** Moderado, restrito. § **mo•di•ci•da•de** *sf.*

mo•di•fi•car *v.t.d.* **1.** Transformar a forma ou o modo de ser de. **2.** Alterar, transformar. **3.** Acrescentar novo valor, idéia, noção, especificação, etc. *P.* **4.** Alterar-se; mudar. [Conjug.: ⑧ [modifi]car] § **mo•di•fi•ca•ção** *sf.*

mo•di•nha *sf. Bras.* Cantiga popular urbana com acompanhamento de violão; moda.

mo•dis•ta *s2g.* Profissional que faz roupas ou chapéus ou dirige a feitura deles.

mo•do *sm.* **1.** Maneira, feição ou forma particular; jeito. **2.** Sistema, método. **3.** Estado, situação. **4.** Meio, maneira. **5.** *Gram.* Forma que o verbo assume para exprimir uma maneira do estado, ação, qualidade, etc., por ele indicados. **6.** *Mús.* Seqüência de tons e semitons dentro da oitava da escala diatônica. **7.** *Mús.* Qualquer escala antiga ou exótica, cujos intervalos não se apresentam na ordem acima mencionada.

mo•dor•ra (ô) *sf.* **1.** Prostração mórbida, ou sonolência, ou preguiça. **2.** Insensibilidade, apatia. [Var.: *madorna.*]

mo•dos *sm.pl.* V. *ar* (5).

mo•du•la•ção *sf.* **1.** Ato ou efeito de modular (som, cores). **2.** Variações de altura ou de intensidade na emissão de sons. **3.** *Eletrôn.* Processo pelo qual uma das características da tensão da onda portadora (amplitude, freqüência, ou fase) varia proporcionalmente à tensão instantânea do sinal modulador. **4.** *Mús.* Passagem de um modo ou de um tom para outro, segundo as regras da harmonia. [Pl.: *-ções.*]

mo•du•la•dor (ô) *adj.* **1.** Que modula; modulante.• *sm.* **2.** Aquele que modula. **3.** *Eletrôn.* Circuito ou um sinal é modulado.

mo•du•lar *v.t.d.* **1.** Tocar, cantar ou dizer melodiosamente. **2.** Fazer variações de altura ou de intensidade na emissão de (sons). **3.** *Eletrôn.* Aplicar o processo de modulação (3) a (onda portadora). *Int.* **4.** Fazer modulação (4). [Conjug.: ① [modul]ar] § **mo•du•lan•te** *adj2g.*

mó•du•lo *sm.* **1.** Qualquer quantidade que se toma como unidade de medida. **2.** *Arquit.* Medida que se convenciona como unidade padrão e à qual se sujeitam as dimensões das partes de uma construção. **3.** Parte de conjunto mecânico ou eletrônico com certas características dimensionais e funcionais escolhidas para facilitar a realização de determinado conjunto. **4.** Unidade (de material de construção, mobiliário, etc.) planejada para ajustar-se a outra. **5.** Parte autônoma de um veículo espacial; cabina. **6.** *Mat.* Raiz quadrada positiva do produto escalar de um vetor por si mesmo. **7.** *Mat.* Valor absoluto (q. v.).

mo•e•da *sf.* **1.** Peça metálica, em geral circular, cunhada por autoridade soberana e que é meio de troca e medida de valor. **2.** Qualquer instrumento us. como meio de pagamento; dinheiro.

mo:e•dei•ro *sm.* **1.** Fabricante de moedas. **2.** Pequena bolsa para moedas.

mo:e•dor (ò) *adj.* 1. Que mói ou tritura. • *sm.* 2. Aparelho moedor.

mo:e•du•ra *sf.* Moagem.

mo•e•la *sf. Zool.* Parte do tubo digestivo de alguns animais, como, p. ex., as aves, na qual o alimento ingerido é triturado.

mo•en•da *sf.* Moinho (3).

mo•er *v.t.d.* 1. Reduzir a pó; triturar. 2. Reduzir a pedaços mínimos. 3. Fazer passar por uma prensa para extrair o suco. 4. Maltratar com pancadas. *P.* 5. Cansar-se, extenuar-se. 6. Afligir-se, atormentar-se. [Conjug.: 37 [m]oer]

mo•fa *sf.* V. *zombaria.*

mo•far¹ *v.t.d.* Cobrir de mofo. *Int.* 2. Criar mofo. 3. *Fam.* Ficar indefinidamente à espera. [Conjug.: 1 [mof]ar]

mo•far² *v.t.i.* Zombar, troçar. [Conjug.: 1 [mof]ar]

mo•fi•no *adj.* 1. Infeliz, desgraçado. 2. Avarento. 3. Escasso. 4. *Bras.* Doentio, enfermiço.

mo•fo (ô) *sm.* 1. Bolor. 2. Bafio de coisa velha ou estragada; ranço.

mog•no *sm. Bot.* Árvore meliácea cuja madeira de lei é us. em marcenaria; acaju.

mo•í•do *adj.* 1. Que se moeu. 2. Exausto, fatigado.

mo•i•nho *sm.* 1. Engenho para moer cereais, composto de duas mós sobrepostas e giratórias. 2. Lugar onde está instalado esse engenho. 3. Máquina para triturar qualquer coisa; moenda.

moi•ta ou mou•ta *sf.* 1. Grupo espesso de plantas; touça. • *interj.* 2. *Gír.* Designa que não se obteve resposta, ou serve para pedir silêncio ou segredo.

mo•ji•ca *sf.* 1. *Bras.* Mingau feito a fogo lento. 2. *Cul.* Peixe cozido preparado com caldo de féculas.

mo•la *sf.* 1. Peça elástica, em geral metálica, espiralada ou helicoidal, que reage quando vergada, distendida ou comprimida. 2. Móvel, incentivo.

mo•lam•ben•to *adj. sm.* Diz-se de, ou pessoa maltrapilha.

mo•lam•bo *sm. Bras.* 1. Pedaço de pano velho, roto e sujo. 2. Roupa esfarrapada.

mo•lar *adj2g.* 1. Próprio para moer; que mói. 2. *Anat.* Diz-se de cada um dos 12 dentes situados, seis em cima e seis embaixo, nos extremos posteriores das arcadas. • *sm.* 3. *Anat.* Dente molar.

mol•dar *v.t.d.* 1. Formar o molde de. 2. Adaptar ao molde. 3. Fundir, vazando no molde. 4. Modelar² (2). 5. Adaptar, conformar. *T.d.i.* 6. Moldar (5). 7. Regular, orientar. *P.* 8. V. *modelar²* (3). 9. Orientar-se, regular-se. [Conjug.: 1 [mold]ar] § mol•da•gem *sf.*

mol•de *sm.* 1. Modelo (3) oco em que se introduz matéria pastosa ou líquida, a qual, ao so-

lidificar-se, tomará a forma dele. 2. Peça pela qual se corta, reproduz ou dispõe algo. 3. Fôrma (1).

mol•du•ra *sf.* Peça com que se cercam e/ou guarnecem pinturas, fotografias, etc.

mol•du•rar *v.t.d.* Emoldurar. [Conjug.: 1 [moldur]ar]

mol•du•rei•ro *sm.* Fabricante de molduras.

mo•le¹ *sf.* 1. Grande massa informe. 2. Construção maciça, enorme.

mo•le² *adj2g.* 1. Que cede à compressão; macio, tenro. 2. Lento (1). 3. Débil, fraco. 4. Indolente. 5. Sensível, terno.

mo•le•ca•da *sf.* Grupo de moleques.

mo•le•ca•gem *sf. Bras.* Ação de moleque. [Pl.: –gens.]

mo•lé•cu•la *sf.* A menor porção duma substância capaz de existência independente sem perder suas propriedades químicas.

mo•lei•ra¹ *sf.* 1. Mulher do moleiro. 2. Dona ou empregada de moinho.

mo•lei•ra² *sf. Fam.* 1. Fontanela. 2. A abóbada do crânio.

mo•lei•rão *adj. Bras.* Molenga. [Fem.: *moleirona.* Pl.: –rões.]

mo•lei•ro *sm.* 1. Dono de moinho. 2. Aquele que mói cereais profissionalmente.

mo•le•jo (ê) *sm.* 1. Conjunto de molas de um carro, esp. um automóvel. 2. A ação dessas molas.

mo•len•ga *adj2g.* Preguiçoso, ou covarde, ou sem energia; moleirão.

mo•le•que *sm.* 1. Homem sem palavra e/ou sem gravidade. 2. *Bras.* Menino de pouca idade. [Fem.: *moleca.*]

mo•les•tar *v.t.d.* 1. Causar moléstia (1) a. 2. Magoar, ofender. 3. Apoquentar. *P.* 4. Magoar-se, aborrecer-se. [Conjug.: 1 [molest]ar]

mo•lés•ti:a *sf.* 1. *Med.* Incômodo ou sofrimento físico; doença, mal. 2. Incômodo ou sofrimento moral; aborrecimento.

mo•les•to *adj.* Que molesta; que produz incômodo físico ou moral.

mo•le•tom *sm.* 1. Tecido de malha, em geral espesso, us. em roupas esportivas. 2. *P. ext.* Traje esportivo de moletom (1) para ambos os sexos, composto, em geral, de calças compridas, ajustadas ao tornozelo, e blusão. [Pl.: –tons.]

mo•le•za (ê) *sf.* 1. Qualidade de mole². 2. Perda ou falta de forças. 3. Preguiça, indolência.

mo•lha•de•la *sf.* 1. Ato de molhar(-se) rapidamente de uma vez. 2. Banho rápido. 3. *Gír.* Gorjeta.

mo•lha•dos *sm.pl.* Vinho, azeite e outras substâncias líquidas que se vendem nas mercearias.

mo•lhar *v.t.d.* 1. Embeber em, ou repassar, ou cobrir de líquido. 2. Umedecer de leve. *T.d.i.* 3. Molhar (1). *P.* 4. Entornar líquido sobre si.

5. *Fam.* Urinar-se. [Conjug.: ⬚ [molh]**ar**] § **mo•lha•do** *adj.*

mo•lhe *sm.* Estrutura marítima fixada em terra e que pode servir de quebra-mar, cais, etc.

mo•lhei•ra *sf.* Vasilha em que à mesa se servem molhos.

mo•lho *sm.* **1.** Pequeno feixe. **2.** Porção de objetos reunidos num só grupo.

mo•lho (ô) *sm.* **1.** Qualquer preparação culinária em que se refogam iguarias, ou que as acompanha. **2.** Água ou outro líquido onde se imerge uma substância.

mo•lib•dê•ni:o *sm. Quím.* Elemento de número atômico 42, metálico, branco, mole, resistente, utilizado em ligas [símb.: *Mo*].

mo•li•ne•te (ê) *sm.* **1.** Movimento giratório rápido, com uma espada, um pau, etc., à volta do corpo. **2.** Torniquetes cruzados que giram sobre um pião, em entradas de cinemas, de ônibus, etc. **3.** Carretel dotado de manivela que se adapta ao caniço para enrolar a linha de pescar.

mo•los•so (ó) *sm.* Espécie de cão de fila.

mo•lus•co *sm. Zool.* Espécime dos moluscos, filo de animais invertebrados de corpo mole, coberto por carapaça ou concha calcária; são marinhos, de água doce, ou terrestres.

mo•lus•cói•de *adj2g.* Semelhante a molusco.

mo•men•tâ•ne:o *adj.* Que dura um momento; instantâneo.

mo•men•to *sm.* **1.** Espaço pequeníssimo, mas indeterminado, de tempo; instante. **2.** Ocasião, instante. **3.** Ocasião própria. **4.** *Fís.* Produto da massa pela velocidade de um corpo. ◆ **Momento angular.** *Fís.* Produto vetorial do vetor posição de uma partícula pelo seu vetor quantidade de movimento; momento cinético. **Momento cinético.** *Fís.* Momento angular.

mo•men•to•so (ó) *adj.* Grave, importante. [Pl.: –tosos (ó).]

mo•mi•ces *sf.pl.* Série de trejeitos, caretas, esgares.

mo•mo *sm.* **1.** Pequena farsa popular ou o ator que a representa. **2.** Figura que personifica o carnaval.

mo•na•cal *adj2g.* Relativo ou próprio de monge ou monja, ou da vida conventual; monástico. [Pl.: –cais.]

mo•nar•ca *sm.* Soberano vitalício e, comumente, hereditário, duma nação ou Estado.

mo•nar•qui•a *sf.* Estado ou forma de governo em que o soberano é monarca.

mo•nár•qui•co *adj.* Relativo a monarca, ou a monarquia.

mo•nar•quis•ta *Bras. adj2g.* **1.** Relativo à monarquia, ou que é partidário dela. ● *s2g.* **2.** Pessoa monarquista.

mo•nas•té•ri:o *sf.* Mosteiro.

mo•nás•ti•co *adj.* Monacal.

mon•ção *sf.* **1.** Época ou vento favorável à navegação. **2.** Vento periódico, típico do S. e do S.E. da Ásia. **3.** *Fig.* Ensejo. **4.** *Bras.* Cada uma das expedições que, pelos rios, faziam as comunicações das capitanias de SP e MT. [Pl.: –ções.]

mo•ne•ra *sf. Biol.* Espécime das moneras, reino que abrange todos os seres vivos unicelulares e procariontes. Ex.: bactérias.

mo•ne•tá•ri:o *adj.* Relativo à moeda.

mon•ge *sm.* **1.** Frade ou religioso de mosteiro. **2.** Pessoa que se isola da sociedade e leva vida austera. [Fem.: *monja.*]

mon•gol *adj2g.* **1.** Da Mongólia (Ásia). ● *s2g.* **2.** O natural ou habitante da Mongólia. [Pl.: –góis.]

mon•go•lis•mo *sm. Med.* V. *síndrome de Down.*

mon•go•lói•de *adj2g.* e *s2g.* Diz-se de, ou paciente que sofre de mongolismo.

mo•ni•mi•á•ce:a *sf. Bot.* Espécime das monimiáceas, família de árvores e arbustos sempre-verdes de frutos aquínicos. § **mo•ni•mi•á•ce:o** *adj.*

mo•ni•tor (ô) *sm.* **1.** Aquele que dá conselhos, lições, que admoesta. **2.** Aluno adiantado, que ajuda, no ensino, ao professor. **3.** *Med.* Instrumento destinado à observação e ao registro de funções vitais. **4.** Dispositivo ou aparelho que monitoriza. **5.** *Inform.* Dispositivo de saída de dados, us. para visualizar as informações apresentadas por um computador; a tela do computador. ◆ **Monitor de vídeo.** *Inform.* Monitor (5).

mo•ni•to•rar *v.t.d.* Monitorizar. [Conjug.: ⬚ [monitor]**ar**] § **mo•ni•to•ra•ção** *sf.*; **mo•ni•to•ra•men•to** *sm.*

mo•ni•tó•ri:a *sf.* **1.** Aviso onde o público é convidado a dizer o que sabe sobre um crime. **2.** *Fam.* Repreensão.

mo•ni•tó•ri:o *adj.* Que adverte, repreende.

mo•ni•to•ri•zar *v.t.d.* Acompanhar e avaliar (dados fornecidos por aparelhagem técnica); monitorar. [Conjug.: ⬚ [monitoriz]**ar**] § **mo•ni•to•ri•za•ção** *sf.*

mon•jo•lo (ô ou ó) *sm. Bras.* Engenho tosco, movido à água, para pilar milho e, primitivamente, para descascar café.

mo•no *sm.* **1.** *Zool.* Nome comum aos macacos, e esp. aos cebídeos. **2.** *Fam.* Homem feio, desajeitado.

mo•no•ci•clo *sm.* Velocípede de uma roda só.

mo•no•cór•di:o *adj.* Monótono, uniforme.

mo•no•co•ti•le•dô•ne:o *adj.* Com um cotilédone.

mo•no•cro•mi•a *sf. Art. Gráf.* Processo de impressão em uma só cor.

mo•nó•cu•lo *sm.* Lente de correção que se encaixa parcialmente em uma das órbitas.

mo•no•cul•tu•ra *sf.* Cultura exclusiva dum produto agrícola.

mo•no•ga•mi•a *sf. Antrop.* Costume ou prática segundo a qual uma pessoa (homem ou mulher) não pode ter mais de um cônjuge. § **mo•no•gâ•mi•co** *adj.*; **mo•nó•ga•mo** *adj.* e *sm.*

mo•no•ge•nis•mo *sm.* Teoria segundo a qual a humanidade descende de ancestrais comuns. § **mo•no•ge•nis•ta** *adj2g.* e *s2g.*

mo•no•gra•ma *sm.* Entrelaçamento de letras iniciais ou principais do nome de pessoa ou de entidade.

mo•no•lín•güe *adj2g.* 1. Relativo a indivíduo ou comunidade que utiliza apenas uma língua. 2. Escrito em uma só língua. [Sin. ger.: *unilíngüe.*]

mo•no•lin•güis•mo *sm.* Utilização regular de apenas uma língua.

mo•nó•li•to *sm.* 1. Pedra de grandes dimensões. 2. Monumento feito de um só bloco de pedra.

mo•no•lo•gar *v.int.* 1. Falar consigo só. 2. Recitar monólogo. [Conjug.:⯃ [monolo]**gar**]

mo•nó•lo•go *sm.* 1. *Teatr.* Cena em que um só ator representa, falando. 2. Solilóquio.

mo•nô•mi:o *sm. Mat.* Cada um dos termos de um polinômio.

mo•no•mo•tor (ô) *adj.* e *sm.* Diz-se de, ou veículo de um só motor.

mo•no•pé *sm. Fot.* Suporte com uma escora, no qual se apóia câmera fotográfica.

mo•no•pó•li:o *sm.* Situação de mercado em que a oferta de uma mercadoria ou serviço é controlada por um só vendedor.

mo•no•po•li•zar *v.t.d.* Fazer ou ter monopólio de; açambarcar. [Conjug.:⯃ [monopoliz]**ar**] § **mo•no•po•li•za•ção** *sf.*

mo•nos•pér•mi•co *adj.* Que contém uma só semente.

mo•nos•sí•la•bo *adj.* e *sm.* Diz-se de, ou palavra de uma só sílaba. § **mo•nos•si•lá•bi•co** *adj.*

mo•no•te•ís•mo *sm.* Crença em um só Deus. § **mo•no•te•ís•ta** *adj2g.* e *s2g.*

mo•no•ti•po *sf.* Compositora mecânica formada por duas máquinas distintas: a unidade compositora (*teclado*) e a unidade fundidora.

mo•nó•to•no *adj.* 1. De um só tom; uniforme. 2. Que não varia. 3. Enfadonho, fastidioso. § **mo•no•to•ni•a** *sf.*

mo•no•xi•do (cs) *sm. Quím.* Óxido com um só átomo de oxigênio por molécula. ◆ **Monóxido de carbono.** *Quím.* Gás altamente venenoso, presente no gás encanado de uso doméstico e em escapamentos de veículos, aquecedores, etc.

mon•se•nhor (ô) *sm.* 1. Título honorífico que o Papa concede a alguns eclesiásticos. 2. *Bras. Bot.* Crisântemo.

mons•tro *sm.* 1. Corpo organizado que apresenta, parcial ou totalmente, conformação anô-

mala. 2. Ser, mitológico ou lendário, de conformação extravagante. 3. Indivíduo que causa pasmo. 4. Pessoa cruel ou horrenda.

mons•tru•o•so (ô) *adj.* 1. Que tem conformação de monstro. 2. Enorme, extraordinário. 3. Que assombra pela grande perversidade. 4. Feio em demasia. [Pl.: *–truosos* (ó).] § **mons•tru:o•si•da•de** *sf.*

mon•ta *sf.* 1. Importância total duma conta; soma. 2. Importância, gravidade. 3. Preço ou valor; custo. 4. V. *lanço* (2).

mon•ta•da *sf.* 1. Ato de montar (1). 2. Elevação nas cambas do freio.

mon•ta•dor (ô) *sm.* Aquele que faz montagens.

mon•ta•gem *sf.* 1. Ato ou efeito de montar. 2. Operação de reunir peças num dispositivo, mecanismo, etc., de modo que funcione ou preencha o seu fim. 3. Encenação (2). [Pl.: *–gens.*]

mon•ta•nha *sf.* 1. Série de montes. 2. Grande elevação de algo. 3. Grande volume.

mon•ta•nha-rus•sa *sf.* Tipo de divertimento: armação feita com uma série de vagonetes que deslizam com rapidez sobre aclives e declives. [Pl.: *montanhas-russas.*]

mon•ta•nhês *adj.* 1. Que habita as montanhas ou é próprio delas. ● *sm.* 2. Aquele que nelas vive. [Flex.: *montanhesa* (ê), *montanheses* (ê), *montanhesas* (ê).]

mon•ta•nhis•mo *sm.* Esporte que consiste em escalar montanhas; alpinismo.

mon•ta•nhis•ta *adj2g.* 1. Relativo ao, ou que pratica o montanhismo. ● *s2g.* 2. Pessoa que o pratica.

mon•ta•nho•so (ô) *adj.* Em que há muitas montanhas. [Pl.: *–nhosos* (ó).]

mon•tan•te *adj2g.* 1. Que sobe. ● *sm.* 2. Soma, importância; monta. 3. Direção donde correm as águas duma corrente fluvial. 4. V. *maré alta.*

mon•tão *sm.* 1. Acumulação desordenada; monte. 2. Quantidade, porção. [Pl.: *–tões.*]

mon•tar *v.t.d.* 1. Pôr-se sobre (uma cavalgadura); cavalgar. 2. Colocar sobre; sobrepor. 3. Aprontar, armar, para funcionar. 4. Encenar (um espetáculo teatral). *T.c.* 5. Montar (2). 6. Elevar, subir. *Int.* 7. Praticar a equitação. [Conjug.:⯃ [mont]**ar**]

mon•ta•ri•a *sf. Bras.* 1. Animal que se pode cavalgar. 2. Jóquei. 3. *Amaz.* Pequena canoa.

mon•te *sm.* 1. Elevação notável de terreno acima do solo que a cerca; serra. 2. Qualquer acúmulo de coisas. 3. Montão (1).

mon•te•pi:o *sm.* 1. Instituição em que, mediante certas condições, se adquire o direito de, por morte, deixar pensão pagável a alguém de sua escolha. 2. Esta pensão.

mon•tês *adj.* e *adj2g.* 1. Dos montes; montanhês. 2. Próprio de quem os habita, de montanhês. [Sin. ger.: *montesinho, montesino.* Flex.: *monteses* (ê), ou (se se considera variável em gênero a palavra) *montesa* (ê), *monteses* (ê), *montesas* (ê).]

mon•te•si•nho *adj.* V. montês.

mon•te•si•no *adj.* V. montês.

mon•tí•cu•lo *sm.* Pequeno monte (1 e 2).

mon•to•ei•ra *sf.* 1. Aglomeração de pedras soltas. 2. Grande porção.

mon•tra *sf.* Vitrina.

mon•tu•ro *sm.* Lugar onde se deposita lixo.

mo•nu•men•tal *adj2g.* Que tem caráter de monumento. [Pl.: *–tais.*]

mo•nu•men•to *sm.* 1. Obra ou construção destinada a transmitir à posteridade a memória de fato ou pessoa notável. 2. Qualquer obra notável.

mo•que•ar *v.t.d. Bras.* Secar ou assar (a carne ou o peixe) no moquém. [Conjug.🔟 [mo-qu]**ear**]

mo•que•ca¹ *sf. Bras.* Guisado, geralmente de peixe ou mariscos.

mo•que•ca² *sf. Bras. Amaz.* O peixe moqueado envolto em folha de bananeira.

mo•quém *sm. Bras.* Grelha de varas para assar ou secar a carne ou o peixe.

mor *adj2g.* F. sincopada de *maior*.

mo•ra *sf.* Retardamento do devedor no cumprimento de uma obrigação.

mo•rá•ce:a *sf. Bot.* Espécime das moráceas, família de árvores e arbustos floríferos, lactescentes, de infrutescências ger. comestíveis. Ex.: figueira. **§ mo•rá•ce:o** *adj.*

mo•ra•da *sf.* Lugar onde se mora ou habita; habitação, moradia, casa.

mo•ra•di•a *sf.* V. morada.

mo•ra•dor (ô) *adj.* e *sm.* Que ou aquele que mora.

mo•ral *sf.* 1. Conjunto de regras de conduta ou hábitos julgados válidos, quer de modo absoluto, quer para grupo ou pessoa determinada. 2. Conclusão moral duma obra, fato, etc.• *sm.* 3. O conjunto das nossas faculdades morais; brio. 4. O que há de moralidade em qualquer coisa.• *adj2g.* 5. Relativo à moral. [Pl.: *–rais.*]

mo•ra•li•da•de *sf.* 1. Qualidade do que é moral. 2. Doutrina, princípios ou regras morais. 3. Fábula e, p. ext., história moralizadora.

mo•ra•lis•ta *adj2g.* e *s2g.* Que ou quem escreve sobre moral, ou prega moral.

mo•ra•li•zar *v.t.d.* 1. Conformar aos princípios duma determinada moral. *Int.* 2. Pregar moral. [Conjug.🔟 [moraliz]**ar**] **§ mo•ra•li•za•ção** *sf.*; **mo•ra•li•za•dor** (ô) *adj.*

mo•ran•ga *sf. Bras. Bot.* Planta cucurbitácea, variedade de abóbora.

mo•ran•go *sm.* Infrutescência carnosa (e não fruto) do morangueiro.

mo•ran•guei•ro *sm. Bot.* Erva rosácea que dá o morango.

mo•rar *v.t.c.* 1. Ter residência; habitar. 2. Encontrar-se, achar-se. *T.i.* e *int.* 3. Residir; viver. 4. *Bras. Gír.* Compreender. [Conjug.🔟 [mor]**ar**]

mo•ra•tó•ri:a *sf.* 1. Dilação de prazo dada pelo credor ao devedor para pagamento de uma dívida. 2. Suspensão do pagamento de uma dívida, decidida unilateralmente pelo devedor.

mo•ra•tó•ri:o *adj.* Que envolve demora.

mór•bi•do *adj.* 1. Relativo a doença, ou que a causa. 2. Que causa doença; doentio. 3. Lânguido, mole. **§ mor•bi•dez** (ê) *sf.*

mor•bo *sm.* Estado patológico; doença.

mor•ce•go (ê) *sm. Zool.* Mamífero quiróptero.

mor•ce•la *sf.* Chouriço cujo elemento principal é o sangue de porco.

mor•da•ça *sf.* 1. Objeto com que se tapa a boca de alguém para que não fale nem grite. 2. Açaimo.

mor•daz *adj2g.* 1. Corrosivo, destrutivo. 2. Maldizente; satírico. **§ mor•da•ci•da•de** *sf.*

mor•de•du•ra *sf.* Dentada ou vestígio de dentada. [Sin., bras.: *mordida*].

mor•den•te *adj2g.* 1. Que morde. 2. Provocante, excitante.• *sm.* 3. Substância com que se fixam as cores, em pintura ou tinturaria.

mor•der *v.t.d.* 1. Apertar com os dentes; cortar ou ferir com eles. 2. Dar dentada(s) em. 3. Afligir, atormentar. *P.* 4. Dar dentadas em si mesmo. 5. Atormentar-se. [Conjug.🔟 [mor-d]**er**] **§ mor•de•dor** (ô) *adj.* e *sm.*

mor•di•da *sf. Bras.* Mordedura.

mor•dis•car *v.t.d.* Morder de leve repetidas vezes. [Conjug.:🔟 [mordis]**car**]

mor•do•mi•a *sf.* 1. Cargo ou ofício de mordomo. 2. *Bras.* Vantagens concedidas a certos funcionários, e que lhes aumenta indiretamente os salários.

mor•do•mo *sm.* Administrador dos bens duma casa, irmandade, confraria, etc.; ecônomo.

mo•réi•a *sf. Zool.* Peixe murenídeo de carne saborosa; tem peçonha salivar, que inocula por mordedura, quando atacado.

mo•re•no *adj.* De cor trigueira.

mor•féi•a *sf. Med.* Lepra (1).

mor•fe•ma *sm. Ling.* Elemento que confere o aspecto gramatical ao semantema, relacionando-o na oração e delimitando sua função e seu significado. Ex.: os afixos (q. v.).

mor•fé•ti•co *adj.* e *sm.* V. *leproso*.

mor•fi•na *sf.* Alcalóide do ópio, branco, cristalino, usado como sedativo.

mor•fo•lo•gi•a *sf.* 1. Descrição da forma. 2. *Ling.* O estudo da estrutura e formação de palavras. **§ mor•fo•ló•gi•co** *adj.*

mor•ga•di:o *adj.* 1. Relativo a morgado.• *sm.* 2. Qualidade de morgado.

mor•ga•do *sm.* Filho primogênito ou filho único.

mor•gue *sf.* Necrotério.

mo•ri•bun•do *adj.* e *sm.* Que ou aquele que está morrendo; agonizante.

mo•ri•ge•ra•do *adj.* Que tem bons costumes ou vida exemplar.

mo•ri•ge•rar *v.t.d.* **1.** Moderar os costumes de; ensinar bons costumes a. *P.* **2.** Adquirir bons costumes. [Conjug.: ① [moriger]**ar**]

mo•rim *sm.* Pano inferior branco, de algodão.

mo•rin•ga *sf.* Bilha para refrescar a água; quartinha.

mor•ma•cei•ra *sf.* Mormaço forte.

mor•ma•ço *sm.* **1.** Tempo quente e úmido. **2.** Tempo abafado.

mor•men•te *adv.* Principalmente, sobretudo.

mor•mo (ô) *sm.* Moléstia contagiosa dos eqüídeos, transmissível ao homem.

mór•mon *adj2g.* e *sm.* Sectário do mormonismo.

mor•mo•nis•mo *sm.* Seita religiosa protestante fundada nos E.U.A., e cujos membros, os mórmons, praticam a poligamia.

mor•no (ô) *adj.* **1.** Pouco quente; tépido. **2.** Sem energia; frouxo.

mo•ro•so (ô) *adj.* Que anda ou procede com, ou em que há lentidão; lento. [Pl.: *–rosos* (ó).] § **mo•ro•si•da•de** *sf.*

mor•ra (ô) *interj.* Exprime o desejo de que algo acabe, ou alguém seja morto ou afastado de um posto.

mor•rão *sm.* **1.** Pedaço de corda que, acesa, comunicava fogo às peças de artilharia. **2.** Extremidade carbonizada de torcida². [Pl.: *–rões.*]

mor•rer *v.int.* **1.** Perder a vida; falecer, finarse, fenecer, expirar, desaparecer, descansar, desencarnar, ir, perecer, sucumbir, espichar (*pop.*), esticar (*pop.*). **2.** Extinguir-se, acabar(-se). **3.** Perder (a planta) o vigor; estiolarse. **4.** Não chegar a efetuar-se. **5.** *Bras. Autom.* Parar de funcionar. *T. i.* **6.** Experimentar em grau muito intenso (sentimento, sensação, desejo, etc.). *Transobj.* **7.** Achar-se (em certo estado ou condição) no fim da vida. [Conjug.: ②[morr]**er**; part.: *morrido* e *morto*.]

mor•ri•nha *sf.* **1.** Sarna epidêmica do gado. **2.** *Pop.* Achaque, mal-estar. **3.** *Bras.* Fedor exalado por pessoa ou por animal. **4.** *Bras.* Prostração.

mor•ri•nhen•to *adj.* Que tem morrinha.

mor•ro (ô) *sm.* **1.** Monte pouco elevado; colina, outeiro. **2.** *Bras. RJ* Favela.

mor•sa *sf.* *Zool.* Mamífero triquequídeo, marinho.

mor•ta•de•la *sf.* Enchido de carne de vaca.

mor•tal *adj2g.* **1.** Sujeito à morte. **2.** Que a produz; mortífero, letal. **3.** Molesto ao extremo. **4.** Efêmero, passageiro. **5.** Figadal, encarniçado. • *sm.* **6.** O ser humano. [Pl.: *–tais.*]

mor•ta•lha *sf.* **1.** Vestidura em que se envolve

o morto. **2.** Tira de papel ou de palha em que se embrulha o fumo do cigarro.

mor•ta•li•da•de *sf.* Condição de mortal.

mor•tan•da•de *sf.* V. *matança* (1).

mor•te *sf.* **1.** *Med.* Cessação da vida. **2.** Termo, fim. **3.** Destruição, ruína. **4.** Pesar profundo. ◆ **Morte cerebral.** *Med. Leg.* Conjunto de dados clínicos e eletroencefalográficos que podem indicar lesão cerebral irreversível.

mor•tei•ro *sm.* **1.** Canhão curto e de boca larga. **2.** Pequena peça de ferro que se carrega com pólvora para dar tiros ou fazer explosão festiva.

mor•ti•cí•ni:o *sm.* V. *matança* (1).

mor•ti•ço *adj.* Prestes a apagar-se.

mor•tí•fe•ro *adj.* V. *mortal* (2).

mor•ti•fi•car *v.t.d.* **1.** Diminuir ou extinguir a vitalidade de (alguma parte do corpo). **2.** Torturar (o corpo) com penitências. **3.** Desgostar ou afligir muito. *P.* **4.** Castigar o próprio corpo com penitências; martirizar-se. **5.** Extenuar-se. **6.** Atormentar-se. [Conjug.: ⑧[mortifi]**car**] § **mor•ti•fi•ca•ção** *sf.*

mor•to (ô) *adj.* **1.** Que morreu; defunto, falecido. **2.** Murcho ou seco (vegetal). **3.** Paralisado; inerte. **4.** Extinto, apagado. **5.** Acabado, encerrado. **6.** Sem brilho. **7.** Sem atividade. **8.** Exausto. **9.** Ávido, sôfrego. • *sm.* **10.** Aquele que morreu. **11.** Cadáver humano.

mor•tu•á•ri:o *adj.* V. *fúnebre.*

mo•ru•bi•xa•ba *sm. Bras.* Chefe temporal dos povos indígenas brasileiros; cacique, tuxaua.

mo•sai•co¹ *sm.* Embutido de pedrinhas de cores, dispostas de modo que aparentam desenhos.

mo•sai•co² *adj.* Relativo ou pertencente ao profeta e legislador bíblico Moisés (q. v.), ou próprio dele.

mos•ca (ô) *sf.* *Zool.* **1.** Nome comum a todos os insetos dípteros, entre os quais figura a mosca-doméstica. **2.** Porção de barba que se deixa crescer sob o lábio inferior. **3.** O ponto central do alvo dos exercícios de tiro. ◆ **Comer mosca.** *Bras. Gír.* Bobear.

mos•ca•dei•ra *sf. Bot.* Árvore miristicácea de frutos carnosos cuja semente, única, fornece a noz-moscada (3); noz-moscada.

mos•ca•do *adj.* Almiscarado; aromático.

mos•ca•do•més•ti•ca *sf. Zool.* Inseto muscídeo, cosmopolita. [Pl.: *moscas-domésticas.*]

mos•ca-mor•ta *s2g.* Pessoa desanimada, sem graça. [Pl.: *moscas-mortas.*]

mos•car *Bras. v.int.* **1.** Ser logrado. **2.** Não compreender. *P.* **3.** Desaparecer, sumir-se. [Conjug.: ⑧[mos]**car**. *O o* da raiz muda-se em *u* nas f. rizotônicas.]

mos•car•do *sm. Zool.* Inseto díptero maior que a mosca comum; broca a madeira para criar suas larvas.

mos•ca•tel *adj2g.* **1.** Diz-se duma variedade de uva e do vinho feito dela. • *sm.* **2.** Esse vinho. [Pl.: *–téis.*]

mos•co•vi•ta *adj2g.* **1.** De Moscou, capital da Rússia. • *s2g.* **2.** O natural ou habitante de Moscou.

mos•que•a•do *adj.* Que tem malhas escuras.

mos•que•ar *v.t.d.* e *p.* Salpicar de pintas ou manchas ou cobrir-se delas. [Conjug.: 10 [mosqu]ear]

mos•que•tão¹ *sm.* Peça metálica que prende ao relógio de bolso à respectiva corrente. [Pl.: *–tões.*]

mos•que•tão² *sm. Bras.* Fuzil pequeno usado pelos soldados de cavalaria e de artilharia. [Pl.: *–tões.*]

mos•que•ta•ri•a *sf.* Porção de mosquetes, ou de mosqueteiros, ou de tiros de mosquete ou de outras armas.

mos•que•te (ê) *sm.* Arma antiga semelhante à espingarda.

mos•que•tei•ro *sm.* Antigo soldado armado de mosquete.

mos•qui•tei•ro *sm.* Cortinado para proteger contra mosquitos.

mos•qui•to *sm. Zool.* Nome comum a vários insetos culicídeos, simulídeos, etc.

mos•sa *sf.* **1.** Vestígio de pancada ou de pressão. **2.** Impressão moral; abalo.

mos•tar•da *sf.* **1.** Semente do mostardeiro. **2.** Mostardeira. **3.** Pó de mostarda (1) seco e moído. **4.** Molho pastoso feito com mostarda (3).

mos•tar•dei•ra *sf. Bot.* Erva crucífera de folhas comestíveis e cujas sementes fornecem pó amarelo picante, a mostarda; mostarda.

mos•tei•ro *sm.* Habitação de monges ou monjas.

mos•to (ô) *sm.* Sumo de uvas antes de terminada a fermentação.

mos•tra *sf.* **1.** Ato ou efeito de mostrar(-se). **2.** Exposição de obras de caráter artístico, literário, histórico, etc.

mos•tra•dor (ô) *adj.* **1.** Que mostra. • *sm.* **2.** A parte do relógio onde estão indicadas as horas e os minutos. **3.** *P. ext.* Parte de equipamento de medição em que estão indicados os valores assumidos por uma variável.

mos•trar *v.t.d.* **1.** Fazer ver. **2.** Dar a conhecer; manifestar. **3.** Apontar, indicar. **4.** Aparentar. *T.d.i.* **5.** Mostrar (1 a 4). **6.** Demonstrar. *P.* **7.** Revelar-se. **8.** Dar mostras de. [Conjug.: 1 [mostr]ar]

mos•tras *sf.pl.* Atos exteriores; aparências.

mos•tren•go ou **mons•tren•go** *sm.* Pessoa disforme e/ou muito feia; estafermo.

mos•tru•á•ri:o *sm.* Móvel, livro, etc., onde se expõem amostras de mercadorias à venda.

mo•te *sm.* Conceito, em geral expresso numa quadra ou num dístico, para ser glosado.

mo•te•jar *v.t.d.* **1.** Fazer motejo ou zombaria de; escarnecer. *T.i.* e *int.* **2.** Caçoar. [Conjug.: 1 [motej]ar] § **mo•te•ja•dor** (ô) *adj. sm.*

mo•te•jo (ê) *sm.* V. *zombaria.*

mo•tel *sm.* **1.** Hotel à beira de estradas de grande circulação, com estacionamento para carros. **2.** *Bras.* Hotel para encontros amorosos. [Pl.: *–téis.*]

mo•te•te (ê) *sm.* **1.** Dito engraçado ou satírico. **2.** *Mús.* Composição polifônica em várias vozes.

mo•ti•li•da•de *sf.* **1.** Faculdade de mover(-se). **2.** Força motriz.

mo•tim *sm.* Revolta, sublevação. [Pl.: *–tins.*]

mo•ti•va•ção *sf.* **1.** Ato ou efeito de motivar. **2.** Exposição de motivos ou causas. **3.** Conjunto de fatores, os quais agem entre si, e determinam a conduta de um indivíduo. **4.** V. *móbil* (2). [Pl.: *–ções.*]

mo•ti•var *v.t.d.* **1.** Dar motivo a; causar. **2.** Despertar o interesse por (aula, conferência, atividade, etc.), ou de (alguém). *T.d.i.* **3.** Incitar, mover; estimular. [Conjug.: 1 [motiv]ar]

mo•ti•vo *sm.* **1.** Causa, razão. **2.** Fim, intuito. **3.** V. *móbil* (2).

mo•to *sf.* Motocicleta.

mo•to•ca *sf. Gír.* Motocicleta.

mo•to•ci•cle•ta *sf.* Veículo de duas rodas com um selim ou dois e motor a gasolina; motociclo.

mo•to•ci•clis•ta *s2g. Bras.* Pessoa que dirige motocicleta.

mo•to•ci•clo *sm.* V. *motocicleta.*

mo•to-con•tí•nu:o *sm.* Suposta máquina que funcionaria sempre, sem despender energia ou transformando em trabalho toda a energia recebida. [Pl.: *motos-contínuos.*]

mo•to•quei•ro *sm.* Motociclista.

mo•tor (ô) *adj.* **1.** Que faz mover. • *sm.* **2.** Tudo que dá movimento a um maquinismo. **3.** Pessoa ou coisa que faz mover ou dá impulso. ◆ **Motor de arranque.** *Autom.* Pequeno motor elétrico que serve para dar início ao funcionamento de um motor maior. **Motor de explosão.** *Mec.* Aquele em que cada cilindro recebe mistura explosiva detonante, a qual, depois de comprimida no cilindro, é inflamada por meio de faísca elétrica.

mo•to•ris•ta *s2g.* **1.** Condutor de qualquer veículo de tração mecânica. **2.** *Bras.* Chofer.

mo•to•ri•za•do *adj.* **1.** Que é movido a motor. **2.** Que tem e/ou se utiliza de veículo a motor.

mo•to•ri•zar *v.t.d.* e *p.* Prover(-se) de veículo motorizado. [Conjug.: 1 [motoriz]ar]

mo•tor•nei•ro *sm. Bras.* Motorista de bonde.

mo•tos•ser•ra *sf.* Serra com motor elétrico.

mo•triz *adj2g.* e *sf.* Diz-se de, ou força que dá movimento.

mou•co *adj.* Que não ouve, ou ouve pouco ou mal; surdo.

mou•rão ou **moi•rão** *sm. Bras.* 1. Esteio grosso, fincado firme no solo, e ao qual se amarram reses. 2. Pau que sustenta o arame, nas cercas. [Pl.: –*rões.*]

mou•re•jar ou **moi•re•jar** *v.int. e t.i.* Trabalhar muito, sem descanso (como um mouro). [Conjug.: ① [mourej]**ar**]

mou•ris•co ou **moi•ris•co** *adj.* Mouro (4).

mou•ro ou **moi•ro** *sm.* 1. Indivíduo dos mouros, povos que habitavam a Mauritânia (África). 2. Homem que trabalha muito. • *adj.* 3. Da Mauritânia. 4. De, ou próprio de mouros; mourisco.

⇨ **mouse** (maus) [Ingl.] *sm. Inform.* Periférico móvel que controla a posição de um cursor na tela, e que conta com um ou mais botões, us. para indicar e selecionar opções, ícones e outros elementos de interface.

mou•ta *sf.* V. *moita.*

mo•ve•di•ço *adj.* 1. Que se move facilmente. 2. Pouco firme.

mó•vel *adj2g.* 1. Que se pode mover; móbil. • *sm.* 2. Móbil (2). 3. Peça de mobília. [Pl.: –*veis.*]

mo•ve•la•ri•a *sf.* Estabelecimento onde se vendem móveis [v. *móvel* (3)].

mo•ver *v.t.d.* 1. Dar ou comunicar movimento a. 2. Deslocar; remover. 3. Exercer movimento(s) com; mexer. 4. Movimentar dum lado para outro; menear. 5. Induzir ou determinar a fazer algo. 6. V. *comover* (1). *T.d.i.* 7. Induzir, levar. 8. Promover, realizar. *P.* 9. Estar ou pôr-se em movimento; movimentar-se. 10. Decidir-se a fazer algo. *T.i.* 11. Mover (7). [Conjug.: ② [mov]**er**]

mo•vi•men•tar *v.t.d. e p.* 1. Pôr(-se) em movimento; mover(-se). 2. Animar(-se). [Conjug.: ① [moviment]**ar**] § **mo•vi•men•ta•ção** *sf.*

mo•vi•men•to *sm.* 1. Ato ou processo de mover(-se). 2. Determinado modo de mover-se. 3. Animação, agitação. 4. Série de atividades em prol de determinado fim. 5. Evolução ou tendência, em certa esfera de atividades. 6. *Mús.* Cada uma das partes de uma composição instrumental do tipo da suíte ou da sonata. ◆ **Movimento amebóide.** *Biol.* Movimento realizado por microrganismos, como as amebas, mediante pseudópodes, cujo lançamento e retração determinam o deslocamento da célula. **Movimento harmônico.** *Fís.* Movimento periódico em que a lei de variação com o tempo é uma função harmônica. **Movimento harmônico simples.** *Fís.* Movimento harmônico em que a lei de variação com o tempo é uma função seno ou co-seno.

mo•vi•o•la *sf. Cin.* Equipamento utilizado para edição de filmes.

mo•ví•vel *adj2g.* Que se pode mover. [Pl.: –*veis.*]

mo•xi•ni•fa•da *sf.* Confusão, mixórdia, miscelânea.

❑ **Mt** *Quím.* Símb. do *meitnério.*

mu¹ *sm.* V. *mulo.*

mu² *sm* V. *mi².*

mu•am•ba *sf. Bras. Pop.* V. *contrabando.*

mu:am•bei•ro *sm. Bras. Pop.* V. *contrabandista.*

mu•ar *adj2g. e sm.* Diz-se de, ou animal pertencente à raça do mulo.

mu•ca•ma *sf. Bras.* Escrava negra, moça de estimação que ajudava nos serviços caseiros, etc.

mu•ci•la•gem *sf.* Nome comum a compostos viscosos produzidos por plantas. [Pl.: –*gens.*]

mu•ci•la•gi•no•so (ô) *adj.* Que segrega mucilagem, ou é semelhante a ela. [Pl.: –*nosos* (ó).]

mu•ci•na *sf. Bioquím.* Cada uma de um grupo de glicoproteínas que são os principais constituintes do muco.

mu•co *sm. Histol.* Substância formada por água, mucina, células e sais, secretada por membranas mucosas, protegendo-as e lubrificando-as, além de aprisionar bactérias, partículas de poeira, etc.

mu•co•cu•tâ•ne:o *adj.* Relativo à pele e mucosa.

mu•co•sa *sf. Anat.* Membrana que reveste internamente diversos órgãos e é umidificada por secreção líquida.

mu•co•si•da•de *sf. Impr.* Muco.

mu•co•so (ô) *adj.* Que produz, ou tem a natureza do muco. [Pl.: –*cosos* (ó).]

mu•çu•ã *sf. Bras. Zool.* Quelônio que é uma pequena tartaruga (de até 30cm), do baixo Amazonas.

mu•cu•im *sm. Bras. Zool.* Micuim. [Pl.: –*ins.*]

mu•çul•ma•no *adj.* 1. Relativo ou pertencente ao islamismo, ou que é seguidor dele. • *sm.* 2. Seguidor do islamismo. [Sin. ger., p. us.: *maometano.*]

mu•çum *sm. Bras. Zool.* Peixe simbranquídeo sul-americano. [Pl.: –*çuns.*]

mu•çu•ra•na *sf. Bras. Zool.* Colubrídeo, comum no Brasil, que se alimenta de outros.

mu•da *sf.* 1. Mudança (1). 2. Substituição de animais cansados da jornada por outros folgados. 3. Renovação do pêlo, penas ou pele de certos animais. 4. *Bot.* Planta tirada do viveiro para plantação definitiva. 5. *Bot.* Planta ou parte dela usada para reprodução.

mu•dan•ça *sf.* 1. Ato ou efeito de mudar(-se). 2. Os móveis e os pertences, em geral, dos que se mudam. 3. Alavanca com que se mudam as marchas em veículo automotor.

mu•dar *v.t.d.* 1. Remover, deslocar. 2. Transferir para outro local. 3. Alterar. 4. Trocar, variar. *T.d.i.* 5. Transformar, converter. *T.d.c.* 6. Pôr (em outro lugar). *Int.* 7. Transferir-se para outra casa ou local; mudar-se. **8.** Tornar-se diferente do que era. *P.* **9.** Mudar (5). **10.** Transformar-se. [Conjug.: 1 [mud]**ar**]

mu•dá•vel *adj2g.* **1.** Suscetível de mudar (6). **2.** Volúvel. [Sin. ger.: *mutável.* Pl.: *–veis.*]

mu•dez (ê) *sf.* Estado de mudo; mutismo.

mu•do *adj.* **1.** *Med.* Privado do uso da palavra por defeito orgânico, ou causa psíquica. **2.** Calado, silencioso. **3.** Que não se expressa por palavras. **4.** Que não soa. • *sm.* **5.** Homem mudo. [Fem.: *muda.*]

mu•gi•do *sm.* A voz do boi e de outros bovídeos.

mu•gi•lí•de•o *sm. Zool.* Espécime dos mugilídeos, família de peixes perciformes que abrange as tainhas. § **mu•gi•lí•de•o** *adj.*

mu•gir *v.int.* Dar mugidos. [Conjug.: 45 [mu]**gir**. Us. ger. só nas 3ªs pess. Cf. *mungir.*]

mui (ûi) *adv.* F. apocopada de *muito*, empregada antes de adjetivos ou de advérbios em *–mente.*

mu:i•ra•qui•tã *sm. Bras. Amaz.* Artefato talhado em nefrita, às vezes em forma de sapos, serpentes, etc., e que se crê serem amuletos.

mui•to (ûi) *adj.* **1.** Que é em grande número, em abundância, ou de grande intensidade. • *pron. indef.* **2.** Algo em grande quantidade, em abundância, ou demasia. • *adv.* **3.** Com excesso ou abundância; em alto grau. • *sm.* **4.** O que é em grande quantidade.

mu•la•to *sm.* **1.** Filho do pai branco e mãe preta, ou vice-versa; pardo. **2.** Homem escuro, trigueiro. • *adj.* **3.** Diz-se de mulato; pardo.

mu•le•ta (ê) *sf.* Bastão de braço curvo, ao qual se apóiam os coxos.

mu•lher *sf.* **1.** Ser humano do sexo feminino. **2.** Esse mesmo ser após a puberdade. **3.** Esposa.

mu•lhe•ra•ça *sf.* Mulher alta e forte.

mu•lhe•ren•go *adj. e sm.* **1.** Que ou aquele que se compraz em misteres femininos; maricas. **2.** Que ou aquele que é muito dado a mulheres.

mu•lhe•ril *adj2g.* De, ou próprio de mulher. [Pl.: *–ris.*]

mu•lhe•ri:o *sm. Fam.* **1.** Multidão de mulheres. **2.** As mulheres.

mu•lo *sm. Zool.* Mamífero perissodáctile estéril, híbrido de jumento com égua ou de cavalo com jumenta. [Fem.: *mula.*]

mul•ta *sf.* **1.** Pena pecuniária. **2.** Papel que a comprova.

mul•tar *v.t.d. e t.d.i.* Impor ou aplicar multa a. [Conjug.: 1 [mult]**ar**]

mul•ti•ce•lu•lar *adj2g. Biol.* Pluricelular.

mul•ti•co•lor (ôr) *adj2g.* V. *policromo.*

mul•ti•cor (ô) *adj2g.* V. *policromo.*

mul•ti•dão *sf.* **1.** Grande número de pessoas ou coisas. **2.** O povo (4). [Pl.: *–dões.*]

mul•ti•fá•ri:o *adj.* Que tem muitos aspectos; variado.

mul•ti•for•me *adj2g.* Que tem muitas formas.

mul•ti•la•te•ral *adj2g.* Que se faz ou realiza entre várias nações, instituições ou pessoas. [Pl.: *–rais.*]

mul•ti•lín•güe *adj2g.* Que tem ou fala muitas línguas.

mul•tí•me•tro *sm. Eletrôn.* Instrumento medidor de corrente, tensão e resistência elétricas.

mul•ti•mí•di:a *Inform. sf.* **1.** Combinação de diversos formatos de apresentação de informações audiovisuais, como textos, imagens, sons, vídeos, animações, etc. • *adj2g.* **2.** Que consiste em, ou utiliza multimídia (1). **3.** Próprio para apresentar e processar informação nos diversos formatos utilizados em multimídia.

mul•ti•mi•li:o•ná•ri:o *adj. e sm.* Que ou quem é muitas vezes milionário.

mul•ti•na•ci:o•nal *adj2g.* **1.** De, relativo, ou pertencente a muitos países ou nações. **2.** De que participam muitos países. **3.** Diz-se de empresa que opera em vários países. • *sm.* **4.** Empresa multinacional. [Pl.: *–nais.*]

mul•ti•ple•to (ê) *sm. Fís.* Linha espectral constituída por diversas radiações de comprimentos de onda muito próximos.

mul•ti•pli•ca•ção *sf.* **1.** Ato ou efeito de multiplicar(-se). **2.** *Arit.* Operação elementar em que se calcula a soma de n parcelas iguais a um número m. [Pl.: *–ções.*]

mul•ti•pli•ca•dor (ô) *adj.* **1.** Que multiplica. • *sm.* **2.** *Arit.* Número pelo qual se multiplica outro.

mul•ti•pli•can•do *sm. Arit.* Número que vai ser multiplicado.

mul•ti•pli•car *v.t.d.* **1.** Aumentar em número, importância, ou intensidade. **2.** Produzir em grande quantidade. **3.** Repetir, amiudar. *Int.* **4.** *Arit.* Realizar uma multiplicação. *P.* **5.** Crescer em número. **6.** Propagar-se. **7.** Reproduzir-se. [Conjug.: 8 [multipli]**car**] § **mul•ti•pli•cá•vel** *adj2g.*

mul•ti•pli•ca•ti•vo *adj.* Que multiplica ou que é próprio para multiplicar.

mul•tí•pli•ce *adj2g.* Complexo; variado.

mul•ti•pli•ci•da•de *sf.* **1.** Qualidade de multíplice. **2.** Grande número; abundância.

múl•ti•plo *adj.* **1.** Que abrange muitas espécies ou coisas. **2.** Que não é simples nem único. • *sm.* **3.** *Arit.* Produto de um número por um inteiro. ◆ **Mínimo múltiplo comum.** *Mat.* O menor inteiro que é múltiplo de todos os membros de um conjunto de inteiros [símb.: *mmc*].

mul•tis•se•cu•lar (mùl) *adj2g.* Que tem muitos séculos.

mul•tí•va•go *adj.* Que anda de um lugar para outro; vagabundo.

mul•ti•vi•bra•dor (ô) *sm. Eletrôn.* Circuito oscilante que inclui duas etapas acopladas de maneira que o sinal de entrada de cada uma é derivado do sinal de saída da outra.

mu•lun•gu *sm. Bras. Bot.* Árvore das leguminosas, de flores vermelhas.

mú•mi:a *sf.* 1. Corpo embalsamado pelos antigos egípcios ou, modernamente, por processos análogos. 2. *Patol.* Cadáver em que parte dos tecidos não ósseos se desseca naturalmente. 3. *Fig.* Pessoa magríssima, ou apática.

mu•mi•fi•ca•ção *sf.* 1. Ato ou efeito de mumificar(-se). 2. *Patol.* Conversão que resulta em forma semelhante à da múmia, como ocorre em gangrena seca. [Pl.: –*ções.*]

mu•mi•fi•car *v.t.d.* e *p.* Converter(-se) em múmia. [Conjug.: ⑧ [mumifi]**car**]

mun•da•no *adj.* 1. Relativo ao mundo (considerado este pelo lado material); terreno, terrestre. 2. Dado a gozos ou prazeres materiais.

mun•dão *sm.* 1. *Bras.* Grande extensão de terra. 2. *Bras.* V. *quantidade* (2). [Pl.: –*dões.*]

mun•da•réu *sm.* 1. Mundão. 2. Grande porção de coisas ou pessoas.

mun•di•al *adj2g.* Relativo ao mundo. [Pl.: –*ais.*]

mun•dê•ci:a *sf.* Asseio, limpeza.

mun•dê•ci:e *sf.* Mundécia.

mun•do *sm.* 1. A Terra e os astros considerados como um todo organizado; o Universo. 2. Qualquer corpo celeste. 3. O globo terrestre; a Terra. 4. Qualquer espaço na Terra, e/ou os seres que habitam tal espaço. 5. O gênero humano. 6. *Fig.* A vida no século (4), na sociedade. 7. Classe social. 8. *Bras.* V. *quantidade* (2). ◆ **Novo Mundo.** O continente americano. **Velho Mundo.** A parte do mundo constituída pelo continente eurasiano e África.

mun•du•ru•cu *Bras. s2g.* 1. *Etnôn.* Indivíduo dos mundurucus, povo indígena que habita no PA. • *sm.* 2. *Gloss.* Família lingüística de tronco tupi, que reúne línguas faladas por povos indígenas do PA. § **mun•du•ru•cu** *adj2g.*

mun•gir *v.t.d.* Ordenhar. [Conjug.⑮ [mun]**gir.** Cf. *mugir.*]

mun•gu•zá ou **mun•gun•zá** *sm. Bras. N. N.E.* Canjica (2).

mu•nhe•ca *sf.* Punho (1).

mu•ni•ção *sf.* 1. Qualquer material com que se devem prover tropas, navios de guerra, etc. 2. Projetis, pólvora, etc., com que se carregam armas de fogo; carga. [Pl.: –*ções.*]

mu•ni•ci:o•nar *v.t.d.* Prover ou abastecer de munições; munir. [Conjug.: ① [municion]**ar**]

mu•ni•ci•pal *adj2g.* Do município. [Pl.: –*pais.*]

mu•ni•ci•pa•li•da•de *sf.* 1. Câmara municipal. 2. O município.

mu•ni•ci•pa•lis•mo *sm.* Sistema de administração pública que atende em especial à organização e às prerrogativas do município.

mu•ní•ci•pe *s2g.* Cidadão dum município.

mu•ni•cí•pi:o *sm.* Circunscrição administrativa autônoma do estado, governada por um prefeito e uma câmara de vereadores; municipalidade.

mu•ni•fi•cen•te *adj2g.* Generoso, liberal. § **mu•ni•fi•cên•ci:a** *sf.*

mu•nir *v.t.d.* 1. Municionar. *T.d.i.* 2. Prover; abastecer. *P.* 3. Prover-se, abastecer-se. [Conjug.: ③ [mun]**ir**]

mú•nus *sm.2n.* Encargo, função.

mú•on *sm. Fís. Part.* Partícula elementar da família dos léptons, com propriedades muito semelhantes às do elétron mas com massa 207 vezes maior, e abundante nos raios cósmicos que atingem a superfície da Terra.

mu•que *sm. Bras. Gír.* Força muscular.

mu•qui•ra•na *Bras. sf.* 1. *Zool.* Inseto pediculídeo que parasita o homem. • *s2g.* 2. *Pop.* Pessoa avara.

mu•ral *adj2g.* 1. Relativo a, ou feito em muro ou parede. • *sm.* 2. Pintura mural. [Pl.: –*rais.*]

mu•ra•lha *sf.* 1. Muro que guarnece fortaleza ou praça de armas. 2. Grande muro; paredão.

mu•ra•lis•ta *adj2g.* 1. Relativo a mural. 2. Relativo a, ou próprio de muralista (3). • *s2g.* 3. Artista que pinta murais.

mu•rar *v.t.d.* 1. Cercar, ou vedar ou defender com muro ou tapume. 2. Servir de muro a. [Conjug.: ① [mur]**ar**]

mur•ça *sf.* Cabeção de cor usado pelos cônegos por cima da sobrepeliz.

mur•char *v.t.d., int.* e *p.* 1. Tornar(-se) murcho. 2. *Fig.* Fazer perder, ou perder a energia, a animação, a força, etc. 3. *Fig.* Entristecer(-se). [Conjug.: ① [murch]**ar**]

mur•cho *adj.* 1. Que perdeu a frescura, o viço, a cor, a beleza, a força ou a energia. 2. Que se esvaziou, ou está esvaziando-se.

mu•re•ní•de:o *sm. Zool.* Espécime dos murenídeos, família de peixes marinhos angüiliformes agressivos; são alimentícios. § **mu•re•ní•de:o** *adj.*

mu•re•ta (ê) *sf.* Muro baixo.

mu•ri•á•ti•co *adj. Quím.* Diz-se do ácido clorídrico, comercial, impuro.

mu•ri•ci *sm. Bras. Bot.* Nome de várias árvores e arbustos malpighiáceos dos cerrados, e de seus frutos edules.

mu•ri•ço•ca *sf. Bras. N.E. Zool.* V. *mosquito.*

mu•rí•de:o *sm. Zool.* Espécime dos murídeos, família de ratos e camundongos terrestres, arborícolas, escavadores, ou semi-aquáticos. § **mu•rí•de:o** *adj.*

mu•ri•no *adj.* Pertencente ou relativo ao, ou próprio do rato.

mur•mu•ra•ção *sf.* 1. Murmúrio (1). 2. Maledicência (2). [Pl.: –*ções.*]

mur•mu•rar *v.t.d.* 1. Emitir (som leve, frouxo). 2. Segredar. 3. Censurar ou repreender em voz baixa. *T.d.i.* **4.** Murmurar (2). *T.i.* **5.** Falar (contra alguém ou algo). *Int.* **6.** Produzir murmúrio. [Conjug.: ① [murmur]**ar**] § **mur•mu•ran•te** *adj2g.*

mur•mu•re•jar *v.int.* Produzir murmúrio; rumorejar. [Conjug.: ① [murmurej]**ar**]

mur•mu•ri•nho *sm.* Sussurro de vozes simultâneas.

mur•mú•ri:o *sm.* **1.** Ato de murmurar; murmuração. **2.** Ruído das ondas, da água corrente, das folhas agitadas, etc. **3.** Som confuso ou plangente.

mu•ro *sm.* **1.** Parede forte que circunda um recinto ou separa um lugar do outro. **2.** *Fig.* Defesa, proteção.

mur•ro *sm.* Pancada com a mão fechada; soco.

mur•ta *sf. Bot.* Arbusto mirtáceo cultivado para compor cercas vivas.

mu•ru•cu•tu•tu *sm. Bras. Zool.* Ave estrigídea, coruja parda de fronte amarela.

mu•sa *sf.* **1.** *Mit.* Cada uma das nove deusas que presidiam às artes. **2.** *Mit.* Divindade inspiradora da poesia. **3.** Pessoa que inspira um poeta.

mu•sá•ce:a *sf. Bot.* Espécime das musáceas, família de monocotiledôneas composta de grandes ervas arborescentes e perenes cujos frutos se apresentam em cachos. Ex.: bananeira. § **mu•sá•ce:o** *adj.*

mus•cí•de:o *sm. Zool.* Espécime dos muscídeos, família de insetos dípteros, pequenos e grandes, todos de aparência similar; às fêmeas põem ovos em fezes ou em outros restos orgânicos. São vetores de muitas doenças. § **mus•cí•de:o** *adj.*

mus•cu•la•ção *sf.* Exercício físico, com aparelho ou sem ele, cujo objetivo é o ganho de massa muscular. [Pl.: –*ções.*]

mus•cu•la•tu•ra *sf.* O conjunto dos músculos do corpo.

mús•cu•lo *sm. Anat.* Estrutura com poder de contração e relaxação, destinada a realizar movimentos diversos, dependentes ou não da vontade. § **mus•cu•lar** *adj2g.* ◆**Músculo cardíaco.** *Anat.* Músculo estriado de ação involuntária. É o coração. **Músculo esquelético.** *Anat.* Músculo estriado que obedece à ação voluntária. Ex.: músculos de braço. **Músculo liso.** *Anat.* Músculo de ação involuntária. Os músculos lisos fazem parte de diversos órgãos, como, p. ex., intestino. **Músculos estriados.** *Anat.* Todos os músculos de ação voluntária, e também o coração

mus•cu•lo•mem•bra•no•so (mús...ô) *adj. Anat.* Respeitante a músculo e membrana.

mus•cu•lo•so (ô) *adj.* De músculos desenvolvidos. [Pl.: –*losos* (ó).]

mu•se:o•lo•gi:a *sf.* Ciência que trata dos princípios de conservação e apresentação das obras de arte nos museus.

mu•seu *sm.* Lugar destinado ao estudo, reu-

nião e exposição de obras de arte, de peças e coleções científicas, ou de objetos antigos, etc.

mus•go *sm. Bot.* Nome comum a vegetais briófitos minutos que crescem no solo ou sobre pedras, outras plantas, etc.

mus•go•so (ô) *adj.* Coberto de, ou semelhante ao musgo. [Pl.: –*gosos* (ó).]

mú•si•ca *sf.* **1.** Arte e ciência de combinar os sons de modo agradável ao ouvido. **2.** Composição musical. **3.** Música (2) escrita. **4.** Conjunto ou corporação de músicos.

mu•si•cal *adj2g.* **1.** Da, ou próprio da música; músico. **2.** Agradável ao ouvido; harmonioso. **3.** Diz-se de espetáculo em que predominam músicas. [Pl.: –*cais.*]

mu•si•car *v.t.d.* Pôr em música. [Conjug.: ⑧ [musi]**car**]

mu•si•cis•ta *s2g. Bras.* Amador de, ou especialista em música.

mú•si•co *adj.* **1.** Musical (1). •*sm.* **2.** O que compõe peças musicais, toca ou canta, ou pertence a banda, orquestra ou filarmônica.

mus•se•li•na *sf.* Tecido leve e transparente.

mus•te•lí•de:o *sm. Zool.* Espécime dos mustelídeos, família de pequenos mamíferos carnívoros de pernas curtas, unhas afiladas, e dotados de glândulas odoríferas que podem exalar cheiro forte. Ex.: iraras, jaritatacas. § **mus•te•lí•de:o** *adj.*

mu•ta•ção *sf.* Mudança; transformação. [Pl.: –*ções.*]

mu•ta•tó•ri:o *adj.* Que muda; que serve para fazer mudança.

mu•tá•vel *adj2g.* Mudável. [Pl.: –*veis.*] § **mu•ta•bi•li•da•de** *sf.*

mu•ti•lar *v.t.d.* **1.** Privar de algum membro ou de alguma parte do corpo. **2.** Cortar (um membro do corpo). **3.** Cortar qualquer parte de; truncar. *P.* **4.** Cortar membro ou parte do seu próprio corpo. [Conjug.: ①[mutil]**ar**] § **mu•ti•la•ção** *sf.*; **mu•ti•la•do** *adj.*

mu•ti•rão *sm. Bras.* **1.** Auxílio gratuito, que prestam uns aos outros os lavradores (na colheita, construção de casa, etc.), reunindo-se todos os da redondeza e trabalhando em proveito de um só; adjutório. **2.** *P. ext.* Auxílio gratuito que prestam uns aos outros os membros de uma comunidade, em proveito de todos, como no caso de melhorias locais. [Pl.: –*rões.*]

mu•tis•mo *sm.* **1.** Mudez. **2.** Silêncio; sossego.

mu•trei•ta *sf. Bras. RS* Gordura excessiva de gado vacum.

mu•tre•ta (ê) *sf. Bras. Gír.* Logro, trapaça.

mu•tu•a•li•da•de *sf.* Qualidade de mútuo.

mu•tu•ar *v.t.d.* e *t.d.* **1.** Trocar entre si. **2.** Dar ou tomar por empréstimo (coisa fungível). [Conjug.: ① [mutu]**ar**]

mu•tu•ca *sf. Bras. Zool.* Nome comum a moscas hematófagas. [Var.: *butuca.*]

mu•tum *sm. Bras. Zool.* Ave cracídea, neotropical. [Pl.: *-tuns.*]

mú•tu:o *adj.* Recíproco.

mu•xa•ra•bi•ê ou **mu•xa•ra•bi** *sm.* Balcão mourisco protegido por grade de madeira, donde se pode ver sem ser visto.

mu•xi•ba *sf. Bras.* **1.** Carne magra, para cães. **2.** Pelancas.

mu•xi•rão *sm. Bras.* Mutirão. [Pl.: *-rões.*]

mu•xo•xo (ô) *sm. Bras.* **1.** Beijo, carícia. **2.** Estalo com a língua e os lábios, que indica desprezo ou desdém.

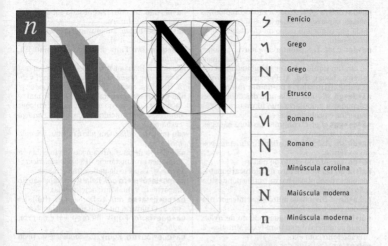

ϟ	Fenício
ገ	Grego
Ν	Grego
ᴎ	Etrusco
И	Romano
Ν	Romano
ɴ	Minúscula carolina
N	Maiúscula moderna
n	Minúscula moderna

n (êne) *sm.* **1.** A 13ª letra do nosso alfabeto. **2.** Figura ou representação dessa letra. • *num.* **3.** Décimo terceiro, numa série. **4.** Décimo quarto, numa série em que a letra *k* corresponde ao 11º elemento. [Pl. (nas acepç. 1 e 2) indicado pela duplicação da letra: *nn*.]

☐ **n** *Mat.* Representação de um número qualquer (ger., um número inteiro), não determinado. [Tb. é us. na linguagem corrente, com idéia de 'quantidade ou número relativamente grande, ou excessivo; vários, muitos'.]

☐ **n 1.** *Geogr.* Abrev. de *Norte.* **2.** *Fís.* Símb. de *newton.* **3.** *Mat.* Símb. do conjunto dos números naturais. **4.** *Quím.* Símb. do *nitrogênio.*

☐ **Na** *Quím.* Símb. do *sódio.*

na¹ Equiv. da prep. *em* e do art. def. *a.*

na² F. que assume o pron. oblíquo da 3ª pess. sing., fem., *la* (= a), quando precedido de som nasal: *Comparam-na à mãe.*

na•ba•bes•co (ê) *adj.* **1.** Próprio de nababo. **2.** Luxuoso.

na•ba•bo *sm.* **1.** Antigo título de autoridades indianas. **2.** Pessoa rica, que vive cercada de luxo; multimilionário.

na•bi•ça *sf. Bot.* Variedade de nabo de que se aproveitam as folhas.

na•bo *sm. Bot.* Erva crucífera de raízes comestíveis, do mesmo nome.

na•ca•da *sf.* Grande naco.

na•ção *sf.* **1.** Agrupamento de seres, geralmente fixos num território, ligados pela origem, tradições, costumes, etc., e, em geral, por uma língua; povo. **2.** País (3). **3.** O povo dum terri-

tório organizado politicamente sob um único governo. [Pl.: *–ções.*]

ná•car *sm.* **1.** Substância branca, brilhante, com reflexos irisados, existente no interior das conchas. **2.** Colorido nacarado.

na•ca•ra•do *adj.* **1.** Semelhante ao nácar. **2.** Rosado (1).

na•ci•o•nal *adj.* **1.** Da nação, ou de uma nação. **2.** Nativo (3). • *s2g.* **3.** Nativo (4). [Pl.: *–nais.*]

na•ci•o•na•li•da•de *sf.* **1.** Qualidade de nacional. **2.** País de nascimento. **3.** Condição própria de cidadão dum país, por naturalidade ou por naturalização.

na•ci•o•na•lis•mo *sm.* **1.** Preferência marcante por tudo que é próprio da nação à qual se pertence; patriotismo. **2.** Doutrina política que reivindica para os povos o direito de formar nações politicamente organizadas em Estados soberanos. **3.** Política de nacionalização das atividades dum país: indústria, comércio, etc.

na•ci•o•na•lis•ta *adj2g.* **1.** Relativo ao, ou adepto, ou seguidor, ou defensor do nacionalismo. • *s2g.* **2.** Adepto, ou seguidor, ou defensor do nacionalismo.

na•ci•o•na•li•zar *v.t.d.* **1.** Tornar nacional. **2.** Naturalizar (1 e 2). **3.** V. *estatizar. P.* **4.** Tornar-se nacional. **5.** Naturalizar-se. [Conjug.: ① [nacionaliz]**ar**] § **na•ci•o•na•li•za•ção** *sf.*

na•co *sm.* Pedaço, porção.

na•da *pron. indef.* **1.** Nenhuma coisa. • *adv.* **2.** De modo nenhum. • *sm.* **3.** A não-existência. **4.** V. *ninharia.*

479

na•da•dei•ra *sf.* **1.** *Zool.* Órgão locomotor dos peixes: expansão cutânea lameliforme sustentada por esqueleto ósseo ou cartilaginoso. **2.** Pé-de-pato.

na•dar *v.int.* **1.** Sustentar-se e mover-se sobre a água por impulso próprio. *T.i.* **2.** Estar imerso em um líquido. **3.** Ter em abundância (dinheiro, bens). *T.d.* **4.** Percorrer, nadando. [Conjug.: ① [nad]ar] § **na•da•dor** (ô) *adj.* e *sm.*

ná•de•ga *sf.* *Anat.* Cada uma das duas partes carnudas e globulares que formam a porção superior e posterior das coxas.

ná•de•gas *sf.pl.* O conjunto das duas nádegas; assento, traseiro.

na•dir *sm.* *Astr.* O ponto diametralmente oposto ao zênite.

na•do *sm.* Ato ou efeito de nadar.

naf•ta *sf.* *Quím.* Mistura de hidrocarbonetos, de ponto de ebulição baixo, obtida por destilação do petróleo.

nái:a•de *sf.* Divindade mitológica, inferior, ninfa dos rios e das fontes.

nái•lon *sm.* **1.** Aportuguesamento de *nylon*, nome comercial duma fibra têxtil sintética. **2.** Tecido feito com ela.

nai•pe *sm.* Cada um dos quatro símbolos com que se distinguem os quatro grupos das cartas de jogar: ouros e copas, paus e espadas.

na•ja *sf.* *Zool.* Grande reptil viperídeo da Ásia e África que expande lateralmente a pele do pescoço, quando excitado.

nam•bi•qua•ra *Bras. s2g.* **1.** *Etnôn.* Indivíduo dos nambiquaras, povo indígena que habita em MT e RO. • *sm.* **2.** *Gloss.* Família lingüística que reúne línguas faladas pelos agrupamentos étnicos que formam o povo nambiquara. § **nam•bi•qua•ra** *adj2g.*

nam•bu *sm.* *Bras. Zool.* V. *inhambu*.

na•mo•ra•da *sf.* Aquela a quem se namora.

na•mo•ra•dei•ra *adj.* e *sf.* Que, ou aquela que namora muito.

na•mo•ra•do *sm.* **1.** Aquele a quem se namora. **2.** *Bras. Zool.* Peixe perciforme do Atlântico, saboroso.

na•mo•ra•dor (ô) *adj.* e *sm.* Que, ou aquele que namora muito.

na•mo•rar *v.t.d.* **1.** Procurar inspirar amor a; cortejar, requestar. **2.** Manter relação de namoro (2) com. **3.** Cobiçar. *T.i.* **4.** Namorar (2). *Int.* **5.** Andar de namoro com alguém; ser namorado. *P.* **6.** Enamorar-se. [Conjug.: ① [namor]ar]

na•mo•ri•car *v.t.d.* e *int.* Namorar por pouco tempo, ou levianamente. [Conjug.: ⑧ [namori]car]

na•mo•ro (ô) *sm.* **1.** Ato de namorar. **2.** Relação de interesse amoroso recíproco.

na•nar *v.int. Inf.* Dormir (1). [Conjug.: ① [na:n]ar]

na•ni•co *adj.* De figura anã.

na•nis•mo *sm.* *Med.* Acentuado subdesenvolvimento da estatura.

na•nô•me•tro *sm.* Submúltiplo do metro, igual a 10^{-9}m [símb.: *nm*].

nan•quim *sm.* Tinta preta para desenho. [Pl.: *–quins*.]

não *adv.* **1.** Exprime negação. [Pode ser partícula de realce: *O que eu não faria por você!*] • *sm.* **2.** Negativa; recusa. [Pl., nesta acepç.: *nãos*.]

não-go•ver•na•men•tal *adj2g.* Que não tem relação com o governo ou com as instituições, empresas, etc. vinculadas a este. [Pl.: *não-governamentais*.]

não-mi•li•tar *adj2g.* Que não é militar. [Pl.: *não-militares*.]

não-vi•o•lên•cia *sf.* Abstenção da violência em qualquer circunstância. [Pl.: *não-violências*.]

na•pa *sf.* Espécie de pelica fina e macia.

na•po•le•ô•ni•co *adj.* Relativo a Napoleão Bonaparte (q. v. na Minienciclopédia).

na•po•li•ta•no *adj.* **1.** De Nápoles (Itália). • *sm.* **2.** O natural ou habitante de Nápoles.

na•que•le (ê) Equiv. da prep. *em* e do pron. *aquele*.

na•que•lou•tro Equiv. de *naquele* e do pron. *outro*.

na•qui•lo Equiv. da prep. *em* e do pron. *aquilo*.

nar•ce•ja (ê) *sf.* *Zool.* Ave escolopacídea, ribeirinha.

nar•ci•sis•mo *sm.* Qualidade de narciso (1).

nar•ci•so *sm.* **1.** Homem muito vaidoso. **2.** *Bot.* Erva amarilidácea de flores perfumadas.

nar•co•se *sf.* *Med.* Depressão inespecífica e reversível do sistema nervoso central, produzida por droga(s), e que leva a sono e insensibilidade.

nar•có•ti•co *adj.* *sm.* Diz-se de, ou substância que produz narcose.

nar•co•tis•mo *sm.* **1.** Conjunto dos efeitos produzidos pelos narcóticos. **2.** O vício do narcótico.

nar•co•ti•zar *v.t.d.* **1.** Aplicar narcótico a. **2.** Provocar narcose em. **3.** *P. ext.* Entorpecer. **4.** *Fig.* Entediar. [Conjug.: ① [narcotiz]ar]

nar•do *sm.* *Bot.* Erva valerianácea, aromática.

na•ri•gão *sm.* Nariz enorme. [Pl.: *–gões*.]

na•ri•gu•do *adj.* Que tem narigão.

na•ri•guei•ra *sf.* *Etnogr.* Adorno, ger. feito de penas e que atravessa o septo nasal, us. entre índios brasileiros.

na•ri•na *sf.* *Anat.* Cada um dos dois orifícios externos das fossas nasais.

na•riz *sm.* **1.** *Anat.* Estrutura integrante do aparelho respiratório, situada, na face, entre a fronte e a boca, e na qual são captadas as sensações olfativas. **2.** A narina. **3.** *P. ext.* O olfato.

nar•ra•ção *sf.* **1.** Ato ou efeito de narrar. **2.** Exposição oral ou escrita de um fato; narrativa. [Pl.: *–ções*.]

nar•rar *v.t.d.* e *t.d.i.* 1. Expor minuciosamente. 2. Contar, relatar. [Conjug.: ☐ [narr]**ar**] § **nar•ra•dor** (ô) *adj.* e *sm.*

nar•ra•ti•va *sf.* 1. Narração (2). 2. Conto, história.

nar•ra•ti•vo *adj.* Referente a, ou que tem caráter de narração.

na•sal *adj2g.* 1. Do nariz. 2. Modificado pelo nariz (som ou voz). [Pl.: *–sais*.]

na•sa•lar *v.t.d.* Pronunciar pelo nariz; tornar nasal. [Conjug.: ☐ [nasal]**ar**] § **na•sa•la•ção** *sm.*; **na•sa•la•do** *adj.*

nas•ce•dou•ro ou **nas•ce•doi•ro** *sm.* Lugar onde se nasce.

nas•cen•ça *sf.* V. *nascimento.*

nas•cen•te *adj2g.* 1. Que nasce ou começa. • *sm.* 2. V. *oriente* (1). • *sf.* 3. Fonte dum curso de água.

nas•cer *v.int.* 1. Vir ao mundo, à luz; começar a ter vida exterior. 2. Começar a crescer, a desenvolver-se. 3. Ter princípio ou origem. 4. Principiar a aparecer, a manifestar-se; começar. 5. Surgir. *T.i.* 6. Descender. 7. Derivar. 8. Despertar. 9. Ter aptidão. [Conjug.: ☒ [nas]**cer**] § **nas•ci•do** *adj.*

nas•ci•da *sf. Pop.* Tumor, furúnculo.

nas•ci•men•to *sm.* 1. Ato de nascer. 2. Princípio, começo. [Sin. ger.: *nascença*.]

nas•ci•tu•ro *adj. sm.* Que ou aquele que vai nascer.

nas•tro *sm.* Fita estreita, de tecido.

na•ta *sf.* 1. A parte gorda do leite; creme. 2. *Fig.* A melhor parte duma coisa.

na•ta•ção *sf.* 1. Ação, exercício ou esporte de nadar. 2. Modo de locomoção dos animais aquáticos. 3. Equipe de nadadores de clube, associação, etc. [Pl.: *–ções*.]

na•tal *adj2g.* 1. Onde ocorreu o nascimento. • *sm.* 2. Natalício (2). 3. *Rel.* Dia em que se comemora o nascimento de Cristo (25 de dezembro). [Com inicial maiúscula, nesta acepç.] [Pl.: *–tais*.]

na•ta•len•se *adj2g.* 1. De Natal, capital do RN. • *s2g.* 2. O natural ou habitante de Natal.

na•ta•lí•ci•o *adj.* 1. Do dia do nascimento. • *sm.* 2. O dia do nascimento; natal.

na•ta•li•da•de *sf.* Percentagem de nascimentos duma comunidade em determinado período de tempo.

na•ta•li•no *adj. Bras.* Relativo ao Natal, ou às festas do Natal.

na•ta•tó•ri•o *adj.* Que serve para nadar.

na•ti•mor•to (ô) *adj.* e *sm.* Diz-se de, ou indivíduo que nasce morto. [Pl.: *–mortos* (ó).]

na•ti•vi•da•de *sf.* Nascimento (em especial o de Cristo e o dos santos).

na•ti•vis•ta *adj2g.* e *s2g. Bras.* Que ou quem é favorável aos nativos, com aversão a estrangeiros. § **na•ti•vis•mo** *sm.*

na•ti•vo *adj.* 1. Que é natural; congênito. 2. Que nasce; que procede. 3. Não estrangeiro; nacional. • *sm.* 4. Indivíduo natural duma terra, dum país; indígena, natural, nacional.

na•to *adj.* 1. Que nasceu; nascido. 2. V. *inato*[1].

na•tre•mi•a *sf.* Teor de sódio no sangue.

na•tu•ra *sf. Poét.* Natureza.

na•tu•ral *adj2g.* 1. Da natureza. 2. Em que não há trabalho ou intervenção do homem. 3. Que segue a ordem natural das coisas; lógico. 4. Inato, congênito. 5. Instintivo, maquinal. 6. Próprio, peculiar. 7. Sem artifício; espontâneo. 8. Nascido, oriundo. 9. Diz-se de alimento que não contém preservativos nem aditivos artificiais, mas que foi submetido a certos beneficiamentos. • *sm.* 10. V. *nativo* (4). 11. Aquilo que é conforme à natureza. 12. *Mat.* Número natural. [Pl.: *–rais*.]

na•tu•ra•li•da•de *sf.* 1. Qualidade ou caráter de natural. 2. Local (município, estado, etc.) de nascimento. 3. Nascimento, origem.

na•tu•ra•lis•mo *sm.* 1. Estado do que é produzido pela natureza. 2. Doutrina ou corrente literária que insiste particularmente nos aspectos que, no ser humano, resultam da natureza e de suas leis.

na•tu•ra•lis•ta *adj2g.* Relativo ao, ou que é seguidor do naturalismo (2).

na•tu•ra•li•zar *v.t.d.* 1. Dar a (um estrangeiro) os direitos de que fruem os cidadãos dum país, com a conseqüente perda da nacionalidade de origem. 2. Adotar como nacional, ou como nativo ou vernáculo. *P.* 3. Adquirir (um estrangeiro) os direitos que são os naturais dum país, renunciando à nacionalidade original. [Sin. ger.: *nacionalizar*. Conjug.: ☐ [naturaliz]**ar**.] § **na•tu•ra•li•za•ção** *sf.*

na•tu•re•ba *s2g. Bras. Joc.* Indivíduo que se alimenta de produtos naturais [v. *natural* (9)].

na•tu•re•za (ê) *sf.* 1. Todos os seres que constituem o universo. 2. Força ativa que estabeleceu e conserva a ordem natural de tudo quanto existe. 3. Temperamento do indivíduo. 4. Espécie, qualidade.

nau *sf.* 1. Antigo navio, redondo tanto na forma do casco quanto no velame. 2. *Poét.* Navio.

nau•fra•gar *v.int.* 1. Ir a pique, soçobrar (a embarcação). 2. Sofrer naufrágio (os tripulantes ou os passageiros). 3. *Fig.* Perder-se; malograr-se. *T.d.* 4. Fazer naufragar (1). [Conjug.: ☐ [naufra]**gar**]

nau•frá•gi•o *sm.* 1. Ato ou efeito de naufragar. 2. *Fig.* Grande insucesso.

náu•fra•go *sm.* Aquele que naufragou.

náu•se•a *sf.* 1. *Med.* Sensação de desconforto abdominal, freqüentemente seguida de vômito; enjôo. 2. Nojo, asco.

nau•se•a•bun•do *adj.* Que produz náusea, nauseante.

nau•se•an•te *adj2g.* Nauseabundo.

nau•se•ar *v.t.d.* e *p.* Causar náusea a, ou sentir náusea; enojar(-se). [Conjug.: 10 [naus]**ear**]

nau•ta *sm.* Marinheiro, navegador.

náu•ti•ca *sf.* Ciência e arte da navegação sobre água; navegação.

náu•ti•co *adj.* Relativo a nauta ou náutica.

nau•tí•li•da *sm. Zool.* Espécime dos nautilidas, ordem de moluscos cefalópodes de concha externa espiralada.

náu•ti•lo *sm. Zool.* Molusco nautílida dos oceanos Pacífico e Índico.

na•val *adj2g.* **1.** *Ant.* Relativo a navio ou a navegação. **2.** Relativo à marinha de guerra. [Pl.: *–vais.*]

na•va•lha *sf.* Lâmina metálica, muito afiada, presa a um cabo, com dispositivo para nele se embutir.

na•va•lha•da *sf.* Golpe de navalha.

na•va•lhar *v.t.d.* Golpear com navalha. [Conjug.: 1 [navalh]**ar**]

na•ve *sf.* Espaço, na igreja, desde a entrada até o santuário. ◆ **Nave espacial.** V. *espaçonave.*

na•ve•ga•bi•li•da•de *sf.* Qualidade ou estado de navegável.

na•ve•ga•ção *sf.* **1.** Ato ou efeito de navegar. **2.** Viagem por mar. **3.** Náutica. **4.** *Inform.* Ato ou efeito de percorrer um hipertexto, determinando a seqüência em que os diversos documentos são consultados. [Pl.: *–ções.*]

na•ve•gar *v.t.d.* **1.** Percorrer (mar, rio, e, p. ext., atmosfera ou espaço cósmico) em navio, embarcação, aeronave, ou outro veículo. *Int.* **2.** Viajar sobre água, ou na atmosfera, ou no espaço cósmico. **3.** Seguir viagem (a embarcação). **4.** *Inform.* Percorrer interativamente hipertexto ou hipermídia, determinando, a cada documento consultado, qual deve ser apresentado a seguir. [Conjug.: 11 [nave]**gar**] § **na•ve•ga•dor** (ô) *adj.* e *sm.*; **na•ve•gan•te** *adj2g.* e *s2g.*

na•ve•gá•vel *adj2g.* Que pode ser navegado. [Pl.: *–veis.*]

na•ve•ta (ê) *sf.* Vaso pequeno, alongado, onde se serve o incenso para os turíbulos.

na•vi•o *sm.* Embarcação de grande porte; nau.

na•vi•o-que•bra•ge•los Navio de construção especial e reforçada, e de máquinas potentes, destinado a abrir caminho por entre camadas de gelo, nas regiões frias. [Pl.: *navios-quebra-gelos.*]

na•vi•o-tan•que *sm.* Navio destinado a transportar carga líquida, como óleo, gasolina, vinho, etc. [Pl.: *navios-tanques* e *navios-tanque.*]

na•za•re•no *adj.* **1.** De Nazaré, cidade de Israel, Galiléia, onde viveu Cristo. • *sm.* **2.** O natural ou habitante de Nazaré. **3.** Designação que os judeus davam a Cristo.

na•zis•mo *sm.* Movimento nacionalista alemão,

de direita, imperialista, baseado na pretensa superioridade da raça ariana e liderado por Adolf Hitler (1889-1945). § **na•zis•ta** *adj2g.* e *s2g.*

❑ **Nb** *Quím.* Símb. do *nióbio.*

❑ **Nd** *Quím.* Símb. do *neodímio.*

❑ **Ne** *Quím.* Símb. do *neônio.*

❑ **N.E.** Abrev. de *nordeste.*

ne•bli•na *sf.* Névoa densa e rasteira; nevoeiro.

ne•bli•nar *v.int.* **1.** Cair neblina. **2.** V. *chuviscar.* [Conjug.: 1 [neblin]**ar**. Defect., impess., só conjugável na 3ª pess. do sing.]

ne•bu•li•za•ção *sf.* **1.** Ato ou efeito de nebulizar (1). **2.** *Med.* Aplicação de líquido medicamentoso vaporizado. [Pl.: *–ções.*]

ne•bu•li•zar *v.t.d.* **1.** Transformar (um líquido) em vapor. **2.** Tratar por meio de nebulização (2). [Conjug.: 1 [nebuliz]**ar**]

ne•bu•lo•sa *sf. Astr.* Nuvem de poeira e gás interestelar.

ne•bu•lo•so (ô) *adj.* **1.** Coberto de nuvens ou vapores densos; nublado. **2.** Sem transparência; turvo. **3.** Pouco definido; indistinto. **4.** Obscuro, ininteligível. [Pl.: *–losos* (ó).] § **ne•bu•lo•si•da•de** *sf.*

ne•ce•da•de *sf.* **1.** Ignorância crassa; estupidez. **2.** Disparate, tolice. [Sin. ger.: *nescidade.*]

ne•ces•sá•ri•o *adj.* **1.** Indispensável, imprescindível. **2.** Forçoso, inevitável. **3.** Que deve ser feito, cumprido. • *sm.* **4.** Aquilo que é necessário.

ne•ces•si•da•de *sf.* **1.** Qualidade de ou o que é necessário. **2.** Aquilo que é inevitável, fatal. **3.** Privação dos bens necessários; indigência, pobreza.

ne•ces•si•ta•do *adj. sm.* Que ou quem padece necessidade (3).

ne•ces•si•tar *v.t.d.* **1.** Sentir necessidade de; precisar (de). **2.** Exigir, reclamar. **3.** Ter necessidade ou obrigação de. *T.i.* **4.** Necessitar (1 e 2). *Int.* **5.** Sofrer necessidades. [Conjug.: 1 [necessit]**ar**]

ne•cró•fa•go *adj. sm. Zool.* Diz-se de, ou animal que se alimenta de cadáveres. § **ne•cro•fa•gi•a** *sf.*

ne•cro•fi•li•a *sf. Psiq.* Perversão em que há atração sexual por cadáveres.

ne•cró•fi•lo *adj.* e *sm. Psiq.* Diz-se de, ou aquele que sofre de necrofilia.

ne•cro•lo•gi•a *sf.* **1.** Lista de mortos. **2.** Necrológio (2).

ne•cro•ló•gi•o *sm.* **1.** Notícia em jornal, etc., sobre pessoas falecidas; necrologia. **2.** Elogio de pessoas falecidas.

ne•cro•man•ci•a (cí) *sf.* **1.** Adivinhação pela invocação dos espíritos. **2.** Magia negra. [Var.: *nigromancia.*] § **ne•cro•man•te** *s2g.*

ne•cró•po•le *sf.* V. *cemitério.*

ne•crop•si•a *sf. Med.* Exame médico das diversas partes de um cadáver. [Sin., impr.: *autópsia.*]

ne•cro•sar *v.t.d.* 1. Produzir necrose em. *P.* 2. Ser atacado de necrose. [Conjug.: ① [necros]**ar**] § **ne•cro•sa•do** *adj.*; **ne•cro•san•te** *adj2g.*

ne•cro•se *sf. Patol.* Conjunto de alterações morfológicas que caracterizam morte celular e que se devem a ação enzimática. § **ne•cró•ti•co** *adj.*

ne•cro•té•ri•o *sm.* Lugar onde se expõem os cadáveres que vão ser submetidos a necropsia ou identificados.

néc•tar *sm.* 1. A bebida dos deuses. 2. Líquido açucarado que certas plantas segregam.

néc•ton *sm. Ocean. Biol.* O conjunto das espécies que vivem no meio da massa líquida, independentemente do fundo, e capazes de se locomover e vencer as correntes.

né•di•o *adj.* 1. Luzidio, brilhante. 2. De pele lustrosa.

ne•fan•do *adj.* Indigno de se nomear; execrável.

ne•fas•to *adj.* 1. Que causa desgraça; funesto. 2. De mau agouro; agourento.

ne•fral•gi•a *sf. Med.* Dor renal.

ne•frec•to•mi•a *sf. Med.* Retirada, parcial ou total, de rim.

ne•fri•ta *sf. Min.* Mineral compacto, esverdeado, que os antigos preconizavam contra as dores dos rins.

ne•fri•te *sf. Med.* Inflamação renal.

ne•fro•lo•gi•a *sf.* Parte da medicina que estuda as doenças renais.

ne•fro•se *sf. Med.* Doença degenerativa renal.

ne•fro•to•mi•a *sf. Cir.* Incisão em rim.

ne•ga•ça *sf.* 1. Engodo, isca. 2. Recusa, negação (em geral fingida).

ne•ga•ção *sf.* 1. Ato de negar; negativa. 2. Inaptidão. 3. Falta, ausência. 4. Recusa, negativa. [Pl.: –*ções.*]

ne•ga•ce•ar *v.t.d.* 1. Atrair por meio de negaça (1). 2. Recusar, em geral fingidamente. *Int.* 3. Fazer negaças. [Conjug.: ⑩ [negac]**ear**]

ne•gar *v.t.d.* 1. Dizer que não é verdadeiro (uma coisa). 2. Afirmar que não. 3. Não admitir a existência de. 4. Não reconhecer como verdadeiro. 5. Recusar. *T.d.i.* 6. Negar (1 e 2). *P.* 7. Recusar-se. [Conjug.: ⑪ [ne]**gar**]

ne•ga•ti•va *sf.* 1. Proposição com que se nega uma coisa. 2. V. *negação* (1 e 4).

ne•ga•ti•vis•mo *sm.* Espírito de negação sistemática.

ne•ga•ti•vo *adj.* 1. Que encerra ou exprime negação. 2. Sem efeito; nulo. 3. De resultado contrário ao que se esperava. • *sm.* 4. *Fot.* Imagem fotográfica que se forma impressionando-se diretamente uma chapa ou filme.

ne•gli•gên•ci:a *sf.* 1. Desleixo, incúria. 2. Indolência.

ne•gli•gen•ci•ar *v.t.d.* Tratar com negligência; descuidar-se de. [Conjug.: ① [negligenci]**ar**]

ne•gli•gen•te *adj2g.* 1. Que tem ou revela negligência. • *s2g.* 2. Pessoa negligente.

ne•go (è) *sm. Bras. Pop.* Camarada, amigo; negro.

ne•go•ci•a•ção *sf.* 1. Ato ou efeito de negociar. 2. Negócio (2). [Pl.: –*ções.*]

ne•go•ci•an•te *s2g.* Pessoa que negocia; comerciante.

ne•go•ci•ar *v.t.i. e int.* 1. Fazer negócios; comerciar. 2. Manter relações para concluir tratados ou convênios. *T.d.* 3. Concluir, ajustar. 4. Comprar ou vender. *T.d.i.* 5. Negociar (1 e 3). [Conjug.: ① [negoci]**ar**] § **ne•go•ci:a•dor** (ô) *adj. e sm.*; **ne•go•ci•á•vel** *adj2g.*

ne•go•ci•a•ta *sf.* Negócio (2) irregular, em que há roubo ou trapaça; mamata, arranjo, comilança.

ne•gó•ci:o *sm.* 1. Comércio, tráfico. 2. Relações comerciais; negociação, transação. 3. Combinação, ajuste. 4. Caso, coisa, assunto; fato. 5. *Bras.* Casa de negócio.

ne•go•cis•ta *s2g. Bras.* Quem é dado a negociatas.

ne•gra•da *sf. Bras. Pej.* Negraria.

ne•gra•lhão *sm.* Aum. de *negro*; negrão. [Pl.: –*lhões.*]

ne•grão *sm.* Negralhão. [Pl.: –*grões.*]

ne•gra•ri•a *sf. Pej.* Multidão de negros; negrada.

ne•gre•ga•do *adj.* Desgraçado, infeliz.

ne•grei•ro *adj.* 1. Relativo a negros. 2. Dizia-se do navio que transportava escravos negros. • *sm.* 3. Aquele que negociava com escravos negros.

ne•gre•jar *v.int.* Mostrar-se ou tornar-se negro. [Conjug.: ① [negrej]**ar**]

ne•gri•dão *sf.* 1. Negrura (1). 2. V. *negrume* (1). [Pl.: –*dões.*]

ne•gri•to *adj. e sm. Art. Gráf.* Diz-se de, ou tipo de traços acentuadamente mais grossos que o normal.

ne•gri•tu•de *sm.* 1. Estado ou condição das pessoas negras. 2. Ideologia característica da fase de conscientização, pelos povos africanos negros, de seus valores culturais.

ne•gro (è) *adj.* 1. Preto (1 e 2). 2. Diz-se do indivíduo que tem a pele muito pigmentada. 3. Diz-se da raça (2) cuja principal característica distintiva é a pele escura. 4. *Fig.* Sombrio, lúgubre. • *sm.* 5. A cor preta. 6. Indivíduo de raça negra. 7. *Bras. Pop.* Nego.

ne•grói•de *adj2g. e s2g.* Diz-se de, ou indivíduo semelhante aos da raça negra.

ne•gru•me *sm.* 1. Escuridão, negrura, negridão. 2. Nevoeiro espesso. 3. Tristeza, melancolia.

ne•gru•ra *sf.* 1. Qualidade de negro; negridão. 2. V. *negrume* (1).

ne•le (è) Contr. da prep. *em* com o pron. pess. *ele.*

ne•lo•re *adj2g.* e *sm.* Diz-se de, ou uma raça zebu.

nem *conj.* 1. E não. 2. E sem. 3. Ao menos, pelo menos; sequer. 4. Ou (1).

ne•ma•to•cis•to *sm. Zool.* Nos cnidários, estrutura formada por filamento oco, espiralado e farpado, imerso em líquido urticante; é us. como defesa contra predadores.

ne•ma•tó•de:o *sm. Zool.* Espécime dos nematódeos, classe de asquelmintos de vida livre, ou parasitos. § ne•ma•tó•de:o *adj.*

ne•nê *sm. Bras.* V. *neném.*

ne•ném *sm.* Criança de colo; nenê; bebê, bebê. [Pl.: *–néns.*]

ne•nhum *pron. indef.* 1. Nem um (só). 2. Qualquer (1). [Flex.: *nenhuma, nenhuns* e *nenhumas.*]

ne•nhu•res *adv.* Em nenhuma parte.

nê•ni:a *sf.* Canto fúnebre.

ne•nú•far *sm. Bot.* Planta ninfeácea de belas flores. [Pl.: *–fares.*]

ne:o•clas•si•cis•mo *sm.* Movimento artístico e literário (séc. XVIII e começo do séc. XIX) que pregava o retorno ao estilo clássico.

ne:o•clas•si•cis•ta *adj2g.* 1. Relativo ao, ou que é adepto do neoclassicismo. • *s2g.* 2. Adepto ou seguidor do neoclassicismo.

ne:o•dí•mi:o *sm. Quím.* V. *lantanídeos* [símb.: *Nd*].

ne:o•ó•fi•to *sm.* 1. Aquele que recebeu ou acabou de receber o batismo. 2. V. *novato* (2).

ne:o•for•ma•ção *sf. Med.* Formação de novo(s) tecido(s), ou como parte de processo de reparação de lesão, ou como tumor benigno ou maligno. [Pl.: *–ções.*]

ne:o•la•ti•no *adj.* Diz-se das línguas modernas oriundas do latim.

ne:o•li•be•ra•lis•mo *sm.* Doutrina, em voga nas últimas décadas do século XX, que favorece uma redução do papel do Estado na esfera econômica.

ne:o•lí•ti•co *adj. sm.* Diz-se de, ou período do holoceno em que os vestígios do homem pré-histórico se caracterizam pela presença de objetos de pedra polida (q. v.) e pelo aparecimento da agricultura.

ne:o•lo•gis•mo *sm.* 1. Palavra ou expressão nova, ou antiga com sentido novo. 2. Nova doutrina, sobretudo em teologia.

ne:o•lo•gis•ta *adj2g.* e *s2g.* Que ou quem emprega neologismo(s).

né•on *sm.* 1. *Quím.* Neônio. 2. Letreiro comercial luminoso que utiliza néon (1).

ne•ô•ni:o *sm. Quím.* Elemento usado em iluminação. V. *gás nobre* [símb.: *Ne*].

ne:o•pla•si•a *sf. Patol.* Qualquer tumor, benigno ou maligno. § ne:o•plá•si•co *adj.*

ne:o•tro•pi•cal *adj2g.* Próprio da América tropical.

ne:o•ze•lan•dês *adj.* 1. Da Nova Zelândia (Oceânia). • *sm.* 2. O natural ou habitante da Nova Zelândia. [Flex.: *neozelandesa* (ê), *neozelandeses* (ê), *neozelandesas* (ê).]

ne•po•tis•mo *sm.* Favoritismo.

ne•rei•da *sf.* Divindade mitológica, ninfa dos mares.

ne•res *pron. indef. Bras. Gír.* Coisa nenhuma, nada.

ner•vo (êr) *sm.* 1. *Anat.* Cordão esbranquiçado constituído de feixes de fibras nervosas contidos em bainha, e que tem como função transmitir impulsos para, ou do sistema nervoso central. 2. Força, energia.

ner•vo•si•da•de *sf.* V. *nervosismo* (1).

ner•vo•sis•mo *sm.* 1. Emotividade exagerada; irritabilidade, nervosidade. 2. Estado caracterizado por distúrbios do sistema nervoso; nervoso.

ner•vo•so (ó) *adj.* 1. Relativo a, ou que contém elemento(s) do sistema nervoso. 2. Que sofre de nervosismo. 3. Irritado. • *sm.* 4. Nervosismo (2). [Pl.: *–vosos* (ó).]

ner•vu•ra *sf.* 1. Moldura nas arestas duma abóbada, nas quinas das pedras, etc. 2. Prega finíssima e costurada, em tecido. 3. Saliência, de pouca projeção, em superfície sólida. 4. *Bot.* Cada cordão (3) que forma os feixes vasculares da planta. 5. *Zool.* Filete córneo que sustenta a membrana da asa dos insetos.

nes•ci•da•de *sf.* V. *necedade.*

nés•ci:o *adj.* 1. Que não sabe; ignorante, estúpido. 2. Incapaz. • *sm.* 3. Indivíduo néscio.

nes•ga (ê) *sf.* 1. Pedaço de pano triangular que se cose entre dois outros para ampliar. 2. Pequena porção de qualquer espaço.

nês•pe•ra *sf.* O fruto, bacáceo, da nespereira.

nes•pe•rei•ra *sf. Bot.* Árvore rosácea, frutífera.

nes•se (ê) Equiv. da prep. *em* e do pron. *esse.*

nes•sou•tro Equiv. da prep. *em* e de *essoutro.*

nes•te (ê) Equiv. da prep. *em* e do pron. *este.*

nes•tou•tro Equiv. da prep. *em* e de *estoutro.*

ne•to *sm.* Filho de filho ou da filha, em relação aos pais destes.

ne•tú•ni:o *sm. Quím.* V. *actinídeos* [símb.: *Np*].

ne•tu•no *sm. Astr.* Oitavo planeta em ordem de afastamento do Sol, e que tem oito satélites. [Com inicial maiúscula.]

neu•ral *adj2g.* Dos nervos, ou próprio deles. [Pl.: *–rais.*]

neu•ral•gi•a *sf. Med.* Dor, variável em intensidade, localização e causa, e que se propaga ao longo do(s) trajeto(s) de nervo(s); nevralgia. § neu•rál•gi•co *adj.*

neu•ras•te•ni•a *sf. Psiq.* 1. Afecção mental caracterizada por astenia física ou psíquica, grande irritabilidade, cefaléia, e alterações do sono. 2. *Pop.* Mau humor.

neu•ras•tê•ni•co *adj.* 1. Respeitante a neurastenia, ou que dela sofre. • *sm.* 2. Aquele que sofre de neurastenia. 3. *Pop.* Indivíduo mal-humorado, iracundo.

neu•ri•te *sf. Med.* Inflamação de nervo; nevrite.

neu•ro•lo•gi•a *sf. Med.* Estudo do sistema nervoso; nevrologia. § **neu•ro•ló•gi•co** *adj.*; **neu•ro•lo•gis•ta** *s2g.*

neu•róp•te•ro *sm. Zool.* Espécime dos neurópteros, classe de artrópodes predadores, com quatro asas membranosas e aparelho bucal mastigador. § **neu•róp•te•ro** *adj.*

neu•ro•se *sf. Psiq.* Perturbação mental que não compromete as funções essenciais da personalidade, mantendo o paciente penosa consciência de seu estado, sem violar as principais normas sociais; nevrose.

neu•ró•ti•co *adj. e sm. Psiq.* Diz-se de, ou aquele que sofre de neurose; nevrótico.

neu•ro•tó•xi•co (cs) *adj. sm. Med.* Diz-se de, ou agente tóxico para o sistema nervoso.

nêus•ton *sm. Ecol.* Comunidade de organismos planctônicos que vivem sobre a superfície, ou muito próximo dela.

neu•tral *adj2g.* V. *neutro* (1 e 2). [Pl.: –*trais*.] § **neu•tra•li•da•de** *sf.*

neu•tra•li•za•ção *sf.* 1. Ato ou efeito de neutralizar(-se). 2. *Eletrôn.* Eliminação de efeitos indesejáveis de retroalimentação em circuitos amplificadores.

neu•tra•li•zar *v.t.d.* 1. Declarar ou tornar neutro (um país, uma cidade, etc.). 2. Inutilizar. 3. Tornar inativo, inerte; anular. *P.* 4. Tornar-se neutro. [Conjug.: ⊡ [neutraliz]**ar**]

neu•tri•no *sm. Fís. Nucl.* Partícula elementar da família dos léptons, com massa nula ou muito pequena e carga elétrica nula, formada em alguns processos de desintegração de outras partículas.

neu•tro *adj.* 1. Que não toma partido nem a favor nem contra; neutral. 2. Diz-se de nação cujo território as potências se comprometem a respeitar em caso de guerra entre elas; neutral. 3. Indefinido, indistinto. 4. *Eng. Elétr.* Num circuito de corrente alternada, condutor permanentemente ligado à terra e que tem potencial constantemente igual a zero.

nêu•tron *sm. Quím.* Uma das partículas elementares, eletricamente neutra, que constituem os átomos.

ne•va•da *sf.* 1. A neve que cai de uma vez. 2. Queda de neve.

ne•va•do *adj.* Coberto de neve, branco como neve, ou semelhante a ela.

ne•var *v.int.* Cair neve. [Conjug.: ⊡ [nev]**ar**. Defect., impess.]

ne•vas•ca *sf.* Nevada acompanhada de temporal.

ne•ve *sf.* Precipitação de cristais de gelo formados diretamente pelo congelamento do vapor de água que está em suspensão no ar atmosférico.

ne•vis•car *v.int.* Cair neve em pequena quantidade. [Conjug.: ⑧ [nevis]**car**. Defect., impess.]

né•vo:a *sf.* 1. Turvação atmosférica, menos intensa que a cerração, e que não reduz a visibilidade a menos de um quilômetro. 2. Aquilo que embaça a vista.

ne•vo•ei•ro *sm.* Névoa espessa; bruma.

ne•vo•en•to *adj.* Nebuloso, nublado.

ne•vral•gi•a *sf. Med.* Neuralgia. § **ne•vrál•gi•co** *adj.*

ne•vri•te *sf.* Neurite.

ne•vro•lo•gi•a *sf.* Neurologia. § **ne•vro•ló•gi•co** *adj.*; **ne•vro•lo•gis•ta** *s2g.*

ne•vro•se *sf.* Neurose.

ne•vró•ti•co *adj. e sm.* V. *neurótico.*

new•ton (níu) *sm. Fís.* Unidade de medida de força do Sistema Internacional [símb.: *N*].

ne•xo (cs) *sm.* Ligação, vínculo.

nhá *sf. Bras.* Iaiá, senhora.

nham•bi•qua•ra *s2g., sm. e adj2g. Bras.* V. *nambiquara.*

nham•bu *sm. Bras. Zool.* V. *inhambu.*

nhan•du *sm. Bras. Zool.* Ema.

nhô *sm. Bras. Pop.* V. *ioiô²*.

nho•nhô *sm. Bras. Pop.* V. *ioiô²*.

nho•que *sm. Bras.* 1. *Cul.* Massa (5) típica da cozinha italiana, à base de batata. 2. Prato feito com essa massa.

ni *sm.* A 13ª letra do alfabeto grego (N, *ν*).

❑ **Ni** *Quím.* Símb. do *níquel.*

ni•ca *sf.* 1. Impertinência. 2. V. *ninharia.*

ni•ca•ra•güen•se *adj2g.* 1. Da Nicarágua (América Central). • *s2g.* 2. O natural ou habitante da Nicarágua.

ni•cho *sm.* 1. Cavidade ou vão em parede ou muro para colocar estátua, imagem, etc. 2. *Ecol.* Porção restrita de um hábitat, onde vigem condições especiais de ambiente. ◆ **Nicho ecológico.** *Ecol.* Espaço ocupado por uma espécie num ecossistema.

ni•có•ti•co *adj.* Relativo ao fumo.

ni•co•ti•na *sf. Quím.* Alcalóide existente nas folhas do tabaco.

ni•di•fi•car *v.int.* Fazer ninho. [Conjug.: ⑧ [nidifi]**car**]

ni•fe *sf. Geofís.* Núcleo central da Terra; barisfera.

ni•gro•man•ci•a (cí) *sf.* V. *necromancia.* § **ni•gro•man•te** *s2g.*

ni:i•lis•mo *sm.* 1. Descrença absoluta. 2. Doutrina segundo a qual nada existe de absoluto. § **ni:i•lis•ta** *adj2g. e s2g.*

nim•bar *v.t.d.* Aureolar². [Conjug.: ⊡ [nimb]**ar**]

nim•bo *sm.* 1. *Met.* Nuvem cinzenta e densa, que facilmente se precipita em chuva ou neve. 2. *Fig.* Auréola, resplendor.

ní•mi:o *adj.* Excessivo, demasiado.

ni•nar *v.t.d.* Fazer adormecer; embalar. [Conjug.: ① [nin]**ar**]

nin•fa *sf.* **1.** *Mit.* Divindade fabulosa dos rios, dos bosques e dos montes. **2.** *Zool.* O estágio jovem de certos insetos como, p. ex., libélulas e gafanhotos, em que se assemelham aos adultos exceto quanto às asas e órgãos reprodutores, que não se desenvolveram.

nin•fal *adj2g.* Relativo a, ou próprio de ninfa. [Pl.: *–fais.*]

nin•fe•á•ce:a *sf. Bot.* Espécime das ninfeáceas, família de grandes ervas aquáticas, floríferas. Ex.: vitória-régia. § **nin•fe•á•ce:o** *adj.*

nin•fo•ma•ni•a *sf.* Tendência, nas mulheres, para o abuso do coito, às vezes de caráter patológico. § **nin•fo•ma•ní•a•co** *adj.*

nin•fo•ma•ní•a•ca *sf. Psiq.* Aquela que tem ninfomania.

nin•guém *pron. indef.* Nenhuma pessoa.

ni•nha•da *sf.* **1.** Avezinhas contidas em um ninho. **2.** Os filhos que a fêmea de qualquer animal pariu duma só vez.

ni•nha•ri•a *sf.* Coisa sem préstimo ou valor; bagatela, insignificância, nica, nuga, bugiganga, nada, nonada.

ni•nho *sm.* **1.** Abrigo que as aves fazem para a postura de ovos e criação dos filhotes. **2.** Lugar onde os animais se recolhem e dormem. **3.** *Fig.* Abrigo. **4.** *Fig.* Lar.

ni•ó•bi:o *sm. Quím.* Elemento de número atômico 41, metálico [símb.: *Nb*].

ni•pô•ni•co *adj. e sm.* V. *japonês.*

ní•quel *sm.* **1.** *Quím.* Elemento de número atômico 28, metálico, branco-prateado, usado em ligas e como catalisador [símb.: *Ni*]. **2.** Moeda divisionária feita com ele. **3.** *Pop.* V. *dinheiro* (4). [Pl.: *–queis.*]

ni•que•lar *v.t.d.* Cobrir ou guarnecer de níquel. [Conjug.: ① [niquel]**ar**] § **ni•que•la•gem** *sf.*

nis•sei *adj2g. e s2g.* Diz-se de, ou filho de pais japoneses que emigraram.

nis•so Equiv. da prep. *em* e do pron. *isso.*

nis•to Equiv. da prep. *em* e do pron. *isto.*

ní•ti•do *adj.* **1.** Brilhante. **2.** Límpido, claro. **3.** Em que há clareza, inteligibilidade. § **ni•ti•dez** (ê) *sf.*

ni•tra•to *sm. Quím.* Qualquer sal derivado do ácido nítrico.

ní•tri•co *adj. Quím.* Diz-se dum ácido muito reativo [fórm.: HNO_3], oxidante, com muitas aplicações industriais.

ni•tri•to *sm. Quím.* Qualquer sal ou derivado do ácido nitroso.

ni•tro•ge•na•do *adj.* Que contém nitrogênio.

ni•tro•gê•ni:o *sm. Quím.* Elemento de número atômico 7, existente na atmosfera, gasoso, incolor, inodoro, pouco ativo, mas que participa de grande número de compostos [símb.: *N*].

ni•tro•gli•ce•ri•na *sf. Quím.* Líquido oleoso, amarelado, usado na fabricação de explosivos.

ni•tro•me•ta•no *sm. Quím.* Líquido muito inflamável, us. como combustível de motores especiais [fórm.: CH_3NO_2].

ni•tro•so *adj. Quím.* Diz-se de ácido instável [fórm.: HNO_2] us. na preparação de corantes. [Pl.: *–trosos* (ó).]

ní•vel *sm.* **1.** Instrumento para determinar a horizontalidade dum plano. **2.** Superfície paralela ao plano do horizonte. **3.** Altura relativa numa escala de valores. **4.** Situação, estado. [Pl.: *–veis.*]

ni•ve•lar *v.t.d. e t.d.i.* **1.** Colocar no mesmo nível. **2.** Igualar (1). *T.i.* **3.** Ficar no mesmo nível ou plano. *P.* **4.** Equiparar-se, igualar-se. [Conjug.: ① [nivel]**ar**] § **ni•ve•la•men•to** *sm.*

ní•ve:o *adj.* De, ou alvo como a neve.

❑ **nm** Símb. de *nanômetro.*

❑ **N.N.E.** Abrev. de *nor-nordeste.*

❑ **N.N.O.** Abrev. de *nor-noroeste.* [Outra f.: *N.N.W.*]

❑ **N.N.W.** Abrev. de *nor-noroeste.* [Outra f.: *N.N.O.*]

no¹ 1. Equiv. da prep. *em* e de *lo* (1). **2.** Equiv. da prep. *em* e de *lo* (2). **3.** Equiv. da prep. *em* e de *lo* (3).

no² F. que o pron. *lo* (*o*) assume em presença de *f.* verbais terminadas em ditongos nasais, como *ão, am* (= *ão*), *õe, em* (= *êi*): Estão-*no* vendo.

no³ F. que assume o pron. *nos* antes de *lo, la, los, las* (= *o, a, os, as*): *no*-lo, *no*-las.

❑ **No** *Quím.* Símb. do *nobélio.*

❑ **N.O.** Abrev. de *noroeste.* [Outra f.: *N.W.*]

nó *sm.* **1.** Entrelaçamento de uma ou duas cordas, linhas ou fios, para encurtá-los, marcá-los ou uni-los. **2.** A parte mais dura da madeira. **3.** A articulação das falanges dos dedos. **4.** União, vínculo. **5.** *Bot.* Porção do caule ou do ramo onde se inserem as folhas. **6.** Unidade de velocidade, igual a uma milha marítima por hora.

no•bé•li:o *sm. Quím.* V. *actinídeos* [símb.: *No*].

no•bi•li•á•ri:o *adj.* Relativo à nobreza.

no•bi•li:ar•qui•a *sf.* **1.** Estudo das origens e tradições das famílias nobres. **2.** Os nobres; a nobreza. § **no•bi•li•ár•qui•co** *sf.*

no•bi•li•tar *v.t.d. e p.* Tornar(-se) nobre; enobrecer(-se). [Conjug.: ① [nobilit]**ar**] § **no•bi•li•ta•ção** *sf.*

no•bre *adj2g.* **1.** Que tem título nobiliárquico; fidalgo. **2.** Diz-se dos indivíduos fidalgos. **3.** Ilustre, célebre. **4.** Elevado, sublime. **5.** Generoso. • *sm.* **6.** Indivíduo da nobreza (2).

⇨ **nobreak** (nôu breik) [Ingl.] *sm. Eng. Elétr.* Equipamento dotado de bateria, capaz de suprir o fornecimento de eletricidade durante certo tempo, quando há alguma falha na rede elétrica.

no•bre•za (è) *sf.* **1.** Qualidade ou caráter de nobre. **2.** Classe dos nobres, indivíduos que têm título (de conde, duque, etc.) e certos privilégios concedidos por um soberano.

no•ção *sf.* **1.** Conhecimento, idéia. **2.** Informação, notícia. **3.** Conceito. [Pl.: –ções.]

no•cau•te *sm.* No boxe, a derrota pela inconsciência durante 10s no mínimo.

no•cau•te•ar *v.t.d.* Levar a nocaute. [Conjug.: ⑩ [nocaut]**ear**]

no•ci•vo *adj.* Que prejudica, ou é próprio para causar dano. § **no•ci•vi•da•de** *sf.*

no•ções *sf.pl.* Conhecimentos elementares.

noc•tâm•bu•lo *adj.* e *sm.* Que ou quem anda ou vagueia de noite; noctívago.

noc•tí•va•go *adj.* e *sm.* Noctâmbulo.

no•do *sm. Med.* Pequena massa de tecido (3), normal ou patológico, em forma de tumefação. § **no•dal** *adj2g.*

nó•do:a *sf.* **1.** Sinal deixado por coisa suja; mancha. **2.** Mácula, desdouro.

no•do•so (ó) *adj.* Que tem nós. [Pl.: –dosos (ó).]

nó•du•lo *sm.* **1.** Nó pequeno. **2.** *Anat.* Designação genérica de massa muito pequena de tecido (3). § **no•du•lar** *adj2g.*

no•guei•ra *sf. Bot.* Árvore juglandácea que dá a noz (1).

noi•ta•da ou **nou•ta•da** *sf.* **1.** Espaço ou duração duma noite. **2.** Divertimento que dura a noite inteira, ou quase.

noite ou nou•te *sf.* **1.** Espaço de tempo em que o Sol está abaixo do horizonte. **2.** Escuridão, treva(s).

noi•va•do *sm.* **1.** Compromisso de casamento; esponsais. **2.** O período de tempo entre esse compromisso e as núpcias.

noi•var *v.int.* e *t.i.* Ficar ou tornar-se noivo. [Conjug.: ① [noiv]**ar**]

noi•vo *sm.* Aquele que vai casar.

no•jen•to *adj.* **1.** Que causa nojo. **2.** V. *repugnante* (2).

no•jo (ó) *sm.* **1.** Náusea, enjôo. **2.** Repugnância, asco. **3.** Pesar. **4.** Luto, dó.

no•li•ção *sf.* Ato de vontade que nega, que se opõe. [Antôn.: *volição*.]

no-lo **1.** Equiv. do pron. pess. *nos* e de *lo* (1). **2.** Equiv. do pron. pess. *nos* e de *lo* (3).

nô•ma•de *adj2g.* **1.** Diz-se das tribos ou povos que estão sempre a deslocar-se em busca de alimentos, pastagens, etc. **2.** Que leva vida errante. • *s2g.* **3.** Pessoa nômade.

no•ma•dis•mo *sm.* Sistema de vida de nômade.

no•me *sm.* **1.** Palavra(s) com que se designa pessoa, animal ou coisa. **2.** Prenome. **3.** Sobrenome. **4.** V. *nomeada*.

no•me•a•da *sf.* Fama, reputação, renome, nome.

no•me•ar *v.t.d.* **1.** Designar pelo nome; proferir o nome de. **2.** Chamar pelo nome. **3.** Atri-

buir cargo, ou comissão, a; designar. *Transobj.* **4.** Considerar; classificar. **5.** Designar. *P.* **6.** Intitular-se. [Conjug.: ⑩ [nom]**ear**] § **no•me:a•ção** *sf.*

no•men•cla•tu•ra *sf.* Conjunto de termos peculiares a uma arte, ou ciência, etc.

no•mi•na•ção *sf. Ret.* Figura de retórica pela qual se dá nome a uma coisa que não o tem. [Pl.: –ções.]

no•mi•nal *adj2g.* **1.** Relativo ao nome. **2.** Que existe só em nome. **3.** *Econ.* Diz-se do valor declarado de uma ação ou título de crédito (em oposição ao valor efetivamente pago). [Pl.: –nais.]

no•mi•na•ta *sf.* Lista de nomes.

no•mi•na•ti•vo *adj.* **1.** Que tem nome, ou que denomina. **2.** Que traz o nome do proprietário ou favorecido.

no•na•da *sf.* V. *ninharia.*

no•na•ge•ná•ri:o *adj.* Que está na casa dos 90 anos de idade.

no•na•gé•si•mo *num.* Ordinal e fracionário correspondente a 90.

no•na•to *adj.* e *sm.* **1.** Diz-se de, ou criança que nasceu mediante operação cesariana. **2.** Diz-se de, ou criança ou animal que se tirou do ventre da mãe depois que esta morreu.

no•ni•lhão *num.* Mil octilhões; 10 elevado à 30ª potência. [Pl.: –lhões.]

no•ni•li•ão *num.* Nonilhão. [Pl.: –ões.]

nô•nin•gen•té•si•mo *num.* **1.** Ordinal correspondente a 900. **2.** Fracionário correspondente a 900.

no•no *num.* **1.** Ordinal correspondente a 9. **2.** Fracionário correspondente a 9.

nô•nu•plo *num.* **1.** Que é nove vezes maior que outro. • *sm.* **2.** Quantidade nove vezes maior que outra.

no•ra¹ *sf.* A mulher do filho em relação aos pais dele.

no•ra² *sf.* Aparelho para tirar água de poços, cisternas, etc.

nor•des•te *sm.* **1.** Ponto do horizonte situado a 45° do N. e do E. [Abrev.: *N.E.*] **2.** Vento que sopra daí. **3.** *Geogr.* V. *Grande Região* (Minienciclopédia). ◆ **Nordeste Ocidental.** *Geogr.* V. *Grande Região* (Minienciclopédia). **Nordeste Oriental.** *Geogr.* V. *Grande Região* (Minienciclopédia).

nor•des•ti•no *adj.* **1.** Do Nordeste brasileiro. • *sm.* **2.** *Bras.* O natural ou habitante dessa região.

nór•di•co *adj.* **1.** Dos, ou pertencente ou relativo aos países do norte da Europa (Dinamarca, Finlândia, Suécia, Noruega e Islândia). • *sm.* **2.** O natural ou habitante dos países nórdicos.

nor•ma *sf.* **1.** Aquilo que se adota como base ou medida para a realização ou avaliação de algo. **2.** Princípio, regra. **3.** Modelo, padrão.

nor•mal *adj2g.* **1.** Conforme à norma. **2.** Habitual. **3.** Diz-se do ensino para formação de professores primários. **4.** *Mat.* Diz-se de reta, vetor, etc. perpendicular a uma curva ou plano. • *sf.* **5.** *Mat.* Reta perpendicular a uma curva ou plano. [Pl.: –*mais.*] § **nor•ma•li•da•de** *sf.*

nor•ma•lis•ta *adj2g.* e *s2g.* Que ou quem segue ou tem o curso de escola normal.

nor•ma•li•zar *v.t.d.* e *p.* Fazer voltar, ou voltar, à normalidade, ao estado normal. [Conjug.: ①[normaliz]**ar**] § **nor•ma•li•za•ção** *sf.*

nor•man•do *adj.* **1.** Da, ou pertencente ou relativo à Normandia (França). • *sm.* **2.** O natural ou habitante da Normandia.

nor•ma•ti•vo *adj.* Que serve de, ou estabelece norma.

nor•ma•ti•zar *v.t.d.* **1.** Estabelecer normas para. **2.** Submeter a norma(s). [Conjug.: ①[normatiz]**ar**] § **nor•ma•ti•za•ção** *sf.*

nor-nor•des•te *sm.* **1.** Ponto do horizonte entre o N. e o N.E. [Abrev.: *N.N.E.*] **2.** Vento que sopra desse ponto. **3.** Região ou regiões situadas a nor-nordeste (1). [Com inicial maiúscula, nesta acepç.] [Pl.: *nor-nordestes.*]

nor-no•ro•es•te *sm.* **1.** Ponto do horizonte entre o N. e o N.O. [Abrev.: *N.N.O.* ou *N.N.W.*] **2.** Vento que sopra desse ponto. **3.** Região ou regiões situadas a nor-noroeste (1). [Com inicial maiúscula, nesta acepç.] [Pl.: *nor-noroestes.*]

no•ro•es•te *sm.* **1.** Ponto do horizonte situado a 45° do N. e do O. [Abrev.: *N.O.* ou *N.W.*] **2.** Vento que sopra desse rumo. **3.** Região ou regiões situadas a noroeste (1). [Com inicial maiúscula, nesta acepç.]

nor•ta•da *sf.* Vento frio e/ou áspero que sopra do norte.

nor•te *sm.* **1.** Ponto cardeal (q. v.) que se opõe diretamente ao sul (1) e se acha à esquerda do observador voltado para o este. [Abrev.: *N.*] **2.** O pólo norte. **3.** Região ou regiões situadas ao norte. [Com inicial maiúscula, nesta acepç.] **4.** O vento que sopra do norte. **5.** Rumo, direção. **6.** *Geogr.* V. *Grande Região* (Minienciclopédia). • *adj.* **7.** Do norte.

nor•te-a•me•ri•ca•no *adj.* **1.** Dos Estados Unidos da América. • *sm.* **2.** O natural ou habitante desse país. [Sin. ger.: *ianque.* Pl.: *norte-americanos.*]

nor•te•ar *v.t.d.* **1.** Dar a direção do norte a. **2.** Orientar, guiar. *T.d.i.* **3.** Nortear (2). *P.* **4.** Orientar-se. **5.** Encaminhar-se. [Conjug.: ⑩[nort]**ear**]

nor•tis•ta *adj2g.* **1.** Do Norte brasileiro. • *s2g.* **2.** O natural ou habitante dessa região.

no•ru•e•guês *adj.* **1.** Da Noruega (Europa). • *sm.* **2.** O natural ou habitante da Noruega. **3.** A língua falada nesse país. [Flex. (de 1 e 2): *norueguesa* (ê), *noruegueses* (ê), *norueguesas* (ê).]

nos[1] *F.* oblíqua do pron. pess. *nós*, a qual funciona, em geral, como objeto direto ou, as mais das vezes, como indireto.

nos[2] *Masc.* pl. de *no*[2] (1 e 2).

nos[3] *Masc.* pl. de *no*[3].

nós *Pron. pess.* (da 1ª pess. do pl. de ambos os gêneros) que funciona como sujeito, predicativo e regime de preposições.

no•so•cô•mi:o *sm.* Hospital. § **no•so•co•mi•al** *adj2g.*

no•so•fo•bi•a *sf. Psiq.* Horror patológico a doença.

no•so•ma•ni•a *sf. Psiq.* Hipocondria.

nos•so *pron.* Pertencente a, ou próprio de, ou experimentado por nós.

nos•tal•gi•a *sf.* **1.** Saudade da pátria. **2.** *P. ext.* Saudade.

nos•tál•gi•co *adj.* Que sente, ou em que há nostalgia.

no•ta *sf.* **1.** Marca para assinalar algo. **2.** Conhecimento; atenção. **3.** Apontamento, anotação. **4.** Breve comunicação escrita. **5.** Comunicação escrita e oficial do governo dum país ao de outro. **6.** Julgamento (de aptidão revelada em exame ou concurso, etc.) expresso em números, palavras, etc.; grau. **7.** Conta de despesa efetuada. **8.** Cédula (3). **9.** Registro das escrituras dos tabeliães. **10.** *Edit.* Comentário, explicação ou aditamento à parte do texto de uma obra. **11.** *Mús.* Cada um dos sinais gráficos com que se representam convencionadamente a altura e duração relativas dos sons. **12.** *Mús.* Som musical, produzido por um instrumento (4) ou pela voz humana.

no•ta•bi•li•da•de *sf.* **1.** Qualidade de notável. **2.** Pessoa ilustre, notável.

no•ta•bi•li•zar *v.t.d.* e *p.* Tornar(-se) notável; celebrizar(-se). [Conjug.: ①[notabiliz]**ar**]

no•ta•ção *sf.* **1.** Ato, efeito ou modo de notar. **2.** Sistema de representação ou designação convencional. [Pl.: –*ções.*]

no•tar *v.t.d.* **1.** Pôr sinal, nota, em. **2.** Tomar nota de. **3.** Atentar ou reparar em; advertir, observar. **4.** Estranhar, censurar. **5.** Escrever nas notas de tabelião. [Conjug.: ①[not]**ar**]

no•ta•ri•a•do *sm.* Ofício ou funções de notário.

no•tá•ri:o *sm.* Escrivão público; tabelião.

no•tá•vel *adj2g.* **1.** Digno de nota, atenção, ou de apreço ou louvor. **2.** Essencial; importante. **3.** Eminente, ilustre. **4.** Extraordinário. [Superl.: *notabilíssimo.* Pl.: –*veis.*]

⊃**notebook** (nôutbuk) [Ingl.] *sm. Inform.* Microcomputador portátil, menor que o *laptop.*

no•tí•ci:a *sf.* **1.** Informação, conhecimento, notificação. **2.** Resumo dum acontecimento, ou dum assunto qualquer. **3.** V. *novidade* (2). **4.** Lembrança.

no•ti•ci•ar *v.t.d.* e *t.d.i.* **1.** Dar notícia de. **2.** Tornar conhecido; divulgar. [Conjug.: ① [notici]**ar**] § **no•ti•ci:a•dor** (ô) *adj.*

no•ti•ci•á•ri:o *sm.* Conjunto de notícias divulgadas por jornal, televisão, cinema, etc.; jornal.

no•ti•ci:a•ris•ta *s2g.* **1.** Jornalista que redige notícias. **2.** *P. ext.* Jornalista que apresenta noticiário em televisão e rádio.

no•ti•ci•o•so (ô) *adj.* Que traz ou contém (muitas) notícias. [Pl.: –*osos* (ó).]

no•ti•fi•ca•ção *sf.* **1.** Ato ou efeito de notificar. **2.** *Jur.* Ordem judicial para que se faça ou não alguma coisa. **3.** *Jur. P. ext.* Documento que contém essa ordem. [Pl.: –*ções*.]

no•ti•fi•car *v.t.d.* e *t.d.i.* **1.** Dar ciência ou notícia a; inteirar. **2.** Dar judicialmente conhecimento de; intimar. [Conjug.: ⑧ [notifi]**car**]

no•to•cór•di:o *sm. Embr.* Estrutura celular flexível, em forma de bastão, que dá origem ao eixo primitivo do embrião, nos cordados.

no•to•ri•e•da•de *sf.* **1.** Qualidade de notório. **2.** Pessoa de notória competência ou saber.

no•tó•ri:o *adj.* Sabido de todos; público.

no•tos•sau•ro *sm. Paleont.* Dinossauro reptil, anfíbio, com dentes aguçados, cauda estreita, e membros largos, que viveu no triássico da Alemanha e do S. da África.

no•tur•no *adj.* **1.** Relativo à, ou que se faz de noite, ou que funciona de noite. **2.** *Bot. Zool.* Diz-se de animal, ou de planta, que realiza a maior parte de sua função (como alimentação, florescimento) à noite. • *sm.* **3.** *Mús.* Composição para piano, de caráter melancólico e sonhador. **4.** *Bras.* Trem que corre à noite.

nou•tro Equiv. da prep. *em* e do pron. indef. *outro.*

no•va *sf.* **1.** V. *novidade* (2). **2.** *Astr.* Estrela que se tornou bruscamente muito luminosa.

no•va•men•te *adv.* Mais uma vez; de novo.

no•va•to *sm.* **1.** Estudante novel; calouro. **2.** Pessoa inexperiente, bisonha; principiante, noviço, neófito.

no•ve *num.* **1.** Quantidade que é uma unidade maior que 8. **2.** Número (1) correspondente a essa quantidade. [Representa-se em algarismos arábicos por 9, e em algarismos romanos, por IX.]

no•ve•cen•tos *num.* **1.** Quantidade que é uma unidade maior que 899. **2.** Número (1) correspondente a essa quantidade. [Representa-se em algarismos arábicos por 900, e em algarismos romanos, por CM.]

no•vel (é) *adj2g.* **1.** V. *novo* (1). **2.** Inexperiente. [Pl.: –*véis.*]

no•ve•la *sf.* **1.** *Liter.* Narração, usualmente curta, ordenada e completa, de fatos humanos fictícios, mas, em regra, verossímeis. **2.** *Bras.* Peça teatral ou romance com apresentação seriada pelo rádio ou pela televisão.

no•ve•lei•ro *adj.* e *sm. Bras.* **1.** Que ou quem escreve e/ou aprecia novela (2). **2.** Novidadeiro.

no•ve•les•co (ê) *adj.* Próprio de novela.

no•ve•lis•ta (è) *s2g.* Autor de novela.

no•ve•lo (ê) *sm.* Bola feita de fio enrolado.

no•vem•bro *sm.* O undécimo mês do ano, com 30 dias.

no•ve•na *sf.* **1.** O espaço de nove dias. **2.** Rezas feitas durante nove dias.

no•vê•ni:o *sm.* Espaço de nove anos.

no•ven•ta *num.* **1.** Quantidade que é uma unidade maior que 89. **2.** Número (1) correspondente a essa unidade. [Representa-se em algarismos arábicos por 90, e em algarismos romanos, por XC.]

no•vi•ça *sf.* Fem. de *noviço.*

no•vi•ci•a•do *sm.* **1.** Aprendizado a que se submetem os noviços. **2.** A duração dele.

no•vi•ço *sm.* **1.** Homem que se está preparando para professar num convento. **2.** V. *novato* (2).

no•vi•da•de *sf.* **1.** Qualidade de novo. **2.** Aquilo que é novo; coisa nova; inovação. **3.** Aquilo que acaba de acontecer ou que ainda não foi divulgado; nova, notícia. **4.** Situação ou fato imprevisto, ou raro.

no•vi•da•dei•ro *adj.* e *sm.* Que(m) gosta de contar novidades; noveleiro.

no•vi•lha *sf.* Vaca nova; bezerra.

no•vi•lho *sm.* Boi ainda novo.

no•vo (ô) *adj.* **1.** Que tem pouco tempo de existência, recente. **2.** Moço, jovem. **3.** Que é visto pela primeira vez. **4.** Que acaba de ser feito ou adquirido. **5.** Que tem pouco uso. **6.** Original (4). **7.** Estranho, desconhecido. [Pl.: *novos* (ó).] ◆ **De novo.** Outra vez; novamente.

no•vo-ri•co *sm.* Indivíduo cuja riqueza é recente, e, em especial, o que gosta de ostentá-la. [Pl.: *novos-ricos.*]

no•vos *sm.pl.* A gente nova.

noz *sf.* **1.** O fruto da nogueira, conhecido no Brasil como noz de Natal. **2.** Fruto seco, com uma só semente, como o das palmeiras.

noz-mos•ca•da *sf. Bot.* **1.** Moscadeira. **2.** O seu fruto e semente, aromática, us. como especiaria. **3.** Essa especiaria. [Pl.: *nozes-moscadas.*]

noz-vô•mi•ca *sf. Bot.* Árvore loganiácea cujos frutos têm sementes que dão a estricnina e outros alcalóides. [Pl.: *nozes-vômicas.*]

❑ **Np** *Quím.* Símb. do netúnio.

nu¹ *adj.* **1.** Sem vestuário; despido. **2.** Descalço. **3.** Descoberto, exposto. **4.** Sem folhas ou vegetação. **5.** Desguarnecido, desataviado. **6.** Sem nada; vazio. **7.** Desembainhado (a espada).

nu² *sm.* V. *ni.*

nu•an•ça *sf.* Graduação sutil duma cor; matiz.

nu:an•çar *v.t.d.* Matizar (1). [Conjug.: ⑨ [nuan]çar]

nu•ben•te *s2g.* Pessoa que se vai casar.

nú•bil *adj2g.* Casadouro. [Pl.: *–beis.*]

nu•bla•do *adj.* Coberto de nuvens.

nu•blar *v.t.d.* e *p.* Cobrir(-se) de nuvens; anuviar(-se), toldar-se. [Conjug.: ⊡ [nubl]**ar**]

nu•ca *sf.* A parte posterior do pescoço.

nu•ci•for•me *adj2g.* Semelhante a uma noz.

nu•cle•a•do *adj.* Que tem núcleo.

nu•cle•ar *adj2g.* **1.** Relativo a núcleo. **2.** *Fís.* Diz-se de fenômeno, aparelho, etc., em que se processam reações de fissão nuclear, controladas ou não.

nu•clei•co *adj. Quím.* Diz-se dos ácidos ribonucleico e desoxirribonucleico, geralmente encontrados nos núcleos das células.

nú•cle:o *sm.* **1.** O miolo da noz e de outros frutos. **2.** O ponto central ou essencial. **3.** *Citol.* Estrutura encontrada no interior da célula, e que comanda as atividades celulares e regula a reprodução. **4.** *Eng. Elétr.* Peça de material ferromagnético em torno da qual se enrola um condutor para constituir um indutor. **5.** *Quím.* Constituinte central do átomo, formado por prótons e nêutrons.

nu•clí•de:o *sm. Fís. Nucl.* Átomo caracterizado por um número de massa e um número atômico determinados, e que tem vida média suficientemente longa para permitir a sua identificação com um elemento químico. ♦ **Nuclídeos isótopos.** *Fís. Nucl.* Os que têm o mesmo número atômico, mas números de massa diferentes.

nu•da•ção *sf.* Ato ou efeito de desnudar(-se). [Pl.: *–ções.*]

nu•dez (ê) *sf.* **1.** Estado de nu. **2.** Ausência de ornatos.

nu•di•brân•qui:o *sm. Zool.* Espécime dos nudibrânquios, ordem de moluscos gastrópodes, desprovidos de manto (3) e concha, quando adultos. § **nu•di•brân•qui:o**

nu•dis•mo *sm.* **1.** Doutrina que prega o viver ao ar livre em completa nudez. **2.** A respectiva prática. § **nu•dis•ta** *adj2g.* e *s2g.*

nu•ga *sf.* V. *ninharia.*

nu•gá *sm.* Doce de nozes ou amêndoas misturadas com mel.

nu•li•da•de *sf.* **1.** Qualidade de nulo. **2.** Pessoa sem mérito nenhum.

nu•li•fi•car *v.t.d.* e *p.* V. *anular²*. [Conjug.: ⑧ [nulifi]**car**]

nu•lo *adj.* **1.** Não válido. **2.** Sem efeito; inútil, vão. **3.** Inepto, incapaz.

num Equiv. da prep. *em* e do art. indef., ou do num. *um.*

nu•me *sm.* **1.** V. *deidade* (1). **2.** Divindade mitológica.

nu•me•ra•ção *sf.* **1.** Ato ou efeito de numerar. **2.** Série de números que distinguem as páginas de livro, manuscrito, etc. **3.** Proces-

so de escrever ou representar os números. [Pl.: *–ções.*]

nu•me•ra•dor (ô) *adj.* **1.** Que numera. • *sm.* **2.** Aquele que o faz. **3.** Aparelho para numerar. **4.** *Arit.* Numa fração ordinária, o elemento que fica acima do traço de fração.

nu•me•ral *adj2g.* **1.** Relativo a, ou indicativo de número. • *sm.* **2.** *Gram.* Classe de palavras que indica uma quantidade exata de pessoas ou coisas ou o lugar que elas ocupam numa série. [Pl.: *–rais.*]♦ **Numeral cardinal.** Aquele que designa quantidade absoluta: *um, dois, três, ...* . **Numeral ordinal.** Aquele que indica ordem ou série: *primeiro, segundo, terceiro.*

nu•me•rar *v.t.d.* **1.** Pôr números em. **2.** Dispor por ordem numérica. [Conjug.: ⊡ [numer]**ar**]

nu•me•rá•ri:o *adj.* **1.** Relativo a números. Expresso em número(s). • *sm.* **3.** Dinheiro efetivo; moeda.

nu•me•rá•vel *adj2g.* Que pode ser numerado. [Pl.: *–veis.*]

nu•mé•ri•co *adj.* **1.** Relativo a número, ou composto por números. **2.** Digital (3 e 4).

nú•me•ro *sm.* **1.** Entidade abstrata que corresponde a um aspecto ou a característica mensurável de algo (quantidade, grandeza, intensidade, etc.) e que é matematicamente definida como o conjunto de todos os conjuntos equivalentes a um conjunto dado. **2.** Porção, parcela. **3.** Palavra ou símbolo que expressa a quantidade. **4.** *Bibliol.* Exemplar (5). **5.** *Edit.* Unidade de publicação periódica; fascículo. **6.** *Gram.* Flexão nominal ou verbal indicativa de um ou de mais. **7.** *Mat.* O conjunto de todos os conjuntos equivalentes a um conjunto dado. ♦ **Número absoluto.** *Arit.* O valor positivo de um número relativo. **Número algébrico.** *Mat.* Número relativo (q. v.). **Número atômico.** *Fís. Nucl.* Número de prótons no núcleo de um elemento, o qual coincide com a ordem do elemento na classificação periódica. **Número complexo.** *Mat.* Número que pode ser escrito na forma $a + ib$, onde a e b são reais, e i é a raiz quadrada de menos um; número imaginário; complexo. **Número de massa.** *Fís. Nucl.* Número total de prótons e nêutrons presentes no núcleo de um átomo [símb.: *A*]. **Número e.** *Mat.* Número real irracional transcendente, igual à soma da série infinita cujo termo é $1/n!$. Seu valor aproximado é 2,718281828459023.... [símb.: *e*]. **Número imaginário.** *Mat.* V. *número complexo.* **Número inteiro.** *Mat.* Qualquer elemento da série - ∞, ..., -3, -2, -1, 0, 1, 2, 3, 4,..... **Número irracional.** *Mat.* Número real que não é racional; irracional. **Número natural.** *Mat.* Número inteiro positivo; natural. **Número pi** (π). *Mat.* Número irracional transcendente igual à razão entre o comprimento de uma circunferência de círculo e o seu diâmetro; pi. Seu valor aproximado é 3,141592653589793.... . **Número primo**. Primo². **Número quântico**. *Fís*. Qualquer dos números necessários para caracterizar o estado de um sistema quantificado e que permite identificar univocamente a função de onda associada ao estado. **Número racional**. *Mat*. O que pode ser escrito como quociente de dois inteiros, dos quais o divisor não é nulo. **Número real**. *Mat*. Par de classes em que se pode dividir o conjunto dos números racionais de modo que todo racional, exceto, no máximo, um deles, esteja numa das classes; real. **Número relativo**. *Arit*. Número provido de sinal positivo ou negativo; número algébrico. **Número transcendente**. *Mat*. Número irracional que não é algébrico; transcendente.

nu•me•ro•so (ô) *adj*. Abundante, copioso. [Pl.: –*rosos* (ó).]

nu•mi•dí•de:o *sm. Zool*. Espécime dos numidídeos, família de aves galiformes que têm cabeça nua e o resto do corpo coberto de penas pretas com pintas brancas. São as galinhas-d'angola. § **nu•mi•dí•de:o** *adj*.

nu•mis•ma•ta *s2g*. Especialista em numismática.

nu•mis•má•ti•ca *sf*. Estudo das moedas e medalhas. § **nu•mis•má•ti•co** *adj*.

nun•ca *adv*. 1. Em tempo algum; jamais. 2. Não (1).

nun•ci•a•tu•ra *sf*. 1. Dignidade ou funções de núncio apostólico. 2. O lugar onde ele as exerce.

nún•ci:o *sm*. 1. Anunciador, mensageiro. 2. Embaixador do Papa.

nun•cu•pa•ção *sf. Jur*. Designação ou instituição de herdeiro feita oralmente. [Pl.: –*ções*.]

núp•ci:as *sf.pl*. 1. Casamento. 2. V. *bodas*. § **nup•ci•al** *adj2g*.

nu•tri•ção *sf*. 1. Ato ou efeito de nutrir(-se). 2. Sustento, alimento. [Sin., nessas acepç.: *nutrimento*.] 3. Conjunto dos processos que vão desde a ingestão dos alimentos até a sua assimilação pelas células. [Pl.: –*ções*.]

nu•tri•ci:o•nal *adj2g*. Relativo à nutrição. [Pl.: –*nais*.]

nu•tri•ci:o•nis•mo *sm*. O estudo da nutrição (3).

nu•tri•ci:o•nis•ta *s2g*. Profissional especialista em planejamento nutricional; dietista.

nu•tri•en•te *adj2g*. 1. V. *nutritivo*. • *sm*. 2. Substância nutriente.

nu•tri•men•to *sm*. Nutrição (1 e 2).

nu•trir *v.t.d*. 1. Alimentar, sustentar. 2. Engordar, cevar. 3. Alentar, alimentar. *T.d.i*. 4. Nutrir (3). *Int*. 5. Ser nutritivo. *P*. 6. Alimentar-se; sustentar-se. [Conjug.: ③ [nutr]**ir**]

nu•tri•ti•vo *adj*. Próprio para nutrir, nutriente, alimentício.

nu•triz *sf*. 1. Mulher que amamenta. • *adj.(f.)* 2. Que alimenta.

nu•vem *sf*. 1. Conjunto visível de partículas de água ou de gelo em suspensão na atmosfera. 2. Conjunto de partículas de pó, fumaça, gases, etc., suspensos no ar. 3. Turvação da vista. 4. *Fig*. Tristeza ou apreensão. 5. *Fig*. Porção de coisas reunidas, por via de regra em movimento.

❑ **N.W.** Abrev. de *noroeste*. [Outra f.: *N. O.*]

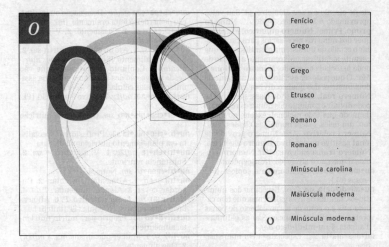

	Fenício
	Grego
	Grego
	Etrusco
	Romano
	Romano
	Minúscula carolina
	Maiúscula moderna
	Minúscula moderna

o (ó) *sm.* **1.** A 14ª letra do nosso alfabeto. **2.** Figura ou representação dessa letra. • *num.* **3.** A forma aproximadamente circular da letra *o*, ou aquilo que tem essa forma. **4.** Décimo quarto, numa série. **5.** Décimo quinto, numa série em que a letra *k* corresponde ao 11º elemento. [Pl., nas acepç. 1 e 2: *os* (ós), tb. indicado pela duplicação da letra: *oo*.]

o 1. Art. def. masc. sing. **2.** Pron. pess. oblíquo da 3ª pess., masc. **3.** Pron. dem. masc. **4.** Pron. dem. neutro, equiv. a *isto*, ou *isso*, ou *aquilo*.

❑ **O 1.** *Geogr.* Abrev. de *oeste*. **2.** *Med.* Us. (por sua semelhança com o algarismo 0) como indicação de ausência de aglutinógenos nas hemácias, característica de um grupo sanguíneo, designado *grupo O*. **3.** *Quím.* Símb. do *oxigênio*.

ó¹ *sm.* A letra *o*.

ó² *interj.* Us. para chamar, atrair a atenção, invocar, etc.

o•á•sis *sm.2n.* Região com vegetação e água em meio a um grande deserto.

o•ba (ó) *interj. Bras.* **1.** Upa (2 e 3). **2.** Opa.

ob•ce•ca•do *adj.* **1.** De inteligência obscurecida. **2.** Contumaz no erro. **3.** Teimoso, obstinado.

ob•ce•car *v.t.d.* **1.** Tornar cego; cegar. **2.** Obscurecer com trevas (o espírito). **3.** Induzir em erro. **4.** Desvairar. *P.* **5.** Tornar-se contumaz no erro. [Conjug.: 🔟 [obce]**car**] § **ob•ce•ca•ção** *sf.*; **ob•ce•can•te** *adj2g.*

o•be•de•cer *v.t.d.* **1.** Sujeitar-se à vontade de outrem. **2.** Estar sujeito. **3.** Não resistir; ceder. **4.** Cumprir, executar. **5.** Estar ou ficar sujeito a. *Int.* **6.** Executar ordens. [Conjug.: 34 [obede]**cer**]

o•be•di•ên•ci:a *sf.* **1.** Ato ou efeito de obedecer. **2.** Disposição para obedecer. **3.** Submissão à vontade de alguém. § **o•be•di•en•te** *adj2g.*

o•be•lis•co *sm.* Monumento ou marco quadrangular, alongado, de pedra, sobre um pedestal.

o•be•si•da•de *sf. Med.* Deposição excessiva de gordura no organismo.

o•be•so *adj.* Que tem obesidade.

ó•bi•ce *sm.* Impedimento, empecilho.

ó•bi•to *sm.* Morte de pessoa; passamento.

o•bi•tu•á•ri:o *adj.* **1.** Relativo a óbito. • *sm.* **2.** Registro de óbito(s).

ob•je•ção *sf.* **1.** Ato ou efeito de objetar. **2.** V. *oposição* (1). [Pl.: *-ções.*]

ob•je•tar *v.t.d.* **1.** Contrapor (um argumento a outro). *T.i.* **2.** Opor-se a. [Conjug.: 🔟 [objet]**ar**]

ob•je•ti•va *sf.* Lente ou sistema de lentes de um instrumento, como, p. ex., câmera fotográfica, e que permite a observação ou o registro fotográfico de objetos.

ob•je•ti•var *v.t.d.* **1.** Tornar objetivo. **2.** Ter por fim; pretender. [Conjug.: 🔟 [objetiv]**ar**] § **ob•je•ti•va•ção** *sf.*

ob•je•ti•vi•da•de *sf.* Qualidade de objetivo.

ob•je•ti•vo *adj.* **1.** Prático, direto, positivo. • *sm.* **2.** V. *alvo* (5).

ob•je•to *sm.* **1.** Tudo que é perceptível por qualquer dos sentidos. **2.** Coisa, peça, artigo de compra e venda. **3.** Matéria, assunto. **4.** Motivo, causa. **5.** V. *alvo* (5). **6.** *Inform.* Qualquer elemento apresentado por programa na tela do computador, e que cumpre função de interação com o usuário. ◆ **Objeto direto.** *Gram.* Complemento que integra a significação do verbo sem auxílio de preposição. **Objeto indireto.** *Gram.* Complemento que integra a significação do verbo ligando-se a este por uma preposição.

o•bla•ção *sf.* Oferenda feita a Deus ou aos santos. [Pl.: *–ções.*]

o•bla•to *sm.* **1.** Leigo que se oferece para servir em ordem monástica. • *adj.* **2.** Achatado nos pólos.

o•blí•qua *sf. Geom.* Reta que forma com outra ou com um plano ângulos adjacentes desiguais.

o•blí•quo *adj.* **1.** Não perpendicular; inclinado. **2.** Torto (2). **3.** Dissimulado, astuto. § **o•bli•qüi•da•de** *sf.*

o•bli•te•rar *v.t.d.* **1.** Fazer desaparecer aos poucos; apagar. **2.** Suprimir, eliminar. **3.** Fazer esquecer. **4.** Obstruir, tapar. *P.* **5.** Apagar-se, extinguir-se. [Conjug.: ① [obliter]ar] § **o•bli•te•ra•ção** *sf.*

ob•lon•go *adj.* **1.** Que tem mais comprimento que largura. **2.** Elíptico, oval.

ob•nu•bi•la•ção *sf. Med.* Perturbação da consciência, caracterizada por obscurecimento e lentidão do pensamento. [Pl.: *–ções.*]

ob•nu•bi•lar *v.t.d.* **1.** Obscurecer, escurecer. **2.** *Med.* Produzir obnubilação. [Conjug.: ① [obnubila]ar]

o•bo•é *sm.* Instrumento musical, de sopro, feito de madeira, com palheta dupla.

o•bo•ís•ta *s2g.* Tocador de oboé.

ó•bo•lo *sm.* **1.** Pequena moeda grega, antiga. **2.** Pequeno donativo ou esmola.

o•bra *sf.* **1.** Efeito do trabalho ou da ação. **2.** Trabalho manual. **3.** Ação moral. **4.** Edifício em construção. **5.** A produção total dum escritor, artista ou cientista. **6.** Trabalho literário, científico ou artístico. **7.** Ação, efeito. **8.** Ato ou efeito de obrar ou defecar.

o•bra-pri•ma *sf.* **1.** A melhor e/ou a mais bem feita obra duma época, gênero, estilo ou autor. **2.** Obra perfeita. [Pl.: *obras-primas.*]

o•brar *v.t.d.* **1.** Fazer, executar. **2.** Produzir. *T.i.* **3.** Trabalhar, agir. *Int.* **4.** Realizar uma ação; agir. **5.** Defecar. [Conjug.: ① [obr]ar]

o•brei•ro *adj. sm.* Operário.

o•bri•ga•ção *sf.* **1.** Imposição, preceito. **2.** Dever; encargo. **3.** Benefício, favor. **4.** Serviço, tarefa. **5.** Escrita pela qual alguém se obriga ao pagamento de uma dívida, ao cumprimento dum contrato, etc. [Pl.: *–ções.*]

o•bri•ga•do *adj.* **1.** Imposto por lei, pelo uso, convenção, etc.; obrigatório. **2.** Grato, agradecido. **3.** Sujeito a dívida. **4.** Forçado (1).

o•bri•gar *v.t.d.i.* **1.** Pôr na obrigação, no dever. **2.** Forçar, compelir. **3.** Empenhar. **4.** Pre-

ceituar, impor. *P.* **5.** Ligar-se a algum compromisso. **6.** Responsabilizar-se por. **7.** Forçar-se. [Conjug.: ⑪ [obri]gar]

o•bri•ga•tó•ri:o *adj.* **1.** Que envolve obrigação; que obriga. **2.** Obrigado (1). § **o•bri•ga•to•ri:e•da•de** *sf.*

obs•ce•no *adj.* **1.** Que fere o pudor; impuro, desonesto. **2.** Que profere ou escreve coisas obscenas. § **obs•ce•ni•da•de** *sf.*

obs•cu•ran•tis•mo *sm.* **1.** Ausência de conhecimento; ignorância. **2.** Mentalidade ou política contrária ao esclarecimento da massa (6), considerando-se este como um perigo social. § **obs•cu•ran•tis•ta** *adj2g.* e *s2g.*

obs•cu•re•cer *v.t.d.* **1.** Tornar obscuro. **2.** Perturbar, confundir. **3.** Encobrir. *Int.* e *p.* **4.** Tornar-se obscuro. **5.** Tornar-se sombrio, ou triste. [Conjug.: ㉞ [obscure]cer] § **obs•cu•re•ci•men•to** *sm.*

obs•cu•ro *adj.* **1.** Falto de luz; escuro. **2.** Sombrio, tenebroso. **3.** Difícil de entender; confuso. **4.** Desconhecido, ignorado. **5.** Humilde, pobre. § **obs•cu•ri•da•de** *sf.*

ob•se•dar *v.t.d. Bras.* Apoderar-se (uma idéia) do espírito de (alguém), sem lhe dar descanso. [Conjug.: ① [obsed]ar] § **ob•se•dan•te** *adj2g.*

ob•se•qui•ar (ze) *v.t.d.* **1.** Prestar obséquios, serviços a. **2.** Presentear. *T.d.i.* **3.** Obsequiar (2). [Conjug.: ① [obsequi]ar]

ob•sé•qui:o (zé) *sm.* **1.** Ato de obsequiar. **2.** Favor, serviço.

ob•se•qui•o•so (ze...ô) *adj.* Que gosta de obsequiar; serviçal. [Pl.: *–osos* (ó).] § **ob•se•qui:o•si•da•de** (ze) *sf.*

ob•ser•va•ção *sf.* **1.** Ato ou efeito de observar(-se). **2.** Cumprimento, prática. **3.** Advertência, admoestação. **4.** Exame. [Pl.: *–ções.*] ◆ **Observação participante.** *Antrop. Etnol.* Investigação em que o pesquisador procura integrar-se ao grupo estudado, vivendo junto a este e participando de suas atividades.

ob•ser•vân•ci:a *sf.* **1.** Execução fiel; prática. **2.** Cumprimento rigoroso das regras e disciplina da vida claustral.

ob•ser•var *v.t.d.* **1.** Examinar miudamente; estudar. **2.** Espiar. **3.** Cumprir ou respeitar as prescrições ou preceitos de. **4.** V. *notar* (3). *T.d.i.* **5.** Advertir. **6.** Notar, verificar. *Int.* **7.** Examinar atentamente a(s) pessoa(s) e/ou o ambiente num a a(s) cerca. *P.* **8.** Vigiar as próprias ações. [Conjug.: ① [observ]ar] § **ob•ser•va•dor** (ô) *adj.*

ob•ser•va•tó•ri:o *sm.* **1.** Instituição ou serviço de observações astronômicas ou meteorológicas. **2.** Edifício onde funciona.

ob•ser•vá•vel *adj2g.* **1.** Que pode ou merece ser observado. **2.** Diz-se de grandeza que é passível de uma medida direta. • *sm.* **3.** Grandeza observável (2). **4.** *Fís.* Em mecânica quântica, operador linear cujos autovalores podem ser experimentalmente observados e medidos. [Pl.: –*veis*.]

ob•ses•são *sf.* **1.** Impertinência, perseguição, vexação. **2.** *Psiq.* Sentimento ou idéia que, gerando angústia, se impõe a um indivíduo, que lhe reconhece o caráter absurdo. [Pl.: –*sões*.]

ob•ses•si•vo *adj.* Que causa, ou em que há obsessão.

ob•so•le•to (é) *adj.* Que caiu em desuso.

obs•tá•cu•lo *sm.* **1.** Embaraço, empecilho. **2.** Cada uma das diferentes barreiras dispostas em pista de corridas.

obs•tan•te *adj2g.* Que obsta. ◆ **Não obstante. 1.** Apesar de. **2.** Apesar disso; contudo.

obs•tar *v.t.d.* e *t.i.* Causar embaraço ou impedimento (a). [Conjug.: 1 [obst]**ar**]

obs•te•tra *s2g. Cir.* Especialista em obstetrícia.

obs•te•trí•ci:a *sf. Med.* Ramo da cirurgia que se ocupa da gravidez e do parto. § **obs•té•tri•co** *adj.*

obs•ti•na•ção *sf.* **1.** Persistência, pertinácia. **2.** Teimosia, birra. [Pl.: –*ções*.]

obs•ti•na•do *adj.* **1.** Pertinaz, firme, relutante. **2.** Teimoso. **3.** Inflexível, irredutível.

obs•ti•nar *v.t.d.* e *p.* Tornar(-se) ou mostrar(-se) obstinado. [Conjug.: 1 [obstin]**ar**]

obs•tru•ção *sf.* **1.** Ato ou efeito de obstruir. **2.** *Bras. Fig.* Oposição propositada. [Pl.: –*ções*.]

obs•tru•ir *v.t.d.* **1.** Fechar; tapar. **2.** Impedir com obstáculo a passagem ou circulação de. **3.** Impedir. *P.* **4.** Fechar-se. [Conjug.: 49 [obs-tr]**uir**]

ob•tem•pe•rar *v.t.d.* e *t.d.i.* **1.** Dizer em resposta, com humildade e modéstia. *T.i.* e *int.* **2.** Obedecer, aquiescer. [Conjug.: 1 [obtemper]**ar**]

ob•ten•ção *sf.* Ato ou efeito de obter. [Pl.: –*ções*.]

ob•ter *v.t.d.* **1.** Alcançar, conseguir (o que se pede ou deseja). **2.** Ganhar, granjear. **3.** Conseguir; conquistar. *T.d.i.* **4.** Obter (1 e 3). [Conjug.: 5 [ob]**ter**] § **ob•ten•tor** (ô) *adj. sm.*

ob•tu•ra•ção *sf.* **1.** Ato ou efeito de obturar. *Odont.* Obstrução, com fim terapêutico, de cavidade dentária resultante de cárie. [Pl.: –*ções*.]

ob•tu•ra•dor (ô) *adj.* **1.** Que obtura. • *sm.* **2.** Aquilo que serve para obturar. **3.** *Fot.* Dispositivo de câmara fotográfica que regula o tempo de exposição de filme sensível.

ob•tu•rar *v.t.d.* **1.** Tapar, fechar. **2.** *Cir.* Obstruir (cavidade dentária ou óssea). [Conjug.: 1 [obtur]**ar**]

ob•tu•sân•gu•lo *adj. Geom.* Diz-se do triângulo que tem um ângulo obtuso.

ob•tu•so *adj.* **1.** Que não é agudo; rombo. **2.** Rude, bronco. **3.** *Geom.* Diz-se do ângulo que tem mais de 90°. § **ob•tu•si•da•de** *sf.*

o•bum•brar *v.t.d.* e *p.* Cobrir(-se) de sombras,

nublar(-se). [Conjug.: 1 [obumbr]**ar**] § **o•bum•bra•ção** *sf.*

o•bus *sm.* **1.** Pequena peça de artilharia semelhante a um morteiro comprido. **2.** Projetil lançado por ela.

ob•vi•ar *v.t.d.* **1.** Remediar, prevenir, atalhar. *T.i.* **2.** Obstar, opor-se. [Conjug.: 1 [obvi]**ar**]

ób•vi:o *adj.* Que salta à vista; manifesto, claro. § **ob•vi:e•da•de** *sf.*

o•ca *sf. Bras.* Palhoça de índios.

o•ca•ra *sf. Bras.* Terreiro de aldeia indígena.

o•ca•ri•na *sf.* Instrumento de sopro, oval, geralmente feito de barro. § **o•ca•ri•nis•ta** *s2g.*

o•ca•si•ão *sf.* **1.** Oportunidade para a realização de algo. **2.** Momento; circunstância. **3.** Tempo em que ocorre algo. [Pl.: –*ões*.]

o•ca•si:o•nal *adj2g.* Casual, eventual. [Pl.: *nais*.]

o•ca•si:o•nar *v.t.d.* **1.** Causar, motivar. *T.d.i.* **2.** Ocasionar (1). **3.** Oferecer. *P.* **4.** Ocorrer. [Conjug.: 1 [ocasion]**ar**]

o•ca•so *sm.* **1.** Desaparecimento de um astro no horizonte, do lado oeste. **2.** V. *ocidente* (1). **3.** Termo, fim.

oc•ci•pi•tal *adj2g.* e *sm. Anat.* Diz-se de, ou osso único situado na parte posterior e inferior do crânio. [Pl.: –*tais*.]

o•ce•â•ni•co *adj.* **1.** Do oceano. **2.** Da Oceânia.

o•ce•a•no *sm.* **1.** A vasta extensão de águas salgadas que cobre a maior parte da Terra; mar. **2.** Cada uma das grandes porções em que se dividem essas águas: o Pacífico, o Atlântico, o Índico, o Glacial Ártico e o Glacial Antártico. § **o•ce:a•no•gra•fi•a** *sf.* Estudo das características físicas e biológicas dos oceanos e dos mares. § **o•ce:a•no•grá•fi•co** *adj.*

o•ci•den•tal *adj2g.* **1.** Do Ocidente. **2.** Que habita as regiões do Ocidente. • *s2g.* **3.** O natural ou habitante dele. [Pl.: –*tais*.]

o•ci•den•ta•li•zar *v.t.d.* e *p.* Dar características ocidentais a, ou adquiri-las. [Conjug.: 1 [ocidentaliz]**ar**]

o•ci•den•te *sm.* **1.** O lado onde se vê o desaparecimento do Sol; poente, ocaso. **2.** V. *oeste* (1). **3.** A região do hemisfério terrestre que fica ao poente. [Com inicial maiúscula, nesta acepç.]

ó•ci:o *sm.* **1.** Descanso de trabalho; folga. **2.** Lazer, vagar.

o•ci•o•so (ô) *adj.* **1.** Que não trabalha; desocupado. **2.** Em que há ócio. **3.** Preguiçoso. [Pl.: –*osos* (ó).] § **o•ci:o•si•da•de** *sf.*

o•clu•são *sf.* **1.** Ato de fechar, ou estado do que se acha fechado; fechamento. **2.** *Med.* Obliteração de canal, de orifício ou de interior de órgão devida a causas diversas. [Pl.: –*sões*.]

o•clu•si•vo *adj.* Que produz oclusão.

o•clu•so *adj.* Em que há oclusão; fechado.

o•co (ô) *adj.* **1.** Sem medula ou miolo. **2.** Vazio, vão. **3.** Sem valor ou importância. • *sm.* **4.** Lugar oco.

o•cor•rên•ci:a *sf.* **1.** Acontecimento, sucesso. **2.** Circunstância, ocasião.

o•cor•rer *v.int.* **1.** Acontecer, suceder. **2.** Sobrevir. [Conjug.: ② [ocorr]**er**]

o•cra ou o•cre *sf.* **1.** Argila de várias tonalidades pardacentas (vermelhas, amarelas, castanhas), usada em pintura. • *sm.* **2.** Cada uma dessas tonalidades.

oc•ta•e•dro *sm. Geom.* Poliedro de oito faces.

oc•ta•na *sf.* V. *octano.*

oc•ta•na•gem *sf.* V. *índice de octana.*

oc•ta•no *sm. Quím.* Alcano que contém oito átomos de carbono, líquido, e que é um dos componentes principais da gasolina.

oc•ti•lhão *num.* Mil setilhões; 10 elevado à 27ª potência. [Pl.: –*lhões.*]

oc•ti•li•ão *num.* Octilhão. [Pl.: –*ões.*]

oc•tin•gen•té•si•mo *num.* **1.** Ordinal correspondente a 800. **2.** Fracionário correspondente a 800.

oc•to•ge•ná•ri:o *adj.* Que está na casa dos 80 anos de idade.

oc•to•gé•si•mo (zi) *num.* Ordinal e fracionário correspondente a 80.

oc•to•go•nal *adj2g. Geom.* Que tem oito lados. [Pl.: –*nais.*]

oc•tó•go•no *sm. Geom.* Polígono de oito lados.

oc•tó•po•de *sm. Zool.* Espécime dos octópodes, moluscos cefalópodes com oito braços ou tentáculos. Ex.: argonauta, polvo. § oc•tó•po•de *adj2g.*

oc•tos•sí•la•bo *adj.* **1.** Que tem oito sílabas. • *sm.* **2.** Vocábulo ou verso de oito sílabas.

óc•tu•plo *num.* **1.** Que é oito vezes maior que outro. • *sm.* **2.** Quantidade oito vezes maior que outra.

o•cu•lar¹ *sf.* A parte dum instrumento óptico destinada a aumentar o ângulo de observação da imagem formada pela objetiva.

o•cu•lar² *adj2g.* Relativo a olho(s), ou a vista.

o•cu•lis•ta *s2g.* Oftalmologista.

ó•cu•lo *sm.* **1.** Instrumento que permite boa visão a longa distância, formado de um ou vários tubos encaixados entre si, com lentes de aumento; luneta. **2.** Qualquer instrumento (binóculo, telescópio, etc.) com lente para auxiliar e ampliar a visão. **3.** Abertura circular, provida ou não de vidro.

ó•cu•los *sm.pl.* Objeto composto de lentes encaixadas numa armação, com hastes que as prendem ao pavilhão (5), e cavalete que repousa sobre o nariz, e que serve, ger., para correção visual.

o•cul•tar *v.t.d.* **1.** Encobrir, esconder. **2.** Não revelar. *T.d.i.* **3.** Ocultar (1). *P.* **4.** Esconder-se. [Conjug.: ① [ocult]**ar**] § o•cul•ta•ção *sf.*

o•cul•tas *el. sf.pl.* Us. na loc. *às ocultas.* ◆ Às ocultas. De modo oculto; à socapa, a furto, em surdina.

o•cul•tis•mo *sm.* Ciência dos fenômenos que parecem não poder ser explicados pelas leis naturais; esoterismo. § o•cul•tis•ta *adj2g.* e *s2g.*

o•cul•to *adj.* **1.** Escondido, encoberto; recôndito. **2.** Não manifesto; secreto. **3.** Misterioso.

o•cu•pa•ção *sf.* **1.** Ato de ocupar(-se). **2.** Atividade, serviço ou trabalho manual ou intelectual. [Pl.: –*ções.*]

o•cu•pa•ci:o•nal *adj2g.* Relativo a trabalho, a ocupação. [Pl.: –*nais.*]

o•cu•par *v.t.d.* **1.** Estar ou ficar na posse de. **2.** Invadir, conquistar. **3.** Tomar ou encher (algum lugar no espaço). **4.** Preencher. **5.** Empregar, aproveitar. **6.** Dar trabalho ou ocupação a. **7.** Tomar (tempo); levar. *P.* **8.** Dedicar-se a; cuidar de. [Conjug.: ① [ocup]**ar**] § o•cu•pan•te *adj2g.* e *s2g.*

o•da•lis•ca *sf.* Mulher de harém.

o•de *sf.* Composição poética de caráter lírico.

o•di•ar *v.t.d.* **1.** Ter ódio a; detestar. *P.* **2.** Sentir ódio de si mesmo. **3.** Ter ódio recíproco. [Conjug.: ⑫ [od]**iar**]

o•di•en•to *adj.* **1.** Que revela ódio. **2.** Que tem ódio; rancoroso.

ó•di:o *sm.* **1.** Paixão que impele a causar ou desejar mal a alguém; raiva, ira. **2.** Aversão a pessoa, atitude, coisa, etc.

o•di•o•so (ó) *adj.* **1.** Digno de ódio; execrável. **2.** Que o inspira; repulsivo. [Pl.: –*osos* (ó).] § o•dio•si•da•de *sf.*

o•dis•séi•a *sf.* **1.** Viagem cheia de peripécias e aventuras. **2.** Série de complicações ou ocorrências variadas e inesperadas.

o•do•na•to *sm. Zool.* Espécime dos odonatos, ordem de insetos de corpo delgado, dois pares de asas membranosas, transparentes, e olhos proeminentes. § o•do•na•to *adj.*

o•don•to•lo•gi•a *sf.* Parte da medicina que estuda os dentes. § o•don•to•lo•gis•ta *s2g.*

o•dor (ó) *sm.* **1.** Impressão produzida no olfato pelas emanações voláteis dos corpos; cheiro. **2.** Cheiro agradável; aroma.

o•do•ran•te *adj2g.* Que exala odor (2); odorífero, olente.

o•do•rí•fe•ro *adj.* Odorante.

o•dre (ó) *sm.* Saco feito de pele, para transportar líquidos.

o•és-no•ro•es•te *sm.* **1.** Ponto do horizonte situado entre O. e N.O. [Abrev.: *O.N.O.* ou *W.N.W.*] **2.** Vento que sopra desse ponto. **3.** Região ou regiões situadas a oés-noroeste (1). [Com inicial maiúscula, nesta acepç.] • *adj2g.* **4.** Relativo ao oés-noroeste (1), ou dele procedente. [Pl.: *oés-noroestes.*]

o•és-su•do•es•te *sm.* **1.** Ponto do horizonte situado entre O. e S.O. [Abrev.: *O.S.O.* ou *W.S.W.*] **2.** Vento que sopra desse ponto. **3.** Região ou regiões situadas a oés-sudoeste (1).

[Com inicial maiúscula, nesta acepç.] • *adj2g.*
4. Relativo ao oés-sudoeste (1), ou dele procedente. [Pl.: *oés-sudoestes.*]

o•es•te *sm.* **1.** Ponto cardeal (q. v.) situado à esquerda do observador voltado para o norte (1); ocidente, poente. [Abrev.: *O.* ou *W.*] **2.** O vento que sopra daí. **3.** Região ou regiões situadas a oeste (1). [Com inicial maiúscula, nesta acepç.]. • *adj2g.* **4.** Relativo ao oeste (1), ou dele procedente.

o•fe•gar *v.int.* Respirar a custo e com ruído por efeito de cansaço; arquejar. [Conjug.: 11 [ofe]**gar**] § **o•fe•gan•te** *adj2g.*

o•fen•der *v.t.d.* **1.** Fazer mal a. **2.** Ferir ou atacar (em combate). **3.** Fazer ofensa (1) a; injuriar. **4.** Ir contra as regras ou preceitos de. **5.** Desgostar, magoar. *P.* **6.** Considerar-se injuriado, ultrajado. [Conjug.: 2 [ofend]**er**]

o•fen•sa *sf.* **1.** Injúria, ultraje. **2.** Lesão, dano. **3.** Desconsideração, desacato.

o•fen•si•va *sf.* **1.** Ato ou situação de quem ataca. **2.** Iniciativa no ataque.

o•fen•si•vo *adj.* Próprio para ofender, ou atacar.

o•fen•sor (ô) *adj. sm.* Que ou aquele que ofende.

o•fe•re•cer *v.t.d.* **1.** Apresentar ou propor para que seja aceito. **2.** Apresentar para algum fim. **3.** Proporcionar. **4.** Expor, exibir. *T.d.i.* **5.** Dar como oferta, mimo ou presente. **6.** Oferecer (2 a 4). *P.* **7.** Apresentar-se. **8.** Prestar-se a. **9.** Dar-se, entregar-se. [Conjug.: 34 [ofere]**cer**]

o•fe•re•ci•men•to *sm.* Ato ou efeito de oferecer.

o•fe•ren•da *sf.* Presente, dádiva, oferta.

o•fer•ta *sf.* **1.** Ato de oferecer(-se); oferecimento. **2.** V. *oferenda.* **2.** *Econ.* Quantidade de mercadoria ou serviço à venda, a determinado preço.

o•fer•tar *v.t.d.* e *t.d.i.* **1.** Dar como oferta; oferecer. *P.* **2.** Oferecer-se. [Conjug.: 1 [ofert]**ar**]

⇨ **off-line** (óf-láin) [Ingl.] *adv.* **1.** Sem conexão com, ou entre, sistemas de transmissão e/ou processamento de informação. • *adj2g.2n.* **2.** Diz-se de dispositivo, etc., que se encontra desconectado do sistema, ou inacessível a ele.

o•fi•ci•al *adj2g.* **1.** Relativo a, ou proposto por autoridade, ou emanado dela. **2.** Relativo aos altos funcionários do Estado. **3.** Referente ao funcionalismo público; burocrático. • *sm.* **4.** Aquele que tem um ofício ou emprego. **5.** Empregado inferior, judicial ou administrativo, a quem cabe fazer citações, intimações, etc. **6.** Qualquer militar that as forças armadas ou da polícia que exerce certo grau de comando e de nível hierárquico acima de aspirante (no Exército, na Aeronáutica e na Polícia Militar) ou de guarda-marinha (na Marinha de Guerra). [Na Marinha Mercante, são considerados oficiais: os capitães de longo curso e de cabotagem, os oficiais superiores de máquinas e os 1ᵒˢ e 2ᵒˢ oficiais de náutica, de máquinas e de radiocomunicações; e, no grupo de fluviários: o capitão fluvial, o piloto fluvial e o supervisor maquinista motorista fluvial.] [Cf. *hierarquia militar.* Fem. do sm.: *oficiala.* Pl.: *–ais.*]

o•fi•ci•a•la•to *sm.* Condição ou dignidade de oficial militar.

o•fi•ci•al-ge•ne•ral *sm.* Designação comum a todos os oficiais de posto superior a coronel (no Exército ou na Aeronáutica) ou a capitão-de-mar-e-guerra (na Marinha de Guerra). [Pl.: *oficiais-generais.*]

o•fi•ci•a•li•da•de *sf.* Conjunto de oficiais [v. *oficial* (6)].

o•fi•ci•a•li•za•do *adj.* **1.** Que se oficializou; tornado oficial. **2.** Consagrado pelo uso; sancionado.

o•fi•ci•a•li•zar *v.t.d.* Dar sanção ou caráter oficial a; tornar oficial. [Conjug.: 1 [oficializ]**ar**] § **o•fi•ci•a•li•za•ção** *sf.*

o•fi•ci•ar *v.int.* **1.** Celebrar o ofício religioso. *T.d.* **2.** Ajudar a celebrar (a missa). [Conjug.: 1 [ofici]**ar**] § **o•fi•ci•an•te** *adj2g.* e *s2g.*

o•fi•ci•na *sf.* **1.** Lugar onde se exerce um ofício. **2.** Lugar onde se consertam veículos automóveis.

o•fi•ci•o *sm.* **1.** Trabalho, ocupação, função, mister. **2.** V. *profissão* (2). **3.** Incumbência, missão. **4.** Conjunto de orações e cerimônias religiosas. **5.** Cargo público ou oficial. **6.** Cartório, tabelionato. **7.** Comunicação escrita e formal entre autoridades da mesma categoria, ou de inferiores a superiores hierárquicos.

o•fi•ci•o•so (ô) *adj.* **1.** Obsequioso, serviçal. **2.** Desinteressado, gratuito. **3.** Que, embora sem formalidade oficial, provém de fontes oficiais. [Pl.: *–osos* (ó).]

o•fí•di•co *adj.* Relativo a serpente.

o•fí•di•o *sm. Zool.* Serpente (1 e 2).

o•fi•ó•fa•go *adj.* e *sm.* Que ou aquele que se alimenta de serpentes, de cobras.

of•se•te *sm.* Método de impressão indireta em que a imagem ou os caracteres gravados são transferidos para o papel por intermédio de um cilindro de borracha.

of•tal•mo•lo•gia *sf.* Parte da medicina que se ocupa do estudo dos olhos.

of•tal•mo•lo•gis•ta *s2g.* Especialista em oftalmologia; oculista.

of•tal•mo•pa•ti•a *sf.* Qualquer doença de olho.

o•fus•car *v.t.d.* **1.** Impedir de ver ou de ser visto; ocultar. **2.** Turvar a vista a. **3.** Tornar menos claro ou menos perceptível. *Int.* **4.** Turvar a vista. *P.* **5.** Obscurecer-se. **6.** Perder o brilho, o prestígio, etc.; apagar-se. [Conjug.: 8 [ofus]**car**] § **o•fus•can•te** *adj2g.*

o•gi•va *sf.* **1.** *Arquit.* Figura típica das abóbadas góticas, formada pelo cruzamento de dois arcos iguais que se cortam superiormente. **2.** Parte frontal afilada de um projetil, foguete ou veículo espacial, e que ger. leva a carga útil.

o•gi•val *adj2g.* De, ou em forma de ogiva. [Pl.: *-vais.*]

oh *interj.* Exprime espanto, surpresa, alegria, repugnância, etc.

ohm *sm. Eletr.* Unidade de medida de resistência elétrica no SI [símb.: *Ω*]. [Pl.: *ohms.*]

oh•mi•co *adj.* Relativo a ohm. ◆ **Condutor ôhmico.** *Eletr.* Condutor elétrico em que a resistência é constante.

oh•mí•me•tro *sm. Eng. Elétr.* Instrumento com que se mede a resistência elétrica de um componente de circuito.

oi *interj. Bras.* Exprime espanto, chamamento, resposta ao apelo do nome, saudação jovial.

oi•tão ou **ou•tão** *sm.* **1.** Cada uma das paredes laterais da casa, situadas nas linhas de divisa do lote. **2.** Cada um dos espaços laterais dum edifício. [Pl.: *-tões.*]

oi•ta•va *sf.* **1.** Cada uma das oito partes iguais em que se divide um todo. **2.** *Mús.* Intervalo de oito graus entre duas notas do mesmo nome. **3.** Estrofe de oito versos.

oi•ta•va•do *adj.* Que tem oito faces.

oi•ta•vo *num.* **1.** Ordinal correspondente a 8. **2.** Fracionário correspondente a 8.

oi•ten•ta *num.* **1.** Quantidade que é uma unidade maior que 79. **2.** Número (1) correspondente a essa unidade. [Representa-se em algarismos arábicos por 80, e em algarismos romanos, por LXXX.]

oi•ti *sm. Bras. Bot.* Árvore rosácea de frutos edules.

oi•ti•ci•ca *sf. Bras. Bot.* Árvore rosácea, medicinal.

oi•ti•va *sf. P. us.* Ouvido, audição. ◆ **De oitiva.** Por ter ouvido dizer.

oi•to *num.* **1.** Quantidade que é uma unidade maior que 7. **2.** Número (1) correspondente a essa quantidade. [Representa-se em algarismos arábicos por 8, e em algarismos romanos por VIII.]

oi•to•cen•té•si•mo *num.* Octingentésimo.

oi•to•cen•tos *num.* **1.** Quantidade que é uma unidade maior que 799. **2.** Número (1) correspondente a essa quantidade. [Representa-se em algarismos arábicos por 800, e em algarismos romanos, por DCCC.]

o•je•ri•za *sf.* Aversão, antipatia (a pessoa ou coisa).

o•la (ô) *sf. Pop.* Em estádio, movimento festivo realizado pelos torcedores, que, com os braços erguidos, evoluem à maneira das ondas do mar.

o•lá *interj.* Serve para chamar, para saudar, e indicar espanto, olé.

o•la•ri•a *sf.* Fábrica de louça de barro, manilhas, tijolos e telhas.

o•lé *interj.* **1.** Olá. **2.** Exprime afirmação.

o•le•á•ce•a *sf. Bot.* Espécime das oleáceas, família de plantas superiores, lenhosas, dos climas temperados. Ex.: a oliveira. § **o•le•á•ce:o** *adj.*

o•le•a•do *sm.* Lona impermeabilizada por uma camada de verniz; encerado.

o•le:a•gi•no•so (ô) *adj.* Que contém óleo. [Pl.: *-nosos* (ó).]

o•le•ar *v.t.d.* Cobrir ou untar de óleo. [Conjug.: ⟦10⟧ [ol]ear]

o•lei•ro *sm.* Aquele que trabalha em olaria.

o•len•te *adj2g.* V. *odorante*

ó•le:o *sm.* **1.** Nome comum a substâncias gordurosas, inflamáveis, de origem animal ou vegetal. **2.** Produto mais ou menos viscoso, de origem mineral. **3.** Perfume oleoso; essência. **4.** *Bras.* V. *cachaça* (2). ◆ **Óleo essencial** *Quím.* Aquele que é extraído de uma planta, ou de uma parte desta, como folhas ou flores, e que muitas vezes contém substâncias odoríferas, medicinais, etc.

o•le•o•so (ô) *adj.* Que tem óleo; untuoso. [Pl.: *-osos* (ó).]

ol•fa•ti•vo *adj.* Relativo ao olfato.

ol•fa•to *sm.* **1.** Sentido com que se percebem os odores. **2.** Faro (1).

o•lha•da *sf.* Ação de olhar rapidamente; olhadela.

o•lha•de•la *sf.* Olhada.

o•lha•do *sm.* Mau-olhado.

o•lhar *v.t.d.* **1.** Fitar os olhos ou a vista (em); mirar. **2.** Atentar ou reparar em. **3.** Tomar conta (de). **4.** Zelar por. *T.i.* **5.** Olhar (1 e 3). *Int.* **6.** Exercer ou aplicar o sentido da vista. *P.* **7.** Ver-se, encarar-se. **8.** Ver-se mutuamente. [Conjug.: ⟦1⟧ [olh]ar] ● *sm.* **9.** Ação ou modo de olhar.

o•lhei•ras *sf.pl.* Manchas lívidas ou azuladas nas pálpebras inferiores, ger. causadas por enfermidade, insônia ou cansaço.

o•lhei•ro *sm.* **1.** Aquele que olha ou vigia certos trabalhos. **2.** *Bras.* Indivíduo que vigia um eventual aparecimento da polícia.

o•lho (ô) *sm.* **1.** *Anat.* Órgão par, em forma de globo, situado um em cada órbita, e que constitui o órgão da visão. **2.** Olhar, vista. **3.** Atenção, cuidado. **4.** Abertura arredondada. [Pl.: *olhos* (ó).] ● *interj.* **5.** Atenção, cuidado. ◆ **A olho nu.** Apenas com a vista, sem auxílio de qualquer instrumento.

o•lho-d'á•gua *sm.* V. *manancial* (1). [Pl.: *olhos-d'água* (ó).]

o•lho-de-boi *sm.* Clarabóia circular ou elíptica. [Pl.: *olhos-de-boi* (ó).]

o•lho-de-ga•to *sm. Bras. Pop.* Catadióptrico. [Pl.: *olhos-de-gato* (ó).]

o•lho-de-so•gra *sm. Bras. Cul.* Doce feito de ameixa ou tâmara recheada com doce de coco, ou de ovos, etc., e coberta, ou não, com calda caramelada. [Pl.: *olhos-de-sogra* (ó).]

o•li•gar•qui•a *sf.* 1. Governo de poucas pessoas, pertencentes ao mesmo partido, classe ou família. 2. Predomínio de pequeno grupo na direção dos negócios públicos.

o•li•go•ce•no (òl...ê) *sm.* Época (4) da era cenozóica em que surgiram os primeiros veados, porcos, macacos e rinocerontes.

o•li•go•e•le•men•to (òl) *sm.* Elemento químico essencial à vida, e presente em pequeníssimas quantidades nos organismos vivos.

o•li•go•pó•li:o (òl) *sm. Econ.* Situação de mercado em que a oferta é controlada por um pequeno número de grandes empresas.

o•li•go•que•ta (òl...ê) *sm. Zool.* Espécime dos oligoquetas, classe de anelídeos com poucas cerdas locomotoras, ger. terrestres, ou de água doce; são as minhocas. § **o•li•go•que•ta** (òl...ê) *adj2g.*

o•lim•pí•a•da *sf.* Celebração dos jogos olímpicos.

o•lim•pí•a•das *sf.pl.* Jogos olímpicos.

o•lím•pi:co *adj.* 1. Diz-se das competições esportivas internacionais realizadas de quatro em quatro anos. 2. Referente às olimpíadas. 3. Grandioso, majestoso, sublime.

o•lim•po *sm.* 1. *Mit.* Habitação das divindades pagãs. 2. *Poét.* Lugar de delícias; céu. 3. *Mit.* O conjunto das divindades pagãs.

o•li•va *sf.* Azeitona.

o•li•val *sm.* Terreno plantado de oliveiras. [Pl.: *–vais.*]

o•li•vei•ra *sf.* Arvoreta oleácea que dá a azeitona.

o•lor (ó) *sm.* Cheiro agradável; perfume. § **o•lo•ro•so** (ó) *adj.*

ol•vi•dar *v.t.d.* e *p.* Não se lembrar; esquecer(-se). [Conjug.: 1 [olvid]**ar**]

ol•vi•do *sm.* Ato ou efeito de olvidar(-se).

om•bre•ar *v.t.i.* 1. Ficar ombro a ombro. 2. Igualar-se, equiparar-se. [Conjug.:10 [ombr]**ear**]

om•brei•ra *sf.* 1. Cada uma das partes do vestuário correspondentes aos ombros. 2. *P. ext.* Cada uma das peças acolchoadas aplicadas internamente para altear a ombreira (1). 3. Umbral (1).

om•bro *sm.* 1. *Anat.* O segmento mais alto de cada membro superior, representando o local por que esse membro se une ao tórax; espádua. 2. Força, vigor.

ô•me•ga *sm.* A 24ª e última letra do alfabeto grego (Ω, ω).

o•me•le•te (é) *sf. Bras. Cul.* Fritada de ovos batidos.

o•mí•cron *sm.* A 15ª letra do alfabeto grego (O, o).

o•mi•cro *sm.* V. *omícron.*

o•mi•no•so (ó) *adj.* Agourento; nefasto. [Pl.: *–nosos* (ó).]

o•mis•são *sf.* 1. Ato ou efeito de omitir(-se). 2. Aquilo que se omitiu; falta, lacuna. [Pl.: *–sões.*]

o•mis•so *adj.* 1. Em que há omissão ou lacuna. 2. Descuidado, negligente.

o•mi•tir *v.t.d.* 1. Deixar de fazer, dizer ou escrever; não mencionar. 2. Descuidar-se de fazer. 3. Deixar em esquecimento. *P.* 4. Não agir quando se esperaria que o fizesse. [Conjug.: 3 [omit]**ir**]

o•mo•pla•ta *sm. Anat.* Cada um de dois ossos chatos, delgados e triangulares, que formam, cada um, a parte posterior de cada ombro.

o•na•grá•ce:a *sf. Bot.* Espécime das onagráceas, família de ervas e arbustos de flores ornamentais e fruto capsular ou bacáceo. Ex.: o brinco-de-princesa. § **o•na•grá•ce:o** *adj.*

on•ça² *sf.* Medida de peso inglesa, equivalente a 28,349 g.

on•ça² *sf. Bras. Zool.* V. *jaguar.*

on•ça-par•da *sf. Bras. Zool.* V. *suçuarana.* [Pl.: *onças-pardas.*]

on•ça-pin•ta•da *sf. Bras. Zool.* V. *jaguar.* [Pl.: *onças-pintadas.*]

on•ça-ver•me•lha *sf. Bras. Zool.* V. *suçuarana.* [Pl.: *onças-vermelhas.*]

on•co•lo•gi•a *sf. Med.* Estudo das neoplasias.

on•da *sf.* 1. Porção de água do mar, lago ou rio, que se eleva; vaga. 2. Grande quantidade ou afluxo de líquido. 3. Grande porção; abundância. 4. Agitação intensa; tumulto. 5. Ondulação (2). 6. *Fís.* Perturbação periódica mediante a qual pode haver transporte de energia dum ponto a outro de um material ou do espaço vazio. 7. *Bras.* Confusão, complicação. ◆ **Onda de rádio.** *Fís.* Onda eletromagnética utilizada em radioemissão e radiorrecepção. **Onda hertziana.** *Fís.* Onda de rádio. **Onda modulada.** *Fís.* Superposição de uma onda eletromagnética por outra(s), com a conseqüente modulação de um dos seus parâmetros. **Onda portadora.** *Telecom.* Onda eletromagnética de freqüência, fase e amplitude constantes, cuja modulação (por um sinal modulador) permite a transmissão de informações.

on•de *adv.* 1. Em que lugar; no qual lugar. • *pron.* 2. Em que.

on•de•a•do *adj.* 1. Que tem ondas. 2. Disposto em curvas; ondulado.

on•de•ar *v.int.* 1. Mover-se (a água) em ondulação (1). 2. Fazer ondulação (2); serpear. 3. Propagar-se ou transmitir-se em ondas. *T.d.* 4. Tornar ondeado. *P.* 5. Mover-se em ondulações. [Sin. ger.: *ondular.* Conjug.10 [ond]**ear**.]

on•du•la•ção *sf.* 1. Formação de ondas pouco agitadas. 2. Movimento semelhante ao das ondas; onda. 3. Sinuosidade. 4. Conjunto de saliências e depressões. [Pl.: *–ções.*]

on•du•la•do *adj.* Ondeado (2).

on•du•lan•te *adj2g.* Que ondula; onduloso, ondulatório.

on•du•lar *v.int.*, *t.d.* e *p.* V. *ondear.* [Conjug.: ① [ondul]**ar**]

on•du•la•tó•ri:o *adj.* V. *ondulante.*

on•du•lo•so (ô) *adj.* V. *ondulante.* [Pl.: *–losos* (ó).]

o•ne•rar *v.t.d.* **1.** Impor ônus a. **2.** Oprimir, vexar. **3.** Sobrecarregar. *T.d.i.* **4.** Onerar (1 e 3). *P.* **5.** Sujeitar-se a ônus. [Conjug.: ① [oner]**ar**]

o•ne•ro•so (ô) *adj.* **1.** Dispendioso, custoso. **2.** Vexatório, incômodo. [Pl.: *–rosos* (ó).]

❏ **ONG** Sigla de *organização não-governamental.*

ô•ni•bus *sm.2n.* Veículo automóvel para transporte público de passageiros, com itinerário preestabelecido; auto-ônibus. ◆ **Ônibus espacial.** V. *orbitador.*

o•ni•co•fa•gi•a *sf.* Roedura habitual de unha.

o•ni•po•tên•ci:a *sf.* Qualidade de onipotente (1).

o•ni•po•ten•te *adj2g.* **1.** Que pode tudo; que tem poder absoluto. • *sm.* **2.** Deus. [Com inicial maiúscula, nesta acepç.]

o•ni•pre•sen•ça *sf.* Ubiqüidade.

o•ni•ri•co *adj.* Relativo a sonhos.

o•nis•ci•en•te *adj2g.* Que sabe tudo. § o•nis•ci•ên•ci:a *sf.*

o•ní•vo•ro *adj.* Que se alimenta de animais e de vegetais.

ô•nix (ós) *sm.2n.* Min. Variedade de ágata.

➪ **on-line** (on-láin) [Ingl.] *adv.* **1.** Em conexão com, ou entre, sistemas de processamento ou transmissão de informação. • *adj.2n.* **2.** *Inform.* Diz-se de periférico, etc. que se encontra conectado a um sistema computacional, ou acessível para utilização por este.

❏ **O.N.O.** Abrev. de *oés-noroeste.*

o•no•más•ti•ca *sf.* **1.** Estudo e investigação da origem, transformações, morfologia, etc., dos nomes próprios. **2.** Lista ou catálogo de nomes próprios.

o•no•más•ti•co *adj.* Relativo aos nomes próprios.

o•no•ma•to•péi•a *sf.* Palavra que imita o som natural da coisa significada. [Ex.: *tique-taque.*]

on•tem *adv.* **1.** No dia anterior ao em que se está. **2.** No tempo que passou.

on•to•lo•gi•a *sf.* Parte da filosofia que trata do ser concebido como tendo uma natureza comum que é inerente a todos e a cada um dos seres. § on•to•ló•gi•co *adj.*

ô•nus *sm.2n.* **1.** Aquilo que sobrecarrega; carga, peso. **2.** Encargo, obrigação.

on•ze *num.* **1.** Quantidade que é uma unidade maior que 10. **2.** Número (1) correspondente a essa quantidade. [Representa-se em algarismos arábicos por 11, e em algarismos romanos, por XI.] • *sm.* **3.** *Fut. Pop.* Equipe, time.

o•os•fe•ra (ó-os) *sf. Bot.* O gameta feminino, não móvel, das plantas e de algumas algas.

o•o•te•ca (ó-o) *sf. Zool.* Secreção de certos insetos que forma estojo onde ficam os ovos.

o•pa *sf.* Capa sem mangas, com aberturas para os braços, usada pelos membros de irmandades religiosas.

o•pa (ó) *interj. Bras.* Indica admiração, espanto, e tb. é f. de saudação; oba.

o•pa•co *adj.* **1.** Que não deixa atravessar a luz. **2.** Denso; obscuro, sombrio. § o•pa•ci•da•de *sf.*

o•pa•la *sf.* **1.** *Min.* Mineral de coloração leitosa e azulada. **2.** *Bras.* Certo tecido fino de algodão.

o•pa•les•cen•te *adj2g.* Opalino.

o•pa•li•na *sf.* Vidro fosco, mas translúcido.

o•pa•li•no *adj.* Da cor da opala (1); opalescente.

op•ção *sf.* **1.** Ato ou faculdade de optar. **2.** Aquilo por que se opta. [Pl.: *–ções.*]

op•ci:o•nal *adj2g.* Que pode ser objeto de opção. [Pl.: *–nais.*]

➪ **open market** (ópen márket) [Ingl.] *Loc. adj.* **1.** Diz-se das operações de compra e venda de títulos do governo pelo Banco Central, com o propósito de diminuir ou aumentar o estoque de moeda na economia. • *Loc. subst.* **2.** O mercado financeiro associado a tais operações.

ó•pe•ra *sf.* Drama inteiramente cantado com acompanhamento de orquestra, ou intercalado com diálogos falados, ou com recitativo (2).

o•pe•ra-bu•fa *sf.* Ópera de assunto jocoso, e que difere da ópera-cômica pelas personagens burlescas, pelos tipos engraçados e pela música ligeira, ou exageradamente cômica. [Pl.: *óperas-bufas.*]

ó•pe•ra-cô•mi•ca *sf.* Ópera essencialmente cômica, e na qual os episódios cantados alternam com as partes faladas. [Pl.: *óperas-cômicas.*]

o•pe•ra•ção *sf.* **1.** Ato ou efeito de operar. **2.** Intervenção cirúrgica. **3.** Manobra ou combate militar. **4.** Transação comercial. **5.** Qualquer processo em que se transforma uma entidade matemática em outra. [Pl.: *–ções.*] ◆ **Operação algébrica.** *Mat.* Qualquer das operações — soma, subtração, multiplicação, divisão, elevação a uma potência e extração de uma raiz — efetuadas num número finito de vezes, isoladamente ou em conjunto.

o•pe•ra•ci:o•nal *adj2g.* **1.** Relativo a operação. **2.** Que está pronto para funcionar. **3.** *Mil.* Que está em condições de realizar operações. [Pl.: *–nais.*]

o•pe•ra•dor (ô) *adj.* **1.** Que opera. • *sm.* **2.** Aquele ou aquilo que opera. **3.** Cirurgião.

o•pe•ra•do•ra *sf.* Qualquer empresa que explora certas atividades, como, p. ex., serviços turísticos, aluguel de carros.

o•pe•ran•te *adj2g.* Que opera, produz ou realiza; produtivo, operoso.

o•pe•rar *v.t.d.* **1.** Fazer realizar (algo) em resultado de trabalho ou esforço próprio; executar. **2.** Produzir (qualquer efeito). **3.** Submeter a operação (2). **4.** Fazer funcionar. *T.i.* **5.** Atuar, agir. *Int.* **6.** Entrar em função ou atividade. **7.** Realizar operação (2). *P.* **8.** Sofrer intervenção cirúrgica. **9.** Suceder, realizar-se. [Conjug.: ① [oper]**ar**]

o•pe•ra•ri•a•do *sm.* O conjunto dos operários [v. *operário* (1)].

o•pe•rá•ri:o *sm.* **1.** O que trabalha numa arte ou ofício, ou em fábrica. **2.** *Zool.* Entre insetos sociais (formigas, abelhas, cupins, etc.) indivíduo estéril, que mantém o ninho e provê alimento. • *adj.* **3.** Relativo a operário (1). **4.** Diz-se de operário (2): *abelha operária*. [Sin. ger.: *obreiro*.]

o•pe•ra•tó•ri:o *adj.* Referente a operações.

o•pér•cu•lo *sm* **1.** *Bot.* Porção que fecha superiormente órgão cavitário, como ocorre, p. ex., no fruto jequitibá. **2.** *Zool.* Peça córnea ou calcária que fecha abertura da concha de certos moluscos gastrópodes, quando estes nela penetram.

o•pe•re•ta (ê) *sf.* Gênero leve de teatro musicado, sobre assunto cômico e sentimental, e no qual as estrofes cantadas alternam com as partes faladas.

o•pe•ro•so (ô) *adj.* **1.** V. *operante*. **2.** Trabalhoso, difícil. [Pl.: *-rosos* (ó).] § **o•pe•ro•si•da•de** *sf.*

o•pi•la•ção *sf.* **1.** Ato ou efeito de opilar(-se). **2.** Obstrução de um ducto orgânico. **3.** *Patol.* V. *ancilostomíase*. [Pl.: *-ções*.]

o•pi•la•do *adj. Bras.* Doente de opilação.

o•pi•lar *v.t.d.* **1.** Causar opilação a. *P.* **2.** Sofrer de opilação. [Conjug.: ① [opil]**ar**]

o•pi•mo (pí) *adj.* Abundante, fértil, rico.

o•pi•nar *v.int.* e *t.i.* **1.** Expor o que julga (sobre assunto em estudo, deliberação, etc.); dar o seu parecer. *T.d.* **2.** Ser de opinião. [Conjug.: ① [opin]**ar**] § **o•pi•nan•te** *adj2g.* e *s2g.*

o•pi•na•ti•vo *adj.* **1.** Baseado em opinião particular. **2.** Discutível, duvidoso.

o•pi•ni•ão *sf.* **1.** Modo de ver, pensar, deliberar. **2.** Parecer, conceito. **3.** Juízo, reputação. **4.** Idéia; princípio. **5.** *Bras.* Teimosia; capricho. [Pl.: *-ões*.]

o•pi•ni•á•ti•co *adj.* V. *opinioso*.

o•pi•ni•o•so (ô) *adj.* Aferrado à sua opinião; obstinado, opiniático. [Pl.: *-osos* (ó).]

ó•pi:o *sm.* Substância que se extrai dos frutos imaturos de várias papaveráceas, e que é us. como narcótico.

o•pí•pa•ro *adj.* Esplêndido, pomposo.

o•pis•to•glos•so *adj. Zool.* Cuja língua é retrátil e está inserida na base da cavidade oral, como ocorre, p. ex., com as rãs.

o•po•nen•te *adj2g.* e *s2g.* Opositor.

o•por (ô) *v.t.d.i.* **1.** Apresentar em oposição, ou como objeção ou impugnação. **2.** Pôr defronte de, de modo que forme obstáculo. **3.** Pôr de maneira que forme contraste. **4.** Apresentar como objeção; objetar. *T.d.* **5.** Opor (1). *P.* **6.** Ser contrário. **7.** Surgir em oposição. **8.** Recusar-se, negar-se. [Conjug.: ⑩ [o]**por**]

o•por•tu•ni•da•de *sf.* **1.** Qualidade de oportuno. **2.** Ocasião oportuna.

o•por•tu•nis•mo *sm.* Acomodação às circunstâncias para se chegar mais facilmente a um resultado. § **o•por•tu•nis•ta** *adj2g.* e *s2g.*

o•por•tu•no *adj.* Que vem a tempo, a propósito; apropriado.

o•po•si•ção *sf.* **1.** Ato ou efeito de opor(-se); impedimento; obstáculo, objeção. **2.** Partido(s) político(s) contrário(s) ao governo. **3.** Vontade contrária. **4.** Antagonismo. **5.** Contestação. [Pl.: *-ções*.] § **o•po•si•ci•o•nis•ta** *adj2g.* e *s2g.*

o•po•si•ci•o•nis•mo *sm.* **1.** Sistema de opor-se a tudo, sem exceção. **2.** Facção política que se opõe ao governo.

o•po•si•tor (ô) *adj.* e *sm.* Que ou quem se opõe, que é adversário ou concorrente; oponente.

o•pos•to (ô) *adj.* **1.** Fronteiro. **2.** Contrário, inverso. **3.** Contraditório. • *sm.* **4.** O que é contrário; o inverso; antítese. [Pl.: *opostos* (ó).]

o•pres•são *sf.* **1.** Ato ou efeito de oprimir. **2.** Tirania (3). **3.** Dificuldade de respirar; sufocação. [Pl.: *-sões*.]

o•pres•si•vo *adj.* V. *opressor* (1).

o•pres•so *adj.* Que sofre(u) opressão.

o•pres•sor (ô) *adj.* **1.** Que oprime ou serve para oprimir; oprimente, opressivo. • *sm.* **2.** Aquele que oprime.

o•pri•men•te *adj2g.* V. *opressor* (1).

o•pri•mi•do *adj.* Que sofre opressão; humilhado, vexado.

o•pri•mir *v.t.d.* **1.** Sobrecarregar com peso. **2.** Apertar, comprimir. **3.** Afligir (1). **4.** Tiranizar (1). **5.** Humilhar. *Int.* **6.** Causar opressão. [Conjug.: ③ [oprim]**ir**; part.: *oprimido* e *opresso.*]

o•pró•bri:o *sm.* **1.** Abjeção extrema. **2.** Ignomínia, desonra. **3.** Afronta infamante; injúria.

op•tar *v.t.i.* e *int.* Decidir-se por uma coisa (entre duas ou mais). [Conjug.: ① [opt]**ar**]

op•ta•ti•vo *adj.* Que indica opção.

óp•ti•ca ou **ó•ti•ca** *sf.* **1.** Parte da física que trata da luz e da visão. **2.** Casa onde se vendem e/ou fabricam instrumentos ópticos. **3.** Maneira de ver, de julgar, de sentir.

óp•ti•co ou **ó•ti•co** *adj.* **1.** Relativo à óptica, à visão, ou ao olho. • *sm.* **2.** Especialista em óptica (1). **3.** Fabricante de instrumentos ópticos.

o•pug•nar *v.t.d.* **1.** Investir para tomar (praça ou fortaleza); assaltar, acometer. **2.** Combater (idéia, instituição, etc.). **3.** V. *impugnar* (1). [Conjug.: ① [opugn]**ar**]

o•pu•lên•ci:a *sf.* **1.** Abundância de riquezas. **2.** Luxo, fausto. **3.** Grandeza, esplendor.

o•pu•len•tar *v.t.d.* e *p.* Tornar(-se) opulento. [Conjug.: ① [opulent]ar]

o•pu•len•to *adj.* 1. Rico, abastado. 2. Fausto-so, pomposo. 3. Farto, abundante.

o•pús•cu•lo *sm.* Pequena obra escrita.

o•ra *conj.* 1. Mas; note-se (que). • *adv.* 2. Ago-ra. • *interj.* 3. Indica impaciência, menosprezo.

o•ra•ção *sf.* 1. Súplica religiosa; reza, prece, rogo. 2. Discurso, fala. 3. Sermão, prédica. 4. *Gram.* Frase, ou membro de frase, com sujei-to e predicado, ou apenas com este último. [Pl.: –ções.] ◆ **Oração coordenada.** *Gram.* A que está numa relação de coordenação (2). [Ex.: Estuda e trabalha. Tb. se diz apenas *coordena-da.*] **Oração principal.** *Gram.* Numa relação de subordinação (2), a que se constitui no núcleo da sentença. [Tb. se diz apenas *princi-pal.*] **Oração subordinada.** *Gram.* Numa re-lação de subordinação (2), a que desempenha função sintática ligada à oração principal. [Tb. se diz apenas *subordinada.*]

o•ra•ci:o•nal *adj2g.* *Gram.* Relativo a oração (4). [Pl.: –nais.]

o•ra•cu•lar *adj2g.* Próprio de oráculo.

o•rá•cu•lo *sm.* 1. Divindade que respondia a consultas e orientava o crente. 2. *Fig.* Pessoa cuja palavra ou conselho inspira muita con-fiança.

o•ra•dor (ô) *sm.* Aquele que ora [v. *orar* (2)].

o•ra•go *sm.* O santo da invocação que dá o nome a uma capela ou templo.

o•ral *adj2g.* 1. Relativo à boca; bucal. 2. Emiti-do pela boca; verbal, vocal. 3. Feito de viva voz. [Pl.: *orais.*]

o•ran•go•tan•go *sm.* *Zool.* Grande macaco pongídeo asiático.

o•rar *v.int.* 1. Fazer oração; rezar. 2. Discur-sar em público. *T.i.* 3. Dirigir oração a. 4. Pedir, suplicar, rogar. *T.d.* e *t.d.i.* 5. Orar (4). [Conjug.: ① [or]ar]

o•ra•tó•ri:a *sf.* Arte de falar ao público.

o•ra•tó•ri:o *adj.* 1. Relativo à oratória, ou a orador. • *sm.* 2. Nicho ou pequeno armário com imagens religiosas. 3. *Mús.* Espécie de ópera sacra na qual o jogo cênico foi aos pou-cos abandonado.

or•be *sm.* 1. Esfera, globo. 2. Corpo celeste; astro.

or•bi•cu•lar *adj2g.* 1. Globular. 2. Circular[1] (1).

ór•bi•ta *sf.* *Anat.* Cada uma das cavidades ós-seas da face onde se aloja um globo ocular. 2. *Astr.* Trajetória fechada que um astro descreve em torno de outro. 3. *Fig.* Esfera de ação; área.

or•bi•ta•dor (ô) *sm.* *Astron.* Veículo espacial recuperável, que efetua viagens entre a Terra e uma órbita terrestre; ônibus espacial.

or•bi•tal *adj2g.* 1. Relativo a órbita. • *sm.* 2. *Fís.* Função de onda de um elétron num áto-mo ou numa molécula. [Pl.: –tais.]

or•bi•tá•ri:o *adj.* Da órbita (1) ou relativo a ela.

or•ca *sf.* *Zool.* Cetáceo delfinídeo agressivo, carnívoro.

or•ça•men•to *sm.* 1. Ato ou efeito de orçar; cál-culo. 2. Estimativa da receita e da despesa do governo. 3. Cálculo dos gastos para a realiza-ção duma obra.

or•çar *v.t.d.* 1. Calcular, computar. *T.i.* 2. Ser ou ter aproximadamente. 3. Chegar; atingir. [Conjug.: ⑨ [or]çar]

or•dei•ro *adj.* Amigo da ordem; pacífico.

or•dem *sf.* 1. Disposição conveniente dos meios para se obterem os fins. 2. Boa disposição; ordenação. 3. Regra ou lei estabelecida. 4. Disciplina. 5. Mandado (3), mandamento. 6. Categoria, qualidade. 7. Maneira, modo. 8. Fileira. 9. Classe ou hierarquia de cidadãos. 10. Classe de pessoas que exercem dada pro-fissão liberal. 11. Série, seqüência. 12. Classe de honra instituída por um soberano. 13. Co-munidade religiosa que faz votos de viver se-gundo determinadas regras. 14. *Rel.* Um dos sete sacramentos da Igreja católica, que con-fere o poder de exercer funções eclesiásticas. 15. *Biol.* Reunião de famílias [v. *família* (5)]. [Pl.: –dens.]

or•de•na•ção *sf.* 1. Ato ou efeito de orde-nar(-se). 2. Ordem (2). [Pl.: –ções.]

or•de•na•da *sf.* *Geom.* *Anal.* Coordenada car-tesiana correspondente a um dos eixos: o ver-tical, no plano; o dos *y*, no espaço.

or•de•na•do *adj.* 1. Posto em ordem. 2. Metó-dico. • *sm.* 3. Vencimento dum funcionário ou empregado qualquer, pago periodicamente.

or•de•nan•ça *sf.* e *m.* Soldado às ordens dum superior hierárquico.

or•de•nar *v.t.d.* 1. Pôr em ordem (2); arranjar, dispor. 2. Determinar por ordem (5). 3. Man-dar. 4. Conferir o sacramento da ordem (14) a. *T.d.i.* 5. Ordenar (3). *P.* 6. Receber esse sacra-mento. [Conjug.: ① [orden]ar]

or•de•nha *sf.* Ato ou efeito de ordenhar.

or•de•nhar *v.t.d.* Espremer a teta de (um ani-mal) para tirar o leite; mungir. [Conjug.: ① [ordenh]ar]

or•di•nal *adj2g.* *Gram.* Diz-se do numeral que indica ordem ou série. [Pl.: –nais.]

or•di•ná•ri:a *sf.* 1. Gasto diário, mensal ou anual. 2. Pensão alimentícia.

or•di•ná•ri:o *adj.* 1. Que está na ordem usual das coisas; habitual, comum. 2. Regular, fre-qüente. 3. De má qualidade; inferior. 4. De baixa condição; baixo, grosseiro. 5. *Bras.* Sem caráter; reles, ruim. • *sm.* 6. O que é habitual. 7. *Lit.* Designação comum as partes invariá-veis de qualquer missa, cantada ou não.

or•do•vi•ci:a•no *sm.* Período (5) em que há desenvolvimento gradativo da fauna, sendo co-muns os corais e trilobites.

o•ré•ga•no *sm. Bot.* Erva labiada condimentosa, oriunda do Mediterrâneo; orégão.

o•ré•gão *sm. Bot.* Orégano. [Pl.: *–gãos*.]

o•re•lha (ê) *sf.* **1.** *Anat.* Cada uma das duas conchas auditivas situadas nas partes laterais da cabeça e pertencentes ao ouvido (2). **2.** Ouvido (2).

o•re•lha-de-pau *sf. Bras. Bot.* Urupê. [Pl.: *orelhas-de-pau.*]

o•re•lhão *sm. Bras. Pop.* Cabina de telefone público instalada ao ar livre. [Pl.: *–lhões.*]

o•re•lhu•do *adj.* **1.** Que tem orelhas grandes. **2.** Estúpido, burro.

or•fa•na•to *sm.* Asilo para órfãos.

or•fan•da•de *sf.* Estado de órfão.

ór•fão *adj.* **1.** Que perdeu os pais, ou um deles. **2.** Abandonado, desamparado. • *sm.* **3.** Aquele que ficou órfão (1). [Fem.: *órfã.* Pl.: *–fãos.*]

or•fe•ão *sm.* Sociedade cujos membros se consagram ao canto coral, com acompanhamento ou sem ele. [Pl.: *–ões.*]

or•fe•ô•ni•co *adj.* Relativo a, ou próprio para orfeão.

or•gan•di *sm.* Tecido armado, muito leve e transparente.

or•ga•ne•la *sf. Citol.* Numa célula, estrutura permanente, envolta em membrana, e que tem função específica. Ex.: flagelo[2].

or•gâ•ni•co *adj.* **1.** Relativo a órgão, organização, ou a seres organizados. **2.** Relativo a, ou próprio do organismo (2). **3.** Relativo a, ou próprio da química orgânica. **4.** Relativo a, ou derivado de organismos vivos: *matéria orgânica.*

or•ga•nis•mo *sm.* **1.** O conjunto dos órgãos dos seres vivos. **2.** A constituição do corpo humano. **3.** Qualquer ser, sistema ou estrutura organizada. **4.** Entidade que exerce funções de caráter social, político, etc.; organização, órgão.

or•ga•nis•ta *s2g.* Pessoa que toca órgão.

or•ga•ni•za•ção *sf.* **1.** Ato ou efeito de organizar(-se). **2.** Modo por que um ser vivo é organizado. **3.** Associação ou instituição com objetivos definidos. **4.** V. *organismo* (4). [Pl.: *–ções.*] ♦ **Organização não-governamental.** Aquela que não integra o Estado nem está ligada ao Governo, e cujas atividades, não sendo empresariais, estão voltadas para a esfera pública, esp. a prestação de serviços importantes para o desenvolvimento social [sigla: *ONG*].

or•ga•ni•za•do[1] *adj.* Que tem órgãos.

or•ga•ni•za•do[2] *adj.* Ordenado, arranjado.

or•ga•ni•zar *v.t.d.* **1.** Estabelecer as bases de. **2.** Dar às partes de (um corpo) a disposição necessária para as funções a que ele se destina. *P.* **3.** Constituir-se definitivamente; formar-se. [Conjug.: ① [organiz]**ar**]

or•ga•no•clo•ra•do *adj.* e *sm. Quím.* Diz-se de, ou substância orgânica, em geral inseticida,

que contém cloro (muitas das quais são consideradas nocivas ao meio ambiente).

or•ga•no•fos•fo•ra•do *adj.* e *sm. Quím.* Diz-se de, ou substância orgânica, em geral inseticida, tóxica, que contém fósforo.

or•ga•no•gra•ma *sm.* Quadro representativo de organização ou de serviço, etc., e que indica as relações entre suas unidades, as atribuições de cada uma, etc.

ór•gão *sm.* **1.** *Biol.* Parte de um organismo, ger. auto-suficiente, e dotada de função vital específica. **2.** Cada parte dum maquinismo. **3.** Jornal ou revista. **4.** Grande instrumento de sopro, com tubos afinados cromaticamente e acionados por um a cinco teclados manuais e uma pedaleira. **5.** V. *organismo* (4). [Pl.: *–gãos.*]

or•gas•mo *sm.* O mais alto grau de excitação dos sentidos ou de um órgão, especialmente o clímax do ato sexual.

or•gi•a *sf.* **1.** Festim licencioso; esbórnia, bacanal. **2.** *Fig.* Desordem, tumulto. **3.** *Fig.* Profusão.

or•gí•a•co *adj.* Que lembra orgia.

or•gu•lhar *v.t.d.* e *p.* Fazer sentir, ou sentir, orgulho. [Conjug.: ① [orgulh]**ar**]

or•gu•lho *sm.* **1.** Sentimento de dignidade pessoal; brio, altivez. **2.** Amor-próprio demasiado; soberba. **3.** Aquilo ou aquele(s) de que(m) se tem orgulho. § **or•gu•lho•so** (ô) *adj.*

o•ri•en•ta•ção *sf.* **1.** Ato ou efeito de orientar(-se). **2.** Direção, guia. **3.** Impulso, tendência. [Pl.: *–ções.*]

o•ri•en•tal *adj2g.* **1.** Relativo ao Oriente ou situado lá, ou de lá originário, ou que lá vive ou vegeta. • *s2g.* **2.** Pessoa oriental. [Pl.: *–tais.*]

o•ri•en•tar *v.t.d.* **1.** Determinar a posição de (um lugar) em relação aos pontos cardeais. **2.** Adaptar ou ajustar à direção deles. **3.** Dirigir, guiar. *T.d.i.* **4.** Orientar (3). *P.* **5.** Reconhecer ou examinar a situação de lugar, ou de posição em que se acha, para guiar-se. [Conjug.: ① [orient]**ar**] § **o•ri•en•ta•dor** (ô) *adj.* e *sm.*

o•ri•en•te *sm.* **1.** A parte onde nasce o Sol; este, leste, levante, nascente. **2.** V. *este* (1). **3.** A Ásia. [Com inicial maiúscula, nesta acepç.] **4.** *P. ext.* Os povos da Ásia; os orientais. ♦ **Oriente Médio.** Região que compreende a Turquia, os países do Sudeste Asiático e do N. da África, e que inclui, por vezes, o Afeganistão, o Irã e o Iraque; Oriente Próximo. **Oriente Próximo.** Oriente Médio. **Extremo Oriente.** Designação ampla que os ocidentais dão à região da Ásia que compreende os países do Leste asiático (China, Japão, Coréia, Mongólia, Manchúria e a parte oriental da Sibéria).

o•ri•fí•ci•o *sm.* Entrada ou abertura estreita e/ou pequena.

o•ri•gâ•mi *sm.* Arte japonesa de dobrar papel em forma decorativa.

o•ri•gem *sf.* **1.** Princípio, começo; procedência. **2.** Naturalidade (3). **3.** V. *ascendência* (4). **4.** Causa, motivo. [Pl.: *–gens.*]

o•ri•gi•nal *adj2g.* **1.** Relativo a origem. **2.** Que provém da origem; inicial, originário. **3.** Que não ocorreu nem existiu antes; inédito. **4.** Feito pela primeira vez, ou que tem caráter próprio, que não imita nem segue nada, ninguém; novo. • *sm.* **5.** Qualquer obra original, ou manuscrito, desenho, escultura, etc., de que se poderão tirar cópias ou reproduções. [Pl.: *–nais.*] **§ o•ri•gi•na•li•da•de** *sf.*

o•ri•gi•nar *v.t.d.* **1.** Dar origem a; causar. *P.* **2.** Ter origem; ser proveniente. [Conjug.: ① [origin]**ar**]

o•ri•gi•ná•ri•o *adj.* **1.** V. *original* (2). **2.** Descendente, procedente, oriundo.

o•ri•un•do V. *originário* (2).

o•ri•xá *s2g.* Divindade de religiões afro-brasileiras.

o•ri•zi•cul•tor (ó) *sm.* Aquele que se dedica à orizicultura.

o•ri•zi•cul•tu•ra *sf.* Cultura do arroz.

or•la *sf.* **1.** Borda, rebordo. **2.** V. *margem* (3). **3.** Faixa (3). **4.** Rebordo de roupas, etc.

or•lar *v.t.d.* **1.** Guarnecer com orla. **2.** Rodear (3). [Conjug.: ① [orl]**ar**]

or•na•men•tal *adj2g.* **1.** Relativo a ornamento(s). **2.** Próprio para ornamentar. [Pl.: *taio.*]

or•na•men•tar *v.t.d.* **1.** V. *enfeitar* (1). **2.** Abrilhantar. [Conjug.: ① [ornament]**ar**] **§ or•na•men•ta•ção** *sf.*

or•na•men•to *sm.* **1.** V. *enfeite.* **2.** Pessoa eminente numa classe, instituição, arte, etc. **3.** *Mús.* Nota ou grupo de notas que embelezam a melodia ou enriquecem a expressão.

or•nar *v.t.d.* e *p.* V. *enfeitar* (1 e 3). [Conjug.: ① [orn]**ar**]

or•na•to *sm.* **1.** Efeito de ornar; ornamentação. **2.** V. *enfeite.*

or•ne•ar *v.int.* V. *zurrar.* [Conjug.: ⑩ [orn]**ear**. Norm., não é us. nas 1ªˢ pess.]

or•ne•jar *v.int.* V. *zurrar.* [Conjug.: ① [ornej]**ar**. Norm., não é us. nas 1ªˢ pess.]

or•ne•jo (ê) *sm.* Zurro.

or•ni•to•lo•gi•a *sf.* Parte da zoologia que trata das aves. **§ or•ni•to•ló•gi•co** *adj.*; **or•ni•tó•lo•go** *sm.*

or•ni•to•mi•mo *sm. Paleont.* Dinossauro que lembrava uma avestruz; andava em posição bipedal, e a cauda compunha mais da metade de seu comprimento (3 a 4 metros). Viveu no cretáceo da América do Norte.

or•ni•tor•rin•co *sm. Zool.* Mamífero ovíparo, anfíbio, com bico de pato e cloaca, cauda longa, achatada, e dedos palmados, com garras; vive na Austrália.

or•ques•tra *sf.* **1.** Conjunto de músicos que executam peças para concertos, ou outras. **2.** Os respectivos instrumentos. **3.** O lugar dos músicos em um teatro. **§ or•ques•tral** *adj2g.*

or•ques•trar *v.t.d.* Adaptar (peça musical) aos vários instrumentos duma orquestra. [Conjug.: ① [orquestr]**ar**] **§ or•ques•tra•ção** *sf.*

or•qui•dá•ce:a *sf. Bot.* Espécime das orquidáceas, família de monocotiledôneas cujas flores têm sementes insignificantes que germinam em associação com certos fungos. **§ or•qui•dá•ce:o** *adj.*

or•qui•dá•ri•o *sm. Bras.* Viveiro para orquídeas.

or•quí•de:a *sf. Bot.* Nome comum às orquidáceas, tidas impropriamente como parasitas.

or•to•don•ti•a *sf.* Ramo da odontologia que se ocupa da prevenção e correção de defeitos de posição de dentes.

or•to•do•xo (cs) *adj.* **1.** Conforme com a doutrina religiosa tida como verdadeira. **2.** *P. ext.* Conforme com os princípios tradicionais de qualquer doutrina. **3.** Da Igreja Católica Apostólica Ortodoxa, ou relativo a ela. **4.** Que é sectário da Igreja Ortodoxa. • *sm.* **5.** Sectário da Igreja Ortodoxa. [Antôn.: *heterodoxo* (èt...cs).] **§ or•to•do•xi•a** (cs) *sf.*

or•to•e•pi•a ou **or•to•e•é•pi:a** *sf.* Pronúncia normal e correta; ortofonia.

or•to•fo•ni•a *sf.* Ortoepia.

or•to•go•nal *adj2g. Geom.* Que forma ângulos retos. [Pl.: *–nais.*] ♦ **Vetores ortogonais.** Aqueles cujo produto escalar é nulo.

or•to•gra•far *v.t.d.* e *int.* Escrever segundo as regras ortográficas. [Conjug.: ① [ortograf]**ar**]

or•to•gra•fi•a *sf.* **1.** Parte da gramática que ensina a escrever corretamente as palavras. **2.** Maneira de representar as palavras por meio da escrita; grafia. **§ or•to•grá•fi•co** *adj.*

or•to•nor•mal *adj2g.* Diz-se da base vetorial cujos vetores são ortogonais de módulo unitário. [Pl.: *–mais.*]

or•to•pe•di•a *sf.* Ramo da medicina que se ocupa da preservação ou restauração anatômica e/ou funcional do esqueleto. **§ or•to•pé•di•co** *adj.*

or•to•pe•dis•ta *s2g. Cir.* Especialista em ortopedia.

or•tóp•te•ro *sm. Zool.* Espécime dos ortópteros, ordem de insetos de quatro asas, sendo as anteriores coriáceas; as pernas posteriores são adaptadas para o salto. Ex.: grilos. **§ or•tóp•te•ro** *adj.*

or•va•lhar *v.t.d.* e *p.* **1.** Molhar(-se) ou umedecer(-se) com orvalho. **2.** Molhar(-se), umedecer(-se). *Int.* **3.** Cair orvalho. [Conjug.: ① [orvalh]**ar**]

or•va•lho *sm.* Umidade da atmosfera, que se condensa (durante a noite, sobretudo) e se deposita, em forma de gotículas, sobre qualquer superfície fria; rocio.

❑ **Os** *Quím.* Símb. do ósmio.

os•ci•lar *v.int.* **1.** Mover-se alternadamente em sentidos opostos. **2.** Movimentar-se em vaivém; balançar-se. **3.** Sofrer abalo; tremer. **4.** Vacilar, hesitar. *T.i.* **5.** Oscilar (4). [Conjug.: ① [oscil]**ar**] § **os•ci•la•ção** *sf.*; **os•ci•lan•te** *adj2g.*

os•ci•los•có•pi•o *sm. Fís.* Instrumento que permite detectar e observar oscilações. ◆ **Osciloscópio de raios catódicos.** *Fís.* e *Eletrôn.* Aquele em que o feixe de elétrons de um tubo de raios catódicos registra numa tela fluorescente os sinais elétricos periódicos que recebe.

os•cu•lar *v.t.d.* Dar ósculo(s) em; beijar. [Conjug.: ① [oscul]**ar**] § **os•cu•la•ção** *sf.*

ós•cu•lo *sm.* Beijo (1).

os•ga *sf. Zool.* Lagartixa.

ós•mi•o *sm. Quím.* Elemento de número atômico 76, metálico [símb.: *Os*].

❑ **O.S.O.** Abrev. de *oés-sudoeste.*

os•sa•da *sf.* **1.** Quantidade de ossos. **2.** Os ossos dum cadáver; carcaça. **3.** O conjunto de ossos de um vertebrado morto; carcaça. **4.** Arcabouço; esqueleto.

os•sa•tu•ra *sf. Anat.* Esqueleto (1).

ós•se•o *adj.* **1.** Relativo ao, ou da natureza do osso. **2.** Que tem osso(s).

os•sí•cu•lo *sm.* Pequeno osso.

os•si•fi•car *v.t.d.* e *p.* **1.** Converter(-se) em osso. **2.** Endurecer como osso. [Conjug.: ⑧ [ossifi]**car**] § **os•si•fi•ca•ção** *sf.*; **os•si•fi•ca•do** *adj.*

os•so (ô) *sm. Anat.* **1.** Cada uma das diversas peças formadas por tecido rígido que, juntamente com as cartilagens e ligamentos, formam o esqueleto dos vertebrados. **2.** Qualquer fragmento do esqueleto animal.

os•su•á•ri•o *sm.* **1.** Depósito de ossos humanos. **2.** Sepultura comum de muitos cadáveres.

os•su•do *adj.* De ossos grandes ou salientes.

os•te•íc•te *sm. Zool.* Espécime dos osteíctes, classe de peixes que abrange aqueles que têm esqueleto ósseo. É a maior classe de vertebrados. § **os•te•íc•te** *adj2g.*

os•te•í•te *sf. Patol.* Inflamação de tecido ósseo.

os•ten•si•vo *adj.* Que se pode mostrar ou ostentar, ou é próprio para isso.

os•ten•só•ri•o *sm.* Custódia onde se ostenta a hóstia consagrada.

os•ten•ta•ção *sf.* **1.** Ato ou efeito de ostentar(-se). **2.** Exibição aparatosa. **3.** Pompa, luxo. [Pl.: *–ções*.]

os•ten•tar *v.t.d.* **1.** Exibir com aparato ou com orgulho. *Int.* **2.** Fazer ostentação (2). *P.* **3.** Mostrar-se com ostentação. [Conjug.: ① [ostent]**ar**]

os•ten•to•so (ô) *adj.* **1.** Feito ou disposto com ostentação. **2.** Magnífico, soberbo. [Pl.: *–tosos* (ó).]

os•te•o•glos•sí•de•o (òst) *sm. Zool.* Espécime dos osteoglossídeos, pequena família de peixes de água doce, de até 4,50m de comprimento, que vivem na América do Sul, África, Indonésia, Malásia e Austrália. § **os•te•o•glos•sí•de•o** *adj.*

os•te•o•lo•gi•a (òs) *sf.* Estudo dos ossos.

os•te•o•mi•e•li•te (òs) *sf. Patol.* Inflamação de medula óssea.

os•tra *sf. Zool.* Molusco bivalve, comestível; algumas espécies são criadas em viveiros.

os•tra•cis•mo *sm.* **1.** Na Grécia antiga, desterro temporário determinado em plebiscito. **2.** *P. ext.* Afastamento das funções políticas. **3.** *Fig.* Afastamento da vida social, intelectual, etc.

os•tre•i•cul•tor (e-i...ô) *sm.* Aquele que se dedica à ostreicultura.

os•tre•i•cul•tu•ra (e-i) *sf.* Cultura de ostras; ostricultura.

os•trei•ra *sf.* Lugar onde se criam ostras.

os•tri•cul•tu•ra *sf.* Ostreicultura.

o•tá•ri•o *sm. Gír.* Indivíduo tolo, simplório.

ó•ti•ca *sf.* Óptica.

ó•ti•co¹ *adj.* Relativo ou pertencente ao ouvido.

ó•ti•co² *adj. sm.* Óptico.

o•ti•mis•mo *sm.* Sistema de julgar tudo o melhor possível, de achar que tudo vai bem. § **o•ti•mis•ta** *adj2g.* e *s2g.*

o•ti•mi•za•ção *sf.* **1.** Ato, processo ou efeito de otimizar. **2.** *Estat.* Determinação do valor ótimo (q. v.) de uma grandeza. **3.** *Inform.* O conjunto de técnicas algorítmicas e de programação us. para buscar o ponto ótimo de funções matemáticas. [Pl.: *–ções*.]

o•ti•mi•zar *v.t.d.* **1.** Tornar ótimo. **2.** Aproveitar, utilizar, ou realizar melhor, ou de forma mais produtiva. **3.** *Estat.* Realizar a otimização (2) de (uma grandeza). **4.** *Inform.* Aperfeiçoar (um programa) a fim de que realize sua função no menor tempo ou no menor número de passos possível. [Conjug.: ① [otimiz]**ar**]

ó•ti•mo *adj.* Superl. absoluto de *bom*; boníssimo.

o•ti•te *sf. Med.* Inflamação de ouvido(s).

o•to•ma•no *adj.* e *sm.* V. *turco* (1 e 2).

o•tor•ri•no *s2g.* F. red. de *otorrinolaringologista.*

o•tor•ri•no•la•rin•go•lo•gi•a *sf.* Parte da medicina consagrada ao estudo e tratamento das doenças do ouvido, nariz e garganta. § **o•tor•ri•no•la•rin•go•ló•gi•co** *adj.*; **o•tor•ri•no•la•rin•go•lo•gis•ta** *s2g.*

ou *conj.* **1.** Designa alternativa ou exclusão. **2.** Indica dúvida, incerteza ou hesitação. **3.** De outro modo; por outra(s) palavra(s).

ou•re•la *sf.* **1.** Orla (4) de fazenda. **2.** Margem, beira.

ou•ri•çar *v.t.d.* **1.** Tornar semelhante ao ouriço; eriçar, arrepiar. **2.** Tornar áspero; encrespar. *P.* 3. Encrespar-se. 4. Erriçar-se, arrepiar-se. [Conjug.: ⑨ [ouri]**çar**]

ou•ri•ço *sm.* 1. O invólucro da castanha, ou, p. ext., de certos frutos. 2. *Zool.* Ouriço-cacheiro.

ou•ri•ço-ca•chei•ro *sm. Zool.* Mamífero roedor, eretizontídeo; ouriço. [Pl.: *ouriços-cacheiros.*]

ou•ri•ço-do-mar *sm. Zool.* Animal equinodermo, equinóide. [Pl.: *ouriços-do-mar.*]

ou•ri•ves *s2g.2n.* Fabricante e/ou vendedor de artefatos de ouro e prata.

ou•ri•ve•sa•ri•a *sf.* 1. A arte de ourives. 2. Oficina ou loja de ourives.

ou•ro *sm.* 1. *Quím.* Elemento de número atômico 79, metálico, amarelo, dúctil, maleável, denso, usado em ligas preciosas [símb.: *Au*]. 2. Qualquer moeda ou artefato desse metal. 3. Riqueza, opulência. 4. Cor amarela muito brilhante. 5. V. *dinheiro* (4).

ou•ro•pel *sm.* 1. Liga metálica de cobre amarelo, ou latão e zinco, que imita o ouro; pechisbeque. 2. Ouro falso. 3. Aparência enganosa. [Pl.: *–péis.*]

ou•ros *sm.pl.* Um dos quatro naipes, com o desenho dum losango vermelho.

ou•sa•do *adj.* 1. Destemido, corajoso. 2. Atrevido, audacioso. § **ou•sa•di•a** *sf.*

ou•sar *v.t.d.* 1. Ser bastante corajoso para; atrever-se. 2. Tentar (coisa difícil ou perigosa). [Conjug.: ① [ous]**ar**]

ou•tei•ro ou **oi•tei•ro** *sm.* Pequeno monte; colina.

ou•to•nal *adj2g.* Próprio do outono, outoniço. [Pl.: *–nais.*]

ou•to•ni•ço *adj.* 1. Outonal. 2. Que principia a envelhecer.

ou•to•no *sm.* 1. Estação do ano que sucede ao verão e antecede o inverno. 2. Declínio, decadência.

ou•tor•ga *sf.* Ato ou efeito de outorgar.

ou•tor•gar *v.t.d.* 1. Consentir em; aprovar. 2. Dar, conceder. 3. Conferir (mandato). 4. *Jur.* Declarar em escritura pública. *T.d.i.* 5. Consentir, facultar. 6. Outorgar (2). 7. Atribuir; imputar. [Conjug.: ⑪ [outor]**gar**]

⇨ **output** (áutput) [Ingl.] 1. *Econ.* O produto, o resultado da combinação dos fatores de produção. 2. *Inform.* Saída (6 e 7).

ou•trem *pron.* Outra(s) pessoa(s).

ou•tro *pron.* 1. Diverso do primeiro; diferente de pessoa ou coisa especificada. 2. Seguinte, imediato. 3. O resto (1).

ou•tro•ra *adv.* Em outro tempo; antigamente.

ou•tros *pron.pl.* Outras pessoas, indeterminadas; o próximo; outrem.

ou•tros•sim *adv.* Também; bem assim.

ou•tu•bro *sm.* O décimo mês do ano, com 31 dias.

ou•vi•do *sm.* 1. Audição (1). 2. *Anat.* Orelha. 3. Cada um de dois órgãos da audição e do equilíbrio, e que consiste de parte externa (ouvido externo), parte média (ouvido médio) e parte interna (ouvido interno).

ou•vi•dor (ô) *sm. Bras.* 1. No período colonial, o juiz posto pelos donatários. 2. Antigo magistrado com as funções do atual juiz (4).

ou•vin•te *s2g.* 1. Que assiste a um discurso, conferência, aula, etc., ou ouve rádio. 2. Estudante que assiste às aulas sem ser matriculado.

ou•vir *v.t.d.* 1. Perceber, entender (os sons) pelo sentido da audição; escutar. 2. Ouvir os sons de. 3. Dar atenção a; atender, escutar. 4. Inquirir (o réu, as testemunhas, etc.). 5. Escutar os conselhos ou razões de. *Int.* 6. Perceber pelo sentido da audição. [Conjug.: ㊷ **ouvir**]

o•va *sf. Zool.* O ovário dos peixes.

o•va•ção *sf.* Aclamação pública. [Pl.: *–ções.*]

o•va•ci•o•nar *v.t.d. Bras.* Fazer ovação a. [Conjug.: ① [ovacion]**ar**]

o•val *adj2g.* 1. De forma elíptica, semelhante à do ovo; ovóide. • *sf.* 2. *Geom.* Figura oval, plana ou sólida. [Pl.: *–vais.*]

o•van•te *adj2g.* Triunfante, vitorioso.

o•var *v.int.* Criar ovos ou ovas. [Conjug.: ① [ov]**ar**] § **o•va•do** *adj.*

o•vá•ri•o *sm.* 1. *Anat.* Cada uma de duas glândulas sexuais femininas, situadas na pelve, das quais provêm os óvulos. 2. *Zool.* Órgão onde se formam os ovos ou óvulos nas fêmeas dos animais ovíparos. 3. *Bot.* Pequeno órgão da flor, que encerra os óvulos, dentro dos quais se acha a célula reprodutora feminina. § **o•va•ri•a•no** *adj.*

o•vei•ro *sm. Zool.* O ovário das aves.

o•ve•lha (ê) *sf.* 1. A fêmea do carneiro. 2. O cristão, em relação ao seu pastor espiritual.

o•ve•lhum *adj2g.* Relativo às ovelhas, carneiros e cordeiros; ovino. [Pl.: *–lhuns.*]

⇨ **overdose** (em ingl.: ôverdouz) [Ingl.] *sf.* Dose excessiva, ger. de tóxico (3).

⇨ **overnight** (óvernait) [Ingl.] *adj2g.2n. e sm.* Diz-se das, ou as aplicações financeiras, em títulos do Governo vendidos pelo Banco Central (v. *open market*), feitas num dia para resgate no próximo dia útil.

o•vi•á•ri•o *sm.* 1. V. *ovil.* 2. Rebanho de ovelhas.

o•vil *sm.* Curral de ovelhas; aprisco, oviário. [Pl.: *–vis.*]

o•vi•no *adj.* Ovelhum.

o•vi•no•cul•tu•ra *sf.* Criação de ovelhas.

o•ví•pa•ro *adj. e sm. Zool.* Diz-se de, ou animal que põe ovos, cujo desenvolvimento se completa fora do organismo materno.

o•vir•rap•tor (ô) *sm. Paleont.* Dinossauro de mandíbula forte e bico largo, sem dentes, que habitou a Ásia no cretáceo.

o•vo (ó) sm. Biol. 1. Óvulo fertilizado em animal ovíparo (aves, insetos), depois que sai do corpo desse animal. 2. Célula feminina madura, reprodutora, e que, após fertilização, evoluirá para novo membro da mesma espécie. [Pl.: ovos (ó).]

o•vói•de adj2g. Oval (1).

o•vo•vi•ví•pa•ro adj. sm. Zool. Diz-se de, ou animal cujo ovo é incubado no interior do organismo materno, nutrindo-se o embrião de alimento nele contido.

ó•vu•lo sm. 1. Biol. Célula feminina que deverá sofrer fecundação. 2. Bot. Estrutura encontrada no interior do ovário (3), e dentro da qual se acha a oosfera.

o•xa•lá interj. Tomara; queira Deus.

o•xa•li•dá•ce:a (cs) sf. Bot. Espécime das oxalidáceas, família de ervas ou arvoretas tropicais de fruto bacáceo ou capsular, muitas vezes edule. Ex.: a caramboleira. § o•xa•li•dá•ce:o (cs) adj.

o•xi•dar (cs) v.t.d 1. Combinar com oxigênio; retirar (hidrogênio) de uma substância; retirar (elétrons) de um íon ou de uma molécula. 2. Enferrujar. P. 3. Enferrujar-se. [Conjug.: ① [oxid]ar] § o•xi•da•ção (cs) sf.; o•xi•dan•te adj2g.; o•xi•dá•vel (cs) adj2g.

ó•xi•do (cs) sm. Quím. Composto binário de oxigênio e outro elemento.

o•xi•ge•na•ção (cs) sf. 1. Ato ou efeito de oxigenar. 2. Capacidade de oxigenar-se, de receber oxigênio. [Pl.: –ções.]

o•xi•ge•na•do (cs) adj. Que contém oxigênio.

o•xi•ge•nar (cs) v.t.d. 1. Quím. Tratar (uma substância) pelo oxigênio e fixá-lo em sua molécula. 2. Ministrar oxigênio a. 3. Aumentar a oxigenação (2) de. 4. Pop. Clarear (os cabelos) com água oxigenada e amônia. P. 5. Sofrer aumento de oxigênio. [Conjug.: ① [oxigen]ar]

o•xi•gê•ni:o (cs) sm. Quím. 1. Elemento de número atômico 8 [símb.: O]. V. calcogênio. 2. Forma diatômica do oxigênio (1), gás que constitui cerca de 21% da atmosfera, incolor, inodoro, insípido, com grande atividade química, indispensável a quase todas as formas de vida [fórm.: O_2].

o•xí•to•no (cs) adj. e sm. Gram. Diz-se de, ou vocábulo que tem o acento na última sílaba.

o•xi•ú•ro (cs) sm. Zool. Nematódeo que parasita o intestino grosso do homem.

o•xi:u•ro•se sf. Infecção causada pela presença de oxiúros no aparelho digestivo.

o•zô•ni:o sm. Quím. Substância que é uma forma alotrópica do elemento oxigênio, gasosa, muito reativa, que forma uma tênue camada na estratosfera, essencial para proteger os seres vivos das radiações provenientes do Sol [fórm.: O_3].

ʔ	Fenício
٦	Grego
Π	Grego
٨	Etrusco
Γ	Romano
Ρ	Romano
ρ	Minúscula carolina
P	Maiúscula moderna
p	Minúscula moderna

p (pê) *sm.* **1.** A 15ª letra do nosso alfabeto. **2.** Figura ou representação dessa letra. • *num.* **3.** Décimo quinto, numa série. **4.** Décimo sexto, numa série em que a letra *k* corresponde ao 11º elemento. [Pl. (nas acepç. 1 e 2) indicado pela duplicação da letra a.: *pp.*]

❑ **P** *Quím.* Símb. do *fósforo.*

❑ **Pa** *Quím.* Símb. do *protactínio.*

pá *sf.* Instrumento largo e chato, com rebordos laterais e um cabo, para cavar o solo, remover lixo, etc.

pa•bu•la•gem *sf.* **1.** *Bras.* Empáfia. **2.** V. *fanfarrice* (1). [Pl.: *–gens.*]

pa•ca *sf. Bras. Zool.* Dasiproctídeo de carne apreciada.

pa•ca•to *adj.* **1.** V. *pacífico* (1). **2.** Em que há paz, tranqüilidade. **§ pa•ca•tez** (ê) *sf.*

pa•cho•la *s2g.* **1.** Indivíduo de elegância duvidosa. • *adj2g.* **2.** Cheio de si; vaidoso.

pa•chor•ra (ô) *sf.* **1.** Vagar, lentidão. **2.** Conformação mista de indolência e paciência.

pa•chor•ren•to *adj.* Que tem ou denota pachorra.

pa•ci•ên•ci•a *sf.* **1.** Virtude que consiste em suportar dores, infortúnios, etc., com resignação. **2.** Pachorra (2). **3.** Passatempo individual com cartas de baralho.

pa•ci•en•te *adj2g.* **1.** Que revela paciência. • *s2g.* **2.** Pessoa doente, sob cuidados médicos.

pa•ci•fi•car *v.t.d.* **1.** Restituir a paz a; tranqüilizar. *P.* **2.** Tranqüilizar-se. [Conjug.: **8** [paci-fi]**car**] **§ pa•ci•fi•ca•ção** *sf.*; **pa•ci•fi•ca•dor** (ô) *adj.* e *sm.*

pa•cí•fi•co *adj.* **1.** Amigo da paz; tranqüilo, pacato. **2.** Aceito sem discussão ou oposição.

pa•ci•fis•mo *sm.* Sistema dos que propugnam a paz universal. **§ pa•ci•fis•ta** *adj2g.* e *s2g.*

pa•ço *sm.* Palácio real ou episcopal.

pa•co•ba *sf. Bras.* Pacova.

pa•co•ca *sf. Bras.* **1.** Comida feita de carne seca refogada, desfiada, e socada com farinha de mandioca. **2.** Doce de amendoim socado com rapadura.

pa•co•te *sf. Bras.* Pequeno maço; embrulho.

pa•co•va *sf. Bras.* Banana (1). [Var.: *pacoba.*]

pa•có•vi•o *adj.* e *sm.* V. *tolo* (1, 2 e 7).

pac•to *sm.* Ajuste, acordo, entre Estados ou particulares.

pac•tu•ar *v.t.d.* e *t.d.i.* **1.** Combinar, ajustar, contratar. *T.i.* **2.** Fazer pacto. [Conjug.: **1** [pac-tu]**ar**] **§ pac•tu•an•te** *adj2g.* e *s2g.*

pa•cu *sm. Bras. Zool.* Peixe caracídeo, fluvial.

pa•cu•e•ra *sf. Bras.* Fressura de boi, porco ou carneiro.

pa•da•ri•a *sf.* Lugar onde se fabrica e/ou vende pão, bolachas, etc.; panificação.

pa•de•cen•te *adj2g.* **1.** Que padece • *s2g.* **2.** Quem padece. **3.** Quem vai sofrer a pena de morte.

pa•de•cer *v.t.d.* **1.** Ser afligido ou atormentado por. **2.** Suportar, agüentar. *T.i.* **3.** Ser acometido, ou sofrer (de alguma enfermidade, ou algum mal). *Int.* **4.** Sofrer dores físicas ou morais. [Conjug.: **34** [pade]**cer**] **§ pa•de•ci•men•to** *sm.*

pa•dei•ro *sm.* Fabricante, vendedor ou entregador de pão.

pa•di•o•la *sf.* **1.** Espécie de tabuleiro retangular, com quatro varais, usado para transporte. **2.** Cama portátil, sem rodas, em que se transportam doentes ou feridos.

pa•di:o•lei•ro *sm. Bras.* Aquele que carrega ou ajuda a carregar padiola.

pa•drão *sm.* **1.** Modelo oficial de pesos e medidas. **2.** O que serve de base ou norma para avaliação; medida. **3.** Objeto que serve de modelo à feitura de outro. **4.** Desenho decorativo estampado em tecido ou noutra superfície. [Pl.: –*drões.*]

pa•dras•to *sm.* O homem, em relação ao(s) filho(s) que sua mulher teve de casamento anterior.

pa•dre *sm.* Aquele que já recebeu a ordem (14); sacerdote, reverendo.

pa•dre•ar *v.int.* Procriar (esp. o cavalo e o burro). [Conjug.: 10 [padr]ear]

pa•dre-cu•ra *sm.* V. *pároco.* [Pl.: *padres-curas.*]

pa•dre-mes•tre *sm.* Sacerdote professor. [Pl.: *padres-mestres.*]

pa•dre-nos•so *sm.* Pai-nosso. [Pl.: *padre-nossos* e *padres-nossos.*]

pa•dri•nho *sm.* Testemunha de batismo, casamento, duelo, etc.

pa•dro•ei•ro *adj.* e *sm.* Defensor, protetor, patrono.

pa•dro•ni•za•ção *sf.* Redução de objetos, procedimentos, etc., do mesmo gênero a um só tipo, segundo um padrão. [Pl.: –*ções.*]

pa•dro•ni•zar *v.t.d.* Submeter a padronização. [Conjug.: 1 [padroniz]ar] § **pa•dro•ni•za•do** *adj.*; **pa•dro•ni•zá•vel** *adj2g.*

pa•ga *sf.* **1.** Pagamento (1). **2.** Recompensa, retribuição.

pa•ga•do•ri•a *sf.* Lugar ou repartição pública onde se efetuam pagamentos.

pa•ga•men•to *sm.* **1.** Ato ou efeito de pagar (-se); paga. **2.** Remuneração, estipêndio. **3.** Modo de pagar.

pa•ga•nis•mo *sm.* Religião pagã.

pa•ga•ni•zar *v.t.d.* e *p.* **1.** Tornar(-se) pagão; perder a condição de cristão. *Int.* **2.** Proceder ou pensar como pagão. [Conjug.: 1 [paganiz]ar]

pa•gão *adj.* e *sm.* **1.** Que ou quem não foi batizado. **2.** Que ou quem é adepto de qualquer das religiões em que não se adota o batismo. [Fem.: *pagã.* Pl.: –*gãos.*]

pa•gar *v.t.d.* **1.** Satisfazer (dívida, encargo, etc.). **2.** Satisfazer o preço ou valor de. **3.** Remunerar, gratificar. **4.** Sofrer vingança, desforra em conseqüência de. **5.** Expiar (culpa, etc.). *T.d.i.* **6.** Pagar (1 a 3). **7.** Reembolsar (o que é devido). *Int.* **8.** Reembolsar alguém do que lhe é devido. **9.** Expiar uma culpa. [Conjug. 11

[pa]**gar**] § **pa•ga•dor** (ô) *adj.* e *sm.*; **pa•gá•vel** *adj2g.*

⇨ **pager** (pêidjer) [Ingl.] *sm.* Pequeno receptor portátil que registra em uma tela mensagens transmitidas por uma central de radiotransmissão.

pá•gi•na *sf.* **1.** Cada um dos lados das folhas dos livros e doutras publicações. **2.** O texto contido em cada um desses lados. **3.** *Inform.* Qualquer documento que se pode consultar na *web* em uma localização ou endereço específico (a sua URL de identificação). **4.** *Inform.* Sítio[1] (5) ou *homepage.*

pa•gi•na•ção *sf.* **1.** Ato ou efeito de paginar. **2.** Ordem das páginas. [Pl.: –*ções.*]

pa•gi•nar *v.t.d.* **1.** Numerar por ordem as páginas de. **2.** Reunir (composição tipográfica, etc.) para formar páginas. **3.** Arranjar graficamente as páginas de (livro, etc.). [Conjug.: 1 [pagin]ar] § **pa•gi•na•dor** (ô) *sm.*

pa•go[1] *sm. Bras. RS* O lugar natal.

pa•go[2] *adj.* **1.** Entregue para pagamento. **2.** Que recebeu paga.

pa•go•de *sm.* **1.** Templo de certos povos asiáticos. **2.** Divertimento, pândega; pagodeira. **3.** *Bras.* Reunião informal onde se cantam ritmos populares, principalmente samba, com acompanhamento de percussão, cavaquinho, violão, etc. **4.** Certo gênero de samba.

pa•go•dei•ra *sf. Fam.* V. *pagode* (2).

pa•go•dei•ro *sm. Bras.* **1.** Freqüentador de pagode (3). **2.** Cantor ou compositor de pagode (4).

pai *sm.* **1.** Homem que deu ser a outro(s), que tem um ou mais filhos; progenitor. **2.** Aquele que exerce as funções de pai. **3.** Papai. **4.** Criador ou fundador de doutrina, etc.

pai•ca *sf.* Unidade de medida tipográfica.

pai-de-san•to *sm. Bras. Rel.* Aquele que, nas macumbas e candomblés, se dirige à divindade e transmite aos crentes as instruções dela. [Pl.: *pais-de-santo.*]

pai-de-to•dos *sm. Fam.* O dedo médio. [Pl.: *pais-de-todos.*]

pai-dos-bur•ros *sm. Bras. Fam.* V. *dicionário.* [Pl.: *pais-dos-burros.*]

pai•na (ái) *sf. Bot.* Conjunto de fibras sedosas que envolvem as sementes de várias plantas.

pa•in•ço (a-ín) *sm. Bot.* **1.** Gramínea européia cultivada como alimentar. **2.** O seu grão.

pai•nei•ra *sf. Bot.* Árvore bombacácea de flores róseas, e que dá paina; barriguda.

pai•nel *sm.* **1.** Pintura sobre tela, madeira, etc. **2.** Almofada de portas e janelas. [Pl.: –*néis.*]

pai-nos•so *sm.* Oração cristã que principia por essas palavras; padre-nosso. [Pl.: *pais-nossos.*]

pai:o *sm.* Lingüiça muito curada, de porco.

pai•ol *sm.* **1.** Depósito de pólvora e doutros petrechos de guerra. **2.** Depósito de gêneros da lavoura. [Pl.: –*óis.*]

pai•o•lei•ro *sm.* Guarda de paiol (1).

pai•rar *v.int.* **1.** Estar ou ficar no alto, sobranceiro. **2.** Adejar sem sair do lugar. **3.** Estar iminente; ameaçar. [Conjug.: ① [pair]**ar**]

pais *sm.pl.* **1.** O pai e a mãe. **2.** Os antepassados.

pa•ís *sm.* **1.** Região, território. **2.** Pátria, terra. **3.** Território habitado por uma coletividade, com designação própria; nação.

pai•sa•gem *sf.* **1.** Espaço de terreno que se abrange num lance de vista. **2.** Pintura, gravura ou desenho que representa uma paisagem. [Pl.: *–gens.*]

pai•sa•gis•ta *s2g.* **1.** Pessoa que pinta paisagens. **2.** Pessoa que projeta áreas verdes e jardins.

pai•sa•gís•ti•ca *sf.* A arte do paisagista.

pai•sa•no *sm.* **1.** Conterrâneo, compatriota. **2.** Indivíduo não militar.

pai•xão *sf.* **1.** Sentimento ou emoção levados a um alto grau de intensidade. **2.** Amor ardente. **3.** Entusiasmo muito vivo. **4.** Atividade, hábito ou vício dominador. **5.** O objeto da paixão (2 a 4). **6.** V. *mágoa* (1). **7.** *Rel.* O martírio de Cristo. [Pl.: *–xões.*]

pa•jé *sm.* **1.** *Etnol.* Entre indígenas brasileiros, indivíduo que tem o suposto poder de comunicar-se com potências e seres não humanos e realizar curas e outros atos rituais; xamã. **2.** *Bras.* Curandeiro.

pa•je•ar *v.t.d. Bras.* Tomar conta de; vigiar. [Conjug.: ⑩ [paj]**ear**]

pa•je•lan•ça *sf. Bras.* Conjunto de atividades rituais realizadas por um pajé com determinado propósito (p. ex., cura, previsão de acontecimentos, etc.).

pa•jem *sm.* **1.** Moço nobre que, na Idade Média, acompanhava príncipe, senhor, etc., para se aperfeiçoar na carreira das armas e nas boas maneiras. • *sf.* **2.** *Bras. SP* V. *ama-seca.* [Pl.: *–jens.*]

pa•la¹ *sf.* Anteparo dianteiro do boné, que protege os olhos contra a claridade molesta.

pa•la² *sm. Bras. S.* Poncho leve, de pontas franjadas.

pa•la•ce•te (ê) *sm.* Casa suntuosa.

pa•la•ci•a•no *adj.* **1.** Próprio de quem vive na corte; cortesão. • *sm.* **2.** V. *cortesão* (2).

pa•lá•ci:o *sm.* **1.** Residência dum monarca, de chefe de governo, de família nobre, etc. **2.** Construção ampla e suntuosa.

pa•la•dar *sm.* **1.** *Anat.* Palato. **2.** Sabor, gosto.

pa•la•di•no *sm.* **1.** Cada um dos principais cavaleiros que acompanhavam Carlos Magno na guerra. **2.** Homem de grande bravura.

pa•lá•di:o *sm.* **1.** Salvaguarda, proteção. **2.** *Quím.* Elemento de número atômico 46, metálico [símb.: *Pd*].

pa•la•fi•ta *sf.* Habitação em terreno alagado construída sobre estacas.

pa•lan•fró•ri:o *sm.* V. *palavreado* (1).

pa•lan•que *sm.* Estrado com degraus, para espectadores de festas ao ar livre, para quem vai discursar, etc.

pa•lan•quim *sm.* Espécie de liteira usada outrora na Índia e na China. [Pl.: *–quins.*]

pa•la•tal *adj2g.* Relativo ao palato; palatino. [Pl.: *–tais.*]

pa•la•ti•no *adj.* Palatal.

pa•la•to *sm. Anat.* Formação (6) que separa a cavidade nasal da oral; paladar.

pa•la•vra *sf.* **1.** Fonema ou grupo de fonemas com uma significação; termo, vocábulo. **2.** Sua representação gráfica. **3.** Manifestação verbal ou escrita. **4.** Faculdade de expressar idéias por meio de sons articulados; fala. **5.** Modo de falar.

pa•la•vra•da *sf.* Palavrão.

pa•la•vrão *sm.* Palavra obscena ou grosseira; palavrada. [Pl.: *–vrões.*]

pa•la•vra-ô•ni•bus *sf.* Aquela que tem larguíssimo número de acepções, prestando-se, dentro de certos limites, à expressão de numerosíssimas idéias. Ex.: legal (q. v.), bacana (q. v.). [Pl.: *palavras-ônibus.*]

pa•la•vre•a•do *sm.* **1.** Conjunto de palavras com pouco ou nenhum nexo e importância; palanfrório, palavrório. **2.** Loquacidade astuciosa; lábia.

pa•la•vró•ri:o *sm.* V. *palavreado* (1).

pa•la•vro•so (ó) *adj.* Prolixo na expressão; loquaz. [Pl.: *–vrosos* (ó).]

pal•co *sm.* Tablado ou estrado destinado a espetáculos e representações teatrais.

pa•le•á•ce:o *adj.* Da natureza da palha.

pa•le•mo•ní•de:o *sm. Zool.* Espécime dos palemonídeos, família de camarões de águas doces e salobras da América do Sul. § **pa•le•mo•ní•de:o** *adj.*

pa•le•o•ce•no *sm.* Época (4) da era cenozóica que se caracteriza pelo desenvolvimento dos mamíferos.

pa•le•o•gra•fi•a *sf.* Ciência auxiliar da história, que estuda a escrita antiga em qualquer espécie de material. § **pa•le•o•grá•fi•co** *adj.*; **pa•le•ó•gra•fo** *sm.*

pa•le•o•lí•ti•co *adj. e sm.* Diz-se de, ou o período (5) que principia no plistoceno, e que se caracteriza pela presença de objetos de osso e de pedra lascada.

pa•le•o•lo•gi•a *sf.* O estudo das línguas antigas.

pa•le•on•to•lo•gi•a *sf.* Ciência que estuda animais e vegetais fósseis. § **pa•le•on•to•ló•gi•co** *adj.*; **pa•le•on•tó•lo•go** *sm.*

pa•le•o•zói•ca *sf.* Era cronológica em que surgem os animais de organização celular rudimentar e se desenvolvem os invertebrados. § **pa•le•o•zói•co** *adj.*

pa•ler•ma *adj2g.* e *s2g.* V. *tolo* (1, 2 e 7). §
pa•ler•mi•ce *sf.*

pa•les•ti•no *adj.* **1.** De, ou pertencente ou relativo à Palestina (região histórica e atual do Oriente Médio [Ásia]). **2.** Relativo ao povo originário da Palestina, sua cultura, etc. • *sm.* **3.** O natural ou habitante da Palestina.

pa•les•tra *sf.* **1.** Conversa, conversação. **2.** Conferência despretensiosa.

pa•les•trar *v.int.* e *t.i.* Manter palestra (com); conversar. [Conjug.: ① [palestr]**ar**]

pa•le•ta (ê) *sf.* **1.** Placa geralmente oval, com um orifício onde se enfia o polegar, sobre a qual os pintores dispõem e misturam as tintas; palheta. **2.** *Bras. S.* Omoplata ou espáduas, sobretudo do animal.

pa•le•tó *sm.* Casaco reto, com bolsos, que vai até os quadris.

pa•lha *sf.* **1.** Haste seca das gramíneas (especialmente cereais), despojada dos grãos e usada na indústria ou como forragem. **2.** Palhinha (2).

pa•lha•ça•da *sf.* **1.** Ato ou dito de palhaço. **2.** Cena burlesca, ridícula ou divertida.

pa•lha•ço *sm.* **1.** Artista circense que se veste de maneira grotesca e faz pilhérias e momices. **2.** Homem que se presta ao ridículo.

pa•lhei•ro *sm.* Lugar onde se guarda palha.

pa•lhe•ta¹ (ê) *sf.* **1.** Qualquer lâmina ou espátula com aplicação especial, como, p. ex., em persianas e na embocadura de instrumentos de sopro. **2.** Paleta (1).

pa•lhe•ta² (ê) *sm.* Chapéu de palha.

pa•lhi•nha *sf.* **1.** Fragmento de palha. **2.** Tira muito fina, de junco seco, para tecer assentos e encostos de cadeiras, etc.; palha.

pa•lho•ça *sf.* Cabana coberta de palha.

pa•li•ar *v.t.d.* **1.** Encobrir com falsa aparência; disfarçar. **2.** Tratar com paliativo. [Conjug.: ①[pali]**ar**] § **pa•li:a•ção** *sf.*; **pa•li:a•dor** (ô) *adj.* e *sm.*

pa•li:a•ti•vo *adj.* **1.** Que serve para paliar. • *sm.* **2.** Medicamento de eficácia momentânea.

pa•li•ça•da *sf.* **1.** Tapume feito com estacas fincadas na terra. **2.** Obstáculo para defesa militar.

pá•li•do *adj.* **1.** Diz-se da pele (sobretudo da tez) descorada. **2.** De cor pouco viva; desmaiado. **3.** De pouca intensidade; tênue. **4.** Sem animação. § **pa•li•dez** (ê) *sf.*

pa•limp•ses•to *sm.* **1.** Antigo material de escrita, principalmente o pergaminho, que, devido à sua escassez, era us. mais de uma vez. **2.** Manuscrito sob cujo texto se descobre a escrita ou escritas anteriores.

pa•li•nu•rí•de:o *sm. Zool.* Espécime dos palinurídeos, família de grandes crustáceos decápodes de abdome bem desenvolvido, achatado, e antenas longas; são us. na alimentação. § **pa•li•nu•rí•de:o** *adj.*

pá•li•o *sm.* Dossel portátil, com varas, usado em cortejos e procissões, que abriga pessoa grada ou o sacerdote que leva a custódia.

pa•li•tar *v.t.d.* Limpar (os dentes) com palito. [Conjug.: ① [palit]**ar**]

pa•li•tei•ro *sm.* Estojo de palitos.

pa•li•to *sm.* Pequena haste, em geral de madeira, para esgaravatar os dentes.

pal•ma *sf.* **1.** Folha de palmeira. **2.** *Bot.* V. *palmácea*. **3.** *Anat.* Face anterior de mão.

pal•má•ce:a *sf. Bot.* Espécime das palmáceas, família de árvores de tronco indiviso e liso, e grandes folhas, ger. palmadas, situadas no ápice; palmeira, palma. § **pal•má•ce:o** *adj.*

pal•ma•da *sf.* Pancada com a palma da mão.

pal•ma•do *adj.* **1.** De forma semelhante à da mão com os dedos abertos. **2.** *Zool.* Cuja estrutura é ligada por membrana ou cartilagem (diz-se de órgão ou membro de animal).

pal•mar¹ *sm.* Palmeiral.

pal•mar² *adj2g.* Relativo à palma (3).

pal•mar³ *adj2g.* **1.** Do comprimento de um palmo. **2.** Grande, excessivo.

pal•mas *sf.pl.* Ato de bater com as palmas das mãos uma na outra, e com o qual se demonstra aplauso, se chama a atenção para que abram porta, etc.

pal•ma•tó•ri:a *sf.* Peça circular de madeira, provida de um cabo, com a qual se castigavam crianças batendo-lhes com ela na palma da mão; férula.

pal•me•ar¹ *v.t.d.* e *int.* Aplaudir batendo palmas. [Conjug.: ⑩ [palm]**ear**]

pal•me•ar² *v.t.d.* Percorrer palmo a palmo, detidamente; palmilhar. [Conjug.⑩ [palm]**ear**]

pal•mei•ra *sf. Bot.* Palmácea.

pal•mei•ral *sm.* Grupo de palmeiras; palmar. [Pl.: –*rais.*]

pal•men•se *adj2g.* **1.** De Palmas, capital do TO. • *s2g.* **2.** O natural ou habitante de Palmas.

pal•mi•lha *sf.* Revestimento interior da sola do calçado.

pal•mi•lhar *v.t.d.* **1.** Palmear². **2.** Calcar com os pés, andando. *Int.* **3.** Andar a pé. [Conjug.: ① [palmilh]**ar**]

pal•mí•pe•de *adj2g.* Que tem os dedos dos pés unidos por membranas.

pal•mi•tal *sm.* Grupo de palmitos ou palmiteiros. [Pl.: –*tais.*]

pal•mi•tei•ro *sm.* Palmito (1).

pal•mi•to *sm. Bot.* **1.** Nome comum a palmáceas cujo gomo terminal do caule é comestível; palmiteiro. **2.** Esse gomo.

pal•mo *sm.* **1.** Medida da distância que vai da ponta do polegar à do mínimo, estando a mão estendida. **2.** Antiga medida correspondente a 0,22m.

pal•par *v.t.d.* Apalpar. [Conjug.: 1 [palp]**ar**] §
pal•pa•ção *sf.*

pal•pá•vel *adj2g.* Que se pode palpar, sentir.
[Pl.: *–veis.*]

pál•pe•bra *sf. Anat.* Cada uma das duas pregas
móveis, uma superior e outra inferior, dotada
de cílios, que protege a superfície anterior de
cada globo ocular. § **pal•pe•bral** *adj2g.*

pal•pi•ta•ção *sf.* 1. Ato ou efeito de palpitar.
2. Movimento desordenado, agitado. 3. *Med.*
Sensação experimentada pelo indivíduo, e que
indica alteração da freqüência de ritmo cardíaco. [Pl.: *–ções.*]

pal•pi•tan•te *adj2g.* 1. Que palpita. 2. De interesse atual.

pal•pi•tar *v.int.* 1. Pulsar² (3). 2. *T.i.* 2. *Fam.* Dar
palpite(s). [Conjug.: 1 [palpit]**ar**]

pal•pi•te *sm.* 1. Pressentimento, suspeita. 2.
Intuição de ganho (no jogo). 3. *Fam.* Opinião
de pessoa intrometida.

pal•po *sm. Zool.* 1. Apêndice sensorial, próximo à boca de muitos invertebrados. 2. O segundo par de apêndices dos aracnídeos, com
que estes sujeitam as suas presas.

pal•rar *v.int.* 1. Articular sons vazios de sentido; chalrar. 2. V. *tagarelar.* [Conjug.: 1 [pal-
r]**ar**]

pa•lu•dis•mo *sm. Med.* V. *malária.*

pa•lu•do•so (ô) *adj.* Pantanoso, palustre. [Pl.:
–dosos (ó).]

pa•lus•tre *adj2g.* 1. De, ou próprio de pauis. 2.
Que vive em pauis ou lagoas. 3. Paludoso.

pa•mo•nha *sf. Bras.* Espécie de bolo de milho verde, cozido em folhas de milho ou de bananeira. • *sm.* 2. Pessoa mole, preguiçosa.

pam•pa *Bras. adj2g.* 1. Diz-se do cavalo ma-
lhado em todo o corpo. • *sm.* e *f.* 2. Grande planície coberta de vegetação rasteira, na região
meridional da América do Sul.

pâm•pa•no *sm.* Parra.

pam•pei•ro *sm. Bras.* Vento que sopra das regiões meridionais da Argentina e pode alcançar o RS, onde é chamado *minuano.*

pa•na•céi•a *sf.* Remédio pretensamente eficaz
para todos os males, físicos e morais.

pa•na•cum *sm.* 1. Canastra. 2. *Etnol.* Jamaxim.
[Pl.: *–cuns.*]

pa•na•do *adj.* Passado em ovo e farinha de pão,
e frito.

pa•na•má *sm.* Chapéu de palha, de copa e abas
flexíveis.

pa•na•me•nho *adj.* 1. Do Panamá (América
Central). • *sm.* 2. O natural ou habitante do
Panamá.

pan-a•me•ri•ca•no *adj.* Relativo a todas as nações da América. [Pl.: *pan-americanos.*]

pa•na•rí•ci:o *sm. Med.* Inflamação que afeta
os tecidos dispostos em torno da unha e sob
ela; panariz.

pa•na•riz *sm. Med.* Panarício.

pan•ca *sf.* 1. Alavanca de madeira. 2. *Bras. Gír.*
Pose (2).

pan•ça *sf.* 1. *Zool.* A primeira cavidade do estômago dos ruminantes. 2. *Pop.* V. *barriga* (2).

pan•ca•da *sf.* 1. Golpe (1). 2. Agressão física
por meio de socos, tapas, etc. 3. Nos relógios,
som que indica as horas. 4. *Bras.* Chuva violenta e súbita. • *adj2g.* 5. *Bras. Pop.* Diz-se de
pessoa amalucada.

pan•ca•da•ri•a *sf.* Muitas pancadas. [V. *surra*
(1).]

pân•cre:as *sm.2n. Anat.* Grande órgão glandular situado por trás do estômago, e que exerce
grande influência na digestão e em processos
metabólicos.

pan•cre•á•ti•co *adj.* 1. Do pâncreas. 2. Diz-se
do suco segregado por ele.

pan•çu•do *adj.* Que tem pança (2); barrigudo.

pan•da *sm. Zool.* Mamífero procionídeo, semelhante ao urso, das florestas da Índia e da
China. [O panda é, por vezes, considerado um
ailurídeo (q. v.).]

pan•da•re•cos *sm.pl.* Frangalhos, pedaços. ◆
Em pandarecos. 1. Feito pedaços. 2. *Fig.*
Muito cansado. 3. *Fig.* Muito abatido moral-
mente.

pân•de•ga *sf.* 1. V. *pagode* (2). 2. Patuscada.

pân•de•go *adj.* 1. Amigo de pândegas. 2. Engraçado e alegre.

pan•dei•ro *sm.* Aro, com guizos ou sem eles,
sobre o qual se estica uma pele, que se tange
batendo-a com a mão.

pan•de•mi•a *sf. Med.* Epidemia que ocorre
em grandes proporções em região, país ou
continente, ou, até mesmo, por todo o planeta.

pan•de•mô•ni:o *sm.* Lugar onde há tumulto,
confusão geral.

pan•do *adj.* 1. Inflado, enfunado. 2. Aberto e
encurvado.

pan•dor•ga *sf. Bras.* Papagaio (3).

pan•du•lho *sm. Bras.* V. *barriga* (2).

pa•ne *sf.* Parada de veículo por defeito do motor.

pa•ne•gí•ri•co *sm.* Elogio, louvor.

pa•nei•ro *sm.* 1. Cesto com asas. 2. Cesto de
tala de palmeira e trançado largo, ger. forrado de folhas.

pa•ne•la *sf.* Vasilha de barro ou de metal onde
se cozem alimentos.

pa•ne•li•nha *sf. Bras.* Grupo muito fechado de
pessoas dadas ao elogio mútuo; igrejinha.

pan•fle•tá•ri:o *sm.* Autor de panfletos.

pan•fle•tis•ta *s2g.* Panfletário.

pan•fle•to (ê) *sm.* Escrito polêmico ou satírico, em estilo veemente.

pan•ga•ré *sm. Bras.* Cavalo reles.

pâ•ni•co *sm.* Susto ou pavor repentino.

pa•ni•fi•ca•ção sf. 1. Fabricação de pão. 2. Padaria. [Pl.: –ções.]

pa•ni•fi•ca•do•ra (ô) sf. Bras. Padaria.

pa•no[1] sm. 1. Qualquer tecido; fazenda. 2. Vela[1] (1). 3. Pop. Manchas na pele.

pa•no[2] sm. Gloss. Família língüística de povos indígenas do AC e AM, e do Peru. § **pa•no** adj2g.

pa•no•ra•ma sm. 1. Grande quadro circular cuja disposição permite ao espectador, no centro, ver os objetos como se do alto duma montanha estivesse a observar todo o horizonte circunjacente. 2. Paisagem, vista. § **pa•no•râ•mi•co** adj.

pan•que•ca (é) sf. Massa leve de farinha de trigo, leite e ovos, frita, e que se enrola com um recheio.

pan•ta•gru•é•li•co adj. 1. Relativo a, ou próprio de Pantagruel, personagem comilão criado por Rabelais (q. v.). 2. Digno de Pantagruel: festim pantagruélico.

pan•ta•lo•nas sf.pl. 1. Calças (de homem). 2. Calças compridas, de boca larga.

pan•ta•nal sm. 1. Pântano grande. 2. Bras. Zona geofisica de parte do MS, do MT e do Paraguai, na baixada do rio Paraguai, que abrange as terras baixas e as elevações e morros que por elas se espalham. [Nesta acepç., com inicial maiúscula.] [Pl.: –nais.]

pan•ta•nei•ro Bras. adj. 1. Do Pantanal (2). • sm. 2. O natural ou habitante do Pantanal (2).

pân•ta•no sm. Terras baixas e alagadiças; paul, brejo, charco, tremedal. § **pan•ta•no•so** (ô) adj.

pan•te•ão sm. Monumento para perpetuar a memória de homens famosos, e que, em geral, contém seus restos mortais. [Pl.: –ões.]

pan•te•ís•mo sm. Filos. Doutrina que identifica a divindade com o universo.

pan•te•ra sf. Zool. Nome comum a vários felídeos ferocíssimos, grandes, fortes e ágeis, da Ásia e África.

pan•to•mi•ma sf. 1. Mímica (1). 2. Peça em que o(s) ator(es) se manifesta(m) só por gestos, expressões corporais ou fisionômicas, prescindindo da palavra e da música; mímica.

pan•tu•fa sf. Chinelo com estofo, para agasalho.

pan•tur•ri•lha sf. Barriga da perna.

pão sm. 1. Alimento feito de massa de farinha de vários cereais, com água e fermento, e que é assado ao forno. 2. O alimento diário. [Pl.: pães.]

pão-de-ló sm. Bolo sem gordura, leve e fofo. [Pl.: pães-de-ló.]

pão-du•ro adj2g. e s2g. Bras. Fam. V. avaro. [Pl.: pães-duros.]

pa•pa[1] sm. O chefe da Igreja Católica. [Fem.: papisa.]

pa•pa[2] sf. Farinha cozida em água ou leite.

pa•pa•da sf. Grande acúmulo de gordura na parte inferior da face, que se espalha sob o queixo.

pa•pa•do sm. Dignidade de papa[1].

pa•pa•gai•o sm. 1. Zool. Ave psitacídea que ger. é capaz de imitar a voz humana; louro. 2. Pop. Tagarela. 3. Brinquedo infantil: armação de varetas coberta de papel fino, e que, por meio duma linha, se empina, mantendo-se no ar; pipa. 4. Bras. Qualquer letra de câmbio ou promissória.

pa•pa•gue•ar v.int. Falar como papagaio; palrar. [Conjug.: ⑩ [papagu]**ear**]

pa•pai sm. Bras. Tratamento que os filhos dão ao pai; pai.

pa•pai•a sf. 1. Mamão. 2. Espécie, de tamanho reduzido, do mamão.

pa•pa-jan•ta•res sm.2n. Pessoa dada a comer em casas alheias ou viver à custa de outrem; parasito.

pa•pal adj2g. Do papa[1], ou relativo a ele. [Pl.: –pais.]

pa•pal•vo sm. Indivíduo simplório, tolo.

pa•pa-mis•sas s2g.2n. Carola.

pa•pa-mos•ca (ô) sf.m. Bras. Zool. Pequeno aracnídeo saltador que caça moscas. [Pl.: papa-moscas (ô).]

pa•pa-mos•cas (ô) sf.m.2n. Bras. Zool. Papa-mosca.

pa•pão sm. Monstro imaginário com que se faz às crianças; bicho-papão, tutu (bras.). [Pl.: –pões.]

pa•pa-o•vo (ô) sf. Bras. Zool. Colubrídeo arborícola de até 2m. [Pl.: papa-ovos (ô).]

pa•par v.t.d. Fam. 1. Comer (1). 2. Conseguir, lograr. [Conjug.: ① [pap]**ar**]

pa•pa•ri•car v.t.d. Tratar com paparicos. [Conjug.: ⑧ [papari]**car**]

pa•pa•ri•cos sm.pl. Mimos ou cuidados excessivos.

pa•pa-ter•ra sf. Bras. Zool. Nome comum a dois peixes perciformes, marinhos. [Pl.: papa-terras.]

pa•pá•vel adj2g. Diz-se do cardeal que tem probabilidade de ser eleito papa. [Pl.: –veis.]

pa•pa•ve•rá•ce:a sf. Bot. Espécie das papaveráceas, família de ervas, ger. lactescentes, de áreas temperadas. Ex.: papoula. § **pa•pa•ve•rá•ce:o** adj.

pa•pe•ar v.int. 1. Conversar; bater papo; prosear. 2. V. tagarelar. 3. Gorjear. T.i. 4. Papear (1). [Conjug.: ⑩ [pap]**ear**]

pa•pei•ra sf. Bras. 1. Caxumba. 2. Bócio.

pa•pel sm. 1. Pasta de matéria fibrosa, que se reduz a folhas secas finas e flexíveis, usada para escrever, imprimir, embrulhar, etc. 2. Folha de papel escrita. 3. Parte que cada ator desempenha. 4. Desempenho, função. 5. Dinheiro em notas. 6. Documento negociável que representa um valor (ações, títulos do governo, etc.). [Pl.: –péis.]

pa•pe•la•da sf. Grande porção de papéis.

pa•pe•lão sm. **1.** Cartão (1) grosso, mais ou menos rígido. **2.** Bras. Conduta vergonhosa ou ridícula. [Pl.: –lões.]

pa•pe•la•ri•a sf. Estabelecimento onde se vendem papel e outros artigos de escritório.

pa•pe•le•ta (ê) sf. **1.** Papel avulso. **2.** Nos hospitais, boletim dum paciente.

pa•pel-mo•e•da sm. Cédula emitida pela autoridade monetária de um país, em geral de aceitação obrigatória. [Pl.: papéis-moedas e papéis-moeda.]

pa•pe•lo•tes sm.pl. Pedaços de papel em que se enrolam, para as encrespar, pequenas mechas de cabelo.

pa•pe•lu•cho sm. Papel sem importância.

pa•pi•la sf. Anat. Nome genérico de formação (6) semelhante a mamilo.

pa•pi•rá•ce:o adj. Semelhante ao papel.

pa•pi•ro sm. Bot. **1.** Erva ciperácea de caule longo e rijo. **2.** Folha para escrita que se preparava, no antigo Egito, com os caules dela. **3.** Manuscrito feito nessa folha.

pa•po sm. **1.** Zool. Nas aves, bolsa (5) em que os alimentos ficam, antes de passar à moela. **2.** A parte externa ao papo (1). **3.** Parte fofa, em roupa malfeita. **4.** Pop. Aumento de volume do pescoço, provocado em especial pelo bócio. **5.** Bras. Fam. V. bate-papo. ♦ **Bater papo.** Bras. Fam. Papear (1).

pa•pou•la ou **pa•poi•la** sf. Bot. Erva papaverácea de cujas flores se obtém o ópio papoula adj. Que tem papo (4) grande.

pa•quei•ro adj. e sm. Bras. **1.** Diz-se de, ou cão caçador de pacas. **2.** Diz-se de, ou aquele que angaria serviços para outrem.

pa•que•ra sf. Bras. Gír. Ato ou efeito de paquerar.

pa•que•rar Bras. Gír. v.t.d. **1.** Tentar aproximação com (alguém), buscando namoro ou aventura amorosa. **2.** Espreitar (2). Int. **3.** Buscar namoro ou aventura amorosa. [Conjug.: ① [paquer]ar]

pa•que•te (ê) sm. Ant. Navio veloz e luxuoso, comumente a vapor.

pa•qui•der•me adj2g. Zool. De pele espessa, como, p. ex., o elefante.

par adj2g. **1.** Igual, semelhante. **2.** Mat. Diz-se de número divisível por dois. • sm. **3.** O conjunto de duas pessoas, dois animais, dois objetos iguais. **4.** Pessoa que dança, em relação àquela com quem dança. **5.** V. parelha (2). **6.** Pessoa igual a outra em condição social. **7.** Fís. V. binário (2). **8.** Mat. Número par (1).

pa•ra prep. Exprime sentimento, julgamento, opinião de alguém a respeito de outrem ou de algo (Para ela, o amor era uma ilusão). Exprime tb. o lugar para onde alguém se dirige, sobretudo com ânimo de permanência (Foi para a Bahia). Inicia orações com a idéia de fim (Recolhia-se à cela para meditar).

pa•ra•be•ni•zar v.t.d. Apresentar parabéns a; felicitar. [Conjug.: ① [parabeniz]ar]

pa•ra•béns sm.pl. Felicitações, congratulações.

pa•rá•bo•la sf. Narração alegórica na qual o conjunto de elementos evoca outra realidade de ordem superior. § **pa•ra•bó•li•co** adj.

pá•ra-bri•sa sm. Vidro fixo na parte dianteira do automóvel, para defesa contra vento e poeira. [Pl.: pára-brisas.]

pá•ra-cho•que sm. Qualquer dispositivo para amortecer choques. [Pl.: pára-choques.]

pa•ra•da sf. **1.** Ato ou efeito de parar. **2.** Local onde alguém ou algo pára. **3.** Pausa, interrupção. **4.** Formatura e desfile de tropas. **5.** Quantia que se aposta no jogo em cada lance.

pa•ra•dei•ro sm. Ponto em que uma pessoa, animal ou coisa está ou pára, ou vai parar.

pa•ra•di•dá•ti•co adj. Diz-se de qualquer material utilizado na complementação do ensino.

pa•ra•dig•ma sm. Modelo, padrão.

pa•ra•di•sí•a•co adj. Do paraíso, ou próprio dele.

pa•ra•dou•ro ou **pa•ra•doi•ro** sm. Bras. Lugar onde o gado manso costuma passar a noite.

pa•ra•do•xo (cs) sm. **1.** Conceito que é ou parece contrário ao senso comum. **2.** Absurdo. **3.** Filos. Afirmação que vai de encontro a sistemas ou pressupostos que se impuseram como incontestáveis ao pensamento. [Cf., nesta acepç., antinomia.] § **pa•ra•do•xal** (cs) adj2g.

pa•ra•en•se adj2g. **1.** Do PA. • s2g. **2.** O natural ou habitante desse estado.

pa•ra•es•ta•tal adj2g. Diz-se de entidade criada pelo governo com a forma jurídica de empresa privada, para exercer atividade de interesse público. [Pl.: –tais.]

pa•ra•fer•ná•li:a sf. **1.** Objetos de uso pessoal. **2.** Equipamento necessário a cada atividade humana.

pa•ra•fi•na sf. Quím. Mistura de alcanos de ponto de ebulição alto, líquida, incolor, ou sólida, branca.

pa•rá•fra•se sf. **1.** Desenvolvimento de um texto sem alteração das idéias originais. **2.** Tradução livre ou desenvolvida.

pa•ra•fra•se•ar v.t.d. Explicar ou traduzir por meio de paráfrase. [Conjug.: ⑩ [parafras]ear]

pa•ra•fu•sar v.t.d. **1.** Fixar ou apertar por meio de parafuso(s) ou rosca(s). **2.** Especular; matutar. [Conjug.: ① [parafus]ar]

pa•ra•fu•so sm. Prego sulcado em hélice, com uma fenda na cabeça, e que se fixa com chave (2).

pa•ra•gem sf. Lugar onde se pára. [Pl.: –gens.]

pa•rá•gra•fo *sm.* **1.** Seção de discurso ou de capítulo que forma sentido completo, e que, em regra, começa com a mudança de linha e entrada. **2.** Sinal (§) que separa tais seções. **3.** Alínea (2).

pa•ra•guai•o *adj.* **1.** Do Paraguai (América do Sul). * *sm.* **2.** O natural ou habitante do Paraguai.

pa•ra:i•ba•no *adj.* **1.** Da PB. * *sm.* **2.** O natural ou habitante desse estado.

pa•ra•í•so *sm.* **1.** Lugar de delícias, onde, ao que reza a Bíblia, Deus colocou Adão e Eva; Éden. [Com inicial maiúscula.] **2.** O céu. **3.** Lugar aprazível; éden.

pá•ra-la•ma *sm.* Anteparo acima das rodas dos veículos para proteger de respingos de lama, etc. [Pl.: *pára-lamas.*]

pa•ra•la•xe (cs) *sf.* Ângulo sob o qual um observador, situado em uma determinada estrela, veria o raio de órbita terrestre.

pa•ra•le•la *sf. Geom.* Cada uma de duas retas que, situadas no mesmo plano, não têm ponto em comum.

pa•ra•le•las *sf.pl.* Certo aparelho de ginástica.

pa•ra•le•le•pí•pe•do *sm.* **1.** *Geom.* Hexaedro cujas faces opostas são paralelas e congruentes. **2.** Pedra com esta forma, usada no calçamento de ruas.

pa•ra•le•lis•mo *sm.* **1.** Posição de linhas ou superfícies paralelas. **2.** Correspondência de idéias ou opiniões.

pa•ra•le•lo *adj.* **1.** Diz-se de linhas ou superfícies eqüidistantes em toda a extensão. **2.** Que progride na mesma proporção. **3.** *Inform.* Relativo a transferência ou processamento simultâneos das diversas partes ou unidades de um conjunto de informações. * *sm.* **4.** *Astr.* Cada um dos círculos menores da esfera celeste perpendiculares ao meridiano. **5.** Comparação, confronto.

pa•ra•le•lo•gra•mo *sm. Geom.* Quadrilátero plano cujos lados opostos são paralelos.

pa•ra•li•sar *v.t.d.* **1.** Tornar paralítico. **2.** Tornar inerte. **3.** Fazer cessar, parar. *Int.* e *p.* **4.** Tornar-se paralítico. **5.** Tornar-se inerte. [Conjug.: ⬚ [paralis]**ar**] § **pa•ra•li•sa•ção** *sf.*

pa•ra•li•si•a *sf.* **1.** *Med.* Perda de função motora em determinada(s) parte(s) do corpo. **2.** Falta de ação; marasmo, torpor. ◆ **Paralisia infantil.** *Med.* Poliomielite.

pa•ra•lí•ti•co *adj.* e *sm.* Diz-se de, ou aquele que sofre de paralisia (1).

pa•ra•lo•gis•mo *sm. Lóg.* Argumento não conclusivo.

pa•ra•lú•ni•o *sm. Astr.* Halo que se forma ao redor do disco lunar.

pa•ra•men•tar *v.t.d.* e *p.* Vestir(-se) com paramento(s). [Conjug.: ⬚ [parament]**ar**]

pa•ra•men•to *sm.* Adorno, enfeite, ornato.

pa•ra•men•tos *sm.pl.* **1.** Vestes litúrgicas. **2.** Alfaias das igrejas.

pa•râ•me•tro *sm.* **1.** *Mat.* Variável ou constante à qual, numa relação determinada ou numa questão específica, se atribui um papel particular e distinto do das outras variáveis ou constantes. **2.** *Mat. P. ext.* Todo elemento cuja variação de valor modifica a solução dum problema sem lhe modificar a natureza. **3.** *P. ext.* Padrão, escalão, craveira.

pá•ra•mo *sm.* **1.** Campo deserto. **2.** O firmamento.

pa•ra•ná *sm. Bras.* **1.** Braço de rio, separado deste por uma ilha. **2.** Canal que liga dois rios.

pa•ra•na•en•se *adj2g.* **1.** Do PR. * *s2g.* **2.** O natural ou habitante desse estado.

pa•ra•nin•far *v.t.d.* Servir de paraninfo. [Conjug.: ⬚ [paraninf]**ar**]

pa•ra•nin•fo *sm.* Padrinho em solenidades, particularmente na de colação de grau.

pa•ra•nói•a *sf. Psiq.* Psicopatia crônica, de evolução lenta e progressiva, caracterizada por delírios de grandeza e/ou de perseguição, estruturados de modo lógico. § **pa•ra•nói•co** *adj.*

pa•ra•nor•mal *adj2g.* **1.** Que está fora dos limites da experiência normal ou dos fenômenos explicáveis cientificamente. * *s2g.* **2.** Indivíduo que apresenta manifestações paranormais. [Pl.: *–mais.*]

pa•ra•pei•to *sm.* **1.** Peça que compõe a parte inferior duma janela e serve de apoio a quem nela se debruça; peitoril. **2.** A parte superior duma trincheira.

pa•ra•pen•te *sm.* Pára-quedas retangular, insuflado no solo, em um ponto de grande elevação, como rampa de asa-delta, etc.

pa•ra•pen•tis•ta *s2g.* Saltador de parapente.

pa•ra•ple•gi•a *sf. Med.* Paralisia dos membros inferiores que compromete também, parcialmente, o tronco. § **pa•ra•plé•gi•co** *adj.*

pa•ra•psi•co•lo•gi•a *sf.* Estudo experimental dos fenômenos ditos ocultos. § **pa•ra•psi•co•ló•gi•co** *adj.*

pá•ra-que•das *sm.2n.* Aparelho em forma de guarda-chuva, que reduz a velocidade da queda dos corpos no ar.

pá•ra-que•dis•mo *sm. Bras.* Técnica do salto de pára-quedas usada para fins militares, de salvamento, esportivos etc. [Pl.: *pára-quedismos.*]

pa•rar *v.int.* **1.** Cessar de andar, de mover-se, de falar. **2.** Não continuar. **3.** Deixar-se ficar (em algum lugar); fixar-se. **4.** Ficar suspenso ou imóvel; pairar. *T.i.* **5.** Cessar, deixar. **6.** Não ir além. *T.d.* **7.** Deter. [Conjug.: ⬚ [par]**ar**]

pá•ra-rai•os *sm.2n.* Sistema de condutores metálicos postos nos pontos mais elevados de um edifício e ligados à terra, para dar caminho mais fácil às descargas elétricas atmosféricas.

pa•ra•si•ta *sm.* e *adj2g.* V. *parasito.*

pa•ra•si•tar *v.int.* **1.** Viver como parasito. *T.d.* **2.** Viver à custa de; explorar. [Conjug.: ① [parasit]ar] § **pa•ra•si•ta•ção** *sf.*

pa•ra•si•tá•ri:o *adj.* Relativo ao parasito, ou produzido por ele.

pa•ra•si•tis•mo *sm.* **1.** Condição de parasito. **2.** *Biol.* Vida ou hábitos de parasito (2).

pa•ra•si•to *sm.* **1.** *Biol.* Cada organismo que, pelo menos numa fase de seu desenvolvimento, se acha ligado à superfície ou ao interior de ser vivo, que é a espécie hospedeira. **2.** *Biol.* Animal ou vegetal que se nutre do sangue ou da seiva de outro. **3.** *Fig.* Aquele que não trabalha, que vive à custa alheia. ● *adj.* **4.** Que nasce ou cresce noutros corpos organizados. **5.** Que vive à custa alheia.

pa•ra•ti *sm. Bras.* V. *cachaça* (1).

pa•ra•ti•fo *sm. Med.* V. *febre paratifóide.*

pa•ra•ti•fói•de *adj2g. Med.* Diz-se de qualquer infecção causada por qualquer dos sorotipos *Salmonella,* excetuada a *Salmonella typhy.*

par•ca *sf.* Casaco esporte impermeável e de capuz, e cujo comprimento, em geral, ultrapassa os quadris.

par•cei•ro *sm.* **1.** Aquele que está de parceria; sócio. **2.** Pessoa com quem se joga.

par•cel *sm.* Escolho, recife, baixio. [Pl.: *–céis.*]

par•ce•la *sf.* **1.** Pequena parte. **2.** *Mat.* Cada um dos elementos submetidos à operação de soma.

par•ce•lar *v.t.d.* e *t.d.i.* Dividir em parcelas. [Conjug.: ① [parcel]ar]

par•ce•ri•a *sf.* Reunião de pessoas que visam a interesse comum; sociedade.

par•ci•al *adj2g.* **1.** Não total. **2.** Que se realiza por partes. **3.** Favorável a uma das partes, num litígio, partida esportiva, etc. [Pl.: *–ais.*] § **par•ci:a•li•da•de** *sf.*

par•ci•mô•ni:a *sf.* **1.** Qualidade de parco. **2.** Ato ou costume de poupar (1). § **par•ci•mo•ni•o•so** (ó) *adj.*

par•co *adj.* **1.** Que poupa ou economiza; econômico. **2.** Não abundante; frugal, sóbrio.

par•da•cen•to *adj.* Tirante a pardo.

par•dal *sm. Zool.* Ave ploceídea que nidifica nas habitações humanas. [Pl.: *–dais.*]

par•da•vas•co *adj. Bras.* Amulatado.

par•di•ei•ro *sm.* Edifício velho, em ruínas.

par•do *adj.* **1.** De cor entre o branco e o preto, ou entre o amarelo e o castanho. **2.** Mulato (3). ● *sm.* **3.** Mulato (1). [Fem.: *pardoca.*]

pa•re•cen•ça *sf.* Semelhança, analogia.

pa•re•cer *v.pred.* **1.** Ter semelhança com. **2.** Ter aparência de. *Int.* **3.** Ser provável. *T.i.* **4.**

Ser da opinião ou parecer (de alguém). **5.** Afigurar-se, figurar-se. *P.* **6.** Assemelhar-se. [Conjug.: ㉞[pare]**cer**] ●*sm.* **7.** Opinião fundamentada sobre dado assunto.

pa•re•dão *sm.* Muro alto e espesso. [Pl.: *–dões.*]

pa•re•de (ê) *sf.* **1.** Obra de alvenaria ou doutro tipo, que forma as vedações externas e as divisões internas dos edifícios. **2.** Tudo o que limita ou veda qualquer espaço: *as paredes de um órgão, de um objeto.* **3.** Greve.

pa•re•de-mei•a *sf.* Parede que divide dois prédios contíguos, pertencente em comum aos proprietários destes. [Pl.: *paredes-meias.*]

pa•re•dis•ta *adj2g.* e *s2g.* Grevista.

pa•re•dro (ê) *sm.* **1.** Mentor, guia. **2.** Homem importante.

pa•re•lha (ê) *sf.* **1.** Par de alguns animais, em especial muares e cavalares; junta. **2.** Conjunto de dois seres semelhantes; par, casal.

pa•re•lhei•ro *sm. Bras. S.* Cavalo tratado e cuidado para disputar corridas.

pa•re•lho (ê) *adj.* Semelhante, igual; par.

pa•ré•li:o *sm.* Ponto brilhante que se forma no halo solar.

pa•rên•qui•ma *sf. Bot.* Tecido (3) mole, formado de células de parede fina, e com espaços aéreos intercalados; forma a maior parte de frutas, caules, raízes, etc. § **pa•ren•qui•ma•to•so** (ó) *adj.*

pa•ren•te *sm.* Pessoa que, em relação a outra(s), pertence à mesma família, quer pelo sangue, quer por casamento.

pa•ren•te•la *sf.* Os parentes, considerados em conjunto.

pa•ren•tes•co (ês) *sm.* **1.** Qualidade de parente. **2.** Origem comum. **3.** Traços comuns; conexão. ◆ **Parentesco uterino.** *Antrop. Etnol.* O que se estabelece (entre indivíduos de qualquer sexo) por linha exclusivamente feminina.

pa•rên•te•se *sm.* **1.** Frase que se intercala num período, ou período(s) que se intercala(m) num texto, e que forma(m) sentido à parte. **2.** *Mat.* Símbolo que se utiliza para agrupar os participantes de uma operação.

pa•rên•te•ses *sm.pl.* Sinais de pontuação, ( ), que encerram parêntese.

pá•re:o *sm.* Cada uma das disputas das reuniões de corridas de cavalos.

pa•res•ta•tal *adj2g.* Diz-se da empresa ou instituição autárquica em que o Estado intervém. [Pl.: *–tais.*]

pa•res•te•si•a *sf. Med.* Sensação táctil anormal, como, p. ex., de queimação, ou de formigamento, etc., freqüentemente sem estimulação externa.

pá•ri:a *sm.* **1.** Na Índia, a mais baixa casta, constituída pelos indivíduos privados de todos os direitos religiosos ou sociais. **2.** Homem como que excluído da sociedade.

pa•ri•da•de *sf.* **1.** Qualidade de par (1). **2.** Estado de câmbio em que há equivalência de moedas. **3.** *Fís.* Propriedade duma função de onda, característica do seu comportamento na troca de sinal de suas três coordenadas espaciais. ◆ **Paridade ímpar.** *Fís.* A paridade de uma função de onda que troca de sinal quando o sinal das coordenadas espaciais é trocado. **Paridade par.** *Fís.* A paridade de uma função de onda que não troca de sinal quando o sinal das coordenadas espaciais é trocado.

pa•ri•e•tal *adj2g.* **1.** Relativo a parede. • *sm.* **2.** *Anat.* Cada um dos dois ossos que contribuem para formar as paredes superiores laterais do crânio. [Pl.: *–tais.*]

pa•rir *v.t.d.* **1.** Expelir do útero (a fêmea vivípara, em relação ao ser que ela concebeu); dar à luz. *Int.* **2.** Dar à luz o feto. [Conjug.: ③ [par]ir. Irreg. na 1ª pess. sing. do pres. ind., *pairo*, e em todo o pres. subj.: *paira, pairas,* etc. Ger. só se conjuga nas pess. em que ao *r* da raiz se segue a vogal *i*, o que corresponderia ao paradigma⑤⑨.]

pa•ri•si•en•se *adj2g.* **1.** De Paris, capital da França. • *s2g.* **2.** O natural ou habitante de Paris.

par•la•men•tar¹ *adj2g.* **1.** Do parlamento. • *s2g.* **2.** Membro de um parlamento.

par•la•men•tar² *v.int.* e *t.i.* **1.** Fazer ou aceitar proposta(s) sobre negócios de guerra. **2.** *Fig.* Conferenciar. [Conjug.: ① [parlament]**ar**]

par•la•men•ta•ris•mo *sm.* Regime político em que o gabinete (3), constituído pelos ministros de Estado, é responsável perante o parlamento, que através dele governa a nação. § **par•la•men•ta•ris•ta** *adj2g.* e *s2g.*

par•la•men•to *sm.* **1.** Câmara legislativa. **2.** V. *congresso* (3).

par•la•pa•tão *adj.* e *sm.* V. *fanfarrão.* [Fem.: *parlapatona.* Pl.: *–tões.*]

par•me•são *adj.* **1.** De Parma (Itália). **2.** Diz-se dum queijo de massa dura, próprio para ser ralado. • *sm.* **3.** O natural ou habitante de Parma. [Fem. de 1 e 3: *parmesã.*] **4.** Queijo parmesão. [Pl.: *–sãos* e *–sões.*]

pa•ro•a•ra *s2g. Bras. N.* Nordestino que vive na Amaz.

pá•ro•co *sm.* Padre encarregado de uma paróquia; vigário, cura, padre-cura.

pa•ró•di•a *sf.* **1.** Imitação cômica de uma composição literária. **2.** Imitação burlesca.

pa•ro•di•ar *v.t.d.* Fazer paródia de. [Conjug.: ① [parodi]**ar**]

pa•ro•lar *v.int.* e *t.i.* Falar muito; tagarelar. [Conjug.: ① [parol]**ar**] § **pa•ro•la•gem** *sf.*

pa•rô•ni•mo *adj.* e *sm. Gram.* Diz-se de, ou palavras que têm som semelhante ao de outras.

pa•ró•qui•a *sf.* Divisão territorial duma dio-

cese sobre a qual tem jurisdição um pároco. § **pa•ro•qui•al** *adj2g.*

pa•ró•ti•da *sf. Anat.* Cada uma de duas glândulas salivares situadas adiante e abaixo de orelha.

pa•ro•xis•mo (cs) *sm.* **1.** *Med.* Estágio numa doença em que os sintomas se manifestam com maior intensidade. **2.** A maior intensidade; o auge. § **pa•ro•xís•ti•co** *adj.*

pa•ro•xí•to•no (cs) *adj.* e *sm. Gram.* Diz-se de, ou vocábulo que tem o acento tônico na penúltima sílaba.

par•que *sm.* **1.** Área de lazer arborizada, ger. pública. **2.** Área reservada para a proteção da natureza. **3.** Área onde se concentra determinada atividade (parque gráfico, parque industrial, etc.).

par•quí•me•tro *sm.* Pequeno poste com dispositivo para medir o tempo de permanência de automóvel próximo do local onde está instalado.

par•ra *sf.* Folha de videira; pâmpano.

par•rei•ra *sf. Bot.* **1.** Nome comum a certas trepadeiras, esp. a videira. **2.** Videira cujos ramos se firmam, ger., numa latada.

par•ri•ci•da *s2g.* Quem cometeu parricídio.

par•ri•cí•di:o *sm.* Assassinato do próprio pai.

par•te *sf.* **1.** Porção de um todo. **2.** Cada uma das pessoas que se opõem num litígio ou que celebram entre si um contrato. **3.** Comunicação verbal ou escrita. **4.** Denúncia de crime, delito, etc. **5.** Lado, banda. **6.** A fala de cada ator numa peça teatral.

par•tei•ra *sf.* **1.** Fem. de parteiro. **2.** Mulher que assiste ou socorre as parturientes.

par•tei•ro *adj.* e *sm.* Diz-se de, ou médico que assiste partos.

par•te•jar *v.t.d.* Servir de parteiro ou parteira a. [Conjug.: ① [partej]**ar**]

par•tes *sf.pl.* **1.** Os órgãos genitais externos. **2.** Melindres, manhas.

par•ti•ci•pan•te *adj2g.* e *s2g.* Que ou aquele que participa, ou toma parte em alguma atividade.

par•ti•ci•par *v.t.d.* e *t.d.i.* **1.** Informar, comunicar. *T.i.* **2.** Ter ou tomar parte em. **3.** Ter parcela em um todo. [Conjug.: ① [particip]**ar**] § **par•ti•ci•pa•ção** *sf.*

par•ti•cí•pi:o *sm. Gram.* Uma das formas do verbo, que pode constituir um processo verbal ou forma adjetiva.

par•tí•cu•la *sf.* **1.** Parte pequeníssima. **2.** *Fís.* Nome genérico dum sistema a que se podem atribuir as propriedades dum corpo de dimensões diminutas e massa significativa. ◆ **Partícula elementar.** *Fís.* Componente fundamental da matéria e da radiação.

par•ti•cu•lar *adj2g.* **1.** Relativo apenas a certos seres vivos ou a certa(s) pessoa(s) ou coisa(s). **2.** Privativo (2). • *sm.* **3.** Uma pessoa qualquer.

par•ti•cu•la•ri•da•de *sf.* **1.** Qualidade de particular. **2.** Peculiaridade, característica. **3.** V. *pormenor.*

par•ti•cu•la•ri•zar *v.t.d.* **1.** Narrar ou referir com pormenores. **2.** Especificar, individualizar. *P.* **3.** Sobressair, distinguir-se. [Conjug.: ① [particulariz]ar] § **par•ti•cu•la•ri•za•ção** *sf.*

par•ti•da *sf.* **1.** Ato de partir (8 e 9); saída. **2.** Número de jogos necessários para que um parceiro ganhe. **3.** Prélio esportivo. **4.** Remessa de mercadorias. **5.** V. *pirraça* (1).

par•ti•dá•ri:o *adj.* e *sm.* Que, ou quem é membro ou simpatizante de um partido (1), ou segue uma idéia, escola, etc.

par•ti•da•ris•mo *sm.* Paixão partidária. § **par•ti•da•ris•ta** *adj2g.* e *s2g.*

par•ti•do *sm.* **1.** Organização cujos membros realizam uma ação comum com fins políticos e sociais. **2.** Associação de pessoas unidas pelos mesmos interesses, ideais, objetivos; liga. **3.** Posição; lado. **4.** V. *proveito* (2). **5.** Pessoa casadoura, sob o aspecto financeiro e/ou social.

par•ti•lha *sf.* Repartição dos bens duma herança, ou de lucros, etc.

par•ti•lhar *v.t.d.* e *t.d.i.* **1.** Fazer partilha de. **2.** V. *compartilhar. T.i.* **3.** Ter parte. [Conjug.: ① [partilh]ar]

par•tir *v.t.d.* **1.** Dividir em partes. **2.** Separar, dividir. *T.d.i.* **3.** Repartir, distribuir. *T.i.* **4.** Tomar por base. **5.** Originar-se. **6.** Atacar. *T.c.* **7.** Partir (5). **8.** Ir(-se). *Int.* **9.** Pôr-se a caminho; ir-se. *P.* **10.** Quebrar-se, romper-se. [Conjug.: ③ [part]ir] § **par•ti•ção** *sf.*

par•ti•tu•ra *sf. Mús.* Disposição gráfica das partes vocais e instrumentais duma composição, a fim de permitir leitura simultânea.

par•to *sm.* Ato ou efeito de parir.

pár•ton *sm.* Partícula subnuclear constituinte dos núcleons. [Pl.: –*tons.*]

par•tu•ri•en•te *adj2g.* e *sf.* Diz-se de, ou mulher que está prestes a parir.

par•vo *adj.* e *sm.* V. *tolo* (1, 2 e 7). § **par•vo•í•ce** *sf.*

pas•cal *adj2g.* Relativo à Páscoa; pascoal. [Pl.: –*cais.*]

pás•co:a *sf.* **1.** Festa anual dos hebreus, que comemora a sua saída do Egito. **2.** Festa anual dos cristãos, que comemora a ressurreição de Cristo.

pas•co:al *adj2g.* Pascal. [Pl.: –*ais.*]

pas•ma•cei•ra *sf.* **1.** Pasmo[1] ou admiração tola. **2.** Falta de movimento; apatia, mesmice.

pas•mar *v.t.d.* **1.** Causar pasmo[1] a. *Int.* e. *p.* **2.** Sentir pasmo. [Conjug.: ① [pasm]ar] § **pas•ma•do** *adj.*

pas•mo¹ *sm.* Assombro, espanto; admiração.

pas•mo² *adj.* Assombrado, espantado.

pas•mo•so (ô) *adj.* Que produz pasmo[1]. [Pl.: –*mosos* (ó).]

pas•pa•lhão *adj.* e *sm.* V. *tolo* (1, 2 e 7). [Fem.: *paspalhona.* Pl.: –*lhões.*]

pas•quim *sm.* **1.** Sátira afixada em lugar público. **2.** Jornal ou panfleto difamador. [Pl.: –*quins.*]

pas•sa *sf.* Fruta seca, esp. uva.

pas•sa•da *sf.* **1.** Passo¹(1). **2.** Ida rápida (a um lugar).

pas•sa•dei•ra *sf.* **1.** Tapete longo e estreito. **2.** Mulher que passa roupa.

pas•sa•di•ço *sm.* **1.** Passagem externa, ger. suspensa, que liga dois edifícios ou duas partes de um mesmo edifício. **2.** Corredor ou galeria de comunicação. **3.** Ponte na parte superior do navio, onde ficam o comandante e o homem do leme.

pas•sa•di•o *sm.* Alimentação diária.

pas•sa•dis•mo *sm.* Culto do passado. § **pas•sa•dis•ta** *adj2g.* e *s2g.*

pas•sa•do *adj.* **1.** Que passou, ou acaba de passar. **2.** Antiquado, obsoleto. **3.** Diz-se de fruto, carne ou peixe em começo de putrefação. **4.** Seco ao forno ou ao sol (fruto). **5.** Cozido ou assado (alimento). **6.** *Fig.* Encabulado, envergonhado. • *sm.* **7.** O tempo que passou.

pas•sa•dor (ô) *sm.* Utensílio de cozinha com furos por onde se espremem ou passam batatas, legumes, etc.

pas•sa•gei•ro *adj.* **1.** V. *transitório.* **2.** Pouco importante. • *sm.* **3.** Pessoa que viaja num veículo.

pas•sa•gem *sf.* **1.** Ato ou efeito de passar(-se). **2.** Local por onde se passa; acesso. **3.** Quantia que o passageiro paga pelo transporte num veículo. **4.** Bilhete (3). **5.** Trecho de obra citada. [Pl.: –*gens.*] ♦ **Passagem de nível.** Trecho de rua ou de rodovia que atravessa uma ferrovia ao mesmo nível desta.

pas•sa•ma•na•ri•a *sf.* Nome comum a certos tipos de tecido (galões, borlas, etc.), trabalhado ou entrançado com fio grosso.

pas•sa•ma•nes *sm.pl.* Fitas ou galões entretecidos a prata, ouro ou seda.

pas•sa•men•to *sm.* Óbito.

pas•san•te *adj2g.* e *s2g.* Transeunte.

pas•sa•por•te *sm.* Documento oficial que autoriza alguém a sair do país, e que serve como identificação.

pas•sar *v.t.d.* **1.** Percorrer de um lado para o outro; atravessar, transpor. **2.** Ir além de; ultrapassar. **3.** Aplicar, colocar. **4.** Coar através de. **5.** Alisar (roupa) com ferro de passar. **6.** Marcar (certa tarefa). **7.** Expedir, despachar. **8.** Padecer, sofrer. **9.** Gozar, desfrutar.

10. Pôr em circulação. 11. *Bras.* Contrabandear. 12. *Bras. Esport.* Lançar (a bola) para companheiro de equipe. *T.d.i.* 13. Transmitir. 14. Entregar. *T.c.* 15. Ir de um lugar (para outro). 16. Introduzir-se; penetrar. 17. Levar (tempo). *T.i.* 18. Transmitir-se. 19. Adotar ação diversa da anterior. 20. Passar (23). *Int.* 21. Percorrer um lugar sem nele se deter. 22. Acabar, desaparecer. 23. Ser aprovado em exame ou concurso. 24. Decorrer, transcorrer; passar-se. 25. Alisar roupa com ferro de passar. *P.* 26. Passar (24). [Conjug.: ① [pass]**ar**]

pas•sa•ra•da *sf.* Porção de pássaros.

pas•sa•re•la *sf.* 1. Ponte para pedestre construída sobre ruas ou estradas. 2. Plataforma um tanto elevada, para passagem em desfiles de moda, etc.

pas•sa•ri•nhei•ro *sm.* Caçador, criador ou vendedor de pássaros.

pás•sa•ro *sm. Zool.* Nome comum às aves passeriformes.

pas•sa•tem•po *sm.* Divertimento, diversão.

pas•sá•vel *adj2g.* Tolerável; razoável; aceitável. [Pl.: *–veis.*]

pas•se *sm.* 1. Licença, permissão. 2. Bilhete de trânsito, gratuito ou não, concedido por empresa de transporte coletivo.

pas•se:a•dor (ô) *adj.* Que é dado a passear.

pas•se•ar *v.int.* 1. Ir a algum lugar a passeio, em visita, ger. para divertir-se, espairecer-se. *T.d.* 2. Percorrer em passeio. [Conjug.⑩ [pass]**ear**]

pas•se•a•ta *sf.* 1. Pequeno passeio. 2. *Bras.* Marcha coletiva em sinal de regozijo, reivindicação, protesto, etc.

pas•sei:o *sm.* 1. Ato de passear. 2. Percurso de certa extensão de caminho, para exercício ou para divertimento. 3. Lugar onde se costuma passear. 4. Calçada.

pas•se•ri•for•me *sm. Zool.* Espécime dos passeriformes, ordem de aves pequenas ou médias, terrenas, aéreas, ou arbóreas, e cosmopolitas. § **pas•se•ri•for•me** *adj2g.*

pas•si:o•nal *adj2g.* 1. Relativo a paixão. 2. Suscetível de, ou causado por paixão. [Pl.: *–nais.*]

pas•sis•ta *s2g.* 1. *Bras. N.E.* Dançarino de frevo. 2. *Bras. RJ* Pessoa que samba com muita agilidade e graça.

pas•sí•vel *adj2g.* Sujeito a experimentar sensações e emoções, ou a sofrer penas ou sanções. [Pl.: *–veis.*]

pas•si•vo *adj.* 1. Que sofre ou recebe uma ação ou impressão. 2. Que não atua; inerte. § **pas•si•vi•da•de** *sf.*

pas•so¹ *sm.* 1. Ato de deslocar o ponto de apoio do corpo de um pé para o outro, mediante movimentos para a frente, para trás

ou para os lados; passada. 2. O espaço percorrido a cada um desses movimentos. 3. Ato ou modo de andar. 4. V. *pegada.* 5. A andadura mais lenta do cavalo. 6. *Fig.* Ato; negócio; assunto.

pas•so² *sm.* V. *desfiladeiro.*

pas•ta *sf.* 1. Porção de matéria sólida pulverulenta ligada ou amassada com líquido ou gordura e muito plástica. 2. Cartolina, plástico, etc., dobrados, onde se guardam ou classificam papéis, documentos, etc. 3. *Fig.* Cargo de ministro de Estado. 4. *Inform.* Diretório (4).

pas•ta•gem *sf.* V. *pasto* (2). [Pl.: *–gens.*]

pas•tar *v.int.* Comer (o gado) erva não ceifada. [Conjug.: ① [past]**ar**]

pas•tel¹ *sm.* 1. Iguaria feita com pequenas porções de massa (4) recheada e, em geral, frita. 2. Caracteres tipográficos empastelados. [Pl.: *–téis.*]

pas•tel² *sm.* 1. Bastão feito com giz a que se adicionam pigmentos de várias cores. 2. Pintura ou desenho a pastel. [Pl.: *–téis.*]

pas•te•lão *sm.* 1. Empadão. 2. *Bras.* Indivíduo moleirão. [Pl.: *–lões.*]

pas•te•la•ri•a *sf.* 1. Os doces e salgados que se preparam com vários tipos de massa. 2. Estabelecimento onde se faz e/ou vende pastelaria.

pas•te•lei•ro *sm.* Pessoa que faz e/ou vende pastelaria (1).

pas•teu•ri•zar *v.t.d.* Esterilizar (o leite, etc.) pelo calor, aquecendo-o e depois esfriando-o rapidamente. [Conjug.: ① [pasteuriz]**ar**]

pas•teu•ri•za•ção *sf.* 1. Ato ou efeito de pasteurizar. 2. *Fig.* Adaptação de obra musical, literária, etc., a moldes mais comerciais, de modo a facilitar a sua disseminação pelos meios de comunicação de massa.

pas•ti•che *sm.* Obra literária ou artística imitada servilmente de outra.

pas•ti•fí•ci:o *sm. Bras. SP* Fábrica de massas alimentícias.

pas•ti•lha *sf.* 1. Pequena porção de pasta solidificada, achatada, que contém medicamento, essência, etc. 2. *Constr.* Pequeno ladrilho.

pas•to *sm.* 1. Erva para alimento do gado. 2. Lugar onde o gado pasta ou pode pastar; pastagem, pastoreio (*bras.*).

pas•tor (ô) *sm.* 1. Guardador de gado. 2. *Fig.* Sacerdote, sobretudo protestante.

pas•to•ral *adj2g.* 1. V. *pastoril.* 2. De, ou relativo a pastor (2). • *sf.* 3. Circular dirigida aos padres ou aos fiéis pelo Papa ou por um bispo. 4. V. *écloga.* [Pl.: *–rais.*]

pas•to•re•ar *v.int.* 1. Guiar ao pasto (2). *T.d.* 2. Guardar (o gado) no pasto. [Conjug.⑩ [pastor]**ear**]

pas•to•rei:o *sm.* 1. Atividade ou indústria pastoril. 2. *Bras.* V. *pasto* (2).

pas•to•ril *adj2g*. **1.** Relativo a, ou próprio de pastor (1). **2.** Campestre, bucólico. [Sin. ger.: *pastoral*. Pl.: *–ris.*]

pas•to•so (ô) *adj*. **1.** Que tem consistência de pasta (1). **2.** Viscoso, pegajoso. [Pl.: *–tosos* (ó).]

pa•ta¹ *sf*. A fêmea do pato.

pa•ta² *sf*. **1.** Pé de animal. **2.** *Pop*. Pé grande; pé.

pa•ta•ca *sf*. **1.** *Bras*. Antiga moeda de prata, que valia 320 réis. **2.** *Desus*. V. *dinheiro* (4).

pa•ta•cão *sm*. **1.** Nome comum a várias antigas moedas portuguesas, brasileiras, espanholas e sul-americanas. **2.** Moeda brasileira antiga, de prata, de dois mil-réis. [Pl.: *–cões.*]

pa•ta•co:a•da *sf*. Bobagem; disparate.

pa•ta•da *sf*. Pancada com a pata ou com a planta do pé.

pa•tá•gi:o *sm. Zool*. Dobra da pele entre os membros anteriores e posteriores, em mamíferos, como, p. ex., nos quirópteros, us. para voar ou deslizar.

pa•ta•mar *sm*. Piso mais largo que os degraus, em escada.

pa•ta•ti•va *sf. Bras. Zool*. Ave fringilídea cinzenta.

pa•ta•vi•na *pron. indef. Zool*. Coisa nenhuma; nada.

pa•ta•xó *s2g. Bras. Etnôn*. Indivíduo dos pataxós, povo indígena da família lingüística maxacali, habitante de regiões da BA e MG. § **pa•ta•xó** *adj2g*.

pa•tê *sm*. Iguaria pastosa feita de fígado, etc.

pa•te•ar *v.int*. **1.** Bater com as patas. **2.** Bater com os pés no chão, vaiando. [Conjug.: 10 [pat]**ear**]

pá•te•na ou**pa•te•na** *sf*. Disco, de ouro ou de metal dourado, para cobrir o cálice e receber a hóstia.

pa•ten•te *adj2g*. **1.** Aberto, franqueado, acessível. **2.** Claro, evidente. • *sf*. **3.** Título oficial duma concessão ou privilégio. **4.** Posto (militar).

pa•ten•te•ar *v.t.d*. **1.** Tornar patente (2). **2.** Registrar como patente (3). *T.d.i*. **3.** Patentear (1). *P*. **4.** Tornar-se patente (2). [Conjug.: 10 [patent]**ear**] § **pa•ten•te:a•ção** *sf*.

pa•ter•nal *adj2g*. De pai, ou como de um pai; paterno. [Pl.: *–nais.*]

pa•ter•na•lis•mo *sm*. **1.** Regime baseado na autoridade paterna. **2.** Sistema de relações entre o chefe e os subordinados seguindo concepção paterna da autoridade.

pa•ter•ni•da•de *sf*. Condição de pai.

pa•ter•no *adj*. **1.** Paternal. **2.** Relativo ao pai, ou aos pais; pátrio.

pa•te•ta *adj2g*. e *s2g*. V. *tolo* (1, 2 e 7). § **pa•te•ti•ce** *sf*.

pa•té•ti•co *adj*. **1.** Que produz ou denota forte emoção. **2.** Trágico, sinistro.

pa•ti•bu•lar *adj2g*. **1.** Relativo ao patíbulo. **2.**

Que tem aspecto de criminoso, ou dá a impressão de o ser.

pa•tí•bu•lo *sm*. Estrado ou lugar onde os condenados sofrem a pena capital; cadafalso.

pa•ti•fe *sm*. Tratante, velhaco. § **pa•ti•fa•ri•a** *sf*.

pa•tim *sm*. Cada uma de um par de lâminas verticais de aço (ou de botas com tais lâminas) para deslizar no gelo, ou sobre pavimento. [Pl.: *–tins.*]

pá•ti•na *sf*. Camada esverdeada que se forma no cobre ou no bronze após longa exposição à umidade atmosférica.

pa•ti•nar *v.int*. Deslizar sobre patins. [Conjug.: 1 [patin]**ar**] § **pa•ti•na•ção** *sf*.

pa•ti•nhar *v.int*. **1.** Agitar a água à maneira de patos. **2.** Andar, mover-se, pisando em água, lama, etc. **3.** Moverem-se as rodas de (veículo automóvel) girando sem imprimir deslocamento ao veículo, por falta de aderência. [Conjug.: 1 [patinh]**ar**]

pá•ti:o *sm*. Espaço descoberto, ger. no interior dum edifício.

pa•to *sm*. **1.** *Zool*. Ave anatídea doméstica, maior que o marreco. **2.** *Pop*. V. *tolo* (7).

pa•to•ge•ni•a *sf*. Estudo de mecanismo pelo qual se desenvolve doença.

pa•to•gê•ni•co *adj*. **1.** Relativo a patogenia. **2.** Que gera doença.

pa•to•la *sf. Zool*. A pata preênsil dos caranguejos, siris, etc.

pa•to•lo•gi•a *sf. Med*. Ramo da medicina que se ocupa da natureza e das modificações produzidas por doença no organismo. § **pa•to•ló•gi•co** *adj*.

pa•to•lo•gis•ta *s2g*. Médico especialista em patologia.

pa•to•ta *sf. Bras*. **1.** Negócio duvidoso. **2.** Grupo, bando.

pa•tra•nha *sf*. Grande mentira.

pa•trão *sm*. **1.** Chefe ou dono de estabelecimento, fábrica, etc., em relação aos empregados; empregador. **2.** O dono da casa em relação a seus empregados. **3.** Mestre de barco. [Pl.: *–trões.*]

pá•tri:a *sf*. **1.** O país onde nascemos; o torrão natal; terra. **2.** Província, cidade, aldeia, etc., natal. **3.** A terra dos pais.

pa•tri•ar•ca *sm*. **1.** Velho venerando cercado de família numerosa. **2.** Chefe de família exemplar. § **pa•tri:ar•cal** *adj2g*.

pa•tri:ar•ca•do *sm*. Regime social em que o pai é a autoridade máxima.

pa•trí•ci:o *sm*. **1.** Homem da classe dos nobres, na antiga Roma. **2.** Conterrâneo, compatriota. • *adj*. **3.** Relativo a patrício.

pa•tri•la•te•ral *adj2g. Antrop. Etnol*. Relativo a parentesco pelo lado paterno. [Pl.: *–rais.*]

pa•tri•li•ne•ar *adj2g. Antrop*. **1.** Agnático. **2.** Relativo à descendência pela linha paterna.

pa•tri•mô•ni:o *sm.* 1. Herança paterna. 2. Bens de família. 3. Riqueza. 4. Os bens, materiais ou não, duma pessoa ou empresa. § **pa•tri•mo•ni•al** *adj2g.*

pá•tri:o *adj.* 1. Da pátria. 2. Paterno (2). • *sm.* 3. Adjetivo pátrio (1).

pa•tri•o•ta *s2g.* Pessoa que ama a pátria e procura servi-la. § **pa•tri:o•tis•mo** *sm.*

pa•tri:o•ta•da *sf. Bras.* Alarde de patriotismo.

pa•tri:o•ti•ce *sf. Deprec.* 1. Mania patriótica. 2. Falso patriotismo.

pa•tri•ó•ti•co *adj.* 1. Que revela patriotismo. 2. Relativo a patriota.

pa•tro•a (ô) *sf.* 1. Mulher do patrão. 2. A dona da casa em relação aos seus empregados. 3. *Fam.* Esposa.

pa•tro•ci•nar *v.t.d.* Dar patrocínio a. [Conjug.: ①[patrocin]**ar**] § **pa•tro•ci•na•dor** (ô) *adj.* e *sm.*

pa•tro•cí•ni:o *sm.* 1. Proteção, auxílio. 2. Custeio de um programa de televisão, rádio, etc.

pa•tro•na *sf.* 1. Cartucheira. 2. *Bras. N.E.* Bolsa de couro dos sertanejos. 3. *Etnogr.* Cesto rígido, com alça e tampa, us. entre indígenas brasileiros.

pa•tro•nal *adj2g.* Relativo a patrão (1). [Pl.: –*nais.*]

pa•tro•na•to *sm.* 1. Autoridade de patrão. 2. Instituição de assistência, em particular para menores.

pa•tro•nes•se *sf.* Senhora que organiza ou patrocina festa ou campanha de beneficência.

pa•tro•ní•mi•co *adj.* 1. Relativo a pai, especialmente quanto a nome de família. 2. Diz-se do sobrenome derivado do nome do pai ou de um antecessor.

pa•tro•no *sm.* 1. Padroeiro, protetor. 2. Advogado, em relação a seus clientes.

pa•tru•lha *sf.* 1. Ato ou efeito de patrulhar; patrulhamento. 2. Ronda de soldados. 3. Grupamento de navios e/ou aeronaves que patrulham.

pa•tru•lhar *v.t.d.* e *int.* Rondar, fiscalizar ou vigiar sistematicamente. [Conjug.: ①[patrulh]**ar**] § **pa•tru•lha•men•to** *sf.*

pa•tru•lhei•ro *sm.* 1. Aquele que patrulha. 2. *Mar. G.* Pequeno navio destinado a patrulhar áreas marítimas não distantes do litoral.

pa•tu•á *sm.* 1. *Bras.* Balaio. 2. Patrona (2). 3. V. *bentinho.*

pa•tu•léia *sf.* Plebe.

pa•tu•ri *sm. Bras. Zool.* Marreco castanho-avermelhado.

pa•tus•ca•da *sf.* Ajuntamento festivo de pessoas para comer e beber; pândega.

pa•tus•car *v.int.* Andar em patuscadas; farrear. [Conjug.: ⑧[patus]**car**]

pa•tus•co *adj.* Que gosta de patuscadas.

pau *sm.* 1. Qualquer pedaço de madeira. 2. Bordão, cajado. 3. Qualquer madeira trabalhada

ou não. 4. Pedaço de substância sólida semelhante a um pau (1). 5. *Bras.* Reprovação em exame. • *adj2g.* 6. Maçante, cacete. ◆ **Pau a pau.** *Bras.* Em pé de igualdade. **Pau para toda obra.** 1. Pessoa que se presta para tudo. 2. Coisa que serve para tudo.

pau-a-pi•que *sm. Bras. Angol. Cabo-verd. Guin. Moç. Santom.* Parede feita de ripas ou varas entrecruzadas, e barro. [Pl.: *paus-a-pique.*]

pau-bra•sil *sm. Bot.* Árvore das leguminosas, de madeira avermelhada, dura e incorruptível. [Pl.: *paus-brasis* e *paus-brasil.*]

pau-ce•tim *sm. Bot. Bras.* Árvore apocinácea, útil. [Pl.: *paus-cetins* e *paus-cetim.*]

pau-d'á•gua *sm. Bras.* Beberrão, ébrio. [Pl.: *paus-d'água.*]

pau-d'ar•co *sm. Bras. Bot.* V. *ipê.* [Pl.: *paus-d'arco.*]

pau-de-a•ra•ra *Bras. sm.* 1. Caminhão coberto, usado sobretudo no transporte de retirantes nordestinos para SP, MG e RJ. • *s2g.* 2. Retirante que viaja num desses caminhões. 3. *Pej.* Qualquer nordestino. [Pl.: *paus-de-arara.*]

pau-de-se•bo *sm.* Mastro untado com sebo, e em cujo topo se põe um prêmio para quem se aventurar a ir buscá-lo. [Pl.: *paus-de-sebo.*]

pau-fer•ro *sm. Bras. Bot.* Árvore das leguminosas, de madeira duríssima; jucá. [Pl.: *paus-ferros* e *paus-ferro.*]

pa•ul (a-úl) *sm.* V. *pântano.*

pau•la•da *sf.* Pancada com pau; cacetada.

pau•la•ti•no *adj.* 1. Feito aos poucos. 2. Lento vagaroso.

pau•li•fi•car *v.t.d.* e *int. Bras.* Importunar, cacetear. [Conjug.: ⑧[paulifi]**car**] § **pau•li•fi•can•te** *adj2g. (bras.)*

pau•lis•ta *adj2g.* 1. De SP. • *s2g* 2. O natural ou habitante desse estado.

pau•lis•ta•no *adj2g.* 1. De São Paulo, capital de SP. • *sm.* 2. O natural ou habitante de São Paulo.

pau-man•da•do *sm.* Pessoa subserviente. [Pl.: *paus-mandados.*]

pau-mar•fim *sm. Bras. Bot.* Árvore rutácea, útil. [Pl.: *paus-marfins* e *paus-marfim.*]

pau•pe•ris•mo *sm.* Miséria, penúria.

pau•pér•ri•mo *adj.* Superl. de *pobre.*

paus *sm.pl.* Um dos quatro naipes, preto, que se figura com o desenho de um trevo de três pontas.

pau•sa *sf.* 1. Interrupção temporária de ação, movimento ou som. 2. *Mús.* Cada um dos sinais gráficos que indicam a duração do silêncio, num trecho musical.

pau•sar *v.int.* 1. Fazer pausa. *T.d.* 2. Tornar vagaroso, lento. [Conjug.: ①[paus]**ar**] § **pau•sa•do** *adj.*

pau•ta *sf.* 1. Conjunto de linhas horizontais e paralelas produzidas no papel por máquina apropriada. **2.** Cada uma delas. **3.** *Mús.* Sistema de uma a cinco linhas (ou mais) horizontais, paralelas e eqüidistantes, sobre e entre as quais se escrevem as notas musicais. **4.** Lista, rol. **5.** Expediente predeterminado dos trabalhos de cada dia.

pau•tar *v.t.d.* **1.** Riscar (o papel) com pauta (1). **2.** Pôr em pauta (4). **3.** Regularizar, regular. *T.d.i.* e *p.* **4.** Orientar(-se). [Conjug.: ① [paut]ar] § **pau•ta•do** *adj.*

pa•va•na *sf.* **1.** No começo do séc. XVI, dança de corte, de provável origem italiana, em compasso binário ou quaternário, andamento lento e majestoso. **2.** Depois de 1600, peça instrumental com as características dessa dança.

pa•vão *sm. Zool.* Ave fasianídea de bela plumagem. [Fem.: *pavoa.* Pl.: *–vões.*]

pa•vei•a *sf.* **1.** Molho, feixe. **2.** Montículo de mato roçado.

pá•vi•do *adj.* Que tem pavor; medroso.

pa•vi•lhão *sm.* **1.** Construção leve ger. desmontável. **2.** Construção isolada, num conjunto de edifícios, ou independente dele. **3.** Parte de um edifício construída como anexo ao seu corpo principal. **4.** V. *bandeira* (1). **5.** *Anat.* Nome genérico de formação dilatada em final de trajeto de órgão ou de estrutura. [Pl.: *–lhões.*]

pa•vi•men•ta•ção *sf.* **1.** Ato ou efeito de pavimentar. **2.** Pavimento (1 e 2). [Pl.: *–ções.*]

pa•vi•men•tar *v.t.d.* Fazer o pavimento de. [Conjug.: ① [paviment]ar]

pa•vi•men•to *sm.* **1.** Revestimento, com material apropriado, do solo (ou de parte duma construção) onde se pisa; piso, chão. **2.** Estrutura aplicada à superfície de ruas, rodovias, etc., e constituída de uma ou várias camadas de material capaz de resistir ao rodar dos veículos. **3.** Andar de edifício.

pa•vi:o *sm.* **1.** Torcida². **2.** Rolo de cera que a envolve.

pa•vo•ne•ar *v.int.* **1.** Caminhar com ares soberbos, como o pavão. *T.d.* **2.** Exibir, ostentar. *P.* **3.** Vangloriar-se, ufanar-se. [Conjug.: ⑩ [pavon]ear]

pa•vor (ô) *sm.* Grande susto ou medo; terror. § **pa•vo•ro•so** (ô) *adj.*

pa•vu•na *sf. Bras. S.* Vale fundo e escarpado.

pa•xá *sm.* Título dos governadores de províncias do Império Otomano.

paz *sf.* **1.** Ausência de lutas, violências ou perturbações sociais, ou de conflitos entre pessoas. **2.** Restabelecimento de relações amigáveis entre países beligerantes. **3.** Sossego, serenidade.

❑ **Pb** *Quím.* Símb. do *chumbo.*

❑ **PC** Sigla que designa *computador pessoal* que obedece aos padrões originalmente estabelecidos pela empresa IBM para esse tipo de equipamento.

❑ **Pd** *Quím.* Símb. do *paládio.*

pé *sm.* **1.** *Anat.* Cada uma das duas extremidades inferiores do corpo humano, uma em cada membro inferior. **2.** Pata² (2). **3.** V. *pedestal.* **4.** A parte inferior dum objeto, que o sustenta. **5.** Numa cama, a parte oposta à cabeceira. **6.** *Bot.* Cada exemplar de uma planta. **7.** Estado de um negócio, etc. **8.** Motivo, pretexto. **9.** Parte em que se divide o verso metrificado. **10.** Unidade de medida linear anglo-saxônica, equivalente a cerca de 30,48cm do sistema métrico decimal. ◆ **Pé ante pé.** Na ponta dos pés. **Ao pé de.** Junto a. **A pé.** Com os próprios pés.

pê *sm.* A letra *p.*

pe•a•nha *sf.* Pedestal sobre o qual assenta imagem, cruz, etc.

pe•ão¹ *sm.* **1.** Homem que anda a pé. **2.** No jogo de xadrez, peça de movimento limitado. [Fem.: *peona, peoa.* Pl.: *peões, peães.* Cf. *pião.*]

pe•ão² *sm. Bras.* **1.** Amansador de cavalos, burros e bestas. **2.** Condutor de tropa. **3.** Trabalhador rural. **4.** Servente de obra. [Fem.: *peona, peoa.* Pl.: *peões, peães.* Cf. *pião.*]

pe•ar *v.t.d.* **1.** Prender com peia(s). **2.** Embaraçar, estorvar. [Conjug.: ⑩ [p]ear. Cf. *piar.*]

pe•ça *sf.* **1.** Parte dum todo indiviso, dum conjunto. **2.** Qualquer objeto que forma uma unidade completa; exemplar. **3.** Porção de fazenda tecida de uma vez. **4.** Pedra ou figura, em jogo de tabuleiro. **5.** Compartimento ou divisão duma casa. **6.** Documento que faz parte dum processo. **7.** Trabalho literário ou artístico. **8.** Engano, logro.

pe•ca•do *sm.* **1.** Transgressão de preceito religioso. **2.** Falta, culpa.

pe•ca•mi•no•so (ó) *adj.* Da natureza do pecado. [Pl.: *–nosos* (ó).]

pe•car *v.int. e t.i.* **1.** Cometer pecado (1). **2.** Cometer falta. [Conjug.: ⑧ [pe]car] § **pe•ca•dor** (ô) *adj.* e *sm.*

pe•cha *sf.* Defeito, falha, falta.

pe•chin•cha *sf.* **1.** Grande conveniência ou vantagem em compra ou troca. **2.** Qualquer coisa muito barata.

pe•chin•char *v.int. e t.i.* Procurar obter pechincha; regatear. [Conjug.: ① [pechinch]ar]

pe•chin•chei•ro *adj. e sm.* Que, ou aquele que pechincha ou procura pechinchas.

pe•chis•be•que *sm.* Ouropel (1).

pe•ci•lo•tér•mi•co *adj. Zool.* Diz-se de animal cujo organismo sofre variações de temperatura, de acordo com a temperatura do ambiente. Ex.: anfíbios.

pe•cí•o•lo *sm. Bot.* Haste que une a folha ao caule.

pe•co (è) *adj.* **1.** Que não medrou. **2.** Que definhou. **3.** *Fig.* Néscio.

pe•ço•nha *sf. Zool.* Secreção venenosa dalguns animais. § **pe•ço•nhen•to** *adj.*

pe•cu•á•ri:a *sf.* Arte e indústria do tratamento e criação do gado. § **pe•cu•á•ri:o** *adj.*; **pe•cu:a•ris•ta** *s2g.*

pe•cu•la•tá•ri:o *sm.* O que comete peculato.

pe•cu•la•to *sm.* Delito de funcionário público que se apropria de valor ou qualquer outro bem móvel em proveito próprio ou alheio.

pe•cu•li•ar *adj2g.* Que é atributo particular duma pessoa ou coisa. § **pe•cu•li:a•ri•da•de** *sf.*

pe•cú•li:o *sm.* Dinheiro acumulado por trabalho ou economia.

pe•cú•ni:a *sf.* V. *dinheiro* (4).

pe•cu•ni•á•ri:o *adj.* Relativo a, ou representado por dinheiro.

pe•da•ço *sm.* 1. Porção (1). 2. Pequeno espaço de tempo. 3. Trecho, passagem.

pe•dá•gi:o *sm.* Tributo cobrado pelo direito de passagem por uma via de transporte terrestre.

pe•da•go•gi•a *sf.* Teoria e ciência da educação e do ensino. § **pe•da•gó•gi•co** *adj.*

pe•da•go•go (ô) *sm.* O que aplica a pedagogia, que ensina; professor.

pé-d'á•gua *sm. Bras.* Aguaceiro. [Pl.: *pés-d'água.*]

pe•dal *sm.* Peça de um maquinismo que é acionada com o pé. [Pl.: *–dais.*]

pe•da•lar *v.t.d.* 1. Mover ou acionar o pedal de. *Int.* 2. *Restr.* Andar de bicicleta. [Conjug.: ① [pedal]**ar**]

pe•da•lei•ra *sf. Mús.* Teclado de pedais colocado na parte inferior do consolo do órgão, e acionado pelos pés do organista.

pe•da•li•á•ce:a *sf. Bot.* Espécime das pedaliáceas, família de ervas ger. tropicais. § **pe•da•li•á•ce:o** *adj.*

pe•dan•te *adj2g. e s2g.* Que ou quem se expressa exibindo conhecimentos que não tem, ou é vaidoso, pretensioso. § **pe•dan•tis•mo** *sm.*

pé-de-a•tle•ta *sf. Med.* Micose crônica da pele de pé(s), e devida a fungos. [Pl.: *pés-de-atleta.*]

pé-de-boi *sm.* Pessoa muito trabalhadora. [Pl.: *pés-de-boi.*]

pé-de-ca•bra *sm.* Alavanca de ferro com uma das extremidades fendida. [Pl.: *pés-de-cabra.*]

pé-de-ga•li•nha *sm.* Ruga em canto externo de pele periorbitária. [Pl.: *pés-de-galinha.*]

pé-de-mei•a *sm.* Pecúlio, economias. [Pl.: *pés-de-meia.*]

pé-de-mo•le•que *sm. Bras.* 1. Doce sólido, feito com rapadura e amendoim. 2. *Bras. N.E.* Bolo de aipim, fubá e coco. [Pl.: *pés-de-moleque.*]

pé-de-pa•to *sm.* Calçado de borracha para nadadores e mergulhadores; nadadeira. [Pl.: *pés-de-pato.*]

pe•de•ras•ta *sm.* Aquele que é dado à pederastia.

pe•de•ras•ti•a *sf.* 1. *Psiq.* Perversão em que ocorre relação sexual de homem com menino. 2. *Impr.* Homossexualismo masculino.

pe•der•nei•ra *sf.* Pedra duríssima que, ferida, produz faíscas.

pe•des•tal *sm.* Peça que sustenta uma estátua, coluna, etc.; pé, base. [Pl.: *–tais.*]

pe•des•tre *adj2g. e s2g.* Que ou quem anda a pé, ou está a pé.

pe•des•tri:a•nis•mo *sm.* Esporte que consiste em grandes marchas a pé.

pé-de-ven•to *sm.* 1. Ventania breve. 2. *Bras.* Vento forte; tufão. [Pl.: *pés-de-vento.*]

pe•di•a•tra *s2g.* Especialista em pediatria.

pe•di:a•tri•a *sf. Med.* Estudo de doenças de crianças. § **pe•di•á•tri•co** *adj.*

pe•di•cu•lí•de:o *sm. Zool.* Espécime dos pediculídeos, família de insetos anopluros. Ex.: piolhos. § **pe•di•cu•lí•de:o** *adj.*

pe•di•cu•lo•se *sf.* Infestação por piolho.

pe•di•cu•re *s2g.* Pedicura ou pedicuro.

pe•di•cu•ro *sm.* Aquele que se dedica ao tratamento ou embelezamento dos pés.

pe•di•do *sm.* 1. Ato de pedir. 2. A coisa pedida.

pe•di•lú•vi:o *sm.* Banho dos pés.

pe•din•char *v.t.d. e int.* Pedir muito e com impertinência ou lamúria. [Conjug.: ① [pedinch]**ar**]

pe•din•te *adj2g. e s2g.* Que ou quem pede, especialmente esmolas.

pe•dir *v.t.d.* 1. Rogar que conceda; solicitar. 2. Suplicar; requerer. 3. Requerer, demandar. 4. Solicitar em casamento. *T.d.i.* 5. Pedir (1 e 2). *Int.* 6. Fazer pedidos. [Conjug.㊸ [p]**edir**]

pe•di•tó•ri:o *sm.* Súplica insistente.

pe•dra *sf.* 1. Matéria mineral dura e sólida, da natureza das rochas. 2. Fragmento dela. 3. Rocha, rochedo. 4. Lápide sepulcral. 5. Pedra preciosa, ou falsa, usada em joalheria e bijuteria. 6. Lousa (3). 7. Pedaço de qualquer substância sólida e dura. 8. Peça dos jogos de tabuleiro. 9. *Fig.* Pessoa pouco inteligente. 10. *Fig.* O que é duro, insensível, empedernido. 11. *Pop.* Cálculo (5). ◆ **Pedra de toque.** Jaspe ou qualquer outra pedra dura e escura com que os joalheiros avaliam a pureza dos metais. **Pedra filosofal.** Pedra que os alquimistas tentavam descobrir para transformar metais em ouro. **Pedra lascada.** Pedra quebrada grosseiramente, e da qual se serviam os homens do paleolítico. **Pedra polida.** Pedra trabalhada que serviu, no neolítico, para a fabricação de armas e utensílios. **Pedra preciosa.** Mineral de brilho e coloração especiais, valioso, que se lapida para ser usado em joalheria; gema.

pe•dra•da *sf.* Pancada com pedra.

pe•dra-po•mes *sf.* Pedra (1) seca, leve e porosa, para polir objetos e amaciar a pele. [Pl.: *pedras-pomes.*]

pe•dra•ri•a *sf.* Porção de pedras, em especial pedras preciosas.

pe•dra-sa•bão *sf. Bras. Min.* Variedade de talco (1) muito usada em esculturas. [Pl.: *pedras-sabões* e *pedras-sabão*.]

pe•dra-u•me *sf.* Nome vulgar do sulfato de alumínio e potássio. [Pl.: *pedras-umes*.]

pe•dre•go•so (ô) *adj.* Cheio de pedras; pedroso, pedrento. [Pl.: *–gosos* (ó).]

pe•dre•gu•lho *sm.* 1. Pedra grande. 2. *Bras.* Porção de pedras miúdas.

pe•drei•ra *sf.* Lugar donde se extrai pedra.

pe•drei•ro *sm.* Aquele que trabalha em obras de pedra e cal.

pe•dren•to *adj.* 1. Com aspecto de pedra. 2. V. *pedregoso.*

pe•drês *adj2g.* Carijó.

pe•dro•so (ô) *adj.* V. *pedregoso.* [Pl.: *–drosos* (ó).]

pe•dún•cu•lo *sm. Bot.* A haste de uma flor, fruto, ou racemo. § **pen•dun•cu•la•do** *adj.*; **pe•dun•cu•lar** *adj2g.*

pê-e•fe *sm.* Prato-feito. [Pl.: *pê-efes*.]

pê-e•me *Bras. sf.* 1. A polícia militar. • *s2g.* 2. Soldado da Polícia Militar. [Pl.: *pê-emes*.]

pé-fri:o *sm. Bras. Pop.* Indivíduo azarento. [Pl.: *pés-frios*.]

pe•ga *sf.* 1. Ato ou efeito de pegar. 2. *Fig.* Discussão acalorada, ou briga. • *sm.* 3. *Bras.* Pega (2).

pe•ga (ê) *sf. Zool.* Ave córvídea, europeia.

pe•ga•da (gá) *sf.* Vestígio que o pé deixa no solo; passo, pisada.

pe•ga•do *adj.* Contíguo (2).

pe•ga•jo•so (ô) *adj.* Que pega ou adere fácil; viscoso. [Pl.: *–josos* (ó).]

pe•ga-la•drão *sm.* 1. Dispositivo de segurança para jóias. 2. Dispositivo mecânico ou elétrico de alarme. [Pl.: *pega-ladrões*.]

pe•ga-pe•ga *sm. Bras.* 1. Conflito, briga. 2. Prisão em massa. [Pl.: *pegas-pegas* e *pega-pegas*.]

pe•gar *v.t.d.* 1. Fazer aderir; colar. 2. Prender, segurar. 3. Contrair (doença) por contágio, etc. 4. Subir ou instalar-se em (viatura); tomar. 5. Buscar, apanhar. 6. Entender, perceber. 7. Começar a fazer, a executar. 8. Chegar à hora de. 9. Conseguir. 10. Captar som, imagem de. 11. Aceitar fazer. 12. Ser condenado a. 13. Seguir por. *T.c.* 14. Ser ou estar contíguo. *T.i.* 15. Agarrar, segurar. *Int.* 16. Ficar aderente; colar-se. 17. Lançar ou criar raízes (uma planta). 18. Generalizar-se, difundir-se. 19. Inflamar-se; acender. 20. Ser contagioso. *P.* 21. Limitar-se, confinar-se. 22. Procurar proteção em. 23. Discutir, briga. [Conjug. 11 [pe]**gar**; part.: *pegado* e *pego*.]

pe•ga-ra•paz *sm.* Pequena mecha de cabelo recurvada e pegada à testa ou aos lados do rosto. [Pl.: *pega-rapazes*.]

pe•go¹ *sm.* 1. A parte mais funda de um rio, lago, etc.; fundão, poço. 2. Pélago (1).

pe•go² (é) ou **pe•go** (ê) *Bras.* Part. irreg. de *pegar*; pegado.

pe•gu•rei•ro *sm.* Guardador de gado; pastor.

pei•a *sf.* 1. Prisão de corda ou ferro que segura os pés das bestas. 2. Embaraço, estorvo. 3. *Bras.* Açoite, chicote.

pei•ta *sf.* 1. Dádiva feita com vista a subornar. 2. O crime de aceitá-la.

pei•tar¹ *v.t.d.* Subornar. [Conjug.: 1 [peit]**ar**]

pei•tar² *v.t.d.* Enfrentar corajosamente. [Conjug.: 1 [peit]**ar**]

pei•ti•lho *sf.* Parte da roupa que cobre o peito.

pei•to *sm.* 1. A parte do tronco que contém os pulmões e o coração; tórax. 2. A parte anterior e externa do tórax. 3. Seio feminino. 4. Os órgãos respiratórios. 5. A parte inferior do tórax dos animais de talho, e a anterior do tórax das aves. 6. Coragem, ânimo.

pei•to•ral *adj2g.* 1. Do peito. 2. Que faz bem ao peito (4). • *sm.* 3. *Pop.* Medicamento peitoral (2). [Pl.: *–rais*.]

pei•to•ril *sm.* Parapeito (1). [Pl.: *–ris*.]

pei•tu•do *adj.* 1. De peito grande. 2. *Bras.* Valentão, intrépido.

pei•xa•da *sf. Bras.* Prato de peixe cozido ou guisado.

pei•xão *sm. Pop.* Mulher cheia de corpo, vistosa. [Pl.: *–xões*.]

pei•xa•ri•a *sf.* Estabelecimento onde se vende peixe.

pei•xe *sm. Zool.* Animal vertebrado, aquático, de pele nua ou coberta por escamas, dotado de nadadeiras e de guelras. São os osteíctes e os condrictes.

pei•xe-boi *sm. Bras. Zool.* Mamífero triquequídeo das bacias do Orenoco e do Amazonas. [Pl.: *peixes-bois* e *peixes-boi*.]

pei•xe-e•lé•tri•co *sm. Bras. Zool.* Poraquê. [Pl.: *peixes-elétricos*.]

pei•xe-es•pa•da *sm. Bras. Zool.* Peixe triquiurídeo do Atlântico. [Pl.: *peixes-espadas* e *peixes-espada*.]

pei•xei•ra *sf. Bras. N.E.* 1. Faca para cortar peixe. 2. Facão curto e muito cortante.

pei•xei•ro *sm.* Vendedor de peixe.

pei•xes *sm.pl.* 1. *Astr.* A 12ª constelação do Zodíaco, situada no hemisfério norte. 2. *Astrol.* O 12° signo do Zodíaco, relativo aos que nascem entre 22 de fevereiro e 20 de março. [Com inicial maiúscula.]

pei•xe-vo•a•dor *sm. Zool.* Nome comum a todos os peixes exocetídeos. [Pl.: *peixes-voadores*.]

pe•jar *v.t.d.* 1. Encher; carregar. *T.i.* 2. Causar pejo. *Int.* 3. Tornar-se grávida. *P.* 4. Envergonhar-se. [Conjug.: 1 [pej]**ar**] § **pe•ja•do** *adj.*

pe•jo (ê) *sm.* 1. Pudor. 2. Acanhamento, timidez.

pe•jo•ra•ti•vo *adj.* Diz-se de vocábulo de sentido torpe, obsceno ou desagradável.

pe•la Fem. de *pelo.*

pé•la *sf.* Bola, especialmente a de borracha, usada para jogar ou brincar.

pe•la•da¹ *sf. Med.* Afecção das regiões pilosas, em particular o couro cabeludo.

pe•la•da² *sf. Bras.* Jogo de futebol ligeiro, em campo improvisado.

pe•la•do¹ *adj.* A que tiraram o pêlo, ou que não o tem.

pe•la•do² *adj.* 1. A que se tirou a pele; esfolado. 2. A que se tirou a casca. 3. Pobre, miserável. 4. *Bras. Fam.* Nu, despido.

pe•la•gem *sf.* O pêlo dos animais. [Pl.: –*gens.*]

pe•lá•gi•co *adj.* Relativo a pélago.

pé•la•go *sm.* 1. Abismo marítimo; pego. 2. Mar alto.

pe•lan•ca *sf.* Pele flácida e pendente.

pe•lan•cu•do *adj.* Que tem pelancas.

pe•lar¹ *v.t.d.* e *p.* Tirar o pêlo a, ou ficar sem ele. [Conjug.: ① [pel]**ar**]

pe•lar² *v.t.d.* 1. Tirar a pele ou a casca de. *P.* 2. Ficar sem pele. 3. Despir-se. [Conjug.: ① [pel]**ar**]

pe•le *sf.* 1. Órgão mais ou menos espesso que reveste exteriormente o corpo humano, bem como o dos animais vertebrados e o de muitos outros. 2. *Fam.* A epiderme. 3. A pele de certos animais, preparada para uso na fabricação de agasalhos ou como ornamento destes. 4. A casca de certos frutos e legumes.

pe•le•cí•po•de *sm.* e *adj2g. Zool.* V. *bivalve².*

pe•le•go (ê) *sm. Bras.* 1. A pele do carneiro com a lã. 2. Aquele que, nos sindicatos, trabalha sorrateiramente contra os interesses dos trabalhadores. 3. Capacho (2).

pe•le•ja (ê) *sf.* Ato de pelejar.

pe•le•jar *v.int.* 1. Batalhar, combater. 2. Sustentar discussão. *T.i.* 3. Pelejar (1). 4. Insistir, instar. [Conjug.: ① [pelej]**ar**]

pe•le•ri•ne *sm.* Capa longa, com fendas para os braços.

pe•le•te•ri•a *sf. Bras. Gal.* Estabelecimento onde se fazem abrigos de pele ou se vendem peles e peliças.

pe•le-ver•me•lha *s2g.* 1. Nome comum aos indivíduos de várias povos aborígines dos E.U.A., que usavam tingir-se de matéria corante vermelha. • *adj2g.* 2. Pertencente ou relativo a eles. [Pl.: *peles-vermelhas.*]

pe•li•ça *sf.* Pele fina, curtida e preparada para luvas, calçados, etc.

pe•li•ça *sf.* Peça de vestuário, ou colcha, de peles finas e macias.

pe•li•ca•ní•de•o *sm. Zool.* Espécime dos pelicanídeos, família de grandes aves de asas compridas e largas, pernas curtas, e bico lar-

go com saco membranoso por baixo. Habitam ilhas, águas costeiras, estuários. § **pe•li•ca•ní•de:o** *adj.*

pe•li•ca•ni•for•me *sm. Zool.* Espécime dos pelicaniformes, ordem de aves aquáticas, ger. marinhas, de grande bico, pernas curtas, e pés com quatro dedos palmados. § **pe•li•ca•ni•for•me** *adj2g.*

pe•li•ca•no *sm. Zool.* Ave marinha, pelicanídea.

pe•li•co *sm.* 1. Traje de pastor, feito de pele de carneiro. 2. *Pop.* Envoltório do feto no ventre materno.

pe•lí•cu•la *sf.* 1. Pele ou membrana finíssima. 2. V. *filme* (2).

pe•lin•tra *s2g.* 1. Pessoa mal trajada que tem pretensões a fazer figura. 2. Pessoa descarada, desavergonhada.

pe•lo 1. Aglut. da prep. *per* e do art. arc. *lo* (o). 2. Aglut. da prep. *per* e do pron. dem. masc., arc., *lo* (o). 3. Aglut. da prep. *per* e do pron. dem. neutro, arc., *lo* (o).

pê•lo *sm.* 1. *Anat.* Cada um dos apêndices filamentosos da pele. 2. *Zool.* O conjunto dos pêlos dum animal. 3. *Bot.* Filamento que recobre numerosas plantas.

pe•lo•ta *sf.* 1. Bola ou péla pequena. 2. *Bras.* Bola de futebol.

pe•lo•tão *sm.* Cada uma das três partes em que se divide uma companhia de soldados.

pe•lou•ri•nho *sm.* Coluna, em lugar público, junto da qual se expunham e castigavam criminosos.

pe•lou•ro *sm.* Bala que se empregava em peças de artilharia.

pe•lú•ci:a *sf.* Tecido com um lado veludoso.

pe•lu•do *adj.* 1. Que tem muito pêlo; piloso. 2. Coberto de pêlo.

pel•ve *sf. Anat.* Bacia (3). § **pél•vi•co** *adj.*

pe•na¹ *sf. Zool.* 1. Cada uma das peças que revestem o corpo das aves; pluma. 2. Laminazinha de metal, terminada em ponta, que, adaptada a uma caneta, serve para escrever ou desenhar.

pe•na² *sf.* 1. Castigo, punição, penalidade. 2. Sofrimento, aflição. 3. Compaixão, dó. 4. Mágoa, tristeza. 5. *Bras.* Punição imposta pelo Estado ao delinqüente ou contraventor.

pe•na•cho *sm.* 1. Conjunto de penas para adorno. 2. *Zool.* V. *poupa* (2).

pe•na•da *sf.* Traço de pena¹ (2).

pe•na•do *adj.* Que tem penas; emplumado.

pe•nal *adj2g.* Relativo a penas judiciais ou às leis penais. [Pl.: –*nais.*]

pe•na•li•da•de *sf.* 1. Sistema de penas impostas pela lei. 2. V. *pena²* (1).

pe•na•li•zar *v.t.d.* 1. Causar pena ou desgosto a. 2. Infligir pena a. *P.* 3. Sentir pena, desgosto. [Conjug.: ① [penaliz]**ar**]

pê•nal•ti *sm. Fut.* Falta máxima punida com chute direto a 11m do gol.

pe•nar *v.int.* Sofrer pena, dor; padecer. [Conjug.: ① [pen]**ar**]

pe•na•tes *sm.pl.* A casa paterna; o lar.

pen•ca *sf.* **1.** Conjunto de flores ou frutos. **2.** Grande quantidade.

pen•dão *sm.* **1.** V. *bandeira* (1). **2.** Galhardete (2). **3.** Emblema ou símbolo de um partido. **4.** Inflorescência do milho. [Pl.: *–dões*.]

pen•dên•ci:a *sf.* **1.** V. *litígio* (2). **2.** Tempo durante o qual uma causa ou um recurso está pendente ou correndo.

pen•den•te *adj2g.* Que pende; pêndulo.

pen•der *v.int. e t.c.* **1.** Estar pendurado ou suspenso. **2.** Inclinar-se, descair. *T.i.* **3.** Ter tendência, propensão. *P.* **4.** Inclinar-se. [Conjug.: ② [pend]**er**]

pen•dor (ô) *sm.* **1.** Declive, inclinação, rampa. **2.** V. *tendência* (1).

pen•du•lar *adj2g.* De, ou próprio do pêndulo (2).

pên•du•lo *adj.* **1.** Pendente (1). • *sm.* **2.** Corpo pesado, suspenso no extremo dum fio ou duma vara, que oscila à ação do próprio peso.

pen•du•rar *v.t.d.* **1.** Suspender (algo) em lugar elevado, sem deixar que toque no chão. **2.** *Bras.* Empenhar, hipotecar. **3.** *Bras.* Não pagar (conta). *T.d.c.* **4.** Colocar em lugar alto. *P.* **5.** Pender. **6.** Ficar por muito tempo em. [Sin. ger.: *dependurar*. Conjug.: ⑪ [pendur]**ar**.]

pen•du•ri•ca•lho *sm.* Coisa pendente, para ornato; balangandã.

pe•ne•di•a *sf.* Reunião de penedos.

pe•ne•do (ê) *sm.* **1.** Rochedo (2). **2.** Penha.

pe•ne•ra *sf.* Objeto formado de fios entrançados, de tela, etc., e usado para separar substâncias reduzidas a fragmentos, retendo as partes mais grossas.

pe•nei•rar *v.t.d.* **1.** Fazer passar pela peneira. *Int.* **2.** *Bras.* V. *chuviscar.* [Conjug.: ① [peneir]**ar**]

pe•ne•tra *s2g. Bras. Gír.* Pessoa que entra em festas, espetáculos, etc., sem convite.

pe•ne•trar *v.t.d.* **1.** Passar para dentro de; entrar. **2.** Passar através de. **3.** Chegar ao íntimo de. **4.** Chegar a perceber; entender. *T.c.* **5.** Introduzir-se. **6.** Embrenhar-se. *P.* **7.** Compenetrar-se. [Conjug.: ① [penetr]**ar**] § **pe•ne•tra•ção** *sf.*; **pe•ne•tran•te** *adj2g.*; **pe•ne•trá•vel** *adj2g.*

pe•nha *sf.* Grande massa de pedra isolada e saliente; penedo.

pe•nhas•co *sm.* **1.** Penha elevada. **2.** Rochedo (1).

pe•nhor (ô) *sm.* **1.** Direito real que vincula coisa móvel, ou mobilizável, a uma dívida, como garantia do pagamento desta. **2.** A coisa que constitui essa garantia. **3.** Garantia, segurança.

pe•nho•ra *sf.* Apreensão judicial de bens, valores, etc., de devedor executado, em quantidade bastante para garantir a execução.

pe•nho•ra•do *adj.* **1.** Apreendido por penhora. **2.** Grato, reconhecido.

pe•nho•rar *v.t.d.* **1.** Dar em garantia ou penhor; empenhar. **2.** Dar motivo de gratidão a. *P.* **3.** Mostrar-se reconhecido, grato. [Conjug.: ① [penhor]**ar**]

pe•ni•ci•li•na *sf. Quím.* Cada uma de um grupo de substâncias, obtidas natural e/ou sinteticamente, e que mostram importante ação antibiótica.

pe•ni•co *sm. Pop.* V. *urinol.*

pe•ni•fe•ro *adj.* Que tem penas; penudo.

pe•ni•for•me *adj2g.* Em forma de pena.

pe•nín•su•la *sf.* Porção de terra cercada de água por todos os lados, menos um.

pe•nin•su•lar *adj2g.* **1.** Pertencente ou relativo a península. • *s2g.* **2.** O natural ou habitante duma península.

pê•nis *sm.2n. Anat.* Órgão masculino da copulação e da excreção urinária.

pe•ni•tên•ci:a *sf.* **1.** Arrependimento por falta cometida; contrição. **2.** Expiação dessa falta. **3.** *Rel.* Um dos sete sacramentos da Igreja católica: a acusação dos próprios pecados a um padre, a fim de obter o perdão divino; confissão.

pe•ni•ten•ci•ar *v.t.d.* **1.** Impor penitência a. *P.* **2.** Castigar-se por culpa cometida. [Conjug.: ① [penitenci]**ar**]

pe•ni•ten•ci•á•ri:a *sf.* Estabelecimento oficial ao qual são recolhidos os réus condenados à pena de reclusão ou detenção; presídio.

pe•ni•ten•ci•á•ri:o *adj.* **1.** Relativo a penitenciárias. • *sm.* **2.** Indivíduo preso em penitenciária.

pe•ni•ten•te *adj2g. e s2g.* Que ou quem se arrepende, ou faz confissão de seus pecados.

pe•no•sa *sf. Bras. Gír.* Galinha.

pe•no•so (ô) *adj.* **1.** Que causa sofrimento ou incômodo. **2.** Difícil, complicado. [Pl.: *–nosos* (ó).]

pen•sa•dor (ô) *adj.* **1.** Que pensa, que reflete. • *sm.* **2.** Aquele que o faz. **3.** O que faz observações profundas e/ou pessoais sobre determinados problemas.

pen•sa•men•to *sm.* **1.** Ato ou efeito de pensar. **2.** Faculdade de pensar logicamente. **3.** Poder de formular conceitos. **4.** O produto do pensamento; idéia. **5.** V. *mente* (1). **6.** Recordação, lembrança. **7.** Modo de pensar; opinião. **8.** Frase que encerra um conceito moral.

pen•san•te *adj2g.* Que pensa; que faz uso da razão.

pen•são *sf.* **1.** Renda anual ou mensal paga a alguém durante toda a vida. **2.** Pequeno hotel de caráter familiar. **3.** Encargo, ônus. [Pl.: *–sões*.]

pen•sar *v.int.* **1.** Formar no espírito pensamentos ou idéias. **2.** V. *meditar* (3). *T.i.* **3.** Tencionar, cogitar. **4.** Estar preocupado. **5.** Meditar, refletir. *T.d.* **6.** Julgar, supor. **7.** Pôr penso em. [Conjug.: ① [pens]ar] • *sm.* **8.** Pensamento, opinião.

pen•sa•ti•vo *adj.* Absorto em pensamentos; meditativo.

pên•sil *adj2g.* **1.** Suspenso, pendurado. **2.** Construído sobre abóbadas ou colunas. [Pl.: –*seis.*]

pen•si•o•nar *v.t.d.* Dar ou pagar pensão a. [Conjug.: ① [pension]ar]

pen•si•o•na•to *sm.* **1.** Internato. **2.** Casa que recebe hóspedes e fornece refeições.

pen•si•o•nis•ta *s2g.* **1.** Quem recebe pensão, especialmente do Estado. **2.** *Bras.* Quem mora em pensão ou em pensionato.

pen•so *sm.* Curativo (2).

pen•ta•go•nal *adj2g.* Que tem cinco lados. [Pl.: –*nais.*]

pen•tá•go•no *sm. Geom.* Polígono de cinco lados.

pen•ta•no *sm. Quím.* Alcano que contém cinco átomos de carbono, líquido volátil, que é um dos componentes principais da nafta.

pen•tas•sí•la•bo *adj.* **1.** Que tem cinco sílabas. • *sm.* **2.** Vocábulo ou verso pentassílabo.

pen•ta•tlo *sm.* Conjunto de cinco provas de atletismo: corrida de velocidade (200 e 1.500 metros), salto em altura, lançamento (de disco e de dardo).

pen•te *sm.* **1.** Instrumento com dentes muito próximos, para compor ou prender os cabelos. **2.** Instrumento de ferro com que se carda lã. **3.** Peça onde se encaixam as balas das armas automáticas.

pen•te•a•dei•ra *sf. Bras.* Mesinha com espelho e gavetas, para as mulheres se pentearem.

pen•te•a•do *sm.* Modo especial de arranjar os cabelos.

pen•te•ar *v.t.d.* **1.** Compor, alisar (os cabelos) com o pente. *P.* **2.** Compor os próprios cabelos. [Conjug.: ① [pent]ear]

pen•te•cos•tes *sm.2n.* Festa católica celebrada 50 dias depois da Páscoa, em comemoração da descida do Espírito Santo sobre os apóstolos.

pen•te-fi•no *sm.* Pente de dentes finos. ◆ **Passar o pente-fino.** *Bras.* Submeter a exame rigoroso. [Pl.: *pentes-finos.*]

pe•nu•do *adj.* Penífero.

pe•nu•gem *sf.* **1.** As penas, pêlos ou cabelos que nascem primeiro. **2.** Pêlo macio e curto. **3.** V. *buço.* [Pl.: –*gens.*]

pe•núl•ti•mo *adj.* Que antecede imediatamente o último.

pe•num•bra *sf.* **1.** Sombra incompleta. **2.** Meia-luz.

pe•nú•ri•a *sf.* Pobreza extrema; miséria.

pe•pi•nei•ro *sm. Bot.* Trepadeira cucurbitácea de fruto comestível em salada e conserva.

pe•pi•no *sm.* O fruto do pepineiro.

pe•pi•no-do-mar *sm. Zool.* Equinodermo de forma semelhante à de um pepino, e que, desidratado, é us. como alimento. [Pl.: *pepinos-do-mar.*]

pe•pi•ta *sf.* Grão ou palheta de metal nativo, especialmente de ouro.

pe•que•na *sf. Fam.* Menina, ou namorada.

pe•que•nez (ê) *sf.* **1.** Qualidade ou estado de pequeno. **2.** Mesquinhez; insignificância.

pe•que•ni•no *adj.* Muito pequeno.

pe•que•no *adj.* **1.** Pouco extenso. **2.** De tamanho diminuto. **3.** Diz-se de quem está na infância. **4.** De baixa estatura, ou de pouco valor. **5.** Limitado, acanhado. • *sm.* **6.** Menino, ou namorado.

pe•que•nos *sm.pl.* O povo miúdo; os humildes.

pe•quer•ru•cho *sm.* Criança pequenina.

per *prep. Ant.* Por.

pê•ra *sf.* **1.** O fruto da pereira. **2.** Porção de barba que se deixa crescer no queixo.

pe•ral *sm.* Conjunto de pereiras; pereiral. [Pl.: –*rais.*]

pe•ral•ta *adj2g. e s2g.* **1.** Janota. **2.** *Bras.* Diz-se de, ou criança travessa. § **pe•ral•ti•ce** *sf.*

pe•ram•bei•ra *sf. Bras.* Precipício; abismo.

pe•ram•bu•lar *v.int. Bras.* Vaguear, vagar. [Conjug.: ① [perambul]ar]

pe•ran•te *prep.* Na presença de; diante de.

pé-ra•pa•do *sm. Bras.* Homem de condição muito humilde; pobretão. [Pl.: *pés-rapados.*]

pe•rau *sm. Bras.* Declive rápido do fundo do mar ou de um rio, junto à costa ou à margem.

per•cal *sm.* Tecido fino de algodão. [Pl.: –*cais.*]

per•cal•ço *sm.* **1.** Lucro; proveito. **2.** Transtorno, dificuldade.

per•ca•li•na *sf.* Tecido de algodão, forte, usado sobretudo em encadernação.

per•ce•ber *v.t.d.* **1.** Adquirir conhecimento de, pelos sentidos. **2.** V. *compreender* (2). **3.** Notar. **4.** Ouvir (1). **5.** Ver bem. **6.** Ver ao longe. **7.** Receber (honorários, vantagens, etc.). [Conjug.: ② [perceb]er]

per•ce•bi•men•to *sm.* Ato ou efeito de perceber.

per•cen•ta•gem *sf.* **1.** Parte proporcional calculada sobre 100 unidades. **2.** Taxa calculada sobre um capital de 100 unidades. [F. paral.: *porcentagem.* Pl.: –*gens.*]

per•cen•tu•al *adj2g.* **1.** Relativo a percentagem. • *sm.* **2.** Percentagem. [Pl.: –*ais.*]

per•cep•ção *sf.* Ato, efeito ou faculdade de perceber. [Pl.: –*ções.*]

per•cep•tí•vel *adj2g.* Que se pode perceber. [Pl.: –*veis.*]

per•ce•ve•jo (ê) *sm.* **1.** *Zool.* Nome comum a vários cimicídeos. **2.** Preguinho de cabeça chata.

per•ci•for•me *sm. Zool.* Espécime dos perciformes, grande ordem de peixes osteíctes que ocorrem em água doce e salgada. § **per•ci•for•me** *adj2g.*

per•cor•rer *v.t.d.* 1. Correr ou andar por. 2. Passar por, ou ao longo de. [Conjug.: ② [percorr]**er**]

per•cu•ci•en•te *adj2g.* 1. Que percute. 2. Agudo, penetrante, profundo.

per•cur•so *sm.* 1. Ato ou efeito de percorrer. 2. Espaço percorrido; trajeto.

per•cus•são *sf.* 1. Ato ou efeito de percutir. 2. Choque ou embate de dois corpos. 3. *Med.* Aplicação de leves pancadas a uma parte do corpo, para análise do som obtido, como parte de exame médico. [Pl.: *–sões.*]

per•cu•tir *v.t.d.* Bater ou tocar fortemente em; ferir. [Conjug.: ③ [percut]**ir**]

per•da (ê) *sf.* 1. Ato ou efeito de perder. 2. Morte, falecimento. 3. Extravio, sumiço. 4. Destruição.

per•dão *sm.* Remissão de pena. [Pl.: *–dões.*]

per•der *v.t.d.* 1. Ser ou ficar privado de (coisa que se possuía). 2. Cessar de ter ou deixar de sentir. 3. Sofrer a perda, o prejuízo de. 4. Não aproveitar. 5. Ter mau êxito em. 6. Esquecer em lugar de que não se tem lembrança. 7. Deixar de viajar em (um veículo) por não chegar na hora própria. 8. Perverter, corromper. 9. Deixar de ver ou de ouvir. 10. Desperdiçar. 11. Ser vencido em. 12. Não chegar a dar à luz. *T.i.* 13. Ser derrotado. *Int.* 14. Sofrer dano ou prejuízo. *P.* 15. Arruinar-se, desgraçar-se. 16. Extraviar-se. [Conjug.: ㉛ **perder**]

per•di•ção *sf.* 1. Ato ou efeito de perder(-se). 2. Desgraça, ruína. 3. *Fam.* Tentação irresistível. [Pl.: *–ções.*]

per•di•do *adj.* 1. Sumido, desaparecido. 2. Extraviado. 3. Pervertido. 4. Libertino. 5. Destruído; irrecuperável. 6. Longínquo (1).

per•di•gão *sf.* O macho da perdiz. [Pl.: *–gões.*]

per•di•go•to (ô) *sm.* 1. Filhote de perdiz. 2. *Pop.* Salpico de saliva.

per•di•guei•ro *adj. e sm.* Que ou cão que caça perdizes.

per•diz *sf. Zool.* Ave fasianídea de carne apreciada.

per•do•ar *v.t.d. e t.d.i.* 1. Desculpar (pena, culpa, dívida, etc.). *Int.* 2. Conceder perdão ou desculpa. [Conjug.: ⑬ [perd]**oar**] § **per•do•á•vel** *adj2g.*

per•du•lá•ri•o *adj. e sm.* Gastador, esbanjador, dissipador.

per•du•rar *v.int.* 1. Durar muito. 2. Permanecer, subsistir. [Conjug.: ① [perdur]**ar**] § **per•du•rá•vel** *adj2g.*

pe•re•ba *sf. Bras.* 1. Lesão cutânea imprecisa. 2. V. *escabiose.* 3. Pequena ferida.

pe•re•ce•doi•ro ou **pe•re•ce•dou•ro** *adj.* Que há de perecer; perecível.

pe•re•cer *v.int.* 1. Deixar de existir; acabar. 2. V. *morrer* (1). [Conjug.: ㉞ [pere]**cer**]

pe•re•ci•ven•to *sm.* Ato ou efeito de perecer.

pe•re•cí•vel *adj2g.* V. *perecedoiro.* [Pl.: *–veis.*]

pe•re•gri•nar *v.int. e t.c.* 1. Viajar ou andar por terras distantes. 2. Ir em romaria por lugares santos ou de devoção. [Conjug.: ① [peregrin]**ar**] § **pe•re•gri•na•ção** *sf.*

pe•re•gri•no *adj.* 1. Que peregrina. 2. Estranho, estrangeiro. 3. De bondade ou beleza rara. • *sm.* 4. Romeiro.

pe•rei•ra *sf. Bot.* Árvore das rosáceas, frutífera.

pe•rei•ral *sm.* Peral. [Pl.: *–rais.*]

pe•remp•tó•ri•o *adj.* Terminante, decisivo.

pe•re•ne *adj2g.* 1. Que dura muitos anos. 2. Perpétuo, eterno. 3. Ininterrupto. 4. *Bot.* Que vive por muitos anos (planta). § **pe•re•ni•da•de** *sf.*

pe•re•ni•zar *v.t.d. e p.* Tornar(-se) perene. [Conjug.: ① [pereniz]**ar**]

pe•re•que•té ou **pre•que•té** *adj2g. Bras. Pop.* Faceiro, elegante.

pe•re•re•ca *sf. Bras. Zool.* Nome comum a vários anuros, ger. arborícolas.

per•fa•zer *v.t.d.* 1. Completar o número ou o valor de. 2. Fazer até o fim; concluir. 3. Totalizar (4). [Conjug.: ⑳ [per]**fazer**]

per•fec•ci•o•nis•mo *sm.* Tendência exagerada para atingir a perfeição na realização de algo. § **per•fec•ci•o•nis•ta** *adj2g. e s2g.*

per•fec•tí•vel *adj2g.* Suscetível de perfeição ou de aperfeiçoamento. [Pl.: *–veis.*] § **per•fec•ti•bi•li•da•de** *sf.*

per•fei•ção *sf.* 1. Qualidade ou caráter de perfeito. 2. Ausência de quaisquer defeitos. [Pl.: *–ções.*]

per•fei•to *adj.* 1. Que reúne todas as qualidades concebíveis, ou atingiu o mais alto grau numa escala de valores. 2. Ótimo, excelente. 3. Executado ou fabricado do melhor modo possível. 4. Completo, total; rematado, acabado. • *sm.* 5. *Gram.* Tempo verbal que exprime coisa já passada em relação a certa época.

per•fí•di•a *sf.* Ação ou qualidade de pérfido.

pér•fi•do *adj.* 1. Que mente à fé jurada; desleal. 2. Falso, traiçoeiro.

per•fil *sm.* 1. Contorno do rosto de pessoa vista de lado. 2. A representação dum objeto que é visto só de um lado. 3. Contorno, silhueta. 4. Descrição de alguém em traços rápidos. [Pl.: *–fis.*]

per•fi•lar *v.t.d.* 1. Traçar o perfil de. 2. Pôr em linha, alinhar (soldados). 3. Endireitar, aprumar. *P.* 4. Aprumar-se. [Conjug.: ① [perfil]**ar**]

per•fi•lhar *v.t.d.* 1. Receber ou reconhecer legalmente como filho; filiar. 2. Defender (teoria, princípio). [Conjug.: ① [perfilh]**ar**] § **per•fi•lha•ção** *sf.*

per•fu•mar *v.t.d.* e *p.* Espalhar perfume em, ou pôr perfume em si mesmo. [Conjug.: ① [perfum]ar] § **per•fu•ma•do** *adj.*

per•fu•ma•ri•a *sf.* Fábrica ou loja de perfumes.

per•fu•me *sm.* **1.** Cheiro agradável exalado de uma substância aromática. **2.** Produto feito de essências aromáticas, e us. para perfumar. **3.** Extrato (5).

per•fu•mis•ta *s2g.* Fabricante e/ou vendedor de perfumes.

per•func•tó•ri:o *adj.* Que se faz como simples rotina, e não por necessidade. [Var.: *perfuntório.*]

per•fun•tó•ri:o *adj.* Perfunctório.

per•fu•ra•do•ra (ô) *sf.* Máquina para perfurar papel, etc.

per•fu•rar *v.t.d.* **1.** Fazer furo ou furos em. **2.** Cavar. [Conjug.: ① [perfur]ar] § **per•fu•ra•ção** *sf.*; **per•fu•ra•dor** (ô) *adj.* e *sm.*

per•fu•ra•triz *sf.* Máquina com broca, para perfurar o solo.

per•ga•mi•ná•ce:o *adj.* Apergaminhado.

per•ga•mi•nho *sm.* **1.** Pele de cabra, etc., preparada para servir de material de escrita. **2.** Manuscrito em pele assim tratada. **3.** *Bras.* Diploma de curso superior.

per•ga•mi•nhos *sm.pl.* Títulos de nobreza.

pér•gu•la *sf.* Estrutura com vigamento regular que se constrói como um teto vazado, em área externa de uma edificação.

per•gun•ta *sf.* **1.** Palavra ou frase com que se interroga. **2.** Quesito, questão.

per•gun•tar *v.t.d.* **1.** Fazer pergunta(s) a; interrogar. **2.** Indagar. *T.d.i.* **3.** Perguntar (2). *T.i.* **4.** Perguntar (1). *P.* **5.** Indagar a si próprio. [Conjug.: ① [pergunt]ar]

pe•ri•an•to *sm. Bot.* O conjunto dos verticilos protetores da flor.

pe•ri•as•tro *sm.* Numa órbita elíptica, ponto de maior aproximação de um astro que gravita em torno do outro.

pe•ri•cár•di:o *sm. Anat.* Saco fibrosseroso que envolve o coração.

pe•ri•car•po *sm. Bot.* A parede (2) dum fruto, formada pelo ovário amadurecido.

pe•rí•ci:a *sf.* **1.** Qualidade de perito. **2.** Vistoria especializada. **3.** O(s) que a faz(em).

pe•ri•ci•al *adj2g.* Relativo à, ou da perícia. [Pl.: *–ais.*]

pe•ri•cli•tar *v.int.* Correr perigo; perigar. [Conjug.: ① [periclit]ar] § **pe•ri•cli•tan•te** *adj2g.*

pe•ri•cu•lo•si•da•de *sf.* Qualidade ou estado de perigoso.

pe•ri•du•ral *adj2g.* **1.** Imediatamente externo à dura-máter. **2.** *Med.* Diz-se de anestesia em que a substância anestésica é injetada no espaço peridural. [Pl.: *–rais.*]

pe•ri•e•cos *sm.pl.* Habitantes da Terra que vivem na mesma latitude, mas em longitudes que diferem entre si 12 horas.

pe•ri•é•li:o *sm. Astr.* Ponto de maior aproximação do Sol descrito por um astro que gravita em torno dele.

pe•ri•fe•ri•a *sf.* **1.** Superfície ou linha que delimita externamente um corpo. **2.** *Geom.* Contorno duma figura curvilínea. **3.** Numa cidade, a região mais afastada do centro urbano.

pe•ri•fé•ri•co *adj.* **1.** Relativo a periferia. • *sm.* **2.** *Inform.* Equipamento que se liga aos componentes centrais de um computador (CPU, memória principal) e que complementa as suas funções; p. ex.: monitor de vídeo, teclado, impressora, discos.

pe•ri•fra•se *sf.* V. *circunlóquio.*

pe•ri•frás•ti•co *adj.* Relativo a, ou em que há perífrase.

pe•ri•gar *v.int.* Periclitar. [Conjug.: ① [peri]gar]

pe•ri•geu *sm. Astr.* Ponto de maior aproximação da Terra descrito pela Lua ou por um satélite artificial, no seu movimento orbital.

pe•ri•go *sm.* **1.** Circunstância, estado ou situação que prenuncia um mal para alguém ou algo. **2.** Aquilo que a provoca.

pe•ri•go•so (ô) *adj.* Em que há perigo. [Pl.: *–gosos* (ó).]

pe•rí•me•tro *sm. Geom.* **1.** Contorno duma figura limitada por segmentos de curvas. **2.** Linha que delimita determinada área ou região. § **pe•ri•me•tral** *adj2g.*

pe•rí•ne:o *sm. Anat.* Espaço situado, no homem, entre o escroto e o ânus e, na mulher, entre a vulva e o ânus. § **pe•ri•ne•al** *adj2g.*

pe•ri•ó•di•co *adj.* **1.** Relativo a período. **2.** Que se repete com intervalos regulares, ou apresenta certos fenômenos ou sintomas em horas ou dias certos. **3.** Diz-se de obra ou publicação que aparece em tempos determinados. • *sm.* **4.** Jornal periódico (3). § **pe•ri•o•di•ci•da•de** *sf.*

pe•ri:o•dis•mo *sm.* V. *jornalismo.*

pe•ri:o•dis•ta *s2g.* Jornalista.

pe•rí:o•do *sm.* **1.** O tempo transcorrido entre duas datas ou dois fatos mais ou menos marcantes. **2.** Qualquer espaço de tempo, determinado ou indeterminado. **3.** Período (2) marcado por certas características gerais. **4.** Época, fase. **5.** *Geol.* Divisão de cada uma das eras [v. *era* (4)], e que se subdivide em épocas [v. *época* (4)]. **6.** *Gram.* Oração ou reunião de orações que formam sentido completo.

pe•ri•or•bi•tá•ri:o *adj.* Diz-se do que cerca órbita (2).

pe•ri•ós•te:o *sm. Anat.* Membrana que reveste externamente os ossos.

pe•ri•pé•ci:a *sf.* Sucesso imprevisto; aventura.

pé•ri•plo *sm.* Navegação à volta dum continente.

pe•ri•qui•to *sm. Zool.* Ave psitacídea pequena, ger. verde.

pe•ris•có•pi:o *sm.* Instrumento óptico que permite ver por cima dum obstáculo, usado sobretudo em submarinos.

pe•ris•so•dá(c)•ti•lo *sm. Zool.* Espécime dos perissodátilos, ordem de ungulados em que o número de dedos funcionais reduz-se a três, ou a um. Ex.: cavalos, antas. § **pe•ris•so•dá(c)•ti•lo** *adj.*

pe•ris•tal•se *sf. Fisiol.* Movimento da musculatura de órgãos ocos, que impulsiona para diante o conteúdo desses órgãos; peristaltismo. § **pe•ris•tál•ti•co** *adj.*

pe•ris•tal•tis•mo *sm. Fisiol.* Peristalse.

pe•ri•to (i) *adj.* 1. V. *prático* (2). 2. Sábio, erudito. 3. Hábil (1). • *sm.* 4. O que é sabedor ou especialista em determinado assunto. 5. O que é nomeado judicialmente para exame ou vistoria.

pe•ri•tô•ni:o *sm. Anat.* Membrana serosa que reveste interiormente as cavidades abdominal e pélvica, bem como órgãos nelas contidos.

pe•ri•to•ni•te *sf.* Inflamação do peritônio.

per•ju•rar *v.t.d.* 1. V. *abjurar* (1). *T.i.* e *int.* 2. Jurar falso. [Conjug.: ① [perjur]**ar**]

per•jú•ri:o *sm.* Ato ou efeito de perjurar.

per•ju•ro *adj.* e *sm.* Que ou quem perjura.

per•lon•gar *v.t.d.* Ir ao longo de; costear. [Conjug.: ⑪ [perlon]**g**или]

per•lus•trar *v.t.d.* Percorrer com a vista, examinando. [Conjug.: ① [perlustr]**ar**]

per•ma•ne•cer *v.pred.* 1. Continuar a ser ou ficar; conservar-se. *Int.* 2. Demorar-se. *T.i.* 3. Persistir. [Conjug.: ㉞ [permane]**cer**]

per•ma•nên•ci:a *sf.* 1. Ato de permanecer; estada. 2. Qualidade de permanente.

per•ma•nen•te *adj2g.* 1. Que permanece; contínuo. 2. V. *duradouro*. • *sm.* 3. *Bras.* Cartão ou senha que permite ingresso gratuito nas casas de diversões, de espetáculos, em veículos coletivos, etc. • *sf.* 4. *Bras.* Ondulação artificial do cabelo.

per•man•ga•na•to *sm. Quím.* Sal que contém o ânion MnO_4—, p. ex., o permanganato de potássio, us., em solução aquosa diluída, como anti-séptico.

per•me:a•bi•li•da•de *sf.* 1. Qualidade de permeável. 2. *Fís.* Quociente do módulo da indução magnética pela intensidade do campo magnético.

per•me•ar *v.t.d.* 1. Penetrar, atravessar. *T.d.i.* 2. Entremear. [Conjug.: ⑩ [perm]**ear**]

per•me•á•vel *adj2g.* Que se pode penetrar, transpassar. [Pl.: –*veis*.]

per•mei•o *el. sm.* Us. na loc. *de permeio*. ◆ **De permeio.** 1. No meio. 2. De mistura. 3. Neste ínterim (q. v.).

per•mi•a•no *sm.* O último período da era paleozóica, em que ocorreu o desenvolvimento dos cefalópodes, anuros, peixes e reptis, e a vegetação tornou-se mais variada.

per•mis•são *sf.* Ato ou efeito de permitir; consentimento. [Pl.: –*sões*.]

per•mis•sí•vel *adj2g.* Que pode ser permitido. [Pl.: –*veis*.]

per•mis•si•vo *adj.* 1. Tolerante, indulgente. 2. Que envolve permissão.

per•mi•tir *v.t.d.* 1. Dar liberdade, poder ou licença para. 2. Admitir, tolerar. *T.d.i.* 3. Permitir (1). 4. Tornar possível. *P.* 5. Tomar a liberdade de. [Conjug.: ③ [permit]**ir**]

per•mu•ta *sf.* Ato ou efeito de permutar.

per•mu•tar *v.t.d.* e *t.d.i.* Dar mutuamente; trocar. [Conjug.: ① [permut]**ar**] § **per•mu•ta•ção** *sf.*

per•mu•tá•vel *adj2g.* Que se pode permutar. [Pl.: –*veis*.]

per•na *sf.* 1. *Anat.* Em membro inferior, o segmento que vai do joelho ao tornozelo. 2. Cada membro locomotor de certos animais. 3. Qualquer haste ou prolongamento de coisa que se bifurca. 4. Nome comum a várias peças que servem de suporte a um objeto. 5. Haste de letra.

per•na•da *sf.* 1. Passada larga. 2. Pequeno braço de rio. 3. *Bras.* Rasteira.

per•nal•ta *adj2g.* Que tem pernas altas; pernalto.

per•nal•to *adj.* Pernalta.

per•nam•bu•ca•no *adj.* 1. De PE. • *sm.* 2. O natural ou habitante desse estado.

per•nei•ras *sf.pl. Bras.* Peças em geral de couro, que envolvem as pernas para protegê-las.

per•ne•ta (ê) *s2g. Bras.* Pessoa a quem falta uma perna.

per•ni•ci•o•so (ô) *adj.* Mau, nocivo, ruinoso. [Pl.: –*osos* (ó).]

per•nil *sm.* Coxa, comestível, do porco e doutros quadrúpedes. [Pl.: –*nis*.]

per•ni•lon•go *sm. Bras. Zool.* V. *mosquito*.

per•noi•tar ou **per•nou•tar** *v.int.* e *t.c.* Ficar durante a noite; passar a noite. [Conjug.: ① [pernoit]**ar**]

per•noi•te *sm. Bras.* Ato ou efeito de pernoitar.

per•nós•ti•co *adj.* Presumido, afetado; pedante. § **per•nos•ti•cis•mo** *sm.*

per•nou•te *sm.* Pernoite.

pe•ro•ba *sf. Bras. Bot.* Nome comum a árvores apocináceas e bignoniáceas de madeira útil.

pé•ro•la *sf.* 1. Glóbulo duro, brilhante, nacarado, que se forma nas conchas dalguns moluscos bivalves. 2. *Fig.* Pessoa de ótimas qualidades morais.

pe•ro•lar *v.t.d.* Dar forma ou aparência de pérola a. [Conjug.: ① [perol]**ar**]

pe•rô•ni:o *sm. Anat.* O osso mais externo e menor de cada perna.

pe•ro•ra•ção *sf.* A parte final de um discurso. [Pl.: *–ções.*]

pe•ro•rar *v.int.* **1.** Terminar um discurso. **2.** Discursar pedantemente. *T.d.* **3.** Falar a favor de. [Conjug.: ① [peror]**ar**]

per•pas•sar *v.t.i.* e *t.c.* **1.** Passar junto ou ao longo de. *Int.* **2.** Decorrer, passar. [Conjug.: ① [perpass]**ar**]

per•pen•di•cu•lar *Geom. adj2g.* **1.** Diz-se de qualquer configuração geométrica cuja interseção com outra forma um ângulo reto. • *sf.* **2.** Linha perpendicular.

per•pe•trar *v.t.d.* Cometer, praticar (ato mau). [Conjug.: ① [perpetr]**ar**]

per•pé•tu:a *sf. Bot.* Nome comum a várias plantas das compostas cujas flores, membranosas, duram muito.

per•pe•tu•ar *v.t.d.* e *p.* **1.** Tornar(-se) perpétuo; eternizar(-se). **2.** Propagar(-se). [Conjug.: ① [perpetu]**ar**] **§ per•pe•tu:a•ção** *sf.*

per•pé•tu:a-ro•xa *sf. Bot.* Erva amarantácea campestre, de flores roxas. [Pl.: *perpétuas-roxas.*]

per•pé•tu:o *adj.* **1.** Incessante, contínuo. **2.** Vitalício (cargo ou função). **§ per•pe•tu:i•da•de** *sf.*

per•ple•xo (cs) *adj.* **1.** Indeciso, hesitante. **2.** Espantado, atônito. **§ per•ple•xi•da•de** (cs) *sf.*

per•qui•rir *v.t.d.* e *int.* Perscrutar. [Conjug.: ③ [perquir]**ir**] **§ per•qui•ri•ção** *sf.*

per•ren•gue *adj2g. Bras.* **1.** Covarde, medroso. **2.** Que manqueja; capenga. **3.** Indisposto.

per•ro (ê) *adj.* Difícil de abrir e fechar.

per•sa *adj2g.* **1.** Da antiga Pérsia (atual Irã); pérsico. • *s2g.* **2.** O natural ou habitante da antiga Pérsia. • *sm.* **3.** *Gloss.* A língua persa.

pers•cru•tar *v.t.d.* e *int.* Investigar minuciosamente; perquirir. [Conjug.: ① [perscrut]**ar**] **§ pers•cru•ta•ção** *sf.*

per•se•cu•tó•ri:o *adj.* Em que há, ou que envolve perseguição.

per•se•gui•ção *sf.* **1.** Ato ou efeito de perseguir. **2.** Tratamento cruel ou injusto infligido com encarniçamento. [Pl.: *–ções.*]

per•se•guir *v.t.d.* **1.** Ir no encalço de. **2.** Incomodar; importunar. **3.** Atormentar. **4.** Buscar realizar, conquistar ou adquirir. *P.* **5.** Perseguir a si próprio. [Conjug.: ㊼ [per]**seguir**] **§ per•se•gui•dor** (ô) *adj.* e *sm.*

per•se•ve•rar *v.t.i.* **1.** Conservar-se firme e constante. *Pred.* **2.** Continuar a ser ou ficar. *Int.* **3.** Continuar, perdurar. [Sin., nessas acepç.: *persistir.*] **4.** Permanecer sem mudar ou sem variar de intento. [Conjug.: ① [persever]**ar**] **§ per•se•ve•ran•ça** *sf.*; **per•se•ve•ran•te** *adj2g.*

per•si•a•na *sf.* Anteparo de lâminas estreitas e móveis, posto em janelas para resguardar do sol.

pér•si•co *adj.* Persa (1).

per•sig•nar-se *v.p. Rel.* Fazer com o polegar da mão direita três cruzes, uma na testa, outra na boca e outra no peito, pronunciando a fórmula litúrgica: "Pelo sinal da Santa Cruz, livrai-nos Deus, Nosso Senhor, dos nossos inimigos. Amém." [Conjug.: ① [persign]**ar**[-se]]

per•sis•ten•te (sis) *adj2g.* Que persiste; pertinaz. **§ per•sis•tên•ci:a** *sf.*

per•sis•tir (sis) *v.t.i.*, *pred.* e *int.* V. *perseverar* (1 a 3). [Conjug.: ③ [persist]**ir**]

per•so•na•gem *sf.* e *m.* **1.** Pessoa notável; personalidade, pessoa. **2.** Cada um dos papéis duma peça teatral que devem ser encarnados por um ator. **3.** Cada um daqueles que figuram numa narração, poema ou acontecimento. [Pl.: *–gens.*]

per•so•na•li•da•de *sf.* **1.** Caráter ou qualidade do que é pessoal. **2.** O que determina a individualidade duma pessoa moral; o que a distingue de outra. **3.** V. *personagem* (1).

per•so•na•lis•mo *sm.* **1.** Qualidade do que é pessoal. **2.** Atitude ou conduta de quem refere tudo a si próprio.

per•so•na•lis•ta *adj2g.* **1.** Pessoal, individual. **2.** Egocêntrico.

per•so•na•li•zar *v.t.d.* **1.** Atribuir qualidades de pessoa a; personificar. **2.** Dar caráter pessoal a. [Conjug.: ① [personaliz]**ar**]

per•so•ni•fi•car *v.t.d.* **1.** Personalizar (1). **2.** Representar por meio duma pessoa; pessoalizar. **3.** Simbolizar, exprimir. [Conjug.: ⑧ [personifi]**car**] **§ per•so•ni•fi•ca•ção** *sf.*

pers•pec•ti•va ou **pers•pe•ti•va** *sf.* **1.** Arte de representar os objetos sobre um plano tais como se apresentam à vista. **2.** Aspecto dos objetos vistos de certa distância. **3.** Expectativa.

pers•pi•caz *adj2g.* **1.** Que vê bem; que observa. **2.** Fino, sagaz. **§ pers•pi•cá•ci:a** *sf.*

pers•pí•cu:o *adj.* Nítido, claro.

per•su:a•dir *v.t.d.i.* **1.** Levar a crer ou a aceitar. **2.** Induzir, convencer. *T.d.* **3.** Convencer. *Int.* **4.** Induzir à persuasão; convencer. *P.* **5.** Adquirir persuasão; convencer-se. [Antôn.: *dissuadir.* Conjug.: ③ [persuad]**ir**.]

per•su:a•são *sf.* **1.** Ato ou efeito de persuadir(-se). **2.** Convicção, certeza. **3.** Capacidade ou habilidade para persuadir. [Pl.: *–sões.*]

per•su:a•si•vo *adj.* Que persuade; suasório.

per•ten•cen•te *adj2g.* **1.** Que pertence. **2.** V. *pertinente* (1).

per•ten•cer *v.t.i.* **1.** Ser propriedade de. **2.** Ser parte de. **3.** Dizer respeito. **4.** Ser próprio ou característico de. **5.** Caber, competir. [Conjug.: ㉞ [perten]**cer**]

per•ten•ces *sm.pl.* Aquilo que faz parte de algo.

per•ti•naz *adj2g.* Muito tenaz. **§ per•ti•ná•ci:a** *sf.*

per•ti•nen•te *adj2g.* **1.** Relativo, concernente, pertencente. **2.** Que vem a propósito.

per•to adv. **1.** A pequena distância. **2.** Brevemente. • adj2g. **3.** Próximo, vizinho.

per•tur•bar v.t.d. **1.** Alterar, modificar. **2.** Causar embaraço ou aborrecimento a. **3.** Abalar; comover. **4.** Criar desordem em. Int. **5.** Causar atordoamento. P. **6.** Perder a serenidade. **7.** Envergonhar-se. **8.** Alterar-se, modificar-se. [Conjug.: ① [perturb]ar] § **per•tur•ba•ção** sf.; **per•tur•ba•do** adj.

pe•ru sm. Zool. Ave meleagrídídea, domesticada.

pe•ru•a sf. **1.** A fêmea do peru. **2.** Bras. Gír. Mulher que se veste e maquila de maneira cafona.

pe•ru•a•no adj. **1.** Do Peru (América do Sul). • sm. **2.** O natural ou habitante do Peru.

pe•ru•ar v.int. Observar um jogo, palpitando. [Conjug.: ① [peru]ar]

pe•ru•ca sf. V. cabeleira (2).

per•ver•são sf. **1.** Ato ou efeito de perverter(-se). **2.** Corrupção, depravação. **3.** Med. Desvio da normalidade de instinto (alimentação, vida sexual, etc.) ou de julgamento, e devido a distúrbio psíquico. [Pl.: –sões.]

per•ver•so adj. **1.** Que tem malíssima índole. **2.** Fig. Defeituoso, vicioso. § **per•ver•si•da•de** sf.

per•ver•ter v.t.d. **1.** Tornar perverso ou mau; corromper, depravar. **2.** Transtornar. **3.** Desvirtuar. P. **4.** Tornar-se perverso; depravar-se. [Conjug.: ② [pervert]er] § **per•ver•ti•do** adj.

pe•sa•da sf. **1.** Aquilo que se pesa duma vez numa balança. **2.** Pesagem.

pe•sa•de•lo (ê) sm. **1.** Sonho aflitivo com sensação de angústia, de opressão. **2.** Fig. Obsessão que amedronta. **3.** Fig. Pessoa ou coisa molesta ou enfadonha.

pe•sa•do adj. **1.** Que tem muito peso. **2.** Bras. Fig. Que tem peso (12); azarado.

pe•sa•gem sf. Ato ou efeito de pesar; pesada. [Pl.: –gens.]

pê•sa•mes sm.pl. Expressão de pesar por infortúnio ocorrido a alguém; condolências, sentimentos.

pe•sar v.t.d. **1.** Avaliar o peso de. **2.** Examinar com atenção; ponderar. **3.** Calcular prévia e minuciosamente as conseqüências de; medir. T.i. **4.** Fazer carga; recair. **5.** Ter ou exercer influência. **6.** Causar desgosto. **7.** Causar arrependimento. **8.** Causar mágoa, sofrimento, etc. Int. **9.** Ter certo peso, ou ter muito peso. **10.** Produzir mal-estar. P. **11.** Verificar o próprio peso. [Conjug.: ① [pes]ar. Nas acepç. 7 e 8 só é us. nas 3ªˢ pess., e tem o e fechado nas formas rizotônicas: pesa (ê), pese (ê).] • sm. **12.** Tristeza, desgosto.

pe•sa•ro•so (ô) adj. Cheio de pesar. [Pl.: –rosos (ó).]

pes•ca sf. **1.** Ato, arte ou prática de pescar; pescaria. **2.** O que se pesca.

pes•ca•da sf. Bras. Zool. Nome comum a vários peixes perciformes de carne branca, saborosa.

pes•ca•do adj. **1.** Que se pescou. • sm. **2.** Qualquer peixe (ou outro animal) que se pesca para fins alimentares.

pes•ca•dor (ô) adj. Aquele que é dado à pesca.

pes•car v.t.d. **1.** Apanhar na água (peixe ou crustáceos, etc.). **2.** Retirar da água como que pescando. **3.** Conseguir ardilosamente. **4.** Pop. V. pegar (6). T.i. **5.** Pop. Ter conhecimentos, noções. Int. **6.** Ocupar-se da pesca. [Conjug.: ⑧ [pes]car]

pes•ca•ri•a sf. **1.** Pesca (1). **2.** Indústria da pesca.

pes•co•ção sm. Pop. Sopapo, tabefe, tapa.

pes•co•ço (ô) sm. Anat. **1.** Nome genérico de porção estreitada que une duas porções do corpo, ou constitui a parte estreita do órgão. **2.** O segmento que une cabeça e tórax.

pe•so (ê) sm. **1.** Força que um corpo exerce sobre qualquer obstáculo que se oponha diretamente à sua queda. **2.** Qualidade dum corpo pesado. **3.** Tudo que faz pressão; carga. **4.** Sólido de metal, usado para avaliar na balança o peso dum corpo. **5.** Fig. Sensação de opressão devida a cansaço físico ou psicológico. **6.** Fig. Tudo que fatiga, preocupa ou abate. **7.** Fig. Valor, mérito. **8.** Fig. Prestígio, influência. **9.** Esport. No boxe e em outras lutas, categoria de atleta que se classifica pelo peso. **10.** Esport. Esfera de metal usada para lançamento em competições atléticas. **11.** Bras. V. caiporismo. **12.** Bras. Porção determinada de carne, nos açougues.

pes•pe•gar v.t.d.i. Assentar com violência ou energia; aplicar. [Conjug.: ⑪ [pespe]gar]

pes•pon•tar v.t.d. Coser a pesponto. [Conjug.: ① [pespont]ar]

pes•pon•to sm. Costura externa, em geral à máquina e com pontos graúdos, para prender ou ornamentar a parte costurada.

pes•quei•ro adj. Relativo à pesca.

pes•qui•sa sf. **1.** Ato ou efeito de pesquisar (1 e 2). **2.** Investigação e estudo, minuciosos e sistemáticos, com o fim de descobrir fatos relativos a um campo do conhecimento.

pes•qui•sar v.t.d. **1.** Buscar com diligência; inquirir. **2.** Informar-se a respeito de. Int. **3.** Fazer pesquisa (2). [Conjug.: ① [pesquis]ar] § **pes•qui•sa•dor** (ô) adj. e sm.

pes•se•ga•da sf. Doce de pêssego.

pês•se•go sm. O fruto do pessegueiro.

pes•se•guei•ro sm. Bot. Árvore rosácea, frutífera.

pes•si•mis•mo sm. Tendência para encarar tudo pelo lado negativo. § **pes•si•mis•ta** adj2g. e s2g.

pés•si•mo adj. Superl. absoluto de mau.

pes•so•a (ô) sf. **1.** O ser humano em seus aspectos biológico, espiritual e social. **2.** Indivíduo (3 e 4). **3.** V. personagem (1). **4.** Gram.

Flexão pela qual o verbo indica as relações dos sujeitos falantes entre si. **5.** *Jur.* Ser a quem se atribuem direitos e obrigações. **6.** *Jur.* Coletividade, associação reconhecida juridicamente.

pes•so•al *adj2g.* **1.** De, ou relativo a pessoa. **2.** Peculiar a uma só pessoa; individual. **3.** Reservado, particular. • *sm.* **4.** Conjunto de indivíduos incumbidos de certos serviços. [Pl.: -*ais.*]

pes•so•a•li•zar *v.t.d.* Personificar (2). [Conjug.: ①[pessoaliz]**ar**]

pes•so•en•se *adj2g.* **1.** De João Pessoa, capital da PB. • *s2g.* **2.** O natural ou habitante de João Pessoa.

pes•ta•na *sf.* Cílio.

pes•ta•ne•jar *v.int.* Piscar (3). [Conjug.: ① [pestanej]**ar**]

pes•te *sf.* **1.** Designação comum a certas doenças contagiosas graves. **2.** Qualquer epidemia com grande mortandade. **3.** *Fig.* Pessoa má. **4.** *Med.* Grave infecção, causada pela bactéria *Yersinia pestis*, e que pode ter caráter epidêmico ou endêmico. ♦ **Peste bubônica.** *Med.* Doença infecciosa, essencialmente do rato, transmissível ao homem por pulga, e em que aparecem tumefações de gânglios linfáticos popularmente chamadas *bubões*.

pes•tí•fe•ro *adj.* Que produz peste; pestilento.

pes•ti•len•to *adj.* **1.** Que tem o caráter da peste, ou dela infectado. **2.** Pestífero. **3.** Infecto, fétido, pútrido. **4.** *Fig.* Que corrompe ou perverte.

pe•ta (ê) *sf.* V. *mentira* (1).

pé•ta•la *sf. Bot.* Cada peça que constitui a corola das flores.

pe•tar•do *sm.* Engenho explosivo, portátil, para destruir obstáculos.

pe•te•ca *sf. Bras.* Espécie de pequena bola achatada, guarnecida de penas, que se lança ao ar com a palma das mãos.

pe•te•le•co *sm. Bras.* Pancada com a ponta do dedo médio.

pe•ti•ção *sf.* **1.** Ato de pedir. **2.** Solicitação por escrito; requerimento. [Pl.: -*ções.*]

pe•tis•car *v.int.* **1.** Comer petisco. **2.** Comer um pouco, provando ou saboreando. [Conjug.: ⑧ [petis]**car**]

pe•tis•co *sm.* Iguaria saborosa; acepipe, pitéu.

pe•tis•quei•ra *sf.* Restaurante de preços módicos.

pe•tiz *sm.* Menino, garoto.

pe•tre•char *v.t.d.* e *p.* Prover(-se) de petrechos. [Conjug.: ①[petrech]**ar**]

pe•tre•chos (ê) *sm.pl.* **1.** Munição e instrumentos de guerra. **2.** Quaisquer objetos necessários à execução de algo; aprestos. [Var.: *apetrechos.*]

pé•tre•o *adj.* **1.** De, ou relativo a pedra. **2.** *Fig.* Insensível, desumano.

pe•tri•fi•car *v.t.d.* e *p.* **1.** Converter(-se) em pedra ou como que em pedra; empedrar(-se). **2.** Tornar(-se) duro, desumano. **3.** Assombrar(-se), assustar(-se). [Conjug.: ⑨ [petrifi]**car**]

pe•tro•gra•fi•a *sf.* Estudo descritivo e sistemático das rochas. § **pe•tro•grá•fi•co** *adj.*

pe•tro•lei•ro *adj.* **1.** Relativo a, ou que transporta petróleo. • *sm.* **2.** Navio petroleiro.

pe•tró•le•o *sm.* Combustível líquido natural, extraído de jazidas subterrâneas das rochas sedimentares.

pe•tro•lí•fe•ro *adj.* Que produz petróleo.

pe•tro•lo•gi•a *sf.* Ciência que trata das origens, transformações, estrutura e classificação das rochas.

pe•tro•mi•zo•ní•de•o *sm. Zool.* Espécime dos petromizonídeos, família de peixes e de outros vertebrados semelhantes, de corpo fusiforme e boca suctorial. Ex.: lampreias. § **pe•tro•mi•zo•ní•de:o** *adj.*

pe•tu•lan•te *adj2g.* Atrevido, ousado. § **pe•tu•lân•ci:a** *sf.*

pe•tú•ni:a *sf. Bot.* Erva solanácea, ornamental.

pe•ú•va *sf. Bot. Bras.* V. *ipê.*

pe•vi•de *sf.* **1.** *Bot.* Semente de vários frutos carnosos. **2.** *Veter.* Película mórbida na língua de algumas aves, que lhes impede beber.

pe•xo•ta•da *sf.* Pixotada.

pe•xo•te *sm.* Pixote.

pez (ê) *sm.* Substância negra, sólida ou muito viscosa, pegajosa, resíduo de destilação de óleos, alcatrões, etc.; piche.

pi *sm.* **1.** A 16ª letra do alfabeto grego (Π, π). **2.** *Mat.* Número pi.

pi:a *sf.* **1.** Vaso de pedra para líquidos. **2.** Bacia retangular, oval, etc., com água corrente e escoamento para o serviço de cozinha e lavagem de mãos e rosto.

pi•á *sm. Bras. S.* **1.** Índio jovem. **2.** Menino.

pi•a•ba ou **pi•a•va** *sf. Bras. Zool.* Nome comum a vários caracídeos.

pi:a•ça•ba ou **pi:a•ça•va** *sf. Bras.* **1.** *Bot.* Palmácea produtora de fibras com que se fazem vassouras. **2.** Vassoura de piaçaba.

pi•a•da *sf.* Dito espirituoso; pilhéria, chiste; anedota.

pi:a•dis•ta *adj2g.* e *s2g.* Que ou quem conta ou cria piadas.

pi•a•ga *sm. Bras.* Pajé (1).

pi•a•má•ter *sf. Anat.* A mais interna das três meninges que recobrem o encéfalo e a medula espinhal. [Pl.: *pias-máteres.*]

pi:a•nis•ta *s2g.* Pessoa que toca piano.

pi•a•no¹ *sm. Mús.* Instrumento de teclado, composto essencialmente de uma caixa de ressonância na qual se estendem cordas percutíveis por martelos.

pi•a•no² *adv. Mús.* Suavemente, com pouca força.

pi•a•no•la *sf.* Piano mecânico.

pi•ão *sm.* Brinquedo piriforme, que gira quando impulsionado. [Pl.: –*ões.* Cf. *peão.*]

pi•ar *v.int.* Dar pios [v. *pio¹*]; pipilar. [Conjug.: ⬚ [pi]**ar**. Cf. *pear.*]

pi•au•i•en•se (au-i) *adj2g.* **1.** Do PI. • *s2g.* **2.** O natural ou habitante desse estado.

❑ **PIB** Sigla de *Produto Interno Bruto.*

pi•ca *sf.* Pique.

pi•ca•da *sf.* **1.** Ato ou efeito de picar(-se). **2.** Mordedura de inseto ou cobra. **3.** *Bras.* Atalho estreito aberto no mato a golpes de facão.

pi•ca•dei•ro *sm.* **1.** Local onde se adestram cavalos ou se ensina equitação. **2.** Área central do circo, onde os artistas se exibem.

pi•ca•di•nho *sm. Bras.* Carne guisada cortada em pedacinhos, ou passada na máquina.

pi•ca•do *adj.* **1.** Coberto de, ou ferido com picadas. **2.** Marcado com pintas ou sinais. **3.** Diz-se do mar agitado.

pi•ca•nha *sf.* **1.** A parte posterior da região lombar da rês. **2.** A carne dessa região.

pi•can•te *adj2g.* **1.** Que pica. **2.** Que excita ou irrita o paladar; ardido. **3.** *Fig.* Malicioso e/ ou mordaz.

pi•cão *sm.* Espécie de escopro, com ponta, para lavrar pedra.

pi•ca-pau *sm. Zool.* Nome comum a várias aves picídeas que picam troncos à busca de larvas. [Pl.: *pica-paus.*]

pi•car *v.t.d.* **1.** Ferir ou furar com objeto pontiagudo ou perfurador. **2.** Ferir com o ferrão ou com o bico; pinicar (*bras.*). **3.** Ferir (o touro) com farpa. **4.** Reduzir a pequenos fragmentos. **5.** Produzir sensação acre ou queimante em. **6.** Animar, estimular. **7.** Encolerizar; irritar.**8.** Causar comichão em; pinicar (*bras.*). *Int.* **9.** Ser picante (2). **10.** Esporear o animal. **11.** Produzir comichão ou coceira. *P.* **12.** Ferir-se com objeto pontiagudo. [Conjug.: ⑧ [pi]**car**]

pi•car•di•a *sf.* **1.** Ação de pícaro (4). **2.** V. *pirraça* (1).

pi•ca•res•co (ê) *adj.* Burlesco; ridículo; pícaro.

pi•ca•re•ta (ê) *sf.* **1.** Instrumento de ferro, para escavar, arrancar pedras, etc. • *s2g.* **2.** *Bras. Pop.* Pessoa que usa de qualquer expediente para alcançar vantagens.

pi•ca•re•ta•gem *sf.* Ação própria de picareta (2). [Pl.: –*gens.*]

pí•ca•ro *adj.* **1.** Ardiloso, astuto. **2.** Esperto, sagaz. **3.** V. *picaresco.* • *sm.* **4.** Indivíduo pícaro.

pi•çar•ra *sf.* **1.** Qualquer rocha sedimentar argilosa, endurecida. **2.** Terra misturada com areia e pedra.

pi•cha•ção *sf.* Ato ou efeito de pichar. [Pl.: –*ções.*]

pi•cha•dor (ô) *adj.* e *sm.* Que(m) picha.

pi•char *v.t.d. Bras.* **1.** Aplicar piche em. **2.** *Gír.* Criticar asperamente. **3.** *Gír.* Escrever em muros e paredes; grafitar. [Conjug.: ⬚ [pich]**ar**]

pi•che *sm.* Pez.

pi•chel *sm.* Vaso antigo, para beber vinho ou para tirá-lo dos tonéis. [Pl.: –*chéis.*]

pi•cí•de•o *sm. Zool.* Espécime dos picídeos, família de aves de bico longo e forte, língua comprida e, ger., crista; são frugívoras e insetívoras. Ex.: pica-pau. § **pi•cí•de:o** *adj.*

pi•cles *sm.pl.* Legumes conservados em vinagre.

pi•co¹ *sm.* **1.** Ponta aguda. **2.** Cume agudo de monte. **3.** Espinho, acúleo.

pi•co² *adj.* Um pouco mais.

pi•co•lé *sm. Bras.* Sorvete solidificado numa extremidade dum pauzinho.

pi•co•tar *v.t.d. Bras.* Fazer picote ou perfuração em. [Conjug.: ⬚ [picot]**ar**] § **pi•co•ta•gem** *sf.*

pi•co•te *sm.* **1.** Sucessão de furos pequenos e próximos em papel a destacar (blocos, talões de cheques, etc.). **2.** Recorte dentado dos selos postais, etc.

pic•tó•ri•co *adj.* Relativo à pintura.

pi•cu•á *sm.* **1.** Cesto, balaio. **2.** Saco de lona ou algodão.

pi•cu•i•nha (u-i) *sf.* **1.** Dito ou alusão picante. **2.** V. *pirraça* (1).

pi•cu•mã ou **pu•cu•mã** *sm. Bras.* **1.** V. *fuligem.* **2.** Teia de aranha enegrecida pela fuligem.

pi:e•da•de *sf.* **1.** Amor e respeito às coisas religiosas. **2.** V. *compaixão.*

pi:e•do•so (ô) *adj.* Que tem, denota ou inspira piedade. [Pl.: –*dosos* (ó).]

pi•e•gas *adj.2g.2n.* **1.** Que é ridiculamente sentimental. **2.** Próprio de piegas. • *s2g.* **3.** Pessoa piegas.

pi:e•gui•ce *sf.* Qualidade, modos, ato ou dito de piegas.

pi:er•rô *sm.* Pessoa fantasiada com trajes largos, de grande gola franzida, à maneira do personagem homônimo da antiga comédia italiana, ingênuo e sentimental.

pi•fão *sm.* V. *bebedeira* (1). [Pl.: –*fões.*]

pi•far *v.int. Bras. Gír.* **1.** Falhar, gorar. **2.** Deixar de funcionar; avariar-se. [Conjug.: ⬚ [pif]**ar**]

pí•fa•ro *sm.* Espécie de oboé, com nove orifícios.

pí•fi:o *adj.* Reles, grosseiro, vil.

pi•gar•re•ar *v.int.* Tossir com pigarro. [Conjug.: ⑩ [pigarr]**ear**]

pi•gar•ro *sm. Bras.* Embaraço na garganta provocado por muco.

pig•men•ta•ção *sf.* Coloração produzida por um pigmento. [Pl.: –*ções.*]

pig•men•ta•do *adj.* Que tem pigmento.

pig•men•to *sm.* 1. Nome comum a várias substâncias que dão coloração aos tecidos vegetais ou animais, ou a líquidos, pastas, etc. 2. Substância para coloração us. em pintura ou tintura.

pig•meu *adj.* 1. De estatura muito baixa. 2. *Fig.* Intelectualmente insignificante. •*sm.* 3. Indivíduo pigmeu. [Fem.: *pigméia*.]

pi•ja•ma *sm.* e *f.* Vestuário caseiro ou para dormir, composto de casaco e calças.

pi•lan•tra *adj2g.* e *s2g. Bras.* Diz-se de, ou indivíduo reles, sem caráter.

pi•lan•tra•gem *sf.* Ação própria de pilantra. [Pl.: *–gens*.]

pi•lão *sm.* Utensílio para bater, triturar, calcar. [Pl.: *–lões*.]

pi•lar¹ *sm.* Elemento vertical da estrutura duma construção, que suporta determinada carga.

pi•lar² *v.t.d.* Pisar, moer ou descascar no pilão. [Conjug.: ① [pil]ar] § **pi•la•do** *adj.*

pi•las•tra *sf.* Pilar¹ de quatro faces que, em geral, adere por uma delas à parede de um edifício.

pí•le•o *sm.* A porção esporígena de várias espécies de fungos.

pi•le•que *sm. Bras. Pop.* V. *bebedeira* (1).

pi•lha *sf.* 1. Porção de coisas dispostas umas sobre as outras. 2. *Fís. Quím.* Sistema que transforma energia química em energia elétrica. 3. *Bras. Pop.* Pessoa muito nervosa.

pi•lhar *v.t.d.* 1. Haver às mãos; alcançar. 2. V. *saquear*. 3. Aparecer inopinadamente diante de. *P.* 4. Achar-se, ver-se (em certo estado, ou condição, etc.). [Conjug.: ① [pilh]ar] § **pi•lha•gem** *sf.*

pi•lhé•ri•a *sf.* V. *piada* (1).

pi•lhe•ri•ar *v.int.* e *t.i.* Fazer pilhéria; troçar. [Conjug.: ① [pilheri]ar]

pi•lhé•ri•co *adj. Bras.* Que diz ou faz pilhérias.

pi•lo•ro *sm. Anat.* Orifício de comunicação do estômago com o duodeno. § **pi•ló•ri•co** *adj.*

pi•lo•so (ô) *adj.* Peludo (1). [Pl.: *–losos* (ó).] § **pi•lo•si•da•de** *sf.*

pi•la•ta•gem *sf.* Arte, profissão ou serviços de piloto. [Pl.: *–gens*.]

pi•lo•tar *v.t.d.* 1. Governar ou dirigir como piloto. *Int.* 2. Exercer funções de piloto. [Conjug.: ① [pilot]ar]

pi•lo•tis *sm.2n.* O conjunto dos pilares ou colunas de sustentação de edifícios, que deixam, no pavimento em que se erguem, área livre para circulação.

pi•lo•to (ô) *sm.* 1. O que dirige uma embarcação mercante, subordinado ao comandante. 2. O que dirige uma aeronave, carro de corridas, etc. 3. *Rád. Telev.* Programa demonstrativo e experimental de uma série a ser produzida. 4.

Bras. Nos aquecedores de gás, bico que, aceso, propaga a chama aos demais.

pí•lu•la *sf.* 1. Medicamento em forma de bolinha sólida, para uso por via oral. 2. *Fig.* Coisa desagradável. 3. *Restr.* Pílula anticoncepcional.

pi•me•lo•dí•de:o *sm. Zool.* Espécime dos pimelodídeos, família de peixes fluviais de corpo alongado, sul-americanos. § **pi•me•lo•dí•de:o** *adj.*

pi•men•ta *sf.* 1. *Bot.* Nome comum a várias piperáceas e solanáceas cujos frutos, do mesmo nome, são bagas picantes us. como tempero; pimenteira. 2. *Bras. Fig.* Pessoa irrequieta, muito viva.

pi•men•ta-do-rei•no *sf. Bot.* Trepadeira piperácea de frutos us. como condimento. 2. Esse condimento em grãos ou moído. [Pl.: *pimentas-do-reino*.]

pi•men•ta-ma•la•gue•ta *sf.* Malagueta. [Pl.: *pimentas-malaguetas* e *pimentas-malagueta*.]

pi•men•tão *sm. Bot.* Erva solanácea cujo fruto, do mesmo nome, é us. como alimento ou tempero. [Pl.: *–tões*.]

pi•men•tei•ra *sf.* 1. *Bot.* Pimenta (1). 2. Recipiente para servir seus frutos usados como condimentos.

pim•pão *adj.* e *sm.* 1. Vaidoso, jactancioso. 2. Janota. [Fem.: *pimpona.* Pl.: *–pões*.]

pim•po•lho (ô) *sm.* 1. Rebento da videira. 2. Criança pequena e robusta.

pi•na *sf.* Cada peça das que constituem a circunferência da roda dum veículo.

pi•ná•ce:a *sf. Bot.* Espécime das pináceas, família de coníferas de folhas aciculares, dos climas temperados. Ex.: o cedro-do-líbano. § **pi•ná•ce:o** *adj.*

pi•na•co•te•ca *sf.* 1. Museu de pintura. 2. Coleção de quadros.

pi•ná•cu•lo *sm.* 1. O ponto mais alto de um edifício, de um monte, etc.; cume; píncaro. 2. Remate cônico ou piramidal no topo de um edifício. 3. *Fig.* O auge; o apogeu; píncaro.

pin•ça *sf.* 1. Instrumento formado de duas hastes que seguram, apertam ou arrancam sob pressão. 2. *Zool.* Apêndice preênsil de alguns artrópodes, como, p. ex., o dos escorpionídeos.

pin•çar *v.t.d.* 1. Prender ou apertar com pinça. 2. *Fig.* Destacar, selecionar (exemplos, opinião, etc.). [Conjug.: ⑨ [pin]çar]

pín•ca•ro *sm.* V. *pináculo* (1).

pin•cel *sm.* Objeto formado por um tufo de pêlos fixado no extremo dum cabo, para espalhar tintas, verniz, etc., ou para ensaboar a cara, ao barbear, para aplicar maquiagem, etc. [Pl.: *–céis*.]

pin•ce•la•da *sf.* Traço ou toque de pincel.

pin•ce•lar *v.t.d.* Passar pincel em. [Conjug.: ① [pincel]ar] pin•cho¹ *sm.* Salto, pulo.

pin•cho² *sm.* Pequeno pé-de-cabra.

pin•da•í•ba *sf. Bras. Fam.* Falta de dinheiro.

pin•do•ba *sf. Bras. Bot.* Palmácea cujas nozes dão óleo útil.

pi•ne•al *adj2g.* 1. Piniforme. 2. Píneo (1). 3. *Anat.* Pequena glândula única, existente no encéfalo, e de funções mal conhecidas. [Pl.: *–ais.*]

pi•ne•no *sm. Quím.* Terpeno proveniente do pinheiro, que é o constituinte principal da aguarrás.

pí•ne:o *adj.* 1. Relativo ao pinheiro; pineal. 2. Feito de pinho (1).

pin•ga *sf.* 1. V. *gota* (1). 2. Gole, trago. 3. *Bras. Pop.* V. *cachaça* (1).

pin•ga•dei•ra *sf.* 1. Série de pingos. 2. Coisa que pinga. 3. *Constr.* Sulco ou saliência longitudinal feitos em fachada (1), destinados a impedir que águas pluviais escorram ao longo de paredes.

pin•gar *v.t.d.* 1. Deitar pingos ou borrifos em. 2. Verter aos pingos; gotejar. *Int.* 3. Cair aos pingos; gotejar. 4. Começar a chover. 5. Render pouco a pouco. [Conjug.: 11 [pin]**gar**]

pin•gen•te *sm.* 1. Pequeno objeto pendente, de forma alongada. 2. Brinco (1) pendente. 3. *Bras.* Passageiro que viaja pendurado em veículo.

pin•go *sm.* 1. Gota (1). 2. Pequena mancha deixada por pingo (1) de gordura, tinta, etc. 3. *Bras.* Porção ínfima.

pin•gu•ço *Bras. adj.* 1. V. *embriagado.* • *sm.* 2. Cachaceiro.

pin•gue *adj2g.* 1. Gordo (1). 2. Fértil, fecundo.

pin•gue•la *sf.* Tronco que serve de ponte sobre um rio.

pin•gue-pon•gue *sm.* Jogo em que se atira por cima de uma rede, com pequena raquete, uma bola de celulóide; tênis de mesa. [Pl.: *pingue-pongues.*]

pin•güim *sm. Zool.* Ave esfeniscídea; nidifica no pólo Sul. [Pl.: *–güins.*]

pi•nha *sf.* 1. O fruto, ger. cônico, do pinheiro e doutras coníferas. 2. O fruto da pinheira; fruta-de-conde, ata.

pi•nhal *sm.* Mata de pinheiros; pinheiral. [Pl.: *–nhais.*]

pi•nhão *sm.* Cada semente contida na pinha. [Pl.: *–nhões.*]

pi•nhei•ra *sf. Bras. Bot.* Arvoreta frutífera, anonácea.

pi•nhei•ral *sm.* Pinhal. [Pl.: *–rais.*]

pi•nhei•ro *sm. Bot.* Nome comum a várias pináceas.

pi•nhei•ro-do-pa•ra•ná *sm. Bras. Bot.* Araucária. [Pl.: *pinheiros-do-paraná.*]

pi•nho *sm.* 1. Madeira de pinheiro. 2. *Bras. Pop.* Violão.

pi•ni•car *v.t.d. Bras.* 1. Picar (2 e 8). 2. Beliscar (1). [Conjug.: 8 [pini]**car**]

pi•ni•for•me *adj2g.* Em forma de pinha; pineal.

pi•no *sm.* 1. Peça que se introduz em orifícios de duas ou mais peças para estabelecer entre elas união fixa ou articulada. 2. Haste de válvula, em motor de explosão. 3. O zênite (1). 4. O auge. ◆ **A pino.** Verticalmente. **Bater pino.** 1. *Mec.* Bater (o pino [2]) no bloco, produzindo som, por não estar o motor bem regulado. 2. *Bras. Pop. Fig.* Achar-se mal, física e psiquicamente.

pi•no•te *sm.* 1. Salto que a cavalgadura dá, escoiceando. 2. Salto, pulo, pirueta.

pi•no•te•ar *v.int.* Dar pinotes. [Conjug.: 10 [pinot]**ear**]

pin•ta *sf.* 1. Pequena mancha. 2. Sinal (7). 3. *Pop.* Aparência, aspecto.

pin•ta•do *adj.* 1. Representado por meio de pintura. 2. Cheio de pintas. 3. Maquiado. 4. *Pop.* Muito parecido; idêntico.

pin•tal•gar *v.t.d.* Pintar de cores variegadas. [Conjug.: 11 [pintal]**gar**]

pin•tar *v.t.d.* 1. Representar por traços ou cores. 2. Recobrir de tinta. 3. Executar por meio de pintura. *Int.* 4. Praticar a arte ou exercer a profissão de pintor. 5. Surgir ou começar a surgir. 6. *Bras.* Mostrar-se promissor. 7. *Bras.* Fazer travessuras. 8. *Bras. Gír.* Comparecer a algum lugar. P. 9. Maquiar (2). [Conjug.: 1 [pint]**ar**]

pin•tas•sil•go *sm. Zool.* Nome comum a aves fringilídeas e traupídeas, canoras.

pin•to *sm.* Filhote de galinha ainda novo.

pin•tor (ô) *sm.* 1. Homem que sabe e/ou exerce a arte da pintura. 2. Aquele que pinta. 3. Pintor (2) de paredes.

pin•tu•ra *sm.* 1. Ato ou efeito de pintar(-se). 2. Revestimento de uma superfície com matéria corante. 3. Arte e técnica de representar o mundo visível ou imaginário numa superfície plana mediante o uso de tintas. 4. A obra pictórica. 5. Profissão de pintor. 6. Colorido. 7. Maquiagem.

pin•tu•res•co (ê) *adj.* V. *pitoresco.*

pi:o¹ *sm.* Voz de certas aves; pipilo.

pi:o² *adj.* Piedoso; caridoso.

pi:o•gê•ni•co *adj.* Que gera pus.

pi:o•lhen•to *adj.* Que tem piolhos.

pi•o•lho (ô) *sm. Zool.* Nome comum a insetos mastigadores, ou sugadores, desprovidos de asas, e que parasitam vertebrados. [Pl.: *–olhos* (ô).]

pi•o•lho-de-co•bra *sm. Bras. Zool.* V. *embuá.* [Pl.: *piolhos-de-cobra.*]

pí•on *sm. Fís. Part.* Partícula elementar, da família dos mésons e com massa aproximada de 140MeV/c², descoberta em 1947 pelo físico brasileiro César Lattes. [Pl.: *–ons.*]

pi:o•nei•ro *sm.* 1. Aquele que abre caminho através de região mal conhecida. 2. *Fig.* Precursor (3).

pi•or *adj2g.* 1. Comp. de superioridade de *mau.* • *sm.* 2. Aquele que é inferior a tudo o mais. • *adv.* 3. De modo pior.

pi•o•ra *sf.* Ato ou efeito de piorar.

pi:o•rar *v.t.d.* e *int.* Tornar ou ficar pior; agravar(-se). [Conjug.: ① [pior]**ar**]

pi:or•réi•a *sf.* Eliminação, para o meio exterior, de matéria purulenta.

pi•pa *sf.* 1. Vasilha bojuda, de madeira, para vinho e outros líquidos; barrica. 2. *Fig. Pop.* Pessoa baixa e gorda. 3. *Bras. Fig.* Homem beberrão. 4. *Bras.* Papagaio (3).

pi•pa•ro•te *sm.* Pancada que se dá com a cabeça do dedo médio apoiada sobre o polegar e soltando-se com força.

pi•pe•ta (ê) *sf.* Tubo de vidro em que se recolhe, por aspiração, um líquido, para medir-lhe o volume.

pi•pi *sm. Bras. Inf.* V. *urina.*

pi•pi•lar *v.int.* Piar. [Conjug.: ① [pipil]**ar**]

pi•pi•lo *sm.* Pio¹.

pi•po *sm.* Tubo por onde se extrai o líquido contido em certas vasilhas.

pi•po•ca *sf. Bras.* O grão de milho rebentado ao calor do fogo.

pi•po•car *v.int. Bras.* Estalar como pipoca; espocar. [Conjug.: ⑧ [pipo]**car**]

pi•po•quei•ro *sm.* Vendedor de pipocas.

pi•prí•de:o *sm. Zool.* Espécime dos piprídeos, família de pequenos pássaros canoros, ger. pretos e de cabeça colorida, das Américas Central e do Sul. § **pi•prí•de:o** *adj.*

pi•que *sm.* 1. Lança (1) antiga; pica. 2. *Bras.* Brinquedo em que uma criança tem de pegar alguma das outras antes que esta chegue a um lugar determinado. 3. *P. ext.* Esse lugar. 4. *Bras.* Corte minúsculo. 5. *Bras.* O momento, o ponto de maior intensidade. ◆ **Ir a pique.** Afundar-se (a embarcação).

pi•que•ni•que *sm.* Excursão festiva ao ar livre, com comidas e bebidas.

pi•que•te (ê) *sm.* 1. Corpo de soldados que formam guarda avançada. 2. Pequena estaca que se crava no terreno para marcar um ponto em trabalho topográfico. 3. *Bras.* Grupo de pessoas que se posta à entrada de fábricas, empresas, etc., para impedir a entrada de outras, por ocasião de greve.

pi•ra *sf.* 1. Fogueira onde se queimam cadáveres. 2. Qualquer fogueira.

pi•ra•ce•ma *sf. Bras. Amaz.* 1. Cardume de peixes. 2. Época em que esses cardumes migram para as nascentes dos rios.

pi•ra•do *adj. Bras. Gír.* Doido, louco.

pi•ram•bei•ra *sf. Bras.* V. *perambeira.*

pi•ra•mi•dal *adj2g.* 1. Em forma de pirâmi-

de. 2. *Fig.* Colossal, extraordinário. [Pl.: –dais.]

pi•râ•mi•de *sf.* 1. *Geom.* Poliedro em que uma das faces é um polígono qualquer e as outras são triângulos com um vértice comum. 2. Monumento em forma de pirâmide quadrangular. ◆ **Pirâmide regular.** *Geom.* Pirâmide reta cuja base é um polígono regular. **Pirâmide reta.** *Geom.* Pirâmide em que a reta perpendicular à base e que passa pelo vértice encontra a base no seu centróide.

pi•ra•nha *sf. Bras. Zool.* 1. Peixe caracídeo voracíssimo, com dentes numerosos e cortantes. 2. *Gír. Deprec.* Mulher de vida licenciosa.

pi•rão *sm. Bras.* Papa de farinha escaldada. [Pl.: –rões.]

pi•ra•qua•ra *s2g. Bras.* Habitante das margens do Paraíba do Sul (RJ).

pi•rar *v.int. Gír.* 1. Escapulir, fugir. 2. Enlouquecer, endoidar. *P.* 3. Escapulir-se. [Conjug.: ① [pir]**ar**]

pi•ra•ru•cu *sm. Bras. Zool.* Grande peixe osteoglossídeo da bacia amazônica, de carne alimentícia.

pi•ra•ta *sm.* 1. Bandido que cruza os mares só com o fito de roubar. 2. Ladrão (2). 3. *Bras.* Tratante, malandro. • *adj2g.* 4. Diz-se de edição fraudulenta de livros, discos, fitas, etc., feita sem autorização do autor ou do detentor dos direitos autorais.

pi•ra•ta•ri•a *sf.* 1. Ação ou vida de pirata. 2. Roubo, extorsão.

pi•ra•te•ar *v.int.* 1. Levar vida de pirata. *T.d.* 2. Fazer edição pirata de. [Conjug.:⑩ [pirat]**ear**]

pi•res *sm.2n.* Pratinho sobre o qual se põe a xícara.

pi•ré•ti•co *adj.* Relativo a febre (1).

pi•rex (cs) *sm.2n.* Marca registrada de determinado vidro e/ou utensílios de vidro resistentes ao calor.

pi•re•xi•a (cs) *sf.* Febre (1).

pi•ri•for•me *adj2g.* Em forma de pêra.

pi•ri•lam•po *sm. Zool.* Coleóptero cuja parte final do abdome emite luz fosforescente; vagalume.

pi•ri•pa•que *sm. Bras. Gír.* V. *faniquito.*

pi•ri•ri *sm. Bras. Fam.* V. *diarréia.*

pi•ro•fo•bi•a *sf. Psiq.* Horror mórbido a fogo.

pi•ro•ga *sf. Bras. Etnogr.* Canoa indígena, feita dum tronco de árvore escavado a fogo.

pi•ro•gra•vu•ra *sf.* 1. Arte de desenhar ou gravar com ponta candente. 2. Desenho feito assim.

pi•ro•ma•ni•a *sf. Psiq.* Mania de atear fogo. § **pi•ro•ma•ní•a•co** *adj.*

pi•rô•me•tro *sm.* Instrumento para medir temperaturas elevadas.

pi•ro•se *sf. Med.* Sensação retrosternal de queimação, e que se propaga, em direção ascendente, para o pescoço (2); azia.

pi•ro•tec•ni•a *sf.* 1. Arte de empregar o fogo. 2. A técnica da preparação de fogos de artifício.

pi•ro•téc•ni•co *adj.* 1. Relativo à pirotecnia, ou feito mediante ela. • *sm.* 2. Fabricante de foguetes (1).

pir•ra•ça *sf.* 1. Coisa feita com o propósito de contrariar; partida, picardia, picuinha. 2. V. *birra.*

pir•ra•çar *v.int.* e *t.d.* Fazer pirraça (a). [Conjug.: ⑨ [pirra]**car**]

pir•ra•cen•to *adj.* Dado a pirraçar.

pir•ra•lho *sm. Bras.* Criança (1).

pir•ró•fi•ta *sf. Bot.* Espécime das pirrófitas, divisão de algas planctônicas unicelulares, ger. flageladas, algumas são cobertas por carapaça de celulose. [Sin.: *dinófita* e *dinoflagélida.*]

pir•ro•ni•ce *sf.* 1. Desconfiança sistemática. 2. Obstinação acintosa; teimosia.

pir•rô•ni•co *adj.* Cético; desconfiado.

pi•ru•e•ta (ê) *sf.* 1. Volta do cavalo sobre uma das mãos. 2. Rodopio sobre um pé. 3. V. *pinote* (2).

pi•ru•e•tar *v.int.* Fazer piruetas. [Conjug.: ① [piruet]**ar**]

pi•ru•li•to *sm. Bras.* Cone ou bola de mel escuro e solidificada na ponta dum pauzinho.

pi•sa *sf.* 1. Ato de pisar. 2. Surra, sova.

pi•sa•da *sf.* 1. V. *pegada.* 2. Pisadela.

pi•sa•de•la *sf.* Ato ou efeito de pisar; pisada.

pi•sa•du•ra *sf.* Vestígio de pisada(s).

pi•sar *v.t.d.* 1. Pôr o(s) pé(s) sobre. 2. Passar ou andar por cima de. 3. Esmagar com os pés. 4. Triturar ou moer com pilão. 5. Causar contusão em. 6. Desdenhar; desprezar. *T.i.* 7. Pisar (1, 6 e 9). *T.c.* 8. Entrar, percorrer. 9. Andar, caminhar. *Int.* 10. Pisar (9). 11. *Bras.* Acelerar veículo automóvel. [Conjug.: ① [pis]**ar**]

pis•ca•de•la *sf.* Ato ou efeito de piscar.

pis•ca-pis•ca *sm. Bras.* Nos automóveis, farolete que, piscando, indica a mudança de direção do veículo. [Pl.: *pisca-piscas.*]

pis•car *v.t.d.* 1. Fechar e abrir rapidamente (os olhos). *T.d.i.* e *t.i.* 2. Dar sinal, piscando. *Int.* 3. Fechar e abrir rapidamente os olhos; pestanejar. [Conjug.: ⑧ [pis]**car**]

pís•ce•o *adj.* Relativo a peixe.

pis•ci•a•no *sm.* 1. Indivíduo nascido sob o signo de Peixes. • *adj.* 2. Diz-se de, ou pertencente ou relativo a pisciano.

pis•ci•cul•tor (ô) *sm.* O que pratica a piscicultura.

pis•ci•cul•tu•ra *sf.* Arte de criar peixes.

pis•ci•for•me *adj2g.* Em forma de peixe.

pis•ci•na *sf.* Tanque artificial para natação.

pis•co•so (ô) *adj.* Em que há muito peixe. [Pl.: *–cosos* (ó).]

pi•so *sm.* 1. Modo de andar. 2. Terreno em que se anda. 3. V. *pavimento* (1).

pi•so•te•ar *v.t.d.* Calcar com os pés; espezinhar. [Conjug.: ⑩ [pisot]**ear**]

pis•ta *sf.* 1. Indício, vestígio. 2. Encalço, procura. 3. A parte de uma rodovia ou de uma rua sobre a qual os veículos circulam. 4. A parte do hipódromo onde correm os cavalos. 5. Faixa de um aeródromo preparada para pouso e decolagem de aeronaves. 6. Parte de salão reservada a danças.

pis•tão *sm.* V. *pistom.* [Pl.: *–tões.*]

pis•ti•lo *sm. Bot.* O conjunto dos órgãos femininos da flor, formado de ovário, estilete e estigma.

pis•to•la *sf.* 1. Arma de fogo portátil. 2. Canudo de fogo de artifício que dispara glóbulos luminosos. 3. Aparelho com que se pulveriza tinta ou verniz.

pis•to•lão *sm. Bras.* 1. Recomendação de pessoa importante. 2. Quem a faz. [Pl.: *–lões.*]

pis•to•lei•ro *sm.* 1. Bandido armado. 2. V. *capanga* (3). 3. Assassino profissional.

pis•tom *sm.* 1. Êmbolo (1). 2. Espécie de trompete. [Pl.: *–tons.*]

pi•ta *sf.* 1. Fio (1) da piteira. 2. Piteira[1].

pi•ta•da *sf.* Pequena porção de pó que se toma entre o polegar e o índice.

pi•tan•ga *sf. Bras.* O fruto da pitangueira.

pi•tan•guei•ra *sf. Bot.* Árvore ou arvoreta mirtácea de frutos bacáceos, saborosos.

pi•tar *v.t.d.* e *int. Bras.* Fumar (1 e 3). [Conjug.: ① [pit]**ar**]

pi•te•can•tro•po (trô) *sm. Paleont.* Primata com características de símio e hominídeo.

pi•tei•ra[1] *sf. Bras. Bot.* Grande erva agavácea cujas folhas, grossas e longas, fornecem boa fibra; pita.

pi•tei•ra[2] *sf. Bras.* Boquilha.

pi•téu *sm. Fam.* V. *petisco.*

pi•to[1] *sm. Bras.* Cachimbo.

pi•to[2] *sm. Bras. Fam.* V. *repreensão.*

pi•tom•ba *sf. Bras.* O fruto da pitombeira.

pi•tom•bei•ra *sf. Bras. Bot.* Árvore sapindácea, frutífera.

pí•ton *sm.* 1. *Zool.* Serpente não venenosa. 2. Mago, necromante.

pi•to•ni•sa *sf.* Fem. de *píton* (2).

pi•to•res•co (ê) *adj.* 1. Próprio para ser pintado. 2. Graciosamente original.

pi•tu *sm. Bras. Zool.* Crustáceo palemonídeo; camarão-de-água-doce.

pi•tu•í•ta *sf. Med.* Secreção mucosa espessa e viscosa.

pi•tu•i•tá•ri•a *sf. Anat.* Hipófise.

pi•um (i-úm) *sm. Bras. Amaz. Zool.* Borrachudo. [Pl.: *–uns.*]

pi•ve•te *sm. Bras. RJ SP Gír.* Menino ladrão e/ou que trabalha para ladrões.

pi•vô *sm.* 1. Haste metálica que suporta coroas nas raízes ou incrustações de dentes. 2. Agente principal. 3. Peça roliça encaixada com folga em outra peça, para formarem uma junção giratória.

pi•vo•tar *v.t.d.* Girar em torno de um pivô (3). [Conjug.: ① [pivot]**ar**]

pi•xa•im (a-im) *Bras. sm.* 1. V. *carapinha.* • *adj2g.* 2. Encarapinhado. [Pl.: *–ins.*]

pi•xí•di:o (cs) *sm. Bot.* Fruto seco, do tipo cápsula, que se abre transversalmente. Ex.: sapucaia.

pi•xo•ta•da *sf.* 1. Ação de pixote (1). 2. Falta própria de pixote (2).

pi•xo•te *sm.* 1. Jogador inexperiente ou canhestro. 2. Novato, principiante. 3. Menino, garoto.

pi•zi•ca•to *adj.* e *sm. Mús.* Diz-se do, ou o modo de fazer vibrar as cordas dos instrumentos de arco dedilhando-as.

⇨ **pizza** ('pitsa) [It.] *sf.* Comida salgada, italiana, feita com massa de pão assado ger. em forma de disco, e com cobertura de queijo, tomate, etc.

piz•za•ri•a (tsa) *sf.* Lugar onde se fabrica e/ou vende *pizza.*

pla•ca *sf.* 1. Chapa ou lâmina de material resistente. 2. Placa de metal colocada nos automóveis, com seu número de licenciamento, etc. 3. *Eletr.* V. *eletrodo* (1). 4. *Elétrôn.* Circuito impresso. 5. *Inform.* Circuito impresso, com conector externo que permite acoplá-lo funcionalmente a um equipamento eletrônico. ◆ **Placa dérmica.** *Zool.* Cada uma das placas que formam o estojo que recobre os quelônios.

pla•ca-mãe *sf. Inform.* Placa (4) principal de um computador, em que se instalam o microprocessador central (CPU) e outros circuitos e componentes acessórios. [Pl.: *placas-mães* e *placas-mãe.*]

pla•car *sm.* 1. *Bras.* Quadro onde se marcam os pontos ganhos num jogo (futebol, tênis, etc.). 2. *P. ext.* Escore.

pla•cen•ta *sf. Anat.* Órgão que liga o produto da concepção ao útero materno, durante a gestação.

plá•ci•do *adj.* 1. Sereno, tranquilo. 2. Pacífico, brando. § **pla•ci•dez** (ê) *sf.*

pla•cói•de *adj2g. Zool.* Diz-se das escamas, em forma de placas quadrangulares, dos condrictes.

pla•ga *sf.* Região, país.

pla•gi•ar *v.t.d.* 1. Apresentar como seu (trabalho intelectual de outrem). 2. Imitar (obra alheia). [Conjug.: ① [plagi]**ar**]

pla•gi•á•ri:o *sm.* Indivíduo que plagia.

plá•gi:o *sm.* Ato ou efeito de plagiar.

plai•na (ã) *sf.* Instrumento para alisar madeira.

pla•na•dor (ô) *sm.* Avião sem aparelhos de propulsão.

pla•nal•to *sm.* Grande extensão de terreno elevado, plano ou pouco ondulado; altiplano, chapada.

pla•nar *v.int.* 1. Voar (a aeronave) sustentada apenas pela ação das asas, sem interferência do motor. 2. Voar (pássaro) com as asas imóveis. [Conjug.: ① [plan]**ar**]

pla•ná•ri:a *sf. Zool.* Animal platelminto, ger. de vida livre.

plânc•ton *sm. Biol.* Comunidade de pequenos animais (*zooplâncton*) e vegetais (*fitoplâncton*) que flutuam livremente nas águas doces, salobras e marinhas. [Pl.: *–tons.*]

pla•ne•jar *v.t.d.* 1. Fazer o plano ou a planta de; projetar, traçar. 2. Tencionar, projetar. 3. Elaborar um plano de. [Conjug.: ① [planej]**ar**] § **pla•ne•ja•men•to** *sm.*

pla•ne•ta (ê) *sm. Astr.* Corpo celeste esférico de mais de mil quilômetros de diâmetro que não possui fonte própria de energia nuclear e gira ao redor de uma estrela da qual reflete a luz. [São nove os que giram em torno do Sol: Mercúrio, Vênus, Terra, Marte, Júpiter, Saturno, Urano, Netuno e Plutão.]

pla•ne•tá•ri:o *adj.* 1. Relativo aos planetas. • *sm.* 2. Instrumento de projeção (5) para demonstrar a posição e o movimento dos corpos celestes. [Pode projetar o céu como visto em qualquer época e lugar do planeta.] 3. Edifício ou sala onde se projetam essas imagens numa cúpula.

pla•ne•tói•de *sm. Astr.* Asteróide.

plan•gen•te *adj2g.* 1. Que chora. 2. V. *lastimoso.*

plan•ger *v.int.* 1. Chorar, lamentando-se. 2. Soar tristemente. *T.d.* 3. Planger (2). [Conjug.: ㊱ [plan]**ger**]

pla•ní•ci:e *sf.* Grande extensão de terreno plano.

pla•ni•fi•car *v.t.d.* 1. Apresentar em planta (4). 2. Planejar, projetar. 3. Submeter a plano (7). [Conjug.: ⑧ [planifi]**car**]

pla•ni•lha *sf.* 1. Qualquer folha impressa, ou formulário, onde se lançam determinadas informações, cálculos, etc. 2. *Inform.* Programa que organiza os dados em forma tabular e permite estabelecer entre eles relações definidas como fórmulas lógicas e matemáticas. ◆ **Planilha eletrônica.** *Inform.* Planilha (2).

pla•nis•fé•ri:o *sm.* 1. Representação duma esfera ou globo num plano. 2. Mapa (1) que representa os dois hemisférios terrestres ou celestes numa superfície plana.

pla•no *adj.* 1. Sem desigualdades; liso. 2. De superfície plana. 3. Simples, fácil. • *sm.* 4. Qualquer superfície plana limitada. 5. Planta ou traçado que representa, em escala, uma cidade, um conjunto de construções, uma rede de serviços públicos, etc., determinando a proporção e as posições relativas de seus elementos. **6.** Arranjo ou disposição duma obra. **7.** *Fig.* Conjunto de métodos e medidas para a execução dum empreendimento; projeto. **8.** *Fig.* Intento, propósito. **9.** *Cin. Fot. Telev.* Posição da câmara em relação ao objeto ou à cena a ser registrada. **10.** *Cin. Telev.* Trecho de cena registrado sem interrupção ou corte.

plan•ta *sf.* **1.** *Bot.* Espécime das plantas, reino que engloba todos os vegetais, seres vivos pluricelulares, autotróficos. **2.** Parte do pé que assenta no chão. **3.** Representação gráfica da projeção horizontal de edifício, cidade, etc.

plan•ta•ção *sf.* **1.** Ato ou efeito de plantar. **2.** Terreno plantado. [Sin. ger.: *plantio*. Pl.: *–ções.*]

plan•tão *sm.* **1.** Horário de serviço escalado para um profissional exercer suas atividades em delegacia, hospital, etc. **2.** Serviço noturno, ou em dias ou horas em expediente, em redações de jornais, hospitais, etc. [Pl.: *–tões.*]

plan•tar *v.t.d.* **1.** Meter (um vegetal) na terra para aí enraizar. **2.** Semear, cultivar. **3.** Preparar (a terra) para a plantação; amanhar. **4.** Fincar verticalmente na terra. **5.** Assentar; erigir. *P.* **6.** Ficar parado; estacionar. [Conjug.: ① [plant]*ar*]

plan•tel *sm.* **1.** Grupo de animais de raça fina, selecionada. **2.** *Bras.* Os profissionais de determinada área: *O Flamengo tem hoje um bom plantel.* [Pl.: *–téis.*]

plan•ti•o *sm.* V. *plantação.*

plan•to•nis•ta *s2g. Bras.* Pessoa de plantão.

plâ•nu•la *sf. Zool.* Forma larval planctônica de certos corais.

pla•que•ta *(ê) sf.* **1.** Pequena placa. **2.** *Histol.* Célula discóide presente no sangue dos mamíferos, e que desempenha importante papel na coagulação do sangue. ◆ **Plaqueta sanguínea.** *Histol.* Cada um dos minúsculos discos existentes no sangue, importantes na hemóstase.

plas•ma *sm. Histol.* A parte líquida do sangue, em que estão suspensas partículas componentes dele. [Cf. *soro.*]

plas•mar *v.t.d.* **1.** Modelar em gesso, em barro, etc. **2.** Dar forma a; modelar. [Conjug.: ① [plasm]*ar*]

plás•ti•ca *sf.* **1.** Arte de plasmar. **2.** A conformação geral do corpo humano. **3.** Operação (2) plástica.

plas•ti•ci•da•de *sf.* Qualidade do que é plástico.

plás•ti•co *adj.* **1.** Relativo à plástica. **2.** Que tem a propriedade de adquirir determinadas formas. **3.** Diz-se de matéria sintética, dotada de grande maleabilidade e facilmente transformável mediante o emprego de calor e pressão. **4.** Diz-se da cirurgia que visa a modificar, embelezando ou reconstruindo, uma parte externa do corpo humano. **5.** Que tem

características de beleza e harmonia. • *sm.* **6.** Matéria plástica. **7.** *Pop.* Cirurgião plástico.

plas•ti•fi•car *v.t.d.* Cobrir (papel, tecido, etc.) com película plástica transparente. [Conjug.: ⑧ [plastifi]**car**]

plas•trão *sm.* Plastrom. [Pl.: *–trões.*]

plas•trom *sm.* Gravata larga, cujas pontas se cruzam obliquamente; plastrão. [Pl.: *–trons.*]

pla•ta•for•ma *sf.* **1.** Área plana horizontal, mais ou menos alteada. **2.** Terraço (2). **3.** Estrado na parte posterior ou anterior dalguns veículos. **4.** Área à altura do piso dos vagões, para facilitar o embarque ou desembarque de passageiros ou de cargas nas ferrovias. **5.** *Inform.* Tipo e configuração específicos de computador, de sistema operacional, ou do conjunto de ambos. **6.** *Bras. Fig.* Programa de candidato a cargo eletivo. ◆ **Plataforma continental.** *Ocean.* Zona imersa que declina suavemente, a começar da praia até o talude continental, e que, por convenção, se estende até cerca de 200m de profundidade.

pla•ta•ná•ce•a *sf. Bot.* Espécime das platanáceas, família de árvores floríferas de zonas temperadas. § **pla•ta•ná•ce:o** *adj.*

pla•ta•nis•tí•de•o *sm. Zool.* Espécime dos platanistídeos, cetáceos fluviais de rostro longo e fino, e dentes aguçados. São os botos. § **pla•ta•nis•tí•de:o** *adj.*

plá•ta•no *sm. Bot.* Árvore platanácea.

pla•té•a *sf.* **1.** Num teatro, pavimento entre a orquestra ou o palco e os camarotes. **2.** Os espectadores.

pla•tel•min•to *sm. Zool.* Espécime dos platelmintos, filo de vermes de corpo achatado, segmentado ou não, e cujo tubo digestivo (quando presente) é desprovido de ânus; alguns têm vida livre, mas são, na maioria, parasitas. Ex.: solitárias, esquistossomos. § **pla•tel•min•to** *adj.*

pla•ti•ban•da *sf.* **1.** Mureta de alvenaria maciça ou vazada, no topo das paredes externas de uma construção. **2.** Grade ou muro que limita um terraço, etc.

pla•ti•na[1] *sm. Quím.* Elemento de número atômico 78, metálico, branco-prateado, usado em ligas preciosas e com aplicações científicas [símb.: Pt].

pla•ti•na[2] *sf.* **1.** Presilha em que os soldados de infantaria seguram as correias. **2.** Peça metálica usada em vários aparelhos submetidos a corrente elétrica.

pla•ti•nar *v.t.d.* **1.** Recobrir de platina[1]. **2.** Dar tom ou brilho de platina[1] a. [Conjug.: ① [platin]*ar*]

pla•ti•no *adj.* **1.** Da região do rio da Prata. • *sm.* **2.** O natural ou habitante dela.

pla•tir•ri•no *adj. Zool.* **1.** Que tem septo nasal largo e narinas voltadas para os lados (diz-se de primata). • *sm.* **2.** Primata platirrino (1).

pla•tô•ni•co adj. 1. Relativo ou pertencente a Platão (q. v.), ou próprio deste. 2. Alheio a interesses ou gozos materiais; ideal, casto.

plau•sí•vel adj2g. 1. Digno de aplauso. 2. Razoável, admissível. [Pl.: –veis.]

➪ **playback** ('pleibéc) [Ingl.] sm. Rád. Telev. Reprodução de seqüência de imagens, ou de trilha sonora, gravada previamente.

ple•be sf. O conjunto das pessoas pertencentes às classes menos favorecidas; povo. [Sin., bras., pop.: zé-povinho.]

ple•be•ís•mo sm. Modos, usos, palavras de uso da plebe.

ple•beu adj. 1. Da, ou próprio da plebe. • sm. 2. Homem da plebe. [Fem.: plebéia.]

ple•bis•ci•to sm. Consulta direta ao povo sobre questão de notória importância política.

plec•tóg•na•to sm. Zool. Espécime dos plectógnatos, ordem de osteíctes de corpo revestido de escamas irregulares que formam, às vezes, um estojo ósseo. Ex.: o baiacu. § **plec•tóg•na•to** adj.

plec•tro sm. Espécie de unha de marfim, osso, plástico, etc., com que se fazem vibrar as cordas de certos instrumentos (bandolim, guitarra, etc.).

plêi•a•de ou **plêi•a•da** sf. Reunião ou grupo de homens ou poetas célebres, etc.

plei•te•ar v.t.d. 1. Questionar em juízo. 2. Fazer por conseguir. 3. Concorrer a; disputar. T.i. e int. 4. Ter pleito com alguém. [Conjug.: 10 [pleit]ear] § **plei•te•an•te** adj2g. e s2g.

plei•to sm. 1. V. litígio (1). 2. Debate, discussão. 3. Competição eleitoral decidida pelo voto.

ple•ná•ri:o adj. 1. Pleno, completo. • sm. 2. Assembléia ou tribunal que reúne em sessão (quase) todos os seus membros; pleno. 3. Bras. O local onde este se reúne.

ple•ni•lú•ni:o sm. A lua cheia.

ple•ni•po•ten•ci•á•ri:o adj. Que tem plenos poderes.

ple•ni•tu•de sf. Qualidade ou estado de pleno.

ple•no adj. 1. Cheio, repleto. 2. Completo, absoluto. 3. Perfeito, acabado.

ple:o•nas•mo sm. Gram. Redundância de termos, que em certos casos é legítima, por conferir à expressão mais vigor, ou clareza.

ple:o•nás•ti•co adj. Em que há pleonasmo.

ple•si:os•sau•ro sm. Paleont. Dinossauro reptil, marinho, que tinha patas modificadas em nadadeiras, e dentes pontiagudos; viveu na Europa, no jurássico.

ple•to•ra (ó) sf. 1. Med. Aumento do volume sangüíneo, que provoca distensão anormal dos vasos. 2. Fig. Qualquer superabundância nociva.

pleu•ra sf. Anat. Dupla membrana serosa que envolve cada um dos pulmões externamente, e a cavidade torácica internamente. § **pleu•ral** adj2g.

pleu•ri•si•a sf. Med. Inflamação pleural.

pleus•to sm. Ecol. Plêuston.

plêus•ton sm. Ecol. Comunidade de organismos que vivem em suspensão na água, seja flutuando, seja submersos; pleusto.

pli:o•ce•no sm. Época (4) da era cenozóica em que surgiram os primeiros hominídeos.

plis•sa•do adj. 1. Em que se fez plissê. • sm. 2. Plissê.

plis•sar v.t.d. Fazer plissê em. [Conjug.: 1 [pliss]ar]

plis•sê sm. Série de pregas feitas em tecido, em geral com máquina própria, e que não se desmancham; plissado.

plis•to•ce•no sm. Época (4) da era cenozóica em que surgiu o homem com suas características físicas atuais.

plo•ce•í•de:o sm. Zool. Espécime dos ploceídeos, família de aves passeriformes, ger. gregárias, cosmopolitas; são granívoras e insetívoras. § **plo•ce•í•de:o** adj.

plo•ta•dor (ô) sm. Inform. V. plotter.

plo•ta•do•ra (ô) sf. Inform. V. plotter.

➪ **plotter** (plóter) [Ingl.] sm. Inform. Dispositivo dotado de pinos ou canetas especiais para representação gráfica de dados de um computador; plotador, plotadora, traçador gráfico.

plu•ma sf. Zool. 1. Pena[1] (1). 2. Pena usada como adorno.

plu•ma•gem sf. Zool. O conjunto das penas duma ave. [Pl.: –gens.]

plúm•be:o adj. De, ou da cor do chumbo.

plu•ral adj2g. Gram. Diz-se do, ou o número gramatical que indica mais de um. [Pl.: –rais.]

plu•ra•li•da•de sf. 1. O maior número; o geral. 2. Grande número.

plu•ra•li•zar v.t.d. 1. Pôr ou usar no plural. 2. Multiplicar. [Conjug.: 1 [pluraliz]ar]

plu•ri•ce•lu•lar adj2g. Biol. Constituído de mais de uma célula; multicelular.

plu•ri•par•ti•dá•ri:o adj. Relativo a mais de um partido.

plu•ri•par•ti•da•ris•mo sm. Regime político que admite a formação legal de vários partidos.

plu•tão sm. 1. Poét. O fogo. 2. Astr. No sistema solar, o planeta mais distante do Sol. [Nesta acepç., com inicial maiúscula.] [Pl.: –tões.]

plu•to•cra•ci•a sf. Governo em que o poder pertence às classes ricas.

plu•to•cra•ta s2g. Pessoa influente pelo seu dinheiro.

plu•tô•ni:o sm. Quím. Elemento artificial, radioativo, empregado na confecção da bomba atômica. V. actinídeos [símb.: Pu].

plu•vi•al adj2g. Da chuva. [Pl.: –ais.]

plu•vi•ô•me•tro sm. Instrumento que mede a quantidade de chuva caída em determinado lugar e tempo.

plu•vi•o•so (ó) *adj.* Chuvoso. [Pl.: *–osos* (ó).]

❏ **Pm** *Quím.* Símb. do *promécio.*

❏ **PNB** Sigla de *Produto Nacional Bruto.*

pneu *sm.* F. red. de *pneumático* (2).

pneu•má•ti•co *adj.* **1.** Relativo ao ar. • *sm.* **2.** Aro de borracha com que se revestem rodas de veículos; pneu.

pneu•ma•to•cis•to *sm. Bot.* Vesícula cheia de ar, flutuadora, de vários tipos de algas pardas.

pneu•ma•tó•fo•ro *sm.* **1.** *Bot.* Raiz que, nas plantas dos mangues ou dos pântanos, deixa a descoberto a ponta para exercer função respiratória. **2.** *Zool.* Vesícula cheia de ar, flutuadora, de cnidários.

pneu•mo•ni•a *sf. Med.* Inflamação pulmonar.

❏ **Po** *Quím.* Símb. do *polônio.*

pó¹ *sm.* **1.** Qualquer substância reduzida a partículas finas e homogêneas. **2.** Tenuíssimas partículas de terra seca, ou de qualquer outra substância, que cobrem o solo ou se elevam na atmosfera; poeira.

pó² *sm.* F. red. de *pó-de-arroz.*

po•ai•a *sf. Bras. Bot.* Ipecacuanha.

po•bre *adj2g.* **1.** Que não tem o necessário à vida; sem dinheiro ou meios. **2.** Que denota pobreza. **3.** *Fig.* Pouco produtivo. **4.** *Fig.* Pouco dotado. • *s2g.* **5.** Pessoa pobre. **6.** Mendigo, pedinte.

po•bre-di•a•bo *sm.* Sujeito sem personalidade e/ou sem importância. [Pl.: *pobres-diabos.*]

po•bre•tão *sm.* Homem paupérrimo; pé-rapado. [Pl.: *–tões.*]

po•bre•za (ê) *sf.* **1.** Estado ou qualidade de pobre. **2.** A classe dos pobres.

po•ça (ó) *sf.* Depressão natural de terreno, pouco funda, com água.

po•ção *sf. Med.* Forma farmacêutica, veiculada por água, que contém medicamento dissolvido ou em suspensão, e a ser ministrado por via oral. [Pl.: *–ções.*]

po•cil•ga *sf.* **1.** Curral de porcos. **2.** Casa ou lugar imundo.

po•ço (ô) *sm.* **1.** Cavidade funda aberta na terra para atingir o lençol de água mais próximo à superfície. **2.** Grande buraco cavado na terra para acumular água. **3.** V. *pego¹* (1). **4.** Abertura pela qual se desce a uma mina. **5.** Qualquer perfuração que se faz no solo. [Pl.: *poços* (ó).]

po•da *sf.* Ato ou efeito de, ou a época de podar.

po•dar *v.t.d.* **1.** Cortar, aparar ramos de (plantas); desbastar. **2.** *Fig.* Tornar menos basto ou espesso; desbastar. **3.** *Fig.* Pôr limites a. [Conjug.: ① [pod]**ar**]

pó-de-ar•roz *sm.* Pó finíssimo que se aplica à cútis; pó. [Pl.: *pós-de-arroz.*]

po•der *v.t.d.* **1.** Ter a faculdade de. **2.** Ter força, ou energia, ou calma, ou paciência, para.

3. Ter possibilidade de, ou autorização para. **4.** Estar arriscado ou exposto a. **5.** Ter ocasião ou meio de. **6.** Ter o direito ou a razão de. **7.** Ter saúde ou capacidade para agüentar ou suportar, etc. *Int.* **8.** Ter possibilidade. **9.** Dispor de força ou autoridade. **10.** Ter força física ou moral. [Conjug.: 26 **poder**] • *sm.* **11.** Direito de deliberar, agir e mandar. **12.** Possibilidade; meios. **13.** Vigor, potência. **14.** Domínio, força. **15.** Eficácia, efeito. **16.** Capacidade, aptidão. **17.** Autoridade constituída; governo dum país. **18.** Função do Estado relativa a suas formas distintas e exercida pelos órgãos competentes. [Pl. do subst.: *poderes.*]

po•de•ri:o *sm.* Grande poder.

po•de•ro•so (ó) *adj.* **1.** Que tem ou exerce poder. **2.** De grande efeito; enérgico. [Pl.: *–rosos* (ó).]

pó•di:o *sm.* **1.** Pavimento (1), elevado, para pôr em destaque parte de um salão. **2.** Nos estádios, plataforma onde sobem os concorrentes vencedores. **3.** Estrado elevado para o regente de uma orquestra, de um coro, etc.

po•do•dá(c)•ti•lo *sm. Anat.* Dedo de pé. [Sin. (desus.): *artelho.*]

po•dre (ô) *adj2g.* **1.** Em decomposição. **2.** Fétido; infeto. **3.** *Fig.* Pervertido.

po•dri•dão *sf.* Estado de podre.

po:e•dei•ra *adj (f)* Diz-se da galinha que põe muitos ovos.

po:e•dor (ô) *adj.* Que põe ovos (diz-se do animal).

po•ei•ra *sf.* Pó¹ (2) muito fino e leve, em suspensão no ar ou depositado em diferentes superfícies.

po:ei•ra•da *sf.* Muito pó ou poeira.

po:ei•ren•to *adj.* Que tem poeira; poento.

po•e•jo (ê) *sm. Bot.* Erva labiada, aromática, com óleo rico em mentol.

po•e•ma *sm.* **1.** Obra em verso ou não, em que há poesia (1). **2.** Composição poética de certa extensão, com enredo.

po:e•me•to (ê) *sm.* Poema curto.

po•en•te *adj2g.* **1.** Que põe ou se põe. **2.** Diz-se do Sol quando no ocaso. • *sm.* **3.** V. *ocidente.*

po•en•to *adj.* Poeirento.

po:e•si•a *sf.* **1.** Arte de criar imagens, de sugerir emoções por meio de uma linguagem em que se combinam sons, ritmos e significados. **2.** Composição poética de pouca extensão. **3.** Gênero poético. **4.** *Fig.* Caráter do que emociona, toca a sensibilidade.

po•e•ta *sm.* **1.** Aquele que escreve e se consagra à poesia. **2.** *Fam.* Pessoa sensível, de imaginação inspirada ou sonhadora. [Fem.: *poetisa.*]

po:e•tar *v.int.* Fazer versos; poetizar. [Conjug.: ① [poet]**ar**]

po•é•ti•ca *sf.* Arte de fazer versos.

po•é•ti•co *adj.* 1. Da, ou próprio da poesia, ou que a encerra. 2. Cheio de poesia, de emoção.

po:e•ti•sa *sf.* Mulher que faz poesias.

po:e•ti•zar *v.t.d.* 1. Tornar poético. *Int.* 2. Poetar. [Conjug.: ① [poetiz]ar]

pois *conj.* 1. À vista disso; portanto. 2. Nesse caso. 3. Mas, porém.

po•la•co *adj.* e *sm.* Polonês.

po•lai•na *sf.* Peça que protege a parte inferior da perna e a superior do pé, e se usa por cima do calçado.

po•lar *adj2g.* 1. Dos pólos. 2. Situado junto a eles, ou na direção deles.

po•la•ri•za•ção *sf.* 1. *Eletr.* Estabelecimento duma diferença de potencial elétrico entre dois eletrodos. 2. *Eletrôn.* Tensão de polarização (q. v.). 3. *Fís.* Fenômeno apresentado por uma onda eletromagnética em que a direção de vibração da onda permanece constante. [Pl.: –ções.] ◆ **Polarização direta.** *Eletrôn.* Numa junção PN, aplicação de uma tensão externa, de modo que a região com dopagem tipo P fique com potencial positivo relativamente à região com dopagem tipo N. **Polarização inversa.** *Eletrôn.* Numa junção PN, aplicação de uma tensão externa, de modo que a região com dopagem tipo N fique com potencial positivo relativamente à região com dopagem tipo P.

po•la•ri•zar *v.t.d.* 1. *Eletrôn.* Aplicar tensão de polarização a (um dispositivo). 2. Atrair para si; concentrar. *P.* 3. Concentrar-se para um certo fim. [Conjug.: ① [polariz]ar]

pol•ca *sf.* Certa dança de andamento vivo, oriunda da Polônia.

pol•dra (ó) *sf.* Égua nova.

pol•dro (ó) *sm.* Potro.

po•le•ga•da *sf.* 1. Medida aproximadamente igual à do comprimento da segunda falange do polegar. 2. Medida inglesa, equivalente a 25,40mm do sistema métrico decimal.

po•le•gar *adj2g.* e *sm.* Diz-se do, ou o primeiro e mais curto e grosso dos dedos da mão.

po•lei•ro *sm.* 1. Vara onde as aves pousam e dormem. 2. *Bras. Pop.* Torrinha.

po•lê•mi•ca *sf.* Controvérsia oral ou escrita.

po•lê•mi•co *adj.* Relativo a polêmica.

po•le•mis•ta *s2g.* Quem polemiza.

po•le•mi•zar *v.int.* e *t.i.* Travar polêmica (com). [Conjug.: ① [polemiz]ar]

pó•len ou **po•lem** *sm. Bot.* Poeira finíssima formada de minúsculos grãos e que, nas plantas floríferas, se desprende da antera, ou é levada pela água, vento, ou por insetos. [Pl.: *polens*.]

po•len•ta *sf.* Espécie de angu (1) de farinha de milho.

po•li•a *sf.* Roda presa a um eixo, e cuja circunferência recebe uma correia da qual uma das extremidades é aplicada à força e a outra à resistência.

po•li:a•mi•da *sf.* Polímero que contém, repetido a intervalos regulares, o fragmento característico das amidas; as poliamidas têm grande emprego em tecidos sintéticos (náilon).

po•li:an•dri•a *sf.* União conjugal com mais de um homem, simultaneamente. § **po•li•ân•dri•co** *adj.*; **po•li•an•dro** *adj.*

po•li•chi•ne•lo *sm.* Antigo personagem teatral de nariz longo, corcunda, roupas coloridas, etc.

po•lí•ci:a *sf.* 1. Conjunto de leis ou regras impostas aos cidadãos visando à moral, à ordem e à segurança pública. 2. Corporação que engloba os órgãos e instituições incumbidos de fazer respeitá-las. 3. Os membros de tal corporação. 4. Boa ordem; disciplina. ● *s2g.* 5. Membro de corporação policial; policial.

po•li•ci•al *adj2g.* 1. Da, ou próprio da polícia, ou útil a seus fins. ● *s2g.* 2. Polícia (5). [Pl.: –ais.]

po•li•ci•ar *v.t.d.* 1. Vigiar, em cumprimento de leis ou regulamentos policiais. 2. Vigiar, zelar. 3. Reprimir, conter. *P.* 4. Dominar-se, conter-se. [Conjug.: ① [polici]ar] § **po•li•ci:a•men•to** *sm.*

po•li•clí•ni•ca *sf.* Hospital, ou estabelecimento ambulatorial, onde se tratam doenças de todos os tipos, que conta com médicos de muitas especialidades.

po•li•cro•mi•a *sf.* Multiplicidade de cores.

po•li•cro•mo *adj.* De várias cores; multicolor, multicor.

po•li•cul•tu•ra *sf.* Cultura de muitos produtos agrícolas em determinada área. § **po•li•cul•tor** (ô) *adj.* e *sm.*

po•li•do *adj.* 1. Alisado, liso. 2. Lustroso, luzidio. 3. *Fig.* Atencioso, cortês. § **po•li•dez** (ê) *sf.*

po•li•dor (ô) *adj.* e *sm.* Que, ou aquele, ou aquilo que pule.

po•li•e•dro *sm. Geom.* Sólido limitado por polígonos planos.

po•li•és•ter *sm.* Polímero que contém, repetido a intervalos regulares, o fragmento característico dos ésteres. [Tem grande emprego em tecidos sintéticos.]

po•li:es•ti•re•no *sm. Quím.* Polímero usado em embalagens e na fabricação de isopor.

po•li:e•ti•le•no *sm. Quím.* Polímero usado na fabricação de recipientes para líquidos e em embalagens.

po•lí•fa•go *adj.* e *sm.* Onívoro.

po•li•fo•ni•a *sf. Mús.* 1. Simultaneidade de várias melodias harmonicamente dispostas. 2. Composição a várias vozes. § **po•li•fô•ni•co** *adj.*

po•li•ga•mi•a *sf.* União conjugal de um indivíduo com vários outros, simultaneamente. § **po•li•gâ•mi•co** *adj.*

po•lí•ga•mo *adj.* e *sm.* Que, ou aquele que tem, simultaneamente, mais de um cônjuge.

po•li•gi•ni•a *sf.* União conjugal com mais de uma mulher, simultaneamente. **§ po•li•gí• ni•co** *adj.*; **po•li•gí•no** *adj.* e *sm.*

po•li•glo•ta *s2g.* Quem sabe ou fala muitas línguas.

po•li•go•nal *adj2g.* Que tem muitos ângulos. [Pl.: *–nais.*]

po•lí•go•no *sm.* **1.** *Geom.* Figura constituída por uma linha poligonal fechada. **2.** Figura que determina a forma geral de uma praça de guerra. ◆ **Polígono regular.** *Geom.* O que tem todos os lados e todos os ângulos iguais.

po•lí•gra•fo *sm.* O que escreve sobre matérias diversas.

po•li•in•sa•tu•ra•do (pò) *adj.* Diz-se de compostos orgânicos que possuem vários pares de átomos de carbono dupla ou triplamente ligados entre si.

po•lí•me•ro *sm.* *Quím.* Composto formado pela repetição de grande número de fragmentos iguais, ou de poucos tipos. **§ po•li•mé•ri•co** *adj.*

po•li•mor•fo *adj.* **1.** Multiforme. **2.** Sujeito a variar de forma.

po•li•neu•ri•te *sf.* Inflamação simultânea de vários nervos.

po•li•ni•za•ção *sf.* *Bot.* Transporte do pólen da antera para o estigma (3). [Pl.: *–ções.*]

po•li•ni•zar *v.t.d.* Realizar a polinização de. [Conjug.: ☐ [poliniz]**ar**]

po•li•nô•mi:o *sm.* *Mat.* Forma algébrica racional inteira.

po•li:o•mi•e•li•te *sf.* *Med.* Virose aguda, incidência endêmica ou epidêmica que compromete o sistema nervoso central, e que leva à atrofia de grupos musculares e deformidade permanente; paralisia infantil.

pó•li•po *sm.* **1.** *Med.* Excrescência carnosa que surge de membrana mucosa. **2.** *Zool.* Celenterado cilíndrico e oco que se fixa ao substrato por uma das extremidades, sendo a outra uma boca circundada de tentáculos.

po•li•po•di•á•ce:a *sf.* *Bot.* Espécime das polipodiáceas, família de pteridófitos ger. herbáceos. Ex.: avencas, samambaias. **§ po•li•po• di•á•ce:o** *adj.*

po•li•pói•de *adj2g.* **1.** De, relativo a, ou semelhante a pólipo. **2.** Cujo corpo tem forma de pólipo (diz-se de cnidário).

po•li•po•rá•ce:a *sf.* *Biol.* Espécime das poliporáceas, família de fungos que se nutrem de matéria orgânica em decomposição. **§ po•li• po•rá•ce:o** *adj.*

po•lir *v.t.d.* **1.** Lustrar (1). **2.** Envernizar. **3.** Tornar polido, cortês; educar. **4.** Aprimorar, aperfeiçoar. *P.* **5.** Aperfeiçoar-se. [Conjug.: 56 [p]o[l]ir] **§ po•li•men•to** *sm.*

po•lir•rít•mi•a *sf.* *Mús.* Superposição de várias fórmulas rítmicas diferentes. **§ po•lir•rít• mi•co** *adj.*

po•lis•sí•la•bo *sm.* Palavra de mais de três sílabas. **§ po•lis•si•lá•bi•co** *adj.*

po•lis•sín•de•to *sm.* *Gram.* Emprego repetitivo de conjunções coordenativas. **§ po•lis•sin• dé•ti•co** *adj.*

po•li•téc•ni•ca *sf.* Escola politécnica.

po•li•téc•ni•co *adj.* **1.** Que abrange numerosas artes ou ciências. **2.** Diz-se da escola onde se estuda engenharia.

po•li•te•ís•mo *sm.* Religião em que há vários deuses. **§ po•li•te•ís•ta** *adj2g.* e *s2g.*

po•lí•ti•ca *sf.* **1.** Conjunto dos fenômenos e das práticas relativos ao Estado ou a uma sociedade. **2.** Arte e ciência de bem governar, de cuidar dos negócios públicos. **3.** Qualquer modalidade de exercício da política (2). **4.** Habilidade no trato das relações humanas. **5.** Modo acertado de conduzir uma negociação; estratégia.

po•li•ti•ca•gem *sf.* Política mesquinha, estreita. [Pl.: *–gens.*]

po•lí•ti•co *adj.* **1.** Da, ou próprio da política. **2.** Que trata ou se ocupa de política. **3.** Cortês, polido. **4.** Astuto, hábil. • *sm.* **5.** Indivíduo que exerce ou procura exercer a política (2).

po•li•ti•quei•ro *adj.* e *sm.* Diz-se de, ou aquele que faz politicagem.

po•li•ti•zar *v.t.d.* **1.** Inculcar a (certas classes ou categorias sociais) ou a (indivíduos dessas classes) a consciência dos deveres e direitos políticos dos cidadãos que as compõem. *P.* **2.** Tomar consciência política. [Conjug.: ☐ [politiz]**ar**]

po•li•to•na•li•da•de *sf.* *Mús.* Emprego simultâneo de melodias ou de harmonias que pertencem a tonalidades diferentes.

po•li•u•re•ta•no *sm.* *Quím.* Substância polimérica e sintética.

pó•lo¹ *sm.* **1.** Cada uma das extremidades do eixo imaginário sobre o qual a Terra executa seu movimento de rotação. [Há o *pólo norte* ou *ártico* e o *pólo sul* ou *antártico*.] **2.** Nome comum às regiões glaciais vizinhas dessas extremidades. **3.** *Eng. Elétr.* Qualquer dos terminais dum gerador elétrico. **4.** Cada uma das duas partes de um ímã ou de um eletroímã.

pó•lo² *sm.* Jogo praticado a cavalo; movimentação de uma bola de madeira, com um taco, para além da meta adversária.

po•lo•nês *adj.* **1.** Da Polônia (Europa). • *sm.* **2.** O natural ou habitante da Polônia (Europa). [Flex.: *polonesa* (è), *poloneses* (è), *polonesas* (è).] **3.** *Gloss.* A língua polonesa. [Sin. ger.: *polaco*.]

po•lô•ni:o *sm.* *Quím.* V. *calcogênio* [símb.: *Po*].

pol•pa (ô) *sf.* **1.** Carne (1), sem osso nem gorduras. **2.** A parte carnosa dos frutos, raízes, etc.

3. *Anat.* Nos dentes, a parte interna central; polpa dentária.

pol•pu•do *adj.* 1. Que tem muita polpa. 2. Muito rendoso (negócio).

pol•trão *sm.* Indivíduo covarde ou medroso. [Pl.: *–trões.*]

pol•tro•na *sf.* 1. Grande cadeira de braços. 2. Cadeira de platéia, em teatros, cinemas, etc.

po•lu•ção *sf.* Emissão involuntária de esperma. [Pl.: *–ções.*]

po•lu•en•te *adj2g.* 1. Que polui; poluidor. • *sm.* 2. Qualquer agente que polui, que altera as condições de um ecossistema.

po•lu•i•ção *sf.* 1. Ato ou efeito de poluir. 2. Contaminação e conseqüente degradação do meio natural causadas por agentes químicos, detritos domésticos, industriais, etc. 3. Degradação do meio ambiente por um ou mais fatores prejudiciais à saúde, ao equilíbrio emocional, etc. [Pl.: *–ções.*]

po•lu•ir *v.t.d.* 1. Sujar, corromper, tornando prejudicial à saúde. 2. Sujar, manchar. *P.* 3. Corromper-se. [Conjug.: 49 [pol]**uir**]

pol•vi•lhar *v.t.d.* 1. Cobrir ou salpicar de pó. 2. Salpicar de. [Conjug.: 1 [polvilh]**ar**]

pol•vi•lho *sm.* 1. Pó fino. 2. Farinha finíssima, que se obtém da mandioca; amido.

pol•vo (ô) *sm. Zool.* Molusco cefalópode de oito tentáculos, comestível.

pól•vo•ra *sf.* Substância explosiva usada para carregar armas de fogo.

pol•vo•ri•nho *sm.* Utensílio onde se leva pólvora para a caça.

pol•vo•ro•sa *sf. Pop.* Azáfama; tumulto.

po•ma•da *sf.* Mistura de uma pasta gordurosa com uma ou mais substâncias medicinais ou aromáticas.

po•mar *sm.* Terreno com muitas árvores frutíferas.

pom•ba *sf. Zool.* Ave columbídea cuja espécie doméstica serve de alimento.

pom•bal *sm.* Casa ou local onde se recolhem ou criam pombos. [Pl.: *–bais.*]

pom•ba•li•no *adj.* Relativo ao Marquês de Pombal (q. v.).

pom•bo *sm.* O macho da pomba.

pom•bo-cor•rei•o *sm. Zool.* Ave columbídea treinada para levar comunicações ou correspondência. [Pl.: *pombos-correios* e *pombos-correio.*]

po•mi•cul•tor (ô) *sm.* Fruticultor que se dedica à pomicultura.

po•mi•cul•tu•ra *sf.* Cultura de árvores frutíferas.

po•mo *sm. Bot.* Fruto carnoso e de forma aproximadamente esférica, como a maçã, a pêra.

po•mo-de-a•dão *sm. Anat.* A saliência da cartilagem tireóide; gogó (*bras.*). [Pl.: *pomos-de-adão.*]

pom•pa *sf.* 1. Aparato suntuoso e magnífico. 2. Grande luxo; fausto, gala.

pom•pe•ar *v.t.d.* 1. Expor vaidosamente; ostentar. *Int.* 2. Exibir pompa, ostentar riqueza. [Conjug.: 10 [pomp]**ear**]

pom•pom *sm.* Borla de fios curtos cortados em forma de bola, e usada como enfeite. [Pl.: *–pons.*]

pom•po•so (ô) *adj.* Em que há pompa. [Pl.: *–posos* (ó).]

pon•che *sm.* Bebida feita, em geral, com vinho, água mineral e frutas picadas.

pon•cho *sm. Bras. S.* Capa quadrangular, de lã grossa, com uma abertura no meio, pela qual passa a cabeça.

pon•de•ra•do *adj. V. sensato* (1).

pon•de•rar *v.t.d.* 1. Examinar com atenção e minúcia; pesar. 2. Ter em consideração. *T.i.* 3. Meditar (1). *T.d.i.* 4. Dizer em defesa duma opinião. [Conjug.: 1 [ponder]**ar**] § **pon•de•ra•ção** *sf.*

pon•de•rá•vel *adj2g.* Digno de ser ponderado. [Pl.: *–veis.*]

pon•de•ro•so (ô) *adj.* 1. Que tem peso (1); pesado. 2. Importante, relevante. [Pl.: *–rosos* (ó).]

pô•nei *sm.* Cavalo pequeno, porém ágil e fino.

pon•gí•de•o *sm. Zool.* Espécime dos pongídeos, família de grandes macacos que inclui gorilas e chimpanzés (africanos), orangotangos e gibões (asiáticos), todos eles sem cauda. § **pon•gí•de•o** *adj.*

pon•ta *sf.* 1. A parte ou o ponto em que algo termina; extremidade. 2. Qualquer saliência pronunciada em ângulo, em curva, aguçada, quadrada, etc. 3. O princípio ou o fim duma série. 4. Chifre, corno. 5. *Geogr.* V. *cabo*[1] (3). 6. *Fig.* Um pouco; pontinha. 7. *Bras. Fig.* Alta qualidade; destaque. 8. *Bras.* V. *extra* (3). • *sm.* 9. *Bras. Fut.* V. *ponta-direita.* 10. *Bras. Fut.* V. *ponta-esquerda.*

pon•ta•da *sf.* Dor aguda e rápida; ferroada.

pon•ta-di•rei•ta *sm. Bras. Fut.* Jogador que ocupa a extremidade direita da linha dianteira; ponta. [Pl.: *pontas-direitas.*]

pon•ta-es•quer•da *sm. Bras. Fut.* Jogador que ocupa a extremidade esquerda da linha dianteira; ponta. [Pl.: *pontas-esquerdas.*]

pon•tal *sm.* Ponta de terra que entra um pouco no mar ou no rio. [Pl.: *–tais.*]

pon•ta•le•te (ê) *sm.* Peça de metal para escorar edifícios, pavimentos, etc.

pon•tão *sm.* Plataforma(s) flutuante(s) que forma(m) uma ponte. [Pl.: *–tões.*]

pon•ta•pé *sm.* Pancada com a ponta do pé.

pon•ta•ri•a *sf.* 1. Ato de assestar, de apontar. 2. Habilidade de acertar num alvo; mira.

pon•te *sf.* Construção destinada a ligar margens opostas duma superfície líquida qualquer.

pon•te•ar *v.t.d.* **1.** Pontilhar. **2.** Colocar os dedos nos pontos de (instrumentos de cordas) para tocar. [Conjug.: 10 [pont]**ear**]

pon•tei•ra *sf.* Peça de metal que reforça o extremo inferior de bengalas, guarda-chuvas, a bainha das armas brancas, etc.

pon•tei•ro *sm.* **1.** Agulha de metal que indica, nos quadrantes dos relógios, as horas, minutos e segundos. **2.** Qualquer agulha ou haste móvel que no mostrador dum aparelho fornece indicação.

pon•ti:a•gu•do *adj.* Que termina em ponta aguçada; pontudo.

pon•ti•fi•ca•do *sm.* **1.** Dignidade de pontífice. **2.** Tempo de exercício dela.

pon•ti•fi•cal *adj2g.* **1.** Relativo a pontífice, ou a pontificado (1); pontifício. • *sm.* **2.** Longa capa que usam os bispos em certos ofícios litúrgicos. [Pl.: *-cais.*]

pon•ti•fi•car *v.int.* **1.** Oficiar na qualidade de pontífice (1). **2.** Celebrar missa com pontifical (2). **3.** *Fig.* Falar ou escrever em tom categórico. [Conjug.: 8 [pontifi]**car**]

pon•tí•fi•ce *sm.* **1.** Dignitário eclesiástico (bispo, arcebispo). **2.** O Papa.

pon•ti•fí•ci:o *adj.* Pontifical (1).

pon•ti•lhão *sm.* Pequena ponte.

pon•ti•lhar *v.t.d.* Marcar com pontinhos; pontear. [Conjug.: 1 [pontilh]**ar**]

pon•ti•nha *sf.* Ponta (6).

pon•to *sm.* **1.** Picada com a agulha que se enfia em tecido, couro, etc., para passar o fio de costura, bordado, etc. **2.** Porção de linha ou fio entre dois furos. **3.** Cada uma das laçadas, nós, etc., feitos em tricô, renda, etc. **4.** Sinalzinho semelhante ao que a ponta dum lápis imprime no papel. **5.** Sinal de pontuação (.) para encerrar um período; ponto final. **6.** Sinal idêntico, usado em abreviaturas e sobre o *i* e o *j.* **7.** Manchazinha arredondada. **8.** Lugar fixo e determinado. **9.** Lugar fixo de parada de coletivos. **10.** Cada um dos espaços em que se divide a craveira do sapateiro ou a do luveiro. **11.** Livro, cartão, etc. de registro de entrada e saída diária de empregados. **12.** Grau pelo qual se mede algum valor, por acréscimo ou diminuição. **13.** Grau de consistência que se dá à calda do açúcar. **14.** Cada uma das unidades que são marcadas, ganhas ou perdidas, em certos jogos. **15.** Grau de merecimento (em exame, comportamento, etc.). **16.** Em exames ou concursos, a matéria tirada à sorte para sobre ela discorrer o aluno ou candidato. **17.** Pessoa que, no teatro, lê a fala dos atores para lhes ajudar a memória. **18.** Assunto, matéria. **19.** Grau de adiantamento de um trabalho, empreendimento, etc. **20.** Termo, fim; parada; ponto final. **21.** Porção de fio firmada por um nó, que se deixa em abertura

cirúrgica, para promover a união dos tecidos. **22.** A localização de determinada cidade, estação de rádio, aeronave, embarcação, etc. **23.** *Tip.* Unidade de medida tipográfica. ♦ **Ponto cardeal.** Designação comum às direções da rosa-dos-ventos que apontam para norte, sul, este, oeste. **Ponto de acumulação.** *Mat.* Ponto em cuja vizinhança arbitrária qualquer existe sempre pelo menos um ponto de um conjunto; ponto-limite. **Ponto de vista.** Maneira de considerar ou de entender um assunto ou uma questão. **Ponto final.** V. *ponto* (5 e 20). **Ponto triplo.** *Fís.* Estado de um sistema (8) em que coexistem, em equilíbrio termodinâmico, três fases diferentes. **Em ponto.** Exatamente, precisamente.

pon•to-e-vír•gu•la *sm.* Sinal de pontuação (;) que indica uma pausa mais forte que a da vírgula e menor que a do ponto. [Pl.: *ponto-e-vírgulas* e *pontos-e-vírgulas.*]

pon•to-li•mi•te *sm.* *Mat.* Ponto de acumulação. [Pl.: *pontos-limites* e *pontos-limite.*]

pon•tu:a•ção *sf.* **1.** Colocação dos sinais ortográficos na escrita. **2.** Sistema de sinais gráficos que indicam, na escrita, pausas na linguagem oral.

pon•tu•al *adj2g.* Que chega, parte, ou cumpre as obrigações ou compromissos, executa trabalho, etc., à hora marcada. [Pl.: *-ais.*] § **pon•tu•a•li•da•de** *sf.*

pon•tu•ar *v.t.d.* **1.** Marcar com sinal de pontuação. **2.** Caracterizar. [Conjug.: 1 [pontu]**ar**]

pon•tu•do *adj.* **1.** Que tem ponta(s). **2.** Pontiagudo.

po•pa (ô) *sf.* A parte posterior da embarcação.

po•pe•li•ne *sf.* Tecido lustroso, de algodão, para vestes femininas, camisas de homem, etc.

po•pu•la•ça *sf.* A plebe, a ralé; populacho.

po•pu•la•ção *sf.* **1.** O conjunto, ou o número, de habitantes dum país, região, cidade, etc. **2.** *Ecol.* O conjunto de indivíduos da mesma espécie que vivem numa mesma região. [Pl.: *-ções.*]

po•pu•la•cho *sm.* V. *populaça.*

po•pu•lar *adj2g.* **1.** Do, ou próprio do povo, ou feito por ele. **2.** Simpático ao povo. **3.** Vulgar, trivial. • *sm.* **4.** Homem do povo. § **po•pu•la•ri•da•de** *sf.*

po•pu•la•ri•zar *v.t.d.* e *p.* Tornar(-se) conhecido, divulgado, ou estimado pelo povo. [Conjug.: 1 [populariz]**ar**]

po•pu•lo•so (ô) *adj.* Que tem grande população. [Pl.: *-losos* (ó).]

pô•quer *sm.* Certo jogo de cartas para dois ou mais parceiros.

por *prep.* Exprime relações de lugar (*Passou por aqui*), tempo (*Viveram felizes por anos*), meio, modo (*Exprimiu-se por um gesto*), preço (*Comprei o livro por um preço exorbitante*), causa (*Sofreu por amor a ti*), etc. Rege o predicativo do sujeito ou do objeto direto (*Ele passa por violento, Todos o têm por sábio*) e, esp., o agente da passiva (*Foi feito por mim*).

pôr *v.t.d.c.* **1.** Colocar (em algum lugar); depor. **2.** Apoiar, firmar, pousar. **3.** Colocar próximo; aproximar, levar. **4.** Colocar em posição adequada; descansar, apoiar. **5.** Guardar (em lugar seguro); depositar. *T.d.i.* **6.** Arrastar, impelir (a uma determinada situação). **7.** Converter, transformar. **8.** Incutir, infundir. **9.** Apor (2). **10.** Fazer recair; imputar. **11.** Fazer consistir; concentrar. **12.** Dar (nome). **13.** Dirigir (para alguém ou algo); fixar. **14.** Atribuir (defeito, falha). **15.** Colocar (em determinado grau de importância); classificar. **16.** Apresentar à vista; expor. **17.** Expor; propor. **18.** Traduzir (1). **19.** Incluir, inserir. **20.** Contribuir com. **21.** Deitar, misturando. *T.d.* **22.** Vestir (1 e 2). **23.** Fazer aplicação de; aplicar. **24.** Calçar (1). **25.** Preparar de modo que se possa utilizar; arranjar. **26.** Deitar (ovos) no ninho. **27.** Lançar por escrito; escrever. **28.** Deixar de lado; largar, depor. **29.** Empregar, usar, ao escrever. *Transobj.* **30.** Dar nome. *Int.* **31.** Deixar ovos no ninho. *P.* **32.** Colocar-se (em certo local ou posição); postar-se. **33.** Permanecer (em determinada situação); ficar. **34.** Começar, principiar. **35.** Desaparecer no ocaso. **36.** Tornar-se, fazer-se. **37.** Vestir-se. **38.** Colocar-se hipoteticamente; supor-se. **39.** Passar ao estado de. [Conjug.: 60 **pôr**]

po•rão *sm.* **1.** Qualquer espaço entre o convés mais baixo e o fundo da embarcação. **2.** Nos navios mercantes, cada um dos grandes espaços estanques onde se arruma a carga. **3.** *Bras.* Parte da habitação entre o solo e o primeiro pavimento. [Pl.: *–rões*.]

po•ra•quê *sm. Bras. Zool.* Peixe electroforídeo da Amazônia; peixe-elétrico.

por•ca *sf.* **1.** A fêmea do porco. **2.** Peça de ferro, com furo em espiral, que se atarraxa na extremidade de parafuso.

por•ca•da *sf.* Vara de porcos.

por•ca•lhão *sm.* Homem muito porco, imundo. [Fem.: *porcalhona.* Pl.: *–lhões.*]

por•ção *sf.* **1.** Parte ou quantidade limitada de algo; pedaço. **2.** *Bras.* V. *quantidade* (2). [Pl.: *–ções.*]

por•ca•ri•a *sf.* **1.** Imundície, sujeira. **2.** Coisa malfeita, má, ou sem valor; porqueira.

por•ce•la•na *sf.* **1.** Louça fina, preparada essencialmente com caulim, vitrificada ou não. **2.** Objeto de porcelana.

por•cen•ta•gem *sf.* V. *percentagem.* [Pl.: *–gens.*]

por•co (ô) *sm.* **1.** *Zool.* Mamífero suídeo, doméstico; cerdo. **2.** Carne de porco. **3.** Homem imundo. • *adj.* **4.** Imundo, sujo. **5.** Obsceno (1). [Pl.: *porcos* (ó).]

por•co-do-ma•to *sm. Bras. Impr. Zool.* Caititu. [Pl.: *porcos-do-mato* (ó).]

por•co-es•pi•nho *sm. Zool.* Mamífero roedor histricídeo. [Pl.: *porcos-espinhos* e *porcos-espinho* (ó).]

po•re•jar *v.t.d.* Exsudar pelos poros; suar. [Conjug.: 1 [porej]**ar**]

po•rém *conj.* Contudo; mas; todavia.

por•fi•a *sf.* **1.** Insistência, teima. **2.** Disputa, competição.

por•fi•ar *v.int.* **1.** Discutir com calor. *T.i.* **2.** Discutir, altercar. **3.** Insistir. **4.** Disputar (1). [Conjug.: 1 [porfi]**ar**]

po•rí•fe•ro *sm. Zool.* Espécime dos poríferos, filo de invertebrados aquáticos, ger. marinhos, de formas variadas, com poros e canais revestidos por células flageladas. São as esponjas. § **po•rí•fe•ro** *adj.*

por•me•nor *sm.* Circunstância particular; particularidade, minudência, minúcia, miudeza.

por•me•no•ri•zar *v.t.d.* Referir ou descrever com pormenores. [Conjug.: 1 [pormenoriz]**ar**]

por•no•gra•fi•a *sf.* Figura(s), fotografia(s), filme(s), obra literária ou de arte, etc. relativos a, ou que tratam de coisas ou assuntos obscenos ou licenciosos. § **por•no•grá•fi•co** *adj.*

po•ro *sm.* **1.** *Anat.* Nome genérico de pequena abertura. **2.** *Anat. Restr.* Poro sudoríparo. **3.** *Bot.* Orifício muito estreito num órgão ou parte vegetal. ✦ **Poro sudoríparo.** *Anat.* Orifício de canal de glândula sudorípara.

po•ron•go *sm. Bras. Bot.* Trepadeira cucurbitácea de cujos frutos enormes, ocos e de casca dura, se fazem cuias e vasos; cabaça. **2.** Cuia ou vaso feito com o fruto seco e sem o miolo do porongo (1); cabaça, cabaço.

po•ro•ro•ca *sf. Bras.* Macaréu de alguns metros de altura, grande efeito destruidor e forte estrondo, que ocorre próximo à foz do Amazonas e de alguns rios do MA.

po•ro•so (ô) *adj.* Que tem poros. [Pl.: *–rosos* (ó).]

por•quan•to *conj.* Por isso que; visto que; porque.

por•que *conj.* Pelo motivo de; porquanto.

por•quê *sm.* Causa; motivo; razão.

por•quei•ra *sf.* **1.** Curral de porcos. **2.** Porcaria (2). • *sf.* e *m.* **3.** *Bras. Pop.* Pessoa insignificante, ou reles.

por•qui•nho-da-in•di•a *sm. Zool.* Cobaia. [Pl.: *porquinhos-da-índia.*]

por•re *sm. Bras. Pop.* V. *bebedeira* (1). ✦ **Ser um porre.** *Bras. Gír.* Ser (um indivíduo, uma situação) maçante, enfadonho.

por•re•ta•da *sf.* Pancada com porrete.

por•re•te (ê) *sm.* Cacete com uma das extremidades arredondada.

por•ta sf. 1. Abertura em parede, ao nível do piso, para dar entrada ou saída. 2. Peça que gira sobre dobradiças e fecha essa abertura. 3. Peça com que se fecham certos móveis, veículos, etc., à guisa de porta (2). 4. *Eletrôn.* Eletrodo de certos dispositivos, como, p. ex., transistor de efeito de campo e tiristor; eletrodoporta.

por•ta-ban•dei•ra sm. 1. Oficial que conduz a bandeira do regimento. • *s2g.* 2. Quem leva bandeira, ou estandarte, em solenidade ou desfile; porta-estandarte. [Pl.: *porta-bandeiras.*]

por•ta-cha•péus sm.2n. *Bras.* Cabide para chapéus.

por•ta•da sf. 1. Grande porta, em geral com ornatos. 2. Página de rosto de um livro; frontispício.

por•ta•dor (ô) adj. 1. Que leva ou traz consigo ou em si. • sm. 2. Quem, em nome de outrem, leva algo a qualquer destino. 3. *Fís.* Num semicondutor, a entidade (elétron ou buraco) por meio da qual se faz o transporte de carga elétrica; portador de carga. ♦ **Portador de carga.** *Fís.* Portador (3). **Portador de necessidades especiais.** *Educ. Esp.* Indivíduo que apresenta, em caráter permanente ou temporário, algum tipo de deficiência física, sensorial, cognitiva, ou múltipla, ou condutas típicas, ou altas habilidades, necessitando de recursos especializados para minimizar as suas dificuldades, ou desenvolver o seu potencial. **Portador majoritário.** *Eletrôn.* Num semicondutor dopado, portador (3) que, estatisticamente, ocorre em maior número. **Portador minoritário.** *Eletrôn.* Num semicondutor dopado, portador (3) que, estatisticamente, ocorre em menor número. **Portador são.** *Med.* Indivíduo que, não apresentando determinada doença infecciosa, hospeda germe causador dela, e que pode ser transmissor deste.

por•ta-es•tan•dar•te s2g. Porta-bandeira (2). [Pl.: *porta-estandartes.*]

por•tal sm. 1. A porta principal, ou o conjunto das portas principais dum edifício; pórtico. 2. Parte fixa da porta. [Pl.: *-tais.*]

por•ta•ló sm. Abertura na borda, ou passagem na balaustrada, ou abertura no costado de navio mercante, por onde se entra a bordo e se sai de bordo.

por•ta-ní•queis sm.2n. *Bras.* Pequena bolsa onde se levam moedas.

por•tan•to conj. Logo; por conseguinte.

por•tão sm. 1. Porta grande; portada. 2. Porta que dá acesso, da rua, ao terreno, a um jardim, à garagem, etc. [Pl.: *-tões.*]

por•tar v.t.d. 1. Carregar consigo; levar, conduzir. P. 2. Proceder (de certo modo); comportar-se. [Conjug.: ① [port]**ar**]

por•ta-re•tra•tos sm.2n. Moldura em que se põem fotografias.

por•ta•ri•a sf. 1. Vestíbulo, ou porta principal, de edifício, repartição, etc. 2. Documento de ato administrativo de autoridade pública, com instruções, nomeações, etc.

por•ta-sei:os sm.2n. V. *sutiã.*

por•tá•til adj2g. 1. De fácil transporte. 2. De pequeno volume e/ou pouco peso. [Pl.: *-teis.*]

por•ta-voz sm. 1. Instrumento semelhante a uma trombeta, para reforçar a voz de quem fala por ele. • s2g. 2. Quem fala em nome de outrem. [Pl.: *porta-vozes.*]

por•te sm. 1. Ato de conduzir ou trazer, ou transportar. 2. Preço de transporte ou de franquia de correspondência. 3. Aspecto físico; aparência. 4. O modo como alguém se apresenta; apresentação.

por•tei•ra sf. 1. Fem. de *porteiro.* 2. Grande cancela ou portão de entrada em propriedades rurais.

por•tei•ro sm. Homem que guarda porta ou portaria (1).

por•te•nho adj. 1. De Buenos Aires, capital da Argentina. • sm. 2. O natural ou habitante de Buenos Aires.

por•ten•to sm. 1. Coisa ou sucesso maravilhoso. 2. Pessoa de inteligência incomum. [Sin. ger.: *prodígio.*]

por•len•to•so (ô) adj. Que tem caráter de portento. [Pl.: *-tosos* (ó).]

pór•ti•co sm. 1. *Arquit.* Átrio amplo, com o teto sustentado por colunas ou pilares. 2. Portal.

por•ti•nho•la sf. Pequena porta.

por•to (ô) sm. 1. Lugar da costa, ou num rio, lagoa, etc., onde as embarcações podem fundear ou amarrar e estabelecer contatos com a terra. 2. Cidade, vila, etc., que tem junto um porto.

por•to-a•le•gren•se adj2g. 1. De Porto Alegre, capital do RS. • s2g. 2. O natural ou habitante de Porto Alegre. [Pl.: *porto-alegrenses.*]

por•to-ri•que•nho adj. 1. De Porto Rico (Antilhas). • sm. 2. O natural ou habitante de Porto Rico. [Pl.: *porto-riquenhos.*]

por•to-ri•quen•se adj2g. e s2g. Porto-riquenho. [Pl.: *porto-riquenses.*]

por•to-ve•lhen•se adj2g. 1. De Porto Velho, capital de RO. • s2g. 2. O natural ou habitante de Porto Velho. [Pl.: *porto-velhenses.*]

por•tu•á•ri:o adj. 1. Relativo a porto (1). • sm. 2. Aquele que trabalha ou serve no porto.

por•tu•guês adj. 1. De Portugal (Europa). • sm. 2. O natural ou habitante desse país. 3. Língua românica oficial de Portugal, do Brasil, de Angola, Cabo Verde, Guiné-Bissau, Moçambique, São Tomé-e-Príncipe, e, tb., falada em Goa (Índia) e no Timor-Leste. [Há duas variedades tidas como padrão, a do Brasil, e a de Portugal, oficial para os outros.]

por•tu•ní•de:o sm. Zool. Espécime dos portuní-deos, família de crustáceos decápodes cujo quinto par de pernas é modificado para a natação. São os siris. **§ por•tu•ní•de:o** adj.

por•ven•tu•ra adv. Acaso; por acaso.

por•vir sm. Futuro (1).

po•sar v.int. Fazer pose. [Conjug.: ① [pos]**ar**]

po•se (ô) sf. Gal. 1. Posição (2). 2. Postura estudada, artificial. 3. Ato de servir de modelo a pintor ou escultor.

pós-es•cri•to adj2g. 1. Escrito depois. • sm. 2. O que se escreve numa carta depois de assinada. [Pl.: pós-escritos.]

pos•fá•ci:o sm. Advertência posta no fim de um livro.

pós-fi•xa•do adj. Diz-se de investimento cujo rendimento é calculado ao final do prazo de aplicação. [Pl.: pós-fixados.]

pós-gra•du:a•ção sf. Grau ou curso de ensino superior para aqueles que já concluíram o curso de graduação. [Pl.: pós-graduações.]

po•si•ção sf. 1. Lugar onde está posta uma pessoa ou coisa. 2. Postura do corpo; pose. 3. Fig. Circunstância; situação social, hierárquica, etc. [Pl.: –ções.]

po•si•ci:o•nar v.t.d. 1. Pôr em posição. P. 2. Tomar posição; situar-se. [Conjug.: ① [posicion]**ar**]

po•si•ti•var v.t.d. e p. Tornar(-se) positivo. [Conjug.: ① [positiv]**ar**]

po•si•ti•vis•mo sm. Conjunto de doutrinas de Augusto Comte (q. v.), que atribuem à constituição e ao processo da ciência positiva importância capital para o progresso do conhecimento. **§ po•si•ti•vis•ta** adj2g. e s2g.

po•si•ti•vo adj. 1. Real, evidente. 2. Incontestável. 3. Baseado nos fatos e na experiência. 4. De caráter prático; objetivo. 5. Que exprime grandeza superior a zero. 6. Gram. Diz-se do grau que no substantivo indica a dimensão normal dos seres e no adjetivo exprime só a qualidade. • sm. 7. O que é certo, real, útil. 8. Imagem fotográfica em que as luzes e as sombras são iguais às do original.

pó•si•tron sm. Fís. Nucl. Antipartícula do elétron. [Pl.: –trons.]

pós-me•ri•di•a•no adj. Posterior ao meio-dia. [Pl.: pós-meridianos.]

po•so•lo•gi•a sf. Terap. Indicação das doses em que devem ser aplicados os medicamentos.

pos•por v.t.d. 1. Pôr depois. 2. Deixar para depois; adiar. T.d.i. 3. Pospor (1). [Antôn.: antepor. Conjug.: ⑥⓪ [pos]**por**.]

pos•po•si•ti•vo adj. Que se pospõe. [Antôn.: antepositivo.]

pos•pos•to (ô) adj. Posto depois.

pos•san•te adj2g. V. pujante (1).

pos•se sf. 1. Detenção duma coisa com o fim

de tirar dela qualquer utilidade econômica. 2. Investidura em cargo público, ou posto honorífico, etc., ou a respectiva solenidade.

pos•sei•ro adj. 1. Jur. Que está na posse legal de imóvel ou imóveis indivisos. • sm. 2. Jur. Indivíduo posseiro. 3. Bras. Aquele que ocupa terra devoluta.

pos•ses sf.pl. Bens.

pos•ses•são sf. 1. Colônia (3). 2. Estado em que o corpo e/ou a mente se encontram supostamente dominados por um ser ou força exterior, ou que não se manifesta habitualmente. [Pl.: –sões.]

pos•ses•si•vo adj. 1. Que tem exacerbado sentimento de posse. 2. Gram. Diz-se de pronome que indica posse. • sm. 3. Pronome possessivo.

pos•ses•so adj. 1. Endemoninhado. 2. Furioso, irado. • sm. 3. Indivíduo possesso.

pos•si•bi•li•tar v.t.d. e t.d.i. Tornar possível. [Conjug.: ① [possibilit]**ar**]

pos•sí•vel adj2g. 1. Que pode ser, acontecer ou praticar-se. [Pl.: –veis.] • sm. 2. O que é possível. **§ pos•si•bi•li•da•de** sf.

pos•su•ir v.t.d. 1. Ter ou reter em seu poder; ter a posse de; ter como propriedade. 2. Ser naturalmente dotado de. 3. Desfrutar. 4. Ter em si. 5. Ter cópula com. [Conjug.: ㊾ [pos-s]**uir**] **§ pos•su•i•dor** (ô) adj. e sm.

pos•ta¹ sf. 1. Pedaço de peixe. 2. Talhada, pedaço.

pos•ta² sf. Desus. Correio (2).

pos•tal¹ sm. Cartão-postal. [Pl.: –ais.]

pos•tal² adj2g. Relativo ao correio. [Pl.: –ais.]

pos•ta•lis•ta s2g. Funcionário dos correios.

pos•tar¹ v.t.d. 1. Pôr (alguém) num lugar ou posto. P. 2. Permanecer muito tempo; pôr-se. [Conjug.: ① [post]**ar**]

pos•tar² v.t.d. Bras. Pôr (carta, etc.) no correio. [Conjug.: ① [post]**ar**]

pos•ta-res•tan•te sf. Lugar onde ficam, no correio, cartas, pacotes, etc., até serem reclamados. [Pl.: postas-restantes.]

pos•te sm. Haste de madeira, ferro, etc., presa verticalmente no solo.

pôs•ter sm. Cartaz de tamanho reduzido, para fins decorativos.

pos•ter•gar v.t.d. Deixar atrás, ou em atraso. [Conjug.: ⑪ [poster]**gar**]

pos•te•ri•da•de sf. 1. Caráter ou situação de posterior. 2. As gerações futuras.

pos•te•ri•or (ô) adj2g. 1. Que vem ou está depois; ulterior. 2. Situado atrás, ou que ficou atrás.

pós•te•ro adj. Futuro, vindouro.

pos•ti•ço adj. 1. De pôr e tirar. 2. Que não é natural.

pos•ti•go sm. Abertura em porta ou janela, que permite observar sem as abrir.

pos•to¹ (ô) *sm*. **1.** Lugar onde está colocado alguém ou algo. **2.** Estação ou alojamento de tropas ou guardas policiais. **3.** Cargo; dignidade. **4.** Grau hierárquico de oficial. **5.** Lugar que cada um deve ocupar no desempenho de suas funções. **6.** *Bras*. Estabelecimento subordinado a um órgão central, e destinado ao atendimento público. **7.** *Bras*. Estabelecimento que vende gasolina, álcool, etc., para veículos.

pos•to² (ô) *adj*. **1.** Colocado, situado. **2.** Desaparecido (o Sol). ✦ **Posto que.** Se bem que; embora.

pos•tu•la•do *sm*. Princípio não demonstrado de um argumento ou teoria.

pos•tu•lar *v.t.d.* **1.** Pedir com instância; implorar. **2.** Requerer, documentando a alegação. *T.d.i.* **3.** Postular (1). [Conjug.: 1 [postul]**ar**]

pós•tu•mo *adj*. **1.** Nascido após a morte do pai. **2.** Posterior à morte de alguém. **3.** Publicado após a morte do autor.

pos•tu•ra *sf*. **1.** Posição do corpo ou de parte dele. **2.** Atitude. **3.** Ato ou efeito de pôr ovos.

pos•tu•ral *adj2g*. Relativo à postura (1). [Pl.: –*rais*.]

po•tas•sa *sf*. *Quím*. Hidróxido de potássio.

po•tás•si•o *sm*. *Quím*. V. *metal alcalino* [símb.: *K*].

po•tá•vel *adj2g*. Que se pode beber. [Pl.:–*veis*.]

po•te *sm*. Recipiente de barro ou outro material para líquidos, etc.

po•tên•ci•a *sf*. **1.** Qualidade de potente. **2.** Vigor, força. **3.** Vigor sexual. **4.** Força aplicada à realização de certo feito. **5.** Nação poderosa. **6.** *Fís*. Num sistema gerador ou absorvedor de energia, a energia produzida ou consumida por unidade de tempo. **7.** *Mat*. Produto de *n* fatores iguais.

po•ten•ci•a•ção *sf*. *Mat*. Elevação a potência. [Pl.: –*ções*.]

po•ten•ci•al *adj2g*. **1.** Relativo a potência. **2.** Virtual, possível. ● *sm*. **3.** Poder ou força potencial. **4.** *Fís*. Potencial elétrico. [Pl.: –*ais*.] ✦ **Potencial elétrico.** *Fís*. Função de um campo elétrico, igual, em cada ponto, ao trabalho necessário para trazer do infinito ao ponto uma carga elétrica positiva e unitária; potencial.

po•ten•ci•ô•me•tro *sm*. *Eng. Elétr*. Resistor com um cursor central móvel.

po•ten•ta•do *sm*. **1.** Soberano de grande autoridade ou poder material. **2.** Pessoa muito rica, influente, poderosa.

po•ten•te *adj2g*. **1.** Que pode. **2.** Que tem a faculdade de fazer ou produzir algo. **3.** Que tem poderio ou importância. **4.** Violento, enérgico.

po•ti•guar *s2g*. e *adj2g*. *Bras*. V. *rio-grandense-do-norte*.

po•ti•gua•ra *s2g*. *Bras. Etnôn*. Indivíduo dos potiguaras, povo indígena do tronco linguístico tupi, que habita a costa da PB. § **po•ti•gua•ra** *adj2g*.

po•tó *sm*. *Bras. Zool*. Inseto coleóptero de secreção cáustica e vesicante.

po•to•ca *sf*. *Bras. Pop*. V. *mentira* (1).

po•to•quei•ro *adj*. *Bras. Pop*. V. *mentiroso* (1).

po•tran•ca *sf*. *Bras*. Fem. de *potranco* (q. v.).

po•tran•co *sm*. *Bras*. Potro de menos de dois anos.

po•tro (ô) *sm*. Cavalo até aos quatro anos; poldro.

pou•ca-ver•go•nha *sf*. **1.** Falta de vergonha. **2.** Ato imoral. [Pl.: *poucas-vergonhas*.]

pou•co *pron*. **1.** Em pequena quantidade; escasso. ● *sm*. **2.** Pequena quantidade. ● *adv*. **3.** Não muito; insuficientemente. ✦ **Pouco a pouco.** Gradualmente.

pou•pa *sf*. *Zool*. **1.** Ave upupídea. **2.** Tufo de penas na cabeça de algumas aves; penacho, crista.

pou•pa•do *adj*. V. *econômico* (2).

pou•pan•ça *sf*. **1.** Economia, parcimônia. **2.** Parte da renda que não é gasta em consumo. **3.** *Bras*. Caderneta de poupança.

pou•par *v.t.d.* **1.** Gastar com moderação; economizar. **2.** Ser tolerante com. **3.** Não fazer mal a. *T.d.i.* **4.** Pôr a salvo. **5.** Fazer que não despenda; evitar. *Int*. **6.** Viver com economia. *P*. **7.** Esquivar-se, eximir-se. [Conjug.: 1 [poup]**ar**] § **pou•pa•dor** (ô) *adj*. e *sm*.

pou•sa•da *sf*. **1.** Ato ou efeito de pousar. **2.** Lugar de hospedagem.

pou•sar *v.t.d.* **1.** Pôr, colocar (em algum lugar). *T.d.c.* **2.** Firmar, apoiar. *T.c.* **3.** Baixar, pousando. **4.** Morar, fixar-se. **5.** Pousar (7). *Int*. **6.** Empoleirar-se. **7.** Passar a noite; pernoitar. **8.** Pousar (3). [Conjug.: 1 [pous]**ar**]

pou•so *sm*. **1.** Lugar onde alguém ou algo pousa, costuma estar ou descansar. **2.** Aterrissagem.

po•va•réu *sm*. Grande multidão.

po•vi•léu *sm*. O povo, a plebe.

po•vo (ô) *sm*. **1.** Conjunto de indivíduos que falam (em regra) a mesma língua, têm costumes e hábitos idênticos, uma história e tradições comuns. **2.** Os habitantes duma localidade ou região; povoação. **3.** V. *povoado*. **4.** Aglomeração de gente; multidão. **5.** Plebe.

po•vo•a•ção *sf*. **1.** V. *povo* (2). **2.** V. *povoado*. [Pl.: –*ções*.]

po•vo•a•do *sm*. Pequena aglomeração urbana; povoação, povo.

po•vo•ar *v.t.d.* **1.** Prover de habitantes; tornar habitado. **2.** Habitar, ocupar. **3.** Ajuntar-se, aglomerar-se, em. *T.d.i.* **4.** Encher; prover. **5.** Infundir (emoções, idéias, etc.). *P*. **6.** Encher-se (de coisas incorpóreas). [Conjug.: 13 [pov]**oar**] § **po•vo•a•dor** (ô) *adj*. e *sm*.; **po•vo•a•men•to** *sm*.

☐ **Pr** *Quím*. Símb. do *prasiodímio*.

pra¹ F. sincopada da prep. *para*.

pra² Contr. de *pra¹* com o art. def. fem., ou com o pron. dem. *a*.

pra•ça *sf.* **1.** Lugar público cercado de edifícios; largo. **2.** Mercado; feira. **3.** O conjunto das casas comerciais duma cidade; o seu comércio. **4.** Aquele que, na hierarquia militar (q.v.), fica abaixo de segundo-tenente. **5.** Vila ou cidade fortificada. **6.** Alarde, ostentação.• *s2g.* **7.** *Bras.* Soldado de polícia.• *s2g.* **8.** Militar sem graduação ou posto.

pra•ci•nha *sm.* Soldado da Força Expedicionária Brasileira, na II Guerra Mundial.

pra•do *sm.* **1.** Campo coberto de plantas herbáceas que servem para pastagem. **2.** *Bras.* Hipódromo.

pra•ga *sf.* **1.** Imprecação de males contra alguém; maldição. **2.** Grande desgraça; calamidade. **3.** Pessoa ou coisa importuna, desagradável. **4.** Nome comum a insetos e/ou doenças que atacam plantas e animais. **5.** Erva daninha.

prag•má•ti•ca *sf.* Conjunto de fórmulas para as cerimônias da corte ou da Igreja.

prag•má•ti•co *adj.* Diz-se de pessoa, atitude ou projeto que é objetivo, direto, eficiente.

prag•ma•tis•mo *sm. Filos.* Doutrina segundo a qual as idéias são instrumentos de ação que só valem se produzem efeitos práticos.

pra•gue•jar *v.int.* **1.** Dizer pragas ou imprecações. *T.i.* **2.** Lançar pragas. [Conjug.: ① [praguej]**ar**] § **pra•gue•ja•dor** (ó) *adj.* e *sm.*

prai•a *sf.* **1.** Orla da terra, em geral coberta de areia, confinando com o mar. **2.** Parte do leito de um rio que fica a descoberto quando as águas baixam.

prai•a•no *sm.* **1.** Habitante da praia ou litoral. • *adj.* **2.** Relativo a, ou próprio da, ou situado na praia. [Sin. ger.: *praieiro*.]

prai•ei•ro *adj.* e *sm.* Praiano.

pran•cha *sf.* **1.** Grande tábua, grossa e larga. **2.** Espécie de ponte posta entre embarcações e o cais, ou entre duas embarcações, para trânsito de pessoal. **3.** Peça chata e alongada de madeira, fibras, etc., usada para natação, surfe, etc.

pran•cha•da *sf.* Pancada a toda a largura da prancha (1).

pran•che•ta (ê) *sf.* **1.** Tábua ou mesa própria para desenhar. **2.** *Bras.* Pequena prancha (1) usada como suporte para escrever.

pran•te•a•do *adj.* Por quem se verteram lágrimas; chorado.

pran•te•ar *v.t.d., t.i.* e *int.* Verter pranto (por); chorar. [Conjug.: ⑩ [prant]**ear**]

pran•to *sm.* Choro com vozes queixosas e soluços.

pra•si•o•dí•mi•o *sm. Quím.* V. *lantanídeos* [símb.: *Pr*].

pra•ta *sm.* **1.** *Quím.* Elemento de número atômico 47, metálico branco-brilhante, denso, maleável, dúctil, usado em numerosas ligas preciosas [símb.: *Ag*]. **2.** Objeto de valor feito com esse metal. **3.** V. *dinheiro* (4).

pra•ta•ri•a *sf.* Conjunto de objetos de prata.

pra•tar•raz *sm.* Prato (1) grande.

pra•te•a•do *adj.* **1.** Que se prateou.• *sm.* **2.** Cor ou tonalidade de prata.

pra•te•ar *v.t.d.* **1.** Revestir de uma camada de prata. **2.** Dar a cor e o brilho da prata a. [Conjug.: ⑩ [prat]**ear**] § **pra•te:a•ção** *sf.*; **pra•te:a•dor** *adj.* e *sm.*

pra•te•lei•ra *sf.* **1.** Tábua fixa onde se colocam pratos, etc. **2.** Cada uma das tábuas horizontais de armário ou estante.

prá•ti•ca *sf.* **1.** Ato ou efeito de praticar. **2.** Uso, exercício. **3.** Rotina; hábito. **4.** Saber provindo da experiência. **5.** Aplicação da teoria. **6.** Discurso rápido; conferência. **7.** Licença a navegantes para comunicarem com um porto ou uma cidade.

pra•ti•car *v.t.d.* **1.** Fazer, realizar, executar. **2.** Atuar profissionalmente ou como amador em. **3.** Fazer (certo esporte). **4.** Manter trato com; tratar, freqüentar. *T.i.* **5.** Ter trato. *Int.* **6.** Adquirir prática ou experiência. [Conjug.: ⑧ [prati]**car**] § **pra•ti•can•te** *adj2g.* e *s2g.*

pra•ti•cá•vel *adj2g.* **1.** Que se pode praticar ou pôr em prática.• *sm.* **2.** Elemento móvel usado em cenários teatrais, etc. [Pl.: *-veis*.]

prá•ti•co *adj.* **1.** Relativo à prática. **2.** Experiente, perito. **3.** Que vê as coisas pelo lado positivo. **4.** Funcional (3).• *sm.* **5.** Homem que conhece bem os acidentes hidrográficos de áreas restritas e conduz embarcações através delas. **6.** *Bras.* O que exerce profissão liberal sem ser diplomado.

pra•to *sm.* **1.** Recipiente de louça ou de metal, comumente raso e circular, onde se serve a comida. **2.** Cada uma das iguarias de uma refeição. **3.** Alimentação, comida. **4.** Concha de balança. **5.** Peça de vários maquinismos em forma de prato (1).• *adj.* **6.** Chato, plano: *queijo prato.*

pra•to-fei•to *sm.* Comida trivial e de baixo preço, e que já vem servida no prato; pê-efe. [Pl.: *pratos-feitos*.]

pra•tos *sm.pl.* Instrumento de percussão formado por duas peças circulares de metal.

pra•xe *sf.* O que se pratica habitualmente; rotina, prática.

pra•zen•tei•ro *adj.* Que revela prazer; jovial.

pra•zer *v.t.i.* **1.** Causar satisfação; agradar, aprazer. [Conjug.: ㉜ **prazer**. Irreg. e defect.; só se conjuga nas 3ªˢ pess.]• *sm.* **2.** Sentimento de alegria, de satisfação. **3.** Aquilo que provoca prazer.

pra•zo *sm.* 1. Tempo determinado. 2. Espaço de tempo durante o qual deve realizar-se alguma coisa. ◆ **A prazo.** Pago em parcelas, dentro de prazo prefixado.

pré *sm. Ant.* A diária dum soldado.

pre•á *smf. Bras. Zool.* Mamífero caviídeo.

pre•a•mar *sf.* V. *maré alta.*

pre•âm•bu•lo *sm.* 1. V. *prefácio.* 2. Preliminar (2).

pre•ar *v.t.d.* 1. Prender, aprisionar. *Int.* 2. Fazer presa. [Conjug.: 10 [pr]ear]

pre•ben•da *sf.* 1. Renda eclesiástica. 2. Ocupação rendosa e de pouco trabalho. 3. *Bras.* Tarefa desagradável.

pré-ca•bra•li•a•no *adj.* Anterior a Pedro Álvares Cabral (q. v.), ao descobrimento do Brasil. [Pl.: *pré-cabralianos.*]

pré-cam•bri•a•no *sm.* Período (5) em que surgem os primeiros sinais de vida rudimentar. [Pl.: *pré-cambrianos.*]

pre•cá•ri:o *adj.* 1. Difícil, minguado. 2. Escasso, insuficiente. 3. V. *incerto* (4). 4. Pouco durável. 5. Débil, delicado. § **pre•ca•ri:e•da•de** *sf.*

pre•ca•tar *v.t.d., t.d.i.* e *p.* Pôr(-se) de sobreaviso; prevenir(-se), precaver(-se). [Conjug.: 1 [precat]ar]

pre•ca•tó•ri:a *sf.* Documento pelo qual um órgão judicial demanda a outro a prática de um ato processual.

pre•ca•tó•ri:o *adj.* 1. Em que se pede algo. • *sm.* 2. Documento precatório.

pre•cau•ção *sf.* 1. Ato de precaver(-se). 2. Cautela, cuidado. [Pl.: *–ções.*]

pre•ca•ver *v.t.d., t.d.i.* e *p.* V. *precatar.* [Conjug.: 2 [precav]er. Defect., conjugável só nas f. arrizotônicas, que são regulares. Raro se usa sem o pron. reflexivo.]

pre•ca•vi•do *adj.* V. *prudente.*

pre•ce *sf.* V. *oração* (1).

pre•ce•den•te *adj2g.* 1. Que precede; antecedente. • *sm.* 2. Procedimento que serve de critério ou pretexto a práticas posteriores semelhantes. § **pre•ce•dên•ci:a** *sf.*

pre•ce•der *v.t.d.* 1. Ir, vir, estar adiante de; anteceder. 2. Pagar antes. 3. Chegar, antes de. 4. Viver em época anterior a. 5. Ocorrer antes de. *T.i.* 6. Preceder (1 e 3 a 5). [Conjug.: 2 [preced]er.

pre•cei•to *sm.* 1. Regra a proceder; norma. 2. Ensinamento, doutrina. 3. Prescrição, determinação.

pre•cei•tu•ar *v.t.d.* e *int.* Estabelecer como preceito ou regra. [Conjug.: 1 [preceitu]ar]

pre•cep•tor (ô) *sm.* Aquele que ministra preceitos ou instrução.

pre•ci•o•sis•mo *sm.* Requinte ou sutileza excessiva no falar e no escrever.

pre•ci•o•so (ó) *adj.* 1. De grande preço. 2. Suntuoso. 3. Valiosíssimo. 4. V. *presunçoso.* 5.

Pernóstico, pedante. [Pl.: *–osos* (ó).] § **pre•ci:o•si•da•de** *sf.*

pre•ci•pí•ci:o *sm.* 1. Lugar escarpado, íngreme; abismo, despenhadeiro, ribanceira. 2. *Fig.* Grave perigo.

pre•ci•pi•ta•ção *sf.* 1. Ato ou efeito de precipitar(-se). 2. Pressa irrefletida. [Pl.: *–ções.*]

pre•ci•pi•ta•do *adj.* 1. Que não reflete. 2. Apressado; arrebatado. • *sm.* 3. Aquele que procede sem refletir, ou açodadamente. 4. *Quím.* Sólido que se forma e deposita no seio duma solução líquida.

pre•ci•pi•tar *v.t.d.c.* 1. Lançar ou arrojar (de lugar elevado, em precipício). *T.d.i.* 2. Atirar, arrastar (a aventuras, perigos). *T.i.* 3. Tornar mais rápido. 4. Pronunciar com rapidez. 5. Antecipar (1). *Int.* 6. *Quím.* Formar precipitado (4). *P.* 7. Despenhar-se, abismar-se. 8. Correr desabaladamente. 9. Proceder com precipitação. [Conjug.: 1 [precipit]ar]

pre•cí•pu:o *adj.* Principal, essencial.

pre•ci•sa•do *adj.* Necessitado, carente.

pre•ci•são *sf.* 1. Carência do que é preciso, necessário, ou útil. 2. Urgência, necessidade. 3. Exatidão de cálculos. 4. Rigor de linguagem. [Pl.: *–sões.*]

pre•ci•sar *v.t.d.* 1. Indicar com exatidão; particularizar. 2. Ter precisão ou necessidade de; necessitar. 3. Citar ou mencionar especialmente. *T.i.* 4. Precisar (2). *Int.* 5. Ser pobre, necessitado. [Conjug.: 1 [precis]ar]

pre•ci•so *adj.* 1. Necessário; urgente. 2. Exato, definido. 3. Claro, categórico. 4. Lacônico.

pre•cla•ro *adj.* Ilustre, famoso.

pre•ço (ê) *sm.* 1. Quantidade de dinheiro necessária para comprar uma unidade de mercadoria ou serviço; expressão monetária do valor. 2. Relação de troca de um bem por outro.

pre•co•ce *adj2g.* 1. Prematuro, antecipado. 2. Que tem determinadas faculdades prematuramente desenvolvidas. § **pre•co•ci•da•de** *sf.*

pre•con•ce•ber *v.t.d.* Conceber antecipadamente. [Conjug.: 2 [preconceb]er] § **pre•con•ce•bi•do** *adj.*

pre•con•cei•to *sm.* 1. Idéia preconcebida. 2. Suspeita, intolerância, aversão a outras raças, credos, religiões, etc.

pre•co•ni•zar *v.t.d.* 1. Apregoar com louvor. 2. Recomendar louvando. [Conjug.: 1 [preconiz]ar]

pre•cur•sor (ô) *adj.* 1. Que vai adiante. 2. Que anuncia um sucesso, ou a chegada de alguém. • *sm.* 3. Aquele que é precursor; pioneiro.

pre•da•dor *adj.* e *sm. Ecol.* Diz-se de, ou animal que caça ou mata a presa para alimentar-se.

pré-da•tar *v.t.d.* Pôr data futura em. [Conjug.: 1 [pré-dat]ar]

pre•da•tó•ri:o *adj.* 1. Relativo a roubo ou a pirata. 2. *Fig.* Prejudicial, daninho. 3. Próprio de predador, ou relativo a ele.

pre•de•ces•sor (ô) *sm.* Antecessor.

pre•des•ti•nar *v.t.d.i.* 1. Destinar com antecipação. 2. Destinar a grandes feitos. [Conjug.: ① [predestin]**ar**] § **pre•des•ti•na•ção** *sf.*

pre•de•ter•mi•nar *v.t.d.* Determinar com antecipação. [Conjug.: ① [predetermin]**ar**] § **pre•de•ter•mi•na•do** *adj.*

pré•di•ca *sf.* 1. V. *sermão* (1). 2. Discurso; oração.

pre•di•ca•ção *sf.* *Gram.* Emprego, ou qualidade, de predicado. [Pl.: –*ções.*]

pre•di•ca•do *sm.* 1. Qualidade característica; atributo. 2. Prenda, virtude. 3. *Gram.* Verbo (ex.: *Chove!*) ou conjunto enunciativo (ex.: *Chove muito!*) que expressa a informação; nas orações com sujeito e predicado, o predicado é aquilo que se declara sobre o sujeito (ex.: *Ela gosta de bichos.*).

pre•di•ção *sf.* Ato ou efeito de predizer; profecia. [Pl.: –*ções.*]

pre•di•ca•ti•vo *adj.* e *sm. Gram.* Diz-se da, ou a qualidade atribuída ao sujeito ou ao objeto, e que inteira ou completa a significação do verbo.

pre•di•le•ção *sf.* 1. Gosto ou amizade preferente por algo ou alguém; preferência. 2. Afeição extremosa. [Pl.: –*ções.*]

pre•di•le•to *adj.* Querido com predileção.

pré•di:o *sm.* 1. Propriedade imóvel, rústica ou urbana. 2. Casa, edifício. § **pre•di•al** *adj2g.*

pre•dis•po•nen•te *adj2g.* Que predispõe.

pre•dis•por *v.t.d., t.d.i.* e *p.* Dispor(-se) com antecipação. [Conjug.: 60 [predis]**por**]

pre•dis•po•si•ção *sf.* 1. Ato de predispor(-se). 2. Vocação, pendor. [Pl.: –*ções.*]

pre•di•to *adj.* Dito ou citado antes.

pre•di•zer *v.t.d.* e *t.d.i.* Dizer antecipadamente; prenunciar, vaticinar, prognosticar. [Conjug.: 19 [pre]**dizer**]

pre•do•mi•na•ção *sf.* Ato ou efeito de predominar; predominância. [Pl.: –*ções.*]

pre•do•mi•nân•ci:a *sf.* 1. Predominação. 2. Qualidade de predominante.

pre•do•mi•nan•te *adj2g.* Que predomina.

pre•do•mi•nar *v.int.* Ser o primeiro em domínio ou influência. 2. Dominar muito; prevalecer. 3. V. *sobressair* (1). [Conjug.: ① [predomin]**ar**]

pre•do•mí•ni:o *sm.* V. *supremacia* (1).

pre•e•mi•nen•te *adj2g.* 1. Superior, sublime; proeminente. 2. Nobre, distinto. § **pre•e•mi•nên•ci:a** *sf.*

pre•en•cher *v.t.d.* 1. Encher totalmente. 2. Exercer (cargo ou função); ocupar. 3. Ocupar (espaço de tempo). 4. Cumprir plenamente. [Conjug.: ② [preench]**er**]

pre•en•chi•men•to *sm.* Ato ou efeito de preencher.

pre•ên•sil *adj2g.* Que tem a faculdade de agarrar ou apanhar; preensor. [Pl.: *preênseis.*]

pre•en•sor (ô) *adj.* Preênsil.

pré-es•co•lar *adj2g.* 1. Anterior ao período escolar. • *s2g.* 2. Criança na idade de freqüentar curso pré-escolar, ou que o freqüenta. [Pl.: *pré-escolares.*]

pre•es•ta•be•le•cer *v.t.d.* Estabelecer previamente. [Conjug.: 34 [preestabele]**cer**]

pre•e•xis•ten•te (z) *adj2g.* Que preexiste. § **pre•e•xis•tên•ci:a** (z) *sf.*

pre•e•xis•tir (z) *v.int.* Existir primeiro ou anteriormente. [Conjug.: ③ [preexist]**ir**]

pré-fa•bri•ca•do *adj.* 1. Cujas peças ou partes já se acham fabricadas e prontas para ser montadas. 2. *Fig.* Planejado para surtir determinado efeito; arquitetado. [Pl.: *pré-fabricados.*]

pre•fa•ci•ar *v.t.d.* Fazer prefácio a. [Conjug.: ① [prefaci]**ar**] § **pre•fa•ci:a•dor** (ô) *sm.*

pre•fá•ci:o *sm.* Discurso ou advertência que antecede obra escrita; prólogo, proêmio, preâmbulo, introdução.

pre•fei•to *sm. Bras.* O que está investido do poder executivo nas municipalidades.

pre•fei•tu•ra *sf.* 1. Cargo de prefeito. 2. *Bras.* Repartição onde este exerce as suas funções.

pre•fe•rên•ci:a *sf.* 1. Ato ou efeito de preferir. 2. Predileção (1).

pre•fe•ren•ci•al *adj2g.* Que tem preferência. [Pl.: –*ais.*]

pre•fe•ren•te *adj2g.* e *s2g.* Que ou quem prefere.

pre•fe•rir *v.t.d.* 1. Dar a primazia a; escolher. *T.d.i.* 2. Ter predileção por. 3. Achar melhor. [Conjug.: 53 [pref]**e**[r]**ir**] § **pre•fe•ri•do** *adj.*

pre•fe•rí•vel *adj2g.* Que goza de preferência. [Pl.: –*veis.*]

pre•fi•xa•do (cs) *adj.* 1. Prefixo (1). 2. Diz-se de investimento cujo rendimento é calculado no ato da aplicação.

pre•fi•xar (cs) *v.t.d.* Fixar ou determinar antecipadamente. [Conjug.: ① [prefix]**ar**]

pre•fi•xo (cs) *adj.* 1. Fixado ou determinado antes. • *sm.* 2. *Gram.* Afixo que antecede a raiz (5).

pre•flo•ra•ção *sf. Bot.* A disposição das partes do perianto no interior de um botão floral. [Pl.: –*ções.*]

pre•ga *sf.* 1. Dobra em tecido de vestuário, estofamento, etc. 2. Ruga ou dobra casual dum estofo. 3. Ruga.

pre•ga•ção *sf.* 1. V. *sermão* (1). 2. *Fam.* Repreensão. [Pl.: –*ções.*]

pre•ga•dor (ô) *sm.* Aquele que faz pregações.

pre•gão *sm.* 1. Ato de apregoar. 2. Proclamação pública; ralho. [Pl.: –*gões.*]

pre•gar¹ *v.t.d.* 1. Fixar ou segurar com prego(s). 2. Introduzir à força (prego ou objeto pontiagudo); cravar. 3. Unir, ligar. *T.d.i.* 4. Fixar, fitar. **5.** Pespegar. **6.** Fazer acreditar, iludindo. *T.d.c.* **7.** Pregar¹ (1). *Int.* **8.** *Bras.* Extenuar-se. [Conjug.: 11 [pre]**gar**]

pre•gar² *v.int.* **1.** Pronunciar sermões. *T.d.* **2.** Pronunciar (sermão). **3.** Preconizar, louvar. **4.** Alardear. *T.d.i.* **5.** Ensinar, sob a forma de doutrina. **6.** Incutir, infundir. *T.i.* **7.** V. *evangelizar.* **8.** Vociferar. [Conjug.: 11 [pre]**gar**]

pre•go *sm.* **1.** Haste de metal, pontiaguda num lado e com cabeça no outro, destinada a cravar-se num ponto ou objeto que se quer segurar ou fixar. **2.** Cravo² (1). **3.** *Pop.* Casa de penhor.

pre•go•ei•ro *sm.* O que lança pregão.

pre•gões *sm.pl.* Proclamas de casamento.

pre•gres•so *adj.* Decorrido anteriormente.

pre•gue•ar *v.t.d.* Fazer pregas em. [Conjug.: 10 [pregu]**ear**]

pre•gui•ça *sf.* **1.** Aversão ao trabalho; indolência. **2.** Moleza (3). **3.** *Bras. Zool.* Mamífero bradipodídeo.

pre•gui•ço•so (ô) *adj.* e *sm.* Que ou quem tem preguiça. [Pl.: *–çosos* (ó).]

pré-his•tó•ri:a *sf.* Período histórico anterior ao aparecimento da escrita e ao uso dos metais. [Pl.: *pré-histórias.*]

pré-his•tó•ri•co *adj.* Pertencente ou relativo à pré-história; ante-histórico. [Pl.: *pré-históricos.*]

prei•to *sm.* **1.** Sujeição, vassalagem. **2.** Homenagem (1).

pre•ju•di•car *v.t.d.* **1.** Causar prejuízo, ou dano, ou transtorno, a; lesar. **2.** Tornar-se sem efeito; anular. *P.* **3.** Sofrer prejuízo. [Conjug.: 8 [prejudi]**car**]

pre•ju•di•ci•al *adj2g.* Que prejudica; lesivo. [Pl.: *–ais.*]

pre•ju•í•zo *sm.* Ato ou efeito de prejudicar.

pre•jul•gar *v.t.d.* **1.** Julgar antecipadamente. **2.** Formar ou emitir juízo sobre (alguma pessoa ou coisa) sem exame prévio. *Transobj.* **3.** Prejulgar (1). [Conjug.: 11 [prejul]**gar**]

pre•la•do *sm.* Título honorífico de dignitário eclesiástico.

pre•la•zi•a *sf.* Dignidade ou jurisdição de prelado.

pre•le•ção *sf.* Discurso ou conferência didática. [Pl.: *–ções.*]

pre•le•ci•o•nar *v.t.d.* e *int.* Fazer preleção. [Conjug.: 1 [prelecion]**ar**]

pre•li•bar *v.t.d.* Libar (2) com antecipação. [Conjug.: 1 [prelib]**ar**]

pre•li•mi•nar *adj2g.* **1.** Prévio (1). • *sm.* **2.** Relatório que antecede lei ou decreto; preâmbulo. • *sf.* **3.** Condição prévia.

pré•li:o *sm.* Luta, combate.

pre•lo *sm.* Prensa (2).

pre•lu•di•ar *v.t.d.* **1.** Fazer prelúdio a. **2.** Executar como prelúdio. *Int.* **3.** Executar prelúdio. [Conjug.: 1 [preludi]**ar**]

pre•lú•di:o *sm.* **1.** Ato ou exercício prévio. **2.** *Mús.* Introdução de uma obra musical.

pre•ma•tu•ro *adj.* **1.** Que amadureceu ou se manifesta ou sucede antes do tempo. **2.** Que nasceu antes do termo normal da gestação. • *sm.* **3.** Criança prematura (q. v.).

pre•me•di•tar *v.t.d.* Resolver com antecipação, e refletidamente. [Conjug.: 1 [premedit]**ar**] § **pre•me•di•ta•ção** *sf.*

pre•men•te *adj2g.* **1.** Que preme. **2.** Urgente (1). § **pre•mên•ci:a** *sf.*

pre•mer ou **pre•mir** *v.t.d.* **1.** Fazer pressão em; calcar, comprimir. *P.* **2.** Comprimir-se. [Conjug.: 2 [prem]**er** e 3 [prem]**ir**]

pre•mi•ar *v.t.d.* **1.** Conceder prêmio ou galardão a. **2.** Recompensar; remunerar. [Conjug.: 1 [premi]**ar**] § **pre•mi•a•do** *adj.*

prê•mi:o *sm.* **1.** Bem material ou moral recebido por serviço prestado, trabalho executado ou méritos especiais; recompensa, galardão, retribuição. **2.** *Bras.* Juros, lucros.

pre•mis•sa *sf.* Cada uma das proposições que servem de base à conclusão.

pré-mo•lar *adj2g.* e *sm. Anat.* Diz-se de, ou cada um dos oitos dentes situados, quatro em cima e quatro embaixo, imediatamente anteriores aos molares. [Pl.: *pré-molares.*]

pre•mo•ni•ção *sf.* Sensação ou advertência antecipada do que vai acontecer; pressentimento. [Pl.: *–ções.*]

pré-na•tal *adj2g.* **1.** Anterior ao nascimento. **2.** Relativo a esse período, ou que se realiza nele. [Pl.: *pré-natais.*]

pren•da *sf.* **1.** Presente (5). **2.** Predicado, dote. **3.** Aptidão, habilidade.

pren•da•do *adj.* Que tem prendas apreciáveis.

pren•der *v.t.d.* **1.** Tornar unido; ligar. **2.** Fixar em algum lugar; pregar. **3.** Capturar, aprisionar. **4.** Atrair, fascinar. *T.d.c.* **5.** Prender (2). *T.d.i.* **6.** Atar, ligar. **7.** Ligar, moral ou afetivamente. **8.** Encadear, vincular. *T.c.* **9.** Fixar-se, arraigar-se. *P.* **10.** Agarrar-se, segurar-se. **11.** Tomar afeição. *T.c.* **12.** Ligar-se, relacionar-se. [Conjug.: 2 [prend]**er**]

pre•nhe *adj2g.* **1.** Cheio, repleto. **2.** Diz-se da fêmea grávida.

pre•nhez (ê) *sf.* Gravidez (1).

pre•no•me *sm.* Nome que precede o de família; nome.

pren•sa *sf.* **1.** Instrumento para comprimir ou achatar. **2.** *Art. Gráf.* Aparelho para reproduzir, com tinta, imagens e textos moldados, gravados, etc.; impressora, prelo.

pren•sar *v.t.d.* **1.** Comprimir na prensa (1). **2.** Apertar muito; espremer. [Conjug.: 1 [prens]**ar**]

pre•nun•ci•ar *v.t.d.* V. *predizer.* [Conjug.: 1 [prenunci]**ar**]

pre•nún•ci:o *sm.* Anúncio de coisa futura.

pre:o•cu•pa•ção *sf.* 1. Ato ou efeito de preocupar(-se). 2. Idéia fixa e antecipada que perturba a mente. 3. Inquietação proveniente dela. [Pl.: –*ções.*]

pre:o•cu•par *v.t.d.* 1. Prender a atenção de. 2. Inquietar, impressionar. *P.* 3. Ter preocupação (2 e 3). [Conjug.: ① [preocup]**ar**]

pre•pa•ra•ção *sf.* Ato, arte, efeito ou modo de preparar(-se); preparo. [Pl.: –*ções.*]

pre•pa•ra•do *adj.* 1. Que se preparou. 2. *Bras.* Que tem preparo (2). • *sm.* 3. Produto químico ou farmacêutico.

pre•pa•rar *v.t.d.* 1. Dispor ou planejar com antecedência. 2. Promover, fomentar. 3. Compor, associando vários elementos. 4. Pôr em condições de atingir um dado objetivo. 5. Armar (6). *P.* 6. Vestir-se; aprontar-se. [Conjug.: ① [prepar]**ar**]

pre•pa•ra•ti•vo *adj.* 1. Preparatório. 2. Preparação.

pre•pa•ra•ti•vos *sm.pl.* Disposições preliminares acerca de algum empreendimento.

pre•pa•ra•tó•ri:o *adj.* Que prepara ou serve para preparar.

pre•pa•ro *sm.* 1. Preparação. 2. *Bras.* Competência, instrução.

pre•pon•de•rân•ci:a *sf.* Predomínio, supremacia.

pre•pon•de•rar *v.int.* Ter maior peso, ou mais influência ou importância. [Conjug.: ① [prepronder]**ar**] § **pre•pon•de•ran•te** *adj2g.*

pre•po•si•ção *sf. Gram.* Palavra invariável que liga partes da oração, estabelecendo entre elas numerosas relações. [Pl.: –*ções.*]

pre•po•si•ti•vo *adj.* Relativo à preposição, ou da natureza dela.

pre•pos•to (ô) *sm.* 1. Aquele que dirige um serviço ou um negócio por delegação da pessoa competente. 2. *Bras.* Representante; delegado.

pre•po•tên•ci:a *sf.* 1. Grande poder ou influência. 2. Abuso de poder.

pre•po•ten•te *adj2g.* 1. Muito poderoso ou influente. 2. Que abusa do poder. 3. Que revela prepotência.

pre•pú•ci:o *sm. Anat.* 1. Nome genérico de prega cutânea que recobre alguma formação anatômica. 2. *Restr.* Prepúcio (1) do pênis.

prer•ro•ga•ti•va *sf.* Vantagem com que se distingue pessoa ou corporação; privilégio, regalia.

pre•sa (ê) *sf.* 1. O que se apreendeu ao inimigo. 2. Coisa ou pessoa arrebatada ou apreendida com violência ou rapacidade; despojo. 3. *Ecol.* Animal que outro caça ou mata para sua alimentação. 4. Dente canino. 5. Mulher encarcerada.

pres•bi:o•pi•a *sf. Oftalm.* Distúrbio visual que ocorre na velhice, em que se perde o poder de distinguir com nitidez os objetos próximos;

presbiopsia, presbitia, presbitismo, vista cansada.

pres•bi:op•si•a *sf. Oftalm.* V. *presbiopia.*

pres•bi•te•ri:a•nis•mo *sm.* Seita religiosa que só reconhece a autoridade do presbítero (2).

pres•bi•te•ri:a•no *adj.* e *sm.* Diz-se de, ou sectário do presbiterianismo.

pres•bi•té•ri:o *sm.* Residência ou igreja paroquial.

pres•bí•te•ro *sm.* 1. Sacerdote, padre. 2. Superintendente da Igreja protestante; bispo.

pres•bi•ti•a. *sf. Oftalm.* V. *presbiopia.*

pres•bi•tis•mo *sm. Oftalm.* V. *presbiopia.*

pres•ci•en•te *adj2g.* Que prevê o futuro. § **pres•ci•ên•ci:a** *sf.*

pres•cin•dir *v.t.i.* Não levar em conta; pôr de lado. [Conjug.: ③ [prescind]**ir**] § **prescindível** *adj2g.*

pres•cre•ver *v.t.d.* 1. Ordenar de antemão e explicitamente. 2. Indicar com precisão. 3. Receitar. *T.d.i.* 4. Prescrever (3). *Int.* 5. Cair em desuso. 6. *Jur.* Ser atingido por prescrição (4 e 5). [Conjug.: ② [prescrev]**er**]

pres•cri•ção *sf.* 1. Ato ou efeito de prescrever. 2. Ordem expressa e formal. 3. Preceito, regra. 4. *Jur.* Perda dum direito pelo não uso dele durante determinado tempo. 5. *Jur.* Extinção da punibilidade de criminoso ou contraventor por não ter o Estado agido contra ele no tempo legal. 6. Instrução escrita relativa a preparo e ministração de remédio e/ou outras medidas integrantes de tratamento. [Pl.: –*ções.*]

pres•cri•to *adj.* Que se prescreveu, ou que prescreveu.

pre•sen•ça *sf.* 1. O estar alguém ou algo presente (1 a 3). 2. Talhe, porte. ◆ **Em presença de.** V. *diante de.*

pre•sen•ci:ar *v.t.d.* Estar presente a; assistir. [Conjug.: ① [presenci]**ar**]

pre•sen•te *adj2g.* 1. Que assiste pessoalmente. 2. Que está à vista (pessoa ou coisa). 3. Que existe ou sucede no momento em que se fala; atual. • *sm.* 4. O tempo presente. 5. O que se dá como agrado, retribuição ou lembrança; prenda. 6. *Gram.* Tempo verbal que exprime atualidade.

pre•sen•te•ar *v.t.d.* e *t.d.i.* Dar presente a. [Conjug.: ⑩ [present]**ear**]

pre•se•pa•da *sf. Bras.* 1. Gabolice, fanfarrice. 2. Brincadeira de mau gosto, ou palhaçada.

pre•se•pe *sm.* V. *presépio.*

pre•sé•pi:o *sm.* 1. Curral, estábulo. 2. *Rel.* Representação do estábulo de Belém e das figuras que, segundo o Evangelho, participaram do nascimento de Cristo.

pre•ser•var *v.t.d.* e *p.* 1. Livrar(-se) de algum mal ou dano. 2. Livrar(-se), resguardar(-se). *T.d.i.* 3. Livrar, defender. [Conjug.: ① [preserv]**ar**] § **pre•ser•va•ção** *sf.*

pre•ser•va•ti•vo *adj.* 1. Próprio para preservar.• *sm.* 2. Aquilo que preserva. 3. *Med.* Qualquer agente (5) destinado a evitar doença sexualmente transmissível.

pre•si•dên•ci:a *sf.* 1. Ato de presidir. 2. Dignidade ou cargo, ou tempo de exercício das funções de presidente. 3. O presidente. 4. *Pop.* Lugar de honra à mesa dum banquete.

pre•si•den•ci•al *adj2g.* Do presidente ou da presidência. [Pl.: –*ais.*]

pre•si•den•ci:a•lis•mo *sm.* Regime político em que o chefe do governo é o presidente da República, mantendo-se a independência e a harmonia do executivo, do legislativo e do judiciário.

pre•si•den•te *adj2g.* 1. Que preside.• *s2g.* 2. Quem preside. 3. Quem dirige os trabalhos duma assembléia ou corporação deliberativa. • *sm.* 4. O presidente da República.

pre•si•di•á•ri:o *adj.* 1. Relativo a presídio.• *sm.* 2. Detento que cumpre pena em presídio.

pre•sí•di:o *sm.* 1. V. *cadeia* (3). 2. Penitenciária.

pre•si•dir *v.t.d.* e *t.i.* 1. Dirigir como presidente. 2. Assistir, dirigindo, orientando ou guiando. 3. Dirigir como chefe (comissão, obra, etc.). [Conjug.: ③ [presid]**ir**]

pre•si•lha *sf.* Tira para amarrar, afivelar, prender.

pre•so (ê) *adj.* 1. Seguro por corda, correia, corrente, etc. 2. Condenado à prisão. 3. Detido pela polícia. 4. Sem liberdade de ação ou movimento.• *sm.* 5. Prisioneiro (1).

pres•sa *sf.* 1. Necessidade intensa de chegar a um lugar, atingir um objetivo, apressar-se. 2. Precipitação, irreflexão.

pres•sa•gi•ar *v.t.d.* 1. Anunciar por presságio. 2. Adivinhar, prever, pressentir. [Conjug.: ① [pressagi]**ar**]

pres•sá•gi:o *sm.* Fato ou sinal que prenuncia o futuro; agouro, augúrio, auspício.

pres•sa•go *adj.* Que pressagia, ou em que há presságio.

pres•são *sf.* 1. Ato ou efeito de premer ou apertar. 2. Influência coercitiva; coação. 3. *Bras.* Colchete em que as duas peças se encaixam por pressão. 4. *Fís.* Força exercida perpendicularmente a uma superfície por unidade de área. [Pl.: –*sões.*]✦ **Pressão arterial.** A pressão exercida pelo sangue sobre parede arterial.

pres•sen•ti•men•to *sm.* 1. Ato ou efeito de pressentir. 2. Premonição.

pres•sen•tir *v.t.d.* 1. Sentir com antecipação. 2. Pressagiar (2). 3. Suspeitar. 4. Ouvir ou perceber antes de ver. [Conjug.: ⑤ [press]e[nt]**ir**]

pres•si:o•nar *v.t.d.* 1. Fazer pressão sobre (algo ou alguém). 2. Constranger. [Conjug.: ① [pression]**ar**]

pres•su•por *v.t.d.* Supor de antemão; presumir. [Conjug.: ⑥⓪ [pressu]**por**]

pres•su•po•si•ção *sf.* Ato ou efeito de pressupor; pressuposto. [Pl.: –*ções.*]

pres•su•pos•to (ô) *adj.* 1. Que se pressupõe.• *sm.* 2. Pressuposição.

pres•su•ro•so (ô) *adj.* Cheio de pressa ou de zelo. [Pl.: –*rosos* (ó).]

pres•ta•ção *sf.* 1. Ato ou efeito de prestar. 2. Pagamento a prazo, para solver dívida ou encargo. [Pl.: –*ções.*]

pres•tar *v.t.d.i.* 1. Dar com presteza e cuidado. 2. Conceder, dar. 3. Dedicar; render. *T.d.* 4. Prestar (1 e 2). 5. Realizar ou cumprir por imposição legal. 6. *Int.* Ter préstimo, serventia ou proveito. 7. Ter boa índole. *P.* 8. Ser adequado; servir. [Conjug.: ① [prest]**ar**]

pres•ta•ti•vo *adj.* Pronto a servir; serviçal.

pres•te *adj2g.* e *adv.* Prestes.

pres•tes *adj2g.2n.* 1. Disposto; pronto. 2. Rápido, ligeiro. 3. Que está a ponto de acontecer. • *adv.* 4. Com presteza.

pres•te•za (ê) *sf.* Qualidade de prestes.

pres•ti•di•gi•ta•ção *sf.* Arte e técnica de prestidigitador; mágica, ilusionismo. [Pl.: –*ções.*]

pres•ti•di•gi•ta•dor (ô) *sm.* Artista que, pela ligeireza das mãos, faz deslocar ou desaparecer objetos; prestímano, mágico, ilusionista.

pres•ti•gi•ar *v.t.d.* Dar prestígio a. [Conjug.: ① [prestigi]**ar**]

pres•tí•gi:o *sm.* Superioridade ou influência pessoal baseada no bom êxito ou no valor individual, e aceita pela maioria. § **pres•ti•gi•o•so** (ô) *adj.*

pres•tí•ma•no *sm.* V. *prestidigitador.*

prés•ti•mo *sm.* Qualidade do que presta, ou de quem tem mérito ou capacidade de ser útil, de servir.

pres•ti•mo•so (ô) *adj.* De muito préstimo. [Pl.: –*mosos* (ó).]

prés•ti•to *sm.* Agrupamento de muitas pessoas em marcha; procissão.

pre•su•mi•do *adj.* 1. Que se presume. 2. V. *presunçoso.*

pre•su•mir *v.t.d.* 1. Entender, baseando-se em certas probabilidades. 2. Pressupor. [Conjug.: ③ [presum]**ir**] § **pre•su•mí•vel** *adj2g.*

pre•sun•ção *sf.* 1. Ato ou efeito de presumir (-se). 2. Suposição, suspeita. 3. V. *vaidade* (3). [Pl.: –*ções.*]

pre•sun•ço•so (ô) *adj.* Que tem ou denota presunção (3); presumido, vaidoso, pretensioso. [Pl.: –*cosos* (ó).]

pre•sun•to *sm.* Perna ou espádua de porco, salgada e curada ao fumeiro.

pre•ten•den•te *adj2g.* 1. Que pretende.• *s2g.* 2. Príncipe que pretende ter direito a um trono.• *sm.* 3. O que aspira desposar uma mulher.

pre•ten•der *v.t.d.* **1.** Reclamar como um direito. **2.** Solicitar, pleitear. **3.** Desejar. **4.** Tencionar. *P.* **5.** Julgar-se, considerar-se. [Conjug.: ② [pretend]**er**]

pre•ten•são *sf.* **1.** Ato ou efeito de pretender. **2.** Direito suposto e reivindicado. **3.** Vaidade exagerada; soberba. [Pl.: *–sões.*]

pre•ten•si•o•so (ô) *adj.* Vaidoso, soberbo, presunçoso. [Pl.: *–osos* (ó).]

pre•ten•so *adj.* Suposto, fictício.

pre•te•rir *v.t.d.* **1.** Deixar de parte; desprezar. **2.** Deixar de promover[1] (4) sem justificativa legal ou moral. **3.** Ocupar lugar que cabia a (outrem). **4.** Prescindir de; omitir. [Conjug.: ㊼ [pret]e[r]**ir**] § **pre•te•ri•ção** *sf.*; **pre•te•rí•vel** *adj2g.*

pre•té•ri•to *adj.* **1.** Que passou; passado. •*sm.* **2.** *Gram.* Tempo verbal que exprime ação passada ou anterior.

pre•tex•tar (ês) *v.t.d.* Dar ou tomar como pretexto. [Conjug.: ① [pretext]**ar**]

pre•tex•to (ês) *sm.* Razão aparente ou fictícia que se alega para dissimular o motivo real de ato ou omissão.

pre•to (ê) *adj.* **1.** Da cor do ébano, do carvão; negro. **2.** Diz-se de coisas que apresentam cor escura. **3.** Sujo, encardido. **4.** Negro (homem). **5.** *Bras.* Difícil, perigoso. • *sm.* **6.** Indivíduo negro.

pre•tor (ô) *sm.* **1.** Na antiga Roma, magistrado que distribuía a justiça. **2.** Magistrado de alçada inferior à de juiz.

pre•to•ri•a *sf.* Jurisdição ou repartição de pretor.

pre•va•le•cer *v.int.* e *t.i.* **1.** Levar vantagem; predominar. *P.* **2.** Valer-se, aproveitar-se. [Conjug.: ㉞ [prevale]**cer**] § **pre•va•le•cen•te** *adj2g.*

pre•va•ri•car *v.int.* **1.** Faltar ao dever, ou aos deveres de seu cargo ou profissão. **2.** Torcer a justiça. **3.** Perpetrar adultério. [Conjug.: ⑧ [prevari]**car**] § **pre•va•ri•ca•ção** *sf.*; **pre•va•ri•ca•dor** (ô) *adj.* e *sm.*

pre•ven•ção *sf.* **1.** Ato ou efeito de prevenir(-se). **2.** Opinião ou sentimento de aversão ou de repulsa, sem base racional. [Pl.: *–ções.*]

pre•ve•nir *v.t.d.* **1.** Dispor com antecipação, ou de sorte que evite dano ou mal. **2.** Chegar, dizer ou fazer antes de outrem. **3.** Interromper, atalhar. **4.** V. *precatar*. *T.d.i.* **5.** Avisar, informar com antecedência. *P.* **6.** V. *precatar*. [Conjug.: ㊼ [prev]e[n]ir] § **pre•ve•ni•do** *adj.*

pre•ven•ti•vo *adj.* Próprio para prevenir ou evitar.

pre•ven•tó•ri•o *sm.* Estabelecimento em que são confinadas pessoas, com o objetivo de deter difusão de doença e que, ger., é utilizado para a profilaxia de tuberculose em crianças que estão expostas ao contágio.

pre•ver *v.t.d.* **1.** Ver, estudar, examinar ou dizer de antemão. **2.** Pressagiar (2). **3.** Pressupor; subentender. *Int.* **4.** Fazer conjeturas; calcular. [Conjug.: ㉔ [pre]**ver**]

pre•vi•den•ci•á•ri•o *sm.* Funcionário de instituto de previdência.

pre•vi•den•te *adj2g.* Que prevê; precavido, prudente. § **pre•vi•dên•ci•a** *sf.*

pré•vi•o *adj.* Que se faz ou diz antes doutra coisa; preliminar.

pre•vi•são *sf.* **1.** Ato ou efeito de prever. **2.** Estudo ou exame feito com antecedência. **3.** Cautela. [Pl.: *–sões.*]

pre•vi•sí•vel *adj2g.* Que se pode prever. [Pl.: *–veis.*]

pre•zar *v.t.d.* **1.** Ter em alto preço, em grande consideração ou respeito. **2.** Amar, querer. *P.* **3.** Estimar-se, respeitar-se. **4.** Honrar-se, ufanar-se. [Conjug.: ① [prez]**ver**]

pri•ma[1] *sf.* Fem. de *primo*[1]. ◆ **Prima cruzada.** *Antrop.* e *Etnol.* Filha de um irmão da mãe, ou filha de uma irmã do pai de um indivíduo. **Prima paralela.** *Antrop.* e *Etnol.* Filha de um irmão do pai, ou filha de uma irmã da mãe de um indivíduo.

pri•ma[2] *sf.* **1.** *Rel.* A primeira das sete horas canônicas. **2.** *Mús.* A corda que dá o som mais agudo em certos instrumentos (violino, violoncelo, etc.).

pri•ma•ci•al *adj2g.* Que tem primazia. [Pl.: *–ais.*]

pri•ma•do *sm.* **1.** Primazia (1). **2.** V. *prioridade* (1).

pri•ma-do•na *sf.* Cantora que faz o papel principal numa ópera. [Pl.: *prima-donas.*]

pri•mar *v.t.i.* **1.** Ser o primeiro. **2.** Mostrar-se o mais notável; distinguir-se. [Conjug.: ① [prim]**ar**]

pri•má•ri•o *adj.* **1.** Que antecede outro. **2.** Elementar, rudimentar.

pri•ma•ta *sm. Zool.* Espécime dos primatas, ordem de mamíferos que inclui os lêmures, os macacos e o homem. § **pri•ma•ta** *adj2g.*

pri•ma•ve•ra *sf.* Estação do ano que sucede ao inverno e antecede o verão.

pri•ma•ve•ril *adj2g.* Da, ou próprio da primavera. [Pl.: *–ris.*]

pri•maz *sm.* Prelado de categoria superior à de arcebispo e bispo.

pri•ma•zi•a *sf.* **1.** Dignidade de primaz; primado. **2.** V. *prioridade*.

pri•mei•ro *num.* **1.** Que ocupa o lugar de número 1, numa série ordenada. • *adj.* **2.** Que não é precedido por outros; que está adiante ou acima dos outros, quanto ao tempo, à posição, à importância, à qualidade, etc. **3.** Inicial, básico, elementar. • *adv.* **4.** Antes de qualquer outra pessoa ou coisa; primeiramente.

pri•mei•ro-ca•de•te *sm*. V. *hierarquia militar*. [Pl.: *primeiros-cadetes*.]

pri•mei•ro-sar•gen•to *sm*. V. *hierarquia militar*. [Pl.: *primeiros-sargentos*.]

pri•mei•ro-te•nen•te *sm*. V. *hierarquia militar*. [Pl.: *primeiros-tenentes*.]

pri•me•vo *adj*. 1. Relativo aos tempos primitivos. 2. Antigo; primitivo.

pri•mí•ci•as *sf.pl*. 1. Primeiros frutos. 2. Primeiras produções. 3. Primeiros sentimentos ou prazeres.

pri•mí•pa•ra *adj. (f.)* e *sf*. Que ou aquela que pariu pela primeira vez.

pri•mi•ti•va *sf*. 1. *Mat*. Função que é a integral indefinida de outra. 2. *Mat*. Função que é a solução de uma equação diferencial.

pri•mi•ti•vo *adj*. 1. De primeira origem. 2. Dos primeiros tempos. 3. Não derivado. 4. Simples; rude. 5. Diz-se do povo ainda em estado natural, por oposição a *civilizado*. 6. Relativo aos povos não letrados, que vivem em sociedades de organização mais simples e tecnologia menos desenvolvida do que aquelas ditas civilizadas e modernas. 7. *Gram*. Diz-se da palavra que serve de radical a outra. • *sm*. 8. Pessoa ou coisa primitiva.

pri•mo¹ *sm*. Indivíduo em relação aos filhos de tias e tios. ◆ **Primo cruzado**. *Antrop*. e *Etnol*. Filho de um irmão da mãe, ou filho de uma irmã do pai de um indivíduo. **Primo paralelo**. *Antrop*. e *Etnol*. Filho de um irmão do pai, ou filho de uma irmã da mãe de um indivíduo.

pri•mo² *adj*. e *sm*. *Mat*. Diz-se de, ou número só divisível por si e pela unidade.

pri•mo•gê•ni•to *adj*. e *sm*. Diz-se de, ou filho gerado antes dos outros.

pri•mo•ge•ni•tu•ra *sf*. Condição de primogênito.

pri•mor (ô) *sm*. 1. Perfeição, excelência. 2. Beleza; encanto. § **pri•mo•ro•so** (ô) *adj*.

pri•mor•di•al *adj2g*. 1. Relativo a primórdio. 2. Básico. [Pl.: *–ais*.]

pri•mór•di•o *sm*. 1. Aquilo que se organiza ou ordena primeiro. 2. Fonte, origem.

prin•ce•sa (ê) *sf*. 1. Mulher do príncipe. 2. Soberana de principado. 3. Filha de rei.

prin•ci•pa•do *sm*. 1. Dignidade de príncipe. 2. Território ou Estado governado por príncipe ou princesa.

prin•ci•pal *adj2g*. 1. Que está em primeiro lugar. 2. Fundamental, essencial. [Pl.: *–pais*.]

prín•ci•pe *sm*. 1. Filho ou membro de família reinante. 2. Filho primogênito do rei. 3. Chefe de principado (2). 4. Consorte da rainha, nalguns Estados. 5. Título de nobreza, nalguns países.

prin•ci•pes•co (ê) *adj*. De, ou próprio de príncipe.

prin•ci•pi•an•te *adj2g*. e *s2g*. Que ou quem principia um exercício ou aprendizado.

prin•ci•pi•ar *v.t.d.*, *t.i.* e *int*. Dar princípio a, ou ter princípio; começar. [Conjug.: ① [principi]**ar**]

prin•cí•pi•o *sm*. 1. Momento ou local ou trecho em que algo tem origem. 2. Causa primária; origem. 3. Preceito, regra.

prin•cí•pi•os *sm.pl*. 1. V. *rudimentos*. 2. *Filos*. Proposições diretoras duma ciência.

pri•or (ô) *sm*. 1. O pároco de certas freguesias. 2. Superior de certas ordens religiosas.

pri•o•ri•da•de *sf*. 1. Qualidade do que ou de quem é o primeiro; primado. 2. Precedência dada a alguém, com preterição de outrem. [Sin. ger.: *primazia*.]

pri•são *sf*. 1. Ato ou efeito de prender; captura. 2. *Pop*. V. *cadeia* (3). 3. Recinto fechado. 4. *Fig*. Vínculo; peia. [Pl.: *–sões*.]

pris•co *adj*. De tempos passados; antigo, pristino.

pri•si•o•nei•ro *sm*. 1. Homem privado da liberdade; preso, detento. 2. Homem aprisionado em ocasião de guerra.

pris•ma *sm*. 1. *Geom*. Poliedro em que duas faces são polígonos paralelos e congruentes e as outras, paralelogramos. 2. *Ópt*. Sólido prismático, de substância transparente, usado para dispersar ou refratar ou refletir luz.

pris•má•ti•co *adj*. Em forma de prisma.

pris ti na adj Poét. V. prisco.

pri•va•ci•da•de *sf*. Intimidade (2).

pri•va•ções *sf.pl*. Falta do necessário à vida.

pri•va•da *sf*. V. *latrina*.

pri•va•do¹ *sf*. Favorito, valido.

pri•va•do² *adj*. 1. Não público. 2. Falto, carente.

pri•van•ça *sf*. Estado de privado¹.

pri•var *v.t.d.i.* 1. Despojar de algo. 2. Impedir de ter a posse de algo. *T.i.* 3. Conviver intimamente. *P*. 4. Tirar a si mesmo o gozo (de algo). [Conjug.: ① [priv]**ar**] § **pri•va•ção** *sf*.

pri•va•ti•vo *adj*. 1. Peculiar, próprio. 2. De propriedade ou uso exclusivo; particular.

pri•va•ti•zar *v.t.d*. Trazer para o setor privado ou particular. [Conjug.: ① [privatiz]**ar**] § **pri•va•ti•za•ção** *sf*.

pri•vi•le•gi•ar *v.t.d*. Conceder privilégio a. [Conjug.: ① [privilegi]**ar**] § **pri•vi•le•gi•a•do** *adj*.

pri•vi•lé•gi•o *sm*. 1. Vantagem que se concede a alguém com exclusão de outros; exceção. 2. Permissão especial. 3. V. *prerrogativa*.

pró *adv*. 1. A favor. • *sm*. 2. Vantagem, conveniência: *os prós e os contras*.

pro•a (ô) *sf*. 1. A parte anterior da embarcação. 2. *Fam*. Vaidade, presunção.

pro•ba•bi•li•da•de *sf*. Qualidade de provável.

pro•ban•te *adj2g*. *Jur*. Que prova (em juízo).

pro•ble•ma *sm.* 1. Questão matemática proposta para que se lhe dê a solução. 2. Questão não solvida, ou de solução difícil.

pro•ble•má•ti•ca *sf.* O conjunto dos problemas relativos a um assunto.

pro•ble•má•ti•co *adj.* 1. Relativo a, ou que constitui problema. 2. Incerto, duvidoso.

pro•bo *adj.* De caráter íntegro; honrado. § **pro•bi•da•de** *sf.*

pro•bós•ci•de *sf. Zool.* Protrusão tubular na parte anterior de animal, como, p. ex., a tromba dos elefantes e a de alguns dípteros.

pro•bos•cí•de:o *sm. Zool.* Espécime dos proboscídeos, ordem de grandes mamíferos cujo focinho é prolongado em tromba. São os elefantes. § **pro•bos•cí•de:o** *adj.*

pro•ca•ri•on•te *sm. Citol.* Procarioto.

pro•ca•ri•o•to (ó) *sm. Citol.* Organismo formado por uma célula apenas, desprovida de membrana nuclear; procarionte.

pro•ce•dên•ci:a *sf.* 1. Ato ou efeito de proceder. 2. Lugar donde alguém ou algo procede; proveniência.

pro•ce•den•te *adj2g.* 1. Oriundo, proveniente. 2. Conseqüente, lógico.

pro•ce•der *v.t.i.* 1. Originar-se, derivar-se. 2. Provir, descender. 3. Instaurar processo. 4. Levar a efeito; executar. *T.c.* 5. Provir, vir. *Int.* 6. Comportar-se, portar-se. 7. Ter fundamento. [Conjug.: ② [proced]er] • *sm.* 8. Procedimento (1).

pro•ce•di•men•to *sm.* 1. Ato ou efeito de proceder; proceder. 2. V. *comportamento.* 3. *Inform.* Programa que controla a execução de outros programas.

pro•ce•la *sf.* Tempestade marítima.

pro•ce•la•ri•í•de:o *sm. Zool.* Espécime dos procelariídeos, família de aves procelariiformes. Ex.: albatroz. § **pro•ce•la•ri•í•de:o** *adj.*

pro•ce•la•ri•i•for•me *sm. Zool.* Espécime dos procelariiformes, ordem de grandes aves oceânicas que têm pés palmados e narinas prolongadas em tubo, na base do bico. § **pro•ce•la•ri•i•for•me** *adj2g.*

pro•ce•lo•so (ô) *adj.* Em que há procela, ou que a traz. [Pl.: *–losos* (ó).]

pró•cer *sm.* Homem importante em uma nação, classe, partido, etc.

pro•ces•sa•dor (ô) *adj.* 1. Que processa. • *sm.* 2. Aquele ou aquilo que processa. 3. *Inform.* Circuito integrado que realiza operações aritméticas e lógicas de processamento e o controle da execução de programas. 4. *Inform.* Em microcomputadores, a unidade central de processamento. ◆ **Processador de textos.** *Inform.* Aplicativo destinado à preparação de documentos escritos, com recursos de redação, edição e impressão de textos.

pro•ces•sa•men•to *sm.* 1. Ato ou efeito de processar. 2. Processamento de dados. ◆ **Processamento de dados.** *Inform.* Manipulação dos dados em um sistema computacional, que tecnicamente equivale à execução de instruções por processador(es), e que abrange a entrada, verificação, armazenamento, recuperação, transformação e produção de novas informações a partir dos dados iniciais. **Processamento de textos.** *Inform.* Uso de computador para redigir, editar, formatar e imprimir textos.

pro•ces•sar *v.t.d.* 1. Instaurar processo contra. 2. Conferir (documento) para validar. 3. *Inform.* Manipular e transformar (dados) em computador, seguindo as instruções de um programa. [Conjug.: ① [process]ar]

pro•ces•so *sm.* 1. Ato de proceder, de ir por diante. 2. Sucessão de estados ou de mudanças. 3. Modo por que se realiza ou executa uma coisa; método, técnica. 4. *Jur.* V. *demanda* (2). 5. *Anat.* Nome genérico de saliência, como, p. ex., em osso.

pro•ces•su•al *adj2g.* Relativo a processo judicial. [Pl.: *–ais.*]

pro•ci•o•ní•de:o *sm. Zool.* Espécime dos procionídeos, família de mamíferos fissípedes, carnívoros ou onívoros, de pernas um tanto curtas, e ger. arborícolas. Ex.: o quati. § **pro•ci•o•ní•de:o** *adj.*

pro•cis•são *sf.* 1. Préstito religioso. 2. Préstito. [Pl.: *–sões.*]

pro•cla•ma *sm.* Pregão ou edital de casamento.

pro•cla•mar *v.t.d.* 1. Anunciar em público e em voz alta. 2. Afirmar com ênfase. *Transobj.* 3. Eleger, aclamar. *P.* 4. Fazer-se aclamar. [Conjug.: ① [proclam]ar] § **pro•cla•ma•ção** *sf.*

pró•cli•se *sf. Gram.* Anteposição de palavra átona a outra que não o é, subordinando-se aquela ao acento desta. [Por vezes, o termo é us. para indicar a simples anteposição de um vocábulo a outro: *a próclise dos pronomes átonos.*]

pro•cras•ti•nar *v.t.d.* V. *adiar.* [Conjug.: ① [procrastin]ar]

pro•cri•ar *v.t.d.* 1. Dar nascimento a; gerar. *Int.* 2. Reproduzir-se. [Conjug.: ① [procri]ar] § **pro•cri•a•ção** *sf.*

pro•cu•ra *sf.* 1. Ato de procurar. 2. V. *demanda* (3).

pro•cu•ra•ção *sf.* 1. Incumbência dada a outrem por alguém para tratar de negócio(s) em seu nome. 2. Instrumento da procuração. 3. *P. ext.* Mandato (1). [Pl.: *–ções.*]

pro•cu•ra•dor (ô) *sm.* 1. Aquele que tem ou recebeu procuração (1). 2. Advogado do Estado.

pro•cu•ra•do•ri:a *sf.* Ofício, funções ou repartição do procurador (2).

pro•cu•rar *v.t.d.* 1. Esforçar-se por achar ou conseguir. 2. Pedir com instância. 3. Ir ao encontro de. **4.** Empenhar-se por. **5.** Indagar, inquirir. *T.i.* **6.** Esforçar-se por encontrar. [Conjug.: ① [procur]**ar**]

pro•di•ga•li•da•de *sf.* Qualidade ou ação de pródigo.

pro•di•ga•li•zar *v.t.d.* e *t.d.i.* Dar com profusão; liberalizar. [Conjug.: ① [prodigaliz]**ar**]

pro•dí•gi:o *sm.* V. *portento*.

pro•di•gi•o•so (ó) *adj.* Maravilhoso; extraordinário. [Pl.: *–osos* (ó).]

pró•di•go *adj.* **1.** Esbanjador, dissipador. **2.** V. *liberal* (1).

pró•dro•mo *sm.* Preâmbulo, preliminar.

pro•du•ção *sf.* **1.** Ato ou efeito de produzir. **2.** O que se produz, ou o volume da produção. **3.** *Cin. Teat. Telev.* Realização de espetáculo, para a qual são necessários recursos financeiros e equipe especializada. [Pl.: *–ções.*]

pro•du•ti•vi•da•de *sf.* **1.** Faculdade de produtivo. **2.** *Econ.* Relação entre a quantidade ou valor produzido e a quantidade ou valor dos insumos aplicados à produção; eficiência produtiva. ♦ **Produtividade do capital.** *Econ.* Quantidade produzida por unidade de capital investido. **Produtividade do trabalho.** *Econ.* Quantidade produzida por unidade de trabalho.

pro•du•ti•vo *adj.* **1.** Que produz; fértil. **2.** Rendoso, proveitoso.

pro•du•to *sm.* **1.** O que é produzido pela natureza. **2.** Resultado de qualquer atividade humana. **3.** V. *receita* (1). **4.** Conseqüência, resultado. **5.** Animal ou planta resultante de função reprodutiva dirigida, com vista ao aprimoramento da espécie. **6.** *Arit.* O resultado duma multiplicação. **7.** *Mat.* Conjunto constituído por elementos comuns a dois ou mais conjuntos; interseção, conjunto interseção. **8.** *Econ.* Valor total da produção de bens e serviços num país, em determinado período (ger. um ano). ♦ **Produto de beleza.** Produto para o embelezamento e cuidado do corpo. **Produto escalar.** *Mat.* A soma dos produtos das componentes homólogas de dois vetores referidos a uma base ortonormal. **Produto final.** *Econ.* O que se destina a ser vendido aos consumidores. **Produto intermediário.** *Econ.* O que se destina a entrar na produção de outros bens. **Produto interno.** *Econ.* Produto (8), incluindo os pagamentos a fatores de produção no exterior. **Produto interno bruto.** *Econ.* Produto interno, incluindo os gastos de depreciação [sigla: *PIB*]. **Produto interno líquido.** *Econ.* Produto interno, exclusive os gastos de depreciação. **Produto nacional.** *Econ.* Produto (8), exclusive o valor remetido ao exterior para pagamento de fatores de produção. **Produto nacional bruto.** *Econ.* Produto nacional, incluindo gastos de depreciação [sigla:

PNB]. **Produto nacional líquido.** *Econ.* Produto nacional, exclusive os gastos de depreciação. **Produto primário.** *Econ.* Produto agropecuário ou resultante de extração mineral ou vegetal. **Produto vetorial.** *Mat.* Vetor cujo suporte é normal ao plano determinado por dois outros vetores, e cujo módulo é igual ao produto dos módulos destes dois pelo seno do ângulo que formam.

pro•du•tor (ô) *adj.* e *sm.* Que ou quem produz.

pro•du•zir *v.t.d.* **1.** Dar nascimento ou origem a; criar. **2.** Fazer aparecer; originar. **3.** Apresentar, exibir. **4.** Causar, motivar. **5.** Render (3). **6.** Fabricar (1). **7.** Criar pela imaginação. *Int.* **8.** Ser fértil. *P.* **9.** *Bras.* Vestir-se, arranjar-se com apuro. [Conjug.: ㊹ [prod]**uzir**]

pro•e•mi•nên•ci:a *sf.* V. *saliência* (1).

pro•e•mi•nen•te *adj2g.* **1.** Que se alteia acima do que o circunda. **2.** Saliente (2). **3.** Preeminente (1).

pro•ê•mi:o *sm.* V. *prefácio*.

pro•e•za (ê) *sf.* Façanha (2).

pro•fa•nar *v.t.d.* **1.** Tratar com irreverência (coisas sagradas). **2.** Infringir (normas, regra). **3.** Violar a santidade de. **4.** Fazer mau uso de. **5.** Macular, desonrar. [Conjug.: ① [profan]**ar**] § **pro•fa•na•ção** *sf.*; **pro•fa•na•dor** (ô) *adj.* e *sm.*

pro•fa•no *adj.* **1.** Estranho à religião. **2.** Contrário ao respeito devido a coisas sagradas. **3.** Não sagrado. **4.** V. *secular* (5).

pro•fe•ci•a *sf.* **1.** Predição do futuro por um profeta. **2.** Suposição, conjetura.

pro•fe•rir *v.t.d.* **1.** Pronunciar em voz alta e clara. **2.** Dizer, pronunciar. **3.** Publicar ou dizer em voz alta. [Conjug.: ㊷ [prof]e[r]**ir**]

pro•fes•sar *v.t.d.* **1.** Reconhecer publicamente. **2.** Abraçar (cargo ou profissão). **3.** Adotar, abraçar (doutrina). *T.d.i.* **4.** Prometer, jurar. *Int.* **5.** Fazer votos, entrando para uma ordem religiosa. [Conjug.: ① [profess]**ar**]

pro•fes•so *adj.* **1.** Que professou. **2.** Relativo a frades ou freiras.

pro•fes•sor (ô) *sm.* Aquele que ensina uma ciência, arte, técnica; mestre.

pro•fes•so•ra *sf.* Mestra.

pro•fes•so•ra•do *sm.* Magistério (2).

pro•fe•ta *sm.* Homem que prediz o futuro.

pro•fé•ti•co *adj.* Relativo a profeta ou a profecia.

pro•fe•ti•sa *sf.* Fem. de profeta.

pro•fe•ti•zar *v.t.d.* **1.** Predizer ou anunciar como profeta; vaticinar. **2.** Prever, pressagiar. [Conjug.: ① [profetiz]**ar**]

pro•fi•ci•en•te *adj2g.* **1.** Que tem perfeito conhecimento; competente; capaz. **2.** V. *profícuo*. § **pro•fi•ci•ên•ci:a** *sf.*

pro•fí•cu:o *adj.* Útil, vantajoso; proficiente. § **pro•fi•cu:i•da•de** *sf.*

pro•fi•lác•ti•co ou **pro•fi•lá•ti•co** *adj.* Mediante profilaxia, ou relativo a ela.

pro•fi•la•xi•a (cs) *sf. Med.* Emprego de qualquer procedimento ou agente para evitar instalação e/ou propagação de doença.

pro•fis•são *sf.* **1.** Ato ou efeito de professar (5). **2.** Atividade ou ocupação especializada, da qual se podem tirar os meios de subsistência; ofício, mister. [Pl.: *–sões.*]

pro•fis•si•o•nal *adj2g.* **1.** Relativo a profissão. • *s2g.* **2.** *Bras.* Quem faz uma coisa por ofício. [Pl.: *–nais.*]

pro•fis•si•o•na•li•zar *v.t.d.* e *p.* Dar caráter profissional a, ou adquiri-lo. [Conjug.: ① [profissionaliz]ar]

pro•fli•gar *v.t.d.* **1.** Lançar por terra; abater, destruir. **2.** Reprovar com energia; verberar. [Conjug.: ⑪ [profli]gar]

pró•fu•go *adj.* Fugitivo, desertor.

pro•fun•das *sf.pl.* **1.** A parte mais funda. **2.** O inferno.

pro•fun•de•za (ê) *sf.* Profundidade.

pro•fun•di•da•de *sf.* Qualidade de profundo; profundeza.

pro•fun•do *adj.* **1.** Cujo fundo é muito distante da superfície ou da borda. **2.** Que penetra muito. **3.** Escuro, carregado (cor). **4.** Que vem ou parece vir do íntimo; fundo. **5.** De grande alcance. **6.** Muito culto ou muito perspicaz.

pro•fu•são *sf.* **1.** Superabundância. **2.** Esbanjamento, desperdício. [Pl.: *–sões.*]

pro•fu•so *adj.* **1.** Que se espalha em abundância. **2.** Copioso, abundante.

pro•ge•ni•e *sf.* **1.** V. *ascendência* (4). **2.** Geração, prole. [Sin. ger.: *progenitura.*]

pro•ge•ni•tor (ô) *sm.* **1.** Aquele que procria antes do pai; avô. **2.** Pai (1).

pro•ge•ni•tu•ra *sf.* V. *progênie.*

próg•na•ta *adj2g.* e *s2g.* Prógnato.

prog•na•tis•mo *sf. Med.* Proeminência anormal da mandíbula.

próg•na•to *adj.* e *sm.* Que ou quem tem prognatismo.

prog•nos•ti•car *v.t.d.* e *t.d.i.* V. *predizer.* [Conjug.: ⑧ [prognosti]car]

prog•nós•ti•co *sm.* **1.** Conjetura sobre o desenvolvimento dum negócio, etc. **2.** Juízo médico, baseado no diagnóstico, acerca da evolução duma doença.

pro•gra•ma *sm.* **1.** Impresso que contém os pormenores dum espetáculo, festa, etc. **2.** Indicação geral das matérias para estudar num curso. **3.** Conjunto de princípios ou relação de objetivos de indivíduo, partido político, etc. **4.** Série de compromissos para atender. **5.** *Inform.* V. *programa de computador.* **6.** *Rád. Telev.* Apresentação de audições radiofônicas ou espetáculos televisionados, etc. **7.** *Tec.* Conjunto previamente definido de instruções a serem executadas por uma máquina capaz de interpretá-las. ✦ **Programa de computador.** *Inform.* Seqüência completa de instruções a serem executadas por computador; programa.

pro•gra•ma•ção *sf.* **1.** Ato ou efeito de programar. **2.** Conjunto de apresentações, ações, eventos, etc. planejados antecipadamente. **3.** *Inform.* Ciência ou técnica de elaboração de programas de computador. **4.** *Rád. Telev.* Conjunto de programas de uma emissora. ✦ **Programação linear.** *Mát.* Técnica matemática para solução de problemas que envolvam maximização ou minimização de uma função linear, sujeita a restrições.

pro•gra•ma•dor (ô) *sm.* **1.** Aquele que programa. **2.** *Inform.* Pessoa dedicada a projetar, escrever e testar programas de computador.

pro•gra•mar *v.t.d.* **1.** Fazer o programa de; planejar. **2.** Prever ou selecionar, como parte de programa (6) ou de programação (2). **3.** *Inform.* Determinar a forma de funcionamento de (aparelho, computador), fornecendo programa (5). *Int.* **4.** *Inform.* Elaborar (programa [5]). [Conjug.: ① [program]ar] § **pro•gra•má•vel** *adj2g.*

pro•gre•dir *v.int.* **1.** Caminhar para a frente; avançar. **2.** Ter ou fazer progresso; desenvolver-se. *T.i.* **3.** Progredir (2). [Conjug.: ⑤⁴ [progr]e[d]ir]

pro•gres•são *sf.* **1.** Progresso (1). **2.** Sucessão ininterrupta dos estágios dum processo (2). [Pl.: *–sões.*]

pro•gres•sis•ta *adj2g.* Amigo do progresso.

pro•gres•si•vo *adj.* **1.** Que progride, ou encerra progressão. **2.** Que se realiza gradualmente.

pro•gres•so *sm.* **1.** Ato ou efeito de progredir; progressão. **2.** Marcha para a frente. **3.** O conjunto das mudanças havidas no curso do tempo.

pro•i•bir *v.t.d.* **1.** Impedir que se faça. **2.** Interdizer (1). *T.d.i.* **3.** Não permitir. **4.** Vedar. [Conjug.: ⑤⁰ [pr]oibir] § **pro•i•bi•ção** *sf.*

pro•i•bi•ti•vo *adj.* Que encerra proibição.

pro•je•ção *sf.* **1.** Ato ou efeito de projetar(-se). **2.** Saliência, proeminência. **3.** Representação geográfica duma parte da Terra ou do céu num plano. **4.** *Geom.* Operação de transformar uma figura em outra mediante retas sujeitas a condições. **5.** Apresentação de imagens numa tela com o auxílio de projetor (2). [Pl.: *–ções.*]

pro•je•tar *v.t.d.* **1.** Fazer projeto de. **2.** Atirar longe; arremessar. **3.** Reproduzir em tela (filmes, etc.). **4.** Tornar famoso, conhecido. *P.* **5.** Precipitar (7). **6.** Tornar-se famoso. [Conjug.: ① [projet]ar]

pro•je•til ou **pro•jé•til** *sm.* **1.** Qualquer sólido pesado que se move no espaço, abandonado a si mesmo após haver recebido impulso. **2.** Corpo arremessado por arma de fogo. [Pl.: *projetis* ou *projéteis.*]

pro•je•tis•ta *adj2g.* e *s2g.* Diz-se de, ou engenheiro que se encarrega de plantas ou projetos arquitetônicos.

pro•je•to *sm.* **1.** Plano, intento. **2.** Empreendimento. **3.** Redação preliminar de lei, de relatório, etc. **4.** Plano geral de edificação.

pro•je•tor (ô) *sm.* **1.** Aparelho para projetar feixes luminosos. **2.** Aparelho de projeção cinematográfica.

prol *sm. Antiq.* Lucro, proveito. [Pl.: *próis.*] ◆ **Em prol de.** Em proveito ou em defesa de.

pro•la•ção *sf.* **1.** Ato ou efeito de proferir. **2.** Prolongação de som. **3.** Delonga. [Pl.: *-ções.*]

pro•le *sf.* **1.** Geração, descendência. **2.** Filho(s).

pro•le•ta•ri•a•do *sm.* A classe dos proletários.

pro•le•tá•ri:o *sm.* Homem que trabalha em ofício ou profissão manual ou mecânica, em troca de salário, e dele vive.

pro•li•fe•rar *v.int.* **1.** Ter prole ou geração; reproduzir-se. **2.** Crescer em número; multiplicar-se. [Conjug.: ① [prolifer]ar] § **pro•li•fe•ra•ção** *sf.*

pro•lí•fe•ro *adj.* **1.** Que faz prole. **2.** Produtivo, fecundo (pessoa). [Sin. ger.: *prolífico.*]

pro•lí•fi•co *adj.* V. *prolífero.*

pro•li•xo (cs) *adj.* **1.** Muito longo ou difuso. **2.** Fastidioso, enfadonho. § **pro•li•xi•da•de** (cs) *sf.*

pró•lo•go *sm.* V. *prefácio.*

pro•lon•ga•men•to *sm.* **1.** Ato ou efeito de prolongar(-se). **2.** Continuação de algo na mesma direção.

pro•lon•gar *v.t.d.* **1.** Tornar mais longo; alongar. **2.** Aumentar a duração de. **3.** Adiar, procrastinar. *P.* **4.** Estender-se, alongar-se. [Conjug.: ⑪ [prolon]gar]

pro•ló•qui:o *sm.* V. *provérbio.*

pro•mé•ci:o *sm. Quím.* V. *lantanídeos* [símb.: *Pm*].

pro•mes•sa *sf.* **1.** Ato ou efeito de prometer; promissão. **2.** Coisa prometida. **3.** Voto, juramento.

pro•me•ter *v.t.d.* **1.** Obrigar-se verbalmente ou por escrito a (fazer ou dar alguma coisa); comprometer-se a. **2.** Pressagiar, anunciar. **3.** Dar esperança, ou mostrar probabilidade de. *T.d.i.* **4.** Prometer (1). *Int.* **5.** Fazer promessa. **6.** Dar esperança de bom futuro, de progresso. [Conjug.: ② [promet]er] § **pro•me•te•dor** (ô) *adj.*

pro•me•ti•da *sf.* Noiva.

pro•me•ti•do *adj.* **1.** Que se prometeu. • *sm.* **2.** Aquilo que se prometeu. **3.** Noivo.

pro•mis•cu•ir-se *v.p.* Misturar-se, mesclar-se. [Conjug.: ㊽ [promisc]uir[-se]]

pro•mís•cu:o *adj.* Agregado sem ordem nem distinção; misturado, confuso. § **pro•mis•cu:i•da•de** *sf.*

pro•mis•são *sf.* Promessa (1). [Pl.: *-sões.*]

pro•mis•sor (ô) *adj.* Cheio de promessas; próspero, feliz.

pro•mis•só•ri:a *sf.* Título de crédito formal, nominativo, com promessa de pagamento.

pro•mi•ten•te *adj2g.* e *s2g.* Que ou quem promete.

pro•mo•ção¹ *sf.* **1.** Ato ou efeito de promover¹. **2.** Acesso a cargo ou categoria superior. [Pl.: *-ções.*]

pro•mo•ção² *sf. Bras.* Campanha de propaganda. [Pl.: *-ções.*]

pro•mon•tó•ri:o *sm.* Cabo formado de rochas elevadas ou alcantis.

pro•mo•tor (ô) *adj.* **1.** Que promove. • *sm.* **2.** Aquele que o faz. **3.** Servidor do Ministério Público encarregado de promover ações consideradas de interesse público.

pro•mo•to•ri•a *sf.* Órgão, cargo ou ofício de promotor.

pro•mo•ver¹ *v.t.d.* **1.** Dar impulso a; fazer avançar. **2.** Causar, originar. **3.** Diligenciar para que se realize. *T.d.i.* **4.** Elevar a (cargo ou classe superior). [Conjug.: ② [promov]er]

pro•mo•ver² *v.t.d.* **1.** Fazer promoção² de. *P.* **2.** Dar a conhecer as suas próprias qualidades; badalar-se. [Conjug.: ② [promov]er]

⮞ **prompt** (prômpt) [Ingl.] *sm. Inform.* Sinal emitido por computador, indicando a sua disponibilidade para receber novos comandos digitados pelo usuário.

⮞ **prompter** (prômpter) [Ingl.] *sm. Cin. Teatr. Telev.* Ponto eletrônico que emprega monitor de vídeo, que, acoplado à câmara, no qual se exibe o texto a ser lido em cena; *teleprompter.* [Cf. *dália².*]

pro•mul•gar *v.t.d.* **1.** Ordenar a publicação de (lei). **2.** Tornar oficialmente público. [Conjug.: ⑪ [promul]gar] § **pro•mul•ga•ção** *sf.*

pro•no•me *sm. Gram.* Palavra que substitui o substantivo, ou que o acompanha para tornar-lhe claro o significado. ◆ **Pronome de tratamento.** *Gram.* Palavra ou locução que funciona tal como os pronomes pessoais. Ex.: *você, vossa excelência.* **Pronome indefinido.** Aquele que indica uma terceira pessoa indeterminada: *ninguém, algo, qualquer,* etc. **Pronome interrogativo.** Os pronomes indefinidos *que, quem, qual, quanto* quando empregados em frases interrogativas: *Quanto custa isso?* **Pronome possessivo.** Aquele que indica posse, como, p. ex., *meu, teu, seu.*

pro•no•mi•nal *adj2g.* **1.** Relativo ao pronome. **2.** *Gram.* Que se conjuga com pronomes oblíquos (verbo). [Pl.: *-nais.*]

pron•ti•dão *sf.* **1.** Qualidade de pronto. **2.** Estado de alerta duma unidade militar. [Pl.: *-dões.*]

pron•ti•fi•car-se *v.p.* Mostrar-se pronto, disposto. [Conjug.: ⑧ [prontifi]car[-se]]

pron•to *adj.* **1.** Que não tarda; breve. **2.** Rápido. **3.** Imediato, instantâneo. **4.** Concluído, terminado. **5.** Preparado, apto. **6.** *Bras. Gír.* Sem dinheiro; duro, limpo, liso, teso, quebrado.

pron•to-so•cor•ro (cô) *sm.* Hospital para atendimento de casos de urgência. [Pl.: *prontos-socorros* (có).]

pron•tu•á•ri:o *sm.* **1.** Manual de indicações úteis. **2.** *Bras.* Ficha (médica, policial, etc.) com os dados referentes a alguém.

pro•nún•ci:a *sf.* Ato, efeito ou modo de pronunciar.

pro•nun•ci:a•men•to *sm.* **1.** Ato ou efeito de pronunciar-se ou insurgir-se coletivamente contra o governo ou medida governamental; sublevação. **2.** Ato ou efeito de pronunciar-se ou manifestar sua opinião.

pro•nun•ci•ar *v.t.d.* **1.** Exprimir verbalmente; articular. **2.** Proferir (2). **3.** Decretar, publicar. **4.** Acentuar, salientar. *P.* **5.** Manifestar o que pensa ou sente. **6.** Insurgir-se, revoltar-se. [Conjug.: ① [pronunci]ar]

pro•pa•gan•da *sf.* **1.** Propagação de princípios, idéias, conhecimentos ou teorias. **2.** Forma de promover o conhecimento e a aceitação de idéias, produtos, etc., por meio da veiculação na mídia de mensagens pagas; publicidade. **3.** Arte e técnica de planejar, criar, executar e veicular mensagens de propaganda; publicidade. § **pro•pa•gan•dís•ti•co** *adj.*

pro•pa•gan•dis•ta *s2g.* Quem faz propaganda.

pro•pa•gar *v.t.d.* **1.** Multiplicar, ou reproduzindo, ou por geração. **2.** Dilatar, estender. **3.** Fazer propaganda de. **4.** V. *propalar* (1). *P.* **5.** Reproduzir-se. **6.** Difundir-se, propalar-se. **7.** Desenvolver-se por contágio. [Conjug.: ⑪ [propa]gar] § **pro•pa•ga•ção** *sf.*; **pro•pa•ga•dor** (ô) *adj.* e *sm.*

pro•pa•lar *v.t.d.* **1.** Tornar público; divulgar, propagar. *P.* **2.** Propagar (6). [Conjug.: ① [propal]ar]

pro•pa•no *sm. Quím.* Alcano que contém três átomos de carbono [fórm.: CH_3-CH_2-CH_3], gasoso, que é um dos componentes principais do gás vendido em bujões, para uso doméstico.

pro•pa•ro•xí•to•no (cs) *adj.* e *sm. Gram.* Diz-se de, ou vocábulo que tem o acento tônico na antepenúltima sílaba; esdrúxulo.

pro•pe•dêu•ti•co *adj.* Que serve de introdução; preliminar, prévio.

pro•pen•der *v.t.c.* **1.** Estar inclinado; inclinar-se, pender. *T.i.* **2.** Ter propensão; tender. [Conjug.: ② [propend]er]

pro•pen•são *sf.* **1.** V. *tendência* (1). **2.** V. *atração* (3). [Pl.: *–sões.*]

pro•pen•so *adj.* Inclinado, tendente.

pro•pi•ci•ar *v.t.d.* e *t.d.i.* **1.** Tornar propício, favorável. **2.** Proporcionar. [Conjug.: ① [propici]ar]

pro•pí•ci:o *adj.* **1.** Que protege ou auxilia. **2.** Favorável.

pro•pi•na *sf.* V. *gorjeta.*

pro•pi•nar *v.t.d.* e *t.d.i.* Dar a beber; ministrar. [Conjug.: ① [propin]ar]

pro•pín•quo *adj.* Próximo, vizinho. § **pro•pin•qüi•da•de** *sf.*

pro•po•nen•te *adj2g.* e *s2g.* Que ou quem propõe.

pro•por *v.t.d.* **1.** Submeter a apreciação; apresentar. **2.** Sugerir, lembrar. **3.** Requerer em juízo; intentar. **4.** Expor, apresentar. **5.** Determinar. *T.d.i.* **6.** Propor (1, 2, 4 e 5). **7.** Oferecer como lance ou preço. *P.* **8.** Dispor-se. **9.** Tencionar. [Conjug.: ⑥⓪ [pro]por]

pro•por•ção *sf.* **1.** Relação entre coisas; comparação. **2.** Dimensão, extensão. **3.** Disposição regular, harmônica; simetria. **4.** Conformidade, identidade. **5.** *Arit.* Igualdade entre duas razões. [Pl.: *–ções.*]

pro•por•ci:o•nal *adj2g.* **1.** Disposto regularmente. **2.** *Arit.* Relativo a proporção (5). **3.** *Mat.* Diz-se de uma variável cujo quociente por outra é constante. [Pl.: *–nais.*] § **pro•por•ci:o•na•li•da•de** *sf.*

pro•por•ci:o•nar *v.t.d.* e *t.d.i.* **1.** Observar proporção entre. **2.** Dar, prover. *P.* **3.** Tornar-se proporcional. **4.** Oferecer-se, apresentar-se. [Conjug.: ① [proporcion]ar] § **pro•por•ci:o•na•do** *sf.*

pro•po•si•ção *sf.* **1.** Ato ou efeito de propor. **2.** Proposta. **3.** *Lóg.* Expressão verbal suscetível de ser dita verdadeira ou falsa. [Pl.: *–ções.*]

pro•po•si•ta•do *adj.* Em que há propósito ou intenção; proposital.

pro•po•si•tal *adj2g.* Propositado. [Pl.: *–tais.*]

pro•pó•si•to *sm.* **1.** Intenção, intento. **2.** Deliberação, resolução. **3.** Tino, prudência. ◆ **A propósito.** **1.** A respeito. **2.** Oportunamente. **3.** V. *por sinal.*

pro•pos•ta *sf.* **1.** Ato de propor. **2.** O que se propõe ou apresenta; proposição. **3.** Plano ou projeto proposto.

pro•pos•to (ô) *adj.* Que foi objeto de proposta.

pro•pri:e•da•de *sf.* **1.** Qualidade de próprio. **2.** Qualidade especial; particularidade. **3.** Emprego apropriado da linguagem. **4.** *Jur.* Direito de usar, gozar e dispor de bens. **5.** Bem sobre o qual se exerce este direito.

pró•pri:o *adj.* **1.** Que pertence a. **2.** Particular, natural. **3.** Adequado, apropriado. **4.** Idêntico. **5.** Textual, literal. **6.** Não figurado. ◆ *sm.* **7.** Portador ou mensageiro.

pro•pug•nar *v.t.d.* **1.** Defender, combatendo. **2.** Sustentar luta, moral ou física. *T.i.* **3.** Propugnar (2). [Conjug.: ① [propugn]ar] § **pro•pug•na•dor** (ô) *adj.* e *sm.*

pro•pul•são *sf.* Ato ou efeito de propulsar. [Pl.: *–sões.*]

pro•pul•sar *v.t.d.* Impelir para diante, ou para longe. [Conjug.: ① [propuls]**ar**]

pro•pul•sor (ôr) *adj.* **1.** Que propulsa.• *sm.* **2.** Engenho que transmite movimento a certos maquinismos.

pror•ro•gar *v.t.d.* **1.** Dilatar (prazo estabelecido). **2.** Fazer durar além do prazo estabelecido. **3.** Adiar o término de. [Conjug.: ⑪ [prorro]**gar** § **pror•ro•ga•ção** *sf.*; **pror•ro•gá•vel** *adj2g.*

pror•rom•per *v.t.i.* **1.** Sair ou irromper com ímpeto. *Int.* **2.** Manifestar-se de repente. [Conjug.: ② [prorromp]**er**]

pro•sa *sf.* **1.** O modo natural de falar ou escrever, por oposição a verso[1]. **2.** Aquilo que é vulgar, positivo ou material. **3.** *Fam.* Astúcia, lábia. **4.** *Bras.* Conversa. **5.** *Bras. Prov. port. Pop.* Fanfarrice, gabolice.• *s2g.* **6.** *Bras.* Pessoa gabola.

pro•sa•dor (ô) *sm.* Aquele que escreve em prosa.

pro•sai•co *adj.* **1.** Da, ou semelhante ou relativo à prosa. **2.** Trivial, vulgar.

pro•sá•pi:a *sf.* **1.** Progênie, linhagem. **2.** Gabolice, gabação. **3.** Altivez, orgulho.

pro•sar *v.int.* **1.** Escrever em prosa. **2.** *Bras.* Conversar sobre assunto sem importância. [Conjug.: ① [pros]**ar**]

pros•cê•ni:o *sm.* **1.** A frente do palco. **2.** O palco.

pros•cre•ver *v.t.d.* **1.** Condenar a degredo por voto escrito ou por sentença. **2.** Por fora de uso. **3.** Proibir, condenar. *T.d.c.* **4.** Desterrar. **5.** Afastar, expulsar. [Conjug.: ② [pros crev]**er**]

pros•cri•ção *sf.* Ato ou efeito de proscrever. [Pl.: -*ções.*]

pros•cri•to *adj.* **1.** Que se proscreveu.• *sm.* **2.** Aquele que foi desterrado.

pro•se•ar *v.int.* e *t.i.* Papear (1). [Conjug.: ⑩ [pros]**ear**]

pros•se•li•tis•mo *sm.* Atividade diligente em fazer prosélitos.

pros•sé•li•to *sm.* Indivíduo convertido a uma doutrina, idéia ou sistema; sectário.

pro•só•di:a *sf.* Pronúncia regular das palavras, com a devida acentuação. § **pro•só•di•co** *adj.*

pro•so•po•péi•a *sf. Ret.* Figura que dá vida a coisas inanimadas, e voz a pessoas ausentes e a animais.

pros•pec•ção *sf.* Método e/ou técnica de localizar e avaliar jazidas minerais. [Pl.: -*ções.*]

pros•pec•to ou **pros•pe•to** *sm.* Impresso de propaganda ou de instruções sobre o uso dum aparelho, objeto ou produto.

pros•pe•rar *v.int.* **1.** Tornar-se próspero. **2.** Ir em aumento; progredir. **3.** Desenvolver-se. *T.d.* **4.** Tornar próspero. [Conjug.: ① [pros per]**ar**]

prós•pe•ro *adj.* **1.** Propício, favorável. **2.** Ditoso, afortunado. § **pros•pe•ri•da•de** *sf.*

pros•se•cu•ção *sf.* Prosseguimento. [Pl.: -*ções.*]

pros•se•gui•men•to *sm.* Ato ou efeito de prosseguir; prossecução.

pros•se•guir *v.t.d.* **1.** Dar seguimento a. **2.** Continuar por (um caminho). **3.** Continuar a ler. *T.i.* **4.** Continuar a falar, a proceder, etc. *Int.* **5.** Seguir avante. [Conjug.: ㊼ [pro]**seguir**]

prós•ta•ta *sf. Anat.* Glândula própria do sexo masculino, e que circunda o colo[2] vesical e parte da uretra. § **pros•tá•ti•co** *adj.*

pros•ter•nar *v.t.d.* **1.** V. *prostrar* (1). *P.* **2.** Curvar-se até ao chão, com respeito. [Conjug.: ① [prostern]**ar**]

pros•tí•bu•lo *sm.* Lugar de prostituição. § **pros•ti•bu•lar** *adj2g.*

pros•ti•tu•i•ção *sf.* **1.** Ato ou efeito de prostituir(-se). **2.** Comércio sexual profissional. **3.** Modo de vida próprio de quem se prostitui. [Pl.: -*ções.*]

pros•ti•tu•ir *v.t.d.* e *p.* **1.** Tornar(-se) prostituta ou prostituto. **2.** Degradar(-se), aviltar(-se). [Conjug.: ㊾ [prostit]**uir**]

pros•ti•tu•to *sm.* Indivíduo que pratica o ato sexual por dinheiro.

pros•tra•ção *sf.* **1.** Ação ou efeito de prostrar(-se). **2.** Enfraquecimento extremo. [Pl.: -*ções.*]

pros•tra•do *adj.* **1.** Lançado por terra; derribado. **2.** Abatido física ou moralmente. **3.** *Bot.* Situado sobre o solo.

pros•trar *v.t.d.* **1.** Lançar por terra; abater, prosternar. **2.** Enfraquecer muito (física ou moralmente); alquebrar. *P.* **3.** Lançar-se de bruços ao chão. **4.** Curvar-se, arquear-se. [Conjug.: ① [prostr]**ar**]

pro•tac•tí•ni:o *sm. Quím.* V. *actinídeos* [símb.: *Pa*]

pro•ta•go•nis•ta *s2g.* Personagem principal.

pro•ta•go•ni•zar *v.t.d.* Ser protagonista de. [Conjug.: ① [protagoniz]**ar**]

pro•te•á•ce:a *sf. Bot.* Espécime das proteáceas, família de árvores e arbustos de folhas coriáceas, ger. da África do Sul e da Austrália. § **pro•te•á•ce:o** *adj.*

pro•te•ção *sf.* **1.** Ato ou efeito de proteger(-se). **2.** Abrigo, resguardo. **3.** Dedicação pessoal àquilo ou àquele que dela precisa. **4.** Auxílio, amparo. [Pl.: -*ções.*]

pro•te•ci:o•nis•mo *sm. Econ.* Prática ou doutrina de proteção aos produtores nacionais, pela imposição de obstáculos à importação de produtos concorrentes, como tarifas alfandegárias. § **pro•te•ci:o•nis•ta** *adj2g.* e *s2g.*

pro•te•ger *v.t.d.* **1.** Dispensar proteção a; amparar, favorecer. **2.** Defender (2). **3.** Preservar do mal. *T.d.i.* **4.** Resguardar. *P.* **5.** Defender (10). [Conjug.: ㊱ [prote]**ger**] pro•te•gi•do adj. e sm. Que ou aquele que recebe de alguém proteção especial.

pro•te•í•na sf. Quím. Nome comum a compostos orgânicos de carbono, hidrogênio, nitrogênio, oxigênio e enxofre, que constituem o principal componente dos organismos vivos.

pro•te•lar v.t.d. V. adiar. [Conjug.: ① [protelar] § pro•te•la•ção sf.; pro•te•la•dor (ô) adj. e sm.

pro•te•ro•zói•ca sf. Era (4) que vai desde a solidificação da crosta terrestre até o aparecimento dos primeiros sinais de vida; teve a duração de cerca de 4 bilhões de anos. § pro•te•ro•zói•co adj.

pro•ter•vo adj. Petulante, insolente. § pro•tér•vi•a sf.

pró•te•se sf. 1. Cir. Substituto artificial de parte do corpo, perdida acidentalmente (dente, braço, etc.), ou devido a causa patológica, ou retirada de modo intencional. 2. Gram. Aumento de letra ou sílaba no princípio da palavra. Ex.: alagoa por lagoa.

pro•tes•tan•te adj2g. 1. Que protesta. 2. Relativo ao protestantismo. •s2g. 3. Partidário dele.

pro•tes•tan•tis•mo sm. Movimento religioso do início do séc. XVI (Reforma), que originou igrejas cristãs dissidentes.

pro•tes•tar v.t.d. 1. Comprometer-se solenemente a. 2. Obrigar-se verbalmente ou por escrito a. 3. Mandar a protesto (4). T.d.i. 4. Assegurar; prometer. T.i. 5. Insurgir-se, rebelar-se. 6. Clamar, bradar. Int. 7. Reclamar com veemência. [Conjug.: ① [protest]ar]

pro•tes•to sm. 1. Ato ou efeito de protestar. 2. Desígnio ou resolução inabalável. 3. Reclamação (2). 4. Jur. Ato com que se prova ter sido um título de crédito apresentado para pagamento sem que este tenha sido feito.

pro•té•ti•co adj. 1. Relativo a, ou em que há prótese. •sm. 2. Bras. Especialista em prótese dentária.

pro•te•tor (ô) adj. e sm. Que ou o que protege.

pro•te•to•ra•do sm. 1. Situação dum Estado posto sob a autoridade de outro. 2. O Estado posto nessa situação.

pro•tis•ta sm. Biol. Espécime dos protistas, reino que reúne os seres vivos unicelulares, eucariontes. Ex.: protozoários. § pro•tis•ta adj2g.

pro•to•co•lar adj2g. 1. Relativo ao, ou em conformidade com o protocolo. •v.t.d. 2. Bras. Registrar em protocolo. [Conjug.: ① [protocol]ar]

pro•to•co•lo sm. 1. Registro dos atos públicos. 2. Registro das audiências nos tribunais, ou duma conferência ou deliberação diplomática. 3. Repartição onde se registra entrada de documentos. 4. Formulário regulador de atos públicos. 5. Acordo internacional. 6. Livro de registro de correspondência duma firma, repartição pública, etc. 7. V. etiqueta (2). 8. Inform. Conjunto de regras e especificações técnicas que regulam a transmissão de dados entre computadores ou programas, permitindo a detecção e a correção de erros.

pro•to•fo•ni•a sf. Bras. Mús. Introdução orquestral de uma obra lírica. § pro•to•fô•ni•co adj.

pro•to•már•tir s2g. O primeiro mártir, entre os de uma religião ou de um ideal político.

pró•ton sm. Fís. Nucl. Partícula elementar estável, carga elétrica positiva e igual à do elétron em magnitude; forma o núcleo do átomo de hidrogênio e, juntamente com o nêutron, é um dos constituintes de todos os núcleos atômicos. [Pl.: prótons.]

pro•to•plas•ma sm. Citol. O conteúdo celular vivo, formado principalmente de citoplasma e núcleo. § pro•to•plas•má•ti•co adj.

pro•tó•ti•po sm. Primeiro tipo ou exemplar; modelo.

pro•to•zo•á•ri:o sm. Microbiol. Espécime dos protozoários, filo de microrganismos unicelulares. Ex.: amebas. § pro•to•zo•á•ri:o adj.

pro•tra•ir v.t.d. V. adiar. [Conjug.: ㉘ [protr]air]

pro•trá•til adj2g. Que se pode alongar para a frente: língua protrátil. [Pl.: –teis.]

pro•tru•são sf. Biol. Estado ou condição de órgão, estrutura, etc., que se projeta além de sua superfície. [Pl.: –sões.]

pro•tu•be•rân•ci:a sf. V. saliência (1).

pro•tu•be•ran•te adj2g. Que tem protuberância(s).

pro•va sf. 1. Aquilo que atesta a veracidade ou a autenticidade de algo. 2. Ato que atesta uma intenção ou sentimento; testemunho. 3. Processo que permite verificar a exatidão dum cálculo. 4. Ato de provar (5 e 6). 5. Concurso, exame ou competição, ou cada uma das partes deles. 6. Art. Gráf. Impressão tirada de texto já composto, para revisão e correção.

pro•va•ção sf. 1. Ato ou efeito de provar. 2. Situação aflitiva, penosa. [Pl.: –ções.]

pro•va•dor (ô) sm. 1. Aquele que provê. 2. Dirigente de certas instituições pias. 3. Compartimento, em lojas de roupas, ateliês, etc., onde os clientes provam as roupas.

pro•var v.t.d. 1. Estabelecer a verdade, a realidade de; dar prova de. 2. Demonstrar (1). 3. Submeter a prova; experimentar. 4. Revelar, mostrar. 5. Comer ou beber pequena porção de (algo), para experimentar. 6. Experimentar, vestindo. 7. Experimentar, sofrendo. T.d.i. 8. Dar a prova ou a demonstração. 9. Testemunhar. T.i. 10. Provar (5). [Conjug.: ① [prov]ar]

pro•vá•vel *adj2g*. 1. Que se pode provar. 2. Que tem probabilidades de acontecer. 3. Verossímil. [Pl.: –*veis*.]

pro•vec•to *adj*. 1. Muito adiantado ou sabedor. 2. Avançado em anos. 3. Avançado, adiantado (idade).

pro•ve•dor (ô) *sm*. 1. Aquele que provê. 2. Dirigente de certas instituições. 3. *Inform*. Instituição que tem computador(es) conectado(s) a uma grande rede (p. ex., a *Internet*) e que oferece acesso a essa rede para outros computadores, inclusive por meio de linhas telefônicas; provedor de acesso. ♦ **Provedor de acesso.** *Inform*. Provedor (3).

pro•vei•to *sm*. 1. Ganho, lucro. 2. Utilidade, vantagem, benefício, partido.

pro•vei•to•so (ô) *adj*. Que dá proveito. [Pl.: –*tosos* (ó).]

pro•ve•ni•ên•ci•a *sf*. 1. Procedência (2). 2. Fonte, origem. § **pro•ve•ni•en•te** *adj2g*.

pro•ven•to *sm*. Lucro, rendimento.

pro•ven•tos *sm.pl*. V. *honorários*.

pro•ver *v.t.d*. Tomar providência acerca de; providenciar. 2. Despachar ou nomear alguém para (cargo vago). *T.d.i*. 3. Abastecer. 4. Dotar, brindar. *T.i*. 5. Atender às necessidades de. *P*. 6. Abastecer-se. [Conjug.: 25 [**prover**]

pro•ver•bi•al *adj2g*. Relativo a, ou da natureza de provérbio. [Pl.: –*ais*.]

pro•vér•bi•o *sm*. Sentença (1) de caráter prático e popular, expressa em forma suçinta e geralmente rica em imagens; máxima, dito, ditado, refrão, rifão, prolóquio, anexim, adágio.

pro•ve•ta (ê) *sf*. Tubo de vidro com marcações e base achatada, us. para medir o volume de líquidos.

pro•vi•dên•ci•a *sf*. 1. A suprema sabedoria com que Deus conduz todas as coisas. 2. O próprio Deus. [Com cap. nesta acepç.] 3. Disposições ou medidas próprias para alcançar um fim. 4. Acontecimento feliz.

pro•vi•den•ci•al *adj2g*. 1. Determinado ou inspirado pela Providência (2). 2. Muito oportuno. [Pl.: –*ais*.]

pro•vi•den•ci•ar *v.t.d*. 1. Dispor providentemente. 2. Dar ou tomar providências. *Int*. 3. Tomar providência (3). *T.i*. 4. Acudir, atender. [Conjug.: 1 [providenci]**ar**]

pro•vi•den•te *adj2g*. 1. Que provê. 2. V. *prudente*.

pro•vi•do *adj*. Munido, abastecido; cheio.

pro•vi•men•to *sm*. 1. Ato ou efeito de prover; provisão. 2. Ato de preencher cargo ou ofício público por nomeação, promoção, etc.

pro•vín•ci•a *sf*. 1. Divisão regional e/ou administrativa de muitos países, em geral sob a autoridade dum delegado do poder central. 2. No Segundo Reinado, no Brasil, cada uma das grandes divisões administrativas, governadas

por um presidente. 3. O interior dum país, por oposição à capital. 4. *Ocean*. Cada uma das divisões do meio ambiente marinho. ♦ **Província nerítica.** *Ocean*. Região marinha compreendida entre a linha do litoral e a isóbata de cerca de 200m. [Tb. se diz apenas *nerítica*.] **Província oceânica.** Província (4) que se estende além da isóbata de 200m.

pro•vin•ci•al *adj2g*. Relativo à província. [Pl.: –*ais*.]

pro•vin•ci•a•nis•mo *sm*. 1. Palavra, locução, etc., próprias duma ou mais províncias. 2. Costume de província (3).

pro•vin•ci•a•no *adj*. 1. Da província (3). • *sm*. 2. Indivíduo de província e/ou imbuído do espírito provinciano.

pro•vin•do *adj*. Que proveio; oriundo.

pro•vir *v.t.i*. 1. Ter origem; proceder. 2. Descender (1). *T.c*. 3. Provir (1). [Conjug.: 40 [pro]**vir**]

pro•vi•são *sf*. 1. Provimento (1). 2. Sortimento (2). 3. Mantimentos, víveres. [Pl.: –*sões*.]

pro•vi•só•ri•o *adj*. Interino, temporário.

pro•vo•ca•ção *sf*. 1. Acinte. 2. Tentação (3). [Pl.: –*ções*.]

pro•vo•car *v.t.d*. 1. Desafiar (2). 2. Insultar. 3. Produzir, causar. 4. Atrair (1). 5. Causar desejo sexual em. *Int*. 6. Dirigir provocação. [Conjug.: 8 [provo]**car**] § **pro•vo•can•te** *adj2g*.

pro•xe•ne•ta (cs...ê) *s2g*. 1. Intermediário, por dinheiro, em casos amorosos. 2. V. *cáften*.

pro•xi•mi•da•de (ss) *sf*. 1. Qualidade do que é ou está próximo. 2. Iminência.

pró•xi•mo (ss) *adj*. 1. Que está perto, a pouca distância (no espaço ou no tempo); vizinho. 2. Que está prestes, ou ocorreu muito pouco antes. 3. Muito chegado e/ou muito ligado. • *sm*. 4. O ser humano; os homens.

pru•dên•ci•a *sf*. 1. Qualidade de quem age com comedimento, buscando evitar tudo que julga fonte de erro ou de dano. 2. Cautela, precaução.

pru•den•te *adj2g*. Que tem prudência; precavido, providente.

pru•ma•da *sf*. 1. Posição vertical do prumo (1). 2. Lançamento do prumo (2) à água do mar, etc., para determinar-lhe a profundidade.

pru•mo *sm*. 1. Instrumento formado de uma peça de metal ou de pedra suspensa por um fio, com que se determina a linha vertical. 2. Aparelho para determinar a profundidade das águas em que se encontra a embarcação. 3. *Fig*. Prudência; tino. ♦ **A prumo.** Verticalmente.

pru•ri•do (í) *sm*. 1. *Med*. Sensação desagradável causada por enfermidade ou agente irritante, e que leva o indivíduo a coçar-se em busca de alívio. 2. *Fig*. Desejo veemente.

prus•si•a•no *adj*. 1. Da Prússia, antigo Estado alemão. • *sm*. 2. O natural ou habitante da Prússia.

pseu•do•fru•to *sm. Bot.* Órgão semelhante a uma baga, resultante do crescimento de parte acessória da flor, e que pode incluir, ou não, sementes. Ex.: o pedúnculo do fruto do cajueiro, o caju.

pseu•dô•ni•mo *sm.* Nome falso ou suposto, em geral adotado por um escritor, artista, etc.

pseu•dó•po•de *sm. Biol.* Protrusão temporária da superfície de célula de amebas e de outros protozoários, para locomoção, alimentação, etc.

psi *sm.* A 23ª letra do alfabeto grego (Ψ, ψ).

psi•ca•ná•li•se *sf. Psiq.* Conjunto de métodos destinados a investigar experiências emocionais passadas, determinar seu papel na atual vida mental do paciente, dar orientação para medidas psicoterápicas. § **psi•ca•na•lí•ti•co** *adj.*

psi•ca•na•lis•ta *s2g.* Especialista em psicanálise; analista.

psi•co•dé•li•co *adj.* **1.** Diz-se das drogas que provocam alucinações. **2.** Diz-se das alucinações que essas drogas provocam.

psi•co•dra•ma *sm. Psiq.* Técnica us. em psicoterapia de grupo, e em que o paciente deve dramatizar seus próprios conflitos emocionais. § **psi•co•dra•má•ti•co** *adj.*

psi•co•gra•far *v.t.d.* Realizar a psicografia de. [Conjug.: ① [psicograf]**ar**]

psi•co•gra•fi•a *sf.* **1.** Descrição dos fatos da mente. **2.** No espiritismo, escrita ditada por um espírito e transmitida pela mão do médium. § **psi•co•grá•fi•co** *adj.*; **psi•có•gra•fo** *sm.*

psi•co•lo•gi•a *sf.* **1.** Ramo da ciência que estuda a mente e os processos mentais, esp. no que se relaciona ao comportamento do homem e doutros animais. **2.** Conjunto de estados e disposições psíquicas e mentais de um indivíduo ou grupo de indivíduos. § **psi•co•ló•gi•co** *adj.*; **psi•có•lo•go** *sm.*

psi•co•neu•ro•se *sf. Psiq.* Estado intermediário entre neurose e psicose. § **psi•co•neu•ró•ti•co** *adj.* e *sm.*

psi•co•pa•to•lo•gi•a *sf. Psiq.* Ramo da psiquiatria que estuda causas e natureza das doenças mentais. § **psi•co•pa•to•ló•gi•co** *adj.*; **psi•co•pa•to•lo•gis•ta** *s2g.*

psi•co•se *sf. Psiq.* Qualquer psicopatia em que as funções mentais estão suficientemente perturbadas a ponto de prejudicar de modo expressivo a capacidade do paciente de enfrentar as situações habituais do cotidiano. § **psi•có•ti•co** *adj.* e *sm.*

psi•co•te•ra•peu•ta *s2g.* Especialista em psicoterapia.

psi•co•te•ra•pi•a *sf. Psiq.* Tratamento de distúrbios mentais e comportamentais pelo emprego de técnicas psicológicas várias (sugestão, persuasão, etc.). § **psi•co•te•rá•pi•co** *adj.*

psi•co•tró•pi•co *adj.* e *sm. Psiq.* Diz-se de, ou medicamento que age sobre o psiquismo.

psi•que *sf. Psiq.* Conjunto de fenômenos da vida mental, e que inclui processos conscientes e inconscientes.

psi•qui•a•tra *s2g.* Especialista em psiquiatria.

psi•qui:a•tri•a *sf. Med.* Ramo da medicina que trata das doenças mentais. § **psi•qui•á•tri•co** *adj.*

psi•qui•co *adj.* Relativo à psique ou ao psiquismo.

psi•quis•mo *sm. Zool.* O conjunto dos fenômenos ou dos processos mentais conscientes ou inconscientes dum indivíduo ou dum grupo.

psi•ta•cí•de:o *sm.* Espécime dos psitacídeos, família de aves de bico adunco, preensor, e dedos livres, dois para a frente e dois para trás. São frugívoras e granívoras. Ex.: a arara, o papagaio. § **psi•ta•cí•de:o** *adj.*

psi•ta•ci•for•me *sm. Zool.* Espécime dos psitaciformes, ordem de aves de bico forte, grosso e recurvo, língua carnuda e grossa, e pés adaptados à preensão. Ex.: papagaios, araras. § **psi•ta•ci•for•me** *adj2g.*

psiu *interj.* Us. para fazer calar ou para chamar.

pso•fi•í•de:o *sm. Zool.* Espécime dos psofiídeos, família de aves pernaltas amazônicas de topete. § **pso•fi•í•de:o** *adj.*

❏ **Pt** *Quím.* Símb. da **platina.**

pte•ri•dó•fi•ta *sf. Bot.* Espécime das pteridófitas, grupo de plantas sem flores que se multiplicam formando esporângios em folhas modificadas, ou não. Ex.: avencas, samambaias. § **pte•ri•dó•fi•to** *adj.*

❏ **Pu** *Quím.* Símb. do **plutônio.**

pu•a *sf.* **1.** Ponta aguda. **2.** Haste da espora. **3.** Broca (1). **4.** Bico de verruma.

pu•ber•da•de *sf. Fisiol.* Fase da evolução corporal em que começam a desenvolver-se os caracteres sexuais secundários, bem como a capacidade de reprodução da espécie.

pú•be•re *adj2g.* Que chegou à puberdade.

pu•bi•a•no *adj.* Relativo ou pertencente ao púbis.

pú•bis *sm.2n. Anat.* A parte inferior e anterior de osso ilíaco.

pu•bli•ca•ção *sf.* **1.** Ato ou efeito de publicar. **2.** Obra publicada. [Pl.: *–ções.*]

pú•bli•ca-for•ma *sf.* Cópia integral, exata e certificada, de um documento, feita por tabelião, e que pode substituir esse documento na maioria dos casos. [Pl.: *públicas-formas.*]

pu•bli•car *v.t.d.* **1.** Tornar público, notório. **2.** Dar conhecimento de (lei, decreto, etc.). **3.** Editar (livro, revista, etc.). [Conjug.: ⑧ [publi]**car**]

pu•bli•ci•da•de *sf.* **1.** Qualidade do que é público ou do que é feito em público. **2.** Publicação de matéria jornalística de interesse de uma organização, empresa, indivíduo, etc. **3.** Propaganda (2 e 3).

pu•bli•cis•ta *s2g.* **1.** Pessoa que escreve para o público. **2.** Especialista em direito público.

pu•bli•ci•tá•ri:o *adj.* **1.** Relativo a publicidade (2). • *sm.* **2.** *Propag.* Profissional especializado em propaganda (3).

pú•bli•co *adj.* **1.** Relativo ou destinado ao povo, à coletividade, ou ao governo dum país. **2.** Que é do uso de todos, ou se realiza em presença de testemunhas. • *sm.* **3.** Conjunto de pessoas que assistem a um espetáculo, a uma reunião, etc.; audiência, assistência. **4.** Conjunto de pessoas às quais se destina uma mensagem artística, jornalística, publicitária, etc.

pu•çá *sm. Etnogr.* Pequena rede de pesca, em forma de cone curto e munida de cabo, us. pelos índios brasileiros para pegar peixes miúdos, pitus, etc.

pu•çan•ga *sf.* **1.** *Bras. N.* Mezinha. **2.** *Bras. Amaz.* Remédio receitado pelos pajés.

pú•ca•ro *sm.* **1.** Pequeno vaso com asa, em geral destinado a extrair líquidos de outros recipientes maiores. **2.** Pequeno vaso de toucador.

pu•den•do *adj.* **1.** V. *pudico.* **2.** Que o pudor deve recatar.

pu•den•te *adj2g.* V. *pudico.*

pu•de•ra *interj.* Não era para menos; claro.

pu•di•bun•do *adj.* V. *pudico.*

pu•di•cí•cia *sf.* Qualidade ou virtude de pudico.

pu•di•co (í) *adj.* Que tem ou revela pudor; pudendo, pudente, pudibundo.

pu•dim *sm.* Iguaria cremosa assada em banho-maria. [Pl.: *–dins.*]

pu•dor (ô) *sm.* Sentimento de vergonha, de mal-estar, gerado pelo que pode ferir a decência, a honestidade, a modéstia; pejo.

pu:e•rí•ci:a *sf.* V. *infância* (1).

pu:e•ri•cul•tor *sm. Med.* Especialista em puericultura.

pu:e•ri•cul•tu•ra *sf.* O conjunto dos meios adequados ao desenvolvimento fisiológico da criança, antes e após o nascimento.

pu:e•ril *adj2g.* **1.** Infantil (1). **2.** V. *ingênuo* (2). [Pl.: *–ris.*]

pu:e•ri•li•da•de *sf.* **1.** V. *criancice.* **2.** Ingenuidade.

pu•ér•pe•ra *adj* (f.) e *sf.* Diz-se de, ou mulher que pariu recentemente.

pu:er•pe•ral *adj2g.* Relativo ao puerpério. [Pl.: *–rais.*]

pu:er•pé•ri:o *sm.* Período que vai da expulsão da criança e da placenta, até que seja completa a involução uterina.

puf *interj.* Designa cansaço, enfado, etc.

pu•gi•la•to *sm.* Luta com os punhos, a socos.

pu•gi•lis•mo *sm.* O esporte do pugilato; boxe.

pu•gi•lis•ta *s2g.* Atleta do pugilato.

pug•na *sf.* Ato de pugnar; peleja, combate.

pug•nar *v.t.d.* **1.** Tomar a defesa de; punir por. *T.i.* e *int.* **2.** V. *lutar* (1). [Conjug.: 1 [pugn]**ar**]

pug•naz *adj2g.* Dado a pugnas; lutador.

pu•ir *v.t.d., int.* e *p.* Desgastar(-se) roçando ou friccionando. [Conjug.: 49[p]**uir**. Defect. Não se conjuga nas f. em que o *u* da raiz se seguiria o *u* ou *a*, isto é, na 1ª pess. sing. do pres. ind. e no pres. subj.] § **pu•í•do** *adj.*

pu•jan•te *adj2g.* **1.** De grande força; vigoroso, possante. **2.** Grandioso, magnificente. **3.** Altivo, altaneiro. § **pu•jan•ça.**

pu•lar *v.int.* **1.** Elevar-se do chão com rápido impulso do corpo; saltar. **2.** Pulsar com veemência (o coração). [Conjug.: 1 [pul]**ar**] § **pu•la•dor** (ô) *adj.*

pu•le *sf.* Bilhete de aposta, em corrida de cavalos.

pul•ga *sf. Zool.* Nome comum a insetos sifonápteros, saltadores, ápteros, de corpo achatado, hematófagos, que parasitam o homem e alguns outros animais, transmitindo assim várias doenças.

pul•ga-do-mar *sf. Zool.* Pequeno crustáceo anfípode. [Pl.: *pulgas-do-mar.*]

pul•gão *sm. Zool.* Inseto afidídeo. [Pl.: *–gões.*]

pul•gue•do (ê) *sm.* **1.** Muitas pulgas. **2.** Lugar onde elas abundam.

pul•guen•to *adj.* Cheio de pulgas.

pu•lha *sf.* **1.** Gracejo escarninho. **2.** Ação de pulha (3). • *sm.* **3.** Indivíduo sem caráter; patife.

pul•mão *sm.* **1.** *Anat.* Cada um de dois órgãos (direito e esquerdo) em que se efetua a hematose, e que ocupam, respectivamente, cavidade lateral direita e esquerda do tórax. **2.** *Zool.* Cada um de dois órgãos respiratórios, nos vertebrados que têm respiração aérea. [Pl.: *–mões.*] § **pul•mo•nar** *adj2g.*

pu•lo *sm.* **1.** Ação de pular. **2.** Pulsação violenta. **3.** Ida rápida a um lugar.

pu•lô•ver *sm.* Agasalho de malha de lã que se veste enfiando pela cabeça.

púl•pi•to *sm.* Tribuna para pregadores, nos templos religiosos.

pul•sa•ção *sf.* **1.** Ato ou efeito de pulsar. **2.** *Fisiol.* Movimento de contração e dilatação do coração e das artérias; batimento. [Pl.: *–ções.*]

pul•sar¹ *sm. Astr.* Fonte de rádio estelar emissora de impulsos que se repetem a intervalos extremamente regulares.

pul•sar² *v.t.d.* **1.** Mover por meio de impulso. **2.** Pôr em movimento desordenado; agitar. *Int.* **3.** Efetuar a pulsação (2); palpitar. [Conjug.: 1 [puls]**ar**]

pul•sei•ra *sf.* Ornato para os pulsos ou os braços.

pul•so *sm.* 1. *Eletrôn.* Variação, usualmente limitada a um pequeno intervalo de tempo, de uma grandeza elétrica; impulso. 2. *Med.* Batimento arterial que se faz sentir em várias partes do corpo, sobretudo na região do punho (1). 3. *Impr.* Punho (1). 4. Força, vigor.

pu•lu•lar *v.int.* 1. Lançar rebentos (a planta). 2. Abundar; formigar. *T.i.* 3. Pulular (2). [Conjug.: ① [pulul]**ar**]

pul•ve•ri•za•dor (ô) *sm.* Aparelho para pulverizar (3).

pul•ve•ri•zar *v.t.d.* 1. Reduzir a pó. 2. Cobrir de pó; polvilhar. 3. Difundir (líquido) em gotas tenuíssimas. [Conjug.: ① [pulveriz]**ar**] § **pul•ve•ri•za•ção** *sf.*; **pul•ve•ri•zá•vel** *adj2g.*

pul•ve•ru•len•to *adj.* Coberto ou cheio de pó. § **pul•ve•ru•lên•ci•a** *sf.*

pum *interj.* Designa estrondo ou detonação.

pu•ma *sm.* V. *suçuarana.*

pun•ção *sf.* Ato ou efeito de puncionar; punctura. [Pl.: –*ções.*]

pun•ci•o•nar *v.t.d. Cir.* Furar com instrumento próprio, pontiagudo. [Conjug.: ① [puncion]**ar**]

punc•tu•ra ou **pun•tu•ra** *sf.* Punção.

pun•do•nor (ô) *sm.* 1. Sentimento de dignidade. 2. Grande suscetibilidade em coisas de amor-próprio. § **pun•do•no•ro•so** (ô) *adj.*

pun•ga[1] *sm.* 1. A vítima do punguista. 2. Furto praticado por punguista. 3. A técnica do punguista.

pun•ga[2] *adj2g.* 1. Ordinário, ruim. 2. Moleirão. 3. Diz-se do cavalo de corrida que é o último a chegar. • *sm.* 4. Cavalo punga.

pun•gen•te *adj.* Que punge ou aflige.

pun•gir *v.t.d.* 1. Ferir ou furar com objeto pontiagudo; picar. 2. Estimular, espicaçar. 3. Afligir (1). [Conjug.: ⑤⑧ [pung]**ir**]

pun•gi•ti•vo *adj.* Que serve para sugar ou picar.

pun•gue•ar *v.t.d. Bras. Gír.* Furtar (carteira, jóias, dinheiro, etc.), de alguém em lugar de grande aglomeração. [Conjug.: ⑩ [pungu]**ear**]

pun•guis•ta *s2g. Bras. Gír.* Pessoa que bate carteiras, etc.

pu•nha•do *sm.* 1. Mancheia. 2. Número reduzido.

pu•nhal *sm.* Pequena arma branca de lâmina curta e penetrante. [Pl.: –*nhais.*]

pu•nha•la•da *sf.* 1. Golpe de punhal. 2. Profundo golpe moral.

pu•nho *sf.* 1. *Anat.* Parte de membro superior situada entre antebraço e mão. 2. Mão fechada. 3. Força de um golpe com punho (2). 4. Tira adaptada às extremidades das mangas de camisas, etc., e que cinge o punho (1). 5. Empunhadura.

pu•ni•bi•li•da•de *sf.* Caráter de punível.

pu•ni•cá•ce•a *sf. Bot.* Espécime das punicá-

ceas, família de arvoretas de frutos bacáceos, suculentos, ger. edules. § **pu•ni•cá•ce:a** *adj.*

pú•ni•co *adj. e sm.* Cartaginês.

pu•nir[1] *v.t.d.* 1. Castigar (1). 2. Aplicar correção a; reprimir. *T.d.i.* 3. Punir¹ (1). *P.* 4. Infligir pena ou castigo a si próprio. [Conjug.: ③ [pun]ir] § **pu•ni•ção** *sf.*; **pu•ní•vel** *adj2g.*

pu•nir[2] *v.t.i.* Pugnar (1). [Conjug.: ③ [pun]ir]

pu•ni•ti•vo *adj.* Próprio para punir¹.

⇨ **punk** (pânk) [Ingl.] *adj2g.* 1. Diz-se de movimento de repúdio às normas seguidas pela sociedade, e que se manifesta por intermédio de apresentação visual e gestos agressivos. 2. Relativo a, ou próprio desse movimento. • *s2g.* 3. Participante do movimento *punk.*

pu•pa. *sf. Zool.* Inseto em estágio de desenvolvimento entre a fase larval e a adulta.

pu•pi•la *sf.* 1. Fem. de *pupilo.* 2. *Anat.* Orifício no centro da íris, e pelo qual passam os raios luminosos. § **pu•pi•lar** *adj2g.*

pu•pi•lo *sm.* Órfão sob tutela.

pu•pu•nha *sf. Bras.* O fruto da pupunheira.

pu•pu•nhei•ra *sf. Bras. Bot.* Palmácea da Amaz., de fruto comestível.

pu•rê *sm.* Alimento pastoso, feito de batatas, legumes, etc., espremidos ou passados em peneira.

pu•re•za (ê) *sf.* Estado ou qualidade de puro.

pur•ga *sf.* V. *purgante.*

pur•ga•ção *sf.* 1. Ato ou efeito de purgar. 2. Corrimento; supuração. 3. *Pop.* V. *gonorréia.* [Pl.: –*ções.*]

pur•gan•te *sm.* 1. Medicamento ou qualquer substância que causa forte evacuação intestinal; purga, purgativo. 2. *Fam.* Pessoa ou coisa tediosa.

pur•gar *v.t.d.* 1. Purificar, limpar. 2. Tratar por meio de purgante. 3. Remir (culpa), cumprindo pena. *T.d.i.* 4. Purificar (2). *Int.* 5. Expelir pus ou maus humores. *P.* 6. Tomar purga. [Conjug.: ⑪ [pur]**gar**]

pur•ga•ti•vo *adj.* 1. Que faz purgar. • *sm.* 2. V. *purgante.*

pur•ga•tó•ri:o *sm. Teol.* Lugar de purificação das almas dos justos, antes de admitidas na bem-aventurança.

pu•ri•fi•ca•ção *sf.* 1. Ato ou efeito de purificar(-se). 2. Festa da Igreja Católica, celebrada em 2 de fevereiro. [Pl.: –*ções.*]

pu•ri•fi•car *v.t.d. e p.* 1. Tornar(-se) puro (física ou moralmente). *T.d.i.* 2. Limpar, desembaraçar. [Conjug.: ⑧ [purifi]**car**] § **pu•ri•fi•ca•dor** (ô) *adj. e sm.*

pu•ris•ta *s2g.* Pessoa que tem preocupação exagerada com a linguagem escrita e falada.

pu•ri•ta•no *adj.* 1. Diz-se do sectário presbiteriano que pretende interpretar com rigor o sentido literal da Bíblia. 2. Que é ou se diz muito rigoroso na aplicação de princípios morais. • *sm.* 3. Indivíduo puritano. § **pu•ri•ta•nis•mo** *sm.*

pu•ro *adj.* 1. Sem mistura nem alteração. 2. Sem impurezas. 3. Límpido, transparente. 4. Sem manchas; limpo. 5. Inocente, cândido. 6. Casto, virtuoso. 7. Probo, íntegro. 8. Castiço.

pu•ro-san•gue *adj2g.* e *s2g.* Diz-se de, ou cavalo de raça pura. [Pl.: *puros-sangues.*]

púr•pu•ra¹ *sf.* 1. Matéria corante, vermelho-escura tirante a violeta, que se extrai da púrpura². 2. A cor vermelho-escura. 3. Antigo tecido, símbolo de riqueza ou de alta dignidade social. 4. Dignidade cardinalícia. 5. *Med.* Pequena hemorragia em pele, membrana mucosa ou superfície serosa.

púr•pu•ra² *sf. Zool.* Nome comum a vários moluscos gastrópodes cuja glândula anal segrega a púrpura¹ (1).

pur•pú•re:o *adj.* Da cor da púrpura; purpurino.

pur•pu•ri•no *adj.* Purpúreo.

pu•ru•len•to *adj.* Que contém ou segrega pus. § **pu•ru•lên•ci:a** *sf.*

pus *sm. Med.* Produto de inflamação, composto de bactérias, leucócitos, etc., e de um líquido rico em proteínas.

pu•si•lâ•ni•me *adj2g.* 1. Fraco de ânimo, de energia. 2. Falto de coragem; covarde. § **pu•si•la•ni•mi•da•de** *sf.*

pús•tu•la *sf.* Empola (1) cheia de líquido purulento.

pu•ta•ti•vo *adj.* Que aparenta ser verdadeiro, legal e certo, sem o ser; suposto.

pu•tre•fa•ção *sf.* 1. Decomposição das matérias orgânicas pela ação das enzimas microbianas. 2. Apodrecimento. [Pl.: *–ções.*]

pu•tre•fac•to ou **pu•tre•fa•to** *adj.* Podre, pútrido.

pu•tre•fa•zer *v.t.d.* e *p.* Tornar(-se) podre (ma-terial ou moralmente). [Conjug.: 20 [putre]-fazer]

pú•tri•do *adj.* 1. V. *putrefato.* 2. Pestilento (3).

pu•xa *interj. Bras.* Exprime espanto, impaciência, zanga, etc.

pu•xa•da *sf.* 1. Ato ou efeito de puxar. 2. Puxão (1). 3. A carta que um parceiro joga ao principiar a mão. 4. *Bras.* Esforço enérgico para alcançar um fim. 5. *Bras.* Puxado (5). 6. *Bras.* Caminhada longa.

pu•xa•do *adj.* 1. Esticado, retesado. 2. Em cujo preparo houve muito apuro (iguarias). 3. *Fam.* Elevado no preço; caro. 4. *Bras.* Exaustivo, cansativo. • *sm.* 5. *Bras.* Construção que prolonga o corpo central da casa.

pu•xa•dor (ô) *sm.* 1. Peça por onde se puxa para abrir portas, gavetas, etc. 2. Aquele ou aquilo que puxa.

pu•xão *sm.* 1. Ato ou efeito de puxar com força. 2. Repelão, encontrão. [Pl.: *–xões.*]

pu•xa-pu•xa *sm. Bras.* Doce ou bala de consistência elástica ou pegajosa. [Pl.: *puxa-puxas.*]

pu•xar *v.t.d.* 1. Atrair ou deslocar para si. 2. Mover após si; arrastar. 3. Fazer sair à força, ou tentá-lo. 4. Retesar, esticar. 5. Tirar e empunhar. 6. Causar, motivar. 7. Começar (música, reza, etc.), para que outros acompanhem. 8. Instigar (1). 9. Compor (as vestes). 10. *Bras. Gír.* Roubar (automóveis). *T.i.* 11. Ter vocação. 12. *Bras.* Herdar qualidades de (antecedentes). [Conjug.: 1 [puxar]

pu•xa-sa•co *sm.* Adulador. [Pl.: *puxa-sacos.*]

pu•xo *sm. Pop.* Dor no ânus, a qual acompanha ou antecede uma evacuação difícil.

☐ **PVC** Sigla do ingl. *(p)oly(v)inyl(c)hloride* (policloreto de vinila), polímero muito us., p. ex., na fabricação de mangueiras, embalagens, etc.

ϙ	Fenício
ϙ	Grego
Ρ	Grego
ϙ	Etrusco
Ϙ	Romano
Q	Romano
q	Minúscula carolina
Q	Maiúscula moderna
q	Minúscula moderna

q (quê) **1.** A 16ª letra do nosso alfabeto. **2.** Figura ou representação dessa letra. • *num.* **3.** Décimo sexto, numa série. **4.** Décimo sétimo, numa série em que a letra *k* corresponde ao 11º elemento. [Pl. (nas acepç. 1 e 2) indicado pela duplicação da letra: *qq.*]

❑ **Q** *Mat.* Símb. do conjunto dos números racionais.

❑ **Q.G.** Abrev. de *quartel-general.*

qua•dra *sf.* **1.** Compartimento ou terreno com a forma aproximada de um quadrilátero. **2.** Estrofe de quatro versos; quarteto, copla. **3.** Período, época. **4.** Série de quatro, em certos jogos. **5.** A distância entre uma esquina e outra do mesmo lado de uma rua. **6.** Quarteirão. **7.** *Bras.* Campo de esportes (tênis, vôlei, basquete, etc.). **8.** *Bras.* Local de ensaio das escolas de samba.

qua•dra•do *adj.* **1.** Que tem a forma de quadrado (5). **2.** Da forma do quadrângulo. **3.** *Fig.* Muito pouco inteligente. **4.** *Bras. Fig.* Muito preso aos padrões tradicionais. • *sm.* **5.** *Geom.* Quadrilátero cujos lados são iguais entre si e cujos ângulos são retos. **6.** *Mat.* O produto de uma quantidade por si mesma. **7.** Qualquer coisa com forma quadrada ou quadrangular. **8.** Indivíduo quadrado (4).

qua•dra•ge•ná•ri:o *adj.* e *sm.* Que ou aquele que está na casa dos 40 anos de idade; quarentão.

qua•dra•gé•si•mo *num.* Ordinal e fracionário correspondente a 40.

qua•dran•gu•lar *adj2g.* **1.** Que tem quatro ângulos. • *sm.* **2.** Torneio esportivo com quatro participantes.

qua•drân•gu•lo *sm. Geom.* Figura com quatro ângulos.

qua•dran•te *sm.* **1.** *Geom.* Qualquer das quatro partes em que se pode dividir igualmente um círculo. **2.** Mostrador de relógio. **3.** *Fig.* Setor (2).

qua•drar *v.t.d.* **1.** Dar forma quadrada a. *Int.* **2.** Ser satisfatório, conveniente. [Conjug.: ① [quadr]**ar**]

qua•dra•tim *sm. Tip.* Espaço de grossura igual ao corpo a que pertence, usado sobretudo para recolher parágrafo. [Pl.: *–tins.*]

qua•dra•tu•ra *sf. Geom.* **1.** Operação em que se calcula ou estima a área duma figura. **2.** *Astr.* Posição de dois corpos celestes quando suas longitudes têm a diferença de 90º.

qua•dri•cro•mi•a *sm. Art. Gráf.* Processo de impressão em quatro cores (ciano, magenta, amarelo e preto), capaz de simular todas as cores e nuanças.

qua•drí•cu•la *sf.* Pequeno quadrado, ou retângulo.

qua•dri•cu•lar *v.t.d.* **1.** Dar forma de quadrícula a. **2.** Dividir em quadrículas. [Conjug.: ① [quadricul]**ar**] § **qua•dri•cu•la•do** *adj.*

qua•dri•ê•ni:o *sm.* Período de quatro anos; quatriênio.

qua•dri•ga *sf.* Carro tirado por quatro cavalos.

qua•dri•gê•me:o *adj.* **1.** Referente a cada um dos quatro irmãos gêmeos, ou a todos eles. •

570

sm. **2.** Cada um dos quatro irmãos gêmeos; quádruplo.

qua•dril *sm. Anat.* Cada uma de duas regiões, uma de cada lado da pelve, onde o fêmur se articula com o ilíaco; anca. [Pl.: *-dris.*]

qua•dri•lá•te•ro *adj.* **1.** Que tem quatro lados. • *sm.* **2.** *Geom.* Polígono de quatro lados.

qua•dri•lha *sf.* **1.** Bando de ladrões ou malfeitores. **2.** Contradança de salão que forma figuras.

qua•dri•lon•go *adj.* e *sm.* Que ou coisa que tem quatro lados paralelos dois a dois, sendo dois deles maiores que os outros dois.

qua•dri•mes•tral *adj2g.* **1.** Relativo a quadrimestre. **2.** Que se realiza ou sucede de quatro em quatro meses. [Pl.: *-trais.*]

qua•dri•mes•tre *sm.* Período de quatro meses.

qua•dri•mo•tor (ó) *sm.* Aeronave com quatro motores.

qua•drin•gen•té•si•mo *num.* **1.** Ordinal correspondente a 400. **2.** Fracionário correspondente a 400.

qua•dri•nho *sm.* Cada um dos pequenos quadros que compõem uma história em quadrinhos.

qua•dri•nhos *sm.pl.* História em quadrinhos.

qua•dri•po•lo *sm. Eletr.* Dispositivo elétrico com quatro terminais diretamente acessíveis.

qua•dro *sm.* **1.** O que tem a forma de um quadrilátero. **2.** Moldura, ou cercadura gráfica, em geral com essa forma, que limita externamente pinturas, gráficos etc. **3.** Obra de pintura executada sobre superfície plana, em geral guarnecida de moldura e transportável. **4.** Peça plana, quadrilátera, usada nas escolas para cálculos, traçados, etc.; quadro-negro, quadro-de-giz, pedra. **5.** Qualquer superfície limitada, móvel ou fixa, onde há informações, gráficos, pontos luminosos, etc., para a informação e/ou o controle mecânico. **6.** Resenha, lista. **7.** O conjunto dos empregados de uma empresa, funcionários de uma repartição, associados de um clube, etc. **8.** *Restr.* Assalariado(s) de alto nível em empresa ou órgão público. **9.** *Cin. Telev.* Cada imagem de uma película cinematográfica ou a menor imagem da televisão.

qua•dro-de-giz *sm.* V. *quadro* (4). [Pl.: *quadros-de-giz.*]

qua•dro-ne•gro *sm.* V. *quadro* (4). [Pl.: *quadros-negros.*]

qua•drú•ma•no *adj.* Que tem quatro mãos.

qua•drú•pe•de *adj2g.* **1.** *Zool.* Tetrápode (1). • *sm.* **2.** *Zool.* Tetrápode (2). • *s2g.* **3.** *Fig.* Pessoa estúpida.

qua•dru•pli•car *v.t.d.* **1.** Multiplicar por quatro. **2.** Tornar quatro vezes maior. *Int.* e *p.* **3.** Tornar-se quatro vezes maior; redobrar, reduplicar. [Conjug.: 8 [quadrupli]**car**] § **qua•dru•pli•cá•vel** *adj2g.*

quá•dru•plo *num.* **1.** Que é quatro vezes maior. • *sm.* **2.** Quantidade quatro vezes maior que outra. **3.** Quadrigêmeo (2).

qual *pron.* **1.** Que pessoa ou que coisa, dentre duas ou mais. **2.** De que natureza, de que qualidade, etc. • *conj.* **3.** Como (1). • *interj.* **4.** Designa espanto, negação, etc. [Pl.: *quais.*]

qua•li•da•de *sf.* **1.** Propriedade, atributo ou condição das coisas ou das pessoas que as distingue das outras e lhes determina a natureza. **2.** Superioridade, excelência de alguém ou de algo. **3.** Dote, virtude. **4.** Condição social, civil, jurídica, etc.; casta, laia.

qua•li•fi•ca•do *adj.* **1.** Que tem certas qualidades, ou determinado cabedal de conhecimentos ou atributos. **2.** *Jur.* Diz-se do crime especialmente agravado em razão de certas circunstâncias expressas em lei.

qua•li•fi•car *v.t.d.* **1.** Indicar a(s) qualidade(s) de. **2.** Avaliar, apreciar. **3.** Considerar habilitado, apto, idôneo. *Transobj.* **4.** Atribuir qualidade(s) a; considerar. *P.* **5.** Classificar (5). [Conjug.: 8 [qualifi]**car**] § **qua•li•fi•ca•ção** *sf.*

qua•li•fi•ca•ti•vo *adj.* Que qualifica ou serve para qualificar.

qua•li•ta•ti•vo *adj.* Que exprime ou determina a(s) qualidade(s).

qual•quer *pron.* **1.** Designa coisa, lugar ou indivíduo indeterminado. **2.** Um, algum.

quan•do *adv.* **1.** Em que época ou ocasião. • *conj.* **2.** No tempo ou no momento em que ♦ **De quando em quando.** De vez em quando.

quan•ti•a *sf.* Soma ou quantidade de dinheiro; importância.

quân•ti•co *adj. Fís.* Diz-se de qualquer sistema ou fenômeno quantificado.

quan•ti•da•de *sf.* **1.** Grandeza (2) expressa em número. **2.** Grande porção de pessoas ou de coisas; grande número; abundância, porção.

quan•ti•fi•ca•ção *sf.* **1.** Ato ou efeito de quantificar (1). **2.** *Fís.* A passagem da descrição clássica e contínua dum sistema para a descrição quântica, em que alguns observáveis (v. *observável*) só podem assumir os valores de um conjunto discreto (q. v.); quantização. [Pl.: *-ções.*]

quan•ti•fi•ca•do *adj.* Em que se efetuou quantificação.

quan•ti•fi•car *v.t.d.* **1.** Determinar a quantidade ou o valor de. **2.** *Fís.* Efetuar a quantificação de (um sistema); quantizar. [Conjug.: 8 [quantifi]**car**]

quan•ti•ta•ti•vo *adj.* Relativo a, ou indicativo de quantidade.

quan•ti•za•ção *sf. Fís.* Quantificação (2). [Pl.: *-ções.*]

quan•ti•zar *v.t.d. Fís.* Quantificar (2). [Conjug.: 1 [quantiz]**ar**]

quan•to *pron. indef.* **1.** Que número de; que quantidade. **2.** Que preço. **3.** Tudo que. • *adv.*

4. Quão grandemente, intensamente, etc. **5.** V. *quão*.

⇨ **quantum** (quántum) [Lat.] *sm. Fís.* **1.** Quantidade indivisível de energia eletromagnética. **2.** A partícula associada a um campo. [Pl.: *quanta*.]

quão *adv.* Como; que; quanto.

qua•ra•dor (ô) *sm. Bras.* Coradouro.

qua•rar *v.t.d. Bras.* Corar (2). [Conjug.: [1] [quar]**ar**]

qua•ren•ta *num.* **1.** Quantidade que é uma unidade maior que 39. **2.** Número (1) correspondente a essa quantidade. [Representa-se em algarismos arábicos por 40, e em algarismos romanos, por XL.]

qua•ren•tão *adj.* e *sm.* Quadragenário. [Fem.: *quarentona*. Pl.: *–tões*.]

qua•ren•te•na *sf. Med.* Período, outrora de 40 dias, durante o qual indivíduos provenientes de regiões onde reina doença contagiosa grave permanecem incomunicáveis.

qua•res•ma *sf.* **1.** *Rel.* Os 40 dias que vão da quarta-feira de cinzas ao domingo de Páscoa. **2.** *Bras. Bot.* Nome comum a várias melastomatáceas que florescem nessa época; quaresmeira.

qua•res•mal *adj2g.* Quaresma (2). [Pl.: *–mais*.]

qua•res•mei•ra *sf. Bras. Bot.* Quaresma (2).

⇨ **quark** (kuárk) [Ingl.] *sm. Fís. Part.* Partícula subnuclear de carga elétrica fracionária considerada como um dos constituintes fundamentais da matéria. Supõem-se seis tipos de *quark*: *up*, *down*, estranho, charme, *bottom* e *top*, de cujas combinações resultam os bárions, formados por três *quarks*, e os mésons, formados por um par *quark*-antiquark. [Pl.: *quarks*.]

quar•ta¹ *sf.* **1.** Uma das quatro partes iguais em que se pode dividir qualquer unidade. **2.** Cântaro de barro, ou bilha.

quar•ta² *sf.* F. red. de *quarta-feira*.

quar•tã *adj.(f.)* e *sf. Patol.* Diz-se de, ou febre intermitente que se repete de quatro em quatro dias.

quar•ta-fei•ra *sf.* O quarto dia da semana, começada no domingo. [Pl.: *quartas-feiras*.]

quar•tei•rão *sm.* **1.** A quarta parte dum cento. **2.** Grupo de casas que forma um quadrilátero de que cada um dos lados dá para uma rua; quadra. [Pl.: *–rões*.]

quar•tel¹ *sm.* **1.** A quarta parte dum século. **2.** Período, época, quadra. [Pl.: *–téis*.]

quar•tel² *sm.* **1.** Edifício onde se alojam tropas; caserna, aquartelamento. **2.** Moradia, abrigo. [Pl.: *–téis*.]

quar•tel-ge•ne•ral *sm.* **1.** O lugar ocupado pelos oficiais-generais e seu estado-maior. **2.** O local de trabalho do general, donde ele expede as suas ordens. [Abrev.: *Q.G.* Pl.: *quartéis-generais*.]

quar•tel-mes•tre *sm.* V. *hierarquia militar*. [Pl.: *quartéis-mestres*.]

quar•te•to (ê) *sm.* **1.** V. *quadra* (2). **2.** *Mús.* Composição para quatro vozes ou quatro instrumentos. **3.** *Mús.* Conjunto de quatro vozes ou quatro instrumentos. **4.** Os músicos desse conjunto.

quar•ti•nha *sf.* **1.** *Bras. N.E. RS* Moringa. **2.** *Bras. RS SP* Copo de barro com tampa.

quar•ti•nho *sm.* V. *latrina*.

quar•to *num.* **1.** Ordinal correspondente a 4. **2.** Fracionário correspondente a 4. • *sm.* **3.** Numa casa, apartamento, etc., dormitório ou compartimento destinado ao trato íntimo. ◆ **Quarto crescente.** *Astr.* Fase (3) entre a lua nova e a lua cheia; crescente. **Quarto minguante.** *Astr.* Fase (3) entre a lua cheia e a lua nova; minguante.

quar•tos *sm.pl.* Ancas, quadris.

quar•tzo *sm. Min.* Mineral que se apresenta em numerosas variedades.

qua•rup (kuarúp) *sm.2n. Etnogr.* Entre indígenas brasileiros da região do alto Xingu (MT), cerimônia intertribal de celebração dos mortos.

qua•sar *sm. Astr.* Objeto celeste distante, emissor de ondas de rádio e ger. mais brilhante que uma galáxia inteira.

qua•se *adv.* **1.** Perto, aproximadamente. **2.** Pouco menos.

quás•si•a *sf. Bot.* Arvoreta simarubácea da América Central e região amazônica.

qua•ter•ná•ri•o *adj.* **1.** Composto de quatro unidades ou elementos. **2.** *Mús.* Diz-se do compasso de quatro tempos iguais. **3.** Diz-se de período geológico em que ocorrem as grandes glaciações e no qual aparece o homem na Terra. • *sm.* **4.** Esse período.

qua•ti *sm. Bras. Zool.* Mamífero procionídeo que vive em bando.

qua•tor•ze (ô) *num.* **1.** Quantidade que é uma unidade maior que 13. **2.** Número (1) correspondente a essa quantidade. [Representa-se em algarismos arábicos por 14, e em algarismos romanos, por XIV.]

qua•tri•ê•ni•o *sm. Bras.* Quadriênio.

qua•tri•lhão *num.* Mil trilhões; 10 elevado à 15ª potência. [Pl.: *–lhões*.]

qua•tri•li•ão *num.* Quatrilhão. [Pl.: *–ões*.]

qua•tro *num.* **1.** Quantidade que é uma unidade maior que 3. **2.** Número (1) correspondente a essa quantidade. [Representa-se em algarismos arábicos por 4, e em algarismos romanos, por IV.]

qua•tro•cen•tos *num.* **1.** Quantidade que é uma unidade maior que 399. **2.** Número (1) correspondente a essa quantidade. [Representa-se em algarismos arábicos por 400, e em algarismos romanos, por CD.]

que¹ *pron. interrog.* **1.** Que espécie de. **2.** Que coisa(s). • *pron. excl.* **3.** Que espécie ou feitio de, etc.

que² *pron. rel.* Introduz oração subordinada, reproduzindo o sentido de um termo ou da totalidade duma oração anterior.

que³ *adv.* Quão.

que⁴ *prep.* Exceto, salvo.

que⁵ *conj. coord. adit.* E (1).

que⁶ *conj. coord. alternativa* Ou (1).

que⁷ *conj. subord. comparativa.*

que⁸ *conj. subord. integrante.*

quê¹ *sm.* **1.** Alguma coisa, qualquer coisa. **2.** Dificuldade, complicação.

quê² *sm.* A letra *q.*

quê³ *interj.* Designa espanto.

que•bra *sf.* **1.** Ato ou efeito de quebrar(-se). **2.** Perda, diminuição. **3.** V. *transgressão.* **4.** Interrupção, rompimento. **5.** Falência. **6.** Vinco, dobra.

que•bra-ca•be•ça *sm.* **1.** *Pop.* Questão ou problema difícil, complicado. **2.** Jogo que consiste em combinar peças baralhadas para formar um todo, em ger. uma figura. [Pl.: *quebra-cabeças.*]

que•bra•da *sf.* **1.** Cada aclive ou declive dum terreno ondulado. **2.** Depressão de terreno produzida pela água.

que•bra•dei•ra *sf. Pop.* Falta de dinheiro.

que•bra•di•ço *adj.* Que se quebra facilmente.

quebrado *adj.* **1.** Fragmentado, partido. **2.** Cansado, abatido. **3.** Lânguido, frouxo. **4.** Diz-se de maquinismo enguiçado. **5.** *Bras. Pop.* Arruinado, falido. **6.** *Bras. Gír.* V. *pronto* (6).

que•bra•dos *sm.pl. Bras.* Dinheiro miúdo.

que•bra-luz *sm.* **1.** Peça para preservar os olhos da luz forte de vela, lâmpada, etc. **2.** Abajur. [Pl.: *quebra-luzes.*]

que•bra-mar *sm.* Estrutura ou barreira natural que protege ancoradouro ou praia da agitação das ondas. [Pl.: *quebra-mares.*]

que•bra-no•zes *sm.2n.* Instrumento para quebrar nozes, amêndoas, etc.

que•bran•tar *v.t.d.* **1.** Abater, arrasar. **2.** Infringir, violar. **3.** Vencer, domar. **4.** Debilitar, enfraquecer. *P.* **5.** Enfraquecer(-se), abalar-se. [Conjug.: 1 [quebrant]ar]

que•bran•to *sm.* **1.** Prostração, fraqueza. **2.** Segundo superstição popular, mal-estar provocado por mau-olhado (q. v.).

que•bra-que•bra *sm. Bras.* **1.** Arruaça com depredações. **2.** V. *rolo* (9). [Pl.: *quebra-quebras.*]

que•brar *v.t.d.* **1.** Despedaçar (1). **2.** Partir, romper. **3.** Diminuir a intensidade de; enfraquecer. **4.** Interromper. **5.** Infringir, transgredir. **6.** Faltar ao cumprimento de (promessa ou palavra). **7.** Desviar. **8.** Dissipar. **9.** Danificar. **10.** Fazer falir (1). *Int.* **11.** Romper(-se), par-

tir(-se). **12.** Falir (1). **13.** Enguiçar, encrencar (máquina, maquinismo, etc.). **14.** Dobrar-se, curvar-se. **15.** Dar com ímpeto (as ondas). *P.* **16.** Romper-se, partir-se. **17.** Quebrar (14). [Conjug.: 1 [quebr]ar]

que•da *sf.* **1.** Ato ou efeito de cair. **2.** Declive, descida. **3.** Decadência, declínio. **4.** V. *tendência* (1). **5.** Extinção ou cessação brusca do poder. **6.** Tombo¹, trambolhão.

queda-d'água *sf.* Lugar onde o curso dum rio é acentuadamente vertical; cachoeira, cascata, catarata, salto. [Pl.: *quedas-d'água.*]

que•dar *v.int.* e *p.* Estar quedo; ficar; deter-se. [Conjug.: 1 [qued]ar]

que•de *Bras. Fam. Pop.* F. empregada interrogativamente, no sentido de: que é (feito) de? onde está? [Var.: *quedê, cadê.*]

que•dê *Bras. Fam. Pop.* V. *quede.*

que•do (ê) *adj.* V. *quieto* (1 e 2).

quei•ja•di•nha *sf.* Espécie de bolo de coco feito em fôrmas pequenas.

quei•ja•ri•a *sf.* Lugar onde se fazem queijos.

quei•jo *sm.* Alimento constituído de massa obtida pela coagulação e fermentação do leite.

quei•ma *sf.* **1.** Ato ou efeito de queimar(-se); queimação. **2.** Queima pelo fogo; queimação, combustão, incêndio. **3.** *Bras.* Liquidação (2).

quei•ma•ção *sf.* V. *queima* (1 e 2). [Pl.: –*ções.*]

quei•ma•da *sf.* **1.** Queima de mato, de vegetação seca ou verde. **2.** Lugar onde houve queimada

quei•ma•do *adj.* **1.** Consumido pelo fogo. **2.** Enegrecido por ele ou pelo calor; tostado. **3.** Que perdeu o viço; ressequido. **4.** Bronzeado, moreno. **5.** *Bras. Fam.* V. *zangado.*

quei•ma•du•ra *sf. Med.* Lesão causada por ação do fogo ou do calor.

quei•mar *v.t.d.* **1.** Consumir pelo fogo, reduzir a cinzas. **2.** Pôr fogo a; incendiar. **3.** Tostar, crestar. **4.** Murchar, ressequir. **5.** Produzir queimadura em. **6.** Consumir, gastar. **7.** Dissipar, esbanjar. **8.** *Bras.* V. *liquidar* (8). **9.** *Bras.* Fazer perder a credibilidade. *Int.* **10.** Produzir calor intenso; abrasar. **11.** Produzir queimaduras. **12.** Estar quente. *P.* **13.** Incendiar-se. **14.** Sofrer queimaduras. **15.** *Bras. Fam.* V. *zangar* (2). [Conjug.: 1 [queim]ar] § **quei•ma•dor** (ó) *adj.* e *sm.*

quei•ma-rou•pa *el. sf.* Us. na loc. *à queima-roupa.* ◆ **À queima-roupa.** De muito perto.

quei•xa *sf.* **1.** Ato ou efeito de queixar-se. **2.** Motivo de desprazer, mágoa, ofensa, etc. **3.** V. *queixume.* **4.** V. *reclamação* (2). **5.** Comunicação a autoridade competente de ofensas ou danos recebidos.

quei•xa•da *sf.* **1.** Mandíbula. **2.** Queixo grande, proeminente. • *sm.* **3.** *Bras. Zool.* Mamífero taiacuídeo que, quando acuado, bate fortemente os queixos.

quei•xar-se *v.p.* **1.** Manifestar dor ou pesar; lamentar-se, lastimar-se, querelar-se. **2.** Denunciar o mal ou a ofensa que recebeu. **3.** Descrever (sofrimentos ou agravos). [Conjug.: ① [queix]**ar**[-se]]

quei•xo *sm. Anat.* A parte inferior do rosto, abaixo dos lábios. **§ quei•xal** *adj2g.*

quei•xo•so (ô) *adj.* Que se queixa. [Pl.: *-xosos* (ó).]

quei•xu•do *adj.* Cujo queixo é muito proeminente.

quei•xu•me *sm.* Lamúria, lamentação; queixa.

que•jan•do *pron. indef.* Que é da mesma natureza ou qualidade.

que•lí•de:o *sm. Zool.* Espécime dos quelídeos, família de quelônios de água doce cuja cabeça e pescoço podem ser mais longos que a carapaça. Ex.: cágados. **§ que•lí•de:o** *adj.*

que•lô•ni:o *sm. Zool.* Espécime dos quelônios, ordem de reptis terrestres e aquáticos, desprovidos de dentes, que têm o corpo encerrado em estojo ósseo. Ex.: tartarugas. **§ que•lô•ni:o** *adj.*

quem *pron.* **1.** Pessoa(s) ou a(s) pessoa(s) que. **2.** A(s) pessoa(s) a quem. **3.** Que pessoa(s). **4.** Alguém que.

que•no•po•di•á•ce:a *sf. Bot.* Espécime das quenopodiáceas, família de ervas floríferas, de fruto nuciforme. **§ que•no•po•di•á•ce:o** *adj.*

quen•tão *sm. Bras.* Aguardente de cana com açúcar, gengibre e canela, servida quente. [Pl.: *-tões*.]

quen•te *adj2g.* **1.** De temperatura elevada. **2.** Em que há calor. **3.** Abrasador, ardente. **4.** Que transmite calor. **5.** *Fig.* Sensual (2). **6.** *Fig.* De forte intensidade no momento (notícia, assunto). • *sm.* **7.** Lugar quente. **§ quen•tu•ra** *sf.*

quen•ti•nha *sf.* **1.** Comida colocada ainda quente em embalagem de alumínio, para ser consumida em casa, local de trabalho, etc. **2.** Essa embalagem.

que•pe *sm.* Boné usado por militares de vários países.

quer *conj.* Ou: *Quer saias, quer não, eu sairei.*

que•re•la *sf.* **1.** Petição com que se principia a ação penal a cargo do particular ofendido. **2.** V. *litígio* (2).

que•re•lar *v.t.d.* **1.** Intentar ação penal privada em juízo contra alguém. *P.* **2.** V. *queixar-se* (1). [Conjug.: ① [querel]**ar**] **§ que•re•lan•te** *adj2g. s2g.*

que•rên•ci:a *sf. Bras.* Lugar onde o gado pasta ou onde foi criado.

que•rer *v.t.d.* **1.** Ter vontade de; desejar. **2.** Ordenar, exigir. **3.** Ambicionar, cobiçar. **4.** Pretender. **5.** Ter possibilidade de; poder. **6.** Ter afeição; gostar. **7.** Estar na iminência, ou próximo de. *Int.* **8.** Ter ou manifestar vontade firme e decidida. *P.* **9.** Ter necessidade ou ânsia de; desejar. **10.** Amar-se mutuamente. [Conjug.:㉘ **querer**]

que•ri•do *adj.* A que ou a quem se quer muito.

quer•mes•se *sf.* Feira beneficente, com barraquinha, leilão de prendas, etc.

que•ro-que•ro *sm. Bras. Zool.* Ave caradriídea que vive perto das águas, e nas vargens. [Pl.: *quero-queros.*]

que•ro•se•ne *sm.* Líquido combustível, resultante da destilação do petróleo.

que•ru•bim *sm.* **1.** *Rel.* Anjo (1) da segunda ordem na hierarquia, representado como uma cabeça ladeada por asas. **2.** *Fig.* Criança bonita e gorducha. [Pl.: *-bins.*]

que•si•to *sm.* **1.** Ponto ou questão sobre que se pede resposta (opinião, juízo ou esclarecimento). **2.** Requisito.

ques•tão *sf.* **1.** Pergunta, interrogação. **2.** Tese, assunto, tema em geral, sujeito a meditação, estudo, etc. **3.** Desavença, discussão. **4.** V. *demanda* (2). **5.** Ponto para ser resolvido; problema. **6.** Ponto em discussão levado à Justiça e submetido à decisão dum magistrado. [Pl.: *-tões.*]

ques•ti:o•nar *v.t.d.* **1.** Fazer ou levantar questão sobre; discutir, disputar. **2.** Retorquir, redargüir. *Int.* **3.** Altercar, discutir. [Conjug.① [question]**ar**]

ques•ti:o•ná•ri:o *sm.* Série de questões ou perguntas.

que•to•don•tí•de:o *sm. Zool.* Espécime dos quetodontídeos, família de peixes, perciformes, multicoloridos. **§ que•to•don•tí•de:o** *adj.*

qui *sm.* A 22ª letra do alfabeto grego (Χ, χ).

qui:a•bei•ro *sm. Bot.* Erva malvácea cujo fruto se come imaturo, e cozido.

qui•a•bo *sm.* O fruto do quiabeiro.

qui•be *sm. Cul.* Iguaria árabe feita, em geral, de carne moída, trigo integral e temperos.

qui•be•be (ê ou é) *sm. Bras. N.E. Cul.* Papa de abóbora.

qui•çá *adv.* Talvez; porventura.

qui•car *Bras. v.int.* **1.** Saltar, pular (a bola). **2.** *Fam.* Ficar indignado, furioso. *T.d.* **3.** Fazer saltar (a bola). [Conjug.⑧ [qui]**car**]

qui:e•tar *v.t.d.* **1.** Fazer estar quieto; tranqüilizar. *Int.* e *p.* **2.** Aquietar(-se). [Conjug.① [quiet]**ar**] **§ qui:e•ta•ção** *sf.*

qui:e•tis•mo *sm.* Doutrina mística em voga na Espanha e na França no séc. XVII, que afirmava que a perfeição moral consistia na anulação da vontade e na união com Deus.

qui:e•to *adj.* **1.** Que não se mexe, não bole; imóvel, quedo. **2.** Calmo, sossegado, quedo. **3.** Dócil, pacífico. **§ qui:e•tu•de** *sf.*

qui•la•te *sm.* **1.** A maior pureza ou perfeição do ouro e das pedras preciosas. **2.** Peso equivalente a 199mg.

qui•lha *sf.* Peça estrutural básica do casco de uma embarcação.

qui•lo¹ *sm. Fisiol.* Líquido leitoso captado do alimento, durante a digestão, por vasos linfáticos intestinais, e que consiste de linfa e de matéria gordurosa.

qui•lo² *sm.* Quilograma.

qui•lo•gra•ma *sm.* Unidade fundamental de medida de massa no Sistema Internacional, equivalente a 1.000 gramas; quilo [símb.: *kg*].

qui•lo•hertz *sm. Fís.* Unidade de medida de freqüência, igual a 1.000 hertz [símb.: *kHz*].

qui•lo•li•tro *sm.* Unidade de capacidade, equivalente a 1.000 litros [símb.: *Kl*].

qui•lom•bo *sm. Bras.* Refúgio de escravos fugidos.

qui•lo•me•tra•gem *sf.* **1.** Ação de quilometrar. **2.** Distância expressa em quilômetros. [Pl.: *–gens.*]

qui•lo•me•trar *v.t.d.* Medir ou marcar por quilômetros. [Conjug.: ① [quilometr]**ar**]

qui•lo•mé•tri•co *adj.* **1.** Que tem um quilômetro. **2.** *Bras.* Demasiado extenso.

qui•lô•me•tro *sm.* Unidade de comprimento, igual a 1.000 metros [símb.: *km*].

qui•lo•watt (uót) *sm.* Unidade de medida de potência ativa em circuitos elétricos de corrente alternada, igual a 1.000 watts [símb.: *kW*].

qui•me•ra *sf.* **1.** Monstro fabuloso. **2.** *Fig.* Fantasia, sonho. **§ qui•mé•ri•co** *adj.*

quí•mi•ca *sf.* Ciência que estuda a estrutura das substâncias, correlacionando-a com as propriedades macroscópicas, e investiga as transformações destas substâncias. ◆ **Química orgânica.** Parte da química que estuda os compostos que contêm carbono.

quí•mi•co *adj.* **1.** Relativo a, ou obtido por química. • *sm.* **2.** Especialista em química.

qui•mo *sm. Fisiol.* Matéria homogênea, de consistência variável, produzida pela fase gástrica da digestão.

qui•mo•no *sm.* Túnica longa, de mangas largas, usada no Japão pelos dois sexos.

qui•na¹ *sf.* Grupo de cinco objetos, em geral iguais.

qui•na² *sf. Bras.* **1.** *Bot.* Árvore rubiácea cuja casca tem propriedades febrífugas. **2.** Sua casca.

qui•na³ *sf.* Ângulo ou vértice saliente, canto.

qui•na•do *adj.* **1.** Preparado com quina² (2). • *sm.* **2.** Vinho quinado.

qui•nau *sm.* Corretivo, emenda.

quin•dão *sm. Bras. Cul.* Quindim (2) feito em fôrma grande. [Pl.: *–dões.*]

quin•dim *sm.* **1.** Graça, atrativo. **2.** *Bras. Cul.* Docinho de gema de ovo, coco e açúcar. [Pl.: *–dins.*]

qüin•gen•té•si•mo *num.* **1.** Ordinal correspondente a 500. **2.** Fracionário correspondente a 500.

qui•nhão *sm.* A parte dum todo que cabe a cada um daqueles por quem se divide; cota. [Pl.: *–nhões.*]

qui•nhen•tos *num.* **1.** Quantidade que é uma unidade maior que 499. **2.** Número (1) correspondente a essa quantidade. [Representa-se em algarismos arábicos por 500, e em algarismos romanos, por D.]

qui•ni•na *sf. Quím.* Alcalóide da quina² e de plantas congêneres, usado contra a malária e a febre.

qui•ni•no *sm. Pop.* Sulfato de quinina.

qüin•qua•ge•ná•ri•o *adj.* Que está na casa dos 50 anos de idade; cinqüentão.

qüin•qua•gé•si•mo (zi) *num.* **1.** Ordinal correspondente a 50. **2.** Fracionário correspondente a 50.

qüin•qü•e•nal *adj2g.* Que dura um qüinqüênio. [Pl.: *–nais.*]

qüin•qü•ê•ni•o *sm.* Espaço de cinco anos.

qüin•qüí•di•o *sm.* Espaço de cinco dias.

quin•qui•lha•ri•as *sf.pl.* Jóias falsas, ou outros objetos de pouco valor.

quin•ta¹ *sf.* **1.** *Lus.* Grande propriedade rústica, com casa de habitação. **2.** *Mús.* Intervalo (3) de cinco notas.

quin•ta² *sf.* F. red. de *quinta-feira*.

quin•ta-co•lu•na *sf.* Pessoa que atua sub-repticiamente num país preparando ajuda ao invasor em caso de invasão, ou fazendo espionagem e propaganda a favor daquele; quinto colunista. [Pl.: *quinta-colunas.*]

quin•ta-co•lu•nis•ta *adj2g.* e *s2g.* Diz-se de, ou quinta-coluna. [Pl.: *quinta-colunistas.*]

quin•ta-es•sên•ci:a *sf.* **1.** Extrato levado ao último apuramento. **2.** *Fig.* O mais alto grau; o auge. [Var.: *quintessência*. Pl.: *quinta-essências.*]

quin•ta-fei•ra *sf.* O quinto dia da semana, principiada no domingo. [Pl.: *quintas-feiras.*]

quin•tal¹ *sm.* Pequeno terreno, muitas vezes com jardim ou com horta, atrás da casa. [Pl.: *–tais.*]

quin•tal² *sm.* Antigo peso de quatro arrobas. [Pl.: *–tais.*]

quin•tes•sên•ci:a *sf.* Quinta-essência.

quin•te•to (ê) *sm. Mús.* **1.** Composição para cinco vozes ou cinco instrumentos. **2.** O conjunto dessas vozes ou desses instrumentos. **3.** Os cinco músicos desse conjunto.

quin•ti•lhão *num. Mat.* Mil quatrilhões; 10 elevado à 18ª potência. [Pl.: *–lhões.*]

quin•ti•li•ão *num. Mat.* Quintilhão. [Pl.: *–ões.*]

quin•to *num.* **1.** Que ocupa o lugar de número 5, numa série ordenada. **2.** Cada uma das cinco partes iguais em que se divide algo.

quin•tu•pli•car *v.t.d.* e *p.* Multiplicar(-se) por cinco. [Conjug.: ⑧ [quintupli]**car**] **§ quin•tu•pli•cá•vel** *adj2g.*

quín•tu•plo *num.* **1.** Que é cinco vezes maior. • *sm.* **2.** Quantidade cinco vezes maior que outra.

quin•ze *num.* **1.** Quantidade que é uma unidade maior que 14. **2.** Número (1) correspondente a essa quantidade. [Representa-se em algarismos arábicos por 15, e em algarismos romanos, por XV.]

quin•ze•na *sf.* Espaço de 15 dias.

quin•ze•nal *adj2g.* **1.** Relativo a quinzena. **2.** Que aparece, se faz ou se publica de 15 em 15 dias. [Pl.: –*nais.*]

qui•os•que *sm.* **1.** Pequeno pavilhão aberto instalado em praças e jardins. **2.** Pavilhão (1), onde se vendem jornais, flores, etc.

qüi•pro•quó *sm.* **1.** Confusão duma coisa com outra. **2.** Situação cômica resultante de equívoco(s).

qui•ro•man•ci•a (cí) *sf.* Adivinhação pelo exame das linhas da palma da mão. § **qui•ro•man•te** *s2g.*

qui•róp•te•ro *sm. Zool.* Espécime dos quirópteros, ordem de mamíferos noctívagos que têm patágio e uropatágio. § **qui•róp•te•ro** *adj.*

quis•to *sm. Med.* Cavidade fechada onde se acumulam secreções que, anormalmente, não podem escoar-se.

qui•ta•ção *sf.* **1.** Ato ou efeito de quitar(-se). **2.** Documento pelo qual o devedor se torna quite. [Pl.: –*ções.*]

qui•tan•da *sf. Bras.* **1.** Tabuleiro com gênero e mercadorias dos vendedores ambulantes. **2.** Pequeno estabelecimento onde se vendem frutas, legumes, cereais, etc.

qui•tan•dei•ro *sm. Bras.* Dono de quitanda.

qui•tar *v.t.d.* **1.** Desobrigar do que devia dar ou fazer. **2.** Saldar, pagar: *quitar uma dívida.* **3.** Poupar, evitar: *quitar discussões.* **4.** Perder, deixar. *T.d.i.* **5.** Quitar (1). *P.* **6.** Desembaraçar-se, livrar-se. **7.** Separar-se. [Conjug.: ① [quit]**ar**]

qui•te *adj2g.* **1.** Que saldou suas contas; livre de dívida. **2.** Livre, desembaraçado.

qui•ti•na *sf.* Substância calcária que reveste os artrópodes em geral. § **qui•ti•no•so** (ô) *adj.*

qui•ti•ne•te *sf.* V. *kitchenette.*

qui•tu•te *sm. Bras.* Petisco, iguaria.

qui•tu•tei•ro *sm.* Preparador de quitutes.

qui•ui ou **qui•vi** *sm.* **1.** *Zool.* Ave apterígdea neozelandesa. **2.** *Bot.* Fruto, suculento, de uma trepadeira actinidácea, originária do Sudeste Asiático.

qui•xa•ba *sf. Bras.* O fruto da quixabeira.

qui•xa•bei•ra *sf. Bras. Bot.* Arvoreta sapotácea da caatinga.

qui•xo•ta•da *sf.* **1.** Fanfarrice, gabolice. **2.** Ato ou dito de homem quixotesco (2).

qui•xo•tes•co (ês) *adj.* **1.** Relativo a D. Quixote, herói romântico da obra *D. Quixote de la Mancha,* de Cervantes (q. v.). **2.** *Fig.* Romântico, sonhador.

qui•xo•tis•mo *sm.* **1.** Modos próprios de D. Quixote, personagem de Cervantes (q. v.), herói romanesco e idealista. **2.** *Fig.* Romantismo, cavalheirismo e idealismo exagerados.

qui•zi•la *sf.* **1.** Antipatia. **2.** Aborrecimento, chateação. **3.** Zanga; rixa. [Var.: *quizília.*]

quo•ci•en•te *sm. Mat.* Quantidade resultante da divisão duma quantidade por outra. [Var.: *cociente.*]

quó•rum *sm.* Número mínimo de pessoas presentes exigido por lei ou estatuto para que um órgão coletivo funcione.

quo•ta *sf.* V. *cota²*.

quo•ta-par•te *sf.* Cota-parte. [Pl.: *quotas-partes.*]

quo•ti•di•a•no *adj.* Cotidiano.

quo•tis•ta *s2g.* Cotista.

quo•ti•zar *v.t.d. e p.* Cotizar. [Conjug.: ① [quotiz]**ar**]

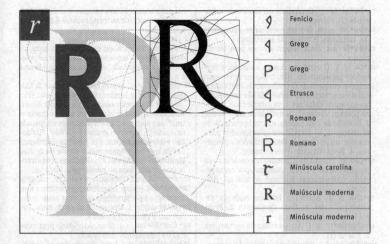

	Fenício
	Grego
	Grego
	Etrusco
	Romano
	Romano
	Minúscula carolina
	Maiúscula moderna
	Minúscula moderna

r (érre) **1.** A 17ª letra do nosso alfabeto. **2.** Figura ou representação dessa letra. * *num.* **3.** Décimo sétimo, numa série. **4.** Décimo oitavo, numa série em que a letra *k* corresponde ao 11º elemento. [Pl. (não adopt.) 1 e 2) indica do pela duplicação da letra: *rr*.]

❏ **r** *Geom.* Abrev. de *raio* (5).

❏ **R** **1.** *Eletr.* Símb. de *resistência elétrica*. **2.** *Mat.* Símb. do conjunto dos números reais.

❏ **Ra** *Quím.* Símb. do *rádio²*.

rã *sf. Zool.* Nome comum a vários ranídeos.

ra•ba•da *sf.* **1.** Rabadilha. **2.** Rabo de boi, porco ou vitela, usados na alimentação humana. **3.** Rabeira (2).

ra•ba•dão *sm.* **1.** Indivíduo que guarda gado miúdo. **2.** Maioral de pastores. [Pl.: *–dães.*]

ra•ba•di•lha *sf.* A parte posterior do corpo das aves, peixes e mamíferos; rabada.

ra•ba•na•da¹ *sf. Cul.* Fatia de pão que se frita depois de embebida em leite com açúcar e ovos batidos.

ra•ba•na•da² *sf.* **1.** Golpe com o rabo (1). **2.** *Fam.* Gesto brusco de irritação ou desdém.

ra•ba•ne•te (ê) *sm. Bot.* **1.** Erva crucífera, variedade de rábano de raiz curta, comestível. **2.** Essa raiz.

rá•ba•no *sm. Bot.* Erva crucífera e sua raiz, comestível.

ra•be•ar *v.int.* **1.** Mexer com o rabo ou cauda. **2.** Fazer movimentos semelhantes aos do animal que rabeia. **3.** *P. ext.* Rebolar-se. [Conjug.: ⑩ [rab]**ear**]

ra•be•ca *sf.* **1.** *Antiq.* Violino. **2.** *Bras.* Espécie de violino de som fanhoso.

ra•be•cão *sm.* **1.** *Pop.* Contrabaixo. **2.** *Bras.* Carro para transporte de cadáveres. [Pl.: *–cões.*]

ra•boiera *sf.* **1.** Vestígio (0). **0.** Ou último numa corrida, fila, etc.; rabada. **3.** *Bras. Prov. port.* A parte traseira do veículo.

ra•bi *sm.* Rabino.

ra•bi•ça *sf.* Braço ou guidão do arado.

ra•bi•cho *sm.* **1.** Pequena trança de cabelo que pende da nuca. **2.** Correia do arreios da cavalgadura; retranca. **3.** *Bras. Pop.* Paixão, amor.

ra•bi•có *adj2g. Bras.* Suru.

ra•bi•no *sm.* **1.** Doutor da lei judaica. **2.** Sacerdote do culto judaico. [F. paral.: *rabi.*]

ra•bis•car *v.int.* e *t.d.* **1.** Fazer rabiscos (em). **2.** Escrever de modo ininteligível, ou às pressas. [Conjug.: ⑧ [rabis]**car**]

ra•bis•co *sm.* Risco tortuoso; garatuja.

ra•bis•cos *sm.pl.* **1.** Letras mal traçadas. **2.** Trecho escrito às pressas.

ra•bo *sm.* **1.** Cauda (1 e 2). **2.** Cabo de certos utensílios ou instrumentos. **3.** *Chulo.* As nádegas, ou o ânus.

ra•bo-de-ar•rai•a *sm. Bras.* **1.** Golpe traumatizante na capoeira² (2). **2.** *N.E.* Cavalo-de-pau. [Pl.: *rabos-de-arraia.*]

ra•bo•na *sf.* Fraque de abas curtas.

ra•bu•do *adj.* Que tem rabo ou cauda grande.

ra•bu•gem *sf. Veter.* **1.** Doença de cães, semelhante à sarna. **2.** Rabugice. [Pl.: *–gens.*]

ra•bu•gen•to *adj.* **1.** Que tem rabugem (1). **2.** V. *ranzinza.*

ra•bu•gi•ce *sf.* Qualidade ou modos de rabugento (2); rabugem.

ra•bu•jar *v.int.* Ser ou mostrar-se rabugento (2), ranzinza. [Conjug.⚊] [rabuj]**ar**]

rá•bu•la *sm. Bras.* Quem advoga sem ter diploma.

ra•ça *sf.* 1. O conjunto dos ascendentes e descendentes duma família, tribo ou povo, com origens comuns. 2. O conjunto de indivíduos cujas características corporais são semelhantes e transmitidas por hereditariedade, embora possam variar dum indivíduo para outro. 3. Divisão de uma espécie animal provinda do cruzamento de indivíduos selecionados para manter ou aprimorar determinados caracteres. 4. *Bras.* Grande determinação.

ra•ção *sf.* Porção de alimento necessária para manter em bom funcionamento, por certo período, o organismo humano ou animal. [Pl.: –ções.]

ra•cha *sf.* 1. Abertura de coisa rachada; rachadura. • *sm.* 2. *Bras.* Dissensão. 3. *Bras. RJ* Pelada², ger. violenta.

ra•cha•du•ra *sf.* 1. Ato ou efeito de rachar(-se). 2. Racha (1).

ra•char *v.t.d.* 1. Dividir no sentido do comprimento. 2. Partir ou dividir com violência. *Int.* e *p.* 3. Fender (4). [Conjug.⚊] [rach]**ar**]

ra•ci•al *adj2g.* Relativo à raça. [Pl.: –ais.]

ra•ci•o•ci•nar *v.int.* e *t.i.* 1. Fazer raciocínio(s). *T.d.* 2. Pensar, refletir, considerar. [Conjug.: ⚊] [raciocin]**ar**]

ra•ci•o•cí•ni:o *sm.* 1. Encadeamento, aparentemente lógico, de juízos ou pensamentos. 2. Capacidade de raciocinar.

ra•ci•o•nal *adj2g.* 1. Que usa da razão, ou conforme a ela. 2. *Mat.* Diz-se do número que pode ser expresso como quociente de dois inteiros, dos quais o divisor não é nulo. [Pl.: –nais.]

ra•ci•o•na•lis•mo *sm.* 1. Método de observar as coisas baseado unicamente na razão. 2. Atividade do espírito de caráter puramente especulativo. 3. *Filos.* Doutrina que privilegia a razão como fonte do conhecimento. § **ra•ci•o•na•lis•ta** *adj2g.*

ra•ci•o•na•li•zar *v.t.d.* 1. Tornar racional. 2. Tornar mais eficientes os processos de (trabalho, produção, plano, etc.), pelo emprego de métodos científicos, ou mais adequados. [Conjug.: ⚊][racionaliz]**ar**] § **ra•ci•o•na•li•za•ção** *sf.*

ra•ci•o•na•men•to *sm.* 1. Ação ou efeito de racionar. 2. Limitação do consumo de certos bens.

ra•ci•o•nar *v.t.d.* 1. Distribuir em rações; repartir regradamente. 2. Limitar a venda de. [Conjug.: ⚊] [racion]**ar**]

ra•cis•mo *sm.* 1. Doutrina que sustenta a superioridade de certas raças. 2. Preconceito ou discriminação em relação a indivíduo(s) considerado(s) de outra(s) raça(s). § **ra•cis•ta** *adj2g.*

❑ **rad** Símb. de *radiano*.

ra•dar *sm.* Técnica, ou equipamento, para localizar objetos móveis ou estacionários, medir-lhes a velocidade, determinar-lhes a forma e a natureza.

ra•di:a•ção *sf.* 1. Ato ou efeito de radiar. 2. Ondas ou energia luminosa, calorífera, etc. [Pl.: –ções.] ✦ **Radiação cósmica de fundo.** *Cosm.* Radiação difusa e isotrópica que permeia o universo e que seria remanescente da grande explosão [v. *teoria da grande explosão*]. **Radiação eletromagnética.** *Fís.* Energia eletromagnética que se propaga sob a forma de ondas. **Radiação ionizante.** *Fís.* Radiação penetrante que produz íons ao passar pela matéria.

ra•di•a•do *adj.* Disposto em raios [v. *raio* (3)].

ra•di:a•dor (ô) *sm.* Aparelho para aquecer ambientes, ou para refrigerar certas máquinas.

ra•di•al *adj2g.* 1. Que emite raios. 2. *Anat.* Referente a rádio¹. [Pl.: –ais.]

ra•di:a•lis•mo *sm. Bras.* Atividade profissional de jornalismo eletrônico.

ra•di:a•lis•ta *s2g. Bras.* Pessoa que se dedica profissionalmente à radiodifusão.

ra•di•a•no *sm.* Unidade de medida de arco, ou de ângulo, igual a um arco de circunferência, ou ao ângulo central que ele subtende, e cujo comprimento é igual ao raio da circunferência [símb.: *rad*].

ra•di•an•te *adj2g.* 1. Que radia. 2. Muito alegre; radioso.

ra•di•ar *v.int.* 1. Emitir ondas e energia calorífica, luminosa, etc. 2. Cintilar, resplandecer. [Conjug.: ⚊] [radi]**ar**]

ra•di•cal *adj2g.* 1. Relativo à raiz. 2. Fundamental, básico. 3. Que prega o radicalismo ou o revela no agir. • *s2g.* 4. Partidário dele. • *sm.* 5. *Gram.* Parte invariável duma palavra. 6. *Mat.* Símbolo da potência fracionária duma expressão qualquer. 7. *Quím.* Radical livre. 8. V. *grupo* (3). [Pl.: –cais.] ✦ **Radical livre.** *Quím.* Átomo ou molécula que tem um número ímpar de elétrons, o que lhe permite provocar facilmente reações químicas; radical.

ra•di•ca•lis•mo *sm.* Doutrina ou comportamento dos que visam a combater pela raiz as anomalias sociais implantando reformas absolutas. § **ra•di•ca•lis•ta** *adj2g.* e *s2g.*

ra•di•ca•li•zar *v.t.d.* e *p.* Tornar(-se) radical. [Conjug.: ⚊] [radicaliz]**ar**]

ra•di•can•do *sm. Mat.* Expressão sob o símbolo de um radical (6).

ra•di•car *v.t.d., t.d.i.* e *p.* Enraizar(-se), arraigar(-se). [Conjug.: ⑧] [radi]**car**] § **ra•di•ca•ção** *sf.*

ra•dí•cu•la *sf. Bot.* Pequena raiz.

ra•di:e•le•tri•ci•da•de *sf.* Radioeletricidade.
§ **ra•di:e•lé•tri•co** *adj.*

rá•di:o[1] *sm. Anat.* Osso longo que forma com o
cúbito homolateral o esqueleto do antebraço.

rá•di:o[2] *sm. Quím.* V. *metal alcalino-terroso*
[símb.: *Ra*].

rá•di:o[3] *sm.* **1.** Radiofonia. **2.** Aparelho ou conjunto dos aparelhos para emitir e transmitir
sinais radiofônicos. **3.** Radiodifusão. **4.** Radiodifusora. **5.** Aparelho receptor de programas
radiofônicos.

rá•di:o[4] *sm.* F. red. de *radiograma*.

ra•di:o:a•ma•dor (rà...ô) *sm.* Aquele que opera, sem finalidade lucrativa, estação particular de rádio[3] (3).

ra•di:o:a•ti•vi•da•de (rà) *sf. Fís.* Propriedade
que têm certos átomos de emitir espontaneamente partículas, por efeito duma instabilida-
de dos seus núcleos.

ra•di:o:a•ti•vo ou**ra•di:a•ti•vo** (rà) *adj.* Que
tem radioatividade.

ra•di:o•di•fu•são (rà) *sf. Rád. Telev.* Transmissão por meio de ondas radioelétricas de programas e mensagens destinadas a recepção
pública; rádio. [Pl.: *–sões.*]

ra•di:o•di•fu•sor (rà...ô) *adj.* Que faz radiodifusão.

ra•di:o•di•fu•so•ra (rà...ô) *sf. Rád. Telev.* V.
emissora.

ra•di:o:e•le•tri•ci•da•de ou**ra•di:e•le•tri•ci•
da•de** (rà) *sf.* Parte da física que trata do estudo e aplicação das ondas de rádio. § **ra•
di:(o):e•lé•tri•co** *adj.*

ra•di:o:e•mis•são (rà) *sf.* **1.** Emissão de qualquer radiação. **2.** Emissão por meio de rádio[3]
(3). [Pl.: *–sões.*]

ra•di:o:e•mis•so•ra (rà...ô) *sf.* Estação emissora de rádio[3] (1).

ra•di:o•fo•ni•a (rà) *sf.* Emissão e transmissão
de sons mediante sinais eletromagnéticos; rádio. § **ra•di:o•fô•ni•co** (rà) *adj.*

ra•di:o•fo•to•gra•fi•a (rà) *sf.* **1.** Fotografia que
é transmitida pelo rádio[3] (3). **2.** Processo de
transmitir essa fotografia.

ra•di:o•fre•qüên•ci:a (rà) *sf. Fís.* Freqüência
de radiações eletromagnéticas utilizadas em
radiotransmissão, e que está compreendida
entre 3 kHz e 300 GHz.

ra•di:o•gra•far (rà) *v.t.d.* **1.** *Med.* Registrar por
meio de radiografia. **2.** Expedir (notícia) sob a
forma de radiograma. [Conjug.: ⬜ [radiogra-
f]**ar**]

ra•di:o•gra•fi•a (rà) *sf.* **1.** Registro fotográfico mediante a ação de raios X sobre a superfície por eles sensibilizada. **2.** Cópia duma
chapa de radiografia. § **ra•di:o•grá•fi•co** (rà)
adj.

ra•di:o•gra•ma (rà) *sm.* Comunicação através
de radiotelegrafia.

ra•di:o•lo•gi•a (rà) *sf.* **1.** Estudo científico de
raios X e dos corpos radioativos. **2.** *Med.* Estudo das radiações ionizantes e não ionizantes
em suas aplicações ao diagnóstico e tratamento de doenças. § **ra•di:o•ló•gi•co** (rà) *adj.*;
ra•di:o•lo•gis•ta (rà) *s2g.*

ra•di:o•no•ve•la (rà) *sf. Bras.* Novela (2) radiofônica.

ra•di:o•pa•tru•lha (rà) *sf.* Veículo de patrulha
equipado com rádio[3] (2).

ra•di:or•re•cep•ção (rà) *sf.* Recepção por meio
de rádio[3] (3). [Pl.: *–ções.*]

ra•di:or•re•cep•tor (rà...ô) *sm.* Dispositivo eletrônico capaz de produzir ondas acústicas.

ra•di:os•co•pi•a (rà) *sf. Med.* Exame de estruturas profundas do corpo, mediante a projeção, numa tela, de sombras de raios X que
passam através dele, entre a fonte de irradiação e a tela. § **ra•di:os•có•pi•co** (rà) *adj.*

ra•di•o•so (ô) *adj.* **1.** Que lança raios de luz;
resplandecente. **2.** Radiante (2). [Pl.: *–osos* (ó).]

ra•di:o•te•le•gra•fi•a (rà) *sf.* Telegrafia em
que se transmitem sinais mediante o uso de
ondas eletromagnéticas; telegrafia sem fio. §
ra•di:o•te•le•grá•fi•co (rà) *adj.*

ra•di:o•te•ra•pêu•ti•ca (rà) *sf. Med.* Radioterapia. § **ra•di:o•te•ra•pêu•ti•co** (rà) *adj.*

ra•di:o•te•ra•pi•a (rà) *sf. Med.* Terapia pelo
uso de radiação ionizante; radioterapêutica.
§ **ra•di:o•te•rá•pi•co** (rà) *adj.*

ra•di:o•transmis•são (rà) *sf.* Transmissão sonora por meio da radiofonia. [Pl.: *–sões.*]

ra•di:ou•vin•te (rà) *s2g. Bras.* Ouvinte de emissões radiofônicas.

ra•dô•ni:o *sm. Quím.* V. *gás nobre* [símb.: *Rn*].

ra•fei•ro *adj.* e *sm.* Diz-se de, ou cão guardador
de gado.

rá•fi:a *sf.* **1.** *Bot.* Palmácea cujas palmas dão
ótima fibra. **2.** O fio industrializado dessa fibra.

rai•a[1] *sf.* **1.** Risca, traço. **2.** Limite (1). **3.** V.
fronteira (1). **4.** Pista de corrida de cavalos.

rai•a[2] *sf. Zool.* Nome comum a vários peixes
rajídeos. [Sin.: *arraia*].

rai•a•do *sm.* Série de raias ou conjunto de raias.

rai•ar[1] *v.int.* **1.** Brilhar, cintilar. **2.** Despontar
no horizonte. **3.** Surgir. [Conjug.: ⬜ [rai]**ar**]

rai•ar[2] *v.t.d.* Traçar riscas ou raias em. [Con-
jug.: ⬜ [rai]**ar**] § **rai•a•do** *adj.*

ra•i•nha (a-í) *sf.* **1.** A esposa (ou a viúva) do rei
(1). **2.** A soberana de um reino (1). **3.** A principal entre outras. **4.** Peça do jogo de xadrez. **5.**
Abelha-mestra.

rai•o *sm.* **1.** A luz que emana dum foco luminoso e segue uma trajetória reta em determinada
direção. **2.** Luz intensa e viva. **3.** Cada um dos
traços ou peças que, partindo dum centro, se
distribuem em todas as direções. **4.** Descarga
elétrica entre uma nuvem e o solo, com relâm-

pago e trovão. **5.** *Geom.* Segmento de reta que vai duma circunferência, ou duma superfície esférica, até o seu centro. ✦ **Raio polar.** *Geom. Anal.* Raio vetor. **Raio vetor.** *Geom. Anal.* **1.** Num sistema de coordenadas polares ou esféricas, segmento dirigido que vai do pólo ao ponto; raio polar. **2.** A coordenada linear, num sistema de coordenadas polares ou esféricas; raio polar. **Raios X.** *Fís.* Radiação eletromagnética de comprimento de onda compreendido, aproximadamente, entre 10^{-11} e 10^{-8} cm.

rai•va *sf.* **1.** *Med.* Virose que incide em mamíferos, principalmente os silvestres, em animais domésticos, e no homem. **2.** *Fig.* Sentimento violento de ódio. § **rai•vo•so** (ô) *adj.*

ra•iz (a-í) *sf.* **1.** *Bot.* Porção do eixo da planta que cresce para baixo, ger. dentro do solo, fixando-a e fornecendo-lhe água e nutrientes. **2.** Parte inferior; base. **3.** *Anat.* A parte do dente implantada na maxila. **4.** Princípio, origem. **5.** *Gram.* A parte básica da estrutura da palavra. **6.** *Mat.* Potência fracionária de um número. [Pl.: *raízes.*]

ra•já *sm.* Príncipe ou soberano de Estado indiano. [Fem.: *rani.*]

ra•ja•da *sf.* **1.** Vento forte e de curta duração. **2.** *Bras.* Série ininterrupta de tiros de arma automática.

ra•ja•do *adj.* Que tem raias ou riscas.

ra•jí•de:o *sm. Zool.* Espécime dos rajídeos, família de peixes marinhos de corpo achatado; têm distribuição cosmopolita. São as raias. § **ra•jí•de:o** *adj.*

ra•la•dor (ô) *sm.* Utensílio próprio para ralar (1); ralo.

ra•lar *v.t.d.* **1.** Reduzir (uma substância) a fragmentos pequenos, friccionando-a ou raspando com ralador. **2.** Afligir, atormentar. *Int.* **3.** *Bras. Gír.* Trabalhar com afinco. *P.* **4.** Apoquentar-se. [Conjug.: ① [ral]**ar**] § **ra•la•ção** *sf.*

ra•lé *sf.* **1.** Plebe. **2.** *Restr.* A camada social constituída de indivíduos desclassificados, delinqüentes, etc.; gentalha, escória.

ra•lhar *v.int.* **1.** Repreender em voz alta. *T.i.* **2.** Repreender. [Conjug.: ① [ralh]**ar**]

ra•lho *sm.* Ato ou efeito de ralhar.

ra•lí•de:o *sm. Zool.* Espécime dos ralídeos, família de aves gruiformes de tamanho pequeno e médio; têm pequena cauda, pernas de médias a compridas, dedos longos, e vivem nos brejos e à beira de rios e lagos. Ex.: saracuras. § **ra•lí•de:o** *adj.*

ra•lo¹ *sm.* **1.** Ralador. **2.** O crivo da peneira. **3.** Placa com orifícios para coar água e outros líquidos, que se adapta à abertura dum encanamento.

ra•lo² *adj.* Pouco espesso ou denso; raro.

❏ **RAM** *Inform.* Sigla que designa um tipo de memória (4) temporária e de acesso rápido para leitura e gravação, us. como memória principal de computador.

ra•ma *sf. Bot.* O conjunto dos ramos de uma planta; ramada, ramagem. ✦ **Em rama.** Diz-se da matéria-prima têxtil natural, antes de ser preparada para fiar.

ra•ma•da *sf.* V. *rama.*

ra•ma•gem *sf.* V. *rama.* [Pl.: *–gens.*]

ra•mal *sm.* **1.** Caminho subsidiário de estradas de rodagem ou de ferro. **2.** Derivação de uma linha principal de energia elétrica, ou de uma canalização hidráulica, ou de esgoto, etc. **3.** *Bras.* Cada uma das ramificações internas duma rede telefônica. [Pl.: *–mais.*]

ra•ma•lhar *v.int.* Sussurrar (os ramos) com o vento. [Conjug.: ① [ramalh]**ar**]

ra•ma•lhe•te (ê) *sm.* Pequeno molho de flores; ramo, buquê.

ra•ma•lho *sm.* Grande ramo.

ra•ma•lhu•do *adj.* De muita rama.

ra•mei•ra *sf.* Meretriz.

ra•mer•rão *sm.* **1.** Repetição monótona, enfadonha. **2.** *P. ext.* Rotina (2). [Pl.: *–rões.*]

ra•mi•fi•ca•ção *sf.* **1.** Ato ou efeito de ramificar(-se). **2.** *Bot.* Subdivisão dos ramos, das raízes ou dos caules das plantas. [Pl.: *–ções.*]

ra•mi•fi•car *v.t.d.* **1.** Dividir em ramos, ramais, partes, etc. **2.** Dividir. *P.* **3.** Dividir-se em ramos, ramais, partes, etc. **4.** Dividir-se. **5.** Propagar-se. [Conjug.: ⑧ [ramifi]**car**]

ra•mo *sm.* **1.** *Bot.* Subdivisão do caule das plantas; galho. **2.** V. *ramalhete.* **3.** Cada família descendente dum mesmo tronco. **4.** Atividade específica em qualquer trabalho ou profissão. **5.** *Biol.* Em botânica, reunião de classes [v. *classe* (5)].

ra•mo•so (ô) *adj.* Abundante em ramos. [Pl.: *–mosos* (ó).]

ram•pa *sf.* Plano inclinado: *aclive* (no sentido da subida) e *declive* (no sentido da descida).

ran•çar *v.int.* Criar ranço. [Conjug.: ⑨ [ran]**çar**]

ran•chei•ra *sf.* Dança e música popular, de origem argentina, comum no RS.

ran•chei•ro *sm.* Aquele que prepara o rancho (4).

ran•cho *sm.* **1.** Grupo de pessoas em passeio, marcha, jornada ou trabalho. **2.** Acampamento ou barraca para abrigar rancho (1). **3.** Bando de gente. **4.** Refeição para muitas pessoas. **5.** *Bras.* Casa ou cabana para abrigo provisório, em canteiro de obras, etc. **6.** Casa pobre; choupana.

ran•ço *sm.* **1.** Cheiro forte e sabor acre que o contato com o ar produz nas substâncias gordas. **2.** Mofo (2). § **ran•ço•so** (ô) *adj.*

ran•cor (ô) *sm.* Ressentimento profundo resultante de ato alheio que causa dano ou mágoa. § **ran•co•ro•so** (ô) *adj.*

ran•fas•tí•de:o *sm. Zool.* Espécime dos ranfastídeos, família de aves de tamanho médio a grande, de plumagem brilhante, enorme bico forte, frugívoras, que vivem nas Américas Central e do Sul. São os tucanos. **§ ran•fas•tí•de:o** *adj.*

ran•ger *v.int.* **1.** Produzir ruído áspero como o do atrito de um objeto duro sobre outro; rinchar. *T.d.* **2.** Mover (os dentes), atritando-os. [Conjug.: 🎕 [ran]**ger**]

ran•gi•do *sm.* Som produzido por coisas(s) que range(m).

ran•gí•fer *sm. Zool.* Rena.

ra•nhe•ta (ê) *adj2g. Bras.* V. *ranzinza*.

ra•nho *sm. Pleb.* V. *muco*.

ra•nhu•ra *sf.* Entalhe alongado na espessura da madeira.

ra•ni *sf.* Mulher de rajá.

ra•ni•cul•tor (râni...ô) *sm.* Aquele que se dedica à ranicultura.

ra•ni•cul•tu•ra (râni) *sf.* Criação de rãs para consumo na alimentação humana.

ra•ní•de:o *sm. Zool.* Espécime dos ranídeos, família de anfíbios anuros, opistoglossos; são alimentícios. **§ ra•ní•de:o** *adj.*

ra•nun•cu•lá•ce:a *sf. Bot.* Espécime das ranunculáceas, família de plantas floríferas das zonas temperadas e frias; algumas espécies são medicinais. **§ ra•nun•cu•lá•ce:o** *adj.*

ra•nún•cu•lo *sm. Bot.* Erva ranunculácea cultivada como ornamental, e como medicinal.

ranzinza *adj2g. Bras.* Zangado, mal-humorado; ranheta, rabugento.

ran•zin•zar *v.int. Bras.* Mostrar-se ranzinza. [Conjug.: 🎕 [ranzinz]**ar**]

ra•pa•ce *adj2g.* **1.** Que rouba. **2.** *Zool.* Diz-se de ave falconídea.

ra•pa•ci•da•de *sf.* Qualidade de rapace (1); tendência para o roubo ou hábito de roubar.

ra•pa•du•ra *sf.* **1.** Ato de rapar. **2.** *Bras.* Açúcar mascavo, em forma de pequenos tijolos.

ra•pa•gão *sm.* Rapaz vigoroso e corpulento. [Pl.: *–gões.*]

ra•pa•pé *sm.* **1.** Ato de arrastar o pé ao cumprimentar. **2.** Cumprimento exagerado; salamaleque, zumbaia. **3.** Bajulação, adulação.

ra•par *v.t.d.* **1.** Desgastar, cortando em fragmentos ou lascas. **2.** Cortar rente o pêlo de; raspar. *P.* **3.** Barbear-se. [Conjug.: 🎕 [rap]**ar**]

ra•pa•ri•ga *sf.* **1.** *P. us. no Brasil.* Mulher nova. **2.** *Bras. N. N.E. MG GO* Prostituta.

ra•paz *sm.* **1.** Adolescente do sexo masculino. **2.** Homem jovem; moço.

ra•pa•zi•a•da *sf.* **1.** Grupo de rapazes. **2.** Brincadeira, sem malícia, de rapazes.

ra•pa•zo•la *sm.* Rapaz adolescente ou muito jovem; rapazote.

ra•pa•zo•te *sm.* Rapazola.

ra•pé *sm.* Tabaco em pó para cheirar.

ra•pi•dez (ê) *sf.* **1.** Pressa, ligeireza. **2.** Brevidade, transitoriedade.

rá•pi•do *adj.* **1.** Que se move depressa; veloz. **2.** Efêmero, breve. **3.** Que se efetua ou se executa em pouco tempo.

ra•pi•na *sf.* Ato de rapinar.

ra•pi•na•gem *sf.* **1.** Hábito de rapinar. **2.** Conjunto de roubos. [Pl.: *–gens.*]

ra•pi•nar *v.t.d.* **1.** Roubar, tirar com violência. **2.** Subtrair, furtar. *Int.* **3.** Cometer rapinagem (2). [Conjug.: 🎕 [rapin]**ar**] **§ ra•pi•nan•te** *adj2g.* e *s2g.*

ra•po•sa (ô) *sf.* **1.** *Zool.* Canídeo selvagem, de pequeno porte, predador de aves. **2.** Sua pele curtida. **3.** *Fig.* Pessoa astuta.

ra•po•si•no *adj.* **1.** Relativo à raposa. **2.** *Fig.* Astuto, manhoso.

ra•po•so (ô) *sm.* O macho da raposa.

rap•só•di:a (s) *sf.* **1.** Trecho de uma composição poética. **2.** *Mús.* Composição musical que utiliza melodias tradicionais ou populares.

rap•tar *v.t.d.* Cometer rapto contra. [Conjug.: 🎕 [rapt]**ar**]

rap•to *sm.* Ato ou efeito de arrebatar, de levar consigo uma pessoa, por violência ou sedução.

rap•tor (ô) *adj.* e *sm.* Que ou aquele que rapta.

ra•que *sf.* **1.** *Anat.* Coluna vertebral e as partes moles dispostas posteriormente a esta. **2.** *Bot.* Eixo de inflorescência. **3.** *Zool.* Eixo da pena das aves.

ra•que•ta (ê) ou **ra•que•te** *sf.* Objeto ovalado que se empunha pelo cabo e que impele a bola no tênis, no pingue-pongue e noutros jogos.

ra•qui•a•no *adj. Anat.* Relativo à raque.

ra•qui•di•a•no *adj. Anat.* Raquiano.

ra•quí•ti•co *adj.* **1.** Que tem raquitismo. **2.** Franzino (2).

ra•qui•tis•mo *sm. Med.* Doença da infância, causada por distúrbios metabólicos e carência de vitamina D, e caracterizada por deformidades do esqueleto.

ra•re•ar *v.int.* Tornar-se raro; rarefazer-se. [Conjug.: 🔟 [rar]**ear**]

ra•re•fa•ção *sf.* Ato ou efeito de rarefazer(-se). [Pl.: *–ções.*]

ra•re•fa•zer *v.t.d.* e *p.* **1.** Tornar(-se) menos denso, menos espesso. **2.** Rarear. **3.** Tornar(-se) menos numeroso. [Conjug.: 🔢 [rare]**fazer**]

ra•re•fei•to *adj.* Que se rarefez.

ra•ri•da•de *sf.* **1.** Qualidade de raro. **2.** Objeto raro; curiosidade.

ra•ro *adj.* **1.** De que há pouco; não abundante. **2.** Pouco freqüente. **3.** Ralo². • *adv.* **4.** Raras vezes.

ra•sa *sf.* Antiga medida de capacidade, equivalente, mais ou menos, ao alqueire (1).

ra•san•te *adj2g.* **1.** Que rasa ou serve para rasar. **2.** *Fig.* Que efetua trajetória (no ar) muito próxima ao solo.

ra•sar *v.t.d.* **1.** Medir com a rasa. **2.** Acertar (a medida) com a rasoura. **3.** Tornar raso. [Conjug.: 🎕 [ras]**ar**]

ras•ca *sf.* Rede de arrastar, para pesca.

ras•can•te *adj2g.* 1. Que deixa travo. 2. Diz-se de som áspero, que parece arranhar.

ras•cu•nhar *v.t.d.* Fazer o rascunho de. [Conjug.: ① [rascunh]**ar**]

ras•cu•nho *sm.* 1. Minuta. 2. Esboço de anotações para a feição definitiva dum texto; borrão, bosquejo.

ras•ga•do *adj.* 1. Que apresenta rasgo ou rasgão. 2. Extenso, amplo. 3. Aberto, franco.

ras•gão *sm.* Abertura em superfície que se cortou ou rompeu; rasgo. [Pl.: –*gões.*]

ras•gar *v.t.d.* 1. Abrir rasgão em. 2. Dividir em pedaços irregulares, destruindo. 3. Romper, ferir. P. 4. Romper-se. [Conjug.: ① [ras]**gar**]

ras•go *sm.* 1. Rasgão. 2. Ação nobre, exemplar. 3. Arroubo, ímpeto.

ra•so *adj.* 1. Liso, plano (superfície). 2. Arrasado, destruído. 3. Cortado rente. 4. Rasteiro (2). 5. *Bras.* Pouco profundo.

ra•sou•ra *sf.* Pau roliço usado para rasar as medidas de secos.

ra•sou•rar *v.t.d.* Nivelar com a rasoura. [Conjug.: ① [rasour]**ar**]

ras•pa *sf.* Pequena apara tirada de um objeto que se raspou.

ras•pa•dei•ra *sf.* Instrumento para raspar.

ras•pão *sm.* Ferimento ligeiro, produzido por atrito superficial. [Pl.: –*pões.*]

ras•par *v.t.d.* 1. Tirar, com instrumento adequado, parte da superfície de. 2. Apagar com a raspadeira. 3. Tocar ou ferir de raspão. 4. Rapar (2). P. 5. *Pop.* V. *fugir* (1). [Conjug.: ① [rasp]**ar**] § **ras•pa•gem** *sf.*

ras•te•ar *v.t.d.* e *int.* 1. V. *rastejar* (1). 2. *Bras.* Procurar (algo). [Conjug.: ⑩ [rast]**ear**]

ras•tei•ra *sf. Bras.* Movimento ardiloso e brusco, que consiste em meter o pé ou perna entre as de outra pessoa, provocando-lhe a queda.

ras•tei•ro *adj.* 1. Que anda de rastos. 2. Que se eleva a pouca altura; raso.

ras•te•jar *v.t.d.* e *int.* 1. Seguir rasto ou pista; rastrear, rastear. 2. Andar arrastando-se; rojar. [Conjug.: ① [rastej]**ar**]

ras•ti•lho *sm.* Fio embebido em pólvora ou noutra substância, para comunicar fogo a algo.

ras•to *sm.* V. *vestígio* (1 e 2). ✦ **De rastos.** Rastejando, arrastando-se.

ras•tre•a:men•to *sm.* 1. Ato ou efeito de rastrear. 2. Processo de acompanhar satélite, míssil, avião, etc. por meio de radar, rádio ou fotografia.

ras•tre•ar *v.t.d.* e *int.* V. *rastejar.* [Conjug.: ⑩ [rastr]**ear**]

ras•tro *sm.* V. *vestígio* (1 e 2).

ra•su•ra *sf.* Palavra(s) riscada(s) ou raspada(s) de modo que sua leitura se torne impossível.

ra•su•rar *v.t.d.* Fazer rasura em. [Conjug.: ① [rasur]**ar**]

ra•ta¹ *sf.* A fêmea do rato.

ra•ta² *sf. Bras.* 1. Ato inoportuno ou inconveniente. 2. V. *gafe.*

ra•ta•plã *sm.* Onomatopéia do toque do tambor.

ra•ta•ri•a *sf.* Grande número de ratos.

ra•ta•za•na *sf. Zool.* Mamífero murídeo de dorso cinzento, semi-aquático, e que prefere viver em pântanos, esgotos, etc.; é escavador, e onívoro.

ra•te•ar¹ *v.t.d.* e *t.d.i.* Dividir proporcionalmente. [Conjug.: ⑩ [rat]**ear**]

ra•te•ar² *v.int. Bras.* Falhar (um motor). [Conjug.: ⑩ [rat]**ear**. Defect., us. só nas 3ᵃˢ pess.]

ra•tei•o *sm.* Ato ou efeito de ratear¹.

ra•tei•ro *adj.* Diz-se de animal que é bom caçador de ratos.

ra•ti•fi•car *v.t.d.* 1. Validar (o que foi feito ou prometido). 2. Comprovar. [Conjug.: ⑧ [ratifi]**car**. Cf. *retificar.*] § **ra•ti•fi•ca•ção** *sf.*

ra•ti•nhar *v.int.* 1. Economizar em excesso. *T.d.i.* 2. Dar com parcimônia. [Conjug.: ① [ratinh]**ar**]

ra•ti•ta *adj2g.* e *s2g. Zool.* Diz-se de, ou ave desprovida de carena.

ra•to *sm.* 1. *Zool.* Nome comum a vários mamíferos murídeos; o mais comum é o rato-preto. 2. *Fig.* V. *ladrão* (2). 3. V. *canalha* (2).

ra•to•ei•ra *sf.* 1. Armadilha para capturar ratos. 2. *Fig.* Cilada, armadilha.

ra•to-pre•to *sm. Zool.* Mamífero murídeo caseiro, de dorso preto; prefere viver em lugares secos. [Pl.: *ratos-pretos.*]

ra•vi•na *sf.* 1. Enxurrada que cai de lugar elevado. 2. Escavação provocada por enxurrada.

ra•vi•ó•li *sm. Cul.* Pequeno pastel cozido, com recheios variados.

ra•zão *sf.* 1. Faculdade de avaliar, julgar, ponderar idéias universais; raciocínio, juízo. 2. Faculdade de estabelecer relações lógicas, de raciocinar; raciocínio, inteligência. 3. Bom senso; prudência. 4. A lei moral; o direto natural. 5. Causa, motivo. 6. Relação entre grandezas da mesma espécie. 7. *Mat.* Diferença entre os termos consecutivos duma progressão aritmética. • *sm.* 8. *Com.* Livro de escrituração mercantil que contém o resumo das contas lançadas no diário. [Pl.: –*zões.*] ✦ **Razão social.** Firma (2).

ra•zi•a *sf.* Invasão predatória em território inimigo que inclui mortes, saque, etc.

ra•zo•á•vel *adj2g.* 1. Conforme à razão. 2. Moderado, comedido. 3. Sensato, ponderado. [Pl.: –*veis.*]

❑ **Rb** *Quím.* Símb. do *rubídio.*

❑ **Re** *Quím.* Símb. do *rênio.*

ré¹ *sf.* Mulher acusada ou criminosa.

ré² *sf. Ant.* A parte da embarcação que ficava entre o mastro grande e a popa.

ré³ *sm. Mús.* 1. O segundo grau da escala diatônica de dó. 2. Sinal da nota ré na pauta.

re·a·bas·te·cer *v.t.d., t.d.i.* e *p.* Tornar a abastecer(-se). [Conjug.: 34 [reabaste]**cer**]

re·a·bas·te·ci·men·to *sm.* Ato ou efeito de reabastecer.

re·a·ber·to *adj.* Que se reabriu.

re·a·ber·tu·ra *sf.* Ato ou efeito de reabrir(-se).

re·a·bi·li·ta·ção *sf.* 1. Ato ou efeito de reabilitar(-se). 2. *Med.* Restauração à normalidade, ou ao mais próximo a ela, de forma e de função do organismo, após trauma ou doença. [Pl.: –ções.]

re·a·bi·li·tar *v.t.d.* 1. Restituir ao estado anterior, aos primeiros direitos, prerrogativas, etc., ou à estima pública ou à particular. *P.* 2. Readquirir a estima pública ou particular. [Conjug.: 1 [reabilit]**ar**]

re·a·brir *v.t.d.* 1. Abrir de novo. 2. Recomeçar. *Int.* e *p.* 3. Abrir-se de novo. [Conjug.: 3 [reabr]**ir**; part.: *reaberto.*]

re·ab·sor·ção *sf.* Ato de reabsorver. [Pl.: –ções.]

re·ab·sor·ver *v.t.d.* Tornar a absorver. [Conjug.: 2 [reabsorv]**er**]

re·a·ção *sf.* 1. Ato ou efeito de reagir. 2. Resposta a uma ação por meio de outra que tende a anulá-la. 3. Modo de agir em face de ameaça. 4. Resistência; oposição. 5. Oposição a qualquer inovação no campo das atividades humanas. 6. *Med.* Resposta do organismo a estímulo normal ou patológico. 7. *Fís.* Força que se opõe a outra. 8. *Quím.* Transformação de substância(s) em outra(s), de natureza e estrutura diferentes da(s) inicial (iniciais). [Pl.: –ções.]

re·a·cen·der *v.t.d.* e *p.* 1. Tornar a acender-se. 2. Ativar(-se), desenvolver(-se). [Conjug.: 2 [reacend]**er**]

re·a·ci·o·ná·ri·o *adj.* 1. Da, ou próprio da reação (5). 2. Contrário à liberdade.

re·ad·mis·são *sf.* Ato ou efeito de readmitir. [Pl.: –sões.]

re·ad·mi·tir *v.t.d., t.d.i.* e *transobj.* Admitir novamente. [Conjug.: 3 [readmit]**ir**]

re·ad·qui·rir *v.t.d.* Tornar a adquirir; recuperar. [Conjug.: 3 [readquir]**ir**]

re·a·fir·mar *v.t.d.* Afirmar de novo. [Conjug.: 1 [reafirm]**ar**]

re·a·gen·te *adj2g.* 1. Diz-se de substância que participa em reação. • *sm.* 2. Substância reagente; reativo.

re·a·gir *v.int.* 1. Exercer reação. 2. Demonstrar reação. *T.i.* 3. Opor-se, resistir. [Conjug.: 45 [rea]**gir**]

re·a·jus·tar *v.t.d.* e *t.d.i.* 1. Tornar a ajustar. 2. *Bras.* Tornar (salário, preço, etc.) proporcionado à elevação do custo de vida. [Conjug.: 1 [reajust]**ar**] § **re·a·jus·ta·men·to** *sm.*

re·al¹ *adj2g.* 1. Relativo ao rei ou à realeza ou próprio dele ou dela; régio, realengo. • *sm.* 2. Unidade monetária e moeda brasileira (símbolo: R$), a partir de 1.7.1994, dividida em 100 centavos. [Pl., nessas acepç.: *reais.*] 3. Antiga unidade do sistema monetário de Portugal e do Brasil. [Pl., nessa acepç.: *réis.*]

re·al² *adj2g.* 1. Que existe de fato; verdadeiro. 2. *Econ.* Que exclui o efeito da inflação; deflacionado. • *sm.* 3. Aquilo que é real. 4. *Mat.* Número real. [Pl.: *reais.*]

re·al·çar *v.t.d.* e *int.* Dar realce a, ou adquiri-lo. [Conjug.: 9 [real]**çar**]

re·al·ce *sm.* 1. Distinção, relevo, destaque. 2. Maior lustre ou brilho.

re·a·le·jo (ê) *sm.* 1. Órgão (4) portátil. 2. Espécie de órgão mecânico popular, portátil, cujo fole e teclado são movidos a manivela.

re·a·len·go *adj.* Régio.

re·a·le·za (ê) *sf.* Dignidade de rei.

re·a·li·da·de *sf.* 1. Qualidade de real². 2. Aquilo que existe efetivamente, que é real² (1).

re·a·li·men·ta·ção *sf.* V. *retroalimentação.* [Pl.: –ções.]

re·a·lis·mo *sm.* 1. Qualidade ou estado do que é real² (1). 2. Atitude de quem se prende ao que é real, verdadeiro, objetivo. § **re·a·lis·ta** *adj2g.* e *s2g.*

re·a·li·zar *v.t.d.* 1. Tornar real, existente. 2. Pôr em prática. 3. Converter em dinheiro ou valor monetário. *P.* 4. Tornar-se realidade; cumprir-se, verificar-se. 5. Acontecer, ocorrer. 6. *Bras.* Alcançar seu objetivo ou ideal. [Conjug.: 1 [realiz]**ar**] § **re·a·li·za·ção** *sf.;* **re·a·li·za·dor** (ô) *adj.* e *sm.;* **re·a·li·za·men·to** *sm.*

re·a·ni·ma·ção *sf.* 1. Ato ou efeito de reanimar(-se). 2. *Med.* Conjunto de medidas destinadas à recuperação de funções vitais transitoriamente comprometidas devido a causas clínicas, cirúrgicas ou traumáticas. [Pl.: –ções.]

re·a·ni·mar *v.t.d.* 1. Fazer (alguém) recuperar as funções vitais, a consciência, movimentos, etc. 2. Dar novo ânimo, força, entusiasmo a. 3. Fortificar, avigorar. *Int.* e *p.* 4. Readquirir animação ou força. [Conjug.: 1 [reanim]**ar**]

re·a·pa·re·cer *v.int.* Tornar a aparecer. [Conjug.: 34 [reapare]**cer**]

re·a·pro·vei·tar *v.t.d.* Aproveitar de novo. [Conjug.: 1 [reaproveit]**ar**] § **re·a·pro·vei·ta·men·to** *sm.*

re·a·pro·xi·mar *v.t.d., t.d.i.* e *p.* 1. Aproximar(-se) novamente (o que, ou quem se havia afastado). 2. Pôr(-se) novamente em relação, em contato. [Conjug.: 1 [reaproxim]**ar**] § **re·a·pro·xi·ma·ção** *sf.*

re·a·qui·si·ção *sf.* Nova aquisição. [Pl.: –ções.]

re·as·su·mir *v.t.d.* Assumir novamente. [Conjug.: 3 [reassum]**ir**]

re·a·tar *v.t.d.* 1. Atar de novo. 2. Continuar o que se tinha interrompido. *T.d.i.* 3. Reatar (2). [Conjug.: 1 [reat]**ar**] § **re·a·ta·men·to** *sm.*

re:a•ti•vi•da•de *sf. Quím.* A capacidade de participar em reações químicas.

re:a•ti•vo *adj.* 1. Reator (1). 2. *Quím.* Que tem reatividade. • *sm.* 3. *Quím.* Reagente (2).

re:a•tor (ô) *adj.* 1. Que reage. • *sm.* 2. *Fís.-Quím.* Dispositivo em que ocorre uma reação química. 3. V. *reator nuclear.* ♦ **Reator atômico.** *Eng. Nucl.* V. *reator nuclear.* **Reator nuclear.** *Eng. Nucl.* Equipamento em que se produz, de forma controlada, uma reação nuclear em cadeia, para aproveitar os nêutrons liberados ou a energia desprendida; reator atômico, reator.

re:a•ver *v.t.d.* V. *recuperar* (1). [Conjug.: ⑥ [re]**aver** (cortando a letra *h* do paradigma), porém somente nas f. em que se mantém o *v* da raiz.]

re:a•vi•var *v.t.d.* 1. Avivar muito. 2. Dar novo ânimo, vigor ou estímulo a. 3. Evocar vivamente, ou relembrar (um fato, um sentimento, etc.). [Conjug.: ① [reaviv]**ar**]

re•bai•xar *v.t.d.* 1. Tornar mais baixo. 2. Considerar inferior; passar para categoria mais baixa. 3. Fazer diminuir o preço ou o valor de. 4. Humilhar, desacreditar. *Int.* 5. Diminuir na altura. *P.* 6. Comportar-se indignamente. 7. Humilhar-se. [Conjug.: ① [rebaix]**ar**] § **re•bai•xa•men•to** *sm.*

re•ba•nho *sm.* 1. Porção de animais guardados por pastor. 2. O total de qualquer espécie que constitui gado para corte. 3. *Fig.* Conjunto de membros duma religião.

re•bar•ba *sf.* 1. Saliência angulosa. 2. Saliência de obras de fundição.

re•bar•ba•ti•vo *adj.* Repelente por ser desagradável.

re•ba•te *sm.* 1. Ato ou efeito de rebater. 2. Sinal para avisar de acontecimento repentino e perigoso.

re•ba•ter *v.t.d.* 1. Bater de novo. 2. Afastar com violência (o que vem em sua direção); repelir, rechaçar. 3. Não se deixar atingir por (golpe, ataque). 4. Responder ou contestar (afirmação, etc.). 5. Combater; debelar. 6. Dobrar, batendo. *T.d.c.* 7. Deitar (peça vertical) sobre superfície horizontal. [Conjug.: ② [rebat]**er**] § **re•ba•ti•da** *sf.*; **re•ba•ti•men•to** *sm.*

re•be•lar *v.t.d.* e *t.d.i.* 1. Despertar em (alguém) resistência ou oposição (a governo ou autoridade). *T.i.* e *p.* 2. Não aceitar, ou lutar contra a autoridade ou governo instituídos. 3. Manifestar-se contra. [Conjug.: ① [rebel]**ar**]

re•bel•de *adj2g.* 1. Que se rebela contra autoridade constituída. 2. Obstinado (2). § **re•bel•di•a** *sf.*

re•be•li•ão *sf.* Ato ou efeito de rebelar(-se). [V. *revolução* (2).] [Pl.: –ões.]

re•ben•que *sm. Bras.* Pequeno chicote.

re•ben•tar *v.int.* 1. Estourar, explodir. 2. Quebrar-se com violência. 3. Aparecer, iniciar-se ou manifestar-se subitamente, com ímpeto ou violência. 4. Lançar rebento (1). *T.d.* 5. Quebrar, partir ou destruir, violentamente ou com ruído forte. *T.i.* 6. Estar ou ficar dominado (por algum sentimento). [Conjug.: ① [rebent]**ar**] § **re•ben•ta•ção** *sf.*

re•ben•to *sm.* 1. V. *broto* (1). 2. Descendente (3).

re•bi•tar *v.t.d.* 1. Arrebitar. 2. Ligar (chapas ou peças de metal) por meio de rebites. [Conjug.: ① [rebit]**ar**]

re•bi•te *sm.* 1. Cilindro de metal, com cabeça, para unir duas chapas ou peças de metal. 2. Dobra na extremidade dum prego para que não saia da madeira.

re•bo•ar *v.int.* Fazer eco; retumbar. [Conjug.: ⑬ [rebo]**oar**] § **re•bo•an•te** *adj2g.*

re•bo•bi•nar *v.t.d.* Bobinar novamente (filme, fita, etc.) no carretel original, após utilização. [Conjug.: ① [rebobin]**ar**]

re•bo•ca•dor (ô) *sm.* Embarcação de elevada potência de máquina, que reboca outra.

re•bo•car¹ *v.t.d.* Revestir de reboco. [Conjug.: ⑧ [rebo]**car**]

re•bo•car² *v.t.d.* Puxar com corda, cabo, corrente, etc. (embarcação ou veículo), a fim de levá-lo a determinado destino, ou auxiliá-lo em manobra. [Conjug.: ⑧ [rebo]**car**]

re•bo•co (ô) *sm.* Argamassa de cal ou cimento e areia, que se aplica a uma parede emboçada a fim de prepará-la para o revestimento.

re•bo•jo (ô) *sm. Bras.* Remoinho causado pela sinuosidade do rio ou pelos acidentes deste.

re•bo•la•do *sm.* Meneio de quadris; saracoteio, requebrado, remelexo (*bras. pop.*).

re•bo•lar *v.t.d.* 1. Fazer mover-se como uma bola. 2. Requebrar, menear (os quadris). *Int.* e *p.* 3. Mover exageradamente os quadris e as nádegas, ao andar, ao dançar, etc.; bambolear-se, saracotear-se; rabear. [Conjug.: ① [rebol]**ar**]

re•bo•lo (ô) *sm.* Mó fixada num eixo giratório, e na qual se roçam os objetos que se deseja afiar.

re•bô•o *sm.* Ato de reboar.

re•bo•que *sm.* 1. Corda ou cabo que prende embarcação ou veículo a outro que o puxa. 2. Veículo sem tração própria, que se move quando rebocado. 3. *Bras.* Veículo com guindaste, próprio para ligar-se a outro que se tenha avariado, etc., e puxá-lo.

re•bor•do (ô) *sm.* Borda revirada.

re•bor•do•sa *sf. Bras.* 1. Repreensão. 2. Doença grave ou reincidente. 3. Situação desagradável. 4. Alvoroço; rebuliço.

re•bo•ta•lho *sm.* 1. Ninharia. 2. Refugo.

re•bri•lhar *v.int.* 1. Brilhar de novo, com mais intensidade. 2. Brilhar muito. [Conjug.: ① [rebrilh]**ar**] § **re•bri•lhan•te** *adj2g.*

re•bu•ça•do *sm.* Bala (3) com essências de frutas ou de plantas, ger. embrulhada em papel.

re•bu•çar *v.t.d.* **1.** Encobrir com rebuço. **2.** Esconder, ocultar. *P.* **3.** Cobrir parte da face. **4.** Esconder-se; disfarçar-se. [Conjug.: 9 [rebu]**çar**]

re•bu•ço *sm.* **1.** A parte da capa em que se esconde o rosto. **2.** *Fig.* Disfarce, dissimulação.

re•bu•li•ço *sm.* **1.** Grande barulho ou bulício. **2.** Agitação, desordem.

re•bus•car *v.t.d.* **1.** Tornar a buscar, ou buscar minuciosamente. **2.** Aprimorar com riqueza de adornos, com requintes. [Conjug.: 8 [rebus]**car**] § **re•bus•ca•do** *adj.*

re•ca•do *sm.* **1.** Mensagem oral. **2.** Comunicação escrita ou oral.

re•ca•í•da *sf.* **1.** Ato ou efeito de recair. **2.** *Med.* Recrudescimento de sinais e/ou sintomas de doença, antes de cura total.

re•ca•ir *v.int.* **1.** Cair de novo. **2.** Voltar a um estado anterior, que se deixara ou que cessara. **3.** Sofrer recaída (2). *T.i.* **4.** Cair ou incorrer de novo (em erro, culpa). **5.** Ser (culpa, responsabilidade) atribuída a; incidir. *T.c.* **6.** Incidir, cair (o acento, a ênfase). [Conjug.: 38 [rec]**air**]

re•cal•car *v.t.d.* **1.** Calcar outra vez; repisar. **2.** Insistir em. **3.** Impedir completamente a ação, desenvolvimento ou manifestação de; reprimir (1). [Conjug.: 8 [recal]**car**] § **re•cal•ca•men•to** *sm.*

re•cal•ci•trar *v.t.i. e int.* **1.** Insistir em algum ato de desobediência ou insubmissão. **2.** Não ceder, resistir, rebelar-se. [Conjug.: 1 [recalcitr]**ar**] § **re•cal•ci•tran•te** *adj2g.*

re•cal•que *sm.* **1.** Ato ou efeito de recalcar; recalcamento. **2.** Rebaixamento da terra ou da parede após a construção da obra. **3.** *Psic.* A exclusão, do campo da consciência, de certas idéias, sentimentos e desejos.

re•ca•mar *v.t.d.* **1.** Fazer recamo a. **2.** Cobrir ou recobrir, como que ornando. *P.* **3.** Cobrir-se, forrar-se. [Conjug.: 1 [recam]**ar**]

re•cam•bi•ar *v.t.d., t.d.c. e t.d.i.* Fazer (algo ou alguém) retornar (ao lugar de onde viera ou à pessoa que a dera, emprestara, etc.). [Conjug.: 1 [recambi]**ar**] § **re•cam•bi•á•vel** *adj2g.*

re•ca•mo *sm.* **1.** Bordado em relevo, sobre tecido. **2.** Ornato, adorno.

re•can•to *sm.* Lugar isolado e/ou aprazível; rincão.

re•ca•pe•ar *v.t.d.* Cobrir (rua, estrada, etc.) com novo revestimento. [Conjug.: 10 [recap]**ear**] § **re•ca•pe:a•men•to** *sm.*

re•ca•pi•tu•lar *v.t.d.* **1.** Repetir sumariamente; resumir de novo. **2.** Relembrar ou reexaminar os principais elementos, fatos ou aspectos de (um assunto, um episódio, etc.). [Conjug.: 1 [recapitul]**ar**] § **re•ca•pi•tu•la•ção** *sf.*

re•car•ga *sf.* Segunda investida; novo ataque.

re•car•re•gar *v.t.d. e p.* Carregar(-se) novamente. [Conjug.: 11 [recarre]**gar**]

re•ca•ta•do *adj.* Que tem recato.

re•ca•tar *v.t.d.* **1.** Guardar com recato ou segredo. *T.d.i.* **2.** Resguardar, proteger, defender. *P.* **3.** Resguardar-se, proteger-se, defender-se. **4.** Ocultar-se com recato. [Conjug.: 1 [reca-t]**ar**]

re•ca•to *sm.* **1.** Cautela, resguardo; recolhimento. **2.** Modéstia, simplicidade. **3.** Vergonha, pudor.

re•cau•chu•tar *v.t.d.* **1.** Reconstituir a banda de rodagem de (pneumático), aplicando-lhe nova camada de borracha. **2.** *Fig.* Restaurar (algo que se gastou ou envelheceu). [Conjug.: 1 [recauchut]**ar**] § **re•cau•chu•ta•gem** *sf.*

re•ce•ar *v.t.d.* **1.** Ter receio de. *T.i.* **2.** Preocupar-se com receio a respeito de algo. *P.* **3.** Sentir receio. [Conjug.: 10 [rec]**ear**]

re•ce•be•dor (ô) *adj.* **1.** Que recebe; receptor. • *sm.* **2.** Funcionário incumbido de receber dinheiros.

re•ce•be•do•ri•a *sf.* Repartição onde se recebem os impostos.

re•ce•ber *v.t.d.* **1.** Aceitar, tomar (aquilo que se dá diretamente). **2.** Aceitar ou obter, como pagamento, favor, recompensa, etc. **3.** Passar a ter, a dispor de. **4.** Ser objeto de (certa ação ou sentimento, avaliação, punição). **5.** Reagir de determinado modo a. **6.** Ser aquele ou aquilo a que é dirigido (algo que se desloca, ou que é enviado, transmitido). **7.** Ser alcançado ou atingido por. **8.** Ter ou saber (informação comunicada, notícia). **9.** Estar presente quando (alguém) chega, e dar-lhe algum tipo de tratamento. **10.** Aceitar ter em casa ou junto a si (hóspede, visita). **11.** Aceitar por esposo ou esposa; casar com. *T.d.i.* **12.** Obter por comunicação, transmissão, remessa. *Int.* **13.** Dar recepção (3). [Conjug.: 2 [receb]**er**]

re•ce•bi•men•to *sm.* Ato ou efeito de receber.

re•cei•o *sm.* Dúvida com temor; medo, apreensão.

re•cei•ta *sf.* **1.** Quantia recebida, ou apurada, ou arrecadada; produto, rendimento, renda. **2.** O conjunto dos rendimentos de um Estado, entidade ou pessoa. **3.** Indicação das proporções dos componentes e do método que se deve seguir no preparo de algo; fórmula. **4.** Indicação escrita de uma prescrição médica.

re•cei•tar *v.t.d.* **1.** Passar receita (4) de (medicamento, cuidados terapêuticos); prescrever. **2.** Aconselhar; opinar. [Conjug.: 1 [receit]**ar**] § **re•cei•tu•á•ri:o** *sm.* Formulário para receita (4).

re•cen•der *v.int.* **1.** Ter cheiro intenso. *T.d.* **2.** Lançar, exalar (certo cheiro). *T.i.* **3.** Estar impregnado do cheiro de algo. [Conjug.: 2 [recend]**er**] § **re•cen•den•te** *adj2g.*

re•cen•se:a•men•to *sm.* **1.** Arrolamento de pessoas ou de animais. **2.** Censo.

re•cen•se•ar *v.t.d.* **1.** Fazer censo, ou novo censo de. **2.** Enumerar, numa lista ou relato; relacionar, arrolar. [Conjug.: 10 [recens]**ear**] § **re•cen•se:a•dor** (ô) *adj.* e *sm.*

re•cen•te *adj2g.* Que ocorreu há pouco, ou data de pouco tempo.

re•ce•o•so (ô) *adj.* Que tem receio; temeroso. [Pl.: *–osos* (ó).]

re•cep•ção *sf.* **1.** Ato ou efeito de receber. **2.** Seção em escritório, hotel, etc., encarregada de receber as pessoas, dar informações, etc. **3.** Reunião mundana. [Pl.: *–ções.*]

re•cep•ci:o•nar *v.int.* **1.** Dar recepção (3) ou recepções. *T.d.* **2.** *Bras.* Receber (9) (viajante) em aeroporto, estação, etc., com atenção ou certo aparato. [Conjug.: 1 [recepcion]**ar**]

re•cep•ci:o•nis•ta *s2g. Bras.* Empregado de hotel, etc., incumbido de recepção (2).

re•cep•tá•cu•lo *sm.* Recipiente (1).

re•cep•tar *v.t.d.* Adquirir, receber ou ocultar (coisa de procedência criminosa). [Conjug.: 1 [recept]**ar**] § **re•cep•ta•ção** *sf.*; **re•cep•ta•dor** (ô) *adj.* e *sm.*

re•cep•ti•vo *adj.* **1.** Que recebe ou pode receber. **2.** Compreensivo. § **re•cep•ti•vi•da•de** *sf.*

re•cep•tor (ô) *adj.* **1.** Recebedor (1). • *sm.* **2.** Aquele que recebe. **3.** Aparelho que recebe, registra, exibe, etc., sinais de áudio ou de vídeo.

re•ces•são *sf.* Período de baixo crescimento ou declínio da atividade produtiva e do mercado (menos severo do que numa depressão [5]). [Pl.: *–sões.*]

re•ces•so *sm.* **1.** Retiro, recanto. **2.** Suspensão temporária das atividades do legislativo ou do judiciário.

re•cha•çar *v.t.d.* **1.** Fazer retroceder, opondo resistência; repelir. **2.** Não aceitar, opor-se a. [Conjug.: 9 [recha]**çar**]

re•che•ar *v.t.d.* **1.** Encher bem. **2.** Pôr recheio (2) em. *T.d.i.* **3.** Pôr em (algo) ou assacentar-lhe grande quantidade (de outros materiais ou elementos). [Conjug.: 10 [rech]**ear**]

re•chei•o *sm.* **1.** Aquilo com que se enche algo, ou que lhe ocupa o interior; conteúdo. **2.** Qualquer preparado culinário que se coloca no interior, ou entre camadas de certas iguarias.

re•chon•chu•do *adj.* Baixo e gorducho.

re•ci•bo *sm.* Declaração escrita de se ter recebido algo; quitação.

re•ci•cla•gem *sf.* **1.** Ato ou efeito de reciclar (1 e 2). **2.** Novo ciclo de aprendizagem ou treinamento, para atualização dos conhecimentos ou habilidades. [Pl.: *–gens.*]

re•ci•clar *v.t.d.* **1.** Fazer passar por novo ciclo. **2.** Reaproveitar (material já utilizado, como

papel, vidro, metal, lixo) na obtenção ou fabricação de novos produtos. **3.** Submeter a reciclagem (2). *P.* **4.** Passar por reciclagem (2). [Conjug.: 1 [recicl]**ar**]

re•ci•di•va *sf. Med.* Reaparecimento de uma doença tempo após a convalescença de um primeiro acometimento; reincidência.

re•ci•di•var *v.int. Med.* Apresentar recidiva. [Conjug.: 1 [recidiv]**ar**] § **re•ci•di•van•te** *adj2g.*

re•ci•di•vo *adj.* Que torna a aparecer ou manifestar-se.

re•ci•fe *sm.* Rochedo ou série de rochedos perto da costa, submersos ou a pequena altura do nível do mar.

re•ci•fen•se *adj2g.* **1.** Do Recife, capital de PE. • *s2g.* **2.** O natural ou habitante do Recife.

re•cin•to *sm.* Espaço fechado, ou delimitado.

re•ci•pi•en•te *sm.* **1.** Objeto capaz de conter líquidos ou sólidos; receptáculo. **2.** Vaso para receber preparados químicos.

re•cí•pro•co *adj.* Que implica troca ou permuta, ou que se permuta entre duas pessoas ou grupos; mútuo. § **re•ci•pro•ci•da•de** *sf.*

ré•ci•ta *sf.* Espetáculo teatral.

re•ci•tal *sm.* Concerto de um só artista, ou de um pequeno grupo de solistas. [Pl.: *–tais.*]

re•ci•tar *v.t.d.* **1.** Ler em voz alta e clara. **2.** Dizer com clareza e ênfase expressiva; declamar. [Conjug.: 1 [recit]**ar**] § **re•ci•ta•ção** *sf.*

re•ci•ta•ti•vo *sm.* **1.** Trecho declamado. **2.** *Mús.* Canto declamado, numa ópera.

re•cla•ma•ção *sf.* **1.** Ato ou efeito de reclamar. **2.** Qualquer manifestação de descontentamento; queixa, protesto. [Pl.: *–ções.*]

re•cla•mar *v.t.i.* **1.** Manifestar oposição, contrariedade, discordância, com explicações ou protestos. **2.** Queixar-se. *T.d.* **3.** Pedir, demandar ou exigir para si; reivindicar. *Int.* **4.** Fazer reclamação ou reclamações. [Conjug.: 1 [reclam]**ar**] § **re•cla•man•te** *adj2g.* e *s2g.*

re•cla•me *sm.* V. *reclamo* (2).

re•cla•mo *sm.* **1.** Reclamação (1). **2.** *Propag.* Designação genérica de apelo propagandístico.

re•cli•nar *v.t.d.* **1.** Inclinar para trás. **2.** Tirar da posição perpendicular, dobrando, curvando. *T.d.c.* **3.** Inclinar, dobrar ou curvar, apoiando em algo; recostar. *P.* **4.** Pôr-se meio deitado, para descansar. [Conjug.: 1 [reclin]**ar**] § **re•cli•na•ção** *sf.*; **re•cli•ná•vel** *adj2g.*

re•clu•são *sf.* **1.** Encerramento. **2.** Pena rigorosa, cumprida em penitenciária. [Pl.: *–sões.*]

re•clu•so *adj.* **1.** Posto em reclusão ou em cárcere. **2.** Que vive em convento.

re•co•brar *v.t.d.* **1.** V. *recuperar* (1). *P.* **2.** V. *restabelecer* (3). [Conjug.: 1 [recobr]**ar**]

re•co•brir *v.t.d.* **1.** Tornar a cobrir. **2.** Cobrir (2). *P.* **3.** Cobrir(-se) bem. **4.** Cobrir (14). [Conjug.: 55 [rec]**o**[br]**ir**; part.: *recoberto.*]

re•co•lher *v.t.d.* **1.** Tomar, retirar, ou levar consigo, para guardar ou usar. **2.** Conduzir a abrigo, depósito, local confinado. **3.** Reunir, juntar (coisas dispersas, informações). **4.** Trazer para si, escondendo ou como que escondendo (o que estava estendido ou exposto). **5.** Cobrar ou receber (pagamento). **6.** *Tip.* Começar (linha) com claro. *T.d.c.* **7.** Conduzir, levar. *T.c.* **8.** Voltar, regressar. *P.* **9.** Voltar para casa, ou ir para os seus aposentos. **10.** Sair do convívio social. [Conjug.: ② [recolh]**er**] § **re•co•lhe•dor** (ô) *adj.* e *sm.*

re•co•lhi•men•to *sm.* **1.** Ato ou efeito de recolher(-se). **2.** Local onde se recolhe alguém ou algo. **3.** V. *recato* (1). **4.** Vida retraída.

re•com•bi•na•ção *sf. Genét.* Troca de material genético entre cromossomos, que resulta num rearranjo de genes, diferente do original. [Pl.: –*ções.*]

re•co•me•çar *v.t.d., t.i., int.* e *pred.* Começar de novo. [Conjug.: ⑨ [recome]**çar**]

re•co•me•ço è) *sm.* **1.** Novo começo. **2.** Ato de recomeçar.

re•co•men•da•ção *sf.* **1.** Ato ou efeito de recomendar(-se). **2.** Conselho; aviso. [Pl.: –*ções.*]

re•co•men•da•ções *sf.pl.* Cumprimentos, saudações; lembranças.

re•co•men•dar *v.t.d.* **1.** Aconselhar, indicar. *T.d.i.* **2.** Chamar atenção (de alguém) para (algo a ser feito, concedido, usufruído); lembrar, sugerir. **3.** Indicar ou apresentar (pessoa) para que receba favor ou atenção de outra. *P.* **4.** Merecer ou pedir para si a boa disposição ou os favores de alguém. [Conjug.: ① [recomend]**ar**] § **re•co•men•da•do** *sm.*; **re•co•men•dá•vel** *adj2g.*

re•com•pen•sa *sf.* **1.** Ato ou efeito de recompensar; recompensação. **2.** V. *prêmio* (1).

re•com•pen•sar *v.t.d.* **1.** Dar a (alguém) prêmio ou compensação por serviço, auxílio, etc. **2.** Dar algo cujo valor ou importância são considerados uma boa retribuição a (esforços, dedicação, sofrimento, etc.); compensar. *P.* **3.** Conseguir para si compensação, pagamento. [Conjug.: ① [recompens]**ar**] § **re•com•pen•sa•ção** *sf.*; **re•com•pen•sa•dor** (ô) *adj.* e *sm.*

re•com•por *v.t.d.* **1.** Tornar a compor. **2.** Dar nova forma ou nova organização a. **3.** Restabelecer, recuperar, restaurar. **4.** Reconciliar (2). *P.* Reconciliar-se. [Conjug.: ⑥⓪ [recom]**por**]

re•com•po•si•ção *sf.* Ato ou efeito de recompor(-se). [Pl.: –*ções.*]

re•côn•ca•vo *sm.* **1.** Gruta, lapa. **2.** Terra circunvizinha de cidade ou porto; enseada.

re•con•cen•trar *v.t.d.* **1.** Tornar a concentrar. **2.** Fazer convergir ou coincidir num ponto, num tempo, numa pessoa. *P.* **3.** Tornar a concentrar-se. [Conjug.: ① [reconcentr]**ar**] § **re•con•cen•tra•ção** *sf.*

re•con•ci•li•ar *v.t.d.* **1.** Estabelecer a paz entre. **2.** Tornar amigos (pessoas que se malquistaram). **3.** Conciliar (coisas que parecem opostas). *T.d.i.* **4.** Reconciliar (1 a 3). *P.* **5.** Fazer as pazes. [Conjug.: ① [reconcili]**ar**] § **re•con•ci•li:a•ção** *sf.*

re•côn•di•to *adj.* **1.** Oculto (1). **2.** Desconhecido (1).

re•con•du•ção *sf.* Ato ou efeito de reconduzir. [Pl.: –*ções.*]

re•con•du•zir *v.t.d.c.* **1.** Conduzir de novo (para o lugar donde viera). *T.d.i.* **2.** Devolver. **3.** Nomear de novo para o cargo que vinha exercendo. [Conjug.: ㊹ [recond]**uzir**]

re•con•for•tar *v.t.d.* **1.** Confortar muito. **2.** Dar novo ânimo, ou mais coragem a; consolar. *P.* **3.** Recobrar o ânimo ou as forças perdidas. [Conjug.: ① [reconfort]**ar**] § **re•con•for•tan•te** *adj2g.*

re•co•nhe•cer *v.t.d.* **1.** Identificar (algo ou alguém que já se havia conhecido anteriormente). **2.** Admitir como certo. **3.** Perfilhar (1). **4.** Confessar, aceitar. **5.** Observar ou avaliar o estado ou situação de. *Transobj.* **6.** Considerar ou admitir que (alguém ou algo) possua legítima ou verdadeiramente certa qualidade ou condição. *P.* **7.** Declarar-se, confessar-se. [Conjug.: ㉞ [reconhe]**cer**] § **re•co•nhe•cí•vel** *adj2g.*

re•co•nhe•ci•do *adj.* Agradecido, grato.

re•co•nhe•ci•men•to *sm.* **1.** Ato ou efeito de reconhecer(-se). **2.** Agradecimento, gratidão.

re•con•quis•ta *sf.* Ato ou efeito de reconquistar.

re•con•quis•tar *v.t.d.* **1.** Conquistar de novo. **2.** Recobrar, recuperar. [Conjug.: ① [reconquist]**ar**]

re•con•si•de•rar *v.t.d.* **1.** Considerar de novo (ger., para modificar, corrigir ou melhorar). *Int.* **2.** Modificar resolução tomada; arrepender-se. [Conjug.: ① [reconsider]**ar**] § **re•con•si•de•ra•ção** *sf.*

re•cons•ti•tu•in•te *adj2g.* **1.** Que reconstitui. • *sm.* **2.** Medicamento para reconstituir (2).

re•cons•ti•tu•ir *v.t.d.* **1.** Tornar a constituir; recompor. **2.** Restaurar as forças de; restabelecer. **3.** Recriar ou representar a cena de (um crime), a partir de evidências, testemunhos, etc. *P.* **4.** Restabelecer-se, recompor-se. [Conjug.: ㊾ [reconstit]**uir**] § **re•cons•ti•tu:i•ção** *sf.*

re•cons•tru•ção *sf.* Ato ou efeito de reconstruir. [Pl.: –*ções.*]

re•cons•tru•ir *v.t.d.* **1.** Construir de novo. **2.** Reorganizar, reformar. [Conjug.: ㊾ Var. A [reconstr]**uir**]

re•con•tar *v.t.d.* **1.** Contar de novo, ou com minúcia. **2.** Tornar a narrar, ou narrar repetidas vezes. *T.d.i.* **3.** Narrar, relatar. [Conjug.: ① [recont]**ar**]

re•cor•da•ção *sf*. 1. Ato ou efeito de recor-
dar(-se). 2. Reminiscência (1). 3. Coisa que
faz recordar. [Pl.: *–ções*.]
re•cor•dar *v.t.d.* e *t.d.i.* 1. Trazer à memória;
lembrar-se de; rememorar, relembrar. 2. Fazer lembrar. *P.* 3. Lembrar (5). [Conjug.: 1 [re-
cord]ar]
re•cor•de (cór) *sm*. Atuação que ultrapassa as
anteriores, no mesmo gênero e em condições
idênticas.
re•cor•dis•ta *adj2g*. e *s2g*. Que ou quem bate
um recorde.
re•co-re•co *sm. Bras.* 1. Instrumento de percussão que produz ruído rascante e intermitente. 2. Ruído semelhante ao que é produzido pelo reco-reco (1). 3. Brinquedo infantil que
produz som igual ao do reco-reco (1). [Pl.: *reco-
recos*.]
re•cor•rer *v.t.d.* 1. Tornar a correr, a percorrer. *T.i.* 2. Dirigir-se pedindo socorro, proteção. 3. Lançar mão; valer-se. 4. *Jur.* Interpor
um recurso judicial. [Conjug.: 2 [recorr]er] §
re•cor•ren•te *adj2g*. e *s2g*.
re•cor•tar *v.t.d.* 1. Cortar, formando (figuras).
2. Separar, cortando. [Conjug.: 1 [recort]ar]
re•cor•te *sm*. 1. Ato ou efeito de recortar. 2.
Lavor que se faz recortando. 3. Artigo, notícia, etc., recortado de jornal ou revista.
re•cos•tar *v.t.d., t.d.c.* e *p*. Pôr(-se) meio deitado; reclinar(-se), encostar(-se). [Conjug.: 1 [re-
cost]ar]
re•cos•to (ô) *sm*. Encosto de assento.
re•cre:a•ção *sf*. V. *recreio*. [Pl.: *–ções*.]
re•cre•ar *v.t.d.* 1. Proporcionar recreio ou prazer a. *P.* 2. Sentir prazer ou satisfação. 3. Divertir-se. [Conjug.: 10 [recr]ear. Cf. *recriar*.]
re•cre:a•ti•vo *adj*. Próprio para recrear.
re•crei•o *sm*. 1. Divertimento, prazer. 2. Coi-
sa(s) que recreia(m). 3. Lugar de recreio (1).
4. Período para se recrear, como, p. ex., em
escolas. [Sin. (de 1 a 3): *recreação*.]
re•cres•cer *v.int.* 1. Tornar a crescer. 2. Inten-
sificar-se. [Conjug.: 34 [recres]cer]
re•cres•ci•men•to *sm*. Ato ou efeito de re-
crescer.
re•cri•ar *v.t.d.* 1. Criar de novo. 2. Restabelecer. [Conjug.: 1 [recri]ar. Cf. *recriar*.] § re•cri:
a•ção *sf*.
re•cri•mi•na•ção *sf*. 1. Ato ou efeito de recri-
minar. 2. Censura, crítica. [Pl.: *–ções*.]
re•cri•mi•nar *v.t.d.* 1. Responder com acusações às acusações de. *P.* 2. Censurar, repreender.
[Conjug.: 1 [recrimin]ar]
re•cru•des•cer *v.int.* Tornar-se mais intenso;
agravar-se. [Conjug.: 34 [recrudes]cer] §
re•cru•des•cên•cia *sf*.; re•cru•des•cen•te
adj2g.
re•cru•des•ci•men•to *sm*. Ato ou efeito de re-
crudescer.

re•cru•ta *sm*. Soldado novo, ainda na fase inicial da instrução militar.
re•cru•tar *v.t.d.* 1. Arrolar para o serviço militar. 2. Aliciar, angariar (adeptos, etc.). [Con-
jug.: 1 [recrut]ar] § re•cru•ta•men•to *sm*.
ré•cu:a *sf*. 1. Grupo de bestas de carga presas
umas às outras. 2. V. *corja*.
re•cu•ar *v.int.* 1. V. *retroceder*. 2. Ceder terreno ao adversário. 3. Desistir de um intento.
T.i. 4. Voltar atrás; desistir. *T.d.* 5. Colocar
aquém da posição atual. [Conjug.: 1 [recu]ar]
re•cu•o *sm*. 1. Ato ou efeito de recuar. 2. Distância mínima que as fachadas de uma edificação devem manter com relação às divisas
do terreno.
re•cu•pe•rar *v.t.d.* 1. Ter ou obter novamente
(coisa, estado, condição que se havia perdido);
reaver, retomar, readquirir, recobrar. 2. V.
restaurar (1). 3. Reabilitar. 4. *Inform.* Fornecer (informação) após localizá-la e lê-la em
dispositivo de memória. *P.* 5. V. *restabelecer*
(3). 6. Indenizar-se, ressarcir-se. 7. Reabilitar-
se. [Conjug.: 1 [recuper]ar] § re•cu•pe•ra•ção
sf.; re•cu•pe•rá•vel *adj2g*.
re•cur•so *sm*. 1. Ato ou efeito de recorrer (2 e
3). 2. Auxílio, ajuda. 3. Meio pecuniário. 4.
Meio para resolver um problema. 5. *Jur.* Meio
de provocar reforma ou modificação em sentença judicial desfavorável.
re•cur•sos *sm.pl.* Bens, posses.
re•cur•va•do *adj.* V. *recurvo*.
re•cur•var *v.t.d.* 1. Curvar de novo, ou muito.
P. 2. Encurvar-se, curvar-se. [Conjug.: 1 [re-
curv]ar]
re•cur•vo *adj.* Torcido, curvo, recurvado.
re•cu•sa *sf*. Ato de recusar(-se).
re•cu•sar *v.t.d.* 1. Não aceitar; rejeitar, renunciar. 2. Negar-se a. *P.* 3. Opor-se; negar-se. 4.
Não obedecer. [Conjug.: 1 [recus]ar] § re•cu•
sá•vel *adj2g*.
re•da•ção *sf*. 1. Ato ou efeito de redigir. 2.
Modo de redigir. 3. Composição literária sobre tema específico. 4. O conjunto dos redato-
res dum jornal, revista, etc. 5. Lugar onde trabalham. [Pl.: *–ções*.]
re•dar•güir *v.t.d., t.d.i.* e *t.i.* Replicar argumen-
tando. [Conjug.: 52 [redar]güir] § re•dar•güi•
ção *sf*.
re•da•tor (ô) *sm*. 1. O que redige. 2. *Jorn.* Aquele que escreve habitualmente para um jornal,
revista, etc. 3. Aquele que revê e/ou corrige um
texto literário, científico, jornalístico, etc.
re•de (ê) *sf*. 1. Fios, cordas, arames, etc., entrelaçados, fixados por malhas que formam como
que um tecido. 2. Qualquer dispositivo feito
de rede (1) usado para apanhar peixes, pássaros, etc. 3. Dispositivo feito de rede (1) utilizado em circos, ou pelo Corpo de Bombeiros,
para amortecer o choque da queda de pessoas.

4. Rede (1) sustentada por trave, etc., e que divide os dois campos adversários, em vários esportes. **5.** Conjunto interconectado de vias e meios de transporte, de canais de escoamento ou distribuição, de meios e equipamentos de comunicação, ou de locais e agentes de prestação de serviços. **6.** Rede de computadores. **7.** Espécie de leito feito de tecido resistente e suspenso pelas extremidades, em armadores ou ganchos. **8.** *Rád. Telev.* Grupo de emissoras que transmitem programação em comum, ger. gerada por emissora central; cadeia. ◆ **Rede de computadores.** *Inform.* **1.** Conjunto de computadores, terminais e equipamentos acessórios, interconectados por linhas de comunicação. **2.** As informações e os serviços disponíveis por meio de tal conjunto de computadores. **Rede elétrica.** *Eng. Elétr.* Circuito distribuidor de corrente elétrica que faz a ligação entre uma fonte geradora de tensão e diversas unidades de consumo.

ré•de:a *sf.* Correia para guiar as cavalgaduras; brida.

re•de•mo:i•nhar *v.int.* Remoinhar. [Conjug.: ⬚ [redemoinh]**ar**]

re•de•mo•i•nho *sm.* V. *remoinho*.

re•den•ção *sf.* Ato ou efeito de remir ou redimir. [Pl.: *-ções.*]

re•den•tor (ô) *adj.* **1.** Que redime. • *sm.* **2.** Aquele que redime. **3.** *Rel.* Jesus Cristo. [Nesta acepç., com inicial maiúscula.]

re•des•con•tar *v.t.d.* Fazer redesconto de. [Conjug.: ⬚ [redescont]**ar**]

re•des•con•to *sm.* Operação pela qual um banco desconta em outro títulos de crédito adquiridos de clientes, lucrando a diferença de taxas de juros.

re•di•gir *v.t.d.* **1.** Escrever com ordem e método. **2.** Escrever os artigos principais de (um periódico). *Int.* **3.** Exprimir-se sintaticamente por escrito. [Conjug.: ⬚ [redi]**gir**]

re•dil *sm.* Curral, aprisco. [Pl.: *-dis.*]

re•di•mir *v.t.d.* e *p.* Remir. [Conjug.: ⬚ [redim]**ir**] § **re•di•mí•vel** *adj2g.*

re•din•go•te *sm.* **1.** V. *sobrecasaca.* **2.** *Bras.* Casaco feminino ou vestido inteiriço, ajustado na cintura e que alarga para baixo.

re•dis•tri•bu•ir *v.t.d., t.d.i.* e *t.d.c.* Tornar a distribuir. [Conjug.: ⬚ [redistrib]**uir**]

re•di•vi•vo *adj.* Que retornou à vida.

re•di•zer *v.t.d.* Dizer de novo, ou muitas vezes. [Conjug.: ⬚ [re]**dizer**]

re•do•brar *v.t.d.* **1.** Tornar a dobrar. **2.** Reduplicar (1). **3.** Aumentar muito. *Int.* e *p.* **4.** V. *quadruplicar* (3). [Conjug.: ⬚ [redobr]**ar**]

re•do•bro (ô) *sm.* Ato ou efeito de redobrar.

re•do•ma *sf.* Manga (2) de vidro, esférica na parte superior, para proteção de objetos de feitura delicada.

re•don•de•za (ê) *sf.* **1.** Qualidade de redondo. **2.** As cercanias dum lugar; arredores, redondezas.

re•don•de•zas (ê) *sf.pl.* V. *redondeza*.

re•don•di•lha *sf.* Verso de cinco ou de sete sílabas, respectivamente, *redondilha menor* e *redondilha maior*.

re•don•do *adj.* **1.** Circular[1]. **2.** Esférico. **3.** Cilíndrico. **4.** De forma arredondada. [Sin., nessas acepç.: *rotundo*.] **5.** *Tip.* Diz-se do tipo de desenho normal, em oposição ao itálico ou negrito. • *sm.* **6.** *Tip.* O tipo redondo (5).

re•dor *sm.* Posição ou situação de quem ou do que contorna algo. ◆ **Ao redor.** Em volta; em torno; em redor. **Em redor.** V. *ao redor*.

re•du•ção *sf.* **1.** Ato ou efeito de reduzir(-se). **2.** Cópia reduzida. [Pl.: *-ções.*]

re•dun•dân•ci:a *sf.* **1.** Qualidade de redundante. **2.** Superfluidade de palavras.

re•dun•dan•te *adj2g.* Que redunda; excessivo.

re•dun•dar *v.int.* **1.** Transbordar; derramar-se. **2.** Superabundar (2). *T.i.* **3.** Resultar (3). **4.** Converter-se, resultar. [Conjug.: ⬚ [redund]**ar**]

re•du•pli•car *v.t.d.* **1.** Duplicar novamente; redobrar. **2.** Aumentar muito. *Int.* e *p.* **3.** V. *quadruplicar* (3). [Conjug.: ⬚ [redupli]**car**]

re•du•tí•vel *adj2g.* **1.** Que se pode reduzir. **2.** *Arit.* Diz-se da fração cujos termos não são primos entre si. [Pl.: *-veis.*]

re•du•to *sm.* **1.** Recinto construído na interior de fortaleza para aumentar a resistência desta. **2.** Lugar fechado que serve de abrigo.

re•du•tor (ô) *adj.* Que reduz.

re•du•vi•í•de:o *sm.* *Zool.* Espécime dos reduviídeos, família de insetos hemípteros, hematófagos, de aparelho bucal sugador, e que transmitem a doença de Chagas. São os barbeiros. § **re•du•vi•í•de:o** *adj.*

re•du•zir *v.t.d.* **1.** Tornar menor. **2.** Subjugar, submeter. **3.** Simplificar (uma fração). *T.d.i.* **4.** Constranger, forçar. **5.** Diminuir as proporções de. *P.* **6.** Limitar-se, resumir-se. **7.** Transformar-se. [Conjug.: ⬚ [red]**uzir**]

re•e•di•ção *sf.* Nova edição. [Pl.: *-ções.*]

re•e•di•fi•car *v.t.d.* Reconstruir. [Conjug.: ⬚ [reedifi]**car**]

re•e•di•tar *v.t.d.* **1.** Editar outra vez. **2.** Produzir ou praticar de novo. [Conjug.: ⬚ [reedit]**ar**]

re•e•du•car *v.t.d.* Tornar a educar. [Conjug.: ⬚ [reedu]**car**] § **re•e•du•ca•ção** *sf.*

re•e•le•ger *v.t.d., transobj.* e *p.* Tornar a eleger(-se). [Conjug.: ⬚ [reele]**ger**; part.: *reelegido* e *reeleito*.]

re•e•lei•ção *sf.* **1.** Ato de reeleger(-se). **2.** Nova eleição. [Pl.: *-ções.*]

re•em•bol•sar *v.t.d.* **1.** Restituir a (alguém) o dinheiro desembolsado. **2.** Indenizar. *P.* **3.**

Voltar à posse do que se emprestou. [Conjug.: 1 [reembols]**ar**]

re•em•bol•so (ô) *sm.* Ato ou efeito de reembolsar(-se).

re•en•car•nar *v.int.* e *p.* **1.** Reassumir (o espírito) a forma material. **2.** Tornar a encarnar. [Conjug.: 1 [reencarn]**ar**] § **re•en•car•na•ção** *sf.*

re•en•cher *v.t.d.* Tornar a encher. [Conjug.: 2 [reench]**er**]

re•en•con•trar *v.t.d.* e *p.* Encontrar(-se) de novo. [Conjug.: 1 [reencontr]**ar**]

re•en•con•tro *sm.* Ato ou efeito de reencontrar(-se).

re•en•trân•ci•a *sf.* Ângulo ou curva para dentro.

re•en•tran•te *adj2g.* Que forma reentrância.

re•en•trar *v.t.c., t.i.* e *int.* Tornar a entrar. [Conjug.: 1 [reentr]**ar**]

re•en•vi•dar *v.t.d.* Envidar de novo; revidar. [Conjug.: 1 [reenvid]**ar**]

re•er•guer *v.t.d.* e *p.* Tornar a erguer(-se). [Conjug.: 33 [re]**erguer**]

re•es•cre•ver *v.t.d.* Escrever de novo. [Conjug.: 2 [reescrev]**er**; part.: *reescrito*.]

re•es•tru•tu•rar *v.t.d.* Dar nova estrutura a. [Conjug.: 1 [reestrutur]**ar**]

re•e•xa•mi•nar (z) *v.t.d.* Examinar de novo. [Conjug.: 1 [reexamin]**ar**]

re•ex•por•tar *v.t.d.* Tornar a exportar. [Conjug.: 1 [reexport]**ar**] § **re•ex•por•ta•ção** *sf.*

re•fa•zer *v.t.d.* **1.** Fazer de novo. **2.** Reorganizar, reformar. **3.** Corrigir. **4.** Restaurar (1). **5.** Percorrer novamente. *P.* **6.** V. *restabelecer* (3). [Conjug.: 20 [re]**fazer**]

re•fei•ção *sf.* **1.** Ato de refazer as forças, de alimentar-se. **2.** Qualquer porção de alimento; repasto. [Pl.: *-ções.*]

re•fei•to *adj.* **1.** Feito de novo. **2.** Restaurado.

re•fei•tó•ri:o *sm.* Sala para refeições em comunidades, colégios, etc.

re•fém *sm.* Pessoa que o inimigo, o assaltante, etc., mantém em seu poder para garantir promessa, tratado, fuga, resgate, etc. [Pl.: *-féns.*]

re•fe•rên•ci:a *sf.* **1.** Ato ou efeito de referir. **2.** O que se refere. **3.** Alusão, menção.

re•fe•ren•ci•al *adj2g.* e *sm.* Que ou o que constitui referência, ou que é utilizado como tal. [Pl.: *-ais.*]

re•fe•rên•ci:as *sf.pl. Bras.* Informações sobre a idoneidade duma pessoa.

re•fe•ren•dar *v.t.d.* **1.** Assinar (documentos) como responsável. **2.** Assinar (um ministro) por baixo da assinatura do chefe do governo (documento legal, para ser publicado). [Conjug.: 1 [referend]**ar**]

re•fe•ren•te *adj2g.* Que se refere; relativo.

re•fe•rir *v.t.d.* **1.** Expor falando, ou por escrito. **2.** Citar (1). *T.d.i.* **3.** Referir (1). *P.* **4.** V. *aludir*.

5. Dizer respeito. [Conjug.: 53 [ref]e[r]**ir**] § **re•fe•ri•do** *adj.*

re•fer•ver *v.int.* Ferver de novo, ou muito. [Conjug.: 2 [referv]**er**]

re•fes•te•lar-se *v.p.* Recostar-se comodamente; repimpar-se, refocilar-se. [Conjug.: 1 [refestel]**ar**[-se]]

re•fi•na•men•to *sm.* **1.** Ato ou efeito de refinar. **2.** Requinte, apuro.

re•fi•nar *v.t.d.* **1.** Tornar mais fino; apurar. **2.** V. *aprimorar*. **3.** Submeter (um produto) a operações químicas ou físico-químicas, imprimindo-lhe qualidades de comercialização. *P.* **4.** V. *aprimorar*. [Conjug.: 1 [refin]**ar**] § **re•fi•na•do** *adj.*; **re•fi•na•ção** *sf.*

re•fi•na•ri•a *sf.* Usina onde se refina [v. *refinar* (3)].

re•fle *sm. Bras.* Pequeno sabre adaptável à boca de fuzil e armas semelhantes, usado nas forças policiais.

re•fle•ti•do *adj.* V. *sensato* (2).

re•fle•tir *v.t.d.* **1.** Fazer retroceder, desviando da direção inicial. **2.** Reproduzir a imagem de. *T.i.* **3.** V. *meditar* (2). *Int.* **4.** Fazer reflexão (2 e 3). *P.* **5.** Reproduzir-se, espelhar-se. **6.** Repercutir-se. [Conjug.: 53 [refl]e[t]**ir**]

re•fle•tor (ô) *adj.* **1.** Que reflete. • *sm.* **2.** Dispositivo de iluminação dotado de superfície refletora.

re•fle•xão (cs) *sf.* **1.** Ato ou efeito de refletir(-se). **2.** Volta da consciência, do espírito, sobre si mesmo, para exame de seu próprio conteúdo. **3.** Ponderação, observação. **4.** *Fís.* Modificação da direção de propagação de uma onda que incide sobre uma interface entre dois meios e retorna para o meio inicial. [Pl.: *-xões.*]

re•fle•xi•vo (cs) *adj.* **1.** Reflexo. **2.** Que reflete, medita; ponderado. **3.** Austero, sisudo.

re•fle•xo (cs) *adj.* **1.** Que se volta sobre si mesmo. • *sm.* **2.** Luz refletida, ou o efeito dela. **3.** *Fisiol.* Reação involuntária motora ou secretora, desencadeada pelo sistema nervoso, em conseqüência de estímulos captados por formações sensitivas.

re•flo•res•cer *v.int.* **1.** Florescer de novo. **2.** *Fig.* Rejuvenescer, remoçar. *T.d.* **3.** Revigorar. [Conjug.: 34 [reflores]**cer**]

re•flo•res•tar *v.t.d.* Plantar árvores para formar florestas em (lugar onde se derrubou floresta). [Conjug.: 1 [reflorest]**ar**] § **re•flo•res•ta•men•to** *sm.*

re•flu•ir *v.int.* **1.** Correr para trás, retroceder (um líquido ou uma extensão líquida). *T.c.* **2.** Voltar ao ponto de origem. [Conjug.: 49 [re]**flu**ir]

re•flu•xo (cs) *sm.* **1.** Ato ou efeito de refluir. **2.** Movimento de maré vazante. **3.** *Med.* Fluxo que se faz em direção oposta à normal, como, p. ex., de estômago para esôfago; regurgitação.

re•fo•ci•lar-se *v.p.* 1. V. *revigorar* (2). 2. Recrear-se. 3. V. *refestelar-se*. [Conjug.: 1] [refocil]**ar**[-se]]

re•fo•ga•do *adj.* 1. Que se refoga. • *sm.* 2. Molho feito com temperos refogados.

re•fo•gar *v.t.d.* 1. Fazer ferver (os temperos) em gordura. 2. Cozinhar com refogado (2). [Conjug.: 11] [refo]**gar**. Cf. *refugar*.]

re•for•ça•do *adj.* 1. Revigorado, fortalecido. 2. Aumentado ou acrescido de reforço.

re•for•çar *v.t.d.* e *p.* 1. Tornar(-se) mais forte, mais sólido, mais intenso. 2. Reanimar(-se). [Conjug.: 9] [refor]**çar**]

re•for•ço (ô) *sm.* 1. Ato ou efeito de reforçar(-se). 2. Tropa auxiliar. 3. Material ou peça que aumenta a resistência de algo.

re•for•ma *sf.* 1. Ato ou efeito de reformar(-se). 2. Mudança, modificação. 3. Aposentadoria de militar.

re•for•mar *v.t.d.* 1. Dar melhor forma a. 2. Reconstruir. 3. Emendar, corrigir. 4. V. *restaurar* (1). 5. Dar ou conceder reforma (3) a. 6. Mudar, alterar. *P.* 7. V. *regenerar* (5). 8. Obter reforma (3). [Conjug.: 1] [reform]**ar**]

re•for•ma•tó•ri•o *sm.* Estabelecimento oficial que abriga menores delinqüentes para os reformar, reeducando-os.

re•for•mis•ta *adj2g.* e *s2g.* Partidário de reformas.

re•for•mu•lar *v.t.d.* Tornar a formular, submeter a nova formulação. [Conjug.: 1] [reformul]**ar**]

re•fra•ção *sm.* 1. Ato ou efeito de refratar(-se). 2. *Fís.* Modificação da direção de propagação de uma onda que incide sobre uma interface entre dois meios e prossegue através do segundo meio. [Pl.: –*ções*.]

re•frão *sm.* 1. V. *provérbio.* 2. Estribilho. [Pl.: –*frãos* e –*frães*.]

re•fra•tar *v.t.d.* 1. Causar refração (2) a. 2. Dobrar ou desviar a direção de. *P.* 3. Sofrer refração (2). [Conjug.: 1] [refrat]**ar**] § **re•fra•tor** (ô) *adj.*

re•fra•tá•ri•o *adj.* 1. Que resiste a certas influências químicas ou físicas. 2. Capaz de suportar calor elevado sem se alterar.

re•fre•ar *v.t.d.* 1. V. *reprimir* (1). 2. Dominar, subjugar. *P.* 3. V. *reprimir* (5). [Conjug.: 10] [refr]**ear**] § **re•fre•a•men•to** *sm.*

re•fre•ga *sf.* 1. Encontro entre forças ou pessoas inimigas; luta. 2. Lida, faina.

re•fres•car *v.t.d.* 1. Tornar mais fresco. 2. Suavizar, aliviar. *Int.* 3. Tornar-se mais fresco. 4. Tornar-se o tempo mais fresco. *P.* 5. Diminuir o calor do próprio corpo; refrigerar-se. 6. Reanimar-se. [Conjug.: 8] [refres]**car**] § **re•fres•can•te** *adj2g.*

re•fres•co (ês) *sm.* Suco de frutas, ao qual se adiciona água e adoçante, e que se serve gelado; refrigerante.

re•fri•ge•ra•dor (ô) *adj.* 1. Refrigerante (1). • *sm.* 2. Geladeira.

re•fri•ge•ran•te *adj2g.* 1. Que refrigera; refrigerador. • *sm.* 2. Refresco. 3. Bebida não alcoólica ger. gaseificada e de preparo industrial, que se toma gelada.

re•fri•ge•rar *v.t.d.* e *p.* 1. Tornar(-se) frio; esfriar. 2. V. *refrescar* (5). [Conjug.: 1] [refriger]**ar**] § **re•fri•ge•ra•ção** *sf.*

re•fri•gé•ri•o *sm.* 1. Bem-estar gerado pela frescura. 2. Consolação, alívio.

re•fu•gar *v.t.d.* Pôr de lado como inútil; rejeitar. [Conjug.: 11] [refu]**gar**. Cf. *refogar*.]

re•fu•gi•ar-se *v.p.* 1. Retirar-se (para um lugar seguro). 2. Procurar refúgio; abrigar-se. [Conjug.: 1] [refugi]**ar**[-se]]

re•fú•gi:o *sm.* 1. Asilo, abrigo. 2. Apoio, amparo.

re•fu•go *sm.* Restos inúteis; rebotalho.

re•ful•gir *v.int.* V. *resplandecer* (1). [Conjug.: 45] [reful]**gir**. Segundo alguns, só é conjugável nas f. em que ao *g* da raiz se seguir *e* ou *i*, porém no Brasil a tendência é para a conjugação integral.] § **re•ful•gen•te** *adj2g.*

re•fun•dir *v.t.d.* 1. Fundir novamente. 2. Corrigir, emendar. [Conjug.: 3] [refund]**ir**]

re•fu•tar *v.t.d.* 1. Dizer em contrário; desmentir. 2. Desaprovar. 3. Contestar. [Conjug.: 1] [refut]**ar**] § **re•fu•ta•ção** *sf.*

re•ga *sf.* Ato ou efeito de regar.

re•ga-bo•fe *sm.* Festa com fartura de comida e bebida. [Pl.: *rega-bofes*.]

re•ga•ço *sm.* Cavidade formada por veste longa entre a cintura e os joelhos de pessoa sentada.

re•ga•dor (ô) *sm.* Recipiente com bico onde se encaixa uma espécie de ralo, para regar plantas.

re•ga•lar *v.t.d.* 1. Causar regalo a. *T.d.i.* 2. Presentear. *P.* 3. Alegrar-se. [Conjug.: 1] [regal]**ar**]

re•ga•li•a *sf.* 1. Direito próprio do rei. 2. V. *prerrogativa.*

re•ga•lo *sm.* 1. Prazer causado pelo bom tratamento. 2. Prazer, alegria. 3. Presente, mimo. 4. Agasalho para as mãos.

re•gar *v.t.d.* 1. Umedecer por irrigação ou aspersão; irrigar, aguar. 2. Banhar (3). 3. Umedecer. [Conjug.: 11] [re]**gar**]

re•ga•ta *sf.* Corrida de duas ou mais embarcações que disputam o prêmio de velocidade.

re•ga•te•ar *v.t.d.*, *t.d.i.* e *int.* Pechinchar. [Conjug.: 10] [regat]**ear**] § **re•ga•te•a•dor** (ô) *adj.* e *sm.*

re•ga•to *sm.* V. *ribeiro.*

re•gên•ci•a *sf.* 1. Ato ou efeito de reger(-se). 2. Governo interino instituído durante a ausência ou o impedimento do chefe de Estado (especialmente um soberano). **3.** *Gram.* Relação entre as palavras duma oração ou entre as orações dum período. **4.** *Restr.* Período, entre 1831 e 1840, durante o qual o Brasil, pela menoridade de Pedro II, esteve sob regência (2). [Com inicial maiúscula, nesta acepç.]

re•gen•ci•al *adj2g.* Relativo a regência, ou à Regência (4). [Pl.: *–ais.*]

re•ge•ne•rar *v.t.d.* **1.** Tornar a gerar, reproduzir (o que estava destruído). **2.** *V. reorganizar* (2). **3.** Corrigir moralmente. *P.* **4.** Formar-se de novo. **5.** Emendar-se, corrigir-se, reformar-se. [Conjug.: ① [regener]ar] § **re•ge•ne•ra•ção** *sf.*

re•gen•te *adj2g.* **1.** Que rege, dirige ou governa. • *s2g.* **2.** Pessoa que exerce regência (2). **3.** Maestro ou maestrina.

re•ger *v.t.d.* **1.** Governar, administrar. **2.** Governar como rei. **3.** Nas monarquias, exercer regência (2) em. **4.** *Gram.* Determinar a flexão de. **5.** Dirigir (orquestra ou outro conjunto). *P.* **6.** Governar-se. [Conjug.: ㊱ [re]ger. O *e* do radical é aberto nas f. rizotônicas em que o *g* vem seguido de *e*: *reges, rege, regem.*]

re•gi•ão *sf.* **1.** Grande extensão de terreno. **2.** Território que se distingue dos outros por características próprias. **3.** *Anat.* Cada uma das partes em que se divide o corpo humano para fins de estudo. [Pl.: *–ões.*] ◆ **Região abissal.** *Ecol.* Região pelágica com profundidade superior a 2.000m, nos oceanos, e a 300m, nos lagos. **Grande região.** *Geogr. Bras.* (V. *Minienciclopédia.*)

re•gi•ci•da *s2g.* Quem pratica regicídio.

re•gi•cí•di:o *sm.* Assassínio de rei ou rainha.

re•gi•me ou **re•gí•men** *sm.* **1.** Regimento (1). **2.** Sistema político pelo qual se rege um país. **3.** Dieta (2). [Pl. de *regímen: regimens* ou *regímenes.*]

re•gi•men•to *sm.* **1.** Ato, ou efeito ou modo de reger ou dirigir; regime. **2.** Conjunto de normas que regem o funcionamento duma instituição. **3.** Corpo de tropas sob o comando de um coronel. § **re•gi•men•tal** *adj2g.*

ré•gi:o *adj.* **1.** Real¹ (1). **2.** Digno de rei. [Sin. ger.: *realengo.*]

re•gi•o•nal *adj2g.* Relativo a, ou próprio de uma região. [Pl.: *–nais.*]

re•gi•o•na•lis•mo *sm.* Locução peculiar a uma região, ou a regiões. § **re•gi•o•na•lis•ta** *adj2g.* e *s2g.*

re•gis•tra•do•ra ou **re•gis•ta•do•ra** (ô) *sf.* Espécie de cofre usado em casas comerciais, com teclado e maquinismo para registro das importâncias nele depositadas.

re•gis•trar ou **re•gis•tar** *v.t.d.* **1.** Escrever ou lançar em livro especial. **2.** Consignar por escrito. **3.** Fazer o registro (6) de. **4.** Marcar (por meio de registro [3]) ou registradora. [Conjug.: ① [registr]ar]

re•gis•tro ou **re•gis•to** *sm.* **1.** Ato ou efeito de registrar. **2.** Livro especial onde se registram ocorrências públicas ou particulares. **3.** Indicação em gráfico, escala, etc., por aparelho apropriado, da marcha de certas máquinas, da graduação de instrumentos de precisão, etc. **4.** Relógio (3). **5.** Chave de torneira, ou outro aparelho que regula a passagem dum fluido. **6.** Caução postal que se obtém pagando taxa extra sobre o preço do porte. **7.** Certidão de nascimento.

re•go (ê) *sm.* **1.** Sulco que conduz água. **2.** Sulco ou valeta, num campo cultivado.

re•gou•gar *v.int.* Gritar (a raposa). [Conjug.: ⑪ [regou]gar]

re•go•zi•jar *v.t.d.* e *p.* Causar regozijo a, ou sentir regozijo. [Conjug.: ① [regozij]ar]

re•go•zi•jo *sm.* Gozo ou satisfação intensa.

re•gra *sf.* **1.** Aquilo que regula, dirige, rege ou governa. **2.** Fórmula que indica o modo correto de falar, raciocinar, agir, etc., num dado caso. **3.** O que está determinado pela razão, pela lei, ou pelo costume. **4.** Estatutos de certas ordens religiosas. **5.** Método, ordem.

re•gra•do *adj.* Sensato, metódico.

re•grar *v.t.d.* **1.** Regular² (1). **2.** Comedir, moderar. *P.* **3.** *V. regular²* (7). [Conjug.: ① [regr]ar]

re•gras *sf.pl. Fam.* Menstruação.

re•gre•dir *v.int.* Ir em marcha regressiva. [Conjug.: ㊾ [regr]e[d]ir]

re•gres•são *sf.* **1.** *V. regresso.* **2.** Retrocesso. [Pl.: *–sões.*]

re•gres•sar *v.t.c.* e *int.* **1.** Voltar, retornar (a lugar que se deixou). *T.d.c.* **2.** Fazer voltar. [Conjug.: ① [regress]ar]

re•gres•si•vo *adj.* Retroativo.

re•gres•so *sm.* Ato de regressar; retorno, volta, regressão.

ré•gu:a *sf.* Peça longa, de faces retangulares, superfície plana e arestas retilíneas, para traçar linhas retas ou para medir.

re•gu•la•dor (ô) *adj.* **1.** Que regula. • *sm.* **2.** Peça que ajusta o movimento de uma máquina.

re•gu•la•men•tar¹ *adj2g.* **1.** Relativo a regulamento. **2.** Que está de acordo com o regulamento (2) de certa instituição, ou que por ele foi determinado.

re•gu•la•men•tar² *v.t.d.* **1.** Sujeitar a regulamento; regular, regularizar. **2.** Estabelecer regulamento para. [Conjug.: ① [regulament]ar] § **re•gu•la•men•ta•ção** *sf.*

re•gu•la•men•to *sm.* **1.** Ato ou efeito de regular. **2.** Norma, ou conjunto de normas. **3.** Disposição oficial que elucida a execução duma lei, etc.

re•gu•lar¹ *adj2g.* **1.** Relativo a regra. **2.** Que é ou que age segundo as regras, as leis. **3.** Harmônico, proporcionado. **4.** Que se repete a intervalos iguais. **5.** Exato, pontual. **6.** Mediano, médio. **7.** *Geom.* Diz-se de figuras de lados e ângulos iguais entre si. • *sm.* **8.** Aquilo que é regular. § **re•gu•la•ri•da•de** *sf.*

re•gu•lar² *v.t.d.* **1.** Sujeitar a regras; regrar. **2.** Encaminhar conforme a lei. **3.** V. *regularizar* (1 e 2). **4.** V. *regulamentar²* (1). **5.** Acertar, ajustar. *Int.* **6.** Funcionar com regularidade. **7.** Ter sanidade mental. [Nesta acepç., m. us. negativamente.] *P.* **8.** Guiar-se, orientar-se; regrar-se. [Conjug.: ① [regul]**ar**]

re•gu•la•ri•zar *v.t.d.* **1.** Tornar regular; regulamentar, regular. **2.** V. *regulamentar²* (1). **3.** Pôr em ordem; regular. *P.* **4.** Normalizar-se. **5.** Pôr-se em dia, ou em ordem. [Conjug.: ① [regulariz]**ar**] § **re•gu•la•ri•za•ção** *sf.*

ré•gu•lo *sm.* **1.** Chefe dum Estado bárbaro. **2.** Indivíduo tirânico.

re•gur•gi•ta•ção *sf. Med.* **1.** Ato ou efeito de regurgitar. **2.** Refluxo (3). [Pl.: –*ções.*]

re•gur•gi•tar *v.t.d.* **1.** Vomitar; lançar; expelir. **2.** Estar muito cheio; transbordar. *Int.* **3.** Vomitar excesso de alimento. [Conjug.: ① [regurgit]**ar**]

rei *sm.* **1.** Soberano que rege um estado monárquico. **2.** Em certos casos, título do marido da rainha. **3.** Uma das figuras do baralho. **4.** Peça do jogo de xadrez.

rei•de *sm.* Rápida incursão de tropas em território inimigo.

re•í•de:o *sm. Zool.* Espécime dos reídeos, família de grandes aves pernaltas, terrestres corredoras. Não us. emas. § **re•í•de:o** *adj.*

re:im•pres•são *sf.* Nova impressão. [Pl.: –*sões.*]

re:im•pri•mir *v.t.d.* Imprimir de novo. [Conjug.: ③ [reimprim]**ir**; part.: *reimprimido* e *reimpresso.*]

rei•na•ção *sf.* **1.** *Pop.* Pândega, folgança. **2.** *Bras.* V. *travessura.* [Pl.: –*ções.*]

rei•na•do *sm.* Tempo de governo dum rei, imperador, etc.

rei•na•dor (ô) *adj. Bras.* Que reina; travesso.

rei•nar *v.int.* **1.** Governar um Estado como rei ou soberano. **2.** Ter poder; dominar. **3.** Estar em vigor. **4.** *Bras.* Fazer travessuras. *T.c.* **5.** Ter influência ou poder. [Conjug.: ① [rein]**ar**] § **reinante** *adj2g.*

re:in•ci•dên•ci:a *sf.* **1.** Ato ou efeito de reincidir. **2.** *Méd.* Recidiva.

re:in•ci•dir *v.t.i.* **1.** Tornar a incidir. *Int.* **2.** Tornar a praticar um ato da mesma espécie. [Conjug.: ③ [reincid]**ir**] § **re:in•ci•den•te** *adj2g.* e *s2g.*

re:in•cor•po•rar *v.t.d.* e *p.* Incorporar(-se) de novo. [Conjug.: ① [reincorpor]**ar**] § **re:in•cor•po•ra•ção** *sf.*

re:i•ni•ci•ar *v.t.d.* **1.** Iniciar de novo; recomeçar. **2.** *Inform.* Fazer (um computador em operação) passar novamente pelo processo de iniciação (4). [Conjug.: ① [reinici]**ar**]

rei•no *sm.* **1.** Monarquia governada por um rei, regente, rainha, etc. **2.** Os súditos do reino. **3.** Domínio, âmbito. **4.** *Restr.* O reino de Portugal (em relação ao Brasil colonial e a outras colônias portuguesas). **5.** *Biol.* Cada uma das mais altas categorias em que se agrupam os seres vivos da natureza: o *dos animais*, o *das plantas*, o *das moneras*, o *dos protistas*, o *dos fungos.* **6.** *Biol.* Reunião de ramos [v. *ramo* (5)] e de filos [v. *filo*].

rei•nol *adj2g.* **1.** Natural do reino (4). **2.** Próprio dele. • *sm.* **3.** Aquele que nasceu em reino. [Pl.: –*nóis.*]

re:ins•cre•ver *v.t.d.* e *p.* Tornar a inscrever(-se). [Conjug.: ② [reinscrev]**er**]

re:ins•cri•ção *sf.* Ato ou efeito de reinscrever. [Pl.: –*ções.*]

re:in•te•grar *v.t.d.i.* **1.** Restabelecer (alguém) na posse dum bem. *P.* **2.** Ser novamente investido. [Conjug.: ① [reintegr]**ar**] § **re:in•te•gra•ção** *sf.*

rei•sa•do *sm. Bras.* Dança dramática popular com que se festeja a véspera e o dia de Reis.

re:i•te•rar *v.t.d.* e *t.d.i.* Repetir, renovar. [Conjug.: ① [reiter]**ar**] § **re:i•te•ra•ção** *sf.*

rei•tor (ô) *sm.* Dirigente de certos estabelecimentos de ensino em esp. de ensino superior.

rei•to•ra•do *sm.* **1.** Reitoria (1). **2.** Tempo que dura a reitoria (1).

rei•to•ri:a *sf.* **1.** Cargo ou dignidade de reitor. **2.** Prédio onde ele exerce suas funções.

reixénna *adj.* **1.** Fornecido pelo Estado, especialmente pelas forças armadas, para fardamento dos soldados. **2.** *Pop.* De má qualidade.

re:i•vin•di•car *v.t.d.* **1.** Intentar demanda para reaver (propriedade que está na posse de outrem). **2.** Tentar recuperar. **3.** Exigir, requerer, reclamar. **4.** Reclamar para si. [Conjug.: ⑧ [reivindi]**car**] § **re:i•vin•di•ca•ção** *sf.*

re•jei•ção *sf.* Ato ou efeito de rejeitar. [Pl.: –*ções.*]

re•jei•tar *v.t.d.* **1.** Lançar fora; refugar. **2.** Lançar de si; repelir, repudiar. **3.** V. *recusar* (1). **4.** Não aprovar. **5.** Opor-se, ou negar-se a. [Conjug.: ① [rejeit]**ar**]

re•jei•to *sm.* Rejeito nuclear. ◆ **Rejeito nuclear.** *Fís. Nucl.* V. *lixo atômico.*

re•ju•bi•lar *v.t.d.*, *int.* e *p.* Causar grande júbilo a, ou senti-lo. [Conjug.: ① [rejubil]**ar**]

re•jun•tar *v.t.d.* Tapar (as juntas de alvenaria ou de ladrilhos e azulejos) após o seu assentamento, para melhor vedação e aparência. [Conjug.: ① [rejunt]**ar**]

re•ju•ve•nes•cer *v.t.d.*, *int.* e *p.* V. *remoçar.* [Conjug.: ㉞ [rejuvenes]**cer**] § **re•ju•ve•nes•ci•men•to** *sm.*

re•la•ção *sf.* **1.** Ato de relatar; relato. **2.** V. *lista* (1). **3.** Semelhança (2). **4.** Vinculação, ligação. **5.** Comparação entre duas quantidades mensuráveis. **6.** Ligação, contato, trato que pessoas, grupos ou países mantêm entre si. **7.** *Restr.* Relacionamento (3). [Pl.: *-ções.*]

re•la•ci:o•na•men•to *sm.* **1.** Ato ou efeito de relacionar(-se). **2.** Capacidade de relacionar-se, conviver ou comunicar-se com os outros. **3.** *Bras.* Ligação de amizade, afetiva, profissional, etc., condicionada por uma série de atitudes recíprocas; relação.

re•la•ci:o•nar *v.t.d.* **1.** V. *relatar* (1). **2.** Dar ou fazer relação de; alistar, arrolar, relatar. *T.d.i.* **3.** Fazer adquirir amizades. **4.** Estabelecer analogia (entre coisas diversas). *P.* **5.** Ter relação ou analogia. **6.** Manter relação (6 e 7) com. [Conjug.: ① [relacion]**ar**] § **re•la•ci:o•ná•vel** *adj2g.*

re•la•ções *sf.pl.* **1.** Convivência entre pessoas. **2.** As pessoas com quem se mantêm relações.

re•lâm•pa•go *sm.* Luz intensa e rápida produzida pela descarga elétrica entre duas nuvens.

re•lam•pa•gue•ar *v.int.* **1.** Produzirem-se relâmpagos. **2.** Fulgurar, cintilar. *T.d.i.* **3.** Mostrar como num relâmpago. [Sin. ger.: *relampejar.* Impess., na 1ª acepç. Nas demais, us. norm. só na 3ª pess. sing. Conjug.:⑩ [relampagu]**ear**]

re•lam•pe•jar *v.int.* V. *relampaguear.* [Impess. na acepç. literal. Nas demais, us. norm. só na 3ª pess. sing. Conjug.: ① [relampej]**ar**]

re•lan•ce *sm.* Ato ou efeito de relancear. ◆ **De relance.** Rapidamente.

re•lan•ce•ar *v.t.d.* e *t.d.i.* Olhar de relance. [Conjug.:⑩ [relanc]**ear**]

re•lap•so *adj.* **1.** Que reincide em erro. **2.** *Bras.* Que falta a seus deveres.

re•la•tar *v.t.d.* **1.** Fazer relato de; referir, relacionar. **2.** Relacionar (2). *T.d.i.* **3.** Relatar (1). **4.** Incluir, inserir. [Conjug.: ① [relat]**ar**]

re•la•ti•vi•da•de *sf.* **1.** Qualidade ou estado de relativo. **2.** *Fís.* Teoria física na qual o espaço e o tempo são grandezas relacionadas, não podendo, pois, ser consideradas independentemente uma da outra.

re•la•ti•vis•mo *sm. Filos.* Doutrina que faz depender, a verdade, do indivíduo, ou do grupo, ou do tempo e lugar.

re•la•ti•vo *adj.* **1.** Que indica relação; referente. **2.** *Gram.* Diz-se do pronome que se refere a uma palavra ou sentido anterior.

re•la•to *sf.* **1.** Relação (1). **2.** Descrição dum fato, dum estado de espírito, etc.

re•la•tor (ó) *sm.* **1.** Aquele que relata. **2.** O que escreve relatório ou parecer.

re•la•tó•ri:o *sm.* Exposição, mais ou menos minuciosa, do que se viu, ouviu ou observou.

re•la•xa•ção *sf.* **1.** Ato ou efeito de relaxar(-se); relaxamento. **2.** Diminuição do tono muscular. [Pl.: *-ções.*]

re•la•xa•do *adj.* **1.** Frouxo, lasso. **2.** *Fig.* Que descuida das suas obrigações. **3.** *Fig.* Desma-

zelado, desleixado. **4.** *Bras.* Que se traja sem apuro ou sem cuidado. ◆ *sm.* **5.** Indivíduo relaxado (2 a 4).

re•la•xa•men•to *sm.* **1.** Relaxação (1). **2.** Desmazelo. **3.** Relaxação (2) com diminuição da tensão mental, e conseqüente sensação de repouso.

re•la•xar *v.t.d.* **1.** Tornar frouxo ou lasso; afrouxar. **2.** Moderar, abrandar. **3.** Corromper, depravar. **4.** Debilitar, enfraquecer. **5.** Distender, descontrair. *Int.* **6.** Afrouxar, entibiar. **7.** Tornar-se menos tenso (3). *P.* **8.** Perder a força ou o vigor. **9.** Desmazelar-se. [Conjug.: ① [relax]**ar**]

re•lê *sm. Eletr.* Dispositivo de proteção, ou auxiliar de circuitos de controle e comando.

re•le:a•men•to (lè) *Eng. Elétr.* Combinação de um conjunto de relés para uma determinada função.

re•le•gar *v.t.d.c.* **1.** Desterrar, banir. *T.d.* **2.** Pôr em segundo plano; desprezar. [Conjug.:⑪ [rele]**gar**]

re•lem•brar *v.t.d., t.d.i.* e *p.* Lembrar(-se) de novo. [Conjug.: ① [relembr]**ar**]

re•len•to *sm.* Umidade atmosférica da noite; sereno.

re•ler *v.t.d.* Ler outra vez. [Conjug.:㉗ [rel]**er**]

re•les (ré) *adj2g.2n.* **1.** Muito ordinário; desprezível. **2.** Insignificante, pífio.

re•le•vân•ci:a *sf.* **1.** Qualidade de relevante. **2.** Grande valor, ou interesse; importância.

re•le•van•te *adj2g.* **1.** Que releva. **2.** Saliente, proeminente. **3.** Importante. *sm.* **4.** O que tem importância ou é necessário.

re•le•var *v.t.d.* **1.** Dar relevo a. **2.** Desculpar, perdoar. *Int.* **3.** Ser conveniente; importar. *P.* **4.** Salientar-se, sobressair. [Como int. é unipess. Conjug.: ① [relev]**ar**] § **re•le•va•ção** *sf.*; **re•le•vá•vel** *adj2g.*

re•le•vo (lè) *sm.* **1.** Saliência, proeminência. **2.** Escultura, etc., trabalhada de modo que forme relevo (1). **3.** Destaque, realce. **4.** O conjunto das diferenças de nível da superfície terrestre; montanhas, vales, planícies, etc.

re•lha (ê) *sf.* A parte do arado ou da charrua que penetra na terra.

re•lho (ê) *sm.* Chicote de couro torcido.

re•li•cá•ri:o *sm.* Urna, caixa, etc., para guardar as relíquias dum santo.

re•li•ga•men•to *sm. Eletr.* Ato de restabelecer manual ou automaticamente um circuito.

re•li•gi•ão *sf.* **1.** Crença na existência de força ou forças sobrenaturais. **2.** Manifestação de tal crença pela doutrina e ritual próprios. **3.** Devoção (2). [Pl.: *-ões.*]

re•li•gi•o•sa *sf.* V. *freira.*

re•li•gi•o•so (ó) *adj.* **1.** Da, ou próprio da religião. **2.** Que a tem ou a cumpre com rigor. ◆ *sm.* **3.** O que professa uma religião ou fez votos monásticos. [Pl.: –osos (ó).] § **re·li·gi·o·si·da·de** sf.

re·lin·char v.int. Rinchar (1). [Norm., é unipess. Conjug.: ⊡ [relinch]**ar**]

re·lin·cho sm. Rincho.

re·lí·qui·a sf. 1. Parte do corpo de um santo, ou de qualquer objeto que a ele pertenceu. 2. Fig. Coisa preciosa.

re·ló·gi·o sm. 1. Qualquer de vários tipos de instrumentos ou mecanismos para medir intervalos de tempo. 2. Relógio (1) mecânico, etc., com mostrador e ponteiros. 3. Bras. Aparelho que registra o consumo de eletricidade, água, ou gás: registro.

re·lo·jo·a·ri·a sf. 1. Arte de relojoeiro. 2. Casa que fabrica ou conserta relógios.

re·lo·jo·ei·ro sm. Fabricante, vendedor ou consertador de relógios.

re·lu·tân·ci·a sf. 1. Ato ou efeito de relutar. 2. Qualidade de relutante. 3. Resistência, oposição.

re·lu·tar v.int. 1. Lutar novamente. 2. Oferecer resistência. T.i. 3. Relutar (2). [Conjug.: ⊡ [relut]**ar**] § **re·lu·ta·ção** sf.; **re·lu·tan·te** adj2g.

re·lu·zir v.int. V. resplandecer (1). [Norm., é unipess. Conjug.: 44 [rel]**uzir**] § **re·lu·zen·te** adj2g.

rel·va sf. 1. Bot. Erva rala e rasteira. 2. Vegetação formada de relva. 3. V. relvado. § **rel·vo·so** (ó) adj.

rel·va·do sm. Terreno coberto de relva ou grama; gramado, relva.

rem sm. Med. Nucl. Quantidade de radiação ionizante que tem a mesma intensidade de ação biológica de 0,01Gy de raios X.

re·ma·da sf. 1. Ação ou efeito de remar; voga. 2. Golpe com o remo.

re·ma·dor (ô) sm. Aquele que rema; remeiro.

re·man·char v.int. 1. Demorar-se, tardar. 2. Andar devagar. 3. Trabalhar vagarosamente. [Conjug.: ⊡ [remanch]**ar**]

re·ma·ne·jar v.t.d. Modificar (uma produção intelectual, um dispositivo militar, etc.) aproveitando os elementos primitivos ou partes deles. 2. Modificar a composição de (um grupo de pessoas, um conjunto de coisas). [Conjug.: ⊡ [remanej]**ar**]

re·ma·nes·cer v.int. Sobrar, restar. [Conjug.: 34 [remanes]**cer**] § **re·ma·nes·cen·te** adj2g. e s2g.

re·man·so sm. 1. Cessação de movimento. 2. Paz, sossego. 3. Água estagnada.

re·man·so·so (ô) adj. Em que há remanso. [Pl.: –sosos (ó).]

re·mar v.int. Mover os remos para dar impulso a um barco; vogar. [Conjug.: ⊡ [rem]**ar**]

re·mar·ca·ção sf. 1. Ato ou efeito de remarcar. 2. Lote de coisas remarcadas. [Pl.: –ções.]

re·mar·car v.t.d. 1. Tornar a marcar. 2. Bras. Dar novo preço a. [Conjug.: 8 [remar]**car**]

re·ma·ta·do adj. 1. Acabado (1). 2. Completo.

re·ma·tar v.t.d. 1. Dar remate a; acabar. 2. Fazer remate de pontos (em costura); arrematar. Int. e p. 3. Findar(-se). [Conjug.: ⊡ [remat]**ar**]

re·ma·te sm. 1. Ato ou efeito de rematar. 2. Aquilo que remata. 3. Adorno que conclui ou coroa uma obra de arquitetura.

re·me·dar v.t.d. Arremedar. [Conjug.: ⊡ [remed]**ar**]

re·me·di·a·do adj. Que tem o bastante para viver sem aperto.

re·me·di·ar v.t.d. 1. Atenuar com remédio o mal ou a dor de. 2. Emendar, corrigir. 3. Prover do mais necessário. P. 4. Acorrer às próprias despesas. [Conjug.: 12 [remed]**iar**] § **re·me·di·á·vel** adj2g.

re·mé·di·o sm. 1. Qualquer agente que cure, alivie, ou evite doença. 2. Recurso, solução. 3. Auxílio, ajuda. 4. Emenda, correção.

re·me·do (ê) sm. Arremedo.

re·mei·ro sm. Remador.

re·me·la sf. Secreção que se forma nos pontos lacrimais e no bordo das pálpebras.

re·me·len·to adj. Cheio de remela.

re·me·le·xo (lè) sm. Bras. Pop. V. rebolado.

re·me·mo·rar v.t.d. V. recordar (1). [Conjug.: ⊡ [rememor]**ar**] § **re·me·mo·ra·ção** sf.

re·men·dão sm. 1. Homem pouco hábil no seu ofício. 2. Sapateiro que remenda o calçado. [Fl.: –dões.]

re·men·dar v.t.d. 1. Colocar remendo(s) em. 2. Consertar, emendar. [Conjug.: ⊡ [remend]**ar**] § **re·men·da·do** adj.

re·men·do sm. 1. Pedaço de pano para consertar uma parte da roupa. 2. Emenda (2).

re·mes·sa sf. 1. Ato ou efeito de remeter. 2. O que se remeteu.

re·me·ter v.t.d. 1. Mandar, enviar. 2. Adiar, retardar. T.d.i. 3. Remeter (1). 4. Deixar ou confiar (tarefa, responsabilidade etc.) a outrem. 5. Apontar ou encaminhar a outro lugar ou elemento. P. 6. Dedicar-se, entregar-se a certa atividade. 7. Referir-se, aludir. [Conjug.: ⊡ [remet]**er**] § **re·me·ten·te** adj2g. e s2g.

re·me·xer v.t.d. 1. Mexer de novo, ou repetidamente. 2. Misturar, mexendo. 3. Sacudir, agitar. T.i. 4. Tocar, bulir, mexer. P. 5. Bras. Saracotear-se. [Conjug.: 2 [remex]**er**]

re·mi·ção sf. 1. Ato ou efeito de remir. 2. Libertação, resgate. [Pl.: –ções.]

re·mi·do adj. 1. Libertado, resgatado. 2. Desobrigado de qualquer compromisso.

re·mi·nis·cên·ci·a sf. 1. O que se conserva na memória. 2. A faculdade da memória. 3. Lembrança vaga.

re·mir v.t.d. 1. Adquirir de novo. 2. Resgatar (1). 3. V. ressarcir. 4. Expiar, pagar. 5. Libertar (uma propriedade) de ônus, resgatando-a. *P.* 6. Livrar-se do cativeiro. 7. Reabilitar-se. [Conjug.: 59 [rem]**ir**. F. paral.: *redimir*.] § re•mí•vel *adj2g.*

re•mi•rar *v.t.d.* 1. Mirar de novo. 2. Olhar ou observar com atenção. [Conjug.: 1 [remir]**ar**]

re•mis•são *sf.* 1. Ação ou efeito de remitir(-se). 2. Clemência, perdão. 3. Perdão de ônus ou dívida. 4. Ação ou efeito de remeter (1 e 5). [Pl.: *–sões.*]

re•mis•sí•vel *adj2g.* Que pode ser remitido. [Pl.: *–veis.*]

re•mis•si•vo *adj.* Que remete para outro ponto.

re•mis•so *adj.* 1. Negligente. 2. Indolente. 3. Vagaroso, lento.

re•mi•tir *v.t.d.* 1. Perdoar, indultar. 2. Quitar (1). 3. Diminuir a intensidade de; abrandar. *Int.* e *p.* 4. Diminuir de intensidade ou de gravidade; ceder, mitigar-se. [Conjug.: 3 [remit]**ir**] § re•mi•tên•ci:a *sf.*; re•mi•ten•te *adj2g.*

re•mo *sm.* 1. Instrumento de madeira: cabo roliço terminado por uma parte espalmada, e que funciona como alavanca inter-resistente, para pequenas embarcações. 2. O esporte de remar.

re•mo•ção *sf.* Ato ou efeito de remover. [Pl.: *–ções.*]

re•mo•çar *v.t.d.* 1. Tornar moço; dar aparência, vigor, etc. de jovem. *Int.* e *p.* 2. Ficar moço ou com aparência de moço; renovar-se; reflorescer. [Sin. ger.: *rejuvenescer.* Conjug.: 9 [remo]**çar**]

re•mo•de•lar *v.t.d.* Refazer, segundo outro modelo, ou com modificações profundas. [Conjug.: 1 [remodel]**ar**] § re•mo•de•la•ção *sf.*; re•mo•de•la•gem *sf.*

re•mo•er *v.t.d.* 1. Tornar a moer. 2. Pensar ou refletir muito em. *P.* 3. Encher-se de raiva ou rancor. 4. Afligir-se. [Conjug.: 37 [rem]**oer**]

re•mo:i•nhar *v.int.* Deslocar-se ou mover-se em círculos ou espirais; redemoinhar. [Conjug.: 1 [remoinh]**ar**]

re•mo:i•nho *sm.* 1. Movimento em círculo, causado pelo cruzamento de ondas ou ventos contrários; torvelinho. 2. Distribuição natural espiralada dos fios do cabelo, rente à raiz. [Sin. ger.: *redemoinho, rodamoinho.*]

re•mon•ta *sf.* 1. Suprimento de novos cavalos para as tropas de cavalaria. 2. *Pop.* Conserto.

re•mon•tar *v.t.d.* 1. Erguer ou elevar muito, ou novamente. 2. Consertar, reformar. *T.c.* 3. Recuar (muito atrás, no passado). 4. Ter existência (desde época antiga), ou datar (de então). *T.i.* 5. Ter origem em. *P.* 6. Aludir (a algo ou alguém do passado). [Conjug.: 1 [remont]**ar**]

re•mo•que *sm.* 1. Dito picante. 2. Insinuação maliciosa.

re•mor•so *sm.* Arrependimento por culpa ou crime cometido.

re•mo•to *adj.* 1. Distante (no tempo ou no espaço). 2. *Inform.* Que é acessado ou realizado por meio de linha de comunicação entre computadores ou redes de computadores.

re•mo•ve•dor (ô) *sm. Bras.* Preparado para tirar manchas ou remover tintas.

re•mo•ver *v.t.d.* 1. Mover ou retirar para outro lugar; deslocar, transferir. 2. Pôr distante; afastar. 3. Fazer desaparecer, desfazendo, desmanchando, etc. [Conjug.: 2 [remov]**er**] § re•mo•ví•vel *adj2g.*

re•mu•ne•rar *v.t.d.* 1. Dar prêmio, compensação, gratificação a. 2. Pagar salários, honorários, rendas, etc., a. [Conjug.: 1 [renumer]**ar**] § re•mu•ne•ra•ção *sf.*

re•na *sf. Zool.* Cervídeo domesticado do hemisfério norte; rangífer.

re•nal *adj2g.* Relativo a rim(ns). [Pl.: *–nais.*]

re•nas•cen•ça *sf.* 1. Ato ou efeito de renascer. 2. Vida nova. 3. Movimento artístico e científico dos sécs. XV e XVI, que pretendia ser um retorno à Antiguidade Clássica. [Com inicial maiúscula, nesta acepç. Sin. ger.: *renascimento.*]

re•nas•cen•tis•ta *adj2g.* Relativo ao Renascimento.

re•nas•cer *v.int.* 1. Nascer de novo (na realidade ou na aparência). 2. *Fig.* Escapar a um grande perigo de vida. 3. Renovar-se, revigorar-se. 4. Adquirir nova atividade, novo impulso. [Conjug.: 34 [renas]**cer**] § re•nas•cen•te *adj2g.*

re•nas•ci•men•to *sm.* V. *renascença.*

ren•da¹ *sf. Econ.* 1. Importância recebida como resultado de atividade econômica; rendimento, receita. 2. Remuneração dos fatores de produção, como o salário, os juros e o lucro. ♦ **Renda nacional.** *Econ.* Soma das rendas dos residentes num país, num dado período de tempo; é dada pelo Produto Nacional Bruto menos os gastos de depreciação do capital e os impostos indiretos. **Renda per capita.** *Econ.* A renda nacional dividida pelo número de habitantes do país.

ren•da² *sf.* Tecido delicado, de malhas abertas, cujos fios se entrelaçam formando desenhos.

ren•da•do *adj.* Adornado com renda, ou que a semelha.

ren•dei•ra *sf.* 1. Mulher que faz e vende rendas. 2. *Zool.* Nome comum a algumas aves piprídeas.

ren•dei•ro¹ *sm.* Aquele que arrenda propriedades.

ren•dei•ro² *sm.* Fabricante e/ou vendedor de rendas.

ren•der *v.t.d.* 1. Obrigar a reconhecer a derrota ou a desistir do confronto. 2. Substituir (4). 3. Deixar como produto ou lucro. 4. Pôr de lado; depor. *T.d.i.* 5. Manifestar a alguém ad-

miração, reconhecimento de méritos, etc. *Int.*
6. Ser útil, produtivo. **7.** *Bras.* Demorar a acabar. *P.* **8.** Dar-se por vencido; entregar-se, capitular. [Conjug.: ② [rend]**er**]

ren•di•ção *sf.* Ato ou efeito de render(-se); capitulação, rendimento. [Pl.: –*ções.*]

ren•di•do *adj.* **1.** Subjugado, dominado. **2.** Obediente, dócil. **3.** *Pop.* Que tem hérnia.

ren•di•lha *sf.* Renda pequena ou delicada.

ren•di•lhar *v.t.d.* Ornar com rendilha, ou com lavor semelhante a ela. [Conjug.: ① [rendilh]**ar**] § **ren•di•lha•do** *adj.*

ren•di•men•to *sf.* **1.** V. *rendição.* **2.** V. *renda*[1] (1). **3.** Produtividade.

ren•do•so (ô) *adj.* Lucrativo. [Pl.: –*dosos* (ó).]

re•ne•ga•do *adj.* **1.** Que renegou [v. *renegar* (1)]; apóstata. • *sm.* **2.** Indivíduo renegado.

re•ne•gar *v.t.d.* **1.** V. *abjurar* (1). **2.** Desmentir, negar. **3.** Manifestar reprovação, horror, ódio, etc. em relação a. **4.** Prescindir de; rejeitar. *T.i.* **5.** Não fazer caso; prescindir. [Conjug.: ⑪ [rene]**gar**]

re•nhi•do *adj.* Tenazmente disputado.

re•nhir *v.t.d. e t.i.* **1.** Combater, lutar ou competir (com alguém). *Int.* **2.** Combater intensamente. *P.* **3.** Tornar-se renhido. [Conjug.: ㊾ [renh]**ir**]

rê•nio *sm. Quím.* Elemento de número atômico 75, metálico [símb.: *Re*].

re•ni•ten•te *adj2g.* Teimoso, obstinado.

re•no•me *sm.* Boa reputação; nomeada, nome.

re•no•var *v.t.d.* **1.** Tornar novo, ou como novo; modificar, introduzindo novos elementos. **2.** Substituir por algo novo do mesmo tipo. **3.** Recomeçar, voltar a fazer (algo), após interrupção. **4.** Dizer ou fazer de novo; repetir. **5.** Estender a duração, o período de validade ou vigência de. *Int.* **6.** Deitar (a planta) novos rebentos ou renovos; brotar. *P.* **7.** Ganhar aspecto, vigor, etc. de que é novo. **8.** Aparecer de novo; repetir-se. [Conjug.: ① [renov]**ar**] § **re•no•va•ção** *sf.*; **re•no•va•dor** (ô) *adj. e sm.*

re•no•vo (ô) *sm. Bot.* Ramo novo que cresce do toco de árvore recém-cortada, e do qual se origina nova árvore. [Pl.: –*novos* (ó).]

ren•que *sm. e f.* Fileira, série.

ren•tá•vel *adj2g.* Que dá boa renda[1]. [Pl.: –*veis.*]

ren•te *adj2g.* **1.** Próximo, vizinho. • *adv.* **2.** Pela raiz ou pelo pé; cerce, rés.

re•nún•ci•a *sf.* Ato ou efeito de renunciar.

re•nun•ci•ar *v.t.d. e t.i.* **1.** Não querer; deixar voluntariamente de possuir ou de usar (algo), de exercer (condição, direito) ou de aceitar (idéia, crença). *Int.* **2.** Deixar voluntariamente (cargo, função); abdicar. [Conjug.: ① [renunci]**ar**] § **re•nun•ci•an•te** *adj2g. e s2g.*; **re•nun•ci•á•vel** *adj2g.*

re:or•ga•ni•zar *v.t.d.* **1.** Tornar a organizar. **2.** Modificar a organização de. [Conjug.: ① [reorganiz]**ar**] § **re:or•ga•ni•za•ção** *sf.*

re:os•ta•to *sm. Eng. Elétr.* Resistor variável, utilizado, em geral, para limitar corrente em circuitos ou dissipar energia.

re•pa•rar *v.t.d.* **1.** Consertar, restaurar. **2.** Corrigir. **3.** Eliminar ou remediar as conseqüências de (erro, ou mal cometido). **4.** Dirigir ou fixar a vista, a atenção em; notar, perceber. *T.i.* **5.** Reparar (4). **6.** Dar importância; ligar. [Conjug.: ① [repar]**ar**] § **re•pa•ra•ção** *sf.*; **re•pa•ra•dor** (ô) *adj. e sm.*

re•pa•ro *sm.* **1.** Exame atento; análise. **2.** Censura leve; advertência. **3.** Qualquer defesa ou resguardo de praça militar.

re•par•ti•ção *sf.* **1.** Ato ou efeito de repartir(-se). **2.** Seção, serviço ou estabelecimento que atende interesses comunitários. [Pl.: –*ções.*]

re•par•tir *v.t.d.* **1.** Partir, separar, dando ou reservando as partes para diferentes pessoas ou coisas; distribuir, dividir. *T.d.i.* **2.** Compartilhar. *P.* **3.** Dividir-se. **4.** Aplicar-se ou dirigir-se a, ou incidir sobre, diferentes coisas, lugares, assuntos, etc. [Conjug.: ③ [repart]**ir**]

re•pas•sar *v.t.d.* **1.** Passar de novo. **2.** Embeber, ensopar; ocupar ou impregnar completamente. **3.** Ler, examinar ou estudar novamente. **4.** Recordar (1). **5.** Transferir, passar a outrem (verbas, créditos, descontos obtidos, etc.). *T.d.i.* **6.** Repassar (2 e 5). *P.* **7.** Embeber-se, encharcar-se, impregnar-se. [Conjug.: ① [repass]**ar**]

re•pas•se *sm.* Ato de repassar.

re•pas•to *sm.* Refeição (2).

re•pa•tri•ar *v.t.d. e p.* Enviar de volta à pátria, ou regressar a ela. [Conjug.: ① [repatri]**ar**] § **re•pa•tri•a•ção** *sf.*

re•pe•lão *sm.* Empurrão, encontrão. [Pl.: –*lões.*]

re•pe•len•te *adj2g.* **1.** Que repele. **2.** V. *repugnante* (2). • *sm.* **3.** Qualquer substância us. com o objetivo de afastar insetos.

re•pe•lir *v.t.d.* **1.** Impelir para longe ou para fora (o que se aproxima ou entra); rechaçar. **2.** Tirar de si; rejeitar. **3.** Impedir que se aproxime, ou evitar contato com. **4.** Não aceitar, não admitir, não concordar com (pedido, acusação, etc.). **5.** Não ter afinidade ou harmonia com. *P.* **6.** Ser oposto, incompatível; evitar-se mutuamente. [Conjug.: ㊼ [reple[l]]**ir**]

re•pe•ni•ca•do *sm.* Ato ou efeito de repenicar.

re•pe•ni•car *v.t.d. e int.* **1.** Produzir ou emitir, por percussão, sons agudos e metálicos; repicar. **2.** Produzir ou emitir uma série de sons leves e em rápida sucessão. [Conjug.: ⑧ [repeni]**car**]

re•pen•sar *v.int. e t.i.* **1.** Pensar de novo. **2.** Voltar a dar atenção; reconsiderar. [Conjug.: ① [repens]**ar**]

re•pen•te *sm.* **1.** Dito ou ato repentino, irrefletido; ímpeto. **2.** Qualquer improviso (2). ◆ **De repente.** V. *de súbito.*

re•pen•ti•no *adj.* Súbito, inesperado.

re•pen•tis•ta *adj2g.* e *s2g.* Que ou quem improvisa, faz repentes.

re•per•cus•são *sf.* Ato ou efeito de repercutir. [Pl.: –sões.]

re•per•cu•tir *v.t.d.* 1. Refletir (som, luz). *Int.* e *p.* 2. Continuar (som, ou luz) a se fazer sentir, ou a se propagar. 3. Fazer sentir indiretamente sua ação ou influência. [Conjug.: ③ [repercut]ir]

re•per•tó•ri:o *sm.* 1. Coleção, conjunto. 2. O conjunto das obras teatrais ou musicais dum autor, escola, época, etc., ou das obras duma companhia teatral, orquestra, etc.

re•pe•sar *v.t.d.* Pesar de novo. [Conjug.: ① [repes]ar]

re•pe•ten•te *adj2g.* 1. Que repete. • *s2g.* 2. Estudante que não passou de ano.

re•pe•ti•do•ra *sf. Rád. Telev.* Estação capaz de captar sinais oriundos de uma determinada direção e de retransmiti-los na mesma direção ou em outra diferente.

re•pe•tir *v.t.d.* 1. Dizer, afirmar, expressar mais uma vez. 2. Fazer, realizar ou usar novamente. 3. Apresentar (imagens, sons) outra vez, reproduzindo, refletindo ou retransmitindo. 4. Cursar (série escolar) mais uma vez. *P.* 5. Acontecer de novo. 6. Repetir (1) as próprias palavras, idéias, etc. [Conjug.: ㊼ [rep]e[t]ir] § re•pe•ti•ção *sf.*

re•pi•car *v.t.d.* 1. Tornar a picar. 2. V. *repenicar* (1). *Int.* 3. Fazer repique (2). 4. V. *repenicar* (1). [Conjug.: ⑧ [repi]car]

re•pim•par-se *v.p.* V. *refestelar-se.* [Conjug.: ① [repimp]ar[-se]]

re•pi•que *sm.* 1. Ato de repicar. 2. Toque festivo de sinos.

re•pi•que•te (ê) *sm.* Vento que sopra em todas as direções.

re•pi•sar *v.t.d.* 1. Pisar de novo, ou repetidas vezes. 2. Fazer, realizar, dizer a(s) mesma(s) coisa(s); repetir. *T.i.* 3. Falar com insistência; insistir. [Conjug.: ① [repis]ar]

re•ple•to *adj.* Muito cheio; abarrotado.

ré•pli•ca *sf.* 1. Ato ou efeito de replicar. 2. Contestação, refutação. 3. Cópia duma escultura, pintura, etc.

re•pli•car *v.t.d., t.i.* e *int.* Dizer, em resposta ao que disse outrem, para negar, opor, explicar. [Conjug.: ⑧ [repli]car]

re•po•lho (ô) *sm. Bot.* Erva crucífera, variedade de couve rasteira, globular.

re•po•lhu•do *adj.* 1. Em forma de repolho. 2. Gordo, rechonchudo.

re•pon•tar *v.int.* Começar a surgir, a se manifestar. [Conjug.: ① [repont]ar]

re•por *v.t.d.* 1. Tornar a pôr. 2. Devolver, restituir. *T.d.i.* 3. Repor (2). *P.* 4. Recuperar a condição anterior; restabelecer-se. [Conjug.: ㊿ [re]por]

re•por•ta•gem *sf. Jorn.* 1. Atividade jornalística que compreende ger. cobertura de acontecimento, apuração de fatos, pesquisa de assunto, interpretação de informações e redação de texto final. 2. O texto resultante de reportagem (1). 3. Os repórteres. [Pl.: –gens.]

re•por•tar *v.t.d.i.* 1. Voltar, volver. 2. Dar como causa; atribuir. 3. Contar, relatar. *P.* 4. Referir-se, mencionar, aludir. 5. Prender-se; ligar-se. [Conjug.: ① [report]ar]

re•pór•ter *s2g.* Profissional que produz reportagens.

re•po•si•ção *sf.* Ato ou efeito de repor. [Pl.: –ções.]

re•po•si•tó•ri:o *sm.* 1. Depósito (3). 2. Repertório, coleção.

re•pos•tei•ro *sm.* Cortina pendente das portas interiores da casa.

re•pou•sar *v.t.d.* 1. Pôr em estado de repouso a. 2. Diminuir a fadiga a; descansar. *T.d.c.* 3. Pousar, deixando em descanso. *T.c.* 4. Estar colocado, estabelecido, ou assentado. 5. Estar sepultado; jazer. *T.i.* 6. Ter como base, origem. *Int.* 7. Estar em repouso, em inatividade; descansar. 8. Dormir. [Conjug.: ① [repous]ar]

re•pou•so *sm.* 1. Ato ou efeito de repousar. 2. Ausência de movimento. 3. Ausência de tensão ou agitação; tranqüilidade.

re•pre•en•der *v.t.d.* e *t.d.i.* Advertir ou censurar com energia. [Conjug.: ② [reprend]er]

re•pre•en•são *sf.* Ato ou efeito de repreender; censura, reprimenda, reprovação, saraband a, sermão, chamada (*pop.*), pito (*bras.*). [Pl.: –sões.]

re•pre•en•sí•vel *adj2g.* Que merece repreensão. [Pl.: –veis.]

re•pre•sa (ê) *sf.* 1. Obra destinada à acumulação de água para diversos fins. 2. Barragem.

re•pre•sá•li:a *sf.* Vingança, desforra, desforço.

re•pre•sar *v.t.d.* 1. Deter, reter o curso de (águas). 2. Reprimir, conter, refrear. [Conjug.: ① [repres]ar] § re•pre•sa•men•to *sm.*

re•pre•sen•ta•ção *sf.* 1. Ato ou efeito de representar(-se). 2. Exposição escrita de motivos, queixas, etc., a quem de direito. 3. Coisa que se representa. 4. Aparato inerente a um cargo. [Pl.: –ções.]

re•pre•sen•tan•te *adj2g.* e *s2g.* Que ou quem representa.

re•pre•sen•tar *v.t.d.* 1. Ser a imagem ou a reprodução de. 2. Ser um exemplo ou caso concreto de. 3. Significar, denotar. 4. Desempenhar papel em espetáculo teatral, em filme, etc. 5. Chefiar missão de (país, governo, instituição) junto a outro. 6. Ser procurador ou mandatário de. 7. Reproduzir; descrever. 8. Desempenhar o papel, as atribuições, a função de. *Int.* 9. Desempenhar funções de ator, ou como que de ator. *P.* **10**. Apresentar-se ao espírito. [Conjug.: ① [represent]ar] § **re•pre•sen•tá•vel** *adj2g.*

re•pre•sen•ta•ti•vo *adj.* Próprio para representar.

re•pres•são *sf.* Ato ou efeito de reprimir(-se). [Pl.: *–sões.*]

re•pres•si•vo *adj.* Próprio para reprimir.

re•pres•sor (ô) *adj.* Que reprime.

re•pri•men•da *sf.* V. *repreensão.*

re•pri•mir *v.t.d.* **1**. Não deixar que aconteça, ou que prossiga, se manifeste, se movimente, se desenvolva; conter, coibir, refrear. **2**. Não fazer ou não completar (gesto, expressão de sentimento); disfarçar. **3**. Oprimir (5). **4**. Punir, castigar. *P.* **5**. Dominar, controlar ou moderar as próprias ações. [Conjug.: ③ [reprim]ir] § **re•pri•mí•vel** *adj2g.*

ré•pro•bo *sm.* Indivíduo mau, perverso.

re•pro•char *v.t.d.* e *t.d.i.* Censurar, exprobrar. [Conjug.: ① [reproch]ar]

re•pro•che *sm.* Censura, admoestação.

re•pro•du•ção *sf.* **1**. Ato ou efeito de reproduzir(-se). **2**. Quadro, gravura, etc., reproduzida. [Pl.: *–ções.*] ♦ **Reprodução assexuada**. *Biol.* Formação de novos indivíduos a partir de um único indivíduo, sem que haja a fusão de gametas; ocorre, p. ex., por divisão celular. **Reprodução sexuada**. *Biol.* Formação de novos indivíduos da mesma espécie pela fusão de dois gametas.

re•pro•du•ti•vo *adj.* Reprodutor (1).

re•pro•du•tor (ô) *adj.* **1**. Que (se) reproduz. • *sm.* **2**. Aquele que o faz. **3**. *Restr.* Animal reservado à procriação.

re•pro•du•zir *v.t.d.* **1**. Tornar a produzir, ou produzir em grande número. **2**. Multiplicar (animais ou vegetais); procriar. **3**. Repetir (1). **4**. Copiar² (2). **5**. Relatar, descrever ou representar com minúcia, exatidão. *P.* **6**. Procriar. **7**. Acontecer ou realizar-se outra vez, ou muitas vezes. [Conjug.: ㊹ [reprod]uzir]

re•pro•va•ção *sf.* **1**. Ato ou efeito de reprovar. **2**. Repreensão.

re•pro•var *v.t.d.* **1**. Não aprovar; manifestar oposição, discordância, opinião desfavorável; criticar. **2**. Não concordar que se realize, ou não aceitar como apto ou digno (algo ou alguém submetido a avaliação ou decisão). [Conjug.: ① [reprov]ar] § **re•pro•vá•vel** *adj2g.*

rep•tar *v.t.d.* **1**. Opor-se ou agir em oposição a. **2**. Provocar contrariedade ou hostilidade de; instigar, desafiar. [Conjug.: ① [rept]ar]

rep•til¹ ou **rép•til¹** *adj2g.* Que se arrasta. [Pl. de *reptil: –tis*; pl. de *réptil: –teis.*]

rep•til² ou **rép•til²** *sm. Zool.* Espécime dos reptis, classe de vertebrados pecilotérmicos, de pele seca, coberta de escamas, placas ou cara-

paça, respiração pulmonar e fecundação interna. Ex.: cobras, jacarés, tartarugas. [Pl. de *reptil: –tis*; pl. de *réptil: –teis.*]

rep•to *sm.* Ato ou efeito de reptar; desafio.

re•pú•bli•ca *sf.* **1**. Forma de governo em que um ou vários indivíduos eleitos pelo povo exercem o poder supremo por tempo determinado. **2**. O país assim governado. **3**. Casa onde vivem estudantes.

re•pu•bli•ca•no *adj.* Da, ou que é partidário da república (1) ou de governo republicano.

re•pu•di•ar *v.t.d.* **1**. Rejeitar (cônjuge) legalmente. **2**. Repelir, rejeitar. **3**. Abandonar, desamparar. [Conjug.: ① [repudi]ar]

re•pú•di•o *sm.* Ato ou efeito de repudiar.

re•pug•nan•te *adj2g.* **1**. Que repugna. **2**. Que causa aversão, nojo; nojento, repelente, repulsivo. § **re•pug•nân•ci•a** *sf.*

re•pug•nar *v.t.d.* **1**. Não aceitar. **2**. Não admitir. *Int.* e *t.i.* **3**. Causar aversão, nojo. [Conjug.: ① [repugn]ar]

re•pul•sa *sf.* **1**. Ato ou efeito de repelir. **2**. Sentimento ou sensação de aversão, repugnância.

re•pul•si•vo *adj.* **1**. Que gera repulsa. **2**. V. *repugnante* (2).

re•pu•ta•ção *sf.* **1**. Conceito em que alguém é tido. **2**. Fama, celebridade. [Pl.: *–ções.*]

re•pu•tar *v.transobj.* e *p.* Considerar(-se), julgar(-se). [Conjug.: ① [reput]ar]

re•pu•xar *v.t.d.* **1**. Puxar com violência. **2**. Puxar para trás, estirando, distendendo. [Conjug.: ① [repux]ar]

re•pu•xo *sm.* **1**. Ato ou efeito de repuxar. **2**. Chafariz em que a água se eleva em jacto(s).

re•que•bra•do *sm.* V. *rebolado.*

re•que•brar *v.t.d.* **1**. Mover (parte do corpo) com graça, languidez. **2**. Dar flexão terna ou melodiosa a. *P.* **3**. Mover, menear o corpo ao dançar ou ao andar. **4**. Requebrar os quadris, rebolar. [Conjug.: ① [requebr]ar]

re•que•bro (ê) *sm.* **1**. Ato ou efeito de requebrar(-se). **2**. Olhar, inflexão de voz, ou movimento corporal lânguidos.

re•quei•jão *sm.* Queijo feito com o creme (1) coagulado pela ação do calor. [Pl.: *–jões.*]

re•quei•mar *v.t.d.* Queimar novamente, ou em excesso. [Conjug.: ① [requeim]ar]

re•quen•tar *v.t.d.* **1**. Tornar a aquecer. **2**. Submeter demoradamente à ação do calor. [Conjug.: ① [requent]ar]

re•que•rer *v.t.d.* **1**. Pedir por meio de requerimento. **2**. Encaminhar (petição) a quem possa conceder o que se pede. **3**. Pedir em juízo. **4**. Exigir, demandar. **5**. Merecer. *T.d.i.* **6**. Requerer (1), pedir formalmente, ou rogar algo a alguém. *Int.* **7**. Dirigir petições a alguém. [Conjug.: ㉙ **requerer**] § **re•que•ren•te** *adj2g.* e *s2g.*

re•que•ri•men•to *sm.* **1**. Ato de requerer. **2**. Petição conforme as formalidades legais.

re•ques•tar *v.t.d.* **1.** Buscar com diligência. **2.** Pedir com insistência; instar. **3.** Pretender o amor de (alguém). [Conjug.: ⓵ [request]**ar**]

ré•qui•em *sm.* Na liturgia católica, parte do ofício dos mortos que principia com a palavra latina *requiem* (repouso). [Pl.: *–quiens.*]

re•quin•tar *v.t.d.* **1.** Dar a (algo) o mais alto grau de qualidade, beleza, etc.; aprimorar. *Int.* e *p.* **2.** Atingir alto grau de perfeição, pureza, etc. **3.** Ter, desenvolver ou cultivar em alto grau a sensibilidade, sutileza, elegância. [Conjug.: ⓵ [requint]**ar**] § **re•quin•ta•do** *adj.*

re•quin•te *sm.* **1.** Ato ou efeito de requintar(-se). **2.** Refinamento. **3.** Excesso calculado a frio.

re•qui•si•ção *sf.* Ato ou efeito de requisitar. [Pl.: *–ções.*]

re•qui•si•tar *v.t.d.* **1.** Pedir ou exigir formalmente. **2.** Chamar (alguém) ou solicitar sua presença, seus serviços. *T.d.i.* **3.** Requisitar (1). [Conjug.: ⓵ [requisit]**ar**]

re•qui•si•to *sm.* Condição necessária para se alcançar certo objetivo; quesito.

re•qui•si•tó•ri•o *sm.* Exposição de motivos para justificar a acusação judicial contra alguém.

rês *adj2g.2n.* **1.** Raso, rente. • *adv.* **2.** V. *rente* (2).

rês *sf.* Qualquer quadrúpede usado na alimentação humana. [Pl.: *reses* (ê).]

res•cal•do *sm.* Calor reverberado de um incêndio ou fornalha.

res•cin•dir *v.t.d.* **1.** Anular (contrato). **2.** Desfazer, romper (acordo). [Conjug.: ⓷ [rescind]**ir**]

res•ci•são *sf.* Ato ou efeito de rescindir. [Pl.: *–sões.*]

res•ci•só•ri•o *adj.* Que dá margem à rescisão.

res•cri•to *sm.* Decisão papal em assuntos teológicos.

rés-do-chão *sm.2n.* Pavimento de uma casa ao nível do solo ou da rua.

re•se•dá *sm. Bot.* Erva resedácea de flor perfumadíssima, do mesmo nome.

re•se•dá•ce:a *adj.f. Bot.* Espécime das resedáceas, família de ervas e arbustos floríferos, ornamentais. § **re•se•dá•ce:o** *adj.*

re•se•nha *sf.* Descrição minuciosa.

re•ser•va *sf.* **1.** Ato ou efeito de reservar(-se). **2.** Aquilo que se guarda para circunstâncias imprevistas. **3.** Grupo de cidadãos que cumpriram os requisitos legais do serviço militar ou foram dispensados, mas ficaram sujeitos a voltar à caserna, se necessário. **4.** Parque florestal que serve para assegurar a conservação das espécies animais e vegetais. **5.** Retraimento (2). **6.** Ressalva (3). • *s2g.* **7.** *Bras.* Atleta que substitui o titular quando necessário. ♦**Reserva cambial.** *Econ.* Disponibilidade de moeda estrangeira por parte das autoridades monetárias de um país, resultante de superá-

vits no balanço de pagamentos deste. **Reserva indígena.** Área juridicamente destinada à ocupação mais ou menos autônoma por um povo indígena, e ger. localizada em território tradicionalmente ocupado por ele.

re•ser•va•do *adj.* **1.** Que se reservou. **2.** Retraído (2). • *sm.* **3.** Lugar, em bares e restaurantes, para fregueses que desejem ficar a sós.

re•ser•var *v.t.d.* e *t.d.i.* **1.** Separar e guardar, para futuro uso. **2.** Decidir ou garantir que (algo) esteja disponível (para alguém), em detrimento de outros. **3.** Produzir, trazer (acontecimentos que parecem de antemão destinados a alguém). *P.* **4.** Guardar-se, preservar-se, poupar-se. [Conjug.: ⓵ [reserv]**ar**]

re•ser•va•tó•ri:o *adj.* **1.** Apropriado para reservar. • *sm.* **2.** Depósito, sobretudo de água.

re•ser•vis•ta *s2g.* Cidadão que passou para a reserva (3).

res•fo•le•gar *v.int.* **1.** Respirar com esforço e/ou ruído. *T.d.* **2.** Golfar, expelir. [Conjug.: ⓫ [resfole]**gar**, com particularidade na acentuação: pres. ind.: *resfólego, resfólegas, resfólega, resfolegamos, resfolegais, resfólegam.* Pres. subj.: *resfólegue, resfólegues, resfólegue, resfoleguemos, resfolegueis, resfóleguem.* As f. proparoxítonas norm. são substituídas pelas f. correspondentes da var. *resfolgar* — pres. ind.: *resfolgo, resfolgas, resfolga, resfolegamos, resfolegais, resfolgam*; pres. subj.: *resfolgue, resfolgues, resfolgue, resfoleguemos, resfolegueis, resfolguem.*]

res•fol•gar *v.int.* e *t.d.* V. *resfolegar.* [Conjug.: ⓫ [resfol]**gar.** Cf. *resfolegar.*]

res•fri•a•do *adj.* **1.** Que tem resfriado. • *sm.* **2.** *Med.* Distúrbio respiratório, caracterizado por congestão das mucosas das vias respiratórias superiores e por defluxo.

res•fri•ar *v.t.d.* **1.** Esfriar de novo, ou muito. **2.** Baixar a temperatura corporal, causando resfriado (2). *Int.* e *p.* **3.** Tornar-se frio; esfriar(-se). **4.** Apanhar resfriado (2). [Conjug.: ⓵ [resfri]**ar**] § **res•fri:a•men•to** *sm.*

res•ga•tar *v.t.d.* **1.** Livrar de cativeiro, seqüestro, etc., a troco de dinheiro ou de outro valor; remir. **2.** Pagar (dívida ou compromisso). **3.** Obter por dinheiro a restituição de. **4.** Tirar de situação perigosa, ou livrar de acontecimento nefasto; salvar. **5.** Retomar, recuperar. *T.d.i.* **6.** Resgatar (4). [Conjug.: ⓵ [resgat]**ar**] § **res•ga•ta•do** *adj.*; **res•ga•tá•vel** *adj2g.*

res•ga•te *sm.* **1.** Ato ou efeito de resgatar. **2.** quantia por que se resgata.

res•guar•dar *v.t.d.* e *t.d.i.* **1.** Guardar cuidadosamente. **2.** Abrigar, proteger, defender. **3.** Isentar, livrar. **4.** Observar, cumprir, seguir. *P.* **5.** Defender-se, proteger-se, poupar-se. [Conjug.: ⓵ [resguard]**ar**]

res•guar•do *sm.* 1. Ato ou efeito de resguardar(-se). 2. Tudo que serve para defender ou resguardar de perigo ou dano. 3. Precaução, cuidado. 4. *Bras. Pop.* Período subseqüente ao parto, em que a mulher observa certos cuidados.

re•si•dên•ci:a *sf.* Domicílio (1).

re•si•dir *v.t.c.* 1. Fixar residência; morar; habitar. 2. Acontecer, estar presente; ter como sede. *T.i.* 3. Achar-se; ser, estar, consistir. [Conjug.: ③ [resid]**ir**] § **re•si•den•te** *adj2g.*

re•si•du•al *adj2g.* De, ou próprio de resíduo. [Pl.: –*ais.*]

re•sí•du:o *sm.* O que resta de qualquer substância; resto.

re•sig•na•ção *sf.* 1. Ato ou efeito de resignar(-se). 2. Paciência com os sofrimentos, as injustiças, etc. [Pl.: –*ções.*]

re•sig•na•do *adj.* Que sofre com resignação.

re•sig•nar *v.t.d.* 1. Demitir-se de; renunciar. *P.* 2. Ter resignação. [Conjug.: ① [resign]**ar**]

re•sig•na•tá•ri:o *adj. e sm.* Que ou aquele que resigna.

re•si•na *sf.* Secreção vegetal viscosa, que contém substâncias odoríferas, anti-sépticas, etc.

re•si•no•so (ô) *adj.* Que tem ou produz resina. [Pl.: –*nosos* (ó).]

re•sis•tên•ci:a *sf.* 1. Ato ou efeito de resistir. 2. Qualidade ou condição do que é resistente. 3. Força que se opõe a outra. 4. Força que defende um organismo do desgaste de doença, cansaço, etc. 5. Obstáculo; empecilho. 6. *Eletr.* Propriedade que tem toda substância (exceto os supercondutores) de se opor à passagem de corrente elétrica; resistência elétrica [símb.: *R*].

re•sis•ten•te *adj2g.* Que opõe resistência a qualquer força, ou que resiste ao tempo, que é durável.

re•sis•tir *v.t.i.* 1. Lutar contra (ataque, atacante), ou responder a (acusação ou acusador); defender-se. 2. Não ser alterado, danificado ou destruído (por algo, ou ação de algo). 3. Não seguir, não ser dominado (por impulso, vontade, idéia, influência, etc.); não aceitar (o que atrai). 4. Não se deixar convencer, não aceitar, não concordar. *Int.* 5. Resistir (1 e 2). [Conjug.: ③ [resist]**ir**]

re•sis•ti•vi•da•de *sf. Eletr.* Resistência elétrica de um corpo de seção reta uniforme com área unitária, e cujo comprimento é igual à unidade.

re•sis•tor (ô) *sm. Eng. Elétr.* Condutor ou dispositivo que possui resistência elétrica pura e que, portanto, consome energia elétrica ativa, convertendo-a em energia térmica.

res•ma (ê) *sf.* Quinhentas folhas de papel.

res•mun•gão *adj. e sm.* Que ou aquele que resmunga. [Pl.: –*gões.*]

res•mun•gar *v.t.d.* 1. Pronunciar entre dentes e com mau humor. *Int.* 2. Falar baixo e com mau humor. [Sin. ger.: *rezingar.* Conjug.: ⑪ [resmun]**gar**]

res•mun•go *sm.* Ato de resmungar.

re•so•lu•ção *sf.* 1. Ato ou efeito de resolver(-se). 2. Capacidade de resolver; decisão. 3. Intento. 4. *Edit. Fot. Telev.* Qualidade da imagem, relacionada diretamente à sua capacidade de reproduzir detalhes e nuanças. [Pl.: –*ções.*]

re•so•lu•to *adj.* 1. Audaz, decidido; resolvido (*pop.*). 2. Desembaraçado, expedito.

re•so•lú•vel *adj2g.* Que se pode resolver. [Pl.: –*veis.*]

re•sol•ver *v.t.d.* 1. Fazer desaparecer, ou decompor. 2. Achar a solução ou explicação de. 3. Dar solução ou desfecho a. 4. Deliberar-se a; decidir. *T.i.* 5. Resolver (3). *Int.* 6. Trazer vantagem. *P.* 7. Decidir-se. 8. *Pop.* Desfazer-se (tumor, etc.) sem dor nem supuração. [Conjug.: ② [resolv]**er**]

re•sol•vi•do *adj.* 1. V. *assente.* 2. *Pop.* V. *resoluto* (1).

res•pal•dar *v.t.d.* Dar respaldo (2) ou cobertura a; apoiar. [Conjug.: ① [respald]**ar**]

res•pal•do *sm.* 1. V. *espaldar.* 2. Apoio político ou moral.

res•pec•ti•vo ou **res•pe•ti•vo** *adj.* 1. Relativo a cada um em particular ou em separado. 2. Competente, devido.

res•pei•tan•te *adj2g.* V. *atinente.*

res•pei•tar *v.t.d.* 1. Tratar com reverência ou acatamento; honrar. 2. Dar atenção ou importância a; considerar. 3. Não agir contrariamente a (decisão, orientação, regra); acatar. 4. Agir de modo que não fira, não prejudique ou não ofenda (alguém), ou não destrua (algo). 5. Admitir a existência ou o valor de; reconhecer. *T.i.* 6. Concernir; referir-se. *P.* 7. Impor-se ao respeito de outrem. [Conjug.: ① [respeit]**ar**] § **res•pei•ta•do** *adj.*; **res•pei•ta•dor** (ô) *adj.*

res•pei•tá•vel *adj2g.* 1. Digno de respeito. 2. De grande importância. [Pl.: –*veis.*] § **res•pei•ta•bi•li•da•de** *sf.*

res•pei•to *sm.* 1. Ato ou efeito de respeitar(-se). 2. Ponto de vista; aspecto. 3. Motivo, causa. 4. Referência, relação. 5. V. *consideração* (3).

res•pei•tos *sm.pl.* Cumprimentos, saudações.

res•pei•to•so (ô) *adj.* Cheio de respeito, ou que o manifesta. [Pl.: –*tosos* (ó).]

res•pi•gar *v.int.* 1. Apanhar as espigas deixadas no campo depois da ceifa. *T.d.* 2. Respigar (1). 3. Coligir (1). [Conjug.: ⑪ [respi]**gar**]

res•pin•gar *v.int.* 1. Lançar borrifos ou pingos (o líquido). *T.d.* e *p.* 2. Manchar(-se) ou molhar(-se) com borrifos, pingos, etc. [Conjug.: ⑪ [respin]**gar**]

res•pin•go *sm.* Ato ou efeito de respingar(-se).

res•pi•ra•ção *sf.* 1. Ato ou efeito de respirar. 2. Bafo, hálito. 3. *Fisiol.* Função orgânica em que se efetua troca de oxigênio e dióxido de carbono entre o ar atmosférico e as células do corpo. [Pl.: _-ções._]

res•pi•ra•doi•ro ou **res•pi•ra•dou•ro** _sm._ 1. Orifício qualquer por onde entra e sai o ar. 2. Respiro (3).

res•pi•rar _v.int._ 1. Absorver (os seres vivos) o oxigênio do ar e expelir o gás carbônico resultante das queimas orgânicas: seja através dos pulmões, brânquias, guelras, ou da pele (nos animais), ou por processos de oxidação de diversos tipos, com trocas gasosas de várias naturezas (nos vegetais). 2. Ter vida; viver. 3. Conseguir um pouco de descanso em trabalhos, dificuldades, etc. _T.d._ 4. Inspirar para os pulmões (ar ou outros gases) ou absorver (líquidos ou outras substâncias, impurezas) ao respirar (1). 5. Gozar, fruir, desfrutar. 6. Manifestar, exprimir, revelar. [Conjug.: ① [respir]**ar**]

res•pi•ra•tó•ri:o _adj._ Relativo à respiração.

res•pi•ro _sm._ 1. V. _respiração_ (1). 2. _Fig._ Descanso, repouso. 3. Abertura em forno, em aquecedor, etc., para dar passagem ao ar e libertar fumaça, gases, etc.; respiradouro.

res•plan•de•cên•ci:a _sf._ Ato ou efeito de resplandecer; resplendor.

res•plan•de•cen•te _adj2g._ Radioso (1).

res•plan•de•cer _v.int._ 1. Brilhar ou luzir muito; reluzir, refulgir. 2. Destacar-se com excelência; notabilizar-se, relevar-se. [Sin. ger.: _resplender._ Conjug.: ㉞ [resplande]**cer**]

res•plen•der _v.int._ V. _resplandecer._ [Conjug.: ② [resplend]**er**]

res•plen•dor (ô) _sm._ 1. Resplandecência. 2. Brilho intenso; esplendor. 3. V. _auréola._ 4. Glória, fama.

res•pon•dão _adj._ Que é dado a responder, e com palavras ásperas. [Pl.: _-dões._ Fem.: _respondona._]

res•pon•der _v.t.d._ e _t.d.i._ 1. Comunicar pensamento, sentimento, informação, a quem faz uma pergunta ou se dirige ao sujeito. 2. Replicar, retorquir. _T.i._ 3. Responder (1 e 2). 4. Corresponder (a algo), seja como seu oposto, ou como conseqüência, complemento, equivalente. 5. Revidar (a uma agressão física ou moral) com outra. 6. Responsabilizar-se. _Int._ 7. Responder (1 e 2). 8. Fazer ou dizer algo como se em resposta. [Conjug.: ② [respond]**er**]

res•pon•sa•bi•li•zar _v.t.d., t.d.i._ e _p._ Tornar (-se) ou considerar(-se) responsável. [Conjug.: ① [responsabiliz]**ar**]

res•pon•sá•vel _adj2g._ 1. Que responde pelos próprios atos ou pelos de outrem. 2. Que é causa de algo. [Pl.: _-veis._] § **res•pon•sa•bi•li•da•de** _sf._

res•pon•so _sm. Lit._ Versículos rezados ou cantados alternativamente por dois coros, depois de certas leituras litúrgicas.

res•pos•ta _sf._ 1. Ato ou efeito de responder. 2. O que se diz ou escreve respondendo a uma pergunta, carta, telegrama, etc. 3. Solução (2). 4. Qualquer ato que se segue a um estímulo exterior e a ele está imediatamente ligado. 5. _Eletrôn._ Sinal de saída de um dispositivo, circuito ou equipamento, resultante de uma dada excitação (2).

res•quí•ci:o _sm._ Indício, vestígio.

res•sa•bi•ar _v.int._ e _p._ 1. Tomar ressaibo; rançar. 2. Melindrar-se, ofender-se. 3. Mostrar-se ou ficar (o animal) assustadiço. [Conjug.: ① [ressabi]**ar**] § **res•sa•bi•a•do** _adj._

res•sa•ca _sf._ 1. Refluxo de uma vaga, depois de se espraiar ou de encontrar obstáculo. 2. _Bras._ Investida, contra o litoral, das vagas do mar muito agitado. 3. _Bras._ Indisposição de quem bebeu.

res•sai•bo _sm._ 1. Mau sabor. 2. Indício, sinal. 3. Mágoa, ressentimento.

res•sa•ir _v.int._ Ressaltar (2). [Conjug.: ㊳ [ress]**air**]

res•sal•tar _v.t.d._ 1. Dar vulto ou relevo a; destacar. _Int._ 2. Distinguir-se dos demais; sobressair. [Conjug.: ① [ressalt]**ar**]

res•sal•va _sf._ 1. Nota para corrigir erro num texto. 2. Documento para garantia de alguém ou de algo. 3. Isenção de certos deveres ou obrigações. 4. Exceção, reserva, restrição.

res•sal•var _v.t.d._ 1. Estabelecer ressalva a (um acordo, contrato, ação a ser realizada). 2. Excetuar, excluir. 3. Corrigir (texto) com emendas ou notas. [Conjug.: ① [ressalv]**ar**]

res•sar•cir _v.t.d., t.d.i._ e _p._ Indenizar(-se), compensar(-se). [Conjug.: ㊾ [ressarc]**ir**. Alguns aceitam a conjugação integral, paradigma ③, com _ç_ substituindo o _c_ antes de _a_ e de _o._] § **res•sar•ci•men•to** _sm._

res•se•ção ou **res•sec•ção** _sf. Cir._ Excisão de órgão, ou de parte dele. [Pl.: _-ções._ Cf. _recessão._]

res•se•car _v.t.d._ 1. Secar novamente, ou secar muito. 2. Sujeitar à evaporação intensa. _P._ 3. Tornar-se muitíssimo seco. [Conjug.: ⑧ [resse]car] § **res•se•ca•men•to** _sm._; **res•se•can•te** _adj2g._

res•se•gu•ro _sf._ Operação pela qual uma companhia seguradora se alivia de parte do risco de um seguro já feito, contraindo novo seguro noutra companhia.

res•sen•ti•do _adj._ 1. Ressabiado, melindrado. 2. Que se magoa facilmente.

res•sen•ti•men•to _sm._ 1. Ato ou efeito de ressentir(-se). 2. Mágoa.

res•sen•tir _v.t.d._ 1. Sentir de novo, ou profundamente. 2. Magoar-se ou ofender-se com. _P._ 3. Mostrar-se ofendido; magoar-se, sentir-se. 4. Sofrer as conseqüências (ger., danosas) de algo. [Conjug.: ㊼ [ress]**e[nt]ir**]

res•se•quir *v.t.d.* **1.** Ressecar (1). **2.** Fazer perder o suco ou umidade. *P.* **3.** Ressecar (3). [Conjug.: ⑲ [ressequ]**ir**] § **res•se•qui•do** *adj.*

res•so•ar *v.t.d.* **1.** Fazer soar; ressonar. **2.** Repetir, propagar (som), refletindo-o, ou recebendo suas vibrações e passando a vibrar também. *Int.* **3.** Soar de novo; continuar a soar; ecoar. **4.** Ser, ou produzir som forte; soar com força; ressonar. [Conjug.: ① [ress]**oar**. Cf. *ressuar*.] § **res•so•an•te** *adj2g.*

res•so•nân•ci•a *sf.* **1.** *Acúst.* Fenômeno pelo qual um corpo sonoro vibra quando o atingem vibrações produzidas por outro. **2.** *Acúst.* Fenômeno de reflexão das ondas sonoras numa parede. **3.** *Acúst.* Reforço das vibrações (e, portanto, do som) mediante uma caixa de ressonância, como, p. ex., no piano. **4.** *Fís. Nucl.* Partícula elementar, de vida muito curta, que se forma em interações de outras partículas. ◆ **Ressonância magnética.** *Radiol.* Efeito observado quando radiação de radiofreqüência é absorvida pela matéria, e que é usado em medicina para construir imagens que mostram a variação da densidade dos tecidos em órgãos como o coração, seios e pulmões.

res•so•nar *v.t.d.* **1.** Ressoar (1). *Int.* **2.** Roncar (1). **3.** Respirar com regularidade, dormindo. **4.** Ressoar (4). [Conjug.: ① [resson]**ar**] § **res•so•nan•te** *adj2g.*

res•su•ar *v.int.* Transpirar excessivamente. [Conjug.: ① [ressu]**ar**. Cf. *ressoar*.]

res•su•mar *v.t.d.* **1.** Deixar cair gota a gota (líquido). *Int.* **2.** Dar passagem a líquido, filtrando-o. [Conjug.: ① [ressum]**ar**] § **res•su•man•te** *adj2g.*

res•su•pi•no *adj.* Supino (2).

res•sur•gên•ci•a *sf. Ocean.* Fenômeno que consiste no movimento das águas frias e profundas, ricas em nutrientes, para a superfície.

res•sur•gir *v.int.* **1.** Tornar a surgir; reaparecer. **2.** Voltar a existir ou a viver. *T.d.* **3.** Fazer voltar a existir ou a viver; ressuscitar. [Conjug.: ㊺ [ressur]**gir**] § **res•sur•gen•te** *adj2g.*; **res•sur•gi•men•to** *sm.*

res•sur•rei•ção *sf.* Ato ou efeito de ressurgir ou ressuscitar. [Pl.: *–ções.*]

res•sus•ci•ta•ção *sf. Med.* Conjunto de manobras que visam recuperar indivíduo aparentemente morto. [Pl.: *–ções.*]

res•sus•ci•tar *v.t.d.* **1.** Fazer voltar à vida. **2.** Dar nova existência, fazer reaparecer. *Int.* **3.** Tornar a viver, após ter morrido. **4.** Reaparecer, ressurgir. [Conjug.: ① [ressuscit]**ar**]

res•ta•be•le•cer *v.t.d.* **1.** Estabelecer de novo. **2.** V. *restaurar* (1). *P.* **3.** Sair de condição aflitiva; recuperar as próprias forças, ou saúde, ânimo, etc.; recobrar-se, refazer-se. **4.** Tornar a estabelecer-se; reconstituir-se, repor-se.

[Conjug.: ㉞ [restabele]**cer**]

res•tan•te *adj2g.* **1.** Que resta. ● *sm.* **2.** V. *resto* (1).

res•tar *v.int.* **1.** Sobrar. **2.** Continuar a existir depois (de outra coisa ou pessoa); sobreviver. **3.** Ficar, subsistir, após exclusão ou eliminação dos demais. **4.** Ficar ou estar sem ser feito, realizado, completado. *T.i.* **5.** Restar (2 a 4). [Conjug.: ① [rest]**ar**]

res•tau•ra•ção *sf.* **1.** Ato ou efeito de restaurar(-se). **2.** Trabalho de recuperação feito em construção ou obra de arte. [Pl.: *–ções.*]

res•tau•ran•te *sm.* Estabelecimento onde se preparam e servem refeições.

res•tau•rar *v.t.d.* **1.** Pôr em bom estado, refazendo ou consertando o quebrado, renovando o deteriorado, repondo o que se gastou. **2.** Pôr de novo em vigor. **3.** Restituir (uma dinastia, um governo derrubado) ao poder. *P.* **4.** Restabelecer (3). [Conjug.: ① [restaur]**ar**] § **res•tau•ra•do** *adj.*; **res•tau•ra•dor** (ô) *adj.* e *sm.*

rés•ti•a *sf.* **1.** Corda de palha ou de hastes entrelaçadas. **2.** Feixe de luz. **3.** O conjunto das cebolas ou cabeças de alho reunidas na réstia (1).

res•tin•ga *sf.* **1.** Banco de areia ou de pedra em alto-mar. **2.** *Bras.* Nome comum a depressões rasas, alagadas ou secas, sempre retas, e rigorosamente paralelas à linha da costa.

res•ti•tu•ir *v.t.d.* e *t.d.i.* **1.** Entregar (o que se tinha por empréstimo ou indevidamente), devolver, repor. **2.** Fazer voltar, retornar. **3.** Compensar, ressarcir. *T.d.c.* **4.** Enviar ou encaminhar ao lugar de origem. [Conjug.: ㊾ [restit]**uir**] § **res•ti•tu•i•ção** *sf.*

res•to *sm.* **1.** O que fica ou resta; o mais; o restante. **2.** Aquilo que sobra; saldo. **3.** Numa divisão aritmética, a diferença entre o dividendo e o produto do divisor pelo quociente. **4.** Resíduo.

res•to•lhal *sm.* Restolho (2). [Pl.: *–lhais.*]

res•to•lho (ô) *sm.* **1.** A parte de capim ou grama que fica enraizada após a ceifa. **2.** Terreno em que há restolho; restolhal. **3.** *Bras.* Restos, sobras. [Pl.: *–tolhos (ô).*]

res•tos *sm.pl.* **1.** Destroços, ruínas. **2.** O cadáver ou o esqueleto de alguém; despojos. **3.** O que sobrou; sobras, sobra, sobejo.

res•tri•ção *sf.* Ato ou efeito de restringir(-se). [Pl.: *–ções.*]

res•trin•gir *v.t.d.* **1.** Tornar mais estreito ou apertado; estreitar. **2.** Tornar menor, mais curto. **3.** Definir ou determinar estritamente as condições, o âmbito, o grau máximo, etc.; limitar, delimitar. *T.d.i.* **4.** Aplicar ou associar exclusivamente a; não deixar ser, ou não considerar, mais amplo, diversificado ou importante que algo. *P.* **5.** Limitar-se, reduzir-se. [Conjug.: ㊺ [restrin]**gir**]

res•tri•ti•vo *adj*. Que restringe; limitativo.

res•tri•to *adj*. Que se mantém dentro de limites.

re•sul•ta•do *sm*. 1. Ato ou efeito de resultar. 2. Produto de uma operação matemática. 3. Termo, fim. 4. Lucro, proveito.

re•sul•tar *v.t.i.* 1. Produzir-se ou apresentar-se, ao fim de certo evento ou processo; ser um resultado. 2. Ter origem; proceder. 3. Produzir, criar, fazer acontecer, ao fim de um evento ou processo; redundar. 4. Converter-se, transformar-se. [Conjug.: ① [result]**ar**] § **re•sul•tan•te** *adj2g*.

re•su•mi•do *adj*. 1. Que se resumiu; sintético. 2. Curto, breve.

re•su•mir *v.t.d.* 1. Relatar, expor ou expressar, em poucas palavras. 2. Expor novamente, de forma breve. 3. Reunir ou apresentar aquilo que é mais importante, ou a essência de; sintetizar. *T.d.i.* 4. Limitar, reduzir, restringir. *P.* 5. Consistir apenas; limitar-se, restringir-se. 6. Ser breve, usar poucas palavras. [Conjug.: ③ [resum]**ir**] § **re•su•mi•dor** (ó) *adj. e sm.*

re•su•mo *sm*. 1. Ato ou efeito de resumir. 2. Exposição abreviada de uma sucessão de acontecimentos, das características gerais de algo, etc.; extrato, síntese, sinopse, sumário. 3. Apresentação concisa do conteúdo de artigo, livro, etc. 4. Aquilo que representa, ilustra ou traz em si as principais características de algo maior.

res•va•la•di•ço *adj*. Por onde se resvala facilmente.

res•va•lar *v.int.* 1. Cair por um declive. 2. Escorregar, deslizar. *T.d.c.* 3. Tocar, roçar. *T.c.* 4. Passar de leve; correr, deslizando. *T.i.* 5. Ser levado a (determinada ação, erro, engano). [Conjug.: ① [resval]**ar**]

re•ta *sf*. 1. Linha, traço ou risco que segue sempre a mesma direção. 2. Trecho retilíneo duma estrada, etc.

re•tá•bu•lo *sm*. Construção de madeira, ou mármore, etc., com lavores, que fica por trás e/ou acima do altar e encerra um ou mais painéis pintados ou em baixo-relevo.

re•ta•guar•da *sf*. *Exérc*. O último elemento de tropa de unidade em campanha. 2. A parte traseira, em relação à frente ou dianteira.

re•tal *adj2g*. *Anat*. Do, ou pertencente ou relativo ao reto (5). [Pl.: *–tais.*]

re•ta•lhar *v.t.d.* 1. Cortar em pedaços, ou fazer retalhos de. 2. Golpear ou ferir com instrumento cortante. 3. Fracionar, dividir. [Conjug.: ① [retalh]**ar**. Cf. *retaliar*.]

re•ta•lhis•ta *adj2g*. 1. Que vende a retalho. 2. Referente ao comércio a retalho. • *s2g*. 3. Vendedor a retalho.

re•ta•lho *sm*. 1. Parte ou pedaço de coisa retalhada. 2. Sobra de tecido. ♦ **A retalho**. Aos bocados; a varejo.

re•ta•li•ar *v.t.d.* 1. Revidar com dano igual ao recebido. 2. Exercer represália contra; vingar, desforrar. [Conjug.: ① [retali]**ar**. Cf. *retalhar*.] § **re•ta•li•a•ção** *sf.*

re•tan•gu•lar *adj2g*. Em forma de retângulo.

re•tân•gu•lo *adj*. 1. Que tem ângulo(s) reto(s). • *sm*. 2. *Geom*. Quadrilátero cujos ângulos são retos.

re•tar•da•do *adj*. 1. Atrasado. 2. Demorado. 3. De desenvolvimento mental inferior ao índice normal para a sua idade. • *sm*. 4. Indivíduo retardado (3).

re•tar•dar *v.t.d.* 1. Tornar tardio, ou causar o atraso de; atrasar, tardar. 2. Adiar. 3. Tornar mais lento (algo que se move, ou um processo ou desenvolvimento no tempo). *Int.* e *p.* 4. Atrasar(-se). [Conjug.: ① [retard]**ar**] § **re•tar•da•men•to** *sm.*

re•tar•da•tá•ri•o *adj. e sm*. Que ou aquele que se retarda, que chega tarde.

re•te•lhar *v.t.d.* Recolocar telhas em; fazer novo telhado em. [Conjug.: ① [retelh]**ar**]

re•tem•pe•rar *v.t.d.* 1. Dar nova têmpera a. 2. Fortalecer, fortificar. *P.* 3. Revigorar (2). [Conjug.: ① [retemper]**ar**]

re•ten•ção *sf*. Ato ou efeito de reter(-se). [Pl.: *–ções.*]

re•ten•ti•va *sf*. Faculdade pela qual se retêm na memória as impressões recebidas.

re•ter *v.t.d.* 1. Ter ou manter firme; segurar com firmeza. 2. Guardar em seu poder (o que é de outrem). 3. Conservar, manter. 4. Impedir o movimento, ou fluxo, de saída; impedir de sair; deter. 5. Reprimir, conter. 6. Conservar na memória. [Conjug.: ⑤ [re]**ter**]

re•te•sar *v.t.d.* e *p.* Tornar(-se) tenso ou rijo; entesar(-se). [Conjug.: ① [retes]**ar**] § **re•te•sa•men•to** *sm.*

re•ti•cên•ci•a *sf*. Omissão intencional duma coisa que se devia ou podia dizer.

re•ti•cên•ci:as *sf.pl*. Sinal de pontuação: três ou mais pontos, que, num texto, indicam interrupção do pensamento ou omissão de coisa que se diria.

re•ti•cen•te *adj2g*. Retraído; discreto.

re•tí•cu•la *sf*. *Art. Gráf*. 1. Malha de pontos us. em reprodução de imagens com meios-tons, em quadricromia, e em efeitos gráficos diversos. 2. Cada ponto dessa malha.

re•ti•cu•la•ção *sf*. Estado do que é reticulado. [Pl.: *–ções.*]

re•ti•cu•la•do *adj*. Que tem forma de rede.

re•tí•cu•lo *sm*. *Ópt*. Marcação colocada no plano focal da ocular dum instrumento óptico, e que serve como referência para uma visada.

re•ti•dão *sf*. Qualidade de reto. [Pl.: *–dões.*]

re•ti•fi•car *v.t.d.* 1. Tornar reto. 2. Corrigir, emendar. 3. Purificar (líquidos) destilando novamente. 4. *Bras*. Restaurar (motor). [Conjug.: ⑧ [retifi]**car**. Cf. *ratificar*.] § **re•ti•fi•ca• ção** *sf.*

re•ti•lí•ne:o *adj.* **1.** Que segue em linha reta. **2.** Formado por segmento de reta.

re•ti•na *sf. Anat.* A camada mais interna de olho, que capta as sensações visuais.

re•ti•nir *v.int.* **1.** Tinir (1) muito, ou demoradamente. **2.** Ressoar (4). [Conjug.: ⑤⑧ [retin]**ir**]

re•tin•tim *sm.* Ato ou efeito de retinir. [Pl.: –*tins.*]

re•tin•to *adj.* De cor escura e carregada.

re•ti•ra•da *sf.* **1.** Ato ou efeito de retirar(-se). **2.** *Exérc.* Movimento das tropas que se afastam do inimigo ou abandonam terreno.

re•ti•ran•te *s2g. Bras.* Sertanejo nordestino que emigra, fugindo à seca.

re•ti•rar *v.t.d.* **1.** Tirar, puxar para trás, ou para si. **2.** Levar de onde estava, ou de dentro de onde estava; tirar. **3.** Afirmar que não é verdadeiro, ou não é válido (aquilo que se afirmara); desdizer. *T.d.i.* **4.** Obter, ganhar; ter ou tirar como proveito. **5.** Não deixar algo na posse ou no direito de alguém; tirar, despojar. *T.d.c.* **6.** Retirar (2). *P.* **7.** Afastar-se dalgum lugar. **8.** Ir viver em algum lugar solitário. [Conjug.: ① [retir]**ar**]

re•ti•ro *sm.* **1.** Lugar solitário, deserto. **2.** Lugar de recolhimento (2). **3.** Tempo de recolhimento para exercícios espirituais.

re•to *adj.* **1.** Que não tem curvatura, sinuosidade ou inflexão; que segue sempre a mesma direção, direito, direto. **2.** Perpendicular ao plano horizontal. **3.** Justo, íntegro. **4.** *Geom.* Diz-se do ângulo formado por duas retas perpendiculares. • *sm.* **5.** *Anat.* Porção terminal do intestino, que se estende até o canal anal.

re•to•car *v.t.d.* **1.** Dar ou fazer retoques em. **2.** Restaurar (1). [Conjug.: ⑧ [reto]**car**]

re•to•mar *v.t.d.* Tomar novamente; recobrar, recuperar. [Conjug.: ① [retom]**ar**]

re•to•que *sm.* Correções e/ou aperfeiçoamentos finais numa obra, fotografia, etc.

re•tor•cer *v.t.d.* **1.** Torcer de novo, ou muitas vezes. *P.* **2.** Contorcer-se, contrair-se. [Conjug.: ㉞ [retor]**cer**]

re•tor•ci•do *adj.* Muito torcido ou torto.

re•tó•ri•ca *sf.* **1.** Eloquência; oratória. **2.** Conjunto de regras relativas à eloquência (2).

re•tor•nar *v.t.c.* **1.** Voltar (ao ponto de partida); regressar. **2.** Tomar direção oposta àquela em que se encontra. *Int.* **3.** Chegar de volta. *T.d.c.* **4.** Fazer voltar; tornar. [Conjug.: ① [retorn]**ar**]

re•tor•no (ô) *sm.* **1.** V. *regresso.* **2.** *Bras.* Nas rodovias, desvio próprio para retornar. [Pl.: –*tornos* (ô).]

re•tor•quir *v.t.d., t.d.i., t.i.* e *int.* Replicar. [Conjug.: ⑤⑧ [retorqu]**ir**]

re•tor•ta *sf.* **1.** A curva do báculo. **2.** Vaso de gargalo recurvo, usado em operações químicas.

re•tra•ção *sf.* Ato ou efeito de retrair(-se); retraimento. [Pl.: –*ções.*]

re•tra•í•do *adj.* **1.** Puxado para trás. **2.** Metido consigo; reservado. **3.** Acanhado, tímido.

re•tra:i•men•to *sm.* **1.** Retração. **2.** Condição, procedimento ou atitude de retraído (2 e 3); reserva.

re•tra•ir *v.t.d.* **1.** Puxar ou trazer em sua direção (parte do corpo que estava estendida). **2.** Encolher, contrair. **3.** Fazer voltar para trás; recuar, retirar. *P.* **4.** Retirar-se ou esconder-se, encolhendo-se, contraindo-se. **5.** Isolar-se, apartar-se. **6.** Tornar-se retraído (2 e 3). [Conjug.: ㊳ [retr]**air**]

re•tran•ca *sf.* **1.** Rabicho (2). **2.** *Tip.* Marcação dos originais destinados a jornal ou revista para classificá-los e facilitar a paginação. **3.** *Fut.* Tática em que se mantém a maioria dos jogadores na defesa, atacando só raramente; ferrolho.

re•trans•mis•são *sf.* **1.** Ato ou efeito de retransmitir. **2.** *Rád. Telev.* Radiodifusão por emissora de programa gerado por outra. [Pl.: –*sões.*]

re•trans•mis•sor (ô) *adj.* e *sm.* Diz-se de, ou aparelho de telecomunicação que retransmite os sinais recebidos.

re•trans•mis•so•ra (ô) *sf.* **1.** *Eng. Eletrôn.* Estação que recebe e retransmite ondas radioelétricas. **2.** *Rád. Telev.* Emissora que faz retransmissão (2).

re•trans•mi•tir *v.t.d.* **1.** Transmitir novamente. **2.** *Telec.* Transmitir (sinais recebidos). *P.* **3.** Transmitir-se, propagar-se, novamente. [Conjug.: ③ [retransmit]**ir**]

re•tra•tar¹ *v.t.d.* **1.** Fazer retrato (1) de; reproduzir a imagem de. **2.** Representar ou descrever com exatidão ou vividamente. **3.** Deixar ver, apresentar, mostrar. *Transobj.* **4.** Descrever, apresentar, com certo aspecto ou qualidade. *P.* **5.** Fazer o próprio retrato. **6.** Apresentar-se, mostrar-se, expressar-se. [Conjug.: ① [retrat]**ar**]

re•tra•tar² *v.t.d.* **1.** Retirar, considerar inválida (afirmação); admitir que (algo que se disse) era falso, errado ou que não deveria ser dito. *P.* **2.** Retirar o que disse; desdizer-se. [Conjug.: ① [retrat]**ar**] § **re•tra•ta•ção** *sf.*

re•trá•til ou **re•trác•til** *adj2g.* Capaz de se retrair. [Pl.: –*trá(c)teis.*]

re•tra•tis•ta *s2g.* Quem tira ou faz retratos.

re•tra•to *sm.* **1.** Representação da imagem duma pessoa real, pelo desenho, pintura, gravura, etc., ou pela fotografia. **2.** Figura, efígie (de alguém). **3.** *Fig.* Pessoa muito semelhante a outra. **4.** *Fig.* Modelo; exemplo.

re•tre•ta (ê) *sf. Bras.* Concerto de uma banda de música em praça pública.

re•tre•te (ê) *sf.* Latrina.

re•tri•bu•i•ção *sf.* **1.** Ato ou efeito de retribuir. **2.** Aquilo com que se retribui. **3.** Pagamento (2). **4.** Prêmio (1). [Pl.: *–ções.*]

re•tri•bu•ir *v.t.d., t.i., t.d.i.* e *int.* **1.** Dar ou fazer a alguém algo considerado de mesma natureza ou valor que outra coisa recebida. **2.** Dar recompensa ou pagamento (a). **3.** Tratar ou considerar outrem da mesma maneira que se é por ele tratado ou considerado; corresponder. [Conjug.: 49 [retrib]**uir**]

re•tro•a•gir *v.int.* **1.** Ter efeito sobre o passado; agir sobre coisas passadas ou já existentes. **2.** Modificar o que está feito. [Conjug.: 45 [retroa]**gir**]

re•tro•a•li•men•ta•ção *sf.* **1.** Modificação em sistema, comportamento ou programa, por efeito de resposta(s) à ação do próprio sistema, comportamento ou programa. **2.** *Eletrôn.* Qualquer procedimento em que parte da energia do sinal de saída de um circuito é transferida para o sinal de entrada com o objetivo de reforçar, diminuir ou controlar a saída do circuito. [Sin. ger.: *realimentação.* Pl.: *–ções.*]

re•tro•a•ti•vo *adj.* Que retroage; regressivo. § **re•tro•a•ti•vi•da•de** *sf.*

re•tro•ce•der *v.int.* **1.** Ir para trás; recuar. **2.** Ceder, desistir. [Conjug.: 2 [retroced]**er**]

re•tro•ces•so *sm.* Ato ou efeito de retroceder ou regredir; regressão.

re•tro•gra•dar *v.int.* Retroceder. [Conjug.: 1 [retrograd]**ar**]

re•tró•gra•do *adj.* **1.** Que retrograda. **2.** Contrário ao progresso.

re•tro•pro•je•tor *sm.* Aparelho para projeção de textos e imagens registrados sobre suporte transparente iluminado por detrás.

re•trós *sm.* **1.** Fio(s) de seda torcido(s), ou de algodão, para costura. **2.** Cilindro com retrós (1). [Pl.: *–troses.*]

re•tros•pec•ti•vo ou **re•tros•pe•ti•vo** *adj.* Que se volta para o passado, ou referente a ele.

re•tros•pec•to ou **re•tros•pe•to** *sm.* **1.** Observação, ou análise, de tempos ou coisas passadas. **2.** Vista de olhos para o passado.

re•tro•vi•sor (ô) *adj.* e *sm.* Diz-se de, ou o pequeno espelho colocado nos veículos automóveis para dar, a quem guia, visibilidade traseira.

re•tru•car *v.t.d., t.d.i.* e *int.* Replicar. [Conjug.: 8 [retru]**car**]

re•tum•bar *v.int.* Ressoar com estrondo; ribombar. [Conjug.: 1 [retumb]**ar**] § **re•tum•ban•te** *adj2g.*

re•tur•no *sm.* Nos campeonatos esportivos, repetição das provas entre os mesmos concorrentes do primeiro turno; segundo turno.

réu *sm.* Aquele contra quem se instaurou ação civil ou penal. [Fem.: *ré¹* (q. v.).]

reu•ma•tis•mo *sm. Med.* Cada uma de um grupo de doenças caracterizadas por inflamação, degeneração ou distúrbio metabólico de tecido conjuntivo de articulações e de outras estruturas, além de possíveis acometimentos de órgãos internos (coração, etc.). § **reu•má•ti•co** *adj.*

re•u•ni•ão *sf.* **1.** Ato ou efeito de reunir(-se). **2.** Agrupamento de pessoas para tratar de qualquer assunto. **3.** *Mat.* V. *conjunto união.* [Pl.: *–ões.*] ♦ **Reunião de cúpula.** Reunião (2) da cúpula (3) (q. v.). [Sin. (lus.): *cimeira.*]

re•u•nir *v.t.d.* **1.** Unir outra vez. **2.** Juntar (o que estava disperso); agrupar. **3.** Conciliar (1). **4.** Ligar, anexar. **5.** Ter ou apresentar ao mesmo tempo (qualidades, condições, etc.). **6.** Chamar (muitos indivíduos); convocar. *T.d.i.* **7.** Reunir (1, 3, 4 e 5). *P.* **8.** Juntar-se. **9.** Comparecer no mesmo local. [Conjug.: 3 [reun]**ir**. Quanto à acentuação do *u*, v. *saudar,* paradigma 15.]

re•u•ti•li•za•ção *sf.* **1.** Ato ou efeito de reutilizar. **2.** *Tec.* Procedimento em que material já anteriormente processado, após tratamento conveniente, será utilizado para um novo produto. [Pl.: *–ções.*]

re•u•ti•li•zar *v.t.d.* **1.** Tornar a utilizar. **2.** Dar novo uso a. [Conjug.: 1 [reutiliz]**ar**]

re•va•li•dar *v.t.d.* Validar de novo; confirmar. [Conjug.: 1 [revalid]**ar**]

re•van•che *sf.* **1.** Desforra. **2.** O turno ou a vez de quem tenta recobrar qualquer posição perdida.

re•van•chis•mo *sm.* Tendência obstinada para a desforra, particularmente de caráter político.

re•vel *adj2g.* Rebelde, insurgente. [Pl.: *–véis.*]

re•ve•la•ção *sf.* **1.** Ato ou efeito de revelar(-se). **2.** *Rel.* Entre os cristãos, ação divina que comunica aos homens os desígnios de Deus e a verdade que estes envolvem. **3.** Descobrir reveladora dum fato ou duma pessoa. **4.** Fato ou pessoa assim revelados. [Pl.: *–ções.*]

re•ve•lar *v.t.d.* **1.** Tirar o véu a; descobrir. **2.** Fazer conhecer; divulgar. **3.** Ser sinal evidente de; mostrar, denotar. **4.** Fazer conhecer por revelação (2). **5.** *Art. Gráf. Cin. Fot.* Tornar visível a imagem latente duma película, chapa, ou papel fotográfico. *T.d.i.* **6.** Revelar (2). **7.** Revelar (4). *P.* **8.** Mostrar-se, dar-se a conhecer. [Conjug.: 1 [revel]**ar**] § **re•ve•la•dor** *adj.* e *sm.;* **re•ve•lá•vel** *adj2g.*

re•ve•li•a *sf.* Qualidade ou estado de revel. ♦ **À revelia. 1.** *Jur.* Sem conhecimento ou sem audiência do réu. **2.** Ignoradamente, despercebidamente. **3.** Ao acaso.

re•ven•da *sf.* Ato ou efeito de revender.

re•ven•der *v.t.d.* **1.** Tornar a vender. **2.** Vender para o consumidor (produto comprado ao produtor ou a intermediário). [Conjug.: ② [re-vend]er] § **re•ven•de•dor** (ô) *adj.* e *sm.*

re•ver¹ *v.t.d.* **1.** Tornar a ver. **2.** Ver ou examinar com atenção. **3.** Corrigir ou modificar, após exame ou avaliação. **4.** Revisar. [Conjug.: ㉔ [re]**ver**]

re•ver² *v.t.d.* **1.** Verter, ressumar. **2.** *Fig.* Deixar aparecer ou transparecer; revelar. [Conjug.: ㉔ [re]**ver**]

re•ver•be•rar *v.t.d.* Refletir (luz, ou calor, ou som), ger. com grande intensidade. [Conjug.: ① [reverber]**ar**] § **re•ver•be•ra•ção** *sf.*; **re•ver•be•ran•te** *adj2g.*

re•vér•be•ro *sm.* Luz refletida, ou efeito dela.

re•ver•de•cer *v.t.d.* **1.** Tornar mais verde (vegetação, ou área com vegetação). **2.** Dar mais viço, ou novo vigor a. *Int.* **3.** Ganhar ou recobrar verdor. **4.** Ganhar ou recobrar força, vigor; renovar-se. [Conjug.: ㉞ [reverde]**cer**]

re•ve•rên•ci:a *sf.* **1.** Respeito às coisas sagradas. **2.** V. *consideração* (2). **3.** Tratamento dado aos eclesiásticos. **4.** Saudação em que se inclina o busto e/ou dobram os joelhos; mesura.

re•ve•ren•ci•ar *v.t.d.* **1.** Tratar ou considerar com sentimento de reverência; devotar reverência a. **2.** Cumprimentar respeitosamente. **3.** Obedecer a, acatar (algo ou alguém considerado superior). [Conjug.: ① [reverenci]**ar**] § **re•ve•ren•ci:a•dor** (ô) *adj.* e *sm.*

re•ve•ren•dís•si•ma *sf.* Tratamento dado aos eclesiásticos.

re•ve•ren•do *adj.* **1.** Digno de reverência. • *sm.* **2.** V. *padre.*

re•ve•ren•te *adj2g.* Que mostra ou denota reverência.

re•ver•são *sf.* Ato ou efeito de reverter. [Pl.: –sões.]

re•ver•sí•vel *adj2g.* **1.** Que se pode, ou que pode reverter. **2.** Que se pode usar pelo direito (14) ou pelo avesso (2). [Pl.: –veis.] § **re•ver•si•bi•li•da•de** *sf.*

re•ver•so *sm.* **1.** Avesso (2). **2.** O oposto. [Sin. ger.: *revés.*]

re•ver•ter *v.t.i.* **1.** Voltar (ao ponto de partida). **2.** Voltar (a condição ou estado anterior, à posse de alguém). **3.** Ter como destino ou como conseqüência final. *T.d.i.* **4.** Dar conseqüência ou destino diferente a (um fato, ação, objeto). **5.** Destinar. [Conjug.: ② [revert]er]

re•vés *sm.* **1.** V. *reverso.* **2.** Vicissitude; infortúnio. [Pl.: –veses.]

re•ves•ti•men•to *sm.* **1.** Ato ou efeito de revestir(-se). **2.** O que reveste ou cobre; cobertura.

re•ves•tir *v.t.d.* **1.** Tornar a vestir. **2.** Estender-se por sobre (uma superfície ou objeto); cobrir. **3.** Estar sobre, ou à volta de, protegendo, ou en-

feitando. *T.d.i.* **4.** Revestir (1). **5.** Cobrir (a superfície de algo), pondo ou aplicando determinado material ou objeto, como proteção, enfeite, etc. *P.* **6.** Ter, apresentar ou adquirir certo atributo ou característica. [Conjug.: ㊾ [rev]e[st]**ir**]

re•ve•zar *v.t.d.* e *t.i.* **1.** Substituir (algo ou alguém), ou trocar de posição (com ele), alternadamente ou em sucessão. *Int.* e *p.* **2.** Substituir(-se) mutuamente e de modo alternado ou sucessivo; alternar(-se). [Conjug.: ① [revez]**ar**] § **re•ve•za•men•to** *sm.*

re•vi•dar *v.t.d.*, *t.d.i.*, *t.i.* e *int.* **1.** Responder ofensa ou agressão sofrida com outra; reenvidar. **2.** Reagir correspondentemente a uma ação ou afirmação alheia; responder. [Conjug.: ① [revid]**ar**]

re•vi•de *sm.* Ato ou efeito de revidar.

re•vi•go•rar *v.t.d.* **1.** Dar novo vigor ou mais vigor a. *Int.* e *p.* **2.** Readquirir vigor, saúde. [Conjug.: ① [revigor]**ar**] § **re•vi•go•ra•men•to** *sm.*; **re•vi•go•ran•te** *adj2g.* e *sm.*

re•vin•di•ta *sf.* Vingança duma vingança.

re•vi•rar *v.t.d.* **1.** Tornar a virar. **2.** Virar muitas vezes. **3.** Virar ou fazer voltar-se em direção oposta; inverter. **4.** Mudar; modificar. **5.** Revolver ou remexer muito. **6.** Percorrer, explorando. *P.* **7.** Virar de novo, ou repetidamente; revolver-se. [Conjug.: ① [revir]**ar**]

re•vi•ra•vol•ta *sf.* **1.** Ato ou efeito de revirar (4). **2.** Giro sobre si mesmo, cambalhota. **3.** Mudança de situação; viravolta.

re•vi•são *sf.* **1.** Ato ou efeito de rever¹. **2.** Novo exame. **3.** *Edit.* Arte, ato ou efeito de rever ou revisar. **4.** *Edit.* Local onde trabalha(m) revisor(es) em editoras, etc. [Pl.: –sões.]

re•vi•sar *v.t.d.* Ler (prova tipográfica, etc.) procurando os erros e assinalando-os. [Conjug.: ① [revis]**ar**]

re•vi•si•o•nis•mo *sm.* **1.** Doutrina que propugna a revisão (da constituição de um país, de uma doutrina política, etc.). **2.** Tendência para a revisão de antigos valores literários ou artísticos. § **re•vi•si•o•nis•ta** *adj2g.* e *s2g.*

re•vi•sor (ô) *adj.* **1.** Que revê [v. *rever¹*]. • *sm.* **2.** Aquele que se ocupa em revisão (3).

re•vis•ta¹ *sf.* **1.** Ato ou efeito de revistar. **2.** Inspeção de militares em formatura. **3.** *Teat.* Peça cômica, musical, etc., na qual se fazem críticas a fatos do momento.

re•vis•ta² *sf. Edit.* Publicação de periodicidade ger. semanal ou mensal, em que se divulgam matérias científicas, técnicas, jornalísticas, etc.

re•vis•tar *v.t.d.* **1.** Submeter a revista¹ (2). **2.** Examinar (1). **3.** Examinar minuciosamente (pessoa ou seus pertences, um lugar, etc.), procurando algo. [Conjug.: ① [revist]**ar**]

re•vis•to *adj.* Que se reviu.

re•vi•ta•li•zar *v.t.d.* **1.** Dar mais vitalidade, ou novo impulso a. **2.** Fazer recuperar o grau de atividade, de eficiência, etc. [Conjug.: ① [revitaliz]**ar**] § **re•vi•ta•li•za•ção** *sf.*; **re•vi•ta•li•za•dor** *adj.* e *sm.*; **re•vi•ta•li•zan•te** *adj2g.*

re•vi•ver *v.int.* **1.** V. *ressuscitar* (2). **2.** Readquirir vigor, força; renovar-se. **3.** Voltar a se manifestar; reaparecer. *T.d.* **4.** Dar mais vitalidade, vigor, ânimo. **5.** Recordar (fatos ou sentimentos do passado) de modo muito vívido. **6.** Repor em uso. [Sin. ger.: *reviviscer*. Conjug.: ② [reviv]**er**]

re•vi•ves•cer *v.t.d.* e *int.* V. *reviver*. [Conjug.: ③④ [revives]**cer**] § **re•vi•ves•cên•ci:a** *sf.*; **re•vi•ves•cen•te** *adj2g.*; **re•vi•ves•ci•men•to** *sm.*

re•vi•vi•fi•car *v.t.d.* **1.** Tornar a dar vida, ou dar nova vida a. **2.** Tornar novamente vívido; dar novo ânimo ou vigor a. *Int.* e *p.* **3.** Reviver (1 e 2). [Conjug.: ⑧ [revivifi]**car**] § **re•vi•vi•fi•ca•ção** *sf.*; **re•vi•vi•fi•can•te** *adj2g.*

re•vo•a•da *sf.* **1.** Ato ou efeito de revoar. **2.** Bando de aves que revoam. **3.** *Fig.* Multidão, profusão.

re•vo•ar *v.int.* **1.** Voar (a ave) para o ponto de onde partira. **2.** Adejar, esvoaçar. **3.** Revoar em bando (as aves). [Conjug.: ⑬ [rev]**oar**]

re•vo•gar *v.t.d.* Fazer que deixe de vigorar, de ter efeito, ou de ser válido; anular. [Conjug.: ⑪ [revo]**gar**] § **re•vo•ga•ção** *sf.*; **re•vo•ga•dor** *adj.* e *sm.*; **re•vo•gan•te** *adj2g.*; **re•vo•gá•vel** *adj2g.*

re•vol•ta *sf.* **1.** Ato ou efeito de revoltar(-se). **2.** Manifestação (armada ou não) contra autoridade estabelecida. **3.** V. *revolução* (2). **4.** Indignação; repulsa.

re•vol•ta•do *adj.* **1.** Que se revoltou ou rebelou. **2.** *Bras.* Diz-se de pessoa inconformada, que se sente alvo de injustiça, etc. • *sm.* **3.** Indivíduo revoltado.

re•vol•tar *v.t.d.* **1.** Incitar à revolta; sublevar, revolucionar. **2.** Indignar. *Int.* **3.** Revoltar (2) ou ser capaz de causar indignação. *P.* **4.** Sublevar-se, amotinar-se; revolucionar-se. **5.** Indignar-se, encolerizar-se. [Conjug.: ① [revolt]**ar**] § **re•vol•tan•te** *adj2g.*

re•vol•to (ô) *adj.* **1.** Que se revolveu ou remexeu. **2.** Tempestuoso, proceloso. **3.** Em desalinho. [Pl.: –*voltos* (ó).]

re•vol•to•so (ô) *adj.* e *sm.* Rebelde, revoltado. [Pl.: –*tosos* (ó).]

re•vo•lu•ção *sf.* **1.** Ato ou efeito de revolver(-se) ou revolucionar(-se). **2.** Rebelião armada; revolta, sublevação. **3.** Transformação radical de estrutura política, econômica e social, dos conceitos artísticos ou científicos, etc. **4.** *Astr.* Movimento de um astro em redor de outro. [Pl.: –*ções*.]

re•vo•lu•ci:o•nar *v.t.d.* **1.** Revolver ou agitar intensamente. **2.** V. *revoltar* (1). **3.** Causar mudança brusca ou notável em. **4.** Provocar agitação, perturbação, excitação em (alguém). *P.* **5.** V. *revoltar* (4). [Conjug.: ① [revolucio-n]**ar**]

re•vo•lu•ci:o•ná•ri:o *adj.* **1.** Relativo a, ou próprio de, ou que é adepto de revolução. • *sm.* **2.** Aquele que prega, lidera ou toma parte em revolução ou revoluções.

re•vo•lu•te•ar *v.int.* **1.** Agitar-se em vários sentidos; revolver-se. **2.** Adejar, esvoaçar. [Conjug.: ⑩ [revolut]**ear**]

re•vol•ver *v.t.d.* **1.** Volver repetidamente, mexer muito, mover em várias direções; agitar. **2.** Examinar cuidadosa ou demoradamente. **3.** Revirar (5). *Int.* **4.** Dar voltas; girar. *P.* **5.** Mover-se agitada ou desordenadamente, ou dando voltas; revirar-se. [Conjug.: ② [revolv]**er**]

re•vól•ver *sm.* Arma de fogo, portátil, de um cano só, com tambor e várias culatras, onde se colocam os cartuchos.

re•vul•são *sf. Med.* **1.** Efeito de medicamento revulsivo. **2.** Irritação local provocada para fazer cessar, noutra parte do corpo, um estado congestivo ou inflamatório. [Pl.: –*sões*.]

re•vul•si•vo *adj.* e *sm. Med.* Diz-se de, ou medicamento que produz revulsão (2).

re•za *sf.* **1.** V. *oração* (1). **2.** *Bras. Pop.* Benzedura.

re•za•dor (ô) *adj.* **1.** Que reza. • *sm.* **2.** Aquele que o faz. **3.** *Bras. Pop.* Aquele que faz reza (2).

re•zar *v.t.d.* **1.** Dizer ou fazer (orações ou súplicas religiosas). **2.** Benzer (2). **3.** Ler (livro de orações, ou texto sagrado). **4.** Contar ou referir, com autoridade; prescrever, determinar. **5.** Resmungar (1). *T.i.* e *t.d.i.* **6.** Dirigir súplicas ou orações (a divindade). *Int.* **7.** Rezar (1); orar. [Conjug.: ① [rez]**ar**]

re•zin•gar *v.t.d.* **1.** V. *resmungar* (1). *Int.* **2.** Altercar. **3.** V. *resmungar* (2). [Conjug.: ⑪ [rezin]**gar**]

❑ **Rf** *Quím.* Símb. do *rutherfórdio*.

❑ **Rh** *Quím.* Símb. do *ródio*.

ri•a•cho *sm.* V. *ribeiro*.

ri•ba *sf.* V. *ribanceira* (1).

ri•bal•ta *sf.* **1.** Série de lâmpadas na parte extrema do proscênio. **2.** O proscênio.

ri•ban•cei•ra *sf.* **1.** Margem alta ou íngreme de rio ou lago; riba, barranceira, barranqueira, barranco. **2.** V. *precipício* (1).

ri•bei•ra *sf.* **1.** O terreno banhado por um rio. **2.** Lugar à beira de rio. **3.** Curso de água abundante, menos largo e profundo que um rio.

ri•bei•rão *sm.* Curso de água menor que um rio e maior que um ribeiro. [Pl.: –*rões*.]

ri•bei•ri•nho *adj.* Que anda ou vive nas margens de rios ou ribeiras.

ri•bei•ro *sm.* Rio pequeno; córrego; regato, riacho.

ri•bom•bar ou **rim•bom•bar** *v.int.* **1.** Soar (o trovão) fortemente; estrondar. **2.** Produzir estrondo, ou ressoar com grande ruído; retumbar. [Conjug.: ① [ribomb]**ar**]

ri•bom•bo ou **rim•bom•bo** *sm.* **1.** Ato ou efeito de ribombar. **2.** Estrondo (do trovão).

ri•bo•nu•clei•co (éi) ou **ri•bo•nu•cléi•co** *adj. Quím.* V. *ácido ribonucleico.*

ri•ca•ço *sm. Pop.* Homem riquíssimo.

rí•ci•no *sm. Bot.* Euforbiácea que é o gênero da mamona.

ric•kétt•si:a *sf. Microbiol.* Gênero de bactérias rickettsiáceas.

ric•kett•si•á•ce:a *sf. Microbiol.* Espécime das rickettsiáceas, família de bactérias que habitam, tipicamente, os tecidos de artrópodes, mas que podem transmitir-se aos vertebrados, inclusive ao homem, causando sérias doenças. § **ric•kett•si•á•ce:o** *adj.*

ri•co *adj.* **1.** Que possui muitos bens ou coisas de valor. **2.** Fértil, abundante. **3.** Opulento; pomposo. **4.** Bonito, belo. **5.** Diz-se de alimento muito substancioso. • *sm.* **6.** Indivíduo rico (1).

ri•co•che•tar *v.int.* Ricochetear. [Conjug.: ① [ricochet]**ar**]

ri•co•che•te (ê) *sm.* Desvio dum corpo, ou dum projetil, após chocar-se com o chão ou com outro corpo.

ri•co•che•te•ar *v.int.* Fazer ricochete. [Conjug.: ⑩ [ricochet]**ear**]

ri•co•ta *sf.* Queijo que se prepara vertendo o soro do leite fervido e coalhado.

ric•to *sm.* **1.** Abertura da boca. **2.** Contração labial ou facial.

ri•di•cu•la•ri:a *sf.* **1.** Ato ou dito ridículo. **2.** V. *ninharia.*

ri•di•cu•la•ri•zar ou **ri•di•cu•li•zar** *v.t.d.* **1.** Fazer de (algo ou alguém) motivo de riso ou menosprezo; zombar, escarnecer. *P.* **2.** Tornar-se ridículo. [Conjug.: ① [ridiculariz]**ar**]

ri•dí•cu•lo *adj.* **1.** Que provoca riso ou escárnio. **2.** Insignificante, mesquinho.

ri•fa *sf.* Sorteio de um objeto, em geral por meio de distribuição de bilhetes numerados.

ri•fão *sm.* V. *provérbio.* [Pl.: –*fões.*]

ri•far *v.t.d.* Fazer rifa de. [Conjug.: ① [rif]**ar**]

ri•fle *sm.* Espingarda de repetição, fuzil e armas afins, us. nas forças policiais.

ri•gi•dez (ê) *sf.* **1.** Qualidade de rígido; rigor. **2.** Austeridade; severidade.

rí•gi•do *adj.* **1.** Teso, retesado, hirto. **2.** V. *rijo* (1). **3.** Austero, inflexível; rigoroso.

ri•gor (ô) *sm.* **1.** Rigidez (1). **2.** Força, vigor. **3.** Precisão, exatidão. **4.** Severidade extrema. **5.** A maior intensidade do frio, calor, chuva, etc.

ri•go•ro•so (ô) *adj.* **1.** Que age com, ou denota rigor. **2.** V. *rígido* (3). **3.** Muito intenso. [Pl.: –*rosos* (ó).]

ri•jo *adj.* **1.** Que não é flexível ou friável; resistente, rígido. **2.** Robusto, vigoroso. **3.** *Fig.* Pertinaz, enérgico. § **ri•je•za** (ê) *sf.*

ri•lhar *v.t.d.* **1.** Roer (objeto duro). **2.** Ranger (os dentes). **3.** Fazer ranger ou fazer chiar. [Conjug.: ① [rilh]**ar**] § **ri•lha•dor** *adj.* e *sm.*; **ri•lha•du•ra** *sf.*

rim *sm. Anat.* Cada um dos dois órgãos produtores de urina, situados um de cada lado, na parte inferior da região lombar. [Pl.: *rins.*]

ri•ma[1] *sf.* **1.** Repetição dum som no final de dois ou mais versos. **2.** Identidade de som na terminação de duas ou mais palavras. **3.** Palavra que rima com outra.

ri•ma[2] *sf.* V. *ruma.*

ri•ma•do *adj.* Que apresenta rima[1].

ri•mar *v.t.d.* **1.** Compor ou escrever (texto, relato, etc.) em versos rimados. *T.d.i.* **2.** Usar (palavra ou palavras) para que formem rima (com outras). *Int.* **3.** Formar (palavras, versos) rima[1] entre si. [Conjug.: ① [rim]**ar**]

rin•cão *sm.* Recanto. [Pl.: –*cões.*]

rin•char *v.int.* **1.** Soltar rinchos; relinchar. **2.** V. *ranger* (1). [Conjug.: ① [rinch]**ar**] Ger. não é us. nas 1ª**s** pess.]

rin•cho *sm.* A voz do cavalo; relincho.

rin•gue *sm.* Estrado quadrado, alto e cercado de cordas, para lutas de boxe, etc.

ri•nha *sf. Bras.* **1.** Briga de galos. **2.** Lugar onde se realizam.

ri•ni•te *sf. Med.* Inflamação da mucosa do nariz.

ri•no•ce•ron•te *sm. Zool.* Nome comum a vários rinocerontídeos.

ri•no•ce•ron•tí•de:o *sm. Zool.* Espécime dos rinocerontídeos, família de grandes mamíferos perissodáctilos com um chifre ou dois no focinho. § **ri•no•ce•ron•tí•de:o** *adj.*

rin•que *sm.* Pista de patinação.

rins *sm.pl. Pop.* A parte inferior da região lombar.

ri•o *sm.* **1.** Curso de água natural que se desloca de nível mais alto para o mais baixo, aumentando progressivamente até desaguar no mar, num lago ou noutro rio. **2.** Aquilo que corre como um rio. **3.** Grande porção de líquido.

ri:o-bran•quen•se *adj2g.* **1.** De Rio Branco, capital do AC. • *s2g.* **2.** O natural ou habitante de Rio Branco. [Pl.: *rio-branquenses.*]

ri:o-gran•den•se-do-nor•te *adj2g.* **1.** Do RN. • *s2g.* **2.** O natural ou habitante desse estado. [Sin. ger.: *potiguar.* Pl.: *rio-grandenses-do-norte.*]

ri:o-gran•den•se-do-sul *adj2g.* **1.** Do RS. • *s2g.* **2.** O natural ou habitante desse estado. [Sin. ger.: *gaúcho, guasca.* Pl.: *rio-grandenses-do-sul.*]

ri•pa *sf.* Peça comprida de madeira, mais larga que o sarrafo; verga.

ri•pa•da *sf.* 1. Golpe com ripa. 2. *P. ext.* Cacetada. 3. *Fig.* Descompostura.

ri•par *v.t.d.* 1. Pregar ripas em, ou gradear com ripas. 2. *Bras.* Bater com ripa; espancar. 3. *Bras.* Criticar, falar mal de. [Conjug.: ⨯ [rip]ar]

ri•pos•tar *v.int.* 1. No jogo de esgrima, rebater a estocada. *T.d.* 2. Dizer em resposta; replicar, retrucar. [Conjug.: ⨯ [ripost]ar]

ri•que•za (ê) *sf.* 1. Qualidade de rico. 2. A classe dos ricos.

rir *v.int.* 1. Demonstrar alegria, prazer, divertimento, ironia, etc., com expressão facial e som característicos. 2. Ter prazer, alegria, ou estar despreocupado, pouco sério. 3. Agir ou expressar-se sem seriedade; gracejar. *T.i.* 4. Fazer de algo ou alguém motivo de riso, diversão, menosprezo; zombar. *P.* 5. Rir (1 a 4). [Conjug.: ⨯ *rir*]

ri•sa•da *sf.* 1. Riso franco e estrepitoso; gargalhada. 2. Riso de muitos ao mesmo tempo.

ris•ca *sf.* 1. Ato ou efeito de riscar; risco. 2. Risco¹ (1). 3. V. *listra* (1). 4. Abertura no cabelo, feita com o pente.

ris•ca•do *adj.* 1. Que se riscou; que tem riscos. 2. V. *listrado.* • *sm.* 3. Tecido com listras.

ris•car *v.t.d.* 1. Produzir marcas em forma de linhas sobre (a superfície de algo), por fricção de objeto fino ou agudo; fazer ou deixar risco(s) em. 2. Fazer risco(s) sobre (texto, figura, etc.), ger. indicando exclusão. 3. Representar com alguns riscos ou traços; desenhar, esboçar; fazer (desenho, projeto, etc.). 4. Acender (fósforo), friccionando. 5. Passar muito rapidamente em (o ar, o céu), produzindo a impressão de um risco. *T.d.i.* 6. Excluir, eliminar. [Conjug.: ⑧ [ris]car]

ris•co¹ *sm.* 1. Qualquer traço em cor, ou sulco pouco profundo, na superfície dum objeto; risca. 2. Risca (1). 3. Delineamento, esboço. 4. *Bras.* Desenho para ser bordado.

ris•co² *sm.* Perigo ou possibilidade de perigo.

ri•sí•vel *adj2g.* Que faz rir; burlesco. [Pl.: *-veis.*]

ri•so *sm.* 1. Ato, efeito ou modo de rir. 2. Alegria, contentamento.

ri•so•nho *adj.* 1. Que ri ou sorri. 2. Contente, satisfeito. 3. *Fig.* Promissor, próspero.

ri•so•ta *sf. Pop.* 1. Risada. 2. Riso zombeteiro. 3. Zombaria.

ri•so•to (ó) *sm. Cul.* Prato preparado sobretudo com arroz ao qual se adiciona legume, ou camarão, etc., cozidos.

rís•pi•do *adj.* Intratável, áspero, ou próprio de quem o é. § **ris•pi•dez** (ê) *sf.*

ris•te *sm.* Peça metálica em que os cavaleiros firmam a extremidade inferior da lança quando a carregam na horizontal, ou no momento de investir. ◆ **Em riste.** Em posição erguida.

ri•ti•do•plas•ti•a (rì) *sf.* Intervenção cirúrgica destinada a eliminar ruga(s).

rit•mar *v.t.d.* 1. Dar ritmo a; acompanhar com ritmo. 2. Dar regularidade de ritmo a; cadenciar. [Conjug.: ⨯ [ritm]ar] § **rit•ma•do** *adj.*

rít•mi•co *adj.* Relativo a, ou que tem ritmo.

rit•mo *sm.* 1. Movimento ou ruído que se repete, no tempo, a intervalos regulares, com acentos fortes e fracos. 2. No curso de qualquer processo, variação que ocorre periodicamente de forma regular. 3. *Fisiol.* Repetição, em intervalos regulares, de uma ação ou função.

ri•to *sm.* 1. As regras e cerimônias próprias da prática de uma religião. 2. Culto; religião.

ri•tu•al *adj2g.* 1. Relativo a rito(s). • *sm.* 2. V. *culto¹* (2). 3. Liturgia. 4. Cerimonial, etiqueta. [Pl.: *-ais.*]

ri•val *s2g.* 1. Pessoa que quer ter ou alcançar algo que outro(s) também pretende(m), e que só um pode obter; competidor, concorrente. 2. Pessoa que entra em conflito ou competição com outra(s), por desejo de igualá-la(s) ou superá-la(s). 3. Aquele ou aquilo que é igual ou semelhante a outro, em certa qualidade, aspecto, etc. • *adj2g.* 4. Diz-se de pessoa ou coisa que é uma rival de outra. [Pl.: *-vais.*]

ri•va•li•da•de *sf.* 1. Qualidade de rival, ou de quem rivaliza; emulação. 2. Oposição, competição, conflito. 3. Zelos, ciúmes.

ri•va•li•zar *v.t.d.* e *t.i.* 1. Ser, ou agir como rival (1 e 2) (de alguém); competir, concorrer. 2. Ser rival (3) (de algo ou alguém); ser igual ou semelhante em qualidade, etc. [Conjug.: ⨯ [rivaliz]ar]

ri•xa *sf.* 1. Contenda, briga. 2. Desordem, agitação. 3. Discórdia, desavença. 4. V. *rolo* (9).

ri•xen•to *adj. Bras.* Dado a rixas.

ri•zes *sm.pl. Marinh.* Pedaços de cabo delgado para amarrar a vela à verga a fim de reduzir a superfície do pano.

ri•zi•cul•tor (ô) *sm.* Orizicultor.

ri•zi•cul•tu•ra *sf.* Orizicultura.

ri•zo•ma *sm. Bot.* Caule subterrâneo que cresce horizontalmente, ramificando-se para dar origem a novas plantas; ocorre, p. ex., nos bambus, no gengibre.

ri•zo•ma•to•so *adj.* Que tem rizoma.

ri•zo•tô•ni•co *adj. Gram.* Diz-se das formas verbais em que o acento tônico recai na raiz (5). [Cf. *arrizotônico.*]

❑ **Rn** *Quím.* Símb. do *radônio.*

❑ **RNA** Sigla, em inglês, de *ácido ribonucleico.*

rô *sm.* A 17ª letra do alfabeto grego (Ρ, ρ).

ro•az *adj2g.* Que rói muito. [Superl.: *roacíssimo.*]

ro•ba•lo *sm. Zool.* Peixe centropomídeo, comestível.

ro•be *sm.* V. *roupão.*

ro•bô *sm.* 1. Autômato, geralmente metálico, com estrutura semelhante à do corpo humano. **2.** Mecanismo comandado por computador e que executa tarefas e movimentos usualmente realizados por humanos.

ro•bó•ti•ca *sf.* Ramo do conhecimento, comum à engenharia e à informática, que trata da criação e da programação de robôs.

ro•bus•te•cer *v.t.d.* **1.** Tornar robusto. **2.** Confirmar, corroborar. *Int.* e *p.* **3.** Tornar-se robusto. [Conjug.: 34 [robuste]**cer**]

ro•bus•to *adj.* **1.** De constituição resistente; vigoroso. **2.** Saudável, sadio. **3.** Duro, sólido. **4.** Que tem força, vitalidade. § **ro•bus•tez** (ê) *sf.*

ro•ca¹ *sf.* Haste de madeira ou de cana com bojo na extremidade, no qual se enrola a rama do linho, da lã, etc., para ser fiada.

ro•ca² *sf.* Rocha.

ro•ça *sf.* **1.** Roçadura. **2.** Roçado (1). **3.** *Bras.* Terreno de pequena lavoura (em especial de milho, feijão, etc.); roçado. **4.** *Bras.* A zona rural, o campo.

ro•ça•do *sm.* **1.** Terreno onde se roçou e queimou o mato, e que está pronto para a cultura; roça. **2.** *Bras.* Roça (3).

ro•ça•du•ra *sf.* Ato ou efeito de roçar(-se); roça.

ro•cam•bo•le *sm. Bras. Cul.* Bolo de tabuleiro enrolado com recheio.

ro•cam•bo•les•co (ê) *adj.* Que lembra as aventuras extraordinárias de Rocambole, personagem dum romance do francês Ponson du Terrail.

ro•çar *v.t.d.* **1.** Derrubar, cortar (vegetação). **2.** Gastar, com o atrito. **3.** Produzir atrito com (outro corpo). **4.** Tocar de leve. **5.** Passar junto de. *T.i.* **6.** Roçar (4). *T.d.i.* **7.** Roçar roçar (3), esfregar. [Conjug.: 9 [ro]**çar**]

ro•cei•ro *sm.* **1.** Homem que roça o mato. **2.** *Bras.* Homem que planta roçados. **3.** *Bras.* V. *caipira* (1). • *adj.* **4.** V. *caipira* (2).

ro•cha *sf.* **1.** Massa compacta de pedra muito dura. **2.** Rochedo. [Sin. ger.: *roca*.]

ro•che•do (ê) *sm.* **1.** Grande rocha, volumosa, elevada ou escarpada; penhasco. **2.** Penhasco batido pelo mar, ou à beira-mar; penedo.

ro•cho•so (ô) *adj.* **1.** Constituído de rochas ou rochedos. **2.** Da natureza da rocha. [Pl.: *–chosos* (ó).]

ro•cim *sm.* Cavalo pequeno e/ou fraco ou magro. [Pl.: *–cins.*]

ro•ci:o *sm.* Orvalho.

⇨ **rock** [Ingl.] *sm.* Música de origem norte-americana em compasso quaternário e tocada em guitarra elétrica, contrabaixo e bateria, e dança que a acompanha; roque.

ro•da *sf.* **1.** Peça ou máquina simples, circular, que se movimenta ao redor de um eixo ou de seu centro, e serve para muitos fins mecânicos. **2.** Qualquer objeto circular; disco. **3.** A roda (1) de qualquer veículo, a qual, aciona-

da, permite o rolamento dele. **4.** A extensão da barra duma peça de vestuário; rodado. **5.** Caixa giratória, na porta de asilos, etc., onde se deposita algo que se quer remeter para o interior. **6.** Agrupamento de pessoas. **7.** O círculo de amigos de alguém. **8.** Brinquedo de crianças, que, de mãos dadas, cantam e movimentam-se em círculo.

ro•da•da *sf.* **1.** O movimento completo de uma roda. **2.** *Bras.* Cada uma das vezes que se serve bebida aos que bebem juntos num bar. **3.** *Bras.* Num campeonato desportivo, conjunto de jogos ao final dos quais todos os competidores completam o mesmo número de partidas disputadas.

ro•da•do *sm.* Roda (4).

ro•da•gem *sf.* **1.** Conjunto de rodas de um maquinismo. **2.** Ato de rodar (4). [Pl.: *–gens.*]

ro•da•mo•i•nho (o-í) *sm. Bras.* V. *remoinho*.

ro•da•pé *sm.* Barra que rodeia a parte inferior das paredes.

ro•dar *v.t.d.* **1.** Fazer girar, dar volta(s). **2.** Rodear (1). **3.** Viajar por; percorrer. **4.** Percorrer (o veículo) determinada distância. **5.** Imprimir (3). **6.** *Bras. Cin.* Filmar (1). **7.** *Inform.* Executar (8). *Int.* **8.** Girar (1). **9.** Cair, rolando. **10.** *Pop.* Caminhar, andar. [Conjug.: 1 [rod]**ar**] § **ro•dan•te** *adj2g.*

ro•da•vi•va *sf.* V. *azáfama* (2). [Pl.: *rodas-vivas.*]

ro•de•ar *v.t.d.* **1.** Fazer caminho curvo ou circular, em redor de (algo) ou seguindo seu contorno; rodar. **2.** Estar, ou estender-se em volta de (algo); cercar, cingir. **3.** Formar círculo à volta de. **4.** Desviar-se de, evitar (obstáculo, problema, etc.). **5.** Fazer companhia a; cercar. *P.* **6.** Fazer-se acompanhar; cercar-se. [Conjug.: 10 [rod]**ear**]

ro•dei•o *sm.* **1.** Ato ou efeito de rodear(-se). **2.** V. *circunlóquio*. **3.** Meio indireto para se obter um fim. **4.** Desculpa, evasiva. **5.** *Bras.* Ato de ajuntar o gado para marcá-lo ou para curativos; vaquejada. **6.** *Bras.* Competição de peões [v. *peão²* (1)].

ro•de•la *sf.* **1.** Roda pequena. **2.** Escudo redondo. **3.** *Anat. Pop.* Rótula (2). **4.** Pedaço mais ou menos circular de algo.

ro•di•lha *sf.* Pano enrolado como rosca, e sobre o qual se assenta a carga na cabeça.

ró•di:o *sm. Quím.* Elemento de número atômico 45, metálico [símb.: *Rh*].

ro•dí•zi:o *sm.* **1.** Rodinha afixada aos pés de alguns móveis, para que se desloquem facilmente. **2.** Revezamento na realização dum trabalho.

ro•do (ô) *sm.* **1.** Utensílio de madeira com que se juntam os cereais nas eiras e o sal nas marinhas. **2.** Utensílio semelhante a esse, usado para puxar água das superfícies molhadas. [Pl.: *rodos* (ô).]

ro•dó•fi•ta *sf. Bot.* Espécime das rodófitas, divisão do reino vegetal que compreende organismos unicelulares ou pluricelulares; abrange as algas vermelhas. **§ ro•dó•fi•to** *adj.*

ro•do•lo•gi•a *sf.* Parte da botânica que se ocupa das rosas.

ro•do•pi•ar *v.int.* **1.** Dar numerosas voltas; girar muito. **2.** Andar ou correr, descrevendo círculos sobre círculos. [Conjug.: ① [rodopi]**ar**]

ro•do•pi•o *sm.* Ato ou efeito de rodopiar.

ro•do•vi•a *sf. Bras.* Via destinada ao tráfego de veículos que se deslocam sobre rodas.

ro•do•vi•á•ri:a *sf. Bras.* **1.** Estação de embarque e desembarque de passageiros de linhas de ônibus; estação rodoviária. **2.** Empresa de transporte rodoviário.

ro•do•vi•á•ri:o *Bras. adj.* **1.** De rodovia. • *sm.* **2.** Empregado rodoviário.

ro:e•dor[1] *(ô) adj.* Que rói.

ro:e•dor[2] *(ô) sm. Zool.* Espécime dos roedores, ordem de mamíferos terrestres, escavadores, ou arborícolas, ou semi-aquáticos, cujos dentes incisivos têm crescimento contínuo. Ex.: rato, ouriço. **§ ro:e•dor**[2] *adj.*

ro:ent•gen•fo•to•gra•fi•a *(rentguen) sf. Med.* Abreugrafia.

ro•er *v.t.d.* e *int.* **1.** Cortar com os dentes. **2.** Devorar ou destruir aos bocadinhos, de modo contínuo. **3.** V. *corroer. T.d.* e *p.* **4.** *Fig.* Inquietar(-se), atormentar(-se). [Conjug.: ㊲ [r]**oer**] **§ ro:e•du•ra** *sf.*

ro•gar *v.t.d.* e *t.d.i.* **1.** Pedir favor(es), com instância ou humildade; suplicar, instar. **2.** Exortar, tentar convencer com pedidos. *T.i.* **3.** Rogar (1). *Int.* **4.** Fazer súplicas. [Conjug.: ⑪ [ro]**gar**]

ro•ga•ti•va *sf.* V. *rogo* (1).

ro•ga•tó•ri:a *sf.* **1.** V. *rogo* (1). **2.** *Jur.* Solicitação feita a juiz ou tribunal de outro país para que determine o cumprimento de certos atos que fogem à jurisdição de quem solicita.

ro•go *(ô) sm.* **1.** Ato ou efeito de rogar; súplica, rogatória, rogativa. **2.** V. *oração* (1). [Pl.: *rogos (ó)*.]

ro•jão *sm. Bras.* **1.** Ritmo intenso de vida, ação, trabalho, etc. **2.** Marcha um tanto forçada. **3.** V. *foguete* (1). [Pl.: *–jões*.]

ro•jar *v.t.d.* **1.** Trazer ou levar (algo), arrastando-o. **2.** Atirar, arremessar. *Int.* e *p.* **3.** Rastejar (2). [Conjug.: ① [roj]**ar**]

ro•jo *(ô) sm.* **1.** Ato ou efeito de rojar(-se). **2.** Som que esse ato produz. [Pl.: *rojos (ô)*.]

rol *sm.* V. *lista* (1). [Pl.: *róis*.]

ro•la *(ô) sf. Zool.* Nome comum a várias aves columbídeas menores que a pomba; rolinha.

ro•la•gem *sf.* **1.** Rolamento (1). **2.** *Bras. Restr.* Ato ou efeito de rolar (3). [Pl.: *–gens*.]

ro•la•men•to *sm.* **1.** Ato ou efeito de rolar; rolagem. **2.** Mecanismo que consta de esferas ou de pequenos cilindros de aço dispostos entre anéis, também de aço, e que, postos em funcionamento, diminuem o atrito e facilitam o movimento de rotação de outra peça, em geral um eixo giratório. **3.** *Fig.* Fluxo de tráfego.

ro•lar *v.t.d.* **1.** Rodar (1). **2.** Fazer avançar (alguma coisa), obrigando-a a dar voltas sobre si mesma. **3.** *Bras. Fig.* Adiar o pagamento de (dívida), substituindo-a por outra de vencimento posterior. *Int.* **4.** Avançar dando voltas sobre si próprio. [Conjug.: ① [rol]**ar**] **§ ro•lan•te** *adj2g.*

rol•da•na *sf.* Maquinismo formado por disco que gira em torno dum eixo central e cuja borda é escavada para que por ela passem cabo, correia, etc., cujas extremidades se ligam uma à força e outra à resistência.

rol•dão *el. sm.* Us. na loc. *de roldão*. [Pl.: *–dões*.] **♦ De roldão.** Em tropel; atropeladamente.

ro•le•ta *(ê) sf.* **1.** Jogo de azar em que o número sorteado é indicado pela parada de uma bolinha numa das 37 casas numeradas duma roda que gira. **2.** Essa roda.

ro•le•te *(ê) sm.* **1.** Entrenó de cana. **2.** *Bras.* Rodela de cana descascada, para chupar.

ro•lha *(ô) sf.* Peça em geral cilíndrica, de cortiça, borracha, etc., para tapar gargalo de garrafas e outros frascos.

ro•li•ço *adj.* **1.** Em forma de rolo; cilíndrico. **2.** De formas arredondadas; gordo.

ro•li•mã *sm. Bras.* **1.** Mecanismo que consta de pequenos cilindros de aço dispostos entre anéis. **2.** Pequeno carro de madeira: tábua montada sobre rolimãs.

ro•li•nha *sf. Zool.* V. *rola*.

ro•lo *(ô) sm.* **1.** Qualquer coisa de forma cilíndrica um tanto alongada. **2.** Máquina com um ou mais cilindros, em geral metálicos, para nivelar o solo, quebrar torrões, etc. **3.** Nome comum a várias peças cilíndricas com usos diversos, como o rolo de pedreiro, o de pasteleiro, etc. **4.** Qualquer coisa enrolada ou afeiçoada como rolo (1). **5.** V. *vagalhão*. **6.** Massa gasosa mais ou menos densa, que lembra um cilindro. **7.** Aquilo que gira formando rolo ou remoinho. **8.** Multidão de gente. **9.** *Bras. Pop.* Conflito ou confusão em que se envolvem muitas pessoas; arruaça, assuada, banzé, embrulhada, confusão, sarilho, rixa, quebra-quebra, sururu, arranca-rabo, bafafá. [Pl.: *rolos (ô)*.]

❑ **ROM** *Inform.* Sigla que designa um tipo de memória (4) permanente cujo conteúdo pode ser apenas lido (acessado), mas não modificado por novas gravações.

ro•mã *sf.* O fruto da romãzeira.

ro•man•ce *sm.* **1.** Descrição mais ou menos longa das ações e sentimentos de personagens fictícios, numa transposição da vida para um plano artístico. **2.** Descrição ou enredo exagerado ou fantasioso.

ro•man•ce•ar *v.t.d.* **1.** Narrar ou descrever em forma de romance (1). *Int.* **2.** Escrever romances. **3.** Contar fatos inverossímeis. [Conjug.: 10 [romance]**ar**]

ro•man•cei•ro *sm.* Coleção de poesias ou canções escritas por poeta culto, mas de cunho popular; cancioneiro.

ro•man•cis•ta *s2g.* Autor de romance(s).

ro•ma•nes•co (ê) *adj.* Que tem caráter de romance, ou do que é romântico; romântico.

ro•ma•no *adj.* **1.** De Roma, cidade da Península Itálica, sede de um dos principais Estados da Antiguidade, e a atual capital da Itália. **2.** Diz-se de cada um dos símbolos representativos dos números, no sistema romano de numeração. • *sm.* **3.** O natural ou habitante de Roma. **4.** Algarismo romano (2). [São os símbolos I, V, X, L, C, D e M, correspondentes, respectivamente, a 1, 5, 10, 50, 100, 500 e 1.000.]

ro•mân•ti•co *adj.* **1.** Relativo a romance. **2.** Romanesco. **3.** Sonhador, devaneador, fantasioso. **4.** Que segue o romantismo. • *sm.* **5.** Indivíduo romântico.

ro•man•tis•mo *sm.* **1.** Importante movimento artístico do início do séc. XIX, que, abandonando os modelos clássicos, passou ao individualismo. **2.** Qualidade de romântico ou romanesco.

ro•man•ti•zar *v.t.d.* **1.** Dar feição romântica, ou de romance, a. *T.d.* e *int.* **2.** Descrever ou conceber algo de modo imaginoso, fantasioso. [Conjug.: 1 [romantiz]**ar**]

ro•ma•ri•a *sf.* Peregrinação de caráter religioso.

ro•mã•zei•ra *sf. Bot.* Arvoreta punicácea, frutífera.

rom•bo¹ *sf.* **1.** Furo, abertura, buraco de grandes proporções. **2.** *Fig.* Desfalque, alcance.

rom•bo² *adj.* **1.** Obtuso (1). • *sm.* **2.** Losango.

rom•bói•de *sm. Geom.* Quadrilátero de ângulos não retos, de lados opostos iguais e lados contíguos diferentes.

rom•bu•do *adj.* Muito mal aguçado; que penetra dificilmente.

ro•mei•ro *sm.* Homem que toma parte em romaria; peregrino.

ro•me•no *adj.* **1.** Da Romênia (Europa). • *sm.* **2.** O natural ou habitante da Romênia. **3.** A língua romena.

rom•pan•te *sm.* **1.** Arrogância, altivez. **2.** Reação impetuosa e/ou violenta.

rom•per *v.t.d.* **1.** Desfazer a integridade de (algo), p. ex., partindo, quebrando, rasgando, etc. **2.** Fazer cessar (estado, condição, etc.). **3.** Dar início súbito a. **4.** Deslocar-se, avançar com ímpeto, como que abrindo ou ferindo aquilo que opõe resistência. **5.** Desfazer ou desrespeitar (algum tipo de acordo, compromisso ou relação com outra pessoa). *T.i.* **6.** Manifestar subitamente (sentimento), ou iniciar (ação, movimento) de modo impetuoso. **7.** Romper (5). *T.c.* **8.** Avançar com ímpeto. *Int.* **9.** Ter início; começar a aparecer, surgir. **10.** Romper (5). *P.* **11.** Estragar-se, partindo-se ou rasgando-se. **12.** Cessar, terminar. [Conjug.: 2 [romp]**er**; part.: *rompido* e *roto* (ô).]

rom•pi•men•to *sm.* Ato ou efeito de romper(-se); ruptura, rotura.

ron•ca *sf.* **1.** V. *roncadura*. **2.** Ronco (5).

ron•ca•du•ra *sf.* Ato ou efeito de roncar; ronca, ronco.

ron•car *v.int.* **1.** Respirar ruidosamente durante o sono; ressonar com ruído. **2.** Produzir estrondo. [Conjug.: 8 [ron]**car**] § **ron•ca•dor** (ô) *adj.* e *sm.*

ron•cei•ro *adj.* **1.** Vagaroso, lento. **2.** Indolente (2).

ron•co *sm.* **1.** O som da respiração de quem ronca dormindo. **2.** V. *roncadura*. **3.** Ruído contínuo e cavernoso, semelhante ao ronco (1). **4.** O grunhir dos porcos. **5.** Bravata, fanfarronice.

ron•co•e•lho (ô) *adj.* **1.** Que só tem um testículo. **2.** Mal castrado. [Pl.: *–coelhos* (ô).]

ron•da *sf.* **1.** Visita a algum posto, ou volta feita para inspecionar, vigiar, ou zelar pela tranqüilidade pública. **2.** Grupo de soldados ou de guardas que fazem a ronda (1).

ron•dar *v.t.d.* **1.** Andar à volta, ou nas proximidades de. **2.** Deslocar-se, ou ir de um ponto a outro, para observar, vigiar ou inspecionar. *Int.* **3.** Fazer ronda. [Conjug.: 1 [rond]**ar**] § **ron•dan•te** *adj2g.*

ron•do•ni•a•no *adj.* **1.** De RO. • *sm.* **2.** O natural ou habitante desse estado.

ro•nha *sf.* **1.** Sarna que ataca ovelhas e cavalos. **2.** *Pop.* V. *malícia* (2).

ron•quei•ra¹ *sf.* O ruído da respiração produzido pelo catarro ou por outra causa de obstrução nas vias respiratórias.

ron•quei•ra² *sf. Bras.* Cano de ferro cheio de pólvora, que detona com estrondo; roqueira.

ron•rom *sm.* Rumor contínuo provocado pela traquéia do gato, em geral quando descansa. [Pl.: *–rons*.]

ron•ro•nar *v.int.* Fazer ronrom. [Conjug.: 1 [ronron]**ar**] § **ron•ro•nan•te** *adj2g.*

ro•que¹ *sm. Ant.* A torre do jogo de xadrez.

ro•que² *sm.* V. *rock*.

ro•quei•ra *sf.* **1.** Antigo canhão de ferro para lançar pedras. **2.** *Bras.* Ronqueira²?

ro•quei•ro *sm.* Instrumentista, cantor e/ou compositor de roque².

ro•que•te (ê) *sm.* Sobrepeliz estreita, com mangas, bordados de rendas e pregas miúdas.

ror (ô) *sm. Pop.* V. *quantidade* (2).

ro•rai•men•se *adj2g.* 1. De RR. • *s2g.* 2. O natural ou habitante desse estado.

ro•re•jar *v.t.d.* 1. Deixar sair, cair ou brotar (orvalho, transpiração, etc.), gota a gota. 2. Molhar com pequenas gotas. [Conjug.: 1 [rorej]ar] § ro•re•jan•te *adj2g.*

ro•sa *sf.* 1. A flor da roseira. • *sm.* 2. Cor-derosa. • *adj2g.2n.* 3. V. *cor-de-rosa* (1).

ro•sá•ce:a¹ *sf.* 1. Ornato arquitetônico em forma de rosa. 2. Grande vitral de igreja, etc., semelhante a esse ornato.

ro•sá•ce:a² *sf.* Bot. Espécime das rosáceas, família de ervas, árvores ou arbustos floríferos.

ro•sá•ce:o¹ *adj.* 1. Referente à rosa. 2. Em forma de rosa.

ro•sá•ce:o² *adj. Bot.* Relativo ou pertencente às rosáceas.

ro•sa•do *adj.* 1. V. *cor-de-rosa* (1). 2. Em cuja composição entra a essência de rosas.

ro•sa-dos-ven•tos *sf. Náut.* Mostrador onde estão marcados os pontos cardeais e os colaterais. [Pl.: *rosas-dos-ventos*.]

ro•sal *sm.* Roseiral. [Pl.: *–sais*.]

ro•sá•ri:o *sm.* 1. Enfiada de 165 contas: 15 dezenas de ave-marias e 15 padre-nossos, para serem rezados como prática religiosa. 2. Sucessão, série.

ros•bi•fe *sm. Cul.* Peça de carne bovina preparada de modo que fique tostada por fora e mais ou menos sangrenta no interior.

ros•ca (ó) *sf.* 1. Espiral do parafuso ou de outro objeto qualquer. 2. *Cul.* Pão, bolo ou biscoito retorcido ou em forma de argola. 3. Cada uma das voltas da serpente enroscada. [Pl.: *roscas* (ó).]

ro•sei•ra *sf. Bot.* Arbusto ou trepadeira das rosáceas, de flores perfumadas.

ro•sei•ral *sm.* Plantação de roseiras; rosal. [Pl.: *–rais*.]

ró•se:o *adj.* 1. Próprio da, ou perfumado como a rosa. 2. V. *cor-de-rosa* (1).

ro•se•ta *sf.* 1. Nome comum a diferentes objetos cuja forma lembra a da rosa. 2. Rodinha dentada de espora. 3. Botãozinho de fita enrolada usado na botoeira da lapela como condecoração.

ro•si•cler *adj2g.* 1. De uma tonalidade róseopálida que lembra a da aurora. • *sm.* 2. Essa tonalidade.

ro•si•lho *adj.* De pêlo avermelhado e branco, como que rosado (cavalo).

ros•ma•ni•nho *sm. Bot.* Erva labiada, aromática.

ros•nar *v.t.d.* 1. Dizer em voz baixa e sem pronunciar claramente as palavras. *Int.* 2. Emitir (o cão, o lobo, etc.) som ameaçador, diferente do latido, arreganhando os dentes. • *sm.* 3. O ato de rosnar, ou o som assim produzido. [Conjug.: 1 [rosn]ar] § ros•na•de•la *sf.*; ros•na•do *sm.*

ros•que•ar *v.t.d. Bras.* Prover de roscas (pino, parafuso, etc.). [Conjug.: 10 [rosqu]ear]

ros•si:o *sm.* Praça larga, espaçosa.

ros•to (ó) *sm.* 1. A parte anterior da cabeça; cara, semblante. 2. V. *fisionomia* (1). 3. O anverso da medalha. [Pl.: *rostos* (ó).]

ros•tro (ó) *sm.* 1. *Zool.* Bico das aves. 2. *Zool.* Focinho de animais aquáticos. 3. *Zool.* Sugadouro dos insetos hemípteros. 4. *Bot.* Prolongamento pontiagudo de vários órgãos vegetais.

ro•ta *sf.* 1. Caminho, rumo. 2. *Náut.* Derrota².

ro•ta•ção *sf.* Movimento giratório. [Pl.: *–ções.*]

ro•ta•ri•a•no *sm.* Membro do *Rotary Club*, organização que visa a criar laços de compreensão mundial.

ro•ta•ti•va *sf.* Máquina de impressão em que a pressão se faz entre duas superfícies cilíndricas.

ro•ta•ti•vo *adj.* Que faz rodar.

ro•ta•tó•ri:o *adj.* Relativo a rotação.

ro•tei•ro *sm.* 1. Descrição escrita dos pontos que se devem conhecer para uma viagem marítima. 2. Itinerário (2). 3. Indicação da situação e direção de caminhos duma povoação. 4. Esquema do que deve ser abordado, estudado, etc., em discussão ou trabalho escrito. 5. *Cin. Rád. Telev.* Forma de apresentação escrita de filme ou programa, e que contém falas e indicação de imagens, sonoplastia, etc.

ro•ti•na *sf.* 1. Caminho já conhecido, em geral trilhado maquinalmente. 2. Seqüência de atos, usos, etc., observada por força do hábito.

ro•ti•neiro *adj.* Relativo à ou que segue a rotina.

ro•to (ó) *adj.* 1. Que se rompeu. 2. Esburacado; rasgado. 3. Maltrapilho. [Pl.: *rotos* (ó).]

ro•tor (ôr) *sm.* 1. Parte giratória de máquina ou motor, especialmente elétrico. 2. Mecanismo giratório de helicóptero, com as respectivas pás.

ró•tu•la *sf.* 1. Gelosia. 2. *Anat.* Osso situado adiante da articulação do fêmur com tíbia, em membro inferior. [Sin. pop., nesta acepç.: *rodela.*] § ro•tu•li•a•no *adj.*

ro•tu•lar *v.t.d.* 1. Colocar rótulo ou etiqueta em. 2. Qualificar de modo simplista. *Transobj.* 3. Classificar, reputar. [Conjug.: 1 [rotul]ar] § ro•tu•la•ção *sf.*; ro•tu•la•gem *sf.*

ró•tu•lo *sm.* Papel que se cola em embalagens e recipientes, com indicação sobre o conteúdo.

ro•tun•da *sf.* 1. Construção circular terminada em cúpula. 2. Praça ou largo circular.

ro•tun•do *adj.* V. *redondo* (1 a 4). § ro•tun•di•da•de *sf.*

ro•tu•ra *sf.* V. *rompimento.*

rou•ba•lhei•ra *sf.* Roubo vultoso e escandaloso.

rou•bar *v.t.d.* 1. Tomar (objeto, coisa móvel) da posse de alguém, mediante ameaça ou violência. 2. Tirar bens, dinheiro ou valores da posse de (alguém). 3. Apropriar-se de (algo), de modo enganoso. 4. Raptar. 5. Exigir que se consuma ou que se gaste (tempo, dinheiro, esforço, etc.); consumir, gastar. *Int.* 6. Praticar roubos. 7. Agir desonestamente, ou de modo a prejudicar alguém. [Conjug.: ① [roub]**ar**]

rou•bo *sm.* 1. Ato de roubar. 2. O que se rouba.

rou•co *adj.* 1. De fala áspera e cavernosa, difícil de entender. 2. Diz-se do som semelhante a fala rouca.

rou•fe•nho *adj.* Que tem som fanhoso.

⇨ **round** (ráund) [Ingl.] *sm. Esport.* No boxe, um dos tempos da competição.

rou•pa *sf.* 1. Peça de pano, etc. para uso doméstico. 2. Peça de vestuário; traje, indumentária, indumento.

rou•pa•gem *sf.* Conjunto de roupas. [Pl.: *–gens.*]

rou•pão *sm.* Peça caseira de vestuário, ger. larga e longa, aberta na frente, de mangas e cinto, usada sobre roupa de dormir, de banho, etc.; robe, chambre. [Pl.: *–pões.*]

rou•pa•ri•a *sf.* 1. Quantidade considerável de roupa. 2. Local onde se guardam roupas.

rou•pa•ve•lha *sf. Bras. Cul.* Iguaria feita com sobras de carne de refeição anterior. [Pl.: *roupas-velhas.*]

rou•pei•ro *sm.* Indivíduo encarregado de rouparia.

rou•pe•ta (ê) *sf.* Batina sacerdotal.

rou•qui•dão *sf.* Estado de rouco. [Pl.: *–dões.*]

rou•xi•nol *sm.* 1. *Zool.* Ave turdídea, canora, européia. 2. *Fig.* Pessoa de linda voz. [Pl.: *–nóis.*]

rou•xo (ô) *adj.* 1. De cor entre o rubro e o violáceo. • *sm.* 2. Essa cor. [Pl.: *roxos* (ó).]

⇨ **royalty** (róialti) [Ingl.] *sm.* Importância cobrada pelo proprietário de uma patente para permitir seu uso ou comercialização. [Pl.: *royalties.*]

❑ **Ru** *Quím.* Símb. do *rutênio.*

ru•a *sf.* 1. Via pública para circulação urbana, total ou parcialmente ladeada de casas. 2. Os habitantes duma rua.

ru•bé•o•la *sf. Med.* Virose contagiosa caracterizada por erupção polimorfa e que, se incidir em grávida sem imunidade, pode provocar aborto, ou causar más-formações no nascituro.

ru•bi ou **ru•bim** *sm.* Pedra preciosa vermelha. [Pl. de *rubim*: *–bins.*]

ru•bi•á•ce:a *sf. Bot.* Espécime das rubiáceas, família de árvores, arbustos e ervas, todas floríferas e de frutos ger. capsulares. Ex.: o café. § **ru•bi•á•ce:o** *adj.*

ru•bi•cun•do *adj.* De cor rubra.

ru•bí•di:o *sm. Quím.* V. *metal alcalino* [símb.: Rb].

ru•bor (ô) *sm.* 1. A cor rubra. 2. Vermelhidão nas faces, devido na reação de timidez, indignação, pudor, etc.

ru•bo•ri•zar *v.t.d.* 1. Enrubescer. 2. Provocar rubor (2), em decorrência de sentimento de

indignação, vergonha, pudor. *Int.* e *p.* 3. Enrubescer-se. [Conjug.: ① [ruboriz]**ar**]

ru•bri•ca (i) *sf.* 1. Palavra(s) ou marca(s) com que se indica o assunto, a categoria, de determinado elemento de uma lista, catálogo, etc. 2. Firma ou assinatura abreviada, reconhecida como autêntica.

ru•bri•car *v.t.d.* Pôr rubrica (2) ou rubricas em. [Conjug.: ⑧ [rubri]**car**]

ru•bro *adj.* Vermelho muito vivo.

ru•ço *adj.* 1. Tirante a pardo; pardacento. 2. Diz-se do cabelo ou da barba grisalha, ou de quem os tem. 3. *Bras.* Desbotado pelo uso. 4. *Pop.* Que tem cabelo castanho muito claro. • *sm.* 5. *Bras. RJ* Névoa densa, própria da Serra do Mar.

ru•de *adj2g.* 1. V. *rústico* (2). 2. Pedregoso, escabroso. 3. V. *grosseiro* (3). 4. Rigoroso, severo. § **ru•de•za** (ê) *sf.*

ru•de•ral *adj2g. Bot.* Diz-se de plantas que crescem próximo às habitações humanas. [Pl.: *–rais.*]

ru•di•men•tar *adj2g.* 1. Que tem caráter de rudimento(s). 2. Que não se desenvolveu, ou não se aperfeiçoou.

ru•di•men•to *sm.* Elemento inicial; começo.

ru•di•men•tos *sm.pl.* Primeiras noções; elementos, princípios.

ru•ei•ro *adj.* 1. Que gosta de andar pelas ruas. 2. Relativo a rua. • *sm.* 3. Indivíduo rueiro.

ru•e•la *sf.* Ruazinha; viela.

ru•far *v.t.d.* 1. Tocar (tambor), dando rufos. *Int.* 2. Produzir rufo(s). [Conjug.: ① [ruf]**ar**]

ru•fi•ão *sm.* 1. Indivíduo brigão. 2. V. *cáften.* [Fem.: *rufiona.* Pl.: *–ães* e *–ões.*]

ru•flar *v.t.d.* Agitar (as asas) para alçar vôo. *Int.* 2. Agitar-se com rumor, como as asas das aves que esvoaçam. [Conjug.: ① [rufl]**ar**]

ru•flo *sm.* Ato ou efeito de ruflar.

ru•fo[1] *sm.* 1. Toque de tambor com batidas rápidas e sucessivas. 2. Som análogo a esse toque.

ru•fo[2] *sm.* Chapa colocada na parede, junto ao telhado, para proteção contra as águas pluviais.

ru•ga *sf.* Prega ou dobra na pele, na roupa, em qualquer superfície. § **ru•go•so** (ô) *adj.*

ru•ge-ru•ge *sm.* 1. Ruído de saias que roçam o chão. 2. Rumor semelhante a esse. [Pl.: *rugesruges* e *ruge-ruges.*]

ru•gi•do *sm.* 1. Som forte, longo e grave, emitido por leões e outras feras; urro. 2. Qualquer som cavernoso; bramido.

ru•gir *v.int.* 1. Soltar rugido (o leão ou outra fera); urrar. 2. Fazer rugido. 3. Fazer rugeruge. [Conjug.: ㊺ [ru]**gir**. Norm., é unipess.]

ru•í•do *sm.* 1. Som provocado pela queda de um corpo. 2. Som confuso e/ou prolongado; rumor. 3. Qualquer som. 4. *Telec.* Qualquer perturbação aleatória que ocorra num canal

de comunicação durante transmissão. **5.** *Fig.*
V. *boato.*

ru:i•do•so (ô) *adj.* Barulhento; rumoroso.

ru•im (u-ím) *adj2g.* **1.** Sem préstimo. **2.** Defeituoso; estragado. **3.** De má qualidade; ordinário. **4.** Nocivo (física ou moralmente). **5.** De má índole; mau. § **ru:in•da•de** *sf.*

ru•í•na *sf.* **1.** Ato ou efeito de ruir. **2.** Restos de construções desmoronadas. **3.** Aniquilamento, destruição. **4.** Perda de bens materiais ou morais. **5.** Decadência absoluta; derrocada.

ru:i•no•so (ô) *adj.* Que causa ou pode causar ruína.

ru•ir *v.int.* Cair com ímpeto e depressa; desmoronar-se, desabar. [Conjug.: 49 [r]**uir**. Defect., não conjugável na 1ª pess. sing. pres. ind. nem, portanto, no pres. subj.]

rui•vo *adj.* **1.** Amarelo-avermelhado. **2.** Diz-se do pêlo ou do cabelo ruivo. • *sm.* **3.** Homem de cabelo ruivo.

rum *sm.* Aguardente do melaço de cana-de-açúcar. [Pl.: *runs.*]

ru•ma *sf.* Pilha, montão; rima.

ru•mar *v.t.d.c.* **1.** Fazer (a embarcação) seguir em certa direção. *T.c.* **2.** Dirigir-se, encaminhar-se. [Conjug.: 1 [rum]**ar**]

ru•mi•nan•te[1] *adj2g.* Que rumina.

ru•mi•nan•te[2] *sm. Zool.* Espécime dos ruminantes, subordem que compreende mamíferos herbívoros de estômago duplo, com quatro cavidades: pança, barrete, folhoso e coagulador. Ex.: boi, camelo.

ru•mi•nar *v.t.d.* e *int.* **1.** Entre certos animais (ditos *ruminantes*), mastigar novamente os alimentos que voltam do estômago à boca. **2.** Refletir muito. [Conjug.: 1 [rumin]**ar**] § **ru•mi•na•ção** *sf.*

ru•mo *sm.* **1.** Cada uma das direções marcadas na rosa-dos-ventos. **2.** Caminho, direção.

ru•mor (ô) *sm.* **1.** Ruído (2). **2.** Ruído de vozes; burburinho. **3.** Notícia, fama. **4.** V. *boato.* § **ru•mo•ro•so** (ô) *adj.*

ru•mo•re•jar *v.int.* Produzir rumor; sussurrar. [Conjug.: 1 [rumorej]**ar**] § **ru•mo•re•jan•te** *adj2g.*

ru•pes•tre *adj2g.* **1.** Litófilo. **2.** Gravado, traçado ou construído na rocha ou rochedo.

rup•tu•ra *sf.* V. *rompimento.*

ru•ral *adj2g.* Do, ou próprio do campo (3). [Pl.: –*rais.*]

ru•ra•lis•mo *sm.* **1.** Predomínio do campo (3), da agricultura, em relação à cidade, à indústria. **2.** A ação dos ruralistas. **3.** Emprego de cenas rurais na arte.

ru•ra•lis•ta *adj2g.* **1.** Relativo ou pertencente ao ruralismo **2.** Diz-se de pessoa que se interessa pelas coisas ou problemas rurais ou agrícolas. • *s2g.* **3.** *Restr.* Aquele que tem propriedade rural (de atividade agrícola, pecuária, etc.). **4.** Pessoa ruralista.

rus•ga *sf.* Pequena briga ou desentendimento entre duas ou mais pessoas.

rus•gar *v.int.* Provocar rusga; entrar em desentendimento. [Conjug.: 11 [rus]**gar**]

rus•guen•to *adj. Bras.* Dado a rusgas.

⇨ **rush** (râch) [Ingl.] *sm.* Grande afluência de veículos, tráfego muito intenso, em uma direção determinada.

rus•so *adj.* **1.** Da Rússia. • *sm.* **2.** O natural ou habitante da Rússia. **3.** A língua russa.

rús•ti•co *adj.* **1.** V. *campestre.* **2.** Tosco, simples, rude. **3.** Diz-se da planta, ou jardim, ou pomar, que nasceu por si só, sem cultivo. **4.** Diz-se dos móveis, utensílios, etc., usados e/ou feitos pelos camponeses ou semelhantes a aqueles. • *sm.* **5.** V. *camponês.* § **rus•ti•ci•da•de** *sf.*

ru•tá•ce:a *sf. Bot.* Espécime das rutáceas, família de arbustos e árvores floríferos, e cujas folhas são aromáticas quando esmagadas; alguns, como o limoeiro, dão frutos cítricos. § **ru•tá•ce:o** *adj.*

ru•tê•ni:o *sm. Quím.* Elemento de número atômico 44 [símb.: *Ru*].

ru•ther•fór•di:o *sm. Quím.* Elemento de número atômico 104, artificial [símb.: *Rf*].

ru•ti•lan•te *adj2g.* Que rutila; rútilo. § **ru•ti•lân•ci:a** *sf.*

ru•ti•lar *v.int.* Brilhar muito; resplandecer. [Conjug.: 1 [rutil]**ar**]

rú•ti•lo *adj.* Rutilante.

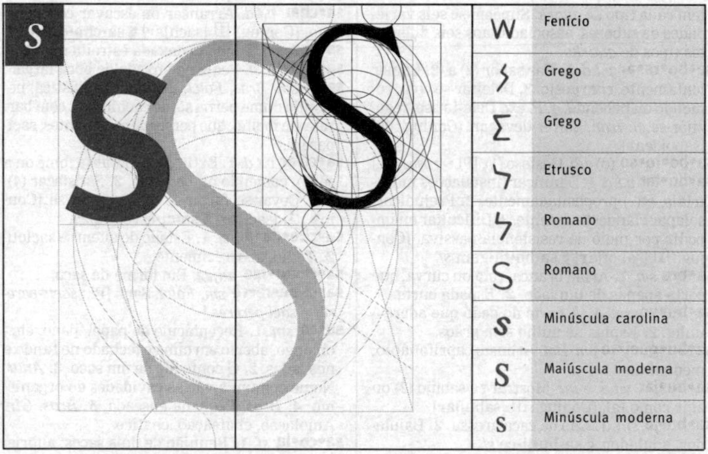
S
Fenício
Grego
Grego
Etrusco
Romano
Romano
Minúscula carolina
Maiúscula moderna
Minúscula moderna

s (ésse) *sm.* **1.** A 18ª letra do nosso alfabeto. **2.** Figura ou representação dessa letra. **3.** A forma da letra *s*, com duas curvas sucessivas em direções opostas, ou aquilo que tem essa forma. • *num.* **4.** Décimo oitavo, numa série **5.** Décimo nono, numa série em que a letra *k* corresponde ao 11º elemento. [Pl. (nas acepç. 1 a 3) indicado pela duplicação da letra: *ss*.]

❑ **s** Símb. de *segundo*[1] (5).

❑ **S 1.** *Geogr.* Abrev. de *sul* (1, 3 e 4). **2.** Abrev. de *são*[1]. **3.** *Quím.* Símb. do *enxofre*.

sa•bá *sm. Rel.* Descanso religioso dos judeus, no sábado, consagrado a Deus.

sá•ba•do *sm.* O sétimo dia da semana, começada no domingo.

sa•bão *sm.* **1.** Produto constituído de sais de sódio e de potássio, de ácidos graxos, e usado para limpeza. **2.** *Fam.* V. *descompostura*. [Pl.: *–bões*.]

sa•ba•ti•na *sf.* Recapitulação de lições.

sa•ba•ti•nar *v.t.d.* Submeter a sabatina; argüir. [Conjug.: 1 [sabatin]**ar**]

sa•be•dor (ô) *adj.* **1.** Que sabe; sabido. **2.** Que tem sabedoria; sábio. • *sm.* **3.** Sábio (4).

sa•be•do•ri•a *sf.* **1.** Grande conhecimento; saber, erudição. **2.** Qualidade de sábio. **3.** Prudência, sensatez.

sa•ber *v.t.d.* **1.** Ter conhecimento, ciência, informação ou notícia de. **2.** Ter a certeza de. **3.** Ser instruído em. **4.** Ter a certeza de (coisa futura); prever. **5.** Ter meios, ou capacidade para. **6.** Compreender, perceber. **7.** Reter na memória; saber de cor. **8.** Indagar; informar-se. *T.i.* **9.** Saber (1, 8). *Transobj.* **10.** Ter como; julgar. *Int.* **11.** Ter sabedoria. **12.** Ter conhecimento ou notícia de algo. [Conjug.: 23 **saber**] • *sm.* **13.** V. *sabedoria* (1). § **sa•be•dor** *adj.* e *sm.* ♠ **Saber a.** Ter o sabor de.

sa•be-tu•do *s2g.2n.* Sabichão.

sa•bi•á *sm. Zool.* Nome comum a várias aves turdídeas, onívoras e canoras, muito comuns no Brasil.

sa•bi•chão *sm. Fam.* Aquele que alardeia sabedoria; sabe-tudo. [Pl.: *–chões*.]

sa•bi•do *adj.* **1.** Sabedor (1). **2.** Prudente, cauteloso. **3.** Astuto, esperto. **4.** Que se sabe. • *sm.* **5.** Indivíduo sabido.

sa•bi•no *adj.* Diz-se de cavalo de pêlo branco mesclado de vermelho e preto.

sá•bi:o *adj.* **1.** Que sabe muito. **2.** Que encerra sabedoria. **3.** Sensato, judicioso. • *sm.* **4.** Homem erudito; sabedor.

sa•bo:a•ri•a *sf.* Estabelecimento onde se vende e/ou faz sabão.

sa•bo•ei•ro *sm.* Fabricante ou vendedor de sabão.

sa•bo•ne•te (ê) *sm.* Pedaço de sabão próprio para a limpeza corporal e, em geral, perfumado.

sa•bo•ne•tei•ra *sf.* Recipiente para o sabonete.

sa•bor (ô) *sm.* **1.** Impressão que as substâncias sápidas produzem na língua. **2.** Propriedade que elas têm de impressionar o paladar; gosto. **3.** *P. ext.* Qualidade comparável a qualquer coisa agradável ao paladar. **4.** *Fís.Part.* Número quântico correspondente à propriedade que

tem cada tipo de *quark*. Supõem-se seis variedades de sabores, associados aos seis diferentes tipos de *quarks*.

sa•bo•re•ar *v.t.d.* **1.** Dar sabor (2) a. **2.** Comer
lentamente, com gosto. **3.** Deleitar-se com, comendo ou bebendo. **4.** *P. ext.* Deleitar-se, regozijar-se. **5.** *Irôn.* Sofrer devagar. [Conjug.: 10
[sabor]**ear**]

sa•bo•ro•so (ô) *adj.* Gostoso (1). [Pl.: *–rosos* (ó).]

sa•bo•tar *v.t.d.* **1.** Danificar (instalações industriais, etc.) propositadamente. **2.** Prejudicar,
solapar clandestinamente. **3.** Dificultar ou impedir por meio de resistência passiva. [Con-
jug.: 1 [sabot]**ar**] § **sa•bo•ta•gem** *sf.*

sa•bre *sm.* **1.** Arma branca, reta ou curva, que
corta apenas de um lado. **2.** Espada curta.

sa•bu•go *sm.* **1.** A parte do dedo que adere à
unha. **2.** Espiga de milho sem grãos.

sa•bu•guei•ro *sm. Bot.* Arbusto caprifoliáceo,
medicinal.

sa•bu•jar *v.t.d.* e *int.* Mostrar-se sabujo (2) ou
agir como tal. [Conjug.: 1 [sabuj]**ar**]

sa•bu•jo *sm.* **1.** Cão de caça grossa. **2.** Bajulador, adulador. § **sa•bu•ji•ce** *sf.*

sa•bur•ra *sf.* Crosta esbranquiçada que cobre
a face superior da língua, ger. em doenças
estomacais.

sa•ca *sf.* Grande saco (1).

sa•ca•da *sf.* Balcão saliente numa fachada.

sa•cal *adj2g. Bras. Chulo* Enfadonho, chato.
[Pl.: *–cais.*]

sa•ca•na *adj2g. Chulo* **1.** Que não tem caráter;
canalha, malandro. **2.** Diz-se de homossexual.
3. Diz-se de pessoa sem-vergonha, libidinosa.
4. Diz-se de pessoa trocista, brincalhona. •
s2g. **5.** Pessoa sacana.

sa•car *v.t.d.* **1.** Tirar para fora à força, a puxões,
com violência. **2.** Emitir (cheque). **3.** Retirar
(dinheiro) de instituição financeira. **4.** *Gír.*
Entender, compreender. *T.i.* **5.** Sacar (1). *Int.*
6. *Bras. Pop.* Mentir. **7.** *Esport.* Dar saque[1] (4),
ou ter o direito de dá-lo. [Conjug.: 8 [sa]**car**]

sa•ca•ri•a *sf.* Grande porção de sacos ou sacas.

sa•ca•ri•na *sf. Quím.* Substância branca, sintética, muito doce, usada como substituto da
sacarose.

sa•ca-ro•lha *sm.* Saca-rolhas. [Pl.: *saca-rolhas.*]

sa•ca-ro•lhas *sm.2n.* Instrumento com que se
tiram rolhas de cortiça das garrafas ou doutros vasos.

sa•ca•ro•se *sf.* Açúcar da cana e da beterraba.

sa•cer•dó•ci:o *sm.* **1.** Missão do sacerdote. **2.**
Dignidade sacerdotal.

sa•cer•do•tal *adj2g.* Relativo a sacerdote ou a
sacerdócio. [Pl.: *–tais.*]

sa•cer•do•te *sm.* **1.** Entre os antigos, aquele que
tratava dos assuntos religiosos. **2.** V. *padre.*

sa•cer•do•ti•sa *sf.* Mulher que exercia as funções de sacerdote (1).

sa•char *v.t.d.* Arrancar ou escavar com o sa-
cho. [Conjug.: 1 [sach]**ar**] § **sa•cha•du•ra** *sf.*

sa•cho *sm.* Pequena enxada estreita e longa.

sa•cho•la *sf.* Pequena enxada de boca larga.

sa•ci *sm. Bras. Folcl.* Entidade fantástica; ne-
grinho duma perna só, de cachimbo e com barrete vermelho, que persegue os viajantes; saci-
pererê.

sa•ci•ar *v.t.d.* **1.** Extinguir, matar (a fome ou a
sede), comendo ou bebendo. **2.** Satisfazer (4).
P. **3.** Cevar-se, fartar-se. **4.** Satisfazer-se. [Con-
jug.: 1 [saci]**ar**] § **sa•ci•á•vel** *adj2g.*

sa•ci•e•da•de *sf.* **1.** Estado de quem se saciou.
2. Tédio, aborrecimento.

sa•ci•for•me *adj2g.* Em forma de saco.

sa•ci-pe•re•rê *sm. Folcl.* Saci. [Pl.: *sacis-pere-
rês* e *saci-pererês.*]

sa•co *sm.* **1.** Receptáculo de papel, pano, etc.,
oblongo, aberto em cima e fechado no fundo e
nos lados. **2.** O conteúdo de um saco. **3.** *Anat.*
Nome comum a várias cavidades do organis-
mo. **4.** *Bras.* Pequena enseada. **5.** *Bras. Gír.*
Amolação, chateação, chatice.

sa•co•la *sf.* **1.** Reunião de dois sacos; alforje.
2. Saco de alças para compras.

sa•co•lei•ro *sm. Bras. Fam.* Vendedor ambulante que leva sua mercadoria ao local de trabalho ou à casa do cliente.

sa•co•le•jar *v.t.d.*, *int.* e *p.* **1.** Sacudir(-se) ou
agitar(-se) repetidamente. **2.** Rebolar(-se).
[Conjug.: 1 [sacolej]**ar**]

sa•co•le•jo (ê) *sm.* Ato de sacolejar.

sa•cra•li•zar *v.t.d.* **1.** Atribuir caráter sagrado
a. *P.* **2.** Tornar-se sagrado. [Conjug.: 1 [sacra-
liz]**ar**]

sa•cra•men•ta•do *adj.* **1.** Que recebeu sacramento. **2.** *Bras. Fam.* Diz-se de documento legalmente formalizado. **3.** *Bras. Fam.* Diz-se de
compromisso assumido, com empenho de palavra.

sa•cra•men•tal *adj2g.* Relativo a sacramento.
[Pl.: *–tais.*]

sa•cra•men•tar *v.t.d.* **1.** *Rel.* Administrar sacramento, sobretudo os da confissão e comunhão, a. **2.** Imprimir caráter sagrado a. **3.** *Bras.
Fam.* Legalizar ou preencher todos os requisitos de (documento, trato, etc.). [Conjug.: 1
[sacrament]**ar**]

sa•cra•men•to *sm. Rel.* Cada um dos sinais sagrados (batismo, crisma, eucaristia, penitência, ordem, matrimônio e a extrema-unção)
instituídos por Jesus Cristo para a salvação
divina dos fiéis.

sa•crá•ri:o *sm. Rel.* Lugar onde se guardam coisas sagradas, em especial as hóstias consagradas; tabernáculo.

sa•cri•fi•car *v.t.d.* **1.** Oferecer em holocausto
por meio de cerimônias próprias. **2.** Prejudicar, lesar. **3.** Abrir mão de. *T.d.i.* **4.** Desprezar

(uma coisa) para dar mais realce (a outra). **5.** Dedicar com ardor. *Int.* **6.** Fazer sacrifícios em honra de divindade. *P.* **7.** Oferecer-se em sacrifício; fazer sacrifícios. **8.** Dedicar-se com ardor. **9.** Sujeitar-se. [Conjug.: ⑧ [sacrifi]**car**] § **sa•cri•fi•ca•dor** (ó) *adj.* e *sm.*; **sa•cri•fi•can•te** *adj2g.*

sa•cri•fí•ci:o *sm.* **1.** Ato ou efeito de sacrificar(-se). **2.** Privação de coisa apreciada. **3.** Renúncia em favor de outrem.

sa•cri•lé•gi:o *sm.* **1.** Uso profano de pessoa, lugar ou objeto sagrado; profanação. **2.** Ultraje a pessoa sagrada ou venerável.

sa•crí•le•go *adj.* Que cometeu sacrilégio, ou em que o há.

sa•cri•pan•ta *s2g.* Pessoa desprezível, abjeta.

sa•cris•ta *sm. Fam. Deprec.* Sacristão.

sa•cris•tão *sm. Rel.* Homem encarregado dos arranjos duma igreja, de ajudar à missa, etc. [Fem.: *sacristã.* Pl.: *–tãos* e *–tães.*]

sa•cris•ti•a *sf. Rel.* Lugar da igreja onde se guardam os paramentos e demais objetos do culto.

sa•cro *adj.* **1.** V. *sagrado* (2). **2.** Relativo ao sacro (3). • *sm.* **3.** *Anat.* O osso que, juntamente com o cóccix, forma a porção posterior da bacia.

sa•cros•san•to *adj.* Sagrado e santo.

sa•cu•di•do *adj.* **1.** Agitado, sacolejado. **2.** *Bras.* Forte, saudável.

sa•cu•dir *v.t.d.* **1.** Agitar com força e repetidamente. **2.** Agitar ou mover para um e outro lado. **3.** Fazer tremer. **4.** Limpar, agitando. *P.* **5.** V. *saracotear* (3). [Conjug.: ⑤⑦ [sac]**u**[d]**ir**]

sá•di•co *adj.* **1.** Relativo ao, ou em que há sadismo. **2.** Que é dado a praticá-lo.

sa•di•o *adj.* Que dá saúde, ou goza de saúde; são, saudável.

sa•dis•mo *sm.* Prazer com o sofrimento alheio.

sa•fa *interj.* Exprime tédio ou admiração.

sa•fa•do *adj.* **1.** Gasto ou deteriorado pelo uso. **2.** *Pop.* V. *desavergonhado.* **3.** *Bras.* Imoral. **4.** *Bras. Gír.* Indignado, encolerizado. • *sm.* **5.** *Pop.* V. *desavergonhado.*

sa•fa•não *sm.* Empurrão, empuxão. [Pl.: *–nões.*]

sa•far *v.t.d.* **1.** Tirar, puxando. **2.** Tirar, furtar. **3.** Desembaraçar, livrar. **4.** Livrar, salvar. *P.* **5.** Esquivar-se, escapar. [Conjug.: ① [saf]**ar**]

sa•far•da•na *s2g.* Pessoa desavergonhada, desprezível.

sá•fa•ro *adj.* **1.** Inculto, agreste. **2.** V. *estéril* (1).

sa•fi•ra *sf.* Pedra preciosa azul.

sa•fis•mo *sm.* Lesbianismo.

sa•fo *adj.* Que se safou ou livrou.

sa•fra *sf.* A produção agrícola dum ano.

sa•ga *sf.* Narrativa rica de episódios.

sa•gaz *adj2g.* **1.** Que tem agudeza de espírito; perspicaz. **2.** Astucioso. § **sa•ga•ci•da•de** *sf.*

sa•gi•ta•ri•a•no *sm.* **1.** Indivíduo nascido sob o signo de Sagitário. • *adj.* **2.** Diz-se de, ou pertencente ou relativo a sagitariano (1).

sa•gi•tá•ri:o *sm.* **1.** *Astr.* A nona constelação do Zodíaco, situada no hemisfério sul. **2.** *Astrol.* O nono signo do Zodíaco, relativo aos que nascem entre 22 de novembro e 21 de dezembro. [Com inicial maiúscula.]

sa•gra•do *adj.* **1.** Que se sagrou. **2.** Relativo às coisas divinas, à religião; sacro, santo. **3.** Venerável; santo.

sa•grar *v.t.d.* **1.** Dedicar à divindade ou ao serviço divino. **2.** Benzer, consagrar. **3.** Investir numa dignidade por meio de cerimônia religiosa. [Conjug.: ① [sagr]**ar**] § **sa•gra•ção** *sf.*

sa•gu *sm.* Amido da medula do sagüeiro.

sa•guão *sm.* **1.** Pátio no interior dum edifício. **2.** *Bras.* Vestíbulo amplo. [Pl.: *–guões.*]

sa•güei•ro *sm. Bot.* Palmácea que dá o sagu.

sa•güi *sm. Bras. Zool.* Pequeno macaco calitriquídeo; saí.

sa•í *Bras. sm. Zool.* **1.** Sagüi. • *sf.* **2.** Nome comum a vários pássaros ger. traupídeos.

sai•a *sf.* **1.** Veste feminina que desce da cintura sobre as pernas até uma altura variável. **2.** *Pop.* Mulher.

sai•ão *sm. Bras. Bot.* Erva crassulácea, medicinal. [Pl.: *–ões.*]

sai•brar *v.t.d.* Cobrir de saibro. [Conjug.: ① [saibr]**ar**] § **sai•bra•men•to** *sm.*

sai•bro *sm.* **1.** Mistura de argila e areia grossa, usada no preparo de argamassa. **2.** Areia grossa de rio. § **sai•bro•so** (ô) *adj.*

sa•í•da *sf.* **1.** Ato ou efeito de sair. **2.** Lugar por onde se sai. **3.** Movimento de sair. **4.** Venda, comercialização. **5.** Recurso, meio. **6.** *Inform.* Transferência de uma informação do processador central para outro dispositivo. **7.** *Inform.* Qualquer informação resultante de processamento.

sa•i•dei•ra *sf. Bras. Gír.* A última dose de bebida alcoólica que se toma antes de sair de festa, bar, restaurante, etc.

sa•í•do *adj.* Saliente (1).

sa:i•men•to *sm.* V. *funeral* (2).

sa:i•ne•te (ê) *sm.* **1.** Coisa agradável. **2.** Gosto, sabor. **3.** *Teatr.* Comédia curta, de dois ou três personagens.

sai•o•te *sm.* Saia curta.

sa•ir *v.t.c.* **1.** Passar (do interior para o exterior). **2.** Afastar-se; partir. **3.** Ausentar-se. *T.i.* **4.** Afastar-se; desviar-se. **5.** Demitir-se. **6.** Provir. **7.** Caber em sorte. **8.** Parecer-se. *Int.* **9.** Afastar-se do lugar onde estava. **10.** Partir. **11.** Surgir. **12.** Ser publicado. **13.** Desaparecer. *Pred.* **14.** Tornar-se. *P.* **15.** Livrar-se. **16.** Conseguir chegar a certo resultado (favorável ou não). [Conjug.: ㉘ [s]**air**]

sais *sm.pl.* Substâncias voláteis que se usava cheirar em casos de desmaio.

sal *sm.* **1.** *Quím.* Composto formado pela reação de um ácido com uma base. **2.** *Quím.* Cloreto de sódio, cristalino, branco, us. na alimentação. **3.** *Fig.* Graça, vivacidade. **4.** *Fig.* Malícia espirituosa. [Pl.: *sais.*] ◆ **Sal mineral.** Qualquer dos sais [v. *sal* (1)] existentes no solo ou usados na alimentação.

sa•la *sf.* **1.** O compartimento principal duma residência, ou aquele onde se fazem as refeições ou recebem as visitas. **2.** Qualquer compartimento duma edificação. **3.** *Restr.* Sala de aula.

sa•la•da *sf. Cul.* Prato de verduras, legumes, etc., que se come frio.

sa•la•dei•ra *sf.* Prato em que se serve a salada.

sa•la•frá•ri:o *sm. Pop.* Homem vil, patife.

sa•la•ma•le•que *sm.* **1.** Saudação, entre os turcos. **2.** V. *rapapé* (2).

sa•la•man•dra *sf. Zool.* Anfíbio salamandrídeo.

sa•la•man•drí•de:o *sm. Zool.* Espécime dos salamandrídeos, família de anfíbios urodelos da Europa, Ásia e América do Norte. § **sa•la•man•drí•de:o** *adj.*

sa•la•me *sm.* Enchido de carne de porco, que se come frio.

sa•lão *sm.* **1.** Grande sala. **2.** Exposição periódica. [Pl.: *–lões.*]

sa•lá•ri:o *sm.* Paga em dinheiro, devida pelo empregador ao empregado.

sa•laz *adj2g.* Impudico, devasso. [Pl.: *salazes.* Superl.: *salacíssimo.*]

sal•dar *v.t.d.* **1.** Pagar saldo de. **2.** Ajustar, ou liquidar (contas). [Conjug.: ① [sald]**ar**]

sal•do *sm.* **1.** Diferença entre débito e crédito, nas contas de devedores com credores. **2.** Resto (2).

sa•lei•ro *sm.* Recipiente para sal.

sa•le•si•a•no *adj.* Da congregação salesiana, ou Sociedade de S. Francisco de Sales.

sa•le•ta (ê) *sf.* Pequena sala.

sal•ga *sf.* Ato de salgar.

sal•ga•di•nhos *sm.pl. Bras. Cul.* Iguarias miúdas salgadas, como croquetes, etc. [P. us. no sing.]

sal•ga•do *adj.* **1.** Que tem sal, ou excesso de sal, ou é conservado em sal. **2.** Malicioso; picante.

sal•gar *v.t.d.* **1.** Temperar com sal. **2.** Conservar em sal. **3.** Pôr muito sal em. [Conjug.: ⑪ [sal]**gar**]

sal-ge•ma *sm. Min.* Sal (2) encontrado como minério. [Pl.: *sais-gemas.*]

sal•guei•ro *sm. Bot.* Árvore salicácea, ornamental; chorão, vimeiro.

sa•li•cá•ce:a *sf. Bot.* Espécime das salicáceas, família de árvores e arbustos dióicos. § **sa•li•cá•ce:o** *adj.*

sa•li•ên•ci:a *sf.* **1.** Condição de saliente (1); protuberância, proeminência, eminência. **2.** *Bras.* Vivacidade excessiva.

sa•li•en•tar *v.t.d.* e *p.* **1.** Tornar(-se) saliente. **2.** Destacar(-se). [Conjug.: ① [salient]**ar**]

sa•li•en•te *adj2g.* **1.** Que avança ou ressai do plano a que está unido; saído. **2.** Que sobressai; proeminente. **3.** *Bras.* V. *espevitado.*

sa•li•na *sf.* Praia onde se represa a água do mar a fim de que se evapore, deixando o sal; marinha.

sa•li•nei•ro *adj.* **1.** Relativo a salina ou sal. • *sm.* **2.** Quem trabalha em, ou é dono de salina.

sa•li•no *adj.* Que contém sal, ou é da natureza dele. § **sa•li•ni•da•de** *sf.*

sa•li•tra•do *adj.* Que contém salitre.

sa•li•tre *sm.* O nitrato de potássio.

sa•li•va *sf.* Líquido transparente e insípido segregado pelas glândulas salivares. [Sin., pop.: *cuspe, cuspo.*]

sa•li•var¹ *adj2g.* Relativo à saliva, ou que a segrega.

sa•li•var² *v.int.* Expelir saliva; cuspir. [Conjug.: ① [saliv]**ar**] § **sa•li•va•ção** *sf.*

sal•mão *sm.* **1.** *Zool.* Peixe salmonídeo de carne saborosa. [Pl.: *–mões.*] • *adj2g.2n.* **2.** Da cor avermelhada do salmão: *saias salmão.*

sal•mis•ta *s2g.* Compositor de salmos.

sal•mo *sm.* Cada um dos 150 poemas líricos do Antigo Testamento, atribuídos, na maioria, ao rei Davi.

sal•mo•di•ar *v.t.d.* **1.** Cantar em tom uniforme, ou tristemente. *Int.* **2.** Entoar salmos, sem modulação. [Conjug.: ① [salmodi]**ar**]

sal•mo•ní•de:o *sm. Zool.* Espécime dos salmonídeos, família de peixes de água doce; algumas espécies vivem tb. no mar, temporariamente. Habitam águas frias. Ex.: trutas, salmões. § **sal•mo•ní•de:o** *adj.*

sal•mou•ra ou **sal•moi•ra** *sf.* Porção de água saturada de sal marinho, usada para conservar carnes, peixes, etc.

sa•lo•bre (ô) *adj2g.* ou **sa•lo•bro** (ô) *adj.* Levemente salgado.

sa•loi•o *sm.* Camponês dos arredores de Lisboa.

sa•lo•mô•ni•co *adj.* **1.** Pertencente ou relativo a Salomão, rei dos hebreus (1032-975 a.C.), considerado sábio e criterioso. **2.** Pertencente ou relativo às Ilhas Salomão (arquipélago do Pacífico Sul).

sal•pi•car *v.t.d.* **1.** Salgar, temperar, espalhando gotas salgadas ou de temperos. **2.** Manchar com pingos ou salpicos. **3.** Espalhar, polvilhar. [Conjug.: ⑧ [salpi]**car**]

sal•pi•co *sm.* Pingo de lama que ressalta.

sal•sa *sf. Bot.* Erva umbelífera, condimentosa.

sal•sa•par•ri•lha *sf. Bot.* Cipó liliáceo, de raiz medicinal.

sal•sei•ro *sm. Pop.* Desordem, confusão.

sal•si•cha ou **sal•chi•cha** *sf.* Enchido de pequeno diâmetro, feito de carne de porco moída com sal e diversos temperos.

sal•si•cha•ri•a ou **sal•chi•cha•ri•a** *sf.* Estabelecimento de salsicheiros.

sal•si•chei•ro ou **sal•chi•chei•ro** *sm.* Fabricante e/ou vendedor de salsichas e outros enchidos.

sal•so *adj. Poét.* Salgado (1).

sal•su•gem *sf.* Lodo onde há substâncias salinas. [Pl.: *–gens.*]

sal•tão-da-prai•a *sm. Zool.* Crustáceo anfipode. [Pl.: *saltões-da-praia.*]

sal•tar *v.int.* 1. Dar salto(s). 2. Apear-se, descer. 3. Brotar; jorrar. *T.d.* 4. Galgar, dando salto(s). 5. Atravessar, pulando. 6. Omitir (palavra, etc.) na composição tipográfica. [Conjug.: ⬚ [salt]**ar**] § **sal•ta•dor** (ô) *adj.* e *sm.*

sal•te•a•do *adj.* Não sucessivo.

sal•te•a•dor (ô) *sm.* Ladrão de estrada; bandoleiro.

sal•te•ar *v.t.d.* Assaltar. [Conjug.: ⑩ [salt]**ear**]

sal•té•ri•o *sm.* Forma primitiva de cítara, de tampo liso e cordas dedilháveis. [Nos instrumentos modernos, as cordas são feridas com palheta.]

sal•tim•ban•co *sm.* Artista popular que se exibe, em geral, em circos e feiras, sobre estrado.

sal•ti•tar *v.int.* Dar saltinhos freqüentes. [Conjug.: ⬚ [saltit]**ar**] § **sal•ti•tan•te** *adj2g.*

sal•to *sm.* 1. Movimento com que um homem ou um animal se eleva do solo ou do lugar onde se acha, para vencer um espaço ou obstáculo; pulo. 2. Transição rápida. 3. Parte saliente no calcanhar do calçado. 4. V. *queda-d'água.* ◆ **Jogar de salto alto.** *Bras. Gír.* Atuar bem abaixo da expectativa, por se superestimar (jogador ou equipe).

sa•lu•bre *adj2g.* V. *saudável* (1). § **sa•lu•bri•da•de** *sf.*

sa•lu•tar *adj2g.* 1. V. *saudável* (1). 2. Edificante (1).

sal•va *sf.* 1. Conjunto de tiros simultâneos ou em rápida sucessão, sobre alvo. 2. Saudação oficial feita por uma salva de artilharia. 3. Bandeja redonda e pequena.

sal•va•ção *sf.* 1. Ato ou efeito de salvar(-se), ou de remir. 2. Saudação (1). [Pl.: *–ções.*]

sal•va•do•ren•se *adj2g.* 1. De Salvador, capital da BA. • *s2g.* 2. O natural ou habitante de Salvador.

sal•va•dos *sm. pl.* Sobras dum incêndio, ou naufrágio, etc.

sal•va•guar•da *sf.* Resguardo de perigo; segurança, proteção.

sal•va•guar•dar *v.t.d.* Pôr fora de perigo; defender. [Conjug.: ⬚ [salvaguard]**ar**]

sal•var *v.t.d.i.* 1. Tirar ou livrar (de ruína, perigo, ou perda total). *T.d.* 2. Salvar (1). 3. Defender, preservar. 4. Dar a salvação a; livrar das penas do inferno. 5. Saudar (1). 6. *Inform.* Registrar ou armazenar (informações) de modo a poder recuperá-las posteriormente, geralmente gravando-as em memória secundária. *Int.* 7. Dar salva de artilharia. *P.* 8. Pôr-se a salvo dalgum perigo. 9. Livrar-se. [Conjug.: ⬚ [salv]**ar**; part.: *salvado* e *salvo.*] § **sal•va•dor** (ô) *adj.* e *sm.*; **sal•va•men•to** *sm.*

sal•va-vi•das *adj2g.2n.* e *s2g.2n.* 1. Diz-se de, ou embarcação, bóia ou aparelho para salvamento de náufragos. • *s2g.* 2. Pessoa em serviço nas praias para socorrer banhistas; banhista.

sal•ve *interj.* Exprime saudação.

sal•ve-ra•i•nha *sf. Rel.* Oração católica dedicada à Virgem Maria. [Pl.: *salve-rainhas.*]

sal•vo *adj.* 1. Livre de perigo, morte, etc. 2. Libertado, remido. • *prep.* 3. Exceto, afora.

sal•vo-con•du•to *sm.* Licença escrita para alguém viajar ou transitar livremente. [Pl.: *salvos-condutos* e *salvo-condutos.*]

sa•mam•bai•a ou **sam•bam•bai•a** *sf. Bras. Bot.* Nome comum de várias pteridófitas de diversas famílias como, p. ex., polipodiáceas e gleicheniáceas.

sa•má•ri•o *sm. Quím.* V. *lantanídeos* [símb.: *Sm*]

sa•ma•ri•ta•no *adj.* 1. De Samaria, antiga cidade da Palestina. • *sm.* 2. O natural ou habitante de Samaria. 3. *Fig.* Homem bom, caridoso.

sam•ba *sm. Bras.* 1. Dança de origem africana, compasso binário e acompanhamento sincopado. 2. A música dessa dança e a respectiva letra.

sam•ba-can•ção *sm.* 1. Samba de ritmo lento e de letra sentimental. 2. *Pop.* Cueca de tecido, e cujas pernas cobrem parte das coxas. [Pl.: *sambas-canções* e *sambas-canção.*]

sam•ba•qui *sm. Bras.* Depósito de conchas e doutros objetos manuseados pelo homem, acumulados no litoral brasileiro, e que têm grande interesse arqueológico.

sam•bar *v.int. Bras.* Dançar o samba. [Conjug.: ⬚ [samb]**ar**]

sam•bis•ta *s2g. Bras.* 1. Dançarino de samba. 2. Compositor de sambas.

sam•bu•rá *sm. Bras.* Cesto bojudo e de boca estreita, usado pelos pescadores; cofo.

sa•mo•var *sm.* Caldeira portátil de água quente, de uso na Rússia.

sa•nar *v.t.d.* 1. Tornar são; sanear, sarar. 2. Remediar, atalhar. [Conjug.: ⬚ [san]**ar**] § **sa•ná•vel** *adj2g.*

sa•na•tó•ri•o *sm. P. us.* Estabelecimento, ger. privado, para tratamento de doentes crônicos como, p. ex., psicopatas, tuberculosos.

san•ção *sf.* 1. Aprovação duma lei pelo chefe de Estado. 2. Pena ou recompensa com que se tenta garantir a execução duma lei. [Pl.: *–ções.*]

san•ci:o•nar *v.t.d.* Dar sanção (1) a. [Conjug.: ① [sancion]**ar**]

san•dá•li:a *sf.* Calçado feito de sola e salto, preso ao pé por tiras ou cordões.

sân•da•lo *sm. Bot.* Árvore santalácea, de madeira resistente e aromática.

san•deu *adj.* e *sm.* Idiota, parvo, tolo. [Fem.: *sandia.*]

san•di•ce *sf.* Qualidade, ação ou dito de sandeu.

san•du•í•che *sm.* Duas fatias de pão intercaladas de queijo, ou pepino, ou presunto, etc.

sa•ne•ar *v.t.d.* **1.** Tornar são, habitável. **2.** V. *sanar* (1). **3.** Remediar, reparar. [Conjug.: ⑩ [san]ear] § **sa•ne:a•dor** (ô) *adj.* e *sm.*; **sa•ne:a•men•to** *sm.*

sa•ne•fa *sf.* Faixa ornamental, na parte superior dos cortinados, etc.

san•fo•na *sf. Bras.* Acordeão.

san•fo•nei•ro *sm.* Tocador de sanfona.

san•gra•doi•ro ou **san•gra•dou•ro** *sm.* **1.** Sulco por onde se desvia parte da água dum rio ou duma fonte. **2.** *Bras.* Lugar, no pescoço ou no peito, onde se golpeia o animal para matá-lo.

san•grar *v.t.d.* **1.** Tirar sangue a, por seção ou punção. **2.** Tirar algum líquido a. **3.** Extorquir bens, dinheiro, a. **4.** Magoar, ferir. *Int.* **5.** Verter sangue. [Conjug.: ① [sangr]**ar**]

san•gren•to *adj.* **1.** De que sai ou brota sangue. **2.** V. *cruento.*

san•grí•a *sf.* **1.** Perda de sangue, natural ou provocada. **2.** Refresco preparado com vinho, água, açúcar e frutas.

san•gue *sm.* **1.** *Biol.* Líquido que transita pelo sistema circulatório levando material nutritivo e oxigênio às células, e delas trazendo produtos de desassimilação e dióxido de carbono; consiste de plasma e de células (hemácias, leucócitos, plaquetas). **2.** *Fig.* A vida. **3.** *Fig.* A família.

san•gue-fri•o *sm.* Calma, frieza, ou presença de espírito em face de situação difícil. [Pl.: *sangues-frios.*]

san•guei•ra *sf.* Abundância de sangue derramado.

san•gues•su•ga *sf.* **1.** *Zool.* Verme anelídeo, hirudíneo, us. outrora para provocar sangrias. **2.** *Fig.* Pessoa exploradora.

san•gui•ná•ri:o ou **san•güi•ná•ri:o** *adj.* **1.** Que se compraz em ver derramar sangue. **2.** Feroz, cruel.

san•guí•ne:o ou **san•güí•ne:o** *adj.* **1.** Relativo ao sangue. **2.** Que tem ou parece ter aumento da massa sanguínea. **3.** Da cor do sangue.

san•gui•no•len•to *adj.* **1.** V. *cruento.* **2.** Misturado de sangue.

sa•nha *sf.* Ira, fúria; rancor.

sa•nha•ço *sm. Bras. Zool.* Ave traupídea verde ou azul, frugívora.

sa•ni•da•de *sf.* **1.** Estado de são². **2.** Normalidade física e/ou psíquica.

sâ•ni:e *sf.* Pus formado em chaga não tratada.

sa•ni•tá•ri:o *adj.* **1.** Relativo à saúde ou à higiene. **2.** De, ou próprio do banheiro.

sa•ni•ta•ris•ta *s2g.* Especialista em assuntos sanitários.

sâns•cri•to *sm. Gloss.* Uma das mais antigas línguas clássicas da Índia, da qual descendem várias línguas ou grupos de línguas.

san•sei *s2g.* Cidadão americano neto de imigrantes japoneses.

san•ta•lá•ce:a *sf. Bot.* Espécime das santaláceas, família de ervas, arbustos e árvores tropicais; algumas parasitam raízes. § **san•ta•lá•ce:o** *adj.*

san•tan•tô•ni:o ou **san•to-an•tô•ni:o** *sm. Bras.* Cabeçote de sela. [Pl. de *santo-antônio*: *santo-antônios.*]

san•tei•ro *adj.* **1.** Devoto, beato. • *sm.* **2.** Escultor e/ou vendedor de imagens de santos.

san•tel•mo *sm.* Chama azulada, de natureza elétrica, que surge nos mastros dos navios, sobretudo quando há tempestade.

san•ti•da•de *sf.* Estado de santo. ♦ **Vossa Santidade.** Tratamento dado ao Papa.

san•ti•fi•car *v.t.d.* **1.** Tornar santo. **2.** Canonizar (1). [Conjug.: ⑧ [santifi]**car**] § **san•ti•fi•ca•ção** *sf.*

san•ti•nho *sm. Bras. Pop.* Propaganda eleitoral impressa, em formato pequeno, com foto do candidato e informações sobre ele.

san•tís•si•mo *sm. Rel.* A hóstia consagrada.

san•to *adj.* **1.** V. *sagrado* (2 e 3). **2.** *Rel.* Diz-se daquele que a Igreja Católica canonizou. **3.** Puro, inocente. **4.** Bondoso, virtuoso. **5.** Útil, profícuo. • *sm.* **6.** *Rel.* Homem canonizado. **7.** Imagem de santo (6). **8.** Homem bondoso, virtuoso.

san•tu•á•ri:o *sm.* Lugar consagrado pela religião.

são¹ *sm.* F. sincopada de *santo* (6), us. antes de nomes que principiam por consoante. [Abrev.: S.]

são² *adj.* **1.** V. *sadio.* **2.** *Med.* Que tem saúde, ou que a recobrou. **3.** Diz-se de objeto sem quebra ou defeito. **4.** Não apodrecido (fruto). [Flex.: sã, sãos, sãs. Superl.: *saníssimo.*]

são-ber•nar•do *sm.* Grande cão oriundo dos Alpes Suíços, e us. para socorrer vítimas. [Pl.: *são-bernardos.*]

são-lu•i•sen•se (u-i) *adj2g.* **1.** De São Luís, capital do MA. • *s2g.* **2.** O natural ou habitante de São Luís. [Pl.: *são-luisenses* (u-i).]

sa•pa *sf.* **1.** Abertura de fossos, trincheiras, etc. **2.** Pá com que se levanta a terra escavada.

sa•par *v.int.* Fazer trabalhos de sapa. [Conjug.: ① [sap]**ar**] § **sa•pa•dor** (ô) *sm.*

sa•pa•ri•a *sf.* Porção de sapos.

sa•pa•ta *sf.* **1.** Peça sobre um pilar, a qual reforça ou equilibra a trave que nela assenta. **2.** *Constr.* Fundação isolada, geralmente de concreto armado, cuja altura é pequena em relação à base; baseamento.

sa•pa•ta•ri•a *sf.* **1.** Ofício de sapateiro. **2.** Loja onde se vendem calçados.

sa•pa•te•a•do *sm.* Dança em que se faz muito ruído com os saltos e solas dos sapatos, batendo-os no chão.

sa•pa•te•ar *v.int.* **1.** Bater no chão com o salto dos sapatos. **2.** Executar sapateado. [Conjug.: 10[sapat]ear] § **sa•pa•te:a•dor** (ô) *adj.* e *sm.*

sa•pa•tei•ra *sf.* **1.** Mulher que fabrica e/ou vende sapatos. **2.** Móvel onde se guardam sapatos.

sa•pa•tei•ro *sm.* O que fabrica, vende ou conserta calçados.

sa•pa•ti•lha *sf.* Sapato de bailarinos.

sa•pa•to *sm.* Calçado que cobre só o pé.

sa•pé *sm.* *Bras.* Gramínea us. para cobrir choças.

sa•pe•ca¹ *sf.* *Bras.* Ato ou efeito de sapecar.

sa•pe•ca² *adj2g.* e *s2g.* **1.** Diz-se de, ou pessoa assanhada, muito namoradeira. **2.** Diz-se de, ou pessoa levada.

sa•pe•car *v.t.d.* *Bras.* **1.** Chamuscar, crestar. **2.** *S. Pop.* Surrar. [Conjug.: 8[sape]car]

sá•pi•do *adj.* Saboroso, gostoso.

sa•pi•en•te *adj2g.* **1.** Conhecedor das coisas divinas e humanas. **2.** Sábio, erudito. § **sa•pi•ên•ci:a** *sf.*

sa•pin•dá•ce:a *sf. Bot.* Espécime das sapindáceas, família de árvores, arbustos e cipós ger. tropicais, muitos deles do Brasil. § **sa•pin•dá•ce:o** *adj.*

sa•pi•nho *sm.* *Pop.* V. *candidíase.*

sa•po *sm.* *Zool.* Nome comum a vários anfíbios anuros, peçonhentos, de pele rugosa.

sa•po-boi *sm.* *Bras. Zool.* Intanha. [Pl.: *sapos-bois* e *sapos-boi.*]

sa•po-cu•ru•ru *sm.* *Bras. Zool.* Cururu. [Pl.: *sapos-cururus* e *sapos-cururu.*]

sa•po•ná•ce:o *adj.* Da natureza do sabão.

sa•po•ta *sf. Bot.* Árvore ou arbusto hipocrateáceo, de fruto bacáceo, comestível. **2.** Árvore ou arbusto da mesma família, de fruto drupáceo, comestível. **3.** O fruto dessas árvores.

sa•po•tá•ce:a *sf. Bot.* Espécime das sapotáceas, família de árvores e arbustos lactescentes de frutos ger. comestíveis. § **sa•po•tá•ce:o** *adj.*

sa•po•ti *sm.* *Bras.* O fruto da sapota.

sa•po•ti•zei•ro *sm. Bot.* Árvore sapotácea de até 15m, de fruto bacáceo muito apreciado.

sa•pro•fi•tis•mo *sm.* Condição de saprófito.

sa•pró•fi•to *sm. Bot.* Vegetal desprovido de clorofila, e que se nutre de animais e plantas em decomposição. § **sa•pro•fí•ti•co** *adj.*

sa•pu•cai•a *sf. Bras. Bot.* Árvore lecitidácea de sementes alimentícias.

sa•que¹ *sm.* **1.** Ato ou efeito de sacar. **2.** Título de crédito emitido contra alguém. **3.** Ordem de pagamento que alguém emite contra outrem, em poder de quem dispõe de fundos. **4.** Em certos jogos, como o tênis, o vôlei, etc., jogada inicial.

sa•que² *sm.* Ato ou efeito de saquear.

sa•quê *sm.* Bebida fermentada, de arroz, originária do Japão.

sa•que•ar *v.t.d.* **1.** Despojar com violência. **2.** Roubar, furtar. [Sin. ger.: *pilhar*. Conjug.: 10[saqu]ear.]

sa•ra•ban•da *sf.* **1.** Antiga dança popular de origem espanhola. **2.** V. *repreensão.*

sa•ra•ba•ta•na *sf. Bras.* Zarabatana.

sa•ra•co•te•ar *v.t.d.* **1.** Menear (o corpo, os quadris, etc.) com desenvoltura e graça; rebolar, requebrar. *Int.* e *p.* **2.** Vaguear por um lugar e por outro. **3.** Menear-se com desenvoltura; remexer-se, requebrar-se, sacudir-se, rebolar-se. [Conjug.: 10 [saracot]ear]

sa•ra•co•tei•o *sm.* V. *rebolado.*

sa•ra•cu•ra *sf. Bras. Zool.* Nome comum a várias aves gruiformes, ralídeas.

sa•ra•do *adj.* **1.** Que sarou. **2.** *Bras. Gír.* Diz-se de indivíduo valentão. **3.** *Bras. Gír.* Malhado¹ (2).

sa•rai•va *sf.* V. *granizo.*

sa•rai•va•da *sf.* **1.** Bátega de saraiva. **2.** *Fig.* Abundância de coisas que se sucedem rápido.

sa•ram•pen•to *adj. Bras.* Acometido de sarampo.

sa•ram•po *sm. Med.* Doença infecciosa virótica, contagiosa, que dá exantemas, e própria da infância; caso iniciada em grávida não imunizada, pode originar aborto e má-formação em produto da concepção.

sa•ra•pan•tar *v.t.d., int.* e *p.* V. *espantar.* [Conjug.: 1 [sarapant]ar]

sa•ra•pa•tel *sm. Cul.* Iguaria feita com sangue e miúdos de porco ou de carneiro. [Pl.: *–téis.*]

sa•ra•pin•tar *v.t.d.* **1.** Fazer pintas variadas em. **2.** Pintar de várias cores. [Conjug.: 1 [sarapint]ar]

sa•rar *v.t.d.* **1.** Restituir a saúde a (quem está doente); curar. **2.** Debelar (doença); curar; sanar. *T.i.* **3.** Curar-se, recuperar-se. *Int.* e *p.* **4.** Recobrar a saúde. [Conjug.: 1 [sar]ar]

sa•ra•rá *adj2g. Bras.* **1.** V. *albino.* **2.** Diz-se do mestiço de cabelo arruivado.

sa•rau *sm.* Festa ou concerto noturno, em casa particular, clube ou teatro.

sar•ça *sf. Bot.* Silva.

sar•cas•mo *sm.* Zombaria maliciosa; escárnio.

sar•cás•ti•co *adj.* Que tem ou denota sarcasmo; escarninho.

sar•có•fa•go *adj.* **1.** Que devora ou corrói as carnes. • *sm.* **2.** Túmulo calcário onde os antigos punham os cadáveres que não desejavam queimar. **3.** Caixão (2).

sar•co•ma *sm. Patol.* Tumor maligno constituído de tecido semelhante ao conjuntivo.

sar•da *sf.* Pequena mancha pigmentada, castanho-escura, que surge na pele de pessoas claras.

sar•den•to *adj.* Que tem sardas.

sar•di•nha *sf. Zool.* Nome comum a várias espécies de clupeídeos; vivem em cardumes.

sar•dô•ni•co *adj.* Forçado e sarcástico (riso).

sar•ga•ço *sm. Bot.* Alga que ocorre, em grandes massas flutuantes, nos mares quentes.

sar•gen•to *sm. Mil.* Graduação hierárquica acima de cabo e abaixo de suboficial ou subtenente.

sar•gen•to-mor *sm.* V. *hierarquia militar.* [Pl.: *sargentos-mores.*]

sa•ri•güê *sm. Zool. Bras.* Gambá (1).

sa•ri•lhar *v.t.d.* V. *ensarilhar.* [Conjug.: 1 [sarilh]**ar**]

sa•ri•lho *sm.* **1.** Cilindro disposto horizontalmente, e no qual se enrola corda, cabo, etc., dum aparelho de levantar pesos. **2.** Encosto ou descanso de armas, em grupos de três, nos acampamentos. **3.** *Pop.* V. *rolo* (9).

sar•ja¹ *sf. Med.* V. *escarificação.*

sar•ja² *sf.* Tecido entrançado, de seda, lã, etc.

sar•jar *v.t.d.* Fazer sarja¹ em. [Conjug.: 1 [sarj]**ar**] § **sar•ja•du•ra** *sf.*

sar•je•ta (ê) *sf.* Escoadouro de águas; vala.

sar•men•to *sm.* Ramo da videira.

sar•na *sf.* **1.** *Med.* V. *escabiose.* • *s2g.* **2.** *Pop.* Pessoa maçante, insistente.

sar•nen•to *adj.* Atacado de sarna.

sar•ra•bu•lha•da *sf.* Grande porção de sarrabulho.

sar•ra•bu•lho *sm.* O sangue coagulado do porco.

sar•ra•ce•no *sm.* **1.** Na Idade Média, nome comum às populações muçulmanas do Oriente, da África e da Espanha. • *adj.* **2.** Dos sarracenos.

sar•ra•fo *sm.* **1.** Peça comprida e estreita de madeira. **2.** *Bras.* Pedaço de pau.

sar•ro *sm.* **1.** Borra (1) de vinho e outros líquidos, que adere ao fundo das vasilhas. **2.** Resíduo de nicotina. **3.** Crosta em dentes sujos.

⇨ **sashimi** (sachimí) [Jap.] *sm.* Comida típica japonesa: peixe cru, fatiado.

sa•tã *sm.* V. *diabo* (2). [Com inicial maiúscula.]

sa•ta•nás *sm.* **1.** V. *diabo* (2). **2.** V. *demônio* (2). [Com inicial maiúscula.]

sa•tâ•ni•co *adj.* **1.** Relativo a Satã. **2.** V. *diabólico* (2).

sa•té•li•te *sm.* **1.** *Astr.* Corpo celeste que gravita em torno de outro, o principal. **2.** País ou nação sem autonomia política e/ou econômica. ◆

Satélite artificial. *Astrôn.* Veículo colocado em órbita à volta do Sol, de um planeta ou de um satélite. **Satélite de comunicações.** *Astron.* Satélite artificial para comunicação por ondas eletromagnéticas entre vários pontos da Terra.

sá•ti•ra *sf.* **1.** Composição poética que visa a censurar ou ridicularizar defeitos ou vícios. **2.** Escrito picante ou maldizente. **3.** Troça, zombaria. § **sa•tí•ri•co** *adj.*

sa•ti•ri•zar *v.t.d.* Fazer sátira contra. [Conjug.: 1 [satiriz]**ar**]

sá•ti•ro *sm.* **1.** Nas mitologias grega e romana, semideus lúbrico habitante das florestas. **2.** *Fig.* Homem devasso.

sa•tis•fa•ção *sf.* **1.** Ato ou efeito de satisfazer(-se). **2.** Prazer, alegria. **3.** Justificação, desculpa. **4.** Conta que se presta duma incumbência. [Pl.: *-ções.*]

sa•tis•fa•tó•ri:o *adj.* **1.** Que satisfaz. **2.** V. *sofrível* (2).

sa•tis•fa•zer *v.t.d.* **1.** Realizar, desempenhar. **2.** Pagar, liquidar (dívida, encargo). **3.** Agradar, contentar. **4.** Encher, saciar. *Int.* **5.** Corresponder ao que se deseja. *P.* **6.** Saciar-se, fartar-se. **7.** Contentar-se. *T.i.* **8.** Corresponder; bastar: *Os aposentos não satisfizeram às suas exigências.* **9.** Cumprir. **10.** Ser conveniente. [Conjug.: 20 [satis]**fazer**]

sa•tis•fei•to *adj.* **1.** Saciado. **2.** Contente.

sa•tu•ra•ção *sf.* **1.** Ato ou efeito de saturar(-se). **2.** *Fís.* Estado de um vapor em equilíbrio com o seu líquido. [Pl.: *-ções.*]

sa•tu•ra•do *adj.* **1.** Farto, cheio (2). **2.** Aborrecido. **3.** *Quím.* Diz-se de compostos orgânicos que não possuem átomos de carbono dupla ou triplamente ligados entre si.

sa•tu•rar *v.t.d.* **1.** Fartar, encher. **2.** Impregnar, penetrar. **3.** Levar, ou ser levado, à saturação (2). *T.d.i.* **4.** Saturar (1). **5.** Impregnar. *P.* **6.** Experimentar intensamente; fartar-se. [Conjug.: 1 [satur]**ar**]

sa•tur•ni•no *adj.* Relativo ao chumbo.

sa•tur•nis•mo *sm.* Envenenamento agudo ou crônico produzido pelo chumbo ou por algum de seus compostos.

sa•tur•no *sm.* **1.** *Astr.* O sexto planeta em ordem de afastamento do Sol, com 18 satélites conhecidos, e famoso por seu sistema de anéis. [Com inicial maiúscula, nesta acepç.] **2.** Entre os antigos alquimistas, o chumbo.

sa:u•da•ção *sf.* **1.** Ato ou efeito de saudar; salvação. **2.** Cumprimento (2). **3.** Homenagens de respeito e/ou admiração. [Pl.: *-ções.*]

sa:u•da•de *sf.* **1.** Lembrança nostálgica e, ao mesmo tempo, suave, de pessoa ou coisa distante ou extinta. **2.** Pesar pela ausência de alguém que nos é querido.

sa:u•da•des *sf.pl.* Cumprimentos, lembranças afetuosas a pessoas ausentes.

sa:u•dar *v.t.d.* 1. Cumprimentar; salvar. 2. Manifestar respeito ou adesão a. *P.* 3. Cumprimentar reciprocamente. [Conjug.: 15 [sa]**u**[d]**ar**]

sa:u•dá•vel (a-u) *adj2g.* 1. Conveniente ou benéfico à saúde; salutar, salubre. 2. V. *sadio.* 3. Benéfico, proveitoso. [Pl.: *–veis.*]

sa•ú•de *sf.* 1. Estado daquele cujas funções orgânicas, físicas e mentais se acham em situação normal. 2. Brinde à saúde de alguém.

sa:u•do•sis•mo *sm.* Gosto do passado, com tendência para o superestimar. § **sa:u•do•sis•ta** *adj2g.* e *s2g.*

sa:u•do•so (ó) *adj.* Que causa, sente ou denota saudade. [Pl.: *–dosos* (ó).]

sau•na *sf.* Banho a vapor, de origem finlandesa.

sáu•ri:o *sm. Zool.* Espécime dos sáurios, subordem de reptis cuja pele é coberta de escamas; ger. quadrúpedes, têm hábitos terrestres, ou arbóreos. São os lagartos. § **sáu•ri:o** *adj.*

sau•ro•lo•fo (lô) *sm. Paleont.* Dinossauro que tinha de 9 a 12 metros de comprimento, crista, e focinho que lembrava um bico de pato; viveu na América do Norte e na Ásia, no cretáceo.

sa•ú•va *sf. Bras. Zool.* Nome comum a vários formicídeos predadores de plantas; são praga agrícola.

sa•va•na *sf.* Planície das regiões tropicais de longa estação seca, com vegetação característica.

sá•vel•to *sm. Bras.* BA Embarcação de um eu dois mastros, semelhante ao escaler.

sa•xão (cs) *sm.* 1. Indivíduo dos saxões, antigo povo germânico. 2. O natural ou habitante da moderna Saxônia (Alemanha). 3. *P. ext.* Inglês (por haver sido a Inglaterra invadida por diversas tribos saxãs) [Sin. ger.: *saxônio.* Fem.: *saxã.* Pl.: *–xões.*] § **sa•xão** *adj.*

sa•xi•fra•gá•ce:a *sf. Bot.* Espécime das saxifragáceas, família de ervas e arbustos cujas flores se reúnem em inflorescências compactas. Ex.: hortênsias. § **sa•xi•fra•gá•ce:o** *adj.*

sa•xo•fo•ne (cs) *sm.* Instrumento de sopro, de metal, com tubo cônico e palheta simples, inventado por Adolphe Sax entre 1840 e 1845.

sa•xô•ni•co (cs) *adj.* Da, ou relativo ou pertencente à Saxônia (Alemanha).

sa•xô•nio (cs) *sm.* V. *saxão.*

sa•xor•ne (cs) *sm.* Instrumento de sopro, de metal, de tubo alongado, cônico e recurvado, com bocal e pistões.

sa•zão *sf.* Tempo próprio para a colheita dos frutos. [Pl.: *–zões.*]

sa•zo•na•do *adj.* V. *maduro* (1).

sa•zo•nar *v.t.d., int.* e *p.* Amadurecer. [Conjug.: 1[sazon]**ar**] § **sa•zo•na•men•to** *sm.*

◻ **Sb** *Quím.* Símb. do *antimônio.*

⮕ **scanner** *sm. Inform.* Aparelho capaz de captar imagens e convertê-las em um conjunto correspondente de dados digitais.

⮕ **script** (skript) [Ingl.] *sm. Cin. Rád. Telev.* Roteiro (5).

se[1]*pron. pess.* Us. como objeto direto, em verbos pronominais, para indicar a voz passiva e, ainda, como índice de indeterminação do sujeito.

se[2]*conj.* 1. Condicional: no caso de; dada a circunstância de que. 2. Integrante: se por acaso; se acaso.

◻ **Se** *Quím.* Símb. do *selênio.*

◻ **S.E.** Abrev. de *sueste.*

sé *sf.* Igreja ou jurisdição episcopal.

se:a•bór•gi:o *sm. Quím.* Elemento de número atômico 106, artificial [símb.: *Sg*].

se•a•ra *sf.* 1. Campo de cereais. 2. Extensão de terra semeada.

se•bá•ce:o *adj.* Da natureza do sebo, ou que o contém ou produz.

se•be *sf.* Cerca de arbustos, estacas ou ramos entrelaçados, para vedar terrenos.

se•ben•to *adj.* Que se ensebou; sujo, seboso.

se•bo (ê) *sm.* 1. Substância graxa e consistente, encontrada nas vísceras abdominais dalguns quadrúpedes. 2. Produto de secreção das glândulas sebáceas, que protege a pele. 3. *Bras.* Livraria onde se vendem livros usados.

se•bor•réi•a *sf. Med.* Secreção exagerada das glândulas sebáceas. § **se•bor•réi•co** *adj.*

se•bo•so (ô) *adj.* 1. V. *sebento.* 2. *Bras. Pop.* Pedante, vaidoso. [Pl.: *–bosos* (ó).]

◻ **sec** *Trig.* Símb. de *secante.*

se•ca *sf.* 1. Ato de pôr a secar. 2. *Pop.* Maçada.

se•ca (ê) *sf.* 1. Falta de chuvas; estiagem.

se•can•te[1]*adj2g.* 1. Que seca. • *sm.* 2. Substância que faz secar facilmente as tintas ou vernizes.

se•can•te[2]*sf.* 1. *Geom.* Reta que intercepta uma curva. 2. *Trig.* Função que é o inverso do coseno [abrev.: *sec*].

se•ção ou **sec•ção** *sf.* 1. Ato ou efeito de secionar(-se). 2. Parte dum todo; segmento. 3. Linha ou superfície divisória. 4. Divisão ou subdivisão de obra, tratado, etc. 5. Cada uma das divisões ou subdivisões duma repartição pública ou dum estabelecimento qualquer. [Pl.: *–ções.* Cf. *cessão* e *sessão.*]

se•car *v.t.d.* 1. Tirar a umidade a. 2. Esgotar, estancar. *Int.* 3. Murchar. 4. Deixar de ser úmido; enxugar. 5. Deixar de correr. [Conjug.: 8[se]**car**] § **se•ca•gem** *sf.*

se•car•rão *sm.* Indivíduo muito seco (6 e 7). [Fem.: *secarrona.* Pl.: *–rões.*]

se•ca•ti•vo *adj.* e *sm.* Diz-se de, ou medicamento de ação adstringente em tecido (3) vivo.

se•ci:o•nal ou **sec•ci:o•nal** *adj.* Relativo a seção. [Pl.: *–nais.*]

se•ci:o•nar ou **sec•ci:o•nar** *v.t.d.* e *p.* Dividir(-se) em seções. [Conjug.: 1[secion]**ar**]

se•ces•são *sf.* Ação de separar-se daquele ou daquilo a que estava unido. [Pl.: *–sões.*]

se•co (ê) *adj.* **1.** Sem umidade; enxuto. **2.** Sem umidade atmosférica, ou sem chuva. **3.** Sem vegetação. **4.** Murcho (planta). **5.** Magro (1). **6.** *Fig.* Sério, austero. **7.** *Fig.* Que não manifesta carinho ou ternura. **8.** *Bras. Fam.* Desejoso, sequioso.

se•cos (ê) *sm.pl.* Mantimentos sólidos ou secos.

se•cre•ção *sf. Fisiol.* **1.** Produto específico elaborado por glândula. **2.** Qualquer substância produzida por secreção (1). [Pl.: –*ções.*]

se•cre•ta *sf.* **1.** *Lit.* Oração que o celebrante dizia em voz baixa, no início da missa católica. • *sm.* **2.** Agente da polícia secreta.

se•cre•tar *v.t.d.* Segregar (2). [Conjug.: 1 [secret]**ar**]

se•cre•ta•ri•a *sf.* Local onde se faz o expediente de qualquer administração.

se•cre•tá•ri•a *sf.* **1.** Mulher que exerce as funções de secretário. **2.** Mesa onde se escreve e onde se guardam documentos.

se•cre•ta•ri•a•do *sm.* **1.** Cargo ou função de secretário. **2.** O conjunto dos secretários de Estado.

se•cre•ta•ri•ar *v.t.d.* e *int.* Ser secretário de, ou exercer as funções de secretário. [Conjug.: 1 [secretari]**ar**]

se•cre•tá•ri•o *sm.* **1.** O que transcreve as atas das sessões duma assembléia. **2.** O que se ocupa de determinadas redações, da organização e do funcionamento duma assembléia, sociedade, etc. **3.** Empregado a quem cabe classificar, copiar e/ou redigir correspondência, marcar compromissos, etc. **4.** Assessor direto do presidente de uma entidade partidária, sindical, religiosa, etc. **5.** *Bras.* Aquele que exerce, num Estado, funções equivalentes à de ministro (3).

se•cre•to *adj.* **1.** Que não se pode descobrir ou localizar. **2.** Confidencial. **3.** Íntimo, particular.

se•cre•tor (ó) *adj.* Que secreta ou segrega.

sec•tá•ri•o *adj.* **1.** Relativo a seita. **2.** *Fig.* Intolerante. • *sm.* **3.** Membro de uma seita.

sec•ta•ris•mo *sm.* **1.** Espírito de seita. **2.** *Fig.* Intolerância, intransigência.

se•cu•lar *adj2g.* **1.** Que se faz de século a século. **2.** Relativo a século. **3.** Centenário (4). **4.** Que existe há séculos. **5.** Que pertence ao século (4); profano, temporal, leigo.

se•cu•la•ri•zar *v.t.d.* **1.** Tornar secular (5) (o que era eclesiástico). **2.** Sujeitar à lei civil. [Conjug.: 1 [seculariz]**ar**] § **se•cu•la•ri•za•ção** *sf.*

sé•cu•lo *sm.* **1.** Período de 100 anos. **2.** V. *centenário* (1). **3.** Espaço de tempo muito longo. **4.** O mundo (por oposição à vida espiritual ou eclesiástica).

se•cun•dar *v.t.d.* Auxiliar, ajudar (em funções). [Conjug.: 1 [secund]**ar**]

se•cun•dá•ri•o *adj.* **1.** De menor importância em relação a alguém, ou algo; segundo, aces-

sório. **2.** De pouco valor. **3.** *Econ.* Diz-se do setor industrial da economia (indústria de transformação e construção civil).

se•cun•di•nas *sf.pl. Anat.* Placenta e membranas expulsas após o nascimento.

se•cu•ra *sf.* **1.** Qualidade de seco; sequidão. **2.** Sede (ê). **3.** *Fig.* Frieza, aspereza; sequidão.

se•cu•ri•tá•ri•o *adj.* **1.** Relativo a seguro (8). • *sm.* **2.** *Bras.* Funcionário de companhia de seguros.

se•da (ê) *sf.* **1.** Filamento que forma o casulo da larva do bicho-da-seda. **2.** Fio ou tecido feito com ele.

se•dar *v.t.d.* **1.** Acalmar. **2.** Moderar a ação excessiva de. [Conjug.: 1 [sed]**ar**]

se•da•ti•vo *adj.* e *sm.* Diz-se de, ou medicamento que acalma; calmante.

se•de *sf.* **1.** Lugar onde alguém pode sentar-se. **2.** Lugar onde fica um tribunal, governo, administração, ou o principal estabelecimento duma empresa comercial, etc.

se•de (ê) *sf.* **1.** Sensação produzida pela necessidade de beber; secura. **2.** *Fig.* Desejo veemente. **3.** *Fig.* Ânsia, aflição.

se•den•tá•ri•o *adj.* **1.** Que está comumente sentado. **2.** Próprio de sedentário (1). **3.** Que tem habitação fixa.

se•den•to *adj.* Que tem sede; sequioso.

se•des•tre *adj2g.* Diz-se de estátua que representa pessoa sentada.

se•di•a•do *adj.* Que tem sede (2).

se•di•ar *v.t.d.* Servir de sede a; abrigar. [Conjug.: 1 [sedi]**ar**]

se•di•ção *sf.* Perturbação da ordem pública; agitação. [Pl.: –*ções.*]

se•di•ci•o•so (ó) *adj.* Que tem caráter de sedição, ou incita a ela. [Pl.: –*osos* (ó).]

se•di•men•ta•ção *sf.* Processo pelo qual substâncias minerais ou rochosas, ou de origem orgânica, se depositam em ambiente aquoso ou aéreo. [Pl.: –*ções.*]

se•di•men•tar¹ *adj2g.* Resultante de processo de sedimentação.

se•di•men•tar² *v.int.* **1.** Formar sedimentos. *T.d.* **2.** Consolidar. [Conjug.: 1 [sediment]**ar**]

se•di•men•to *sm.* Substância depositada, pela ação da gravidade, na água ou no ar; depósito.

se•do•so (ô) *adj.* Semelhante à seda. [Pl.: –*dosos* (ó).]

se•du•ção *sf.* **1.** Ato ou efeito de seduzir ou ser seduzido. **2.** Qualidade de sedutor. [Pl.: –*ções.*]

se•du•tor (ô) *adj.* **1.** Que seduz, atrai ou encanta. • *sm.* **2.** Aquele que seduz.

se•du•zir *v.t.d.* **1.** Inclinar artificiosamente para o mal ou para o erro; desencaminhar. **2.** Desonrar, recorrendo a promessas. **3.** Atrair, fascinar. **4.** Subornar para fins sediciosos. [Conjug.: 44 [sed]**uzir**]

se•ga *sf.* Ato ou efeito de segar; ceifa.

se•gar *v.t.d.* e *int.* Ceifar. [Conjug.: 🔲 [se]**gar**. Cf. *cegar*.] § **se•ga•dor** (ô) *adj.* e *sm.*

se•ge *sf.* Coche fora de uso, com duas rodas e um só assento.

seg•men•tar¹ *adj2g.* Relativo a, ou formado de segmentos; segmentário.

seg•men•tar² *v.t.d.* Dividir em segmentos. [Conjug.: 🔲 [segment]**ar**]

seg•men•tá•ri:o *adj.* Segmentar¹.

seg•men•to *sm.* 1. Seção (2). 2. Porção bem delimitada de um conjunto. 3. *Geom.* Porção do círculo compreendida entre a corda e o arco respectivo. 4. *Geom.* Porção limitada de uma reta. § **seg•men•ta•do** *adj.*

se•gre•dar *v.t.d, t.d.i.* e *int.* Dizer em voz baixa, em segredo, ou dizer segredo(s). [Conjug.: 🔲 [segred]**ar**]

se•gre•do (ê) *sm.* 1. O que não pode ser revelado; sigilo. 2. Assunto, manobra, negócio, conhecido só de uns poucos; sigilo. 3. Confidência. 4. Mistério, enigma. 5. Lugar oculto, esconderijo.

se•gre•gar *v.t.d.* 1. Pôr à margem; marginalizar. 2. Produzir (secreção); secretar. *P.* 3. Afastar-se, isolar-se. [Conjug.: 🔲 [segre]**gar**] § **se•gre•ga•ção** *sf.*

se•gui•da *sf.* Seguimento. ♦ **Em seguida.** Logo depois.

se•gui•do *adj.* 1. Imediato, seguinte. 2. Ininterrupto. 3. Adotado, usado.

se•guin•te *adj.* 1. V. *consecutivo.* 2. Que (se) segue, que se diz ou cita depois. • *s2g.* 3. Quem sucede a outro(s). 4. Aquilo que (se) segue, que se diz, ou cita depois.

se•guir *v.t.d.* 1. Ir atrás de; acompanhar. 2. Acompanhar com a vista. 3. Andar em; percorrer. 4. Ir ao longo de. 5. Observar a evolução de. 6. Vir depois de. 7. Aderir a. 8. Prosseguir. *T.c.* 9. Tomar certa direção. *Int.* 10. Continuar. 11. Partir, ir(-se). *P.* 12. Vir depois; suceder(-se). [Conjug.: 🔲 **seguir**] § **se•gui•dor** (ô) *adj.* e *sm.*; **se•gui•men•to** *sm.*; **se•guin•te** *adj2g.*

se•gun•da *sf.* F. red. de *segunda-feira.*

se•gun•da-fei•ra *sf.* O segundo dia da semana, principiada no domingo. [Pl.: *segundas-feiras.*]

se•gun•do¹ *num.* 1. Ordinal correspondente a 2. • *adj.* 2. V. *secundário* (1). 3. Outro, novo. • *sm.* 4. Unidade de medida de tempo no SI, igual à duração de 9.192.631.770 vezes o período de determinada radiação emitida por um dos isótopos do césio (símb.: s). 5. *Fig.* Tempo curtíssimo. 6. Unidade de medida de ângulo, equivalente a um sexagésimo (1/60) do minuto (2).

se•gun•do² *prep.* 1. De acordo com; conforme. • *conj.* 2. Conforme, consoante.

se•gun•do-ca•de•te *sm.* V. *hierarquia militar.* [Pl.: *segundos-cadetes.*]

se•gun•do-luz *sm.* Distância percorrida pela luz em um segundo e igual a aproximadamente 300 mil quilômetros. [Pl.: *segundos-luz.*]

se•gun•do-sar•gen•to *sm.* V. *hierarquia militar.* [Pl.: *segundos-sargentos.*]

se•gun•do-te•nen•te *sm.* V. *hierarquia militar.* [Pl.: *segundos-tenentes.*]

se•gu•ra•do *adj.* 1. Que está no seguro (8). • *sm.* 2. Pessoa que pagou o prêmio dum seguro (8).

se•gu•ra•dor (ô) *adj.* e *sm.* 1. Que ou aquele que segura. 2. Que ou aquele que se obriga, em relação a outrem, por seguro (8).

se•gu•ran•ça *sf.* 1. Ato ou efeito de segurar(-se). 2. Estado, qualidade ou condição de seguro. 3. Convicção, certeza. 4. Confiança em si mesmo.

se•gu•rar *v.t.d.* 1. Tornar seguro; fixar. 2. Amparar, impedindo que caia. 3. Agarrar; prender. 4. V. *assegurar* (2). 5. Pôr no seguro (8). *P.* 6. Agarrar-se, apoiar-se. 7. Precaver-se. [Conjug.: 🔲 [segur]**ar**]

se•gu•ro *adj.* 1. Livre de perigo ou de risco. 2. Que não hesita; firme. 3. Certo, convicto. 4. Constante, leal. 5. Indubitável, certo. 6. Preso, fixo. 7. Avarento. • *sm.* 8. Contrato pelo qual uma das partes se obriga a pagar uma indenização na ocorrência de determinado evento envolvendo a outra parte (morte, prejuízo eventual, etc.)

se•gu•ro-de•sem•pre•go *sm.* Pagamento temporário a trabalhador desempregado, feito em geral pelo governo. [Pl.: *seguros-desempregos* e *seguros-desemprego.*]

sei•o *sm.* 1. Curvatura, sinuosidade. 2. Cada uma das glândulas mamárias femininas. 3. Âmago (3). 4. Ventre; útero. 5. *Anat.* Nome genérico de cavidade de conteúdo aéreo, encontrada em certos ossos do crânio e da face.

seis *num.* 1. Quantidade que é uma unidade maior que 5. 2. Número (1) correspondente a essa quantidade. [Representa-se em algarismos arábicos por 6, e em algarismos romanos, por VI.]

seis•cen•tos *num.* 1. Quantidade que é uma unidade maior que 599. 2. Número (1) correspondente a essa quantidade. [Representa-se em algarismos arábicos por 600, e em algarismos romanos, por DC.]

sei•ta *sf.* 1. Grupo religioso, de forte convicção, que surge em oposição às idéias e às práticas religiosas dominantes. 2. Grupo coeso que participa de uma doutrina comum (filosófica, religiosa, etc.).

sei•va *sf. Bot.* Líquido que circula no organismo vegetal. ♦ **Seiva mineral.** A que é extraída do solo pelas raízes. **Seiva orgânica.** A que circula pelo líber, e é formada da seiva mineral acrescida dos produtos da fotossíntese.

sei•xo *sm.* Fragmento de rocha dura; pedra solta.

se•la *sf.* Assento sobre o qual monta o cavaleiro.

se•lar[1] *v.t.d.* Pôr sela ou selim em. [Conjug.: 🔲 [sel]ar] § **se•la•do**[1] *adj.*

se•lar[2] *v.t.d.* 1. Pôr selo (2 e 3) em. 2. Cerrar, fechar. 3. Pôr fim a; concluir. [Conjug.: 🔲 [sel]ar] § **se•la•do**[2] *adj.*; **se•la•gem** *sf.*

se•la•ri•a *sf.* 1. Arte, ofício ou estabelecimento de seleiro. 2. Porção de selas e outros arreios.

se•le•ção *sf.* 1. Escolha fundamentada. 2. Equipe formada por atletas, que representa um estado, país, etc.; escrete, combinado, selecionado. ♦ **Seleção natural.** *Biol.* Sobrevivência das variedades animais e vegetais mais adaptáveis, com o sacrifício das menos aptas, que terminam desaparecendo. [Pl.: *-ções.*]

se•le•ci•o•na•do *adj.* 1. Escolhido entre os melhores; seleto. • *sm.* 2. *Bras.* V. *seleção* (2).

se•le•ci•o•nar *v.t.d.* Fazer seleção (1) de. [Conjug.: 🔲 § [selecion]ar]

se•lei•ro *sm.* Fabricante e/ou vendedor de selas e/ou selins.

se•lê•ni•o *sm. Quím.* V. *calcogênio* [símb.: *Se*].

se•le•ni•ta *s2g.* Suposto habitante da Lua.

se•le•ta *sf.* V. *antologia.*

se•le•ti•vo *adj.* Próprio para selecionar.

se•le•to *adj.* 1. Selecionado. 2. Excelente.

⇨ **self-service** (self-sérvis) [Ingl.] *sm.* Auto-serviço (q. v.).

se•lim *sm.* Pequena sela rasa. [Pl.: *–lins.*]

se•lo (ê) *sm.* 1. Peça na qual se gravaram armas, divisa, etc., e que se imprime sobre certos papéis, para autenticá-los. 2. Sinete (2). 3. Estampilha adesiva, de valor convencional, para franquear o porte de correspondência e objetos expedidos pelo correio. 4. Estampilha (2).

sel•va *sf.* Lugar naturalmente muito arborizado.

sel•va•gem *adj2g.* 1. Das selvas, ou próprio delas; selvático, silvestre. 2. V. *silvícola.* 3. Silvestre (2). 4. Ermo. 5. Ainda não domado ou domesticado. 6. Não civilizado. 7. Grosseiro, rude. • *s2g.* 8. V. *silvícola.* [Pl.: *–gens.*]

sel•va•ge•ri•a *sf.* Qualidade, ato ou procedimento de selvagem.

sel•vá•ti•co *adj.* V. *selvagem* (1).

sel•ví•co•la *adj2g.* e *s2g.* V. *silvícola.*

sem *prep.* Exprime várias relações entre palavras (falta, privação, exclusão, ausência, exceção, condição, etc.): *Estou sem dinheiro; Viajou sem a mulher; Levou a mercadoria sem compromisso; Não virei sem ele vir;* etc.

se•má•fo•ro *sm.* 1. Poste de sinalização rodoviária ou ferroviária, para orientação do tráfego. 2. V. *sinaleira.* § **se•ma•fó•ri•co** *adj.*

se•ma•na *sf.* 1. Espaço de sete dias contados do domingo ao sábado. 2. Espaço de sete dias consecutivos.

se•ma•nal *adj2g.* Relativo a, ou que se faz, sucede ou aparece de semana a semana; hebdomadário. [Pl.: *–nais.*]

se•ma•ná•ri•o *sm.* Hebdomadário (2).

se•man•te•ma *sm. Ling.* Elemento que encerra o significado duma palavra. Ex.: *danç-*, em relação a *dançar, dançarino,* etc.

se•mân•ti•ca *sf. Ling.* Estudo das mudanças ou transladações sofridas, no tempo e no espaço, pela significação das palavras. § **se•mân•ti•co** *adj.*

sem•blan•te *sm.* 1. V. *rosto* (1). 2. V. *fisionomia* (1).

sem-ce•ri•mô•ni•a *sf.* Falta de cerimônia. [Pl.: *sem-cerimônias.*]

sê•me•a *sf.* A parte mais fina da farinha de trigo.

se•me•a•du•ra *sf.* 1. Ato ou efeito de semear. 2. O cereal suficiente para semear-se um terreno.

se•me•ar *v.t.d.* 1. Deitar sementes de, para que germinem. 2. Espalhar, propalar. 3. Causar, ocasionar. *Int.* 4. Semear (1). [Conjug.: 🔟 [sem]ear] § **se•me•a•do** *adj.*; **se•me:a•dor** *sm.*

se•me•lhan•ça *sf.* 1. Qualidade de semelhante. 2. Relação entre seres, coisas ou idéias que têm em si elementos conformes, além dos comuns à espécie; analogia. [Sin. ger.: *similitude.*]

se•me•lhan•te *adj2g.* 1. Parecido, conforme, análogo. • *pron.* 2. Tal, este, aquele. • *sm.* 3. Pessoa ou coisa que se semelha a outra.

se•me•lhar *v.pred., t.i.* e *p.* Parecer(-se), assemelhar(-se). [Conjug.: 🔲 [semelh]ar]

sê•men *sm.* 1. Esperma. 2. Semente (2). [Pl.: *semens* e *sêmenes.*]

se•men•te *sf.* 1. *Bot.* Nos vegetais, a estrutura que conduz o embrião e está incluída no fruto. 2. Causa, origem; germe.

se•men•tei•ra *sf.* Terra semeada.

se•mes•tral *adj2g.* Relativo a, ou que se realiza ou aparece a cada semestre. [Pl.: *–trais.*]

se•mes•tre *sm.* Espaço de seis meses seguidos.

sem-fim *sm.* Quantidade ou número indeterminado. [Pl.: *sem-fins.*]

se•mi-a•nal•fa•be•to *adj.* Quase analfabeto. [Pl.: *semi-analfabetos.*]

se•mi-a•quá•ti•co *adj.* e *sm.* Que se desenvolve ou vive próximo à água, ou que é, ao mesmo tempo, terrestre e aquático. [Pl.: *semi-aquáticos.*]

se•mi-bár•ba•ro *adj.* Quase selvagem.

se•mi•bre•ve *sf. Mús.* Figura que tem o valor de metade da breve (6).

se•mi•cir•cu•lar *adj2g.* Em forma de semicírculo.

se•mi•cír•cu•lo *sm.* Metade de um círculo.

se•mi•cir•cun•fe•rên•ci:a *sf.* Metade duma circunferência.

se•mi•col•chei•a *sf. Mús.* Figura do valor de metade da colcheia.

se•mi•con•du•tor (ô) *sm. Fís.* Condutor elétrico cuja resistividade decresce com a temperatura, e em que a condução de carga pode efetuar-se por elétrons ou por buracos.

se•mi•cú•pi:o *sm.* Banho de imersão da parte inferior do tronco.

se•mi•deus *sm. Mit.* Ser mitológico, filho de um deus e uma mortal, ou vice-versa, que tem poderes sobre-humanos.

se•mi•fi•nal *adj2g.* e *sf.* Diz-se da, ou a prova que antecede imediatamente a final, em qualquer competição. [Pl.: *–nais.*]

se•mi•fi•na•lis•ta *adj2g.* e *s2g. Bras.* Em competições esportivas, etc., diz-se de, ou pessoa ou equipe que se classificou para disputar a prova que indicará os finalistas [v. *finalista*] na decisão de um título, troféu, etc.

se•mi•fu•sa *sf. Mús.* Figura do valor de metade da fusa.

se•mi-in•tei•ro *adj. Mat.* Que pode ser expresso pela fórmula n + (1/2), onde n é um número inteiro, positivo, ou zero. [Pl.: *semi-inteiros.*]

se•mi-in•ter•na•to *sm.* Escola cujos alunos são semi-internos. [Pl.: *semi-internatos.*]

se•mi-in•ter•no *adj.* e *sm.* Diz-se de, ou aluno que, embora não resida no colégio, aí permanece todo o dia. [Pl.: *semi-internos.*]

se•mi•lí•qui•do *adj.* Que não é nem líquido, nem sólido; pastoso.

se•mi•ma•ri•nho *adj.* **1.** Que tem hábitos marinhos e terrestres concomitantemente (diz-se de animal). **2.** Que habita águas marinhas e doces (diz-se de peixe).

se•mi•mor•to (ôr) *adj.* **1.** Meio morto; semivivo. **2.** Extenuado, esgotado. [Pl.: *–mortos* (ór).]

se•mi•nal *adj2g.* Relativo ao sêmen ou à semente. [Pl.: *–nais.*]

se•mi•ná•ri:o *sm.* **1.** Estabelecimento escolar onde se formam padres. **2.** Grupo de estudos em que se debate matéria que cada participante expõe.

se•mi•na•ris•ta *sm.* Aluno interno em seminário (1).

se•mí•ni•ma *sf. Mús.* Figura que vale a metade da mínima.

se•mi•nu *adj.* **1.** Meio nu. **2.** Maltrapilho.

se•mi:o•lo•gi•a *sf.* **1.** Ciência geral dos signos, dos sistemas de significação. **2.** Parte da medicina que estuda os sinais das doenças. [Sin. ger.: *semiótica.*]

se•mi•ó•ti•ca *sf.* V. *semiologia.*

se•mi•pla•no *sm. Geom.* Parte de um plano limitado por uma reta.

se•mi•pre•ci•o•so (ô) *adj.* Meio precioso. [Pl.: *–osos* (ó).]

se•mi-re•li•gi•o•so (ô) *adj.* **1.** Um tanto religioso. **2.** Que não é inteiramente religioso. [Pl.: *–osos* (ó).]

se•mi-ro•to (ô) *adj.* Meio roto. [Pl.: *semi-rotos* (ô).]

se•mi-sel•va•gem *adj2g.* Quase selvagem; rude. [Pl.: *semi-selvagens.*]

se•mi-so•ma *sf. Arit.* A metade de uma soma. [Pl.: *semi-somas.*]

se•mi•ta *s2g.* **1.** Indivíduo dos semitas, família etnográfica que abrange os hebreus, assírios, arameus, fenícios e árabes. • *adj2g.* **2.** Dos semitas.

se•mí•ti•co *adj.* **1.** Pertencente ou relativo aos semitas. **2.** *Restr.* Pertencente ou relativo aos judeus.

se•mi•tis•mo *sm.* Caráter do que é semítico.

se•mi•tom *sm. Mús.* O menor intervalo na música ocidental, nos instrumentos temperados. [Pl.: *–tons.*]

se•mi•vi•vo *adj.* Semimorto (1).

se•mi•vo•gal *sf. Gram.* Cada uma das vogais *i* e *u* quando, juntas a outra, com ela formam sílaba. [Pl.: *–gais.*]

sem-nú•me•ro *sm.2n.* Quantidade indeterminada.

sê•mo•la *sf.* **1.** Grânulos de certos cereais. **2.** Semolina.

se•mo•li•na *sf.* Amido da farinha de arroz, sêmola.

sem-par *adj2g.2n.* Sem igual.

sem•pi•ter•no *adj.* Que não teve princípio nem há de ter fim.

sem•pre *adv.* **1.** Em todo o tempo. **2.** Sem cessar. **3.** Em todo caso. **4.** Na verdade.

sem•pre-ver•de *adj2g. Bot.* Diz-se de planta, como o pinheiro, que permanece verdejante tb. nas estações frias. [Pl.: *sempre-verdes.*]

sem•pre-vi•va *sf. Bot.* Erva das compostas cujas flores, do mesmo nome, secam sem murchar. [Pl.: *sempre-vivas.*]

sem-ver•go•nha *adj2g.2n. Bras.* Diz-se de quem não tem vergonha, brio. § **sem-ver•go•nhi•ce** *sf.*

❑ **sen** *Trig.* Símb. de *seno.*

se•na *sf. Bras.* Loteria de números em que se sorteiam seis dezenas.

se•na•do *sm.* **1.** Parte do poder legislativo federal que dispõe, geralmente, de mais prerrogativas que a câmara federal. **2.** Local onde se reúnem os senadores.

se•na•dor *sm.* Membro do senado.

se•não *conj.* **1.** De outro modo; aliás. **2.** Mas sim; porém. • *prep.* **3.** Exceto; a não ser. • *sm.* **4.** Defeito, mancha. [Pl., nesta acepç.: *–nões.*]

se•na•to•ri•a *sf.* Mandato de senador; senatória.

se•na•tó•ri:a *sf.* Senatoria.

se•na•to•ri•al *adj2g.* Referente ao senado; senatório. [Pl.: *–ais.*]

se•na•tó•ri:o *adj.* Senatorial.

sen•da *sf.* Caminho estreito; vereda.

sen•dei•ro *adj.* e *sm.* Diz-se de, ou eqüino velho e ruim.

se•nec•tu•de *sf.* Senilidade.

se•ne•ga•lês *adj.* **1.** Do Senegal (África). • *sm.* **2.** O natural ou habitante do Senegal. [Flex.: *senegalesa* (ê), *senegaleses* (ê), *senegalesas* (ê).]

❏ **senh** *Mat.* Símb. de *seno hiperbólico.*

se•nha *sf.* **1.** Aceno, sinal. **2.** Gesto ou sinal combinado entre pessoas para se entenderem. **3.** Fórmula convencionada com que alguém indica estar ciente do segredo de certa ação. **4.** Bilhete que autoriza readmissão em espetáculo, etc. **5.** *Inform.* Cadeia de caracteres que autoriza o acesso a um conjunto de operações em um sistema de computadores ou em equipamentos computadorizados.

se•nhor (ô) *sm.* **1.** Amo, patrão. **2.** Indivíduo importante. **3.** Homem idoso. **4.** Tratamento de cerimônia ou respeito dispensado aos homens. **5.** Deus. [Com inicial maiúscula, nesta acepç.]

se•nho•ra (ó, ò) *sf.* **1.** Fem. de *senhor.* **2.** Esposa, mulher. **3.** Tratamento de cerimônia ou respeito dado às mulheres casadas ou às que já não são muito jovens.

se•nho•re•ar *v.t.d.* e *p.* V. *assenhorear.* [Conjug.: 10 [senhor]ear]

se•nho•ri•a *sf.* **1.** Qualidade ou condição de senhor ou senhora. **2.** Fem. de *senhorio* (3).

se•nho•ri•al *adj2g.* Pertencente a senhor, ou a senhoria. [Pl.: *–ais.*]

se•nho•ril *adj2g.* **1.** Próprio de senhor ou senhora. **2.** Imponente, majestoso. [Pl.: *–ris.*]

se•nho•ri:o *sm.* **1.** Direito de senhor. **2.** Posse, domínio. **3.** Proprietário dum prédio alugado ou arrendado.

se•nho•ri•ta *sf.* **1.** Moça solteira. **2.** Tratamento respeitoso dado à senhorita (1).

se•nil *adj2g.* **1.** Da, ou próprio da velhice ou dos velhos. **2.** Caduco; decrépito. [Pl.: *–nis.*]

se•ni•li•da•de *sf.* Qualidade ou estado de senil, ou idade senil; senectude.

sê•ni:or *adj2g.* **1.** O mais velho (de dois indivíduos da mesma família e com o mesmo nome). **2.** Diz-se do profissional mais experiente em determinada ocupação. [Pl.: *seniores* (ô).]

se•no *sm. Trig.* Função de um ângulo orientado, igual ao quociente entre a ordenada da extremidade do arco de circunferência subtendido pelo ângulo e o raio da circunferência [símb.: *sen*]. ◆ **Seno hiperbólico.** *Mat.* Função que é igual à metade da diferença entre duas exponenciais com os expoentes simétricos [símb.: *senh*].

se•noi•dal *adj2g.* Relativo ao seno e/ou à senóide. [Pl.: *–dais.*]

se•nói•de *sf. Geom. Anal.* Curva que, num sistema cartesiano, representa a função seno; curva senoidal.

sen•sa•bor (ô) *adj.* **1.** Que não tem sabor. **2.** Desengraçado, desenxabido.

sen•sa•bo•ri•a *sf.* Qualidade de sensabor.

sen•sa•ção *sf.* **1.** *Fisiol.* Impressão causada num órgão receptor por um estímulo e que, por via aferente, é levada ao sistema nervoso central. **2.** Surpresa, ou grande impressão. [Pl.: *–ções.*]

sen•sa•ci:o•nal *adj2g.* Que produz sensação intensa. [Pl.: *–nais.*]

sen•sa•ci:o•na•lis•mo *sm.* Divulgação e exploração de matéria capaz de emocionar ou escandalizar.

sen•sa•to *adj.* **1.** Que tem bom senso. **2.** Prudente; ponderado; refletido. **§ sen•sa•tez** (ê) *sf.*

sen•si•bi•li•da•de *sf.* **1.** Qualidade de sensível. **2.** Faculdade ou capacidade de sentir; sentimento. **3.** Delicadeza de sentimentos.

sen•si•bi•li•zar *v.t.d.* **1.** Tornar sensível; comover. **2.** Impressionar vivamente. **3.** Tornar sensível à ação da luz ou de outro agente qualquer. **4.** Tornar sensível, como pela ação de alérgeno. *P.* **5.** Comover-se. [Conjug.: 1 [sensibiliz]ar]

sen•si•ti•va *sf. Bot.* Dormideira (2).

sen•si•ti•vo *adj.* **1.** Relativo aos sentidos. **2.** Que tem a faculdade de sentir.

sen•sí•vel *adj2g.* **1.** Que sente, que tem sensibilidade. **2.** Que recebe facilmente as sensações externas. **3.** Que pode ser percebido pelos sentidos. **4.** Emotivo. **5.** Suscetível (2). **6.** Passível de receber modificações ou de sofrer determinadas ações. **7.** Apreciável, considerável. • *sm.* **8.** *Mús.* O sétimo grau da escala diatônica natural. [Pl.: *–veis.*]

sen•so *sm.* **1.** Faculdade de apreciar, de julgar, de sentir; sentido. **2.** V. *juízo* (3).

sen•so•ri•al *adj2g.* **1.** Relativo a sensório (3). **2.** Relativo à sensação. [Pl.: *–ais.*]

sen•só•ri:o *adj.* **1.** Relativo à sensibilidade. **2.** Próprio para transmitir sensações. • *sm.* **3.** *Fisiol.* Qualquer centro nervoso sensitivo.

sen•su•al *adj2g.* **1.** Relativo aos sentidos. **2.** Que tem ou denota sensualidade (2). [Pl.: *–ais.*]

sen•su:a•li•da•de *sf.* **1.** Qualidade de sensual. **2.** Intenso prazer sexual; lubricidade, luxúria.

sen•tar *v.t.d.* **1.** Assentar (1). *Int.* e *p.* **2.** Tomar assento. [Conjug.: 1 [sent]ar]

sen•ten•ça *sf.* **1.** Expressão que encerra um sentido geral ou um princípio moral. **2.** Julgamento proferido por juiz, tribunal ou árbitro(s). **3.** Qualquer despacho ou decisão. **4.** Frase (1).

sen•ten•ci•a•do *adj.* e *sm.* Que ou aquele que foi objeto de sentença (2); julgado.

sen•ten•ci•ar *v.t.d.* e *t.d.i.* 1. Julgar ou condenar por meio de sentença. 2. Julgar, decidir. *Int.* 3. Proferir ou pronunciar sentença; julgar. [Conjug.: ⬜ [sentenci]**ar**]

sen•ten•ci•o•so (ô) *adj.* 1. Que tem forma de, ou encerra sentença. 2. Que se expressa com gravidade, formulando decisões. [Pl.: *-osos* (ó).]

sen•ti•do *adj.* 1. Pesaroso, triste. 2. Magoado, ressentido. 3. Em princípio de putrefação. • *sm.* 4. *Fisiol.* Faculdade pela qual se percebem, pela ação de órgão específico, sensações de origem interna ou externa. Há cinco sentidos: visão, audição, olfato, tato e gustação. 5. Senso (1). 6. Propósito, objetivo. 7. V. *acepção.* 8. Atenção (1). 9. Direção, rumo.

sen•ti•dos *sm.pl.* 1. O conjunto das funções orgânicas que buscam o prazer sensual. 2. Faculdades intelectuais.

sen•ti•men•tal *adj2g.* 1. Relativo ao sentimento. 2. Que se deixa comover com facilidade. [Pl.: *-tais.*]

sen•ti•men•ta•lis•mo *sm.* Qualidade de sentimental.

sen•ti•men•to *sm.* 1. Ato ou efeito de sentir(-se). 2. Sensibilidade (2). 3. Disposição afetiva em relação a coisas de ordem moral ou intelectual. 4. Afeto, amor. 5. Tristeza, pesar.

sen•ti•men•tos *sm.pl.* 1. Qualidades morais. 2. V. *pêsames.*

sen•ti•na *sf.* V. *latrina.*

sen•ti•ne•la *sf.* e *m.* 1. Soldado armado que fica junto a um posto para o guardar. 2. V. *guarda* (5).

sen•tir *v.t.d.* 1. Perceber por meio de qualquer órgão dos sentidos. 2. Experimentar (sensação física ou moral). 3. Ser sensível a. 4. Pressentir (1). 5. Melindrar-se com. 6. Ter consciência de. 7. Experimentar. *Transobj.* 8. Considerar, julgar. *Int.* 9. Ter pesar. *P.* 10. Ter consciência do próprio estado; reconhecer-se. 11. V. *ressentir* (2). • *sm.* 12. Modo de ver. [Conjug.: ⬜ [s[e[nt]ir]

sen•za•la ou **san•za•la** *sf. Bras.* Alojamento dos escravos.

sé•pa•la *sf. Bot.* Cada uma das peças do cálice².

se•pa•rar *v.t.d.* 1. Fazer a desunião de (o que estava junto ou ligado). 2. Apartar, afastar. 3. Fazer cessar; interromper. 4. Obstar à união de. 5. Estabelecer discórdia entre. 6. Romper a vida conjugal de. *T.d.i.* 7. Separar (2). *P.* 8. Desagregar-se, desunir-se. 9. Afastar-se. 10. Deixar (um casal) de viver em comum. [Conjug.: ⬜ [separ]**ar**] § **se•pa•ra•ção** *sf.*; **se•pa•rá•vel** *adj2g.*

se•pa•ra•ta *sf.* Publicação à parte de artigo ou trabalho saído em jornal ou revista, usando-se a mesma composição tipográfica.

se•pa•ra•tis•mo *sm.* Tendência de certa parte do território dum Estado para separar-se deste e constituir-se em Estado independente. § **se•pa•ra•tis•ta** *adj2g.* e *s2g.*

sé•pi:a *sf.* 1. *Zool.* Siba. 2. Pigmento (2) marrom-avermelhado preparado com a siba ou sépia. 3. A cor desse pigmento. 4. Desenho em sépia (2).

sep•si•a *sf. Med.* Presença no sangue, ou em órgão(s), de microrganismos patogênicos, ou de suas toxinas.

sep•ti•ce•mi•a *sf. Med.* Processo infeccioso generalizado em que germes são veiculados pelo sangue e nele se multiplicam. § **sep•ti•cê•mi•co** *adj.*

sep•to *sm. Anat.* Nome genérico de formação divisória de tecidos, cavidades ou órgãos.

sep•tu:a•ge•ná•ri:o *adj.* e *sm.* Diz-se de, ou quem está entre setenta e oitenta anos.

se•pul•cral *adj2g.* 1. Relativo a sepulcro. 2. V. *lúgubre* (2). [Pl.: *-crais.*]

se•pul•cro *sm.* V. *sepultura.*

se•pul•tar *v.t.d.* 1. Enterrar (2). 2. Dar fim a. *P.* 3. Isolar-se, recolher-se. [Conjug.: ⬜ [sepult]**ar**] § **se•pul•ta•men•to** *sm.*

se•pul•to *adj.* Que se sepultou; enterrado.

se•pul•tu•ra *sf.* Cova onde se sepultam os cadáveres; túmulo, tumba, jazigo, campa, catacumba, cova, sepulcro.

se•quaz *s2g.* 1. Quem segue ou acompanha ou~~tro doutrinamente~~. 2. ~~Partidário seguidor~~.

se•qüên•ci:a *sf.* 1. Ato ou efeito de seguir. 2. Continuação. 3. V. *série* (2). 4. Parte do escrito iniciada noutro lugar. 5. Em jogos carteados, série de cartas com valores consecutivos. 6. *Mat.* Função de uma variável inteira positiva; sucessão. 7. *Mat.* Seqüência infinita. ◆ **Seqüência finita.** *Mat.* A que tem um número finito de termos. **Seqüência infinita.** *Mat.* Função duma variável inteira positiva cujo domínio não é limitado à direita; seqüência. **Seqüência ordenada.** Aquela entre cujos membros se define uma relação de ordem.

se•quer *adv.* Ao menos; pelo menos.

se•qües•trar *v.t.d.* 1. Fazer seqüestro de. 2. Tomar com violência. 3. Desviar da rota mediante violência. [Conjug.: ⬜ [seqüestr]**ar**] § **se•qües•tra•dor** (ô) *adj.* e *sm.*

se•qües•tro *sm.* 1. *Jur.* Apreensão judicial de bem litigioso para assegurar-lhe a entrega, oportunamente, à pessoa a que se reconheça que ele deve tocar. 2. *Jur.* O crime de reter ilegalmente alguém, sobretudo para receber resgate em troca de sua liberdade. 3. *Patol.* Fragmento de osso morto e que, devido a necrose, se separou da parte sã.

se•qui•dão *sf.* Secura (1 e 3). [Pl.: *-dões.*]

se•qui•lho *sm. Cul.* Bolinho seco e farináceo, feito, em geral, de polvilho.

se•qui•o•so (ó) *adj.* **1.** Falto de água; muito seco. **2.** Sedento. **3.** Cobiçoso, ávido. [Pl.: *–osos* (ó).]

sé•qüi•to ou **sé•qui•to** *sm.* Conjunto de pessoas que acompanham outra(s) por obrigação ou cortesia.

se•quói•a *sf. Bot.* Grande conífera da América do Norte.

ser *v.pred.* **1.** Liga o predicativo ao sujeito: *Este homem é inocente.* **2.** Combinado com um particípio, forma a voz passiva: *Suas preces foram atendidas.* **3.** Us. sem sujeito, indica tempo, ou determinado momento no tempo: *Ainda é cedo*; *A festa foi ontem.* **4.** Ficar, tornar-se. **5.** Consistir em. **6.** Significar. **7.** Custar (1). *T.c.* **8.** Ser natural de. *T.i.* **9.** Pertencer. **10.** Ser próprio; convir. *Int.* **11.** Existir (1). [Conjug.: 4 **ser**] • *sm.* **12.** O que existe. **13.** Todo ente vivo e animado. **14.** Indivíduo, pessoa. **15.** A natureza íntima de uma pessoa. ♦ **Ser matemático.** *Mat.* Designação genérica de entidade sujeita à análise, observação ou regras matemáticas. Ex.: *número, conjunto, figura, espaço.*

se•ra•fim *sm. Rel.* Anjo (1) da primeira hierarquia.

se•rão *sm.* **1.** Trabalho noturno, após o expediente normal. **2.** Tempo que decorre do jantar até a hora de dormir. [Pl.: *–rões.*]

se•rei•a *sf.* **1.** Ser mitológico, metade mulher, metade peixe. **2.** *Fig.* Mulher sedutora.

se•re•le•pe *sm. Bras.* **1.** *Zool.* V. *caxinguelê.* **2.** *RJ SP Fig.* Pessoa viva, astuciosa.

se•re•nar *v.t.d.* e *p.* Tornar(-se) sereno. [Conjug.: 1 [seren]**ar**]

se•re•na•ta *sf.* **1.** Música de conjunto instrumental, cantada, melodiosa e simples, executada ao ar livre; seresta. **2.** Composição nos moldes da serenata.

se•re•ni•da•de *sf.* Qualidade ou estado de sereno.

se•re•no *adj.* **1.** Tranqüilo, sossegado. **2.** Que denota paz, tranqüilidade de espírito. **3.** Limpo de nuvens; claro. • *sm.* **4.** Tênue vapor atmosférico, noturno. **5.** *Bras.* O ar livre, a rua, à noite.

se•res•ta *sf. Bras.* Serenata (1).

se•res•tei•ro *sm.* O que participa de serestas.

ser•gi•pa•no *adj.* **1.** De SE. • *sm.* **2.** O natural ou habitante desse estado.

se•ri•a•do *adj.* **1.** Disposto em série. **2.** Que se faz, realiza ou exibe em série(s).

se•ri•al *adj2g.* **1.** Relativo a série. **2.** *Inform.* Relativo a transferência ou processamento seqüenciais das unidades ou partes de um conjunto de informações. [Pl.: *–ais.*]

se•ri•ar *v.t.d.* **1.** Dispor em série. **2.** Classificar, ordenar. [Conjug.: 1 [seri]**ar**] § **se•ri•a•ção** *sf.*

se•ri•ci•cul•tor (ô) ou **se•ri•cul•tor** (ô) *sm.* Aquele que se ocupa da sericicultura.

se•ri•ci•cul•tu•ra ou **se•ri•cul•tu•ra** *sf.* **1.** Criação do bicho-da-seda. **2.** Preparo e fabricação da seda.

sé•ri•e *sf.* **1.** Ordem de fatos ou de coisas ligados por uma relação, ou que apresentam analogia. **2.** Seqüência ininterrupta; sucessão. **3.** Classe, categoria. **4.** Quantidade considerável. **5.** *Edit.* Coleção de obras independentes, de vários autores, publicadas sob título comum. **6.** *Mat.* Série infinita. **7.** *Mús.* Na técnica de composição dodecafônica, sucessão de 12 sons diferentes (escolhidos entre os 12 graus da escala cromática), dispostos numa ordem que determinará o seu desenvolvimento ulterior. **8.** *Bras.* Ano letivo. ♦ **Série harmônica.** *Mat.* Série cujo termo geral é da forma $1/n$. **Série infinita.** *Mat.* Seqüência infinita em que o enésimo elemento é igual à soma dos n primeiros elementos de outra seqüência infinita; série.

se•ri•e•da•de *sf.* **1.** Qualidade de sério. **2.** Modo, gestos ou porte próprios de pessoa séria.

se•ri•e•ma *sf. Bras. Zool.* Ave gruiforme cariamídea.

se•ri•fa *sf. Tip.* Filete ou espessamento que arremata as hastes de um tipo. § **se•ri•fa•do** *adj.*

se•ri•gra•fi•a *sf. Art. Gráf.* Processo de impressão que utiliza tela de seda, ou de outro material permeável, como fôrma. § **se•ri•grá•fi•co** *adj.*

se•ri•güe•la *sf. Bot.* V. *cerigüela.*

se•rin•ga *sf.* Bomba portátil para aplicação de injeções ou para retirar líquidos do organismo.

se•rin•gal *sm.* **1.** Plantação de seringueiras. **2.** *Bras. Amaz.* Propriedade, ger. à margem de rios. [Pl.: *–gais.*]

se•rin•guei•ra *sf. Bot.* Árvore euforbiácea de fruto capsular, sementes ricas em óleo, e de cujo látex se fabrica a borracha.

se•rin•guei•ro *sm. Bras.* **1.** Indivíduo que se dedica à extração do látex da seringueira. **2.** Dono de seringal.

sé•ri•o *adj.* **1.** Que merece atenção, cuidado; importante. **2.** Que tem valor, mérito. **3.** Feito com cuidado. **4.** Verdadeiro, sincero. **5.** Grave, circunspecto; severo. **6.** V. *austero* (2). **7.** V. *honrado* (1). **8.** Que não ri.

ser•mão *sm.* **1.** Discurso religioso; prédica, pregação. **2.** Arrazoado longo e enfadonho. **3.** *Pop.* V. *repreensão.* [Pl.: *–mões.*]

se•rô•di•o *adj.* Que vem tarde, fora do tempo.

se•ro•sa *sf. Anat.* V. *membrana serosa.*

se•ro•so (ó) *adj.* **1.** Relativo a soro. **2.** Que contém soro. **3.** Abundante em serosidade. [Pl.: *–rosos* (ó).]

ser•pe *sf. Poét.* Serpente.

ser•pe•ar *v.int.* Arrastar-se pelo chão em ziguezagues, como a serpente; serpentear. [Conjug.: 10 [serp]**ear**]

ser•pen•tá•ri:o *sm. Bras.* Lugar onde se criam cobras, ger. para estudo.

ser•pen•te *sf. Zool.* **1.** Espécime das serpentes, subordem de longos reptis de corpo cilíndrico, carnívoros, destituídos de membros, e de língua ger. bifurcada; ofídio. **2.** Nome comum a ofídios, esp. aos venenosos.

ser•pen•te•ar *v.int.* **1.** Serpear. *T.d.i.* **2.** Envolver. [Conjug.: 10] [serpent]**ear**]

ser•pen•ti•for•me *adj2g.* Que tem forma de serpente.

ser•pen•ti•na *sf.* **1.** Castiçal de dois ou mais braços tortuosos. **2.** Conduto metálico que dá numerosas dobras sobre si mesmo, e dentro do qual circula um fluido que opera trocas de calor com o meio ambiente. **3.** Fita estreita de papel colorido, de muitos metros, us. no carnaval.

ser•pen•ti•no *adj.* Relativo a, ou próprio de, ou em forma de serpente.

ser•ra *sf.* **1.** Instrumento cortante, que tem como peça principal uma lâmina dentada ou um disco dentado de aço. **2.** Cadeia de montanhas com muitos picos e quebradas.

ser•ra•ção *sf.* Ato ou efeito de serrar; serragem. [Pl.: –ções. Cf. cerração.]

ser•ra•do *adj.* Que se serrou. [Cf. cerrado.]

ser•ra•dor (ó) *adj. e sm.* Que ou quem serra.

ser•ra•gem *sf.* **1.** Serração. **2.** *Bras.* Pó fino, da madeira serrada. [Pl.: –gens.]

ser•ra•lha *sf. Bot.* Hortaliça das compostas.

ser•ra•lha•ri•a ou **ser•ra•lhe•ri•a** *sf.* Arte ou oficina de serralheiro.

ser•ra•lhei•ro *sm.* Artífice que fabrica ou conserta objetos de ferro.

ser•ra•lho *sm.* Harém (1).

ser•ra•ni•a *sf.* Aglomeração de serras ou montanhas.

ser•ra•ní•de:o *sm. Zool.* Espécime dos serranídeos, família de peixes osteíctes, semimarinhos. Ex.: o badejo. § **ser•ra•ní•de:o** *adj.*

ser•ra•no *adj.* Relativo a, ou que vive nas serras ou nelas tem origem.

ser•rar *v.t.d.* Cortar, dividir, com serra ou serrote. [Conjug.: 1] [serr]**ar**]

ser•ra•ri•a *sf.* Estabelecimento industrial onde se cortam madeiras.

ser•re•ar *v.t.d.* Dar forma de serra a; dentear. [Conjug.: 10] [serr]**ear**]

ser•ri•lha *sf.* Bordo dentado de qualquer objeto.

ser•ri•lhar *v.t.d.* Fazer serrilha em. [Conjug.: 1] [serrilh]**ar**]

ser•ro (ê) *sm.* Monte alto; espinhaço.

ser•ro•te *sm.* Lâmina dentada, de cabo.

ser•ta•ne•jo (ê) *adj.* **1.** Do sertão, ou que o habita. **2.** Rústico, agreste. **3.** V. *caipira* (2). • *sm.* **4.** V. *caipira* (1).

ser•ta•nis•ta *s2g. Bras.* Grande conhecedor do sertão e dos hábitos sertanejos.

ser•tão *sm. Bras.* Zona pouco povoada do interior do país, em especial do interior da parte norte-ocidental, mais seca do que a caatinga. [Pl.: –tões.]

ser•va *sf.* Fem. de *servo.*

ser•ven•te *s2g.* **1.** Quem ajuda outro em qualquer trabalho. • *sm.* **2.** Operário que auxilia o pedreiro.

ser•ven•ti•a *sf.* **1.** Utilidade (1). **2.** Uso, emprego.

ser•ven•tu•á•ri:o *sm.* **1.** Aquele que serve num ofício. **2.** Funcionário auxiliar da justiça (4).

ser•vi•çal *adj2g.* **1.** Que gosta de prestar serviços; servidor. • *s2g.* **2.** Criado ou criada; servo. [Pl.: –çais.]

ser•vi•ço *sm.* **1.** Ato ou efeito de servir. **2.** Exercício de cargos ou funções obrigatórias. **3.** V. *trabalho* (3). **4.** Obséquio, favor. **5.** *Econ.* Atividade econômica de que não resulta produto tangível (p. ex.: transporte urbano; atividades de médicos, advogados, professores; administração pública), em contraste com a produção de mercadorias. **6.** Coleção de pratos que servem para um jantar, etc.; aparelho. **7.** Em certos jogos (tênis, pingue-pongue, etc.) o saque ou série de saques. **8.** *Bras. Pop.* Feitiçaria encomendada.

ser•vi•dão *sf.* **1.** V. *escravidão* (1). **2.** Sujeição, dependência. **3.** *Jur.* Passagem, para uso do público, por terreno que é propriedade particular. [Pl.: –dões.]

ser•vi•dor (ô) *adj.* **1.** Que serve. **2.** Serviçal (1). • *sm.* **3.** Funcionário, empregado. **4.** *Inform.* Computador que provê, para toda uma rede, dados e serviços, compartilhando seus recursos.

ser•vil *adj2g.* **1.** De, ou próprio de servo. **2.** Que segue com rigor um modelo ou original. **3.** Bajulador, subserviente. [Pl.: –vis.] § **ser•vi•lis•mo** *sm.*

ser•vir *v.int.* **1.** Trabalhar como servo. **2.** Exercer as funções de criado. **3.** Pôr na mesa comida e/ou bebida. **4.** Auxiliar, ajudar. **5.** Prestar serviço militar. *T.i.* **6.** Ser útil, vantajoso. **7.** Ter serventia (2). **8.** Servir (5). **9.** Prestar serviços. *T.d.* **10.** Servir (3, 4, 9). *T.d.i.* **11.** Servir (3). *P.* **12.** Utilizar (3). [Conjug.: 53] [s]e[rv]**ir**]

ser•vo (ê) *sm.* **1.** Na época feudal, aquele cujo serviço estava restrito à gleba e com ela se transferia, embora não fosse escravo. **2.** Cativo, escravo. **3.** Serviçal (2). [Fem.: *serva.*]

ses•ma•ri•a *sf.* Lote de terra que os reis de Portugal cediam para cultivo

ses•mei•ro *sm.* Aquele a quem era concedida uma sesmaria.

ses•qui•cen•te•ná•ri:o *sm. Bras.* Transcurso e comemoração do 150º aniversário.

ses•são *sf.* **1.** Espaço de tempo que dura a reunião dum corpo deliberativo, etc. **2.** Espaço de tempo durante o qual funciona um congresso, etc. **3.** *Bras.* Cada uma das exibições de espetáculo, nos teatros, cinemas, circos. [Pl.: *–sões*. Cf. *cessão* e *seção*.]

ses•sen•ta *num.* **1.** Quantidade que é uma unidade maior que 59. **2.** Número (1) correspondente a essa quantidade. [Representa-se em algarismos arábicos por 60, e em algarismos romanos, por LX.]

sés•sil *adj2g. Biol.* Diz-se do órgão fixado diretamente à parte principal dum ser vivo. [Pl.: *–seis.*]

ses•ta *sf.* Hora de descanso após o almoço.

ses•tro (é) *sm.* V. *cacoete* (2).

ses•tro•so (ô) *adj.* Que tem sestro. [Pl.: *–trosos* (ó).]

se•ta *sf.* Flecha (1).

se•te *num.* **1.** Quantidade que é uma unidade maior que 6. **2.** Número (1) correspondente a essa quantidade. [Representa-se em algarismos arábicos por 7, e em algarismos romanos, por VII.]

se•te•cen•tos *num.* **1.** Quantidade que é uma unidade maior que 699. **2.** Número (1) correspondente a essa quantidade. [Representa-se em algarismos arábicos por 700, e em algarismos romanos, por DCC.]

se•tei•ra *sf.* **1.** Abertura numa muralha, por onde se atiram setas contra os sitiantes. **2.** Frestas nas paredes dum edifício para iluminar o interior.

se•tem•bro *sm.* O nono mês do ano, com 30 dias.

se•te•ná•rio *adj.* **1.** Que vale ou contém sete. • *sm.* **2.** Espaço de sete dias ou sete anos.

se•tê•ni•o *sm.* Período de sete anos.

se•ten•ta *num.* **1.** Quantidade que é uma unidade maior que 69. **2.** Número (1) correspondente a essa quantidade. [Representa-se em algarismos arábicos por 70, e em algarismos romanos, por LXX.]

se•ten•tri•ão *sm.* **1.** O pólo Norte. **2.** As regiões do Norte. [Pl.: *–ões.*]

se•ten•tri•o•nal *adj2g.* Situado ao Norte, ou próprio dele. [Pl.: *–nais.*]

se•ti•for•me *adj2g.* Que tem o aspecto de seda.

se•ti•lha *sf.* Estrofe (rara) de sete versos.

se•ti•lhão *num.* Mil sextilhões; 10 elevado à 24ª potência. [Pl.: *–lhões.*]

se•ti•li•ão *num.* Setilhão. [Pl.: *–ões.*]

sé•ti•mo *num.* **1.** Ordinal correspondente a 7. **2.** Fracionário correspondente a 7.

se•tin•gen•té•si•mo *num.* **1.** Ordinal correspondente a 700. **2.** Fracionário correspondente a 700.

se•tis•sí•la•bo *adj.* **1.** Que tem sete sílabas. • *sm.* **2.** Verso de sete sílabas. [Sin. ger.: *heptassílabo.*]

se•tor (ô) ou **sec•tor** (ô) *sm.* **1.** Subdivisão duma zona, seção, etc. **2.** Esfera ou ramo de atividade; quadrante, terreno.

se•tu•a•ge•ná•ri•o *adj.* Que está na casa dos 70 anos de idade.

se•tu•a•gé•si•mo (zi) *num.* **1.** Ordinal correspondente a 70. **2.** Fracionário correspondente a 70.

se•tu•pli•car *v.t.d., int.* e *p.* Multiplicar(-se) por sete. [Conjug.: ⑧ [setupli]**car**]

sé•tu•plo *num.* **1.** Sete vezes maior que outro. • *sm.* **2.** Quantidade sete vezes maior que outra.

seu *pron.* Pertencente à(s), ou próprio da(s), ou sentido pela(s) pessoa(s) de quem se fala; dele(s), dela(s).

seus *el. sm.pl.* Us. na loc. *os seus.* ♦ **Os seus. 1.** A sua família. **2.** Os seus amigos íntimos, ou os seus patrícios.

seu-vi•zi•nho *sm. Fam.* O dedo anular. [Pl.: *seus-vizinhos.*]

se•ve•ro *adj.* **1.** Rígido, rigoroso. **2.** Rígido de caráter. **3.** V. *sério* (5). **4.** Duro; implacável. § **se•ve•ri•da•de** *sf.*

se•vi•ci•ar *v.t.d.* Praticar sevícias em. [Conjug.: ① [sevici]**ar**]

se•ví•ci•as (ci) *sf. pl.* Maus tratos; crueldade.

se•xa•ge•ná•ri•o (cs) *adj.* Que está na casa dos 60 anos de idade.

se•xa•gé•si•mo (cs...zi) *num.* **1.** Ordinal correspondente a 60. **2.** Fracionário correspondente a 60.

se•xan•gu•lar (cs) *adj2g.* Que tem seis ângulos.

sex•cen•té•si•mo (cs...zi) **1.** Ordinal correspondente a 600. **2.** Fracionário correspondente a 600.

se•xê•ni•o (cs) *sm.* Período de seis anos.

se•xo (cs) *sm.* **1.** O conjunto das características que distinguem os seres vivos, com relação à sua função reprodutora. **2.** Qualquer das duas categorias, macho ou fêmea, na qual eles se classificam. **3.** O conjunto dos que são do mesmo sexo. **4.** Sensualidade, volúpia. **5.** *Bras.* Os órgãos genitais externos.

se•xo•lo•gi•a (cs) *sf.* Ciência que estuda os problemas concernentes à sexualidade.

sex•ta (ês) *sf.* F. red. de *sexta-feira.*

sex•ta-fei•ra *sf.* O sexto dia da semana começada no domingo. [Pl.: *sextas-feiras.*]

sex•tan•te (ês) *sm.* Instrumento astronômico que mede a altura dum astro acima do horizonte.

sex•ta•var (ês) *v.t.d.* **1.** Talhar em forma sexangular. **2.** Dar seis faces a. [Conjug.: ① [sextav]**ar**]

sex•te•to (ês...ê) *sm.* **1.** Composição musical para seis vozes ou instrumentos. **2.** Conjunto de músicos que executam essa composição.

sex•ti•lha (ês...ti) *sf.* Estrofe de seis versos.

sex•ti•lhão (ês) *num.* Mil quintilhões; 10 elevado à 21ª potência. [Pl.: *–lhões.*]

sex•ti•li•ão (ês) *num.* Sextilhão. [Pl.: *–ões.*]

sex•to (ês) *num.* **1.** Ordinal correspondente a 6. **2.** Fracionário correspondente a 6.

sex•tu•pli•car (ês) *v.t.d., int.* e *p.* Multiplicar(-se) por seis. [Conjug.: ⑧ [sextupli]**car**]

sêx•tu•plo (ês) *num.* **1.** Que é seis vezes maior que outro. • *sm.* **2.** Quantidade seis vezes maior que outra.

se•xu•a•do (cs) *adj.* Que tem sexo ou que se processa sexualmente.

se•xu•al (cs) *adj2g.* **1.** Relativo a sexo. **2.** Referente à cópula (2). **3.** Que possui sexo, ou que o caracteriza. [Pl.: *–ais.*]

se•xu:a•li•da•de (cs) *sf.* **1.** Condição de sexual. **2.** Sensualidade; sexo.

se•xu:a•lis•mo (cs) *sm.* **1.** Estado ou condição do que tem sexo. **2.** A vida sexual.

se•zão *sf. Med.* **1.** Febre intermitente ou periódica. **2.** V. *malária.* [Pl.: *–zões.*]

❑ **Sg** *Quím.* Símb. do *seabórgio.*

⇨ **shopping center** (chópin centr) [Ingl.] *sm.* Reunião de lojas comerciais, cinemas, etc., em um só conjunto arquitetônico.

⇨ **short** [Ingl.] *sm.* Calça curta, unissex, para esporte.

⇨ **shorts** [Ingl.] *sm.pl.* V. *short.*

⇨ **show** (chóu) [Ingl.] *sm.* Espetáculo de teatro, rádio, televisão, etc., em geral de grande montagem, e que pode, também, ser realizado ao ar livre.

si¹ *sm. Mús.* **1.** O sétimo grau da escala diatônica de dó. **2.** Sinal da nota si na pauta.

si² *pron.* F. que tomam os pron. *ele(s), ela(s),* quando antecedidos de preposição (*menos com*), e que se refere ao sujeito da oração.

❑ **Si** *Quím.* Símb. do *silício.*

❑ **SI** Sigla de *sistema internacional de unidades* (q. v.).

si•á *sf. Bras.* Alter. de *sinhá.*

si:a•mês *adj.* **1.** Do, pertencente ou relativo ao Sião (atual Tailândia). **2.** Diz-se duma raça de gatos oriunda dessa região. [Flex.: *siamesa* (ê), *siameses* (ê), *siamesas* (ê).]

si•ba *sf. Zool.* Molusco cefalópode provido de bolsa de tinta, a sépia, com a qual escurece a água para afugentar os inimigos; sépia.

si•ba•ri•ta *adj2g.* e *s2g.* Que ou quem é dado à vida de prazeres. § **si•ba•ri•tis•mo** *sm.*

si•be•ri•a•no *adj.* **1.** Da Sibéria (Rússia). • *sm.* **2.** O natural ou habitante da Sibéria.

si•bi•la (bí) *sf.* **1.** Entre os antigos, profetisa. **2.** *Fam.* Feiticeira.

si•bi•lar *v.int.* Produzir som agudo ou prolongado, soprando; silvar, assobiar. [Conjug.: ① [sibil]**ar**] § **si•bi•la•ção** *sf.*; **si•bi•lan•te** *adj2g.*

si•bi•li•no *adj.* **1.** Relativo a sibila. **2.** *Fig.* Difícil de compreender.

si•cá•ri:o *sm.* Assassino assalariado.

si•cô•mo•ro *sm. Bot.* Grande árvore acerácea, ornamental.

si•cra•no *sm.* A segunda de duas ou três pessoas mencionadas indeterminadamente, cabendo à primeira o nome de *fulano,* e à terceira, se houver, o de *beltrano.*

si•de•ral *adj2g.* Relativo aos, ou próprio dos astros. [Pl.: *–rais.*]

si•de•rur•gi•a *sf.* Metalurgia do ferro e do aço. § **si•de•rúr•gi•co** *adj.*

si•dra *sf.* Bebida feita do suco fermentado da maçã.

sie•vert *sm.* Unidade do S.I. usada para expressar danos biológicos causados por diferentes tipos de radiação ionizante, e igual a 100 rem.

si•fão *sm.* **1.** Tubo recurvo, em forma de *S,* de ramos desiguais, para transfundir líquidos sem inclinar os vasos que os contêm. **2.** Garrafa onde se introduz água gasosa sob pressão e com dispositivo que a faz jorrar. **3.** Tubo de curvatura dupla, que se adapta a latrinas, etc., para impedir a exalação do mau cheiro. [Pl.: *–fões.*]

si•fi•lis *sf2n. Med.* Doença infecciosa e contagiosa, transmitida sobretudo por contato sexual.

si•fi•li•ti•co *adj.* Relativo à, ou próprio da sífilis, ou que a tem.

si•fo•náp•te•ro *sm. Zool.* Espécime dos sifonápteros, classe de insetos artrópodes, ápteros, parasitos, de corpo comprimido e pernas longas. § **sifonáptero** *adj.*

si•gi•lo *sm.* **1.** Obrigação de guardar um segredo. **2.** Segredo (1 e 2).

si•gi•lo•so (ô) *adj.* Em que há sigilo. [Pl.: *–losos* (ó).]

si•gla *sf.* Reunião das letras iniciais dos vocábulos fundamentais duma denominação ou título (ex.: INSS = Instituto Nacional de Seguro Social).

sig•ma *sm.* A 18ª letra do alfabeto grego (Σ, σ, ς).

sig•na•tá•ri:o *sm.* Quem assina um documento.

sig•ni•fi•ca•ção *sf.* **1.** O que as coisas querem dizer ou representam. **2.** O sentido da palavra; significado. [Pl.: *–ções.*]

sig•ni•fi•ca•do *sm.* Significação (2).

sig•ni•fi•car *v.t.d.* **1.** Ter o sentido de; querer dizer; exprimir. **2.** Ser sinal de; denotar. **3.** Traduzir-se por. [Conjug.: ⑧ [signifi]**car**]

sig•ni•fi•ca•ti•vo *adj.* **1.** Que significa. **2.** Que expressa com clareza. **3.** Que contém revelação interessante.

sig•no *sm.* **1.** Sinal. **2.** Símbolo. **3.** Cada uma das doze divisões do Zodíaco, nomeadas a partir das constelações que, antigamente, eram tidas como nelas situadas: *Áries, Touro, Gêmeos, Câncer, Leão, Virgem, Libra, Escorpião, Sagitário, Capricórnio, Aquário, Peixes.*

sí•la•ba *sf. Gram.* Vogal ou reunião de fonemas que se pronunciam numa emissão de voz.

si•la•ba•ção *sf.* Ato de silabar. [Pl.: –*ções.*]

si•la•ba•da *sf.* Erro de pronúncia, em especial o que consiste em deslocar o acento tônico da palavra.

si•la•bar *v.t.d.* e *int.* Ler ou pronunciar por sílabas. [Conjug.: ① [silab]**ar**]

si•lá•bi•co *adj.* Em sílabas, ou relativo a elas.

si•len•ci•ar *v.t.d.* 1. Guardar silêncio. 2. Impor silêncio a. *T.i.* e *int.* 3. Silenciar (1). [Conjug.: ① [silenci]**ar**]

si•lên•ci:o *sm.* 1. Estado de quem se cala. 2. Interrupção de correspondência epistolar. 3. Ausência de ruído. 4. Sossego, calma. 5. Sigilo, segredo. • *interj.* 6. Para mandar calar ou impor sossego.

si•len•ci•o•so (ô) *adj.* 1. Que está em silêncio. 2. Que não faz barulho. [Pl.: –*osos* (ó).]

si•len•te *adj2g. Poét.* Silencioso.

si•lhu•e•ta (ê) *sf.* Desenho do perfil de uma pessoa ou objeto, segundo os contornos que sua sombra projeta.

sí•li•ca *sf. Quím.* Composto químico, cristalino, abundantíssimo na crosta terrestre.

si•lí•ci:o *sm. Quím.* Elemento de número atômico 14, não metálico, cinzento, leve, duro, muito abundante na crosta terrestre, empregado na confecção de dispositivos eletrônicos [símb.: *Si*].

si•li•co•ne *sm. Quím.* Polímero que contém silício, quimicamente inerte, usado na indústria e em cirurgia plástica.

si•lo *sm.* Construção impermeável para conservar cereais ou forragem verde.

si•lo•gis•mo *sm. Lóg.* Dedução formal em que, postas duas proposições, as *premissas*, delas se tira uma terceira, a *conclusão.*

si•lu•ri•a•no *sm.* Período (5) que se caracteriza, esp., pelo desenvolvimento dos crustáceos, aparecimento de escorpiões marinhos gigantes, e formação de bancos de corais.

sil•va *sf. Bot.* Planta rosácea, medicinal; sarça.

sil•var *v.int.* V. *sibilar.* [Conjug.: ① [silv]**ar**]

sil•ves•tre *adj2g.* 1. V. *selvagem* (1). 2. Que vegeta e se reproduz sem cultura; selvagem.

sil•ví•co•la *adj2g.* e *s2g.* Que ou quem nasce e vive nas selvas; selvagem, selvícola.

sil•vi•cul•tor (ô) *sm.* O que pratica a silvicultura.

sil•vi•cul•tu•ra *sf.* Estudo e exploração das florestas.

sil•ví•í•de:o *sm. Zool.* Espécime dos silviídeos, família de pequenas aves passeriformes de cauda longa, insetívoras. Ex.: toutinegras. **§ sil•vi•í•de:o** *adj.*

sil•vo *sm.* 1. Som agudo, produzido pela passagem do ar comprimido entre membranas que vibram; apito. 2. Assobio de serpente.

sim *adv.* 1. Exprime afirmação, acordo ou permissão. • *sm.* 2. Ato de consentir. [Pl., nesta acepç.: *sins.*]

si•ma•ru•bá•ce:a *sf. Bot.* Espécime das simarubáceas, família de árvores e arbustos tropicais que contêm substâncias de uso medicinal. **§ si•ma•ru•bá•ce:o** *adj.*

sim•bi•on•te *adj2g.* e *s2g. Ecol.* Diz-se do, ou organismo que toma parte numa simbiose.

sim•bi•o•se *sf.* 1. *Ecol.* Associação de duas plantas, ou de uma planta e um animal, na qual ambos os organismos recebem benefícios. 2. *P. ext.* Associação de dois seres vivos que vivem em comum.

sim•bó•li•co *adj.* Referente a, ou que tem caráter de símbolo.

sim•bo•lis•mo *sm.* 1. Expressão por meio de símbolos. 2. Escola literária do fim do século XIX, caracterizada por uma visão subjetiva, simbólica e espiritual do mundo. **§ sim•bo•lis•ta** *adj2g.* e *s2g.*

sim•bo•li•zar *v.t.d.* 1. Exprimir ou representar por símbolo. 2. Ser símbolo de. [Conjug.: ① [simboliz]**ar**]

sím•bo•lo *sm.* 1. O que representa ou substitui outra coisa. 2. O que evoca, representa ou substitui algo abstrato ou ausente. 3. Insígnia (1). 4. Letra(s) que representa(m) um elemento químico, grandezas físicas, etc.

sim•bran•quí•de:o *sm. Zool.* Espécime dos simbranquídeos, pequena família de peixes angüiliformes, de águas doces e salobras da América do Sul, Ásia e África. **§ sim•bran•quí•de:o** *adj.*

si•me•tri•a *sf.* Correspondência, em grandeza, forma e posição relativa, de partes sitas em lados opostos de uma linha ou plano médio. ◆ **Simetria bilateral.** *Zool.* A simetria do corpo da maioria dos animais.

si•mé•tri•co *adj.* Em que há simetria.

si•mi•es•co (ê) *adj.* Do símio, próprio dele ou semelhante a ele.

si•mi•í•for•me *sm. Zool.* Espécime dos simiiformes, subordem de animais que abrange os macacos e o homem. **§ si•mi•i•for•me** *adj2g.*

sí•mil *adj2g. Poét.* Semelhante. [Pl.: *símeis.* Superl.: *simílimo.*]

si•mi•lar *adj2g.* Que tem a mesma natureza.

si•mi•le *sm.* 1. Semelhança (1). 2. Comparação de coisas semelhantes. 3. Análogo, semelhante.

si•mi•li•tu•de *sf.* V. *semelhança.*

sí•mi:o *sm. Zool.* Macaco (1).

si•mo•ni•a *sf.* Tráfico de coisas sagradas ou espirituais.

sim•pa•ti•a *sf.* 1. Tendência que reúne duas ou mais pessoas; inclinação. 2. Atração que uma coisa ou idéia exerce sobre alguém. 3. Pessoa muito simpática. 4. *Bras. Pop.* Ritual para prevenir ou curar enfermidade ou mal-estar.

sim•pá•ti•co adj. 1. Que inspira simpatia, ou dela provém. 2. Agradável, aprazível. • sm. 3. V. *sistema nervoso autônomo.*

sim•pa•ti•zan•te adj2g. e s2g. Que ou quem simpatiza com alguém ou com algo.

sim•pa•ti•zar v.t.i. Ter simpatia. [Antôn.: *antipatizar.* Conjug.: ⬛ [simpatiz]**ar**.]

sim•ples adj2g.2n. 1. Que não é duplo ou desdobrado em partes. 2. Não constituído de partes ou substâncias diferentes. 3. Sem ornatos; singelo. 4. Sem complexidade ou dificuldade; singelo. 5. Sem luxo ou aparato; singelo. 6. Puro, mero. 7. Único, só. 8. V. *simplório.* • s2g.2n. 9. Pessoa simples, humilde.

sim•pli•ci•da•de sf. 1. Qualidade do que é simples. 2. Forma simples e natural de viver, ou de dizer, ou de escrever, etc.

sim•pli•fi•car v.t.d. 1. Tornar simples, fácil ou claro. 2. *Arit.* Reduzir (fração) a termos menores ou mais precisos. [Conjug.: ⬛ [simplifi]**car**] § **sim•pli•fi•ca•ção** sf.

sim•plis•mo sm. Uso de meios ou processos demasiado simples. § **sim•plis•ta** adj2g. e s2g.

sim•pló•ri:o adj. 1. Sem malícia; ingênuo, simples. • sm. 2. Indivíduo simplório.

sim•pó•si:o sm. Reunião de cientistas, escritores, etc., para discutir determinado(s) tema(s).

si•mu•la•ção sf. 1. Ato ou efeito de simular. 2. Disfarce, fingimento, simulacro. 3. Representação simplificada de fenômenos ou processos mais complexos, para experiência ou treinamento. [Pl.: –ções.]

si•mu•la•cro (lá) sm. 1. Cópia ou representação imperfeita, grosseira, falsificadora. 2. Simulação (2).

si•mu•la•do adj. 1. Fingido, falso. • sm. 2. Indivíduo simulado.

si•mu•lar v.t.d. 1. Fingir (o que não é). 2. Aparentar (1). 3. Reproduzir ou imitar certos aspectos de (situação ou processo), de modo mais ou menos aproximado e controlado. [Conjug.: ⬛ [simul]**ar**] § **si•mu•la•dor** (ô) adj. e sm.

si•mu•li•í•de:o sm. Espécime dos simuliídeos, família de pequenos insetos dípteros de patas curtas e aparelho bucal alongado; as fêmeas são hematófagas. § **si•mu•li•í•de:o** adj.

si•mul•tâ•ne:o adj. Que ocorre ou é feito ao mesmo tempo que outra coisa. § **si•mul•ta•nei•da•de** sf.

si•na sf. Sorte, destino.

si•na•go•ga sf. Templo israelita.

si•nais sm.pl. Feições do corpo humano.

si•nal sm. 1. O que serve de advertência, ou possibilita conhecer ou prever algo. 2. Expediente convencionado para se transmitirem a distância ordens, notícias, etc. 3. Signo convencionado que serve para transmitir informação. 4. Símbolo, ou dizeres, de orientação,

advertência, etc., us. em vias públicas, aeroportos, etc. 5. Aceno, gesto. 6. V. *indício.* 7. Pequena mancha da pele; pinta. 8. Dinheiro que o comprador dá ao vendedor como garantia. 9. Firma de tabelião ou de signatário. 10. Manifestação, prova. 11. Símbolo de uma operação matemática. 12. *Eletr.* Impulso elétrico introduzido em um circuito ou fornecido por um circuito. 13. *Med.* Manifestação objetiva de doença. [Cf., nesta acepç., *sintoma.*] 14. *Telecom.* Impulso, como, p. ex., ondas luminosas, radioelétricas, etc., cuja variação permite transmitir informações. 15. *Bras.* V. *sinaleira.* [Pl.: –nais.] ♦ **Sinal de excitação.** *Eletrôn.* V. *excitação* (5). **Sinal diacrítico.** *Gram.* Sinal que se apõe a uma letra (para dar-lhe novo valor, como cedilha, til, acentos), ou, nos alfabetos fonéticos, a um símbolo. **Por sinal.** Por falar nisso; aliás, a propósito.

si•nal-da-cruz sm. O gesto da liturgia cristã de benzer-(se), pronunciando "Em nome no Pai, do Filho e do Espírito Santo" [Pl.: *sinais-da-cruz.*]

si•na•lei•ra sf. *Bras.* Aparelho instalado em ruas ou cruzamentos para dar sinais luminosos reguladores do trânsito; semáforo, sinal, farol.

si•na•lei•ro sm. Indivíduo incumbido de dar sinais a bordo, nas estações ferroviárias, etc.

si•na•li•za•ção sf. 1. Ato ou efeito de sinalizar. 2. Sistema de sinais [v. *sinal* (3 e 4)]. [Pl. –ções.]

si•na•li•zar v.int. 1. Exercer as funções de sinaleiro. T.d. 2. Marcar com sinais. 3. Pôr sinalização (2) em. [Conjug.: ⬛ [sinaliz]**ar**]

si•na•pis•mo sm. *Med.* Cataplasma à base de mostarda, e que tem ação revulsiva.

sin•ce•ro adj. 1. Que se expressa sem intenção de enganar. 2. Verdadeiro, autêntico. § **sin•ce•ri•da•de** sf.

sin•co•par v.t.d. 1. *Gram.* Suprimir letra ou sílaba de. 2. Mudar o ritmo de. [Conjug.: ⬛ [sincop]**ar**] § **sin•co•pa•do** adj.

sin•co•pe sf. 1. *Med.* Perda temporária da consciência, devida à má irrigação sanguínea cerebral. 2. *Gram.* Supressão de fonema(s) no interior da palavra. [Ex.: *maior > mor.*]

sin•cre•tis•mo sm. 1. Fusão de elementos culturais diferentes, ou até antagônicos, em um só elemento, continuando perceptíveis alguns traços originários. 2. Reunião artificial de idéias ou de teses de origens disparatadas.

sin•cro•ni•a sf. Ato ou efeito de sincronizar; sincronização.

sin•crô•ni•co adj. Que ocorre ao mesmo tempo.

sin•cro•nis•mo sm. 1. Relação entre fatos sincrônicos. 2. Fato sincrônico.

sin•cro•ni•za•ção sf. Sincronia.

sin•cro•ni•zar v.t.d. 1. Narrar sincronicamente. 2. Agir com sincronismo. 3. Combinar (ações ou exercícios) para o mesmo tempo. [Conjug.: ⬚ [sincroniz]**ar**]

sin•dé•ti•co *adj. Gram.* Diz-se da oração que se liga a outra por conjunção coordenativa. [Ex.: *Trabalhou muito*, mas *continuou pobre.*]

sín•de•to *sm. Gram.* Ocorrência de conjunção aditiva entre os termos de uma construção coordenada. [Ex.: *Ele estuda* e *trabalha.*]

sin•di•cal *adj2g.* Relativo ou pertencente a sindicato. [Pl.: *-cais.*]

sin•di•ca•lis•mo *sm.* **1.** Movimento que prega a sindicalização dos profissionais para a defesa dos interesses comuns. **2.** O conjunto dos sindicatos.

sin•di•ca•lis•ta *s2g.* Dirigente ou líder sindical.

sin•di•ca•li•zar *v.t.d.* e *p.* Reunir(-se) em sindicato. [Conjug.: ⬚ [sindicaliz]**ar**] § **sin•di•ca•li•za•ção** *sf.*

sin•di•cân•ci:a *sf.* **1.** Inquérito (2). **2.** *Bras.* A função do síndico.

sin•di•car *v.t.d.* **1.** Fazer sindicância (1) em. **2.** Informar-se a respeito de (algo), por ordem superior. [Conjug.: ⬚ [sindi]**car**]

sin•di•ca•to *sm.* Associação de pessoas de uma mesma categoria profissional.

sín•di•co *sm.* Indivíduo escolhido para defender os interesses duma associação, classe, etc.

sín•dro•me *sf. Med.* Estado mórbido caracterizado por um conjunto de sinais e sintomas, e que pode ser produzido por mais de uma causa. ✦ **Síndrome de Down.** *Med.* A que se caracteriza por alterações de conformação e ou tamanho do crânio, nariz, falanges, etc., e por moderado a intenso retardo mental; mongolismo.

si•ne•cu•ra *sf.* Emprego ou função que não obriga ou quase não obriga a trabalho.

si•né•dri:o *sm.* Entre os antigos judeus, tribunal que julgava questões criminais ou administrativas.

si•nei•ro *sm.* Quem tem por função tocar sinos.

si•ne•ta (ê) *sf.* Sino pequeno.

si•ne•te (ê) *sm.* **1.** Utensílio gravado em alto ou baixo-relevo, usado para imprimir em lacre, etc., monograma, brasão, etc. **2.** A gravação de tal marca; selo.

sin•fo•ni•a *sf. Mús.* Realização orquestral da sonata, com muitos executantes para cada instrumento e diversidade de timbres.

sin•fô•ni•co *adj.* **1.** Relativo a sinfonia. **2.** Executado por orquestra (concerto).

sin•ge•lo *adj.* Simples (3 a 5). § **sin•ge•le•za** (è) *sf.*

sing•na•tí•de:o *sm. Zool.* Espécime dos singnatídeos, família de peixes osteíctes, ger. marinhos, de corpo revestido por anéis ou placas ósseos. Ex.: cavalo-marinho. § **sing•na•tí•de:o** *adj.*

sin•grar *v.t.d.* Percorrer navegando. [Conjug.: ⬚ [singr]**ar**]

sin•gu•lar *adj2g.* **1.** Pertencente ou relativo a um. **2.** Especial, raro. **3.** V. *extravagante* (2). **4.** *Gram.* Diz-se do número que indica uma só coisa ou pessoa. • *sm.* **5.** *Gram.* O número singular dos nomes e dos verbos.

sin•gu•la•ri•da•de *sf.* **1.** Qualidade, estado ou condição do que é singular. **2.** Ato ou dito singular. **3.** *Astr.* Região do espaço-tempo onde as leis da física atualmente conhecidas entram em colapso e as equações perdem o seu significado.

sin•gu•la•ri•zar *v.t.d.* **1.** Tornar singular, particular ou específico. *P.* **2.** Distinguir-se, salientar-se. [Conjug.: ⬚ [singulariz]**ar**]

si•nhô *sm. Bras. Pop.* Tratamento que os escravos davam ao senhor. [Fem.: *sinhá.*]

si•nhô-mo•ço *sm. Bras. Pop.* Tratamento que davam os escravos ao filho do sinhô; sinhozinho. [Fem.: *sinhá-moça.* Pl.: *sinhôs-moços.*]

si•nho•zi•nho (nhô) *sm. Bras. Pop.* Sinhômoço. [Fem.: *sinhazinha* (nhà).]

si•nis•tra *sf.* A mão esquerda.

si•nis•tro *adj.* **1.** Esquerdo (1). **2.** De mau agouro. **3.** Que infunde receio. **4.** Mau, maligno. • *sm.* **5.** Desastre, ruína. **6.** Ocorrência de prejuízo ou dano (incêndio, etc.) em algum bem segurado.

si•no *sm.* Instrumento em geral de bronze, em forma de cone invertido, que é percutido na superfície interna por um badalo ou na externa por um martelo.

si•nó•di•co *adj. Astr.* Relativo ao período entre duas conjunções sucessivas de um mesmo astro.

sí•no•do *sm.* Assembléia regular de párocos convocada pelo bispo local.

si•no•ní•mi:a *sf.* **1.** Qualidade de sinônimo. **2.** Relação entre palavras sinônimas.

si•nô•ni•mo *adj.* e *sm.* Diz-se de, ou palavra que tem a mesma ou quase a mesma significação que outra.

si•nop•se *sf.* V. *resumo* (2).

si•nóp•ti•co ou **si•nó•ti•co** *adj.* **1.** Relativo a sinopse. **2.** Em forma de sinopse.

sin•tá•ti•co *adj.* Pela sintaxe, ou relativo a ela.

sin•ta•xe (cs ou ss) *sf.* Parte da gramática que estuda a disposição das palavras na frase e nas frases no discurso.

sín•te•se *sf.* **1.** Operação mental que procede do simples para o complexo. **2.** V. *resumo* (2). **3.** *Cir.* Sutura (1). **4.** *Quím.* Preparação de composto a partir das substâncias elementares que o constituem, ou de substâncias compostas mais simples.

sin•té•ti•co *adj.* **1.** Em que há síntese; resumido. **2.** Elaborado ou produzido por síntese.

sin•te•ti•za•dor (ô) *sm. Mús.* Instrumento eletrônico acionado por teclado, capaz de produzir diferentes sons, ruídos, timbres, e de imitar outros instrumentos.

sin•te•ti•zar *v.t.d.* 1. Fazer a síntese de. 2. Resumir (3). [Conjug.: ☐ [sintetiz]**ar**]

sin•to•ma *sm. Med.* Manifestação subjetiva de doença. [Cf. *sinal* (13).]

sin•to•má•ti•co *adj.* Relativo a sintoma, ou que o constitui.

sin•to•ma•to•lo•gi•a *sf.* Estudo dos sintomas que indicam doenças.

sin•to•ni•a *sf.* 1. *Eletr.* Condição de um circuito cuja freqüência (4) é igual à de outro. 2. *Fig.* Acordo mútuo; harmonia.

sin•to•ni•zar *v.t.d.* 1. Ajustar (um aparelho de rádio) ao comprimento da onda transmitida pela emissora. *T.i.* 2. *Bras.* Harmonizar-se, entrosar-se. [Conjug.: ☐ [sintoniz]**ar**] § **sin•to•ni•za•ção** *sf.*

si•nu•ca *sf. Bras.* 1. Variedade de bilhar jogado normalmente com oito bolas em mesa com seis caçapas. 2. *Gír.* Situação embaraçosa.

si•nu•o•so (ó) *adj.* 1. Que apresenta curvas irregulares, em sentidos diferentes; ondulante. 2. *Fig.* Astucioso, manhoso. [Pl.: *–osos* (ó).] § **si•nu•o•si•da•de** *sf.*

si•nu•si•te *sf. Med.* Inflamação de seio (5) facial.

si•o•nis•mo *sm.* Movimento nacionalista judaico iniciado no séc. XIX, com vista ao restabelecimento, na Palestina, dum Estado judaico, e que se fez vitorioso em 1949.

si•re•ne ou **si•re•na** *sf.* Instrumento que produz sons mais ou menos estridentes, usado para dar avisos.

si•ri *sm. Bras. Zool.* Nome comum a crustáceos decápodes portunídeos; algumas espécies são us. na alimentação.

si•ri•gai•ta *sf. Fam.* Mulher desinibida e namoradeira.

sí•ri:o *adj.* 1. Da Síria (Ásia). • *sm.* 2. O natural ou habitante desse país.

si•ro•co (ó) *sm.* Vento quente do sueste, no Mediterrâneo.

si•sal *sm. Bot.* Agave. [Pl.: *–sais.*]

sís•mi•co *adj.* Relativo a, ou produzido por sismos.

sis•mo *sm.* Movimento do interior da Terra; terremoto, tremor de terra.

sis•mó•gra•fo *sm.* Instrumento que registra os sismos.

si•so *sm.* 1. V. *juízo* (3). 2. O último dos molares.

sis•te•ma *sm.* 1. Conjunto de elementos, entre os quais haja alguma relação. 2. Disposição das partes ou dos elementos de um todo, coordenados entre si, e que formam estrutura organizada. 3. Reunião de elementos naturais da mesma espécie. 4. Método, plano. 5. Modo, jeito. 6. Modo de governo, de administração,

de organização social. 7. *Anat.* Conjunto de órgãos, compostos dos mesmos tecidos, interligados, que funcionam com um propósito comum, e que produzem resultados impossíveis de se obterem por um só deles isoladamente. 8. *Fís.* Parte limitada do Universo, sujeita à observação imediata ou mediata, e que, em geral, pode caracterizar-se por um conjunto finito de variáveis associadas a grandezas físicas que a identificam univocamente. 9. *Inform.* Programa(s) destinado(s) a realizar uma função. 10. *Inform.* Conjunto formado por um ou mais computadores, seus periféricos e programas utilizados. ◆ **Sistema de coordenadas.** *Geom. Anal.* Conjunto de *n* números que determinam univocamente a posição de um ponto num espaço *n*-dimensional. **Sistema de equações.** *Mat.* Conjunto de equações que devem ter pelo menos uma solução que as satisfaça simultaneamente. **Sistema distribuído.** *Inform.* Aquele em que diversos computadores interconectados podem trabalhar coordenadamente em processos que envolvam informações ou recursos remotos, de tal modo que a distribuição das informações e tarefas entre os diversos componentes não se torne aparente ao usuário. **Sistema internacional de unidades.** Sistema de unidades de medida baseado em seis unidades fundamentais: o metro, o quilograma, o segundo, o ampère, o kelvin e a candela [sigla: *SI*]. **Sistema métrico decimal.** Sistema de unidades de medida baseado no metro, e que usa múltiplos e submúltiplos decimais. **Sistema nervoso.** *Anat.* Conjunto de órgãos que incluem uma parte central, composta de encéfalo e medula espinhal, e uma parte periférica, que compreende os demais elementos nervosos. **Sistema nervoso autônomo.** *Anat.* Parte do sistema nervoso que regula a atividade de músculo cardíaco, músculo liso e glândulas; divide-se em *sistema nervoso simpático* e *sistema nervoso parassimpático*. **Sistema nervoso central.** *Anat.* V. *sistema nervoso.* **Sistema nervoso periférico.** *Anat.* V. *sistema nervoso.* **Sistema operacional.** *Inform.* Conjunto de programas básicos que gere o uso dos recursos de um computador pelos programas aplicativos. **Sistema solar.** *Astr.* Conjunto de planetas, asteróides, satélites, cometas, meteoritos e poeira cósmica que gravitam em redor do Sol.

sis•te•má•ti•ca *sf.* 1. Sistematização. 2. *Biol.* O estudo dos sistemas e princípios de classificação e nomenclatura.

sis•te•má•ti•co *adj.* 1. Relativo a, ou que segue um sistema. 2. Ordenado, metódico. 3. Relativo a sistemática (1).

sis•te•ma•ti•za•ção *sf.* Ato ou efeito de sistematizar; sistemática. [Pl.: *–ções.*]

sis•te•ma•ti•zar *v.t.d.* **1.** Reduzir (vários elementos) a um sistema. **2.** Tornar sistemático. [Conjug.: ① [sistematiz]**ar**]

si•su•do *adj.* **1.** Que tem siso. **2.** V. *austero* (2).

§ **si•su•dez** (ê) *sf.*

⇨ **site** (sait) [Ingl.] *sm. Inform.* Conjunto de documentos inter-relacionados, dispostos na *Web* em um endereço específico de acesso.

si•ti•an•te¹ *adj2g.* e *s2g.* Que ou quem sitia.

si•ti•an•te² *s2g.* Proprietário ou morador de sítio¹ (3).

si•ti•ar *v.t.d.* Cercar, assediar. [Conjug.: ① [siti]**ar**]

si•ti:o¹ *sm.* **1.** Lugar que um objeto ocupa. **2.** Lugar, local. **3.** Estabelecimento agrícola de pequena lavoura. **4.** Chácara. **5.** *Inform. Site* na *internet.*

si•ti:o² *sm.* Ato ou efeito de sitiar; cerco.

si•to *adj.* Situado.

si•tu:a•ção *sf.* **1.** Ato ou efeito de situar(-se). **2.** Localização, posição. **3.** Estado em que alguém ou algo se acha. **4.** Lance, conjuntura. **5.** *Bras.* O conjunto das forças de caráter político ou social que se encontram no poder. [Pl.: -ções.]

si•tu:a•ci•o•nis•mo *sm.* Partido político dos que se encontram no poder. § **si•tu:a•ci•o•nis•ta** *adj2g.* e *s2g.*

si•tu•ar *v.t.d.i.* **1.** Colocar, estabelecer, pôr. **2.** Determinar ou assinalar (lugar a). *T.d.c.* **3.** Edificar. *P.* **4.** Estar ou ficar situado. **5.** Formar opinião. [Conjug.: ① [situ]**ar**]

si•zí•gi•a *sf. Astr.* Conjunção ou oposição de astros, esp. da Lua com o Sol. [Cf. *maré de sizígia.*]

⇨ **skate** (skeit) [Ingl.] *sm.* **1.** Prancha com rodas de patins. **2.** Esporte em que se fazem evoluções com o *skate* (1).

⇨ **slide** (slaid) [Ingl.] *sm.* Diapositivo emoldurado.

⇨ **slogan** (slôgan) [Ingl.] *sm.* Palavra ou frase usada com freqüência, e em geral associada a propaganda.

❑ **Sm** *Quím.* Símb. do *samário.*

❑ **Sn** *Quím.* Símb. do *estanho.*

❑ **S.O.** Abrev. de *sudoeste.*

só *adj2g.* **1.** Desacompanhado, solitário. **2.** Único (1). • *sm.* **3.** Aquele que vive sem companhia. • *adv.* **4.** Apenas, somente.

so:a•brir *v.t.d., int.* e *p.* V. *entreabrir(-se).* [Conjug.: ③ [soabr]**ir**; part.: *soaberto.*]

so:a•lhar *v.t.d.* Assoalhar¹. [Conjug.: ① [soalh]**ar**]

so:a•lhei•ra *sf.* A luz e o calor mais intensos do Sol.

so•a•lho *sm.* Pavimento de madeira; assoalho.

so•an•te *adj.* Sonante.

so•ar *v.int.* **1.** Emitir ou produzir som. **2.** Fazer-se ouvir. **3.** Repercutir, ecoar. *T.d.* **4.** Emitir, produzir (som). **5.** Dar, bater (horas). *Pred.* **6.** Ter características de; parecer. [Conjug.: ⑬ [s]**oar**. Norm. só conjugável nas 3ªˢ pess.]

sob *prep.* **1.** Debaixo de. **2.** Ao abrigo de. **3.** Debaixo de autoridade de. **4.** No tempo de.

so•ba *sm.* Chefe de tribo africana.

so•be•jar *v.int.* e *t.i.* Sobrar (1). [Conjug.: ① [sobej]**ar**]

so•be•jo (ê) *adj.* **1.** Que sobeja. • *sm.* **2.** V. *restos* (3). ✦ **De sobejo.** V. *de sobra.*

so•be•ra•na *sf.* Mulher que exerce o poder soberano sobre um Estado, ou que, entre outras, ocupa o primeiro lugar.

so•be•ra•ni•a *sf.* **1.** Poder ou autoridade suprema. **2.** Propriedade que tem um Estado de ser uma ordem suprema que não deve sua validade a nenhuma outra ordem superior.

so•be•ra•no *adj.* **1.** Que detém poder ou autoridade suprema, sem restrição. **2.** *Fig.* Dominador, poderoso. **3.** *Fig.* Arrogante, altivo. • *sm.* **4.** Chefe de estado monárquico. **5.** Aquele que exerce o poder soberano. **6.** *Fig.* Aquele que influi poderosamente.

so•ber•ba (ê) *sf.* Orgulho excessivo; arrogância.

so•ber•bi•a *sf.* **1.** Qualidade de soberbo. **2.** Soberba exagerada.

so•ber•bo (ê) *adj.* **1.** Que está mais elevado que outro. **2.** Orgulhoso ao extremo, arrogante, sobranceiro. **3.** Magnífico, esplêndido.

sob•por *v.t.d.i.* **1.** Pôr debaixo; sotopor. **2.** Menosprezar, desdenhar. [Conjug.: ⑥⓪ [sob]**por**]

so•bra *sf.* **1.** Ato ou efeito de sobrar; excesso. **2.** V. *restos* (3). ✦ **De sobra.** Demasiadamente, demasiado; de sobejo.

so•bra•çar *v.t.d.* **1.** Pôr debaixo do braço, mantendo seguro ou preso. **2.** Apoiar, amparar. [Conjug.: ⑨ [sobra]**çar**]

so•bra•do *sm.* **1.** Andar de um edifício, acima do térreo. **2.** *Bras.* Casa de dois ou mais andares.

so•bran•cei•ro *adj.* **1.** Que está superior, acima de; que domina. **2.** Que vê ou olha do alto. **3.** V. *soberbo* (2). § **so•bran•ça•ri•a** *sf.*; **so•bran•ce•ri•a** *sf.*

so•bran•ce•lha (ê) *sf.* V. *sobrancelhas.*

so•bran•ce•lhas (ê) *sf.pl. Anat.* Pêlos dispostos em semicírculo na pele da margem superior de cada órbita; sobrolho, supercílio. [Tb. us. no sing.]

so•brar *v.t.i.* **1.** Ser demasiado; sobejar. **2.** Ficar, restar. *Int.* **3.** Ser esquecido, relegado. **4.** Sobrar (1 e 2). [Conjug.: ① [sobr]**ar**]

so•bras *sf.pl.* V. *restos* (3).

so•bre (ô) *prep.* **1.** Na parte superior de; em cima, por cima, ou acima de. **2.** Em posição superior e distante. **3.** Pela superfície de; ao longo de. **4.** Do lado ou para o lado de. **5.** Em seguida; após. **6.** Acerca de, a respeito de, em relação a.

so•bre:a•vi•so *sm.* Precaução, cautela.

so•bre•ca•pa *sf.* Cobertura móvel de papel, impressa, que protege a capa de um livro.

so•bre•car•ga *sf.* Carga excessiva.

so•bre•car•re•gar *v.t.d.* **1.** Carregar (1) em demasia. **2.** Aumentar encargos a. *P.* **3.** Tomar encargos excessivos. [Conjug.: 11 [sobrecarre]**gar**]

so•bre•car•ta *sf.* Envelope.

so•bre•ca•sa•ca *sf.* Casaco masculino fora de uso, que atingia a altura dos joelhos.

so•bre•ce•nho *sm.* Semblante carrancudo.

so•bre•céu *sm.* V. *dossel.*

so•bre•co•mum *adj2g.* *Gram.* Diz-se do substantivo que só tem uma forma para os dois gêneros. [Pl.: *–muns.*]

so•bre•co•ser *v.t.d.* Fazer sobrecostura em. [Conjug.: 2 [sobrecos]**er**]

so•bre•cos•tu•ra *sf.* Costura sobre duas peças já cosidas uma à outra.

so•bre•cu *sm.* *Pop.* V. *uropígio.*

so•bre•di•to *adj.* V. *supracitado.*

so•bre-hu•ma•no *adj.* Superior às forças humanas ou à natureza do homem; sobrenatural. [Pl.: *sobre-humanos.*]

so•brei•ro *sm.* *Bot.* Árvore fagácea que fornece cortiça.

so•bre•ja•cen•te *adj2g.* Que está ou jaz por cima.

so•bre•le•var *v.t.d.* **1.** Sobrepujar (1). **2.** Tornar mais alto; elevar. **3.** Levantar do chão. **4.** Suportar. *P.* **5.** V. *sobressair* (4). [Conjug.: 1 [sobrelev]**ar**]

so•bre•lo•ja *sf.* Pavimento entre o rés-do-chão e o primeiro andar.

so•bre•ma•nei•ra *adv.* Em excesso.

so•bre•me•sa (ê) *sf.* Fruta, doce, etc., que se come ao fim de uma refeição.

so•bre•na•dar *v.int.* Boiar, flutuar. [Conjug.: 1 [sobrenad]**ar**]

so•bre•na•tu•ral *adj2g.* **1.** Não atribuído à natureza. **2.** Relacionado com fenômenos extraterrenos. **3.** Sobre-humano. *• sm.* **4.** O que é sobrenatural (2). [Pl.: *–rais.*]

so•bre•no•me *sm.* Nome, em geral de família, que vem após o do batismo, ou prenome; nome.

so•bre•pe•liz *sf.* Veste sacerdotal, branca, usada sobre a batina.

so•bre•por *v.t.d.i.* **1.** Pôr em cima ou por cima. **2.** Considerar com preferência. *P.* **3.** Pôr-se ou colocar-se sobre. [Sin. ger.: *superpor.* Conjug.: 60 [sobre]**por.**]

so•bre•pos•to (ô) *adj.* Posto sobre; superposto.

so•bre•pu•jar *v.t.d.* **1.** Exceder em altura; sobrelevar. **2.** Exceder em valor, importância, número, etc. *Int.* e *t.i.* **3.** Vencer, ou levar vantagem. **4.** Sobressair, destacar-se. [Conjug.: 1 [sobrepuj]**ar**] § **so•bre•pu•jan•te** *adj2g.*

so•bres•cri•tar *v.t.d.* Pôr sobrescrito em. [Conjug.: 1 [sobrescrit]**ar**; part.: *sobrescrito.*]

so•bres•cri•to *sm.* O que se escreve no envelope, para remessa; endereço.

so•bres•sa•ir *v.int.* **1.** Ser ou estar saliente; realçar, predominar. **2.** Dar na vista; atrair a atenção. *T.i.* **3.** Sobrelevar, avultar. **4.** Ser ou tornar-se visível ou audível; distinguir-se, sobrelevar-se. *P.* **5.** Distinguir-se, salientar-se. [Conjug.: 38 [sobress]**air**]

so•bres•sa•len•te ou **so•bres•se•len•te** *adj2g.* e *sm.* Diz-se de, ou peça ou acessório de reserva, para substituir o que se gasta ou avaria pelo uso.

so•bres•sal•tar *v.t.d.* e *p.* Assustar(-se); inquietar(-se). [Conjug.: 1 [sobressalt]**ar**]

so•bres•sal•to *sm.* **1.** Ato ou efeito de sobressaltar(-se). **2.** Movimento brusco, gerado por emoção repentina e violenta.

so•bres•tar ou **so•bre:es•tar** *v.int.* **1.** Não prosseguir, parar, deter-se. *T.d.* **2.** Suspender, sustar. [Conjug.: 7 [sobr]**estar**]

so•bres•ti•mar ou **so•bre:es•ti•mar** *v.t.d.* Superestimar. [Conjug.: 1 [sobrestim]**ar**]

so•bre•ta•xa *sf.* Taxa suplementar ou adicional.

so•bre•tu•do *sm.* **1.** Casaco grande usado pelos homens sobre a roupa, como proteção contra o frio e a chuva. *• adv.* **2.** Principalmente.

so•bre•vin•do *adj.* Que sobreveio.

so•bre•vir *v.int.* **1.** Vir ou ocorrer em seguida ou depois. **2.** Acontecer de maneira inesperada. *T.i.* **3.** Sobrevir (1). [Conjug.: 40 [sobre]**vir**]

so•bre•vi•ven•te *adj2g.* e *s2g.* Que(m) sobrevive; supérstite.

so•bre•vi•ver *v.int.* **1.** Continuar a viver, a existir, após outras pessoas ou outras coisas. *T.i.* **2.** Sobreviver (1). **3.** Escapar, resistir; superar. [Conjug.: 2 [sobreviv]**er**] § **so•bre•vi•vên•ci:a** *sf.*

so•bre•vo•ar *v.t.d.* Voar por cima de. [Conjug.: 13 [sobrev]**oar**]

so•bri•nho *sm.* Filho de irmão ou irmã, ou de cunhado ou cunhada.

só•bri:o *adj.* **1.** Moderado no comer e/ou beber. **2.** Que não está alcoolizado. **3.** V. *austero* (2 e 3). § **so•bri:e•da•de** *sf.*

so•bro•lho (ô) *sm.* V. *sobrancelhas.*

so•ca *sf.* **1.** *Pop.* Rizoma. **2.** *Bras.* A segunda produção da cana, depois de cortada a primeira.

so•ca•do *adj.* **1.** Que levou socos. **2.** Amassado, pisado. **3.** Gordo e baixo; atarracado.

so•cal•co *sm.* Espécie de degrau, numa encosta.

so•ca•pa *sf.* **1.** Disfarce, fantasia. **2.** Manha, astúcia. *♦* **À socapa.** À sorrelfa.

so•car *v.t.d.* 1. Dar socos em; soquear. 2. Calcar com soquete no pilão; moer. *T.d.c.* 3. Meter de modo descuidado e excessivo. *P.* 4. *Bras.* Esmurrar-se naturalmente. 5. *Bras. Fig.* Esconder-se, ocultar-se. [Conjug.: 8 [so]**car**]

so•ca•vão *sm. Bras. BA S. C.O.* 1. Grande cova. 2. Esconderijo. [Pl.: *–vãos* e *–vões.*]

so•ca•var *v.t.d.* e *int.* Escavar por baixo. [Conjug.: 1 [socav]**ar**]

so•ci•a•bi•li•zar *v.t.d.* e *p.* Tornar(-se) sociável. [Conjug.: 1 [sociabiliz]**ar**] § **so•ci•a•bi•li•za•ção** *sf.*

so•ci•al *adj2g.* 1. Da sociedade, ou relativo a ela. 2. Sociável (2). 3. *Bras.* Nas moradas, diz-se de via de acesso que leva à porta da frente, à entrada. [Pl.: *–ais.*]

so•ci•a•lis•mo *sm.* Conjunto de doutrinas que se propõem promover o bem comum pela transformação da sociedade e das relações entre as classes sociais, mediante a alteração do regime de propriedade. § **so•ci•a•lis•ta** *adj2g.* e *s2g.*

so•ci•a•li•za•ção *sf.* 1. Ato de socializar. 2. Extensão de vantagens particulares, por meio de leis e decretos, à sociedade inteira. [Pl.: *–ções.*]

so•ci•a•li•zar *v.t.d.* 1. Tornar social ou socialista. 2. Pôr sob regime de associação. *P.* 3. Tornar-se sociável. [Conjug.: 1 [socializ]**ar**] § **so•ci•a•li•zá•vel** *adj2g.*

so•ci•á•vel *adj2g.* 1. Que se pode associar. 2. Que gosta da vida social. [Pl.: *–veis.*] § **so•ci•a•bi•li•da•de** *sf.*

so•ci•e•co•nô•mi•co *adj.* Socioeconômico.

so•ci•e•da•de *sf.* 1. Agrupamento de seres que vivem em estado gregário. 2. Grupo de indivíduos que vivem por vontade própria sob normas comuns; comunidade. 3. Grupo de pessoas que, submetidas a um regulamento, exercem atividades comuns ou defendem interesses comuns; grêmio, associação, agremiação. 4. Meio humano em que o indivíduo está integrado. 5. Contrato pelo qual pessoas se obrigam a reunir esforços ou recursos para a consecução dum fim comum. ◆ **Sociedade anônima.** *Econ.* Empresa com o capital dividido em parcelas, representadas por ações.

só•ci:o *sm.* 1. Membro de sociedade, ou associação, ou clube, etc. 2. O que se associa com outrem numa empresa.

so•ci:o•cul•tu•ral *adj2g.* Que tem, simultaneamente, aspectos ou elementos sociais e culturais.

so•ci:o•e•co•nô•mi•co *adj.* Relativo à sociedade e à economia; socioeconômico.

so•ci:o•lo•gi•a *sf.* 1. Estudo das relações entre pessoas que vivem numa comunidade ou num grupo social, ou entre grupos sociais diversos. 2. Estudo dos princípios e instituições

próprios à vida em sociedade. § **so•ci:o•ló•gi•co** *adj.*; **so•ci:ó•lo•go** *sm.*

so•ci:o•po•lí•ti•co *adj.* Que tem, simultaneamente, aspectos ou elementos sociais e políticos.

so•co *sm. Teat.* Calçado com base de madeira, usado pelos antigos comediantes gregos.

so•co (ô) *sm.* Golpe com a mão fechada; murro.

so•có *sm. Bras.* 1. *Etnogr.* Nome comum a várias aves ciconiformes, ardeídeas. 2. *Zool.* Entre os índios do Brasil Central, armadilha em forma de cone, us. para apanhar peixes em águas rasas.

so•ço•brar *v.int.* 1. Afundar-se, naufragar. 2. Reduzir-se a nada; aniquilar-se. *T.d.* 3. Fazer naufragar. 4. Agitar, perturbar. [Conjug.: 1 [soçobr]**ar**]

so•ço•bro (ô) *sm.* Ato ou efeito de soçobrar.

so•cor•rer *v.t.d.* 1. Prestar socorro a. 2. Auxiliar; proteger. *P.* 3. Valer a si próprio. [Conjug.: 2 [socorr]**er**]

so•cor•ro (ô) *sm.* 1. Ajuda ou assistência a alguém que se encontra em perigo, necessidade, etc. ◆ *interj.* 2. Us. para pedir auxílio.

so•crá•ti•co *adj.* Relativo ou pertencente a Sócrates, filósofo grego (q. v.), ou próprio dele.

so•da *sf.* 1. Soda cáustica. 2. Carbonato de sódio do comércio. 3. Água artificialmente gaseificada. ◆ **Soda cáustica.** Hidróxido de sódio.

so•da•lí•ci:o *sm.* Sociedade de pessoas que vivem juntas.

só•di:o *sm. Quím.* V. *metal alcalino* [símb.: *Na*].

so•do•mi•a *sm.* Cópula anal.

so•er *v.int.* 1. Ser comum, freqüente; costumar. *Td.* 2. Ter por costume ou hábito; costumar. [Conjug.: 37 [so]**er**. Defect. Não conjugável na 1ª pess. sing. do pres. ind. nem, pois, no pres. subj.]

so:er•guer *v.t.d.* e *p.* Erguer(-se) um pouco, ou a custo. [Conjug.: 33 [so]**erguer**] § **so:er•gui•men•to** *sm.*

so•ez (ê) *adj2g.* Vil, torpe, reles.

so•fá *sm.* Móvel em geral com braços e encosto, para várias pessoas.

so•fis•ma *sm.* Argumento aparente (não conclusivo) que serve ao propósito seja de induzir outrem a erro, seja de ganhar a qualquer preço uma contenda ou discussão.

so•fis•mar *v.t.d.* 1. Deturpar com sofismas. *Int.* 2. Usar de sofismas. [Conjug.: 1 [sofism]**ar**]

so•fis•ta *s2g.* 1. Na Grécia antiga, aquele que tinha por profissão ensinar a sabedoria e a arte de falar em público. ◆ *adj2g.* 2. Que argumenta com sofismas, ou é dado a empregá-los.

so•fis•ti•ca•ção *sf.* 1. Ato ou efeito de sofisticar(-se). 2. *Bras.* Qualidade de sofisticado. [Pl.: *–ções.*]

so•fis•ti•ca•do *adj.* 1. Artificial, afetado. 2. Falsamente refinado ou intelectual. 3. Requintado ao extremo.

so•fis•ti•car *v.t.d.* **1.** Tornar sofisticado. **2.** *Pej.* Falsificar, adulterar. *P.* **3.** Tornar-se sofisticado. [Conjug.: ⑧ [sofisti]**car**]

so•frê *sm. Bras. Zool.* Corrupião.

so•fre•ar *v.t.d.* **1.** Sustar ou modificar a andadura de (a cavalgadura). **2.** Reprimir, refrear. [Conjug.: ⑩ [sofr]**ear**]

sô•fre•go *adj.* **1.** Apressado no comer e/ou beber. **2.** Ávido, ambicioso. **3.** Impaciente. § **so•fre•gui•dão** *sf.*

so•frer *v.t.d.* **1.** Ser atormentado, afligido por. **2.** Suportar, agüentar. **3.** Admitir, consentir. **4.** Passar por, experimentar (coisa desagradável ou trabalhosa). **5.** *P.ext.* Passar por. *Int.* **6.** Sentir dor física ou moral. *T.i.* **7.** Ser acometido (de doença). [Conjug.: ② [sofr]**er**] § **so•fre•dor** (ô) *adj.* e *sm.*

so•fri•do *adj.* **1.** Que já sofreu, ou que sofre com paciência. **2.** Que revela sofrimento.

so•fri•men•to *sm.* **1.** Ato ou efeito de sofrer. **2.** Dor física. **3.** Angústia, aflição.

so•frí•vel *adj2g.* **1.** Que se pode sofrer; suportável. **2.** Acima de medíocre; razoável, satisfatório. [Pl.: –*veis.*]

⇨ **software** (sóf'tuér) [Ingl.] *sm. Inform.* **1.** Em um sistema computacional, o conjunto dos componentes informacionais, que não faz parte do equipamento físico e inclui os programas e os dados a eles associados. **2.** Qualquer programa ou conjunto de programas de computador.

so•ga *sf.* Corda grossa.

so•gra *sf.* Mãe do marido, em relação à mulher, ou mãe da mulher, em relação ao marido.

so•gro (ô) *sm.* Pai do marido, em relação à mulher, ou pai da mulher, em relação ao marido.

so•ja *sf. Bot.* Erva leguminosa cujos grãos são us. sobretudo na indústria.

sol¹ *sm.* **1.** *Astr.* Estrela (1) em torno da qual gira a Terra e os outros 8 planetas do sistema solar. [Com inicial maiúscula nesta acepç.] **2.** *Astr. P. ext.* Qualquer estrela no universo. **3.** A luz e o calor recebidos do Sol (1)

sol² *sm. Mús.* **1.** O quinto grau da escala diatônica de dó. **2.** Sinal da nota sol na pauta. [Pl.: *sóis.*]

so•la *sf.* **1.** Couro curtido de boi, para calçado, etc. **2.** Parte do calçado que assenta no chão; solado. **3.** A planta do pé.

so•la•do *adj.* **1.** Em que se pôs sola (calçado). **2.** *Bras.* Diz-se do bolo ou massa que não cozinhou ou não assou bem, ficando sem crescer e duro. • *sm.* **3.** *Bras.* Sola (2).

so•la•ná•ce:a *sf. Bot.* Espécime das solanáceas, família de ervas, arbustos, e trepadeiras, sendo poucas as árvores; frutos bacáceos ou capsulares. Ex.: tomateiro, batata-inglesa. § **so•la•ná•ce:o** *adj.*

so•la•par *v.t.d.* **1.** Formar lapa em. **2.** Aluir, abalar. **3.** Arruinar, destruir. [Conjug.: ① [solap]**ar**] § **so•la•pa•men•to** *sm.*

so•lar¹ *sm.* Antiga morada de família; mansão.

so•lar² *adj2g.* Do Sol¹ (2), ou relativo a ele.

so•lar³ *v.t.d.* **1.** Pôr solas em (calçado). **2.** *Bras.* Fazer ficar (bolo, etc.) solado (2). *Int.* **3.** *Bras.* Ficar (o bolo, etc.) solado (2). [Conjug.: ① [sol]**ar**]

so•lar⁴ *v.int.* Executar um solo². [Conjug.: ① [sol]**ar**]

so•la•ren•go *adj.* Relativo ou semelhante a solar¹.

so•la•van•co *sm.* Balanço inesperado e/ou violento de um veículo, ou das pessoas que ele carrega.

sol•da *sf.* Substância metálica e fusível, usada para ligar peças também metálicas.

sol•da•da *sf.* Quantia com que se paga o trabalho de criados, operários, etc.; salário.

sol•da•des•ca (ê) *sf. Deprec.* **1.** Os soldados. **2.** Bando de soldados indisciplinados.

sol•da•do *adj.* **1.** Unido com solda. • *sm.* **2.** Indivíduo alistado nas fileiras do exército. **3.** V. *hierarquia militar.* **4.** *P. ext.* Qualquer militar. **5.** *Zool.* Entre insetos sociais (formigas, cupins, etc.), indivíduo estéril, especializado em defesa.

sol•da•du•ra *sf.* **1.** Ato ou efeito de soldar. **2.** A parte por onde se soldou.

sol•dar *v.t.d.* **1.** Unir ou pegar com solda. **2.** Ligar, unir. [Conjug.: ① [sold]**ar**] § **sol•da•dor** (ô) *adj.* e *sm.*

sol•do (ô) *sm. Bras.* Remuneração de militar.

so•le•cis•mo *sm. Gram.* Erro de sintaxe.

so•le•da•de *sf.* **1.** Lugar ermo. **2.** Tristeza de quem se acha só.

so•le•í•de:o *sm. Zool.* Espécime dos soleídeos, família de peixes osteíctes, marinhos, de corpo achatado. § **so•le•í•de:o** *adj.*

so•lei•ra *sf.* Peça que forma a parte interior do vão da porta.

so•le•ne *adj2g.* **1.** Celebrado com pompa e magnificência. **2.** Acompanhado de formalidades ditadas por leis ou costumes. **3.** Imponente, majestoso. **4.** *Fam.* Enfático, pomposo.

so•le•ni•da•de *sf.* **1.** Qualidade de solene. **2.** Festividade solene (1).

so•le•ni•zar *v.t.d.* **1.** Celebrar com solenidade. **2.** Tornar solene. [Conjug.: ① [soleniz]**ar**]

so•ler•te *adj2g.* Sagaz, manhoso.

so•le•trar *v.t.d.* **1.** Ler pronunciando separadamente as letras e juntando-as em sílabas. **2.** Ler devagar ou por partes. **3.** Ler por alto; ler mal. [Conjug.: ① [soletr]**ar**] § **so•le•tra•ção** *sf.*

sol•fe•jar *v.t.d.* e *int.* Ler ou entoar um trecho musical modulando a voz ou pronunciando o nome das notas. [Conjug.: ① [solfej]**ar**]

sol•fe•jo (ê) *sm.* Exercício musical para aprender a solfejar.

sol•fe•ri•no *sm.* A cor entre o escarlate e o roxo, que é usada nas vestes episcopais.

so•li•ci•ta•dor (ô) *adj.* 1. Que solicita. • *sm.* 2. Aquele que o faz. 3. Auxiliar de advogado, habilitado por lei para requerer em juízo ou promover o andamento de ações.

so•li•ci•tar *v.t.d.* 1. Procurar, buscar. 2. Pedir ou rogar com instância. 3. Promover como solicitador. *T.d.i.* 4. Solicitar (2). 5. Induzir, incitar. [Conjug.: ① [solicit]**ar**] § **so•li•ci•ta•ção** *sf.*

so•lí•ci•to *adj.* 1. Cuidadoso, diligente. 2. Prestimoso, prestativo. § **so•li•ci•tu•de** *sf.*

so•li•dão *sf.* Estado de quem se acha ou vive só. [Pl.: *–dões.*]

so•li•da•ri•e•da•de *sf.* 1. Laço ou vínculo recíproco de pessoas ou coisas independentes. 2. Apoio a causa, princípio, etc., de outrem. 3. Sentido moral que vincula o indivíduo à vida, aos interesses dum grupo social, duma nação, ou da humanidade.

so•li•dá•ri•o *adj.* Que tem solidariedade para com outrem.

so•li•da•ri•zar *v.t.d., t.d.i.* e *p.* Tornar(-se) solidário. [Conjug.: ① [solidariz]**ar**]

so•li•déu *sm.* Pequeno barrete com que bispos e alguns padres cobrem o alto da cabeça.

so•li•di•fi•car *v.t.d.* 1. Tornar sólido. 2. Robustecer, fortalecer. *P.* 3. Tornar-se sólido. [Conjug.: ⑧ [solidifi]**car**] § **so•li•di•fi•ca•do** *adj.*; **so•li•di•fi•ca•ção** *sf.*

só•li•do *adj.* 1. Que não é vazio ou oco. 2. Que não é fluido nem líquido; espesso. 3. Forte; firme. 4. Que tem fundamento real; substancial. 5. Que não se altera ou afeta facilmente. • *sm.* 6. Qualquer corpo sólido (1 e 2). § **so•li•dez** (ê) *sf.*

so•li•ló•qui•o *sm.* Fala de alguém consigo mesmo; monólogo.

só•li•o *sm.* Cadeira pontifícia.

so•lí•pe•de *adj2g.* e *s2g. Zool.* Diz-se de, ou animal que só tem um casco em cada pé.

so•lis•ta *s2g.* Quem executa um solo².

so•li•tá•ri•a *sf. Bras.* 1. *Zool. Pop.* V. *tênia.* 2. Cela de presídio onde se isola o preso.

so•li•tá•ri•o *adj.* 1. Que decorre em solidão. 2. Que não convive com seus semelhantes. 3. Situado em lugar ermo. • *sm.* 4. Aquele que vive só. 5. Jóia com uma só pedra preciosa.

so•li•tu•de *sf. Poét.* Solidão.

so•lo¹ *sm.* 1. Porção sólida da superfície terrestre, onde se anda, se constrói, etc.; terra, chão. 2. Terreno, quanto a suas qualidades geológicas e produtivas.

so•lo² *sm. Mús.* 1. Trecho musical executado por uma só voz ou um só instrumento. 2. Bailado executado por uma só pessoa.

so•lo³ *sm.* Jogo de cartas que lembra o voltarete.

sols•tí•ci•o *sm. Astr.* Época em que o Sol passa por sua maior declinação boreal ou austral, e durante a qual cessa de afastar-se do equador.

sol•tar *v.t.d.* 1. Desatar, desprender. 2. Dar liberdade a. 3. Afrouxar (1). 4. Deixar escapar dos lábios, etc.; emitir. 5. Exalar. 6. Atirar, arremessar. 7. Largar da mão. 8. Liberar (recursos). *P.* 9. Desprender-se, desligar-se. 10. Pôr-se em liberdade. 11. Desinibir-se. [Conjug.: ① [solt]**ar**; part.: *soltado* e *solto.*] § **sol•ta•dor** (ô) *adj.* e *sm.*

sol•tei•rão *sm.* Homem maduro que ainda não casou. [Fem.: *solteirona*; pl.: *–rões.*]

sol•tei•ro *adj.* Diz-se de, ou homem que ainda não se casou.

sol•to (ô) *adj.* 1. Cujas partes não são aderentes. 2. Desatado, desprendido. 3. Largo, folgado. 4. Posto em liberdade. 5. Licencioso, libertino. 6. Diz-se de versos sem rima.

sol•tu•ra *sf.* 1. Ato ou efeito de soltar(-se). 2. *Pop.* V. *diarréia.*

so•lu•ção *sf.* 1. Ato ou efeito de solver. 2. Meio de resolver um caso, um problema. 3. Palavra ou frase que representa a decifração duma charada ou dum enigma. 4. Resultado dum problema ou duma equação. 5. Aquilo com que se dá por encerrado um assunto; conclusão. 6. Raciocínio que chega a um resultado lógico; explicação, esclarecimento. 7. Mistura, com aparência homogênea, que contém dois ou mais componentes. [As soluções são geralmente líquidas, mas podem ser sólidas.] 8. Separação das partes de um todo; solução de continuidade. [Pl.: *–ções.*] ♦ **Solução de continuidade.** Solução (8).

so•lu•çar *v.int.* 1. Dar soluços. 2. Chorar (2). *T.d.* 3. Exprimir por entre soluços. [Conjug.: ⑨ [solu]**çar**]

so•lu•ci•o•nar *v.t.d.* Dar solução a; resolver. [Conjug.: ① [solucion]**ar**]

so•lu•ço *sm.* 1. *Fisiol.* Contração involuntária, espasmódica, do diafragma (1), e que produz o início de movimento inspiratório subitamente detido pelo fechamento da glote, produzindo ruído. 2. Pranto com inspiração ruidosa.

so•lu•to *sm. Fís.-Quím.* Numa solução, componente cuja fração é muito pequena ou menor do que a do outro componente.

so•lú•vel *adj2g.* Que se pode solver, dissolver ou resolver. [Pl.: *–veis.*] § **so•lu•bi•li•da•de** *sf.*

sol•vá•vel *adj2g.* Solvível. [Pl.: *–veis.*]

sol•ven•te *sm.* Líquido capaz de dissolver outras substâncias.

sol•ver *v.t.d.* 1. Resolver, explicar. 2. Pagar, quitar. 3. Dissolver (1). [Conjug.: ② [solv]**er**]

sol•ví•vel *adj2g.* Que se pode solver ou pagar; solvável. [Pl.: *–veis.*]

som *sm.* 1. *Fís.* Fenômeno acústico: propagação de ondas sonoras produzidas por um corpo que vibra em meio material elástico (especialmente o ar). 2. Sensação auditiva criada por esse fenômeno; ruído. 3. Som (1) musical. [Pl.: *sons.*] ♦ **Som musical.** *Mús.* O que provém de uma vibração periódica, e se caracteriza pela altura, pela intensidade e pelo timbre.

so•ma *sf.* 1. *Mat.* Operação de adição, ou o resultado dela; adição. 2. *Mat.* V. *conjunto união.* 3. Grande porção. 4. Quantia em dinheiro. 5. V. *totalidade.*

so•mar *v.t.d.* 1. Fazer a soma (1). 2. Apresentar como soma. 3. Reunir, juntar. *T.d.i.* 4. Adicionar. [Conjug.: ⬓ [som]**ar**]

so•má•ti•co *adj.* Referente ao corpo.

so•ma•tó•ri:o *adj.* 1. Que indica soma. • *sm.* 2. A totalidade.

som•bra *sf.* 1. Espaço sem luz, ou escurecido pela interposição dum corpo opaco. 2. Reprodução, numa superfície mais clara, do contorno duma figura que se interpõe entre esta e o foco luminoso. 3. Lugar não batido pelo sol. 4. Escuridão, treva. 5. Mancha escura. 6. V. *fantasma* (3). 7. *Fig.* V. *vestígio* (2). 8. *Art. Plást.* A parte menos iluminada, ou mais escura, duma pintura, desenho, gravura.

som•bre•a•do *adj.* 1. Em que há sombra. 2. Num quadro ou desenho, gradação do escuro.

som•bre•ar *v.t.d.* 1. Dar sombra a. 2. Tornar menos claro, ou mais escuro. *Int.* 3. Dar sombreado (2) a uma tela, etc. [Conjug.: ⬓ [sombr]**ear**]

som•bri•nha *sf.* Guarda-chuva de uso feminino.

som•bri:o *adj.* 1. Em que há, ou que produz sombra; sombroso. 2. Não exposto ao sol. 3. Melancólico, triste. 4. Carrancudo.

som•bro•so (ô) *adj.* Sombrio (1). [Pl.: *-brosos* (ó).]

so•me•nos *adj2g.2n.* De menor valor que outro; inferior.

so•men•te *adv.* V. *só* (4).

so•mi•ti•ca•ri•a *sf.* Qualidade ou ação de somítico.

so•mí•ti•co *adj.* e *sm.* V. *avaro.*

so•nam•bu•lis•mo *sm. Med.* Estado de automatismo ambulatório, que ocorre durante o sono, e em que o indivíduo realiza atos mais ou menos coordenados e dos quais, quando desperta, não se recorda.

so•nâm•bu•lo *adj.* e *sm.* Diz-se de, ou aquele que sofre de sonambulismo. § **so•nam•bú•li•co** *adj.*

so•nan•te *adj2g.* Que soa; soante.

so•na•ta *sf. Mús.* Gênero de composição instrumental em vários movimentos, ger. três ou quatro, de caráter e andamento diversos,

relacionados entre si pela tonalidade modulante.

son•da *sf.* 1. Peça de chumbo presa a uma linha, para medir a profundidade das águas ou reconhecer-lhes a natureza do fundo. 2. Aparelho de perfuração que atinge grandes e médias profundidades, para conhecimento do subsolo. 3. *Med.* Tubo que se introduz em canal, natural ou não, do organismo, para reconhecer-lhe o estado ou extrair ou introduzir algum tipo de matéria. 4. Qualquer aparelho para sondagens.

son•da•gem *sf.* 1. Ato ou efeito de sondar. 2. Exploração local e metódica de um meio (ar, água, solo, etc.) por aparelhos e processos técnicos especiais. 3. Observação (1) cautelosa. [Pl.: *-gens.*]

son•dar *v.t.d.* 1. Examinar ou explorar com sonda. 2. Avaliar, estimar. 3. Investigar, explorar. 4. Inquirir com cautela. [Conjug.: ⬓ [sond]**ar**] § **son•dá•vel** *adj2g.*

so•ne•ca *sf.* Sono de pouca duração.

so•ne•gar *v.t.d.* 1. Ocultar, deixando de mencionar nos casos em que a lei exige a descrição ou a menção. 2. Ocultar com fraude. *T.d.i.* 3. Sonegar (2). *P.* 4. Eximir-se ao cumprimento de uma tarefa. [Conjug.: ⬓ [sone]**gar**] § **so•ne•ga•ção** *sf.*; **so•ne•ga•dor** (ô) *adj.* e *sm.*

so•nei•ra *sf.* Sonolência (1).

so•ne•tis•ta *s2g.* Autor de sonetos.

so•ne•to (ê) *sm.* Composição de 14 versos dispostos, em geral, em dois quartetos e dois tercetos.

son•ga•mon•ga *s2g. Fam.* Pessoa sonsa.

so•nhar *v.int.* 1. Ter sonhos. 2. Entregar-se a devaneios. *T.i.* 3. Pensar com insistência. 4. Ver em sonhos. *T.d.* 5. Sonhar (4). 6. Imaginar em sonhos. [Conjug.: ⬓ [sonh]**ar**] § **so•nha•dor** (ô) *adj.* e *sm.*

so•nho *sm.* 1. Seqüência de fenômenos psíquicos (imagens, atos, idéias, etc.) que involuntariamente ocorrem durante o sono. 2. Aquilo com que se sonha. 3. *Fig.* Fantasia, ilusão. 4. *Fig.* Desejo, aspiração. 5. *Cul.* Bolinho leve, frito, feito com farinha, leite e ovos.

sô•ni•co *adj.* 1. Relativo ao som. 2. Relativo à velocidade do som.

so•ní•fe•ro *adj.* 1. Diz-se do que induz ou produz sono. • *sm.* 2. Substância sonífera.

so•no *sm.* 1. *Fisiol.* Estado periódico e diário, e que se caracteriza pela inatividade temporária da vontade e da consciência, e suspensão de funções corporais. 2. Estado de quem dorme. 3. Período de sono. 4. Vontade ou precisão de dormir.

so•no•fle•tor (ô) *sm.* Caixa acústica.

so•no•lên•ci:a *sf.* 1. Disposição para dormir; soneira, sopor. 2. Transição entre sono e vigília.

so•no•len•to *adj.* Que tem sonolência.

so•no•plas•ta *sm. Cin. Rád. Teat. Telev.* Profissional responsável pela sonoplastia.

so•no•plas•ti•a *sf. Cin. Rád. Teat. Telev.* Técnica de produção e aplicação de efeitos sonoros.

so•no•ri•za•ção *sf.* 1. Ato ou efeito de sonorizar. 2. *Ling.* Passagem de um som surdo a sonoro, por influência da vizinhança de um dado elemento lingüístico. [Pl.: *–ções.*]

so•no•ri•zar *v.t.d.* 1. Tornar sonoro. 2. Instalar (e operar) sistema para difusão sonora de (espetáculos, comícios, etc.). *Int.* 3. Produzir som. [Conjug.: ① [sonoriz]ar]

so•no•ro *adj.* 1. Que produz ou reforça o som. 2. Que emite som intenso. § **so•no•ri•da•de** *sf.*

so•no•ro•so (ó) *adj.* Que tem som alto e agradável. [Pl.: *–rosos* (ó).]

so•no•te•ra•pi•a *sf. Psiq.* Tratamento de certas doenças mentais, e em que se produz e mantém o sono artificialmente, por um período desejado.

son•so *adj.* Dissimulado, astuto, velhaco.

so•pa (ó) *sf. Cul.* Caldo de carnes, legumes, massas, etc.

so•pa•pe•ar *v.t.d.* Dar sopapos em. [Conjug.: ⑩ [sopap]ear]

so•pa•po *sm.* 1. Murro, soco. 2. Bofetão.

so•pé *sm.* V. *aba* (4).

so•pei•ra *sf.* Terrina para sopa.

so•pe•sar *v.t.d.* Tomar com a mão o peso de. [Conjug.: ① [sopes]ar]

so•pi•tar *v.t.d.* 1. Fazer dormir. 2. Tirar a energia a. [Conjug.: ① [sopit]ar]

so•por (ó) *sm.* 1. V. *sonolência* (1). 2. Sono profundo.

so•po•rí•fe•ro *adj.* e *sm. Med.* Diz-se de, ou substância que produz sono ou sopor; soporífico.

so•po•rí•fi•co *adj.* e *sm. Med.* Soporífero.

so•pra•no *s2g. Mús.* 1. A voz mais aguda de mulher ou de menino; tiple. 2. Cantor ou cantora com essa voz.

so•prar *v.t.d.* 1. Dirigir o sopro sobre ou para. 2. Dirigir o sopro sobre (o fogo), para o avivar ou para o apagar. 3. Encher de ar, por meio de sopro. 4. Dizer baixinho (lição, etc.), para prevenir ou remediar ignorância ou esquecimento de outrem. *Int.* 5. Emitir sopro. 6. Agitar-se, produzir-se (vento). [Conjug.: ① [sopr]ar]

so•pro (ó) *sm.* 1. Ato de expelir com alguma força o ar aspirado. 2. Movimento de ar impelido pela boca. 3. O ar expirado. 4. Brisa. 5. *Med.* Nome genérico de som corporal produzido em decorrência de problema respiratório ou circulatório.

so•que•ar *v.t.d.* Socar (1). [Conjug.: ⑩ [soqu]ear]

so•que•te *sf. Bras.* Meia muito curta.

so•que•te (ê) *sm.* 1. Utensílio para socar a pólvora e a bala dentro do canhão. 2. Ferramenta para socar a terra à volta de mourões, etc., ou para firmar a pedra nos calçamentos. 3. Utensílio doméstico para socar temperos, etc.

sor•di•dez (ê) *sf.* 1. Estado de imundície, de repelente abandono, caracterizado por miséria extrema. 2. Coisa ou pessoa suja, nojenta, repugnante. 3. *Fig.* Infâmia, torpeza. 4. *Fig.* Avareza extrema.

sór•di•do *adj.* Que tem ou denota sordidez.

so•ro (ô) *sm.* 1. *Histol.* Porção fluida do sangue, destituída de células e fibrinogênio. 2. Soro sanguíneo de animais em que se inocularam bactérias e toxinas, utilizado para fins profiláticos e terapêuticos. 3. Líquido transparente, amarelo-pálido, que aparece no leite coagulado.

so•ror (ô) *sf.* Tratamento dado às freiras; sóror. [Pl.: *sorores* (ô).]

só•ror *sf.* Soror. [Pl.: *sórores.*]

so•ro•ra•to *sm.* Em certas sociedades, costume segundo o qual um homem, após a morte da esposa, se casa com a irmã solteira desta.

so•ro•ti•po *sm. Patol.* Categoria em que se inclui uma bactéria ou um vírus, de acordo com sua reação em presença de anticorpos específicos.

sor•ra•tei•ro *adj.* Que faz as coisas manhosamente, às ocultas.

sor•rel•fa *sf.* Disfarce para enganar. ♦ **À sorrelfa.** Disfarçadamente; à socapa.

sor•ri•den•te *adj2g.* Que sorri.

sor•rir *v.int.* e *p.* 1. Rir sem ruído, apenas com leve contração dos músculos faciais. 2. Mostrar-se alegre. *T.i.* 3. Lançar sorriso(s). 4. Favorecer (1). 5. Zombar, troçar. [Conjug.: ㊶ [sor]rir]

sor•ri•so *sm.* 1. Ato ou efeito de sorrir(-se). 2. Movimento e expressão de um rosto que sorri.

sor•te *sf.* 1. Força que determina ou regula tudo quanto ocorre, e que se atribui ao acaso ou a uma suposta predestinação. 2. V. *destino* (1). 3. Casualidade, acaso. 4. Boa sorte. 5. Bilhete de loteria ou sorteio. 6. Modo, maneira. 7. Gênero, espécie.

sor•te•a•do *adj.* 1. Escolhido por sorte ou em sorteio. • *sm.* 2. Aquele que foi sorteado (1).

sor•te•ar *v.t.d.* 1. Determinar ou escolher por sorte. 2. Distribuir por sorte. [Conjug.: ⑩ [sort]ear]

sor•tei•o *sm.* Ato ou efeito de sortear.

sor•ti•do *adj.* 1. Abastecido, que bem abastecido ou provido. 2. Variado (em cor, tipo, etc.).

sor•ti•lé•gi:o *sm.* 1. V. *bruxaria* (1). 2. Sedução exercida por dotes naturais ou por artifícios.

sor•ti•men•to *sm.* **1.** Ato ou efeito de sortir(-se). **2.** Provisão de mercadorias de várias espécies.

sor•tir *v.t.d., t.d.i.* e *p.* Abastecer(-se), prover(-se). [Conjug.: 56 [s]o[rt]ir]

so•rum•bá•ti•co *adj.* Sombrio, tristonho.

sor•va (ô) *sf. Bras. Bot.* **1.** Sorveira. **2.** Seu fruto.

sor•ve•dou•ro ou **sor•ve•doi•ro** *sm.* V. *turbilhão* (2).

sor•vei•ra *sf. Bot.* Árvore apocinácea, frutífera, lactescente.

sor•ver *v.t.d.* **1.** Haurir ou beber, aspirando. **2.** Beber aos sorvos. **3.** Absorver; sugar. **4.** Atrair para baixo; tragar. **5.** Destruir, devastar. [Conjug.: 2 [sorv]er]

sor•ve•te (ê) *sm.* Nome comum a várias iguarias doces feitas de suco de frutas ou de leite (com ovos, etc.), e congeladas até adquirirem consistência semelhante à da neve.

sor•ve•tei•ra *sf.* Máquina de fazer sorvetes.

sor•ve•tei•ro *sm.* Vendedor e/ou fabricante de sorvetes.

sor•ve•te•ri•a *sf. Bras.* Casa onde se fabricam e/ou vendem sorvetes.

sor•vo (ô) *sm.* **1.** Ato ou efeito de sorver. **2.** V. *gole.*

só•si:a *s2g.* Pessoa muito parecida com outra.

sos•lai•o *el. sm.* Us. na loc. *de soslaio.* ◆ **De soslaio.** Obliquamente; de esguelha.

sos•se•gar *v.t.d.* **1.** Pôr em sossego. **2.** Fazer que descanse. *Int.* e *p.* **3.** Aquietar(-se), acalmar(-se). [Conjug.: 11 [sosse]gar]

sos•se•go (ê) *sm.* **1.** Ato ou efeito de sossegar(-se). **2.** Tranqüilidade, paz.

so•tai•na *sf.* Batina do padre.

só•tão *sm.* **1.** Pavimento com menos altura que o(s) outro(s), e sito imediatamente abaixo do telhado. **2.** Espaço vazio na armação do telhado, que serve de depósito. [Pl.: *sótãos.*]

so•ta•que *sm.* Pronúncia típica de um indivíduo, uma região, etc.

so•ta•ven•to *sm. Marinh.* Bordo contrário àquele donde sopra o vento. [Antôn.: *barlavento.*]

so•ter•rar *v.t.d.* **1.** Cobrir de terra. *P.* **2.** Meter-se por baixo da terra. [Conjug.: 1 [soterr]ar]

so•to•por *v.t.d.i.* **1.** Sobpor (1). **2.** Pospor, postergar. [Conjug.: 60 [soto]por]

so•to•pos•to (ô) *adj.* Posto por baixo.

so•tur•no *adj.* Triste, lúgubre.

so•va *sf.* **1.** Ato ou efeito de sovar. **2.** V. *surra* (1).

so•va•co *sm.* Axila.

so•var *v.t.d.* **1.** Bater a massa de. **2.** V. *surrar* (2). **3.** *Fig.* Usar muito. **4.** *Bras.* Tornar flexível; amaciar. [Conjug.: 1 [sov]ar]

so•ve•la *sf.* Instrumento de ferro ou de aço em forma de haste cortante e pontuda, com que os sapateiros e correeiros furam o couro.

so•ver•ter *v.t.d.* **1.** Fazer sumir. **2.** Soterrar. *P.* **3.** Sumir-se. [Conjug.: 2 [sovert]er]

so•vi•e•te *sm.* Conselho de representantes distritais ou nacionais eleitos, na antiga U.R.S.S.

so•vi•é•ti•co *adj.* **1.** Dos sovietes. **2.** Pertencente ou relativo à antiga União das Repúblicas Socialistas Soviéticas (U.R.S.S.). • *sm.* **3.** O natural ou habitante da antiga U.R.S.S.

so•vi•na *adj2g.* e *s2g.* V. *avaro.*

so•vi•ni•ce *sf.* Qualidade ou ato de sovina; avareza.

so•zi•nho (sò) *adj.* **1.** Inteiramente só. **2.** Abandonado, desamparado.

⇨ **spin** [Ingl.] *sm. Fís.* Número quântico associado a uma partícula, e que lhe mede o momento angular intrínseco. [O *spin* pode tomar apenas valores inteiros ou semi-inteiros.]

⇨ **spray** (sprei) [Ingl.] *sm.* Aerosol.

❑ **Sr** *Quím.* Símb. do *estrôncio.*

❑ **S.S.E.** Abrev. de *su-sueste.*

❑ **S.S.O.** Abrev. de *su-sudoeste.*

❑ **S.S.W.** Abrev. de *su-sudoeste.*

⇨ **status** [Lat.] *sm.* **1.** Situação ou posição hierárquica num grupo ou numa organização, e que implica determinados direitos e obrigações. **2.** Prestígio ou distinção social.

su•a *pron.* Flex. de *seu.*

su•ã *sf.* Carne da parte inferior do lombo do porco.

su:a•dou•ro ou **su:a•doi•ro** *sm.* **1.** Ato ou efeito de suar. **2.** Parte do lombo da cavalgadura onde se assenta a sela.

su•ar *v.int.* **1.** Verter suor pelos poros. **2.** Verter umidade. *T.i.* **3.** Matar-se com trabalho. *T.d.* **4.** Ensopar de suor. [Conjug.: 1 [su]ar]

su:a•ra•bác•ti *sm. Gram.* Epêntese (q. v.) em que um grupo de consoantes é desfeito pela intercalação de uma vogal; anaptixe. [Ex.: port. arc. *brata > barata.*]

su:a•ren•to *adj.* Coberto de suor.

su:a•só•ri:o *adj.* Persuasivo.

su•ás•ti•ca *sf.* Símbolo em forma de cruz, com hastes recurvas formando quatro ângulos retos.

su•a•ve *adj2g.* **1.** Agradável aos sentidos. **2.** Que revela moderação e/ou equilíbrio. **3.** Macio, brando, ameno. **4.** Meigo, terno. **5.** Que decorre ou se faz sem esforço. § **su:a•vi•da•de** *sf.*

su:a•vi•zar *v.t.d.* e *p.* **1.** Tornar(-se) suave. **2.** Amenizar(-se). [Conjug.: 1 [suaviz]ar]

su•ba•li•men•ta•ção *sf.* Subnutrição. [Pl.: –ções.]

su•ba•li•men•ta•do *adj.* e *sm.* Subnutrido.

su•bal•ter•no *adj.* e *sm.* Diz-se de, ou o que está sob as ordens de outro. § **su•bal•ter•ni•da•de** *sf.*

su•ba•lu•gar *v.t.d.* Sublocar. [Conjug.: 11 [subalu]gar]

su•ba•quá•ti•co *adj.* Que está debaixo de água.

su•bar•bus•to *sm. Bot.* Arbusto cuja parte aérea é anual, e cuja parte subterrânea é perene.

su•bar•ren•dar *v.t.d.* e *t.d.i.* Transferir a outrem os direitos de (coisa arrendada). [Conjug.: ① [subarrend]**ar**] § **su•bar•ren•da•men•to** *sm.*

sub•che•fe *sm.* O substituto do chefe.

sub•clas•se *sf.* 1. Subconjunto (2). 2. *Biol.* Subdivisão de classe (5)

sub•co•mis•sá•ri:o *sm.* O substituto do comissário.

sub•con•jun•to *sm.* 1. Divisão de um conjunto. 2. *Mat.* Conjunto cujos elementos são também elementos de outro conjunto; subclasse.
♦ **Subconjunto ordenado.** *Mat.* Aquele entre cujos membros se define uma relação de ordem.

sub•cons•ci•en•te *sm. Psicol.* Zona da mente em que se situam fenômenos psíquicos latentes no indivíduo, que influenciam sua conduta e facilmente afloram à consciência.

sub•cu•tâ•ne:o *adj.* 1. Situado abaixo da pele. 2. Que se aplica abaixo da pele.

sub•de•le•ga•do *sm.* O substituto do delegado.

sub•de•le•gar *v.t.d.i.* Transmitir por delegação (2). [Conjug.: ⑪ [subdele]**gar**]

sub•de•sen•vol•vi•do *adj.* e *sm.* Diz-se de, ou indivíduo, povo, etc., em subdesenvolvimento.

sub•de•sen•vol•vi•men•to *sm.* Condição de economias que, em comparação com os países industrializados da América do Norte, Europa e Ásia, mostram baixos níveis de produtividade, renda *per capita*, desenvolvimento tecnológico, etc.

sub•di•re•tor (ô) *sm.* O substituto do diretor.

sub•di•vi•dir *v.t.d.* 1. Dividir novamente (partes já divididas). *P.* 2. Dividir-se de novo. 3. Separar-se em várias divisões. [Conjug.: ③ [subdivid]**ir**]

sub•di•vi•são *sf.* Nova divisão do que já estava dividido. [Pl.: –*sões.*]

su•bem•pre•go (ê) *sm.* Situação dos que, embora tenham ocupação remunerada, só conseguem emprego em tempo parcial, ou em atividades de baixa produtividade e remuneração (como vigiar automóveis).

su•ben•ten•der *v.t.d.* Entender ou perceber (o que não fora exposto ou bem explicado). [Conjug.: ② [subentend]**er**]

su•ben•ten•di•do *adj.* 1. Que se subentende ou subentendeu. • *sm.* 2. O que está na mente, mas não foi expresso.

sú•ber *sm. Bot.* Tecido formado por células mortas, que reveste esp. raízes e caules velhos.

su•bes•ti•mar *v.t.d. Bras.* Não dar a devida estima ou apreço a; não ter em boa conta. [Conjug.: ① [subestim]**ar**]

sub•fa•tu•rar *V.t.d.* Emitir fatura com preço abaixo do efetivamente cobrado. [Conjug.: ① [subfatur]**ar**]

sub•gra•ve *adj2g. Mús.* Abaixo do grave.

su•bi•da *sf.* 1. Ato ou efeito de subir. 2. Terreno inclinado, quando se sobe; aclive.

su•bi•do *adj.* Alto, elevado. [Tb. us. figurativamente.]

su•bir *v.int.* 1. Transportar-se ou elevar-se a lugar mais alto. 2. Elevar-se no ar; alar-se. 3. Atingir maior altura, ou preço mais alto, ou situação social superior. 4. Montar. *T.c.* 5. Transportar-se (a um lugar mais alto); elevar-se. 6. Entrar em veículo, embarcação, etc. *T.i.* 7. Elevar-se a um cargo de posição social superior. *T.d.* 8. Percorrer, andando para cima. 9. Elevar (2). 10. Trepar por; galgar. 11. Fazer subir. 12. Encarecer (1). [Conjug.: ⑤⑦ [s]u[b]**ir**]

su•bi•tâ•ne:o *adj.* V. *súbito* (1).

sú•bi•to *adj.* 1. Que ocorre ou surge sem previsão; repentino, subitâneo. • *adv.* 2. V. *de súbito.*
♦ **De súbito.** De repente; de supetão; súbito.

sub•ja•cen•te *adj2g.* 1. Que jaz ou está por baixo. 2. Que não se manifesta, mas está subentendido.

sub•je•ti•var *v.t.d.* Tornar ou julgar subjetivo. [Conjug.: ① [subjetiv]**ar**]

sub•je•ti•vis•mo *sm.* 1. Tendência a reduzir tudo ao sujeito (7). 2. Propensão para tudo o que é subjetivo.

sub•je•ti•vo *adj.* 1. Do, ou existente no sujeito (7). 2. Individual, pessoal. § **sub•je•ti•vi•da•de** *sf.*

sub•ju•gar *v.t.d.* 1. Submeter pela força das armas. 2. Dominar, vencer. [Conjug.: ⑪ [subju]**gar**] § **sub•ju•ga•ção** *sf.*

sub•jun•ti•vo *adj.* 1. Subordinado, dependente. 2. *Gram.* Diz-se do modo verbal que enuncia o fato como subordinado a outro. • *sm.* 3. *Gram.* Esse modo.

sub•le•var *v.t.d.* e *p.* Revoltar(-se), amotinar(-se). [Conjug.: ① [sublev]**ar**] § **sub•le•va•ção** *sf.*

su•bli•mar *v.t.d.* e *p.* 1. Tornar(-se) sublime. 2. Erguer(-se) a uma grande altura. 3. Exaltar(-se), engrandecer(-se). 4. Fazer, passar, ou passar (um corpo) do estado sólido ao gasoso. [Conjug.: ① [sublim]**ar**] § **su•bli•ma•ção** *sf.*; **su•bli•ma•do** *adj.*

su•bli•me *adj2g.* 1. Que atingiu altíssimo grau na escala dos valores morais, etc.; quase perfeito. 2. Cujos méritos transcendem o normal. 3. Magnífico; grandioso. § **su•bli•mi•da•de** *sf.*

sub•li•mi•nar (sub-li) *adj2g.* 1. Que é inferior, ou que não ultrapassa o limiar. 2. Diz-se de estímulo não muito intenso, que não passa do limiar da consciência.

sub•li•nha (sub-li) *sf.* Linha traçada por baixo de palavra.

sub•li•nhar *v.t.d.* **1.** Traçar sublinha(s) em. **2.** Salientar, destacar. [Conjug.: ⑪ [subli-nh]**ar**]

sub•lo•car (sub-lo) *v.t.d.* e *t.d.i.* Alugar (imóvel que já se acha alugado). [Conjug.: ⑧ [sublo]**car**] § **sub•lo•ca•ção** (sub-lo) *sf.*; **sub•lo•ca•dor** (sub-lo...ô) *sm.*

sub•lo•ca•tá•ri:o (sub-lo) *sm.* Aquele que recebe por sublocação.

sub•lu•nar (sub-lu) *adj2g.* Situado abaixo da Lua.

sub•ma•ri•no *adj.* **1.** Que está sob as águas do mar. • *sm.* **2.** Navio de guerra que opera submerso.

sub•mer•gir *v.t.d.* **1.** Cobrir de água; inundar. **2.** Fazer sumir na água; afundar. *Int.* e *p.* **3.** Ficar totalmente mergulhado na água; afundar. [Conjug.: ⑤⑧ [submerg]**ir**; part.: *submergido* e *submerso*.]

sub•mer•gí•vel *adj2g.* Que pode submergir-se. [Pl.: *–veis.*]

sub•mer•sí•vel *adj2g.* Submergível. [Pl.: *–veis.*]

sub•mer•so *adj.* Que submergiu.

sub•me•ter *v.t.d.* e *t.d.i.* **1.** Reduzir à obediência, à dependência; sujeitar. **2.** Tornar objeto de; subordinar. **3.** Oferecer a exame ou apreciação. *P.* **4.** Sujeitar (5). [Conjug.: ② [submet]**er**]

sub•mis•são *sf.* **1.** Ato ou efeito de submeter(-se) (a uma autoridade, a uma lei, etc.). **2.** Aceitação de um estado de dependência. [Pl.: *–sões.*]

sub•mis•so *adj.* Que se submeteu ou se submete, se sujeitou ou se sujeita.

sub•múl•ti•plo *sm. Mat.* Número inteiro que é divisor de outro inteiro.

sub•mun•do *sm.* **1.** O mundo do crime organizado. **2.** O conjunto dos marginais ou delinqüentes que o constituem.

sub•nu•cle•ar *adj2g. Fís. Part.* De, ou relativo a partículas que se situam dentro do núcleo de um átomo.

sub•nu•tri•ção *sf. Med.* Estado de pessoa insuficientemente nutrida, o qual, quando prolongado, pode comprometer a saúde, ou provocar a morte. [Pl.: *–ções.*]

sub•nu•tri•do *adj.* e *sm.* Que(m) se acha em estado de subnutrição.

sub•nu•trir *v.t.d.* Nutrir insuficientemente. [Conjug.: ③ [subnutr]**ir**]

su•bo•fi•ci•al *sm.* V. *hierarquia militar.* [Pl.: *–ais.*]

su•bor•dem *sm. Biol.* Subdivisão de ordem (15). [Pl.: *–dens.*]

su•bor•di•na•ção *sf.* **1.** Ato ou efeito de subordinar. **2.** *Gram.* Tipo de construção de período em que uma ou mais orações dependem de uma oração principal a que acrescentam noção específica. [Ex.: Sei que ele sairá cedo.] [Pl.: *–ções.*]

su•bor•di•na•do *adj.* **1.** Dependente, subalterno. **2.** Que, em conexão com outra coisa, ocupa lugar inferior. **3.** *Gram.* Diz-se de oração que depende de outra(s). • *sm.* **4.** Subalterno.

su•bor•di•nar *v.t.d.* e *t.d.i.* **1.** Pôr sob a dependência de; sujeitar. **2.** Ligar a um princípio ou coisa superior. [Conjug.: ⑪ [subordin]**ar**]

su•bor•di•na•ti•vo *adj.* **1.** Que denota ou estabelece subordinação. **2.** *Gram.* Diz-se de conjunção que liga duas orações, uma das quais completa ou determina o sentido da outra.

su•bor•nar *v.t.d.* Dar dinheiro ou outros valores a, para conseguir coisa ilícita ou imoral. [Conjug.: ⑪ [suborn]**ar**] § **su•bor•na•do** *adj.*; **su•bor•ná•vel** *adj2g.*

su•bor•no (ô) *sm.* Ato ou efeito de subornar.

sub-rei•tor (ô) *sm.* Auxiliar imediato do reitor. [Pl.: *sub-reitores.*]

sub-rep•ção *sf.* Ato de alcançar uma graça ou benefícios por meios sub-reptícios. [Pl.: *sub-repções.*]

sub-rep•tí•ci:o *adj.* **1.** Fraudulento; ilícito. **2.** Feito às ocultas; furtivo. [Pl.: *sub-reptícios.*]

sub-ro•gar *v.t.d.* **1.** Pôr em lugar de outrem; substituir. **2.** Substabelecer. *P.* **3.** Assumir ou tomar o lugar de outrem. [Conjug.: ⑪ [subro]**gar**] § **sub-ro•ga•ção** *sf.*

subs•cre•ver *v.t.d.* **1.** Escrever por baixo. **2.** Assinar, firmar. **3.** Aceitar escrito, julgamento, opinião. *T.d.i.* **4.** Tomar parte em subscrição (2). *P.* **5.** Assinar-se. [Conjug.: ② [subscrev]**er**. Part.: *subscrito*.]

subs•cri•ção *sf.* **1.** Ato ou efeito de subcrever. **2.** Compromisso de contribuir com certa quantia para empresa, obra de beneficência, homenagem, etc. [Pl.: *–ções.*]

subs•cri•tar *v.t.d.* Pôr assinatura embaixo de; subscrever. [Conjug.: ⑪ [subscrit]**ar**]

subs•cri•tor (ô) *adj.* e *sm.* Que ou quem subscreve.

sub•se•qüen•te *adj2g.* Que segue imediatamente a outro no tempo ou no lugar; imediato.

sub•ser•vi•en•te *adj2g.* **1.** Que serve às ordens de outrem. **2.** Servil (3). § **sub•ser•vi•ên•ci:a** *sf.*

sub•si•di•ar (si) *v.t.d.* **1.** Dar subsídio a. **2.** Contribuir com subsídio para. [Conjug.: ⑪ [subsidi]**ar**]

sub•si•di•á•ri:a (si) *sf.* Empresa controlada por outra, detendo esta o total ou a maioria de suas ações.

sub•si•di•á•ri:o (si) *adj.* **1.** Que tem o caráter de, ou serve de subsídio. **2.** Secundário (1).

sub•sí•di:o (sí) *sm.* **1.** Ajuda pecuniária ou de outra ordem, dada a qualquer empresa ou a particular. **2.** Quantia que o Estado arbitra ou subscreve para obras de interesse público. **3.** *Bras.* Vencimentos dos membros do legislativo.

sub•sis•tên•ci:a (sis) *sf.* **1.** Estado de pessoas ou coisas que subsistem. **2.** Conjunto do que é preciso para sustentar a vida.

sub•sis•tir (sis) *v.int.* **1.** Ser, existir. **2.** Existir na sua substância. **3.** Estar com vida, ou em vigor. **4.** Conservar a sua força ou ação. [Conjug.: ③ [subsist]**ir**] § **sub•sis•ten•te** (sis) *adj2g.*

sub•so•lo *sm.* **1.** Camada do solo imediatamente por baixo da camada visível ou arável. **2.** Parte duma construção, abaixo do rés-do-chão.

subs•ta•be•le•cer *v.t.d.i.* Transferir para outrem (encargo ou procuração recebida); subrogar. [Conjug.: ㉞[substabele]**cer**] § **subs•ta•be•le•ci•men•to** *sm.*

subs•tân•ci:a *sf.* **1.** A parte real, ou essencial, de algo. **2.** A natureza dum corpo; matéria. **3.** O que é necessário à permanência material de uma coisa. **4.** O que é necessário à vida; sustância. **5.** Qualquer matéria caracterizada por suas propriedades específicas.

subs•tan•ci•al *adj2g.* Que tem substância, ou é nutritivo, alimentício; substancioso. [Pl.: *-ais.*]

subs•tan•ci•o•so (ô) *adj.* Substancial. [Pl.: *-osos* (ó).]

subs•tan•ti•var *v.t.d.* Empregar como substantivo. [Conjug.: ①[substantiv]**ar**] § **subs•tan•ti•va•do** *adj.*

subs•tan•ti•vo *sm. Gram.* Palavra com que se nomeia um ser ou um objeto, ou uma ação, qualidade, estado, considerados separados dos seres ou objetos a que pertencem.

subs•ti•tu•ir *v.t.d.* **1.** Colocar (pessoa ou coisa) em lugar de; trocar. **2.** Ser, existir ou fazer-se em vez de. **3.** Fazer o serviço, as funções de. **4.** Tomar o lugar de. *T.d.i.* **5.** Pôr ou dar (em lugar de outro). [Conjug.:㊾ [substit]**uir**] § **subs•ti•tu•i•ção** *sf.*

subs•ti•tu•ti•vo *adj.* **1.** Próprio para substituir. • *sm.* **2.** Emenda; substituição.

subs•ti•tu•to *adj.* **1.** Que substitui. • *sm.* **2.** Indivíduo que substitui outro.

subs•tra•to *sm.* **1.** O que constitui a parte essencial do ser, a essência. **2.** *Biol.* Qualquer objeto, ou material, sobre o qual um organismo cresce, ou ao qual está fixado. **3.** *Eletrôn.* Material semicondutor no qual é fabricado um circuito integrado.

sub•ten•der *v.t.d.* Estender por baixo. [Conjug.: ② [subtend]**er**]

sub•te•nen•te *sm.* V. *hierarquia militar.*

sub•ter•fú•gi:o *sm.* Ardil empregado para fugir a dificuldades.

sub•ter•râ•ne:o *adj.* **1.** Que fica debaixo da terra. **2.** Que ocorre sob a terra. **3.** *Fig.* Feito clandestinamente. • *sm.* **4.** Lugar ou construção subterrânea.

sub•tí•tu•lo *sm.* Segundo título, em geral explicativo do primeiro.

sub•to•tal *sm.* Resultado parcial de adição. [Pl.: *–tais.*]

sub•tra•ção *sf.* **1.** Ato ou efeito de subtrair(-se). **2.** *Arit.* Operação inversa à da adição; diminuição. [Pl.: *–ções.*]

sub•tra•en•do *sm. Arit.* Número que se tira do outro numa subtração.

sub•tra•ir *v.t.d.* **1.** Tirar às escondidas, ou com fraude; furtar, roubar. **2.** Tirar (número, quantia, etc.) de outro número, quantia, etc.; diminuir. *T.d.i.* **3.** Tirar, deduzir. P. **4.** Esquivar-se. [Conjug.:㊳ [subtr]**air**]

sub•tro•pi•cal *adj2g.* Diz-se de clima de temperatura média inferior a 20°C, ou de região que tem esse clima. [Pl.: *–cais.*]

su•bur•ba•no *adj.* **1.** Próprio de, ou que mora em subúrbio. • *sm.* **2.** Aquele que mora no subúrbio.

su•búr•bi:o *sm.* **1.** Arredores de cidade ou de qualquer povoação. **2.** *Bras. RJ* Bairro afastado do centro da cidade e que, originalmente, era ligado a este apenas por linha ferroviária.

sub•ven•ção *sf.* Auxílio pecuniário, em geral concedido pelos poderes públicos. [Pl.: *–ções.*]

sub•ven•ci•o•nar *v.t.d.* Conceder subvenção a. [Conjug.: ①[subvencion]**ar**]

sub•ver•são *sf.* **1.** Ato ou efeito de subverter. **2.** Insubordinação ao poder constituído. [Pl.: *–sões.*]

sub•ver•si•vo *adj. e sm.* Que ou quem subverte ou pode subverter.

sub•ver•ter *v.t.d.* **1.** Voltar de baixo para cima; revirar. **2.** Agitar, sublevar. **3.** Perverter, corromper. [Conjug.: ② [subvert]**er**]

su•ca•ta *sf.* **1.** Ferro inutilizado ou que, refundido, é de novo lançado no comércio. **2.** Depósito de ferro-velho. **3.** Objetos metálicos deteriorados.

suc•ção ou **su•ção** *sf.* Ato ou efeito de sugar. [Pl.: *–ções.*]

su•ce•dâ•ne:o *sm.* Medicamento ou qualquer coisa capaz de substituir outra.

su•ce•der *v.int.* **1.** Dar-se (algum fato); acontecer. *T.i.* **2.** Vir ou acontecer depois. **3.** Acontecer, ocorrer. **4.** Substituir em emprego ou dignidade. **5.** Tomar o lugar de outrem ou de outra coisa. P. **6.** Decorrer ou acontecer sucessivamente. [Conjug.: ② [suced]**er**]. Defect., nas acepç. 1, 4 e 6, conjugável só nas 3as pess.]

su•ce•di•do *adj. e sm.* Que ou o que sucedeu.

su•ces•são *sf.* **1.** Ato ou efeito de suceder(-se). **2.** Série (2). **3.** Seqüência de pessoas ou coisas que se sucedem e/ou se substituem sem interrupção ou com breves intervalos. **4.** Transmissão do patrimônio dum finado a seus herdeiros e legatários. **5.** *Fig.* Descendência, prole. **6.** *Mat.* Seqüência (6). [Pl.: *-sões.*]

su•ces•si•vo *adj.* Que vem depois ou em seguida.

su•ces•so *sm.* **1.** Acontecimento; ocorrência. **2.** Resultado, conclusão. **3.** Resultado feliz. **4.** Livro, espetáculo, etc., que alcança grande êxito ou autor, artista, etc., de largo prestígio e/ ou popularidade.

su•ces•sor (ô) *adj.* **1.** Que sucede a outrem. • *sm.* **2.** Aquele que sucede a outrem, ou que o substitui num cargo ou função. **3.** Herdeiro (1).

su•ces•só•ri:o *adj.* Relativo à sucessão.

sú•ci:a *sf.* V. *corja.*

su•cin•to *adj.* Que consta ou se serve de poucas palavras.

su•co *sm.* **1.** Líquido com propriedades nutritivas contido nas substâncias animais ou vegetais; sumo. **2.** *Fisiol.* Nome genérico da secreção corporal, ou líquido originado em tecido (3). **3.** *Bras. Fam.* Coisa ótima.

suc•to•ri•al *adj2g. Zool.* Diz-se de órgão que realiza sucção. [Pl.: *-ais.*]

su•çu•a•ra•na *sf. Bras. Zool.* Felídeo selvagem semelhante ao jaguar, mas de pelagem uniforme, amarelo-avermelhada; onça-parda, onça-vermelha, puma.

suculento *adj.* **1.** Que tem suco (1). **2.** Nutritivo. **3.** *Bot.* Diz-se de planta que armazena água em grandes células parenquimatosas.

su•cum•bir *v.t.i.* **1.** Cair sob o peso de. **2.** Não resistir; ceder. *Int.* **3.** Mostrar-se abatido em extremo. **4.** V. *morrer* (1). **5.** Ser derrotado. [Conjug.: ③ sucumb]ir]

su•cu•pi•ra ou **si•cu•pi•ra** *sf. Bras. Bot.* Árvore das leguminosas madeira de lei.

su•cu•ri *sf. Bras. Zool.* Grande cobra boídea, sem peçonha; anaconda, boiúna.

su•cur•sal *sf.* Estabelecimento que depende duma matriz (5) ou sede. [Pl.: *-sais.*]

su•da•ção *sf.* Ato ou efeito de suar. [Pl.: *-ções.*]

su•dá•ri:o *sm.* **1.** Pano com que outrora se enxugava o suor. **2.** Espécie de lençol para envolver cadáveres. ◆ **O Santo Sudário.** A mortalha de Cristo.

su•des•te *sm.* e *adj2g.* Sueste.

sú•di•to *sm.* Homem submetido à vontade de outrem, vassalo.

su•do•es•te *sm.* **1.** Ponto do horizonte situado a 45° do S. e do O. [Abrev.: *S.O.* ou *S.W.*] **2.** O vento que sopra dessa direção. **3.** Região ou regiões situadas a sudoeste (1). [Com inicial maiúscula, nesta acepç.] • *adj2g.* **4.** Relativo ao sudoeste (1), ou dele procedente.

su•do•re•se *sf. Med.* Secreção de suor.

su•do•rí•fe•ro *adj.* e *sm.* Diz-se de, ou agente que faz suar.

su•do•rí•fi•co *adj.* e *sm.* Sudorífero.

su•do•rí•pa•ro *adj.* Que produz suor, ou relativo a ele.

su•e•co *adj.* **1.** Da Suécia (Europa). • *sm.* **2.** O natural ou habitante da Suécia. **3.** A língua sueca.

su•es•te *sm.* **1.** Ponto do horizonte situado a 45° do S. e do E. [Abrev.: *S.E.*] **2.** O vento que sopra dessa direção. **3.** Região ou regiões situadas a sueste (1). [Com inicial maiúscula, nesta acepç.] • *adj2g.* **4.** Relativo ao sueste (1), ou dele procedente.

su•é•ter *sm.* e *f. Bras.* Blusa fechada de malha em ger. de lã.

su•e•to (ê) *sm.* Descanso, folga.

su•fi•ci•en•te *adj2g.* **1.** Que satisfaz; bastante. **2.** Que está entre o bom e o sofrível. **3.** Capaz, hábil. • *sm.* **4.** O que basta. § **su•fi•ci•ên•ci:a** *sf.*

su•fi•xo (cs) *sm. Gram.* Afixo que se pospõe ao radical (5).

su•flê *sm. Cul.* Iguaria de forno, leve e delicada, à base de um creme com legumes, ou camarão, etc., e claras batidas.

su•fo•ca•ção *sf.* **1.** Ato ou efeito de sufocar. **2.** *Med.* Asfixia produzida por obstáculo mecânico situado no interior das vias respiratórias, ou na boca e no nariz. [Pl.: *-ções.*]

su•fo•car *v.t.d.* **1.** Impedir a respiração de. **2.** Matar por asfixia. **3.** Reprimir, debelar. *Int.* **4.** Perder a respiração. [Conjug.: ⑧ [sufo]car] § **su•fo•can•te** *adj2g.*

su•fra•gâ•ne:o *adj.* Diz-se de bispo ou bispado dependente dum metropolitano[1] (2).

su•fra•gar *v.t.d.* **1.** Apoiar, favorecer, com sufrágio. **2.** Rezar em intenção de (a alma de alguém). [Conjug.: ⑪ [sufra]gar]

su•frá•gi:o *sm.* **1.** Voto, votação. **2.** Apoio, adesão. **3.** Oração pelos mortos.

su•ga•dou•ro ou **su•ga•doi•ro** *adj.* e *sm.* Diz-se de, ou o que suga ou chupa.

su•gar *v.t.d.* **1.** Sorver com certo esforço. **2.** *Fig.* Extorquir (2). [Conjug.: ⑪ [su]gar] § **su•ga•dor** (ô) *adj.*

su•ge•rir *v.t.d.* e *t.d.i.* **1.** Fazer que se apresente ao espírito (uma noção) por menção ou associação de idéias. **2.** Lembrar, propor. [Conjug.: ㊾ [sug]e[r]ir]

su•ges•tão *sf.* **1.** Ato ou efeito de sugerir. **2.** O que se sugere. **3.** Estímulo, instigação. [Pl.: *-tões.*]

su•ges•ti:o•nar *v.t.d.* Produzir sugestão em. [Conjug.: ① [sugestion]ar] § **su•ges•ti:o•ná•vel** *adj2g.*

su•ges•ti•vo *adj.* **1.** Que sugestiona. **2.** Aliciador.

su•í•ças *sf.pl.* Barba que se deixa crescer nos lados da face.

su:i•ci•da *s2g.* **1.** Pessoa que se suicidou. • *adj2g.* **2.** Que serviu de instrumento de suicídio.

su:i•ci•dar-se *v.p.* **1.** Dar a morte a si mesmo; matar-se. **2.** *Fig.* Causar a própria ruína. [Conjug.: ⒈ [suicid]**ar**[-se]]

su:i•cí•di:o *sm.* Ato ou efeito de suicidar-se.

su•í•ço *adj.* **1.** Da Suíça (Europa). • *sm.* **2.** O natural ou habitante da Suíça.

su•í•de:o *sm. Zool.* Espécime dos suídeos, família de mamíferos onívoros, escavadores. Ex.: porcos, javalis. § **su•í•de:o** *adj.*

su•í•no *adj.* **1.** Do, ou próprio do porco. • *sm.* **2.** O porco.

su:i•no•cul•tor (ô) *sm.* Criador de porcos.

su:i•no•cul•tu•ra *sf.* Criação de porcos.

su•í•te *sf.* **1.** *Mús.* Sucessão de peças instrumentais, de caráter e ritmos diferentes, ligadas ou não entre si por uma tonalidade única. **2.** *Bras.* Quarto que tem anexo um banheiro exclusivo.

su•jar *v.t.d.* **1.** Tornar sujo ou impuro; manchar. *P.* **2.** Praticar atos infamantes. **3.** Emporcalhar-se. [Conjug.: ⒈ [suj]**ar**]

su•jei•ção *sf.* Ato ou efeito de sujeitar(-se). [Pl.: –ções.]

su•jei•ra *sf.* **1.** Imundície, porcaria, sujidade. **2.** Ação incorreta ou indecente.

su•jei•ta *sf. Pej.* Mulher indeterminada ou cujo nome se quer omitir [v. sujeito (5)].

su•jei•tar *v.t.d.* **1.** Tornar sujeito (o que era livre). **2.** Tornar obediente ou dependente. *T.d.i.* **3.** Subordinar, submeter. **4.** Constranger, coagir. *P.* **5.** Render-se à lei, ou à vontade de outrem; submeter-se. **6.** Conformar (4). [Conjug.: ⒈ [sujeit]**ar**; part.: *sujeitado* e *sujeito*.]

su•jei•to *adj.* **1.** Escravizado, cativo. **2.** Obrigado, constrangido. **3.** Que se sujeita à vontade alheia. **4.** Passível. • *sm.* **5.** *Pej.* V. *fulano* (1). **6.** *Gram.* Termo da oração a respeito do qual se anuncia alguma coisa e com o qual o verbo concorda. **7.** *Filos.* O ser individual, real, que se considera como sendo fonte de qualidades ou praticado ações. ♦ **Sujeito composto.** *Gram.* O que tem mais de um núcleo (subst., ou pron.). **Sujeito simples.** *Gram.* O que só tem um núcleo, *i. e.*, aquele em que o verbo se refere a um único elemento.

su•ji•da•de *sf.* **1.** V. *sujeira* (1). **2.** Excremento, fezes.

su•jo *adj.* **1.** Falto de limpeza; imundo. **2.** Manchado. **3.** Indecente; sórdido. • *sm.* **4.** *Bras. Pop.* V. *diabo* (2).

sul *sm.* **1.** Ponto cardeal (q. v.) que se opõe diretamente ao norte (1) e sito à direita do observador voltado para o este. [Abrev.: *S.*] **2.** O pólo sul. **3.** Região ou regiões situadas ao sul (1). **4.** *Geogr.* V. *Grande Região* (Minienciclopédia). **5.** O vento que sopra do sul (1). • *adj2g.*

6. Relativo ao sul (1), ou dele procedente. [Com inicial maiúscula nas acepç. 3 e 4. Pl.: *suis.*]

sul-a•me•ri•ca•no *adj.* **1.** Da América do Sul. • *sm.* **2.** O natural ou habitante desse continente. [Flex.: *sul-americana*, *sul-americanos*, *sul-americanas.*]

sul•car *v.t.d.* **1.** Fazer sulcos em. **2.** Navegar por. **3.** Cavar rugas, pregas ou fendas em. [Conjug.: ⒏ [sul]**car**]

sul•co *sm.* Depressão numa superfície.

sul•fa *sf. Quím.* V. *sulfonamida.*

sul•fa•ni•la•mi•da *sf. Quím.* Poderosa substância antibacteriana, a primeira do grupo das sulfonamidas a ser descoberta.

sul•fa•to *sm. Quím.* Sal do ácido sulfúrico.

sul•fi•to *sm. Quím.* Qualquer sal do ácido sulfuroso.

sul•fo•na•mi•da *sf. Quím.* Cada uma de um grupo de substâncias derivadas da sulfanilamida, e que têm importante ação antibacteriana.

sul•fú•re:o *adj.* **1.** Da natureza do enxofre. **2.** Em cuja composição entra o enxofre; sulfuroso.

sul•fú•ri•co *adj.* **1.** Do enxofre, ou relativo a ele. **2.** *Quím.* Diz-se de um ácido muito reativo [fórm.: H_2SO_4] e amplamente empregado pela indústria.

sul•fu•ri•no *adj.* Que tem a cor do enxofre.

sul•fu•ro•so (ô) *adj.* **1.** Sulfúreo. **2.** *Quím.* Diz-se de um ácido instável [fórm.: H_2SO_3], que se forma pela dissolução do dióxido de enxofre em água. [Pl.: –*rosos* (ó).]

su•lí•de:o *sm. Zool.* Família dos sulídeos, aves pelicaniformes que nidificam em rochedos costeiros e ilhas oceânicas. São os atobás. § **su•lí•de:o** *adj.*

su•li•no *adj.* e *sm. Bras.* Sulista (2 e 3).

su•lis•ta *adj2g.* **1.** Do sul de uma região ou país. **2.** *Bras.* Do Sul brasileiro; sulino. • *s2g.* **3.** *Bras.* O natural ou habitante do Sul do Brasil; sulino.

sul•ta•na *sf.* Cada mulher do sultão, em especial a favorita.

sul•tão *sm.* **1.** Antigo título do imperador da Turquia (Ásia), e hoje dalguns soberanos de países muçulmanos. **2.** *Fig.* Homem de muitas amantes. [Fem.: *sultana.* Pl.: –*tões.*]

su•ma *sf.* Sinopse, resumo. ♦ **Em suma.** Em resumo.

su•ma•gre *sm. Bot.* Arbusto anacardiáceo cuja casca e folhas fornecem tanino.

su•ma•ré *sm. Bras. Bot.* Orquidácea terrestre, de flores amarelas.

su•ma•ren•to *adj.* Que tem sumo[1], ou muito sumo.

su•ma•ri•ar *v.t.d.* Tornar sumário; resumir. [Conjug.: ⒈ [sumari]**ar**]

su•má•ri:o *adj.* **1.** Resumido, breve, sintético. **2.** Realizado sem formalidades. • *sm.* **3.** V. *re-*

sumo (2). **4.** *Edit.* Relação dos títulos das seções, partes ou capítulos de uma obra, na ordem em que se sucedem; índice.

su•ma•ú•ma *sm. Bras. Bot.* Gigantesca árvore bombacácea.

su•mé•ri:o *adj.* **1.** Da, ou pertencente ou relativo à Suméria, antiga região da Mesopotâmia (Ásia). • *sm.* **2.** Natural ou habitante da Suméria.

su•mi•ço *sm.* Desaparecimento, extravio.

su•mi•da•de *sf.* **1.** Qualidade de alto, eminente. **2.** Cimo, cume. **3.** Pessoa que sobressai às outras por seus talentos ou saber.

su•mi•do *adj.* **1.** Que se sumiu. **2.** Fundo, encovado. **3.** Que mal se vê ou se ouve. **4.** Magro (1).

su•mi•dou•ro ou **su•mi•doi•ro** *sm.* **1.** Abertura por onde um rio desaparece no interior da terra, ressurgindo em outros sítios mais baixos. **2.** Lugar onde se somem muitas coisas. **3.** Coisa em que se desperdiça muito dinheiro. **4.** Poço não revestido para o despejo dos líquidos domiciliares, para serem absorvidos pelo solo envolvente.

su•mir *v.t.d.* **1.** Fazer desaparecer. **2.** Esquecer em lugar de que não se tem lembrança; perder. **3.** Esconder, ocultar. **4.** Gastar, consumir. **5.** Apagar, eliminar. *T.i.* **6.** Sumir (1). *Int.* e *p.* **7.** Desaparecer. [Conjug.: 57 [s]u[m]ir]

su•mo¹ *sm.* Suco (1).

su•mo² *adj.* **1.** Que se acha no lugar mais elevado. **2.** Máximo, supremo. **3.** Excelente, excelso. **4.** Extraordinário (5).

sú•mu•la *sf.* Pequena suma.

sun•ga *sf. Bras.* Calção cavado, próprio para banho de mar.

sun•gar *v.t.d. Bras.* **1.** Suspender o cós (de calça ou saia). **2.** Puxar, levantando. **3.** Reter com esforço (o muco do nariz), não se assoando. [Conjug.: 11 [sun]gar]

sun•tu•á•ri:o ou **sump•tu•á•ri:o** *adj.* **1.** Relativo a despesas ou a luxo. **2.** V. *suntuoso* (2).

sun•tu•o•so (ô) ou **sump•tu•o•so** (ô) *adj.* **1.** Com que se fez grande despesa. **2.** Em que há grande luxo; suntuário, pomposo. [Pl.: *–osos* (ó).] § **sump•tu:o•si•da•de** *sf.*; **sun•tu:o•si•da•de** *sf.*

su•or (ô) *sm.* **1.** Humor (1) aquoso, de odor particular, segregado pelas glândulas sudoríparas e eliminado através dos poros da pele; transpiração. **2.** *Fig.* Trabalho árduo; trabalheira.

su•pe•ra•bun•dân•ci:a *sf.* **1.** Grande abundância; profusão. **2.** Qualidade de superabundante.

su•pe•ra•bun•dar *v.int.* **1.** Existir em superabundância. *T.i.* **2.** Ser mais do que necessário; exceder. [Conjug.: 1 [superabund]ar] § **su•pe•ra•bun•dan•te** *adj2g.*

su•pe•ra•li•men•ta•ção *sf.* **1.** Ato ou efeito de superalimentar(-se). **2.** Método terapêutico em que se aumenta a quantidade de alimento ingerida por um indivíduo além das exigências do apetite. [Pl.: *–ções.*]

su•pe•ra•li•men•tar *v.t.d.* e *p.* Alimentar(-se) em excesso. [Conjug.: 1 [superaliment]ar]

su•pe•ra•que•cer *v.t.d.* Submeter (substância, líquido ou vapor) a temperaturas elevadas. [Conjug.: 34 [superaque]cer]

su•pe•ra•que•ci•men•to *sm.* Ato ou efeito de superaquecer.

su•pe•rar *v.t.d.* **1.** Vencer, dominar. **2.** Livrar-se de; afastar. **3.** Ultrapassar, exceder. **4.** Levar vantagem a. *T.d.i.* **5.** Superar (4). [Conjug.: 1 [super]ar] § **su•pe•ra•ção** *sf.*; **su•pe•rá•vel** *adj2g.*

su•pe•rá•vit *sm.* A direrença, a mais, entre receita e despesa. [Opõe-se a *déficit.*]

su•per•cí•li:o *sm.* V. *sobrancelhas.*

su•per•ci•vi•li•za•do *adj.* Civilizado em extremo.

su•per•com•pu•ta•dor (ô) *sm. Inform.* Computador de grande capacidade de processamento, sobretudo para cálculo numérico.

su•per•con•du•ti•vi•da•de *sf. Fís.* Propriedade que apresentam alguns metais e ligas, caracterizada pelo quase total desaparecimento da resistividade elétrica em temperatura absoluta muito baixa.

su•per•con•du•tor (ô) *adj.* e *sm. Fís.* Diz-se de, ou metal, ou liga, etc., que apresenta super condutividade.

su•per•do•ta•do *adj.* e *sm. Bras.* Diz-se de, ou indivíduo dotado de inteligência incomum.

su•pe•res•ti•mar *v.t.d.* **1.** Estimar muito. **2.** Dar apreço ou valor maior que o justo a. [Sin. ger.: *sobreestimar*. Conjug.: 1 [superesti-m]ar]

su•pe•res•tru•tu•ra *sf.* Construção feita sobre o convés principal duma embarcação.

su•per•fa•tu•rar *v.t.d.* Emitir (fatura) com preço acima do efetivamente cobrado. [Conjug.: 1 [superfatur]ar]

su•per•fe•ta•ção *sf.* **1.** *Obst.* Fertilização e desenvolvimento de ovo (1) em um útero quando neste já existe um feto. **2.** *Fig.* Coisa que se acrescenta inutilmente a outra. [Pl.: *–ções.*]

su•per•fi•ci•al *adj2g.* **1.** Referente à superfície. **2.** Pouco profundo. **3.** Sem profundidade. **4.** Sem seriedade; leviano. [Pl.: *–ais.*] § **su•per•fi•ci:a•li•da•de** *sf.*

su•per•fí•ci:e *sf.* **1.** Extensão duma área limitada. **2.** A parte externa dos corpos; face. **3.** *Fig.* Aparência, aspecto. **4.** *Geom.* Configuração geométrica com duas dimensões. ♦ **Superfície coordenada.** *Geom. Anal.* Qualquer das superfícies pertencentes às três famílias que formam um sistema de coordenadas espaciais.

su•per•fi•no *adj.* Muito fino; excelente.

su•pér•flu:o *adj.* e *sm.* Diz-se de, ou o que é demais, ou inútil por excesso. § **su•per•flu:i•da•de** *sf.*

su•per•ho•mem *sm.* 1. Indivíduo julgado acima do padrão humano pelo poder de seu pensamento, de sua força física, etc. 2. Homem de faculdades extraordinárias. [Pl.: *super-homens*.]

su•pe•rin•ten•dên•ci:a *sf.* 1. Ato de superintender. 2. Cargo, funções ou repartição de quem superintende.

su•pe•rin•ten•der *v.t.d.* 1. Dirigir (empresa, comissão, etc.) na qualidade de chefe. 2. V. *supervisar.* [Conjug.: ② [superintend]er] § **su•pe•rin•ten•den•te** *adj2g.* e *s2g.*

su•pe•ri•or (ô) *adj.* 1. Que está mais acima; mais elevado. 2. Que atingiu altíssimo grau. 3. De qualidade excelente. 4. Que emana da autoridade mais alta. 5. Que dirige um convento. 6. Diz-se da instrução ou do ensino de nível universitário, e do curso em que se ministram. • *sm.* 7. Quem dirige um convento. [Fem., nesta acepç.: *superiora* (ô).] • *s2g.* 8. Quem exerce autoridade sobre outrem.

su•pe•ri:o•ri•da•de *sf.* Qualidade de quem é superior.

su•per•la•ti•vo *adj.* 1. Que exprime uma qualidade em grau muito alto, ou no mais alto grau. • *sm.* 2. *Gram.* V. *grau superlativo.*

su•per•lo•tar *v.t.d. Bras.* Exceder a lotação de. [Conjug.: ① [superlot]ar]

su•per•mer•ca•do *sm.* Grande loja de auto-serviço, onde se vendem gêneros alimentícios, bebidas, artigos de limpeza doméstica, etc.

su•per•po•pu•la•ção *sf.* Excesso de população. [Pl.: *-ções.*]

su•per•por *v.t.d.i.* e *p.* Sobrepor. [Conjug.: ⑥⓪ [super]por] § **su•per•po•si•ção** *sf.*

su•per•pos•to (ô) *adj.* Sobreposto.

su•per•pro•du•ção *sf.* 1. Produção de mercadoria(s) em quantidade maior que a demanda do mercado consumidor, aos preços vigentes. 2. Produção esmerada e dispendiosa de espetáculo, filme, programa de televisão, etc. [Pl.: *-ções.*]

su•per•sen•sí•vel *adj2g.* Superior à ação dos sentidos. [Pl.: *-veis.*]

su•per•som *sm. Fís.* Vibração acústica acima de 20.000Hz. [Pl.: *-sons.*]

su•per•sô•ni•co *adj.* 1. *Fís.* Diz-se de velocidade maior que a do som, ou daquilo que tem essa velocidade. • *sm.* 2. Avião supersônico.

su•pers•ti•ção *sf.* 1. Sentimento religioso baseado no temor ou na ignorância, e que induz a admitir falsos deveres, recear coisas fantásticas, etc. 2. Crença em presságios tirados de fatos apenas fortuitos. 3. Apego exagerado e/ou infundado a algo. [Pl.: *-ções.*]

su•pers•ti•ci•o•so (ô) *adj.* Que tem, ou em que há, ou que é fruto de superstição. [Pl.: *-osos* (ó).]

su•pérs•ti•te *adj2g.* e *s2g.* Sobrevivente.

su•per•ve•ni•ên•ci:a *sf.* Ato ou efeito de sobrevir.

su•per•ve•ni•en•te *adj2g.* 1. Que sobrevém. 2. Que aparece ou vem depois.

su•per•vi•são *sf.* 1. Ação ou efeito de supervisar ou supervisionar. 2. Função de supervisor. [Pl.: *-sões.*]

su•per•vi•sar *v.t.d.* Dirigir ou orientar em plano superior; superintender, supervisionar. [Conjug.: ① [supervis]ar] § **su•per•vi•sor** (ô) *sm.*

su•per•vi•si•o•nar *v.t.d. Bras.* V. *supervisar.* [Conjug.: ① [supervision]ar]

su•pe•tão *el. sm.* Us. na loc. adv. *de supetão.* ◆ **De supetão.** V. *de súbito.*

su•pim•pa *adj2g. Bras. Fam.* Ótimo; superior.

su•pi•no *adj.* 1. Alto, elevado. 2. Deitado de costas; ressupino. 3. Excessivo, demasiado.

su•plan•tar *v.t.d.* 1. Pôr sob os pés; calcar, pisar. 2. Levar vantagem a. 3. Ser superior a. [Conjug.: ① [suplant]ar]

su•ple•men•tar *adj2g.* Relativo a, ou que serve de suplemento.

su•ple•men•to *sm.* 1. Parte que se adiciona a um todo para ampliá-lo, esclarecê-lo e/ou aperfeiçoá-lo. 2. Páginas com matéria especial que se juntam à matéria ordinária, em certos números de um jornal.

su•plên•ci:a *sf.* 1. Ato de suprir. 2. Cargo de suplente. 3. O tempo de exercício desse cargo.

su•plen•te *adj2g.* Que supre. • *s2g.* 2. Pessoa que pode ser chamada a exercer certas funções, na falta daquela a quem tais funções cabem efetivamente.

su•ple•ti•vo *adj.* Próprio para suprir.

sú•pli•ca *sf.* Ato ou efeito de suplicar.

su•pli•can•te *adj2g.* e *s2g.* Suplicante; súplice.

su•pli•car *v.t.d., t.d.i.* e *int.* Pedir com instância e humildade; rogar. [Conjug.: ⑧ [supli]car]

sú•pli•ce *adj2g.* 1. Suplicante. 2. Que se prostra, pedindo.

su•pli•ci•a•do *adj.* e *sm.* Que ou aquele que sofreu suplício.

su•pli•ci•ar *v.t.d.* Infligir suplício a. [Conjug.: ① [suplici]ar]

su•plí•ci:o *sm.* 1. Dura punição corporal, imposta, ou não, por sentença. 2. Pena de morte. 3. *Fig.* Pessoa ou coisa que aflige muito; tortura.

su•por *v.t.d.* 1. Estabelecer ou alegar por hipótese. 2. Conjeturar, presumir. *Transobj.* 3. Supor (2). [Conjug.: ⑥⓪ [su]por]

su•por•tar *v.t.d.* 1. Ter sobre si; sustentar. 2. Sustentar (1). 3. Resistir a; agüentar, aturar, tolerar. **4.** Sofrer com resignação, paciência. [Conjug.: 1[suport]**ar**] § **su•por•tá•vel** *adj2g.*

su•por•te *sm.* **1.** O que suporta algo. **2.** Aquilo em que algo se firma ou se assenta.

su•po•si•ção *sf.* **1.** Ato ou efeito de supor. **2.** Hipótese; conjetura. [Pl.: *-ções.*]

su•po•si•tó•ri:o *sm. Med.* Forma farmacêutica sólida, cônica ou cilíndrica, que se introduz pelo ânus, seja para facilitar evacuação, seja para veicular medicamento.

su•pos•to (ô) *adj.* **1.** Hipotético. **2.** Atribuído falsamente a alguém.

su•pra•ci•ta•do *adj.* Citado ou mencionado acima ou antes; sobredito.

su•pra•li•to•ral *s2g. Ocean.* Região costeira banhada pelo mar, situada acima da linha de maré mais alta. [Sin.: supramaré. Pl.: *-rais.*] § **su•pra•li•to•ral** *adj2g.*

su•pra•ma•ré *sf. Ocean.* Supralitoral.

su•pra•re•nal *adj2g.* e *sf. Anat.* Diz-se de, ou cada glândula endócrina situada na parte superior da face interna de rim. [Pl.: *supra-renais.*]

su•pra-su•mo *sm.* O mais alto grau; o auge. [Pl.: *supra-sumos.*]

su•pre•ma•ci•a *sf.* **1.** Superioridade, hegemonia, predomínio. **2.** Poder supremo.

su•pre•mo *adj.* Que está acima de tudo.

su•pres•são *sf.* Ato ou efeito de suprimir. [Pl.: *-sões.*]

su•pres•si•vo *adj.* Capaz de suprimir.

supresso *adj.* Que se suprimiu.

su•pri•mir *v.t.d.* **1.** Impedir que apareça, que seja publicado, vulgarizado. **2.** Eliminar, cortar. **3.** Fazer que se extinga. **4.** Cassar, anular. [Conjug.: 3[suprim]**ir**; part.: *suprimido* e *supresso*.]

su•prir *v.t.d.* **1.** Completar, preencher. **2.** Fazer as vezes de; substituir. *T.d.i.* **3.** Prover, abastecer. *T.i.* **4.** Servir de auxílio. [Conjug.: 3[supr]ir] § **su•pri•dor** (ô) *adj.*; **su•pri•men•to** *sm.*

su•pu•rar *v.int.* **1.** Formar pus. **2.** Eliminar pus. [Conjug.: 1[supur]**ar**] § **su•pu•ra•ção** *sf.*

su•pu•ra•ti•vo *adj.* e *sm. Med.* Diz-se de, ou agente que faz supurar.

sur•dez (ê) *sf. Med.* Enfraquecimento ou abolição do sentido da audição.

sur•di•na *sf.* Peça móvel que se aplica a diversos instrumentos musicais para lhes abafar a sonoridade e alterar o timbre. ♦ **Em surdina.** V. *às ocultas.*

sur•do *adj.* **1.** Que não ouve, ou ouve mal. **2.** Pouco sonoro; pouco audível; abafado. **3.** Feito em silêncio ou sem ruído. **4.** Feito ou tramado em surdina. • *sm.* **5.** Indivíduo surdo. **6.** *Bras. RJ* Tambor surdo.

sur•do-mu•do *adj.* e *sm.* Diz-se de, ou quem não ouve nem fala. [Flex.: *surda-muda, surdos-mudos, surdas-mudas.*]

sur•far *v.int.* **1.** Praticar surfe. **2.** Percorrer interativamente os serviços multimídia de uma rede de computadores; navegar **(4)** na *Web.* [Conjug.: 1 [surf]**ar**]

sur•fe *sm. Bras.* Esporte em que a pessoa, de pé numa prancha, desliza na crista da onda.

sur•gir *v.int.* **1.** Vir do fundo para a superfície; emergir. **2.** Elevar-se, erguer-se. **3.** Despontar, nascer. **4.** Aparecer de repente. **5.** Vir, chegar. *T.i.* **6.** Ocorrer, acudir. *T.c.* **7.** Sair, provir. [Conjug.: 45 [sur]**gir**]

sur•pre•en•der *v.t.d.* **1.** Apanhar de improviso. **2.** Aparecer de repente diante de. **3.** Causar surpresa a; espantar. **4.** Maravilhar. *Int.* **5.** Causar surpresa. *P.* **6.** Espantar-se. [Conjug.: 2 [surpreend]**er**; part.: *surpreendido* e *surpreso*.] § **sur•pre•en•den•te** *adj2g.*

sur•pre•sa (ê) *sf.* **1.** Ato ou efeito de surpreender(-se). **2.** Aquilo que surpreende. **3.** Acontecimento imprevisto. **4.** Prazer inesperado.

sur•pre•so (ê) *adj.* Perplexo; admirado.

sur•ra *sf.* **1.** Ato ou efeito de surrar, de espancar; sova, coça, malha. **2.** *Bras. Fam.* Derrota expressiva infligida ao adversário.

sur•rão *sm.* **1.** Bolsa ou saco de couro usado sobretudo para farnel de pastores. **2.** Roupa suja e gasta. [Pl.: *-rões.*]

sur•rar *v.t.d.* **1.** Curtir ou pisar (peles). **2.** Maltratar com pancadas; bater em; sovar, espancar. *P.* **3.** Gastar-se (peça de vestuário) pelo uso. [Conjug.: 1 [surr]**ar**] § **sur•ra•do** *adj.*

sur•ri•a•da *sf.* **1.** Descarga de artilharia ou de tropa armada de espingardas. **2.** V. *zombaria.*

sur•ri•pi•ar ou **sur•ru•pi•ar** *(bras.) v.t.d. Pop.* Subtrair às escondidas; furtar. [Conjug.: 1 [surripi]**ar**]

sur•tir *v.t.d.* Ter como conseqüência; produzir (efeito). [Conjug.: 3[surt]**ir**. Defect., conjugável só nas 3as pess.]

sur•to *adj.* **1.** Ancorado. • *sm.* **2.** Vôo alto. **3.** Arranco, impulso. **4.** Aparecimento repentino; irrupção.

su•ru ou **su•ra** *adj2g. Bras.* Que só tem o coto da cauda, ou sem ela; rabicó.

su•ru•bi ou **su•ru•bim** *sm. Bras. Zool.* Grande peixe pimelodídeo de carne saborosa. [Pl. de surubim: *surubins.*]

su•ru•cu•cu *sf. Bras. Zool.* **1.** Jararacuçu. **2.** Surucutinga.

su•ru•cu•tin•ga *sf. Bras. Zool.* Crotalídeo que é a maior cobra venenosa do País; surucucu.

su•ru•ru *sm. Bras.* **1.** *Zool.* Molusco bivalve desprovido de sifão, alimentício. **2.** *Pop.* V. *rolo* (9).

sus *interj.* Eia! Coragem! Ânimo!

sus•cep•ti•bi•li•da•de ou **sus•ce•ti•bi•li•da•de** *sf.* **1.** Qualidade de suscetível. **2.** Tendência para contrair enfermidades.

sus•cep•ti•bi•li•zar ou **sus•ce•ti•bi•li•zar** *v.t.d.* e *p.* Ofender(-se) de leve; melindrar(-se). [Conjug.: ① [susceptibiliz]**ar**]

sus•cep•tí•vel ou **sus•ce•tí•vel** *adj2g.* 1. Passível de receber impressões, modificações ou qualidades. 2. Que se ofende ou melindra facilmente; sensível. [Pl.: *–veis.*]

sus•ci•tar *v.t.d.* e *t.d.i.* 1. Fazer nascer. 2. Causar, provocar. 3. Lembrar, sugerir. [Conjug.: ① [suscit]**ar**]

su•se•ra•no *adj.* 1. Que possui um feudo (1). • *sm.* 2. Senhor feudal.

⇨ **sushi** (suchí) [Jap.] *sm.* Comida típica japonesa: arroz cozido envolto em algas, peixe cru, etc.

sus•pei•ção *sf.* Ato de lançar suspeita. [Pl.: *–ções.*]

sus•pei•ta *sf.* Opinião, em geral desfavorável, sobre alguém ou algo; desconfiança.

sus•pei•tar *v.t.d.* 1. Ter suspeita de, ou levantar suspeita(s) contra. 2. Pressentir; prever. *T.i.* 3. Ter suspeitas; desconfiar. [Conjug.: ① [suspeit]**ar**]

sus•pei•to *adj.* 1. Que infunde suspeita; suspicaz. 2. Que inspira cuidado ou desconfiança. 3. De cuja existência ou verdade não se tem certeza.

sus•pei•to•so (ô) *adj.* Que tem suspeita ou receio. [Pl.: *–tosos* (ó).]

sus•pen•der *v.t.d.* 1. Fixar, suster, pendurar no ar. 2. Trazer ou conservar pendente. 3. Interromper por algum tempo. 4. Privar provisoriamente dum cargo, etc. 5. Impedir por algum tempo a publicação de. 6. Fazer cessar. 7. Interromper a ação de. 8. Adiar, retardar. 9. Sustar a realização de um pedido, de uma encomenda, etc. *T.d.i.* 10. Privar (1). *P.* 11. Ficar suspenso. [Conjug.: ② [suspend]**er**; part.: *suspendido* e *suspenso*.]

sus•pen•são *sf.* 1. Ato ou efeito de suspender(-se). 2. Mistura constituída por um líquido e pequenas partículas. 3. *Tec.* Conjunto de peças entre as rodas e a carroceria de veículo automotor. [Pl.: *–sões.*]

sus•pen•si•vo *adj.* Capaz de suspender.

sus•pen•so *adj.* Que se suspendeu.

sus•pen•só•ri:os *sm.pl.* Tiras, não raro elásticas, que, passando por cima dos ombros, seguram as calças pelo cós.

sus•pi•caz *adj2g.* 1. Suspeito (1). 2. Que tem suspeitas. § **sus•pi•cá•ci:a** *sf.*

sus•pi•rar *v.t.d.* 1. Expressar por meio de suspiros. 2. Ter saudades de. *T.i.* 3. Desejar com veemência. *Int.* 4. Dar suspiros. [Conjug.: ① [suspir]**ar**]

sus•pi•ro *sm.* 1. Respiração entrecortada e mais ou menos longa, produzida por desgosto ou por incômodo físico. 2. Desejo ardente. 3. Som doce e melancólico. 4. Lamento, gemido.

5. Orifíciozinho que permite extrair um líquido em pequena quantidade. 6. Acessório que se instala em canalização, recipiente, etc., para o escapamento de ar em excesso, ou de gases. 7. Pasta de clara de ovo batida com açúcar. 8. Doce feito com esta pasta levada ao forno.

sus•pi•ro•so (ô) *adj.* Que suspira; lastimoso. [Pl.: *–rosos* (ó).]

sus•sur•rar *v.int.* 1. Causar sussurro ou murmúrio. *T.d.* e *t.d.i.* 2. Dizer em voz baixa. [Conjug.: ① [sussurr]**ar**] § **sus•sur•ran•te** *adj2g.*

sus•sur•ro *sm.* 1. Som confuso; murmúrio. 2. Ato de falar em voz baixa, de sussurrar.

sus•tân•ci:a *sf.* 1. Substância (4). 2. *Pop.* Vigor, robustez.

sus•tar *v.t.d.* 1. Fazer parar. *Int.* e *p.* 2. Parar, interromper-se. [Conjug.: ① [sust]**ar**]

sus•te•ni•do *sm. Mús.* Acidente (4) que eleva de meio-tom o tom da nota que está à sua direita.

sus•ten•tá•cu•lo *sm.* Aquilo que sustenta ou sustém.

sus•ten•tar *v.t.d.* 1. Segurar para que não caia; suster, suportar. 2. Afirmar categoricamente. 3. Confirmar (1). 4. Resistir a; sustar. 5. Conservar, manter. 6. Alimentar física ou moralmente. 7. Prover de víveres ou munições. 8. Impedir a ruína ou queda de. 9. Animar, alentar. 10. Sofrer com resignação; agüentar. 11. Defender com argumentos ou razões. 12. Pelejar a favor de. *P.* 13. Conservar a mesma posição; suster-se. 14. Alimentar-se. [Conjug.: ① [sustent]**ar**] § **sus•ten•ta•ção** *sf.*; **sus•ten•tá•vel** *adj2g.*

sus•ten•to *sm.* Alimento, alimentação.

sus•ter *v.t.d.* 1. V. *sustentar* (1). 2. Reprimir, sofrear. 3. Fazer parar; deter. 4. Restringir, moderar. 5. Fazer que não se perca ou acabe; manter. 6. Alimentar, sustentar. *P.* 7. Sustentar (13). 8. Conter-se, comedir-se. [Conjug.: ⑤ [sus]**ter**]

sus•to *sm.* 1. Medo repentino; sobressalto. 2. Temor provocado por notícias ou fatos imprevistos.

su-su•des•te *sm.* Su-sueste. [Pl.: *su-sudestes.*]

su-su•do•es•te *sm.* 1. Ponto do horizonte a meia distância angular do S. e do S.O. [Abrev.: *S.S.O.* ou *S.S.W.*] 2. O vento que sopra dessa direção. 3. Região ou regiões situadas a su-sudoeste (1). [Com inicial maiúscula, nesta acepç.] • *adj2g.* 4. Relativo ao susudoeste (1), ou dele procedente. [Pl.: *su-sudoestes.*]

su-su•es•te *sm.* 1. Ponto do horizonte a meia distância angular do S. e do S.E.; su-sudeste. [Abrev.: *S.S.E.*] 2. O vento que sopra dessa direção. 3. Região ou regiões situadas a su-sueste (1). [Com inicial maiúscula, nesta acepç.] • *adj2g.* 4. Relativo ao su-sueste (1), ou dele procedente. [Pl.: *su-suestes.*]

su•ta•che *sf.* Trancinha de seda, lã ou algodão, para enfeite de peças de vestuário, para bordados, etc.

su•ti•ã *sm.* Roupa íntima feminina para sustentar ou modelar os seios.

su•til ou **sub•til** *adj2g.* **1.** Tênue, delgado. **2.** Agudo, fino. **3.** Muito miúdo. **4.** Feito com delicadeza. **5.** Perspicaz; sagaz. [Superl.: *su(b)tilíssimo* ou *su(b)tílimo*. Pl.: *–tis*.]

sú•til *adj2g.* Feito de pedaços cosidos entre si; cosido; costurado. [Pl.: *–teis*.]

su•ti•le•za ou **sub•ti•le•za** (ê) *sf.* **1.** Qualidade de sutil. **2.** Dito ou argumento com que se procura embaraçar outrem, ou que o embaraça.

su•ti•li•zar ou **sub•ti•li•zar** *v.t.d.* e *p.* Tornar(-se) sutil. [Conjug.: ① [sutiliz]**ar**] § **su(b)•ti•li•za•ção** *sf.*; **su(b)•ti•li•za•dor** (ô) *adj.* e *sm.*

su•tu•ra *sf.* **1.** *Cir.* Operação de coser os lábios duma ferida para, em geral, juntá-los; síntese. **2.** *Anat.* União ou articulação de dois ossos que encaixam um no outro por meio de recorte dentado.

su•tu•rar *v.t.d.* Fazer a sutura (1) de. [Conjug.: ① [sutur]**ar**]

su•ve•nir *sm.* Objeto característico de um lugar, e que é vendido como lembrança a turistas.

☐ **S.W.** Abrev. de sudoeste.

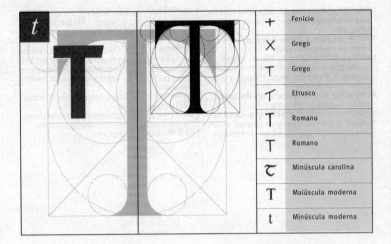

+	Fenício
×	Grego
Τ	Grego
Υ	Etrusco
Τ	Romano
Τ	Romano
⟂	Minúscula carolina
T	Maiúscula moderna
t	Minúscula moderna

t (tê) *sm.* **1.** A 19ª letra do nosso alfabeto. **2.** Figura ou representação dessa letra. **3.** A forma da letra T, com dois segmentos retos perpendiculares, ou aquilo que tem essa forma. • *num.* **4.** Décimo nono, numa série. **5.** Vigésimo (1), numa série em que a letra *k* corresponde ao 11º elemento. [Pl. (nas acepç. 1 a 3) indicado pela duplicação da letra: *tt*.]

❏ **t 1.** Símb. de *tempo*. [Ger. us. em equações e fórmulas científicas.] **2.** Símb. de *tonelada*.

ta Contr. dos pron. *te* e *a*.

❏ **Ta** *Quím.* Símb. do *tântalo*.

tá¹ *interj.* Basta! Não mais!

tá² *Bras. Pop.* Forma aferética da 3ª pess. sing. do pres. ind. do v. *estar*, empregada com os sentidos de: **1.** Está combinado; concordo. **2.** Estou ouvindo, ou entendendo. [A ortografia oficial recomenda o uso do apóstrofo para *tá* como pronúncia pop. de *está*, como, p. ex., em: "—*'Tá chovendo!*", "— *A coisa 'tá preta!*".]

'tá *Bras. Pop.* V. **tá**².

ta•ba *sf. Bras. Etnogr.* Aldeia de ameríndios.

ta•ba•ca•ri•a *sf.* Loja onde se vendem cigarros, charutos, objetos de fumantes; charutaria.

ta•ba•co *sm.* **1.** *Bot.* Grande erva solanácea de folhas amplas que, dessecadas, constituem o fumo ou tabaco; fumo. **2.** Tabaco (1) para fumar; fumo. **3.** *Bras.* Rapé.

ta•ba•gis•mo *sm.* **1.** Uso de tabaco. **2.** Intoxicação causada por esse uso.

ta•ba•quei•ra *sf.* Bolsa para tabaco ou rapé.

ta•ba•réu *sm.* e *adj. Bras.* V. *caipira*. [Fem.: *tabaroa* (ô).]

ta•ba•tin•ga *sf. Bras.* Argila mole, untuosa.

ta•be *sf. Med.* Afecção de origem sifilítica e que compromete a medula espinhal.

ta•be•fe *sm.* **1.** Espécie de gemada. **2.** *Pop.* Tapa² (1).

ta•be•la *sf.* **1.** Pequena tábua ou quadro onde se registram nomes de pessoas ou coisas. **2.** Escala de serviço. **3.** Relação oficial dos preços máximos de mercadoria. **4.** Lista, rol. **5.** Bordo de mesa de bilhar. **6.** *Basq.* Suporte retangular da cesta. **7.** *Esport.* Jogada em que jogadores trocam passes entre si.

ta•be•la•men•to *sm.* **1.** Ato ou efeito de tabelar. **2.** Controle oficial dos preços por meio de tabelas.

ta•be•lar *v.t.d.* **1.** Fazer tabela de. **2.** Sujeitar a tabela (3) os preços de. *T.i.* **3.** Fazer tabela (7). [Conjug.: ① [tabel]**ar**]

ta•be•li•ão *sm.* Notário que reconhece assinatura e faz ou registra documentos. [Fem.: *tabeliã* e *tabelioa* (ô). Pl.: *tabeliães*. Como adj. só se usa no fem.: *tabelioa* (q. v.).]

ta•be•li•o•a (ô) *adj.* (*f.*) **1.** Diz-se das fórmulas usadas nos instrumentos lavrados por tabeliães. • *sf.* **2.** Mulher que exerce o tabelionato.

ta•be•li:o•na•to *sm.* Ofício ou cartório de tabelião.

ta•ber•na ou **ta•ver•na** *sf.* Casa onde se vende vinho e outras bebidas alcoólicas a varejo. [Sin.: *tasca, bodega*, e (pop.) *baiúca*.]

ta•ber•ná•cu•lo *sm.* **1.** Nos primórdios nômades do povo judeu, templo em forma de tenda, transportável. **2.** *Rel.* Sacrário.

ta•ber•nei•ro ou ta•ver•nei•ro *sm.* Proprietário de taberna.

ta•bi•que *sm.* Parede fina, geralmente de tábuas, para dividir compartimentos de casa.

ta•bla•do *sm.* 1. Palco de teatro. 2. Estrado (1).

ta•ble•te *sm. Bras.* Produto alimentar ou medicamento solidificado, geralmente retangular e achatado.

ta•blói•de *adj.* 1. Que tem forma de pastilha.• *sm.* 2. Publicação em formato de meio jornal.

ta•bo•ca *sf. Bras. Bot.* V. *bambu.*

ta•bu *sm.* 1. Entre certos povos, imposição ritual e religiosa de que se evitem certos indivíduos, objetos, atos, etc. considerados sagrados, ou esp. impuros ou perigosos. 2. Restrição costumeira ou tradicional a certos comportamentos que, se praticados, recebem forte reprovação moral e social. 3. Escrúpulo injustificado ou infundado. 4. Aquilo que está sujeito a esses tipos de imposições, restrições ou escrúpulos.

ta•bu•a *sf. Bras. Bot.* Erva tifácea de folhas úteis.

tá•bu:a *sf.* Peça plana de madeira.

ta•bu•a•da *sf. Arit.* Tabela usada no aprendizado das quatro operações elementares.

ta•bu•a•do *sm.* Conjunto de peças de madeira, unidas entre si que constituem forro de soalho, etc.

tá•bu•la *sf.* Pequena peça redonda usada em vários jogos.

ta•bu•la•dor (ô) *sm.* Dispositivo (como o de máquina de escrever) que marca o início de parágrafo, tabela, etc.

ta•bu•lar *adj2g.* 1. Relativo a tábuas, quadros, etc. 2. Que tem forma de tábua ou tabela. [Conjug.: ① [tabul]**ar**]

ta•bu•lei•ro *sm.* 1. Peça de madeira ou doutro material, com rebordos. 2. Quadro subdividido em 64 quadrados alternadamente pretos e brancos, onde se joga o xadrez, as damas, etc. 3. *Bras.* Planalto pouco elevado, arenoso e de vegetação rasteira.

ta•bu•le•ta (ê) *sf.* Tábua de madeira, metal, etc., com letreiro.

ta•ça *sf.* Vaso para beber, ger. largo, pouco fundo e com pé.

ta•ca•da *sf.* 1. Pancada com taco (1 e 2). 2. Lucro de soma vultosa. 3. Golpe súbito.

ta•ca•nho *adj.* 1. De pequena estatura. 2. V. *avaro.* 3. Sem largueza de vistas; estreito.• *sm.* 4. V. *avaro.* § **ta•ca•nhi•ce** *sf.*

ta•cão *sm.* O salto do calçado. [Pl.: *–cões.*]

ta•ca•pe *sm. Etnogr.* Arma ofensiva, espécie de clava usada pelos ameríndios.

ta•car *Bras. v.t.d.* 1. Dar tacada em (bola de bilhar, golfe, etc.). 2. *Fig.* Surrar (2). *T.d.i.* 3. *Pop.* Arremessar, atirar. [Conjug.: ⑧ [ta]**car**]

ta•cha[1] *sf.* Preguinho de cabeça larga e chata.

ta•cha[2] *sf.* 1. Mancha, nódoa. 2. *P. ext.* Defeito moral.

ta•cha•da *sf.* Conteúdo de um tacho.

ta•char *v.transobj.* Pôr tacha[2] (2) ou defeito em; acusar: *Tachou-o de ignorante.* [Conjug.: ① [tach]**ar**. Cf. *taxar.*]

ta•che•ar *v.t.d. Bras.* 1. Pregar tachas [v. *tacha[1]*] em. 2. Adornar com tachas. [Conjug.: ⑩ [tach]**ear**]

ta•cho *sm.* 1. Vaso de metal ou de barro, largo e pouco fundo, em geral com asas. 2. *Bras. Pop.* Piano ruim.

tá•ci•to *adj.* 1. Silencioso, calado. 2. Implícito.

ta•ci•tur•no *adj.* 1. Que fala pouco. 2. Triste.

ta•co *sm.* 1. Pau roliço e longo com que se impelem as bolas, no jogo de bilhar. 2. Pau com que se toca a bola, nos esportes do golfe, pólo, etc. 3. Pedaço de madeira para revestir pisos.

ta•fe•tá *sm.* Tecido lustroso, de seda.

ta•ga•re•la *adj2g.* e *s2g.* Que fala demais.

ta•ga•re•lar *v.int.* Falar muito; matraquear, papear, palrar, parolar, chalrar, taramelar. [Conjug.: ① [tagarel]**ar**]

ta•ga•re•li•ce *sf.* 1. Costume de tagarelar. 2. Dito indiscreto.

tai•a•çu•í•de:o *sm. Zool.* Espécime dos taiaçuídeos, família de artiodáctilos sem cauda. Ex.: caititus. § **tai•a•çu•íde:o** *adj.*

tai•fa *sf.* A criadagem de bordo.

ta:i•fei•ro *sm.* Criado de bordo.

ta•i•nha (a-í) *sf. Zool.* Nome comum a vários peixes mugilídeos de carne apreciada.

tai•o•ba *sf. Bras. Bot.* Erva arácea, alimentícia.

tai•pa *sf.* Parede feita de barro ou de cal e areia com estacas e ripas.

tai•ui•á *sm. Bras. Bot.* Trepadeira cucurbitácea cujos frutos são purgativos.

tal *pron.* 1. Semelhante, análogo. 2. Este, aquele. 3. Isso, aquilo. • *s2g.* 4. *Bras. Gír.* Pessoa que tem ou julga ter valor excepcional.

ta•la *sf.* 1. Pedaço de madeira usado como reforço de certos objetos. 2. Pedaço de madeira, papelão, etc., impregnado de goma e gesso, empregado em aparelhos destinados ao tratamento de fratura. 3. *Bras.* Chicote feito com uma só tira de couro.

ta•la•bar•te *sm.* V. *boldrié.*

ta•la•gar•ça *sf.* Tecido de fios ralos, onde se borda.

tá•la•mo *sm.* Leito conjugal.

ta•lan•te *sm.* Vontade, arbítrio.

ta•lão *sm.* 1. A parte posterior do pé do homem e de certos animais. 2. A parte traseira do calçado. 3. Parte não destacável de blocos como os de cheques, etc.; canhoto. 4. *P. ext.* Bloco de folhas com uma parte destacável; talonário. [Pl.: *–lões.*]

ta•lar[1] *adj2g.* Que desce até o calcanhar.

ta•lar[2] *v.t.d.* 1. Abrir valas em. 2. *Fig.* Destruir, devastar. [Conjug.: ① [tal]**ar**]

ta•lás•si•co *adj.* Relativo ao mar.

ta•las•so•fo•bi•a *sf. Psiq.* Medo doentio do mar. § **ta•las•so•fó•bi•co** *adj.*

ta•las•so•te•ra•pi•a *sf. Med.* Tratamento (4) por banhos de mar, climas marítimos, etc. § **ta•las•so•te•rá•pi•co** *adj.*

tal•co *sm.* 1. *Min.* Mineral derivado do magnésio e que se apresenta em agregados de lâminas. 2. Produto feito do talco (1) pulverizado, que se usa sobre a pele com fins medicinais ou higiênicos.

ta•len•to *sm.* 1. Peso e moeda da antiguidade grega e romana. 2. Dom natural ou adquirido. 3. Inteligência excepcional. § **ta•len•to•so** (ó) *adj.*

ta•lha¹ *sf.* 1. Ato ou efeito de talhar; talho. 2. *Grav.* Talho (5). 3. Certo número de achas ou feixes de lenha. 4. Abertura cirúrgica da bexiga (1). 5. *Bras.* Obra de talho (5).

ta•lha² *sf.* Vaso de barro, de grande bojo.

ta•lha•da *sf.* V. *fatia.*

ta•lha•dão *sm. Bras.* Talhado (3). [Pl.: *–dões.*]

ta•lha•dei•ra *sf.* Instrumento de aço, para talhar.

ta•lha•do *adj.* 1. Que se talhou. 2. Apropriado, adequado. • *sm.* 3. *Bras.* Trecho de rio apertado entre ribanceiras; talhadão.

ta•lha-mar *sm.* A aresta externa da proa da embarcação. [Pl.: *talha-mares.*]

ta•lhar *v.t.d.* 1. Golpear; cortar. 2. Gravar, esculpir. 3. Cortar (o pano) para fazer roupas. 4. Realizar talha¹ (4) em. *T.d.i.* 5. Ajustar, moldar. *Int.* 6. Coagular(-se) (o leite) ao ferver. *P.* 7. Abrir-se, rachar-se. [Conjug.: ① [talh]**ar**]

ta•lha•rim *sm.* Massa alimentícia em forma de tiras. [Pl.: *–rins.*]

ta•lhe *sm.* Feitio ou feição do corpo ou de qualquer objeto; talho.

ta•lher *sm.* 1. O conjunto de garfo, faca e colher. 2. O lugar de cada pessoa à mesa.

ta•lho *sm.* 1. Talha¹ (1). 2. Poda. 3. Corte de carne, no açougue. 4. Talhe. 5. *Grav.* Corte ou sulco feito na madeira ou no metal; talha.

ta•lim *sm.* V. *boldrié.* [Pl.: *–lins.*]

tá•lio *sm. Quím.* Elemento de número atômico 81, metálico [símb.: *Tl*].

ta•lis•mã *sm.* Objeto ao qual se atribuem poderes extraordinários de magia ativa.

tal•mu•de *sm.* Doutrina e jurisprudência da lei mosaica.

ta•lo *sm. Bot.* Corpo vegetativo das plantas inferiores (algas, fungos, etc.), destituído de caule, raiz ou folhas legítimas.

ta•ló•fi•to *adj.* e *sm. Bot.* Diz-se de, ou vegetal provido de talo.

ta•lo•ná•ri•o *sm.* Talão (4).

ta•lo•so *adj. Bot.* Que tem talo. [Pl.: *–losos* (ó).]

tal•pí•de:o *sm. Zool.* Espécime dos talpídeos, família de mamíferos insetívoros, escavado-

res, de olhos atrofiados. São as toupeiras. § **tal•pí•de:o** *adj.*

ta•lu•de *sm.* 1. Terreno inclinado; escarpa. 2. Superfície inclinada de escavação, de aterro.

ta•lu•do *adj.* Corpulento, desenvolvido.

tal•ve•gue *sm.* Linha sinuosa, no fundo de um vale, pela qual correm as águas.

tal•vez (ê) *adv.* Indica possibilidade ou dúvida; acaso.

ta•man•co *sm.* Calçado grosseiro, com base de madeira.

ta•man•du•á *sm. Bras. Zool.* Mamífero mirmecofágídeo, arborícola; tamanduá-mirim.

ta•man•du•á-ban•dei•ra *sm. Bras. Zool.* Mamífero mirmecofágídeo terrestre, maior que o tamanduá; tem cauda longa e peluda. [Pl.: *tamanduás-bandeiras* e *tamanduás-bandeira.*]

ta•man•du•á-mi•rim *sm. Bras. Zool.* V. *tamanduá.* [Pl.: *tamanduás-mirins.*]

ta•ma•nho *adj.* 1. Tão grande, ou tão notável, etc. • *sm.* 2. Grandeza, corpo, dimensão, volume.

tâ•ma•ra *sf.* O fruto da tamareira.

ta•ma•rei•ra *sf. Bot.* Palmácea dos oásis africanos.

ta•ma•rin•dei•ro *sm. Bot.* Tamarindo.

ta•ma•rin•do *sm. Bot.* Árvore das leguminosas, de frutos comestíveis, do mesmo nome; tamarindeiro.

tam•ba•qui *sm. Bras. Zool.* Peixe caracídeo, saboroso.

tam•bém *adv.* 1. Da mesma forma; igualmente. 2. Além disso; ainda. 3. Por outro lado.

tam•bor (ô) *sm.* 1. Qualquer dos instrumentos de percussão, com uma ou duas membranas esticadas, que, percutidas, produzem sons indeterminados. 2. O que toca tambor. 3. Peça de revólver, cilíndrica, onde se acomodam as balas. 4. Nome comum a vários objetos cilíndricos.

tam•bo•re•te (ê) *sm.* Pequeno assento sem espaldar nem braços.

tam•bo•ri•lar *v.int.* 1. Tocar com os dedos ou com um objeto numa superfície, imitando o rufo do tambor. 2. Produzir som análogo ao do tambor. [Conjug.: ① [tamboril]**ar**]

tam•bo•rim *sm.* Tambor pequeno. [Pl.: *–rins.*]

tam•bu•ru•ta•ca *sf. Bras. Zool.* Crustáceo estomatópode de até 34cm; mãe-do-camarão.

ta•moi•o *s2g. Bras. Etnôn.* Indivíduo dos tamoios, povo indígena extinto, do tronco lingüístico tupi, que habitava áreas dos atuais estados de MG e RJ. § **ta•moi•o** *adj2g.*

tam•pa *sf.* 1. Peça movediça para tapar vaso ou caixa. 2. Tampo (2).

tam•pão *sm.* 1. Tampa (1) grande. 2. Chumaço de algodão ou gaze. [Pl.: *–pões.*]

tam•par *v.t.d.* Pôr tampa ou tampo em; tapar. [Conjug.: ① [tamp]**ar**]

tam•pi•nha *Bras. sf.* **1.** *Restr.* Tampa (1) de garrafas de refrigerante, de cerveja, etc. • *s2g.* **2.** *Pop.* Pessoa de estatura muito baixa.

tam•po *sm.* **1.** Peça circular onde se entalham as aduelas das cubas, tinas, etc. **2.** Peça que cobre a bacia dos aparelhos sanitários; tampa. **3.** A parte superior da caixa de ressonância dos instrumentos de cordas.

tam•po•nar *v.t.d.* Obstruir com tampão. [Conjug.: 1 [tampon]ar]

tam•pou•co *adv.* Também não.

ta•na•ju•ra *sf. Bras. Zool.* Nome comum às fêmeas de formicídeos que perdem as asas após o vôo nupcial; içá.

ta•na•to•lo•gi•a (tá) *sf.* **1.** Teoria da, ou sobre, a morte. **2.** Parte da medicina legal que se ocupa da morte e dos problemas médico-legais com ela relacionados.

tan•dem *sm.* Bicicleta de dois assentos, um atrás do outro. [Pl.: –*dens*.]

tan•ga *sf.* **1.** Espécie de avental com que certos povos primitivos cobrem o corpo desde o ventre até as coxas. **2.** *Bras.* Biquíni (1) formado por dois triângulos de tecido, crochê, etc., presos por tirinha (5).

tan•ga•rá *sm. Bras. Zool.* Nome comum a várias aves piprídeas.

tan•gên•ci•a *sf.* **1.** Ato ou efeito de tangenciar. **2.** Qualidade de tangente.

tan•gen•ci•al *adj2g.* Relativo à tangência, ou à tangente. [Pl.: –*ais*.]

tan•gen•ci•ar *v.t.d.* **1.** Seguir a tangente de. **2.** Roçar (4). **3.** Relacionar-se com. [Conjug.: 1 [tangenci]ar]

tan•gen•te *adj2g.* **1.** Que tange. • *sf.* **2.** *Geom.* Linha ou superfície que toca outra superfície num só ponto. **3.** *Trig.* Função de um ângulo orientado, igual ao quociente entre a ordenada e a abscissa da extremidade de um arco de circunferência subtendido pelo ângulo; quociente entre o seno e o co-seno de um arco [símb.: *tg*]. ◆ **Tangente hiperbólica.** *Mat.* Função definida pelo quociente entre o seno hiperbólico e o co-seno hiperbólico [símb.: *tanh* e *tgh*].

tan•ger *v.t.d.* **1.** Tocar (instrumento). **2.** Tocar (animais de carga) para os estimular na marcha. *T.i.* **3.** Concernir, referir. *Int.* **4.** Soar, ressoar. [Conjug.: 36 [tan]ger]

tan•ge•ri•na *sf.* O fruto, cítrico, da tangerineira; mexerica; bergamota (*bras.*).

tan•ge•ri•nei•ra *sf. Bot.* Árvore rutácea, frutífera; mexeriqueira.

tan•gí•vel *adj2g.* Que pode ser tocado. [Pl.: –*veis*.]

tan•go *sm.* Canto e dança de origem argentina, de compasso binário e ritmo sincopado e langoroso.

❑ **tanh** *Mat.* Símb. de *tangente hiperbólica.* [Outra f.: *tgh*].

ta•ni•no *sm.* Classe de substâncias adstringentes encontradas em certos vegetais.

ta•no:a•ri•a *sf.* Oficina ou obra de tanoeiro; tonelaria.

ta•no•ei•ro *sm.* Aquele que faz e/ou conserta pipas, barris, etc.

tan•que¹ *sm.* **1.** Reservatório para conter água ou qualquer outro líquido. **2.** Tanque (1) pouco profundo, para lavar roupa. **3.** Pequeno açude ou lagoa artificial.

tan•que² *sm.* Carro de guerra, blindado, para percorrer terrenos acidentados.

tan•tã *adj2g. Bras. Fam.* Maluco, doido.

tan•tá•li•co *adj.* Relativo a, ou de Tântalo, personagem lendário que, por roubar os manjares dos deuses para dá-los a conhecer aos homens, foi condenado ao suplício de sede e fome.

tan•ta•li•zar *v.t.d.* **1.** Atormentar com alguma coisa que é oferecida, mas que, na realidade, é inatingível. **2.** Provocar desejos irrealizáveis. [Conjug.: 1 [tantaliz]ar]

tân•ta•lo *sm. Quím.* Elemento de número atômico 73, metálico [símb.: *Ta*].

tan•to *pron. indef.* **1.** Tão grande ou tão numeroso. • *sm.* **2.** Porção indeterminada. **3.** Volume, tamanho, extensão (iguais aos de outro). **4.** Igual quantidade. • *adv.* **5.** Em tão alto grau, ou em tal quantidade. **6.** De tal maneira.

tão *adv.* Tanto. [Us. só com adjetivos e advérbios.]

ta•o•ís•mo *sm. Filos.* Ensinamento filosófico religioso cuja noção fundamental é o *Tao*, 'o Caminho'.

tão-só *adv.* Tão-somente.

tão-so•men•te *adv.* Forma reforçada de *somente.*

ta•pa¹ *sf.* Ação ou efeito de tapar.

ta•pa² *sm.f.* **1.** Pancada com a mão, em qualquer parte do corpo; tabefe. **2.** Bofetada.

ta•pa-bu•ra•co *s2g.2n.* Pessoa que substitui outra numa emergência.

ta•pa•do *adj.* **1.** Encoberto, tampado. **2.** *Fig.* Bronco, ignorante. **3.** *Bras. Pop.* Fechado, cerrado.

ta•pa•du•ra *sf.* A porção de fio que tapa a trama; tecedura.

ta•pa•jô•ni•ca *sf. Bras. Amaz. Etnogr.* Cerâmica dos indígenas que habitavam a área entre os Rios Tapajós e o Xingu.

ta•pa•jô•ni•co *adj.* Pertencente ou relativo à Tapajônia, região banhada pelo rio Tapajós e seus afluentes.

ta•pa-o•lho (ô) *sm. Bras. Pop.* **1.** Tapona. **2.** Tapa-olhos. [Pl.: *tapa-olhos* (ô).]

ta•pa-o•lhos *sm2n. Pop.* Venda².

ta•par *v.t.d.* **1.** Tampar. **2.** Arrolhar. **3.** Fechar, cerrar. **4.** Vedar (orifício) para fazê-lo desaparecer. **5.** Encobrir, esconder. **6.** Vendar. [Conjug.: 1 [tap]ar] § **ta•pa•men•to** *sm.*

ta•pe•ar *v.t.d.* e *p. Bras. Pop.* Enganar(-se), iludir(-se). [Conjug.: ⑩ [tap]**ear**] § **ta•pe•a•ção** *sf.*

ta•pe•ça•ri•a *sf.* **1.** Estofo tecido, lavrado ou bordado, para móveis, paredes ou soalhos. **2.** *Bras.* Loja onde se vendem tapetes.

ta•pe•cei•ro *sm.* Fabricante e/ou vendedor de tapetes.

ta•pe•ra *sf. Bras.* **1.** Habitação ou aldeia abandonada. **2.** Casa arruinada.

ta•pe•tar *v.t.d.* e *p.* Atapetar. [Conjug.: ① [tapet]**ar**]

ta•pe•te (ê) *sm.* Peça de fibra têxtil ou outro material com que se cobrem soalhos, escadas, mesas.

ta•pi•o•ca *sf. Bras. Amaz. S. Cul.* **1.** Beiju que tem no interior uma camada de coco ralado. **2.** Fécula alimentícia extraída da mandioca.

ta•pir *sm. Bras. Zool.* Anta.

ta•pi•rí•de:o *sm. Zool.* Espécime dos tapirídeos, família de grandes perissodátilos que têm pernas relativamente curtas e pequena tromba. Ex.: as antas. § **ta•pi•rí•de:o** *adj.*

ta•po•na *sf.* Bofetada ou tapa forte.

ta•pui•a *s2g. Bras. Etnon.* **1.** Designação dada pelos índios de língua tupi-guarani aos povos indígenas cujas línguas pertencem a outro tronco lingüístico. § **ta•pui•a** *adj2g.*

ta•pui•o *sm. Bras.* **1.** *Etnon.* Tapuia. **2.** Indivíduo bravo. **3.** Mestiço de índio.

ta•pu•me *sm.* **1.** Vedação de um terreno feita com madeira ou outro material. **2.** Vedação provisória, feita de tábuas.

ta•qua•ra *sf. Bras. Bot.* V. *bambu.*

ta•que•ar *v.t.d. Bras.* Revestir (o piso) de tacos. [Conjug.: ⑩ [taqu]**ear**]

ta•qui•car•di•a *sf. Med.* Aumento do número de batimentos cardíacos por minuto. § **ta•qui•cár•di•co** *adj.*

ta•qui•gra•far *v.t.d.* e *int.* Estenografar. [Conjug.: ① [taquigraf]**ar**]

ta•qui•gra•fi•a *sf.* Estenografia. § **ta•qui•grá•fi•co** *adj.*; **ta•qui•gra•fo** *sm.*

ta•qui•su•rí•de:o *sm. Zool.* Espécime dos taquisurídeos, família de peixes osteíctes, marinhos ou semimarinhos. Ex.: bagres. § **ta•qui•su•rí•de:o** *adj.*

ta•ra *sf.* **1.** Abatimento no peso de mercadorias, atendendo-se ao vaso ou envoltório onde estão acondicionados. **2.** Substância em pequenos fragmentos, usada em duplas pesagens. **3.** Peso de um veículo sem a carga. **4.** *Fig.* Defeito físico ou moral. **5.** *Fig.* Depravação (2).

ta•ra•do *adj.* **1.** Que tem marcado o peso da tara (1). **2.** *Fig.* Desequilibrado (em sentido moral). **3.** *Bras.* Que é sexualmente degenerado. **4.** *Bras. Gír.* Apaixonadíssimo.

ta•ra•me•la *sf.* V. *tramela.*

ta•ra•me•lar *v.int.* V. *tagarelar.* [Conjug.: ① [taramel]**ar**]

ta•ran•te•la *sf.* **1.** Dança popular napolitana, de andamento muito vivo. **2.** A respectiva música.

ta•rân•tu•la *sf. Zool.* Nome comum a várias aranhas migalomorfas.

ta•rar *v.t.d.* **1.** Pesar para descontar a tara (1). **2.** Marcar (sacos, etc.) com o peso da tara (1). *T.i.* **3.** *Bras. Gír.* Apaixonar-se loucamente. [Conjug.: ① [tar]**ar**]

tar•dan•ça *sf.* Ato ou efeito de tardar; demora.

tar•dar *v.t.d.* **1.** V. *retardar* (1). *T.i.* **2.** Não se apressar. **3.** Ficar ou demorar-se em algum lugar ou posição. *Int.* **4.** Ir ou vir tarde. [Conjug.: ① [tard]**ar**]

tar•de *adv.* **1.** Após o tempo próprio, conveniente ou ajustado. **2.** Perto da noite. • *sf.* **3.** Tempo entre o meio-dia e a noite.

tar•di•nha *sf.* O fim da tarde.

tar•di:o *adj.* **1.** Fora de tempo. **2.** Tardo (1).

tar•do *adj.* **1.** Que anda com vagar; tardio. **2.** Vagaroso, lento.

ta•re•co *sm.* **1.** Objeto velho; cacareco. **2.** *Bras. Pop.* Biscoito de massa de pão-de-ló retangular e torrado.

ta•re•fa *sf.* **1.** Trabalho que se deve concluir em determinado prazo e, às vezes, por castigo. **2.** Modalidade de contrato em que se paga pelo serviço executado; empreitada.

ta•re•fei•ro *sm.* Aquele que se incumbe de tarefa.

ta•ri•fa *sf.* **1.** Imposto de importação. **2.** Preço, especialmente de um serviço público; taxa.

ta•ri•far *v.t.d.* Aplicar tarifa a. [Conjug.: ① [tarif]**ar**]

ta•rim•ba *sf.* **1.** Estrado de madeira onde dormem os soldados, nos quartéis e postos de guarda. **2.** *P. ext.* Vida de caserna. **3.** *Bras.* Larga experiência.

ta•rim•ba•do *adj. Bras.* Muito experiente.

ta•rim•bar *v.int.* Servir no exército. [Conjug.: ① [tarimb]**ar**]

ta•rim•bei•ro *adj.* Diz-se de oficial que passou pelos postos de soldado, cabo e sargento sem haver feito estudos superiores.

tar•ja *sf.* **1.** Ornato de pintura, desenho, etc., no contorno dalgum objeto. **2.** Orla, guarnição. **3.** Fita usada em lapela, manga, ou barra em papel que, quando preta, é sinal de luto e, de cor, distintivo de clube, associação, etc.

tar•jar *v.t.d.* Guarnecer de tarja. [Conjug.: ① [tarj]**ar**] § **tar•ja•do** *adj.*

tar•la•ta•na *sf.* Tecido transparente e encorpado.

ta•rô *sm.* **1.** Coleção de 78 cartas, mais compridas que as do baralho, com figuras diversas, usadas sobretudo por cartomante. **2.** A arte de jogar ou ler essas cartas.

tar•ra•fa *sf.* Rede de pesca, circular, com chumbo nas bordas, e ao centro uma corda, que permite retirá-la fechada da água.

tar•ra•xa *sf.* **1.** Parafuso. **2.** Utensílio de serralheiro com que se fazem as roscas dos parafusos.

tar•ro *sm.* Vaso para ordenha do leite.

tar•so *sm. Anat.* Porção posterior do esqueleto de cada pé.

tar•ta•mu•de•ar *v.int.* **1.** Gaguejar (1). **2.** Falar com tremura na voz, por susto, medo, etc. *T.d.* **3.** Tartamudear (2). [Conjug.: [10] [tartamud]**ear**]

tar•ta•mu•do *adj. e sm.* Que ou aquele que tartamudeia; gago.

tar•tá•ri•co *adj.* Diz-se dum ácido usado no fabrico de xarope e refrescos.

tár•ta•ro¹ *sm.* **1.** Depósito salino que o vinho deixa nas paredes dos tonéis. **2.** Depósito calcário que se forma nos dentes.

tár•ta•ro² *adj.* **1.** Da República Autônoma da Tartária (Federação Russa). • *sm.* **2.** O natural ou habitante da Tartária.

tar•ta•ru•ga *sf. Zool.* Nome comum a vários quelônios aquáticos que vêm à terra para desova.

tar•tu•fo *sm.* **1.** Homem hipócrita. **2.** *P. ext.* Devoto falso.

ta•ru•go *sm.* **1.** Espécie de torno para ligar duas peças de madeira. **2.** Bucha (7).

tas•ca¹ *sf.* **1.** V. *taberna*. **2.** *Bras.* Botequim que serve também refeições baratas.

tas•ca² *sf. Bras.* Surra.

tas•car *Bras. v.t.d.* **1.** Tirar pedaço(s) de, mordendo. **2.** *Pop.* Surrar, bater. *T.d.i.* **3.** Dar um pedaço de (coisa que se está comendo). [Conjug.: [8] [tas]**car**]

tas•co *sm. Bras. Fam.* Pedaço, bocado.

tas•qui•nha *sf. Bras. Fam.* Dim. de *tasco*.

tas•sa•lho *sm.* Fatia grande.

ta•ta•ra•na ou **ta•tu•ra•na** *sf. Bras. Zool.* Nome comum a lagartas urentes de lepidópteros; lagarta-de-fogo, bicho-cabeludo.

ta•ta•ra•ne•to *sm.* Tetraneto.

ta•ta•ra•vó *sf.* Tetravó.

ta•ta•ra•vô *sm.* Tetravô.

ta•te•ar ou **tac•te•ar** *v.t.d.* **1.** Aplicar o tato a. **2.** Examinar com cautela. *Int.* **3.** Tocar nas coisas, para guiar-se. [Conjug.: [10] [tat]**ear**] § **ta(c)•te•an•te** *adj2g.*

ta•ti•bi•ta•te *adj2g. e s2g.* Que ou quem fala trocando certas consoantes.

tá•ti•ca *sf.* **1.** Na arte da guerra, disposição e manobra das forças durante o combate. **2.** *P. ext.* Maneira de sair-se bem em qualquer coisa.

tá•ti•co *adj.* Relativo à tática.

tá•til ou **tác•til** *adj2g.* **1.** Relativo ao tato. **2.** Que pode ser tateado.

ta•to ou **tac•to** *sm.* **1.** *Fisiol.* O sentido pelo qual percebemos as sensações de contacto e pres-

são, as térmicas e as dolorosas. **2.** Prudência, tino.

ta•tu *sm. Bras. Zool.* Nome comum aos dasipodídeos.

ta•tu•a•gem *sf.* **1.** Processo de introduzir sob a epiderme substâncias corantes para fazer na pele desenhos e pinturas. **2.** Desenho ou pintura feitos assim. [Pl.: *–gens.*]

ta•tu•ar *v.t.d.* **1.** Fazer tatuagem (2) em (o corpo ou em parte dele), ou permitir que o façam. **2.** Fazer tatuagem (2) em (alguém). *P.* **3.** Fazer tatuagem em si mesmo ou permitir que o façam. [Conjug.: [1] [tatu]**ar**]

ta•tu•bo•la *sm. Bras. Zool.* Tatu que atacado se enrola formando bola. [Pl.: *tatus-bolas* e *tatus-bola.*]

ta•tu•ca•nas•tra *sm. Bras. Zool.* O maior dos tatus; vive nas matas do Brasil central. [Pl. *tatus-canastras* e *tatus-canastra.*]

ta•tuí *sm. Bras. Zool.* Pequenino crustáceo decápode que lembra o tatu; vive enterrado na areia.

ta•tu•pe•ba *sm. Bras. Zool.* Tatu de pelagem densa; tatu-peludo.

ta•tu•pe•lu•do *sm. Bras. Zool.* Tatupeba. [Pl. *tatus-peludos.*]

ta•tu•ra•na *sf. Bras. Zool.* V. *tatarana.*

ta•tu•zi•nho *sm. Bras. Zool.* Pequeno crustáceo terrestre de lugares úmidos que se enrola formando bola.

tau *sm.* **1.** A 19ª letra do alfabeto grego (T, τ). **2.** *Fís. Part.* Partícula elementar da família dos léptons e de massa aproximadamente igual a duas vezes a massa do próton.

tau•ma•tur•go *adj. e sm.* Que ou aquele que faz milagres.

tau•ri•for•me *adj2g.* Em forma de touro, ou semelhante a ele.

tau•ri•no *adj.* **1.** Do, ou próprio do touro (1). **2.** Diz-se de, ou pertencente ou relativo a taurino (3). • *sm.* **3.** Indivíduo nascido sob o signo de Touro.

tau•ro•ma•qui•a *sf.* A arte de tourear. § **tau•ro•má•qui•co** *adj.*

tau•to•lo•gi•a *sf.* **1.** Vício de linguagem que consiste em dizer, por formas diversas, sempre a mesma coisa. **2.** Repetição de um mesmo conceito.

tau•xi•a *sf.* Obra de embutidos de ouro, prata, etc.

tau•xi•ar *v.t.d.* Ornamentar com tauxia. [Conjug.: [1] [tauxi]**ar**]

ta•vo•la•gem *sf.* **1.** Casa de jogo. **2.** Vício de jogar. [Pl.: *–gens.*]

ta•xa *sf.* **1.** Imposto, tributo. **2.** Tributo que corresponde a um serviço prestado ao contribuinte (como a coleta de lixo) **3.** Preço cobrado por certos serviços; tarifa. **4.** Razão entre duas grandezas; proporção. ◆ **Taxa de câm-**

bio. *Econ.* Preço de moeda estrangeira em unidades da moeda nacional; relação de troca de duas moedas.

ta•xar *v.t.d.* **1.** Tributar; lançar imposto sobre. **2.** Estabelecer ou fixar taxa (3). **3.** Regrar, moderar. [Conjug.: ⊡ [tax]**ar**. Cf. *tachar*.] § **ta•xa•ção** *sf.*

ta•xa•ti•vo *adj.* **1.** Que taxa. **2.** Que não admite réplica.

tá•xi (cs) *sm.* Automóvel para transporte de passageiro, com taxímetro.

ta•xi•ar (cs) *v.int. Aeron.* Deslocar-se o avião em terra ou na água, preparando-se para decolar, ou depois de pousar. [Conjug.: ⊡ [taxi]**ar**]

ta•xi•der•mi•a (cs) *sf.* Arte de empalhar animais. § **ta•xi•der•mis•ta** (cs) *s2g.*

ta•xí•me•tro (cs) *sm.* Aparelho que, em táxis, marca o preço do percurso efetuado.

ta•xi•no•mi•a (cs) *sf.* **1.** Ramo da biologia que se ocupa da classificação dos organismos em grupos, de acordo com a sua estrutura, origem, etc. **2.** *Gram.* Classificação das palavras.

❑ **Tb** *Quím.* Símb. do *térbio.*

❑ **Tc** *Quím.* Símb. do *tecnécio.*

tchau *interj.* Até a vista; até logo.

tche•co *adj. sm.* V. *checo.*

te¹ *pron. pess.* Designa a 2ª pess. sing. dos dois gêneros, tomada como objeto direto e equivalente a *a ti.*

te² *pron. pess.* Designa a 2ª pess. sing. dos dois gêneros, tomada como objeto indireto e equivalente a *a ti, em ti, para ti, de ti.*

❑ **Te** *Quím.* Símb. do *telúrio.*

tê *sm.* A letra *t.*

te•á•ce:a *sf. Bot.* Espécime das teáceas, família de árvores e arbustos floríferos representados, no Brasil, pela camélia e pelo chá (1). § **te•á•ce:o** *adj.*

te•ar *sm.* Aparelho de tecer, urdir.

te:a•tral *adj2g.* **1.** Relativo a teatro. **2.** Que visa a produzir efeito sobre o espectador. **3.** Ostentoso, espetaculoso. [Pl.: *–trais.*] § **te:a•tra•li•da•de** *sf.*

te:a•tra•li•zar *v.t.d.* **1.** Adaptar (um texto) para o teatro. **2.** Dar feição teatral a. **3.** Tornar dramático. [Conjug.: ⊡ [teatraliz]**ar**]

te•a•tro *sm.* **1.** Edifício onde se apresentam obras dramáticas, óperas, etc. **2.** A arte de representar. **3.** Coleção das obras dramáticas dum autor, época ou nação.

te:a•tró•lo•go *sm.* Autor de peças teatrais.

te•bai•da *sf.* Retiro; solidão.

te•ca *sf. Bot.* Árvore verbenácea de madeira de lei.

te•ce•du•ra *sf.* **1.** Ato de tecer. **2.** Tapadura.

te•ce•la•gem *sf.* Trabalho ou indústria de tecelão. [Pl.: *–gens.*]

te•ce•lão *sm.* Aquele que tece ou trabalha em teares. [Fem.: *teceloa* (ô). Pl.: *–lões.*]

te•cer *v.t.d.* **1.** Entrelaçar regularmente os fios de. **2.** Fazer (teia ou tecido) com fios. **3.** Engendrar, armar. **4.** Compor, entrelaçando. **5.** *Fig.* Compor (obra que exige trabalho e cuidado). *Int.* **6.** Exercer o ofício de tecelão. *P.* **7.** Enredar-se. [Conjug.: ᐥ [te]**cer**] § **te•ce•dor** (ô) *adj.*

te•ci•do *sm.* **1.** V. *tela* (1). **2.** A tela usada para obras de costura: vestes, estofados, etc. **3.** *Biol.* Agrupamento de células similares destinadas ao exercício de função determinada. ◆ **Tecido conjuntivo.** *Anat.* O que liga os órgãos entre si e serve de sustentação para diversas estruturas. **Tecido periapical.** *Anat.* O que circunda ápice de dente.

te•ci•du•al *adj2g.* Relativo a tecido (3). [Pl.: *–ais.*]

te•cla *sf.* Peça que, à pressão do(s) dedo(s), aciona maquinismo de piano, de máquina de escrever, etc.

te•cla•do *sm.* **1.** Conjunto de teclas. **2.** *Inform.* Periférico de entrada (12), com teclas para digitação de dados e seleção de funções.

te•clar *v.int.* e *t.d.* Bater nas ou pressionar as teclas (de). [Conjug.: ⊡ [tecl]**ar**]

tec•né•ci:o *sm. Quím.* Elemento de número atômico 43, artificial, radioativo, metálico. [símb.: *Tc*].

téc•ni•ca *sf.* **1.** O conjunto de processos duma arte ou ciência. **2.** V. *processo* (3).

tec•ni•ca•li•da•de *sf.* V. *tecnicidade.*

tec•ni•ci•da•de *sf.* Qualidade ou caráter do que é técnico: tecnicismo, tecnicalidade.

tec•ni•cis•mo *sm.* **1.** V. *tecnicidade.* **2.** Abuso da tecnicidade.

téc•ni•co *adj.* **1.** Peculiar a uma arte, um ofício, uma ciência, etc. • *sm.* **2.** Perito em determinada técnica.

tec•ni•co•lor (ôr) *adj2g.* e *sm.* Diz-se de, ou certo processo de cinema em cores ou, p. ext., qualquer filme colorido.

tec•no•cra•ci•a *sf.* Governo baseado na predominância dos tecnocratas ou dos técnicos.

tec•no•cra•ta *s2g.* **1.** Alto funcionário que faz prevalecer o aspecto técnico de um problema em detrimento do social. **2.** Aquele que defende a tecnocracia.

tec•no•lo•gi•a *sf.* Conjunto de conhecimentos, especialmente princípios científicos, que se aplicam a um determinado ramo de atividade.

te•co-te•co *sm. Bras.* Pequeno avião, monomotor. [Pl.: *teco-tecos.*]

tec•tô•ni•ca *sf.* **1.** A arte de construir edifícios. **2.** Parte da geologia que trata das deformações da crosta terrestre.

té•di:o *sm.* Aborrecimento, fastio.

te•di•o•so (ó) *adj.* Que inspira ou causa tédio. [Pl.: *–osos* (ó).]

te•gu•men•to *sm. Anat.* O que recobre o corpo do homem e dos animais (pele, pêlos, penas, escamas).

tei•a *sf.* **1.** V. *tela* (1). **2.** Estrutura, organização. **3.** Enredo, intriga. **4.** *Zool.* Tela (1) elástica, de fios finíssimos, feita pelas aranhas.

tei•í•de:o *sm. Zool.* Espécime dos teiídeos, família de lagartos de língua comprida, bífida, protrátil, e cauda longa. Ex.: calango. § **tei•í•de:o** *adj.*

tei•ma *sf.* Ato de teimar; obstinação.

tei•mar *v.t.i.* **1.** Insistir, obstinar-se. *T.d.* **2.** Insistir em. *Int.* **3.** Ser teimoso; insistir em algo. [Conjug.: ☐ [teim]**ar**]

tei•mo•so (ô) *adj.* e *sm.* Que ou aquele que é dado a teimar; obstinado; pertinaz. [Pl.: *–mosos* (ó).] § **tei•mo•si•a** *sf.*

te•í•na *sf.* Alcaloide encontrado no chá (1).

te•ís•mo *sm.* Doutrina que admite um deus pessoal, causa do mundo.

tei•ú *sm. Bras. Zool.* Teiídeo de até 2m, comestível.

te•ja•di•lho *sm.* Teto de veículo.

te•la *sf.* **1.** Aquilo que se teceu; tecido, teia, trama. **2.** Tecido especial sobre o qual se pintam os quadros. **3.** Quadro pintado sobre tela. **4.** Painel onde se projetam filmes, *slides*, etc. **5.** *Tec.* A parte de um equipamento na qual informações são exibidas e visualizadas.

te•le•ci•ne *sm. Telev.* Equipamento que permite apresentar filmes cinematográficos em sistema de televisão.

te•le•co•man•do *sm. Eng. Elétr.* Aplicação da tecnologia de comunicações aos processos de transmissão a distância, para controle, comando, sinalização, supervisão e monitoração.

te•le•co•mu•ni•ca•ção *sf. Telecom.* Comunicação a distância, por meio de sinais elétricos ou eletromagnéticos. [Pl.: *–ções.*]

te•le•con•fe•rên•ci:a *sf.* Modalidade interativa de telecomunicação mediante a qual duas ou mais pessoas, em diferentes locais, se comunicam ao mesmo tempo.

te•le•du•ca•ção *sf.* Ensino a distância, por meio do rádio e/ou da televisão. [Pl.: *–ções.*]

te•le•fé•ri•co *sm.* **1.** Cabo que, movendo-se, transporta ao longe uma carga. **2.** Espécie de ascensor suspenso por cabos que transporta carga e pessoas de um monte a outro, ou a um ponto mais baixo.

te•le•fo•na•da *sf.* Telefonema.

te•le•fo•nar *v.int.* **1.** Fazer uso de telefone. *T.i.* **2.** Fazer comunicações por ele. [Conjug.: ☐ [telefon]**ar**]

te•le•fo•ne *sm.* Aparelho para transmitir a distância a palavra falada. ♦ **Telefone celular.** Telefone portátil, pessoal, utilizado em telefonia celular. [Tb. se diz apenas *celular*.]

te•le•fo•ne•ma *sm.* Comunicação telefônica; telefonada.

te•le•fo•ni•a *sf. Telecom.* Processo de telecomunicação destinado a transmissão de sons.

♦ **Telefonia celular.** Sistema de telefonia que utiliza transmissores de rádio de baixa potência para cobrir área delimitada, ou restrita, denominada célula.

te•le•fô•ni•co *adj.* Relativo a telefonia, ou a telefone.

te•le•fo•nis•ta *s2g.* Quem, por profissão, transmite e recebe telefonemas.

te•le•fo•to *sm.* Fotografia transmitida e reproduzida por ondas radioelétricas.

te•le•fo•to•gra•fi•a *sf.* Arte e técnica de fotografar a grandes distâncias.

te•le•gra•far *v.t.i.* e *int.* **1.** Mandar telegrama(s). *T.d.* e *t.d.i.* **2.** Comunicar pelo telégrafo. [Conjug.: ☐ [telegraf]**ar**]

te•le•gra•fi•a *sf. Telecom.* Processo de telecomunicação que se destina a transmitir mensagens escritas mediante código de sinais. § **te•le•grá•fi•co** *adj.* ♦ **Telegrafia sem fio.** Radiotelegrafia.

te•le•gra•fis•ta *s2g.* Pessoa que transmite e recebe telegramas.

te•lé•gra•fo *sm.* **1.** Dispositivo, ou sistema, para transmissão de mensagens em telegrafia. **2.** Lugar onde ele funciona.

te•le•gra•ma *sm.* Comunicação telegráfica.

te•le•gui•ar *v.t.d.* **1.** Guiar (foguetes, aviões, etc.) a distância, por meio de ondas hertzianas. **2.** *Bras. P. ext.* Exercer domínio sobre (alguém). [Conjug.: ☐ [telegui]**ar**]

te•le•jor•nal *sm. Bras.* Noticiário apresentado pela televisão. [Pl.: *–nais.*]

⇨ **telemarketing** (telemárketin) [Ingl.] *sm. Marketing* que utiliza o telefone como recurso sistemático para relacionamento com os clientes.

te•le•me•tri•a *sf.* Técnica de obtenção, processamento e transmissão de dados a distância.

te•lê•me•tro *sm. Fot.* Dispositivo óptico para medir a distância entre a câmera e o objeto a ser fotografado.

te•le•no•ve•la *sf. Bras.* Novela (2) apresentada em televisão.

te•le:ob•je•ti•va *sf. Fot.* Objetiva us. para fotografar objetos distantes.

te•le:o•lo•gi•a *sf.* Estudo de finalidades.

te•le:o•pe•ra•dor *sm. Market.* Profissional que faz o atendimento telefônico em *telemarketing*.

te•le•pa•ti•a *sf.* Faculdade daqueles que, sem fazerem uso da visão, vêem o que se passa muito longe. § **te•le•pá•ti•co** *adj.*

⇨ **teleprompter** (teleprômpter) [Ingl.] *sm. Rád. Telev. Teatr.* V. *prompter*.

te•les•có•pi•co *adj.* Relativo a, ou realizado por telescópio.

te•les•có•pi:o *sm.* Instrumento óptico para a observação de objetos longínquos.

te•les•pec•ta•dor (ô) *sm. Bras.* Espectador de televisão.

te•le•ti•po [Marca registrada] *sm.* Equipamento us. em telegrafia semelhante à máquina de escrever.

te•le•vi•são *sf.* **1.** Sistema de telecomunicação que usa sinais eletromagnéticos para transmissão de vídeo e áudio. **2.** Televisor. **3.** Televisora. [Pl.: *–sões.*] ◆ **Televisão a cabo.** Serviço de televisão que distribui sinais aos usuários por meio físico. **Televisão por assinatura.** Serviço de distribuição exclusiva de sinais de televisão a assinantes.

te•le•vi•si:o•nar *v.t.d.* Transmitir por televisão. [Conjug.: 1 [television]**ar**] § **te•le•vi•si:o•na•do** *adj.*

te•le•vi•sor (ô) *sm.* Aparelho que recebe imagens televisionadas; televisão.

te•le•vi•so•ra (ô) *sf.* Estação de televisão; televisão.

te•le•vi•su•al *adj2g.* Relativo ou pertencente à televisão. [Pl.: *–ais.*]

te•lex (écs) *sm.2n.* **1.** Modalidade de serviço telegráfico que permite comunicação bilateral. **2.** *P. ext.* Mensagem recebida por telex (1).

te•lha (ê) *sf.* Cada uma das peças usadas na cobertura dum edifício.

te•lha•do *sm.* Parte exterior da cobertura dum edifício, feita em geral de telhas.

te•lha-vã *sf.* Telhado sem forro. [Pl.: *telhas-vãs.*]

te•lhei•ro *sm.* Cobertura suportada por pilares.

te•lú•ri•co *adj.* **1.** Relativo à Terra. **2.** Relativo ao solo. **3.** Relativo ao telúrio.

te•lú•ri:o *sm. Quím.* V. *calcogênio* [símb.: *Te*].

te•ma *sm.* Proposição que vai ser tratada ou demonstrada.

te•má•ri:o *sm. Bras.* Conjunto de temas ou assuntos que se devem tratar em congresso literário, científico, etc.

tem•be•tá *sm. Etnol.* Entre diversos grupos indígenas brasileiros, adorno confeccionado com matéria-prima mineral, introduzido em furo no lábio inferior.

te•mer *v.t.d.* e *int.* **1.** Ter ou sentir medo, temor ou receio (de). *T.i.* **2.** Preocupar-se, inquietar-se. [Conjug.: 2 [tem]**er**] § **te•men•te** *adj2g.*

te•me•rá•ri:o *adj.* Arriscado; arrojado.

te•me•ri•da•de *sf.* Qualidade ou ato de temerário.

te•me•ro•so (ô) *adj.* Que infunde temor, ou que o experimenta. [Pl.: *–rosos* (ó).]

te•mi•do *adj.* Que causa temor, ou que teme.

te•mi•mi•nó *s2g. Bras. Etnôn.* Indivíduo dos temiminós, povo indígena extinto, do tronco linguístico tupi, que habitava a costa do ES e do RJ. § **te•mi•mi•nó** *adj2g.*

te•mí•vel *adj2g.* Que se deve temer. [Pl.: *–veis.*]

te•mor (ô) *sm.* **1.** Ato ou efeito de temer. **2.** Sentimento de reverência.

têm•pe•ra *sf.* **1.** Consistência que se dá aos metais, sobretudo o aço, introduzindo-os can-

dentes em água fria. **2.** Banho em que se temperam os metais. **3.** V. *temperamento* (2).

tem•pe•ra•do *adj.* **1.** Que levou tempero. **2.** Moderado; suave. **3.** Próprio da zona em que a temperatura média anual é de cerca de 20°C. **4.** *Mús.* Relativo a, ou próprio de temperamento (3).

tem•pe•ra•men•tal *adj2g.* **1.** Relativo a temperamento. **2.** De caráter instável, difícil. **3.** Diz-se de quem reage seguindo tão-só os impulsos de seu temperamento. ● *s2g.* **4.** Pessoa temperamental. [Pl.: *–tais.*]

tem•pe•ra•men•to *sm.* **1.** *Med.* Parte do psiquismo relacionada à estrutura corporal, mediante mecanismos bioquímicos e nervosos. **2.** Constituição moral; índole, têmpera, feitio. **3.** *Mús.* Divisão da oitava em 12 semitons exatamente iguais, usado nos instrumentos de som fixo (piano, cravo, etc.).

tem•pe•ran•ça *sf.* Qualidade ou virtude de quem modera apetites e paixões.

tem•pe•rar *v.t.d.* **1.** Deitar tempero em. **2.** Misturar proporcionalmente. **3.** Moderar, conter. **4.** Dar consistência, rijeza, a (metais). *P.* **5.** Moderar-se, conter-se. [Conjug.: 1 [temper]**ar**]

tem•pe•ra•tu•ra *sf.* **1.** Quantidade de calor que existe no ambiente, e resultante da ação dos raios solares. **2.** Quantidade de calor existente num corpo.

tem•pe•ro (ê) *sm.* Ingrediente que realça o sabor de qualquer iguaria.

tem•pes•ta•de *sf.* **1.** Agitação violenta da atmosfera, às vezes acompanhada de chuvas, trovões, etc.; temporal. **2.** Agitação moral.

tem•pes•ti•vo *adj.* Que vem ou sucede no tempo devido; oportuno.

tem•pes•tu•o•so (ô) *adj.* **1.** Que traz, ou é sujeito a tempestade. **2.** Violento; tumultuoso. [Pl.: *–osos* (ó).]

tem•plo *sm.* **1.** Edifício público destinado ao culto religioso. **2.** Igreja (1). **3.** Sala onde se realizam seções de maçonaria.

tem•po *sm.* **1.** A sucessão dos anos, dias, horas, etc., que envolve a noção de presente, passado e futuro. **2.** Momento ou ocasião apropriada para que uma coisa se realize. **3.** Época, estação. **4.** As condições meteorológicas. **5.** *Gram.* Flexão indicativa do momento a que se refere a ação ou o estado verbal. **6.** *Mús.* Cada uma das partes, em andamentos diferentes, em que se dividem certas peças, como, p. ex., a sonata.

têm•po•ra *sf. Anat.* Cada uma das duas porções laterais, superiores, da cabeça. [Tb. se usa no pl.]

tem•po•ra•da *sf.* Certo espaço de tempo.

tem•po•ral *adj2g.* **1.** Relativo a tempo. **2.** V. *secular* (5). **3.** *Anat.* Relativo às têmporas. ● *sm.* **4.** Tempestade (1). **5.** *Anat.* Cada um de dois ossos da cabeça, que contém os órgãos da audição. [Pl.: *-rais.*]

tem•po•rão *adj.* Quem vem, nasce ou acontece fora de tempo próprio ou desejável. [Fem.: *temporã.* Pl.: *-rãos.*]

tem•po•rá•ri:o *adj.* **1.** V. *transitório.* **2.** Provisório.

têm•po•ras *sf. pl. Anat.* V. *têmpora.*

tem•po•ri•za•dor (ô) *adj.* **1.** Que temporiza. • *sm.* **2.** Aquele que temporiza. **3.** *Eletrôn.* Circuito que tem a função de ligar ou desligar outro circuito num instante de tempo prefixado.

tem•po•ri•zar *V. t. d.* **1.** Adiar, retardar, demorar, delongar. *T. i.* **2.** Transigir; condescender; contemporizar. **3.** Haver-se com delongas. *Int.* **4.** Esperar outra ocasião. [Conjug.: ① [temporiz]**ar**]

te•naz *adj2g.* **1.** Muito aderente. **2.** Que tem grande coesão. **3.** Que segura com firmeza. **4.** Obstinado, aferrado. • *sm.* **5.** Instrumento parecido a uma tesoura, para tirar ou pôr peças nas forjas ou segurar ferro em brasa. § **te•na•ci•da•de** *sf.*

ten•ça *sf. Jur.* Pensão periódica que alguém recebe do Estado ou de particular para seu sustento.

ten•ção *sf.* Plano, intenção. [Pl.: *-ções.*]

ten•ci•o•nar *v.t.d.* Fazer tenção de; planejar. [Conjug.: ① [tencion]**ar**]

ten•da *sf.* **1.** Barraca de campanha. **2.** Barraca de feira. **3.** Pequena oficina de artesão.

ten•dão *sm. Anat.* Cordão de tecido conjuntivo fibroso, e que serve para inserção de músculo esquelético. [Pl.: *-dões.*]

ten•dên•ci:a *sf.* **1.** Inclinação; vocação; propensão; queda, pendor. **2.** Força que faz um corpo mover-se.

ten•den•ci•o•so (ô) *adj.* Que envolve alguma intenção secreta. [Pl.: *-osos* (ó).]

tên•der *sm.* Vagão do carvão e da água engatado à locomotiva.

ten•der *v.t.d.* **1.** Estirar; estender. *T.i.* **2.** Propender (2). **3.** Apresentar tendência. **4.** Ter em vista ou por fim. **5.** Aproximar-se. *T.c.* **6.** Inclinar-se. *P.* **7.** Estender (7). [Conjug.: ② [tend]**er**] § **ten•den•te** *adj2g.*

ten•di•nha *sf. RJ.* Mercearia ou botequim modesto, ou de lugar muito pobre.

te•ne•bro•so (ô) *adj.* **1.** Coberto de trevas. **2.** Horrível, medonho. **3.** Indigno, vil. [Pl.: *-brosos* (ó).]

te•nên•ci:a *sf. Bras. Pop.* **1.** Vigor, firmeza. **2.** Prudência (1).

te•nen•te *sm. Bras.* Designação comum a primeiro-tenente e segundo-tenente. V. *hierarquia militar.*

te•nen•te-bri•ga•dei•ro *sm.* V. *hierarquia militar.* [Pl.: *tenentes-brigadeiros.*]

te•nen•te-co•ro•nel *sm.* V. *hierarquia militar.* [Pl.: *tenentes-coronéis.*]

te•nen•te-co•ro•nel-a•vi:a•dor *sm.* V. *hierarquia militar.* [Pl.: *tenentes-coronéis-aviadores.*]

te•nen•te-do-mar *sm.* V. *hierarquia militar.* [Pl.: *tenentes-do-mar.*]

te•nen•te-ge•ne•ral *sm.* V. *hierarquia militar.* [Pl.: *tenentes-generais.*]

te•nes•mo (ê) *sm. Med.* Desejo de defecar ou de urinar acompanhado de sensação dolorosa no reto ou na bexiga, e de impossibilidade de fazê-lo.

tê•ni:a *sf. Zool.* Platelminto cestóide, parasito do intestino de vertebrados. [Sin., pop.: *solitária.*]

te•ní•fu•go *adj. e sm.* Diz-se de, ou medicamento que promove a eliminação da tênia do organismo.

tê•nis *sm2n.* **1.** Jogo com raquetes e bola, em campo dividido em duas partes por uma rede de malhas por cima da qual a bola deve passar. **2.** Sapato de lona com sola de borracha, de uso, em geral, esportivo. § **te•nis•ta** *s2g.* ♦ **Tênis de mesa.** Pingue-pongue.

te•nor (ó) *sm.* **1.** A mais aguda das vozes masculinas. **2.** Homem dotado dessa voz.

te•no•ri•no *sm.* Tenor que canta em falsete.

te•ne•ro *adj.* **1.** Mole, brando, **2.** Delicado, mimoso. **3.** Viçoso, fresco. **4.** Novo, recente.

ten•são *sf.* **1.** Estado de tenso. **2.** *Med.* Estado em que há retesamento, ou sensação de retesamento, de certos músculos, ou em que se é levado além de um limite normal de emoção. **3.** Estado de grande concentração física e/ou mental. **4.** *Eletr.* Diferença de potencial elétrico entre dois pontos de um circuito; tensão elétrica; voltagem. [Pl.: *-sões.*] ♦ **Tensão alternada.** *Eletr.* **1.** Aquela cuja intensidade varia senoidalmente com o tempo. **2.** *Eletrôn.* Tensão elétrica cuja intensidade e sentido variam periodicamente com o tempo. **Tensão de polarização.** *Eletrôn.* Tensão que se aplica a um dispositivo eletrônico para garantir-lhe operação numa região específica de sua curva característica; polarização. **Tensão elétrica.** *Eng. Elétr.* V. *tensão* (4).

ten•so *adj.* **1.** Estendido com força; retesado. **2.** Em estado de tensão (3).

ten•ta *sf. Cir.* Instrumento cirúrgico para sondar feridas ou dilatar aberturas.

ten•ta•ção *sf.* **1.** Ato ou efeito de tentar. **2.** Desejo veemente. **3.** Pessoa ou coisa que tenta; provocação. • *sm.* **4.** V. *diabo* (2). [Pl.: *-ções.*]

ten•tá•cu•lo *sm. Zool.* Apêndice longo, delgado e flexível, de um animal (ger. invertebrado) e que é us. no tato, na locomoção, e na preensão.

ten•ta•me ou **ten•tâ•men** *sm.* Ensaio, tentativa. [Pl. de *tentâmen: tentamens* e (p. us.) *tentâmenes.*]

ten•tar *v.t.d.* **1.** Empregar meios para obter (algo desejado). **2.** Buscar, procurar. **3.** Pôr em prática; empreender. **4.** Arriscar-se ou aventurar-se a. **5.** Pôr à prova; experimentar. **6.** Procurar seduzir; atentar. **7.** Causar desejo a. [Conjug.: ⬜ [tent]**ar**] **§ ten•ta•dor** (ô) *adj.* e *sm.*

ten•ta•ti•va *sf.* **1.** Experiência, ensaio. **2.** Crime tentado.

ten•te•ar *v.t.d.* **1.** Dar tento a. **2.** Examinar com cuidado. **3.** Paliar, entreter. [Conjug.: ⬜ [tent]**ear**]

ten•to¹ *sm.* **1.** Atenção, cuidado. **2.** Cálculo, cômputo. **3.** Pauzinho em que se apóia a mão para pintar com firmeza.

ten•to² *sm.* **1.** Peça com que se marcam pontos no jogo. **2.** Ponto marcado no jogo.

tê•nu:e *adj2g.* **1.** Delgado, fino. **2.** Débil, frágil. **3.** Pequeníssimo. **§ te•nu:i•da•de** *sf.*

te:o•cra•ci•a *sf.* **1.** Forma de governo em que a autoridade, emanada dos deuses ou de Deus, é exercida por seus representantes na Terra. **2.** O Estado com essa forma de governo.

te:o•do•li•to *sm.* Instrumento óptico para medir com precisão ângulos horizontais e verticais.

te:o•lo•gal *adj2g.* Relativo à teologia. [Pl.: –*gais.*]

te:o•lo•gi•a *sf.* Estudo das questões referentes ao conhecimento da divindade e de suas relações com os homens. **§ te:o•ló•gi•co** *adj.*; **te•ó•lo•go** *sm.*

te•or (ô) *sm.* **1.** Texto de uma escrita. **2.** Norma, regra. **3.** V. *termo* (5). **4.** Proporção, num todo, duma substância determinada.

te:o•re•ma *sm.* Proposição que, para ser admitida ou se tornar evidente, necessita de demonstração.

te:o•ré•ti•co *adj.* Teórico (1).

te:o•ri•a *sf.* **1.** Conhecimento especulativo, meramente racional. **2.** Conjunto de princípios fundamentais duma arte ou duma ciência. **3.** Doutrina ou sistema fundado nesses princípios. **4.** Hipótese, suposição. **♦ Teoria da ciência.** Epistemologia. **Teoria da grande explosão.** *Cosm.* Teoria segundo a qual toda a matéria e energia do universo se originaram numa explosão cataclísmica ocorrida há cerca de 10 a 15 bilhões de anos. Esta teoria explica com sucesso a expansão observada do universo, a abundância de hélio que há nele, e tb. a existência de uma radiação cósmica de fundo. [Sin.: *teoria do big-bang.*] **Teoria do** *big-bang.* *Cosm.* Teoria da grande explosão. **Teoria do conhecimento.** Gnosiologia.

te•ó•ri•co *adj.* **1.** Relativo a teoria; teorético. **•** *sm.* **2.** Autor ou criador de teoria(s).

te:o•ri•zar *v.t.d.* **1.** Expor ou explicar por teoria(s). **2.** Reduzir a teoria(s). *Int.* e *t.i.* **3.**

Expor teorias. **4.** Tratar um assunto teoricamente. [Conjug.: ⬜ [teoriz]**ar**]

té•pi•do *adj.* **1.** Que tem pouco calor; morno. **2.** Frouxo, fraco. **§ te•pi•dez** (ê) *sf.*

ter *v.t.d.* **1.** Possuir. **2.** Poder dispor de. **3.** Segurar nas mãos. **4.** Trazer consigo. **5.** Manter. **6.** Conseguir, alcançar. **7.** Conter. **8.** Apresentar, trazer: ter cabelos brancos. **9.** Sofrer de. **10.** Dar à luz. **11.** Ser dotado de. **12.** Constar de. **13.** Contar com (alguém). **14.** Dispor de (alguém) para trabalhar. **15.** Passar por. **16.** Experimentar (sensação, sentimento, etc.). **17.** Receber. **18.** Tomar (11). **19.** *Bras. Afric. Pop.* Haver, existir. [Impess., nesta acepç.] *T.i.* **20.** Dever, precisar: *Tenho de ir ao Paraná. T.d.i.* **21.** Trazer consigo, ou em si (lit. ou fig.). **22.** Guardar, conservar. *Transobj.* **23.** Considerar. *T.c.* **24.** Contar (anos). *Int.* **25.** Ser possuidor de bens, recursos financeiros, etc. *P.* **26.** Segurar-se; manter-se. [Conjug.: ⑤ **ter**]

te•ra•fo•sí•de:o *sm. Zool.* Espécime dos terafosídeos, família de aranhas migalomorfas grandes e peludas, de distribuição ger. tropical. **§ te•ra•fo•sí•de:o** *adj.*

te•ra•pêu•ti•ca *sf.* Parte da medicina que estuda e põe em prática os meios adequados para aliviar ou curar os doentes; terapia. **§ te•ra•pêu•ti•co** *adj.*

te•ra•pi•a *sf.* Terapêutica.

te•ra•to•lo•gi•a *sf. Med.* Ramo da biologia que trata da estrutura, desenvolvimento, etc., de monstros [v. *monstro* (1)]. **§ te•ra•to•ló•gi•co** *adj.*

tér•bi:o *sm. Quím.* V. *lantanídeos* [símb.: *Tb*].

ter•ça (ê) *num.* **1.** Terço (1). **•** *sf.* **2.** F. red. de *terça-feira.*

ter•çã *adj.(f.)* e *sf. Med.* Diz-se de, ou febre recorrente que se repete de três em três dias.

ter•ça•do *sm.* **1.** Espada de lâmina curta. **2.** *Bras.* Facão grande.

ter•ça-fei•ra *sf.* O terceiro dia da semana, começada no domingo. [Pl.: *terças-feiras.*]

ter•çar *v.t.d.* **1.** Misturar (três coisas). **2.** Dividir em três partes. **3.** Pôr em diagonal, de través (a lança ou a espada). *T.i.* **4.** Lutar a favor. [Conjug.: ⑨ [ter]**çar**]

ter•cei•ri•za•ção *sf. Econ.* Atribuição a empresas independentes, *i.e.*, terceiros, de processos auxiliares à atividade principal de uma empresa. [Pl.: –*ções.*]

ter•cei•ro *num.* **1.** Ordinal correspondente a 3. **2.** Fracionário correspondente a 3. **•** *sm.* **3.** Quem intercede ou intervém.

ter•cei•ros *sm.pl.* Os outros.

ter•cei•ro-sar•gen•to *sm.* V. *hierarquia militar.* [Pl.: *terceiros-sargentos.*]

ter•ce•to (ê) *sm.* **1.** Estrofe de três versos. **2.** *Mús.* Composição para três vozes.

ter•ci•á•ri:o *adj.* 1. Que está ou vem em terceiro lugar ou ordem. 2. Diz-se do período (5) em que se observam freqüentes mudanças da crosta terrestre, e ocorre a extinção completa dos grandes sáurios; aves, peixes e reptis assumem aspecto semelhante ao atual e, no final, surgem os primeiros símios antropomorfos. 3. *Econ.* Diz-se do setor de prestação de serviços, numa economia.

ter•ço *num.* 1. Cada uma das 3 partes iguais em que se divide algo. • *sm.* 2. A terça parte do rosário.

ter•çol *sm. Med.* Pequeno abscesso em borda palpebral. [Pl.: –çóis.]

te•re•bin•ti•na *sf.* Resina extraída de coníferas e de terebinto.

te•re•bin•to *sm. Bot.* Arvoreta anacardiácea européia.

te•re•na *s2g. Bras. Etnôn.* Indivíduo dos terenas, povo indígena da família lingüística aruaque, que habita áreas do MS. § **te•re•na** *adj2g.*

te•res (ê) *sm. pl.* Posses, bens, haveres.

te•re•si•nen•se *adj2g.* 1. De Teresina, capital do PI. • *s2g.* 2. O natural ou habitante de Teresina.

ter•gi•ver•sar *v.int.* Procurar rodeios, evasivas. [Conjug.: ① [tergivers]ar] § **ter•gi•ver•sa•ção** *sf.*

ter•mal *adj2g.* Diz-se da água de temperatura mais alta que a do ar ambiente. [Pl.: –mais.]

ter•mas *sf.pl.* Estabelecimento de águas medicinais, especialmente termais.

tér•mi•co *adj.* Relativo ao calor, ou que o conserva.

ter•mi•na•ção *sf.* 1. Ato ou efeito de terminar(-se). 2. *Gram.* Parte final duma palavra. [Pl.: –ções.]

ter•mi•nal *adj2g.* 1. Relativo ao termo ou remate. • *sm.* 2. *Bras.* Ponto terminal duma rede de transporte. 3. *Inform.* Qualquer dispositivo de entrada e/ou saída de dados, ligado remotamente a um computador ou rede de computadores. [Pl.: –nais.]

ter•mi•nan•te *adj2g.* 1. Que termina. 2. Decisivo, definitivo.

ter•mi•nar *v.t.d.* 1. Pôr termo a; acabar. 2. Pôr fim a (relação de amizade, de namoro, etc.). *T.i.* 3. Ter certa desinência (o vocábulo). 4. Dar fim a relação, namoro; romper. *T.c.* 5. Ter seu limite em. *Int.* e *p.* 6. Findar(-se), acabar(-se). [Conjug.: ① [termin]ar]

tér•mi•no *sm.* 1. Fim, termo. 2. Limite, baliza.

ter•mi•no•lo•gi•a *sf.* Conjunto dos termos duma arte ou duma ciência; nomenclatura.

tér•mi•ta *sf. Zool.* V. *cupim*.

tér•mi•te *sf. Zool.* V. *cupim*.

ter•mo (ê) *sm.* 1. Limite, em relação ao tempo e ao espaço. 2. Marco, baliza. 3. V. *palavra* (1). 4. Declaração em processo. 5. Maneira,

forma, teor. 6. Fronteira, raias. 7. *Gram.* Elemento de oração.

ter•mo•di•nâ•mi•ca *sf.* Parte da física que investiga os processos de transformação de energia e o comportamento dos sistemas nesses processos. § **ter•mo•di•nâ•mi•co** *adj.*

ter•mo•gê•ne•se *sf.* Produção de calor nos seres vivos.

ter•mô•me•tro *sm.* 1. Instrumento de medição de temperatura. 2. Indicação de certas condições físicas ou morais. § **ter•mo•mé•tri•co** *adj.*

ter•mo•nu•cle•ar *adj2g. Fís. Nucl.* 1. Diz-se de fenômeno em que ocorre grande desprendimento de energia graças à fusão de núcleos leves para formar núcleos pesados. 2. Diz-se de usina geradora de energia em que a fonte térmica é um reator nuclear.

ter•mos•ta•to *sm. Eng. Elétr.* Dispositivo constituído de resistência us. para medição e controle de temperatura de equipamentos.

ter•ná•ri:o *adj.* 1. Constituído de três. 2. *Mús.* Diz-se do compasso dividido em três tempos iguais.

ter•no¹ *sm.* 1. Grupo de três coisas ou pessoas; trio. 2. *Bras.* Traje composto de paletó, calças e, às vezes, colete.

ter•no² *adj.* 1. Meigo, afetuoso. 2. Brando, suave. 3. Que inspira dó.

ter•nu•ra *sf.* 1. Qualidade de terno². 2. Afeto (1).

ter•pe•no *sm. Quím.* Nome genérico de hidrocarbonetos encontrados nos extratos de plantas.

ter•ra *sf.* 1. *Astr.* O planeta que habitamos, o terceiro do sistema solar, pela ordem de afastamento do Sol; o globo terrestre. [Com inicial maiúscula.] 2. V *solo¹* (1). 3. V. *pátria* (1). 4. Localidade, povoação. 5. Espaço descoberto de uma propriedade; terreno. 6. *Eletr.* Grande corpo condutor arbitrariamente considerado com potencial elétrico zero. 7. *Eletrôn.* Num circuito, ponto que tem potencial zero em relação à terra (6). 8. *Eng. Elétr.* Cabo elétrico, ou haste condutora, que se enterra no solo, e que constitui massa condutora com potencial zero.

ter•ra-a-ter•ra *adj2g.2n.* V. *trivial* (1).

ter•ra•ço *sm.* 1. Balcão descoberto e amplo; varanda. 2. Espaço descoberto sobre um edifício, ou ao nível dum de seus andares; plataforma.

ter•ra•co•ta *sf.* 1. Argila modelada e cozida em forno. 2. Objeto feito com ela.

ter•ral *sm.* Vento que sopra da terra para o mar. [Pl.: –rais.]

ter•ra•ple•na•gem *sf.* Escavação, transporte, depósito e compactação de terras, para a realização duma obra. [Pl.: –gens.]

ter•ra•ple•nar *v.t.d.* Executar a terraplenagem de. [Conjug.: ① [terraplen]ar]

ter•ra•ple•no *sm.* Terreno resultante da terraplenagem.

ter•rá•que:o *adj.* V. *terrestre* (1).

ter•ras-ra•ras *sf.pl. Quím.* V. *lantanídeos.*

ter•re•al *adj2g.* V. *terrestre* (1). [Pl.: *–ais.*]

ter•rei•ro *sm.* 1. Espaço de terra plano e largo.
2. *Bras.* Local onde se realizam celebrações
do culto fetichista afro-brasileiro.

ter•re•mo•to *sm.* V. *sismo.*

ter•re•no *adj.* 1. V. *terrestre* (1). 2. V. *mundano*
(1). • *sm.* 3. Terra (5). 4. Terra (2) cultivada.

tér•re:o *adj.* 1. V. *terrestre* (1). 2. Que fica ao
rés-do-chão. • *sm.* 3. O andar térreo (2).

ter•res•tre *adj2g.* 1. Pertencente ou relativo à,
ou próprio da Terra; terreno, terreal; térreo,
terráqueo. 2. Proveniente da Terra, ou que
nasce nela. 3. *Zool.* Que vive no solo (diz-se de
animal). 4. *Fig.* V. *mundano* (1).

ter•ri•fi•car *v.t.d.* Apavorar (1). [Conjug.: ⑧
[terrifi]car] § ter•ri•fi•can•te *adj2g.*

ter•ri•na *sf.* Vaso no qual se leva à mesa sopa
ou caldo.

ter•ri•tó•ri:o *sm.* 1. Extensão considerável de
terra. 2. A área dum país, província, etc. 3.
Nos EUA, região que não constitui Estado e é
administrada pela União. 4. *Jur.* Base geográfica do Estado (solo, rios, lagos, baías, portos,
etc.), sobre a qual exerce ele a sua soberania.
§ ter•ri•to•ri•al *adj2g.*

ter•rí•vel *adj2g.* 1. Que causa terror; terrificante. 2. Que produz resultados funestos. 3. Extraordinário, estranho. 4. Enorme. 5. Muito
ruim; péssimo. [Pl.: *–veis.*]

ter•ror (ô) *sm.* 1. Estado de grande pavor. 2.
Grande medo ou susto.

ter•ro•ris•mo *sm.* Modo de coagir, combater ou
ameaçar pelo uso sistemático do terror. §
ter•ro•ris•ta *adj2g.* e *s2g.*

ter•ro•so (ô) *adj.* 1. Que tem cor, aparência,
natureza ou mistura de terra. 2. V. *baço²*. [Pl.:
–rosos (ó).]

ter•so *adj.* 1. Puro, limpo. 2. Lustroso, polido.

ter•tú•li:a *sf.* 1. Reunião de parentes e amigos.
2. Assembléia literária.

te•são *sf.* 1. Tesura (1). 2. Força, intensidade.
• *sm.f.* 3. *Chulo* Estado do pênis em ereção. 4.
Potência sexual. 5. Desejo sexual. 6. *Chulo*
Indivíduo que inspira desejo sexual. • *sf.* 7.
Prazer intelectual, mental, que dá euforia se-
melhante ao prazer físico. [Pl.: *–sões.*]

te•sar *v.t.d.* Entesar, retesar. [Conjug.: ①
[tes]ar]

te•se *sf.* 1. Proposição para debate. 2. Proposição formulada nos estabelecimentos de ensino superior e médio para ser defendida em
público. 3. A publicação que contém uma tese.

tes•la *sm. Fís.* Unidade de medida de densidade de fluxo magnético no SI e igual a 1
weber/m².

te•so (ê) *adj.* 1. Esticado, retesado. 2. Hirto,
ereto. 3. Imóvel, fixo. 4. Seguro, firme. 5. Forte, rijo. 6. *Bras. Pop.* V. *pronto* (6).

te•sou•ra ou te•soi•ra *sf.* 1. Instrumento cortante, constituído por duas lâminas reunidas
por um eixo, sobre o qual se movem. 2. Pessoa
maledicente.

te•sou•ra•da ou te•soi•ra•da *sf.* 1. Golpe com
tesoura. 2. Ato de tesourar (2).

te•sou•rar ou te•soi•rar *v.t.d.* 1. Cortar com
tesoura. 2. *Fam.* Falar mal de. [Conjug.: ①
[tesoir]ar]

te•sou•ra•ri•a ou te•soi•ra•ri•a *sf.* 1. Cargo
ou repartição do tesoureiro. 2. Lugar onde se
guarda e administra a fazenda (4).

te•sou•rei•ro ou te•soi•rei•ro *sm.* O encarregado da fazenda (4), ou da administração de
um estabelecimento qualquer.

te•sou•ro ou te•soi•ro *sm.* 1. Grande porção
de dinheiro ou de objetos preciosos. 2. V. *fisco.* 3. Lugar de arrecadação de riquezas.

tes•si•tu•ra *sf. Mús.* Parte da escala geral dos
sons que convém melhor a uma voz ou a um
instrumento.

tes•ta *sf.* 1. Parte do rosto entre os olhos e a
raiz dos cabelos anteriores da cabeça. 2. *Fig.*
Frente, dianteira.

tes•ta•da *sf.* 1. Parte de rua ou estrada que fica
à frente dum prédio. 2. Pancada com a testa.

tes•ta-de-fer•ro *s2g.* Quem se apresenta como
responsável por empreendimento ou atos de
outrem; títere. [Pl.: *testas-de-ferro.*]

tes•ta•dor (ô) *adj.* e *sm.* Que ou quem testa ou
faz testamento.

tes•ta•men•tá•ri:o *adj.* Relativo a testamento.

tes•ta•men•tei•ro *sm.* Quem cumpre ou faz
cumprir um testamento.

tes•ta•men•to *sm.* Ato pelo qual alguém dispõe de seu patrimônio, para depois de sua
morte.

tes•tar¹ *v.t.d.i.* 1. Deixar em testamento a. *Int.*
2. Fazer testamento. [Conjug.: ① [test]ar]

tes•tar² *v.t.d.* 1. Submeter a teste. 2. Submeter
a experiência (máquina, etc.). [Conjug.: ①
[test]ar]

tes•te *sm.* 1. Exame ou prova para determinar
qualidade, natureza ou comportamento de
algo. 2. Método ou processo usado para isso.
3. *Bras.* Prova, verificação.

tes•te•mu•nha *sf.* 1. Pessoa chamada a assistir a certos atos autênticos ou solenes. 2. Pessoa que viu ou ouviu algo, ou que é chamada
a depor sobre o que viu ou ouviu.

tes•te•mu•nhal *adj2g.* Relativo a, ou fornecido
ou apresentado por testemunha. [Pl.: *–nhais.*]

tes•te•mu•nhar *v.t.d.* 1. Dar testemunho sobre;
testificar. 2. Comprovar, atestar; testificar. 3.
Ver, presenciar. 4. Manifestar, revelar. *T.i.* 5.
Dar testemunho. [Conjug.: ① [testemunh]ar]

tes•te•mu•nho *sm.* **1.** Depoimento duma testemunha em juízo. **2.** Prova (2).

tes•tí•cu•lo *sm. Anat.* Cada um dos dois órgãos ovóides sitos na bolsa escrotal, que produzem espermatozóides e certos hormônios. **§ tes•ti•cu•lar** *adj2g.*

tes•ti•fi•car *v.t.d.* V. *testemunhar* (1 e 2). [Conjug.: ⑧ [testifi]**car**]

tes•to (ê) *sm.* Tampa de barro ou de ferro.

te•su•do *adj.* e *sm. Bras. Chulo* Que ou aquele que tem ou sente muito tesão.

te•su•ra *sf.* **1.** Qualidade ou estado de teso; tesão. **2.** *Fig.* Orgulho, vaidade.

te•ta (ê) *sf.* **1.** Glândula mamária. **2.** Úbere¹.

te•ta *sm.* A 8ª letra do alfabeto grego (Θ, θ).

te•tâ•ni•co *adj.* Da natureza do tétano.

té•ta•no *sm. Med.* Doença infecciosa que se caracteriza por contrações musculares graves, e que podem ameaçar a vida.

te•téi•a *sf.* **1.** Enfeite, berloque. **2.** *Bras.* Pessoa ou coisa muito graciosa.

te•to *sm.* **1.** A face superior interna duma casa ou dum aposento. **2.** Habitação; abrigo. **3.** O limite máximo.

te•tra•e•dro *sm. Geom.* Poliedro de quatro faces.

te•tra•ne•to *sm.* Filho do trineto ou da trineta; tataraneto.

te•trá•po•de *Zool. adj2g.* **1.** Que tem quatro membros (diz-se de vertebrado). **•** *sm.* **2.** Animal tetrápode. [Sin. ger. *quadrúpede.*]

te•tráp•te•ro *adj. Zool.* Que tem quatro asas.

te•tras•sí•la•bo *adj.* e *sm.* Diz-se de, ou palavra ou verso de quatro sílabas.

te•tra•vó *sf.* Fem. de *tetravô*; tataravó.

te•tra•vô *sm.* Pai do trisavô ou da trisavó; tataravô.

té•tri•co *adj.* **1.** Muito triste; lúgubre. **2.** Horrível, medonho.

teu *pron. poss.* Pertencente à, ou próprio da, ou experimentado ou inspirado pela pessoa a quem se fala.

teu•tão *sm.* Indivíduo dos teutões, antigo povo da Germânia. [Pl.: *–tões.*]

teu•to *adj.* Teutônico.

teu•tô•ni•co *adj.* Relativo aos teutões, ou aos germanos; teuto.

te•vê *sf.* Televisão.

têx•til (ês) *adj2g.* **1.** Que se pode tecer. **2.** Relativo a tecelões ou à tecelagem. [Pl.: *–teis.*]

tex•to (ês) *sm.* **1.** As próprias palavras dum autor ou livro. **2.** Palavras citadas para demonstrar alguma coisa.

tex•tu•al (ês) *adj2g.* **1.** Relativo ao, ou que está num texto. **2.** Transcrito ou citado fielmente. [Pl.: *–ais.*]

tex•tu•ra (ês) *sf.* **1.** Ato ou efeito de tecer. **2.** Disposição dos fios de um tecido. **3.** *P. ext.* Qualidade visual e tátil de certos materiais manufaturados ou não. **4.** *Fig.* Contextura, trama.

te•xu•go *sm. Zool.* Mustelídeo onívoro que vive em tocas.

tez (ê) *sf.* **1.** Epiderme do rosto. **2.** Cútis, pele.

❏ **tg** *Trig.* Símb. de *tangente.*

❏ **tgh** *Mat.* Símb. de *tangente hiperbólica* [outra f.: *tanh*].

❏ **Th** *Quím.* Símb. do *tório.*

ti *pron. pess.* da 2ª pess. do sing., e que se usa acompanhado de preposição, salvo *com.*

❏ **Ti** *Quím.* Símb. do *titânio.*

ti•a *sf.* **1.** Irmã dos pais em relação aos filhos destes. **2.** Mulher do tio em relação aos sobrinhos deste.

ti•a-a-vó *sf.* Irmã dos avós, em relação aos netos destes. [Pl.: *tias-avós.*]

ti•a•ra *sf.* A mitra do Pontífice.

tí•bi:a *sf. Anat.* O mais grosso e mais interno dos ossos da perna. **§ ti•bi•al** *adj2g.*

tí•bi:o *adj.* **1.** Morno, tépido. **2.** Frouxo, fraco. **3.** Indolente (1). **4.** Raro, escasso. **§ ti•bi•e•za** (ê) *sf.*

ti•ção *sm.* **1.** Pedaço de lenha acesa ou meio queimada. **2.** Carvão (2). **3.** Pessoa preta. [Pl.: *–ções.*]

ti•co *sm. Bras. Fam.* Pedacinho.

ti•co-ti•co *sm. Bras. Zool.* Passarinho fringilídeo. [Pl.: *tico-ticos.*]

ti•cu•na *s2g. Bras. Etnôn.* Indivíduo dos ticunas, povo indígena, de língua isolada, que habita no AM. **§ ti•cu•na** *adj2g.*

ti•é ou tié *sm. Bras. Zool.* Nome comum a diversas aves traupídeas; azulão.

ti•e•te *s2g. Bras. Gír.* Fã.

ti•fá•ce:a *sf. Bot.* Espécime das tifáceas, família de ervas rizomatosas altas e de folhas resistentes que crescem em águas rasas. **§ ti•fá•ce:o** *adj.*

tí•fi•co *adj.* Do tifo, ou da natureza dele.

ti•fo *sm. Med.* Grupo de doenças infecciosas agudas, causadas por rické́ttsias, e relacionadas entre si clinicamente, mas que diferem na intensidade; são veiculadas por artrópodes.

ti•fói•de *adj2g. Med.* Semelhante a tifo.

ti•ge•la *sf.* Vaso sem gargalo, com ou sem asas.

ti•gre *sm. Zool.* Felídeo muito feroz que habita a Sibéria e o Sudeste Asiático.

ti•gre-den•te-de-sa•bre *sm. Paleont.* Esmilodonte (q. v.). [Pl.: *tigres-dentes-de-sabre.*]

ti•jo•lei•ro *sm.* Fabricante de tijolos.

ti•jo•lo (ô) *sm.* Produto cerâmico, geralmente em forma de paralelepípedo, para construções. [Pl.: *–jolos* (ó).]

ti•ju•co *sm. Bras.* **1.** Pântano. **2.** Lama, lodo.

ti•ju•pá *sm. Etnogr. Bras.* **1.** Cabana de índios, menor que a oca. **2.** Palhoça construída no meio da mata pelos trabalhadores.

til *sm.* Sinal gráfico (~) que nasala a vogal à qual se sobrepõe.

tíl•bu•ri *sm.* Carro pequeno de duas rodas, tirado por um só animal.

ti•li:a *sf. Bot.* Árvore tiliácea de folhas medicinais.

ti•li•á•ce:a *sf. Bot.* Espécime das tiliáceas, família de árvores e arbustos floríferos de fruto capsular. § **ti•li•á•ce:o** *adj.*

ti•lim *sm.* Voz imitativa do sino, do choque de moedas, etc. [Pl.: *–lins.*]

ti•lin•tar *v.t.d.* e *int.* **1.** Fazer soar, ou soar, como campainha, sino, etc. [Conjug.: ① [tilint]**ar**] • *sm.* **2.** O ato de tilintar.

ti•mão *sm.* **1.** Peça do arado à qual se atrelam os animais. **2.** Roda do leme (1). **3.** Direção, governo. [Pl.: *–mões.*]

tim•ba•le *sm.* Tímpano (3).

tim•bó *sm. Bras. Bot.* Planta das leguminosas que tem efeito narcótico sobre peixes, us., ilegalmente, na pesca.

tim•brar *v.t.d.* Pôr timbre em. [Conjug.: ① [timbr]**ar**]

tim•bre *sm.* **1.** Insígnia dum escudo para designar a nobreza do proprietário. **2.** Selo, carimbo. **3.** Honra, orgulho. **4.** Qualidade distinta de sons de mesma altura e intensidade.

ti•me *sm.* Nos esportes coletivos, número de pessoas selecionadas que constituem a equipe.

ti•me•le•á•ce:a *sf. Bot.* Espécime das timeleáceas, família de arvoretas e arbustos floríferos, ger. de países temperados. § **ti•me•le•á•ce:o** *adj.*

ti•mi•do *adj.* **1.** Que tem temor. **2.** Que tem dificuldade de relacionar-se com outrem; acanhado, bisonho, retraído. **3.** Próprio de tímido (2). **4.** Fraco, frouxo. § **ti•mi•dez** (ê) *sf.*

ti•mo•nei•ro *sm.* **1.** Aquele que governa o timão da embarcação. **2.** *P. ext.* Guia, chefe.

ti•mo•ra•to *adj.* Medroso, tímido.

tim•pâ•ni•co *adj.* Relativo ao tímpano (2).

tím•pa•no *sm.* **1.** Espécie de campainha metálica percutida por martelo (2). **2.** *Anat.* Cavidade do ouvido médio que contém ossículos (martelo, estribo e bigorna). **3.** *Mús.* Instrumento de percussão de som determinado, que consiste numa grande bacia de metal, de forma aproximadamente hemisférica, em cuja abertura se estende uma pele bastante retesada para produzir som musical; timbale.

ti•na *sf.* **1.** Vasilha para carregar água, lavar roupa, etc. **2.** Recipiente para banho (1).

ti•na•mí•de:o *sm. Zool.* Espécime dos tinamídeos, família de aves sem cauda, de pernas curtas e fortes; temindo as galináceos. Ex.: inhambus. § **ti•na•mí•de:o** *adj.*

tin•gir *v.t.d.* **1.** Mergulhar em tinta, alterando a cor primitiva. **2.** Colorir (1). **3.** Enrubescer. *T.d.i.* **4.** Dar certa cor a. *P.* **5.** Tomar certa cor. [Conjug.: ㊺ [tin]**gir**]

tin•gui *sm. Bras. Bot.* Arvoreta sapindácea do cerrado.

ti•nha *sf. Med. Pop.* Nome comum a várias micoses cutâneas e outras doenças da pele.

ti•nho•rão *sm. Bras. Bot.* Erva arácea, ornamental. [Pl.: *–rões.*]

ti•nho•so (ô) *adj.* **1.** Que sofre de tinha. • *sm.* **2.** V. *diabo* (2). [Pl.: *–nhosos* (ó).]

ti•ni•do *sm.* Som vibrante de vidro, metal, etc.

ti•nir *v.int.* **1.** Soar (vidro ou metal) aguda ou vibrantemente. **2.** Tiritar de frio ou medo. **3.** Ficar furioso. [Conjug.: ㊹ [tin]**ir**]

ti•no *sm.* **1.** V. *juízo* (3). **2.** Prudência, cuidado. **3.** Intuição (2). **4.** Conhecimento, idéia.

tin•ta *sf.* **1.** Substância química corante, que adere à superfície sobre a qual se aplica e que é usada para pintura. **2.** Tinta usada para escrever, tingir ou imprimir. **3.** Colorido; tom.

tin•tei•ro *sm.* Pequeno vaso para tinta de escrever.

tin•tim *el. sm.* Us. na loc. adv. *tintim por tintim.*
◆ **Tintim por tintim.** Com todas as particularidades; minuciosamente.

tin•tu•ra *sf.* **1.** Operação de tingir. **2.** Tinta (2) para tingir. **3.** Rudimentos, laivos. [Nesta acepç., é m. us. no pl.] **4.** Álcool carregado dos princípios ativos de uma ou diversas substâncias de natureza vegetal, animal ou mineral.

tin•tu•ra•ri•a *sf.* **1.** Estabelecimento onde se tingem panos. **2.** *Bras.* Lavanderia (1).

tin•tu•rei•ro *sm.* **1.** Aquele que tinge panos. Dono ou empregado de tinturaria. **3.** *Bras. Desus.* Carro da polícia, para transporte de presos.

ti:o *sm.* **1.** Irmão dos pais, em relação aos filhos destes. **2.** Marido da tia, em relação aos sobrinhos desta.

ti:o-a•vô *sm.* Irmão do avô ou da avó, em relação aos netos destes. [Fem.: *tia-avó.* Pl.: *tios-avôs* e *tios-avós.*]

tí•pi•co *adj.* Que serve de tipo; característico.

ti•pi•ti *sm. Bras.* Cesto cilíndrico onde se põe a massa de mandioca que se vai espremer.

ti•ple *s2g.* Soprano (1).

ti•po *sm.* **1.** Coisa que reúne em si os caracteres distintivos duma classe. **2.** Exemplar, modelo. **3.** *Fam.* Pessoa esquisita, excêntrica. **4.** Qualquer indivíduo. **5.** *Tip.* Peça de metal fundida, cujo relevo imprime determinada letra ou sinal. **6.** *Tip.* Letra impressa, caráter.

ti•po•gra•fi•a *sf.* **1.** Sistema de impressão que utiliza fôrma com a imagem a ser impressa gravada em relevo. **2.** Arte que abrange as várias operações para impressão por meio da tipografia (1). **3.** Estabelecimento tipográfico. **4.** Arte de criar tipos e caracteres.

ti•po•grá•fi•co *adj.* Da tipografia, ou relativo a ela.

ti•pó•gra•fo *sm.* Indivíduo que executa ou dirige as operações para impressão tipográfica.

ti•pói•a *sf. Bras.* Tira de pano que se prende ao pescoço para descansar braço ou mão doente.

ti•que *sm. Psiq.* Movimento involuntário e compulsivo que ocorre, ger., na face ou no(s) ombro(s), e que pode ter origem psicológica ou neurológica.

ti•que•ta•que *sm.* **1.** Voz imitativa de som regular e cadenciado. **2.** O bater do coração, de certos relógios, etc.

ti•que•te *sm.* Bilhete que dá ao portador determinado direito, como, p. ex., viajar em veículos coletivos.

ti•ra *sf.* **1.** Pedaço de pano, papel, etc., mais comprido que largo. **2.** Fita, faixa. • *sm.* **3.** *Edit.* Cada faixa ger. horizontal de uma história em quadrinhos. **4.** *Bras. Gír.* Agente de polícia.

ti•ra•co•lo *sm.* Us. na loc. *a tiracolo.* ◆ **A tiracolo.** Indo de um ombro para o lado contrário, na cintura ou debaixo do braço oposto a esse ombro.

ti•ra•da¹ *sf.* **1.** Ato ou efeito de tirar. **2.** Grande extensão de caminho.

ti•ra•da² *sf.* Frase ou trecho muito longo.

ti•ra•gem *sf.* **1.** Fluxo de ar quente que sai, e de ar frio que entra, numa fornalha. **2.** *Tip.* Operação de imprimir. **3.** Número de exemplares impressos duma vez. [Pl.: *–gens.*]

ti•ra•li•nhas *sm2n.* Instrumento de metal, rematado em dois bicos, para traçar, com tinta, linhas de grossura igual.

ti•ra•ni•a *sf.* **1.** Domínio ou poder de tirano. **2.** Governo opressor. **3.** Violência, opressão.

ti•râ•ni•co *adj.* Relativo a tirano ou a tirania, ou próprio daquele ou desta.

ti•ra•ní•de:o *sm. Zool.* Espécime dos tiranídeos, família de aves passeriformes gritadoras, de bico fino e comprido, curvo na ponta, insetívoras. Ex.: os bem-te-vis. § **ti•ra•ní•de:o** *adj.*

ti•ra•ni•zar *v.t.d.* **1.** Governar ou tratar com tirania. **2.** Tratar (pessoa[s]) com rigor excessivo. *Int.* **3.** Proceder como tirano. [Conjug.: ① [tiraniz]**ar**]

ti•ra•no *sm.* **1.** Governante injusto, cruel ou opressor. **2.** Indivíduo impiedoso, ou que abusa de sua autoridade.

ti•ra•nos•sau•ro *sm. Paleont.* O maior dos dinossauros carnívoros, poss., com cerca de 14m de comprimento e 6m de altura; deslocava-se em posição bipedal, e viveu no cretáceo da América do Norte.

ti•ran•te *adj2g.* **1.** Que tira ou puxa. **2.** Excetuado, excluído. **3.** Que dá aparência de. • *sm.* **4.** Cada uma das correias que prendem um veículo à(s) cavalgadura(s) que o puxa(m). **5.** Viga que suporta madeiramento de teto. • *prep.* **6.** V. *exceto.*

ti•rar *v.t.d.* **1.** Fazer sair de ponto ou lugar. **2.** Puxar, arrancar. **3.** Extrair, arrancar. **4.** Descalçar. **5.** Despir. **6.** Retirar de si. **7.** Libertar, livrar. **8.** Obter. **9.** Excluir, excetuar. **10.** Fazer desaparecer. **11.** Fazer (fotografia). **12.**

Servir-se de. **13.** Furtar. **14.** Puxar, arrastar. **15.** *Art. Gráf.* V. *imprimir* (2). **16.** *Bras.* Avaliar, julgar. **17.** *Bras.* Retirar (demonstrativo de saldo, extrato, dinheiro, etc.), via caixa ou caixa automático. **18.** Transcrever (letra de música) ou tocar (música) de ouvido. *T.d.i.* **19.** Tirar (13). **20.** Privar, despojar. **21.** Colher, lucrar. **22.** Retirar trecho, parte de. *T.d.c.* **23.** Tirar (7). **24.** Fazer sair. [Conjug.: ① [tir]**ar**]

ti•ra-tei•mas *sm2n.* **1.** Argumento decisivo. **2.** *Fam.* Dicionário. **3.** *Fam.* Qualquer instrumento de castigo, como cacete, etc.

ti•re•ói•de *Anat. adj2g.* **1.** Diz-se da glândula endócrina de situação anterior e inferior no pescoço. • *sm.* **2.** Essa glândula. **3.** Cartilagem na parte anterior e superior da laringe. § **ti•re•ói•de:o** *adj.*

ti•ri•ri•ca *Bras. sf.* **1.** *Bot.* Erva ciperácea, daninha. • *adj2g.* **2.** *Fam.* Furioso, danado.

ti•ris•tor (ô) *sm. Eletrôn.* Dispositivo semicondutor constituído de quatro camadas de diferentes concentrações de portadores, formando três junções PN, com três terminais de acesso — *anodo, catodo* e *porta* —, e cuja característica principal é o controle que uma tensão aplicada à porta exerce sobre a corrente direta entre anodo e catodo.

ti•ri•tar *v.int.* Tremer e/ou bater os dentes com frio ou medo. [Conjug.: ① [tirit]**ar**]

ti•ro *sm.* **1.** Ato ou efeito de atirar. **2.** O disparar de arma de fogo. **3.** Carga disparada por arma de fogo; bala. **4.** Distância que a carga normalmente alcança. **5.** Tirante (4) atrelado a animal ou veículo. **6.** Ato de puxar carros (exercido por cavalgaduras).

ti•ro•cí•ni:o *sm.* **1.** Primeiro ensino; aprendizado. **2.** Prática em determinada profissão.

ti•ro-de-guer•ra *sm. Bras.* Centro de instrução militar e formação de reservistas do Exército. [Pl.: *tiros-de-guerra.*]

ti•ro•tei•o *sm.* **1.** Fogo de fuzilaria no qual os tiros se sucedem. **2.** Fogo de guerrilhas ou de atiradores dispersos.

ti•sa•na *sf.* Infusão medicamentosa.

ti•sa•nu•ro *sm. Zool.* Espécime dos tisanuros, ordem de insetos ápteros, de aparelho bucal mastigador, que vivem ger. em lugares úmidos. Ex.: traças. § **ti•sa•nu•ro** *adj.*

tí•si•ca *sf. Obsol.* Tuberculose com caquexia.

tí•si•co *adj.* e *sm.* Que ou o que tem tísica.

tis•nar *v.t.d.* e *p.* **1.** Tornar(-se) negro como carvão, etc. **2.** Manchar(-se); macular(-se). [Conjug.: ① [tisn]**ar**]

tis•ne *sm.* V. *fuligem.*

ti•tã *sm.* **1.** *Mit.* Cada um dos gigantes que pretenderam escalar o Céu e destronar Júpiter. **2.** *Fig.* Pessoa de extraordinária grandeza, física, intelectual ou moral.

ti•tâ•ni•co *adj.* De titãs, ou próprio deles.

ti•tâ•ni:o *sm. Quím.* Elemento de número atômico 22, metálico, branco-prateado, leve, resistente, usado em ligas especiais [símb.: *Ti*].

tí•te•re *sm.* 1. V. *fantoche*. 2. Testa-de-ferro.

ti•ti•a *sf. Fam. Inf.* Tia.

ti•ti•lar *v.t.d.* 1. Fazer cócegas a. 2. *Fig.* Agradar, lisonjear. 3. Ter estremecimentos; palpitar. [Conjug.: 1 [titil]ar]

ti•ti:o *sm. Bras. Fam. Inf.* Tio.

ti•to•ní•de:o *sm. Zool.* Espécime dos titonídeos, família de estrigiformes de dedos médio e interior de igual tamanho. § **ti•to•ní•de:o** *adj.*

ti•tu•be•ar *v.int.* 1. Não poder manter-se de pé; cambalear. 2. Hesitar, vacilar. *T.i.* 3. Ter dúvidas; vacilar. [Conjug.: 10 [titub]ear] § **ti•tu•be•an•te** *adj2g.*

ti•tu•lar¹ *adj2g.* 1. Que tem título (4). 2. Efetivo; estável. • *s2g.* 3. Nobre, fidalgo. 4. Ocupante efetivo de cargo ou função. 5. Detentor; dono.

ti•tu•lar² *v.t.d.* 1. Dar título a; intitular. 2. Registrar em títulos autênticos. [Conjug.: 1 [titul]ar]

tí•tu•lo *sm.* 1. *Edit.* Cabeçalho de capítulo, artigo, etc., e que indica o assunto. 2. Obra editada. 3. Rótulo; letreiro. 4. Denominação honorífica. 5. Designação, nome. 6. Subdivisão de código, orçamento, etc. 7. Objeto, causa. 8. Documento que autentica um direito. 9. Qualquer papel (6) negociável. 10. Relação entre o metal fino duma liga e o total desta.

ti•ziu *sm. Bras. Zool.* Ave fringilídea que emite canto característico (*tiziu*).

❏ **Tl** *Quím.* Símb. do *tálio*.

❏ **Tm** *Quím.* Símb. do *túlio*.

to 1. Equiv. dos pron. *te²* e *o* (2). 2. Equiv. dos pron. *te²* e *o* (4).

to•a (ó) *sf.* Corda com que uma embarcação reboca outra. ◆ **À toa.** 1. Ao acaso. 2. Sem razão. 3. Inutilmente. 4. Sem ocupação.

to•a•da *sf.* 1. Qualquer cantiga de melodia simples e monótona, texto sentimental ou brejeiro. 2. Entoação, tom.

to:a•le•te *sf.* 1. Ato de se aprontar: lavar-se, pentear(-se), etc. • *sm.* 2. Traje feminino requintado. 3. Compartimento com lavatório e espelho, com vaso sanitário ou sem ele.

to•a•lha *sf.* 1. Peça de tecido absorvente para enxugar o corpo, ou parte dele. 2. Peça de tecido que cobre a mesa às refeições.

to:a•lhei•ro *sm.* Cabide ou peça congênere para pendurar toalhas, nos banheiros.

to•ar *v.int.* Emitir tom ou som forte. [Conjug.: 13 [t]oar]

to•bo•gã *sm.* Trenó baixo para deslizar nas encostas cobertas de neve.

to•ca *sf.* 1. Buraco na terra, na pedra, etc., onde se abrigam animais. 2. Abrigo, refúgio. 3. Casinha pobre.

to•ca-dis•cos *sm2n.* Aparelho elétrico provido de dispositivo que imprime movimento giratório em discos fonográficos.

to•ca•do *adj. Fam.* 1. Um pouco embriagado. 2. *Bras.* Amalucado, adoidado.

to•ca-fi•tas *sm2n. Bras.* Aparelho para reproduzir sons gravados em fitas magnéticas.

to•cai•a *sf. Bras.* Espreita ao inimigo ou à caça.

to•cai•ar *v.t.d. Bras.* 1. Emboscar-se para agredir ou matar (inimigo ou caça). 2. Espreitar, vigiar. [Conjug.: 1 [tocai]ar]

to•can•di•ra *sf. Bras. Zool.* Formiga preta, grande, da Amaz., de picada muito dolorosa.

to•can•te *adj2g.* 1. Referente. 2. Emocionante, comovente.

to•can•ti•nen•se *adj2g.* 1. De TO. • *s2g.* 2. O natural ou habitante deste estado.

to•car *v.t.d.* 1. Pôr a mão em; apalpar. 2. Ter contato com. 3. Fazer soar ou saber fazer soar. 4. Executar (música). 5. Anunciar por meio de batidas, badaladas, etc. 6. Comover, sensibilizar. 7. Confinar com. 8. *Bras.* Conduzir (gado). 9. *Bras.* Expulsar. *T.i.* 10. Tocar (1). 11. Caber em partilha. 12. Referir-se a. 13. Competir (4). 14. Dizer respeito. 15. Comunicar-se por telefone; ligar. 16. Ir de encontro; chocar-se. *T.c.* 17. Ir(-se); seguir. *Int.* 18. Produzir som; soar. 19. Exercer ou aplicar o sentido do tato. *P.* 20. Pôr-se em contato. 21. Ofender-se, magoar-se. 22. Aproximar-se, juntar-se. [Conjug.: 8 [to]car]

to•ca•ta *sf. Mús.* Composição geralmente destinada a instrumentos de teclado, em estilo livre, andamento rápido e brilhante.

to•cha *sf.* Grande vela de cera.

to•chei•ro *sm.* Castiçal para tocha.

to•co (ó) *sm.* 1. Parte restante do tronco, após cortada a árvore. 2. Pedaço de vela ou de tocha. 3. Resto de coisa que se partiu ou se consumiu.

to•da•vi•a *conj.* Contudo, porém, entretanto.

to•do (ô) *adj.* 1. Inteiro, total. 2. A que não falta parte alguma. • *pron. indef.* 3. Qualquer, cada. • *adv.* 4. Completamente; inteiramente. • *sm.* 5. V. *totalidade*. [Flex. (de 1, 2 e 3): *toda* (ó), *todos* (ô), *todas* (ô).]

to•do-po•de•ro•so *adj.* 1. Que pode tudo; onipotente. • *sm.* 2. Aquele que pode tudo. [Flex.: *todo-poderosa, todo-poderosos, todo-poderosas*.] 3. Deus. [Com inicial maiúscula, nesta acepç.]

to•dos (ô) *pron. indef.* Toda a gente.

to•e•sa (ê) *sf.* Antiga medida de 6 pés, equivalente a 1,98m.

to•fu *sm.* Pasta de leite de soja, espécie de queijo.

to•ga *sf.* 1. Manto de lã, amplo e comprido, usado pelos antigos romanos. 2. Vestuário de magistrado. 3. A magistratura.

to•ga•do *adj.* 1. Que usa toga. 2. Que exerce a magistratura judicial.

toi•ci•nho ou **tou•ci•nho** *sm.* Gordura do porco, subjacente à pele, com o respectivo couro.

tol•da *sf. Bras.* Cobertura de palha ou de madeira para abrigar, nas embarcações, a carga e/ou os passageiros.

tol•dar *v.t.d.* **1.** Cobrir com tolda ou toldo. **2.** Nublar. **3.** Tornar escuro; obscurecer. **4.** Obcecar, cegar. *P.* **5.** Turvar-se (o vinho) na vasilha. **6.** Nublar-se. [Conjug.: ① [told]**ar**]

tol•do (ô) *sm.* Coberta de lona, de metal, etc., destinada sobretudo a abrigar porta, janela, convés ou coberta de embarcação, etc., contra o sol e a chuva.

to•lei•rão *sm.* Indivíduo muito tolo; bobalhão. [Pl.: –*rões*.]

to•le•rân•ci:a *sf.* **1.** Qualidade de tolerante. **2.** Ato ou efeito de tolerar. **3.** Pequenas diferenças para mais ou para menos. **4.** Respeito ao direito que os indivíduos têm de agir, pensar e sentir de modo diverso do nosso.

to•le•ran•te *adj2g.* **1.** Que desculpa; indulgente. **2.** Que admite e respeita opiniões contrárias à sua.

to•le•rar *v.t.d.* **1.** Ser indulgente para com. **2.** Consentir tacitamente. **3.** V. *suportar* (2). [Conjug.: ① [toler]**ar**] § **to•le•rá•vel** *adj2g.*

to•le•te (ê) *sm.* Pequena haste de madeira ou de metal que se prende verticalmente na borda de certas embarcações miúdas para servir de apoio ao remo.

tolher *v.t.d.* **1.** Embaraçar, dificultar. **2.** Entorpecer, paralisar. **3.** Não deixar manifestar-se. *T.d.i.* **4.** Proibir, impedir. **5.** Privar. [Conjug.: ② [tolh]**er**]

to•lhi•do *adj.* Entrevado, paralítico.

to•li•ce *sf.* Qualidade, ação ou dito de tolo.

to•lo (ô) *adj.* **1.** Que diz ou faz tolices. **2.** Simplório, ingênuo. [Sin., nessas acepç.: *abobado, abobalhado, aparvalhado, apatetado, basbaque, bobo, boboca, bocó, débil, estulto, idiota, imbecil, leso, lorpa, maluco, pacóvio, palerma, parvo, paspalhão, pateta, tonto.*] **3.** Vaidoso, presunçoso. **4.** Ridículo (pessoa ou coisa). **5.** Infundado. **6.** Que não faz sentido; disparatado. • *sm.* **7.** Indivíduo tolo; basbaque, bobo, boboca, bocó, idiota, imbecil, maluco, pacóvio, palerma, parvo, paspalhão, pateta, pato.

to•lu•e•no *sm. Quím.* Hidrocarboneto aromático, usado como solvente.

tom *sm.* **1.** Altura de um som. **2.** O som da voz humana. **3.** Inflexão da voz. **4.** Nuança, matiz; tonalidade. **5.** *Mús.* Intervalo formado por dois semitons. [Pl.: –*tons*.]

to•ma•da *sf.* **1.** Ato ou efeito de tomar. **2.** *Cin. Telev.* Registro de uma cena. **3.** *Bras.* Ramificação duma instalação elétrica para ligar qualquer aparelho elétrico (ventilador, abajur, ferro de passar, etc.).

to•ma•dor (ô) *sm.* **1.** Aquele que contrai um empréstimo. **2.** Aquele que emite contra alguém uma letra de câmbio.

to•mar *v.t.d.* **1.** Pegar ou segurar em; empunhar. **2.** Agarrar, segurar. **3.** Apoderar-se de. **4.** Arrebatar, tirar. **5.** Roubar, furtar. **6.** Preencher, ocupar. **7.** Consumir (tempo). **8.** Seguir (uma direção ou caminho). **9.** Ingerir. **10.** Pegar (4). **11.** Adotar, adquirir; assumir. **12.** Beneficiar-se de (conhecimentos transmitidos por outrem); ter: *tomar aulas de inglês. T.d.i.* **13.** Tomar (4 e 5). **14.** Suspender. *Transobj.* **15.** Considerar. *P.* **16.** Ser invadido (por sentimento, emoção). [Conjug.: ① [tom]**ar**]

to•ma•ra *interj. Bras.* Prouvera a Deus; oxalá.

to•ma•te *sm.* O fruto do tomateiro.

to•ma•tei•ro *sm. Bot.* Erva solanácea de fruto alimentício us. como salada, tempero, etc.

tom•ba•di•lho *sm.* **1.** Numa embarcação, superestrutura levantada à popa, sobre a coberta superior, e destinada a câmaras e alojamentos. **2.** O pavimento dessa superestrutura.

tom•ba•men•to¹ *sm.* V. *tombo¹*.

tom•ba•men•to² *sm.* Tombo².

tom•bar¹ *v.t.d.* **1.** Fazer cair. *Int.* **2.** Cair no chão; cair. **3.** Declinar, descair. **4.** Morrer. *T.c.* **5.** Inclinar-se, voltar-se. [Conjug.: ① [tomb]**ar**] § **tom•ba•do¹** *adj.*

tom•bar² *v.t.d.* **1.** Fazer o tombo² de; arrolar, inventariar. **2.** Pôr (o Estado) sob sua guarda, para os conservar e proteger (bens móveis e imóveis cuja conservação e proteção seja do interesse público). [Conjug.: ① [tomb]**ar**] § **tom•ba•do²** *adj.*

tom•bo¹ *sm.* Ato ou efeito de tombar¹; queda, tombamento.

tom•bo² *sm.* **1.** Inventário de terrenos demarcados. **2.** Registro de coisas ou fatos relativos a uma especialidade ou a uma região. [Sin. ger.: *tombamento*.]

tôm•bo•la *sf. Bras.* Espécie de loteria com prêmios não em dinheiro, mas em objetos.

to•men•to *sm. Bot.* Lanugem (2) densa que reveste um órgão ou parte dele.

to•men•to•so (ô) *adj.* Que tem tomento. [Pl.: –*tosos* (ó).]

to•mi•lho *sm. Bot.* Erva labiada condimentosa, que fornece óleo de poder anti-séptico.

to•mo *sm.* **1.** Divisão bibliográfica de uma obra, que pode coincidir ou não com o volume. **2.** *Fig.* Valia, importância.

to•na *sf.* Casca tênue; película. ♦ **À tona.** À superfície (da água).

to•nal *adj2g. Mús.* Relativo ao tom, ou à tonalidade. [Pl.: –*nais*.]

to•na•li•da•de *sf.* **1.** V. *tom* (4). **2.** *Mús.* Conjunto de fenômenos harmônicos e melódicos que regem a formação das escalas e seu encadeamento.

to•nan•te *adj2g.* 1. Que troveja; trovejante. 2. Que atroa; forte, vibrante.

to•nel *sm.* Vasilha grande para líquidos, formada de aduelas, tampo e arcos. [Pl.: –*néis.*]

to•ne•la•da *sf. Fís.* Unidade fundamental de medida de massa igual a 1.000kg [símb.: *t*].

to•ne•la•gem *sf.* 1. Capacidade dum caminhão, trem, etc. 2. Medida dessa capacidade.

to•ne•la•ri•a *sf.* Tanoaria.

⇨ toner (tôner) [Ingl.] *sm.* Pó pigmentado, us. por impressoras a *laser* e por fotocopiadoras no processo de impressão ou de formação da imagem, e que se funde ao papel por aquecimento.

tô•ni•ca *sf.* 1. *Gram.* Sílaba ou vogal tônica. 2. *Mús.* A nota que dá o seu nome ao tom sobre o qual se constrói uma escala diatônica qualquer.

to•ni•ci•da•de *sf.* Qualidade de tônico.

tô•ni•co *adj.* 1. Que tonifica. 2. *Gram.* Diz-se do elemento (vogal, sílaba) que recebe o acento de intensidade. • *sm.* 3. Medicamento tônico.

to•ni•fi•car *v.t.d.* 1. Dar vigor a; fortificar. *P.* 2. Fortificar-se, robustecer-se. [Conjug.: 8 [to-nifi]car]

to•ni•tru•an•te *adj2g.* Atroador; estrondoso.

ton•su•ra *sf.* Corte circular do cabelo, na parte mais alta e posterior da cabeça, que se faz nos clérigos; coroa.

ton•su•ra•do *sm.* Clérigo.

ton•su•rar *v.t.d.* Fazer tonsura em. [Conjug.: 1 [tonsur]ar]

ton•te•ar *v.int.* 1. Proceder como tonto (4); disparatar. 2. Estar tonto (1). 3. Ter tonturas. *T.d.* 4. Atordoar, aturdir. [Conjug.: 10 [tont]ear]

ton•tei•ra *sf.* V. *vertigem* (1).

ton•ti•ce *sf.* Ato, modos ou dito de tonto; tolice.

ton•to *adj.* 1. Que tem tontura; zonzo. 2. V. *atordoado.* 3. Idiota, demente. 4. V. *tolo* (1 e 2). 5. *Bras.* V. *embriagado.*

ton•tu•ra *sf.* Estado de tonto, de zonzo; vertigem, zonzeira.

⇨ top (tóp) [Ingl.] *sm. Fís. Part. Quark* com carga elétrica 2/3.

to•pa•da *sf.* 1. Tropeção. 2. Encontrão, choque.

to•par *v.t.d.* 1. Encontrar, achar. 2. Aceitar (proposta, convite). *T.i.* 3. Topar (1). 4. Dar topada em. 5. Encontrar(-se), deparar. *Int.* 6. *Fam.* Estar de acordo; concordar. [Conjug.: 1 [top]ar]

to•pá•zi:o *sm.* Pedra preciosa amarela.

to•pe *sm.* 1. Topo (1). 2. O mais alto grau. 3. Laço de fita em chapéu, etc. 4. *Bras.* Tamanho, altura.

to•pe•te (é) ou to•pe•te (ê) *sm.* 1. Cabelo levantado na parte anterior da cabeça. 2. *Zool.* Penas alongadas que se levantam na cabeça de algumas aves. 3. *Bras.* Atrevimento, ousadia.

tó•pi•co *adj.* 1. Diz-se de remédio de uso externo. • *sm.* 2. Remédio tópico. 3. *Bras.* Pequeno comentário de jornal.

to•po (ô) *sm.* 1. A parte mais alta; tope. 2. Fim, ponta, a partir da parte mais baixa.

to•po•gra•fi•a *sf.* Descrição minuciosa de uma localidade; topologia. § to•po•grá•fi•co *adj.*; to•pó•gra•fo *sm.*

to•po•lo•gi•a *sf.* 1. Topografia. 2. *Gram.* O estudo da colocação das palavras na frase.

to•po•ní•mi:a *sf.* Estudo lingüístico ou histórico da origem dos topônimos.

to•po•ní•mi•co *adj.* Relativo à toponímia, ou a topônimos.

to•pô•ni•mo *sm.* Nome próprio de lugar.

to•que *sm.* 1. Ato ou efeito de tocar. 2. Pancada, choque. 3. Som produzido por atrito, choque ou percussão. 4. Som que determina a execução de certos atos, como manobras militares, orações, etc. 5. Aperto de mão como cumprimento. 6. Apuro artístico; esmero. 7. *Fig.* Sinal, marca. 8. *Fig.* Meio de conhecer ou de experimentar. 9. *Med.* Forma de exame (4) em que o médico introduz um ou mais de um dedo em cavidade natural que deseja examinar.

to•ra *sf.* Grande tronco de madeira.

to•rá•ci•co *adj.* Do tórax, ou relativo a ele.

to•ran•ja *sf.* O fruto da toranjeira.

to•ran•jei•ra *sf. Bot.* Árvore rutácea de fruto comestível.

to•rar *v.t.d.* 1. Partir em toros. 2. *Bras.* Cortar rente. 3. *Bras. N.E. MG* Fazer em pedaços; partir, cortar. [Conjug.: 1 [tor]ar]

tó•rax (cs) *sm2n. Anat.* Conjunto que compreende a cavidade torácica, órgãos nela contidos, e paredes que circunscrevem essa cavidade, sita entre o pescoço, acima, e o abdome, abaixo.

tor•çal *sm.* Cordão de seda com fios de ouro ou sem eles. [Pl.: –*çais.*]

tor•ção *sf.* 1. Torcedura. 2. *Fís.* Deformação de um sólido, em que ocorrem deslocamentos circulares das camadas vizinhas, umas em relação às outras.

tor•ce•dor (ô) *adj.* 1. Que torce. • *sm.* 2. Instrumento para torcer. 3. *Bras.* Aquele que torce [v. *torcer* (8)].

tor•ce•du•ra *sf.* Ato ou efeito de torcer(-se); torção.

tor•cer *v.t.d.* 1. Obrigar a se volver sobre si mesmo ou em espiral. 2. Vergar, entortar 3. Deslocar; desarticular. 4. Desvirtuar, distorcer. 5. Fazer mudar de rumo ou de tenção; desviar. 6. Fazer ceder; sujeitar. *T.i.* 7. Desviar-se, apartar-se. 8. *Bras.* Simpatizar com um clube esportivo. *T.c.* 9. Mudar de direção. *Int.* 10. Dar voltas. 11. Submeter-se, sujeitar-se. 12. Acompanhar a ação de outrem com simpatia e desejo de bom êxito. *P.* **13.** Dobrar-se, vergar-se. **14.** Contorcer-se, contrair-se. [Conjug.: 34 [tor]**cer**; part.: *torcido.*]

tor•ci•co•lo *sm. Med.* Estado de contração de músculos cervicais, levando a posição anormal da cabeça.

tor•ci•da¹ *sf.* Os adeptos dum clube esportivo; grupo de torcedores. [Sin., bras.: *galera.*]

tor•ci•da² *sf.* Mecha de candeeiro ou de vela; pavio.

tor•ci•do *adj.* **1.** Que se torceu. **2.** V. *torto* (1).

tor•ço (ô) *sm. Bras. BA* Xale ou manta que se enrola na cabeça à moda de turbante.

tor•di•lho *adj.* Diz-se do cavalo de pêlo negro com manchas brancas.

tor•do (ô) *sm. Zool.* Ave turdídea das zonas temperadas.

tó•ri:o *sm. Quím.* V. *actinídeos* [símb.: *Th*].

tor•men•ta *sf.* **1.** Temporal violento. **2.** Desordem, agitação.

tor•men•to *sm.* **1.** Ato ou efeito de atormentar(-se). **2.** Tortura (1).

tor•men•to•so (ô) *adj.* Que causa tormento(s). [Pl.: *–tosos* (ó).]

tor•na•do *sm. Met.* Fenômeno que se manifesta pela formação de grande nuvem negra com prolongamento em forma de cone invertido, o qual, torneando em velocidades que podem atingir 500km/h, desce até à superfície, onde produz forte redemoinho e eleva pó, destelha casas, arranca árvores, etc.

tor•nar *v.t.c.* **1.** Voltar, retornar. *T.d.i.* **2.** Restituir (1). *Transobj.* **3.** Converter em, fazer; *Int.* **4.** Voltar ao lugar donde saíra. **5.** Ressurgir (1). *P.* **6.** Vir a ser; fazer-se. [Conjug.: 1 [torn]**ar**]

tor•nas•sol *sm. Quím.* Substância extraída de liquens, usada como indicador. [Pl.: *–sóis.*]

tor•ne•a•do *adj.* **1.** Feito ao torno. **2.** Roliço, redondo. **3.** *Fig.* Bem contornado. **4.** Escrito com elegância.

tor•ne:a•men•to *sm.* Ato ou efeito de tornear; torneio.

tor•ne•ar *v.t.d.* **1.** Fabricar ao torno (1). **2.** Dar forma redonda, cilíndrica ou roliça a. **3.** *Fig.* Polir, aprimorar. **4.** Cingir, rodear. [Conjug.: 10 [torn]**ear**]

tor•nei•o¹ *sm.* **1.** Torneamento. **2.** Elegância de frase.

tor•nei•o² *sm.* **1.** Justa (1). **2.** Competição esportiva.

tor•nei•ra *sf.* **1.** Tubo com uma espécie de chave, para reter ou deixar sair um fluido contido em vaso, pipa, etc. **2.** A chave desse tubo.

tor•nei•ro *sm.* Artífice que trabalha ao torno (1).

tor•ni•que•te (ê) *sm.* **1.** Cruz móvel posta horizontalmente à entrada de rua ou estrada, etc., para impedir a passagem de veículos. **2.**

Instrumento para apertar, ou cingir apertando. **3.** Antigo instrumento de tortura. **4.** *Bras.* V. *borboleta* (4).

tor•no (ô) *sm.* **1.** Engenho em que se faz girar uma peça de madeira, ferro, aço, etc., para lavrá-la ou arredondá-la. **2.** Chave de torneira. **3.** Prego de madeira; cavilha.

tor•no•ze•lo (ê) *sm. Anat.* Parte de membro inferior entre perna e pé.

to•ro *sm.* Tronco de árvore abatida, ainda com a casca.

to•ró *sm. Bras. Pop.* Chuvada violenta e, em geral, curta.

tor•pe (ó) *adj2g.* **1.** Desonesto, impudico. **2.** V. *infame* (2). **3.** Repugnante, nojento. **4.** Obsceno, indecente. § **tor•pe•za** (ê) *sf.*

tor•pe•de•ar *v.t.d.* **1.** Lançar torpedos contra. **2.** Destruir com torpedo. **3.** *Bras. Fig.* Diligenciar para fazer malograr-se (um plano, empreendimento, etc.). [Conjug.: 10 [torped]**ear**]

tor•pe•dei•ro *sm.* Navio de guerra lançador de torpedos.

tor•pe•do (ê) *sm.* Engenho explosivo, de forma cilíndrica alongada, com propulsão e direção próprias, para afundar embarcações.

tor•por (ô) *sm.* **1.** *Med.* Ausência de resposta a estímulos comuns. **2.** Indiferença ou inércia moral. § **tor•po•ro•so** (ô) *adj.*

tor•que *sm. Fís.* V. *binário* (2).

tor•quês *sf.* Espécie de tenaz ou alicate.

tor•ra•da *sf.* Fatia de pão torrado.

tor•ra•dei•ra *sf.* Utensílio, elétrico ou não, para tostar pão.

tor•rão *sm.* **1.** Pedaço de terra endurecido. **2.** Gleba. **3.** Pedaço de qualquer coisa; bocado. **4.** *Fig.* pátria (1). [Pl.: *–rões.*]

tor•rar *v.t.d.* **1.** Ressequir pelo calor do fogo, ou ao sol. **2.** Secar muito. **3.** *Bras. Fig.* V. *liquidar* (8). **4.** Gastar desmedidamente; esbanjar. [Conjug.: 1[torr]**ar**] § **tor•ra•ção** *sf.*

tor•re (ô) *sf.* **1.** Edificação alta que se construía sobretudo para defesa em caso de guerra. **2.** Construção alta e estreita, isolada ou anexa a igreja, onde ficam os sinos; campanário. **3.** Peça do jogo de xadrez.

tor•re•ão *sm.* **1.** Torre larga, com ameias, sobre um castelo. **2.** Torre, pavilhão ou terraço no ângulo ou na alto de edificação. [Pl.: *–ões.*]

tor•re•fa•ção *sf.* Ato ou efeito de torrefazer. [Pl.: *–ções.*]

tor•re•fa•to *adj.* Que se torrefez; torrefeito.

tor•re•fa•zer *v.t.d.* Fazer torrar. [Conjug.: 20 [torre]**fazer**]

tor•re•fei•to *adj.* Torrefato.

tor•ren•ci•al *adj2g.* **1.** Relativo a torrente. **2.** Impetuoso como torrente; caudaloso. [Pl.: *–ais.*]

tor•ren•te *sf.* **1.** Curso de água temporário e violento, originário das enxurradas. **2.** *Fig.* Multidão que se precipita com ímpeto.

tor•res•mo (ê) *sm.* Toicinho frito em pedacinhos.

tór•ri•do *adj.* Muito quente; ardente.

tor•ri•fi•car *v.t.d.* 1. Tornar tórrido. 2. Torrar (1). [Conjug.: 8 [torrifi]car]

tor•ri•nha *sf.* Galeria de última ordem, nos teatros; poleiro (*bras. pop.*)

tor•so (ô) *sm.* 1. *Anat.* Tronco (3). 2. Busto de pessoa ou de estátua inteira.

tor•ta *sf. Cul.* 1. Grande pastel doce ou salgado, recheado. 2. Bolo de camadas, recheado e ger. com cobertura.

tor•to (ô) *adj.* 1. Que não é reto ou direito; sinuoso, tortuoso, torcido. 2. Que está de través; oblíquo. 3. *Fig.* Desleal.

tor•tu•o•so (ô) *adj.* 1. V. *torto* (1). 2. Que dá muitas voltas. 3. Oposto à verdade e à justiça. [Pl.: *-osos* (ó).] § **tor•tu:o•si•da•de** *sf.*

tor•tu•ra *sf.* 1. Suplício, tormento, infligido a alguém. 2. *Fig.* Grande mágoa. 3. *Fig.* Lance difícil.

tor•tu•ra•dor (ô) *adj.* 1. Torturante. • *sm.* 2. Aquele que tortura.

tor•tu•ran•te *adj2g.* Que tortura; torturador.

tor•tu•rar *v.t.d.* 1. Infligir tortura a. 2. Afligir, angustiar. 3. Incomodar fisicamente em alto grau. *P.* 4. Afligir-se. [Conjug.: 1 [tortur]ar]

tor•var *v.t.d.* 1. Confundir, perturbar. *Int.* e *p.* 2. Confundir-se, perturbar-se. 3. Irritar-se. 4. Tornar-se torvo, carrancudo. [Conjug.: 1 [torv]ar]

tor•ve•li•nho *sm.* 1. Remoinho (1). 2. Grande agitação.

tor•vo (ô) *adj.* 1. Terrível, medonho. 2. Carrancudo. 3. Pavoroso, sinistro.

to•sa¹ *sf.* Operação de tosar a lã.

to•sa² *sf.* Surra, sova.

to•são *sm.* Velo de carneiro. [Pl.: *-sões.*]

to•sar¹ *v.t.d.* 1. Aparar a felpa de. 2. Tosquiar. [Conjug.: 1 [tos]ar]

to•sar² *v.t.d.* Dar tosa² em; surrar. [Conjug.: 1 [tos]ar]

tos•co (ô) *adj.* 1. Tal como veio da natureza. 2. Não lapidado nem polido. 3. Grosseiro, rude. 4. Sem instrução.

tos•qui•a *sf.* Ato ou efeito de tosquiar.

tos•qui•ar *v.t.d.* 1. Cortar rente (pêlo, lã ou cabelo); tosar. 2. Cortar rente o pêlo, a lã, ou o cabelo de; tosar. [Conjug.: 1 [tosqui]ar]

tos•se *sf. Med.* Expulsão súbita e ruidosa de ar pela boca, em geral para eliminação de matéria estranha em vias aéreas.

tos•sir *v.int.* 1. Ter tosse. *T.d.* 2. Expelir da garganta. [Conjug.: 55 [t]o[ss]ir]

tos•tão *sm.* Moeda brasileira antiga, de níquel, que valia cem réis. [Pl.: *-tões.*]

tos•tar *v.t.d.* 1. Queimar superficialmente; crestar. 2. Dar cor escura a. 3. Dourar (prato assado, pão, etc.). *P.* 4. Crestar-se. [Conjug.: 1 [tost]ar] § **tos•ta•do** *adj.*

to•tal *adj2g.* 1. Que abrange um todo; completo, geral. • *sm.* 2. Resultado de adição; soma. [Pl.: *-tais.*]

to•ta•li•da•de *sf.* O conjunto das partes que constituem um todo; soma, todo.

to•ta•li•tá•ri:o *adj.* Diz-se do governo, país ou regime em que um grupo centraliza todos os poderes políticos e administrativos.

to•ta•li•ta•ris•mo *sm.* Sistema de governo totalitário. § **to•ta•li•ta•ris•ta** *adj2g.* e *s2g.*

to•ta•li•zar *v.t.d.* 1. Calcular o total de. 2. Apreciar em conjunto. 3. Realizar totalmente. 4. *Bras.* Atingir o total de; perfazer. [Conjug.: 1 [totaliz]ar]

to•tem *sm. Antrop.* Ser vivo, fenômeno natural ou objeto em relação ao qual, em certos povos, um grupo ou subgrupo social tem uma relação simbólica especial, que envolve crenças e práticas específicas (p. ex., considerá-lo como um ancestral ou protetor e cumprir certas obrigações para com ele). [Pl.: *-tens.*]

to•tê•mi•co *adj.* Relativo ao totem ou ao totemismo.

to•te•mis•mo *sm. Antrop.* Sistema de crenças e práticas que se baseia na atribuição de totens aos diversos subgrupos de uma sociedade.

tou•ca *sf.* 1. Adorno de fazenda ou de lã, usado na cabeça. 2. Peça de vestuário que cobre a cabeça, pescoço e ombros de freiras.

tou•ça ou toi•ça *sf.* Moita (1).

tou•ca•do *sm.* Conjunto de adornos da cabeça das mulheres.

tou•ca•dor (ô) *sm.* Móvel encimado por um espelho, e que serve a quem se penteia.

tou•car *v.t.d.* 1. Cobrir com touca. 2. Pentear e dispor convenientemente (o cabelo). [Conjug.: 8 [tou]car]

tou•cei•ra ou toi•cei•ra *sf.* 1. Grande touça. 2. *Bot.* Parte da árvore que fica viva no solo depois de cortado o seu caule.

tou•pei•ra *sf. Zool.* Mamífero talpídeo. 2. *Fam.* Pessoa pouco inteligente.

tou•ra•da ou toi•ra•da *sf.* Corrida de touros.

tou•re•ar ou toi•re•ar *v.t.d.* 1. Correr (touros). 2. Perseguir; atacar. *Int.* 3. Correr touros. [Conjug.: 1 [tour]ear]

tou•rei•ro ou toi•rei•ro *sm.* O que toureia, como amador ou por profissão.

tou•ro ou toi•ro *sm.* 1. Boi não castrado. 2. Boi bravo. 3. *Fig.* Homem fogoso e robusto. 4. *Astr.* A segunda constelação do Zodíaco, situada no hemisfério norte. 5. *Astrol.* O segundo signo do Zodíaco, relativo aos que nascem entre 21 de abril e 20 de maio. [Com maiúscula, nas acepç. 4 e 5.]

tou•ti•ço ou toi•ti•ço *sm.* 1. A parte posterior da cabeça; cachaço, nuca. 2. A cabeça.

tou•ti•ne•gra (ê) *sf. Zool.* Ave silviídea, canora.

tó•xi•co (cs) *adj.* **1.** Que intoxica. • *sm.* **2.** Veneno, peçonha. **3.** *Pop.* Droga (3).

to•xi•co•ma•ni•a (cs) *sf. Psiq.* Uso habitual e excessivo de substâncias tóxicas de uso terapêutico (morfina, barbitúricos, etc.), ou não. § **to•xi•co•ma•ní•a•co** (cs) *adj.* e *sm.*; **to•xi•cô•ma•no** (cs) *sm.*

to•xi•na (cs) *sf. Med.* Substância venenosa secretada por seres vivos; diferenciam-se de substâncias químicas e de alcalóides vegetais pelo alto peso molecular e pelo poder antigênico.

tra•ba•lha•dor (ô) *adj.* **1.** Que trabalha. • *sm.* **2.** Aquele que trabalha. **3.** *Restr.* Operário.

tra•ba•lhão *sm.* Trabalheira. [Pl.: *–lhões.*]

tra•ba•lhar *v.int.* **1.** Ocupar-se em algum mister. **2.** Esforçar-se para fazer ou alcançar alguma coisa. **3.** Estar em funcionamento (v. *funcionar* [2]). *T.i.* **4.** Ocupar-se de algum mister. **5.** Empregar esforços. Negociar. *T.d.* **7.** Pôr em obra; lavrar. **8.** *Bras. Gír.* Delinear através de exercícios físicos, musculação, etc. [Conjug.: ① [trabalh]**ar**]

tra•ba•lhei•ra *sf. Fam.* Grande trabalho; trabalhão.

tra•ba•lhis•mo *sm.* Doutrina ou opinião sobre a situação econômica do operariado. § **tra•ba•lhis•ta** *adj2g.* e *s2g.*

tra•ba•lho *sm.* **1.** Aplicação das forças e faculdades humanas para alcançar um determinado fim. **2.** Atividade coordenada, de caráter físico e/ou intelectual, necessária à realização de qualquer tarefa, serviço ou empreendimento. **3.** Trabalho (2) remunerado ou assalariado; serviço, emprego. **4.** Local onde se exerce essa atividade. **5.** Qualquer obra realizada. **6.** Lida, labuta. **7.** *Bras.* V. *bruxaria* (1).

tra•ba•lhos *sm.pl.* **1.** Empresas, empreendimentos. **2.** *Fig.* Cuidados, aflições.

tra•ba•lho•so (ô) *adj.* Que dá muito trabalho. [Pl.: *–lhosos* (ó).]

tra•bu•co *sm.* Espécie de bacamarte.

tra•ça *sf. Zool.* Nome comum as lepismatídeos.

tra•ça•do *adj.* **1.** Que se traçou. • *sm.* **2.** Ato ou efeito de traçar; traço. **3.** Planta, projeto.

tra•ça•dor (ô) *adj.* **1.** Que traça. • *sm.* **2.** Aquele ou aquilo que traça. ♦ **Traçador gráfico.** *Inform.* V. *plotter.*

tra•ça•já *sm. Zool.* Tartaruga de água doce, de carne e ovos muito apreciados.

tra•ção *sf.* Ação duma força que desloca um objeto móvel por meio de corda, etc. [Pl.: *–ções.*]

tra•çar *v.t.d.* **1.** Fazer ou representar por meio de traços [v. *traço* (2)]. **2.** Descrever (3). **3.** Projetar, delinear, tracejar. **4.** Marcar, delimitar. **5.** Escrever, compor. **6.** Pôr de través; cruzar. [Conjug.: ⑨ [tra]**çar**]

tra•ce•jar *v.t.d.* **1.** Formar com pequenos traços, uns adiante dos outros. **2.** V. *traçar* (3). [Conjug.: ① [tracej]**ar**]

tra•ço *sm.* **1.** Traçado (2). **2.** Risco ou linha traçada a lápis, pincel ou pena. **3.** Feição, aspecto. **4.** Delineamento, esboço. **5.** Vestígio, rasto.

tra•ço-de-u•ni•ão *sm.* Hífen. [Pl.: *traços-de-união.*]

tra•co•ma *sm. Med.* Doença crônica de olho, de causa infecciosa.

tra•di•ção *sf.* **1.** Ato de transmitir ou entregar. **2.** Transmissão oral de lendas, fatos, etc., de idade em idade, geração em geração. **3.** Conhecimento ou prática resultante de transmissão oral ou de hábitos inveterados. [Pl.: *–ções.*]

tra•di•ci•o•nal *adj2g.* Relativo à tradição, ou conservado nela. [Pl.: *–nais.*]

tra•di•ci•o•na•lis•mo *sm.* Apego às tradições ou usos antigos. § **tra•di•ci•o•na•lis•ta** *adj2g.* e *s2g.*

tra•do *sm.* Verruma grande, usada por carpinteiros e tanoeiros.

tra•du•ção *sf.* **1.** Ato de traduzir. **2.** Obra traduzida. [Pl.: *–ções.*]

tra•du•tor (ô) *sm.* Aquele que traduz, que se ocupa de tradução.

tra•du•zir *v.t.d.* **1.** Transpor, trasladar, duma língua para outra; verter. **2.** Explicar, manifestar. **3.** Simbolizar, representar. *T.d.i.* **4.** Traduzir (1 e 2). *Int.* **5.** Saber traduzir. *P.* **6.** Manifestar-se, emprimir-se. [Conjug.: ⑪ [u ud]**uzi.**]

tra•fe•gar *v.int.* **1.** Andar, mover-se, no tráfego. *T.c.* **2.** Transitar; passar. [Conjug.: ⑪ [trafe]**gar**]

trá•fe•go *sm.* **1.** V. *tráfico* (1). **2.** Transporte de mercadorias em ferrovias ou rodovias. **3.** Repartição ou pessoal que dele se ocupa. **4.** *Bras.* V. *trânsito* (2).

tra•fi•cân•ci•a *sf.* **1.** Ato ou efeito de traficar. **2.** *Pop.* Negócio fraudulento.

tra•fi•can•te *s2g.* **1.** Quem frauda em negócios. **2.** *Restr.* Quem trafica com droga (3).

tra•fi•car *v.t.i.* e *int.* **1.** Mercadejar, negociar. **2.** Fazer negócios fraudulentos. *T.d.* **3.** Fazer tráfico de. [Conjug.: ⑧ [trafi]**car**]

trá•fi•co *sm.* **1.** Comércio, negócio, tráfego. **2.** *Fam.* Negócio indecoroso. **3.** *Bras.* V. *trânsito* (2).

tra•ga•da *sf. Bras.* Ato isolado de tragar (fumaça de cigarro, ou bebida).

tra•gar *v.t.d.* **1.** Beber ou engolir dum trago. **2.** Engolir com avidez e sem mastigar. **3.** Agüentar, tolerar. **4.** Fazer desaparecer; absorver. **5.** Aspirar; sorver. *Int.* **6.** Inalar a fumaça do tabaco. [Conjug.: ⑪ [tra]**gar**]

tra•gé•di:a *sf.* **1.** Peça teatral, de ordinário em verso, e que termina, em regra, por acontecimentos fatais. **2.** Sucesso funesto, trágico.

trá•gi•co *adj.* **1.** Relativo a, ou próprio de tragédia. **2.** Funesto, sinistro. • *sm.* **3.** Aquele que escreve ou representa tragédia.

tra•gi•co•mé•di:a *sf.* Peça teatral que participa da tragédia pelo assunto e personagens, e da comédia pelos incidentes e desenlace.

tra•gi•cô•mi•co *adj.* Próprio de tragicomédia.

tra•go *sm.* **1.** V. *gole.* **2.** Aflição, angústia.

tra:i•ção *sf.* **1.** Ato ou efeito de trair(-se). **2.** Perfídia, deslealdade. [Pl.: *–ções.*]

tra:i•co•ei•ro *adj.* **1.** Que usa de, ou em que há traição. **2.** Desleal, pérfido.

tra:i•dor (a-i...ô) *adj. e sm.* Que ou quem trai.

➭ **trailer** (trêiler) [Ingl.] *sm.* **1.** Reboque (2). **2.** Reboque (2) tipo casa utilizado para acampar, etc. **3.** Exibição de trechos de filme com fins publicitários.

tra•ir *v.t.d.* **1.** Enganar por traição; atraiçoar. **2.** Delatar, denunciar. **3.** Ser infiel a. **4.** Não cumprir. **5.** Revelar involuntariamente. *P.* **6.** Tornar, involuntariamente, óbvio ou evidente o que se devia ou queria ocultar. **7.** Revelar-se. [Conjug.: 38 [tr]**air**]

tra•í•ra *sf. Bras. Zool.* Peixe caracídeo, carnívoro.

tra•jar *v.t.d.* **1.** Trazer como vestuário; usar. *T.i.* **2.** Vestir-se (de certo modo). **3.** Cobrir-se. *P.* **4.** Vestir-se. [Conjug.: 1 [traj]**ar**]

tra•je ou **tra•jo** *sm.* **1.** Vestuário habitual. **2.** Vestuário próprio de uma profissão. **3.** V. *roupa* (2).

tra•je•to *sm.* Espaço que alguém ou algo tem de percorrer para ir de um lugar a outro; trajetória, percurso.

tra•je•tó•ri:a *sf.* **1.** Linha descrita por um corpo em movimento. **2.** V. *trajeto.*

tra•lha *sf.* **1.** Rede pequena de pesca, etc., que pode ser lançada ou armada por um só homem. **2.** Utensílios velhos.

tra•ma *sf.* **1.** O conjunto dos fios passados no sentido transversal do tear, entre os da urdidura. **2.** V. *tela* (1). **3.** *Fig.* Enredo, intriga, tramóia, trança. **4.** *Fig.* V. *conluio.*

tra•mar *v.t.d.* **1.** Passar a trama por entre (os fios da urdidura); tecer. **2.** *Fig.* Armar, maquinar, urdir. **3.** *Fig.* Intrigar, enredar. *T.i.* **4.** Conspirar. [Conjug.: 1 [tram]**ar**]

tram•bi•que *sm. Bras. Gír.* **1.** Negócio fraudulento. **2.** Trapaça, logro.

tram•bo•lhão *sm.* **1.** Ato de cair rebolando. **2.** Queda com estrondo. [Pl.: *–lhões.*]

tram•bo•lho (ô) *sm.* **1.** Corpo pesado que se ata aos pés dos animais domésticos para não se afastarem donde estão. **2.** *Fig.* Empecilho, estorvo. [Pl.: *–bolhos* (ô).]

tra•me•la ou **ta•ra•me•la** *sf.* Peça de madeira que gira ao redor de um prego, para fechar porta, postigo, etc.

tra•mi•tar *v.int. Bras.* Seguir os trâmites (um

processo, um documento). [Conjug.: 1 [tramit]**ar**]

trâ•mi•te *sm.* Caminho ou atalho determinado.

trâ•mi•tes *sm.pl.* **1.** Meios apropriados à consecução dum fim. **2.** Curso de um processo, segundo as regras.

tra•mói•a *sf.* V. *trama* (3).

tra•mon•ta•na *sf.* **1.** Estrela polar. **2.** Vento ou lado do norte. **3.** Rumo, direção. ♦ **Perder a tramontana.** Desnortear-se, atarantar-se.

tram•pa *sf. Chulo* Excremento, fezes.

tram•po *sm. Bras. Gír.* Trabalho (3).

tram•po•lim *sm.* Prancha fixa numa das extremidades, donde os acrobatas, nadadores, etc., tomam impulso para os saltos. [Pl.: *–lins.*]

tram•po•li•nei•ro *adj. e sm.* V. *trapaceiro.*

tran•ca *sf.* **1.** Barra de ferro ou de madeira que se põe transversalmente atrás das portas para segurá-las. **2.** Dispositivo de segurança contra furtos que se adapta a portas, veículos, etc.

tran•ça *sf.* **1.** Entrelaçamento de três ou mais madeixas. **2.** *Bras.* V. *trama* (3).

tran•ça•do *adj.* **1.** Disposto em trança (1). • *sm.* **2.** Obra trançada.

tran•ca•fi•ar *v.t.d. Bras.* Prender, encarcerar. [Conjug.: 1 [trancafi]**ar**]

tran•car *v.t.d.* **1.** Segurar ou fechar com tranca(s). **2.** Prender, enclausurar. *T.d.c.* **3.** Trancar (2). *P.* **4.** Encerrar-se em lugar seguro. **5.** Não dizer nada. [Conjug.: 8 [tran]**car**]

tran•çar *v.t.d.* **1.** Pôr em trança (1). **2.** Entrelaçar, entrançar. *P.* **3.** Entrelaçar-se, enredar-se. [Conjug.: 9 [tran]**çar**]

tran•ce•lim *sm.* **1.** Trança fina de seda, ouro ou prata, para guarnições e obras de costura. **2.** Cordão delgado, de ouro. [Pl.: *–lins.*]

tran•co *sm.* **1.** Salto que dá o cavalo. **2.** *Bras.* Esbarro, encontrão.

tran•que•ta (ê) *sf.* Pequena tranca.

tran•qüi•li•zan•te *adj2g.* **1.** Que tranqüiliza. **2.** Diz-se de medicamento que exerce a sua ação, principalmente, sobre a ansiedade e a tensão nervosa, sem ter ação hipnótica direta. • *sm.* **3.** Esse medicamento.

tran•qüi•li•zar *v.t.d. e p.* Tornar(-se) tranqüilo; sossegar, acalmar(-se). [Conjug.: 1 [tranqüiliz]**ar**] § **tran•qüi•li•za•ção** *sf.*; **tran•qüi•li•za•dor** (ô) *adj. e sm.*

tran•qüi•lo *adj.* **1.** Em que reina a calma, o equilíbrio. **2.** Que se efetua ou decorre de modo regular. **3.** De natureza calma, estável. **4.** Certo, seguro. § **tran•qüi•li•da•de** *sf.*

tran•sa (za) *sf. Bras. Gír.* Palavra-ônibus que traduz idéias de: entendimento, combinação, acordo, pacto, ligação, trama, conluio, relação amorosa, etc.; transação.

tran•sa•ção (za) *sf.* **1.** Ato ou efeito de transigir. **2.** Combinação, ajuste. **3.** Operação comercial. **4.** *Gír.* V. *transa.* [Pl.: *–ções.*]

tran•sa•ci•o•nar (za) *v.t.d.i.*, *t.i.* e *int.* Fazer transação ou negócio; negociar, comerciar. [Conjug.: ⬙ [transacion]**ar**]

tran•sar (za) *Bras. Gír. v.t.d.* **1.** Fazer transa a respeito de; combinar, ajustar, tramar. *T.i.* e *int.* **2.** Ter transa (com alguém). [Conjug.: ⬙ [trans]**ar**]

tran•sa•tlân•ti•co (za) *adj.* **1.** Situado além do Atlântico, ou que o atravessa. • *sm.* **2.** Navio transatlântico.

tran•sa•to (za) *adj.* Passado, pretérito.

trans•bor•dar *v.t.d.* e *int.* **1.** Fazer sair, ou sair fora das bordas. **2.** Verter, entornar, derramar. *T.i.* **3.** *Fig.* Estar possuído (de um sentimento). [Conjug.: ⬙ [transbord]**ar**] § **trans•bor•da•men•to** *sm.*; **trans•bor•dan•te** *adj2g.*

trans•bor•do (ô) *sm.* Passagem (de viajantes, mercadorias, etc.) dum veículo para outro; baldeação. [Pl.: *–bordos* (ô).]

trans•cen•den•tal *adj2g.* V. *transcendente* (1 e 2). [Pl.: *–tais.*]

trans•cen•den•te *adj2g.* **1.** Que transcende; superior, excelso, transcendental. **2.** Que transcende os limites da experiência possível; metafísico, transcendental. • *sm.* **3.** Aquilo que é transcendente. **4.** *Mat.* Número transcendente. § **trans•cen•dên•ci•a** *sf.*

trans•cen•der *v.t.d.* **1.** Passar além de; ultrapassar. **2.** Exceder (1). **3.** Elevar-se acima de. *T.i.* **4.** Ser superior. **5.** Transcender (1). [Conjug.: ⬙ [transcend]**er**]

trans•co•di•fi•car *v.t.d.* Passar de uma forma de código para outra. [Conjug.: ⬙ [transcodifi]**car**]

trans•con•ti•nen•tal *adj2g.* Que atravessa um continente. [Pl.: *–tais.*]

trans•cor•rer *v.int.* **1.** Decorrer (1). **2.** Passar além de. *Pred.* **3.** Decorrer (em certo estado ou condição). [Conjug.: ⬙ [transcorr]**er**]

trans•cre•ver *v.t.d.* Reproduzir, copiando. [Conjug.: ⬙ [transcrev]**er**; part.: *transcrito*.]

trans•cri•ção *sf.* **1.** Ato ou efeito de transcrever. **2.** Trecho transcrito. [Pl.: *–ções.*]

trans•cri•to *adj.* **1.** Que se transcreveu; trasladado. • *sm.* **2.** Cópia, traslado.

trans•cur•so *sm.* Ato ou efeito de transcorrer; decurso.

trans•du•tor (ô) *sm. Fís.* Qualquer dispositivo capaz de transformar um tipo de sinal em outro tipo, com o objetivo de transformar uma forma de energia em outra, possibilitar o controle de um processo ou fenômeno, realizar uma medição, etc.

tran•se (ze) *sm.* **1.** Momento aflitivo. **2.** Ato ou efeito arriscado; lance. **3.** Crise de angústia. **4.** Falecimento. **5.** Alteração da consciência e das faculdades mentais, ger. acompanhada de mudança de comportamento. ♦ **A todo o tran•se.** Por força; por qualquer modo.

tran•se•un•te (ze) *adj2g.* **1.** Que passa, ou que vai passando ou andando. • *s2g.* **2.** Indivíduo transeunte. [Sin. ger.: *passante.*]

trans•fe•ri•dor (ô) *adj.* **1.** Que transfere. • *sm.* **2.** Instrumento semicircular, com o limbo dividido em 180 graus, para medir ângulos.

trans•fe•rir *v.t.d.* e *t.d.c.* **1.** Fazer passar (de um lugar para outro); deslocar. **2.** V. *adiar. T.d.i.* **3.** Transmitir ou passar, ou ceder a outrem, mediante as normas legais. *P.* **4.** Mudar-se. [Conjug.: ⬙ [transf]e[r]ir] § **trans•fe•rên•ci•a** *sf.*; **trans•fe•rí•vel** *adj2g.*

trans•fi•gu•rar *v.t.d.* **1.** Transformar (1). **2.** Alterar; falsear. *Transobj.* **3.** Transfigurar (1). *P.* **4.** Mudar de figura; transformar-se. [Conjug.: ⬙ [transfigur]**ar**] § **trans•fi•gu•ra•ção** *sf.*

trans•fi•xar (cs) *v.t.d.* Atravessar de lado a lado. [Conjug.: ⬙ [transfix]**ar**]

trans•for•ma•dor (ô) *adj.* **1.** Que transforma. • *sm.* **2.** *Eletr.* Aparelho que transforma um sistema de correntes elétricas variáveis em outro sistema(s) de correntes elétricas variáveis, de intensidade e tensão, em geral, diferentes, e de freqüência igual.

trans•for•mar *v.t.d.* e *transobj.* **1.** Dar nova forma, feição ou caráter a; mudar, modificar, transfigurar. **2.** Converter. *P.* **3.** Transfigurar (4). [Conjug.: ⬙ [transform]**ar**] § **trans•for•ma•ção** *sf.*; **trans•for•má•vel** *adj2g.*

trâns•fu•ga *s2g.* **1.** Pessoa que em tempo de guerra deserta de suas fileiras e passa às do inimigo, desertor. **2.** Quem abandona os seus deveres, o seu partido, etc.

trans•fun•dir *v.t.d.* **1.** Fazer passar (um líquido) de um recipiente para outro; transvasar. **2.** Fazer transfusão (2) de (sangue, etc.). [Conjug.: ⬙ [transfund]**ir**]

trans•fu•são *sf.* **1.** Ato ou efeito de transfundir. **2.** *Med.* Ação de introduzir sangue, plasma, soluções diversas, ger. diretamente na corrente sanguínea do paciente. [Pl.: *–sões.*]

trans•gê•ni•co *adj.* Diz-se de organismo que possui genes de outra espécie.

trans•gre•dir *v.t.d.* **1.** Passar além de; atravessar. **2.** Desobedecer a; infringir, violar. [Conjug.: ⬙ [transgr]e[d]ir]

trans•gres•são *sf.* Ato ou efeito de transgredir; infração, quebra. [Pl.: *–sões.*]

trans•gres•sor (ô) *adj.* Que transgride; infrator.

tran•si•be•ri•a•no (si) *adj.* Situado além da Sibéria (Rússia), ou que a atravessa.

tran•si•ção (zi) *sf.* **1.** Ato ou efeito de transitar. **2.** Passagem dum lugar, assunto, tratamento, etc., para outro. **3.** Processo ou período de mudança de um estado ou condição para outro estado ou outra condição. [Pl.: *–ções.*]

tran•si•do *adj.* Esmorecido ou inteiriçado (de frio, dor, vergonha, susto, etc.).

tran•si•gên•ci:a (zi) *sf.* **1.** Ato ou efeito de transigir. **2.** Condescendência, tolerância.

tran•si•gen•te (zi) *adj2g.* e *s2g.* Que ou quem transige, cede, condescende.

tran•si•gir (zi) *v.int.* e *t.i.* Chegar a acordo; condescender, ceder. [Conjug.: 45 [transi]**gir**]

tran•sir (zir) *v.t.d.* **1.** Penetrar, repassar. *Int.* **2.** Estar ou ficar hirto de frio, dor, medo, etc. [Conjug.: 59 [trans]**ir**]

tran•sis•tor (zistór) *sm.* **1.** *Eletrôn.* Dispositivo que pode funcionar como um amplificador de modo análogo a uma válvula eletrônica. **2.** *Bras.* Rádio provido de transistor (1). ◆ **Transistor bipolar.** *Eletrôn.* Aquele em que o transporte de carga é feito pelos portadores majoritários e pelos minoritários. **Transistor de efeito de campo.** *Eletrôn.* Transistor unipolar no qual flui corrente através de um canal condutor situado entre dois eletrodos, chamados *dreno* e *fonte*, cuja condutividade é controlada pelo campo elétrico produzido por uma tensão aplicada ao terceiro eletrodo, denominado *porta.* **Transistor unipolar.** *Eletrôn.* Aquele em que a condução de carga é determinada pelos portadores de um só sinal.

tran•si•tar (zi) *v.int.* e *t.c.* **1.** Fazer caminho; passar, andar. *T.i.* **2.** Mudar de lugar, classe ou estado, condição, etc. [Conjug.: 1 [transit]**ar**]

tran•si•tá•vel (zi) *adj2g.* Que se pode transitar. [Pl.: *–veis.*]

tran•si•ti•vo (zi) *adj. Gram.* Diz-se de verbo que exprime a ação que passa ou transita do sujeito a um objeto direto ou indireto.

trân•si•to (zi) *sm.* **1.** Ato ou efeito de caminhar; marcha. **2.** Movimento, circulação, afluência de pessoas e/ou veículos; tráfego, tráfico. **3.** *Bras.* Instrumento usado em topografia para medir ângulos horizontais.

tran•si•tó•ri:o (zi) *adj.* De pouca duração; passageiro, efêmero, temporário. § **tran•si•to•ri:e•da•de** (zi) *sf.*

trans•la•ção *sf.* **1.** Ato ou efeito de transladar. **2.** *Fís.* Movimento de um corpo em que todas as partículas têm em cada instante a mesma velocidade e esta mantém uma direção constante. [Pl.: *–ções.*]

trans•la•da•ção *sf. P. us.* Trasladação. [Pl.: *–ções.*]

trans•la•dar *v.t.d., t.d.i.* e *t.d.c.* Transladar. [Conjug.: 1 [translad]**ar**]

trans•la•to (zi) *adj.* **1.** Copiado, transcrito. **2.** Figurado, metafórico.

trans•li•te•rar *v.t.d.* e *t.d.i.* Representar (os caracteres de um vocábulo) por caracteres diferentes no correspondente vocábulo de outra língua. [Conjug.: 1 [transliter]**ar**]

trans•lú•ci•do *adj.* Que deixa passar a luz sem permitir que se vejam os objetos.

trans•lu•zir *v.t.i.* **1.** Luzir (através de algum corpo). **2.** Transparecer. [Conjug.: 44 [transl]**uzir**. Norm., é defect., unipess.]

trans•mi•gra•ção *sf.* **1.** Ato ou efeito de transmigrar. **2.** *Restr.* Metempsicose. [Pl.: *–ções.*]

trans•mi•grar *v.int.* **1.** Passar de uma região, um país (para outro). **2.** Passar (a alma) dum corpo para outro. *T.c.* **3.** Transmigrar (1). *P.* **4.** Mudar-se dum lugar para outro. [Conjug.: 1 [transmigr]**ar**]

trans•mis•são *sf.* **1.** Ato ou efeito de transmitir(-se). **2.** Transferência (de coisa, direito ou obrigação). **3.** Instrumento para transmitir movimento. **4.** Trabalho efetuado por um transmissor radiodifusor ou telegráfico. [Pl.: *–sões.*]

trans•mis•sí•vel *adj2g.* Que se pode transmitir. [Pl.: *–veis.*]

trans•mis•si•vo *adj.* Que transmite; transmissor.

trans•mis•sor (ô) *adj.* **1.** Transmissivo. • *sm.* **2.** Aparelho que transmite sinais telegráficos. **3.** Equipamento ou parte de equipamento que se destina a transmitir sinais telefônicos, radiofônicos, televisuais, etc.

trans•mi•tir *v.t.d.* **1.** Mandar de um lugar para outro, ou de uma pessoa para outra; expedir. **2.** Fazer passar dum ponto, ou dum possuidor ou detentor, para outro; transferir. **3.** Deixar passar além; conduzir. **4.** Comunicar por contágio. **5.** *Telecom.* Enviar (informação) de um ponto a outro por meio de sinais elétricos, eletromagnéticos, etc. *T.d.i.* **6.** Transmitir (1, 2 e 4). **7.** Noticiar; relatar. **8.** Mandar, enviar. *P.* **9.** Propagar-se, difundir-se. [Conjug.: 3 [transmit]**ir**]

trans•mu•dar *v.transobj.* e *p.* V. *transmutar.* [Conjug.: 1 [transmud]**ar**] § **trans•mu•da•ção** *sf.*

trans•mu•tar *v.transobj.* e *p.* Alterar(-se), modificar(-se); transformar(-se). [Conjug.: 1 [transmut]**ar**] § **trans•mu•ta•ção** *sf.*

tran•sob•je•ti•vo *adj. Gram.* Diz-se de verbo transitivo, ou pronominal, cuja significação exige, como complemento do objeto, um adjunto predicativo.

tran•so•ce•â•ni•co (zo) *adj.* Ultramarino.

trans•pa•re•cer *v.t.c.* **1.** Aparecer ou avistar-se através de algo; transluzir. *T.i.* e *int.* **2.** Manifestar-se, revelar-se. [Conjug.: 34 [transpare]**cer**]

trans•pa•ren•te *adj2g.* **1.** Que se deixa atravessar pela luz, permitindo a visão dos objetos. **2.** Que permite distinguir os objetos através da sua espessura. **3.** *Fig.* Evidente, claro. § **trans•pa•rên•ci:a** *sf.*

trans•pas•sar *v.t.d.* e *p.* V. *traspassar.* [Conjug.: 1 [transpass]**ar**]

trans•pi•ra•ção *sf.* **1.** Ato ou efeito de transpirar. **2.** Suor (1). [Pl.: *-ções*.]

trans•pi•rar *v.t.d.* **1.** Fazer sair pelos poros; exalar. **2.** Lançar de si; exalar. **3.** Manifestar, exprimir. *Int.* **4.** Exalar suor. **5.** *Fig.* Divulgar-se. [Conjug.: ① [transpir]**ar**]

trans•plan•ta•ção *sf.* Ato ou efeito de transplantar (1 e 3); transplante. [Pl.: *-ções*.]

trans•plan•tar *v.t.d.* **1.** Arrancar (planta, árvore) dum lugar e plantar em outro. **2.** *Cir.* Transferir (órgão ou porção deste) de uma para outra parte do mesmo indivíduo ou de indivíduo vivo ou morto para outro. **3.** Fazer passar de um país para outro. [Conjug.: ① [transplant]**ar**]

trans•plan•te *sm.* **1.** Transplantação. **2.** *Cir.* Ato ou efeito de transplantar (2).

trans•por *v.t.d.* **1.** Pôr (algo) em lugar diverso daquele onde estava ou devia estar. **2.** Inverter a ordem de. **3.** Ultrapassar (1). [Conjug.: 60 [trans]**por**]

trans•por•tar *v.t.d.* **1.** Conduzir ou levar de um lugar para outro. **2.** Extasiar, arrebatar. *T.d.c.* **3.** Transportar (1). *T.d.i.* **4.** Fazer remontar mentalmente. *P.* **5.** Passar de um lugar para outro. **6.** *Fig.* Remontar mentalmente. **7.** *Fig.* Extasiar-se. [Conjug.: ① [transport]**ar**] § **trans•por•ta•dor** (ô) *adj.* e *sm.*; **trans•por•tá•vel** *adj2g.*

trans•por•te *sm.* **1.** Ato, efeito ou operação de transportar(-se). **2.** Veículo (1). **3.** *Fig.* Êntero enlevo.

trans•po•si•ção *sf.* Ato ou efeito de transpor. [Pl.: *-ções*.]

trans•pos•to (ô) *adj.* Que sofreu transposição. [Pl.: *-postos* (ó).]

trans•tor•nar *v.t.d.* **1.** Desordenar, desorganizar. **2.** Perturbar, atrapalhar. **3.** Atordoar, confundir. **4.** Fazer perder o autocontrole. *P.* **5.** Perturbar-se. **6.** Perder o autocontrole. [Conjug.: ① [transtorn]**ar**]

trans•tor•no (ô) *sm.* **1.** Ato ou efeito de transtornar(-se). **2.** Contrariedade (2). **3.** Desarranjo, desordem. [Pl.: *-tornos* (ô).]

tran•subs•tan•ci•a•ção (su) *sf.* **1.** Mudança de uma substância em outra. **2.** *Rel.* Palavra adotada na Igreja Católica para explicar a presença real de Jesus Cristo na Eucaristia, pela mudança da substância do pão e do vinho em de seu corpo e de seu sangue. [Pl.: *-ções*.]

tran•subs•tan•ci•ar (su) *v.transobj.* **1.** Transformar uma substância em outra; transformar. **2.** Operar a transubstanciação (2). *P.* **3.** Transformar-se (uma substância em outra). [Conjug.: ① [transubstanci]**ar**]

trans•va•sar *v.t.d.* Transfundir (1). [Conjug.: ① [transvas]**ar**]

trans•ver•sal *adj2g.* Que passa, ou está, de través ou obliquamente. [Pl.: *-sais*.]

trans•ver•so *adj.* Situado de través; atravessado.

trans•vi•ar *v.t.d.* e *p.* Desviar(-se) do dever; corromper(-se); desencaminhar-se. [Conjug.: ① [transvi]**ar**]

tra•pa•ça *sf.* **1.** Contrato fraudulento; dolo. **2.** V. *logro* (2).

tra•pa•ce•ar *v.int.* e *t.i.* Fazer trapaça(s). [Conjug.: ① [trapac]**ear**]

tra•pa•cei•ro *adj.* e *sm.* Que ou aquele que trapaceia; trampolineiro, estradeiro (*bras.*).

tra•pa•lha•da *sf.* Confusão, barafunda.

tra•pa•lhão *adj.* e *sm.* Que ou quem se atrapalha, causa confusão. [Pl.: *-lhões*.]

tra•pei•ro *sm.* Homem que apanha trapos ou cata papéis nas ruas, nas latas, carros ou depósitos de lixo, para vendê-los.

tra•pé•zi:o *sm.* **1.** *Geom.* Quadrilátero com dois lados paralelos. **2.** Aparelho de ginástica: barra de madeira ou de ferro suspensa por duas cordas ou peças verticais.

tra•pe•zis•ta *s2g.* Artista que se exibe em trapézio (2).

tra•pi•che *sm.* Armazém onde se guardam mercadorias importadas ou para exportar.

tra•pi•chei•ro *sm.* **1.** Aquele que tem e/ou administra trapiches. **2.** Trabalhador de trapiche.

tra•pis•ta *adj2g.* **1.** Pertencente à ordem monástica da Trapa. • *s2g.* **2.** Religioso dessa ordem.

tra•po *sm.* **1.** Pedaço de pano velho ou usado. **2.** *P. ext.* Roupa muito surrada.

tra•qué *sm.* **1.** Estouro, estrépito. **2.** Tubinho de cartão carregado com mistura pirotécnica, e cujo pavio, ao ser acendido, se inflama e explode a composição, estourando.

tra•quéi•a *sf. Anat.* Tubo cartilaginoso e membranoso que se segue à laringe e, ao seu término, se bifurca, originando dois brônquios principais, direito e esquerdo.

tra•que•jar *v.t.d.* **1.** Perseguir, acossar. **2.** *Bras. Ant.* Tornar apto; exercitar. [Conjug.: ① [traquej]**ar**]

tra•que•jo (ê) *sm. Bras.* Prática, experiência.

tra•que•os•to•mi•a (trà) *sf. Cir.* Traqueotomia seguida de introdução de cânula no interior da traquéia.

tra•que:o•to•mi•a (trà) *sf. Cir.* Incisão praticada na traquéia.

tra•que•te (ê) *sm. Marinh.* A vela redonda que enverga na verga mais baixa do mastro de proa.

tra•qui•nar *v.int.* Fazer travessura. [Conjug.: ① [traquin]**ar**]

tra•qui•nas *adj2g.2n.* **1.** Travesso, buliçoso. • *s2g.2n.* **2.** Criança ou pessoa traquinas.

tra•qui•ni•ce *sf.* V. *travessura*.

tra•qui•ta•na *sf.* **1.** Carruagem de quatro rodas para duas pessoas. **2.** *Pop.* Calhambeque (2).

trás *adv.* **1.** Atrás, detrás. **2.** Em seguida; depois. • *prep.* **3.** Após (1).

tra•san•te•on•tem ou **tra•san•ton•tem** *adv.* No dia anterior ao de anteontem.

tra•sei•ra *sf.* A parte posterior.

tra•sei•ro *adj.* **1.** Que fica detrás, na parte posterior. • *sm.* **2.** *Pop.* Nádegas.

tras•fe•gar *v.t.d.* Passar (líquido) de uma vasilha para outra, limpando-o do sedimento. [Conjug.: Ⅺ [trasfe]**gar**]

tras•la•da•ção *sf.* Ato ou efeito de trasladar. [Pl.: *–ções.*]

tras•la•dar ou **trans•la•dar** *v.t.d.* **1.** Mudar de lugar para outro; transferir. **2.** Transcrever. *T.d.i.* **3.** Traduzir, verter. *T.d.c.* **4.** Trasladar (1). [Conjug.: Ⅰ [traslad]**ar**]

tras•la•do *sm.* **1.** Ato ou efeito de trasladar. **2.** Cópia, transcrição.

tras•pas•sar ou **trans•pas•sar** ou **tres•pas•sar** *v.t.d.* **1.** Transpor, galgar. **2.** Furar de lado a lado; penetrar. **3.** Fechar (peça de vestuário) sobrepondo duas partes. **4.** Afligir, contristar. **5.** Exceder, ultrapassar. *P.* **6.** Morrer, falecer. [Conjug.: Ⅰ [traspass]**ar**]

tras•pas•se ou **tres•pas•se** *sm.* **1.** Subarrendamento, sublocação. **2.** Morte, falecimento.

tras•te *sm.* **1.** Móvel caseiro. **2.** Móvel ou utensílio velho ou sem valor. **3.** *Bras.* Pessoa de mau caráter ou inútil.

tras•te•jar *v.int.* **1.** Gaguejar ao responder. **2.** Hesitar, vacilar. **3.** Deixar de proceder bem. [Conjug.: Ⅰ [trastej]**ar**]

tra•ta•dis•ta *s2g.* Pessoa que escreveu tratado (3) ou tratados.

tra•ta•do *sm.* **1.** Contrato internacional referente a comércio, paz, etc. **2.** V. *trato*[1] (2). **3.** Estudo ou obra desenvolvida sobre uma ciência, arte, etc.

tra•ta•dor (ô) *adj. e sm.* Que ou quem trata de algo, especialmente de animais.

tra•ta•men•to *sm.* **1.** Ato ou efeito de tratar(-se); trato. **2.** Acolhida, recepção. **3.** Passadio, alimentação. **4.** *Med.* Procedimento médico que visa curar, aliviar ou prevenir. **5.** Título honorífico ou de graduação.

tra•tan•ta•da *sf.* Ação de tratante.

tra•tan•te *adj2g. e s2g.* Que ou quem trata de qualquer coisa ardilosamente, ou procede com velhacaria.

tra•tar *v.t.d.* **1.** Fazer uso de; usar, praticar. **2.** Manusear, manejar. **3.** Manter relações (com). **4.** Discorrer sobre. **5.** Curar, aliviar ou prevenir (doença). **6.** Ajustar, combinar. **7.** Alimentar, nutrir. *T.d.c.* **8.** Portar-se em relação a (alguém) de certo modo. *T.i.* **9.** Cuidar, ocupar-se. **10.** Ter por assunto, por objeto; versar. **11.** Cuidar com medicamentos ou outros meios de (alguém). **12.** Tratar (3). *T.d.i.* **13.** Tratar (6). *Transobj.* **14.** Dar certo título, cognome, alcu-

nha ou tratamento. *P.* **15.** Cuidar da própria saúde. **16.** Cuidar de andar limpo, de apresentar-se bem, de alimentar-se bem, etc.; cuidar-se. **17.** Relacionar-se. **18.** Estar em questão, estar em causa; ser o que importa: *Trata-se de obras de grande valor literário.* [Conjug.: Ⅰ [trat]**ar**; impess. na acepç. 18: o verbo concorda apenas com a 3ª pess. do sing.]

tra•tá•vel *adj2g.* Afável, amável, lhano. [Pl.: *–veis.*]

tra•to[1] *sm.* **1.** Tratamento (1). **2.** Ajuste, pacto; tratado. **3.** Convivência. **4.** Passadio, alimentação. **5.** Procedimento, modos. **6.** Delicadeza, cortesia.

tra•to[2] *sm.* Espaço de terreno; região.

tra•tor (ô) *sm.* Veículo motorizado que, deslocando-se sobre rodas ou esteiras de aço, pode rebocar cargas ou operar equipamentos agrícolas, de terraplenagem, etc.

trau•ma *sm.* Traumatismo.

trau•má•ti•co *adj.* Relativo a trauma.

trau•ma•tis•mo *sm.* **1.** *Med.* Lesão de extensão, intensidade e gravidade variáveis, que pode ser produzida por agentes diversos (físicos, químicos, psíquicos, etc.) e de forma intencional ou acidental. **2.** Choque violento que pode desencadear perturbações várias. [Sin. ger.: *trauma.*]

trau•ma•ti•zan•te *adj2g.* Que provoca traumatismo.

trau•ma•ti•zar *v.t.d.* **1.** Causar traumatismo a. *P.* **2.** Sofrer traumatismo. [Conjug.: Ⅰ [traumatiz]**ar**]

trau•ma•to•lo•gi•a *sf. Med.* Ramo da medicina que se ocupa das lesões traumáticas. § **trau•ma•to•ló•gi•co** *adj.*; **trau•ma•to•lo•gis•ta** *s2g.*

trau•pí•de•o *sm. Zool.* Espécime dos traupídeos, família de pequenas aves passeriformes de colorido vivo e brilhante. Ex.: tiês. § **trau•pí•de•o** *adj.*

trau•te•ar *v.t.d. e int.* Cantarolar, em geral emitindo apenas sílabas que expressam a melodia. [Conjug.: Ⅹ [traut]**ear**]

tra•va *sf.* **1.** V. *travão* (1). **2.** V. *freio* (1).

tra•van•ca *sf.* Obstáculo, empecilho.

tra•vão *sm.* **1.** Cadeia de pear bestas; trava. **2.** V. *freio* (1 e 2). [Pl.: *–vões.*]

tra•var *v.t.d.* **1.** Prender, unir (peças de madeira). **2.** Fazer parar com travão (2); frear. **3.** Prender com travão (1). **4.** Tolher ou impedir os movimentos a. **5.** Obstruir. **6.** Começar, entabular. **7.** Refrear (cavalgadura). **8.** Empenhar-se em (combate, luta, etc.). *T.i.* **9.** Lutar. *Int.* **10.** Frear (3). **11.** Ter travo. [Conjug.: Ⅰ [trav]**ar**]

tra•ve *sf.* **1.** Peça grossa de madeira para sustentar o sobrado ou o teto duma construção. **2.** Viga.

tra•ve•ja•men•to sm. Conjunto de traves.

tra•vés sm. Esguelha, obliqüidade. ◆ De través. De lado; obliquamente.

tra•ves•sa sf. 1. Peça de madeira atravessada sobre outra(s). 2. Viga, trave. 3. Rua transversal entre duas outras mais importantes. 4. Prato em que se servem iguarias. 5. Pente pequeno e curvo para segurar o cabelo.

tra•ves•são sm. 1. Os dois braços da balança. 2. Sinal de pontuação (—) para separar frases, substituir parênteses e evitar repetição de termo já usado. 3. Mús. Traço perpendicular à pauta, que serve para separar os compassos. [Pl.: –sões.]

tra•ves•sei•ro sm. Almofada que serve de apoio à cabeça de quem se deita.

tra•ves•si•a sf. Ato ou efeito de atravessar região, continente, mar, etc.

tra•ves•so adj. 1. Posto de través; atravessado. 2. Lateral, colateral.

tra•ves•so (ê) adj. Turbulento, buliçoso, traquinas.

tra•ves•su•ra sf. Ação de travesso; maldade de criança; traquinice, reinação.

tra•ves•ti s2g. 1. Pessoa que, ger. em espetáculos teatrais, se traja com roupas do sexo oposto. 2. Homossexual que se veste com roupas do sexo oposto ao seu.

tra•ves•tir v.transobj. 1. Colocar fantasia em. f. 2. Disfarçar-se; dissimular-se. [Conjug.: 53 [trav]e[st]ir]

tra•vo sm. Sabor adstringente de comida ou bebida.

tra•zer v.t.d. 1. Conduzir ou transportar para cá. 2. Fazer-se acompanhar de. 3. Dirigir, guiar. 4. Ter consigo. 5. Mostrar, exibir. 6. Causar; ocasionar. 7. Vestir, trajar. 8. Chamar, atrair. T.d.i. 9. Oferecer, dar. Transobj. 10. Manter, conservar. [Conjug.: 21 trazer]

tre•cen•té•si•mo num. 1. Ordinal correspondente a 300. 2. Fracionário correspondente a 300.

tre•cho (ê) sm. 1. Espaço de tempo ou lugar; intervalo. 2. Fragmento de obra literária ou musical. 3. Porção de um todo; parte.

tre•co sm. Bras. Gír. 1. Qualquer objeto ou coisa; trem. 2. Mal-estar (1).

trê•fe•go adj. Turbulento, irrequieto.

tré•gu:a sf. Suspensão temporária de trabalho, incômodo, dor, confronto etc.

trei•na•dor (ô) sm. Profissional que dirige treino.

trei•nar v.t.d. 1. Tornar apto para determinada tarefa ou atividade; adestrar. 2. Exercitar, praticar. Int. 3. Exercitar-se para jogos desportivos ou para outros fins. [Conjug.: 1 [trein]ar] § trei•na•men•to sm.

trei•no sm. Adestramento de pessoas ou animais para torneios [v. torneio²] ou festas de esportes.

tre•jei•to sm. 1. Gesto, movimento. 2. Careta, esgar.

tre•la sf. Correia com que se prende o cão de caça. ◆ Dar trela a. Bras. 1. Conversar com. 2. Dar confiança a.

tre•li•ça sf. Armação ger. de ripas de madeira cruzadas, us. em portas, biombos, balcões, divisões, etc.

trem sm. 1. Objetos que formam a bagagem dum viajante. 2. Mobiliário duma casa. 3. Bras. Comboio ferroviário; trem de ferro. 4. Bras. Bateria de cozinha. 5. Bras. Pop. Treco (1). • adj2g.2n. 6. Diz-se de pessoa ou coisa ruim, imprestável. ◆ Trem de ferro. Bras. Trem (3).

tre•ma sm. Gram. Sinal ortográfico (¨) sobreposto a uma vogal para indicar que ela não forma ditongo com a que lhe está mais próxima.

tre•me•dal sm. V. pântano. [Pl.: –dais.]

tre•me•dei•ra sf. 1. V. tremor (1). 2. Bras. V. malária.

tre•me•li•car v.int. 1. Tremer de susto ou frio. 2. Tremer freqüentes vezes. [Conjug.: 8 [tremeli]car]

tre•me•li•que sm. Ato de tremelicar.

tre•me•lu•zir v.int. Brilhar com luz trêmula. [Conjug.: 44 [tremel]uzir. Norm., é unipess.]

tre•men•do adj. 1. Que causa temor; que faz tremer. 2. Respeitável, formidável. 3. Extraordinário.

tre•mer v.t.d. 1. Ter medo de; temor ? Tiritar por efeito de. Int. 3. Sofrer abalo; estremecer. 4. Assustar-se. [Conjug.: 2 [trem]er]

tre•mo•cei•ro sm. Bot. Leguminosa que dá o tremoço.

tre•mo•ço (ó) sm. Grão de tremoceiro, comestível. [Pl.: –moços (ó).]

tre•mor (ô) sm. 1. Ato ou efeito de tremer; tremedeira, tremura. 2. Agitação convulsiva. 3. Med. Agitação involuntária que compromete extensão variável do corpo. ◆ Tremor de terra. V. sismo.

trem•pe sf. Arco de ferro com três pés sobre o qual se põem panelas que vão ao fogo.

tre•mu•lar v.t.d. e int. Mover(-se) com tremor. [Conjug.: 1 [tremul]ar] § tre•mu•lan•te adj2g.

trê•mu•lo adj. 1. Que treme. 2. Hesitante, vacilante.

tre•mu•ra sf. V. tremor (1).

tre•na sf. Fita métrica, em regra de 10, 20 ou 25 metros de comprimento, usada na medição de terrenos, ou bem menor, usada por alfaiates, etc.

tre•no sm. Canto plangente; elegia.

tre•nó sm. Veículo com esquis e que desliza sobre gelo ou neve.

tre•pa•da sm. Bras. Pop. 1. V. repreensão. 2. Chulo Cópula (2).

tre•pa•dei•ra *sf.* **1.** Planta que se apóia e sobe em outra, ou em qualquer substrato. * *adj.(f.)* **2.** Diz-se dessas plantas.

tre•pa•dor (ô) *adj.* **1.** Que trepa. **2.** Pertencente ou relativo a trepador (3). * *sm.* **3.** *Zool.* Diz-se de ave cujos pés são zigodáctilos. Ex.: cuculídeos, psitacídeos.

tre•pa•na•ção *sf.* **1.** Ato ou efeito de trepanar. **2.** *Cir.* Praticar orifício em osso, com trépano. [Pl.: –ções.]

tre•pa•nar *v.t.d.* Perfurar (osso) com o trépano. [Conjug.: ① [trepan]**ar**]

tré•pa•no *sm. Cir.* Instrumento cirúrgico para perfurar ossos, esp. os do crânio.

tre•par *v.t.d.* **1.** Subir a, valendo-se das mãos e/ou pés. **2.** Ir para cima de; subir, galgar. *T.c.* **3.** Trepar (1). *T.i.* **4.** *Chulo* Ter relações sexuais. *Int.* **5.** Ascender (planta trepadeira). **6.** *Chulo* Trepar (4). [Conjug.: ① [trep]**ar**]

tre•pi•da•ção *sf.* **1.** Ato ou efeito de trepidar. **2.** Movimento vibratório de baixo para cima, como o que se sente num veículo em movimento. **3.** Leve abalo sísmico. [Pl.: –ções.]

tre•pi•dar *v.int.* **1.** Tremer com medo ou susto. **2.** Hesitar, titubear. **3.** Ter ou causar trepidação. *T.i.* **4.** Hesitar, vacilar. [Conjug.: ① [trepid]**ar**] § **tre•pi•dan•te** *adj2g.*

tré•pli•ca *sf.* Ato de treplicar.

tre•pli•car *v.int.* e *t.i.* Responder a uma réplica. [Conjug.: ⑧ [trepli]**car**]

três *num.* **1.** Quantidade que é uma unidade maior que dois. **2.** Número (1) correspondente a essa quantidade. [Representa-se em algarismos arábicos por 3, e em algarismos romanos, por III.]

tre•san•dar *v.t.d.* **1.** *P. us.* Fazer andar para trás; desandar. **2.** Exalar (mau cheiro). *T.i.* e *int.* **3.** Cheirar mal. [Conjug.: ① [tresand]**ar**]

tres•ca•lar *v.t.d.* Emitir cheiro forte (de). [Conjug.: ① [trescal]**ar**]

tres•ler *v.int.* **1.** Ler às avessas. **2.** Perder o juízo, enlouquecer, por ler muito. [Conjug.: ㉗ [tresl]**er**]

tres•lou•ca•do *adj.* Louco, desvairado.

tres•lou•car *v.t.d.* e *int.* Tornar ou ficar louco. [Conjug.: ⑧ [treslou]**car**]

tres•ma•lhar *v.int.* e *p.* Afastar-se do bando; debandar. [Conjug.: ① [tresmalh]**ar**]

tres•noi•tar ou **tres•nou•tar** *v.int.* Passar a noite, ou a maior parte dela, em claro. [Conjug.: ① [tresnoit]**ar**]

tres•pas•sar *v.t.d.* e *p.* V. *traspassar*. [Conjug.: ① [trespass]**ar**]

tres•pas•se *sm.* V. *traspasse*.

tres•qui:or•ni•tí•de:o *sm.* Espécime dos tresquiornitídeos, família de aves pernaltas, de bico e pescoço longos e delgados, e pés palmados. § **tres•qui:or•ni•tí•de:o** *adj.*

tre•ta (é) *sf.* **1.** Ardil, estratagema. **2.** Habilidade na luta ou na esgrima.

tre•tas (è) *sf.pl.* Palavreado para burlar.

tre•va *sf.* Trevas.

tre•vas *sf.pl.* **1.** Escuridão absoluta. **2.** V. *noite* (2). **3.** *Fig.* Ignorância, estupidez.

tre•vo (ê) *sm.* **1.** *Bot.* Nome comum a várias ervas, das leguminosas, cujas folhas têm três folíolos; trifólio. **2.** *Bras.* Entroncamento de vias elevadas e/ou rebaixadas que se entrelaçam.

tre•ze (ê) *num.* **1.** Quantidade que é uma unidade maior que 12. **2.** Número (1) correspondente a essa quantidade. [Representa-se em algarismos arábicos por 13, e em algarismos romanos, por XIII.]

tre•zen•tos *num.* **1.** Quantidade que é uma unidade maior que 299. **2.** Número (1) correspondente a essa quantidade. [Representa-se em algarismos arábicos por 300, e em algarismos romanos, por CCC.]

trí•a•de *sf.* **1.** Conjunto de três pessoas ou de três coisas; trindade, trilogia. **2.** *Bot.* Conjunto de três órgãos.

tri•a•gem *sf.* Seleção, escolha. [Pl.: –gens.]

tri:an•gu•la•ção *sf.* **1.** Ato ou efeito de triangular² (1). **2.** Levantamento topográfico ou geodésico em que se cobre a área levantada com uma série de triângulos. [Pl.: –ções.]

tri:an•gu•lar¹ *adj2g.* Que tem forma de triângulo, ou tem por base um triângulo.

tri:an•gu•lar² *v.t.d.* **1.** Dividir em triângulos. *Int.* **2.** *Fut.* Movimentar-se (parte da equipe) fazendo jogadas em formação triangular. [Conjug.: ① [triangul]**ar**]

tri•ân•gu•lo *sm.* **1.** *Geom.* Polígono de três lados. **2.** Qualquer objeto em forma de triângulo.

tri•ás•si•co *sm. Paleont.* Período (5) que se caracteriza pela presença dos grandes sáurios aquáticos e terrestres.

tri•a•tlo *sm. Esport.* Conjunto de três provas de atletismo: natação, ciclismo e corrida de fundo. [Cf. *decatlo* e *pentatlo*.]

tri•bo *sf.* **1.** Cada uma das subdivisões de certos povos da Antiguidade (como os romanos e os hebreus). **2.** Grupo social com relativa coesão territorial, lingüística e cultural, sem autoridade central num organização política fortes, e que pode incluir famílias ou subgrupos em estreita interação. § **tri•bal** *adj2g.*

tri•bu•la•ção *sf.* Contrariedade, aflição, tormento. [Pl.: –ções.]

tri•bu•na *sf.* **1.** Lugar elevado de onde falam os oradores. **2.** Lugar reservado às pessoas importantes, nos palanques.

tri•bu•nal *sm.* **1.** Jurisdição dum magistrado, ou dum corpo de magistrados que julgam as querelas judiciais. **2.** Entidade moral capaz de formar juízo e considerar-se juiz. [Pl.: –nais.]

tri•bu•ní•ci:o *adj.* De, ou próprio de tribuno.

tri•bu•no *sm.* Grande orador revolucionário ou de assembléias políticas.

tri•bu•tar *v.t.d.* **1.** Impor tributos ou impostos a. **2.** Prestar ou dedicar a (alguém ou algo), como tributo. *T.d.i.* **3.** Pagar como tributo. **4.** Prestar, render. [Conjug.: ⊡ [tribut]**ar**] § **tri•bu•ta•ção** *sf.*

tri•bu•tá•ri:o *adj.* **1.** Que paga tributo. * *sm.* **2.** Afluente (3).

tri•bu•to *sm.* **1.** *Ant.* Pagamento que um Estado é forçado a fazer a outro. **2.** Prestação monetária compulsória devida ao poder público; imposto. **3.** Homenagem, preito.

tri•cen•te•ná•ri:o *adj.* **1.** Que tem trezentos anos. * *sm.* **2.** Comemoração de fato ocorrido trezentos anos antes.

tri•cen•té•si•mo *num.* V. *trecentésimo.*

tri•ci•clo *sm.* Veículo leve, com selim e montado sobre três rodas (uma dianteira e duas traseiras) e impulsionado a pedal, a manivela ou a motor.

tri•cô *sm.* Tecido executado à mão com duas agulhas onde se armam as malhas, de modo que o fio, passando de uma agulha para outra, forma os pontos.

tri•co•ca *sf.* Fruto composto de três cocos [v. *coco* (ó)].

tri•co•lor (ôr) *adj2g.* De três cores.

tri•col•nil.o *sm.* Clupéu de três bicos.

tri•co•tar *v.int.* **1.** Fazer tricô. **2.** *Fig.* Fazer intrigas; mexericar. [Conjug.: ⊡ [tricot]**ar**]

tri•den•te *sm.* O cetro mitológico de Netuno.

tri•di•men•si:o•nal *adj2g.* Referente às três dimensões: comprimento, largura e altura. [Pl.: *–nais.*]

tri•du:o *sm.* **1.** Espaço de três dias consecutivos. **2.** Festa que dura três dias.

tri•e•dro *sm. Geom.* Figura formada por três planos que se interceptam com um ponto comum.

tri•e:nal *adj2g.* **1.** Que dura um triênio. **2.** *Bot.* Que frutifica de três em três anos. [Pl.: *–nais.*]

tri•ê•ni:o *sm.* Espaço de três anos.

tri•fá•si•co *adj. Eletr.* Que tem três fases.

tri•fó•li:o *sm.* **1.** *Bot.* Trevo (1). **2.** Ornato em forma de trevo (1).

tri•gal *sm.* Campo de trigo. [Pl.: *–gais.*]

tri•gê•me:o *adj.* e *sm.* Diz-se de, ou cada um dos três indivíduos nascidos do mesmo parto.

tri•gé•si•mo (zi) *num.* **1.** Ordinal correspondente a 30. **2.** Fracionário correspondente a 30.

tri•glo•ta *adj2g.* **1.** Escrito ou composto em três línguas. **2.** Que conhece ou fala três línguas. * *s2g.* **3.** Quem conhece ou fala três línguas. [Sin. ger.: *trilíngüe.*]

tri•go *sm.* **1.** *Bot.* Planta herbácea, gramínea, cultivada em virtude dos frutos alimentícios, com os quais se fabrica o trigo (2). **2.** O grão

dessa planta us. no fabrico de farinha, com que se fazem pães, etc.

tri•go•no•me•tri•a *sf.* Parte da matemática que estuda as funções circulares elementares e estabelece os métodos de resolução de triângulos. § **tri•go•no•mé•tri•co** *adj.*

tri•guei•ro *adj.* Da cor do trigo maduro; moreno.

tri•lar *v.int.* **1.** Trinar. **2.** Emitir som de trilo ou trinado. [Conjug.: ⊡ [tril]**ar**]

tri•la•te•ral *adj2g.* Que tem três lados; trilátero. [Pl.: *–rais.*]

tri•lá•te•ro *adj.* Trilateral.

tri•lha *sf.* **1.** Pista, rasto. **2.** Senda, vereda, trilho. **3.** *Fig.* Exemplo, modelo.

tri•lhão *num.* **1.** Mil bilhões; 10 elevado à 12ª potência. **2.** *Fig.* Um número muito grande. [Pl.: *–lhões.*]

tri•lhar *v.t.d.* **1.** Debulhar (cereais) com o trilho[1] (1). **2.** Seguir (caminho, direção, ou norma ou regra moral). **3.** Marcar com pegadas ou com rastos. [Conjug.: ⊡ [trilh]**ar**]

tri•lho[1] *sm.* **1.** Utensílio de lavoura para debulhar cereais. **2.** Utensílio de bater o leite no fabrico de queijo.

tri•lho[2] *sm.* **1.** V. *trilha* (2). **2.** Rumo, direção. **3.** *Bras.* Cada uma das duas barras de aço paralelas que, assentadas sobre dormentes, suportam e guiam as rodas dos trens de ferro, dos bondes, etc. [Sin., nesta acepç.: *linha* (*bras.*) e *carril* (*ant.* e *lus.*).]

tri•li•ão *num.* Trilhão. [Pl.: *–ões.*]

tri•lín•güe *adj2g.* é *s2g.* Trilíngüe.

tri•lo *sm.* V. *trinado* (1).

tri•lo•bi•te *sm. Paleont.* Grupo extinto de artrópodes marinhos que viveram na era paleozóica.

tri•lo•gi•a *sf.* Tríade (1).

tri•men•sal *adj2g.* **1.** Trimestral. **2.** Que se realiza três vezes por mês. [Pl.: *–sais.*]

tri•mes•tral *adj2g.* Que dura três meses, ou se realiza ou publica de três em três meses; trimensal. [Pl.: *–trais.*]

tri•mes•tre *sm.* Período de três meses.

tri•na•do *sm.* **1.** Ato de trinar; trino, trilo. **2.** *Mús.* Articulação rápida e alternada de duas notas seguidas.

tri•nar *v.int.* Soltar trinos ou trinados; gorjear. [Conjug.: ⊡ [trin]**ar**]

trin•ca *sf.* Reunião de três coisas análogas.

trin•car *v.t.d.* **1.** Cortar ou partir com os dentes, ou morder comprimindo com eles. **2.** Estalar, rachar. *Int.* **3.** Trincar (2). [Conjug.: ⑧ [trin]**car**]

trin•chan•te *sm.* Grande faca para trinchar.

trin•char *v.t.d.* Cortar em pedaços (a carne que se serve à mesa). [Conjug.: ⊡ [trinch]**ar**]

trin•chei•ra *sf.* Escavação no terreno, para que a terra escavada proteja os combatentes.

trin•co *sm.* **1.** Pequena tranca com que se fecham portas, e que se levanta por meio de chave, cordão ou aldrava. **2.** Espécie de fechadura por onde se introduz a chave que levanta essa peça.

trin•da•de *sf.* **1.** Na doutrina cristã, o dogma da união de três pessoas distintas em um só Deus. **2.** Divindade tríplice, nas religiões pagãs. **3.** Grupo de três pessoas ou três coisas análogas.

tri•ne•to *sm.* Filho de bisneto ou de bisneta.

tri•no¹ *sm.* V. *trinado* (1).

tri•no² *adj.* Composto de três.

tri•nô•mi:o *sm. Mat.* Polinômio cujo número de termos é três.

trin•que *sm.* Elegância, esmero. ♦ **No trinque.** *Fam.* Vestido com muita elegância.

trin•ta *num.* **1.** Quantidade que é uma unidade maior que 29. **2.** Número (1) correspondente a essa quantidade. [Representa-se em algarismos arábicos por 30, e em algarismos romanos, por XXX.]

trin•tão *adj.* Que está na casa dos trinta anos. [Fem.: *trintona*. Pl.: *–tões*.]

tri:o *sm.* **1.** Composição musical para três vozes ou instrumentos. **2.** Terno¹ (1).

tri•pa *sf.* **1.** Intestino de animal. **2.** V. *dobradinha*.

tri•pa•nos•so•mí•a•se *sf. Patol.* Qualquer infecção causada por protozoário do gênero *Trypanosoma*.

tri•par•tir *v.t.d. e p.* Partir(-se) em três partes. [Conjug.: ③ [tripart]**ir**]

tri•pé *sm.* **1.** Tripeça. **2.** Suporte portátil sobre o qual se põe a máquina fotográfica, o telescópio, ou outros aparelhos.

tri•pe•ça *sf.* Banco de três pés; tripé.

tri•pli•car *v.t.d., int. e p.* Tornar(-se) triplo. [Conjug.: ⑧ [tripli]**car**]

tri•pli•ca•ta *sf.* Terceira cópia.

trí•pli•ce *num.* Triplo (1).

tri•plo *num.* **1.** Três vezes maior que outro; tríplice. ● *sm.* **2.** Quantidade três vezes maior que outra.

tri•pu•di•ar *v.int.* **1.** Saltar ou dançar batendo com os pés. **2.** Levar ou pretender levar vantagem sobre alguém humilhando-o, escarnecendo-o. *T.i.* **3.** Tripudiar (2). [Conjug.: ① [tripudi]**ar**]

tri•pú•di:o *sm.* **1.** Ato ou efeito de tripudiar (2). *Fig.* Libertinagem, licenciosidade.

tri•pu•la•ção *sf.* Pessoal que trabalha no serviço duma embarcação ou duma aeronave. [Pl.: *–ções*.]

tri•pu•lan•te *s2g.* Cada pessoa duma tripulação.

tri•pu•lar *v.t.d.* Prover de tripulação. [Conjug.: ① [tripul]**ar**]

tri•que•quí•de:o *sm. Zool.* Espécime dos triquequídeos, família de grandes mamíferos aquáticos de águas costeiras (morsas) e rios (peixes-bois). § **tri•que•quí•de:o** *adj.*

tri•qui•u•rí•de:o *sm. Zool.* Espécime dos triquiurídeos, família de peixes perciformes, marinhos, de corpo fusiforme. § **tri•qui•u•rí•de:o** *adj.*

trir•re•me *sf.* Embarcação grega da Antiguidade, impelida por remos, armados em três pavimentos.

tri•sa•vó *sf.* Mãe do bisavô ou da bisavó.

tri•sa•vô *sm.* Pai do bisavô ou da bisavó.

tris•si•lá•bi•co *adj.* Que tem três sílabas; trissílabo.

tris•sí•la•bo *adj.* **1.** Trissilábico. ● *sm.* **2.** Vocábulo trissilábico.

tris•te *adj2g.* **1.** Que tem mágoa ou aflição. **2.** Cheio de melancolia; infeliz. **3.** Abatido, deprimido. **4.** Que infunde tristeza. **5.** Severo, grave. **6.** Mesquinho (1). **7.** Como palavra-ônibus traduz inúmeras idéias depreciativas, equivalendo a mau, maldizente, de mau gênio, preguiçoso, etc. § **tris•te•za** (ê) *sf.*

tris•to•nho *adj.* Que experimenta, denota ou produz tristeza.

tri•ti•cul•tor (it...ô) *sm. Bras.* O que cultiva o trigo.

tri•ti•cul•tu•ra (it) *sf. Bras.* Cultura do trigo.

tri•ton•go *sm. Gram.* União, em uma sílaba só, de três vogais, ou melhor, de uma vogal (a base), cercada de semivogais: *Paraguai, averigüei, quão*.

tri•tu•ra•dor (ô) *adj. e sm.* Que ou o que tritura.

tri•tu•rar *v.t.d.* **1.** Reduzir a fragmentos, ou a pó. **2.** Converter em massa. **3.** *Fig.* Afligir, magoar. [Conjug.: ① [tritur]**ar**] § **tri•tu•ra•ção** *sf.*

tri:un•fa•dor (ô) *adj.* **1.** Triunfante (1). ● *sm.* **2.** Aquele que triunfa.

tri:un•fal *adj2g.* Relativo a, ou em que há triunfo. [Pl.: *–fais*.]

tri:un•fan•te *adj2g.* **1.** Que triunfa; triunfador. **2.** Radiante de alegria.

tri:un•far *v.int.* **1.** Conseguir triunfo ou vitória. **2.** Prevalecer (1). **3.** Estar ou tornar-se exultante; exultar. *T.i.* **4.** Triunfar (1 e 2). [Conjug.: ① [triunf]**ar**]

tri•un•fo (i-un) *sm.* **1.** Entrada pomposa, solene, dos generais vitoriosos, na Roma antiga. **2.** Vitória (1). **3.** Êxito brilhante. **4.** Grande alegria. **5.** Pompa, esplendor.

tri•vi•al *adj2g.* **1.** Sabido de todos; notório, vulgar; terra-a-terra. ● *sm.* **2.** *Bras.* Os pratos simples e quotidianos das refeições caseiras. [Pl.: *–ais*.] § **tri•vi:a•li•da•de** *sf.*

tri•vi:a•li•zar *v.t.d e p.* Tornar(-se) trivial. [Conjug.: ① [trivializ]**ar**]

triz *el. sm.* Us na loc. *por um triz.* ♦ **Por um triz.** Por um pouco; por pouco.

tro•ar *v.int.* Trovejar (2). [Conjug.: ⑬ [tr]**oar**]

tro•ca *sf.* Ato ou efeito de trocar.

tro•ça *sf.* **1.** V. *zombaria*. **2.** Gracejo, chiste. **3.** *Bras.* Pândega, farra.

tro•ca•di•lho *sm.* Jogo de palavras parecidas no som e que dão margem a equívocos.

tro•ca•dor(ô) *adj.* 1. Que troca. • *sm.* 2. Aquele que troca. 3. *Bras.* Cobrador de passagens, no ônibus.

tro•car *v.t.d.* 1. Dar (uma coisa) por outra. 2. Trocar (7): *trocar a camisa.* 3. Mudar a roupa de. 4. Alterar, modificar. *T.d.i.* 5. Dar em troca. 6. Deixar. *T.i.* 7. Substituir (uma coisa por outra): *trocar de roupa.* 8. Permutar entre si. [Conjug.: ⑧ [tro]**car**]

tro•çar *v.t.i.* 1. Fazer troça; caçoar. *T.d.* 2. Dizer em tom de troça. [Conjug.: ⑨ [tro]**çar**]

tro•cis•ta *adj2g.* Que gosta de troçar.

tro•co (ô) *sm.* 1. Ação de trocar; troca. 2. Moedas ou cédulas, de valor menor, equivalentes a uma só, que representa quantia superior. 3. Dinheiro que o vendedor devolve ao comprador que pagou com quantia superior à devida. 4. *Fam.* Réplica, revide.

tro•ço *sm. Bras. Gír.* 1. Coisa (quase) imprestável. 2. Coisa (5). 3. Coisa (6).

tro•ço (ô) *sm.* 1. Pedaço de madeira. 2. Corpo de tropas. 3. Porção de gente; multidão.

tro•féu *sm.* 1. Despojos de inimigo vencido. 2. Objeto comemorativo duma vitória.

tró•fi•co *adj.* Relativo à nutrição.

tro•glo•di•ta *adj2g.* 1. Que vive sob a terra ou em caverna. • *s2g.* 2. Pessoa troglodita.

tro•glo•di•tí•de•on *sm. Zool.* Espécime dos trogloditídeos, família de aves passeriformes canoras, insetívoras. Ex.: uirapuru. § **tro•glo•di•tí•de:o** *adj.*

tro•le *sm. Bras.* Pequeno carro descoberto que anda sobre trilhos [v. *trilho*² (3)] das ferrovias.

tro•lha (ô) *sf.* 1. Espécie de pá da qual o pedreiro retira a argamassa que vai usando. • *sm.* 2. *Bras.* Servente de pedreiro. 3. *Fig.* Indivíduo desqualificado.

tro•lo•ló *sm. Bras.* Música ligeira e fácil.

trom *sm.* Som de canhão ou de trovão. [Pl.: *trons.*]

trom•ba *sf.* 1. *Zool.* Prolongamento longo e flexível do focinho de alguns mamíferos, como o elefante e a anta, us. para olfação e preensão. 2. *Zool.* O sugadouro dos dípteros. 3. *Pleb.* Rosto, cara. 4. *Bras. Pop.* Cara amarrada.

trom•ba•da *sf.* 1. Pancada com tromba ou focinho. 2. Choque, colisão.

trom•ba-d'á•gua *sf. Met.* 1. Fenômeno meteorológico que ocorre no mar e consiste numa nuvem negra, donde vai saindo um prolongamento parecido com uma tromba de elefante, o qual, girando rápido em torno do seu eixo, desce até a superfície, onde produz forte remoinho e eleva a água, na forma de um cone com o vértice voltado para cima. 2. *Bras. Pop.* Chuva torrencial. [Pl.: *trombas-d'água.*]

trom•ba•di•nha *s2g. Bras. Pop.* Menor delinquente.

trom•be•ta (ê) *sf.* 1. Qualquer instrumento musical de sopro, com tubo mais ou menos longo e em geral afunilado; corneta. 2. Instrumento de sopro, de metal, espécie de corneta sem voltas.

trom•be•te•ar *v.t.d. Fig.* Espalhar, alardear. [Conjug.: ⑩ [trombet]**ear**]

trom•be•tei•ro *sm.* Tocador de trombeta.

trom•bi•car *v.int.* Burlar, lograr. [Conjug.: ⑧ [trombi]**car**]

trom•bo *sm. Med.* Massa sanguínea coagulada em algum setor do sistema circulatório, e que nele causa obstrução parcial ou total.

trom•bo•ne *sm.* Instrumento de sopro, de metal, de tubo longo e cilíndrico.

trom•bo•se *sf. Med.* Coagulação do sangue processada, durante a vida, dentro do aparelho circulatório.

trom•bu•do *adj.* 1. Que tem tromba (1). 2. *Pop.* Carrancudo.

trom•pa *sf.* 1. Instrumento de sopro, de metal: longo tubo cônico enrolado sobre si mesmo e terminando em pavilhão largo. 2. *Anat.* Nome genérico de órgão cilíndrico e oco.

trom•pa•ço *sm. Bras.* 1. Empurrão, esbarro. 2. Bofetada, tapa.

trom•pe•te *sm.* Instrumento de sopro, de metal, sem palheta, com bocal e tubo alongado e mais ou menos cilíndrico que termina em pavilhão cônico.

tron•cha *sf. Bot.* Couve-tronchuda.

tron•cho *adj.* 1. Privado de membro ou ramo; mutilado. 2. *Bras.* Curvado para um dos lados; torto. • *sm.* 3. Talo grosso, de couve.

tron•co *sm.* 1. *Bot.* O caule principal, lenhoso, de árvores e arbustos. 2. *Bot.* Ramo grosso de árvore. 3. *Anat.* Parte do corpo humano, excetuados a cabeça, o pescoço e os membros; torso. 4. Antigo instrumento de tortura: um cepo com buracos onde se metia o pé ou o pescoço da vítima. 5. *Geom.* Parte de sólido geométrico separada por um corte perpendicular ou oblíquo ao respectivo eixo.

tron•cu•do *adj.* Que tem o tronco (3) desenvolvido.

tro•no *sm.* Assento elevado em que ficam os soberanos nas ocasiões solenes.

tro•pa *sf.* 1. Conjunto de muitas pessoas agrupadas; multidão. 2. *Mil.* Conjunto de soldados, ou os soldados de qualquer arma. 3. *Mil. Fam.* O exército. 4. *Bras.* Caravana de animais equídeos, especialmente os de carga.

tro•pe•ção *sm.* Ato de tropeçar (1), perdendo o equilíbrio; topada. [Pl.: -ções.]

tro•pe•çar *v.t.i.* 1. Dar com o pé involuntariamente. 2. Encontrar empecilho inesperado. 3.

Hesitar, vacilar. *Int.* 4. Dar tropeção. [Conjug.: ⑨ [trope]**çar**]

tro•pe•ço (ê) *sm.* 1. Coisa em que se tropeça. 2. *Fig.* Obstáculo, empecilho.

trô•pe•go *adj.* 1. Que anda a custo. 2. Que não pode, ou mal pode, mover os membros.

tro•pei•ro *sm. Bras.* Condutor de tropa (4).

tro•pel *sm.* 1. Ruído ou tumulto produzido por multidão a mover-se. 2. Patear estrepitoso de cavalos. [Pl.: *-péis.*]

tro•pe•li•a *sf.* 1. Tumulto produzido por multidão em tropel. 2. Efeito de tropel. 3. *Fig.* Travessura.

tro•pi•cal *adj2g.* 1. Relativo aos trópicos ou às regiões da zona tórrida. 2. Situado entre os trópicos. 3. Abrasador, ardente.• *sm.* 4. Tecido leve, em geral de lã. [Pl.: *-cais.*]

tro•pi•car *v.int.* Tropeçar muitas vezes. [Conjug.: ⑧ [tropi]**car**]

tró•pi•co *sm.* 1. *Astr.* Cada um dos dois paralelos (*Trópico de Câncer* e *Trópico de Capricórnio*) que representam, mais ou menos, a trajetória aparente diurna da projeção do sol sobre a superfície terrestre durante os solstícios. 2. Cada uma das regiões ou zonas limitadas por eles.

tro•pis•mo *sm. Biol.* Reação de aproximação ou afastamento de um organismo em relação à fonte de estímulo.

tro•po *sm. Gram.* Emprego de palavra ou expressão em sentido figurado.

tro•qui•lí•de:o *sm. Zool.* Espécime dos troquilídeos, família de aves pequeninas, de bico muito comprido e fino, cores brilhantes, e vôo rápido. São os beija-flores. **§ tro•qui•lí•de:o** *adj.*

tro•tar *v.int.* 1. Andar (o cavalo) a trote. 2. Cavalgar a trote. [Sin. ger.: *trotear.* Conjug.: ① [trot]**ar**.]

tro•te *sm.* 1. Andadura natural das cavalgaduras, entre o passo ordinário e o galope, e que se caracteriza pelas batidas regularmente espaçadas das patas. 2. *Bras.* Zombaria a que os veteranos das escolas sujeitam os calouros. 3. *Bras.* Troça, indiscrição, etc., anônimas, em geral feitas por telefone.

tro•te•ar *v.int.* V. *trotar.* [Conjug.: ⑩ [trot]**ear**]

trou•xa ou **troi•xa** *sf.* 1. Fardo de roupa.• *s2g.* 2. *Gír.* Pessoa tola, fácil de enganar.

tro•va *sf.* 1. Composição lírica ligeira e mais ou menos popular. 2. Quadra de tom popular.

tro•va•dor (ô) *sm.* 1. Designação dos poetas líricos dos sécs. XII e XIII, do sul da França, especialmente da Provença. 2. Designação dos poetas líricos portugueses que, nos últimos séculos da Idade Média, seguiam o estilo dos poetas provençais. 3. Aquele que trova; poeta (1). 4. Poeta medieval; menestrel.

tro•va•do•res•co (ês) *adj.* 1. De, ou relativo ou pertencente a trovador. 2. Diz-se da poesia

dos trovadores [v. *trovador* (2)], de Portugal e Galiza, nos sécs. XII a XIV.

tro•vão *sm. Meteor.* Estrondo causado por descarga de eletricidade atmosférica; trovoada. [Pl.: *-vões.*]

tro•var *v.int.* Fazer ou cantar trovas. [Conjug.: ① [trov]**ar**]

tro•ve•jar *v.int.* 1. Estrondear ou ribombar o trovão. 2. Soar fortemente; troar. 3. Haver trovoada. [Conjug.: ① [trovej]**ar**] **§ tro•ve•jan•te** *adj2g.*

tro•vo•a•da *sf. Meteor.* 1. Tempestade com trovões. 2. Trovão.

tru:a•ni•ce *sf.* Momice ou dito de truão.

tru•ão *sm.* 1. Bobo (1). 2. V. *bufo*[2]. [Pl.: *-ões.*]

tru•car *v.int.* No truque[2], propor a primeira parada (5). [Conjug.: ⑧ [tru]**car**]

tru•ci•dar *v.t.d.* Matar com crueldade. [Conjug.: ① [trucid]**ar**]

tru•cu•len•to *adj.* 1. Cruel, bárbaro. 2. *Bras.* Que se mete a valentão; brigão. **§ tru•cu•lên•ci:a** *sf.*

tru•fa *sf. Bot.* Nome comum a vários fungos subterrâneos, comestíveis.

tru•ís•mo *sm.* Verdade trivial, tão evidente que não é necessário ser enunciada.

trum•bi•car-se *v.p. Bras. Gír.* Dar-se mal. [Conjug.: ⑧ [trumbi]**car**[-se]]

trun•car *v.t.d.* 1. Separar do tronco. 2. Cortar parte de; mutilar. [Conjug.: ⑧ [trun]**car**]

trun•fa *sf. Bot.* 1. Certo toucado antigo. 2. Cabelo em desalinho; grenha, gaforinha.

trun•fo *sm.* 1. Naipe que prevalece aos outros, em certos jogos carteados. 2. *Fig.* Pessoa muito influente ou importante.

tru•que[1] *sm.* 1. Ardil, estratagema. 2. Modo hábil de fazer uma coisa.

tru•que[2] *sm.* Certo jogo de cartas.

trus•te *sm.* Acordo ou combinação entre empresas, em geral com o objetivo de restringir a concorrência e controlar os preços.

tru•ta *sf. Zool.* Peixe salmonídeo, saboroso.

truz *interj.* 1. Imita o som de queda ou de explosão.• *sm.* 2. Batida, pancada. ♦ **De truz.** Excelente, notável.

tsé-tsé *sf. Zool.* Nome comum a diversos antomiídeos africanos; são, quase todos, vetores da doença-do-sono. [Pl.: *tsé-tsés.*]

tu *pron. pess.* da 2ª pess. sing. Indica a pessoa com quem se fala.

tu:a•ví *sm. Etnogr.* Espécie de esteira feita com a nervura da folha de buriti, us. em lugar do tipiti pelos indígenas da região do alto Xingu.

tu•ba *sf.* Instrumento de sopro, de metal, com amplo tubo cônico recurvado sobre si mesmo, de som grave e poderoso. [Sin., bras.: *bombardão.*]

tu•ba•gem *sf.* 1. Tubulação. 2. Sistema de disposição ou funcionamento de certos tubos. 3.

Med. Introdução de tubo em cavidade natural, variando o tipo de tubo com relação à cavidade. [Pl.: *-gens*.]

tu•ba•rão *sm. Zool.* **1.** Nome comum a todos os grandes peixes elasmobrânquios; têm o corpo fusiforme ou achatado, e são voracíssimos. **2.** *Bras. Fig.* Industrial ou comerciante ganancioso. [Pl.: *-rões*.]

tu•ber•cu•la•do *adj.* Tuberculoso (2).

tu•bér•cu•lo *sm.* **1.** *Bot.* Excrescência arredondada de certas raízes, que constitui reserva nutritiva; algumas são comestíveis, como, p. ex., a batata-inglesa. **2.** *Bot.* Qualquer parte espessada, mais ou menos globular, duma planta, com tecidos de reserva. **3.** *Anat.* Pequena saliência em osso. **4.** *Patol.* Pequena lesão arredondada; é característica na tuberculose.

tu•ber•cu•lo•se *sf. Med.* Infecção contagiosa que pode ocorrer no homem e noutros animais, com as mais variadas manifestações e localizações (pulmões, intestino, rins, sistema nervoso, etc.).

tu•ber•cu•lo•so (ó) *adj.* **1.** Relativo a turberculose, ou que dela sofre. **2.** Que tem tubérculos; tuberculado. • *sm.* **3.** Indivíduo tuberculoso. [Pl.: *-losos* (ó).]

tu•be•ri•for•me *adj2g.* Que tem forma de tubérculo; tuberoso.

tu•be•ro•si•da•de *sf.* Saliência em forma de tubérculo.

tu•be•ro•so (ó) *adj.* Que tem tubérculo, ou forma de tubérculo. [Pl.: *-rosos* (ó).]

tu•bo *sm.* **1.** Canal cilíndrico, por onde passam ou saem fluidos, líquidos, etc. **2.** Vaso cilíndrico de vidro. **3.** *Anat.* Qualquer canal ou conduto do organismo animal. ♦ **Tubo de raios catódicos.** *Eletrôn.* Válvula eletrônica em que se produz e observa, de maneira controlada e controlável, um feixe de elétrons acelerados que incidem sobre uma tela fosforescente. **Tubo eletrônico.** *Eletrôn.* V. *válvula* (5).

tu•bu•la•ção *sf.* Coleção de tubos; tubagem. [Pl.: *-ções*.]

tu•bu•lar *adj2g.* Que tem forma de tubo.

tu•ca•no¹ *sm. Bras. Zool.* Nome comum às aves ranfastídeas.

tu•ca•no² *Bras. s2g.* **1.** *Etnôn.* Indivíduo dos tucanos, povo indígena que habita no AM e na Colômbia. • *sm.* **2.** *Gloss.* Família lingüística à qual pertencem línguas faladas por vários povos indígenas da região do alto rio Negro, no Brasil, e na Colômbia. § **tu•ca•no²** *adj2g.*

tu•cum *sm. Bras.* **1.** *Bot.* Palmácea de folhas fibrosas e nozes cujas sementes fornecem óleo alimentício. **2.** Sua fibra. [Pl.: *-cuns*.]

tu•cu•mã *sm. Bras. Bot.* Palmácea de até 15m de altura, de folhas fibrosas e frutos comestíveis.

tu•cu•na•ré *sm. Bras. Zool.* Peixe perciforme, ciclídeo, da Amaz.; tem carne excelente.

tu•cu•pi *sm. Bras. Amaz. Cul.* Tempero e molho do suco da mandioca ralada, com pimenta.

tu•do *pron. indef.* **1.** A totalidade das coisas e/ou animais e/ou pessoas. **2.** Todas as coisas. **3.** Coisa essencial, fundamento.

tu•do-na•da *sm2n.* Pequeníssima porção.

tu•fão *sm.* **1.** *Meteor.* Ciclone que na zona nas regiões oeste e norte do Pacífico, e no sul do mar da China. **2.** Vento fortíssimo e tempestuoso. [Pl.: *-fões*.]

tu•far *v.t.d.* e *int.* **1.** Fazer que tome, ou tomar, a forma de tufo. **2.** Aumentar o volume de, ou aumentar de volume. [Conjug.: ① [tuf]**ar**]

tu•fo *sm.* **1.** Porção de plantas, ou de flores, ou de penas, ou de pêlos, juntos. **2.** Pequeno monte (2). **3.** Saliência formada pelo tecido num vestuário.

tu•gir *v.int.* Falar baixinho; murmurar. [Conjug.: 58 [tug]**ir**]

tu•gú•ri:o *sm.* **1.** V. *cabana* (1). **2.** Abrigo, refúgio.

tu•im *sm. Bras. Zool.* Ave psitacídea pequenina que vive em bandos. [Pl.: *-ins*.]

tu•le *sm.* Filó, especialmente de seda.

tu•lha *sf.* **1.** V. *celeiro.* **2.** Montão de cereais.

tú•li:o *sm. Quím.* V. *lantanídeos* [símb.: *Tm*].

tu•li•pa *sf.* **1.** *Bot.* Erva liliácea, ornamental. **2.** Sua flor. **3.** *Bras.* Copo alto e estreito, us. ger. para chope ou cerveja.

tum•ba *sf.* **1.** Pedra sepulcral. **2.** V. *sepultura.*

tu•me•fa•ção *sf.* Ato ou efeito de tumefazer(-se). [Pl.: *-ções*.]

tu•me•fac•to ou **tu•me•fa•to** *adj.* Inchado, intumescido, túmido.

tu•me•fa•zer *v.t.d., int.* e *p.* Tornar(-se) túmido; intumescer(-se), inchar. [Conjug. 20 [tume]**fazer**]

tú•mi•do *adj.* **1.** V. *tumefacto.* **2.** Saliente (2). **3.** *Fig.* Vaidoso, arrogante.

tu•mor (ô) *sm. Med.* **1.** Qualquer aumento de volume desenvolvido numa parte qualquer do corpo. **2.** Massa formada pela multiplicação das células dum tecido, sem a estrutura dos processos inflamatórios ou parasitários conhecidos.

tú•mu•lo *sm.* **1.** Monumento fúnebre erguido em memória de alguém no lugar onde se acha sepultado. **2.** V. *sepultura.* § **tu•mu•lar** *adj2g.*

tu•mul•to *sm.* **1.** Grande movimento; bulício. **2.** V. *confusão* (4). **3.** Briga, rixa.

tu•mul•tu•ar *v.t.d.* **1.** Incitar à desordem, ao tumulto. **2.** Desarrumar, desarranjar. **3.** Criar tumulto em. *Int.* **4.** Fazer grande desordem, ou barulho. [Conjug.: ① [tumultu]**ar**] § **tu•mul•tu•a•do** *adj.*

tu•mul•tu•á•ri:o *adj.* **1.** Desordenado; confuso. **2.** Barulhento, ruidoso. [Sin. ger.: *tumultuoso*.]

tu•mul•tu•o•so (ô) *adj.* **1.** Em que há tumulto; tumultuado. **2.** V. *tumultuário.* [Pl.: *-osos* (ó).]

tun•da *sf.* Surra, sova.

tú•nel *sm.* Caminho ou passagem subterrânea. [Pl.: *-neis.*]

tungs•tê•ni:o *sm. Quím.* Elemento de número atômico 74, metálico, branco, duro, quebradiço, usado em filamentos de lâmpadas incandescentes [símb.: *W*].

tú•ni•ca *sf.* 1. Vestuário longo e ajustado ao corpo. 2. Casaco reto e justo, típico de certos uniformes. 3. *Anat.* Membrana ou camada que participa da composição de parede de órgão.

tu•pã *sm. Bras.* Designação tupi do trovão us. pelos missionários jesuítas para designar Deus (neste caso, com inicial maiúscula).

tu•pi *Bras. s2g.* 1. *Etnôn.* Indivíduo dos tupis, povo indígena que habitava o N. e o C.O. do Brasil. 2. *Etnôn.* Denominação comum aos povos indígenas do litoral brasileiro cujas línguas pertenciam à mesma família ou tronco que a dos tupis. • *sm.* 3. *Gloss.* Língua da família tupi-guarani, falada até o séc. XIX pelos povos indígenas do litoral, e ainda hoje na região amazônica. 4. *Gloss.* Tronco linguístico que compreende línguas indígenas do Brasil, Paraguai, Argentina, Bolívia, Peru, Colômbia, Venezuela e Guiana Francesa. § **tu•pi** *adj2g.*

tu•pi-gua•ra•ni *sm. Gloss.* Família linguística do tronco tupi, constituída por numerosas línguas faladas por povos indígenas do Brasil (regiões N., C.O., S.E. e S.), da Argentina, do Paraguai e da Bolívia. [Pl.: *tupis-guaranis.*] § **tu•pi-gua•ra•ni** *adj2g.*

tu•pi•nam•bá *Bras. s2g.* 1. *Etnôn.* Indivíduo dos tupinambás, povo indígena extinto, da família linguística tupi-guarani, que habitava a costa brasileira, do PA ao RJ. • *sm.* 2. Mandachuva (1). • *adj2g.* 3. Pertencente ou relativo a tupinambá (1).

tu•pi•ni•quim *Bras. s2g.* 1. *Etnôn.* Indivíduo dos tupiniquins, povo indígena da família linguística tupi-guarani, que habita o ES. • *adj2g.* 2. Pertencente ou relativo a esse povo. 3. *Joc.* Próprio do Brasil; brasileiro. [Pl.: *-quins.*]

tur•ba *sf.* 1. Multidão (1) em desordem. 2. Muitas pessoas reunidas; multidão.

tur•ba•mul•ta *sf.* 1. Grande turba (1) agitada. 2. Grande agrupamento de pessoas.

tur•ban•te *sm.* 1. Cobertura da cabeça usada pelos povos orientais: longa faixa de tecido enrolada em torno dela. 2. Toucado feminino que lembra o turbante.

tur•bi•lhão *sm.* 1. Remoinho de vento. 2. Movimento forte e giratório de água; sorvedouro, voragem. 3. O que excita ou impele violentamente. [Pl.: *-lhões.*]

tur•bi•lho•nar *v.int.* Voltear como um turbilhão. [Conjug.: ① [turbilhon]**ar**]

tur•bi•na *sf.* Máquina que transforma em trabalho mecânico a energia de um fluido em movimento.

tur•bu•lên•ci:a *sf.* 1. Qualidade, estado ou ato de turbulento. 2. Agitação, desordem. 3. *Aer.* Agitação do ar atmosférico, que perturba a sustentação de uma aeronave.

tur•bu•len•to *adj.* 1. Que está disposto à desordem ou nela se compraz. 2. Irrequieto, agitado.

tur•co *adj.* 1. Da Turquia (Ásia e Europa); otomano. • *sm.* 2. O natural ou habitante da Turquia; otomano. 3. A língua turca. 4. *Bras. Pop.* Designação dada a judeus e a árabes em geral.

tur•dí•de:o *sm. Zool.* Espécime dos turdídeos, família de aves passeriformes, onívoras, ger. canoras. Ex.: rouxinol, sabiá. § **tur•dí•de:o** *adj.*

tur•fa *sf. Ecol.* Matéria esponjosa, escura, constituída de restos vegetais em decomposição, e que se forma em lugares pantanosos, onde é escasso o oxigênio.

tur•fe *sm.* 1. Hipódromo, prado. 2. Hipismo.

tur•fis•ta *s2g. Bras.* Aficionado do turfe.

túr•gi•do *adj.* 1. Dilatado, por conter grande porção de humores. 2. Túmido, inchado. § **tur•gi•dez** (ê) *sf.*

tu•rí•bu•lo *sm.* Vaso onde se queima incenso nos templos.

tu•ri•fe•rá•ri:o *sm.* 1. Aquele que leva o turíbulo. 2. Bajulador, adulador.

tu•ris•mo *sm.* Viagem ou excursão feita por prazer, a locais que despertam interesse.

tu•ris•ta *s2g.* Pessoa que faz turismo.

tu•rís•ti•co *adj.* Destinado a turismo ou turistas, ou relativo a eles.

tur•ma *sf.* 1. Grupo, bando. 2. Grupo de indivíduos reunidos em torno dum interesse comum. 3. Turno (1), especialmente de estudantes ou trabalhadores. 4. *Bras.* Grupinho de amigos.

tur•ma•li•na *sf. Min.* Pedra semipreciosa que pode apresentar diversas colorações: verde, azul, negra.

tur•no *sm.* 1. Cada um dos grupos de pessoas que se alternam em certos atos ou serviços; turma. 2. *Bras.* Cada uma das divisões do horário de trabalho. 3. Cada etapa de disputa de campeonato esportivo.

tur•que•sa (ê) *sf.* 1. *Min.* Mineral azulado ou esverdeado, pedra preciosa. • *sm.* 2. A cor da turquesa. • *adj2g.2n.* 3. Dessa cor.

tur•ra *sf.* 1. Pancada forte com a testa. 2. Teima, birra. 3. Disputa, discussão.

tur•rão *adj. Pop.* Que é dado a turrar (3 e 4). [Pl.: *-rões.*]

tur•rar *v.int.* 1. Bater com a testa. 2. Marrar. 3. *Fig.* Teimar (2). *T.i.* 4. *Fig.* Discutir. [Conjug.: ① [turr]**ar.** Cf. *torrar.*]

tu•ru•na *adj.* e *sm. Bras. Pop.* V. *valentão.*

tur•var ou **tur•bar** *v.t.d.* e *p.* **1.** Tornar(-se) turvo ou opaco. **2.** Alterar(-se), transtornar(-se). [Conjug.: ① [turv]**ar**] § **tur•va•ção** ou **tur•ba•ção** *sf.*

tur•vo *adj.* **1.** Opaco; embaciado. **2.** Agitado; confuso. **3.** Transtornado, alterado.

tus•sor (ó) *sm.* Tecido fino de seda.

tu•ta•no *sm.* Substância mole e gordurosa, do interior dos ossos; medula óssea.

tu•te•ar *v.t.d.* **1.** Tratar (alguém) por *tu*. *P.* **2.** Tratar-se mutuamente por *tu*. [Conjug.: ⑩ [tut]**ear**]

tu•te•la *sf.* **1.** Encargo ou autoridade conferida a alguém para administrar os bens e dirigir a pessoa de um menor que está fora do pátrio poder, e para representá-lo ou assisti-lo nos atos da vida civil. **2.** Proteção, amparo.

tu•te•lar[1] *adj2g.* **1.** Relativo a tutela. **2.** Protetor.

tu•te•lar[2] *v.t.d.* **1.** Exercer tutela sobre. **2.** Proteger, amparar. [Conjug.: ① [tutel]**ar**]

tu•tor (ô) *sm.* **1.** Indivíduo legalmente encarregado de tutelar alguém. **2.** Protetor.

tu•to•ri•a *sf.* Cargo ou autoridade de tutor.

tu•to•ri•al *adj2g.* e *sm.* Diz-se de, ou conjunto de instruções que ensinam como fazer, como proceder, etc. [Pl.: *–ais.*]

tu•tu[1] *sm. Bras. Folcl.* V. *papão.*

tu•tu[2] *sm. Bras. Cul.* Iguaria de carne de porco salgada, toicinho, feijão e farinha de mandioca.

tu•tu[3] *sm. Bras. Gír.* V. *dinheiro* (4).

tu•xa:u•a *sm. Bras.* **1.** V. *morubixaba.* **2.** *Pej.* Chefe político.

tzar *sm.* V. *czar.* [Fem.: *tzarina.*]

tza•ris•mo *sm.* V. *czarismo.*

tza•ris•ta *adj2g.* e *s2g.* V. *czarista.*

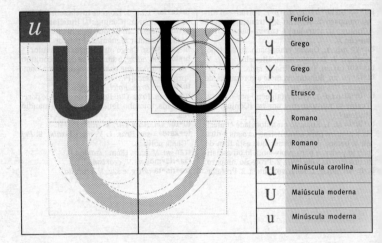

	Fenício
	Grego
	Grego
	Etrusco
	Romano
	Romano
	Minúscula carolina
	Maiúscula moderna
	Minúscula moderna

u *sm.* **1.** A 20ª letra do nosso alfabeto. **2.** Figura ou representação dessa letra. **3.** A forma da letra *u*, ou aquilo que tem formato semelhante a ela. • *num.* **4.** Vigésimo (1), numa série. **5.** Vigésimo primeiro, numa série em que a letra *k* corresponde ao 11º elemento. [Pl., nas acepç. 1 a 3: *us* (tb. indicado pela duplicação da letra: *uu*).]

❑ **U** *Quím.* Símb. do *urânio.*

u:a•ca•ri *sm. Bras. Zool.* Cacajau.

u:ai *interj. Bras.* Exprime surpresa, espanto, ou terror.

u•bá *sf. Bras. Amaz.* Embarcação indígena feita com um só lenho.

u•ber•da•de *sf.* Qualidade de úbere²; abundância, fartura.

ú•be•re¹ *sm.* Mama de vaca ou de outra fêmea de animal; teta.

ú•be•re² *adj2g.* **1.** Fértil, produtivo. **2.** Farto, abundante.

u•bí•quo *adj.* Que está ao mesmo tempo em toda parte. § **u•bi•qüi•da•de** *sf.*

u•ca *sf. Bras. Gír.* Cachaça.

u•çá *sm. Bras. Zool.* Crustáceo gecarcinídeo dos mangues.

u•cha•ri•a *sf.* **1.** Despensa, especialmente para carnes, nas casas reais. **2.** Depósito de mantimentos.

❑ **UCP** Sigla de *unidade central de processamento.*

u:ê ou **u:é** *interj. Bras.* Exprime espanto, admiração, surpresa.

u•fa•nar *v.t.d. e p.* **1.** Tornar(-se) ufano ou vaidoso. **2.** Regozijar(-se). [Conjug.: ① [ufan]**ar**]

u•fa•ni•a *sf.* **1.** Qualidade de ufano. **2.** Vaidade descabida.

u•fa•no *adj.* **1.** Que se orgulha de algo. **2.** Satisfeito consigo mesmo; vaidoso.

ui *interj.* Exprime dor, surpresa, repulsa.

ui•a•ra *sf. Bras. Folcl.* V. *mãe-d'água.*

ui•ra•pu•ru *sm. Bras. Zool.* Pássaro piprídeo de canto melodioso.

u:ís•que *sm.* Aguardente feita de grãos fermentados de centeio, milho ou cevada.

ui•var *v.int.* **1.** Dar uivos; ulular. **2.** Gritar, berrar. **3.** Vociferar, esbravejar. [Conjug.: ① [uiv]**ar**]

ui•vo *sm.* **1.** Voz lamentosa do cão, do lobo e doutros animais. **2.** Ato de vociferar.

úl•ce•ra *sf. Patol.* Solução de continuidade, aguda ou crônica, duma superfície do derma ou de mucosa, e que é acompanhada de processo inflamatório.

ul•ce•ra•ção *sf. Med.* Ato ou efeito de ulcerar. [Pl.: *-ções.*]

ul•ce•rar *v.t.d.* **1.** Produzir úlcera em. *Int.* e *p.* **2.** Cobrir-se de úlceras. [Conjug.: ① [ulcer]**ar**]

ul•ce•ro•so (ô) *adj.* **1.** Da natureza da úlcera, ou que a tem. • *sm.* **2.** Quem tem úlcera(s).

ul•te•ri•or (ô) *adj2g.* **1.** Situado além. [Antôn., nesta acepç.: *citerior.*] **2.** Posterior (1).

ul•ti•mar *v.t.d.* **1.** Pôr fim ou termo a; concluir. **2.** Realizar definitivamente (um negócio). *P.* **3.** Completar-se. [Conjug.: ① [ultim]**ar**] § **ul•ti•ma•ção** *sf.*

úl•ti•mas *sf. pl.* **1.** O ponto extremo. **2.** A extrema miséria; penúria. **3.** Lance decisivo.

ul•ti•ma•to *sm.* Últimas exigências de um Estado a outro, e cuja não-aceitação implica declaração de guerra.

ul•ti•má•tum *sm.* V. *ultimato*.

úl•ti•mo *adj.* 1. Que está ou vem no final. 2. O mais recente.

ul•tra *s2g.* Partidário de idéias extremamente avançadas, ou do radicalismo.

ul•tra•cor•re•ção *sf. Ling.* Preocupação de falar bem que redunda em erro. [Pl.: –*ções*.]

ul•tra•jar *v.t.d.* 1. Ofender a dignidade de; injuriar. 2. Ofender os preceitos de. [Conjug.: ① [ultraj]ar] § **ul•tra•jan•te** *adj2g.*

ul•tra•je *sm.* 1. Ato ou efeito de ultrajar. 2. Insulto ou afronta grave.

ul•tra•le•ve *adj2g.* 1. Leve ao extremo. • *sm.* 2. Avião de peso ínfimo, dotado apenas dos requisitos indispensáveis para alçar vôo.

ul•tra•mar *sm.* 1. Região ou regiões situadas além do mar. 2. Tinta azul forte.

ul•tra•ma•ri•no *adj.* 1. Situado no ultramar; transoceânico. 2. Relativo ao, ou próprio do ultramar.

ul•tra•pas•sa•do *adj.* V. *antiquado* (2).

ul•tra•pas•sar *v.t.d.* 1. Passar além de; transpor. 2. Passar à frente de. 3. Exceder, extrapolar. [Conjug.: ① [ultrapass]ar] § **ul•tra•pas•sa•gem** *sf.*; **ul•tra•pas•sá•vel** *adj2g.*

ul•tra•ro•mân•ti•co *adj.* Extremamente romântico. [Pl.: *ultra-românticos*.]

ul•tra•sen•sí•vel *adj2g.* Sensível ao extremo. [Pl.: *ultra-sensíveis*.]

ul•tra•vi•o•le•ta (é) *sm.* 1. Radiação eletromagnética, cuja freqüência é maior que a da luz de cor violeta. • *adj2g.2n.* 2. Diz-se de ultravioleta (1).

u•lu•lar *v.int.* Uivar (1). [Conjug.: ① [ulul]ar] § **u•lu•la•ção** *sf.*; **u•lu•lan•te** *adj2g.*

u•lu•lo *sm.* Ato ou efeito de ulular; ululação.

u•lu•ri *sm. Bras. Etnogr.* Espécie de tanga feminina triangular, feita de entrecasca, us. entre os povos indígenas brasileiros da região do alto Xingu.

um *num.* 1. A quantidade daquilo que é inteiro e completo, sem mais nada que o acompanhe, ou que lhe seja acrescentado. 2. *Mat.* Número (1) correspondente a essa quantidade, e que é a unidade do sistema de contagem e numeração. 3. Que está marcado ou identificado com o número 1. [Nesta acepç., é us. como aposto (sem flexão), em seguida ao substantivo: *capítulo um, página um, rua um, casa um*. • *art. indef.* 4. Designa pessoa, animal ou coisa de modo impreciso, vago. 5. Algum; qualquer. 6. Certo, determinado. • *adj.* 7. Singular, único. • *pron. indef.* 8. Uma pessoa; alguém. [Fem.: *uma*.] • *sm.* 9. Representação do número um, em algarismos.

u•ma Fem. de *um*.

um•ban•da *sf. Bras.* Religião originada na assimilação de elementos cultuais afro-brasileiros pelo espiritismo.

um•ba•ú•ba *sf. Bras. Bot.* Árvore morácea de tronco indiviso; imbaúba.

um•be•la ou **um•bre•la** *sf.* 1. *Rel.* Pálio redondo para cobrir o sacerdote que transporta a Eucaristia. 2. Qualquer objeto em forma de umbela (1).

um•be•lí•fe•ra *sf. Bot.* Espécime das umbelíferas, família de ervas rizomatosas à qual pertencem a batata-baroa e a cenoura. § **um•be•lí•fe•ro** *adj.*

um•bi•ga•da *sf.* Pancada com o umbigo ou a barriga.

um•bi•go *sm. Anat.* Cicatriz no meio do ventre, produzida pelo corte do cordão umbilical.

um•bi•li•cal *adj2g.* Do umbigo, ou relativo a ele. [Pl.: –*cais*.]

um•bral *sm.* 1. Cada uma das peças verticais das portas e janelas que sustentam as vergas; ombreira. 2. Limiar, entrada. [Pl.: –*brais*.]

um•brí•fe•ro *adj.* V. *umbroso* (1).

um•bro•so (ô) *adj.* 1. Que tem ou produz sombra; umbrífero, sombrio. 2. Copado; frondoso.

um•bu *sm. Bras. Bot.* Imbu.

um•bu•zei•ro *sm. Bras. Bot.* Imbuzeiro.

u•mec•tar *v.t.d.* Umedecer com substância que se dilui. [Conjug.: ① [umect]ar] § **u•mec•tan•te** *adj2g.*

u•me•de•cer *v.t.d.* e *p.* Tornar(-se) úmido, umidificar. [Conjug.: ㉞ [umede]cer]

ú•me•ro *sm. Anat.* Osso único do esqueleto de cada braço. § **u•me•ral** *adj2g.*

u•mi•da•de *sf.* 1. Qualidade ou estado de úmido. 2. Relento da noite.

u•mi•di•fi•car *v.t.d., int.* e *p.* V. *umedecer*. [Conjug.: ⑧ [umidifi]car]

ú•mi•do *adj.* 1. Levemente molhado. 2. Impregnado de água, de vapor. 3. Aquoso.

u•nâ•ni•me *adj2g.* 1. Que é do mesmo sentimento ou da mesma opinião que outrem. 2. Resultante de acordo comum. § **u•na•ni•mi•da•de** *sf.*

un•ção *sf.* 1. Ato ou efeito de ungir. 2. Untura (1). 3. Sentimento de piedade religiosa. [Pl.: –*ções*.]

un•dé•ci•mo *num.* 1. Que ocupa o lugar de número 11, numa série ordenada. 2. Cada uma das 11 partes iguais em que se divide algo.

un•dí•co•la *adj2g.* Que vive nas águas.

un•dí•va•go *adj.* Que anda sobre as ondas.

un•do•so (ô) *adj.* Que tem, ou em que há ondas, ou que as forma. [Pl.: –*dosos* (ó).]

un•gir *v.t.d.* 1. Untar com óleo ou com ungüento. 2. Friccionar de leve com substância gorda ou untuosa; fomentar. 3. Aplicar óleos consagrados. 4. Dar posse a, investir de autoridade, por meio de sagração. [Segundo muitos, inconjugável na 1ª pess. do sing. do pres. ind. e, pois, em todo o pres. subj. Conjug.: 58 [ung]**ir**]

un•gue•al *adj2g.* Relativo a unha. [Pl.: –*ais.*]

un•güen•to *sm. Med.* Forma farmacêutica pastosa que veicula medicamento, e que se aplica na pele, onde se liquefaz pelo calor.

un•güí•fe•ro *adj.* Que tem unha.

un•güi•for•me *adj2g.* Em forma de unha.

un•gu•la•do *adj.* e *sm. Zool.* Diz-se de, ou mamífero cujos dedos têm casco.

u•nha *sf.* 1. Lâmina córnea que recobre a ponta dos dedos. 2. Garra¹ (1). 3. Parte curva ou pontiaguda de alguns instrumentos.

u•nha•da *sf.* Arranhão ou ferimento com unha.

u•nha-de-fo•me *adj2g.* e *s2g. Bras.* V. *avaro.* [Pl.: *unhas-de-fome.*]

u•nha-de-ga•to *sf. Bras. Bot.* Erva das leguminosas, muito espinhosa. [Pl.: *unhas-de-gato.*]

u•nhar *v.t.d.* 1. Ferir com as unhas; arranhar. 2. Marcar com um risco de unha. *P.* 3. Ferir-se com as unhas. [Conjug.: 1 [unh]**ar**] § **u•nha•do** *adj.*

u•nhei•ro *sm.* Panarício superficial.

u•ni•ão *sf.* 1. Ato ou efeito de unir(-se); ligação. 2. Pacto, aliança. 3. Casamento. 4. Contato sexual; coito. 5. Concórdia, harmonia. 6. Confederação, associação. 7. O governo federal. [Nesta acepç., com inicial maiúscula.] 8. *Mat.* Conjunto de todos os elementos pertencentes a pelo menos um de dois ou mais conjuntos; conjunto união, soma, reunião. [Pl.: –*ões.*]

u•ni•ce•lu•lar *adj2g. Citol.* Que tem, ou é formado de uma só célula.

ú•ni•co *adj.* 1. Que é só um; só. 2. De cuja espécie não existe outro. 3. Exclusivo (2). 4. A que nada é comparável.

u•ni•cor•ne *adj2g.* Que só tem um corno.

u•ni•cór•ni:o *sm. Folcl.* Animal fabuloso representado com corpo de cavalo e um só chifre no meio da testa.

u•ni•da•de *sf.* 1. Quantidade que se toma arbitrariamente para termo de comparação entre grandezas da mesma espécie. 2. O número um. 3. Princípio da numeração. 4. Qualidade do que é um, ou único, ou uniforme. 5. Aquilo que, num conjunto, espécie, etc., forma um todo. 6. Tropa de soldados destinados a manobrar juntos. ◆ **Unidade central de processamento.** *Inform.* Componente de um computador, que realiza todo o processamento aritmético e lógico, e o controle da execução destes; [Sigla: *UCP* e (ingl.) *CPU.*]

u•ni•di•re•ci:o•nal *adj2g.* Que se move ou flui numa só direção. [Pl.: –*nais.*]

u•ni•fi•car *v.t.d.* 1. Reunir em um todo ou em um só corpo; unir. *P.* 2. Tornar-se um. 3. Unir

(12). [Conjug.: 8 [unifi]**car**] § **u•ni•fi•ca•ção** *sf.*; **u•ni•fi•ca•do** *adj.*; **u•ni•fi•ca•dor** (ô) *adj.*

u•ni•for•me *adj2g.* 1. Que só tem uma forma. 2. Semelhante, análogo. • *sm.* 3. Vestuário feito segundo modelo oficial e comum, para uma corporação ou classe.

u•ni•for•mi•da•de *sf.* Qualidade de uniforme.

u•ni•for•mi•zar *v.t.d.* 1. Tornar uniforme. 2. Fazer vestir de uniforme. *P.* 3. Vestir-se de uniforme (3). [Conjug.: 1 [uniformiz]**ar**] § **u•ni•for•mi•za•ção** *sf.*

u•ni•la•te•ral *adj2g.* 1. Situado de um único lado. 2. Que vem de um lado só. [Pl.: –*rais.*]

u•ni•li•ne•ar *adj2g.* Relativo a, ou que leva em conta a descendência exclusivamente masculina (paterna) ou feminina (materna). § **u•ni•li•ne:a•ri•da•de** *sf.*

u•ni•lín•güe *adj2g.* Monolíngüe.

u•ni•lo•ba•do *adj.* Que só tem um lobo.

u•nir *v.t.d.* 1. Tornar-se em um só; unificar. 2. Juntar, ligar. 3. Estabelecer comunicação entre; ligar. 4. Ligar (pessoas). 5. Casar (1). 6. Fazer aderir; juntar. 7. Associar (1). 8. Conciliar, harmonizar. *T.d.i.* 9. Unir (4 a 7) *P.* 10. Ligar-se por afeto, casamento ou interesses. 11. Combinar-se, reunir-se. 12. Juntar-se ou reunir-se em um só; unificar-se. [Conjug.: 3 [un]**ir**] § **u•ni•ti•vo** *adj.*

u•nis•sex (cs) *adj2g.2n.* Que é usado indistintamente pelos dois sexos.

u•nís•so•no *adj.* 1. Que tem o mesmo som que outro. 2. Cuja entonação é a mesma.

u•ni•tá•ri:o *adj.* 1. Relativo a unidade. 2. Relativo à unidade política de um país.

u•ni•val•ve *adj2g. Zool.* Diz-se da concha de molusco constituída de uma só peça.

u•ni•ver•sal *adj2g.* 1. Relativo ao Universo. 2. Que abarca toda a Terra; mundial. 3. Comum a todos os homens, ou a um grupo dado. 4. Aplicável a tudo. 5. Que advém de todos; geral. 6. Que abrange quase por inteiro um campo de conhecimentos, aptidões, etc. 7. A quem se atribuíram totalmente direitos ou deveres. [Pl.: –*sais.*] § **u•ni•ver•sa•li•da•de** *sf.*

u•ni•ver•sa•lis•mo *sm.* 1. Doutrina que considera a realidade como um todo único, válido para os homens em geral. 2. Tendência a universalizar uma idéia, um sistema, etc.

u•ni•ver•sa•li•zar *v.t.d.* e *p.* 1. Tornar(-se) universal; generalizar(-se). *T.d.i.* 2. Tornar comum. [Conjug.: 1 [universaliz]**ar**]

u•ni•ver•si•da•de *sf.* 1. Universalidade. 2. Conjunto de faculdades ou escolas para a especialização profissional e científica. 3. Edificação onde funciona esse conjunto.

u•ni•ver•si•tá•ri:o *adj.* 1. Próprio de, ou que leciona ou estuda em universidade. • *sm.* 2. Professor ou aluno universitário.

u•ni•ver•so *sm.* 1. O conjunto de tudo quanto existe (incluindo-se a Terra, os astros, as galáxias e toda a matéria disseminada no espaço); o cosmo. 2. A Terra, e seus habitantes.

u•ní•vo•co *adj.* 1. Diz-se do que tem uma única significação. 2. *Mat.* Diz-se da relação, ou da correspondência, entre dois conjuntos em que a cada elemento do primeiro conjunto corresponde apenas um elemento do segundo.

u•no *adj.* Singular, um; único.

un•tar *v.t.d.* 1. Aplicar óleo ou unto a. 2. Besuntar. *T.d.i.* 3. Untar (2). [Conjug.: 1 [unt]**ar**]

un•to *sm.* 1. Gordura de porco. 2. Gordura, óleo.

un•tu•o•so (ô) *adj.* 1. Em que há unto; gorduroso. 2. *Deprec.* Diz-se de quem tem gestos de bajulador e voz melíflua. § **un•tu•o•si•da•de** *sf.*

un•tu•ra *sf.* 1. Ato ou efeito de untar; unção. 2. Ungüento.

▷ **up** (áp) [Ingl.] *sm. Fís. Part.* Tipo de *quark* com carga elétrica 2/3.

u•pa *sf.* 1. Corcovo do cavalo. • *interj.* 2. Us. para incentivar um animal ou uma pessoa a levantar-se ou a subir; oba. 3. Designa espanto, admiração; oba.

▷ **upgrade** (ápgréid) [Ingl.] *sm. Inform.* 1. Substituição de um equipamento por modelo mais aprimorado, ou de programa ou de uma versão com mais recursos. 2. Equipamento ou programa de maior capacidade ou qualidade, ou mais recente.

▷ **upload** (áplóud) [Ingl.] *sm. Inform.* Numa rede de computadores, envio de cópia(s) de arquivo(s) de um computador local para outro remoto.

u•pu•pí•de•o *sm. Zool.* Espécime dos upupídeos, família de aves coraciiformes, migrantes, que vivem na Europa, Ásia e África.

u•râ•ni•o *sm. Quím.* Elemento empregado em reatores nucleares e na bomba atômica. V. *actinídeos* [símb.: *U*].

u•ra•no *sm. Astr.* O sétimo planeta em ordem de afastamento do Sol, com 15 satélites conhecidos. [Com inicial maiúscula.]

u•ra•no•gra•fi•a *sf.* Descrição do céu.

ur•ba•ni•da•de *sf.* Qualidade de urbano; cortesia.

ur•ba•nis•mo *sm.* Estudo sistematizado dos métodos capazes de adaptar a cidade às necessidades de seus habitantes. § **ur•ba•nís•ti•co** *adj.*

ur•ba•nis•ta *s2g.* Especialista em urbanismo.

ur•ba•ni•za•ção *sf. Urb.* 1. Ato ou efeito de urbanizar. 2. Conjunto dos trabalhos necessários para dotar uma área de infra-estrutura (p. ex., água, esgoto, eletricidade) e/ou de serviços urbanos (p. ex., de transporte, de educação).

ur•ba•ni•zar *v.t.d.* 1. Tornar urbano. 2. *Urb.* Proceder à urbanização de. 3. Polir; civilizar (2). [Conjug.: 1 [urbaniz]**ar**]

ur•ba•no *adj.* 1. Da, ou relativo à cidade. 2. Que tem características de cidade. 3. Cortês, civilizado.

ur•be *sf.* Cidade.

ur•di•du•ra *sf.* 1. Ato ou efeito de urdir. 2. O conjunto de fios dispostos no tear, e por entre os quais passam os fios da trama.

ur•dir *v.t.d.* 1. Dispor os fios da tela (1). 2. Tecer os fios de (a teia [4]). 3. V. *tramar* (2). [Conjug.: 3 [urd]**ir**] § **ur•di•dor** (ô) *adj.* e *sm.*; **ur•di•men•to** *sm.*

u•réi•a *sf. Quím.* Substância cristalina, incolor, existente na urina, e que se pode obter por síntese (3) [fórm.: $(H_2N)_2C=O$].

u•re•mi•a *sf. Med.* Intoxicação resultante da incompleta depuração do sangue pelos rins.

u•ren•te *adj2g.* 1. Que queima. 2. Que produz ardor; urticante.

u•re•ter (tér) *sm. Anat.* Cada um dos dois canais que conduzem a urina dos rins à bexiga (1).

u•re•tra *sf. Anat.* Canal excretor da urina e que, no homem, conduz o sêmen (1) a ser eliminado. § **u•re•tral** *adj2g.*

ur•gên•ci•a *s2g.* 1. Qualidade de urgente. 2. Caso ou situação de emergência, ou urgência.

ur•gen•te *adj2g.* 1. Que urge; que deve ser feito com rapidez; premente. 2. Iminente.

ur•gir *v.int.* 1. Ser necessário sem demora; ser urgente. 2. Não permitir demora. *T.d.* 3. V. *exigir* (3). [Conjug.: 58 [urg]**ir**. Defect. Nessas acepç., só se conjuga nas 3ªs pess.]

ú•ri•co *adj.* Diz-se de um ácido existente na urina.

u•ri•na *sf. Fisiol.* Líquido segregado pelos rins, donde corre pelos ureteres para a bexiga. [Sin., bras., fam.: *pipi, xixi.*]

u•ri•nar *v.int.* 1. Expelir urina pela via natural. *T.d.* 2. Expelir, como urina. 3. *Fam.* Sujar com urina. *P.* 4. Urinar (1) involuntariamente. 5. *Fig.* Sentir grande medo. [Conjug.: 1 [urin]**ar**]

u•ri•ná•ri•o *adj.* Relativo à urina.

u•ri•nol *sm.* Vaso próprio para nele se urinar; penico, bacio, vaso. [Pl.: *–nóis*.]

❑ **URL** [Ingl.] *Inform.* Sigla que designa a localização de um objeto na *internet*, expresso segundo determinado padrão de atribuição de endereços em redes.

ur•na *sf.* 1. Entre os antigos, vaso para água. 2. Vaso onde se depositavam as cinzas dos mortos ou o cadáver. 3. *Restr.* Recipiente onde se recolhem os votos nas eleições.

u•ro•de•lo *sm. Zool.* Espécime dos urodelos, ordem de anfíbios dotados de cauda. Ex.: salamandra. § **u•ro•de•lo** *adj.*

u•ro•pa•tá•gi•o *sm. Zool.* Membrana que nos morcegos liga os membros posteriores entre si e prende a cauda totalmente, ou não.

u•ro•pí•gi•o *sm. Zool.* Proeminência na extremidade posterior do corpo das aves onde se implantam as penas da cauda. [Sin., pop.: *sobrecu, mitra.*]

ur•rar *v.int.* **1.** Dar urros; rugir. **2.** Rugir (2) (o vento, o mar, etc.). *T.d.* **3.** Emitir à maneira de urro(s). [Conjug.: ① [urr]**ar**. Na acepç 2 norm. é unipessoal.]

ur•ro *sm.* **1.** Rugido ou bramido de algumas feras. **2.** Berro ou grito rouco, muito forte.

ur•sa *sf.* A fêmea do urso.

ur•sa•da *sf. Bras. Fam.* Traição, deslealdade.

ur•sí•de:o *sm. Zool.* Espécime dos ursídeos, família de grandes mamíferos carnívoros, de movimentos lentos, e adaptados a uma dieta onívora. São os ursos. § **ur•sí•de:o** *adj.*

ur•so *sm.* **1.** *Zool.* Mamífero ursídeo. **2.** *Fig.* Pessoa pouco sociável.

ur•su•li•na *sf.* Religiosa da Ordem de Santa Úrsula.

ur•ti•cá•ce:a *sf. Bot.* Espécime das urticáceas, família de plantas que, ger., têm folhas com pêlos urentes. Ex.: a urtiga. § **ur•ti•cá•ce:o** *adj.*

ur•ti•can•te *adj2g.* Urente (2).

ur•ti•cá•ri:a *sf. Med.* Reação cutânea caracterizada por placas lisas ou pouco salientes, mais vermelhas ou mais pálidas do que a pele adjacente, e por vezes acompanhada de prurido.

ur•ti•ga *sf. Bot.* Planta urticácea cujas folhas têm pêlos urentes.

u•ru *sm. Bras.* Cesto de palha de carnaúba.

u•ru•bu¹ *sm. Zool.* Ave catartídea preta, de cabeça nua, que se alimenta de carnes em decomposição.

u•ru•bu² *adj2g. e s2g. Bras. Etnôn.* Urubu-caapor.

u•ru•bu-ca•a•por *s2g. Bras. Etnôn.* Indivíduo dos urubus-caapores, povo indígena da família lingüística tupi-guarani, que habita no PA e MA. [Pl.: *urubus-caapores.*] § **u•ru•bu-ca•a•por** *adj2g.*

u•ru•bu-rei *sm. Zool.* Ave falconiforme, catartídea, de cabeça e pescoço nus, pintados de vermelho, amarelo e alaranjado. [Pl.: *urubus-reis* e *urubus-rei.*]

u•ru•cu *sm. Bras.* **1.** O fruto do urucuzeiro. **2.** Substância vermelha extraída de suas sementes, us. em tinturaria e como tempero.

u•ru•cu•ba•ca *sf. Bras.* V. *caiporismo.*

u•ru•cun•go *sm. Bras.* Berimbau (2).

u•ru•cu•zei•ro *sm. Bras. Bot.* Arvoreta bixácea, frutífera.

u•ru•guai•o *adj.* **1.** Do Uruguai (América do Sul). • *sm.* **2.** O natural ou habitante do Uruguai.

u•run•de•ú•va *sf. Bras. Bot.* Árvore anacardiácea de madeira duríssima; aroeira.

u•ru•pê *sm. Bras. Bot.* Fungo poliporáceo; orelha-de-pau.

u•ru•pe•ma ou **u•ru•pem•ba** *sf. Bras. N. N.E.* **1.** Peneira de fibra vegetal. **2.** Vedação de teto,

janelas, etc., feita com esteira semelhante à urupema.

u•ru•tu *sf. e m. Bras. Zool.* Cobra crotalídea, venenosíssima; cruzeiro.

ur•ze *sf. Bot.* Arbusto ericáceo, silvestre.

u•san•ça *sf.* Hábito antigo e tradicional.

u•sar *v.t.d.* **1.** Ter por costume; costumar. **2.** Empregar habitualmente. **3.** Fazer uso de; empregar. **4.** Apresentar-se habitualmente com: *usar barba.* **5.** Trajar, vestir. *T.i.* **6.** Usar (3): *usar de violência.* [Conjug.: ① [us]**ar**]

u•sei•ro *adj.* Que tem por uso fazer algo.

u•si•na *sf. Bras.* **1.** Qualquer estabelecimento industrial equipado com máquina. **2.** Usina (1) de açúcar.

u•so *sm.* **1.** Ato ou efeito de usar(-se). **2.** Aplicação, utilidade. **3.** Prática, exercício. **4.** Costume, hábito.

u•su•al *adj2g.* Que se usa habitualmente; comum. [Pl.: *–ais.*]

u•su•á•ri:o *sm.* Aquele que usa ou desfruta algo coletivo.

u•su•ca•pi•ão *sm.* Modo de adquirir propriedade móvel ou imóvel pela posse pacífica e ininterrupta desta, por certo tempo. [Pl.: *–ões.*]

u•su•fru•ir *v.t.d.* **1.** Ter o gozo (2) de algo (algo que não se pode alienar ou destruir). **2.** Aproveitar, gozar, desfrutar. *T.i.* **3.** Usufruir (2): *usufruir de riquezas.* [Conjug.: ㊾ [usufr]**uir**]

u•su•fru•to *sm.* **1.** Ato ou efeito de usufruir; fruição. **2.** O que se usufrui.

u•su•fru•tu•á•ri:o *sm.* Aquele que usufrui.

u•su•ra *sf.* **1.** Juro de capital. **2.** Juro exorbitante.

u•su•rá•ri:o *adj. e sm.* **1.** Que ou quem empresta dinheiro com usura (2); agiota. **2.** V. *avaro.*

u•sur•par *v.t.d.* **1.** Apossar-se à força, ou por fraude, de. **2.** Exercer indevidamente. *T.d.i.* **3.** Tomar à força: *usurpar a coroa ao rei.* [Conjug.: ① [usurp]**ar**]

u•ten•sí•li:o *sm.* **1.** Qualquer instrumento de trabalho de que se utilize o artista, o operário, ou o artesão. **2.** Objeto criado com determinada utilidade: *utensílios domésticos.*

u•te•ri•no *adj.* **1.** Relativo ao útero. **2.** Que provém do mesmo útero; relativo a parentes (especialmente, consangüíneos) pelo lado materno. **3.** *Antrop.* Matrilinear (1).

ú•te•ro *sm. Anat.* Órgão onde se gera o feto dos mamíferos; madre, matriz.

ú•til *adj2g.* **1.** Que pode ter algum uso ou serventia. **2.** Proveitoso, vantajoso. **3.** Diz-se de período reservado ao trabalho produtivo. **4.** Prescrito por lei. • *sm.* **5.** O que é útil. [Pl.: *úteis.*]

u•ti•li•da•de *sf.* **1.** Qualidade de útil; serventia. **2.** Pessoa ou coisa útil.

u•ti•li•tá•ri:o *adj.* **1.** Relativo à utilidade. **2.** Que tem o interesse como o fim principal de seus atos. • *sm.* 3. *Inform.* Qualquer programa cuja finalidade é facilitar o uso e a manutenção de computador ou de sistema.

u•ti•li•ta•ris•mo *sm.* Modo de agir de utilitário (2).

u•ti•li•zar *v.t.d.* 1. Empregar com utilidade; tirar utilidade de. 2. Fazer uso de. *P.* 3. Tirar proveito de; servir-se de. [Conjug.: ① [utiliz]ar] § **u•ti•li•za•ção** *sf.*; **u•ti•li•zá•vel** *adj2g.*

u•to•pi•a *sf.* Projeto irrealizável; quimera.

u•tó•pi•co *adj.* Relativo a, ou que encerra utopia.

u•to•pis•ta *adj2g.* e *s2g.* Que ou quem concebe e/ou defende utopias.

u•va *sf.* Nome comum aos frutos das vinhas.

u•vai•a *sf. Bras. Bot.* 1. Arvoreta mirtácea de frutos ácidos. 2. Seu fruto.

ú•vu•la *sf. Anat.* 1. Nome genérico de massa carnosa pendente. 2. Pequena massa carnosa pendente do palato mole; campainha.

u•xo•ri•ci•da (cs) *sm.* Aquele que comete uxoricídio.

u•xo•ri•cí•di:o (cs) *sm.* Assassinato da mulher pelo marido.

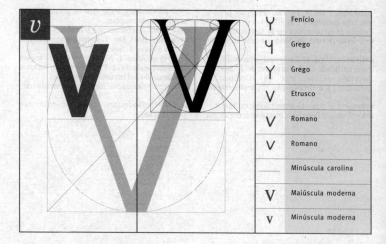

Υ	Fenício
Ϥ	Grego
Υ	Grego
V	Etrusco
V	Romano
V	Romano
	Minúscula carolina
V	Maiúscula moderna
v	Minúscula moderna

v (vê) *sm.* **1.** A 21ª letra do nosso alfabeto. **2.** Figura ou representação dessa letra. **3.** A forma da letra *v*, com dois segmentos em ângulo agudo, ou aquilo que tem essa forma. • *num.* **4.** Vigésimo primeiro, numa série. **5.** Vigésimo segundo, numa série em que a letra *k* corresponde ao 11º elemento. [Pl. (nas acepç. 1 a 3) indicado pela duplicação da letra: vv.]

❏ **v 1.** Abrev. de *versus*. **2.** *Fís.* Símb. de *velocidade* (3).

❏ **V 1.** Na numeração romana, símb. do número 5. **2.** *Fís.* Símb. de *volt*. **3.** *Quím.* Símb. do *vanádio*.

vã *adj.* Fem. de *vão*.

va•ca *sf.* **1.** A fêmea do touro. **2.** *Bras. Fig.* Vaquinha (1).

va•cân•ci:a *sf.* **1.** Estado do que ficou vago ou vazio. **2.** Tempo durante o qual permanece vago um cargo ou emprego. **3.** *Fís.* Numa rede cristalina, defeito provocado pela ausência de uma partícula num dos pontos da rede.

va•can•te *adj2g.* Que está vago.

va•ca•ri•a *sf.* Curral de vacas.

va•ci•la•ção *sf.* **1.** Ato ou efeito de vacilar. **2.** *Fig.* Dúvida, hesitação. [Pl.: –*ções*.]

va•ci•lar *v.int.* **1.** Oscilar por não estar firme ou fixo. **2.** V. *hesitar*. *T.i.* **3.** V. *hesitar*. [Conjug.: ① [vacil]**ar**] § **va•ci•lan•te** *adj2g.*

va•ci•lo *sm. Bras.* **1.** Vacilação, hesitação. **2.** Falha ou erro numa decisão.

va•ci•na *sf. Med.* Substância de origem microbiana (micróbios mortos ou de virulência abrandada) que se ministra a um indivíduo com fim preventivo, curativo ou paliativo.

va•ci•na•ção *sf.* Ato ou efeito de vacinar. [Pl.: –*ções*.]

va•ci•nar *v.t.d.* **1.** Introduzir uma vacina no organismo de (homem ou animal). *T.d.i.* **2.** Imunizar; proteger. [Conjug.: ① [vacin]**ar**]

va•cu:i•da•de *sf.* Estado do que é vácuo.

va•cum *adj2g.* Diz-se do gado constituído de vacas, bois e novilhos. [Pl.: –*cuns*.]

vá•cu:o *adj.* **1.** V. *vazio* (1). • *sm.* **2.** Espaço não ocupado por coisa alguma; vazio, vão.

va•de•ar *v.t.d.* Atravessar pelo vau. [Conjug.: ⑩ [vad]**ear**. Cf. *vadiar*.] § **va•de•á•vel** *adj2g.*

va•de-mé•cum *sm.* Qualquer livro de conteúdo prático e formato cômodo, e muito consultado. [Pl.: *vade-mécuns*.]

va•di:a•ção *sf.* Ato ou efeito de vadiar; vadiagem. [Pl.: –*ções*.]

va•di•a•gem *sf.* **1.** Vadiação. **2.** Vida de vadio. **3.** Os vadios. [Pl.: –*gens*.]

va•di•ar *v.int.* **1.** V. *vaguear* (2). **2.** Levar vida de vadio; vagabundear. [Conjug.: ① [vadi]**ar**. Cf. *vadear*.]

va•di•o *adj.* **1.** Que não faz nada; ocioso, vagabundo. **2.** Diz-se de aluno pouco estudioso.

va•ga¹ *sf.* Grande onda (1).

va•ga² *sf.* **1.** Vacância (1). **2.** Lugar vazio. **3.** Lugar disponível em hotel, etc. **4.** Lugar vago em emprego, etc.

va•ga•bun•da•gem *sf.* Vida de vagabundo. [Pl.: –*gens*.]

va•ga•bun•dar *v.int.* V. *vagabundear*. [Conjug.: ① [vagabund]**ar**]

va•ga•bun•de•ar *v.int.* **1.** Levar a vida errante de vagabundo; vaguear, errar, zanzar. **2.** Vadiar (2). [F. paral.: *vagabundar*. Conjug.: ⑩ [vagabund]**ear**]

va•ga•bun•do *adj.* **1.** Que leva vida errante; andejo, nômade. **2.** V. *vadio* (1). **3.** *Bras.* Velhaco, canalha. **4.** *Bras. Fig.* De má qualidade; ordinário.

va•ga•lhão *sm.* Vaga¹ de mar muito agitado; escarcéu. [Pl.: *–lhões*.]

va•ga-lu•me *sm. Zool.* Pirilampo. [Pl.: *vaga-lumes*.]

va•gão *sm.* Carro ferroviário para transporte de pessoas ou cargas. [Dim. irreg.: *vagonete* (ê). Pl.: *–gões*.]

va•gar¹ *v.int.* V. *vaguear* (2). [Conjug.: ⑪ [va]**gar**]

va•gar² *v.int.* **1.** Ficar vago² (1 e 2). *T.i.* **2.** Sobrar, restar (tempo). [Conjug.: ⑪ [va]**gar**] • *sm.* **3.** Tempo desocupado. **4.** Falta de pressa.

va•ga•ro•so (ô) *adj.* Lento, demorado. [Pl.: *–rosos* (ó).]

va•gem *sf.* **1.** *Bot.* Fruto ger. seco, e um tanto lenhoso, que se abre de ambos os lados em duas valvas separadas. **2.** Feijão (1) verde, comestível. [Pl.: *–gens*.]

va•gi•do *sm.* Choro de recém-nascido.

va•gi•na *sf. Anat.* **1.** Nome genérico de órgão em forma de bainha, **2.** *Restr.* Canal que se estende entre o colo do útero e á vulva. § **va•gi•nal** *adj2g.*

va•gi•nis•mo *sm.* Espasmo vaginal doloroso.

va•gir *v.int.* Dar vagidos (a criancinha). [Conjug.: ㊽ [vag]**ir**]

va•go¹ *adj.* **1.** Que vagueia; errante. **2.** *Fig.* Inconstante, volúvel. **3.** *Fig.* Indeterminado, indefinido.

va•go² *adj.* **1.** Não ocupado ou preenchido; disponível. **2.** Desabitado.

va•go•ne•te (ê) *sm.* Pequeno vagão.

va•gue•ar *v.int.* **1.** V. *vagabundear* (1). **2.** Passear ociosamente; vagar; vadiar, borboletear; zanzar. [Conjug.: ⑩ [vagu]**ear**]

vai•a *sf.* Manifestação de desagrado, em forma de gritos, assobios, etc.; apupo, assuada.

vai•ar *v.t.d.* e *int.* Dar vaias em. [Conjug.: ① [vai]**ar**]

vai•da•de *sf.* **1.** Qualidade do que é vão, ilusório. **2.** Desejo imoderado de atrair admiração. **3.** Frivolidade, fatuidade, presunção. § **vai•do•so** (ô) *adj.*

vai•vém *sm.* **1.** Movimento para lá e para cá. **2.** *Fig.* Vicissitude. [Pl.: *–véns*.]

va•la *sf.* Fosso (1) longo e mais ou menos largo, para escoamento de águas e outros fins.

va•la•do *sm.* Vala pouco funda, para defesa de propriedades rústicas; fosso.

val•de•vi•nos *sm2n.* Indivíduo desocupado e/ou estróina.

va•le¹ *sm.* Depressão (3) alongada, entre montes ou no sopé de um, ger. com curso de água.

va•le² *sm.* Escrito representativo de dívida por empréstimo ou por adiantamento.

va•len•tão *adj.* e *sm.* Diz-se de, ou indivíduo muito valente, decidido, intrépido, afoito. [Sin.: *turuna* (*bras. pop.*). Pl.: *–tões*.]

va•len•te *adj2g.* Que tem valentia; valoroso.

va•len•ti•a *sf.* **1.** Coragem, audácia; valor. **2.** Força, energia. **3.** Proeza, façanha.

va•ler *v.t.d.* **1.** Ter certo valor ou ser de certo preço. *T.i.* **2.** Ser de utilidade ou vantagem. **3.** Socorrer, auxiliar. *T.d.i.* **4.** Granjear, atrair. *Int.* **5.** Ter valor, merecimento. **6.** Ser proveitoso. **7.** Ser válido ou valioso. *P.* **8.** Servir-se, utilizar-se. [Conjug.: ㉚ **valer**]

va•le•ri•a•na *sf. Bot.* Erva valerianácea, florífera.

va•le•ri•a•ná•ce•a *sf. Bot.* Espécime das valerianáceas, família de ervas cujas raízes contêm óleo medicinal. § **va•le•ri•a•ná•ce•o** *adj.*

va•le•ta (ê) *sf.* Vala pequena.

va•le•te *sm.* Uma das figuras do baralho.

va•le•tu•di•ná•ri•o *adj.* e *sm.* Diz-se de, ou homem de compleição fraca ou, até, inválido.

va•lha•cou•to *sm.* Refúgio, abrigo, asilo.

va•li•a *sf.* **1.** V. *valor* (2 e 3). **2.** Serventia, utilidade.

va•li•dar *v.t.d.* **1.** Tornar válido; legitimar. **2.** *P. ext.* Confirmar. [Conjug.: ① [valid]**ar**] § **va•li•da•ção** *sf.*

vá•li•do *adj.* **1.** Que tem valor ou serventia. **2.** Valioso (1). **3.** Sadio, são. **4.** Legítimo, legal. § **va•li•da•de** *sf.*

va•li•do *sm.* Indivíduo protegido; favorito.

va•li•men•to *sm.* Influência, prestígio.

va•li•o•so (ô) *adj.* **1.** Que tem valor ou valia; válido. **2.** Que vale muito. [Pl.: *–osos* (ó).]

va•li•se *sf.* Mala de mão.

va•lor (ô) *sm.* **1.** V. *valentia* (1). **2.** Qualidade que faz estimável alguém ou algo; valia. **3.** Importância de determinada coisa; preço, valia. **4.** Legitimidade, validade. **5.** Significado rigoroso de um termo. ◆ **Valor absoluto.** *Mat.* Raiz quadrada do produto de um número complexo pelo seu conjugado; módulo.

va•lo•ri•za•ção *sf.* **1.** Ato ou efeito de valorizar(-se). **2.** *Econ.* Alta deliberada de preço de mercadoria, esp. quando promovida pelo governo. [Pl.: *–ções*.]

va•lo•ri•zar *v.t.d.* **1.** Dar valor a, ou aumentar o valor de. **2.** Reconhecer as qualidades, os méritos de (pessoa, ação, coisa, etc.). *P.* **3.** Aumentar de valor. **4.** *Fig.* Agir em respeito, e exigir respeito, ao seu valor como pessoa; dar-se valor. [Conjug.: ① [valoriz]**ar**] § **va•lo•ri•za•dor** (ô) *adj.* e *sm.*

va•lo•ro•so (ó) *adj.* Valente, destemido. [Pl.: *–rosos* (ó).]

val•sa *sf.* **1.** Certa dança de salão, em ritmo ternário. **2.** Música para essa dança.

val•sar *v.int.* Dançar valsa. [Conjug.: 1 [vals]ar]

val•va *sf.* **1.** *Bot.* Parte de um órgão que se abre ao alcançar a maturidade; existe, p. ex., na vagem (1). **2.** *Zool.* Qualquer das peças sólidas que revestem o corpo de um molusco.

vál•vu•la *sf.* **1.** Dispositivo que fecha por si, e hermeticamente, um tubo. **2.** Dispositivo que, num orifício das máquinas de vapor, permite a saída da pressão e impede a explosão. **3.** *Anat.* Nos vasos e condutos do corpo, qualquer dobra membranosa que obsta ou retarda o refluxo dos líquidos ou doutras matérias. **4.** *Fig.* Meio para aliviar qualquer tensão. **5.** *Eletrôn.* Dispositivo constituído por um bulbo fechado, no interior do qual se produz e se controla um feixe de elétrons por um conjunto de eletrodos; válvula eletrônica, tubo eletrônico. ♦ **Válvula eletrônica.** *Eletrôn.* V. *válvula* (5).

vam•pi•ro *sm.* **1.** *Folcl.* Entidade lendária que, segundo superstição, sai das sepulturas, à noite, para sugar o sangue dos vivos. **2.** *Fig.* Aquele que enriquece à custa alheia e/ou ilicitamente. **3.** *Zool.* Morcego desmodontídeo.

va•ná•di•o *sm.* *Quím.* Elemento de número atômico 23 [símb.: V].

van•da•lis•mo *sm.* Ação própria de vândalo.

vân•da•lo *sm.* **1.** Membro de um povo germânico de bárbaros que devastou o S. da Europa e o N. da África. **2.** *Fig.* Destruidor de monumentos. **3.** *Fig.* Quem nada respeita. § **van•dá•li•co** *adj.*

van•gló•ri•a *sf.* Presunção infundada; jactância, vaidade. § **van•glo•ri•o•so** (ó) *adj.*

van•glo•ri•ar *v.t.d.* e *p.* Tornar(-se) vaidoso; gabar(-se), ufanar(-se). [Conjug.: 1 [vanglori]ar]

van•guar•da *sf.* **1.** Numa operação militar, extremidade dianteira de unidade (6). **2.** V. *dianteira.* **3.** *Fig.* A parcela mais consciente e combativa de qualquer grupo social. **4.** Grupo ou movimento artístico, etc., inovador.

van•ta•gem *sf.* **1.** Qualidade do que está adiante ou é superior. **2.** Benefício, favor. **3.** Lucro; proveito. **4.** *Esport.* Prioridade de saque no tênis, no vôlei, no basquete. [Pl.: *–gens.*] § **van•ta•jo•so** (ó) *adj.*

van•te *sf.* *Náut.* A metade dianteira da embarcação.

vão *adj.* **1.** V. *vazio* (1). **2.** *Fig.* Fútil, insignificante. **3.** *Fig.* Que só existe na fantasia. **4.** *Fig.* Falso, ilusório. **5.** Inútil, baldado. • *sm.* **6.** V. *vácuo* (2). **7.** Abertura, numa parede, para janela ou porta. **8.** Intervalo entre dois pontos de uma estrutura. [Pl.: *vãos.*]

va•por (ô) *sm.* **1.** Exalação de forma gasosa. **2.** Navio movido por máquina de vapor. ♦ **A todo o vapor.** *Bras.* Muito rapidamente.

va•po•ri•zar *v.t.d.* **1.** Converter em vapor (1). **2.** Aspergir (líquidos) em gotas finíssimas. *P.* **3.** Converter-se em vapor (1). [Conjug.: 1 [vaporiz]ar] § **va•po•ri•za•ção** *sf.*

va•po•ro•so (ô) *adj.* **1.** Em que há vapores. **2.** Tênue, leve. **3.** Transparente. [Pl.: *–rosos* (ó).]

va•quei•ro *sm.* Guarda ou condutor de gado vacum.

va•que•ja•da *sf.* *Bras.* **1.** Rodeio (5). **2.** Ato de procurar o gado espalhado pelos matos, para reconduzi-lo ao curral.

va•que•ta (ê) *sf.* Couro macio, para forros.

va•qui•nha *sf.* *Bras.* Arrecadação pecuniária que se faz entre várias pessoas para a compra ou realização de algo; vaca. **2.** *Zool.* Besouro meloídeo, ou escarabeídeo, que ataca flores e folhas.

va•ra *sf.* **1.** Ramo fino e flexível. **2.** V. *bordão*[1] (1). **3.** Pau direito. **4.** Jurisdição (2). **5.** O cargo de juiz. **6.** Antiga medida de comprimento, equivalente a 1,10m. **7.** Manada de porcos.

va•ral *sm.* **1.** Cada uma das duas varas laterais de um veículo de tração, entre as quais se atrela o animal que o puxa. **2.** *Bras.* Corda ou arame onde se põe a roupa lavada para secar. [Pl.: *–rais.*]

va•ran•da *sf.* **1.** Balcão, sacada. **2.** Terraço (1). **3.** *Bras.* Espécie de alpendre à frente e/ou em volta das casas.

va•ran•dim *sm.* Varanda estreita. [Pl.: *–dins.*]

va•ra•ní•de•o *sm.* *Zool.* Espécime dos varanídeos, família que reúne grandes lagartos predadores de crânio pontudo, e que podem atingir até 3m. Habitam a Austrália e ilhas da Indonésia.

va•ra•no *sm.* *Zool.* Grande reptil varanídeo; dragão-de-comodo.

va•rão[1] *sm.* **1.** Indivíduo do sexo masculino. **2.** Homem adulto, ou respeitável. [Fem. de 1 e 2: *varoa, virago, matrona.*] • *adj.* **3.** Que é do sexo masculino. [Fem. de 3: *varoa.*] [Pl.: *–rões.*]

va•rão[2] *sm.* Vara (2) grande, de metal. [Pl.: *–rões.*]

va•ra•pau *sm.* **1.** Pau comprido. **2.** *Bras.* Pessoa alta e magra.

va•rar *v.t.d.* **1.** Bater com vara (1). **2.** Furar de lado a lado. **3.** Ultrapassar (1). **4.** Passar (período de tempo). **5.** *Bras.* Passar (rio, etc.). *T.c.* **6.** Sair impetuosamente. [Conjug.: 1 [var]ar]

va•re•jão *sm.* Vara grande. [Pl.: *–jões.*]

va•re•jar *v.t.d.* **1.** Sacudir ou fustigar com varas. **2.** Fazer cair, batendo com vara. **3.** Revistar (3). *Int.* **4.** Impelir o barco à vara. [Conjug.: 1 [varej]ar]

va•re•jei•ra *sf.* *Bras. Zool.* Nome comum a várias espécies de moscas que põem ovos em carne.

va•re•jis•ta *adj2g.* **1.** Que vende a varejo. **2.** Relativo ao comércio a varejo. • *s2g.* **3.** Negociante que vende a varejo.

va•re•jo (ê) *sm. Bras.* **1.** Venda em pequenas quantidades. **2.** *Market.* Atividade comercial de venda ao consumidor final.

va•re•la *sf.* Vareta (1).

va•re•ta (ê) *sf.* **1.** Pequena vara; varela. **2.** Vara fina anexa ao cano das espingardas. **3.** Cada uma das hastes da armação de guarda-chuva ou de leque.

var•ge•do (ê) *sm.* Conjunto de vargens.

var•gem *sf.* Várzea. [Pl.: *-gens.*]

va•ri:a•bi•li•da•de *sf.* Qualidade de variável.

va•ri:a•ção *sf.* Ato ou efeito de variar(-se); variedade. [Pl.: *-ções.*]

va•ri•a•do *adj.* **1.** Diverso, sortido. **2.** V. *variegado.* **3.** *Fig.* Delirante, alucinado.

va•ri•an•te *adj2g.* **1.** Que varia. • *sf.* **2.** Desvio que, numa estrada, substitui trecho interrompido ou dá alternativa doutro percurso. **3.** Cada uma das várias formas do mesmo vocábulo.

va•ri•ar *v.t.d.* **1.** Tornar vário ou diverso; diversificar. **2.** Alternar, revezar. *T.i.* **3.** Variar (2). **4.** Mudar. *Int.* **5.** Fazer ou sofrer mudança. **6.** Mudar de direção. **7.** Delirar; enlouquecer. [Conjug.: ① [vari]**ar**]

va•ri•á•vel *adj2g.* **1.** Sujeito a variações. • *sm.* **2.** *Inform.* Em um programa (5), elemento de dado cujo valor pode ser modificado ao longo de sua execução. **3.** *Mat.* Símbolo dos elementos dum conjunto. **4.** *Mat.* Termo que, numa função ou numa relação, pode ser alternadamente substituído por outros. [Pl.: *-veis.*] ♦ **Variável complexa.** *Mat.* Variável cujo domínio é um conjunto de números complexos. **Variável dependente.** *Mat.* Variável que, no mapeamento de dois conjuntos, tem papel dependente da variável do outro conjunto. **Variável independente.** *Mat.* Variável à qual se atribui papel preponderante no mapeamento de dois conjuntos; argumento. **Variável inteira.** *Mat.* Aquela cujo domínio é um conjunto de números inteiros. **Variável real.** *Mat.* A que tem como domínio um conjunto de números reais.

va•ri•ce•la *sf. Med.* Doença infecciosa, contagiosa, caracterizada por febre e erupção de pequenas bolhas; catapora.

va•ri•co•so (ô) *adj.* Relativo a variz(es). [Pl.: *-cosos* (ó).]

va•ri:e•da•de *sf.* **1.** Qualidade de vário. **2.** Variação (1). **3.** Diversidade, multiplicidade.

va•ri:e•da•des *sf.pl.* **1.** Miscelânea de assuntos vários. **2.** Espetáculo que apresenta atrações variadas.

va•ri:e•ga•do *adj.* Que apresenta diversos matizes, ou é de cores variadas; variado, matizado.

va•ri:e•gar *v.t.d.* **1.** Dar cores diversas a. **2.** Diversificar. [Conjug.: ⑪ [varie]**gar**]

vá•ri:o *adj.* **1.** De diversas cores ou feitios. **2.** Diferente, distinto. **3.** Instável, volúvel.

va•rí•o•la *sf. Med.* Doença infecciosa aguda, contagiosa, em que ocorre formação de pústulas, cujas crostas se desprendem originando cicatrizes escavadas. [Sin., pop.: *bexiga.*]

va•ri:o•lo•so (ô) *adj.* Atacado de varíola. [Pl.: *-losos* (ó).]

va•ri•ô•me•tro *sm. Eletr.* Magnetômetro para comparar simultaneamente vários campos magnéticos.

va•riz *sf. Med.* Dilatação permanente de veia, artéria ou vaso linfático.

va•ro•ni•a *sf.* Descendência em linha masculina.

va•ro•nil *adj2g.* **1.** De, ou próprio de varão[1] (1 e 2). **2.** Forte, rijo. [Pl.: *-nis.*] § **va•ro•ni•li•da•de** *sf.*

var•re•dor (ô) *adj.* e *sm.* Que ou quem varre.

var•re•du•ra *sf.* **1.** Ato ou efeito de varrer. **2.** O que se ajunta varrendo.

var•rer *v.t.d.* **1.** Limpar com vassoura. **2.** Arrastar-se por; roçar. **3.** Destruir, devastar. **4.** Fazer desaparecer. **5.** Tornar claro, límpido. *T.d.i.* e *t.d.c.* **6.** Limpar, livrar. *Int.* **7.** Limpar o lixo com a vassoura. *P.* **8.** Dissipar-se, desvanecer-se. [Conjug.: ② [varr]**er**]

var•ri•do *adj.* **1.** Limpo com vassoura. **2.** *Fig.* Rematado, completo (doido).

var•so•vi•a•na *sf.* Certa dança polonesa.

vár•ze:a *sf.* Terreno baixo, plano e fértil, nas margens de um curso de água; vargem.

va•sa *sf.* **1.** Lama fina e inconsistente, típica de certos fundos oceânicos. **2.** V. *lodo* (1). **3.** *Fig.* A camada mais corrompida duma sociedade.

vas•ca *sf.* **1.** Grande convulsão. **2.** Estertor (1).

vas•co•le•jar *v.t.d.* **1.** Agitar (líquido contido em vaso). **2.** Revolver, agitar. [Conjug.: ① [vascolej]**ar**]

vas•cu•lar *adj2g.* **1.** *Anat.* Relativo a vasos, esp. sanguíneos. **2.** *Bot.* Que tem vaso (7).

vas•cu•la•ri•za•ção *sf. Anat.* **1.** Desenvolvimento de vasos sanguíneos em um tecido ou órgão. **2.** Teor de vasos sanguíneos em tecido ou órgão. [Pl.: *-ções.*]

vas•cu•lha•dor (ô) *sm.* Vassoura para limpar tetos e paredes altos; vasculho.

vas•cu•lhar *v.t.d.* **1.** Varrer com vasculho. **2.** *Fig.* Pesquisar, investigar. [Conjug.: ① [vasculh]**ar**]

vas•cu•lho *sm.* Vasculhador.

va•se•li•na *sf.* **1.** *Quím.* Parafina de baixo ponto de fusão. **2.** *Bras. Fig.* Pessoa melíflua, cheia de lábia.

va•si•lha *sf.* Vaso para líquidos.

va•si•lha•me *sm.* Quantidade de vasilhas.

va•so sm. 1. Recipiente côncavo, capaz de conter líquidos ou sólidos. 2. Peça análoga que se enche de terra, para nela se colocar plantas. 3. Jarra para flores. 4. V. *urinol*. 5. Vaso sanitário. 6. *Anat.* Qualquer canal do corpo humano onde circula sangue ou linfa ou bílis. 7.̣ *Bot.* Estrutura tubular pela qual circula a seiva mineral das plantas. ◆ **Vaso sanitário**. Aparelho de banheiro, de louça, usado para dejeções.

va•so•mo•tor (ô) *adj.* Diz-se de fator que age sobre motilidade de vaso sanguíneo.

vas•quei•ro *adj.* 1. Que causa vascas ou ânsias. 2. *Bras.* Difícil de obter; raro.

vas•sa•la•gem *sf.* 1. Estado ou condição de vassalo. 2. Tributo de vassalo. [Pl.: *-gens*.]

vas•sa•lo sm. 1. O que dependia dum senhor feudal. 2. Súdito de um soberano.

vas•sou•ra ou **vas•soi•ra** *sf.* Utensílio feito de ramos de piaçava, pêlos, etc., us. sobretudo para varrer o lixo do chão.

vas•sou•ra•da ou **vas•soi•ra•da** *sf.* 1. Pancada com vassoura. 2. Varredura ligeira.

vas•sou•rei•ro ou **vas•soi•rei•ro** sm. Fabricante e/ou vendedor de vassouras.

vas•to *adj.* 1. Amplo (1) 2. *Fig.* Considerável, grande. § **vas•ti•dão** *sf.*

va•ta•pá sm. *Bras. Cul.* Iguaria de origem africana, à base de peixe ou galinha, com camarão seco, amendoim, etc., temperada com azeite de dendê e pimenta.

va•te sm. 1. O que faz vaticínios. 2. Poeta (1).

va•ti•ca•no *adj.* Relativo ou pertencente ao Vaticano (palácio papal na cidade do Vaticano, em Roma).

va•ti•ci•nar *v.t.d.* e *t.d.i.* Profetizar, predizer. [Conjug.: ① [vaticin]**ar**]

va•ti•cí•ni:o sm. Predição, profecia.

vau sm. Trecho raso do rio, onde se pode transitar a pé ou a cavalo.

va•za *sf.* Conjunto de cartas jogadas na mesa, e que o ganhador recolhe.

va•za•do *adj. Arquit.* Diz-se de elemento, ou de parte de construção, em que há espaços vazios: *tijolos vazados, parede vazada.*

va•za•doi•ro ou **va•za•dou•ro** sm. Lugar onde se despejam detritos ou se vaza qualquer líquido.

va•za•men•to sm. 1. Ato ou efeito de vazar; vazão. 2. Lugar por onde vaza um líquido. 3. O líquido que vaza.

va•zan•te *adj2g.* 1. Que vaza. • *sf.* 2. Maré descendente; baixa-mar. ◆ **Vazante da maré.** *Geofís.* Movimento de descida das águas do mar, após a preamar.

va•zão *sf.* 1. Vazamento (1). 2. Escoamento, saída. 3. *Fig.* Venda, consumo. [Pl.: *-zões*.]

va•zar *v.t.d.* 1. Tornar vazio; esvaziar. 2. Entornar, verter. 3. Traspassar, atravessar. 4.

Abrir um vão em. 5. Fundir (2). *T.d.c.* 6. Despejar, desaguar. *Int.* 7. Deixar sair o líquido. 8. Tornar-se conhecida (notícia) por descuido. [Conjug.: ① [vaz]**ar**]

va•zi•o *adj.* 1. Que não contém nada; vácuo, vão. 2. Despovoado, desabitado. 3. *Fig.* Frívolo, vão. 4. *Fig.* Falto de inteligência. 5. *Fig.* Falto, destituído. • sm. 6. V. *vácuo* (2).

vê sm. A letra *v*.

ve•a•do sm. *Zool.* Mamífero cervídeo, muito veloz.

ve•da sm. Conjunto de textos sagrados da tradição religiosa e filosófica da Índia. [Com inicial maiúscula.]

ve•da•ção *sf.* 1. Ato ou efeito de vedar. 2. Aquilo que veda. [Pl.: *-ções*.]

ve•dar *v.t.d.* 1. Fechar, tapar. 2. Estancar (1). 3. Impedir, proibir. *T.d.i.* 4. Vedar (3). [Conjug.: ① [ved]**ar**]

ve•de•ta¹ (ê) *sf.* Guarita de sentinela, em lugar alto.

ve•de•ta² (ê) *sf.* 1. V. *vedete*. 2. Lancha usada para transportar autoridades.

ve•de•te *sf.* 1. Atriz de teatro de revista; corista. 2. Artista principal dum espetáculo. [Tb. se usa *vedeta*.]

ve•de•tis•mo sm. *Bras.* Atitude de pessoa que gosta de aparecer, de sobressair.

ve•ei•ro sm. *Bras.* Fendimento numa rocha, preenchido por substância diferente daquela que a forma.

ve•e•men•te *adj2g.* 1. Arrebatado, impetuoso. 2. Enérgico, forte. 3. Entusiástico. 4. Intenso, forte. § **ve•e•mên•ci:a** *sf.*

ve•ge•ta•ção *sf.* 1. Ato ou efeito de vegetar. 2. O conjunto das plantas de uma determinada região. [Há tipos diversos de vegetação, conforme o clima e o solo da região. Ex.: caatinga, floresta.] [Pl.: *-ções*.]

ve•ge•tal *adj2g.* 1. Relativo às plantas, ou procedente delas. • sm. 2. Espécime do reino das plantas (ou reino vegetal). [Pl.: *-tais*.]

ve•ge•tar *v.int.* 1. Crescer (uma planta). 2. Viver sem interesse, ou na inércia. [Conjug.: ① [veget]**ar**]

ve•ge•ta•ri•a•no *adj.* e sm. Partidário da alimentação exclusivamente vegetal.

ve•ge•ta•ti•vo *adj.* 1. Que faz vegetar. 2. Referente a vegetais e animais em crescimento. 3. Que funciona involuntária ou inconscientemente.

ve•ge•to•mi•ne•ral (vè) *adj2g.* De natureza mineral e vegetal. [Pl.: *-rais*.]

vei•a *sf.* 1. *Anat.* Cada vaso (6) que conduz o sangue ao coração. 2. *Fig.* Disposição, tendência.

ve:i•cu•lar *v.t.d.* 1. Transportar em veículo. 2. Transmitir, propagar. 3. Introduzir. [Conjug.: ① [veicul]**ar**] § **ve:i•cu•la•ção** *sf.*

ve•í•cu•lo *sm.* 1. Qualquer dos meios para transportar ou conduzir pessoas, objetos etc.; transporte. 2. Tudo que transmite ou conduz.
♦ **Veículo de propaganda.** *Propag.* Meio de comunicação publicitária.

vei•ga *sf.* Planície cultivada e fértil.

vei•o *sm.* 1. Faixa de terra ou de rocha que difere da que a ladeia pela natureza ou pela cor. 2. Parte da mina onde está o mineral; filão. 3. Riacho, arroio.

ve•la¹ *sf.* 1. Peça de lona ou de brim que, ao receber o sopro do vento, impele embarcações; pano. 2. Embarcação movida à vela.

ve•la² *sf.* 1. Peça cilíndrica ou de outros formatos, de substância gordurosa e combustível, com um pavio no centro, e que serve para alumiar; círio. 2. *Mec.* Peça que produz a ignição nos motores de explosão.

ve•la•me *sm.* O conjunto das velas duma embarcação.

ve•lar¹ *v.t.d.* 1. Cobrir com véu. 2. Esconder, tapando. 3. Escurecer (1). 4. Tornar secreto; ocultar. [Conjug.: ① [vel]**ar**] § **ve•la•do** *adj.*

ve•lar² *v.int.* 1. Passar a noite acordado. 2. Estar alerta; vigiar. *T.d.* 3. Estar de vigia, de guarda. 4. Passar a noite à cabeceira de (doente), ou ao pé de (defunto). *T.i.* 5. Zelar (3). [Conjug.: ① [vel]**ar**]

ve•lei•da•de *sf.* 1. Vontade imperfeita, hesitante. 2. Quimera, fantasia.

ve•lei•ro *sf.* Navio à vela.

ve•le•jar *v.int.* Navegar a vela. [Conjug.: ① [velej]**ar**]

ve•lha *sf.* 1. Mulher idosa. 2. *Fam.* Mãe.

ve•lha•ca•ri•a *sf.* Qualidade, ou ato, ou manha de velhaco.

ve•lha•co *adj.* 1. Que ludibria por gosto ou má índole. 2. Patife, ordinário.

ve•lha•da *sf.* Reunião de velhos.

ve•lha•que•ar *v.int.* Proceder como velhaco. [Conjug.: ⑩ [velhaqu]**ear**]

ve•lha•ri•a *sf.* 1. Tudo que é próprio de velhos. 2. Objeto antigo. 3. Costume antiquado.

ve•lhi•ce *sf.* 1. Estado ou condição de velho. 2. Os velhos.

ve•lho *adj.* 1. Muito idoso. 2. Antigo (3). 3. Gasto pelo uso. 4. Experimentado, veterano. 5. Que há muito exerce uma profissão ou tem certa qualidade. 6. Desusado, obsoleto. • *sm.* 7. Homem idoso. 8. *Fam.* Pai.

ve•lho•te *sm.* Homem já em tanto velho.

ve•lo *sm.* 1. Lã de carneiro, ovelha ou cordeiro. 2. Lã cardada. 3. Pele de uma rês. 4. A lã dessa pele.

ve•lo•ci•da•de *sf.* 1. Qualidade de veloz. 2. Relação entre um espaço percorrido e o tempo de percurso. 3. *Fís.* O módulo do vetor velocidade [símb.: *v*].

ve•lo•cí•me•tro *sm.* Instrumento que indica a velocidade de deslocamento dum veículo.

ve•lo•cí•pe•de *sm.* Triciclo infantil.

ve•ló•dro•mo *sf.* Pista para corridas de bicicletas.

ve•ló•rio *sm.* Ato de velar um defunto.

ve•lo•so (ô) *adj.* Lanoso; felpudo. [Pl.: –*losos* (ó).]

ve•loz *adj2g.* Que anda ou corre com rapidez; célere.

ve•lu•do *sm.* 1. Tecido coberto de seda, algodão ou lã, coberto de pêlos cerrados, curtos e acetinados. 2. Objeto ou superfície macia.

ve•lu•do•so (ô) *adj.* Macio como veludo; aveludado; velutíneo. [Pl.: –*dosos* (ó).]

ve•lu•tí•ne•o *adj2g.* V. *veludoso*.

ve•nal *adj2g.* 1. Que pode ser vendido. 2. Relativo a venda¹ (1). 3. *Fig.* Corrupto, subornável. [Pl.: –*nais*.] § **ve•na•li•da•de** *sf.*

ve•na•tó•ri•o *adj2g.* Relativo à caça.

ven•cer *v.t.d.* 1. Alcançar vitória ou vantagem sobre. 2. Refrear, reprimir. 3. Dominar. 4. Percorrer, ultrapassando. 5. Ganhar como vencimento (4). *Int.* 6. Alcançar vitória. [Conjug.: ㉞ [ven]**cer**] § **ven•ce•dor** (ô) *adj. e sm.*

ven•ci•men•to *sm.* 1. Ato ou efeito de vencer. 2. Término do prazo para pagamento de título. 3. Fim da vigência dum contrato. 4. Salário. [Nesta acepç., m. us. no pl.]

ven•da¹ *sf.* 1. Ato ou efeito de vender. 2. V. *mercearia*. 3. Botequim de interior.

ven•da² *sf.* Faixa ou pedaço de gaze, etc., para cobrir o(s) olho(s).

ven•da•gem *sf.* Operação de vender os olhos. [Pl.: –*gens*.]

ven•dar *v.t.d.* 1. Cobrir com venda². 2. Tapar os olhos de. [Conjug.: ① [vend]**ar**]

ven•da•val *sm.* *Meteor.* Vento tempestuoso. [Pl.: –*vais*.]

ven•dá•vel *adj2g.* Que tem boa venda¹ (1); vendível. [Pl.: –*veis*.]

ven•dei•ro *sm.* Dono de venda; taberneiro.

ven•der *v.t.d.* 1. Alienar ou ceder por certo preço. 2. Negociar com. 3. Não conceder gratuitamente. 4. Sacrificar por dinheiro ou interesse. 5. Trair por interesse. *T.d.i.* 6. Vender (1). *Int.* 7. Dispor, a troco de dinheiro, do que possui ou lhe foi confiado. 8. Ser vendável. *P.* 9. Ceder sua própria liberdade por certo preço. 10. Deixar-se subornar. [Conjug.: ② [vend]**er**] § **ven•de•dor** (ô) *adj. e sm.*

ven•di•do *adj.* 1. Que se vendeu. 2. Subornado.

ven•di•lhão *sm.* 1. Vendedor ambulante. 2. *Fig.* Quem trafica em coisas de ordem moral. [Pl.: –*lhões*.]

ven•dí•vel *adj2g.* 1. Que pode ser vendido. 2. Vendável. [Pl.: –*veis*.]

ve•ne•no *sm.* **1.** Substância que altera ou destrói as funções vitais. **2.** *Fig.* Aquilo que corrompe moralmente. **3.** *Fig.* Malignidade, maldade.

ve•ne•no•so (ô) *adj.* **1.** Que contém ou produz veneno. **2.** Insalubre. **3.** Nocivo, malévolo. [Pl.: *–nosos* (ó).]

ve•ne•ra *sf.* **1.** Insígnia duma ordem militar. **2.** Condecoração (2).

ve•ne•ra•ção *sf.* **1.** Ato ou efeito de venerar. **2.** Culto, adoração. [Pl.: *–ções.*]

ve•ne•ran•do *adj.* Venerável (1).

ve•ne•rar *v.t.d.* **1.** Tributar grande respeito a; reverenciar. **2.** Ter em grande consideração. [Conjug.: ① [vener]**ar**] § **ve•ne•ra•dor** (ô) *adj.* e *sm.*

ve•ne•rá•vel *adj2g.* **1.** Digno de veneração; venerando. **2.** *Rel.* Diz-se de morto cujo processo de beatificação teve começo. [Pl.: *–veis.*]

ve•né•re:o *adj.* Relativo a relações sexuais.

ve•ne•ta (ê) *sf.* **1.** Acesso de loucura. **2.** Impulso repentino.

ve•ne•zi•a•na *sf.* Numa janela, série de lâminas que deixam penetrar o ar, escurecendo o ambiente.

ve•ne•zu:e•la•no *adj.* **1.** Da Venezuela (América do Sul). • *sm.* **2.** O natural ou habitante da Venezuela.

vê•ni:a *sf.* **1.** Licença, permissão. **2.** Perdão, desculpa. **3.** Mesura, reverência.

ve•ni•al *adj2g.* **1.** Digno de vênia (2); perdoável. **2.** Diz-se das faltas ou dos pecados leves. [Pl.: *–ais.*]

ve•no•so (ô) *adj.* Que tem veias, ou referente a elas. [Pl.: *–nosos* (ó).]

ven•ta *sf.* Narina.

ven•ta•ni•a *sf.* Vento impetuoso e contínuo.

ven•ta•ni•lha *sf.* Na mesa do bilhar, cada uma das aberturas por onde cai a bola.

ven•tar *v.int.* **1.** Haver vento. **2.** Soprar o vento com força. **3.** Soprar com força. [Conjug.: ① [vent]**ar**. Impess. nas acepç. 1 e 2; na acepç. 3, unipess.]

ven•ta•ro•la *sf.* Espécie de abano.

ven•tas *sf.pl.* **1.** O nariz; as asas do nariz. **2.** *Pop.* Cara; fuças.

ven•ti•la•ção *sf.* **1.** Ato ou efeito de ventilar(-se). **2.** Circulação de ar. [Pl.: *–ções.*]

ven•ti•la•dor (ô) *sm.* Aparelho para ventilar.

ven•ti•lar *v.t.d.* **1.** Introduzir vento em. **2.** Renovar o ar de. **3.** Expor ao vento; arejar. **4.** Debater, discutir. **5.** Cogitar. *P.* **6.** Abanar-se. [Conjug.: ① [ventil]**ar**]

ven•to *sm.* **1.** *Meteor.* O ar em movimento, fenómeno devido sobretudo às diferenças de temperatura nas várias regiões atmosféricas. **2.** Ar, atmosfera.

ven•to•i•nha *sf.* Grimpa (1).

ven•to•sa *sf.* **1.** Vaso cônico que, aplicado sobre a pele, depois de nele se ter rarefeito o ar,

provoca efeito revulsivo, local. **2.** *Zool.* Sugadouro de certos animais, como, p. ex., a sanguessuga.

ven•to•si•da•de *sf.* Saída de gases resultantes de flatulência.

ven•to•so (ô) *adj.* **1.** Em que venta ou venta muito. **2.** Exposto ao vento. [Pl.: *–tosos* (ó).]

ven•tral *adj2g.* Relativo ou pertencente ao ventre ou abdome. [Pl.: *–trais.*]

ven•tre *sm.* **1.** V. *abdome.* **2.** *Poét.* V. *útero.*

ven•trí•cu•lo *sm.* *Anat.* Pequena cavidade normal existente em órgão, como no coração (ventrículo direito e ventrículo esquerdo) e cérebro.

ven•trí•lo•quo *adj.* e *sm.* Que ou aquele que sabe falar sem abrir a boca e mudando a voz, de modo que esta parece sair de outra fonte.

ven•tru•do *adj.* De grande ventre; barrigudo.

ven•tu•ra *sf.* **1.** Fortuna boa ou má; destino, sorte. **2.** Boa fortuna; felicidade.

ven•tu•ro•so (ô) *adj.* Que tem, ou em que há ventura; ditoso, feliz. [Pl.: *–rosos* (ó).]

vê•nus *sf.* *Astr.* O segundo planeta em ordem de afastamento do Sol. Sua órbita está situada entre Mercúrio e a Terra. [Com inicial maiúscula.]

ve•nus•to *adj.* Muito formoso; belíssimo.

ver¹ *v.t.d.* **1.** Conhecer ou perceber pela visão. **2.** Enxergar (2). **3.** Assistir a; presenciar. **4.** Encontrar-se com. **5.** Reconhecer, compreender. **6.** Examinar (um doente). **7.** Observar, notar. **8.** Deduzir, concluir. **9.** Reparar em. **10.** Investigar, examinar. **11.** Visitar (1). **12.** Calcular, avaliar. *Transobj.* **13.** Perceber, sentir. **14.** Enxergar. *Int.* **15.** Perceber as coisas pelo sentido da visão. *P.* **16.** Mirar-se. **17.** Reconhecer-se. **18.** Achar-se em certo estado, condição, ou lugar. **19.** Encontrar-se mutuamente. [Conjug.: ㉔ **ver**]

ver² *v.t.d.* Trazer, buscar: *Maria, veja, por favor, um cafezinho aqui para o compadre!* [Conjug.: ㉔ **ver**]

ve•ra•ne•ar *v.int.* Passar o verão. [Conjug.: ⑩ [veran]**ear**]

ve•ra•nei•o *sm.* Ato de veranear.

ve•ra•ni•co *sm.* Período de calor numa estação fresca.

ve•ra•nis•ta *s2g.* Pessoa que veraneia.

ve•rão *sm.* Estação do ano que sucede à primavera e antecede o outono; estio. [Pl.: *–rões.*]

ve•raz *adj2g.* **1.** Que diz a verdade. **2.** Em que há verdade. [Sin. ger.: *verídico.*] § **ve•ra•ci•da•de** *sf.*

ver•ba *sf.* **1.** Cada uma das cláusulas dum documento. **2.** Consignação de quantia para dados fins; dotação. **3.** Quantia.

ver•bal *adj2g.* **1.** Referente ao verbo. **2.** Expresso pela fala; oral. [Pl.: *–bais.*]

ver•ba•lis•mo *sm.* Utilização de palavras sem atentar para a sua substância, o seu sentido.

ver•ba•li•zar *v.t.d.* e *int.* Expor verbalmente (algo). [Conjug.: ① [verbaliz]**ar**]

ver•be•na *sf. Bot.* Nome comum a várias verbenáceas.

ver•be•ná•ce:a *sf. Bot.* Espécime das verbenáceas, família de ervas e subarbustos de flores perfumadas, e de uso medicinal e em perfumaria. § **ver•be•ná•ce:o** *adj.*

ver•be•rão *sf. Bras. Bot.* Jurujuba. [Pl.: –*rões*.]

ver•be•rar *v.t.d.* Censurar energicamente. [Conjug.: ① [verber]**ar**]

ver•be•ra•ti•vo *adj.* Próprio para verberar.

ver•be•te (ê) *sm.* 1. Nota, apontamento. 2. Palavra ou expressão dum dicionário ou enciclopédia com o(s) significado(s) e outras informações.

ver•bo *sm.* 1. Palavra, vocábulo. 2. Expressão (2). 3. *Gram.* Palavra que designa ação, estado, qualidade ou existência. 4. *Rel.* A segunda pessoa da Santíssima Trindade, encarnada em Jesus Cristo. ♦ **Verbo anômalo.** *Gram.* Verbo que apresenta várias formas para o radical: *O verbo* pôr *é um* verbo *anômalo.* **Verbo de ligação.** Verbo que une um sujeito a um predicativo; verbo predicativo. Na frase *O homem parecia triste, parecia* é verbo de ligação. **Verbo defectivo.** *Gram.* Aquele a que faltam formas, como, p. ex., *abolir, colorir.* **Verbo** *dicendi.* *Gram.* Verbo que anuncia a citação das palavras de alguém, como, p. ex., *dizer, responder, indagar.* **Verbo impessoal.** *Gram.* Verbo que, numa oração sem sujeito específico, apresenta-se na 3ª pessoa do singular ou em formas nominais: *Nevou ontem; Está trovejando; Tinha ventado forte.* **Verbo predicativo.** *Gram.* Verbo de ligação. **Verbo transitivo.** *Gram.* O que exprime a ação que transita do sujeito a um objeto direto ou indireto. **Verbo transitivo circunstancial.** *Gram.* Aquele cujo complemento é de natureza adverbial. **Verbo transobjetivo.** *Gram.* Verbo transitivo, ou, em alguns casos, pronominal, cuja significação exige, como complemento do objeto direto, um adjunto predicativo. Ex.: *Nomeei-o secretário.* **Verbo unipessoal.** *Gram.* Aquele que se usa apenas nas terceiras pessoas.

ver•bor•ra•gi•a *sf.* Superabundância de palavras com poucas idéias.

ver•bo•so (ô) *adj.* Que fala muito e/ou com facilidade; loquaz. [Pl.: –*bosos* (ó).] § **ver•bo•si•da•de** *sf.*

ver•da•de *sf.* 1. Conformidade com o real. 2. Coisa verdadeira. 3. Princípio certo.

ver•da•dei•ro *adj.* 1. Em que há, ou que fala verdade. 2. Real² (1). 3. V. *autêntico* (5). 4. Que não é fingido; sincero.

ver•de (ê) *adj2g.* 1. Da cor mais comum nas ervas e nas folhas das árvores. 2. Diz-se da planta ainda sem seiva, da fruta ainda não madura e da madeira não seca. 3. Diz-se da carne fresca, não salgada. 4. Diz-se dos primeiros anos de existência. • *sm.* 5. A cor verde.

ver•de•jan•te *adj2g.* Que verdeja; verdoso.

ver•de•jar *v.int.* Apresentar cor verde. [Conjug.: ① [verdej]**ar**. Norm. é defect., unipess.]

ver•do•en•go *adj.* 1. Esverdeado. 2. Que não está bem maduro (fruto).

ver•dor (ô) *sm.* 1. A cor verde dos vegetais. 2. Inexperiência da juventude; verdura. 3. *Fig.* V. *vigor* (2).

ver•do•so (ô) *adj.* Verdejante. [Pl.: –*dosos* (ó).]

ver•du•go *sm.* 1. Indivíduo que inflige maus-tratos. 2. V. *carrasco.*

ver•du•ra *sf.* 1. Verdor (2) 2. Hortaliça.

ver•du•rei•ro *sm. Bras.* Vendedor de verduras, ervas e frutas.

ve•re•a•dor (ô) *sm.* Membro da câmara municipal.

ve•re•an•ça *sf.* Cargo de vereador.

ve•re•ar *v.int.* Exercer as funções de vereador. [Conjug.: ⑩ [ver]**ear**]

ve•re•da (ê) *sf.* 1. Senda. 2. *Fig.* Rumo, direção.

ve•re•dic•to *sm.* Decisão dum júri; sentença.

ver•ga (ê) *sf.* 1. Vara flexível. 2. Ripa. 3. Barra delgada de metal. 4. Peça que se põe horizontalmente sobre umbrais. 5. *Marinh.* Peça de madeira ou de ferro, cilíndrica ou fusiforme, que cruza no mastro.

ver•ga•lhão *sm.* Grande barra de metal [Pl · [lhões.]

ver•ga•lhar *v.t.d.* Bater ou surrar com vergalho. [Conjug.: ① [vergalh]**ar**]

ver•ga•lho *sm.* 1. O órgão genital dos bois e cavalos, cortado e seco. 2. Chicote feito dele. 3. *P. ext.* Qualquer chicote.

ver•gão *sm.* Marca na pele, resultante de pancada, de chicotada, etc. [Pl.: –*gões*.]

ver•gar *v.t.d.* 1. Curvar como se curva uma verga; envergar. 2. Subjugar, submeter. 3. Abater, humilhar. 4. Comover, abalar. *Int.* 5. Curvar-se, dobrar-se. 6. Ceder ao peso de algo. 7. Humilhar-se. *P.* 8. Vergar (7). [Conjug.: ⑪ [ver]**gar**]

ver•gas•ta *sf.* Vara fina para açoitar.

ver•gas•ta•da *sf.* Pancada com vergasta.

ver•gas•tar *v.t.d.* 1. Bater com vergasta em. 2. *P. ext.* Açoitar, fustigar. [Conjug.: ① [vergast]**ar**]

ver•gel *sm.* Jardim, pomar. [Pl.: –*géis*.]

ver•go•nha *sf.* 1. Desonra, opróbrio. 2. Sentimento penoso de desonra ou humilhação perante outrem; vexame, afronta. 3. Timidez, acanhamento. 4. Pudor. 5. Atos, palavras, etc., obscenos, indecorosos e/ou vexatórios. 6. Brio, honra.

ver•go•nho•so (ô) *adj.* 1. Que desonra; infame. 2. Obsceno, indecoroso. [Pl.: –*nhosos* (ó).]

ver•gôn•te:a *sf.* **1.** *Bot.* V. *broto* (1). **2.** Ramo de planta de certo porte.

ve•rí•di•co *adj.* V. *veraz.*

ve•ri•fi•car *v.t.d.* **1.** Provar ou investigar a verdade de. *P.* **2.** Realizar-se, efetuar-se. [Conjug.: 8] **ver•i•fi•ca•ção** *sf.*

ver•me *sm.* **1.** Nome comum a todos os animais invertebrados, à exceção dos insetos **2.** *Pop.* Nome comum às larvas de muitos insetos sem patas. **3.** *Fig.* Pessoa desprezível, infame.

ver•me•lhão *sm.* Sulfato vermelho de mercúrio, usado no fabrico de tinta. [Pl.: *–lhões.*]

ver•me•lhi•dão *sf.* **1.** Cor vermelha. **2.** Rubor da pele. [Pl.: *–dões.*]

ver•me•lho (ê) *adj.* **1.** Da cor do sangue, do rubi. **2.** Corado, rubro. • *sm.* **3.** A cor vermelha. **4.** *Pop.* Condição de prejuízo (de indivíduo, empresa, etc.). **5.** *Bras. Zool.* Nome comum a vários peixes lutjanídeos.

ver•mi•ci•da *adj2g.* e *sm.* V. *vermífugo.*

ver•mi•for•me *adj2g.* Que tem forma de verme.

ver•mí•fu•go *adj.* **1.** Que afugenta ou destrói vermes. • *sm.* **2.** Substância vermífuga. [Sin. ger.: *vermicida.*]

ver•mi•na•ção *sf. Biol.* Reprodução de vermes. [Pl.: *–ções.*]

ver•mi•no•se *sf. Med.* Qualquer doença causada por infecção por verme.

ver•mi•no•so (ó) *adj.* Em que há vermes, ou por eles gerado. [Pl.: *–nosos* (ó).]

ver•mu•te *sm.* Vinho aromatizado com plantas, usado como aperitivo.

ver•na•cu•li•zar *v.t.d.* Tornar vernáculo. [Conjug.: 1 [vernaculiz]**ar**]

ver•ná•cu•lo *adj.* **1.** Próprio da região em que existe. **2.** Diz-se da linguagem pura, sem estrangeirismo; castiço. • *sm.* **3.** O idioma de um país. § **ver•na•cu•li•da•de** *sf.*

ver•niz *sm.* **1.** Solução de goma ou de resina em álcool, essência, etc., para recobrir e proteger metais, couros, madeiras, etc. **2.** Couro muito brilhante. **3.** *Fig.* Polidez superficial de maneiras.

ve•ro *adj.* Real, verdadeiro.

ve•rô•ni•ca *sf. Rel.* Segundo os evangelhos, o pano com o qual se enxugou o rosto de Cristo a caminho do Calvário, nele ficando estampada a sua imagem.

ve•ros•sí•mil *adj2g.* **1.** Semelhante à verdade. **2.** Que parece verdadeiro; provável. [Pl.: *–meis.* Superl.: *versossimílimo.*]

ve•ros•si•mi•lhan•ça *sf.* Qualidade ou caráter de verossímil.

ver•ru•ga *sf. Med.* Lesão lobulosa cutânea devida a vírus.

ver•ru•go•so (ó) *adj.* Que tem verrugas. [Pl.: *–gosos* (ó).]

ver•ru•ma *sf.* Instrumento cuja ponta é lavrada em hélice, usado para abrir furos na madeira.

ver•ru•mar *v.t.d.* **1.** Furar com verruma. **2.** *Fig.* Afligir, torturar. [Conjug.: 1 [verrum]**ar**]

ver•sa•do *adj.* Bom conhecedor; perito.

ver•sal *sf. Edit.* Letra maiúscula. [Pl.: *–sais.*]

ver•sa•le•te (ê) *sm. Edit.* Letra com desenho de maiúscula, mas com altura da minúscula de mesmo corpo.

ver•são *sf.* **1.** Ato ou efeito de verter ou de voltar. **2.** Tradução literal; tradução. **3.** Explicação, interpretação. **4.** Cada uma das várias interpretações dum fato. **5.** Cada uma das várias formas dadas a um produto ao longo do seu desenvolvimento ou para sua comercialização. [Pl.: *–sões.*] ♦ **Versão beta.** *Inform.* Versão de um *software* distribuída a usuários selecionados para ser testada em condições normais de operação.

ver•sar *v.t.d.* **1.** Examinar; compulsar. **2.** Praticar, estudar. *T.i.* **3.** Ter por objeto; consistir, tratar. [Conjug.: 1 [vers]**ar**]

ver•sá•til *adj2g.* **1.** Vário, volúvel. **2.** Que tem qualidades várias num determinado ramo de atividades. [Pl.: *–teis.*] § **ver•sa•ti•li•da•de** *sf.*

ver•se•jar *v.int.* Fazer versos, ou maus versos; versificar. [Conjug.: 1 [versej]**ar**] § **ver•se•ja•dor** (ô) *sm.*

ver•sí•cu•lo *sm.* Cada um dos curtos parágrafos que dividem um texto sagrado.

ver•si•fi•ca•ção *sf.* Ato ou arte ou forma de versificar; metrificação. [Pl.: *–ções.*]

ver•si•fi•car *v.int.* Versejar. [Conjug.: 8 [versifi]**car**]

ver•sis•ta *adj2g.* e *s2g.* Que(m) verseja.

ver•so¹ *sm.* **1.** Cada uma das linhas constitutivas dum poema. **2.** O gênero poético. **3.** Poesia. **4.** *Pop.* Quadra ou estrofe qualquer.

ver•so² *sm.* **1.** Página oposta à frente. **2.** *P. ext.* Face oposta à da frente.

⇨ **versus** [Lat.] Contra. [Abrev.: *v.*]

vér•te•bra *sf. Anat.* Cada um dos ossos que, junto com outros elementos anatômicos, formam a coluna vertebral do homem e doutros vertebrados.

ver•te•bra•do *sm.* Espécime dos vertebrados, subfilo de animais que inclui os peixes, anfíbios, reptis, aves e mamíferos; têm, todos, esqueleto ósseo ou cartilaginoso. § **ver•te•bra•do** *adj.*

ver•te•bral *adj2g.* Relativo às, ou formado de vértebras. [Pl.: *–brais.*]

ver•te•dou•ro *sm. Eng. Civil* Descarregador de superfície da vazão excedente, e que visa controlar o nível de água de um reservatório.

ver•ten•te *adj2g.* **1.** Que verte. **2.** De que se trata. • *sf.* **3.** Declive de montanha, por onde derivam as águas pluviais; encosta.

ver•ter *v.t.d.* **1.** Fazer correr (um líquido) para fora do recipiente; entornar. **2.** Expelir (1). **3.** Traduzir (1). *T.d.i.* **4.** Verter (3). *T.c.* **5.** Derivar, brotar. **6.** Desaguar. *Int.* **7.** Entornar. **8.** Ressumar (2). [Conjug.: ② [vert]**er**]

ver•ti•cal *adj2g.* **1.** Que segue a direção do prumo (1). • *sf.* **2.** Linha vertical. [Pl.: –*cais.*]

vér•ti•ce *sm.* **1.** O ponto culminante; cimo. **2.** *Anat.* O ponto mais alto da abóbada craniana. **3.** *Geom.* Ponto comum a duas ou mais retas.

ver•ti•ci•lo *sm. Bot.* Conjunto de peças foliáceas inseridas no mesmo nó (5).

ver•ti•gem *sf.* **1.** *Med.* Estado mórbido em que a pessoa tem a impressão de que tudo lhe gira em torno, ou de que ele próprio está girando. [Sin., pop.: *tontura, tonteira.*] **2.** *Fig.* Desvario, loucura. [Pl.: –*gens.*]

ver•ti•gi•no•so (ô) *adj.* **1.** Que tem ou causa vertigens. **2.** Que gira muito rápido. **3.** Que perturba a razão ou a serenidade. [Pl.: –*nosos* (ó).]

ver•ve *sf.* Calor ou vivacidade de imaginação.

ve•sâ•ni:a *sf. Psiq. Desus.* Insanidade mental. § **ve•sâ•ni•co** *adj.*

ve•sa•no *adj.* Louco; demente.

ves•go (ê) *adj.* e *sm.* V. *estrábico.*

ves•gui•ce *sf.* Estrabismo (q. v.).

ve•si•cal *adj2g. Anat.* Da bexiga (1). [Pl.:–*cais.*]

ve•si•can•te *adj2g.* Que produz vesículas.

ve•sí•cu•la *sf.* **1.** *Anat.* Pequena bexiga ou cavidade. **2.** Empola (1). ◆ **Vesícula biliar.** *Anat.* Vesícula (1) que serve de reservatório para a bílis.

ves•pa (ê) *sf. Zool.* Nome comum a himenópteros com ferrão na extremidade do abdome e patas posteriores não achatadas; marimbondo.

ves•pei•ro *sm.* **1.** Ninho de vespas. **2.** *Fig.* Lugar onde se deparam insídias ou perigos.

vés•pe•ra *sf.* **1.** A tarde. **2.** O dia imediatamente anterior àquele de que se trata.

ves•pe•ral *adj2g.* **1.** Da tarde, ou que se realiza à tarde. • *sf.* **2.** *Bras.* Concerto, espetáculo teatral, etc., realizados pela tarde; matinê. [Pl.: –*rais.*]

vés•pe•ras *sf.pl.* Os dias que mais proximamente antecedem qualquer fato.

ves•per•ti•no *adj.* **1.** Da tarde. • *sm.* **2.** Jornal vespertino.

ves•tal *sf.* **1.** Sacerdotisa de Vesta, deusa romana do fogo. **2.** *P. ext.* Mulher muito honesta, ou casta. [Pl.: –*tais.*]

ves•te *sf.* Peça de roupa, em geral a que reveste exteriormente o indivíduo; vestidura, vestimenta.

vés•ti:a *sf.* **1.** Casaco curto, folgado na cintura. **2.** *Bras. N.E.* Gibão.

ves•ti•á•ri:o *sm.* **1.** Compartimento onde se depositam casacos, chapéus, etc. **2.** Compartimento, dotado de certas comodidades, onde atletas, etc., trocam de roupa.

ves•ti•bu•lan•do *adj.* e *sm.* Diz-se de, ou estudante que vai prestar exame vestibular.

ves•ti•bu•lar *adj2g.* **1.** Relativo ao vestíbulo.

2. Diz-se do exame de admissão a um curso superior.

ves•tí•bu•lo *sm.* **1.** Compartimento na entrada dum edifício, em geral entre a porta e a principal escadaria interior. [Sin., bras.: *saguão.*] **2.** *Anat.* Nome genérico de espaço ou cavidade, em entrada de canal (7).

ves•ti•do *sm.* **1.** Veste feminina composta de saia e blusa, formando um todo. • *adj.* **2.** Que traz veste(s).

ves•ti•du•ra *sf.* **1.** Tudo que é próprio para vestir (1 e 2); vestuário. **2.** V. *veste.*

ves•tí•gi:o *sm.* **1.** Sinal que homem ou animal deixa com os pés por onde passa; rasto, rastro, pegada. **2.** Indício, sinal, rasto, rastro, sombra (*fig.*).

ves•ti•men•ta *sf.* **1.** V. *veste.* **2.** Veste sacerdotal solene.

ves•tir *v.t.d.* **1.** Cobrir com roupa ou veste. **2.** Pôr ou trazer sobre si (peça de vestuário). **3.** Fazer roupa(s) para. **4.** Cobrir, revestir. *Int.* **5.** Cobrir-se com roupa; trajar-se. **6.** Ter bom caimento. *P.* **7.** Vestir (5). **8.** Fantasiar-se. [Conjug.: ⑤ [v]e[st]**ir**]

ves•tu•á•ri:o *sm.* **1.** O conjunto das peças de roupa que se vestem; indumentária. **2.** Vestidura (1).

ve•tar *v.t.d.* **1.** Opor o veto à (lei). **2.** Proibir (1). [Conjug.: ① [vet]**ar**]

ve•te•ra•no *adj.* **1.** Antigo no serviço militar, ou em qualquer ramo de atividade. • *sm.* **2.** Soldado antigo ou reformado. **3.** Estudante que já fez o primeiro ano dum curso.

ve•te•ri•ná•ri:a *sf.* O estudo das doenças dos animais, e o tratamento delas.

ve•te•ri•ná•ri:o *adj.* **1.** Referente à veterinária. • *sm.* **2.** Aquele que a exerce.

ve•to *sm.* **1.** Proibição; oposição. **2.** Recusa de sanção, por um chefe de governo, a uma lei votada pelo legislativo.

ve•tor ou **vec•tor** (ô) *sm.* **1.** Condutor, portador. **2.** *Mat.* Segmento de reta orientado. **3.** *Mat.* Uma quantidade que tem módulo e direção, e que se transforma, segundo leis bem determinadas, quando se muda de sistema de coordenadas. ◆ **Vetores ortogonais.** *Mat.* Vetores cujo produto escalar é nulo. **Vetores ortonormais.** *Mat.* Vetores ortogonais de módulo unitário.

ve•to•ri•al ou **vec•to•ri•al** *adj2g.* Relativo a vetor. [Pl.: –*ais.*]

ve•tus•to *adj.* **1.** Muito velho; antigo. **2.** Deteriorado pelo tempo. § **ve•tus•tez** (ê) *sf.*

véu *sm.* **1.** Tecido com que se cobre qualquer coisa. **2.** Tecido transparente com que as mulheres cobrem a cabeça e/ou o rosto. **3.** Mantilha de freira. **4.** *Anat.* Nome genérico de estrutura em forma de véu. ◆ **Véu palatino.** *Anat.* A parte posterior, carnosa, do palato.

ve•xa•ção *sf.* Ato ou efeito de vexar(-se); vexame. [Pl.: *–ções.*]

ve•xa•me *sm.* 1. Vexação. 2. Aquilo que vexa. 3. V. *vergonha* (2).

ve•xar *v.t.d.* 1. Atormentar, molestar. 2. Humilhar; afrontar. 3. Fazer vergonha a. *P.* 4. Sentir vergonha. [Conjug.: ① [vex]**ar**]

ve•xa•tó•ri:o *adj.* Que vexa, provoca vexame.

vez (ê) *sf.* 1. Termo que indica um fato na sua unidade ou na sua repetição. 2. Ensejo, oportunidade. 3. Turno, hora. 4. Alternativa, opção.

ve•zei•ro *adj.* Que tem vezo; acostumado.

ve•zo (ê) *sm.* 1. Costume vicioso ou criticável. 2. Costume ou hábito qualquer.

vi•a *sf.* 1. Lugar por onde se vai ou se é levado; caminho. 2. Direção, rumo. 3. Qualquer canal do organismo. 4. Meio, modo. 5. Exemplar de documento, etc. ♦ **Via Láctea.** *Astr.* Galáxia à qual pertence a Terra.

vi:a•ção *sf.* 1. Conjunto de estradas ou caminhos. 2. Serviço de veículos de carreira, para uso público. [Pl.: *–ções.*]

vi:a•du•to *sm.* Construção destinada a transpor uma depressão do terreno ou servir de passagem superior.

vi•a•gem *sf.* Ato de ir de um a outro lugar mais ou menos afastado. [Pl.: *–gens.*]

vi:a•ja•do *adj.* Que percorreu muitas terras.

vi:a•jar *v.int.* 1. Fazer viagem ou viagens. *T.d.* 2. Andar por. [Conjug.: ① [viaj]**ar**] § **vi:a•jan•te** *adj2g.* e *s2g.*

vi•an•da *sf.* 1. Qualquer tipo de alimento. 2. Qualquer carne alimentar.

vi:an•dan•te *adj2g.* Caminhante, viajante.

vi•á•ri:o *adj.* Referente à viação.

vi•a-sa•cra *sf. Rel.* Série de 14 quadros que representam as principais cenas da Paixão de Cristo. [Pl.: *vias-sacras.*]

vi•á•ti•co *sm. Rel.* Sacramento da Eucaristia, administrado aos enfermos acamados.

vi:a•tu•ra *sf.* Qualquer veículo.

vi•á•vel *adj2g.* Exeqüível, realizável. [Pl.: *–veis.*] § **vi:a•bi•li•da•de** *sf.*

ví•bo•ra *sf. Zool.* Nome comum às cobras venenosas da família dos viperídeos. 2. *Fig.* Pessoa de má índole ou mau gênio. [Sin., *bras.,* nesta acepç.: *jararaca.*]

vi•bra•ção *sf.* 1. Ato ou efeito de vibrar. 2. Movimento vibratório. [Pl.: *–ções.*]

vi•brar *v.t.d.* 1. Brandir (1 e 2). 2. Fazer tremular ou oscilar. 3. Dedilhar (2). 4. Fazer soar. 5. Comunicar vibrações, trepidações, a. *T.d.i.* 6. V. *desferir* (1). *Int.* 7. Estremecer. 8. Soar (3). 9. Ter som claro e distinto. 10. Trepidar (3). 11. Entusiasmar-se. 12. Emocionar-se. [Conjug.: ① [vibr]**ar**] § **vi•bran•te** *adj2g.*

vi•brá•til *adj2g.* Suscetível de vibrar. [Pl.: *–teis.*] § **vi•bra•ti•li•da•de** *sf.*

vi•bra•tó•ri:o *adj.* 1. Que faz vibrar. 2. Que produz ou é acompanhado de vibração.

vi•cá•ri:o *adj.* Que faz as vezes de outrem ou de outra coisa.

vi•ce-al•mi•ran•te *sm.* V. *hierarquia militar.* [Pl.: *vice-almirantes.*]

vi•ce-go•ver•na•dor *sm.* Substituto do governador. [Pl.: *vice-governadores.*]

vi•ce•jar *v.int.* Ter viço; vegetar com opulência. [Conjug.: ① [vicej]**ar**] § **vi•ce•jan•te** *adj2g.*

vi•ce-pre•si•den•te *s2g.* Substituto do presidente. [Pl.: *vice-presidentes.*]

vi•ce-rei *sm.* Governador de Estado subordinado a um reino. [Pl.: *vice-reis.*]

vi•ce-ver•sa *adv.* 1. Em sentido inverso ou oposto. 2. Reciprocamente.

vi•ci•ar *v.t.d.* 1. Comunicar vício a. 2. Adulterar, falsificar. 3. Tornar nulo. *P.* 4. Adquirir vício. 5. Depravar-se, corromper-se. [Conjug.: ① [vici]**ar**] § **vi•ci•a•do** *adj.* e *sm.*

vi•ci•nal *adj2g.* Diz-se do caminho ou estrada que liga povoações próximas. [Pl.: *–nais.*]

ví•ci:o *sm.* 1. Defeito grave que torna uma pessoa ou coisa inadequada para certos fins ou funções. 2. Inclinação para o mal. 3. Conduta ou costume nocivo ou condenável.

vi•ci•o•so (ô) *adj.* Que tem, ou em que há vício(s). [Pl.: *–osos* (ó).] § **vi•ci:o•si•da•de** *sf.*

vi•cis•si•tu•de *sf.* Mudança ou variação de coisas que se sucedem.

vi•ço *sm.* 1. Vigor de vegetação nas plantas. 2. V. *vigor* (2). § **vi•ço•so** (ô) *adj.*

vi•cu•nha *sf. Zool.* Mamífero camelídeo, da América do Sul, cujo pêlo produz lã finíssima, do mesmo nome.

vi•da *sf.* 1. Conjunto de propriedades e qualidades graças às quais animais e plantas se mantêm em contínua atividade; existência. 2. A vida humana. 3. O espaço de tempo que vai do nascimento à morte; existência. 4. Um dado período da vida. 5. Biografia. 6. Modo de viver. 7. Força, vitalidade.

vi•de *sf.* 1. Vara de videira. 2. *Bot.* V. *videira.*

vi•dei•ra *sf. Bot.* Trepadeira vitácea cujos frutos, as uvas, dão, fermentados, o vinho; vide, vinha.

vi•den•te *adj2g.* 1. Que se diz dotado de faculdade de visão sobrenatural. • *s2g.* 2. Indivíduo vidente. 3. Pessoa que profetiza.

ví•de:o *sm.* 1. *Telev.* A parte do equipamento de televisão responsável pela gravação, transmissão ou reprodução de imagem. 2. *P. ext.* Televisor. 3. Tela de tevê. 4. Obra audiovisual artística, documental, publicitária, etc. registrada em videoteipe. 5. *Inform.* Monitor (5).

vi•de:o•ar•te *sf.* 1. Modalidade das artes plásticas que usa recursos de gravação em videoteipe. 2. Qualquer obra dessa modalidade.

vi•de:o•cas•se•te (vì) *sm.* **1.** Cassete com fita gravada pelo processo de videoteipe. **2.** *Bras.* Aparelho para gravação e reprodução de videocassete (1).

vi•de:o•cli•pe (vì) *sm.* Vídeo (4) para apresentação de música; clipe.

vi•de:o•clu•be *sm.* Clube cujos sócios, mediante pagamento, podem retirar, por empréstimo, filmes em videocassete e/ou *videogame*.

vi•de:o•con•fe•rên•ci:a *sf. Telecom.* Teleconferência que usa recursos de áudio e de imagem.

vi•de:o•dis•co (vì) *sm.* Disco óptico com gravação de áudio e vídeo.

vi•de:o•fo•no•gra•ma *sf.* Produto da fixação de imagem e som em suporte material.

▷**videogame** (videoguei'me) [Ingl.] *sm. Inform.* Brinquedo eletrônico em que as ações que ocorrem em uma tela (ger., de televisor) são controladas por teclas ou *joystick*.

vi•de:o•gra•ma *sf.* Produto da fixação de imagem em suporte material.

vi•de:o•la•pa•ros•co•pi•a (vì) *sf. Med.* Laparoscopia executada com o auxílio de equipamento de vídeo.

vi•de:o•tei•pe (vì) *sm. Telev.* Fita plástica, recoberta de partículas magnéticas, usada para registrar imagens de televisão, em geral associadas com o som. [Sigla: *vt.*]

vi•de:o•tex•to (vì...ês) *sm.* Sistema de distribuição de informações em forma de texto exibido em vídeo (5), via canal telefônico, ou via cabo.

vi•dra•ça *sf.* **1.** Lâmina de vidro. **2.** Caixilhos com vidros para janela ou porta.

vi•dra•ça•ri•a *sf.* **1.** Conjunto de vidraças. **2.** Vidraria (1).

vi•dra•cei•ro *sm.* **1.** Fabricante ou vendedor de vidros. **2.** O que põe vidros em caixilhos.

vi•dra•do *adj.* **1.** Coberto de substância vitrificável. **2.** Sem brilho; embaciado. **3.** *Bras. Gír.* Fascinado, encantado.

vi•drar *v.t.d.* **1.** Cobrir de substância vitrificável. *T.i.* e *int.* **2.** *Gír.* Gamar. [Conjug.: ① [vidr]**ar**]

vi•dra•ri•a *sf.* **1.** Estabelecimento que fabrica ou vende vidros; vidraçaria. **2.** A arte de fabricar vidros.

vi•dri•lho *sm.* Pequena miçanga usada na confecção de bordados sobre tecido, etc.

vi•dro *sm.* **1.** Substância sólida, transparente e quebradiça, que se obtém pela fusão e solidificação duma mistura de quartzo, carbonato de cálcio e carbonato de sódio. **2.** Qualquer artefato de vidro (1). **3.** Frasco. **4.** Lâmina de vidro para diversos fins.

vi•e•la *sf.* Rua estreita; beco.

vi•és *sm.* **1.** Direção oblíqua. **2.** Tira estreita de pano cortada de viés. ◆ **De viés.** Em diagonal; obliquamente.

vi:et•na•mi•ta *adj2g.* **1.** Do Vietnã (Ásia). • *s2g.* **2.** O natural ou habitante do Vietnã.

vi•ga *sf.* Peça de sustentação horizontal, usada em construções; trave.

vi•ga•men•to *sf.* O conjunto das vigas duma construção.

vi•ga•ri•ce *sf.* Ato próprio de vigarista.

vi•gá•ri:o *sm.* Padre que substitui o pároco em uma paróquia.

vi•ga•ris•ta *adj2g.* e *sm.* Embusteiro.

vi•gên•ci:a *sf.* Tempo durante o qual uma coisa vigora, é vigente; vigor.

vi•gen•te *adj2g.* Que está em vigor; vigorante.

vi•ger *v.int.* Ter ou estar em vigor; vigorar. [Defect. Não tem a 1ª pess. do pres. ind. nem, pois, todo o pres. do subj., nas demais pess., conjuga-se como o paradigma ㊱ [vi]**ger**.]

vi•gé•si•mo *num.* **1.** Ordinal correspondente a 20. **2.** Fracionário correspondente a 20.

vi•gi•a *sf.* **1.** Ato ou efeito de vigiar. **2.** Orifício pelo qual se espreita. **3.** Abertura no costado de embarcação, para iluminar-lhe e arejar-lhe o interior. • *s2g.* **4.** V. *guarda* (5).

vi•gi•ar *v.t.d.* **1.** Observar atentamente. **2.** Observar às ocultas; espreitar. **3.** Velar² por. *Int.* **4.** Velar² (2). **5.** Estar de sentinela. [Conjug.: ① [vigi]**ar**]

vi•gi•lan•te *adj2g.* **1.** Que vigia. **2.** Zeloso, diligente. **3.** Cuidadoso, atento. § **vi•gi•lân•ci:a** *sf.*

vi•gí•li:a *sf.* **1.** Falta de sono; insônia. **2.** Estado de quem, durante a noite, vela. [V. *velar²*.]

vi•gor (ô) *sm.* **1.** Força, robustez. **2.** Atividade, energia; viço, verdor. **3.** Vigência.

vi•go•ran•te *adj2g.* Vigente.

vi•go•rar *v.t.d.* **1.** Dar vigor a; fortalecer. *Int.* **2.** Adquirir vigor (1). **3.** Estar em vigor, ou não estar prescrito. [Conjug.: ① [vigor]**ar**]

vi•go•ro•so (ô) *adj.* **1.** Cheio de vigor (1). **2.** Enérgico, vivo. [Pl.: *–rosos* (ó).]

vil *adj2g.* **1.** De baixo preço ou pouco valor. **2.** Reles, ordinário. **3.** Infame, abjeto. [Pl.: *vis.*]

vi•la¹ *sf.* **1.** Povoação de categoria superior à de aldeia ou arraial e inferior à de cidade. **2.** Conjunto de pequenas casas parecidas, dispostas de modo que formam rua ou praça interior; avenida.

vi•la² *sf.* Mansão cercada de jardins.

vi•la•ni•a *sf.* Qualidade ou ato de vilão; vileza.

vi•lão *adj.* **1.** Que vive numa vila. **2.** *Fig.* Grosseiro, rude. **3.** *Fig.* Desprezível, sórdido. • *sm.* **4.** Homem vilão. [Fem.: *vilã, viloa.* Pl.: *vilãos, vilões, vilãos.*]

vi•le•gi:a•tu•ra *sf.* Temporada que habitantes da cidade passam no campo, ou praia, etc., no verão; veraneio.

vi•le•za (ê) *sf.* Vilania.

vi•li•pen•di•ar *v.t.d.* Tratar com vilipêndio; desprezar. [Conjug.: ① [vilipendi]**ar**]

vi•li•pên•di:o *sm.* Desprezo, menoscabo.

vi•me *sm.* Vara do vimeiro, flexível.

vi•mei•ro *sm. Bot.* V. *salgueiro.*

vi•na•gre *sm.* **1.** Produto oriundo da transformação em ácido acético do álcool contido em certas bebidas, pela fermentação, e usado como condimento, etc. **2.** *Fig.* Bebida muito acre.

vi•na•grei•ra *sf.* **1.** Recipiente onde se prepara ou guarda o vinagre. **2.** *Bot.* Arbusto herbáceo das malváceas, de folhas comestíveis.

vin•car *v.t.d.* Fazer vincos ou dobras em. [Conjug.: ⑧ [vin]**car**]

vin•cen•do *adj.* Diz-se de juros, dívidas, etc., que estão por vencer.

vin•co *sm.* **1.** Aresta ou marca produzida por dobra. **2.** Sulco produzido por pressão, numa superfície. **3.** *P. ext.* Ruga.

vin•cu•lar *v.t.d., t.d.i. e p.* **1.** Ligar(-se) ou prender(-se). **2.** Ligar(-se) moralmente. [Conjug.: ① [vincul]**ar**] § **vin•cu•la•ção** *sf.*

vín•cu•lo *sm.* **1.** Tudo o que ata, liga ou aperta. **2.** Nó, liame. **3.** *Fig.* Ligação moral.

vin•da *sf.* Ato ou efeito de vir.

vin•di•car *v.t.d.* **1.** Reclamar ou exigir, em juízo, a restituição de. **2.** Exigir legalmente. [Conjug.: ⑧ [vindi]**car**]

vin•di•ma *sf.* **1.** Colheita ou apanha de uvas. **2.** Uvas vindimadas. **3.** O tempo da vindima (1).

vin•di•mar *v.t.d.* **1.** Fazer a vindima (de). **2.** Destruir, dizimar. *Int.* **3.** Vindimar (1). [Conjug.: ① [vindim]**ar**]

vin•di•ta *sf.* **1.** Punição legal. **2.** Vingança.

vin•do *adj.* Que veio.

vin•dou•ro ou **vin•doi•ro** *adj.* Que há de vir ou acontecer; futuro.

vin•gan•ça *sf.* **1.** Ato ou efeito de vingar(-se). **2.** Punição, castigo.

vin•gar *v.t.d.* **1.** Tirar desforra. **2.** Castigar, punir. **3.** Promover a reparação de (agravo). *Int.* **4.** Lograr bom êxito. **5.** Prosperar; crescer. *P.* **6.** Tirar desforra de ofensa; desforrar-se. [Conjug.: ⑪ [vin]**gar**] § **vin•ga•dor** (ô) *adj. e sm.*

vin•ga•ti•vo *adj.* Que se apraz em vingar-se.

vi•nha *sf.* **1.** Terreno plantado de videiras. **2.** *Bot.* V. *videira.*

vi•nha-d'a•lhos *sf. Cul.* Molho feito com vinagre ou vinho, alho, cebola, louro, etc. [Pl.: *vinhas-d'alhos.*]

vi•nha•tei•ro *adj.* **1.** Relativo à cultura de vinhas. **2.** Que cultiva vinhas. • *sm.* **3.** Cultivador delas. **4.** Fabricante de vinho.

vi•nhá•ti•co *sm. Bot.* Árvore das leguminosas, de madeira excelente.

vi•nhe•do (ê) *sm.* Grande extensão de vinhas.

vi•nhe•ta (ê) *sf.* **1.** *Edit.* Pequena ilustração ger. decorativa. **2.** *Rád. Telev.* Seqüência curta us. em abertura, encerramento ou reinício de programas.

vi•nho *sm.* **1.** Bebida alcoólica resultante da fermentação do mosto da uva. **2.** *P. ext.* Nome comum a várias bebidas provenientes da fermentação do sumo de frutas ou plantas.

vi•nho•to (ô) *sm.* Resíduo, potencialmente poluente, da produção do álcool de cana-de-açúcar.

vi•ní•co•la *adj2g.* Relativo à vinicultura.

vi•ni•cul•tu•ra *sf.* **1.** Fabricação de vinho. **2.** Viticultura.

vin•te *num.* **1.** Quantidade que é uma unidade maior que 19. **2.** Número (1) correspondente a essa quantidade. [Representa-se em algarismos arábicos por 20, e em algarismos romanos, por XX.]

vin•tém *sm.* Antiga moeda de cobre, equivalente a 20 réis. [Pl.: *–téns.*]

vin•te•na *sf.* Grupo de vinte.

vi•o•la *sf.* **1.** Instrumento de cordas dedilháveis, semelhante ao violão (mas de menor tamanho) na forma e sonoridade. **2.** Instrumento de arco e quatro cordas que corresponde ao contralto na família do violino. É afinado uma quinta abaixo da afinação do violino e uma oitava acima da do violoncelo.

vi•o•la•ção *sf.* **1.** Ato ou efeito de violar. **2.** Estupro. [Pl.: *–ções.*]

vi•o•lá•ce•a *sf. Bot.* Espécime das violáceas, família de ervas, trepadeiras e arbustos floríferos que habitam, esp., áreas temperadas. § **vi:o•lá•ce:o** *adj.*

vi:o•lão *sm.* Instrumento de madeira, de seis cordas dedilháveis, fundo chato e caixa de ressonância em forma de 8. [Pl.: *–lões.*] § **vi:o•lo•nis•ta** *s2g.*

vi:o•lar *v.t.d.* **1.** Ofender com violência. **2.** Infringir, transgredir. **3.** Forçar a virgindade de; desflorar, deflorar. [Sin., pop.: *desgraçar, desonrar.*] **4.** Violentar (2). **5.** Profanar, conspurcar. **6.** Divulgar, revelar, de modo abusivo. [Conjug.: ① [viol]**ar**]

vi:o•lei•ro *sf. Bras.* Tocador de viola (1).

vi:o•lên•ci:a *sf.* **1.** Qualidade de violento. **2.** Ato violento. **3.** Ato de violentar.

vi:o•len•tar *v.t.d.* **1.** Exercer violência sobre. **2.** Estuprar. **3.** Forçar, arrombar. **4.** Desrespeitar. *P.* **5.** Constranger-se; desrespeitar-se. [Conjug.: ① [violent]**ar**]

vi:o•len•to *adj.* **1.** Que age com ímpeto; impetuoso. **2.** Agitado, tumultuoso. **3.** V. *iracundo.* **4.** Intenso, veemente. **5.** Em que se faz uso de força bruta. **6.** Contrário ao direito, à justiça.

vi:o•le•ta (ê) *sf.* **1.** *Bot.* Erva violácea ornamental de flores perfumadas. **2.** Sua flor. • *sm.* **3.** A cor mais comum da violeta (1); o roxo. • *adj2g. e 2n.* **4.** Dessa cor; roxo, violáceo.

vi:o•li•no *sm.* Instrumento de madeira, com quatro cordas que se ferem com um arco. § **vi:o•li•nis•ta** *s2g.*

vi•o•lon•ce•lo *sm.* Instrumento grande, de quatro cordas friccionáveis com arco, e que corresponde ao baixo na família do violino. § **vi:o•lon•ce•lis•ta** *s2g.*

vi•pe•rí•de:o *sm. Zool.* Espécime dos viperídeos, família de ofídios que abrange serpentes venenosas da Europa, Ásia e África. Ex.: a víbora. § **vi•pe•ri•de:o** *adj.*

vi•pe•ri•no *adj.* 1. Da, ou próprio da víbora. 2. *Fig.* Venenoso, peçonhento. 3. *Fig.* Mordaz; perverso.

vir *v.t.c.* 1. Transportar-se dum lugar (para aquele onde estamos). 2. Regressar, voltar. 3. Proceder, provir. *T.i.* 4. Vir (3). 5. Afluir, concorrer. 6. Ocorrer; chegar. *Int.* 7. Ser trazido; transportar-se. 8. Caminhar, andar. 9. Acudir. 10. Chegar (certo tempo ou ocasião). 11. Comparecer. [Conjug.: 40 **vir**]

vi•ra *sf.* Tira de couro que se costura entre as solas do calçado, junto à borda destas.

vi•ra•ção *sf.* Vento brando e fresco que à tarde sopra do mar para a terra. [Pl.: *–ções.*]

vi•ra-ca•sa•ca *s2g. Bras.* Quem muda de partido ou de opinião segundo as conveniências. [Pl.: *vira-casacas.*]

vi•ra•da *sf. Bras.* 1. Ato de virar(-se). 2. Grande esforço feito na última fase dum empreendimento. 3. Guinada (2).

vi•ra•di•nho *sm. Cul.* Virado de feijão.

vi•ra•do *adj.* Que se virou. ◆ **Virado de feijão.** *Cul.* Prato típico da cozinha paulista, feito com feijão sem caldo, farinha e torresmo; viradinho.

vi•ra•go *sf.* Mulher de modos grosseiros e varonis.

vi•ra-la•ta *sm. Bras.* Cão que não é de raça. [Pl.: *vira-latas.*]

vi•rar *v.t.d.* 1. Mudar de um para outro lado à direção ou a posição de. 2. Voltar (o lado posterior) para a frente; revirar. 3. Despejar, bebendo; entornar. 4. Dobrar (3). 5. Dar a volta a. *T.d.c.* 6. Mudar de direção, rumo, etc. *Pred.* 7. Transformar-se, tornar-se. *Int.* 8. Ficar de borco; emborcar. 9. Sofrer mudança repentina: *P.* 10. Voltar-se (10). 11. *Bras.* Diligenciar para sair, sozinho, de situação difícil, ou para conseguir algo. [Conjug.: ① [vir]**ar**]

vi•ra•vol•ta *sf.* 1. Volta completa. 2. Reviravolta (3).

vir•gem *sf.* 1. Donzela. 2. *Rel.* A mãe de Jesus Cristo; Virgem Maria. 3. *Rel.* Retrato da Virgem (2). 4. *Astr.* A sexta constelação do Zodíaco, situada no equador celeste. 5. *Astrol.* O sexto signo do Zodíaco, relativo aos que nascem entre 23 de agosto e 22 de setembro. ◆ *adj2g.* 6. Virginal. 7. Puro, intato. 8. Ainda não usado. 9. Diz-se de mata ou floresta ainda não explorada. [Com inicial maiúscula, nas acepç. 2 a 5.] [Pl.: *–gens.*]

vir•gi•nal *adj2g.* Relativo a, ou próprio de virgem; virgem. [Pl.: *–nais.*]

vir•gin•da•de *sf.* Estado ou qualidade de virgem (1).

vir•gi•ni•a•no *sm.* 1. Indivíduo nascido sob o signo de Virgem. ◆ *adj.* 2. Diz-se de, ou pertencente ou relativo a virginiano.

vír•gu•la *sf.* Sinal de pontuação (,) com que se marca a pausa no discurso.

vir•gu•lar *v.t.d.* e *int.* Pôr vírgula(s) (em). [Conjug.: ① [virgul]**ar**]

vi•ril *adj2g.* 1. Relativo a, ou próprio de homem; varonil. 2. Enérgico, vigoroso. [Pl.: *–ris.*]

vi•ri•lha *sf. Anat.* Área de junção de cada coxa com o abdome.

vi•ri•li•da•de *sf.* 1. Qualidade ou caráter de viril. 2. Período da vida do homem entre a adolescência e a velhice.

vi•ro•la¹ *sf.* Aro metálico que aperta ou reforça um objeto, servindo às vezes de ornato.

vi•ro•la² *sf.* Parte da borda que fica virada para fora.

vi•ro•se *sf. Med.* Doença produzida por vírus.

vi•ró•ti•co *adj.* Relativo a vírus, ou produzido por ele.

vir•tu•al *adj2g.* 1. Que existe como faculdade, porém sem efeito atual. 2. Suscetível de realizar-se; potencial. 3. *Inform.* Que é efeito de emulação ou simulação (3) de determinados objetos, situações, equipamentos, etc., por programas ou redes de computador. [Pl.: *–ais.*]

vir•tu•de *sf.* 1. Disposição firme e constante para a prática do bem. 2. Força moral. 3. Ato virtuoso. 4. Qualidade própria pra produzir certos efeitos. 5. Causa, razão. 6. Validade, legitimidade. ◆ **Virtudes teologais.** *Rel.* A fé, a esperança e a caridade.

vir•tu•o•se *s2g.* 1. Músico de grande talento. 2. Indivíduo que domina em alto grau a técnica de uma arte.

vir•tu•o•so (ó) *adj.* 1. Que tem virtudes. 2. Que produz efeito; eficaz. [Pl.: *–osos* (ó).]

vi•ru•lên•ci:a *sf. Patol.* Grau de poder patogênico de microrganismo.

vi•ru•len•to *adj.* Relativo a, ou caracterizado por virulência.

ví•rus *sm2n.* 1. *Biol.* Diminuto agente infeccioso, apenas visível ao microscópio eletrônico, e que pode apresentar formas diversas (bastonete, esfera, etc.). 2. *Inform.* Programa capaz de copiar e instalar a si mesmo, ger. concebido para causar danos.

vi•sa•da *sf. Bras.* Ato ou efeito de visar.

vi•sa•gem *sf.* 1. V. *careta* (1). 2. *Bras.* V. *fantasma* (3). 3. *Bras.* Visão (4). [Pl.: *–gens.*]

vi•são *sf.* 1. Ato ou efeito de ver. 2. *Fisiol.* O sentido da vista. 3. Ponto de vista; aspecto. 4. Imagem vã, que se julga ver em sonhos ou por medo, superstição, etc.; visagem. **5.** V. *fantasma* (3). [Pl.: *–sões.*]

vi•sar *v.t.d.* **1.** Dirigir a vista ou o olhar fixamente para; mirar. **2.** Apontar arma de fogo contra. **3.** Pôr o sinal de visto em. **4.** Visar (5). *T.i.* **5.** Ter como objetivo; ter em vista. [Conjug.: ① [vis]**ar**]

vís•ce•ra *sf. Anat.* Nome comum a qualquer grande órgão alojado nas cavidades craniana, torácica ou abdominal.

vis•ce•ral *adj2g.* **1.** Relativo a víscera. **2.** *Fig.* Profundo, entranhado. [Pl.: *–rais.*]

vís•ce•ras *sf.pl.* Intestinos, entranhas.

vis•co *sm.* **1.** *Bot.* Planta parasita, lorantácea; agárico. **2.** Suco vegetal glutinoso; visgo.

vis•con•da•do *sm.* Título ou dignidade de visconde ou viscondessa.

vis•con•de *sm.* Título nobiliárquico, superior ao de barão e inferior ao de conde. [V. *barão.*]

vis•con•des•sa (ê) *sf.* Mulher de visconde, ou que tem viscondado.

vis•co•so (ô) *adj.* Que tem visco ou é pegajoso como ele; visguento. [Pl.: *–cosos* (ó).] § **vis•co•si•da•de** *sf.*

vi•sei•ra *sf.* **1.** A parte anterior do capacete, a qual encobre e defende o rosto. **2.** Pala de boné. **3.** Aba para proteger os olhos dos raios do sol.

vis•go *sm.* **1.** Visco (2). **2.** *Fig.* Coisa que prende ou atrai.

vis•guen•to *adj.* Viscoso.

vi•si•o•ná•ri•o *adj.* e *sm.* Que, ou o que tem idéias extravagantes, ou tem visões, ou devaneia.

vi•si•ta *sf.* **1.** Ato ou efeito de visitar(-se); visitação. **2.** Pessoa que faz visita. **3.** V. *vistoria* (2).

vi•si•ta•ção *sf.* Visita (1). [Pl.: *–ções.*]

vi•si•tar *v.t.d.* **1.** Ir ver (alguém) em casa ou noutro lugar onde esteja, por cortesia, dever, afeição, etc. **2.** Ir ver (regiões, monumentos, etc.) por interesse ou curiosidade. **3.** Inspecionar, vistoriar. *P.* **4.** Fazer visitas mutuamente. [Conjug.: ① [visit]**ar**] § **vi•si•tan•te** *adj2g.* e *s2g.*

vi•sí•vel *adj2g.* **1.** Que se pode ver. **2.** Patente, manifesto. [Pl.: *–veis.*] § **vi•si•bi•li•da•de** *sf.*

vis•lum•brar *v.t.d.* **1.** Alumiar frouxamente. **2.** Entrever, lobrigar. [Conjug.: ① [vislumbr]**ar**]

vis•lum•bre *sm.* **1.** Luz tênue, frouxa. **2.** Pequeno clarão. **3.** Aparência vaga. **4.** Conjetura. **5.** Vestígio, sinal, viso. **6.** Vaga semelhança.

vi•so *sm.* **1.** Aspecto, fisionomia. **2.** V. *vislumbre* (5).

vi•som *sm. Zool.* Mustelídeo cuja pele, macia e lustrosa, é us. na feitura de agasalhos. [Pl.: *–sons.*]

vi•sor *sm.* **1.** Que permite ver ou ajuda a ver. • *sm.* **2.** Aquilo que permite ver ou ajuda a ver. **3.** *Tec.* Em certos aparelhos, dispositivo (ger., de pequeno tamanho) em que são exibidas informações.

vís•po•ra *sf.* e *m. Bras.* Loto (ó).

vis•ta *sf.* **1.** Ato ou efeito de ver. **2.** O sentido da visão. **3.** Os olhos. **4.** Aquilo que se vê. **5.** Panorama, paisagem. **6.** Aparência, aspecto. **7.** Plano, projeto. ◆ **Vista cansada.** V. *presbiopia.*

vis•to *adj.* **1.** Percebido pelo sentido da visão. **2.** Acolhido, aceito. **3.** Considerado, reputado. • *sm.* **4.** Declaração de autoridade num documento para validá-lo.

vis•to•ri•a *sf.* **1.** Inspeção judicial a prédio ou lugar sobre o qual existe litígio. **2.** Revista, inspeção, visita.

vis•to•ri•ar *v.t.d.* Fazer vistoria; inspecionar. [Conjug.: ① [vistori]**ar**]

vis•to•so (ô) *adj.* **1.** Que dá na vista ou agrada a vista. **2.** Ostentoso, aparatoso. [Pl.: *–tosos* (ó).]

vi•su•al *adj2g.* Referente à vista ou à visão. [Pl.: *–ais.*]

vi•su•a•li•za•ção *sf.* Ação ou efeito de visualizar. [Pl.: *–ções.*]

vi•su•a•li•zar *v.t.d.* Ter a percepção visual de. [Conjug.: ① [visualiz]**ar**]

vi•tá•ce•a *sf. Bot.* Espécime das vitáceas, família de plantas ger. trepadeiras de frutos bacáceos, suculentos. Ex.: a videira. § **vi•tá•ce•o** *adj.*

vi•tal *adj2g.* **1.** Referente à vida, ou próprio para preservá-la. **2.** Essencial, fundamental. [Pl.: *–tais.*]

vi•ta•lí•ci•o *adj.* Que dura a vida inteira, ou a isto se destina. § **vi•ta•li•ci•e•da•de** *sf.*

vi•ta•li•da•de *sf.* **1.** Qualidade de vital. **2.** Força vital; vigor.

vi•ta•lis•mo *sm. Filos.* Doutrina que afirma a necessidade dum princípio que não seja apenas físico-químico para explicar os fenômenos vitais.

vi•ta•li•zar *v.t.d.* **1.** Restituir à vida. **2.** Dar força, vigor, a. [Conjug.: ① [vitaliz]**ar**]

vi•ta•mi•na *sf. Bioquím.* Qualquer de diversas substâncias orgânicas presentes, em quantidades pequenas, em muitos tipos de alimentos, e que desempenham papel importante na nutrição. **2.** *Bras.* Creme ralo, preparado com fruta(s) e/ou legume(s).

vi•te•la *sf.* **1.** Novilha menor de um ano. **2.** Carne de novilha ou novilho. **3.** *P. ext.* Iguaria feita de vitela.

vi•te•li•no *adj.* Da gema do ovo, ou relativo a ela.

vi•te•lo¹ *sm.* Novilho menor de um ano.

vi•te•lo² *sm. Biol.* Parte do ovo que contém as reservas destinadas a nutrir o embrião.

vi•ti•cul•tu•ra (vì) *sf.* Cultura das vinhas; vinicultura.

vi•ti•li•gem *sf. Med.* Afecção cutânea caracterizada por zonas de despigmentação; vitiligo. [Pl.: *–gens.*]

vi•ti•li•go *sm. Med.* Vitiligem.

ví•ti•ma *sf.* **1.** Homem ou animal imolado em holocausto aos deuses. **2.** Pessoa arbitrariamente condenada à morte, ou torturada, etc. **3.** Pessoa ferida ou assassinada, ou que sucumbe a uma desgraça, ou morre em acidente, epidemia, etc.

vi•ti•mar *v.t.d.* **1.** Tornar vítima. **2.** Matar. **3.** Prejudicar. *P.* **4.** Tornar-se vítima. [Conjug.: ① [vitim]**ar**]

vi•tó•ri•a *sf.* **1.** Ato ou efeito de vencer o inimigo ou competidor; triunfo. **2.** *P. ext.* Triunfo ou êxito brilhante em qualquer terreno.

vi•to•ri•ar *v.t.d.* Aplaudir com delírio; aclamar. [Conjug.: ① [vitori]**ar**]

vi•tó•ri:a-ré•gi:a *sf.* *Bras.* *Zool.* Grande ninfeácea da Amaz., cujas flores são as maiores da América. [Pl.: *vitórias-régias*.]

vi•to•ri•en•se *adj2g.* **1.** De Vitória, capital do ES. • *s2g.* **2.** O natural ou habitante de Vitória.

vi•to•ri•o•so (ó) *adj.* Que alcançou vitória. [Pl.: *–osos* (ó).]

vi•tral *sm.* Vidraça de cores ou com pinturas. [Pl.: *–trais*.]

ví•tre:o *adj.* **1.** Do vidro, ou próprio dele, ou de natureza semelhante à sua. **2.** Feito de vidro.

vi•tri•fi•car *v.t.d.* **1.** Converter em, ou dar a aparência de vidro a. *Int.* e *p.* **2.** Tomar a aparência de vidro. [Conjug.: ⑧ [vitrifi]**car**] § **vi•tri•fi•cá•vel** *adj2g.*

vi•tri•na ou **vi•tri•ne** *sf.* Vidraça atrás da qual ficam expostos objetos destinados à venda ou a serem vistos.

vi•trí•o•lo *sm.* Nome comum a vários sulfatos, em especial o ácido sulfúrico.

vi•tro•la *sf.* **1.** Aparelho elétrico para reproduzir sons gravados em disco. • *s2g.* **2.** *Bras.* *Gír.* Tagarela.

vi•tu•a•lhas *sf.pl.* V. *víveres.*

vi•tu•pe•rar *v.t.d.* **1.** Tratar com vitupérios. **2.** Repreender, censurar com dureza. [Conjug.: ① [vituper]**ar**]

vi•tu•pé•ri:o *sm.* **1.** Insulto, injúria. **2.** Ato vergonhoso ou infame.

vi•ú•va *sf.* Mulher a quem morreu o marido e que não voltou a casar-se.

vi:u•vez (ê) *sf.* Estado de quem é viúvo.

vi•ú•vo *sm.* **1.** Homem a quem morreu a mulher e que não voltou a casar-se. • *adj.* **2.** Que é viúvo.

vi•va *sm.* **1.** Exclamação de aplauso ou de felicitação. • *interj.* **2.** Designa aplauso.

vi•va•ci•da•de *sf.* **1.** Qualidade de vivaz. **2.** Modo expressivo de falar ou gesticular. [Sin. ger.: *viveza*.]

vi•val•di•no *adj.* e *sm.* *Bras.* *Gír.* Diz-se de, ou indivíduo muito vivo, esperto.

vi•vaz *adj2g.* **1.** Vivedouro. **2.** V. *vivo* (2). **3.** Forte, enérgico. **4.** Ligeiro, rápido. **5.** *Bot.* Diz-se de planta que vive muitos anos.

vi•ve•dou•ro ou **vi•ve•doi•ro** *adj.* Que vive, ou pode viver muito; vivaz.

vi•ven•da *sf.* Habitação mais ou menos suntuosa.

vi•ven•te *adj2g.* **1.** Que vive. • *s2g.* **2.** Criatura viva, em especial o homem.

vi•ver *v.int.* **1.** Ter vida; existir. **2.** Durar, perdurar. *T.c.* **3.** Habitar, morar. *T.i.* **4.** Alimentar-se. **5.** Ter como meio de vida. **6.** Passar a vida. **7.** Dedicar-se inteiramente. **8.** Conviver. *Pred.* **9.** Passar a vida (de certo modo). [Conjug.: ② [viv]**er**]

ví•ve•res *sm.pl.* Gêneros alimentícios; comestíveis, vitualhas.

vi•ver•rí•de:o *sm.* *Zool.* Espécime dos viverrídeos, família de mamíferos carnívoros de pernas curtas, corpo longo, e hábitos ger. noturnos. Ex.: o furão. § **vi•ver•rí•de:o** *adj.*

vi•ve•za (ê) *sf.* V. *vivacidade.*

vi•vi•do *adj.* **1.** Que viveu muito. **2.** Que tem larga experiência de vida.

ví•vi•do *adj.* **1.** Que tem vivacidade. **2.** Ardente, vivo. **3.** Luzente, brilhante. **4.** De cores vivas.

vi•vi•fi•car *v.t.d.* **1.** Dar vida ou existência; animar. **2.** Tornar vívido. **3.** Reanimar, reviver. *P.* **4.** Tornar-se vivo. **5.** Tomar energia, vigor, animação. [Conjug.: ⑧ [vivifi]**car**] § **vi•vi•fi•can•te** *adj2g.*

vi•ví•pa•ro *adj.* *Zool.* Diz-se de animal cujos filhos se desenvolvem no útero materno e nascem com forma já definitiva.

vi•vis•sec•ção *sf.* Operação feita em animais vivos para estudo de fenômenos fisiológicos. [Pl.: *–ções.*]

vi•vo *adj.* **1.** Que tem vida; animado. **2.** Intenso, forte; vivaz. **3.** De uso corrente; usual. **4.** Fervoroso, ardente. **5.** Aceso, acalorado. **6.** Eficaz. **7.** Diligente, ligeiro. **8.** Esperto, matreiro. **9.** Diz-se de cor forte, chamativa. • *sm.* **10.** Criatura viva. **11.** Debrum de cor contrastante com a da peça debruada.

vi•zi•nhan•ça *sf.* **1.** Qualidade de vizinho. **2.** Pessoas ou famílias vizinhas. **3.** Cercanias.

vi•zi•nho *adj.* **1.** Que está próximo, ou mora perto. **2.** Limítrofe, confinante. **3.** Semelhante, análogo. • *sm.* **4.** Aquele que mora perto de nós.

vi•zir *sm.* Ministro de príncipe muçulmano.

vo:a•dor (ô) *adj.* Que voa ou pode voar; volátil, volante.

vo•ar *v.int.* **1.** Sustentar-se ou mover-se no ar por meio de asas (aves). **2.** Elevar-se e mover-se no ar (aeronave). **3.** Ir pelo ar com grande rapidez. **4.** Correr com velocidade. **5.** Dispersar-se, sumir(-se). **6.** Decorrer com rapidez (o tempo). **7.** Propalar-se rápido. **8.** Ser destruído em explosão. *T.c.* **9.** Viajar ou ser transportado em aeronave. *T.i.* **10.** Viajar (em aeronave). **11.** *Bras.* Arremessar, atirar. [Conjug.: ⑬ [v]**oar**]

vo•ca•bu•lá•ri:o *sm.* 1. Conjunto de palavras duma língua, ou de certo estágio dela, ou de qualquer campo de conhecimento ou atividade. 2. Lista de vocábulos de uma língua dispostos, geralmente, em ordem alfabética. 3. Dicionário sucinto.

vo•cá•bu•lo *sm.* Palavra que faz parte duma língua. § **vo•ca•bu•lar** *adj2g.*

vo•ca•ção *sf.* 1. Ato de chamar. 2. Escolha, predestinação. 3. Tendência, pendor. 4. *P. ext.* Talento, aptidão. [Pl.: *–ções.*]

vo•cal *adj2g.* 1. Relativo à, ou que produz a voz. 2. Que se exprime por meio dela. [Pl.: *–cais.*]

vo•cá•li•co *adj.* Relativo às letras vogais.

vo•ca•li•zar *v.int.* Cantar sem articular palavras, modulando a voz sobre uma vogal. [Conjug.: 1 [vocaliz]**ar**]

vo•cê *pron.* de tratamento (q. v.).

vo•ci•fe•rar *v.t.d.* 1. Proferir em voz alta; bradar. *T.i.* 2. Dirigir censuras ou reclamações. *Int.* 3. Falar com cólera; esbravejar. [Conjug.: 1 [vocifer]**ar**]

vod•ca *sf.* Aguardente russa, de cereais.

vo:e•jar *v.int.* V. *esvoaçar* (1). [Conjug.: 1 [voej]**ar**. Norm. só se usa nas 3ᵃˢ pess.]

vo•ga *sf.* 1. Ato de vogar. 2. Divulgação. 3. Grande aceitação; popularidade. 4. Uso atual; moda. 5. Remada (1). • *sm.* 6. Remador que, sentado na popa, guia os demais.

vo•gal *adj2g.* 1. *Fon.* Diz-se do fonema sonoro que se produz mediante o livre escapamento de ar pela boca, e da letra que o representa. • *sf.* 2. *Fon.* Fonema ou letra vogal. • *s2g.* 3. Membro de corporação, júri, etc. [Pl.: *–gais.*]

vo•gar *v.int.* 1. *Ant.* Deslocar-se sobre a água impelido à força de remos. 2. *P. ext.* Navegar (embarcação). 3. *Ant.* Remar. 4. Deslizar (1). [Conjug.: 11 [vo]**gar**]

vo•lan•te *adj2g.* 1. V. *voador.* 2. Flutuante; ondulante. 3. Que se pode mudar facilmente. 4. Transitório, efêmero. • *sm.* 5. Correia contínua na roda das máquinas. 6. Formulário para apostas na loteria esportiva, loto e sena. 7. *Autom.* Peça com que se controla a direção do automóvel. • *s2g.* 8. *Bras.* Hábil condutor de automóveis.

vo•lá•til *adj2g.* 1. V. *voador.* 2. Relativo a aves. 3. Que pode ser reduzido a gás ou vapor. [Pl.: *–teis.*]

vo•la•ti•li•zar *v.t.d., int. e p.* Reduzir(-se) a gás ou vapor; vaporizar(-se). [Conjug.: 1 [volatiliz]**ar**] § **vo•la•ti•li•za•ção** *sf.;* **vo•la•ti•li•zá•vel** *adj2g.*

vô•lei *sm.* F. red. de *voleibol.*

vo•lei•bol *sm.* Jogo entre duas equipes de seis jogadores cada, separadas por uma rede, por sobre a qual se arremessa uma bola com as mãos; vôlei. [Pl.: *–bóis.*]

vo•lei•o *sm.* 1. No tênis, ato de rebater a bola sem deixar que ela bata no chão. 2. *Fut.* Joga-da feita com o pé no ar, a meia altura, pela impossibilidade do uso da mão.

vo•li•ção *sf.* Ato em que se dá determinação de vontade. [Antôn.: *nolição.* Pl.: *–ções.*]

vo•li•ti•vo *adj.* Relativo à volição ou à vontade.

vo-lo 1. Equiv. do pron. pess. *vos* e de *lo* (1). 2. Equiv. do pron. pess. *vos* e de *lo* (3).

volt *sm. Fís.* Unidade de medida de diferença de potencial elétrico no SI [símb.: V]. [Pl.: *volts.*]

vol•ta *sf.* 1. Ato ou efeito de voltar(-se). 2. V. *regresso.* 3. Ato de virar ou girar; giro. 4. Movimento que completa um percurso fechado. 5. Pequeno passeio. 6. Vicissitude, revés. 7. Curva, sinuosidade. 8. Cada uma das curvas duma espiral.

vol•ta•gem *sf. Eletr.* Tensão (4). [Pl.: *–gens.*]

vol•tar *v.t.c.* 1. Ir ou dirigir-se ao ponto de onde partiu. 2. Ir ou vir pela segunda vez. 3. Regressar, retornar. *T.i.* 4. Recomeçar. 5. Ocupar-se de novo dum assunto. 6. Dirigir, apontar. *Int.* 7. Voltar (1). *T.d.c. e t.d.i.* 8. Dirigir, encaminhar. 9. Repetir-se. *P.* 10. Mover-se para o lado ou em torno; virar-se. 11. Recorrer, apelar. 12. Revoltar-se. [Conjug.: 1 [volt]**ar**]

vol•ta•re•te (ê) *sm.* Jogo de cartas, com três parceiros.

vol•te•ar *v.t.d.* 1. Andar à volta de; contornar. 2. Fazer girar; dar voltas a. 3. Fazer dar muitas voltas. *Int.* 4. Dar voltas; girar, volutear. [Conjug.: 10 [volt]**ear**]

vo•lu•me *sm.* 1. Unidade de uma obra impressa, que pode coincidir ou não com o tomo. 2. Pacote, fardo. 3. V. *tamanho* (2). 4. Intensidade (de som ou voz). 5. *Geom.* Medida do espaço ocupado por um sólido.

vo•lu•mo•so (ô) *adj.* 1. Que tem grande volume. 2. Intenso, forte (som ou voz). [Pl.: *–mosos* (ó).]

vo•lun•ta•ri•a•do *sm.* 1. Qualidade ou condição de voluntário (3). 2. Os voluntários.

vo•lun•tá•ri:o *adj.* 1. Que age espontaneamente. 2. Derivado da vontade própria; espontâneo. • *sm.* 3. O que se alista espontaneamente nas forças armadas.

vo•lun•ta•ri•o•so (ô) *adj.* 1. Que age só pela sua vontade. 2. Caprichoso, teimoso. [Pl.: *–osos* (ó).]

vo•lú•pi:a *sf.* Grande prazer dos sentidos, sobretudo o prazer sexual; voluptuosidade.

vo•lup•tu:o•si•da•de *sf.* Volúpia.

vo•lup•tu•o•so (ô) *adj.* Cheio de, ou em que há volúpia, ou que a inspira. [Pl.: *–osos* (ó).]

vo•lu•ta *sf.* 1. Ornato espiralado de um capitel de coluna. 2. Parte de objeto, ou ornato, etc., em forma de espiral.

vo•lu•te•ar *v.int.* V. *voltear* (4). [Conjug.: 10 [volut]**ear**]

vo•lú•vel *adj2g.* 1. Que gira facilmente. 2. *Fig.* Inconstante, mudável, leviano. [Pl.: *–veis.*] § **vo•lu•bi•li•da•de** *sf.*

vol•ver *v.t.d.* **1.** Mudar de posição ou direção. **2.** Mexer, revolver. *T.d.i.* **3.** Dirigir, voltar. *T.c.* **4.** Retornar. *Int.* **5.** Decorrer, passar. *P.* **6.** Virar-se, voltar-se. [Conjug.: ② [volv]**er**]

vol•vo (ô) *sm. Med.* Obstrução de trânsito intestinal por obstáculo orgânico.

vô•mer *sm. Anat.* Osso chato que constitui a parte posterior e inferior da parede divisória das fossas nasais.

vô•mi•co *adj.* V. *vomitório* (1).

vo•mi•tar *v.t.d.* **1.** Expelir pela boca (substâncias que já estavam no estômago); lançar. **2.** Manchar com vômito. **3.** Proferir violência ou com intenção injuriosa. *Int.* **4.** Expelir pela boca substâncias que já estavam no estômago; lançar. *P.* **5.** Sujar-se de vômito. [Conjug.: ① [vomit]**ar**]

vo•mi•ti•vo *adj.* V. *vomitório* (1).

vô•mi•to *sm.* **1.** Ato ou efeito de vomitar. **2.** O vomitado.

vo•mi•tó•ri:o *adj.* **1.** Que faz vomitar; vomitivo, vômico. • *sm.* **2.** Medicamento para provocar vômito.

von•ta•de *sf.* **1.** Faculdade de representar mentalmente um ato que pode ser ou não praticado em obediência a um impulso ou a motivos ditados pela razão. **2.** Sentimento que incita alguém a atingir o fim que essa faculdade propõe. **3.** Capacidade de escolha, de decisão. **4.** Firmeza, ânimo. **5.** Capricho, veleidade. **6.** Desejo ou determinação expressa. **7.** Necessidade fisiológica. ♦ **À vontade. 1.** Sem constrangimento. **2.** Com fartura.

vô•o *sm.* **1.** Movimento no ar e sem contato com o solo, próprio das aves, de muitos insetos, ou de aeronaves. **2.** Extensão que uma ave ou aeronave cobre duma vez, voando. **3.** Viagem aérea. **4.** *Fig.* Arroubo. ♦ **Vôo cego.** *Aer.* Aquele em que a pilotagem se faz apenas com as informações dos instrumentos de bordo. **Vôo charter.** *Aer.* Vôo contratado mediante fretamento de aeronave. **Vôo pairado.** *Aer.* Aquele em que o helicóptero é mantido no ar sem nenhum movimento.

vo•ra•gem *sf.* **1.** Aquilo que sorve ou devora. **2.** V. *turbilhão* (2). **3.** *Fig.* Tudo que subverte ou consome. [Pl.: *–gens.*]

vo•raz *adj2g.* **1.** Que devora; edaz. **2.** Que é glutão. **3.** *Fig.* Que consome, corrói, destrói. **4.** Muito ambicioso. § **vo•ra•ci•da•de** *sf.*

vór•ti•ce *sm.* Redemoinho, remoinho.

vos *pron. pess.* da 2ª pess. do pl., caso oblíquo, valendo por: *a vós, em vós, para vós e de vós*, e indicando, com certos verbos, a voz passiva.

vós *pron. pess.* da 2ª pess. do pl. dos dois gêneros. Us., em geral, quando nos dirigimos a muitos seres, funcionando como sujeito, como predicativo e como regime de preposições.

vos•me•cê *pron. Bras.* Contr. de *vossemecê.*

vos•se•me•cê *pron.* **1.** Contr. de *Vossa Mercê.* **2.** Tratamento dirigido, de ordinário, a pessoas de condição mediana.

vos•so *pron. pess.* Pertencente à(s), ou próprio da(s), ou experimentado ou inspirado pela(s) pessoa(s) a quem se fala por vós.

vo•ta•ção *sf.* **1.** Ato ou efeito de votar. **2.** Conjunto de votos. [Pl.: *–ções.*]

vo•tar *v.t.d.* **1.** Aprovar por meio de votos. **2.** Submeter a votação, aprovando ou não. *T.d.i.* **3.** Consagrar, dedicar. *T.i.* **4.** Dar o seu voto (a favor de ou contra alguém ou algo). *Int.* **5.** Dar ou emitir voto. **6.** Ter direito a voto. [Conjug.: ① [vot]**ar**] § **vo•tan•te** *adj2g.* e *s2g.*

vo•ti•vo *adj.* Ofertado em cumprimento de voto ou promessa.

vo•to *sm.* **1.** Promessa solene com que nos obrigamos para com Deus. **2.** Promessa solene; juramento. **3.** Súplica à divindade. **4.** Desejo ardente. **5.** Modo de expressar a vontade num ato eleitoral. **6.** Cédula (4).

vo•vó *sf. Bras. Inf.* Avó.

vo•vô *sm. Bras. Inf.* Avô.

⇨ **voyeur** (vua-iér) [Fr.] *sm. Psic.* Aquele que é dado ao voyeurismo.

voy•eu•ris•mo (vua-ièrès) *sm. Psiq.* Perversão sexual em que um indivíduo só atinge orgasmo se observar, à revelia de terceiros, atividades sexuais destes.

voz *sf.* **1.** *Fon.* Som ou conjunto de sons emitidos pelo aparelho fonador. **2.** Fala (2 e 3). **3.** Ordem em voz alta. **4.** Sugestão íntima. **5.** *Gram.* Forma com que um verbo indica a ação como praticada pelo sujeito (voz ativa) ou por ele recebida (voz passiva), ou simultaneamente praticada e recebida por ele (voz reflexa). **6.** *Mús.* Trecho vocal de uma composição. **7.** *Mús.* As diferentes partes da música no contraponto ou na harmonia: *uma fuga a três vozes.*

vo•ze:a•ri:a *sf.* Clamor de muitas vozes juntas.

vo•zei•rão *sm.* Voz muito forte. [Pl.: *–rões.*]

❏ **vt** Sigla de *videoteipe.*

vul•câ•ni•co *adj.* **1.** De vulcão, ou relativo a ele. **2.** Impetuoso, ardente.

vul•ca•ni•za•ção *sf.* Tratamento da borracha natural com átomos de enxofre, o que a torna mais elástica, resistente, e insolúvel. [Pl.: *–ções.*]

vul•ca•ni•zar *v.t.d.* Tratar (a borracha) por vulcanização. [Conjug.: ① [vulcaniz]**ar**]

vul•cão *sm.* Abertura da crosta terrestre que dá passagem ao magma, e a elevação de terreno formada por ele. [Pl.: *–cões.*]

vul•gar *adj2g.* **1.** Referente ao vulgo[1]. **2.** V. *trivial* (1). **3.** Reles, ordinário. • *sm.* **4.** O que é vulgar.

vul•ga•ri•da•de *sf.* **1.** Qualidade ou caráter de vulgar. **2.** Coisa, ação ou dito vulgar.

vul•ga•ri•zar *v.t.d.* e *p.* **1.** Tornar(-se) vulgar; divulgar(-se), propagar(-se). **2.** Tornar-se reles; acanalhar(-se). [Conjug.: ① [vulgariz]**ar**] § **vul•ga•ri•za•ção** *sf.*; **vul•ga•ri•za•dor** (ó) *adj.* e *sm.*

vul•ga•ta *sf.* Tradução latina da Bíblia feita no séc. IV, e que foi declarada a versão oficial da Igreja Católica no Concílio de Trento (séc. XVI).

vul•go¹ *sm.* **1.** O povo, a plebe. **2.** O comum dos homens.

vul•go² *adj.* Na língua vulgar; vulgarmente.

vul•ne•rar *v.t.d.* **1.** Ferir, golpear. **2.** Ofender, magoar. [Conjug.: ① [vulner]**ar**] § **vul•ne•ra•ção** *sf.*

vul•ne•rá•vel *adj2g.* **1.** Que pode ser vulnerado. **2.** Diz-se do ponto pelo qual alguém ou algo pode ser atacado. [Pl.: –*veis*.] § **vul•ne•ra•bi•li•da•de** *sf.*

vul•pi•no *adj.* Da raposa, ou próprio dela.

vul•to *sm.* **1.** Rosto, semblante. **2.** Corpo, figura. **3.** Figura indistinta. **4.** Tamanho, volume. **5.** *Fig.* Importância, notabilidade. **6.** *Fig.* Pessoa importante.

vul•to•so (ô) *adj.* **1.** Que faz vulto; volumoso. **2.** *Fig.* De grande vulto ou importância. [Pl.: –*tosos* (ó).]

vul•tu•o•si•da•de *sf. Med.* Congestão da face.

vul•tu•o•so (ô) *adj. Med.* Atacado de vultuosidade. [Pl.: –*osos* (ó).]

vul•tu•ri•no *adj.* Do, ou próprio do abutre.

vul•va *sf. Anat.* Parte externa dos órgãos genitais femininos.

vur•mo *sm.* O pus das úlceras.

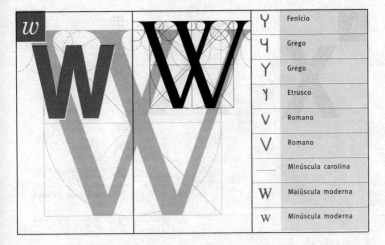

Ⴤ	Fenício
Ⴤ	Grego
Ⴤ	Grego
Ⴤ	Etrusco
V	Romano
V	Romano
—	Minúscula carolina
W	Maiúscula moderna
w	Minúscula moderna

w (dáblio) *sm.* **1.** Antiga letra do nosso alfabeto, substituída ora por *u*, ora por *v*, na ortografia oficial, us. apenas em certos estrangeirismos, em nomes próprios estrangeiros e seus derivados, e em abreviaturas e símbolos de uso internacional.] **2.** Figura ou representação dessa letra. • *num.* **3.** Vigésimo terceiro, numa série em que a letra *k* corresponde ao 11º elemento. [Pl. (nas acepç. 1 e 2) indicado pela duplicação da letra: *ww*.]

❑ **W 1.** *Geogr.* Abrev. de *oeste* (1 e 3). **2.** *Fís.* Símb. de *watt*. **3.** *Fís. Part.* Bóson com carga elétrica igual à do próton ou do elétron, mediador das interações fracas entre partículas. **4.** *Quím.* Símb. do *tungstênio*.

⇨ **waffle** (uófel) *sm.* Espécie de panqueca de massa grossa, assada em torradeira especial.

wag•ne•ri•a•no (va) *adj.* **1.** Pertencente ou relativo a Richard Wagner (q. v.). • *sm.* **2.** Admirador e/ou profundo conhecedor da obra desse compositor. **3.** Partidário do wagnerismo.

wag•ne•ris•mo (va) *sm. Mús.* Sistema musical de Richard Wagner (q. v.).

⇨ **walkie-talkie** (uóqui-tóqui) [Ingl.] *sm.* Emissor e receptor portátil para comunicação radiofônica, a certa distância, com aparelho similar.

watt (uót) *sm.* Unidade de medida de potência, no Sistema Internacional.

watt-ho•ra *sm.* Unidade de medida de energia [símb.: *Wh*]. [Pl.: *watts-horas, watts-hora*.]

❑ **w.c.** [Abrev. do ingl. *water closet*.] *sm.* Banheiro (2).

⇨ **web** (uéb) [Ingl.] *sf. Inform.* **1.** Sistema de hipermídia disponível na *Internet*, com documentos e outros objetos localizados em pontos diversos da rede e vinculados entre si. **2.** O conjunto das informações e recursos assim disponíveis. [Com inicial maiúscula.]

we•ber *sm. Fís.* No SI, unidade de medida de fluxo de indução magnética.

⇨ **western** (uéstern) [Ingl.] *sm.* V. *bangue-bangue.*

⇨ **winchester** (uìntchéster) [Ingl.] *sm.* V. *disco rígido.*

⇨ **wind-surf** (uind-sârf) *sm.* Esporte náutico que se pratica com prancha dotada de vela.

❑ **W.N.W.** Abrev. de *oés-noroeste*.

⇨ **workshop** (uérkshóp) [Ingl.] *sm.* Reunião de trabalho, ou de treinamento, em que os participantes discutem e/ou exercitam determinadas técnicas.

❑ **W.S.W.** Abrev. de *oés-sudoeste*.

❑ **WWW** *Inform.* Sigla do ingl. *Worldwide Web* (q. v.).

719

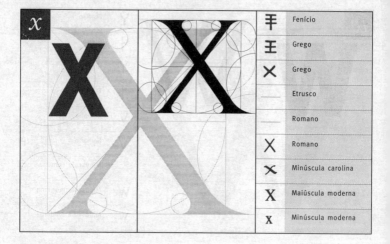

ⵣ	Fenício
Ɛ	Grego
Χ	Grego
	Etrusco
	Romano
Χ	Romano
✗	Minúscula carolina
X	Maiúscula moderna
x	Minúscula moderna

x (chis) *sm.* **1.** A 22ª letra do nosso alfabeto. **2.** Figura ou representação dessa letra, ou qualquer sinal gráfico semelhante. **3.** A forma da letra *x*, com dois segmentos retos cruzados, ou aquilo que tem essa forma. **4.** Aquilo que falta conhecer; resposta ou solução ignorada; incógnita. **5.** Quantidade ou quantia indeterminada, ou não informada diretamente. **6.** A parte principal, ou mais difícil. • *num.* **7.** Vigésimo segundo, numa série. **8.** Vigésimo quarto, numa série em que o *k* representa o 11º elemento, e o *w*, o 23º. [Pl. (nas acepç. 1 a 3) indicado pela duplicação da letra: *xx*.]
❑ **x 1.** Sinal que indica oposição, antítese. **2.** Sinal que indica eliminação, cancelamento, anulação. **3.** *Mat.* Representa a primeira das coordenadas cartesianas. **4.** *Mat.* Símb. da *incógnita*, numa equação. **5.** Representa número ou quantidade indeterminados, omitidos, ou desconhecidos. [Nas acepç. 4 e 5, tb. se usam os sinais *y* e *z*.]
❑ **X** Na numeração romana, símb. do número 10.
xá *sm.* Título dos antigos soberanos do Irã. [O último xá, Mohammad Reza Pahlavi (1919-1980), foi destronado pela revolução islâmica em 1979.]
xá•ca•ra *sf.* Narrativa popular em verso.
xa•cri:a•bá *s2g. Bras. Etnôn.* Indivíduo dos xacriabás, povo indígena da família lingüística jê, que habita em MG. § **xa•cri:a•bá** *adj2g.*
xa•drez (ê) *sm.* **1.** Antigo jogo, sobre um tabuleiro de 64 peças, alternativamente pretas e

brancas, com dois parceiros. **2.** Tecido cujas cores estão dispostas em quadrados alternados. **3.** *Bras. Pop.* V. *cadeia* (3).
xa•dre•zis•ta *s2g.* Enxadrista.
xai•rel *sm.* Cobertura de cavalgadura, sobre a qual se põe a sela. [Pl.: *–réis.*]
xa•le *sm.* Manta (1) quadrada, triangular ou retangular, usada pelas mulheres como agasalho.
xa•mã *s2g. Antrop.* e *Etnol.* Entre certos povos, espécie de sacerdote que recorre a forças ou entidades sobrenaturais para realizar curas, adivinhação, exorcismo, encantamentos, etc.
xa•ma•nis•mo *sm. Antrop.* e *Etnol.* Conjunto de crenças e práticas associadas às atividades dos xamãs. § **xa•ma•nis•ta** *adj2g.*; **xa•ma•nís•ti•co** *adj.*
xam•pu *sm.* Sabão líquido para lavagem da cabeça.
xan•gô *sm. Bras. Rel.* Orixá de caráter violento e vindicativo, cuja manifestação são os raios e os trovões.
xan•to•fi•la *sf. Biol.* Pigmento amarelo que ocorre em plantas e em tecido animal.
xa•rá *s2g. Bras.* Pessoa que tem o mesmo nome de batismo que outra.
xa•re•le•te (ê) *sm. Bras. Zool.* Peixe carangídeo do Atlântico.
xa•ro•pa•da *sf.* **1.** Porção de xarope que se toma de uma vez. **2.** *Fig.* Maçada, estopa.
xa•ro•pe *sm.* Medicamento veiculado em solução concentrada de um açúcar e água ou outra substância aquosa.

xa•ro•po•so (ó) *adj.* **1.** Da consistência do xarope. **2.** *Bras. Fig.* Enfadonho, tedioso. [Pl.: *–posos* (ó).]

xa•van•te *s2g. Bras. Etnôn.* Indivíduo dos xavantes, povo indígena da família lingüística jê, que habita uma região de MT. § **xa•van•te** *adj2g.*

xa•ve•co *sm.* **1.** Barco velho e/ou sem resistência. **2.** *Bras. Fig.* Pessoa ou coisa sem importância.

xa•xim *sm.* **1.** *Bot.* Feto ciateáceo. **2.** Recipiente para plantas feito de segmentos de tronco do xaxim (1). [Pl. *–xins.*]

❏ **Xe** *Quím.* Símb. do *xenônio.*

xei•que *sm.* Xeque[2].

xe•nar•tro *sm. Zool.* Espécime dos xenartros, subordem de mamíferos desdentados que têm zigapófises nas vértebras lombares e, por vezes, nas dorsais. Ex.: tatus.

xe•no•fi•li•a *sf.* Simpatia por pessoas e coisas estrangeiras. § **xe•nó•fi•lo** *adj.* e *sm.*

xe•no•fo•bi•a *sf.* Aversão a pessoas e coisas estrangeiras. § **xe•nó•fo•bo** *adj.* e *sm.*

xe•nô•ni•o *sm. Quím.* V. *gás nobre* [símb.: *Xe*].

xe•pa (ê) *sf. Bras. Pop.* **1.** Comida de quartel. **2.** As mercadorias vendidas ao término das feiras, ger. mais baratas e de qualidade inferior.

xe•pei•ro *sm. Bras. Pop.* **1.** O que vive de esmolas, abrigando-se em qualquer parte. **2.** Indivíduo que compra xepa (2) nas feiras.

xe•que[1] *sm.* **1.** Lance, no jogo de xadrez, em que o rei fica numa casa atacada por peças adversárias. **2.** *Fig.* Risco; contratempo.

xe•que[2] *sm.* Entre os árabes, chefe de tribo, ou soberano; xeique.

xe•que-ma•te *sm.* No jogo de xadrez, xeque em que o rei atacado não pode escapar, e que põe fim à partida. [Pl.: *xeques-mates* e *xeques-mate.*]

xe•rém *sm. Bras.* Milho pilado grosso. [Pl. *–réns.*]

xe•re•ta (rê) *s2g. Bras. Pop.* Bisbilhoteiro, intrometido.

xe•re•tar *v.t.d.* e *int. Bras. Pop.* Bisbilhotar, mexericar. [Conjug.: 1 [xeret]**ar**]

xe•rez (ê) *sm.* Vinho generoso espanhol, seco ou doce.

xe•ri•fe *sm.* Nos E.U.A., o funcionário mais graduado de um município, investido de poder policial e judicial limitado.

xe•rim•ba•bo *sm. Bras. AM MA* Qualquer animal de criação ou estimação.

xe•ro•car *v.t.d.* V. *xeroxar.* [Conjug.: 8 [xero]**car**]

xe•ro•co•pi•ar *v.t.d.* V. *xeroxar.* [Conjug.: 1 [xerocopi]**ar**]

xe•ró•fi•to *adj. Bot.* Diz-se da planta adaptada às condições secas devidas ou à falta de água no solo, ou ao calor e ao vento, que causam transpiração excessiva. Ex.: cactos, agaves.

xe•ro•gra•fi•a *sf.* Processo de impressão em que a imagem se projeta sobre uma placa ou cilindro revestido de certo elemento químico sensível à luz, e cuja carga positiva se dissipa nas áreas iluminadas, ficando a imagem representada pelas partes carregadas. § **xe•ro•grá•fi•co** *adj.*

xe•rox (cherócs) ou **xé•rox** (chérocs) *smf.2n.* **1.** Processo que permite obter fotocópias por meio da xerografia. **2.** A fotocópia assim obtida.

xe•ro•xar (cherocsar) *v.t.d.* Reproduzir por xerox (1); xerocar, xerocopiar. [Conjug.: 1 [xerox]**ar**]

xe•xéu *sm. Bras.* **1.** V. *bodum* (2). **2.** *Zool.* Japim.

xi[1] *sm.* V. *qui.*

xi[2] *interj. Bras.* Exprime admiração, espanto, inquietação, surpresa ou alegria.

xi (cs) *sm.* V. *csi.*

xí•ca•ra *sf.* **1.** Pequena vasilha com asa e, ger., pires, para servir, em especial, bebidas quentes. **2.** O conteúdo de uma xícara.

xi•fi•í•de•o *sm. Zool.* Espécime dos xifiídeos, família de grandes peixes perciformes marinhos, de corpo fusiforme; a maxila superior prolonga-se lembrando espada. § **xi•fi•í•de•o** *adj.*

xi•fói•de *adj2g.* **1.** Cuja forma é de espada. • *sm.* **2.** *Anat.* Apêndice alongado que termina inferiormente o esterno.

xi•fó•pa•go *adj.* e *sm. Ter. Diz-se de, ou monstro* (1) originado da ligação de dois indivíduos na altura do tórax.

xi•i•ta *s2g.* **1.** Membro dos xiitas, muçulmanos radicais que sustentam só serem autênticas as tradições de Maomé transmitidas através dos descendentes de Ali e Fátima, genro e filha do Profeta. **2.** *P. ext.* Indivíduo de atitudes radicais. • *adj2g.* **3.** Do, ou relativo aos xiitas.

xi•le•no *sm. Quím.* Hidrocarboneto aromático, usado como solvente.

xi•lin•dró *sm. Gír.* Cadeia, prisão.

xi•ló•fa•go *adj.* e *sm. Zool.* Diz-se de, ou inseto que rói madeira e dela se nutre. § **xi•lo•fa•gi•a** *sf.*

xi•lo•fo•ne *sm. Mús.* Instrumento de percussão, de sons determinados, que consta basicamente de lâminas de madeira percutíveis com vários tipos de baquetas.

xi•lo•gra•fi•a *sf.* Arte de reproduzir imagens e textos por meio de pranchas de madeira gravadas em relevo.

xi•lo•gra•var *v.t.d.* Gravar em madeira. [Conjug.: 1 [xilograf]**ar**]

xi•lo•gra•vu•ra *sf.* **1.** Gravura em relevo sobre prancha de madeira. **2.** Estampa tirada por esse processo.

xi•lo•ma *sm. Bot.* Tumor lenhoso em árvore ou planta.

xi•man•go *sm. Bras. Zool.* Ave falconídea do S. do Brasil.

xin•ga•men•to *sm.* **1.** Ato ou efeito de xingar. **2.** Palavra(s) com que se xinga.

xin•gar *Bras. v.t.d.* **1.** Dirigir insultos ou palavras afrontosas a. *Int.* **2.** Dizer insultos ou palavras afrontosas. [Conjug.: ⟦11⟧ [xin]**gar**] § **xin•ga•ção** *sf.*

xin•ga•tó•ri:o *adj.* **1.** Que envolve xingação. • *sm.* **2.** Xingação excessiva.

xin•xim *sm. Bras. BA Cul.* Guisado de galinha, ou de outra carne, com sal, cebola e alho, ralados, a que se adicionam azeite-de-dendê e camarões secos, amendoim e castanha de caju moídos. [Pl. *–xins.*]

xi•que•xi•que *sm. Bras. Bot.* Cactácea da caatinga, de caule espinhoso, rico em água.

xis *sm2n.* A letra *x*.

xis•to *sm. Pet.* Rocha que sofreu transformações sob ação de temperatura, pressão, etc., e cujos minerais são visíveis a olho nu.

xi•xi *sm. Bras. Fam.* V. *urina.*

xó *interj.* Serve para fazer parar cavalgaduras.

xô *interj.* Serve para enxotar aves.

xo•dó *sm. Bras.* **1.** Namoro. **2.** Namorado (1). **3.** Amor, paixão.

xu•cro *adj. Bras.* **1.** Diz-se do animal de sela ainda não domesticado, ou do indivíduo bisonho em qualquer tarefa, ou de coisa ainda imperfeita. **2.** Ignorante, rude. **3.** Mal-educado.

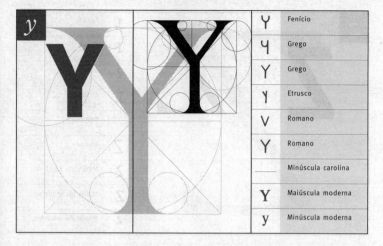

Y	Fenício
Ч	Grego
Υ	Grego
Υ	Etrusco
V	Romano
Y	Romano
	Minúscula carolina
Y	Maiúscula moderna
y	Minúscula moderna

y (ipsílon ou ípsilon) *sm.* **1.** Antiga letra do nosso alfabeto, substituída pelo *i*, na ortografia oficial, us. apenas em certos estrangeirismos, em nomes próprios estrangeiros e seus derivados, e em abreviaturas e símbolos de **uso internacional. 2.** Figura ou representação dessa letra. **3.** A forma da letra Y, semelhante a uma forquilha, ou aquilo que tem essa forma. • *num.* **4.** Vigésimo quinto, numa série em que a letra *k* corresponde ao 11º elemento e a letra *w*, ao 23º. [Pl. (nas acepç. 1 a 3) indicado pela duplicação da letra: *yy.*]

❑ **y 1.** *Mat.* Representa a segunda das coordenadas cartesianas. **2.** *Mat.* Símb. de *função* (8). **3.** *Mat.* Símb. da *incógnita*, numa equação ou num problema. **4.** V. ❑ *x* (5).

❑ **Y 1.** *Quím.* Símb. do *ítrio*. **2.** V. ❑ *X* (2).

⇨ **yang** (iân) [Chinês] *sm.* No taoísmo, o princípio masculino, ativo, celeste, penetrante, quente e luminoso.

❑ **Yb** *Quím.* Símb. do *itérbio.*

⇨ **yin** (iín) [Chinês] *sm.* No taoísmo, o princípio feminino, passivo, terrestre, absorvente, frio e obscuro.

723

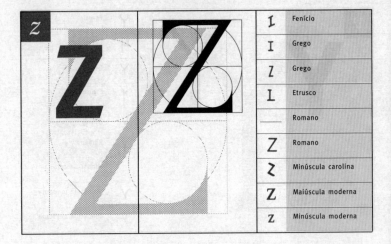

⅃	Fenício
I	Grego
Ɀ	Grego
Ⅼ	Etrusco
	Romano
Z	Romano
ⱬ	Minúscula carolina
Z	Maiúscula moderna
z	Minúscula moderna

z (zê) *sm.* **1.** A 23ª e última letra do nosso alfabeto. **2.** Figura ou representação dessa letra. • *num.* **3.** Vigésimo terceiro, numa série. **4.** Vigésimo sexto, numa série em que a letra *k* corresponde ao 11º elemento, a letra *w* ao 23º e a letra *y* ao 25º. [Pl. (nas acepç. 1 e 2) indicado pela duplicação da letra: *zz*.]

❑ **z 1.** *Mat.* Representa a terceira das coordenadas cartesianas. **2.** *Mat.* Us. como símb. de *variável dependente*. **3.** *Mat.* Us. como símb. de *função* (11). **4.** *Mat.* Us. como símb. da *incógnita*, numa equação ou num problema **5.** V. ❑ *x* (6).

❑ **Z 1.** V. ❑ *X* (2). **2.** *Fís. Nucl.* Símb. de *número atômico*. **3.** *Fís. Part.* Bóson com carga elétrica nula, mediador das interações fracas entre partículas. **4.** *Mat.* Símb. do conjunto dos números inteiros.

za•bum•ba *sm.* e *f.* **1.** V. *bombo* (1). **2.** *Bras. N.E.* Certo conjunto instrumental, popular.

za•ga *sf. Fut.* **1.** A posição dos jogadores da defesa, entre a linha média e o gol. **2.** Os dois beques.

za•gal *sm.* Pastor, pegureiro. [Pl.: *–gais*.]

za•guei•ro *sm. Fut.* Jogador que ocupa a zaga; beque.

zai•no *adj.* **1.** Diz-se de cavalo castanho-escuro sem mescla, ou do que não tem malhas brancas. **2.** De pêlo preto e pouco brilhante.

zan•ga *sf.* **1.** Cólera, ira. **2.** Sentimento de irritação; mau humor. **3.** Desavença, quizila.

zan•ga•do *adj.* Que se zangou; irritado.

zan•gão ou **zân•gão** *sm.* **1.** *Zool.* O macho da abelha, bem maior que as abelhas operárias. **2.** *Bras.* Agente de negócios particulares, ou preposto de corretor. [Pl.: *–gãos* e *–gões*.]

zan•gar *v.t.d.* **1.** Causar zanga a; aborrecer. *Int.* e *p.* **2.** Irritar-se, aborrecer-se; queimar-se. [Conjug.: ⑪ [zan]**gar**]

zan•zar *v.int.* **1.** V. *vagabundear* (1). **2.** V. *vaguear* (2). [Conjug.: ① [zanz]**ar**]

za•ra•ba•ta•na *sf.* Tubo comprido pelo qual se impelem, com o sopro, setas e pequenos projetis; sarabatana.

zar•cão *sm.* Tinta vermelha cuja base é o óxido de chumbo, muito usada para a primeira demão nas peças de ferro ou de aço. [Pl.: *–cões*.]

za•ro•lho (ô) *adj.* **1.** Cego de um olho. **2.** V. *estrábico.* • *sm.* **3.** Indivíduo zarolho. [Pl.: *–rolhos* (ó).]

zar•par *v.int.* e *t.c.* **1.** Levantar âncora; fazer-se ao mar. **2.** *Bras. Fig.* Ir, partir. [Conjug.: ① [zarp]**ar**]

zar•zu•e•la *sf. Teatr.* Obra dramática e musical especificamente espanhola, com declamação e canto.

zás *interj.* Imita pancada rápida, ou designa ação rápida e decidida; zás-trás, bumba.

zás-trás *interj.* V. *zás.*

zê *sm.* A letra *z.*

ze•bra *sf.* **1.** *Zool.* Mamífero eqüídeo, africano, com pêlo listrado de preto sobre fundo branco. **2.** *Bras.* Pessoa bronca. **3.** *Bras.* Em futebol, loteria, etc., resultado inesperado. **4.** *Bras.* Faixa listrada pintada no chão para indicar local de travessia de pedestres. § **ze•bral** *adj2g.*

ze•brar *v.t.d.* Listrar, dando a aparência de pele de zebra. [Conjug.: ① [zebr]**ar**] § **ze•bra•do** *adj.*

ze•brói•de *adj.2g.* **1.** Que tem o aspecto da zebra. • *sm.* **2.** *Zool.* Híbrido de cavalo com zebra fêmea. • *sm.* **3.** *Bras. Fig.* Pessoa bronca.

ze•bu *adj.2g.* e *sm.* Diz-se de, ou certo gado bovino originário da Índia, corpulento, com grande corcova cheia de reservas nutritivas.

ze•bu•ei•ro ou **ze•bu•zei•ro** *sm. Bras.* Diz-se de, ou criador ou negociante de gado zebu.

ze•fir *sm.* Tecido leve de algodão.

zé•fi•ro *sm.* Vento suave e fresco.

ze•la•dor (ô) *adj.* **1.** Que zela. • *sm.* **2.** *Bras.* Quem toma conta dum edifício, etc. § **ze•la•do•ri•a** *sf.*

ze•lar *v.t.d.* **1.** Ter zelo por. **2.** Tratar com zelo. **3.** Tomar conta de (algo) com zelo; velar. [Conjug.: ① [zel]**ar**]

ze•lo (ê) *sm.* **1.** Dedicação, desvelo, por alguém ou por algo. **2.** Pontualidade e diligência em qualquer serviço.

ze•los (ê) *sm.pl.* Ciúme.

ze•lo•so (ó) *adj.* **1.** Cheio de zelo(s). **2.** Cuidadoso. [Pl.: *–losos* (ó).]

ze•lo•te *adj.2g.* e *sm.* Que(m) finge ter zelos.

zé-nin•guém *sm. Bras.* V. *joão-ninguém.* [Pl.: *zés-ninguéns* e *zés-ninguém.*]

zê•ni•te *sm.* **1.** *Astr.* Ponto da abóbada celeste cortado pela vertical de um lugar, ou seja, ponto mais elevado na abóbada celeste. **2.** *Fig.* Auge. *apogeu*

ze•pe•lim *sm.* Dirigível (2) de estrutura rígida, em forma de charuto. [Pl.: *–lins.*]

zé-pe•rei•ra *sm.* **1.** Certo ritmo carnavalesco executado ao bombo (1). **2.** Grupo carnavalesco que o executa. [Pl.: *zé-pereiras.*]

zé-po•vi•nho *sm. Bras.* **1.** Homem do povo. **2.** V. *plebe.* [Pl.: *zé-povinhos.*]

ze•rar *v.t.d.* **1.** Reduzir (conta bancária, etc.) a zero. **2.** Saldar, liquidar. [Conjug.: ① [zer]**ar**] § **ze•ra•do** *adj.*

ze•ro *num.* **1.** Cardinal dos conjuntos vazios. • *sm.* **2.** Ponto inicial da escala da maioria dos instrumentos de medição. **3.** *Fig.* Pessoa ou coisa sem valor.

ze•ro-qui•lô•me•tro *Bras. adj2g.2n.* **1.** Diz-se de automóvel novo, que ainda não foi rodado. • *sm2n.* **2.** Automóvel zero-quilômetro.

ze•ta *sm.* A 6ª letra do alfabeto grego (Z, ζ); dzeta.

zeug•ma *sm. Gram.* Elipse (1) de termo anteriormente expresso.

zi•be•li•na *sf. Zool.* Marta da Sibéria e do Japão, cuja pele, muito valiosa, é us. em agasalhos.

zi•ga•pó•fi•se *sf. Anat.* Apófise que articula uma vértebra com outra.

zi•go•dác•ti•lo *adj. Zool.* **1.** Que tem dedos em número par. **2.** Que tem dois dedos para a frente, e dois para trás.

zi•go•to (ô ou ó) *sm. Biol.* Célula resultante da fertilização de um óvulo (2) por um espermatozóide; célula-ovo.

zi•gue•za•gue *sm.* **1.** Linha quebrada, ou sinuosa, que forma ângulos salientes e reentrantes alternados. **2.** Maneira de andar em que se descreve esse tipo de linha. **3.** Sinuosidade, ondulação.

zi•gue•za•gue•ar *v.int.* **1.** Fazer ziguezagues. **2.** Andar aos ziguezagues. [Conjug.: ⑩ [ziguezagu]**ear**]

zim•bó•ri:o *sm.* A parte superior, em geral convexa, que exteriormente remata a cúpula de grandes edifícios, sobretudo de igrejas.

zim•bro *sm. Bot.* Pinácea cujos frutos são us. na preparação do gim, da genebra e de conservas; junípero.

zi•na•bre *sm.* Azinhavre.

zin•car *v.t.d.* Cobrir ou revestir de zinco. [Conjug.: ⑧ [zin]**car**]

zin•co *sm.* **1.** *Quím.* Elemento de número atômico 30, metálico, branco-acinzentado, usado em ligas, como o latão, e puro [símb.: *Zn*]. **2.** Folha de liga de zinco para cobrir casas, galpões, etc.

zin•co•gra•vu•ra *sf.* Qualquer processo de gravura em zinco.

zín•ga•ro *sm.* Cigano músico.

zin•gi•be•rá•ce:a *sf. Bot.* Espécime das zingiberáceas, família de ervas rizomatosas, de flores vistosas e frutos capsulares. Ex.: o gengibre. § **zin•gi•be•rá•ce•o** *adj.*

zi•nha *sf. Bras. Pop.* Qualquer mulher.

zí•ni:a *sf. Bot.* Erva das compostas, e sua flor.

zir•cô•ni:o *sm. Quím.* Elemento de número atômico 40, metálico [símb.: *Zr*].

zi•zi•ar *v.int.* Fazer (a cigarra) seu ruído típico. [Conjug.: ① [zizi]**ar**]. Nesta acepç., norm. é defect., unipess.]

❑ **Zn** *Quím.* Símb. do *zinco.*

zo•a•da *sf.* Rumor forte, confuso; zoeira.

zo•ar *v.int.* **1.** Ter som forte e confuso. **2.** V. *zumbir.* [Norm., é defect., unipess. Conjug.: ⑬ [z]**oar**]

zo•dí•a•co *sm.* Faixa, na esfera celeste, dividida em 12 seções de 30° de extensão, habitualmente chamadas *signos* [v. *signo* (3)], alguns dos quais não correspondem às constelações designadas pelas convenções astronômicas. § **zo•di:a•cal** *adj2g.*

zo•ei•ra *sf. Bras. Prov. port.* Zoada.

zom•bar *v.t.d., t.i.* e *int.* Fazer zombaria; caçoar. [Conjug.: ① [zomb]**ar**] § **zom•ba•dor** (ô) *adj.* e *sm.*

zom•ba•ri•a *sf.* Manifestação malévola, irônica ou maliciosa, por meio do riso, palavras ou gestos, com que se ridiculariza ou expõe ao desdém uma pessoa, instituição, atitude, etc.; caçoada, chacota, desfrute, malhação, mofa, motejo, surriada, troça.

zom•be•tei•ro *adj.* **1.** Que é dado a zombar. **2.** Próprio de quem zomba.

zo•na *sf.* **1.** *Geom.* Porção duma superfície de rotação, compreendida entre dois planos paralelos entre si, perpendiculares ao eixo de rotação, e dos quais pelo menos um é secante. **2.** *Geogr.* Cada uma das faixas em que se divide a Terra, determinadas pelo equador, pelos trópicos e pelos círculos polares. **3.** *Geogr.* Região com certas peculiaridades (de temperatura, vegetação, população, econômicas, sociais, etc.). **4.** Faixa ou espaço circunscrito numa superfície dada. **5.** *Med.* Herpes-zoster. **6.** *Fig.* Espaço, terreno. **7.** *Bras.* Bairro ou região de meretrício. **8.** *Bras. Gír.* V. *confusão* (3 e 4). ◆ **Zona franca.** *Econ.* Zona de um país onde as importações são isentas de impostos, dentro de certos limites.

zo•ne•ar *v.t.d.* e *int. Bras. Gír.* Fazer zona (7) (em). [Conjug.: ⑩ [zon]**ear**]

zon•zei•ra *sf. Bras.* Vertigem, tonteira.

zon•zo *adj. Bras.* **1.** Tonto (1). **2.** V. *atordoado.*

zô•o *sm.* Zoológico.

zo•o•ge•o•gra•fi•a (ô-o) *sf. Ecol.* Estudo da distribuição geográfica das espécies animais atuais e fósseis.

zo•o•lo•gi•a (ô-o) *sf.* Ciência que trata dos animais. **§ zo•ó•lo•go** *sm.*

zo•o•ló•gi•co (ô-o) *adj.* **1.** Relativo à zoologia. • *sm.* **2.** Local, ger. nas grandes cidades, destinado à exposição permanente de vários espécimes de animais; zôo.

zo•o•plânc•ton (ô-o) *sm. Biol.* V. *plâncton.* [Pl.: -*tons.*]

zo•o•tec•ni•a (ô-o) *sf.* Estudo da criação e aperfeiçoamento de animais domésticos. **§ zo•o•téc•ni•ca** (ô-o) *adj.*

zo•o•xan•te•la (ô-o) *sf. Bot.* Espécime das zooxantelas, grupo de pirrófitas que vivem em simbiose no interior de vários animais, como, p. ex., corais.

zor•ra (ó) *sf.* **1.** Carro muito baixo, de quatro rodas, para cargas de grande peso. **2.** Pedaço de tronco bifurcado, usado para arrastar pedras. **3.** *Bras. Gír.* Confusão, barulho. ❑ **Zr** *Quím.* Símb. do *zircônio.*

zu•ar•te *sm.* Tecido de algodão, rústico, com fios brancos e azuis mesclados.

zum•bai•a *sf.* V. *rapapé* (2).

zum•bi *sm. Bras. Folcl.* Fantasma que vaga pela noite, segundo lenda afro-brasileira.

zum•bi•do *sm.* **1.** Ato ou efeito de zumbir. **2.** Qualquer som semelhante ao zumbir dos insetos; zunido. **3.** Zumbido (2) que a pessoa acredita ouvir, de causa orgânica ou psicológica.

zum•bir *v.int.* **1.** Fazer ruído ao esvoaçar (insetos); zunir. **2.** Produzir ruído semelhante ao das abelhas e doutros insetos; zunir. **3.** Sentir (os ouvidos) o zumbido (3). [Sin. ger.: *zoar*. Conjug.: ③ [zumb]**ir**.]

zu•ni•do *sm.* **1.** Ato ou efeito de zunir. **2.** Zumbido (2).

zu•nir *v.int.* **1.** Produzir (o vento) som agudo e sibilante, atravessando frestas por entre ramos de árvores, etc. **2.** V. *zumbir* (1 e 2). [Conjug.: ③ [zun]**ir**]

zun•zum *sm. Pop.* V. *boato.* [Pl.: -*zuns.*]

zun•zum•zum *sm. Bras. Pop.* V. *boato.* [Pl.: -*zuns.*]

zu•ra *adj2g.* e *s2g. Bras. Fam.* V. *avaro.*

zu•re•ta (ê) *s2g.* **1.** *Bras. MG Pop.* Adoidado, amalucado. **2.** Genioso, irascível.

zur•ra•pa *sf.* Vinho de má qualidade, ou estragado.

zur•rar *v.int.* Emitir zurros; ornear, ornejar. [Conjug.: ①[zurr]**ar**. Norm., só se conjuga nas 3ªs pess.] **§ zur•ra•dor** (ô) *adj.* e *sm.*

zur•ro *sm.* A voz do burro; ornejo.

zur•zir *v.t.d.* **1.** Açoitar, espancar, maltratar. **2.** Punir, castigar. **3.** *Fig.* Criticar com severidade, asperamente. [Conjug.: ⑭ [z]**u**[rz]**ir**]

MINIENCICLOPÉDIA

Esta minienciclopédia reúne dados geográficos, históricos e biográficos relativos ao Brasil, e alguns dados biográficos de não brasileiros. O espaço muito limitado acarreta, obviamente, uma grande filtragem nas inclusões, e os critérios adotados não pretendem, nem podem, ter rigor sistemático absoluto. A inclusão dos verbetes de cunho biográfico é regida por critérios de importância não aferíveis por parâmetros exatos, sobretudo no que se refere aos nomes estrangeiros, onde o crivo é, naturalmente, muito mais seletivo.

Os nomes em maiúsculas, nas entradas, são aqueles pelos quais o biografado é mais conhecido.

A

ABAETÉ, lagoa do. Lagoa do município de Salvador (BA), de importância folclórica e turística.

ABAETÉ, VISCONDE DE (Antônio Paulino Limpo de Abreu) (1798, Port.-1883). Magistrado e político brasileiro. Ministro do Segundo Império, presidente do Senado e diplomata.

ABAETETUBA (PA). Mun., 109.838 hab. Extrativismo vegetal. Suínos. Pesca.

ABC. Sigla pela qual é conhecida a região dos municípios altamente industrializados de Santo André, São Bernardo do Campo e São Caetano do Sul (SP).

ABCD. Sigla que abrange os municípios do ABC e Diadema (SP).

ABELAIRA, Augusto José de Freitas (1926, Port.). Romancista. Obras: *A Cidade das Flores*, *O Triunfo da Morte*, *Bolor*, *O Bosque Harmonioso*, etc.

ABERTURA DOS PORTOS. Ato pelo qual D. João VI, em 28 de janeiro de 1808, a conselho do visconde de Cairu, franqueou os portos brasileiros às nações amigas, permitindo-lhes comerciar livremente.

ABI. Sigla de Associação Brasileira de Imprensa (q. v.).

ABL. Sigla de Academia Brasileira de Letras (q. v.).

ABRAMO, LÍVIO (1903, SP-1992). Gravador, desenhista e pintor, de técnica expressionista. Obras: *Espanha*, *Festa*, etc.

ABRANTES, MARQUÊS DE (Miguel Calmon du Pin e Almeida) (1796, BA-1865). Político e diplomata. Defendeu os direitos do Brasil em questão levantada por um diplomata britânico.

ABREU, CAIO FERNANDO (1948, RS-1996). Romancista e contista. Obras: *Morangos Mofados*, *Triângulo das Águas*, etc.

ABREU, CASIMIRO José Marques DE (1839, RJ-1860). Poeta da segunda geração romântica. Obras: *Primaveras*, *Camões e o Jau* (ato dramático), etc.

ABREU E LIMA (PE). Mun., 80.828 hab.

ABREU E LIMA, José Inácio de (1794, PE-1869). Militar, político e historiador. Lutou na Venezuela ao lado de Bolívar; no Brasil, incentivou a revolução Praieira. Obras: *Compêndio de História do Brasil*, *O Socialismo*, etc.

ABREU E LIMA, José Inácio Ribeiro de (1768, PE-1817). Sacerdote e político conhecido como P.e ROMA. Líder da revolução Pernambucana de 1817, fuzilado na Bahia.

ABREU, João CAPISTRANO Honório DE (1853, CE-1927). Historiador. É um dos mestres da nossa História. Obras: *O Brasil no Séc. XVI*, *Capítulos de História Colonial*, etc.

ABREU, (José Gomes de Abreu, dito ZEQUINHA DE (1880, SP-1935). Compositor popular, autor do choro *Tico-Tico no Fubá* e de valsas como *Branca* e *Tardes de Lindóia*.

ABREU, MANUEL Dias DE (1894, SP-1962). Médico e cientista, inventor da abreugrafia.

ABROLHOS. Arquipélago situado a 70km ao largo de Caravelas (BA), importante área de proteção ambiental.

ABUNÁ. Rio do AM, AC e RO (524km), afluente da margem esquerda do Madeira; serve de fronteira entre o Brasil e a Bolívia.

ACADEMIA BRASILEIRA DE CIÊNCIAS. Instituição de cientistas fundada no Rio de Janeiro em 1916.

ACADEMIA BRASILEIRA DE LETRAS (ABL). Instituição de escritores fundada no Rio de Janeiro, em 1896, por inspiração de Medeiros e Albuquerque. A idéia foi concretizada por Lúcio de Mendonça e Machado de Assis. Compõe-se de 40 membros vitalícios e tem por objetivo a cultura da língua e da literatura nacionais.

ACADEMIA BRASILEIRA DE MÚSICA. Instituição fundada por Vila-Lobos em 1945. Tem sede no Rio de Janeiro e compõe-se de 40 membros.

AÇAILÂNDIA (MA). Mun., 78.243 hab.

ACIÓLI, BRENO (1921, AL-1966). Contista e romancista. Obras: *João Urso*, *Maria Pudim*, *Dunas*, *Os Cataventos*, etc.

ACRE. Estado da região N., situado na Amazônia brasileira. *Sigla*: AC. *Superfície*: 153.150km². *População*: 527.937. *Densidade*: 3,45 hab./km². *Crescimento demográfico*: 3% ao ano. *Capital*: Rio Branco. *Municípios*: 22. *Municípios mais populosos*: Rio Branco, Cruzeiro do Sul, Feijó, Tarauacá, Sena Madureira. *Economia*: participação no PIB: 0,22%; agricultura: mandioca, milho, arroz, feijão, banana; extrativismo vegetal (borracha – maior produtor brasileiro –, castanha-do-pará e madeira); pecuária: bovinos, suínos; indústria: alimentícia, construção civil, madeireira. Soberania brasileira sobre o território reconhecida pelo Tratado de Petrópolis (1903), assinado por Brasil, Bolívia e Peru; passagem de território federal a estado em 1962.

ADONIAS Aguiar FILHO (1915, BA-1990). Romancista e ensaísta. Obras: *Os Servos da Morte, Corpo Vivo, O Forte*, etc.

ADORNO, ANTÔNIO DIAS (?, BA?-1583). Bandeirante. Comandou uma expedição em busca de esmeraldas, preou índios e trouxe amostras de pedras preciosas.

AFONSO CELSO, Conde de (Afonso Celso de Assis Figueiredo) (1860, MG-1938). Historiador, romancista e poeta. Obras: *Por Que Me Ufano do Meu País, Oito Anos de Parlamento*, etc.

AGASSIZ, Jean Louis Rodolphe (1807, Suíça-1873). Geólogo e ictiólogo. Obras: *Alguns Detalhes de uma Viagem pelo Amazonas, Uma Viagem pelo Brasil*, etc.

AGOSTINHO, SANTO (354, Tagasta, África-430). Teólogo e filósofo. Obras: *A Cidade de Deus, As Confissões*, etc.

AGOSTINI, Angelo (1843, Itália-1910). Ilustrador, caricaturista e jornalista. Veio para o Brasil em 1859. Fundou a *Revista Ilustrada*, na qual defendeu a abolição da escravatura e a Proclamação da República.

ÁGUAS LINDAS DE GOIÁS (GO). Mun., 61.478 hab.

AGULHAS NEGRAS, pico das. Ponto culminante do maciço do Itatiaia (limite de SP e RJ), com 2.787m de altitude.

AIRES (Luís Cardoso Aires, dito **LULA CARDOSO)** (1910, PE-1987). Pintor e cenógrafo, autor de painéis e murais em várias cidades brasileiras.

AIRES Ramos da Silva de Eça, MATIAS (1705, SP-1768?). Escritor moralista. Obra: *Reflexões sobre a Vaidade dos Homens, ou Discursos Morais sobre os Efeitos da Vaidade.*

ALAGOAS. Estado da região N.E. *Sigla*: AL. *Superfície*: 27.933km². *População*: 2.713.203. *Densidade*: 97,13 hab./km². *Crescimento demográfico*: 1% ao ano. *Capital*: Maceió. *Municípios*: 101. *Municípios mais populosos*: Maceió, Arapiraca,

Palmeira dos Índios, Rio Largo, Penedo, União dos Palmares, São Miguel dos Campos. *Economia*: participação no PIB: 0,77%; agricultura: cana-de-açúcar, mandioca, milho, coco-da-baía, algodão, fumo; pecuária: bovinos, suínos; indústria: açúcar e álcool, cimento, alimentícia, química; turismo importante. Parte da capitania de Pernambuco, Alagoas torna-se comarca em 1711 e separa-se deste em 1817, transformando-se em capitania autônoma e, depois, em província (1822) e estado (1889).

ALAGOINHAS (BA). Mun., 125.570 hab. Petróleo.

ALBANO, JOSÉ de Abreu (1882, CE-1923). Poeta. Obras: *Rimas, Alegoria*, etc.; é autor da antológica *Ode à Língua Portuguesa.*

ALBUQUERQUE, Jerônimo FRAGOSO DE (séc. XVI, PE-1619). Militar e colonizador. Combateu os franceses no Maranhão e governou o Pará.

ALBUQUERQUE MARANHÃO, JERÔNIMO DE (1548, PE-1618). Militar e colonizador. Fundou a cidade de Natal e chefiou a expedição que, em 1615, expulsou os franceses do Maranhão.

ALBUQUERQUE, MATIAS DE, Marquês de Alegrete (1590, PE-1647). Governador de Pernambuco; combateu os holandeses que, em 1624, invadiram a Bahia e aprisionaram o 2º governador-geral do Brasil, Diogo de Mendonça Furtado.

ALCÂNTARA (MA). Situada na baía de São Marcos em frente a São Luís, é cidade tombada pelo IPHAN.

ALCÂNTARA MACHADO d'Oliveira, Antônio Castilho de (1901, SP-1935). Contista e cronista. Obras: *Cavaquinho e Saxofone, Brás, Bexiga e Barra Funda*, etc.

ALEGRETE (RS). Mun., 82.527 hab. Agropecuária.

ALEIJADINHO (Antônio Francisco Lisboa, dito **O)** (c. 1730, MG-1814). Escultor e arquiteto, traçou igrejas e criou esculturas em estilo barroco em Ouro Preto, Congonhas, Sabará, São João del-Rei, Tiradentes, etc.

ALENCAR, JOSÉ Martiniano DE (1829, CE-1877). Romancista e teatrólogo, o maior representante do romantismo no Brasil. Obras: *Carta sobre a "Confederação dos Tamoios", O Guarani, O Demônio Familiar, Iracema*, etc.

ALEXANDRE MAGNO (356, Macedônia-323 a.C.). Um dos maiores gênios militares da história. Suas conquistas difundiram a civilização grega na Ásia ocidental e no Egito.

ALFAIATES, Revolta dos. V. BAIANA, Conjuração.

ALLEN, WOODY (1935, E.U.A.). Cineasta. Obras: *Noivo Neurótico, Noiva Nervosa, Hannah e Suas Irmãs*, etc.

ALMEIDA, ABÍLIO PEREIRA DE (1906, SP-1977). Dramaturgo e ator. Participou do Grupo de Teatro Experimental em São Paulo; como dramaturgo, teve várias peças apresentadas com êxito no TBC, como *Paiol Velho* e *Santa Marta Fabril S.A.* e, no TMDC, *Moral em Concordata*.

ALMEIDA, ARACI Teles DE (1914, RJ-1988). Cantora popular, uma das melhores intérpretes de Noel Rosa.

ALMEIDA, CÂNDIDO Antônio José Francisco MENDES DE (1928, RJ). Educador e ensaísta, MEMBRO DA ABL. Obras: *Memento dos Vivos: a Esquerda Católica no Brasil, A Democracia Desperdiçada*, etc.

ALMEIDA, CÂNDIDO MENDES DE (1818, MA-1881). Jurisconsulto e político. Obras: *Direito Civil Eclesiástico, Atlas do Império do Brasil*, etc.

ALMEIDA FARIA, Benigno José de (1943, Port.). Romancista. Obras: *Rumor Branco, A Paixão, Cavaleiro Andante*, etc.

ALMEIDA, Francisco FILINTO DE (1857, Port.-1945). Poeta parnasiano e dramaturgo naturalizado brasileiro. Obras: *Cantos e Cantigas, No Seio da Morte*, etc.

ALMEIDA GARRETT, João Batista da Silva Leitão de (1799, Port.-1854). Prosador, dramaturgo e poeta. Obras: *Romanceiro, Catão, Um Auto de Gil Vicente, Frei Luís de Sousa, Folhas Caídas, Viagens na Minha Terra*, etc.

ALMEIDA, GERMANO (1945, Cabo Verde). Escritor e advogado. Obras: *O Testamento do Sr. Nupumoceno da Silva Araújo, O Meu Poeta*, etc.

ALMEIDA, GUILHERME DE Andrade e (1890, SP-1969). Poeta e tradutor (SP). Obras: *A Dança das Horas, Messidor, Raça, Meu*, etc.

ALMEIDA, JOSÉ AMÉRICO DE (1887, PB-1970). Ensaísta, memorialista e romancista. Obras: *A Paraíba e Seus Problemas, A Bagaceira, O Boqueirão, Coiteiros, Antes que Me Esqueça*, etc.

ALMEIDA, JÚLIA Valentina da Silveira LOPES DE (1862, RJ-1934). Romancista e contista. Obras: *A Família Medeiros, Ânsia Eterna*, etc.

ALMEIDA JÚNIOR, José Ferraz de (1850, SP-1899). Pintor naturalista. Obras: *Caipiras Negaceando, A Partida da Monção*, etc.

ALMEIDA, MANUEL ANTÔNIO DE (1831, RJ-1861). Autor de *Memórias de um Sargento de Milícias* (1854-1855), romance de costumes.

ALMEIDA, MOACIR Gomes DE (1902, RJ-1925). Poeta da segunda fase romântica. Obra: *Gritos Bárbaros*.

ALMEIDA, RENATO Costa (1895, BA-1981). Musicólogo, crítico e folclorista. Obras: *História da Música Brasileira, Inteligência do Folclore*, etc.

ALMIRANTE (Henrique Foréis Domingues, dito) (1908, RJ-1980). Radialista, cantor e compositor popular, autor do samba *Na Pavuna*.

ALMIRANTE TAMANDARÉ (PR). Mun., 73.018 hab.

ALMODÓVAR, Pedro (1949, Espanha). Cineasta. Obras: *Mulheres à Beira de um Ataque de Nervos, Ata-me, Tudo sobre Minha Mãe*, etc.

ALPHONSUS, JOÃO (nome literário de **João Afonso de Guimarães**) (1901, MG-1944). Romancista e contista. Obras: *Galinha Cega, Totônio Pacheco, Pesca da Baleia, Eis a Noite!*, etc.

ALTAMIRA (PA). Mun., 78.782 hab.

ALTMAN, Robert (1925, E.U.A.). Cineasta. Obras: *M.A.S.H., Cerimônia de Casamento, O Jogador*, etc.

ALTO ALEGRE (RR). Mun., 13.771 hab.

ALVARENGA, ONEIDA Paoliello de (1911, MG-1984). Folclorista e musicóloga. Obras: *Cateretês do Sul de Minas Gerais, Música Popular Brasileira*, etc.

ALVARENGA PEIXOTO, Inácio José de (1744, RJ-1793). Poeta. Participou da Conjuração Mineira. Deixou alguns sonetos, várias odes, uma cantata e um canto.

ÁLVARES DE AZEVEDO, Manuel Antônio (1831, SP-1852). Poeta e contista romântico. Obras: *Lira dos Vinte Anos, Noite na Taverna, Macário, O Poema do Frade*, etc.

ALVARUS (Álvaro Cotrim, dito) (1904, RJ-1985). Caricaturista. Obras: *Hoje Tem Espetáculo, Alvarus e Seus Bonecos*, etc.

ALVES de Sousa, ATAULFO (1909, MG-1960). Compositor e cantor popular, autor de *Ai Que Saudades da Amélia* (com Mário Lago), *Pois É, Mulata Assanhada*, etc.

ALVES, FRANCISCO de Morais (1898, RJ-1952). Cantor e compositor popular, apelidado "O Rei da Voz".

ALVES, LÚCIO Ciribelli (1927, MG-1993). Cantor e compositor popular.

ALVIM, ÁLVARO (1863, RJ-1928). Médico. Pioneiro da eletroterapia, da radiologia e da radioterapia no Brasil.

ALVORADA (RS). Mun., 171.350 hab.

AMADO, GILBERTO (1887, SE-1969). Político memorialista e ensaísta. Obras: *Histórias da Minha Infância, Presença na Política*, etc.

AMADO, JORGE (1912, BA). Romancista, figura expressiva do romance nordestino. Obras: *Cacau, Mar Morto, Terras do Sem-Fim, Os Pastores da Noite, Dona Flor e Seus Dois Maridos, Tieta do Agreste*, etc.

AMÁLIA DE CAMPOS, Narcisa (1852, RJ-1924). Poetisa. Autora de um único livro, *Nebulosas*.

AMAPÁ. Estado da região N., situado na Amazônia brasileira. *Sigla*: AP. *Superfície*: 143.454km². *População*: 439.781. *Densidade*: 3,06 hab./km². *Crescimento demográfico*: 5,3% ao ano (o maior do País). *Capital*: Macapá. *Municípios*: 16. *Municípios mais populosos*: Macapá, Santana, Laranjal do Jari, Mazagão. *Economia*: participação no PIB: 0,17%; agricultura: mandioca, arroz, milho, feijão, banana; extrativismo vegetal (castanha-do-pará, borracha, madeira) e mineral (notável produção de manganês, na serra do Navio; cromocromita, ouro). Objeto de disputa territorial com os franceses, arbitrada em favor do Brasil, em 1900; passou à condição de estado em 1988.

AMARAL Leite Penteado, AMADEU Ataliba Arruda (1875, SP-1929). Poeta, folclorista e lingüista. Obras: *Urzes, Espumas, Tradições Populares, O Dialeto Caipira*, etc.

AMARAL, TARSILA DO (1897, SP-1973). Pintora. Participou da Semana de Arte Moderna. Obras: *Pau-Brasil, O Abaporu, Operários*, etc.

AMAZONAS. Estado da região N., situado na Amazônia brasileira, o maior da Federação. *Sigla*: AM. *Superfície*: 1.577.820km². *População*: 2.580.860. *Densidade*: 1,63 hab./km². *Crescimento demográfico*: 2,6% ao ano. *Capital*: Manaus. *Municípios*: 62. *Municípios mais populosos*: Manaus, Parintins, Manacapuru, Itaquatiara, Tefé, Coari. *Economia*: participação no PIB: 1,28%; agricultura: mandioca, milho, arroz, feijão, malva, guaraná, banana; extrativismo vegetal (castanha-do-pará, borracha, madeira); pecuária: bovinos, suínos; mineração: estanho (cassiterita), ferro, ouro; indústria: eletroeletrônica, mecânica e de transporte. Cedido a Portugal pela Espanha (Tratado de Madri, 1750). Elevado a província em 1850.

AMAZONAS. O maior e mais caudaloso dos rios brasileiros, o primeiro do mundo em volume de água e em extensão (6.868km); nasce na cordilheira dos Andes em território peruano e deságua no Atlântico; é navegável em quase todo o seu curso. Principais afluentes: Içá, Japurá, Negro, Atumã ou Uatumã, Jamundá, Trombetas, Paru, Jari (margem esquerda); Javari, Juruá, Purus, Tefé, Madeira, Tapajós, Xingu (margem direita).

AMAZONAS, BARÃO DO. V. BARROSO, Almirante.

AMAZÔNIA. Região geográfica que abrange vários países da América Latina e, no Brasil, os estados do PA, AM, AC, RO, AP, RR, TO, MT e MA; floresta tropical em meio à bacia do rio Amazonas que abriga rica flora e fauna (representa 1/3 das reservas florestais da Terra); sujeita a rápido desmatamento.

AMERICANA (SP). Mun., 174.439 hab. Ind. têxtil, usina hidrelétrica e termelétrica.

AMOEDO, RODOLFO (1857, BA-1941). Pintor acadêmico de inspiração classicista. Obras: *O Último Tamoio, Moça de Vermelho*, etc.

AMORA, ANTÔNIO Augusto SOARES (1917, SP). Historiador da literatura e crítico literário.

Obras: *História da Literatura Brasileira, Teoria da Literatura*, etc.

AMOROSO LIMA, ALCEU (1893, RJ-1983). Pensador católico e crítico literário. Obras: *Introdução à Literatura Brasileira, Estudos Literários*, etc.

ANACREONTE (séc. VI a.C., Teos, Jônia). Poeta lírico grego que canta o amor e os prazeres da vida.

ANANINDEUA (PA). Mun., 382.194 hab. Ind. de borracha e de couro.

ANÁPOLIS (GO). Mun., 276.802 hab. Centro comercial de importante área agrícola; base aérea.

ANAPU. Rio do PA (627km).

ANCHIETA, José de (1533, Canárias, Espanha-1597). Poeta e gramático, foi um dos nossos principais evangelizadores. Escreveu e apresentou autos em português, espanhol e tupi, de intuito catequético. Obras: *Arte de Gramática da Língua mais Usada na Costa do Brasil, Na Festa de São Lourenço, Na Vila de Vitória, Na Visitação de Santa Isabel*, etc.

ANDRADA E SILVA, JOSÉ BONIFÁCIO DE (1765, SP-1838). Estadista, homem de ciência e poeta, cognominado o "Patriarca da Independência". Obras: *Poesias*, além de numerosos escritos de cunho científico, político e literário.

ANDRADA Machado e Silva, ANTÔNIO CARLOS RIBEIRO DE (1773, SP-1845). Político. É tido como um dos maiores oradores brasileiros. Participou da revolução Pernambucana de 1817 e da luta pela Independência.

ANDRADA, MARTIM FRANCISCO RIBEIRO DE (1755, SP-1844). Político, foi notável ministro da Fazenda em 1822.

ANDRADE Franco, Aluísio JORGE (1922, SP-1984). Dramaturgo. A partir de *O Telescópio* e *A Moratória*, que tratam das conseqüências da crise do café, em 1929, elaborou vasto painel da História do Brasil, que passa pela Revolução Liberal de 1842 (*Pedreira das Almas*) e pela Conjuração Mineira (*As Confrarias*), até as bandeiras (*O Sumidouro*).

ANDRADE, JOAQUIM PEDRO DE (1932, RJ-1988). Cineasta. Obras: *Garrincha, Alegria do Povo, O Padre e a Moça*, etc.

ANDRADE, MÁRIO Raul DE Morais (1893, SP-1945). Poeta, romancista, contista, crítico literário e musicólogo, líder do movimento modernista. Obras: *Paulicéia Desvairada, Macunaíma, Contos Novos, Aspectos da Literatura Brasileira, Ensaio sobre a Música Brasileira*, etc.

ANDRADE MURICI, José Cândido de (1895, PR-1984). Crítico literário e musical. Obras: *Panorama do Movimento Simbolista Brasileiro, A Nova Literatura Brasileira*, etc.

ANDRADE, OSWALD DE Sousa (1890, SP-1954)· Poeta, romancista e teatrólogo, figura dinâmica do movimento modernista. Obras: *Pau-Brasil, Os Condenados, Memórias Sentimentais de João Miramar*; publicou as peças *O Homem e o Cavalo, O Rei da Vela* etc.

ANDRADE, RODRIGO MELO FRANCO DE (1898, MG-1969)· Historiador e crítico de arte, além de contista. Obras: *Velórios, As Artes Plásticas no Brasil, Artistas Coloniais*, etc.

ÂNGELO, IVAN (1936, MG)· Contista. Obras: *Duas Faces, A Festa, A Face Horrível*, etc.

ANGRA DOS REIS (RJ)· Mun., 92.532 hab. Turismo. Estaleiros. Usina nuclear.

ANHANGÜERA. V. BUENO da Silva, BARTOLOMEU.

ANJOS, AUGUSTO de Carvalho Rodrigues DOS (1884, PB-1914)· Poeta simbolista. Obra: *Eu e Outras Poesias*.

ANJOS, CIRO Versiani DOS (1906, MG-1994). Romancista, ensaísta e memorialista. Obras: *O Amanuense Belmiro, Abdias, Explorações no Tempo, Montanha, A Menina do Sobrado*, etc.

ANTIPOFF, HELENA (1892, Rússia-1974)· Pedagoga, reformadora e modernizadora do ensino no Brasil.

ANTONIL (Giovanni Antonio Andreoni dito **ANDRÉ JOÃO)** (1650, Itália-1716)· Missionário jesuíta que viveu na Bahia; sua obra *Cultura e Opulência do Brasil por Suas Drogas e Minas* foi apreendida por ordem do rei.

ANTÔNIO CÂNDIDO de Melo e Sousa (1918, SP)· Crítico literário e sociólogo. Obras: *Formação da Literatura Brasileira, Tese e Antítese*, etc.

ANTÔNIO CARLOS Ribeiro de Andrada (1870, MG-1946)· Político. Teve participação ativa na revolução de 1930; foi presidente da República interino em 1935.

ANTONIONI, Michelangelo (1912, Itália)· Cineasta. Obras: *A Noite, O Eclipse, O Deserto Vermelho*, etc.

ANTUNES FILHO, José Alves de (1929, SP)· Diretor teatral. Obteve grandes êxitos artísticos e comerciais. Com *Macunaíma*, iniciou a fase da hegemonia dos encenadores-criadores.

APA. Rio de MS (400km), afluente da margem esquerda do Paraguai; serve de fronteira entre o Brasil e o Paraguai.

APARECIDA (SP)· Mun., 34.318 hab. Centro de romarias às margens do rio Paraíba do Sul. Basílica de Nossa Senhora Aparecida, padroeira do Brasil.

APARECIDA DE GOIÂNIA (GO)· Mun., 306.244 hab.

APOLLINAIRE (Wilhelm Apollinaris de Kostrowitsky, dito **GUILLAUME)** (1880, Itália-1918)· Poeta francês. Obras: *Alcoóis, Caligramas*, etc.

APUCARANA (PR)· Mun., 103.848 hab. Agricultura (café, feijão, milho, arroz). Suínos.

AQUIDAUANA (MS)· Mun., 40.394 hab. Agricultura (café). Bovinos. Ind. madeireira.

ARACAJU. Capital de SE, situada na margem direita do rio Sergipe (445.555 hab.), a 5km de sua foz no Atlântico; plano urbanístico de José Basílio Pirro; fundada em 1855, substituiu São Cristóvão como capital.

ARAÇATUBA (SP)· Mun., 167.192 hab. Agropecuária.

ARACRUZ (ES)· Mun., 59.565 hab.

ARAGUAIA. Rio de GO, TO, MT e PA (1.902km). Nasce na serra dos Caiapós e deságua no rio Tocantins.

ARAGUAÍNA (TO)· Mun., 111.830 hab. Agropecuária.

ARAGUARI (MG)· Mun., 95.403 hab. Pecuária. Ind. alimentícia e de couro.

ARAGUARI. Rio do AP (564km).

ARAGUARI. V. VELHAS, rio das.

ARANHA, OSVALDO Euclides de Sousa (1894, RS-1960)· Homem público, revolucionário de 1930, ministro da Justiça, Fazenda e Relações Exteriores.

ARANHA Pereira, LUÍS (1901, SP)· Poeta modernista. Obras: *Poema Pitágoras, Cocktails*, etc.

ARAPIRACA (AL)· Mun., 177.215 hab. Ind. de fumo.

ARAPONGAS (PR)· Mun., 75.038 hab. Ind. madeireira.

ARARAQUARA (SP)· Mun., 172.470 hab. Centro universitário; refinarias de açúcar e álcool; laticínios e cítricos.

ARARAS (SP)· Mun., 95.997 hab. Ind. alimentícia.

ARARIBÓIA (séc. XVI)· Cacique dos temiminós, cujo nome significa 'cobra feroz'. Apoiou Mem de Sá e Estácio de Sá na luta contra os franceses e seus aliados, os tamoios, no Rio de Janeiro (1560-1565).

ARARIPE, chapada do. Extenso planalto situado entre PE, CE e PI, a 700m acima do nível do mar.

ARARIPE JÚNIOR, Tristão de Alencar (1848, CE-1911)· Crítico literário. Obras: *Carta sobre a Literatura Brasileira, José de Alencar, Gregório de Matos*, etc.

ARARIPINA (PE)· Mun., 63.841 hab.

ARARUAMA (RJ)· Mun., 66.148 hab. Salinas. Turismo.

ARAUCÁRIA (PR)· Mun., 76.684 hab. Ind. alimentícia e de móveis.

ARAÚJO, MURILO (1894, MG-1980)· Poeta simbolista, participou da Semana de Arte Moderna. Obras: *A Iluminação da Vida, Luz Perdida*, etc.

ARAÚJO PORTO ALEGRE, Manuel José de (1806, RS-1879)· Poeta romântico. Obras: *Brasilianas, Colombo*, etc.

ARAXÁ (MG). Mun., 74.206 hab. Estação termal. Laticínios. Metalurgia.

ARCOVERDE (PE). Mun., 58.722 hab. Ind. alimentícia.

ARCOVERDE de Albuquerque Cavalcanti, Joaquim (1850, PE-1930). Sacerdote. Primeiro cardeal da América Latina (1905).

ARGOLO, Francisco de Paula (1847, BA-1930). Militar. Foi um dos comandantes brasileiros na batalha de Itororó.

ARINOS de Melo Franco, AFONSO (1868, MG-1916). Contista. É, com Valdomiro Silveira, um dos introdutores do regionalismo no conto. Obras: *Pelo Sertão, Histórias e Paisagens*, etc.

ARINOS de Melo Franco Sobrinho, AFONSO (1905, MG-1990). Político, escritor, sobretudo memorialista. É autor da Lei contra a Discriminação Racial. Obras: *Um Estadista da República, Amor a Roma*, etc.

ARIOSTO, Ludovico (1474, Itália-1533). Poeta épico, autor de *Orlando Furioso*.

ARIPUANÃ. Rio de MT e AM (855km), afluente do Madeira.

ARIQUEMES (RO). Mun., 68.714 hab.

ARISTÓFANES (c. 445, Atenas-c. 386 a.C.). O maior comediógrafo grego. Escreveu 44 peças, das quais só restam onze, em que satiriza políticos e intelectuais, e faz uso de fantasias políticas e sociais. Obras: *As Nuvens, Os Pássaros, Lisístrata, As Rãs, Assembléia de Mulheres*, etc.

ARISTÓTELES (384, Estagira, Macedônia-322 a.C.). Filósofo grego. Dedicou-se a todas as ciências e sua obra é a enciclopédia da Antiguidade: *A Política, A Retórica, A Poética, Ética para Nicômaco, Metafísica, Do Céu, Das Partes dos Animais*, etc.

ARMADA, Revolta da. Levante da Marinha em setembro de 1893, no Rio de Janeiro, contra o governo de Floriano Peixoto, liderado pelos almirantes Custódio José de Melo e Saldanha da Gama; acabou em março de 1894, com a derrota dos revoltosos.

ARQUIMEDES (287, Siracusa, Sicília-212 a.C.). O maior matemático da Antiguidade.

ASSIS (SP). Mun., 83.133 hab.

ASSIS Almeida BRASIL, Francisco de (1932, PI). Contista, romancista e crítico literário. Obras: *Contos do Cotidiano Triste, Beira Rio Beira Vida, A Nova Literatura*, etc.

ASSIS BRASIL, Joaquim Francisco de (1857, RS-1938). Político, diplomata e historiador. Reatou relações entre o Brasil e Portugal (1895).

ASSIS CHATEAUBRIAND Bandeira de Melo, Francisco de (1891, PB-1968). Jornalista e político. Fundador dos Diários Associados e do Museu de Arte de São Paulo.

ASSOCIAÇÃO BRASILEIRA DE IMPRENSA (ABI). Entidade fundada em 1908 por Gustavo de Lacerda. Com sede na cidade do Rio de Janeiro, congrega jornalistas de todo o País.

ASTURIAS, Miguel Ángel (1899, Guatemala-1974). Romancista e poeta. Obras: *Lendas da Guatemala, O Senhor Presidente*, etc.

ATAÍDE, Belarmino Maria AUSTREGÉSILO Augusto DE (1898, PE-1993). Ensaísta, cronista e contista. Obras: *Histórias Amargas, Vana Verba, Conversas na Barbearia Sol*, etc.

ATAÍDE, Manuel da Costa (1762, MG-1837). Pintor. A maior figura da pintura barroca no Brasil.

ATAÍDE, TRISTÃO DE. Pseudônimo de Alceu Amoroso Lima.

ATIBAIA (SP). Mun., 95.342 hab. Fruticultura. Ind. têxtil.

ATUMÃ ou **UATUMÃ.** Rio do AM (657km), afluente do Amazonas.

AUGUSTO, Caio Júlio César Otaviano (63 a.C., Roma-14 d.C.). Imperador romano, sobrinho-neto de Júlio César. Seu reinado foi uma das épocas mais brilhantes da história de Roma.

AUSTEN, JANE (1775, Inglaterra-1817). Romancista. Obras: *Orgulho e Preconceito, Emma*, etc.

AUTRAN DOURADO, Valdomiro Freitas (1926, MG). Romancista e contista. Obras: *Teia, Ópera dos Mortos, O Risco do Bordado, Confissões de Narciso*, etc.

AUTRAN, PAULO (1922, RJ). Ator, diretor e empresário, um dos fundadores da Cia. Tônia-Celi-Autran, tendo depois prosseguido, sozinho, brilhante carreira.

AVAÍ, Batalha de. Batalha nas margens do arroio Avaí, no Paraguai, vencida pelos brasileiros, sob o comando de Caxias (1868); deixou mais de 3.000 mortos entre vencidos e vencedores.

AVERRÓIS (**Abu al-Walid ibn Rushd**, dito) (1126, Espanha-1198). Médico e filósofo árabe que muito contribuiu para a compreensão do pensamento de Aristóteles.

ÁVILA, Fernando Bastos de (1918, RJ). Sociólogo e sacerdote. Obras: *Introdução à Sociologia, Imigração para a América Latina*, etc.

AZAMBUJA, DARCI Pereira de (1903, RS-1970). Contista e ensaísta. Obras: *No Galpão, Contos Rio-Grandenses*, etc.

AZEREDO COUTINHO, José Joaquim da Cunha de (1742, RJ-1821). Bispo. Fundador do Seminário de Olinda (1800).

AZEVEDO, ALUÍSIO Tancredo Gonçalves de (1857, MA-1913). Romancista. A principal figura do naturalismo no Brasil. Obras: *O Mulato, Casa de Pensão, O Cortiço* (tida como sua obra-prima), *Livro de uma Sogra*, etc.

AZEVEDO, ARTUR Nabantino Gonçalves de (1855, MA-1908). Contista, cronista, poeta e crítico, notabilizou-se como dramaturgo, autor que foi de quase uma centena de peças, revistas de ano e traduções. Obras: *Amor por Anexins*, *A Capital Federal*, *O Mambembe*, *Contos fora da Moda*, *Contos Efêmeros*, etc.

AZEVEDO, FERNANDO DE (1894, MG-1974)‚ Sociólogo e historiador. Obras: *No Tempo de Petrônio*, *Princípios de Sociologia*, etc.

AZEVEDO Filho, LEODEGÁRIO Amarante de (1927, PE)‚ Filólogo e crítico literário. Obras: *A Técnica do Verso em Português*, *O Cânone Lírico de Camões*, etc.

AZEVEDO, TALES Olímpio Góis DE (1904, BA)‚ Etnólogo. Obras: *Ensaios de Antropologia Social*, *Cultura e Situação Social no Brasil*, etc.

B

BABO, LAMARTINE de Azeredo (1904, RJ-1963)‚ Compositor e cantor popular, autor de *O Teu Cabelo não Nega*, *No Rancho Fundo*, etc. Compôs os hinos dos clubes cariocas de futebol.

BACABAL (MA). Mun., 90.230 hab. Beneficiamento de arroz.

BACH, Johann Sebastian (1685, Alemanha-1750)‚ Compositor erudito, autor de *Concertos de Brandenburgo*, *Arte da Fuga*, etc.

BACON, FRANCIS (1561, Inglaterra-1626)‚ Filósofo. É o fundador da epistemologia moderna. Obras: *Novum Organum Scientiarum* (*Novo Método das Ciências*), etc.

BADARÓ, Giovanni Baptista LIBERO (1798, Itália-1830)‚ Jornalista e político de importante atuação na Independência do Brasil.

BAHIA. Estado da região N.E., o maior e o mais populoso. *Sigla*: BA. *Superfície*: 567.295km². *População*: 12.993.011. *Densidade*: 22,9 hab./km². *Crescimento demográfico*: 1,1% ao ano. *Capital*: Salvador. *Municípios*: 415. *Municípios mais populosos*: Salvador, Feira de Santana, Ilhéus, Vitória da Conquista, Juazeiro, Itabuna, Jequié, Camaçari, Alagoinhas, Barreiras. *Economia*: participação no PIB: 4,14%; agricultura: maior produtor brasileiro de cacau, mamona, sisal, feijão, coco-da-baía, mandioca, piaçava e dendê, o terceiro de algodão, e o quarto de fumo; pecuária: bovinos, suínos, ovinos, caprinos; petróleo (Candeias; Pólo Petroquímico de Camaçari; refinaria Landulfo Alves, em Mataripe) e gás natural no Recôncavo e litoral norte; indústria: alimentícia, química e metalúrgica; criação do Pólo Industrial de Aratu em 1967; primeiro produtor de chumbo, cobre, cromo e barita. Sede administrativa da Colônia (1549-1763); importante centro cultural.

BAIANA, Conjuração. Movimento nativista (1798) que preconizava a criação da República

Baiense; tb. chamada revolta dos Alfaiates e revolução dos Mulatos.

BAIANA (**João Machado Guedes**, dito JOÃO DA) (1887, RJ-1974)‚ Compositor popular, autor de *Pelo Amor da Mulata*, *Mulher Cruel*, *Já Andei* (as duas últimas em parceria com Donga e Pixinguinha), etc.

BAIENSE, República. República proclamada na Bahia durante a Sabinada, em 1837.

BAJÉ (RS)‚ Mun., 119.194 hab. Ind. alimentícia. Pecuária.

BALAIADA. Movimento revolucionário popular iniciado no Maranhão, e que se ramificou para o Piauí e o Ceará (1838-1841). Comandado por Manuel Francisco dos Anjos Ferreira, cognominado Balaio, pelo vaqueiro Raimundo Gomes Vieira Jutaí, o Cara Preta, e pelo preto Cosme, ex-escravo.

BALSAS, rio das. Rio do MA (510km), o mais importante afluente do Parnaíba.

BALZAC, Honoré de (1799, França-1850)‚ Romancista. Obras: *A Comédia Humana*, etc.

BANANAL, ilha do. A maior ilha fluvial do mundo, com cerca de 20.000km²; é formada por uma bifurcação do rio Araguaia, no estado de TO.

BANDEIRA, ANTÔNIO (1922, CE-1967)‚ Pintor e desenhista, foi um dos primeiros brasileiros a aderir ao abstracionismo. Obras: *Outono*, *Flora Noturna*, etc.

BANDEIRA Filho, MANUEL Carneiro de Sousa (1886, PE-1968)‚ Poeta modernista, introdutor do verso livre entre nós. Obras: *Carnaval*, *Ritmo Dissoluto*, *Libertinagem*, *Estrela da Manhã*, etc.

BANDEIRA, pico da. Ponto culminante da serra do Caparaó (MG e ES), com 2.890m de altitude.

BANDEIRAS. V. ENTRADAS E BANDEIRAS.

BARBACENA (MG)‚ Mun., 111.425 hab. Metalurgia.

BARBACENA, Visconde e Marquês de (Felisberto Caldeira Brant Pontes Oliveira e Horta) (1792, MG-1842)‚ Político e militar. Comandou o Exército brasileiro na campanha da Cisplatina.

BARBOSA, ADONIRAN (pseudônimo de **João Rubinato**) (1910, SP-1982)‚ Compositor popular, um dos criadores do samba paulista. Obras: *Saudosa Maloca*, *O Samba do Arnesto*, *Trem das Onze*, etc.

BARBOSA de Oliveira, RUI (1849, BA-1923)‚ Jurista, orador e político. Membro fundador da ABL. Representou o Brasil na II Conferência de Paz em Haia. Obras: *Queda do Império*, *Parecer sobre a Redação do Código Civil*, *Réplica*, etc.

BARBOSA, FRANCISCO DE ASSIS (1914, SP-1991)‚ Ensaísta e biógrafo. Obras: *A Vida de Lima Barreto*, *Achados do Vento*, etc.

BARBOSA, HAROLDO (1915, RJ-1979). Compositor popular e radialista, autor de *Palhaçada, Nossos Momentos*, etc.

BARBOSA, JANUÁRIO DA CUNHA (1780, RJ-1846). Político e poeta. Teve papel ativo no processo de Independência do Brasil. Obras: *Parnaso Brasileiro, Os Garimpeiros*, etc.

BARBOSA (Lauro de Araújo Barbosa, dito **D. MARCOS**) (1915, MG-1997). Poeta e tradutor. Obras: *Poemas do Reino de Deus, A Noite Será como o Dia*, etc.

BARBOSA LIMA SOBRINHO, Alexandre José (1897, PE). Ensaísta, político e jornalista. Obras: *A Verdade sobre a Revolução de Outubro, A Autodeterminação e a Não-Intervenção*, etc.

BARBOSA, ORESTES (1893, RJ-1966). Poeta, cronista e compositor popular, autor de *Água Marinha, Chão de Estrelas*, etc.

BARBOSA RODRIGUES, João (1842, MG-1909). Botânico. Obras: *Iconografia das Orquídeas do Brasil*, etc.

BARCARENA (PA). Mun., 54.989 hab. Grande usina de tratamento de bauxita (alumínio).

BARDI, Pietro Maria (1900, Itália-1999). Historiador e crítico de arte. Diretor do Museu de Arte de São Paulo. Obras: *História da Arte Brasileira*, etc.

BARRA DO CORDA (MA). Mun., 73.039 hab.

BARRA DO GARÇAS (MT). Mun., 47.133 hab.

BARRA DO PIRAÍ (RJ). Mun., 85.391 hab. Metalurgia. Ind. alimentícia e química.

BARRA MANSA (RJ). Mun., 168.259 hab. Entroncamento ferroviário. Ind. siderúrgica e metalúrgica.

BARREIRAS (BA). Mun., 123.371 hab.

BARRETO, BRUNO (1955, RJ). Cineasta. Obras: *A Estrela Sobe, O Beijo no Asfalto*, etc.

BARRETO de Meneses, TOBIAS (1839, SE-1889). Filósofo e poeta. Obras: *Ensaios e Estudos de Filosofia e Crítica, Estudos Alemães, Dias e Noites*, etc.

BARRETO, FAUSTO Carlos (1852, CE-1915). Filólogo. Obras: *Arcaísmos e Neologismos da Língua Portuguesa*, etc. Co-autor (com Carlos de Laet) da famosa *Antologia Nacional*.

BARRETO, João PAULO Emílio Cristóvão dos Santos Coelho (1880, RJ-1921). Cronista e contista. Adotou o pseudônimo de João do Rio. Obras: *A Alma Encantadora das Ruas, Dentro da Noite*, etc.

BARRETO, LUÍS CARLOS (1928, CE). Produtor, roteirista e fotógrafo. Produtor de *Memórias do Cárcere, O Quatrilho*, etc.

BARRETO, MÁRIO Castelo Branco (1879, RJ-1931). Filólogo e tradutor. Obras: *Através do Dicionário e da Gramática, Fatos da Língua Portuguesa*, etc.

BARRETOS (SP). Mun., 103.055 hab. Pecuária.

BARRO, JOÃO DE. V. BRAGUINHA.

BARROS, JOÃO DE (1496, Port.-1570). Historiador e gramático português. Obras: *Gramática da Língua Portuguesa, Ásia*, etc.

BARROS, MANUEL DE (1916, MT). Poeta. Obras: *Face Imóvel, O Guardador de Águas, Livro sobre Nada*, etc.

BARROSO, Almirante (Francisco Manuel Barroso da Silva, Barão do Amazonas) (1804, Port.-1882). Almirante da marinha brasileira que se distinguiu nas batalhas da guerra do Paraguai.

BARROSO, ARI Evangelista Resende (1903, MG-1964). Compositor popular, autor de *Aquarela do Brasil, Risque, Na Baixa do Sapateiro*, etc.

BARROSO, GUSTAVO Dodt (1888, CE-1959). Historiador e contista. Obras: *Terra de Sol, História Secreta do Brasil, Cinza do Tempo*, etc.

BARROSO, IVO do Nascimento (1929, MG). Poeta e tradutor de Rimbaud, Shakespeare, etc.

BARROSO Soares, MARIA ALICE (1926, RJ). Romancista. Obras: *Os Posseiros, Um Nome para Matar*, etc.

BARTÓK, BÉLA (1881, Hungria-1945). Compositor erudito. Obras: *O Mandarim Maravilhoso, Mikrokosmos*, etc.

BARUERI (SP). Mun., 198.646 hab. Pedreiras.

BASTIDE, ROGER (1898, França-1974). Sociólogo, antropólogo e crítico literário. Obras: *A Poesia Afro-Brasileira, Arte e Sociedade, Religiões Africanas no Brasil*, etc.

BASTOS TIGRE, Manuel (1882, PE-1957). Poeta e teatrólogo. Obras: *A Ceia dos Coronéis, Versos Perversos, Entardecer*, etc.

BATES, Henry Walter (1825, Inglaterra-1892). Naturalista. Viajou ao Pará em companhia de Wallace e explorou a bacia do Amazonas. Autor da obra *The Naturalist on the River Amazonas* (1863) que foi editada em português em 1944.

BATISTA de Oliveira, WILSON (1913, RJ-1968). Compositor popular, autor dos sambas *Lenço no Pescoço, Mocinho da Vila*, etc.

BATISTA, MARÍLIA Monteiro de Barros (1920, RJ-1990). Cantora e compositora popular.

BAUDELAIRE, CHARLES Pierre (1821, França-1867). Poeta. Obras: *As Flores do Mal, Pequenos Poemas em Prosa*, etc.

BAURU (SP). Mun., 307.048 hab. Ind. química e alimentícia.

BAYEUX (PB). Mun., 84.169 hab. Ind. têxtil.

BEAUVOIR, SIMONE DE (1908, França-1986). Ensaísta, memorialista e romancista. Obras: *O Segundo Sexo, A Força da Idade, Os Mandarins*, etc.

BECKER, CACILDA (1921, SP-1969). Atriz. Fundou em 1958 o Teatro Cacilda Becker. Principais peças: *Pega Fogo, Longa Jornada Noite adentro, Quem Tem Medo de Virginia Woolf?, Esperando Godot*.

BECKETT, Samuel (1906, Irlanda-1989)- Romancista e dramaturgo de expressão inglesa e francesa. Obras: *Molloy, Watt, Esperando Godot, Fim de Jogo, Dias Felizes*, etc.

BECKMAN, Manuel, dito o **BEQUIMÃO** (séc. XVII, Port.-1685)- Senhor de engenho, líder de movimento nativista no Maranhão, enforcado em São Luís. V. BEQUIMÃO, revolta do.

BEETHOVEN, Ludwig van (1770, Alemanha-1827)- Compositor erudito, autor de nove *Sinfonias*, uma ópera (*Fidélio*), uma *Missa Solene*, etc.

BELÉM. Capital do PA (1.186.926 hab.), fundada em 1616 por Francisco Caldeira Castelo Branco, com o nome de Santa Maria de Belém do Grão-Pará. Principal centro cultural da Amazônia. Turismo, Mercado de Ver-o-Peso, Museu Paraense Emílio Goeldi, procissão do Círio de Nazaré.

BELFORD ROXO (RJ)- Mun., 399.319 hab.

BELO HORIZONTE. Capital de MG (2.139.125 hab.); parque manufatureiro (metalurgia, indústrias têxtil, alimentícia, de material elétrico e de construção); construída em 1897 para substituir Ouro Preto como sede do governo mineiro.

BELO JARDIM (PE)- Mun., 67.485 hab. Ind. de sucos.

BELO, JOSÉ MARIA de Albuquerque (1885, PE-1959)- Político e historiador. Obras: *História da República*, etc.

BENTO GONÇALVES (RS)- Mun., 83.201 hab. Ind. vinícola.

BEQUIMÃO, Revolta do. Levante liderado por Manuel Beckman, em 1684, contra o monopólio de exportação e importação exercido pela Companhia de Comércio do Maranhão.

BERARDINELLI, CLEONICE Seroa da Mota (1916, RJ)- Professora universitária, autora de várias antologias e edições críticas: *Antologia do "Teatro de Gil vicente", Alguma Prosa Pessoana, Sonetos de Camões*, etc.

BERGMAN, Ingmar (1918, Suécia)- Cineasta. Obras: *O Sétimo Selo, Morangos Silvestres, O Ovo da Serpente*, etc.

BERGSON, Henri (1859, França-1941)- Filósofo. Obras: *As Duas Fontes da Moral e da Religião, O Riso, A Evolução Craidora*, etc.

BERNARDELLI, HENRIQUE (1858, Chile-1936)- Pintor naturalizado brasileiro. Obras: *Tarantela, Mater*, etc.

BERNARDELLI, José Maria Oscar RODOLFO (1852, México-1931)- Escultor naturalizado brasileiro. Obras: *Cristo e a Adúltera*, monumento ao descobrimento do Brasil, etc.

BERNARDES, ARTUR da Silva (1875, MG-1955)- Político. Elegeu-se presidente da República em 1922. Governou o País em estado de sítio. Promoveu o rompimento do Brasil com a Liga das Nações, apoiou a Petrobras e opôs-se à internacionalização da Amazônia.

BERNARDES, P.e MANUEL (1644, Port.-1710)- Um dos grandes clássicos da língua portuguesa. Obras: *Luz e Calor, Nova Floresta*, etc.

BERNARDO ÉLIS Fleuri de Campo Curado (1915, MS)- Romancista e contista. Obras: *O Tronco, Veranico de Janeiro, André Louco*, etc.

BERTOLUCCI, Bernardo (1941, Itália)- Obras: *O Conformista, O Último Tango em Paris, O Último Imperador*, etc.

BESSA-LUÍS, Maria AGUSTINA (1922, Port.)- Romancista. Obras: *A Sibila, Fanny Owen, Sebastião José*, etc.

BETÂNIA Viana Teles Veloso, MARIA (1946, BA)- Cantora popular, intérprete de grandes compositores brasileiros.

BETHENCOURT, JOÃO Estêvão Weiner (1924, Hungria)- Comediógrafo naturalizado brasileiro. Obras: *O Dia em Que Raptaram o Papa, Onde não Houver Inimigo Urge Criar Um, Bonifácio Bilhões*, etc.

BETIM (MG)- Mun., 285.581 hab. Ind. química e automobilística, Refinaria de petróleo.

BEVILÁQUA, CLÓVIS (1859, CE-1944)- Jurista. Redigiu o anteprojeto do *Código Civil Brasileiro* em 1899, durante o governo de Campos Sales.

BIBLIOTECA NACIONAL. Instituição fundada por D. João VI no Rio de Janeiro em 1810, com o nome de Biblioteca Real. Atual Fundação Biblioteca Nacional.

BILAC, OLAVO Brás Martins dos Guimarães (1865, RJ-1918)- Poeta parnasiano. Obras: *Poesias, Tarde, Alma Inquieta*, etc.

BIRIGÜI (SP)- Mun., 85.427 hab. Ind. alimentícia.

BISMARCK, Otto von (1815, Alemanha-1898)- Estadista. Primeiro-ministro da Prússia, efetuou a unificação da Alemanha.

BLAKE, WILLIAM (1757, Inglaterra-1827)- Poeta e pintor. Precursor do simbolismo e do surrealismo.

BLOCH, PEDRO (1914, Ucrânia)- Teatrólogo e médico. Obras: *As Mãos de Eurídice, Dona Xepa*, etc.

BLUMENAU (SC)- Mun., 240.302 hab. Ind. têxtil e alimentícia. Turismo. Colonização alemã.

BLUTEAU, Rafael (?, Port.-1734)- Lexicógrafo. Obra: *Vocabulário Português e Latino*.

BOAL, AUGUSTO Pinto (1931, RJ)- Dramaturgo, diretor e teórico, autor de *Revolução na América do Sul*. Projetou-se internacionalmente com o Teatro do Oprimido.

BOA VISTA. Capital de RR, situada na margem direita do rio Branco (167.185 hab.); o povoamento data de 1787; elevado a vila em 1890, e a cidade em 1926; criação extensiva de bovinos.

BOCAGE, Manuel Maria Barbosa du (1765, Port.-1805)- Poeta, um dos maiores sonetistas da nossa língua. Obras: *Verdades Duras, ou Pavorosa Ilusão da Eternidade, A Morte de Inês de Castro*, etc.

BOCAINA, serra da. Elevação entre SP e RJ, com cerca de 2.000m de altitude.

BOCAIÚVA, QUINTINO Antônio Ferreira de Sousa (1836, RJ-1912). Político e escritor. Foi ministro do Governo Provisório da República. Obras: *Onfália, Estudos Críticos e Literários*, etc.

BOCCACCIO, Giovanni (1313, França-1375). Primeiro grande prosador italiano. Obras: *O Decamerão*, etc.

BOFF, LEONARDO (1938, SC). Teólogo. Obras: *Jesus Cristo Libertador, Igreja, Carisma e Poder*, etc.

BOLÍVAR, Simón (1783, Venezuela-1830). Militar. Principal herói da guerra de independência das colônias espanholas na América do Sul, libertou a Venezuela, a Colômbia, o Equador e o Peru.

BONFIM, MANUEL José (1868, SE-1932). Historiador. Obras: *A América Latina, O Brasil-Nação: Realidade da Soberania Brasileira*, etc.

BOPP, RAUL (1898, RS-1984). Poeta e memorialista. Obras: *Cobra Norato, Urucungo, Memórias de um Embaixador*, etc.

BORBA Carvalho FILHO, HERMILO (1917, PE-1976). Romancista, dramaturgo e ensaísta. Obras: *Os Caminhos da Solidão, Um Cavalheiro da Segunda Decadência*, etc.

BORBA GATO, Manuel de (c. 1630, SP-1718). Bandeirante. Descobridor de ouro no rio das Velhas e desbravador do sertão.

BORBOREMA, chapada da. Planalto cristalino situado no Nordeste brasileiro; corresponde à faixa de transição entre a baixada litorânea e o sertão semi-árido, e estende-se de AL ao RN.

BORGES, Jorge Luis (1899, Argentina-1986). Poeta, contista e ensaísta. Obras: *Ficções, História Universal da Infâmia*, etc.

BOSCH (Jerome van Aecken, dito Hiéronymus) (1450-1516). Pintor flamengo. Obras: *O Jardim das Delícias, O Carro de Feno*, etc.

BÓSCOLI, RONALDO Fernando Esquerdo (1929, RJ-1994). Compositor popular. Um dos criadores da bossa nova, letrista de *Lobo Bobo, O Barquinho*, etc.

BOSI, Alfredo (1936, SP). Crítico literário e historiador da literatura. Obras: *História Concisa da Literatura Brasileira, Reflexões sobre a Arte*, etc.

BOTELHO DE OLIVEIRA, Manuel (1636, BA-1711). Primeiro poeta nascido no Brasil, autor de *Música do Parnaso*.

BOTTICELLI (Sandro di Mariano Filipepi, dito SANDRO) (1445, Itália-1510). Pintor. Obras: *O Nascimento de Vênus, A Primavera*, etc.

BOTUCATU (SP). Mun., 105.533 hab. Ind. alimentícia e aeronáutica; pecuária.

BRAGA, Antônio FRANCISCO (1868, RJ-1945). Regente e compositor. Obras: *Hino à Bandei-*ra (com letra de Olavo Bilac), *Insônia* (poema sinfônico), etc.

BRAGANÇA (PA). Mun., 102.224 hab. Agricultura (banana, coco-da-baía, pimenta-do-reino, etc.). Bovinos.

BRAGANÇA PAULISTA (SP). Mun., 114.781 hab. Ind. mecânica; laticínios.

BRAGA, RUBEM (1913, ES-1990). Jornalista e mestre da crônica. Obras: *O Conde e o Passarinho, Recado de Primavera, As Boas Coisas da Vida*, etc.

BRAGUINHA (Carlos Alberto Ferreira Braga, dito JOÃO DE BARRO ou) (1907, RJ). Compositor popular de vários sucessos carnavalescos como *As Pastorinhas*, etc.

BRAHMS, Johannes (1833, Alemanha-1897). Compositor erudito, autor de quatro Sinfonias, três Sonatas, cerca de trezentos *Lieder*, etc.

BRANCO. Rio de RR (925km); conflui com o Negro.

BRANDÃO, Ambrósio Fernandes (c. 1560, Port.-c. 1630). Cronista e senhor de engenho. Capistrano de Abreu atribui-lhe os *Diálogos das Grandezas do Brasil*.

BRANDÃO, INÁCIO DE LOIOLA (1936, SP). Romancista e contista. Obras: *Zero, Cadeiras Proibidas, O Ganhador*, etc.

BRANDÃO, JUNITO DE SOUSA (1924, RJ-1995). Helenista e tradutor. Obras: *Mitologia Grega, Dicionário Mítico-Etimológico da Mitologia Grega*, etc.

BRASIL, República Federativa do. Maior país da América Latina e quinto do mundo em área total (8.511.965km²). *População*: 163.947.554. *Densidade demográfica*: 19,18 hab./km². *População urbana*: 78,0%. *Crescimento demográfico*: 1,38% ao ano. *Taxa de analfabetismo*: 14,66%. *Divisão administrativa*: 26 estados, 1 Distrito Federal, 5.507 municípios. *Capital*: Brasília. *Idioma*: português. *Moeda*: real. *Regime de governo*: presidencialismo. Quatro fusos horários. Cinco regiões. *Tipos de clima*: equatorial, tropical, tropical de altitude, tropical atlântico, semi-árido e subtropical. *Economia*: Produto Interno Bruto (PIB): 777 bilhões de dólares (1998); crescimento do PIB (1998): 0,1%; renda *per capita*: 4.802 dólares (1998); agricultura: cana-de-açúcar, soja, arroz, café, laranja, algodão; pecuária (1997): bovinos (162 milhões de cabeças), suínos (30 milhões), ovinos (14,5 milhões); mineração: ferro, bauxita, manganês, ouro; indústria: de transformação, de bens de consumo e bens duráveis. *Transportes* (1998): rodovias: 1.658.677km (9,2% pavimentadas); ferrovias: 29.577km. Descoberto em 1500 por Pedro Álvares Cabral, foi colônia portuguesa até a Independência, em 1822. De 1823 a 1828 ocorreu a campanha da Cisplatina com a Argentina pela posse do atual Uruguai, então chamado Província Cisplatina; em 1831, D. Pedro I abdicou ao trono, instalando-se então a Regência (1831-1840), durante a qual ocorreram vários levantes regionais: Balaiada, Sabinada, Cabanagem, guerra dos Farrapos, etc. No Segundo Império, ocorreu a guerra do Paraguai, travada pela Tríplice Aliança (Argentina, Brasil e Uruguai) contra o Paraguai. O Império durou até 1889, data da Proclamação da República. Durante a República, vários movimentos político-militares (Tenentismo, Coluna Prestes, etc.) perturbaram a vida política nacional, tendo o último deles, o golpe de 1964, estabelecido regime autoritário que durou vinte anos. Em 1985 instalou-se a Nova República, civil, com democracia plena, que convocou uma Assembléia Constituinte em 1987, a qual elaborou uma Constituição (1988), com eleições livres em todos os níveis.

BRASÍLIA. Capital do Brasil (1.969.868 hab.), sede do Governo Federal, localizada no Distrito Federal. Conjunto urbano composto do Plano Piloto (traçado original da cidade, hoje região administrativa chamada Brasília) e de mais 18 regiões administrativas. Criada e construída durante o governo de Juscelino Kubitschek (concepção urbanística de Lucio Costa e arquitetônica de Oscar Niemeyer), foi inaugurada em 21 de abril de 1960. Declarada pela Unesco Patrimônio Cultural da Humanidade em 7 de dezembro de 1987.

BRÁS, VENCESLAU Pereira Gomes (1868, MG-1966). Vice-presidente da República de 1910 a 1914 e presidente (1914-1918), eleito como candidato de conciliação.

BRECHERET, Vítor (1894, Itália-1955). Escultor que teve participação ativa na Semana de Arte Moderna. Obras: *Monumento às Bandeiras*, etc.

BRECHT, Bertolt (1898, Alemanha-1956). Poeta e dramaturgo cuja obra se caracteriza pela sátira social e por ser contrária ao capitalismo. Obras: *Ópera dos Três Vinténs, Galileu Galilei, Mãe Coragem, O Círculo de Giz Caucasiano*, etc.

BRESSANE, JÚLIO (1946, RJ). Cineasta. Obras: *Matou a Família e Foi ao Cinema, Brás Cubas*, etc.

BRETON, ANDRÉ (1896, França-1966). Escritor. Obras: *Manifesto do Surrealismo, Nadja*, etc.

BREVES (PA). Mun., 78.811 hab. Bovinos, suínos.

BRITO BROCA, José (1908, SP-1961). Crítico literário e tradutor. Obras: *O Romance Brasileiro, A Vida Literária no Brasil – 1900*, etc.

BRITO, MÁRIO DA SILVA (1916, SP). Poeta e crítico literário. Obras: *História do Modernis-*

mo Brasileiro, Antecedentes da Semana de Arte Moderna, Poemário, etc.

BRONTË, EMILY (1818, Inglaterra-1848). Romancista. Obra: *O Morro dos Ventos Uivantes*.

BRUEGEL, Pieter (c. 1525-1569). Pintor flamengo. Obras: *O Triunfo da Morte, A Torre de Babel, Provérbios*, etc.

BRUMADO (BA). Mun., 62.271 hab. Extração mineral.

BRUNELLESCHI (Filippo di Ser Brunellescho, dito **FILIPPO**) (1377, Itália-1446). Arquiteto. Construiu a cúpula da catedral de Florença, a capela Pazzi, etc.

BRUSQUE (SC). Mun., 66.558 hab. Ind. têxtil.

BUARQUE DE HOLANDA Ferreira, AURÉLIO (1910, AL-1989). Ensaísta, contista, filólogo e lexicógrafo. Obras: *Novo Dicionário da Língua Portuguesa, Minidicionário da Língua Portuguesa, Médio Dicionário da Língua Portuguesa, Dicionário Infantil da Língua Portuguesa, Dois Mundos, Território Lírico*, etc.

BUARQUE DE HOLANDA (Francisco, dito **CHICO**) (1944, RJ). Compositor e cantor popular, romancista e teatrólogo. Obras: *A Banda, Pedro Pedreiro, Construção, Roda Viva, Ópera do Malandro, Estorvo*, etc.

BUARQUE DE HOLANDA, SÉRGIO (1902, SP-1982). Historiador e sociólogo. Obras: *Raízes do Brasil, Cobra de Vidro, Monções, Visão do Paraíso*, etc.

BUDA (Siddhartha Gautama) (séc. V a.C., Índia). Fundador do budismo.

BUENO da Ribeira, AMADOR, dito **O ACLAMADO** (séc. XVII). Personalidade que, aclamada rei pelos paulistas em 1640, recusou a honraria e manteve-se fiel à coroa portuguesa.

BUENO da Silva, BARTOLOMEU, dito o **ANHANGÜERA** ('Diabo Velho') (séc. XVIII, SP). Bandeirante. Descobridor de ouro nos sertões de Goiás.

BUENO DE RIVERA Júnior, Odorico (1914, MG-1982). Poeta da chamada Geração de 45. Obras: *Mundo Submerso, Luz do Pântano*, etc.

BUENO, MARIA ESTER Adion (1939, SP). Tenista brasileira, tricampeã individual e tetracampeã de duplas, em Wimbledon.

BULHÕES, ANTÔNIO (1925, RJ). Contista. Obras: *Outra Terra, Outro Mar, Estudos para a Mão Direita*.

BUÑUEL, Luis (1900, Espanha-1983). Cineasta. Obras: *Um Cão Andaluz, Viridiana, A Bela da Tarde, Esse Obscuro Objeto do Desejo*, etc.

BURLE MARX, Roberto (1909, SP-1994). Paisagista e pintor. Projetou, entre outros, os jardins do Museu de Arte Moderna (RJ) e os do Parque Ibirapuera (SP).

BYRON, Lorde (George Gordon) (1788, Inglaterra-1824). Poeta romântico. Obras: *Manfredo, D. Juan*, etc.

C

CABANADA. Insurreição ocorrida em 1832, em Pernambuco e parte de Alagoas, com o objetivo de restituir o poder a D. Pedro I.

CABANAGEM. Revolta popular na província do Grão-Pará (1835) contra a presidência imposta pelo governo da Regência.

CABO DE SANTO AGOSTINHO (PE)• Mun., 140.764 hab. Minerais não metálicos.

CABO FRIO (RJ)• Mun., 113.818 hab. Turismo. Salinas.

CABRAL DE MELO NETO, JOÃO (1920, PE-1999)• Poeta. Obras: *Pedra do Sono, O Engenheiro, O Cão sem Plumas, O Rio, Morte e Vida Severina*, etc.

CABRAL, Pedro Álvares (1467 ou 1468, Port.-1520 ou 1526)• Navegador que descobriu o Brasil em 22 de abril de 1500.

CABURAÍ, monte. Em suas encostas, na fronteira de Roraima com a Guiana, encontra-se a nascente do rio Ailã, ponto extremo norte do Brasil.

CÁCERES (MT)• Mun., 73.596 hab. Pecuária. Ind. madeireira.

CACHOEIRA DO SUL (RS)• Mun., 86.266 hab.

CACHOEIRINHA (RS)• Mun., 101.060 hab.

CACHOEIRO DE ITAPEMIRIM (ES)• Mun., 153.559 hab. Ind. de couro; laticínios; pecuária.

CACOAL (RO)• Mun., 72.922 hab. Ind. madeireira; pecuária.

CAETANO dos Santos, JOÃO (1808, RJ-1863)• Ator e empresário. É considerado o maior intérprete dramático nacional do séc. XIX.

CAFÉ FILHO, João (1899, RN-1970)• Político. Eleito vice-presidente da República na chapa de Getúlio Vargas em 1950; com o suicídio deste em 1954, assumiu a presidência, mas em novembro de 1955 foi substituído por motivo de doença.

CAICÓ (RN)• Mun., 52.019 hab.

CAJAZEIRAS (PB)• Mun., 51.396 hab. Ind. têxtil; fibras.

CALABAR, Domingos Fernandes (c. 1600, AL-1635)• Militar que abandonou as tropas portuguesas e se bandeou para o lado dos holandeses em 1632. Foi preso e enforcado.

CALADO, ANTÔNIO Carlos (1917, RJ-1997)• Romancista e teatrólogo. Obras: *A Madona de Cedro, Quarup, Reflexos do Baile, Pedro Mico*, etc.

CALDAS AULETE, Francisco Júlio (?1823, Port.-1878)• Lexicógrafo. Obra: *Dicionário Contemporâneo da Língua Portuguesa* (1881), concluído pelo filólogo português Antônio Lopes dos Santos Valente.

CALDAS BARBOSA, Domingos (?1740, RJ-1800)• Poeta, recitava ao som da viola, e fazia tb.

improvisações satíricas. Obras: *Epitalâmio, Viola de Lereno*, etc.

CALDAS, SÍLVIO Narciso de Figueiredo (1908, RJ-1998)• Cantor de grande sucesso e parceiro de Orestes Barbosa em *Chão de Estrelas*.

CALDERÓN DE LA BARCA, Pedro (1600, Espanha-1681)• Dramaturgo. Autor de 120 comédias e 80 autos sacramentais, gênero que levou à perfeição. Obras: *A Vida É um Sonho* (uma das obras-primas da dramaturgia ocidental, exalta a consciência contra as forças do mal), *O Médico de Sua Honra*, etc.

CALMON du Pin e Almeida, Miguel. V. ABRANTES, MARQUÊS DE.

CALMON Muniz de Bittencourt, PEDRO (1902, BA-1985)• Historiador e ensaísta. Obras: *História do Brasil, O Rei Cavaleiro* (D. Pedro I), *O Rei Filósofo* (D. Pedro II), etc.

CALÓGERAS, João PANDIÁ (1870, RJ-1934)• Político e historiador, foi o único civil a ocupar o cargo de ministro da Guerra. Obras: *Formação Histórica do Brasil, A Política Exterior do Império*, etc.

CALVINO, Italo (1923, Itália-1985)• Romancista e contista. Obras: *Os Nossos Antepassados, Se um Viajante numa Noite de Inverno*, etc.

CALVINO, João (1509, França-1564)• Teólogo. Fundador da religião reformada ou *calvinista*, que de Genebra se propagou na França, Holanda, Inglaterra e Escócia. Autor de *Instituição da Religião Cristã*, suma teológica do protestantismo francês.

CAMAÇARI (BA)• Mun., 144.672 hab. Pólo petroquímico. Ind. de cimento.

CÂMARA CASCUDO, Luís da (1899, RN-1986)• Folclorista, etnógrafo e antropólogo. Obras: *Antologia do Folclore Brasileiro, Dicionário do Folclore Brasileiro, História da Alimentação no Brasil*, etc.

CÂMARA, D. HÉLDER Pessoa (1909, CE-1999)• Arcebispo de Olinda e Recife e escritor. Ajudou a criar a CNBB. Obras: *O Deserto É Fértil, Mil Razões para Viver*, etc.

CAMARAJIBE (PE)• Mun., 116.503 hab.

CAMARÃO, Antônio FILIPE (1601, PE-1648)• Nome adotado pelo índio potiguar Poti, de papel destacado na primeira batalha dos Guararapes.

CAMARGO, IBERÊ (1914, RS-1994)• Pintor e gravador. Obras: *Carretéis, O Homem da Flor na Boca, Núcleo*, etc.

CAMARGO, JORACI (1898, RJ-1973)• Autor de revistas e depois de comédias, alcançou enorme popularidade com *Deus Lhe Pague* (1932), no desempenho de Procópio Ferreira.

CAMBÉ (PR)• Mun., 80.867 hab.

CAMETÁ (PA)• Mun., 89.400 hab. Agricultura (arroz, mandioca, cacau, pimenta-do-reino).

CAMINHA, ADOLFO Ferreira (1867, CE-1897). Romancista. Uma das principais figuras do naturalismo no Brasil. Obras: *A Normalista, Bom-Crioulo*, etc.

CAMINHA, Pero Vaz de (c. 1450, Port.-1500). Escrivão da armada de Pedro Álvares Cabral, autor da carta ao rei D. Manuel, em que relata o descobrimento do Brasil.

CAMÕES, Luís Vaz de (?1524, Port.-1580). O maior poeta épico e lírico da língua portuguesa. Dele disse Schlegel que vale por si só uma literatura inteira. A par de *Os Lusíadas* (1572), escreveu sonetos, éclogas, elegias, canções, odes, cartas e os autos *El-Rei Seleuco, Anfitriões* e *Filodemo*.

CAMPINA GRANDE (PB). Mun., 348.671 hab. Mais importante centro comercial e industrial do estado. Ind. têxtil, de beneficiamento de algodão, de papel, sabão, velas, etc.

CAMPINAS (SP). Mun., 937.135 hab. Grande centro industrial. Centro médico-hospitalar e universitário.

CAMPO GRANDE. Capital de MS (649.593 hab.), situada sobre divisor de águas (serra de Maracaju) dos afluentes dos rios Aquidauana e Pardo; fundada em 1875 como Arraial de Santo Antônio do Rio Grande; elevada a vila em 1899 e a capital em 1977.

CAMPO LARGO (PR). Mun., 82.972 hab.

CAMPO MAIOR (PI). Mun., 42.363 hab.

CAMPOS, AUGUSTO Luís Browne **DE** (1931, SP). Poeta e ensaísta, um dos fundadores do movimento concretista. Obras: *O Rei menos o Reino, Vida, Viva Vaia*, etc.

CAMPOS DO JORDÃO (SP). Mun., 36.016 hab. Turismo.

CAMPOS DOS GOITACASES (RJ). Mun., 395.632 hab. Ind. açucareira.

CAMPOS, GEIR Nuffer de (1924, ES-1999). Poeta e contista. Pertenceu à chamada Geração de 45. Obras: *Rosa dos Rumos, Arquipélago, Conto e Vírgula*, etc.

CAMPOS, HAROLDO Eurico Browne **DE** (1929, SP). Poeta e ensaísta, um dos fundadores do movimento concretista. Obras: *Auto do Possesso, Servidão de Passagem, Galáxias*, etc.

CAMPOS, PAULO MENDES (1922, MG-1991). Poeta e cronista. Pertenceu à chamada Geração de 45. Obras: *A Palavra Escrita, O Domingo Azul do Mar, O Cego de Ipanema, Poemas Corais*, etc.

CAMPOS, ROBERTO (1917, MT). Economista e memorialista. Obras: *Tempos e Sistemas, A Lanterna na Popa*, etc.

CAMPOS SALES, Manuel Ferraz de (1841, SP-1913). Político. Eleito presidente da República em 1898; fez acordo com banqueiros internacionais e saneou o Tesouro brasileiro; resolveu a questão do Amapá com a França.

CAMPOS Veras, HUMBERTO DE (1886, MA-1934). Contista, cronista, crítico literário e poeta. Obras: *Carvalhos e Roseiras, O Conceito e a Imagem na Poesia Brasileira, O Brasil Anedótico*, etc.

CAMUS, ALBERT (1913, Argélia-1960). Romancista, dramaturgo e filósofo francês. Obras: *O Estrangeiro, A Peste, O Mito de Sísifo*, etc.

CANANÉIA (SP). Mun., 10.139 hab. Parque Estadual da Ilha do Cardoso. Edifícios coloniais. Praias. Turismo.

CANASTRA, serra da. Situada entre a cidade de Araxá e o rio Grande, nela se encontram as nascentes do rio São Francisco.

CANDEIAS (BA). Mun., 69.503 hab. Ind. química e de cimento.

CANECA, FREI Joaquim do Amor Divino Rabelo e (1779, PE-1825). Sacerdote e político. Participou da revolução de 1817; líder da Confederação do Equador, foi preso e fuzilado, pois o carrasco negou-se a enforcá-la.

CANINDÉ (CE). Mun., 65.818 hab. Basílica de São Francisco das Chagas, centro de romarias.

CANINDÉ. Rio do PI (437km).

CANOAS. Rio de SC (512km).

CANOAS (RS). Mun., 290.991 hab. Subúrbio industrial e cidade-dormitório de Porto Alegre. Ind. alimentícia, química, farmacêutica, etc.

CANTÁ (RR). Mun., 7.671 hab.

CANUDOS, rebelião de. Movimento político-religioso no nordeste da Bahia, liderado por Antônio Conselheiro, que resistiu ao governo em 1896 e 1897.

CANUMÃ. Rio do AM (966km), afluente do Madeira.

CAPARAÓ, serra do. Maciço entre MG e ES, no qual se localizam os picos da Bandeira e do Cristal.

CAPIBARIBE ou **CAPIBERIBE.** Rio de PE (250km); divide Recife em três bairros.

CAPITANIAS HEREDITÁRIAS. Parcelas de terra da primeira divisão administrativa do Brasil colonial; com sua instituição, em 1532, pretendia D. João III proteger as costas contra a incursão de corsários e estimular o povoamento. A 12 donatários foram doadas 15 faixas de terra que mediam de 180 a 600 quilômetros de largura e se estendiam da costa até a linha de Tordesilhas, paralelamente à linha do Equador.

CAPRA, FRANK (1897, Itália-1991). Cineasta naturalizado norte-americano. Obras: *Do Mundo Nada Se Leva, Adorável Vagabundo*, etc.

CARACARAÍ (RR). Mun., 9.664 hab.

CARAJÁS, serra dos. Situada no PA, entre os rios Xingu e Tocantins. Reserva de 18 bilhões de toneladas de ferro, a par de cobre, manganês, níquel, estanho e ouro (serra Pelada).

CARAMURU (Diogo Álvares Correia, dito) (?, Port.-1557). Náufrago salvo pelos tupinambás no litoral da baía de Todos os Santos e que depois auxiliou os portugueses na colonização; casou com Paraguaçu, filha do cacique Taparica.

CARAPICUÍBA (SP). Mun., 348.242 hab. Igreja do séc. XVII.

CARATINGA (MG). Mun., 72.388 hab. Agricultura (café, milho, feijão).

CARAVAGGIO (Michelangelo Merisi, dito) (1573, Itália-1610). Pintor. Obras: *A Crucificação de São Pedro, Martírio de São Mateus*, etc.

CARAZINHO (RS). Mun., 56.959 hab. Agropecuária (soja e trigo).

CARDIM, Fernão (1540, Port.-1625). Cronista. Obras: *Tratados da Terra e Gente do Brasil, Narrativa Epistolar*, etc., publicados originalmente em inglês.

CARDOSO, FERNANDO HENRIQUE (1931, RJ). Sociólogo, professor e político; ministro das Relações Exteriores e da Fazenda; eleito presidente da República em 1994 e reeleito em 1998. Obras: *Desenvolvimento e Dependência na América Latina*, etc.

CARDOSO Filho, Joaquim LÚCIO (1913, MG-1968). Romancista. Obras: *Salgueiro, A Professora Hilda, Crônica da Casa Assassinada*, etc.

CARDOSO, JOAQUIM Maria Moreira (1897, PE-1978). Poeta e engenheiro. Obras: *Prelúdio e Elegia de uma Despedida, O Coronel de Macambira*, etc.

CARDOSO PIRES, José Augusto Neves (1925, Port.-1998). Romancista, contista e memorialista. Obras: *O Delfim, Jogos de Azar, De Profundis, Valsa Lenta*, etc.

CARDOSO, SÉRGIO da Fonseca Matos (1925, PA-1972). Ator. Atuou no Teatro dos Doze, no TBC, na Cia. Dramática Nacional, e fundou a Cia. Nídia Lícia-Sérgio Cardoso. Foi tb. diretor, cenógrafo e figurinista.

CARIACICA (ES). Mun., 313.427 hab. Ind. metalúrgica.

CARINHANHA. Rio entre a BA e MG (448km), afluente da margem esquerda do São Francisco.

CARIRI, brejo. Região situada no sertão do CE, nela se cultivam vários produtos, entre os quais a cana-de-açúcar.

CARIRI ou **CARIRIS-VELHOS.** Região central da PB, no sertão semi-árido, dedicada à pecuária.

CARLOS MAGNO (742-814). Rei dos francos e imperador do Ocidente. Grande conquistador e legislador, promoveu um renascimento das artes e das letras e difundiu o cristianismo na Europa.

CARNEIRO, ÉDISON de Sousa (1912, BA-1972). Folclorista e historiador. Obras: *O Quilombo dos Palmares, Os Cultos de Origem Africana no Brasil*, etc.

CARNEIRO RIBEIRO, Ernesto (1839, BA-1920). Filólogo. Obras: *Serões Gramaticais*, etc.

CARNÉ, Marcel (1909, França). Cineasta. Obras: *Cais das Sombras, Os Visitantes da Noite, Thérèse Raquin*, etc.

CARPEAUX, Oto Maria (1900, Áustria-1978). Ensaísta e crítico literário e musical naturalizado brasileiro. Obras: *Pequena Bibliografia Crítica da Literatura Brasileira, História da Literatura Ocidental, Origens e Fins, Uma Nova História da Música*, etc.

CARRERO, TÔNIA (Maria Antonieta Portocarrero, dita) (1922, RJ). Atriz e empresária, uma das primeiras damas do nosso teatro. Atuou no cinema e no TBC de São Paulo e criou, junto com Adolfo Celi e Paulo Autran, a Cia. Tônia-Celi-Autran.

CARTOLA (Agenor de Oliveira, dito) (1908, RJ-1980). Compositor e cantor popular, autor de sambas de grande lirismo como *Acontece, Tive sim*, etc.

CARUARU (PE). Mun., 240.398 hab. Agricultura (mandioca, feijão e algodão). Ind. alimentícia, têxtil e de couros.

CARVALHO DA SILVA, DOMINGOS (1915, Port.). Poeta da chamada Geração de 45, naturalizado brasileiro. Obras: *Rosa Extinta, À Margem do Tempo*, etc.

CARVALHO, ELEAZAR DE (1912, CE-1996). Regente e compositor erudito. Obras: *Descobrimento do Brasil, Tiradentes, Sinfonia Branca*, etc.

CARVALHO, FLÁVIO DE Resende (1889, RJ-1971). Pintor, desenhista e arquiteto. Autor do projeto do Palácio do Governo de São Paulo.

CARVALHO, JOSÉ CÂNDIDO DE (1914, RJ-1989). Romancista. Obras: *Olha para o Céu, Frederico!, O Coronel e o Lobisomem*, etc.

CARVALHO, JOUBERT Gontijo DE (1900, MG-1977). Compositor popular, musicou poemas de Olegário Mariano (*Cai, Cai, Balão, Tutu Marambá, Maringá*); autor de *Pai*.

CARVALHO, MÁRIO DE (1944, Port.). Romancista, contista e dramaturgo. Obras: *Contos da Sétima Esfera, Um Deus Passeando pela Brisa da Tarde*, etc.

CARVALHO, RONALD DE (1893, RJ-1935). Poeta e ensaísta. Obras: *Poemas e Sonetos, Pequena História da Literatura Brasileira, O Espelho de Ariel, Jogos Pueris*, etc.

CARVALHO, VICENTE Augusto DE (1866, SP-1924). Poeta parnasiano. Teve a paixão do mar, que canta em versos admiráveis. Obras: *Ardentias, Relicário, Poemas e Confins*, etc.

CASCAVEL (PR). Mun., 231.901 hab. Agricultura (soja e trigo) e pecuária. Ind. de bebidas.

CASTANHAL (PA). Mun., 124.413 hab. Agricultura (pimenta-do-reino, fibras vegetais e frutas). Bovinos.

CASTELO BRANCO, CAMILO Ferreira Botelho (1825, Port.-1890)• Romancista e polemista, considerado um dos mestres da língua. Obras: *Doze Casamentos Felizes, Amor de Perdição, A Queda dum Anjo*, etc.

CASTELO BRANCO, Carlos (1920, PI-1993)• Jornalista, historiador político e romancista. Obras: *Introdução à Revolução de 1964 – Agonia do Poder Civil, Arco do Triunfo*, etc.

CASTELO BRANCO, Humberto de Alencar (1900, CE-1967)• Militar, integrante da Força Expedicionária Brasileira (FEB), primeiro presidente da República (1964-1967) após o golpe de 1964.

CASTILHO, ANTÔNIO FELICIANO DE (1800, Port.-1875)• Poeta romântico. Obras: *Cartas de Eco a Narciso, Amor e Melancolia, Os Ciúmes do Bardo*, etc. Traduziu Anacreonte, Virgílio, Ovídio, Molière, Shakespeare, Goethe.

CASTRO ALVES, Antônio Frederico de (1847, BA-1871)• Poeta da última fase do romantismo. É um dos mais populares e importantes poetas do Brasil. Foi tb. dramaturgo. Obras: *Espumas Flutuantes, Gonzaga ou A Revolução de Minas, A Cachoeira de Paulo Afonso*, etc.

CASTRO, AMÍLCAR DE (1920, MG)• Escultor abstracionista, trabalha com aço e ferro.

CASTRO e Almeida, EUGÊNIO DE (1869, Port.-1944)• Poeta que introduziu o simbolismo em Portugal. Obras: *Oaristos, Silva, Interlúdio, O Anel de Polícrates*, etc.

CASTRO, José PLÁCIDO DE (1873, RS-1908)• Militar e político que estimulou a ocupação do Acre e lutou por sua anexação ao território brasileiro.

CASTRO, JOSUÉ Apolônio DE (1908, PE-1973)• Médico, geógrafo e sociólogo. Obras: *Alimentação nos Trópicos, Geografia da Fome, Geopolítica da Fome*, etc.

CATAGUASES (MG)• Mun., 61.984 hab. Ind. metalúrgica, química, têxtil e de papel.

CATALÃO (GO)• Mun., 58.507 hab. Agropecuária.

CATANDUVA (SP)• Mun., 105.621 hab. Agricultura (laranja, cana-de-açúcar, café). Ind. alimentícia e química.

CATULO, Caio Valério (c. 87, Verona, Itália-c. 54 a.C.)• Poeta lírico latino.

CAUCAIA (CE)• Mun., 229.460 hab. Ind. têxtil e alimentícia.

CAVALCANTI, ALBERTO de Almeida (1897, RJ-1982)• Cineasta. Obras: *Simão, o Caolho, Mulher de Verdade*, etc.

CAVALCANTI PROENÇA, Manuel (1905, MT-1966)• Contista, romancista e crítico literário. Obras: *Uniforme de Gala, Manuscrito Holandês ou A Peleja do Caboclo Mitavaí com o Monstro Macobeba, Roteiro de Macunaíma*, etc.

CAVALHEIRO, EDGAR (1911, SP-1976)• Crítico literário e biógrafo. Obras: *Monteiro Lobato: Vida e Obra, Testamento de uma Geração*, etc.

CAXAMBU (MG)• Mun., 21.041. Estância hidromineral. Metalurgia. Ind. de bebidas.

CAXIAS (MA)• Mun., 133.919 hab. Agricultura (arroz e algodão). Produção de babaçu.

CAXIAS DO SUL (RS)• Mun., 342.145 hab. Fruticultura (maçã, uva, pêssego). Ind. vinícola, de materiais de transporte e de confecções. Turismo.

CAXIAS, DUQUE DE. V. LIMA E SILVA, LUÍS ALVES DE.

CAYMMI, DORIVAL (1914, BA)• Compositor e cantor popular, autor de *O Que é que a Baiana Tem?, É Doce Morrer no Mar, Você já Foi à Bahia?*, etc.

CEARÁ. Estado da região N.E. *Sigla*: CE. *Superfície*: 146.348km². *População*: 7.106.605. *Densidade*: 48,56 hab./km². *Crescimento demográfico*: 1,3% ao ano. *Capital*: Fortaleza. *Municípios*: 184. *Municípios mais populosos*: Fortaleza, Caucaia, Juazeiro do Norte, Maracanaú, Sobral, Crato, Maranguape, Itapipoca, Iguatu, Canindé, Crateús, Quixadá. *Economia*: participação no PIB: 1,82%; agricultura: cana-de-açúcar, milho, feijão, arroz, algodão, banana, caju; extrativismo (fibra e cera da carnaúba e oiticica); pecuária: bovinos, suínos, caprinos, ovinos; indústria: têxtil, calçados, alimentícia, metalúrgica. O Ceará começou a ser ocupado em torno de 1610, com o propósito de proteger a capitania contra os ataques de franceses, holandeses e ingleses.

CEARÁ-MIRIM (RN)• Mun., 57.983 hab.

CEARENSE, CATULO DA PAIXÃO (1863, MA-1946)• Poeta e compositor popular. Obras: *Meu Sertão, Alma do Sertão, Mata Iluminada*, etc.

CELI, ADOLFO (1922, Itália-1986)• Encenador e empresário. Foi o primeiro encenador profissional do TBC, a partir de 1951, e seu diretor artístico, tornando-se, em 1956, sócio e diretor da Cia. Tônia-Celi-Autran.

CENTRO-OESTE, REGIÃO. Formada pelos estados de GO, MT, MS e pelo DF. Clima tropical. É a região menos populosa (pouco mais de 11 milhões de hab.).

CERVANTES Saavedra, MIGUEL DE (1547, Espanha-1616)• Novelista. Obras: *Dom Quixote de la Mancha, Novelas Exemplares*, etc.

CÉSAR, ANA CRISTINA (1952, RJ-1983)• Poetisa. Obras: *Cenas de Abril, A Teus Pés*, etc.

CÉSAR, Caio Júlio (100-44 a.C.)• Escritor e estadista romano. Obras: *Comentários sobre a Guerra das Gálias*, etc.

CÉSAR da Silva, GUILHERMINO (1908, MG)• Poeta e crítico literário. Obras: *Meia Pataca, História da Literatura do Rio Grande do Sul*, etc.

CÉZANNE, Paul (1839, França-1906)• Pintor. Obras: *As Grandes Banhistas, Monte Sainte-Victoire*, etc.

CHAGALL, Marc (1887, Rússia-1985)· Pintor naturalizado francês. Obras: *O Violinista, O Sonho de uma Noite de Verão*, etc.

CHAGAS, CARLOS Ribeiro Justiniano (1879, MG-1934)· Médico e cientista que erradicou a malária da cidade de Santos e identificou o agente causador da depois chamada "doença de Chagas".

CHAGAS FILHO, CARLOS (1910, RJ–2000)· Cientista e ensaísta. Obras: *O Minuto Que Vem (Reflexões sobre a Ciência no Mundo Contemporâneo)*, etc.

CHALAÇA, O. V. GOMES DA SILVA, Francisco.

CHAMIE, MÁRIO (1932, SP)· Poeta, o mais importante do grupo Poesia Práxis. Obras: *Espaço Inaugural, O Lugar, Os Rodízios*, etc.

CHAMPOLLION, Jean-François (1790, França-1832)· Historiador e lingüista que decifrou os hieróglifos egípcios a partir da inscrição bilíngüe da pedra de Roseta.

CHAPECÓ. Rio de SC (400km), afluente da margem direita do Uruguai.

CHAPECÓ (SC)· Mun., 140.029 hab. Ind. alimentícia.

CHAPLIN, CHARLES Spencer (1889, Inglaterra-1977)· Ator e cineasta. Criador da personagem Carlitos. Obras: *O Garoto, Em Busca do Ouro, Tempos Modernos, Luzes da Ribalta*, etc.

CHAUCER, Geoffrey (c. 1340, Inglaterra-1400)· Poeta, autor de *Cantos de Cantuária*.

CHIBATA, Revolta da. Levante da Marinha, liderado pelo marinheiro João Cândido, ocorrido em novembro de 1910 na baía do Rio de Janeiro; reivindicava melhores condições de trabalho, sobretudo a abolição de castigos corporais; foi severamente reprimida pelo governo de Hermes da Fonseca. Tb. conhecida como revolta dos Marinheiros.

CHOPIN, Frédéric (1810, Polônia-1849)· Compositor erudito, autor de noturnos, valsas, *polonaises*, sonatas, etc.

CHURCHILL, WINSTON Leonard Spencer (1874, Inglaterra-1965)· Estadista e historiador.

CÍCERO (Cícero Romão Batista, dito P.º) (1844, CE-1934)· Religioso de grande influência no Nordeste, tido como milagroso.

CÍCERO, Marco Túlio (106-43 a.C.)· O maior orador romano. Obras: *Catilinárias, Filípicas*, etc.

CISPLATINA, Campanha da. Guerra entre o Brasil e a Argentina (1825-1828), pela posse da chamada Província Cisplatina, território que constitui hoje o Uruguai. Acabou em 27 de agosto de 1828, quando brasileiros e argentinos reconheceram a independência do Uruguai.

CLAIR, RENÉ Chomette (1898, França-1981)· Cineasta. Obras: *As Grandes Manobras, Festas Galantes*, etc.

CLARK, LÍGIA (1920, MG-1988)· Pintora e escultora. Obras: *Os Bichos, A Casa e o Corpo*, etc.

CLEÓPATRA (69, Egito-30)· Rainha de 51 a 30, celebrizou-se por seus amores com César e Marco Antônio. Suicidou-se após a derrota deste na batalha naval de Áccio.

CNBB. Sigla de Conferência Nacional dos Bispos do Brasil (q. v.).

COARACI, VIVALDO de Vivaldi (1882, RJ-1967)· Cronista e historiador. Obras: *O Rio de Janeiro no Século XVII, Memórias do Rio de Janeiro*, etc.

COARI (AM)· Mun., 53.327 hab. Extrativismo vegetal (castanha-do-pará, borracha).

COARI. Rio do AM (534km), afluente da margem direita do Solimões.

CODÓ (MA)· Mun., 103.487 hab.

COELHO NETO, Henrique Maximiano (1864, MA-1934)· Romancista e contista. Obras: *Sertão, Banzo, A Capital Federal, Turbilhão*, etc.

COLATINA (ES)· Mun., 106.472 hab. Ind. madeireira.

COLLOR DE MELLO, FERNANDO Afonso (1949, RJ)· Político. Eleito presidente da República em 1989; promoveu liberalização de mercado; processado por tráfico de influências e corrupção; renunciou em 29.12.1992.

COLOMBO (PR)· Mun., 153.698 hab.

COLOMBO, Cristóvão (1451, Itália-1506)· Navegador genovês que, a serviço da Espanha, descobriu a América em 12 de outubro de 1492.

COLUNA PRESTES. Série de operações militares revolucionárias, lideradas por Luís Carlos Prestes, Miguel Costa e Juarez Távora, e realizadas durante marcha guerrilheira por mais de 24.000km (iniciada em SP, seguiu por GO, alcançando o MA, o PI, o CE, a BA, retornando ao sul do antigo estado de Mato Grosso e incursionando pela Bolívia).

COMTE, Isidore AUGUSTE (1798, França-1857)· Filósofo positivista. Obras: *Curso de Filosofia Positiva, Política Positiva*, etc.

CONDÉ, JOSÉ Ferreira (1918, PE-1971)· Romancista e contista. Obras: *Um Ramo para Luísa, Terra de Caruaru*, etc.

CONFERÊNCIA NACIONAL DOS BISPOS DO BRASIL (CNBB). Entidade católica criada no Rio de Janeiro, em 1952.

CONFÚCIO (K'ung-Fu-Tzu) (551, China-479)· Filósofo. Obras: *Livro da História, Livro da Adivinhação*, etc.

CONGONHAS (MG)· Mun., 38.767 hab. Cidade histórica. Santuário do Bom Jesus de Matosinhos, tombado pelo Patrimônio Mundial em 1985.

CONJURAÇÃO MINEIRA. Movimento conspiratório pela Independência do Brasil, ocorrido em 1789 na província de Minas Gerais, impropriamente chamado de inconfidência Mineira; teve como chefe Joaquim José da Silva Xavier, o Tiradentes, que foi preso e enforcado.

CONRAD (Jozef Konrad Nalecz Korzeniowsky, dito **JOSEPH**) (1857, Ucrânia-1924). Romancista inglês de origem polonesa. Obras: *Lorde Jim*, *Tufão*, etc.

CONSELHEIRO (**Antônio Vicente Mendes Maciel**, dito **ANTÔNIO**) (1828, CE-1897). Líder religioso que reuniu milhares de sertanejos no arraial de Canudos, onde resistiu ao Governo Federal.

CONSELHEIRO LAFAIETE (MG). Mun., 94.538 hab. Ind. metalúrgica, mecânica e de materiais de transporte.

CONSTABLE, John (1776, Inglaterra-1837). Pintor. Obras: *A Carroça de Feno*, *O Salto do Cavalo*, etc.

CONSTANT Botelho de Magalhães, BENJAMIM (1836, RJ-1891). Militar e político, um dos principais articuladores do movimento que culminou na Proclamação da República.

CONSTITUCIONALISTA, Revolução. Revolta ocorrida em SP (1932), que reivindicava a convocação de uma Assembléia Constituinte e o fim do regime de intervenção federal nos estados.

CONTAGEM (MG). Mun., 511.829 hab. Ind. metalúrgia.

CONTAMANA, serra de. Em suas encostas, na fronteira do Acre com o Peru, encontra-se a nascente do rio Moa, ponto extremo oeste do Brasil.

CONTAS, rio das ou de. Rio da BA, temporário em seu alto curso (508km).

CONTESTADO, Guerra do. Conflito sangrento entre camponeses (liderados pelo profeta e curandeiro José Maria) e tropas federais, de 1912 a 1916, em área reivindicada pelos estados de SC e PR; a luta terminou com a morte de cerca de 20.000 rebeldes.

CONVENÇÃO DO PATRIMÔNIO MUNDIAL. Convenção criada pela Unesco, em 1972, para incentivar a preservação de bens culturais e naturais significativos para a humanidade.

CONY, CARLOS HEITOR (1926, RJ). Romancista, contista e cronista. Obras: *O Ventre*, *Antes o Verão*, *Quase Memória*, etc.

COPÉRNICO, Nicolau (1473, Polônia-1543). Astrônomo. Demonstrou os movimentos dos planetas sobre si mesmos e em torno do Sol.

COPPOLA, Francis Ford (1939, E.U.A.). Cineasta. Obras: *O Poderoso Chefão*, *Apocalypse Now*, etc.

CORÇÃO Braga, GUSTAVO (1896, RJ-1978). Romancista, ensaísta e pensador católico. Obras: *Três Alqueires e uma Vaca*, *Lições de Abismo*, *O Século de Nada*, etc.

CORDISBURGO (MG). Mun., 8.865 hab. Gruta de Maquiné.

CORNEILLE, Pierre (1606, França-1684). Dramaturgo. Obras: *O Cid* (exaltação da nobreza humana), *A Ilusão Cômica*, *Horácio*, *Cinna*, *Polieucte*, etc.

CORONEL FABRICIANO (MG). Mun., 93.012 hab. Mineração. Ind. siderúrgica.

CORREIA Baina Filho, Manuel VIRIATO (1884, MA-1967). Contista, cronista e romancista. Obras: *Contos do Sertão*, *Balaiada*, *Cazuza*, etc.

CORREIA, OSCAR DIAS (1921, MG). Jurista e ensaísta. Obras: *O S.T.F., Corte Constitucional do Brasil*, *A Constituição de 1988*, etc.

CORREIA, RAIMUNDO da Mota Azevedo (1860, MA-1911). Poeta parnasiano. Obras: *Primeiros Sonhos*, *Sinfonias*, *Versos e Versões*, *Aleluias*, etc.

CORREIA, ROBERTO ALVIM (1901, Bélgica-1983). Crítico literário. Obras: *Anteu e a Crítica*, *O Mito de Prometeu*, etc.

CORTÁZAR, Julio (1914, Bélgica-1984). Romancista e contista argentino. Obras: *O Jogo da Amarelinha*, *As Armas Secretas*, etc.

CORTÉS, Hernán (1485, Espanha-1547). Conquistador. Destruiu o Império asteca e iniciou a colonização do México.

CORUMBÁ (MS). Mun., 89.083 hab. Extração de ferro e manganês. Ind. têxtil e de cimento.

CORURIPE (AL). Mun., 47.175 hab.

COSTA, CLÁUDIO MANUEL DA (1729. MG-1789). Poeta. Participou da conjuração Mineira. Obras: *Munúsculo Métrico*, *Epicédio*, *Labirinto de Amor*, etc.

COSTA, DUARTE DA (séc. XV, Port.-séc. XVI). Segundo governador-geral do Brasil (1553-1557).

COSTA E SILVA, Antônio Francisco DA (1885, PI-1950). Poeta simbolista. Obras: *Sangue*, *Zodíaco*, *Pandora*, etc.

COSTA E SILVA, Artur da (1902, RS-1969). Militar; presidente da República de 1967 a 1969.

COSTA, filho, ODILO (1914, MA-1979). Poeta e contista. Obras: *A Faca e o Rio*, *Os Bichos do Céu*, etc.

COSTA-GAVRAS, Konstantinos (1933, Grécia). Cineasta. Obras: *Z*, *A Confissão*, etc.

COSTA LIMA, Ângelo Moreira da (1887, RJ-1964). Entomologista. Obras: *Insetos do Brasil*, etc.

COSTA LIMA, Luís (1937, RJ). Crítico literário. Obras: *Por que Literatura*, *Lira e Antilira*, *Estruturalismo e Teoria da Literatura*, etc.

COSTA, LÚCIO (1902, França-1998). Arquiteto e urbanista, autor do plano urbanístico de Brasília e dos estudos *O Arquiteto e a Sociedade Contemporânea*, *A Crise da Arte Contemporânea*, etc.

COSTA, MARIA DELLA (1927, RS). Atriz e empresária. Construiu com Sandro Polloni, seu marido, o Teatro Maria della Costa, em São Paulo (1954).

COSTA Pereira Furtado de Mendonça, HIPÓ-LITO José **DA** (1774, Colônia do Sacramento-1823). Jornalista de larga atuação, fundador do jornal *Correio Brasiliense*, que, editado em Londres, defendia a causa da Independência do Brasil.

COSTA, SÉRGIO CORREIA Afonso DA (1919, RJ). Diplomata e escritor. Obras: *As Quatro Coroas de D. Pedro I*, etc.

COUTINHO, AFRÂNIO dos Santos (1911, BA). Crítico literário. Obras: *Da Crítica e da Nova Crítica, Machado de Assis na Literatura Brasileira, Por uma Crítica Estética*, etc.

COUTINHO, EDILBERTO (1933, PB-1995). Contista. Obras: *Onda Boiadeira e Outros Contos, Maracanã, Adeus*, etc.

COUTINHO, SÔNIA (1939, BA). Contista e romancista. Obras: *Venenos de Lucrécia, O Jogo de Ifá*, etc.

COUTO DE MAGALHÃES, José Vieira (1837, MG-1898). Escritor e político do Império. Obras: *O Selvagem, A Revolta de Filipe dos Santos em 1720, Os Guaianases*, etc.

COUTO, DEOLINDO Augusto de Nunes (1902, PI-1992). Médico neurologista e ensaísta. Obras: *Vultos e Idéias, Dois Sábios Ibéricos*, etc.

COUTO, DIOGO DO (1542, Port.-1616). Historiador. Obras: *O Soldado Prático, Décadas IV a VII*, etc.

COUTO, MIA (1955, Moçambique). Romancista e contista. Obras: *Terra Sonâmbula, Estórias Abensonhadas, Cada Homem É uma Raça*, etc.

COUTO, MIGUEL (1865, RJ-1934). Médico e político. Obras: *Lições de Clínica Médica*, etc.

COXIM (MS). Mun., 28.888 hab.

CRATEÚS (CE). Mun., 65.229 hab.

CRATO (CE). Mun., 95.521 hab. Ind. têxtil, química e alimentícia.

CRICIÚMA (SC). Mun., 164.973 hab. Extração de carvão mineral. Indústria de calçados e vestuário.

CRICIÚMA, serra do. Situa-se no ES, limite com MG (1.200m de altitude).

CRICK, Francis Harry Compton (1916, Inglaterra). Biólogo molecular. Com James D. Watson descobriu a estrutura do ácido desoxirribonucleico.

CRISTAL, pico do. Situa-se na serra do Caparaó, com 2.780m de altitude.

CRISTINA. Serra de MG, no limite com SP (1.500m de altitude).

CROMWELL, Oliver (1599, Inglaterra-1658). Líder político e chefe militar. Subjugou a Irlanda e a Escócia, e ordenou a dissolução do Parlamento.

CRULS, GASTÃO Luís (1888, RJ-1960). Romancista, contista e ensaísta. Obras: *Coivara, Elsa e Helena, A Amazônia Que Eu Vi, Hiléia Amazônica*, etc.

CRUZ ALTA (RS). Mun., 71.135 hab.

CRUZEIRO (SP). Mun., 72.155 hab. Ind. de móveis e de materiais de transporte.

CRUZEIRO DO SUL (AC). Mun., 56.705 hab. Extrativismo vegetal (borracha).

CRUZ E SOUSA, João da (1861, SC-1898). Poeta. É, entre nós, a figura mais importante da escola simbolista. Obras: *Broquéis, Missal, Faróis, Últimos Sonetos*.

CRUZ, OSVALDO Gonçalves (1872, SP-1917). Médico e sanitarista que combateu o surto de peste bubônica em São Paulo e a febre amarela no Rio de Janeiro.

CUBATÃO (SP). Mun., 97.257 hab. Refinaria de petróleo; siderurgias e usina hidrelétrica.

CUIABÁ. Capital de MT (453.813 hab.), situada na margem esquerda do rio Cuiabá; surgiu do arraial de Cuiabá, fundado por bandeirantes em 1719; tornou-se capital da província de Mato Grosso em 1825; centro regional; extrativismo e, recentemente, grandes projetos de agropecuária.

CUIABÁ. Rio de MT, afluente do Paraguai (647km).

CUKOR, GEORGE (1899, E.U.A.-1983). Cineasta. Obras: *David Copperfield, Nasce uma Estrela, Justine*, etc.

CUNHA, Antônio Geraldo da (1924, RJ-1999). Filólogo e lexicógrafo. Obras: *Dicionário Histórico das Palavras Portuguesas de Origem Tupi, Dicionário Etimológico da Língua Portuguesa*, etc.

CUNHA, BRASÍLIO ITIBERÊ DA (1846, PR-1913). Compositor e diplomata. Primeiro compositor a utilizar temas folclóricos (*A Sertaneja*).

CUNHA, CELSO Ferreira da (1917, MG-1989). Filólogo, gramático e lingüista. Obras: *Estudos de Poética Trovadoresca, Nova Gramática do Português Contemporâneo*, etc.

CUNHA, CONDE DA (Antônio Álvares da Cunha) (?, Port.-1791). Primeiro vice-rei residente no Rio de Janeiro; governou de 1763 a 1767, melhorando as fortificações da cidade.

CUNHA, EUCLIDES Rodrigues Pimenta DA (1866, RJ-1909). Engenheiro e jornalista. Rara figura de homem de ciência e homem de letras. Obras: *Os Sertões, Peru versus Bolívia, Contrastes e Confrontos*, etc.

CUNHA Filho, FAUSTO Fernandes da (1923, PE). Ficcionista e crítico literário. Obras: *A Luta Literária, As Noites Marcianas*, etc.

CURIE, MARIE Sklodowska (1867, Polônia-1934). Física naturalizada francesa. Descobriu o rádio, em colaboração com o marido, Pierre Curie. Ambos receberam o Prêmio Nobel de Física em 1903. Prêmio Nobel de Química em 1911.

CURITIBA. Capital do PR (1.584.232 hab.), situada perto das nascentes do rio Iguaçu, a 908m de altitude; o povoamento data de meados do séc. XVII, com o descobrimento de jazidas de ouro; elevada a capital de província em 1854; notável prosperidade e organização; importante pólo industrial.

CURRAL FEIO, serra do. Elevação situada na BA, com cerca de 1.200m de altitude.

CUTIA (SP)‣ Mun., 135.936 hab. Ind. mecânica, de material elétrico, química e têxtil; produtos alimentícios.

D

DACOSTA (**Mílton da Costa**, dito **MÍLTON**) (1915, RJ-1988)‣ Pintor. Ganhou o prêmio de melhor pintor brasileiro na III Bienal de São Paulo (1955).

DALCÍDIO, Jurandir Ramos Pereira (1909, PA-1992)‣ Romancista e contista. Obras: *Chove nos Campos de Cachoeira, Marajó,* etc.

DALGADO, Sebastião Rodolfo (1855, Port.-1922)‣ Lingüista e lexicógrafo. Obras: *Dialeto Indo-Português de Goa, Glossário Luso-Asiático,* etc.

DALÍ, SALVADOR (1904, Espanha-1989)‣ Pintor surrealista. Obras: *Canibalismo de Outono, Cristo de São João da Cruz,* etc.

DANTE Alighieri (1265, Florença-1321)‣ Grande poeta. Cantou a amada, Beatriz, na obra-prima *Divina Comédia*. Outra obra: *A Vida Nova.*

DANTON, Georges Jacques (1759, França-1794)‣ Político e orador, foi um dos grandes vultos da Revolução Francesa.

DARWIN, Charles (1809, Inglaterra-1882)‣ Naturalista e biólogo. Obras: *Da Origem das Espécies por meio da Seleção Natural,* etc.

DAVID, Jacques Louis (1748, França-1825)‣ Pintor. Obras: *Marat Assassinado, O Juramento dos Horácios,* etc.

DEBRET, Jean-Baptiste (1768, França-1848)‣ Desenhista e pintor. Integrou a missão artística que veio ao Brasil em 1816. Publicou em Paris (1834-1839) a obra *Viagem Pitoresca e Histórica ao Brasil,* com ilustrações do seu próprio punho.

DEBUSSY, Claude (1862, França-1918)‣ Compositor erudito, autor de *Prelúdio à Tarde de um Fauno, O Mar,* etc.

DEFOE, Daniel (1660, Inglaterra-1731)‣ Romancista: *Robinson Crusoe, Moll Flanders,* etc.

DEGAS (Edgar de Gas), dito (1834, França-1917)‣ Pintor e escultor. Obras: *Depois do Banho, A Família Bellini,* etc.

DELACROIX, Eugène (1798, França-1863)‣ Pintor. Obras: *A Morte de Sardanapalo, Dante e Virgílio no Inferno,* etc.

DALCÍDIO JURANDIR Ramos Pereira (1909, PA-1992)‣ Romancista e contista. Obras: *Chove nos Campos de Cachoeira, Marajó,* etc.

DELGADO DE CARVALHO, Carlos Miguel (1884, França-1980)‣ Geógrafo e historiador brasilei-

ro. Obras: *Geografia do Brasil, História da Cidade do Rio de Janeiro,* etc.

DEMÓCRITO (c. 460, Abdera-c. 370 a.C.)‣ Filósofo grego, precursor da teoria atômica.

DEMÓSTENES (384, Atenas-322 a.C.)‣ O maior orador da Grécia antiga. Obras: *Oração da Coroa, Filípicas,* etc.

DESCARTES, René (1596, França-1650)‣ Filósofo, matemático e físico. Obras: *Discurso do Método, Meditações Metafísicas,* etc.

DE SICA, Vittorio (1901, Itália-1974)‣ Cineasta e ator. Obras: *Ladrões de Bicicleta, Umberto D, O Jardim dos Finzi Contini,* etc.

D'EU, CONDE (**Luís Filipe Maria Fernando Gastão d'Orléans**) (1842, França-1922)‣ Príncipe brasileiro, marido da princesa Isabel; comandante-chefe das tropas brasileiras no final da guerra do Paraguai.

DEWEY, John (1859, E.U.A.-1952)‣ Pedagogo e filósofo. Obras: *Ensaios sobre a Educação, Ensaios de Lógica Experimental,* etc.

DIADEMA (SP)‣ Mun., 331.325 hab. Ind. de matérias plásticas e de autopeças.

DIAMANTINA (MG)‣ Mun., 43.405 hab. Cidade histórica. Título de Patrimônio da Humanidade conferido pela Unesco em 1999.

DIAMANTINA, chapada. Planalto da BA; é o trecho mais setentrional da serra do Espinhaço.

DIAS, ANTÔNIO (1944, PR)‣ Pintor. Recebeu o prêmio de pintura da Bienal de Paris em 1965.

DIAS, Augusto EPIFÂNIO da Silva (1841, Port.-1916)‣ Filólogo português. Obras: *Gramática Prática da Língua Portuguesa, Sintaxe Histórica Portuguesa,* etc.

DIAS, CÍCERO (1908, PE)‣ Pintor e desenhista radicado em Paris.

DIAS de Mesquita, TEÓFILO Odorico (1857, MA-1889)‣ Poeta parnasiano. Obras: *Cantos Tropicais, Fanfarras,* etc.

DIAS GOMES, Alfredo de Freitas (1922, BA-1999)‣ Dramaturgo. Obteve em 1960 grande êxito com *O Pagador de Promessas,* tb. premiado na versão cinematográfica no Festival de Cannes.

DIAS, HENRIQUE (início do séc. XVII, PE-1662)‣ Herói negro nas lutas contra os holandeses em Pernambuco, participou da primeira e da segunda batalha de Guararapes.

DIAS, MARCÍLIO (1838, RS-1865)‣ Marinheiro heróico que se destacou nos ataques da esquadra brasileira a Paissandu. Foi morto na batalha do Riachuelo (11 de junho de 1865).

DI CAVALCANTI (**Emiliano Augusto Cavalcanti de Albuquerque Melo**, dito) (1897, RJ-1976)‣ Pintor. Participou da Semana de Arte Moderna. Célebre por suas pinturas de mulatas.

DICKENS, Charles (1812, Inglaterra-1870)‣ Romancista. Obras: *Oliver Twist, David Copperfield,* etc.

DIDEROT, Denis (1713, França-1784). Filósofo e romancista. Obras: *Carta sobre os Cegos, Jacques o Fatalista, O Sobrinho de Rameau*, etc.

DIEGUES (Carlos José Fontes Diegues, dito **CACÁ)** (1940, AL). Cineasta. Diretor de *Ganga Zumba, Chuvas de Verão, Bye, bye, Brasil*, etc.

DIÉGUES JÚNIOR, Manuel (1912, Al–1991). Antropólogo e sociólogo. Obras: *Etnias e Culturas no Brasil; Introdução à Sociologia Regional*, etc.

DISTRITO FEDERAL. Unidade da Federação na Região C.O., onde se localiza Brasília, a capital do país. *Sigla*: DF. *Superfície*: 5.822,1km². *População*: 1.969.868. *Densidade*: 338,34 hab./km². *Crescimento demográfico*: 2,6% ao ano. Sede dos Poderes Executivo, Legislativo e Judiciário. Tem 19 regiões administrativas: Brasília, 227.456 hab.; Braslândia, 52.635 hab.; Candangolândia, 15.306 hab.; Ceilândia, 379.386 hab.; Cruzeiro, 62.601 hab.; Gama, 135.339 hab.; Guará, 114.604 hab.; Lago Norte, 29.135 hab.; Lago Sul, 32.634 hab.; Núcleo Bandeirante, 34.948 hab.; Paranoá, 51.771 hab.; Planaltina, 128.555 hab.; Recanto das Emas, 56.803 hab.; Riacho Fundo, 23.671 hab.; Samambaia, 172.830 hab.; Santa Maria, 96.304 hab.; São Sebastião, 48.918 hab.; Sobradinho, 112.226 hab.; Taguatinga, 246.211 hab.

DIVINÓPOLIS (MG). Mun., 180.816 hab. Ind. metalúrgica.

DJANIRA da Mota e Silva (1914, SP-1979). Pintora. Obras: *Bananal, Enterro, Paisagem de Parati*, etc.

DJAVAN Caetano Viana (1949, AL). Cantor e compositor popular, autor de *Meu Bem Querer, Oceano, Novena*, etc.

DOCE. Rio de MG e ES (1.000km); deságua no Atlântico.

DONATELLO (Donato di Betto Bardi, dito) (1386, Itália-1466). Escultor. Obras: *São Jorge, Judite e Holofernes*, a estátua eqüestre de *Gattamelata*, etc.

DONATO, MÁRIO (1915, SP-1992). Romancista. Obras: *Presença de Anita, Madrugada sem Deus*, etc.

DONGA (Ernesto Joaquim Maria dos Santos, dito) (1889, RJ-1974). Compositor e instrumentista. Autor de *Pelo Telefone*, o primeiro samba gravado (1917), *Passarinho Bateu Asas*, etc.

DOSTOIEVSKI, Fiodor Mikhailovitch (1821, Rússia-1881). Romancista. Obras: *Crime e Castigo, O Idiota, Os Irmãos Karamazov*, etc.

DOURADOS (MS). Mun., 161.096 hab. Pecuária; comércio; ind. alimentícia.

DOURADOS. Rio de MG (400km), afluente da margem esquerda do Paranaíba.

DRUMMOND DE ANDRADE, CARLOS (1902, MG-1987). Poeta – um dos maiores da nossa litera-tura –, contista e cronista. Obras: *Brejo das Almas, Sentimento do Mundo, A Rosa do Povo*, etc.

DRUMMOND (Robert Francis, dito **ROBERTO**) (1933, MG). Romancista e contista. Obras: *A Morte de D.J. em Paris, Sangue de Coca-Cola, Inês É Morta*, etc.

DUARTE, ANSELMO (1920, SP). Cineasta e ator. Obras: *Absolutamente Certo, O Pagador de Promessas*, etc.

DUGUAY-TROUIN, René (1673, França-1736). Oficial de marinha e corsário que, com uma esquadra de 17 navios, invadiu e saqueou o Rio de Janeiro em 1711.

DUQUE DE CAXIAS (RJ). Mun., 736.812 hab. Refinaria Duque de Caxias. Ind. químicas.

DUQUE ESTRADA, Joaquim Osório (1870, RJ-1927). Poeta e crítico literário, autor da letra do *Hino Nacional Brasileiro*. Obras: *A Arte de Fazer Versos, Crítica e Polêmica*, etc.

DURAN (Adiléia Silva da Rocha, dita **DOLORES)** (1930, RJ-1959). Compositora e cantora popular, autora de *A Noite do Meu Bem, Castigo*, etc.

DURÃO, José de SANTA RITA (1722, MG-1784). Poeta épico. Sua epopéia, *Caramuru*, de modelo camoniano, é menos original que a de Basílio da Gama; tem, no entanto, maior significação brasileira.

DÜRER, Albrecht (1471, Alemanha-1528). Pintor e gravador. Obras: *A Festa do Rosário, Adão e Eva*, etc.

DURKHEIM, Émile (1858, França-1917). Sociólogo. Obras: *Da Divisão do Trabalho Social, As Regras do Método Sociológico*, etc.

DUTRA, Eurico Gaspar (1885, MT-1974). Militar e político. Ministro da Guerra de 1936 a 1945 e presidente da República eleito em 1946.

DUTRA, VALTENSIR (1926, MG-1994). Crítico literário e tradutor. Obras: *Biografia Crítica das Letras Mineiras* (com Fausto Cunha), *A Evolução de um Poeta (Jorge de Lima)*, etc.

E

EÇA DE QUEIRÓS, José Maria d' (1845, Port.-1900). A sua grande obra, a de romancista, principia com *O Crime do Padre Amaro* (1876), livro que introduziu em Portugal o realismo. Obras: *O Primo Basílio, A Relíquia, Os Maias, A Ilustre Casa de Ramires, A Cidade e as Serras*, etc.

ECO, UMBERTO (1932, Itália). Romancista e teórico. Obras: *A Obra Aberta, O Nome da Rosa*, etc.

EDISON, Thomas Alva (1847, EUA-1931). Físico. Inventou o fonógrafo e a lâmpada incandescente.

EGAS MONIZ, Antônio Caetano de Abreu Freire (1874, Port.-1955). Escritor, político, diplomata e médico psiquiatra. Primeiro português agraciado com o Prêmio Nobel. Obras: *A Neurologia pela Guerra, Júlio Diniz e a Sua Obra*, etc.

EICHBAUER, HÉLIO (1941, RJ). Cenógrafo. Discípulo de Joseph Svoboda, em Praga, tem revelado grande diversidade e engenho na exploração do espaço do palco, em cenários como *O Rei da Vela, Álbum de Família* (em Caracas), etc.

EINSTEIN, Albert (1879, Alemanha-1955). Físico naturalizado norte-americano, autor da teoria da relatividade. É uma das maiores figuras da ciência no séc. XX.

EISENSTEIN, Serghei Mikhailovitch (1898, Rússia-1948). Cineasta. Obras: *A Greve, O Encouraçado Potemkin, Outubro*, etc.

ELIA, SÍLVIO Edmundo (1913, RJ-1999). Filólogo e lingüista. Obras: *Ensaios de Filologia, Orientações da Lingüística Moderna*, etc.

ELIOT, (Thomas Stearns, dito **T.S.**) (1888, E.U.A.-1965). Poeta, dramaturgo e ensaísta naturalizado inglês. Obras: *A Terra Devastada, Quatro Quartetos*, etc.

ELIS REGINA Carvalho da Costa (1945, RS-1982). Cantora popular.

EMBIRA. Rio do AC (512km).

EMBOABAS, Guerra dos. Conflito entre mineradores paulistas e forasteiros (os emboabas) ocupantes de jazidas em Minas Gerais, ocorrido na região do rio das Mortes, onde em 1709 houve a chacina dos paulistas derrotados e aprisionados.

EMBU (SP). Mun., 213.878 hab. Cidade histórica; turismo.

EMPÉDOCLES (c. 483, Agrigento, Sicília-430 a.C.). Último dos grandes filósofos pré-socráticos, para quem havia quatro elementos primordiais: fogo, ar, água e terra.

ENCILHAMENTO. Denominação dada à política financeira de Rui Barbosa como ministro da Fazenda (1889-1891), caracterizada por vultosas emissões de papel-moeda e estímulo às sociedades por ações, o que gerou desenfreada especulação na Bolsa de Valores.

ENEIDA Costa de Morais (1903, PA-1971). Cronista e contista. Obras: *Aruanda, História do Carnaval Carioca, Boa Noite, Professor*, etc.

ENTRADAS E BANDEIRAS. Expedições de caráter oficial (as entradas) e particular (as bandeiras) realizadas nos séculos XVII e XVIII. As primeiras visavam a consolidar a conquista e a ocupação do território; as segundas tinham objetivos econômicos (busca de ouro e captura de índios para trabalho escravo).

EPICURO (341, Atenas-270 a.C.). Filósofo grego para quem o prazer é o supremo bem.

EQUADOR, Confederação do. Movimento de caráter republicano e separatista iniciado em Pernambuco em 1824 e que pretendia congregar as províncias do Nordeste.

ERASMO CARLOS Esteves (1941, RJ). Compositor e cantor, autor de sucessos em parceria com Roberto Carlos.

ERASMO (Desiderius Erasmus) (c. 1469-1536). Humanista holandês que escreveu em latim. Obras: *O Elogio da Loucura, Colóquios, Adágios*, etc.

EREXIM (RS). Mun., 81.932 hab. Ind. mecânica e alimentícia.

ESCADA (PE). Mun., 57.374 hab.

ESCOBAR, AÍLTON (1943, SP). Compositor erudito. Obras: *Poemas do Cárcere* (para coro e orquestra), *Prelúdios* (para violão), etc.

ESCOBAR, RUTH (1936, Port.). Empresária e atriz. Construiu, em São Paulo, o Teatro Ruth Escobar.

ESOPO (?séc. VI a.C.). Fabulista grego.

ESPANCA, FLORBELA Lobo de Alma (1894, Port.-1930). Poetisa. Obras: *Charneca em Flor, Juvenília, As Máscaras do Destino*, etc.

ESPIGÃO MESTRE. Chapadão entre TO e BA; estende-se até GO por cerca de 500km.

ESPIGÃO, serra do. Elevação de cerca de 1.300m de altitude, situada em SC, próxima à fronteira com o PR.

ESPINHAÇO, serra do. Serra de cerca de 1.000km de extensão, situada em MG e na BA.

ESPÍRITO SANTO. Estado da região S.E. *Sigla*: ES. *Superfície*: 46.184km². *População*: 2.938.062. *Densidade*: 63,62 hab./km². *Crescimento demográfico*: 1,2% ao ano. *Capital*: Vitória. *Municípios*: 77; os *mais populosos*: Cariacica, Vila Velha, Serra, Vitória, Cachoeiro de Itapemirim, Colatina, Linhares, São Mateus, Guarapari, Aracruz. *Economia*: participação no PIB: 1,51%. Agricultura: cana-de-açúcar, café, mandioca, milho, tomate; pecuária: bovinos, suínos; maior porto exportador de minério de ferro do País (Tubarão); indústria: química, alimentícia, papel e celulose, metalúrgica; são dignas de nota a usina da Cia. Ferro e Aço de Vitória (em Cariacica) e a usina de pelotização de minério de ferro da Cia. Vale do Rio Doce. Capitania criada em 1534 por D. João III, inicialmente subordinada à Bahia.

ÉSQUILO (c. 525, Elêusis-456 a.C.). Dramaturgo grego. Considerado o criador da tragédia grega. Das cerca de 90 peças que escreveu, só restam sete, sendo as principais *Prometeu Acorrentado* e a *Orestia*, trilogia formada por *Agamêmnon, As Coéforas* e *As Eumênides*.

ESTADO NOVO. Regime (de 1937 a 1945) implantado por Getúlio Vargas após o golpe de Estado de 1937; caracterizou-se pela repressão política, pela aceleração do desenvolvimento econômico e adoção de medidas de caráter social.

ESTÂNCIA (SE)• Mun., 56.749 hab. Cidade histórica. Ind. têxtil

ESTEIO (RS)• Mun., 75.233 hab.

ESTIVA, serra da. Elevação em MG, com cerca de 1.000m de altitude.

ESTRONDO, serra do. Maciço em GO e TO, entre os rios Tocantins e Araguaia, com cerca de 200km de extensão.

EUCLIDES (séc. III a.C.)• Matemático grego, autor de *Elementos*, lançou as bases da geometria elementar.

EUNÁPOLIS (BA)• Mun., 85.982 hab.

EURÍPIDES (480, Salamina-406 a.C.)• Dramaturgo grego. O último dos grandes trágicos gregos, autor de 92 peças, das quais se conservaram 19. As mais representadas são *As Troianas*, *Medéia*, *Hipólito* e *As Bacantes*.

F

FACÓ, AMÉRICO (1885, CE-1953)• Prosador e poeta. Obras: *Sinfonia Negra*, *Poesia Perdida*.

FAGUNDES VARELA, Luís Nicolau (1841, RJ-1875)• Poeta romântico. Obras: *Noturnos, Vozes da América, Anchieta ou o Evangelho nas Selvas*, etc.

FAORO, RAIMUNDO (1925, RS)• Ensaísta. Obras: *Recuo: Fundamentos Constitucionais, Os Donos do Poder*.

FAQUINHA, serra da. Elevação situada em SP, junto ao limite com MG (cerca de 1.000m de altitude).

FARIA, OTÁVIO DE (1908, RJ-1980)• Romancista e ensaísta. Obras: *Tragédia Burguesa, Cristo e César*, etc.

FARIAS BRITO, Raimundo de (1862, CE-1917)• Filósofo. Obras: *Finalidade do Mundo, Ensaios sobre a Filosofia do Espírito*, etc.

FARIAS, ROBERTO Figueira de (1932, RJ)• Cineasta. Obras: *Assalto ao Trem Pagador, Pra frente, Brasil*, etc.

FAROFA, serra da. Elevação em SC, junto ao limite com o RS (cerca de 1.200m de altitude).

FARRAPOS, Guerra dos. Rebelião federalista e separatista no Sul do Brasil, liderada por Bento Gonçalves; durou de 1835 a 1945 e resultou na proclamação da República de Piratini (1836). Tb. chamada revolução Farroupilha.

FARROUPILHA, Revolução. V. FARRAPOS, guerra dos.

FASSBINDER, Rainer (1946, Alemanha-1982)• Cineasta. Obras: *Lili Marlene, Lola, O Casamento de Maria Braun*, etc.

FAULKNER (William Harrison Falkner, dito **WILLIAM)** (1897, E.U.A-1962)• Romancista. Obras: *O Som e a Fúria, Luz de Agosto, Santuário*, etc.

FAUSTA, ITÁLIA (1887, SP-1951)• Atriz e diretora. Primeira figura do Teatro da Natureza (RJ), criou a Cia. Dramática de São Paulo e dirigiu, depois, o Teatro Popular de Arte (Cia. Maria della Costa). Considerada uma das maiores trágicas brasileiras.

FAXINAL, serra do. Elevação entre SC e RS, com cerca de 1.200m de altitude.

FEDRO, Caio Júlio (15 a.C., Macedônia-50 d.C.)• Fabulista latino.

FEIA, lagoa. Situada em GO, entre MG e o DF.

FEIA, lagoa. Situada no litoral do RJ, entre a foz do rio Paraíba do Sul e Cabo Frio.

FEIJÓ (AC)• Mun., 22.142 hab.

FEIJÓ, Diogo Antônio (1784, SP-1843)• Sacerdote e político. Regente do Império (1835-1837), durante a menoridade de Pedro II.

FEIRA DE SANTANA (BA)• Mun., 470.726 hab. Centro comercial e industrial.

FÉLIX de Oliveira, MOACIR (1926, RJ)• Poeta da chamada Geração de 45. Obras: *Lenda e Areia, O Pão e o Vinho*, etc.

FÉLIX DE SOUSA, AFONSO (1925, GO)• Poeta da chamada Geração de 45. Obras: *O Túnel, Pretérito Imperfeito*, etc.

FELLINI, Federico (1920-1993, Itália)• Cineasta. Obras: *A Estrada, A Doce Vida, Julieta dos Espíritos, Amarcord*, etc.

FERNANDES, FLORESTAN (1920, SP-1995)• Sociólogo. Obras: *Cor e Estrutura Social em Mudança, A Revolução Burguesa no Brasil*, etc.

FERNANDES, MILLÔR (1924, RJ)• Humorista, tradutor de prestígio, afirmou-se como comediógrafo sobretudo com *É...* e a seleção de textos de *Liberdade, Liberdade* (de parceria com Flávio Rangel).

FERNANDO DE NORONHA. Arquipélago de 19 ilhas, situado a 345km da costa do RN; deixou de ser território federal e passou a integrar PE, pela Constituição de 1988; Vila dos Remédios é o único núcleo urbano.

FERRAZ DE VASCONCELOS (SP)• Mun., 133.851 hab. Ind. metalúrgicas e químicas.

FERRAZ, GERALDO (1905, SP-1979)• Romancista e contista. Obras: *Doramundo, Km 63*, etc.

FERREIRA (Abigail Isquierdo Ferreira, dita **BIBI)** (1920, RJ)• Atriz, diretora e empresária, filha de Procópio, herdou o talento paterno. É uma das primeiras damas do teatro brasileiro.

FERREIRA, ALEXANDRE Rodrigues (1755, BA-1815)• Naturalista. Percorreu o sertão do Pará e Mato Grosso e os vales dos rios Negro, Branco, Madeira e Guaporé. A maior parte de seus trabalhos está ainda inédita.

FERREIRA, ASCENSO (1895, PE-1965). Poeta. Obras: *Catimbô, Cana-Caiana*, etc.

FERREIRA DE CASTRO, José Maria (1898, Port.-1974). Romancista. Obras: *A Selva, A Tempestade, A Lã e a Neve*, etc.

FERREIRA GULLAR, José Ribamar (1930, MA). Poeta e ensaísta. Obras: *A Luta Corporal, Poema Sujo, Cultura Posta em Questão*, etc.

FERREIRA, João PROCÓPIO (1898, RJ-1979). Ator, empresário e autor. Com o êxito de *Deus Lhe Pague*, de Joraci Camargo, interpretado mais de 3.600 vezes, a partir de 1932, personificou, no Brasil, a fase da hegemonia do ator. Foi grande intérprete também de Molière.

FERREIRA, VERGÍLIO (1916, Port.). Romancista, contista e ensaísta. Obras: *Vagão "J", Mudança, Despedida Breve*, etc.

FERRO, chapada do. Elevação em MG, junto ao limite com GO (cerca de 1.000m de altitude).

FICHTE, Johann Gottlieb (1762, Alemanha-1814). Filósofo. Obras: *Princípios da Teoria da Ciência, Doutrina dos Costumes*, etc.

FICO, DIA DO. Designação histórica do dia 9 de janeiro de 1822, data em que D. Pedro, na qualidade de príncipe regente, desobedeceu à coroa portuguesa e manifestou vontade de permanecer no Brasil.

FIELDING, Henry (1707, Inglaterra-1754). Romancista e comediógrafo. Obras: *As Aventuras de Joseph Andrews, Tom Jones*, etc.

FIGUEIREDO, CÂNDIDO DE (1846, Port.-1925). Filólogo e lexicógrafo. Obras: *O Que Se não Deve Dizer, Novo Dicionário da Língua Portuguesa*, etc.

FIGUEIREDO, FIDELINO DE Sousa (1889, Port.-1967). Historiador e crítico literário, viveu no Brasil durante 15 anos. Obras: *História da Literatura Clássica, Estudos de Literatura, A Crítica Literária como Ciência*, etc.

FIGUEIREDO, GUILHERME Oliveira de (1915, SP-1997). Teatrólogo, cronista e romancista. Obras: *A Raposa e as Uvas, Um Deus Dormiu lá em Casa, Rondinela e Outras Histórias*, etc.

FIGUEIREDO, JOÃO BATISTA Oliveira de (1918, RJ). Militar e político. Presidente da República (1979-1985); sancionou a Lei de Anistia e extinguiu o bipartidarismo.

FIGUEIREDO Martins, JACKSON DE (1891, SE-1928). Escritor e pensador católico. Obras: *A Reação do Bom Senso, Pascal e a Inquietação Moderna*, etc.

FLAUBERT, Gustave (1821, França-1880). Romancista e contista. Obras: *Madame Bovary, A Educação Sentimental, Três Contos*, etc.

FLEIUSS, MAX (1868, RJ-1943). Historiador. Obras: *História da Cidade do Rio de Janeiro, Biografia de D. Pedro II*, etc.

FLEMING, Sir Alexander (1881, Inglaterra-1955).

Médico e bacteriologista. Descobriu a penicilina em 1929. Prêmio Nobel de Medicina (1945).

FLORENCE, Antoine HERCULE Romuald (1804, França-1879). Pintor e fotógrafo. Acompanhou a expedição Langsdorff às províncias de São Paulo, Mato Grosso e Pará. Obras: *Viagem Fluvial do Tietê ao Amazonas de 1825 a 1829*, etc.

FLORIANO (PI). Mun., 52.222 hab.

FLORIANÓPOLIS. Capital de SC (281.982 hab.), situada no litoral ocidental da ilha de Santa Catarina e ligada ao continente pela ponte Hercílio Luz; fundada em 1681 como Nossa Senhora do Desterro; nome atual (desde 1895) em homenagem a Floriano Peixoto; turismo crescente; indústrias têxteis e alimentícias.

FO, DARIO (1926, Itália). Ator e autor, trouxe para os palcos a verve e a revolta dos oprimidos, em *Mistério Bufo, Morte Acidental de um Anarquista, História do Tigre*, etc. Agraciado com o Prêmio Nobel de Literatura em 1997.

FONSECA E SILVA, Valentim da (MESTRE VALENTIM) (1750-1813). Escultor, entalhador e arquiteto, principal representante do neoclassicismo na cidade do Rio de Janeiro.

FONSECA, HERMES Rodrigues DA (1855, RS-1923). Militar, eleito presidente da República em 1910; durante seu governo ocorreram a revolta da Chibata e a guerra do Contestado.

FONSECA, JOSÉ PAULO MOREIRA DA (1922, RJ). Poeta da chamada Geração de 45 e pintor. Obras: *Elegia Diurna, Raízes, Cores e Palavras*, etc.

FONSECA, José RUBEM (1925, MG). Romancista e contista. Obras: *Os Prisioneiros, Lúcia McCartney, O Cobrador, Feliz Ano-Novo, Agosto*, etc.

FONSECA, Manuel DEODORO DA (1827, AL-1892). Militar (marechal) e político, participou da guerra do Paraguai e liderou a Proclamação da República; chefe do governo provisório (1889-1891) e primeiro presidente constitucional do Brasil (eleito em 1891); renunciou no fim desse mesmo ano, após a revolta da Armada, comandada por Custódio de Melo.

FONTES, AMANDO (1899, SP-1967). Romancista regionalista. Obras: *Os Corumbas, Rua do Siriri*, etc.

FONTES, HERMES Floro Bartolomeu Martins de Araújo (1888, SE-1930). Poeta parnasiano com traços simbolistas. Obras: *Apoteoses, A Lâmpada Velada*, etc.

FORD (Sean Aloysius O'Fearna, dito **JOHN**) (1895, E.U.A.-1973). Cineasta. Obras: *No Tempo das Diligências, Rastros de Ódio, Marcha de Heróis*, etc.

FORMAN, MILOS (1932, Checoslováquia). Cineasta naturalizado norte-americano. Obras: *Um Estranho no Ninho, Amadeus, Valmont*, etc.

FORMOSA (GO). Mun., 68.704 hab.

FORTALEZA. Capital do CE (2.097.757 hab.), situada no litoral atlântico; originou-se de povoado em torno da fortaleza de Nossa Senhora da Assunção, feito vila em 1699 e depois cidade e capital provincial em 1823; é um dos principais centros culturais do Nordeste.

FOUCAULT, Michel (1926, França-1984). Filósofo. Obras: *História da Loucura na Idade Clássica, As Palavras e as Coisas*, etc.

FOZ DO IGUAÇU (PR). Mun., 250.694 hab. Parque Nacional do Iguaçu, tombado pelo Patrimônio Mundial em 1986.

FRAGA, CLEMENTINO Rocha (1880, BA-1971). Cientista (médico) e escritor. Obras: *A Febre Amarela no Brasil, Ensino Médico e Medicina Social*, etc.

FRANCA (SP). Mun., 282.953 hab. Centro industrial de calçados e vestuário.

FRANÇA DE LIMA, GERALDO (1914, MG). Romancista, membro da ABL. Obras: *Serras Azuis, Branca Bela, Rio da Vida*, etc.

FRANÇA JÚNIOR, Joaquim José da (1838, RJ-1890). Comediógrafo e jornalista. Consolidador do teatro de costumes, deixou expressiva obra de crítica e sátira social. Obras: *Direito por Linhas Tortas, Caiu o Ministério, Como Se Fazia um Deputado*, etc.

FRANÇA JÚNIOR, OSVALDO (1936, MG-1989). Romancista e contista. Obras: *Jorge, um Brasileiro, A Procura dos Motivos*, etc.

FRANCISCA JÚLIA da Silva Munster (1874, SP-1920). Poetisa parnasiana. Obras: *Mármores, Esfinges.*

FRANCISCO MORATO (SP). Mun., 116.496 hab.

FRANCISCO OTAVIANO de Almeida Rosa (1825, RJ-1889). Poeta. Obras: *Traduções e Poesias*, etc.

FRANCO DA ROCHA (SP). Mun., 105.621 hab.

FRANCO, ITAMAR Augusto Cautiero (1931, BA). Político. Eleito vice-presidente da República em 1990, assumiu a presidência em 1992 após a renúncia de Fernando Collor; implementou plano de estabilização econômica.

FREIRE, GILBERTO de Melo (1900, PE-1987). Sociólogo. Obras: *Casa-Grande e Senzala, Sobrados e Mocambos, Nordeste, Ordem e Progresso*, etc.

FREIRE, LAUDELINO Oliveira (1873, SE-1937). Filólogo e lexicógrafo. Obras: *Grande e Novíssimo Dicionário da Língua Portuguesa, A Defesa da Língua Nacional*, etc.

FREIRE, PAULO Reglus Neves (1921, PE-1997). Educador. Obras: *Pedagogia do Oprimido*, etc.

FREITAS FILHO, ARMANDO (1940, RJ). Poeta. Obras: *Palavra, Números Anônimos*, etc.

FREUD, Sigmund (1856, Áustria-1939). Psiquiatra. Fundador da psicanálise. Obras: *A Interpretação dos Sonhos, Introdução à Psicanálise*, etc.

FRIEDENREICH, Artur (1892, SP-1969). Jogador de futebol, o primeiro grande goleador do Brasil.

FRIEIRO, EDUARDO (1892, MG-1982). Crítico literário e romancista. Obras: *Páginas de Crítica, O Mameluco Boaventura, Os Livros Nossos Amigos*, etc.

FRÓIS, LEONARDO (1940, RJ). Poeta, crítico literário e tradutor. Obras: *Assim, Argumentos Invisíveis, Um Outro, Varela*, etc.

FRÓIS, LEOPOLDO (1882, RJ-1932). Ator, empresário e autor. Estreou em Portugal, regressando ao Brasil em 1908, quando organizou empresa. Representou na Argentina e no Uruguai.

FROTA, LÉLIA COELHO (1937, RJ). Poetisa. Obras: *Alados Idílios, Menino Deitado em Alfa, Brio*, etc.

FURNAS, serra das. Elevação situada em MG, junto ao limite com SP (cerca de 1.200m de altitude).

FURTADO, CELSO Monteiro (1920, PB). Economista. Obras: *Formação Econômica do Brasil, Não*, etc.

G

GAL COSTA (Maria da Graça Pena Burgos, dita) (1945, BA). Cantora popular, intérprete de grandes compositores brasileiros.

GALENO da Costa e Silva, JUVENAL (1836, CE-1931). Poeta regionalista e popular. Obras: *Lendas e Canções Populares, Lira Cearense*, etc.

GALILEU (Galileo Galilei) (1564-1642, Itália). Matemático, físico e astrônomo. Descobriu as leis do movimento pendular, enunciou o princípio da inércia, etc.

GALVÃO (Patrícia Rehder Galvão, dita PAGU) (1907, SP-1962). Romancista. Obras: *Parque Industrial, A Famosa Revista*, escrito a quatro mãos com seu marido Geraldo Ferraz (q. v.), etc.

GAMA, José BASÍLIO DA (1740, MG-1795). Poeta épico, autor de *O Uraguai*, poema em cinco cantos e em versos brancos.

GAMA Lopes da Costa, MAURO (1938, RJ). Poeta e crítico literário. Obras: *Anticorpo, Expresso na Noite*, etc.

GAMA, LUÍS Gonzaga Pinto da (1830, BA-1882). Poeta e jornalista satírico; escravo foragido, abolicionista. Obras: *Primeiras Trovas Burlescas de Getulino*, etc.

GAMA, VASCO DA (c. 1469, Port.-1524). Navegador que, em 1498, descobriu o caminho marítimo para as Índias, dobrando o cabo da Boa Esperança.

GANDAVO, Pêro de Magalhães (?, Port.-1576). Cronista. Obras: *História da Província de Santa Cruz, Tratado da Terra do Brasil.*

GANDHI (Mohandas Karamchand Gandhi, dito **MAHATMA**) (1869, Índia-1948). Estadista e pensador. Artífice da independência de seu país, baseou sua ação no princípio da não-violência. Morreu assassinado.

GARANHUNS (PE)- Mun., 113.184 hab. Ind. alimentícia e de aparelhos de precisão; turismo (estância climática).

GARCIA LORCA, Federico (1898, Espanha-1936)- Poeta e dramaturgo de raízes rurais e belo lirismo, em peças como *A Sapateira Prodigiosa, Bodas de Sangue, Yerma, Dona Rosita a Solteira* e *A Casa de Bernarda Alba.*

GARCIA MÁRQUEZ, Gabriel (1928, Colômbia)- Romancista e contista: *Cem Anos de Solidão, Crônica de uma Morte Anunciada*, etc.

GARCIA, ÓTON MOACIR (1912, RJ)- Crítico literário e filólogo. Obras: *Luz e Fogo no Lirismo de Gonçalves Dias, Cobra Norato, o Poema e o Mito, Comunicação em Prosa Moderna,* etc.

GARCIA, RODOLFO Augusto de Amorim (1873, RN-1949)- Lingüista e historiador. Obras: *Dicionário de Brasileirismos, História Política e Administrativa do Brasil*, etc.

GARIBALDI (Ana Maria Ribeiro da Silva, dita **ANITA)** (1821, SC-1849)- Revolucionária, heroína da guerra dos Farrapos, mulher de Giuseppe Garibaldi.

GARIBALDI, Giuseppe (1807-1882, Itália)- Político e revolucionário, marido de Anita Garibaldi; lutou na guerra dos Farrapos e pela unificação da Itália.

GARRAFADAS, NOITE DAS. Conflito entre brasileiros e portugueses, nas ruas do Rio de Janeiro, em 12 de março de 1831, por causa do assassinato do jornalista Líbero Badaró, crise que apressou a abdicação de D. Pedro I em 7 de abril.

GARRINCHA (Manuel Francisco dos Santos, dito) (1933, RJ-1983)- Jogador de futebol (ponta-direita), bicampeão mundial em 1958 e 1962, célebre por seus dribles.

GATTAI Amado, ZÉLIA (1916, SP)- Memorialista. Obras: *Anarquistas, graças a Deus, Crônica de uma Namorada*, etc.

GAUGUIN, Paul (1848, França-1903)- Pintor. É um dos iniciadores da pintura moderna. Obras: *O Cristo Amarelo*, etc.

GEISEL, Ernesto (1908, RS-1996)- Militar e político. Presidente da República de 1974 a 1979, iniciou processo de abertura política.

GENET, Jean (1910, França-1986)- Romancista e dramaturgo que deu beleza literária ao submundo. Obras: *Diário de um Ladrão, Nossa Senhora das Flores, As Criadas, Os Biombos, O Balcão*, etc.

GERCHMAN, Rubens (RJ, 1942)- Pintor, desenhista e gravador.

GIDE, André (1869, França-1951)- Romancista e memorialista. Obras: *Os Moedeiros Falsos, A Porta Estreita, Se o Grão não Morre*, etc.

GIL Moreira, GILBERTO Passos (1942, BA)- Cantor e compositor popular, autor de *Aquele Abraço, Realce*, etc.

GIORGI, BRUNO (1905, SP-1993)- Escultor. Obras: *Monumento à Juventude Brasileira, Guerreiros*, etc.

GIOTTO di Bondone (1266-1337, Itália)- Pintor e arquiteto. Obras: *Vida de São Francisco, A Madona e o Menino*, etc.

GODARD, Jean-Luc (1930, França)- Cineasta. Obras: *Acossado, A Chinesa, Je Vous Salue Marie*, etc.

GOELDI, EMÍLIO Augusto (1859, Suíça-1917)- Naturalista, fundou no Pará o museu que leva o seu nome. Obras: *Aspectos da Natureza do Brasil, Os Mamíferos do Brasil, As Aves do Brasil,* etc.

GOELDI, OSVALDO (1895, RJ-1961)- Gravador e desenhista.

GOETHE, Johann Wolfgang von (1749, Alemanha-1832)- Romancista, poeta e dramaturgo. Obras: *Os Sofrimentos do Jovem Werther, Fausto, Novas Baladas*, etc.

GOGOL, Nikolai Vassilievitch (1809, Rússia-1852)- Romancista, teatrólogo e contista. Obras: *Almas Mortas, O Inspetor-Geral, O Capote*, etc.

GOIANA (PE)- Mun., 67.242 hab. Ind. metalúrgica e de cimento; usina açucareira.

GOIÂNIA. Capital de GO, situada a cerca de 700m de altitude (1.056.330 hab.); cidade planejada segundo traçado radiocêntrico e inaugurada em 1935; tem sua base econômica no setor terciário; apresenta alta taxa de crescimento demográfico, uma das maiores do País.

GOIÁS. Estado mais populoso da região C.O., o mais central dos estados brasileiros; ocupação original em razão das bandeiras paulistas. *Sigla:* GO. *Superfície:* 341.289km². *População:* 4.848.725. *Densidade:* 14,21 hab./km². *Crescimento demográfico:* 2,3% ao ano. *Capital:* Goiânia. *Municípios:* 242. *Municípios mais populosos:* Goiânia, Aparecida de Goiânia, Anápolis, Luziânia, Rio Verde, Valparaíso de Goiás, Itumbiara, Águas Lindas de Goiás, Jataí, Formosa. *Economia:* participação no PIB: 1,95%; agricultura: milho, soja, arroz, algodão, feijão, café em coco, mandioca, cana-de-açúcar; pecuária: bovinos, suínos; mineração: manganês, titânio-ilmenita, níquel (maiores reservas brasileiras), ferro, cobalto, ouro; indústria: alimentícia, metalúrgica e extrativa de minerais não-metálicos.

GOLDONI, Carlo (1707-1793, Itália)- Autor de inúmeras obras, reformou o teatro italiano, valorizando os caracteres e o realismo, como em *Mirandolina (La Locandiera)*, e resgatando a *commedia dell'arte*, em *Arlequim, Servidor de Dois Amos.*

GOMES, Antônio CARLOS (1836, SP-1896). Compositor erudito e regente. Obras: *O Guarani, O Escravo, Salvator Rosa, Colombo*, etc.

GOMES DA SILVA, Francisco (O CHALAÇA) (1791, Port.-1853). Conselheiro de D. Pedro I, autor de *Memórias Oferecidas à Nação Brasileira.*

GOMES, EUGÊNIO (1897, BA-1972). Crítico literário e ensaísta. Obras: *Espelho contra Espelho, Machado de Assis*, etc.

GOMES LEAL, Antônio Duarte (1848, Port.-1921). Poeta. Obras: *Tributo de Sangue, Claridades do Sul, O Herege*, etc.

GONÇALVES CRESPO, Antônio Cândido (1846, RJ-1883). Poeta parnasiano. Obras: *Miniaturas, Noturnos*, etc.

GONÇALVES da Silva, BENTO (1788, RS-1847). Militar e revolucionário. Chefiou, em 1835, a revolução Farroupilha e presidiu a chamada República de Piratini.

GONÇALVES DE MAGALHÃES, Domingos José, Visconde de Araguaia (1811, RJ-1882). Poeta e dramaturgo. Precursor do nosso romantismo, com os *Suspiros Poéticos e Saudades*. É autor de *A Confederação dos Tamoios* e da tragédia *Antônio José.*

GONÇALVES, DERCI (1908, RJ). Atriz e empresária. Começou no teatro de revista, fez peças caipiras na Casa do Caboclo, no Rio de Janeiro, e mais tarde passou à comédia, que adapta com muito improviso e humor popular.

GONÇALVES DIAS, Antônio (1823, MA-1864). Poeta lírico e épico, o mais importante da fase romântica. Foi tb. dramaturgo. Obras: *Primeiros Cantos, Sextilhas de Frei Antão, Os Timbiras, Últimos Cantos, Patkull, Beatriz Cenci, Leonor de Mendonça*, etc.

GONÇALVES LEDO, Joaquim (1781, RJ-1847). Político e jornalista, com papel relevante na campanha pela Independência do Brasil.

GONÇALVES VIANA, Aniceto dos Reis (1840, Port.-1914). Filólogo e lexicógrafo. Obras: *Vocabulário Ortográfico e Ortoépico da Língua Portuguesa, Apostilas aos Dicionários Portugueses*, etc.

GÓNGORA y Argote, Luis de (1561, Espanha-1627). Poeta. Obras: *Píramo e Tisbe, A Fábula de Polifemo e Galatéia*, etc.

GONZAGA, ADEMAR (1901, RJ-1978). Cineasta. Produtor de *Alô, alô, Brasil* e *O Ébrio*, e diretor de *Barro Humano, Salário Mínimo*, etc.

GONZAGA do Nascimento, LUÍS (1912, PE-1989). Compositor e cantor popular, autor de *Chamego, Asa Branca*, etc.

GONZAGA DUQUE Estrada, Luís (1863, RJ-1911). Romancista, contista e crítico literário. Obras:

Mocidade Morta, Horto de Mágoas, Contemporâneos, etc.

GONZAGA (Francisca Edwiges Neves, dita CHIQUINHA) (1847, RJ-1935). Compositora e pianista popular, autora de polcas, valsas, tangos, modinhas e da marcha de carnaval *Ó Abre Alas.*

GONZAGA, TOMÁS ANTÔNIO (1744, Port.-1810). Poeta. Filho de pai brasileiro e mãe portuguesa. Participou da conjuração Mineira; acusado e preso, foi desterrado para Moçambique. Obra: *Marília de Dirceu.*

GONZAGUINHA (Luís Gonzaga do Nascimento Júnior, dito) (1945, RJ-1991). Compositor e cantor popular (filho adotivo de Luís Gonzaga), autor de *Parada Obrigatória, Explode Coração*, etc.

GOULART DE ANDRADE, José Maria (1881, AL-1936). Poeta. Obras: *Névoas e Flamas, Ocaso*, etc.

GOULART, JOÃO Belchior Marques Goulart, dito JANGO (1918, RS-1976). Político. Eleito vice-presidente de Juscelino Kubitschek em 1955 e de Jânio Quadros em 1960; assumiu a presidência em 1961 após a renúncia deste; foi deposto pelo golpe militar de 1964.

GOUVEIA, DELMIRO Augusto da Cruz (1863, CE-1917). Empresário. Pioneiro da industrialização brasileira no Nordeste.

GOVERNADOR VALADARES (MG). Mun., 231.572 hab. Ind. madeireira, têxtil, etc.

GOYA y Lucientes, Francisco de (1746, Espanha-1828). Pintor. Obras: *As Majas, A Tauromaquia*, etc.

GRAÇA ARANHA, José Pereira da (1868, MA-1931). Romancista, ensaísta e memorialista. Figura preeminente do modernismo, rompeu com a ABL (de que foi membro fundador). Obras: *Canaã, O Espírito Moderno, O Meu Próprio Romance*, etc.

GRACIANO, CLÓVIS (1907, SP-1988). Pintor e desenhista de temática variada, às vezes com características expressionistas.

GRAJAÚ. Rio do MA (560km), afluente do Mearim.

GRAMADO (RS). Mun., 25.118 hab. Turismo. Festival de cinema.

GRANDE. Rio da BA (505km), afluente da margem esquerda do São Francisco.

GRANDE. Rio de MG e SP (1.350km); forma, com o Paranaíba, o Paraná.

GRANDE OTELO (Sebastião Bernardes de Sousa Prata, dito) (1915, MG-1993). Ator. Compôs tb. sambas (em parceria com Herivelto Martins): *Praça Onze, Fala, Claudionor*, etc.

GRANDE REGIÃO. Cada uma das cinco regiões em que, segundo critérios geográficos e políticos, se divide o Brasil, e que, por conveniência estatística e administrativa, segue os limites das unidades político-administrativas da

Federação. São elas: Norte, Nordeste, Centro-Oeste, Sudeste e Sul.

GRASS, GÜNTER Wilhelm (1927, Alemanha). Romancista e dramaturgo. Obras: *O Tambor, O Linguado, A Ratazana*, etc.

GRASSMANN, Marcelo (1925, SP). Desenhista e gravador. Prêmio de melhor gravador brasileiro na III Bienal de São Paulo (1955).

GRAVATÁ (PE). Mun., 61.631 hab.

GRAVATAÍ (RS). Mun., 217.723 hab. Ind. madeireira e de material elétrico.

GRECO (Domenikos Theotokopoulos, dito **EL)** (c. 1540-1614, Creta). Pintor espanhol. Obras: *O Enterro do Conde de Orgaz, O Espólio*, etc.

GRIECO, AGRIPINO (1888, RJ-1973). Crítico literário. Obras: *Evolução da Prosa Brasileira, Evolução da Poesia Brasileira, Zeros à Esquerda*, etc.

GRIMM, Georg (1846, Alemanha-1887). Pintor. Veio para o Brasil em 1874; levou seus discípulos a trabalhar ao ar livre. Obras: *Vista do Cavalão, Rochedo da Boa Viagem*, etc.

GRITO DO IPIRANGA. É o brado de *Independência ou Morte!* com que o príncipe regente D. Pedro declarou simbolicamente a Independência política do Brasil, em 7 de setembro de 1822, nas margens do riacho Ipiranga, perto da capital da província de São Paulo.

GUAÍBA (RS). Mun., 85.969 hab. Ind. metalúrgica, mecânica e alimentícia.

GUAÍBA, rio. Estuário na foz do rio Jacuí, em cuja margem está a cidade de Porto Alegre.

GUAICUÍ. V. VELHAS, rio das.

GUANABARA, baía da. Uma das maiores baías do litoral brasileiro (412km²), situada no RJ.

GUANAMBI (BA). Mun., 68.603 hab.

GUAPORÉ. Rio de MT e RO (1.185km), limítrofe entre o Brasil e a Bolívia.

GUARABIRA (PB). Mun., 51.713 hab.

GUARAPARI (ES). Mun., 73.730 hab. Estância balneária de areias monazíticas.

GUARAPUAVA (PR). Mun., 157.476 hab. Agricultura (soja e trigo). Pecuária. Ind. de móveis e celulose.

GUARARAPES, Batalhas dos. Série de combates entre holandeses e luso-brasileiros, travados nas cercanias de Recife em 19 de abril de 1648 e em 19 de fevereiro de 1649, nas elevações chamadas montes Guararapes; derrotados, os holandeses fugiram para Recife, onde resistiram até 26 de janeiro de 1654.

GUARATINGUETÁ (SP). Mun., 101.811 hab. Ind. química, têxtil e alimentícia.

GUARNIERI, GIANFRANCESCO (1934, Itália). Ator de teatro, cinema e televisão naturalizado brasileiro; autor de *Eles não Usam Black-Tie* e *A Semente* e, em parceria com Augusto Boal, de *Arena Conta Zumbi* e *Arena Conta Tiradentes*.

GUARNIERI, Mozart CAMARGO (1907, SP-1993). Compositor erudito, autor de sinfonias, con-

certos, canções, óperas (*Pedro Malasarte, Um Homem Só*), etc.

GUARUJÁ (SP). Mun., 233.805 hab. Turismo. Terminal petrolífero.

GUARULHOS (SP). Mun., 1.057.068 hab. Ind. mecânica, de materiais elétricos e de produtos farmacêuticos. Aeroporto Internacional de São Paulo.

GUERRA Coelho Pereira, RUI (1931, Moçambique). Cineasta brasileiro. Obras: *Os Cafajestes, Kuarup*, etc.

GUIGNARD, Alberto da Veiga (1896, RJ-1962). Pintor e paisagista, um dos mais importantes da pintura brasileira moderna.

GUIMARAENS, ALPHONSUS DE (nome literário de **Afonso Henriques da Costa Guimarães**) (1870, MG-1921). Poeta simbolista. Obras: *Setenário das Dores de Nossa Senhora, Câmara Ardente, Dona Mística, Kiriale*, etc.

GUIMARAENS, EDUARDO (nome literário de **Eduardo Guimarães**) (1892, RS-1928). Poeta simbolista. Obras: *Caminho da Vida, A Divina Quimera*, etc.

GUIMARÃES, ALBERTO PASSOS (1908, AL). Economista e historiador de formação marxista. Obras: o clássico *Quatro Séculos de Latifúndio, Inflação no Brasil, A Crise Agrária*, etc.

GUIMARÃES, BERNARDO Joaquim da Silva (1825, MG-1884). Poeta, romancista e crítico literário da fase romântica. Obras: *Cantos da Solidão, O Seminarista, A Escrava Isaura*, etc.

GUIMARÃES JÚNIOR, LUÍS Caetano Pereira (1845, RJ-1897). Poeta romântico, precursor do parnasianismo. Obras: *Corimbos, Sonetos e Rimas, Poemas dos Mortos, Filigranas*, etc.

GUIMARÃES PASSOS, Sebastião Cícero dos (1867, AL-1909). Poeta parnasiano. Obras: *Versos de um Simples, Hipnotismo, Horas Mortas*, etc.

GUIMARÃES ROSA, João (1908, MG-1967). Romancista e contista, notável por sua criação vocabular e fraseológica. Obras: *Sagarana, Manuelzão e Miguilim, No Urubuquaquá, no Pinhém, Noites do Sertão, Grande Sertão: Veredas, Primeiras Estórias, Tutaméia*, etc.

GURGUÉIA. Rio do PI (541km), afluente do Parnaíba.

GURUPI. Rio limítrofe entre MA e PA (717km).

GURUPI (TO). Mun., 64.725 hab.

GUSMÃO, ALEXANDRE DE (1629, Port.-1724). Escritor e padre. Obras: *História do Predestinado Peregrino e Seu Irmão Precito, As Aventuras de Diógenes*, etc.

GUSMÃO, BARTOLOMEU Lourenço DE (1685, SP-1724). Sacerdote e inventor de aparelhos voadores, cognominado "O Padre Voador".

GUTENBERG, (Johannes Gensfleisch zur Laden zum) (1399, Alemanha-1468). Impressor. Inventou a imprensa com tipos móveis.

H

HAENDEL, Georg Friedrich (1685, Alemanha-1759)› Compositor erudito, autor de oratórios, óperas italianas, peças instrumentais, etc.

HAWKING, STEPHEN William (1942, Inglaterra)› Físico. Celebrizou-se pelos estudos sobre os buracos negros. Obras: *Uma Breve História do Tempo: do Bigue-Bangue aos Buracos Negros*, etc.

HAWTHORNE, Nathaniel (1804, E.U.A.-1864)› Romancista e contista. Obras: *A Letra Escarlate*, etc.

HAYDÉE, MÁRCIA Salverry Pereira da Silva (1937, RJ)› Bailarina clássica de projeção internacional.

HAYDN, Franz Joseph (1732, Áustria-1809)› Compositor erudito, autor de *Sinfonias, Sonatas*, etc.

HEGEL, Georg Wilhelm Friedrich (1770, Alemanha-1831)› Filósofo. Obras: *Fenomenologia do Espírito*, etc.

HEIDEGGER, Martin (1889, Alemanha-1976)› Filósofo. Obras: *O Ser e o Tempo, Introdução à Metafísica*, etc.

HEINE, Heinrich (1797, Alemanha-1856)› Poeta. Obras: *Intermezzo Lírico, Livro de Canções*, etc.

HEMINGWAY, ERNEST Miller (1898, E.U.A.-1961)› Romancista. Obras: *O Sol também Se Levanta, O Velho e o Mar*, etc.

HENRIQUE, o Navegador (1394, Port.-1460)› Grande incentivador das viagens marítimas que levaram aos descobrimentos, o infante teria fundado uma escola de navegação, um observatório astronômico e estaleiros.

HERÁCLITO ou HERACLITO (c. 540, Éfeso-c. 480 a.C.)› Filósofo grego. É o filósofo do devir, da mudança constante de todas as coisas.

HERCULANO de Carvalho e Araújo, ALEXANDRE (1810, Port.-1877)› Historiador, romancista e poeta. É um dos grandes mestres da língua portuguesa. Obras: *Harpa do Crente, O Bobo, O Monge de Cister, Da Origem e Estabelecimento da Inquisição em Portugal*, etc.

HERÓDOTO (484?, Halicarnasso-c. 425 a.C.)› Historiador, conhecido como "O Pai da História".

HERVAL, MARQUÊS DO. V. OSÓRIO, Manuel Luís.

HERZOG, Werner (1942, Alemanha)› Cineasta. Obras: *Aguirre, a Cólera dos Deuses, Fitzcarraldo*, etc.

HESÍODO (séc. VIII a.C., Ascra, Beócia)› Poeta grego. Obras: *Os Trabalhos e os Dias, A Teogonia*.

HILST, HILDA (1930, SP)› Poetisa. Obras: *Trovas de Muito Amor para um Amado Senhor, A Obscena Senhora D.*, etc.

HIRSZMAN, LEON (1937, RJ-1987)› Cineasta. Obras: *A Falecida, São Bernardo*, etc.

HITCHCOCK, Alfred (1899, Inglaterra-1980)› Cineasta naturalizado norte-americano. Obras: *Festim Diabólico, Psicose, Os Pássaros*, etc.

HOBBES, Thomas (1588, Inglaterra-1679)› Filósofo. Obras: *Leviatã*, etc.

HOLANDA, GASTÃO DE (1919, PE)› Romancista e contista. Obras: *Zona de Silêncio, O Burro de Ouro*, etc.

HOMEM de Siqueira Cavalcanti, HOMERO (1924, RN-1991)› Poeta e contista. Obras: *Calendário Marinheiro, Tempo de Amor*, etc.

HOMERO (séc. IX-VIII a.C.)› Poeta épico grego a quem se atribuem a *Ilíada* e a *Odisséia*.

HORÁCIO Flaco, Quinto (65, Venúsia, Itália-8 a.C.)› Poeta latino. Obras: *Odes, Epodos, Sátiras, Epístolas*.

HORTOLÂNDIA (SP). Mun., 129.469 hab.

HOUAISS, ANTÔNIO (1915, RJ-1999)› Filólogo, lexicógrafo e crítico literário. Obras: *Elementos de Bibliologia, Drummond mais Seis Poetas e um Problema*, etc.

HUBBLE, Edwin Powell (1889, EUA-1953)› Astrofísico. Autor de trabalhos sobre as nebulosas, mostrou que o espaço é cheio de galáxias. Confirmou a teoria da expansão do universo.

HUGO, VICTOR (1802, França-1885)› Poeta, dramaturgo e romancista. Obras: *Contemplações, Ruy Blas, Os Miseráveis*, etc.

HUMBOLDT, Alexander, Barão von (1769, Alemanha-1859)› Naturalista. Obras: *Viagem às Regiões Equinociais do Novo Continente Feita de 1799 a 1804*, etc.

HUME, David (1711-1776, Escócia)› Filósofo e historiador. Obras: *Tratado da Natureza Humana, História Natural da Religião*, etc.

HUNGRIA Hoffbauer, NÉLSON (1891, MG-1969)› Jurista. Obras: *Comentários ao Código Penal, Crimes contra a Economia Popular*, etc.

HUSSERL, Edmund (1859, Alemanha-1938)› Filósofo. Obras: *Lógica Formal e Lógica Transcendental*, etc.

HUSTON, JOHN (1906, E.U.A.-1987)› Cineasta. Obras: *Uma Aventura na África, O Passado não Perdoa, A Honra do Poderoso Prizzi*, etc.

I

IACO. Rio do AM e do AC (674 km), afluente da margem direita do Purus.

IBICUÍ GRANDE. Rio do RS (450 km), afluente da margem esquerda do Uruguai.

IBIRITÉ (MG). Mun., 119.955 hab.

IBSEN, Henrik (1828-1906, Noruega)› Dramaturgo. Exalta a afirmação feminina em *Casa de Bonecas*, a verdade do indivíduo contra a mentira social em *Um Inimigo do Povo* e o mergulho interior em *Quando Nós Mortos Despertamos*, etc.

IÇÁ. Rio do AM (1.431km), afluente do Solimões.

IÇANA. Rio do AM (591km), afluente da margem direita do Negro.

ICÓ (CE). Mun., 58.316 hab.

IGARAÇU (PE). Mun., 72.990 hab. Cidade histórica. Monumentos tombados pelo IPHAN.

IGUAÇU. Rio do PR (1.045km), afluente do Paraná.

IGUAÇU, cataratas do. Quedas-d'água formadas pelo rio Iguaçu, algumas com 80m de altura, na fronteira do Brasil com a Argentina.

IGUAPE (SP). Mun., 27.880 hab. Turismo.

IGUATU (CE). Mun., 78.220 hab. Ind. têxtil.

IJUÍ (RS). Mun., 75.575 hab. Estância hidromineral. Agricultura (soja e trigo). Ind. mecânica.

ILHÉUS (BA). Mun., 251.036 hab. Agricultura (cacau, coco-da-baía e mandioca). Maior porto exportador de cacau do País.

IMERI, serra do. Localiza-se no AM (fronteira com a Venezuela); nela se situa o pico da Neblina, ponto culminante do Brasil.

IMPERATRIZ (MA). Mun., 224.980 hab. Agricultura (arroz e soja). Bovinos.

IMPÉRIO, FLÁVIO (1935, SP-1985). Cenógrafo, figurinista, diretor. Arquiteto, aboliu o telão pintado, valorizando a intervenção na própria arquitetura do teatro.

INDAIATUBA (SP). Mun., 131.556 hab. Ind. mecânica.

INGLÊS DE SOUSA, Herculano Marcos (1853, PA-1918). Romancista e contista, iniciador do naturalismo no Brasil. Obras: *O Coronel Sangrado*, *O Cacaulista*, *O Missionário*, *Contos Amazônicos*, etc.

INGRES, Dominique (1780, França-1867). Pintor. Obras: *A Apoteose de Homero*, *O Banho Turco*, etc.

INTENTONA COMUNISTA. Nome dado à insurreição militar ocorrida em quartéis de Natal, Recife e do Rio de Janeiro, organizada pelo Partido Comunista Brasileiro em novembro de 1935.

IONESCO, Eugène (1912-1994, Romênia). Dramaturgo de expressão francesa, que tem *A Cantora Careca* há mais de quatro décadas em cartaz em Paris. Outras obras: *A Lição*, *Rinocerontes*, *O Rei Está Morrendo*, etc.

IPATINGA (MG). Mun., 203.029 hab. Ind. siderúrgica. Extração de minério de ferro. Usina hidrelétrica.

IPHAN. Sigla de Instituto do Patrimônio Histórico e Artístico Nacional. Criado em 1957, dedica-se à preservação do nosso acervo histórico e artístico.

IRAPIRANGA. V. Vaza-Barris.

IRIRI. Rio do PA (1.135km), afluente do Xingu.

ISABEL, PRINCESA (Isabel Cristina Leopol-dina Augusta Micaela Gabriela Rafaela Gonzaga de Bragança) (1846, RJ-1921). Filha de D. Pedro II; como regente do Brasil, assinou o decreto de abolição da escravatura em 13 de maio de 1888.

ISAÍAS DE NORONHA, José (1873, RJ-1963). Militar e político. Integrou a junta governativa que assumiu o poder após a revolução de 1930.

ITABAIANA (SE). Mun., 72.207 hab.

ITABIRA (MG). Mun., 100.016 hab. Centro de extração de minério de ferro.

ITABIRITO (MG). Mun., 35.232 hab. Monumentos tombados pelo IPHAN. Extração de minério de ferro. Ind. metalúrgica.

ITABORAÍ (RJ). Mun., 169.967 hab. Ind. alimentícia. Estação receptora da Embratel.

ITABUNA (BA). Mun., 182.542 hab. Cultura e industrialização de cacau.

ITAGUAÍ (RJ). Mun., 70.126 hab. Ind. metalúrgica.

ITAITUBA (PA). Mun., 100.161 hab. Extrativismo vegetal (borracha, castanha-do-pará, açaí). Ouro.

ITAJAÍ (SC). Mun., 141.976 hab. Ind. de papel e papelão. Turismo.

ITAJUBÁ (MG). Mun., 79.961 hab. Ind. alimentícia e têxtil.

ITAMARACÁ, BARÃO DE. V. MACIEL MONTEIRO, Antônio Peregrino.

ITAMARAJU (BA). Mun., 62.406 hab.

ITAPARICA, FREI Manuel de Santa Maria (1704, BA-c. 1770). Poeta. Obra: *Eustáquidos, Poema Sacro e Tragicômico em Que Se Contém a Vida de Santo Eustáquio Mártir*.

ITAPECERICA DA SERRA (SP). Mun., 121.502 hab. Ind. alimentícia.

ITAPERUNA (RJ). Mun., 82.650 hab. Ind. alimentícia.

ITAPETININGA (SP). Mun., 117.179 hab. Ind. de calçados. Pecuária.

ITAPEVI (SP). Mun., 145.285 hab.

ITAPICURU. Rio da BA (847km).

ITAPICURU. Rio do MA (938km).

ITAPIPOCA (CE). Mun., 80.249.

ITAQUAQUECETUBA (SP). Mun., 257.529 hab. Ind. metalúrgica e de plásticos.

ITAQUATIARA (AM). Mun., 64.937 hab.

ITARARÉ, BARÃO DE. V. TORELLY, Aparício.

ITATIAIA, Parque Nacional do. Monumento público natural criado em 1937. Destina-se a preservar espécimes da flora e da fauna.

ITATIAIA, serra do. Maciço no limite entre SP e RJ.

ITATIBA (SP). Mun., 71.590 hab. Usina hidrelétrica de Jaguari.

ITAÚNA (MG). Mun., 70.919 hab. Ind. metalúrgica e têxtil.

ITORORÓ, Batalha de. Batalha da Guerra do Paraguai em que o exército brasileiro, comandado por Caxias, Osório e Argolo, derrotou o exército paraguaio.

ITU (SP)· Mun., 129.533 hab. Cidade histórica. Turismo.

ITUIUTABA (MG)·Mun., 87.751 hab. Ind. alimentícia.

ITUMBIARA (GO)· Mun., 78.669 hab.

IVAÍ. Rio do PR (727km), afluente da margem esquerda do Paraná.

IVINHEIMA. Rio de MS (507km), afluente da margem direita do Paraná.

IVO, LEDO (1924, AL)· Poeta, romancista e cronista. Obras: *Ode e Elegia, A Cidade e os Dias, Ninho de Cobras, A Experiência da Imaginação,* etc.

J

JABOATÃO DOS GUARARAPES (PE)· Mun., 549.664 hab. Satélite industrial de Recife. Monumentos tombados pelo IPHAN.

JABOR, Arnaldo (1940, RJ)· Cineasta. Obras: *Toda Nudez Será Castigada, Eu Te Amo,* etc.

JABRE. Pico (1.090m de altitude) na fronteira da PB com PE, ponto culminante da região N.E.

JACAREÍ (SP)·Mun., 169.538 hab. Ind. alimentícia, têxtil, química e de papel.

JACOBBI, RUGGERO (1920-1981, Itália)· Diretor teatral ensaísta, professor. Vindo ao Brasil, em 1946, aqui permaneceu até 1960.

JACOBINA (BA)· Mun., 85.556 hab.

JACÓ DO BANDOLIM (Jacob Pick Bittencourt, dito) (1918, RJ-1969)· Instrumentista e compositor popular, autor de valsas, choros e sambas.

JACUÍ. Rio do RS (720km), afluente do Guaíba.

JACUÍPE. Rio da BA (500km), afluente do Paraguaçu.

JAGUARIBE. Rio do CE (739km).

JAMANXIM. Rio do AM (555km), afluente do Tapajós.

JAMARI. Rio de RO (400km), afluente do Madeira.

JAMES, HENRY (1843, E.U.A.-1916)· Romancista naturalizado inglês. Obras: *O Retrato de uma Dama, A Volta do Parafuso,* etc.

JAMES, WILLIAM (1842, E.U.A.-1910)· Filósofo. Obras: *O Pragmatismo,* etc.

JAMUNDÁ. Rio limítrofe de AM e PA (571km), afluente do Amazonas.

JANDIRA (SP)· Mun., 75.352 hab.

JAPURÁ. Rio do AM (1.945km), afluente do Amazonas.

JARAGUÁ DO SUL (SC)· Mun., 93.076 hab.

JARI. Rio limítrofe do PA e AP (785km), afluente do Amazonas.

JARU (RO)· Mun., 48.141 hab.

JATAÍ (GO)· Mun., 69.197 hab. Agricultura (soja).

JATAPU. Rio do AM (450km).

JAÚ (SP)· Mun., 107.698 hab. Ind. têxtil, de vestuário e de calçados.

JAVARI. Rio do AM (942km), afluente do Amazonas.

JEQUIÉ (BA)· Mun., 174.799 hab. Ind. de cerâmica.

JEQUITINHONHA. Rio da BA e MG (1.090km); deságua no Atlântico.

JESUS CRISTO (c. 6 a.C., Judéia-c. 30 d.C.)· Fundador do cristianismo, que o considera filho de Deus. Sua vida e mensagem religiosa estão contidas no Novo Testamento.

JI-PARANÁ. Rio de MT e AM (955km).

JI-PARANÁ (RO). Mun., 95.356 hab.

JOÃO ANTÔNIO Ferreira Filho (1937, SP-1996)· Contista. Obras: *Malagueta, Perus e Bacanaço, Leão-de-Chácara, Menino do Caixote,* etc.

JOÃO VI (1767, Port.-1826)· Regente de Portugal e Algarve a partir de 1792, no impedimento de sua mãe D. Maria I, e, com a morte desta, em 1816, rei do Reino Unido de Portugal, Brasil e Algarve. Transferiu-se com toda a corte portuguesa para o Brasil em 1807 quando Portugal foi invadido por ordem de Napoleão Bonaparte. No Brasil, fundou a Academia de Belas-Artes do Rio de Janeiro, a Imprensa Régia, a Biblioteca Real e o Jardim Botânico.

JOÃO DO RIO. V. BARRETO, João PAULO.

JOÃO GILBERTO do Prado de Oliveira (1931, BA)· Cantor e compositor popular, um dos pioneiros da bossa nova, autor de *Desafinado, Samba de uma Nota Só,* etc.

JOÃO PESSOA. Capital da PB, situada na margem direita do rio Sanhauá, afluente do Paraíba (584.029 hab.); fundada em 1585, com o nome de Nossa Senhora das Neves, e pouco depois com o de Filipéia (em honra do rei Filipe II da Espanha – Filipe I de Portugal), a cidade foi tomada pelos holandeses em 1634 e passou a chamar-se Frederikstadt; expulsos estes, recebeu o nome de Paraíba; a denominação atual data de 1930 e é homenagem ao governador do estado, assassinado em Recife.

JOBIM (Antônio Carlos Brasileiro de Almeida, dito **TOM**) (1927, RJ-1994)· Compositor popular, maestro e arranjador, pioneiro da bossa nova: *Garota de Ipanema, Desafinado,* etc.

JOFRE, ÉDER (1936, SP)· Pugilista. Campeão mundial nas categorias de peso-galo (1960-1965) e peso-pena (1969).

JOINVILLE (SC)· Mun., 418.569 hab. Ind. têxtil, de plásticos e de material elétrico.

JONSON (Benjamin Jonson, dito **BEN**) (1572, Inglaterra-1637)· Dramaturgo. O mais respeitado contemporâneo de Shakespeare, autor de cerca de 50 peças de vários gêneros, e cuja obra-prima é *Volpone,* uma sátira feroz da humanidade.

JORGE, LÍDIA (1946, Port.). Romancista. Obras: *O Dia dos Prodígios, O Cais das Merendas*, etc.

JORGE, MIGUEL (1933, MS). Ficcionista e poeta. Obras: *Antes do Túnel, Veias e Vinhos, Ana Pedro*, etc.

JOSÉ, ELIAS (1936, MG). Romancista e contista. Obras: *Inventário do Inútil, Olho por Olho, Dente por Dente*, etc.

JOYCE, JAMES (1882-1941, Irlanda). Romancista, contista e poeta. Obras: *Ulisses, Finnegans Wake, Os Dublinenses*, etc.

JUAZEIRO (BA). Mun., 191.963 hab. Agricultura (cebola e arroz). Bovinos. Mineração. Ind. de couro.

JUAZEIRO DO NORTE (CE). Mun., 196.351 hab. Centro comercial e de artesanato. Local de peregrinação: túmulo do P.e Cícero.

JUCÁ, filho, CÂNDIDO (1900, RJ-1982). Filólogo e gramático. Obras: *O Fator Psicológico na Evolução Sintática, Gramática Brasileira do Português Contemporâneo*, etc.

JUIZ DE FORA (MG). Mun., 442.187 hab. Mais importante centro industrial da Zona da Mata. Ind. têxtil, de couro e peles, de móveis, papel, etc.

JUNDIAÍ (SP). Mun., 295.263 hab. Viticultura. Ind. química, alimentícia, de bebidas, madeira, vestuário e calçados.

JUNG, Carl Gustav (1875, Suíça-1961). Psiquiatra e psicólogo. Obras: *Metamorfoses da Alma e Seus Símbolos, Tipos Psicológicos*, etc.

JUNQUEIRA FREIRE, Luís José (1832, BA-1855). Poeta romântico. Obras: *Inspirações do Claustro, Contradições Poéticas*.

JUNQUEIRA, IVAN Nóbrega (1934, RJ). Poeta, ensaísta e tradutor. Obras: *Os Mortos, O Grifo*, etc.

JURUÁ. Rio do AC e AM (2.782km), afluente do Amazonas; nasce no Peru.

JURUENA. Rio de MT e PA (1.036km); conflui com o Teles Pires, formando o Tapajós.

JUTAÍ. Rio do AM (978km), afluente da margem direita do Solimões.

JUVENAL, Décimo Júnio (60, Aquino, Itália-130). Poeta satírico latino.

K

KAFKA, Franz (1883, Checoslováquia-1924). Romancista e contista de expressão cujas obras (*O Castelo, O Processo*, etc.) exprimem o desespero do homem diante do absurdo.

KANDINSKY, Wassily (1866, Rússia-1944). Pintor abstrato naturalizado francês. Obras: *Linha Angular, Esboço para a Composição IV*, etc.

KANT, Immanuel (1724, Alemanha-1804). Filósofo. Obras: *Crítica da Razão Pura, Crítica da Razão Prática*, etc.

KARABTCHEVSKY, Isaac (1934, SP). Regente. Maestro da Orquestra Sinfônica Brasileira.

KAZAN, ELIA Kazanjouglos (1909, E.U.A.). Cineasta. Obras: *Viva Zapata, Sindicato de Ladrões, Vidas Amargas*, etc.

KEATS, John (1795, Inglaterra-1821). Poeta romântico. Obras: *A Queda de Hiperíon, Odes*, etc.

KEPLER, Johannes (1571, Alemanha-1630). Astrônomo. Formulou as leis que levam seu nome e que permitiram a Newton depreender o princípio da atração universal.

KEYNES, John Maynard (1883, Inglaterra-1946). Economista. Obras: *Tratado sobre a Moeda, Teoria Geral do Emprego*, etc.

KHOURI, WALTER HUGO (1929, SP). Cineasta. Obras: *Noite Vazia, Forever, As Feras*, etc.

KIERKEGAARD, Søren Aabye (1813, Dinamarca-1875). Filósofo e teólogo, fundador do existencialismo cristão. Obras: *Conceito de Angústia*, etc.

KIESLOWSKI, Krzystof (1941, Polônia-1996). Cineasta. Obras: *Decálogo, A Dupla Vida de Véronique, A Liberdade É Azul*, etc.

KILKERRY, PEDRO Militão (1885, BA-1917). Poeta cuja obra está reunida em *Re-visão de Kilkerry*, de Augusto de Campos.

KLEE, PAUL (1879, Suíça-1940). Pintor. Obras: *Historieta de um Anãozinho, Palácio Feito de Quatro Partes*, etc.

KOKOSCHKA, Oskar (1886, Áustria-1980). Pintor expressionista. Obras: *O Turbilhão, Retrato da Srta. Walden*, etc.

KONDER REIS, MARCOS José (1922, SC). Poeta. Obras: *Tempo e Milagre, Campo de Flechas*, etc.

KRAJCBERG, Frans (1921, Polônia). Escultor e pintor. Veio para o Brasil em 1948.

KRIEGER, EDINO (1928, SC). Compositor erudito. Obras: *Ludus Symphonicus, Toccata* (para piano e orquestra), etc.

KUBITSCHEK de Oliveira, JUSCELINO (1902, MG-1976). Político. Presidente da República (1956-60); imprimiu força ao desenvolvimento e à industrialização do País; construiu Brasília.

KUBRIK, Stanley (1928, E.U.A.). Cineasta. Obras: *Spartacus, 2001: Uma Odisséia no Espaço, Laranja Mecânica*, etc.

KUROSAWA, Akira (1910, Japão-1998). Cineasta. Obras: *Os Sete Samurais, Dersu Uzala, Sonhos*, etc.

L

LABIENO. V. RODRIGUES PEREIRA, Lafaiete.

LACERDA, BENEDITO (1903, RJ-1958). Compositor popular, autor de *Palhaço, A Lapa*, etc.

LACERDA, CARLOS Frederico Werneck de (1914, RJ-1977)· Político, contista e memorialista. Líder da oposição a Vargas e do golpe de 1964. Obras: *Xanã e Outras Histórias, Cão Negro*, etc.

LACERDA, Maurício Paiva de (1888, RJ-1959)· Político de posição socialista, que defendeu o direito de greve, os direitos civis da mulher e os direitos trabalhistas.

LACOMBE, Américo Lourenço Jacobina (1909, RJ-1993)· Historiador. Obras: *Um Passeio pela História do Brasil, Presença de Rui na Vida Brasileira*, etc.

LAET, CARLOS Maximiliano Pimenta DE (1847, RJ-1927)· Político, filólogo e polemista. Obras: *A Imprensa na Década Republicana, Antologia Nacional* (em colaboração com Fausto Barreto).

LA FONTAINE, Jean de (1621, França-1695)· Poeta. Célebre por suas *Fábulas* em versos.

LAGARTO (SE)· Mun., 75.316 hab.

LAGOA SANTA (MG)· Mun., 30.759. Gruta da Lapinha. Museu arqueológico. Formações calcárias, ricas em grutas e abrigos, com esqueletos humanos de cerca de 12.000 anos atrás. Os primeiros achados – obra do dinamarquês Peter Wilhelm Lund – datam da primeira metade do séc. XIX.

LAGO, MÁRIO (1911, RJ)· Ator e compositor popular, autor de *Ai Que Saudades da Amélia* (com Ataulfo Alves), *Aurora*, etc.

LAGUNA (SC)· Mun., 43.870 hab. Cidade histórica. Museu Anita Garibaldi, tombado pelo IPHAN. Porto por onde é exportado carvão mineral.

LAGUNA, retirada da. Retirada de uma coluna de 1.680 soldados brasileiros que, tendo incursionado nas linhas paraguaias, se viu obrigada a recuar por centenas de quilômetros, perseguida pelos inimigos. A fuga, que teve início em 8 de maio de 1867, foi relatada por Taunay em *A Retirada da Laguna*.

LAJES (SC)· Mun., 140.004 hab. Bovinos. Serrarias e fábricas de papel.

LANG, FRITZ (1890, Áustria-1976)· Cineasta naturalizado norte-americano. Obras: *Metrópolis, O Testamento do Dr. Mabuse*, etc.

LANGSDORFF, Georg Heinrich von (1773, Alemanha-1852)· Naturalista. Membro da expedição russa à América do Sul em dezembro de 1803. Obras: *Observações de uma Viagem à Volta do Mundo, nos Anos 1803-1807*, etc.

LARANJAL DO JARI (AP)· Mun., 23.468 hab.

LARANJEIRAS (SE)· Mun., 21.310 hab. Cidade histórica. Monumentos tombados pelo IPHAN.

LARA RESENDE, OTO de Oliveira (1922, MG-1993). Contista e romancista. Obras: *O Lado Humano, Boca do Inferno*, etc.

LATTES (Cesare Mansueto, dito CÉSAR) (1924, PR)· Cientista (físico), pioneiro das pesquisas nucleares no Brasil.

LAURO DE FREITAS (BA)· Mun., 105.462 hab. Ind. química e de cimento.

LAVRAS (MG)· Mun., 72.947 hab. Ind. têxtil.

LEÃO, NARA (1982, ES-1989)· Cantora popular, intérprete da bossa nova.

LEÃO VELOSO, Hildegardo (1899, SP-1966)· Escultor. Obras: *Monumento ao Almirante Tamandaré*, etc.

LE CORBUSIER (Charles-Édouard Jeanneret-Gris, dito) (1887, Suíça-1965)· Arquiteto e urbanista francês, de grande influência na arquitetura brasileira moderna.

LEI ÁUREA. Lei assinada pela Princesa Isabel, em 13 de maio de 1888, que declarou extinta a escravidão no Brasil.

LEIBNIZ, Gottfried Wilhelm (1646, Alemanha-1716)· Filósofo e matemático. Obras: *Novos Ensaios sobre o Entendimento Humano*, etc.

LEI DO VENTRE LIVRE. Lei de 28 de setembro de 1871, que declarou livres os filhos de escrava nascidos a partir daquela data.

LEITE, ASCENDINO (1915, PB). Romancista e memorialista. Obras: *A Viúva Branca, A Prisão*, etc.

LEITE DE VASCONCELOS, José (1858, Port.-1940)· Filólogo e etnólogo. Obras: *Lições de Filologia Portuguesa, Textos Arcaicos*, etc.

LEME (SP)· Mun., 77.825 hab.

LEMINSKI Filho, PAULO (1945, PR-1989)· Poeta e romancista. Obras: *Agora é que São Elas, Distraídos Venceremos*, etc.

LEMOS, GILVAN (1928, PE)· Romancista e contista. Obras: *Os Olhos da Treva, Morte ao Invasor*, etc.

LEMOS, TITE DE (Newton Lisboa Lemos Filho, dito) (1942, RJ-1989)· Poeta. Obras: *Corcovado Park, Livro de Aenéis*, etc.

LENIN (Vladimir Ilitch Ulianov, dito) (1870, Rússia-1924)· Revolucionário e estadista, o fundador do Estado soviético.

LEÔNIDAS da Silva (1911, SP)· Jogador de futebol (centroavante), artilheiro da Copa do Mundo de 1938.

LEONI, RAUL DE (1895, RJ-1926)· Poeta. Obras: *Ode a um Poeta Morto, Luz Mediterrânea*.

LEOPARDI, Giacomo (1798-1837, Itália)· Poeta e pensador. Obras: *Pequenas Obras Morais, Cantos*, etc.

LÉRY, Jean de (1534, França-1611)· Viajante e escritor que veio para o Brasil com Villegaignon. Obra: *Narrativa de uma Viagem Feita à Terra do Brasil também Dita América*.

LESSA, AURELIANO José (1828, MG-1861)· Poeta romântico cujos poemas foram publicados postumamente com o título de *Poesias Póstumas*.

LESSA, ORÍGENES (1903, SP-1986)· Contista e romancista. Obras: *Rua do Sol, O Feijão e o Sonho*, etc.

LÉVI-STRAUSS, Claude (1908, Bélgica). Antropólogo francês. Obras: *As Estruturas Elementares do Parentesco, Tristes Trópicos, O Pensamento Selvagem*, etc.

LIMA, Antônio AUGUSTO DE (1860, MG-1934). Poeta parnasiano. Obras: *Contemporâneas, Símbolos*, etc.

LIMA BARRETO, Afonso Henriques de (1881, RJ-1922). Romancista e contista. Obras: *Triste Fim de Policarpo Quaresma, Recordações do Escrivão Isaías Caminha*, etc.

LIMA BARRETO, Vítor (1905, SP-1982). Cineasta. Filmes: *O Cangaceiro, A Primeira Missa*, etc.

LIMA E SILVA, LUÍS ALVES DE, DUQUE DE CAXIAS (1803, RJ-1880). Militar e estadista, o patrono do Exército brasileiro. Foi comandante-em-chefe do Exército brasileiro e comandante geral dos exércitos da Tríplice Aliança na guerra do Paraguai.

LIMA, HERMAN de Castro (1897, CE-1981). Romancista, contista e crítico literário. Obras: *Tijipió, Garimpos*, etc.

LIMA, HERMES (1902, BA-1978). Político, ensaísta e jurista. Obras: *Introdução à Ciência do Direito, Idéias e Figuras*, etc.

LIMA, JORGE Mateus DE (1893, AL-1953). Poeta e romancista de inspiração fortemente regional e mística. Obras: *XIV Alexandrinos, Essa Negra Fulô, Invenção de Orfeu, Salomão e as Mulheres, Calunga*, etc.

LIMEIRA (SP). Mun., 240.743 hab. Cítricos. Ind. mecânicas, de papel e papelão, de vestuário e calçados.

LIMPO DE ABREU, Antônio Paulino. V. Abaeté, Visconde de.

LINCOLN, Abraham (1809, EUA-1865). Sua eleição para a presidência dos EUA em 1860 provocou a secessão de dez estados do Sul, e depois a guerra civil. Reeleito em 1864, foi assassinado logo após a vitória dos nortistas.

LINHARES (ES). Mun., 105.308 hab. Cafeicultura.

LINHARES, JOSÉ (1886, CE-1957). Magistrado. Presidente do Supremo Tribunal Federal, exerceu a presidência da República entre a deposição de Getúlio Vargas e a posse de Eurico Dutra.

LINHARES, TEMÍSTOCLES (1905, PR). Crítico literário e tradutor. Obras: *Introdução ao Mundo do Romance, O Crítico do Modernismo Brasileiro*, etc.

LINS, ÁLVARO de Barros (1912, PE-1970). Crítico literário e ensaísta. Obras: *Rio Branco, História Literária de Eça de Queirós, Jornal de Crítica*, etc.

LINS E SILVA, EVANDRO (1912, PI). Advogado e magistrado, ministro do Exterior e do Supremo Tribunal Federal.

LINS, OSMAN da Costa (1924, PE-1978). Romancista e ensaísta. Obras: *Os Gestos, Nove, Nove, na*, etc.

LIRA Barbosa, CARLOS Eduardo (1936, RJ). Compositor e cantor, um dos pioneiros da bossa nova.

LIRA TAVARES, Aurélio de (1905, PB-1998). Militar, poeta e ensaísta. Fez parte da junta militar que governou o País de 31 de agosto a 30 de outubro de 1969.

LISBOA, HENRIQUETA (1903, MG-1985). Poetisa e ensaísta. Obras: *Fogo-Fátuo, Velário, Madrinha Lua, Convívio Poético*, etc.

LISBOA, JOÃO FRANCISCO (1812, MA-1863). Historiador e pensador político, um dos grandes prosadores de nossa língua. Obras: *Jornal de Timon, Vida do Padre Antônio Vieira*, etc.

LISPECTOR, CLARICE (1925, Ucrânia-1977). Romancista, contista e cronista, veio para o Brasil com dois meses de idade. Obras: *Perto do Coração Selvagem, Laços de Família*, etc.

LISZT, Franz (1811-1886, Hungria). Compositor erudito, autor de *Os Prelúdios, Fausto* (sinfonia), etc.

LOBO ANTUNES, Antônio (1942, Port.). Escritor. Obras: *Auto dos Danados, O Esplendor de Portugal*, etc.

LOBO, ARISTIDES da Silveira (1838, PB-1896). Jornalista e político, ministro do governo provisório da República; um dos chefes do levante de 15 de novembro de 1889.

LOBO (Eduardo de Góis Lobo, dito **EDU)** (1943, RJ). Compositor e cantor popular, autor de *Arrastão, Ponteio*, etc.

LOCKE, John (1632, Inglaterra-1704). Filósofo. Obras: *Ensaio sobre o Entendimento Humano, Cartas sobre a Tolerância*, etc.

LOMAS VALENTINAS, Batalha das. Batalha da guerra do Paraguai, em dezembro de 1868, vencida pelas tropas da Tríplice Aliança e que obrigou Solano López a retirar-se para Cerro Corá.

LONDRINA (PR). Mun., 426.607 hab. Agricultura (soja, café, cereais). Suínos. Ind. químicas e alimentícias.

LOPES (Bernardino da Costa, dito **B.**) (1859, RJ-1916). Poeta simbolista. Obras: *Cromos, Brasões, Val de Lírios*, etc.

LOPES da Silva TROVÃO, José (1847, RJ-1925). Orador e polemista, um dos grandes vultos da campanha republicana.

LOPES, FERNÃO (1380?, Port.-1450?). Historiador, cronista primoroso de sua época. Obras: *Crônica del-Rei D. João I de Boa Memória, Crônica do Senhor Rei D. Pedro I*, etc.

LOPES, MOACIR Costa (1927, CE). Romancista. Obras: *Maria de Cada Porto, A Ostra e o Vento*, etc.

LORENZO FERNANDEZ, Oscar (1897, RJ-1948). Compositor erudito. Fundador do Conservatório Brasileiro de Música. Obras: *Trio Brasileiro*, *Malasarte*, etc.

LOURENÇO, EDUARDO (1923, Port.). Ensaísta e crítico literário. Obras: *Heterodoxia I*, *Pessoa Revisitado*, *Os Militares e o Poder*, etc.

LOURENÇO, SÃO (MG). Mun., 33.736 hab. Estância hidromineral. Laticínios.

LOUZEIRO, JOSÉ de Jesus (1932, MA). Contista e romancista. Obras: *Infância dos Mortos*, *Araceli, Meu Amor*, etc.

LUCIANO (c. 125, Samósata, Síria-c. 192). Autor de opúsculos espirituosos e satíricos como, p. ex., os *Diálogos dos Deuses* e os *Diálogos dos Mortos*.

LUCRÉCIO Caro, Tito (c. 94, Roma-c. 53 a.C.). Poeta latino. Obra: *Da Natureza das Coisas*, poema didático em seis livros, em que expõe a filosofia de Epicuro.

LUFT, LIA Fett (1938, RS). Romancista, cronista e tradutora. Obras: *As Parceiras*, *A Asa Esquerda do Anjo*, *Exílio*, etc.

LUÍS IX (1215, França-1270). Rei da França a partir de 1226. Participou das duas últimas cruzadas. Foi canonizado em 1297.

LUÍS XIV, o Grande (1638, França-1715). Rei da França entronizado em 1643. Levou ao apogeu a monarquia absoluta.

LUÍS XVI (1754, França-1793). Rei da França desde 1774. Foi guilhotinado pela Revolução Francesa.

LUÍS DELFINO dos Santos (1834, SC-1910). Poeta romântico, parnasiano e simbolista. Obras: *Algas e Musgos*, *Poesias Líricas*, *Íntimas e Aspásias*, etc.

LUÍS EDMUNDO de Melo Pereira da Costa (1878, RJ-1961). Historiador e memorialista. Obras: *O Rio de Janeiro no Tempo dos Vice-Reis*, *O Rio de Janeiro do Meu Tempo*, etc.

LUND, PETER Wilhelm (1801, Dinamarca-1880). Naturalista radicado no Brasil. Considerado o pai da paleontologia brasileira.

LUTERO, Martinho (1483, Alemanha-1546). Teólogo e reformador religioso. Fundou a Igreja Luterana e traduziu pela primeira vez a Bíblia para o alemão.

LUZ, CARLOS Coimbra da (1894, MG-1961). Político. Presidente da Câmara dos Deputados, exerceu a presidência da República de 19 a 30 de abril de 1955 e de 9 a 11 de novembro de 1955.

LUZIÂNIA (GO). Mun., 119.676 hab.

M

MABE, MANABU (1924, Japão). Pintor abstracionista de origem japonesa; veio para o Brasil em 1934.

MACAÉ (RJ). Mun., 121.631 hab. Agricultura (cana-de-açúcar). Ind. alimentícia.

MACAPÁ. Capital do AP (256.033 hab.), cortada pelo Equador, situada em terra constituída de campos cerrados; surgiu como povoado em torno do fortim de Santo Antônio de Macapá (depois fortaleza de São José de Macapá, em 1771); elevada a cidade em 1856.

MACEDO, Joaquim Manuel de (1820, RJ-1882). Romancista, poeta e autor dramático, foi um bom cronista do Rio antigo. Obras: *A Moreninha*, *O Moço Loiro*, *Memórias da Rua do Ouvidor*, etc.

MACEDO MIRANDA, José Carlos de (1920, RJ-1974). Romancista e contista. Obras: *Pequeno Mundo de Outrora*, *O Pão dos Mortos*, etc.

MACEIÓ. Capital de AL (786.288 hab.), situada junto à lagoa Mundaú. Comércio de exportação pelo porto de Jaraguá. Turismo. Elevada a vila em 1815, e a cidade e capital da província de Alagoas em 1835.

MACHADO, ANA MARIA (1941, RJ). Romancista e autora de literatura infanto-juvenil. Obras: *Alice e Ulisses*, *Tropical Sol da Liberdade*, etc.

MACHADO, ANÍBAL Monteiro (1894, MG-1964). Contista e romancista: *A Morte da Porta-Estandarte e Outras Histórias*, *João Ternura*, etc.

MACHADO DE ASSIS, Joaquim Maria (1839, RJ-1908). Romancista, contista, cronista, poeta e dramaturgo, considerado o maior prosador brasileiro. Membro fundador da ABL e seu primeiro presidente. Obras: *Memórias Póstumas de Brás Cubas*, *Quincas Borba*, *Dom Casmurro*, *Esaú e Jacó*, *Memorial de Aires*, etc.

MACHADO, DIONÉLIO (1895, RS-1995). Romancista. Obras: *Os Ratos*, *O Louco do Cati*, etc.

MACHADO, GILKA da Costa de Melo (1893, RJ-1980). Poetisa simbolista que cultivou tb. o verso livre. Obras: *Cristais Partidos*, *Mulher Nua*, etc.

MACHADO, MARIA CLARA (1921, MG). Autora e diretora de teatro, criou no Rio de Janeiro o Tablado, que se dedica sobretudo aos espetáculos infantis. Obras: *Pluft, o Fantasminha*, *O Cavalinho Azul*, etc.

MACHADO, RUBEM MAURO (1941, AL). Romancista e contista. Obras: *Jacarés ao Sol*, *A Idade da Paixão*, *Lobos*, etc.

MACIEL MONTEIRO, Antônio Peregrino (1804, PE-1868). Poeta a quem se atribui o papel de iniciador do nosso romantismo. Obra: *Poesias*.

MADEIRA, MARCOS ALMIR (1916, RJ). Educador e sociólogo. Obras: *Homens de Marca*, *Posições Vanguardeiras na Sociologia Brasileira*, etc.

MADEIRA. Rio de RO e AM (3.200km), o mais importante tributário do Amazonas.

MAGALDI, SÁBATO Antônio (1927, MG). Crítico de teatro. Obras: *Panorama do Teatro Brasileiro*, *Iniciação ao Teatro*, etc.

MAGALHÃES, ADELINO (1887, RJ-1969). Romancista e contista de técnica impressionista. Obras: *Casos e Impressões, Tumulto da Vida*, etc.

MAGALHÃES, ALUÍSIO (1927, PE-1982). Artista plástico, vencedor dos primeiros concursos brasileiros de desenhos de símbolos e marcas.

MAGALHÃES, BASÍLIO DE (1874, MG-1957). Historiador e folclorista. Obras: *A Expansão Geográfica do Brasil até os Fins do Séc. XVII, O Café na História*, etc.

MAGALHÃES (Celso da Cunha Magalhães, dito **CELSO DE)** (1849, MA-1879). Poeta, romancista e folclorista: *Versos, O Padre Estanislau, Um Estudo de Temperamento*, etc.

MAGALHÃES, FERNÃO DE (c.1480, Port.-1521). Navegador que comandou a primeira expedição que deu a volta ao mundo.

MAGALHÃES JÚNIOR, Raimundo (1907, CE-1981). Cronista, ensaísta e teatrólogo. Obras: *Artur Azevedo e Sua Época, Machado de Assis Desconhecido*, etc.

MAGALHÃES, ROBERTO (1940, RJ). Pintor e gravador. Xilogravuras premiadas na Bienal de Paris e no Salão Nacional de Arte Moderna.

MAGNE, P.ᵉ Augusto (1887, França-1966). Filólogo e lexicógrafo que se dedicou à edição de textos medievais portugueses (como *A Demanda do Santo Graal*) e estudos de etimologia.

MAGNO, PASCOAL CARLOS (1906, RJ-1980). Dramaturgo, animador, crítico e romancista. Fundou, em 1938, o Teatro do Estudante do Brasil, e organizou Festivais Nacionais de Teatros de Estudantes. Obras: *Pierrot, Sol sob as Palmeiras*, etc.

MAIA, ALCIDES Castilhos (1878, RS-1944). Contista e romancista. Obras: *Tapera, Ruínas Vivas, Alma Bárbara*, etc.

MAÍSA Figueira Monjardim Matarazzo (1936, ES-1977). Cantora e compositora popular, autora de *Meu Mundo Caiu, Ouça*, etc.

MAJÉ (RJ). Mun., 183.113 hab. Ind. de bebidas, de papel e têxteis.

MALFATTI, ANITA (1896, SP-1964). Pintora ligada à Semana de Arte Moderna. Obras: *A Estudante, Tropical*, etc.

MALLARMÉ, Stéphane (1842, França-1898). Poeta simbolista. Obras: *A Tarde de um Fauno, Herodíade*, etc.

MALLE, LOUIS (1932, França-1995). Cineasta. Obras: *Os Amantes, Lacombe Lucien, Adeus, Meninos*, etc.

MAMORÉ. Rio de RO (1.717km), limítrofe entre a Bolívia e o Brasil.

MANACAPURU (AM). Mun., 65.577 hab. Extrativismo (castanha-do-pará, borracha). Agricultura (juta, pimenta-do-reino).

MANAUS. Capital do AM (1.255.049 hab.), porto na margem esquerda do rio Negro; surgiu como arraial no século XVII; tornou-se cidade em 1848; o crescimento que acompanhou o ciclo da borracha foi retomado com a criação da Zona Franca, em 1967; local do primeiro teatro brasileiro, o Teatro Amazonas, inaugurado em 1896.

MANDELA, NELSON Rolihlahla (1918, África do Sul). Ativista político que lutou contra o *apartheid* e foi eleito presidente da África do Sul em 1994. Preso durante 27 anos, foi libertado em 1990. Prêmio Nobel da Paz de 1993.

MANET, Édouard (1832, França-1883). Pintor. Obras: *Olímpia, O Tocador de Pífaro*, etc.

MANGABEIRA, JOÃO (1880, BA-1964). Político e jurista. Autor do anteprojeto da Constituição de 1934.

MANGABEIRA, OTÁVIO (1886, BA-1960). Político e escritor. Obras: *As Últimas Horas da Legalidade, Machado de Assis*, etc.

MANN, THOMAS (1875, Alemanha-1955). Romancista e contista. Obras: *A Montanha Mágica, Doutor Fausto*, etc.

MANTIQUEIRA, serra da. Cordilheira que se estende por MG, SP e RJ.

MANZONI, Alessandro (1785, Itália-1873). Romancista e teórico do romantismo, autor do romance histórico *Os Noivos*.

MAOMÉ (c. 570, Meca-632). Fundador do islamismo.

MAO TSÉ-TUNG (1893, China-1976). Político. Líder comunista e teórico do marxismo. Presidiu a República Popular da China de 1954 a 1959.

MAPUERA. Rio do PA (400km), afluente do Trombetas.

MAQUIAVEL, Nicolau (1469, Itália-1527). Político, historiador e comediógrafo. Obras: *O Príncipe, Comentários sobre os Primeiros Dez Livros de Tito Lívio, A Mandrágora*, etc.

MARABÁ (PA). Mun., 162.236 hab. Comércio de castanha-do-pará.

MARACANAÚ (CE). Mun., 161.409 hab.

MARAJÓ. Ilha do PA, na foz do rio Amazonas. É a maior ilha da América do Sul, com cerca de 50.000km². Criação de búfalos e gado bovino. Artesanato marajoara.

MARANGUAPE (CE). Mun., 82.064 hab.

MARANHÃO. Estado da região N.E., o de maior índice de população rural (48%). *Sigla*: MA. *Superfície*: 333.366km². *População*: 5.418.349. *Densidade*: 16,25 hab./km². *Crescimento demográfico*: 1,1% ao ano. *Capital*: São Luís. *Municípios*: 217. *Municípios mais populosos*: São Luís, Imperatriz, Caxias, Timon, Codó, São José de Ribamar, Bacabal, Açailândia, Barra do Corda, Santa Inês. *Economia*: participação no PIB: 0,98%; agricultura: cana-de-açúcar, mandioca, arroz, milho, soja, feijão, algodão, babaçu, banana; extrativismo (fibra e cera de carnaúba e oiticica); pecuária: bovinos, suínos; mineração: ouro; indústria: alimentícia, metalúrgica, madeireira; a inauguração, em 1970, da hidrelétrica da Boa Esperança, no rio Parnaíba, e a de Tucuruí, no Tocantins (PA), viabilizaram a instalação do distrito industrial de Itaqui, na ilha de São Luís, onde foi implantado grande projeto para processamento da bauxita vinda de Carajás. Povoamento iniciado pelos franceses, em 1612, com a fundação de São Luís; ocupação luso-brasileira a partir de 1644, com a expulsão dos holandeses.

MARCGRAVE, JORGE (1610, Alemanha-1644), Naturalista que veio para o Brasil em 1638, a convite de Maurício de Nassau. Obra: *História Natural do Brasil* (em colaboração com Guilherme Piso).

MARCOS de Barros, PLÍNIO (1935, SP-1999), Dramaturgo. Obras: *Barrela, Dois Perdidos numa Noite Suja, Navalha na Carne*, etc.

MARECHAL DEODORO (AL), Mun., 28.215 hab. Cidade histórica. Arquitetura colonial. Turismo.

MARIANA (MG), Mun., 40.217 hab. Cidade histórica tombada pelo IPHAN. Bovinos.

MARIANO Carneiro da Cunha, OLEGÁRIO (1889, PE-1958), Poeta parnasiano e simbolista. Obras: *Ângelus, Últimas Cigarras, Castelos na Areia*, etc.

MARIA QUITÉRIA de Jesus (1792, BA-1853), Heroína das lutas pela Independência na Bahia.

MARICÁ (RJ), Mun., 60.286 hab. Turismo.

MARICÁ, MARQUÊS DE (Mariano José Pereira da Fonseca) (1773, RJ-1848), Pensador e político com participação ativa no movimento da Independência, autor de *Máximas, Pensamentos e Reflexões*.

MARÍLIA (SP), Mun., 185.221 hab. Agricultura (café, algodão e amendoim); bovinos e suínos; ind. de bebidas.

MARINGÁ (PR), Mun., 280.644 hab. Ind. têxtil, alimentícia e de móveis.

MARINHEIROS, REVOLTA DOS. V. CHIBATA, Revolta da.

MARINHO, ROBERTO (1904, RJ), Jornalista e empresário.

MÁRIO FAUSTINO dos Santos e Silva (1930, PI-1962), Poeta e crítico literário. Obras: *O Homem e Sua Hora, Cinco Ensaios sobre Poesia*.

MARIVAUX, Pierre Carlet de Chamblain de (1688, França-1763), Comediógrafo que se mostrou fino psicólogo em comédias como *O Jogo do Amor e do Acaso*.

MARIZ E BARROS, Antônio Carlos de (1835, RJ-1866), Herói da guerra do Paraguai, comandou o encouraçado Tamandaré.

MARIZ, VASCO (1921, RJ), Musicólogo e diplomata. Obras: *Figuras da Música Brasileira*

Contemporânea, História da Música no Brasil, etc.

MARQUES, Francisco XAVIER Ferreira (1861, BA-1942), Poeta, romancista e ensaísta. Obras: *Insulares, Jana e Joel, A Arte de Escrever*, etc.

MARQUES, OSVALDINO Ribeiro (1916, MA), Crítico literário e tradutor. Obras: *O Poliedro e a Rosa, A Seta e o Alvo*, etc.

MARQUES REBELO (Edi Dias da Cruz, dito) (1907, RJ-1973), Romancista e contista. Obras: *Marafa, Oscarina, A Estrela Sobe, O Espelho Partido*, etc.

MAR, serra do. Cordilheira que marca o limite oriental do planalto brasileiro, de SC ao RJ; recebe diversas denominações locais: Órgãos, Estrela, Parati, Cubatão, Paranapiacaba, Graciosa, etc.

MARTIM VAZ, ilhas de. V. TRINDADE e MARTIM VAZ.

MARTINS, ALDEMIR (1922, CE). Desenhista e pintor de temas nordestinos.

MARTINS FONTES, José (1884, SP-1937), Poeta parnasiano. Obras: *Verão, Arlequinada, Volúpia*, etc.

MARTINS, FRAN (Francisco Martins, dito) (1913, CE), Romancista e contista. Obras: *Estrela do Pastor, O Cruzeiro Tem Cinco Estrelas*, etc.

MARTINS, HERIVELTO de Oliveira (1912, RJ-1992), Compositor popular, criador da brasileira *Ave-Maria no Morro, Praça Onze*, etc.

MARTINS MOREIRA, THIERS (1904, RJ-1970), Crítico literário e memorialista. Obras: *O Menino e o Palacete, Os Seres*, etc.

MARTINS PENA, Luís Carlos (1815, RJ-1848), Comediógrafo, criador da comédia brasileira de costumes com *O Juiz de Paz da Roça*. Obras: *Os Dous ou o Inglês Maquinista, As Casadas Solteiras, O Diletante*, etc.

MARTINS, WILSON (1921, SP), Crítico literário. Obras: *A Crítica Literária no Brasil, O Modernismo*, etc.

MARTIUS, Carl Friedrich Philipp VON (1794, Alemanha-1868), Botânico. Viajou ao Brasil em 1817, onde reuniu cerca de 6.500 espécies de plantas. Obras: *Gêneros e Espécies de Palmeiras, Flora Brasiliensis*, etc.

MARX, Karl (1818, Alemanha-1883), Filósofo e economista. Obras: *O Capital, Miséria da Filosofia*, etc.

MASCARENHAS DE MORAIS, João Batista (1883, RS-1968), Militar. Marechal do Exército, comandante da Força Expedicionária Brasileira na Itália.

MASCATES, Guerra dos. Série de distúrbios e conflitos ocorridos em Pernambuco, no início do século XVIII, entre os senhores de engenho de Olinda (portugueses) e os comerciantes de Recife (brasileiros).

MATARAZZO, Conde Francisco (1854, Itália-1937). Empresário. Um dos pioneiros da industrialização brasileira.

MATISSE, Henri (1869, França-1954). Pintor. Foi o principal representante do fovismo.

MATO GROSSO. Estado da região C.-O. *Sigla*: MT. *Superfície*: 906.807km². *População*: 2.375.549. *Densidade*: 2,62 hab./km². *Crescimento demográfico*: 1,9% ao ano. *Capital*: Cuiabá. *Municípios*: 126. *Municípios mais populosos*: Cuiabá, Várzea Grande, Rondonópolis, Cáceres, Sinop, Tangará da Serra, Barra do Garças. *Economia*: participação no PIB: 1,09%; agropecuária: cana-de-açúcar, soja, milho, arroz, algodão, café, feijão; bovinos, suínos; extrativismo (borracha, poaia, madeira de lei e guaraná); mineração: ouro; indústria: metalúrgica, alimentícia.

MATO GROSSO DO SUL. Estado da região C.-O. *Sigla*: MS. *Superfície*: 358.159km². *População*: 2.026.600. *Densidade*: 5,66 hab./km². *Crescimento demográfico*: 1,5% ao ano. *Capital*: Campo Grande. *Municípios*: 77. *Municípios mais populosos*: Campo Grande, Dourados, Corumbá, Três Lagoas, Ponta Porã, Aquidauana. *Economia*: participação no PIB: 1,38%; agricultura: cana-de-açúcar, soja, milho, mandioca, arroz, algodão, trigo, feijão; pecuária: bovinos (maior rebanho de gado de corte do País: 23 milhões de cabeças), suínos; mineração: extração de minério de ferro e manganês no maciço de Urucum; indústria: alimentícia, cimento, extrativa mineral. Criado pela lei complementar nº 31, de 11 de outubro de 1977; passou a estado em 1º de janeiro de 1979.

MATOS Guerra, GREGÓRIO DE (1633?, BA-1696). Poeta satírico e lírico, foi o crítico por excelência da sociedade baiana do séc. XVII. Recebeu a alcunha de Boca do Inferno.

MAUÁ (SP). Mun., 364.968 hab. Ind. química e de material elétrico. Refinaria de petróleo e pólo petroquímico.

MAUÁ, Barão e Visconde de (Irineu Evangelista de Sousa) (1813, RS-1889). Empresário e político. Fundou indústrias e companhias ferroviária, de navegação, de iluminação, gás e estaleiros, etc.

MAURER JÚNIOR, Teodoro Henrique (1906, SP). Filólogo. Obras: *A Voz Médio-Passiva e o Impessoal Indo-Europeu*, etc.

MAURO, HUMBERTO Duarte (1897, SP-1983). Cineasta. Obras: *Brasa Dormida, Ganga Bruta, O Canto da Saudade*, etc.

MAZAGÃO (AP). Mun., 11.353 hab.

MEARIM. Rio do MA (750km); deságua na baía de São Marcos.

MEDAUAR, JORGE Emílio (1918, BA). Poeta e contista. Obras: *Morada de Paz, Fluxograma, O Incêndio*, etc.

MEDEIROS E ALBUQUERQUE, José Joaquim de Campos da Costa de (1867, PE-1934). Poeta, contista e memorialista. Obras: *Poemas sem Verso, Mãe Tapuia, Quando Eu Era Vivo*, etc.

MÉDICI, Emílio Garrastazu (1905, RS-1985). Militar e político. Presidente da República (1969-1974) em cujo governo se agravou o autoritarismo.

MEIRELES, CECÍLIA (1910, RJ-1964). Poetisa e autora dramática. Obras: *Espectros, Vaga Música, Retrato Natural, Romanceiro da Inconfidência*, etc.

MEIRELES de Lima, VÍTOR (1832, SC-1903). Pintor de temas históricos: *A Primeira Missa no Brasil, Batalha dos Guararapes*, etc.

MÉLIÈS, Georges (1861, França-1938). Cineasta, um dos pioneiros do cinema. Obras: *A Escamoteação de uma Dama, Viagem à Lua*, etc.

MELO BREYNER, SOFIA DE (1919, Port.). Poetisa e contista. Obras: *Coral, Grades, Contos Exemplares*, etc.

MELO, CUSTÓDIO José DE (1840, BA-1902). Militar (almirante) e político. Participou da guerra do Paraguai e liderou o levante da Armada no governo de Floriano Peixoto.

MELO FILHO, MURILO (1928, RN). Jornalista e ensaísta. Obras: *O Modelo Brasileiro*, etc.

MELO, FRANCISCO MANUEL DE (1608, Port.-1666). Poeta, historiador, moralista e comediógrafo. Obras: *Carta de Guia de Casados, Auto do Fidalgo Aprendiz, Apólogos Dialogais, Feira de Anexins*, etc.

MELO FRANCO, AFONSO ARINOS DE (1930, MG). Embaixador e escritor. Obras: *Primo Canto, Tempestade no Altiplano*, etc.

MELO, TIAGO Amadeu DE (1926, AM). Poeta. Obras: *Silêncio e Palavra, Mormaço na Floresta*, etc.

MELVILLE, Herman (1819, E.U.A.-1891). Romancista e contista. Obras: *Moby Dick, Billy Budd*, etc.

MENA BARRETO, João de Deus (1874, RS-1933). Militar e político. Integrou a junta governativa que assumiu o poder após a revolução de 1930.

MENANDRO (c. 342, Atenas-292 a.C.). Comediógrafo. O mais representativo autor da Comédia Nova Grega. Obras: *O Misantropo*, etc.

MENDES, Manuel ODORICO (1799, MA-1864). Poeta e tradutor que verteu para o português Virgílio e Homero. Obras: *Hino à Tarde, Ode ao Sonho*, etc.

MENDES, MURILO Monteiro (1901, MG-1975). Um dos maiores poetas da fase modernista. Obras: *Poemas, A Poesia em Pânico, O Visionário, Mundo Enigma*, etc.

MENDONÇA, LÚCIO Eugênio DE Meneses e Vasconcelos Drummond Furtado de (1854, RJ-1909). Poeta e memorialista. Obras: *Canções de Outono, Horas do Bom Tempo*, etc.

MENDONÇA TELES, GILBERTO (1931, GO). Poeta. Obras: *Sociologia Goiana, Hora Aberta*, etc.

MENESCAL, ROBERTO Batalha (1937, ES). Compositor popular, autor, com Ronaldo Bôscoli, de *O Barquinho*, um dos clássicos da bossa nova.

MENESES, EMÍLIO DE (1866, PR-1918). Poeta parnasiano de veia crítica e satírica. Obras: *Dies Irae, Poemas da Morte*, etc.

MENESES E SOUSA, João Cardoso de. V. PARANAPIACABA, Barão de.

MENOTTI DEL PICCHIA, Paulo (1892, SP-1988). Poeta e romancista. Participou da Semana de Arte Moderna. Obras: *Juca Mulato, Máscaras, Kamunká, Salomé*, etc.

MERQUIOR, José Guilherme Alves (1942, RJ-1991). Crítico literário e ensaísta. Obras: *Razão do Poema, Verso e Universo em Drummond, O Argumento Liberal*, etc.

MESQUITA, ALFREDO (1905, SP-1986). Dramaturgo, diretor de teatro, contista e romancista. Obras: *Em Família, Casa Assombrada, A Esperança da Família, Contos do Dia e da Noite, Vidas Avulsas*, etc.

MEYER, AUGUSTO (1902, RS-1970). Poeta, folclorista, crítico literário e memorialista. Obras: *Sorriso Interior, Poemas de Bilu, Machado de Assis, A Forma Secreta, No Tempo da Flor*, etc.

MICHAËLIS de Vasconcelos, CAROLINA (1851, Alemanha-1925). Filóloga. Obras: *Notas Vicentinas, Glossário do Cancioneiro da Ajuda, Lições de Filologia Portuguesa*, etc.

MIGNONE, FRANCISCO (1897, SP-1986). Compositor e regente. Obras: óperas *O Contratador de Diamantes* e *O Chalaça; Lendas Sertanejas, Maracatu do Chico Rei*, etc.

MIGUEL ÂNGELO (Michelangelo Buonarroti) (1475, Itália-1564). Pintor, escultor e arquiteto. Obras: *Davi, Moisés, Pietà*, os afrescos da capela Sistina, etc.

MIGUEL PEREIRA, LÚCIA (1903, MG-1959). Crítica literária e romancista. Obras: *História da Literatura Brasileira – Prosa de Ficção (de 1870 a 1920), Machado de Assis, Cabra-Cega*, etc.

MIGUEZ, LEOPOLDO Américo (1850, RJ-1902). Compositor e regente. Obras: óperas *Os Saldunes* e *Pelo Amor, Sinfonia em Si Bemol*, etc.

MILANO, DANTE (1899, RJ-1991). Poeta e escultor. Obras: *Poesias, Três Cantos do Inferno* (tradução), etc.

MILLER, ARTHUR Ashur (1915, E.U.A.). Dramaturgo. Obras: *A Morte de um Caixeiro-Viajante, As Feiticeiras de Salém, Depois da Queda*, etc.

MILLIET da Costa e Silva, SÉRGIO (1898, SP-1966). Poeta, ensaísta e tradutor. Obras: *Poemas Análogos, Diário Crítico*, etc. Traduziu Montaigne, Sartre, etc.

MILTON, John (1608, Inglaterra-1674). Poeta. Obras: *O Paraíso Perdido, O Paraíso Reconquistado*.

MINAS GERAIS. Estado da região S.E. *Sigla*: MG. *Superfície*: 588.384km². *População*: 17.100.314. *Densidade*: 29,39 hab./km². *Crescimento demográfico*: 1,1% ao ano. *Capital*: Belo Horizonte. *Municípios*: 853. *Municípios mais populosos*: Belo Horizonte, Contagem, Uberlândia, Juiz de Fora, Betim, Montes Claros, Uberaba, Governador Valadares, Ribeirão das Neves, Ipatinga, Divinópolis, Sete Lagoas. *Economia*: participação no PIB: 9,83%; agropecuária: cana-de-açúcar, milho, café (maior produtor), soja, feijão, arroz, algodão, laranja, banana; bovinos (maior produtor de leite), suínos, eqüinos; mineração: ferro, alumínio-bauxita, manganês, zinco, berílio, nióbio, ouro, prata; indústria: metalúrgica, siderúrgica, mecânica, extrativa mineral, alimentícia, automobilística; é o terceiro parque industrial do Brasil.

MIRANDA. Rio de MS (490km), afluente da margem esquerda do Paraguai.

MIRANDA, ANA Maria (1951, CE). Romancista. Obras: *Boca do Inferno, O Desmundo, Clarice*, etc.

MIRIM. Lagoa do RS, na fronteira com o Uruguai.

MIRÓ, Joan (1893, Espanha-1983). Pintor e escultor surrealista. Obras: *Interiores Holandeses, Carnaval do Arlequim, O Ovo*, etc.

MOÇORÓ (RN). Mun., 212.049 hab. Extração de sal.

MODIGLIANI, Amedeo (1884, Itália-1920). Pintor. Obras: *Jeanne Hébuterne, Lolotte*, etc.

MOJI DAS CRUZES (SP). Mun., 330.876 hab. Ind. mecânica, química e têxtil. Horticultura e avicultura.

MOJIGUAÇU. Rio de SP (439km), afluente do Pardo.

MOJIGUAÇU (SP). Mun., 120.884 hab. Ind. de papel, cerâmica e química. Metalurgia.

MOJIMIRIM (SP). Mun., 75.337 hab. Ind. alimentícia e de móveis de aço.

MOJU. Rio do PA (479km), afluente do Tocantins.

MOLIÈRE (Jean-Baptiste Poquelin, dito) (1622, França-1673). Comediógrafo, diretor e ator. Obras: *A Escola de Mulheres, O Tartufo, D. Juan* e *O Misantropo*, súmulas da sabedoria humana.

MONDRIAN, Piet (1872, Holanda-1944). Pintor abstrato. Obras: *Composição com Vermelho, Preto, Amarelo e Cinzento*, etc.

MONET, Claude (1840, França-1926). Pintor impressionista. Obras: *Impressão, Sol Nascente* (quadro que deu origem ao termo impressionismo), *Ninféias*, etc.

MONTAIGNE, Michel Eyquem de (1533, França-1592). Filósofo. Obras: *Ensaios*, etc.

MONT'ALVERNE, Frei Francisco de (nome religioso de **Francisco José de Carvalho**) (1784,

RJ-1859)· Orador sacro. Obras: *Compêndio de Filosofia*, *Obras Oratórias*.

MONTEIRO, CLÓVIS do Rego (1898, CE-1961)· Filólogo. Obras: *Português da Europa e Português da América*, *Fundamentos Clássicos do Português do Brasil*, etc.

MONTEIRO LOBATO, José Bento (1882, SP-1948)· Contista e autor de literatura infantil. Obras: *Urupês*, *Cidades Mortas*, *Negrinha*, etc. Literatura infantil: *Reinações de Narizinho*, *Caçadas de Pedrinho*, *Os Doze Trabalhos de Hércules*, etc.

MONTEIRO, TOBIAS do Rego (1876, RN-1952)· Jornalista e historiador. Obras: *História do Império – a Elaboração da Independência*, *O Primeiro Reinado*, etc.

MONTELO, JOSUÉ de Sousa (1916, MA)· Romancista, ensaísta e memorialista. Obras: *Labirinto de Espelhos*, *Noite sobre Alcântara*, *Os Tambores de São Luís*, etc.

MONTENEGRO, FERNANDA (Arlete Pinheiro Monteiro Torres, dita) (1930, RJ)· Atriz e empresária, uma das primeiras damas do nosso teatro.

MONTES CLAROS (MG). Mun., 281.523 hab. Ind. têxtil, alimentícia e de cimento.

MONTESQUIEU, Barão de la Brède e de (Charles de Secondat) (1689, França-1755)· Filósofo e moralista. Obras: *Cartas Persas*, *O Espírito das Leis*, etc.

MORADA NOVA (CE)· Mun., 60.426 hab.

MORAIS Barros, PRUDENTE José DE (1841, SP-1902)· Político. Republicano histórico, primeiro presidente da República eleito pelo voto popular (1894-1898).

MORAIS, DULCINA DE (1908, RJ-1996)· Atriz e empresária. Nos últimos anos, dirigiu um curso de teatro em Brasília.

MORAIS FILHO, EVARISTO DE (1914, RJ)· Jurista e sociólogo. Obras: *Liberdade e Cultura*, *Liberalismo e Federalismo*, etc.

MORAIS, Marcos VINÍCIUS Cruz DE (1913, RJ-1980)· Poeta e compositor popular (letrista). Obras: *Novos Poemas*, *Livro de Sonetos*, etc.

MORAIS SILVA, Antônio de (1757, RJ-1924)· Lexicógrafo e gramático. Obras: *Dicionário da Língua Portuguesa*, *Gramática Portuguesa*, etc.

MORE (ou MORUS), THOMAS, São (1478, Inglaterra-1535)· Humanista e político. Obras: *A Utopia*, etc.

MOREIRA CAMPOS, José Maria (1914, CE)· Contista. Obras: *Vidas Marginais*, *Os Doze Parafusos*, etc.

MOREIRA da Costa Ribeiro, DELFIM (1868, MG-1920)· Político. Presidente da República (1918-1919) por morte de Rodrigues Alves, de quem era o vice.

MOREIRA da Silva, ÁLVARO Maria da Soledade Pinto da Fonseca Velhinho Rodrigues

(1888, RS-1964)· Poeta, cronista e memorialista. Obras: *Elegia da Bruma*, *As Amargas, não*, etc.

MOREIRA DA SILVA, Antônio (1902, RJ–2000)· Cantor e compositor popular, intérprete do samba de breque, autor de *Acertei no Milhar*, *Na Subida do Morro*, etc.

MORINEAU, HENRIETTE (1907, França-1990)· Atriz, diretora e empresária. No Brasil, a partir de 1946, fez espetáculos importantes à frente de Os Artistas Unidos, atuando em português.

MORRO DO COUTO. Pico situado na serra das Prateleiras (RJ), com 2.680m de altitude.

MORTES, rio das. Rio de MT, GO e TO (883km), afluente do Araguaia.

MOSQUITOS, serra dos. Elevação de SP, no limite com MG.

MOTA e Albuquerque, MAURO Ramos da (1911, PE-1984)· Poeta e ensaísta. Obras: *Elegias*, *Canto ao Meio*, etc.

MOTA FILHO, CÂNDIDO (1897, SP-1977)· Crítico literário, jurista e memorialista. Obras: *O Caminho das Três Agonias*, *Contagem Regressiva*, etc.

MOTA, LEONARDO Ferreira (1891, CE-1948)· Folclorista. Obras: *Cantadores*, *No Tempo de Lampião*, *Adagiário Brasileiro*, etc.

MOURA, EMÍLIO Guimarães (1901, MG-1971)· Poeta. Obras: *Ingenuidade*, *O Espelho e a Musa*, etc.

MOURÃO-FERREIRA, DAVID de Jesus (1927, Port.)· Jornalista e escritor. Obras: *A Arte de Amar*, *Um Amor Feliz*, etc.

MOURÃO, RONALDO Rogério de Freitas (1935, RJ)· Astrônomo. Obras: *Dicionário Enciclopédico de Astronomia e Astronáutica*, etc.

MOZART, Wolfgang Amadeus (1756, Áustria-1791)· Compositor erudito, autor de *As Bodas de Fígaro*, *A Flauta Mágica*, *Missa de Réquiem*, etc.

MUCAJAÍ. Rio de RR (690km), afluente do Branco.

MUCAJAÍ (RR)· Mun., 10.895 hab.

MUCURI. Rio de MG, ES e BA (417km).

MULATOS, Revolução dos. V. BAIANA, conjuração.

MURAT, LUÍS Morton Barreto (1861, RJ-1929)· Poeta parnasiano e político. Lutou pela abolição da escravatura e pela Proclamação da República. Obras: *Quatro Poemas*, *Ondas*, etc.

MURIAÉ (MG). Mun., 84.905 hab. Ind. alimentícia.

MURNAU (Friedrich Wilhelm Plumpe, dito) (1889, Alemanha-1931)· Cineasta. Obras: *Nosferatu, uma Sinfonia de Terror*, *A Última Gargalhada*, etc.

MURTINHO, JOAQUIM Duarte (1848, MT-1911)· Político. Ministro da Fazenda de Campos Sales, adotou forte política de ajuste financeiro.

N

NABUCO de Araújo, JOAQUIM Aurélio Barreto (1849, PE-1910). Orador e diplomata. Principal figura da campanha abolicionista. Obras: *O Abolicionismo, Um Estadista do Império, Minha Formação*, etc.

NAPOLEÃO I (NAPOLEÃO BONAPARTE) (1769, França-1821). Imperador dos franceses de 1804 a 1815, foi um dos maiores gênios militares da história.

NASCENTES, ANTENOR de Veras (1886, RJ-1972). Filólogo e lexicógrafo. Obras: *O Linguajar Carioca, Dicionário Etimológico da Língua Portuguesa, Tesouro da Fraseologia Brasileira, A Gíria Brasileira, Dicionário de Sinônimos*, etc.

NASCIMENTO, EDSON ARANTES DO. V. PELÉ.

NASCIMENTO, MÍLTON (1942, RJ). Compositor e cantor popular, autor de *Travessia* (com Fernando Brandt), *Milagre dos Peixes, Clube da Esquina*, etc.

NÁSSARA, Antônio Gabriel (1910, RJ-1996). Cartunista e compositor popular. É um dos pais do cartunismo brasileiro.

NASSAR, RADUAN (1935, SP). Romancista. Obras: *Lavoura Arcaica, Um Copo de Cólera*.

NASSAU (Johann Mauritius van Nassau-Siegen, dito **MAURÍCIO DE)** (1604, Holanda-1679). Governador de Pernambuco (1637-1644) durante a dominação holandesa, modernizou a cidade de Recife e incrementou a economia açucareira.

NATAL. Capital do RN, situada no litoral, junto à embocadura do rio Potenji (688.955 hab.); dunas móveis; base espacial Barreira do Inferno, em Parnamirim; início com a construção do forte dos Reis Magos (1598).

NAVA, PEDRO da Silva (1903, MG-1984). Poeta e, sobretudo, memorialista. Obras: *O Defunto, Baú de Ossos, Balão Cativo, Chão de Ferro*, etc.

NAVIO, serra do. Situada no AP; jazidas de manganês.

NAVIRAÍ (MS). Mun., 34.670 hab.

NAZARÉ, ERNESTO (1863, RJ-1934). Compositor e pianista, autor de mais de 200 composições entre tangos, valsas, quadrilhas, choros, etc.

NEBLINA, pico da. Ponto culminante do Brasil, localizado na serra do Imeri, com 3.014m de altitude.

NEGREIROS, André VIDAL DE (1606, PB-1681). Um dos líderes da luta contra os holandeses em Pernambuco; foi governador do Maranhão e de Pernambuco.

NEGRO. Rio do AM (1.784km), afluente do Amazonas.

NEIVA, Artur (1880, BA-1943). Cientista. Estudou os transmissores da doença de Chagas, cuja primeira espécie identificou.

NEJAR, CARLOS (1939, RS). Poeta, crítico literá-

rio e romancista. Obras: *Sélesis, A Árvore do Mundo*, etc.

NÉLSON CAVAQUINHO (Nélson Antônio da Silva, dito) (1911, RJ-1986). Compositor e cantor popular, co-autor de sambas de sucesso como *Cinzas, Pranto de Poeta e Folhas Secas*.

NEPOMUCENO, ALBERTO (1864, CE-1920). Compositor e regente inspirado na temática popular. Obras: óperas *Ártemis* e *Abul, Suíte Brasileira*, etc.

NÉRI, ADALGISA (1905, RJ-1980). Poetisa, contista e romancista. Obras: *A Mulher Ausente, Cantos da Angústia, Og, A Imaginária*, etc.

NÉRI, ANA Justino Ferreira (1814, BA-1880). Pioneira da enfermagem no Brasil, participou da guerra do Paraguai.

NÉRI, ISMAEL (1900, PA-1934). Pintor. Precursor do surrealismo no Brasil, passou tb. pelo cubismo e pelo expressionismo.

NERUDA (Ricardo Neftalí Reyes, dito **PABLO)** (1904, Chile-1973). Poeta. Obras: *Vinte Poemas de Amor e uma Canção Desesperada*, etc.

NEVES, D. LUCAS Moreira (1925, MG). Sacerdote e escritor.

NEVES, TANCREDO de Almeida (1910, MG-1985). Político, foi primeiro-ministro parlamentarista do governo João Goulart e governador de MG. Eleito presidente da República em 1985, faleceu antes de tomar posse.

NEWTON, Isaac (1642, Inglaterra-1727). Matemático, físico e astrônomo. Descobriu as leis da atração universal.

NIEMEYER Soares Filho, OSCAR (1907, MG). Arquiteto de renome internacional, projetou os prédios governamentais de Brasília, o conjunto da Pampulha.

NIETZSCHE, Friedrich (1844, Alemanha-1900). Filósofo. Obras: *Assim Falou Zaratustra, A Origem da Tragédia*, etc.

NILÓPOLIS (RJ). Mun., 153.976 hab. Ind. alimentícia.

NINA RODRIGUES, Raimundo (1862, MA-1906). Sociólogo, etnólogo e folclorista. Obras: *O Animismo Fetichista dos Negros da Bahia, Os Africanos no Brasil*, etc.

NISKIER, Arnaldo (1935, RJ). Ensaísta e jornalista. Obras: *Educação É a Solução, A Tragédia da Escola Pública*, etc.

NITERÓI (RJ). Mun., 456.894 hab. Ex-capital do RJ. Ind. alimentícia, estaleiros.

NOBRE, ANTÔNIO (1867, Port.-1900). Poeta. Publicou em vida um único livro – *Só* (1892).

NÓBREGA, Manuel da (1517, Port.-1570). Sacerdote e escritor. Chefe da primeira missão jesuítica enviada ao Brasil em 1549. Obras: *Informação das Terras do Brasil, Diálogo sobre a Conversão do Gentio*, etc.

NOLL, João Gilberto (1946, RS). Romancista e contista. Obras: *O Cego e a Dançarina, A Fúria do Corpo, Mar Aberto*, etc.

NORBERTO de Sousa e Silva, JOAQUIM (1820, RJ-1891)· Romancista, poeta e historiador. Obras: *As Duas Órfãs, Mosaico Poético, História da Conjuração Mineira*, etc.

NORDESTE, REGIÃO. Formada pelos estados do MA, PI, RN, PB, PE, AL, SE e BA, de clima predominantemente tropical. É a região com maior taxa de analfabetismo (28,7%) e com menor renda *per capita* (1.845 dólares).

NORONHA, FERNANDO (ou FERNÃO) DE (séc. XV-XVI)· Comerciante português que obteve do rei concessão para explorar riquezas naturais no Brasil; descobridor da ilha que depois levaria seu nome.

NORTE, REGIÃO. Formada pelos estados do AC, AP, AM, PA, RO, RR e TO, de clima predominantemente equatorial. É a maior região do País (3.869.638km²) e a de menor densidade demográfica (3,06 hab./km²).

NOSSA SENHORA DO SOCORRO (SE)· Mun., 123.315 hab.

NOVA ANDRADINA (MS)· Mun., 34.216 hab.

NOVA FRIBURGO (RJ)· Mun., 170.241 hab. Ind. têxtil e de móveis. Turismo.

NOVA IGUAÇU (RJ)· Mun., 850.908 hab. Ind. metalúrgica, alimentícia, têxtil, de móveis, etc.

NOVA REPÚBLICA. Período do governo Sarney, em 1985, no qual foi retomada a democracia e promulgada nova Constituição.

NOVO HAMBURGO (RS)· Mun., 235.622 hab. Ind. de vestuário, calçados, couro e peles.

NUNES, BENEDITO José Viana da Costa (1922, PA)· Ensaísta. Obras: *Introdução à Filosofia da Arte, O Dorso do Tigre, O Tempo na Narrativa*, etc.

NUNES, LÍGIA BOJUNGA (RS, 1932)· Autora de literatura infantil. Obras: *Os Colegas, A Casa da Madrinha, Corda Bamba*, etc.

O

O'HIGGINS, Bernardo (1776, Chile-1842)· Militar. Libertador do Chile (auxiliado por San Martín) e herói da independência da Argentina e do Peru.

OHTAKE, TOMIE (1913, Japão)· Pintora e gravadora abstrata radicada no Brasil.

OIAPOQUE, rio. Rio do AP cuja foz se situa no extremo setentrional do litoral brasileiro; foi considerado, até recentemente, o ponto extremo norte do Brasil.

OITICICA, HÉLIO (1937, RJ-1980)· Pintor e escultor. Obras: *Parangolé*, etc.

OITICICA, JOSÉ Rodrigues Leite e (1882, MG-1957)· Filólogo e poeta. Obras: *Manual de Estilo, Estudos de Fonologia, Sonetos, Ode ao Sol*, etc.

OLÍMPIO Braga Cavalcanti, DOMINGOS (1850,

CE-1906)· Romancista e contista. Obras: *Luzia-Homem, O Almirante*, etc.

OLINDA (PE)· Mun., 349.380 hab. Cidade histórica fundada em 1535. Conjunto arquitetônico, paisagístico e urbanístico tombado pelo Patrimônio Mundial em 1982.

OLINDA, MARQUÊS DE (Pedro de Araújo Lima) (1793, PE-1870)· Político e estadista, sucedeu a Feijó como regente do Império; presidente do Conselho de Ministros quatro vezes.

OLIVEIRA, Antônio Mariano ALBERTO DE (1859-1937, RJ)· Poeta parnasiano. Obras: *Canções Românticas, Meridionais, Sonetos e Poemas*, etc.

OLIVEIRA, FILIPE Daudt D' (1891, RS-1933)· Poeta. Obras: *Lanterna Verde, Vida Extinta*, etc.

OLIVEIRA, FRANKLIN DE (1916, MA)· Jornalista e ensaísta. Obras: *A Fantasia Exata, Morte da Memória Nacional*, etc.

OLIVEIRA LIMA, Manuel de (1867, PE-1928)· Historiador e diplomata. Obras: *Memória sobre o Descobrimento do Brasil, O Reconhecimento do Império, José Bonifácio e o Movimento da Independência*, etc.

OLIVEIRA, MANUEL DE (1908, Port.)· Cineasta. Obras: *Amor de Perdição, Os Canibais, A Carta*, etc.

OLIVEIRA, MARLI DE (1935, ES)· Poetisa. Obras: *Cerco de Primavera, A Suave Pantera, O Deserto Jardim*, etc.

O'NEILL, Eugene (1888, E.U.A.-1953)· Grande dramaturgo, autor de *O Luto Assenta a Electra*, trilogia inspirada na *Orestia* de Ésquilo, etc.

ORICO, OSVALDO (1900, PA-1981)· Poeta, contista, memorialista e biógrafo. Obras: *Feitiço do Rio, O Tigre da Abolição, Vinha do Senhor*, etc.

OROZCO, José Clemente (1883, México-1949)· Pintor muralista. Obras: *Prometeu, A Verdadeira e a Falsa Justiça*, etc.

OSASCO (SP)· Mun., 648.091 hab. Centro industrial e comercial.

OSCARITO (Oscar Lorenzo Jacinto de la Inmaculata Concepción Teresa Días, dito) (1906, Espanha-1970)· Ator cômico naturalizado brasileiro. Participou de 45 filmes.

OSÓRIO, Manuel Luís, Marquês do Herval (1808, RS-1879). Militar e político que participou de todas as campanhas brasileiras no sul do continente; notável comandante na guerra do Paraguai.

OSTROWER, Fayga (1920, Polônia)· Gravadora e pintora, com vários prêmios no Brasil e no exterior.

OSWALD, Henrique (1852, RJ-1931)· Pianista e compositor. Obras: *Cruz de Ouro, A Mosca* e *As Fadas* (óperas), *Neva* (peça para piano), etc.

OSWALD, HENRIQUE Carlos Bicalho (1918, RJ-1965). Pintor e gravador.

OTÔNI, TEÓFILO Benedito (1807, MG-1869). Político. Deputado e senador do Império, líder da revolução liberal que eclodiu em seu estado e em SP em 1842.

OURINHOS (SP). Mun., 86.876 hab. Ind. alimentícia e de bebidas; refinaria de açúcar.

P

PACARAIMA, serra do. Cordilheira situada em RR, na fronteira com a Venezuela, cujo ponto culminante é o monte Roraima.

PACHECO, José FÉLIX Alves (1879, PI-1935). Político e poeta. Obras: *Chicotadas, A Aliança de Prata*, etc.

PADILHA, TARCÍSIO Meireles (1928, RJ). Ensaísta. Obras: *O Platonismo na Filosofia de Louis Lavelle, A Crise de Autoridade na Escola e na Universidade*, etc.

PAGU. V. GALVÃO, Patrícia Rehder.

PAIS da Silva, JOSÉ PAULO (1926, SP). Poeta, crítico literário e tradutor. Obras: *Anatomias, Meia Palavra, Resíduos*, etc.

PAIS, FERNÃO DIAS (c. 1608, SP-1681). Bandeirante. Desbravou os sertões do PR, SC e RS.

PAIVA, MANUEL DE OLIVEIRA (1861, CE-1892). Romancista e contista. Obras: *Dona Guidinha do Poço, A Afilhada*, etc.

PAJEÚ. Rio de PE (430km), afluente do São Francisco.

PALHETA, Francisco de Melo (c. 1670, PA- ?). Sertanista. É tido como o introdutor das primeiras mudas de café no Brasil.

PALHOÇA (SC). Mun., 81.176 hab.

PALLOTINI, RENATA (1931, SP). Poetisa e dramaturga. Obras: *Acalanto, A Faca e a Pedra*, etc.

PALMARES, QUILOMBO DOS. Aglomeração fortificada de cerca de 20.000 escravos fugidos, localizada em Alagoas. Durou mais de 70 anos, até ser destruída, em 1695, pelas tropas de Domingos Jorge Velho.

PALMAS. Capital do TO (121.919 hab.), cidade planejada para substituir a capital provisória, Miracema do Tocantins, antiga Miracema do Norte. O município foi criado em 1990.

PALMEIRA DOS ÍNDIOS (AL). Mun., 67.689 hab. Ind. alimentícia.

PALMÉRIO, MÁRIO de Ascensão (1916, MG-1996). Romancista. Obras: *Vila dos Confins, Chapadão do Bugre*.

PANCETTI (**Giuseppe Gianinni**, dito **JOSÉ**) (1904, SP-1959). Pintor que se notabilizou por suas marinhas e auto-retratos.

PANTANAL MATO-GROSSENSE. Grande planície localizada em MT e MS caracterizada por vegetação heterogênea (complexo do Pantanal), áreas inundáveis, rios piscosos, rica fauna (várias espécies em extinção); considerado paraíso ecológico.

PAPAGAIO, serra do. Situa-se no Sul de MG, entre os rios Paraibuna, Verde, Preto e das Mortes, com cerca de 1.800m de altitude.

PARÁ. Estado da região N. *Sigla*: PA. *Superfície*: 1.253.165km[2]. *População*: 5.886.454. *Densidade*: 4,69 hab./km[2]. *Crescimento demográfico*: 2,2% ao ano. *Capital*: Belém. *Municípios*: 143. *Municípios mais populosos*: Belém, Ananindeua, Santarém, Marabá, Castanhal, Abaetetuba, Itaituba, Cametá, Bragança, Altamira. *Economia*: participação no PIB: 2,18%; agricultura: mandioca, arroz, milho, feijão, cacau, pimenta-do-reino (maior produtor), frutas; extrativismo vegetal (maior produtor de castanha-do-pará, açaí e látex líquido); pecuária: bovinos, suínos; mineração: ferro (46% das reservas brasileiras), bauxita (76%), manganês, ouro (30% da produção do País); indústria: extrativa mineral, madeireira, metalúrgica; hidrelétrica de Tucuruí, no Tocantins; indústria de transformação de produtos minerais.

PARACATU. Rio de MG (441km), afluente da margem esquerda do São Francisco.

PARAGOMINAS (PA). Mun., 65.931 hab. Bovinos.

PARAGUAÇU (1500-1583). Índia tupinambá, casada com Diogo Álvares Correia, o Caramuru.

PARAGUAÇU. Rio da BA (496km); deságua na baía de Todos os Santos.

PARAGUAI. Rio de MT e MS (2.477km); deságua no Paraná.

PARAGUAI, Guerra do. Guerra entre o Paraguai e os países da Tríplice Aliança (Argentina, Brasil e Uruguai), iniciada em 1865 e concluída em março de 1870, com a derrota dos paraguaios e a morte de seu presidente, Francisco Solano López, em Cerro Corá.

PARAÍBA. Estado da região N.E. *Sigla*: PB. *Superfície*: 56.585km[2]. *População*: 3.375.609. *Densidade*: 59,65 hab./km[2]. *Crescimento demográfico*: 0,6% ao ano (o menor do País). *Capital*: João Pessoa. *Municípios*: 223. *Municípios mais populosos*: João Pessoa, Campina Grande, Santa Rita, Patos, Bayeux, Sousa, Guarabira, Cajazeiras, Sapé. *Economia*: participação no PIB: 0,75%; agricultura: cana-de-açúcar, milho, mandioca, feijão, arroz, algodão, agave, coco-da-baía; pecuária: bovinos, suínos, ovinos, caprinos; mineração: titânio-ilmenita, zircônio; indústria: alimentícia, metalúrgica, mecânica, vestuário, calçados. Forte emigração para outros estados; 97% do território situado no Polígono das Secas.

PARAÍBA DO NORTE. Rio da PB (360km); suas nascentes limitam este último com PE.

PARAÍBA DO SUL. Rio de SP e RJ (1.019km).

PARAIBUNA. Rio de MG e RJ (178km), afluente da margem esquerda do Paraíba do Sul.

PARAÍSO DO TOCANTINS (TO). Mun., 32.981 hab.

PARANÁ. Estado da região S. *Sigla*: PR. *Superfície*: 199.709km². *População*: 9.375.609. *Densidade*: 46,95 hab./km². *Crescimento demográfico*: 1,2% ao ano. *Capital*: Curitiba. *Municípios*: 399. *Municípios mais populosos*: Curitiba, Londrina, Maringá, Ponta Grossa, Foz do Iguaçu, Cascavel, São José dos Pinhais, Colombo, Guarapuava, Paranaguá, Toledo. *Economia*: participação no PIB: 5,86%; agricultura: cana-de-açúcar, milho (maior produtor), soja (segundo produtor), mandioca, trigo (maior produtor), feijão, arroz, algodão (maior produtor), centeio (maior produtor), café, fumo, laranja; pecuária: bovinos, suínos (maior rebanho); mineração: ouro; indústria: agroindústria, papel e celulose (as maiores da América Latina em Telêmaco Borba), fertilizantes; diversificação recente do parque industrial (sobretudo ao redor de Curitiba, Ponta Grossa, Londrina, Maringá e Jacarezinho); reservas de xisto betuminoso.

PARANÁ. Rio de GO e TO (558km), afluente do Tocantins.

PARANÁ. Rio que separa SP e MS, e este último do PR; banha tb. o Paraguai e a Argentina; é o segundo da América do Sul, em extensão (4.200km).

PARANAGUÁ (PR). Mun., 122.725 hab. Ind. alimentícia. Turismo.

PARANAÍBA. Rio limítrofe de MG e GO (970km); forma, com o rio Grande, o Paraná.

PARANÁ, Marquês de (Honório Hermeto Carneiro Leão) (1801, MG-1856). Político do Império, deputado, ministro da Justiça; constituiu o Partido Conservador em 1837.

PARANAPANEMA. Rio limítrofe de SP e PR (880km); deságua no rio Paraná.

PARANAPIACABA, Barão de (João Cardoso de Meneses e Sousa) (1827, SP-1915). Político, poeta e ensaísta. Obras: *Harpa Gemedora*, *Homenagem a Camões*, etc.

PARANAVAÍ (PR). Mun., 72.972 hab.

PARAOPEBA. Rio de MG (401km), afluente da margem direita do São Francisco.

PARATI (RJ). Mun., 27.127 hab. Cidade histórica fundada em 1660. Monumento nacional, com vários edifícios tombados.

PARAUAPEBAS (PA). Mun., 63.563 hab.

PARDAL MALLET, João Carlos de Medeiros (1864, RS-1894). Escritor e jornalista. Porta-voz da abolição da escravatura. Obras: *Lar*, *Pelo Divórcio*, etc.

PARDO. Rio de MG e BA (644km); deságua no Atlântico.

PARDO. Rio de MG e SP (500km); conflui com o Grande; banha a cidade de São José do Rio Pardo.

PARDO. Rio de MS (428km), afluente do Paraná.

PARDO. Rio do RS (446km), afluente do Jacuí.

PARIMA, serra do. Situada em RR, na fronteira com a Venezuela (1.400m).

PARINTINS (AM). Mun., 71.574 hab. Centro comercial.

PARMÊNIDES (c. 540, Eléia-c. 450 a.C.). Filósofo grego. Sua doutrina – a da imutabilidade e eternidade do ser – contrapõe-se à de Heráclito.

PARNAÍBA (PI). Mun., 128.133 hab. Salinas.

PARNAÍBA. Rio do MA e PI (1.414km).

PARQUE NACIONAL DA SERRA DA CAPIVARA. V. São Raimundo Nonato.

PARREIRAS, ANTÔNIO Diogo da Silva (1860, RJ-1937). Pintor acadêmico. Obras: *Sertanejas*, *Fundação de Niterói*, etc.

PARU. Rio do PA (741km), afluente do Amazonas.

PASCAL, Blaise (1623, França-1662). Matemático, físico e filósofo. Obras: *Pensamentos*, *Provinciais*, etc.

PASCOAL, HERMETO (1936, AL). Compositor popular, autor de *O Ovo*, *Porco na Festa*, *Kids of Brazil*, etc.

PASCOAL, monte. Elevação do litoral baiano, primeiro sinal de terra avistado por Cabral.

PASOLINI, Pier Paolo (1922, Itália-1975). Cineasta. Obras: *O Evangelho segundo São Mateus*, *Teorema*, *Decamerão*, etc.

PASSO FUNDO (RS). Mun., 163.227 hab. Agricultura (trigo e soja). Pecuária. Ind. de bebidas. Usina hidrelétrica.

PASSOS, ÉDISON Junqueira (1893, MG-1954). Engenheiro e político, autor de importantes obras urbanísticas, sobretudo no Rio de Janeiro.

PASTEUR, Louis (1822, França-1895). Químico e biólogo, criador da microbiologia.

PATOS DE MINAS (MG). Mun., 105.508 hab. Extração de fosfato. Ind. alimentícia.

PATOS, lagoa dos. Grande lagoa costeira do RS, com cerca de 280km de comprimento e 60km de largura; em suas margens estão situadas as cidades de Rio Grande, Pelotas e Porto Alegre.

PATRIMÔNIO MUNDIAL. V. CONVENÇÃO DO PATRIMÔNIO MUNDIAL.

PATROCÍNIO, JOSÉ Carlos DO (1854, RJ-1905). Orador e romancista, figura de destaque da campanha abolicionista. Obras: *Os Retirantes*, *Pedro Espanhol*, etc.

PAULA, INIMÁ José de (1918, MG-1999). Pintor e paisagista, foi o principal representante do fovismo entre nós.

PAULINHO DA VIOLA (Paulo César Batista de Faria, dito) (1942, RJ)· Compositor e cantor popular, autor de *Foi um Rio Que Passou em Minha Vida, Nada de Novo*, etc.

PAULISTA (PE)· Mun., 243.814 hab. Ind. têxtil. Fortaleza do Pau Amarelo tombada pelo IPHAN.

PEÇANHA, NILO Procópio (1867, RJ-1924)· Político. Vice-presidente da República eleito em 1906; assumiu a presidência com a morte de Afonso Pena (julho de 1909) até novembro de 1910.

PEDERNEIRAS, MÁRIO Veloso Paranhos (1867, RJ-1915)· Poeta simbolista. Obras: *Agonia, Rondas Noturnas, Histórias do Meu Casal*, etc.

PEDERNEIRAS, RAUL Paranhos (1874, RJ-1953)· Poeta e caricaturista. Obras: *Cenas da Vida Carioca, Lições de Caricatura*, etc.

PEDRA DA MINA. Pico situado na serra da Mantiqueira, com 2.770m de altitude.

PEDRA DO SINO DE ITATIAIA. Pico situado na serra da Mantiqueira, com 2.670m de altitude.

PEDRO I (1798, Port.-1834)· Primeiro imperador do Brasil e 27º rei de Portugal, com o título de Pedro IV. Regente durante dois anos, até declarar o Brasil independente de Portugal em 7 de setembro de 1822; enfrentou conflitos com antigos companheiros da luta pela Independência, tendo abdicado, em favor do filho, em 7 de abril de 1831.

PEDRO II (1825, RJ-1891)· Segundo imperador do Brasil, declarado de maior idade em 1840, aos 15 anos, quando assumiu a coroa; foi chefe de um governo operoso e que incrementou o desenvolvimento industrial; lutou pela extinção do tráfico negreiro e pelo fim da escravidão; exilado em 1889, embarcou para a Europa, onde morreu.

PEDRO AMÉRICO de Figueiredo e Melo (1843, PB-1905)· Pintor e desenhista. Obras: *Grito do Ipiranga, Batalha de Avaí*, etc.

PEDROSA, Mário (1900, PE-1981)· Ensaísta e crítico de arte. Obras: *Forma e Personalidade, A Opção Brasileira*, etc.

PEIXE. Rio de SP (500km), afluente da margem esquerda do Paraná.

PEIXOTO, FLORIANO Vieira (1839, AL-1895)· Político e militar, presidente da República (1891-1894), com a renúncia do marechal Deodoro; tentou mudar a capital do País para o planalto Central.

PEIXOTO, Júlio AFRÂNIO (1867, BA-1947)· Romancista e historiador literário. Obras: *Maria Bonita, Fruta do Mato, Bugrinha*, etc.

PEIXOTO, MÁRIO Breves (1908, RJ-1992)· Cineasta, diretor de um único e antológico filme, *Limite* (1929-1930).

PELÉ (Edson Arantes do Nascimento, dito) (1940, MG)· Jogador de futebol, tido como o maior de todos os tempos; integrou a Seleção Brasileira nas Copas do Mundo de 1958, 1962, 1966 e 1970, sendo tricampeão mundial; marcou 1.284 gols; foi eleito o "Atleta do Século".

PELLEGRINI JÚNIOR, DOMINGOS (1949, PR)· Contista. Obras: *Os Meninos, As Sete Pragas, Paixões*, etc.

PELOTAS (RS)· Mun., 311.948 hab. Ind. têxtil, alimentícia e de papel. Mais importante centro comercial do sul do estado.

PENA, AFONSO Augusto Moreira (1847, MG-1909)· Político. Eleito presidente da República em 1906, morreu sem completar o mandato.

PENA, CORNÉLIO de Oliveira (1896, RJ-1958)· Romancista introspectivo. Obras: *Fronteira, Repouso, A Menina Morta*, etc.

PENEDO (AL)· Mun., 54.390 hab. Cidade histórica. Turismo.

PENNAFORT Caldas, ONESTALDO DE (1902, RJ-1987)· Poeta e tradutor. Obras: *Escombros Floridos, A Mulher do Destino*, etc. Traduziu Shakespeare, Verlaine, etc.

PEPETELA (Artur Carlos Pestana dos Santos, dito) (1941, Angola)· Romancista e dramaturgo. Obras: *As Aventuras de Ngunga, Yaka, A Corda*, etc.

PEREGRINO da Rocha Fagundes JÚNIOR, João (1898, RN-1978)· Contista e ensaísta. Obras: *Vida Fútil, A Mata Submersa e Outras Histórias*, etc.

PEREIRA, ANTÔNIO OLAVO (1913, SP)· Romancista. Obras: *Marcoré, Fio de Prumo*, etc.

PEREIRA, ASTROJILDO (1890, RJ-1965)· Crítico literário. Obras: *Crítica Impura, Machado de Assis, Romancista do Segundo Império*, etc.

PEREIRA, GERALDO (1918, MG-1955)· Compositor popular, autor de *Falsa Baiana, Bolinha de Papel*, etc.

PEREIRA, JOSÉ CLEMENTE (1787, Port.-1854)· Político e jurista que lutou pela Independência do Brasil.

PEREIRA, Manuel VITORINO (1853, BA-1902)· Político. Exerceu a presidência da República de 10 de novembro de 1896 a 4 de março de 1897.

PEREIRA, NUNO MARQUES (1652, BA-1728)· Escritor. Obra: *Compêndio Narrativo do Peregrino da América*.

PEREIRA PASSOS, Francisco (1836, RJ-1913)· Engenheiro, autor de plano urbanístico que modificou a paisagem do Rio de Janeiro.

PÉRICLES (495, Atenas-429)· Estadista e general grego que governou Atenas por cerca de quinze anos. O grande esplendor das artes e das letras alcançado durante sua administração fez com que sua época ficasse conhecida como o *século de Péricles*.

PERNAMBUCO. Estado da região N.E. *Sigla*: PE. *Superfície*: 98.938km². *População*: 7.580.826. *Densidade*: 76,62 hab./km². *Crescimento demo-*

gráfico: 0,8% ao ano. *Capital*: Recife. *Municípios*: 185. *Municípios mais populosos*: Recife, Jaboatão dos Guararapes, Olinda, Paulista, Caruaru, Petrolina, Cabo de Santo Agostinho, Camarajibe, Garanhuns, Vitória de Santo Antão, São Lourenço da Mata, Abreu e Lima. *Economia*: participação no PIB: 2,32%; agricultura: cana-de-açúcar, mandioca, milho, tomate, uva, arroz, café, algodão, coco-da-baía, banana; pecuária: bovinos, ovinos, suínos; mineração: titânio-ilmenita; indústria: transformação de minerais não-metálicos, alimentícia, confecções, mobiliário, curtume.

PERNETA, EMILIANO Davi (1866, PR-1921). Poeta simbolista. Obras: *Músicas, Ilusão*, etc.

PERUÍBE (SP). Mun., 32.959 hab. Turismo.

PESSANHA, CAMILO d'Almeida (1867, Port.-1926). Poeta simbolista. Obra: *Clepsidra*.

PESSOA, EPITÁCIO da Silva (1865, PB-1942). Político. Presidente da República de 1919 a 1922, eleito após a morte de Rodrigues Alves.

PESSOA, FERNANDO Antônio Nogueira (1888, Port.-1935). Um dos mais importantes poetas portugueses de todos os tempos. Obras: *Mensagem, Poesias de Fernando Pessoa, Poesias de Álvaro de Campos, Poemas de Alberto Caeiro, Odes de Ricardo Reis*, etc.

PESSOA, JOÃO Cavalcanti de Albuquerque (1078, PB 1930). Político. Assassinado em Recife por adversários, sua morte foi fator importante para a eclosão da revolução de 1930.

PETRARCA, Francesco (1304, Itália-1374). Poeta e humanista. Obras: *Rimas, Triunfos*.

PETROLINA (PE). Mun., 204.479 hab. Agricultura.

PETRÓPOLIS (RJ). Mun., 276.195 hab. Ind. têxtil e alimentícia. Turismo.

PIAUÍ. Estado da região N.E. *Sigla*: PI. *Superfície*: 252.378km². *População*: 2.734.152. *Densidade*: 10,83 hab./km². *Crescimento demográfico*: 0,7% ao ano. *Capital*: Teresina. *Municípios*: 221. *Municípios mais populosos*: Teresina, Parnaíba, Picos, Piripiri, Floriano, Campo Maior. *Economia*: participação no PIB: 0,48%; agricultura: cana-de-açúcar, mandioca, arroz, milho, feijão, algodão, banana; extrativismo vegetal (primeiro produtor de cera de carnaúba e caju); pecuária: bovinos, suínos, caprinos; indústria: confecção, cerâmica, curtume.

PIAUÍ. Rio do PI (541km).

PICASSO, PABLO Ruiz y (1881, Espanha-1973). Pintor, gravador e escultor. Obras: *Demoiselles d'Avignon, Guernica, Mulher na Poltrona*, etc.

PICOS (PI). Mun., 63.110 hab. Agropecuária.

PIGNATARI, DÉCIO (1927, SP). Poeta, ensaísta e teórico da comunicação, um dos fundadores do movimento concretista. Obras: *O Carrossel, Rumo a Nausícaa, Metalinguagem*, etc.

PINDAMONHANGABA (SP). Mun., 119.404 hab. Ind. metalúrgica, de papel e papelão.

PINDARÉ. Rio do MA (568km), afluente da margem esquerda do Mearim.

PÍNDARO (518, Cinoscéfalas, perto de Tebas-c. 438 a.C.). Poeta lírico grego. Obras: *Olímpicas, Píticas, Neméias, Ístmicas*.

PINHAIS (PR). Mun., 89.335 hab.

PINHEIRO (MA). Mun., 64.317 hab. Agropecuária.

PIÑON, NÉLIDA Cuiñas (1935, RJ). Romancista e contista. Obras: *Tempo das Frutas, A Casa da Paixão*, etc.

PINTO, APOLÔNIA (1854, MA-1937). Uma das primeiras atrizes e empresárias de teatro do Brasil.

PINZÓN, Vicente Yáñez (c. 1460, Espanha-c. 1523). Navegador. Em 26 de janeiro de 1500 esteve no cabo de Santo Agostinho e explorou a foz do Amazonas.

PIO CORREIA, Manuel (1874, Port.-1934). Botânico. Obras: *Flora do Brasil, Dicionário das Plantas Úteis do Brasil e das Exóticas Cultivadas*, etc.

PIQUIRI. Rio do PR (593km), afluente do Paraná.

PIRACICABA (SP). Mun., 314.015 hab. Ind. da cana-de-açúcar; pecuária.

PIRANDELLO, Luigi (1867, Itália-1936). Dramaturgo, romancista e contista. Obras: *Seis Personagens à Procura de um Autor, Cada Um a Seu Modo* e *Esta Noite se Improvisa*, etc.

PIRANHAS. Rio da PB e do RN (405km); deságua no Atlântico com o nome de Açu.

PIRIPIRI (PI). Mun., 58.675 hab. Extrativismo.

PIROLI, WANDER (1931, MG). Contista. Obras: *A Mãe e o Filho da Mãe, Minha Bela Putana*, etc.

PITÁGORAS (séc. VI, Samos-V a.C.). Filósofo e matemático grego.

PITANGUY, IVO Hélcio Jardim de Campos (1925, MG). Cirurgião plástico de renome internacional.

PIXINGUINHA (Alfredo da Rocha Viana Júnior, dito) (1898, RJ-1973). Compositor popular, instrumentista, autor de choros e valsas notáveis, como *Carinhoso, Rosa*, etc.

PIZARRO, Francisco (c. 1475, Espanha-1541). Conquistador. Empreendeu com seus irmãos (Hernando, Gonzalo e Juan) a conquista do Peru para a coroa espanhola.

PLATÃO (428/427, Atenas-348/347 a.C.). Filósofo grego, discípulo de Sócrates. Obras: *Protágoras, Fédon, Fedro, O Banquete, A República, As Leis*, etc.

PLAUTO, Tito Mácio (c. 254, Sársina, Itália-c. 184 a.C.). Comediógrafo latino, autor de 130 peças, dentre as quais *Anfitrião, A Comédia da Panela (Aulularia)*, que inspirou a Molière *O Avarento*, e *O Soldado Fanfarrão*.

PLUTARCO (c. 46/49, Queronéia, Beócia-c. 125 a.C.). Biógrafo e moralista grego. Obras: *Vidas Paralelas, Obras Morais,* etc.

POÁ (SP). Mun., 84.777 hab.

POÇOS DE CALDAS (MG). Mun., 127.219 hab. Estância hidromineral; centro turístico. Ind. de vestuário e alimentícia.

POE, Edgar Allan (1809, E.U.A.-1849). Poeta e contista. Obras: *O Corvo e Outras Poesias, Histórias Extraordinárias,* etc.

POLANSKI, Roman (1933, Polônia). Cineasta e ator naturalizado francês. Obras: *O Bebê de Rosemary, Tess, Lua de Fel,* etc.

POLÍGONO DAS SECAS. Área sujeita a secas prolongadas definida legalmente em 1951; inclui vários estados do Nordeste e o Norte de MG.

POLÍTICA DO CAFÉ COM LEITE. Sistema de alternância, na presidência da República, de políticos de SP e MG, iniciada com Prudente de Morais (1894) e extinta com a revolução de 1930.

POLÍTICA DOS GOVERNADORES. Sistema de apoio político dos governadores e das oligarquias estaduais ao governo federal, iniciada com Campos Sales e extinta com a revolução de 1930.

POLLOCK, Paul JACKSON (1912, E.U.A.-1956). Pintor expressionista abstrato. Obras: *Macho e Fêmea, Número 14,* etc.

PÓLO, MARCO (1254, Veneza-1324). Viajante italiano, percorreu a Tartária, a Mongólia, a China, a Pérsia e a Armênia. Relatou suas viagens em *O Livro de Marco Pólo.*

POMBAL, Marquês de (Sebastião José de Carvalho e Melo) (1699, Port.-1782). Estadista. Transferiu a capital de Salvador para o Rio de Janeiro, incrementou a construção naval; expulsou os jesuítas do Brasil.

POMPÉIA, RAUL d'Ávila (1863, RJ-1895). Poeta e, sobretudo, romancista. Obras: *Uma Tragédia no Amazonas, Canções sem Metro, O Ateneu,* etc.

PONGETTI, Henrique (1899, MG-1979). Cronista e teatrólogo. Obras: *Pã sem Flauta, Encontro no Aeroporto,* etc.

PONTA GROSSA (PR). Mun., 263.374 hab. Agricultura (arroz). Ind. madeireira, de calçados, bebidas e tecidos.

PONTA PORÃ (MS). Mun., 58.505 hab. Centro comercial.

PONTE PRETA, Stanislaw. V. PORTO, SÉRGIO Marcus Rangel.

PONTES DE MIRANDA, Francisco Cavalcanti (1892, AL-1979). Jurista. Obras: *Tratado de Direito Privado, Comentários ao Código de Processo Civil,* etc.

PORTELA, EDUARDO Matos (1932, BA). Crítico literário. Obras: *Dimensões I, II e III, Teoria da Comunicação Literária,* etc.

PORTINARI, CÂNDIDO Torquato (1903, SP-1962). Pintor, desenhista e gravador, autor de painéis famosos, como *Guerra e Paz* (executado para a ONU), *Descobrimento do Brasil, Tiradentes,* e de quadros como *Café,* etc.

PORTO ALEGRE. Capital do RS, situada à margem esquerda do rio Guaíba (1.314.032 hab.); maior centro econômico, cultural, político e comercial do Sul; povoamento iniciado em torno de 1740 (vila de Porto dos Casais); elevada a vila em 1810, e a cidade em 1822.

PORTO ALEGRE, APOLINÁRIO José Gomes (1844, RS-1904). Romancista, contista e poeta romântico. Obras: *O Vaqueano, Paisagens, Flores da Morte,* etc.

PORTO NACIONAL (TO). Mun., 42.219 hab.

PORTO SEGURO (BA). Mun., 64.957 hab. Agricultura (cacau e mandioca). Pecuária. Turismo. Local onde a frota de Pedro Álvares Cabral fundeou ao descobrir o Brasil.

PORTO, SÉRGIO Marcus Rangel (1923, RJ-1968). Cronista e humorista. Obras: *Tia Zulmira e Eu, Febeapá – Festival de Besteira Que Assola o País, As Cariocas,* etc. [Pseudônimo: Stanislaw Ponte Preta.]

PORTO VELHO. Capital de RO, situada na margem direita do rio Madeira (309.750 hab.); as origens da cidade prendem-se à construção da Estrada de Ferro Madeira-Mamoré, por volta de 1907; elevada a vila em 1915, e a cidade em 1919; passou à condição de capital em 1943.

POTI. Rio do CE e PI (509km), afluente do Parnaíba.

POUND, EZRA Loomis (1885, E.U.A-1972). Poeta e crítico literário. Obras: *Cantos, Lustra, Umbra,* etc.

POUSO ALEGRE (MG). Mun., 93.166 hab. Ind. alimentícia e de material elétrico.

PRADO, ADÉLIA (1936, MG). Poetisa e cronista. Obras: *Bagagem, Cacos para um Vitral,* etc.

PRADO COELHO, JACINTO Almeida DO (1920, Port.). Crítico literário. Obras: *Introdução ao Estudo da Novela Camiliana, Diversidade e Unidade em Fernando Pessoa,* etc.

PRADO, EDUARDO Paulo da Silva (1860, SP-1901). Ensaísta. Obras: *Viagens: a Sicília, Malta e o Egito, A Ilusão Americana,* etc.

PRADO JÚNIOR, CAIO (1907, SP-1990). Ensaísta e político. Obras: *Formação do Brasil Contemporâneo, História e Desenvolvimento,* etc.

PRADO, PAULO da Silva (1869, SP-1943). Historiador e sociólogo. Obras: *Paulística: História de São Paulo, Retrato do Brasil: Ensaio sobre a Tristeza Brasileira,* etc.

PRAIA GRANDE (SP). Mun., 162.772 hab. Turismo.

PRAIEIRA, Revolução. Insurreição liberal iniciada em Pernambuco em 1848 e sufocada pela Regência em 1849.

PRATELEIRAS, serra das. Elevação situada no RJ.

PRAZERES, HEITOR DOS (1898, RJ-1966). Pintor primitivo e compositor popular, autor de *Mulher de Malandro, Pierrô Apaixonado*, etc.

PRESIDENTE PRUDENTE (SP). Mun., 177.367 hab. Centro comercial e universitário. Ind. alimentícias, de couros e químicas. Pecuária.

PRESTES de Albuquerque, JÚLIO (1882, SP-1946). Político. Eleito presidente da República, não chegou a tomar posse por causa da revolução de 1930.

PRESTES, Luís Carlos (1898, RS-1990). Militar e político. Um dos principais líderes do tenentismo; em 1923 formou a Coluna Prestes; líder comunista, foi preso e condenado em 1936.

PROUST, Marcel (1871, França-1922). Romancista, um dos mais importantes do séc. XX. Obras: *Em Busca do Tempo Perdido*, etc.

PUCCINI, Giacomo (1858, Itália-1924). Compositor erudito, autor das óperas *Tosca, Madame Butterfly*, etc.

PUCHKIN, Aleksandr Sergueievitch (1799, Rússia-1837). Poeta, dramaturgo e romancista. Obras: *Eugênio Oneguin, Boris Godunov*, etc.

PURUS. Rio do AM e do AC (3.300km), afluente do Amazonas.

Q

QORPO-SANTO (pseudônimo de **José Joaquim de Campos Leão**) (1829, RS-1883). Comediógrafo. Obras: *As Relações Naturais, Mateus e Mateusa, A Separação de Dois Esposos*, etc.

QUADROS, JÂNIO da Silva (1917, MT-1992). Político. Eleito presidente da República em 1961, renunciou ao mandato sete meses depois.

QUEIRÓS Coutinho Matoso Câmara, EUSÉBIO DE (1812, Angola-1868). Político, magistrado e senador, autor da lei que extinguiu o tráfico de escravos africanos para o Brasil, sancionada em 1850.

QUEIRÓS, DINÁ SILVEIRA DE (1910, SP-1982). Romancista e contista. Obras: *Floradas na Serra, Margarida la Rocque, A Muralha*, etc.

QUEIRÓS, RAQUEL DE (1910, CE). Romancista, cronista, teatróloga e tradutora. Obras: *O Quinze, João Miguel, As Três Marias, A Beata Maria do Egito, Memorial de Maria Moura*, etc.

QUENTAL, ANTERO Tarquínio DE (1842, Açores, Port.-1891). Poeta, com predileção pelo soneto. Obras: *Odes Modernas, Primaveras Românticas, Sonetos Completos*, etc.

QUINTANA, MÁRIO de Miranda (1906, RS-1994). Poeta, cronista e tradutor. Obras: *A Rua dos Cata-Ventos, O Aprendiz de Feiticeiro, Espelho Mágico, Baú de Espantos*, etc.

QUIXADÁ (CE). Mun., 64.442 hab. Comércio de algodão. Ind. de óleos vegetais. Turismo.

QUIXERAMOBIM (CE). Mun., 56.697 hab. Agricultura (algodão). Bovinos.

R

RABELAIS, François (1494, França-1553). Escritor e humanista. Obras: *Gargântua, Pantagruel*, etc.

RABELO, LAURINDO José da Silva (1826, RJ-1854). Poeta romântico, da mesma ala romántica de Álvares de Azevedo. Obras: *Trovas, Poesias*.

RACINE, Jean (1639, França-1699). Dramaturgo. Deixou onze dramas (*Andrômaca, Britânico, Berenice e Fedra*, etc.) e uma comédia.

RADEMAKER Grünewald, AUGUSTO Hamann (1905, RJ-1985). Militar (almirante). Integrou o triunvirato que governou o País de 31 de agosto a 30 de outubro de 1969. Vice-presidente da República (1969-1974).

RAFAEL (Raffaello Sanzio) (1483, Itália-1520). Pintor. Obras: *O Casamento da Virgem, As Três Graças*, etc.

RAMIZ GALVÃO, Benjamin Franklin (1846, RS-1938). Filólogo e historiador. Obras: *O Púlpito no Brasil, Vocabulário Etimológico, Ortográfico e Prosódico das Palavras Portuguesas Derivadas da Língua Grega*, etc.

RAMOS, ARTUR (1903, AL-1949). Antropólogo e folclorista. Obras: *O Negro Brasileiro, A Aculturação Negra no Brasil, Introdução à Antropologia Brasileira*, etc.

RAMOS, GRACILIANO (1892, AL-1953). Romancista, contista e memorialista. Obras: *São Bernardo, Angústia, Vidas Secas, Insônia, Memórias do Cárcere*, etc.

RAMOS, HUGO DE CARVALHO (1895, GO-1921). Contista. Obra: *Tropas e Boiadas*.

RAMOS, NEREU de Oliveira (1888, SC-1958). Político. Presidente da República durante grave crise política (novembro de 1955) até o dia da posse de Juscelino Kubitschek em 31 de janeiro de 1956.

RAMOS, Péricles Eugênio da Silva (1919, SP-1992). Poeta, crítico literário e tradutor. Obras: *Luar de Ontem, Sol sem Tempo, O Verso Romântico e Outros Ensaios*, etc.

RAMOS, RICARDO de Medeiros (1922, AL-1993). Contista. Obras: *Tempo de Espera, Rua Desfeita, Os Inventores Estão Vivos*, etc.

RANGEL, ALBERTO do Rego (1871, PE-1945). Historiador, contista e ensaísta. Obras: *Inferno Verde* (contos), *D. Pedro I e a Marquesa de Santos, Fura-Mundo!, A Educação do Príncipe*, etc.

RANGEL, FLÁVIO Nogueira (1934, SP-1988). Diretor e produtor teatral. Dirigiu magistralmente peças de gêneros vários, do drama à comédia musical.

RANGEL, José GODOFREDO de Moura (1884, MG-1951). Romancista e contista. Obras: *Vida Ociosa, A Filha, Os Humildes*, etc.

RANIERI MAZZILLI, Pascoal (1910, SP-1975). Político. Presidente da Câmara Federal, assumiu interinamente a presidência várias vezes, particularmente após a renúncia de Jânio Quadros e quando do golpe que derrubou João Goulart.

RAPOSO TAVARES, Antônio (1598, Port.-1658). Bandeirante que expandiu as fronteiras dos estados do Sul, a partir de São Paulo.

RATTO, GIANNI (1916, Itália). Cenógrafo e encenador; é o encenador estrangeiro mais identificado com a dramaturgia brasileira.

RAVEL, Maurice (1875, França-1937). Compositor erudito, autor de *Dáfnis e Cloé, Bolero*, etc.

RAWET, SAMUEL (1929, Polônia-1984). Contista e ensaísta. Obras: *Contos do Emigrante, Diálogo, Angústia e Conhecimento*, etc.

REALE, MIGUEL (1910, SP). Jurista e ensaísta, membro da ABL. Obras: *Fundamentos do Direito, Nova Fase do Direito Moderno*, etc.

REAL GABINETE PORTUGUÊS DE LEITURA. Biblioteca pública do RJ, fundada em 1837.

REBELO GONÇALVES, Francisco da Luz (1907, Port.-1982). Filólogo e crítico literário. Obras: *Dissertações Camonianas, Vocabulário Ortográfico da Academia das Ciências*, etc.

REBOLO Gonzales, Francisco (1903, SP-1980). Pintor. Um dos mais importantes paisagistas do Brasil.

REBOUÇAS, André Pinto (1838, BA-1898). Engenheiro. Construtor das docas do RJ, MA, PA, PE e BA. ·

RECIFE. Capital de PE (1.378.087 hab.); a cidade desenvolvie-se sobre ilhas e alagadiços, a partir de porto do séc. XVII; maior pólo industrial do NE; turismo; expressivo acervo de arte sacra barroca.

REDENÇÃO (PA). Mun., 58.029 hab.

REDONDO. Morro de MG com cerca de 1.200m de altitude.

REGO Cavalcanti, JOSÉ LINS DO (1901, PB-1957). Romancista e memorialista, grande representante do romance nordestino. Obras: *Menino de Engenho, Doidinho, Moleque Ricardo, Fogo Morto, Meus Verdes Anos*, etc.

REGO MONTEIRO, Vicente do (1899, PE-1970). Pintor. Participou da Semana de Arte Moderna de 1922 com telas de inspiração cubista e futurista.

REIDY, AFONSO Eduardo (1909, França-1964). Arquiteto brasileiro, autor do projeto do túnel Rio Comprido–Lagoa e do Museu de Arte Moderna do Rio de Janeiro.

REI (Edmundo Nonato, dito **MARCOS)** (1925,

SP-1999). Romancista e contista. Obras: *Café na Cama, O Enterro da Cafetina*, etc.

REIS, AARÃO Leal de Carvalho (1853, PA-1936). Engenheiro. Planificador da cidade de Belo Horizonte.

REIS, Francisco SOTERO DOS (1800, MA-1871). Escritor, publicista e tradutor, de sólida formação clássica. Obras: *Curso de Literatura Portuguesa e Brasileira*, etc.

REMBRANDT Harmeszoon van Rijn (1606, Holanda-1669). Pintor. Obras: *Lição de Anatomia do Dr. Tulp, A Noiva Judia*, etc.

RENATO Pécora, JOSÉ (1926, SP). Diretor, ator e empresário. Fundou, em 1953, o primeiro Teatro de Arena da América Latina.

RENAULT, ABGAR de Castro Araújo (1901, MG-1992). Poeta. Obras: *A Lápide sob a Lua, Sofotulafai, A Outra Face da Lua* e vários ensaios sobre educação.

RENOIR, Jean (1894, França-1979). Cineasta. Obras: *A Grande Ilusão, A Besta Humana, A Regra do Jogo*, etc.

RENOIR, Pierre-Auguste (1841, França-1919). Pintor. Obras: *A Banhista, Le Moulin de la Galette*, etc.

REPÚBLICA VELHA. Período que engloba os governos republicanos de 1889 a 1930, caracterizado pela política do café com leite e pela política dos governadores.

RESENDE (RJ). Mun., 93.961 hab. Pecuária. Ind. alimentícia e metalúrgica. Parque Nacional do Itatiaia. Academia Militar das Agulhas Negras.

RESNAIS, Alain (1922, França). Cineasta. Obras: *O Ano Passado em Marienbad, Meu Tio da América*, etc.

RIACHUELO. Batalha naval travada no rio Paraná, junto ao arroio Riachuelo, em 11 de junho de 1865 entre as esquadras paraguaia e brasileira, e vencida por esta sob o comando do almirante Barroso.

RIBEIRA DO IGUAPE. Rio de SP e PR (455km); deságua no Atlântico.

RIBEIRÃO DAS NEVES (MG). Mun., 221.493 hab.

RIBEIRÃO PIRES (SP). Mun., 104.804 hab.

RIBEIRÃO PRETO (SP). Mun., 467.934 hab. Maior centro industrial do oeste do estado. Agricultura (cana-de-açúcar, algodão, arroz, milho, café, feijão, frutas e hortaliças).

RIBEIRO, AQUILINO (1885, Port.-1963). Romancista e contista. Obras: *Jardim das Tormentas, Estrada de Santiago, Maria Benigna*, etc.

RIBEIRO, BERNARDIM (c. 1500, Port.-c. 1550). Poeta e novelista, introdutor do bucolismo em sua pátria. Obras: *Menina e Moça*, etc.

RIBEIRO COUTO, Rui (1898, SP-1963). Poeta, contista e romancista. Obras: *Jardim das Confidências, Cabocla, Prima Belinha*, etc.

RIBEIRO, DARCI (1922, MG-1997). Antropólogo, romancista e político. Criador do Museu do Índio (1953) e fundador da Universidade de Brasília. Obras: *Línguas e Culturas Indígenas do Brasil, O Processo Civilizatório, Maíra, O Mulo*, etc.

RIBEIRO de Andrade Fernandes, JOÃO Batista (1860, SE-1934). Filólogo, historiador, folclorista, ensaísta, crítico, contista, etc. Obras: *História do Brasil, Páginas de Estética, Frases Feitas, O Folclore, Curiosidades Verbais*, etc.

RIBEIRO, JOÃO UBALDO Osório Pimentel (1940, BA). Contista, romancista e cronista. Obras: *Sargento Getúlio, Vila Real, Viva o Povo Brasileiro*, etc.

RIBEIRO Vaughan, JÚLIO César (1845, MG-1890). Filólogo e romancista. Obras: *O Padre Belchior de Pontes, A Carne, Gramática Portuguesa*, etc.

RICARDO Leite, CASSIANO (1895, SP-1974). Poeta e ensaísta. Obras: *A Frauta de Pã, Martim-Cererê, Algumas Reflexões sobre Poética de Vanguarda*, etc.

RIEDEL, Dirce La-Fayette Cortes (1915, RJ). Crítica literária. Obras: *O Tempo no Romance Machadiano*, etc.

RILKE, Rainer Maria (1875, Áustria-1926). Poeta e prosador. Obras: *Cartas a um Jovem Poeta, Livro das Imagens, Sonetos a Orfeu*, etc.

RIMBAUD, Jean Nicholas Arthur (1854, França-1891). Poeta simbolista. Obras: *O Barco Ébrio, Uma Temporada no Inferno, Iluminações*, etc.

RIMSKI-KORSAKOV, Nikolai (1844, Rússia-1908). Compositor erudito, autor de *Capricho Espanhol, O Galo de Ouro*, etc.

RIO BRANCO. Capital do AC, situada nas margens do rio Acre (259.537 hab.); expansão ligada ao extrativismo da borracha (evoluiu de sede de um seringal para capital do território e depois estado do Acre).

RIO BRANCO, BARÃO DO (José Maria da Silva Paranhos Júnior) (1845, RJ-1912). Estadista, diplomata e historiador. Resolveu favoravelmente ao Brasil as questões de limites pendentes com países vizinhos. Obras: *Efemérides Brasileiras, Estudos Históricos*, etc.

RIO BRANCO, VISCONDE DO (José Maria da Silva Paranhos) (1819, BA-1880), Político. Presidente do Gabinete que aprovou a Lei do Ventre Livre.

RIO CLARO (SP). Mun., 160.363 hab. Agricultura (cana-de-açúcar e cítricos). Ind. química, de papel, cerâmica, tecidos e bebidas.

RIO DE JANEIRO. Ex-capital do País e capital do RJ desde 15 de março de 1975, situada na baía de Guanabara (5.598.953 hab.); fundada em 1º de março de 1565 por Estácio de Sá; ilhas do Governador e Paquetá; picos de interesse turístico (destacam-se o Corcovado e o Pão-de-

Açúcar); praias como Copacabana e Ipanema; floresta da Tijuca (a maior floresta urbana do mundo); diversos museus, monumentos históricos e arquitetônicos; segundo pólo industrial do Brasil; as origens remontam a expedições do séc. XVI; centro administrativo federal de 1763 a 1960.

RIO DE JANEIRO. Estado da região S.E. *Sigla*: RJ. *Superfície*: 43.910km². *População*: 13.807.358. *Densidade*: 311,58 hab./km². *Crescimento demográfico*: 0,8% ao ano. *Capital*: Rio de Janeiro. *Municípios*: 91. *Municípios mais populosos*: Rio de Janeiro, São Gonçalo, Nova Iguaçu, Duque de Caxias, Niterói, São João de Meriti, Belfort Roxo, Campos, Petrópolis, Volta Redonda. *Economia*: participação no PIB: 11,07%; agricultura: cana-de-açúcar, tomate, mandioca, arroz, laranja, banana; pecuária: bovinos, suínos; mineração: titânio-ilmenita, zircônio, titânio-rutilo; indústria: segundo centro industrial do País (Usina Siderúrgica Presidente Vargas em Volta Redonda; usinas metalúrgicas em Nova Iguaçu, Barra Mansa e Niterói; Refinaria de Duque de Caxias, Conjunto Petroquímico Presidente Vargas e Refinaria de Manguinhos); maior produtor de petróleo do País (bacia de Campos); usina nuclear Angra I, em Angra dos Reis; estado com maior índice de urbanização (95,5%).

RIO GRANDE (RS). Mun., 180.988 hab. Ind. de conservas, de fertilizantes; refinação de petróleo; porto.

RIO GRANDE DO NORTE. Estado da região N.E. Colonização iniciada em 1535 por João de Barros, donatário da capitania do Rio Grande do Norte. *Sigla*: RN. *Superfície*: 53.307km². *População*: 2.654.501. *Densidade*: 49,79 hab./km². Crescimento demográfico: 1,2% ao ano. *Capital*: Natal. *Municípios*: 166. *Municípios mais populosos*: Natal, Moçoró, Parnamirim, Ceará-Mirim, São Gonçalo do Amarante, Caicó. *Economia*: participação no PIB: 0,88%; agricultura: cana-de-açúcar, mandioca, milho, feijão, caju (castanha); pecuária: bovinos, ovinos, caprinos; mineração: ferro, tungstênio (maior produtor); indústria: vestuário, alimentícia. Salinas em Macau e Areia Branca; importante produtor de petróleo (bacias de Estreito e de Ubarana).

RIO GRANDE DO SUL. Estado da região S. *Sigla*: RS. *Superfície*: 282.062km². *População*: 9.971.910. *Densidade*: 35,35 hab./km². *Crescimento demográfico*: 1% ao ano. *Capital*: Porto Alegre. *Municípios*: 467. *Municípios mais populosos*: Porto Alegre, Caxias do Sul, Pelotas, Canoas, Novo Hamburgo, Santa Maria, Gravataí, Viamão, São Leopoldo, Rio Grande, Alvorada. *Economia*: participação no PIB: 6,98%; agricultura: arroz (maior produtor), soja, milho, cana-de-açúcar, mandioca, trigo,

fumo, feijão, laranja, pêssego; pecuária: bovinos, ovinos (maior rebanho), suínos; mineração: cobre, prata. Primeiro povoamento na atual Rio Grande (embocadura da lagoa dos Patos), em 1737.

RIO LARGO (AL). Mun., 58.244 hab.

RIO VERDE (GO). Mun., 105.510 hab. Agricultura (arroz e soja).

RIVERA, Diego (1886, México-1957). Pintor muralista. Obras: *A Terra Dormida, O Líder Camponês Zapata*, etc.

ROBERTO CARLOS Braga (1943, ES). Cantor e compositor popular.

ROBESPIERRE, Maximilien Marie Isidore de (1758, França-1794). Político de papel importante na Revolução Francesa.

ROCAS, Atol das. Conjunto de recifes a cerca de 240km da costa do RN. Primeira reserva biológica do País, é refúgio para aves marinhas.

ROCHA, GLÁUBER Andrade (1939, BA-1982). Cineasta, grande figura do chamado cinema novo. Principais filmes: *Barravento, Deus e o Diabo na Terra do Sol* e *Terra em Transe*.

ROCHA LIMA, Carlos Henrique da (1915, RJ-1991). Filólogo e gramático. Obras: *Teoria da Análise Sintática, Gramática Normativa da Língua Portuguesa*, etc.

ROCHA, LINDOLFO Jacinto (1862, MG-1911). Romancista. Obras: *O Pequeno Lavrador, Maria Dusá*, etc.

ROCHA PITA, Sebastião da (1660, BA-1738). Historiador. Obra: *História da América Portuguesa, desde o Ano de 1500 do Seu Descobrimento até o de 1724.*

ROCHA POMBO, José Francisco da (1857, PR-1933). Historiador. Obras: *História da América, História do Brasil*, etc.

RODIN, Auguste (1840, França-1917). Escultor. Obras: *O Pensador, O Beijo*, etc.

RODRIGO OTÁVIO de Langgaard Meneses FILHO (1892, RJ-1966). Poeta e ensaísta. Obras: *Alameda Noturna, Simbolismo e Penumbrismo*, etc.

RODRIGUES ALVES, Francisco de Paula (1848, SP-1919). Político. Presidente da República (1902-1906) cujo governo foi marcado por notável esforço de desenvolvimento do País e pelo combate à febre amarela.

RODRIGUES, ARYON Dall'Igna (1925, PR). Lingüista. Obras: *Contribuições para a Etimologia dos Brasileirismos, Línguas Brasileiras: Contribuições para o Conhecimento das Línguas Indígenas*, etc.

RODRIGUES, AUGUSTO (1913, PE-1991). Pintor de temática popular, criador da Escolinha de Arte do Brasil.

RODRIGUES, JOSÉ HONÓRIO (1913, RJ-1987). Historiador. Obras: *Teoria da História do Brasil, A História da História do Brasil*, etc.

RODRIGUES LAPA, Manuel (1897, Port.-1989). Filólogo e historiador literário. Obras: *Lições de Literatura Portuguesa – Época Medieval, Estilística da Língua Portuguesa*, etc.

RODRIGUES LOBO, Francisco (1580, Port.-1622). Poeta e prosador. Escreveu éclogas, gênero em que é tido por mestre, e novelas pastoris. Obras: *Primaveras, Corte na Aldeia*, etc.

RODRIGUES, LUPICÍNIO (1914, RS-1974). Compositor e cantor popular, autor de *Se acaso Você Chegasse, Felicidade*, etc.

RODRIGUES, NÉLSON Falcão (1912, PE-1980). Dramaturgo e cronista que foi considerado o fundador do teatro brasileiro moderno com *Vestido de Noiva* (1943). Outras obras: *Álbum de Família, A Falecida, Bonitinha mas Ordinária*, etc.

RODRIGUES PEREIRA, Lafaiete, dito **LABIENO** (1834, MG-1917). Político e jurista. Presidente das províncias do Ceará e do Maranhão e presidente do Conselho de Ministros. Obras: *Direito das Coisas*, etc.

ROLIM DE MOURA (RO). Mun., 43.930 hab.

ROMA, P.e. V. ABREU E LIMA, José Inácio Ribeiro de.

ROMÁRIO de Sousa Faria (1966, RJ). Jogador de futebol, campeão do mundo em 1994 e craque dessa copa.

ROMERO, SÍLVIO Vasconcelos da Silveira Ramos (1851, SE-1914). Crítico, historiador da literatura e notável polemista. Obras: *Cantos Populares do Brasil, História da Literatura Brasileira*, etc.

RÓNAI, PAULO (1907, Hungria-1992). Ensaísta, crítico literário e tradutor, naturalizado brasileiro. Obras: *Balzac e A Comédia Humana, Escola de Tradutores, A Tradução Vivida*, etc.

RONDON, Cândido Mariano da Silva (1865, MT-1958). Militar e sertanista. Desbravou os sertões de MT. Foi um pacificador e um defensor dos índios.

RONDÔNIA. Estado da região N. *Sigla:* RO. *Superfície:* 238.513km². *População:* 1.296.856. *Densidade:* 5,44 hab./km². *Crescimento demográfico:* 1,5% ao ano. *Capital:* Porto Velho. *Municípios:* 52. *Municípios mais populosos:* Porto Velho, Ji-Paraná, Cacoal, Ariquemes, Jaru, Rolim de Moura, Vilhena. *Economia:* participação no PIB: 0,73%; agricultura: milho, arroz, café, mandioca, feijão, cacau; extrativismo vegetal (borracha, castanha-do-pará); pecuária: bovinos, suínos; mineração: estanho-cassiterita (maior produtor), nióbio, ouro; indústria: madeireira, extrativa mineral, alimentícia. Antigo território federal do Guaporé (criado em 1943), torna-se estado em 1981.

RONDONÓPOLIS (MT). Mun., 151.160 hab. Agricultura (arroz, algodão, milho, mandioca).

RONSARD, Pierre de (1524, França-1585). Poeta. Obras: *Odes, Amores, Hinos*, etc.

ROOSEVELT. Rio de MT e AM (712km).

ROOSEVELT, Franklin Delano (1882, EUA-1945). Político. Presidente eleito em 1933 e reeleito em 1936, 1940 e 1944.

ROQUETE-PINTO, Edgard (1884, RJ-1954). Antropólogo e educador. Obras: *Rondônia, Seixos Rolados, Ensaios de Antropologia Brasiliana*, etc.

RORAIMA. Estado da região N. *Sigla*: RR. Superfície: 225.116km². *População*: 266.922. *Densidade*: 1,18 hab./km². *Crescimento demográfico*: 2,6% ao ano. *Capital*: Boa Vista. *Municípios*: 15. *Municípios mais populosos*: Boa Vista, Alto Alegre, Mucajaí, Caracaraí, Cantá. *Economia*: participação no PIB: 0,12%; agricultura: arroz, mandioca, milho, feijão, banana; pecuária: bovinos, suínos; mineração: ouro; indústria: madeireira, construção civil, cerâmica. Torna-se território federal em 1943 e estado em 1988.

RORAIMA. Monte situado na serra do Pacaraima, com 2.739m de altitude.

ROSA E SILVA, Francisco de Assis (1857, PE-1929). Político. Vice-presidente da República no governo Campos Sales, exerceu a presidência de 17 de outubro a 8 de novembro de 1900.

ROSA, NOEL de Medeiros (1910, RJ-1937). Cantor e compositor popular, autor de *Feitiço da Vila, Com Que Roupa?, Fita Amarela*, etc.

ROSENFELD, Anatol (1912, Alemanha-1973). Crítico literário radicado no Brasil. Obras: *O Teatro Épico, Texto/Contexto*, etc.

ROSSELLINI, Roberto (1906, Itália-1977). Cineasta. Obras: *Roma, Cidade Aberta, Alemanha, Ano Zero*, etc.

ROSSINI, Gioacchino (1792, Itália-1868). Compositor erudito, autor das óperas *O Barbeiro de Sevilha, Otelo*, etc.

ROUANET, Sérgio Paulo (1934, RJ). Filósofo e ensaísta. Obras: *Imaginário e Dominação, Mal-Estar na Modernidade*, etc.

ROUSSEAU, Jean-Jacques (1712, Suíça-1778). Filósofo e escritor. Obras: *Do Contrato Social, As Confissões, Emílio*, etc.

RUBENS, Petrus Paulus (1577, Siegen, Vestfália-1640). Pintor flamengo. Obras: *O Rapto das Filhas de Leucipo, A Festa de Vênus*, etc.

RUBIÃO, MURILO Eugênio (1916, MG-1991). Contista. Obras: *O Ex-Mágico, O Pirotécnico Zacarias, O Convidado, A Casa do Girassol Vermelho*, etc.

RUGENDAS, Johann Moritz (1802, Alemanha-1858). Pintor e desenhista. Veio ao Brasil com a expedição Langsdorff. Obras: *Viagem Pitoresca através do Brasil*, etc.

RUSCHI, Augusto (1916, ES-1986). Zoólogo que se dedicou, sobretudo, ao estudo de beija-flores e morcegos.

RUSSAS (CE). Mun., 51.910 hab.

RUSSELL, BERTRAND Arthur William (1872, Inglaterra-1970). Filósofo e matemático. Obras: *Princípios Matemáticos, A Análise do Espírito*, etc.

S

SABARÁ (MG). Mun., 105.508 hab. Cidade histórica. Mineração, siderurgia.

SABIN, ALBERT Bruce (1906, Polônia-1993). Cientista naturalizado norte-americano. Desenvolveu a vacina antipoliomielítica por via oral, a *vacina Sabin*.

SABINADA. Revolta iniciada na Bahia, em 7 de novembro de 1837, por Francisco Sabino da Rocha Vieira e terminada em março de 1838; pretendia desligar a província da Bahia do governo central e ali instalar a chamada República Baiense.

SABINO, FERNANDO Tavares (1925, MG). Romancista, contista e cronista. Obras: *O Encontro Marcado, O Homem Nu, A Faca de Dois Gumes, Com a Graça de Deus*, etc.

SÁ-CARNEIRO, MÁRIO DE (1890, Port.-1916). Poeta. Obras: *Dispersão, Céu em Fogo, Indícios de Oiro*, etc.

SÁ DE MIRANDA, Francisco de (1481, Port.-1558). Poeta. Escreveu éclogas, elegias, sátiras, sonetos, cantigas, além de duas comédias (*Estrangeiros* e *Vilhalpandos*).

SÁ, ESTÁCIO DE (c. 1520, Port.-1567). Militar, fundador da cidade do Rio de Janeiro. Enviado por Mem de Sá para expulsar os franceses da baía de Guanabara, morreu em conseqüência de uma flechada.

SAFO (c. 625, Lesbos-580 a.C.). Poetisa lírica grega. "A décima Musa", no dizer de Platão.

SÁ, FRANCISCO (1862, MG-1936). Engenheiro e político. Reorganizou a Inspetoria de Navegação e planejou o saneamento da baixada fluminense.

SAID ALI Ida, Manuel (1861, RS-1953). Filólogo. Obras: *Gramática Histórica da Língua Portuguesa, Meios de Expressão e Alterações Semânticas*, etc.

SAINT-HILAIRE, Auguste de (1779, França-1853). Naturalista. Obras: *Flora do Brasil Meridional, Plantas Usuais dos Brasileiros*, etc.

SALDANHA DA GAMA, Luís Filipe (1846, RJ-1895). Almirante. Participou da campanha da Cisplatina e da guerra do Paraguai; liderou a revolta da Armada com Custódio de Melo.

SALES, ANTÔNIO (1868, PR-1940). Romancista, ensaísta e poeta. Obras: *Aves de Arribação, O Ceará Literário, Versos Diversos*, etc.

SALES, HERBERTO de Azevedo (1917, BA-1999). Romancista e contista. Obras: *Cascalho, Além *dos Marimbus, Dados Biográficos do Finado Marcelino, Os Pareceres do Tempo*, etc.

SALES JÚNIOR, WALTER (1956, RJ). Cineasta. Obras: *A Grande Arte, Central do Brasil*, etc.

SALGADO, PLÍNIO (1901, SP-1975). Político e romancista. Líder integralista. Obras: *O Estrangeiro, O Esperado*, etc.

SALTO (SP). Mun., 86.928 hab. Usina hidrelétrica.

SALÚSTIO Crispo, Quinto (86, Amiterno-c. 34 a.C.). Historiador latino. Obras: *A Conjuração de Catilina, A Guerra de Jugurta*, etc.

SALVADOR. Capital da BA, situada nas margens da baía de Todos os Santos (2.302.832 hab.). Centro histórico e turístico (são notáveis o Museu de Arte Sacra, a Igreja do Bonfim, o Pelourinho). Fundada em 1549 por Tomé de Sousa, foi, durante mais de 200 anos, sede do governo-geral do Brasil. Conjunto arquitetônico e urbanístico tombado pelo Patrimônio Mundial em 1985.

SALVADOR, FREI VICENTE DO (nome religioso de Vicente Rodrigues Palha) (1564, BA-c. 1636). Historiador (cronologicamente, o primeiro de nossa literatura). Sua *História do Brasil* foi publicada em 1889 por Capistrano de Abreu.

SÁ, MEM DE (1500, Port.-1572). Homem de estado português, terceiro governador-geral do Brasil (1554-1572); destacou-se na luta para expulsar os franceses da Guanabara com o sobrinho Estácio de Sá.

SAMPAIO, SILVEIRA (1914, RJ-1964). Ator, diretor e autor. Obras: *Trilogia do Herói Grotesco* (*A Inconveniência de Ser Esposa, Da Necessidade de Ser Polígamo* e *A Garçonnière de Meu Marido*).

SAMPAIO, TEODORO Fernandes (1885, BA-1937). Geógrafo e historiador. Obras: *O Tupi na Geografia Nacional, Atlas dos Estados Unidos do Brasil*, etc.

SAN MARTÍN, José de (1778, Argentina-1850). Militar e político. Libertador da Argentina e do Peru. Reuniu o exército que, comandado por O'Higgins, conquistou a independência do Chile.

SANTA BÁRBARA DO OESTE (SP). Mun., 168.332 hab. Agricultura (cana-de-açúcar). Ind. do açúcar, mecânica e têxtil.

SANTA CATARINA. Estado da região S. *Sigla*: SC. *Superfície*: 95.443km². *População*: 5.098.448. *Densidade*: 53,41 hab./km². *Crescimento demográfico*: 1,4% ao ano. *Capital*: Florianópolis. *Municípios*: 293. *Municípios mais populosos*: Joinville, Florianópolis, Blumenau, Criciúma, São José, Itajaí, Chapecó, Lajes, Jaraguá do Sul, Palhoça, Tubarão, Brusque. *Economia*: participação no PIB: 3,05%; agricultura: milho, cana-de-açúcar, arroz, soja, feijão, fumo, batata-inglesa, maçã; pecuária: suínos, bovi-

nos, ovinos; grande produtor de aves; mineração: alumínio-bauxita, carvão (maior produtor); indústria: alimentícia, vestuário, calçados, têxtil, mecânica, turismo no litoral. Povoamento feito por 5.000 imigrantes açorianos, entre 1748 e 1756, sobretudo no litoral. Na segunda metade do séc. XIX, intensificou-se a imigração européia: alemã e, em menor escala, italiana.

SANTA CRUZ DO SUL (RS). Mun., 104.772. Suínos e bovinos. Ind. de fumo.

SANTA INÊS (MA). Mun., 68.942 hab. Agropecuária.

SANTA LUZIA (MG). Mun., 161.318 hab. Indústria alimentícia. Monumentos tombados pelo IPHAN.

SANTA MARIA (RS). Mun., 234.610 hab. Pecuária.

SANTANA (AP). Mun., 69.501 hab.

SANTANA, AFONSO ROMANO DE (1937, MG). Crítico literário, cronista e poeta. Obras: *Carlos Drummond de Andrade: Análise da Obra, Canto e Palavra*, etc.

SANTANA DO LIVRAMENTO (RS). Mun., 85.554 hab. Viticultura. Ind. têxtil.

SANTANA, SÉRGIO (1941, RJ). Romancista e contista. Obras: *Simulacros, O Concerto de João Gilberto no Rio de Janeiro*, etc.

SANTARÉM (PA). Mun., 288.628 hab. Porto fluvial junto à foz do Tapajós. Agricultura (arroz e milho). Ind. madeireira. Borracha, castanha-do-pará e juta. Pescado.

SANTA RITA (PB). Mun., 110.776 hab. Agricultura (cana-de-açúcar, mandioca). Ind. têxtil.

SANTA ROSA, Tomás (1909, PB-1956). Cenógrafo e pintor, o modernizador da cenografia no Brasil.

SANTIAGO, SILVIANO (1936, MG). Crítico literário, romancista e contista. Obras: *Uma Literatura nos Trópicos, Stella Manhattan*, etc.

SANTO ANDRÉ (SP). Mun., 628.425 hab. Ind. metalúrgica, de autopeças, de material elétrico e química.

SANTO ÂNGELO (RS). Mun., 75.511 hab. Ind. de fumo e mecânica.

SANTO ANTÔNIO DE JESUS (BA). Mun., 71.932 hab.

SANTORO, CLÁUDIO (1919, AM-1989). Compositor erudito. Autor de oito sinfonias, três concertos e do balé *Cobra Norato*.

SANTOS (SP). Mun., 409.845 hab. Elevado a vila em 1545 e a cidade em 1839. Porto mais bem aparelhado e movimentado do País. Ind. alimentícia, de móveis e de minerais não-metálicos. Turismo.

SANTOS da Costa Araújo, URBANO (1859, MA-1922). Político. Vice-presidente da República, exerceu a presidência de 8 de setembro a 9 de outubro de 1917.

SANTOS DUMONT, Alberto (1873, MG-1932). Inventor do avião, após longa experiência de vôo em balões. Patrono da Aeronáutica; autor de *Os Meus Balões, O Que Eu Vi: o Que Nós Veremos*.

SANTOS, Marquesa de (Domitila de Castro Canto e Melo) (1797, SP-1867). Dama do Paço Imperial, amante de D. Pedro I, com quem teve uma filha.

SANTOS, MÍLTON de Almeida (1926, BA). Geógrafo. Obras: *O Trabalho do Geógrafo no Terceiro Mundo, Espaço e Método*, etc.

SANTOS, NÉLSON PEREIRA DOS (1928, SP). Cineasta. Obras: *Vidas Secas, O Amuleto de Ogum, Memórias do Cárcere*, etc.

SANTOS, TURÍBIO Soares (1944, MA). Violonista. Foi diretor do Museu Vila-Lobos.

SÃO BERNARDO DO CAMPO (SP). Mun., 703.447 hab. Um dos maiores centros industriais do País. Ind. automobilística, mecânica, de autopeças e de materiais de transporte.

SÃO BORJA (RS). Mun., 63.208 hab. Pecuária. Ind. alimentícia.

SÃO CAETANO DO SUL (SP). Mun., 135.362 hab. Ind. automobilística, de autopeças, cerâmica, mecânica e de papel.

SÃO CARLOS (SP). Mun., 183.481 hab. Ind. mecânica, de material elétrico e eletrônico, de comunicações e móveis.

SÃO CRISTÓVÃO (SE). Mun., 57.553 hab. Cidade histórica. Monumentos tombados pelo IPHAN.

SÃO FRANCISCO, rio. Nasce na serra da Canastra (MG) e deságua no Atlântico. Navegável em quase toda a sua extensão (2.614km). Banha MG, PE, SE e AL. Nele estão localizadas as usinas de Paulo Afonso e Três Marias.

SÃO GABRIEL (RS). Mun., 60.605 hab.

SÃO GONÇALO (RJ). Mun., 857.988 hab. Ind. de transformação e comércio.

SÃO GONÇALO DO AMARANTE (RN). Mun., 56.825 hab.

SÃO JOÃO DEL-REI (MG). Mun., 75.181 hab. Cidade histórica com vários monumentos tombados pelo IPHAN.

SÃO JOÃO DE MERITI (RJ). Mun., 438.253 hab. Cidade-dormitório. Indústria de transformação.

SÃO JOÃO, serra de. Elevação no PR, no limite com SP (cerca de 1.000m de altitude).

SÃO JOSÉ. Grande baía do litoral do MA.

SÃO JOSÉ (SC). Mun., 147.559 hab. Ind. alimentícia.

SÃO JOSÉ DO RIO PRETO (SP). Mun., 343.059 hab. Ind. de beneficiamento de café, algodão, arroz e óleos comestíveis; criação de bovinos.

SÃO JOSÉ DOS CAMPOS (SP). Mun., 506.332. Ind. automobilística, aeronáutica, fotográfica, farmacêutica, têxtil, etc.

SÃO JOSÉ DOS PINHAIS (PR). Mun., 188.137 hab. Ind. metalúrgica.

SÃO LEOPOLDO (RS). Mun., 186.568 hab. Ind. metalúrgica, de borracha, couro e calçados.

SÃO LOURENÇO. Rio de MT (672km), afluente da margem esquerda do Cuiabá.

SÃO LOURENÇO DA MATA (PE). Mun., 89.754 hab.

SÃO LUÍS. Capital do MA, situada no litoral da ilha de São Luís, na baía de São Marcos (837.588 hab.); fundada em 1612 pelos franceses; turismo crescente; o porto de Itaqui abriu as exportações dos minérios de Carajás para o mundo e deu novo impulso à exportação para o Centro-Sul do País; declarada patrimônio da humanidade pelo Conselho da Unesco.

SÃO MANUEL. V. TELES PIRES.

SÃO MARCOS. Grande baía do litoral do MA; forma, com a baía de São José, o chamado Golfão Maranhense.

SÃO MATEUS (ES). Mun., 82.514 hab. Cafeicultura.

SÃO MIGUEL DAS MISSÕES (RS). Ruínas da igreja de São Miguel das Missões tombadas pelo Patrimônio Mundial em 1983.

SÃO MIGUEL DOS CAMPOS (AL). Mun., 49.504 hab.

SÃO PAULO. Capital de SP, fundada em 1554 por iniciativa do P.e Manuel da Nóbrega; maior aglomeração urbana do Brasil e uma das maiores cidades do mundo (9.968.485 hab.); abriga o maior e mais diversificado parque industrial da América Latina; elevada à cidade em 1711; principal centro do movimento bandeirante; expansão com o ciclo do café.

SÃO PAULO. Estado da região S.E. *Sigla*: SP. *Superfície*: 248.809km². *População*: 35.816.740. *Densidade*: 143,95 hab./km². *Crescimento demográfico*: 1,5% ao ano. *Capital*: São Paulo. *Municípios*: 645. *Municípios mais populosos*: São Paulo, Guarulhos, Campinas, São Bernardo do Campo, Osasco, Santo André, São José dos Campos, Ribeirão Preto, Sorocaba, Santos. *Economia*: participação no PIB: 37%; agricultura: cana-de-açúcar (mais de 50% da produção nacional), laranja, café, milho, soja, tomate, uva, algodão, batata-inglesa, feijão, arroz, cebola, banana; pecuária: bovinos, suínos; mineração: ferro; indústria: maior parque industrial da América Latina, nele representados todos os ramos industriais, concentrado na Grande São Paulo, sobretudo no ABCD; estado de maior população absoluta (93% é urbana); primeiro estado em importância econômica. Povoamento iniciado com a fundação de São Vicente, em 1532, por Martim Afonso de Sousa. Início da expansão cafeeira na segunda metade do séc. XIX. Forte imigração (portugueses, italianos, espanhóis, eslavos e japoneses).

SÃO RAIMUNDO NONATO (PI). Mun., 24.696 hab. Parque Nacional da Serra da Capivara tombado pelo Patrimônio Mundial em 1991.

SÃO JOSÉ DO RIBAMAR (MA). Mun., 89.794 hab.

SÃO TOMÉ. Serra do S. de MG, com cerca de 1.200m de altitude.

SÃO VICENTE (SP). Mun., 284.551 hab. Cidade histórica. Turismo. O primeiro município do Brasil.

SAPÉ (PB). Mun., 46.635 hab.

SAPIRANGA (RS). Mun., 62.816 hab.

SAPUCAIA DO SUL (RS). Mun., 118.285 hab. Ind. metalúrgica, têxtil, mecânica, de couro e peles.

SAPUCAÍ GRANDE. Rio de MG (450 km); conflui com o Grande.

SARAIVA, CONSELHEIRO José Antônio (1823, BA-1895). Político. Foi presidente das províncias do Piauí, Alagoas, São Paulo e Pernambuco. Fundou a cidade de Teresina, para onde transferiu a capital da província do Piauí.

SARAMAGO, José (1922, Port.). Romancista. Agraciado com o Prêmio Nobel de Literatura em 1999. Obras: *O Ano da Morte de Ricardo Reis, História do Cerco de Lisboa*, etc.

SARNEY, JOSÉ Ribamar Ferreira Araújo da Costa (1930, MA). Político e escritor. Assumiu a presidência da República em 1985 com a morte de Tancredo Neves. Convocou Assembléia Constituinte para elaborar a Constituição de 1988. Obras: *Marimbondos de Fogo, Norte das Águas, O Dono do Mar*, etc.

SARTRE, Jean-Paul (1905, França-1980). Filósofo, ficcionista e dramaturgo. Teórico do existencialismo. Obras: *O Ser e o Nada, A Náusea, As Moscas, O Muro*, etc.

SAURA, Carlos (1932, Espanha). Cineasta. Obras: *Ana e os Lobos, Cría Cuervos, Bodas de Sangue*, etc.

SAUSSURE, Ferdinand de (1857, Suíça-1913). Lingüista. Obras: *Curso de Lingüística Geral*, etc.

SCANTIMBURGO, JOÃO DE (1915, SP). Jornalista e historiador. Obras: *O Poder Moderador, O Brasil e a Revolução Francesa*, etc.

SCHELLING, Friedrich Wilhelm Joseph von (1775, Alemanha-1854). Filósofo. Obras: *Idéias para uma Filosofia da Natureza, Filosofia e Religião*, etc.

SCHEMBERG, MÁRIO (1916, PE-1990). Físico e crítico de arte. Obras: *Pensando a Física, Pensando a Arte*, etc.

SCHILLER, Friedrich von (1759, Alemanha-1805). Dramaturgo e poeta. Forma com Goethe a dupla dos grandes clássicos do teatro alemão. Defensor da liberdade contra o despotismo, tem em *Maria Stuart* a sua tragédia mais popular.

SCHMIDT, AFONSO (1890, SP-1964). Poeta e romancista. Obras: *Garoa, Curiango, A Locomotiva*, etc.

SCHMIDT, AUGUSTO FREDERICO (1906, RJ-1965). Poeta. Obras: *Navio Perdido, Pássaro Cego, A Estrela Solitária, Galo Branco*, etc.

SCHUBERT, Franz (1797, Áustria-1828). Compositor erudito, autor de *Sinfonia Inacabada, A Truta, Missa em Sol Maior*, etc.

SCHUMANN, Robert (1810, Alemanha-1856). Compositor erudito, autor de *Os Amores do Poeta* (*Lieder*), *Concerto para Piano e Orquestra*, etc.

SCHWARZ (**Roberto Schwarzmann**, dito **ROBERTO**) (1938, Áustria). Crítico literário brasileiro. Obras: *A Sereia e o Desconfiado, Um Mestre na Periferia do Capitalismo: Machado de Assis*, etc.

SCIASCIA, Leonardo (1921, Itália-1989). Romancista e contista. Obras: *O Dia da Coruja, O Cavaleiro e a Morte*, etc.

SCLIAR, CARLOS (1920, RS). Desenhista, pintor e gravador. Escreveu e dirigiu o documentário cinematográfico *Escadas*.

SCLIAR, MOACIR Jaime (1937, RS). Romancista e contista. Obras: *O Carnaval dos Animais, O Ciclo das Águas, A Festa no Castelo*, etc.

SCOLA, ETTORE (1931, Itália). Cineasta. Obras: *Um Dia muito Especial, A Família, O Baile*, etc.

SCORSESE, Martin (1942, E.U.A.). Cineasta. Obras: *Taxi Driver, A Época da Inocência, Cassino*, etc.

SEGALL, LASAR (1891, Lituânia-1957). Pintor, escultor e gravador naturalizado brasileiro. Obras: *Paisagem Brasileira, Florestas*, etc.

SEIXAS, ponta do. Localizada no cabo Branco, no litoral da PB, é o ponto extremo leste do Brasil.

SEIXAS, RAUL Santos (1945, BA-1989). Compositor popular de rock, autor de *Gita, Sociedade Alternativa*, etc.

SEMANA DE ARTE MODERNA. Movimento cultural e artístico ocorrido no Teatro Municipal de São Paulo, nos dias 13, 15 e 17 de fevereiro de 1922; constou de conferências, concertos, recitais e exposição de artes plásticas e constituiu um marco do modernismo no Brasil; dele participaram Mário de Andrade, Graça Aranha, Ronald de Carvalho, Oswald de Andrade, Di Cavalcanti, etc.

SENA MADUREIRA (AC). Mun., 23.330 hab.

SÊNECA, Lúcio Aneu (c. 4 a.C., Córdova, Espanha-65 d.C.). Filósofo e dramaturgo latino. Obras: *Da Brevidade da Vida, Medéia, Fedra, As Troianas*, etc.

SENHOR DO BONFIM (BA). Mun., 84.752 hab.

SERGIPE. Estado da região N.E., o menor da Federação. *Sigla:* SE. *Superfície:* 22.050km². *População:* 1.712.786. *Densidade:* 77,67 hab./km². *Crescimento demográfico:* 1,6% ao ano.

Capital: Aracaju. *Municípios*: 75. Municípios mais populosos: Aracaju, Nossa Senhora do Socorro, Lagarto, Itabaiana, São Cristóvão, Estância, Tobias Barreto, Simão Dias. *Economia*: participação no PIB: 0,54%; agricultura: cana-de-açúcar, algodão, mandioca, milho, laranja, coco-da-baía, fumo; pecuária: bovinos, suínos; indústria: têxtil, de transformação, extrativa mineral, construção civil; subsolo rico em petróleo e gás natural; extração petrolífera no município de Carmópolis.

SERPA, IVÃ Ferreira (1923, RJ-1973). Pintor, desenhista e gravador. Obras: *Formas, Figuras*, etc.

SERRA (ES). Mun., 292.523 hab. Igreja dos Reis Magos (tombada pelo IPHAN).

SERRANO, JÔNATAS (1885, RJ-1944). Historiador e biógrafo. Obras: *História do Brasil, Farias Brito*, etc.

SERRA Sobrinho, JOAQUIM Maria (1838, MA-1888). Romancista e poeta. Foi um dos principais abolicionistas. Obras: *Um Coração de Mulher, Quadros*, etc.

SERRINHA (BA). Mun., 78.810 hab.

SERRONI, José Carlos (1950, SP). Cenógrafo, arquiteto e figurinista. Trabalhou dez anos com diferentes diretores e no Centro de Pesquisa Teatral de São Paulo (Antunes Filho), de *Chica da Silva* a *Drácula*.

SERTÃOZINHO (SP). Mun., 00.545 hab. Agricultura (cana-de-açúcar).

SETE LAGOAS (MG). Mun., 178.074 hab. Ind. têxtil, de couro e de peles.

SETÚBAL, PAULO de Oliveira (1893, SP-1937). Romancista. Obras: *A Marquesa de Santos, O Sonho das Esmeraldas*, etc.

SEURAT, Georges Pierre (1859, França-1891). Pintor, iniciador do pontilhismo. Obras: *Circo, Ponte em Courbevoie*, etc.

SEVERO de Albuquerque Maranhão, AUGUSTO (1864, RN-1902). Aeronauta e político. Um dos pioneiros da navegação aérea no Brasil.

SHAKESPEARE, William (1564, Inglaterra-1616). Dramaturgo e poeta, é o clássico por excelência da língua inglesa. Escreveu tragédias (*Ricardo III, Henrique V, Romeu e Julieta, O Mercador de Veneza, Otelo, Macbeth*), comédias (*A Megera Domada, Muito Barulho por Nada, Noite de Reis, As Alegres Comadres de Windsor*), tragicomédias (*Conto de Inverno, A Tempestade*), poemas (*Vênus e Adônis* e *O Rapto de Lucrécia*), e um livro de sonetos.

SHAW, George BERNARD (1856, Irlanda-1950). Criador da dramaturgia moderna de língua inglesa, em mais de 50 peças fez variada crítica social. Obras: *Pigmalião* (que se popularizou no musical *Minha Querida Lady*), *O Dilema do Médico, Ândrocles e o Leão*, etc.

SILVA ALVARENGA, Manuel Inácio da (1749,

MG-1814). Poeta. O mais brasileiro dos poetas da chamada Escola Mineira. Obras: *O Desertor das Letras, Glaura*, etc.

SILVA, ANTÔNIO JOSÉ DA, dito O JUDEU (1705, RJ-1739). Nascido no Brasil, pertence à história do teatro português. Obras: *Vida do Grande D. Quixote de la Mancha e do Gordo Sancho Pança, Guerras do Alecrim e Manjerona*, etc.

SILVA, DEONÍSIO DA (1948, SC). Contista. Obras: *Cenas Indecorosas, A Mesa dos Inocentes*, etc.

SILVA, ISMAEL (1905, RJ-1978). Compositor popular, autor de muitos sambas, como *Me Faz Carinhos, Para Me Livrar do Mal, Adeus*, em parceria com Noel Rosa e Chico Alves.

SILVA JARDIM, Antônio da (1860, RJ-1891). Jornalista, atuante propagandista da República. Obras: *A Crítica de Escada Abaixo, Campanhas de um Propagandista*, etc.

SILVA MELO, Antônio da (1886, RJ-1973). Médico e ensaísta. Obras: *Alimentação no Brasil, Estudos sobre o Negro*, etc.

SILVA NETO, SERAFIM Pereira DA (1917, RJ-1960). Filólogo. Obras: *História da Língua Portuguesa, Fontes do Latim Vulgar, História do Latim Vulgar*, etc.

SILVEIRA, HELENA (1911, SP-1984). Contista e cronista. Obras: *A Humilde Espera, Mulheres, Sombra Azul*, etc.

SILVEIRA, JOEL Ribeiro (1918, SE). Jornalista e escritor. Obras: *Histórias de Pracinha, Um Guarda-Chuva para o Coronel*, etc.

SILVEIRA, NISE DA (1905, AL-1999). Psiquiatra. Fundou o centro de estudo e pesquisa Museu de Imagens do Inconsciente. Obras: *Jung, Vida e Obra, O Mundo das Imagens*, etc.

SILVEIRA, TASSO Azevedo DA (1895, PR-1968). Poeta, romancista e crítico literário. Obras: *O Canto Absoluto, Contemplação do Eterno*, etc.

SILVEIRA, VALDOMIRO (1873, SP-1941). Precursor do conto regionalista. Obras: *Os Caboclos, Nas Serras e nas Furnas, Mixuangos, Leréias*.

SIMÃO DIAS (SE). Mun., 33.707 hab.

SIMÕES FILHO (BA). Mun., 78.229 hab.

SIMÕES LOPES NETO, João (1865, RS-1916). Contista e folclorista. Obras: *Cancioneiro Guasca, Contos Gauchescos, Lendas do Sul, Casos do Romualdo*.

SINHÔ (**José Barbosa da Silva**, dito) (1888, RJ-1930). Compositor e pianista. Primeiro grande sambista, autor de *Jura, Amar a uma Só Mulher*, etc.

SINOP (MT). Mun., 54.306 hab.

SIQUEIROS, David Alfaro (1896, México-1974). Pintor, o mais doutrinário e veemente dos muralistas mexicanos. Obras: *Marcha da Humanidade, Mãe Camponesa*, etc.

SISLEY, Alfred (1839, França-1899)- Pintor inglês da escola impressionista francesa. Obras: *Inundações em Port-Marly, Margens do Sena*, etc.

SOBRAL (CE)- Mun., 143.672 hab. Ind. de cimento, cerâmica, laticínios, óleos vegetais e têxtil.

SOCIEDADE BRASILEIRA PARA O PROGRESSO DA CIÊNCIA. Entidade de cientistas criada em São Paulo em 1948.

SÓCRATES (c. 470, Alópece, Ática-399 a.C.)- Filósofo grego, mestre de Platão e Xenofonte.

SÓFOCLES (496, Colono, Ática-406 a.C.)- Dramaturgo grego. Escreveu 123 peças, das quais restam apenas sete. As principais são *Antígona, Édipo Rei, Electra* e *Édipo em Colono*.

SOLIMÕES, rio. Nome do rio Amazonas até a confluência com o Negro.

SOROCABA (SP)- Mun., 455.759 hab. O povoamento iniciou-se em fins do séc. XVI. Segundo centro têxtil do estado. Ind. metalúrgicas (alumínio), de fertilizantes e cimento.

SOUSA (PB)- Mun., 59.325 hab.

SOUSA, AUTA DE (1876, RN-1901)- Poetisa. Obra: *Horto*.

SOUSA DA SILVEIRA, Álvaro Ferdinando de (1883, RJ-1967)- Filólogo. Obras: *Lições de Português, Trechos Seletos*, etc.

SOUSA E MELO, Márcio de (1906, SC-1991)- Militar (brigadeiro) e político. Integrou o triunvirato que governou o País de 31 de agosto a 30 de outubro de 1969.

SOUSA, FREI LUÍS DE (Manuel de Sousa Coutinho) (1555, Port.-1632)- Prosador. Obras: *Vida de D. Fr. Bertolameu dos Mártires, História de São Domingos*, etc.

SOUSA, Gabriel Soares de (c. 1540, Port.-c. 1592)- Cronista. Veio para o Brasil em 1569. Obra: *Tratado Descritivo do Brasil em 1587*.

SOUSA, MÁRCIO Gonçalves Bentes DE (1946, AM)- Romancista e ensaísta. Obras: *Galvez, o Imperador do Acre, A Condolência, O Empate contra Chico Mendes*, etc.

SOUSA, MARTIM AFONSO DE (c. 1500, Port.-1564)- Militar e administrador colonial. Fundou São Vicente e Piratininga e foi donatário das capitanias de São Vicente e do Rio de Janeiro.

SOUSA, OTÁVIO TARQÜÍNIO DE (1889, RJ-1959)- Historiador. Obras: *História dos Fundadores do Império do Brasil*, etc.

SOUSA, TOMÉ DE (1502, Port.-1579)- Militar e administrador colonial. Primeiro governador-geral do Brasil (1549-1553).

SOUSÂNDRADE (Joaquim de Sousa Andrade, dito) (1833, MA-1902)- Poeta precursor do simbolismo. Obras: *O Guesa, Liras Perdidas*, etc.

SPENCER, Herbert (1820, Inglaterra-1903)- Filósofo, criador da filosofia evolucionista. Obras:

Princípios de Biologia, Os Fatores da Evolução Orgânica, etc.

SPINOZA, Baruch (1632, Holanda-1677)- Filósofo. Obras: *Tratado Político, Ética*, etc.

SPIX, Johann Baptist von (séc. XVII, Alemanha-1827)- Zoólogo. Participou, com Von Martius, da comissão científica que veio ao Brasil em 1817. Obras: *Viagem pelo Brasil*, etc.

STADEN, HANS (séc. XVI, Alemanha)- Cronista. Visitou duas vezes o Brasil. Narrou suas aventuras no livro *Descrição Verdadeira de um País de Selvagens Nus, Ferozes e Canibais*.

STEEN, EDLA Lucy Vendhausen VAN (1936, SC)- Contista e romancista. Obras: *Memórias do Medo, Corações Mordidos, Cheiro de Amor*, etc.

STENDHAL (Henri Beyle, dito) (1783, França-1842)- Romancista. Obras: *O Vermelho e o Negro, Armance*, etc.

STERNE, Laurence (1713, Irlanda-1768)- Romancista. Obras: *Tristram Shandy, Viagem Sentimental*, etc.

STEVENSON, ROBERT LOUIS Balfour (1850, Inglaterra-1894)- Romancista. Obras: *A Ilha do Tesouro, O Médico e o Monstro*, etc.

STRAUSS, JOHANN (1825, Áustria-1899)- Compositor erudito, autor de valsas célebres (*No Belo Danúbio Azul, Contos dos Bosques de Viena*, etc.).

STRAUSS, RICHARD (1864, Alemanha-1949)- Compositor erudito, autor de óperas (*Salomé, Electra*, etc.), poemas sinfônicos, etc.

STRAVINSKI, Igor (1882, Rússia-1971)- Compositor erudito, autor de *O Pássaro de Fogo, A Sagração da Primavera*, etc.

STRINDBERG, August (1849, Suécia-1912)- Dramaturgo, precursor do expressionismo no teatro, e do movimento naturalista na literatura. Obras: *O Pai, Senhorita Júlia*, etc.

SUASSUNA, ARIANO Vilar (1927, PB)- Dramaturgo e romancista. Obras: *Auto da Compadecida, O Santo e a Porca, A Pedra do Reino*, etc.

SUDESTE, REGIÃO. Formada pelos estados do ES, RJ, MG e SP, de clima tropical atlântico, no litoral, e tropical de altitude, nos planaltos. É a região mais populosa do País (cerca de 69 milhões de hab.) e tb. a de maior densidade demográfica (quase 75 hab./km^2). Contribui com 60% do PIB e apresenta a menor taxa de analfabetismo (8,7%).

SUL, REGIÃO. Formada pelos estados do PR, SC e RS, de clima predominantemente subtropical. É a menor região do País (577.214km^2) e a de menor taxa de mortalidade infantil.

SVEVO (Ettore Schmitz, dito ITALO) (1861, Itália-1928)- Romancista. Obras: *Uma Vida, A Consciência de Zeno*, etc.

SWIFT, Jonathan (1667, Irlanda-1745)- Romancista e panfletário. Obras: *As Viagens de Gulliver, A Batalha dos Livros*, etc.

T

TABOÃO DA SERRA (SP)• Mun., 192.830 hab. Ind. química, mecânica, de materiais de transporte e de móveis.

TÁCITO, Públio Cornélio (56, Roma-120)• Historiador latino. Obras: *Anais, Histórias, Germânia*, etc.

TACUTU. Rio de RR (400km), limítrofe entre o Brasil e a Guiana.

TAGLIAFERRO, MADALENA (1883, RJ-1986)• Pianista. Medalha de ouro do Conservatório de Paris em 1907.

TAHAN (Júlio César de Melo e Sousa, dito **MALBA)** (1895, RJ-1974)• Escritor. Fundou e dirigiu periódicos de recreação matemática. Obras: *Céu de Alá, O Homem Que Calculava*, etc.

TAMANDARÉ, MARQUÊS DE (Joaquim Marques Lisboa) (1807, RS-1897)• Almirante. Participou da campanha da Independência, da repressão aos revoltosos da Confederação do Equador, da campanha da Cisplatina e da guerra do Paraguai. Patrono da Marinha brasileira.

TANGARÁ DA SERRA (MT)• Mun., 50.925 hab.

TAPAJÓS. Rio de MT e PA (1.784km), afluente do Amazonas.

TAQUARI. Rio de MS (858km).

TAQUARI. Rio do RS (481km).

TAQUARIL, serra do. Elevação no RJ, com 1.200m de altitude.

TARAUACÁ (AC)• Mun., 23.715 hab.

TARAUACÁ. Rio do AC e AM (715km), afluente da margem direita do Juruá.

TASSO FRAGOSO, Augusto (1869, MA-1945)• Militar e político. Participou da campanha republicana e integrou a junta governativa que assumiu o poder após a revolução de 1930.

TASSO, Torquato (1544, Itália-1595)• Poeta. Obras: *Jerusalém Libertada, Aminta* (comédia pastoril).

TATI, JACQUES Tatischeff (1908, França-1982)• Cineasta. Obras: *As Férias do Sr. Hulot, Meu Tio*, etc.

TATUÍ (SP)• Mun., 84.716 hab.

TAUÁ (CE)• Mun., 50.258 hab.

TAUBATÉ (SP)• Mun., 226.338 hab. Ind. mecânica, automobilística, de material de transporte e têxtil. Monumentos tombados pelo IPHAN.

TAUNAY, Visconde de (Alfredo Maria Adriano d'Escragnolle Taunay) (1843, RJ-1899)• Romancista, membro fundador da ABL. Obras: *Inocência, Ao Entardecer*, etc.

TAVARES BASTOS, Aureliano Cândido (1839, AL-1875)• Escritor e pensador político. Obras: *Cartas do Solitário, O Vale do Amazonas*, etc.

TAVARES da Silva Cavalcanti, ADELMAR (1888, PE-1963)• Poeta. Obras: *Trovas e Trovadores, Noite Cheia de Estrelas*, etc.

TÁVORA, João FRANKLIN da Silveira (1842, CE-1888)• Romancista. Obras: *O Cabeleira, O Matuto, Lourenço*, etc.

TBC. Sigla de Teatro Brasileiro de Comédia.

TCHEKHOV, Anton Pavlovitch (1860, Rússia-1904)• Contista e dramaturgo, o maior da literatura russa. Obras: *A Gaivota, Tio Vânia, As Três Irmãs* e *O Jardim das Cerejeiras*, etc.

TEFÉ (AM)• Mun., 62.616 hab.

TEFÉ. Rio do AM (743km), afluente do Solimões.

TEIXEIRA, ANÍSIO Spinola (1900, BA-1971)• Educador e ensaísta. Obras: *Universidade e Liberdade Humana, A Educação e a Crise Brasileira*, etc.

TEIXEIRA, BENTO (1560, Port.-c. 1600)• Poeta. Veio para o Brasil ainda menino. Sua *Prosopopéia* (1601) é, cronologicamente, a primeira obra da literatura brasileira.

TEIXEIRA DE FREITAS (BA)• Mun., 104.695 hab.

TEIXEIRA E SOUSA, Antônio Gonçalves (1812, RJ-1861)• Poeta e romancista. Obras: *O Filho do Pescador, Cantos Líricos*, etc.

TEIXEIRA, MÚCIO Cévola Lopes (1857, RS-1926)• Poeta. Obras: *Vozes Trêmulas, Calabar, Os Minuanos*, etc.

TELES, LÍGIA FAGUNDES (1923, SP)• Contista e romancista. Obras: *Ciranda de Pedra, Antes do Baile Verde, As Meninas, A Noite Escura e mais Eu*, etc.

TELES PIRES ou **SÃO MANUEL.** Rio de MT (1.457km).

TELES, SÍLVIA (1934, RJ-1966)• Cantora popular, intérprete da bossa nova: *Dindi, Corcovado*, etc.

TENENTISMO. Movimento político-militar, desenvolvido de 1922 a 1933-1934, entre a oficialidade jovem das Forças Armadas, principalmente no Exército.

TEÓCRITO (c. 315/310, Siracusa, Sicília-c. 250 a.C.)• Poeta grego, criador do gênero bucólico com os seus *Idílios*.

TEÓFILO OTÔNI (MG)• Mun., 125.433 hab. Ind. madeireira e alimentícia; extração de pedras preciosas.

TERÊNCIO Afro, Públio (c. 195, Cartago-159 a.C.)• Comediógrafo latino, teve preservadas as seis peças que escreveu. Pintou os costumes, partindo de uma intriga amorosa de jovens, com final feliz. Obras: *Os Adelfos, A Sogra, O Eunuco*, etc.

TERESINA. Capital do PI, porto fluvial na margem direita do Parnaíba (691.942 hab.); fundada em 1850 e planejada para exercer funções administrativas.

TERESÓPOLIS (RJ)• Mun., 127.150 hab.; Ind. têxtil e de produtos farmacêuticos. Turismo.

TERUZ, Orlando (1902, RJ-1984). Pintor de cenas brasileiras e retratos.

THEVET, André (1502, França-1592). Cosmógrafo e cronista. Veio ao Brasil com Villegaignon; escreveu sobre a fauna e a flora brasileiras.

TIBAJI. Rio do PR (544km), afluente do Paranapanema.

TICIANO (Tiziano Veccellio) (c. 1485, Itália-1576). Pintor, grande retratista. Obras: *A Vênus de Urbino, Jovem Inglês, Baco e Ariadne*, etc.

TIETÊ. Rio de SP (1.032km); nele se encontram as usinas hidrelétricas de Cubatão, Barra Bonita, Avanhandava e Rasgão; deságua no rio Paraná.

TIMBAÚBA (PE). Mun., 56.554 hab.

TIMON (MA). Mun., 123.497 hab.

TINTORETTO (Jacopo Robusti, dito **IL)** (1518, Itália-1594). Pintor. Obras: *São Jorge e o Dragão, A Crucificação*, etc.

TIRADENTES (MG). Mun., 10.219 hab. Cidade histórica. Conjunto arquitetônico e paisagístico tombado pelo IPHAN.

TIRADENTES (Joaquim José da Silva Xavier, dito) (1746, MG-1792). Alferes, foi líder da conjuração Mineira; denunciado por Joaquim Silvério dos Reis, foi enforcado e esquartejado. O dia de sua morte (21 de abril) é feriado nacional.

TIRSO DE MOLINA (Frei Gabriel Téllez, dito) (1584, Espanha-1648). Dramaturgo. Autor de 400 peças (das quais se salvaram 80). Obras: *O Tímido no Palácio, A Ciumenta de Si Própria, O Burlador de Sevilha e o Convidado de Pedra* (em que introduziu na literatura o tipo de Don Juan), etc.

TITO LÍVIO (64 ou 59 a.C., Pádua, Itália-c. 10 d.C.). Historiador latino, autor de uma *História de Roma* em 142 livros.

TMDC. Sigla de Teatro Maria Della Costa.

TOBIAS BARRETO (SE). Mun., 40.740 hab.

TOCANTINS. Estado da região N., criado de porção de GO pela Constituição de 1988. *Sigla*: TO. *Superfície*: 278.421km². *População*: 1.134.895. *Densidade*: 4,07 hab./km². *Crescimento demográfico*: 2,7% ao ano. *Capital*: Palmas. *Municípios*: 139. *Municípios mais populosos*: Araguaína, Palmas, Gurupi, Porto Nacional, Paraíso do Tocantins. *Economia*: participação no PIB: 0,17%; agricultura: arroz, milho, mandioca, soja, feijão; pecuária: bovinos, suínos; mineração: ouro; indústria: alimentícia, construção civil e madeireira. Grande eixo de circulação é a Rodovia Belém–Brasília, que atravessa o estado de norte a sul.

TOCANTINS. Rio de GO, TO, MA e PA (2.416km); deságua na baía de Marajó.

TODOS OS SANTOS, baía de. Localizada no litoral da Bahia, é a maior reentrância da costa brasileira; nela se situa a ilha de Itaparica.

TOLEDO (PR). Mun., 90.417 hab.

TOLSTOI, Lev Nikolaievitch (1828, Rússia-1910). Romancista. Obras: *Guerra e Paz, Ana Karenina*, etc.

TOMÁS DE AQUINO, Santo (1227, Itália-1274). Teólogo e filósofo. Obras: *Suma Teológica*, etc.

TORELLY, APARÍCIO (1895, RS-1971). Humorista, um dos criadores da moderna linguagem humorística no Brasil.

TORGA, MIGUEL (Adolfo Correia da Rocha) (1907, Port.-1995). Poeta, romancista, contista, dramaturgo, ensaísta e memorialista. Obras: *Ansiedade, Abismo, Bichos, Vindima, Diário* (16 volumes), etc.

TORRES, ALBERTO de Seixas Martins (1865, RJ-1917). Ensaísta e jurista. Obras: *A Organização Nacional, O Problema Nacional Brasileiro*, etc.

TORRES, ANTÔNIO dos Santos (1885, RJ-1934). Historiador e polemista. Obras: *Verdades Indiscretas, Prós e Contras, As Razões da Inconfidência*, etc.

TORRES da Cruz, ANTÔNIO (1940, BA). Romancista. Obras: *Um Cão Uivando para a Lua, Adeus Velho, O Cachorro e o Lobo*, etc.

TRÊS ESTADOS. Pico situado na serra da Mantiqueira, com 2.665m de altitude.

TRÊS LAGOAS (MS). Mun., 74.797 hab.

TRÊS RIOS (RJ). Mun., 66.223 hab. Ind. alimentícia e têxtil.

TREVISAN, DALTON (1926, PR). Contista. Obras: *Novelas Nada Exemplares, Cemitério de Elefantes, O Vampiro de Curitiba*, etc.

TRINDADE e MARTIM VAZ. Ilhas oceânicas, a cerca de 1.000km da costa do ES; Trindade, a maior delas, foi descoberta em 1501 por João da Nova; é hoje um posto oceanográfico controlado pela Marinha.

TRINTA E UM DE MARÇO. Pico situado na serra do Imeri, com 2.992m de altitude.

TROMBETAS. Rio do AM (641km), afluente do Amazonas.

TRUFFAUT, François (1932, França-1984). Cineasta. Obras: *A Noite Americana, Jules e Jim, A História de Adèle H., O Último Metrô*, etc.

TUBARÃO (SC). Mun., 83.728 hab. Ind. alimentícia; jazidas de carvão mineral.

TUCÍDIDES (c. 460/455, Atenas-c. 404/400 a.C.). Historiador grego, autor de *História da Guerra do Peloponeso*.

TUCURUÍ (PA). Mun., 58.679 hab. Usina hidrelétrica.

TURIAÇU. Rio do MA (402km); deságua no Atlântico.

TURNER, Joseph Mallord William (1775, Inglaterra-1851). Pintor. Obras: *A Fundação de Cartago, Vapor numa Tempestade de Neve*, etc.

TWAIN (Samuel Langhorne Clemens, dito **MARK)** (1835, E.U.A.-1910). Romancista. Obras:

As Aventuras de Tom Sawyer, As Aventuras de Huckleberry Finn, etc.

U

UATUMÃ. V. ATUMÃ.

UAUPÉS. Rio do AM (1.102km); nasce na Colômbia e conflui com o Negro (margem direita).

UBERABA (MG). Mun., 243.948 hab. Pecuária. Ind. de couro e peles. Laticínios.

UBERLÂNDIA (MG). Mun., 472.083 hab. Pecuária. Ind. alimentícia. Centro universitário.

UCCELLO (Paolo di Dono, dito **PAOLO)** (1397, Itália-1475). Pintor. Obras: *Batalha de San Romano, São Jorge e o Dragão,* etc.

UMUARAMA (PR). Mun., 85.300 hab. Agricultura (soja, trigo, milho).

UNESCO. Sigla em inglês de Organização das Nações Unidas para a Educação, Ciência e Cultura.

UNIÃO DOS PALMARES (AL). Mun., 54.799 hab. Agricultura (algodão).

URARIQÜERA. Rio de RR (676km).

URUCUIA. Rio de MG (400km), afluente da margem esquerda do São Francisco.

URUÇUÍ-AÇU. Rio do PI (420km), afluente do Parnaíba.

URUGUAI. Rio de SC e RS (2.129km, 883km dos quais em território brasileiro).

URUGUAIANA (RS). Mun., 124.777 hab. Agricultura (trigo e arroz). Bovinos e ovinos. Ind. de couro.

UTRILLO, Maurice (1883, França-1955). Pintor. Obras: *O Bairro de Saint-Roman,* etc.

V

VALADARES, CLARIVAL do Prado (1918, BA-1983). Crítico e historiador de arte. Obras: *Arte e Sociedade nos Cemitérios Brasileiros, Rio Barroco e Rio Neoclássico,* etc.

VALENÇA (BA). Mun., 74.661 hab. Cidade histórica. Turismo.

VALENÇA (RJ). Mun., 61.611 hab. Ind. têxtil.

VALENTIM DA COSTA MAGALHÃES, ANTÔNIO (1859, RJ-1903). Contista e poeta. Obras: *Vinte Contos, Cantos e Lutas, Rimário,* etc.

VALENTIM, MESTRE. V. FONSECA E SILVA, Valentim da.

VALÉRY, Paul (1871, França-1945). Poeta e ensaísta. Obras: *A Jovem Parca, Encantos,* etc.

VALINHOS (SP). Mun., 74.608 hab.

VAN EYCK, Jan (c. 1390-1441). Pintor flamengo. Obras: *Virgem do Chanceler Rolin, A Adoração do Cordeiro Místico,* etc.

VAN GOGH, Vincent (1853, Holanda-1890). Pin-

tor. Obras: *O Café Noturno, Campo de Trigo com Ciprestes, Auto-Retrato,* etc.

VARGAS, GETÚLIO Dorneles (1883, RS-1954). Político. Presidente da República de 1930 a 1945 e de 1951 a 1954, quando se suicidou ameaçado de deposição. Criou a Siderúrgica de Volta Redonda, a Fábrica Nacional de Motores, a Petrobras e a Eletrobras, entre outras obras de vulto; sistematizou e dotou o País de legislação trabalhista avançada.

VARGAS NETO, Manuel do Nascimento (1903, RS-1977). Poeta. Obras: *Tropilha Crioula, Gado Xucro,* etc.

VARGINHA (MG). Mun., 105.757 hab. Pecuária. Ind. mecânica e de laticínios.

VARNHAGEN, Francisco Adolfo de (1816, SP-1878). Historiador, geógrafo e filólogo, autor da mais importante das histórias do Brasil escritas por brasileiros. Obras: *História Geral do Brasil, História das Lutas com os Holandeses no Brasil desde 1624 a 1654,* etc.

VÁRZEA GRANDE (MT). Mun., 207.846 hab.

VÁRZEA, VIRGÍLIO (1862, SC-1941). Romancista, contista e poeta. Obras: *Mares e Campos, O Brigue Flibusteiro, Traços Azuis,* etc.

VASCONCELOS, BERNARDO PEREIRA DE (1795, MG-1850). Político e magistrado brasileiro, foi líder liberal e uma das figuras mais preeminentes do Império.

VASQUES, Francisco Correia (1839, RJ-1892). Ator e autor. O mais popular ator brasileiro do século XIX.

VAZA-BARRIS ou **IRAPIRANGA.** Rio da BA e SE (420km); deságua no Atlântico.

VEADEIROS, chapada dos. Chapada situada em Goiás; parque nacional desde 1961, ocupa área de 60.000ha de cerrados.

VEGA Carpio, LOPE Félix DE (1562, Espanha-1635). Dramaturgo. "Prodígio da natureza", como autor de mais de 2.000 peças. Teatralizou em *Fuente Ovejuna* a revolta coletiva de uma população contra seu opressor.

VEIGA e Barros, EVARISTO Ferreira DA (1799, RJ-1837). Político e poeta. Durante a Regência, pregou o ideário dos moderados, combatendo o separatismo das províncias.

VEIGA (José Jacinto, dito **J. J.)** (1915, GO-1999). Contista e novelista. Obras: *Os Cavalinhos de Platiplanto, Sombras de Reis Barbudos, O Relógio Belisário,* etc.

VELÁSQUEZ, Diego Rodríguez da Silva y (1599, Espanha-1660). Pintor. Obras: *As Meninas, A Vênus do Espelho,* etc.

VELHAS, rio das ou **ARAGUARI.** Rio de MG (442km), afluente da margem esquerda do Paranaíba.

VELHAS, rio das ou **GUAICUÍ.** Rio de MG (1.135km), afluente da margem direita do São Francisco.

VELHO, DOMINGOS JORGE (1614, SP-1703)· Bandeirante que organizou a expedição contra o Quilombo dos Palmares.

VELINHO, MOISÉS de Morais (1901, RS-1980)· Crítico literário. Obras: *Capitania del-Rei, Letras da Província,* etc.

VELOSO, CAETANO Emanuel Viana Teles (1942, BA)· Compositor e cantor popular, autor de *Alegria! Alegria!, É de Manhã,* etc.

VELOSO (José Mariano da Conceição, dito FREI) (1742, MG-1811)· Naturalista. Autor, entre outras obras, da importantíssima *Flora Fluminense.*

VENÂNCIO FILHO, Alberto (1934, RJ)· Jurista e ensaísta. Obras: *A Intervenção do Estado no Domínio Econômico, Das Arcadas ao Bacharelismo,* etc.

VERDE. Rio de MG (230km), afluente da margem direita do Grande.

VERDE. Rio de MT, afluente da margem esquerda do Guaporé; serve de limite entre o Brasil e a Bolívia.

VERDE GRANDE. Rio de MG e BA (442km), afluente da margem direita do São Francisco.

VERDE, José Joaquim CESÁRIO (1855, Port.-1886)· Poeta realista, autor de *O Livro de Cesário Verde.*

VERDI, Giuseppe (1813, Itália-1901)· Compositor erudito, autor das óperas *Rigoletto, La Traviata, Aída,* etc.

VERGUEIRO, Nicolau Pereira de CAMPOS (1778, Port-1859)· Político brasileiro. Senador, integrou a Regência Trina provisória (1831), após a abdicação de D. Pedro I.

VERÍSSIMO, ÉRICO (1905, RS-1975)· Romancista. Obras: *Clarissa, O Tempo e o Vento, Música ao longe, Incidente em Antares,* etc.

VERÍSSIMO, JOSÉ Dias de Matos (1857, PA-1916)· Crítico e historiador literário. Obras: *Cenas da Vida Amazônica, História da Literatura Brasileira,* etc.

VERÍSSIMO, LUÍS FERNANDO (1936, RS)· Jornalista e humorista. Obras: *A Grande Mulher Nua, O Analista de Bajé,* etc.

VERLAINE, Paul (1844, França-1896)· Poeta simbolista. Obras: *As Festas Galantes, Poemas Saturninos, Os Poetas Malditos,* etc.

VESPÚCIO, AMÉRICO (1454, Itália-1512)· Navegador florentino que fez várias viagens ao Novo Mundo e cujo prenome deu origem ao topônimo América.

VIAMÃO (RS)· Mun., 204.172 hab. Ind. metalúrgica, mecânica e de couro.

VIANA FILHO, LUÍS (1908, BA-1990)· Ensaísta e biógrafo. Obras: *O Negro na Bahia, A Vida do Barão do Rio Branco,* etc.

VIANA FILHO, ODUVALDO (1936, RJ-1974)· Ator e dramaturgo, autor, entre outras obras, de *Rasga Coração,* narrativa de quatro décadas

da história brasileira, sob a óptica de um herói anônimo.

VIANA, HÉLIO (1908, MG-1972)· Historiador. Obras: *História das Fronteiras do Brasil, História do Brasil,* etc.

VIANA MOOG, Clodomir (1906, RS-1988)· Ensaísta e romancista. Obras: *Um Rio Imita o Reno, Bandeirantes e Pioneiros, Tóia,* etc.

VICENTE, GIL (?1465, Port.-1537)· O fundador do teatro português, autor de cerca de 50 peças, entre autos religiosos, comédias, farsas e outras obras. O *Auto das Barcas* e a *Farsa de Inês Pereira,* fazem dele um dos maiores dramaturgos da Europa de seu tempo.

VIEIRA FAZENDA, José (1874, RJ-1917)· Historiador. Obras: *Antigualhas e Memórias do Rio de Janeiro,* etc.

VIEIRA, JOÃO FERNANDES (1613, Port.-1681)· Senhor de engenho. Líder da insurreição pernambucana que expulsou os holandeses.

VIEIRA Machado da Costa, JOSÉ GERALDO Manuel Germano Correia (1897, RJ-1977)· Poeta, romancista, contista e tradutor. Obras: *A Ronda do Deslumbramento, A Mulher Que Fugiu de Sodoma,* etc.

VIEIRA, P.e ANTÔNIO (1608, Port.-1697)· Orador sacro, um dos maiores clássicos da língua. Viveu muitos anos no Brasil, onde defendeu os índios contra os colonizadores. Obras: *Sermões, Cartas, História do Futuro.*

VILAÇA, Antônio Carlos (1928, RJ)· Crítico literário e memorialista. Obras: *O Nariz do Morto, O Anel, O Livro de Antônio,* etc.

VILAÇA, Marcos Vinícios (1939, PE)· Escritor. Obras: *Coronéis, Coronéis, Cultura e Estado,* etc.

VILA-LOBOS, Heitor (1887, RJ-1958)· Compositor erudito e regente, fundador da Academia Brasileira de Música. Obras: *Bachianas Brasileiras,* as óperas *Izath, Yerma,* etc.

VILA RICA. Nome antigo de Ouro Preto.

VILA VELHA (ES)· Mun., 312.059 hab. Ind. alimentícia. Monumentos tombados pelo IPHAN. Turismo.

VILELA, LUÍS (1942, MG)· Romancista e contista. Obras: *Os Novos, No Bar, O Fim de Tudo,* etc.

VILHENA (RO)· Mun., 42.620 hab.

VILLEGAIGNON, Nicolas Durand de (1510, França-1575)· Oficial de Marinha e colonizador. Fundador de uma colônia no Rio de Janeiro (1555), que ficou conhecida como França Antártica.

VILLON, François (c. 1431-depois de 1463)· Primeiro grande poeta lírico francês.

VINCI, LEONARDO DA (1452, Itália-1519)· Pintor, arquiteto, escultor, engenheiro e teórico. Obras: *A Gioconda (Mona Lisa), A Última Ceia,* etc.

VIRGÍLIO Marão, Públio (70, Andes, perto de Mântua-19 a.C.)· O maior poeta épico latino! Obras: *Bucólicas, Geórgicas e Eneida.*

VISCONTI, ELISEO d'Angelo (1866, Itália-1944). Pintor e desenhista, introdutor do impressionismo na pintura brasileira. Autor da decoração do Teatro Municipal e da Biblioteca Nacional do Rio de Janeiro.

VISCONTI, Luchino (1906, Itália-1976). Cineasta. Obras: *Rocco e Seus Irmãos, O Leopardo, Morte em Veneza*, etc.

VITAL BRASIL Mineiro da Campanha (1865, MG-1950). Médico e cientista. Fundador do Instituto Butantã (SP) e descobridor do soro antiofídico.

VITALINO (Vitalino Pereira dos Santos, dito **MESTRE)** (1909, PE-1963). Ceramista popular.

VITERBO, Frei Joaquim de Santa Rosa de (1744, Port.-1822). Lexicógrafo. Obra: *Elucidário das Palavras, Termos e Frases Que em Portugal Antigamente Se Usavam*.

VITÓRIA. Capital do ES (270.626 hab.); a região metropolitana abrange a ilha de Vitória, a ilha do Príncipe e parte continental da baía de Vitória; ao norte da cidade, porto dos mais modernos e aparelhados do mundo; povoamento iniciado em 1535 com a fundação da vila de Nossa Senhora da Vitória pelo donatário da capitania do Espírito Santo, Vasco Fernandes Coutinho.

VITÓRIA DA CONQUISTA (BA). Mun., 249.997 hab. Ind. alimentícia.

VITÓRIA DE SANTO ANTÃO (PE). Mun., 112.745 hab. Agricultura (cana-de-açúcar). Ind. de bebidas.

VITÓRIA I (1819, Inglaterra-1901). Rainha da Grã-Bretanha e da Irlanda e imperatriz das Índias. Em seu longo reinado a Inglaterra alcançou seu apogeu.

VIVALDI, Antonio (1678, Itália-1741). Compositor erudito, autor de música sacra, óperas, sonatas, sinfonias, etc.

VOLPI, Alfredo (1896, Itália-1988). Pintor naturalizado brasileiro. Prêmio de melhor pintor brasileiro na II Bienal de São Paulo (1953).

VOLTAIRE (François-Marie Arouet, dito) (1694, França-1778). Filósofo e escritor. Obras: *Ensaio sobre os Costumes, Cândido, Zadig*, etc.

VOLTA REDONDA (RJ). Mun., 237.794 hab. Ind. siderúrgica (Companhia Siderúrgica Nacional, privatizada em 1993).

VOTORANTIM (SP). Mun., 87.191 hab. Ind. de cimento.

W

WAGNER, Richard (1813, Alemanha-1883). Compositor erudito, autor das óperas *Tristão e Isolda, Lohengrin, Parsifal*, etc.

WAJDA, Andrzej (1926, Polônia). Cineasta. Obras: *O Homem de Ferro, Um Amor na Alemanha*, etc.

WALLACE, Alfred Russel (1823, Inglaterra-1913). Naturalista. Visitou o Amazonas e o Pará, onde colheu vasto material botânico e zoológico. Obras: *Viagens pelo Amazonas e Rio Negro, Palmeiras do Amazonas*, etc.

WARHOL (Andrew Warhola, dito **ANDY)** (1929, E.U.A.-1987). Artista plástico. Obras: *Marilyn, Mao*, etc.

WASHINGTON, George (1732, EUA-1799). Militar e político. Herói da guerra de independência norte-americana e primeiro presidente de seu país. Reelegeu-se em 1793.

WASHINGTON LUÍS Pereira de Sousa (1870, RJ-1957). Político e historiador. Presidente da República de 1926 a 1930, quando foi deposto por uma junta militar.

WEBER, MAX (1864, Alemanha-1920). Sociólogo e economista. Obras: *Economia e Sociedade, A Ética Portestante e o Espírito do Capitalismo*, etc.

WELLES, ORSON (1915, E.U.A.-1985). Cineasta e ator. Obras: *Cidadão Kane, A Marca da Maldade, Verdades e Mentiras*, etc.

WENDERS, WIM (1945, Alemanha). Cineasta. Obras: *Paris, Texas, Asas do Desejo*, etc.

WHITMAN, Walt (1819, E.U.A.-1892). Poeta, autor de *Folhas de Erva*, em longos versos livres.

WIENE, Robert (1881, Saxônia-1938). Cineasta alemão. Obras: *O Gabinete do Dr. Caligari, As Mãos de Orlac*, etc.

WILDE, OSCAR Fingal O'Flahertie Wills (1854, Irlanda-1900). Dramaturgo, ensaísta e romancista. Obras: *O Leque de Lady Windermere, Salomé, O Retrato de Dorian Gray*, etc.

WILDER (Samuel Wilder, dito **BILLY)** (1906, Áustria). Cineasta naturalizado norte-americano. Obras: *Quanto mais Quente melhor, A Primeira Página*, etc.

WILLIAMS (Thomas Lanier Williams, dito **TENNESSEE)** (1911, E.U.A.-1983). Dramaturgo. Obras: *Um Bonde Chamado Desejo, Gata em Teto de Zinco Quente, A Rosa Tatuada, A Noite do Iguana*, etc.

WITTGENSTEIN, Ludwig Joseph (1889, Áustria-1951). Lógico e filósofo naturalizado inglês. Obras: *Tratado Lógico-Filosófico, Investigações Filosóficas*, etc.

WOOLF, VIRGINIA (1882, Inglaterra-1941). Romancista. Obras: *Mrs. Dalloway, Orlando, As Ondas*, etc.

WYLER, William (1902, Suíça-1981). Cineasta naturalizado norte-americano. Obras: *O Morro dos Ventos Uivantes, Ben Hur, O Colecionador*, etc.

X

XAVIER, Joaquim José da Silva. V. TIRADENTES.

XENOFONTE (431, Atenas-c. 350 a.C.)· Historiador e filósofo grego, discípulo de Sócrates. Obras: *A Anábase*, *As Helênicas*, etc.

XINGU. Rio de MT e PA (2.266km), afluente do Amazonas.

XUI, arroio. Rio do RS (30km); fronteira natural entre o Brasil e o Uruguai; ponto extremo sul do Brasil.

Y

YEATS, William Butler (1865, Irlanda-1939)· Poeta e dramaturgo. Obras: *A Condessa Cathleen*, *O País das Saudades do Coração*, etc.

YOURCENAR (Marguerite de Crayencour, dita **Marguerite)** (1903, França-1987)· Romancista, poeta e ensaísta francesa. Obras: *Memórias de Adriano*, *A Obra em Negro*, etc.

Z

ZAMPARI, Franco (1898, Itália-1966)· Empresário. Fundou a Cia. Cinematográfica Vera Cruz.

ZANINI, MÁRIO (1907, SP-1971)· Pintor, desenhista e gravador, influenciado por Cézanne.

ZERBINI, Euríclides de Jesus (1912, SP-1993)· Cirurgião. Pioneiro de transplantes cardíacos no Brasil.

ZICO (Artur Antunes Coimbra, dito) (1953, RJ)· Jogador de futebol, participou de três Copas do Mundo (1978, 1982 e 1986).

ZIEMBINSKI, Zbigniew (1908, Polônia-1978)· Diretor e ator naturalizado brasileiro. Renovou o teatro brasileiro com a encenação tle *Vestido de Noiva*, de Nélson Rodrigues (1943).

ZINNEMAN, Fred (1907, Áustria)· Cineasta naturalizado norte-americano. Obras: *Matar ou Morrer*, *A Um Passo da Eternidade*, etc.

ZOLA, Émile (1840, França-1902)· Romancista. Principal figura do naturalismo. Obras: *Thérèse Raquin*, *Germinal*, *A Taverna*, etc.

ZUMBI DOS PALMARES (séc. XVII)· Chefe do quilombo dos Palmares, liderou a luta contra os brancos; após a rendição do quilombo, escapou e continuou a resistência até que, descoberto seu esconderijo, foi morto em 20 de novembro de 1695.

ZWEIG, STEFAN (1881, Áustria-1942)· Romancista, memorialista e ensaísta, autor de *Brasil, País do Futuro*, *O Mundo Que Eu Vi*, etc.

Prêmio Camões

Concedido anualmente a autor de língua portuguesa, qualquer que seja a sua nacionalidade, que, pelo valor intrínseco da sua obra, tenha contribuído para o enriquecimento do patrimônio literário e cultural da língua comum.

1989 — Miguel Torga
1990 — João Cabral de Melo Neto
1991 — José Craveirinha
1992 — Vergílio Ferreira
1993 — Raquel de Queirós
1994 — Jorge Amado

1995 — José Saramago
1996 — Eduardo Lourenço
1997 — Pepetela
1998 — Antônio Cândido
1999 — Sofia de Melo Breyner

Prêmio Machado de Assis da Academia Brasileira de Letras

Conjunto de obra literária:

1941 — Tetrá de Tefé
1942 — Afonso Schmidt
1945 — Osório Dutra
1946 — Tobias Monteiro
1948 — Augusto Meyer
1950 — Eugênio Gomes
1951 — P.ᵉ Augusto Magne
1952 — Silva Melo
1953 — Érico Veríssimo
1954 — Dinah Silveira de Queirós
1955 — Onestaldo de Pennafort
1956 — Luís da Câmara Cascudo
1957 — Tasso da Silveira
1958 — Raquel de Queirós
1959 — José Maria Belo
1961 — João Guimarães Rosa
1962 — Antenor Nascentes
1963 — Gilberto Freire
1964 — Joraci Camargo
1965 — Cecília Meireles
1966 — Lúcio Cardoso
1967 — Adelino Magalhães
1968 — Oscar Mendes
1969 — Édison Carneiro
1970 — Otávio de Faria
1971 — Murilo Araújo
1972 — Dalcídio Jurandir

1973 — Andrade Murici
1974 — Valdemar Cavalcanti
1975 — Herman Lima
1976 — Mário da Silva Brito
1977 — Raul Bopp
1978 — Carolina Nabuco
1979 — Gilka Machado
1980 — Mário Quintana
1981 — Aires da Mata Machado Filho
1982 — Franklin de Oliveira
1983 — Paulo Rónai
1984 — Henriqueta Lisboa
1985 — Tales de Azevedo
1986 — Péricles Eugênio da Silva Ramos
1987 — Nilo Pereira
1988 — Dante Milano
1989 — Gilberto Mendonça Teles
1990 — Sábato Magaldi
1991 — Maria Clara Machado
1992 — Fausto Cunha
1993 — Antônio Cândido
1994 — Antônio Olinto
1995 — Leodegário de Azevedo Filho
1996 — Carlos Heitor Cony
1997 — J. J. Veiga
1998 — Joel Silveira
1999 — Fernando Sabino

Presidentes do Brasil

Posse:

15-11-1889 — Deodoro da Fonseca (1827-1892)
23-11-1891 — Floriano Peixoto (1839-1895)
15-11-1894 — Prudente de Morais (1841-1902)
15-11-1898 — Campos Sales (1841-1913)
15-11-1902 — Rodrigues Alves (1848-1919)
15-11-1906 — Afonso Pena (1847-1909)

14-06-1909 — Nilo Peçanha (1867-1924)
15-11-1910 — Hermes da Fonseca (1855-1923)
15-11-1914 — Venceslau Brás (1868-1966)
15-11-1918 — Delfim Moreira (1868-1920)
28-07-1919 — Epitácio Pessoa (1865-1942)
15-11-1922 — Artur Bernardes (1875-1955)

15-11-1926 — Washington Luís (1870-1957)	01-04-1964 — Ranieri Mazzilli (1910-1975)
24-10-1930 — Junta Governativa:	15-09-1964 — Castelo Branco (1900-1967)
Tasso Fragoso (1869-1945)	15-03-1967 — Costa e Silva (1902-1969)
Mena Barreto (1874-1933)	31-08-1969 — Junta Militar:
Isaías de Noronha (1873-1963)	Lira Tavares (1905)
03-11-1930 — Getúlio Vargas (1883-1954)	Augusto Rademaker (1905-1985)
29-10-1945 — José Linhares (1886-1957)	Márcio de Sousa e Melo (1906-1991)
31-01-1946 — Eurico Dutra (1885-1974)	30-10-1969 — Emílio Médici (1905-1985)
31-01-1951 — Getúlio Vargas (1883-1954)	15-03-1974 — Ernesto Geisel (1908-1996)
25-08-1954 — Café Filho (1899-1970)	15-03-1979 — João Figueiredo (1918)
11-11-1955 — Nereu Ramos (1888-1958)	15-03-1985 — José Sarney (1930)
31-01-1956 — Juscelino Kubitschek (1902-1976)	15-03-1990 — Fernando Collor (1949)
31-01-1961 — Jânio Quadros (1917-1992)	29-09-1992 — Itamar Franco (1931)
25-08-1961 — Ranieri Mazzilli (1910-1975)	01-01-1995 — Fernando Henrique Cardoso (1932)
07-09-1961 — João Goulart (1918-1976)	01-01-1999 — Fernando Henrique Cardoso

Os 10 municípios mais populosos do Brasil*

São Paulo .... 9.927.868 hab.	Curitiba .... 1.550.317 hab.
Rio de Janeiro .... 5.584.067 hab.	Recife .... 1.368.029 hab.
Salvador .... 2.274.167 hab.	Porto Alegre .... 1.306.195 hab.
Belo Horizonte .... 2.124.146 hab.	Manaus .... 1.224.362 hab.
Fortaleza .... 2.056.285 hab.	Belém .... 1.173.534 hab.

* O Distrito Federal (não incluído na relação) possui 1.923.406 hab.

Os 10 pontos mais elevados do Brasil

Pico da Neblina 3.014m	Pedra da Mina 2.770m
Pico Trinta e Um de Março 2.992m	Monte Roraima 2.739m
Pico da Bandeira 2.890m	Morro do Couto 2.680m
Pico das Agulhas Negras 2.787m	Pedra do Sino de Itatiaia 2.670m
Pico do Cristal 2.780m	Pico Três Estados 2.665m

Os 10 maiores rios do Brasil

Amazonas 6.868km	São Francisco 2.614km
Paraná 4.200km	Paraguai 2.477km
Purus 3.300km	Tocantins 2.416km
Madeira 3.200km	Xingu 2.266km
Juru 2.782km	Japurá 1.945km

Impresso pelo Instituto Brasileiro de Museus, Patrimônio... (IBPM)
para a edição desta afcinelra

Acabou-se de imprimir em vanília be vegetal
Distribuição de Expedir, S.A.
Rua Itapiru, 29 - Benfica – 20220-003
Rio de Janeiro – RJ

Impresso pelo Instituto Brasileiro de Edições Pedagógicas (IBEP)
para a Editora Nova Fronteira.

Atendemos pelo reembolso postal.
EDITORA NOVA FRONTEIRA S.A.
Rua Bambina, 25 – Botafogo – 22251-050
Rio de Janeiro – RJ